최신
개정판

초·등·학·교

제3판

새국어사전

민중서림 편집국 편

사전 전문 민중서림

제3판 머리말

민중서림에서 '민중 새국어사전'을 펴낸 것은 1992년 입니다. 어느덧 사전이 처음 만들어진 지 30년이 넘었습니다. 그사이 한 번의 개정 작업을 거쳐 이번에 다시 제3판 개정판을 선보이게 되었습니다.

'민중 새국어사전'은 '국어대사전'과 '엣센스 국어사전'을 펴낸 경험을 바탕으로 학생들이 처음 마주하는 사전을 쉽고 편하게 사용할 수 있도록 올림말에 맞는 그림과 사진을 넣어 만들었습니다.

이번에 나온 "민중 새국어사전" 제3판은
1. 변화하는 시대에 맞게 새로 생겨난 단어들을 반영하여 올림말을 크게 늘렸습니다.
2. 달라진 어문 규정에 따라 본문의 내용 전체를 다시 손질하였습니다.
3. 원어, 표준 발음, 뜻풀이, 용례에서 주의, 참고, 학습마당에 이르기까지 바뀐 내용을 모두 바로잡았습니다.
4. 올림말의 뜻을 파악하는 데 도움이 되는 사진과 그림을 더욱 풍부하게 실었습니다.
5. 부록으로 국어 학습에 유용한 내용들과 함께 한자사전으로도 쓸 수 있도록 중학교 기본 한자 900자를 수록하였습니다.

이제 용량에 제한이 없는 전자사전, 인터넷 사전이 종이사전을 대체하고 무궁무진한 디지털 정보를 단어 하나로 척척 찾아볼 수 있습니다. 우리는 이런 때일수록 앞으로의 학습을 위한 튼튼한 발판을 마련하는 데 종이사전이 큰 도움이 된다고 생각합니다. 높은 건물을 지으려면 기초를 튼튼하게 다져야 합니다. 아무쪼록 이 사전이 여러분의 말하고 듣고 읽고 쓰는 언어생활의 좋은 길잡이가 되어 우리말 지킴이의 역할과 책임을 다할 수 있기 바랍니다.

2024년 10월

민중서림 편집국

초판 머리말

한 나라의 말과 글은 그 나라의 오랜 역사와 전통 속에서 이루어져 가는 것으로 그 민족의 문화와도 밀접한 관계가 있다.

우리의 말과 글 역시 우리 민족 고유의 품위와 감성을 지니고 있으며, 우리네의 얼이 담기어 있다. 그러기에, 우리는 이 유산을 바르게 사용하면서 잘 갈고 닦아 다음 세대에 물려주어야 할 의무가 있는 것이다. 그러나 우리는 자칫 일상 쓰고 있는 것에 익숙한 나머지 우리 스스로 우리 국어를 소홀히 하기 쉬우며, 이를 잘못 쓰고도 의식하지 못하는 일이 가끔 있다.

그러므로 바른 국어의 사용은 모름지기 어려서부터 익혀서 몸에 배게 해야 한다고 일컬어지고 있으며, 그런 뜻에서 초등학교 시절에 바른 국어 사전을 갖는다는 것은 국민 교육적 차원에서도 바람직한 일의 하나일 것이다.

그런 뜻에서 우리는 '국어대사전'과 '엣센스 국어사전'을 펴낸 경험을 바탕으로 내일의 주인공들에게 가장 적합한 '민중 새국어사전'을 펴내게 된 것이다.

1. 전 초등학교 교과서에 실린 낱말들은 물론 초등학교 시절에 흔히 쓰이는 낱말들도 수록하였다.
2. 뜻풀이를 가급적 쉽게 하였으며, 적절한 예문들을 그때그때 곁들여서 말의 쓰임새를 터득케 하였다.
3. 비슷한말, 반대말, 큰말, 작은말 등도 가급적 풍부히 실어 미묘한 어감의 차이를 깨닫게 하였다.
4. 1989년에 공시된 새 맞춤법을 본문 적절한 곳에 분류하여 싣고 설명하였으며, 그 외에도 학습과 상식에 필요한 사항들을 참고란으로 실었다.

이 사전을 언제나 옆에 두고 항상 펼쳐 보면서 보다 확실한 국어 실력과 소양을 쌓아 가기를 바라 마지않는 바이다.

1992년 3월 30일
민중서림 편집국

"민중 새국어사전" 제3판 개정판을 엮으면서

1. 초등학교 전 학년 교과서에 나오는 낱말들과 그 밖의 낱말들도 폭넓게 보태어, 초등학생들의 국어 학습에 부족함이 없도록 올림말을 크게 늘렸다. 표제어, 부표제어, 관용구를 포함하여 30,300여 항목을 수록하였다.
2. 예문을 풍부히 실어 낱말의 이해를 돕고 말의 실제적인 쓰임새를 알기 쉽게 하였다.
3. 약 420개의 삽화를 넣어 뜻풀이의 이해를 도왔으며, 표준어·문법·어법 등 국어 학습에 필요한 중요한 사항들은 따로 테를 두른 주의, 참고, 학습마당 등으로 엮어 자세히 설명하였다.
4. 부록으로 우리말 바로 쓰기, 외래어 바로 쓰기, 세는 말 바로 알기, 속담 풀이, 한자의 필순, 기초 한자 사전, 세계 각 나라 이름과 수도 이름 등을 실었다.

올림말의 선택

1. 초등학교 교과서에 나오는 낱말들과 학생들이 일상생활에서 쓰는 낱말 및 중학교에 올라가서 배우는 낱말들을 두루 거두어 실었다.
2. 낱말들 외에 '직각 삼각형'처럼 두 낱말 이상으로 이루어진 용어, 조사와 어미 들도 올림말로 올렸다.
3. 교과서에 나오는 국명·지명·인명·역사적 사건 등을 간추려 실었다.

올림말

1. 올림말은 고딕체를 사용하여 본문과 구별하였다.
2. '아름답고, 아름다운, 아름다워서, 아름다웠다'의 경우처럼 말 끝이 변하여 쓰이는 낱말은 '아름답다'처럼 그 으뜸꼴을 올림말로 실었다.
3. 말 끝에 '-하다', '-되다', '-히', '-이', '-거리다', '-스럽다' 따위가

일러두기

붙어 쓰이는 말들은 올림말의 풀이 뒤에 그 꼴을 보였다.

[보기] ***가득** 풀이……. **가득하다. 가득히.**
　　　번쩍² 풀이……. **번쩍하다. 번쩍거리다.**
　　　수고 풀이……. **수고하다. 수고스럽다.**

4. 우리말의 기본 어휘에 '*'표를 하였다.

[보기] ***알다** 풀이…….

올림말의 배열

1. 올림말은 '한글 맞춤법'의 규정(제4항)에 따라 첫소리(닿소리)와 가운뎃소리(홀소리), 끝소리(받침)의 차례로 벌여 놓았다.

   (1) 첫소리의 차례

   　　ㄱ ㄲ ㄴ ㄷ ㄸ ㄹ ㅁ ㅂ ㅃ ㅅ ㅆ ㅇ ㅈ ㅉ ㅊ ㅋ ㅌ ㅍ ㅎ

   (2) 가운뎃소리의 차례

   　　ㅏ ㅐ ㅑ ㅒ ㅓ ㅔ ㅕ ㅖ ㅗ ㅘ ㅙ ㅚ ㅛ ㅜ ㅝ ㅞ ㅟ ㅠ ㅡ ㅢ ㅣ

   (3) 끝소리의 차례

   　　ㄱ ㄲ ㄳ ㄴ ㄵ ㄶ ㄷ ㄹ ㄺ ㄻ ㄼ ㄽ ㄾ ㄿ ㅀ ㅁ ㅂ ㅄ ㅅ ㅆ ㅇ ㅈ ㅊ ㅋ ㅌ ㅍ ㅎ

2. 글자는 같으나 뜻이 다른 말은 올림말의 오른쪽 위에 어깨번호를 붙여 구별하였다.

   [보기] **지각³** 풀이…….

올림말의 풀이

1. 낱말의 뜻은 쉬운 말로 풀이하였으며, 뜻을 바로 이해할 수 있고 실제의 국어 생활에 도움이 되도록 예문을 많이 실었다.

2. 낱말의 뜻이 여럿일 때에는 가장 많이 쓰이는 뜻부터 1, 2, 3, ……의 번호를 붙여 풀이하였다.

3. 낱말의 뜻을 더욱 분명하고 정확하게 이해할 수 있도록 비슷한말, 반대말, 본딧말, 준말, 큰말, 작은말, 여린말, 센말, 거센말, 높임말, 낮춤말 등을 알맞은 곳에 실었다.

4. 낱말의 뜻을 이해하는 데 도움이 되도록 그 낱말의 제한된 성격이나 간단한 쓰임새 등을 풀이하는 말의 끝에 [참고]로 표시하여 보였다.

보기 **막다르다** 풀이……. 참고 주로 '막다른'의 꼴로 쓰임.
5. 낱말이 쓰일 때 말 끝이 변하여 쓰이는 말은 그 변하는 꼴의 대표적인 형태를 올림말의 풀이 끝에 활용으로 표시하여 보였다.
　　　보기 ***돕다** 풀이……. 활용 도와 / 도우니.
　　　　 ***듣다**¹ 풀이……. 활용 들어 / 들으니 / 듣는.
　　　　 ***묻다**³ 풀이……. 활용 물어 / 물으니 / 묻고.
　　　　 ***쓰다**¹ 풀이……. 활용 써 / 쓰니.
　　　　 ***알다** 풀이……. 활용 알아 / 아니 / 아는.
　　　　 ***오르다** 풀이……. 활용 올라 / 오르니.
　　　　 ***즐겁다** 풀이……. 활용 즐거워 / 즐거우니.
　　　　 ***푸르다** 풀이……. 활용 푸르러 / 푸르니.
　　　　 ***하다** 풀이……. 활용 하고 / 하니 / 하여서[해서] / 하였다[했다].
6. 초등학교 기본 영어 단어를 올림말의 풀이 끝에 보였다.
　　　보기 ***오늘** 풀이……. ➪today

원말의 표시

1. 모든 한자어와 외래어는 올림말 뒤에 그 원말인 한자나 로마자를 ( ) 안에 보였다.
　　　보기 ***내일** (來日) 풀이…….
　　　　 ***텔레비전** (television) 풀이…….
2. 영어 이외의 외래어에는 로마자 앞에 들어온 나라 이름을 보였다.
　　　보기 **발레** (프 ballet) 풀이…….
　　　　 스파게티 (이 spaghetti) 풀이…….
3. 일본어나 중국어의 경우에는 로마자 대신 본디 글자를 보였다.
　　　보기 **우동** (일 うどん) 풀이…….
　　　　 하얼빈 (중 哈爾濱) 풀이…….
4. 한자어나 외래어가 원말과 발음이 달라졌을 때 원말 앞에 ←를 붙여 구별하였다.
　　　보기 **리모컨** (← remote control) 풀이…….
　　　　 유월 (← 六月) 풀이…….
5. 우리말에서 쓰는 만든 외래어일 때 +를 붙여 구별하였다.
　　　보기 **리어카** (rear+car) 풀이…….
　　　　 핸드폰 (hand+phone) 풀이…….

일러두기

바르게 읽기

1. 올림말의 발음 표시는 2017년 문화 체육 관광부에서 고시한 '표준어 규정'의 표준 발음법에 따랐다.

2. 올림말이 그 표기와 다르게 발음되는 것은 올림말 다음의 [ ] 안에 바르게 읽는 소리를 보였다.

   보기 ***각도**[각또] 풀이…….   ***눈금**[눈끔] 풀이…….
        *무늬[무니] 풀이…….   ***옷**[옫] 풀이…….

3. 표준 발음이 두 가지일 때에는 둘 다 소리를 보였다.

   보기 **갯벌**[개뻘 / 갣뻘] 풀이…….
       뛰어오다[뛰어오다 / 뛰여오다] 풀이…….
       아랫집[아래찝 / 아랟찝] 풀이…….
       회초리[회초리 / 훼초리] 풀이…….

4. 말 끝이 변하여 쓰일 때나 조사가 붙을 때 표기와 다르게 발음되는 것은 풀이 끝에 발음으로 표시하여 바르게 읽는 소리를 보였다.

   보기 ***넓다**[널따] 풀이……. 발음 넓고[널꼬] / 넓어서[널버서] / 넓은[널븐] / 넓지[널찌].
       *흙[흑] 풀이……. 발음 흙이[흘기] / 흙을[흘글] / 흙으로[흘그로] / 흙과[흑꽈].

5. 때로는 예문에서도 [ ] 속에 바르게 읽는 소리를 보였다.

   보기 ***젊다**[점:따] 풀이……. 예 젊은[절믄] 시절.

6. 길게 소리 나는 소리마디에는 올림말 다음의 [ ] 안에 ' : '표를 하였다.

   보기 ***말**[5][말:] 풀이…….   ***세상**(世上)[세:상] 풀이…….
       *열다[2][열:다] 풀이…….   ***퍼지다**[퍼:지다] 풀이…….

속담과 관용구

1. 속담은 뒤에 부록으로 실었다. 이때 뜻이 둘 이상인 경우에는 ㉠㉡…으로 갈라놓았다.

   보기 **고생 끝에 낙이 온다** 어려운 일 뒤에는 반드시 좋은 일이 생긴다.
       땅 짚고 헤엄치기 ㉠아주 쉽다는 말. ㉡무슨 일이 의심할 여지없이 확실하다는 말.

2. 관용구는 그 첫머리에 나오는 낱말의 올림말 풀이 뒤에 고딕체로 실었다. 이때 뜻이 둘 이상인 경우에는 ㉠㉡…으로 갈라놓았다.

[보기] *하늘 풀이…….
　　하늘을 찌르다 ㉠매우 높이 솟아 있다. ㉡기세가 대단하다.

'주의'와 '참고', '학습마당'에 대하여

낱말을 이해하는 데 도움이 되고 국어 공부에 필요한 사항들을 골라 테를 둘러 따로 설명하였다.

[주의] 글자나 소리가 비슷하여 구별하기 어려운 낱말을 한데 묶어 그 뜻의 차이를 알기 쉽게 설명하였다.

> [주의] **다리다**와 **달이다**
> **다리다** 다리미로 문지르다.
> ㉠옷을 다리다.
> **달이다** 끓여서 진하게 하다. 약제에 물을 부어 끓게 하다.
> ㉠간장을 달이다 / 보약을 달이다.

[참고] 그 낱말과 관련하여 참고로 더 알아 두어야 할 내용들을 보였다.

> [참고] '오솔길'의 '오'는 '홀로, 외진'의 뜻을 나타내는 말이며, '솔'은 좁다의 뜻을 나타내는 '솔다'에서 온 말이다. 따라서 그 뜻은 '외진 좁은 길'을 의미하는 말이다.

[학습마당] '한글 맞춤법'에 대한 지식, 일상생활과 관련이 깊은 기상 용어, 꽃말, 이십사절기 따위를 실었다.

> **학습마당 1**
> **말의 줄기에 'ㅂ' 받침을 가진 말의 불규칙 활용**
> (1) '곱다'와 '돕다'의 활용
> 　곱다　고우니　고우면　고와서　고와라
> 　돕다　도우니　도우면　도와서　도와라
> ……
> ……

바르게 적기

1. 이 사전의 올림말은 국립국어원의 '표준국어대사전'에 따라 표기하였다.
2. 이 사전에서 모든 한글 표기는 2017년 문화 체육 관광부에서 고시한 '한글 맞춤법'에 따랐다.
3. 외래어의 표기도 2017년 문화 체육 관광부에서 고시한 '외래어 표기법'에 따랐다.

일러두기

부록

부록으로 우리말 바로 쓰기, 외래어 바로 쓰기, 세는 말 바로 알기, 속담 풀이, 한자의 필순, 기초 한자 사전, 세계 각 나라 이름과 수도 이름 등을 실었다.

외래어 약어

그 … 그리스어	네 … 네덜란드어	독 … 독일어
라 … 라틴어	산 … 산스크리트어	에 … 에스파냐어
이 … 이탈리아어	일 … 일본어	중 … 중국어
포 … 포르투갈어	프 … 프랑스어	헝 … 헝가리어
히 … 히브리어		

이 사전에 쓰인 약호·기호

기호	뜻	기호	뜻
:	긴소리 표시	본	본딧말
[ ]	바르게 읽기, 연대 표시	준	준말
( )	한자·외래어의 원말	큰	큰말
《 》	인명, 지명, 국명, 책	작	작은말
−	원말 표시에서 생략 부분	여	여린말
⇨	풀이가 있는 말 앞에	센	센말
←	한자어와 외래어에서 원말과 발음이 달라졌을때	거	거센말
+	우리말에서 쓰는, 만든 외래어일 때	높	높임말
/	예문·발음·활용을 나열할 때	낮	낮춤말
예	예문	×	틀린 말 앞에
비	같은 말, 비슷한말	*	참고되는 말 앞에
반	맞선 말, 반대말	ᑕ	기본 영어 단어 앞에

이미지 출처

- **물장군 / 밀잠자리 / 참매미**: 국립중앙과학관 국가자연사연구종합정보시스템 (www.naris.go.kr)
- **솟을대문 / 포석정**: 한국민족문화대백과사전(http://encykorea.aks.ac.kr), 저작권 – 한국학중앙연구원·유남해
- **떡메**: 창원역사민속관(www.cwcf.or.kr/facility)
- **반닫이**: 국립중앙박물관(www.museum.go.kr)
- **살쾡이**: 국립생물자원관(https://www.nibr.go.kr), 원작자 – 김현태, 저작재산권자 – 국립생물자원관
- **오죽헌**: 한국민족문화대백과사전(http://encykorea.aks.ac.kr), 저작권 – 한국학중앙연구원·김성철

ㄱ (기역) 한글 닿소리의 첫째 글자.

가¹ 서양 음계의 칠음 중에 제6음인 '라'의 우리말 음이름.

가² 받침 없는 말 뒤에 붙어, 그 말을 주어가 되게 하거나, 그것이 다른 것으로 변하여 가거나, 또는 그것이 아님을 나타내는 말. 예 열매가 주렁주렁 달리다 / 소년은 자라서 음악가가 되었다 / 고래는 물고기가 아니다.

*__가³__ [가:] 1 복판에서 바깥쪽으로 향하여 끝이 되는 곳. 또는 그 부근. 예 바닷가. 비 가장자리. 변두리. 반 가운데. 복판. 2 어떤 것을 중심으로 그 가까운 주변. 예 난롯가.

가⁴ (可) [가:] 성적을 매기는 등급의 하나. '수·우·미·양·가' 다섯 등급 가운데 가장 낮은 등급.

가가호호 (家家戶戶) 집집마다. 예 반장은 가가호호 다니며 수재민에게 보낼 구호품을 모았다.

가감승제 (加減乘除) 더하기·빼기·곱하기·나누기.

가건물 (假建物) [가:건물] 임시로 지은 건물. 예 가건물을 짓다.

*__가게__ [가:게] 물건을 파는 집. 예 가게를 차리다 / 과일 가게에 들르다. 비 상점. 점포. ⊃shop, store

*__가격__ (價格) 물건의 값. 예 채소 가격이 오르다. ⊃price

가격표 (價格表) 1 물건들의 값을 쉽게 볼 수 있게 적은 표. 2 값을 적어 팔 물건에 달아 놓은 쪽지.

가결 (可決) [가:결] 서로 의논하여 옳다고 결정함. 예 안건을 만장일치로 가결하다. 반 부결. **가결하다**.

*__가계¹__ (家計) [가계 / 가게] 집안 살림의 수입과 지출. 예 가계가 쪼들리다. 비 살림살이. 생계.

가계² (家系) [가계 / 가게] 대대로 이어 온 한집안의 계통. 비 가문.

가계부 (家計簿) [가계부 / 가게부] 집안 살림의 수입과 지출을 적는 장부. 예 엄마는 매일 가계부를 쓴다.

가곡 (歌曲) 시에 곡을 붙인 성악곡. 예 가곡 전집.

가공 (加工) 원료나 반제품에 손을 더 대어 새로운 제품을 만드는 일. 예 식품 가공 / 원료를 가공하여 수출하다. **가공하다**.

가공식품 (加工食品) 농산물·축산물·수산물 등의 식품을 처리하여 먹기에 편하고 저장하기 쉽게 만든 식품.

가공업 (加工業) 상품으로 만들기 위하여 재료를 가공하는 산업. 또는 그런 일. 예 식품 가공업.

가공하다 (可恐—) [가:공하다] 주로 '가공할'의 꼴로 쓰여, 두려워하거나 놀랄 만하다. 예 가공할 만한 무기들을 생산하다.

가관 (可觀) [가:관] 1 말과 행동이 보기에 흉해 비웃을 만함. 예 으스대는 꼴이 가관이다. 2 경치 따위가 꽤 볼만함. 예 경치가 가관이다.

가교 (駕轎) [가:교] 예전에, 임금이 타던 가마. 두 마리의 말이 앞뒤에서 끌고 감.

가구¹ (家口) 살림을 따로 하는 집의 수효. 예 두 가구. 비 세대.

가교

*__가구²__ (家具) 집안 살림에 쓰는 기구. 책상·장롱·의자 따위. 비 세간.

가구점 (家具店) 가구를 파는 가게. 예 가구점에서 책상을 사다.

가극 (歌劇) 대사의 전부 또는 일부를 노래로 부르며 하는 연극. 오페라. 비 악극.

가급적 (可及的) [가:급쩍] 될 수 있는 대로. 형편이 닿는 대로. 예 가급적이면 빨리 오너라.

가까스로 간신히. 겨우. 예 가까스로 시험을 통과하다.

가까워지다 1 가깝게 되다. 2 서로의 사이가 친밀하여지다. 예 그 친구와 나는 요즘 퍽 가까워졌다.

*__가까이__ 가깝게. 또는 가까운 곳. 예

집 가까이에서 논다.

가까이하다 1 친밀하게 사귀다. 2 무엇을 즐기거나 좋아하다. 예책을 가까이하다.

***가깝다** [가깝따] 1 거리나 시간이 짧다. 예집에서 가까운 곳에 학교가 있다. 2 사이가 친하다. 예아주 가까운 친구. 3 촌수가 멀지 않다. 예가까운 친척. 반멀다. 활용가까워 / 가까우니.
→ [학습마당] 1(65쪽) ⊃ near

***가꾸다** 1 식물이 잘 자라도록 손질하고 보살피다. 예화초를 가꾸다. 2 얼굴이나 몸을 잘 매만져 꾸미다. 예얼굴을 예쁘게 가꾸다. 3 좋은 상태로 유지하기 위해 아끼고 잘 보살피다. 예고유문화를 잘 가꾸고 발전시키다.

*****가끔** 사이가 조금씩 뜨게. 어쩌다가 한 번씩. 예친구에게 가끔 전화를 걸다. 비이따금. 종종.

가끔가다 ⇨가끔가다가.

가끔가다가 가끔 어쩌다가. 예평소 잘하는 일도 가끔가다가 실수할 때가 있다. 비가끔가다.

가나 (Ghana) 〖국명〗 서아프리카의 기니만에 있는 공화국. 수도는 아크라.

가나다순 (—順) 한글의 '기, 나, 다…' 차례로 매기는 순서.

*****가난** 살림살이가 넉넉하지 못하고 쪼들림. 예가난한 살림. 비빈곤. 반부유. **가난하다**. ⊃ poor

가난뱅이 가난한 사람을 낮추어 이르는 말. 반부자.

가내 (家內) 1 한집안. 예가내 경제. 2 가까운 일가. 예가내 두루 평안하신지요. 3 한 집의 안. 예가내 부업.

가내 공업 (家內工業) 단순한 기술과 기구를 써서 집 안에서 하는 소규모 생산 공업. 비가내 수공업. 반공장 공업.

가냘프다 1 몸이 가늘고 약하다. 예가냘픈 몸으로 힘든 일을 하다. 비가녀리다. 연약하다. 반억세다. 2 소리가 가늘고 약하다. 예가냘픈 목소리. 활용가냘파 / 가냘프니.

가녀리다 ⇨가냘프다.

가누다 몸이나 정신을 가다듬어 바르게 하다. 예아픈 몸을 가누며 자리에서 일어났다.

가느다랗다 [가느다라타] 아주 가늘다. 예가느다란 실 / 눈을 가느다랗게 뜨다. 반굵다랗다. 활용가느다라니 / 가느다래서.

가는귀 작은 소리까지 잘 듣는 귀. 예가는귀가 어둡다.

*****가늘다** 1 둘레가 좁다. 예가는 머리카락 / 허리가 가늘다. 2 너비가 좁다. 예눈을 가늘게 뜨다. 3 소리가 작다. 예가는 목소리. 4 굵기가 잘다. 예가는 모래. 반굵다. 활용가늘어 / 가느니 / 가는.

가늠 1 목표에 맞고 안 맞음을 헤아리는 일. 예총을 잘 가늠하여 쏘다. 2 일이 되어 가는 모양이나 형편을 살펴보고 하는 짐작. 예가늠을 잡을 수가 없다. **가늠하다**.

가능 (可能) [가:능] 될 수 있음. 할 수 있음. 예실행이 가능한 계획. 반불가능. **가능하다**.

가능성 (可能性) [가:능썽] 앞으로 실현될 수 있는 성질.

*****가다** 1 어떠한 곳을 향하여 움직이다. 예학교에 가다. 2 목적지를 향해 떠나가다. 예부산으로 가는 기차. 3 세월이 지나다. 예달이 가고 해가 가다. 4 생명이 끊어지다. 예저승으로 가다. 5 금이나 주름 같은 것이 생기다. 예그릇에 금이 갔다.

가다듬다 [가다듬따] 1 목소리를 잘 내려고 미리 준비하다. 예목청을 가다듬다. 2 정신이나 마음 따위를 바로 차리거나 다잡다. 예기억을 가다듬어 대답하다. 3 옷맵시나 몸가짐을 바르게 하다. 예거울 앞에서 옷매무새를 가다듬다. 4 숨을 고르다. 예가쁜 호흡을 가다듬다.

가닥 한곳에서 갈려 나간 가늘고 긴 낱낱의 줄. 예두 가닥으로 땋은 머리.

가담 (加擔) 한편이 되어 일을 함께 하거나 도움. 예나쁜 일에 가담하다. **가담하다**.

가당찮다 (可當—) [가:당찬타] 1 조금도 사리에 맞지 아니하다. 예가당찮은 변명을 늘어놓다. 2 쉽사리 감당할 수 없을 만큼 대단하다. 예가당찮게 춥다.

가댁질 [가댁찔] 아이들이 서로 잡으

려고 쫓고 달아나며 뛰노는 장난. **가댁질하다.**

가동(稼動) 기계 따위를 움직여 일하게 함. 예건물의 에어컨을 **가동**시키다. **가동하다.**

가두(街頭) [가:두] 도시의 큰 길거리. 예시위대가 가두로 진출하는 것을 막다.

***가두다** 1 사람이나 동물을 한정된 곳에 집어넣어 자유로이 드나들지 못하게 하다. 예감옥에 가두다. 2 물 따위를 일정한 곳에 괴어 있게 하다. 예논에 물을 가두다.

가두판매(街頭販賣) [가:두판매] 거리에서 벌여 놓고 상품을 파는 일. 예신문 가두판매. 준가판. **가두판매하다.**

가드레일(guardrail) 큰길 양쪽을 따라 길게 쳐 놓은, 쇠로 만든 사고 방지용 울타리.

***가득** 수효나 분량이 꽉 차도록 많이. 예통에 물을 가득 담다 / 경기장에 관중이 가득 찼다 / 잔에 주스를 가득히 따르다. 큰그득. 센가뜩. **가득하다.** ⊃full 가득히.

가뜩 아주 꽉 차게. 여가득.

***가라앉다** [가라안따] 1 물 위에 뜬 것이 밑바닥에 내려앉다. 예거센 파도로 배가 가라앉다. 2 마음이나 기운이 고요해지며 진정되다. 예흥분이 가라앉다. 3 숨결·기침 따위가 순해지다. 예기침이 가라앉다. 4 부은 것이 내리다. 예부기가 가라앉다. 큰갈앉다.

가라앉히다 [가라안치다] 가라앉게 하다. 예찌꺼기를 가라앉히다 / 흥분을 가라앉히다.

가락¹ 가늘고 길게 토막이 난 물건의 낱개. 또는 그 낱개를 세는 단위. 예엿 다섯 가락 / 국수 가락 / 엿의 가락이 굵다.

***가락**² 소리의 길이와 높낮이의 어울림. 멜로디. 비선율.

가락국수 [가락꾹쑤] 가락을 굵게 뽑은 국수. 우동.

가락 악기(—樂器) 피아노·기타·실로폰 따위와 같이 가락을 연주할 수 있는 악기.

가락엿 [가랑녇] 둥근 모양으로 가늘고 길게 뽑은 엿.

가락지 [가락찌] 손가락에 치장으로 끼는 두 개의 고리. 예가락지를 낀 손. 비반지.

가락지

가랑눈 조금씩 잘게 내리는 눈.

가랑비 가늘게 내리는 비. 이슬비보다는 좀 굵음. 예가랑비에 운동장이 촉촉이 젖었다. →[학습마당] 13(417쪽)

가랑이 1 두 다리가 몸통과 이어지는 부분. 예가랑이를 벌리다. 2 바지 따위에서 다리가 들어가게 된 곳. 예가랑이가 터지다.

가랑잎 [가랑닙] 저절로 떨어진 마른 나뭇잎. 비낙엽. 준갈잎.

가래¹ 흙을 떠서 던지는 기구.

가래¹

가래² 사람의 목구멍에 생기는 끈끈한 액체. 비담.

가래³ 떡이나 엿 따위를 둥글고 길게 늘여 놓은 토막. 예떡을 가래로 뽑다.

가래떡 둥글고 길게 뽑아 일정한 길이로 자른 흰 떡.

*—**가량**(假量) 수량을 대강 어림쳐서 나타내는 말. 예시간이 한 시간가량 걸린다. 비정도. -쯤.

가려내다 1 여럿 중에서 찾고자 하는 것을 골라내다. 예불량품을 가려내다. 2 잘잘못이나 범인 따위를 밝혀내다. 예시비를 가려내다.

가련하다(可憐—) [가:련하다] 가엾고 불쌍하다.

가련히(可憐—) [가:련히] 가련하게. 예가련히 여기다.

***가렵다** [가렵따] 피부를 긁고 싶은 느낌이 나다. 예머리가 가렵다. 활용 가려워/가려우니.

가령(假令) [가:령] 이를테면. 예를 들어. 예가령 내가 어른이라면.

***가로** 좌우로 건너지른 상태. 또는 그 길이. 예가로의 길이 / 가로로 줄을 치다. 만세로.

가로놓이다 [가로노이다] 1 가로질러 놓이다. 2 장애물 따위가 앞에 버티고 있다. 예어려운 일이 가로놓여 있다.

가로대 가로지른 나무 막대기. 만세

로대.

가로등 (街路燈) 큰 도로나 주택가의 골목길을 밝히기 위하여 높게 달아 놓은 전등.

가로막 (一膜) 포유류의 가슴과 배 사이에 있는 막. 호흡을 하는 데 중요한 구실을 하며, 토하거나 대소변을 볼 때 배에 힘을 주는 구실도 함. 비횡격막.

가로막다 [가로막따] 1 앞을 가로질러 막다. 예 길을 가로막다. 2 옆에서 말이나 행동을 하지 못하게 하다. 예 말을 가로막다.

가로맡다 [가로맏따] 1 남의 할 일을 가로채서 맡거나 대신해서 맡다. 예 일을 가로맡아 처리하다. 2 남의 일에 참견하다. 예 싸움을 가로맡다.

가로무늬 [가로무니] 가로로 난 무늬. 예 가로무늬 바지. 반 세로무늬.

가로세로 1 가로와 세로. 예 바둑판의 가로세로의 줄. 2 가로로 또는 세로로. 예 가로세로 줄을 긋다.

가로수 (街路樹) 길의 양쪽 가에 줄지어 나란히 심은 나무.

가로쓰기 글씨를 가로로 써 나가는 방식. 반 세로쓰기.

가로젓다 [가로젇따] 거절하거나 부정하거나 의심스럽다는 뜻으로, 손이나 고개를 가로 방향으로 젓다. 활용 가로저어/가로저으니/가로젓는.

가로 좌표 (一座標) 좌표 평면 위의 한 점에서 가로축에 내린 수선과 가로축이 만나는 점의 좌표. 비 엑스 좌표. 반 세로 좌표.

가로줄 가로 방향으로 그은 줄. 비횡선. 반 세로줄.

가로지르다 1 옆으로 건너지르다. 예 빗장을 가로지르다. 2 어떤 곳을 가로로 지나가다. 예 운동장을 가로질러 뛰어가다. 활용 가로질러/가로지르니.

가로채다 1 갑자기 옆에서 재빠르게 빼앗아 자기 것으로 만들다. 예 가방을 가로채다. 2 남의 것을 옳지 못한 방법으로 빼앗다. 예 남의 일을 가로채다. 3 남이 말하는 중간에 끼어들어 말을 하지 못하게 하다. 예 사회자의 말을 가로채고 자기 말만 하다.

가로축 (一軸) 가로로 난 직선. 좌표 평면에서 가로로 놓인 수직선. 비엑스축. 반 세로축.

가로획 (一劃) [가로획/가로훽] 글자에서 가로로 긋는 획. 반 세로획.

***가루** 아주 잘고 보드랍게 부수거나 간 것. 예 고추를 빻아 가루로 만들다. 비 분말.

가루받이 [가루바지] 수술의 꽃가루가 암술의 머리에 옮겨 붙어서 열매를 맺게 되는 현상. 비 꽃가루받이. 수분.

가루비누 1 빨래를 할 때 쓰는 가루로 된 비누. 2 ➪ 합성 세제.

가루약 (一藥) 가루로 된 약.

***가르다** 1 무엇을 베거나 쪼개다. 예 수박을 가르다. 2 따로따로 구별되게 하다. 예 여러 팀으로 갈라서 경기를 하다. 3 물체가 공기나 물을 양쪽으로 열며 움직이다. 예 비행기가 허공을 가르며 날아오르다. 4 승패를 정하다. 활용 갈라/가르니.

> 주의 **가르다**와 **가리다**
> **가르다** 하나였던 것을 둘 또는 그 이상으로 나누다. 예 편을 가르다.
> **가리다** 1 보이지 않도록 막다. 2 골라내다. 3 구별하다. '가리고/가려서'로 활용.

가르마 이마에서 정수리까지의 머리털을 양쪽으로 갈라 생긴 금. 예 가르마를 타다.

***가르치다** 1 지식이나 기능 등을 깨닫거나 익히게 하다. 예 미술을 가르치다/자전거 타는 법을 가르치다. 2 상대편이 아직 모르는 일을 알도록 일러주다. 예 지하철역에 가는 길을 가르쳐 주다. ➪ teach

> 주의 **가르치다**와 **가리키다**
> **가르치다** 모르는 것을 알게 하다. 예 음악을 가르치다.
> **가리키다** 손가락이나 말, 동작으로 무엇이 있는 곳을 알려 주다. 예 잠자코 역으로 가는 길을 가리켰다.

가르침 1 가르쳐 알게 하는 일. 예 가르침을 청하다. 2 가르치는 내용. 예 공자의 가르침. 비 교훈.

가름 1 따로따로 나누는 일. 2 사물이나 상황을 구별하거나 분별하는 일. ⑩ 선수들의 투지가 승패를 가름한다. **가름하다**.

> [주의] **가름**과 **갈음**
> **가름** 나누는 일. ⑩ 둘로 가름 / 편을 가름.
> **갈음** 대신하는 일. 바꾸는 일. ⑩ 연하장으로 세배를 갈음하다 / 이것으로 축사를 갈음합니다.

가리개 무엇을 가리는 데 쓰는 물건. ⑩ 햇빛 가리개.

***가리다**¹ 바로 보이거나 통하지 못하도록 사이에서 가로막다. ⑩ 사람이 가려서 안 보인다. →가르다 [주의]

가리다² 1 여럿 가운데서 골라내다. ⑩ 잘못된 문장을 가리다 / 음식을 가리지 않고 골고루 먹습니다. 2 낯선 사람을 싫어하다. ⑩ 낯을 가리는 아이. 3 구별하다. ⑩ 밤낮을 가리지 않다. [비]분별하다. 4 어린아이가 똥이나 오줌을 함부로 싸지 않고 눌 데에 누다. ⑩ 오줌을 가리다. →가르다 [주의]

가리비 가리빗과의 바닷조개. 부채모양으로 둥글넓적하며 길이 20cm, 높이 19cm, 폭 50cm 내외로 껍데기는 고랑이 지고 담갈색임. 살은 먹고 껍데기는 세공에 씀.

가리어지다 [가리어지다 / 가리여지다] 가려서 보이지 않게 되다. ⑩ 수건으로 눈이 가리어지다. [준] 가려지다.

***가리키다** 1 손가락 따위로 지적하거나 알리다. ⑩ 선생님이 나를 가리켰다. 2 어떤 대상을 특별히 집어서 말하다. ⑩ 이런 사람을 가리켜 골목대장이라고 한다. →가르치다 [주의] ⊃point

가마¹ 숯·질그릇·기와·벽돌 따위를 굽는 곳.

가마² 물건을 담은 '가마니'의 개수를 세는 말. ⑩ 쌀 두 가마.

가마³ 사람의 머리 위에 머리털이 소용돌이 모양으로 난 자리.

가마⁴ '가마솥'의 준말.

가마⁵ [가:마] 예전에, 한 사람이 안에 타고 둘이나 넷이 들거나 메던, 조그만 집 모양의 탈것.

가마니 1 곡식이나 소금 따위를 담는, 짚으로 만든 큰 자루. 2 ⇨가마². [준]가마.

가마솥 [가마솓] 쇠로 만든 아주 크고 우묵한 솥. [준]가마.

가마솥

가만 1 가만히. ⑩ 그대로 가만 놔두다. 2 남이 하려는 말이나 행동을 못하게 막을 때에 쓰는 말. ⑩ 가만, 그리 서두르지 말게.

가만가만 아주 조용하게. ⑩ 가만가만 걷다. [비]살금살금.

가만두다 손을 대지 않고 그대로 두다. 또는 상관하지 않고 그대로 두다.

가만있다 [가마닏따] 그냥 그대로 잠자코 조용히 있다.

***가만히** 1 움직이지 않고 말없이. ⑩ 가만히 보기만 한다. 2 소리 없이. ⑩ 떠들지 말고 가만히 있거라. [비]조용히. 3 남몰래 살그머니. ⑩ 부모님 모르게 가만히 들어가다. 4 마음속으로 곰곰이. ⑩ 옛일을 가만히 생각해 보다.

가망 (可望) [가:망] 이룰 수 있을 듯한 희망. ⑩ 살 가망이 없다.

가망성 (可望性) [가:망썽] 어떤 일이 이루어질 가능성이 있는 정도.

가맹 (加盟) 동맹·연맹이나 단체에 가입함. ⑩ 가맹 국가. **가맹하다**.

가면 (假面) [가:면] 1 나무·흙·종이 따위로 사람이나 동물의 얼굴을 본떠 만든 형상. [비]탈. 2 본심을 감추고 거짓으로 꾸민 모습.

  가면(을) 벗다 속마음을 드러내다. 속마음을 그대로 털어놓다. 참모습을 드러내다.

  가면(을) 쓰다 속마음이나 본성을 감추고 겉으로는 그렇지 않은 것처럼 꾸미다.

가면극 (假面劇) [가:면극] 탈을 쓰고 하는 연극. [비]탈놀이.

가명 (假名) [가:명] 본디의 이름이 아닌 가짜 이름. [반]본명. 실명.

가무 (歌舞) 노래와 춤. ⑩ 가무를 즐기다.

가무잡잡하다 [가무잡짜파다] 얼굴이나 피부가 약간 짙게 검다. ⑩ 가무잡잡한 얼굴. [센]까무잡잡하다.

가문 (家門) 1 집안과 그 친척. 예 가문의 명예가 걸리다. 2 대대로 내려오는 그 집안의 사회적인 신분이나 지위. 예 훌륭한 가문.

가문비나무 소나뭇과의 상록 침엽교목. 깊은 산에 나며, 높이는 30-40m로 방울 모양의 열매를 맺음. 재목은 건축재·펄프 원료로 씀. 비 가문비.

***가물** ⇨ 가뭄.

가물가물 가물거리는 모양. **가물가물하다.**

가물거리다 1 멀리 있는 물건이나 불빛 같은 것이 어슴푸레하게 보일 듯 말 듯하다. 예 가물거리는 고깃배. 2 정신이 맑지 못하여 의식이 있는 둥 없는 둥하다. 예 가물거리는 기억. 센 까물거리다.

가물다 오랫동안 비가 오지 않다. 예 날이 가물다. 활용 가물어 / 가무니 / 가무는.

가물치 가물칫과의 민물고기. 숭어와 비슷한데 몸길이는 60cm 정도임. 진흙물에서 사는데, 산란기에는 물가의 얕은 곳으로 이동해 알을 낳음.

***가뭄** 오랫동안 비가 오지 않는 날씨. 비 가물. 반 장마. ×가뭄음.

가미하다 (加味—) 1 음식에 양념 따위를 넣어 맛이 더 나게 하다. 예 음식에 조미료를 가미하다. 2 다른 요소를 보태어 넣다. 예 전통 문화에 현대적인 요소를 가미하다.

가발 (假髮) [가:발] 머리털 따위로 여러 가지 머리 모양을 만들어 쓰거나 붙이는 가짜 머리. 예 가발을 쓰다.

***가방** 가죽이나 천, 비닐 따위로 만들어, 물건을 넣어 들거나 메고 다닐 수 있게 만든 물건. 예 가방에서 책을 꺼내다. ⊃ bag

가벼이 가볍게. 예 어리다고 가벼이 보지 마라.

가변 (可變) [가:변] 사물의 모양이나 성질이 바뀌거나 달라질 수 있음. 예 가변 차로. 반 불변.

***가볍다** [가볍따] 1 무게가 무겁지 아니하다. 예 몸이 가볍다. 2 말이나 행동이 신중하지 못하다. 예 입이 가볍다. 3 책임이나 부담이 많지 않다. 예 죄가 가볍다. 4 홀가분하다. 예 가벼운 옷차림. 5 심하지 않다. 예 가벼운 상처를 입다. 반 무겁다. 활용 가벼워 / 가벼우니.

가보 (家寶) 대를 이어 내려오는 한 집안의 보물. 예 조상 대대로 내려오는 가보.

가봉¹ (假縫) [가:봉] 양복을 완전히 짓기 전에 몸에 잘 맞는지 입어 보기 위하여 임시로 듬성듬성 시쳐 놓는 바느질. 또는 그 옷. 비 시침바느질. 시침질. **가봉하다.**

가봉² (Gabon) [국명] 서아프리카의 기니만에 있는 나라. 석유·우라늄 등 지하자원이 풍부함. 수도는 리브르빌.

가부 (可否) [가:부] 1 옳고 그름. 예 가부를 가리다. 2 표결에서 찬성과 반대. 예 가부를 묻다.

가부장제 (家父長制) 한집안의 남자 어른이 그의 가족 전체에 대하여 지배권을 가지는 가족 제도.

가부좌 (跏趺坐) 책상다리를 하고 앉음. 또는 그 앉음새. 예 가부좌를 틀다. **가부좌하다.**

***가분수** (假分數) [가:분수 / 가:분쑤] 분자가 분모보다 크거나 같은 분수. 반 진분수.

가뿐하다 1 들기 좋을 정도로 가볍다. 예 보따리가 가뿐하다. 2 마음에 부담이 없어 아주 가볍고 편안하다. 예 거짓말한 것을 털어놓고 나니 마음이 가뿐하다.

가뿐히 가뿐하게. 예 역기를 가뿐히 들다.

가쁘다 숨이 몹시 차다. 예 가쁜 숨을 몰아쉬다. 활용 가빠 / 가쁘니.

가사¹ (家事) 집안의 살림살이에 관한 일. 살림을 꾸려 나가는 일. 예 가사를 돌보다.

***가사**² (歌詞) 가곡·가요곡이나 가극, 그 밖의 노래의 내용이 되는 글. 예 노래의 가사를 외우다. 비 노랫말.

가사³ (袈裟) 승려가 장삼 위에 입는 법복. 왼쪽 어깨에서 오른쪽 겨드랑이 밑으로 걸쳐 입음.

가사³

가산 (加算) 더하여 셈함. 보탬. 예

이자를 가산하다. 回합산. 回감산. **가산하다.**

가상(假想) [가:상] 사실이 아니거나 사실 여부가 분명하지 않은 것을 사실이라고 가정해서 생각함. 예가상의 세계. **가상하다.**

가상 공간(假想空間) 현실 공간과 다른, 인터넷과 통신망을 통해 컴퓨터 네트워크로 연결된 공간.

가상도(假想圖) [가:상도] 어떤 일이 벌어지는 모습을 머릿속으로 상상하며 그린 그림.

가상하다(嘉尙-) 착하고 기특하다. 예어린 나이에 뜻이 가상하다. 回갸륵하다.

가상 현실(假想現實) 컴퓨터를 이용해서 실제처럼 보이고 느낄 수 있게 만들어 현실과 같은 경험을 하게 만든 것. 또는 그런 기술.

가석방(假釋放) [가:석빵] 복역 중인 죄수를 일정한 조건 아래 풀어 주는 일. **가석방하다.**

가설[1](架設) 전깃줄·전화선·다리 따위를 공중에 건너질러 설치하는 일. 예직통 전화를 가설하다. **가설하다.**

가설[2](假設) [가:설] 임시로 세우거나 설치함. 예가설 도로. **가설하다.**

가설[3](假說) [가:설] 어떤 현상을 설명하거나 어떤 이론을 펴 나가기 위하여 임시로 세운 아직 증명되지 않은 이론. 예가설을 세우다. 回가정.

가세[1](家勢) 그 집 살림살이의 정도. 집안의 형세. 예가세를 일으키다 / 가세가 펴다 / 가세가 기울다.

가세[2](加勢) 힘을 보태거나 거듦. **가세하다.**

가소롭다(可笑-) [가:소롭따] 같잖아서 우습다. 예그 목소리로 성악가가 된다니 가소롭다. [활용] 가소로워 / 가소로우니.

가속(加速) 속도가 빨라짐. 속도를 높임. 예가속 운동. 回감속. **가속하다.**

가속도(加速度) [가속또] 시간이 갈수록 점점 더 빨라지는 속도. 예가속도 운동 / 한번 달리기만 하면 가속도가 붙기 마련이다.

가솔린(gasoline) 석유의 휘발 성분을 이루는 무색의 투명한 액체. 자동차나 비행기 따위의 연료로 쓰임. 휘발유.

*가수(歌手) 노래 부르는 것을 직업으로 하는 사람. 예오페라 가수.

*가스(gas) 1 공기처럼 모양이나 부피가 없는 기체를 통틀어 일컫는 말. 2 연료로 사용하는 기체. 특히, 도시가스나 프로판가스를 일컬음.

가스레인지(gas range) 연료용 가스를 사용하여 음식 따위를 조리하는 기구.

가스보일러(gas boiler) 가스를 연료로 물을 끓이는 난방 기구.

가스 중독(gas中毒) 이산화 탄소·일산화 탄소 따위의 독 있는 가스를 마심으로써 일어나는 중독.

가스총(gas銃) 최루 가스 따위의 독 있는 가스를 내뿜는 총.

*가슴 1 배와 목 사이의 앞부분. 예가슴을 펴다. 2 마음이나 생각. 예가슴이 찡하다. 3 심장 또는 폐. 예가슴을 앓다. ⊃chest

  가슴이 미어지다 슬픔·괴로움·고통 등으로 견디기 힘들다.

  가슴(이) 설레다 기쁨·기대 또는 불안 따위로 가슴이 두근거리다.

가슴둘레 몸의 가슴과 등을 잰 몸통의 둘레 길이. 回흉위.

가슴뼈 '복장뼈'의 전 용어.

가슴앓이 [가스마리] 1 가슴 속이 켕기고 쓰리며 아픈 병. 2 안타까워서 혼자 마음속으로만 앓는 일. 예말도 못하고 가슴앓이를 하다. **가슴앓이하다.**

가슴지느러미 물고기의 가슴에 붙은 지느러미. 몸의 균형을 잡거나 헤엄쳐 다니는 데 씀.

가습기(加濕器) [가습끼] 수증기를 내어 실내의 습도를 알맞게 조절하는 전기 기구.

*가시 1 식물의 줄기나 잎에 바늘처럼 뾰족하게 돋아난 부분. 예장미 가시에 찔리다. 2 물고기의 잔뼈. 예목에 가시가 걸리다. 3 바늘처럼 뾰족하게 돋친 것. 예철조망 가시에 걸리다. 4 살에 박힌 나무·대 따위의 가늘고 뾰족한 부분. 예손에 가시가 박히다. 5 사람의 마음을 찌르는 것. 예말 속에 가시가 있다.

가시고기 길고 납작한 민물고기. 등지느러미 앞부분이 뾰족한 가시 모양임. 수컷이 지은 둥근 집에 알을 낳음.

가시나무 가시가 있는 나무를 통틀어 이르는 말.

가시다 1 어떤 상태가 변하여 없어지거나 달라지다. ⓔ흥분이 가시다. 2 물 따위로 깨끗하게 씻다. ⓔ물로 입안을 가시다.

가시덤불 가시가 많고 어수선하게 엉클어진 수풀.

가시밭길 [가시받낄] 1 가시덤불이 얽혀 있는 험한 길. 2 힘들고 어려운 사정이나 상태. ⓔ험난한 가시밭길을 헤쳐 나가다.

가식(假飾) [가:식] 남한테 잘 보이려고 말이나 행동을 거짓으로 꾸밈. ⓔ가식 없는 행동. 땐진실. 진정.

가야국(伽倻國) 지금의 경상도 김해 지방에 있던 나라. 신라 유리왕 때에 김수로왕의 6형제가 각각 세운 여섯 나라를 모두 일컬음. 신라 진흥왕 23년(562) 대가야가 마지막으로 망함. ⓑ가락국. 가야.

***가야금**(伽倻琴) 우리나라 고유의 현악기. 신라 진흥왕 때 악사 우륵이 만듦. 오동나무 공명판에 기러기발을 세우고 열두 줄을 세로로 매어 손가락으로 뜯어 소리를 냄. ⓑ가얏고.

가야금

가업(家業) 한집안에 대대로 이어 내려오는 직업. ⓔ가업을 물려받다. ⓑ세업.

***가열**(加熱) 1 어떤 것에 열을 가하여 뜨겁게 함. ⓔ물을 가열하여 수저를 소독하다. 2 어떤 사건에 열기를 더함. ⓔ판매 경쟁이 가열되다. 땐냉각. **가열하다**.

가엽다 [가:엽따] ⇨가엾다. ⓔ가여운 아이. 활용 가여운/가여워/가여우니. →가엾다 주의

***가엾다** [가:엽따] 불쌍하고 딱하다. ⓔ고아가 되다니 참으로 가엾은 일이다. ⓑ가엽다. 활용 가엾은/가엾어/가엾으니.

주의 **가엽다**와 **가엾다**
　두 낱말 모두 표준어이다. 따라서 '가엽다'의 활용형 '가여운/가여워'와 '가엾다'의 활용형 '가엾은/가엾어'는 모두 맞춤법에 맞는 표기이다.

가엾이 [가:엽씨] 불쌍하고 딱하게. 가엾게. ⓔ가엾이 여기다.

가오리 가오릿과의 바닷물고기. 몸이 가로로 넓적하고 꼬리가 긺. 주로 육지에 가까운 바다 밑바닥에서 삶.

가오리

가오리연(—鳶) 연의 한 가지. 가오리 모양으로 만들어 꼬리를 길게 달아 띄우는데, 오를 때 머리를 꼬빡꼬빡하며 올라감. ⓑ꼬빡연.

가옥(家屋) 사람이 사는 집. ⓔ전통 가옥. ⓑ주택. 집.

가외(加外) [가외/가웨] 일정한 것 이외에 더함. ⓔ가외 지출이 많다.

가요(歌謠) 1 '대중가요'의 준말. 2 가락을 붙여서 부르는 노래. 민요·동요·유행가 따위를 통틀어 일컫는 말.

가운[1](家運) 집안의 운수. ⓔ가운이 걸려 있는 일.

가운[2](gown) 1 실내에서 입는 긴 겉옷. 2 긴 겉옷. 의사·이발사·목사·신부·판사 등이 입는 위생복이나 예복·법복 따위.

***가운데** 1 시간·공간·사물 따위의 끝이 아닌 부분. ⓔ끈이 가운데에서 끊어지다. 2 양쪽의 사이. ⓔ탁자를 가운데 두고 마주 앉다. 3 일정한 범위의 안. ⓔ이 책들 가운데 한 권만 집어라. 4 순서에서 중간. ⓔ성적이 가운데 정도인 학생. 참고 '반·중간'을 뜻하는 '가운'과 '장소'를 뜻하는 말 '데'가 이어진 말이다.

가운뎃소리 [가운데쏘리/가운뎃쏘리] 말의 음절을 이루는 홀소리. '산'에서의 'ㅏ', '눈'에서의 'ㅜ' 따위.

가운뎃손가락 [가운데손까락/가운뎃손까락] 다섯 손가락 중에 한가운데에 있으며 제일 긴 셋째 손가락. ⓑ장지. 중지.

가위¹ 1 옷감·종이·머리털 따위를 자르는 기구. 예 가위로 색종이를 오리다. 2 가위바위보에서, 집게손가락과 가운뎃손가락 또는 엄지손가락을 벌려 내민 것. 예 가위는 보에 이긴다.

가위² 자는 사람이 무서운 꿈 등을 꾸어 놀라는 일.

가위눌리다 자다가 무서운 꿈을 꾸고 놀라서 몸을 마음대로 움직이지 못하고 답답함을 느끼다.

*가위바위보(—褓) 순서나 승부를 가릴 때 손을 내밀어 그 손 모양으로 정하는 방법. 집게손가락과 가운뎃손가락이나 엄지손가락을 내민 것을 가위, 주먹 쥔 것을 바위, 손가락을 모두 편 것을 보로 하는데, 가위는 보를 이기고, 보는 바위를 이기고 바위는 가위를 이김.

가위표(—標) 틀린 것을 나타내거나, 문장에서 알면서도 일부러 드러내지 않음을 나타낼 때 쓰는 '×'표의 이름. 땐 동그라미표.

가으내 온 가을 동안 죽. 예 농사일로 가으내 바빴다.

*가을 한 해 네 철 중 셋째 철. 입추에서 입동까지의 기간. 예 가을은 추수의 계절. 준 갈. ⊃autumn

> 참고 가을을 생각나게 하는 것
>
> **자연**: 가을 장마, 높은 하늘, 단풍, 오동잎, 낙엽
> **동물**: 기러기, 귀뚜라미, 고추잠자리, 메뚜기
> **꽃**: 국화, 백일홍, 맨드라미, 코스모스, 싸리, 갈대
> **과일**: 감, 사과, 배, 밤, 포도
> **채소**: 고구마, 배추, 무, 갓, 마늘, 빨간 고추
> **기타**: 강강술래, 벌초, 송편, 허수아비, 추수

가을갈이 [가을가리] 다음 해에 지을 농사를 위해 미리 가을에 논을 갈아두는 일. 땐 봄갈이. 준 갈갈이. **가을갈이하다**.

가을걷이 [가을거지] 가을에 익은 곡식을 거두어들이는 일. 비 추수. **가을걷이하다**.

가을날 [가을랄] 가을철의 날. 또는 가을철의 날씨.

가을바람 [가을빠람] 가을철에 부는 선선하고 서늘한 바람. 준 갈바람.

가을보리 가을에 씨를 뿌려 이듬해 초여름에 거두는 보리. 땐 봄보리. 준 갈보리.

*가을철 가을의 계절.

가이드 (guide) 1 관광이나 여행에서 안내를 맡은 사람. 2 여행이나 관광 안내를 위한 책자.

가입(加入) 단체나 조직에 구성원으로 들어감. 예 미술부에 가입하다. 비 가담. 땐 탈퇴. **가입하다**.

가입자(加入者) [가입짜] 어떤 단체나 조직에 가입한 사람.

가자미 가자밋과의 바닷물고기. 몸이 위아래로 납작하여 타원형이 되고, 두 눈 모두 오른쪽에 몰려 붙어 있음. 주로 바다 밑바닥에 삶.

가자미

가작(佳作) [가:작] 1 잘된 글이나 작품. 2 당선작의 다음가는 작품. 예 가작으로 입선하다.

*가장¹ 여럿 가운데에서 어느 것보다도 더. 예 나는 반에서 키가 가장 크다. 비 제일.

*가장²(家長) 1 집안의 어른. 2 한 가정을 이끌어 나가는 사람. 예 가장 노릇을 하다.

가장³(假裝) [가:장] 1 태도를 거짓으로 꾸밈. 예 태연을 가장하다. 2 얼굴이나 몸차림을 남이 알아보지 못하게 꾸밈. 예 손님으로 가장하다. **가장하다**.

가장자리 [가:장자리] 물건의 둘레나 끝에 가까운 부분. 예 책상 가장자리. 땐 가운데.

가장행렬(假裝行列) [가:장행녈] 운동회나 축제 따위에서 여러 사람이 갖가지 모습으로 꾸미고 다니는 행렬.

가재 [가:재] 가잿과의 동물. 게와 새우의 중간 모양으로 큰 집게다리가 있어 싸우거나 먹이를 잡는 데 씀. 뒷걸음질을 잘하며, 개울 상류의 돌 밑에 삶.

가재

가재도구(家財道具) 집안 살림에 쓰는 온갖 물건. 비세간.

가전제품(家電製品) 가정에서 쓰는 전기를 이용한 각종 기계나 기구. 라디오·텔레비전·냉장고·전기밥솥 따위.

***가정**¹(家庭) 가족이 함께 살고 있는 집안. 예가정 방문.

가정²(假定) [가:정] 사실에 관계없이 임시로 그렇다고 생각함. 예물에 빠졌다고 가정하다. 비가설. **가정하다**.

가정 교사(家庭敎師) 남의 집에서 돈을 받고 그 집 아이들을 가르치는 사람.

가정 교육(家庭敎育) 가정에서 집안 어른들의 일상생활을 통해 자녀들이 받는 영향이나 가르침.

가정부(家政婦) 돈을 받고 집안일을 해 주는 여자. 비파출부.

가정생활(家庭生活) 가정을 이루고 사는 생활.

가정의례 준칙(家庭儀禮準則) 가정에서 치르는 결혼·장례·제사 따위의 예식 절차와 기준을 정한 규칙.

가정적(家庭的) 1 가정생활에 성실한 (것). 예가정적인 남편. 2 가정과 같은 분위기가 감도는 (것). 예가정적인 분위기.

가정주부(家庭主婦) 한 가정의 살림살이를 맡아서 꾸려 가는 안주인. 비주부.

가정 통신(家庭通信) 아동을 교육·지도할 때 필요한 사항을 교사와 학부모가 주고받는 소식.

가제(독 Gaze) 무명실로 성기게 짠 흰 헝겊. 소독하여 상처에 대거나 묶는 데에 씀. 거즈.

***가져가다** [가저가다] 1 한 곳에서 다른 곳으로 옮겨 가다. 예조심해서 가져가거라. 2 어떤 상태로 끌고 가다. 예사태를 최악의 상황으로 가져가다. [활용] 가져가거라. ⊃take

***가져오다** [가저오다] 1 한 곳에서 다른 곳으로 옮겨 오다. 예네가 가져오너라. 2 어떤 상태를 생기게 하다. 예좋은 결과를 가져오다. [활용] 가져오너라. ⊃bring

***가족**(家族) 부부를 중심으로 한집안을 이루는 사람들. 예온 가족이 한자리에 모이다. 비식구. ⊃family

가족계획(家族計劃) [가족꼐획 / 가족꼐훽] 부부가 자녀의 수나 터울을 알맞게 조절하는 일.

가족사진(家族寫眞) [가족싸진] 가족들이 함께 찍은 사진.

가족적(家族的) [가족쩍] 1 한 가족에 관한 (것). 2 가족 사이처럼 친밀한 (것). 예가족적인 분위기.

가족 제도(家族制度) 사회적으로 규정되어 있는 가족의 구성과 형태. 대가족·핵가족 따위.

가족회의(家族會議) [가조괴의 / 가조퀘이] 가족이 모여서 집안의 중요한 문제에 대해 의논하는 모임.

***가죽** 1 동물의 몸을 싸고 있는 껍질. 2 동물의 몸에서 벗겨 낸 껍질을 가공하여 만든 물건. 구두·옷·가방 따위를 만드는 데 씀. 예가죽 가방. 비피혁.

가중(加重) 1 책임이나 부담 따위를 더 무겁게 함. 예부담이 가중되다. 2 형벌을 더 무겁게 함. 예가중 처벌을 받다. 반경감. **가중하다**.

가증스럽다(可憎―) [가:증스럽따] 몹시 괘씸하고 얄밉다. 예가증스러운 태도. [활용] 가증스러워 / 가증스러우니.

***가지**¹ 1 나무나 풀의 원줄기에서 갈라져 뻗은 줄기. 예가지를 치다. 2 근본에서 갈라져 나간 것. ⊃branch

가지² 가짓과에 속하는 식물. 여름부터 가을에 걸쳐 자줏빛 열매를 맺으며 먹을 수 있음.

***가지**³ 사물을 종류별로 따로따로 구별하여 헤아리는 말. 예세 가지 방법. 비종류.

가지가지 여러 가지. 여러 종류. 예취미도 가지가지다. 준갖가지.

가지각색(―各色) [가지각쌕] 여러 가지의 온갖 형태. 여러 가지 모양. 예봄이면 가지각색의 꽃이 핀다. 비각양각색.

***가지다** 1 손에 쥐다. 예장난감을 가지고 놀다. 2 자기 것이 되게 하다. 예주운 돈을 가지다. 3 직업·자격증 따위를 소유하다. 예새로운 직업을 가지다. 4 마음에 품다. 예꿈을 가지다. 준갖다. ⊃have

> 주의 **가진과 갖은**
>
> **가진** '가지다'가 활용한 말. '가지고/가진/가졌던/가지겠다' 따위로 활용.
>
> **갖은** 활용하지 않고 언제나 '갖은'의 꼴로만 쓰임. '골고루 갖춘, 가지가지의'의 뜻.

가지런하다 여럿이 고르게 되어 있다. 예 신발을 가지런하게 놓다.

가지런히 가지런하게. 예 우산이 가지런히 꽂혀 있다.

가지치기 열매가 잘 열리고, 나무 모양을 좋게 하기 위하여 곁가지 따위를 자르고 다듬는 일. 비 전정. **가지치기하다**.

가짓수 (一數) [가지쑤/가짇쑤] 여러 가지 종류의 수효. 예 반찬의 가짓수가 많다.

가짜 (假一) [가:짜] 진짜처럼 꾸민 것. 진짜가 아닌 것. 예 가짜 돈. 반 진짜.

가차 없이 (假借一) 조금도 사정을 보아주거나 너그러움이 없이. 예 가차 없이 처벌하다.

가책 (呵責) [가:책] 자기가 저지른 잘못을 마음속으로 깨달아 뉘우치는 것. 예 양심의 가책을 받다.

***가축** (家畜) 집에서 기르는 짐승. 소·말·개·돼지·닭 따위. 비 집짐승.

가출 (家出) 가정을 버리고 집을 나옴. 예 청소년 가출이 늘고 있다. **가출하다**.

***가치** (價値) 1 값어치. 예 화폐 가치가 떨어지다. 2 사물이 지니고 있는 의의나 중요성. 예 읽을 만한 가치가 있는 책.

가치관 (價値觀) 무엇의 가치를 매길 때, 매기는 사람의 생각이나 기준. 예 뚜렷한 가치관을 세우다.

가칭 (假稱) [가:칭] 임시로 지은 이름. **가칭하다**.

가타부타 (可一否一) [가:타부타] 옳다거나 그르다거나.

가택 (家宅) 살림하는 집. 예 가택 수색 / 가택 방문.

가톨릭 (Catholic) 천주교나 천주교도. 예 가톨릭 신자.

가파르다 산이나 길이 몹시 비탈지다. 예 길이 가팔라서 차가 못 간다. 활용 가팔라 / 가파르니.

가표 (可票) [가:표] 찬성을 나타내는 표. 반 부표.

가풍 (家風) 한집안의 풍습이나 규율. 비 가품.

가필 (加筆) 붓을 대어 글이나 그림 따위를 고침. **가필하다**.

가하다 (加一) 어떤 행동을 하거나 영향을 끼치다. 예 압력을 가하다 / 일에 박차를 가하다.

가해 (加害) 남에게 해를 끼침. 반 피해. **가해하다**.

가해자 (加害者) 남에게 해를 끼친 사람. 반 피해자.

가호 (加護) 하늘이나 신이 보살피고 돌봄. 예 신의 가호가 있기를 빕니다.

가혹하다 (苛酷一) [가:호카다] 매우 모질고 혹독하다. 예 가혹한 형벌.

가화만사성 (家和萬事成) 집안이 화목하면 모든 일이 잘 이루어진다는 말.

가훈 (家訓) 한집안에서 자손들에게 일러 주는 가르침. 예 우리 집 가훈은 '바르고 건강하게 살자'이다.

가히 (可一) [가:히] '능히', '넉넉히'의 뜻을 나타냄. 예 가히 짐작하고도 남을 만한 일 / 가히 자랑할 만하다.

***각**¹ (角) 1 면과 면이 만나 이루는 모서리. 예 얼굴이 각이 지다. 2 두 직선의 한 끝이 서로 만나는 곳. 3 '각도'의 준말. ⊃ angle

***각**² (各) 각각의. 낱낱의. 예 각 학교 / 각 가정.

***각각** (各各) [각깍] 따로따로. 제각기. 몫몫이. 예 각각의 의견을 말하다 / 생각이 각각 다르다. ⊃ each

각계 (各界) [각꼐/각께] 사회의 여러 분야.

각계각층 (各界各層) [각꼐각층/각께각층] 사회 각 분야의 여러 계층. 예 각계각층에서 성금을 보내오다.

각고 (刻苦) [각꼬] 고생을 견디면서 몹시 애씀. 예 수년간의 각고 끝에 작품을 완성하다. **각고하다**.

각광 (脚光) [각꽝] 1 무대 앞 아래쪽에서 배우를 비추는 광선. 2 사회의 주목과 관심을 끄는 일.

각광(을) 받다 많은 사람들에게서 주목을 받다. 예각광을 받고 있는 신인 가수.

***각국**(各國)[각꾹] 각 나라. 여러 나라. 예세계 각국에서 모인 선수단.

각급(各級)[각끕] 각각의 급. 여러 급. 예각급 학교.

***각기**(各其)[각끼] 저마다 각각. 예생긴 모양이 각기 다르다.

각기둥(角一)[각끼둥] 밑면이 다각형이고, 옆면이 직사각형이나 정사각형인 다면체.

각기병(脚氣病)[각끼뼝] 비타민 비(B)가 부족하여 생기는, 다리가 붓고 맥박이 빨라지는 병. 쌀을 주식으로 하는 동양인에게 많이 생김.

***각도**(角度)[각또] 1 각의 크기. 예각도를 재다. 준각. 2 생각의 방향이나 관점. 예여러 각도에서 살펴보다.

***각도기**(角度器)[각또기] 각의 크기를 재는 기구.

각막(角膜)[강막] 눈알의 앞쪽에 있는 둥근 모양의 얇고 투명한 막.

각막염(角膜炎)[강망념] 각막에 염증이 생겨 각막이 흐려지는 병.

각목(角木)[강목] 네모지고 길쭉하게 다듬은 나무.

각박하다(刻薄一)[각빠카다] 모질고 인정이 없다. 정이 없고 삭막하다. 예세상인심이 각박하다. 비야박하다.

각별하다(各別一)[각뼐하다] 1 아주 특별하다. 예각별한 대우를 받다. 2 서로 특별히 친하다. 예그와 나는 각별한 사이다.

각별히(各別一)[각뼐히] 각별하게. 예각별히 몸조심해라.

각본(脚本)[각뽄] 1 연극·영화·방송극 따위에서, 무대 장치·배우의 동작·대사 따위를 자세하게 적은 글. 시나리오. 비극본. 대본. 2 어떤 일을 하기 위해 미리 짜고 꾸며 놓은 계획. 예일이 각본대로 되어 가다.

각뿔(角一) 밑면은 다각형이고, 옆면이 여러 개의 삼각형으로 둘러싸인 도형.

각색(脚色)[각쌕] 소설이나 전설 등을 각본으로 고쳐 씀. 예소설을 시나리오로 각색하다. **각색하다**.

각서(覺書)[각써] 약속을 지키겠다는 내용을 적은 문서. 예각서를 쓰다.

각선미(脚線美)[각썬미] 다리의 곡선에서 느끼는 아름다움. 예각선미를 자랑하다.

각설탕(角雪糖)[각썰탕] 설탕을 덩어리로 뭉쳐서 네모나게 만든 것.

각성(覺醒)[각썽] 깨달아 정신을 바로 차림. 예국민의 각성을 촉구하다. **각성하다**.

각성제(覺醒劑)[각썽제] 잠이 오지 않게 하는 약.

각시[각씨] 1 '아내'를 달리 이르는 말. 2 갓 결혼한 젊은 여자. 비새색시.

각양각색(各樣各色)[가걍각쌕] 서로 다른 여러 가지 모양과 빛깔. 예각양각색의 옷차림. 비가지각색.

각오(覺悟)[가고] 앞으로 닥쳐올 일에 대하여 마음의 준비를 함. 예각오를 단단히 하다. **각오하다**.

***각자**(各自)[각짜] 1 한 사람 한 사람. 예각자의 일은 스스로 해결해라. 2 저마다 따로따로. 예점심값은 각자 부담할 것.

각재(角材)[각째] 네모지게 다듬은 재목.

각저총(角觝塚)[각쩌총] 중국 지린 성 지안시 무용총 옆에 있는 고구려 때의 무덤. 흙무덤이며 무덤 벽에는 씨름하는 그림이 있음.

***각종**(各種)[각쫑] 여러 종류. 예각종 상품을 진열해 놓다. 비가지가지.

각지(各地)[각찌] 각 지방. 여러 곳. 예전국 각지를 돌다. 비각처.

각질(角質)[각찔] 동물의 몸을 보호하는 비늘·뿔·털·부리·손톱 따위를 이루는 물질. 예곤충에는 세 겹으로 된 각질의 껍데기가 있다.

각처(各處) 여러 곳. 비각지.

각축(角逐) 서로 이기려고 경쟁함. 예우승을 놓고 세 팀이 각축을 벌이다. **각축하다**.

각하(閣下)[가카] 높은 지위에 있는 사람을 존경해서 일컫는 말. 예대통령

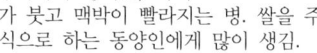
각기둥

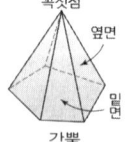
각뿔

각하.
간¹ 짠맛의 정도. ⑩ 찌개의 간을 보다 / 간이 맞다.
***간**² (肝) [간:] 1 사람이나 동물의 소화를 돕고 피를 맑게 거르는 기관. 🔁 간장. 2 음식으로서의 짐승의 간장. ⑩ 소의 간을 날로 먹다.

간에 기별도 안 가다 양이 적어 먹은 것 같지 않다.
간(이) 붓다 지나치게 대담해지다.
간이 콩알만 해지다 매우 겁에 질리다.
간(이) 크다 매우 대담하다. 겁이 없다.

***간**³ (間) 1 사이. ⑩ 서울과 인천 간의 국도. 2 '관계'의 뜻. ⑩ 부모와 자식 간의 정. 3 '간에'로 쓰여 '어느 쪽이든지 관계없이'의 뜻을 나타내는 말. ⑩ 있고 없고 간에 / 누구든지 간에.

간간이 (間間−) [간:가니] 1 드문드문. 이따금. 가끔. ⑩ 그런 일은 간간이 있다. 2 듬성듬성. ⑩ 집이 간간이 있다. 준 간간.

간간하다 맛이 약간 짠 듯하다. ⑩ 맛이 좀 간간하다. 큰 건건하다.

***간격** (間隔) 1 사람이나 물건 사이의 거리. 뜬 사이. ⑩ 간격을 넓히다. 2 시간적으로 벌어진 사이. ⑩ 두 시간 간격. 3 인간관계의 벌어진 틈. ⑩ 하찮은 일로 짝과 간격이 생겼다.

간결하다 (簡潔−) 표현이 간단하고 분명하다. ⑩ 간결한 글. 땐 복잡하다.

간계 (奸計) [간계 / 간게] 간사한 꾀. ⑩ 간계에 넘어가다.

간곡하다 (懇曲−) [간:고카다] 태도나 자세가 간절하고 정성스럽다. ⑩ 간곡한 부탁 / 간곡하게 말리다.

간과하다 (看過−) 신중히 생각하지 않고 대충 보아 넘기다. ⑩ 간과할 수 없는 사태 / 실수를 그냥 간과하다.

간교하다 (奸巧−) 꾀를 부려 남을 속이고 해롭게 하려는 생각이 가득하다. ⑩ 간교한 계책.

간니 [간:니] 젖니가 빠지고 다시 나는 이. 🔁 영구치. 땐 젖니. → 젖니[참고]

간단명료하다 (簡單明瞭−) [간단명뇨하다] 간단하고 분명하다. ⑩ 간단명료하게 대답하다.

***간단하다** (簡單−) 1 복잡하지 않다. ⑩ 조립이 간단하다. 🔁 간략하다. 단순하다. 땐 복잡하다. 2 일이나 차림이 간편하다. ⑩ 간단한 복장.

***간단히** (簡單−) 간단하게. ⑩ 간단히 인사를 나누다 / 일을 간단히 처리하다.

간담 (肝膽) [간:담] 1 간과 쓸개. 2 속마음을 비유적으로 일컫는 말.
간담이 서늘하다 몹시 놀라서 섬뜩하다.

간담회 (懇談會) [간:담회 / 간:담훼] 서로 마음을 터놓고 정답게 이야기를 나누는 모임.

간덩이 (肝−) [간:떵이] '간'의 속된 말. 🔁 간덩어리.
간덩이(가) 붓다 터무니없이 배짱을 부리다. 건방지게 굴다.

간도 (間島) [간:도] 『지명』 북간도·서간도를 포함한 만주 동남부 두만강 유역 지방을 통틀어 이르는 말.

간드러지다 목소리나 몸짓이 마음을 녹일 듯이 예쁘고 맵시 있으며 부드럽다. ⑩ 간드러진 웃음소리.

간들간들 작은 물체가 이리저리 가볍게 자꾸 흔들리는 모양. ⑩ 꽃들이 간들간들 바람에 나부낀다. 큰 건들건들. **간들간들하다**.

간들거리다 1 바람이 부드럽고 가볍게 불다. 2 사람이 간드러진 태도를 보이다. 큰 건들거리다. 3 작은 물체가 이리저리 자꾸 흔들리다. ⑩ 나뭇잎이 바람에 간들거린다.

간디 (Gandhi, Mohandas Karamchand) 『인명』 인도의 민족 운동 지도자. 영국의 식민지 정책에 대항하여 비폭력·무저항·불복종 운동을 펼치고 인도의 독립과 해방을 위하여 힘씀. [1869-1948]

간략하다 (簡略−) [갈랴카다] 간단하고 짤막하다. ⑩ 요점만 간략하게 말하다. 🔁 간단하다.

간략히 (簡略−) [갈랴키] 간략하게. ⑩ 긴 글을 간략히 줄이다.

간만 (干滿) 썰물과 밀물. ⑩ 조수 간만의 차가 심하다.

간밤 지난밤. 어젯밤. ⑩ 간밤에 비가 내렸다.

간병 (看病) 환자의 곁에서 돌보고

시중을 듦. 비병구완. **간병하다**.
간부 (幹部) 모임이나 단체의 중심이 되는 사람. 예간부 회의.
간사 (奸詐) 행동이나 마음이 바르지 않고 남을 잘 속임. 예간사한 인간 / 간사한 행동. **간사하다**.
간석기 (一石器) [간:석끼] 돌을 갈아서 만든 신석기 시대의 석기. *뗀석기.
간석지 (干潟地) [간석찌] 바닷물이 드나드는 개펄. 예**간석지**를 개간하다.
간선 (幹線) 도로·철도·전신 등에서 중심이 되고 중요한 선. 예간선 철도. 비본선. 반지선.
간선제 (間選制) [간:선제] 일반 유권자가 먼저 선거 위원을 뽑고, 그 선거 위원이 투표하여 당선자를 뽑는 선거 제도. 반직선제.
간섭 (干涉) 남의 일에 참견함. 예내 일에 간섭하지 마라. 비참견. 반방임. **간섭하다**.
간성 (干城) 방패와 성이라는 뜻으로, 나라를 지키는 군대나 사람을 말함. 예국군은 나라의 간성.
간소하다 (簡素—) 간략하고 꾸밈이 없다. 예간소한 옷차림.
간소화 (簡素化) 복잡한 것을 간략하게 함. 예민원서류를 간소화하다. **간소화하다**.
간수[1] 물건 따위를 잘 거두어 보호하거나 보관함. 예귀중한 물건이니 잘 간수해라. **간수하다**.
간수[2] (一水) 습기가 찬 소금에서 저절로 녹아 나오는 짜고 쓴 물. 두부를 만들 때에 씀.
간수[3] (看守) '교도관'의 전 용어.
간식 (間食) [간:식] 끼니와 끼니 사이에 음식을 먹음. 또는 그 음식. 비군음식.
간신 (奸臣) 간사한 신하. 반충신.
간신히 (艱辛—) 겨우. 가까스로. 힘들게. 예간신히 빠져나오다.
간악하다 (奸惡—) [가나카다] 간사하고 악독하다. 예간악한 무리.
간염 (肝炎) [가:념] 간에 생기는 염증을 통틀어 이르는 말.
간유리 (一琉璃) [간:뉴리] 잘 보이지 않게 만든 불투명한 유리.
간의 (簡儀) [가:늬/가:니] 조선 세종 때 이천·장영실 등이 만든, 해·달·별 등의 천체의 운행과 현상을 관측하던 기계.
간이 (簡易) [가:니] 간단하고 편리함. 예간이 화장실.
*****간장**[1] (—醬) 음식의 간을 맞추는 데에 쓰는 짠맛이 나는 흑갈색의 액체. 준장.
간장[2] (肝腸) 1 간과 창자. 2 애가 타서 녹을 듯한 마음.
　간장을 태우다 조바심과 걱정으로 속을 끓이다. 애를 태우다.
간절하다 (懇切—) [간:절하다] 바라는 마음이 매우 절실하다. 예간절한 부탁 / 간절한 소망. 비곡진하다.
간절히 (懇切—) [간:절히] 간절하게.
간접 (間接) [간:접] 바로 대하지 않고 중간에 사람이나 사물을 통하여 연결되는 관계. 반직접.
간접 경험 (間接經驗) 몸으로 직접 경험하지 아니하고, 말을 듣거나 글을 읽어 얻는 경험. 예책을 통해 **간접 경험**을 하다.
간접 선거 (間接選擧) 선거권자가 먼저 선거 위원을 뽑고, 그 선거 위원이 다시 당선자를 뽑는 일. 반직접 선거. 준간선.
간접적 (間接的) [간:접쩍] 바로 대하지 않고 중간에 다른 사람이나 사물을 통하여 연결되는 (것). 예간접적으로 듣다. 반직접적.
간조 (干潮) 바닷물이 빠져 바다의 수면이 가장 낮아진 상태. 반만조.
간주곡 (間奏曲) [간:주곡] 극 또는 악극의 막간에 연주하는 가벼운 음악.
간주하다 (看做—) 그렇다고 보다. 그와 같다고 여기다. 예그의 공로로 간주하다.
간지럼 간지러운 느낌. 예간지럼을 태우다.
간지럽다 [간지럽따] 무엇이 살에 가볍게 닿아 스칠 때, 자리자리한 느낌이 있다. 예머리카락이 목에 닿아 간지럽다. 큰근지럽다. 활용 간지러워 / 간지러우니.
간지럽히다 [간지러피다] ⇨간질이다. 예겨드랑이를 간지럽히다.
*****간직하다** [간지카다] 물건 따위를 상

하지 않게 잘 간수하여 두다. 예추억이 담긴 사진을 소중히 **간직하다**. 비**간수하다**.

간질(癎疾) [간:질] 갑자기 몸이 굳어지고 손발을 떨며 정신을 잃는 증상이 나타나는 병. 뇌전증.

간질간질 간지러운 느낌이 자꾸 드는 상태. 큰근질근질. **간질간질하다**.

간질이다 [간지리다] 간지럽게 하다. 예들국화 향기가 코를 **간질이다**.

간척(干拓) 호수나 바닷가에 둑을 만들고 그 안의 물을 빼내어 육지로 만드는 일. 예간척 사업. **간척하다**.

간척지(干拓地) [간척찌] 간척 공사를 하여 만든 땅. 특히 경작지나 목축지로 이용할 수 있는 땅. 예바다를 막아 **간척지**를 만들다.

***간첩**(間諜) [간:첩] 적이나 경쟁 상대의 정보나 기밀 따위를 몰래 알아내서 자기편에 제공하는 사람. 스파이. 비첩자.

간청(懇請) [간:청] 간절히 청함. 예**간청**을 들어주다. **간청하다**.

***간추리다** 1 흐트러진 것을 가지런히 바로잡다. 예흩어진 서류를 **간추리다**. 2 글이나 말에서 중요한 것만 골라서 간단하게 정리하다. 예교과서를 **간추려서** 공부하다.

간택(揀擇) [간:택] 임금이나 왕자의 신붓감 또는 공주의 신랑감을 고르는 일. 예왕비를 **간택하다**. **간택하다**.

간파하다(看破一) 겉으로 드러나지 않은 속뜻이나 일의 내막을 알아차리다. 예그의 속셈을 **간파했다**.

간판(看板) 1 회사나 가게 따위에서, 여러 사람에게 보이려고 가게 이름·상표명·상품명 등을 써서 내건 물건. 예**간판**을 걸다. 2 남 앞에 내세울 만한 것. 학벌이나 경력 따위. 예**간판**보다 실력이 문제다.

간편하다(簡便一) 간단하고 편리하다. 예**간편한** 방법/사용이 **간편하다**. 비**간단하다**. 반복잡하다.

간하다[1] 1 음식의 맛을 내기 위해 짠맛을 내는 양념을 넣다. 2 생선·야채 따위를 소금에 절이다.

간하다[2](諫一) [간:하다] 웃어른이나 임금에게 잘못을 고치도록 말하다.

간행(刊行) 책이나 신문 따위를 인쇄하여 세상에 내놓거나 펴냄. 비출판. **간행하다**.

간호(看護) 환자를 보살펴 돌봄. 비간병. 구완. **간호하다**.

***간호사**(看護師) 병원에서 의사의 진료를 돕고 환자를 간호하는 것이 직업인 사람. ⊃nurse

간혹(間或) [간:혹] 이따금. 가끔. 어쩌다가 한 번씩. 예**간혹** 눈에 띄다. 비간간이.

***갇히다** [가치다] 가둠을 당하다. 예죄를 짓고 감옥에 **갇히다**.

갈가리 [갈:가리] 여러 가닥으로 찢어진 모양. 예옷이 **갈가리** 찢어지다. 비갈기갈기. 본가리가리.

갈겨쓰다 글씨를 서둘러서 아무렇게나 마구 쓰다. 예**갈겨쓴** 편지여서 읽기가 매우 어렵다. 활용 갈겨써/갈겨쓰니.

갈고닦다 [갈:고닥따] 학문이나 재주 따위를 힘써 배우고 익혀 더욱 훌륭하게 만들다. 예**갈고닦은** 노래 솜씨.

갈고리 끝이 뾰족하고 꼬부라진 물건. 쇠로 만들어 물건을 걸고 끌어당기는 데 씀.

갈기 [갈:기] 말이나 사자 같은 짐승의 목덜미에 난 긴 털.

갈기갈기 여러 가닥으로 찢어진 모양. 예강아지가 신문을 **갈기갈기** 찢어 놓았다. 비갈가리.

갈기

갈기다 1 몹시 세게 때리거나 후려치다. 예뺨을 한 대 **갈기다**. 2 글씨를 아무렇게나 급하게 쓰다. 예낙서를 **갈기다**. 3 똥·오줌 따위를 함부로 아무 데나 싸다. 4 총이나 대포 따위를 마구 쏘다.

갈까마귀 까마귓과에 속하는 새. 까마귀와 비슷하나 약간 작으며, 목과 배는 희고 나머지는 검음.

***갈다**[1] 이미 있는 것 대신에 다른 것으로 바꾸다. 예전등을 **갈다**. 활용 갈아/가니/가는.

***갈다**[2] [갈:다] 1 날카롭게 날을 세우거나 표면을 매끄럽게 하기 위해 단단

한 물건에 대고 문지르다. 예먹을 갈다 / 숫돌에 칼을 갈다. 2 단단한 물건에 대고 문질러서 잘게 부수거나 으깨다. 예강판에 감자를 갈다. [활용] 갈아 / 가니 / 가는.

*갈다³ [갈:다] 1 농기구로 논밭의 흙을 파서 뒤집다. 예밭을 갈다. 비일구다. 2 농사를 짓다. 경작하다. [활용] 갈아 / 가니 / 가는.

갈대 [갈때] 볏과의 여러해살이풀. 습지나 물가에 나는데 높이는 1-3m, 줄기는 곧고 단단하며 속이 비어 있음. 잎은 가늘고 길며, 가을에 줄기 끝에 솜털 같은 흰 꽃이 핌.

갈대밭 [갈때받] 갈대가 많이 나 있는 곳.

갈돌 [갈:똘] 원시 시대에 갈판돌에 곡식이나 열매 따위를 놓고 갈 때 쓰던 납작한 돌.

갈등 (葛藤) [갈뜽] 1 마음속으로 서로 어긋난 생각에 괴로워함. 예마음의 갈등을 느끼다. 2 생각이나 이해관계의 대립으로 말미암아 일어나는 충돌. 갈등을 빚다. 갈등하다.

갈라놓다 [갈라노타] 1 사이가 멀어지게 하다. 예두 사람 사이를 갈라놓다. 2 각각 떼어 구분하다. 예사과를 네 조각으로 갈라놓다.

갈라서다 1 둘 이상으로 나뉘어 서다. 예두 편으로 갈라서다. 2 서로 관계를 끊고 따로따로 되다. 예부부가 깨끗이 갈라서다.

*갈라지다 1 하나이던 것이 깨져 금이 가거나 쪼개지다. 예벽이 갈라지다. 2 사이가 멀어지다. 예친구 사이가 갈라지다.

갈래 하나에서 둘 이상으로 갈라져 나간 부분이나 가닥. 예머리를 두 갈래로 땋다.

갈리다¹ 몇 갈래로 나누어지다. 예지지표가 갈리다 / 의견이 구구하게 갈리다.

갈리다² 1 윗니와 아랫니가 서로 맞닿아 문질러지다. 예분해서 이가 갈린다. 2 돌에 물려 잘게 부숴지거나 으깨지다.

갈리다³ 1 새것으로 바꾸게 하다. 2 다른 사람이나 사물로 바뀌다. 예장관이 갈리다.

갈릴레이 (Galilei, Galileo) [인명] 이탈리아의 물리학자·천문학자·철학자. 물체의 낙하 법칙을 발견하고, 목성의 위성 및 태양의 흑점을 발견하였으며, 또 지구가 태양의 둘레를 돈다는 코페르니쿠스의 지동설을 증명하다. [1564-1642]

갈림길 [갈림낄] 여러 갈래로 갈린 길. 예선택의 갈림길에 서다.

갈망하다 (渴望—) 간절히 바라다. 예모든 사람이 갈망하는 통일. 비열망하다.

*갈매기 갈매깃과의 바닷새. 몸빛은 대체로 희며 등과 날개는 회색, 부리와 다리는 노란색을 띰. 물갈퀴가 있어 헤엄을 잘 치고 물고기를 잡아먹음. 비백구.

갈매기

갈맷빛 [갈매삗 / 갈맫삗] 짙은 초록 빛깔.

갈모 (—帽) 예전에, 기름종이로 만들어 비가 올 때 갓 위에 덮어 쓰던 고깔 모양으로 생긴 것.

갈무리 1 일을 처리하여 끝맺음. 비마무리. 2 물건 따위를 잘 정돈하여 간수함. 갈무리하다.

갈비 1 갈비뼈. 늑골. 2 소나 돼지 따위의 가슴통을 이루는 굵은 뼈와 살을 요리의 재료로 이르는 말. 예갈비를 한 대 뜯다.

갈비뼈 등뼈에 붙어 좌우로 활처럼 둥글게 휘어 가슴통을 이루는 뼈. 좌우 열두 쌍이 있음. 비늑골.

갈비찜 소나 돼지 따위의 갈비에 양념을 하여 푹 찐 음식.

갈비탕 (—湯) 소의 갈비를 토막 내어 물에 넣고 끓인 국.

갈색 (褐色) [갈쌕] 검은빛을 띤 주황색. 비밤색. ⊃brown

갈수록 [갈쑤록] 점점. 더욱더. 예갈수록 실력이 는다.

갈아대다 [가라대다] 묵은 것 대신 새것을 바꾸어 대다. 예대팻날을 갈아대다 / 구두창을 갈아대다.

갈아엎다 [가라업따] 땅을 갈아서 뒤집어엎어 놓다. 예쟁기로 논을 갈아

갈아입다 [가라입따] 입고 있던 옷을 벗고 다른 옷으로 바꾸어 입다. 예 자기 전에 잠옷으로 갈아입다.

갈아타다 [가라타다] 타고 있던 것에서 내려 다른 것으로 바꿔 타다. 예 버스를 갈아타다.

갈음 [가름] 다른 것으로 바꾸어 대신함. 갈음하다. →가름 주의

갈이 [가리] 1 논밭을 가는 일. 예 갈이를 마치다. 2 하루 동안에 한 마리의 소가 갈 만한 논밭의 넓이.

갈잎[1] [갈:립] 1 '가랑잎'의 준말. 2 떡갈나무의 잎. 비 떡갈잎.

갈잎[2] [갈립] 갈대의 잎. 비 갈댓잎.

갈증(渴症) [갈쯩] 목이 몹시 말라서 물을 마시고 싶은 느낌. 예 갈증을 느끼다 / 갈증이 나다.

갈채(喝采) 기뻐서 크게 소리 지르며 칭찬함. 예 갈채를 받다.

갈치 갈칫과의 바닷물고기. 길고 얄팍한 띠 모양인데 비늘이 전혀 없고 몸 전체에 은백색의 가루 같은 것이 덮여 있음. 등지느러미가 꼬리까지 뻗어 있고 배지느러미와 꼬리지느러미가 없음.

갈퀴 나뭇잎이나 마른 풀 따위를 긁어모으는 데 쓰는 기구. 한쪽 끝이 구부러진 대쪽이나 철사를 여러 개 엮어 만듦.

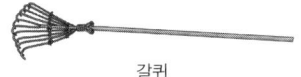

갈퀴

갈파래 갈파랫과의 바닷말. 김과 비슷하나 더 푸르고 물결이 잔잔한 바닷가에서 많이 남. 먹기도 하나 사료로 많이 씀. 비 청태.

갈판 [갈:판] 원시 시대에 곡식이나 열매 같은 것을 갈 때 밑에 받치던 판.

갈팡질팡 목표·방향을 정하지 못하고 이리저리 헤매는 모양. 예 산속에서 길을 잃고 갈팡질팡 헤매다. 갈팡질팡하다.

갈피 1 겹치거나 포갠 물건의 하나하나의 사이. 2 일의 갈래가 구별되는 어름.

갈피를 못 잡다 어떻게 된 일인지 또는 어떻게 할지를 모르다. 예 너무 복잡하여 갈피를 못 잡겠다.

갉다 [각따] 바닥이나 거죽 따위를 날카롭고 뾰족한 끝으로 자꾸 문지르다. 예 칼끝으로 갉아 구멍을 내다. 큰 긁다. [발음] 갉고 [갈꼬] / 갉아 [갈가] / 갉지 [각찌].

갉아먹다 [갈가먹따] 1 사물이나 시간 따위를 조금씩 헛되이 소모하다. 2 남의 돈이나 물건을 좀스럽게 빼앗아 가지다. 예 백성의 재물을 갉아먹다. 큰 긁어먹다.

***감**[1] [감:] 감나무의 열매. 빛깔은 붉으며 가을에 익음. 맛이 달고 좋으며, 껍질을 벗기고 말려서 곶감을 만듦.

***감**[2] [감:] 1 무엇을 만드는 재료 또는 바탕이 되는 천. 예 이 옷은 감이 질기다 / 이불감 / 한복감. 2 어떤 자리에 알맞은 사람의 뜻. 예 사윗감 / 사장감. 3 어떤 일의 대상이 되는 사물이나 도구, 사람의 뜻. 예 놀림감 / 장난감.

감[3] (感) [감:] 느낌이나 생각. 예 때늦은 감이 있다.

-감(感) 느낌 또는 느끼는 마음의 뜻. 예 자신감 / 친밀감.

***감각**(感覺) [감:각] 1 눈·귀·코·혀·살갗 따위의 작용을 통하여 느끼는 것. 예 추위어서 손발의 감각이 마비되다. 2 사물을 느껴서 깨달음. 예 언어 감각이 뛰어나다. ⇨sense

감각 기관(感覺器官) 동물의 몸에서 외부의 자극을 받아들여 느끼는 기관. 눈·귀·코·혀·살갗 따위.

감각적(感覺的) [감:각쩍] 1 느낀 대로 행동하거나 표현하는 (것). 2 감각을 자극하는 (것).

감감무소식(一無消息) 소식이나 연락이 오랫동안 전혀 없음. 예 떠나고는 감감무소식이다.

감감하다 1 너무 멀어서 아득하다. 2 소식이 없다. 예 이사 간 친구 소식이 몇 해 동안 감감하다.

감개(感慨) [감:개] 마음속 깊이 느낀 감동이나 느낌. 예 감개에 젖다.

감개무량하다(感慨無量一) [감:개무량하다] 마음에 느낀 감동이 매우 크다. 예 10년 만에 만나니 참으로 감개무량하다.

감격 (感激) [감:격] 1 몹시 고맙게 느낌. 예감격의 눈물을 흘리다. 2 마음에 깊이 느끼어 크게 감동함. 예감격과 흥분의 도가니. 비감동. **감격하다**.

감격스럽다 (感激—) [감:격쓰럽따] 마음에 깊이 느끼어 감동이 매우 크다. 예감격스러운 목소리. [활용] 감격스러워 / 감격스러우니.

감격적 (感激的) [감:격쩍] 마음에 느끼는 감동이 큰 (것). 예감격적인 장면. 비감동적.

감금 (監禁) 마음대로 드나들지 못하게 일정한 곳에 가둠. 예불법 감금. **감금하다**.

*__감기__ (感氣) [감:기] 바이러스에 감염되어 걸리는 호흡기 계통의 병. 콧물·기침·재채기·열이 나고 목이 아픈 증상이 있음. 비고뿔.

감기다¹ 1 눈이 저절로 감아지다. 예너무 졸려서 눈이 자꾸 감긴다. 2 다른 사람의 눈을 감게 하다.

감기다² 노끈이나 실 같은 것이 감아지다.

감기다³ 머리나 몸을 물로 씻어 주다. 예머리를 감기다.

감나무 [감:나무] 감나뭇과의 낙엽 활엽 교목. 5~6월에 좀 누런 흰색 꽃이 피며, 10월에 열매가 주황색으로 익음. 나무는 가구의 재료로 쓰임.

*__감다__¹ [감:따] 눈꺼풀로 눈을 덮다. 예눈을 지그시 감다. 반뜨다.

*__감다__² [감:따] 머리·몸 따위를 물에 담가 씻다. 예머리를 감다.

*__감다__³ [감:따] 실·끈·줄 등을 무엇에 말거나 두르다. 예붕대를 머리에 감다 / 실을 실패에 감다.

감당 (堪當) 1 일을 맡아서 해냄. 예이 일은 혼자 감당하기 어렵다. 2 견디어 냄. 예슬픔이 커 감당하기 힘들다. **감당하다**.

감독 (監督) 1 일이나 사람 따위가 잘못되지 않도록 보살피고 지도함. 또는 그런 일을 맡은 사람. 예시험 감독. 2 연극·영화 등을 만들 때 연출을 맡아 직접 지휘하고 배우를 관리하는 사람. 예조명 감독. 3 운동 경기에서 선수를 지도하는 사람. 예축구 팀의 감독. **감독하다**.

감독관 (監督官) [감독꽌] 감독하는 직무를 맡은 사람. 예감독관으로 임명되다.

감돌다 [감:돌다] 1 어떤 기운·분위기 따위가 주위에 가득 어리다. 예따뜻한 분위기가 감돈다. 2 길이나 물굽이가 모퉁이를 따라 돌다. 예바위를 감돌아 흐르는 냇물. [활용] 감돌아 / 감도니 / 감도는.

*__감동__ (感動) [감:동] 깊이 느끼어 마음이 움직임. 예선생님의 말씀을 듣고 큰 감동을 받았다. 비감격. **감동하다**.

감동적 (感動的) [감:동적] 깊이 느끼어 마음이 움직이는 (것). 예감동적인 순간. 비감격적.

감량 (減量) [감:냥] 수량이나 무게를 줄임. 예체중 감량에 성공하다. **감량하다**.

감면 (減免) [감:면] 형벌·세금·부담 따위를 덜어 주거나 면제함. 예학비 감면을 받다. **감면하다**.

감명 (感銘) [감:명] 깊이 감동하여 마음에 새김. 예감명 깊은 이야기. **감명하다**.

감미롭다 (甘味—) [감미롭따] 1 맛이 달거나 달콤하다. 예감미로운 과실. 2 달콤한 느낌이 있다. 예감미로운 음악. [활용] 감미로워 / 감미로우니.

감미료 (甘味料) 단맛을 내는 데 쓰는 재료. 설탕·물엿·과당·포도당 따위.

감방 (監房) 교도소에서 죄수를 가두어 두는 방.

*__감사__¹ (感謝) [감:사] 고맙게 여김. 또는 고마움을 나타내는 인사. 예선생님의 은혜에 감사를 드리다. 비사례. **감사하다**. **감사히**. ⊃thank

감사² (監査) 잘하도록 감독하고 검사함. 예정기 국회의 국정 감사. **감사하다**.

감사³ (監司) ⇨관찰사.

감상¹ (感想) [감:상] 마음속에서 일어나는 느낌이나 생각. 비느낌. 소감.

감상² (感傷) [감:상] 1 마음에 느껴 슬퍼함. 예감상에 젖다. 2 감정이 하찮은 자극에도 쉽게 흔들려 움직이는 상태. 예가을은 감상의 계절.

*__감상__³ (鑑賞) 영화·문학·음악·미술 따위의 예술 작품의 아름다움을 느끼

고 이해하며 즐기는 것. 예 음악 감상/영화 감상. **감상하다**.

감상문(感想文)[감:상문] 어떤 사물이나 현상을 보거나 겪으면서 마음속으로 느낀 점을 적은 글. 또는 어떤 작품이나 글에 대한 감상을 적은 글. 예 독서 감상문.

감상적(感傷的)[감:상적] 지나치게 쉽게 슬퍼하거나 감동하는 (것).

감색(紺色) 검은빛을 띤 남빛. 예 감색 양복을 입은 남자.

감성(感性)[감:성] 자극에 대하여 느낌·생각이 일어나게 하는 능력. 예 감성이 풍부하다. 凹감수성.

감성적(感性的)[감:성적] 감성이 작용하는 (것). 감성이 예민한 (것).

감소(減少)[감:소] 수량이 줄어서 적어짐. 예 인구가 감소하다. 凹증대. **감소하다**.

감속(減速)[감:속] 속도를 줄임. 또는 속도가 줄어듦. 凹가속. **감속하다**.

감수(監修) 책을 쓰거나 펴낼 때 지도하고 감독함. 예 사전을 편찬하면서 전문가의 감수를 받다. **감수하다**.

감수성(感受性)[감:수썽] 외부의 자극을 받아들이고 느끼는 성질이나 능력. 예 예민한 감수성.

감수하다(甘受一) 괴롭거나 힘든 일 따위를 달게 받아들이다. 예 비난을 감수하다.

감시(監視) 단속하기 위해 주의하여 지켜봄. 예 감시를 받다. **감시하다**.

감식(鑑識) 어떤 물건의 가치나, 가짜인가 진짜인가를 알아냄. 예 보석 감식. **감식하다**.

***감싸다**[감:싸다] 1 휘감아 싸다. 예 상처를 붕대로 감싸다. 2 흉이나 약점을 덮어 주다. 예 허물을 감싸 주다.

감안하다(勘案一)[가만하다] 여러 사정을 헤아려 생각하다. 예 여러 가지 사정을 감안하다.

감언이설(甘言利說)[가먼니설/가머니설] 남의 비위에 맞도록 꾸민 말과 이로운 조건을 내세워 꾀는 말. 예 감언이설에 속아 넘어가다.

감염(感染)[가:몀] 병균이 몸 안에 들어와 병이 듦. 예 결핵에 감염되다.

감영(監營)[가명] 조선 때, 관찰사가 직무를 보던 관청.

***감옥**(監獄)[가목] 죄수를 가두어 두는 곳. '교도소'의 이전 이름. 예 감옥에 갇히다. 圈옥.

감옥살이(監獄一)[가목싸리] 감옥에 갇혀 지내는 생활. 예 반평생을 감옥살이하다. 圈옥살이. **감옥살이하다**.

감원(減員)[가:뭔] 사람 수를 줄임. 凹증원. **감원하다**.

감은사(感恩寺)[가:믄사] 경상북도 경주시 양북면에 있던 절. 신라 30대 문무왕 때에 왜구를 막기 위해 짓기 시작하여 31대 신문왕 때 완공됨. 현재는 건물 터와 우리나라 국보인 삼층 석탑이 남아 있음.

***감자** 가짓과의 여러해살이풀. 찬 기후에도 잘 자라며 초여름에 흰색 또는 보라색의 꽃이 핌. 땅속의 둥근 덩이 줄기인 '감자'는 녹말이 많아 널리 식용됨. ⇨potato

감자튀김 감자를 썰어서 기름에 튀긴 음식.

감전(感電)[감:전] 전기가 통하는 물체에 몸이 닿아 충격을 받음. 예 감전 사고/전기에 감전되다.

감점(減點)[감:쩜] 점수가 깎임. 또는 그 점수. **감점하다**.

***감정**[1](感情)[감:정] 1 사물에 대하여 느끼어 일어나는 심정·마음. 예 감정이 풍부하다. 2 마음에 언짢게 여기어 원망하거나 성내는 마음. 예 감정이 있는 말투.

감정[2](鑑定) 진짜와 가짜, 좋고 나쁨을 구별하여 결정함. 예 보석을 감정하다. **감정하다**.

감정 이입(感情移入) 자연이나 예술 작품 따위에 자신의 감정이나 정신을 불어넣어 자기와 대상이 서로 통한다고 느끼는 정신의 작용.

감정적(感情的)[감:정적] 쉽게 감정에 치우치거나 흥분하는 (것). 예 감정적으로 말하다.

감주(甘酒) ⇨단술.

감지(感知)[감:지] 느끼어 앎. 예 곧 닥칠 위험을 감지하다. **감지하다**.

감지덕지(感之德之)[감:지덕찌] 매우 고맙게 여기는 모양. 예 밥 한술에 감지덕지 눈물을 글썽인다. **감지덕지**

하다.

감쪽같다 [감쪽깓따] 꾸미거나 고친 흔적을 조금도 알아차릴 수 없을 만큼 티가 나지 않다. 예 솜씨 좋게 수리해 놓으니 감쪽같구나.

감쪽같이 [감쪽까치] 감쪽같게. 예 감쪽같이 속다.

감찰 (監察) 감시하여 살핌. 감독하고 단속함. **감찰하다**.

감천 (感天) [감:천] 지극한 정성이 하늘에 감동함. 예 지성이면 감천이라.

감초 (甘草) 1 콩과의 여러해살이풀. 약용 식물의 한 가지. 높이 1m 정도, 여름에 나비 모양의 자줏빛 꽃이 핌. 단맛이 나는 뿌리는 먹거나 약으로 씀. 2 감초의 뿌리.

감초

감촉 (感觸) [감:촉] 살갗에 닿거나 만질 때의 느낌. 예 감촉이 부드럽다. 비 촉감.

*__감추다__ 1 남이 보거나 찾지 못하도록 숨기다. 예 자취를 감추다 / 돈을 장롱 속에 감추다. 2 어떤 사실이나 감정을 남이 모르도록 알리지 않다. 예 사실을 감추다.

감축 (減縮) [감:축] 덜어서 줄임. 예 예산의 감축. **감축하다**.

감치다 [감:치다] 바느질감의 가장자리나 솔기를 실올이 풀리지 않게 용수철 모양으로 감아 꿰매다. 예 옷단을 감치다.

감칠맛 [감:칠맏] 1 음식이 입에 당기는 맛. 예 음식이 맛깔스럽고 감칠맛이 난다. 2 어떤 일이나 물건이 사람의 마음을 끌어당기는 힘. 예 감칠맛이 있는 문장.

감침질 [감:침질] 바늘로 감치는 일. 바느질감의 단을 접어 넣고 용수철 모양으로 감아 꿰맴. **감침질하다**.

감탄 (感歎) [감:탄] 마음에 깊이 느끼어 감동하여 칭찬함. 비 탄복. **감탄하다**.

감탄문 (感歎文) [감:탄문] 사물을 보고 자신이 받은 느낌을 표현하는 문장. '키가 많이 컸구나' 따위.

감탄사 (感歎詞) [감:탄사] 감동·응답·부름·놀람 따위의 느낌을 나타내는 말. 비 간투사. 느낌씨.

감퇴 (減退) [감:퇴 / 감:퉤] 능력·기능·세력·체력 따위가 줄어 약해짐. 예 식욕 감퇴. 반 증진. **감퇴하다**.

감투 1 예전에, 어른이 된 남자가 쓰던 모자. 말총·가죽·헝겊 따위로 만듦. 2 '벼슬'의 낮은말.

감하다 (減一) [감:하다] 줄이다. 덜다. 빼다. 예 빚을 감해 주다.

감행 (敢行) [감:행] 어려움을 무릅쓰고 일을 용기 있게 행함. 예 위험을 무릅쓰고 탈출을 감행하다. **감행하다**.

감화 (感化) [감:화] 좋은 영향을 주어 마음이 변하게 함. 또는 좋은 영향을 받아 마음이 변함. 예 덕으로써 학생들을 감화시키다. **감화하다**.

감회 (感懷) [감:회 / 감:훼] 지난 일을 돌이켜 볼 때 드는 생각이나 느낌. 예 고향을 찾으니 감회가 새롭다.

감흥 (感興) [감:흥] 마음속 깊이 감동을 받아서 일어나는 흥취. 예 시적인 감흥을 자아내다.

감히 (敢一) [감:히] 1 어려움을 무릅쓰고. 예 감히 용기를 내어 말씀드립니다. 2 주제넘게 함부로. 예 선생님 앞에서 감히 무슨 짓들이냐.

*__갑__[1] (甲) 1 차례나 등급의 첫째. 2 둘 이상의 사물이 있을 때 그 하나의 이름 대신에 쓰는 말. 예 세 사람을 각각 갑, 을, 병이라고 하자.

갑[2] (匣) 작은 상자. 예 분필 한 갑.

갑각류 (甲殼類) [갑깡뉴] 절지동물의 한 강. 대개 물속에 살며 딱딱한 등딱지로 덮였음. 게·가재·새우 따위.

갑갑하다 [갑까파다] 1 답답하게 꽉 막힌 느낌이 있다. 예 옷이 작아 갑갑하다 / 말귀를 못 알아들으니 갑갑한 노릇이다. 2 가슴이나 배 속이 막힌 듯 불편하다. 예 과식해서 속이 갑갑하다. 비 답답하다.

갑론을박 (甲論乙駁) [갑노늘박] 여럿이 서로 자기주장을 내세우고 상대방의 주장을 반박함. 예 갑론을박으로 결론을 못 짓다. **갑론을박하다**.

갑문 (閘門) [감문] 운하 등에서 물높이를 일정하게 하기 위해 물의 양을 조절하는 문.

갑부 (甲富) [갑뿌] 첫째가는 큰 부자. 예 장안의 갑부.
갑상샘 (甲狀-) [갑쌍샘] 신체의 발육과 신경 활동에 관계하는 호르몬을 분비하는 기관. 목 밑에 있음. 갑상선.
갑석 (-石) [갑썩] 돌 위에 다시 포개어 얹는 납작한 돌.
갑신정변 (甲申政變) [갑씬정변] 조선 고종 21년(1884)에 김옥균·박영효·홍영식 등의 개화파가 민씨 일파를 물리치고 새로운 정부를 세우기 위하여 일으킨 정변.
갑오개혁 (甲午改革) [가보개혁] 조선 고종 31년(1894)에, 그때까지의 정치 제도를 서양의 법식을 본받아 근대적으로 고친 일. 개화파의 김홍집 등이 민씨 일파의 사대 세력을 물리치고 대원군을 불러들여 개혁을 선포하였음. 비 갑오경장.
갑오경장 (甲午更張) [가보경장] '갑오개혁'의 전 용어.
갑옷 (甲-) [가볻] 예전에 싸움할 때 입던 옷. 화살이나 창, 또는 칼을 막기 위하여 쇠나 가죽을 덧붙여 만들었음.
갑인자 (甲寅字) [가빈자] 조선 세종 16년(1434) 갑인년에 만든 구리 활자.
*****갑자기** [갑짜기] 생각할 사이도 없이 급히. 예 갑자기 들이닥치다. 비 별안간.
갑작스럽다 [갑짝쓰럽따] 생각할 사이도 없이 매우 급하다. 활용 갑작스러워 / 갑작스러우니.
갑작스레 [갑짝쓰레] 갑작스럽게.
갑절 [갑쩔] 어떠한 수나 양을 두 번 합친 만큼. 두 배. 예 크기가 꼭 갑절이다. 비 배.
갑판 (甲板) 큰 배나 군함 등의 위에 철판이나 나무 등으로 깐 넓고 평평한 바다.
*****값** [갑] 1 물건을 사고팔 때 주고받는 돈. 예 물건을 사고 값을 치르다. 2 사물이 지니고 있는 가치. 3 수학에서, 문자나 식이 나타내는 수. 계산하여 얻은 수. 예 방정식의 값을 구하다. 발음 값이 [갑씨] / 값을 [갑쓸] / 값도 [갑또] / 값만 [감만].
값나가다 [감나가다] 값이 많은 액수로 매겨지다.
값비싸다 [갑삐싸다] 1 값이 비싸다. 예 값비싼 옷. 2 들이는 노력이 크거나 애를 많이 쓰다. 예 값비싼 대가를 치르다. 반 값싸다.
값싸다 [갑싸다] 1 값이 싸다. 2 별로 값어치가 없다. 예 값싼 동정은 받기 싫다. 반 값비싸다.
값어치 [가버치] 값에 해당하는 가치. 예 공부한 값어치가 있다.
값지다 [갑찌다] 1 값이 많이 나갈 만한 가치가 있다. 예 값진 보석. 2 가치나 보람이 크다. 예 값진 희생을 치르다.

갓¹ [갇] 1 예전에, 어른이 된 남자가 말총으로 만들어 머리에 쓰던 모자의 한 가지. 2 갓 모양을 한 물건을 통틀어 이르는 말. 예 전등의 갓.

갓¹

갓² [갇] 십자화과의 두해살이풀. 줄기와 잎은 먹으며, 씨는 겨자씨와 같이 쓰나 매운맛이 적고 향기가 있음.
갓³ [갇] 금방. 바로. 이제 막. 예 시골에서 갓 올라왔다.
갓길 [가:낄 / 갇:낄] 고속 도로나 자동차 전용 도로 차선의 양 바깥쪽 가장자리 길. 예 갓길 주행 금지.
갓김치 [갇낌치] 갓의 줄기와 잎으로 담근 김치.
갓나무 [간나무] 의자 뒷다리 맨 위에 가로질러 댄 나무.
갓난아기 [간나나기] 태어난 지 얼마 안 된 아기를 귀엽게 일컫는 말.
갓난아이 [간나나이] 낳은 지 얼마 안 되는 아이. 준 갓난애.
갓난애 [간나내] '갓난아이'의 준말.
*****강**¹ (江) 넓고 길게 흐르는 큰 물줄기. 예 강을 건너다. 반 산. ⇒river
강 건너 불구경 자신과 관계없는 일이라 하여 남의 일 대하듯 무관심하게 보고만 있는 모양.
강² (綱) 생물을 분류하는 단위의 하나. 문의 아래, 목의 위로 짐승강·개구리강 따위.
강가 (江-) [강까] 강의 가장자리에 닿아 있는 땅. 비 강변.
강감찬 (姜邯贊) 〖인명〗 고려의 장군.

현종 9년(1018)에 거란족을 귀주에서 크게 무찌름. [948-1031]

강강술래 여러 사람이 손을 잡고 원을 그리며 빙빙 돌면서 추는 민속춤. 또는 그 춤에 맞추어 부르는 노래. 우리나라 국가 무형유산으로, 2009년에 유네스코 세계 무형유산으로 지정됨.

강강술래

강건하다 (強健−) 몸과 마음이 튼튼하고 건강하다. 예신체가 강건하다.

강경 (強硬) 굳세게 버티어 굽히지 아니함. 예강경 자세 / 태도가 강경하다. **강경하다. 강경히.**

강구하다 (講究−) [강:구하다] 좋은 대책과 방법을 찾으려고 노력하다. 예대응책을 강구하다 / 적절한 방법을 강구하다.

강국 (強國) 경제적으로나 군사적으로 힘이 강한 나라. 비강대국.

강권 (強權) [강꿘] 국가가 강제적으로 행사할 수 있는 강력한 권력. 예강권 정치를 하다.

강기슭 (江−) [강끼슥] 강 양편의 가장자리 땅. [발음] 강기슭에 [강끼슬게] / 강기슭도 [강끼슥또] / 강기슭만 [강끼승만].

강남 (江南) 1 강의 남쪽 지역. 2 중국의 양쯔강 남쪽의 땅. 예강남 갔던 제비가 돌아오다. 3 서울에서, 한강의 남쪽 지역. 반강북.

*****강낭콩** 콩과의 한해살이 덩굴풀. 여름에 흰색, 또는 연한 자줏빛의 꽃이 피고 열매는 가늘고 긴 꼬투리로 맺히는데 그 속에 흰색, 황갈색 또는 흑색의 씨앗이 들어 있음. ×강남콩.

강낭콩

강냉이 ⇨ 옥수수.

강단 (講壇) [강:단] 강의나 강연, 설교 등을 하기 위하여 올라서게 만든 자리.

강당 (講堂) [강:당] 학교·회사 등에서 많은 사람을 모아 놓고 강의나 강연, 의식 따위를 할 수 있게 만든 건물이나 큰 방.

강대국 (強大國) 힘이 강하고 큰 나라. 비강국. 반약소국.

강대하다 (強大−) 나라의 힘 등이 강하고 크다. 예강대한 나라. 반약소하다.

강도[1] (強度) 강한 정도. 예훈련의 강도를 높이다.

강도[2] (強盜) [강:도] 강제로 남의 재물을 빼앗는 도둑. 또는 그런 행위. 예은행 강도 / 강도를 당하다.

강둑 (江−) [강뚝] 강물이 넘치지 않도록 강의 가장자리를 흙이나 돌로 쌓은 둑. 비제방.

강력하다 (強力−) [강녀카다] 1 힘이나 작용이 세다. 예강력한 대책 / 강력하게 추진하다. 2 가능성이 매우 높다. 예강력한 우승 후보. 반무력하다.

강렬하다 (強烈−) [강녈하다] 강하고 세차다. 예강렬한 인상 / 강렬한 펀치를 날리다.

강령 (綱領) [강녕] 어떤 정당이나 사회단체 등의 기본 이념이나 목적, 방침 따위. 예행동 강령.

강론 (講論) [강:논] 학문이나 종교에 관한 문제에 대해 설명하고 토론함. **강론하다.**

강릉 (江陵) [강능] 〖지명〗 강원도 동해안에 있는, 영동 지방의 중심 도시. 명승지로 관동 팔경의 하나인 경포대와 이율곡이 태어난 집인 오죽헌이 유명하며 경관이 뛰어난 해수욕장이 있음. → 〖학습마당〗 8(182쪽)

강매하다 (強賣−) [강:매하다] 남에게 물건을 강제로 떠맡겨 팔다. 예불량품을 강매하다.

*****강물** (江−) 강에 흐르는 물.

강바닥 (江−) [강빠닥] 강의 밑바닥.

강바람 (江−) [강빠람] 강에서 부는 바람. 반산바람.

강박 (強迫) [강:박] 마음에 느끼는 심한 압박. 예시험 성적에 대한 강박에 쫓기다.

강박 관념 (強迫觀念) 의식 속에 떠오른 어떤 관념을 없애려 해도 없앨 수 없는 정신 상태. 예강박 관념에 사로잡히다.

강변 (江邊) 강가. 물가.

강북 (江北) 1 강의 북쪽. 2 중국 양쯔강 북쪽의 땅. 3 서울에서, 한강 북쪽 지역을 이르는 말. 땐강남.

강사[1] (講士) [강:사] 강연회에서 강연을 하는 사람.

강사[2] (講師) [강:사] 학교·학원 등에서 특정한 과목을 시간 단위로 맡아 가르치는 사람. 예학원 강사.

*__강산__ (江山) 1 강과 산. 예십 년이면 강산도 변한다. 뗸자연. 2 나라의 땅. 예강산을 보전하다. 땐국토.

강설량 (降雪量) [강:설량] 일정한 기간 동안 일정한 곳에 내린 눈의 양.

강성하다 (強盛—) 세력이 강하고 활동이 왕성하다.

강세 (強勢) 1 강한 세력이나 기세. 예양궁에서 강세를 보이다. 2 물가나 가치 따위의 시세가 올라가는 기세. 예집값이 강세를 보이다. 땐약세. 3 어떤 부분을 강하게 발음하는 일. 예밑줄 친 말에 강세를 두다.

강속구 (強速球) [강속꾸] 야구에서, 투수가 던지는 강하고 빠른 공.

강수량 (降水量) [강:수량] 일정한 기간 동안 일정한 곳에 내린 비·눈·우박 따위를 합친 양.

강습 (講習) [강:습] 일정 기간 동안 지식이나 기술 등을 배우고 익히도록 가르침. 예일주일에 한 번씩 수영 강습을 받다. 강습하다.

강습회 (講習會) [강:스풰 / 강:스풰] 여러 사람을 한자리에 모아 놓고 강습하는 모임. 예꽃꽂이 강습회.

*__강아지__ 개의 새끼. ⊃puppy

강아지풀 볏과의 한해살이풀. 잎은 가늘고 길며, 여름에 강아지 꼬리 모양의 초록색 또는 자주색 꽃이 핌. 들·밭·길가에 남.

강압 (強壓) [강:압] 강한 힘이나 권력으로 강제로 억누름. 예강압 조치. 땐억압. 강압하다.

강약 (強弱) [강약 / 강냑] 셈과 여림. 예강약을 잘 살린 음악.

강어귀 (江—) 강물이 바다로 흘러들어가는 어귀. 땐하구.

강연 (講演) [강:연] 청중 앞에서 어떤 주제에 대하여 연설을 하는 것. 땐연설. 강연하다.

강요 (強要) [강:요] 상대가 하기 싫어하는 일을 억지로 하도록 함. 무리하게 요구함. 예자백을 강요하다. 강요하다.

강우량 (降雨量) [강:우량] 일정한 시간 동안 일정한 곳에 내린 비의 양. 땐강수량.

강원도 (江原道) 『지명』 우리나라 중동부에 위치한 한 도. 산악 지대로 동해에 접함. 국립 공원인 설악산·오대산·관동 팔경 등의 명소지가 있음. 도청 소재지는 춘천.

강의 (講義) [강:의 / 강:이] 학문이나 지식, 기술 등을 체계적으로 설명하여 가르침. 예역사 강의. 강의하다.

강의실 (講義室) [강:의실 / 강:이실] 강의하는 교실.

강인하다 (強靭—) 억세고 질기다. 예강인한 체력.

강자 (強者) 힘이나 세력이 강한 사람이나 생물. 예업계의 새로운 강자로 떠오르다. 땐약자.

강적 (強敵) 아주 강한 적. 강한 적수. 예강적과 싸워 이기다.

강점[1] (強占) [강:점] 남의 땅이나 물건을 강제로 차지함. 예남의 땅을 강점하다. 강점하다.

강점[2] (強點) [강쩜] 남보다 훨씬 뛰어난 점. 예근면과 끈기가 우리 민족의 강점이다. 땐약점.

강점기 (強占期) [강:점기] 남의 땅이나 물건 또는 권리 따위를 강제로 빼앗은 시기. 예일제 강점기.

강정 1 찹쌀가루 반죽을 썰어서 기름에 튀기고 꿀을 바른 다음 깨·잣가루 따위를 묻힌 재래식 과자. 2 볶은 깨·콩·땅콩 따위를 물엿으로 버무려 굳힌 재래식 과자.

*__강제__ (強制) [강:제] 남을 억눌러 원하지 않는 일을 억지로 하게 함. 예강제로 일을 시키다. 땐강요. 강제하다.

강제적 (強制的) [강:제적] 힘으로 남을 억눌러 원하지 않는 일을 억지로 시키는 (것). 땐강압적. 땐자발적.

강조 (強調) 어떤 부분을 특히 강하게 주장하거나 두드러지게 함. 예형제간의 우애를 강조하다. 강조하다.

강좌 (講座) [강:좌] 1 대학에서 교수

가 가르치는 학과목. 예교양 **강좌**를 개설하다. 2 일정한 주제에 대해 강의 형식으로 행하는 여러 차례의 강연.

강줄기 (江一) [강쭐기] 강물이 뻗어 흐르는 줄기.

강직하다 (剛直一) [강지카다] 마음이 굳세고 곧다. 예강직한 사람.

강진 (强震) 벽이 갈라지고 굴뚝이나 돌담 따위가 부서질 정도의 강한 지진. 예강진이 발생하다.

강철 (鋼鐵) 기계나 칼날 따위를 만드는 데 쓰이는 단단한 쇠. 반연철.

강철판 (鋼鐵板) 강철로 만든 넓은 철판. 비강판.

강추위 눈도 오지 않고 바람도 불지 않으면서 몹시 매서운 추위.

강타 (强打) 1 강하게 때림. 세게 침. 예주먹으로 얼굴을 강타하다. 2 큰 피해를 줌. 예태풍이 서해안을 강타하다. 비맹타. **강타하다**.

강탈 (强奪) [강:탈] 남의 물건이나 권리를 강제로 빼앗음. 예금품을 강탈하다. **강탈하다**.

강토 (疆土) 한 나라의 국경 안에 있는 땅. 비국토. 영토.

강판[1] (鋼板) ⇨강철판.

강판[2] (薑板) 생강·과일·무 따위를 잘게 갈아 즙을 내거나 채를 만들 때 쓰는 부엌용 기구.

강풍 (强風) 세차게 부는 바람. 비센바람.

강하 (降下) [강:하] 높은 곳에서 아래로 내려옴. 예낙하산으로 강하하다. 비하강. **강하하다**.

강하다[1] (剛一) 딱딱하고 단단하다. 예그는 겉으로는 강하게 보이나 속은 부드러운 사람이다. 반유하다.

***강하다**[2] (强一) 세다. 힘이 있다. 예추위와 병충해에 강한 품종 / 의지가 강하다 / 내 짝은 책임감이 강하다. 반약하다.
◦strong

강행군 (强行軍) [강:행군] 1 무리함을 무릅쓰고 먼 거리를 급히 가는 행군. 2 짧은 시간 안에 끝내려고 무리하게 일을 함. **강행군하다**.

강행하다 (强行一) [강:행하다] 어려움을 무릅쓰고 억지로 실행하다. 예빗속에서 경기를 강행하다.

강호 (强豪) 힘이나 실력이 뛰어나고 강한 사람이나 집단. 예우리나라가 강호 일본을 이기다.

강화[1] (强化) 부족한 점을 보충하여 더 강하게 함. 예경쟁력을 강화하다. 반약화. **강화하다**.

강화[2] (講和) [강:화] 싸움을 벌인 나라끼리 싸움을 멈추고 서로 화해함. 예강화 협상을 벌이다. **강화하다**.

강화도 (江華島) 〖지명〗인천광역시 강화군에 있는 섬. 인삼과 화문석이 유명함. 단군과 관계 깊은 유적이 많으며, 섬 남쪽 마니산에는 참성단이 있음.

강화도 조약 (江華島條約) 1876년 조선이 일본과 강제로 맺은 불평등 조약. 이 조약에 따라 조선은 부산 외에 인천, 원산의 두 항구를 개항하게 되었음. ⊙병자수호조약.

갖가지 [갇까지] 여러 가지. 예갖가지 음식을 차리다. 본가지가지.

***갖다** [갇따] '가지다'의 준말. 예모임을 갖다 / 자신감을 갖다 / 가방을 갖고 다니다.

갖바치 [갇빠치] 예전에, 가죽신 만드는 것을 직업으로 삼던 사람.

갖은 [가즌] 골고루 갖춘. 가지가지의. 예갖은 양념 / 갖은 고생을 다하다. 비온갖. →가지다 주의

갖저고리 [갇쩌고리] 짐승의 털가죽을 안에 댄 저고리.

***갖추다** [갇추다] 1 필요한 것을 미리 골고루 준비하다. 예필요한 서류를 갖추다. 2 몸을 가누어 자세를 바로잡다. 예자세를 갖추다.

갖춘꽃 [갇춘꼳] 꽃받침·꽃잎·암술·수술을 완전히 갖춘 꽃. 무궁화꽃·벚꽃 따위. 반안갖춘꽃.

갖춘마디 [갇춘마디] 악보 첫머리에 있는 박자표대로 되어 있는 마디. *못갖춘마디.

***같다** [갇따] 1 서로 다르지 아니하다. 서로 딴 것이 아니다. 예나이가 같다 / 같은 학교에 다니다. 반다르다. 2 추측이나 불확실한 단정을 나타내는 말. 예비가 올 것 같다 / 무슨 일이 난 것 같다. 3 '…라면'의 뜻으로 가정하여 비교함을 나타내는 말. 예당신 같

으면 / 옛날 같으면. 4 닮아서 비슷하다. ⑩ 샛별 같은 눈 / 사람 같은 사람. 5 못마땅하거나 남을 욕할 때 그와 다름없다는 뜻을 나타내는 말. ⑩ 괘씸한 놈 같으니라고 / 나쁜 놈 같으니. 6 '지금의 마음이나 형편으로는'의 뜻을 나타내는 말. ⑩ 마음 같아서는 도와주고 싶은데. ⇨same

같이 [가치] 1 같게. ⑩ 이것과 같이 만들다. 2 함께. ⑩ 나와 같이 가자. 3 처럼. ⑩ 눈같이 희다 / 호수같이 맑다.
→ [학습마당] 25(916쪽)

같이하다 [가치하다] 어떤 일, 생각, 행동 따위를 함께 더불어 하다. 함께 하다. ⑩ 조별 과제를 같이하다. 땐 달리하다.

같잖다 [갇짠타] 1 하는 짓이나 꼴이 격에 맞지 않아 눈꼴사납고 못마땅하다. ⑩ 같잖은 놈. 2 드러나게 말해야 할 만큼 대단치 않다. ⑩ 같잖은 일을 가지고 뭘 그러나. 삐 하찮다.

갚다 [갑따] 1 남에게 빌린 돈이나 물건 따위를 도로 돌려주다. ⑩ 빚을 갚다. ⇨pay 2 은혜나 원한 따위를 받은 대로 돌려주다. ⑩ 은혜를 갚다.

***개**[1] [개ː] 갯과의 짐승. 영리하고 냄새를 잘 맡으며 귀가 매우 밝고 사람을 잘 따라 사냥이나 군용으로 쓰이고 반려동물로 널리 기름. ⇨dog

개[2] 윷놀이에서, 윷가락이 두 짝은 엎어지고 나머지 두 짝은 젖혀진 경우를 일컫는 말.

***개**[3] (個) 낱으로 된 물건의 수를 세는 말. ⑩ 사탕 한 개 / 사과 두 개.

-개 어떤 말 뒤에 붙어 간단한 도구나 물건 또는 사람의 뜻을 나타냄. ⑩ 덮개 / 가리개 / 코흘리개.

주의 **-개**와 **-게**

-개와 -게는 잘못 쓰기 쉬운 말이다. 다음과 같이 구별해서 적어야 한다.
-개 : 깔개 / 꾸미개 / 날개 / 베개 / 싸개 / 지우개 / 찌개
-게 : 뜯게 / 족집게 / 지게 / 집게

개가 (改嫁) [개ː가] 결혼했던 여자가 남편이 죽거나 이혼하여 다른 남자와 다시 결혼함. 삐 재가. **개가하다**.

개각 (改閣) [개ː각] 내각의 장관을 바꾸는 일. **개각하다**.

개간하다 (開墾—) 버려 둔 거친 땅을 일구어 논밭으로 만들다. ⑩ 황무지를 개간하여 씨앗을 뿌리다.

개강 (開講) 강좌·강의 따위를 시작함. ⑩ 개강 일자. **개강하다**.

개개 (箇箇) [개ː개] 하나하나. 낱낱. ⑩ 개개의 물건 / 개개의 사람.

개개인 (個個人) [개ː개인] 한 사람한 사람. 낱낱의 사람. ⑩ 학생 개개인의 능력을 파악하다.

개경 (開京) 〖지명〗 '개성'의 고려 때 이름. 고려 태조 왕건이 왕위에 오른 이듬해(919)에 이곳을 서울로 정하고 새 왕조를 열었음.

개골산 (皆骨山) [개골싼] 겨울의 '금강산'을 부르는 이름. *봄 : 금강산, 여름 : 봉래산, 가을 : 풍악산.

개관[1] (開館) 1 도서관·박물관·영화관 따위의 시설을 지어 놓고 처음으로 엶. ⑩ 박물관을 개관하다. 2 도서관·영화관 등을 열어 그날의 업무를 시작함. ⑩ 개관 시간은 9시부터. 땐 폐관. **개관하다**.

개관[2] (概觀) [개ː관] 어떤 사실이나 내용의 전체를 대강 살펴봄. **개관하다**.

개교 (開校) 학교를 새로 세우고 처음으로 학교 운영을 시작함. ⑩ 개교 기념식에 참석하다. 땐 폐교. **개교하다**.

개교기념일 (開校紀念日) [개교기녀밀] 학교의 개교를 기념하는 날. 학교의 생일.

***개구리** 청개구리·무당개구리·맹꽁이 따위를 통틀어 일컫는 말. 올챙이가 자란 것으로, 뒷다리가 길고 발가락 사이에 물갈퀴가 있음. 논이나 하천 등지에 살며 수컷은 울음주머니를 부풀려 소리를 냄. ⇨frog

개구리밥 개구리밥과의 여러해살이 물풀. 논이나 연못 따위의 물 위에 떠서 자람. 잎은 물 위에 뜨고 수염 모양의 뿌리는 물속에 늘어뜨림.

개구리밥

개구리참외 [개구리차뫼 / 개구리차뭬] 박과의 한해살이풀. 참외와 비슷한데

껍질이 푸르고 개구리 등처럼 얼룩얼룩한 무늬가 있음.

개구리헤엄 ⇨평영.

개구멍 [개:구멍] 울타리나 담장 밑에 작게 나 있는 구멍이나 통로.

개구쟁이 장난을 심하고 짓궂게 하는 아이를 가리키는 말. ×개구장이.

개국¹(個國) 나라를 세는 단위. 예 십여 개국의 자동차 회사들이 다양한 신제품을 선보였다.

개국²(開國) 1 나라를 새로 세움. 예 개국 공신. 비건국. 2 다른 나라와 관계를 맺고 교류를 시작함. 반쇄국. **개국하다**.

개굴개굴 개구리가 잇따라 우는 소리. 작개골개골.

개그 (gag) 배우가 관객을 웃기려고 하는 즉흥적인 대사나 우스갯짓.

개근(皆勤) 학교나 직장 따위에 일정한 기간 하루도 빠짐없이 출석하거나 출근함. **개근하다**.

개기 월식(皆旣月蝕) 달이 지구의 그림자에 가리어 햇빛을 전혀 받지 못하는 현상.

개기 일식(皆旣日蝕) 달이 해를 완전히 가리어 해가 전혀 보이지 않는 현상. 반부분 일식.

***개나리** [개:나리] 물푸레나뭇과의 낙엽 활엽 관목. 줄기 높이는 2m가량으로, 이른 봄 잎이 나기 전에 노란 네 잎꽃이 먼저 핌. 정원이나 울타리에 많이 심으며 우리나라 특산종임.

개나리꽃 [개:나리꼳] 개나리에 피는 꽃.

개년(個年) 햇수를 나타내는 말. 예 십 개년 / 오 개년 계획.

개념(槪念) [개:념] 어떤 사물이나 현상에 대한 일반적인 이해나 생각. 예 집합의 개념을 이해하다.

***개다¹** [개:다] 비나 눈이 그치고 구름·안개가 걷혀서 날씨가 맑아지다. 예 하늘이 개다 / 흐렸던 날씨가 활짝 개다. 반흐리다.

개다² [개:다] 가루나 덩이진 것에 물이나 기름 따위를 넣어 서로 섞이거나 풀어지도록 저어 반죽하다.

개다³ [개:다] 옷이나 이부자리 따위를 개켜서 포개어 접다. 예 담요를 개다. 반펴다.

개떡 [개:떡] 보리나 밀을 대강 빻아 반죽하여 평평하고 둥글넓적하게 빚어 찐 떡.

개똥 [개:똥] 1 개의 똥. 2 보잘것없고 천한 것을 이르는 말. 예 개똥 같은 소리만 한다.

개똥벌레 [개:똥벌레] ⇨반딧불이.

개똥참외 [개:똥차뫼 / 개:똥차뭬] 길가나 들에 저절로 자라서 열린 참외. 보통 참외보다 작고 맛이 없다.

개량(改良) [개:량] 품질이나 성능 등의 나쁜 점을 고치어 더 좋게 함. 예 품종 개량 / 엔진의 성능을 개량하다. 비개선. 반개악. **개량하다**.

개량종(改良種) [개:량종] 품종을 개량하여 기르거나 재배하는 가축·농작물 등의 새 품종. 반재래종.

개마고원(蓋馬高原) [개:마고원] 『지명』함경도와 평안도 일대에 걸쳐 있는 우리나라에서 가장 높고 넓은 고원지대.

개막(開幕) 1 연극·음악회 등의 막을 올리거나 엶. 2 어떤 행사 등을 시작함. 예 올림픽 경기의 개막. 반폐막. **개막하다**.

개막식(開幕式) [개:막씩] 대회·행사 등을 시작할 때 하는 의식. 반폐막식.

개명(改名) [개:명] 이름을 고침. 또는 그 고친 이름. **개명하다**.

***개미** [개:미] 땅속이나 썩은 나무속에 집을 짓고 떼를 지어 사는 곤충. 몸은 머리·가슴·배로 뚜렷이 구분되고 허리가 가늘며 다리는 세 쌍임. 여왕개미와 수개미는 날개가 있으나 일개미는 없음. ⇨ant

개미귀신(一鬼神) [개:미귀신] 명주잠자리의 애벌레. 길이는 1cm가량이며 빛은 연한 갈색임. 양지바른 모래땅에 깔때기 모양의 구멍을 파고 그 밑에 숨어 있다가 미끄러져 떨어지는 개미를 잡아먹음.

***개발**(開發) 1 토지나 천연자원 따위를 개척하여 쓸모 있게 만듦. 예 개발 지역. 2 지식이나 기술, 능력을 더 낫게 발전시킴. 예 각 학생의 능력을 개발하다. 3 산업이나 경제 따위를 발전시킴. 예 경제 개발. 4 새로운 것을

만들어서 생활에 쓰이게 함. 예신제품 개발에 힘쓰다. 비개척. **개발하다**.

> [주의] **개발**과 **계발**
> **개발**: '기술, 경제, 국토, 제품' 등 물질적인 대상이나 '능력, 재능' 등의 단어와도 어울려 상태를 개선해 나간다는 뜻으로 쓰인다.
> **계발**: '능력, 재능' 등 사람의 속성을 가리키는 말과 어울려 잠재되어 있는 속성을 더 나아지게 한다는 뜻으로 쓰인다.

개발 도상국(開發途上國) 선진국과 비교해 발전이 뒤처지지만 개발이 한창 진행되고 있어 발전해 가고 있는 나라. 준도국.

개발새발[개:발새발] ⇨괴발개발.

개방(開放) 1 문이나 공간 따위를 열어 놓아 사람들이 자유롭게 드나들고 이용하게 함. 예공원 개방 시간은 오전 7시부터입니다. 2 출입이나 교통이 자유로이 이루어지게 함. 예문호 개방. 반폐쇄. **개방하다**.

개방적(開放的) 비밀 따위를 툭 터놓고 숨기지 않는 (것). 예개방적인 사람.

개벽(開闢) 세상이 처음으로 생김. 예천지가 개벽하다. **개벽하다**.

개별(個別)[개:별] 하나씩 따로 떨어진 것. 예개별 면담 / 개별 학습.

개봉(開封) 1 내용물이 보이지 않게 싸거나 봉한 것을 떼어 엶. 예편지를 개봉하다. 2 새 영화를 처음으로 보여 줌. 예개봉 박두 / 오늘 개봉하는 영화. **개봉하다**.

개비 1 가늘게 쪼갠 나무토막의 조각. 2 쪼갠 나무토막의 조각을 세는 단위. 예이쑤시개 한 개비.

개살구[개:살구] 보통 살구보다 맛이 시고 떫은 살구의 일종.

개상(一床)[개:상] 타작하는 데 쓰는 농기구의 한 가지. 굵은 통나무 네댓 개를 가로로 대어 엮고 다리 네 개를 박아 만듦.

개선[1](改善)[개:선] 잘못된 것을 고쳐 좋게 하는 것. 예체질을 개선하다. 비개량. 반개악. **개선하다**.

개선[2](凱旋)[개:선] 전쟁이나 경기에 나가서 이기고 돌아옴. 예개선 행진. **개선하다**.

개설하다(開設—) 1 기관이나 시설 따위를 새로 설치하다. 예지방에 지점을 개설하다. 2 은행에서, 새로운 계좌를 만들다.

*개성[1]**(個性)[개:성] 개인이 지니고 있는 특별한 성질. 예강한 개성.

개성[2](開城) 『지명』경기도 북서부에 있는 시. 고려의 수도였으며 선죽교·인삼 따위가 유명하다. 지금은 북한 지역에 속해 있음.

*개수**(個數)[개:쑤] 하나씩 낱으로 세는 물건의 수효. 예짐짝의 개수를 세다.

개수대(一臺) 부엌에서 그릇이나 먹을거리를 씻을 수 있도록 된 대 모양의 장치.

개숫물[개순물] 설거지하는 물. 준개수.

개시(開始) 어떤 일이나 행동을 처음으로 시작함. 예공격을 개시하다. 비시작. 반종료. **개시하다**.

개신교(改新敎)[개:신교] 16세기 종교 개혁의 결과로 가톨릭에서 갈라져 나온 기독교. 비신교.

개암 산에 나는 개암나무의 열매. 모양은 도토리와 비슷하며 맛은 밤과 비슷함.

개암나무 자작나뭇과의 낙엽 활엽 관목. 산기슭의 양지에 나는데, 높이는 2~3m, 봄에 꽃이 피고 가을에 열매를 맺음. 과실은 먹음.

개업(開業) 영업이나 사업을 시작함. 예개업을 축하하다. 반폐업. **개업하다**.

개운하다 1 몸이나 기분이 상쾌하고 거뜬하다. 예목욕을 하고 나니 몸이 개운하다. 2 입맛이 산뜻하다. 예동치미 국물이 개운하다.

개울 골짜기나 들에 흐르는 작은 물줄기. 예개울에서 가재를 잡다.

개울가[개울까] 개울 언저리.

개원(開院) 1 학원·병원 따위를 처음으로 엶. 또는 업무를 처음으로 시작함. 예종합 병원을 개원하다. 2 국회 등에서 회기를 맞이하여 회의를 엶. **개원하다**.

*개월(個月) 달을 세는 단위. 예1년 3개월. 비달.

개의하다(介意—) [개:의하다 / 개:이하다] 마음에 두고 생각하거나 신경 쓰다((뒤에 '아니하다', '말다' 따위 부정하는 말이 따름)). 예잘못을 개의치 아니하다.

*개인(個人) [개:인] 국가나 사회, 단체 등을 이루고 있는 하나하나의 사람. 예개인 생활을 침해하다. 반단체. 집단.

개인용 컴퓨터(個人用computer) 개인이나 가정에서 이용하도록 만들어진 소형 컴퓨터. 비퍼스널 컴퓨터. 피시(PC).

개인적(個人的) [개:인적] 개인에 속하거나 관계되는 (것). 예개인적인 행동을 삼가다.

개인전¹(個人展) [개:인전] 미술가 한 사람의 작품만을 모아서 전시하는 전람회.

개인전²(個人戰) [개:인전] 운동 경기에서, 개인끼리 승부를 겨루는 시합. 예탁구 개인전에 출전하다. 반단체전.

개인주의(個人主義) [개:인주의 / 개:인주이] 1 개인의 자유와 권리를 중요하게 여기고 이를 기초로 하여 모든 행동을 규정하려는 주의. 반전체주의. 2 사회나 집단의 이익보다 개인의 이익이나 자유를 더욱 중히 여기는 주의.

개입(介入) [개:입] 어떤 일에 끼어들어 관계함. 예싸움에 개입하다. 개입하다.

개작(改作) [개:작] 작품이나 원고 따위를 다시 고쳐 지음. 또는 그 작품. 예노래 가사를 개작하다. 개작하다.

개장(開場) 어떤 장소를 열어 입장을 하게 함. 예놀이공원을 개장하다. 반폐장. 개장하다.

개점(開店) 1 가게를 차리어 영업을 시작함. 예개점 안내장. 2 가게 문을 열고 그날의 영업을 시작함. 예개점 시간. 반폐점. 개점하다.

개정¹(改正) [개:정] 옳지 않거나 알맞지 않은 것을 바르게 고침. 예법률을 개정하다. 개정하다.

개정²(改訂) [개:정] 책의 잘못된 부분을 고쳐 바로잡음. 예개정 증보판을 내다. 개정하다.

개정³(開廷) 법정을 열어 재판을 시작하는 일. 예재판장이 개정을 선언하다. 반폐정. 개정하다.

개조(改造) [개:조] 고쳐 새롭게 만들거나 바꿈. 예창고를 방으로 개조하다. 개조하다.

개중(個中) [개:중] 여럿 있는 그 가운데. 그중. 예개중에는 쓸 만한 장난감도 있다. 참고주로 '개중에'의 꼴로 쓰임.

*개척(開拓) 1 쓰지 않고 버려 둔 땅을 일구어 논이나 밭을 만듦. 예황무지를 개척하다. 비개간. 2 새 분야를 찾아 일을 시작함. 예수출 시장의 개척. 3 어려움을 이기고 앞길을 헤쳐 나감. 예운명을 개척하다. 개척하다.

개천(—川) 1 수채 물 따위가 흐르는 긴 도랑. 2 개울이나 내.

개천절(開天節) 단군이 고조선을 건국한 날을 기념하기 위해 정한 국경일. 10월 3일.

개체(個體) [개:체] 전체나 집단에 상대하여 독립된 낱낱의 존재. 예희귀 동물의 개체 수가 급격히 줄어들다.

개최(開催) [개최 / 개췌] 어떤 모임이나 행사 따위를 맡아 주관하여 엶. 예월드컵을 개최하다. 개최하다.

개축(改築) [개:축] 집이나 건물 따위가 허물어지거나 낡아서 다시 고쳐 짓거나 쌓음. 예개축 공사. 개축하다.

개키다 이불·옷 따위를 잘 포개어 접다. 예일어나자마자 이불을 개키다. 비개다.

개탄(慨歎) [개:탄] 분하거나 못마땅하게 여겨 탄식함. 예어지러운 세상을 개탄하다. 개탄하다.

개통(開通) 도로·철도·다리·전화 따위가 완성되거나 이어져 처음으로 이용할 수 있게 됨. 예고속 도로 개통. 개통하다.

개펄 갯가의 개흙이 깔린 땅. 예개펄에서 게를 잡다. 준펄.

개편(改編) [개:편] 1 책 따위의 내용을 고쳐서 엮음. 예교과서 개편. 2 조직 따위를 다시 짜서 이룸. 예행정 구역을 개편하다. 개편하다.

개폐(開閉) [개폐 / 개페] 열고 닫음.

예 현관문에 자동 **개폐** 장치가 설치되었다. **개폐하다.**

개표¹ (改票) [개:표] 차표나 입장권 따위를 입구에서 검사함. 예 개표 시간이 1분 남았다. **개표하다.**

개표² (開票) 투표함을 열고 투표 결과를 조사함. 예 개표 결과를 발표하다. **개표하다.**

개표구 (改票口) [개:표구] 차표나 입장권 따위를 검사하는 입구.

개피떡 흰떡이나 쑥떡을 얇게 밀어 팥이나 콩가루로 만든 소를 넣고 반달 모양으로 만든 떡.

***개학** (開學) 학교에서 방학 등으로 한동안 쉬었다가 수업을 다시 시작함. 반 방학. **개학하다.**

개학식 (開學式) [개학씩] 학교에서 방학이 끝나고 등교한 첫날에 하는 행사. 예 개학식이 하루 앞으로 다가왔다.

개항 (開港) 공항 또는 항구를 열어 업무를 보거나 외국과 교역을 시작함. **개항하다.**

개헌 (改憲) [개:헌] 헌법의 내용을 고침. **개헌하다.**

개헤엄 [개:헤엄] 손바닥을 아래로 엎어 팔을 물속 앞쪽으로 내밀어 물을 끌어당기면서 치는 헤엄.

개혁 (改革) [개:혁] 제도나 기구 따위를 새롭게 뜯어고침. 예 대학 입시 제도를 개혁하다. 비 변혁. **개혁하다.**

개혁안 (改革案) [개:혁깐] 개혁을 위한 계획이나 의견을 적은 안건.

개화 (開化) 외국의 더 발전된 문화나 제도를 받아들임. 예 개화된 세상. 비 개명. 반 미개. **개화하다.**

개화사상 (開化思想) 조선 말기에 낡은 제도나 풍습을 없애고 근대적인 문화를 받아들이려던 생각.

개회 (開會) [개회 / 개훼] 회의나 모임을 시작함. 예 개회를 선언하다. 반 폐회. **개회하다.**

개회식 (開會式) [개회식 / 개훼식] 회의나 모임을 시작할 때에 하는 의식. 반 폐회식.

개흙 (개흑) 개펄이나 늪 바닥에 있는 거무스름하고 미끈미끈한 흙.

객 (客) 찾아온 사람. 손님.

객관 (客觀) [객꽌] 자기 혼자만의 생각이나 감정에서 벗어나 제삼자의 입장에서 사물을 보고 생각하는 일. 반 주관.

객관성 (客觀性) [객꽌썽] 객관적 성질. 반 주관성.

객관식 (客觀式) [객꽌식] 시험 문제에서 주어진 여러 개의 보기에서 맞는 답을 고르는 방식.

객관적 (客觀的) [객꽌적] 개인의 생각이나 감정에서 벗어나 제삼자의 입장에서 사물을 보고 생각하는 (것). 예 객관적인 평가를 내리다. 반 주관적.

객기 (客氣) [객끼] 쓸데없이 부리는 혈기나 용기. 예 객기를 부리다.

객사 (客死) [객싸] 객지에서 죽음. 예 객사를 당하다. **객사하다.**

객석 (客席) [객썩] 연극·영화·운동 경기 등에서 손님이 앉는 자리. 예 객석을 꽉 메우다.

객실 (客室) [객씰] 손님을 묵게 하거나 대접하는 방. 예 손님을 객실로 모시다.

객지 (客地) [객찌] 자기가 살던 고장을 떠나 임시로 가 머무르는 곳. 예 객지 생활. 비 타향.

객쩍다 (客—) [객쩍따] 말이나 행동이 쓸데없고 실없다. 예 객쩍은 소리 이제 그만 해라.

객차 (客車) 손님을 실어 나르는 철도 차량. 반 화차. 본 여객 열차.

갯가 [개까 / 갣까] 1 바닷물이 드나드는 강이나 내의 가. 2 물이 흐르는 곳의 가장자리.

갯마을 [갠마을] 갯가에 자리 잡고 있는 마을.

갯벌 [개뻘 / 갣뻘] 바닷물이 드나드는 모래톱.

갱 (坑) 광물을 파내기 위하여 땅속으로 파 들어간 굴.

갱도 (坑道) 토목 공사장·광산에서, 사람이 드나들며 짐을 운반하기 위해 굴처럼 뚫어 놓은 길. 준 갱.

갱목 (坑木) 갱 안이나 갱도가 무너지지 않게 버티어 세운 통나무.

갱신 (更新) [갱:신] 법적인 문서의 효력이나 기간이 끝나 다시 새로 바꾸거나 기간을 늘리는 일. 예 계약을 갱신하다. **갱신하다.**

| 주의 | 갱신과 경신

'更'은 '고치다'라는 뜻으로는 '경'으로, '다시'라는 뜻으로는 '갱'으로 읽는다. 면허증이나 계약서의 기간을 다시 연장할 때는 '갱신'으로 쓰고, 운동 경기에서 신기록을 세워 기록을 새롭게 고쳤을 때는 '경신'으로 쓴다.
예 면허증을 갱신하다.
100m 세계 기록을 경신하다.

갸륵하다 [갸:르카다] 마음씨나 행동이 착하고 장하다. 매우 기특하다. 예 갸륵한 마음씨.

갸름하다 조금 가늘고 긴 듯하다. 예 갸름한 얼굴. 큰 기름하다.

갸우뚱거리다 물체가 자꾸 이쪽저쪽으로 기울어지며 흔들리다. 큰 기우뚱거리다.

갸우뚱하다 머리를 한쪽으로 기울이다. 예 의아스러운 표정으로 고개를 갸우뚱했다.

갸웃거리다 [갸운꺼리다] 무엇을 보거나 알려고 고개를 이리저리 자꾸 기울이다. 큰 기웃거리다.

갸웃하다 [갸우타다] 고개를 한쪽으로 비스듬히 기울이다. 예 고개를 약간 갸웃했다.

걔 '그 아이'의 준말. 예 걔는 몇 학년이니.

*거 1 '것'의 준말. 예 이건 내 거야. 2 '그것'의 준말. 예 거 좋은 생각이다. 3 '거기'의 준말. 예 너 꼼짝 말고 거 있어.

거구 (巨軀) [거:구] 매우 큰 몸집. 예 거구의 사나이.

*거기 1 그곳. 예 거기에서 1시간 뒤에 보자. 2 그곳에. 예 거기 서 있거라. 3 앞에서 말한 것을 가리키는 말. 예 거기까지는 미처 생각을 못했다. 준 게. 잘 고기. *여기, 저기. ⇨ there

거꾸러지다 1 거꾸로 엎어지다. 2 싸움에 지다. 3 ⇨죽다¹1. 잘 가꾸러지다. 센 꺼꾸러지다.

*거꾸로 차례나 방향이 반대로 바뀌게. 예 옷을 거꾸로 입다. 잘 가꾸로. 센 꺼꾸로.

거나하다 술을 먹어 많이 취해 있다. 예 거나하게 취한 얼굴. 준 건하다.

거느리다 1 돌봐야 할 손아랫사람들을 데리고 있다. 예 식솔을 거느리다. 2 부하나 군대 따위를 이끌다. 예 선수단을 거느리다. 3 누구를 데리고 함께 행동하다. 예 아들딸을 거느리고 잔칫집에 가다.

거닐다 [거:닐다] 가까운 거리를 이리저리 한가히 걷다. 예 공원을 거닐다. 활용 거닐어 / 거니니.

거대 (巨大) [거:대] 엄청나게 큼. 예 몸집이 거대하다. 거대하다.

거동 (擧動) [거:동] 몸을 움직이는 동작이나 태도. 예 거동을 살피다 / 거동이 불편하다. 비 동작. 거동하다.

*거두다 1 곡식이나 열매 따위를 수확하다. 예 벼를 거두다. 2 널리거나 흩어진 것을 한데 모으다. 예 빨래를 거두다. 3 어떤 결과·성과 따위를 얻다. 예 승리를 거두다 / 수학 경시 대회에서 우수한 성적을 거두다. 4 보살펴 주다. 예 부모 잃은 아이를 거두다. 5 멈추어 끝을 내다. 예 숨을 거두다.

거두어들이다 [거두어드리다] 돈이나 물건, 농작물 따위를 한데 거두어 모아들이다. 예 벼를 거두어들이다. 준 거둬들이다.

거드름 [거:드름] 잘난 체하는 태도. 예 거드름을 피우다.

거들다 [거:들다] 1 남이 하는 일을 도와주다. 예 이삿짐 나르는 일을 거들다. 2 남이 하는 말이나 행동에 끼어들어 참견하다. 예 곁에서 한마디 거들다. 활용 거들어 / 거드니 / 거드는.

거들떠보다 아는 체하거나 관심을 가지고 보다. 예 거들떠보지도 않다.

거들먹거리다 [거들먹꺼리다] 신이 나서 잘난 체하며 도도하게 굴다. 예 재력을 뽐내며 거들먹거린다. 비 거들먹대다.

거들먹대다 [거들먹때다] ⇨거들먹거리다.

*거듭 되풀이하여. 예 거듭 강조하다 / 같은 말을 거듭 되뇌다.

거듭나다 [거듬나다] 지금까지의 태도나 방식을 바꾸어 새로운 모습으로 변화하다. 예 새사람으로 거듭나다 / 청계천이 서울의 관광 명소로 거듭나다.

거듭제곱 [거듭쩨곱] 같은 수·문자를 지수만큼 거듭 곱함. 또는 그렇게 하여 얻은 값. **거듭제곱하다**.

거뜬하다 1 생각보다 썩 가볍고 간편한 느낌이 있다. 2 걱정·아픔 따위가 없어져 기분이 상쾌하고 몸이 개운하다.

거뜬히 거뜬하게. 예 어려운 일을 거뜬히 해내다.

거란족(契丹族) 4세기경 만주에 있었던 부족. 발해를 멸망시킨 뒤 요나라를 세우고 크게 발전하였음.

거래(去來) [거:래] 돈을 주고받거나 물건을 사고파는 일. 예 거래가 활발하다. **거래하다**.

거래처(去來處) [거:래처] 돈이나 물건을 계속적으로 거래하는 상대방. 예 거래처를 바꾸다.

거론(擧論) [거:론] 어떤 일을 이야기의 주제나 문제로 삼음. 예 회의에서 거론할 문제가 아니다. **거론하다**.

*__거룩하다__ [거:루카다] 훌륭하고 성스럽다. 예 거룩한 마음.

거룻배 [거루빼 / 거룯빼] 돛이 없는 작은 배. 예 거룻배로 화물을 실어 나르다.

거룻배

*__거르다__¹ 체나 거름종이 따위를 사용해 국물을 짜내고 찌꺼기나 건더기를 받쳐 내다. 예 불순물을 거르다. 활용 걸러 / 거르니.

거르다² 정해진 차례를 건너뛰다. 예 몸이 안 좋아서 점심 식사를 거르다. 활용 걸러 / 거르니.

주의 이 말은 '거르고 / 거르니 / 걸러서 / 걸러라…'의 꼴로 사용되는 말이다. 그런데 '걸러서 / 걸러라'의 경우를 보고 '거르다'를 '걸르다'로 잘못 쓸 때가 많다. '걸르다'는 틀린 말이다.
예 {끼니를 걸르다 (×)
　　끼니를 거르다 (○)
　　차례를 걸르다 (×)
　　차례를 거르다 (○)}

*__거름__ 식물이 잘 자라도록 주는 양분. 예 밭에 거름을 주다. 비 비료.

주의 **거름**과 **걸음**
거름 비료. 예 밭에 거름을 주다.
걸음 걷는 동작. 예 걸음이 빠르다.

거름종이 액체 속에 들어 있는 찌꺼기·건더기 따위를 걸러 내는 종이. 비 여과지.

거리¹ 1 음식을 만드는 데 재료가 되는 것. 예 반찬거리. 2 어떤 행동이나 느낌을 나타내는 내용·소재가 되는 것. 예 웃음거리 / 읽을거리.

*__거리__² 사람이나 차가 많이 다니는 번화한 길. 예 복잡한 거리 / 거리를 걷다. 본 길거리. ⊃street

*__거리__³(距離) [거:리] 1 두 곳 사이의 떨어진 정도. 예 먼 거리를 걸어왔다. 2 어떤 시간 동안에 갈 수 있는 공간적 간격. 예 걸어서 10분 거리에 있는 학교를 다닌다. 3 사람과 사귀는 데 있어서의 간격. 예 거리를 두다.

거리감(距離感) [거:리감] 사이가 멀어진 느낌. 예 거리감을 느끼다.

거리끼다 1 어떤 일이 딴 일에 방해가 되다. 예 일하는 데 거리끼는 것이 많다. 2 마음에 걸려 꺼림하다. 예 양심에 거리끼는 일을 하다.

거리낌 1 일이나 행동 따위를 하는 데 걸려서 방해가 됨. 예 아무 거리낌 없이 일이 진행되었다. 2 마음에 걸려서 꺼림칙하게 생각됨. 예 조금도 양심에 거리낌이 없다.

거만(倨慢) [거:만] 잘난 체하며 남을 업신여김. 예 거만을 떨다 / 거만하게 굴다. 비 교만. 오만. 반 겸손. **거만하다**. **거만스럽다**.

거머리 [거:머리] 거머릿과의 동물. 몸길이 3-4cm, 몸이 길고 납작함. 논·못에 살며, 다른 동물에 달라붙어 피를 빨아 먹음.

거머쥐다 손으로 꽉 움켜쥐다. 예 멱살을 거머쥐다. 준 검쥐다.

거멓다 [거:머타] 빛깔이 매우 검다. 작 가맣다. 센 꺼멓다. 활용 거머니 / 거메서.

거목(巨木) [거:목] 1 매우 큰 나무. 2 큰 인물. 예 거목이 쓰러지다(큰 인재가 세상을 떠나다).

거무스름하다 빛깔이 조금 검다. 예 거무스름한 얼굴. 준거뭇하다. 작가무스름하다. 센꺼무스름하다.

거무죽죽하다 [거무죽쭈카다] 빛깔이 고르지 못하고 우중충하게 거무스름하다. 예 바닷물이 빠져 거무죽죽한 개펄이 드러났다. 작가무족족하다. 센꺼무죽죽하다.

거무칙칙하다 [거무칙치카다] 빛깔이 검고 칙칙하다. 예 거무칙칙한 옷감. 작가무칙칙하다. 센꺼무칙칙하다.

거무튀튀하다 빛깔이 흐리터분하게 거무스름하다. 작가무퇴퇴하다. 센꺼무튀튀하다.

*__거문고__ 민속 악기의 하나. 줄이 여섯 개 있는 현악기로, 오동나무로 만들며, 줄을 튀겨 소리를 냄.

거문고

거물 (巨物) [거:물] 어떤 분야에서 뛰어나 중요한 위치에 있거나 영향력이 큰 사람. 예 학계의 거물.

거뭇거뭇 [거묻꺼묻] 군데군데 검은 모양. 예 거뭇거뭇한 피부. 작가뭇가뭇. 센꺼뭇꺼뭇. **거뭇거뭇하다**.

*__거미__ 몸에서 끈끈한 실을 뽑아 그물 같은 줄을 쳐 놓고, 벌레가 걸리면 그것을 잡아먹고 사는 벌레. 몸은 머리·가슴·배로 구분되며, 4쌍의 다리가 있음. ⊃spider

거미

거미줄 거미가 뽑아내는 가는 줄. 또는 그 줄로 친 그물. 예 거미줄에 파리가 걸리다.

거부¹ (巨富) [거:부] 썩 큰 부자. 큰 재산. 예 졸지에 거부가 되다.

거부² (拒否) [거:부] 상대편의 요구·제안 따위를 받아들이지 않고 물리침. 예 거부 반응을 일으키다. 비거절. 반승인. **거부하다**.

거부권 (拒否權) [거:부꿘] 남의 의견이나 요구를 거부할 수 있는 권리. 예 거부권을 행사하다.

*__거북__ 거북목에 속하는 동물을 통틀어 이르는 말. 몸은 둥글넓적하고, 등과 배에 단단한 딱지가 있어 머리와 꼬리, 네 발을 그 안에 움츠려 넣을 수 있음. ⊃turtle

거북선 (一船) [거북썬] 임진왜란 때 이순신 장군이 만든 거북 모양의 배. 세계 최초의 철갑선임. 비귀선.

거북선

거북하다 [거:부카다] 1 몸이나 마음이 편안하지 아니하다. 예 속이 거북하다. 2 말이나 행동을 하기 어렵다. 예 딱 거절하기가 거북하다. 비난처하다.

거사 (擧事) [거:사] 큰일을 일으킴. 예 거사를 모의하다. **거사하다**.

거세다 거칠고 세다. 매우 힘차다. 예 바람이 거세다. 비세차다.

거센말 뜻은 같으나 말의 느낌을 강하게 하기 위하여 거센소리를 쓰는 말. '감감하다, 빙그르르'에 대하여 '캄캄하다, 핑그르르' 따위.

거센소리 ㅊ·ㅋ·ㅌ·ㅍ 따위와 같이 거센 숨을 따라서 나는 소리. 비격음. *된소리.

거수 (擧手) [거:수] 손을 위로 들어 올림. 예 거수로 결정하다. **거수하다**.

거수경례 (擧手敬禮) [거:수경녜] 보통 때는 눈썹 끝부분, 모자를 썼을 때는 챙 옆에 곧게 편 오른손을 올려 하는 인사. **거수경례하다**.

거스르다¹ 1 남의 뜻, 가르침, 명령 따위를 따르지 않다. 예 부모님의 말씀을 거스르다. 2 반대 방향으로 움직이다. 예 바람을 거슬러 나아가다. 3 남의 마음이나 기분을 상하게 하다. 예 신경을 거스르다. 활용 거슬러 / 거스르니.

거스르다² 셈할 돈을 빼고 남은 돈을 내주거나 받다. 예 잔액을 거슬러 받다. 활용 거슬러 / 거스르니.

거스름돈 [거스름똔] 셈할 돈을 빼고 거슬러 주거나 받는 돈. 예 거스름돈을 모자라게 받았다. 비잔돈.

거슬리다 순순히 받아들여지지 않고 언짢은 느낌이 들다. 예 귀에 거슬리는 말투.

거실 (居室) 1 거처하는 방. 2 가족이 모여서 생활하는 공간. 예 거실에서 텔레비전을 보다.

거액 (巨額) [거:액] 많은 액수의 돈. ⓔ장학 재단에 거액을 기부하다.

거역 (拒逆) [거:역] 윗사람의 뜻이나 명령을 따르지 않고 거스름. ⓔ부모의 뜻을 거역하다. **거역하다.**

*****거울** 1 물체의 형상을 비추어 보는 물건. ⓔ거울을 들여다보다. 2 비추어 보아 모범이나 경계가 될 만한 사실. ⓔ신문은 사회의 거울이다. ⊃mirror

*****거위** 오릿과의 새. 목이 가늘고 길며 부리는 황갈색임. 헤엄은 잘 치나 날지는 못함. 낯선 사람을 보면 잘 울고 밤눈이 밝아서 개 대신 기르기도 함. ⊃goose

거위

*****거의** [거의/거이] 어느 한도에 매우 가까운 정도로. ⓔ거의 하루가 걸리다 / 목적지에 거의 다 왔다. ⓗ거반. 거지반. ⊃almost

거인 (巨人) [거:인] 1 몸이 아주 큰 사람. ⓟ소인. 2 어떤 분야에서 재능이나 업적이 아주 뛰어난 사람. ⓔ학계의 거인. ⓗ위인.

거장 (巨匠) [거:장] 주로 예술 분야에서 특별히 뛰어난 사람. ⓔ현대 미술의 거장 피카소.

거저 1 값을 치르지 않고. 무료로. 공짜로. ⓔ쓰던 물건을 거저 달라고 하다. 2 힘들이지 않고. ⓔ사랑은 거저 얻어지지 않는다.

거적 새끼와 짚으로 두툼하게 엮거나 결어서 자리처럼 만든 물건. ⓔ거적을 덮어서 눈보라를 막다.

거절 (拒絶) [거:절] 요구·제의·물건 따위를 받아들이지 않고 물리침. ⓔ부탁을 거절하다. ⓟ승낙. **거절하다.**

거점 (據點) [거:쩜] 활동의 근거가 되는 곳. ⓔ적의 거점을 분쇄하다.

거제도 (巨濟島) [거:제도] 〖지명〗 경상도 거제시에 속해 있는 섬. 우리 나라에서 제주도 다음으로 큰 섬임.

거주 (居住) 일정한 곳에 자리를 잡고 머물러 삶. 또는 그곳. ⓔ국내에 거주하는 외국인. **거주하다.**

거주지 (居住地) 현재 살고 있는 곳. ⓔ거주지를 옮기다.

거죽 물체의 겉 부분. ⓗ표면.

거중기 (舉重器) [거:중기] 예전에 무거운 물건을 들어 올리는 데 쓰던 기계.

거즈 (gauze) 무명실로 성기게 짠 천. 소독하여 상처에 대거나 묶는 데에 씀. 가제.

*****거지** [거:지] 남에게 구걸하여 얻어 먹고 사는 사람. ⓗ걸인.

거지꼴 [거:지꼴] 거지와 같은 초라한 모양. ⓔ거지꼴이 되다.

거지반 (居之半) 절반 이상. ⓔ거지반 끝나다. ⓗ거의. ⓒ거반.

*****거짓** [거:짇] 사실과 어긋남. 또는 사실이 아닌 것을 사실인 것처럼 꾸미는 것. ⓔ거짓을 늘어놓다. ⓗ허위. ⓟ참.

*****거짓말** [거:진말] 사실과 다르게 꾸며 말을 함. 또는 그런 말. ⓔ거짓말을 밥 먹듯 하다. ⓟ참말. 정말. **거짓말하다.** ⊃lie

거짓말쟁이 [거:진말쟁이] 거짓말을 잘하는 사람. ×거짓말장이.

거창하다 (巨創—) [거:창하다] 모양이나 규모가 엄청나게 크다. ⓔ거창한 계획을 세우다. ⓗ거대하다.

거처 (居處) 일정하게 자리 잡고 삶. 또는 그렇게 살거나 묵는 장소. ⓔ거처를 정하다 / 임시로 거처하다. **거처하다.**

거추장스럽다 [거:추장스럽따] 물건 따위가 짐스럽고 귀찮아 다루기가 거북하다. ⓔ가방이 무거워 거추장스럽다. 〚활용〛 거추장스러워 / 거추장스러우니.

*****거치다** 1 지나는 길에 잠깐 들르다. ⓔ도쿄를 거쳐 미국에 가다. 2 어떤 단계나 과정을 밟다. ⓔ예선 심사를 거치다.

> 〖주의〗 **거치다**와 **걷히다**
> **거치다** 가는 길에 지나거나 들르다.
> ⓔ천안을 거쳐서 온양으로 간다.
> **걷히다** '걷다'의 피동사.
> ⓔ안개가 걷힌다 / 세금이 잘 걷힌다.

거치적거리다 [거:치적꺼리다] 움직임에 방해되게 자꾸 여기저기 걸리고 닿다. ⓔ거치적거리는 물건.

*****거칠다** 1 살이나 물건의 표면이 곱

지 않다. 반드럽지 않다. 예살결이 거칠다. 2 땅이 손질이 되지 않아 잡풀이 많이 나고 지저분하다. 예거친 땅을 일구다. 3 말이나 행동, 성질이 얌전하지 않고 난폭하다. 예말이 거칠다. 비막되다. 4 격렬하다. 예거친 물결 / 숨소리가 거칠다. 활용 거칠어 / 거치니 / 거친.

거칠하다 살이 빠져 피부나 털이 윤기가 없다. 예피부가 거칠하다. 작 가칠하다. 센 꺼칠하다.

거침없다 [거치멉따] 일이나 행동 따위가 중간에 걸리거나 막히는 것이 없다. 예거침없는 행동.

거침없이 [거치멉씨] 거침없게. 예거침없이 말을 하다.

거푸 잇따라 거듭. 예바가지의 물을 거푸 들이켜다.

거푸집 쇠붙이를 녹여 부어 넣어 물건의 모양을 만들어 내는 틀. 비주형.

거품 액체 속에 공기가 들어가서 속이 비어 둥글게 부푼 방울. 예비누 거품 / 거품을 내다.

　거품(을) 물다 몹시 흥분하여 감정이 격해진 상태로 말하다. 예입에 거품을 물고 이야기하다.

거행 (擧行) [거:행] 1 어떤 일을 명령대로 함. 예분부대로 거행하겠습니다. 2 의식이나 행사 따위를 치름. 예졸업식을 거행하다. 거행하다.

*__걱정__ [걱쩡] 1 마음이 놓이지 않아 속을 태우는 일. 예늦은 시간까지 아이가 집에 오지 않아서 걱정이다. 비근심. 반안심. 2 아랫사람의 잘못을 꾸짖음. 예부모님께 걱정을 듣다. 걱정하다. ⇒worry

　걱정이 태산이다 극복해야 할 일이 많거나 복잡해 걱정이 아주 크다.

걱정거리 [걱쩡꺼리] 걱정이 되는 일. 예걱정거리가 많다.

걱정스럽다 [걱쩡스럽따] 걱정이 되어 마음이 편하지 못하다. 예언니의 얼굴이 걱정스러워 보인다. 활용 걱정스러워 / 걱정스러우니.

*__건__ (件) [껀] 특정한 일이나 사건을 세는 말. 예소송 두 건.

*__건강__ (健康) [건:강] 마음이나 몸에 탈이 없이 튼튼함. 또는 그런 상태. 예건강한 신체 / 건강을 돌보다. 반쇠약. 허약. **건강하다**. **건강히**. ⇒health

건강미 (健康美) [건:강미] 건강한 육체의 아름다움. 예건강미가 넘치다.

건강식품 (健康食品) [건:강식품] 건강에 좋다고 하여 특별히 먹는 식품.

건강 진단 (健康診斷) 의사가 몸에 병이 있고 없음을 자세히 살피는 일.

건국 (建國) [건:국] 새로 나라를 세움. 예건국 신화. 비개국. **건국하다**.

건너 [건:너] 맞은편 쪽. 예길 건너에 있는 집 / 강 건너 산.

*__건너가다__ [건:너가다] 건너서 저쪽으로 가다. 예길을 건너가다 / 배를 타고 강을 건너가다.

*__건너다__ [건:너다] 1 사이에 있는 것을 넘어서 맞은편으로 가다. 예바다를 건너다. 2 차례를 거르다. 예하루 건너 한 번씩.

건너다니다 [건:너다니다] 어떤 곳을 건너서 왔다 갔다 하다. 예학교에 가려면 육교를 건너다녀야 한다.

건너다보다 [건:너다보다] 이쪽에서 저쪽을 바라보거나 살피다. 예강 저편 언덕을 건너다보다.

건너뛰다 [건:너뛰다] 1 어떤 공간이나 사물을 사이에 두고 단번에 건너편까지 뛰다. 예도랑을 건너뛰다. 2 차례를 거르다. 예점심을 건너뛰다.

건너오다 [건:너오다] 건너서 이쪽편으로 오다. 예강을 건너오다.

건너지르다 [건:너지르다] 양쪽에 닿도록 긴 물건을 가로 대어 놓다. 활용 건너질러 / 건너지르니.

건너편 (一便) [건:너편] 서로 마주 대하고 있는 저쪽 편. 예길 건너편에서 기다려라.

건넌방 (一房) [건:넌방] 안방에서 마루를 사이에 두고 맞은편에 있는 방.

주의 **건넌방**과 **건넛방**

건넌방 안방의 맞은편, 마루 건너에 있는 방.
건넛방 건너편에 있는 방.

건널목 [건:널목] 1 기찻길과 도로가 서로 만나는 곳. 예철길 건널목을 건너다. 2 ⇨횡단보도.

건넛마을 [건:넌마을] 건너편에 있는 마을.

건넛방 (一房) [건:너빵/건:넏빵] 건너편에 있는 방. →건넌방 주의

건넛집 [건:너찝/건:넏찝] 건너편에 있는 집. 예건넛집에 사는 친구와 숙제를 같이 풀었다.

건네다 [건:네다] 1 남에게 말을 걸다. 예처음 보는 아이에게 말을 건네다. 2 돈이나 물건 따위를 남에게 옮기어 주다. 예계약금을 건네다. 3 맞은편으로 건너가게 하다. 예나룻배로 사람들을 건네다.

건네받다 [건:네받따] 돈이나 물건 따위를 다른 사람에게서 옮기어 받다. 예형에게서 책을 건네받다.

건네주다 [건:네주다] 1 건너게 해 주다. 예배로 사람을 건네주다. 2 돈이나 물건 따위를 남에게 옮기어 주다. 예아내에게 월급봉투를 건네주다.

건달 (乾達) 일정한 직업도 없이 빈둥빈둥 놀거나 건들거리며 돌아다니는 사람.

건더기 국물 있는 음식 속에 섞여 있는 고기나 채소 따위. 예건더기는 남기고 국물만 먹다. ×건덕지.

건드리다 [건:드리다] 1 손으로 만지거나 무엇으로 대어 조금 움직이게 하다. 예자는 사람을 툭툭 건드리다. 2 남의 마음을 상하게 하거나 화나게 하다. 예비위를 건드리다. 3 어떤 일에 손을 대다. 예이 일 저 일을 건드려 보다.

건들거리다 1 싱겁고 멋없게 행동하다. 예건들거리며 걷다. 2 바람이 부드럽고 시원하게 불다. 작간들거리다. 3 하는 일 없이 빈둥거리다.

건립 (建立) [걸:립] 건물·동상·탑 따위를 만들어 세움. 예독립 기념관 건립. **건립하다**.

건망증 (健忘症) [건:망쯩] 기억을 잘 못하거나 잘 잊어버리는 증상. 예건망증이 심하다. 준건망.

***건물** (建物) [건:물] 사람이 들어 살거나, 일을 하기 위해 지은 집 같은 것. 예건물을 짓다/고층 건물이 들어서다. 비건축물. ⦿building

건반 (鍵盤) [건:반] 피아노·오르간 같은 악기에서 손가락으로 치는 부분. 키보드.

건반 악기 (鍵盤樂器) 피아노·오르간 따위의 건반이 있는 악기.

건방 젠체하여 주제넘은 태도. 예건방을 떨다.

건방지다 지나치게 잘난 체하다. 말과 행동이 주제넘어 보기에 아니꼽다. 예건방진 녀석.

건배 (乾杯) 성공이나 건강, 행복 따위를 빌면서 서로 술잔을 높이 들어 마시는 일. 비축배. **건배하다**.

건빵 (乾一) 딱딱하게 구운 마른과자의 하나. 군대의 야전 식량으로 주로 쓰임.

***건설** (建設) [건:설] 건물이나 설비 따위를 새로 만들어 세움. 예아파트를 건설하다. 반파괴. **건설하다**.

건설업 (建設業) [건:서립] 토목, 건축과 같은 공사를 맡아 하는 사업.

건설적 (建設的) [건:설쩍] 어떤 일을 보다 좋은 방향으로 이끌어 가려는 (것). 예건설적인 제안. 반파괴적.

건성¹ 정성을 다하거나 주의를 하지 않고 겉으로만 대강대강 하는 것. 예남의 말을 건성으로 듣다.

건성² (乾性) 쉽게 마르는 성질. 수분이 적은 성질. 예건성 피부. 반습성.

건수 (件數) [건쑤] 어떤 일이나 사건이 일어난 횟수. 예화재 건수 / 전화 상담 건수.

건실하다 (健實一) [건:실하다] 생각·태도 따위가 건전하고 착실하다. 예건실한 생활 태도를 본받다.

건아 (健兒) [거:나] 건강하고 씩씩한 사나이. 예대한의 건아.

건어물 (乾魚物) [거너물] 말린 물고기나 조개류 따위. 준건어.

건의 (建議) [거:늬/거:니] 의견이나 희망을 윗사람이나 상급 기관에 말함. 또는 그 의견. 예건의 사항. **건의하다**.

건의서 (建議書) [거:늬서/거:니서] 어떤 사항에 대한 의견이나 희망을 적은 문서. 예건의서를 올리다.

건장하다 (健壯一) [건:장하다] 몸이 크고 굳세다. 예체격이 건장한 청년.

건재 (健在) [건:재] 힘이나 능력이 줄어들지 않고 그대로임. 예그는 아직

건재하다. **건재하다.**

건전지(乾電池) 탄소 막대를 양극, 아연을 음극으로 하여, 그 사이에 이산화망가니즈·흑연 따위를 섞어 넣어 만든 전지. 휴대용으로 손전등·라디오 따위에 씀. 凹습전지.

건전지

건전하다(健全—) [건:전하다] 1 건실하고 올바르다. 예건전한 생각. 2 건강하고 병이 없다.

건조¹(建造) [건:조] 배·건물 따위를 설계하여 만듦. 예선박을 건조하다. **건조하다.**

건조²(乾燥) 습기나 물기가 없어짐. 예건조한 공기. **건조하다.**

건조기(乾燥機) 물체 속에 들어 있는 물기를 말리는 장치. 드라이어.

건지다 1 물속에 있는 것을 집어내다. 예분수대에 빠진 신발을 건지다. 2 곤경에서 구해 내다. 예목숨만 겨우 건졌다.

건초(乾草) 베어서 말린 풀.

***건축**(建築) [건:축] 흙·나무·돌·시멘트·철근 따위를 써서 집이나 다리 등을 세움. 예학교를 건축하다. **건축하다.**

건축가(建築家) [건:축까] 건축에 대한 전문적인 지식이나 기술이 있는 사람.

건축업(建築業) [건:추겁] 건축을 전문으로 하는 직업이나 사업.

건투(健鬪) [건:투] 씩씩하게 잘 싸우거나 일해 나감. 예건투를 빌다.

건평(建坪) [건:평] 건물이 차지하는 바닥의 평수. 凹건축 면적.

건포도(乾葡萄) 포도를 말려 단맛과 향기가 있게 만든 식품.

***걷다**¹ [걷:따] 바닥에서 두 다리를 번갈아 떼어 앞으로 옮기어 가다. 예빠른 걸음으로 걷다. [활용] 걸어 / 걸으니 / 걷는. ⇒walk

***걷다**² [걷따] 1 덮거나 가린 것을 벗기다. 예소매를 걷다. 2 늘어지거나 펴진 것을 말아 올리거나 치우다. 예커튼을 걷다. 3 여러 사람에게서 돈이나 물건을 받아서 모으다. 예회비를 걷다.

걷다³ [걷따] 1 끼었던 구름이나 안개 따위가 흩어져서 없어지다. 예안개가 걷다. 2 비가 그치고 날씨가 맑아지다. 예장마가 걷다.

걷어붙이다 [거더부치다] 소매나 바짓가랑이 따위를 말아 올리다. 예소매를 걷어붙이고 일하다.

걷어차다 [거더차다] 1 발을 들어 몹시 세게 차다. 예엉덩이를 힘껏 걷어차다. 2 일방적으로 관계를 끊거나 저버리다.

걷어치우다 [거더치우다] 1 흩어진 것을 거두어 치우다. 예이불을 걷어치우다. 2 하던 일을 거두어서 그만두다. 예사업을 걷어치우다.

걷잡다 [걷짭따] 한 방향으로 치우쳐 흘러가는 형세나 마음을 바로잡거나 진정시키다. 예일이 걷잡을 수 없게 엉망이 되었다 / 설레는 마음을 걷잡을 수 없었다.

걷히다 [거치다] 1 구름·안개 따위가 없어지다. 예안개가 걷히다. 2 돈·곡식 따위가 거두어지다. 예외상값이 잘 걷히다. →거치다 주의

걸 윷놀이에서, 윷가락의 세 짝이 젖혀지고 나머지 한 짝은 엎어진 것을 일컫는 말.

걸걸하다¹ 1 목소리가 좀 쉰 듯하면서 우렁차고 힘이 있다. 2 성질이나 행동이 조심성이 없고 거칠다. 예걸걸한 성미.

걸걸하다²(傑傑—) 헌칠하게 생기고 성격이 쾌활하다. 凹옹졸하다.

***걸다**¹ [걸:다] 1 물건을 매달아 늘어뜨리다. 예옷걸이에 옷을 걸다. 2 말·싸움 따위를 붙이다. 예시비를 걸다. 3 전화를 하다. 예친구에게 전화를 걸다. 4 문을 잠그다. 예방문을 걸어 잠그다. 5 희생을 각오하고 실행하다. 예목숨을 걸고 구해 내다. 6 상금 등을 내놓다. 예현상금을 걸다. 7 희망·기대 등을 갖다. 예희망을 걸다. [활용] 걸어 / 거니 / 거는.

걸다² [걸:다] 1 땅이 기름지다. 예밭이 걸다. 凹메마르다. 2 액체가 묽지 않고 걸쭉하다. 예풀을 걸게 쑤다. 3 말을 거리낌 없이 함부로 하다. 예입이 걸다. [활용] 걸어 / 거니 / 건.

***걸레** 더러운 곳이나 물기 따위를 닦

거나 훔쳐 내는 데 쓰는 헝겊.
걸레질 걸레로 더러운 것을 훔치는 일. **걸레질하다**.
걸려들다 1 그물이나 낚시 따위에 잡히다. 예낚시에 붕어가 **걸려들었다**. 2 속임수나 꾐에 빠지다. 예유도 심문에 **걸려들다**. [활용] 걸려들어/걸려드니/걸려드는.
*__걸리다__ 1 매달려 있다. 예연이 전깃줄에 **걸리다**/액자가 벽에 걸려 있다. 2 그물·낚시 따위에 잡히다. 예그물에 **걸리다**. 3 마음에 꺼림칙하게 여겨지다. 예거짓말한 게 마음에 걸린다. 4 병이 들다. 예감기에 **걸리다**. 5 전화 따위가 잘 이어지다. 예전화가 잘 걸리다. 6 날짜나 시간이 들다. 예시간이 꽤 걸리다. 7 규칙이나 법규를 어겨 잡히다. 예수업 시간에 친구와 장난치다 선생님께 걸려서 혼이 났다.
걸리버 여행기(Gulliver旅行記)【책】영국의 소설가 스위프트의 풍자 소설. 걸리버가 항해 중에 폭풍우를 만나 소인국, 대인국 등을 거치며 기이한 경험을 한다는 줄거리.
걸리적거리다 [걸리적꺼리다] ⇨거치적거리다.
걸림돌 [걸림돌] 일을 하는 데 방해가 되는 것을 비유하는 말.
걸맞다 [걸:맏따] 어울리게 알맞다. 잘 어울리다. 예**걸맞은** 상대.
걸머지다 1 밧줄로 짐을 걸어 등에 지다. 예짐을 **걸머지다**. 2 책임이나 임무 따위를 떠맡다. 예나라의 장래를 **걸머진** 젊은이.
걸상 (一床) [걸:쌍] 한 사람 또는 여러 사람이 걸터앉을 수 있게 된 가구. 圓의자. *책상.
걸식 (乞食) [걸씩] 음식 따위를 빌어먹음. 예**걸식**을 다니다. **걸식하다**.
걸신 (乞神) [걸씬] 빌어먹는 귀신이란 뜻으로, 굶주려 염치없이 음식을 몹시 탐내는 마음의 비유.
걸신들리다 (乞神-) [걸씬들리다] 배고파 음식에 대한 욕심이 몹시 나다. 예**걸신들린** 듯이 먹다.
*__걸어가다__ [거러가다] 탈것에 타지 않고 걸어서 나아가다. 예함께 길을 걸어가다. [활용] 걸어가거라.

걸어오다¹ [거러오다] 1 탈것에 타지 않고 걸어서 오다. 예빨리 **걸어오너라**/먼 길을 걸어오느라 수고했다. 2 지내오거나 살아오다. 예자신이 걸어온 길을 돌이켜 보다. 圓살아오다. [활용] 걸어오너라.
걸어오다² [거러오다] 말이나 수작 따위를 상대방에서 먼저 붙여 오다. 예싸움을 **걸어오다**.
*__걸음__¹ [거름] 두 발을 번갈아 앞으로 옮겨 놓는 동작. 예**걸음**을 멈추다. →거름. [주의]
걸음² [거름] 발걸음을 세는 단위. 예두어 **걸음**을 앞서 걷다.
걸음걸이 [거름거리] 걸음을 걷는 모양새.
걸음마 [거름마] 어린애가 걸음을 배울 때의 걸음걸이. 또는 그것을 재촉하는 소리. 예**걸음마**를 배우다.
걸인 (乞人) [거린] 돈이나 음식 따위를 빌어먹고 사는 사람. 圓거지. 비렁뱅이.
걸작 (傑作) [걸짝] 썩 훌륭한 작품. 예'춘향전'은 고대 소설의 **걸작**이다. 圓명작. 뺀졸작.
걸쭉하다 [걸쭈카다] 액체가 묽지 않고 걸다. 예**걸쭉한** 국물. ×걸찍하다.
걸쭉히 [걸쭈키] 걸쭉하게. 예죽을 **걸쭉히** 쑤다.
*__걸치다__ [걸:치다] 1 가로질러 걸리다. 예빨랫줄을 마당에 **걸치다**. 2 시간·공간·횟수를 거쳐 이어지다. 예교섭이 이틀에 걸쳐 진행되다. 3 해나 달이 기울어져 산이나 고개 따위에 얹히다. 예서산마루에 걸쳐 있는 해. 4 어떤 물체를 다른 물체에 얹어 놓다. 예의자에 엉덩이를 살짝 **걸치다**. 5 옷이나 이불 따위를 아무렇게나 입거나 뒤집어쓰다. 예외투를 **걸치고** 나가다.
걸터앉다 [걸:터안따] 엉덩이를 걸치고 앉다. 예마루 끝에 **걸터앉다**.
걸핏하면 [걸피타면] 조금이라도 무슨 일만 있으면 곧. 예**걸핏하면** 운다. 圓툭하면.
검 (劍) [검:] 크고 긴 칼.
검객 (劍客) [검:객] 칼을 잘 쓰는 사람. 圓검술사.
검거 (檢擧) [검:거] 죄지은 사람을 잡

음. 예살인범을 검거하다. **검거하다**.

***검다** [검:따] **1** 숯이나 먹의 빛깔과 같이 어둡고 짙다. 예검게 탄 얼굴. 맨희다. 짝감다. 센껌다. **2** 마음이 정직하지 못하고 엉큼하다. 예검은 속셈을 숨기고 접근하다. ⊃ black

검댕 그을음이나 연기 따위가 엉겨서 생긴 검은 빛깔의 물질.

검도(劍道) [검:도] 죽도를 사용하여 상대편의 머리·허리·손목을 치거나 찔러서 승부를 가리는 운동 경기.

검둥이 **1** 털이 검은 개를 귀엽게 부르는 말. **2** 살빛이 검은 사람이나 흑인을 얕잡아 이르는 말. 맨흰둥이. 센껌둥이.

검문(檢問) [검:문] 경찰관·헌병 등이 사람이나 차량 따위를 멈추게 하고 신분·짐 등을 조사함. 예경찰의 검문을 받다. **검문하다**.

검버섯 [검:버섣] 노인의 피부에 나는 거무스름한 얼룩점.

검불 마른 풀이나 낙엽·지푸라기 따위. 비검부러기.

검붉다 [검:북따] 검은빛을 띠면서 붉다. 예검붉은 얼굴. 말음 검붉고 [검:불꼬] / 검붉은 [검:불근] / 검붉지 [검:북찌].

* **검사**¹(檢事) [검:사] 공권력인 검찰권을 행사하여 죄지은 사람을 조사하고, 재판을 통하여 벌을 받게 하는 일을 맡은 공무원.

* **검사**²(檢查) [검:사] 자세히 살피고 조사함. 예숙제 검사를 받다 / 시력을 검사하다. **검사하다**.

검산(檢算) [검:산] 계산이 맞았는지 틀렸는지를 알아보는 것. **검산하다**.

검색(檢索) [검:색] **1** 자세히 살펴 찾아봄. 예검색을 당하다. **2** 컴퓨터에서, 필요한 정보나 자료를 찾아내는 일. 예인터넷으로 자료를 검색하다. **검색하다**.

검색대(檢索臺) [검:색때] 공항, 공연장, 경기장 등에서 안전을 해치는 위험한 물건이 있는지 검사하는 곳. 예공항 검색대를 통과하다.

검색어(檢索語) [검:새거] 주로 인터넷에서 필요한 정보를 찾을 때 입력하는 말.

검색 엔진(檢索engine) 인터넷에서 필요한 자료나 정보를 찾는 프로그램.

검색창(檢索窓) [검:색창] 인터넷에서 어떤 정보를 찾으려고 할 때 검색하려는 말을 입력하는 곳. 예인터넷 검색창에 책 제목을 입력하다.

검소(儉素) [검:소] 사치하지 아니하고 수수함. 예검소한 생활 / 옷차림이 검소하다. 비소박. 맨사치. 화려. **검소하다**.

검술(劍術) [검:술] 검을 가지고 싸우는 기술. 비검법.

검시(檢屍) [검:시] 범죄나 사고를 당해 사람이 죽었을 때 죽은 원인을 알아내려고 시체를 검사함. **검시하다**.

검약(儉約) [거:먁] 돈이나 물건 따위를 헛되이 쓰지 않고 아낌. 예검약을 가훈으로 삼다. 비절약. 맨낭비. **검약하다**.

검역(檢疫) [거:멱] 전염병이 퍼지는 것을 막기 위하여, 특히 차량·선박·비행기 및 그 승객·승무원·짐 등에 대해 병균이 있는지를 검사하고 소독하는 일. 예항구에 들어온 배를 검역하다. **검역하다**.

검열(檢閱) [검:녈 / 거:멸] 언론이나 출판, 영화 따위의 내용을 미리 심사하여 그 내용을 통제하는 일. 예우편물을 검열하다. **검열하다**.

검은빛 [거믄빋] 먹의 빛깔과 같이 어둡고 짙은 빛.

검은색(一色) [거믄색] 숯이나 먹의 빛깔과 같이 어둡고 짙은 색.

검은콩 [거믄콩] ⇨검정콩.

검인(檢印) [거:민] 서류나 물건을 검사한 표시로 찍는 도장. 예당국의 검인을 받다.

검인정(檢認定) [거:민정] 검사하여 인정함. 예검인정 교과서.

* **검정** 검은 빛깔이나 물감. 짝감장. 센껌정. ⊃ black

검정고시(檢定考試) [검:정고시] 어떤 자격에 필요한 지식·학력·기술을 갖추고 있는지를 알아보기 위해 실시하는 시험. 준검정.

검정말 자라풀과의 여러해살이 물풀. 줄기는 가늘고 뭉쳐나는데 마디가 많고 높이는 60cm 정도임. 연못이나 개울가에서 자람.
검정콩 껍질이 검은 콩.
검정풍뎅이 검정풍뎅잇과의 곤충. 몸길이 20mm가량. 몸 빛깔은 밤색 또는 검은 갈색이며 해충임.
검증 (檢證) [검:증] 1 검사하여 증명함. 예실험으로 이론이 옳음을 검증하다. 2 판사나 검사가 증거 물품이나 장소를 실지로 조사함. 예현장 검증. 검증하다.
검지 (一指) [검:지] 집게손가락.
검진 (檢診) [검:진] 건강 상태와 병이 있는지를 알아보기 위하여 검사하는 진찰. 예1년에 한 번 정기 검진을 받다. 검진하다.
검찰 (檢察) [검:찰] 1 검사하여 살핌. 2 죄를 조사하여 사실을 확실히 함. 또는 그 일을 하는 관청이나 사람.
검찰청 (檢察廳) [검:찰청] 법무부 소속의 중앙 행정 기관의 하나. 검찰 사무를 맡아보는 관청으로 대검찰청·고등 검찰청·지방 검찰청의 세 가지가 있음.
검출 (檢出) [검:출] 검사하여 찾아냄. 검사하여 뽑아냄. 예세균을 검출하다. 검출하다.
검침 (檢針) [검:침] 전기·수도·가스 따위의 사용량을 알기 위하여 계량기의 눈금을 검사함. 검침하다.
검토 (檢討) [검:토] 사실이나 내용을 자세히 살펴 따져 봄. 예보고서 내용을 검토하다. 검토하다.
검푸르다 [검:푸르다] 검은빛이 나면서 푸르다. 예검푸른 바다. 활용 검푸르러 / 검푸르니.
***겁** (怯) 무서워하거나 두려워하는 마음. 예겁이 많다 / 겁 없는 아이.
겁나다 (怯一) [검나다] 무섭거나 두려운 마음이 생기다. 예밤에 나다니기가 겁난다.
겁내다 (怯一) [검내다] 무섭고 두려운 마음을 나타내다.
겁먹다 (怯一) [검먹따] 무섭거나 두려워하는 마음을 가지다.
***겁쟁이** (怯一) [겁쨍이] 겁이 많은 사람.
겁주다 (怯一) [겁쭈다] 상대에게 겁을 집어먹게 만들다. 예무서운 얘기로 겁주려고 해도 안 속는다.
겁탈 (劫奪) 남의 것을 강제로 빼앗음. 겁탈하다.
***것** [걷] 1 사물·일·현상 따위를 가리키는 말. 예입을 것 / 밀가루로 만든 것. 2 사람을 낮추어 이르거나 동물을 이르는 말. 예에구, 불쌍한 것. 3 말하는 이의 확신·결정·결심·추측을 나타내는 말. 예내일은 비가 올 것이다.
겅중겅중 긴 다리로 힘 있게 높이 솟구쳐 뛰는 모양. 예신이 나서 겅중겅중 뛰다. 겅중겅중하다.
***겉** [걷] 밖으로 드러난 쪽. 예겉은 멀쩡한데 속은 썩었다. 비거죽. 표면. 반속. 안.
겉껍질 [걷껍찔] 겉을 싸고 있는 껍질. 반속껍질.
겉넓이 [건널비] 물체의 겉면의 넓이. 비표면적.
겉늙다 [건늑따] 나이에 비해 더 늙어 보이다. 발음 겉늙고 [건늑꼬] / 겉늙어서 [건늘거서] / 겉늙지 [건늑찌].
겉돌다 [걷똘다] 1 서로 어울리지 않고 따로 지내다. 예겉도는 사람. 2 바퀴나 나사 따위가 헛돌다. 예눈길에서 차바퀴가 겉돌기만 하다. 활용 겉돌아 / 겉도니 / 겉도는.
겉뜨기 [걷뜨기] 대바늘 두 개로 코를 겉으로만 감아 떠 나가는 뜨개질 방법.
겉멋 [건믿] 실속은 없이 겉으로만 부리는 멋. 예겉멋만 들다 / 겉멋을 부리다.
겉면 (一面) [건면] 겉으로 드러난 면. 비표면.
겉모습 [건모습] 겉으로 드러나 보이는 모습. 비외관. 외모.
겉모양 (一模樣) [건모양] 겉으로 보이는 모양. 비외형. 외양.
겉보기 [걷뽀기] 겉으로 보이는 모양새. 예겉보기와는 다르다.
겉봉 (一封) [걷뽕] 1 편지나 서류 따위를 싸서 봉하는 종이. 2 봉투의 거죽. 예겉봉에 주소와 성명을 쓰다.
겉옷 [거돋] 겉에 입는 옷. 반속옷.
겉장 (一張) [걷짱] 1 여러 장으로 겹쳐 있는 종이 가운데 맨 겉에 있는 종이. 반속장. 2 ⇨표지[1].

겉절이 [걷쩌리] 열무·배추 따위를 절여 바로 무쳐 먹는 반찬.

겉치레 [걷치레] 겉만 보기 좋게 꾸밈. ⑩겉치레 인사 / 겉치레뿐이고 실속은 없다.

겉표지(-表紙) [걷표지] 책의 거죽을 싼 종이.

겉핥기 [거탈끼] 내용을 제대로 파악하지 않고 건성으로 대강 보는 일. ⑩책을 겉핥기로 대충 읽다.

겉핥다 [거탈따] 내용을 제대로 파악하지 않고 겉만 대강 보다. ⑩시험 시간에 쫓겨 문제들을 겉핥을 수밖에 없었다.

*게¹ [게:] 몸이 납작하고 등과 배는 단단한 껍데기로 싸였으며, 다리가 다섯 쌍인 갑각류의 하나. 옆으로 기어다님. 식용함.

게² '거기'의 준말. ⑩게 앉거라 / 게 섰거라.

게³ '것이'의 준말. ⑩집에 먹을 게 많다.

–게¹ 어떤 말에 붙어서 도구나 연장의 뜻을 나타내는 말. ⑩지게 / 집게. →–개 주의

*–게² 1 동사나 '있다'의 어간에 붙어, 어떤 동작을 시키는 말. ⑩많이 먹게 / 자네가 하게 / 가만히 있게. 2 동사·형용사의 어간에 붙어, 뒤에 오는 동사나 형용사의 내용을 제한하는 말. ⑩화단을 아름답게 꾸미다 / 지나치게 술을 마시다.

게걸스럽다 [게걸스럽따] 부끄럼 없이 마구 먹거나 욕심 내는 태도가 있다. ⑩며칠 굶은 사람처럼 게걸스럽게 먹다. 활용 게걸스러워 / 게걸스러우니.

게걸음 [게:거름] 게처럼 옆으로 걷는 걸음.
　게걸음(을) 치다 ㉠옆으로 걸어 나가다. ⑩게걸음을 쳐 달아나다. ㉡어떤 일의 진행이 느리거나 발전이 없다.

게다가 1 그런 데다가 또 그 위에. ⑩날이 저물어 어둡고 게다가 비까지 왔다. 2 거기에다가. ⑩게다가 놓아라.

게딱지 [게:딱찌] 게의 등딱지.

게릴라(에 guerrilla) 적진이나 그 후방을 갑자기 습격하여 소란하게 하는 작은 규모의 무장 부대. 유격대. ⑩게릴라 전술.

게스트 (guest) 손님이라는 뜻으로, 라디오나 텔레비전 방송 등에 특별히 초대된 출연자.

게슴츠레하다 졸리거나 술에 취해 눈이 기운이 없고 감길 듯하다. 비거슴츠레하다.

게시(揭示) [게:시] 여러 사람에게 알리기 위하여 내걸거나 붙여서 보게 함. 또는 그 글. ⑩불조심 표어를 게시하다. 게시하다.

게시판(揭示板) [게:시판] 여러 사람에게 알릴 글이나 그림, 사진 따위를 붙이기 위하여 세워 둔 판.

게양(揭揚) [게:양] 깃발 따위를 높이 걺. ⑩광복절에 국기를 게양하다. 반하기. 게양하다.

게양대(揭揚臺) [게:양대] 국기 따위를 높이 걸기 위해 만들어 놓은 대.

게우다 먹은 것을 소화시키지 못하고 입으로 토하다.

*게으르다 행동이 느리고 움직이기 싫어하는 성미와 버릇이 있다. 반부지런하다. 활용 게을러 / 게으르니.

게으름 행동이 느리고 움직이기 싫어하는 버릇이나 태도. ⑩게으름을 피우다.

게으름뱅이 게으른 사람을 낮잡아 이르는 말.

게을러빠지다 몹시 게으르다. 비게을러터지다.

게을리 게으르게. ⑩게을리 시간을 보내다.

*게임 (game) 운동 경기나 여러 사람이 함께 하는 놀이.

게임기(game機) 소형 컴퓨터를 이용하여 게임을 즐길 수 있도록 만든 전자 장치.

게장(-醬) [게:장] 산 게를 소금물이나 간장에 담가 삭혀 만든 음식.

게재(揭載) [게:재] 신문·잡지 등에 글·그림 따위를 실음. ⑩동시를 신문에 게재하다. 게재하다.

*–겠– 1 동사·형용사의 어간에 붙어, 미래를 나타내는 말. ⑩내일 다시 오

겠습니다. 2 추측의 뜻을 나타내는 말. 예 그 사람은 참 좋겠네. 3 동사의 어간에 붙어, 가능성을 나타내는 말. 예 그만한 것이라면 아이들도 가볍게 들겠다.

겨 벼·밀·보리 등의 곡식을 찧어 벗겨 낸 껍질의 총칭.

겨냥 [겨:냥] 목표물을 겨눔. 예 겨냥이 빗나가다. **겨냥하다**.

겨냥도 (─圖) [겨:냥도] 건물 따위의 모양·배치를 알기 쉽게 그린 그림.

겨누다 목표물을 향하여 방향과 거리를 똑바로 잡다. 예 과녁을 향해 활을 겨누다.

주의 **겨누다**와 **겨루다**
겨누다 총 따위로 겨냥하다.
겨루다 상대방과 서로 힘이나 실력 따위를 견주다. 예 힘을 겨루다.

겨드랑이 가슴의 양편 옆, 양쪽 팔 밑의 오목한 곳. 준 겨드랑.

***겨레** 한 조상에서 태어나 이어 내려온 자손들. 예 우리 겨레 고유의 문화. 비 민족. 동포.

겨레말 한 겨레가 같이 쓰는 말.
겨레붙이 [겨레부치] 같은 핏줄을 이어받은 사람.
겨루기 태권도에서 두 사람이 기본 기술을 써서 겨루어 보는 일.

***겨루다** 서로 힘이나 능력을 견주다. 예 팔심을 겨루다. →겨누다 주의

***겨를** 일을 하다가 쉬게 되는 틈. 예 시험공부에 바빠 놀 겨를이 없다. 비 여가.

***겨우** 어렵게 힘들이어. 예 겨우 먹고 살다. 비 가까스로.

겨우겨우 아주 어렵고 힘들게. 예 보채던 아이가 겨우겨우 잠이 들었다.

겨우내 겨울 동안 죽. 예 겨우내 강이 얼다. 본 겨울내.

겨우살이¹ [겨우사리] 1 겨울을 지냄. 예 동물들은 겨우살이 준비를 합니다. 비 월동. 2 겨울철에 입는 옷.

겨우살이² [겨우사리] 겨우살잇과에 속하는 상록 관목. 잎은 타원형이고 초봄에 한두 개의 꽃이 줄기 끝에 피며, 참나무·밤나무 등에 기생함. 줄기와 잎은 한약 재료로 씀.

***겨울** 일 년의 네 철 가운데 마지막 철. 예 겨울이 다가오다. ⇨winter

참고 **겨울을 생각나게 하는 것**
자연: 눈·고드름·얼음·찬 바람
동물: 개구리·곰·토끼
꽃: 동백
과실: 곶감·잣·호도
나물: 시래기·박고지·호박고지·가지 말랭이
놀이: 눈사람 만들기·얼음지치기·썰매 타기·연날리기·팽이치기
기타: 군밤·군고구마·모닥불·화롯불·김장·팥죽·문풍지·목도리

겨울나기 [겨울라기] 겨울을 지내는 것. 예 여름 철새들이 겨울나기 준비를 위해 따뜻한 남쪽 나라로 이동하였다. 비 월동.

겨울날 [겨울랄] 겨울철의 날. 또는 겨울철의 날씨.

겨울눈 [겨울룬] 늦여름이나 가을에 생겨 이듬해 봄에 싹이 될 눈. 대개 비늘잎으로 싸여 있음. 비 동아.

겨울 방학 (─放學) 학교에서 몹시 추운 때에 수업을 일정 기간 쉬는 일.

겨울새 [겨울쌔] 가을에 우리나라에 와서 겨울을 지낸 다음, 이듬해 봄에 다시 북쪽으로 날아가는 철새. 기러기·청둥오리·백조·두루미 따위. 만 여름새.

겨울잠 [겨울짬] 곰·뱀·개구리 등의 동물이 땅속이나 굴속에서 활동하지 않고 겨울을 지내는 일. 비 동면.

***겨울철** 겨울의 때. 비 동절기.

겨자 노란 빛깔의 몹시 매운 양념.

격 (格) 1 환경과 사정에 자연스럽게 어울리는 분수나 품위. 예 격에 맞는 행동. 2 신분. 지위. 예 모임의 대표격인 사람.

격감 (激減) [격깜] 아주 많이 줆. 또는 줄임. 만 격증. **격감하다**.

격납고 (格納庫) [경납꼬] 비행기 따위를 넣어 두거나 정비하는 건물.

격노 (激怒) [경노] 몹시 화를 냄. 비 격분. **격노하다**.

격돌 (激突) [격똘] 세차게 부딪침. 예 결승에서 격돌하다. **격돌하다**.

격동 (激動) [격똥] 사회 상황이 빠르고 심하게 변함. 예 격동하는 세계. **격동하다**.

격려 (激勵) [경녀] 마음이나 기운을 북돋우어 힘쓰도록 함. 예 선수들을 격려하다. **격려하다**.

격렬하다 (激烈−) [경녈하다] 말이나 행동이 몹시 세차고 사납다. 예 격렬한 논쟁. 비 격심하다.

격리 (隔離) [경니] 다른 것과 통하지 못하도록 사이를 막거나 떼어 놓음. 예 전염병 환자를 격리시키다. **격리하다**.

격멸 (擊滅) [경멸] 전쟁이나 전투에서, 적을 쳐서 없앰. 예 아군이 적을 격멸하다. **격멸하다**.

격무 (激務) [경무] 몹시 힘이 들고 바쁜 일. 예 격무에 시달리다.

격문 (檄文) [경문] 널리 일반 사람들에게 알려 선동하기 위한 글. 예 사방에 격문을 띄우다.

격변 (激變) [격뼌] 갑자기 심하게 변함. 예 사태가 격변하다. **격변하다**.

격분 (激憤) [격뿐] 화가 몹시 나서 흥분함. 비 격노. **격분하다**.

격식 (格式) [격씩] 격에 맞는 일정한 형식. 예 격식을 따지다 / 격식을 차려 인사하다.

격심하다 (激甚−) [격씸하다] 몹시 심하다. 예 격심한 타격. 비 격렬하다.

격앙 (激昂) [겨강] 감정이나 기운이 거세게 일어남. **격앙하다**.

***격언** (格言) [겨건] 속담 등과 같이 이치에 꼭 맞아 교훈이 될 만한 짧은 말. 비 금언. 잠언.

격일 (隔日) [겨길] 하루를 거름. 예 격일로 교실 청소를 하다.

격자 (格子) [격짜] 바둑판처럼 가로세로를 일정한 간격으로 직각이 되게 짠 구조나 물건. 또는 그런 형식. 예 격자무늬.

격전 (激戰) [격쩐] 격렬하게 하는 싸움. 예 격전을 치르다.

격정 (激情) [격쩡] 몹시 기세가 세차고 갑자스러워 누르기 힘든 감정. 솟아오르는 격정을 누르다.

격증 (激增) [격쯩] 수량이 갑자기 늘거나 불어남. 예 해외 여행객 수가 격증하고 있다. 반 격감. **격증하다**.

격차 (隔差) 수준이나 품질, 수량 따위의 서로 벌어진 차이. 예 격차가 생기다.

격찬 (激讚) 크게 칭찬함. 예 격찬을 받은 작품. **격찬하다**.

격추 (擊墜) 적의 비행기 등을 공격하여 떨어뜨림. **격추하다**.

격침 (擊沈) 적의 배를 공격하여 물속에 가라앉힘. 예 간첩선을 격침하다. **격침하다**.

격퇴 (擊退) [격퇴/격퉤] 적을 쳐서 물리침. 예 왜군을 격퇴하다. **격퇴하다**.

격투 (格鬪) 서로 맞붙어 치고받으며 싸움. 예 격투를 벌이다. **격투하다**.

격투기 (格鬪技) 권투, 유도, 태권도, 레슬링처럼 두 명의 선수가 맞붙어 싸워 승패를 가리는 경기.

격파 (擊破) 1 공격해서 물리침. 예 왜군을 격파한 충무공. 2 태권도에서, 널빤지 따위를 쳐서 깨뜨림. 예 격파 시범을 보이다. **격파하다**.

격하다 (激−) [겨카다] 1 갑자기 화를 내다. 몹시 흥분하다. 예 성격이 거칠고 격하기 쉽다. 2 기세나 감정 등이 급하고 거세다. 예 격한 운동을 하다 / 감정이 격해서 말도 잘 안 나온다.

***겪다** [격따] 1 어려운 일이나 경험이 될 만한 일을 당하여 치르다. 예 갖은 고생을 다 겪다. 2 사람을 사귀어 지내다. 예 많은 사람을 겪어 보다.

견고하다 (堅固−) 굳세고 튼튼하다. 예 견고한 수비.

견과 (堅果) 도토리, 밤, 호두처럼 딱딱한 껍데기에 싸여 있는 나무 열매.

***견디다** 1 괴로움을 잘 참다. 예 추위를 참고 견디다. 2 오랫동안 버티다. 예 구두가 오래 견디다.

견문 (見聞) [견ː문] 보고 들어서 얻은 지식. 예 견문을 넓히다. **견문하다**.

견물생심 (見物生心) [견ː물쌩심] 물건을 실제로 보게 되면 가지고 싶은 욕심이 생김.

견본 (見本) [견ː본] 많은 것 중에서 본보기가 되는 물건. 샘플. 예 상품의 견본을 보내다.

견습 (見習) [견ː습] ⇨수습².

견식 (見識) [견ː식] 견문과 학식. 예 견식이 넓다 / 견식이 풍부하다.

견우 (牽牛) [겨누] 1 견우와 직녀 이야기에 나오는 남자 목동. 2 '견우성'의 준말.

견우성 (牽牛星) [겨누성] 독수리자리에서 가장 밝은 별. 은하수를 경계로 직녀성과 마주하고 있음. 준견우.

견인 (牽引) [겨닌] 끌어당김. 예물에 빠진 차량을 견인하다. **견인하다**.

견인자동차 (牽引自動車) [겨닌자동차] 다른 차량을 끄는 시설을 갖추고 있는 자동차. 비견인차.

견적 (見積) [견:적] 어떤 일에 드는 비용 등을 미리 대강 계산함. 예자동차 수리비의 견적을 내다.

견제 (牽制) 상대편을 억눌러서 자유롭게 행동하지 못하게 함. 예상대 선수의 집중적인 견제를 받다. **견제하다**.

*견주다 1 비교하여 가리다. 예실력을 견주다. 2 맞대어 보다. 예키를 견주어 보다.

견직물 (絹織物) [견직물] 누에고치에서 뽑은 실로 짠 천. 실크. 비비단.

*견학 (見學) [견:학] 현장에 실지로 가서 보고 배워 구체적인 지식을 넓힘. 예방송국을 견학하다. **견학하다**.

견해 (見解) [견:해] 사물이나 현상에 대한 자기의 의견이나 생각. 예견해가 다르다.

견훤 (甄萱) 『인명』 후백제의 시조. 지금의 전라도와 경상도의 일부를 병합하여 완산(지금의 전주)을 도읍으로 정하고 후백제를 세워 즉위함. [867-936 ; 재위 892-935]

겯다[겯:따] 기름기가 흠뻑 묻어 배다. 예때에 결은 작업복. 활용 결어 / 결으니 / 겯는.

겯다[겯:따] 1 여럿이 가로서서 팔을 서로의 어깨에 올려 꽉 끼다. 예친구들과 어깨를 겯다. 2 대·갈대·싸리채 따위를 쪼개어 엮어 짜다. 예대오리로 바구니를 겯다. 활용 결어 / 결으니 / 겯는.

*결¹ 나무·돌·살갗·비단 등에 굳고 무른 조직의 부분이 모여 켜를 이룬 바탕의 무늬. 예결이 고운 옷감.

결² '때·김·사이·짬' 등의 뜻. 예어느 결에 다 해치웠나 / 지나는 결에 들렀음. 참고 이 말은 주로 '결에'의 꼴로 쓰임.

*결과 (結果) 어떤 원인으로 말미암아 생긴 일의 상태나 상황. 예좋은 결과를 얻다. 비결말. 반원인.

결과적 (結果的) 어떤 일의 결과에 따르는 (것). 예결과적으로 네 잘못이다.

*결국 (結局) 1 일이 마무리되는 단계. 예결국은 같은 것이다. 2 드디어. 나중에는. 끝장에 이르러. 예열심히 하더니 결국 성공했다.

결근 (缺勤) 일을 해야 하는 날에 일터에 나가지 않음. 반출근. **결근하다**.

결단 (決斷) [결딴] 딱 잘라 결정함. 예결단을 내리다. **결단하다**.

결단력 (決斷力) [결딴녁] 결단을 내릴 수 있는 능력. 예결단력 있는 친구.

결단코 (決斷—) [결딴코] 딱 잘라 말해서. 예결단코 그런 일은 없다. 비분명히. 절대로.

결렬 (決裂) 회담이나 협상을 할 때 서로 의견이 맞지 않아 갈라짐. 예회담이 결렬되다. 비분열. **결렬하다**.

결례 (缺禮) 예의를 갖추지 못함. 비실례. **결례하다**.

결론 (結論) 말이나 글의 끝맺는 부분. 비결말. 맺음말.

결론짓다 (結論—) [결론짇따] 결론을 내리다. 말이나 글의 끝을 맺다. 예그것이 옳다고 결론지을 수 밖에 없다. 활용 결론지어 / 결론지으니 / 결론짓는.

결리다 숨을 쉬거나 움직일 때, 몸의 한 부분이 뻐근하거나 당기어서 아프다. 예옆구리가 결리다.

결막 (結膜) 눈꺼풀의 안과 눈알의 겉을 이어서 싼 투명한 얇은 막.

결막염 (結膜炎) [결망념] 눈의 결막에 생기는 염증. 눈이 충혈되고 발갛게 부으며 눈곱이 낌.

결말 (結末) 일을 맺는 끝. 예결말을 짓다. 비끝장.

결박 (結縛) 몸이나 손을 마음대로 움직이지 못하게 끈이나 밧줄로 단단히 묶음. 예결박을 당하다. **결박하다**.

결백 (潔白) 잘못이나 죄를 저지른 것이 없음. 예결백을 주장하다. **결백하다**.

결벽증 (潔癖症) 병적으로 깨끗한 것에 집착하는 증상.

결별 (訣別) 1 기약 없는 작별. 비이별. 2 관계나 교제를 끊음. 예친구와 결별하다. **결별하다**.

결부 (結付) 서로 연관시킴. 예그 문제와 결부시키지 마라. **결부하다**.

결빙 (結氷) 물이 얾. 예강이 결빙했다. 반해빙. **결빙하다**.

결사¹ (決死) [결싸] 목숨을 걸고 있는 힘을 다함. 예독립을 위해 결사 항전하다.

결사² (結社) [결싸] 공통의 목적을 이루기 위하여 많은 사람들이 모여 단체를 만듦. 예결사의 자유.

결사적 (決死的) [결싸적] 죽음을 각오하고 덤비는 (것). 예결사적으로 싸우다.

결산 (決算) [결싼] 일정한 기간 동안 들어오고 나간 돈의 계산을 마감함. 예연말 결산을 해 보니 적자다. **결산하다**.

결산서 (決算書) [결싼서] 일정한 기간 동안 들어오고 나간 돈을 계산하여 기록한 문서.

결석 (缺席) [결썩] 가야 할 자리에 나가지 않음. 예감기로 학교를 결석하다. 반출석. **결석하다**. ⇨absent

결선 (決選) [결썬] 1 선거에서, 표를 많이 얻은 두 사람을 놓고 당선자를 가리기 위해 다시 투표를 하는 것. 예결선 투표. 2 운동 경기에서 마지막 우승자를 가리는 시합. 예결선에 진출하다 / 결선에 오르다. 반예선. **결선하다**.

결성 (結成) [결썽] 모임이나 단체를 만듦. 예새로운 정당을 결성하다. **결성하다**.

결속 (結束) [결쏙] 뜻이 같은 사람들끼리 마음을 합하고 뭉침. 비단결. **결속하다**.

결손 (缺損) [결쏜] 모자라거나 부족함. 예결손이 나다 / 결손을 메우다. 비적자.

결승 (決勝) [결씅] 운동 경기에서 마지막 승패를 결정함. 또는 그 경기. 예아깝게도 결승에서 졌다.

결승선 (決勝線) [결씅선] 경주 따위에서 마지막 도착 지점에 친 줄이나 그은 선. 골라인.

결승전 (決勝戰) [결씅전] 마지막 승부를 판가름 짓는 경기. 예결승전을 벌이다.

결승점 (決勝點) [결씅쩜] 1 경주 따위에서 마지막 승부가 결정되는 지점. 2 승부를 결정하는 득점.

결식 (缺食) [결씩] 끼니를 거름. **결식하다**.

결실 (結實) [결씰] 1 열매가 맺힘. 예결실의 계절. 2 일의 결과가 잘 맺어짐. 예노력의 결실. **결실하다**.

*__결심__ (決心) [결씸] 마음을 굳게 정함. 단단히 마음먹음. 또는 그 마음. 예굳은 결심. 비다짐. 결의. **결심하다**.

결여 (缺如) [겨려] 있어야 할 것이 빠져서 없거나 모자람. 예의지의 결여 / 공정성이 결여되다. **결여하다**.

결연 (結緣) [겨련] 가까운 친선 관계를 맺음. 예섬마을 학교와 결연을 맺다. **결연하다**.

결연하다 (決然—) [겨련하다] 태도가 매우 굳세고 꿋꿋하다.

결원 (缺員) [겨뤈] 정한 인원에서 사람이 빠져 모자람. 예결원을 보충하다.

결의¹ (決意) [겨리 / 겨리] 확실하게 뜻을 정함. 또는 그 뜻. 예결의를 굳히다. 비결심. **결의하다**.

결의² (決議) [겨리 / 겨리] 회의에서 어떤 일을 결정함. 또는 그 결정. 예만장일치로 결의하다. **결의하다**.

결의문 (決議文) [겨리문 / 겨리문] 결의한 사항을 적은 글.

결재 (決裁) [결째] 아랫사람이 제출한 의견 등을 윗사람이 헤아려 승인함. **결재하다**.

결전 (決戰) [결쩐] 승부를 결정짓는 싸움. 예결전의 순간 / 결전을 벌이다. **결전하다**.

결점 (缺點) [결쩜] 완전하지 못한 점. 예누구나 결점은 있다. 비단점. 결함. 반장점.

*__결정__¹ (決定) [결쩡] 결단하여 정함. 예결정을 내리다 / 결정에 따르다. **결정하다**. ⇨decision

결정² (結晶) [결쩡] 1 일정한 법칙에 따라 규칙적인 모양을 한 고체. 2 애써 노력하여 나타난 훌륭한 결과. 예노력의 결정.

결정권 (決定權) [결쩡꿘] 결정할 수

있는 권한. 예결정권을 가지다.
결정적(決定的)[결쩡적] 일이 그렇게 될 것이 확실한 (것). 예결정적 사실 / 결정적인 증거.
결정짓다(決定―)[결쩡짇따] 어떤 일이 결정되도록 만들다. 예마음을 결정지으니 속이 후련하다. [활용] 결정지어 / 결정지으니 / 결정짓는.
결제(決濟)[결쩨] 돈을 주고받음으로써 둘 사이의 거래 관계를 끝맺음. 예요금이 자동으로 결제되다. **결제하다**.
***결코**(決―) 어떤 일이 있어도 절대로. 예결코 그 은혜는 잊지 않겠다. 비결단코. [참고] 뒤에 '아니다', '없다', '않다', '못하다' 따위 부정하는 말과 함께 쓰임.　　　　　⊃never
결탁(結託) 주로 나쁜 일에 서로 마음을 맞추고 한편이 됨. **결탁하다**.
결투(決鬪) 원한이나 다툼을 결말 짓기 위하여 목숨을 걸고 싸움. 예결투를 신청하다. **결투하다**.
결판(決判) 잘잘못이나 승패를 가리어 판가름함. 예사건을 명쾌하게 결판짓다.
결핍(缺乏) 있어야 할 것이 없거나 모자람. 예애정이 결핍되다.
결핍증(缺乏症)[결핍쯩] 있어야 할 것이 없거나 부족하여 일어나는 증세. 예비타민 결핍증.
결함(缺陷) 완전하지 못하여 흠이 되는 점. 모자라는 점. 예성격상의 결함. 비흠. 결점.
결합(結合) 둘 이상이 서로 관계를 맺고 하나로 합침. 예물은 수소와 산소가 결합한 것이다. **결합하다**.
***결핵**(結核) 결핵균이 폐나 장 따위에 들어가 일으키는 병. 좁은 뜻으로는 폐결핵을 일컬음. 본결핵병.
결행(決行) 마음먹은 대로 실제로 행함. 비단행. **결행하다**.
***결혼**(結婚) 남녀가 부부가 되는 일. 예연애 결혼 / 결혼 생활. 비혼인. 반이혼. **결혼하다**.　⊃marriage
결혼식(結婚式) 남녀가 부부 관계를 맺는 서약을 하는 의식. 웨딩. 예결혼식을 올리다. 비혼례식.
결혼식장(結婚式場)[결혼식짱] 결혼식을 올리는 장소.

겸(兼) 한 가지 일 외에 또 다른 일을 아울러 함을 나타내는 말. 예산책 겸 외출을 했다.
겸비(兼備) 두 가지 이상을 아울러 갖추고 있음. 예미모와 지성을 겸비하다. **겸비하다**.
겸상(兼床) 두 사람이 한 상에 마주 앉게 차린 상. 또는 마주 앉아서 식사하는 일. 예겸상을 차리다. 반독상. **겸상하다**.
겸손(謙遜) 남을 존중하고 자기를 낮춤. 예겸손한 태도를 보이다. 비공손. 반거만. 오만. **겸손하다**. **겸손히**.
겸양(謙讓)[겨먕] 겸손한 태도로 양보하거나 사양함. 예겸양의 미덕을 발휘하다. **겸양하다**.
겸연쩍다(慊然―)[겨면쩍따] 쑥스럽거나 미안하여 어색하다. 예그는 나와 마주 대하기가 겸연쩍은지 자리를 박차고 나갔다. →쩍다. [주의]
겸용(兼用)[겨뭉] 하나를 가지고 여러 가지로 겸하여 씀. 예냉난방 겸용. **겸용하다**.
겸하다(兼―) 1 본래 하는 일 외에 다른 일을 더 맡다. 예교장이 교감을 겸하다. 2 두 가지 이상을 아울러 가지다. 예문무를 겸하다.
겸허하다(謙虛―) 잘난 체하지 않고, 스스로 자신을 낮추어 남을 존중하는 태도가 있다. 예겸허한 태도 / 겸허한 사람.
겹 1 넓고 얇은 물건이 포개진 것. 또는 가늘고 긴 물건이 포개진 것. 예겹으로 꼰 실. 2 포개져 있는 넓고 얇은 물건의 수를 세는 단위. 예천을 두 겹으로 접다. 반홑.
겹겹이[겹껴비] 여러 겹으로 거듭된 모양. 예겹겹이 에워싸다.
겹눈[겸눈] 여러 개의 홑눈이 모여서 벌집 모양으로 된 눈. 곤충·새우·게 따위에서 볼 수 있음. 비복안.
겹다[겹:따] 1 감정이 거세게 일어나 누를 수 없다. 예흥에 겨워 덩실덩실 춤을 추다. 2 정도나 양이 지나쳐 힘에 부치다. 예힘에 겨운 일. [활용] 겨워 / 겨우니.
겹받침[겹빧침] 서로 다른 닿소리가 겹쳐 된 받침. '앉다, 읽다, 밟다' 등에서 'ㄵ, ㄹ, ㄿ' 따위.

> [주의] **겹받침 'ㄹ, ㄿ'의 발음**
>
> **'ㄹ'의 경우**
> (1) 말끝 또는 자음 앞에서 [ㄱ]으로 발음한다.
>   예 닭 [닥], 맑다 [막따], 늙지 [늑찌]
> (2) 다만, 동사·형용사의 어간 끝음 'ㄹ'은 ㄱ 앞에서 [ㄹ]로 발음한다.
>   예 맑고 [말꼬], 읽거나 [일꺼나], 낡거든 [날꺼든]
> (3) 모음으로 시작되는 조사나 어미, 접미사와 결합되는 경우에는 뒤의 자음 'ㄱ'만을 뒤 음절 첫소리로 옮겨 발음한다.
>   예 닭을 [달글], 읽으면 [일그면]
> (4) 뒤에 'ㅏ, ㅓ, ㅗ, ㅜ, ㅟ'로 시작되는 낱말이 올 때에는, 대표음 [ㄱ]으로 바꾼 다음 뒤 음절 첫소리로 옮겨 발음한다.
>   예 닭 앞에 [다가페]
>
> **'ㄿ'의 경우**
> (1) 말끝 또는 자음 앞에서 [ㄹ]로 발음한다.
>   예 여덟 [여덜], 넓다 [널따], 짧게 [짤께]
> (2) 다만, '밟-'은 자음 앞에서 [밥]으로 발음하고, '넓-'은 다음의 경우에 [넙]으로 발음한다.
>   예 밟다 [밥:따], 밟고 [밥:꼬], 밟는 [밥:는→밤:는], 넓죽하다 [넙쭈카다], 넓둥글다 [넙둥글다], 넓적하다 [넙쩌카다]
> (3) 모음으로 시작되는 조사나 어미, 접미사와 결합되는 경우에는 뒤의 자음 'ㅂ'만을 뒤 음절 첫소리로 옮겨 발음한다.
>   예 넓어 [널버], 밟아 [밥아], 밟으니 [발브니]

겹쐐기표 (一標) 띄어 읽어야 하는 곳에 쓰는 문장 부호 'Ⅴ'의 이름. 쐐기표보다 조금 더 쉬었다 읽음.
겹옷 [겹볻] 솜을 두지 않고 거죽과 안을 맞붙여 지은 옷. 凹홑옷.
***겹치다** 1 여럿을 포개어 덧놓다. 예 요를 겹쳐 깔다. 2 일 따위가 한꺼번에 생기다. 예 경사가 겹치다.
경¹(卿) 1 임금이 높은 벼슬자리에 있는 신하를 대우하여 부르던 칭호. 2 영국에서, 귀족의 작위를 받은 사람을 높여 이르는 말. 예 처칠 경.
경²(經) 1 '경서'의 준말. 2 '불경'의 준말.
경³(京) 억의 억 배. 조의 만 배.
경각심(警覺心) [경:각씸] 정신을 가다듬어 조심하는 마음. 예 경각심을 불러일으키다.
경거망동(輕擧妄動) 가볍고 생각 없이 함부로 행동함. 경거망동하다.
경건하다(敬虔—) [경:건하다] 공경하여 깊이 삼가고 조심하는 태도가 있다. 예 경건한 마음으로 기도를 하다.
경계¹(境界) [경계 / 경게] 1 서로 맞닿는 자리. 예 말뚝을 박아 경계를 표시하다. 2 지역이 나누어지는 한계.
경계²(警戒) [경:계 / 경:게] 뜻밖의 사고나 잘못이 생기지 않도록 미리 조심함. 예 경계를 게을리하지 않다. 경계하다.
경계선(境界線) [경계선 / 경게선] 서로 맞닿는 자리를 나타내는 선.
경고(警告) [경:고] 위험한 일에 대해 조심하거나 삼가라고 미리 주의를 줌. 또는 그 주의. 예 경고 조치를 무시하다. 경고하다. ⊃warning
경공업(輕工業) 부피에 비하여 무게가 가벼운 물건을 생산하는 공업. 섬유·화학·식품·제지 공업 따위. 凹중공업.
경과(經過) 1 시간이 지남. 예 세 시간이 경과했다. 2 일이 되어 가는 형편. 예 수술 경과가 좋다. 경과하다.
경관¹(景觀) 산·강·바다 따위 자연의 풍경. 예 주위의 자연 경관이 뛰어나다. 凹경치. 풍경.
경관²(警官) [경:관] '경찰관'의 준말.
경구(警句) [경:꾸] 교훈적인 내용이나 진리를 짧으면서도 날카롭게 나타낸 글귀.
경국대전(經國大典) [경국때전] 『책』 조선 시대, 정치의 기준이 된 법전. 세조 때 최항·노사신 등이 왕명으로 육전의 체제를 갖춘 법전을 만들기 시작하여 성종 때 완성함. 6권 4책.
경금속(輕金屬) 비중이 4–5 이하인 비교적 가벼운 쇠붙이. 알루미늄·마그네슘 따위. 凹중금속.

경기¹ (京畿) 〖지명〗 1 서울을 중심으로 한 가까운 주위의 땅. 2 '경기도'의 준말.

경기² (景氣) 경제생활의 여러 가지 움직임. 예경기가 활기를 띠다.

*__경기__³ (競技) [경:기] 일정한 규칙 아래 승부를 겨루는 일. 예축구 경기가 열리다. 圓운동 경기. **경기하다**.

경기⁴ (驚氣) [경:기] 어린아이가 갑자기 경련을 일으키며 의식을 잃거나 깜짝깜짝 놀라는 병. 예경기를 일으키다. 圓경풍.

경기도 (京畿道) 〖지명〗 우리나라의 한 도. 한반도의 가운데에 위치함. 도청 소재지는 수원. 匽경기.

경기장 (競技場) [경:기장] 운동 경기를 위한 여러 가지 시설을 갖춘 곳. 예야구 경기장. 圓운동장.

경남 (慶南) [경:남] '경상남도'의 준말.

경내 (境內) 일정한 지역의 안. 예절의 경내로 들어서다.

경단 (瓊團) [경:단] 수수나 찹쌀가루를 반죽하여 작고 둥글게 빚어 삶아 고물을 묻힌 떡.

경대 (鏡臺) [경:대] 거울을 달아 세운 화장대.

경도¹ (經度) 지구상의 위치를 표시하는 좌표 중의 하나. 본초 자오선을 기준으로 동과 서를 각각 180°로 가르고, 동쪽을 동경, 서쪽을 서경이라 부름. 凤위도.

경도² (傾度) 기울어진 정도. 圓경사도. 기울기.

경도³ (硬度) ⇨굳기.

경량 (輕量) [경냥] 가벼운 무게. 凤중량.

경력 (經歷) [경녁] 겪어 지내 온 여러 가지 일들. 예경력을 쌓다 / 경력이 길다. 圓이력.

경련 (痙攣) [경년] 근육이 병적으로 오그라들거나 떨리는 현상. 예경련을 일으키다.

경례 (敬禮) [경:녜] 공경의 뜻을 나타내기 위하여 인사하는 일. 예경례를 받다. **경례하다**.

경로¹ (敬老) 노인을 공경함. 예경로 우대권.

경로² (經路) [경노] 1 지나는 길. 예여행 경로. 2 일이 진행되어 온 형편이나 순서. 예민주주의의 발달 경로.

경로당 (敬老堂) [경:노당] 노인을 공경하고 위로하는 뜻에서, 노인들이 모여 여가를 즐길 수 있게 지은 집.

경로석 (敬老席) [경:노석] 버스·지하철 등에서 노인들이 앉도록 마련한 자리.

경륜 (經綸) [경뉸] 1 일을 짜임새 있게 계획함. 또는 그 계획. 2 천하를 다스림. 예나라를 경륜할 만한 인재. **경륜하다**.

경리 (經理) [경니] 회계에 관한 일을 맡음. 또는 그 사람. 예경리 사원.

경마 (競馬) [경:마] 일정한 거리를 말을 달리게 하여 승부를 겨루는 일.

경마장 (競馬場) [경:마장] 경마를 하는 경기장.

경망스럽다 (輕妄—) [경망스럽따] 행동이나 말이 가볍고 방정맞은 데가 있다. 예경망스럽게 행동하다. [활용] 경망스러워 / 경망스러우니.

경매 (競賣) [경:매] 사겠다는 사람이 많을 때 값을 가장 높게 부르는 사람에게 파는 일. 예경매 가격 / 미술품을 경매에 붙이다. **경매하다**.

경멸 (輕蔑) 깔보고 업신여김. 예경멸에 찬 눈길을 보내다. **경멸하다**.

경박하다 (輕薄—) [경바카다] 말과 행동이 신중하지 못하고 가볍다. 예경박한 말투 / 경박하게 행동하다.

경배 (敬拜) [경:배] 종교적 신앙의 대상을 공경하여 절하거나 받듦. 예신께 경배를 드리다. **경배하다**.

경범 (輕犯) 가벼운 죄. 圓경범죄.

경보¹ (競步) [경:보] 육상 경기의 한 가지. 한쪽 발이 땅에서 떨어지기 전에 다른 발이 땅에 닿게 하여 빨리 걷는 경기.

경보² (警報) [경:보] 위험에 대비하라고 미리 알리는 보도. 예폭풍 경보 / 호우 경보를 발령하다. *주의보.

경보기 (警報器) [경:보기] 특이한 소리나 빛으로 갑작스러운 사고나 위험을 알리는 기구. 예가스 경보기를 설치하다.

경보음 (警報音) [경:보음] 갑작스러운 사고나 위험을 알리는 소리. 예화재 경보음이 울리다.

경복궁 (景福宮) [경:복꿍]　조선 태조 4년(1395)에 지은 궁궐. 1592년 임진왜란 때 불탔는데, 고종 4년(1867)에 대원군이 다시 세움.

경부 고속 도로 (京釜高速道路)　서울과 부산을 잇는 고속 도로. 길이 416.1km. 1970년 개통.

경부선 (京釜線)　서울과 부산 사이를 잇는 복선 철도. 1905년에 개통. 길이 441.7km.

경북 (慶北) [경:북]　'경상북도'의 준말.

경비¹ (經費)　일을 하는 데 필요한 비용. 예 경비를 절감하다.

경비² (警備) [경:비]　사고가 나지 않도록 미리 주의하고 살피어 지킴. 또는 그 사람. 예 경비가 삼엄하다. **경비하다.**

경비대 (警備隊) [경:비대]　경비하는 책임을 맡은 부대.

경비원 (警備員) [경:비원]　경비의 책임을 맡은 사람. 예 아파트 경비원.

경비정 (警備艇) [경:비정]　바다나 강을 경비하는 데 쓰는 작은 함정.

경비행기 (輕飛行機)　연습용 또는 스포츠용으로 쓰는 작은 비행기.

경사¹ (慶事) [경:사]　축하할 만한 즐겁고 기쁜 일. 예 집안에 경사가 났다. 반 흉사.

경사² (傾斜)　비스듬히 한쪽으로 기울어짐. 또는 그 정도. 예 경사가 심하다. 비 기울기.

경사로 (傾斜路)　짐의 운반이나 통행이 쉽도록 계단 없이 경사지게 만든 통로.

경사면 (傾斜面)　비스듬히 기울어진 면. 비 비탈.

경사스럽다 (慶事—) [경:사스럽따]　기뻐하고 축하할 만하다. 예 결혼이란 참으로 경사스러운 일이다. 활용 경사스러워 / 경사스러우니.

경사지다 (傾斜—)　땅이나 바닥이 한쪽으로 기울어지다. 예 경사진 언덕을 올라가다.

경상 (輕傷)　조금 다침. 가벼운 상처. 예 경상을 입다. 반 중상.

경상남도 (慶尙南道) [경:상남도] 〖지명〗 우리나라의 한 도. 한반도 남동쪽 끝에 위치. 기후가 따뜻하고 비가 많이 내리며 쌀·보리·콩·사과 등이 많이 남. 남쪽 해안에 부산, 마산 등 항구가 많고, 창원과 울산을 중심으로 공업 단지가 조성되어있음. 도청 소재지는 창원.

경상도 (慶尙道) [경:상도] 〖지명〗 경상남도와 경상북도를 함께 이르는 말.

경상북도 (慶尙北道) [경:상북또] 〖지명〗 우리나라의 한 도. 한반도 남동쪽에 위치. 기후가 따뜻하며 비가 적게 내림. 쌀·보리·담배·사과 따위의 농업과 함께 동해에서는 어업이 성함. 우리나라 최대의 내륙 공업지임. 도청 소재지는 안동.

경서 (經書)　유교의 가르침을 적어 놓은 책. 논어·맹자·대학·중용·역경·서경·시경·예기·춘추 따위. 준 경.

경선¹ (經線)　지구 위에 가상으로 세로줄을 그어 경도를 나타낸 선. 남극과 북극을 지나며 위선과 직각으로 교차함. 비 날줄. 반 위선.

경선² (競選) [경:선]　둘 이상의 후보가 경쟁하는 선거. 예 경선을 치러 회장으로 선출됐다.

경세제민 (經世濟民)　세상을 다스리고 백성을 구함.

경솔 (輕率)　말이나 행동이 조심성이 없고 가벼움. 예 경솔한 행동. **경솔하다. 경솔히.**

경수로 (輕水爐)　원자력 발전소에서 냉각재로 보통 물을 쓰는 원자로.

경시 (輕視)　대수롭지 않게 보거나 업신여김. 예 인명을 경시하다. 반 중시. **경시하다.**

경시대회 (競試大會) [경:시대회 / 경:시대훼]　학생들이 모여 실력을 겨루는 대회. 예 교내 독후감 경시대회에서 입상하다.

경신 (更新)　이미 세운 기록보다 더 좋은 기록을 냄. 예 세계 기록을 경신하다. **경신하다.** → 갱신 주의

경악 (驚愕)　깜짝 놀람. 예 경악을 금할 수 없다. **경악하다.**

경애하다 (敬愛—) [경:애하다]　공경하고 사랑하다. 예 경애하는 국민 여러분.

경양식 (輕洋食)　간단한 서양식 요리.

경어 (敬語) [경:어] 상대를 공경하는 뜻을 나타내는 말. 凹높임말. 존댓말. 凹비어.

경연 (競演) [경:연] 연극·노래 등의 재주를 겨룸. ⑩합창 경연 대회 / 경연을 벌이다.

경영 (經營) 기업이나 사업을 관리하고 운영해 나감. ⑩회사를 경영하다. **경영하다**.

경영자 (經營者) 기업이나 사업을 관리하고 운영하는 사람. ⑩최고 경영자.

경외 (敬畏) [경:외/경:웨] 어떤 대상을 두려워하여 조심하며 우러러봄. ⑩신을 경외하다. **경외하다**.

***경우** (境遇) 1 사리나 도리. ⑩경우가 밝다 / 경우에 어긋난다. 2 놓여 있는 조건 또는 놓이게 된 형편이나 사정. ⑩비가 올 경우 / 만일의 경우에 대비하다. 凹처지.

경운기 (耕耘機) 논이나 밭을 갈아 일구는 농기계.

경위 (經緯) 어떤 일이 진행되어 온 과정. ⑩사건의 경위를 조사하다.

경운기

경유¹ (經由) 목적지에 가는 도중 어떤 곳을 거쳐 지나감. ⑩일본 경유 미국행 비행기. **경유하다**.

경유² (輕油) 석유의 원유를 가공하여 얻는 기름. 중유보다 가볍고 등유보다 무거우며 디젤 기관이나 난방용 연료로 씀.

경음악 (輕音樂) [경으막] 작은 규모의 악단이 연주하는 가벼운 대중음악.

경의 (敬意) [경:의/경:이] 존경하는 마음. ⑩경의를 표하다.

경의선 (京義線) [경의선/경이선] 서울과 신의주를 잇는 철도로 1906년 개통. 총길이 496.7km. 현재는 경기도 문산까지만 운행되고 있음.

경이 (驚異) 놀랍고 신기하게 여김. ⑩경이에 찬 눈으로 쳐다보다.

경이롭다 (驚異—) [경이롭따] 놀랍고 신기한 데가 있다. ⑩경이로운 기록을 세우다. [활용] 경이로워 / 경이로우니 / 경이로운.

경인 고속 도로 (京仁高速道路) 서울과 인천 사이를 잇는 고속 도로. 1968년에 우리나라에서 처음으로 개통된 고속 도로임. 길이 13.44km.

경인선 (京仁線) 서울과 인천 사이를 잇는 철도. 1899년에 우리나라에서 처음으로 개통되었으며, 길이는 27km. 현재는 지하철과 이어져 전철화됨.

경작 (耕作) 논밭을 갈아 농사를 지음. 凹농경. **경작하다**.

경작지 (耕作地) [경작찌] 농사를 짓는 땅. 凹농경지. 농지. 줜경지.

경쟁 (競爭) [경:쟁] 서로 앞서거나 이기려고 다툼. ⑩경쟁이 붙다 / 치열한 경쟁을 벌이다. **경쟁하다**.

경쟁력 (競爭力) [경:쟁녁] 경쟁에서 이길 수 있는 힘이나 능력.

경쟁률 (競爭率) [경:쟁뉼] 경쟁의 비율. ⑩경쟁률이 높다.

경쟁심 (競爭心) [경:쟁심] 경쟁하려는 마음. 남에게 지기 싫어하는 마음. ⑩경쟁심이 강한 사람.

경쟁자 (競爭者) [경:쟁자] 경쟁 관계에 있는 사람. 경쟁의 상대자. ⑩경쟁자를 물리치다.

경적 (警笛) [경:적] 위험을 알리거나 신호를 하기 위해 소리를 내는 장치. 또는 그 소리. ⑩경적을 울리다.

경전 (經典) 1 성인의 말이나 행실을 적은 글. 2 종교의 교리를 기록한 책. ⑩불교의 경전.

경전철 (輕電鐵) 보통 전철보다 작고 다니는 거리가 짧은 전철.

***경제** (經濟) 사람들이 생활에 필요한 물건을 생산·분배하고, 그것을 소비하는 데 관계되는 모든 활동.

경제 개발 (經濟開發) 국가에서 자원을 개발하고 산업을 발달시켜 나라의 경제를 발전시키는 일.

경제 공황 (經濟恐慌) 상품은 생산되는데 팔리지 않아 값이 크게 떨어지고 실업자가 늘고 기업체들이 망하여 모든 경제 활동이 혼란에 빠지는 상태. 줜공황.

경제력 (經濟力) 경제 활동을 해 나가는 힘. ⑩우리나라의 경제력도 선진국 수준에 다가섰다.

경제생활 (經濟生活) 사람이 살아가는 데 필요한 재화나 용역을 생산·교환·분배·소비하는 모든 경제 활동.

경제 성장(經濟成長) 경제가 발전하여 국민 소득·국민 총생산과 같은 국민 경제의 기본적 지표가 시간이 지남에 따라 점점 상승하는 일.

***경제적**(經濟的) 1 경제에 관한 (것). 예 경제적인 도움을 받다. 2 돈이나 노력, 시간 따위가 적게 드는 (것). 예 시간을 경제적으로 이용하다.

경제 협력(經濟協力) 국가 간에 차관이나 기술 등을 제공하여 경제 활동을 서로 돕는 일.

경제 활동(經濟活動) 생활에 필요한 재화의 생산·분배·소비 등 경제와 관련된 인간의 모든 활동.

경조사(慶弔事) [경:조사] 기쁜 일과 슬픈 일. 결혼·회갑·돌·백일·장례 등을 포함함.

경종(警鐘) [경:종] 다급한 일이나 위험을 미리 알리기 위하여 치는 종.
　경종을 울리다 다급한 일이나 위험한 일을 미리 알려 조심하게 하다.

경주¹(慶州) [경:주] 〖지명〗 경상북도 남동부에 있는 한 시. 신라의 옛 서울로, 불국사·석굴암·첨성대·다보탑 등 많은 명승고적이 있어 관광 명소임.

경주²(競走) [경:주] 사람이나 자동차 따위가 일정한 거리를 달려 빠르기를 겨루는 일. 또는 그러한 운동. 예 달리기 경주를 벌이다. 비 달리기. **경주하다.** ⊃ race

경주하다(傾注—) 힘이나 정신을 한곳에만 모으다. 예 온 힘을 경주하다.

경중(輕重) 1 가벼움과 무거움. 예 죄의 경중에 따라 처벌하다. 2 큰일과 작은 일. 또는 중요함과 중요하지 않음. 예 일의 경중을 가리다.

경지¹(耕地) 농사를 짓는 땅. 예 경지 면적. 본 경작지.

경지²(境地) 1 몸이나 마음, 기술 따위가 어떤 단계에 도달한 상태. 예 성인의 경지에 이르다. 2 독자적으로 개척한 새로운 분야나 부분. 예 새로운 경지를 개척하다.

경직(硬直) 1 몸 따위가 굳어서 뻣뻣하게 됨. 예 안마로 경직된 근육을 풀어 주다. 2 사고방식·태도 따위가 부드럽지 못하고 융통성이 없어 딱딱함. 예 경직된 분위기를 풀어 주다. **경직하다.**

경질(更迭) 어떤 직위에 있는 사람을 딴 사람으로 바꿈. 예 책임자의 경질을 요구하다. **경질하다.**

***경찰**(警察) [경:찰] 국민의 안전과 재산을 보호하고 사회의 질서를 지키며 범죄의 예방과 수사, 범죄자 체포 등을 맡아 하는 행정. 또는 그 행정 기관이나 기구. ⊃ police

***경찰관**(警察官) [경:찰관] 국민의 생명과 신체 및 재산의 보호 등 공공의 안녕과 질서 유지를 임무로 하는 공무원. ⊃ police officer

***경찰서**(警察署) [경:찰써] 일정한 관할 구역 안에서 경찰 사무를 맡아 보는 관청.

경첩 돌쩌귀처럼 쓰는 장식. 같은 모양의 쇳조각 두 개를 맞물려서 만들며, 문짝이나 창문을 다는 데 씀.

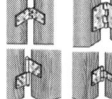
경첩

경청(傾聽) 상대가 말할 때 귀를 기울이고 주의해 들음. 예 연설을 경청하다. **경청하다.**

경축(慶祝) [경:축] 기쁘고 좋은 일을 축하함. 예 삼일절 경축 행사가 열리다. 비 경하. **경축하다.**

***경치**(景致) 자연의 아름다운 모습. 예 뛰어난 경치. 비 풍경.

경치다(黥—) 심한 꾸지람을 듣다. 단단히 벌을 받다.

경칩(驚蟄) 이십사절기의 셋째. 곧, 우수와 춘분 사이로 양력 3월 5일경. 땅속에서 겨울잠을 자던 개구리·벌레 따위가 깨어 꿈틀대기 시작하는 시기. ×경첩. → [학습마당] 22(754쪽)

경칭(敬稱) [경:칭] 1 사람을 공경하여 부르는 이름. 각하·선생 따위. 2 존대하여 일컬음. 예 경칭을 쓰다.

경쾌하다(輕快—) 마음이나 움직임, 모습 따위가 홀가분하고 상쾌하다. 예 발걸음이 경쾌하다.

경탄(驚歎) 몹시 놀랍게 여기고 감탄함. 예 훌륭한 솜씨를 보고 경탄하다. **경탄하다.**

경판(經板) 나무나 금속에 불경을

새긴 판. 예팔만대장경 경판.

경포대 (鏡浦臺) [경:포대] 강원도 강릉시에 있는 누각. 고려 때 지은 것으로, 관동 팔경의 하나.

경품 (景品) [경:품] 손님에게 감사의 뜻으로 주는 물품. 물건에 곁들여 주거나 제비를 뽑아 타게 하는 선물. 예풍성한 경품을 걸다.

경학 (經學) 사서오경 같은 유교의 경전을 연구하는 학문.

경향 (傾向) 성격이나 상태 등이 한쪽으로 쏠림. 또는 그런 방향. 예이기적인 경향.

***경험** (經驗) 실지로 겪어 보거나 치러 본 일. 직접 보고 듣고 해 본 일. 예산 경험을 하다 / 경험을 쌓다. 비체험. 경험하다. ⇨experience

경험담 (經驗談) 직접 겪은 이야기. 예여행 경험담을 들려주다.

경호 (警護) [경:호] 중요한 사람이 위험이 없도록 경계하고 보호함. 경호하다.

경호원 (警護員) [경:호원] 경호의 일을 맡은 사람. 보디가드.

경화 (硬化) 단단하게 굳어짐. 예동맥 경화. 반연화. 경화하다.

경황 (景況) 흥미나 관심을 가질 만한 마음의 여유. 예그런 데 신경 쓸 경황이 없다.

경회루 (慶會樓) [경:회루 / 경:훼루] 경복궁 연못 한가운데 있는 누각. 임금과 신하들이 모여 잔치를 하던 곳. 조선 태종 12년(1412)에 세워져 임진왜란 때 불탔으나 고종 4년(1867)에 다시 일으켜 세움. 우리나라 국보로, 정식 이름은 '경복궁 경회루'.

경회루

***곁** [곁] 사람이나 물체의 옆. 또는 가까운 곳. 예내 곁을 떠나지 마라 / 엄마 곁에 앉다.

곁가지 [겯까지] 식물의 원가지에서 다시 옆으로 뻗은 작은 가지. 예곁가지를 치다.

곁눈질 [견눈질] 1 곁눈으로 보는 짓. 예힐끔힐끔 곁눈질을 하다. 2 곁눈으로 뜻을 알리는 짓. **곁눈질하다**.

곁들이다 [겯뜨리다] 1 그릇 하나에 두 가지 이상의 음식을 어울리게 담다. 예고기에 야채를 곁들이다. 2 어떤 일을 하면서 그것과 어울릴 만한 다른 일을 덧붙여 하다. 예노래와 춤을 곁들이다.

곁순 (一筍) [견쑨] 식물의 원줄기 옆에서 돋는 싹.

계¹ (計) [계: / 게:] 합계. 총계. 예계를 내다.

***계²** (契) [계: / 게:] 예로부터 우리나라에 내려오는 협동 단체. 경제적인 도움을 주고받거나 친목을 도모하는 모임. 예계 모임 / 계를 타다. **계하다**.

계³ (界) [계: / 게:] 생물을 분류하는 가장 큰 단위. 동물계·식물계 따위.

계간 (季刊) [계:간 / 게:간] 봄·여름·가을·겨울로 나누어 1년에 네 번 책을 펴냄. 또는 그 책.

***계곡** (溪谷) [계곡 / 게곡] 물이 흐르는 골짜기. 비산골짜기.

계급 (階級) [계급 / 게급] 지위나 관직 또는 신분의 높고 낮음. 예계급이 높다.

계기¹ (契機) [계:기 / 게:기] 어떤 일이 일어나는 결정적인 원인이나 기회. 예만나는 계기가 되다. 비동기.

계기² (計器) [계:기 / 게:기] 무게·길이·속도 따위를 재는 기구. 미터. 비계량기.

***계단** (階段) [계단 / 게단] ⇨층계. 예계단을 천천히 내려가다.

계단식 (階段式) [계단식 / 게단식] 계단 모양으로 된 것. 예계단식 논.

계란 (鷄卵) [계란 / 게란] ⇨달걀.

계략 (計略) [계:략 / 게:략] 어떤 일을 이루기 위한 꾀나 수단. 예계략을 꾸미다.

***계량** (計量) [계:량 / 게:량] 물건의 무게나 분량을 잼. **계량하다**.

계량기 (計量器) [계:량기 / 게:량기] 계량하는 데 쓰는 기구. 예수도 계량기. 비계기.

계룡산 (鷄龍山) [계룡산 / 게룡산] 충청남도 공주시와 계룡시, 논산시, 대전 광역시에 걸쳐 있는 산. 국립 공원의 하나임. 높이는 845m. *국립 공원.

계명¹(階名) [계명 / 개:명] ⇨계이름.
계명²(誡命) [계:명 / 개:명] 종교에서 꼭 지켜야 할 규칙. 기독교의 십계명 따위. 예계명을 어기다.
계모(繼母) [계:모 / 개:모] 아버지가 다시 결혼하여 생긴 어머니. 비의붓어머니.
계몽(啓蒙) [계:몽 / 개:몽] 바른 지식을 가질 수 있게 사람들을 가르쳐 깨우쳐 줌. 예청소년을 계몽하다. **계몽하다**.
계몽 운동(啓蒙運動) 인습이나 편견에 젖어 있는 사람에게 바른 지식을 가질 수 있게 가르치고 깨우쳐 주려는 사회적 운동.
*****계발**(啓發) [계:발 / 개:발] 슬기와 재능을 발휘할 수 있게 깨우쳐 줌. 예소질을 계발하다. 비개발. **계발하다**. →개발 주의
계백(階伯) [인명] 백제의 장군. 신라와 당나라 연합군이 쳐들어오자, 결사대 5천 명을 거느리고 황산벌에서 맞서 싸우다 마지막 전투에서 전사함. [?-660]
계보(系譜) [계:보 / 개:보] 사람의 혈연관계 및 학문·사상 등의 계통과 순서를 나타낸 기록.
계부(繼父) [계:부 / 개:부] 어머니가 다시 결혼하여 생긴 아버지. 비의붓아버지.
*****계산**(計算) [계:산 / 개:산] 1 수량을 헤아림. 예계산이 맞다. 2 값을 치름. 예옷값을 계산하다. 3 어떤 일에 대하여 이득이나 손해를 따짐. 예계산이 빠르다. 비셈. **계산하다**.
계산기(計算器) [계:산기 / 개:산기] 계산을 빠르고 정확하게 하려고 사용하는 기기. 전자계산기 따위.
계산대(計算臺) [계:산대 / 개:산대] 슈퍼마켓 등에서 물건값을 치르려고 물건을 올려놓고 계산을 하는 대.
계산서(計算書) [계:산서 / 개:산서] 1 계산한 내용을 적은 서류. 2 물건값의 청구서.
계산식(計算式) [계:산식 / 개:산식] 주어진 수를 일정한 규칙에 따라 셈하여 값을 구하는 계산 방식.
*****계속**(繼續) [계:속 / 개:속] 1 앞의 것에 이어 끊이지 않고 잇대어 나감. 예이야기를 계속하다. 비지속. 반중단. 2 어떤 행동을 잇대어 또는 잇달아. 예숙제를 하지 않고 계속 놀기만 한다. **계속하다**. ⊃continuation
계속적(繼續的) [계:속쩍 / 개:속쩍] 끊이지 않고 이어 나가는. 또는 그런 것. 예기초 과학에 계속적인 관심과 투자가 필요하다.
계수나무(桂樹―) [계:수나무 / 개:수나무] 계수나뭇과의 상록 교목. 높이는 8-15m. 껍질인 계피는 약재나 향료 따위의 원료로 쓰임.
계승(繼承) [계:승 / 개:승] 조상이나 선인의 뒤를 이어받음. 예전통문화를 계승하다. **계승하다**.
계시(啓示) [계:시 / 개:시] 사람의 지혜로 알 수 없는 진리를 신(神)이 가르쳐 알게 함. 예신의 계시를 받다. 비묵시. **계시하다**.
*****계시다** [계:시다 / 개:시다] '있다'의 높임말. 예아버지께서 집에 계시다 / 할머니께서 책을 읽고 계시다.
계약(契約) [계:약 / 개:약] 두 사람 이상의 합의로 이루어지는 약속으로, 그들 사이에 권리와 의무가 생기는 행위. 예계약 보증금 / 전세 계약을 맺다. **계약하다**.
계약금(契約金) [계:약끔 / 개:약끔] 계약을 지킬 것을 보증하기 위해 미리 치르는 돈. 예계약금을 걸다.
계약서(契約書) [계:약써 / 개:약써] 계약이 이루어졌음을 증명하는 서류. 예전세 계약서.
계엄(戒嚴) [계:엄 / 개:엄] 국가에 전쟁이나 내란 등의 비상사태가 났을 때, 일정 지역을 군대가 맡아 다스리는 일. 예계엄을 선포하다.
계엄군(戒嚴軍) [계:엄군 / 개:엄군] 계엄의 임무를 맡은 군인 또는 군대.
계엄령(戒嚴令) [계:엄녕 / 개:엄녕] 대통령이 계엄 실시를 선포하는 명령.
계열(系列) [계:열 / 개:열] 서로 연관이 있거나 비슷한 점이 있어 맺어진 조직이나 계통. 예인문 계열 / 예체능 계열.
계율(戒律) [계:율 / 개:율] 불교에서, 승려가 지켜야 할 규칙. 예계율을

범하다. 비율법.

계이름 (階一) [계이름 / 게이름] 음악에서, 도·레·미·파·솔·라·시 등의 음계 이름. 비계명.

계장 (係長) [계:장 / 게:장] 관청이나 회사에서 어떤 계를 관리하는 자리. 또는 그 자리에 있는 사람.

*__계절__ (季節) [계:절 / 게:절] 일 년을 철에 따라 구분한 그 한동안. 우리나라는 봄·여름·가을·겨울로 나눔. ⑩가을은 독서의 계절/계절이 바뀌다. 비철. ⊃season

계절풍 (季節風) [계:절풍 / 게:절풍] 계절에 따라서 여름에는 바다에서 육지로, 겨울에는 육지에서 바다로 부는 일정한 방향의 바람. 우리나라에서는 여름에는 동남풍, 겨울에는 북서풍이 불어옴.

계정 (計定) [계:정 / 게:정] ⇨아이디.

계좌 (計座) [계:좌 / 게:좌] 금융 기관에서 각 고객의 저축 또는 대출에 대한 계산과 그 기록. ⑩돈을 온라인으로 계좌에 입금시키다.

계주 (繼走) [계:주 / 게:주] 이어달리기. 릴레이.

*__계집__ [계:집 / 게:집] 1 '여자'의 낮춤말. 2 '아내'의 낮춤말. 반사내.

계집아이 [계:지바이 / 게:지바이] 나이가 어린 여자아이. 반사내아이. 준계집애.

계집애 [계:지배 / 게:지배] '계집아이'의 준말. 반사내애.

계책 (計策) [계:책 / 게:책] 어떤 일을 이루려고 생각한 꾀와 방법. ⑩계책을 세우다.

계측 (計測) [계:측 / 게:측] 기계 따위를 써서 수나 양, 길이 따위를 잼. 비측정. 계측하다.

계층 (階層) [계층 / 게층] 사회를 이루고 있는 여러 층. ⑩지식 계층.

계통 (系統) [계:통 / 게:통] 1 일정한 체계에 따라 서로 연결되어 있는 부분들의 통일적 조직. ⑩소화기 계통. 2 한 원리나 법칙에 따라 사물 사이에 있는 관계를 벌여 놓은 것. ⑩동물을 계통에 따라 분류하다 / 전기 계통의 고장. 3 같은 방면이나 비슷한 부문. ⑩종교 계통 / 사무 계통.

계피 (桂皮) [계:피 / 게:피] 계수나무의 껍질. 향수와 향료의 원료 및 약제로 씀.

*__계획__ (計劃) [계:획 / 게:획] 해 나갈 일을 미리 생각해 놓음. ⑩경제 개발 5개년 계획 / 다시 시작할 계획이다. 비기획. 예정. 계획하다. ⊃plan

계획서 (計劃書) [계:획써 / 게:획써] 계획의 내용을 적은 문서.

계획적 (計劃的) [계:획쩍 / 게:획쩍] 계획을 세워서 일을 하는 (것). 계획이 서 있는 (것). ⑩용돈을 계획적으로 사용하다.

계획표 (計劃表) [계:획표 / 게:획표] 계획을 적은 표. ⑩생활 계획표.

곗돈 (契一) [계:똔 / 겓:똔] 1 계에 든 사람이 내는 돈. ⑩곗돈을 붓다. 2 계에서, 자기 차례가 되어 타는 돈. ⑩곗돈을 타다.

고¹ 말하는 대상을 얕잡거나 귀엽게 가리키는 말. ⑩고 녀석 / 고 모양 고 꼴. 큰그.

고² (故) [고:] 이미 세상을 떠난. ⑩고 안중근 의사.

고³ 1 두 가지 이상의 사실을 잇달아 설명할 때 쓰는 말. ⑩이것은 여우고 저것은 개다. 2 두 가지 이상의 사물을 아울러 설명할 때 쓰는 말. ⑩개고 돼지고 다 가축이다.

*__-고__ 1 두 가지 이상의 동작·성질·사실 등을 연결시키는 말. ⑩밥을 먹고 나서 과일을 먹자. 2 어떤 동작을 계속하면서 다음 동작을 연결시키는 말. ⑩문을 열고 보자. 3 동작의 진행, 끝남 등을 나타내는 말. ⑩지금 글을 쓰고 있다.

고가¹ (高架) 땅 위로 높이 건너질러 걸침. ⑩고가 도로.

고가² (高價) [고까] 비싼 가격. ⑩고가의 물품. 반염가. 저가.

고갈 (枯渴) 물·돈·물자 등이 마르거나 다 써서 없어짐. ⑩지하자원이 고갈되다. 고갈하다.

*__고개__ 1 목의 뒷등. ⑩고개가 뻣뻣하다. 2 산이나 언덕을 넘어 다니게 된 비탈진 곳. ⑩고개 너머 마을.

고개가 수그러지다 존경하는 마음이 일어나다.

고객 (顧客) 가게에 물건을 사러 오는 손님. 예고객이 줄어들었다.

고갯길 [고개낄/고갠낄] 고개를 오르내리는 길.

고갯마루 [고갠마루] 산이나 언덕의 가장 높은 부분.

고갯짓 [고개찓/고갣찓] 고개를 흔들거나 끄덕이는 짓. **고갯짓하다**.

고견 (高見) 1 뛰어난 의견. 2 '남의 의견'의 높임말. 예선생님의 고견을 듣고 싶습니다.

고결하다 (高潔—) 성품이 고상하고 깨끗하다. 예고결한 성품.

고고하다 (孤高—) 혼자 세상일에 초연하여 고상하다. 예고고한 성품을 지니다.

고고학 (考古學) [고:고학] 고대의 유물이나 유적을 통하여 옛날 사람의 생활과 문화를 과학적으로 연구하는 학문.

고공 (高空) 높은 공중. 반저공.

고관 (高官) 1 높은 벼슬. 2 지위가 높은 관리.

고교 (高校) '고등학교'의 준말. 예고교 시절/고교 생활.

고구려 (高句麗) 우리나라 삼국 시대의 한 나라. 동명왕이 세워, 제28대 보장왕 때 신라와 당나라 연합군에게 망함. 압록강 중류 지방의 국내성을 중심으로, 한반도의 북부와 만주 일대의 넓은 영토를 다스렸음. [기원전 37-서기 668]

*고구마** [고:구마] 메꽃과의 여러해살이풀로 농작물의 하나. 큰 알뿌리는 달고 맛이 좋아 찌거나 구워 먹고 잎과 줄기도 나물로 먹음. 우리나라에는 조선 영조 때 통신사 조엄이 일본 쓰시마에서 들여왔다고 함.

고국 (故國) [고:국] 자기가 나서 자란 나라. 예고국 땅을 밟으니 감회가 새롭다. 비모국. 조국. 반외국. 타국.

고궁 (古宮) [고:궁] 옛 궁전. 옛날에 임금이 살던 대궐.

고귀하다 (高貴하다) 1 훌륭하고 귀중하다. 예고귀한 생명/고귀한 희생. 2 지위가 높고 귀하다. 예고귀한 신분. 반비천하다.

고금 (古今) [고:금] 옛날과 지금. 예고금의 명작.

고급 (高級) 1 물건의 품질이 뛰어나고 값이 비쌈. 예고급 자가용. 2 지위·신분·수준 따위가 높음. 예고급 관리. 반저급. 하급.

고급스럽다 (高級—) [고급쓰럽따] 품질이 뛰어나고 값이 비쌀 듯하다. 예가구가 고급스러워 보인다. [활용] 고급스러워/고급스러우니.

*고기** 1 먹을거리로 쓰는 온갖 동물의 살. 예고기를 구워 먹다. ⊃meat 2 생선. 물고기. 예고기를 낚다/고기를 잡으러 바다로 나가다. ⊃fish

고기밥 물고기의 먹이.

고기압 (高氣壓) 둘레의 기압보다 높은 기압. 예이동성 고기압. 반저기압.

*고기잡이** [고기자비] 1 물고기 잡는 일이 직업인 사람. 비어부. 2 낚시나 그물 따위로 물고기를 잡음. **고기잡이하다**.

고기잡이배 [고기자비배] 고기잡이를 하는 배. 비어선. 고깃배.

고깃국 [고기꾹/고긷꾹] 고기를 넣어 끓인 국.

고깃덩어리 [고기떵어리/고긷떵어리] 짐승 고기의 살덩어리.

고깃배 [고기빼/고긷빼] 고기잡이하는 배. 비어선.

고깔 승려·무당·농악대들이 쓰는 모자의 하나. 베 조각을 여러 겹 포개서 접고 맞추어 세모지게 만듦. 예고깔을 쓴 여승.

고깝다 [고깝따] 야속하고 서운한 느낌이 있다. 예고깝게 생각하다. [활용] 고까워/고까우니.

고꾸라지다 몸을 앞으로 구부리고 쓰러지다. 예문턱에 걸려 앞으로 폭 고꾸라지다.

고난 (苦難) 괴로움과 어려움. 예온갖 고난을 다 겪다. 비고초.

고뇌 (苦惱) [고뇌/고눼] 괴로워하고 번민함. 또는 그 괴로움과 번뇌. 예고뇌에 찬 모습. 비고민. **고뇌하다**.

고누 놀이의 한 가지. 땅바닥이나 종이 같은 데에 말밭을 그리고, 돌·나무·종이 따위로 말을 삼아 상대방의

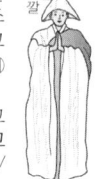
고깔

말을 더 많이 따먹는 사람이 이김.

고니 ⇨백조.

고다 [고:다] 1 고기나 뼈를 뭉그러지도록 끓는 물에 푹 삶다. 예고기를 고다. 2 졸아서 엉기도록 진하게 끓이다. 예엿을 고다.

고단하다 몸이 지치고 나른하다. 예오늘은 고단하니 이만 하자. 비피곤하다.

고달프다 몸이나 처지가 몹시 힘들고 괴롭다. 예마음이 고달프니 몸도 피곤하다. 활용 고달파 / 고달프니.

고대(古代) 원시 시대와 중세 사이의 옛 시대. 예고대 국가. 반현대.

고대 문명(古代文明) 오래전에 인류가 나일강·유프라테스강·인더스강·황허강 등에서 처음 일으킨 문명.

고대 소설(古代小說) 19세기 이전에 창작된 소설.

고대하다(苦待一) 몹시 기다리다. 예비가 오기를 고대하다.

고도¹(古都) [고:도] 옛 도읍. 예신라의 고도 경주.

*__고도__²(高度) 1 높은 정도. 예고도 5,000m 상공을 날다. 2 수준이나 정도가 높음. 예고도의 기술.

고독(孤獨) 외로움. 예고독을 느끼다. 고독하다.

고동¹ 기계 장치에서 나는 기적 따위의 소리. 예멀리서 배의 고동 소리가 들려온다.

고동²(鼓動) 피가 도는 데 따라 심장이 뜀. 예심장이 고동치다.

고동색(古銅色) [고:동색] 1 검누른 빛. 2 붉은빛을 띤 갈색. 비갈색.

고되다 [고되다 / 고뒈다] 하는 일이 힘에 겨워 괴롭고 힘들다. 예일이 고되다.

고두밥 몹시 되게 지어 고들고들한 밥. 예고두밥을 짓다.

고둥 소라·우렁이 등 연체동물에 속하는 조개류를 통틀어 이르는 말. 대개 돌돌 말려 있는 껍데기를 가지고 있음.

고드름 지붕이나 담장 등에 낙숫물이 흘러내리다가 공중에 길게 얼어붙은 얼음. 예처마 끝에 매달린 고드름을 따다.

고드름

고들빼기 국화과의 두해살이풀. 산이나 들, 논밭에 나며 잎은 길쭉하거나 주걱 모양임. 어린잎은 나물로 먹고 뿌리는 김치를 담가 먹음.

고등(高等) 정도나 등급이 높음. 예고등 동물. 반하등.

고등 법원(高等法院) 지방 법원의 위이고 대법원의 아래인 중급 법원. 제2심 판결을 담당함. 준고법.

고등어 고등엇과의 바닷물고기. 몸길이는 40-50cm, 등은 검푸르고 배는 희며, 몸의 양쪽 옆은 누르스름함. 살이 많고 맛이 좋음.

고등어

*__고등학교__(高等學校) [고등학교] 중학교 과정을 마친 뒤 들어가는 학교. 인문계와 실업계의 두 종류가 있는데, 수업 기간은 3년임.

고등학생(高等學生) [고등학쌩] 고등학교에 다니는 학생. 고교생.

고딕(Gothic) 1 활자의 획이 굵은 글자체. 2 13-15세기 말엽에 걸쳐 유럽에서 유행하던 건축 양식. 창과 출입구의 위가 아치 모양이며 높게 치솟은 뾰족한 탑이 특색임. 예고딕 건축.

고라니 사슴과의 동물. 노루의 일종으로 몸길이는 약 90cm, 등은 적갈색, 배와 턱의 아랫부분은 흼. 우리나라나 중국 등에 분포하며, 산기슭이나 강가의 갈대밭에 삶.

고락(苦樂) 괴로움과 즐거움. 예고락을 같이하다.

고랑 두둑한 두 땅 사이에 길고 좁게 들어간 곳. 예물이 잘 빠지도록 고랑을 손질하다. 준골. *이랑.

*__고래__¹ 바다에 사는 몸집이 큰 물고기처럼 생긴 포유동물. 종류가 많은데 몸길이가 30m에 이르는 것도 있으며, 새끼에게 젖을 먹여 기르고 허파로 숨을 쉼. 멸종을 막기 위하여 잡는 것이 금지되어 있음.

고래¹

고래² '방고래'의 준말.

고래고래 몹시 성이 나서 욕하거나 꾸짖을 때 목소리를 높여서 크게를 지르는 모양. ⓔ고래고래 고함을 지르다.

고랭지 (高冷地) 높이가 600m 이상으로 높고 기온이 낮은 지역.

고려[1] (高麗) 우리나라 옛 왕조의 하나. 왕건이 후삼국을 멸망시키고 개성에 도읍하여 세운 나라. 이성계가 조선 왕조를 세울 때까지 34대 475년 동안 지속됨. [918-1392]

고려[2] (考慮) 여러 가지를 따져 생각하여 봄. ⓔ특별한 사정을 고려하다. 고려하다.

고려자기 (高麗瓷器) 고려 때에 만든 도자기. 우리나라 공예 미술에서 가장 뛰어난 예술품으로 꼽히며 빛깔·무늬·모양이 아름다움. 푸른빛·흰빛·잿빛 등이 있는데, 특히 푸른빛의 청자는 세계적으로 유명함.

고려장 (高麗葬) 예전에, 늙고 병든 사람을 산 채로 구덩이 속에 버려 두었다가 죽으면 장사 지내던 풍습.

고려청자 (高麗靑瓷) 고려 때 만들어진 푸른빛의 자기를 통틀어 이르는 말. 특히 상감 청자가 유명함.

고령 (高齡) 나이가 많음. 또는 많은 나이.

고령토 (高嶺土) 바위 속의 장석이 풍화 작용으로 분해되어 생기는 흰색 또는 회색의 진흙. 시멘트나 도자기를 만드는 데 씀.

*__고루__ 더하고 덜함이 없이 고르게. ⓔ각자에게 고루 나누어 주다.

고루고루 모두 다 고르게. ⓔ고루고루 나누어 주다. ㉣골고루.

*__고르다__[1] 여럿 중에서 가려내거나 뽑다. ⓔ쌀에서 돌을 고르다 / 그중에서 마음에 드는 것을 골라라. [활용] 골라 / 고르니. ⊃choose

*__고르다__[2] 1 높낮이, 크기, 양 따위의 차이가 없이 가지런하다. ⓔ성적이 고르지 못하다 / 땅을 평평하게 고르다. 2 상태가 정상적이고 순조롭다. ⓔ숨결이 고르다. [활용] 골라 / 고르니.

*__고름__[1] 종기나 상처가 덧나서 생기는 누르스름하고 끈끈한 액체. ⓔ고름을 짜다.

고름[2] '옷고름'의 준말.

고리[1] 가늘고 긴 쇠붙이 따위를 동그랗게 구부려 만든 물건. ⓔ방문 고리를 걸어 잠그다.

고리[2] (高利) 비싼 이자. ⓔ고리로 돈을 꾸다. ⓦ저리.

고리다 썩은 풀이나 더러운 발에서 나는 고약한 냄새 같다. ⓔ발에서 고린 냄새가 나다.

고리버들 버드나뭇과에 속하는 낙엽 활엽 관목. 3월에 꽃이 피며 냇가나 들에 남. 가지는 껍질을 벗기어 버들고리나 키 따위를 만듦.

고리타분하다 성미나 하는 짓이 새롭지 못하고 답답하다. ⓔ이제 그 고리타분한 생각일랑 버려라.

고린내 고린 냄새.

고릴라 (gorilla) 원숭이 종류 중에서 가장 큰 짐승. 아프리카 적도 부근의 숲에 삶. 키는 약 2m, 몸무게는 280kg 정도이며, 온몸에 털이 있음. 팔이 길고 다리는 짧으며, 입이 크고 눈썹이 없음. 성질은 온순하나 힘이 셈.

고릴라

고립 (孤立) 외따로 혼자 떨어져 있음. ⓔ적을 고립시키다. 고립하다.

고막 (鼓膜) 귓속에 있는 기관으로, 공기의 진동에 의하여 흔들리어 소리를 전하는 얇은 막. ⓦ귀청.

고만 1 고 정도까지만. ⓔ이제 고만 해라. 2 그냥 바로. ⓔ바쁘다고 고만 가 버렸다. ㉣그만.

고만고만하다 별다른 차이 없이 서로 비슷비슷하다. ㉣그만그만하다.

*__고맙다__ [고:맙따] 은혜나 신세를 입어 마음이 기쁘고 흐뭇하다. ⓔ고마운 사람. [활용] 고마워 / 고마우니. → [학습마당] 1(65쪽)

고명 맛을 좋게 하거나 모양을 꾸미려고 음식 위에 얹어 놓거나 뿌리는 것. 김·버섯·대추·달걀·실고추·잣 따위를 씀.

고명딸 아들 많은 집의 외딸.

*__고모__ (姑母) 아버지의 누이. ⓔ고모가 두 분 계십니다. *이모. ⊃aunt

고모부 (姑母夫) 고모의 남편.

고목[1] (古木) [고:목] 오래 묵은 큰

나무. 나이 많은 나무. 예고목에 핀 꽃. 비노목.
고목^2(枯木) 말라 죽은 나무.
***고무**(←프 gomme) 1 고무나무의 껍질에서 나오는 액체를 굳혀서 만든 탄력성이 강한 물질. 2 '고무지우개'의 준말.
고무공 고무로 만든 공.
고무관(一管) 고무로 만든 관.
고무나무 껍질에 칼자국을 내서 고무의 원료를 채취하는, 열대 지방의 큰 나무.
고무래 곡식을 긁어모으거나 펴거나, 밭의 흙을 고르거나, 아궁이의 재를 긁어내는 데 쓰는 기구.
고무마개 고무로 만든 마개. 실험을 할 때 플라스크나 시험관의 주둥이를 막는 데 씀.
고무신 고무로 만든 신.
고무장갑(一掌匣) 고무로 만든 장갑. 예고무장갑을 끼다.
***고무줄** 고무로 만든 줄.
고무줄놀이[고무줄로리] 노래를 부르면서 팽팽하게 당긴 고무줄을 다리에 걸었다 놓았다 하며 노는, 여자 아이들의 놀이.
고무지우개 연필로 쓴 것을 지우는 데 쓰는, 고무로 만든 지우개. 준고무.
고무찰흙[고무찰흑] 찰흙과 같이 주물러서 마음대로 모양을 바꿀 수 있는 고무.
고무총(一銃) Y자로 벌어진 나뭇가지 양쪽 끝에 고무줄을 매고 그 가운데에 작은 돌 따위를 끼울 자리를 달아 고무줄을 힘껏 늘였다가 놓아서 돌을 멀리 날릴 수 있는 장난감 총.
고무판(一板) 고무로 얇고 반반하게 만든 판.
고무풍선(一風船) 얇은 고무주머니 속에 공기나 수소 가스를 넣어 부풀려서 공중으로 뜨게 만든 물건. 준풍선.
고문(拷問) 숨기고 있는 사실을 알아내기 위하여 견디기 어려운 신체적, 정신적 고통을 주는 일. 고문하다.
고물^1 인절미·경단 따위의 겉에 묻히거나 시루떡 켜 사이에 뿌리는, 팥·콩 따위의 가루. 예떡에 고물을 골고루 묻히다.

고물^2 배의 뒤쪽. 비선미. 반이물.
고물^3(古物) [고:물] 헐거나 낡은 물건. 예고물 자동차.
고물상(古物商) [고:물쌍] 낡은 물건을 파는 장사나 가게. 또는 그 장수.
***고민**(苦悶) 마음속으로 괴로워하고 애를 태움. 예밤새워 고민하다. 비번민. 고민하다.
고발(告發) [고:발] 피해자가 아닌 제삼자가 범죄 사실을 경찰이나 검찰에 신고하여 처벌을 요구하는 일. 예부정을 고발하다. 비고소. 고발하다.
고배(苦杯) 쓴 술잔이란 뜻으로 쓰라린 경험의 비유.
　　고배를 마시다 쓰라린 경험을 하다. 예회장 선거에서 낙선의 고배를 마시다.
고백(告白) [고:백] 숨김없이 사실대로 말함. 예사랑을 고백하다. 고백하다.
고별(告別) [고:별] 떠나는 것을 알림. 헤어지게 됨을 알림. 예고별의 인사를 나누다. 고별하다.
고부(姑婦) 시어머니와 며느리.
고분(古墳) [고:분] 옛날의 무덤. 예고분을 발굴하다.
고분고분 말이나 행동이 공손하고 부드러운 모양. 예말을 고분고분 잘 듣다. 고분고분하다.
고분 벽화(古墳壁畫) 옛날 무덤 안의 벽과 천장에 그려져 있는 그림.
고비 어떤 일의 가장 중요한 때. 또는 막다른 때의 상황. 예죽을 고비를 여러 번 넘기다.
고뿔 열이 나고 코가 막히며 머리가 아픈 병. 비감기.

> 참고 감기의 순우리말인 '고뿔'은 '코'의 옛말인 '고'에 사이시옷, 그리고 여기에 '불(火)'이 이어진 '곳불'이 변한 말이다. 코에 열기가 나는 것이 감기라는 말이다.

고삐 말의 재갈이나 소의 코뚜레에 잡아매어, 몰거나 부릴 때 손에 잡고 끄는 줄. 예고삐를 당기다.
　　고삐를 늦추다 경계심이나 긴장을 누그러뜨리다.
고사^1(考査) [고:사] 학교에서 학생의 학력을 알아보기 위해 치르는 시험.

고사²(告祀) [고:사] 나쁜 운수는 없어지고 행운이 오도록 신령에게 비는 제사. ⓔ 고사를 지내다.

고사리 산에 나는 여러해살이풀. 초봄에 뿌리와 줄기에서 싹이 돋아나 끝이 꼬불꼬불하게 말리고 흰 솜 같은 털로 온통 덮임. 홀씨로 번식하며, 어린잎은 나물로 먹음.

고사리

고사리손 '어린아이의 작고 포동포동한 손'을 일컫는 말.

고사하고(姑捨-) 주로 '-은, -는' 뒤에 쓰여, 더 말할 것도 없고. 그만두고. ⓔ 이익은 고사하고 본전도 못 건졌다.

고산(高山) 높은 산. ⓔ 고산 기후/고산 식물.

고상하다(高尙-) 인품이나 학문, 예술 따위가 품위가 있고 훌륭하다. ⓔ 고상한 취미. 逆 저속하다.

고샅 [고삳] 1 시골 마을의 좁은 골목길. 비 고샅길. 2 좁은 골짜기의 사이.

고샅길 [고삳낄] ⇨고샅1.

***고생**(苦生) 어렵고 괴로운 일을 겪음. 또는 그런 생활. ⓔ 객지에서의 고생/고생 끝에 낙이 온다. **고생하다**.

고생길(苦生-) [고생낄] 고생을 벗어날 수 없는 어려운 형편. ⓔ 고생길로 들어서다.

고생대(古生代) [고:생대] 지질 시대 구분에서 원생대와 중생대 사이의 시기. 약 5억 7천만 년 전부터 2억 4천만 년 전까지를 이름.

고생살이(苦生-) [고:생사리] 고생을 하며 겨우 살아가는 살림살이. **고생살이하다**.

고생스럽다(苦生-) [고생스럽따] 일이나 생활 등에 어렵고 힘든 데가 있어 괴롭다. 활용 고생스러워/고생스러우니.

고서(古書) [고:서] 옛날 책.

고성(高聲) 크고 높은 목소리.

고성능(高性能) 성능이 아주 좋음. ⓔ 고성능 마이크/고성능 카메라.

고소(告訴) [고:소] 피해를 입은 사람 등이 피해 사실을 수사 기관에 신고하여 범인의 처벌을 요구함. ⓔ 사기꾼을 검찰에 고소하다. **고소하다**.

고소장(告訴狀) [고:소짱] 범죄의 피해자가 수사 기관에 고소할 때 제출하는 서류.

고소하다 1 깨소금이나 참기름 같은 맛이나 냄새가 나다. ⓔ 음식 냄새가 고소하다. 2 미운 사람이 잘못되는 것을 보고 속이 시원하고 재미있다. ⓔ 오빠가 거짓말한 것이 들통나다니 고소하다.

고속(高速) 속도가 매우 빠름. ⓔ 고속으로 질주하다. 逆 저속. 본 고속도.

***고속 도로**(高速道路) 자동차가 빠른 속도로 달릴 수 있도록 넓고 평탄하게 만들어 놓은 자동차 전용 도로. ⓔ 경부 고속 도로.

고속버스(高速bus) 고속 도로를 빠른 속도로 운행하는 버스.

고속 철도(高速鐵道) 시속 200km 이상으로 달리는 철도.

고속화(高速化) [고:속콰] 속도가 매우 빨라짐. ⓔ 도시 고속화 도로. **고속화하다**.

고수¹(高手) 바둑이나 장기 따위에서 수가 높음. 또는 그런 사람. ⓔ 바둑의 고수.

고수²(鼓手) 악대나 소리판에서 북이나 장구를 치는 사람.

고수레 무당이 굿을 할 때나 들에서 음식을 먹을 때, 귀신에게 먼저 바친다는 뜻으로 음식을 조금씩 떼어 던지는 일. **고수레하다**.

고수머리 머리카락이 곱슬곱슬한 머리. 또는 그런 머리를 가진 사람. 비 곱슬머리.

고수하다(固守-) 굳게 지키다. ⓔ 1등을 고수하다.

고스란히 변함없이. 그대로. ⓔ 옛 모습이 고스란히 남아 있다.

고슬고슬하다 밥이 질지도 않고 되지도 않고 꼭 알맞다.

고슴도치 고슴도 칫과 동물. 몸길이는 30cm, 몸빛은 어두운 갈색임. 등과 몸 양편에 가시가 빽빽이 나 있어 적이 나

고슴도치

타나면 몸을 옹크려 밤송이처럼 만들어 자신을 보호함.

고승(高僧) 1 학식이 많고 행실이 훌륭한 승려. 2 지위가 높은 승려.

고시[1] (考試) [고:시] 공무원 등을 뽑기 위하여 나라에서 시행하는 시험. 예국가 고시 / 행정 고시.

고시[2] (告示) [고:시] 행정 기관에서 일반 국민들에게 널리 알릴 것을 글로 써서 게시함. 예정부 고시 가격. 비공고. **고시하다**.

고시조(古時調) [고:시조] 갑오개혁 이전에 지어진 시조. 비옛시조. 반현대 시조.

고심(苦心) 몹시 애를 태우며 마음을 씀. 예고심 끝에 결정을 내리다. **고심하다**.

고아(孤兒) 부모를 여의고 의지할 곳이 없는 아이.

고아원(孤兒院) 고아를 거두어 기르는 사회사업 기관.

고안(考案) 좋은 방법이나 새로운 것을 생각해 냄. 예새로 고안한 장치. **고안하다**.

고압(高壓) 1 높은 압력. 2 높은 전압. 예고압 전류가 흐르다.

고약(膏藥) 주로 헐거나 곪은 데에 붙이는 끈끈한 약.

고약하다 [고:야카다] 1 맛·냄새 따위가 비위에 거슬리게 나쁘다. 예고약한 냄새. 2 얼굴 생김새가 흉하거나 험상궂다. 예고약한 인상. 3 성미·언행 따위가 사납다. 예고약한 심보. 4 날씨·바람 따위가 거칠고 사납다. 예고약한 날씨.

고양(高揚) 정신 따위를 높이 북돋움. 예애국심을 고양하다. **고양하다**.

*__고양이__ 고양잇과의 동물. 송곳니가 특히 발달했고 발톱이 날카로움. 온몸에 부드러운 털이 있고, 눈은 어두운 곳에서도 잘 보며 쥐를 잘 잡음. ⊃cat

고어(古語) [고:어] 옛날에는 썼으나 지금은 쓰지 않는 말. 비옛말.

고역(苦役) 몹시 힘들고 괴로운 일. 예고역을 치르다.

고열(高熱) 병으로 나는 높은 열. 예고열로 신음하다.

고온(高溫) 높은 온도. 예고온 다습한 지역. 반저온.

*__고요__ 1 조용하고 잠잠한 상태. 예엄숙한 고요가 성당 내부에 가득 찼다. 2 풍력 계급 0의, 바람이 없는 상태. **고요하다**. →[학습마당] 24(895쪽)

고용(雇用) 돈을 주고 사람을 부림. 예관리인을 고용하다. **고용하다**.

고원(高原) 해발 고도가 높은 지역에 있는 넓은 벌판. 예고원 지대.

고위(高位) 높고 귀한 지위. 예고위 공무원. 반하위.

고위급(高位級) [고위끕] 높은 지위의 등급. 또는 그에 속하는 사람. 예고위급 회담이 열리다.

*__고유__(固有) 본디부터 가지고 있는 특유한 것. 예한복 고유의 멋 / 우리 고유의 전통문화. **고유하다**.

고유문화(固有文化) 어떤 국가나 민족이 본디부터 지니고 내려오는 독특한 문화.

고유어(固有語) 어떤 언어에 본디부터 있던 말이나 그것에 기초하여 새로 만들어진 말. 우리말에서는 외래어나 한자어에 상대하는 말. 비토박이말.

고육지계(苦肉之計) [고육찌계 / 고육찌께] 적을 속이거나 어려운 형편에서 벗어나기 위한 수단으로 자신의 괴로움을 무릅쓰고 꾸미는 계책. 비고육지책. 고육책.

*__고을__ 한 도를 몇으로 나눈 옛날의 지방 이름. 오늘날의 '군' 따위와 비슷한 행정 단위. 예고을 원님. 준골.

고음(高音) 높은 소리. 예고음을 내다. 반저음.

고의[1] [고:의 / 고:이] 남자가 여름에 입는 한복 홑바지.

고의[2] (故意) [고:의 / 고:이] 일부러 하는 태도나 행동. 예고의로 한 거짓말이 아니다. 반과실.

고의적(故意的) [고:의적 / 고:이적] 좋지 않은 결과가 있을 줄 알면서 일부러 하는 (것). 예그 반칙은 누가 봐도 고의적인 것이었다.

고이 [고:이] 1 정성을 다하여. 소중하게. 예고이 간직하다. 2 편안히. 예고이 잠드소서. 3 그대로 고스란히. 예유산을 고이 보전하다.

고이고이 [고:이고이] '고이'를 강조

고이다 해서 쓰는 말. 예아버지의 사진을 고이고이 간직하다.

고이다 ⇨괴다¹·².

고인(故人) [고:인] 죽은 사람. 예고인을 추모하다.

고인돌 선사 시대의 유물로, 큰 돌을 몇 개 둘러 세우고 그 위에 넓적한 돌을 얹어 놓은 무덤. 비지석묘.

고인돌

고자질(告者—) [고:자질] 남의 잘못이나 비밀을 몰래 일러바치는 짓. **고자질하다**.

고작 기껏해야 겨우. 많아야. 예고작해야 영어 몇 마디밖에 알아듣지 못한다. *겨우.

*__고장__¹ 1 사람이 많이 사는 지방이나 지역. 예단풍이 아름다운 고장. 2 특정한 물건이 많이 나거나 있는 곳. 예사과의 고장 대구.

*__고장__²(故障) [고:장] 기계·기구 따위의 기능에 탈이 생기는 일. 예고장난 텔레비전.

고쟁이 한복 안에 입는, 가랑이와 통이 넓은 여자의 속옷.

고저(高低) 높음과 낮음. 예음의 고저. 비높낮이.

*__고적__(古跡) [고:적] 지금 남아 있는 옛 건물이나 시설. 또는 그런 것이 있던 터. 예고적을 답사하다. 비유적. 유적지.

고적대(鼓笛隊) [고:적때] 피리와 북으로 이루어진 행진용의 악대.

고전¹(古典) [고:전] 오랜 세월 동안 많은 사람들에게 널리 읽히고 높이 평가된 책 또는 작품. 예고전을 읽다.

고전²(苦戰) 몹시 힘들고 어려운 싸움. 또는 그런 싸움. 예고전 끝에 이기다. 비고투. **고전하다**.

고전 문학(古典文學) 예전의 훌륭한 문학 작품.

고전 음악(古典音樂) 서양의 전통적 작곡 기법과 연주법을 따르는 음악. 클래식. 반대중 음악.

고전적(古典的) [고:전적] 1 옛날의 의식이나 법식을 따르는 (것). 예고전적 방식을 따르다. 2 고전이 될 만한 내용과 의의를 가지는 (것). 예고전적인 작품.

고정(固定) 1 한번 정한 대로 변경하지 않음. 예고정 출연. 2 일정한 곳에 붙어 있어 움직이지 않음. 예고정 나사. **고정하다**.

고정 관념(固定觀念) 머릿속에 굳어 있어 쉽게 바뀌지 않는 생각.

고정 도르래(固定—) 축을 움직이지 않게 한 도르래.

고정적(固定的) 고정되거나 고정되어 있는 (것).

고정하다 흥분이나 노여움 따위를 가라앉히다. 주로 손윗사람에게 쓰임. 예이제 그만 고정하시고 제 말을 들어 보십시오.

고조¹(高調) 1 높은 가락. 반저조. 2 감정·분위기 따위가 한창 무르익거나 높아짐. 예고조된 분위기 / 관중석의 열기가 점차 고조되어 갔다.

고조²(高祖) '고조부'의 준말.

고조모(高祖母) 할아버지의 할머니. 아버지의 증조 할머니.

고조부(高祖父) 할아버지의 할아버지. 아버지의 증조 할아버지.

고조선(古朝鮮) [고:조선] 우리 민족이 제일 먼저 세운 부족 국가. 단군 왕검이 세운 나라로 대동강을 중심으로 한 지역에 넓게 펼쳐 있었음. [기원전 2333~기원전 108]

고종(高宗) [인명] 조선 제26대 왕. 흥선 대원군의 아들. 대원군의 뒤를 이어 정치를 맡으면서 '대한 제국'의 탄생을 선언하는 등 제도 개선에 힘을 씀. [1852~1919; 재위 1863~1907]

고종사촌(姑從四寸) 고모의 아들이나 딸. 비내종사촌. 준고종.

고주망태 술을 너무 많이 마셔서 정신을 차릴 수 없는 상태.

고주알미주알 아주 사소한 일까지 속속들이. 예고주알미주알 캐어 묻다. 비미주알고주알.

고즈넉이 [고즈너기] 고즈넉하게.

고즈넉하다 [고즈너카다] 1 고요하고 아늑하다. 예고즈넉한 산사. 2 잠잠하고 다소곳하다. 예고즈넉하게 앉아 있는 여인.

고증(考證) 옛 문헌이나 물건 따위

에 기초하여 증거를 세워 설명함. 예 전문가의 고증을 거치다. **고증하다.**

고지¹ (告知) [고:지] 공공 기관에서, 결정 사항이나 명령을 그 일과 관련 있는 사람에게 알리는 일. 예등록금 납부 기일을 고지하다. **고지하다.**

고지² (高地) 1 평지보다 아주 높은 땅. 예고지를 탈환하다. 빤저지. 2 이루어야 할 목표나 단계. 예우승 고지에 한발 다가서다.

고지서 (告知書) [고:지서] 관공서에서 어떤 일을 알리는 문서.

고지식하다 [고지시카다] 성질이 외곬으로 곧아 융통성이 없다.

고진감래 (苦盡甘來) [고진감내] 쓴 것이 다하면 단 것이 온다는 뜻으로, 고생 끝에 즐거움이 옴.

고질 (痼疾) 오래되어 고치기 어려운 병이나 버릇. 예고질인 축농증으로 고생하다.

***고집** (固執) 자기의 의견을 내세우고 굽히지 않음. 예고집을 부리다. **고집하다.**

주의 **고집**과 **주장**
고집 자기의 의견을 끈질기게 내세워 좀처럼 바꾸려 하지 않고 굳게 버티는 일.
주장 자기의 의견을 이유나 근거를 들어 가며 상대에게 설득시키는 일.

고집불통 (固執不通) [고집뿔통] 고집이 세어 남의 말을 들을 줄 모름. 또는 그런 사람.

고집스럽다 (固執一) [고집쓰럽따] 고집이 센 듯하다. 예따라가겠다고 고집스럽게 버티다. 활용 고집스러워 / 고집스러우니.

고집쟁이 (固執一) [고집쨍이] 고집이 몹시 센 사람. ×고집장이.

고찰 (考察) 자세하고 깊이 있게 살펴봄. 예환경 오염이 생태계에 미치는 영향에 대해 고찰하다. **고찰하다.**

고참 (古參) [고:참] 오래전부터 한 직장이나 직위에 머물러 있는 사람. 빤 신참.

고철 (古鐵) [고:철] 제 기능을 다하지 못하여 버리게 된 쇠붙이.

고체 (固體) 나무·쇠·돌·얼음같이 일정한 부피와 모양을 갖추고 있으며, 쉽게 변형되지 않는 물체. 예고체 연료. *기체. 액체.

고쳐먹다 [고쳐먹따] 생각이나 마음을 바꾸다. 예게을러지려는 마음을 고쳐먹다.

고초 (苦楚) 어려움과 괴로움. 예갖은 고초를 겪다. 비고난. 고통.

***고추** 가짓과의 한해살이풀. 줄기 높이 60-90cm, 긴 타원형 열매는 녹색인데 익으면서 빨갛게 됨. 매운맛이 있어 양념으로 많이 씀.

고추냉이 십자화과의 여러해살이풀. 시냇가에 자라며 땅속줄기는 몹시 매운 맛이 있어 양념 또는 약재로 씀.

고추잠자리 잠자리의 하나. 수컷은 몸이 붉고, 암컷은 누르스름함. 초가을에 농촌이나 연못 가에 떼 지어 낢.

고추잠자리

고추장 (一醬) 메줏가루에 질게 지은 밥이나 떡가루를 넣어 버무리고, 고춧가루와 소금을 넣어 담근 매운 장.

고춧가루 [고추까루 / 고춛까루] 붉게 익은 고추를 말려서 빻은 가루.

고충 (苦衷) 괴로운 심정이나 사정. 예고충을 털어놓다.

고취 (鼓吹) 1 용기와 기운을 북돋아 일으킴. 예사기를 고취하다. 2 의견이나 사상 따위를 열렬히 주장하여 널리 알림. 예애국심을 고취하다. **고취하다.**

고층 (高層) 여러 층으로 된 높은 건물. 또는 그런 건물의 높은 층. 예고층 건물 / 고층 아파트.

고치 누에가 번데기로 변할 때에 실을 토하여 자기의 몸을 둘러싸서 타원형으로 얽어 만든 집. 명주실을 뽑아내는 원료가 됨.

***고치다** 1 헐거나 고장이 난 물건을 손질하여 쓸 수 있게 만들다. 예기계를 고치다. 2 병을 낫게 하다. 예위장병을 고치다. 3 잘못된 것을 바로잡다. 예버릇을 고치다. 4 제도나 이름 따위를 바꾸다. 예규칙을 고치다. 5 모양·위치를 가지런히 하거나 바르게 하다. 예자세를 고쳐 앉다.

고통 (苦痛) 몸이나 마음의 괴로움과 아픔. 예고통이 심하다/고통을 참다. 回고초. 땐쾌락.

고통스럽다 (苦痛－) [고통스럽따] 몸이나 마음이 괴롭고 아픈 느낌이 있다. [활용] 고통스러워/고통스러우니.

고풍 (古風) [고:풍] 1 옛날의 풍속. 2 예스러운 모습. **고풍스럽다.**

고프다 배 속이 비어 음식을 먹고 싶다. 예배가 고프니 꼼짝도 하기 싫다. [활용] 고파/고프니.

고하 (高下) 높고 낮음이나 귀하고 천함. 예지위의 고하를 막론하고 모두 참석하십시오.

고하다 (告－) [고:하다] 1 웃어른이나 신령에게 어떤 사실을 아뢰다. 예자초지종을 고하다. 2 어떤 사실을 알리거나 말하다. 예작별을 고하다.

고학 (苦學) 학비를 스스로 벌어서 고생하며 배움. **고학하다.**

고학년 (高學年) [고학년] 높은 학년. 초등학교에서 4,5,6학년을 가리킴. 땐저학년.

고학생 (苦學生) [고학쌩] 학비를 스스로 벌어서 공부하는 학생.

고함 (高喊) 크게 부르짖거나 외치는 소리.

고함치다 (高喊－) 높고 크게 소리치다. 예동생이 계속 거짓말을 하자 엄마는 고함치며 꾸짖었다.

고행 (苦行) 여러 가지 고통스러운 일을 참고 견디면서 수행을 쌓는 일. **고행하다.**

*__고향__ (故鄕) 자기가 태어나서 자란 곳. 땐타향.

고혈압 (高血壓) [고혀랍] 혈압이 정상보다 높은 증세. 땐저혈압.

고형 (固形) 단단하고 일정한 모양을 가진 것. 예고형 연료.

고환 (睾丸) 정자를 만들고 남성 호르몬을 분비하는, 작은 알 모양의 남자 생식기. 回불알.

고흐 (Gogh, Vincent van) 네덜란드의 화가. 붓 자국이 대담하고 특이하며 색채가 강렬함. 작품에 '자화상', '해바라기', '별이 빛나는 밤' 등이 있음. [1853-1890]

고희 (古稀) [고:히] '일흔 살'을 이르는 말. 칠순.

*__곡__[1] (曲) '곡조'의 준말.

곡[2] (哭) 장례나 제사를 지낼 때 소리를 내어 욺. 또는 그런 울음. **곡하다.**

곡괭이 [곡꽹이] 단단한 땅을 파는 데 쓰는, 쇠로 만든 연장. 황새 부리 모양의 날을 양쪽으로 길게 내고 가운데 구멍에 긴 나무 자루를 박은 괭이.

곡괭이

곡류 (穀類) [공뉴] 쌀·보리 따위의 곡식.

곡률 (曲率) [공뉼] 곡선이나 곡면의 굽은 정도를 나타내는 수.

곡마단 (曲馬團) [공마단] 곡예나 말 따위 짐승을 부리며 재주를 보여 주는 단체. 서커스.

곡면 (曲面) [공면] 곡선으로 이루어진 면. 공·달걀 따위의 표면. 땐평면.

곡명 (曲名) [공명] 노래나 곡조의 이름. 回곡목.

곡목 (曲目) [공목] 1 ⇨곡명. 2 연주할 곡명을 적어 놓은 목록.

곡물 (穀物) [공물] ⇨곡식. 예곡물을 재배하다.

곡선 (曲線) [곡썬] 부드럽게 굽은 선. 땐직선.

곡선미 (曲線美) [곡썬미] 1 그림·조각·건축 등에서 나타난 곡선의 아름다움. 예한옥은 추녀 끝의 곡선미가 뛰어나다. 땐직선미. 2 사람 몸의 곡선에서 나타나는 아름다움.

*__곡식__ (穀食) [곡씩] 사람의 식량이 되는 쌀·보리·콩 따위를 통틀어 일컫는 말. 回곡물.

곡예 (曲藝) [고계] 줄타기·요술·재주넘기 따위의 보통 사람이 할 수 없는 여러 가지 재주나 기술.

곡예사 (曲藝師) [고계사] 곡예를 전문으로 하는 사람.

곡절 (曲折) [곡쩔] 복잡한 사정이나 까닭. 예많은 곡절을 겪다.

곡조 (曲調) [곡쪼] 1 음악이나 가사의 가락. 예슬픈 곡조. 준곡. 2 곡이나 노래의 수를 세는 단위. 예한 곡조 부르다.

곡창 (穀倉) 1 곡식을 쌓아 두는 창고. 2 곡식이 많이 나는 지방. 예곡창 지대.
곡해 (曲解) [고캐] 사실과 어긋나게 잘못 이해함. 예친구의 의도를 곡해하다. **곡해하다**.
곤경 (困境) [곤:경] 어려운 경우나 처지. 예곤경에서 벗어나다.
곤궁 (困窮) [곤:궁] 가난하여 살림이 어려움. 예곤궁에 빠지다. **곤궁하다**.
곤두박질 [곤두박찔] 갑자기 넘어지거나 거꾸로 박히는 일. **곤두박질하다**.
곤두박질치다 [곤두박찔치다] 세차게 거꾸로 내리박히다. 예성적이 곤두박질치다.
곤두서다 1 거꾸로 꼿꼿이 서다. 예무서워서 머리털이 곤두서다. 2 신경 따위가 날카로워지다.
곤두세우다 1 거꾸로 꼿꼿이 서게 하다. 2 신경 따위를 날카롭게 긴장시키다.
곤란 (困難) [골:란] 사정이 매우 딱하고 어려움. 또는 그런 일. 예곤란한 질문 / 생활이 곤란하다 / 곤란에 부딪치다. **곤란하다**.
곤봉 (棍棒) 짧은 방망이 모양의 체조 기구의 하나.
곤욕 (困辱) [고:뇩] 심한 모욕이나 참기 힘든 일. 예곤욕을 치르다.
곤장 (棍杖) 예전에, 죄인의 볼기를 치던 도구. 또는 그 형벌.
곤죽 (−粥) 1 몹시 질어서 질퍽질퍽한 것. 2 길이 곤죽이다. 2 일이 엉망진창이 되어 갈피를 잡기 어려운 상태. 예일을 곤죽으로 만들다. 3 술에 몹시 취하거나 몸이 지쳐서 힘없이 늘어진 모양. 예곤죽이 되도록 술을 마시다.
곤줄박이 [곤줄바기] 박샛과의 새. 야산이나 평지에 삶. 머리와 목은 검고, 등·가슴·배는 밤색이며, 날개와 꽁지는 회청색임. 보호새임.
곤지 전통 혼례에서, 신부가 단장할 때 이마에 찍는 붉은 점.
*곤충 (昆蟲) 몸이 머리·가슴·배의 세 부분으로 되어 있으며, 세 쌍의 다리와 두 쌍의 날개가 있고, 알·애벌레 (번데기)·어미벌레의 차례로 한살이를 하는 벌레. 파리·모기·잠자리 등. 곤충 채집. ◯ insect

곤하다 (困−) [곤:하다] 1 기운이 없고 나른하다. 예피로가 쌓여 몹시 곤하다. 2 몹시 고단하여 잠든 상태가 깊다. 예곤한 잠에 빠지다.
곤혹스럽다 (困惑−) [곤:혹쓰럽따] 곤혹을 느끼게 하는 점이 있다. 예곤혹스러운 질문. [활용] 곤혹스러워 / 곤혹스러우니.
곤히 (困−) [곤:히] 기운이 풀려서 나른하게. 예곤히 잠들다.
*곧 1 즉시. 바로. 예지금 곧 달려가겠습니다. 2 바꾸어 말하면. 다름 아닌 바로. 예민심이 곧 천심이다. 3 시간적으로 머지않아. 예어머니께서 곧 오실 거야.
*곧다 [곧따] 1 굽거나 비뚤어지지 않고 똑바르다. 예자세가 곧다. 2 마음이 바르다. 예곧은 사람.
곧바로 [곧빠로] 1 바로 그 즉시. 예학교 졸업 후 곧바로 군에 가다. 2 곧은 방향으로. 예곧바로 가면 학교가 나온다. 3 다른 곳을 거치지 않고. 예학교가 끝나면 곧바로 집으로 오너라.
곧바르다 [곧빠르다] 기울거나 굽지 않고 곧고 바르다. 예곧바른 마음. [활용] 곧발라 / 곧바르니.
곧은길 [고든길] 굽지 않고 곧게 뻗은 길.
곧은창자 [고든창자] ⇨곧창자.
곧이곧대로 [고지곧때로] 꾸밈이나 거짓 없이 사실대로. 예곧이곧대로 말하다 / 곧이곧대로 믿다.
곧이듣다 [고지듣따] 남의 말을 듣고 그대로 믿다. 예농담을 곧이듣다. [활용] 곧이들어 / 곧이들으니 / 곧이듣는.
곧이어 [고디어] 바로 이어서. 예곧이어 2부가 방송됩니다.
*곧잘 [곧짤] 1 제법 잘. 예인희는 탁구를 곧잘 친다. 2 가끔가다 잘. 예철수는 곧잘 넘어지곤 한다.
곧장 [곧짱] 1 곧바로. 예이 길로 곧장 가거라. 2 곧이어 바로. 예소식을 듣고 곧장 달려왔다.
곧창자 큰창자의 제일 끝부분부터 항문까지의 부분. [비] 곧은 창자. 직장.
곧추세우다 꼿꼿이 서게 하다. 예깃대를 곧추세우다.
곧추안다 [곧추안따] 어린아이를 곧

게 세워서 안다.

골[1] 생각하고, 몸의 각 기관이 제대로 움직이게 하는 따위의 일을 맡아 하는 우리 몸의 주요 부분. 머리뼈로 보호되어 있음. 예골이 지끈지끈 아프다. 비뇌. 본머릿골.

골[2] 언짢은 일을 당하여 벌컥 내는 화. 예골을 내다. 비성. 화.

골[3] [골:] 1 ⇨골짜기. 예골이 깊다. 2 표면에 길게 파이거나 들어간 자국. 예이마에 골이 깊게 주름이 지다. 3 '고랑'의 준말.

골[4] (goal) 1 축구·농구·럭비 따위에서, 공을 넣으면 득점하게 되는 문이나 바구니 모양의 표적. 2 축구나 농구 따위에서, 공을 넣어 득점하는 일. 또는 그 득점. 예한 골 차로 이겼다.

골격(骨格) 1 동물의 체격을 이루고 몸을 지탱하게 하는, 주로 근육이 붙어 있는 기관. 예골격이 좋다. 비골대. 2 어떤 사물이나 일의 기본이 되는 틀이나 줄거리. 예골격을 짜다.

*__골고루__ '고루고루'의 준말. 예음식을 골고루 먹다.

*__골다__ [골:다] 잠을 잘 때 드르렁드르렁 콧소리를 내다. 예코를 골다. 활용 골아 / 고니 / 고는.

골다공증(骨多孔症) [골다공쯩] 뼈의 단백질·칼슘이 줄어서, 뼈가 물러지고 부러지기 쉽게 되는 병.

골대(goal—) 축구·농구 등의 골 양쪽의 기둥. 골포스트.

골동품(骨董品) [골똥품] 오래되어 희귀한 옛 물건이나 미술품.

골똘하다 한 가지 일에 온 정신을 기울이다. 예연구에 골똘하다.

골똘히 한 가지 일에 온 정신을 기울여. 예골똘히 생각하다.

골라내다 [골:라내다] 여럿 가운데서 골라 따로 집어내다.

골라잡다 [골:라잡따] 여럿 가운데서 마음에 드는 대로 골라 가지다. 예마음대로 골라잡다.

골리다 상대편을 놀리어 약을 올리거나 창피하게 하다. 예별명을 부르며 친구를 골리다.

*__골목__ [골:목] 집들 사이로 나 있는 좁은 길. 예막다른 골목.

골목대장(—大將) [골:목때장] 아이들의 대장 노릇을 하는 아이.

골몰하다(汨沒—) 한 가지 일에 온 정신을 쏟다. 예수학 문제 풀이에 골몰하다. 비열중하다.

골무 바느질할 때, 바늘을 눌러 밀기 위해 손가락 끝에 끼는 물건.

골문(goal門) 축구나 핸드볼과 같은 운동 경기에서 공을 넣어 득점하게 만든 문.

골바람 [골:빠람] 산골짜기에서 산꼭대기로 부는 바람. 반산바람.

골반(骨盤) 엉덩이 부분의 뼈대로, 허리뼈와 등골뼈에 붙어 배 속의 내장을 싸고 있는 깔때기 모양의 크고 납작한 뼈.

골방(—房) [골:방] 큰방의 뒤쪽에 딸린 작은방. 예골방에 숨다.

골백번(—百番) [골백뻔] '여러 번'을 강조하여 이르는 말. 예골백번 타일러도 듣지 않는다.

골뱅이 1 몸이 타래처럼 꼬인 껍데기 속에 들어 있는 연체동물. 2 이메일 주소에서 사용자 아이디와 도메인 이름 사이에 쓰는 기호 '@'를 이르는 말.

골병(—病) 속으로 깊이 든 병.

골수(骨髓) [골쑤] 1 뼈의 속에 차 있는 부드러운 조직. 2 마음속 깊은 곳. 예원한이 골수에 사무치다.

골인(goal+in) 1 축구·농구 등에서, 공이 골 안에 들어감. 예슛 골인. 2 육상·수영 등에서, 경기자가 결승점에 도착함. 3 하려던 일을 이룸. 예결혼에 골인하다. 골인하다.

골자(骨子) [골짜] 일 또는 말의 중심이 되는 중요한 부분. 예내용의 골자를 파악하다. 비요점.

골재(骨材) [골째] 시멘트와 섞어서 콘크리트를 만드는 데 쓰는 모래나 자갈 따위의 재료.

골절(骨折) [골쩔] 뼈가 부러짐. 예넘어져 팔이 골절되다.

*__골짜기__ 산과 산 사이에 깊숙하게 패어 들어간 곳. 예높은 산일수록 골짜기는 깊다. 준골짝.

골짝 '골짜기'의 준말.

골치 '머리[1]'의 낮춤말.

골치(가) 아프다 성가시고 귀찮아

머리가 아프다.

골칫거리 [골치꺼리 / 골칟꺼리] 일을 잘못하거나 말썽만 피워 늘 애를 태우는 사람이나 사물. 예그 학생은 우리 반의 골칫거리다.

골키퍼 (goalkeeper) 축구·하키·핸드볼 따위에서, 골을 지키는 선수. 준키퍼.

골탕 심한 손해나 곤란.
  골탕(을) 먹다 크게 욕을 당하거나 손해를 입다.

골판지 (─板紙) [골:판지] 판지의 한 면 또는 두 장의 판지 사이에 골이 진 얇은 종이를 덧붙인 판지. 물건을 포장할 때 씀.

골품 (骨品) 신라 때, 혈통에 따라 나눈 신분 제도. 성골·진골·육두품·오두품·사두품 따위로 나뉨.

골프 (golf) 넓은 잔디밭에 여러 개의 구멍을 파 놓고 골프채로 공을 쳐서 넣는 경기. 공을 친 횟수가 적은 사람이 이김.

*__곪다__ [곰:따] 상처에 염증이 생겨 고름이 들다. 예상처가 곪다. [발음] 곪고 [곰:꼬] / 곪아서 [골마서].

곬 [골] 한쪽으로 트인 길. 예한 곬으로 파고들다. [발음] 곬이 [골씨] / 곬으로 [골쓰로].

곯다¹ [골타] 먹은 것이 모자라거나 굶다. 예배를 쫄쫄 곯다. [발음] 곯고 [골코] / 곯지 [골치] / 곯아 [고라] / 곯는 [골른].

곯다² [골타] 1 속이 물크러져 상하다. 예달걀 곯은 냄새. 2 속으로 골병이 들다. 예객지 생활에 몸이 곯았다. [발음] 곯고 [골코] / 곯지 [골치] / 곯아서 [고라서] / 곯는 [골른].

곯아떨어지다 [고라떠러지다] 잠이나 술에 몹시 취하여 정신을 잃고 자다. 예잠에 곯아떨어지다.

*__곰__ [곰:] 1 곰과의 동물. 몸집이 크고 꼬리와 네 다리는 짧음. 나무에 잘 오르고, 잡식성으로 겨울에는 동굴 속에서 겨울잠을 잠. 2 미련하거나 행동이 느린 사람을 비웃는 말. 예이 곰 같은 녀석아. ⇨bear

곰곰이 [곰:고미] 여러모로 깊이 생각하는 모양. 예내 행동을 곰곰이 되짚어 보다.

곰국 [곰:꾹] 소의 고기와 뼈를 오랜 시간 푹 고아서 끓인 국. 비곰탕.

곰방대 짧은 담뱃대.

곰보 [곰:보] 얼굴이 얽은 사람.

곰방대

곰살궂다 [곰:살굳따] 태도나 성질이 부드럽고 친절하며 다정하다. 예곰살궂게 굴다.

곰실거리다 작은 벌레 따위가 느릿느릿 자꾸 움직이다. 큰굼실거리다. 센꼼실거리다.

곰탕 (─湯) [곰:탕] ⇨곰국.

*__곰팡이__ [곰:팡이] 동식물에 붙어살며, 습기가 있을 때 음식물·옷·기구 따위에 생기는 미생물. 퀴퀴한 냄새를 냄. 준곰.

*__곱__ 1 곱셈에서 얻은 값. 2 '곱절'의 준말.

곱다¹ [곱따] 손가락이나 발가락이 얼어서 감각이 없고 놀리기가 어렵다. 예곱은 손을 녹이다.

*__곱다²__ [곱:따] 1 산뜻하고 아름답다. 예곱게 물든 단풍잎. 반밉다. 2 말이나 소리가 맑고 부드럽다. 예고운 목

학습마당 1

말의 줄기에 'ㅂ' 받침을 가진 말의 불규칙 활용

(1) '곱다'와 '돕다'의 활용

곱다	고우니	고우면	고와서	고와라
돕다	도우니	도우면	도와서	도와라

(2) 그 밖의 말의 활용

고맙다	고마우니	고마우면	고마워서	고마워라
가깝다	가까우니	가까우면	가까워서	가까워라
굽다	구우니	구우면	구워서	구워라
아름답다	아름다우니	아름다우면	아름다워서	아름다워라

소리. 閉거칠다. 3 느낌이 거칠지 않고 부드럽다. 예피부가 곱다. 閉거칠다. 4 부드럽고 순하다. 예고운 마음씨. 5 편안하고 순탄하다. 예곱게 자라다. 6 그대로 온전하다. 예곱게 간직하다 / 물건을 곱게 쓰다. [활용] 고와 / 고우니.
→ [학습마당] 1(65쪽)

곱다랗다 [곱:따라타] 1 매우 곱다. 예곱다랗게 핀 목련꽃. 2 축나거나 변하지 않고 온전하다. 예십 년 전의 얼굴을 곱다랗게 간직하다. [활용] 곱다라니 / 곱다래서.

곱돌 [곱똘] 윤이 나고 매끈매끈한 돌. 閉납석.

곱빼기 1 두 배의 분량. 2 음식의 두 몫을 한 그릇에 담은 분량. 예자장면 곱빼기.

*__곱셈__ [곱쎔] 어떤 수를 곱하여 셈함. 또는 그 셈. 閉나눗셈. __곱셈하다__.

곱셈표 (一標) [곱쎔표] 곱셈의 기호 '×'의 이름. 閉곱셈 기호.

곱슬곱슬하다 [곱쓸곱쓸하다] 털이나 실 따위가 말려서 고불고불하다. 예머리털이 곱슬곱슬하다.

곱슬머리 [곱쓸머리] ⇨고수머리.

곱씹다 [곱씹따] 1 거듭하여 씹다. 2 말이나 생각 따위를 곰곰이 되풀이하다. 예선생님의 말씀을 찬찬히 곱씹어 보았다.

곱자 [곱짜] 나무나 쇠를 이용하여 90도 각도로 만든 'ㄱ' 자 모양의 자. 閉곡척. 기역자자.

곱절 [곱쩔] 같은 수량을 몇 번이나 되짚어 합치는 일. 또는 그 셈. 예세 곱절 / 물가가 곱절이나 올랐다. 閉배. 쥔곱.

곱창 소의 작은창자.

*__곱하다__ [고파다] 곱셈을 하다. 예3에 5를 곱하다.

*__곳__ [곧] 어떤 장소나 자리. 예조용한 곳에 머물다.

곳간 (庫間) [고깐 / 곧깐] 곡식 따위를 넣어 두는 창고. 예쌀자루를 곳간에 쌓아 두다. 閉곳집.

*__곳곳__ [곧꼳] 여러 곳. 이곳저곳. 예식목일에는 곳곳에서 나무를 심는다.

곳곳이 [곧꼬시] 곳곳마다. 예시내 곳곳이 물난리다.

*__공__[1] [공:] 고무나 가죽으로 둥글게 만들어 차거나 치거나 던지는 운동 기구. 예공을 던지다. ⇒ball

*__공__[2] (功) 애를 써서 이룬 보람. 예공을 세우다. 閉공로.

공[3] (公) 여러 사람에게 관계되는 국가나 사회의 일. 예공과 사를 구별하다. 閉사.

*__공간__ (空間) 1 아무것도 없이 비어 있는 곳. 예넓은 공간. 2 끝없이 퍼져 있는 빈 곳. 예우주 공간. 3 어떤 일을 하기 위한 특정한 장소. 예휴식 공간. 閉시간.

공간적 (空間的) 공간에 관련되거나 공간의 성질을 띠는 (것).

공갈 (恐喝) [공:갈] 1 다른 사람에게 겁을 주거나 위협함. 2 '거짓말'의 낮춤말. __공갈하다__.

공감 (共感) [공:감] 남의 의견이나 주장 따위에 대하여 자기도 그렇다고 느낌. 또는 그런 기분. 예공감을 느끼다. 閉동감. __공감하다__.

공감대 (共感帶) [공:감대] 서로 공감하는 부분.

공개 (公開) 어떤 사실이나 사물 따위를 여러 사람에게 널리 보임. 예공개 방송 / 비밀을 공개하다. 閉비공개. 비밀. __공개하다__.

공개적 (公開的) 비밀로 하지 않고 여러 사람에게 널리 보이는 (것).

*__공격__ (攻擊) [공:격] 1 적을 침. 예공격 명령. 閉공략. 閉방어. 2 운동 경기에서 득점을 위한 적극적인 행동. 예경기 내내 활발한 공격을 펼치다. 閉수비. __공격하다__.

공격권 (攻擊權) [공:격꿘] 운동 경기에서 공격을 할 수 있는 권리.

공격력 (攻擊力) [공:경녁] 1 공격하는 힘. 2 공격할 수 있는 군대의 병력.

공격수 (攻擊手) [공:격쑤] 운동 경기에서 공격을 맡은 선수. 閉수비수.

공경 (恭敬) 공손히 섬김. 예어른을 공경하다. __공경하다__.

공고 (公告) 관청이나 공공 단체에서 어떤 일을 널리 알림. 예기말 시험일을 공고하다. __공고하다__.

공고하다 (鞏固一) 굳고 튼튼하다. 예공고한 기반.

공고히 (鞏固—) 공고하게. 예 단결을 공고히 하다.

공공 (公共) 국가나 사회의 구성원에게 널리 관계되는 일. 예 공공 도서관 / 공공 생활. 비 공중.

공공건물 (公共建物) 여러 사람이 함께 쓰는 건물. 학교·도서관 따위.

공공 단체 (公共團體) 공공의 행정을 맡아보는 단체.

공공시설 (公共施設) 여러 사람이 함께 쓸 수 있도록 만든 시설. 공중화장실·공중전화 따위.

공공연하다 (公公然—) 꺼리거나 숨기는 기색이 없이 그대로 드러나 있다. 예 공공연한 비밀.

공공연히 (公公然—) 공공연하게. 예 공공연히 상대를 비난하다.

공공요금 (公共料金) [공공뇨금] 철도·우편·전기·가스·수도 등 공익사업의 서비스에 대한 요금.

공공장소 (公共場所) 여러 사람이 함께 이용하는 곳.

공공질서 (公共秩序) [공공질써] 사회 구성원 모두가 지켜야 할 질서. 예 공공질서를 잘 지키다.

공과금 (公課金) 국가나 지방 자치 단체에서 매긴 세금.

공교롭다 (工巧—) [공교롭따] 때나 기회가 썩 묘하다. 예 공교롭게도 그와 같은 버스를 탔다. [활용] 공교로워 / 공교로우니.

공교육 (公敎育) 학교 교육처럼 국가가 하는 교육.

공구 (工具) 물건을 만들거나 고치는 데 쓰는 기구나 도구.

*__공군__ (空軍) 항공기로 공중 전투 및 폭격 등 공격이나 방어의 임무를 수행하는 군대. *육군. 해군.

공권력 (公權力) [공꿘녁] 국가나 공공 단체가 국민에게 명령하고 통제할 수 있는 권력.

공금 (公金) 나라나 공공 단체 또는 조직이나 모임 등의 돈. 예 공금을 횡령하다.

공급 (供給) [공:급] 1 필요에 따라 물품을 대어 줌. 예 가뭄에 식수를 공급하다. 2 바꾸거나 팔 목적으로 시장에 상품을 내놓음. 반 수요. **공급하다**.

공기¹ [공:기] 1 다섯 개의 밤톨만 한 돌을 땅바닥에 놓고, 일정한 규칙에 따라 집고 받는 아이들의 놀이. 또는 그 돌. 2 헝겊에 콩 따위를 싸서 만든 공을 가지고 노는 아이들의 놀이.

*__공기__² (空氣) 지구를 둘러싸고 있는, 빛깔이나 냄새가 없는 투명한 기체. 주로 질소와 산소의 혼합 기체로, 비율은 4:1임. ⊃air

공기³ (空器) 위가 넓게 벌어지고 밑이 좁은 작은 그릇. 주로 밥을 담아 먹는 데 씀.

공기놀이 [공:기노리] 공기를 가지고 노는 아이들 놀이. **공기놀이하다**.

공기뿌리 (空氣—) 식물의 줄기나 뿌리에서 나와 공기 가운데 드러나 있는 뿌리.

공기업 (公企業) 국가 또는 지방 자치 단체가 경영하는 기업. 철도·수도·통신 따위.

공기 청정기 (空氣淸淨器) 공기 속의 먼지나 세균을 걸러 내어 공기를 맑고 깨끗하게 하는 장치. 비 공기 정화기.

공기총 (空氣銃) 압축 공기의 힘으로 총알이 발사되도록 만든 총.

공깃돌 [공:기똘 / 공:긷똘] 공기놀이에 쓰는 작고 동그란 돌.

공납금 (公納金) [공납끔] 1 수업료처럼 학생이 학교에 정기적으로 내는 돈. 2 관공서에 의무적으로 내는 돈.

공놀이 [공:노리] 공을 가지고 하는 놀이. **공놀이하다**.

공단¹ (工團) '공업 단지'의 준말.
공단² (公團) 국가적인 사업을 수행하기 위하여 세운 특수 법인 단체.

공대 (恭待) 1 공손히 대접함. 2 상대 편에게 높임말을 씀. 예 서로 공대해서 말하다. 반 하대. **공대하다**.

공덕 (功德) 좋은 일을 하여 쌓은 어진 덕. 예 공덕을 쌓다.

*__공동__ (共同) [공:동] 여러 사람이나 단체가 함께 일을 하거나, 같은 자격으로 관계를 가짐. 예 공동 우승 / 공동 제작한 영화. 비 합동. 반 단독.

공동묘지 (共同墓地) [공:동묘지] 여러 사람이 같이 무덤을 쓸 수 있게 마련한 묘지.

공동 사회(共同社會) 가족·촌락처럼 핏줄이나 지역 등에 의해 자연적으로 맺어진 사회. 비공동체.

공동체(共同體) [공:동체] 1 ⇨공동 사회. 2 생활이나 행동, 목적 따위를 같이하는 집단.

공들다(功一) 어떤 일을 이루는 데 정성과 노력이 많이 들다. 예지금까지 공든 일이 잘 안 되어 친구는 절망하고 있다. [활용] 공들어 / 공드니 / 공든.

공들이다(功一) [공드리다] 무엇을 이루려고 힘과 마음을 다하여 애쓰다. 예공들인 작품.

공란(空欄) [공난] 글 쓸 종이에 글자 없이 비워 둔 난. 예공란에 이름을 쓰시오.

공략(攻略) [공:냑] 적의 진지나 영토를 공격하여 빼앗음. 예목표 지점을 공략하다. 공략하다.

공로(功勞) [공:노] 어떤 일을 이루는 데 들인 노력과 수고. 또는 애를 써서 이룬 공적. 비공적. 공훈. 준공.

공론(公論) [공논] 여러 사람이 모여 의논함. 또는 여러 사람의 공통된 의견이나 사회 일반의 공통된 여론. 예공론에 따르다. 비여론.

공룡(恐龍) [공:뇽] 중생대에 살았던 거대한 파충류를 통틀어 이르는 말. 길이는 5-25m, 육상에서 살았으며 화석에 의하여 수백 종 이상이 알려져 있음.

공리¹(公利) [공니] 사회의 여러 사람의 이익. 반사리.

공리²(公理) [공니] 누구에게나 통할 수 있는 이치.

공립(公立) [공닙] 학교나 병원 따위를 지방 자치 단체가 세워서 운영하는 것. 예공립 병원 / 공립 학교. 반사립.

공명¹(功名) 공을 세워 이름이 널리 알려짐. 또는 그 이름. 예부귀와 공명을 누리다.

공명²(共鳴) [공:명] 물체가 외부의 음파에 자극을 받아 그와 같은 소리를 내는 것. 공명하다.

공명선거(公明選擧) 부정이 없는 공정하고 바른 선거. 예국민 모두가 공명선거에 앞장서야 한다.

공명심(功名心) 공을 세워 이름을 떨치려는 마음.

공명정대하다(公明正大一) 마음이 바르고 떳떳하다. 예공명정대한 선거.

공명하다(公明一) 사사로움이나 한쪽으로 치우침이 없이 공정하고 명백하다. 예일의 공명한 처리 / 이번 선거는 공명하게 치렀다.

공모¹(公募) 여러 사람에게 널리 알려 뽑음. 예독서 감상문을 공모하다. 공모하다.

공모²(共謀) [공:모] 두 사람 이상이 주로 옳지 못한 일을 같이 꾀함. 예공모하여 도둑질을 하다. 공모하다.

공모전(公募展) 공개 모집한 작품의 전시회. 예서예 공모전에 입선하다.

공무(公務) 1 여러 사람에 관한 공적인 일. 예공무가 바쁘다. 2 국가 또는 공공 단체 공무원의 일. 예공무를 수행하다. 반사무.

*__공무원__(公務員) 국가 또는 지방 자치 단체의 사무를 맡아보는 사람. 국가 공무원과 지방 공무원이 있음. 비관리.

공문(公文) '공문서'의 준말.

공문서(公文書) 공무에 관계되는 서류. 준공문.

공물(貢物) [공:물] 예전에, 백성이 세금으로 나라에 바치던 특산물.

공민왕(恭愍王) [공:미놩] [인명] 고려 제31대 임금. 왕위에 오른 뒤 원나라의 지배에서 벗어나기 위하여 친원파를 몰아내고, 영토 회복, 제도 개혁 따위에 힘을 씀. [1330-1374 ; 재위 1351-1374].

공방(攻防) [공:방] 서로 공격하고 방어함. 예공방을 벌이다.

공방전(攻防戰) [공:방전] 서로 공격하고 방어하는 싸움. 예치열한 공방전이 벌어지다.

공배수(公倍數) 둘 이상의 정수에 공통으로 들어 있는 배수. 3과 5의 공배수는 15, 30 등임. 반공약수.

공백(空白) 1 종이나 책 따위에 글씨나 그림이 없는 빈 곳. 예책의 공백에 메모하다. 2 아무것도 없이 비어 있음. 예공백 기간.

공범(共犯) [공:범] 두 사람 이상이 짜고 죄를 저지름. 또는 저지른 사람.

凹단독범.

공법 (公法) [공뻡] 나라와 나라 사이의 관계 또는 나라와 개인의 관계 따위를 규정한 법률. 凹사법.

공보 (公報) 국가 기관에서 국민에게 각종 활동 사항을 널리 알리는 일. 凹사보.

공복 (空腹) 아무것도 먹지 않아 빈 배 속. 또는 배고픔. 예공복을 느끼다 / 공복을 채우다.

***공부** (工夫) 학문이나 기술을 배우고 익힘. 예공부를 잘하다. 비수업. 학습. 공부하다. ⊃study

공부방 (工夫房) [공부빵] 공부를 하기 위하여 따로 마련해 놓은 방.

공비 (共匪) [공:비] 공산군이나 공산당의 유격대를 도둑 떼에 비유한 말. 예공비 소탕.

***공사**¹ (工事) 시설이나 건물을 짓거나 고치는 일. 예아파트 신축 공사. 비역사. 공사하다.

공사² (公私) 공적인 일과 사적인 일. 예공사를 구분하다.

공사³ (公使) 조약을 맺은 나라에 머무르면서 자기 나라를 대표하여 외교 사무를 맡아보는 공무원.

공사⁴ (公社) 국가적 사업을 위해 설립한 정부의 기업체. 예한국 방송 공사 / 관광 공사.

공사비 (工事費) 건축이나 토목 공사 따위를 하는 데 드는 돈. 예공사비를 줄이다.

공사장 (工事場) 공사를 하는 곳.

공산 (公算) 어떤 일이 일어날 가능성의 정도. 예이길 공산이 크다. 비가망. 확률.

공산 국가 (共産國家) 공산주의를 받들고, 그 주의에 따라서 다스려지는 나라.

공산당 (共産黨) [공:산당] 공산주의를 따르는 사람들이 만든 정당.

공산주의 (共産主義) [공:산주의 / 공:산주이] 모든 재산과 생산 수단을 국가 소유로 하며 혁명을 통해 계급을 없애는 것을 내세우는 정치 사상. *사회주의. 자본주의.

공산품 (工産品) 공업에서 생산되는 제품. 공업 생산품.

공상 (空想) 현실적이지 못하거나 실현될 가능성이 없는 것을 생각하는 일. 예공상에 잠기다. 공상하다.

공생 (共生) [공:생] 1 같은 곳에서 서로 도우며 함께 삶. 예공생 관계. 2 종류가 다른 생물이 서로 이익을 주고받으며 같이 생활하는 일. 예공생 식물. 공생하다.

공석 (公席) 공적인 일로 모인 자리. 凹사석.

공설 (公設) 국가나 공공 단체에서 세움. 예공설 운동장. 凹사설.

공세 (攻勢) [공:세] 공격하는 태도나 자세. 예질문 공세를 받다. 凹수세.

공소 (公訴) 검사가 법원에 재판을 요구하는 일. 공소하다.

공손하다 (恭遜—) 예의 바르고 겸손하다. 예태도가 공손하다. 비겸손하다. 凹거만하다. 불손하다.

공손히 (恭遜—) 공손하게. 예공손히 대답하다.

공수¹ (攻守) [공:수] 공격과 수비. 예공수의 전환이 빠르다.

공수² (空輸) 비행기로 사람·짐 따위를 옮겨 나름. 예보급품 공수 작전. 본항공 수송. 공수하다.

공습 (空襲) 적진이나 적의 영토에 비행기로 폭탄을 떨어뜨리거나 공격하는 일. 공습하다.

공습경보 (空襲警報) [공습꼉보] 적의 비행기가 공격해 왔음을 알리는 경보. 방송·사이렌·종 따위로 알림.

공시 (公示) 사람들에게 널리 알림. 예선거일을 공시하다. 공시하다.

공식 (公式) 1 국가나 공공 기관에서 정한 방식이나 형식. 예공식 방문 / 공식 행사. 2 셈하는 방법을 수학의 기호를 써서 나타낸 식. 예원의 넓이를 구하는 공식.

공식적 (公式的) [공식쩍] 공적인 형식이나 방식을 가지는 (것). 예정부의 공식적 (인) 입장을 발표하다.

공신 (功臣) 나라를 위해 공을 세운 신하. 예개국 일등 공신.

공신력 (公信力) [공신녁] 사회적으로 인정받을 수 있는 신용. 예국가 공신력 / 회사의 이미지와 공신력이 떨어졌다.

공안 (公安) 여러 사람의 안녕과 질서를 유지하는 일.

공약 (公約) 정부·정당·선거의 입후보자 등이 어떤 일에 대해 국민에게 하는 약속. 예선거 공약. **공약하다**.

공약수 (公約數) [공약쑤] 둘 이상의 정수에 공통되는 약수. '16, 12, 8'에서 4, 2 따위. 빤공배수.

공양 (供養) [공:양] 1 웃어른께 음식을 드리며 잘 모심. 예부모 공양. 2 부처 앞에 음식물을 올림. 3 절에서, 음식을 먹는 일. **공양하다**.

공양미 (供養米) [공:양미] 부처에게 공양으로 바치는 쌀. 예공양미 삼백 석을 바치다.

공언 (公言) 여러 사람 앞에서 분명하게 공개하여 하는 말. **공언하다**.

***공업** (工業) 원료를 가공하여 새로운 제품을 만들어 내는 산업. 예공업 제품.

공업 고등학교 (工業高等學校) 공업에 관한 지식과 기능을 가르치는 고등학교.

공업국 (工業國) [공업꾹] 공업이 발달하여 산업의 중심이 되는 나라. 예선진 공업국.

공업 단지 (工業團地) 경제 발전 계획을 이루기 위하여 공업 생산에 필요한 시설들을 갖추어 놓고 많은 공장을 한곳에 모아 놓은 지역. 준공단.

공업용 (工業用) [공엄뇽] 공업에 쓰임. 예공업용 약품.

공업용수 (工業用水) [공엄뇽수] 공업 제품의 생산 과정에 쓰이는 물. 냉각용·보일러용·원료용·온도 조절용 등이 있음.

공업화 (工業化) [공어퐈] 산업 구성의 중점이 농업·광업 등 원시산업에서 가공 산업·제조 공업으로 바뀌어 발달하여 가는 현상. 예공업화를 이룩하다. **공업화하다**.

***공연**[1] (公演) 여러 사람 앞에서 음악·무용·연극 따위를 하는 일. 예연극 공연을 보러 가다. **공연하다**.

공연[2] (共演) [공:연] 연극이나 영화 따위에 함께 출연함. **공연하다**.

공연스레 (空然—) 특별한 까닭이나 필요도 없이. 예공연스레 시비를 걸다.

공연장 (公演場) 연극·음악·무용 따위의 공연을 하는 장소. 예공연장이 관객들로 가득 찼다.

공연하다 (空然—) 까닭이나 필요가 없다. 예공연한 짓을 하다.

공연히 (空然—) 별 까닭이 없이. 예공연히 심술을 부리다.

공영[1] (公營) 관청이나 공공 단체가 경영함. 예공영 방송 / 공영 주차장. 빤민영. **공영하다**.

공영[2] (共榮) [공:영] 서로 함께 번영함. 예인류 공영에 이바지하다. **공영하다**.

공예 (工藝) 물건을 실용적이면서 예술적으로 아름답게 만드는 재주나 솜씨. 예유리 공예.

공예품 (工藝品) 실용적이면서 예술적 가치가 있게 만든 물건. 도자기·가구·서화·칠기 따위.

공용[1] (公用) 공공의 목적으로 씀. 예공용 물품. 빤사용.

공용[2] (共用) [공:용] 함께 씀. 예이 옷은 남녀 공용이다. 빤전용.

공용어 (公用語) 1 한 나라 안에서 공식적으로 쓰는 언어. 2 국제회의나 기구에서 공식적으로 쓰는 언어.

***공원** (公園) 여러 사람이 놀거나 쉴 수 있도록 나무·풀밭·꽃 등을 가꾸어 놓고 여러 가지 놀이 시설을 갖추어 만든 장소. ⇒park

공유[1] (公有) 국가나 공공 단체의 소유. 빤사유.

공유[2] (共有) [공:유] 두 사람 이상이 한 물건을 함께 소유함. 예아파트의 공유 면적. **공유하다**.

공유지 (公有地) 국가나 공공 단체가 소유하는 땅. 빤사유지.

공이 1 절구에 든 물건을 찧거나 빻는 기구. 예공이를 내리치다. 2 총알의 뇌관을 쳐서 폭발하게 하는 송곳 모양의 장치.

***공익** (公益) 여러 사람의 이익. 예공익 재단 / 공익 광고. 빤사익.

공인[1] (公人) 1 국가나 사회를 위해 일하는 사람. 또는 사회 전체에 끼치는 영향이 큰 사람. 정치가·연예인 등이 속함. 2 공직에 있는 사람. 예공인으로서의 몸가짐이 반듯하다. 빤사인.

공인[2] (公認) 국가나 사회단체가 어떤 행위나 물건에 대해 인정함. ⓔ공인 기록 / 공인 회계사. **공인하다**.

공자 (孔子) [공:자] 〖인명〗중국의 사상가·학자. 세계 4대 성인의 한 사람. 마음을 닦아 어진 정치를 펼쳐야 한다는 윤리와 정치의 이상을 가르침. 그의 말과 행동은 제자들에 의하여 '논어'에 정리되어 있음. [기원전 551-기원전 479]

공작[1] (孔雀) [공:작] 꿩과에 속하는 새. 인도 원산으로 꿩과 비슷하나 꿩보다는 몸집이 큼. 특히 수컷이 꽁지를 펴면 큰 부채와 같으며 오색찬란함. 공작새.

공작[2] (工作) 1 어떤 목적을 위하여 미리 계획하여 일을 꾸밈. ⓔ방해 공작을 펴다. 2 기계나 공구 등을 가지고 물건을 만드는 일. ⓔ공작 재료. **공작하다**.

공작실 (工作室) [공작씰] 간단한 기구나 물건을 만들 수 있는 시설을 갖추어 놓은 방.

***공장** (工場) 여러 가지 기계를 설치·사용하여 원료나 재료를 가공해서 물건을 만들어 내는 곳. ⓔ신발 공장을 견학하다.

공장장 (工場長) 공장의 일과 노동자들을 지휘·감독하는 우두머리.

공적[1] (公的) [공쩍] 사회적으로 관계되는 (것). 여러 사람에 관계되는 (것). ⓔ공적인 일. ⓟ사적.

공적[2] (功績) 애써 이룩한 좋은 실적. ⓔ빛나는 공적. ⓑ공로.

공전[1] (公轉) 한 천체가 다른 천체의 주위를 도는 운동. 지구가 태양의 둘레를 돌거나 달이 지구의 둘레를 도는 것과 같은 것. ⓟ자전. **공전하다**.

공전[2] (工錢) 물건을 만드는 데 드는 품삯. ⓔ한복은 공전이 비싸다.

공전[3] (空轉) 1 일이나 행동이 헛되이 진행됨. ⓔ국회가 아무 성과 없이 공전하고 있다. 2 바퀴 따위가 헛돎. **공전하다**.

공정[1] (工程) 1 일이 되어 가는 정도. 2 제품을 생산하는 과정에서 거쳐야 하는 하나하나의 작업 단계. ⓔ자동차는 복잡한 공정을 거친다.

공정[2] (公正) 공평하고 올바름. ⓔ공정한 재판을 받을 권리. ⓟ불공정. **공정히**. **공정하다**.

공제 (控除) [공:제] 받을 몫에서 일정한 돈이나 수량을 뺌. ⓔ월급에서 세금을 공제하다. **공제하다**.

공조 (工曹) 고려·조선 시대에 두었던 육조의 하나. 공업에 관한 일을 맡아보았음.

공존 (共存) [공:존] 1 두 가지 이상의 일이나 물건이 함께 있음. 2 서로 도와서 함께 존재함. ⓔ평화 공존의 시대. **공존하다**.

***공주**[1] (公主) 왕비가 낳은 임금의 딸. ⓑ왕녀. ⓟ왕자.

공주[2] (公州) 〖지명〗충청남도에 있는 도시. 옛날 백제의 서울로, 유물과 유적이 많이 남아 있음.

공주병 (公主病) [공주뼝] 여자가 마치 자기 자신이 공주처럼 예쁘다고 착각하는 일을 속되게 이르는 말.

***공중**[1] (空中) 하늘과 땅 사이의 빈 곳. ⓔ색색의 풍선들이 공중으로 떠올랐다. ⓑ하늘.

  공중(에) 뜨다 물건의 수량 따위가 모자라거나 없어지다. ⓔ돈 만 원이 공중에 떴다.

***공중**[2] (公衆) 사회의 여러 사람. 일반 사람들. ⓔ공중을 위한 휴게실.

공중도덕 (公衆道德) 여러 사람이 함께 살아가면서 다 같이 지켜야 할 예절과 질서.

공중위생 (公衆衛生) 많은 사람들의 건강을 지키는 일. 환경 정화·전염병 예방 등이 있음. ⓟ개인위생.

공중전화 (公衆電話) 여러 사람들이 필요할 때마다 동전이나 카드를 넣고 사용할 수 있도록 길거리나 일정한 장소에 설치한 전화.

공중제비 (空中―) 두 손을 땅에 짚고 두 다리를 공중으로 쳐들어서 반대 방향으로 넘는 재주. 텀블링.

공지 (公知) 사람들에게 널리 알림. ⓔ공지 사항. **공지하다**.

공직 (公職) 관청이나 공공 단체의 일을 맡아보는 직무. ⓔ공직 생활.

공직자 (公職者) [공직짜] 공무원·국회 의원 따위의 공직에 있는 사람.

공짜 (空—) 거저 얻는 것. 또는 그 물건. 예공짜로 영화 구경을 하다.

공차기 [공:차기] 공을 발로 차는 운동이나 놀이.

공채 (公債) 국가나 공공 단체가 재정이 모자랄 때 필요한 경비를 모으기 위해 빌리는 빚. 땐사채.

*__공책__ (空冊) 글씨를 쓰거나 그림을 그릴 수 있게 줄이 쳐 있거나 빈 종이로 만든 책. 노트. 예수업 내용을 공책에 적다. 땐필기장. ⊃notebook

공처가 (恐妻家) [공:처가] 아내에게 눌려 지내는 남편.

공천 (公薦) 정당에서 선거에 입후보자로 나설 사람을 추천함. 예당의 공천을 받다. 공천하다.

공청회 (公聽會) [공청회 / 공청훼] 나라에서 중요한 일을 결정하기 전에 전문가 및 관계자들로부터 의견을 듣는 모임.

공치사[1] (功致辭) 남을 위해 애쓴 일을 스스로 자랑함. 공치사하다.

공치사[2] (空致辭) 빈말로 하는 칭찬. 공치사하다.

공터 (空—) 비어 있는 땅. 빈터.

공통 (共通) [공:통] 어느 것에나 두루 통함. 여럿 사이에 같은 관계가 있음. 예공통 과제. 땐상이. 특수. 공통하다.

공통분모 (共通分母) [공:통분모] 수학에서 분모가 다른 여러 분수를 통분한 분모. 분모의 최소 공배수를 공통분모로 함. $\frac{1}{2}$과 $\frac{1}{3}$을 $\frac{3}{6}$과 $\frac{2}{6}$로 했을 때의 6.

공통적 (共通的) [공:통적] 여럿 사이에 두루 통하거나 관계하는 (것). 예공통적인 특징.

*__공통점__ (共通點) [공:통점] 여럿 사이에 두루 통하는 점. 예그들은 성격이나 취미에 공통점이 많다. 땐차이점.

공판 (公判) 형사 재판에서 죄가 있고 없음을 재판하는 일.

공판장 (共販場) [공:판장] 공동으로 판매하는 장소. 예농산물 공판장.

공평 (公平) 치우치지 않고 공정함. 예유산을 공평하게 나누다. 땐불공평. 공평하다. 공평히.

공포[1] (公布) 모든 사람에게 널리 알림. 예법령을 공포하다. 공포하다.

공포[2] (恐怖) [공:포] 무섭고 두려움. 예공포에 떨다.

공포[3] (空砲) 1 실탄을 넣지 않고 소리만 나게 총을 쏨. 예공포를 쏘다. 땐헛총. 2 위협하기 위하여 공중을 향해 총을 쏨. 예달아나는 범인에게 공포를 쏘다.

공포감 (恐怖感) [공:포감] 두렵고 무서운 느낌. 예공포감에 휩싸이다 / 공포감을 불러일으키다.

공포심 (恐怖心) [공:포심] 무서워하고 두려워하는 마음.

공표 (公表) 세상에 널리 알림. 예새 학설이 공표되다. 공표하다.

공학[1] (工學) 전자, 전기, 기계, 컴퓨터 등 공업의 이론과 기술을 연구하는 학문. 예컴퓨터 공학.

공학[2] (共學) [공:학] 남학생과 여학생이 한 학교에서 함께 배움. 예남녀공학. 공학하다.

공학자 (工學者) [공학짜] 공학을 연구하는 사람.

*__공항__ (空港) 비행기가 뜨고 내릴 수 있도록 시설을 만들어 놓은 곳. 예인천 국제 공항 / 공항에 마중 나가다. 땐비행장. ⊃airport

공해[1] (公害) 산업이 발달하고 교통량이 늘어남에 따라 나타나는 자연환경의 파괴 및 소음·폐수·매연 따위로 인한 피해. 예공해가 심각하다.

공해[2] (公海) 어느 나라의 주권도 미치지 아니하여, 자유롭게 사용할 수 있는 바다. 땐영해.

공허하다 (空虛—) 1 속이 텅 비다. 예마음이 공허하다. 2 실속이 없이 헛되다. 예공허한 이야기.

공헌 (貢獻) [공:헌] 어떤 일을 위하여 힘을 써서 이바지함. 예사회 발전에 공헌하다. 땐기여. 공헌하다.

공화국 (共和國) [공:화국] 국민이 뽑은 사람이 나라의 최고 대표자가 되어 정치를 하는 나라.

공활하다 (空豁—) 텅 비고 매우 넓다. 예공활한 가을 하늘.

공황 (恐慌) [공:황] 1 극심한 공포가 갑자기 생기는 심리적 불안 상태. 예공황 상태에 빠지다. 2 '경제 공황'의 준말.

공회당 (公會堂) [공회당/공훼당] 여러 사람의 모임을 위하여 세운 집. 예회의는 공회당에서 열린다.

공훈 (功勳) 나라나 사회를 위해 세운 훌륭한 공로.

공휴일 (公休日) 국경일이나 명절, 일요일같이 공적으로 쉬기로 정하여진 날. 回휴일. 凹평일. ○holiday

곶 (串) [곧] 바다 쪽으로 좁고 길게 뻗어 있는 육지의 끝부분.

곶감 [곧깜] 껍질을 벗기고 꼬챙이에 꿰어서 말린 감. 回건시.

과¹ (科) **1** 학과나 연구 분야를 나눈 갈래. 예국어과/그 친구는 무슨 과에 다니니. **2** 생물의 분류에서 목의 아래, 속의 위에 있는 단계. 예소나뭇과/고양이는 무슨 과에 속하느냐.

***과²** (課) **1** 관공서나 회사 등의 조직의 한 단위. 예우리 과는 분위기가 좋다. **2** 교과서 안에서 내용에 따라 차례로 벌여 놓은 학습의 단위. 예시험 범위는 제1과에서 3과까지이다.

***과³** 받침 있는 말에 붙어, 여러 가지를 열거하거나 다른 말과 비교할 때, 또는 함께 함을 나타낼 때 쓰는 말. 예형과 아우/성격이 불과 같다/동생과 함께 심부름을 가다. *와.

과감성 (果敢性) [과:감썽] 결단력이 있고 용감한 성질.

과감하다 (果敢—) [과:감하다] 일을 딱 잘라서 결정하는 성질이 있고 용감하다. 예과감한 행동.

과객 (過客) [과:객] 지나가는 나그네. 예과객이 하룻밤 묵기를 청하다.

과거¹ (科擧) 고려와 조선 시대에 관리를 뽑기 위하여 보이던 시험. 예과거에 급제하다.

***과거²** (過去) [과:거] **1** 지나간 때. 예과거에는 없던 일. **2** 지나간 일이나 생활. 예과거를 속이다. *미래. 현재.

과격하다 (過激—) [과:겨카다] 지나칠 정도로 심하게 격렬하다. 예과격한 운동.

과꽃 [과:꼳] 국화과에 속하는 한해살이풀. 줄기의 높이는 30-60cm. 가을에 보라·연분홍·흰색 등의 꽃이 핌.

과녁 [과:녁] 활이나 총을 쏘는 연습을 할 때 표적으로 세워 놓은 물건. 예쏜 화살이 모두 과녁에 꽂혔다. 回표적.

과다 (過多) [과:다] 너무 많음. 예체중 과다/과다한 지출. 凹과잉. 凹과소. **과다하다.**

과단성 (果斷性) [과:단썽] 일을 딱 잘라서 결정하는 성질. 예과단성 있게 일을 처리하다.

과대¹ (過大) [과:대] 지나치게 큼. 예과대한 요구. 凹과소. **과대하다.**

과대² (誇大) [과:대] 작은 것을 큰 것처럼 떠벌림. 예과대 선전/과대 포장. **과대하다.**

과대망상 (誇大妄想) [과:대망상] 자기의 현재 상태를 실제보다 턱없이 과장해서 사실인 것처럼 믿는 현상. 예과대망상에 빠지다.

과대평가 (過大評價) [과:대평까] 실제 이상으로 높이 평가함. 예상대의 실력을 지나치게 과대평가하다. 凹과소평가. **과대평가하다.**

과도¹ (果刀) [과:도] 과일을 깎는 칼. 回과일칼.

과도² (過渡) [과:도] 한 단계에서 다음 단계로 넘어가거나 바뀌어 가는 도중. 예과도 정부.

과도기 (過渡期) [과:도기] **1** 한 단계에서 다음 단계로 넘어가는 도중의 시기. **2** 사회의 사상과 제도가 확립되지 않고 인심이 불안정한 시기. 예과도기 현상.

과도하다 (過度—) [과:도하다] 정도가 지나치다. 예과도한 운동은 오히려 몸에 해롭다.

과로 (過勞) [과:로] 지나치게 일하여 몸이 고달픔. 또는 그로 인한 피로. 예과로로 병을 얻다. **과로하다.**

***과목** (科目) 가르치거나 배워야 할 내용을 공부의 분야와 방법에 따라 일정하게 나눈 것. 예내일 수업 받을 과목의 책을 챙기다.

과묵하다 (寡默—) [과:무카다] 말이 적고 침착하다. 예과묵한 성격.

과민 (過敏) [과:민] 지나치게 예민함.

과꽃

예 과민한 반응을 보이다. **과민하다**.

과밀 (過密) [과:밀] 인구나 산업이 한곳에 지나치게 모여 있음. 예 과밀 교실 / 인구 과밀 현상은 심각한 사회 문제가 되고 있다. 맨과소. **과밀하다**.

과반수 (過半數) [과:반수] 절반이 넘는 수. 예 참석자의 과반수 찬성을 얻다.

과보호 (過保護) [과:보호] ⇨과잉보호. **과보호하다**.

과부 (寡婦) [과:부] 남편이 죽어서 혼자 사는 여자. 비홀어미. 미망인. 맨홀아비.

과분하다 (過分―) [과:분하다] 분수에 넘치게 좋다. 예 과분한 칭찬.

과산화 수소 (過酸化水素) 산소와 수소의 화합물로 색깔과 냄새가 없는 액체. 표백제나 소독제 따위로 씀.

과산화 수소수 (過酸化水素水) 과산화 수소를 물에 녹인 액체. 상표명은 옥시돌.

과세[1] (過歲) [과:세] 설을 쇰. 새해를 맞음. **과세하다**.

과세[2] (課稅) 세금을 매김. 예 소득세를 과세하다. **과세하다**.

과소[1] (過小) [과:소] 크기 등이 지나치게 작음. 맨과대.

과소[2] (過少) [과:소] 양이나 수가 지나치게 적음. 맨과다.

과소비 (過消費) [과:소비] 돈을 정도에 지나치게 많이 써서 없앰. 예 과소비를 조장하다. **과소비하다**.

과소평가 (過小評價) [과:소평까] 실제보다 지나치게 약하거나 낮게 평가함. 예 상대를 과소평가하다. 맨과대평가. **과소평가하다**.

과속 (過速) [과:속] 지나치게 빠른 속도. 예 과속 운행 / 차들이 과속으로 달린다. **과속하다**.

과수 (果樹) [과:수] ⇨과실나무.

***과수원** (果樹園) [과:수원] 과실나무를 많이 심어 가꾸는 밭. 준과원.

과시 (誇示) [과:시] 자랑하여 보임. 예 솜씨를 과시하다. **과시하다**.

과식 (過食) [과:식] 지나치게 많이 먹음. 예 과식은 건강에 좋지 않다. 맨소식. **과식하다**.

과신 (過信) [과:신] 지나치게 믿음.

예 자신의 실력을 과신하다. **과신하다**.

과실[1] (果實) [과:실] 먹을 수 있는, 나무의 열매. 비과일. 열매.

과실[2] (過失) [과:실] 부주의나 게으름에서 오는 잘못이나 실수. 예 과실을 인정하다. 비과오. 맨고의.

과실나무 (果實―) [과:실라무] 열매를 얻기 위하여 재배하는 나무의 총칭. 비과수. 과일나무.

과실 치사 (過失致死) 실수로 사람을 죽이는 일.

과언 (過言) [과:언] 정도에 지나친 말. 예 내 짝은 천재라 해도 과언이 아니다.

과업 (課業) 마땅히 해야 할 일이나 맡겨진 일. 예 과업을 완수하다.

***과연** (果然) [과:연] 1 아닌 게 아니라 정말로. 들은 바와 같이. 예 실물을 보니 듣던 대로 과연 아름답구다. 2 참으로. 도대체. 예 이 책을 읽어 본 사람이 과연 몇 명이나 될까.

과열 (過熱) [과:열] 1 지나치게 뜨거워짐. 예 난로 과열로 불이 났다. 2 경쟁 따위가 지나치게 치열함. 예 입시 과열. **과열하다**.

과오 (過誤) [과:오] 잘못이나 실수. 예 과오를 범하다. 비과실.

과외 (課外) [과외 / 과웨] 학교에서 배우는 것 이외에 따로 학교 밖에서 배우는 것. 예 과외 공부.

과욕 (過慾) [과:욕] 욕심이 지나침. 또는 그 욕심. 예 과욕은 실패의 지름길이다. **과욕하다**.

과용 (過用) [과:용] 너무 많이 씀. 예 약을 과용하다. **과용하다**.

과음 (過飮) [과:음] 술을 지나치게 많이 마심. **과음하다**.

과인 (寡人) [과:인] 임금이 자기를 낮추어 일컫던 말.

***과일** [과:일] 사람이 먹을 수 있는 열매. 사과·배·감·포도 따위. 비과실. 실과. ⇨fruit

과일칼 [과:일칼] ⇨과도[1].

과잉 (過剩) [과:잉] 남을 정도로 지나치게 많음. 예 과잉 친절. 맨부족.

과잉보호 (過剩保護) [과:잉보호] 부모가 자식을 지나치게 감싸고 보호하는 일. 비과보호. **과잉보호하다**.

과자(菓子) 밀가루나 쌀가루에 설탕·우유 따위를 섞어 굽거나 기름에 튀겨 만든 음식. 예간식으로 과자를 먹었다. ⊃cookie

과장¹(誇張) [과ː장] 실제보다 지나치게 부풀려서 나타냄. 예과장된 보도 / 과장이 심하다. **과장하다**.

과장²(課長) 관청이나 회사 따위에서, 한 과의 책임자.

과적(過積) [과ː적] 짐을 너무 많이 실음. 예과적 차량을 단속하다. [본]과적재.

과정¹(過程) [과ː정] 일이 되어 가는 형편이나 순서. 예사건의 전개 과정을 살펴보다.

과정²(課程) 일정한 기간 동안 계속되는 학업이나 일. 예1학기 과정을 마치다.

과제(課題) 1 주어진 문제. 예방학 동안의 과제. 비숙제. 2 해결해야 할 문제. 예당면한 과제.

과제물(課題物) 과제로서 해야 할 거리.

과중하다(過重-) [과ː중하다] 1 지나치게 무겁다. 예짐을 과중하게 싣다. 2 힘에 벅차다. 예과중한 책임을 지우다.

과즙(果汁) [과ː즙] 과일에서 짜낸 즙. 예과즙 음료.

과찬(過讚) [과ː찬] 지나치게 칭찬함. 또는 그런 칭찬. 예과찬의 말씀이십니다. **과찬하다**.

과채류(果菜類) [과ː채류] 열매를 먹는 채소. 가지·수박·오이 따위. 예신선한 과채류를 섭취하다.

과체중(過體重) [과ː체중] 표준에 비하여 지나치게 많이 나가는 몸무게.

과태료(過怠料) [과ː태료] 행정상, 가벼운 의무를 지키지 않은 사람에게 벌로 물게 하는 돈. 형벌이 아님. 예주차 위반으로 과태료를 물다.

과포화(過飽和) [과ː포화] 용액이 어떤 온도에서 녹는 정도 이상의 물질을 포함하고 있는 상태.

과하다¹(課-) [과ː하다] 1 세금 따위를 매겨서 내게 하다. 예무거운 세금을 과하다. 2 일이나 책임을 맡게 하다. 예숙제를 과하다.

과하다²(過-) [과ː하다] 정도가 지나치다. 분에 넘치다. 예씀씀이가 과하다.

과학(科學) 1 자연과 사회의 법칙과 이치에 대한 지식을 체계적으로 연구하는 학문. 2 좁은 뜻으로는 '자연과학'을 일컬음. ⊃science

과학계(科學界) [과학꼐 / 과학게] 과학에 관계되는 일을 하는 사람들의 활동 분야.

과학관(科學館) [과학꽌] 자연 과학에 관한 자료와 그 기술을 응용하여 만든 물품들을 모아 놓고 일반의 관람이나 연구에 이바지하는 곳.

과학성(科學性) [과학썽] 과학처럼 정확하거나 타당한 성격.

과학실(科學室) [과학씰] 학교에서 과학 과목의 실험과 실습을 하는 교실.

과학자(科學者) [과학짜] 과학을 전문으로 연구하는 사람.

과학적(科學的) [과학쩍] 과학의 이치나 체계에 맞는 (것). 예과학적 설명. 맨비과학적.

과학화(科學化) [과하콰] 과학으로서의 체계와 방법을 갖춤. 예영농의 과학화. **과학화하다**.

과히(過-) [과ː히] 1 너무 지나치게. 예밥을 과히 먹었는지 속이 더부룩하다. 2 그다지. 예과히 멀지 않다. [참고] 뒤에 부정의 말이 따름.

곽 '갑²'의 잘못.

곽재우(郭再祐) 『인명』 임진왜란 때 의령에서 의병을 일으켜 큰 공을 세운 장수. 항상 붉은 옷을 입고 앞장서서 싸워 '홍의 장군'이라고도 불림. [1552-1617]

관¹(冠) 예전에, 관복·예복을 입을 때 망건 위에 쓰던 물건.

관²(棺) 시체를 담는 길쭉한 궤. 예관을 짜다. 비널.

관³(貫) 무게 단위의 하나. 한 관은 약 3.75kg임. 예감자 한 관.

***관**⁴(管) 모양이 둥글고 길며 속이 빈 물건. 예관이 굵다.

관가(官家) 1 예전에, 관리들이 나랏일을 보던 곳. 2 예전에, 시골 사람들이 그 고을의 원을 일컫던 말.

관개(灌漑) [관ː개] 농사를 짓는 데

관객

에 필요한 물을 논밭에 댐. ⓔ관개 시설 / 관개 수로. **관개하다**.

관객 (觀客) 연극·영화 따위를 구경하는 사람.

관건 (關鍵) [관건 / 관껀] 어떤 사물이나 문제 해결의 가장 중요한 부분. ⓔ문제 해결의 관건을 쥐다. 町핵심.

***관계** (關係) [관계 / 관게] 1 둘 이상의 사람·사물·현상 따위가 서로 관련을 맺음. ⓔ국제 관계 / 관계를 맺다. 2 어떠한 사물에 서로 관련을 가짐. ⓔ이 사건에 관계된 인물. 3 어떤 일에 참견을 하거나 주의를 기울임. ⓔ수업 시간에 떠들든 말든 관계하지 않는다. 4 까닭이나 원인을 나타내는 말. ⓔ사업 관계로 출장을 가다. 町관련. **관계하다**.

관계식 (關係式) [관계식 / 관게식] 수학·과학 등에서, 여러 대상들 사이의 관계를 나타내는 식. 공식·등식·부등식·방정식 따위.

관계없다 (關係—) [관계업따 / 관게업따] 1 서로 아무런 관련이 없다. ⓔ그 사건은 나와 관계없는 일이다. 2 염려할 것 없다. ⓔ비용은 아무래도 관계없다. 町상관없다.

관계자 (關係者) [관계자 / 관게자] 어떤 일에 관련이 있는 사람. ⓔ관계자 외 출입 금지.

관공서 (官公署) 관청과 공공 기관.

***관광** (觀光) 다른 고장이나 다른 나라의 경치·풍습 등을 그곳에 가서 구경함. ⓔ해외 관광 / 유적지를 관광하다. **관광하다**.

관광객 (觀光客) 관광하러 다니는 사람. ⓔ해외로 나가는 관광객이 해마다 늘고 있다.

관광버스 (觀光bus) 관광객을 태우고 다니는 버스.

관광 산업 (觀光産業) 관광에 따르는 교통·숙박·오락 등을 위한 산업.

관광 자원 (觀光資源) 관광객에게 보일 만한 아름다운 자연이나 문화 시설. ⓔ관광 자원을 개발하다.

***관광지** (觀光地) 경치가 아름답거나 유적지·온천 따위가 있어 관광할 만한 곳.

관군 (官軍) 예전에, 정부의 군대.

관권 (官權) [관꿘] 1 정부의 권력. 2 관청 또는 관리의 권한. 町민권.

관내 (管內) 관할하는 구역의 안. ⓔ관내를 돌아보다.

관념 (觀念) 1 어떤 일에 대한 생각이나 견해. ⓔ내 친구는 위생 관념이 철저하다. 2 어떤 대상에 대한 의식 내용이나 인식.

관노 (官奴) 예전에, 관가에서 부리던 사내종. 町관비.

관능적 (官能的) 성적인 감각을 자극하는 (것). ⓔ관능적 묘사.

관대하다 (寬大—) 마음이 너그럽고 크다. ⓔ관대한 처벌을 내리다.

관동 (關東) 대관령 동쪽의 땅. 곧, 강원도의 동쪽 지방을 일컫는 말. 町영동.

관동 팔경 (關東八景) 강원도 동해안에 있는 여덟 군데의 명승지. 곧, 간성의 청간정, 강릉의 경포대, 고성의 삼일포, 삼척의 죽서루, 양양의 낙산사, 울진의 망양정, 통천의 총석정, 평해의 월송정을 이름.

관두다 [관:두다] 그 정도에서 그치다. 하던 일을 그치다. ⓔ하기 싫으면 관둬라. 团고만두다.

관등놀이 (觀燈—) [관등노리] 부처님 오신 날에 등을 밝혀 행렬을 하며 노는 민속놀이.

관람 (觀覽) [괄람] 연극·영화·경기 따위를 구경함. ⓔ연극을 관람하다. **관람하다**.

관람객 (觀覽客) [괄람객] 관람하러 온 사람.

관람료 (觀覽料) [괄람뇨] 관람하기 위하여 내는 돈.

관람석 (觀覽席) [괄람석] 연극·영화·경기 따위를 구경할 수 있도록 마련한 좌석.

***관련** (關聯) [괄련] 서로 어떤 관계를 가짐. 서로 걸려 얽힘. ⓔ관련 업체. 町연관. 관계. **관련하다**.

관련성 (關聯性) [괄련썽] 서로 걸리어 얽힌 성질. 서로 관계되는 성질. 町연관성.

***관련짓다** (關聯—) [괄련짇따] 둘 이상의 사람·사물 따위가 서로 관계를 맺게 하다. 警관련지어 / 관련지으니 /

관련짓는.

관례 (慣例) [괄례] 이전부터 해 내려와서 습관처럼 되어 버린 일. 예관례에 따르다.

관록 (貫祿) [괄록] 경력이 쌓이면서 갖추어진 위엄이나 권위. 예관록이 붙다 / 관록을 자랑하다.

관료 (官僚) [괄료] 정부의 직업적 관리들. 특히 영향력 있는 고위 관리.

*__관리__¹ (官吏) [괄리] 관직에 있는 사람. 凰공무원.

*__관리__² (管理) [괄리] 1 사무를 맡아 처리함. 예선거 관리. 2 사람을 지휘 감독함. 예학생 관리. 3 시설이나 물건의 보존이나 개량 따위의 일을 맡아 함. 예품질 관리. 4 사람의 몸이나 동식물 따위를 보살핌. 예건강 관리에 각별히 신경을 쓰다. **관리하다**.

관리비 (管理費) [괄리비] 관리하는 데에 들어가는 비용. 예아파트 관리비를 내다.

관리인 (管理人) [괄리인] 위탁을 받아 시설 따위를 관리하는 사람. 예아파트 관리인.

관리자 (管理者) [괄리자] 사람이나 일을 관리하는 사람.

관립 (官立) [괄립] 국가 기관에서 세운 것. 예관립 학교.

관망 (觀望) 일이 되어 가는 상황을 그냥 바라봄. 예사태를 관망하다. **관망하다**.

관목 (灌木) [관:목] 키가 작고 원줄기와 가지의 구별이 분명하지 않으며, 밑동에서 가지가 많이 나는 나무. 진달래·사철나무·앵두나무 따위. 凰떨기나무. 凰교목.

관문 (關門) 1 국경이나 요새의 성문. 예관문을 닫다. 2 어떤 일을 하기 위해서 반드시 통과해야 하는 과정. 예입학시험의 관문을 뚫다. 3 어떤 곳을 드나드는 길목.

관민 (官民) 공무원과 민간인. 예관민이 일치단결하여 외적을 물리치다.

관복 (官服) 관리의 제복.

관북 (關北) 마천령의 북쪽 지방. 함경북도를 이르는 말임.

관비 (官婢) 예전에, 관가에서 부리던 계집종. 凰관노.

관사 (官舍) 공무원이나 관계자가 살도록 관청에서 지은 집. 凰사택.

관상¹ (觀相) 사람의 얼굴을 보고 그 사람의 성질이나 운명을 판단하는 일. 예관상을 보다 / 관상이 좋다.

관상² (觀賞) 아름다운 것을 보고 즐김. **관상하다**.

관상대 (觀象臺) '기상대'의 전 이름.

관서 (關西) 마천령의 서쪽 지방으로, 평안도와 황해도 북부 지역을 합쳐서 이르는 말.

관선 (官選) 관청에서 뽑음. 예관선 위원. 凰민선. **관선하다**.

관성 (慣性) 정지하고 있는 물체는 언제까지나 정지해 있고, 운동하는 물체는 그 운동을 계속하려고 하는 성질. 예뉴턴의 관성의 법칙.

관세 (關稅) 외국에서 수입해 들여오는 물건에 나라가 매기는 세금.

관세음보살 (觀世音菩薩) 보살의 하나. 불교에서, 중생이 괴로울 때 이 이름을 정성껏 외면 도움을 받을 수 있다고 함. 쥰관세음. 관음보살.

관세청 (關稅廳) 수출입 상품에 세금을 매기고 걷는 일을 맡아 하는 행정 기관.

관솔 [관:솔] 송진이 많이 엉긴, 소나무의 가지나 옹이.

관솔불 [관:솔뿔] 관솔에 붙인 불. 예관솔불을 지피다.

관습 (慣習) 한 사회에서 오래전부터 지켜 온 규범이나 생활 방식. 예추석에 성묘하는 것은 우리의 오랜 관습이다. 凰습관. 풍습.

*__관심__ (關心) 어떤 일에 마음이 끌려 흥미를 가짐. 마음에 두고 잊지 아니함. 예운동에 관심이 많다.

관심거리 (關心—) [관심꺼리] ⇨관심사.

관심사 (關心事) 관심을 두고 있는 일. 예요즘 동생의 관심사는 컴퓨터 게임이다. 凰관심거리.

관아 (官衙) [과나] 예전에, 관리들이 모여 나랏일을 보던 곳. 凰관서.

관악 (管樂) [과낙] 관악기로 연주하는 음악.

관악기 (管樂器) [과낙끼] 입으로 불어서 관 속의 공기를 진동시켜 소리를 내는 악기. 금관 악기와 목관 악기가 안 두 가지가 있음. 피리·클라리넷·오보에·트럼펫 따위.

관여 (關與) [과녀] 어떤 일에 관계하여 참여함. 예 남의 일에 더 이상 관여하지 마라. 凹참여. **관여하다**.

관엽 식물 (觀葉植物) 잎사귀의 빛깔이나 모양을 보고 즐기기 위해 가꾸는 식물. 단풍나무·고무나무 따위.

관영 (官營) [과녕] 사업 따위를 정부에서 경영하는 일. 예 관영 통신. 凹국영. 凹민영.

관용¹ (寬容) [과농] 너그럽게 용서하고 받아들임. 예 관용을 베풀다. 凹관대. **관용하다**.

관용² (慣用) [과농] 습관적으로 늘 씀. 예 관용 표현. **관용하다**.

관용어 (慣用語) [과농어] 습관적으로 쓰는 말. 예 '눈을 감았다'는 '죽었다'의 관용어이다.

관원 (官員) [과눤] 관청에서 일하는 사람. 凹관리.

관자놀이 (貫子—) [관자노리] 귀와 눈 사이의 맥박이 뛰는 곳. 그곳의 맥이 뛸 때 망건에 달린 관자가 움직인다는 데서 생긴 이름임.

관장¹ (管掌) 일을 맡아서 다룸. 예 수출 업무를 관장하는 부서. **관장하다**.

관장² (灌腸) [관:장] 통을 누게 하거나 영양물을 공급하기 위해 항문을 통하여 직장이나 대장에 약물을 넣는 일. **관장하다**.

관저 (官邸) 높은 관리가 살도록 정부에서 마련해 준 집. 예 대통령 관저. 凹공관.

관절 (關節) 뼈와 뼈가 서로 맞닿아 움직일 수 있게 연결되어 있는 부분. 예 무릎 관절. 凹뼈마디.

관절염 (關節炎) [관절렴] 관절에 생기는 염증.

관점 (觀點) [관쩜] 사물을 관찰할 때, 그 사람이 보는 입장이나 각도. 예 관점이 다르다. 凹시점.

관제 (管制) 국가가 필요에 따라 강제로 금지 또는 제한하는 일. 예 중앙 관제. **관제하다**.

관제엽서 (官製葉書) [관제엽써] 정부에서 만들어 파는 우편엽서.

관제탑 (管制塔) 비행장에서 비행기가 안전하게 뜨고 내릴 수 있도록 지시하는 곳. 凹항공관제탑.

관중 (觀衆) 운동 경기나 공연 따위를 구경하는 사람들. 예 관중들이 열광하다. 凹관객.

관직 (官職) 관리로서의 지위와 직무. 예 관직에 앉다.

*****관찰** (觀察) 사물이나 현상을 주의하여 자세히 살펴봄. 예 관찰 기록/관찰 일기를 작성하다/미생물을 현미경으로 관찰하다. **관찰하다**.

관찰사 (觀察使) [관찰싸] 조선 시대에 두었던, 각 도의 행정의 으뜸 벼슬. 그 도의 살림을 전체적으로 관리하며 각 고을의 수령을 지휘 감독함. 지금의 도지사에 해당됨. 凹감사.

관철 (貫徹) [관:철] 어려움을 이기고 끝까지 밀고 나아가 목적을 이룸. 예 요구 사항을 관철하다. **관철하다**.

*****관청** (官廳) 국가의 사무를 맡아 하는 기관. 구청·도청·시청 등.

관측 (觀測) 1 자연 현상의 변화를 정확하고 세밀하게 관찰하여 재는 일. 예 기상 관측. 2 사정이나 형편 등을 미루어 봄. 예 희망적 관측. **관측하다**.

관측기 (觀測器) [관측끼] 천체나 기상 따위를 관측하는 데 사용하는 기계. 망원경·쌍안경 따위.

관측소 (觀測所) [관측쏘] 천체나 기상 따위의 자연 현상을 관찰하여 기록 측정하는 연구소.

관통 (貫通) [관:통] 꿰뚫어 통함. 예 산허리를 터널이 관통하다. **관통하다**.

*****관하다** (關—) 말하거나 생각하는 대상으로 삼다. 예 풍속에 관하여 연구하다. [참고] 주로 '관하여'·'관한' 꼴로 쓰임.

관할 (管轄) 권한에 의하여 다스림. 또는 그 범위. 예 관할 구역이 넓다. **관할하다**.

관행 (慣行) 오래전부터 습관처럼 되어 내려오는 일. 예 잘못된 관행을 개선하다.

관헌 (官憲) 예전에, 치안을 맡은 관리나 관청을 이르던 말.

관현악 (管絃樂) [관혀낙] 클라리넷·피리·나팔·트럼펫 등 관악기, 첼로·바이올린 등 현악기, 북 등 타악기로 함께 연주하는 합주 음악. ※교향악.

관현악단(管絃樂團) [관혀낙딴] 관현악을 연주하는 단체. 오케스트라.

관형사(冠形詞) 명사·대명사·수사의 뜻을 앞에서 꾸며 주는 말.

관혼상제(冠婚喪祭) 관례·혼례·상례·제례를 일컫는 말로, 관례는 성년식, 혼례는 결혼식, 상례는 장례식, 제례는 제사를 뜻함.

괄괄하다 1 성질이 급하고 과격하다. 예괄괄한 성미. 2 목소리 따위가 굵고 크다. 예괄괄한 목소리.

괄목하다(刮目—) [괄모카다] 몰라보게 발전한 데 놀라서, 눈을 비비고 다시 보다. 예실력이 괄목할 만큼 향상되었다.

괄시(恝視) [괄씨] 업신여기거나 깔보는 것. 예돈 없다고 사람 괄시하기냐. 괄시하다.

괄호(括弧) 다른 내용과 구별하기 위해 단어, 숫자, 문장 등의 앞뒤에 넣어 묶어 주는 문장 부호. 소괄호(( )), 중괄호({ }), 대괄호([ ])가 있음. 묶음표.

***광**¹ [광:] 세간이나 그 밖의 온갖 물건을 넣어 두는 곳. 町창고. 헛간.

광²(光) 번지르르하게 보이는 환한 윤기. 예광을 내다. 町광택.

광개토 대왕(廣開土大王) 〖인명〗 고구려 제19대 임금. 영토 확장에 힘써 북쪽으로는 만주까지, 남쪽으로는 한강 이북까지의 넓은 땅을 차지하여 고구려의 전성시대를 이룸. '호태왕' 또는 '영락 대왕'이라고도 함. [374-412 ; 재위 391-412]

***광경**(光景) 어떤 일이나 현상이 벌어진 형편이나 모양. 예참혹한 광경. 町정경. 풍경.

***광고**(廣告) [광:고] 1 세상에 널리 알림. 2 상품 따위를 널리 선전하는 일. 예신제품 광고. 광고하다.

광고란(廣告欄) [광:고란] 신문·잡지 등에서 광고를 싣는 부분.

광고 매체(廣告媒體) 광고 내용을 소비자에게 널리 전달하는 수단. 신문·잡지·라디오·텔레비전·간판 따위.

광고문(廣告文) [광:고문] 광고하기 위하여 신문·잡지 따위에 싣는 글.

광고물(廣告物) [광:고물] 광고지, 벽보, 간판, 전광판처럼 광고를 하기 위해 만든 물건.

광고지(廣告紙) [광:고지] 광고하는 글이나 그림이 실린 종이.

광공업(鑛工業) [광:공업] 광업과 공업. 예광공업이 발달한 도시.

광구(鑛區) [광:구] 광물을 캐도록 허가한 일정한 구역.

광기(狂氣) [광끼] 1 미친 증세. 2 미친 듯이 날뛰는 기질.

광년(光年) 빛이나 전파가 일 년 동안에 가는 거리. 대략 9조 4670억 km에 이름. 우주에서의 먼 거리를 나타내는 데 씀.

***광대** [광:대] 예전에, 인형극·가면극·판소리·줄타기 따위를 직업으로 하던 사람.

광대뼈 [광:대뼈] 눈 바로 아래에 있는 뼈.

광대하다(廣大—) [광:대하다] 넓고 크다. 예광대한 평야.

광도(光度) 빛을 내는 물체의 밝기의 정도.

광란(狂亂) [광난] 미친 듯이 날뜀. 광란하다.

광명(光明) 밝고 환함. 또는 밝은 미래나 희망. 예사건 해결에 한 가닥의 광명이 비치다. 町암흑.

광물(鑛物) [광:물] 천연으로 나며 질이 고르고 화학 성분이 일정한 물질. 석탄·철·금·은 따위.

광물질(鑛物質) [광:물찔] 광물로 된 물질. 광물의 성질을 가진 물질.

광범위하다(廣範圍—) [광:버뷔하다] 범위가 넓다. 예전염병이 광범위하게 퍼지다 / 자료를 광범위하게 수집하다.

***광복**(光復) 빼앗긴 주권을 도로 찾음. 광복하다.

광복군(光復軍) [광:복꾼] 일제 강점기에, 중국에서 조직되어 우리나라의 독립을 위하여 일본군과 싸웠던 대한민국 임시 정부의 군대.

광복절(光復節) [광:복쩔] 국경일의 하나. 우리나라가 1945년 8월 15일에 일본으로부터 해방된 것을 기념하고 경축하는 날. 매년 8월 15일.

광부(鑛夫) [광:부] 광산에서 광물을

광산(鑛山)[광:산] 광물을 캐내는 곳. 예광산 지대.

광산촌(鑛山村)[광:산촌] 광산이 있는 마을. 광산에서 일하는 사람들이 모여 사는 마을.

광석(鑛石)[광:석] 쓸모 있는 성분이 많이 들어 있는 광물.

광선(光線) 빛의 줄기. 예태양 광선을 쬐다. 回빛살.

광섬유(光纖維)[광서뮤] 실리콘으로 만든 유리 섬유의 일종. 머리털처럼 가늘며 광 통신에 이용됨. 回광파이버. 광학 섬유.

광신(狂信) 종교·미신·주의·사상 따위를 미친 듯이 무조건 믿음. 回맹신. **광신하다**.

광야(曠野)[광:야] 아득하게 너른 벌판. 예눈 덮인 광야.

광어(廣魚)[광:어] ➡넙치.

광업(鑛業)[광:업] 광산에 관한 사업. 광물을 캐내어 정제하기까지의 모든 작업을 통틀어 일컬음.

광역(廣域)[광:역] 넓은 구역이나 범위. 예광역 자치 단체.

광역시(廣域市)[광:역씨] 지방 자치 단체의 하나. 1995년에 '직할시'를 바꾼 이름. 대전·부산·인천·대구·광주·울산이 있음. *특별시.

광열비(光熱費) 난방이나 전기를 사용하는 데 드는 비용.

광원[1](光源) 제 스스로 빛을 내는 물체. 태양·전구 따위. 回발광체.

광원[2](鑛員)[광:원] 광산에서 광물을 캐는 광부를 높여 이르는 말.

광의(廣義)[광:의/광:이] 넓게 보는 뜻. 回협의.

광인(狂人) 미친 사람. 回미치광이.

광장(廣場)[광:장] 많은 사람이 모일 수 있게 거리에 만들어 놓은, 너른 공간. 예서울역 광장.

광주[1](光州) 『지명』 전라남도의 중앙부에 있는 광역시. 호남 지방 최대의 도시로 서비스업을 비롯하여 자동차, 기계·금속 공업이 발달함.

광주[2](廣州)[광:주] 『지명』 경기도의 한 시. 벼농사가 활발함. 2001년 3월 군에서 시로 바뀌었음.

광주리 대·싸리·버들가지 따위로 엮어서 만든 크고 둥근 그릇.

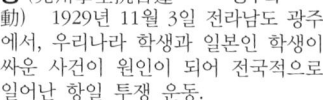
광주리

광주 학생 항일 운동(光州學生抗日運動) 1929년 11월 3일 전라남도 광주에서, 우리나라 학생과 일본인 학생이 싸운 사건이 원인이 되어 전국적으로 일어난 항일 투쟁 운동.

광채(光彩) 1 아름답고 찬란한 빛. 예광채를 띠다. 2 정기 있는 밝은 빛. 예눈에서 광채가 나다.

광택(光澤) 반짝거리는 빛. 예자꾸 닦으면 광택이 난다. 回광. 윤.

광 통신(光通信) 텔레비전이나 전화 따위의 전기 신호를 레이저 광선에 실어 광섬유를 통하여 보내는 통신.

광학(光學) 빛의 성질이나 현상 등을 연구하는 학문. 물리학의 한 부문.

광한루(廣寒樓)[광:할루] 전라북도 남원시에 있는 누각. 조선 태조 때 황희가 세운 건물로, 경내에 춘향의 사당이 있음. 우리나라 보물로, 정식 이름은 '남원 광한루'.

광합성(光合成)[광합썽] 녹색 식물의 엽록체가 빛 에너지를 이용하여 공기 중에서 빨아들인 이산화 탄소와 뿌리에서 흡수한 수분으로 탄수화물을 만드는 일. 탄소 동화 작용의 한 형식.

광해군(光海君) 『인명』 조선 제15대 임금. 폭군으로 불려 왕위에서 쫓겨났으나, 재위 중에는 나라 안의 정치에 힘썼으며, 명나라와 후금의 침략에 대비하여 국방을 튼튼히 함. [1575-1641 ; 재위 1608-1623]

광화문(光化門) 서울에 있는 경복궁의 남쪽 정문. 조선 태조 4년(1395)에 처음 세워졌으나 임진왜란 때 불타서 고종 2년(1865)에 다시 세움. 지금의 것은 2010년에 복원한 것임.

광활하다(廣闊—)[광:활하다] 훤하게 넓고 전망이 트여 있다. 예광활한 대지.

괘(卦) 중국 고대의 복희씨가 만들었다는 형상. 이것으로 하늘과 땅의 변화를 나타내고 좋은 일과 나쁜 일을 판단함.

괘도 (掛圖) 벽 따위에 걸어서 볼 수 있게 만든 도표나 그림, 지도 같은 것.

괘씸하다 사람으로서 마땅히 지켜야 할 예절·신의 등을 지키지 않아 못마땅하고 밉살스럽다. 예괘씸한 녀석.

괘종시계 (掛鐘時計) [괘종시계 / 괘종시게] 벽이나 기둥에 걸게 되어 있는 시계. 매 시간마다 종을 쳐서 시간을 알림.

***괜찮다** [괜찬타] 1 별로 나쁘지 아니하다. 예음식값이 싼데도 요리 솜씨가 괜찮은 편이다. 2 탈이나 문제, 지장이나 거리낄 것이 없다. 예여기서 놀아도 괜찮다.

괜하다 [괜:하다] 까닭이나 필요가 없다. 예괜한 고집을 부리다. 뙷공연하다. 참고 주로 '괜한'의 꼴로 쓰임.

괜히 [괜:히] 쓸데없이. 아무런 까닭 없이. 예괜히 웃다 / 괜히 트집을 잡다. 뙷공연히.

***괭이** 땅을 파거나 흙을 고르는 데 쓰는 'ㄱ'자 모양의 농기구.

괭이

괭이갈매기 [괭:이갈매기] 바닷가에 사는 갈매깃과의 물새. 노란 부리 끝에 붉은색과 검은색 띠가 있고 몸은 흰색, 날개와 등은 짙은 잿빛임. 울음소리가 고양이와 비슷하여 붙인 이름.

괭이갈매기

괭이밥 [괭:이밥] 괭이밥과에 속하는 여러해살이풀. 논밭이나 길가에 나며 줄기는 약간 신맛이 나고 높이는 10-30cm, 잎은 심장 모양임. 늦여름에 노란 꽃이 핌.

괭이밥

괴기 (怪奇) [괴:기 / 궤:기] 괴상하고 기이함. 예괴기 영화. **괴기하다.**

괴나리봇짐 (一褓-) [괴나리보찜 / 궤나리볻찜] 예전에, 걸어서 먼 길을 갈 때에 보자기에 싸서 어깨에 메는 작은 짐.

괴다¹ [괴:다 / 궤:다] 우묵한 곳에 액체 따위가 모이다. 예빗물이 괴다. 뙷고이다.

괴다² [괴:다 / 궤:다] 기울어지거나 쓰러지지 않도록 아래를 받쳐 안정시키다. 예턱을 괴고 창밖을 바라보다. 뙷고이다.

괴로움 [괴로움 / 궤로움] 몸이나 마음이 고통스러운 상태. 또는 그런 느낌. 뙷즐거움.

괴로워하다 [괴로워하다 / 궤로워하다] 괴로움을 느끼다.

***괴롭다** [괴롭따 / 궤롭따] 몸이나 마음이 편하지 않고 고통스럽다. 예거짓말한 것이 괴로워 진실을 털어놓았다. 활용 괴로워 / 괴로우니.

***괴롭히다** [괴로피다 / 궤로피다] 괴롭게 하다. 못살게 굴다. 예괜히 친구를 못살게 괴롭히다.

괴뢰 (傀儡) [괴:뢰 / 궤:뤠] ⇨꼭두각시2.

괴뢰군 (傀儡軍) [괴:뢰군 / 궤:뤠군] 꼭두각시 정부의 군대. 예괴뢰군의 앞잡이.

괴물 (怪物) [괴:물 / 궤:물] 이상하게 생긴 물건이나 사람.

괴발개발 [괴:발개발 / 궤:발개발] 글씨를 되는대로 아무렇게나 써 놓은 모양. 개발새발.

괴변 (怪變) [괴:변 / 궤:변] 생각하지 못한 이상한 일.

괴상망측하다 (怪常罔測-) [괴상망츠카다 / 궤상망츠카다] 괴상하고 이상하다. 예괴상망측한 일이 연이어 벌어지다.

괴상하다 (怪常-) [괴상하다 / 궤상하다] 보통과 달리 매우 이상하다. 예괴상한 일. 뙷괴이하다.

괴성 (怪聲) [괴:성 / 궤:성] 괴상한 소리. 예괴성을 지르다.

괴수 (魁首) [괴수 / 궤수] 악당의 우두머리. 뙷두령. 수령.

괴이하다 (怪異-) [괴:이하다 / 궤:이하다] 이상야릇하다.

괴질 (怪疾) [괴:질 / 궤:질] 1 병의 원인을 알 수 없는 괴상한 병. 예괴질이 돌다. 2 '콜레라'를 속되게 이르는 말.

괴짜 (怪-) [괴:짜 / 궤:짜] 괴상한 사람. 예괴짜 취급을 받다.

괴팍하다 (乖愎-) [괴:파카다 / 궤:파카다] 붙임성이 없이 까다롭고 별나

괴한 | 82

다. ㉠괴팍한 성격.
괴한 (怪漢) [괴:한/궤:한] 차림새나 행동이 수상한 사람. ㉠괴한에게 습격을 당하다.
괴혈병 (壞血病) [괴:혈뼝/궤:혈뼝] 비타민 시(C)가 부족하여 생기는 병. 잇몸에서 피가 나고, 빈혈·피로·무기력 등의 증세가 생김.
굉음 (轟音) [굉음/궹음] 몹시 요란스럽게 울리는 소리.
***굉장하다** (宏壯—) [굉장하다/궹장하다] 1 아주 크고 훌륭하다. ㉠굉장한 건물. 2 아주 대단하다. ㉠굉장한 미인.
굉장히 (宏壯—) [굉장히/궹장히] 굉장하게. ㉠굉장히 놀라다.
교가 (校歌) [교:가] 학교의 교육 정신이나 이상 따위가 나타나도록 특별히 만들어 부르는 노래.
교각 (橋脚) 다리를 받치는 기둥.
교감[1] (交感) 서로 마음이 통함. **교감하다**.
교감[2] (校監) [교:감] 교장을 도와 학교 사무와 교육을 감독하는 직책. 또는 그런 사람.
교과 (敎科) [교:과/교:꽈] 학교에서 학생이 배울 내용과 분야.
교과목 (敎科目) [교:과목/교:꽈목] 국어·수학·과학처럼 학교에서 가르치는 과목.
***교과서** (敎科書) [교:과서/교:꽈서] 학교 교육 과정에 따라 가르치기 위하여 만든 책.
교관 (敎官) [교:관] 군사 교육이나 훈련을 담당하는 장교.
교구[1] (敎具) [교:구] 효과적인 학습을 위해 사용하는 온갖 기구. 칠판·괘도·모형·표본 따위.
교구[2] (敎區) [교:구] 종교의 포교 또는 신자의 지도·감독을 위해 나누어 놓은 구역.
교권 (敎權) [교:권] 1 교사로서의 권위나 권력. ㉠교권 확립. 2 종교상의 권위나 권력.
교기 (校旗) [교:기] 학교를 상징하는 깃발.
교내 (校內) [교:내] 학교의 안. ㉠교내 활동. ㈰교외.

교단 (敎壇) [교:단] 교실에서 교사가 가르칠 때 올라서는 단.
교단에 서다 교사가 되어 학교에서 가르치다.
교대 (交代) 어떤 일을 여럿이 나누어 차례에 따라 맡아 함. ㉠당번을 교대하다. ㈰교체. **교대하다**.
교도[1] (敎徒) [교:도] 종교를 믿는 사람. ㈰신도. 신자.
교도[2] (敎導) [교:도] 가르쳐 지도함. **교도하다**.
교도관 (矯導官) [교:도관] 교도소에서 죄수를 감독하는 공무원.
교도소 (矯導所) [교:도소] 죄를 지어 형을 선고받은 사람을 일정한 기간 동안 가두는 곳.
교두보 (橋頭堡) 1 군대에서, 적군이 점령하고 있는 지역의 한 모퉁이를 점거하고 그곳에 설치하는 작은 진지. ㉠교두보를 구축하다. 2 어떤 일을 하기 위한 발판. ㉠중국 시장 진출의 교두보.
교란 (攪亂) 뒤흔들어서 어지럽고 혼란하게 함. ㉠교란 작전을 펴다. **교란하다**.
교량 (橋梁) ⇨다리[2]. ㉠교량을 가설하다.
교련 (敎鍊) [교:련] 1 군대에서 실시하는 기본 훈련. 2 학교에서 가르치는 군사 훈련.
교류 (交流) 1 시간에 따라 크기와 방향이 주기적으로 바뀌는 전류. 교류 전류. ㈰직류. 2 다른 문화·사상 등이 서로 섞여 오고 가고 함. ㉠문화 교류. 3 서로 왕래하면서 의견이나 물건을 주고받음. ㉠인적 물적 교류를 확대하다. **교류하다**.
교리 (敎理) [교:리] 종교의 신앙 체계나 기본 원리. ㉠교리 문답.
교만 (驕慢) 겸손하지 않고 잘난 체하며 뽐냄. ㉠교만을 부리다. ㈰겸손. **교만하다**.
교명 (校名) [교:명] 학교의 이름.
교목[1] (校木) [교:목] 학교를 상징하는 나무. ㉠우리 학교의 교목은 은행나무이다.
교목[2] (喬木) 줄기가 곧고 굵으며 높이 자라고 비교적 위쪽에서 가지가 퍼지는 나무. 소나무·전나무 따위. 비큰 키나무.

교묘하다 (巧妙—) 솜씨나 재주가 약삭빠르고 묘하다. 예수법이 교묘하다.

교무 (敎務) [교:무] 학교의 수업에 관한 사무. 예교무 주임.

교무실 (敎務室) [교:무실] 교사들이 수업 준비를 하거나 여러 가지 일을 맡아보는 곳.

교문 (校門) [교:문] 학교의 정문.
　교문을 나서다 학교를 졸업하다.

교미 (交尾) 알이나 새끼를 낳기 위해 동물의 암수가 성적으로 관계함. **교미하다**.

교민 (僑民) 외국에 살고 있는 자기 나라 사람. 비교포.

교배 (交配) 생물의 암수를 인공적으로 수정시키는 일. 예암수를 교배하다. **교배하다**.

교복 (校服) [교:복] 학교에서 학생들이 입도록 정한 옷. 예교복 착용 / 교복을 맞추다.

교본 (敎本) [교:본] 어떤 내용을 가르치거나 배우는 데 쓰는 책. 교재로 삼는 책. 예기타 교본 / 바둑 교본.

교부 (交付) 관공서 등에서 서류를 내어 줌. 예원서 교부. **교부하다**.

교사¹ (校舍) [교:사] 학교의 건물.

*__교사__² (敎師) [교:사] 유치원, 초등학교, 중학교, 고등학교 등에서 일정한 자격을 가지고 학생을 가르치는 사람. 비교원. 선생.

교생 (敎生) [교:생] 대학교에서 교사 교육을 받는 과정에서 실제로 학교에 가서 학생을 가르치는 실습을 하는 학생. 예교생 실습을 나가다.

교섭 (交涉) 어떤 일을 이루기 위하여 서로 의논함. 예교섭을 벌이다. **교섭하다**.

교세 (敎勢) [교:세] 종교의 상황이나 세력. 예교세를 확장하다.

*__교수__ (敎授) [교:수] 대학에서 학문을 연구하고 가르치는 사람.

교수형 (絞首刑) 사형수의 목을 옭아매어 죽이는 형벌.

교습 (敎習) [교:습] 학문이나 기예 따위를 가르쳐 익히게 함. 예운전 교습을 받다. **교습하다**.

교시 (校時) [교:시] 학교에서 정한 수업 시간의 단위. 예3교시는 수학 시간이다.

교신 (交信) 우편, 전신, 전화 따위로 통신을 주고받음. 예본부와 무전기로 교신하다. **교신하다**.

*__교실__ (敎室) [교:실] 학교에서 수업을 하는 방. ⊃classroom

교안 (敎案) [교:안] 교사가 학교에서 가르칠 내용을 적은 계획서. 예교안을 작성하다. 비학습 지도안.

교양 (敎養) [교:양] 사회생활이나 지식을 바탕으로 이루어진 마음이나 행동. 또는 문화에 대한 폭넓은 지식. 예교양 있는 행동.

교역 (交易) 주로 나라와 나라 사이에서 서로 물건을 사고파는 일. 예외국과의 교역. **교역하다**.

교열 (校閱) [교:열] 글이나 책의 잘못된 곳을 바로잡아 고치고 검사함. 예원고를 교열하다. **교열하다**.

교외¹ (郊外) [교외 / 교웨] 도시의 주변 지역. 예교외 순환 열차. 비근교. 야외.

교외² (校外) [교:외 / 교:웨] 학교의 밖. 예교외 활동. 반교내.

교우 (交友) 벗을 사귐. 또는 그 사귀는 벗. 예교우 관계가 원만하다. **교우하다**.

교원 (敎員) [교:원] 학교에서 학생을 가르치는 사람. 비교사. 선생.

*__교육__ (敎育) [교:육] 학문이나 지식, 기술 따위를 가르치며 인격을 길러 줌. 예교육 방송 / 교육을 받다. **교육하다**. ⊃education

교육 대학 (敎育大學) 초등학교 교사를 길러 내는 4년제 대학.

교육비 (敎育費) [교:육삐] 교육에 드는 돈.

교육열 (敎育熱) [교:융녈] 주로 자녀들의 교육에 대한 열의.

교육자 (敎育者) [교:육짜] 교육에 종사하는 사람. 비교육가.

교육장 (敎育場) [교:육짱] 사람들을 가르치는 곳. 예학습 생태 교육장.

교육적 (敎育的) [교:육쩍] 교육과 관련되거나 교육에 도움이 되는. 또는 그런 것. 예교육적 효과가 크다 / 교육

교육청

적 목적에 맞지 않다.

교육청(敎育廳) [교:육청] 시나 군을 단위로 그 지역의 학교 교육과 관련된 사무를 맡아보는 관청.

교인(敎人) [교:인] 종교를 믿는 사람. 예기독교 교인. 비신도. 신자.

교자상(交子床) [교자쌍] 직사각형으로 된 큰 음식상.

*교장**(校長) [교:장] 초등학교·중학교·고등학교 등에서 학교를 대표하는 가장 높은 직위. 또는 그 직위에 있는 사람. 본학교장.

교재(敎材) [교:재] 수업에 쓰이는 여러 가지 재료. 예교재를 준비하다.

교전(交戰) 군대가 무기를 가지고 서로 싸움. 예교전 상태에 들어가다. **교전하다**.

교정¹(校正) [교:정] 출판물의 잘못된 글자나 글귀를 바로잡음. 예원고 교정. **교정하다**.

교정²(校庭) [교:정] 학교의 마당이나 운동장. ⇨campus

교정³(矯正) [교:정] 잘못된 것을 바로잡아 고침. 예치열 교정을 받다. **교정하다**.

교제(交際) 서로 사귀어 가까이 지냄. 예교제하던 사람과 헤어지다. 반절교. **교제하다**.

교주(敎主) [교:주] 한 종교 단체의 우두머리. 비교조.

교지(校誌) [교:지] 학생들이 학교에서 편집·발행하는 잡지.

교직(敎職) [교:직] 학생을 가르치는 일. 예교직 생활 / 교직에 몸담고 있다.

교직원(敎職員) [교:지권] 학교의 교원과 사무직원.

교집합(交集合) [교지팝] 두 집합에 공통으로 들어 있는 원소들로만 이루어진 집합. '∩'으로 나타냄. 그림에서, 집합 ㉮와 집합 ㉯의 교집합은 빗금 친 부분임. *합집합.

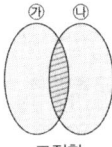
교집합

교차(交叉) 여러 갈래로 서로 만나거나 엇갈림. 예철길이 교차하다. **교차하다**.

교차로(交叉路) 여러 도로가 서로 만나 엇갈리는 곳.

교체(交替) 사람이나 사물을 다른 사람이나 사물로 바꿈. 예선수 교체 / 헌 책상을 새것으로 교체하다. 비교대. **교체하다**.

교칙(校則) [교:칙] 학교의 규칙.

교탁(敎卓) [교:탁] 교사가 가르칠 책 따위를 올려놓기 위하여 교단 앞이나 위에 놓은 탁자.

*교통**(交通) 자동차·기차·배·비행기 따위를 이용하여 사람이 오고 가거나 짐을 실어 나르는 일. 예교통이 편리하다.

교통경찰(交通警察) 교통의 안전과 질서 유지를 임무로 하는 경찰. 비교통순경.

교통 기관(交通機關) 도로·철도·다리 등의 시설과, 자동차·비행기·기차·배 등의 교통수단.

교통난(交通難) 교통 기관의 부족 또는 교통의 혼잡으로 통행이 원활하게 이루어지지 않는 일.

교통량(交通量) [교통냥] 일정한 곳에서 일정한 시간에 오고 가는 사람이나 차의 양. 예고속 도로의 교통량이 늘어나다.

교통로(交通路) [교통노] 사람과 차가 오고 가는 길.

교통망(交通網) 그물처럼 이리저리 벋어 있는 교통로.

교통 법규(交通法規) 사람이나 자동차가 길을 오고 갈 때 지켜야 할 법과 규칙. 예교통 법규를 지키다.

교통비(交通費) 자동차 따위를 타고 다니는 데 드는 비용.

교통사고(交通事故) 교통 기관을 이용하는 중에 발생하는 사고.

교통수단(交通手段) 자동차·지하철·버스·배·비행기처럼 사람이 이동하거나 짐을 옮기는 데 쓰는 탈것.

교통순경(交通巡警) ⇨교통경찰.

교통 신호(交通信號) 차가 다니는 길에 설치하여 '가라·서라' 등의 신호를 빨간불·파란불 따위로 나타내는 표시. 예교통 신호를 지키다.

교통안전(交通安全) 교통질서와 교통 법규를 잘 지켜서 사고가 일어나지 않도록 미리 막는 일. 예교통안전 교육을 실시하다.

교통안전 표지 (交通安全標識) 교통 안전에 필요한 주의·규제·지시 따위를 표시하는 표지판과 길바닥에 표시한 기호·문자·선 따위의 표지. 비교통표지.

교통질서 (交通秩序) [교통찔써] 사람이나 차가 길을 다닐 때 지켜야 하는 질서.

교통편 (交通便) 어디를 오고 갈 때 이용하는 교통수단.

교편 (敎鞭) [교:편] 교사가 가르칠 때 필요한 사항을 가리키기 위하여 사용하는 가느다란 막대기.

　교편(을) 잡다 학교에서 선생으로 학생을 가르치다.

교포 (僑胞) 외국에서 살고 있는 동포. 예해외 교포 위문 공연을 하다. 비교민.

> [참고] **교포**와 **동포**
> **교포** 다른 나라에 사는 우리 동포를 주로 거주지를 기준으로 해서 말할 때 쓰인다.
> **동포** '같은 핏줄을 이어받은 사람들'이라는 넓은 뜻으로 쓰인다.

교향곡 (交響曲) 관현악을 위하여 작곡하고, 보통 4악장으로 된 규모가 큰 곡. 심포니.

교향악 (交響樂) 관현악을 위하여 만든 음악. 큰 규모의 관현악단이 연주하는 음악. *관현악.

교화[1] (校花) [교:화] 학교를 상징하는 꽃.

교화[2] (敎化) [교:화] 가르치고 이끌어서 올바른 방향으로 나아가게 함. 예불량 학생을 교화하다. **교화하다**.

교환 (交換) 1 서로 바꾸거나 주고받음. 예물물 교환 / 의견을 교환하다. 2 전화를 통할 수 있도록 사이에서 서로를 이어 줌. 또는 그런 일을 하는 사람. **교환하다**.

교활하다 (狡猾一) 간사하고 꾀가 많다. 예교활한 녀석.

교황 (敎皇) [교:황] 로마 가톨릭교회에서 가장 높은 직위의 성직자.

***교회** (敎會) [교:회 / 교:훼] 기독교인들이 모여서 이룬 단체. 또는 그 건물. 예주일 예배를 보러 교회에 가다. 비교회당. ⊃church

교훈[1] (校訓) [교:훈] 학교의 교육 이념이나 목표를 간단히 나타낸 표어.

***교훈**[2] (敎訓) [교:훈] 가르치고 이끌어 줌. 또는 본받을 만한 가르침. 예교훈을 얻다.

***구**[1] (九) 아홉. ⊃nine

구[2] (球) 1 공같이 둥글게 생긴 물체. 또는 그런 모양. 2 지름을 축으로 하여 반원을 1회전시켰을 때 생기는 도형.

구[3] (句) 1 둘 이상의 단어가 모여 절이나 문장의 일부분이 되는 토막. 2 시조나 사설의 짧은 토막.

구[4] (區) 1 넓은 범위의 것을 몇으로 나눈 구획. 2 행정상 필요에 의해서 정해진 특정한 구획 단위. 예선거구. 3 특별시·광역시에 속한 행정 구역. 예종로구.

구간 (區間) 일정한 두 곳의 사이. 예지하철 일부 구간의 운행이 중단되었다.

구강 (口腔) [구:강] 입에서 목구멍에 이르는 빈 곳. 입안. 입속.

구걸 (求乞) 남에게 돈·먹을거리 등을 거저 달라고 빎. **구걸하다**.

구겨지다 구김살이 잡히다. 예옷이 구겨지다 / 체면이 구겨지다.

***구경** [구:경] 경치나 경기 따위를 흥미를 가지고 봄. 예야구 구경. 비관람. **구경하다**.

구경거리 [구:경꺼리] 구경할 만한 것. 예그 당시에는 서커스가 제일가는 구경거리였다.

구경꾼 [구:경꾼] 구경하는 사람.

구관조 (九官鳥) 찌르레깃과의 새. 과실을 먹고 숲에서 사는데, 비둘기와 비슷함. 날개 길이가 16cm, 몸빛은 짙은 자줏빛이며 부리와 다리는 누른색임. 사람의 말을 잘 흉내 냄.

구교 (舊敎) [구:교] 신교에 대한 가톨릭교의 일컬음. 가톨릭.

구구 비둘기나 닭 등이 우는 소리.

구구단 (九九段) 곱셈에 쓰는 기초 공식. 1에서 9까지의 두 수를 서로 곱하여 값을 나타낸 것. 비구구법.

구국 (救國) [구:국] 위태롭게 된 나

구근 라를 구해 냄. 예구국 운동을 펴다.
구근 (球根) ⇨알뿌리.
구금 (拘禁) 사람을 교도소나 구치소에 가둠. **구금하다**.
구급 (救急) [구:급] 위급한 환자를 구하기 위해 응급 치료를 함. 예구급 조치.
구급약 (救急藥) [구:금냑] 응급 치료에 필요한 약.
구급차 (救急車) [구:급차] 위급한 환자나 부상자를 신속히 병원으로 실어 나르는 차. 앰뷸런스.
구기¹ 기름이나 술 따위를 풀 때 쓰는, 국자보다 작은 기구.
구기² (球技) 공을 사용하는 운동 경기. 야구·축구·배구·농구·핸드볼 따위.
구기다 비비어 구김살이 생기게 하다. 예종이를 구기다. 셴꾸기다.
구김살 [구김쌀] 1 구겨서 생긴 금. 예다리미로 바지의 구김살을 펴다. 2 주로 '없다'와 함께 쓰여, 표정이나 마음속에 서린 어두운 그늘. 예아이들이 구김살 없이 밝게 자랐다. 3 일 따위가 순조롭지 못한 상태. 예지역 경제에 구김살이 지다. 셴꾸김살.
구내 (構內) 건물의 안. 예역 구내를 빠져나오다.
구닥다리 (舊一) [구:닥따리] 오래되어 유행에 뒤떨어진 물건.
구대륙 (舊大陸) [구:대륙] 아메리카 대륙이 발견되기 전부터 알려진 대륙. 곧, 아시아·유럽·아프리카의 세 대륙. 빤신대륙.
구더기 파리의 애벌레.
구덩이 땅이 움푹하게 팬 곳. 비웅덩이.
구도¹ (求道) 도를 깨달으려고 애씀. **구도하다**.
구도² (構圖) 주로 미술 작품을 만들기 위해 전체적으로 조화되게 배치하는 구성의 짜임새.
구도자 (求道者) 도를 깨달으려고 애쓰는 사람.
구독 (購讀) 잡지나 신문을 사서 읽음. 예구독 신청. **구독하다**.
*__구두__¹ 주로 가죽으로 발등을 덮게 만든 서양식 신발. 예구두를 수선하다.
구두² (口頭) [구:두] 마주 대하여 입으로 하는 말. 예구두 약속/구두로 지시하다.
*__구두쇠__ [구두쇠/구두쉐] 돈이나 재물을 너무 지나치게 아끼는 사람. 예소문난 구두쇠. 비수전노.
구두점 (句讀點) [구두쩜] 글을 마치거나 쉴 때에 찍는 마침표와 쉼표.
구둣발 [구두빨/구둗빨] 구두를 신은 발.
구들 '방구들'의 준말.
구들장 (一張) [구들짱] 방고래 위에 놓아 방바닥을 만드는 넓고 얇은 돌.
구렁 1 땅이 우묵하게 들어간 곳. 2 빠지면 벗어나기 어려운 환경. 예악의 구렁에서 발을 빼다.
구렁이 1 뱀과에 속하는 동물의 하나. 시골집 근처의 담이나 돌무덤에 나타나는데, 길이 150-180cm, 빛은 누렇고 움직임이 느림. 2 성질이 음흉하고 능글맞은 사람의 별명. 예구렁이 같은 녀석.
구렁텅이 1 험하고 깊은 구렁. 2 벗어나기 아주 어려운 상태.
구레나룻 [구레나룯] 귀밑에서 턱까지 잇따라 난 수염. 예구레나룻이 아주 멋진 아저씨.
*__구령__ (口令) [구:령] 여러 사람의 움직임을 동시에 똑같이 하게 하기 위하여 부르는 호령. '차려·열중쉬어·뒤로 돌아' 따위. **구령하다**.
*__구르다__¹ 1 데굴데굴 돌며 옮겨 가다. 예비탈에서 굴러 떨어지다. 2 하찮게 내버려지거나 널려 있다. 예길가에 구르는 낙엽. 활용 굴러/구르니.
구르다² [구:르다] 밑바닥이 울리도록 발로 바닥을 힘 있게 내리 디디다. 예발을 동동 구르다. 활용 구르는/굴러/구르니.
*__구름__ 공기 중의 수분이 작은 물방울이나 얼음 알갱이 상태로 연기 덩어리처럼 공중에 떠 있는 것. →[학습마당] 2(87쪽) ⇨cloud
구름다리 길이나 건물 등의 위를 건너질러 사람이 지나다니게 만든 다리.
구름사다리 아주 높은 사다리. 아이들 놀이 기구. 예구름사다리에 매달려 놀다.
구름판 (一板) 멀리뛰기·뜀틀 운동

따위에서, 뛰어오르기 직전에 발을 구르는 판.
구릉 (丘陵) ⇨언덕.
***구리** 검붉고 윤이 나는 연한 금속. 은 다음으로 전기와 열을 잘 전달함. 비동.
***구리다** 1 똥이나 방귀 냄새와 같다. 예구린 냄새. 2 행동이 떳떳하지 못하고 의심스럽다. 예구린 데가 있는지 꽁무니를 뺀다.
구리줄 구리로 길게 만든 줄. 동선.
구리판 (一版) 구리를 얇고 넓게 편 것. 비동판.
구린내 구리게 나는 냄새.
구릿빛 [구리삔/구릳삗] 구리처럼 검붉은 빛깔. 햇빛에 검붉게 탄 색. 예구릿빛 살결.
구매 (購買) 물건을 사들임. 예상품을 구매하다. 비구입. **구매하다**.
***구멍** 파냈거나 뚫어진 자리. 예양말에 구멍이 나다. ⇨hole
구멍가게 조그맣게 차린 가게.
구명¹ (究明) 깊이 연구하여 밝힘. 구명하다. →규명 조의
구명² (救命) [구:명] 사람의 목숨을 구함. 예조난자가 모두 구명되었다. **구명하다**.
구명대 (救命帶) [구:명대] 물에 빠져도 물 위에 쉽게 뜰 수 있도록 조끼처럼 입거나 허리나 어깨에 걸치는 기구. 비구명부대.
구명정 (救命艇) [구:명정] 배가 사고를 당했을 때 사람을 구하는 데 쓰는 작은 배. 배에 싣고 다님. 비구명보트.
구명조끼 (救命一) 물에 빠져도 몸이 뜰 수 있도록 만든 조끼.
구미 (口味) [구:미] ⇨입맛. 예구미에 맞는 음식.
구미호 (九尾狐) 1 오래 묵어 사람을 호리는다는, 꼬리가 아홉 개 달린 여우. 2 간사하게 아첨을 잘하는 사람. 교활한 사람.
구민 (區民) 그 구에 사는 사람.
구박 (驅迫) 못 견디게 괴롭힘. 예어렸을 때는 형에게 날마다 구박을 받았

학습마당 2

구름의 종류

구분	명칭	모양
상층운 (6~13km)	권운(털구름)	상층운 중 가장 높은 곳에 있는 구름. 흰 머리털이나 가는 실오리같이 보임
	권적운(털쌘구름)	작게 덩어리진 흰 구름이 물고기 비늘처럼 널려 있는 구름
	권층운(털층구름)	하늘 전체를 엷게 덮은 베일 모양의 구름. 이 구름을 통해 보면 햇무리나 달무리가 나타남. 일기가 나빠질 징조의 구름
중층운 (2~6km)	고적운(높쌘구름)	백색 또는 회색으로 크고 둥글둥글하게 덩어리진 구름
	고층운(높층구름)	하늘 전체를 두껍게 덮은 베일 모양의 구름
	난층운(비층구름)	하늘 전체를 덮고 비 또는 눈을 내리게 하는 구름
하층운 (0~2km)	층적운(층쌘구름)	여러 가지 모양의 구름 조각이 모여 생긴 구름
	층운(층구름)	안개비를 내리게 하는 매우 낮은 구름
수직운	적운(쌘구름)	밑은 평평하고 꼭대기는 솜을 쌓아 놓은 것처럼 뭉실뭉실한 구름
	적란운(쌘비구름)	적운이 발달하여 하늘 한쪽을 덮은 모양이 된 구름. 아랫부분은 뇌우를 수반하는 비구름임

다. 비학대. **구박하다.**

***구별** (區別) 성질이나 종류에 따라 나타나는 차이. 또는 그것을 갈라놓음. 예공과 사를 구별하다 / 진짜와 가짜가 구별되다. **구별하다.**

구보 (驅步) 뛰어감. 또는 그런 걸음걸이. 예구보 행군. **구보하다.**

구부러지다 한쪽으로 휘어지다. 예허리가 구부러지다.

구부리다 한쪽으로 굽히다. 예철사를 구부리다. 작고부리다. 센꾸부리다.

구부정하다 한쪽으로 약간 비스듬하게 굽다. 예구부정한 자세. 작고부장하다. 센꾸부정하다.

***구분** (區分) 일정한 기준에 따라 갈라 나눔. 예빛깔을 구분하다 / 새것과 헌것으로 구분되다. 비식별. **구분하다.**

구불구불 이리저리 구부러진 모양. 예구불구불한 산길. 센꾸불꾸불. **구불구불하다.**

구비 (具備) 필요한 것을 빠짐없이 고루 다 갖춤. 예구비 서류. **구비하다.**

구사 (驅使) 마음대로 능숙하게 다루어 씀. 예3개 국어를 구사하다. **구사하다.**

구사일생 (九死一生) [구사일쌩] 죽을 고비를 여러 번 겪으며 겨우 살아남. 예구사일생으로 살아나다.

구상 (構想) 1 어떤 일의 내용·규모·처리 방법 따위를 이리저리 생각함. 또는 그 생각. 예새로운 사업을 구상하다. 2 예술 작품의 내용이나 표현 형식 따위에 대하여 생각을 정리함. 또는 그 생각. 예작품 구상에 골몰하다. **구상하다.**

구상도 (構想圖) 계획한 생각을 나타내는 바탕이 될 그림이나 도면.

구색 (具色) 여러 가지 물건을 골고루 갖춤. 예구색을 갖추다.

***구석** 1 모퉁이의 안쪽. 예학교 운동장 구석 자리에 웅크리고 앉다. 2 잘 드러나지 않고 치우친 곳. 예외딴 시골 구석에서 살다. 3 마음이나 사물의 한 부분. 예사회의 어두운 구석 / 큰소리치는 것을 보니 믿는 구석이 있는 모양이다. ⊃corner

구석구석 [구석꾸석] 이 구석 저 구석. 구석마다. 예집안 구석구석 먼지투성이다.

구석기 시대 (舊石器時代) 석기 시대 중에서 가장 오래된 시대. 동물의 뼈나 뿔로 만든 도구와 뗀석기 등을 사용하고 동물을 사냥하거나 열매를 채집하여 생활했음. ※신석기 시대.

구석지다 [구석찌다] 한쪽 구석으로 치우쳐 으슥하거나 멀리 떨어져 외지다. 예구석진 자리.

구설수 (口舌數) [구ː설쑤] 남에게 헐뜯는 말을 들을 운수. 예구설수에 오르다.

***구성** (構成) 각각의 요소를 얽어서 하나로 만듦. 또는 그렇게 짜여진 것. 예합창단을 구성하다. 비짜임새. **구성하다.**

구성원 (構成員) 어떤 조직이나 단체를 이루고 있는 사람들. 예가족 구성원. 비성원.

구성지다 천연덕스럽고 구수하며 멋지다. 예구성진 목소리.

구세군 (救世軍) [구ː세군] 기독교의 한 파. 군대와 같은 체계적인 조직을 갖춤. 기독교를 전파하며 사회사업 등을 많이 함. 우리나라에서는 1908년에 조직되었음.

구세대 (舊世代) [구ː세대] 옛 세대. 나이 든 낡은 세대. 예구세대 인물. 반신세대.

구세주 (救世主) [구ː세주] 1 인류를 죄악에서 구제하는 주인이라는 뜻으로, 예수 그리스도를 이르는 말. 2 어려움이나 고통에서 구해 주는 사람을 비유적으로 이르는 말.

구소설 (舊小說) [구ː소설] 갑오개혁 이전에 나온 소설. ※신소설.

구속 (拘束) 1 자유로운 행동이나 생각을 못 하게 함. 예행동에 구속을 받다. 비속박. 2 법에 따라 일정한 장소에 잡아 가둠. 예범인을 구속하다. **구속하다.**

구속력 (拘束力) [구송녁] 어떤 행위를 하지 못하게 강제하는 힘.

구수하다 1 맛이나 냄새가 입맛이 당기도록 좋다. 예된장국 냄새가 구수하다. 2 말이나 이야기가 마음을 끄는 은근한 맛이 있다. 예구수한 옛날이야기. 작고소하다.

구술 (口述) [구ː술] 입으로 말함. 예 구술한 내용을 받아 적다. **구술하다**.

***구슬** 1 사기나 유리로 작고 동그랗게 만든 장난감. 2 보석으로 둥글게 만든 물건. 흔히 장신구로 씀.

구슬땀 구슬같이 방울방울 맺힌 땀. 예 구슬땀을 흘리다.

구슬리다 그럴듯한 말로 꾀어 마음을 움직이다. 예 구슬려 삶다.

구슬비 가늘게 내리는 비. 빗방울이 구슬처럼 맑고 투명하게 맺히는 데서 나온 말. 비 이슬비.

구슬치기 구슬을 던져서 맞히며 노는 놀이.

구슬프다 처량하고 슬프다. 예 구슬프게 울다. [활용] 구슬퍼 / 구슬프니.

구슬피 처량하고 슬프게. 예 구슬피 내리는 비.

구습 (舊習) [구ː습] 예전부터 내려오는 낡은 풍속과 습관. 예 구습을 타파하다.

구시대 (舊時代) [구ː시대] 예전의 시대. 낡은 시대. 반 신시대.

구식 (舊式) [구ː식] 1 예전의 형식이나 방식. 예 구식 건물. 2 케케묵어 시대에 뒤떨어짐. 또는 그런 것. 예 살림살이가 구식이다. 반 신식.

구실¹ 맡아서 꼭 하여야 할 일. 예 자기 구실을 다하다. 예 소임. 역할.

***구실**² (口實) [구ː실] 핑계 삼을 일. 예 감기를 구실로 결석하다. 비 핑계.

구심력 (求心力) [구심녁] 원운동을 하는 물체가 달아나지 못하도록 중심쪽으로 당기는 힘. 반 원심력.

구십 (九十) 아흔.

구애¹ (求愛) 이성에게 사랑을 구함. 예 구애의 편지. **구애하다**.

구애² (拘礙) 거리끼거나 얽매임. 예 승패에 구애되지 않다. **구애하다**.

구약 성서 (舊約聖書) 기독교 성서의 하나. 예수가 나기 전부터 전해지는 유대교의 가르침을 모은 책. 준 구약. *신약 성서.

구어 (口語) [구ː어] 일상적인 대화에 쓰는 말. 비 입말. 반 문어.

구어체 (口語體) [구ː어체] 구어로 쓴 문체. 비 입말체. 반 문어체.

구역 (區域) 갈라놓은 지역. 예 출입 금지 구역 / 어린이 보호 구역 / 안전 구역. 비 지역.

구역질 (嘔逆—) [구역찔] 속이 메스꺼워 토하는 짓. 예 구역질이 나다. 비 욕지기질. **구역질하다**.

구연 (口演) [구ː연] 여러 사람 앞에서 동화 따위를 말로써 재미있게 이야기함. 예 동화를 구연하다. **구연하다**.

구연동화 (口演童話) [구ː연동화] 어린이들에게 말로 재미있고 실감 나게 들려주는 동화.

구연산 (枸櫞酸) 레몬, 귤 같은 과일에서 신맛을 내는 물질. 청량음료나 약에 넣음.

구원 (救援) [구ː원] 어려움이나 위험에 빠진 사람을 구해 줌. 예 구원의 손길 / 구원을 청하다. 비 구제. **구원하다**.

구월 (九月) 한 해 열두 달 가운데 아홉 번째 달. ⊃September

구유 말이나 소의 먹이를 담아 주는 그릇. 흔히 큰 나무토막이나 돌을 길쭉하게 파내어 만듦.

구유

구음 (口音) [구ː음] 가야금·장구·피리 같은 악기 소리를 입으로 흉내 내는 소리.

구이 고기나 생선에 양념을 하여 구운 음식. 예 갈비구이 / 장어구이.

구인 (求人) 일할 사람을 구함. 예 구인 광고. *구직.

***구입** (購入) 물건을 사들임. 예 물품 구입 / 입장권을 미리 구입하다. 비 구매. 반 판매. **구입하다**.

구장 (球場) 축구·야구 따위의 시합을 하는 운동장. 특히, 야구장.

구전 (口傳) [구ː전] 말로 전함. 말로 전해 내려옴. 예 구전 문학 / 구전 민요. **구전하다**.

구절 (句節) 한 토막의 글이나 말. 예 시의 한 구절 / 책을 읽다가 좋은 구절을 적어 두었다. ×귀절.

주의 한자 '구(句)'가 붙어서 된 낱말은 '귀'로 읽는 것을 인정하지 않고 '구'로 통일함. 예 구절, 구점, 문구, 성구, 어구, 절구.
다만 '글귀, 귀글'은 '귀'로 씀.

구절초 (九節草) 국화과의 여러해살이풀. 산에 나는데 가을에 붉은색·흰색의 꽃이 줄기 끝에 피고 잎은 한방에서 약재로 씀.

구절초

구정 (舊正) [구:정] 음력 1월 1일. 음력설. 반신정.

구정물 무엇을 빨거나 씻어 더러워진 물.

구제 (救濟) [구:제] 재해를 입거나 피해를 당하여 어려운 처지에 있는 사람을 도와줌. 예구제 사업 / 빈민을 구제하다. 비구호. 구제하다.

구조¹ (救助) [구:조] 위험에 빠진 사람을 구해 줌. 예인명 구조 / 물에 빠진 사람을 구조하다. 비구원. 구제. 구조하다.

*__구조²__ (構造) 여러 재료나 요소를 모아 짜 이룬 전체. 또는 그 짜임새. 예사회 구조 / 내부 구조가 특이한 건물. 비얼개.

구조물 (構造物) 일정한 설계에 따라 여러 재료를 얽어서 만든 물건. 건물·다리·터널 따위. 예대형 구조물을 설치하다.

구직 (求職) 일자리를 구함. 예구직 광고.

구질구질하다 깨끗하지 못하고 지저분하다. 예날씨가 구질구질하다 / 구질구질하게 변명을 늘어놓다.

구차하다 (苟且一) [구:차하다] 1 살림이 넉넉하지 못하다. 예구차한 살림. 비가난하다. 2 말이나 행동이 떳떳하지 못하다. 예구차한 변명은 듣기 싫다.

구청 (區廳) 구의 행정 사무를 맡아보는 관청.

구체적 (具體的) 사물이 뚜렷한 모양을 갖춘 (것). 예구체적인 계획을 세우다. 반추상적.

구체화 (具體化) 구체적으로 되게 함. 또는 구체적으로 됨. 구체화하다.

구축 (構築) 1 어떤 시설물을 쌓아 올려 만듦. 예진지를 구축하다. 2 체제·체계 따위의 기초를 닦아 세움. 예초고속 인터넷 통신망을 구축하다. 구축하다.

구축함 (驅逐艦) [구추캄] 어뢰를 갖추고 적의 주력함이나 잠수함을 공격하는 작고 빠른 군함.

구출 (救出) [구:출] 위험한 상태에서 구하여 냄. 예구출 작전. 구출하다.

구충제 (驅蟲劑) 1 몸속의 기생충을 없애는 데 쓰는 약. 2 농작물 따위의 해충을 없애는 약. 비살충제.

구치소 (拘置所) 법을 어겨 죄지은 사람을 잡아 가두는 시설.

구타 (毆打) 사람을 마구 때림. 예집단 구타. 구타하다.

구태여 애써 굳이. 일부러. 예구태여 올 필요는 없다.

구태의연하다 (舊態依然一) [구:태의연하다 / 구:태이연하다] 변하거나 발전한 데가 없이 예전 모습 그대로이다. 예구태의연한 태도.

구토 (嘔吐) 먹은 음식물을 토함. 비토역. 구토하다.

*__구하다¹__ (求一) 1 필요한 것을 찾다. 또는 그렇게 하여 얻다. 예해답을 구하다 / 그런 물건은 구하기 어렵다. 2 상대편이 어떻게 해 주기를 바라다. 예양해를 구하다 / 용서를 구하다.

*__구하다²__ (救一) [구:하다] 어렵거나 위험한 상황에서 벗어나도록 도와주다. 예목숨을 구해 주다 / 가난한 사람을 구하다. ⊃save

구한말 (舊韓末) [구:한말] 조선 시대 말기. 흔히 1897년부터 1910년까지의 대한 제국 시대를 말함.

구현 (具現) 어떤 사실을 구체적으로 나타냄. 구현하다.

구형¹ (求刑) 형사 재판에서, 검사가 죄지은 사람에게 어떤 형벌을 줄 것을 판사에게 요구함. 예유괴범에게 무기 징역을 구형하다. 구형하다.

구형² (舊型) [구:형] 구식인 모양. 예구형 자동차. 비구식. 반신형.

구호¹ (口號) [구:호] 요구나 주장 따위를 나타내는 짤막한 말이나 글. 예구호를 외치다.

구호² (救護) [구:호] 1 재해나 재난 따위로 어려움에 처한 사람을 보호함. 예난민 구호 / 구호 시설. 2 병자·부상자를 간호하거나 치료함. 예부상병들을

구호하다. 구호하다.
구호품(救護品) [구:호품] 재난을 당한 사람이나 병자 등을 돕기 위한 물품.
구혼(求婚) 1 결혼할 상대자를 구함. ◉공개 구혼. 2 상대방에게 결혼을 청함. ◉구혼을 받아들이다. 삐청혼. **구혼하다.**
구황 작물(救荒作物) 흉년이 들어 굶주릴 때에 곡식 대신 먹을 수 있는 농작물. 감자·메밀 따위.
구획(區劃) [구획 / 구훽] 토지 따위를 경계를 두어 정함. ◉구획 정리. **구획하다.**
*국 1 고기·채소·생선 따위에 물을 많이 부어 끓인 음식. 2 '국물'의 준말.
*국가¹(國家) [국까] 일정한 영토와 거기에 사는 사람들로 이루어져 있으며, 통치 조직을 가진 사회 집단. ◉민주 국가 / 국가 공무원. 삐나라.
국가²(國歌) [국까] 한 나라의 이상과 정신을 담아 만든 노래. 그 나라를 대표하며, 기념식 따위에서 부름. ◉국가를 제창하다. *애국가.
국가 보훈부(國家報勳部) 중앙 행정 기관의 하나. 국가 유공자 및 그 가족들의 생활을 돕기 위한 여러 가지 일을 맡아봄.
국가적(國家的) [국까적] 국가에 관련된 (것). ◉국가적 행사.
국거리 [국꺼리] 국을 끓이는 데 넣는 고기·생선·채소 따위의 재료.
*국경(國境) [국꼉] 나라와 나라 사이의 경계. ◉국경을 마주하다.
국경선(國境線) [국꼉선] 나라와 나라 사이의 경계선. ◉국경선을 넘다.
*국경일(國慶日) [국꼉일] 국가적인 경사를 기념하기 위하여 법률로 정한 날. 우리나라에는 삼일절·제헌절·광복절·개천절·한글날이 있음.
국고(國庫) [국꼬] 나라의 재산을 보관하고, 수입·지출을 관리하는 기관. ◉국고에서 지원하다.
국교(國交) [국꾜] 나라와 나라 사이의 외교 관계. ◉국교를 맺다.
*국군(國軍) [국꾼] 우리나라의 군대. 육군·해군·공군을 통틀어 일컫는 말. ◉국군 용사 / 국군 장병.
국궁(國弓) [국꿍] 우리나라 고유의 활. 또는 그 활을 쏘는 기술.
국권(國權) [국꿘] 국가의 주권. ◉빼앗긴 국권을 다시 찾았다.
국그릇 [국끄른] 국을 담는 그릇.
*국기¹(國旗) [국끼] 한 나라를 상징하는 깃발. 우리나라의 태극기, 미국의 성조기 따위. ◉국기를 게양하다.
국기²(國技) [국끼] 한 나라 특유의 전통적인 운동이나 기예. 우리나라의 씨름이나 태권도, 미국의 야구 따위.
국난(國難) [궁난] 나라의 위태로움과 어려움. ◉국민 모두가 힘을 합쳐 국난을 슬기롭게 극복하다.
*국내(國內) [궁내] 나라 안. ◉국내 문제. 땐국외. 해외.
국내산(國內産) [궁내산] 자기 나라에서 생산함. 또는 그 물건. ◉국내산 원료를 사용한다.
국내선(國內線) [궁내선] 나라 안의 교통이나 통신에만 이용되는 선. 철도·항공 노선·전화선 따위. 땐국제선.
국내성(國內城) [궁내성] 『지명』 고구려 초기의 수도. 지금의 만주 지안 지방에 있었음.
국도(國道) [국또] 나라에서 직접 관리하는 도로. 땐지방도.
*국력(國力) [궁녁] 나라의 힘. ◉국력을 기르다.
국론(國論) [궁논] 국민의 공통된 의견. ◉국론을 모으다.
*국립(國立) [궁닙] 나라에서 세움. ◉국립 대학 / 국립 도서관. 땐사립.
국립 공원(國立公園) 자연 경치가 뛰어난 곳을 보호하기 위해 나라에서 지정하여 관리하는 공원. →[학습마당]3(92쪽)
국립묘지(國立墓地) [궁님묘지] 나라를 위해 싸우다 죽은 군인들과 나라에 큰 공을 세운 사람들의 영령을 모시고, 그 공적을 기리기 위하여 만든 묘지.
국립 박물관(國立博物館) 나라에서 세워 문화유산을 진열해 놓고 운영·관리하는 박물관.
국면(局面) [궁면] 어떤 일이 진행되어 가는 형편이나 상황. ◉어려운 국면에 부닥치다.
국명(國名) [궁명] 나라의 이름. 삐

국모 (國母) [궁모] 임금의 아내나 임금의 어머니를 이르던 말.

국무 (國務) [궁무] 나라의 정치에 관한 일.

국무 위원 (國務委員) 대통령을 도와 나라의 중요한 일을 맡아보는 국무 회의의 구성원.

국무총리 (國務總理) [궁무총니] 대통령을 보좌하고 행정에 관하여 대통령의 명을 받아 중앙 행정 기관의 장을 지휘·감독하는 공무원. 국회의 동의를 얻어 대통령이 임명함. 준총리.

국무 회의 (國務會議) 대통령·국무총리 및 국무 위원이 정부의 중요 정책을 심의하는 회의. 대통령이 의장이 되고 국무총리는 부의장이 됨.

국문 (國文) [궁문] 우리나라 고유의 문자인 한글. 또는 한글로 쓴 글.

국물 [궁물] 국·찌개·김치 등의 음식에서 건더기를 빼고 남은 물. 준국.

  국물도 없다 아무 이득도 없다. 예아무리 애써 봐야 국물도 없다.

*__국민__ (國民) [궁민] 한 나라를 구성하고 있는 사람. 또는 그 나라의 국적을 가진 사람. 비백성.

국민성 (國民性) [궁민썽] 한 나라 국민이 공통으로 가지고 있는 독특한 성질.

국민 소득 (國民所得) 국민 전체가 일정한 기간(보통 1년)에 생산한 것을 돈으로 계산한 액수. 예국민 소득이 높다.

국민의례 (國民儀禮) [궁미니례 / 궁미니레] 나라의 의식이나 행사에서 국민으로서 갖추어야 할 예법. 곧, 국기에 대한 경례, 애국가 제창, 순국선열에 대한 묵념 따위.

국민적 (國民的) [궁민적] 규모가 국민 전체에 관계되는 (것). 예국민적 소망.

국민 총생산 (國民總生産) 한 나라에서 일정 기간(보통 1년간)에 생산한 것을 금액으로 표시한 것. 지엔피(GNP).

국민 투표 (國民投票) 선거 이외에 나라의 중대 사항을 결정하기 위하여 국민 전체가 참가하는 투표.

국밥 [국빱] 더운 국에 밥을 넣은 음식. 예국밥을 말다.

국방 (國防) [국빵] 다른 나라의 침입이나 위협으로부터 나라를 지킴. 예국방을 튼튼히 하다.

국방부 (國防部) [국빵부] 중앙 행정

학습마당 3

국립 공원으로 지정된 산

호	이름	높이	위 치
1	지리산	1,915m	전라북도, 전라남도, 경상남도
3	계룡산	845m	충청남도
5	설악산	1,708m	강원도
6	속리산	1,058m	충청북도, 경상북도
7	한라산	1,950m	제주도
8	내장산	763m	전라북도, 전라남도
9	가야산	1,430m	경상북도, 경상남도
10	덕유산	1,614m	전라북도, 경상남도
11	오대산	1,563m	강원도
12	주왕산	721m	경상북도
15	북한산	837m	서울특별시, 경기도
16	치악산	1,288m	강원도
17	월악산	1,094m	충청북도, 경상북도
18	소백산	1,439m	충청북도, 경상북도
20	월출산	809m	전라남도
21	무등산	1,187m	전라남도
22	태백산	1,567m	강원도, 경상북도

기관의 하나. 국방과 군사에 관한 사무를 맡아봄.

국법 (國法) [국뻡] 나라의 법률이나 법규. ⓔ국법을 준수하다.

국보 (國寶) [국뽀] 1 나라의 보배. 2 나라에서 귀중한 유물로 지정하여 보호하는 문화유산. ⓔ국보로 지정되다.

국보급 (國寶級) [국뽀끕] 국보로 정할 만한 가치가 있는 수준.

국부 (國父) [국뿌] 1 ⇨임금¹. 2 나라를 세우는 데 큰 공이 있어 국민에게 존경을 받는 지도자.

국비 (國費) [국삐] 나라에서 부담하는 비용. ⓔ국비 장학생.

국빈 (國賓) [국삔] 나라의 귀한 손님으로 대접을 받는 외국 사람. ⓔ국빈 대우를 받다.

국사¹ (國史) [국싸] 1 한 나라의 역사. 2 우리나라의 역사.

국사² (國師) [국싸] 1 임금의 스승. 2 예전에, 조정에서 덕이 높은 승려에게 내리던 최고의 직위.

국사³ (國事) [국싸] 나라에 관한 일. 또는 나라의 정치에 관한 일. ⓔ국사를 논하다. ⓗ나랏일.

국산 (國産) [국싼] 자기 나라에서 생산함. 또는 그 물건. ⓔ국산 자동차. ⓗ국내산. ⓟ외국산.

국산품 (國産品) [국싼품] 자기 나라에서 만든 물건. ⓔ국산품 애용. ⓟ외래품.

국세 (國稅) [국쎄] 국가가 국민에게서 거두어들이는 세금. 소득세·법인세·관세 따위. ⓟ지방세.

국세청 (國稅廳) [국쎄청] 세금을 매기고 거두어들이는 일을 하는 관청. 기획 재정부에 딸림.

국수 [국쑤] 밀가루나 메밀가루를 반죽하여 가늘고 길게 썰거나 국수틀로 눌러 만든 식품. 또는 그것으로 만든 음식. ⓔ국수를 삶다.

국수주의 (國粹主義) [국쑤주의 / 국쑤주이] 자기 나라의 전통과 국민성을 가장 우수한 것으로 여기고 남의 나라 것은 무시하고 하찮게 보는 주의.

국시 (國是) [국씨] 한 나라의 근본이 되는 주의와 방침. ⓔ민주주의를 국시로 삼다.

국악 (國樂) [구각] 우리나라의 고전 음악. 거문고·가야금·피리·장구·북 등을 연주함.

국악기 (國樂器) [구각끼] 국악을 연주할 때 쓰는 악기. 장구·거문고·가야금·피리·북 따위.

*__국어__ (國語) [구거] 1 국민 전체가 쓰는 그 나라의 고유한 말. 2 우리나라의 말. ⓗ나라말. ⓟ외국어. 3 학교 교육에서 국어를 다루는 과목.

국어사전 (國語辭典) [구거사전] 자기 나라 말을 모아서 일정한 순서로 배열하고, 낱말의 발음·뜻 및 다른 말과의 관련 등에 대하여 풀이한 책.

[참고] **국어사전을 찾는 순서**

국어사전에서 낱말을 찾을 때에 닿소리와 홀소리의 배열 순서는 다음과 같다.

닿소리: ㄱ, ㄲ, ㄴ, ㄷ, ㄸ, ㄹ, ㅁ, ㅂ, ㅃ, ㅅ, ㅆ, ㅇ, ㅈ, ㅉ, ㅊ, ㅋ, ㅌ, ㅍ, ㅎ

홀소리: ㅏ, ㅐ, ㅑ, ㅒ, ㅓ, ㅔ, ㅕ, ㅖ, ㅗ, ㅘ, ㅙ, ㅚ, ㅛ, ㅜ, ㅝ, ㅞ, ㅟ, ㅠ, ㅡ, ㅢ, ㅣ

받침: ㄱ, ㄲ, ㄳ, ㄴ, ㄵ, ㄶ, ㄷ, ㄹ, ㄺ, ㄻ, ㄼ, ㄽ, ㄾ, ㄿ, ㅀ, ㅁ, ㅂ, ㅄ, ㅅ, ㅆ, ㅇ, ㅈ, ㅊ, ㅋ, ㅌ, ㅍ, ㅎ

국어 운동 (國語運動) 자기 나라 말을 존중하여 애용하자는 운동.

국어학 (國語學) [구거학] 국어를 연구하는 학문.

국영 (國營) [구경] 나라에서 경영함. ⓔ국영 기업 / 국영 방송. ⓗ관영. ⓟ민영.

국왕 (國王) [구광] 나라의 임금.

국외 (國外) [구괴/구궤] 한 나라의 영토 밖. ⓔ국외로 추방하다. ⓗ해외. ⓟ국내.

국운 (國運) [구군] 나라의 운명. ⓔ국운을 건 전쟁.

국위 (國威) [구귀] 나라의 권세와 위력. 나라의 위엄. ⓔ국위를 선양하다.

국유 (國有) [구규] 나라의 소유. ⓔ국유 재산. ⓟ사유.

국유지 (國有地) [구규지] 나라가 소유한 땅. ⓟ사유지.

국으로 [구그로] 제 생긴 그대로. 자기 주제에 맞게. 예 국으로 가만히 있어라.

국익 (國益) [구긱] 국가의 이익. 예 국익에 도움이 되다.

국자 [국짜] 국이나 액체 따위를 뜨는 데 쓰는, 긴 자루가 달린 도구.

국자감 (國子監) [국짜감] 고려 때, 유학을 가르치던 최고의 국립 교육 기관. 뒷날 성균관으로 이름이 바뀌었음.

국장 (國葬) [국짱] 나라에 큰 공을 세운 사람이 죽었을 때 나라에서 주관하여 지내는 장례.

국적 (國籍) [국쩍] 1 한 나라의 국민으로서의 신분과 자격. 예 국적 취득. 2 배나 비행기가 소속되어 있는 나라. 예 국적 불명의 비행기.

국정 (國政) [국쩡] 나라의 정치. 예 국정에 참여하다.

*__국제__ (國際) [국쩨] 1 나라와 나라 사이의 관계. 예 국제 경쟁. 2 여러 나라에 공통됨. 예 국제 규격. 3 여러 나라가 모여서 이루거나 함. 예 국제 육상 대회.

국제공항 (國際空港) [국쩨공항] 나라와 나라 사이를 오가는 항공기가 뜨고 내릴 수 있도록 나라에서 지정한 공항. 예 인천 국제공항.

국제기구 (國際機構) [국쩨기구] 국제적인 목적이나 활동을 위해서 두 나라 이상의 회원국으로 구성하는 조직체. 땐 국제기관.

국제 대회 (國際大會) 여러 나라 선수들이나 단체가 참가하는 큰 모임이나 행사.

국제법 (國際法) [국쩨뻡] 나라 간의 합의에 따라 나라 사이의 권리·의무의 표준을 정한 법.

국제선 (國際線) [국쩨선] 나라와 나라 사이를 오가는 비행기나 배의 길. 땐 국내선.

국제 수지 (國際收支) 한 나라의 국제 거래에서 생긴 수입액과 수출액을 일정한 기간 동안 집계한 것.

국제 연합 (國際聯合) ⇨유엔.

국제 연합 교육 과학 문화 기구 (國際聯合敎育科學文化機構) ⇨유네스코.

국제 연합 아동 기금 (國際聯合兒童基金) ⇨유니세프.

국제 연합 안전 보장 이사회 (國際聯合安全保障理事會) ⇨유엔 안전 보장 이사회.

국제 올림픽 위원회 (國際Olympic委員會) 올림픽 경기 대회를 운영·주관하는 단체. 1894년에 설립하였음. 아이오시(IOC).

국제적 (國際的) [국쩨적] 여러 나라 사이에 관계가 있는 (것). 땐 세계적. 땐 국내적.

국제 적십자 (國際赤十字) 스위스의 뒤낭이 1864년에 창설한 적십자의 국제적 기구. 부상자·난민·어린이의 구호, 재해와 질병의 구조와 예방 등의 활동을 함. 본부는 스위스의 제네바에 있음.

국제 통화 기금 (國際通貨基金) 국제 금융 기관의 하나. 국제 연합의 전문 기관으로서 국제간의 금융 문제를 다루며, 국제 무역의 증진을 목적으로 함. 우리나라는 1955년에 가입했음. 본부는 워싱턴 D.C.에 있음. 아이엠에프(IMF).

국채 (國債) 1 나라의 빚. 2 국가 재정의 균형을 맞추기 위하여 발행하는 채권.

국책 (國策) 나라의 정책이나 시책. 예 국책 사업.

*__국토__ (國土) 한 나라의 땅. 곧, 나라의 주권과 통치력이 미치는 영토의 전부. 땐 강토. 영토.

국한 (局限) [구칸] 어떤 부분에만 제한하여 정함. 예 응시 자격을 대졸 이상으로 국한하다. **국한하다.**

국호 (國號) [구코] 나라의 이름. 땐 국명.

국화[1] (國花) [구콰] 한 나라의 상징으로서 사랑하고 귀중히 여기는 꽃. 땐 나라꽃. [참고] 우리나라는 무궁화, 영국은 장미, 프랑스는 백합, 일본은 벚꽃임.

*__국화__[2] (菊花) [구콰] 국화과의 여러해살이풀. 높이는 1m 정도이며, 주로 가을에 꽃이 피는데 꽃 모양이나 빛깔은 여러 가지임.

*__국회__ (國會) [구쾨/구퀘] 국민이 뽑

은 국민의 대표로 조직된 기관. 법률을 만들고 정하고 예산을 심의하는 등 나라의 중요한 일을 결정함.

국회 의사당(國會議事堂) 국회의 회의가 열리는 건물.

국회 의원(國會議員) 국회에서 나라의 일을 결정하거나 법률을 정하는 일을 하는 국민의 대표자. 임기는 4년.

군¹(君) 1 친구나 손아랫사람을 부를 때 성이나 이름 뒤에 붙여 부르는 말. ⓔ이 군. 2 그대. 자네. ⓔ군의 건투를 빈다.

군²(軍) '군대'의 준말.

***군**³(郡) [군:] 우리나라 행정 구역의 하나. 도의 아래, 읍·면의 위에 위치함.

군가(軍歌) 군대의 사기를 북돋우기 위해 부르는 노래.

군것질 [군:걷찔] 끼니 외에 과일·과자·떡 따위를 먹는 일. 田간식. 주전부리. **군것질하다**.

군경(軍警) 군대와 경찰을 아울러 이르는 말.

군계일학(群鷄一鶴) [군계일학 / 군게일학] 닭의 무리 속에 섞인 한 마리의 학이라는 뜻으로, 많은 사람 가운데서 뛰어난 인물을 이르는 말.

군고구마 [군:고구마] 날것을 불에 구워 익힌 고구마.

군관(軍官) 조선 시대에, 군영이나 지방 관아에서 군사 일을 맡아보던 계급이 낮은 무관.

군기(軍紀) 군대의 규율이나 질서. ⓔ군기를 잡다.

***군대**(軍隊) 일정한 규율과 질서를 갖고 조직된 군인의 집단. 준군.

군더더기 [군:더더기] 쓸데없이 덧붙은 것. ⓔ글에 군더더기가 많다.

***군데** 낱낱의 곳. 어떤 지점. ⓔ여러 군데 / 바지에 한 군데 구멍이 났다.

군데군데 여러 군데. 이곳저곳. ⓔ땅이 군데군데 파이다.

군도(群島) 모여 있는 크고 작은 여러 섬. 田제도.

군말 [군:말] 하지 않아도 좋을 때에 쓸데없이 하는 말. ⓔ군말 말고 방 청소나 하렴. 田군소리. **군말하다**.

군무(群舞) 여러 사람이 무리를 지어 춤을 춤. 또는 그 춤.

군밤 [군:밤] 불에 구워서 익힌 밤.

군복(軍服) 군인들이 입는 옷.

군불 [군:불] 방을 덥게 하려고 때는 불. ⓔ군불을 넣다 / 군불을 지피다.

군비(軍備) 전쟁에 대비한 모든 군사 시설이나 전투 장비. ⓔ군비를 갖추다.

군사¹(軍士) 예전에, 군인을 이르던 말. 田군졸. 병사. 병졸.

***군사**²(軍事) 군대·군비·전쟁 등 군에 관한 일. 군대 사무에 관한 일. ⓔ군사 훈련.

군사력(軍事力) 군대·무기·훈련·사기 따위를 종합한, 전쟁을 치를 수 있는 힘.

군사비(軍事費) 전쟁 또는 군사적인 일에 쓰는 돈. 田군비.

군사적(軍事的) 군사와 관계되는. 또는 그런 것. ⓔ군사적 요충지.

군살 [군:살] 필요 이상으로 찐 살. 군더더기 살. ⓔ군살을 빼다.

군소리 [군:소리] 하지 않아도 좋을 쓸데없는 말. ⓔ군소리가 많다. 田군말. **군소리하다**.

군수(郡守) [군:수] 군의 행정을 맡아보는 군청의 최고 직위. 또는 그 책임자.

군수품(軍需品) 군대나 전쟁에서 사용되는 온갖 물품.

군식구(一食口) [군:식꾸] 본식구 외에 덧붙어서 얻어먹고 있는 식구. ⓔ군식구가 많은 집. 田객식구.

군신유의(君臣有義) [군신뉴의 / 군신뉴이] 유교의 도덕인 오륜의 하나. 임금과 신하 사이의 도리는 의리에 있다는 말.

군악대(軍樂隊) [구낙때] 군악을 연주하는 부대.

군용(軍用) [구농] 군사적 목적에 씀. ⓔ군용 비행기.

군의관(軍醫官) [구늬관 / 구니관] 의사로서 군대에서 의료의 일을 맡고 있는 장교.

***군인**(軍人) [구닌] 육해공군에 속해 있는 장교·부사관·사병을 통틀어 이르는 말.

군자(君子) 학식이 뛰어나고 훌륭한

인격을 갖춘 사람. 빤소인.
군자란(君子蘭) 수선화과의 여러해살이풀. 초여름에 깔때기 모양의 주홍색 꽃이 긴 꽃줄기 끝에 많이 핌. 남아프리카 원산으로 관상용 화초임.
군주(君主) ⇨임금¹. 예군주 정치.
군주국(君主國) 나라의 주권이 임금에게 있는 나라. 비왕국.
군중(群衆) 한곳에 떼를 지어 모여 있는 사람들의 무리. 예시위 군중. 비대중.
***군청**(郡廳) [군ː청] 군의 행정 사무를 맡아보는 관청.
군침[군ː침] 무엇이 먹고 싶을 때 입속에 도는 침.
  군침(을) 삼키다 ㉠음식 따위를 먹고 싶어서 입맛을 다시다. ㉡이익이나 재물을 보고 몹시 탐을 내다.
  군침(이) 돌다 ㉠음식을 먹고 싶은 생각이 나다. ㉡이익이나 재물에 욕심이 생기다.
군함(軍艦) 해군에서 전투에 쓰는 큰 배. 비전함.
군화(軍靴) 군인들이 신는 구두.
굳건하다[굳껀하다] 뜻이나 의지가 굳세고 건실하다. 예굳건한 정신.
굳건히[굳껀히] 굳건하게.
굳기[굳끼] 물체의 단단한 정도. 비경도.
***굳다**[굳따] 1 단단하다. 예굳은 땅. 2 뜻이 한결같다. 예의지가 굳다. 3 습관이 되다. 예굳어 버린 버릇. 4 한데 엉겨 뭉치다. 예기름이 굳다.

>[주의] **굳다**와 **궂다**
>**굳다** 1 무르던 것이 단단해지거나 말·행동 등이 몸에 배어 버리다. 예굳은 땅. 2 튼튼하고 단단하다. 예성문을 굳게 지켜라.
>**궂다** 1 언짢고 꺼림칙하다. 2 눈이나 비가 와서 날씨가 나쁘다. 예궂은 날씨.

굳세다[굳쎄다] 1 굳고 힘이 세다. 예굳센 주먹. 2 뜻한 바를 굽히지 않고 나아가다. 예굳세게 살다.
굳은살[구든살] 손바닥이나 발바닥에 생긴 두껍고 단단한 살. 예손바닥에 굳은살이 박이다.

굳이[구지] 1 단단한 마음으로 굳게. 예굳이 애쓸 필요는 없다. 2 고집을 부려서. 예굳이 사양하다. →[학습마당] 25(916쪽)
굳히다[구치다] 1 엉기어 단단하게 하다. 예기름을 굳히다. 2 움직이지 않게 하다. 예승리를 굳히다.
*굴¹ 굴과의 조개. 바다의 바위에 붙어 사는데 길이는 6cm가량이고 껍데기 안쪽은 흼. 살은 먹음. 비석화.
*굴²(窟) [굴ː] 1 땅이나 바위가 깊숙이 팬 곳. 예굴에서 살다. 2 산이나 땅 속을 뚫어 만든 길. 터널. 예기차가 굴로 들어가다. 3 짐승들이 숨어 사는 구멍. 예여우 굴.
굴곡(屈曲) 이리저리 꺾이고 굽음. 예굴곡이 심한 고갯길.
*굴다[굴ː다] 그러하게 행동하거나 대하다. 예동생을 못살게 굴다/ 얄밉게 굴다. 활용굴어/구니/구느.
굴다리(窟一) [굴ː따리] 굴로 된 길 위로 가로 건너지른 다리.
*굴뚝[굴ː뚝] 불을 땔 때, 연기가 밖으로 빠지도록 만든 장치. ⇨chimney
굴뚝같다[굴ː뚝깥따] 무엇을 하고 싶은 생각이 간절하다. 예보고 싶은 생각이 굴뚝같다.
굴러가다[굴ː러가다] 굴러서 가다. 예공이 데굴데굴 유격수 앞으로 굴러 간다.
굴러다니다[굴ː러다니다] 1 데굴데굴 구르며 왔다 갔다 하다. 2 사람이 정한 곳 없이 여기저기 옮겨 다니다. 예어디서 굴러다니던 놈이냐.
굴렁쇠[굴렁쇠/굴렁쉐] 쇠로 만든 둥근 테. 막대기로 굴려서 노는 어린아이들 장난감의 하나. 예친구들과 운동장에서 굴렁쇠를 굴리며 놀았다.

굴렁쇠

굴레 1 소나 말의 목에서 고삐에 걸쳐 얽어매는 줄. 예말에 굴레를 씌우다. 2 자유롭지 못하게 얽매임. 예삶의 굴레.

굴레1

*굴리다 [굴:리다] 1 굴러 가게 하다. 예 구슬을 굴리다. 2 아무렇게나 내버려 두다. 예 책을 함부로 굴리다.

굴복 (屈服) 힘이 모자라서 복종함. 비 항복. **굴복하다**.

굴비 소금에 절여 통째로 말린 조기. 예 굴비 한 두름.

굴욕 (屈辱) [구룍] 남에게 억눌리어 업신여김을 받음. 예 굴욕을 참다.

굴욕적 (屈辱的) [구룍쩍] 굴욕을 당하거나 느끼는. 또는 그런 것. 예 굴욕적인 패배를 당하다.

굴절 (屈折) [굴쩔] 1 휘어서 꺾임. 2 빛이나 소리가 한 매체에서 다른 매체로 들어갈 때 경계면에서 그 방향이 바뀌는 현상. 예 빛의 굴절. **굴절하다**.

굴지 (屈指) [굴찌] 1 수를 헤아릴 때 손가락을 꼽음. 2 여럿 중에서 뛰어남. 예 굴지의 출판사.

굴착 (掘鑿) 땅이나 바위를 파내고 뚫음. **굴착하다**.

굴착기 (掘鑿機) [굴착끼] 땅을 파거나 바위를 뚫는 기계.

굴하다 (屈一) 어떤 힘이나 어려움에 뜻을 굽히다. 예 실패에도 굴하지 않다.

굵기 [굴끼] 물건의 부피나 둘레의 굵은 정도. 예 대나무의 굵기.

*굵다 [국:따] 1 긴 물건의 둘레가 크다. 예 굵은 연필. 2 소리의 울림이 크다. 예 굵은 목소리. 3 잘지 않고 살찌다. 예 밤알이 굵다. 4 글씨의 획이 뚜렷하고 크다. 예 굵은 활자. 반 가늘다. [발음] 굵고 [굴:꼬] / 굵은 [굴:근] / 굵지 [국:찌].

굵다랗다 [국:따라타] 매우 굵다. 예 굵다란 새끼줄. 반 가느다랗다. [활용] 굵다라니 / 굵다래서.

굵직하다 [국찌카다] 꽤 굵다. 예 굵직한 목소리 / 굵직한 막대기.

굵기다 [굴기다] 굵게 하다.

*굶다 [굼:따] 끼니를 거르다. 예 저녁을 굶다. 비 주리다.

*굶주리다 [굼:주리다] 1 먹을 것이 없어 배를 곯다. 예 굶주린 배를 움켜쥐다. 2 어떤 것이 몹시 모자람을 느끼다. 예 사랑에 굶주리다.

굶주림 [굼:주림] 먹지 못하여 배가 고픔. 예 추위와 굶주림에 시달리다. 비 기아.

굼뜨다 [굼:뜨다] 동작이 답답할 만큼 느리다. 예 행동이 굼뜨다. 비 둔하다. 반 재빠르다. [활용] 굼떠 / 굼뜨니.

굼벵이 [굼:벵이] 1 매미의 애벌레. 누에와 비슷하나 짧고 뚱뚱함. 2 동작이 몹시 느리고 굼뜬 사람의 별명.

굽 1 말·소·양 따위 짐승의 발끝에 있는 두껍고 단단한 발톱. 2 구두 밑바닥의 뒤축에 붙은 발. 예 굽이 높은 구두 / 굽을 갈다.

*굽다¹ [굽:따] 1 불에 익히거나 약간 타게 하다. 예 생선을 굽다. 2 도자기나 벽돌 따위를 만들 때 가마에 넣고 불을 때다. 예 옹기를 굽다. 3 컴퓨터에서, 비어 있는 디스크에 정보를 기록하다. 예 시디를 굽다. [활용] 구워 / 구우니. → [학습마당] 1(65쪽)

*굽다² [굽따] 한쪽으로 구부러지거나 휘다. 예 허리가 굽은 할머니.

굽실거리다 [굽씰거리다] 1 고개나 허리를 자꾸 가볍게 구부렸다 펴다. 예 허리를 굽실거리다. 2 남의 비위를 맞추느라고 자꾸 비굴하게 행동하다. 예 사장에게 굽실거리다. 작 곱실거리다. 센 꿉실거리다.

굽어보다 [구버보다] 1 고개나 허리를 구부려서 아래를 내려다보다. 예 산 아래 들판을 굽어보다. 2 아랫사람을 도우려고 사정을 살피다. 예 하늘이 굽어보다.

굽이 [구비] 휘어서 굽은 곳. 구부러진 곳. 예 강이 굽이를 돌아 흐르다.

굽이굽이 [구비구비] 1 여러 개의 굽이. 또는 휘어서 굽은 곳곳. 예 산길 굽이굽이마다 철쭉꽃이 흐드러지게 피어 있다. 2 여러 굽이로 구부러지는 모양. 예 강물이 굽이굽이 흐르다.

굽이치다 [구비치다] 물이 굽이를 이루며 힘차게 흐르다. 예 파도가 세차게 굽이치다.

*굽히다 [구피다] 1 앞으로 구부리다. 예 허리를 굽히다. 2 주장이나 뜻 따위를 꺾다. 예 고집을 굽히다.

굿 [굳] 무당이 음식을 차려 놓고, 노래하고 춤추며 귀신에게 복을 비는 의식. **굿하다**.

굿거리 [굳꺼리] 무당이 굿할 때에

치는 장단.
굿거리장단 [굳꺼리장단] 농악에 쓰는 느린 4박자의 장단.
굿판 [굳판] 굿이 벌어진 판.
궁 (宮) ⇨궁궐.
궁궐 (宮闕) 임금이 사는 집. 비궁. 궁전. 궐. 대궐.
궁극 (窮極) 어떤 과정의 마지막이나 끝. 예궁극에 가서는 시간이 모자라 쩔쩔맨다.
궁극적 (窮極的) [궁극쩍] 궁극에 도달하는 (것). 예기업의 궁극적인 목적은 이익을 남기는 것이다.
궁금증 (一症) [궁금쯩] 궁금하여 답답한 마음. 예궁금증이 풀리다.
***궁금하다** 어떤 상황을 몰라서 마음이 답답하다. 예시험 결과가 무척 궁금하다.
궁금히 궁금하게. 예몇 달째 소식이 없어 궁금히 여기다.
궁녀 (宮女) 대궐에서 임금과 왕비를 모시던 여자. 비나인. 시녀.
궁둥이 엉덩이의 아랫부분으로, 앉으면 바닥에 닿는 부분.

주의 **궁둥이**와 **엉덩이** 와 **볼기**

궁둥이 엉덩이의 아랫부분으로, 앉으면 바닥에 닿는 부분.
 예엉덩잇바람을 일으키며 걸어가, 궁둥이를 붙이고 앉았다.
엉덩이 볼기의 윗부분으로, 궁둥이의 언저리.
볼기 뒤쪽 허리 아래, 허벅다리 위 좌우 쪽으로 살이 두둑한 부분.
* '엉덩방아를 찧다'는 맞는 말이지만 '궁둥방아를 찧다'라고는 하지 않는다.

궁리 (窮理) [궁니] 마음속으로 이리저리 따져 깊이 생각함. 예밤새도록 궁리하다. 궁리하다.
궁상맞다 (窮狀一) [궁상맏따] 초라하고 꾀죄죄하다. 예궁상맞은 얼굴.
궁색하다 (窮塞一) [궁새카다] 1 아주 가난하다. 예궁색한 살림. 2 말의 이유나 근거 따위가 부족하다. 예궁색한 변명을 늘어놓다. 3 태도나 입장 따위가 떳떳하지 못하다. 예입장이 궁색하게 되다.
궁여지책 (窮餘之策) 생각다 못해 짜낸 꾀. 예궁여지책으로 되는대로 둘러댔다.
궁예 (弓裔) 〖인명〗 후고구려의 임금. 신라의 왕족으로, 나라를 세워 후고구려라 함. 왕건에게 쫓기다가 죽음. [?-918]
궁전 (宮殿) ⇨궁궐.
궁중 (宮中) 대궐 안. 비궐내.
궁지 (窮地) 곤란하고 어려운 일을 당한 처지. 예궁지에 몰리다.
궁체 (宮體) 조선 때, 궁녀들이 쓰던 단정하고 아담한 한글 글씨체.
궁터 (宮一) 예전에 궁궐이 있던 자리. 비궁궐터.
궁핍 (窮乏) 몹시 가난함. 예궁핍한 생활. 반풍족. 궁핍하다.
궁하다 (窮一) 1 가난하고 어렵다. 예살림이 궁하다. 2 넉넉하지 못하다. 예용돈이 궁하다. 3 빠져나가거나 피해 나갈 길이나 방법이 없다. 예갑작스러운 물음에 대답할 말이 궁했다.
궁합 (宮合) 혼인할 남녀의 사주를 오행에 맞춰 보아 부부로서의 좋고 나쁨을 알아보는 점. 예궁합을 보다 / 궁합이 맞다.
궂다 [굳따] 1 비나 눈이 내려 날씨가 나쁘다. 예궂은 날씨. 2 언짢고 나쁘다. 예좋고 궂고 가릴 처지가 아니다. →군다 주의
궂은비 [구즌비] 날이 흐리어 어둠침침한 가운데 오래 내리는 비.
궂은일 [구즌닐] 1 언짢고 좋지 못한 일. 예궂은일도 마다하지 않다. 2 죽음에 관계되는 일. 시체를 치우거나 장례를 치르는 일 따위. 예집안에 궂은 일이 생기다.
***권** (卷) 책이나 공책을 세는 단위. 예공책 한 권 / 책 두 권.
권고 (勸告) [권:고] 어떤 일을 하도록 권함. 또는 그런 말. 예선생님의 권고로 미술 대회에 참가하다. 비권유. 반만류. 권고하다.
권력 (權力) [궐력] 남을 강제로 복종시키는 힘. 예권력을 잡다 / 권력을 휘두르다.
***권리** (權利) [궐리] 자기의 이익을 주장하고 누릴 수 있는 법적인 힘. 예권리를 누리다 / 국민의 권리를 주장하다.

町 의무.

권모술수 (權謀術數) [권모쑤] 목적을 달성하려고 온갖 수단과 방법을 가리지 않고 남을 교묘히 속이는 꾀. 예 권모술수에 능하다.

권선징악 (勸善懲惡) [권:선징악] 착한 일을 권장하고 못되고 악한 일을 벌함.

권세 (權勢) 권력과 세력. 예 권세 있는 집안 / 권세를 누리다.

권위 (權威) [궈뉘] 1 남을 지휘하거나 통솔하여 따르게 하는 힘. 예 가장의 권위를 세우다. 2 일정한 분야에서 사회적으로 인정을 받고 영향력을 끼칠 수 있는 위신. 또는 그런 사람. 예 권위 있는 학자.

권유 (勸誘) [귀:뉴] 좋은 일을 권하여 하도록 함. 예 저축을 권유하다. **권유하다**.

권율 (權慄) 〖인명〗 조선 선조 때의 장군. 임진왜란 때 행주산성 싸움에서 큰 승리를 거두었음. [1537-1599]

권익 (權益) [궈닉] 권리와 이익. 예 소비자의 권익을 보호하다.

권장 (勸奬) [권:장] 어떤 일을 잘하도록 권하고 북돋워 줌. 예 권장 도서 목록. **권장하다**.

권총 (拳銃) [권:총] 한 손으로 다룰 수 있는 짧고 작은 총.

권태 (倦怠) [권:태] 싫증을 느끼어 게을러짐. 예 권태를 느끼다.

권투 (拳鬪) [권:투] 두 사람이 양손에 글러브를 끼고 상대편 허리 벨트 위의 상체를 쳐서 승부를 겨루는 운동 경기. 복싱. ⊃boxing

*__권하다__ (勸—) [권:하다] 1 어떤 일을 하거나 힘쓰도록 부추기다. 예 독서를 권하다. 2 무엇을 먹거나 이용하라고 말하다. 예 손님에게 술을 권하다.

권한 (權限) 개인이나 조직이 처리할 수 있는 권리의 범위. 예 그 일은 내 권한 밖의 일이다.

궐기 (蹶起) 많은 사람이 같은 뜻을 품고 힘차게 들고일어남. 예 궐기 대회. **궐기하다**.

궐내 (闕內) [궐래] ⇨궁중.

궤 (櫃) [궤:] 물건을 넣도록 나무 등으로 네모나게 만든 상자. 예 쌀을 궤에 넣다. 町 궤짝.

궤도 (軌道) [궤:도] 1 기차나 전차 따위가 달릴 수 있게 만든 길. 2 일이 진행되는 정상적인 방향과 단계. 예 일이 정상 궤도에 오르다. 3 천체가 돌아가는 일정한 길. 예 달의 궤도.

궤변 (詭辯) [궤:변] 이치에 어긋난 말을 맞는 것처럼 억지로 꾸며 대는 말. 예 궤변을 늘어놓다.

*__귀__ 1 얼굴의 좌우에 있으며 소리를 듣는 기관. 예 귀가 먹다. 2 '귓바퀴'의 준말. 예 귀가 크다. 3 바늘에서 실을 꿰는 구멍. 바늘귀. 예 귀에 실을 꿰다. 4 그릇의 좌우에 귀 모양으로 달린 손잡이. ⊃ear

귀가 뚫리다 말을 알아듣게 되다.
귀가 번쩍 뜨이다 뜻밖에 반가운 소리를 들어, 그 말에 선뜻 마음이 끌리다.
귀가 솔깃하다 어떤 말을 듣고 그럴듯하여 마음이 쏠리다.
귀에 못이 박이다 같은 말을 여러 번 들어, 귀찮고 싫은 느낌이 들다. 예 공부하라는 말은 귀에 못이 박이도록 들었다.

귀가 (歸家) [귀:가] 집으로 돌아오거나 돌아감. 예 귀가 시간이 늦다. **귀가하다**.

귀감 (龜鑑) 거울로 삼아 본받을 만한 모범. 예 군인의 귀감이 되다.

귀걸이 [귀거리] ⇨귀고리.

귀경 (歸京) [귀:경] 지방에 갔다가 서울로 돌아옴. 예 귀경 차량 / 귀경 행렬. **귀경하다**.

귀고리 귀에 다는 고리 모양의 작은 장식. 町 귀걸이.

귀공자 (貴公子) [귀:공자] 1 귀한 집안에서 태어난 남자. 2 잘생기고 멋진 남자.

귀국 (歸國) [귀:국] 외국에 있다가 자기 나라로 돌아가거나 돌아옴. 예 유학 생활을 끝내고 귀국하다. 町 환국. **귀국하다**.

귀금속 (貴金屬) [귀:금속] 귀하고 아름다운 광택이 있는 금속. 백금·금·은 따위.

귀담아듣다 [귀다마듣따] 주의 깊게 잘 듣다. 예 남의 의견을 귀담아듣다.

[활용] 귀담아들어 / 귀담아들으니 / 귀담아든는.

귀동냥 남이 하는 말 따위를 얻어들어서 앎. 예 노래를 귀동냥으로 따라 부르다. 귀동냥하다.

*귀뚜라미 귀뚜라미과의 곤충. 몸길이는 2cm가량, 몸빛은 진한 갈색에 복잡한 얼룩점이  있음. 늦여름부터 가을에 걸쳐 정원이나 풀밭, 부엌 같은 곳에 살며 수컷은 날개를 비벼 소리를 냄. [준] 귀뚜리.

귀뚤귀뚤 귀뚜라미가 우는 소리.

귀띔 [귀띰] 눈치로 알아차릴 수 있게 슬그머니 알려 줌. 예 내용을 귀띔하다. 귀띔하다.

귀로 (歸路) [귀:로] 돌아가거나 돌아오는 길. 예 귀로에 오르다.

귀리 [귀:리] 볏과의 한해 또는 두해살이풀. 잎과 줄기가 보리와 비슷한 식물로 높이는 약 90cm, 열매는 술·과자의 원료가 되며, 가축 사료로도 많이 씀.

귀마개 1 귓구멍을 막는 물건. 2 추위를 막기 위해 귀를 싸는 물건.

귀머거리 귀에 이상이 있어 소리를 듣지 못하는 사람을 낮잡아 이르는 말. *청각 장애인.

귀먹다 [귀먹따] 1 귀가 어두워져 소리가 잘 들리지 아니하게 되다. 2 남의 말을 이해하지 못하다.

귀부인 (貴婦人) [귀:부인] 신분이 높거나 돈이 많은 집안의 부인.

귀빈 (貴賓) [귀:빈] 귀한 손님.

귀빈석 (貴賓席) [귀:빈석] 귀빈을 위하여 특별히 마련하여 놓은 자리.

귀빠지다 사람이 세상에 태어남을 속되게 이르는 말.

귀성 (歸省) [귀:성] 객지에서 지내다가 부모를 뵈러 고향에 돌아가거나 돌아옴. 예 귀성 차량. 귀성하다.

귀순 (歸順) [귀:순] 적이었던 사람이 무기를 버리고 상대편 쪽으로 넘어감. 예 귀순 용사. 귀순하다.

*귀신 (鬼神) [귀:신] 1 죽은 사람의 넋. 2 사람에게 복이나 화를 준다는 신령. 3 어떤 일에 남보다 뛰어난 재주가 있는 사람. 예 수학에 귀신이다.
　귀신도 모르다 아주 감쪽같다. 예 귀신도 모르게 빠져나가다.
　귀신이 곡하다 일이 매우 기묘하고 신통하다. 예 어떻게 알았는지 귀신이 곡할 노릇이다.

귀얄 풀이나 옻을 칠할 때 쓰는 솔.

귀양 고려·조선 때, 죄인을 먼 시골이나 섬으로 내어, 일정한 기간 그 지역에서만 살게 하던 형벌. 예 귀양을 보내다. [비] 유배.

귀얄

[참고] 귀양은 고려·조선 시대에 죄인을 시골로 쫓아 보내던 형벌이다. 원래는 '귀향'이었으나 귀향의 'ㅎ' 소리가 떨어져 나간 것이다.

귀양살이 [귀양사리] 귀양 가서 부자유스럽게 지내는 생활. 귀양살이하다.

귀엣말 [귀엔말] 남의 귀에 대고 소곤소곤하는 말. 예 귀엣말로 속삭이다. [비] 귓속말. 귀엣말하다.

귀여워하다 [귀:여워하다] 귀엽게 여기다. 예 고양이를 귀여워하다.

귀염 [귀:염] 1 예쁘거나 애교가 있어 사랑스러움. 예 귀염을 떨다. 2 윗사람이 아랫사람을 아끼고 사랑하는 마음. 예 선생님의 귀염을 받다.

귀염둥이 [귀:염둥이] 아주 귀여운 아이. 귀염을 받는 아이.

*귀엽다 [귀:엽따] 예쁘고 사랑스럽다. 예 하는 짓이 귀엽고 깜찍하다.
[활용] 귀여워 / 귀여우니. ⊃cute

귀이개 귀지를 파내는 기구.

귀인 (貴人) [귀:인] 신분이나 지위가 높은 사람. [반] 천인.

귀재 (鬼才) [귀:재] 세상에서 보기 드물게 뛰어난 재능. 또는 그런 재능을 가진 사람. 예 바이올린의 귀재.

귀족 (貴族) [귀:족] 가문이나 신분이 높아 사회에서 특권을 가진 사람들. 예 귀족 출신. [비] 양반. [반] 평민.

귀주 대첩 (龜州大捷) 고려 현종 10년(1019)에 침입한 거란군을 강감찬 장군이 지금의 평안북도 서쪽의 귀주에서 크게 물리친 싸움.

귀주머니 네모지게 지어 아가리 쪽으로 절반을 세 골로 접어 아래 양쪽으로 귀가 나오게 만든 주머니.

귀주머니

귀중 (貴中) [귀:중] 편지나 물품 따위를 받을 단체나 기관의 이름 뒤에 쓰는 높임말. 예 민중서림 귀중.

귀중품 (貴重品) [귀:중품] 귀중한 물건. 예 귀중품을 맡기다.

***귀중하다** (貴重一) [귀:중하다] 귀하고 중요하다. 예 시간은 돈보다 귀중하다. 비 소중하다.

귀지 [귀:지] 귓구멍 속에 낀 때.

***귀찮다** [귀찬타] 마음에 들지 않고 성가시다. 예 귀찮게 여기다.

귀천 (貴賤) [귀:천] 귀함과 천함.

귀청 ⇨ 고막.

귀추 (歸趨) [귀:추] 일이 되어 가는 형편. 예 사건의 귀추가 주목된다.

귀퉁이 1 물건의 뾰쪽 내민 부분이나 모퉁이. 예 책상 귀퉁이에 걸터앉다. 2 사물이나 마음의 한구석. 예 가슴 한 귀퉁이에 슬픔이 밀려왔다.

귀틀집 [귀틀찝] 큰 통나무를 '정(井)'자 모양으로 귀를 맞추어 얹고 틈을 흙으로 메워서 지은 집.

귀하 (貴下) [귀:하] 편지를 받을 사람의 이름 뒤에 쓰는 높임말. 예 홍길동 귀하.

***귀하다** (貴一) [귀:하다] 1 신분이나 지위가 높다. 예 귀한 가문에서 태어나다. 반 천하다. 2 흔하지 아니하다. 예 아주 귀한 물건이다. 반 흔하다. 3 존중할 만하다. 예 귀한 손님을 모시다.

귀항 (歸港) [귀:항] 배가 출발하였던 항구로 다시 돌아가거나 돌아옴. **귀항하다.**

귀향 (歸鄕) [귀:향] 고향으로 돌아가거나 돌아옴. 비 귀성. **귀향하다.**

귀화 (歸化) [귀:화] 다른 나라의 국적을 얻어 그 나라의 국민이 됨. 예 한국에 귀화한 미국인. **귀화하다.**

귀환 (歸還) [귀:환] 떠나 있던 사람이 본디 있던 곳으로 다시 돌아오거나 돌아감. 예 무사히 본국으로 귀환하다. 비 복귀. **귀환하다.**

귀히 (貴一) [귀:히] 귀하게. 예 골동품을 귀히 여기다.

귓가 [귀까 / 귇까] 귀의 가장자리. 예 귓가를 스치는 차가운 바람. 비 귓전.

귓구멍 [귀꾸멍 / 귇꾸멍] 귀의 밖에서 귀청까지 통한 구멍.

귓등 [귀뜽 / 귇뜽] 귓바퀴의 바깥쪽 부분.

귓바퀴 [귀빠퀴 / 귇빠퀴] 겉귀의 드러난 가장자리 부분.

귓병 (一病) [귀뼝 / 귇뼝] 귀에 생기는 병을 통틀어 이르는 말.

귓불 [귀뿔 / 귇뿔] 귓바퀴의 아래쪽으로 늘어진 살. 비 귓밥. ×귓볼.

귓속말 [귀쏭말 / 귇쏭말] ⇨ 귀엣말. 예 귓속말을 주고받다. **귓속말하다.**

귓전 [귀쩐 / 귇쩐] 귓바퀴의 가장자리. 비 귓가.

귓전으로 듣다 주의를 기울이지 않고 건성으로 듣다.

규격 (規格) 1 일정한 표준. 예 규격에 맞다. 2 제품의 품질·모양·크기 등의 정해진 기준. 예 규격 봉투.

규명 (糾明) 캐고 따져서 사실을 밝혀냄. 예 사건의 원인을 규명하다. **규명하다.**

> [주의] **규명과 구명**
> **규명** 사실을 캐고 따져서 바로 밝혀냄. 예 사건의 책임을 규명하다.
> **구명** 까닭이나 사리를 깊이 연구하여 밝힘. 예 문제의 원인을 구명하다.

***규모** (規模) 1 사물이나 현상의 크기나 범위. 예 규모가 큰 공사. 2 씀씀이나 예산의 한도. 예 예산 규모.

규범 (規範) 마땅히 따르고 지켜야 할 본보기. 예 생활의 규범.

규수 (閨秀) 남의 집 처녀를 높여 이르는 말. 예 양갓집 규수.

규암 (硅岩) 주로 석영으로 이루어진 돌. 매우 단단하고 유리 광택이 있음.

규약 (規約) 서로 지키도록 정한 규칙. 예 규약 위반.

규율 (規律) 지켜야 할 행동의 본보기. 예 엄격한 규율.

규장각 (奎章閣) 조선 정조 때 창덕궁에 설치하여 역대 임금의 글·글씨·

문서·초상 따위를 보관하던 곳. 학문의 연구, 서적의 편찬 따위의 일도 맡아보았음.

규정 (規定) 규칙으로 정함. 또는 그렇게 정해 놓은 것. 예맞춤법 규정. **규정하다**.

규제 (規制) 규칙이나 규정을 세워 제한함. 예비닐 봉투 사용이 규제되다. **규제하다**.

*__규칙__ (規則) 여러 사람이 지키기로 정한 법칙. 예경기 규칙 / 규칙을 어기다. 비규정. 법칙. ⊃rule

규칙적 (規則的) [규칙쩍] 일정한 규칙을 따르고 있는 (것). 예규칙적인 생활.

규탄 (糾彈) 잘못이나 허물을 잡아내어 따지고 나무람. 예부정 선거를 규탄하다. **규탄하다**.

균 (菌) 동식물에 기생하여 병 따위를 일으키는 아주 작은 생물. 비세균. 병균.

균등 (均等) 고르고 가지런하여 차별이 없음. 예기회 균등 / 균등하게 나누다. **균등하다**.

균사 (菌絲) 곰팡이 따위에서 몸을 이루는 가는 실 모양의 세포. 빛이 희며 엽록소가 없음. 비팡이실.

균열 (龜裂) [규녈] 거북의 등에 있는 무늬 모양으로 갈라져 터짐. 예벽에 균열이 생기다.

균일 (均一) [규닐] 한결같이 고름. 차이가 없음. 예균일 판매 / 음료수 가격이 균일하다. **균일하다**.

*__균형__ (均衡) 어느 한쪽으로 기울거나 치우치지 않고 고름. 예균형을 이루다. 반불균형.

균형미 (均衡美) 균형이 잘 잡힌 데서 느끼는 아름다움.

균형적 (均衡的) 균형이 잡힌. 또는 그런 것. 예국토의 균형적 발전.

*__귤__ (橘) 귤나무의 열매. 모양은 둥글납작하고 빛깔은 주황색이며 맛이 시고 달콤함.

귤나무 (橘—) [귤라무] 운향과의 상록 교목. 높이는 약 4m, 여름에 흰 다섯잎꽃이 피며 주황색 열매는 초겨울에 익음. 우리나라에서는 제주도에서 많이 재배함. 비밀감.

*__그__¹ 1 그 사람. 예그는 누구보다 좋은 선생이다. ⊃he 2 그것. 예그와 같은 물건. ⊃it

*__그__² 1 자기로부터 조금 떨어져 있는 사물을 가리키는 말. 예그 책은 내 것이다. 2 이미 말한 것 또는 서로 이미 아는 것을 가리키는 말. 예그 이야기는 나중에 하자. 3 확실하지 않거나 밝히고 싶지 않은 것을 가리키는 말. 예그 무엇이라고 하더라. 작고.

그간 (—間) 그동안. 그사이. 예그간의 소식 / 그간 어찌 지냈나.

*__그것__ [그걷] 1 자기가 있는 곳에서 조금 떨어져 있는 물건을 가리키는 말. 예그것은 내 것이다. 2 바로 앞에 말한 사물을 가리키는 말. 예운동회가 취소되었다니, 그것이 사실이니. 준그. 그거. 3 '그 사람'을 얕잡아 일컫는 말. 예그것이 무얼 안다고. 4 '그 아이'를 귀엽게 이르는 말. 예그것들은 참 귀엽게 생겼네. 작고것. ⊃it

그것참 [그걷참] 안타까움, 아쉬움, 놀라움 따위를 나타내는 말. 예그것참 잘됐다 / 그것참 좋은 생각이다.

그게 '그것이'의 준말. 예그게 정말이니. 작고게.

그곳 [그곧] 주로 글에서 '거기'를 이르는 말. 예그곳에서 내일 한 시에 만나기로 약속했다.

그길로 어떤 일이 있은 다음 곧. 예나는 차를 타자마자 그길로 바로 잠이 들었다.

*__그까짓__ [그까짇] 겨우 그만한 정도의. 예그까짓 일을 가지고 쩔쩔매느냐. 준그깟. 작고까짓.

그끄저께 그저께의 전날. 오늘로부터 사흘 전의 날. 예그끄저께 설악산에 다녀왔다. 준그끄제.

그끄제 '그끄저께'의 준말.

그나마 그것이나마. 또는 그것마저도. 예그나마 사람이 다치지 않은 게 다행이다. 작고나마.

그나저나 '그러나저러나'의 준말. 예그나저나 비는 언제 그치려는지.

그날 앞에서 말한 날. 예그날은 아침부터 눈이 내렸다.

그날그날 하루하루. 매일. 예일기는 그날그날 쓰자.

*그냥 1 변함없이 그 모양으로. 예그냥 내버려 두다. 2 그대로 줄곧. 예그냥 듣기만 하여라. 3 대가나 조건 없이. 예그냥 해 본 말이다.

*그네 [그:네] 높이 맨 두 줄 끝에 나무 따위를 걸쳐 놓고 올라서서, 몸을 앞뒤로 움직여 왔다 갔다 하게 만든 놀이 기구. 예그네를 타다.

그네뛰기 [그:네뛰기] 그네에 올라타고 몸을 앞뒤로 왔다 갔다 하는 놀이.

그녀 (-女) 그 여자. ⇨she

*그늘 1 빛이 가려 어두운 부분. 예나무 그늘에서 쉬다. 비응달. 반양지. 2 부모나 어느 사람이 보살펴 주는 아래. 예부모님의 그늘. 3 걱정이나 근심 때문에 나타나는 어두운 표정. 예한 점 그늘 없이 맑은 얼굴.

그늘지다 1 빛이 직접 비치지 않다. 예그늘진 곳에 앉아 쉬다. 2 속에 숨어 드러나지 않다. 예인생의 그늘진 곳. 3 불행이나 근심으로 마음이나 표정이 무겁다. 예그녀의 얼굴은 늘 그늘져 있다.

그다지 1 그렇게까지. 그러한 정도로. 예그다지도 내 심정을 모르느냐. 2 별로. 그리. 예그다지 나쁘지 않다. 참고 뒤에 '않다·못하다' 따위의 부정하는 말이 따름.

*그대 1 친구나 아랫사람을 높여 이르는 말. 예그대의 말이 옳다. 2 상대방을 친근하게 이르는 말. 예내 사랑하는 그대여.

*그대로 1 전에 있던 대로. 예옛 습관 그대로. 2 그것과 똑같이. 예내가 말한 그대로 전해라. 3 그냥. 예나를 보고도 그대로 지나가더라. 작고대로.

그동안 앞에서 이미 말한 만큼의 동안. 또는 다시 만나거나 연락하기까지의 동안. 예그동안 받은 상장을 보관하다.

그득 그득하게. 그득히. 예밥을 그득 담다. 작가득. 센그뜩.

그득하다 [그드카다] 분량이나 수효 등이 넘칠 만큼 많거나 한도에 차 있다. 예향기가 온 방에 그득하다. 작가득하다. 센그뜩하다.

그득히 [그드키] 넘칠 정도로 그득하게. 예잔을 그득히 채우다.

그때 그 당시. 전에 말한 때. 예그때 그는 다섯 살이었다.

그때그때 일이 생기는 때. 또는 일이 생기는 때마다. 예그때그때 상황에 맞게 행동해라 / 문제가 생기면 그때그때 처리하다.

그라운드 (ground) ⇨운동장.

*그래 1 아랫사람에게 긍정의 뜻으로 대답하는 말. 예그래, 내 곧 갈게. 2 감탄이나 가벼운 놀라움을 나타내는 말. 예그래, 정말 잘했구나. 3 상대에게 따지거나 강조할 때 쓰는 말. 예그래, 그것도 못한단 말이냐.

*그래도 1 '그러하여도'의 준말. 예그래도 내 집이 제일이다 / 그래도 난 네가 좋다. 2 '그리하여도'의 준말. 예아무리 그래도 가망이 없다. 작고래도.

*그래서 1 앞의 내용이 뒤의 내용의 원인·근거·조건 따위가 될 때 쓰는 말. 예차 사고가 나서 길이 많이 막혔어요. 그래서 늦었어요. 2 '그러하여서·그리하여서'의 준말. 예늘 그래서 야단맞지. 작고래서. ⇨so

*그래프 (graph) 수나 양의 크기를 한눈에 알아보기 쉽도록 막대나 선·점·원 따위로 나타낸 표.

그래픽 (graphic) 영상이나 인쇄물에 쓰는 사진이나 그림. 화보.

그램 (gram) 무게의 단위. 1그램은 1kg의 1,000분의 1. 4℃의 물 $1cm^3$의 무게와 같음((기호는 g)).

그러그러하다 1 서로 비슷하다. 예모임에는 모두 그러그러한 친구들만 모였다. 2 그렇고 그래서 별로 신기할 것이 없다. 예그의 솜씨는 그저 그러그러했다. 작고러고러하다.

*그러나 1 앞의 내용과 뒤의 내용이 반대될 때 쓰는 말. 예옷은 마음에 들었다. 그러나 값이 너무 비싸서 사지 못했다. 2 '그러하나·그리하나'의 준말. 예성질은 그러나 마음은 착하다 / 말은 그러나 속마음은 다른 것 같다. ⇨but

그러나저러나 지금까지 하던 이야기를 다른 쪽으로 돌릴 때 쓰는 말로, 그것은 그렇다 치고. 예그러나저러나 이것은 네 책임이다. 준그나저나.

*그러니 '그러니까'의 준말. 예그러니 장차 이 일을 어쩐담 / 형이 그러니

아우도 그러겠지 / 형편이 그러니 어쩌겠나.
***그러니까** 1 앞의 내용이 뒤의 내용의 이유나 근거가 될 때 쓰는 말. ⑩그러니까 내 말대로 해라. 2 '그러하니까·그러하니까'의 준말. ⑩옷 입은 꼴이 그러니까 남들이 웃지 않으냐.
***그러다** '그리하다'의 준말. ⑩그러다 넘어지겠다.
***그러다가** '그리하다가'의 준말. ⑩그러다가 큰코다친다.
***그러면** 1 '그렇다고 하면·그렇게 하면'의 뜻. ⑩구하라, 그러면 얻을 것이오 / 그러면 갔다 오마. 2 '그러하면·그러하면'의 준말. ⑩자꾸 그러면 못써 / 여럿이 다 그러면 따라야지. ㉣그럼.
***그러므로** 앞의 내용이 뒤의 내용의 이유나 원인, 근거가 됨을 나타내는 말로 '그러한 까닭으로·그런고로'의 뜻. ⑩그러므로 열심히 공부해야 한다. → [학습마당] 4(아래)
그러안다 [그러안따] 두 팔로 끌어당겨 껴안다. ⑩두 남매가 그러안고 하염없이 울다.
***그러자** 1 '그렇게 하자'의 뜻. ⑩그러자 그가 고함을 쳤다. 2 '그리하자·그러하자'의 준말. ⑩나도 그러자고 동의했다.
그러쥐다 손가락에 힘을 주어 잡다. ⑩손잡이를 그러쥐다.
***그러하다** 상태, 모양, 성질 따위가 그와 같다. ⑩그러한 말을 많이 들었다. ㉣그렇다. ㉠고러하다.
그럭저럭 [그럭쩌럭] 1 되어 가는 대로. ⑩그럭저럭 살아가고 있다. 2 어떻게 하다 보니. ⑩그럭저럭 시간이 다 되었다.
그런 모양, 상태, 성질 따위가 그러한. ⑩그런 사람 / 그런 사실이 없다.
그런대로 만족스럽지는 않지만 그런 정도로. ⑩찌개가 조금 짭짤하지만 그런대로 먹을 만하다.
***그런데** 1 앞의 내용과 반대되는 내용을 이끌거나 화제를 바꿀 때 쓰는 말. ⑩그런데 그것은 어떻게 됐지. 2 '그러한데'의 준말. ⑩몸이 그런데 갈 수 있겠니. ㉣근데.
그럴듯하다 [그럴뜨타다] 1 그렇다고 여길 만하다. ⑩그럴듯한 의견. 2 제법 훌륭하다. ⑩야, 그거 참 그럴듯하다.
그럴싸하다 그럴듯하다. 비슷하다. 괜찮다. ⑩그럴싸한 핑계를 대다.
***그럼**¹ '그러면'의 준말. ⑩그럼, 안녕 / 그럼 안 된다.
***그럼**² 당연하다는 뜻으로 대답할 때 쓰는 말. ⑩그럼, 그렇고 말고.
그렁그렁 눈에 눈물이 가득 괴어 있는 모양. ⑩눈물이 그렁그렁하다. ㉤글썽글썽. **그렁그렁하다**.
***그렇게** [그러케] '그러하게'의 준말. ⑩그렇게 함부로 행동하지 마라 / 그렇게 큰 금액은 아니다. ㉠고렇게.
***그렇다** [그러타] '그러하다'의 준말. ⑩그렇다고 해서 그만둘 수도 없다 / 내 말은 그렇다 치고 네 의견 좀 듣자 / 그렇다면 나도 할 말은 해야겠다. ㉠고렇다. [활용] 그러니 / 그래서.
그렇고 그렇다 대수롭거나 특별하지 아니하다. ⑩양만 많았지 맛은 그렇고 그렇다.
그렇고 말고 상대의 말에 동의하는 뜻으로 맞장구치는 말.
그렇잖다 '그렇지 않다'의 준말. ⑩내 솔직한 의견은 그렇잖다.
그렇지 [그러치] 1 '그와 같이 틀림없다'는 뜻. ⑩그렇지, 오늘 약속이 있었

학습마당 4

'그러므로'와 '그럼으로(써)'

그러므로 1 그러하기 때문에. ⑩규정이 그러므로 이를 어길 수 없다.
2 그리하기 때문에. ⑩그가 스스로 그러므로 만류하기가 어렵다.
3 그렇기 때문에. ⑩그는 훌륭한 학자다. 그러므로 존경을 받는다.
그럼으로(써) 1 그렇게 하는 것으로써. ⑩그는 열심히 일한다. 그럼으로써 삶의 보람을 느낀다.
2 그렇게 하는 것 때문에. ⑩네가 그럼으로(써), 병세가 더 나빠졌다.

지. 2 '그러하지'의 준말. 예그러면 그렇지.

*그렇지만 [그러치만] '그렇지마는'의 준말로, 앞의 내용과 반대되는 내용을 이끄는 말. 예배는 부르다. 그렇지만 조금 더 먹을 수는 있겠다.

*그루 1 나무·곡식 따위의 줄기의 밑동. 2 식물, 특히 나무를 세는 말. 예무궁화 한 그루.

그루터기 풀이나 나무 따위를 베어 내고 남은 밑동.

그룹(group) 1 여럿이 같은 목적으로 모이는 모임. 집단. 무리. 동아리. 예그룹 과외 / 그룹별로 모이다. 2 계열을 이룬 기업체의 무리. 예그룹 회장직을 연임하다.

*그르다 1 옳지 못하다. 예옳고 그름을 따지다. 2 될 가망이 없다. 예일이 잘되기는 글렀다. [활용] 글러 / 그르니.

그르치다 잘못하여 일을 그릇되게 하다. 예일을 그르치다.

*그릇¹ [그른] 1 음식이나 물건 따위를 담는 기구. 예반찬 그릇 / 그릇을 씻어 정리하다. 2 일을 다루는 능력이나 재주. 예그릇이 큰 인물.

그릇² [그른] 그르게. 틀리게. 잘못되게. 예어설피 듣고 그릇 전하다.

그릇되다 [그른뙤다 / 그른뛔다] 그르게 되다. 일이 잘못되다. 예그릇된 생각.

그리 1 그러하게. 예그리 알고 기다려라. 2 그다지. 예그리 바쁘지 않다. 3 그곳으로. 또는 그쪽으로. 예내가 그리 가지.

*그리고 단어나 구, 절, 문장 따위를 나란히 연결할 때 쓰는 말. 예그대 그리고 나 / 정직하라. 그리고 노력하라 / 딸기와 참외, 그리고 수박. ⊃and

*그리다¹ 사랑하는 마음이 있어 간절히 생각하다. 예고향을 그리다 / 연인을 애타게 그리다.

*그리다² [그:리다] 1 물건의 모양을 그와 같게 그림으로 나타내다. 예고양이를 그리다. 2 사물의 모양이나 생각을 말이나 글로 나타내다. 예형제애를 그린 작품. 3 어떤 도형과 닮은 모양을 짓다. 예타자가 친 공이 포물선을 그리며 날아갔다. 4 상상하거나 회상하다. 예어릴 때 모습을 머릿속에 잠시 그려 보았다. ⊃draw

그리스 (Greece) 〖국명〗 남부 유럽의 발칸반도 끝에 있는 나라. 고대 그리스 문명의 중심지임. 수도는 아테네.

그리스도 (←Kristos) 〖인명〗 '구세주'라는 뜻으로 기독교의 창시자 '예수'를 일컫는 이름.

그리스 신화 (Greece神話) 고대 그리스 사람들이 만든 신화와 전설. 유럽의 미술과 문학에 큰 영향을 끼쳤음.

그리움 보고 싶어 애타는 마음. 예사무치는 그리움.

그리워하다 보고 싶어하다. 예어머니를 그리워하다.

*그리하다 그렇게 하다. 예그리하면 잘될 것이다 / 그리해서는 시험에 붙기 어렵다.

그린벨트 (greenbelt) 도시 주변을 아름답게 꾸미고 자연환경을 보호하기 위해 개발을 금지하고 있는 지역. 개발 제한 구역.

그린피스 (Green Peace) 핵무기 반대와 환경 보호 등을 목표로 활동하는 국제 단체. 본부는 네덜란드 암스테르담에 있음.

*그림 [그:림] 사람이나 사물의 모양을 선 또는 색채를 써서 평면 위에 나타낸 것. 예그림을 그리다.

그림의 떡 아무리 마음에 들어도 이용할 수 없거나 가질 수 없는 것.

그림그래프 (—graph) 통계 수치 따위를 그림으로 나타낸 그래프.

그림 문자 (—文字) 옛날 사람들이 그림으로 뜻을 나타낸 문자. 비회화 문자.

그림물감 [그:림물깜] 그림을 그리는 데 쓰는 물감.

그림엽서 (—葉書) [그:림녑써] 뒷면에 사진이나 그림 따위가 있는 우편엽서. 예그림엽서를 보내다.

그림일기 (—日記) [그:리밀기] 겪은 일들을 글과 그림으로 나타낸 일기. 주로 어린이들이 씀.

*그림자 [그:림자] 1 물체가 빛을 가려 그 물체의 뒤쪽에 나타나는 검은 그늘. 예스승의 그림자도 밟지 않던 시절. 2 물 등에 비치어 나타나는 물체

의 모습. ㉑연못에 비친 자기 **그림자**를 보다. 3 사람의 자취. ㉑어두운 골목에는 그림자 하나 볼 수 없었다. 4 근심·걱정 따위로 얼굴에 나타나는 어두운 표정. 얼굴에 수심의 그림자를 드리우다.

그림자밟기 [그:림자밥끼] 술래가 된 사람이 다른 사람의 뒤를 쫓아다니며 그림자를 밟는 놀이.

그림지도 (一地圖) [그:림지도] 고장의 명소·유적·도로 등을 알아보기 쉽게 그림으로 나타낸 지도.

*__그림책__ (一册) [그:림책] 1 어린이들을 위하여 주로 그림으로 꾸민 책. 2 그림을 모아 엮은 책.

그림판 (一板) [그:림판] 그림을 붙이는 판.

*__그립다__ [그립따] 보고 싶어 애타는 마음이 간절하다. ㉑그리운 내 고향. [활용] 그리워 / 그리우니.

*__그만__ 1 그 정도까지만. ㉑오늘은 그만 하자. 2 그대로 곧장. ㉑그 말에 그만 벌컥 화를 냈다. 3 자신도 모르는 사이에. ㉑물을 급히 먹다가 그만 사레가 들렸다. 4 어쩔 도리가 없이. ㉑늦잠을 자서 그만 지각하고 말았다. [작] 고만.

그만그만하다 더 크거나 작지도 않고, 또는 더 많거나 적지도 않고 그저 어슷비슷하다. ㉑그만그만한 나이의 아이들. [작] 고만고만하다.

*__그만두다__ 1 하던 일을 중간에 그치고 하지 않다. ㉑회사를 갑자기 그만두다. 2 할 예정이던 것을 하지 않다. ㉑비가 와서 등산을 그만두었다. [작] 고만두다. ⊃stop

그만이다 1 그것뿐이다. 그것으로 마지막이다. ㉑가면 그만이다 / 그것만 하면 오늘은 그만이다. 2 더할 나위 없이 좋다. 가장 낫다. ㉑한여름에는 시원한 얼음물 한 잔이 그만이다. [작] 고만이다.

그만큼 그만한 정도로. ㉑땀 흘리면 그만큼 거두게 된다.

그만하다 1 상태·모양 따위의 정도가 그러하다. ㉑아버님 병환이 그만하시다니 다행이다. 2 웬만하다. ㉑이 학생 성적은 그저 그만합니다. 3 정도나 수량이 그것만 하다. ㉑그만한 돈은 내게도 있다. [작] 고만하다.

*__그물__ 물고기·날짐승 따위를 잡기 위해 노끈이나 쇠줄 따위를 엮어서 만든 기구. ㉑그물을 던지다.

그물망 (一網) 그물코처럼 구멍이 있는 망. ㉑그물망을 치다.

그물추 (一錘) 그물이 물속에 쉽게 가라앉도록 그물 끝에 매다는 돌이나 쇠붙이.

그물코 그물에 뚫려 있는 구멍. ㉑그물코가 촘촘하다.

그믐 '그믐날'의 준말. →날 [참고]

그믐날 음력으로 한 달의 맨 마지막 날. [반] 초하루. [준] 그믐.

그믐달 [그믐딸] 음력으로 매월 그믐께 뜨는 달. 달의 왼쪽 부분이 칼날같이 보임. [반] 초승달.

> [참고] 이 말은 '어두워지다'의 뜻을 나타내는 '그믈다'에서 나온 말 '그믐'에 '달이 붙은 말로 그 달 마지막 날 떠오르는 달을 뜻한다.

그분 '그 사람'의 높임말. ㉑그분은 지금 어디 계시냐.

그사이 어느 때부터 다른 어느 때까지. ㉑그사이를 못 참고 그냥 가 버렸다. [준] 그새.

그새 '그사이'의 준말. ㉑그새 키가 많이 컸구나. [본] 그사이.

그슬리다 1 불에 겉만 조금 타다. 머리카락이 촛불에 그슬리다. 2 불에 겉만 조금 타게 하다. →그을리다 [주의]

그야 '그것이야'의 준말로 앞에 한 말에 대한 동의나 이유를 나타냄. ㉑그야 물론이지 / 그야 친구니까 그럴 수밖에.

그야말로 말한 바와 같이 참으로. ㉑오늘은 실적이 좋아 그야말로 보람찬 하루였다.

그윽이 [그으기] 그윽하게. ㉑그윽이 들리는 새벽 종소리.

그윽하다 [그으카다] 1 깊숙하고 고요하다. ㉑그윽한 정취. 2 뜻이나 생각이 깊다. ㉑그윽한 애정을 보이다. 3 느낌이 은근하다. ㉑방 안 가득 그윽한 향내가 풍겼다.

그을다 햇볕이나 연기 따위에 오랫동안 쐬어 빛이 검게 되다. 예 햇볕에 그은 얼굴/천장이 연기에 그을다. [활용] 그을어/그으니/그으는.

그을리다 1 그을게 되다. 예 햇볕에 그을린 얼굴. 2 그을게 하다. 예 햇볕에 살갗을 그을리다.

> 주의 **그을리다**와 **그슬리다**
>
> **그을리다** '햇볕이나 연기 같은 것에 오랫동안 쐬어 빛이 검게 되다 또는 검게 하다'의 뜻이다. 예 얼굴이 새까맣게 그을렸다.
>
> **그슬리다** '불에 겉만 조금 타게 하다'란 뜻의 '그스르다'에서 나온 말이다. 예 그슬린 돼지가 달아맨 돼지 타령한다.

그을음 [그으름] 불이 탈 때 불꽃과 함께 연기에 섞여 일어나는 먼지 같은 검은 가루. 예 촛불의 그을음.

그이 1 그 사람. 예 아까 그이에게 한 번 부탁해 보자. 2 아내가 다른 사람에게 자기 남편을 가리켜서 이르는 말. 예 그이가 몹시 아끼는 물건입니다.

*그저 1 그대로 줄곧. 예 주말엔 그저 잠만 자는구나. 2 아무 생각 없이. 예 그저 농담으로 한 말이다.

*그저께 어제의 전날. 예 그저께 밤에 도착했다. 준 그제.

그전 (一前) 1 얼마 되지 않은 전날. 예 그전 장관. 비 지난날. 2 퍽 오래된 지난날. 예 그전에는 여기도 밭이었다. 비 예전.

*그제 '그저께'의 준말.

그제야 그때에야 비로소. 예 그제야 말문을 열었다.

그중 (一中) 많은 가운데서 가장. 예 그 아이가 그중 예쁘다/이것이 그중 낫다.

그즈음 과거의 어느 무렵. 예 그즈음에 널리 불리던 노래가 있었다.

그지없다 [그지업따] 1 끝이 없다. 예 부모님의 사랑은 그지없다. 비 한량없다. 2 이루 다 말할 수 없다. 예 억울하기 그지없다.

그지없이 [그지업씨] 그지없게. 예 잘 자라 준 자식들을 보니 그지없이 행복하다.

그쪽 듣는 사람에게 가까운 쪽. 예 그쪽에 서 있지 말고 이리 오세요.

그쯤 그만한 정도. 또는 그만한 정도로. 예 나도 그쯤은 할 수 있다.

*그치다 1 움직임이 멈추거나 끝나다. 또는 그렇게 하다. 예 바람이 그치다/동생에게 과자를 주었더니 울음을 그쳤다. 2 어떤 상태에 머무르다. 예 지난 대회 때 우리 팀은 8위에 그쳤다.

그토록 그렇게까지. 예 그토록 기다렸는데 만날 수 없었다.

그해 과거의 어느 해. 예 그해 여름은 몹시 더웠다.

*극¹ (極) 1 어떤 정도가 그 이상 갈 수 없는 지경. 예 슬픔이 극에 달하다. 2 지축의 양쪽 끝. 남극과 북극. 3 전극에서 양극과 음극. 4 자석에서 자기력이 가장 센 두 끝. 남극과 북극.

극² (劇) 연극이나 연극의 대본이 되는 문학 작품.

극광 (極光) [극꽝] 남극이나 북극 부근의 하늘에서 가끔 볼 수 있는 아름다운 빛. 오로라.

극구 (極口) [극꾸] 온갖 말이나 행동을 다하여. 예 극구 사양하다.

극기 (克己) [극끼] 자기의 욕심이나 감정을 슬기롭게 눌러 이김. 예 극기 훈련. **극기하다**.

극단¹ (極端) [극딴] 1 맨 끝. 2 심하게 한쪽으로 치우침. 예 생각이 극단으로 흐르다.

극단² (劇團) [극딴] 연극을 전문으로 공연하는 단체.

극단적 (極端的) [극딴적] 한쪽으로 심하게 치우친 (것). 예 극단적인 행동을 삼가다.

극대화 (極大化) [극때화] 가장 크게 됨. 또는 가장 크게 함. 예 이윤을 극대화하다/작업 능률을 극대화시키다. 반 극소화. **극대화하다**.

극도 (極度) [극또] 더할 수 없는 정도. 예 극도로 흥분하다/분노가 극도에 달하다.

극동 (極東) [극똥] 아시아의 가장 동쪽에 있는 지역. 곧, 우리나라·중국·일본 등이 포함된 지역. *근동.

극락 (極樂) [긍낙] 1 불교에서 아미타불이 살고 있는, 지극히 편안하고 걱정이 없는 행복한 세상. 비 극락세계. 2 지극히 안락하여 아무 걱정이 없는 경우와 처지. 또는 그런 장소. 반 지옥.

극력 (極力) [긍녁] 있는 힘을 다함. 예 극력 반대하다. 비 힘껏.

극렬하다 (極烈―) [긍녈하다] 매우 사납고 세차다. 예 극렬한 시위를 벌이다. **극렬히**.

극명하다 (克明―) [긍명하다] 매우 자세하고 분명하다. 예 자기 입장을 극명하게 드러내다.

*__극복__ (克服) [극뽁] 어렵고 힘든 일을 이겨 냄. 예 위기 극복을 위한 대책을 마련하다. **극복하다**.

*__극본__ (劇本) [극뽄] 연극이나 방송극 따위에서, 대사·동작·무대 장치 따위를 적은 글. 비 각본.

극비 (極祕) [극삐] 가장 중요한 비밀. 예 극비 문서.

극비리 (極祕裡) [극삐리] 극히 비밀스러운 가운데. 예 극비리에 일을 진행하다.

극빈 (極貧) [극삔] 몹시 가난함. 예 극빈한 가정. **극빈하다**.

극성 (極盛) [극썽] 1 몹시 왕성함. 2 성질이나 행동이 몹시 드세거나 지나치게 적극적임.

극성스럽다 (極盛―) [극썽스럽따] 성질이나 행동이 몹시 드세거나 지나치게 적극적인 데가 있다. 예 극성스럽게 짖어 대는 개 / 극성스럽게 매달리다 / 공부에 극성스러웠던 그는 언제나 1등을 했다. [활용] 극성스러워 / 극성스러우니.

극소수 (極少數) [극쏘수] 아주 적은 수. 예 극소수 사람만이 그를 따랐다.

극심하다 (極甚―) [극씸하다] 매우 심하다. 예 극심한 가뭄.

극악무도하다 (極惡無道―) [그강무도하다] 더없이 악하고 도리에 완전히 어긋나다. 예 극악무도한 만행을 저지르다.

극약 (劇藥) [그갸] 적은 양으로도 사람이나 동물을 해치는 약품.

극언 (極言) [그건] 극단적으로 말함. 또는 그 말. 예 매국노라고 극언을 퍼붓다. **극언하다**.

극음악 (劇音樂) [그그막] 가극처럼 극의 형식으로 연주되는 음악. 또는 연극을 위한 음악.

극작가 (劇作家) [극짝까] 전문적으로 연극의 각본을 쓰는 사람.

*__극장__ (劇場) [극짱] 영화나 연극 따위를 감상할 수 있게 무대와 관람석 따위의 시설을 갖춘 곳.

극적 (劇的) [극쩍] 1 극의 특성을 나타내는 (것). 예 극적 효과. 2 극을 보는 것처럼 감동적이거나 인상을 남기는 (것). 예 극적으로 만나다 / 극적인 순간을 담은 사진.

극 중 (劇中) 극의 내용 가운데. 예 극 중 인물.

극진하다 (極盡―) [극찐하다] 마음과 정성을 다하다. 예 효성이 극진하다 / 손님에게 극진한 대접을 하다.

극진히 (極盡―) [극찐히] 극진하게. 예 부모님을 극진히 모시다.

극찬 (極讚) 매우 높이 칭찬함. 예 극찬을 받은 작품. **극찬하다**.

극치 (極致) 도달할 수 있는 최고의 경지나 상태. 예 아름다움의 극치를 보여 주는 그림.

극한 (極限) [그칸] 도달할 수 있는 최후의 단계. 사물의 끝닿는 데. 예 극한 대립 / 극한 상황 / 슬픔이 극한에 달하다.

극형 (極刑) [그켱] 가장 무거운 형벌인 '사형'을 이르는 말. 예 죄인을 극형으로 다스리다.

극화하다 (劇化―) [그콰하다] 사건이나 소설 따위를 극의 형식으로 만들다. 예 소설을 극화하다.

극히 (極―) [그키] 매우. 대단히. 심히. 예 극히 드문 일.

근[1] (斤) 저울로 다는 무게의 단위. 고기나 한약재 따위에서는 1근을 600g으로, 채소 따위에서는 375g으로 씀. 예 돼지고기 한 근.

근[2] (近) [근ː] 그것에 거의 가까움을 나타내는 말. 예 근 한 달 동안 병원에 입원했다.

근간 (近間) [근ː간] 요사이. 예 근간에는 만난 적이 없다.

*__근거__ (根據) 1 근본이 되는 터전. 예 생활의 근거. 2 의견·의논 등에 그 근본이 되는 사실. 예 근거 없는 소문 /

근거를 대다. **근거하다**.
근거리 (近距離) [근:거리] 가까운 거리. 예근거리 통화. 반원거리.
근거지 (根據地) 활동의 중심으로 삼는 곳.
근검 (勤儉) [근:검] 부지런하고 검소함. **근검하다**.
근교 (近郊) [근:교] 도시에 가까운 변두리 지역. 예서울 근교 / 근교 농업.
근근이 (僅僅一) [근:그니] 겨우. 간신히. 예쥐꼬리만 한 월급으로 근근이 살아가다.
근년 (近年) [근:년] 요 몇 해 사이. 예근년에 없었던 대풍작.
근대¹ 명아줏과의 두해살이 채소. 줄기와 잎은 국을 끓이거나 무쳐서 먹음. 밭에서 재배함.
근대² (近代) [근:대] 1 지나간 지 얼마 안 되는 가까운 시대. 2 역사의 시대 구분의 하나. 현대의 바로 앞 시대. 반세대. *고대.
근대식 (近代式) [근:대식] 근대의 발전 수준에 맞는 방식. 예근대식 건축물.
근대적 (近代的) [근:대적] 근대의 특징이 될 만한 성질이나 경향이 있는 (것). 예근대적인 설비 / 토지 제도를 근대적으로 정비하다.
근대화 (近代化) [근:대화] 뒤떨어진 상태에서 벗어나 발전된 상태로 되게 함. 예산업의 근대화. **근대화하다**.
근데 '그런데'의 준말. 예근데 숙제는 다 했니.
***근래** (近來) [글:래] 가까운 요즘. 예근래에 보기 드문 일.
근력 (筋力) [글력] 1 근육의 힘. 예근력을 기르다. 2 일을 능히 감당해 내는 힘. 예할아버지는 근력이 좋으시다. 반기력.
***근로** (勤勞) [글:로] 1 부지런히 일함. 2 일정한 시간에 정해진 일을 함. 예근로 시간.
근로 기본권 (勤勞基本權) 근로자의 인간다운 생활을 보장하기 위해 헌법이 정한 기본권. 근로권·단결권·단체교섭권 따위.
근로 소득 (勤勞所得) 근로자가 일을 한 대가로 받는 소득. 봉급·연금·상여금 따위.
***근로자** (勤勞者) [글:로자] 일을 하여 얻는 소득으로 생활하는 사람. 예근로자의 날. 비노동자.
근린공원 (近隣公園) [글:린공원] 근처에 사는 시민들이 쉽게 이용할 수 있는 조그마한 공원.
***근면** (勤勉) [근:면] 부지런하게 힘씀. 예근면한 사람. **근면하다**.
근면성 (勤勉性) [근:면썽] 부지런한 품성. 예그의 근면성을 본받다.
근무 (勤務) [근:무] 일터에 나가 일함. 일을 맡아 함. 예근무 시간 / 근무 태도가 성실하다. **근무하다**.
근방 (近方) [근:방] 가까운 곳. 예집 근방에 공원이 있다. 비근처.
***근본** (根本) 사물이 생겨나는 본바탕. 예근본 원인. 비기초. 근원.
근본적 (根本的) 근본을 이루거나 근본이 되는 (것). 예근본적인 문제. 비기본적.
***근사하다** (近似一) [근:사하다] 1 거의 같다. 예내 생각과 근사하게 들어맞았다. 2 그럴싸하게 괜찮다. 꽤 좋다. 예근사한 옷차림.
근삿값 (近似一) [근:사깝 / 근:삳깝] 참값에 아주 가까운 값. 비근사치.
근성 (根性) 1 어떤 일을 끝까지 해내려고 하는 끈질긴 성질. 예나는 승부 근성이 강하다. 2 태어날 때부터 지니고 있는 근본 성질. 예근성이 착한 친구다.
근세 (近世) [근:세] 중세와 현대의 중간 시대. 우리나라에서는 조선 시대, 유럽에서는 르네상스에서 현대에 이르기까지가 이에 해당함. 예한국의 근세 문학.
근소하다 (僅少一) [근:소하다] 아주 적다. 예근소한 차이로 탈락하다.
근속 (勤續) [근:속] 한 직장에서 오랫동안 일함. 예20년 동안 근속하다. **근속하다**.
근시 (近視) [근:시] 가까운 데는 잘 보면서 먼 데는 잘 보지 못하는 시력. 또는 그런 눈. 반원시.
근신 (謹愼) [근:신] 1 말과 행동을 삼가고 조심함. 예근신의 뜻을 나타내다. 2 일정 기간 동안 등교나 출근 따위의 활동을 삼가고 반성함. ⓔ근신 처분을 내리다. **근신하다.**

근심 괴롭게 애를 태우는 마음. ⓔ 근심에 잠기다 / 근심이 태산 같다. ⓑ 걱정. 염려. **근심하다.**

근심스럽다 [근심스럽따] 근심하는 태도가 있다. ⓔ근심스러운 표정으로 바라보았다. ⓑ걱정스럽다. 활용 근심스러워 / 근심스러우니.

근엄하다 (謹嚴—) [그:넘하다] 점잖고 엄숙하다. ⓔ근엄한 표정. ⓑ엄숙하다.

근원 (根源) [그뉜] 1 물이 흘러내리기 시작하는 곳. ⓔ한강의 근원은 태백산이다. 2 사물이 생겨나는 본바탕. ⓔ근원을 밝히다.

근원지 (根源地) [그뉜지] 사물의 근원이 되는 곳. ⓔ소문의 근원지를 알아보자.

근위 (近衛) [그:뉘] 임금을 가까이에서 보호하고 지킴. 또는 그런 장병이나 부대.

***근육** (筋肉) [그뉵] 몸의 연한 부분을 이루며, 뼈와 내장 등을 싸고 있는 힘줄과 살. ⓑ힘살.

근육질 (筋肉質) [그뉵찔] 운동으로 근육을 잘 발달시켜 몸 전체가 우람하고 단단한 체격. ⓔ근육질의 남자.

근절 (根絕) 어떤 일이 다시 일어나지 못하도록 아주 뿌리째 없애 버림. ⓔ폭력배를 근절하다. **근절하다.**

근접 (近接) [근:접] 가까이 다가감. 가까이 닿음. ⓔ근접 사격 / 목표에 근접하다. ⓑ접근. **근접하다.**

근정전 (勤政殿) [근:정전] 경복궁 안에 있는 궁전. 임금의 공식 의식 등을 하던 곳으로, 태조 4년(1395)에 지었으나 임진왜란 때 불타서 고종 4년(1867)에 대원군이 다시 지은 것임. 우리나라 국보로, 정식 이름은 '경복궁 근정전'.

근정전

근조 (謹弔) [근:조] 사람의 죽음에 대한 슬픈 마음을 나타냄. 삼가 조의를 표함.

근지럽다 [근지럽따] 1 피부에 조금 가려운 느낌이 있다. ⓔ등이 근지럽다. 참간지럽다. 2 어떤 일을 하고 싶어서 참고 견디기 어렵다. ⓔ운동을 하고 싶어서 몸이 근지러우냐. 활용 근지러워 / 근지러우니.

근질거리다 1 자꾸 근지러운 느낌이 나다. ⓔ머리가 근질거리다. 2 어떤 일을 자꾸 몹시 하고 싶어하다. ⓔ컴퓨터 게임이 하고 싶어서 손이 근질거린다. 참간질거리다.

근질근질하다 1 자꾸 또는 매우 근지럽다. ⓔ괜히 몸이 여기저기 근질질한다. 2 어떤 일을 몹시 하고 싶어 참기가 매우 어렵다. ⓔ비밀을 말하고 싶어 입이 근질근질하다.

근질대다 ⇨근질거리다.

***근처** (近處) [근:처] 가까운 곳. ⓔ학교 근처에 산다. ⓑ근방. 부근.

근초고왕 (近肖古王) [근:초고왕] 〖인명〗백제 제13대 임금. 왕이 된 후 고구려가 침범하자 이를 격퇴하고 이어 고구려의 평양성을 점령하였음. 아직기와 왕인을 일본에 파견하였으며, 박사 고흥에게 명하여 '서기'를 편찬하게 함. [?-375 ; 재위 346-375]

근친 (近親) [근:친] 촌수가 가까운 일가. 흔히 팔촌 이내의 일가붙이.

근하신년 (謹賀新年) [근:하신년] 삼가 새해를 축하한다는 뜻으로, 주로 연하장에 쓰는 말.

근해 (近海) [근:해] 육지에서 가까운 바다. ⓔ근해 어업. ⓑ연해. ⓟ원양.

근황 (近況) [근:황] 요즈음의 형편. ⓔ선생님의 근황이 궁금하다.

***글** 1 어떤 생각이나 말 따위의 내용을 글자로 나타낸 것. ⓔ글을 짓다 / 네가 지은 글을 읽어 보았다 / 자신의 생각을 글로 표현하다. 2 학문이나 학식. ⓔ글깨나 배웠다는 사람 / 글 못한 놈 서러워서 살겠나. 3 '글자'의 준말. ⓔ아이에게 글을 가르치다. ⓑ문장. 글월.

글감 [글깜] 글로 쓸 만한 재료. ⓔ글감을 고르다.

글공부 (—工夫) [글공부] 글을 익히거나 배우는 일. **글공부하다.**

글귀 (—句) [글뀌] 글의 구나 절.

글라디올러스 (gladiolus) 붓꽃과의

여러해살이풀. 잎은 알뿌리에서 나오는데 긴 칼 모양이고, 여름에 깔때기 모양의 꽃이 밑에서 위로 차례로 핌. 관상용임.

글라스 (glass) 유리로 만든 잔. 비유리잔.

글라이더 (glider) 엔진이나 프로펠러가 없이 바람을 이용하여 나는 간단한 비행기.

글라이더

글러브 (glove) 권투나 야구를 할 때 손에 끼는 두꺼운 가죽 장갑.

글리세린 (glycerine) 빛깔과 냄새가 없는 끈끈한 액체. 의약품·폭약·화장품 따위의 원료로 씀. 글리세롤.

글리코겐 (glycogen) 동물의 간장·근육 등에 들어 있는 탄수화물의 하나. 동물의 에너지 대사에 중요한 물질임.

글말 글에서만 쓰는 말. 비문어.

글방 (一房) [글빵] 예전에, 한문을 가르치던 곳. 비서당.

글썽거리다 눈물이 눈가에 자꾸 넘칠 듯이 그득하게 고이다. 예헤어지기 아쉬워 눈물을 글썽거리다.

글썽이다 눈에 눈물이 그득히 괴어 넘칠 듯하다.

*__글쎄__ 1 확실하지 않을 때 쓰는 말. 예글쎄, 내가 할 수 있을까. 2 자기의 뜻을 강조할 때 쓰는 말. 예글쎄, 내 말이 맞다니까.

글쓰기 생각이나 느낌, 사실 등을 글로 써서 표현하는 일.

글쓴이 [글쓰니] 글을 쓴 사람.

*__글씨__ 1 써 놓은 글자의 모양. 예글씨가 참 예쁘다. 2 글자를 쓰는 일. 예글씨 연습. 비글자. 문자.

글씨본 (一本) 글씨 연습을 할 때에 보고 쓰도록 만든 책.

글씨체 (一體) 1 글씨를 쓰는 일정한 격식. 2 글자를 써 놓은 모양새. 예글씨체에 힘이 넘치다. 비서체.

글월 [그뤌] 1 글. 문장. 2 편지.

*__글자__ (一字) [글짜] 사람의 말을 눈으로 볼 수 있도록 나타낸 기호. 예글자를 적다. 비문자. 준글.

글자판 (一字板) [글짜판] 시계·컴퓨터 등에서 글자나 숫자, 기호가 적힌 판. 비자판.

글재주 [글째주] 글을 잘 깨치거나 짓는 재주. 예글재주가 뛰어나다.

*__글짓기__ [글짇끼] 사실·생각·느낌 따위를 글로 적는 일. 예글짓기 대회. 비작문. **글짓기하다**.

글피 모레의 다음 날. 예모레나 글피쯤에 만나자.

긁다 [극따] 1 손톱이나 뾰족한 기구 따위로 바닥이나 거죽을 문지르거나 붙은 것을 벗겨 없애다. 예가려운 데를 긁다. 2 갈퀴 따위로 거두어서 그러모으다. 예검불을 긁다. [활용] 긁고 [글꼬] / 긁어서 [글거서] / 긁지 [극찌].

긁적거리다 [극쩍꺼리다] 자꾸 긁적이다. 예머리를 긁적거리다.

긁적이다 [극쩌기다] 가볍게 자꾸 긁다. 예머리를 긁적이며 멋쩍게 웃었다.

긁히다 [글키다] 긁음을 당하다. 예손톱에 긁힌 자국.

금[1] 물건의 값. 예금을 매기다. 비가격.

*__금__[2] 1 그었거나 접었거나 줄을 친 자국. 예금을 긋다. 2 갈라지지 않고 가늘게 터지기만 한 흔적. 예찻잔에 금이 가다.

　금(을) 긋다 한도나 한계선을 정하다. 예정확히 금을 그어 놓고 일을 하자.

　금(이) 가다 친한 사이가 벌어지다. 예우정에 금이 가는 일.

*__금__[3] (金) 누른 빛깔의 광택이 있는 쇠붙이로, 귀금속의 하나. 예금으로 만든 목걸이 / 금을 입히다. ⇒gold

*__금__[4] (金) '금요일'의 준말.

금값 (金—) [금깝] 1 금의 값. 2 금에 맞먹을 만큼 매우 비싼 값. 예배춧값이 금값이다.

금강 (錦江) [금:강] 충청남도와 전라북도의 경계를 이루면서 공주·부여 등을 거쳐 황해로 흘러 들어가는 강. 길이는 401km.

금강산 (金剛山) 강원도 북부에 있는 명산. 일만이천이나 되는 봉우리가 있으며 경치가 세계적으로 유명함. 철에 따라 봄에는 금강산, 여름에는 봉래산, 가을에는 풍악산, 겨울에는 개골산으

금강석(金剛石) 보석의 하나. 광물 중에서 가장 단단하며 광택이 매우 아름다움. 공업용으로도 씀. 다이아몬드.

금고(金庫) 1 돈이나 중요한 서류 따위를 화재나 도난으로부터 안전하게 보관하는 데 쓰는 쇠붙이 상자나 창고. 예금고를 털다. 2 특별한 목적에 쓸 돈을 마련하기 위해 설치한 은행 비슷한 금융 기관. 예상호 신용 금고/새마을 금고.

금관(金冠) 금으로 만들거나 장식한 머리에 쓰는 관.

금관 악기(金管樂器) 금속으로 만든 관악기. 트럼펫·트롬본 따위. ※목관 악기.

금관총(金冠塚) 경상북도 경주시 노서동에 있는 신라의 고분. 순금의 금관·허리띠·귀고리·반지·구슬 따위의 많은 유물이 발굴되었음.

금광(金鑛) 금을 캐내는 광산.

금괴(金塊) [금괴/금궤] ⇨금덩이.

금기(禁忌) [금:기] 꺼려서 싫어하거나 피함. 예금기 사항. **금기하다**.

*__금년__(今年) ⇨올해.

금니(金−) 금으로 만든 이.

금당(金堂) 절에서 본존 불상 등을 모신 불당.

금당 벽화(金堂壁畫) 고구려 영양왕 때의 승려인 담징이 일본 호류사의 금당에 그린 벽화.

금덩이(金−) [금떵이] 금으로 된 덩이. 비금괴.

금돈(金−) 금으로 만든 돈. 비금화.

금동(金銅) 금을 입힌 구리. 예금동 불상.

금리(金利) [금니] 빌려준 돈이나 예금 따위에 붙는 이자. 또는 그 비율. 예은행 금리 / 금리가 높다.

금메달(金medal) 금으로 만든 메달. 각종 경기에서 1위를 한 사람에게 줌. 예금메달을 따다.

금명간(今明間) 오늘이나 내일 사이. 예합격자는 금명간에 발표할 예정이다.

금물(禁物) [금:물] 해서는 안 되는 일. 예환자에게 술과 담배는 절대 금물이다.

금물결(金−) [금물껼] 햇빛을 받아서 금빛으로 반짝거리는 물결.

금박(金箔) 금을 두드려 아주 얇게 만든 것. 예금박을 입히다 / 금박을 씌우다.

금반지(金半指) 금으로 만든 반지. 비금가락지.

금발(金髮) 금빛 나는 머리털. 예금발의 소녀.

*__금방__(今方) 1 이제 방금. 예금방 구워 낸 빵. 2 조금 뒤에 곧. 예금방 눈이 내릴 것 같다. 3 순식간에. 예합격 소식을 들으니 금방 얼굴이 환해졌다. 비금세. →방금 [주의]

금방금방(今方今方) 아주 빨리. 예문제를 읽자마자 답을 금방금방 적어 나갔다.

*__금붕어__(金−) 잉엇과에 속하는 물고기. 붕어의 변종으로 종류가 많고 빛깔이 여러 가지이며 관상용으로 기름.

금붙이(金−) [금부치] 금으로 만든 모든 물건.

*__금빛__(金−) [금삗] 금과 같이 누런 빛깔. 비금색.

금상(金賞) 상의 등급을 금·은·동으로 나누었을 때의 일등 상.

금상첨화(錦上添花) [금:상첨화] 비단 위에 꽃을 보탠다는 뜻으로, 좋은 일에 또 좋은 일이 더함.

금색(金色) 황금같이 광택이 나는 누런색. 비금빛.

금성(金星) 태양계의 두 번째 행성. 지구의 바로 안쪽에서 태양의 주위를 돎. 밤에 가장 밝게 보이는 별로, 초저녁 하늘에 보이면 태백성·장경성, 새벽 하늘에 보이면 샛별·계명성이라 함. 지구에서 가장 가까운 행성으로 크기도 지구와 거의 비슷함. 비너스.

금세 지금 바로. 얼마 지나지 않아서. '금시에'가 줄어든 말. 예금세 알아보다. 비금방.

금세기(今世紀) 지금의 세기. 이 세기. 예금세기 최대의 공사.

*__금속__(金屬) 철·금·은·구리 등과 같이 특유한 광택이 있고 빛이 통하지 않으며, 열과 전기를 통과시키는 성질

이 있음. 예금속 공예. 비쇠붙이.
금속성 (金屬性) [금속썽] 1 쇠붙이가 지니는 금속 특유의 성질. 2 금속과 비슷한 성질.
금속 활자 (金屬活字) 구리·납 따위의 쇠붙이로 글자 모양을 본떠 만든 활자.
금수 (禽獸) 1 날짐승과 길짐승. 곧, 모든 짐승. 2 무례하고 추잡한 행실을 하는 사람을 빗대어 이르는 말. 예금수만도 못한 놈.
금수강산 (錦繡江山) [금:수강산] 비단에 수를 놓은 듯이 아름다운 산천이라는 뜻으로, 우리 국토의 아름다움을 일컫는 말. 예삼천리 금수강산.
금슬 (琴瑟) '금실'의 본딧말.

> [주의] **금슬**과 **금실**
> **금슬** 본디는 거문고와 비파를 이르는 말임.
> **금실** '금슬'의 변한말로 거문고와 비파처럼 잘 어울리는 부부 사이의 애정을 말함.

금시 (今時) 지금. 금방.
금시초문 (今始初聞) 이제야 비로소 처음으로 들음. 예그 이야기는 금시초문이다.
금식 (禁食) [금:식] 일정 기간 음식을 먹지 않음. 예금식 기도 / 수술 전에 금식하다. 비단식. **금식하다**.
금실[1] (琴瑟) 부부간의 사랑. 예금실이 좋은 부부. →금슬 [주의]
금실[2] (金一) 1 금을 가늘게 뽑아 만든 실. 2 금빛이 나는 실. 비금사.
금싸라기 (金一) 황금으로 된 싸라기라는 뜻으로, 귀중한 물건을 가리키는 말. 예금싸라기 땅.
***금액** (金額) [그맥] 돈의 액수.
금언 (金言) [그먼] 삶에 교훈이 될 만한 귀중한 내용을 담은 짧은 어구.
금연 (禁煙) [그:면] 1 담배를 피우지 않음. 예건강을 위해 금연하다. 2 담배를 피우는 것을 금함. 예금연 구역 / 실내 금연. **금연하다**.
***금요일** (金曜日) [그묘일] 일요일부터 여섯째 되는 날. 준금. ⊃Friday
금욕 (禁慾) [그:목] 하고 싶은 일이나 가지고 싶은 마음을 참으며 억제함. 예금욕 생활. **금욕하다**.
금융 (金融) [금늉 / 그뮹] 돈의 융통. 곧 경제에서 자금을 빌려주고 빌려 쓰는 데 관계되는 활동.
금융 기관 (金融機關) 금융을 전문으로 하는 기관. 은행·보험 회사·증권 회사·상호 신용 금고 따위.
금은방 (金銀房) [그믄빵] 금은을 가공하거나 사고파는 가게.
금은보화 (金銀寶貨) [그믄보화] 금·은·옥·진주 따위의 귀중한 보물. 비금은보배.
금의환향 (錦衣還鄉) [그:믜환향 / 그:미환향] 비단옷을 입고 고향에 돌아온다는 뜻으로, 세상에서 성공하여 당당하게 고향에 돌아옴을 이르는 말. **금의환향하다**.
금일 (今日) [그밀] 오늘. 예금일 밤 / 금일 휴업.
금일봉 (金一封) [그밀봉] 돈의 액수를 밝히지 않고 주는 상금·기부금 따위. 예금일봉을 받다.
금자탑 (金字塔) 영원히 전해질 만한 가치 있는 업적. 예금자탑을 세우다 / 금자탑을 쌓다.
금잔디 (金一) 볏과의 여러해살이풀. 잎의 길이는 2-5cm 정도로 누런색이며 가장자리에 털이 나 있음.
금잔화 (金盞花) 국화과에 속하는 한해살이풀. 높이 30cm가량으로 잎은 긴 타원형이며 여름에 노란색 꽃이 핌. 비금송화.
금전 (金錢) 돈. 예금전 관계.
금전 출납부 (金錢出納簿) 돈이 들어오고 나간 내용을 적는 장부.
금제 (金製) 금으로 만듦. 또는 그 물건. 예금제 귀고리.
금주[1] (今週) 이번 주일. 이번 주간. 예금주 들어 기온이 뚝 떨어졌다.
금주[2] (禁酒) [금:주] 1 술을 마시지 못하게 함. 2 술을 끊음. 예금주 운동. **금주하다**.
금줄 (禁一) [금:쭐] 부정한 사람이 함부로 드나들지 못하게 문이나 길 어귀에 건너질러 매는 새끼줄.
금지 (禁止) [금:지] 하지 못하게 함. 예금지 조항. **금지하다**.

금지령 (禁止令) [금ː지령] 금지하는 명령이나 법령. 예출국 금지령을 내리다 / 접근 금지령을 어기다.

금지옥엽 (金枝玉葉) [금지오겹] 금으로 된 가지와 옥으로 된 잎이라는 뜻으로, 귀한 자손을 이르는 말. 예금지옥엽으로 자란 아이.

금테 (金—) 금 또는 금빛 나는 것으로 만든 테. 예금테 안경.

금품 (金品) 돈과 물품.

금하다 (禁—) [금ː하다] 1 어떤 일이나 행동 따위를 못하게 하다. 예학생들에게 유흥장 출입을 금하다. 비금지하다. 2 감정 따위를 억누르거나 참다. 예분한 마음을 금할 길이 없다.

금화 (金貨) 금으로 만든 돈.

급 (級) 계급이나 등급 따위를 이르는 말. 예바둑 3급.

급격하다 (急激—) [급껴카다] 변화·행동 등이 급하고 세차다. 예급격한 변화를 보이다. 반완만하다.

급격히 (急激—) [급껴키] 급격하게. 예강물이 급격히 불어났다.

급급하다 (汲汲—) [급끄파다] 한 가지 일에만 정신을 쏟아 다른 일을 할 마음의 여유가 없다. 예돈벌이에 급급하다.

급기야 (及其也) [급끼야] 끝에 가서는. 마침내. 예급기야 두 사람은 절교하기에 이르렀다.

급등 (急騰) [급뜽] 물가 따위가 갑자기 오름. 예장마로 채솟값이 급등했다. 반급락. **급등하다**.

급락 (急落) [급낙] 물가 따위가 갑자기 떨어짐. 예주가가 급락하다. 비폭락. 반급등. **급락하다**.

급료 (給料) [금뇨] 회사 등에서 일에 대한 대가로 주는 돈. 비월급.

급류 (急流) [급뉴] 빠른 속도로 흐르는 물. 예급류에 휩쓸리다.

급박하다 (急迫—) [급빠카다] 조금의 여유도 없이 매우 급하다. 예급박하게 돌아가는 국제 정세.

급변 (急變) [급뼌] 상황이나 상태가 갑자기 달라짐. 예급변하는 세계 정세. **급변하다**.

급보 (急報) [급뽀] 급히 알림. 또는 그런 소식. 예급보를 받다 / 급보를 전하다.

급사 (急死) [급싸] 갑자기 죽음. 예교통사고로 급사하다. **급사하다**.

급상승 (急上昇) [급쌍승] 1 기온이나 가격, 비율 따위가 갑자기 높이 오름. 예인기가 급상승하다. 2 비행기 따위가 갑자기 빠른 속도로 올라감. 반급강하. **급상승하다**.

급선무 (急先務) [급썬무] 무엇보다 가장 먼저 서둘러 해야 할 일.

급성 (急性) [급썽] 병의 증세가 갑자기 나타나 빠르게 진행되는 성질. 예급성 폐렴. 반만성.

급소 (急所) [급쏘] 1 몸 중에서 조금만 다쳐도 생명이 위험한 부분. 예급소를 맞다. 2 사물의 가장 중요한 곳. 예급소를 찌른 질문. 비요점.

급속 (急速) [급쏙] 몹시 급하고 빠름.

급속도 (急速度) [급쏙또] 매우 빠른 속도. 예급속도로 친해지다.

급속하다 (急速—) [급쏘카다] 몹시 빠르다. 예급속한 발전.

급속히 (急速—) [급쏘키] 급속하게. 예급속히 증가하다.

급수¹ (級數) [급쑤] 기술이나 실력 등을 수준에 따라 매긴 등급. 예바둑 급수가 높다.

급수² (給水) [급쑤] 물을 공급함. 또는 그 물. 예급수 시설. **급수하다**.

급습 (急襲) [급씁] 갑자기 적을 공격함. 예적진을 급습하다. **급습하다**.

급식 (給食) [급씩] 학교나 공장 등에서 식사를 주는 일. 또는 그 식사. 예학교 급식. **급식하다**.

급식비 (給食費) [급씩삐] 식사를 공급하는 데 드는 비용.

급여 (給與) [그벼] 1 회사 등에서 일정 기간 일한 사람에게 주는 월급이나 수당 따위. 예급여가 오르다. 비급료. 2 돈이나 물건 따위를 줌. 또는 그 돈이나 물건. 예생활 보조비를 급여하다. **급여하다**.

급우 (級友) [그부] 같은 반에서 공부하는 친구. ⊃classmate

급작스럽다 [급짝쓰럽따] 생각할 사이도 없이 매우 급하다. 예친구가 급작스러운 사정으로 조퇴했다. 작갑작스럽다. 활용 급작스러워 / 급작스러우니.

급정거 (急停車) [급쩡거] 차 등을 급히 세움. 또는 차가 급히 섬. 예 버스가 급정거하는 바람에 승객들이 앞으로 넘어졌다. **급정거하다**.

급제 (及第) [급쩨] 1 시험에 합격함. 땐낙제. 2 과거에 합격함. 예 장원 급제. 땐낙방. **급제하다**.

급증 (急增) [급쯩] 갑자기 늘어남. 예 해외여행객이 급증하다. **급증하다**.

급파하다 (急派―) 급히 보내다. 예 사고 현장에 구조대를 급파했다.

****급하다** (急―) [그파다] 1 바빠서 우물쭈물할 틈이 없다. 예 돈이 급하다 / 급한 일로 상경하다. 2 성격이 팔팔해 잘 참지 못한다. 예 너는 성격이 너무 급해서 탈이다. 3 병이 위독하다. 예 급한 고비는 넘겼다. 4 몹시 서두르거나 다그치는 경향이 있다. 예 밥을 급하게 먹다 / 일을 급하게 하다. 5 기울기가 가파르다. 예 경사가 급한 언덕길.

급행 (急行) [그팽] 1 급히 감. 2 '급행열차'의 준말. 땐완행.

급행열차 (急行列車) [그팽녈차] 주로 먼 거리를 다니며 큰 역에서만 서는 속도가 빠른 기차. 땐완행열차. 준 급행.

급훈 (級訓) [그푼] 학급에서 교육 목표로 정한 교훈. 예 우리 반의 급훈은 정직, 근면, 사랑이다.

****급히** (急―) [그피] 급하게. 예 돕기 위해 급히 달려가다.

****긋다**¹ [귿ː따] 1 줄을 치거나 금을 그리다. 예 경계선을 긋다. 2 성냥개비를 황에 대고 문지르다. 예 성냥을 그어 불을 붙이다. 활용 그어 / 그으니 / 긋는.

긋다² [귿ː따] 1 비가 잠깐 멈추다. 예 나는 우산이 없어서 비가 긋기를 기다렸다. 2 비를 잠시 피해 그치기를 기다리다. 예 처마 밑에서 비를 긋다. 활용 그어 / 그으니 / 긋는.

긍정 (肯定) [긍ː정] 어떤 사실이나 생각에 대하여 옳다고 인정함. 땐부정. **긍정하다**.

긍정적 (肯定的) [긍ː정적] 어떠한 사실이나 생각에 대하여 그렇다고 인정하거나 찬성하는 (것). 예 긍정적인 태도를 보이다. 땐부정적.

****긍지** (矜持) [긍ː지] 믿는 바가 있어서 스스로 자랑하는 마음. 예 긍지가 높다 / 문화 민족의 긍지를 갖다.

****기**¹ (旗) 무엇을 상징하기 위해서 종이나 헝겊 따위에 특정한 글자·그림·빛깔 등을 그리거나 써서 만든 것. 국기·군기 따위. ⊃flag

****기**² (氣) 1 활동하는 힘. 또는 뻗어 나가는 기세. 예 기가 세다 / 기가 죽다 / 기를 꺾다. 2 사람에게서 나오는 기운. 예 기가 통하다.

　기(가) 살다 기세가 오르다.
　기(가) 차다 하도 어이가 없어서 말이 나오지 않다.
　기(를) 쓰다 있는 힘을 다하다. 예 기를 쓰고 덤벼들다.
　기(를) 펴다 억눌림이나 곤경에서 벗어나 마음을 편히 가지다. 예 이제는 좀 기를 펴고 살 수 있겠지.

기가 (giga) 데이터의 양을 나타내는 단위. 1기가는 1,024메가바이트. 기호는 GB.

기각 (棄却) 법원이 소송을 검토한 뒤 이를 받아들이지 않고 물리치는 일. 예 항소를 기각하다. **기각하다**.

****기간** (期間) 어느 일정한 시기의 사이. 예 시험 기간 / 축제 기간.

기간산업 (基幹産業) [기간사넙] 한 나라의 모든 산업의 기초가 되는 중요 산업. 화학·제철·기계·전력·석유 공업 따위.

기강 (紀綱) 으뜸이 되는 규율과 질서. 예 기강 확립.

기개 (氣槪) 씩씩한 기상과 꿋꿋한 절개. 예 기개가 높다.

기거 (起居) 어떤 곳에서 먹고 자고 하는 따위의 일상적인 생활을 함. 예 기숙사에서 기거하다. **기거하다**.

기겁 (氣怯) 갑자기 놀라거나 겁에 질려 숨이 막힐 듯함. 예 기겁을 하고 놀라다. **기겁하다**.

****기계** (機械) [기계 / 기게] 동력 장치의 힘으로 움직이거나 일정한 일을 하는 기구. ⊃machine

기계 공업 (機械工業) 기계를 사용하여 각종 기계나 부품을 생산·가공하는 공업. 땐수공업.

기계 문명(機械文明) 기계의 발달로 대량 생산이 이루어져 발전한 근대 문명.

기계화(機械化) [기게화/기게화] 인간이나 동물의 노동력 대신에 기계의 힘을 이용함. 예농업의 **기계화**. **기계화하다**.

기고(寄稿) 신문·잡지 등에 싣기 위하여 신문사나 잡지사로 글을 써서 보냄. 또는 그 원고. 예신문에 글을 기고하다. **기고하다**.

기고만장(氣高萬丈) 기운이 만 길이나 뻗쳤다는 뜻으로, 일이 뜻대로 잘되어 기세가 대단함. **기고만장하다**.

기골(氣骨) 건장하고 튼튼한 체력. 예기골이 장대하다.

기공[1](氣孔) 1 ⇨기문. 2 식물 잎의 뒷면에 있는 작은 구멍. 공기 중의 이산화 탄소를 빨아들이고 산소와 수분을 밖으로 내보내는 구실을 함.

기공[2](起工) 큰 규모의 공사를 시작함. 예빌딩을 기공하다 / 기공에서 준공까지 일 년 안에 끝내다. 판준공. **기공하다**.

*__기관__[1](器官) 생물체에서 하나 또는 몇 개의 조직으로 이루어져 일정한 모양과 생리 기능을 가지고 있는 부분. 예호흡 기관.

*__기관__[2](機關) 1 어떤 에너지를 기계적인 힘으로 바꾸는 장치를 통틀어 이르는 말. 증기 기관·내연 기관 등이 있음. 엔진. 2 어떤 목적을 이루기 위하여 설치한 조직. 예보도 기관 / 교육 기관.

기관[3](氣管) 숨을 쉴 때 공기가 통하는 길. 비숨관. 숨통.

기관사(機關士) 열차·배·항공기 따위를 운전하는 사람. 비기관수.

기관장(機關長) 정부 기관의 책임자. 예기관장 회의 / 기관장에 임명되다.

기관지(氣管支) 목구멍 속의 기관의 아래 끝에서 나뭇가지 모양으로 갈라져서 좌우의 폐에 이어지는 부분. 예기관지가 약하다.

기관차(機關車) 철도에서 객차나 화차를 끌고 다니는 차. 예디젤 기관차.

기관총(機關銃) 방아쇠를 당기고 있으면 자동적으로 탄환이 재어지면서 연속으로 발사되는 총.

기괴하다(奇怪―) [기괴하다/기궤하다] 이상야릇하다. 예기괴한 행동.

기교(技巧) 재주 있게 부리는 솜씨나 기술. 테크닉. 예기교를 부린 그림 / 표현 기교가 뛰어나다.

*__기구__[1](器具) 1 세간·그릇·연장 따위를 통틀어 일컫는 말. 예부엌 기구. 2 간단한 구조의 기계. 예실험 기구.

기구[2](氣球) 공기보다 가벼운 수소나 헬륨을 넣어 공중 높이 띄우는 큰 공 모양의 주머니. 예기구를 띄우다 / 기구를 타다. ⇨balloon

*__기구__[3](機構) 활동 단위로서의 조직체. 예세계 보건 기구 / 행정 기구를 개편하다.

기구하다(崎嶇―) 세상살이가 험하고 사납다. 예기구한 운명.

기권(棄權) [기꿘] 자기의 권리를 스스로 포기하고 행사하지 않음. 예시합을 기권하다. **기권하다**.

기근(饑饉) 1 흉년으로 곡식이 부족해 굶주림. 예기근이 들다. 2 생활에 필요한 것이 부족한 현상. 예물 기근 / 생필품 기근.

기금(基金) 어떤 일에 쓸 목적으로 모아서 준비해 놓은 돈. 예장학 기금 / 기금을 마련하다.

기기(機器) 기구와 기계를 통틀어 일컫는 말. 예음향 기기 / 통신 기기.

기꺼이 기쁜 마음으로. 예기꺼이 승낙하다 / 기꺼이 받아들이다.

기껍다 [기껍따] 은근히 마음속으로 기쁘다. 활용 기꺼워 / 기꺼우니.

기껏 [기:껃] 힘이 미치는 한껏. 힘을 다하여. *겨우. 고작.

기껏해야 [기:껃태야] 아무리 한다고 하여도. 예학교는 기껏해야 여기서 10분 정도 걸린다.

기나길다 [기:나길다] 매우 길다. 아주 길다. 예기나긴 세월 / 기나긴 하루를 보내다. 참고 주로 '기나긴'의 꼴로 쓰임.

*__기념__(紀念) 어떤 일을 오래도록 잊지 아니하며 마음에 간직함. 예기념 행사 / 업적을 기념하다. **기념하다**.

기념관(紀念館) 어떤 뜻깊은 일이나 위인 등을 기념하기 위하여 세운 건

기록

물. 여러 가지 자료나 유품 등을 진열하여 둠. 예 유관순 기념관.

기념물 (紀念物) 1 특히 보존해야 할 가치가 있는 물건. 2 ➪기념품.

기념비 (紀念碑) 어떤 일을 기념하기 위하여 세운 비.

기념사진 (紀念寫眞) 어떤 일을 오래도록 잊지 않고 간직하기 위하여 찍는 사진.

기념식 (紀念式) 어떤 일을 기념하기 위하여 행하는 식.

기념일 (紀念日) [기녀밀] 어떤 일을 오래도록 잊지 않고 기념하기 위하여 정한 날.

기념탑 (紀念塔) 어떤 일을 기념하기 위하여 세운 탑.

기념품 (紀念品) 어떤 일을 기념하기 위하여 주고받는 물건. 비 기념물.

기능[1] (技能) 기술적인 능력이나 재능. 예 국제 기능 올림픽 대회가 열리다. 비 기량.

***기능**[2] (機能) 1 하는 구실이나 작용. 예 불규칙한 식사로 소화 기능이 약해졌다. 2 어떤 기관의 역할과 작용. 예 행정 기능이 마비되다.

기능공 (技能工) 1 기술적으로 숙달된 기능이 있는 직공. 2 기술 자격을 얻은 사람.

***기다** 1 가슴과 배를 아래로 향하거나 바닥에 대고 팔과 다리를 움직여 앞으로 나아가다. 예 아기가 엉금엉금 기어 다닌다. 2 게·가재·벌레·뱀 따위가 발·배 등을 움직여 나아가다. 예 송충이가 꿈틀꿈틀 기다. 3 남에게 눌리어 꼼짝 못하고 비굴하게 굴다. 예 사장 앞에서는 설설 긴다. 4 몹시 느리게 가다. 예 길이 빙판으로 변해 차들이 기고 있다.

기다랗다 [기:다라타] 매우 길다. 생각보다 퍽 길다. 예 기다란 막대기. 반 짤따랗다. 준 기닿다. 활용 기다라니 / 기다래서. ✕길다랗다.

***기다리다** 어떤 사람이나 때가 오기를 바라다. 예 줄을 서서 차례를 기다리다 / 버스를 기다리다. ➪wait

기단 (基壇) 집이나 탑의 터전이 되는 단.

기대 (期待) 어떤 일이 이루어지기를 바라고 기다림. 예 기대를 걸다 / 기대에 어긋나다. **기대하다**. ➪expectation

기대다 [기:대다] 1 몸을 의지하여 비스듬히 대다. 예 난간에 몸을 기대다. 2 남의 힘에 의지하다. 예 부모에게 기대다.

기대서다 [기:대서다] 몸을 무엇에 의지하여 비스듬히 서다. 예 창가에 기대서서 밖을 바라본다.

기도[1] (祈禱) 소원이 이루어지기를 신에게 비는 일. 예 간절한 기도를 올리다. 비 기원. **기도하다**. ➪prayer

기도[2] (企圖) 일을 꾸며 내려고 꾀함. 예 탈출을 기도하다. **기도하다**.

기도[3] (氣道) 숨을 쉴 때, 공기가 허파로 들어가는 통로.

기독교 (基督敎) [기독꾜] 예수 그리스도의 인격과 가르침을 중심으로 유일신 하나님을 믿는 종교. 크게 구교와 개신교로 나눔. 비 예수교. 크리스트교.

기동 (起動) 몸을 일으켜 움직임. 예 기동을 제대로 못하는 환자 / 기동이 불편하다. **기동하다**.

기동대 (機動隊) 전략에 따라 조직적이고 재빠르게 움직이는 군이나 경찰 부대. 예 경찰 기동대.

기동력 (機動力) [기동녁] 상황에 따라 빠르게 움직일 수 있는 능력.

***기둥** 1 어떤 물건을 떠받치는 구조물. 예 건물의 기둥을 세우다. 2 집안이나 단체에서 의지가 될 만한 중요한 사람. 예 한집안의 기둥.

기량 (技倆) 기술적인 재능. 예 기량을 마음껏 발휘하다. 비 기능.

기러기 오릿과에 속하는 새. 목이 길고 다리가 짧으며, 몸은 어두운 갈색을 띰. 가을에 와서 봄에 북쪽으로 가는 철새로 강가·바닷가·늪 등지에서 겨울을 지냄.

기력 (氣力) 정신과 육체의 힘. 예 기력이 왕성하다. 비 근력.

기로 (岐路) 갈림길. 예 생사의 기로에 서다.

***기록** (記錄) 1 남길 필요가 있는 사실을 적음. 또는 그런 글. 예 신상 기록 카드 / 회의 내용을 기록하다. 2 스포츠 따위의 성적이나 결과. 특히 그

최고의 것. 예 세계 기록 / 기록을 세우다. 기록하다. ⊃record

기록문 (記錄文) [기롱문] 보고 들은 것을 사실대로 정확하게 쓴 글.

기록자 (記錄者) [기록짜] 어떤 사실을 기록하는 사람.

기록장 (記錄帳) [기록짱] 보고 듣거나 겪은 것을 적어 두는 공책.

기록표 (記錄表) 어떤 성적이나 결과, 사실 등을 적어 둔 표.

기록화 (記錄畫) [기로콰] 특별한 사건이나 사실을 오래도록 남기기 위해 그린 그림.

기류 (氣流) 대기 중에서 일어나는 공기의 흐름.

***기르다** 1 동물이나 식물을 보살펴 자라게 하다. 예 개를 기르다. 2 육체나 정신을 단련하여 강하게 하다. 예 기본 체력을 기르다. 3 사람을 보살피면서 가르쳐 키우다. 예 낳은 정 기른 정. 4 기술이나 버릇 따위를 몸에 익게 하다. 예 일찍 자고 일찍 일어나는 습관을 기르다. 5 머리카락이나 수염 따위를 자라게 내버려 두다. 예 수염을 기르다. 활용 길러 / 기르니.

> 주의 **기르다**와 **기리다**
> **기르다** '자라게 하거나 튼튼하게 하다'의 뜻. 예 난초를 기르다 / 힘을 기르다 / 못된 버릇을 기르다.
> **기리다** 업적이나 공적에 대하여 '찬사를 드리다'의 뜻. 예 스승의 은덕을 기리다.

***기름** 1 동물·식물·광물에서 얻을 수 있는 끈끈하고 잘 마르지 않는 액체. 물에 녹지 않으며 불을 붙이면 잘 탐. 2 '석유'를 달리 이르는 말. 예 이 차는 기름을 많이 먹는다. ⊃oil

기름기 (一氣) [기름끼] 1 물건에 섞여 있는 기름 덩이. 예 기름기가 적은 음식. 2 윤택한 기운. 예 얼굴에 기름기가 돌다.

기름때 기름이 묻고 그 위에 먼지가 앉아서 된 때.

기름띠 흘러나온 기름이 바닷물이나 강물 위에 띠 모양으로 떠 있는 것.

기름종이 기름을 먹여서 물에 젖지 않도록 한 종이.

기름지다 1 기름이 많이 끼어 있다. 예 기름진 음식. 2 땅이 비옥하다. 예 논밭이 기름지다. 3 영양이 좋아서 윤기가 있다. 예 기름진 배를 두드리다.

기름칠 (一漆) 기름을 바르거나 묻히는 일. 예 자전거 체인에 기름칠을 하다. 기름칠하다.

기리다 업적이나 공적 등을 칭찬하여 말하다. 예 공덕을 기리다. →기르다 주의

기린 (麒麟) 기린과의 포유동물. 포유동물 가운데 가장 키가 크며 목과 다리가 특히 긺. 아프리카 특산으로 초원 지대에 떼 지어 살며 나뭇잎이나 과실 따위를 먹음. ⊃giraffe

기린

기립 (起立) 일어섬. 예 기립 박수를 보내다. 기립하다.

기마 (騎馬) 말을 탐. 예 기마 자세.

기마병 (騎馬兵) ⇨기병.

기마전 (騎馬戰) 사람으로 말을 만들어 겨루는 경기. 두세 사람이 앞에 선 사람의 어깨에 팔을 걸어 말을 만들고, 거기에 한 사람이 올라타서 다른 말을 탄 사람과 겨뤄 쓰러뜨리거나 모자를 빼앗는 놀이임.

기막히다 (氣一) [기마키다] 1 어이없거나 엄청나서 질릴 정도이다. 예 기막혀 말을 못하겠다. 2 말할 수 없을 만큼 좋거나 정도가 높다. 예 음식 맛이 기막히게 좋다.

기만 (欺瞞) 남을 그럴듯하게 속여 넘김. 기만하다.

기명 (記名) 이름을 적음. 예 기명 투표. 반 무기명.

기묘하다 (奇妙一) 이상하고 신기하다. 예 기묘한 풍습.

기문 (氣門) 곤충류의 몸뚱이 옆에 있는 숨을 쉬는 구멍. 비 기공.

기물 (器物) 그릇이나 기구 따위와 같이 살림살이에 쓰이는 물건.

기미[1] 사람의 얼굴에 끼는 거무스름한 얼룩점. 예 기미가 끼다.

기미[2] (幾微) ⇨낌새. 예 도망칠 기미가 보인다.

기민하다 (機敏—) 눈치가 빠르고 행동이 재빠르다. 예 기민한 행동. 비 민첩하다.

기밀 (機密) 대단히 중요한 비밀. 예 기밀을 누설하다. 비 비밀.

***기반** (基盤) 기초가 될 만한 바탕. 기본이 되는 자리. 예 출세의 기반을 다지다 / 생활 기반을 잡다.

기발하다 (奇拔—) 엉뚱하고 기묘할 정도로 생각이 놀랍고 뛰어나다. 예 기발한 생각.

기백 (氣魄) 씩씩한 기상과 진취성이 있는 정신. 예 기백이 넘친다. 비 기개. 기상.

기법 (技法) [기뻡] 예술 작품을 만드는 기술. 예 새로운 기법을 터득하다.

기별 (奇別) 소식을 알림. 또는 그 소식. 예 고향집에 기별을 보내다. **기별하다**.

기병 (騎兵) 말을 타고 싸우는 군사. 비 기마병.

기복 (起伏) 1 땅 모양새가 높았다 낮았다 함. 예 구릉의 기복이 심하다. 2 세력이 강했다 약했다 함. 예 감정의 기복이 심하다.

***기본** (基本) 어떤 일이나 사물의 기초와 근본. 비 근본. 기초.

기본권 (基本權) [기본꿘] 인간으로서 누려야 할 기본적인 권리.

기본적 (基本的) 밑바탕이 되는 성질을 가지고 있는 (것).

기본형 (基本形) 1 기본이 되는 꼴이나 형식. 2 ⇨ 으뜸꼴.

기부 (寄附) 어떤 일을 도와줄 목적으로 돈이나 물건을 스스로 내어 줌. 예 모든 재산을 학교에 기부하다. 비 기증. **기부하다**.

기부금 (寄附金) 어떠한 일에 도움을 줄 목적으로 내는 돈. 예 어려운 이웃을 돕기 위한 기부금을 내다.

***기분** (氣分) 마음에 저절로 느껴져 한동안 계속되는 감정 상태. 예 기분 전환 / 공부할 기분이 안 난다.

기분파 (氣分派) 그때그때의 기분에 따라 행동하는 사람.

***기뻐하다** 기쁘게 여기다. 예 아이들은 선물을 받고 뛸 듯이 기뻐했다. 반 슬퍼하다.

***기쁘다** 마음에 즐거운 느낌이 나다. 예 너무 기뻐서 눈물을 흘리다. 반 슬프다. [활용] 기뻐 / 기쁘니. ⊃ glad

***기쁨** 즐거운 마음이나 느낌. 예 기쁨의 눈물을 흘리다. 반 슬픔. ⊃ joy

기사¹ (技士) 운전을 직업적으로 하는 사람. 운전기사.

기사² (技師) 관청이나 회사에서 전문적인 기술에 관계된 일을 맡아보는 사람.

***기사**³ (記事) 신문·잡지 따위에서 어떤 사실을 보도하거나 논평하는 글. 예 신문 기사 / 기사를 쓰다 / 기사가 실리다.

기사⁴ (棋士) 바둑이나 장기를 전문으로 두는 사람.

기사⁵ (騎士) 1 말을 탄 무사. 예 백마 탄 기사. 2 중세 유럽의 무사 계급.

기사문 (記事文) 사실을 보고 들은 그대로 적은 글.

기삿거리 (記事—) [기사꺼리 / 기삳꺼리] 신문이나 잡지 따위에 실릴 만한 소재. 예 기자들은 기삿거리를 찾아 뛰어다닌다.

***기상**¹ (氣象) 비·눈·바람·안개·구름·기온 등 대기 중에서 일어나는 여러 가지 현상. → [학습마당] 5(120쪽)

기상² (氣像) 사람의 타고난 마음씨와 겉으로 드러난 태도. 예 늠름한 기상. 비 의기.

기상³ (起牀) 잠에서 깨어 자리에서 일어남. 예 아침 6시에 기상한다. **기상하다**.

기상대 (氣象臺) 기상청에 속하여 그 지방의 기상이나 날씨를 관찰하고 연구하는 곳.

기상 예보 (氣象豫報) 기상 상황이나 각 지방의 날씨·폭풍 경보·해상 기상 등을 매일 신문·방송을 통해 여러 사람에게 알림. → [학습마당] 5(120쪽)

기상청 (氣象廳) 중앙 행정 기관의 하나. 우리나라의 기상이나 날씨를 조사하여 미리 알려 줌.

기상 특보 (氣象特報) 기상 등의 급격한 변화로 재해가 일어날 수 있음을 미리 경고하는 예보. 주의보와 경보가 있음. → [학습마당] 5(120쪽)

기색 (氣色) 1 얼굴에 나타난 마음의

기생¹

움직임과 얼굴색. ㉠화난 **기색** / 불편한 **기색**을 보이다. 2 어떤 일을 미리 알 수 있게 해 주는 눈치나 낌새. ㉠나아지는 **기색**이 있다. ᙈ눈치.

기생¹ (妓生) [기:생] 예전에, 잔치나 술자리에서 노래를 부르거나 춤을 추어 흥을 돋우는 것을 직업으로 하던 여자. ᙈ기녀.

기생² (寄生) 1 혼자서 살 수 없는 생물이 다른 생물의 몸에 붙어 양분을 빼앗아 살아가는 일. ㉠**기생** 식물 / **기생** 동물. 2 남의 힘을 빌려 생활하는 일. **기생하다**.

기생충 (寄生蟲) 1 다른 생물에 붙어서 양분을 빨아 먹고 사는 벌레를 통틀어 일컫는 말. 회충·요충·십이지장충·이·벼룩 따위. 2 남에게 의지해 살아가는 사람을 이르는 말. ㉠사회의

학습마당 5

기상 예보와 기상 특보

(1) 기상 예보의 종류

	종 류	내 용
일기 예보	일일 예보	오늘, 내일 및 모레의 날씨(하늘 상태·기상 현상·기온·바람·물결 높이 등)
	주간 예보	1주간의 날씨
	월 기상 전망	1개월간의 개략적인 기상 전망
	계절 기상 전망	여름철과 겨울철의 기상 전망
기상 특보	주의보	재해가 예상되는 기상 상태
	경보	심한 재해가 예상되는 기상 상태

(2) 기상 특보의 종류

종류	요 소		주 의 보	경 보
강풍	풍속 순간 풍속		14m/초 이상 20m/초 이상	21m/초 이상 26m/초 이상
풍랑	해상 풍속 유의 파고		14m/초 이상 3m 이상	21m/초 이상 5m 이상
호우	3시간 우량 12시간 우량		60mm 이상 110mm 이상	90mm 이상 180mm 이상
대설	신적설	일반 지역	5cm 이상	20cm 이상
		산간 지역	5cm 이상	30cm 이상
건조	실효 습도		35% 이하	25% 이하
해일	해안 지대		침수 예상	심한 침수 예상
한파	최저 기온차		10℃ 이상	15℃ 이상
태풍	최대 풍속		14m/초 이상 호우·해일 동반	21m/초 이상 호우·해일 동반
황사	미세 먼지		400μg/m³ 이상 2시간 이상 지속	800μg/m³ 이상 2시간 이상 지속
폭염	일 최고 기온		33℃ 이상	35℃ 이상

기생충.

*기선¹ (汽船) 증기 기관의 힘으로 움직이는 배.

기선² (機先) 상대의 세력이나 기세를 누르기 위해 먼저 재빠르게 행동하는 것. 예 기선을 잡다.

*기성복 (既成服) 일정한 기준 치수에 맞추어 미리 여러 벌을 만들어 놓고 파는 옷.

기성세대 (既成世代) 현재 사회에서 활동하고 있는 나이가 든 층.

기세 (氣勢) 남이 보기에 두려워할 만큼 기운차게 뻗치는 힘. 예 기세가 등등하다 / 기세를 떨치다.

기소 (起訴) 형사 사건에서 검사가 법원에 심판을 요구하는 일. 예 살인 혐의로 기소하다. **기소하다.**

기수¹ (機首) 비행기의 앞머리. 예 기수를 동쪽으로 돌리다.

기수² (騎手) 말을 타는 사람.

기수³ (旗手) 1 기를 가지고 신호를 하는 사람. 2 단체 행진 등에서 그 표시가 되는 기를 든 사람. 예 한국 선수단의 기수. 3 새로운 운동·사상 등의 앞장을 서는 사람. 예 개혁의 기수가 되다.

기수⁴ (奇數) ⇨홀수. 반 우수.

기숙사 (寄宿舍) 학교나 회사 등에서, 학생이나 사원들이 먹고 자고 생활할 수 있도록 시설을 해 놓은 집. 예 기숙사 생활을 하다 / 기숙사에 들어가다.

*기술 (技術) 만들거나 짓거나 하는 재주 또는 솜씨. 예 기술을 배우다.

기술력 (技術力) 어떤 것을 잘 만들거나 고치는 능력. 예 첨단 기술력을 보유하다.

*기술자 (技術者) [기술짜] 기술을 가진 사람. 기술을 업으로 삼는 사람. 예 전기 기술자.

기술적 (技術的) [기술쩍] 1 기술에 관계되는 (것). 예 기술적인 문제가 생기다. 2 일을 처리하는 솜씨나 요령이 좋은 (것). 예 기술적으로 마무리 짓다.

기슭 [기슥] 1 비탈진 곳의 아랫부분. 예 뒷산 기슭에 있는 집. 2 바다·강 따위의 물과 닿아 있는 땅. 예 배가 기슭에 닿다. [발음] 기슭에 [기슬게] / 기슭으로 [기슬그로] / 기슭도 [기슥또] / 기슭만 [기슨만].

기습 (奇襲) 몰래 갑자기 들이쳐 공격함. 예 기습 공격을 당하다. 비 습격. **기습하다.**

기승 (氣勝) 기운이나 힘이 누그러들지 않음. 예 더위가 기승을 부리다.

기아 (飢餓) ⇨굶주림. 예 기아에 허덕이다.

기악 (器樂) 악기를 써서 연주하는 음악. 반 성악.

기악곡 (器樂曲) [기악꼭] 기악 연주를 위하여 만든 곡.

기악 합주 (器樂合奏) 여러 가지 악기로 여럿이 함께 하는 연주.

기암괴석 (奇岩怪石) [기암괴석 / 기암궤석] 이상하게 생긴 바위와 돌.

기암절벽 (奇岩絕壁) 이상하게 생긴 바위와 깎아지른 듯한 낭떠러지.

기압 (氣壓) 지구를 둘러싸고 있는 공기가 지구 표면을 누르는 힘. 예 기압이 높다.

기약 (期約) 때를 정하여 약속함. 예 다시 만날 것을 기약하고 헤어지다. **기약하다.**

기약 분수 (既約分數) 분모와 분자 사이의 공약수가 1뿐이어서 더 이상 약분되지 않는 분수.

기어 (gear) 1 ⇨톱니바퀴. 2 톱니바퀴를 이용하여 속도를 변환시키는 장치. 예 기어를 넣다.

기어가다 [기어가다 / 기여가다] 1 기어서 앞으로 나아가다. 예 아기가 엄마한테 기어간다. 2 자동차 따위가 매우 천천히 가다. 예 눈길을 차들이 엉금엉금 기어가다.

기어들다 [기어들다 / 기여들다] 1 기어서 또는 기는 듯한 모습으로 들어오거나 들어가다. 예 구멍으로 기어드는 벌레. 2 남이 모르게 들어오거나 들어가다. 예 식탁 밑으로 기어들어 숨다. 3 움츠러져 들어가다. 예 기가 죽어 목소리가 기어들고 있다. 4 다가들거나 파고들다. 예 엄마 품속으로 기어드는 아이. [활용] 기어들어 / 기어드니 / 기어드는.

기어오르다 [기어오르다 / 기여오르다] 1 기어서 높은 곳으로 가다. 예 벼랑을 기어오르다. 2 윗사람에게 버릇없이 굴다. ⓔ 귀엽다 귀엽다 하니까 머리끝까지 기어오른다. 활용 기어올라 / 기어오르니.

기어이 (期於—) 1 꼭. 반드시. ⓔ 기어이 해내겠다. 2 마침내. ⓔ 기어이 우승하였구나. 비 기어코.

기어코 (期於—) 1 어떤 일이 있더라도 반드시. ⓔ 기어코 이기겠다. 2 결국에 가서는 마침내. ⓔ 동생은 기어코 울음을 터뜨렸다. 비 기어이.

*****기억** (記憶) 지난 일을 잊지 아니함. ⓔ 기억에 남는 영화 / 기억을 더듬다. **기억하다.** ⇨ memory

기억나다 (記憶—) [기엉나다] 전의 인상·경험·말 따위가 잊히지 않고 생각에 떠오르다. ⓔ 너무 오래된 일이라 기억나지 않는다.

기억력 (記憶力) [기엉녁] 기억하는 능력. ⓔ 기억력이 떨어지다.

기억 상실 (記憶喪失) 머리를 다치거나 약물 중독 따위로 인하여 그 이전의 어떤 기간의 기억을 잃어버리는 일. 또는 그런 병. 기억 상실증.

기억 장치 (記憶裝置) 컴퓨터에서, 데이터나 명령을 비롯하여 컴퓨터 내부에서 계산 처리된 결과를 기억하는 장치.

*****기업** (企業) 회사나 공장처럼 이익을 얻을 목적으로 사업을 하는 조직.

기업가 (企業家) [기업까] 기업에 돈을 대고 그 기업의 경영을 맡은 사람. ⓔ 기업가의 자세. 비 기업인.

기업체 (企業體) 기업을 경영하는 조직체.

기여 (寄與) 도움이 되도록 이바지함. ⓔ 나라에 크게 기여하다. 비 공헌. **기여하다.**

기역 한글 자모 'ㄱ'의 이름.

기염 (氣焰) 대단한 기세. ⓔ 기염을 토하다.

기예 (技藝) 예술 등에서의 재주와 솜씨. ⓔ 끊임없이 기예를 연마하다. 비 기술.

*****기온** (氣溫) 대기의 온도. 보통 지면으로부터 1.5m의 높이에서 잰 온도로 나타냄.

기온계 (氣溫計) [기온계 / 기온게] 대기의 온도를 재는 기구.

기와 지붕을 이는 물건. 흙이나 시멘트로 만듦.

기와집 지붕을 기와로 인 집. ⓔ 고래 등 같은 기와집. 비 와가.

기와집

기왓장 (—張) [기와짱 / 기왇짱] 기와의 낱장. ⓔ 태풍에 기왓장이 날아갔다.

기왕 (既往) 1 이미 지나간 이전. ⓔ 기왕의 일은 빨리 잊어버려라. 2 이미 그렇게 된 바에. ⓔ 기왕 가려면 빨리 떠나는 것이 좋다.

기왕이면 (既往—) ⇨ 이왕이면. ⓔ 기왕이면 나도 끼어 주렴.

기용 (起用) 어떤 사람을 높은 자리에 뽑아 씀. ⓔ 부장으로 기용하다. **기용하다.**

기우 (杞憂) 중국 기(杞)나라 사람이 하늘이 무너질까 걱정했다는 데서 나온 말로, 쓸데없는 걱정을 이르는 말. ⓔ 그런 걱정은 기우에 지나지 않는다.

기우뚱거리다 물체가 이쪽저쪽으로 기울어지며 흔들리다. 작 갸우뚱거리다. 센 끼우뚱거리다.

기우뚱하다 물체가 한쪽으로 조금 기울어지다. ⓔ 벽시계가 기우뚱하게 걸려 있다.

기우제 (祈雨祭) 가뭄이 오래 계속될 때에 비가 내리기를 비는 제사.

*****기운** 1 생물이 살아 움직이는 힘. ⓔ 기운을 차리다 / 기운이 난다 / 기운이 세다. 2 눈으로 볼 수는 없지만 느낄 수 있는 힘이나 분위기. ⓔ 쓸쓸한 기운이 감돌다 / 봄의 따스한 기운이 완연하다. 3 가벼운 병의 증상이나 증세. ⓔ 약 기운이 돌다 / 몸살 기운이 있다.

기운차다 기운이 세차다. ⓔ 기운찬 목소리 / 걸음걸이가 기운차다.

기울기 기울어진 정도.

*****기울다** 1 비스듬하게 한쪽이 낮아지거나 비뚤어지다. ⓔ 배가 한쪽으로 기울다. 2 마음이나 생각 따위가 어느 한쪽으로 쏠리다. ⓔ 영화 구경을 가자는 쪽으로 의견이 기울었다. 3 해나 달이

저물다. ⓔ해가 기울기 시작했다. 4 형편이 이전보다 못하여지다. ⓔ사업이 기울다. [활용] 기울어 / 기우니 / 기운.

기울어지다 [기우러지다] 1 비스듬하게 한쪽이 낮아지거나 비뚤어지게 되다. ⓔ액자가 한쪽으로 기울어졌다. 2 마음·생각 따위가 한쪽으로 쏠리게 되다. ⓔ마음이 그 친구에게 기울어지다. 3 해나 달 따위가 저물어 가다. 4 형세가 이전보다 못하게 되다. ⓔ가세가 기울어지다.

*기울이다** [기우리다] 1 한편으로 쏠리게 하다. ⓔ몸을 앞으로 기울이다 / 귀를 기울이다. 2 한 가지 일에 온 힘을 쏟다. ⓔ온 정성을 기울인 작품.

기웃 [기운] 무엇을 보려고 고개나 몸을 기울이는 모양. [작] 갸웃. [센] 끼웃. **기웃하다**.

기웃거리다 [기운꺼리다] 무엇을 보려고 고개를 자꾸 기울이다. [작] 갸웃거리다. [센] 끼웃거리다.

기원¹ (起源) 사물이 생긴 근원. ⓔ인류의 기원. **기원하다**.

기원² (祈願) 바라는 일이 이루어지기를 빎. ⓔ하느님께 기원하다. **기원하다**.

기원³ (紀元) 1 역사상으로 연대를 계산하는 데 기준이 되는 해. 2 새로운 출발이 되는 시대나 시기. ⓔ새로운 기원을 긋는 획기적인 사업.

기원전 (紀元前) 서력기원이 시작되기 이전. ⓔ기원전 3세기.

기원후 (紀元後) 서력기원이 시작된 이후. ⓔ기원후 2세기 무렵.

기이하다 (奇異一) 매우 놀랍고도 이상하다. ⓔ기이한 모습.

기일¹ (忌日) 사람이 죽은 날. [비] 제삿날.

기일² (期日) 정해진 날짜. 기한이 되는 날. ⓔ기일까지 전기 사용료를 납부하다.

기입 (記入) 문서나 장부에 필요한 사항을 적어 넣음. ⓔ수첩에 전화번호를 기입하다. **기입하다**.

*기자** (記者) 신문사·잡지사·방송국 등에서 취재하거나 기사를 쓰고 편집하는 사람. ⓔ기자들이 열띤 취재 경쟁을 벌이다.

기자 회견 (記者會見) 기자들을 모아 놓고 어떤 사건에 대하여 공식적으로 발표하거나 질문을 받고 답하는 일.

기장¹ 볏과의 한해살이풀. 수수와 비슷한 곡식으로 이삭은 가을에 익음. 높이는 1.2-1.6m, 열매는 떡·술·엿·빵 등의 원료나 가축의 사료로 씀.

기장² (機長) 항공기 승무원 가운데 최고 책임자. 항공기를 조정하고 운항 중의 모든 안전을 책임지는 사람.

기재 (記載) 적어서 넣음. ⓔ기재 사항. **기재하다**.

기저귀 어린아이의 똥오줌을 받아 내기 위하여 다리 사이에 채우는 헝겊이나 종이.

기적¹ (奇跡) 상식으로는 생각할 수 없는 아주 신비로운 일. ⓔ기적을 바라다 / 기적이 일어나다.

기적² (汽笛) 기차나 기선 따위의 신호 장치. 또는 그 소리. ⓔ기차가 기적을 울리다.

기절 (氣絶) 한동안 정신을 잃음. ⓔ기절할 정도로 놀라다. [비] 실신. **기절하다**.

기점 (起點) [기쩜] 어떤 일이 처음으로 일어나거나 시작하는 곳. ⓔ경부선의 기점은 서울역이다. [비] 출발점. [반] 종점.

기정사실 (既定事實) 이미 정해져 있는 사실. ⓔ우리가 이길 것은 기정사실이다.

기존 (既存) 이미 존재함. ⓔ기존 시설을 이용하다. **기존하다**.

기죽다 (氣一) [기죽따] 기세가 꺾여 약해지다. ⓔ성적이 떨어졌다고 기죽지 마라.

*기준** (基準) 1 기본이 되는 표준. ⓔ판단의 기준. 2 군대나 학교 따위에서, 정렬할 때 표준이 되는 사람. ⓔ우측 일 번 기준.

기준량 (基準量) [기준냥] 수량을 비교할 때 기준으로 삼는 양.

기준점 (基準點) [기준쩜] 계산·측정의 기준이 되는 점.

기중기 (起重機) 무거운 물건을 들어 옮기는 기계. 크레인.

기증 (寄贈) 물건을 선물로 보내어 줌. ⓔ도서관에 동화책을 기증하다. [비] 기부. 증여. **기증하다**.

기지¹ (機智) 그때그때의 경우에 따라 재치 있게 움직이는 슬기. 위트. ⓔ기지가 넘친다.

기지² (基地) 1 부대가 머물고 있는 곳이나 군사 활동의 기점이 되는 장소. ⓔ보급 기지. 2 ⇨터전.

*__기지개__ [기ː지개] 피곤을 덜기 위해 몸을 펴고 팔다리를 뻗는 짓. ⓔ기지개를 켜다. **기지개하다**.

기진맥진하다 (氣盡脈盡─) [기진맥찐하다] 몸의 기운이 다 빠져 힘이 없어지다. ⓔ강행군에 모두들 기진맥진하였다.

기질 (氣質) 1 기력과 체질. 2 성질을 나타내는 밑바탕이 되는 특성. ⓔ예술가적인 기질을 타고나다.

*__기차__ (汽車) 증기 기관을 원동력으로 하여 사람이나 물건을 싣고 궤도 위를 달리는 차량. ⓑ열차. ⓒ train

기차놀이 (汽車─) [기차노리] 여러 아이들이 한 줄로 서서 앞사람의 어깨나 허리를 잡고 기차 흉내를 내며 노는 놀이.

기차다 (氣─) 말할 수 없을 만큼 좋거나 훌륭하다. ⓔ노래를 기차게 잘 부른다.

기차표 (汽車票) 기차를 타기 위해 사는 표. ⓑ승차권.

기찻길 (汽車─) [기차낄/기찯낄] 기차가 달리게 만들어 놓은 길. ⓑ철로.

기척 사람이 있다는 것을 짐작할 만한 소리나 자취. ⓔ그는 방 안에 있으면서 기척도 안 한다.

*__기체__¹ (氣體) 공기·산소·가스 따위와 같이 일정한 모양과 부피가 없는 물질. *고체. 액체.

기체² (機體) 비행기의 몸통. ⓔ추락한 기체를 조사하다.

*__기초__¹ (基礎) 1 사물의 밑바탕. ⓔ기초 지식을 쌓다. 2 집이나 다리, 둑 따위의 무게를 받치기 위하여 만든 바닥. ⓔ기초 공사.

기초² (起草) 글의 초안을 잡음. ⓔ법안을 기초하다. **기초하다**.

기초 자치 단체 (基礎自治團體) 우리나라의 지방 자치 행정의 기초가 되는 시·구·군의 단체.

기침 1 감기에 걸렸을 때, 목의 자극으로 생겨 갑자기 터져 나오는 숨소리. ⓔ기침이 나다 / 기침이 멎다. 2 가래를 뱉거나 인기척을 낼 때 일부러 터져 나오게 하는 숨소리. ⓔ기침 소리를 내다. **기침하다**. ⓒ cough

*__기타__¹ (其他) 그 밖. 그 밖의 다른 것. ⓔ기타 등등 / 기타 사항.

기타² (guitar) '8'자 모양의 나무로 된 넓적한 울림통과 여섯 가닥의 줄로 된 현악기의 한 가지.

기탁 (寄託) 남에게 맡기어 그 보관이나 처리를 부탁함. ⓔ성금을 기탁하다. **기탁하다**.

기탄없다 (忌憚─) [기타넙따] 거리낌이 없다. ⓔ학생들의 기탄없는 의견을 듣다.

기특하다 (奇特─) [기트카다] 말이나 행동이 매우 대견하고 귀염성이 있다. ⓔ기특한 아이.

기틀 어떤 일의 가장 중요한 바탕이나 기초. ⓔ기틀을 닦다 / 기틀을 마련하다.

  기틀(이) 잡히다 어떤 일의 가장 중요한 부분이 제 기능을 발휘할 수 있게 되다.

기판 (基板) 여러 가지 부품을 끼울 수 있도록 전기 회로가 조직되어 있는 판. ⓔ주회로 기판.

기포 (氣泡) 유리·액체 등에 기체가 들어가 거품처럼 둥그렇게 부풀어 있는 것. ⓔ기포가 생기다.

기폭 (起爆) 화약이 압력이나 열 따위의 충동을 받아 폭발을 일으키는 현상. ⓔ기폭 장치.

기표 (記票) 투표용지에 써넣거나 표시를 함. ⓔ자신이 원하는 후보에게 자유로이 기표하는 것이 중요하다. **기표하다**.

기표소 (記票所) 투표장 안에 기표하도록 특별히 마련한 곳.

기품 (氣品) 고상한 성품이나 품격. ⓔ기품 있는 사람.

기풍 (氣風) 1 어느 집단이나 지역 안의 사람들의 공통적인 기질. ⓔ보수적인 기풍 / 새로운 기풍을 세우다. 2 기상과 풍채. ⓔ호방한 기풍. ⓑ기질.

기피 (忌避) 꺼리어 피함. ⓔ병역을

기피하다. 기피하다.

기필코 (期必一) 어김없이. 반드시. 꼭. 예기필코 성공하겠다.

기하다 (期一) 1 기일을 정하다. 예 24시를 기하여 휘발유 가격을 인상하다. 2 이루어지도록 기약하다. 예완벽을 기하다.

기하학 (幾何學) 도형 및 공간에 관한 성질을 연구하는 수학의 한 부문. 준기하.

기한 (期限) 미리 정하여 놓은 때. 예기한을 넘기다.

기합 (氣合) 1 정신을 집중하여 어떤 일을 하는 기세. 또는 그때 내는 큰 소리. 예기합을 넣다. 2 군대·학교 등에서 잘못한 사람에게 벌을 주는 일. 예단체 기합 / 기합을 받다.

기행 (奇行) 보통 사람과 다른 기이한 행동.

기행문 (紀行文) 여행 중에 보고 듣고 느낀 것을 적은 글.

기형 (畸形) 동식물에서, 정상적인 형태와는 다른 모양.

기형아 (畸形兒) 신체의 발육이나 기능에 장애가 있어 정상과는 다른 모습으로 태어난 아이.

***기호**[1] (記號) 어떤 뜻을 나타내거나 적어 보이는 부호·문자·표시 따위. 예발음 기호를 달다.

기호[2] (嗜好) 즐기고 좋아함. 예기호 식품.

기호품 (嗜好品) 향기·맛·자극을 즐기기 위한 음식물. 술·담배·커피·차 따위.

기혼 (旣婚) 이미 결혼함. 반미혼.

기화 (氣化) 고체나 액체가 기체로 바뀌는 것. 예물이 기화하다. 반액화. **기화하다.**

***기회** (機會) [기회 / 기훼] 어떤 일을 하기에 알맞은 시기나 경우. 예절호의 기회를 놓치다. ⊃chance

기회균등 (機會均等) [기회균등 / 기훼균등] 누구에게나 기회를 고루 주는 일. 예교육의 기회균등.

기획 (企劃) [기획 / 기훽] 일을 계획함. 예기획 상품 / 공연을 기획하다. **기획하다.**

***기후** (氣候) 기온·눈·비·바람 따위의 기상 상태. 예환절기에는 기후의 변화가 심하다.

기후도 (氣候圖) 어떤 지역의 매년 되풀이되는 기상 상태(기온·강수량·바람 등)의 평균을 나타낸 도표.

긴급 (緊急) 일이 중대하고도 급함. 예긴급 사태 / 긴급 조치를 취하다. **긴급하다. 긴급히.**

긴긴 [긴:긴] 길고 긴. 예긴긴 세월.

긴말 [긴:말] 길게 늘어놓는 말. 예 긴말이 필요 없다. **긴말하다.**

긴밀하다 (緊密一) 매우 밀접하다. 예긴밀한 연락 / 긴밀한 관계.

긴밀히 (緊密一) 긴밀하게. 예긴밀히 협조하다.

긴박감 (緊迫感) [긴박깜] 몹시 긴장되고 급한 느낌. 예긴박감이 감돌다 / 긴박감에 사로잡히다.

긴박하다 (緊迫一) [긴바카다] 몹시 다급하고 절박하다. 예긴박한 사태가 일어나다.

긴소리 [긴:소리] '긴말'의 낮춤말.

긴소매 [긴:소매] 손목까지 내려오는 소매. 또는 소매가 긴 옷. 비긴팔.

긴요하다 (緊要一) [기뇨하다] 매우 필요하고 중요하다. 예긴요한 물건을 손에 넣다. 비요긴하다.

긴장 (緊張) 마음을 가다듬어 정신을 바짝 차림. 예긴장을 늦추다 / 긴장이 풀리다. **긴장하다.**

긴축 (緊縮) 바짝 줄임. 예긴축 정책을 쓰다. 반이완. **긴축하다.**

긴팔 [긴:팔] ⇨긴소매.

긴하다 (緊一) 1 꼭 필요하다. 예긴한 물건. 비요긴하다. 2 매우 간절하다. 예긴하게 드릴 말씀이 있어요.

긴히 (緊一) 긴하게. 예긴히 부탁할 말이 있다.

긷다 [긷:따] 우물이나 샘 같은 데에서 물을 두레박이나 바가지로 떠내다. 예물을 길어서 나르다. 활용 길어 / 길으니 / 긷는.

***길**[1] 1 사람이나 차 등이 오가는 곳. 예길을 건너다. 2 사람으로서 지켜야 할 도리. 3 ⇨도중. 예오는 길에 만났다. 4 방법. 수단. 예생명을 살릴 길이 없다. ⊃road, way

길이 열리다 해결 방법이 생겨나

다. 방해하던 것이 없어져 나아가기 쉽게 되다.

길² 1 물건에 손질을 잘하여 생기는 윤기. 예 길이 잘 든 장독. 2 어떤 일에 익숙해진 솜씨. 예 차츰 길이 들겠지.

길³ [길:] 사람의 키 정도의 길이. 예 열 길 물속.

*__길가__ [길까] 길의 가장자리. 길의 양쪽 옆. 예 길가의 가로수. 비 노변.

길거리 [길꺼리] 사람이나 자동차가 많이 다니는 길. 준 거리.

길고양이 [길꼬양이/길고양이] 주인 없이 길을 떠돌아다니며 사는 고양이.

길길이 [길:기리] 1 물건이 높이 쌓인 모양. 예 연탄이 길길이 쌓이다. 2 성이 나서 펄펄 뛰는 모양. 예 길길이 날뛰다.

길놀이 [길로리] 풍물패나 탈춤패가 놀이마당까지 가면서 풍악을 울리며 벌이는 놀이.

길눈 [길룬] 한 번 가 본 길을 잘 기억하여 찾아가는 눈썰미. 예 늙으면 길눈이 어두워진다.

*__길다__ [길:다] 1 물체의 두 끝이 서로 멀다. 예 긴 머리/줄을 길게 늘이다. 2 시간이 오래다. 예 긴 세월/해가 길다. 3 글이나 말 등의 분량이 많다. 예 긴 이야기/서론이 너무 길다. 4 소리·음식 따위가 오래 계속되다. 예 길게 한숨을 내쉬다. [활용] 길어/기니/긴. ⊃long

길들다 1 물건에 손질을 잘하여 윤기가 나다. 예 잘 길든 지갑. 2 짐승이 잘 따르거나 부리기 좋게 되다. 예 잘 길든 사냥개. 3 어떤 일에 익숙하게 되다. [활용] 길들어/길드니/길드는.

길들이다 [길드리다] 길들게 하다.

길라잡이 [길라자비] 길을 안내하고 이끌어 주는 사람이나 사물. 예 성공의 길라잡이/길라잡이를 앞세우다. 준 길잡이.

길마 짐을 싣거나 수레를 끌기 위하여 소의 등에 얹는 안장. 예 길마를 지우다.

길모퉁이 길이 구부러지거나 꺾어져 돌아간 자리. 예 길모퉁이를 돌자 친구

가 보였다.

길목 1 길의 중요한 통로가 되는 목. 예 학교로 가는 길목. 2 큰길에서 좁은 길로 들어가는 어귀.

길몽 (吉夢) 좋은 일이 생길 조짐이 보이는 꿈. 반 흉몽.

길바닥 [길빠닥] 1 길의 표면. 예 길바닥에 넘어져 무릎을 다치다. 2 길거리나 길의 위. 예 길바닥에 나앉다/길바닥에서 서성거리다.

길섶 [길썹] 길의 가장자리.

길손 [길쏜] 먼 길을 가는 나그네.

길쌈 동식물의 섬유를 손질하여 옷감을 짜 이루기까지 사람의 손이 가는 모든 일. **길쌈하다**.

길쌈놀이 [길쌈노리] 길쌈하는 모습을 본뜬 춤.

*__길이¹__ [기리] 1 한끝에서 다른 한끝까지의 거리. 예 다리의 길이가 길다. 2 어떤 때로부터 다른 때까지의 동안. 예 낮의 길이가 짧아졌다.

*__길이²__ [기리] 오래오래. 오랜 세월이 지나도록. 예 선생님의 은혜를 길이 잊지 말자.

길일 (吉日) [기릴] 좋은 날. 길한 날. 예 길일을 택하여 결혼한다.

길잡이 [길자비] 1 앞에 나서서 길을 안내하는 사람. 2 길을 찾아 나갈 수 있는 목표가 되는 일이나 물건. 예 낱말 공부의 길잡이.

길조 (吉兆) [길쪼] 좋은 일이 있을 조짐. 길할 징조. 반 흉조.

길짐승 [길찜승] 기어 다니는 짐승을 통틀어 일컫는 말. 개·소·말·뱀 따위. 반 날짐승.

길쭉하다 [길쭈카다] 길이가 좀 길다. 예 길쭉한 얼굴. 반 짤막하다.

길하다 (吉—) 운수가 좋거나 일이 복되고 좋은 방향으로 풀려 가다. 반 흉하다.

길흉 (吉凶) 운이 좋고 나쁨. 또는 좋은 일과 나쁜 일. 예 길흉을 점치다.

길흉화복 (吉凶禍福) 좋은 일과 나쁜 일, 행복과 불행 즉 사람의 운수.

*__김¹__ [김:] 1 물 따위의 액체가 높은 열을 받아서 기체로 변한 것. 예 김이 무럭무럭 나다. 2 입에서 나오는 더운 기운. 예 입으로 더운 김을 내뿜다. 3

길마

수증기가 차가운 물체에 닿아 작은 물방울로 엉긴 것.

*김² [김:] 길이 10-15cm 되는 해초의 한 가지. 바닷속 바위에 이끼 모양으로 붙어 남. 종이처럼 얇게 떠서 말린 것에 소금과 기름을 발라 구워서 반찬으로 함. 圓감태.

*김³ [김:] 논밭에 난 잡초. 몐김을 매다.

김⁴ 어떤 일의 기회. 몐시작한 김에 끝내자 / 가는 김에 들르다.

김구 (金九) 〚인명〛 독립운동가·정치가. 호는 백범. 임시 정부 주석. 8·15 광복 후에 한국 독립당 위원장으로 있을 때 암살당함. 저서에 '백범일지'가 있음. [1876-1949]

김대건 (金大建) 〚인명〛 우리나라 최초의 천주교 신부. 25세 때 순교함. 세례명은 안드레아. 천주교의 성인으로 받들어짐. [1822-1846]

김만중 (金萬重) 〚인명〛 조선 숙종 때 판서·문학자. 호는 서포. 한글 소설 문학의 선구자로서, 작품에 '구운몽', '사씨남정기' 따위가 있음. [1637-1692]

김매기 [김:매기] 논이나 밭에 나는 잡초를 뽑는 일. 圓제초.

김발 [김:빨] 1 김을 기르기 위하여 김 홀씨를 붙여 바닷물에 담가 놓는 발. 2 김밥을 마는 데 쓰는 작은 발.

김밥 [김:밥 / 김:빱] 김으로 밥과 반찬을 말아 싸서 만든 음식.

김부식 (金富軾) 〚인명〛 고려 인종 때의 학자이며 정치가. 묘청의 난을 평정하였으며, '삼국사기'를 지었음. [1075-1151]

김빠지다 [김:빠지다] 1 음료의 본래 맛·냄새가 없어지다. 몐김빠진 맥주. 2 흥미나 의욕, 기운이 빠져 없어지다. 몐김빠지는 이야기 / 김빠진 얼굴을 하고 있다.

김소월 (金素月) 〚인명〛 시인. 본명은 정식. 평안북도 정주 출생. 민요적인 서정시를 썼으며 천재적인 재질을 보였으나, 젊은 나이에 죽음. 시집으로 '진달래꽃', '소월 시집' 등이 있음. [1902-1934]

김시습 (金時習) 〚인명〛 조선 단종 때의 생육신의 한 사람. 호는 매월당. 한국 최초의 한문 소설 '금오신화'를 지었음. [1435-1493]

김옥균 (金玉均) 〚인명〛 조선 고종 때의 정치가. 개화사상을 부르짖고 독립당을 조직하는 한편, 갑신정변을 일으켜 새 정부를 세웠으나 3일 만에 실패함. [1851-1894]

김유신 (金庾信) 〚인명〛 신라의 장군. 15세 때 화랑이 되었으며, 나당 연합군으로 백제·고구려를 멸망시켜 삼국을 통일하는 데 공을 세움. 이후 당나라 군사를 몰아내고 대동강 이남의 고구려 옛 땅을 도로 찾음. [595-673]

*김장 겨울 동안 먹기 위하여 김치·깍두기·동치미 등을 한꺼번에 많이 담가 두는 일. 또는 그렇게 담근 것. 몐김장 김치. 김장하다.

김장독 [김장똑] 김장을 담아 두는 독. 몐김장독을 뒤뜰에 묻었다.

김정호 (金正浩) 〚인명〛 조선 말기의 지리학자. 호는 고산자. 30여 년 동안 전국 방방곡곡을 돌아다니며 땅 모양을 조사하여 1861년 '대동여지도'를 완성함. [?-1866]

김정희 (金正喜) 〚인명〛 조선 헌종 때의 문신·서화가. 호는 완당·추사. 추사체 글씨로 유명함. [1786-1856]

김종서 (金宗瑞) 〚인명〛 조선 단종 때의 충신. 호는 절재. 6진을 개척하여 두만강을 국경으로 삼는 데 공이 커 좌의정에까지 오름. 수양 대군에게 죽임을 당함. [1383-1453]

김좌진 (金佐鎭) 〚인명〛 독립운동가·장군. 호는 백야. 3·1 운동 때 만주로 건너가 북로 군정서를 조직하여 독립군을 양성하다, 청산리 대첩(1920)에서 이범석 장군과 함께 일본군을 크게 무찌름. [1889-1930]

김춘추 (金春秋) 〚인명〛 신라 제29대 임금인 태종 무열왕의 이름. 인품과 수완이 뛰어나 당나라와 연합군을 결성하여 백제를 멸망시키고 삼국 통일의 기초를 닦았음. [604-661 ; 재위 654-661]

*김치 무·배추·오이 따위 채소를 소금에 절인 다음, 고추·마늘·파·젓갈 따위의 양념으로 버무려 발효시켜서 만든 음식.

[참고] **김치의 종류**

갓김치, 고수김치, 굴김치, 나박김치, 닭김치, 동아김치, 무김치, 박김치, 배추김치, 보쌈김치, 부들김치, 얼갈이김치, 열무김치, 오이김치, 오이소박이김치, 중갈이김치, 총각김치, 통김치, 파김치, 풋김치, 홀아비김치.

김칫국 [김치꾹 / 김칟꾹] 1 김치의 국물. 2 김치를 넣고 끓인 국.
김포 국제공항 (金浦國際空港) 서울 강서구에 있는 국제공항.
김홍도 (金弘道) 『인명』 조선 영조 때의 서화가. 호는 단원. 산수화·인물화·풍속화·불화·신선화 등에 뛰어나 정교한 필치로 많은 그림을 그렸음. [1745-?]
깁다 [김:따] 떨어지거나 해진 데에 헝겊 조각을 대고 꿰매다. 예해진 옷을 깁다. [활용] 기워 / 기우니.

[주의] **깁다와 깊다**

깁다 다른 조각을 대고 꿰매다.
깊다 1 '얕다'의 반대말. 2 지식·생각 따위가 가볍지 않다. '깊은, 깊어서'로 활용.

깁스 (독 Gips) 부러지거나 금이 간 뼈에 붕대를 감고 석고를 발라 굳힌 것. **깁스하다**.
***깃**¹ [긷] 새의 몸을 덮고 있는 털. 비 깃털.
깃² [긷] '옷깃'의 준말. 예양복 깃 / 코트의 깃을 세우다.
***깃대** (旗-) [기때 / 긷때] 기를 달아매는 긴 막대기. 예깃대가 꺾이다 / 깃대를 세우다.
깃대종 (旗一種) [기때종 / 긷때종] 어느 지역의 대표가 되는 동물이나 식물. 예이 지역의 깃대종은 올빼미이다.
깃들다 [긷뜰다] 1 아늑하게 서려 있다. 예평화가 깃든 곳. 2 감정·생각·노력 따위가 어리거나 스며 있다. 예미소가 깃든 얼굴.
깃들이다 [긷뜨리다] 1 짐승이 보금자리에 살다. 예제비가 처마 밑에 깃들여 살고 있다. 2 어느 곳에 사람이

살거나 건물 따위가 자리 잡다. 예이 산에는 큰 사찰이 깃들어 있다.
깃발 (旗一) [기빨 / 긷빨] 기의 바탕이 되는 넓적한 헝겊이나 종이 부분. 예깃발이 바람에 펄럭이다 / 깃발이 날리다. ⊃flag
깃봉 (旗一) [기뽕 / 긷뽕] 깃대 끝에 다는 연꽃 모양의 장식.
깃털 [긷털] 새의 깃에 붙어 있는 털. 새의 털.
***깊다** [김따] 1 겉에서 속까지의 거리가 멀다. 예깊은 바다. 만얕다. 2 아는 것이 많다. 예음악에 조예가 깊다. 3 마음과 뜻이 가볍지 않다. 예생각이 깊다. 4 정이 두텁다. 예우정이 깊다. 5 ⇨이슥하다. 예밤이 깊다. 6 어떤 상태가 오래되어 정도가 더하다. 예병이 깊어졌다. →깁다 [주의] ⊃deep
깊숙이 [김쑤기] 깊고 으슥하게. 예모자를 깊숙이 눌러쓴다. ×깊숙히.
깊숙하다 [김쑤카다] 깊고 으슥하다. 예깊숙한 산꼴짜기.
***깊이**¹ [기피] 1 겉에서 속까지의 거리. 예바다의 깊이를 재다. 2 내용의 충실한 정도. 예깊이 있는 소설. 3 듬직한 믿음성. 예사람이 깊이가 있다.
***깊이**² [기피] 1 겉에서 속까지의 거리가 멀게. 예땅을 깊이 파다 / 산속 깊이 들어가다. 2 생각이 신중하게. 예깊이 생각하다. 3 수준이 높게. 예역사를 깊이 연구하다.
ㄲ (쌍기역) 'ㄱ'의 된소리.
까까머리 빡빡 깎은 머리. 또는 그렇게 머리털을 자른 사람. 예머리를 깎고 까까머리 중이 되다.
까뀌 [까:뀌] 한 손으로 나무를 찍어 깎는 연장.
까놓다 [까노타] 마음속의 비밀을 숨김없이 털어놓다. 예툭 까놓고 말하다.
***까다**¹ 1 껍질을 벗기다. 예밤을 까다. 2 알을 품어서 새끼가 태어나게 하다. 예병아리를 까다.
까다² 셈에서 빼다. 예이자를 까다.
까다롭다 [까:다롭따] 1 복잡하고 어렵다. 예까다로운 시험 문제. 2 성미가 너그럽지 못하다. 예까다로운 성격 /

식성이 **까다롭다**. [활용] 까다로워 / 까다로우니.

***까닭** [까닥] 어떤 일이 생기게 된 이유나 사정. ⑩ **까닭** 없이 [까다겁씨] 싫어하다 / 반대할 **까닭이** [까달기] 없다.

까딱 1 고개를 아래위로 가볍게 움직이는 모양. ⑩ 고개를 **까딱** 숙이다. [큰] 끄떡. 2 조금 움직이는 모양. ⑩ 눈썹 하나 **까딱** 않고 책만 보다. [큰] 끄떡. **까딱하다**.

까딱까딱 고개를 아래위로 가볍게 자꾸 움직이는 모양. **까딱까딱하다**.

까딱없다 [까따겁따] 조금도 변함이나 탈이 없다. ⑩ 아무리 덤벼도 **까딱** 없다. [큰] 끄떡없다.

까딱하면 [까따카면] 조금이라도 실수하면. ⑩ **까딱하면** 큰일 난다. [비] 자칫하면.

까르르 여러 사람이 한꺼번에 자지러지게 웃는 소리.

*****까마귀** 까마귓과의 새. 몸 전체가 검고 윤이 나며, '까옥까옥' 하고 욺. 어미 새에게 먹이를 물어다 주는 습성이 있음.

까마득하다 [까마드카다] 아주 멀거나 오래되어서 아득하다. ⑩ 목적지까지는 아직도 **까마득하다**.

까마득히 [까마드키] 까마득하게. 까마득히 멀다.

까막까치 까마귀와 까치.

까막눈 [까망눈] 글을 전혀 모르는 사람의 눈. 또는 그런 사람.

까막눈이 [까망누니] 글을 전혀 모르는 무식한 사람.

까망 '깜장'의 잘못.

*****까맣다**¹ [까:마타] 아주 검다. ⑩ **까만** 머리카락. [큰] 꺼멓다. [활용] 까마니 / 까매서.

까맣다² [까:마타] 1 거리나 시간이 아주 멀어서 아득하다. ⑩ **까맣게** 먼 옛날. 2 도무지 기억이 없다. 3 아는 바가 전혀 없다. [활용] 까마니 / 까매서.

까먹다 [까먹따] 1 껍데기를 벗기고 먹다. ⑩ 밤을 **까먹다**. 2 어떤 일을 잊어버리다. ⑩ 약속을 **까먹다**. 3 밑천을 다 없애다. ⑩ 본전까지 다 **까먹었다**.

까무러치다 잠깐 정신을 잃다. ⑩ **까무러치게** 놀라다. [여] 가무러치다.

까무잡잡하다 [까무잡짜파다] 얼굴이 곱지 않게 까만 편이다. [여] 가무잡잡하다.

까부르다 곡식에 섞인 겨·티 따위를 키에 담아 위아래로 흔들어 날려 보내다. [준] 까불다. [활용] 까불러 / 까부르니.

*****까불다** 1 가볍고 방정맞게 행동하다. ⑩ 자꾸 **까불면** 혼난다. 2 몹시 아래위로 흔들리다. 또는 그렇게 하다. ⑩ 발을 **까불다**. [활용] 까불어 / 까부니 / 까부는.

까슬까슬하다 거죽이 매끄럽지 않고 깔깔하다. ⑩ **까슬까슬한** 턱수염. [큰] 꺼슬꺼슬하다.

*****까지** 1 동작이나 상태가 계속하여 미침을 나타내는 말. ⑩ 할 수 있는 데까지 해 보겠다. 2 지정된 시간이나 공간 안으로의 뜻을 나타내는 말. ⑩ 점심때까지 / 서울에서 부산까지. 3 '다시 그 위에 더하여'의 뜻을 나타내는 말. ⑩ 바쁜데 차까지 고장 났다.

까지다 1 껍질·피부 따위가 벗겨지다. ⑩ 무릎이 **까지다**. 2 몸의 살이나 재물이 줄어들다.

*****까치** [까:치] 까마귓과의 새. 날개 길이는 20cm가량임. 머리에서 등까지는 광택 있는 검은빛이고 가슴과 어깨는 흰빛임. 높은 나무 위에 마른 나뭇가지로 둥지를 튼다.

까치발 [까:치발] 발뒤꿈치를 든 발. ⑩ **까치발**을 딛고 보다.

까치집 [까:치집] 1 까치의 둥지. ⑩ 정자나무 가지에 **까치집**이 있다. 2 헝클어진 머리 모양. ⑩ 머리에 **까치집**을 짓다.

까칠까칠하다 여기저기 까칠한 데가 있다. ⑩ **까칠한** 피부. [큰] 꺼칠꺼칠하다.

까탈 트집을 잡아 까다롭게 구는 일. ⑩ 사사건건 **까탈**을 부리다.

까투리 꿩의 암컷. [반] 장끼.

깍깍 까마귀나 까치 따위가 자꾸 우는 소리.

깍두기 [깍뚜기] 1 무를 작고 네모나게 썰어서 고춧가루 따위에 버무린 뒤에 양념과 새우젓, 파 따위를 넣어 담근 김치. 2 어느 쪽에도 끼지 못하는 사람. ⑩ **깍두기** 신세.

깍듯이 [깍뜨시] 깍듯하게. ◉ 깍듯이 인사하다.

깍듯하다 [깍뜨타다] 예의범절을 따르는 태도가 극진하다.

깍쟁이 [깍쨍이] 1 남에게는 인색하면서 자기 이익에는 밝은 사람. 2 얄미울 정도로 약빠른 사람.

깍지[1] [깍찌] 콩 따위의 알맹이를 까낸 꼬투리.

깍지[2] [깍찌] 1 열 손가락을 서로 엇갈리게 바짝 맞추어 잡은 상태. 비손깍지. 2 활시위를 잡아당길 때 엄지손가락의 아랫마디에 끼는 뿔로 만든 기구.

깍지[2]

***깎다** [깍따] 1 얇게 벗겨 내다. ◉ 과일을 깎다. 2 털·풀 따위를 잘라 내다. ◉ 머리를 빡빡 깎다. 3 값을 덜다. ◉ 물건값을 호되게 깎다.

깎아지르다 [까까지르다] 반듯하게 깎아 바로 세우다. ◉ 깎아지른 듯한 벼랑을 기어오르다. [활용] 깎아질러 / 깎아지르니.

깐깐하다 성미가 까다로워 싹싹한 맛이 없다. ◉ 깐깐한 성격.

깔개 눕거나 앉을 곳에 까는 물건.

깔깔 큰 목소리로 못 참을 듯이 웃는 소리. 겔껄.

깔깔거리다 되바라진 큰 목소리로 자꾸 웃다. 큰 껄껄거리다.

깔깔하다 1 감촉이 보드랍지 못하고 까칠까칠하다. ◉ 혀가 깔깔하다. 큰 껄껄하다. 2 성질이 부드럽지 못하고 거칠다.

깔끔하다 1 모양이나 생김새 따위가 맵시 있고 매끈하다. ◉ 옷차림새가 깔끔하다. 2 솜씨가 아물고 알뜰하다. ◉ 바느질 솜씨가 깔끔하다.

***깔다** 1 밑에 펴 놓다. ◉ 자리를 깔다. 2 타고 앉다. ◉ 베개를 깔고 앉다. 3 눈을 아래로 내리뜨다. ◉ 부끄러운지 시선을 아래로 깔고 앉았다. [활용] 깔아 / 까니 / 까는.

깔때기 액체를 병 따위에 부을 때 쓰는, 나팔 모양을 하고 밑에 구멍이 뚫
깔때기

린 기구.

깔리다 1 흩어져 있다. 펴 놓은 것처럼 퍼지다. ◉ 연못에 얼음이 깔리다. 2 밑에서 눌림을 당하다. ◉ 밑에 깔린 사람.

깔보다 남을 업신여기고 얕잡아 보다. ◉ 키가 작다고 깔보지 마라.

깔아뭉개다 [까라뭉개다] 1 밑에 두고 눌러 뭉개다. ◉ 이불을 깔아뭉개며 뒹굴다. 2 남의 의견을 무시하다. ◉ 자존심을 깔아뭉개다.

깜깜하다 1 몹시 어둡다. ◉ 깜깜한 길을 혼자서 걷다. 큰 껌껌하다. 2 어떤 사실을 전혀 모르고 있다. ◉ 소식이 깜깜하다. 3 희망이 보이지 않는 상태에 있다. ◉ 앞일을 생각하니 눈앞이 깜깜하구나.

깜박 1 어둠 속에서 빛이 잠깐 비쳤다가 사라지는 모양. 2 정신이 잠깐 흐려지는 모양. 3 눈을 잠깐 감았다가 뜨는 모양. 큰 끔벅. 센 깜빡. 깜박하다. 깜박거리다.

깜부기 1 깜부깃병에 걸려 검게 변한 곡식의 이삭. 2 얼굴빛이 까만 사람의 별명.

깜부기불 타고 남은 숯 따위에서, 불꽃 없이 거의 꺼져 가는 불.

깜빡 1 빛이 잠깐 세게 비쳤다가 사라지는 모양. 2 정신이 순간적으로 흐려지는 모양. ◉ 약속을 깜빡 잊었다. 3 눈을 잠깐 감았다가 뜨는 모양. 깜빡하다. 깜빡거리다.

깜장 까만 빛깔이나 물감.

***깜짝**[1] 눈을 잠깐 감았다가 뜨는 모양. ◉ 눈 깜짝할 사이. 큰 끔쩍. 여 깜작.

***깜짝**[2] 갑자기 놀라는 모양. ◉ 깜짝 놀라다. 큰 끔쩍. 깜짝하다.

깜찍하다 [깜찌카다] 1 몸집이나 생김새가 작고 귀엽다. ◉ 깜찍한 표정을 짓다. 2 생각보다 태도나 행동 따위가 영악하다. ◉ 깜찍한 거짓말.

깝죽거리다 [깝쭉꺼리다] 1 신이 나서 방정맞게 까불거리다. 2 잘난 체하다. 큰 껍죽거리다.

깡 악착같이 버티는 힘을 속되게 이르는 말. ◉ 그 친구는 깡이 세다.

깡그리 조금도 남김없이 온통. ◉ 깡

그리 먹어 치우다 / 논밭을 **깡그리** 팔아 버리다.

깡마르다 몸에 살이 없이 바싹 마르다. ⓔ 깡마른 몸집. [활용] 깡말라 / 깡마르니.

깡충깡충 짧은 다리로 자꾸 힘 있게 솟구쳐 뛰는 모양. ⓔ 깡충깡충 뛰다. [큰] 껑충껑충.

깡통 (一筒) 양철로 만든 통조림 따위의 통.

깡패 (一牌) 폭력을 휘두르며 나쁜 짓을 일삼는 무리.

깨 참깨·들깨의 일컬음.

***깨끗이** [깨끄시] 깨끗하게. ⓔ 흙 묻은 손을 깨끗이 씻다.

***깨끗하다** [깨끄타다] 1 흐리지 않고 맑다. 더럽지 않다. ⓔ 깨끗하게 빤 옷. 2 잘 정돈되어 있다. ⓔ 깨끗한 방. 3 정정당당하다. ⓔ 결과에 깨끗하게 승복하다. 4 텅 비다. ⓔ 밥 한 그릇을 깨끗하게 비웠다. 5 결백하다. ⓔ 누가 뭐래도 나는 깨끗하다. 6 병 따위가 나아서 말짱하다. ⓔ 상처가 깨끗하게 아물었다. ⊃ clean

***깨다**¹ [깨:다] 1 잠·꿈·술기운 따위가 사라져 정신이 맑아지다. ⓔ 천둥소리에 잠을 깨다. 2 배워 지혜가 열리다. ⓔ 깬 사람.

***깨다**² 1 단단한 물체를 쳐서 조각내게 하다. ⓔ 유리창을 깨다. 2 어려운 장벽이나 기록 따위를 넘어서다. ⓔ 기록을 깨다. 3 일이 틀어지게 하다. ⓔ 약속을 깨다. 4 상처를 내다. ⓔ 이마를 깨다. ⊃ break

깨다³ [깨:다] 알을 까게 하다. ⓔ 알에서 갓 깬 병아리.

***깨닫다** [깨닫따] 1 깨치어 환히 알게 되다. ⓔ 이치를 깨닫다. 2 몰랐던 사정 따위를 알아채다. ⓔ 잘못을 깨닫다. [활용] 깨달아 / 깨달으니 / 깨닫는.

깨달음 [깨다름] 진리나 이치를 생각하고 궁리하여 알게 되는 것.

***깨뜨리다** '깨다²'의 힘줌말. ⓔ 달걀을 깨뜨리다 / 침묵을 깨뜨리다.

깨물다 위아래 이가 맞닿도록 세게 물다. ⓔ 사탕을 깨물다. [활용] 깨물어 / 깨무니 / 깨무는.

깨소금 참깨를 볶아 소금을 치고 빻아서 만든, 고소한 맛이 나는 양념.

깨알 깨의 낟알. ⓔ 깨알 같은 글씨.

***깨어나다** 1 잠이나 꿈에서 평시로 돌아오다. ⓔ 꿈에서 깨어나다. 2 잃었던 의식을 회복하다. ⓔ 혼수상태에서 깨어나다. 3 생각이나 생활 따위가 발달한 상태로 되다. ⓔ 무지에서 깨어나다.

깨우다 잠에서 깨게 하다. ⓔ 자는 사람을 흔들어 깨우다. ⊃ awake

깨우치다 가르쳐서 깨닫게 하다. ⓔ 한글을 깨우치다 / 잘못을 깨우쳐 주다.

***깨지다** [깨:지다] 1 단단한 물건이 쪼개지거나 갈라지다. ⓔ 화분이 깨지다. 2 일이 틀어지다. ⓔ 균형이 깨지다. 3 상처를 입다. ⓔ 이마가 깨지다. 4 기록 따위가 돌파되다. ⓔ 최고 기록이 깨지다.

깨치다 깨달아 알게 되다. ⓔ 진리를 깨치다 / 세 살짜리 어린아이가 한글을 깨쳤다.

깻묵 [깬묵] 들깨나 참깨에서 기름을 짜낸 찌꺼기.

깻잎 [깬닙] 1 깨의 잎. 2 채소의 한 가지로 주로, 들깨의 잎을 말함.

깽깽 강아지가 아플 때 내는 소리. [큰] 꿍꿍. 낑낑. **깽깽하다**.

깽깽거리다 강아지 따위가 아프거나 부대끼어 자꾸 깽깽 소리를 내다. ⓔ 다리를 다친 강아지가 깽깽거리다. [큰] 꿍꿍거리다. 낑낑거리다.

***꺼내다** [꺼:내다] 1 안에서 밖으로 내다. ⓔ 돈을 꺼내다. 2 이야기 따위를 하기 시작하다. ⓔ 말을 꺼내다.

꺼뜨리다 불을 잘못하여 꺼지게 하다. ⓔ 난롯불을 꺼뜨리다.

꺼리다 [꺼:리다] 피하거나 싫어하다. ⓔ 승낙하기를 꺼리다.

꺼림칙하다 [꺼림치카다] 매우 꺼림하다. ⓔ 마음이 꺼림칙하다.

꺼떻다 [꺼:떠타] 좀 지나치게 검다. ⓔ 꺼먼 연기. [작] 까맣다. [활용] 꺼머니 / 꺼메서.

***꺼지다**¹ 1 불·거품 따위가 사라져 없어지다. ⓔ 전깃불이 꺼지다. 2 목숨이 끊어지다. ⓔ 꺼져 가는 생명. 3 기계 따위가 동작을 멈추다. ⓔ 시동이 꺼지다.

꺼지다² 겉이 우묵하게 들어가다. ⓔ

땅이 꺼지다.
꺼칠하다 살이 빠져 피부나 털에 윤기가 없다. 예 꺼칠하게 여윈 얼굴. 작 까칠하다. 여 거칠하다.
꺼풀 여러 겹으로 된 껍질이나 껍데기 따위의 켜. 예 한 꺼풀 벗기다. 작 까풀.
꺾꽂이 [꺽꼬지] 식물의 가지를 잘라 흙에 꽂아 살게 하는 일. 예 뜰에 버드나무를 꺾꽂이하다.
꺾는소리 [꺽는소리] 판소리 등을 부를 때 본래 음보다 높게 냈다가 끌어내리는 목소리.
꺾다 [꺽따] 1 물체를 휘게 하거나 부러뜨리다. 예 꽃가지를 꺾어다 꽃병에 꽂다. 2 방향을 바꾸어 돌리다. 예 핸들을 꺾다. 3 생각을 굽히다. 예 고집을 꺾다.
꺾쇠 [꺽쇠 / 꺽쒜] 'ㄷ' 자 모양으로 양쪽 끝을 꺾어 꼬부린 쇠토막. 잇닿은 두 개의 나무 따위를 벌어지지 않게 하는 데 씀.
꺾은선 그래프 (一線graph) 막대그래프의 끝을 꺾은선으로 연결한 그래프. 시간의 흐름에 따른 양의 변화를 나타내는 데 주로 씀. 꺾은 그림표.
껄껄 우렁찬 목소리로 웃는 소리. 작 깔깔.
껄끄럽다 [껄끄럽따] 1 꺼끄러기 따위가 몸에 붙어서 살이 따끔거리는 느낌이 있다. 2 껄껄하여 미끄럽지 못하다. 작 깔끄럽다. 활용 껄끄러워 / 껄끄러우니.
껄렁하다 말이나 행동이 들떠 미덥지 않다. 예 껄렁한 말투로 시비를 걸다.
껌 (gum) 고무 비슷한 치클이라는 물질에 설탕·박하·향료 따위를 넣어 만든 씹는 과자.
껌껌하다 몹시 어둡다. 예 껌껌한 골목. 작 깜깜하다. 거 컴컴하다.
껌벅이다 [껌버기다] 1 큰 불빛이 밝았다 어두웠다 하다. 예 형광등이 껌벅이다. 2 큰 눈을 감았다 떴다 하다. 예 졸린 눈을 껌벅이다. 작 깜박이다.
****껍데기** [껍떼기] 1 달걀·조개 따위의 겉을 싼 단단한 물질. 예 소라 껍데기. 2 속을 채우고 그 겉을 싼 것. 예 베개 껍데기를 벗기다. 작 깝대기.

주의 **껍데기**와 **껍질**
껍데기 달걀·조개·호두 같은 것의 겉을 싸고 있는 단단한 물질을 가리킨다. 껍데기와 내용물이 비교적 쉽게 분리된다.
껍질 딱딱하지 아니한 무른 물체의 거죽을 싸고 있는, 질긴 물질로 된 켜를 가리킨다. 사과나 배처럼 껍질과 내용물이 쉽게 잘 분리되지 않는다.

****껍질** [껍찔] 무른 물체의 거죽을 싸고 있는 질긴 물질의 켜. 예 포도 껍질. 작 깝질. →껍데기 주의
껑충 긴 다리로 힘 있게 솟구쳐 뛰는 모양. 작 깡충.
껑충거리다 긴 다리로 자꾸 위로 솟구쳐 뛰다. 작 깡충거리다.
껑충껑충 껑충거리는 모양. 예 신이 나서 껑충껑충. 작 깡충깡충.
****께** '에게'의 높임말. 예 선생님께 편지를 드리다.
****께서** '가·이'의 높임말. 예 아버지께서 말씀하셨다.
껴안다 [껴안따] 두 팔로 감싸서 안다. 예 어린아이를 껴안다.
껴입다 [껴입따] 옷을 입은 위에 또 입다. 예 내복을 껴입다.
꼬깃꼬깃 [꼬긴꼬긷] 종이 따위가 몹시 구겨져 구김살이 심한 모양. 예 종이를 꼬깃꼬깃 접다.
꼬까신 [꼬:까신] 빛이 알록달록하여 고운 아이의 신.
꼬꼬 암탉의 우는 소리.
꼬꼬닭 [꼬꼬닥] 어린아이의 말로, '닭'을 이르는 말.
꼬꼬댁 닭이 놀랐거나 알을 낳은 뒤에 우는 소리. 꼬꼬댁하다. 꼬꼬댁거리다. 꼬꼬댁꼬꼬댁.
꼬끼오 수탉의 우는 소리.
꼬다 [꼬:다] 1 여러 가닥의 줄을 비비어 한 줄이 되게 하다. 예 새끼를 꼬다. 2 몸·팔·다리 등을 이리저리 뒤틀다. 예 다리를 꼬다.
꼬드기다 1 연줄을 잡아 잦히어 연을 높이 오르도록 하다. 2 남의 마음을 부추기어 움직이게 하다. 예 싸움을 하라고 꼬드기다.
꼬락서니 [꼬락써니] '꼴¹'을 낮잡아

이르는 말. ⑩ **꼬락서니**가 가관이다.

꼬르륵 1 배 속이 비었을 때 나는 소리. 2 술이나 물 등이 작은 구멍으로 간신히 빠져나갈 때 나는 소리. 3 닭이 놀라서 지르는 소리. 큰 구르륵. **꼬르륵하다**.

***꼬리** 1 동물의 꽁무니에 가늘고 길게 내민 부분. ⑩ 꼬리를 감추다. 빤 머리. 2 사물의 아래나 뒤에 길게 내민 부분. ⑩ 연 꼬리 / 혜성의 꼬리.
　꼬리(를) 감추다 사라지다. 자취를 감추고 숨다.
　꼬리(를) 물다 끊일 사이 없이 계속 이어지다. 꼬리에 꼬리를 물다.

주의 **꼬리**와 **꽁지**

꼬리는 길짐승에게 쓰이는 말이고 꽁지는 날짐승에게 쓰이는 말이다. 그러나 게는 날짐승이 아니지만 꽁지라고 한다.
꼬리가 쓰이는 말 : 개 꼬리, 노루 꼬리, 쥐 꼬리.
꽁지가 쓰이는 말 : 게 꽁지, 참새 꽁지, 제비 꽁지.

꼬리잡기 [꼬리잡끼] 어린이 민속놀이의 하나. 두 편으로 나누어 앞사람 허리를 잡고 한 줄로 늘어서서 맨 끝 사람이 같은 줄이나 상대편 줄의 맨 뒷사람을 붙잡는 놀이. **꼬리잡기하다**.

꼬리지느러미 물고기의 꼬리를 이루고 있는 지느러미.

꼬리표 (一票) 받는 이나 보내는 이의 이름·주소 따위를 적어서 짐에 달아매는 쪽지. ⑩ 여행 가방에 **꼬리표**를 달다.

***꼬마** 1 어린아이. ⑩ 우리집 꼬마. 2 조그마한 것. ⑩ 꼬마 자동차.

꼬맹이 키나 몸집이 작은 사람을 놀리어 일컫는 말.

꼬물거리다 1 좀스럽고 느리게 자꾸 움직이다. ⑩ 송충이가 **꼬물거리며** 기어가다. 2 몹시 굼뜨고 게으르게 행동하다. ⑩ 이불 속에서 **꼬물거리다**. 비 꼬물대다. 큰 꾸물거리다.

꼬박 고대로 끝끝내 기다리거나 밤을 새우는 모양. ⑩ **꼬박** 사흘을 기다렸다.

꼬박꼬박 1 졸거나 절할 때 머리와 몸을 자꾸 앞으로 숙였다가 드는 모양. ⑩ **꼬박꼬박** 졸다. 2 빠짐없이 다 하는 모양. ⑩ **꼬박꼬박** 말대답하다. 3 어김없이 따르는 모양. ⑩ 시키는 대로 **꼬박꼬박** 일을 잘한다.

꼬부라지다 한쪽으로 굽게 되다. ⑩ 혀가 **꼬부라지다**.

꼬부랑 심하게 굽은 모양. ⑩ **꼬부랑** 고개 / **꼬부랑** 할머니. **꼬부랑하다**. **꼬부랑거리다**. **꼬부랑꼬부랑**.

꼬부랑길 [꼬부랑낄] **꼬부라진** 길. 큰 꾸부렁길.

꼬부리다 한쪽으로 세게 힘을 주어 굽히다. ⑩ 철사를 **꼬부리다** / 손가락을 **꼬부리다**. 큰 꾸부리다.

꼬불꼬불 이리저리 꼬부라진 모양. ⑩ **꼬불꼬불**한 골목길이 이어지다. 큰 꾸불꾸불. **꼬불꼬불하다**.

꼬빡 어떤 상태를 끝까지 계속하는 모양. ⑩ 밤을 **꼬빡** 새우다.

꼬이다 1 일이 제대로 되지 않다. ⑩ 일이 **꼬이다**. 2 뒤틀리다. ⑩ 마음이 **꼬이다**. 3 얽히다. ⑩ 털실이 **꼬이다**. 준 꾀다.

꼬장꼬장하다 1 성미가 곧고 꼿꼿하다. ⑩ **꼬장꼬장한** 성격. 2 노인이 허리도 굽지 않고 정정하다.

꼬질꼬질 1 몹시 뒤틀어지고 꼬불꼬불한 모양. 2 옷이나 몸에 때가 많이 낀 모양. ⑩ 동생의 옷에 때가 **꼬질꼬질** 끼어 있다. **꼬질꼬질하다**.

***꼬집다** [꼬집따] 1 살을 집어 뜯거나 비틀다. ⑩ 허벅지를 **꼬집다**. 2 분명하게 드러내어 말하다. 3 남의 약점을 비꼬아서 말하다.

꼬챙이 가늘고 길쭉한 나무·대·쇠 따위의 끝을 뾰족하게 만든 물건.

꼬치 꼬챙이에 꿴 음식물.

꼬치꼬치 샅샅이 따지고 캐어묻는 모양. ⑩ **꼬치꼬치** 캐묻다.

꼬투리 1 콩 같은 식물의 열매를 싸고 있는 깍지. 2 시비를 걸기 위한 핑계. 3 사건이나 이야기의 실마리. ⑩ **꼬투리**를 잡다.

꼬투리1

***꼭**[1] 1 지그시 힘을 주어 세게 누르거나 조르는 모양. ⑩ 입을 **꼭** 다물다 /

내 손을 꼭 잡아라. 2 힘들여 고통을 참고 견디는 모양. 예졸음을 꼭 참다.
꼭² 1 어떤 일이 있어도 반드시. 예약속은 꼭 지켜라. 2 조금도 어김없이. 예옷이 몸에 꼭 맞는다 / 생일 선물이 마음에 꼭 든다.

주의 꼭과 똑
꼭 '어김없이·반드시'를 뜻하는 말로 뒤의 동사를 꾸민다. 예신이 꼭 맞는다 / 그는 꼭 성공한다 / 약속은 꼭 지켜라.
똑 '아주 틀림없이'를 뜻하는 말로 뒤의 동사나 형용사를 꾸민다. 예아버지를 똑 닮았다.

꼭꼭 1 단단히 힘을 주어 누르거나 조르는 모양. 예밥을 꼭꼭 씹어 먹다. 큰꾹꾹. 2 어김없이 완전하게. 예창문을 꼭꼭 닫다.
***꼭대기** [꼭때기] 1 제일 위쪽. 맨 위. 예나무 꼭대기. 2 여럿 가운데의 우두머리.
꼭두각시 [꼭뚜각씨] 1 꼭두각시놀음에서, 여러 가지 탈을 씌운 인형. 2 남이 시키는 대로 따라 하는 사람의 비유. 비괴뢰. ×꼭둑각시.
꼭두각시놀음 [꼭뚜각씨노름] 여러 인형을 무대에 번갈아 내세우고 동작하게 하는 민속 연극의 하나. 꼭두각시놀음하다.
꼭두새벽 [꼭뚜새벽] 아주 이른 새벽. 예꼭두새벽부터 수선을 떨다.
꼭지 [꼭찌] 1 나무의 잎사귀나 열매를 지탱하는 줄기. 예사과 꼭지. 2 그릇 뚜껑의 손잡이. 예냄비 꼭지. 3 연 머리의 가운데에 붙인 표.
꼭지각 (—角) [꼭찌각] 이등변 삼각형에서, 길이가 같은 두 변 사이에 끼인 각. 곧, 이등변 삼각형의 밑변에 대응하는 각.
꼭지쇠 [꼭찌쇠 / 꼭찌쉐] 전구를 소켓에 끼우는 부분으로, 둥글게 싼 금속으로 된 부분.
***꼭짓점** (—點) [꼭찌쩜 / 꼭찓쩜] 1 각을 이루는 두 선분이 만나는 점. 2 맨 꼭대기가 되는 점.
꼰다 [꼰타] 잘잘못을 살펴서 정하다.
꼴¹ 사물의 생김새나 됨됨이.

꼴² 마소에게 먹이는 풀. 예꼴을 먹이다 / 꼴을 베다.
—꼴 전체에 대한 비율을 나타낸 말. 예두 명에 한 개꼴로 나누다.
꼴깍 적은 양의 액체가 목구멍으로 단번에 넘어가는 소리. 예침이 꼴깍 넘어가다. 큰꿀꺽.
꼴딱 1 목구멍으로 한꺼번에 힘차게 삼키는 소리. 큰꿀떡. 2 해가 서쪽으로 완전히 지는 모양. 3 전혀 먹지 아니하고 굶는 모양. 예사흘을 꼴딱 굶다.
꼴뚜기 꼴뚜깃과의 작은 오징어. 다리는 열 개, 몸길이는 7cm가량이고 몸빛은 회색을 띤 적갈색이며 자라면 혹처럼 도톨도톨한 것이 몸 표면에 돋음. 얕은 바다 모래밭에 삶.
꼴불견 (—不見) 모습이나 하는 짓이 같잖고 우스워 차마 볼 수 없음.
꼴사납다 [꼴사납따] 모양이나 하는 짓이 보기에 흉하다. 활용꼴사나워 / 꼴사나우니.
꼴찌 차례의 맨 끝. 예나는 달리기 시험에서 겨우 꼴찌를 면했다. 비꼴등.
꼼꼼하다 성질이나 행동이 찬찬하고 자세하여 빈틈이 없다.
꼼꼼히 꼼꼼하게. 예교과서를 꼼꼼히 읽다.
꼼지락 몸을 둔하고 느리게 조금 움직이는 모양. 예아기가 손가락을 꼼지락거리다. 큰꿈지럭. 꼼지락하다. 꼼지락거리다.
꼼짝 둔하고 느리게 조금 움직이는 모양. 예꼼짝 말고 거기 있어라. 큰꿈쩍. 꼼짝하다.
　꼼짝 못 하다 힘이나 기세에 눌려 기를 펴지 못하다. 예선 채로 꼼짝 못 하다.
꼼짝없이 [꼼짜겁씨] 어찌할 방법이 없이. 예꼼짝없이 당하다.
꼽다 [꼽따] 1 수를 세려고 손가락을 하나씩 꼬부리다. 2 골라서 지목하다. 예유명한 남녀 배우들의 이름을 꼽다.
꼽추 등뼈가 몹시 굽어 등이 불룩하게 나와 있는 사람을 낮잡아 이르는 말. 비곱사등이.

꼿꼿하다 [꼳꼬타다] 1 단단하고 길쭉한 것이 굽은 데가 없이 쪽 바르다. 2 뜻이 굳세고 곧다. 예 꼿꼿한 기질.
꽁꽁 1 단단히 언 모양. 예 물이 꽁꽁 얼었다. 2 단단히 죄어서 묶는 모양. 예 짐을 꽁꽁 묶다.
꽁무니 1 엉덩이를 중심으로 한 몸의 뒷부분. 예 강아지가 종일 어미 개 꽁무니만 쫓아다닌다. 2 긴 사물의 맨 뒤나 맨 끝. 예 나는 기차가 출발하기 직전 열차 꽁무니에 올라탔다.
  꽁무니(를) 빼다 겁이 나서 슬그머니 물러나다.
꽁보리밥 보리쌀로만 지은 밥.
꽁지 새의 꽁무니에 달린 기다란 깃. →꼬리 주의
꽁지깃 [꽁지긷] 새의 꽁지의 깃.
꽁초 피우다 남은 담배의 끝부분.

꽁치 꽁칫과의 바닷물고기. 정어리와 비슷하며 길이는 30cm 정도, 약간 납작하며 주둥이가 길고 뾰족함. 등은 흑청색, 배는 은백색임.
꽁하다 [꽁ː하다] 1 말이 없고 옹졸하다. 예 꽁한 사람. 2 어떤 일을 잊지 않고 속으로만 언짢아하다. 예 꽁하게 생각지 마라.
***꽂다** [꼳따] 1 박아 세우거나 찔러 넣다. 예 화병에 꽃을 꽂다. 2 거꾸로 박히게 하다. 예 상대를 바닥에 힘껏 꽂다. 빤 뽑다.
***꽃** [꼳] 1 종자식물의 번식 기관. 모양과 색이 여러 가지이며, 식물의 줄기나 가지에 핌. 암술·수술·꽃잎·꽃받침으로 이루어졌음. 예 꽃이 활짝 피었다. 2 꽃이 피는 식물. 예 꽃을 가꾸다 / 화단에 꽃을 심다. 비 화초. 3 아름다운

학습마당 6

꽃말

꽃 이름	뜻	꽃 이름	뜻
개나리	희망·청초	백합	순결
과꽃	추억	샐비어	정력
국화	평화·굳은 절개	아네모네	비밀의 사랑
글라디올러스	젊음	아이리스	기다림
금잔화	인내	아카시아	친교·깨끗한 마음
나리	순결	안개꽃	약속
난초	절개	올리브	평화
달리아	정열·변덕	월계수	영광·승리
데이지	순진	장미	사랑·애정
도라지	따뜻한 애정	제비꽃	가난한 행복·겸손
동백	자랑	카네이션	어머니의 사랑
라일락	연정	코스모스	순정·순애
매화	결백	클로버	근면·행운
모란	부귀	튤립	밀회
목련	우아	팬지	사랑해 주세요·생각
무궁화	일편단심	프리지어	정숙
물망초	망각·진심·잊지 말아요	해바라기	믿음
백일홍	꿈	히아신스	슬픔

여자를 비유하여 이르는 말. 예 사교계의 꽃. ⟹flower

꽃가루 [꼳까루] 꽃의 수술 속에서 나는 고운 가루. 비 화분.

꽃가루받이 [꼳까루바지] 수술의 꽃가루가 바람·곤충·새 등에 의해 암술 끝에 옮겨 붙는 것.

꽃게 [꼳께] 꽃겟과의 게. 어른 손바닥만 한 크기로, 평퍼짐한 등은 가로로 끝이 뾰족하고 몸빛은 어두운 자주색임. 크고 힘이 센 한 쌍의 집게발이 있음.

꽃구경 [꼳꾸경] 활짝 핀 꽃을 보고 즐기는 일. **꽃구경하다**.

꽃구름 [꼳꾸름] 여러 가지 빛깔로 아롱진 아름다운 구름.

꽃길 [꼳낄] 꽃이 아름답게 피어 있는 길. 예 꽃길을 걷다.

꽃꽂이 [꼳꼬지] 화초나 나무의 가지를 꽃병 따위에 꽂아 자연미를 나타내는 일. 또는 그런 기법.

꽃나무 [꼰나무] 꽃이 피는 나무.

꽃눈 [꼰눈] 자라서 꽃이 될 눈.

꽃다발 [꼳따발] 예식에서 쓰는, 여러 가지 꽃을 한데 묶은 다발. 예 꽃다발을 받다.

꽃다지 [꼳따지] 오이·가지·호박 따위의 맨 처음 열린 열매.

꽃대 [꼳때] 꽃이 달리는 줄기.

꽃동산 [꼳똥산] 꽃이 많이 피어 있는 작은 산이나 언덕.

꽃등 (一燈) [꼳뜽] 꽃무늬가 있는 종이로 만든 등.

꽃등에 [꼳뜽에] 꽃에서 볼 수 있는 등에. 파리와 비슷하고 꽃의 꿀을 빨아 먹고 삶.

꽃말 [꼰말] 꽃의 특성에 따라 각각 상징적인 의미를 붙인 말. →[학습마당] 6(135쪽)

꽃망울 [꼰망울] 어린 꽃봉오리. 준 망울.

꽃모종 [꼰모종] 옮겨 심기 위하여 가꾼 어린 화초.

꽃무늬 [꼰무니] 꽃 모양의 무늬.

꽃물 [꼰물] 물감으로 쓸 수 있는 꽃의 즙. 예 친구들과 손톱에 봉선화 꽃물을 들였다.

꽃바구니 [꼳빠구니] 꽃을 담거나 꽂아서 장식에 쓰는 바구니. 예 꽃바구니를 선물한다.

꽃반지 (一半指) [꼳빤지] 꽃이 달린 가는 가지를 휘어서 손가락에 반지처럼 감은 것.

꽃받침 [꼳빧침] 꽃에서 꽃잎을 받치고 있는 부분. 보통 녹색이나 갈색임.

***꽃밭** [꼳빧] 꽃을 많이 심어 가꾼 곳. 또는 꽃이 많이 피어 있는 곳. 예 꽃밭에 물을 주다. 비 화원.

꽃뱀 [꼳뺌] 알록달록하게 화려한 무늬가 있는 뱀.

꽃병 (一甁) [꼳뼝] 꽃을 꽂는 병. 비 화병.

꽃봉오리 [꼳뽕오리] 망울만 맺히고 아직 피지 아니한 꽃. 예 꽃봉오리가 맺히다. 준 꽃봉. *꽃망울.

꽃부리 [꼳뿌리] 꽃의 가장 고운 부분으로, 한 송이 꽃의 꽃잎 전체를 이르는 말.

꽃비 [꼳삐] 바람이 불면 비처럼 날리며 한꺼번에 떨어지는 꽃잎.

꽃사슴 [꼳싸슴] 누런색의 털에 흰 점이 드문드문 박힌 사슴.

꽃삽 [꼳쌉] 꽃 따위를 옮겨 심거나 매만져 가꾸는 데 쓰는 작은 삽.

꽃샘바람 [꼳쌤바람] 이른 봄, 꽃 필 무렵에 부는 쌀쌀한 바람.

꽃샘추위 [꼳쌤추위] 이른 봄, 꽃이 필 무렵의 추위.

꽃송이 [꼳쏭이] 꽃자루 위에 붙은 꽃 전체를 이르는 말.

꽃술 [꼳쑬] 꽃 안의 실같이 생긴 것. 암술과 수술이 있음.

꽃신 [꼳씬] 꽃 모양이나 여러 가지 빛깔로 예쁘게 꾸민, 어린아이나 여자의 신.

***꽃씨** [꼳씨] 꽃이 피는 풀과 나무의 씨앗. 예 정원에 꽃씨를 뿌리다.

***꽃잎** [꼰닙] 꽃을 이루고 있는 낱낱의 조각 잎. 예 꽃잎이 바람에 흩날린다.

꽃자루 [꼳짜루] 꽃이 달리는 짧은 가지. 비 화경.

꽃전 (一煎) [꼳쩐] 찹쌀가루를 반죽하여 꽃모양으로 만들거나 꽃잎을 붙여서 기름에 지진 떡. 비 화전.

꽃줄기 [꼳쭐기] 꽃이 달리는 줄기.

꽃집 [꼳찝] 꽃이나 화초 등을 파는

가게. 비 꽃가게.

꽃창포 (一菖蒲) [꼳창포] 붓꽃과의 여러해살이풀. 높이는 60-120cm이고 잎은 칼 모양으로 어긋나며 여름에 붉은 보라색 꽃이 줄기나 가지 끝에 핌.

꽃피다 [꼳피다] 어떤 일이 발전하거나 성하다. 예 민주주의가 꽃피다.

꽃피우다 [꼳피우다] 어떤 일을 한창 성하게 하다. 예 사랑을 꽃피우다 / 민족 문화를 꽃피우다.

꽃향기 (一香氣) [꼳향기] 꽃에서 나는 좋은 냄새.

꽈리 [꽈리] 가짓과의 여러해살이풀. 높이는 90cm가량으로 여름에 노란색 꽃이 피고, 빨갛고 동그란 열매가 열림. 열매는 아이들이 입에 넣고 부는 놀잇감으로 쓰이기도 함.

꽈배기 [꽈:배기] 밀가루 반죽을 길고 가늘게 만들어 두 가닥으로 꼬아서 기름에 튀긴 과자.

꽉 1 힘을 주어 누르거나 묶는 모양. 예 손을 꽉 쥐다. 2 가득 찬 모양. 예 가방에 책을 꽉 채우다.

꽝1 제비뽑기나 복권 추첨에서 뽑히지 못한 것. 예 추첨에서 꽝이 나오다.

꽝2 1 무겁고 딱딱한 것이 세게 떨어지거나 다른 물건에 부딪쳐서 울리는 소리. 예 문을 꽝 닫다. 2 대포나 총을 쏘거나 폭발물이 터질 때 울리는 소리. 거 쾅.

꽝꽝 1 단단한 물건이 잇따라 떨어지거나 다른 물건에 부딪쳐서 나는 소리. 2 세차게 자꾸 나는 대포나 총을 쏘는 소리. 거 쾅쾅.

꽤 비교적. 매우. 제법. 생각한 것보다 더 많이. 예 숙제가 꽤 많구나.

꽥 성이 나거나 남을 놀라게 할 때 목청을 높여 세게 지르는 소리.

***꽹과리** 놋쇠로 만든 농악기의 한 가지. 모양은 징과 같으나 훨씬 작고 소리가 높게 남.

***꾀** [꾀 / 꿰] 1 일을 잘 꾸며 내는 묘한 생각. 예 꾀가 많다. 2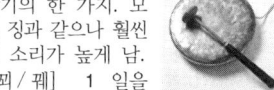
꽹과리
해야 할 일을 피하기 위한 교묘한 방법이나 핑계. 예 심부름을 가지 않으려고 꾀를 부리다. 비 계책.

꾀꼬리 [꾀꼬리 / 꿰꼬리] 1 꾀꼬릿과의 새. 날개 길이 15cm가량, 몸빛은 주로 노란색이며 꼬리와 날개 끝은 검음. '꾀꼴꾀꼴' 하고 아름답게 욺. 2
꾀꼬리1
목소리가 고운 사람의 비유. 예 꾀꼬리 같은 목소리로 노래를 부르다.

꾀꼴꾀꼴 [꾀꼴꾀꼴 / 꿰꼴꿰꼴] 꾀꼬리가 잇따라 우는 소리. 예 꾀꼬리가 꾀꼴꾀꼴 지저귄다.

꾀다1 [꾀:다 / 꿰:다] 벌레 같은 것이 수없이 모여들어 뒤끓다. 예 설탕에 불개미가 꾀다. 비 꼬이다.

꾀다2 [꾀:다 / 꿰:다] 그럴듯한 말로 자기 생각에 따르게 하다. 예 어린애를 꾀다. 비 꼬이다.

꾀돌이 [꾀도리 / 꿰도리] 꾀가 많아 귀염성 있는 어린아이.

꾀병 (一病) [꾀병 / 꿰병] 거짓으로 앓는 체하는 짓. 예 꾀병을 부리다.

꾀보 [꾀보 / 꿰보] 꾀가 많은 사람.

꾀죄죄하다 [꾀죄죄하다 / 꿰줴줴하다] 차림이나 모양새가 몹시 초라하고 지저분하다. 예 땟국이 꾀죄죄하게 흐르는 얼굴.

꾀하다 [꾀하다 / 꿰하다] 어떤 일을 이루려고 계획하거나 힘쓰다. 예 못된 짓을 꾀하다 / 경제적 발전을 꾀하다.

꾐 [꾐: / 꿸:] 어떤 일을 할 마음이 생기도록 꾀거나 부추기는 일. 예 꾐에 빠지다.

꾸기다 접거나 비벼서 잔금이 생기게 하다. 예 새 옷을 꾸기다.

*** 꾸다**1 남의 것을 잠시 빌려 쓰다. 예 돈을 꾸다.

*** 꾸다**2 꿈을 보다. 예 태몽을 꾸다.

―꾸러기 '어떤 버릇이 많거나 심한 사람'의 뜻. 예 잠꾸러기 / 장난꾸러기 / 말썽꾸러기.

꾸러미 1 꾸려서 싼 물건. 예 열쇠 꾸러미. 2 물건의 꾸러미를 세는 단위. 예 달걀 두 꾸러미.

꾸리다 1 짐이나 물건 따위를 싸서 묶다. 예 이삿짐을 꾸리다 / 배낭을 꾸리다. 2 살림이나 사업 따위를 알뜰하고 규모 있게 처리하다. 예 가정을 꾸리다 / 살림을 꾸려 나가다.

꾸물거리다 1 매우 느리게 자꾸 움직이다. ⓔ지렁이가 꾸물거리다. 2 굼뜨고 느리게 행동하다. ⓔ뭘 그리 꾸물거리느냐.

꾸물대다 ⇨꾸물거리다.

*꾸미다 1 모양이 나게 잘 만들다. ⓔ머리를 꾸미다. 2 거짓으로 둘러대거나 만들다. ⓔ거짓말을 그럴듯하게 꾸며 대다. 3 글 따위를 지어서 만들다. ⓔ서류를 꾸미다. 4 짜고 꾀하다. ⓔ음모를 꾸미다.

꾸밈 1 겉모양을 보기 좋게 만듦. 비수식. 2 속이기 위하여 만듦.

꾸밈새 꾸민 모양새. ⓔ집의 꾸밈새가 훌륭하다.

꾸벅 졸거나 절할 때에 머리와 몸을 앞으로 많이 숙였다가 드는 모양. ⓔ꾸벅 인사를 하다. 짝꼬박. 센꾸뻑. **꾸벅하다.**

꾸벅거리다 [꾸벅꺼리다] 머리와 몸을 자꾸 앞으로 숙였다 들다.

꾸벅꾸벅 1 머리와 몸을 자꾸 꾸벅이는 모양. ⓔ꾸벅꾸벅 졸다. 2 시키는 대로 따르는 모양.

꾸부리다 1 굽거나 휘게 하다. ⓔ철사를 꾸부리다. 2 몸을 굽히거나 오그리다. ⓔ허리를 꾸부려 인사하다. 짝꼬부리다.

꾸부정하다 매우 굽어 있다. ⓔ꾸부정한 자세로 앉다.

꾸불꾸불하다 이리저리 구부러져 있다. ⓔ꾸불꾸불한 산길. 짝꼬불꼬불하다. 여구불구불하다.

꾸역꾸역 1 한군데로 많은 물건이나 사람이 몰려들거나 나가는 모양. ⓔ사람들이 꾸역꾸역 모여들다. 2 어떤 마음이 자꾸 생기는 모양. ⓔ욕심이 꾸역꾸역 생기다. 3 음식을 입에 한꺼번에 많이 넣고 잇따라 씹는 모양. ⓔ밥을 꾸역꾸역 먹다.

꾸준하다 부지런하고 끈기가 있다. ⓔ꾸준한 성격.

*꾸준히 꾸준하게. ⓔ성적이 꾸준히 오르고 있다.

*꾸중 ⇨꾸지람. ⓔ아버지한테 꾸중을 들었다. **꾸중하다.**

꾸지람 윗사람이 아랫사람의 잘못을 꾸짖는 말. ⓔ꾸지람을 듣다. **꾸지람하다.**

꾸짖다 [꾸진따] 윗사람이 아랫사람의 잘못을 바로잡기 위하여 나무라다. ⓔ동생의 잘못을 꾸짖다.

*꾹 1 매우 힘주어 세게 누르거나 조르는 모양. ⓔ입을 꾹 다물다. 2 괴로움을 참고 견디는 모양. ⓔ모욕을 꾹 참다. 짝꼭.

-꾼 1 어떤 일을 전문적으로 또는 습관적으로 하는 사람을 가리키는 말. ⓔ장사꾼. 2 어떤 일에 모이는 사람을 가리키는 말. ⓔ구경꾼. × -군.

> 주의 전에는 '-군'으로 쓰는 말과 '-꾼'으로 쓰는 말이 있었으나, 1989년 3월부터 시행된 한글 맞춤법에서는 '-꾼'으로 통일하였음.
> ⓔ나무꾼, 낚시꾼, 농사꾼, 말썽꾼, 몰이꾼, 사기꾼, 사냥꾼, 심부름꾼, 일꾼, 주정꾼, 짐꾼, 협잡꾼

*꿀 꿀벌이 꽃에서 따다가 먹이로 벌집 속에 저장해 두는 끈끈하고 단 액체. 비벌꿀.

꿀꺽 1 물 같은 액체가 목구멍으로 넘어가는 소리. ⓔ물을 꿀꺽 마시다. 2 분한 마음을 억지로 참는 모양. ⓔ노여움을 꿀꺽 삼키다.

꿀꺽꿀꺽 물 같은 액체가 한꺼번에 목구멍이나 좁은 통로로 넘어갈 때 나는 소리. ⓔ물을 꿀꺽꿀꺽 마시다. **꿀꺽꿀꺽하다.**

꿀꿀 돼지의 우는 소리. **꿀꿀하다. 꿀꿀거리다.**

꿀단지 [꿀딴지] 꿀을 넣어 두는 단지.

꿀돼지 [꿀때지] 욕심이 많은 사람. ⓔ꿀돼지처럼 혼자 먹다.

꿀떡 음식물 따위를 한꺼번에 삼키는 소리. 또는 그 모양. ⓔ알약을 꿀떡 삼키다. 짝꼴딱. **꿀떡하다.**

꿀리다 1 생활 형편이 옹색하게 되다. ⓔ살림이 꿀리다. 2 마음이 켕기다. ⓔ뭔가 꿀리는 데가 있다. 3 힘이나 능력이 남에게 눌리다. ⓔ힘이 꿀리다.

꿀맛 [꿀맏] 1 꿀의 단맛. 2 꿀처럼 단 맛의 비유. ⓔ밥맛이 꿀맛이다.

꿀물 꿀을 타서 달게 만든 물.

꿀밤 주먹 끝으로 가볍게 머리를 때리는 짓.
  꿀밤(을) 먹다 머리에 꿀밤을 맞다. 예 선생님께 꿀밤을 먹었다.

*****꿀벌** 꿀벌과의 곤충. 몸길이 14mm가량. 한 마리의 여왕벌을 중심으로 큰 집단을 이룸. 꿀을 모아 먹이로 함. 준 벌.

꿇다 [꿀타] 무릎을 구부려 바닥에 대다. 예 무릎을 꿇고 용서를 빌다. 발음 꿇however고 [꿀코] / 꿇어서 [꾸러서] / 꿇는 [꿀른].

꿇어앉다 [꾸러안따] 무릎을 꿇고 앉다. 예 꿇어앉아서 벌을 받다.

*****꿈** 1 잠자는 동안에 깨어 있을 때와 마찬가지로 여러 가지 사물을 보는 일. 예 꿈에서 하늘을 날다. 2 희망이나 이상. 예 꿈 많은 어린 시절 / 꿈이 크다 / 꿈을 이루다. 3 이루어질 수 없는 헛된 기대나 생각. 예 허황된 꿈을 버리다. 반 현실. ⇒dream

꿈같다 [꿈갇따] 현실이 아닌 것 같다. 예 꿈같은 이야기.

꿈결 [꿈껼] 꿈을 꾸고 있는 동안. 예 꿈결에 가 본 고향.

꿈꾸다 1 꿈을 꾸는 상태에 있다. 2 은근히 바라거나 뜻을 세우다. 예 행복한 미래를 꿈꾸다. ⇒dream

꿈나라 1 이상적인 세계. 2 '잠'을 이르는 말. 예 꿈나라로 가다.

꿈나무 재능이 있는 어린이를 빗대어 이르는 말. 예 육상 꿈나무.

꿈속 [꿈쏙] 1 꿈을 꾸는 동안. 예 꿈속에 나타나다. 2 현실과 다른 상상 속. 예 꿈속을 걷다.

꿈자리 꿈에 나타난 일이나 내용. 예 꿈자리가 뒤숭숭하다.

꿈지럭거리다 [꿈지럭꺼리다] 일이나 행동을 빨리 하지 않고 시간을 끌며 천천히 하다.

꿈틀거리다 몸을 이리저리 꾸부리어 자꾸 움직이다. 작 꼼틀거리다.

꿈틀꿈틀 꿈틀거리는 모양. **꿈틀꿈틀하다.**

꿋꿋이 [꾿꾸시] 꿋꿋하게. 예 꿋꿋이 살아가다. 작 꼿꼿이.

꿋꿋하다 [꾿꾸타다] 1 힘이 세고 단단하다. 2 마음이 곧고 굳세다. 예 꿋꿋한 성격. 작 꼿꼿하다.

꿍꿍이 '꿍꿍이셈'의 준말. 예 무슨 꿍꿍이로 날 찾아왔다.

꿍꿍이셈 속으로만 우물쭈물하는 속셈. 준 꿍꿍이.

꿍꿍이속 도무지 모를 수작. 예 무슨 꿍꿍이속인지 알 수 없다.

꿍하다 [꿍ː하다] 마음이 언짢고 못마땅하여 말도 아니하고 덤덤히 있다.

*****꿩** 꿩과의 새. 산과 들에 사는데 닭과 비슷함. 수컷은 '장끼'라고 하며 몸길이는 65cm가량에 몸빛이 아름다우며, 암컷은 '까투리'라 하여 수컷보다 작고 검은색 얼룩무늬가 있음.

꿩고기 꿩의 살코기.

꿰다 [꿰ː다] 1 구멍으로 실이나 끈을 이쪽에서 저쪽으로 나가게 하다. 예 바늘에 실을 꿰다. 2 가운데를 뚫고 나가게 하다. 예 생선을 꿰미에 꿰다. 3 옷을 입거나 신을 신다. 예 소매에 팔을 꿰다. 4 어떤 사정·내용 따위를 자세히 알고 있다. 예 그 일에 대해 훤히 꿰고 있다.

꿰뚫다 [꿰ː뚤타] 1 이쪽에서 저쪽까지 꿰어서 뚫다. 예 총알이 벽을 꿰뚫다. 2 어떤 일을 속속들이 잘 알다. 예 엄마가 내 마음을 꿰뚫어 보는 것 같다. 발음 꿰뚫고 [꿰ː뚤코] / 꿰뚫어서 [꿰ː뚜러서] / 꿰뚫는 [꿰ː뚤른].

꿰매다 [꿰ː매다] 해지거나 뚫어진 자리를 집거나 얽다. 예 양말을 꿰매다.

꿰미 [꿰ː미] 구멍 뚫린 물건을 꿰는 데 쓰는 노끈. 또는 노끈 같은 것으로 꿰어 놓은 묶음. 예 엽전 닷 냥씩을 한 꿰미로 묶다.

뀌다 [뀌ː다] 방귀를 몸 밖으로 내보내다.

끄나풀 1 길지 않은 끈의 나부랭이. 2 남의 앞잡이. ×끄나불.

*****끄다** 1 타는 불을 타지 못하게 하다. 예 산불을 끄다. 2 전기 장치에 기기가 통하지 않게 하다. 예 텔레비전을 끄다. 활용 꺼 / 끄니.

끄덕거리다 [끄덕꺼리다] 고개를 자꾸 아래위로 가볍게 움직이다. 작 까닥거리다.

끄덕끄덕 끄덕거리는 모양. 작 까닥까닥. 센 끄떡끄떡. **끄덕끄덕하다.**

끄덕이다 [끄더기다] 머리를 아래위로 가볍게 움직이다. 【작】까닥이다. 【센】끄떡이다.

끄떡 머리를 아래위로 가볍게 한 번 움직이는 모양. 예끄떡 고개를 숙이다.

끄떡없다 [끄떠겁따] 조금도 움직이지 아니하다. 예아무리 흔들어도 끄떡없다. 【작】까딱없다.

끄르다 1 맺은 것이나 맨 것을 풀다. 예짐을 끄르다. 2 잠그거나 채운 것을 열다. 예단추를 끄르다. 【활용】 글러 / 끄르니.

끄집어내다 [끄지버내다] 1 속에 든 것을 끄집어서 밖으로 내다. 예서랍에서 서류를 끄집어내다. 2 이야기를 시작하다. 예이미 지난 일이니 더 이상 끄집어내지 마라.

끄트머리 맨 끝이 되는 부분. 예실의 끄트머리를 잡다.

*__끈__ 물건을 묶거나 꿰는 데에 쓰는 가늘고 긴 줄.

끈기 (一氣) 1 끈끈한 기운. 단단하여 질기고 차진 기운. 2 참을성이 있어 꾸준히 이어가는 성질. 예끈기 있게 버티다.

끈끈하다 1 잘 떨어지지 않고 끈직끈적하다. 예끈끈한 고약. 2 정이 매우 두텁다. 예끈끈한 정을 느끼다. 【작】깐깐하다.

끈덕지다 [끈덕찌다] 꾸준하고 끈기가 있다. 예끈덕지게 조르다.

끈적거리다 [끈적꺼리다] 끈끈하여 자꾸 척척 들러붙다. 예손에 풀이 묻어 끈적거리다.

끈적끈적하다 [끈적끈저카다] 끈끈하여 자주 들러붙는 성질이 있다. 예옷이 땀에 젖어 끈적끈적하다.

끈질기다 끈기 있게 질기다. 예사탕을 사달라고 끈질기게 조르다. 【비】끈덕지다.

끊기다 [끈키다] 1 잘려 떨어지다. 예줄이 끊기다. 2 관계가 이어지지 않게 되다. 예소식이 끊기다. 3 무엇이 중단되다. 예지하철이 끊기다.

*__끊다__ [끈타] 1 잘라 내다. 예테이프를 끊다. 2 교제 따위를 그치다. 예연락을 끊다. 3 습관처럼 하던 것을 하지 않다. 예담배를 끊다. 4 기차표·배표 따위를 사다. 예왕복표를 끊다. 5 하던 일을 중도에서 그만두다. 예지원을 끊다. 【발음】 끊고 [끈코] / 끊어서 [끄너서] / 끊지 [끈치].

*__끊어지다__ [끄너지다] 1 잘라져 따로 떨어지다. 예실이 끊어지다. 2 죽게 되다. 예숨이 끊어지다. 3 중단되거나 차단되다. 예소식이 끊어지다.

끊음표 (一標) [끄늠표] 한 음표씩 끊어서 연주하는 일. 또는 그것을 나타내는 기호. 스타카토.

끊이다 [끄니다] 계속 이어지던 것이 그치다. 예웃음소리가 끊이지 않다.

끊임없다 [끄니멉따] 잇대어 떨어지지 않다. 꾸준하다. 예끊임없는 노력.

*__끊임없이__ [끄니멉씨] 끊임없게. 예끊임없이 밀려오는 파도.

__끌__ 나무에 구멍을 파거나 다듬는 데 쓰는 연장.

*__끌다__ [끌:다] 1 바닥에 댄 채 잡아당기다. 예신을 질질 끌다. 2 인기·주의 따위를 쏠리게 하다. 예인기를 끌다. 3 운전하다. 예택시를 끌다. 4 시간을 미루다. 예시간을 끌다. 【활용】 끌어 / 끄니 / 끄는.

끌려가다 [끌려가다] 억지로 상대방 쪽으로 딸리어 가다. 예경찰서에 끌려가서 조사를 받다.

*__끌리다__ [끌:리다] 1 저쪽으로 잡아당김을 당하다. 2 옷 따위의 늘어진 부분이 바닥에 스치다. 예바짓단이 끌리다. 3 어떤 것에 관심·주의 따위가 쏠리다. 예호기심에 끌리다.

끌어가다 [끄러가다] 1 사람이나 동물을 강제로 데려가다. 예범인을 경찰서로 끌어가다. 2 일이나 이야기 같은 것을 자신이 원하는 쪽으로 이끌다. 예회의를 끌어가다.

끌어내다 [끄러내다] 끌어서 밖으로 내다. 예방에서 끌어내다.

끌어당기다 [끄:러당기다] 끌어서 앞으로 당기다. 예의자를 바싹 끌어당겨 앉다.

끌어들이다 [끄:러드리다] 꾀어서 어떤 일에 끼어들게 하다. 예친구를 싸움에 끌어들이다.

끌어안다 [끄:러안따] 두 팔로 가슴

에 당기어 껴안다. 예서로 끌어안고 펑펑 울다.

끌어올리다 [끄러올리다] 이끌어서 높은 지위나 수준으로 올려 주다. 예성적을 상위권으로 끌어올리다. 반끌어내리다.

끓는점 (一點) [끌른점] 액체가 끓기 시작하는 온도. 1기압에서 물의 끓는점은 100℃임. 비비등점.

***끓다** [끌타] 1 액체가 몹시 뜨거워져서 부글부글 솟아오르다. 예물이 펄펄 끓다. 2 화가 나서 속이 타는 듯하다. 예속이 끓다. 발음 끓고 [끌코] / 끓어서 [끄러서] / 끓는 [끌른] / 끓지 [끌치]. ⊃boil

끓어오르다 [끄러오르다] 1 액체가 끓어서 넘쳐 오르다. 예냄비의 물이 끓어오르다. 2 감정이 강하게 일어나다. 예분노가 끓어오르다.

***끓이다** [끄리다] 1 끓게 하다. 예보리차를 끓이다 / 찌개를 끓이다. 2 속을 태우다. 예애를 끓이다 / 속을 끓이다.

끔찍이 [끔찌기] 끔찍하게. 예할머니께서는 나를 어려서부터 끔찍이 예뻐하셨다. ×끔찍히.

끔찍하다 [끔찌카다] 1 너무 참혹하여 놀랄 만하다. 예끔찍한 사고가 일어나다. 2 정성이나 성의가 대단하다. 예끔찍한 대접을 받다.

끙끙 몹시 아프거나 힘에 겨워 자꾸 내는 소리. 예끙끙 앓다.

끙끙거리다 앓거나 힘든 일에 부대끼어 자꾸 끙끙 소리를 내다. 예끙끙거리며 대청소를 하다. 작깽깽거리다.

끙끙대다 ⇨끙끙거리다.

끝 [끋] 1 길고 가느다란 것의 마지막 부분. 예붓끝의 끝. 2 차례의 마지막. 예끝에서 세 번째. 3 일의 결과. 예끝이 좋아야 보람도 있지.

끝끝내 [끋끈내] 마지막에 이르기까지. 예끝끝내 버티다. 준끝내.

***끝나다** [끋나다] 1 일이 다 이루어지다. 예공사가 끝나다. 2 기간·시간 등이 다 되다. 예방학이 끝나다 / 방송이 끝나다. ⊃end

끝내 [끈내] '끝끝내'의 준말.

***끝내다** [끈내다] 일을 끝나게 하다. 예수업을 끝내다 / 숙제를 끝내다 / 한점 차로 경기를 끝냈다. ⊃finish

끝마치다 [끈마치다] 일을 끝내어 마치다. 예작업을 끝마치다.

끝말잇기 [끈말리끼] 앞사람이 말한 낱말의 끝음절로 시작하는 낱말을 대며 이어 가는 말놀이.

끝매듭 [끈매듭] 끝부분에 짓는 매듭. 예일의 끝매듭을 잘 짓다.

끝맺다 [끈맫따] 일을 마무리하여 끝내다. 마치다. 예말을 끝맺고 주위를 둘러보다.

끝물 [끈물] 그해의 맨 나중에 나오는 과일·푸성귀·해산물 따위. 예딸기도 끝물이 되니 맛이 없다. 반맏물.

끝소리 [끋쏘리] ⇨받침소리.

끝없다 [끄덥따] 끝나는 데가 없다. 한이 없다. 예끝없는 사막.

끝없이 [끄덥씨] 한이 없이. 예끝없이 펼쳐진 들판.

끝장 [끋짱] 일의 맨 마지막.

끼[1] 주로 놀이 따위에서 타고난 재주를 발휘할 수 있는 기질. 예내 친구는 끼가 넘친다.

끼[2] '끼니'를 셀 때 쓰는 말. 예점심한 끼를 거르다.

끼니 아침·점심·저녁과 같이 일정한 시간에 먹는 밥. 또는 그렇게 먹는 일. 예끼니를 때우다 / 바빠서 끼니도 거르고 있다.

***끼다**[1] [끼:다] 1 안개나 연기 따위가 서리다. 예구름이 끼다. 2 때나 먼지 따위가 덮이어 묻다. 예옷에 때가 끼다. 3 이끼나 녹 따위가 생기다. 예바위에 이끼가 끼다.

***끼다**[2] 1 팔이나 손을 서로 걸다. 예팔짱을 끼다. 2 장갑·반지 따위를 착용하다. 예손에 장갑을 끼다. 3 옷이 몸에 꼭 달라붙다. 예몸에 꼭 끼는 청바지를 입다. 4 '끼우다'의 준말. 예소켓에 전구를 끼다.

끼룩끼룩 기러기 같은 것이 자꾸 우는 소리. 끼룩끼룩하다.

-끼리 여럿이 함께 패를 짓는 뜻을 나타내는 말. 예우리끼리만 가자.

끼리끼리 무리를 지어 따로따로. 예끼리끼리 떼 지어 다니다.

끼어들다 [끼어들다 / 끼여들다] 1 좁은 틈 사이로 헤집고 들다. 예구경꾼들 틈에 끼어들다. 2 자기와 관계없는 일에 간섭하려 들다. ⑩남이 하는 일에 끼어들지 마라. [활용] 끼어들어 / 끼어드니 / 끼어드는.

끼얹다 [끼언따] 어떤 것의 위로 흩어지게 뿌리다. ⑩물을 끼얹다.

***끼우다** 좁은 사이에 빠지지 않게 밀어 넣다. ⑩단추를 끼우다. [준] 끼다.

끼이다 1 좁은 틈 사이에 박히거나 꽂히다. ⑩발이 돌 틈에 끼이다. 2 여럿 사이에 섞이다. ⑩사람들 틈에 끼여 빠져나가다. 3 어떤 일에 관련되다. ⑩모임에 끼이다.

끼익 차가 갑자기 멈추거나 뻑뻑한 문을 여닫을 때 나는 소리. ⑩차가 끼익 소리를 내며 멈추다.

끼인각 (一角) 두 직선 사이에 낀 각. [준] 낀각.

***끼치다¹** 살가죽에 소름이 돋다. ⑩온몸에 소름이 끼치다.

***끼치다²** 1 남에게 폐나 괴로움을 주다. ⑩수고를 끼치다. 2 어떠한 일을 뒷날에 남아 있게 하다. ⑩학계에 끼친 공로가 크다.

끽소리 [끽쏘리] 조금이라도 떠들거나 반항하는 소리. ⑩끽소리도 못 내다. *찍소리.

낄낄 낄낄거리는 소리. [거] 킬킬.

낄낄거리다 나오는 웃음을 참아 가면서 자꾸 웃다.

낄낄대다 ⇨낄낄거리다.

낌새 일이 되어 가는 형편. ⑩낌새가 보이다. [비] 기미. 눈치.

낑낑 1 못 견디게 아프거나 몹시 힘을 쓸 때 자꾸 내는 소리. ⑩무거운 짐을 낑낑 짊어지고 가다. 2 어린아이가 어리광을 부리며 자꾸 조르거나 보챌 때 내는 소리. **낑낑하다. 낑낑거리다.**

ㄴ (니은) 한글 닿소리의 둘째 글자.
-ㄴ데 1 다음 말을 끌어내기 위하여, 어떤 사실을 먼저 말하고자 할 때 쓰는 말. 예 키는 좀 큰데 힘은 없다 / 네가 무엇인데 그런 소리 하니. 2 스스로 감탄하는 말을 할 때 쓰는 말. 예 날씨가 꽤 찬데 / 풀기 어려운 문제인데.
-ㄴ들 '-다고 할지라도 어찌'의 뜻으로, 받침 없는 말에 붙는 말. 예 아무리 예쁜들 꽃만 하랴.
-ㄴ지 '이다' 또는 받침 없는 형용사의 말 줄기에 붙어, 막연한 의문이나 감탄을 나타내는 말. 예 얼마나 기쁜지 모르겠다 / 어떤 사람인지 알 수 없다.
나¹ 서양 음계의 칠음 중에 제7음인 '시'의 우리말 음이름.
*나² 말하는 사람이 자신을 가리키어 일컫는 말. 예 나와 함께 가자 / 나는 학생입니다. 땐 너.
-나 받침 없는 말에 붙어, 1 뒷말의 뜻과 같지 않음을 나타냄. 예 밤은 기나 낮은 짧다. 2 동작이나 상태를 나타냄. 예 자나 깨나 불조심.
*나가다 1 안에서 밖으로 가다. 예 밖에 나가 놀다. 땐 들어오다. 2 있던 곳에서 옮기다. 예 그 집에서 나간다. 3 일이 어느 정도 진행되다. 예 영어는 몇 과까지 나갔니. 4 값이나 무게 따위가 어느 정도에 이르다. 예 값이 나가는 물건. 5 전기 따위가 꺼지다. 예 불이 나가다. 6 의식이나 정신 따위가 없어지다. 예 정신 나간 사람.
나가동그라지다 뒤로 물러가면서 넘어져 구르다. 준 나동그라지다.
나가떨어지다 [나가떠러지다] 뒤로 물러가면서 되게 넘어지다. 예 얼음판에서 나가떨어지다.
나각 (螺角) 소라고둥의 껍데기로 만든 옛 군대 악기. 윗부분을 잘라 내고 구멍을 뚫어 불게 되어 있음.
나귀 ⇨ 당나귀.
*나그네 집을 떠나 객지에 있거나 여행 중인 사람. 예 정처 없는 나그네. 뗌 길손.
나그네새 추운 북쪽과 따뜻한 남쪽을 오가면서 잠시 머무르다 가는 철새. 도요새, 물떼새 따위.
나긋나긋하다 [나근나그타다] 말이나 태도 따위가 상냥하고 부드럽다. 예 나긋나긋한 목소리로 말하다.
나날 계속 이어지는 하루하루의 날들. 예 바쁜 나날을 보내다.
나날이 [나나리] 날마다. 매일. 예 나날이 발전하는 우리 학교.
*나누다 1 둘 또는 그 이상으로 가르다. 예 사과를 둘로 나누다. 땐 가르다. 2 나눗셈을 하다. 예 25를 5로 나누면 5가 된다. 3 고생이나 즐거움 따위를 함께하다. 예 슬픔을 나누다. 4 말이나 이야기를 주고받다. 예 이야기를 나누다. → 노느다 주의
나누어떨어지다 [나누어떠러지다] 나눗셈에서, 몫이 정수로만 되고 나머지가 없게 되다. 예 9는 3으로 나누어떨어진다.
*나눗셈 [나눋셈] 어떤 수로 다른 수를 나누는 셈. 땐 곱셈.
*나다¹ 1 없던 것이 새로 생기다. 예 병이 나다 / 소리가 나다. 2 밖으로 흘러나오다. 예 땀이 나다. 3 생산되다. 예 금이 나는 광산. 4 신문 따위에 실리다. 예 신문에 난 사건. 5 태어나다. 예 내가 난 해. 6 새로 솟다. 예 힘이 나다. 7 시간적 여유나 여분이 생기다. 예 틈이 나다.
*나다² 일정한 기간을 지내다. 예 건강하게 겨울을 나다.
나다니다 밖으로 나가 여기저기 돌아다니다. 예 나다니지 말고 공부 좀 해라.
나돌다 1 밖에 나가서 돌아다니다. 예 밤늦게 나돌아 다니면 위험하다. 2 소문이나 물건 따위가 여기저기 나타나거나 퍼지다. 예 유언비어가 나돌다.
활용 나돌아 / 나도니 / 나도는.
나동그라지다 뒤로 넘어가 구르다.

예)시멘트 바닥에 나동그라지다.

나뒹굴다 1 뒤로 물러나면서 넘어져 뒹굴다. 2 이리저리 마구 뒹굴다. 3 여기저기 어지럽게 널려 있다. 예)길가에 나뒹구는 낙엽. [활용] 나뒹굴어 / 나뒹구니 / 나뒹구는.

***나들이** [나드리] 가까운 곳에 잠시 다녀오는 일. 예)온 가족이 나들이하다. 비)나들이하다.

나들이옷 [나드리옫] 나들이할 때 입는 옷. 비)외출복.

***나라** 1 한 정부가 다스리는 영역. 예)나라를 지키다. 비)국가. 2 어떤 특별한 사물의 세상이나 세계. 예)동화 나라. ⊃country

나라꽃 [나라꼳] ⇨국화¹.

나라님 ⇨임금¹.

나라말 ⇨국어.

나란하다 여럿이 줄이어 있는 모양이 가지런하다. 예)현관에 신발을 나란하게 정리해 놓다.

***나란히** 나란하게. 예)일렬로 나란히 서다.

나랏일 [나란닐] 나라의 일. 예)나랏일을 돌보다 / 나랏일을 걱정하다. 비)국사.

나래¹ 논밭을 반반하게 고르는 데 쓰는 농기구. 써레와 비슷하나 아래에 발 대신에 널빤지를 가로 대었음.

나래¹

나래² '날개'의 문학적 표현.

나루 강가·냇가·좁은 바닷길 따위에 나룻배가 닿고 떠나는 곳. 예)나루를 건너다.

나루터 나룻배가 닿고 떠나는 일정한 곳.

나룻배 [나루빼 / 나룯빼] 나루를 드나들면서 사람이나 물건을 나르는 작은 배.

***나르다** 물건을 다른 곳으로 옮기다. 예)이삿짐을 나르다 / 친구와 함께 책상을 날랐다. 비)운반하다. [활용] 날라 / 나르니. ⊃carry

나른하다 몸이 피곤하여 기운이 없다. 예)나른한 오후 / 봄이라 그런지 몸이 나른하다. 큰)느른하다.

나름 '됨됨이나 하기에 달림'의 뜻을 나타내는 말. 예)사람 나름 / 생각하기 나름이다.

나리¹ [나:리] 1 아랫사람이 벼슬아치를 높여서 부르던 말. 예)사또 나리. 2 지체가 높거나 권세가 있는 사람을 높여서 부르던 말. 예)나리, 부르셨습니까. ×나으리.

나리² ⇨백합¹.

나리꽃 [나리꼳] 나리의 꽃. 비)백합꽃. 백합화.

나마 '만족스럽지 못하지만 아쉬운 대로 양보함'의 뜻을 나타내는 말. 예)전화나마 걸어 주었으면 좋으련마는.

-나마 받침 없는 말에 붙어, '-지만, -더라도'의 뜻을 나타내는 말. 예)돕지는 못하나마 방해는 하지 마라.

나막신 [나막씬] 나무를 파서 만든 신으로 앞뒤에 높은 굽이 있어 비가 오는 날이나 땅이 진 곳에서 신었음.

나막신

***나머지** 1 어느 한도에 차고 남은 부분. 예)쓰고 난 나머지를 저축하다. 2 마치지 못한 부분. 예)나머지는 내일 해라. 3 어떤 일의 결과. 예)너무 감격한 나머지 눈물을 흘렸다. 4 나누어떨어지지 않고 남은 수. 비)우수리. ×남어지.

***나무** 1 줄기와 가지가 단단한 여러해살이 식물. 예)나무 한 그루 / 나무를 심다. 비)수목. 2 무엇을 만드는 데 쓰는 재목. 예)나무 의자 / 나무로 기둥을 세우다. 3 땔감이 되는 나무. 예)나무 한 단 / 나무를 한 짐 해 오다. 비)땔나무. **나무하다**. ⊃tree

***나무꾼** 땔나무를 하는 사람. ×나뭇꾼. 나무군.

나무라다 1 잘못을 꾸짖어 알아듣도록 말하다. 예)딸의 잘못을 나무라다. 비)꾸짖다. 2 흠을 지적해 말하다. 예)나무랄 데 없는 인물.

나무람 나무라는 말이나 일. 예)나무람을 듣다. 비)꾸지람.

나무숲 [나무숩] 나무가 우거진 숲.

나무아미타불 (南無阿彌陀佛) 1 '아미타불에게 돌아가 의지한다'는 뜻으로 염불하는 소리. 2 공들여 해 놓은 일이 아무 소용이 없어짐을 이르는 말. ⑩ 십년공부 나무아미타불.

나무젓가락 [나무저까락/나무젇까락] 나무로 만든 젓가락.

나무줄기 나무의 뿌리에서 위로 이어지는 큰 줄기. 가지를 치고 잎이 돋아나는 굵은 부분.

나무토막 나무가 잘리거나 부러져 짤막하게 된 부분.

나무패 (一牌) 나무를 깎아 만든 패. ⑩ 나무패로 이름표를 만들다.

***나물** 먹을 수 있는 풀이나 나뭇잎 등을 통틀어 일컫는 말. 또는 그것에 갖은 양념을 하여 무친 반찬. ⑩ 나물을 무쳐 먹다.

나물국 [나물꾹] 나물을 넣고 끓인 국. ⑩ 나물국이 입맛을 돋우다.

***나뭇가지** [나무까지/나묻까지] 나무의 줄기에서 뻗어 나는 가지. ⑩ 바람에 흔들리는 나뭇가지/나뭇가지를 꺾지 마시오.

나뭇결 [나무껼/나묻껼] 나무를 세로로 잘랐을 때 자른 면에 나타나는 무늬. ×나무결.

나뭇단 [나무딴/나묻딴] 단으로 묶어 놓은 땔나무.

나뭇더미 [나무떠미/나묻떠미] 나무를 많이 모아 한 곳에 쌓아 놓은 큰 덩어리.

나뭇등걸 [나무뜽걸/나묻뜽걸] 나무의 줄기를 베어 내고 남은 밑동. 비 등걸.

***나뭇잎** [나문닙] 나무의 잎.

나박김치 [나박낌치] 무를 얄팍하고 네모지게 썰어서 절인 뒤에, 고추·파·마늘·미나리 등을 넣고 국물을 부어 익힌 김치.

나발 우리나라 옛날 관악기의 하나. 쇠붙이로 만들었는데, 부는 쪽이 가늘고 끝부분이 퍼진 긴 대롱 모양임.

주의 **나발**과 **나팔**

나발 1 놋쇠로 긴 대롱같이 만든 옛날 관악기의 하나. ⑩ 나발 소리. 2 객쩍거나 당치도 않은 말. ⑩ 나발 고 있네. 3 앞의 말을 무시하는 말. ⑩ 돈이고 나발이고 다 필요 없다.

나팔 1 쇠붙이로 만든 관악기의 하나. ⑩ 기상 나팔 소리. 2 나팔꽃 모양의 확성기.

나방 곤충의 한 가지. 모양은 나비와 비슷하나 몸통이 더 통통함. 식물의 잎·줄기 따위를 갉아 먹는 해충임. 주로 밤에 날아다니며 고치를 만듦.

나방

나병 (癩病) [나ː병] 나병균에 의하여 감염되는 만성 전염병. 눈썹이 빠지고 손발이나 얼굴이 변형되며 눈이 잘 보이지 않게 됨. ⑩ 나병 환자. 비 나병환. 한센병.

나부끼다 얇고 가벼운 것이 흔들려 날리다. ⑩ 태극기가 바람에 나부끼다.

나부랭이 1 실·종이·헝겊 등의 자질구레한 조각. 2 어떤 물건이나 사람을 하찮게 여기어 일컫는 말. ⑩ 세간 나부랭이/양반 나부랭이. 큰 너부렁이. ×나부랑이.

나불거리다 1 가볍게 자꾸 흔들리다. 2 경솔하게 자꾸 말하다. ⑩ 그만 좀 나불거려라. 큰 너불거리다. 게 나풀거리다.

나불나불 [나불라불] 나불거리는 모양. ⑩ 나불나불 말도 많구나. **나불나불하다**.

나붙다 [나붇따] 눈에 잘 뜨이는 바깥에 붙어지다. ⑩ 벽보가 나붙다.

***나비**¹ 곤충의 하나. 두 쌍의 날개는 빛깔이 아름답고 겉에는 분가루 같은 것이 많음. 긴 대롱처럼 생긴 입으로 꽃의 꿀을 빨아 먹음. ⊃ butterfly

나비¹

나비² 옷감이나 종이 같은 것의 너비. ⑩ 나비를 재다. 비 폭.

나비넥타이 (—necktie) 늘어뜨리는 부분이 없고 나비 모양으로 매듭을 지은 넥타이.

나빠지다 나쁘게 되다. ⑩ 건강이 나빠지다/기분이 나빠지다.

***나쁘다** 1 좋지 않다. ⑩ 기분이 나쁘

다 / 성적이 나쁘다. 2 건강 따위에 해롭다. ⑩담배는 건강에 나쁘다. 3 옳지 않다. ⑩거짓말하는 것은 나쁜 일이다. 빤좋다. 활용 나빠 / 나쁘니. ⇨bad

나사 (螺絲) 1 소라의 껍데기처럼 비틀어져 고랑이 진 물건. 물건을 고정시키는 데에 씀. 2 '나사못'의 준말.

나사돌리개 (螺絲—) 나사못을 돌려서 박거나 빼는 기구. 드라이버.

나사못 (螺絲—) [나사몯] 비틀어 박게 만든 못. 준나사.

***나서다** 1 앞이나 밖으로 나와서 서다. ⑩앞으로 불쑥 나서다. 2 나타나다. ⑩일자리가 나서다. 3 간섭하다. ⑩남의 일에 나서지 마라. 4 어떤 곳을 떠나다. ⑩집을 나서다.

나석주 (羅錫疇) 〖인명〗 독립운동가. 우리나라의 땅과 자원을 빼앗은 동양 척식 주식 회사와 식산 은행에 폭탄을 던지고 자결함. [1892-1926]

나선형 (螺旋形) 소라의 껍데기처럼 빙빙 비틀려 돌아간 모양. ⑩나선형 층계를 오르다. 비나선상.

***나아가다** 1 앞으로 향하여 가다. ⑩거리로 나아가다 / 한 발 한 발 앞으로 나아가다. 2 일이 점점 되어 가다. ⑩계획대로 순조롭게 나아가다. 준나가다. 활용 나아가거라.

나아지다 어떤 일이나 상태가 좋아지다. ⑩성적이 나아지다 / 형편이 나아지다.

나앉다 [나안따] 물러나거나 밖으로 옮겨 앉다. ⑩컵에 담겨 있던 물이 쏟아지는 바람에 동생은 놀라 방문 밖으로 나앉았다.

나약하다 (懦弱—) [나:야카다] 뜻이나 의지가 굳세지 못하다. ⑩나약한 마음 / 나약한 의지력.

나열 (羅列) 죽 벌여 놓음. ⑩장난감을 나열하다. 나열하다.

***나오다** 1 안에서 밖으로 오다. ⑩방에서 나오다. 2 속에서 바깥으로 솟아나다. ⑩새싹이 나오다. 3 어떤 데에 나타나다. ⑩모임에 나오지 않다. 4 일터로 일하러 오다. ⑩직장에 나오다. 5 앞으로 내밀다. ⑩배가 나온 사람. 6 감정·표정 따위가 겉으로 드러나다. ⑩울음이 나오다. 활용 나오너라.

나왕 (羅王) 열대 지방에서 나는 상록 교목. 빛깔이 곱고 결이 부드럽고 가공하기 쉬워 가구·문짝·문틀의 재료로 많이 씀.

나위 더 할 수 있는 여유나 더 해야 할 필요. ⑩더할 나위 없다 / 말할 나위 없다.

***나이** 사람이나 생물이 세상에 나서 살아온 햇수. ⑩나이가 지긋하다. 비연령. ⇨age

나이(가) 아깝다 말이나 행동이 나이에 어울리지 않게 유치하다.

참고 **나이를 이르는 말**
10세—유학
15세—지학
20세—약관
30세—이립
40세—불혹
50세—지천명
60세—이순, 육순
61세—환갑, 회갑, 화갑
62세—진갑
70세—고희, 칠순
71세—망팔
80세—팔순
81세—망구
88세—미수
90세—졸수
91세—망백
99세—백수

나이지리아 (Nigeria) 〖국명〗 아프리카의 서부, 기니만에 있는 공화국. 야자유·바나나·코코아·땅콩·면화 등이 많이 남. 수도는 아부자.

나이테 나무줄기를 가로로 자른 면에 보이는 둥근 테. 해마다 하나씩 생겨 그 수로 나무의 나이를 알 수 있음. 비나이바퀴. 연륜.

나이테

나이팅게일 (Nightingale, Florence) 〖인명〗 영국의 간호사. 1854년 크림 전쟁 때에 처음으로 종군 간호사를 자원하여 적십자 운동을 일으키는 동기가 되었으며, 평생을 간호 사업에 바쳤음. [1820-1910]

나이프 (knife) 양식을 먹을 때 사용

하는 작은 칼.

나일강 (Nile江) 아프리카 대륙의 북동부를 흐르는 강. 세계에서 제일 긺. 길이 6,690km.

나일론 (nylon) 석탄·물·공기 따위를 원료로 하여 만든 가볍고 질기고 잘 구겨지지 않는 인조 섬유. 예나일론 끈.

나전 (螺鈿) 광채가 나는 작은 자개 조각을 여러 모양으로 박아 붙여 꾸민 공예품.

나전 칠기 (螺鈿漆器) 옻칠을 한 후에 자개 조각을 박은 나무 그릇이나 공예품.

나절 1 낮의 어느 때나 동안. 예오전 나절. 2 하룻낮의 절반쯤 되는 동안.

나주 (羅州) 『지명』 전라남도의 중서부에 있는 시. 나주평야의 중심지로 농산물의 집산지임. 특산물로 배와 복숭아가 많이 남.

나주평야 (羅州平野) 전라남도 영산강 유역에 펼쳐진 평야. 쌀·보리·면화 따위가 생산되며 배가 유명함.

*__나중__ [나:중] 1 얼마의 시간이 지난 뒤. 예나중에 또 보자. 2 순서에 있어서 어떤 일의 다음. 예이걸 먼저 하고 그건 나중에 해라. 빤먼저. 우선.

나지막이 [나지마기] 나지막하게. 예나지막이 중얼거리다.

나지막하다 [나지마카다] 높이나 소리가 매우 나직하다. 예나지막한 목소리 / 나지막한 집.

나직이 [나지기] 나직하게. 예나직이 속삭이다. 빤높직이. ×나직히.

나직하다 [나지카다] 소리나 위치가 조금 낮다. 예나직한 목소리. 빤높직하다.

나체 (裸體) [나:체] 벌거벗은 몸. 누드. 비벌거숭이. 알몸.

나침반 (羅針盤) 배·항공기 따위에서 방향과 위치를 알기 위해 쓰는 기구. 자침이 남북을 가리키는 특성을 이용함.

*__나타나다__ 1 나와서 눈에 뜨이다. 예밤하늘에 별이 나타나다. 2 겉으로 드러나서 알게 되다. 예얼굴에 고민하는 표정이 나타나다 / 낌새가 나타난다. 3 없던 것이 생겨나다. 예새로운 상품이 나타나다. 빤사라지다. ⊃appear

*__나타내다__ 나타나게 하다. 예자신의 느낌을 잘 나타냈다.

나태 (懶怠) [나:태] 행동이나 성격 따위가 느리고 게으름. 예나태에 빠지다. 나태하다.

나트륨 (독 Natrium) 흰 빛깔의 금속 원소. 소금이나 그 밖의 여러 가지 화합물로 많이 존재함.

*__나팔__ (喇叭) 금속으로 만든 관악기의 하나. 군대에서 행진하거나 신호할 때 씀. →나발 [주의]

나팔꽃 (喇叭-) [나팔꼳] 덩굴을 길게 벋는 한해살이풀. 여름에 아침 일찍 나팔 모양의 꽃이 활짝 피었다가 낮에는 서서히 오므라듦.

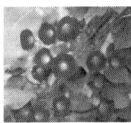
나팔꽃

나팔수 (喇叭手) 나팔을 부는 일을 하는 사람.

나폴레옹 (Napoléon, Bonaparte) 『인명』 프랑스의 황제. 코르시카섬 출신. 프랑스 혁명에 장교로 참가하여 활약하다가 황제가 됨. 한때 유럽 대륙을 정복했으나, 러시아 원정에 실패하여 세인트헬레나섬에 귀양 가서 죽음. [1769~1821 ; 재위 1804~1815]

나폴리 (Napoli) 『지명』 이탈리아반도의 남서 해안에 있는 항구 도시. 세계에서 가장 아름다운 항구의 하나임.

나풀거리다 얇은 물체가 바람에 날려 가볍게 자꾸 흔들리다. 예머리카락이 바람에 나풀거리다. 큰너풀거리다. 여나불거리다.

나풀나풀 [나풀라풀] 나풀거리는 모양. 큰너풀너풀. 여나불나불. 나풀나풀하다.

나프탈렌 (naphthalene) 좀약 등으로 많이 쓰이는 약품. 독특한 냄새가 있으며 보통 온도에서 조금씩 기체가 되어 없어짐.

나환자 (癩患者) [나:환자] 나병을 앓고 있는 사람.

나흘 1 네 날. 예집을 나간 지 나흘 만에 돌아왔다. 2 그달의 넷째 날.

낙 (樂) 즐거움. 재미. 예등산을 낙으로 삼다. 빤고.

낙관¹ (落款) [낙꽌] 동양화나 서예

작품에 작가가 이름이나 호를 쓰고 도장을 찍는 일. 또는 그 도장.

낙관²(樂觀) [낙꽌] 앞날의 일이 잘 되어 갈 것으로 여김. 예자신의 미래에 대해 낙관하다. 団비관. **낙관하다.**

낙낙하다 [낭나카다] 크기·수효·부피·무게 따위가 조금 크거나 남음이 있다. 예낙낙한 옷. 큰넉넉하다.

낙농(酪農) [낭농] 소나 염소 따위를 길러 젖을 짜거나, 그 젖으로 버터·치즈 따위를 만드는 농업. 비낙농업.

낙농품(酪農品) [낭농품] 우유를 재료로 해서 만드는 제품. 분유·버터·치즈 따위. 비낙제품.

낙담(落膽) [낙땀] 일이 뜻대로 되지 않아 몹시 실망함. 예시험에 떨어져 낙담하다. 비낙심. **낙담하다.**

낙도(落島) [낙또] 육지에서 멀리 떨어져 있는 섬. 예낙도 어린이들의 서울 나들이. 비외딴섬.

낙동강(洛東江) [낙똥강] 우리나라 5대 강의 하나. 태백산에서 흘러나와 경상도를 지나 남해로 흘러 들어감. 길이는 약 510km.

낙망(落望) [낭망] 희망이 없어짐. 희망을 잃음. 비낙심. **낙망하다.**

낙방(落榜) [낙빵] 시험에서 떨어짐. 예대학 입시에 낙방하다. 반합격. 급제. **낙방하다.**

낙서(落書) [낙써] 장난으로 아무데나 함부로 쓴 글자나 그림. 예낙서 금지. **낙서하다.**

낙선(落選) [낙썬] 1 선거에서 떨어짐. 예회장 선거에서 낙선하다. 반당선. 2 출품한 작품 등이 심사에서 떨어짐. 예낙선한 작품. 반입선. **낙선하다.**

낙숫물(落水―) [낙쑨물] 처마 끝에서 떨어지는, 빗물이나 눈 녹은 물. 예낙숫물 소리.

낙심(落心) [낙씸] 바라던 일을 이루지 못하여 마음이 상함. 예실패했다고 낙심하지 마라. 비낙담. 낙망. 실망. **낙심하다.**

***낙엽**(落葉) [나겹] 나뭇잎이 떨어짐. 또는 그 나뭇잎. 예낙엽이 지다. **낙엽하다.**

낙엽송(落葉松) [나겹쏭] 소나뭇과의 침엽수. 높이는 30m가량, 잎은 바늘 모양임. 건축 재료·펄프·선박 재료 따위로 씀.

낙엽수(落葉樹) [나겹쑤] 가을에 잎이 떨어졌다가 이듬해 봄에 새잎이 나는 나무. 감나무·오동나무·단풍나무 따위. 반상록수.

낙오(落伍) [나고] 1 군대의 행렬에서 뒤떨어짐. 예한 사람의 낙오도 없이 행군을 마쳤다. 2 사회나 시대의 발전에 뒤떨어짐. 예경쟁 대열에서 낙오하다. **낙오하다.**

낙원(樂園) [나권] 아무런 근심이나 걱정 없이 안락하게 살 수 있는 즐거운 곳. 예지상 낙원. ⊃paradise

낙인(烙印) [나긴] 1 불에 달구어 찍는 쇠도장. 예소에 찍은 낙인. 2 씻기 어려운 불명예스러운 평판이나 판정. 예문제아라는 낙인이 붙어 다녔다.

낙제(落第) [낙쩨] 1 시험에서 떨어짐. 비낙방. 반급제. 2 성적이 나빠서 진학 또는 진급하지 못함. 예낙제 점수. **낙제하다.**

낙조(落照) [낙쪼] 저녁때의 지는 햇빛. 예서쪽 하늘이 붉은 낙조에 물들었다. 비석양.

낙지 [낙찌] 바다에 사는 연체동물의 하나. 몸길이는 70cm가량이고 몸빛은 회색인데 주위의 빛에 따라 변하며, 적을 만나면 먹물을 뿜고 도망침. 여덟 개의 다리는 길이가 거의 같은데, 많은 빨판이 있음.

낙차(落差) 1 떨어지거나 흐르는 물의 높낮이의 차. 예낙차를 이용한 수력 발전. 2 높낮이의 차. 예낙차가 큰 커브를 던지다.

낙천적(樂天的) 세상과 인생을 즐겁게 생각하는 (것). 예낙천적인 성격. 반염세적.

낙타(駱駝) 낙타과에 속하는 짐승. 등에 지방을 저장하는 큰 혹이 하나나 둘 있으며, 목과 다리가 길고 발굽이 둘로 갈라짐. 사막 여행에 중요한 교통수단임. ⊃camel

낙태(落胎) 배 속의 아이를 인공적으로 떼어 내어 없앰. 예낙태 수술. **낙태하다.**

낙하(落下) [나카] 높은 데서 낮은 데로 떨어짐. 예낙하 지점 / 낙하 훈련. **낙하하다.**

낙하산(落下傘)[나카산] 날고 있는 비행기에서 사람이나 물건이 안전하게 땅 위에 내리도록 하는 데 쓰는 우산 모양의 기구. 예낙하산을 펴다.

낙향(落鄕)[나캉] 서울에 사는 사람이 시골로 이사함. 예낙향하여 농사를 짓다. **낙향하다**.

낙화(落花)[나콰] 꽃이 떨어짐. 또는 그 꽃. **낙화하다**.

낙화암(落花岩)[나콰암] 충청남도 부여의 부소산에 있는 큰 바위. 백마강에 잇닿아 절벽을 이룸. 백제가 망할 때 삼천 궁녀가 이 바위에서 백마강에 몸을 던져 죽었다는 전설이 있음.

낙후(落後)[나쿠] 기술이나 문화, 생활 따위의 수준이 뒤떨어짐. 예낙후 지역. **낙후하다**.

낚다[낙따] 낚시로 물고기를 잡다. 예월척을 낚다.

***낚시**[낙씨] 1 미끼를 꿰어 물고기를 낚는 데 쓰는, 끝이 뾰족하고 꼬부라진 작은 쇠갈고리. 예낚시에 물고기가 걸리다. 비낚싯바늘. 2 '낚시질'의 준말. **낚시하다**.

낚시꾼[낙씨꾼] 낚시질을 하는 사람. 낚시질을 직업으로 하는 사람.

낚시질[낙씨질] 낚시로 물고기를 낚는 일. 준낚시. **낚시질하다**.

낚시터[낙씨터] 낚시질하는 곳.

낚싯대[낙씨때/낙씯때] 낚싯줄을 매는 가늘고 긴 대. 준낚대.

낚싯밥[낙씨빱/낙씯빱] 물고기가 물도록 낚시 끝에 꿰는 미끼. 예낚싯밥으로 지렁이를 쓰다.

낚싯줄[낙씨쭐/낙씯쭐] 낚시를 매어 단 가늘고 긴 줄.

낚아채다[나까채다] 1 무엇을 갑자기 힘차게 잡아당기다. 예머리채를 낚아채다. 2 남의 물건을 재빨리 빼앗거나 가로채다. 예돈가방을 낚아채 달아나다.

난[1] (亂)[난:] '난리'의 준말. 예난을 일으키다 / 난을 피하다.

난[2] (蘭) '난초'의 준말. 예난의 향기가 은은하다.

***난**[3] (欄) 1 신문이나 잡지에서 글이나 그림 따위를 싣는 자리. 예독자들의 글을 실을 난을 마련하다. 2 문서에 필요한 사항을 적어 넣게 만든 빈칸. 예빈 난을 채우다. →**[학습마당]** 8(182쪽)

난[4] '나는'의 준말. 예난 먼저 집에 갈래 / 난 네가 좋아.

난간(欄干) 층계나 다리 등의 가장자리에 일정한 높이로 막아 세우는 구조물. 예난간에 기대다.

난감하다(難堪―)[난:감하다] 견디어 내거나 해결하기가 어렵다. 예겨울을 날 일이 난감하다.

난관(難關) 일을 해 나가기가 어려운 고비. 예난관에 부닥치다.

난국(難局) 사회의 어지러운 상황. 예난국을 헤쳐 나가다.

난대(暖帶)[난:대] 열대와 온대의 중간으로 기후가 따뜻한 지대. 평균 온도 13-20℃가량임. 비아열대.

난데없다[난:데업따] 갑자기 불쑥 나와 나온 데를 알 수 없다. 예난데없는 고함 소리.

난데없이[난:데업씨] 난데없게. 예난데없이 나타나다.

난동(亂動)[난:동] 질서를 어지럽히며 마구 행동함. 또는 그런 행동. 예난동을 부리다.

***난로**(暖爐)[날:로] 석탄이나 석유, 가스 따위의 연료를 때거나 전기를 이용하여 방 안을 덥게 하는 기구. 비스토브.

난롯불(暖爐―)[날:로뿔/날:롣뿔] 난로에 땔감을 넣고 피운 불.

난류(暖流)[날:류] 온도가 높고 소금기가 많은 해류. 적도 부근에서 차츰 온대·한대로 향하여 흐름. 반한류.

난리(亂離)[날:리] 1 전쟁이나 분쟁 따위로 세상이 어지러워진 상태. 예난리가 나다 / 난리가 터지다. 2 작은 소동. 예장난감을 사 달라고 울고불고 난리를 치다. 준난.

난립(亂立)[날:립] 질서 없이 여기저기서 나섬. 예무허가 건물의 난립을 막다 / 입후보자가 난립하다. **난립하다**.

난무(亂舞)[난:무] 함부로 나서서 마구 날뜀. 예폭력이 난무하다. **난무하다**.

난민(難民) 전쟁이나 재난 따위로 어려움을 겪는 사람. 예난민 구호 / 난민 수용소. 비이재민.

난민촌 (難民村) 피난민들이 모여 사는 곳. [예] 난민촌에 구호 식량과 의약품을 전달하다.

난방 (暖房) [난:방] 방이나 건물 안을 따뜻하게 함. 또는 그 장치. [예] 난방 시설 / 난방 장치. [반] 냉방.

난사 (亂射) [난:사] 총이나 활 따위를 함부로 쏨. [예] 기관총을 난사하다. **난사하다.**

난산 (難産) 1 아기 낳는 일이 순조롭지 못해 고생함. [반] 순산. 2 해결하기 어려운 일을 가까스로 이룸. [예] 난산 끝에 합의를 보다. **난산하다.**

난색 (難色) [난:색] 꺼리거나 어려워하는 기색. [예] 난색을 보이다.

난생 동물 (卵生動物) 물고기·새와 같이 새끼가 알에서 깨어 나와 자라는 동물. [반] 태생 동물.

난생처음 (—生—) [난:생처음] 세상에 태어난 후 처음. [예] 난생처음 타 본 비행기 / 난생처음 느껴 본 사랑.

난소 (卵巢) [난:소] 난자를 만들고 호르몬을 분비하는 동물 암컷의 생식 기관.

난시 (亂視) [난:시] 눈의 각막 또는 수정체의 굴절면이 고르지 않아 광선이 망막의 한 점에 모이지 않기 때문에, 물체가 똑똑하게 보이지 않는 눈. 또는 그런 시력.

난이도 (難易度) [나니도] 어려움과 쉬움의 정도. [예] 난이도가 높다 / 난이도를 조절하다.

난입 (亂入) [나:닙] 여럿이 함부로 들어가거나 들어옴. [예] 폭력배들이 사무실에 난입하다. **난입하다.**

난자 (卵子) [난:자] 암컷의 생식 세포.

난잡하다 (亂雜—) [난:자파다] 1 행동이 막되고 문란하다. [예] 난잡한 행동. 2 어수선하고 너저분하다. [예] 난잡하게 늘어놓다.

난장판 (亂場—) [난:장판] 여러 사람이 마구 떠들어 대거나 뒤죽박죽이 된 곳. 또는 그런 상태. [예] 회의가 난장판이 되다.

난쟁이 키가 몹시 작은 사람. [반] 키다리. ×난장이.

난점 (難點) [난쩜] 처리나 해결이 어려운 점. [예] 이번 일에는 난점이 많다.

난제 (難題) 어려운 문제.

난중일기 (亂中日記) [난:중일기] 〖책〗 이순신 장군이 임진왜란 중에 쓴 일기. 임진왜란이 일어난 1592년부터 1598년 9월까지의 일을 기록함. 충남 아산시 현충사에 보관되어 있으며, 우리나라 국보임.

난처하다 (難處—) [난:처하다] 이럴 수도 없고 저럴 수도 없어 처지가 곤란하다. [예] 말하기가 난처하다.

난청 (難聽) 1 청각 기관의 장애로 소리를 잘 들을 수 없는 상태. [예] 노인성 난청. 2 라디오 방송 등이 잘 들리지 않는 상태. [예] 난청 지역.

난초 (蘭草) 난초과의 여러해살이풀. 잎은 좁고 길며 꽃은 향기가 좋음. 관상용으로 재배함. [준] 난.

난치병 (難治病) [난치뼝] 고치기 어려운 병. [예] 난치병에 걸리다.

난타 (亂打) [난:타] 함부로 마구 때림. [예] 얼굴을 난타하다. **난타하다.**

난투 (亂鬪) [난:투] 한데 엉켜 치고받으며 어지러이 싸움. 또는 그런 싸움. **난투하다.**

난투극 (亂鬪劇) [난:투극] 한데 엉켜 치고받으며 싸우는 소동. [예] 난투극을 벌이다.

난파 (難破) 배가 항해 중에 폭풍우 따위를 만나 부서지거나 뒤집힘. [예] 태풍으로 배가 난파되다. **난파하다.**

난파선 (難破船) 난파한 배.

난폭 (亂暴) [난:폭] 행동이 몹시 거칠고 사나움. [예] 난폭 운전 / 난폭한 성격. **난폭하다.**

난해하다 (難解—) 뜻을 이해하기 어렵다. [예] 난해한 시.

난형난제 (難兄難弟) 누가 더 낫다고 할 수 없을 만큼 비슷하여 분간하기 어려움. [예] 난형난제의 실력.

낟 [난:] 곡식의 알.

[주의] **낟·낫·낮·낯·낱**

낟 곡식의 알갱이.
낫 풀을 베는 연장.
낮 '밤'의 반대말.
낯 얼굴. 면목.
낱 물건의 하나하나.

낟가리 [낟:까리] 낟알이 붙은 곡식을 그대로 쌓은 더미. 예벼 낟가리 / 들판에는 군데군데 낟가리가 쌓여 있었다.

낟알 [나:달] 1 껍질을 벗기지 않은 곡식의 알갱이. 예낟알을 줍다 / 낟알을 털다. 2 ⇨쌀알.

***날**[1] 1 지구가 돌면서 밤과 낮을 이루는 24시간. 예기분 좋은 날. 2 '날씨'의 준말. 예날이 개다 / 날이 좋다. 3 '날짜'의 준말. 예날을 잡다 / 날을 정하다. 4 하루의 낮 동안. 예날이 저물다. ⇨day

> [참고] 음력으로 날 읽기
>
> | 1일 : 초하루 | 11일 : 열하루 |
> |---|---|
> | 2일 : 초이틀 | 12일 : 열이틀 |
> | 3일 : 초사흘 | 15일 : 보름 |
> | 4일 : 초나흘 | 17일 : 열이레 |
> | 5일 : 초닷새 | 18일 : 열여드레 |
> | 6일 : 초엿새 | 19일 : 열아흐레 |
> | 7일 : 초이레 | 20일 : 스무날 |
> | 8일 : 초여드레 | 21일 : 스무하루 |
> | 9일 : 초아흐레 | 22일 : 스무이틀 |
> | 10일 : 열흘 | 30일 : 그믐 |

날[2] 칼이나 가위와 같은 연장의 가장 날카로운 부분. 물건을 베거나 자르거나 깎게 된 부분. 예날을 세우다 / 날이 잘 든다.

날강도 (一強盜) 매우 뻔뻔스럽고 악독한 강도.

***날개** 1 새나 곤충 따위가 날 때 펴는 부분. 예비둘기가 날개를 퍼덕이다. 2 공중에 잘 뜨도록 비행기의 양쪽 옆에 단 부분. 예보조 날개. 3 바람을 일으키는 데 쓰이는 도구. 예선풍기의 날개. ⇨wing

날개(가) 돋치다 상품 등이 시세를 만나 빠르게 팔려 나가다.

날개돋이 [날개도지] 번데기가 날개 달린 성충이 됨.

날갯죽지 [날개쭈찌 / 날갣쭈찌] 날개가 몸에 붙어 있는 부분.

날갯짓 [날개찓 / 날갣찓] 새가 날개를 펴고 아래위로 세게 움직이는 짓. 예학이 크게 날갯짓을 하면서 날아오른다. **날갯짓하다**.

날것 [날걷] 익히거나 말리거나 가공하지 않은 고기나 채소 따위. 예날것을 잘못 먹고 배탈이 났다.

날고기 익히거나 가공하지 않은 고기. 凹생고기.

***날다** 1 공중에 떠서 다른 위치로 움직이다. 예새가 무리를 지어 날다. 2 매우 빨리 움직이다. 예주먹이 날다. 3 달아나다. 예도둑은 이미 멀리 날았다. [활용] 날아 / 나니 / 나는. ⇨fly

> [주의] '날다'의 활용
>
> '날다'는 '나니, 나오, 나는'과 같이 활용하는 단어이다. '하늘을 날으는' 또는 '하늘을 나르는'은 잘못된 표기이다.
>
> 하늘을 나는 새 (○)
> 하늘을 날으는 새 (×)
> 하늘을 나르는 새 (×)
>
> *'나르는'은 '나르다(운반하다)'의 활용형이다.
> 예물건을 나르는 사람들

날뛰다 1 날 듯이 껑충껑충 뛰다. 예갑자기 말이 날뛰기 시작했다. 2 함부로 덤비거나 거칠게 행동하다. 예그렇게 날뛰다가 큰코다치지.

날라리 '태평소'의 다른 이름.

날래다 움직임이 나는 듯이 기운차고 빠르다. 예몸이 날랜 사람 / 발걸음이 날래다. 凹날쌔다.

날렵하다 [날:려파다] 날래고 재빠르다. 예날렵한 행동 / 말이 날렵하게 달리다.

날로[1] 날이 갈수록. 예날로 심해지는 교통난. 凹나날이.

날로[2] 날것인 채로. 예생선을 날로 먹다.

날름 1 혀가 입 밖으로 빨리 나왔다 들어가는 모양. 예뱀이 혀를 날름거리다. 2 손을 빨리 내밀어 날쌔게 가지는 모양. 예날름 집어 먹다. 囯닐름. 늘름. **날름하다. 날름거리다**.

날리다[1] 이름을 떨치다. 예한때 이름을 날리던 배우.

***날리다**[2] 1 공중으로 날게 하다. 예연을 날리다 / 홈런을 날리다. 2 바람에 불리어 이리저리 움직이게 하다. 예먼지를 날리다. 3 빠르게 움직이다. 예주먹을 날리다. 4 지녔던 것을 잘못하여 잃어버리다. 예어렵게 모은 재산을 몽

날림 아무렇게나 대강대강 하는 일. 또는 그 물건. 예날림 공사 / 날림으로 지은 집.

*__날마다__ 그날그날. 매일. 예날마다 일기를 쓰다.

날밤[1] 자지 않고 꼬박 새우는 밤.

날밤[2] 익히거나 말리지 않은 날것 그대로의 밤. 回생밤.

날벌레[날뻘레] 날아다니는 벌레. 예날벌레를 쫓다. 回길벌레.

날벼락 1 맑은 날씨에 치는 벼락처럼 뜻밖에 당하는 불행이나 재난. 예마음을 놓고 있다가는 날벼락 맞는다. 2 호된 꾸지람이나 나무람. 예그러다가는 날벼락이 떨어지지.

날수(一數)[날쑤] 무슨 일을 하는 날의 수. 예날수를 채우다.

날숨[날쑴] 내쉬는 숨. 回들숨.

날실 옷감에서 세로로 놓인 실. 回경사. 回씨실.

날쌔다 동작이 날래고 재빠르다. 예날쌔게 몸을 피하다.

*__날씨__ 그날의 일기. 예화창한 날씨. 回일기. 준날. ⇨weather

날씬하다 몸이 가늘고 호리호리하여 맵시가 있다. 예몸매가 날씬하다. 큰늘씬하다.

*__날아가다__ [나라가다] 1 공중을 날면서 가다. 예비행기가 날아가다. 2 있던 것이 사라지거나 없어지다. 예하루아침에 꿈이 날아갔다.

*__날아다니다__ [나라다니다] 날면서 이리저리 다니다. 예꽃밭을 이리저리 날아다니는 나비.

날아들다 [나라들다] 1 공중에 떠서 안으로 들다. 예집 안에 날아든 제비. 2 뜻하지 않게 들이닥치다. 예난데없이 슬픈 기별이 날아들었다. 활용날아들어 / 날아드니 / 날아드는.

*__날아오다__ [나라오다] 1 날아서 움직여 오다. 예공이 날아오다. 2 빠르게 움직여 오다. 예총알이 날아오다 / 다짜고짜 주먹이 날아왔다. 3 소식 따위가 전하여 오다. 예입영 통지서가 집으로 날아왔다.

날아오르다 [나라오르다] 날아서 위로 높이 오르다. 예나비가 포르르 날아오르다 / 비행기가 하늘로 높이 날아오르다. 활용날아올라 / 날아오르니.

날인 (捺印) [나린] 도장을 찍음. 예영수증에 날인하다. **날인하다**.

날조 (捏造) [날쪼] 없는 일을 사실인 것처럼 꾸밈. 예날조 기사 / 역사의 날조. **날조하다**.

날줄 [날쭐] ⇨경선[1]. 回씨줄.

날짐승 [날찜승] 날아다니는 짐승. 흔히, 새를 가리킴. 回길짐승.

*__날짜__ 1 어떤 일에 드는 날의 수. 예날짜가 많이 걸리다. 回시일. 2 어느 날이라고 정한 날. 예결혼 날짜를 잡다. 3 날의 차례. 예날짜 가는 줄도 모르다. 준날. ⇨date

날치 날칫과의 바닷물고기. 몸길이는 30-40cm, 입이 작고 눈이 크며 가슴지느러미가 매우 커서 날개 모양을 이루어 물 위로 날아오름.

날치기 남의 물건을 재빨리 채어 달아나는 짓. 또는 그런 도둑. 예돈 가방을 날치기당하다 / 날치기한테 지갑을 빼앗기다. **날치기하다**.

*__날카롭다__ [날카롭따] 1 끝이 뾰족하거나 날이 서 있다. 예칼날이 날카롭다. 2 생각하는 능력이 빠르고 정확하다. 예날카로운 질문 공세. 3 모양이나 기세가 매섭다. 예인상이 날카롭다. 4 성질이 예민하고 신경질적인 데가 있다. 예엄마의 신경이 날카롭다. 回무디다. 활용날카로워 / 날카로우니.

날품 날삯을 받고 하는 일.
　날품(을) 팔다 하루하루 품삯을 받고 일하다.

날품팔이 [날품파리] 날품을 파는 일. 또는 그런 일을 하는 사람. 예날품팔이로 겨우 살아가다. **날품팔이하다**.

*__낡다__ [낙따] 1 오래되어 지저분하거나 헐다. 예낡은 옷. 2 생각이나 제도 따위가 시대에 뒤떨어져 구식이 되다. 예낡은 사고방식. 回새롭다. 발음낡고 [날꼬] / 낡아서 [날가서] / 낡은 [날근] / 낡지 [낙찌].

*__남__[1] 1 나 이외의 다른 사람. 예남의 집. 2 친척이 아닌 사람. 3 관계를 끊은 사람. 예이제 그는 남이다. 回타인. 回자기.

*__남__[2] (男) 남자. 사내. 回여.

남³ (南) '남쪽'의 준말. 回북.

남극 (南極) 지구의 남쪽 끝. 예남극 탐험. 回북극.

남극 대륙 (南極大陸) 남극을 중심으로 한 대륙. 기온이 매우 낮아 춥고, 펭귄·바다표범·고래 따위가 삶. 回북극 대륙.

남극 지방 (南極地方) 남극을 둘러싼 지역의 일대. 回북극 지방.

남극해 (南極海) [남그캐] 남극을 둘러싼 해양. 1년 내내 얼음에 덮여 있음. 回남빙양.

*__남기다__ 1 나머지가 있게 하다. 예밥을 왜 남기니. 2 남아 있게 하다. 예고향에 부모님만 남기고 떠나다. 3 시간이 흐른 뒤에까지 전하다. 예이름을 남기다 / 좋은 인상을 남기다. 4 이익을 보게 하다. 예이익을 많이 남기다.

남김없이 [남기멉씨] 하나도 빼어 놓음이 없이 죄다. 여유를 남기지 않고 있는 대로 모두. 예식탁에 있는 요리를 남김없이 먹어 치웠다.

남남 서로 아무런 관계가 없는 남과 남. 예남남이 되다.

*__남녀__ (男女) 남자와 여자.

남녀 공학 (男女共學) 남자와 여자가 같은 학교나 같은 학급에서 배움.

남녀노소 (男女老少) 남자와 여자, 늙은이와 젊은이. 곧, 모든 사람. 예윷놀이는 남녀노소 누구나 함께 즐길 수 있는 놀이다.

남녀별 (男女別) 남자와 여자의 구별. 예남녀별로 앉다.

남녘 (南—) [남녁] 남쪽 방면. 回북녘. [발음] 남녘에 [남녀케] / 남녘을 [남녀클].

*__남다__ [남:따] 1 나머지가 있게 되다. 예용돈이 남다. 回모자라다. 2 떠나지 않고 그대로 있다. 예당번만 남고 모두 운동장으로 나갔다. 3 뒤에까지 전하다. 예역사에 길이 남다. 4 이익을 보다. 예많이 남는 장사. 回밑지다.

남다르다 다른 사람과 유별나게 다르다. 예어딘가 남다른 데가 있다 / 남다른 관심을 보이다. [활용] 남달라 / 남다르니.

남단 (南端) 남쪽 끝. 예한반도의 남단. 回북단.

남달리 다른 사람과 다르게. 남다르게. 예남달리 키가 크다.

남대문 (南大門) 서울을 둘러싼 4대문 중의 하나. 조선 태조 5년(1396)에 세움. 우리나라 국보로, 정식 이름은 '서울 숭례문'.

남동 (南東) 남쪽과 동쪽 사이의 방향. 回동남.

남동생 (男—) 남자 동생. 回여동생.

남동쪽 (南東—) 남쪽과 동쪽 사이의 방향.

남동풍 (南東風) 남동쪽에서 북서쪽으로 부는 바람. 回동남풍.

남루하다 (襤褸—) [남:누하다] 옷 따위가 낡고 해져서 너절하다. 예남루한 옷을 걸치다.

남매 (男妹) 1 오빠와 누이. 2 한 부모에게서 태어난 남녀 동기. 예삼 남매 모두 장성하여 잘살고 있다. 回오누이.

남모르다 남이 알지 못하다. 혼자만 은밀히 알다. 예남모르는 괴로움 / 남모르게 그와 만나다. [활용] 남몰라 / 남모르니.

남몰래 다른 사람이 모르게. 예남몰래 일을 꾸미다.

남문 (南門) 남쪽에 있는 문.

남바위 예전에, 추울 때 머리에 쓰던 모자의 하나.

남반구 (南半球) 적도를 경계로 지구를 둘로 나눈 경우의 남쪽 부분. 回북반구.

남바위

남발 (濫發) [남:발] 1 법령·지폐 등을 마구 공포하거나 발행함. 예어음을 남발하다. 2 말이나 약속 따위를 함부로 함. 예선거 공약을 남발하다. **남발하다**.

남방 (南方) 남쪽 지방. 回북방.

남부 (南部) 어떤 지역의 남쪽 부분. 예남부 지방. 回북부.

남부끄럽다 [남부끄럽따] 창피하여 남을 대하기가 부끄럽다. 예남부끄러워 얼굴을 들 수 없었다. [활용] 남부끄러워 / 남부끄러우니.

남부럽다 [남부럽따] 남의 잘되었거나 좋은 점을 보고 그와 같이 되고 싶다. 예어린 시절 난 남부러울 것이 없었다. [활용] 남부러워 / 남부러우니.
남북 (南北) 1 남쪽과 북쪽. [반]동서. 2 남한과 북한. 예남북 교류 / 남북 정상 회담.

남북통일 (南北統一) 남한과 북한으로 갈린 우리 겨레와 나라가 다시 하나로 되는 일. 예남북통일을 기원하다. [준]통일.

남비 '냄비'의 잘못.

남빙양 (南氷洋) [남빙냥] ➪남극해.

남빛 (藍一) [남뻗] 푸른빛과 자줏빛의 중간 빛. [비]남색.

남산 (南山) 1 남쪽에 있는 산. 2 서울 한복판에 있는 산. 본디 이름은 목멱산. 도서관·공원·식물원 등이 있음. 높이 262m.

남색 (藍色) 푸른빛과 자줏빛의 중간 빛깔. [비]남빛.

남서 (南西) 남쪽과 서쪽의 중간 방위. [비]서남.

남서쪽 (南西一) 남쪽과 서쪽 사이의 방향.

남서풍 (南西風) 남서쪽에서 불어오는 바람. [비]서남풍.

남성 (男性) 남자. 특히 성인 남자. 사내. [반]여성.

남아 (男兒) [나마] 1 남자아이. 예남아가 태어나다. [반]여아. 2 남자다운 남자. 예대한의 남아. [비]대장부.

남아돌다 [나마돌다] 사람이나 물건이 아주 흔해서 나머지가 많다. 예나는 요즘 시간이 남아돈다. [활용] 남아돌아 / 남아도니 / 남아도는.

남아메리카 (南America) 아메리카 대륙의 남쪽 대륙. 파나마 지협에 의하여 북아메리카와 구분됨. [비]남미.

남아프리카 공화국 (南Africa共和國) 〖국명〗 아프리카 남부에 있는 공화국. 금·다이아몬드 등의 지하자원이 풍부한 아프리카 최대의 공업국. 행정 수도는 프리토리아, 입법 수도는 케이프타운, 사법 수도는 블룸폰테인. [준]남아공.

남여 (藍輿) [나며] 위를 덮지 않은, 의자처럼 생긴 작은 가마.

남여

남용 (濫用) [나:뇽] 함부로 씀. 예진통제를 남용하다. **남용하다**.

남위 (南緯) [나뮈] 적도부터 남극에 이르기까지의 위도. [반]북위.

남자 (男子) 1 남성인 사람. [반]여자. 2 사내다운 사내. 예그는 과연 남자로구나. [비]사나이. ➪man

남작 (男爵) 귀족을 공작·후작·백작·자작·남작의 다섯 등급으로 나눈 것 가운데 맨 마지막 작위.

남장 (男裝) 여자가 남자처럼 차림. [반]여장. **남장하다**.

남존여비 (男尊女卑) [남존녀비] 사회적 지위가 남자는 높고 귀하며 여자는 낮고 천하다는 말. 예남존여비 사상. [반]여존남비.

남중 (南中) 천체가 자오선을 통과하는 일. 천체의 높이는 이때가 가장 높으며, 태양의 남중은 낮 열두시에 해당함.

남진 (南進) 남쪽으로 나아감. [반]북진. **남진하다**.

남짓 [남짇] 크기·수효·부피 따위가 어떤 한도에서 조금 더 됨을 나타내는 말. 예천 명 남짓한 학생. **남짓하다**. 남짓이.

남쪽 (南一) 해가 뜨는 쪽을 향하여 섰을 때 오른쪽 방향. 예따뜻한 남쪽 나라. [비]남녘. [동]남. ➪south

남촌 (南村) 남쪽에 있는 마을.

남침 (南侵) 북쪽의 나라가 남쪽의 나라를 침략함. [반]북침. **남침하다**.

남파 (南派) 임무를 주어 남쪽으로 보냄. 예남파 간첩. **남파하다**.

남편 (男便) 결혼하여 여자의 짝이 된 남자. [반]아내. ➪husband

남포 '남포등'의 준말.

남포등 (一燈) 석유를 넣어서 불을 켜는 등. 불이 잘 꺼지지 않도록 유리로 만든 등피를 끼움. [준]남포.

남포등

남풍 (南風) 남쪽에서 북쪽으로 부는 바람. [반]북풍.

남하 (南下) 남쪽으로 내려감. 예러시아의 남하 정책. [비]남진. [반]북상. **남하하다**.

남학생 (男學生) [남학쌩] 남자 학생. 딴여학생.

남한 (南韓) 1 광복 후 삼팔선 이남의 한국. 2 육이오 전쟁 후 휴전선 이남의 한국. 딴북한.

남한강 (南漢江) 한강의 한 줄기. 오대산에서 시작하여 강원도·충청북도를 거쳐 경기도 남양주시에서 북한강과 합류함. *북한강.

남한산성 (南漢山城) 경기도 남한산에 있는 산성. 조선 선조 때 쌓았음. 높이 7.5m, 둘레 8km로 우리나라 사적임.

남해 (南海) 남쪽 바다.

남해안 (南海岸) 우리나라의 남쪽 바다에 닿은 경상남도와 전라남도의 바닷가.

남행 (南行) 남쪽으로 향하여 감. 예남행 열차. **남행하다**.

남향 (南向) 남쪽으로 향함. 또는 그 방향. **남향하다**.

*납 금속 가운데 가장 무거운 푸르스름한 잿빛의 금속 원소. 무르고 불에 잘 녹음. 비연.

납골당 (納骨堂) [납꼴땅] 유골을 모셔 두는 곳.

납득 (納得) [납뜩] 남의 말이나 행동을 잘 알아 이해함. 예납득할 수 있도록 설명함. **납득하다**.

납땜 땜납으로 쇠붙이를 때우는 일. **납땜하다**.

납량 (納涼) [남냥] 여름에 더위를 피하여 서늘한 기운을 느낌. 예납량 특집 영화.

납부 (納付) [납뿌] 세금·공과금 따위를 냄. 예납부 기한 / 전기 요금 납부 고지서 / 등록금을 납부하다. **납부하다**.

납세 (納稅) [납쎄] 나라에 세금을 냄. 예납세 고지서. **납세하다**.

납입 (納入) [나빕] 세금이나 공과금 따위를 냄. 예납입 고지서. **납입하다**.

납작 [납짝] 1 말대답하거나 무엇을 받아먹을 때 입을 재빨리 벌렸다가 닫는 모양. 예떡을 납작 받아먹다. 2 몸을 바닥에 바짝 대고 냉큼 엎드리는 모양. 예바닥에 납작 엎드리다. 큰넙적.

납작이 [납짜기] 납작하게.

납작하다 [납짜카다] 판판하고 얇으면서 약간 넓다. 예납작한 쟁반 / 뒤통수가 납작하다. 큰넓적하다.

납치 (拉致) 강제로 데리고 감. 예납치 사건. **납치하다**.

납품 (納品) 주문받은 물건을 가져다 줌. 또는 그 물건. 예백화점에 여성복을 납품하다. **납품하다**.

*낫 [낟] 농기구의 하나. 풀·곡식 등을 베는 데 쓰는 'ㄱ' 자 모양의 연장. →날 [주의]

*낫다¹ [낟ː따] 상처나 병 등의 몸의 이상이 없어지다. 예감기가 다 나았다 / 병이 씻은 듯이 낫다. 비치료되다. 활용 나아 / 나으니 / 낫는.

*낫다² [낟ː따] 서로 견주어서 더 좋거나 앞서 있다. 예성적은 그가 더 낫다. 활용 나아 / 나으니 / 나은.

[주의] **낫다, 낮다, 낳다**

낫다 1 병이 없어져 건강하게 되다. 예배가 아픈 것이 다 나았다. 2 서로 견주어 더 좋은 점이 있다. 예전보다 나은 대우를 받다.
낮다 아래에서 위까지의 길이가 짧다. '높다'의 반대말.
낳다 알·새끼 따위를 내어 놓다.

낭군 (郎君) 예전에, 젊은 아내가 자기 남편을 사랑스럽게 일컫던 말.

*낭독 (朗讀) [낭ː독] 소리 내어 글을 읽음. 예독립 선언문을 낭독하다. 비낭송. 딴묵독. **낭독하다**.

낭떠러지 깎아지른 듯한 언덕. 비벼랑. ×낭떨어지.

낭랑하다 (朗朗一) [낭ː낭하다] 1 소리가 맑고 또랑또랑하다. 예낭랑한 목소리. 2 빛이 매우 밝다. 예낭랑한 달빛 아래.

낭만 (浪漫) [낭ː만] 현실감이 없이 감정적이고 달콤하게 사물을 느끼는 일. 또는 그렇게 느낀 세계. 예낭만과 모험이 가득한 소설.

낭비 (浪費) [낭ː비] 재물이나 시간 따위를 헛되이 씀. 예시간 낭비 / 낭비가 심하다. 딴절약. **낭비하다**.

낭설 (浪說) [낭ː설] 터무니없는 헛소

낭송(朗誦) [낭ː송] 소리 내어 글을 읽거나 욈. ⑩시를 낭송하다. 비낭독. 낭송하다.

낭자(娘子) 예전에, 결혼하지 않은 성인 여자를 점잖게 이르던 말.

낭패(狼狽) [낭ː패] 실패하거나 기대에 어긋나 매우 딱하게 됨. ⑩낭패를 보다. 낭패하다.

*낮 [낟] 해가 떠 있는 동안. ⑩낮이 길다. 반밤. →낟 주의 ⊃day

*낮다 [낟따] 1 아래에서 위까지의 길이가 짧다. ⑩낮은 산 / 굽이 낮다 / 구름이 낮게 깔리다. 2 음성이 높지 않다. ⑩낮은 목소리. 3 정도나 자리가 아래에 있다. ⑩문화 수준이 낮다. 4 온도·습도 따위가 높지 않다. ⑩기온이 낮다 / 습도가 낮다. 반높다. →낟다 주의 ⊃low

낮말 [난말] 낮에 하는 말.

낮은음자리표 (—音—標) [나즈늠자리표] '바' 음의 자리를 가리키는 표((기호는 𝄢)). 비바음자리표. 반높은음자리표.

낮잠 [낟짬] 낮에 자는 잠. ⑩낮잠을 자다. 반오수. 반밤잠.

낮잡다 [낟짭따] 실제 지닌 값보다 낮게 치다. →얕잡다 주의

낮추다 [낟추다] 1 낮게 하다. ⑩목소리를 낮추다 / 값을 낮추다. 2 낮게 대하는 말을 쓰다. ⑩말씀 낮추시지요.

낮춤말 [낟춤말] '하게, 해라'처럼 낮추어 쓰는 말. 반높임말.

*낯 [낟] 1 얼굴. ⑩낯을 붉히다 / 웃는 낯으로 대하다. 2 남을 대할 만한 체면. ⑩볼 낯이 없다. 비면목. →낟 주의

낯가리다 [낟까리다] 1 어린아이가 낯선 사람을 대하기 싫어하다. 2 친하지 않은 사람을 대하기 어려워하다.

낯가림 [낟까림] 어린아이가 낯선 사람을 대하기 싫어하는 일. ⑩낯가림이 심한 아기. 낯가림하다.

낯간지럽다 [낟깐지럽따] 떳떳하지 못하여 말하거나 듣기에 거북하고 부끄럽다. ⑩너무 칭찬을 받으니 낯간지럽다. 활용 낯간지러워 / 낯간지러우니.

낯모르다 [난모르다] 누구인 줄 모르다. ⑩낯모르는 사람. 활용 낯몰라 / 낯모르니.

낯빛 [낟삗] 얼굴의 빛깔이나 기색. ⑩금세 낯빛이 변한다. 비얼굴빛. 얼굴색. 안색.

낯설다 [낟썰다] 1 얼굴이 익지 아니하여 어색하다. ⑩낯선 사람. 2 사물이 눈에 익지 아니하다. ⑩오랜만에 찾은 고향은 낯설었다. 반낯익다. 활용 낯설어 / 낯서니 / 낯선.

낯익다 [난닉따] 여러 번 보아 눈에 익다. ⑩낯익은 얼굴 / 낯익은 거리. 반낯설다.

낱 [낟ː] 셀 수 있게 된 물건의 하나하나. ⑩낱으로 사다. →낟 주의

*낱개 (—個) [낟ː깨] 따로따로의 한 개 한 개. ⑩낱개로 포장하여 팔다.

낱권 (—卷) [낟ː꿘] 따로따로의 한 권 한 권. ⑩책을 낱권으로 사다.

낱낱 [난ː낟] 여럿 가운데의 하나하나. ⑩낱낱의 장면 / 낱낱이 모여 전체를 이룬다.

낱낱이 [난ː나치] 하나하나 빠짐없이 모두. ⑩비리를 낱낱이 들추어내다.

*낱말 [난ː말] 어떤 뜻을 나타내거나 어떤 구실을 하는 낱낱의 말. 예컨대, '학교·친구·읽다' 따위. 비단어. →[학습마당] 7(157쪽)

낱알 [나ː달] 열매나 곡식에서 하나하나의 알.

낱자 (—字) [낟ː짜] 하나하나의 글자. ㄱ·ㄴ·ㄷ, ㅏ·ㅓ·ㅗ 따위.

낱장 (—張) [낟ː짱] 종이 따위의 한 장 한 장.

*낳다 [나ː타] 1 사람이나 동물이 아이나 새끼 따위를 몸 밖으로 내어놓다. ⑩쌍둥이를 낳다. 2 어떤 결과를 이루거나 가져오다. ⑩비극을 낳다. 3 인재를 내다. ⑩한국이 낳은 세계적인 지휘자. →낟다 주의

내¹ 물건이 불에 탈 때에 일어나는 부옇고 매운 기운. 비연기.

*내² [내ː] 시내보다는 크고 강보다는 작은 물줄기. ⑩내를 건너다.

*내³ 1 '내가'의 꼴로 쓰이어 '나'를 가리키는 말. ⑩내가 먹겠다. 2 '나의'

의 뜻. 예 그 시계는 내 것이다.
내⁴ '냄새'의 준말. 예 향기로운 내가 난다.
***내⁵** (內) [내:] 범위나 구역의 안. 예 일주일 내 / 교실 내에서 뛰지 마라. 비속. 반외.
내각¹ (內閣) [내:각] 국가의 행정을 담당하는 최고 기관. 여러 장관 또는 국무 위원으로 조직됨.
내각² (內角) [내:각] 1 한 직선이 각각 다른 점에서 두 직선과 만날 때, 두 직선의 안쪽에 생기는 각. 2 다각형에서 인접한 두 변이 안쪽에 만드는 모든 각. 반외각.
내걸다 [내:걸다] 1 밖에 내어 걸다. 예 태극기를 내걸다. 2 목표·조건 따위를 앞세우거나 내세우다. 예 요구 사항을 내걸다. 3 목숨·명예 따위의 희생을 무릅쓰다. 예 목숨을 내걸고 싸우다. 활용 내걸어 / 내거니 / 내거는.
내걸리다 [내:걸리다] 밖이나 앞쪽에 나와 걸리다. 예 게시판에 안내문이 내걸리다 / 깃발이 내걸리다.
내과 (內科) [내:꽈] 내장의 각 기관

학습마당 7

낱말의 종류 (품사)

우리말의 낱말의 종류는 다음과 같이 9가지로 나눈다.
1. 나무, 풀, 가을, 공부, 서울, 이순신
 과 같이, 물건이나 일·땅·사람의 이름 등을 나타내는 낱말을 '**명사**'라 한다.
2. 나, 너, 누구, 이것, 저기
 와 같이, 사람·물건·일 등의 이름 대신으로 그것을 직접 가리키는 말을 '**대명사**'라 한다.
3. ① 하나, 둘, 셋, 다섯, 열, 스물, 백, 천
 ② 첫째, 둘째, 셋째, 다섯째, 열째, 쉰째
 와 같이, 물건의 수(①)나 차례(②)를 나타내는 말들을 '**수사**'라 한다.
4. 말이 뛴다.   너는 소에게 꼴을 주어라.
 개가 짖는다.   나도 일하러 들에 가겠다.
 다섯은 열의 반이다.
 위의 문장들 속의 '이·는·에게·을·가·도·에·은·의·이다' 등은 명사·대명사·수사 뒤에 붙어서, 그 명사·대명사·수사가 다른 말에 대하여 가지는 관계를 나타내는 구실을 하는데 이러한 말들을 '**조사**'라 한다.
5. 물이 흐른다. 여름이 온다. 까치가 짖는다. 고양이가 잔다.
 이 문장들 속의 '흐른다·온다·짖는다·잔다'와 같이 사람이나 사물의 동작(움직임)·작용(하는 짓)을 나타내는 말을 '**동사**'라 한다.
6. 꽃이 곱다. 바람이 서늘하다. 쇠는 무겁고, 솜은 가볍다.
 이 문장들 속의 '곱다·서늘하다·무겁고·가볍다'는 물건이나 일의 모양이나 성질이 어떠하다는 말들인데, 이러한 말들을 '**형용사**'라 한다.
7. 새 옷, 헌 그릇, 이 책, 그 책상, 저 학생
 이 말들 속의 '새·헌·이·그·저'는 반드시 명사 앞에 쓰여 그 명사가 가진 뜻을 꾸며 주는 말들인데, 이러한 말들을 '**관형사**'라 한다.
8. 물이 늘 흐른다.   여름이 빨리 온다.
 꽃이 퍽 곱다.   바람이 매우 서늘하다.
 돈이 아직 있다.   잠이 꽤 없다.
 이 문장들 속의 '늘·빨리·퍽·매우·아직·꽤'는 대체로 동사나 형용사 앞에 쓰여 그 동사·형용사가 나타내는 뜻의 정도를 밝히어 제한하는 말들인데, 이러한 말들을 '**부사**'라 한다.
9. 아이고, 저를 어쩌나. 아, 참 재미있다.
 얘, 이리 오너라.   예, 곧 가겠습니다.
 이 문장들 속의 '아이고·아·얘·예'와 같이, 어떠한 느낌을 나타내는 말이나 부르는 소리, 대답하는 소리를 '**감탄사**'라 한다.

내구성 의 기능에 탈이 난 병을 고치는 의술의 한 부문. 또는 그러한 치료를 하는 병원의 한 부서. 回외과.

내구성 (耐久性) [내:구썽] 오래 견디는 성질. 예내구성이 강하다.

내국인 (內國人) [내:구긴] 자기 나라 사람. 凹외국인.

내근 (內勤) [내:근] 회사나 관청 등의 직장 안에서 일을 봄. 예내근 사원. 凹외근. **내근하다**.

내기 [내:기] 돈이나 물건 따위를 걸고 이기는 사람이 가지기로 하고 겨루는 일. 예내기 바둑을 두다 / 누가 빨리 달리는지 내기하다. **내기하다**.

*__내내__ [내:내] 처음부터 끝까지. 예오후 내내 나가 놀다. 回줄곧.

*__내년__ (來年) 올해의 다음 해. 回명년. 凹작년.

*__내놓다__ [내:노타] 1 어떤 범위 밖으로 옮겨 놓거나 꺼내어 놓다. 예화분을 베란다에 내놓다. 2 간직했던 것을 드러내 보이다. 예내놓고 자랑할 것이 없다. 3 희생을 무릅쓰다. 예목숨을 내놓고 싸우다. 4 물건 따위를 팔려고 남에게 보이거나 알리다. 예집을 전세로 내놓다. 5 생각이나 의견을 제시하다. 예실천 공약을 내놓다.

*__내다__[내:다] 1 밖으로 나오게 하다. 예책상을 밖으로 내다. 2 틈을 만들다. 예시간을 내다. 3 제출하거나 바치다. 예세금을 내다 / 원서를 내다. 4 길을 새로 만들다. 예길을 내다. 5 힘이나 속도를 더하다. 예속력을 내서 달리다 / 힘을 내다. 6 어떤 상태로 만들거나 그렇게 되도록 하다. 예박살을 내다. 7 밖으로 드러나게 하다. 예헛소문을 내다. 8 구멍이나 자국 따위를 만들다. 예송곳으로 구멍을 내다. 9 일어나게 하다. 예먼지를 내다 / 소리를 내다. 10 음식 따위를 제공하다. 예기분 좋게 저녁을 내다.

*__내다__² [내:다] '-아'·'-어' 다음에 쓰여, 어떤 동작을 힘으로 이루어 냄을 보이는 말. 예땀을 닦아 내다 / 끝까지 견디어 내다.

*__내다보다__ [내:다보다] 1 안에서 밖을 보다. 예창밖을 내다보다. 凹들여다보다. 2 앞일을 헤아리다. 예장래를 내다보고 계획하다.

내다보이다 [내:다보이다] 1 안에 있는 것이 밖에서 보이다. 예속살이 내다보이다. 2 밖에 있는 것이 안에서 바라보이다. 예바다가 내다보이는 창문. 준내다뵈다.

내닫다 [내:닫따] 갑자기 힘차게 앞으로 뛰어나가다. 예지각할 것 같아 학교까지 한걸음에 내달았다. [활용] 내달아 / 내달으니 / 내닫는.

내달 (來-) [내:달] 이달의 바로 다음 달. 예내달 이맘때 다시 보자.

내달리다 [내:달리다] 힘차게 달리다. 예나는 결승선을 향해 있는 힘껏 내달렸다.

내던지다 [내:던지다] 1 아무렇게나 냅다 던지다. 예화가 나서 공을 내던졌다. 2 관계를 끊고 돌아보지 않다. 예하던 작업을 내던지고 집으로 가다.

내동댕이치다 [내:동댕이치다] 아무렇게나 힘껏 마구 내던지다. 예책가방을 마루에 내동댕이치다.

내두르다 [내:두르다] 1 이리저리 휘휘 흔들다. 예팔을 내두르다. 2 남을 자기 마음대로 이리저리 움직이게 하다. 예부하를 심하게 내두르다. [활용] 내둘러 / 내두르니.

내디디다 [내:디디다] 1 발을 바깥쪽이나 앞으로 밟다. 예한 발자국도 내디디지 못했다. 2 어떤 분야에 처음으로 들어서다. 예직장인으로 첫발을 내디디다. 준내딛다.

내딛다 [내:딛따] '내디디다'의 준말.

내란 (內亂) [내:란] 나라 안에서 일어난 난리. 예작은 사건이 내란으로 번지다. 回내전. 凹외란.

*__내려가다__ 1 높은 곳에서 낮은 곳으로 가다. 예산길을 내려가다. 2 음식이 소화되다. 예점심 먹은 것이 아직 내려가지 않았다. 3 값이 떨어지다. 예값이 내려가다. 4 지방으로 가다. 예고향으로 내려가다. 凹올라가다.

내려놓다 [내려노타] 위에 있는 것을 아래로 내려서 놓다. 예짐을 땅에 내려놓다.

*__내려다보다__ 1 위에서 아래를 보다. 예비행기에서 내려다보는 경치. 2 자기보다 한층 아래로 보다. 예가난하다

고 내려다보고 대하다. 땐올려다보다.
내려다보이다 위에서 아래쪽에 있는 것이 보이다. 예바다가 훤히 내려다보이다.

내려본각 (-角) 높은 곳에서 수평으로 본 시선과 낮은 곳을 내려다본 시선이 이루는 각. 비부각. 땐올려본각.

내려본각

내려서다 높은 데서 낮은 곳으로 내려와 서다. 예계단에서 내려서다. 땐올라서다.

내려쓰다 자리를 아래쪽에 잡아서 글자를 쓰다. 예원고지에 글을 쓸 때, 제목을 쓰고 이름을 내려쓰시오. [활용] 내려써 / 내려쓰니.

내려앉다 [내려안따] 1 아래로 내려와 앉다. 예비행기가 활주로에 내려앉다. 2 건물·다리·산 따위가 무너지다. 예홍수로 다리가 내려앉았다. 3 낮은 지위에 옮겨 앉다.

*__내려오다__ 1 위에서 아래로 향해 오다. 예산에서 내려오다. 2 서울에서 시골로 떠나오다. 예서울에서 내려오신 삼촌. 3 과거에서 오늘날까지 전해 오다. 예대대로 내려온 보물.

내력 (來歷) 겪어 온 자취. 예살아온 내력을 들려주다.

내로라하다 어떤 분야를 대표할 만하다. 예내로라하는 배우들이 한곳에 다 모였다.

내륙 (內陸) [내:륙] 바다에서 멀리 떨어진 육지. 땐해안.

내리 1 위에서 아래로. 예내리 굴리다. 2 잇달아. 계속하여. 예내리 세 시간을 서 있었다. 비줄곧.

*__내리다__ 1 높은 데서 낮은 데로 향하여 옮다. 예연극이 끝나고 막이 내리다. 2 눈·비·서리·이슬 따위가 오다. 예눈이 내리다. 3 타고 있던 데서 밖으로 나오다. 예기차에서 내리다. 4 뿌리가 나서 땅으로 들어가다. 예뿌리가 내려서 죽지 않는다. 5 상이나 벌 따위를 윗사람이 아랫사람에게 주다. 예명령을 내리다. 6 판단·결정을 하거나 결말을 짓다. 예고심 끝에 결론을 내리다. 7 가루 따위를 체에 치다. 예밀가루를 체에 내리다.

내리닫다 [내리닫따] 아래로 향해 뛰다. [활용] 내리달아 / 내리달으니 / 내리닫는.

내리뜨다 눈을 아래로 향해 뜨다. 예눈을 내리뜨고 조용히 앉아 있다. 땐치뜨다. [활용] 내리떠 / 내리뜨니.

내리막 1 아래로 내려가는 비탈진 곳. 2 기운이나 기세가 한창때가 지나 쇠퇴해 가는 판. 예한창 기승을 부리던 더위도 내리막에 접어들었다. 땐오르막.

내리막길 [내리막낄] 내리막으로 된 길. 예내리막길에서 넘어지다.

내리사랑 윗사람의 아랫사람에 대한 사랑. 땐치사랑.

내리쬐다 [내리쬐다 / 내리쮀다] 볕이 세차게 내리비치다. 예햇볕이 쨍쨍 내리쬐다.

내리치다 위에서 아래로 힘껏 치다. 예도끼로 장작을 내리치다.

내림세 (-勢) 시세·물가 따위가 내리는 기세. 예쌀값이 내림세를 보이다. 땐오름세.

내림표 (-標) 음의 높이를 반음 내리는 기호. 악보에 '♭'로 표시함. 비플랫.

내막 (內幕) [내:막] 비밀로 하는 어떤 일의 내용. 예사건의 내막.

내맡기다 [내:맏끼다] 1 아주 맡기어 버리다. 예수업이 끝나고 교문을 나서자마자 엄마에게 책가방을 내맡겼다. 2 되는대로 내버려 두다. 예운명에 내맡기다.

내면 (內面) [내:면] 1 물건의 안쪽. 2 인간의 정신·심리에 관한 면. 예인간의 내면을 그린 소설. 땐외면.

내몰다 [내:몰다] 1 밖으로 몰아쫓다. 예염소를 우리 밖으로 내몰다. 땐들이몰다. 2 몹시 빠르게 몰다. 예차를 갑자기 내몰다. [활용] 내몰아 / 내모니 / 내모는.

내무부 (內務部) [내:무부] 예전에 중앙 행정 기관의 하나. 지방 행정·치안·선거 등에 관한 사무를 맡아봄.

내물왕 (奈勿王) 『인명』 신라의 제17대 임금. 364년 쳐들어온 왜병과 부현

내밀다

동방에서 싸워 크게 무찔렀으며, 이 임금 때 처음으로 한자를 쓰기 시작한 듯함. [재위 356-402]

*****내밀다** [내:밀다] 안에서 밖으로 내보내다. 예 손을 내밀다 / 창문 밖으로 얼굴을 내밀다. 반 들이밀다. [활용] 내밀어 / 내미니 / 내미는.

내뱉다 [내:밷따] 1 입 밖으로 뱉어 내보내다. 예 침을 내뱉다. 2 마음에 내키지 않는 태도로 불쑥 말하다. 예 그는 말을 내뱉듯이 하고는 가 버렸다.

내버리다 [내:버리다] 필요 없게 된 것을 아주 버리다. 예 쓰레기를 휴지통에 내버리다.

내보내다 [내:보내다] 1 안에서 밖으로 나가게 하다. 2 일하던 곳이나 살던 곳에서 아주 나가게 하다. 예 직원을 내보내다.

내보이다 속에 있는 것을 꺼내어 보이다. 예 신분증을 내보이다.

내복 (內服) [내:복] 속에 입는 옷. 예 내복을 입다. 비 속옷.

내부 (內部) [내:부] 1 안쪽의 부분. 예 내부 수리. 2 어떤 조직의 범위 안. 예 내부 사정. 반 외부.

내분 (內紛) [내:분] 단체 따위의 안에서 일어나는 분쟁. 예 내분을 겪다.

내비게이션 (navigation) 자동차를 운전할 때 지도를 보여 주거나 가는 길을 안내하는 장치나 프로그램.

내비치다 [내:비치다] 1 빛이 앞이나 밖을 향하여 비치다. 예 불빛이 내비치다. 2 속의 것이 겉으로 드러나 보이다. 예 속옷이 내비치다. 3 감정이나 생각 따위를 슬쩍 나타내다. 예 글쎄 그런 말을 내비치더라.

내빈 (來賓) [내:빈] 모임에 초청을 받고 찾아온 손님. 예 내빈들께 절을 하다.

내빼다 [내:빼다] '달아나다'의 속된 말. 예 가는 도중에 내뺀 학생은 없었다. 준 빼다.

내뻗다 [내:뻗따] 1 뻗어 나가다. 예 곧게 내뻗은 도로. 2 바깥쪽으로 힘차게 뻗다. 바깥을 향하여 뻗치다. 예 팔을 힘껏 내뻗다.

내뿜다 [내:뿜따] 밖으로 세게 내보내다. 예 입김을 내뿜다.

내색 (一色) [내:색] 마음에 느낀 것을 얼굴에 드러냄. 예 싫은 내색을 보이다. 내색하다.

내생 (來生) [내:생] 불교에서, 사람이 죽은 후에 다시 태어나 살게 되는 일생. 반 전생.

내성 (內城) [내:성] 두 겹으로 쌓은 성에서 안쪽에 있는 성.

내성적 (內省的) [내:성적] 감정이나 생각을 겉으로 드러내지 않는 (것). 예 내성적인 성격.

내세 (來世) [내:세] 불교에서, 죽은 뒤에 다시 태어나 산다는 세상.

*****내세우다** [내:세우다] 1 나서게 하다. 예 대표로 내세우다. 2 무엇이 좋든가 옳다고 고집하다. 예 자기 입장만 내세우다. 3 무엇을 남에게 자랑하다. 예 한글은 우리 민족의 자랑거리로 내세울 만하다.

내숭 [내:숭] 겉으로는 순하게 보이나 속으로는 엉큼함. 예 내숭을 떨다. 내숭스럽다.

내쉬다 [내:쉬다] 숨을 밖으로 내보내다. 예 한숨을 내쉬다. 반 들이쉬다.

내시 (內侍) [내:시] 고려·조선 때, 궁중에서 임금의 시중을 들던 벼슬아치. 비 내관.

내시경 (內視鏡) [내:시경] 목구멍이나 항문 따위로 밀어 넣어 몸의 내부를 관찰할 수 있는 의료 기구. 예 내시경 검사.

내신 (內申) [내:신] 상급 학교로 진학할 때, 지원자의 출신 학교에서 학업 성적·품행 등을 적어 보내는 일. 또는 그 성적. 예 내신 성적만으로 신입생을 뽑다.

내실 (內實) [내:실] 내적인 충실. 예 내실을 다지다.

내심 (內心) [내:심] 속마음. 예 내심을 털어놓다.

내쏘다 [내:쏘다] 거리낌 없이 함부로 날카롭게 말을 하다. 예 퉁명스럽게 한 마디 내쏘았다.

내야 (內野) [내:야] 야구장에서 일루·이루·삼루·본루를 이은 사각형의 안쪽. 예 내야 안타. 반 외야.

내야수 (內野手) [내:야수] 야구에서, 내야를 맡아 지키는 선수. 반 외야수.

내역 (內譯) [내:역] 분명하고 자세한 내용. ⓔ내역을 밝히다. 町명세.

내열 (耐熱) [내:열] 높은 열을 견디어 냄. ⓔ내열 유리.

내열성 (耐熱性) [내:열썽] 높은 온도에서도 변하지 않고 잘 견디어 내는 성질.

내오다 [내:오다] 안에서 밖으로 가져오다. ⓔ과일을 내오다.

내왕 (來往) [내:왕] 사람이나 차가 오고 감. ⓔ내왕이 잦다. 町왕래. 내왕하다.

내외 (內外) [내:외 / 내:웨] 1 안과 밖. ⓔ건물 내외. 町안팎. 2 남편과 아내. ⓔ삼촌 내외분. 町부부. 3 국내와 국외. ⓔ내외 정세. 4 어떤 기준에 약간 넘거나 덜한 것. ⓔ200자 원고지 5장 내외로 쓰시오.

내외하다 (內外—) [내:외하다 / 내:웨하다] 남남인 남녀가 얼굴을 마주 대하는 것을 피하다.

*__내용__ (內容) [내:용] 1 글이나 말 따위에 들어 있는 것. ⓔ편지 내용 / 기사 내용이 사실과 다르다. 2 그릇이나 포장 따위의 속에 든 것. ⓔ선물 꾸러미의 내용. 3 어떤 일의 내막. ⓔ사건의 내용. 町형식.

내용물 (內容物) [내:용물] 속에 든 것. ⓔ소포의 내용물을 확인하다.

내우외환 (內憂外患) [내:우외환 / 내:우웨환] 나라 안팎의 여러 가지 걱정거리.

내음 '냄새'의 시적인 표현.

*__내의__ (內衣) [내:의 / 내:이] ⇨속옷.

내의원 (內醫院) [내:의원 / 내:이원] 조선 때, 궁중에서 치료와 약을 맡아보던 관청.

*__내일__ (來日) 오늘의 바로 다음 날. ⓔ내일은 일요일이다. 町명일. 町어제. 준낼. ⊃tomorrow

내일모레 (來日—) 1 내일의 다음 날. ⓔ내일모레는 내 생일이다. 町모레. 2 가까운 때. ⓔ내일모레면 벌써 나이 서른이다. 준낼모레.

내장 (內臟) [내:장] 동물의 배와 가슴에 들어 있는 여러 기관의 총칭. 호흡기·소화기·비뇨 생식기·내분비선 등이 이에 속함.

내장하다 (內藏—) [내:장하다] 내부에 가지고 있다. ⓔ자동 응답 기능을 내장한 전화기.

내전 (內戰) [내:전] 한 나라 안에서 같은 국민끼리 벌이는 전쟁. 특히 내란. ⓔ내전을 치르다.

내젓다 [내:젇따] 손이나 손에 든 물건 따위를 내어 휘두르다. ⓔ팔을 내젓다. 활용내저어 / 내저으니 / 내젓는.

내정¹ (內政) [내:정] 나라 안 정치. ⓔ내정 간섭.

내정² (內定) [내:정] 드러내지 않고 속으로 작정함. 내정하다.

내조 (內助) [내:조] 아내가 남편을 도움. ⓔ내조의 공이 컸다 / 아내의 내조를 받다. 町외조. 내조하다.

내주 (來週) [내:주] 이번 주의 바로 다음 주. ⓔ내주에 만나자.

내주다 [내:주다] 1 가졌던 것을 남에게 건네주다. ⓔ돈을 내주다. 2 차지한 자리를 비워서 남에게 넘겨주다. ⓔ방을 내주다. 본내어 주다.

내지 (乃至) [내:지] 1 수량을 나타내는 말 사이에 쓰여, '얼마에서 얼마까지'의 뜻을 나타냄. ⓔ한 달 내지 석 달 동안. 2 또는. 혹은. ⓔ서울 내지 부산에서 많이 소비된다.

내지르다 [내:지르다] 1 주먹이나 발길, 무기 따위를 힘껏 내밀어 뻗다. ⓔ허공에 주먹을 내지르다. 2 소리 따위를 냅다 지르다. ⓔ비명을 내지르다 / 환호성을 내지르다. 활용내질러 / 내지르니.

내쫓기다 [내:쫃끼다] 내쫓음을 당하다. ⓔ직장에서 내쫓기다 / 길바닥으로 내쫓기다.

내쫓다 [내:쫃따] 1 있던 자리에서 억지로 떠나게 하다. ⓔ직장에서 내쫓다. 2 밖으로 나가도록 쫓아내다. ⓔ강아지를 내쫓다.

내처 [내:처] 내친 바람에. 하는 김에 끝까지. ⓔ하던 김에 내처 해 버리다.

내치다 [내:치다] 내던지거나 뿌리치다. ⓔ잡은 손을 내치고는 밖으로 뛰어나갔다.

내친김 [내:친김] 이왕 일을 시작한 김. ⓔ내친김에 온 집안일을 다 해치우다. 참고이 말은 주로 '내친김에'의 꼴로 쓰임.

내키다 [내:키다] 하고 싶은 마음이 솟아나다. 예마음이 별로 내키지 않다.
내통 (內通) [내:통] 속사정이나 비밀을 남에게 몰래 알림. 예적과 내통하다. **내통하다**.
내팽개치다 [내:팽개치다] 1 냅다 던져 버리다. 예가방을 방바닥에 내팽개치다. 2 돌보지 않고 버려두다. 예처자식을 내팽개치고 떠나다. 3 일 따위에서 손을 놓다. 예학교 공부는 내팽개치다시피 했다.
내포 (內包) [내:포] 어떤 뜻을 그 속에 포함함. 예많은 뜻을 내포한 글이다. **내포하다**.
내한 (來韓) [내:한] 외국인이 한국에 옴. 예외국 사절단이 내한하다. 반이한. **내한하다**.
내항 (內項) [내:항] 비례식에서 안쪽에 있는 두 항. 2:3 = 4:6에서 3과 4를 말함. 내항의 곱은 외항의 곱과 같음. 반외항.
내후년 (來後年) 내년의 다음다음 해.
냄비 음식을 끓이거나 삶는 데 쓰는, 솥보다 작고 뚜껑과 손잡이가 있는 그릇. ×남비.
***냄새** [냄:새] 1 코로 맡을 수 있는 온갖 기운. 예꽃 냄새를 맡다 / 좋은 냄새가 난다. 2 어떤 사물·분위기 등에서 느껴지는 느낌이나 낌새. 예사람 냄새 나는 학생 / 당황하는 것을 보니 수상한 냄새가 난다. 준내.

> [참고] **여러 가지 냄새**
> **고린내** 썩은 달걀이나 발가락에서 나는 냄새
> **곰팡내** 곰팡이에서 나는 냄새
> **구린내** 방귀·똥에서 나는 냄새
> **노린내** 짐승의 털이 타는 냄새
> **누린내** 짐승의 고기·기름기에서 나는 냄새
> **단내** 음식이 눋는 냄새
> **땀내** 땀에서 나는 냄새
> **비린내** 물고기·날콩·피에서 나는 냄새
> **쉰내** 상한 음식에서 나는 냄새
> **암내** 겨드랑이·짐승의 암컷에서 나는 냄새
> **입내** 입에서 나는 냄새
> **젖내** 젖에서 나는 냄새
> **지린내** 소변에서 나는 냄새
> **탄내** 타는 냄새
> **풋내** 풀에서 나는 냄새

냅다 [냅따] 몹시 세차고 빠르게. 예냅다 소리를 지르다.
냅킨 (napkin) 음식을 먹을 때 옷을 더럽히지 않도록 무릎에 놓거나 가슴을 가리거나, 입을 닦는 데 쓰는 수건이나 종이.
***냇가** [내:까 / 낻:까] 냇물의 언저리. 예냇가에서 물장구치고 놀다.
***냇물** [낸:물] 내에 흐르는 물. 예냇물에 발을 담그다.
냉가슴 (冷—) [냉:가슴] 겉으로 드러내지 아니하고 혼자 속으로 끙끙거리며 걱정하는 일. 예차마 반대할 수 없어 냉가슴만 앓았다.
냉각 (冷却) [냉:각] 식어서 차게 됨. 또는 식혀서 차게 함. 예냉각 장치. **냉각하다**.
냉기 (冷氣) [냉:기] 찬 공기. 찬 기운. 예집 안에 냉기가 돌다. 반온기.
냉난방 (冷暖房) [냉:난방] 실내를 차게 하는 일과 덥게 하는 일. 예냉난방 장치 / 냉난방이 잘되다.
냉담 (冷淡) [냉:담] 1 사물에 흥미나 관심이 없음. 예냉담한 반응을 보이다. 2 동정심이 없고 불친절함. 예냉담하게 뿌리치다. **냉담하다**.
냉대[1] (冷待) [냉:대] 쌀쌀하게 대접함. 예친구들의 냉대를 받다. 비푸대접. **냉대하다**.
냉대[2] (冷帶) [냉:대] 온대와 한대의 중간에 있는 지역.
냉동 (冷凍) [냉:동] 생선·육류 따위를 상하지 않게 저장하기 위하여 얼림. 예냉동 생선. **냉동하다**.
냉동고 (冷凍庫) [냉:동고] 식품 따위를 얼게 하거나, 언 식품을 보관하는 상자 모양의 장치.
냉동식품 (冷凍食品) [냉:동식품] 얼려서 보존·저장하는 식품.
냉동실 (冷凍室) [냉:동실] 식품 따위를 얼려서 보관하는 곳.
냉랭하다 (冷冷—) [냉:냉하다] 1 매우 차갑다. 예냉랭한 밤공기. 2 태도가 쌀쌀맞다. 예냉랭한 말투.

냉면 (冷麵) [냉ː면] 삶은 국수를 찬 국물에 말거나 고추장 양념에 비벼 고명을 얹은 음식.

냉방 (冷房) [냉ː방] **1** 따뜻한 기운이 없는 찬방. 예불을 때지 않은 냉방에서 잠을 자다. **2** 방 안을 차게 하는 일. 예냉방 시설. 凹난방.

냉소 (冷笑) [냉ː소] 쌀쌀한 태도로 업신여겨 비웃음. 또는 그러한 웃음. 예냉소를 머금다. **냉소하다**.

냉수 (冷水) [냉ː수] ⇨찬물. 예냉수를 들이켜다. 凹온수.

냉엄하다 (冷嚴—) [냉ː엄하다] **1** 태도 따위가 차갑고 분명하다. 예냉엄하게 말하다. **2** 일의 형편이 빈틈없다. 예냉엄한 현실을 올바르게 깨닫다.

*__냉이__ 십자화과에 속하는 두해살이풀. 봄에 들·밭에 흔히 남. 줄기 높이 50cm 가량. 어린잎과 뿌리는 식용함.

냉이

냉장 (冷藏) [냉ː장] 식료품이나 약품 따위를 신선하게 보관하기 위하여 낮은 온도에서 저장하는 일. **냉장하다**.

*__냉장고__ (冷藏庫) [냉ː장고] 식료품 따위를 차게 하거나 상하지 않도록 낮은 온도에서 보관하기 위한 상자 모양의 장치. ⇨refrigerator

냉장실 (冷藏室) [냉ː장실] 식품 따위를 낮은 온도에서 저장하는 곳.

냉전 (冷戰) [냉ː전] 전쟁은 하지 않으면서 마치 전쟁을 하는 듯한 긴장감이 감도는, 나라와 나라 사이의 심한 대립. 예동서 간의 냉전. 凹열전.

냉정 (冷靜) [냉ː정] 감정에 흐르지 않고 침착함. 예냉정을 되찾다. **냉정하다**.

냉정하다 (冷情—) [냉ː정하다] 인정이 없고 쌀쌀하다. 예냉정한 사람 / 냉정하게 거절하다.

냉철하다 (冷徹—) [냉ː철하다] 침착하고 사리에 밝다. 예냉철한 눈으로 관찰하다.

냉철히 (冷徹—) [냉ː철히] 냉철하게. 예냉철히 분석하다.

냉큼 머뭇거리지 않고 곧. 꾸물대지 말고 빨리. 예냉큼 갔다 오너라 / 냉큼 먹어 치우다. 큰닁큼.

냉큼냉큼 머뭇거리지 않고 잇달아 빨리. 예잔을 냉큼냉큼 비우다.

냉탕 (冷湯) [냉ː탕] 찬물이 들어 있는 욕탕. 凹온탕.

냉해 (冷害) [냉ː해] 여름철에 날씨가 보통 때보다 서늘하거나 햇빛 부족으로 생기는 농작물의 피해. 예냉해를 입다.

냉혈 (冷血) [냉ː혈] **1** 동물의 체온이 외부의 온도보다 낮은 상태. 예냉혈 동물. **2** 인정이 없고 차가운 사람을 빗댄 말. 예냉혈 인간.

냉혹하다 (冷酷—) [냉ː호카다] 인정이 없고 모질다. 예냉혹한 현실.

냉혹히 (冷酷—) [냉ː호키] 냉혹하게. 예냉혹히 거절하다.

냠냠 음식을 맛있게 먹으면서 내는 소리. **냠냠거리다**.

냥 (兩) 돈이나 무게의 단위. 한 냥은 한 돈의 열 배임. 예엽전 열 냥 / 한 냥.

*__너¹__ 듣는 사람이 친구나 손아랫사람일 때 쓰는 이인칭 대명사. 예너까지 나를 괴롭히니. ⇨you

너² [너ː] 돈·말·발·푼 따위의 단위 앞에 쓰여, '넷'의 뜻을 나타내는 말. 예너 말 / 너 푼 / 너 돈.

너구리 갯과의 동물. 여우보다 작고 주둥이가 뾰족하며 꼬리는 뭉툭함. 몸은 누렇고 목, 가슴, 다리는 검은색으로 털은 방한용 또는 붓을 만드는 데 씀.

너구리

너그러이 너그럽게. 예너그러이 용서하다.

너그럽다 [너그럽따] 마음이 넓고 이해심이 많다. 예너그럽게 대하다. 凹옹졸하다. [활용] 너그러워 / 너그러우니.

너끈하다 무엇을 하는 데 힘이 넉넉하여 여유가 있다. 예턱걸이 열 번을 너끈하게 해냈다.

너끈히 너끈하게. 예이 일은 혼자서도 너끈히 해치울 수 있다.

너나없이 [너나업씨] 너나 나나 가릴 것 없이 모두. 예너나없이 같은 마음이다.

너덜거리다 여러 가닥이 늘어져서 자꾸 흔들리다. [예] 해어진 바짓가랑이가 너덜거리다.

너덜너덜하다 [너덜러덜하다] 여러 가닥이 자꾸 흔들리며 어지럽게 늘어져 있다. [예] 옷이 낡아 소매가 너덜너덜하다.

너도나도 여럿이 모두 다. [예] 너도나도 서로 앞다퉈 구호의 손길을 뻗쳤다.

너럭바위 [너럭빠위] 넓고 평평한 바위. [비] 반석.

너르다 탁 트이고 넓다. [예] 너른 마당. [비] 넓다. [활용] 널러 / 너르니.

***너머** 집·담·산·고개 같은 높은 것의 저쪽. [예] 산 너머 동네.

> [주의] **너머**와 **넘어**
>
> 너머 높은 것의 저쪽. [예] 고개 너머에 있는 마을. (명사임)
>
> 넘어 이쪽에서 저쪽으로 높은 것의 위를 지나서. [예] 고개를 넘어 날아간 새. ('넘다'를 활용한 말임)

***너무** 정도에 지나치게. 분에 넘치게. [예] 너무 심하다 / 너무 예뻐.

***너무나** '너무'를 강조하는 말. [예] 너무나 밉다 / 너무나 힘들다.

너무너무 '너무'를 강조하는 말. [예] 그 책의 내용이 너무너무 좋았다.

너무하다 도가 지나치게 심하다. [예] 그것은 너무한 처사예요 / 해도 해도 너무한다.

너비 가로의 길이. [예] 너비를 재다. [비] 폭. →넓이 [주의]

너스레 수다스럽게 떠벌려 늘어놓는 말이나 짓. [예] 너스레를 떨다.

너와 지붕을 이는 데 쓰는, 나무토막을 쪼개 만든 널빤지.

너와집 너와로 지붕을 인 집.

너울거리다 1 물결·불꽃·큰 천·잎 따위가 부드럽고 느리게 자꾸 흔들리다. [예] 황금 들녘이 바람에 너울거린다. 2 팔이나 날개 따위를 부드럽게 자꾸 움직이다. [예] 나비가 날개를 너울거린다. [비] 너울대다.

너울너울 [너울러울] 너울거리는 모양. [예] 너울너울 춤추다. **너울너울하다**.

너저분하다 너절하고 지저분하다. [예] 너저분한 거리.

너절하다 1 허름하고 더럽다. [예] 옷차림이 너절하다. 2 변변하지 못하다. [예] 너절한 변명을 늘어놓다.

너털웃음 [너터루슴] 드러내 놓고 크게 소리를 내어 웃는 웃음. [예] 너털웃음을 웃다.

너트 (nut) 볼트에 끼워 돌려서 물건이 움직이지 않도록 죄는 데 쓰는, 쇠로 만든 부품. [반] 볼트.

너풀거리다 엷은 물체가 바람에 날려 가볍게 자꾸 움직이다. [예] 커튼이 바람에 너풀거리다 / 긴 머리카락을 너풀거리며 달려오다. [작] 나풀거리다. [여] 너불거리다.

***너희** [너히] 말을 듣고 있는 여러 사람을 가리키는 말. [예] 너희끼리 먼저 학교에 가. ➲you, your

넉 [넉:] 냥·되·섬·자 등의 단위 앞에 쓰여 '넷'의 뜻을 나타내는 말. [예] 넉 냥 / 넉 달 / 넉 섬 / 넉 자. *석.

넉가래 [넉까래] 곡식·눈 따위를 한곳으로 밀어 모으는 데 쓰는 기구. 넓적한 나무판에 긴 자루를 닮.

***넉넉하다** [넝너카다] 1 크기·부피 따위가 모자라지 아니하고 남음이 있다. [예] 허리 품이 넉넉한 옷. [작] 낙낙하다. 2 살림살이가 여유가 있다. [예] 집안이 넉넉하다.

넉넉히 [넝너키] 넉넉하게. [예] 용돈을 넉넉히 주다.

넋 [넉] 1 마음의 작용을 맡고 있다고 생각되는 것. 예로부터 몸이 죽어도 영원히 남아 있다고 생각되고 있음. [비] 혼백. 2 정신. 기력. 마음. [예] 넋을 잃고 바라보다. [비] 얼. 영혼. [반] 육체. [발음] 넋이 [넉씨] / 넋도 [넉또] / 넋만 [넝만].

넋두리 [넉뚜리] 불평이 있을 때 투덜거리는 말. [예] 넋두리를 늘어놓다. **넋두리하다**.

넌더리 몹시 싫은 생각. [예] 넌더리를 내다. [준] 넌덜.

넌지시 드러나지 않게 가만히. [예] 넌지시 충고하다.

널 [널:] 1 '널빤지'의 준말. 2 널뛰기에 쓰는 널빤지.

***널다** [널:다] 볕을 쬐어 말리려고 펼쳐 놓다. [예] 빨래를 널다. [활용] 널어 /

너니 / 너는.

널따랗다 [널따라타] 생각보다 훨씬 넓다. 예 운동장이 **널따랗다**. 활용 널따라니 / 널따래서.

널뛰기 [널:뛰기] 긴 널빤지의 중간을 괴고, 양쪽 끝에 한 사람씩 올라서서 번갈아 뛰어오르는 우리나라의 전통 놀이. **널뛰기하다**.

널뛰기

널뛰다 [널:뛰다] 널뛰기를 하다.

*__널리__ 1 너르게. 범위가 넓게. 예 널리 알려진 인물. 2 너그럽게. 예 널리 이해를 해 주십시오.

널리다 1 넓게 펼쳐 놓이다. 예 빨랫줄에 널린 빨래를 걷다. 2 여기저기 흩어져 놓이다. 예 책상 위에 책들이 어지럽게 널려 있다.

널브러지다 1 너저분하게 널려 있다. 예 방바닥에 옷가지들이 널브러져 있다. 2 몸을 가누지 못하고 축 늘어지다. 예 축구 시합을 끝내고 풀밭에 널브러져 깜박 잠이 들었다.

널빤지 [널:빤지] 나무를 판판하고 넓게 켠 큰 조각. 비 판자. 준 널. ×널판지.

널어놓다 [너러노타] 죽 펼쳐서 벌여 놓다. 예 빨랫줄에 빨래를 널어놓다.

널찍이 [널찌기] 널찍하게. 예 널찍이 자리를 잡다.

널찍하다 [널찌카다] 꽤 너르다. 예 널찍한 마당.

*__넓다__ [널따] 1 폭이 너르다. 예 마당이 넓다. 2 마음이 너그럽다. 예 마음 씀씀이가 넓다. 반 좁다. 3 내용이나 범위 따위가 널리 미치다. 예 친구를 두루 넓게 사귀다. 발음 넓고 [널꼬] / 넓어서 [널버서] / 넓은 [널븐] / 넓지 [널찌]. ⇒ broad, wide

*__넓이__ [널비] 어떤 장소나 물건의 넓은 정도. 예 국토의 **넓이** / 삼각형의 **넓이**를 구하시오. 비 면적.

주의 **넓이**와 **너비**

'넓이'와 '너비'는 '넓다'의 '넓-'에 '-이'가 붙어서 생긴 말이다.
'넓이'는 면적을 나타내는 본디의 뜻을 가지고 있으므로 본디의 표기를 살려 적은 것이고, '너비'는 폭을 나타내므로 본디의 뜻과 멀어진 것이어서 소리 나는 대로 적은 것이다.

넓적다리 [넙쩍따리] 다리의 무릎 위쪽의 부분. 예 **넓적다리**를 드러내다.

넓적다리뼈 [넙쩍따리뼈] 넓적다리에 있는 뼈. 사람 몸에서 가장 길고 큰 뼈. 비 넙다리뼈.

넓적하다 [넙쩌카다] 평평하게 넓다. 예 **넓적한** 얼굴. 작 납작하다.

*__넓히다__ [널피다] 넓게 하다. 예 길을 넓히다. 반 좁히다.

넘겨다보다 1 남의 것을 탐내거나 노리다. 예 재산을 **넘겨다보다**. 2 넘어다보다. 예 담장을 **넘겨다보다**.

넘겨주다 물건이나 권리·책임·일 따위를 남에게 건네주거나 맡기다. 예 서류를 **넘겨주다** / 자리를 **넘겨주다**. 반 넘겨받다.

넘겨짚다 [넘겨집따] 정확히 알지 못하고 지레짐작하다. 예 **넘겨짚고** 한 말. 비 건너짚다. 넘겨잡다.

*__넘기다__ 1 낮은 데에서 높은 데로 넘어가게 하다. 예 담 너머로 공을 넘기다. 2 종잇장 따위를 젖히다. 예 책장을 넘기다. 3 어려움에서 벗어나다. 예 죽을 고비를 넘기다. 4 권리나 책임 따위를 남에게 맡기다. 예 책임을 남에게 넘기지 마라.

넘나들다 [넘:나들다] 넘어서 드나들거나 왔다 갔다 하다. 예 휴전선을 자유롭게 **넘나드는** 새. 활용 넘나들어 / 넘나드니 / 넘나드는.

*__넘다__ [넘:따] 1 정한 범위·수량·정도를 벗어나다. 예 한 되가 넘다. 2 때가 지나가다. 예 열 살이 넘다. 3 이쪽에서 저쪽으로 사물의 위를 지나다. 예 산을 넘다. 4 어려움을 잘 헤쳐 나가다. 예 숱한 고비를 넘다. → 너머 주의

넘버 (number) 번호나 차례. 또는 그 숫자. 예 차량 **넘버**.

넘보다 [넘:보다] 1 업신여겨 낮추어 보거나 깔보다. 예 상대를 **넘보다**. 2 탐내다. 예 남의 돈을 **넘보다**.

넘실거리다 강이나 바다의 물결이 파도를 이루며 아래위로 흔들리다. 예

물결이 넘실거리다.

*넘어가다 [너머가다] 1 높은 곳을 지나서 가다. ⑩ 언덕을 넘어가다. 2 쓰러지다. ⑩ 짚 더미가 넘어가다. 3 해·달이 지다. ⑩ 해가 서산으로 넘어가다. 4 속임수에 빠지다. ⑩ 잔꾀에 넘어가다. 5 음식물이 목구멍을 지나가다. ⑩ 밥이 넘어가다. 6 다음 차례로 옮아가다. ⑩ 다음 문제로 넘어가다. [활용] 넘어가거라.

*넘어뜨리다 [너머뜨리다] 1 서 있는 물건을 쓰러뜨리다. ⑩ 의자를 바닥에 넘어뜨리다. 2 남의 권세나 차지한 지위를 꺾다. ⑩ 독재 정권을 넘어뜨리다.

넘어서다 [너머서다] 1 높은 부분의 위를 넘어서 지나다. ⑩ 산을 넘어서면 마을이 있다. 2 일정한 기준이나 한계 따위를 넘어서 지나다. ⑩ 예상을 넘어서다.

*넘어오다 [너머오다] 1 저쪽에서 이쪽으로 넘어 오다. ⑩ 국경선을 넘어오다 / 산을 넘어오다. 2 바로 선 것이 쓰러져 이쪽으로 오다. ⑩ 짚 더미가 넘어오다. 3 먹은 것이 입으로 도로 나오다. ⑩ 먹은 것이 넘어오다. [활용] 넘어오너라.

*넘어지다 [너머지다] 한쪽으로 쓰러지다. ⑩ 발에 걸려 넘어지다.

*넘치다 [넘ː치다] 1 가득 차서 밖으로 흘러나오다. ⑩ 강물이 넘치다. 2 보통의 정도보다 지나치다. ⑩ 기쁨에 넘치다 / 자신감이 넘치다.

넙죽 [넙쭉] 1 망설이지 않고 선뜻. ⑩ 영수는 넙죽 말을 받았다. 2 몸을 얼른 엎드리는 모양. ⑩ 넙죽 엎드려 절을 하다.

넙죽거리다 [넙쭉꺼리다] 1 입을 자꾸 넙죽 벌렸다 오므렸다 하다. ⑩ 고기를 넙죽거리며 받아먹다. 2 몸을 자꾸 엎드려 바닥에 대다.

넙치 넙칫과의 바닷물고기. 근해의 모래밭에 사는데, 길이는 30cm가량, 몸통은 위아래로 넓적한 긴 타원형임. 두 눈은 몸 왼쪽에 있음. [비] 광어.

넝마 낡고 해어져 입지 못하게 된 옷 따위.

넝쿨 ⇨덩굴.

*넣다 [너ː타] 1 속으로 들여보내다. ⑩ 돈을 지갑에 넣다. 2 단체나 학교, 직장 따위에 다니게 하다. ⑩ 아이를 유치원에 넣다. 3 다른 것에 섞거나 타다. ⑩ 커피에 설탕과 프림을 넣다. 4 돈을 납부하거나 은행에 입금하다. ⑩ 통장에 돈을 넣다. 5 서류 등을 제출하다. ⑩ 대학에 원서를 넣다. 6 어떤 범위 안에 들어 있게 하다. ⑩ 올림픽 종목에 태권도를 넣다. ⊃put

*네¹ 너의. ⑩ 네 이름이 뭐냐. 2 너. ⑩ 이 일을 네가 했니.

*네² [네ː] '넷'의 뜻. ⑩ 네 사람 / 네 가지 / 네 시간.

네³ 존대할 자리에서 대답·반문하는 말. ⑩ 네, 그렇습니다 / 네, 무슨 말씀이신지. [비] 예. ×녜. ⊃yes

네거리 [네ː거리] 길이 한 곳에서 네 방향으로 갈라진 곳. ⑩ 학교 앞 네거리. [비] 십자로. 사거리.

네댓 [네ː댇] 넷이나 다섯가량. ⑩ 네댓 개 / 네댓 명.

네덜란드 (Netherlands) 〖국명〗 유럽 북서부에 있는 입헌 군주국. 낙농, 원예 농업과 함께 기계·조선·섬유·정유 공업이 발달. 국토의 4분의 1이 해수면보다 낮음. 수도는 암스테르담.

*네모 [네ː모] ⇨네모꼴.

네모꼴 [네ː모꼴] 네 변으로 에워싸여 네 개의 모서리가 있는 모양. [비] 사각형.

네모나다 [네ː모나다] 모양이 네모꼴로 되어 있다. ⑩ 종이를 네모나게 접다. [비] 네모지다.

네모지다 [네ː모지다] 물체의 각이 네모꼴로 되어 있다. ⑩ 네모진 도시락. [비] 네모나다.

네발짐승 [네ː발짐승] 네 개의 발을 가진 짐승. 소·말·개·돼지 따위.

네온사인 (neon sign) 네온 가스를 넣은 유리관에 전류를 통하여 네온관을 만들어서 여러 가지 빛을 내도록 한 것. 광고 간판에 많이 쓰임.

네트 (net) 1 테니스·배구·탁구 등에 쓰이는 그물. 경기장이나 경대의 한 가운데를 가로질러 걸어 놓아 두 편의 경계를 이룸. 2 축구·핸드볼·아이스하키 따위에서 골문 뒤쪽에 치는 그물.

네트워크 (network) 1 라디오·텔레비전의 방송망. 2 여러 대의 컴퓨터를 서로 연결하여 자료를 주고받을 수 있게 한 컴퓨터 통신망.

네티즌 (netizen) 인터넷 공간에서 활동하는 사람. 네트워크(network)와 시티즌(citizen)을 합친 말. 비 누리꾼.

네티켓 (netiquette) 인터넷 공간에서 네티즌들이 지켜야 할 예절. 네트워크(network) 에티켓(étiquette)을 합친 말. 예 네티켓을 지켜 인터넷 문화를 건전하게 발전시켜야 한다.

네팔 (Nepal) [국명] 히말라야산맥 남쪽에 있는 작은 왕국. 산지가 많고 농업과 목축이 주된 산업임. 수도는 카트만두.

넥타이 (necktie) 와이셔츠의 깃에 매는 천으로 된 가늘고 긴 장식용 끈. 준 타이.

***넷** [넫ː] 셋에 하나를 더한 수.

***넷째** [넫ː째] 네 번째. 예 넷째 딸 / 넷째 시간 / 넷째 줄.

***녀석** 1 남자를 낮추어 일컫는 말. 예 사내 녀석. 2 사내아이를 귀엽게 일컫는 말. 예 요 녀석 참 잘생겼구나.

년[1] 여자를 낮잡아 이르는 말. 예 못된 년. 반 놈.

***년**[2] (年) 1 '해'를 세는 단위. 예 백년. 2 순서가 정해진 해를 세는 말. 예 서기 1997년 / 세종 28년. ⊃year

년대 (年代) 10년, 100년, 1000년 단위의 해를 뜻하는 말 뒤에 쓰여, 그 단위의 첫 해에서 다음 단위로 넘어가기 전까지의 모든 기간. 예 2000년대.

년도 (年度) 해를 뜻하는 말 뒤에 쓰여, 일정한 기간 단위로서의 그 해. 예 2006년도 졸업식.

녘 [녁] 어떤 때의 무렵이나 어떤 방향·지역을 가리키는 말. 예 동틀 녘. 비 쪽.

***노** (櫓) 물을 헤쳐 배를 나아가게 하는 기구. 예 노를 젓다.

노간주나무 측백나뭇과에 속하는 상록 침엽 교목. 높이 10m가량, 5월에 녹갈색의 꽃이 핌. 달걀 모양의 동그란 열매는 약으로 먹기도 하고 향을 내는 데도 씀.

노고 (勞苦) 수고하고 애씀. 예 노고를 위로하다.

노고지리 '종다리'의 옛말.

노곤하다 (勞困—) 피곤하여 나른하다. 예 온종일 일을 했더니 몸이 몹시 노곤하다.

노골적 (露骨的) [노골쩍] 숨김없이 있는 그대로 드러내는 (것). 예 노골적인 표현.

노기 (怒氣) [노ː기] 성난 얼굴빛. 예 노기를 띠다.

노끈 종이 따위로 꼬아서 만든 가늘고 긴 끈. 예 노끈을 꼬다. 비 노.

노년 (老年) [노ː년] 늙은 나이. 늙은 사람. 예 노년에 접어들다. 비 만년.

노느다 물건 따위를 여러 몫으로 가르다. 예 똑같이 노느다. [활용] 노나 / 노니.

주의 **노느다**와 **나누다**
'노느다'는 가르다의 뜻만 있고, '나누다'는 가르다·구별하다·나눗셈하다·분배하다의 뜻이 있다.

노닐다 [노ː닐다] 한가히 이리저리 왔다 갔다 하면서 놀다. 예 비둘기가 평화롭게 노니는 공원. [활용] 노닐어 / 노니니 / 노니는.

노다지 금·은 따위 광물이 쏟아져 나오는 광맥. 예 노다지를 캐다.

노닥거리다 [노닥꺼리다] 일을 하지 않고 쓸데없이 이야기를 나누며 시간을 보내다. 예 내일이 시험이라서 지금 너랑 노닥거릴 시간이 없다.

노도 (怒濤) [노ː도] 무섭게 밀려오는 큰 물결. 또는 어떤 무리들이 무서운 기세로 달려 나가는 모습. 예 노도처럼 밀려오는 사람들.

노동 (勞動) 마음과 힘을 써서 일함. 노동하다.

노동력 (勞動力) [노동녁] 생산품을 만드는 데에 드는 인간의 정신적·육체적인 모든 능력. 비 노동 능력.

노동자 (勞動者) 일을 하여 그 대가로 받은 돈으로 생활을 하는 사람. 비 근로자.

노동조합 (勞動組合) 노동자들이 자신들의 노동 조건을 개선하고 사회적·경제적 지위를 높이기 위해 조직한 단체. 준 노조.

-노라고 '…한다고'의 뜻. 예 하노라고 애썼는데 실패다.

> [주의] **-노라고와 -느라고**
> -노라고 말하는 사람의 말로 '자기 나름으로 한다고'의 뜻을 나타내는 말.
> 예 쓰노라고 쓴 것이 결국 이 꼴이다.
> -느라고 '하는 일로 말미암아'란 뜻을 나타냄. 예 공부하느라고 밤을 새우다.

***노란색** (—色) 병아리나 개나리꽃과 같은 빛깔.

***노랑** 노란 빛깔이나 물감. ⊃yellow

노랑나비 흰나빗과의 곤충. 편 날개 길이 4-6cm, 빛은 황색, 앞뒤 날개의 가장자리에 넓은 흑색 부분이 있고 그 안에 황색 무늬가 있음. 애벌레는 콩과 식물의 해충임.

***노랗다** [노:라타] 1 노란빛이 짙다. 예 은행잎이 노랗게 물들다. 큰 누렇다. 2 얼굴이 핏기가 없고 노르스름하다. 예 얼굴이 노랗다. [활용] 노라니 / 노래서.

***노래** 곡조를 붙여 부르는 소리나 말 또는 글. 예 친구의 노래에 맞춰 춤을 추었다. 비 가곡. **노래하다**. ⊃song

노랫가락 [노래까락 / 노랟까락] 노래 부를 때의 높고 낮은 곡조.

노랫말 [노랜말] 노래의 내용이 되는 글귀. 예 노랫말이 아름답다. 비 가사.

노랫소리 [노래쏘리 / 노랟쏘리] 노래를 부르는 소리.

노략질 (擄掠—) [노략찔] 떼를 지어 다니며 사람 또는 재물을 빼앗아 가는 짓. **노략질하다**.

노량 대첩 (露梁大捷) 조선 선조 31년(1598) 정유재란 때 노량 앞바다에서 왜군을 쳐부순 이순신 장군의 마지막 해전. 장군은 이 해전에서 적탄에 맞아 전사함.

노려보다 매서운 눈초리로 쏘아보다. 예 무섭게 노려보며 나무라다.

***노력** (努力) 힘을 들이고 애를 씀. 예 모든 일에 노력을 기울이다 / 꾸준히 노력하다. **노력하다**.

노련하다 (老鍊—) [노:련하다] 오랫동안 경험을 쌓고 익숙하고 능란하다. 예 솜씨가 노련하다.

노령 (老齡) [노:령] 늙은 나이. 예 노령의 나이에도 불구하고 건강하다. 비 고령. 노년.

노루 사슴과의 짐승. 뿔은 작고 가지가 셋인데 겨울에 빠졌다가 봄에 다시 나며 꼬리는 흔적만 있음. 얕은 산이나 숲에서 삶.

노루

노루발 1 한쪽 끝은 못을 박는 데 쓰고, 다른 한쪽 끝은 못을 빼는 데 쓰는 장도리. 2 재봉틀에서, 바느질감을 눌러 주는 두 갈래로 갈라진 부품.

노르스름하다 산뜻하면서 옅게 노르다. 큰 누르스름하다.

노르웨이 (Norway) [국명] 유럽의 북서부 스칸디나비아반도 서쪽에 위치한 왕국. 수도는 오슬로.

노른자 '노른자위'의 준말.

노른자위 1 알의 흰자위에 둘러싸인 둥글고 노란 부분. 반 흰자위. 2 어떤 사물의 가장 중요한 부분. 예 이곳이 서울의 노른자위 땅이다. 준 노른자.

노름 돈이나 재물을 걸고 화투·주사위·카드 따위로 내기를 하는 일. 비 도박. **노름하다**.

> [주의] **노름과 놀음**
> **노름** 도박. 예 노름빚 / 노름판이 벌어졌다.
> **놀음** 여럿이 모여 즐겁게 노는 일. 예 즐거운 놀음 / 각시놀음.

노름꾼 노름을 일삼아 하는 사람. 비 도박꾼.

***노릇** [노륻] 1 직업이나 직책을 낮잡아 이르는 말. 예 선생 노릇. 2 맡은 바 구실. 예 사람 노릇 / 주인 노릇. 3 어떤 일의 딱한 처지나 형편. 예 귀신이 곡할 노릇이다 / 기가 찰 노릇이다.

노릇노릇하다 [노른노르타다] 군데군데 노르스름하다.

노리개 1 여자의 한복 저고리의 고름이나 치마허리 따위에 다는, 금·은·주옥 등으로 만든 패물. 2 심심풀이로 가지고 노는 물건.

노리다 1 기회를 엿보다. 예 공격 기회를 노리다. 2 눈에 독기를 품고 쏘아보다.

노리개1

예 화난 눈으로 매섭게 노리다.

노린내 노래기·양·여우 등에서 나는 고약한 냄새. 예 양고기의 노린내를 없애다.

노망 (老妄) [노:망] 늙어서 정신이 흐려지고 말이나 행동이 이상한 상태. 예 노망이 들다. 비 망령. **노망하다**.

노면 (路面) [노:면] 길의 표면. 예 비가 와서 노면이 미끄럽다 / 노면이 울퉁불퉁하다.

노모 (老母) [노:모] 늙은 어머니. 예 노모를 모시고 살다.

노발대발 (怒發大發) [노:발대발] 몹시 화를 냄. **노발대발하다**.

노벨 (Nobel, Alfred Bernhard) 『인명』 스웨덴의 화학자·발명가. 다이너마이트·무연 화약 따위를 발명하여 큰 부자가 됨. 죽을 때 모든 재산을 노벨상의 기금으로 내놓음. [1833-1896]

노벨상 (Nobel賞) 1896년 노벨의 유언에 따라 '인류의 복지에 가장 구체적으로 공헌한 사람'에게 주는, 세계에서 가장 권위 있는 상. 노벨의 유산을 기금으로 하여, 1901년부터 물리학상·화학상·문학상·생리 의학상·평화상·경제학상을 해마다 12월 10일에 스톡홀름에서 수여함.

노부모 (老父母) [노:부모] 늙은 부모. 예 노부모를 극진히 모시다.

노부부 (老夫婦) [노:부부] 늙은 부부. 예 머리가 하얗게 센 노부부.

노비 (奴婢) 사내종과 계집종. 예 노비 문서. 비 비복. 종.

노사 (勞使) 노동자와 사용자. 일을 하는 사람과 일을 시키는 사람. 예 노사 협약.

노상¹ (路上) [노:상] 길바닥. 길 위. 예 노상에서 강도를 만나다.

노상² 언제나 늘 변함없이. 예 그는 노상 웃고 다닌다.

노새 수나귀와 암말 사이에서 난 짐승. 크기는 말보다 약간 작고 생김새는 나귀를 닮았음. 몸이 튼튼하고 힘이 세어 무거운 짐을 나를 수 있음.

노선 (路線) [노:선] 버스·기차·비행기 따위가 다니도록 정해 놓은 길. 예 시내버스 운행 노선.

노선도 (路線圖) [노:선도] 버스나 지하철 등이 다니는 길을 그린 그림. 예 지하철 노선도.

노소 (老少) [노:소] 늙은이와 젊은이. 예 노소를 가리지 않다.

노송 (老松) [노:송] 늙은 소나무.

노쇠 (老衰) [노:쇠 / 노:쉐] 늙어서 힘이 없음. 예 노쇠한 몸. **노쇠하다**.

노숙 (露宿) 길이나 공원 등지의 한데서 잠. 예 벤치에서 하룻밤을 노숙하다. 비 한뎃잠. **노숙하다**.

노숙자 (露宿者) [노:숙짜] 노숙하는 사람.

노숙하다 (老熟—) [노:수카다] 경험을 많이 쌓아 익숙하다. 예 노숙한 연기. 비 노련하다.

노승 (老僧) [노:승] 나이가 많은 중.

노심초사하다 (勞心焦思—) 마음을 쓰며 애를 태우다. 예 오랫동안 노심초사한 끝에 결정하다.

노약자 (老弱者) [노:약짜] 늙은 사람과 약한 사람. 예 노약자에게 자리를 양보하다.

노여움 [노:여움] 노여운 마음. 예 노여움을 사다. 준 노염.

노엽다 [노:엽따] 분하고 섭섭하다. 예 노여운 마음을 가라앉히다. 활용 노여워 / 노여우니.

***노예** (奴隸) 자유와 권리를 빼앗기고 남에게 부림을 당하는 사람. 예 노예 해방. 비 종.

***노을** 해가 뜨거나 질 무렵에 하늘이 벌겋게 보이는 현상. 예 노을이 지다. 준 놀.

노이로제 (독 Neurose) ⇨신경증.

***노인** (老人) [노:인] 늙은 사람.

노인장 (老人丈) [노:인장] '노인'을 높여 이르는 말.

노인정 (老人亭) [노:인정] 노인들이 모여서 쉴 수 있도록 마련해 놓은 정자나 시설.

노임 (勞賃) 일한 값으로 받는 돈. 예 노임이 비싸다.

노자¹ (路資) [노:자] 여행하는 데 드는 돈. 예 노자가 떨어지다. 비 노비. 여비.

노자² (老子) [노:자] 『인명』 중국 춘추 시대의 사상가. 초나라 사람으로 도가의 시조. 저서에 '노자도덕경'이

노장 (老將) [노:장] 1 늙은 장군. 2 싸움 경험이 풍부한 장군. 3 경험을 많이 쌓아 노련한 사람.

노적가리 (露積—) [노:적까리] 한데에 쌓아 놓은 곡식 더미.

노점 (露店) 길가에 벌여 놓은 가게. ㉘ 노점 상인.

노조 (勞組) '노동조합'의 준말.

노즐 (nozzle) 끝의 작은 구멍으로부터 액체나 기체를 뿜어내도록 만든 통 모양의 장치.

노처녀 (老處女) [노:처녀] 결혼할 나이가 지났지만 결혼하지 않은 여자. ㉙ 노총각.

노천 (露天) ⇨한데².

노천극장 (露天劇場) [노천극짱] 한데에 임시로 무대를 설치한 극장.

노총각 (老總角) [노:총각] 결혼할 나이가 지났지만 결혼하지 않은 남자. ㉙ 노처녀.

노출 (露出) 밖으로 드러나거나 드러냄. ㉘ 감정 노출 / 약점을 노출하다. **노출하다**.

노크 (knock) 방이나 화장실 등에 들어가기 전에 문을 가볍게 두드림. ㉘ 노크를 잊지 마세요. **노크하다**.

노트¹ (note) 1 공책. 필기장. 2 어떤 내용을 잊지 않으려고 적음. ㉘ 수업 내용을 노트하다. **노트하다**.

노트² (knot) 배의 속도를 나타내는 말. 1노트는 한 시간에 1해리, 곧 1,852미터를 달리는 속도임.

노트북 (notebook) ⇨노트북 컴퓨터. ㉘ 신형 노트북을 선보이다.

노트북 컴퓨터 (notebook computer) 가지고 다니면서 사용할 수 있도록 작고 가볍게 만든 컴퓨터. 줄여서 '노트북'이라고도 함.

노파 (老婆) [노:파] 늙은 여자.

노파심 (老婆心) [노:파심] 남의 일에 대해 지나치게 걱정하는 마음. ㉘ 노파심에서 하는 말이다.

노폐물 (老廢物) [노:폐물 / 노:페물] 신진대사의 결과로 생물의 몸 안에 생긴 불필요한 찌꺼기.

노하다 (怒—) [노:하다] '성내다'의 높임말. ㉘ 불같이 노하다.

노하우 (know-how) 1 특허를 받지 않은 기술로 제품 생산·개발에 필요한 정보. 2 어떤 일을 하면서 자연스럽게 터득한 자기만의 방법이나 요령. ㉘ 나만의 노하우가 쌓이다.

노화 (老化) [노:화] 나이가 들면서 신체적·정신적 기능이 약해지는 현상. ㉘ 노화 현상 / 노화 방지. **노화하다**.

노환 (老患) [노:환] 늙어서 생기는 병. ㉘ 노환으로 고생하시다.

노후¹ (老朽) [노:후] 시설이나 건물 등이 오래되어 낡음. ㉘ 시설이 노후하다. **노후하다**.

노후² (老後) [노:후] 늙은 뒤. ㉘ 노후에 대비하여 저축을 해야 한다.

녹¹ (祿) '녹봉'의 준말.
　녹(을) 먹다 벼슬아치가 되어 녹봉을 받다. ㉘ 나라의 녹을 먹다.

녹² (綠) 산소의 작용으로 쇠붙이의 표면에 생기는 물질. ㉘ 쇠에 여기저기 녹이 슬다.

녹는점 (—點) [농는점] 고체가 녹아서 액체가 되기 시작하는 온도. ㉙ 용융점. 융점. 융해점.

*****녹다** [녹따] 1 굳은 물건이 액체처럼 되다. ㉘ 얼음이 녹다. 2 추워서 굳어진 몸이 풀리다. ㉘ 아랫목에 누우니 몸이 스르르 녹는다.

녹두 (綠豆) [녹뚜] 콩과의 한해살이 풀. 팥과 비슷한데 여름에 엷은 노란 꽃이 핌. 열매는 둥글고 긴 꼬투리로 되어, 그 속에 팥보다 더 작고 녹색인 씨가 들어 있음. 씨는 갈아 식용함.

녹말 (綠末) [농말] 1 감자나 고구마, 물에 불린 녹두 따위를 갈아서 가라앉힌 앙금을 말린 가루. 2 식물의 씨앗·줄기·뿌리 등에 들어 있는 흰 탄수화물. ㉙ 전분.

녹물 (綠—) [농물] 쇠붙이의 녹이 우러난 물. ㉘ 수도관이 낡아 자꾸 녹물이 나온다.

녹봉 (祿俸) [녹뽕] 나라에서 관리들에게 봉급으로 주던 쌀·콩·보리·명주·베·돈 따위를 통틀어 이르는 말. ㉚ 녹.

*****녹색** (綠色) [녹쌕] 파랑과 노랑의 중간색. 나뭇잎이나 풀잎과 같은 빛. 초록색. ㉙ 풀빛. ⇨green

녹색등 (綠色燈) [녹쌕뜽] 사람이나

차가 지나가도 좋다는 표시를 하는 녹색의 신호등. 파란불.

녹색말(綠色—) [녹쌩말] ⇨녹조류.

녹색식물(綠色植物) [녹쌕씽물] 잎과 줄기 따위가 녹색을 띠고 있는 식물. 엽록소가 있어서 광합성을 하여 스스로 녹말을 만듦. 대부분의 식물이 이에 속함.

녹색 조류(綠色藻類) ⇨녹조류.

녹슬다(綠—) [녹쓸다] 1 쇠붙이가 산화되어 빛이 변하다. 예녹슨 못/칼이 녹슬다. 2 상태나 기능이 낡거나 무디어지다. 예머리가 녹슬다. [활용] 녹슬어/녹스니/녹스는.

녹십자(綠十字) [녹씹짜] 재해로부터의 안전을 상징하는 녹색의 십자 표지. 예녹십자 운동.

녹아내리다 [노가내리다] 1 녹아서 밑으로 처지다. 예아이스크림이 녹아내리다. 2 감정이 누그러지다. 예미움이 녹아내리다.

녹용(鹿茸) [노굥] 사슴의 새로 돋은 연한 뿔. 보약으로 씀. [준]용.

녹음¹(錄音) [노금] 소리를 다시 들을 수 있게 테이프나 시디 따위 기계 장치에 기록해 놓음. 예노래를 녹음하다. **녹음하다**.

녹음²(綠陰) [노금] 푸른 잎이 우거진 나무나 수풀. 또는 그 나무의 그늘. 예녹음이 우거지다/녹음이 짙다.

녹음기(錄音器) [노금기] 소리를 기록하거나 기록한 소리를 다시 들을 수 있게 만든 기계.

***녹이다** [노기다] 녹게 하다. 예얼음을 녹이다/사탕을 녹여 먹다.

녹조류(綠藻類) [녹쪼류] 엽록소가 있어 광합성을 하며, 물에 사는 식물을 통틀어 일컫는 말. 민물에서 나는 것과 바다에서 나는 것이 있음. 청각·파래 따위. 녹조식물.

녹조식물(綠藻植物) [녹쪼싱물] ⇨녹조류.

녹지(綠地) [녹찌] 풀과 나무가 우거진 땅. 특히, 도시의 공원이나 시가지에 경치·보건 따위의 목적으로 풀이나 나무를 많이 심어 놓은 곳을 이름. 예녹지를 보호하다.

녹지대(綠地帶) [녹찌대] 도시의 공원이나 그 주변에 녹지가 있는 지역. [비]녹지 지역.

녹차(綠—) 푸른빛이 그대로 나도록 말린 부드러운 찻잎. 또는 그것을 끓인 차.

녹초 아주 맥이 풀어져 힘을 못 쓰는 상태. 예피곤해서 녹초가 되다.

녹화(錄畵) [노콰] 사물의 모습이나 움직임 따위를 나중에 다시 볼 수 있도록 필름이나 비디오테이프 따위에 기록함. 또는 그 화면. **녹화하다**.

녹황색(綠黃色) [노쾅색] 초록빛을 띤 누런색. 예녹황색 채소.

***논** 물을 대어 벼를 심으려고 만든 땅. 예논 열 마지기/논에 물을 대다. *밭.

논개(論介) 《인명》 조선 선조 때의 의로운 기생. 임진왜란 때에 진주성을 점령하고 잔치를 벌이던 왜군 장수를 껴안고 남강에 떨어져 죽음. [?-1593]

논거(論據) 이론이나 주장을 뒷받침하는 논리적 근거.

논고(論告) 법정에서 검사가 피고인에 대해 마지막으로 법률 적용에 대한 의견을 말함. **논고하다**.

논농사(—農事) 논에 짓는 농사. [반]밭농사.

논두렁 [논뚜렁] 물이 괴어 있도록 논가에 흙으로 둘러막은 두둑. [비]논둑.

논둑 [논뚝] 논의 가장자리에 쌓아 올린 둑. 물을 막으려고 높고 길게 쌓음. [비]논두렁.

논란(論難) [놀란] 잘못을 논하여 비난함. 예이번 사건은 많은 논란을 일으켰다. **논란하다**.

논리(論理) [놀리] 생각하는 것의 올바른 이치. 예논리에 맞는 글.

논리학(論理學) [놀리학] 바른 생각과 판단을 얻으려고 규범이 될 수 있는 생각의 형식과 법칙 등을 연구하는 학문.

논문(論文) 연구한 내용과 결과를 체계적으로 적은 글. 예학위 논문.

논바닥 [논빠닥] 논의 바닥.

논박(論駁) 상대의 의견이나 잘못을 공격하여 말함. 예그의 주장을 논박하다. **논박하다**.

***논밭** [논받] 논과 밭. 예논밭을 갈

다. 🔲농토. 전답.

논설(論說) 어떤 주제에 관하여 의견이나 주장을 논하거나 설명함. 또는 그 글. 예논설을 쓰다.

논설문(論說文) 어떤 문제에 대한 의견이나 주장을 조리 있게 논리적으로 밝힌 글.

논설위원(論說委員) [논서뤼원] 신문사나 방송국에서 시사 문제를 논하거나 해설을 맡은 사람.

논술(論述) 의견을 조리 있게 말하거나 써 나가는 것. 또는 그 말이나 글. 예논술 시험. **논술하다**.

논어(論語) [노너] 〖책〗 사서의 하나. 공자의 제자들이 공자가 말하고 행동한 사실들을 모아 엮은 책.

논의(論議) [노늬/노니] 어떤 문제에 대하여 서로 의견을 내놓고 의논함. 예해결 방안을 활발하게 논의하다. 🔲논평. **논의하다**.

논쟁(論爭) 서로 다른 의견을 가진 사람들이 자기의 주장을 내세워서 말이나 글로 다툼. 예찬반에 대해 열띤 논쟁을 벌이다. **논쟁하다**.

논점(論點) [논쩜] 논의나 논쟁의 중심이 되는 문제점.

논제(論題) 토론이나 논문, 논설 따위의 주제나 제목. 예토론회의 논제를 정하다.

논증(論證) 옳고 그름을 사리에 맞도록 증거를 들어 밝힘. **논증하다**.

논지(論旨) 논하고자 하는 말이나 글의 기본적인 뜻.

논평(論評) 잘되고 못됨을 따져서 비판하여 말함. 또는 그런 글. 예논평할 가치조차 없는 글. **논평하다**.

논하다(論—) 1 자기의 의견이나 사물의 이치 따위를 조리 있게 차근차근 말하다. 예음악을 논하다. 2 서로 옳고 그름을 따져 말하다. 예일의 옳고 그름을 논하다.

놀 [놀:] '노을'의 준말.

놀고먹다 [놀:고먹따] 하는 일 없이 놀면서 지내다.

*****놀다** [놀:다] 1 재미있는 일을 하며 즐기다. 예친구들과 어울려 놀다. 2 일이 없어 한가하게 있다. 직업이 없이 세월을 보내다. 예직장을 그만두고 놀고 있다. 3 어떤 일을 하다가 일정한 기간 동안 쉬다. 예이 식당은 오늘 노는 날이다. 4 사용하고 있지 아니하다. 예노는 땅. 5 이리저리 돌아다니다. 예어항에서 열대어가 논다. 〔활용〕놀아/노니/노는. ⊃ play

*****놀라다** [놀:라다] 1 뜻밖의 일을 당하여 가슴이 두근거리다. 예경적 소리에 놀라다. 2 갑자기 무서움을 느끼다. 예총소리에 놀라다. 3 신기하거나 훌륭한 것을 보고 감동하다. 예엄청난 규모에 놀라다.

[주의] **놀라다**와 **놀래다**
놀라다 뜻밖의 일로 가슴이 두근거리거나 무서움·감동 따위를 느끼다. 예깜짝 놀랐다.
놀래다 남을 놀라게 하다.

놀라움 [놀:라움] 놀라운 느낌. 예놀라움을 금치 못하다. 🔲놀람.

*****놀랍다** [놀:랍따] 1 굉장하거나 훌륭하다. 예놀라운 기술의 발전. 2 두렵고 충격적이다. 예그가 실종되었다니 참으로 놀랍다. 〔활용〕놀라운/놀라워/놀라우니.

놀래다 [놀:래다] 남을 놀라게 하다. →놀라다 [주의]

*****놀리다** 1 남을 깔보고 웃음거리로 만들다. 예친구를 놀리지 마라. 2 손이나 발 따위를 재빠르게 움직이다. 3 게 하다. 예일감이 없어서 직원들을 놀렸다.

놀림 웃음거리로 만드는 짓.

놀부 1 흥부전에 나오는 주인공의 한 사람. 흥부의 형으로 마음씨가 나쁘고 심술궂음. 2 심술궂고 욕심 많은 사람을 비유하는 말.

놀음 [노름] 여럿이 모여 즐겁게 노는 일. 〔본〕놀음놀이. 🔲놀이. →노름 [주의]

*****놀이** [노리] 노는 일. 예술래잡기 놀이를 하다. **놀이하다**.

놀이공원(—公園) [노리공원] 구경하거나 타고 놀 수 있도록 여러 가지 시설이나 놀이 기구를 설치해 놓은 곳. 🔲놀이동산.

놀이동산 [노리동산] ⇨놀이공원.

놀이마당 [노리마당] 판소리·춤·탈놀음 따위를 하는 일. 또는 그런 자리.

놀이방(—房) [노리방] 보호자가 맡긴 아이들을 돌보아 주는 곳. *어린이집.

***놀이터** [노리터] 아이들이 놀 수 있도록 여러 가지 놀이 기구를 마련해 놓은 곳.

놀이판 [노리판] 여럿이 모여서 즐겁게 노는 자리. 예무대에 신명 나는 놀이판이 벌어졌다.

***놈** 1 남자를 낮잡아 이르는 말. 예나쁜 놈. 반년. 2 사내아이를 귀엽게 일컫는 말. 예제 자식 놈입니다. 3 동물이나 물건을 가리켜 쓰는 말. 예큰 놈을 잡아라.

놋그릇 [녿끄륻] 놋쇠로 만든 그릇.

놋다리밟기 [녿따리밥끼] 경상북도 안동·의성 등지에서, 음력 정월 대보름날 밤에 부녀자들이 하던 놀이. 부녀자들이 한 줄로 서서 뒷사람이 앞사람의 허리를 붙잡고 사람의 다리를 만들면, 그 위를 공주로 뽑힌 여자가 노래에 맞추어 밟고 지나감.

놋다리밟기

놋쇠 [녿쐬/녿쒜] 구리와 아연을 섞어서 만든 쇠붙이. 그릇이나 장식물을 만드는 데 씀. 준놋.

농¹(弄) [농:] '농담¹'의 준말. 예농을 걸다 / 농이 심하다.

***농**²(籠) 1 대·싸리·버들로 엮어 만들어 종이를 바른 상자. 옷 따위를 넣어 둠. 2 '장롱'의 준말.

***농가**(農家) 농사짓는 사람이 사는 집. 예농가 소득. 비농삿집.

농경(農耕) 논밭을 갈아 농사를 지음. 예농경 생활 / 농경 사회.

***농구**(籠球) 구기의 하나. 다섯 사람이 한 팀이 되어 서로 상대편의 바스켓에 공을 던져 넣어 얻은 점수로 승부를 겨루는 경기. ⇒basketball

농구공(籠球—) 농구를 할 때 쓰는 공. 적갈색 바탕에 까만 줄무늬가 있음.

농구대(籠球臺) 농구를 할 때, 공을 던져 넣는 대.

농구장(籠球場) 농구 경기를 하는 경기장.

농군(農軍) ⇨농민.

농기계(農機械) [농기게/농기계] 농사를 짓는 데 쓰는 기계. 경운기·트랙터·콤바인 따위.

농기구(農器具) 농사짓는 데 쓰는 도구. 삽·호미·괭이·쟁기 따위. 비농구.

농담¹(弄談) [농:담] 실없이 하는 장난의 말. 예농담을 진담으로 듣다. 반진담. 준농. 농담하다.

농담²(濃淡) 짙음과 옅음. 예먹물의 농담.

농도(濃度) 기체나 액체 속에 들어 있는 어떤 성분의 양의 비율. 예술의 알코올 농도.

농락(籠絡) [농낙] 약은 꾀로 남을 속여 자기 마음대로 놀리거나 이용함. 예소비자를 농락하다. 농락하다.

***농민**(農民) 농사짓는 일을 직업으로 하는 사람. 비농군. 농부.

농번기(農繁期) 농사일이 한창 바쁜 시기. 모내기·논매기·추수 따위를 할 때. 반농한기.

***농부**(農夫) 농사를 짓는 사람. 비농민. 농사꾼. ⇒farmer

농부가(農夫歌) 농부들이 부르는 노래. 농사일이나 농촌을 내용으로 하여 흔히 일할 때 부름. 준농가.

***농사**(農事) 논밭을 갈아 농작물을 심고 가꾸고 거두는 일. 예보리 농사 / 올해 농사는 대풍이다. 비농업. 농사하다.

농사법(農事法) [농사뻡] 농사를 짓는 방법이나 기술.

농사일(農事—) 농사짓는 일.

농사직설(農事直說) [농사직썰] 〖책〗우리나라에서 가장 오래된 농사에 관한 책. 조선 시대 세종 11년(1429)에 정초가 지었음.

농사철(農事—) 농사짓는 시기.

***농산물**(農産物) 농업으로 생산된 물건. 곡식·채소·과일 따위.

농성(籠城) 어떤 목적을 이루려고 한자리에서 떠나지 않고 시위함. 예철야 농성 투쟁을 벌이다. 농성하다. *데모. 시위.

농수산물(農水産物) 농산물과 수산

물. 예농수산물 도매 시장.

농아 (聾啞) 듣지 못하거나 말하지 못하는 사람.

***농악** (農樂) 농촌에서 행하여지는 우리나라 고유의 음악. 함께 일할 때나 명절에 태평소·꽹과리·징·북·장구 따위를 치거나 불며 춤추고 노래함. 비풍물놀이.

농악대 (農樂隊) [농악때] 농악을 연주하는 사람들의 무리.

농약 (農藥) 농작물에 해로운 병충해를 막는 데 쓰는 약품. 예논에 농약을 뿌리다.

농어 농엇과의 바닷물고기. 몸길이 50~90cm로 길고 옆으로 납작함. 어려서는 민물에 살며 초겨울에 바다로 나감.

농어민 (農漁民) 농민과 어민. 예농어민 후계자를 양성하다.

농어촌 (農漁村) 농촌과 어촌. 예농어촌 개발 사업.

***농업** (農業) 땅을 이용하여 곡식·채소 따위를 가꾸거나 가축을 기르는 산업. 또는 농사를 짓는 직업. 예농업 지역. 비농사.

농업 고등학교 (農業高等學校) 농업에 관한 지식과 기술을 가르치는 고등학교.

농업국 (農業國) [농업꾹] 주로 농사를 많이 짓는 나라. 반공업국.

농업용수 (農業用水) [농엄농수] 농사를 짓는 데 필요한 물.

농업인 (農業人) [농어빈] 농업에 종사하는 사람.

농업 협동조합 (農業協同組合) 농가들이 서로 협력하여 생산력을 높이고 경제적·사회적 지위 향상을 위하여 조직하는 협동조합. 공동으로 생산하고 생활필수품을 공동 구입함. 준농협.

농요 (農謠) 농부들이 농사일을 하면서 부르는 노래.

농원 (農園) 주로, 원예 작물을 심어 가꾸는 농장.

농익다 (濃―) [농닉따] 흠뻑 익다. 무르익다. 예농익은 복숭아 / 분위기가 한창 농익어 갔다.

***농작물** (農作物) [농장물] 논밭에 심어 가꾸는 곡물·채소 따위. 예올해는 농작물이 잘되었다. 준작물.

***농장** (農場) 일정한 농지에 집·농기구·가축 및 사람의 노동력을 갖추고 농업을 경영하는 곳. 예과학적인 농장 관리. ⇨farm

농지 (農地) 농사짓는 데 쓰는 땅. 논과 밭. 예농지 정리. 비경작지. 농경지. 농토.

***농촌** (農村) 농사를 짓고 사는 사람들이 모여 사는 마을. 예살기 좋은 농촌. 반도시.

농축 (濃縮) 액체 등이 진하게 엉기어 바짝 졸아듦. 또는 졸아들게 하여 농도를 높임. 예농축 세제 / 농축 우라늄. 농축하다.

농축산물 (農畜産物) [농축싼물] 농산물과 축산물. 예가뭄 때문에 농축산물 가격이 크게 올랐다.

***농토** (農土) 농사짓는 땅. 예가뭄으로 갈라진 농토. 비농지.

농한기 (農閑期) 농사일이 바쁘지 않은 겨울·이른 봄 따위의 한가로운 때. 예농한기를 이용하여 가마니를 짜다. 반농번기.

농협 (農協) '농업 협동조합'의 준말. 예농협 공판장.

농후하다 (濃厚―) 1 맛·빛깔·성분 따위가 매우 짙다. 2 가능성이 다분히 있다. 예실패할 가능성이 농후하다. 3 어떤 경향이나 기색 따위가 뚜렷하다. 예종교적 색채가 농후하다.

높낮이 [놉나지] 높음과 낮음. 또는 높고 낮은 정도. 예의자의 높낮이를 조절하다. 비고저.

***높다** [놉따] 1 아래에서 위로 향하여 길게 솟아 있다. 예산이 높다. 2 지위·신분·수준·정도 따위가 보통보다 위에 있다. 예계급이 높다. 3 유명하다. 예명성이 높다. 4 값이 비싸다. 예물가가 높다. 5 온도·습도·비율 따위를 나타내는 숫자가 크다. 예합격률이 높다. 반낮다. ⇨high

높다랗다 [놉따라타] 꽤 높다. 예높다란 가을 하늘. 활용 높다라니 / 높다래서.

높새바람 [놉쌔바람] 봄부터 초여름에 걸쳐 북동쪽에서 불어오는 덥고 건조한 바람.

높은음자리표 (一音一標) [노프늠자리표] '사' 음의 자리를 가리키는 표((기호는 𝄞)). 回사음자리표. 만낮은음자리표.

높이 [노피] 1 높은 정도. 예파도의 높이. 2 높게. 예높이 오르다.

높이다 [노피다] 1 정도나 높이 따위를 올리다. 높게 하다. 예담을 높이다. 2 존대하다. 예말을 높이다.

높이뛰기 [노피뛰기] 공중에 가로질러 놓은 막대를 뛰어넘어 그 높이를 겨루는 육상 경기.

높임말 [노핌말] 상대편을 높이어 하는 말. 진지·말씀·병환 따위. 回경어. 공대말. 존댓말. 만낮춤말.

높임법 (一法) [노핌뻡] 말하는 사람이 어떤 대상이 되는 사람이나 사물에 대하여 높임의 태도를 나타내는 문법 기능.

> [참고] 높임법에는 주체 높임법과 상대 높임법이 있다.
> **주체 높임법** 말하는 이가 문장의 주체를 높이는 것으로, 동사나 형용사의 말 줄기에 높임의 말인 '-(으)시-'를 붙여 표현함.
> 예어머니, 선생님께서 오십니다.
> **상대 높임법** 말하는 이가 듣는 상대방을 높이거나 낮추어 말하는 법으로 문장 끝 서술어에 여러 종결 어미를 붙여 표현함.

격식체	합쇼체	아주 높임	예안녕히 계십시오.
	하오체	예사 높임	예빨리 밖으로 나오시오.
	하게체	예사 낮춤	예이리 와서 앉게.
	해라체	아주 낮춤	예빨리 자라.
비격식체	해요체	높임	예밖으로 나오세요.
	해체	안 높임	예이리 와서 앉아.

높직하다 [놉찌카다] 높은 듯하다. 예높직한 언덕. 만나직하다.

높푸르다 [놉푸르다] 높고 푸르다. 예높푸른 가을 하늘. 활용높푸르러 / 높푸르니.

놓다 [노타] 1 일정한 자리에 두다. 예제자리에 놓아라. 2 손에 잡은 것을 손에서 떨어지게 하다. 예가방을 놓아라. 3 긴장이나 걱정 따위를 풀어서 없애다. 예이젠 마음을 놓겠다. 4 시설·가설하다. 예전화를 놓다. 5 실로 수를 만들거나 무늬를 넣다. 예꽃수를 놓다. 6 하던 일을 그치다. 예일손을 놓다. 7 일정한 대상에게 어떤 짓을 해 대다. 예훼방을 놓다. 8 불을 지르거나 피우다. 예눈둑에 불을 놓다. 9 주사·침 따위로 찌르다. 예팔에 예방 주사를 놓다. ⊃put

놓아두다 [노아두다] 1 들었던 것을 내려 어떤 곳에 두다. 예차에 우산을 놓아두다. 2 건드리지 않고 그대로 두다. 예이불을 개지 않고 그대로 놓아두다. 3 마음대로 하도록 내버려 두다. 예하고 싶은 대로 하도록 놓아두어라.

놓아주다 [노아주다] 잡혔거나 얽매였거나 갇힌 것을 풀어 자유롭게 하여 주다. 예잡은 새를 놓아주다.

> [참고] '놓아'가 '놔'로 줄 적에는 준 대로 적는다. 따라서 '놓아주다'의 준말은 '놔주다'이다. '좋아'라는 말이 줄어서 '좌'로 되지 않는 것과 비교해 보면 준말의 형태에 특색이 있음을 알 수 있다.

놓이다 [노이다] 1 시설이 만들어지다. 예다리가 놓이다. 2 안심이 되다. 예마음이 놓이다. 3 얹히어 있다. 예시계가 책상 위에 놓이다.

놓치다 [녿치다] 1 잡거나 쥐고 있던 것을 떨어뜨리거나 빠뜨리다. 예잡았던 물고기를 놓쳤다. 2 타려고 하던 탈 것을 타지 못하게 되다. 예기차를 놓치다. ⊃miss

놔두다 [놔:두다] '놓아두다'의 준말.

뇌 (腦) [뇌 / 눼] 머릿속에 있어 신경을 지배하며 정신 활동을 하는 부분. 대뇌·소뇌·연수 따위로 구분되는데, 특히 대뇌는 사람의 의식 활동의 중심이 됨.

뇌관 (雷管) [뇌관 / 눼관] 포탄·탄환

따위와 같은 폭발물의 점화에 사용하는, 쇠붙이로 만든 관.

뇌까리다 [뇌까리다/눼까리다] 1 남의 허물이나 잘못을 듣기 싫도록 자꾸 말하다. 2 아무렇게나 되는대로 마구 지껄이다.

뇌리(腦裡) [뇌리/눼리] 머릿속. 예뇌리를 스치다/뇌리에 박혀 있다.

뇌물(賂物) [뇌물/눼물] 자기가 뜻하는 바를 이루기 위해 남에게 몰래 주는 돈이나 물건. 예뇌물을 쓰다.

뇌사(腦死) [뇌사/눼사] 뇌의 기능이 완전히 멈추어 본디 상태로 되돌아가지 않는 상태.

뇌성(雷聲) [뇌성/눼성] ⇨천둥소리.

뇌성 마비(腦性痲痺) 태어날 때부터 뇌의 이상으로 생기는 소아의 운동 마비. 팔다리의 마비 및 지능 장애를 일으킴. 비뇌성 소아마비.

뇌신경(腦神經) [뇌신경/눼신경] 대뇌의 밑과 연수에서 시작하여 머리·얼굴 등에 퍼져 있는 운동 신경과 지각 신경. 큰 줄기가 12쌍이 있음.

뇌염(腦炎) [뇌염/눼염] 뇌에 염증이 생겨 일어나는 병을 통틀어 이르는 말. 예뇌염 예방 주사.

뇌졸중(腦卒中) [뇌졸쭝/눼졸쭝] 뇌에 혈액 공급이 제대로 되지 않아 일어나는 증세. 갑자기 의식을 잃고 쓰러지며, 손발의 마비 현상이 나타남.

뇌종양(腦腫瘍) [뇌종양/눼종양] 뇌에 생기는 종양. 두통·구토·경련·마비·시력 장애 등의 증세가 나타남.

뇌진탕(腦震蕩) [뇌진탕/눼진탕] 머리를 크게 부딪치거나 몹시 얻어맞았을 때 그 충격으로 일시적으로 의식 장애를 일으키는 일.

뇌출혈(腦出血) [뇌출혈/눼출혈] 고혈압·동맥 경화 따위로 뇌의 동맥이 터져 피가 뇌 속에 흘러나오는 병.

누(累) [누:] 정신적으로나 물질적으로 다른 사람에게 끼치는 부담. 예누가 되다/누를 끼치다.

누각(樓閣) 사방을 바라볼 수 있게 높이 지은 다락집.

***누구** 어떤 사람을 막연히 일컫거나 이름을 모르는 사람을 물을 때 쓰는 말. 예거기 누구 계세요/그것은 누구 나 할 수 있는 일이다. 준뉘. ◦who

누그러뜨리다 누그러지게 하다.

누그러지다 1 딱딱하던 성질이 부드러워지거나 약하여지다. 예표정이 누그러지다. 2 추위·물가·병 따위의 정도가 덜해지다. 예통증이 누그러지다.

***누나** [누:나] 사내아이가 손위 누이나 손위의 여자를 부르는 말. 높누님.

누누이(屢屢-) [누:누이] 여러 번. 자꾸. 예알아듣도록 누누이 타이르다.

누님 [누:님] '누나'의 높임말.

***누다** 똥이나 오줌을 몸 밖으로 내보내다. 예오줌을 누다/똥을 누다.

누더기 누덕누덕 기운 헌 옷. 예누더기를 걸치다.

누덕누덕 [누덩누덕] 해진 곳을 여러 번 덧붙여 기운 모양. 예누덕누덕 기운 바지. **누덕누덕하다**.

누드(nude) 벌거벗은 몸.

누락(漏落) [누:락] 마땅히 적혀 있어야 할 것이 빠짐. 예합격자 명단에서 누락되다. **누락하다**.

누런색(一色) 어둡고 흐린 노란색. 예누런색 봉투.

누렁소 털의 빛깔이 누런 소.

누렁이 1 누런 빛깔의 개. 2 누런 빛깔의 물건. 짝노랑이.

***누렇다** [누:러타] 매우 누르다. 예벼가 누렇게 익어 간다. 짝노랗다. 활용 누러니/누레서.

누룩 밀을 굵게 갈아 반죽하여 띄운, 술을 빚는 재료.

누룽지 솥 바닥에 눌어붙은 밥.

***누르다**¹ [누:르다] 1 어떤 물체에 힘이나 무게를 가하다. 예초인종을 누르다/머리를 누르다. 2 꼼짝 못하게 규제를 가하다. 3 어떤 기분·느낌·심리 작용 따위를 억제하다. 예슬픔을 누르고 웃음 짓다. 4 계속 머물다. 예언니 집에 눌러 살다. 비참다. 활용 눌러/누르니.

***누르다**² 놋쇠나 금의 빛과 비슷한 빛깔이다. 짝노르다. 활용 누르러/누르니.

누르스름하다 조금 누르다.

누름단추 손가락으로 눌러서 신호를 울리거나 기계를 움직이게 하는 단추같이 생긴 장치. 버튼.

누리 '세상'의 옛말. 예온 누리에 빛나리.

누리꾼 인터넷에서 활동하는 사람. 예공연에 대한 누리꾼들의 반응이 뜨겁다 / 누리꾼들이 다양한 의견을 제기하다. 비네티즌.

***누리다**[1] 어떤 좋은 점을 지니고 살면서 마음껏 즐기다. 예자유를 누리다 / 행복을 누리다.

누리다[2] 기름기가 많아 메스꺼운 냄새가 나다.

누리집 ⇨홈페이지.

누린내 1 짐승의 고기에서 나는 기름기의 냄새. 2 짐승의 털이 불에 타는 냄새. 작노린내.

누명(陋名) [누:명] 억울하게 뒤집어쓴 좋지 않은 평판. 예누명을 벗다 / 억울한 누명을 쓰다. 비오명.

누비 두 겹의 천 사이에 솜을 넣고 줄이 죽죽 지게 박은 바느질. 또는 그렇게 만든 물건. 예누비 솜옷.

누비다 1 두 겹의 천 사이에 솜을 두어 죽죽 줄이 지도록 꿰매다. 예누빈 이불. 2 이리저리 거리낌 없이 다니다. 예자전거로 골목길을 누비고 다니다.

누설(漏泄) [누:설] 1 비밀이 새어 밖으로 알려짐. 또는 비밀이 새어 나가게 함. 예비밀을 누설하다. 2 물이 샘. 물이 새게 함. **누설하다**.

누수(漏水) [누:수] 1 물이 샘. 또는 그 물. 예누수 방지 공사. 2 물시계에서 떨어지는 물.

누에 누에나방의 애벌레. 검은 무늬를 띠고 13개의 마디가 있음. 잠은 네 번 자는데 그동안 네 번 꺼풀을 벗고, 커서 실을 토하여 고치를 지음.

누에

누에고치 누에가 번데기로 될 때에 그 바깥 둘레에 만드는 둥글고 길쭉한 모양의 집. 명주실의 원료가 됨.

누에고치

누에나방 누에나방과의 곤충. 편 날개 길이가 약 4cm, 몸빛은 회백색임. 알을 낳은 뒤 곧 죽음. 애벌레는 누에라 하며, 명주실을 얻기 위해 기름.

누에치기 누에를 기르는 일. 비양잠. **누에치기하다**.

*****누이** 남자의 여자 형제. 흔히 나이가 아래인 여자를 이름.

누이다[1] 눕게 하다. 예아기를 침대에 누이다. 준뉘다.

누이다[2] 오줌이나 똥을 누게 하다. 예오줌을 누이다. 준뉘다.

누이동생 자기보다 나이가 어린 누이. 비여동생. 준누이.

누적(累積) [누:적] 포개져서 쌓임. 포개어 쌓음. 예누적된 울분이 폭발하다. **누적하다**.

누전(漏電) [누:전] 전기가 새어 나감. 예누전으로 불이 났다.

누진세(累進稅) [누:진쎄] 과세 대상의 가격이나 수량이 더하여 감에 따라 높은 비율로 매기는 세금. 예누진세를 내다.

누차(屢次) [누:차] 여러 차례. 여러 번. 수차. 예누차 설명해도 이해를 못한다.

누추하다(陋醜—) [누:추하다] 지저분하고 더럽다. 예집이 누추하다.

누출(漏出) [누:출] 액체나 기체 따위가 밖으로 새어 나옴. 예가스 누출 사고. **누출하다**.

눅눅하다 [눙누카다] 1 물기나 기름기가 있어 좀 무르고 부드럽다. 작녹녹하다. 2 축축한 기운이 있다. 습기가 있다. 예눅눅한 옷.

눅다 [눅따] 1 반죽 따위가 무르다. 예수제비 반죽이 눅다. 2 춥던 날씨가 풀리다. 예눅은 날씨. 3 값이 싸다. 예과일값이 눅다. 4 성질이 너그럽다. 예성질이 눅은 사람. 5 습기가 있어 눅눅하다. 예김이 눅다 / 과자가 눅다.

*****눈**[1] 1 사람이나 동물의 보는 기능을 맡은 감각 기관. 예눈을 뜨다 / 눈을 흘기다. ⇨eye 2 시력. 예눈이 나쁘다. 3 사물을 보고 판단하는 힘. 예보는 눈이 정확하다. 4 시선. 눈길. 예눈을 끌다. 5 태풍에서, 중심을 이루는 부분. 예태풍의 눈.

눈 깜짝할 사이 아주 짧은 순간. 예눈 깜짝할 사이에 일이 끝났다.

눈에 넣어도 아프지 않다 매우 귀

엽고 사랑스럽다. 예 눈에 넣어도 아프지 않을 내 자식.
눈에 밟히다 잊으려고 해도 자꾸 눈에 나타나다.
눈에 불을 켜다 몹시 욕심을 내거나 관심을 기울이다.
눈에 흙이 들어가다 죽어서 땅에 묻히다. 예 내 눈에 흙이 들어가기 전에는 안 된다.
눈(을) 돌리다 관심을 돌리다.
눈(을) 붙이다 잠을 자다.
눈(이) 높다 분수에 맞지 않게 좋은 것만 찾는 버릇이 있다.

*__눈__²[눈:] 공중의 수증기가 찬 기운을 만나 얼어서 땅 위로 떨어지는 여섯 모의 흰 결정체. ⊃snow

> [참고] **눈의 종류**
> - 가랑눈
> - 가루눈
> - 눈보라
> - 대설
> - 마른눈
> - 만년설
> - 밤눈
> - 봄눈
> - 싸라기눈
> - 우박
> - 진눈깨비
> - 첫눈
> - 함박눈

*__눈__³ 식물의 줄기나 가지에서 새로 막 터져 돋아나려는 싹. 예 마른 나뭇가지에 눈이 움트다.
__눈__⁴ '눈금'의 준말.
__눈__⁵ 그물 따위의 매듭.
눈가[눈까] 눈의 가장자리.
눈가림 겉만 잘 꾸며 남의 눈을 속이는 짓. 예 눈가림으로 일을 하다. 눈가림하다.
눈감다[눈감따] 1 목숨이 끊어지다. 2 남의 잘못을 알고도 모르는 체하다. 예 동생의 거짓말을 눈감아 주다.
눈곱[눈꼽] 1 눈에서 나오는 진득진득한 액. 또는 그것이 말라붙은 것. 예 눈곱이 끼다. 2 아주 작은 물건을 비유하는 말. 예 인정이라곤 눈곱만큼도 없는 사람.
*__눈금__[눈끔] 저울·자·온도계 따위에서 양·길이·도수를 나타내는 금. 예 눈금을 재다 / 눈금을 속이다.
눈길[눈낄] 눈이 가는 곳. 또는 눈으로 보는 방향. 예 눈길을 끌다 / 눈길을 떼지 않다. 비 시선.
눈꺼풀 눈을 덮는 꺼풀. 예 눈꺼풀이 무겁다. 잭 눈까풀. ⊃eyelid
눈꼬리 눈의 귀 쪽 가장자리 부분.
눈꼴사납다[눈꼴사납따] 보기에 아니꼽다. 예 눈꼴사나운 모습을 보이다. [활용] 눈꼴사나워 / 눈꼴사나우니.
눈꽃[눈꼳] 나뭇가지에 얹혀 꽃이 핀 것처럼 보이는 눈.
눈높이[눈노피] 1 바닥에서 사람의 눈까지의 높이. 2 일이나 사물에 대해 생각하는 수준. 예 눈높이를 맞추다.
눈대중[눈때중] 눈으로 보아 어림잡아 헤아림. 예 청중이 눈대중으로 천 명은 넘어 보였다. 비 눈어림. 눈짐작. 눈대중하다.
눈덩이[눈:떵이] 눈을 뭉쳐서 둥글게 만든 덩어리.
눈독(-毒)[눈똑] 욕심을 내어 눈여겨 봄. 예 새로 나온 휴대 전화에 눈독을 들이다.
*__눈동자__(-瞳子)[눈똥자] 눈알의 한가운데 있으며, 빛이 들어가는 곳으로 동그랗고 검은 부분. 예 빛나는 눈동자. 비 동공.
눈두덩[눈뚜덩] 눈 주위의 두두룩한 곳. 예 눈두덩이 붓다.
눈뜨다 1 잠을 깨다. 예 눈뜨니 아침이다. 2 모르는 것을 깨달아 알다. 예 학문에 눈뜨다. [활용] 눈떠 / 눈뜨니.
눈망울 눈알의 앞쪽의 두두룩한 곳. 눈동자가 있는 곳. 예 초롱초롱한 눈망울. 비 눈방울. 눈알.
눈매 눈의 생김새. 예 고운 눈매 / 눈매가 날카롭다.
눈멀다 1 눈이 나빠져 아무것도 보이지 않게 되다. 예 눈먼 사람. 2 어떤 일에 몹시 마음이 쏠리다. 예 돈에 눈멀다. [활용] 눈멀어 / 눈머니 / 눈머는.
*__눈물__ 눈알 위에 있는 눈물샘에서 나오는 물. 늘 조금씩 나와서 눈을 축이는데, 감동·자극을 받으면 더 많이 나옴. 예 눈물을 글썽이다 / 감동의 눈물을 흘리다.
눈물을 삼키다 나오려는 눈물을 꾹 참다.
눈물이 앞을 가리다 눈물이 자꾸 흐르다.

눈물겹다 [눈물겹따] 눈물이 날 만큼 가엾고 애처롭다. 예 **눈물겨운** 광경. 활용 눈물겨워 / 눈물겨우니.

눈물샘 [눈물쌤] 눈물이 나오는 샘. 눈망울이 박힌 곳의 바깥 위쪽에 있음. 비 누선.

눈물짓다 [눈물짇따] 눈물을 흘리다. 예 돌아가신 어머니를 생각하며 **눈물짓**다. 비 울다. 활용 눈물지어 / 눈물지으니 / 눈물짓는.

눈발 [눈:빨] 눈이 힘차게 내릴 때에 줄이 죽죽 져 보이는 상태. 예 **눈발**이 날리다.

눈병 (-病) [눈뼝] 눈에 생기는 병. 예 **눈병**에 걸리다. 비 안질.

눈보라 [눈:보라] 바람에 불리어 휘몰아치는 눈. 예 **눈보라** 치는 추운 겨울날.

눈부시다 1 빛깔이 황홀하다. 예 **눈부신** 옷차림. 2 활약이나 업적이 뛰어나다. 예 **눈부신** 경제 발전.

눈빛 [눈삗] 1 눈에 나타나는 기색. 예 성난 **눈빛**. 2 눈에서 비치는 빛깔이나 기운. 예 고양이의 파란 **눈빛**.

***눈사람** [눈:싸람] 눈을 뭉쳐서 만든 사람의 모습.

눈사태 (-沙汰) [눈:사태] 산비탈에 쌓인 눈이 한꺼번에 무너져 내리는 일.

눈살 [눈쌀] 두 눈썹 사이에 있는 주름. 예 **눈살**을 찌푸리다.

눈송이 [눈:쏭이] 한데 엉겨 꽃송이처럼 내리는 눈. 예 하얀 **눈송이**.

눈시울 [눈씨울] 속눈썹이 난 눈언저리. 예 **눈시울**을 적시다.

눈싸움¹ 마주 보며 오랫동안 눈을 깜빡이지 않기를 내기하는 아이들의 장난. 비 눈겨룸. **눈싸움하다**.

눈싸움² [눈:싸움] 눈을 뭉쳐 서로 상대방을 향하여 던져 맞히는 장난. 준 눈쌈. **눈싸움하다**.

눈썰매 [눈:썰매] 눈 위에서 타거나 끄는 썰매. 예 **눈썰매**를 타다.

눈썰미 한 번 본 것이라도 곧 그대로 흉내를 잘 내는 재주. 예 **눈썰미**가 있어 무엇이든 잘한다.

***눈썹** 두 눈두덩 위에 가로로 길게 모여 난 짧은 털. ⇨ eyebrow

눈알 [누날] 눈구멍 안에 있는 알 모양의 기관. 예 **눈알**을 굴리다 / **눈알**을 부라리다. 비 안구.

***눈앞** [누납] 1 눈에 보이는 아주 가까운 곳. 예 **눈앞**에 남산이 보인다. 비 목전. 2 가까운 장래. 예 졸업을 **눈앞**에 두다.

눈앞이 캄캄하다 갑자기 당하는 어려움 앞에서 어찌할 바를 모르다. 예 형편없는 성적표를 받고 보니 눈앞이 캄캄하다.

눈엣가시 [누네까시 / 누넫까시] 몹시 미워 항상 눈에 거슬리는 사람. 예 **눈엣가시**로 여기다.

눈여겨보다 [눈녀겨보다] 잊어버리지 않게 주의하여 잘 보다. 자세히 보다. 예 친구의 행동을 **눈여겨보다**.

눈웃음 [누누슴] 소리를 내지 아니하고 눈으로만 웃는 웃음.

눈웃음치다 [누누슴치다] 남의 마음을 사려고 소리를 내지 않고 눈으로만 살짝살짝 웃다. 예 인형을 사 달라고 **눈웃음치며** 조르다.

눈인사 (-人事) [누닌사] 소리 없이 눈짓으로 가볍게 하는 인사. 예 **눈인사**를 나누다 / **눈인사**를 보내다. **눈인사하다**.

눈자위 [눈짜위] 눈알의 언저리. 눈의 가장자리.

눈조리개 눈 속으로 들어오는 빛의 양을 조절하고 물체의 모양을 고르게 하는 얇은 막. 비 홍채.

눈짐작 (-斟酌) [눈찜작] ⇨ 눈대중.

눈짓 [눈찓] 눈을 움직여 어떤 뜻을 나타내는 짓. 예 **눈짓**으로 알리다 / **눈짓**을 주고받다. **눈짓하다**.

***눈초리** 1 눈의 꼬리. 예 **눈초리**가 처졌다. 2 사물을 볼 때의 눈의 모양. 흔히, 시선이 날카로운 경우에 쓰임. 예 매서운 **눈초리**.

눈총 못마땅하여 매섭게 쏘아보는 눈길. 예 **눈총**을 주다.

***눈치** 1 남의 마음을 알아채는 재주. 예 **눈치**가 빠르다. 2 속으로 생각하는 일이 겉으로 드러나는 태도. 예 **눈치**를 주다 / 떠나고 싶어하는 **눈치**이다. 비 낌새.

눈치(가) 있다 눈치로 일의 기미를 알아채는 재주가 있다.

눈치(를) 보다 다른 사람의 마음과 태도를 살피다.

눈치(를) 살피다 다른 사람의 눈치를 엿보다.

눈치(를) 채다 남의 속마음을 알아채다. 예비밀을 눈치 채다.

눈코 눈과 코.

눈코 뜰 사이 없다 정신 못 차리게 몹시 바쁘다.

눋다 [눋:따] 누른빛이 나도록 조금 타다. 예밥이 눋다. [활용] 눌어/눌으니/눈는.

눌러쓰다 [눌:러쓰다] 1 모자를 힘을 주어 푹 내려 쓰다. 예모자를 눈썹까지 푹 눌러쓰다. 2 연필 등에 힘을 주어 글씨를 쓰다. 예연필을 꾹꾹 눌러 쓰는 습관이 있다.

눌러앉다 [눌:러안따] 그 자리에 그대로 계속 머무르다. 예그대로 그곳에 눌러앉다.

눌리다¹ [눌:리다] 누름을 당하다. 예짐짝에 눌리다.

눌리다² 누른빛이 나도록 조금 타게 하다. 예밥을 눌리다.

눌어붙다 [누러붇따] 1 조금 타서 바닥에 붙다. 예밥이 솥 바닥에 눌어붙었다. 2 한곳에 오래 있으면서 떠나지 않다. 예언니 집에 눌어붙어 지내다.

눌은밥 [누른밥] 솥 바닥에 눌어붙은 누룽지에 물을 부어 긁어낸 밥.

*__눕다__ [눕:따] 1 몸을 바닥에 대고 수평 상태가 되게 하다. 예베개를 베고 눕다. 2 병을 앓아 자리에서 일어나지 못하다. 예감기로 사흘을 누워 있다. 3 나무·풀 따위가 쓰러지다. → [학습마당] 1(65쪽) ⊃ lie

뉘 '누구의'의 준말. 예뉘 집 아이.

뉘다 [뉘:다] 1 눕게 하다. 예환자를 침대에 뉘다. [반] 일으키다. 2 대소변을 누게 하다. 예아이에게 오줌을 뉘다. [본] 누이다.

뉘앙스 (프 nuance) 빛깔·소리·뜻·감정 등의 미묘한 차이. 예뉘앙스가 다르다.

뉘엿뉘엿 [뉘연뉘연] 해가 곧 지려고 하는 모양. 예해가 뉘엿뉘엿 넘어가다. **뉘엿뉘엿하다**.

뉘우치다 자기 잘못을 스스로 깨달아 마음속으로 꾸짖다. 예지난날의 잘못을 뉘우치다.

*__뉴스__ (news) 새로운 소식을 전하여 주는 신문·방송 등의 보도.

뉴욕 (New York) [지명] 미국 최대의 항구 도시. 세계 상공업의 중심지이고 유엔 본부가 있으며 항구에는 자유의 여신상이 서 있음.

뉴질랜드 (New Zealand) [국명] 오스트레일리아 대륙의 남동쪽에 있는 섬나라. 영국 연방을 구성하는 한 나라로 수도는 웰링턴.

뉴턴 (Newton, Isaac) [인명] 영국의 물리학자·천문학자·수학자. 반사 망원경을 만들고, 만유인력의 법칙을 발견함. [1642-1727]

느글거리다 토할 것같이 자꾸 속이 메스꺼워지다. 예멀미가 나서 속이 느글거리다.

느긋하다 [느그타다] 마음에 여유가 있고 넉넉하다. 예느긋하게 기다리다.

*__느끼다__ 1 감각 기관을 통하여 자극을 받아 깨닫다. 예추위를 느끼다. 2 마음속으로 깨닫거나 알게 되다. 예고마움을 느끼다.

느끼하다 음식에 기름기가 너무 많아 비위에 거슬리다. 예돼지고기에 기름기가 많아 느끼하다.

*__느낌__ 감각이나 마음으로 느낀 것. 예영화를 본 느낌. [비] 감상.

느낌표 (-標) 감탄·놀람·부르짖음·명령 따위의 강한 느낌을 나타낼 때에 쓰는 문장 부호 '!'의 이름. [보기] 아, 달이 밝구나!

느닷없다 [느다덥따] 나타나는 모양이 전혀 뜻밖이고 갑작스럽다. 예친구의 느닷없는 질문에 순간 당황했다.

느닷없이 [느다덥씨] 느닷없게. 예느닷없이 집에 찾아온 손님.

느릅나무 [느름나무] 느릅나뭇과의 낙엽 활엽 교목. 골짜기·개울가의 습한 데에 남. 높이 20m, 지름 50cm 가량. 나무는 건축재 따위로 쓰고, 껍질은 약으로 쓰거나 먹음.

*__느리다__ 1 말이나 동작이 빠르지 못하다. 예달리기가 느리다. [반] 빠르다. 2 성질이 누그러져 야무지지 못하다. [반] 급하다. ⊃ slow

> [주의] **느리다**와 **늘리다**, **늘이다**
>
> **느리다** 속도가 빠르지 못하다.
> 예 걸음이 느리다.
> **늘리다** 크게 하거나 많게 하다.
> 예 수효를 늘리다.
> **늘이다** 1 본디보다 길게 하다. 예 고무줄을 늘이다. 2 아래로 처지게 하다. 예 밧줄을 늘여 내리다.

느림보 행동이 느리거나 게으른 사람.
느릿느릿 [느린느릳] 움직임이 느리게. 예 느릿느릿 걷다. **느릿느릿하다**.
느릿하다 [느리타다] 느린 듯하다.
느슨하다 1 잡아맨 끈이나 줄 따위가 늘어나서 헐겁다. 예 짐을 느슨하게 묶다. 2 마음이 풀어져 다부지지 못하다. 예 성격이 느슨한 사람.
느타리 느타릿과의 버섯. 모양은 조개껍질이 비슷하고 빛은 갈색 또는 흰색임. 식용함.
***느티나무** 느릅나뭇과의 낙엽 활엽 교목. 마을 부근의 산기슭이나 골짜기에 남. 줄기 높이 30m, 지름 2m가량. 그늘이 넓게 지고 수명이 길어 정자나무로 많이 씀.
***늑대** [늑때] 개와 비슷하게 생김. 산속에 살며, 성질이 사납고 작은 동물을 잡아먹고 가축도 해침.
늑목 (肋木) [능목] 몸을 바르게 하는 데에 쓰는 체조 기구. 몇 개의 기둥에 많은 막대를 가로로 고정시켜 놓았음.
늑장 [늑짱] 당장 할 일이 있는데도 딴 일을 하거나 느릿느릿 행동하는 일. 예 늑장을 부리다. 비 늦장.
***늘** 끊임없이. 언제나. 항상. 예 늘 웃는 얼굴로 이야기하다.
늘그막 늙어 가는 판. 예 늘그막에 고생을 면하다. × 늙으막.

> [주의] '늙다'의 파생어에는 늙다리·늙바탕·늙수그레하다·늙숙이·늙숙하다·늙은이·늙정이·늙직하다 등 많이 있다. 이에 따라 '늘그막도 '늙으막'으로 잘못 쓰기 쉬우나 '늘그막'이 맞는 말이다.

***늘다** 1 많아지거나 커지다. 예 식구가 늘다. 2 재주·실력·솜씨 따위가 나아지다. 예 솜씨가 많이 늘었군. 반 줄다. 활용 늘어/느니/느는.
***늘리다** 더 크게 하거나 많게 하다. 예 학급 수를 늘리다. → 느리다 [주의]
늘씬하다 몸이 가늘고 키가 커서 맵시가 있다. 예 늘씬한 몸매/늘씬한 키. 작 날씬하다.
***늘어나다** [느러나다] 길이·부피·수량 따위가 길어지거나 커지거나 많아지다. 예 인구가 점점 늘어난다. 비 증가하다. 반 줄어들다.
***늘어놓다** [느러노타] 1 이곳저곳에 많이 놓다. 예 장난감을 늘어놓다. 2 줄을 지어 죽 벌여 놓다. 예 한 줄로 늘어놓다. 3 말이나 글을 이것저것 꺼내어 벌여 놓다. 예 잔소리를 늘어놓다.
늘어뜨리다 [느러뜨리다] 물건의 한쪽 끝을 아래로 처지게 하다. 예 긴 머리를 늘어뜨리고 걷는 여자.
늘어서다 [느러서다] 죽 줄지어 서다. 예 연극 표를 사기 위해 한 줄로 늘어서다 / 길가에 늘어선 가로수.
늘어지다 [느러지다] 1 기운이 풀어어 몸을 가누지 못하다. 예 축 늘어진 어깨. 2 당겨지는 힘으로 물체가 길어지다. 예 고무줄이 늘어지다. 3 물체의 끝이 아래로 처지다. 예 늘어진 버들가지. 4 근심이나 걱정이 없이 편하게 되다. 예 팔자가 늘어지다. × 느러지다.
***늘이다** [느리다] 1 본디보다 길게 하다. 예 고무줄을 늘이다. 2 아래로 길게 처지게 하다. 예 발을 아래로 길게 늘이다. → 느리다 [주의]
늘임표 (—標) [느림표] 음표나 쉼표의 위 또는 아래에 붙여 본래의 박자 길이보다 길게 연주하라는 음악 기호 ((부호는 '⌒')). 페르마타.
늘푸른나무 일 년 내내 잎이 푸른 나무. 상록수.
***늙다** [늑따] 1 나이가 많아지다. 2 한창때를 지나 몸의 기능이 쇠퇴하다. 발음 늙고 [늘꼬] / 늙어서 [늘거서] / 늙은 [늘근] / 늙지 [늑찌].
***늙은이** [늘그니] 나이가 많은 사람. 비 노인. 반 젊은이.
늠름하다 (凜凜—) [늠:늠하다] 의젓하고 씩씩하다. 예 늠름한 우리의 군인들.

능 (陵) 임금이나 왕후의 무덤. → [학습마당] 8(아래)

능가 (凌駕) 무엇에 비교하여 그보다 훨씬 뛰어남. [예] 요리사를 **능가**하는 아버지의 음식 솜씨. **능가하다**.

능구렁이 1 뱀과의 동물. 연못이나 논두렁 따위에 흔히 나타나는데, 길이 120cm가량으로 등이 적갈색, 배는 황갈색임. 목에서 꼬리 끝까지 69-100개의 검은 가로띠가 있음. 동작이 느리고 독이 없음. 2 음흉한 사람을 비유하는 말. [예] **능구렁이**가 되어서 실속은 다 차린다.

능글능글하다 [능글룽글하다] 태도가 비웃는 듯하고 뻔뻔스럽다. [예] **능글능글한** 눈웃음을 치다.

능글맞다 [능글맏따] 태도가 비웃는 듯하고 뻔뻔스럽고 엉큼하다. [예] **능글맞게** 말을 걸다.

능금 능금나무의 열매.

능금나무 장미과의 낙엽 활엽 교목. 봄에 흰 꽃이 피고 여름에 '능금'이 익는데 사과보다 작고 맛이 덜함. 우리나라 특산임.

능동 (能動) 자기 스스로 내켜서 함. [반] 수동. 피동.

능동적 (能動的) 다른 것의 영향을 받지 않고 자기 스스로 작용하는 (것). [예] **능동적**으로 학급 활동에 참여하다. [반] 수동적.

능란하다 (能爛—) [능난하다] 익숙하고 솜씨가 뛰어나다. [예] 말솜씨가 **능란하다**.

*__능력__ (能力) [능녁] 어떤 일을 해낼 수 있는 힘. [예] **능력** 있는 사람 / **능력**이 모자라다.

*__능률__ (能率) [능뉼] 일정한 시간에 해낼 수 있는 일의 양. 일의 효율. [예] 일의 **능률**을 높이다.

능사 (能事) 1 자기에게 알맞아 능히 해낼 수 있는 일. [예] 거짓말을 **능사**로 하다. 2 잘하는 일. [예] 피하는 것만이 **능사**는 아니다.

능선 (稜線) 산등성이를 따라 죽 길게 이어진 봉우리의 선.

능수능란하다 (能手能爛—) [능수능난하다] 일 따위에 익숙하고 솜씨가 좋다. [예] **능수능란하게** 사람을 다룬다.

능수버들 버드나뭇과의 낙엽 활엽 교목. 가지가 길게 늘어지고 개울가나 들에 남. 우리나라 특산임.

능숙하다 (能熟—) [능수카다] 일을 솜씨 있고 익숙하게 하다. [예] 컴퓨터를 다루는 솜씨가 **능숙하다**. [반] 미숙하다.

능청 마음속으로 다른 생각을 하면서 겉으로는 아무렇지 않은 것처럼 행동하는 태도. [예] **능청**을 떨다 / 저런 **능청** 좀 보게.

능청맞다 [능청맏따] 마음속으로는 다른 생각을 하면서 겉으로는 딴청을 부리다. [예] **능청맞게** 굴다.

능청스럽다 [능청스럽따] 거짓말을 그럴듯하게 하거나 남을 감쪽같이 속이고도 태연하다. [활용] 능청스러워 / 능청스러우니.

능통하다 (能通—) 무슨 일에 막힘이 없이 훤히 알다. [예] 프랑스어에 **능통한** 사람.

능하다 (能—) 서투르지 않고 잘하다. [예] 붓글씨에 **능하다**.

능히 (能—) 익숙하게 잘. [예] 너도 **능히** 할 수 있는 일이다.

늦가을 [늗까을] 가을이 다 갈 무렵. 늦은 가을. [비] 만추. [반] 초가을.

늦겨울 [늗껴울] 겨울이 다 갈 무렵. 늦은 겨울. [반] 초겨울.

[학습마당] 8

능과 릉, 난과 란

낱말의 첫머리에 오는 '릉(陵), 란(欄)'은 '능, 난'으로 적고, 첫머리 이외에 오는 '릉, 란'은 '릉, 란'으로 적는다

[예] 능군, 능묘, 능침, 강릉, 태릉, 왕릉, 정릉
난외, 독자란, 비고란, 투고란

다만, 고유어나 외래어 뒤에 오는 '란'은 '난'으로 적는다.

[예] 어린이난, 가십난

늦깎이 [늗까끼] 나이가 많이 들어서 어떤 일을 시작한 사람.

*****늦다** [늗따] 1 정한 때에 이르지 못하다. ⑩약속 시간에 늦다. 2 정한 때보다 뒤져 있다. ⑩시계가 오 분 늦다. 3 속도가 느리다. ⑩박자가 늦다. 凹빠르다. 이르다. ⊃late

늦되다 [늗뙤다 / 늗뛔다] 1 나이보다 늦게 철이 나다. ⑩늦된 아이. 2 열매나 곡식 따위가 제철보다 늦게 익다. ⑩벼가 늦되다.

늦둥이 [늗뚱이] 1 나이가 들어 늦게 낳은 자식. 2 박력이 없고 또랑또랑하지 못한 사람.

늦잠 [늗짬] 제때 일어나지 않고 아침 늦게까지 자는 잠. ⑩늦잠을 자다 / 늦잠이 들다.

늦추다 [늗추다] 1 졸라맨 것을 느슨하게 하다. ⑩허리띠를 늦추다. 凹죄다. 2 정해진 시간이나 날짜를 뒤로 미루다. ⑩개학 날짜를 늦추다. 凹당기다. 3 긴장을 조금 풀다. ⑩경계심을 늦추다.

늦추위 [늗추위] 겨울철이 다 지나갈 무렵에 드는 추위. ⑩늦추위가 더 매섭다.

*****늪** [늡] 1 호수보다 작고 못보다 크며 바닥은 수렁으로 되어 늘 물이 괴어 있는 곳. ⑩늪에 빠지다. 2 빠져나오기 힘든 상태나 상황. ⑩3연패의 늪에 빠지다.

늪지대 (一地帶) [늡찌대] 늪이 많은 지역.

닐리리 [닐리리] 퉁소·피리·나팔 따위의 소리를 흉내 낸 소리.

닐리리야 [닐리리야] 경기 민요의 한 가지. 후렴 '닐리리야'에서 온 이름.

니스 (varnish) 투명하며 광택이 나고 습기를 방지하는 데 쓰는 칠감의 하나. 凹바니시.

니은 한글 자모 'ㄴ'의 이름.

니켈 (nickel) 금속 원소의 하나. 공기·습기에서도 잘 녹슬지 않는 단단한 은백색 금속.

니코틴 (nicotine) 담배 속에 2-8% 들어 있는 성분. 무색의 휘발성 액체로, 독성이 강하여 신경 계통의 조직을 자극하여 마비시킴.

니크롬 (nichrome) 니켈과 크롬을 주로 한 합금. 열과 산에 강하며, 가늘게 만들 수 있는 것이 특징임.

니크롬선 (nichrome線) 니켈과 크롬의 합금으로 만든 선. 전기풍로·전기다리미 따위에 쓰임.

니트 (knit) 실이나 털실로 뜨개질을 하여 만든 옷이나 옷감. ⑩니트 스웨터 / 니트 원피스.

니퍼 (nipper) 펜치의 한 가지. 주로 전선이나 철사를 자르는 데에 쓰는 공구.

님 그 사람을 높여 이르는 말. ⑩김철수 님 / 길동 님.

-님 사람이나 사물의 이름 뒤에 붙여 존경의 뜻을 나타내는 말. ⑩부모님 / 선생님 / 따님 / 달님 / 별님.

닢 [닙] 돈이나 가마니같이 납작한 물건을 세는 데 쓰는 말. ⑩엽전 열 닢 / 가마니 다섯 닢.

ㄷ

ㄷ (디귿) 한글 닿소리의 셋째 글자.

다[1] 서양 음계의 칠음 중에 제1음인 '도'의 우리말 음이름.

***다**[2] [다:] 1 모조리. 남김없이. 예다 가져라. 2 어떤 것이든지. 예둘 다 좋다. 3 거의. 예다 되어 간다.

***-다** 동사나 형용사의 어간 뒤에 붙어 그 말의 기본형을 나타내는 말. 예가다 / 먹다 / 희다 / 검다.

***다가가다** 어떤 대상 쪽으로 가까이 가다. 예창가로 다가가 밖을 내다보다. [활용] 다가가거라.

다가서다 어떤 대상 쪽으로 더 가까이 옮겨 서다. 예바싹 다가서다.

다가앉다 [다가안따] 더 가까이 옮겨 앉다. 예좀 다가앉으렴.

***다가오다** 1 어떤 대상 쪽으로 더 가까이 옮겨 오다. 예불 가까이 다가오너라. 2 일정한 때가 가까이 닥쳐오다. 예여름 방학이 다가오다. [활용] 다가오너라.

다각형 (多角形) [다가켱] 세 개 이상의 직선으로 둘러싸인 평면 도형. 비다변형.

다감하다 (多感—) 감정이나 감수성이 풍부하다. 예다감한 소녀.

다과 (茶菓) 차와 과자. 예다과를 대접하다.

다과상 (茶菓床) [다과쌍] 다과를 차리는 상. 예다과상을 차리다.

다과회 (茶菓會) [다과회 / 다과훼] 차와 과자를 마련해 놓은 간단한 모임.

다국적 기업 (多國籍企業) 여러 나라에 계열 회사를 가지고 세계적인 규모로 활동하는 대기업.

다그치다 1 일이나 행동 따위를 빨리 끝내려고 몰아치다. 예일손을 다그치다. 2 말이나 행동 따위를 빨리 하도록 몰아붙이다. 예우는 이유를 다그쳐 물었지만 묵묵부답이었다.

다급하다 (多急—) [다그파다] 일이 바싹 닥쳐서 몹시 급하다. 예다급한 일이 생기다.

다급히 (多急—) [다그피] 다급하게. 예다급히 뛰쳐 나가다.

다녀가다 어느 곳에 왔다가 가다. 어느 곳을 들렀다가 가다. 예아버지께서 금방 다녀가셨습니다. [활용] 다녀가거라.

다녀오다 어느 곳에 갔다가 오다. 어느 곳을 들렀다가 오다. 예학교에 다녀왔습니다. [활용] 다녀오너라.

다년간 (多年間) 여러 해 동안. 예다년간의 연구 끝에 성공하다.

다년생 (多年生) ⇒여러해살이.

***다니다** 1 직장·학교 따위에 일과로 갔다 오다. 예동생은 유치원에 다닌다. 2 왔다 갔다 하다. 예같은 길로만 다니다. 3 볼일이 있어 어떤 곳에 들러서 오다. 예할머니 댁에 다니러 가다. 4 일정한 곳을 정하여 놓고 드나들다. 예항상 다니는 도서관.

다다르다 1 목적한 곳에 이르러 닿다. 예학교에 다다르다. 2 어떤 기준이나 한계에 미치다. 예절정에 다다르다. [활용] 다다라 / 다다르니.

다닥다닥 [다닥따닥] 조그만 것들이 한곳에 많이 붙어 있는 모양. 예메모지를 다닥다닥 붙이다. [본] 다다귀다다귀. [큰] 더덕더덕.

다단 (多段) 여러 단. 예다단 편집 / 다단을 나누다.

다달이 [다다리] 달마다. 매월. 매달. 예다달이 용돈을 받는다.

다도 (茶道) 차를 달여 손님에게 대접하거나 마실 때의 예의범절.

다도해 (多島海) 섬이 많은 바다. 우리나라에서는 남해를 일컬음.

다독 (多讀) 책을 많이 읽음. 예다독과 정독. 다독하다.

다독거리다 [다독꺼리다] 1 흩어진 것을 모아 가볍게 두드려 누르다. 예아이들은 강가에서 모래를 다독거리며 모래성을 쌓고 있다. 2 주로 아이를 재우거나 달랠 때 몸을 가만가만 계속 두드리다. 예우는 아이를 다독거려 재

다듬다 [다듬따] 1 매만져서 맵시를 내다. 예머리를 다듬다. 2 필요 없는 부분을 떼어 내고 깎아 쓸모 있게 만들다. 예파를 다듬다. 3 거친 바닥을 고르게 만들다. 예길을 다듬다. 4 글 따위를 짜임새 있게 손질하다. 예원고를 다듬다.

다듬이질 [다드미질] 옷감에 풀을 먹여 반반하게 방망이로 다듬는 일. 준다듬이. 다듬질. **다듬이질하다**.

다듬잇돌 [다드미똘/다드믿똘] 다듬이질할 때 밑에 받치는 돌.

다듬잇방망이 [다드미빵망이/다드믿빵망이] 다듬이질할 때 쓰는 두 개의 나무 방망이.

*다락 지붕과 부엌 천장 사이의 공간을 이용하여 물건을 두거나 사람이 쉬도록 꾸민 곳.

다락방 (一房) [다락빵] 다락처럼 높은 곳에 만들어 꾸민 방.

*다람쥐 다람쥣과의 동물. 쥐와 비슷하나, 등에 다섯 줄의 검은 선이 있고 귀가 작음. 도토리·밤 따위를 먹고, 나무를 잘 타며 겨울에는 나무 구멍에서 삶.

다람쥐

다랍다 [다:랍따] 몹시 인색하다. 예돈에 지나치게 다랍게 군다. 큰더럽다. 활용 다라워/다라우니.

다랑어 고등어 비슷한 바닷물고기. 길이는 3m 정도. 등은 청흑색, 배는 회색인데 살은 붉은색임.

다래 산에서 자라고 굵은 덩굴에 열리며, 가을에 푸르스름하고 노란 빛깔로 익는, 작고 동그랗고 달콤한 열매.

다래끼 눈시울에 나는 작은 부스럼. 예다래끼가 나다.

다량 (多量) 많은 분량. 예물품을 다량으로 구입하다. 반소량.

*다루다 1 일을 처리하다. 예다루기 힘든 일. 2 기계나 물건 따위를 움직이거나 부리다. 취급하다. 예물건을 소중히 다루다. 3 매만져서 쓰기 좋게 하다. 예가죽을 다루다. 4 사람이나 짐승을 부리거나 상대하다. 예학생들을 엄히 다루다.

*다르다 1 서로 같지 않다. 예취미가 다르다. 2 특별히 표나는 데가 있다. 예역시 수재라 다르다. 반같다. 활용달라/다르니.

> 주의 **다르다**와 **틀리다**
> **다르다** 비교되는 두 가지 사실이 같지 않거나 어떤 사람의 말·행동·생각 따위가 보통 수준 이상으로 뛰어날 때 쓰는 말. 반같다.
> 예모양이 서로 다르다 / 기술자는 역시 다르군.
> **틀리다** 일정한 기준에 맞지 않거나 올바르지 않고 비뚤어졌을 때 쓰는 말. 반맞다. 올바르다. 좋다.
> 예틀린 답을 골라라 / 성공하기는 틀렸구나 / 아팠는지 얼굴이 틀려졌어.

*다른 어떤 사물·장소·경우가 같지 않은. 예다른 사람 / 다른 데 가서 놀아라. 비딴. 반같은. ⊃other

다름없다 [다르멉따] 비교해 보아 다른 점이 없다. 예이 물건은 진짜나 다름없다.

다름없이 [다르멉씨] 다름없게. 예평소와 다름없이 행동하다.

*다리¹ 1 동물의 몸통 아래 붙어서 서거나 걷는 일을 맡은 신체의 부분. 예다리가 아프다. 2 물건 아래쪽에 붙어서 그 물건을 버티는 부분. 예책상다리. ⊃leg

*다리² 개천·강 따위의 양쪽에 걸쳐 놓아 다닐 수 있게 한 시설. 예다리를 세우다 / 다리가 끊기다. ⊃bridge

다리다 다리미로 옷이나 천 따위의 구겨진 주름살을 문질러 펴다.

> 주의 **다리다**와 **달이다**
> **다리다** 다리미로 문지르다.
> 예옷을 다리다.
> **달이다** 끓여서 진하게 하다. 약제에 물을 부어 끓게 하다.
> 예간장을 달이다 / 보약을 달이다.

*다리미 옷이나 천 따위의 구김살을 펴는 데 쓰는 도구. ⊃iron

다리밟기 [다리밥끼] 정월 보름날 밤에 그해의 재앙을 물리친다 하여 열두 다리를 밟던 풍속. **다리밟기하다**.

다리뼈 다리를 이루고 있는 뼈. 넓적다리뼈와 정강이뼈, 종아리뼈로 나눔.
다리품 길을 걷는 데 드는 노력.
다림질 다리미로 옷이나 천 따위를 다리는 일. **다림질하다**.
다릿돌 [다리똘/다릳똘] 시냇물이나 개울 따위를 건널 수 있게 띄엄띄엄 놓은 돌.
다릿목 [다린목] 다리가 놓여 있는 길목.
***다만** [다:만] 1 '오직 그뿐'의 뜻. ⑩그는 다만 동생이 그리울 뿐이다. 비단지. 2 앞의 말에 대해서 그와 반대되는 말을 할 때 쓰는 말. ⑩가도 좋다. 다만, 고생은 각오해라. 비단.
다면체 (多面體) 네 개 이상의 평면 다각형으로 둘러싸인 입체 도형.
다목적 (多目的) [다목쩍] 여러 가지 목적. ⑩다목적 기능.
다목적 댐 (多目的dam) 수력 발전뿐만 아니라 농업 용수·상수도·공업 용수·홍수 조절 따위의 여러 가지 용도를 겸한 댐.
다문화 (多文化) 한 사회 안에 여러 나라 사람이 함께 어우러져 살면서 다양한 언어와 풍습, 생활 양식이 나타나는 것. ⑩다문화 가정 / 다문화 사회.
***다물다** 위아래 입술을 마주 대다. ⑩입을 꾹 다물고 말이 없다. 활용 다물어 / 다무니 / 다무는.
다반사 (茶飯事) 일상 있는 일. ⑩굶는 것을 다반사로 여긴다.
다발 꽃·푸성귀 따위의 묶음. 또는 그것을 세는 말. ⑩시금치 한 다발 / 안개꽃 한 다발을 선사하다.
다방면 (多方面) 여러 방면. 많은 곳. ⑩다방면에 걸친 이야기.
다변형 (多邊形) ⇨다각형.
다보탑 (多寶塔) 경상북도 경주 불국사에 있는 탑. 흰빛 화강암으로 만들어졌으며 높이는 10.4m로 통일 신라 때 세워졌음. 우리나라 국보로, 정식 이름은 '경주 불국사 다보탑'.

다보탑

다복하다 (多福—) [다보카다] 복이 많다. ⑩다복한 가정.
다부지다 1 벅찬 것을 능히 이겨 낼 힘과 결단력이 있다. 2 생김새가 옹골차다. ⑩다부지게 생긴 몸매.
다분하다 (多分—) 분량이나 비율이 많다. ⑩그는 그림에 대한 소질이 다분하다.
다분히 (多分—) 다분하게. ⑩그럴 가능성이 다분히 있다.
다사다난하다 (多事多難—) 여러 가지 일도 많고 어려움도 많다. ⑩다사다난했던 한 해를 보내다.
다산 (多産) 아이나 새끼를 많이 낳음. **다산하다**.
다색 (多色) 여러 가지 빛깔. ⑩다색 판화.
***다섯** [다섣] 넷에 하나를 더한 수. ⑩꽃잎이 다섯인 꽃 / 우리 가족은 모두 다섯 명이다. ⇨ five
다세대 (多世帶) 많은 세대. 여러 세대. ⑩다세대 주택.
***다소** (多少) 1 많음과 적음. ⑩사람마다 능력에 다소의 차이는 있다. 2 조금이긴 하지만 어느 정도. ⑩다소나마 도움이 되었으면 좋겠다.
다소간 (多少間) 많든 적든 얼마간. ⑩모두 다소간의 피해를 입었다.
다소곳이 [다소고시] 다소곳하게. ⑩다소곳이 앉아 있다.
다소곳하다 [다소고타다] 말투나 태도가 온순하다. ⑩다소곳한 태도.
다수 (多數) 수효가 많음. ⑩다수의 의견을 따르다. 반소수.
다수결 (多數決) 회의에서 많은 사람 쪽의 의견에 따라 결정하는 일. ⑩다수결의 원칙.
다스 (←dozen) 물건 열두 개를 한 묶음으로 세는 말. 타. ⑩양말 한 다스 / 연필 한 다스.
***다스리다** 1 나라·사회·집안의 일 따위를 보살피거나 맡아 하다. ⑩나라를 다스리다. 2 어지럽던 것을 평온하게 진정시키다. 3 죄에 대하여 벌을 주다. ⑩죄인을 엄하게 다스리다.
다슬기 다슬깃과 고둥의 하나. 시내나 연못에 살며, 길이 3cm, 지름 1cm 정도임. 껍

다슬기

데기는 나사 모양이며, 노란 갈색 또는 검은 갈색이고 때로 흰 무늬도 있음. 삶아서 속의 살을 먹음.

***다시** 1 하던 것을 되풀이하여 또. 예 다시 갔다 오너라. 2 한 번 더 거듭. 예 꺼진 불도 다시 보자. 3 고쳐서 또. 새로이. 예 다시 만들어 봅시다. 4 있다가 또. 예 내일 다시 만납시다. ⊃again

다시금 '다시'의 힘줌말. 예 선생님의 고마움을 다시금 느꼈다.

다시다 무엇을 먹거나 먹을 때처럼 입을 놀리다. 예 입맛을 다시다.

다시마 좀 깊은 바다에서 나는 해초의 한 가지. 띠 모양으로 바탕이 두껍고 미끄러우며 쭈글쭈글한 주름이 있음.

다식 (茶食) 녹말·소나무 꽃가루·밤·검은깨 따위의 가루를 꿀에 섞어 다식판에 박아 낸 과자.

다시마

다식판 (茶食板) 다식을 박아 내는 나무틀.

다양성 (多樣性) [다양썽] 모양이나 성질, 상태 따위가 여러 가지인 특성.

***다양하다** (多樣―) 모양이나 종류 따위가 여러 가지로 많다. 예 다양한 색깔 / 취미가 다양하다.

다용도 (多用途) 여러 가지 쓰임새. 예 다용도 가구.

다운 (down) 1 가격이나 수량 따위를 내림. 예 가격을 다운시키다. 2 권투에서, 상대 선수의 주먹을 맞고 쓰러짐. 3 완전히 지쳐서 떨어짐. 4 컴퓨터가 작동되지 않음.

다운로드 (download) 인터넷으로 파일이나 자료를 내려받는 것. 내려받기. *업로드.

다윈 (Darwin, Charles) 〖인명〗영국의 생물학자. 화석과 생물을 연구하여 생물 진화론을 주장함. [1809-1882]

***다음** 1 바로 뒤. 예 다음 역 / 다음 토요일 / 우리 집 다음 집. 2 어떤 일이 끝난 뒤. 예 발표가 끝난 다음에 질문을 받다. 3 일정한 시간이 지난 뒤. 예 다음에 또 만나자. 준담. ⊃next

다음가다 등급이나 차례가 비교하는 대상의 바로 뒤에 가다. 비 버금가다.

다음번 (―番) [다음뻔] 다음에 오는 차례 또는 다른 기회. 예 다음번이 네 차례다.

다이너마이트 (dynamite) 폭발약의 한 가지. 산에서 바위 따위를 깨뜨리는 데 많이 쓰임. 스웨덴의 과학자 노벨이 발명했음.

다이빙 (diving) 높은 곳에서 물속으로 뛰어드는 일. 다이빙하다.

다이아몬드 (diamond) 1 보석의 하나. 가장 단단하고 아름다운 빛을 냄. 금강석. 2 야구장의 내야. 준 다이아.

다이어트 (diet) 미용이나 건강을 위해서 살이 찌지 않도록 먹는 음식의 양과 종류를 조절하는 일.

다이얼 (dial) 1 시계·나침반 등의 글자판. 2 자동식 전화기의 숫자판. 3 라디오 주파수 눈금이 있는 판.

다이오드 (diode) 전류를 한쪽 방향으로 흐르게 하는 장치. 이극 진공관·반도체 따위.

다작 (多作) 작품을 많이 지음. 예 다작을 남기다. 다작하다.

다잡다 [다잡따] 1 손으로 단단히 잡다. 예 말고삐를 다잡고 달리다. 2 감독을 철저히 하여 통제하다. 예 선수들을 다잡아 훈련시키다. 3 들뜬 마음을 가라앉혀 바로잡다. 예 마음을 다잡고 공부하다.

다장조 (―長調) [다장쪼] 음악에서 '다' 음을 으뜸음으로 한 장조.

다재다능하다 (多才多能―) 여러 방면에 걸쳐 재주가 많고 능력이 뛰어나다. 예 언니는 노래도 잘 부르고 춤도 잘 추는 다재다능한 사람이다.

다정다감하다 (多情多感―) 정이 많고 감정이 풍부하다. 예 다정다감한 내 짝꿍.

다정스럽다 (多情―) [다정스럽따] 다정하거나 정다운 데가 있다. 예 서로 다정스럽게 지내다. 활용 다정스러워 / 다정스러우니.

***다정하다** (多情―) 마음이 따뜻하고 정이 많다. 예 다정한 친구.

다정히 (多情―) 다정하게. 예 다정히 말을 주고받다.

다지다 1 무른 것을 눌러 단단하게 하다. 예 땅을 다지다. 2 칼질을 하여 잘게 만들다. 예 마늘을 다지다. 3 마음이나 뜻을 단단히 가다듬다. 예 마음을 다져 먹다. 4 튼튼히 하다. 예 기반을 굳건히 다지다.

*다짐 1 마음속으로 굳게 결심함. 예 열심히 공부할 것을 다짐하다. 2 한 일이나 앞으로 할 일이 틀림없음을 확인하거나 강조함. 예 필승을 다짐하다. 다짐하다.

다짜고짜 ⇨ 다짜고짜로.

다짜고짜로 옳고 그름을 가리지 아니하고 단박에 들이덤벼서. 예 다짜고짜로 때리다. 비 다짜고짜.

다채롭다 (多彩—) [다채롭따] 1 갖가지 빛깔이 한데 어울려 호화롭다. 2 여러 가지로 많고 화려하다. 예 다채로운 행사. [활용] 다채로워 / 다채로우니.

다층 (多層) 층이 많음. 여러 층. 예 다층 건물을 짓다.

다층탑 (多層塔) 탑신이 여러 층으로 된 탑.

*다치다 부딪치거나 맞거나 하여 몸에 상처를 입다. 예 사고로 다리를 다치다.

[주의] **다치다**와 **닫치다**와 **닫히다**

다치다 맞거나 부딪쳐서 상처를 입다. 예 부주의로 손을 다쳤다 / 허리를 다치다.

닫치다 '닫다'의 힘줌말. 예 문을 힘껏 닫쳤다.

닫히다 열렸던 것이 닫아지다. 예 문이 저절로 닫혔다.

다큐멘터리 (documentary) 실제로 일어난 어떤 사건을 사실적으로 담은 기록물이나 영상물.

*다투다 1 서로 옳고 그름을 따지며 싸우다. 예 말소리를 높여 다투다. 2 승부를 겨루다. 예 선두를 다투다.

다툼 다투는 일. 예 치열한 권력 다툼이 벌어지다.

*다하다 [다:하다] 1 다 없어지다. 끝이 나다. 예 힘이 다하다 / 수명이 다하다. 2 물자나 힘 등을 있는 대로 다 들이다. 예 정성을 다하다 / 최선을 다하여 달리다. 3 어떤 일을 끝내어 마치다. 예 책임을 다하다.

다행 (多幸) 뜻밖에 일이 잘되어 운이 좋음. 예 그만한 게 다행이다 / 다행히 시험에 합격했다. 반 불행. 준 행. 다행하다. 다행히.

다행스럽다 (多幸—) [다행스럽따] 다행한 느낌이 있다. 예 무사하다니 다행스럽다. [활용] 다행스러워 / 다행스러우니.

다혈질 (多血質) [다혈찔] 성질이 급하고 자극에 쉽게 반응하며 흥분을 잘하는 기질.

다홍빛 (—紅—) [다홍뻗] 짙고 산뜻한 붉은 빛깔. 비 다홍색.

다홍치마 (—紅—) 짙고 산뜻한 붉은 빛깔의 한복 치마.

닥나무 [당나무] 뽕나뭇과의 낙엽 활엽 관목. 높이는 5m 정도이고, 초가을에 붉은색의 열매가 열림. 나무껍질은 한지를 만드는 데 쓰고, 열매는 약으로 씀.

닥닥 [닥딱] 소리가 나도록 자꾸 긁는 소리. 또는 그 모양. 예 누룽지를 닥닥 긁다. 큰 득득.

닥종이 [닥쫑이] 닥나무 껍질로 만든 종이. 예 닥종이 공예 / 닥종이로 인형을 만들다.

닥지닥지 [닥찌닥찌] '덕지덕지'의 작은말.

닥쳐오다 [닥처오다] 일이나 상황이 가까이 다다라 오다. 예 시험 날짜가 코앞으로 닥쳐오다.

닥치다¹ 어떠한 일이나 물건이 가까이 다다르다. 예 재난이 닥치다.

닥치는 대로 이것저것 가릴 것 없이. 예 닥치는 대로 집어던지다.

닥치다² 입을 다물다. 말을 그만두다. 예 입 닥치고 시키는 대로 해라.

닥풀 아욱과의 한해살이풀. 뿌리는 종이를 만드는데 씀.

*닦다 [닥따] 1 문질러 윤기를 내다. 예 구두를 닦다. 2 문지르거나 씻어 깨끗이 하다. 예 창문을 닦다. 3 평평하게 고르고 다지다. 예 터를 닦다. 4 힘써 배우다. 예 학문을 닦다. 5 기초 따위를 개척해 튼튼히 하다. 예 기초를 닦다.

닦달 [닥딸] 몰아대서 다그침. 예 빨리 오라고 닦달하다. 닦달하다.

*단¹ [단:] 땔나무·푸성귀 따위의 묶

음. 또는 그것을 세는 말. [예] 열무 두 단. [비] 다발.

단[2] (壇) 1 제사를 지내기 위하여 흙이나 돌로 쌓은 터. [예] 단에 제물을 바치다. 2 강의 따위를 하기 위하여 높게 만들어 놓은 자리. [예] 단에 오르다.

***단**[3] (段) 바둑·태권도·유도 따위의 잘하는 정도의 등급. [예] 바둑 초단.

***단**[4] (單) '겨우·단지'의 뜻. [예] 단 한 번 / 단 하나밖에 없는 동생.

***단**[5] (但) [단:] 예외나 조건이 되는 말을 할 때 그 앞에 쓰는 말. [예] 내일은 임시 휴교, 단 반장들은 나올 것.

단가 (單價) [단까] 물건의 낱개의 값. [예] 단가가 높다.

단감 단감나무의 열매. 단단하고 아삭아삭하며 맛이 닮.

단거리 (短距離) [단:거리] 짧은 거리. [예] 단거리 선수. [반] 장거리.

단거리 달리기 (短距離—) 짧은 거리를 달려 속도를 겨루는 육상 경기. 100m·200m·400m 달리기 종목이 있음. *장거리 달리기.

단걸음에 (單—) [단거르메] 내친걸음을 멈추지 않고 단숨에. [예] 단걸음에 다녀오너라.

단검 (短劍) [단:검] 길이가 짧은 칼. [비] 단도.

단것 [단걷] 사탕류·과자류 따위의 맛이 단 음식.

단결 (團結) 많은 사람이 한데 뭉침. [예] 우리 반은 **단결**이 잘돼서 운동회를 할 때마다 일 등을 한다. [비] 단합. [반] 분열. **단결하다**.

단결력 (團結力) 많은 사람이 한데 뭉치는 힘. [예] **단결력**이 강하다.

단결심 (團結心) [단결씸] 많은 사람이 한데 뭉치는 마음. [예] **단결심**을 발휘하다.

단계 (段階) [단계 / 단게] 일이 나아가는 과정. [예] 걸음마 **단계** / 마무리 **단계**에 이르다. [비] 순서. 차례.

단계적 (段階的) [단계적 / 단게적] 차례를 따라 구분하는 (것). [예] 일을 **단계적**으로 처리하다.

단골 늘 정해 놓고 거래하는 상점이나 손님. [예] **단골** 가게.

***단군** (檀君) 〖인명〗 우리 겨레가 시조로 받드는 태초의 임금. 단군 조선을 건국하였다 하며, 환인·환웅과 함께 3신의 하나로 받들어지고 있음. 단군왕검.

단군 신화 (檀君神話) 환인의 자손인 단군이 고조선을 세웠다는 내용으로, 우리 민족의 건국에 관한 이야기.

단군왕검 (檀君王儉) [단구놩검] ⇨ 단군.

단군 조선 (檀君朝鮮) 우리나라 최초의 국가. 단군이 기원전 2333년에 아사달에 도읍을 정하고 세운 나라. 고조선.

단기[1] (短期) [단:기] 짧은 기간. [예] 단기 요리 강습. [반] 장기.

단기[2] (檀紀) 단군이 즉위한 해를 첫 해로 치는 우리나라의 기원. 서력기원보다 2333년이 앞섬. [본] 단군기원.

단기간 (短期間) [단:기간] 짧은 기간. [예] 그 일은 **단기간**에 끝났다. [반] 장기간.

단김에 [단:기메] 1 열이 식지 않았을 때에. 2 좋은 기회가 지나가기 전에. [비] 단결에.

단꿈 기분 좋고 달콤한 꿈. [예] 신혼의 **단꿈**을 꾸다.

단내 [단:내] 1 물질이 높은 열에 눋거나 달아서 나는 냄새. [예] 냄비에서 단내가 난다. 2 몸의 열이 몹시 높을 때, 입이나 코안에서 나는 냄새.

단념 (斷念) [단:념] 품었던 생각을 끊어 버림. [예] 여행을 **단념**하다. [비] 체념. **단념하다**.

***단단하다** 1 무르지 않고 매우 굳다. [예] 땅이 **단단하다**. 2 약하지 않고 튼튼하다. [예] 몸이 **단단하다**. 3 헐겁거나 느슨하지 않다. [예] 끈이 풀리지 않게 단단하게 묶어라. [큰] 든든하다. [센] 딴딴하다. [거] 탄탄하다.

단단히 1 단단하게. [예] 포장을 단단히 하다. 2 크게. 몹시. [예] 눈병을 단단히 앓다. 3 확실하게 제대로. [예] 문단속을 단단히 하다.

단도 (短刀) [단:도] 날이 한쪽에만 서 있는 짧고 작은 칼.

단독 (單獨) 단 한 사람. [예] 단독 선두 / 단독으로 행동하다. [비] 혼자.

단독 주택 (單獨住宅) 한 채씩 따로

따로 지은 집. 閩공동 주택.
단돈 '아주 적은 돈'의 뜻. ⑩단돈 백 원도 없다.
단둘 단 두 사람. ⑩서울에서 언니와 단둘이 산다.
단락(段落) [달락] 1 일이 다 된 끝. 2 글을 내용에 따라 끊어서 구분한 하나하나의 토막. ⑩단락을 나누다 / 단락을 짓다.
단란하다(團欒—) [달란하다] 가족이나 가까운 사람들끼리 즐겁게 지내고 화목하다. ⑩단란한 가족 / 단란한 분위기.
단련(鍛鍊) [달련] 1 쇠붙이를 불에 달구어 두드려서 단단하게 함. 2 몸과 마음을 굳세게 함. ⑩체력 단련 / 심신을 단련하다. 囲연마. 3 어떤 일을 반복하여 익숙하게 함. ⑩추위에 단련이 되다. **단련하다**.
단막극(單幕劇) [단막끅] 한 막으로 구성된 연극.
단말기(端末機) 컴퓨터의 본체와 떨어진 장소에 설치되어 필요한 정보를 입력하거나 출력하는 기능을 지닌 장치. 단말 장치.
단맛 [단맏] 꿀·사탕처럼 당분이 있는 것의 맛. 閩쓴맛.

> 참고 여러 가지 단맛
> (1) **단순한 단맛**
>   달금하다, 달큼하다, 달곰하다, 달콤하다, 들큼하다, 달짝지근하다, 달착지근하다, 들쩍지근하다, 들척지근하다, 달보드레하다, 들보드레하다, 다디달다.
> (2) **단맛과 신맛**
>   달곰새금하다, 달곰새큼하다.
> (3) **단맛과 쓴맛**
>   달곰씁쓸하다, 달곰씁쓸하다.

단면(斷面) [단:면] 1 물체의 자른 면. ⑩나무의 단면을 관찰하다. 2 사물을 어떤 입장에서 본 모양. ⑩일상생활의 한 단면.
단면도(斷面圖) [단:면도] 물체를 수직 평면으로 잘랐다고 가정하여 그 내부 구조를 나타낸 그림.
단명(短命) [단:명] 오래 살지 못하고 일찍 죽음. ⑩단명으로 세상을 떠나다. **단명하다**.
단모음(單母音) ⇨홀홀소리.
단무지 무로 담근 일본식 짠지. 시들시들하게 말린 무를 소금을 섞은 쌀겨에 묻고 돌로 눌러 담금.
단문(短文) [단:문] 짧은 글. ⑩친구에게 단문 메시지를 보내다. 閩장문.
단물 1 ⇨민물. 2 단맛이 나는 물. 閩짠물. 3 알짜나 실속 있는 부분. ⑩단물만 빨아먹다. 4 광물질이 적게 들어 있는 물. 囲연수. 閩센물.
단박 그 자리에서 바로. 곧바로. ⑩단박에 알아보다. 참고 주로 '단박에'의 꼴로 쓰임.
단발(斷髮) [단:발] 머리털을 자르거나 짧게 깎음. **단발하다**.
단발령(斷髮令) [단:발령] 조선 고종 32년(1895) 상투 풍속을 없애고 머리를 짧게 깎도록 한 명령.
*****단백질**(蛋白質) [단:백찔] 사람의 몸에 필요한 3대 영양소 가운데 하나. 세포의 원형질을 이루는 주성분으로, 고기·우유·콩 따위에 많이 들어 있음.
단번에(單番—) [단버네] 한 차례에. 단 한 번에. ⑩단번에 이기다.
단비 꼭 필요할 때 알맞게 오는 비. ⑩가뭄 끝에 단비가 촉촉이 내린다.
단상(壇上) 교단·강단 따위의 위. ⑩단상에 서다. 閩단하.
단색(單色) 한 가지 빛깔.
단서¹(但書) [단:서] 본문 다음에 덧붙여 본문의 내용이나 조건, 예외를 나타내는 글. ⑩단서를 붙이다.
단서²(端緖) 일의 처음이나 실마리. ⑩사건의 단서를 잡다.
단선(單線) 선이 하나인 것. ⑩단선 궤도. 囲외줄.
단세포(單細胞) 그 자체만으로 한 생물체를 이루는 단 하나의 세포. 閩다세포.
단소(短簫) [단:소] 우리나라의 관악기의 하나. 대로 만들며 퉁소보다 짧고 구멍은 앞에 넷, 뒤에 하나가 있음.
단속(團束) 주의를 기울여 단단히 다잡음. ⑩음주 운전 단속. 閩방임. **단속하다**.
단수¹(段數) [단쑤] 1 바둑·태권도 따위의 단의 수. 2 술수를 쓰는 재간의 정도. ㉠단수가 높다.
단수² (單數) 문법에서 사람이나 사물이 하나임을 나타내는 말.
단수³ (斷水) [단:수] 수돗물이 끊김. 또는 수돗물을 끊음. **단수하다**.
***단순** (單純) 1 복잡하지 않고 간단함. ㉠단순 노동 / 단순하게 여기다. 2 외곬으로 순진하고 어수룩함. ㉠단순한 성격 / 어린아이처럼 단순하다. **단순하다**. **단순히**.
단술 엿기름을 우린 물에 밥을 넣어 삭혀서 끓인 음식. 町감주.
단숨에 (單一) [단수메] 쉬지 아니하고 곧장. ㉠나는 목이 말라서 주스를 단숨에 들이켰다 / 방학 숙제를 단숨에 해치우다. 町한숨에.
단시간 (短時間) [단:시간] 짧은 시간. ㉠단시간에 숙제를 끝내다. 町장시간.
단시일 (短時日) [단:시일] 짧은 시일. ㉠단시일 안에 마치다. 町장시일.
단식¹ (單式) 1 단순한 방식이나 형식. 2 '단식 경기'의 준말. 町복식.
단식² (斷食) [단:식] 일정한 기간 동안 음식을 먹지 않음. ㉠단식 투쟁. 町금식. **단식하다**.
단식 경기 (單式競技) 테니스나 탁구 따위에서 양편이 한 사람씩 서서 싸우는 경기. 町복식 경기. 준단식.
단신 (單身) 단 혼자의 몸. ㉠단신으로 적진에 뛰어들다. 町홀몸.
단아하다 (端雅一) [다나하다] 단정하고 보기 좋다. ㉠단아한 기품 / 용모가 단아하다.
단양 팔경 (丹陽八景) 충청북도 단양군에 있는 여덟 군데의 명승지로, 상선암·중선암·하선암·구담봉·옥순봉·도담 삼봉·석문·사인암을 가리킴.
단어 (單語) [다너] ⇨낱말. ◦word
단언 (斷言) [다:넌] 주저하지 않고 딱 잘라 말함. ㉠내 예상이 맞다고 단언할 수 있다. **단언하다**.
단역 (端役) [다녁] 연극이나 영화에서, 비중이 크지 않은 역. 또는 그 역을 맡은 사람. ㉠단역 배우.
단연 (斷然) [다:년] 확실히 단정할 만하게. ㉠나는 단연 반대다 / 우리 팀이 단연 우세하다.

단연코 (斷然一) [다:년코] '단연'의 힘줌말. ㉠단연코 그에게 지는 일은 없다.
단열재 (斷熱材) [다:녈째] 열을 잘 전하지 않는 재료. 석면·유리 섬유·코르크 따위.
***단오** (端午) [다노] 우리나라 명절의 하나. 음력 5월 5일. 여자는 창포물에 머리를 감고 그네를 뛰며, 남자는 씨름을 함. 町단옷날.
단옷날 (端午一) [다논날] ⇨단오.
단원¹ (單元) [다눤] 하나로 묶은 학습 단위. ㉠교과 단원.
단원² (團員) [다눤] 어떤 단체를 이루고 있는 개인. ㉠합창단 단원.
단원제 (單院制) [다눠네] 국회를 상하 양원으로 나누지 않고 하나만 두는 제도. 우리나라는 단원제임. 町양원제.
***단위** (單位) [다뉘] 1 비교·계산하는 데 기본이 되는 것. ㉠화폐 단위. 2 어떤 조직을 이루는 가장 기본적인 사물. ㉠가정은 사회 구성의 기본 단위이다.
단위길이 (單位一) [다뉘기리] 길이를 재는 단위. 밀리미터·센티미터·미터·킬로미터 등으로 표시함.
단위 분수 (單位分數) 분자가 1인 분수. 보기 $\frac{1}{2} \cdot \frac{1}{3}$ 따위.
단음 (短音) [다:늠] 짧게 나는 소리. 짧은 소리. 町장음.
단음계 (短音階) [다:늠계 / 다:늠게] 둘째 음과 셋째 음, 다섯째 음과 여섯째 음 사이의 음정이 반음인 음계. 町장음계.
단일 (單一) [다닐] 1 단 하나. ㉠단일 후보. 2 다른 것이 섞이지 않음. ㉠단일 경작. **단일하다**.
단일 민족 (單一民族) 단일한 인종으로 이루어져 있는 민족. ㉠단일 민족 국가.
단일어 (單一語) [다니러] 더 이상 쪼갤 수 없는 낱말. 사람·하늘·바다·꽃·밥 따위. 町복합어.
단자음 (單子音) ⇨홑닿소리.
단잠 달게 자는 잠. 깊이 든 잠. ㉠단잠을 깨우다. 町선잠.
단장¹ (丹粧) 모양을 내어 꾸밈. ㉠새로 단장한 집. **단장하다**.

단장²(短杖) [단:장] 짧은 지팡이.
단장³(團長) '단' 자가 붙은 단체의 우두머리. 예 응원단 단장.
단적(端的) [단쩍] 분명하고 직접적인 (것). 예 단적으로 말하면.
단전(斷電) [단:전] 전기 보내는 것을 끊음. **단전하다**.
단절(斷絕) [단:절] 관계를 끊음. 예 국교 단절 / 대화의 단절. **단절하다**.
단점(短點) [단:쩜] 나쁜 점. 예 단점을 지적하다. 비 결점. 반 장점.
단정(斷定) [단:정] 딱 잘라서 결정함. 예 단정을 내리다. **단정하다**.
단정하다(端正一) 얌전하고 바르다. 예 품행이 단정하다.
단정히(端正一) 단정하게. 예 의자에 단정히 앉다.
단조(短調) [단:조] 단음계로 된 곡조. 반 장조.
단조롭다(單調一) [단조롭따] 단순하고 변화가 없다. 예 단조로운 생활. [활용] 단조로워 / 단조로우니.
***단지¹** 목이 짧고 배가 부른 자그마한 항아리. 예 된장 단지.
단지²(團地) 아파트·공장 따위가 집단을 이루고 있는 일정한 구역. 예 아파트 단지.
단지³(但只) [단:지] 다만. 오직.
단짝(單一) 매우 친해서 늘 함께 지내는 사이. 예 단짝 동무.
단청(丹靑) 집의 벽·기둥·천장 같은 데에 여러 가지 빛깔로 그림이나 무늬를 그림. 또는 그 그림이나 무늬. 예 단청을 입히다. **단청하다**.
***단체**(團體) 1 같은 목적으로 모인 사람들의 조직. 예 친목 단체 / 단체에 가입하다. 2 여러 사람이 모여서 이루어진 집단. 예 단체 관람 / 단체 생활 / 단체 사진을 찍다. 비 집단. 반 개인.
단체 경기(團體競技) 단체를 이루어 하는 경기. 반 개인 경기.
***단추** 옷의 벌어진 두 자락의 한쪽에 붙어 있어서, 다른 쪽에 나 있는 구멍에 끼워 두 자락을 여미게 하는, 대개 동그란 작은 물건. 예 단추를 달다 / 단추가 떨어지다. ➔ button
단축(短縮) [단:축] 시간이나 거리 따위가 짧게 줄어듦. 또는 짧게 줄임.

예 단축 수업. 반 연장. **단축하다**.
단축키(短縮key) 컴퓨터에서 특정 기능을 빠르고 편하게 수행할 수 있도록 지정한 키.
단출하다 1 식구가 적어 홀가분하다. 예 단출한 식구. 2 일이나 차림새가 간편하다. 예 단출한 차림.
단춧구멍 [단추꾸멍 / 단춛꾸멍] 단추를 끼우는 구멍. 또는 단추에 나 있는 구멍.
단층¹(單層) 단 하나의 층. 예 단층 건물. 반 고층.
단층²(斷層) [단:층] 지구 내부의 압력 차이 때문에 한쪽은 가라앉고, 한쪽은 솟아서 생기는 현상. 또는 그런 지형.

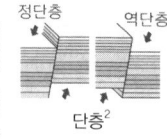
단층²

단칸(單一) 단 한 칸. 예 단칸 셋방에 살다.
단칸방(單一房) [단칸빵] 단 한 칸뿐인 방. 예 단칸방에 세 들어 살다.
단칼(單一) 단 한 번 쓰는 칼. 예 단칼에 베다. [참고] 주로 '단칼에·단칼로'의 꼴로 쓰임.
단판(單一) 단 한 번에 승부를 정하는 판. 예 단판 승부.
단팥죽(一粥) [단팓쭉] 팥을 삶아 으깨고 설탕을 넣어 달게 만든 음식.
단편(短篇) [단:편] 1 짤막하게 지은 글이나 영화. 2 '단편 소설'의 준말. 반 장편.
단편 소설(短篇小說) 길이가 짧은 소설. 줄거리가 간략하고 구성이 치밀함. 반 장편 소설. 준 단편.
***단풍**(丹楓) 1 늦가을에 식물의 잎이 붉고 누르게 변하는 일. 또는 그렇게 변한 잎. 예 단풍이 들다. 2 '단풍나무'의 준말.
단풍나무(丹楓一) 단풍나뭇과의 낙엽 활엽 교목. 높이는 10m 정도이며 잎은 손바닥 모양으로 깊이 갈라져 있음. 5월에 꽃이 피고 가을에 빨갛게 단풍이 듦. 준 단풍.
단풍잎(丹楓一) [단풍닙] 1 단풍이 든 잎. 2 단풍나무의 잎.
단합(團合) 한데 뭉침. 예 단합 대회.

비 단결. 단합하다.
단행(斷行) [단:행] 결정한 것을 실행함. 예주민의 반대를 무릅쓰고 공사를 단행하다. **단행하다**.
단행본(單行本) 한 번의 발행으로 출판이 완료된 책.
단호하다(斷乎—) [단:호하다] 결심한 것을 처리함에 과단성이 있다. 예단호한 태도 / 단호하게 대처하다.
단호히(斷乎—) [단:호히] 단호하게. 예단호히 거절하다.
닫다¹ [닫따] 빨리 뛰어가다. 예전속력으로 닫다. 활용 달아 / 달으니 / 닫는.
***닫다**² [닫따] 1 열려 있는 것을 도로 제자리로 가게 하여 막다. 예교실 문을 닫다. 2 하던 일을 잠시 멈추거나 아주 그만두다. 예일찍 가게를 닫다. 반 열다.   ⊃ close, shut

주의 **닫다**와 **닿다**
닫다 1 빨리 뛰어 달리다. 예닫는 말에 채찍질한다. 2 열린 문·뚜껑 따위를 제자리로 가게 하여 막다. 예뚜껑을 닫다.
닿다 [다타] 1 사물이 서로 접하다. 예책상이 서로 닿다. 2 어떤 목적지에 가서 이르다. 예세 시엔 서울에 닿을 수 있다.

닫치다 문·창 따위를 힘차게 닫다. →다치다 주의
닫히다 [다치다] 열렸던 것이 닫아지다. 예열어 놓은 문이 바람에 닫혔다. →다치다 주의, → [학습마당] 24(895쪽)
***달** 1 밤에 햇빛을 받아 밝은 빛을 내는 지구의 위성. 예달이 뜨다 / 달이 밝다. ⊃ moon 2 한 해를 열둘로 나눈 것의 하나. 예달이 가고 해가 바뀌다. 3 30일 또는 31일을 한 단위로 세는 단위. 예한 달 만에 만나다. ⊃ month
달가닥 단단하고 작은 물건이 맞닿아서 나는 소리. 예가방 속에서 달가닥 소리가 나다. 준달각. 큰덜거덕. 센딸가닥. 딸까닥. **달가닥하다**.
달가닥거리다 [달가닥꺼리다] 자꾸 달가닥 소리가 나다. 또는 그런 소리를 자꾸 내다.
달갑다 [달갑따] 1 마음에 들어 만족하다. 예달갑지 않은 손님. 2 거리낌이

나 불만이 없다. 예벌을 달갑게 받다. 활용 달가워 / 달가우니.
달개비 ⇨닭의장풀.
***달걀** 닭이 낳은 알. 비계란. ⊃ egg
달걀형(—形) 달걀과 같은 모양. 계란형. 예얼굴이 갸름한 달걀형이다.
달관(達觀) 1 사물의 진실을 꿰뚫어 보는 뛰어난 관찰. 2 활달하여 세상에서 벗어나 높은 경지에 이름. 예인생을 달관하다. **달관하다**.
달구 땅을 다지는 데 쓰는 기구.
***달구다** 불에 대어 뜨겁게 하다. 예쇠를 달구다.
***달구지** 소나 말이 끄는 짐수레.
달그락 단단하고 작은 물건이 부딪치거나 서로 스쳐서 나는 소리. 큰덜그럭. 센딸그락. **달그락하다**.
달그락거리다 [달그락꺼리다] 자꾸 달그락 소리가 나다. 또는 그런 소리를 자꾸 내다. 큰덜그럭거리다.
달나라 [달라라] 달의 세계.
***달님** [달림] 달을 사람처럼 여기어 높여 이르는 말.
***달다**¹ [달:다] 1 음식 같은 것이 너무 끓어서 지나치게 익다. 예국이 너무 달았다. 2 몹시 뜨거워지다. 예다리미가 달다. 3 안타깝거나 조마조마하여 마음이 타다. 예애가 달다. 활용 달아 / 다니 / 다는.
***달다**² 1 물건을 높이 매어 늘어뜨리다. 예종을 달다. 비매달다. 2 물건을 일정한 곳에 붙이다. 예이름표를 달다. 3 말·글에 설명 등을 덧붙이다. 예한자에 음을 달다. 4 저울로 무게를 헤아리다. 예고기를 저울에 달다. 활용 달아 / 다니 / 다는.
***달다**³ 1 꿀이나 설탕의 맛과 같다. 예이 음료수는 너무 달아서 못 먹겠다. ⊃ sweet 2 입맛이 당기도록 맛이 좋다. 예저녁을 달게 먹었다. 3 당연한 것으로 여기는 마음이 있다. 예벌을 달게 받다. 반쓰다. 활용 달아 / 다니 / 단.
달달 무섭거나 추워서 몸을 떠는 모양. 예너무 추워서 달달 떨고 있다. 큰덜덜.
달동네(—洞—) [달똥네] 산등성이나 산비탈 등의 높은 곳에 가난한 사람들이 모여 사는 동네.

달라붙다 [달라붇따] 1 끈끈하게 바짝 붙다. 예 껌이 책상에 달라붙다. 2 한곳에 머물러 자리를 뜨지 않다. 예 책상에 달라붙어 공부만 하다. 큰 들러붙다.

***달라지다** 변하여 이전 것과 다르게 되다. 예 달라지는 농촌 / 갑자기 마음이 달라졌다.

달랑 1 작은 방울 따위가 한 번 흔들리는 소리. 또는 그 모양. 2 침착하지 못하고 가볍게 행동하는 모양. 센 딸랑. 3 딸린 것이 적거나 하나만 있는 모양. 예 가방 하나 달랑 들고 나서다 / 교실에 혼자 달랑 남았다. 큰 덜렁.

달랑게 바닷가 모래 속에 구멍을 파고 사는 작은 게.

달랑달랑 1 자꾸 달랑 소리를 내는 모양. 예 방울이 달랑달랑 울리다. 2 침착하지 못하고 계속해서 까부는 모양. **달랑달랑하다**.

달랑달랑하다 돈·음식 따위가 거의 다 떨어져 얼마 남아 있지 않다. 예 용돈이 달랑달랑하다.

달래 백합과의 여러해살이풀. 봄에 숲이나 들에서 나며, 땅속에 희고 동그란 작은 알뿌리가 있고 잎은 파처럼 가늘고 긴 대롱 모양임. 나물로 먹음.

달래다 1 상대의 기분을 맞추어 가면서 구슬리거나 타이르다. 예 우는 아이를 달래다. 2 슬프거나 흥분된 마음을 가라앉히다. 예 슬픔을 달래다.

달러 (dollar) 미국 돈의 단위. 1달러는 100센트. 불.

***달려가다** ⇨뛰어가다. 예 언덕길을 달려가다. 활용 달려가거라.

***달려들다** 와락 대들다. 별안간 덤비다. 예 개가 달려들다. 활용 달려들어 / 달려드니 / 달려든.

***달려오다** ⇨뛰어오다. 예 먼 길을 달려오다. 활용 달려오너라.

***달력** (-曆) 한 해 동안의 날짜·요일·절기 따위를 적어 놓은 것. 캘린더. 비 월력. ⊃calendar

***달리** 다르게. 예 달리 방법이 없다.

***달리기** 일정한 거리를 빨리 달리는 것을 겨루는 일. 예 달리기 선수. **달리기하다**.

***달리다**¹ 1 매이거나 딸리다. 예 달린 식구가 많다. 2 어떤 관계에 좌우되다. 예 합격 여부는 너의 노력에 달렸다. 3 열매가 맺히다. 예 나무에 감이 많이 달렸다.

달리다² 재물이나 기술, 힘 따위가 모자라다. 예 기운이 달려서 더 이상 못 걷겠다.

***달리다**³ 1 빨리 가다. 뛰어가다. 예 전속력으로 달리다. ⊃run 2 빨리 가게 하다. 예 차를 달리다.

달리아 (dahlia) 국화과의 여러해살이풀. 멕시코가 원산지이며, 고구마처럼 생긴 뿌리로 번식함. 여름부터 가을에 걸쳐 흰색·붉은색·자주색 등의 꽃이 줄기 끝에 핌.

달리하다 어떤 사정이나 조건 따위를 서로 다르게 가지다. 예 의견을 달리하다.

달맞이 [달마지] 음력 정월 대보름날이나 추석 저녁에, 산이나 들에 나가서 달이 뜨기를 기다려 달에 소원을 비는 일. **달맞이하다**.

달맞이꽃 [달마지꼳] 바늘꽃과의 두해살이풀. 전체적으로 털이 나 있으며, 잎은 가늘고 길며 끝이 뾰족함. 여름에 노란 꽃이 저녁에 피었다가 이튿날 아침에 시듦.

달무리 달 언저리에 둥그렇게 생기는 구름 같은 허연 테. 예 달무리가 지다. *햇무리.

***달밤** [달빰] 달이 뜬 밤.

달변 (達辯) 막힘이 없이 말을 아주 잘하는 솜씨.

***달빛** [달삗] 달에서 비치는 빛. 비 월광.

달성 (達成) [달썽] 원하는 것을 이룸. 예 목표를 달성하다. 비 성취. **달성하다**.

달싹달싹 [달싹딸싹] 자꾸 달싹이는 모양. 큰 들썩들썩. **달싹달싹하다**.

달싹이다 [달싸기다] 1 가벼운 물건을 들었다 놓았다 하다. 2 마음이 좀 들떠서 움직이다. 3 어깨나 궁둥이가 아래위로 가볍게 움직이다.

***달아나다** [다라나다] 1 빨리 뛰어가다. 2 없어지거나 떨어지다. 예 단추가 달아나다 / 잠이 달아나다. 3 도망치다. 예 소매치기가 달아나다.

달아오르다 [다라오르다] 1 쇠붙이 따위가 몹시 뜨거워지다. 예프라이팬이 달아오르다. 2 얼굴이 화끈해지다. 예얼굴이 빨갛게 달아오르다. [활용] 달아올라 / 달아오르니.

달음박질 [다름빡찔] 급히 뛰어 달려가는 걸음. 달음질. 달음박질하다.

달음박질치다 [다름빡찔치다] 힘있게 뛰어 달려가다. 달음질치다.

달이다 [다리다] 1 액체 따위를 끓여서 진하게 만들다. 예간장을 달이다. 2 약제에 물을 부어 우러나도록 끓이다. 예보약을 달이다. →다리다 [주의]

달인 (達人) [다린] 1 학문·기술·예술 등의 분야를 막힘이 없이 환히 알고 있는 사람. 예달인의 솜씨. 2 널리 사물의 이치에 통달한 사람. 예달인의 경지에 이르다.

달집 [달찝] 음력 정월 대보름날 달맞이할 때 불을 질러 밝게 하려고 집채처럼 쌓은 나무 무더기.

달짝지근하다 [달짝찌근하다] 조금 달콤한 맛이 있다. 예포도주가 달짝지근하다. 큰들쩍지근하다. 거달착지근하다.

달카닥 작고 단단한 물건이 흔들려 부딪쳐 나는 소리. 예문이 달카닥 닫히다. 준달칵. 큰덜커덕. 달카닥하다. 달카닥거리다.

달콤하다 1 맛이 알맞게 달다. 예달콤한 솜사탕. 2 마음을 끄는 느낌이 있다. 예달콤한 말로 속삭이다. 3 편안하고 포근하다. 예달콤한 휴식을 취하다. 큰달큼하다. 여달곰하다.

달팽이 달팽잇과의 동물. 소용돌이 모양의 껍데기를 지고 다님. 머리에 두 개의 더듬이가 있는데 그 끝에 명암만 알아내는 눈이 있음. 여름에 습기가 많을 때나 밤에 나와 어린잎 등을 먹음.

달팽이

달포 한 달 이상이 되는 동안. 예떠난 지 달포는 지났다.

달하다 (達一) 1 목적이나 목표를 이루다. 예소망을 달하다. 2 일정한 정도나 수준 또는 상태에 이르다. 예국제 수준에 달하다 / 경기장 분위기가 절정에 달하다.

*닭 [닥] 가축으로 기르는 꿩과의 새. 머리에 붉은 볏이 있고 날개가 짧아 잘 날지 못함. 고기와 알을 먹음. [발음] 닭이 [달기] / 닭과 [닥꽈] / 닭을 [달글] / 닭만 [당만]. ⊃chicken

닭고기 [닥꼬기] 닭의 살코기.

닭싸움 [닥싸움] 1 닭을 싸우게 하여 승부를 겨루는 구경거리. 2 한쪽 다리를 손으로 잡고, 외다리로 뛰면서 상대방을 밀어 넘어뜨리는 놀이. 준닭쌈. 닭싸움하다.

닭의장풀 (一欌—) [달긔장풀/달게장풀] 길가나 풀밭, 냇가의 습한 땅에 자라는 높이 15-50cm 정도의 한해살이풀. 줄기는 마디가 굵고 잎은 가늘고 길며 끝이 뾰족함. 7-8월에 보라색 꽃이 핌.

닭장 (一欌) [닥짱] 닭을 가두어 기르는 집. 비닭의장.

닭튀김 [닥튀김] 토막 친 닭고기에 밀가루 반죽을 묻혀 기름에 튀긴 음식. 비프라이드치킨.

*닮다 [담:따] 1 서로 비슷한 생김새나 성질을 지니다. 예나는 할아버지를 닮았다. 2 어떤 것을 본떠 그와 같아지다. 예선생님 말투를 닮아 가다. [발음] 닮고 [담:꼬] / 닮아서 [달마서] / 닮은 [달믄].

닮은꼴 [달믄꼴] 크기만 다르고 모양은 같은 둘 이상의 도형.

닮음 [달믐] 크기가 다른 두 도형에서, 대응변의 비가 같고 대응각이 서로 같은 일.

닮음비 (一比) [달믐비] 닮은꼴에서, 대응하는 두 선분의 비.

*닳다 [달타] 1 오래 써서 낡아지거나 줄어들다. 예신발이 닳다. 2 액체 따위가 졸아들다. 예국이 너무 닳아서 짜다. [발음] 닳고 [달코] / 닳아서 [다라서] / 닳은 [다른] / 닳지 [달치] / 닳소 [달쏘].

닳고 닳다 세상일에 시달려 약아빠지다.

닳아빠지다 [다라빠지다] 성질이나 생각 따위가 지나치게 약다.

*담¹ 벽돌·흙 따위로 높이 쌓아 올려서 집의 주위를 둘러막은 것. 예담을

쌓다 / 담을 넘다. 町담장. ⊃wall

담² [담:] '다음'의 준말. 예담에는 꼭 이겨야지.

담³ (痰) [담:] 1 ⇨가래². 예담이 생기다. 2 몸의 분비액이 한 부분에 뭉쳐 있어서 아픈 병. 예담이 들다 / 옆구리에 담이 결리다.

담⁴ (膽) [담:] 1 ⇨쓸개. 2 '담력'의 준말. 예담이 크다.

*__담그다__ 1 액체 속에 넣다. 예시냇물에 발을 담그다. 2 술·김치·간장·젓갈 따위가 익거나 삭도록 재료를 섞어 그릇에 넣다. 예김치를 담그다 / 오징어젓을 담그다. [활용]담가 / 담그니.

*__담기다__ 1 그릇 속에 물건이 담아지다. 예광주리에 담긴 과일. 2 생각이나 감정이 들어 있다. 예정성이 담긴 선물 / 애정이 담겨 있는 눈빛.

담낭 (膽囊) [담:낭] ⇨쓸개.

*__담다__ [담:따] 1 어떤 물건을 그릇 따위에 넣다. 예쌀을 자루에 담다. 2 어떤 내용이나 생각을 글이나 그림 따위에 나타내다. 예마음을 담은 편지.

담담하다 (淡淡一) [담:담하다] 마음이 편안하고 침착하다. 예담담한 얼굴.

담담히 (淡淡一) [담:담히] 담담하게. 예담담히 듣고만 있다.

담당 (擔當) 어떤 일을 맡음. 예청소 담당. __담당하다__.

담당관 (擔當官) 공공 기관의 어떤 업무를 책임 맡은 공무원.

담당자 (擔當者) 책임을 맡은 사람. 예담당자에게 물어보다.

담대하다 (膽大一) [담:대하다] 겁이 없고 용감하다. 배짱이 두둑하다. 예담대한 사람.

담력 (膽力) [담:녁] 겁이 없고 용감한 기운. 예담력을 기르다. 준담.

*__담배__ [담:배] 1 가짓과의 한해살이풀. 높이 1.5-2m, 잎은 가늘고 길며 가장자리가 물결 모양임. 꽃은 엷은 붉은색의 깔때기 모양으로 핌. 2 담뱃잎을 말려서 만든, 피우는 물건. 町연초.

담배

담배꽁초 [담:배꽁초] 담배를 피우고 남은 담배의 끝부분.

담백하다 (淡白一) [담:배카다] 1 욕심이 없고 마음이 깨끗하다. 예성격이 솔직하고 담백하다. 2 맛이나 빛이 산뜻하다. 예담백한 음식.

담뱃대 [담:배때 / 담:뱀때] 썬 담배를 넣어서 피우는, 나무나 뿔 등으로 만든 대롱 모양의 기구.

담뱃불 [담:배뿔 / 담:뱀뿔] 담배에 붙이는 불. 또는 담배에 붙은 불. 예담뱃불을 끄다.

담벼락 [담뼈락] 담이나 벽의 겉면. 예담벼락에 낙서를 하다.

담보 (擔保) 빚진 사람이 빚을 갚지 않을 때, 돈을 빌려준 사람이 마음대로 해도 좋다는 약속으로 맡기는 물건 따위. 예집을 담보로 돈을 빌리다. 町저당.

담뿍 가득 담기거나 들어 있는 모양. 예접시에 딸기를 담뿍 담다. 큰듬뿍.

담색 (淡色) [담:색] 엷은 빛깔.

담소 (談笑) 웃으면서 이야기함. 예담소를 나누다. __담소하다__.

담수 (淡水) [담:수] 단물. 민물.

담수호 (淡水湖) [담:수호] 담수가 모여서 된 호수. 1l 가운데 0.5g 이하의 염분을 함유하는 호수.

담쌓다 [담싸타] 1 담을 만들다. 2 관계나 인연을 끊다. 예친구와 싸워서 담쌓고 지낸다.

담요 (毯一) [담:뇨] 털이나 솜으로 만들어 깔거나 덮게 만든 요. 예날이 너무 추워 두꺼운 담요를 덮었다. 町모포. ⊃blanket

담임 (擔任) [다밈] 학급이나 학년 따위를 책임지고 맡아봄. 또는 그 사람. 예담임 선생님. __담임하다__.

담장 (一牆) ⇨담¹.

담쟁이덩굴 포도과에 속하는 덩굴나무. 바위나 담벼락 같은 데 달라붙어서 자람. 초여름에 엷은 녹색 꽃이 피고 가을에 자줏빛 열매를 맺음. 담쟁이.

담쟁이덩굴

담징 (曇徵) 〖인명〗 고구려의 승려이

며 화가. 일본 호류사에 가서 승려들에게 공예와 종이, 먹 따위의 제조법을 전해 주고, 금당 벽화를 그린 것으로 유명함. [579-631]

담채(淡彩) [담:채] 엷은 빛깔.

담판(談判) 서로 의논하여 옳고 그른 것을 판단함. 예담판을 짓다. **담판하다**.

담화(談話) 1 서로 이야기를 주고받음. 2 한 단체나 공적인 자리에 있는 사람이 어떤 문제에 대한 의견이나 태도를 밝히는 말. 예대통령이 특별 담화를 발표하다. **담화하다**.

담화문(談話文) 공적인 자리에 있는 사람이나 기관이 어떤 문제에 대한 의견이나 태도를 공식적으로 발표하는 글.

담황색(淡黃色) [담:황색] 엷은 누런색.

*__답__(答) 1 '대답'의 준말. 예묻는 말에 답을 하다. 2 '해답'의 준말. 예답을 맞추어 보다. **답하다**.

답글(答―) [답끌] 인터넷에 오른 질문에 대답하는 글. 예답글을 달다 / 답글을 남기다.

답답하다 [답따파다] 1 근심이나 걱정으로 가슴이 이어 갑갑하다. 예답답한 심정. 2 숨이 막힐 듯하다. 예방 안 공기가 너무 답답하다. 빤시원하다. 후련하다. 3 고지식하여 딱하다. 예이런 답답한 사람 보았나.

답례(答禮) [담녜] 남의 인사나 선물에 답하여 하는 인사나 보내는 선물. 예답례의 선물. **답례하다**.

답변(答辯) [답뼌] 물음에 대하여 대답하는 말. 예답변을 피하다. 빤질문. 질의. **답변하다**.

답사¹(答辭) [답싸] 식장에서 축사나 환영사 따위에 답하는 말. 예졸업생 대표의 답사. **답사하다**.

답사²(踏査) [답싸] 어떠한 곳에 실제로 가서 보고 듣고 조사함. 예현지 답사를 떠나다. **답사하다**.

답습(踏襲) [답씁] 옛것을 그대로 따르거나 이어 나감. 예옛 관습을 답습하다. **답습하다**.

답신(答信) [답씬] 회답으로 보내는 통신이나 편지. **답신하다**.

답안(答案) [다반] 문제의 해답. 또는 해답을 쓴 종이. 예시험 답안.

답안지(答案紙) [다반지] 문제의 해답을 쓰는 종이. 예답안지를 제출하다. 비답지.

답장(答狀) [답짱] 받은 편지에 답하여 보내는 편지. 예친구에게 답장하다. 비답서. 회신. **답장하다**.

닷 [닫] '다섯'의 뜻. 예닷 냥 / 쌀 닷 말 / 논 닷 마지기.

닷새 [닫쌔] 1 다섯 날. 예닷새쯤 걸리는 일. 2 그달의 다섯째 날. 예오월 닷새가 어머님 생신이시다.

당¹(黨) ⇨정당. 예당 간부 / 당 대표 / 당에 가입하다.

당²(當) 1 '그·바로 그·이·지금의' 등의 뜻. 예당 회사의 제품입니다. 2 그 당시의 나이를 나타내는 말. 예당 13세의 건강한 소년.

-당(當) '앞에·마다'의 뜻을 나타내는 말. 예시간당 만 원.

당구(撞球) 네모난 대 위에 상아나 플라스틱으로 만든 공을 놓고 긴 막대기 끝으로 쳐서 맞히어 승부를 가리는 실내 오락. 예당구를 치다.

당국(當局) 어떤 일을 직접 맡아 하는 기관. 예학교 당국 / 당국에 책임을 묻다.

*__당근__ 산형과에 속하는, 뿌리를 먹는 식물. 빛깔이 붉고 맛이 달콤하며 향기가 있음. 비홍당무.

*__당기다__ 1 끌어서 가까이 오게 하다. 예의자를 당겨 앉아라. ⊃pull 2 줄을 팽팽하게 하다. 예활시위를 당기다. 3 정한 시일을 앞으로 끌다. 예방학을 당기다. 4 입맛이 돋우어지다. 예입맛이 당기는 계절. 5 마음에 무엇에 끌리다. 예구미가 당기는 이야기.

> 주의 **당기다**와 **댕기다**
> **당기다** 앞쪽으로 끌어서 가까이 오게 하거나 팽팽하게 하다.
> **댕기다** 이쪽의 불이 저쪽으로 옮아 붙다. 또는 불을 옮아 붙게 하다.

당김음(―音) [당기믐] 같은 높이의 센박과 여린박이 어울려서 여린박이 센박, 센박이 여린박으로 바뀌는 일.

*당나귀 (唐—) 말과의 짐승. 말과 비슷하나 몸이 작고 앞머리의 긴 털이 없으며 귀가 긺. 병에 대한 저항력이 강하여 부리기에 알맞음. 준나귀.

당나귀

당나라 (唐—) 중국 수나라 다음의 왕조. 남북을 통일하였고 정치·문화 등이 크게 발전하였으며, 우리나라와 깊은 관계를 가졌음. 도읍은 장안. [618-907]

당뇨 (糖尿) 포도당이 많이 섞여 나오는 병적인 오줌. 또는 그런 병.

당뇨병 (糖尿病) [당뇨뼝] 당뇨가 오랫동안 계속되는 병.

당당하다 (堂堂—) 1 떳떳하고 바르다. 예당당한 권리. 2 힘이나 세력이 크다. 예기세가 당당하다.

당당히 (堂堂—) 당당하게. 예당당히 맞서서 싸우다.

당대 (當代) 1 사람의 한평생. 예당대에 모은 재산. 2 그 시대. 예조선 당대 최고의 화가. 3 지금 이 시대. 예당대 최고의 배우.

당도 (糖度) 당분의 농도. 단맛의 정도. 예당도가 높은 과일.

당도하다 (當到—) 어떤 곳에 다다르다. 예목적지에 당도하다.

당돌하다 (唐突—) [당ː돌하다] 윗사람에게 대하는 것이 버릇없고 주제넘다. 예당돌한 아이.

당류 (糖類) [당뉴] 물에 잘 녹으며 단맛이 있는 탄수화물. 준당.

당면[1] (當面) 일이 바로 눈앞에 닥침. 예당면 과제. **당면하다**.

당면[2] (唐麵) 녹말가루로 만든 국수. 주로 잡채의 재료로 씀.

당번 (當番) 어떤 일을 할 차례. 또는 그 사람. 예청소 당번. 땐비번.

당부 (當付) 단단히 부탁함. 또는 그 부탁. 예거듭 당부하다. **당부하다**.

당분 (糖分) 단맛이 있는 성분.

당분간 (當分間) 앞으로 얼마 동안. 잠시 동안. 예당분간 여기 머물다 가야겠다.

당사자 (當事者) 그 일에 직접 관계가 있는 사람. 예당사자 이외 출입 금지. 비본인. 땐제삼자.

당산 (堂山) 마을의 수호신을 모시는 마을 근처의 산이나 언덕.

당산나무 (堂山—) 마을을 지켜 주는 수호신으로 여겨 모시는 나무.

당선 (當選) 선거나 심사에서 뽑힘. 예당선을 축하하다 / 국회 의원에 당선되다. 땐낙선. **당선하다**.

당선작 (當選作) 심사에서 뽑힌 작품. 예당선작이 전시되다.

당수 (黨首) 당의 우두머리.

당숙 (堂叔) 아버지의 사촌 형제. 비종숙.

당숙모 (堂叔母) [당숭모] 당숙의 아내. 비종숙모.

*당시 (當時) 어떤 일이 있었던 그 때. 예초등학교 입학 당시에는 반에서 키가 제일 컸다.

*당신 (當身) 1 친근하지 않은 사이에서 자기보다 나이가 적거나 비슷한 사람을 부르는 말. 예당신은 누구요. 2 웃어른을 높여 일컫는 말. 예생전에 당신께서 아끼시던 물건. 3 부부가 서로 상대방을 일컫는 말. 예여보, 당신에게 미안하오.

당연하다 (當然—) 이치로 보아 마땅히 그러하다. 예학생이 공부하는 것은 당연한 일이다.

당연히 (當然—) 당연하게. 예당연히 내가 해야 할 일이다.

당원 (黨員) 정당에 가입한 사람.

당의 (唐衣) [당의/당이] 조선 때 저고리 위에 덧입었던, 소매가 넓고 앞뒤 자락이 무릎까지 오고 옆이 트인 여자 예복. 비당저고리.

당일 (當日) 일이 있는 바로 그날. 예사건 당일의 행적이 묘연하다.

당일치기 (當日—) 일이 있는 바로 그날 하루에 해 버리는 일. 예당일치기로 여행을 다녀오다.

*당장 (當場) 1 무슨 일이 일어난 바로 그 자리 또는 그때. 예효과가 당장에 나타났다. 2 바로 그 자리에서 곧. 예당장 내쫓다.

당쟁 (黨爭) 당파를 이루어 서로 싸우던 일. 예당쟁에 말려들다.

당좌 (當座) '당좌 예금'의 준말.

당좌 예금 (當座預金) 기한을 정하

당직(當直) 근무하는 곳에서 숙직이나 일직 따위의 당번이 됨. 또는 그 차례가 된 사람. ⑩당직을 서다. **당직하다**.

당질(糖質) 탄수화물을 많이 지닌 물질.

당차다 몸집이나 나이에 비해 야무지고 기운차다. ⑩키는 작아도 당차게 생겼다.

당찮다(當−) [당찬타] 말이나 행동이 이치에 맞지 않거나 적당하지 않다. ⑩이 밤중에 가겠다니 당찮은 소리 하지도 마라.

당첨(當籤) 제비나 추첨에 뽑힘. ⑩복권이 당첨되다.

당초(當初) 일이 생긴 처음. ⑩당초부터 잘못되었다. 🔂애초.

당초무늬(唐草−) [당초무니] 여러 가지 덩굴이 꼬이며 벋어 나가는 모양의 무늬. 🔂덩굴무늬.

당최 [당최/당췌] 도무지. 영. ⑩네 말은 당최 알아들을 수가 없구나.

당파(黨派) 정치적 목적이나 주의, 주장을 같이하는 사람들끼리 모인 단체나 모임.

당피리(唐−) 여덟 개의 구멍을 뚫고 서를 꽂아서 부는 대나무 피리. 종묘 제례악, 당악 연주에 씀.

*__당하다__(當−) 1 어떤 형편이나 때에 이르거나 처하다. ⑩막상 눈앞에 당하면 어찌할 수 없는 법이다. 2 피해나 놀림 따위를 받다. ⑩누구에게 놀림을 당했느냐? 3 맞서서 이겨 내다. ⑩혼자서 두서너 명을 당하다. 4 어떤 일이나 때를 맞거나 겪다. ⑩교통사고를 당하다.

당혹(當惑) 어떤 일을 당하여 어쩔 줄을 모름. ⑩당혹한 표정을 짓다. **당혹하다**. **당혹스럽다**.

당황(唐慌) 뜻밖의 일에 놀라서 어찌할 바를 모름. ⑩당황을 감추지 못하다. **당황하다**.

당황스럽다(唐慌−) [당황스럽따] 뜻밖의 일에 놀라서 어찌할 바를 모른다. ⑩당황스러운 표정 / 무대에서 대사가 생각나지 않아 당황스러웠다. [활용] 당황스러워 / 당황스러우니.

*__닻__[닫] 배를 고정시키기 위하여 줄을 매어 물 밑바닥으로 가라앉히는, 갈고리가 달린 기구. ⑩닻을 내리다 / 닻을 올리고 바다로 나가다. ↪anchor

닻

> [주의] **닻**과 **덫**과 **돛**
> **닻** 배를 고정시키기 위해 줄에 매어 물 밑바닥에 가라앉히는 쇠.
> **덫** 짐승을 꾀어 잡는 기구.
> **돛** 배의 돛대에 달아 바람을 받게 하는 헝겊.

*__닿다__ [다:타] 1 사물이 서로 접하다. ⑩손이 서로 닿다. 2 목적지에 이르다. ⑩3시면 제주도에 닿는다. 3 어떤 정도나 범위에 미치다. ⑩거기까지 생각이 닿을 줄은 몰랐구나. 4 서로 관련이 맺어지다. ⑩선생님과 연락이 닿지 않는다. 5 감명 깊거나 절실하게 느껴지다. ⑩그의 말이 마음에 와 닿는다. [발음] 닿고 [다:코] / 닿아서 [다아서] / 닿는 [단:는] / 닿지 [다:치] / 닿소 [다:쏘]. →닫다 [주의]

닿소리 [다쏘리] 발음할 때 목·입·혀 등의 발음 기관에 숨이 닿아서 나는 소리. 현대 우리말에는 'ㄱ·ㄴ·ㄷ·ㄹ·ㅁ·ㅂ·ㅅ·ㅇ·ㅈ·ㅊ·ㅋ·ㅌ·ㅍ·ㅎ'과 'ㄲ·ㄸ·ㅃ·ㅆ·ㅉ' 모두 19가지가 있음. 🔂자음. 🔃홀소리.

> [참고] **닿소리의 순서와 이름**
> 한글 닿소리의 수는 14자로 하고, 그 순서와 이름은 다음과 같이 정한다.
> ㄱ (기역) ㄴ (니은) ㄷ (디귿)
> ㄹ (리을) ㅁ (미음) ㅂ (비읍)
> ㅅ (시옷) ㅇ (이응) ㅈ (지읒)
> ㅊ (치읓) ㅋ (키읔) ㅌ (티읕)
> ㅍ (피읖) ㅎ (히읗)
> 또, 위의 닿소리로써 적을 수 없는 소리는 두 개 이상의 닿소리를 어울러서 적되, 그 순서와 이름은 다음과 같이 정한다.
> ㄲ (쌍기역) ㄸ (쌍디귿)
> ㅃ (쌍비읍) ㅆ (쌍시옷)
> ㅉ (쌍지읒)

대¹ 1 식물의 줄기. 예수수의 대. 2 자기의 뜻을 굽히지 않으려는 의지. 예대가 약한 젊은이. 3 주사나 침을 맞는 횟수를 세는 단위. 예주사를 한 대 맞다. 4 쥐어박거나 때리는 횟수를 세는 단위. 예한 대 때리다.

대² (大) [대:] 큰 것. 중요한 것. 예대를 위하여 소를 희생하다. 반소.

대³ (代) [대:] 집안의 계통이나 지위를 이어 그 자리에 있는 동안. 예대를 잇다 / 대가 끊기다.

***대⁴** (臺) 탈것이나 기계, 악기 따위를 셀 때 쓰는 말. 예자전거 두 대 / 피아노 한 대 / 컴퓨터 한 대.

-대 '-다고 해'의 준말. 예내일은 비가 온대.

주의 **-대와 -데**

-대 '-다(고) 해'의 준말로, 들은 이야기를 다른 사람에게 간접적으로 전달하는 의미로 쓴다.
예오늘은 날씨가 좋대 (좋다고 해).
-데 자신이 직접 경험한 지난 일을 돌이켜 말할 때 쓴다.
예어제는 날씨가 좋데 (좋더라).

대가¹ (大家) [대:가] 1 학문·기술 따위에 뛰어나 권위를 인정받는 사람. 예대가의 작품. 2 큰 집.

대가² (代價) [대:까] 1 물건을 산 대신의 값. 예대가를 지급하다. 비대금. 2 일을 하고 받는 보수. 예노동의 대가. 3 어떤 일을 함으로써 생기는 희생이나 손해. 예너무 큰 대가를 치르다.

대가리 1 '머리'를 낮추어 일컫는 말. 2 동물의 머리. 예생선 대가리. 3 주로 길쭉한 물건의 앞이나 윗부분. 예못 대가리 / 콩나물 대가리.

대가족 (大家族) [대:가족] 1 식구가 많은 가족. 예대가족이 한집에 살다. 2 여러 세대가 한집에 모여 사는 가족. 예대가족 제도. 반핵가족.

대각 (對角) [대:각] 다각형에서 서로 마주 보는 한 쌍의 각. 비맞각.

대각 국사 (大覺國師) 〖인명〗 ⇨의천.

대각선 (對角線) [대:각썬] 다각형에서 이웃하지 않는 두 꼭짓점을 연결하는 직선. 또는 다면체에서 같은 면에 있지 않은 두 꼭짓점을 연결하는 직선.

대감 (大監) [대:감] 조선 때, 정이품 이상의 벼슬아치를 높여서 부르던 말.

***대강** (大綱) [대:강] 자세하지 않게 기본적인 부분만으로. 예설명은 대강 들었다. 비대충.

***대개** (大槪) [대:개] 1 ⇨대부분. 예내 친구들은 대개 키가 크다. 2 그저 웬만한 정도로. 예그 일에 대해서는 대개 알고 있다. 비대체로.

대걸레 긴 막대 자루가 달린 걸레. 바닥을 닦는 데 씀. 비자루걸레.

대검찰청 (大檢察廳) [대:검찰청] 지방 검찰청과 고등 검찰청을 지휘, 감독하는 검찰의 최고 기관. 준대검.

대견스럽다 [대견스럽따] 대견한 데가 있다. 예대견스럽게도 또 일등을 했다는구나. 활용대견스러워 / 대견스러우니.

대견하다 흐뭇하고 자랑스럽다. 예어려운 친구를 도와주다니 정말 대견하구나.

대결 (對決) [대:결] 서로 맞서서 이기고 짐을 겨룸. 예맞수끼리 대결하여 승부를 가리다. 대결하다.

대공 (對空) [대:공] 지상에서 공중의 목표물을 상대로 함. 예대공 사격 / 대공 미사일 / 대공 포화.

대공원 (大公園) [대:공원] 많은 사람들이 쉬고 거닐 수 있도록 만든 큰 공원.

대관령 (大關嶺) [대:괄령] 강원도 강릉시와 평창군 사이에 있는 높은 고개. 매우 험하여 아흔아홉 고개라 함. 높이 832m.

대관절 (大關節) [대:관절] 여러 말할 것 없이 요점만 말하건대. 예대관절 어찌된 일이냐. 비도대체.

대괄호 (大括弧) [대:괄호] 문장 부호의 한가지인 '[ ]' 모양의 묶음표.

대교 (大橋) [대:교] 규모가 큰 다리. 예남해 대교 / 한강 대교.

대구¹ (大口) 대구과의 바닷물고기. 깊고 찬 바다에 삶. 몸은 넓적하고 앞쪽은 둥글며, 머리와 입이 매우 큼. 고기는 먹고 간에서 노란 기름을 빼내 약으로 씀.

대구² (大邱) 〖지명〗 광역시의 하나. 섬유 공업이 활발하며, 특히 사과 산지로 유명함. 팔공산 등의 높은 산으로 둘러싸여 분지를 이룸.

대국¹ (大國) [대:국] 국토가 넓고 세력이 강한 나라. 예경제 대국 / 군사 대국. 빤소국.

대국² (對局) [대:국] 마주 앉아 바둑이나 장기를 둠. **대국하다**.

대군¹ (大軍) [대:군] 병사의 수가 많은 군대. 예십만 대군.

대군² (大君) [대:군] 조선 때, 왕비가 낳은 아들. 예양녕 대군.

대굴대굴 작고 단단한 물건이 계속 굴러 가는 모양. 큰데굴데굴. 센때굴때굴.

대권 (大權) [대:꿘] 국가 원수가 국가를 통치하는 법적 권한.

대궐 (大闕) [대:궐] 임금이 사는 집. 비궁궐. 왕궁.

대규모 (大規模) [대:규모] 범위가 넓고 큼. 예대규모 아파트 단지. 빤소규모.

대금¹ (大笒) [대:금] 가로로 대고 부는 우리나라 고유의 목관 악기. 대나무로 만들며 13개의 구멍으로 소리를 조절함.

대금¹

대금² (代金) [대:금] 물건의 값으로 치르는 돈. 예우유 대금을 청구하다.

대기¹ (大氣) [대:기] 지구를 둘러싸고 있는 기체. 비공기.

대기² (待機) [대:기] 때나 기회가 오기를 기다림. **대기하다**.

대기권 (大氣圈) [대:기꿘] 지구를 둘러싸고 있는 공기층의 범위.

대기업 (大企業) [대:기업] 자본금이나 근로자 수 따위의 규모가 큰 기업.

대기 오염 (大氣汚染) 산업·교통 등의 발달로 생기는 해로운 물질이 공기를 더럽히는 일.

대꾸 [대:꾸] 남의 말을 듣고 바로 자기 생각을 나타내는 말. 예묻는 말에 대꾸가 없다. 본말대꾸. **대꾸하다**.

대나무 줄기가 꼿꼿하고 마디가 있으며 속이 빈 나무. 줄기는 단단하여 기구나 장대를 만드는 데 씀. 어린싹은 죽순이라 하여 먹음.

*****대낮** [대:낟] 환히 밝은 낮. 비백주. 한낮.

대뇌 (大腦) [대:뇌 / 대:눼] 척추동물의 뇌의 일부. 뇌의 대부분을 차지하며, 주로 정신 작용, 즉 생각이나 판단, 보고 듣는 일 등을 맡음. 비큰골.

대님 한복 바지의 끝을 접어서 발목을 졸라매는 끈. 예대님을 매다.

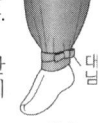

대님

대다¹ [대:다] 정한 시간에 이르다. 예기차 시간에 대다.

*****대다²** [대:다] 1 비교하다. 예키를 대어 보다 / 옷을 몸에 대어 보다. 2 탈것 따위를 멈추어 서게 하다. 예주차장에 차를 대다. 3 서로 닿게 하다. 예귀에 수화기를 대다. 4 기대다. 의지하다. 예벽에 등을 대고 앉다. 5 물이 어느 곳으로 흐르게 하다. 예논에 물을 대다. 6 뒤를 보살피다. 예학비를 대다. 7 사실대로 밝히거나 말하다. 예증거를 대다. 8 이유나 구실 따위를 들고 나서다. 예핑계를 대다.

대다수 (大多數) [대:다수] 거의 모두 다. 대단히 많은 수. 예대다수가 찬성하다.

대단원 (大團圓) [대:다눤] 1 일의 맨 끝. 예대단원을 장식하다. 비대미. 2 영화나 연극 따위에서 사건의 결말을 짓는 마지막 장면. 예대단원의 막을 내리다.

*****대단하다** [대:단하다] 1 정도가 매우 심하다. 예엄살이 대단하다 / 이번 감기는 대단한데. 2 아주 중요하다. 예대단한 일이 아니다. 3 아주 뛰어나다. 예대단한 인물.

대단히 [대:단히] 대단하게. 예대단히 높은 점수를 땄다 / 대단히 고맙습니다.

*****대담** (對談) [대:담] 마주 보고 말을 주고받음. 예대담을 나누다. 비대화. **대담하다**.

대담하다 (大膽-) [대:담하다] 행동이나 성격이 용감하고 겁이 없다. 예대담한 행동을 하다. 빤소심하다.

*****대답** (對答) [대:답] 부르는 말이나

물음에 답하여 말함. 또는 그 말. 예 선생님 질문에 정확히 대답을 할 수가 없었다. 비대꾸. 응답. 반질문. 준답. **대답하다.** ⇨answer

대대 (大隊) [대:대] 군대 단위의 하나. 4개 중대로 이루어짐.

대대로 (代代—) [대:대로] 여러 대를 계속하여. 예대대로 살아온 고향.

대대적 (大大的) [대:대적] 범위나 규모가 매우 큰 (것). 예대대적인 행사.

대도시 (大都市) [대:도시] 지역이 넓고 인구가 많으며 정치·문화·경제 활동의 중심이 되는 도시. 반소도시.

대동강 (大同江) [대:동강] 동백산·소백산에서 시작하여 평안남도 평양을 거쳐 황해도와의 경계에서 황해로 흘러 들어가는, 우리나라에서 다섯째로 긴 강. 길이는 약 439km.

대동소이하다 (大同小異—) [대:동소이하다] 큰 차이가 없이 거의 같다. 예대동소이한 의견 / 두 학생의 실력이 대동소이하다.

대동여지도 (大東輿地圖) [대:동녀지도] 조선 철종 때 김정호가 만든, 우리나라 전 국토를 자세히 나타낸 지도.

대두 (大豆) [대:두] ⇨콩.

대들다 [대:들다] 요구하거나 반항하느라고 맞서서 달려들다. 예윗사람에게 대들면 못써. 활용 대들어 / 대드니 / 대드는.

대들보 (大—) [대:들뽀] 1 한옥에서, 중심이 되는 두 기둥을 가로질러 연결시키는 큰 나무. 2 중심이 되는 중요한 물건이나 사람. 예나라의 대들보.

대등 (對等) [대:등] 양쪽이 비슷함. 예대등한 실력. **대등하다.**

대뜸 이것저것 생각할 것 없이 그 자리에서 곧. 예대뜸 소리 지르다.

대란 (大亂) [대:란] 1 크게 어지러움. 예교통 대란을 예고하다. 2 큰 난리. 예대란이 일어나다.

대략 (大略) [대:략] 대체로. 대충. 대강. 예내용은 대략 다음과 같다.

대략적 (大略的) [대:략쩍] 대강의 줄거리로 이루어진. 또는 그런 것. 예대략적 윤곽이 드러나다 / 대략적인 합의를 보다.

대량 (大量) [대:량] 많은 분량. 예대량 생산. 반소량.

대련 (對鍊) [대:련] 태권도·유도 등에서, 두 명이 서로 겨루어 공격과 방어 방법을 동시에 연습하는 일.

대령[1] (大領) [대:령] 중령의 위, 준장의 아래인 국군의 계급. 또는 그 계급에 있는 사람.

대령[2] (待令) [대:령] 1 명령을 기다림. 2 준비하고 기다림. 예차를 대령하다. **대령하다.**

대로[1] (大路) [대:로] 폭이 넓은 길. 예대로를 활보하다. 비큰길. 반소로.

*__대로__[2] 1 그 모양과 같이. 예들은 대로 이야기하다 / 하라는 대로 하다. 2 그 즉시. 예날이 밝는 대로 떠나겠다. 3 어떤 상태가 매우 심하다는 뜻을 나타내는 말. 예낡을 대로 낡은 신발.

대롱 가느스름하고 속이 비어 있는 동그랗고 길쭉한 막대.

대롱대롱 작은 물건이 매달려 가볍게 흔들리는 모양.

대류 (對流) [대:류] 액체나 기체가 열을 받으면 팽창하여 밀도가 작아져 위로 올라가고, 열을 받지 않은 부분은 아래로 내려가는 현상.

*__대륙__ (大陸) [대:륙] 지구상의 넓고 큰 육지. 예아시아 대륙. 비대지. 육지. 반대양. 해양.

대륙붕 (大陸棚) [대:륙뿡] 대륙의 가장자리에서 이어지는 깊이 약 200m 정도까지의 바다 밑의 완만한 경사면.

대륙성 기후 (大陸性氣候) 대륙의 내부에 나타나는, 여름과 겨울, 낮과 밤의 기온의 차가 심하며 강우량이 적은 기후. 반해양성 기후.

대리 (代理) [대:리] 1 남을 대신하여 일을 처리함. 예대리 근무 / 대리 출석. 2 회사 따위에서, 사원보다는 높고 과장보다는 아래인 직위. 또는 그 직위에 있는 사람. 예대리로 승진하다. **대리하다.**

대리석 (大理石) [대:리석] 석회암이 높은 온도와 강한 압력을 받아 변질된 돌. 건축·조각·장식용 따위로 씀. 대리암.

대리암 (大理岩) [대:리암] ⇨대리석.

대리점 (代理店) [대:리점] 생산자가 장사하는 일을 대신하거나 관계를 맺어 주는 가게. 예전자 대리점.
대립(對立) [대:립] 의견이나 처지 따위가 서로 반대되거나 모순되어서 맞서거나 버팀. 또는 그런 관계. 예의견이 대립하다. 비대치. **대립하다**.
대만(臺灣) 『지명』 ➡타이완.
대만원(大滿員) [대:마눤] 혼잡을 이룰 정도로 사람이 가득 참. 예출근 시간이라 지하철은 대만원을 이루었다. 비초만원.
대만족(大滿足) [대:만족] 어떤 일이나 상황에 매우 만족스러워함.
대망(待望) [대:망] 바라고 기다림. 예대망의 새해가 밝았다. **대망하다**.
대머리 [대:머리] 머리털이 많이 빠져 벗어진 머리. 또는 그런 사람.
대면(對面) [대:면] 서로 얼굴을 마주 보고 있음. 예첫 대면. **대면하다**.
대명사(代名詞) [대:명사] 1 사람·사물·장소 따위의 이름을 대신해서 나타내는 말. 2 사람이나 사물의 특색을 나타내는 것의 비유. 예꽃은 미의 상징적인 대명사이다. 비대이름씨.
대목 1 설이나 추석 따위의 명절을 앞두고 경기가 가장 활발한 시기. 예설 대목이라 시장은 사람들로 넘쳐 난다. 2 일의 특정한 부분이나 대상. 예주목할 만한 대목. 3 이야기·글 따위의 특정한 부분. 예춘향가 한 대목을 부르다.
대못(大-) [대:몯] 길고 굵은 못. 예벽에 대못을 박다. 비큰못.
*대문(大門) [대:문] 집의 정문. 큰문. 예대문을 나서다.
대문자(大文字) [대:문짜] 서양 글자의 큰 체로 된 글자. 반소문자.
대물렌즈(對物lens) 현미경 같은 광학 기계에서, 물체에 가까운 쪽의 렌즈. 반접안렌즈.
대물리다(代-) [대:물리다] 일이나 물건 따위를 자손에게 넘겨주다.
대미[1](大尾) [대:미] 어떤 일의 맨 끝. 비대단원.
대미[2](對美) [대:미] 미국에 대한 일. 예대미 무역.
대바구니 대로 엮어 만든 바구니.
대바늘 뜨개질할 때 쓰는 대로 만든 바늘. 끝이 곧고 뾰족함.

대바늘뜨기 대바늘로 털옷 따위를 뜨는 일. **대바늘뜨기하다**.
대발 대로 엮어 만든 발.
대밭 [대받] 대나무가 무성하게 자라는 땅.
대번 '대번에'의 준말.
대번에 [대:버네] 서슴지 않고 단숨에. 예대번에 알아채다. 비단번에. 준대번.
대범하다(大汎-) [대:범하다] 성격이나 태도가 작은 것에 얽매이지 않고 너그럽다. 예대범한 성격.
대법관(大法官) [대:법관] 대법원장과 더불어 대법원을 구성하는 법관. 대법원장의 제청에 따라 대통령이 국회의 동의를 얻어 임명함. 임기는 6년.
대법원(大法院) [대:버붠] 우리나라의 최고 법원. 재판을 최종적으로 담당하여 판결함. 준대법.
대법원장(大法院長) [대:버붠장] 대법원의 최고 직위. 또는 그 직위를 맡은 사람. 대통령이 국회의 동의를 얻어 임명함.
대변[1](大便) [대:변] 사람의 똥. 만소변.
대변[2](對邊) [대:변] 다각형에서, 한 변이나 한 각과 마주 대하고 있는 변. 비맞변.
대변인(代辯人) [대:벼닌] 대변하는 일을 맡은 사람.
대변하다(代辯-) [대:변하다] 어떤 사람이나 기관을 대신하여 그의 의견이나 태도를 발표하다. 예우리의 뜻을 대변하기 위하여 반장이 나섰다.
대보다 [대:보다] 서로 비교해 보다. 예친구와 키를 대보다.
대보름(大-) [대:보름] 음력 정월 보름날을 명절로 이르는 말. 비상원. 본대보름날.
대본(臺本) 연극이나 영화의 대사와 연출, 연기·무대·배경 따위에 대한 지시를 적은 글. 예연극 대본을 대강 훑어보다. 비각본. 극본. 시나리오.
*대부분(大部分) [대:부분] 반이 훨씬 넘는 수효나 분량. 거의 모두. 예용돈의 대부분을 저축하다 / 내 의견에 대부분 찬성했다.
대북(對北) [대:북] '북한에 대한'의

대분수

뜻을 나타내는 말. ⑩ 대북 방송 / 대북 정책.

***대분수** (帶分數) [대분쑤 / 대분쑤] 정수와 진분수로 된 분수. $2\frac{1}{3}$ 따위.

대비¹ (對比) [대:비] 차이를 알아보려고 둘을 서로 비교하여 그 차이를 드러내는 것. **대비하다.**

***대비**² (對備) [대:비] 앞으로 있을지도 모를 힘들거나 어려운 일을 겪지 않기 위해서 미리 준비함. ⑩ 만일의 사태에 대비하다. 삐 준비. **대비하다.**

대비³ (大妃) [대:비] 이전 왕의 아내.

대사¹ (大使) [대:사] 다른 나라에 파견되어 국가 원수를 대표하여 국가의 의사를 표시하는 임무를 가진 외교관.

대사² (大事) [대:사] ⇨큰일. ⑩ 대사를 치르다. 삔 소사.

대사³ (大師) [대:사] 덕이 높은 승려를 높여 부르는 말. ⑩ 사명 대사.

대사⁴ (臺詞) 연극이나 영화 따위에서 배우가 하는 말.

대사간 (大司諫) [대:사간] 조선 때, 사간원의 으뜸 벼슬. 주로 임금의 잘못을 고치도록 말하는 일을 맡았음.

대사관 (大使館) [대:사관] 대사와 외교를 맡은 관리들이 일을 보는 사무소. ⑩ 주미 한국 대사관.

대사헌 (大司憲) [대:사헌] 고려·조선 때, 사헌부의 으뜸 벼슬. 주로 관리들의 기강을 바로잡고 풍기·풍속을 단속하였음.

대상¹ (大賞) [대:상] 여러 가지 상 중에서 가장 큰 상.

대상² (隊商) 사막이나 초원에서 낙타나 말에 짐을 싣고 떼를 지어 다니는 상인 단체.

***대상**³ (對象) [대:상] 어떤 일의 상대나 목표가 되는 것. ⑩ 어린이를 대상으로 한 방송 프로.

대상자 (對象者) [대:상자] 대상이 되는 사람이나 집단. ⑩ 경쟁 대상자 / 합격 대상자를 호명하다.

대서 (大暑) [대:서] 1 몹시 심한 더위. 2 이십사절기의 열두째. 양력 7월 23일경. → **[학습마당]** 21(652쪽)

대서양 (大西洋) [대:서양] 오대양의 하나. 유럽·아프리카·남북아메리카 대륙 사이에 있는, 세계에서 두 번째로 큰 바다.

대서특필 (大書特筆) [대:서특필] 신문·잡지 따위에서 어떤 사실이나 사건을 두드러지게 알리기 위해서 큰 글자로 보도하는 일. ⑩ 신문에 대서특필로 보도하다. **대서특필하다.**

대설 (大雪) [대:설] 1 아주 많이 내린 눈. ⑩ 대설로 교통이 마비되다. 2 이십사절기의 스물한째. 양력 12월 7일경. → **[학습마당]** 21(652쪽)

대성 (大成) [대:성] 학문이나 일 등을 크고 훌륭하게 이룩함. ⑩ 문학으로 대성한 사람. **대성하다.**

대성공 (大成功) [대:성공] 큰 성공. 크게 성공함. ⑩ 연주회는 대성공이었다. **대성공하다.**

대성통곡 (大聲痛哭) [대:성통곡] 큰 소리로 몹시 슬피 욺. **대성통곡하다.**

대세 (大勢) [대:세] 1 세상일이나 하는 일의 돌아가는 형편. ⑩ 대세가 울다. 2 큰 권세. ⑩ 대세를 쥐다.

대소 (大小) [대:소] 사물의 크고 작음. 큰 것과 작은 것.

대소변 (大小便) [대:소변] 똥과 오줌. ⑩ 내 동생은 아직 대소변을 못 가린다.

대소사 (大小事) [대:소사] 크고 작은 모든 일. ⑩ 부모님은 집안의 대소사를 상의해서 결정하신다.

대수¹ [대:수] 중요한 일. 대단한 일. ⑩ 돈벌이만 잘하면 대수냐.

대수² (臺數) [대쑤] 차·기계 따위의 수. ⑩ 화물차보다 승용차 대수가 훨씬 많다.

대수롭다 [대:수롭따] 중요하게 여길 만하다. ⑩ 대수롭지 않은 일. [활용] 대수로워 / 대수로우니.

대순환 (大循環) [대:순환] 심장의 좌심실에서 대동맥으로 흐르는 피가 온몸을 한 바퀴 돈 뒤 대정맥을 통해 우심방으로 돌아오는 순환 계통. 삐 큰피돌기.

대승 (大勝) [대:승] 크게 이김. 삐 대승리. 삔 대패. **대승하다.**

대식가 (大食家) [대:식까] 음식을 보통 사람보다 많이 먹는 사람.

대식구 (大食口) [대:식꾸] 많은 식구. 식구가 많음.

대신¹ (大臣) [대:신] 1 조선 고종 때,

궁내부 각부의 으뜸 벼슬. 2 왕이 다스리는 나라에서 장관을 이르는 말.

*대신² (代身) [대:신] 1 남의 구실이나 책임을 떠맡음. 예아픈 친구를 대신해서 청소하다. 2 어떤 행동이나 사물, 상태를 다른 것으로 바꿔 채움. 예밥 대신 떡을 먹다. 대신하다.

대안 (代案) [대:안] 어떤 안건에 대해 대신할 안건. 예대안을 마련하다.

대야 물을 담아서 주로 얼굴·손발 등을 씻는 데 쓰는 둥글넓적한 그릇. 町세면기.

대양 (大洋) [대:양] 세계의 해양 가운데에서 특히 넓고 큰 바다. 태평양·대서양 따위. 町대해.

대어 (大魚) [대:어] 큰 물고기.

대업 (大業) [대:업] 큰 사업. 예조국 통일의 대업.

대여 (貸與) [대:여] 빌려줌. 예도서관에서 책을 대여하다. 대여하다.

대여섯 [대:여섯] 다섯이나 여섯 가량. 예아이들 대여섯 명이 공을 차고 있다. 图대엿.

대여점 (貸與店) [대:여점] 돈을 받고 일정 기간 동안 특정한 물품을 빌려주는 가게. 예자전거 대여점 / 책 대여점.

대역 (代役) [대:역] 영화나 연극에서, 어떤 역을 맡은 사람을 대신하여 다른 사람이 그 역을 맡아 하는 일. 또는 그 사람. 예대역을 쓰다. 대역하다.

대열 (隊列) 무리를 지어 죽 늘어선 행렬. 예대열에서 이탈하다.

대오 (隊伍) 군대 행렬의 줄. 예대오를 지어 나아가다.

대오리 가늘게 쪼갠 댓개비.

*대왕 (大王) [대:왕] 훌륭하고 뛰어난 왕을 높여 이르는 말. 예세종 대왕.

대외 (對外) [대:외 / 대:웨] 외부나 외국에 대함. 예대외 무역 / 대외 정책. 町대내.

대외적 (對外的) [대:외적 / 대:웨적] 외부나 외국에 관련되는 (것). 예대외적인 경제 활동. 町대내적.

대용 (代用) [대:용] 다른 것의 대신으로 씀. 또는 그런 물건. 예책을 베개 대용으로 쓰다. 대용하다.

대우 (待遇) [대:우] 1 예의를 갖추어 대함. 예귀빈 대우. 2 직장에서의 지위나 급료 따위의 조건. 예대우가 좋다 / 대우를 개선하다. 3 어떤 사회적 관계에서 대하는 태도나 방식. 예차별 대우. 대우하다.

대웅전 (大雄殿) [대:웅전] 절에서 석가모니 불상을 모신 법당.

대원 (隊員) 부대나 집단을 이루고 있는 사람. 예해병대 대원 / 남극 탐험대 대원.

대원군 (大院君) [대:원군] 왕의 아버지이지만 왕이 아니었던 사람에게 주던 벼슬. 예흥선 대원군.

대위 (大尉) [대:위] 중위의 위, 소령의 아래인 국군의 계급. 또는 그 지위에 있는 사람.

대응 (對應) [대:응] 1 어떤 일이나 사태에 알맞은 태도나 행동을 취함. 예상대 선수의 공격에 신속하게 대응하다. 2 서로 짝이 되는 일. 또는 합동을 이루는 두 도형이 서로 포개어지는 부분. 대응하다.

대응각 (對應角) [대:응각] 합동 또는 닮은꼴인 다각형에서 서로 대응하는 각.

대응변 (對應邊) [대:응변] 합동 또는 닮은꼴인 다각형에서, 서로 대응하는 자리에 있는 변.

*대응점 (對應點) [대:응쩜] 합동 또는 닮은꼴인 다각형에서, 서로 대응하는 두 점.

대응표 (對應表) [대:응표] 두 대상이 서로 짝이 되게 만든 표.

대의¹ (大意) [대:의 / 대:이] 말이나 글의 대강의 뜻.

대의² (大義) [대:의 / 대:이] 사람으로서 마땅히 지키고 행해야 할 큰 도리. 예대의에 어긋나는 행동.

대의명분 (大義名分) [대:의명분 / 대:이명분] 사람으로서 마땅히 지켜야 할 도리나 바른 일.

대의원 (代議員) [대:의원 / 대:이원] 정당이나 단체의 대표로 뽑혀, 토의나 의결에 참가하는 사람. 예학급 대의원 / 노조 대의원.

대이동 (大移動) [대:이동] 많은 수가 한꺼번에 움직여 자리를 옮기는 일. 예추석 연휴 민족 대이동.

대인¹ (大人) [대:인] 1 어른. 예 대인 요금. 2 말과 행실이 바르고 점잖으며 덕이 높은 사람.

대인² (對人) [대:인] 사람을 대함. 예 대인 관계가 좋다.

대일 (對日) [대:일] 일본에 대한 일. 예 대일 외교.

대입¹ (大入) '대학교 입학'을 줄여 이르는 말. 예 대입 시험 / 대입 준비.

대입² (代入) [대:입] 수학에서, 어떤 수식의 변수를 특정한 숫자나 문자로 바꾸어 넣는 일. 대입하다.

대자연 (大自然) [대:자연] 넓고 큰 자연. 위대한 자연.

대작 (大作) [대:작] 1 뛰어난 작품. 예 대작을 남기다. 2 규모가 큰 작품. 예 대작을 구상하다.

대장¹ (大腸) [대:장] ⇨큰창자.

*__대장²__ (大將) [대:장] 1 군대에서 가장 높은 계급. 비 사성 장군. 2 한 무리의 우두머리. 예 대장 노릇을 하다. 3 어떤 일을 잘하거나 즐기는 사람. 예 싸움 대장 / 그는 지각 대장이다.

대장³ (隊長) 한 부대의 우두머리. 예 청년 대장 / 소방대 대장.

대장⁴ (臺帳) 어떤 근거가 되도록 일정한 양식으로 기록한 장부.

대장간 (一間) [대:장깐] 쇠를 달구어 여러 가지 연장을 만드는 곳.

대장경 (大藏經) [대:장경] 모든 불경을 모아 엮은 책. 준장경.

대장균 (大腸菌) [대:장균] 사람 또는 동물의 창자 속에 있는 세균.

대장부 (大丈夫) [대:장부] 튼튼하고 기운이 세고 씩씩한 남자. 반졸장부.

대장암 (大腸癌) [대:장암] 큰창자에 생기는 암.

대장장이 [대:장장이] 쇠를 달구어 온갖 기구와 연장을 만드는 일을 업으로 삼는 사람. 준대장.

대저울 눈금을 새긴 막대에 추를 매단 저울.

대적 (對敵) [대:적] 1 적과 마주 대함. 2 힘·세력 따위에 맞서서 서로 겨룸. 또는 그 상대. 예 대적할 상대가 없다. 대적하다.

대전¹ (大田) [지명] 광역시의 하나. 대전 분지에 자리 잡고 있는 교통의 중심지로, 대덕 연구 단지와 유성 온천 등이 있음.

대전² (大戰) [대:전] 규모가 큰 전쟁. 예 제2차 세계 대전.

대절 (貸切) [대:절] ⇨전세¹.

대접¹ [대:접] 위가 넓적하고 높이가 낮은, 국이나 물 따위를 담는 그릇.

*__대접²__ (待接) [대:접] 1 음식을 차려 놓고 손님을 모심. 예 진수성찬을 차려 대접하다. 2 예를 차리어 대함. 예 극진한 대접을 받다. 비접대. 반푸대접. 대접하다.

대정맥 (大靜脈) [대:정맥] 몸 안에 흐르는 피를 모아 심장의 우심방으로 들여보내는 굵은 혈관. 반대동맥.

대제학 (大提學) [대:제학] 조선 때, 홍문관·예문관의 정이품 으뜸 벼슬.

대조 (對照) [대:조] 둘 이상을 마주 대어 비교함. 예 장부를 대조하다. 비대비. 대조하다. →비교 주의

대조영 (大祚榮) [인명] 발해의 건국자. 고구려의 유민으로, 고구려 유민들과 말갈족을 합하여 만주에 발해를 세움. [?-719 ; 재위 698-719]

대졸 (大卒) '대학교 졸업'의 준말. 예 대졸 사원 / 대졸 학력.

대종교 (大倧敎) [대:종교] 단군을 교조로 받드는 우리나라 고유의 종교. 1909년에 홍암 대종사 나철이 창시함. 비단군교.

대주다 [대:주다] 1 끊이지 않게 계속 주다. 예 학비를 대주다. 2 방향·주소 따위를 가르쳐 주다. 예 범인의 집을 대주다.

대중¹ 대강 어림잡아 헤아림. 예 집까지의 거리를 대중해 보다. 대중하다.

대중² (大衆) [대:중] 수많은 사람의 무리. 또는 일반 사람. 예 대중 앞에서 연설하다. 비군중.

대중가요 (大衆歌謠) [대:중가요] 널리 대중이 즐겨 부르는 노래. 준가요.

대중교통 (大衆交通) [대:중교통] 많은 사람이 함께 이용할 수 있는, 버스·지하철 따위의 교통.

대중 매체 (大衆媒體) 방송, 신문, 잡지, 영화 등과 같이 많은 사람에게 어떤 사실·정보·사상 따위를 전달하는 수단. 매스 미디어.

대중없다 [대중업따] 1 미리 헤아려 짐작할 수가 없다. 例그가 사무실에 있는 시간은 대중없다. 2 어떠한 기준이나 표준을 잡을 수가 없다. 例대중 없는 이야기.

대중음악 (大衆音樂) [대:중으막] 대중이 듣고 즐길 수 있는 음악.

대중화 (大衆化) [대:중화] 대중 사이에 널리 퍼져 친근하게 됨. 例국악의 대중화에 힘쓰다. 대중화하다.

대지[1] (大地) [대:지] 대자연 속의 넓고 큰 땅. 例광활한 대지.

대지[2] (垈地) 집터로서의 땅.

대질 (對質) [대:질] 두 사람의 말이 서로 다를 때 두 사람을 마주 대하여 말하게 함. 例대질 신문. 대질하다.

대쪽 1 대를 쪼갠 조각. 비댓조각. 2 성품이나 절개 따위가 곧은 것의 비유. 例대쪽같은 성미.

대차다 성미가 꿋꿋하고 세차다. 例악을 쓰며 대차게 대들다.

대책 (對策) [대:책] 어떤 일에 대한 방책.

대처 (對處) [대:처] 어떤 일에 대응하는 조치. 例위기에 대처하다. 대처하다.

대첩 (大捷) [대:첩] 크게 이김. 例살수 대첩. 비대승.

대청 (大廳) [대:청] 한옥에서, 방과 방 사이에 있는 마루. 대청마루.

대청소 (大淸掃) [대:청소] 평소에 손이 미치지 못하는 구석구석까지 대규모로 하는 청소. 例봄맞이 대청소. 대청소하다.

*__대체__[1] (大體) [대:체] 요점만 말한다면. 대관절. 例대체 어찌 된 일인가.

대체[2] (代替) [대:체] 다른 것으로 바꿈. 例국산품으로 대체하다. 대체하다.

*__대체로__ (大體—) [대:체로] 대강의 요점만 말해서. 例대체로 잘된 편이다.

대체 에너지 (代替energy) 석유를 대신할 수 있는 에너지원. 원자력·태양열 따위.

*__대추__ [대:추] 대추나무의 열매. 익으면 껍질이 붉어지고 맛이 달며 속에 단단한 씨가 있음.

대추나무 [대:추나무] 갈매나뭇과의 낙엽 활엽 교목. 촌락 및 밭둑에 남. 높이는 약 5m 정도이며 초여름에 황록색 꽃이 피고 열매인 대추는 초가을에 붉게 익음.

대출 (貸出) [대:출] 돈이나 물품 따위를 빌려줌. 例대출한 책을 반납하다. 대출하다.

대충 대체로 추리는 정도로. 어림잡아. 例일이 대충 끝나다. 비대강.

대충대충 일이나 행동을 적당히 하는 모양. 例큰 글씨만 보고 대충대충 넘기다. 비대강대강.

대취타 (大吹打) [대:취타] 옛날 군대에서, 임금의 행차 또는 군대의 행진 때 연주하던 전통 음악.

대치[1] (代置) [대:치] 다른 것으로 바꾸어 놓음. 例수판을 계산기로 대치하다. 대치하다.

대치[2] (對峙) [대:치] 서로 마주 대하여 버팀. 例여야의 대치 상태. 비대립. 대치하다.

대칭 (對稱) [대:칭] 점·선·면 또는 이것들로 된 도형이 어떤 기준되는 점·선·면을 중심으로 서로 맞서는 자리에 놓이는 경우.

대칭축 (對稱軸) [대:칭축] 두 도형이 한 직선을 사이에 두고 대칭이 될 때의 그 직선을 이르는 말.

대타 (代打) [대:타] 야구에서, 경기의 중요한 시점에서 정식 타자를 대신하여 공을 치는 사람. 例대타를 내보내다.

*__대통령__ (大統領) [대:통녕] 공화국의 최고 지도자. 국민의 투표로 뽑혀서, 정해진 임기 동안 나라의 모든 일을 맡아보고, 국가를 대표함. ⊃President

대통령제 (大統領制) [대:통녕제] 대통령에게 행정에 관한 실권을 부여하는 제도. 민주 국가의 주요 정부 형태임. 비대통령 중심제. 대통령 책임제.

대파[1] (大—) [대:파] 줄기가 길고 굵은 파.

대파[2] (大破) [대:파] 1 크게 부서짐. 例풍랑으로 배가 대파하다. 2 적을 크게 쳐부숨. 例상대 팀을 3대 0으로 대파하다. 대파하다.

대판 (大—) [대:판] 크게 차리거나 벌어진 판. 例사소한 일로 친구와 대판 싸웠다. 본대판거리.

대패¹ [대:패] 나무의 표면을 깎아 매끈하고 반듯하게 만드는 연장.

대패¹

대패² (大敗) [대:패] 싸움이나 경기 따위에서 크게 짐. 町대승. **대패하다**.

대평원 (大平原) [대:평원] 아주 넓게 펼쳐진 들. 例끝없는 대평원을 가로지르다.

***대포** (大砲) [대:포] 화약의 힘으로 포탄을 멀리 내쏘는 무기. 줄포.

대폭 (大幅) [대:폭] 1 넓은 범위. 例인력을 대폭 줄이다. 2 썩 많이. 例가격을 대폭 올리다.

***대표** (代表) [대:표] 1 개인이나 단체를 대신하여 의견을 말하거나 일을 함. 또는 그 사람. 例학급 대표로 상을 받다. 2 전체를 표시할 만한 한 가지 사물 또는 한 부분. 例우리 민요를 대표하는 아리랑 타령. **대표하다**.

대표단 (代表團) [대:표단] 단체나 조직을 대표하는 사람들로 이루어진 집단.

대표자 (代表者) [대:표자] 전체를 대표하는 사람. 줄대표.

대표작 (代表作) [대:표작] 개인이나 한 시대를 대표할 만한 작품 중에서 으뜸이 되는 작품.

대표적 (代表的) [대:표적] 여럿 가운데 대표할 수 있을 만한 (것).

대풍 (大豊) [대:풍] 곡식이 아주 잘 되어 수확이 많음. 또는 그런 해. 例대풍인 해 / 대풍이 들다 / 올 농사도 대풍이다. 町대풍년.

대피 (待避) [대:피] 위험이나 피해를 임시로 피함. 例대피 훈련. **대피하다**.

대피소 (待避所) [대:피소] 비상시에 대피할 수 있도록 만들어 놓은 곳. 例긴급 대피소.

대필 (代筆) [대:필] 남을 대신하여 글씨나 글을 씀. 또는 그 글씨나 글. 例편지를 대필하다. **대필하다**.

대하 (大河) [대:하] 큰 강.

***대하다** (對―) [대:하다] 1 마주 보다. 例얼굴을 대하다. 2 접대하다. 例손님을 반갑게 대하다. 3 대상으로 하다. 例국어 공부에 대한 이야기. 4 상대하다. 응하다. 例물음에 대하여 대답하다. 町관하다.

***대학** (大學) [대:학] 고등 교육을 가르치는 교육 기관. 단과 대학·종합 대학의 두 종류로 나뉘며, 특수한 목적의 교육 대학·전문 대학 등이 있음.

대학가 (大學街) [대:학까] 1 대학 주변의 거리. 2 대학을 중심으로 하여 이루어진 사회. 例대학가에 널리 퍼진 소문.

대학교 (大學校) [대:학교] 예전에, 종합 대학을 단과 대학과 구별하여 부르던 말.

대학생 (大學生) [대:학쌩] 대학에서 교육을 받고 있는 학생.

대학원 (大學院) [대:하권] 대학을 졸업한 사람이 전문적으로 학문을 더 깊이 연구하는 과정.

대학자 (大學者) [대:학짜] 학식이 아주 뛰어난 학자.

***대한¹** (大韓) [대:한] 〖국명〗 1 '대한 제국'의 준말. 2 '대한민국'의 준말. 例씩씩한 대한의 건아들.

대한² (大寒) [대:한] 1 지독한 추위. 2 이십사절기의 마지막 절기. 양력 1월 21일경. → 〖학습마당〗 21(652쪽)

***대한민국** (大韓民國) [대:한민국] 〖국명〗 우리나라의 공식적인 국호. 한국.

대한민국 임시 정부 (大韓民國臨時政府) 3·1 운동 이후 1919년 4월에 중국 상하이에서 대한민국의 광복을 위하여 조직한 임시 정부. 그 후 충칭으로 옮겼다가 1945년 8월 15일 광복과 더불어 귀국한 뒤 해체됨. 상해 임시 정부.

대한 적십자사 (大韓赤十字社) 적자 정신에 입각하여 설립된 특수 법인. 재해 구조 및 국민 보건 향상·남북 이산가족 상봉 따위의 일을 함. 1905년 처음 설립됨.

대한 제국 (大韓帝國) 조선 말 고종 34년(1897)부터 국권 피탈 때까지의 우리나라의 국호. 연호를 '광무'라 하였고 왕을 '황제'라 하였음. 줄대한.

대한 해협 (大韓海峽) 우리나라의 남해와 일본의 쓰시마섬 사이의 바다.

대합 (大蛤) [대:합] 백합과의 바닷조개. 해변의 진흙 모래밭에 사는데, 껍데기의 길이는 8cm, 높이는 6cm, 폭은 4cm가량이며, 빛은 잿빛 갈색이고 안쪽은 힘.

대합실 (待合室) [대:합씰] 역·공항 등에서 손님이 쉬며 기다리도록 마련해 놓은 곳. 예서울역 대합실.

***대항** (對抗) [대:항] 서로 지지 않으려고 맞서서 버티어 겨룸. 예학교 대항 축구 경기. **대항하다**.

대해 (大海) [대:해] 넓고 큰 바다. 예망망 대해. 비대양.

대행 (代行) [대:행] 남의 일을 대신 행함. 예업무를 대행하다. **대행하다**.

대형1 (大型) [대:형] 같은 종류의 물건 중에서 크기나 규모가 큰 것. 예대형 자동차 / 대형 냉장고. 반소형.

대형2 (隊形) 여러 사람이 줄을 지어 이룬 무리의 모양. 예체조 대형이 흐트러지다.

***대화** (對話) [대:화] 마주 대하여 이야기를 주고받음. 또는 그 이야기. 예남북 대화 / 대화를 나누다. **대화하다**.

***대회** (大會) [대:회 / 대:훼] 1 큰 모임이나 회의. 2 실력이나 기량 따위를 겨루는 큰 모임. 예대회 신기록 / 어린이 글짓기 대회를 개최하다.

***댁** (宅) 1 남의 집이나 가정을 높여 부르는 말. 예선생님 댁 / 댁은 어디십니까. 2 상대를 높여, 직접 부르지 않고 완곡하게 이르는 말. 예댁은 누구요.

> 주의 **댁과 택**
> 둘 다 '집'을 나타내는 말로서 한자도 같으나, '댁'은 남을 높일 때에 씀.
> **댁** 남을 높이어 그 '집'이나 '집안·가정'을 이르는 말. 또는 남편의 성이나 직함 밑에 붙여서 그의 '아내'라는 뜻을 나타내는 말.
> 예댁내 / 시댁 / 사돈댁 / 처남댁 / 청주댁 / 댁으로 찾아뵙겠습니다.
> **택** '집'을 가리키는 말.
> 예택지 / 가택.

댄스 (dance) 서양식 춤. 무도.

댐 (dam) 전기를 얻거나 그 밖에 물을 이용할 목적으로 강이나 바닷물을 막아 쌓은 큰 둑. 예다목적 댐 / 댐을 건설하다.

댑싸리 명아줏과의 한해살이풀. 높이 1.5m가량, 가지가 많음. 잎은 가늘고 길며 끝이 뾰족하고, 한여름에 연한 녹색의 꽃이 핌. 줄기로 비를 만듦.

댓 [댇:] '다섯가량 (의)'의 뜻. 예댓 마리 / 학생 댓이 모여 있다.

댓글 (對一) [대끌 / 댇끌] 인터넷에 올린 글에 짤막하게 답하여 올리는 글. 예댓글을 남기다 / 댓글이 달리다 / 댓글을 작성하다.

댓돌 (臺一) [대똘 / 댇똘] 뜰에서 집 안으로 오르내리기 위해 놓은 돌. 비섬돌.

댓바람 [대빠람 / 댇빠람] 일이나 때를 당하여 서슴지 않고 당장. 예댓바람에 모두 해치우다.

댕강 한 번에 부러지거나 잘려 나가는 모양. 또는 그런 소리. 예연필이 댕강 부러지다.

댕그랑 방울이나 작은 종 따위의 쇠붙이가 흔들리거나 부딪쳐서 나는 소리. 예강아지 목에 달린 방울이 댕그랑 울리다. 준댕강. 큰뎅그렁. 센땡그랑. **댕그랑하다**. **댕그랑거리다**.

댕기 여자의 길게 땋은 머리 끝에 드리는 헝겊이나 끈.

댕기다 1 불을 옮아 붙게 하다. 예양초에 불을 댕기다. 2 불이 옮아서 붙다. 예옷자락에 불이 댕기다. →당기다 주의

댕기

***더** 1 보다 많이. 예조금만 더 주십시오. 2 보다 오래. 예더 두고 보자. 3 보다 심하게. 예날씨가 더 추워지다. 4 더욱. 예웃으니까 더 예쁘다.

***더구나** 그 위에 또. 그뿐만 아니라. 예날씨도 추운데 더구나 눈까지 내려 빙판이 되었다. 본더군다나.

더더욱 '더욱'을 힘주어 하는 말. 예얼굴이 더더욱 예뻐지다.

더덕 초롱꽃과의 여러해살이풀. 깊은 산에 자라며 줄기는 다른 물건에 감겨 올라가고 잎은 타원형임. 여름에 종 모양의 꽃이 붉게 피며, 뿌리는 먹거나 약으로 씀.

더덕

더덕더덕 [더덕떠덕] 곳곳에 많이 붙

어 있는 모양. ⑩얼굴에 분을 더덕더덕 바르다. 본더덕귀더덕귀. 작다닥다닥.

더듬거리다 1 눈으로 보지 않고 손으로만 찾으려고 자꾸 이리저리 만져 보다. 2 잘 알지 못하는 길을 이리저리 찾으며 가다. ⑩친구의 집을 찾느라고 이 골목 저 골목을 더듬거렸다. 3 말을 하거나 글을 읽을 때 순하게 나오지 않고 자꾸 막히다. ⑩긴장을 해서인지 말을 더듬거린다. 작다듬거리다. 센떠듬거리다.

더듬다 [더듬따] 1 잘 보이지 않는 것을 손으로 만져 보며 찾다. ⑩선반 위를 더듬다. 2 말을 하거나 글을 읽을 때 자꾸 막히다. ⑩말을 더듬다. 3 희미한 일이나 기억을 애써 밝히려고 하다. ⑩어린 시절의 기억을 더듬다.

더듬더듬 1 말을 하거나 글을 읽을 때 군데군데 막히는 모양. ⑩책을 더듬더듬 읽다. 2 보이지 않아서 손으로 자꾸 어루만지는 모양. 더듬더듬하다.

더듬이 [더드미] ⇨촉각¹.

더디 늦게. 느리게. ⑩날짜가 왜 이렇게 더디 갈까.

더디다 움직임이나 일에 걸리는 시간이 오래다. ⑩발걸음이 더디다. 비느리다.

***더러¹** 1 전체 가운데 얼마쯤. ⑩운동장엔 학생들이 더러 남아 공을 차고 있다. 2 이따금. 가끔. ⑩그 친구는 더러 만난다.

더러² '에게·에 대하여·보고'의 뜻을 나타내는 말. ⑩그 사람더러 가라고 해라.

더러움 [더:러움] 더러운 것이나 더러워지는 일. ⑩더러움이 잘 타다 / 더러움을 씻어 내다. 준더럼.

더럭 한꺼번에 많이. ⑩겁이 더럭 나다 / 더럭 화를 내다.

***더럽다** [더:럽따] 1 때나 찌꺼기 따위가 있어 지저분하다. ⑩옷이 더럽다. 2 말이나 행동이 야비하다. ⑩아주 심보가 더러운 사람. 3 못마땅하거나 불쾌하다. ⑩그 돈은 더럽고 치사해서 받지 않겠다. 작다랍다. 활용더러워 / 더러우니. ⊃dirty

더럽히다 [더:러피다] 더러워지게 하다. ⑩옷을 더럽히다.

더미 사물이 모여 쌓인 큰 덩어리. ⑩쓰레기 더미 / 장작 더미.

더벅머리 [더벙머리] 더부룩하게 흩어진 머리. 또는 그런 머리털을 가진 사람. ⑩더벅머리 총각.

더부룩이 [더부루기] 더부룩하게.

더부룩하다 [더부루카다] 1 풀·나무·머리털 따위가 우거져 수북하다. ⑩머리카락이 더부룩하게 자랐다. 2 소화가 잘 안되어 배 속이 거북하다. ⑩배가 더부룩하다.

더부살이 [더부사리] 남의 집에 살면서 품삯을 받고 일을 해 줌. 또는 그렇게 사는 사람. 더부살이하다.

***더불어** [더부러] 함께하여. 같이하여. 거기에다 더하여. ⑩이웃과 더불어 사는 세상 / 가족과 더불어 여행을 가다.

더블 (double) '겹·이중·두 갑절'의 뜻. ⑩더블 침대.

더블 베이스 (double bass) 현악기 가운데 가장 낮은 소리를 내는 악기. 비콘트라베이스.

더없다 [더업따] 그 이상 더 바랄 것이 없다. ⑩더없는 기쁨 / 이렇게 와 주시니 더없는 영광입니다.

더없이 [더업시] 더 바랄 것이 없이. ⑩더없이 아름답다.

***더욱** 갈수록 더 심하게. 점점 더. ⑩병세가 더욱 악화되다 / 손을 더욱 힘주어 잡았다.

더욱더 [더욱떠] 한층 더. ⑩더욱더 아름다워지다.

더욱이 [더우기] 그 위에 더. 게다가. ⑩몸집도 작은데 더욱이 몸도 약하다. ×더우기.

더운물 따뜻하게 데워진 물. 비온수. 반찬물.

***더위** 여름날의 더운 기운. ⑩찌는 듯한 더위 / 더위를 식히다. 반추위.

　더위(를) 먹다 더위 때문에 병이 생기다.

　더위(를) 타다 더위를 몹시 견디기 어려워하다.

더위팔기 정월 대보름날 하는 풍속의 하나. 이날 아침에 아는 사람을 만나 그의 이름을 불러 대답하면, '내 더위' 또는 '내 더위 사 가게'라고 말하는 일. 그러면 그해는 더위를 타지 않

더하기 더하는 일. 凹빼기.
***더하다** 1 전보다 심해지다. 예병세가 더하다. 2 더 늘리다. 예하나에 둘을 더하다. 凹빼다. 3 비교하여 한쪽이 더 많거나 심하다. 예게으르기로 말하면 그가 더하다.

더할 나위 없다 더 이상 뭐라고 말할 것이 없다.

더한층 (一層) 더욱더. 한층 더.
***덕** (德) 1 인간으로서의 도리를 행하려는 어질고 올바른 마음이나 훌륭한 인격. 예덕이 높은 사람. 2 은혜. 덕택. 예선배의 덕을 입다.

덕(을) 보다 이득·혜택을 얻다. 예땅값이 올라 덕을 보았다.

덕담 (德談) [덕땀] 남이 잘되기를 비는 말. 예설날 아침에 덕담을 주고받았다. 凹악담.

덕망 (德望) [덩망] 많은 사람이 우러러보는 높은 덕과 인격. 예덕망 있는 학자 / 덕망을 쌓다.

덕목 (德目) [덩목] 충·효·인 의 따위의 덕을 분류하는 항목.

***덕분** (德分) [덕뿐] 남이 베풀어 준 고마운 은혜나 도움. 예덕분에 잘 지내고 있다. 凹덕택.

덕석 [덕썩] 추울 때에 소의 등을 덮어 주는 멍석.

덕성 (德性) [덕썽] 어질고 너그러운 성질. 예덕성을 갖추다 / 덕성을 기르다. **덕성스럽다**.

덕수궁 (德壽宮) [덕쑤궁] 조선 성종 때에 지은 옛 대궐의 하나. 서울특별시 중구 정동에 위치하고, 그 안에는 석조전이 있으며, 정문을 대한문이라 함. 우리나라 사적임.

덕수궁

덕지덕지 [덕찌덕찌] 먼지나 때 같은 것이 많이 낀 모양. 예때가 덕지덕지 끼다. 짝닥지닥지. **덕지덕지하다**.

덕택 (德澤) 남에게서 받은 은혜나 도움. 예도와주신 덕택으로 사업이 성공했습니다. 凹덕분.

덕행 (德行) [더캥] 착하고 어진 행실. 예덕행을 쌓다.

-던지 1 지난 일을 회상하여 막연하게 의심을 나타낼 때 쓰는 말. 예시간이 얼마나 지났던지 생각이 안 난다. 2 지난 일을 회상하면서 그것이 다른 어떤 사실을 일으키는 원인이 됨을 나타낼 때 쓰는 말. 예날씨가 어찌나 춥던지 손이 꽁꽁 얼었다.

> 주의 **-던지**와 **(-)든지**
> **-던지** 지난 일을 나타내는 말 '-더-'에 '-ㄴ지'가 결합된 말.
> 예얼마나 놀랐던지 몰라.
> **(-)든지** 무엇이나 가리지 않음을 나타내는 말.
> 예가든지 오든지 마음대로 해라 / 배든지 사과든지 마음대로 먹어라.

던지기 포환던지기나 원반던지기를 통틀어 이르는 말.

***던지다** 1 물건을 손으로 공중을 향해 날려 보내어 다른 곳에 다다르게 하다. 예공을 던지다. ⇨throw 2 어떤 것을 향하여 말이나 눈길을 보내거나 주다. 예질문을 던지다. 3 투표하다. 예깨끗한 한 표를 던지다. 4 영향을 주거나 문제를 일으키다. 예파문을 던지다. 5 어떤 환경에 자기 몸을 뛰어들게 하다. 예정계에 몸을 던진다.

***덜** [덜:] 한도에 미처 다 차지 못함을 나타내는 말. 예감이 아직 덜 익었다 / 잠이 덜 깨다. 凹더.

덜거덕 크고 단단한 물건이 맞닿아서 나는 소리. 준덜걱. 짝달가닥. 쎈떨거덕. **덜거덕하다**. **덜거덕거리다**.

덜그럭 단단하고 큰 물건이 부딪치거나 서로 스쳐 나는 소리. 짝달그락. 쎈떨그럭. **덜그럭하다**.

***덜다** [덜:다] 1 일정한 수량이나 정도에서 일부를 떼어서 줄이거나 적게 하다. 예짐을 덜다 / 밥을 공기에 덜어 먹다. 2 어떤 상태나 행동의 정도를 적게 하다. 예근심을 덜다 / 수고를 덜다. 활용 덜어 / 더니 / 더는.

덜덜 무섭거나 추위서 몸을 떠는 모양. 예너무 추워 몸이 덜덜 떨린다. **덜덜거리다**.

덜렁 1 큰 방울이 한 번 흔들려 나는 소리. 2 침착하지 못하고 가볍게 행동하는 모양. 3 가진 것이나 딸린 것이 적거나 단 하나만 남아 있는 모양. **덜렁하다.**

덜렁거리다 1 덜렁 소리가 잇달아 나다. 2 침착하지 못하고 자꾸 덤벙거리다. 작 달랑거리다.

덜렁이 조심스럽지 못하여 실수를 잘 하는 사람을 놀리는 말.

덜미 목덜미 아래와 어깻죽지 사이. 본 뒷덜미.

덜미(를) 잡히다 못된 일 따위를 꾸미거나 하다가 들키다.

덜컥 1 어떤 일이 갑자기 일어나는 모양. 예 덜컥 사고를 내다. 2 갑작스레 놀라거나 겁에 질려 가슴이 내려앉는 모양. 예 덜컥 겁이 나다. 3 크고 단단한 물건이 맞부딪치는 소리. 본 덜커덕. **덜컥하다.**

덜컹 1 크고 단단하고 속이 빈 큰 물건이 맞부딪쳐 나는 소리. 예 창문이 덜컹 닫히다 / 차가 덜컹 움직이다. 2 갑자기 놀라거나 겁에 질려서 가슴이 몹시 울렁거리는 모양. 예 겁이 덜컹 나다 / 가슴이 덜컹 내려앉다. 본 덜커덩. **덜컹하다.**

덜하다 [덜:하다] 어떤 기준이나 정도보다 약하거나 적다. 예 단맛이 덜하다 / 추위가 한결 덜하다.

덤 [덤:] 물건을 사고팔 때, 제 값어치의 물건 외에 조금 더 얹어서 주거나 받는 물건. 예 덤을 많이 받다.

덤덤하다 마땅히 말할 만한 자리에서 아무 말도 없이 잠자코 있다.

덤덤히 덤덤하게. 예 고개를 숙이고 덤덤히 앉아 있다.

덤벙거리다 침착하지 못한 행동으로 함부로 덤비거나 서두르다. 예 덤벙거리지 말고 잘 찾아봐라. 작 담방거리다.

덤벙대다 ⇨덤벙거리다.

덤벼들다 1 마구 대들거나 달려들다. 예 함부로 덤벼들지 마라. 2 어떤 일을 이루려고 적극적으로 뛰어들다. 예 여럿이 덤벼들어 일을 순식간에 끝마치다. 본 덤비어들다. 활용 덤벼들어 / 덤벼드는.

덤불 어수선하게 엉클어진 수풀.

*덤비다** 1 함부로 대들거나 달려들다. 예 철없이 덤비다. 2 침착하지 못하고 서두르다. 예 덤비지 말고 차근차근히 해라.

덤프트럭 (dump truck) 짐 싣는 칸의 한쪽을 들어 올려 짐을 한꺼번에 쏟아 내릴 수 있게 만든 화물 자동차. 돌·자갈·모래 따위를 나르는 데 씀. 덤프차.

덤프트럭

덤핑 (dumping) 상품을 제값보다 훨씬 낮은 값으로 파는 일. 투매. 예 덤핑 방지 대책을 세우다. **덤핑하다.**

*덥다** [덥:따] 1 몸으로 느끼기에 기온이 높다. 예 날씨가 굉장히 덥다. 반 춥다. 2 온도가 높다. 예 더운 물 / 더운 음식. 반 차다. 활용 더워 / 더우니.

덥석 [덥썩] 왈칵 달려들어 급히 움켜잡거나 입에 무는 모양. 예 반가움에 친구의 손을 덥석 잡았다. 작 답삭. **덥석거리다.**

덥수룩하다 [덥쑤루카다] 많이 난 털 같은 것이 어수선하게 덮여 있다. 예 덥수룩하게 난 수염.

덥히다 [더피다] 덥게 하다. 따뜻하게 만들다. 예 목욕물을 덥히다 / 난방을 틀어 방을 덥히다 / 마음을 덥혀 주는 소식을 전하다.

덧- '거듭' 또는 '겹쳐'의 뜻을 나타내는 말. 예 덧니 / 덧버선 / 덧대다 / 덧붙이다.

덧나다 [던나다] 1 병이나 상처 따위를 잘못 다루어 더 나빠지다. 예 종기가 덧나다. 2 이미 나 있는 위에 덧붙어 나다. 예 이가 덧나다.

덧니 [던니] 이가 난 줄의 곁에 포개어 난 이. →젖니 [참고]

덧대다 [덛때다] 댄 것 위에 다시 또 대다. 예 해진 바지에 헝겊을 덧대고 깁다.

덧문 (-門) [던문] 문짝 겉쪽에 덧붙인 문.

덧버선 [덛뻐선] 1 버선 위에 겹쳐 신는 큰 버선. 2 양말 위에 겹쳐 신거나 맨발에 신는, 목 없는 버선.

덧붙이다 [덛뿌치다] 1 있는 위에 겹쳐 붙게 하다. 예 도배지를 덧붙이다. 2 한 말에 더 보태서 말하다. 예 덧붙여 한 말씀 드리겠습니다.
***덧셈** [덛쎔] 두 개 이상의 수나 식을 더하여 그 값을 구하는 셈. 비가산. 더하기. 반뺄셈. **덧셈하다**.
덧소매 [덛쏘매] ⇨토시.
덧신 [덛씬] 구두 위에 덧신는 신.
덧없다 [더덥따] 1 세월이 너무 빨라 허무하다. 예덧없는 세월. 2 헛되고 허전하다. 예덧없는 인생. 비무상하다.
덧없이 [더덥씨] 덧없게. 예세월이 덧없이 흐르다.
덧입다 [던닙따] 옷을 겹쳐 입다. 예양복 위에 코트를 덧입다.
덧저고리 [덛쩌고리] 저고리 위에 겹쳐서 입는 저고리.
덧칠 (—漆) [덛칠] 칠한 데에 겹쳐 칠하는 칠. **덧칠하다**.
*****덩굴** 땅바닥으로 벋어 나가거나 다른 것을 감아 오르는 식물의 줄기. 예호박 덩굴. 비넝쿨.
덩굴손 잎이나 가지가 실같이 되어 다른 물건을 감아서 줄기를 버티게 하는 가는 덩굴.
덩굴줄기 덩굴로 된 줄기.
덩그렇다 [덩그러타] 1 홀로 높이 솟아 있다. 예덩그렇게 잘 지은 집. 2 넓은 공간이 텅 비어 쓸쓸하다. 예방학이라 교실이 덩그렇게 비었다. 활용덩그러니 / 덩그레서.
덩달다 주로 '덩달아'·'덩달아서'의 꼴로 쓰여, 사정도 모르면서 남이 하는 대로 따라서 하다. 예영문도 모르고 덩달아 웃다 / 사람들 박수 소리에 덩달아서 박수를 쳤다.
덩더꿍 북이나 장구를 흥겹게 두드리는 소리.
덩실덩실 신이 나서 계속 춤을 추는 모양. 예덩실덩실 춤추다. 작당실당실. **덩실덩실하다**.
덩어리 1 뭉쳐서 크게 이루어진 것. 예얼음 덩어리가 녹아 물이 되다. 2 뭉쳐서 이루어진 것을 세는 단위. 예수박 한 덩어리. 비덩이.
덩이 1 같은 물질이 뭉쳐진 것. 예빵이 돌덩이처럼 딱딱하게 굳다. 2 뭉쳐진 것의 수를 세는 단위. 예떡 다섯 덩이. 비덩어리.
덩치 몸의 부피. 예덩치를 보니 힘깨

나 쓰겠다. 비몸집.
덫 [덛] 짐승을 꾀어 잡는 기구. 예덫을 놓아 쥐를 잡다 / 덫에 치인 노루. →닻 주의
덮개 [덥깨] 1 덮는 물건. 예자동차에 덮개를 씌우다. 2 뚜껑. 예항아리 덮개.
*****덮다** [덥따] 1 뚜껑을 씌우다. 예솥 뚜껑을 덮다. 2 어떤 내용이나 사실을 알려지지 않게 숨기다. 예이번만은 잘못을 덮어 주자. 3 위로부터 얹어 씌우다. 예잠이 든 동생에게 이불을 덮어 주었다. 4 펼쳐진 책 따위를 닫다. 예읽던 책을 덮다. ⊃cover
덮밥 [덥빱] 더운밥에 오징어·쇠고기 따위로 만든 반찬을 얹은 음식.
덮어놓고 [더퍼노코] 무턱대고. 이유를 밝히지 않고 다짜고짜로. 예덮어놓고 짜증을 내다 / 덮어놓고 믿었다가 손해를 봤다.
덮어 두다 1 옳고 그름이나 잘잘못을 가리어 드러내지 아니하다. 예이 문제는 덮어 두기로 하자. 2 하던 일을 그만두다. 예하던 일을 덮어 두고 그냥 나가 버렸다. 3 비밀로 하다. 예우리끼리만 알고 덮어 두자.
덮어쓰다 [더퍼쓰다] 1 억울한 누명을 쓰다. 예죄를 덮어쓰다. 2 위로부터 써서 가리다. 예이불을 덮어쓰다. 3 먼지·가루·물 따위를 온몸에 뒤집어쓰다. 예흙먼지를 덮어쓰다. 활용덮어써 / 덮어쓰니.
*****덮이다** [더피다] 드러난 것에 다른 것이 얹히어 보이지 않게 되다. 예눈으로 덮인 들판.
덮치다 [덥치다] 1 들이닥쳐 덮어 누르다. 예파도가 어선을 덮치다. 2 여러 가지 일이 한꺼번에 닥치다. 예엎친 데 덮치다. 3 갑자기 습격하다. 예경찰이 도박판을 덮쳤다.
*****데** 1 곳. 예올 데 갈 데 없다. 2 경우. 처지. 예아픈 데에 먹는 약. 3 '일'이나 '것'의 뜻. 예노래 부르는 데도 소질이 있다.
—데 1 지난 일을 회상할 때 쓰는 말. 예시장엔 아직도 참외가 있데. 2 지난 일을 생각하고 물을 때 쓰는 말. 예그 사람 아직도 키가 작데 / 큰 짐승이데.

→ -대 [주의]

데구루루 약간 크고 단단한 물건이 단단한 바닥에서 구르는 소리. 또는 그 모양.

데굴데굴 크고 단단한 물건이 계속하여 굴러 가는 모양. [작] 대굴대굴. [센] 떼굴떼굴.

***데다** [데:다] 1 뜨거운 기운이나 물질에 닿아 살이 상하다. 예 난로에 손을 데다. 2 몹시 놀라거나 심한 고통을 겪어 진저리가 나다. 예 그 일에는 정말 데었다.

***데리다** 아랫사람이나 동물 따위를 가까이 있게 하거나 따라다니게 하다. 예 아이를 데리러 가다 / 개를 데리고 산책하다. [참고] 주로 '데리고·데리러·데려'의 꼴로 쓰임.

데릴사위 [데릴싸위] 처가에서 데리고 사는 사위. [반] 민며느리.

데모 (demo) 어떤 주장이나 목적을 위하여 많은 사람들이 모여서 벌이는 시위 운동. 예 데모를 벌이다 / 데모를 진압하다. **데모하다**.

데뷔 (프 début) 일정한 활동 분야에 처음으로 나타나는 일. 예 데뷔 작품 / 영화계에 배우로 데뷔하다. **데뷔하다**.

데생 (프 dessin) 형태와 밝고 어두움을 주로 나타내기 위하여 연필·목탄 따위로 그리는 단색 그림. 서양화의 기초가 됨. 소묘.

데스크톱 (desktop) 개인의 책상 위에 설치하여 사용하는 컴퓨터. 데스크톱 컴퓨터.

데시리터 (deciliter) 1리터의 10분의 1((기호는 d*l*)).

데시벨 (decibel) 소리의 크기를 나타내는 단위((기호는 dB)).

데우다 찬 것에 열을 가하여 덥게 하다. 예 우유를 데우다. [준] 데다.

데이터 (data) 1 이론을 세우는 데 바탕이 되는 자료. 예 데이터를 뽑다. 2 컴퓨터에서 쓸 수 있도록 기호와 숫자로 나타낸 자료.

데이터베이스 (database) 컴퓨터에 많은 자료를 유기적으로 결합하여 저장해 두고 이 자료를 효율적으로 처리·이용할 수 있도록 한 프로그램. 또는 그 자료. 예 광범위한 정보를 데이터베이스로 구축하다.

데이트 (date) 남녀가 서로 사귀기 위하여 하는 약속. 또는 그 만남. 예 데이트를 신청하다. **데이트하다**.

데치다 [데:치다] 끓는 물에 슬쩍 삶아 내다. 예 시금치를 데치다.

덴마크 (Denmark) [국명] 독일 북쪽에 있는 유틀란트반도와 그 부근의 섬으로 된 나라. 세계적인 낙농국으로 농사를 주로 짓지만, 제차 세계 대전 후로는 각종 공업도 발전함. 사회 보장 제도가 잘 마련되어 있음. 수도는 코펜하겐.

뎅그렁 방울·종·풍경 따위가 흔들리거나 부딪칠 때 나는 소리. [작] 댕그랑. [센] 뗑그렁.

도¹ 윷놀이에서, 윷 세 짝은 엎어지고 한 짝은 젖혀진 것을 일컫는 말. 예 도가 나오다. → 윷짝 [참고]

도² (度) [도:] 알맞은 정도나 한도. 예 도가 지나친 행동.

***도³** (度) [도:] 1 각도의 단위. 직각의 90분의 1. 예 직선은 180도이다. 2 온도의 단위. 예 섭씨 34도.

도⁴ (道) [도:] 1 마땅히 지켜야 할 도리. 예 도를 지키다. 2 종교에서 근본이 되는 뜻. 또는 깊이 깨달은 지경. 예 도를 깨닫다.

도⁵ (道) [도:] 우리나라 지방 행정 구역의 하나. 시와 군을 포함함.

도⁶ (이 do) 장음계의 첫째 음, 단음계의 셋째 음의 계이름. '다' 음의 이탈리아 음이름.

도가 (道家) [도:가] 중국의 노자와 장자의 가르침을 따르는 교. 또는 그 사상이나 무리.

도가니 1 쇠붙이를 녹이는 데 쓰이는 그릇. 단단한 흙이나 흑연 따위로 우묵하게 만듦. 2 여러 사람이 흥분·감격하여 들끓는 상태를 표현하는 말. 예 축구장은 흥분의 도가니였다. 3 소의 무릎에 있는 뼈와 거기에 붙은 고기. 예 도가니탕.

도감 (圖鑑) 그림이나 사진을 모아서 풀이를 붙여 놓은 책. 예 곤충 도감 / 동물 도감.

도공 (陶工) 오지그릇·질그릇을 만드는 사람. [비] 옹기장이.

도구 (道具) [도:구] 1 일에 쓰는 여러 가지 연장. 예 청소 도구. 2 어떤 목적을 이루기 위한 수단이나 방법. 예 출세의 도구로 삼다. ⇒tool

도구함 (道具函) [도:구함] 도구를 넣어 두는 상자.

도굴 (盜掘) 고분 따위를 허가 없이 불법적으로 몰래 파내는 짓. **도굴하다**.

도금 (鍍金) [도:금] 쇠붙이의 겉에 녹스는 것을 막거나 장식을 위해 금·은·니켈·주석·크롬 등의 얇은 금속 막을 입히는 일. 예 은으로 도금한 숟가락 / 니켈 도금. **도금하다**.

도기 (陶器) 붉은 진흙으로 빚어 볕에 말리거나 약간 구운 다음 유약을 입혀 다시 구운 질그릇.

도깨비 동물이나 사람 모습을 한 잡된 귀신의 한 가지. 비상한 힘과 괴상한 재주를 가져 사람을 호리기도 하고 짓궂은 장난이나 험상궂은 짓을 많이 한다고 함.

도깨비불 어두운 밤에 무덤이나 축축한 땅, 또는 오래 묵은 나무 따위에서 인의 작용으로 번쩍거리는 푸른빛의 불빛.

***도끼** [도:끼] 나무를 찍거나 패는 연장의 하나. 쐐기 모양의 큰 쇠 날의 머리 부분에 구멍을 뚫어 자루를 끼움.

도끼

도끼눈 [도:끼눈] 분하거나 미워서 사납게 쏘아보는 눈.

도난 (盜難) 도둑을 맞는 재난. 예 도난 신고 / 도난을 당하다.

도넛 (doughnut) 밀가루에 버터·설탕·달걀 따위를 넣고 반죽하여 고리 모양으로 만들어 기름에 튀긴 과자.

도달 (到達) [도:달] 정한 곳이나 어떤 수준에 다다름. 예 설악산 정상에 도달하다. 凹도착. **도달하다**.

***도대체** (都大體) '대체'보다 뜻을 더 넓게 강조하여 쓰는 말. 예 도대체 여기가 어디냐. 凹대관절.

***도덕** (道德) [도:덕] 사람으로서 마땅히 지켜야 할 바른 도리 및 행동. 예 교통 도덕을 잘 지키자.

도덕적 (道德的) [도:덕쩍] 도덕에 따라 사물을 판단하려고 하는 (것). 또는 도덕에 적합한 (것). 예 도덕적 가치.

도도하다 [도:도하다] 잘난 체하여 주제넘게 거만하다. 예 도도하게 굴지 마라.

도돌이표 (—標) [도도리표] 악곡을 처음부터 되풀이하여 연주하거나 노래 부를 것을 표시하는 기호.((기호는 ǀ: :ǀ)). 凹반복 기호.

***도둑** 남의 물건을 훔치거나 빼앗는 짓. 또는 그런 짓을 하는 사람. 예 도둑을 맞다 / 도둑을 잡다 / 집에 도둑이 들다. 凹도적. ⇒thief

도둑고양이 [도둑꼬양이] 주인 없이 여기저기 돌아다니며 사는 길고양이를 이르는 말.

도둑질 [도둑찔] 남의 물건을 훔치거나 빼앗는 짓. 凹도적질. **도둑질하다**.

***도라지** 초롱꽃과의 여러해살이풀. 높이 약 60cm. 산과 들에서 자라는데, 잎은 긴 달걀꼴이며, 한여름에 종 모양의 흰색이나 하늘색 꽃이 핌. 뿌리는 인삼과 비슷한데, 먹기도 하고 한방에서 약재로도 씀.

도란도란 나직한 목소리로 서로 정답게 이야기하는 소리. 또는 그 모양. 예 친구와 사이좋게 도란도란 이야기하다. 큰두런두런. **도란도란하다**.

***도랑** 폭이 좁고 작은 개울.

***도래** (到來) [도:래] 어떤 시기나 기회가 닥쳐옴. 예 정보화 시대가 도래하다. **도래하다**.

도량 (度量) [도:량] 너그러운 마음과 깊은 생각. 예 도량이 넓은 사람.

도량형 (度量衡) [도:량형] 길이·넓이·양·무게 따위를 재는 기구인 자·되·말·저울을 통틀어 일컫는 말. 보통, 계량 단위와 그 제도를 가리킴.

도려내다 빙 둘러서 베거나 파내다. 예 사과의 상한 곳을 도려내다.

도련님 1 결혼하지 않은 남자를 대접하여 일컫는 말인 '도령'의 높임말. 2 결혼하지 아니한 시동생을 높여 일컫는 말.

도령 [도:령] 결혼하지 않은 남자를 대접하여 일컫는 말.

도로¹ 1 향하던 쪽에서 되돌아서. 예 가던 길을 도로 돌아오다. 2 또다시.

예 중단했던 일을 도로 시작하다. 3 먼저대로. 예 제자리에 도로 갖다 놓다.

*도로²(道路) [도:로] 사람이나 차가 다닐 수 있도록 만든 길. 예 버스 전용 도로. 비 길. ⇒road

도로망(道路網) [도:로망] 그물처럼 여러 갈래로 복잡하게 얽힌 도로의 체계. 예 도로망을 넓히다. 비 교통망.

도로변(道路邊) [도:로변] 도로의 양쪽 가장자리. 비 길가.

도롱뇽 도롱뇽과의 동물. 몸길이는 15cm가량. 물이 차고 깨끗한 개울·못 등의 낙엽 밑이나 땅속에 살며 작은 벌레를 잡아먹음. 1-4월에 논·연못가의 풀밭에 알을 낳음.

도롱이 비옷의 한 가지. 짚이나 띠 같은 풀로 엮어 만듦. 흔히 농부들이 어깨에 걸쳐 두름.

도료(塗料) 물체의 겉에 칠하여 썩지 않게 하거나 아름답게 하는 재료. 니스·페인트 따위.

도루(盜壘) 야구에서, 주자가 수비의 허술한 틈을 타서 다음 누로 가는 일. 도루하다.

도르래 바퀴에 홈을 파고 줄을 걸어서 물건을 끌어 올리거나 힘의 방향을 바꾸거나 하는 데 쓰이는 장치. 고정 도르래와 움직도르래가 있음. 비 활차.

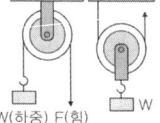
W(하중) F(힘)
도르래

도리(道理) [도:리] 1 사람이 마땅히 지켜야 할 바른길. 예 인간의 도리. 2 나아갈 방도와 길. 예 어찌할 도리가 없다.

도리깨 곡식의 이삭을 두드려서 알갱이를 떠는 데 쓰는 농기구. 긴 작대기 끝에 서너 개의 긴 나뭇가지를 잡아매어 휘둘러 가며 침.

도리도리 도리질 시킬 때 내는 소리. 또는 도리질하는 동작. 예 도리도리 짝짜꿍 / 아기에게 도리도리를 시키다.

도리어 1 생각했던 것과는 다르게. 예 벌기는커녕 도리어 손해만

도리깨

봤다. 비 오히려. 2 ⇨ 차라리. 예 도리어 죽느니만 못하다. 준 되레.

도리질 말귀를 겨우 알아듣는 어린 아이가 어른이 시키는 대로 머리를 좌우로 흔드는 재롱. 비 도리머리. 도리질하다.

도마 칼질할 때 밑받침으로 쓰는, 나무나 플라스틱으로 만든 넓은 판.

도마 위에 오르다 어떤 사람이나 사건이 비판의 대상이 되다.

도마뱀 도마뱀과의 긴 꼬리를 가진 냉혈 동물. 풀밭에 살며 전체 길이는 9-13cm 정도. 온몸은 비늘로 덮이고 네 다리는 짧고 다섯 개의 발가락이 있음. 긴 꼬리는 위험을 당하면 저절로 끊어졌다가 새로 자람.

도마뱀

*도막 작고 짧은 동강. 또는 그것을 세는 말. 동강동강 도막을 내다 / 생선 두 도막.

*도망(逃亡) 피하거나 쫓겨서 달아남. 예 도둑이 도망을 가다. 비 도주. 도망하다.

도망치다(逃亡—) 피하거나 쫓겨서 달아나다. 예 도망치는 도둑을 잡다. 본 도망질치다.

도맡다 [도맏따] 모든 책임을 혼자서 떠맡다. 예 잔심부름을 도맡아서 하다.

도매(都賣) 물건을 낱개로 팔지 않고 일정한 분량 이상으로 묶어 팖. 예 도매로 팔다. 반 소매. 도매하다.

*도매상(都賣商) 물건을 도매로 파는 장사. 또는 그런 가게나 장수. 반 소매상.

도메인(domain) 인터넷을 사용할 때 컴퓨터가 접속된 위치를 나타내는 주소의 이름.

도면(圖面) 토목·건축·기계·토지 등의 구조나 설계 따위를 제도기를 써서 그린 그림. 예 도면을 놓고 설명하다. 비 도본.

도모(圖謀) 어떤 일을 이루기 위하여 수단과 방법을 꾀함. 예 친목을 도모하다. 도모하다.

*도무지 1 이것저것 할 것 없이 모두. 예 무슨 영문인지 도무지 모르겠

다. 2 이러니저러니 할 것 없이 아주. 예도무지 반성의 빛이 없다. 비도통.
도미[1] [도:미] 도밋과의 바닷물고기. 몸은 타원형으로 납작하고 대부분 붉은빛이며, 몸길이 40-50cm. 머리는 크고 입은 작으며, 온몸이 큰 비늘로 덮임. 먹을 수 있음. 준돔.
도미[2] (渡美) 미국으로 건너감. 예도미 유학. 도미하다.
도미노 (domino) 1 서양 골패의 하나. 2 도미노 패가 연이어 넘어지듯이 어떤 현상이 밖으로 파급되는 일. 예도미노 현상 / 도미노 효과.
도민[1] (島民) 섬에서 사는 사람. 비섬사람.
도민[2] (道民) [도:민] 그 도 안에 사는 사람. 예강원도 도민.
도박 (賭博) 1 돈이나 재물을 걸고 따먹기를 다투는 짓. 예도박으로 재산을 다 없앴다. 비노름. 2 위험성이 있거나 가능성이 없는 일에 손을 대는 일. 예그 사업은 도박이나 다름없다. 도박하다.
도발 (挑發) 남을 건드려 일이 일어나게 함. 예도발 행위. 도발하다.
도배 (塗褙) 벽이나 천장 따위를 종이로 바르는 일. 예내 방을 새로 도배하다. 도배하다.
도배지 (塗褙紙) 도배하는 데 쓰는 종이.
도벽 (盜癖) 남의 물건을 훔치는 버릇. 예그 친구는 도벽이 있다.
도보 (徒步) 자전거나 차 따위의 탈 것을 타지 않고 걸어감. 예도보 여행. 도보하다.
도복 (道服) [도:복] 검도·유도·태권도 등을 수련할 때 입는 운동복. 예태권도 도복.
도봉산 (道峰山) [도:봉산] 서울특별시 도봉구에 있는 산. 산 전체가 큰 바위로 이루어져 있으며 경치가 아름다움. 높이 740m.
도사 (道士) [도:사] 1 도를 닦는 사람. 2 어떤 일에 매우 능숙한 사람을 속되게 이르는 말. 예형은 수학 문제 풀이 도사다.
도사리다 1 두 다리를 꼬부려 서로 어긋매껴 앉다. 예점잖게 다리를 도사리고 앉아 있다. 2 긴장된 상태로 기회를 엿보다. 예먹이를 노리며 도사리고 있는 사자. 3 앞으로 일어날 일의 낌새가 숨어 있다. 예항상 위험이 도사리고 있다.
도산 (倒産) [도:산] 기업이 재산을 잃고 망함. 비파산. 도산하다.
도살 (屠殺) 가축을 잡아 죽임. 예전염병이 번지자 수백 마리의 돼지를 도살하였다. 비도축. 도살하다.
도서[1] (圖書) ⇨책. 예도서 목록 / 도서 전시회.
도서[2] (島嶼) 크고 작은 섬들. 예남해 도서 지방.
*****도서관** (圖書館) 많은 책과 자료를 모아 정리하여 두고 여러 사람들이 볼 수 있도록 만들어 놓은 곳. 예국립 도서관. ◐library
*****도서실** (圖書室) 많은 책을 모아 두고 여러 사람이 볼 수 있게 꾸며 놓은 방. 예학교 도서실에서 책을 읽다.
도선 (導線) [도:선] 열이나 전기가 통하는 쇠붙이 줄. 전기가 가장 잘 통하는 것은 백금·구리·납의 순서임.
도수 (度數) [도:쑤] 1 거듭하는 횟수. 예도수가 잦다. 2 각도·광도·농도·온도 등을 나타내는 수. 예도수가 높은 안경.
도술 (道術) [도:술] 도를 닦아 놀라운 재주를 부리는 기술. 예도술을 부리다 / 도술에 걸리다.
*****도시** (都市) 인구가 많이 모여 상공업이 발달하고 정치·경제·문화 등의 중심을 이룬 곳. 예도시 생활 / 도시는 자동차 공해가 심하다. 비도회지. 반농촌. 시골. ◐city
도시가스 (都市gas) 배관을 통하여 가정이나 공장 등에 공급하는 연료용 가스.
도시 계획 (都市計劃) 도시의 구획이나 교통·위생·주택·행정 등에 관한 시설들을 도시 구역 안에 효과적이고 조화롭게 건설하려는 계획.
도시 국가 (都市國家) 도시 그 자체가 하나의 국가를 이루는 정치 공동체. 고대의 아테네·로마 등이 여기에 속함.
*****도시락** 플라스틱이나 알루미늄 따위

로 만들어져 간편하게 가지고 다닐 수 있도록 만든 음식 그릇. 또는 그 음식.

도시화 (都市化) 도시 밖의 지역이 도시처럼 됨. 또는 그렇게 만듦. 예농촌의 도시화가 진전되다. **도시화하다**.

도심지 (都心地) 도시의 중심이 되는 지대.

도안 (圖案) 모양·색채 따위를 장식 등에 이용하려고 그림으로 나타내는 일. 또는 그 그림의 무늬나 모양. **도안하다**.

도야 (陶冶) 훌륭한 인격을 갖추려고 마음과 몸을 닦아 기름. 예인격 도야. **도야하다**.

도약 (跳躍) 1 뛰어오름. 2 더 나은 상태로 발전함. 예선진국 대열로 도약하다. **도약하다**.

도예 (陶藝) 도자기를 소재로 한 미술·공예. 예도예를 배우다.

도와주다 다른 사람의 일을 거들거나 힘을 보태 주다. 예집안일을 도와주다 / 동생의 숙제를 도와주다.

도외시하다 (度外視─) [도:외시하다 / 도:웨시하다] 중요한 것으로 생각하지 않다. 예현실을 도외시하다.

도요새 도욧과의 새를 통틀어 이르는 말. 다리와 부리가 길고 꽁지가 짧으며 주로 강가나 바닷가에 삶.

도요새

도용하다 (盜用─) 남의 것을 허락받지 않고 몰래 쓰다. 예유명 상표를 도용하다.

도우미 남에게 봉사하는 사람. 또는 어떤 일을 돕기 위해 채용된 사람.

***도움** 남을 돕는 일. 예도움을 청하다 / 큰 도움이 되다.

***도움닫기** [도움닫끼] 높이뛰기·멀리뛰기 등의 육상 경기에서 속도를 내려고 일정한 선까지 뛰어가는 일.

도움말 1 옆에서 말을 덧붙여 도움. 또는 그 말. 비조언. 2 문제집 등에서, 어려운 부분을 상세히 설명한 글. 예도움말을 참고하여 문제를 풀다.

도읍 (都邑) 한 나라의 서울. 예도읍을 옮기다.

도읍지 (都邑地) [도읍찌] 한 나라의 서울로 정한 곳. 예부여는 백제의 도읍지였다.

도읍하다 (都邑─) [도읍파다] 서울로 정하다. 예한양에 도읍하다.

도의 (道義) [도:의 / 도:이] 사람이 마땅히 지키고 따라야 할 윤리적 원칙. 예학생으로서 지켜야 할 도의가 있다.

도인 (道人) [도:인] 도를 닦아 깨달은 사람. 비도사.

도입 (導入) [도:입] 1 기술·방법·물자 따위를 끌어들이다. 예새로운 선진 기술을 도입하다. 2 단원 학습 등에서 앞으로 배울 준비 학습으로서의 안내 역할. 예학습의 도입 부분. **도입하다**.

***도자기** (陶瓷器) 질그릇·오지그릇·사기그릇 따위를 통틀어 일컫는 말. 예도자기를 빚다.

도장¹ (道場) [도:장] 검도·유도·태권도 등을 가르치거나 연습하는 곳. 예검도 도장에 다니다.

도장² (圖章) [도:장] 나무나 뼈 따위에 개인이나 단체의 이름·지위 등을 새겨 찍을 수 있게 만든 물건. 예도장을 새기다 / 도장을 찍다. 비인장.

도저히 (到底─) [도:저히] 아무리 하여도. 예도저히 용서할 수가 없다.

도적 (盜賊) ⇨도둑.

도전 (挑戰) 1 상대에게 싸움을 걺. 예도전에 응하다. 2 어려운 일이나 기록 경신에 맞섬. 예세계 신기록에 도전하다. **도전하다**.

도주 (逃走) 피하거나 쫓겨서 달아남. 예범인이 도주하다. 비도망. **도주하다**.

도중 (途中) [도:중] 1 길을 가고 있는 동안. 예집에 가는 도중에 친구를 만나다. 2 일이 끝나지 않고 진행되는 중간. 예수업 도중에 계속 졸았다.

도지다 [도:지다] 나아가거나 나았던 병이 다시 덧나거나 심해지다. 예찬바람을 쐬어 감기가 도졌다.

도지사 (道知事) [도:지사] 한 도의 행정 사무를 맡아보는 최고 책임자. 비도백. 준지사.

***도착** (到着) [도:착] 목적지에 다다름. 예도착 시간에 맞춰 공항에 다다르다 / 학교에 도착하다. 비도달. 맨출발. **도착하다**. ⊃arrive

도착점 (到着點) [도:착쩜] 도착하는 지점. 맨출발점.

도처 (到處) [도:처] 가는 곳. 이르는 곳. 여러 곳. 가는 곳마다. 예 이 산 도처에 절이 있다.

도청¹ (盜聽) 남의 대화나 전화 통화 따위를 몰래 엿듣는 일. 예 도청 장치 / 전화를 도청하다. **도청하다**.

도청² (道廳) [도:청] 도의 행정을 맡아보는 지방 관청. 예 경기도의 도청 소재지는 수원이다.

도체 (導體) [도:체] 열이나 전기가 비교적 잘 통하는 물체. 금속·물·탄소 따위. 맨부도체.

도출하다 (導出—) [도:출하다] 어떤 생각이나 판단, 결론 따위를 이끌어 내다. 예 합의를 도출해 내다.

도취 (陶醉) 무엇에 마음이 쏠려 취하다시피 됨. 예 감미로운 음악에 도취되다. **도취하다**.

도치 (倒置) [도:치] 차례나 위치 따위가 뒤바뀜. 또는 차례나 위치 따위를 뒤바꿈. **도치하다**.

도치법 (倒置法) [도:치뻡] 수사법의 하나. 문장에서 말의 순서를 뒤바꾸어 글에 변화를 주는 표현법.

도쿄 (일 東京) [지명] 일본의 수도. 일본의 정치·문화·경제의 중심지임. 동경.

도탄 (塗炭) 생활이 몹시 어렵고 고통스러운 처지. 예 도탄에 빠진 백성을 구하다.

도탑다 [도탑따] 인정이나 사랑이 많고 깊다. 예 친구 사이의 우정이 도탑다. [활용] 도타워 / 도타우니.

도태 (淘汰) 여럿 가운데서 불필요하거나 부적당한 것을 없애거나 버림. **도태하다**.

***도토리** 떡갈나무·갈참나무·상수리나무 따위의 참나뭇과의 나무 열매. 모양은 조금 길쭉하게 둥글고 빛깔은 갈색임. 갈아서 묵을 만들어 먹기도 함.

도토리

도토리묵 도토리로 만든 묵.

도톰하다 알맞게 두껍다. 예 도톰한 입술. 흰두툼하다.

도통 (都統) ⇨도무지. 예 무슨 말인지 도통 알 수가 없다.

도통하다 (道通—) [도:통하다] 사물의 깊은 이치를 깨달아 알다.

도투락댕기 [도투락땡기] 어린 여자아이가 땋은 머리끝에 다는 자줏빛 댕기. 준도투락.

도포 (道袍) [도:포] 예전에, 보통 예복으로 입던 남자의 겉옷. 소매가 아주 넓고 옷의 길이가 길며 등 뒤에 다른 폭을 대어 만듦. 예 도포 자락.

도포

도표 (圖表) 선이나 숫자를 써서 보기 쉽게 여러 자료를 정리하여 그림으로 나타낸 표.

도피 (逃避) 도망하여 몸을 피함. 예 도피 생활 / 현실 도피 / 해외로 도피하다. **도피하다**.

도합 (都合) 모두 합한 수. 예 버스 안에는 우리까지 도합 열 명이 타고 있다.

***도형** (圖形) 1 그림의 모양이나 형태. 2 입체·면·선·점 등으로 어떤 모양을 나타낸 것. 삼각형·사각형·구·원 따위. 예 평면 도형.

***도화지** (圖畫紙) 그림을 그릴 때 쓰는 종이.

도회지 (都會地) [도회지 / 도훼지] 사람이 많이 살고 있는 번잡한 지역. 비도시. 맨농촌. 준도회.

독¹ 간장·김치·술 따위를 담가 두는 큰 오지그릇이나 질그릇. 예 땅에 독을 묻다.

  독 안에 든 쥐 궁지에서 벗어날 수 없는 처지.

독² (毒) 건강이나 생명을 해치는 성분. 특히, 독약. 예 독이 있는 버섯 / 독을 제거하다.

독감 (毒感) [독깜] 지독한 감기. 예 독감에 걸려 학교에 결석하다.

독극물 (毒劇物) [독끙물] 독성을 가지고 있는 매우 해로운 물질. 예 독극물이 검출되다 / 독극물을 취급하다.

독기 (毒氣) [독끼] 1 독의 기운. 온몸에 독기가 퍼지다. 2 사납고 악한 기운이나 기색. 예 두 눈에 독기가 서리다.

독단적 (獨斷的) [독딴적] 남과 상의하지 않고 자기 혼자의 생각대로 결정하거나 판단하는 (것). 예독단적으로 처리하다.

독도 (獨島) [독또] 〖지명〗 우리나라의 동해 끝에 있는 화산섬. 경상북도 울릉군에 속하며 대부분 암석으로 되어 있음. 넓이는 0.188km².

***독립** (獨立) [동닙] 1 남의 도움을 받지 않고 홀로 섬. 예독립하여 가게를 차리다. 2 한 나라가 다른 나라의 지배를 받지 않고 스스로 정치를 함. 예독립 국가. 비자립. 반예속. 3 다른 것과 아주 별도임. 예독립 주택. **독립하다**.

독립군 (獨立軍) [동닙꾼] 나라의 독립을 위하여 싸우는 군대.

독립 기념관 (獨立紀念館) 우리나라의 독립과 관련된 자료나 유품 따위를 모아 전시하고 독립의 뜻을 기리는 곳. 충청남도 천안시에 있음.

독립문 (獨立門) [동님문] 독립 정신을 높이기 위해 1896년 독립 협회에서 세운 돌문. 서울특별시 서대문구 현저동에 있음. 우리나라 사적으로, 정식 이름은 '서울 독립문'.

독립 선언서 (獨立宣言書) 1919년 3·1 운동 때 우리나라의 독립을 세계 만방에 알린 글. 최남선이 만들고 민족 대표 33인이 서명하여 그해 3월 1일 서울 태화관에서 발표하였음. 비독립 선언문.

독립신문 (獨立新聞) [동닙씬문] 1896년에 독립 협회의 서재필이 중심이 되어 펴낸 우리나라 최초의 한글 민간 신문. 민족정신을 드높이고자 펴냈으나, 1899년 독립 협회의 해산과 함께 폐간됨.

독립심 (獨立心) [동닙씸] 남에게 기대지 않고 혼자 힘으로 어떤 일을 해 내려고 하는 마음. 예독립심이 강하다/ 독립심을 키우다.

독립운동 (獨立運動) [동니분동] 나라의 독립을 찾기 위한 여러 가지 정치적 운동.

독립적 (獨立的) [동닙쩍] 남에게 기대지 않고 제힘으로 해 나가는 (것). 예독립적 생활.

독립 정신 (獨立精神) 남에게 얽매이지 않고 스스로 살아가려는 정신.

독립 협회 (獨立協會) 1896년 국가의 독립과 민족의 자립을 위하여 만든 정치·사회 단체. 서재필·이상재·윤치호 등이 중심이 되어 독립신문 발간 및 독립문 건립 등의 업적을 남김.

독무대 (獨舞臺) [동무대] 1 배우 한 사람만 나와서 연기하는 무대. 2 어떤 판을 혼자서 휩쓺. 비독판.

독방 (獨房) [독빵] 혼자서 쓰는 방. 비독실.

***독백** (獨白) [독빽] 1 혼자서 중얼거림. 2 무대에서 배우가 혼자서 하는 대사. **독백하다**. *방백

독뱀 (毒—) [독뺌] ⇨독사.

독버섯 (毒—) [독뻐섣] 독이 있는 버섯. 파리버섯, 광대버섯 따위.

독보적 (獨步的) [독뽀적] 남이 따를 수 없을 정도로 뛰어난 (것). 예활쏘기의 독보적 존재.

독본 (讀本) [독뽄] 읽어서 그 내용을 익히기 위한 책. 예영어 독본.

독불장군 (獨不將軍) [독뿔장군] 남의 의견을 무시하고 무슨 일이든 자기 생각대로 처리하는 사람.

독사 (毒蛇) [독싸] 이빨에 독을 가진 뱀. 보통 머리가 납작한 세모꼴이고 몸이 굵으며 꼬리가 짧음. 살무사·코브라 등이 있음. 비독뱀.

독사진 (獨寫眞) [독싸진] 혼자 찍은 사진.

독살 (毒殺) [독쌀] 독약을 먹이거나 독을 써서 죽임. 예독살을 당하다. **독살하다**.

독상 (獨床) [독쌍] 혼자 먹게 차린 음식상. 반겸상.

***독서** (讀書) [독써] 책을 읽음. 예독서 감상문. **독서하다**.

독서삼매 (讀書三昧) [독써삼매] 오직 책 읽기에만 몰두함. 예독서삼매에 빠지다.

독서실 (讀書室) [독써실] 공부하고 책을 읽을 수 있도록 꾸민 업소.

독선 (獨善) [독썬] 자기 혼자만이 옳다고 생각하고 행동하는 일. 예독선에 빠지다.

독설 (毒舌) [독썰] 남을 심하게 욕하

거나 비판하는 사나운 말. 예독설을 퍼붓다.

독성(毒性)[독썽] 독이 있는 성분이나 성질. 예독성이 강한 물질.

독소(毒素)[독쏘] 1 해롭거나 나쁜 요소. 2 독이 있는 화합물.

독수리(禿一)[독쑤리] 수릿과의 크고 사나운 새. 날개 길이 70~90cm, 몸빛은 짙은 갈색, 다리는 회색으로 부리와 발톱이 날카롭고 큼. 나무나 절벽 따위에 집을 짓고 살며 주로 죽은 동물을 먹음.

독수리

독수리자리(禿一)[독쑤리자리] 궁수자리의 북쪽에 있는 독수리 모양의 별자리. 여름 하늘의 대표적인 별자리의 하나로 알파성은 견우성.

독신(獨身)[독씬] 1 형제자매가 없는 사람. 2 결혼하지 않고 혼자 사는 사람. 예독신 생활/독신을 고집하다. 비홀몸.

독신자(獨身者)[독씬자] 배우자 없이 혼자 사는 사람.

독실하다(篤實一)[독씰하다] 열성 있고 성실하다. 예독실한 신자.

독약(毒藥)[도갸] 사람이나 동물의 생명을 해치는, 독성이 있는 약.

독일(獨逸)[도길] 『국명』 중부 유럽에 있는 나라. 제2차 세계 대전 후 국토가 동서로 갈리었다가 1990년 10월에 통일되었음. 수도는 베를린. 도이칠란트.

독일어(獨逸語)[도기러] 주로 독일과 오스트리아, 스위스 등지에서 사용하는 언어.

독자[1](獨子)[독짜] 하나뿐인 아들. 비외아들.

독자[2](讀者)[독짜] 책·신문·잡지 따위의 출판물을 읽는 사람. 예독자의 편지를 받다.

독자적(獨自的)[독짜적] 1 남에게 의지하지 않고 혼자 하는 (것). 예독자적인 연구. 2 남의 것을 흉내 내지 않은 독특한 (것). 독창적인 (것). 예독자적인 전통과 문화.

***독재**(獨裁)[독째] 한 사람 또는 소수 집단이 마음대로 국민을 지배함. 예독재 국가. 비전제. 독재하다.

독재자(獨裁者)[독째자] 독재 정치를 하는 사람.

독점(獨占)[독쩜] 어떤 이로운 것을 혼자 차지함. 예이익을 독점하다. 비독차지. 독점하다.

독종(毒種)[독쫑] 성질이 매우 모질거나 냉정한 사람.

독주[1](獨走)[독쭈] 경주나 남과 겨루는 일에서 남을 앞질러 혼자서 앞서 나감. 독주하다.

독주[2](獨奏)[독쭈] 혼자 악기를 연주함. 반주가 있을 때도 있고 없을 때도 있음. 예바이올린 독주를 하다. 반합주. 독주하다.

독주곡(獨奏曲)[독쭈곡] 한 악기로 연주하도록 된 곡. 예피아노 독주곡.

독지가(篤志家)[독찌가] 자신의 이익에 상관하지 않고 어려운 이웃에 돈이나 물품을 주어 돕는 사람.

독차지(獨一) 혼자서 모두 차지함. 예재산을 독차지하다. 비독점. 독차지하다.

독창(獨唱) 혼자서 노래를 부름. 솔로. 반합창. 독창하다.

독창곡(獨唱曲) 혼자서 부르도록 된 노래.

독창력(獨創力)[독창녁] 혼자서 새로운 것을 생각해 내거나 만들어 내는 능력이나 재주. 예독창력이 뛰어난 작품. 비창조력.

독창성(獨創性)[독창썽] 독창적인 성향이나 성질. 예독창성을 기르다/독창성을 살리다.

독창적(獨創的) 혼자서 새로운 것을 생각해 내거나 만들어 내는 (것). 예독창적인 작품.

독창회(獨唱會)[독창회/독창훼] 한 사람이 노래하는 음악회. 예독창회를 열다.

독촉(督促) 일을 서둘러 하라고 재촉함. 예돈을 갚으라고 독촉하다. 독촉하다.

독충(毒蟲) 사람에게 해를 끼치는 독이 있는 벌레. 비독벌레.

독침(毒針) 1 독을 묻힌 바늘이나 침. 2 벌·개미 따위 암컷의 배 끝에 있는, 독을 내쏘는 바늘 같은 기관. 예 독침에 쏘이다. 비독바늘.

*독특하다 (獨特—) [독트카다] 특별하게 다르거나 뛰어나다. 예독특한 맛.

독파 (讀破) 책을 처음부터 끝까지 다 읽음. 독파하다.

독하다 (毒—) [도카다] 1 독기가 있다. 2 맛이나 냄새가 자극적이고 진하다. 예독한 냄새. 3 성질이 모질고 잔인하다. 4 참고 견디는 힘이 굳세다. 예마음을 독하게 먹다.

독학 (獨學) [도칵] 스승 없이 또는 학교에 다니지 않고 혼자서 공부함. 예영어를 독학하다. 독학하다.

독해 (讀解) [도캐] 글을 읽고 그 내용을 이해함. 예영어 문장을 독해하다. 독해하다.

독해력 (讀解力) [도캐력] 글을 읽고서 이해할 수 있는 능력. 예독해력을 키우다.

독후감 (讀後感) [도쿠감] 책이나 글을 읽고 난 뒤의 느낌. 또는 그 느낌을 적은 글. 비독서 감상문.

*돈¹ [돈:] 1 물건을 사고팔 때 쓰는 물건. 예돈을 모으다. 비화폐. 2 재물이나 재산. 예돈 많은 사람. ⊃ money

*돈² [돈:] 금·은·보석 같은 귀금속이나 한약의 무게를 나타내는 말. 예한 돈짜리 금반지.

돈독하다 (敦篤—) [돈도카다] 인정이 두텁다.

돈독히 (敦篤—) [돈도키] 돈독하게. 예우정을 돈독히 하다.

돈방석 (—方席) [돈:빵석] 돈을 아주 많이 가지고 있음을 비유한 말.

돈벌이 [돈:뻐리] 돈을 버는 일. 예돈벌이가 괜찮다.

돈의문 (敦義門) [도늬문/도니문] 조선 시대 서울 4대문의 하나로 옛 서울의 서쪽에 있던 정문 이름. 보통 '서대문'이라 함.

돈주머니 [돈:쭈머니] 1 돈을 넣어두는 주머니. 예돈주머니를 허리에 차다. 2 비유적으로 돈이 나올 곳. 예아내가 돈주머니를 쥐고 있다.

돈화문 (敦化門) 서울시 종로구에 있는 창덕궁의 정문. 현재 서울에 남아 있는 목조 건물의 무게중 가장 오래된 건물임. 우리나라 보물로, 정식 이름은 '창덕궁 돈화문'.

돋구다 [돋꾸다] 더 높게 하다.

주의 **돋구다**와 **돋우다**

돋구다 정도를 더 높게 한다는 뜻. 예 안경의 도수를 돋구다.
돋우다 위로 끌어 올리다, 높아지게 하다, 가운데를 소복하게 만들다의 뜻. 예용기를 돋우다/호미로 흙을 돋우다/심지를 돋우다.

*돋다 [돋따] 1 새싹 따위가 생겨 나오다. 예새싹이 돋다. 2 해나 달이 솟아오르다. 예해가 돋다. 3 살갗에 어떤 것이 우둘투둘하게 내밀다. 예두드러기가 돋다.

*돋보기 [돋뽀기] 1 작은 것을 크게 보이게 하는, 알의 가운데가 볼록한 안경. 흔히 노인이 씀. 2 ⇨확대경.

돋보이다 [돋뽀이다] 실제보다 더 크게 또는 더 좋게 보이다. 예한층 돋보이는 연기. 본도두보이다.

돋아나다 [도다나다] 1 싹이나 움 따위가 솟아 나오다. 예파릇파릇한 새싹이 돋아나다. 2 해·별 따위가 하늘에 또렷이 솟아오르다. 3 살갗에 종기가 생기다. 예얼굴에 여드름이 돋아나다.

돋우다 [도두다] 1 위로 끌어 올리다. 예심지를 돋우다. 2 기분·느낌·의욕 따위의 감정을 자극하여 일으키다. 예용기를 돋우다. 3 밑을 괴거나 쌓아 올려 높게 하다. 예발을 돋우다. 4 입맛이 좋아지게 하다. 예식욕을 돋우다. 준돋다. →돋구다 주의

돋을새김 [도들새김] ⇨부조². 예돋을새김을 한 관세음보살상.

돋치다 돋아서 내밀다. 예뿔이 돋치다/가시 돋친 말.

*돌¹ 1 어린아이가 태어난 날로부터 한 해가 되는 날. 예돌이 지난 아기. 2 특정한 날이 해마다 돌아올 때, 그 횟수를 세는 말. 예개교 열 돌을 맞다. ×돐.

*돌² [돌:] 바위의 조각으로 모래보다 큰 덩어리. ⊃ stone

돌개바람 [돌:개바람] ⇨회오리바람.

돌격 (突擊) 1 갑자기 덤벼 침. 2 적

진으로 쳐들어가 공격함. 예돌격을 감행하다. 비돌진. **돌격하다**.

돌계단 (一階段) [돌:계단 / 돌:게단] 돌로 만든 계단.

돌고드름 [돌:고드름] 석회 동굴의 천장에 고드름처럼 달려 있는 석회암. 비종유석.

돌고래 돌고랫과의 포유동물. 생김새는 고래와 비슷하나 작음. 온대 해안에 살며 몸길이는 1-5m, 등은 검거나 짙은 갈색에 배 쪽은 흰. 양 턱에 많은 이가 나고 주둥이는 가늘고 길며 등지느러미가 큼. 길들여 재주를 부리게도 함. ⇨dolphin

돌기 (突起) 어떤 것의 일부가 뾰족하게 내밀거나 도드라져 나옴. 또는 그렇게 된 것. **돌기하다**.

돌기둥 [돌:기둥] 돌을 다듬어서 만든 기둥. 비석주.

돌길 [돌:낄] 1 돌이나 자갈이 많은 길. 2 돌을 깐 길.

*__돌다__ [돌:다] 1 한 곳을 중심으로 원을 그리며 움직이다. 예팽이가 돌다. 2 소문이나 전염병 등이 널리 퍼지다. 예마을에 이상한 소문이 돌고 있다. 3 가까운 길을 두고 먼 길로 가다. 예돌아서 가는 길. 4 정신이 이상해지다. 예머리가 돌다. 5 기운이 드러나다. 예생기가 돌다. [활용] 돌아 / 도니 / 도는. ⇨turn

돌다리 [돌:다리] 돌로 만든 다리.

돌담 [돌:담] 돌로 쌓은 담.

돌덩이 [돌:떵이] 돌멩이보다 크고 바위보다 작은 돌.

돌도끼 [돌:도끼] 돌로 만든 도끼.

돌돌 1 여러 겹으로 둥글게 말리는 모양. 예종이를 돌돌 말다. 2 작고 둥근 물건이 가볍고 빠르게 구르는 소리. 예구슬이 돌돌 구르다. 큰둘둘. 센똘똘.

돌려놓다 [돌려노타] 1 방향을 바꿔 놓다. 2 마음·결심 따위를 바꾸게 하다. 예마음을 돌려놓다.

돌려받다 [돌려받따] 주었던 것을 다시 받다. 예빌려준 돈을 돌려받다. 반돌려주다.

돌려보내다 1 가져온 것을 도로 보내다. 예선물 꾸러미를 돌려보내다. 2 찾아온 사람을 그냥 보내다.

돌려주다 남의 것을 도로 보내 주다. 예친구에게 빌려 온 책을 돌려주다. 반돌려받다.

돌려짓기 [돌려짇끼] 같은 땅에 여러 가지 농작물을 해마다 바꾸어 심는 방법. 비윤작. 반이어짓기. **돌려짓기하다**.

*__돌리다__ 1 돌게 하다. 예바퀴를 돌리다. 2 남에게 책임이나 공을 넘기다. 예아랫사람에게 공을 돌리다. 3 방향을 다른 쪽으로 바꾸다. 예화제를 돌리다. 4 여러 곳으로 배달하다. 예신문을 돌리다. 5 마음을 달리 먹다. 예가려던 마음을 돌리다. 6 가동하거나 운영하다. 예공장의 기계를 돌리다.

돌림 1 차례대로 돌아가는 일. 2 ⇨항렬.

돌림 노래 같은 노래를 일정한 마디의 사이를 두고 뒤따르며 부르는 합창. 비윤창.

돌림병 (一病) [돌림뼝] 한 사람에게서 다른 사람에게로 옮아 앓게 되는 병. 예돌림병이 퍼지다. 비유행병.

돌멩이 [돌:멩이] 돌덩이보다 작고 자갈보다 큰 돌. ×돌맹이.

돌무덤 [돌:무덤] 돌을 높이 쌓아 올려 만든 무덤. 비석총.

돌무지 [돌:무지] 돌이 많이 깔려 있는 땅. 예돌무지를 개간하다.

돌무지무덤 [돌:무지무덤] 시신이나 관 위에 흙을 덮지 않고 돌을 쌓아 올린 무덤.

돌발 (突發) 예상하지 못했던 일이 갑자기 일어남. 예돌발 사고 / 돌발 상황. **돌발하다**.

돌발적 (突發的) [돌발쩍] 예상하지 못했던 일이 갑자기 일어나는 (것). 예돌발적인 상황이 벌어지다.

돌변하다 (突變一) 갑작스럽게 변하다. 예태도가 돌변하다.

*__돌보다__ [돌:보다] 관심을 가지고 보살피다. 예아기를 돌보다 / 건강을 돌보다.

돌부리 [돌:뿌리] 땅 위로 내민 돌멩이의 뾰족한 부분. 예돌부리에 걸려 넘어지다.

돌부처 [돌:부처] 1 돌로 만든 불상. 비석불. 2 감각이 둔하고 고집이 센 사람.
돌산 (—山) [돌:산] 바위나 돌이 많은 산. 비석산.
돌소금 [돌:소금] 땅속에서 천연으로 나는 소금.
*__돌아가다__ [도라가다] 1 물체가 축을 중심으로 하여 둥글게 움직이다. ⑩바퀴가 돌아가다. 2 있던 곳으로 다시 가다. ⑩집으로 돌아가다. 3 차례로 옮기어 가다. ⑩돌아가며 노래를 부르다. 4 '죽다'의 높임말. ⑩할머니께서 돌아가셨다. 5 가까운 길을 두고 먼 길로 가다. ⑩시위 행렬을 피해 샛길로 돌아갔다. 6 어떤 상태로 끝나다. ⑩일이 수포로 돌아가다. [활용] 돌아가거라.
돌아눕다 [도라눕따] 방향을 바꾸어 눕다. [활용] 돌아누워 / 돌아누우니 / 돌아눕는.
*__돌아다니다__ [도라다니다] 여기저기 쏘다니다. ⑩전국을 돌아다니다.
돌아다보다 [도라다보다] 1 강조하는 말로 고개를 돌려 보다. ⑩깜짝 놀라 돌아다보다. 2 강조하는 말로 지난 일을 다시 생각해 보다. ⑩한 해를 돌아다보다.
돌아들다 [도라들다] 흐르는 물 따위가 굽이를 돌아서 들어오다. [활용] 돌아들어 / 돌아드니 / 돌아드는.
*__돌아보다__ [도라보다] 1 고개를 돌려 보다. ⑩주위를 돌아보다. 2 지난 일을 다시 생각해 보다. ⑩어린 시절을 돌아보다.
*__돌아서다__ [도라서다] 1 뒤로 향하고 서다. ⑩인사를 하고 돌아서다. 2 남과 등지다. ⑩싹 돌아서서 말도 안 한다.
*__돌아앉다__ [도라안따] 앉은 자리에서 다른 쪽으로 방향을 바꾸어 앉다. ⑩토라져서 홱 돌아앉다.
*__돌아오다__ [도라오다] 1 다시 오다. 2 차례나 순서가 닥치다. ⑩발표할 차례가 돌아오다. 3 곧장 오지 않고 돌아서 오다. ⑩먼 길로 돌아오다. [활용] 돌아오너라.
돌연 (突然) [도련] 갑자기. 뜻밖에. 느닷없이. ⑩돌연 차를 세우다. **돌연하다. 돌연히.**
돌연변이 (突然變異) [도련벼니] 어버이의 계통에는 없던 새로운 형태와 성질이 자손에게 갑자기 나타나는 일. 비우연 변이.
돌이키다 [도리키다] 1 향하고 있던 방향과 반대쪽으로 돌리다. ⑩발길을 돌이키다. 2 반성하여 생각하다. ⑩자기 자신을 돌이켜 보다. 3 지난 일을 다시금 생각하다. ⑩그 일은 돌이키고 싶지 않다. 4 본디의 상태로 돌아가게 하다. ⑩돌이킬 수 없는 실수.
돌입하다 (突入—) [도리파다] 세찬 기세로 갑자기 뛰어들다. ⑩선진국 대열에 돌입하다.
돌진 (突進) [돌찐] 거침없이 세차게 곧장 나아감. ⑩적진 속으로 돌진하다. **돌진하다.**
돌쩌귀 [돌:쩌귀] 여닫는 문짝을 문설주에 붙어 있게 하는 쇠붙이로 만든 한 벌의 장치.
돌출 (突出) 1 툭 튀어나옴. ⑩돌출 발언. 2 쑥 내밀어 있음. ⑩바위가 돌출되어 있다. **돌출하다.**
돌층계 (—層階) [돌:층계 / 돌:층게] 돌로 쌓아 만든 층계. 비돌계단.
돌칼 [돌:칼] 석기 시대에 쓰던, 돌로 만든 칼. 비석도.
돌탑 (—塔) [돌:탑] 돌로 쌓아 올린 탑. 비석탑.
돌파 (突破) 1 쳐서 깨뜨려 뚫고 나아감. ⑩적진을 돌파하다. 2 기준·기록 등을 넘어섬. ⑩인구가 4,500만을 돌파하다. 3 장애·어려움 등을 이겨 냄. ⑩난국을 돌파하다. **돌파하다.**
돌파구 (突破口) 1 진지 등의 한쪽을 깨뜨려서 만든 통로나 목. ⑩돌파구를 뚫다. 2 장애나 어려움 따위를 해결하는 실마리. ⑩사태 해결의 새 돌파구를 찾다.
돌판 (—板) [돌:판] 넓적한 돌의 면.
돌팔매 [돌:팔매] 무엇을 맞히려고 던지는 돌멩이. ⑩돌팔매를 던지다 / 돌팔매로 새를 잡다.
돌팔매질 [돌:팔매질] 무엇을 맞히려고 돌멩이를 던지는 짓. **돌팔매질하다.**
돌팔이 [돌:파리] 제대로 된 자격이나 실력이 없이 전문적인 일을 불법으로 하는 사람. ⑩돌팔이 의사.
돌풍 (突風) 1 갑자기 세게 부는 바람. ⑩돌풍이 일다. 2 갑작스레 많은 관심을 끌거나 커다란 영향을 미치는 현상. 예돌풍을 일으키다.

돌하르방 [돌:하르방] 제주도에서 안녕과 질서를 지켜 준다고 믿는 수호 석신.

돌하르방

돔 (dome) 반구형으로 된 지붕이나 천장.

***돕다** [돕:따] 1 남이 하는 일을 거들거나 힘을 보태다. 예서로 도우며 살다. 2 위험이나 어려운 상황에서 벗어나게 보살피고 돌보다. 예불우 이웃을 돕다. 3 어떤 상태를 촉진·증진시키다. 예소화를 돕다 / 식물의 성장을 돕다. [활용] 도와 / 도우니. → [학습마당] 1(65쪽) ○help

돗바늘 [돋빠늘] 돗자리·구두·가죽 따위를 꿰매는 데 쓰는 매우 크고 굵은 바늘.

돗자리 [돋짜리] 왕골이나 골풀의 줄기를 잘게 쪼개어 짠 자리. 예돗자리를 깔다.

***동**[1] (東) ⇨동쪽. 땐서.

***동**[2] (洞) [동:] 시·구·읍을 구성하는 지방 행정 구역.

***동**[3] (銅) ⇨구리.

동[4] (棟) 1 건물의 수를 세는 말. 예열 동짜리 아파트. 2 여러 아파트 건물 하나하나에 차례로 매긴 번호. 예2동 908호.

동감 (同感) 남과 같은 생각이나 느낌. 예나도 그 생각에 동감이다.

동갑 (同甲) 같은 나이. 나이가 같은 사람.

동강 긴 물건을 작고 짤막하게 자른 도막. 예나무를 동강 내다.

동강이 동강 난 물건.

동거 (同居) 한집에서 함께 사는 일. 땐별거. 동거하다.

동검 (銅劍) 구리나 청동으로 만든 칼. 청동기 시대의 대표적 유물.

동격 (同格) [동격] 같은 자격이나 지위. 예동격으로 대우하다.

동결 (凍結) [동:결] 1 기온이 낮아 얼어붙음. 2 물가나 임금 따위를 올리는 것을 금하는 일. 예임금을 동결하다. 동결하다.

동경[1] (東京) 일본의 '도쿄'를 우리 한자음으로 읽은 이름.

동경[2] (東經) 본초 자오선을 기준으로, 지구 위에서 동쪽에 있는 어떤 장소의 위치를 나타내는 경도. 땐서경.

동경[3] (憧憬) [동:경] 그리워하고 늘 생각함. 예동경의 대상. 동경하다.

동계 (冬季) [동:계 / 동:게] 겨울철. 예동계 올림픽 대회. 땐동절.

동공 (瞳孔) [동:공] ⇨눈동자.

동구[1] (東歐) ⇨동유럽. 땐서구.

동구[2] (洞口) [동:구] 동네로 들어가는 어귀. 예동구 밖까지 마중 나가다.

동국 (東國) 1 예전에, 우리나라를 일컫던 말. 2 동쪽에 있는 나라.

동국여지승람 (東國輿地勝覽) [동궁녀지승남] 〖책〗조선 때 성종의 명으로 노사신·양성지 등이 지은 55권의 지리책. 각 도의 지리·풍속·역사·특산물·효자·위인 등의 이야기가 기록되어 있음.

동국통감 (東國通鑑) 〖책〗조선 성종 때 서거정 등이 왕명을 받아, 신라 초부터 고려 말까지 1,400년간의 역사를 기록한 책.

동국통보 (東國通寶) 고려 숙종 때 만든 엽전의 하나. 가운데에 네모난 구멍이 뚫려 있다.

동굴 (洞窟) [동:굴] 자연적으로 생긴 깊고 넓은 큰 굴. 땐동혈.

동궐 (東闕) '창덕궁'의 다른 이름.

동그라미 동그랗게 생긴 모양. 예맞는 답에 동그라미 표시를 하다. 땐원.

***동그랗다** [동그라타] 또렷하게 동글다. 예동그랗게 원을 그리다. [큰] 둥그렇다. [센] 똥그랗다. [활용] 동그라니 / 동그래서.

동그래지다 동그랗게 되다. 예깜짝 놀라 눈이 동그래지다. [큰] 둥그레지다. [센] 똥그래지다.

동그스름하다 모나지 않고 좀 동글다. 예동그스름한 얼굴. [큰] 둥그스름하다. [센] 똥그스름하다.

동글다 동그란 모양으로 되어 예얼굴이 동근 아이. [큰] 둥글다 동글어 / 동그니 / 동근.

동글동글 1 여럿이 모두 동 예아이들의 동글동글한 눈

그러미를 그리며 잇달아 돌아가는 모양. 큰동글둥글. 센똥글똥글. **동글동글하다.**

동급 (同級) 1 같은 등급. 2 같은 학급이나 학년.

동급생 (同級生) [동급쌩] 같은 학급이나 학년의 학생.

동기¹ (同氣) 형제와 자매. 예동기들끼리 우애가 깊다.

동기² (同期) 1 같은 시기. 2 학교나 회사 따위에 같은 시기에 들어간 사람. 예동기 동창 / 입사 동기.

동기³ (動機) [동:기] 어떤 일의 결정이나 행동의 직접적인 원인. 예범행 동기. 비계기.

동나다 물건이 다 떨어져 없어지다. 예할인 품목은 이미 동났다.

동남 (東南) 1 동쪽과 남쪽. 2 동쪽과 남쪽의 중간이 되는 방위. 비남동.

동남아시아 (東南Asia) 아시아의 동남부 지역. 대개 인도차이나반도·필리핀·인도네시아 등의 지역을 말함. 준동남아.

동냥 [동:냥] 1 거지가 돌아다니며 돈이나 물건 따위를 구걸함. 2 승려가 시주를 얻으려고 돌아다님. **동냥하다.**

*****동네** (洞一) [동:네] 사람들이 생활하는 여러 집이 모여 있는 곳. 비동리. 마을.

동네방네 (洞一坊一) [동:네방네] 온 동네. 이 동네 저 동네. 예동네방네 떠벌리고 다니다.

동년 (同年) 1 같은 해. 2 같은 나이. 예아내와 나는 동년이다.

동년배 (同年輩) 나이가 같은 또래. 예동년배끼리 친하게 지내다.

동녘 (東一) [동녁] 동쪽의 방향. 예동녘 하늘이 밝아 오다. 반서녘.

동대문 (東大門) 서울 동쪽의 큰 성문이란 뜻으로, '흥인지문'을 달리 일컫는 말.

동댕이치다 1 힘껏 내던지다. 예가방을 동댕이치고 놀러 나가다. 2 하던 일을 그만두다.

*****동동**¹ 안타깝거나 추울 때 발을 자꾸 구르는 모양. 예발을 동동 구르다. **동동거리다.**

동동² 작은 물체가 물 위에 떠서 가볍게 움직이는 모양. 예종이배가 동동 떠내려가다. 큰둥둥.

동동걸음 [동동거름] 급하거나 추워 발을 자주 떼며 걷는 걸음.

동등 (同等) 등급이나 정도가 같음. 예동등한 대우 / 동등한 조건에서 공부하다. **동등하다.**

동떨어지다 [동떠러지다] 1 거리가 멀리 떨어지다. 예집과 직장이 동떨어져 있어 출퇴근하기가 불편하다. 2 관련이 거의 없다. 예회의와 동떨어진 의견은 말하지 말자.

동란 (動亂) [동:난] 폭동·반란·전쟁 따위가 일어나 사회가 질서를 잃고 혼란해지는 일. 비난리.

동력 (動力) [동:녁] 전기·물·바람 따위를 이용하여 기계를 움직이는 힘.

동력선 (動力船) [동:녁썬] 연료에서 나오는 에너지로 모터를 움직여 앞으로 나아가는 배.

동력 자원 (動力資源) 기계를 움직이는 힘의 원천이 되는 자원. 석유·석탄·물·바람 따위.

동료 (同僚) [동뇨] 같은 직장에서 함께 일하는 사람. 예직장 동료.

동류 (同類) [동뉴] 1 같은 종류. 예동류 업종. 비동종. 2 같은 무리. 예동류로 취급되다.

동률 (同率) [동뉼] 같은 비율이나 비례. 예동률 우승.

동리 (洞里) [동:니] ⇨마을.

동맥 (動脈) [동:맥] 심장의 피를 몸의 각 부분으로 보내는 핏줄. 반정맥.

동맹¹ (同盟) 같은 목적이나 이익을 위해 행동을 같이할 것을 맹세하여 맺는 약속이나 조직체. 예동맹 파업 / 동맹을 맺다. **동맹하다.**

동맹² (東盟) 고구려 때 해마다 10월에 지내던 일종의 추수 감사제.

동맹국 (同盟國) 서로 동맹 조약을 맺은 나라. 예우리나라와 미국은 동맹국이다.

동메달 (銅medal) 경기나 대회에서 3등을 한 사람에게 주는, 구리로 만든 메달.

동면 (冬眠) [동:면] 뱀·개구리·곰 등이 겨울 동안 땅속이나 굴속 등에서 잠자는 것처럼 활동을 멈춘 상태. 비

겨울잠. **동면하다.**

동명¹(同名) 이름이 서로 같음. 또는 같은 이름.

동명²(洞名) [동:명] 동네의 이름.

동명 성왕(東明聖王) 〖인명〗 고구려의 시조. 해모수의 아들로 본명은 고주몽. 자기를 해치려고 한 동부여에서 탈출하여 졸본에 나라를 세우고 이름을 고구려라 하였음. 동명왕. [기원전 58-기원전 19 ; 재위 기원전 37-기원전 19]

동몽선습(童蒙先習) 〖책〗 예전에 서당에서 어린이들이 천자문을 익힌 다음 배우던 한문 책. 조선 중종 때 박세무가 지었음.

*__동무__ 늘 친하게 어울리는 사람. ⑩ 동무들과 오락을 하다. 비 벗. 친구.

동문¹(同門) 같은 학교를 나왔거나 같은 스승에게서 배운 사람. ⑩ 중학교 동문. 비 동창.

동문²(東門) 동쪽에 있는 문.

동문서답(東問西答) 묻는 말에 맞지 않은 엉뚱한 대답을 함. **동문서답하다.**

*__동물__(動物) [동:물] 1 새·짐승·물고기 따위의 생물. 반 식물. 2 사람 이외의 동물. ⑩ 동물을 보호하다. ⇨ animal

동물병원(動物病院) [동:물뼝원] 동물을 전문적으로 치료하는 병원.

동물성(動物性) [동:물썽] 동물이 지닌 체질이나 성질. ⑩ 동물성 지방. 반 식물성.

*__동물원__(動物園) [동:무뤈] 일정한 시설을 갖춘 곳에 여러 가지 동물을 모아 가두어 기르면서 사람들에게 구경시키는 곳. 반 식물원. ⇨ zoo

동반(同伴) 일을 하거나 길을 갈 때 짝을 이뤄 함께 함. ⑩ 부부 동반으로 여행을 가다. 비 동행. **동반하다.**

동반구(東半球) 지구를 동서 두 쪽으로 나눈 것의 동쪽 부분. 반 서반구.

동방¹(東方) 동쪽. 동쪽 지방. ⑩ 동방 박사. 반 서방.

동방²(東邦) 1 동쪽에 있는 나라. 2 우리나라.

동방예의지국(東方禮儀之國) [동방예의지국 / 동방예이지국] 동쪽에 있는 예의의 밝은 나라라는 뜻으로, 예전에 중국에서 우리나라를 이르던 말.

동백꽃(冬柏-) [동백꼳] 동백나무의 꽃. 비 동백화.

동백나무(冬柏-) [동뱅나무] 차나뭇과의 상록 활엽 교목. 잎은 타원형으로 두껍고 광택이 남. 봄에 붉은색·흰색의 큰 꽃이 가지 끝에 피고 열매는 가을에 붉게 익음. 열매에서 짜낸 기름은 머릿기름·등유 따위로 씀. 따뜻한 지방의 해안에서 자람.

동복(冬服) [동:복] 겨울철에 입는 옷. 비 겨울옷. 반 하복.

동봉(同封) 같이 넣어 함께 봉함. ⑩ 사진을 동봉하다. **동봉하다.**

동부(東部) 어떤 지역의 동쪽 부분. ⑩ 동부 지방. 반 서부.

동부여(東夫餘) 고대 두만강 유역에 있던 나라. 부여왕 해모수의 아들 해부루가 가섭원으로 서울을 옮긴 뒤부터의 국호임.

동분서주(東奔西走) 이리저리 바쁘게 돌아다님. **동분서주하다.**

동사(動詞) [동:사] 사물의 동작이나 작용을 나타내는 말. 쓰임이나 성질에 따라 형태가 변함. 비 움직씨.

동사무소(洞事務所) [동:사무소] '동 주민 센터'를 전에 이르던 말.

*__동산__¹ 집이나 마을 부근에 있는 작은 산이나 언덕. ⑩ 동산에 꽃이 만발했다.

동산²(動産) [동:산] 토지나 건물이 아닌, 쉽게 옮길 수 있는 재산. 돈·보석·가구 따위. 반 부동산.

동상¹(凍傷) [동:상] 추위 때문에 피부가 얼어서 상하는 일. 또는 그 상처. ⑩ 동상에 걸리다.

동상²(銅賞) 상의 등급을 금·은·동으로 나누었을 때의 3등 상.

동상³(銅像) 구리로 만든 사람이나 동물의 모양. ⑩ 안중근 의사의 동상.

*__동생__ 같은 부모에게서 태어난 사이거나 친척 가운데 손아랫사람. 비 아우. 반 언니. 형.

동서¹(同壻) 자매의 남편끼리 또는 형제의 아내끼리 서로 부르는 말. ⑩ 동서 간에 사이가 좋다.

동서²(東西) 1 동쪽과 서쪽. 2 동양과 서양. ⑩ 동서 문화의 교류.

동서고금(東西古今) 동양과 서양, 옛날과 지금을 통틀어 이르는 말로, '어디서나, 언제나'의 뜻.

동서남북(東西南北) 동쪽과 서쪽과 남쪽과 북쪽. 곧, 모든 방향. 모든 곳.

동서양(東西洋) 동양과 서양. 곧, 온 세계.

동석(同席) 자리를 같이함. 또는 같은 자리. **동석하다**.

동선(動線) [동:선] 어떤 일을 할 때 몸이 움직이는 자취나 방향.

동성¹(同性) 1 성질이 같음. 2 성별이 같음. 예동성 친구. 판이성.

동성²(同姓) 사람의 이름에서 같은 성. 예우리는 동성으로 성이 김씨이다.

동성동본(同姓同本) 성과 본관이 모두 같음.

동수(同數) 같은 수효. 예찬성과 반대가 동수인 때에는 부결된 것으로 처리한다.

동승(同乘) 자동차·배·비행기 따위에 같이 탐. 예택시에 동승하다. **동승하다**.

***동시**¹(同時) 1 같은 때나 같은 시기. 예동시 녹음 / 동시에 도착하다. 2 함께. 아울러. 예장점인 동시에 단점이다.

동시²(童詩) [동:시] 어린이의 생활이나 마음의 움직임 또는 꿈의 세계를 나타낸 시. 또는 어린이가 쓴 시.

동식물(動植物) [동:싱물] 동물과 식물. 예동식물의 분포.

동심(童心) [동:심] 어린이의 마음. 또는 어린이처럼 순진한 마음. 예동심의 세계 / 동심으로 돌아가다.

동심원(同心圓) [동:시뭔] 같은 중심을 가지며 크기가 다른 둘 이상의 원.

동아리¹ 크거나 긴 물건의 한 부분. 예생선의 가운데 동아리.

동아리² 목적이 같은 사람끼리 이룬 무리. 예동아리에 가입하다.

동아시아(東Asia) 아시아의 동부. 곧, 한국·중국·일본을 포함하는 지역을 이름.

동아줄 굵고 튼튼하게 꼰 줄.

***동안**¹ 어느 때부터 어느 때까지의 사이. 예방학 동안 / 살아 있는 동안. 비사이.

동안²(童顔) [동:안] 나이 든 것에 비해 젊어 보이는 얼굴.

***동양**(東洋) 동쪽 아시아 및 그 부근. 한국·중국·일본 등이 있음. 예동양 문화. 판서양.

동양란(東洋蘭) [동양난] 예로부터 한국·중국·일본 등지에서 재배해 온 난초.

동양인(東洋人) 동양의 여러 나라 사람. 판서양인.

동양적(東洋的) 동양의 특징이 있는 (것). 예동양적 미인. 판서양적.

동양화(東洋畫) 한국·중국·일본 등에서 예로부터 발달한 그림. 주로 먹을 사용하여 종이나 헝겊에 산수화·사군자 등을 그림. 판서양화.

동업(同業) 1 같은 종류의 직업이나 영업. 2 같이 사업을 함. **동업하다**.

동여매다 끈이나 실 따위로 두르거나 감아서 묶다. 예흰 수건으로 이마를 질끈 동여매다.

동영상(動映像) [동:녕상] 흔히 컴퓨터나 휴대 전화로 보는 움직이는 화면. 예동영상 파일 / 강의 동영상 자료를 제공하다.

동요¹(動搖) [동:요] 1 물체 따위가 흔들리고 움직임. 예거센 파도에 배가 동요하다. 2 마음이나 생각이 안정되지 못하고 흔들림. 예마음의 동요가 일어나다. **동요하다**.

***동요**²(童謠) [동:요] 어린아이들의 감정에 맞아 아이들이 부를 만한 노래. 예동요를 부르다.

동원(動員) [동:원] 어떤 목적을 위하여 사람이나 물건을 한곳으로 모음. 예구조대는 헬기를 동원했다 / 관객 동원에 성공하다. **동원하다**.

동유럽(東Europe) 유럽의 동부. 폴란드·헝가리·체코·슬로바키아 및 러시아의 서쪽 등이 포함됨. 비동구. 판서유럽.

동의¹(同意) [동의 / 동이] 뜻이나 의견을 같이함. 예친구의 의견에 동의를 표하며 손을 번쩍 들었다. 판반대. **동의하다**.
↪agreement

동의²(動議) [동:의 / 동:이] 회의 중에 토의할 안건을 내놓음. 또는 그 안건. 예긴급 동의. **동의하다**.

동의보감 (東醫寶鑑) [동의보감 / 동이보감] 《책》 조선 때 선조의 명으로 허준이 엮은 의학책. 중국과 우리나라의 의학책을 모아 지음. 동양에서 가장 우수한 의학서의 하나로 꼽힘.

동이 모양이 둥글고 아가리가 넓으며 양옆에 손잡이가 달린 질그릇. 흔히 물 긷는 데 씀. 예머리에 동이를 이고 가다.

동이다 끈이나 실 따위로 두르거나 감아서 묶다. 예머리를 수건으로 질끈 동이다.

동인 (東人) 조선 선조 때 동과 서로 갈린 당파 중 김효원·유성룡 등을 지지하던 파. 빤서인.

동일 (同一) 차이가 없이 똑같음. 예동일한 조건. **동일하다**.

동일시 (同一視) [동일씨] 같은 것으로 봄. **동일시하다**.

동자 (童子) [동:자] 나이 어린 사내아이.

동자승 (童子僧) [동:자승] 나이 어린 중.

***동작** (動作) [동:작] 몸이나 손발을 움직이는 일. 예동작이 빠르다 / 기본 동작을 따라하다. 비거동. 행동. **동작하다**.

동장 (洞長) [동:장] 행정 구역 단위인 동을 대표하여 행정을 맡아보는 사람. 또는 그 직위.

동적 (動的) [동:쩍] 움직이고 있는 (것). 활동성이 있는 (것). 빤정적.

***동전** (銅錢) 구리나 구리 합금으로 만든 돈. 예동전을 떨어뜨리다 / 동전을 모으다. ⇨coin

동절기 (冬節期) [동:절기] 보통 12월에서 2월까지의 추운 때. 비겨울철. 빤하절기.

동점 (同點) [동쩜] 같은 점수. 예동점을 만들다.

동정[1] 한복에서, 저고리 깃 위에 덧대는 폭이 좁고 길면서 빳빳한 흰 헝겊 조각.

동정[2] (同情) 남의 불행을 가엾게 여기어 따뜻한 마음을 씀. 예동정의 손길. **동정하다**.

동정[3] (動靜) [동:정] 일이나 현상이 진행되는 상태나 형편. 예적의 동정을 몰래 살피다.

동정심 (同情心) 남을 가엾게 여겨 따뜻이 대하는 마음. 예주변의 어려운 사람들에게 동정심을 느끼다.

동조 (同調) 다른 사람의 생각이나 주장 따위에 생각을 같이하여 따르는 일. **동조하다**.

동족 (同族) 같은 겨레.

동족상잔 (同族相殘) [동족쌍잔] 같은 겨레끼리 서로 싸우고 죽임. 예동족상잔의 전쟁을 겪다.

동지[1] (冬至) 이십사절기의 하나. 일년 중 낮이 가장 짧고 밤이 가장 긺. 양력 12월 22~23일경임. 빤하지. → [학습마당] 21(652쪽)

동지[2] (同志) 목적이나 뜻이 서로 같은 사람. 예동지를 모으다.

동지섣달 (冬至—) [동지섣달] 동짓달과 섣달을 아울러 이르는 말.

동짓날 (冬至—) [동진날] 동지가 되는 날.

동짓달 (冬至—) [동지딸 / 동진딸] 음력 11월.

***동쪽** (東—) 해가 뜨는 쪽. 비동. 동녘. 빤서쪽. ⇨east

동참 (同參) 어떤 일이나 모임 따위에 함께 참가함. 예여러분의 적극적인 동참을 바랍니다. **동참하다**.

동창[1] (同窓) 같은 학교에서 공부한 사람. 예초등학교 동창. 비동기. 동문.

동창[2] (東窓) 동쪽으로 난 창문. 빤서창.

동창생 (同窓生) 같은 학교를 졸업한 사람.

동창회 (同窓會) [동창회 / 동창훼] 같은 학교를 졸업한 사람들이 모여 만든 모임. 예동창회를 갖다.

동채 민속에서 차전놀이에 사용하는 기구. 마을을 대표하는 대장이 그 위에 올라타서 지휘를 함.

동체 (胴體) 1 사람이나 동물의 몸에서, 목·팔·다리 따위를 제외한 가운데 부분. 2 비행기 등의 몸체 부분. 예동체 착륙.

동치미 [동:치미] 흔히 겨울에, 소금에 절인 통무에 끓인 소금물을 식혀서 부어 심심하게 담근 무김치.

동태[1] (凍太) [동:태] 얼린 명태. 예

동태 찌개. 본동명태.

동태² (動態) [동:태] 움직이거나 변하는 상태. 예적의 동태를 살피다.

동트다 (東—) 동쪽 하늘이 밝아 오다. 예동틀 무렵 집을 나서다. 활용동터/동트니.

동티 [동:티] 공연히 건드려서 스스로 걱정이나 해를 입음. 예괜한 일을 쑤석거려 동티가 나다.

동파 (凍破) [동:파] 얼어서 터짐. 예수도관이 동파되었다. 동파하다.

동판 (銅版) 구리 조각의 평면에 그림이나 글씨를 새긴 판.

동판화 (銅版畫) 동판에 새긴 그림. 또는 동판으로 찍어 낸 그림.

동편 (東便) 해가 뜨는 쪽. 동쪽 방향. 예동편 하늘에 달이 떠오른다. 반서편.

***동포** (同胞) 같은 겨레. 예해외 동포 위문 공연. →교포 참고

동포애 (同胞愛) 같은 겨레끼리 아끼고 사랑하는 마음. 예동포애를 발휘하다. 비겨레사랑.

동풍 (東風) 동쪽에서 부는 바람. 반서풍.

동학¹ (同學) 한 학교나 한 스승 아래에서 같이 공부함. 또는 그런 사람. 예동학 친구. 동학하다.

동학² (東學) 조선 말기 철종 11년(1860)에 최제우가 일으킨 종교. 유교·불교·도교를 토대로 '사람이 곧 하늘'이라는 사상을 기본으로 삼고 동학 농민 운동의 중심 사상이 됨. 후에 천도교로 발전하였음. 반서학.

동학 농민 운동 (東學農民運動) 조선 고종 31년(1894)에 동학 접주 전봉준 등의 지휘로 동학도와 농민들이 일으킨 농민 운동. 탐관오리의 숙청, 외국 세력 배척, 계급 타파, 여성 해방 등을 주장하며 봉기, 한때는 관군을 무찌르고 삼남 지방을 휩쓸었으나, 결국 청나라와 일본의 개입으로 실패. 이후 항일 의병 투쟁과 3·1 운동으로 계승됨.

동해 (東海) 1 동쪽에 있는 바다. 2 우리나라의 동쪽 바다.

동해안 (東海岸) 1 동쪽의 바닷가. 2 우리나라의 동쪽 해안.

동행 (同行) 길을 같이 감. 또는 그 사람. 예친구와 동행하다. 동행하다.

동향¹ (同鄕) 같은 고향. 예객지에서 동향 사람을 만나다.

동향² (東向) 동쪽을 향함. 예집을 동향으로 짓다. 반서향. 동향하다.

동향³ (動向) [동:향] 정세·행동 등이 움직이는 방향. 예민심의 동향을 살피다. 비경향.

동헌 (東軒) 예전에 지방의 수령이 공공 사무를 보던 대청이나 집.

동호인 (同好人) 취미가 같아 함께 어울리는 사람. 예축구 동호인.

동호회 (同好會) [동호회/동호훼] 동호인들의 모임. 예낚시 동호회.

***동화¹** (同化) 1 서로 다른 것이 닮아서 같게 됨. 예이민족을 동화시키다. 2 동식물이 몸 밖에서 영양을 섭취해서 자기 몸에 알맞게 변화시키는 기능. 예탄소 동화 작용. 동화하다.

***동화²** (童話) [동:화] 어린이를 위하여 동심을 바탕으로 지은 이야기. 예동화 작가/동화를 들려주다.

동화책 (童話冊) [동:화책] 동화를 모아 엮은 책. 비동화집.

돛 [돋] 바람의 힘으로 배가 움직이도록, 배 위에 세운 기둥에 높게 매달아 펼친 천. →닻 주의

***돛단배** [돋딴배] 돛에 닿는 바람의 힘을 이용하여 나아가게 된 배. 비돛배. 범선.

돛단배

돛대 [돋때] 돛을 달기 위하여 배 바닥에 세운 기둥.

***돼지** [돼:지] 1 고기를 얻기 위하여 집에서 기르는 멧돼짓과의 짐승. 몸이 뚱뚱하고 네 다리가 짧으며 주둥이가 길고, 동작이 느림. 2 욕심이 많고 미련한 사람의 별명. 예돼지같이 미련한 녀석. ⊃pig

돼지고기 [돼:지고기] 음식으로서의 돼지의 살. 비제육. ⊃pork

되 [되/뒈] 곡식·액체 따위의 분량을 헤아리는 단위. 또는 그 그릇. 한 말의 10분의 1. 예쌀 한 되.

되감다 [되감따/뒈감따] 도로 감거나 다시 감다. 예테이프를 되감다.

되게 [되:게 / 뒈:게] ⇨몹시. 예되게 덥다 / 되게 잘난 척한다. 비되우.

되뇌다 [되뇌다 / 뒈눼다] 같은 말을 되풀이하여 말하다. 예같은 말을 수없이 되뇌다.

***되다**¹ [되다 / 뒈다] 1 다 만들어지다. 예옷이 다 되다. 2 어떤 신분이나 상태에 놓이다. 예부자가 되다. 3 성취되다. 예일이 제대로 되다. 4 어떤 수량에 미치다. 예합계가 만 원이 되다. 5 어떤 때가 돌아오다. 예봄이 되니 개나리꽃이 활짝 피었다. 6 변하다. 예은행잎이 노랗게 되다. 7 나이 따위를 먹다. 예열 살이 되다. 8 시간이 지나다. 예떠난 지 5년이 되다. ⇒become

되다² [되:다 / 뒈:다] 말이나 되 따위로 분량을 헤아리다. 예쌀을 말로 되다.

되다³ [되:다 / 뒈:다] 1 물기가 적어 빡빡하다. 예밀가루 반죽이 되다. 반묽다. 질다. 2 힘에 벅차다. 예일이 너무 되다. 3 정도가 심하다. 예된 꾸중을 듣다.

-되다 1 어떤 말에 붙어 동작이나 작용이 저절로 또는 다른 것에 의해서 이루어짐을 나타냄. 예개봉되다 / 사용되다 / 정돈되다 / 해결되다. 2 어떤 말에 붙어 그 말이 상태나 성질을 띠고 있음을 나타냄. 예막되다 / 참되다 / 거짓되다.

되도록 [되도록 / 뒈도록] 될 수 있는 대로. 예되도록 책을 많이 읽어라.

되돌다 [되돌다 / 뒈돌다] 가던 곳에서 반대쪽으로 방향을 바꾸다. 예막다른 골목에서 되돌아 나오다 / 우산을 가지러 되돌아 집으로 들어왔다.

되돌리다 [되돌리다 / 뒈돌리다] 1 돌던 방향과 반대되는 쪽으로 돌게 하다. 예시곗바늘을 되돌려 놓다. 2 본디의 상태로 되게 하다. 예마음을 되돌리다.

되돌아보다 [되도라보다 / 뒈도라보다] 1 이미 본 것을 다시 돌아다보다. 예힐끗 되돌아보다. 2 지나온 과정을 돌아보다. 예과거를 되돌아보다.

되레 [되:레 / 뒈:레] '도리어'의 준말. 예고자질했다가 되레 야단만 맞았다.

되묻다 [되묻따 / 뒈묻따] 1 같은 질문을 다시 하다. 예문제를 되묻지 마라. 2 묻는 말에 대답하지 않고 도리어 묻다. 비반문하다. 활용 되물어 / 되물으니 / 되묻는.

되바라지다 [되바라지다 / 뒈바라지다] 1 너그럽지 못하다. 2 얄밉도록 지나치게 똑똑하다. 예되바라진 아이.

***되살리다** [되살리다 / 뒈살리다] 1 죽거나 없어졌던 것을 다시 살아나게 하거나 원상대로 돌아가게 하다. 예목숨을 되살리다. 2 쇠퇴해 가는 것을 다시 발전하게 하다. 예우리의 전통을 되살리다. 3 잊고 있던 것을 다시 생각나게 하다. 예어린 시절의 기억을 되살리다.

되살아나다 [되사라나다 / 뒈사라나다] 1 다시 살아나다. 예죽은 화초가 되살아나다. 2 잊었던 기억·감정 따위가 다시 생각나거나 느껴지다. 예지난날의 악몽이 되살아나다.

되새기다 [되새기다 / 뒈새기다] 1 소나 염소 따위가 먹은 것을 다시 게워 내어 씹다. 예소가 여물을 되새기고 있다. 2 어떤 일을 골똘하게 자꾸 생각하다. 예선생님의 말씀을 되새기다. 비되씹다.

되새김질 [되새김질 / 뒈새김질] 소나 염소 따위가 입으로 넘긴 음식을 다시 게워 내어 씹는 짓. **되새김질하다**.

되씹다 [되씹따 / 뒈씹따] 1 같은 말을 자꾸 되풀이하다. 예끝난 말을 되씹다. 2 ⇨되새기다. 예슬픔을 되씹다.

되지못하다 [되지모타다 / 뒈지모타다] 사람답지 못하다. 예되지못한 녀석.

되짚다 [되집따 / 뒈집따] 1 다시 짚다. 예지팡이를 되짚고 가다. 2 다시 살피거나 반성하다. 예실수가 아닌지 되짚어 보다. 3 '곧 되돌아서, 곧 되돌려'의 뜻을 나타내는 말. 예왔던 길을 되짚어 가다. 참고 이 말은 주로 '되짚어'로 쓰임.

되찾다 [되찯따 / 뒈찬따] 다시 찾거나 도로 찾다. 예잃었던 기억을 되찾다 / 문화재를 되찾다.

되팔다 [되팔다 / 뒈팔다] 산 물건을 도로 팔다. 예엄마는 새로 산 보석을 되팔았다. 활용 되팔아 / 되파니 / 되파는.

***되풀이** [되푸리 / 뒈푸리] 같은 말이나 몸짓을 자꾸 함. 예되풀이해서 이

야기하다. 🔁반복. **되풀이하다**.
된밥 [된:밥/뒌:밥] 물을 적게 넣고 지어 물기가 적고 빼빼한 밥.
된서리 [된:서리/뒌:서리] 늦가을에 아주 심하게 내린 서리. 🔁무서리.
된소리 [된:소리/뒌:소리] 되게 소리 나는 닿소리. 곧, ㄲ·ㄸ·ㅃ·ㅆ·ㅉ 따위. 🔁경음.
된장 (—醬) [된:장/뒌:장] 1 간장을 담가서 장물을 떠내고 남은 건더기. 2 메주에 소금물을 부어 익혀서 장물을 내지 않고 그냥 먹는 장.
된장국 (—醬—) [된:장꾹/뒌:장꾹] 된장을 거른 물에 채소·고기 따위를 넣고 끓인 국. 🔁토장국.
된장찌개 (—醬—) [된:장찌개/뒌:장찌개] 물에 된장을 풀어 넣고 감자·호박·고추·파 따위를 넣어 끓여 만든 찌개.
된통 [된:통/뒌:통] 매우 심하게. 몹시. 例된통 혼나다.
됨됨이 [됨되미/뒘뒈미] 사람의 품행과 인격. 例그의 됨됨이가 믿음직스럽다.
뒷박 [되빡/뒈빡] 1 되 대신 쓰는 바가지. 例뒷박으로 쌀을 퍼 주다. 2 '되'의 속된 말.
***두** [두:] '둘'의 뜻. 例두 번/두 사람/두 개.
두각 (頭角) 뛰어난 학식이나 재능 등을 비유적으로 이르는 말. 例두각을 나타내다.
두개골 (頭蓋骨) 사람이나 짐승의 머리를 이루고 있는 뼈.
두건 (頭巾) 남자 상제가 상중에 머리에 쓰는 베로 만든 물건.
두견새 (杜鵑—) 두견과의 새. 뻐꾸기와 비슷하며 울음소리가 특이함. 스스로 둥지를 짓지 않고 다른 새집에 한 개의 알을 낳아 그 새가 기르도록 내맡김. 🔁두견이.
두견이 (杜鵑—) [두견니] ⇨두견새.
두고두고 여러 번에 걸쳐 오랫동안. 오래도록. 例두고두고 후회하다.
두근거리다 몹시 놀라거나 불안, 기대 등으로 가슴이 자꾸 뛰다. 例가슴을 두근거리며 발표를 기다렸다.
두근대다 ⇨두근거리다.

두근두근 두근거리는 모양. 例깜짝 놀라서 가슴이 두근두근 뛰었다. **두근두근하다**.
두꺼비 두꺼빗과에 속하는 개구리같이 생긴 동물. 개구리보다 조금 크며, 피부가 두껍고, 등은 우툴두툴함. 위험을 느끼면 살가죽에서 흰색의 독이 든 액체를 냄.

두꺼비

두꺼비집 너무 센 전류가 흐르면 저절로 끊어지게 하는, 퓨즈가 들어 있는 장치. 🔁안전기.
***두껍다** [두껍따] 두께가 두툼하다. 例두꺼운 이불/책이 두껍다. 🔁얇다. [활용] 두꺼워/두꺼우니. ⇨thick

> [주의] **두껍다**와 **두텁다**
> **두껍다** 두께가 크다. '얇다'의 반대말. 例책이 두껍다/옷을 두껍게 입다.
> **두텁다** 인정이 많다. 사랑이 깊다. 例친분이 두텁다/두터운 신임을 받다.

두께 물건의 두꺼운 정도. 例두께를 재다.
두뇌 (頭腦) [두뇌/두눼] 1 뇌. 2 사물을 판단하는 슬기. 例명석한 두뇌를 가진 아이.
***두다** 1 일정한 곳에 놓다. 例쌀가마를 창고에 두다. 2 사람을 쓰다. 例비서를 두다. 3 마음에 간직하다. 例그 일은 염두에 두지 마라. 4 바둑이나 장기 등을 가지고 놀이를 하다. 例장기를 두다. 5 어떤 대상을 일정한 상태에 있게 하다. 例말썽을 부리면 그냥 두지 않겠다.

두고 보다 어떤 결과가 될지 일정 기간 동안 살펴보다. 例누가 더 잘 되는지 두고 보자.

두더지 두더짓과의 포유동물. 귀와 코는 예민하나 눈은 퇴화하여 매우 작음. 몸은 어두운 갈색이며 머리는 노란색임. 다리가 짧으며 발바닥이 넓고 큼. 땅속에 굴을 파고 삶.

두더지

두둑 밭과 밭 사이에 경계를 이루어 놓은 두두룩한 언덕.

두둑이 [두두기] 두둑하게. 예 용돈을 두둑이 타다.

두둑하다 [두두카다] 1 매우 두껍다. 예 옷을 두둑하게 껴입었다. 2 넉넉하거나 풍부하다. 예 배짱이 두둑하다.

두둔 (斗頓) 편들어 감싸 줌. 예 잘못을 했는데도 두둔만 하니 아이가 버릇이 없다. **두둔하다**.

두둥실 물 위나 공중에 가볍게 떠오르거나 떠 있는 모양. 예 두둥실 떠가는 구름 / 해가 두둥실 떠오르다.

두드러기 급성 피부병의 한 가지. 약이나 음식을 잘못 먹어서 생기며, 피부가 붉거나 희게 부풀어 오르며 몹시 가려움.

두드러지다 1 겉으로 드러나서 뚜렷하다. 특히 눈에 띄다. 예 두드러지게 피부가 고와지다. 2 가운데가 쑥 나와 볼룩하다. 예 이마가 두드러진 사람. [작] 도드라지다.

*두드리다** 소리가 나도록 잇따라 치거나 때리다. 예 문을 세게 두드리다. [센] 뚜드리다. ⊃knock

*두들기다** 소리가 날 정도로 마구 때리거나 세게 치다. 예 두들겨 맞다. [센] 뚜들기다.

두런두런 여럿이 모여 조용하고 나직한 목소리로 정답게 이야기하는 소리. 예 밤늦게까지 두런두런 이야기가 그치지 않았다. **두런두런하다**.

두렁 논이나 밭의 가장자리에 둘러 쌓은 작은 언덕. 예 논밭 두렁.

두레 농촌에서 바쁜 농사철에 서로 도와 함께 일을 하기 위해 만든 조직.

*두레박** 줄을 길게 매어 우물물을 길어 올리는 데 쓰는 기구.

[참고] 두레박은 '두레'와 '박'이 이어진 말이다. '두레'는 논에 물을 퍼붓는, 나무로 만든 기구이다. 따라서 '두레박'은 물을 푸는 기구로 '두레'에 비해 작은 바가지, 또는 바가지같이 만든 기구에서 나온 말이다.

두려움 두려운 느낌. 예 두려움에 떨다 / 두려움이 없다.

두려워하다 꺼려하거나 무서워하는 마음을 갖다. 예 어둠을 두려워하다.

*두렵다** [두렵따] 마음에 꺼리거나 염려스럽다. 예 잘못이 탄로날까 두렵다 / 입학시험에서 떨어질까 봐 두렵다. [활용] 두려워 / 두려우니.

두루 빠짐없이 골고루. 예 두루 찾아보다 / 두루 살피다.

*두루마기** 우리나라 고유의 웃옷. 주로 외출할 때나 예를 갖추어야 할 때 입음.

두루마기

두루마리 종이를 가로로 길게 이어서 둥글게 돌돌 만 물건. 예 두루마리 화장지.

두루뭉술하다 1 모나지도 않고 아주 둥글지도 않다. 예 얼굴이 두루뭉술하다. 2 행동이나 태도 따위가 분명하지 않다. 예 두루뭉술하게 얼버무리다.

두루미 두루밋과에 속하는 새. 목·다리·부리가 길고, 몸은 흰빛이며 이마·목·다리와 날개 끝은 검음. 연못이나 냇가에서 곤충·미꾸라지·조개 등을 잡아먹고 삶. 우리나라 천연기념물. [비]학.

두루미

*두르다** 1 어떤 대상의 둘레를 감거나 싸서 가리다. 예 울타리를 두르다. 2 겉에 기름을 고르게 바르거나 얹다. 예 프라이팬에 기름을 두르다. [활용] 둘러 / 두르니.

두름 물고기나 나물을 두 줄로 엮은 것. 또는 그것을 세는 말. 물고기는 한 줄에 열 마리씩 스무 마리가 한 두름임. 예 굴비 한 두름.

두릅 두릅나무의 어린순. 살짝 데쳐서 무쳐 먹거나 초고추장에 찍어 먹음.

두릅나무 [두름나무] 두릅나뭇과의 낙엽 활엽 관목. 산과 들에 남. 줄기에 가시가 많고 여름에 흰 꽃이 핌. 나무 껍질과 뿌리는 약으로 쓰고 어린순은 먹음.

두리둥실 물체가 물 위나 공중에 가볍게 떠서 움직이는 모양. 예 두리둥실 떠가는 배.

두리뭉실하다 ⇨두루뭉술하다.

두리번거리다 눈을 크게 뜨고 이쪽 저쪽을 자꾸 번갈아 둘러보다. 예누가 엿듣는지나 않나 하고 사방을 두리번거렸다.

두만강 (豆滿江) 백두산의 남동쪽에서 시작하여, 우리나라와 중국의 경계를 이루면서 동해로 흘러 들어가는 강. 길이 521km.

두말 [두:말] 1 이랬다저랬다 하는 말. 예한 입으로 두말하지 마라 / 다시는 두말 말게. 2 이러니저러니 불평을 하거나 덧붙이는 말. 예두말할 필요 없다. **두말하다**.

두메 도시에서 멀리 떨어져 사람이 많이 살지 않는 산골. 비두메산골.

두목 (頭目) 좋지 못한 무리의 우두머리. 예도둑의 두목. 비두령.

두문불출 (杜門不出) 밖에 나가지 않고 집 안에서만 지냄. **두문불출하다**.

두발 (頭髮) 머리카락. 머리 모양. 예두발 자유화. 비머리털.

*__두부__ (豆腐) 물에 불린 콩을 갈아 자루에 넣고 짜낸 물을 끓인 다음 간수(소금이 녹은 물)를 넣어 엉기게 한 음식.

두상 (頭相) 머리의 생김새. 예두상이 크다.

두서 (頭緖) 일의 차례나 갈피. 예일의 두서를 가리다. 비조리.

두서너 둘이나 셋 또는 넷. 예두서너 개의 사과.

두서없다 (頭緖—) 일이나 말이 분명하지 않고 앞뒤가 안 맞다. 예두서없는 말.

두서없이 (頭緖—) [두서업씨] 두서없게. 예두서없이 써 내려간 글.

두세 둘이나 셋의. 예두세 명.

두어 둘쯤 되는 수의. 둘가량의. 예두어 달이 걸릴 예정이다.

두엄 구덩이를 파고 짚·풀 따위를 넣어 썩힌 거름. 비퇴비.

두유 (豆乳) 물에 불린 콩을 갈아 물을 붓고 끓여 걸러서 만든 우유 같은 액체.

두절 (杜絶) 교통이나 통신이 막히거나 끊어짐. 예연락이 두절되다. **두절하다**.

두텁다 [두텁따] 인정이나 사랑 따위가 깊다. 예두터운 우정 / 선생님의 신임이 두텁다. 반도탑다. 활용두터워 / 두터우니. →두껍다 주의.

두통 (頭痛) 머리가 아픈 증세. 예두통이 심하다.

두툼하다 꽤 두껍다. 예두툼한 옷차림 / 두툼한 입술.

두해살이 [두:해사리] 첫해에 싹이 나서 자라다가 이듬해에 열매를 맺은 뒤에 죽는 식물. 나팔꽃·맨드라미·코스모스 따위. 비이년생.

*__둑__ 1 홍수로 물이 넘치는 것을 막기 위해서 내나 강의 가장자리에 흙이나 돌을 쌓아 만든 언덕. 2 높은 길을 내려고 쌓은 언덕.

둑길 [둑낄] 둑 위로 난 길.

둔각 (鈍角) [둔:각] 90도보다는 크고 180도보다는 작은 각. 반예각.

둔감하다 (鈍感—) [둔:감하다] 감각이나 감정이 무디다. 예유행에 둔감하다. 반민감하다.

둔갑 (遁甲) [둔:갑] 어떤 방법을 써서 갑자기 다른 것으로 변함. 예여우가 여자로 둔갑하다. **둔갑하다**.

둔재 (鈍才) [둔:재] 둔하고 재주가 없는 사람. 반천재.

둔치 1 물가의 언덕. 2 장마가 져서 물높이가 높을 때에만 잠기는 강가의 널찍한 땅. 예한강 둔치에는 운동 시설이 마련되어 있다. 비고수부지.

둔하다 (鈍—) [둔:하다] 1 깨우침이 늦고 재주가 없다. 예머리가 둔하다. 2 말·행동이 미련하고 느리다. 예행동이 둔하다. 3 감각이나 느낌이 예리하지 못하다. 예신경이 둔하다.

*__둘__ [둘:] 하나에 하나를 더한 수. 예둘 다 수영을 못한다. ⊃two

둘둘 물건을 여러 겹으로 말거나 감는 모양. 예신문지를 둘둘 말다. 잘돌돌. 센뚤뚤.

둘러대다 그럴듯하게 꾸며 속이다. 예말을 이리저리 둘러대다.

둘러메다 물건을 번쩍 들어 올려 어깨에 메다. 예배낭을 둘러메다.

*__둘러보다__ 주위를 두루 살펴보다. 예교실을 둘러보다.

둘러서다 여럿이 둥글게 늘어서다. 예빙 둘러서서 싸움 구경을 하다.

*둘러싸다 1 빙 둘러서 에워싸다. 예적을 둘러싸고 공격하다. 2 둘러서 감싸다. 예아기를 포대기로 둘러싸다. 3 행동이나 관심의 중심으로 삼다. 예그 문제를 둘러싸고 논쟁이 벌어졌다.

*둘러싸이다 빙 둘러서 에워싸이다. 예산으로 둘러싸인 마을.

둘러앉다 [둘러안따] 여러 사람이 둥글게 앉다. 예정답게 둘러앉아 이야기를 나누다.

*둘레 1 사물의 테두리나 바깥 언저리. 예집 둘레에 나무를 심다. 2 무엇의 가장자리를 한 바퀴 돈 길이. 예운동장 둘레를 재다.

*둘째 [둘:째] 첫째의 다음. 예둘째 아들.

> 참고 차례나 수량을 나타내는 말은 '첫째, 둘째, 셋째, 넷째'로 쓰고, '두째, 세째, 네째'로는 쓰이지 않음. 다만, '둘째'는 십 단위 이상의 차례를 나타내는 말에 쓰일 때에 '두째'로 씀.
> 예열두째, 스물두째, 서른두째

둥 무슨 일을 하는 것도 같고 하지 않는 것 같기도 함을 나타내는 말. 예보는 둥 마는 둥.

둥그렇다 [둥그러타] 크고 뚜렷하게 둥글다. 예둥그런 보름달. [활용] 둥그러니 / 둥그레서.

둥그레지다 둥그렇게 되다. 예놀라 눈이 둥그레지다. [작] 동그래지다. [센] 뚱그레지다.

둥그스름하다 약간 둥글다. 예둥그스름한 얼굴. [작] 동그스름하다.

둥글넓적하다 [둥글럽쩌카다] 모양이 둥글고 넓적하다. 예둥글넓적한 부침개. [작] 동글납작하다.

*둥글다 1 모양이 동그라미나 공과 같거나 비슷하다. 예둥근 해가 떴습니다. [작] 동글다. ⊃round 2 성격이 모나지 않고 원만하다. 예성격이 둥글다. [활용] 둥글어 / 둥그니 / 둥근.

둥글둥글 1 여럿이 모두 둥근 모양. 예둥글둥글하게 썰다. 2 원을 그리며 자꾸 돌아가는 모양. 예물레방아가 둥글둥글 돈다. [작] 동글동글. 3 성격이 모나지 않고 원만한 모양. 예세상을 둥글둥글 살아가다 / 성격이 둥글둥글하다. 둥글둥글하다.

둥둥[1] 큰북을 계속 치는 소리. 예둥둥 북소리가 들리다. [작] 동동.

*둥둥[2] 물체가 가볍게 떠 있는 모양. 예수박을 물 위에 둥둥 띄워 놓다. [본] 둥실둥실. [작] 동동.

둥실 물체가 공중이나 물 위에 가볍게 떠 있는 모양. 예보름달이 둥실 떠 있다.

둥우리 1 짚이나 댑싸리로 바구니와 비슷하게 엮어 만든 그릇. 2 새 따위가 알을 낳거나 깃들이기 위해 둥글게 만든 집.

둥우리1

둥지 알을 낳거나 기르기 위하여 나뭇가지 따위로 둥글게 만든 새의 집. [비] 보금자리.

둥치 큰 나무의 밑동. 예둥치가 굵은 나무.

*뒤 [뒤:] 1 향하고 있는 방향과 반대되는 쪽이나 곳. 예뒤를 연신 돌아보다. [반] 앞. ⊃back 2 이다음. 나중. 예며칠 뒤에 다시 보자 / 일을 뒤로 미루다. 3 마지막. 끝. 예이 책은 뒤로 갈수록 재미있다. 4 보이지 않는 곳. 예사건 뒤에 숨은 비밀. 5 '똥'을 달리 이르는 말. 예뒤를 보다.

뒤 구르기 매트 위에서 몸을 뒤로 구르는 동작. *앞 구르기.

뒤꼍 [뒤:꼍] 집 뒤에 있는 뜰이나 마당.

뒤꿈치 [뒤:꿈치] '발뒤꿈치'의 준말. 예양말 뒤꿈치가 해어지다. ⊃heel

뒤늦다 [뒤:는따] 제때가 지나서 매우 늦다. 예뒤늦게 소식을 들었다.

뒤덮다 [뒤덥따] 빈 데가 없이 모두 덮다. 예하늘을 뒤덮은 먹구름.

뒤돌다 [뒤:돌다] 뒤로 돌다. 예뒤돌아 눕다 / 집으로 들어오던 동생은 다시 뒤돌아 나갔다. [활용] 뒤돌아 / 뒤도니 / 뒤도는.

뒤돌아보다 [뒤:도라보다] 1 뒤쪽을 돌아보다. 예뒤돌아보지 말고 가거라. 2 지난 일을 돌이켜 생각해 보다. 예어린 시절을 뒤돌아보다.

뒤돌아서다 [뒤:도라서다] 뒤를 향하

여 돌아서다. 예뒤돌아서서 일행을 기다렸다.

뒤따르다 [뒤:따르다] 1 앞서 있는 사람의 뒤를 따르다. 예형을 뒤따라 극장에 갔다. 2 어떤 일의 과정에 함께 따르거나 결과로서 생기다. 예권리에는 의무가 뒤따른다. [활용] 뒤따라 / 뒤따르니.

뒤떨어지다 [뒤:떠러지다] 1 앞서 있는 사람의 뒤에 거리를 두고 떨어져 있다. 예대열에서 뒤떨어져서 걸어가다. 2 남만 못하다. 예수학이 좀 뒤떨어진다. 3 시대에 맞지 않다. 예뒤떨어진 사고방식.

뒤뚱거리다 물체나 몸이 중심을 잃고 이리저리 자꾸 흔들리다. 예엉덩이를 뒤뚱거리며 걷다.

뒤뚱뒤뚱 뒤뚱거리는 모양. 예오리가 뒤뚱뒤뚱 걸어가다. **뒤뚱뒤뚱하다**.

뒤뜰 집채의 뒤에 있는 뜰. [비]뒷마당. [반]앞뜰.

뒤란 집 뒤 울타리를 둘러친 안쪽. 예감나무 한 그루를 뒤란의 장독대 곁에 심다.

뒤범벅 마구 뒤섞여서 구별할 수 없는 상태. 예눈물과 콧물로 뒤범벅된 얼굴.

뒤서다 [뒤:서다] 남의 뒤를 따르거나 남보다 뒤떨어지다. 예두 팀이 앞서거니 뒤서거니 하면서 순위를 다투고 있다. [반]앞서다.

뒤섞이다 [뒤서끼다] 서로 다른 것들이 한데 섞이다. 예좋은 것과 나쁜 것이 뒤섞여 있다.

뒤숭숭하다 1 마음이 어수선하고 불안하다. 예꿈자리가 뒤숭숭하다. 2 물건이 어수선하게 흩어져 있다. 예옷가지가 뒤숭숭하게 널려 있다.

뒤엉키다 마구 엉키다. 예유독 가스와 먼지가 뒤엉켜 발생하는 스모그 현상 / 실이 뒤엉키다.

뒤엎다 [뒤업따] ⇨뒤집어엎다. 예계획을 뒤엎다 / 예상을 뒤엎다.

뒤웅박 박을 쪼개지 않고 꼭지 근처에 구멍만 뚫어서 속을 파낸 둥그런 바가지.

뒤잇다 [뒤:읻따] 일이나 물건이 끊어지지 않도록 뒤를 잇다. 예새로운 자동차를 뒤이어 만들어 내다. [활용] 뒤이어 / 뒤이으니 / 뒤잇는.

뒤적거리다 [뒤적꺼리다] 자꾸 뒤적이다. 예주머니를 뒤적거리다. [센] 뒤척거리다.

뒤적이다 [뒤저기다] 무엇을 찾느라고 물건을 이리저리 들추며 뒤지다. 예백과사전을 뒤적이다. [센] 뒤척이다.

뒤주 쌀 따위의 곡식을 담아 두는 나무로 만든 궤짝.

뒤주

뒤죽박죽 [뒤죽빡쭉] 이것저것이 뒤섞이고 헝클어져 엉망이 된 모양. 예머릿속이 뒤죽박죽이 되다.

뒤지다[1] 무엇을 찾으려고 이리저리 들추어 찾다. 예가방을 뒤지다.

뒤지다[2] [뒤:지다] 1 걸음 따위가 뒤떨어지다. 예선두에서 한참 뒤져 있는 상태다. 2 능력·수준 따위가 미치지 못하다. 예문화 수준이 뒤진 민족. 3 어떤 기준에 미치지 못하다. 예유행에 뒤진 옷차림.

*__뒤집다__ [뒤집따] 1 안과 겉을 뒤바꾸다. 예양말을 뒤집어 신다. 2 위가 밑으로, 밑이 위가 되게 하다. 예아기가 몸을 뒤집다. 3 일의 차례를 바꾸다. 예순서를 뒤집다. 4 조용하던 것을 소란하고 어지럽게 하다. 예집안을 발칵 뒤집어 놓다.

뒤집어쓰다 [뒤지버쓰다] 1 머리에 얹어 쓰다. 예모자를 뒤집어쓰다. 2 몸 전체가 보이지 않을 정도로 내리덮다. 예이불을 뒤집어쓰다. 3 남의 허물이나 책임을 억울하게 넘겨 맡다. 예죄를 뒤집어쓰다. [활용] 뒤집어써 / 뒤집어쓰니.

뒤집어엎다 [뒤지버업따] 1 안과 겉을 또는 위와 밑이 뒤집히도록 엎다. 예쟁기로 흙을 뒤집어엎다. 2 물건을 뒤집어서 그 속에 담긴 것을 엎지르다. 예밥그릇을 뒤집어엎다. 3 어떤 일이나 상태를 전혀 딴 것으로 바꾸거나 틀어지게 하다. 예계획을 뒤집어엎다. [비]뒤엎다.

뒤집히다 [뒤지피다] 1 일이나 물건의 안과 겉, 위와 아래가 뒤바뀌어지다. 예우산이 뒤집히다. 2 야단나다.

예 그 사건으로 회사가 발칵 뒤집혔다.

뒤쪽 [뒤:쪽] 사물이나 장소의 뒤의 부분. 비 뒤편. 반 앞쪽.

뒤쫓다 [뒤:쫃따] 뒤를 따라 쫓다. 예 범인을 뒤쫓다.

뒤처리 (一處理) [뒤:처리] 일이 벌어진 뒤나 끝난 뒤에 그 일을 마무리하여 끝맺음. 예 뒤처리를 깨끗이 하다. 뒤처리하다.

뒤처지다 [뒤:처지다] 따라가지 못하고 뒤떨어지다. 예 달리기에서 뒤처지다 / 유행에 뒤처지다.

뒤척이다 [뒤처기다] 1 물건을 찾느라고 이리저리 뒤지다. 예 뒤적이다. 2 누워서 몸을 이리저리 움직이다. 예 잠을 못 이루고 뒤척이다.

뒤축 [뒤:축] 신이나 양말의 발꿈치가 닿는 부분. 예 구두 뒤축이 닳다.

뒤치다꺼리 [뒤:치다꺼리] 1 뒤에서 일을 보살피고 도와주는 일. 예 자식 뒤치다꺼리에 바쁘다. 비 뒷바라지. 치다꺼리. 2 일이 끝난 뒤에 남은 일을 정돈하는 일. 예 손님이 간 뒤 뒤치다꺼리하다. **뒤치다꺼리하다**.

뒤탈 (一頉) [뒤:탈] 어떤 일 뒤에 생기는 좋지 않은 일. 예 뒤탈이 없도록 조심해라.

뒤통수 [뒤:통수] 머리의 뒤쪽. 예 뒤통수를 얻어맞다. 비 뒷골. 뒷머리.

뒤틀다 1 꼬아서 비틀다. 예 몸을 뒤틀다. 2 일이 잘 안되도록 하다. 예 남의 계획을 뒤틀어 놓다. 활용 뒤틀어 / 뒤트니 / 뒤트는.

뒤틀리다 1 물건이나 일이 꼬여서 어긋나다. 예 계획이 중간에서 뒤틀리다. 2 감정이나 마음이 사납고 험해지다. 예 심사가 뒤틀리다.

뒤편 (一便) [뒤:편] 어떤 것의 뒤쪽. 예 건물 뒤편 / 무대 뒤편.

뒤풀이 [뒤:푸리] 행사나 모임을 끝낸 뒤에 사람들이 모여 남은 흥을 즐김. **뒤풀이하다**.

뒤흔들다 1 마구 흔들다. 예 천지를 뒤흔드는 폭음. 2 큰 충격이나 영향을 미치다. 예 세상을 뒤흔들어 놓은 사건. 3 거침없이 마음대로 하다. 예 학급 일을 혼자서 뒤흔들다. 활용 뒤흔들어 / 뒤흔드니 / 뒤흔드는.

뒷걸음 [뒤:꺼름 / 뒫:꺼름] 1 발을 뒤로 떼어 놓으면서 걷는 걸음. 2 본디보다 못하거나 뒤떨어짐. 예 경제 발전이 뒷걸음하다. **뒷걸음하다**.

뒷걸음질 [뒤:꺼름질 / 뒫:꺼름질] 뒷걸음치는 짓. 예 겁에 질려 뒷걸음질하다. **뒷걸음질하다**.

뒷걸음치다 [뒤:꺼름치다 / 뒫:꺼름치다] 뒤로 물러서다. 예 너무 놀라 뒷걸음치다가 주저앉았다.

뒷골목 [뒤:꼴목 / 뒫:꼴목] 큰길 뒤에 있는 좁은 골목. 예 밤늦게 으슥한 뒷골목으로 다니지 마라.

뒷날 [뒨:날] 앞으로 다가올 날. 예 뒷날을 약속하다. 비 후일. 훗날.

뒷날개 [뒨:날개] 1 곤충의 날개 두 쌍 가운데 뒤쪽에 있는 날개. 2 비행기의 꼬리 날개.

뒷다리 [뒤:따리 / 뒫:따리] 1 네발짐승이나 곤충의 몸 뒤쪽에 있는 다리. 예 토끼는 뒷다리가 길다. 2 두 다리를 앞뒤로 벌렸을 때의 뒤쪽에 놓인 다리. 반 앞다리.

뒷덜미 [뒤:떨미 / 뒫:떨미] 목덜미 아래의 양 어깻죽지 사이. 예 뒷덜미를 낚아채다.

뒷동산 [뒤:똥산 / 뒫:똥산] 집이나 마을 뒤에 있는 작은 동산. 예 뒷동산에 오르다.

뒷마당 [뒨:마당] 집의 뒤편에 있는 마당. 예 뒷마당에 코스모스가 피었다. 비 뒤뜰. 반 앞마당.

뒷말 [뒨:말] 1 계속되는 이야기의 뒤를 이음. 또는 그런 말. 예 뒷말을 재촉하다. 2 일이 끝난 뒤에 이러니저러니 트집 잡는 말. 예 결정을 내린 뒤에 뒷말이 많다. **뒷말하다**.

뒷맛 [뒨:맏] 1 음식을 먹은 뒤에 입에서 느끼는 맛. 예 뒷맛이 개운하다. 2 일이 끝난 다음의 느낌. 예 뒷맛이 씁쓸하다.

뒷머리 [뒨:머리] 1 머리의 뒷부분. 예 뒷머리를 만지다 / 벽에 뒷머리를 기대고 앉다. 2 머리 뒤쪽에 난 머리털. 예 뒷머리가 길다 / 뒷머리를 짧게 자르다. 반 앞머리.

뒷면 (一面) [뒨:면] 물체의 뒤쪽 면. 예 교과서 뒷면에 이름을 써라. 비 후면. 뺀앞면.

뒷모습 [된:모습] 뒤에서 본 모습. 예뒷모습이 닮았다. 뺀앞모습.

뒷바라지 [뒤:빠라지 / 뒫:빠라지] 뒤에서 보살피며 도와주는 일. 예자식들을 헌신적으로 뒷바라지하다. 비뒤치다꺼리. 치다꺼리. **뒷바라지하다.**

뒷받침 [뒤:빧침 / 뒫:빧침] 뒤에서 지지하고 도와주는 사람이나 물건. 예뒷받침해 줄 사람이 없다 / 주장을 할 때에는 뒷받침하는 근거가 있어야 한다. **뒷받침하다.**

뒷발 [뒤:빨 / 뒫:빨] 1 네발짐승의 뒤에 달린 두 발. 예말의 뒷발 / 뒷발을 들다. 2 두 발을 앞뒤로 벌렸을 때 뒤쪽의 발. 예뒷발을 굽히다 / 체중을 뒷발에 싣다. 뺀앞발.

뒷부분 (一部分) [뒤:뿌분 / 뒫:뿌분] 1 뒤에 있는 부분. 예공책 뒷부분에 그림을 그리다. 2 이야기나 음악 등의 나중 부분. 예영화가 뒷부분으로 갈수록 흥미진진해서 한시도 눈을 떼지 못했다. 뺀앞부분.

뒷사람 [뒤:싸람 / 뒫:싸람] 1 뒤에 있거나 나중에 온 사람. 예시험지를 뒷사람에게 전달하다. 2 다음 세대의 사람.

*뒷산 (一山) [뒤:싼 / 뒫:싼] 집이나 마을 뒤쪽에 있는 산. 예우리는 아침마다 뒷산에 올라가서 운동을 한다. 뺀앞산.

뒷소리 [뒤:쏘리 / 뒫:쏘리] 1 ⇨뒷말2. 2 ⇨받는소리. **뒷소리하다.**

뒷소문 (一所聞) [뒤:쏘문 / 뒫:쏘문] 어떤 사건이 지난 뒤에 그 사건에 관하여 들리는 여러 가지 소문. 예이상한 뒷소문이 나돌다. 비후문.

뒷이야기 [뒨:니야기] 1 계속되는 이야기의 뒷부분. 2 어떤 일이 있은 뒤에 그 일에 관한 감추어지거나 알려지지 않은 이야기.

뒷자락 [뒤:짜락 / 뒫:짜락] 옷의 뒤에 늘어진 자락. 뺀앞자락.

뒷자리 [뒤:짜리 / 뒫:짜리] 1 뒤에 있는 자리. 2 어떤 일을 한 뒤에 남은 흔적. 예뒷자리가 깨끗하다.

뒷전 [뒤:쩐 / 뒫:쩐] 1 뒤쪽이 되는 자리. 예뒷전에서 구경하다. 2 차례에 서 나중. 예공부는 뒷전이고 놀기만 한다. 3 남이 안 보거나 못 보는 곳. 예뒷전에서 욕을 하다.

뒷정리 (一整理) [뒤:쩡니 / 뒫:쩡니] 일의 끝을 바로잡는 일. **뒷정리하다.**

뒷조사 (一調査) [뒤:쪼사 / 뒫:쪼사] 겉으로 드러나지 않게 남몰래 조사하는 일. 또는 그런 조사. 예뒷조사를 부탁하다. **뒷조사하다.**

뒷줄 [뒤:쭐 / 뒫:쭐] 뒤쪽에 있는 줄. 예뒷줄에 앉다 / 맨 뒷줄에 서서 사진을 찍다.

뒷지느러미 [뒤:찌느러미 / 뒫:찌느러미] 몸의 아래 항문 쪽에 있는 지느러미.

뒷짐 [뒤:찜 / 뒫:찜] 두 손을 뒤로 돌려 마주 잡는 일. 예뒷짐을 지고 산책을 하다.

뒹굴다 1 누워서 이리저리 구르다. 예잔디밭에서 뒹굴다. 2 물건 따위가 여기저기 널려 구르다. 예거리에 어지럽게 뒹구는 낙엽. [활용] 뒹굴어 / 뒹구니 / 뒹구는.

뒹굴뒹굴 1 누워서 자꾸 이리저리 구르는 모양. 예잔디밭에서 뒹굴뒹굴 구르다. 2 하는 일 없이 빈둥빈둥 노는 모양. 예방 안에서 뒹굴뒹굴 시간을 보내다.

듀엣 (duet) 두 사람이 함께 악기를 연주하거나 노래를 부르는 것을 이르는 말. 이중주. 이중창.

*드나들다 자주 들어갔다 나왔다 하다. 예오락실에 자주 드나들면 못써. [활용] 드나들어 / 드나드니 / 드나드는.

드날리다 1 손으로 들어서 날리다. 예연을 드날리다. 2 세력이나 명성을 널리 떨치다. 예이름을 세상에 크게 드날리다.

드넓다 [드널따] 활짝 틔어서 매우 넓다. 예드넓은 평야.

드높다 [드놉따] 매우 높다. 예드높은 가을 하늘.

*드디어 무엇으로 말미암아 그 결과로. 예드디어 시험이 끝났다. 비결국. 마침내.

드라마 (drama) 텔레비전 등에서 방송되는 극. 예드라마를 시청하다.

드라이 (dry) 1 '드라이클리닝'의 준

말. 2 젖은 머리 따위를 말리거나 다듬는 일. 드라이하다.

드라이버 (driver) 나사못을 돌려서 박거나 빼는 기구. 나사돌리개.

드라이브 (drive) 컴퓨터에서 정보를 저장하는 장치.

드라이아이스 (dry ice) 이산화 탄소를 압축해서 만든 눈 모양의 차가운 고체. 식료품 따위를 얼리는 데 씀.

드라이클리닝 (dry cleaning) 물 대신 벤젠 같은 세척액을 사용하는 세탁. [준]드라이.

드라큘라 (Dracula) 서양 전설에서 밤에 돌아다니며 사람의 피를 빨아먹는 귀신.

드래그 (drag) 마우스의 버튼을 누른 채 마우스를 원하는 만큼 움직인 후 버튼을 떼는 동작.

*드러나다 1 겉으로 나타나다. 예갯바닥이 드러나다. 2 감추어져 있던 것이 알려지거나 밝혀지다. 예비밀이 드러나다.

드러내다 드러나게 하다. 예본마음을 드러내다.

드러눕다 [드러눕따] 1 편한 자세로 눕다. 예잔디밭에 드러눕다. 2 앓아서 자리에 눕다. 예병석에 드러눕다. [활용] 드러누워 / 드러누우니 / 드러눕는.

드럼 (drum) 서양 음악을 연주하는 데 쓰는 북.

드레스 (dress) 여성용 겉옷으로, 허리를 잘록하게 보이도록 디자인한 원피스.

드론 (drone) 자동 조종되거나 무선 전파를 이용하여 원격 조종되는 무인 항공기.

드론

드르렁거리다 요란하게 코를 고는 소리를 자꾸 내다. 또는 그런 소리가 자꾸 나다.

드르렁드르렁 계속 요란하게 코를 고는 소리. 예코를 드르렁드르렁 골다. 드르렁드르렁하다.

드르륵 1 창문 따위를 거침없이 여는 소리. 예창문을 드르륵 열다. 2 총 따위를 잇따라 쏘는 소리. 또는 그 모양. 예장난감 기관총을 드르륵 쏘다. 드르륵거리다.

*드리다¹ 1 '주다'의 높임말. 예부모님께 선물을 드리다. 2 윗사람에게 말씀을 여쭙다. 예문안을 드리다. 3 신·부처에게 정성을 바치다. 예불공을 드리다.

드리다² 1 여러 가닥의 실이나 끈을 하나로 꼬거나 땋다. 예실을 드리다. 2 땋은 머리 끝에 댕기를 물리다. 예머리에 댕기를 드리다.

> [주의] 드리다와 들이다
>
> 드리다 1 윗사람이나 신, 부처에게 물건을 주거나 말씀을 여쭙거나 정성을 바치다. 예할머님께 선물을 드렸다 / 말씀을 드리다 / 기도를 드리다. 2 끈이나 줄 등을 꼬거나 땋다. 예실을 드리다.
> 들이다 1 바깥에서 안으로 오게 하다. 예방으로 모셔 들이다. 2 비용·힘을 쓰다. 예비용을 적게 들이다.

드리우다 1 아래로 처져 늘어지게 하다. 예창문에 커튼을 드리우다. 2 그늘이나 빛, 그림자 따위가 깃들거나 뒤덮이다. 예땅에 그림자가 드리우다.

드릴 (drill) 끝에 송곳날을 달아 나무나 금속에 구멍을 뚫는 공구.

드문드문 1 이따금. 예가게에 손님이 드문드문 찾아온다. 2 띄엄띄엄. 예하늘에 구름이 드문드문 떠 있다. [센]뜨문뜨문.

*드물다 1 자주 일어나거나 생기지 않다. 예왕래가 드물다. 2 흔하지 않다. 예요즘은 컴퓨터 없는 집이 드물다. [반]흔하다. [활용] 드물어 / 드무니 / 드문.

드세다 1 힘이나 기세가 몹시 세다. 예고집이 드세다 / 바람이 드세게 불다. 2 어떤 일 따위가 견디기 힘들 정도로 거칠다. 예팔자가 드세다.

득 (得) 이로운 것. 또는 얻는 것. 예득보다 손실이 많다.

득남 (得男) [등남] 아들을 낳음. 득남하다.

득녀 (得女) [등녀] 딸을 낳음. 득녀하다.

득실득실 [득씰득씰] 사람이나 동물

득점

이 때 지어 들끓는 모양. ⓔ웅덩이에 모기가 **득실득실하다**. 邑**득시글득시글**. **득실득실하다**.

득점(得點) [득쩜] 시험이나 경기에서 점수를 얻음. 또는 그 점수. ⓔ최고 득점/득점의 기회를 놓치다. 쁀실점. **득점하다**.

득표(得票) 투표에서 찬성의 표를 얻음. 또는 그 얻은 표. ⓔ과반수의 득표로 회장에 당선되다. **득표하다**.

득표수(得票數) 투표에서 얻은 찬성표의 수.

득표율(得票率) 전체 투표수에서 찬성표를 얻은 비율. ⓔ최고 득표율로 당선되다.

든든하다 1 약하지 않고 굳세다. ⓔ다리가 든든하다. 2 마음이 놓이고 의지가 될 정도로 미덥다. ⓔ그 말을 들으니 마음이 든든하다. 3 먹은 것이나 입은 것이 충분해서 허전하지 않다. ⓔ날씨가 쌀쌀하니 든든하게 입어라/고기를 먹었더니 속이 든든하다. 좍단단하다. 쎈뜬뜬하다.

든든히 든든하게. ⓔ매사에 든든히 해야 한다.

-든지 무엇이나 가리지 않는다는 뜻을 나타낼 때 쓰는 말. ⓔ가든지 말든지 마음대로 해라/밥을 먹든지 빵을 먹든지 해야겠다. 준-든. → -던지 주의

듣기 [듣끼] 국어 학습의 한 부분으로, 남의 말을 정확하게 알아듣고 이해하는 일. *말하기. 쓰기. 읽기.

***듣다**¹ [듣따] 1 귀로 소리를 느끼다. ⓔ음악을 듣다. 2 칭찬이나 꾸지람을 받다. ⓔ아버지께 꾸중을 듣다. 3 남이 시키거나 일러 주는 대로 따르다. ⓔ선생님 말씀을 잘 들어라. 활용 들어/들으니/듣는. ⊃hear, listen

듣다² [듣따] 약 따위가 효험을 나타내다. ⓔ두통에 잘 듣는 약 주세요. 활용 들어/들으니/듣는.

듣다³ [듣따] 빗물이나 눈물 따위가 방울져 떨어지다. ⓔ비구름이 몰려오더니 빗방울이 듣기 시작했다. 활용 들어/들으니/듣는.

***들**¹ [들ː] 1 편평하고 넓게 트인 땅. ⓔ들에 핀 꽃. 2 논밭으로 되어 있는 넓은 땅. ⓔ들에 일하러 나가다. 쁀벌판. 평야.

들² 두 개 이상의 사물을 나열할 때, 그 열거한 사물 모두를 가리키거나, 그 밖에 같은 종류의 사물이 더 있음을 나타내는 말. ⓔ과일에는 사과·배·감 들이 있다.

-들 '여럿이 모두'·'여럿이 저마다'의 뜻. ⓔ사람들/우리들.

들것 [들껃] 헝겊 따위의 양쪽을 긴 막대기에 잡아매어 앞뒤에서 맞들게 만든 것. 환자나 물건을 나르는 데 씀. ⓔ들것으로 환자를 옮기다.

들고일어나다 [들고이러나다] 어떤 일에 항의하거나 반대하여 나서다. ⓔ환경 파괴에 반대하여 들고일어나다.

들국화(-菊花) [들ː국콰] 가을철에 산이나 들에 피는 국화. 쁀산국.

들기름 들깨로 짠 기름.

들길 [들ː낄] 넓은 들에 사람이 다니도록 만들어 놓은 길.

들깨 꿀풀과의 한해살이풀. 높이는 약 80cm. 잎은 크고 잔털이 있음. 여름에 흰 꽃이 피며, 씨는 볶거나 기름을 짜서 씀.

들꽃 [들ː꼳] 들에 피는 꽃.

들끓다 [들끌타] 여럿이 한곳에 많이 모여 혼잡하게 마구 움직이다. ⓔ휴가철이라 해수욕장이 피서객으로 들끓는다. 발음 들끓고[들끌코]/들끓지[들끌치]/들끓어서[들끄러서]/들끓는[들끌른].

들녘 [들ː력] 들이 넓게 펼쳐 있는 곳. ⓔ벼가 누렇게 익은 들녘.

***들다**¹ 1 살 곳을 정하고 살다. ⓔ새 집에 들다. 2 안으로 향해 가다. ⓔ방 안에 들다. 3 물감·물기·소금기 따위가 물건에 스미거나 배다. ⓔ나뭇잎에 단풍이 예쁘게 들었다. 4 마음에 꼭 맞다. ⓔ선물이 마음에 꼭 든다. 5 돈이나 물건이 쓰이다. ⓔ여행 경비가 꽤 들다. 6 병이 생기다. ⓔ감기가 들다. 7 버릇이 생기다. ⓔ고약한 버릇이 들다. 8 잠에 빠지다. ⓔ아이는 울다 지쳐 잠이 드나 보다. 9 어떤 생각이나 느낌이 생기거나 느껴지다. ⓔ불길한 예감이 들다. 10 나이가 많아지다. ⓔ나이가 들어 보이다. 활용 들어/드니/

드는.

들다² 칼·낫 따위의 날이 날카로워 잘 베어지다. 예 칼이 잘 들다. [활용] 들어 / 드니 / 드는.

*__들다³__ 1 손에 가지다. 예 가방을 한 손에 들다. 2 위로 올리다. 예 손을 들다. 3 어떠한 사실이나 예를 끌어 대어 말하다. 예 보기를 들다. 4 '먹다'의 높임말. 예 진지 드세요. [활용] 들어 / 드니 / 드는.

들뜨다 1 단단한 데에 붙은 얇은 것이 떨어져 틈이 생기다. 예 벽지가 들뜨다. 2 마음이나 분위기가 흥분되다. 예 들뜬 마음을 가라앉히다. [활용] 들떠 / 들뜨니.

들락날락 [들랑날락] 자꾸 들어왔다 나갔다 하는 모양. 예 아이가 부엌과 방을 들락날락하다. 들락날락하다.

들러리 1 결혼식에서 신랑이나 신부를 식장으로 이끌고 옆에 서는 사람. 예 친구 결혼식에 들러리를 서다. 2 어떤 일을 할 때 중심인물의 주변에서 곁따르는 일이나 그런 노릇을 하는 사람의 비유. 예 데이트에 들러리 서다.

들러붙다 [들러붇따] 끈기 있게 바짝 붙다. [본] 들어붙다. [작] 달라붙다.

들려오다 소리나 소문 따위가 들리다. 예 창문 밖에서 새소리가 들려온다 / 현장에서 들려오는 여러 의견에 귀를 기울였다.

들려주다 소리나 말을 듣게 해 주다. 예 음악을 들려주다.

*__들르다__ 지나는 길에 잠깐 들어가 머물다. 예 책방에 들르다. [활용] 들러 / 들르니.

*__들리다¹__ 1 소리가 귀청을 울려 감각이 일어나다. 예 부르는 소리가 들리다. 2 소문이 퍼져 남들이 듣게 되다. 예 들리는 소문으로는 그가 사장이 아니래.

들리다² 병에 걸리거나 못된 귀신이 들러붙다. 예 감기가 심하게 들리다 / 귀신이 들리다.

들리다³ 1 남에게 듦을 당하다. 예 몸이 번쩍 들리다. 2 남을 시켜서 들게 하다. 예 깃발을 들리다.

들먹이다 [들머기다] 1 묵직한 물건을 올렸다 내렸다 하다. 2 남의 마음을 흔들리게 하다. 예 마음이 들먹여서 공부가 안된다. 3 어깨나 엉덩이가 아래위로 움직이다. 예 어깨를 들먹이며 흐느껴 울다. 4 남을 들추어 말하다. 예 그 사람 이름을 들먹이지 마라.

들볶다 [들복따] 까다롭게 굴거나 잔소리를 하여 남을 못살게 굴다. 예 동생을 못살게 들볶다.

들숨 [들쑴] 들이쉬는 숨. [반] 날숨.

들썩거리다 [들썩꺼리다] 자꾸 들썩이다. [작] 달싹거리다.

들썩이다 [들써기다] 1 물건이 들렸다 가라앉았다 하다. 예 물이 끓어 냄비 뚜껑이 들썩이다. 2 마음이 들떠서 움직이다. 예 여행 갈 생각에 마음이 들썩였다. 3 어깨나 엉덩이가 위아래로 가볍게 움직이다. 예 어깨를 들썩이며 춤을 추다. 4 시끄럽고 부산하게 떠들다. 예 공연장은 많은 사람들로 몹시 들썩였다. [작] 달싹이다.

들쑥날쑥하다 [들쑹날쑤카다] ⇨ 들쭉날쭉하다.

*__들어가다__ [드러가다] 1 밖에서 안으로 향해 가다. 예 교실로 들어가다. 2 취직·입학을 하다. 예 중학교에 들어가다. 3 글이나 말의 내용이 잘 이해되다. 예 새벽 공부는 머리에 잘 들어간다. 4 새로운 시기나 상태 따위가 시작되다. 예 겨울 방학에 들어가다. 5 전기·수도 따위의 시설이 설치되다. 예 두메산골에 전화가 들어가다. 6 물체 표면이 우묵하게 되다. 예 움푹 들어간 볼 / 피곤했는지 눈이 쑥 들어갔다. [활용] 들어가거라. ⊃enter

들어내다 [드러내다] 1 물건을 들어서 밖으로 내놓다. 예 이삿짐을 들어내다. 2 사람을 있던 곳에서 쫓아내다.

들어맞다 [드러맏따] 틀리지 않고 정확히 맞다. 예 꿈이 들어맞았다.

들어붓다 [드러분따] 1 비가 퍼붓듯이 쏟아지다. 2 그릇에 담긴 물건을 통째로 쏟아 붓다. [활용] 들어부어 / 들어부으니 / 들어붓는.

*__들어서다__ [드러서다] 1 안쪽으로 옮겨 서다. 예 대문 안에 들어서다. 2 어떤 곳에 자리 잡다. 예 아파트가 들어서다. 3 어떤 상태나 시기가 시작되다. 예 장마철에 들어서다.

들어오다 [드러오다] 1 안으로 향해 오다. ⓔ모기가 들어오다. ⓟ나가다. 2 어떤 단체의 구성원이 되다. ⓔ그 사람은 우리 모임에 들어왔다. 3 수입 따위가 생기다. ⓔ매달 10만 원씩 들어온다. 4 말이나 글이 이해되어 기억에 남다. ⓔ책의 내용이 머리에 쏙쏙 잘 들어왔다. [활용] 들어오너라.

들어주다 [드러주다] 부탁이나 원하는 것을 허락하다. ⓔ부탁을 들어주다.

들여다보다 [드려다보다] 1 밖에서 안을 보다. ⓔ문틈으로 안을 들여다보다. 2 가까이에서 자세히 보다. ⓔ시험지를 꼼꼼히 들여다보다.

들여다보이다 [드려다보이다] 밖에서 안이 보이다. ⓔ건물 안이 훤히 들여다보인다 / 속셈이 빤히 들여다보이다.

들여보내다 [드려보내다] 안이나 속으로 들어가게 하다. ⓔ입장권을 가진 사람만 들여보냈다.

들여오다 [드려오다] 밖에서 안으로 가져오다. ⓔ방 안으로 짐을 들여오다.

-들이 그릇에 담기는 양. ⓔ2리터 들이 병.

들이다 [드리다] 1 들어오게 하다. ⓔ친구를 방에 들이다. 2 비용을 내거나 힘을 쓰다. ⓔ공을 들이다. 3 물감을 배게 하다. ⓔ손톱에 봉선화 물을 들이다. →드리다 [주의]

들이닥치다 [드리닥치다] 갑자기 한꺼번에 밀려들다. ⓔ수업 종이 치자 학생들이 교실로 우르르 들이닥쳤다.

들이대다 [드리대다] 1 마구 대들다. ⓔ선배에게 들이대다. 2 바싹 가져다 대다. ⓔ증거를 들이대다.

들이마시다 [드리마시다] 빨아들여 목구멍으로 넘기다. ⓔ물을 들이마시다.

들이밀다 [드리밀다] 안쪽으로 밀어 넣다. ⓔ쪽지를 문틈으로 들이밀다. ⓟ내밀다. ⓒ디밀다. [활용] 들이밀어 / 들이미니 / 들이미는.

들이받다 [드리받따] 머리를 들이대어 받다. ⓔ소가 뿔로 들이받다.

들이치다 [드리치다] 비·눈·햇살 따위가 안쪽으로 세차게 뿌리거나 비치다. ⓔ비가 유리창에 들이치다.

들이켜다 [드리켜다] 물 따위를 마구 마시다. ⓔ목이 말라 물을 벌컥벌컥 들이켰다.

들일 [들:릴] 논이나 밭에서 하는 일. ⓔ들일 나가다.

들입다 [드립따] 힘껏 마구. ⓔ있는 힘을 다해 들입다 뛰었다.

들쥐 [들:쥐] 들에 사는 쥐.

들쭉날쭉하다 [들쭁날쭈카다] 들어가고 나오고 하여 가지런하지 않다. ⓔ들쭉날쭉한 해안선. ⓟ들쑥날쑥하다.

들창 (一窓) 벽의 위쪽에 자그맣게 만든 창.

들창코 (一窓一) 코끝이 위로 들려서 콧구멍이 드러나 보이는 코. 또는 그렇게 생긴 사람.

들추다 1 지난 일이나 숨은 일 따위를 드러나게 하다. ⓔ남의 사생활을 들추다. 2 무엇을 찾으려고 자꾸 뒤지다. ⓔ사전을 들추어 보다. 3 속이 드러나게 들어 올리다. ⓔ이불을 들추다.

들치다 물건의 한쪽 끝을 잡고 쳐들다. ⓔ천막을 들치다.

들키다 남 모르게 하거나 숨기려던 것이 남의 눈에 뜨이다. ⓔ커닝하다가 선생님께 들키다.

들통 비밀이나 잘못이 드러난 상황. ⓔ거짓말이 들통이 나다.

들판 [들:판] 들을 이룬 벌판. ⓔ추수가 끝난 빈 들판 / 들판에 곡식이 누렇게 익었다. ⓟ벌판. 평야. ⇒field

듬뿍 넘칠 정도로 가득한 모양. ⓔ밥을 듬뿍 담다. [작] 담뿍.

듬성듬성 촘촘하지 않고 여기저기 드물게 있는 모양. ⓔ나무를 듬성듬성 심다.

듬직하다 [듬지카다] 믿음직스럽고 든든하다. ⓔ듬직한 사람.

***듯** [듣] 그런 것 같기도 하고 아닌 것 같기도 하다는 뜻을 나타내는 말. ⓔ먹은 듯 만 듯하다.

듯이 [드시] 듯하게. ⓔ몸이 날아갈 듯이 기쁘다.

***듯하다** [드타다] 짐작이나 추측의 뜻을 나타내는 말. ⓔ비가 올 듯하다. ⓟ듯싶다.

***등**[1] 사람이나 동물의 가슴과 배의 반대쪽. ⓔ등이 가렵다. ⇒back

등(을) 돌리다 뜻을 같이하던 사람이나 단체와 관계를 끊고 멀리하다.

예 등을 돌린 채로 살다.

등² (等) [등:] 등급이나 석차를 나타내는 말. 예 일 등 / 삼 등.

*등³ (等) [등:] '들'·'기타'·'따위'를 이르는 말. 예 개나리, 진달래 등.

*등⁴ (燈) 불을 켜서 어두운 곳을 환하게 밝히는 기구. 예 등을 밝히다 / 등을 켜다 / 등을 달다. ◎lamp

등걸 줄기를 잘라 낸 나무의 밑동. 예 등걸에 걸터앉다. 즉, 벼의 거.

등겨 벼의 껍질. 즉, 벼의 거.

등고선 (等高線) [등:고선] 지도에서 같은 높이에 있는 지점들을 연결해 놓은 곡선.

등골¹ [등꼴] ⇨척수.
  등골(이) 빠지다 너무 고생스러워 견디기 어려울 정도로 힘들다.

등골² [등꼴] 등 한가운데로 길게 고랑이 진 곳.
  등골이 오싹하다 심한 공포감 따위로 등골에 소름이 끼치는 것 같다. 예 등골이 오싹할 정도로 무섭다.

등골뼈 [등꼴뼈] 척추동물의 몸을 지탱하고 있는, 등 한복판의 뼈. 비 등골. 척추. 척추뼈.

등교 (登校) 학생이 학교에 감. 예 등교하는 길에 담임 선생님을 만나다. 반 하교. **등교하다**.

등굣길 (登校-) [등굗낄 / 등굗낄] 학생이 수업을 받기 위해 학교로 가는 길. 반 하굣길.

등급 (等級) [등:급] 높고 낮음이나 좋고 나쁨을 여러 단계로 나누어 놓은 차례. 예 등급을 매기다.

등기 우편 (登記郵便) 우체국에서 우편을 보내는 사람에게 영수증을 주고, 받는 사람한테는 확인을 받아 배달을 확실하게 하는 특별 우편. 또는 그런 우편물. 준 등기.

등나무 (藤-) 콩과의 낙엽 활엽 덩굴나무. 4-5월에 자줏빛이나 흰 꽃이 핌. 정원에 심어 그늘지게 함.

등단 (登壇) 연단이나 교단에 오름. 반 하단. **등단하다**.

등대 (燈臺) 밤에 뱃길에 위험한 곳을 알려주거나, 목표로 삼게 하기 위하여 등불을 켜 놓는 대.

등대지기 (燈臺-) 등대를 관리하며 지키는 사람. 비 등대수.

등덜미 [등떨미] 등의 윗부분. 예 등덜미를 잡히다.

등등 (等等) [등:등] 여러 사물을 죽 들어 말할 때 '그리고 그와 비슷한 것들'의 뜻으로 쓰는 말. 예 옷·모자·신 등등 살 것이 많다.

등등하다 (騰騰-) 기세가 아주 높다. 예 기세가 등등하다.

등딱지 [등딱찌] 게나 거북의 등을 덮고 있는 단단한 껍데기.

등록 (登錄) [등녹] 문서에 올림. 예 새 학기 등록을 마치다. **등록하다**.

등록금 (登錄金) [등녹끔] 학교나 학원에 다니기 위해 내는 돈. 예 대학 등록금 / 등록금을 내다.

등록증 (登錄證) [등녹쯩] 등록한 것을 증명하는 문서. 예 주민 등록증 / 등록증을 발급받다.

등마루 등의 가운데, 등골뼈가 있어 두두룩하게 줄이 진 부분.

등물 ⇨목물.

등반 (登攀) 높은 곳에 오름. 예 한라산을 등반하다. **등반하다**.

등반대 (登攀隊) 험한 산이나 높은 곳에 오를 목적으로 모여 만든 무리. 예 에베레스트산 등반대.

등받이 [등바지] 의자에 앉을 때 등이 닿는 부분.

등본 (謄本) 원본의 내용을 그대로 베낀 서류. 예 호적 등본. *초본.

등분 (等分) [등:분] 1 어떤 수나 양을 똑같이 나눔. 2 같은 분량으로 나뉜 몫을 세는 단위. 예 사과를 네 등분으로 자르다. **등분하다**.

*등불 (燈-) [등뿔] 등에 켠 불.

등뼈 ⇨등골뼈.

등산 (登山) 산에 오름. 예 매일 아침 등산을 한다. 반 하산. **등산하다**.

등산로 (登山路) [등산노] 산을 오르내릴 수 있게 낸 길. 예 등산로가 가파르다.

등산화 (登山靴) 등산할 때 신는 신.

등성이 '산등성이'의 준말.

등수 (等數) [등:쑤] 차례를 매겨 붙인 번호. 예 등수가 오르다.

*등식 (等式) [등:식] 두 개 또는 그 이상의 식을 '='로 묶어 그것이 서로

같음을 나타내는 수식. 반부등식.

등신 (等神) [등:신] 몹시 어리석은 사람을 낮잡아 이르는 말.

등심 소나 돼지의 등뼈에 붙은 고기. 연하고 기름기가 많음.

등쌀 몹시 귀찮게 구는 짓. 예아이들 등쌀에 책 읽을 틈도 없다.

등온선 (等溫線) [등:온선] 지도에서 온도가 같은 지점을 이은 곡선.

등외 (等外) [등:외/등:웨] 정한 등급의 밖. 예등외로 밀려나다.

등용 (登用) 나라에서 능력이 있는 사람을 뽑아 지위가 높은 관리로 삼는 것. 예인재를 등용하다. 비기용. **등용하다**.

등용문 (登龍門) 출세를 위해 지나야 하는 어려운 관문. 예문단의 등용문.

등유 (燈油) 등불을 켜거나 난로를 피우는 데 쓰는 기름.

등잔 (燈盞) 기름을 담아서 등불을 켜는 그릇.

등잔불 (燈盞—) [등잔뿔] 등잔에 켠 불. 비등불.

등장 (登場) 1 무대나 연단에 나옴. 2 소설·연극·영화 따위에 어떤 인물이 나타남. 반퇴장. **등장하다**.

등장인물 (登場人物) 소설·연극·영화 따위에 나오는 인물.

등정 (登頂) 높은 산의 꼭대기에 오름. 예백두산 등정에 성공하다. **등정하다**.

등줄기 [등쭐기] 등마루의 두두룩하게 줄이 진 부분. 예등줄기에서 식은 땀이 흐른다.

등지 (等地) [등:지] 지명 뒤에 쓰여, '그러한 곳들'이란 뜻을 나타내는 말. 예금산·강화 등지의 인삼.

등지다 1 서로 사이가 나빠지다. 예친구와 등지다. 2 등 뒤에 두다. 예산을 등지고 있는 마을. 3 관계를 끊고 멀리하거나 떠나다. 예고향을 등지다.

등짐 [등찜] 등에 진 짐.

등판 (登板) 야구에서 투수가 경기를 하려고 투수 자리에 서는 일. 예선발 투수로 등판하다. **등판하다**.

등한시하다 (等閑視—) [등:한시하다] 대수롭지 않게 보아 넘기다. 예공부를 등한시하다.

등한하다 (等閑—) [등:한하다] 무엇에 관심이 없거나 소홀히 여기다. 예그동안 운동한다는 핑계로 공부를 등한하였다.

등허리 등의 허리 쪽 부분. 또는 등과 허리. 예등허리가 결리다/아랫목에 등허리를 대고 눕다.

등호 (等號) [등:호] 수학에서, 두 수 또는 두 식이 같음을 나타내는 부호 (=). [보기] 30+40=70.

디귿 한글 자모 'ㄷ'의 이름. [발음] 디귿이 [디그시] / 디귿을 [디그슬] / 디귿에 [디그세].

디디다 1 발을 올려놓고 서거나 발로 누르다. 예바위를 디디고 서다. 2 어려운 상황 따위를 이겨 내다. 예역경과 고통을 디디고 일어서다. 준딛다.

디딜방아 [디딜빵아] 발로 디디어 곡식을 찧게 된 방아. 굵은 나무 한 끝에 공이를 박고, 다른 끝은 두 갈래가 나게 하여 그 끝을 발로 디딜 수 있도록 만들었음.

디딜방아

디딤돌 [디딤똘] 디디고 오르내리게 된 평평하고 넓적한 돌.

디밀다 [디:밀다] '들이밀다'의 준말. 예얼굴을 디밀다.

디스켓 (diskette) ⇨플로피 디스크. 예문서를 디스켓에 저장하다.

디스코 (disco) 빠른 음악에 맞추어 자유롭게 추는 춤.

디스크 (disk) 1 축음기의 레코드. 음반. 2 컴퓨터의 보조 기억 장치로 사용되는, 플라스틱으로 만든 둥근 모양의 판. 3 목뼈나 등뼈 사이에 있는 물렁뼈. 또는 그 물렁뼈가 밀려 나와서 허리나 목이 아픈 병.

디자이너 (designer) 디자인을 전문적으로 하는 사람.

디자인 (design) 의상·건축·공업 제품 등의 실용적인 목적을 위한 작품의 설계나 도안. 예의류 디자인/실내 디자인. **디자인하다**.

디저트 (dessert) 양식에서 식사 끝에 나오는 과자나 과일 따위의 음식. 후식.

디젤 기관 (Diesel機關) 1897년 독일의 디젤이 발명한 엔진. 경유나 중유를 써서 배·차량 따위를 움직이는 데 쓰임.

디지털 (digital) 시간·소리·모양 따위의 여러 자료를 숫자로 바꾸어 나타내는 방식. *아날로그.

디프테리아 (diphtheria) 2-7살쯤의 어린아이에게 잘 걸리는 전염병. 열이 나고 목이 아프며 음식을 잘 삼키지 못함.

딛다 [딛따] '디디다'의 준말. 예땅을 딛다 / 좌절을 딛고 성공하다.

ㄸ (쌍디귿) 'ㄷ'의 된소리.

따갑다 [따갑따] 1 몹시 더운 느낌이 있다. 예석양볕이 따갑다. 큰뜨겁다. 2 바늘같이 뾰족한 끝으로 찌르는 듯한 느낌이 있다. 예상처가 따갑고 아프다. 3 눈길이나 충고 따위가 매섭고 날카롭다. 예사람들의 따가운 질책을 받다. [활용] 따가워 / 따가우니.

따개 병이나 깡통 따위의 뚜껑을 따는 물건. 오프너.

따개비 따개빗과의 동물. 바닷가 암초나 배 밑에 붙어 삶. 지름 10-15mm 정도의 원뿔 모양의 껍데기는 윤기 나는 회색이고 거죽에 흰색의 융기가 있음. 비굴등.

따귀 [따:귀] '뺨'의 속된 말. 예따귀를 때리다. 본뺨따귀.

따끈따끈 매우 따끈한 모양. 예따끈따끈한 호떡 / 방바닥이 따끈따끈하다. 큰뜨끈뜨끈. 따끈따끈하다.

따끈하다 조금 따뜻하고 더운 느낌이 있다. 예따끈한 숭늉.

따끔거리다 자꾸 따끔하게 쏘는 느낌이 들다. 예벌에 쏘인 곳이 따끔거리다. 큰뜨끔거리다.

따끔따끔 뾰족한 물건으로 자꾸 찌르는 듯 아픈 느낌. 큰뜨끔뜨끔.

따끔하다 맞거나 찔리어서 아픈 느낌이 있다. 예압정에 찔린 데가 따끔하다.

따님 남의 딸을 높이어 이르는 말. 반아드님.

*__따다__ 1 붙어 있는 것을 잡아떼다. 예꽃을 따다. 2 꽉 봉한 것을 뜯다. 예깡통을 따다. 3 경기·내기 따위에서 이겨 돈이나 상품을 얻다. 예금메달을 따다. 4 점수·자격 따위를 받다. 예운전면허를 따다.

따돌리다 1 밉거나 싫은 사람을 떼내어 멀리하다. 예친구를 따돌리지 마라. 2 뒤쫓는 사람이 따라잡지 못하게 앞서 나가다. 예수비수를 따돌리고 골을 넣다.

*__따뜻하다__ [따뜨타다] 1 포근한 정도로 온도가 알맞게 높다. 예방 안이 따뜻하다. 큰뜨뜻하다. 2 감정이나 분위기가 정답고 포근하다. 예친구의 따뜻한 마음씨. ⊃warm

따라 '여느 때와 다르게'의 뜻을 나타냄. 예오늘따라 아침 일찍 잠이 깨었다.

*__따라가다__ 1 뒤를 쫓아가다. 예아이들이 줄을 서서 선생님을 따라가다. 2 남의 행동이나 명령 따위를 좇아 하다. 예자식은 부모를 따라가기 마련이다. [활용] 따라가서. ⊃follow

따라나서다 남이 가는 대로 같이 서다. 예마을 잔치에 가시는 어머니 뒤를 따라나서다.

따라다니다 1 남의 뒤를 쫓아다니다. 예강아지가 나만 졸졸 따라다닌다. 2 어떤 현상이 붙어 다니다. 예좋지 않은 그 기억은 평생 날 따라다녔다.

따라붙다 [따라붇따] 앞선 것을 바싹 뒤따르다. 예끈질기게 따라붙는 수비수를 따돌리다.

*__따라서__ 그러므로. 그렇기 때문에. 예물건이 최고로 좋으니 따라서 값도 비싸다.

*__따라오다__ 1 남의 뒤를 쫓아오다. 예내 뒤를 따라오너라. 2 그대로 본떠서 따르다. [활용] 따라와서.

따라잡다 [따라잡따] 앞지른 것을 따라가서 잡다. 예선진국의 기술 수준을 따라잡다.

*__따로__ 1 섞이지 않고 각각 떨어져서. 예동화책과 교과서는 따로 꽂아 두어라. 반같이. 함께. 2 보통의 것과 다르게 특별히. 예너희들은 상담실에서 따로 얘기하자.

따로따로 제각기 따로. 예형제가 따로따로 살다.

*__따르다__¹ 1 남의 뒤를 쫓다. 예친구

를 따라 학원에 가다. 2 앞선 것을 좇아 같은 수준에 이르다. 예그의 영어 실력은 아무도 따르지 못했다. 3 남을 좋아하거나 존경하여 가까이 붙어다니며 섬기다. 예잘 따르는 후배. 4 다른 일과 더불어 일어나다. 예성공에는 흔히 노력이 따른다. 5 나란히 같이 움직이다. 예골짜기를 따라 내려가다. 6 관례나 법규, 명령, 의견 따위를 좇다. 예관례에 따르다/시키는 대로 따르다. 7 목적이나 입장에 각기 의거하다. 예특징에 따라 분류하다. [활용] 따라/따르니.

***따르다**² 그릇을 기울여서 담긴 액체를 쏟아지게 하다. 예컵에 우유를 따르다. [활용] 따라/따르니.

따르릉 전화벨이나 자명종 따위가 한 번 울리는 소리. 예전화가 따르릉 울리다.

따름 '-ㄹ·-을' 뒤에 쓰여 '그뿐'이라는 뜻을 나타냄. 예오로지 열심히 공부할 따름이다.

따먹다 [따먹따] 장기·바둑·내기 등에서, 상대편의 말이나 돈 따위를 얻다. 예졸로 상을 따먹다.

따분하다 재미가 없어 지루하고 답답하다. 예따분한 이야기.

따사롭다 [따사롭따] 1 따스한 기운이 조금 있다. 예햇살이 따사롭다. 2 마음이 다정하다. 예따사로운 인정이 넘치다. [활용] 따사로워/따사로우니.

***따스하다** 조금 따뜻하다. 예보일러를 틀었더니 방바닥이 따스하다. [작] 따사하다. [예] 다스하다.

따오기 저어샛과의 새. 산간의 논이나 연못에서 삶. 백로와 비슷한데 몸빛은 희고 검은 부리는 밑으로 굽었음. 나무 위에 둥우리를 짓고 물가에서 민물고기나 게 따위를 잡아먹음. 우리나라 천연기념물.

따오기

따오다 남의 글이나 말 가운데서 필요한 부분을 끌어오다. 예소설 제목을 지명에서 따오다.

따옴표 (-標) 어떤 글에서 따온 부분이나 강조하는 말이나 글의 앞뒤에 쓰는 문장 부호. 큰따옴표(" ")·작은따옴표(' ') 따위. [비] 인용부.

***따위** 1 사람이나 물건을 얕잡아 이르는 말. 예너 따위가 무얼 알아. 2 같은 종류를 나타냄. 예쌀·보리 따위의 곡식.

***따지다** 1 계산·관계 따위를 낱낱이 헤아리다. 예이자를 따지다. 2 옳고 그름을 가리다. 예잘잘못을 따지다.

***딱**¹ 단단한 것이 마주치거나 부러질 때 나는 소리. 예나무가 딱 부러지다. [큰] 뚝.

딱² 1 일을 단호하게 처리하는 모양. 예딱 잘라 말하다. 2 완전히 그치거나 멎는 모양. 예비가 딱 그쳤다/아기 울음소리가 딱 멎었다.

딱³ 1 활짝 벌어진 모양. 예입을 딱 벌리다. 2 완전히 맞닿거나 들어맞는 모양. 예교복이 딱 맞다/네 말이 딱 맞았다. 3 굳세게 버티는 모양. 예딱 버티고 서서 비켜 주지 않는다. 4 한정해서 꼭. 그뿐. 예딱 두 개만 먹어라. [큰] 떡.

딱따구리 딱따구릿과의 새. 날카롭고 단단한 부리로 나무를 쪼아 구멍을 내어 그 속의 벌레를 잡아먹음. ×딱다구리.

딱딱 단단하고 가벼운 물건이 계속 부딪치거나 부러지는 소리나 모양. 예나뭇가지를 딱딱 부러뜨리다.

딱딱하다 [딱따카다] 1 굳고 단단하다. 예딱딱하게 굳은 떡. 2 태도·말씨·분위기 따위가 부드러운 맛이 없고 거세다. 예말투가 딱딱한 사람/손님에게 딱딱하게 대하다.

딱정벌레 [딱쩡벌레] 딱정벌렛과의 곤충. 몸빛은 금빛이 도는 녹색 또는 검은빛이 도는 붉은색을 띰. 밤에 곤충을 잡아먹음.

딱지¹ [딱찌] 1 상처나 헌데에서 피나 진물이 나와 말라붙어 생긴 껍질. 예딱지가 떨어지다. 2 게·소라 따위의 몸을 싸고 있는 단단한 껍데기.

딱지² (-紙) [딱찌] 1 우표나 증지처럼 어떤 특별한 그림이나 글씨를 박은 작은 종잇조각. 예상품에 가격 표시 딱지를 붙이다. 2 두꺼운 종이에 그림을 그리거나 글을 쓰거나 하여 만든 장난감. ⑩딱지를 치다. 3 어떤 대상에 대한 평가나 인정. ⑩배신자라는 딱지가 붙은 사람. 4 교통 위반 따위에 대한 벌금이나 경고 사실을 적은 종이쪽지. ⑩신호 위반 딱지를 떼다. 5 '퇴짜'를 속되게 일컫는 말. ⑩선볼 때마다 딱지를 맞다.

딱지치기 (一紙一) [딱찌치기] 종이로 만든 딱지를 땅에 놓고 다른 딱지로 쳐서 뒤집히면 따먹는 아이들 놀이. 딱지치기하다.

딱하다 [따카다] 1 사정이나 처지가 애처롭고 가엾다. ⑩딱한 사정. 2 난처하거나 곤란하다. ⑩입장이 딱하다.

딱히[1] [따키] 딱하게. 불쌍하게. ⑩딱히 여겨서 옷을 사 주다.

딱히[2] [따키] 정확하게 꼭 집어서. ⑩딱히 무어라 말하기가 어렵구나.

*__딴__ 다른. 다른 이야기.

딴생각 1 엉뚱한 생각. ⑩바빠서 딴생각할 겨를이 없다. 2 다른 데에 쓰는 생각. ⑩딴생각하느라 선생님 말씀을 못 듣다. 딴생각하다.

딴소리 아무 관계도 없는 엉뚱한 말. ⑩딴소리만 늘어놓다. 딴소리하다.

딴전 그 일과는 전혀 관계없는 일이나 행동. ⑩시치미를 떼며 딴전을 피우다. 囲딴청.

딴전(을) 부리다 그 일과는 아주 다른 일을 하다.

딴죽 씨름 따위에서 상대자의 다리를 옆으로 치거나 끌어당기어 넘어뜨리는 기술.

딴죽(을) 걸다 동의하였던 일에 딴전을 부려 어기다.

딴청 ⇨딴전.

딴청(을) 부리다 ⇨딴전(을) 부리다.

딴판 아주 다른 모양. ⑩말과 행동이 딴판이다 / 형제의 성격이 딴판으로 다르다.

*__딸__ 여자로 태어난 자식. ⑩딸을 낳다. 凪아들. ⇨daughter

딸기 [딸:기] 1 장미과에 속하는 여러해살이풀. 과실은 주먹만 하며 흰 꽃이 피며, 열매는 빨갛게 익음. 2 1의 열매. 겉에 씨가 박혀 있는 작고 빨간 여름 과일. ⇨strawberry

딸기코 [딸:기코] 코끝이 딸기처럼 빨갛게 된 코.

딸꾹질 [딸꾹찔] 숨이 막혔다가 터져 나오려고 할 때에, 목구멍에서 이상한 소리가 나는 증세. 딸꾹질하다.

딸리다 1 어떤 것에 매이거나 붙어 있다. ⑩딸린 식구가 많다. 2 어떤 부서나 종류에 속하다. ⑩호랑이는 고양잇과에 딸려 있다.

딸림음 (一音) [딸림믐] 장음계·단음계의 으뜸음의 5도 위의 음.

*__땀__ 더울 때나 운동을 했을 때 몸에서 나오는 찝찔한 액체. 체온을 조절하는 구실을 함. ⑩땀을 뻘뻘 흘리며 일하다. ⇨sweat

땀구멍 [땀꾸멍] 몸 밖으로 땀을 내보내는 살갗의 구멍.

땀내 땀이 묻은 옷이나 몸에서 나는 냄새. ⑩옷에서 땀내가 나다.

땀띠 땀을 많이 흘리어 피부가 자극되어 좁쌀 모양으로 돋는 붉은색의 종기. ⑩땀띠가 돋다.

땀방울 [땀빵울] 물방울처럼 맺힌 땀의 덩이. ⑩이마에 땀방울이 송골송골 맺혔다.

땀샘 땀을 몸 밖으로 내보내고 체온을 조절하는 세포 조직.

땀자국 [땀짜국] 땀이 흘러 남은 흔적. ⑩운동장에서 놀고 온 아이들의 얼굴에 땀자국이 얼룩덜룩 남아 있다.

*__땅__ 1 강이나 바다와 같이 물이 있는 곳을 뺀 부분. ⑩땅에 사는 동물. 囲육지. 2 논·밭을 통틀어 일컫는 말. ⑩땅을 일구다. 3 한 나라의 영토. ⑩독도는 우리 땅이다. 4 지역이나 지방. ⑩전라도 땅. 5 토지나 택지. ⑩땅을 사서 집을 짓다. 6 흙이나 토양. ⑩땅이 기름지다. ⇨ground, land

땅거미 해가 지고 컴컴해지기 전까지의 어둑어둑한 동안. ⑩땅거미가 깔리다.

*__땅굴__ (一窟) [땅꿀] 1 땅속으로 뚫린 굴. 2 땅을 파낸 큰 구덩이. ⑩땅굴을 파다.

땅꾼 뱀을 잡아 파는 사람.

땅덩이 [땅떵이] 땅의 큰 덩이. 흔히, 대륙·국토·지구 따위를 가리킴. ⑩땅덩이가 큰 나라.

땅따먹기 [땅따먹끼] 정한 땅에 각자의 말을 튕긴 대로 금을 그어 땅을 차지하는 아이들 놀이.

땅바닥 [땅빠닥] 땅의 맨바닥. ⑩땅바닥에 주저앉다.

땅벌 [땅뻘] 땅속에 집을 짓고 사는 벌을 통틀어 일컫는 말.

땅볼 (—ball) 야구나 축구에서, 땅 위로 굴러 가도록 치거나 찬 공.

땅뺏기 [땅뻗끼] ⇨땅따먹기.

땅속줄기 [땅쏙쭐기] 감자나 토란의 줄기처럼 땅속에 있는 식물의 줄기.

땅콩 콩과의 한해살이풀. 여름 동안 나비 모양의 노란 꽃이 핌. 열매는 땅속에서 고치 모양으로 열리는데, 볶아 먹기도 하고 기름을 짜서 먹기도 함. 비낙화생. 호콩.

땋다 [따타] 머리털이나 실 따위를 둘 이상의 가닥으로 갈라서 어긋나게 엮어 한 가닥으로 하다. ⑩머리를 두 갈래로 땋다. 발음 땋고 [따:코] / 땋아서 [따아서] / 땋는 [딴:는] / 땋소 [따:쏘].

***때¹** 1 시간의 어떤 순간이나 부분. ⑩때를 알리는 종소리. 2 좋은 기회나 운수. ⑩때를 기다리다 / 때를 놓치다. 3 시기. 그 당시. ⑩어렸을 때의 기억을 더듬다.

***때²** 몸이나 옷에 묻은 더러운 것. ⑩때가 묻다 / 때를 씻다.

주의 **때와 떼**

때 1 시간. 기회. 시기. ⑩떠날 때가 되었다 / 때를 보아 찾아가겠다. 2 먼지 따위가 묻어 더러운 것. ⑩옷에 때가 묻었다.
떼 1 목적과 행동을 같이하는 무리. ⑩떼를 지어 항의하다. 2 부당한 일을 억지로 요구하거나 고집하는 짓. ⑩떼를 쓰며 덤비다. 3 잔디. ⑩떼를 입히다.

때굴때굴 작고 단단한 물건이 자꾸 구르는 모양. ⑩구슬이 때굴때굴 굴러 간다. 큰떼굴떼굴. 여대굴대굴.

때까치 때까치과의 새. 까치보다 좀 작은데, 부리가 날카롭고 성질이 사나움. 개구리·곤충 따위를 잡아먹는데 잡은 먹이를 나뭇가지에 꿰어 놓는 습성이 있음.

때깔 눈에 보이는 모양이나 빛깔. ⑩때깔이 나다 / 옷감의 때깔이 곱다.

때늦다 [때늗따] 1 정한 시간보다 늦다. ⑩때늦은 점심. 2 알맞은 시기가 지나다. ⑩때늦은 후회. 3 제철보다 늦다. ⑩때늦은 과일.

***때다** [때:다] 아궁이 따위에 불을 지펴 타게 하다. ⑩군불을 때다.

***때때로** 가끔. 이따금. ⑩때때로 생각이 나다.

때때옷 [때때옫] 알록달록한 색을 넣어 곱게 만든 아이의 옷. 비꼬까옷.

때려치우다 하던 일을 아주 그만두다. ⑩공부를 때려치우다.

***때로** 1 경우에 따라서. ⑩원숭이도 때로 나무에서 떨어진다. 2 이따금. ⑩때로 늦기도 한다.

***때리다** 1 손이나 손에 쥔 물건으로 아프게 치다. ⑩뺨을 때리다. 2 세차게 부딪치다. ⑩굵은 빗방울이 창문을 때리다.

때마침 그때에 마침. ⑩때마침 그가 나타났다.

때맞추다 [때맏추다] 시기에 알맞도록 하다. ⑩때맞추어 단비가 내렸다. 참고 주로 '때맞추어'의 꼴로 쓰임.

***때문** 어떤 일의 까닭이나 원인. ⑩늦잠 때문에 학교에 지각했다 / 너 때문에 일을 망쳤다. ↪because

때우다 1 뚫어졌거나 깨진 자리에 다른 조각을 대어 막다. ⑩깨진 그릇을 때우다. 준때다. 2 간단한 음식으로 끼니를 대신하다. ⑩빵으로 점심을 대충 때우다. 3 별로 하는 일 없이 시간을 대강 보내다. ⑩공원을 거닐며 시간을 때우다.

땔감 [땔:깜] 불을 때는 데 쓰는 마른 풀·나무·기름·석탄 따위의 재료. 비땔거리. 연료.

땔나무 [땔:라무] 불을 때는 데 쓰는 나무.

땜 [땜:] '땜질'의 준말.

땜납 [땜:납] 납과 주석의 합금. 불에 잘 녹고 쇠붙이에 잘 붙어 땜질에 씀.

땜질 [땜:질] 깨어지거나 뚫어진 것을 때우는 일. 준땜. 땜질하다.

땟국물 [때꿍물 / 땓꿍물] 때가 낀 물기. ⑩땟국물이 흐르는 옷.

땡 작은 종을 세게 칠 때 나는 소리. ⓔ시계 종소리가 땡 하고 울리다.

땡감 덜 익어 맛이 떫은 감.

땡그랑 방울 따위의 쇠붙이가 세게 흔들리거나 부딪쳐서 나는 소리. 쿤 땡그렁. 예 댕그랑. 준 땡강.

땡땡 꽹과리나 작은 종 따위의 쇠붙이를 세게 두드리는 소리. ⓔ종이 땡땡 울리다. 쿤 땡땡. 예 댕댕.

땡볕 [땡볃] 따갑게 내리쬐는 뜨거운 햇볕. ⓔ땡볕 아래에서 밭일을 하다.

떠가다 공중이나 물 위에 떠서 움직여 가다. ⓔ하늘에 구름이 떠가다 / 나뭇잎이 물 위에 떠가다.

떠나가다 1 본디 있던 자리에서 다른 자리로 옮겨 가다. ⓔ똑딱선이 항구를 떠나가다. 2 주위가 떠서 나갈 듯이 소리가 요란하다. ⓔ교실이 떠나가게 떠들어 댔다.

*__떠나다__ 1 다른 곳으로 옮겨 가다. ⓔ고향을 떠나다. 2 죽다. ⓔ세상을 떠나다. 3 어떤 일이나 사람들과 관계를 끊다. ⓔ직장을 떠나다. 4 사라지다. ⓔ그에 대한 기억이 떠나질 않는다. 5 일을 하러 나서다. ⓔ출장을 떠나다. ⊃leave

떠나오다 있던 곳을 떠나 다른 곳으로 옮겨 오다. ⓔ고향을 떠나온 이후로 어느새 십 년이 흘렀다.

떠내다 1 물이나 국 따위를 덜어 내다. ⓔ국자로 국을 떠내다. 2 풀이나 나무 따위를 흙과 함께 파내다. ⓔ삽으로 뗏장을 떠내다.

떠내려가다 물 위에 떠서 내려가다. ⓔ나뭇잎이 냇물에 떠내려가다.

떠넘기다 자기가 할 일이나 책임을 남에게 넘기다. ⓔ어려운 일을 동료에게 떠넘기다. 비 떠맡기다.

떠는소리 [떠:는소리] 피리·대금 등의 관악기 연주에서 떨어서 내는 소리. 또는 판소리에서 떨어서 내는 목소리.

떠다니다 공중이나 물 위에 떠서 오고 가고 하다. ⓔ하늘에 구름이 떠다니다.

떠다밀다 손으로 세게 밀다. ⓔ등을 떠다밀다. 준 떠밀다. 활용 떠다밀어 / 떠다미니 / 떠다미는.

떠돌다 1 정처 없이 이곳저곳을 돌아다니다. ⓔ떠도는 신세. 2 소문이 널리 퍼지다. ⓔ이상한 소문이 떠돌다. 3 공중이나 물 위에 떠서 이리저리 움직이다. ⓔ기름이 물 위를 떠돌다. 활용 떠돌아 / 떠도니 / 떠도는.

떠돌아다니다 [떠도라다니다] 정처 없이 이리저리 다니다. ⓔ낯선 도시를 떠돌아다니다.

떠돌이 [떠도리] 일정한 곳이 없이 이곳저곳으로 떠돌아다니는 사람.

*__떠들다__ [떠:들다] 1 시끄럽게 큰 소리로 말하다. ⓔ아이들이 떠들며 놀다. 2 크게 문제 삼아 퍼뜨리다. ⓔ신문에서 그 사건에 대해 계속 떠드는 바람에 문제가 커졌다. 활용 떠들어 / 떠드니 / 떠드는.

떠들썩하다 [떠들써카다] 1 여러 사람이 큰 소리로 시끄럽게 지껄이다. ⓔ떠들썩한 교실. 2 소문이 퍼져서 자자하다. ⓔ세상을 떠들썩하게 한 사건.

떠듬거리다 1 말이 자꾸 막혀서 술술 나오지 아니하다. ⓔ떠듬거리며 말하다. 2 글을 읽는 데 자꾸 막히다. 예 더듬거리다.

떠듬떠듬 떠듬거리는 모양. ⓔ책을 떠듬떠듬 읽다. **떠듬떠듬하다.**

떠맡기다 [떠맏끼다] 어떤 일이나 책임을 무조건 맡게 하다. ⓔ궂은일을 남에게 떠맡기다.

떠맡다 [떠맏따] 할 일 따위를 모두 맡다. ⓔ책임을 떠맡다.

떠먹다 [떠먹따] 음식을 숟가락 같은 것으로 떠서 먹다. ⓔ국물을 떠먹다 / 밥을 한 숟가락 떠먹다.

떠밀다 '떠다밀다'의 준말.

떠받들다 [떠받뜰다] 1 번쩍 쳐들어 위로 올리다. ⓔ어린아이를 두 손으로 떠받들다. 2 공경하여 섬기다. ⓔ스승으로 떠받들다. 3 소중히 다루다. 활용 떠받들어 / 떠받드니 / 떠받드는.

떠받치다 떨어지거나 쓰러지지 않도록 밑에서 위로 받쳐서 버티다. ⓔ담을 통나무로 떠받치다.

떠버리 늘 시끄럽게 떠드는 사람.

떠벌리다 지나치게 부풀려 떠들어 대다. ⓔ대단찮은 이야기를 떠벌리고 다니다.

떠보다 남의 속뜻을 넌지시 알아보다. 예속마음을 떠보다.

***떠오르다** 1 솟아서 위로 오르다. 예붉게 떠오르는 태양. 2 얼굴에 어떤 표정이 나타나다. 예그의 얼굴에 환한 미소가 떠올랐다. 3 생각이 나다. 예좋은 방법이 떠오르다. 4 관심의 대상이 되어 나타나다. 예떠오르는 신인 가수. 활용 떠올라 / 떠오르니.

***떡**[1] 곡식 가루를 찌거나 삶아 익힌 음식. 백설기·인절미 따위.

떡[2] 1 크게 벌어진 모양. 예깜짝 놀라 입을 떡 벌리다. 2 매우 굳세게 버티는 모양. 예문 앞에 떡 버티고 서다. 작딱.

떡갈나무 [떡깔나무] 참나뭇과의 낙엽 활엽 교목. 높이는 10m 정도이며, 해변 지대나 산 중턱에서 잘 자람. 가을에 열리는 '도토리'는 묵을 만들어 먹으며, 목재는 단단하여 쓰이는 곳이 많음.

떡고물 [떡꼬물] 떡의 겉에 묻히는 고물. 팥·콩가루 따위.

떡국 [떡꾹] 가래떡을 얇게 썰어 맑은장국에 넣고 끓인 음식. 예설날엔 떡국을 먹는다.

떡메 [명메] 떡이나 인절미 따위를 만들기 위해 찐 쌀을 칠 때 쓰는 무거운 방망이.

떡메

떡방아 [떡빵아] 떡가루를 만들기 위해 쌀을 찧는 방아.

떡볶이 [떡뽀끼] 가래떡을 토막 내어 고기와 야채 따위를 넣고 간장이나 고추장으로 양념을 하여 볶은 음식.

떡살 [떡쌀] 떡을 눌러 여러 가지 무늬를 찍어 내는 판.

떡시루 [떡씨루] 떡을 찌는 데 쓰는 둥근 질그릇. 바닥에 구멍이 여러 개 뚫려 있음.

떡쌀 떡을 만들기 위해 마련한 쌀.

떡잎 [떵닙] 씨앗에서 처음 싹이 터서 나오는 잎.

떨구다 ⇨떨어뜨리다. 예시선을 떨구다 / 고개를 떨구다.

떨기 풀이나 나무의 한 뿌리에서 여러 개의 줄기가 나와 더부룩하게 된 무더기. 예한 떨기 장미꽃.

***떨다**[1] [떨:다] 1 물체 따위가 작은 폭으로 빠르고 탄력 있게 계속 흔들리다. 예문풍지가 떨다. 2 몹시 춥거나 두려워 몸을 흔들다. 예추워서 바르르 떨다. 3 몹시 인색하게 굴다. 예단돈 몇 푼에 벌벌 떨다. 4 어떤 행동 따위를 겉으로 나타내다. 예아양을 떨다. 활용 떨어 / 떠니 / 떠는.

***떨다**[2] [떨:다] 1 흔들거나 털어서 붙은 것을 떨어지게 하다. 예먼지를 떨다. 거털다. 2 팔다 남은 것을 몽땅 팔거나 사다. 예몽땅 떨어서 천 원만 내십시오. 활용 떨어 / 떠니 / 떠는.

떨떠름하다 1 매우 떫다. 예떨떠름한 땡감. 2 마음이 내키지 않다. 예떨떠름한 표정을 짓다.

***떨리다** 몹시 춥거나 무섭거나 분하여 몸이나 몸의 일부가 빠르게 흔들리다. 예온몸이 떨리다 / 너무 추워서 이빨이 덜덜 떨린다.

떨어내다 [떠러내다] 떨어져 나오게 하다. 예먼지를 떨어내다.

***떨어뜨리다** [떠러뜨리다] 1 위에서 아래로 내려가게 하다. 예나는 새를 쏘아 떨어뜨리다. 2 가지고 있던 물건을 빠뜨려서 흘리다. 예지갑을 떨어뜨리다. 3 고개를 아래로 숙이다. 4 가치·명성 따위를 잃게 하다. 예신용을 떨어뜨리다.

***떨어지다** [떠러지다] 1 아래로 내려지다. 예빗방울이 떨어지다. 2 붙었던 것이 갈라지거나 떼어지다. 예단추가 떨어지다. 3 옷·신 따위가 해어지다. 예다 떨어진 옷. 4 딴 것만 못하다. 예아무래도 기술이 떨어진다. 5 거리·간격이 있다. 예1위와 100m가량 떨어지다. 6 상태가 전보다 나빠지다. 예성적이 떨어지다. 7 나눗셈에서, 나머지 없이 나누어지다. 8 명령·호령 따위가 내리다. 예불호령이 떨어지다. 9 시험이나 선거 따위에서 뽑히지 못하다. 예전교 회장 선거에서 떨어지다.

떨이 [떠리] 팔다가 조금 남은 물건을 다 떨어 싸게 파는 일. 또는 그 물건. 예떨이로 팔다. **떨이하다**.

***떨치다** 이름이나 기세 따위를 널리 알리다. 예천하에 명성을 떨치다.

***떫다** [떨:따] 1 덜 익은 감의 맛과 같이 텁텁한 맛이 있다. 예 떫은 감. 2 말이나 행동이 털털하고 못마땅하다. 예 떫은 표정을 짓다. [발음] 떫고 [떨:꼬] / 떫어서 [떨:버서] / 떫은 [떨:븐] / 떫지 [떨:찌].

> [참고] 여러 가지 떫은맛
> (1) **단순한 떫은맛**
>   떠름하다, 떨떠름하다, 떫디떫다.
> (2) **신맛과 떫은맛**
>   시금떨떨하다, 시금털털하다.

떳떳하다 [떧떠타다] 말과 행동이 조금도 거리낄 것 없이 당당하다. 예 떳떳하게 행동하다.

떵떵거리다 큰소리치며 아주 호화롭게 거들먹거리며 살다. 예 한때는 떵떵거리던 집안.

*****떼**[1] 목적이나 행동을 같이하는 무리. 예 공원에 비둘기가 떼로 몰려다니다. 비 무리. →때 [주의]

떼[2] 흙을 붙여 뿌리째 떠낸 잔디. 예 무덤에 떼를 입히다. →때 [주의]

떼[3] 억지로 요구하거나 고집하는 짓. 예 떼를 쓰다. →때 [주의]

떼구루루 좀 크고 단단한 물건이 단단한 바닥에서 구르는 소리. 또는 그 모양.

떼굴떼굴 좀 크고 딴딴한 물건이 계속 굴러 가는 모양. 예 공이 떼굴떼굴 굴러 간다. [작] 때굴때굴. [여] 데굴데굴.

*****떼다**[1] [떼:다] 1 붙었던 것을 떨어지게 하다. 예 간판을 떼다. 2 전체에서 일부분을 덜다. 빼다. 예 수입의 반을 떼어 저금한다. 3 병이나 버릇을 고치다. 예 학질을 떼다. 4 걸음을 옮기다. 예 발걸음을 떼다. 5 배우던 것을 끝내다. 예 기초 한자를 떼다. 6 말을 시작하다. 예 차마 입을 뗄 수가 없었다.

떼다[2] [떼:다] 하고서도 하지 않은 체하다. 예 시치미를 떼다.

떼돈 갑자기 한꺼번에 많이 생긴 돈. 예 주식으로 떼돈을 벌었다. [판] 푼돈.

떼밀다 [떼:밀다] 힘을 주어 밀다. 예 문 밖으로 떼밀다. [활용] 떼밀어 / 떼미니 / 떼미는.

떼쓰다 자기 의견이나 요구만을 억지로 내세우다. [활용] 떼써 / 떼쓰니.

떼이다 빌려준 것을 못 받게 되다. 예 돈을 떼이다.

떼죽음 [떼주금] 한꺼번에 모조리 죽음. 예 지난번 장마 때 닭들이 떼죽음을 당했다. **떼죽음하다**.

뗀석기 (—石器) [뗀:석끼] 구석기 시대에, 돌을 깨서 만든 돌연장. *간석기.

뗏목 (—木) [뗀목] 통나무 따위를 엮어서 물에 띄워 사람이나 물건을 운반하도록 만든 것.

*****또** 1 어떤 일이 거듭하여. 예 또 뵙겠습니다. 2 그뿐 아니라 다시 더. 예 용기도 있고 또 슬기도 있다. 3 그래도 혹시. 예 혼자 간다면 또 모르겠지만.

또각또각 구두를 신고 단단한 바닥 위를 걸어가는 소리. 예 걸을 때마다 또각또각 구두 소리가 경쾌하다.

*****또는** 그렇지 않으면. 혹은. 예 내일 또는 모레. ⊃or

또다시 거듭하여 다시. 예 또다시 실수를 하다 / 또다시 읽어 주세요.

또랑또랑 정신·소리 따위가 아주 밝고 똑똑한 모양. 예 질문에 또랑또랑 대답하다. **또랑또랑하다**.

또래 나이나 수준 따위가 같거나 어슷비슷한 무리. 예 같은 또래의 아이들과 어울리다.

또렷이 [또려시] 또렷하게. 예 옛일이 또렷이 생각난다. [큰] 뚜렷이.

또렷하다 [또려타다] 엉클어지거나 흐리지 않고 분명하다. 예 또렷한 목소리로 대답을 하다. [큰] 뚜렷하다. [여] 도렷하다.

또르르 1 작고 둥근 물건이 가볍고 빠르게 구르는 소리. 또는 그 모양. 예 동전이 또르르 구르다. 2 얇고 긴 물건이 빠르게 말리는 모양. 예 달력이 또르르 말린다.

또박또박 1 말이나 글씨 따위가 흐리터분하지 않고 또렷한 모양. 예 글씨를 또박또박 쓰다. 2 차례나 규칙 따위를 한 번도 거르지 않고 그대로 따르는 모양. 예 매일 또박또박 복습을 하다. **또박또박하다**.

*****또한** 1 마찬가지로. 역시. 예 너 또한 마찬가지다. 2 그 위에 더. 또는 거기에다 더. 예 공부도 잘하고 또한 그

림도 잘 그린다. ⊃too

***똑**[1] 1 좀 작은 것이 떨어지는 모양이나 소리. 예사과가 하나 똑 떨어졌다. 2 가늘거나 작은 것이 부러지는 소리. 예젓가락이 똑 부러지다. 3 조금 단단한 물건을 한 번 두드리는 소리. 큰뚝.

똑[2] 1 계속되던 것이 갑자기 그치는 모양. 예소식이 똑 끊어지다. 2 다 쓰고 없는 모양. 예쌀이 똑 떨어졌다. 큰뚝.

똑[3] 아주 틀림없이. 예하는 짓이 똑 제 아버지다. →꼭 주의

***똑같다** [똑깓따] 조금도 다른 데가 없이 같다. 예크기가 똑같다 / 내 생각과 똑같다.

똑딱단추 [똑딱딴추] 끼우거나 뺄 때에 똑딱 소리가 나는 쇠로 만든 단추. 스냅.

똑똑 1 작은 물건이 계속 떨어지는 모양이나 소리. 예처마에서 물이 똑똑 떨어진다. 2 작은 물건이 자꾸 부러지며 나는 소리. 예연필심이 똑똑 부러지다. 3 조금 단단한 물건을 계속 두드릴 때 나는 소리. 예문을 똑똑 두드리다. 큰뚝뚝.

***똑똑하다** [똑또카다] 1 또렷하고 분명하다. 예발음이 똑똑하다. 2 사리에 밝고 매우 영리하다. 예똑똑한 아이.

똑똑히 [똑또키] 똑똑하게. 예자기 생각을 똑똑히 말해라.

***똑바로** [똑빠로] 1 어느 한쪽으로 기울지 않고 바르게. 예똑바로 앉다. 2 틀림없이 사실대로. 예똑바로 말하면 용서해 주겠다.

똘똘하다 똑똑하고 영리하다. 예똘똘한 아이.

***똥** 사람이나 동물이 먹은 음식이 삭아서 몸 밖으로 나오는 찌꺼기.

똥똥하다 키가 작고 살이 쪄 몸이 옆으로 퍼지다. 예똥똥한 체격. 큰뚱뚱하다.

똥배 [똥빼] 볼록하게 튀어나온 배. 예똥배가 나오다.

똬리 [따:리] 1 짐을 일 때 머리에 받치는 고리 모양의 물건. 짚이나 천으로 둥글게 틀어서 만

똬리1

둠. 예똬리를 얹다. 2 둥글게 빙빙 틀어 놓은 것. 또는 그런 모양. 예뱀이 똬리를 틀고 있다.

뙤약볕 [뙤약뼏 / 뙤약뼡] 강하게 내리쬐는 한여름의 뜨거운 볕. 예뙤약볕 아래서 김을 매다.

***뚜껑** 그릇이나 상자 따위의 아가리를 덮는 물건. 예뚜껑을 따다 / 냄비 뚜껑을 열다. 비덮개.

뚜렷이 [뚜려시] 뚜렷하게. 예뚜렷이 생각나다. 좨또렷이.

***뚜렷하다** [뚜려타다] 엉클어지거나 흐리지 않고 분명하다. 예윤곽이 뚜렷한 얼굴 / 주관이 뚜렷하다. 좨또렷하다.

뚜벅뚜벅 발자국 소리를 뚜렷이 내며 걷는 소리. 또는 그 모양. 예뚜벅뚜벅 구둣발 소리가 나다. 좨또박또박. **뚜벅뚜벅하다**.

뚝[1] 1 좀 큰 것이 갑자기 떨어지는 모양이나 소리. 예호박이 뚝 떨어지다. 2 큰 물건이 갑자기 부러지는 소리. 예지팡이가 뚝 부러지다. 3 조금 단단한 물건을 한 번 두드리는 소리. 좨똑.

뚝[2] 1 계속되던 것이 갑자기 그치는 모양. 예울음을 뚝 그치다. 2 성적이나 순위 따위가 심하게 떨어지는 모양. 예성적이 뚝 떨어지다. 3 말이나 행동, 일처리 따위를 망설이지 않고 단호하게 하는 모양. 예시치미를 뚝 떼다. 좨똑.

뚝딱 무엇을 거침없이 시원스럽게 끝내는 모양. 예숙제를 뚝딱 끝내다 / 일을 뚝딱 해치우다.

뚝뚝 1 좀 큰 것이 계속 떨어지는 모양이나 소리. 예눈물을 뚝뚝 흘리다. 2 굵거나 큰 물건이 자꾸 부러지는 소리. 3 단단한 물건을 계속 두드리는 소리. 좨똑똑.

뚝배기 [뚝빼기] 찌개 따위를 끓이거나 국밥을 담을 때 쓰는, 아가리가 둥글고 속이 깊은 오지그릇.

뚝배기

뚝심 [뚝씸] 1 굳세게 버티는 힘. 예뚝심이 센 사람. 2 좀 미련하게 불쑥 내는 힘. 예뚝심을 부리다.

***뚫다** [뚤타] 1 구멍을 내다. ⑩단춧구멍을 뚫다. 2 막힌 것을 통하게 하다. ⑩산을 뚫어서 터널을 만들다. 3 시련이나 난관을 극복하다. ⑩대학 입시의 관문을 뚫다. [발음] 뚫고 [뚤코] / 뚫어서 [뚜러서] / 뚫는 [뚤른] / 뚫지 [뚤치].

뚫리다 [뚤리다] 1 구멍이 나다. ⑩터널이 뚫리다. 2 길이 생기다. ⑩큰길이 뚫리다.

뚫어지다 [뚜러지다] 1 구멍이나 틈이 생기다. ⑩뚫어진 양말 / 신발에 구멍이 뚫어졌다. 2 '계속 집중하여'의 뜻. ⑩뚫어져라 쏘아보다.

뚱딴지 1 우둔하고 무뚝뚝한 사람. 2 행동이나 사고방식 따위가 너무 엉뚱한 사람.

뚱뚱보 ⇨뚱뚱이. [준]뚱보.

뚱뚱이 살이 쪄서 뚱뚱한 사람. [비]뚱뚱보. [반]홀쭉이.

뚱뚱하다 살이 쪄서 몸이 옆으로 퍼지고 굵다. ⑩뚱뚱한 사람 / 뚱뚱하게 살이 찐 아이. [작]똥똥하다. ⊃fat

뚱보 '뚱뚱보'의 준말.

뚱하다 [뚱:하다] 1 말수가 적고 붙임성이 없다. ⑩워낙 뚱한 사람이라 사귀기가 힘들다. 2 못마땅하여 시무룩하다. ⑩꾸중을 듣더니 뚱해 있다.

***뛰놀다** 1 이리저리 뛰어다니며 놀다. ⑩놀이터에서 뛰노는 아이들. 2 맥박 따위가 세게 뛰다. [활용] 뛰놀아 / 뛰노니 / 뛰노는.

뛰다¹ 1 가슴이 두근두근하다. ⑩가슴이 뛰다. 2 값 따위가 갑자기 오르다. ⑩채솟값이 크게 뛰었다. 3 물방울 따위가 공중으로 튀어 흩어지다. ⑩국물이 뛰어 옷에 묻다. 4 대단한 기세임을 나타내다. ⑩펄펄 뛰며 화를 내다.

***뛰다**² 1 빨리 달려 지나가다. ⑩100m를 10초대에 뛰다. ⊃run 2 몸을 높이 솟구치어 오르다. ⑩제자리에서 높이 뛰다. ⊃jump

***뛰어가다** [뛰어가다 / 뛰여가다] 달음박질로 빨리 가다. ⑩단숨에 뛰어가다 / 운동장을 뛰어가다. [비]달려가다. [활용] 뛰어가거라.

뛰어나가다 [뛰어나가다 / 뛰여나가다] 빨리 뛰어서 밖으로 나가다. ⑩쉬는 시간에 운동장에 뛰어나가 놀다.

***뛰어나다** [뛰어나다 / 뛰여나다] 여럿 가운데서 훨씬 낫다. ⑩뛰어난 성적으로 합격하다.

뛰어나오다 [뛰어나오다 / 뛰여나오다] 빨리 달려 밖으로 나오다. ⑩손을 흔들며 운동장으로 뛰어나오는 선수들.

뛰어내리다 [뛰어내리다 / 뛰여내리다] 몸을 솟구쳐 높은 데서 아래로 내리다. ⑩버스에서 뛰어내리다.

***뛰어넘다** [뛰어넘따 / 뛰여넘따] 1 몸을 솟구쳐 높은 것의 위를 넘다. ⑩장애물을 뛰어넘다. 2 어떤 수준을 넘어서다. ⑩우리의 상상을 뛰어넘는 일이 생기다.

뛰어놀다 [뛰어놀다 / 뛰여놀다] 이리저리 뛰어다니며 놀다. ⑩아이들이 놀이터에서 신나게 뛰어논다. [비]뛰놀다.

뛰어다니다 [뛰어다니다 / 뛰여다니다] 뛰면서 여기저기 돌아다니다. ⑩아이들이 온 집안을 뛰어다니는 통에 정신이 없다.

***뛰어들다** [뛰어들다 / 뛰여들다] 1 높은 데서 물속으로 몸을 내던지다. ⑩강물에 뛰어들다. 2 몸을 던져 위험한 곳으로 들어가다. ⑩불길 속에 뛰어들다. 3 갑자기 들어오다. ⑩버스가 느닷없이 인도에 뛰어들다. 4 어떤 일이나 사건에 관계를 맺다. ⑩정치판에 뛰어드는. [활용] 뛰어들어 / 뛰어드니 / 뛰어드는.

뛰어오다 [뛰어오다 / 뛰여오다] 달음박질로 빨리 오다. ⑩지각할까 봐 단숨에 뛰어왔다. [비]달려오다. [활용] 뛰어오너라.

뛰어오르다 [뛰어오르다 / 뛰여오르다] 1 몸을 솟구쳐 높은 데에 오르다. ⑩언덕을 뛰어오르다. 2 값·지위 따위가 갑자기 많이 오르다. ⑩물가가 큰 폭으로 뛰어오르다. [활용] 뛰어올라 / 뛰어오르니.

뜀 1 두 발을 모으고 몸을 솟구쳐 앞으로 나아가는 짓. 2 몸을 솟구쳐 높은 곳으로 오르거나 넘는 짓.

뜀뛰다 두 발을 모으고 몸을 솟구쳐 앞으로 나아가거나 높은 데에 오르다.

뜀박질 [뜀박찔] 1 뜀을 뛰는 짓. [준]뜀질. 2 급히 뛰어 달려감. 달음박질.

뜀박질하다.

*뜀틀 기계 체조 용구의 하나. 찬합처럼 여러 층으로 포개 놓을 수 있는 상자 모양으로 만든 나무틀.

뜀틀

뜨개질 털실 따위로 떠서 옷이나 장갑 등을 만드는 일. **뜨개질하다.**

*뜨겁다 [뜨겁따] 1 열이 몹시 높은 느낌이 있다. ⓔ이마가 불덩이처럼 뜨겁다 / 물이 뜨거우니 조심해라. [짝]따갑다. 2 감정이나 열정 따위가 격렬하다. ⓔ뜨거운 박수를 보내다. [활용] 뜨거워 / 뜨거우니. ⊃hot

뜨끈뜨끈 매우 뜨뜻한 느낌이 자꾸 일어나는 모양. ⓔ뜨끈뜨끈한 군고구마. [짝]따근따근. **뜨끈뜨끈하다.**

뜨끈하다 매우 뜨뜻한 느낌이 나다. ⓔ뜨끈한 국물을 마시다. [짝]따근하다.

뜨끔하다 1 찔리거나 맞아서 아픈 느낌이 있다. ⓔ가시에 찔려 뜨끔하다. 2 양심에 자극을 받아서 마음에 걸리다. ⓔ그 말을 듣는 순간 가슴이 뜨끔했다. [짝]따끔하다.

뜨내기 사는 곳이 일정치 않고 떠돌아다니는 사람. ⓔ공사판에는 뜨내기 일꾼이 많다.

*뜨다¹ 1 가라앉지 않고 물 표면에 있다. ⓔ물 위에 뜬 배 / 연못에 떠 있는 연꽃. 2 공중으로 솟아오르거나 공중에 머물러 있다. ⓔ비행기가 뜨다. 3 해나 달 따위가 솟아오르다. ⓔ해가 뜨다 / 쌍무지개 뜨는 언덕. 4 착 달라붙지 않고 틈이 생기다. ⓔ습기가 차서 도배지가 떴다. [활용] 떠 / 뜨니.

뜨다² 1 있던 곳에서 다른 곳으로 자리를 옮기거나 떠나다. ⓔ자리를 뜨다. 2 죽다. ⓔ사고로 세상을 뜨다. [활용] 떠 / 뜨니.

*뜨다³ 1 퍼내거나 덜어 내다. ⓔ바가지로 물을 떠서 마시다. 2 고기를 얇게 저미다. ⓔ포를 뜨다. 3 숟가락으로 음식을 조금 먹다. ⓔ밥을 한술도 뜨지 않다. [활용] 떠 / 뜨니.

*뜨다⁴ 감았던 눈을 열다. ⓔ졸린 눈을 겨우 뜨다. [활용] 떠 / 뜨니.

뜨다⁵ 실 따위로 짜서 만들다. ⓔ털실로 장갑을 뜨다 / 그물을 뜨다. [활용] 떠 / 뜨니.

뜨뜻하다 [뜨뜨타다] 뜨겁지 않을 정도로 알맞게 덥다. ⓔ뜨뜻한 방. [짝]따뜻하다.

뜨락 ⇨뜰.

뜨물 곡식을 씻은 뿌연 물.

뜨이다 1 감았던 눈이 열리다. ⓔ새벽에 눈이 뜨이다. 2 눈에 보이다. 눈에 들어오다. ⓔ남의 눈에 뜨이다. 3 두드러지게 드러나다. ⓔ눈에 뜨이게 발전하다. [준]띄다.

뜬구름 1 하늘에 떠다니는 구름. 2 삶의 덧없음을 빗댄 말. ⓔ뜬구름 같은 인생.

뜬눈 밤에 잠을 자지 못한 눈. ⓔ뜬눈으로 밤을 새우다.

뜬소문 (一所聞) 떠돌아다니는 근거 없는 소문.

뜯기다 [뜯끼다] 1 남에게 무엇을 빼앗기다. ⓔ돈을 뜯기다. 2 마소에게 풀을 뜯어 먹게 하다. 3 벌레 따위에 물리다. ⓔ모기에 뜯기다.

*뜯다 [뜯따] 1 붙은 것을 떼거나 찢다. ⓔ편지봉투를 뜯다. 2 이로 물어 떼어 먹다. ⓔ갈비를 뜯다. 3 손가락으로 비틀어 자르다. ⓔ나물을 뜯다. 4 벌레 따위가 피를 빨아 먹다. ⓔ모기가 온몸을 뜯다.

뜯어내다 [뜨더내다] 1 붙어 있는 것을 떼어 내다. ⓔ타일 바닥을 뜯어내다. 2 돈 따위를 조르거나 위협하여 얻어 내다. ⓔ시장 상인들에게 금품을 뜯어내다.

뜯어말리다 [뜨더말리다] 맞붙어 싸우는 것을 떼어서 싸우지 못하게 말리다. ⓔ싸움을 뜯어말리다.

뜯어보다 [뜨더보다] 1 붙여 놓은 것을 찢거나 떼어 그 속을 보다. ⓔ선물을 뜯어보다. 2 하나하나 자세히 살펴보다. ⓔ글의 내용을 꼼꼼하게 뜯어보다.

*뜰 집 안의 앞뒤나 좌우에 있는 평평한 땅. ⓔ뜰을 가꾸다 / 뜰에 꽃을 심다. [비]마당. 정원. 뜨락. ⊃yard

뜰채 물고기를 건져 올릴 때 쓰는, 그물이 달린 채.

뜸¹ 찌거나 삶은 것을 얼마 동안 그

대로 두어 푹 익게 하는 일. ㉠뜸을 푹 들이다.
뜸(을) 들이다 일을 하다가 한동안 가만히 있다. ㉠그렇게 뜸 들이지 말고 일을 빨리 끝내라.
뜸² 한의학에서 마른 쑥을 작게 뭉쳐서 살갗에 놓고 태우는 치료 방법. ㉠뜸을 놓다 / 허리에 뜸을 뜨다.
뜸부기 호수나 하천, 논에서 사는 여름 철새. '뜸북뜸북' 하고 울며 다리와 발가락이 길다. 우리나라 천연기념물.
뜸하다 [뜸ː하다] 잦거나 심하던 것이 한동안 그치다. ㉠길에 행인이 뜸하다 / 소식이 뜸하다.
*__뜻__ [뜯] 1 마음에 품은 생각. ㉠뜻을 세우다. 2 글이나 말이 품고 있는 것. ㉠낱말의 뜻을 풀이하다. [비]의미. 3 어떤 일이나 행동이 지니는 가치나 중요성. ㉠참가하는 데에 뜻이 있다. [발음] 뜻이 [뜨시] / 뜻도 [뜯또] / 뜻만 [뜬만].
뜻깊다 [뜯낍따] 뜻이나 가치가 크다. 큰 가치가 있다. ㉠뜻깊게 읽은 책 / 뜻깊은 행사에 참석하다.
뜻대로 [뜯때로] 마음먹은 대로. ㉠일이 뜻대로 되다.
뜻밖 [뜯빡] 생각 밖. ㉠뜻밖의 일이 생겼다 / 뜻밖의 손님이 찾아왔다. [비]예상외. 의외.
뜻있다 [뜨딛따] 1 일 따위를 하고 싶다. ㉠아무 때고 이 일에 뜻있으면 말해라. 2 겉으로 드러나지 않은 사정이나 실상이 있다. ㉠뜻있는 미소를 짓다. 3 가치나 보람이 있다. ㉠뜻있는 나날들.
뜻풀이 [뜯푸리] 어떤 말이나 글의 뜻을 알기 쉽게 풀어서 설명함. **뜻풀이하다.**
*__뜻하다__ [뜨타다] 1 무엇을 할 마음을 먹다. ㉠뜻한 바 있어 공부에 열중하다. 2 의미하다. ㉠무엇을 뜻하는지 알겠다.
*__띄다__ [띠ː다] '뜨이다·띄우다'의 준말. ㉠눈에 띄는 얼굴 / 맞춤법에 맞게 띄어 써라.

[주의] **띄다**와 **띠다**
띄다 1 '뜨이다 (없던 것이 눈에 보이다)'의 준말. 2 '띄우다 (사이를 뜨게 하다)'의 준말.
띠다 1 물건 따위를 몸에 지니거나 사명·용무·직책을 가지다. 2 빛깔을 조금 가지다.

띄어쓰기 [띠어쓰기 / 띠여쓰기] 글을 쓸 때에 띄어서 쓰는 일.
띄엄띄엄 [띠엄띠엄] 1 드물게 있는 모양. ㉠집이 띄엄띄엄 있다. 2 자주 끊어지고 느린 모양. ㉠동화책을 띄엄띄엄 읽다. **띄엄띄엄하다.**
*__띄우다__ [띠우다] 1 물 위나 공중에 뜨게 하다. ㉠배를 띄우다. 2 편지 따위를 부치거나 보내다. ㉠전보를 띄우다. 3 메주 따위를 발효하게 하다. ㉠메주를 띄우다. 4 사이를 뜨게 하다. ㉠책상 사이를 띄워라. [준]띄다.
*__띠__¹ 1 허리를 둘러매는 끈. ㉠띠를 매다. 2 좁고 길다랗게 생긴 것. ㉠머리에 띠를 두르다.
띠² 사람이 난 해를 12가지 동물 이름으로 말할 때의 해. ㉠개띠 / 닭띠 / 돼지띠.
띠그래프 (-graph) 띠 모양으로 그린 그래프의 하나. 좁고 긴 직사각형의 가로 길이를 100으로 하고 각 퍼센트의 길이와 넓이로 크기를 표시함.
*__띠다__ [띠ː다] 1 띠를 감거나 두르다. ㉠허리띠를 띠다. 2 볼일·임무·사명 따위를 가지다. ㉠중요한 사명을 띠다. 3 빛깔을 조금 가지다. ㉠붉은빛을 띠다. 4 표정이나 감정을 드러내다. ㉠노기를 띤 얼굴 / 얼굴에 미소를 띠다. →띄다 [주의]
띠배 띠로 엮어 만든 작은 배. 흔히 풍어제를 지낼 때 씀.
띠앗 [띠앋] 형제나 자매가 서로 아끼고 위하는 마음.
띵하다 머리가 울리듯 아프고 정신이 멍하다. ㉠잠이 모자라 머리가 띵하다.

ㄹ

ㄹ (리을) 한글 닿소리의 넷째 글자.

> [참고] 'ㄹ' 받침을 가진 말이 딴 말과 어울릴 때 'ㄹ' 소리가 나지 않는 경우
> (1) 'ㄴ' 소리 앞에서
> 버들나무>버드나무 / 날나이>나날이 / 불넘기>부넘기 / 딸님>따님 / 아들님>아드님 / 물논>무논
> (2) 'ㄷ' 소리 앞에서
> 열닫이>여닫이 / 찰돌>차돌 / 밀닫이>미닫이 / 달닫이>다닫이
> (3) 'ㅅ' 소리 앞에서
> 불삽>부삽 / 활살>화살 / 말소>마소
> (4) 'ㅈ' 소리 앞에서
> 쌀쩐>싸전 / 바늘질>바느질 / 울짖다>우짖다

-ㄹ걸 1 받침 없는 말에 붙어, 이미 한 일에 대하여 달리 하였더라면 좋았으리라고 탄식하는 말. 예 약이나 더 써 볼걸. 2 받침 없는 말에 붙어, 불확실한 추측을 나타내는 말. 예 내가 너보다 더 클걸 / 저 여자는 안내원일걸.

-ㄹ게 받침 없는 말에 붙어, 상대방에게 약속하는 뜻을 나타내는 말. 예 다음에 놀러 갈게 / 청소는 내가 할게.

-ㄹ까 받침 없는 말에 붙어, 미래나 현재의 일을 추측할 때, 의문·의심 또는 자기의 의사를 나타내는 말. 예 왜 이리 더울까 / 다음 차례는 누구일까.

-ㄹ뿐더러 받침 없는 말에 붙어, 어떤 일이 그것만으로 그치지 않고 그 밖의 어떤 다른 일이 더 있음을 나타내는 말. 예 공부도 잘할뿐더러 운동도 잘한다.

-ㄹ수록 받침 없는 말에 붙어, 어떤 일이 더하여 감을 나타내는 말. 예 갈수록 걱정이 태산이다.

-ㄹ지 받침 없는 말에 붙어, 추측으로 의심함을 나타내는 말. 예 언제 올지 모르겠다.

라¹ 서양 음계의 칠음 중 제2음인 '레'의 우리말 음이름.

라² (이 la) 장음계의 여섯째 음, 단음계의 첫째 음의 계이름. '가' 음의 이탈리아 음이름.

라도 1 강조하는 뜻으로 쓰임. 예 꿈에서라도 만나 보고 싶다. 2 여럿 중에서 구태여 가리지 않음을 나타냄. 예 너라도 가 봐야지 / 배고프면 이거라도 먹어라.

라듐 (radium) 방사성 원소의 하나. 백색의 금속으로 퀴리 부부가 발견함.

라디에이터 (radiator) 1 난방 장치에서 증기의 열을 내보내어 공기를 따뜻하게 하는 철관. 2 자동차의 엔진 냉각기. 방열기.

***라디오** (radio) 방송국의 전파를 받아 음악·뉴스·드라마·강연 따위의 음성을 들을 수 있게 만든 기계 장치. 또는 그런 방송.

라마교 (Lama敎) 티베트·몽골·네팔 등지에 퍼진 불교의 한 파. 티베트 재래의 풍속·신앙과 합쳐져 발달한 종교. 교주는 달라이 라마임.

라면 기름에 튀겨 말린 국수에 가루 수프와 물만 넣고 끓여서 간편하게 먹을 수 있게 만든 즉석식품.

라운드 (round) 1 권투에서, 경기의 한 회. 2 골프에서, 각 홀을 한 바퀴 도는 일.

라운지 (lounge) 호텔·공항·극장 따위에 있는 휴게실.

라이벌 (rival) 같은 목적을 가지고 서로 앞서려고 다투거나 맞서는 사람. 경쟁자. 예 라이벌 관계.

라이브 (live) 스튜디오에서 행하는 녹음·녹화가 아닌, 그 자리에서 직접 행해지는 연주나 행사. 예 라이브 공연 / 라이브 무대.

라이터 (lighter) 주로 담배를 피울 때 성냥 대신 쓰는 자동 점화기.

라이트 (light) 조명. 조명등. 예 라이트를 밝히다.

라이트급 (light級) 권투·레슬링·역도 따위의 경기에서, 선수의 체중에

따라 나눈 등급의 하나.

라인 (line) 경기장의 경계나 구역을 나타내기 위해 그은 선. ⓔ공이 라인을 벗어나다.

라일락 (lilac) 물푸레나뭇과의 작은 낙엽 활엽 교목. 높이는 5-7m이고, 늦봄에 흰색·보라색의 네 갈래진 작은 대롱 모양의 꽃이 가지 끝에 모여 피는데 꽃향기가 좋음.

라켓 (racket) 테니스·배드민턴·탁구 따위에서 공을 치는 기구.

라틴 아메리카 (Latin America) 『지명』북아메리카 남부로부터 서인도 제도를 포함한 남아메리카에 걸친 지방을 통틀어 이르는 말. 에스파냐·포르투갈 계통의 라틴족의 지배를 받고, 그 문화를 가진 여러 나라가 포함됨. 멕시코·아르헨티나·브라질 등.

-란 (欄) 신문·잡지 편집상의 한 구분. 또는 일정한 지면. 흔히, 한자말 뒤에 붙음. ⓔ독자 투고란 / 광고란.
*-난. → [학습마당] 8(182쪽)

랑 받침 없는 명사나 대명사에 붙어, 두 개 이상의 사물을 같은 자격으로 늘어놓을 때 쓰는 말. ⓔ사과랑 배랑 많이 있으니 실컷 먹어라.

랑데부 (ㅍ rendez-vous) 1 어떤 장소에서 만나는 일. 2 인공위성이나 우주선이 우주 공간에서 만나는 일.

램 (RAM) 컴퓨터 본체에 설치하는 주기억 장치의 한 가지. 사용자의 요구에 따른 정보와 명령을 처리함.

램프 (lamp) 1 석유를 넣어 심지에 불을 켜는 등. 2 알코올램프 같은 가열용 장치.

랩[1] (rap) 팝 음악의 한 형식. 강렬하고 반복적인 리듬에 맞춰 말하듯이 읊조리는 음악.

랩[2] (wrap) 식품 포장에 쓰는 폴리에틸렌제의 얇은 막.

랭킹 (ranking) 성적의 순위. 등급 매기기. ⓔ미들급 세계 랭킹 2위.

량 (輛) 전철이나 열차 따위의 차량을 세는 단위. ⓔ전동차 10량.

러닝셔츠 (←running+shirt) 소매 없는 흰 속옷 윗도리.

러시아 (Russia) 『국명』유럽 대륙의 동부에서 캄차카반도에 이르기까지 유라시아 대륙에 걸쳐 있는 나라. 1991년 소련이 해체된 후 연방 공화국으로 개편됨. 국토는 세계에서 가장 넓음. 수도는 모스크바. 본러시아 연방.

러시아워 (rush hour) 출퇴근이나 통학하는 사람들이 한꺼번에 몰려 교통이 혼잡한 시간.

러일 전쟁 (-日戰爭) 1904년 러시아와 일본 사이에 일어난 전쟁. 일본이 승리하여 한반도와 만주에 대한 침략의 발판을 마련함.

럭비 (Rugby) 축구의 한 가지. 15명의 선수로 짜여지며, 타원형의 공을 손으로 던지고 발로 차면서 상대편 골 안의 땅에 공을 대면 점수를 얻음. 럭비 풋볼.

럭비공 (Rugby-) 럭비 경기에서 쓰는 타원형의 공.

럭스 (lux) 빛의 밝기를 나타내는 단위((기호는 Lx).

런던 (London) 『지명』영국의 수도. 세계 금융·보험의 중심지로 항구 도시임. 짙은 안개로 유명함.

레 (이 re) 장음계의 둘째 음, 단음계의 넷째 음의 계이름. '라' 음의 이탈리아 음이름.

레그혼종 (Leghorn種) 닭의 한 종류. 이탈리아의 레그혼이 원산임. 흰색종이 우수하며 알을 많이 낳음.

레몬 (lemon) 운향과의 상록 교목. 인도 원산. 흰 다섯잎꽃이 일년 내내 피고, 열매는 타원형으로 노랗게 익으며 향기가 진함. 과즙에는 시트르산과 비타민 C가 많이 들어 있어 신맛이 남. 향료로 씀.

레미콘 (remicon) 물과 모래, 시멘트를 믹서차(mixer 車)로 배합한 콘크리트. 또는 그 믹서차.
레미콘

레스토랑 (ㅍ restaurant) 서양식 음식점.

레슨 (lesson) 일정한 시간에 받는 개인 지도. ⓔ피아노 레슨.

레슬링 (wrestling) 두 사람이 매트 위에서 맨손으로 겨루어, 상대의 두 어깨가 동시에 바닥에 닿게 하는 쪽이 이기는 경기. 경기자의 체중에 따라 체급을 나누며 그레코로만형과 자유형이 있음.

레이더 (radar) 전파로 항공기나 배 등의 상태나 위치를 알아내는 장치. 전파 탐지기.

레이스[1] (lace) 무명실·명주실·베실 따위를 코바늘로 떠서 여러 가지 구멍 뚫린 무늬를 나타낸 서양식 수예 제품. 상보·꽃병 받침 또는 옷의 장식 등으로 쓰임.

레이스[2] (race) 경주·경영·조정 따위 그 속도를 겨루는 경기.

레이저 (laser) 전자기파의 유도 방출에 의한 빛의 증폭 장치. 레이더·광통신·의료 등에 널리 이용됨.

레인 (lane) 수영·육상 경기에서, 각 선수가 따라서 헤엄치거나 달리도록 정해진 길.

레인지 (range) 가스나 전기 따위를 연료로 음식을 끓이거나 익히는 데 사용하는 부엌 조리 기구.

레인코트 (raincoat) ⇨비옷.

레일 (rail) 기차나 전차 등이 달릴 수 있게 땅 위에 까는 가늘고 긴 강철재. 궤도.

레저 (leisure) 여가 시간을 이용한 휴식이나 오락.

레지던트 (resident) 전문의의 자격을 얻기 위하여 인턴 과정을 마친 후에 밟는 과정. 전공의.

레코드 (record) 음악이나 음성을 녹음한 평평하고 둥근 판. 음반.

레크리에이션 (recreation) 피로를 풀고 새로운 힘을 얻기 위해 휴식과 가벼운 운동, 놀이 등을 하는 일. 예레크리에이션 강사.

레퍼토리 (repertory) 1 연주자·극단 등이 공연을 위해 준비한 작품의 목록. 연주곡목. 2 들려줄 수 있는 이야깃거리나 보여 줄 수 있는 장기. 예레퍼토리가 다양하다.

***렌즈** (lens) 빛을 모으거나 흩어지게 하려고 가운데와 둘레의 두께를 다르게 만든 투명한 물체. 보통 유리·수정 따위로 만듦. 안경·카메라·망원경 따위에 씀. 예오목 렌즈 / 볼록 렌즈.

렌터카 (rent-a-car) 돈을 내고 일정 기간 빌려 쓰는 자동차.

***로** 1 수단·방법 또는 연장을 나타냄. 예코로 숨을 쉬다. 2 재료를 나타냄. 예나무로 집을 짓다. 3 장소·방향을 나타냄. 예그리로 가면 길이 나온다. 4 그렇게 되는 대상임을 나타냄. 예나는 운동회 때 우리 반 달리기 대표 선수로 나가게 되었다. 5 때·시간을 나타냄. 예모임은 내일로 정해졌다. 6 구성·비율 등을 나타냄. 예물은 산소와 수소로 이루어진다.

로고 (logo) 그림·약자·짜 맞춘 글자 등을 이용해서 회사·단체나 전하려는 뜻을 알기 쉽고 재미있게 나타내는 표시. 예회사 로고.

로그아웃 (log-out) 컴퓨터나 인터넷 사이트를 이용할 때 접속 중인 상태를 끊고 나오는 일. **로그아웃하다**.

로그인 (log-in) 컴퓨터나 인터넷 사이트를 이용하기 위해 미리 등록된 사용자의 아이디와 비밀번호를 입력하여 접속하는 일. **로그인하다**.

로댕 (Rodin, François A. René) 『인명』 프랑스의 조각가. 근대 사실파의 대표자. '생각하는 사람', '지옥의 문' 등 뛰어난 작품을 많이 남김. [1840-1917]

로마 (Roma) 『지명』 이탈리아의 수도. 옛 유적이 많아 세계적인 관광 도시로 유명함. 시내에 바티칸 시국이 있음.

로마 숫자 (Roma數字) 로마 시대에 만들어진 숫자. 번호나 시계의 글자판 따위에 쓰임. Ⅰ·Ⅱ·Ⅲ·Ⅳ·Ⅴ·Ⅵ·Ⅶ·Ⅷ·Ⅸ·Ⅹ 따위.

로마자 (Roma字) 라틴어를 표기하는 글자. 옛 로마 시대에 발달한 글자로, 현재 영국·미국을 비롯한 서양 여러 나라에서 쓰고 있음. A·B·C…Z까지의 26자.

로마 제국 (Roma帝國) 이탈리아반도를 중심으로 일어난 도시 국가로, 기원전 1세기 말부터 4세기 말까지 지중해 연안 일대를 통일하여 지배한 서양 고대의 최대 제국.

***로봇** (robot) 전기·자기를 이용하여 사람의 동작·작업 따위를 할 수 있게 만든 자동 기계 장치.

로비 (lobby) 호텔·회사·극장 등과

같이 사람이 많이 드나드는 건물에서 현관으로 통하는 통로를 겸한 공간. 예공항 로비 / 호텔 로비.

로서 받침이 없거나 'ㄹ' 받침으로 끝나는 말에 붙어, '어떠한 지위·신분·자격을 가지고서'의 뜻을 나타내는 말. 예아버지로서 자식에게 주의를 주겠다. [참고] '로서'는 받침 없는 말 뒤에 붙여 쓰고, '으로서'는 받침 있는 말 뒤에 붙여 씀.

[주의] 로서와 로써

(으)로서 1 …가 되어서. 예사람의 자식으로서 그런 일을 할 수가 없다 / 부모로서의 책임과 자식으로서의 의무. 2 …의 입장에서. 예선생으로서 발언한다. 3 …의 자격으로. 예국회 의원의 한 사람으로서 발언한다. 4 …로 인정하고. 예그를 친구로서 대하였다.
(으)로써 …를 가지고. 예톱으로써 자르다 / 동지애로써 뭉치다.

로션 (lotion) 피부를 부드럽게 하는, 액체로 된 화장품. 예크림 로션 / 로션을 바르다.

로스앤젤레스 (Los Angeles) 〖지명〗 미국 캘리포니아주 남서쪽 해안에 있는 도시. 영화 산업이 크게 발달하였으며, 우리나라 교포가 많이 살고 있음. 보통 '엘에이(LA)'라고 일컬음.

로써 받침이 없거나 'ㄹ' 받침으로 끝나는 말에 붙어 '…를 가지고서'의 뜻을 나타내는 말. 예칼로써 연필을 깎는다. →로서 [주의]

로열티 (royalty) 특허권·상표권 등 남의 산업 재산권이나 저작권을 사용한 대가로 내는 돈. 예비싼 로열티를 지불하다.

로켓 (rocket) 고체 또는 액체 연료를 폭발시켜 가스를 내보내는 힘으로 빠르게 날아가게 만든 비행체. 또는 그 장치. 예로켓을 발사하다.

로터리 (rotary) 교통이 혼잡한 네거리 따위의 중앙에 교통정리를 목적으로 둥글게 만든 교차로.

로프 (rope) 굵은 밧줄.

롤러 (roller) 회전시켜서 쓰는 원통형의 물건. 굴림대.

롤러스케이트 (roller skate) 구두 바닥에 작은 바퀴가 네 개 달린 스케이트. 주로 아스팔트나 마룻바닥, 콘크리트 바닥에서 탐.

롤러스케이트

롤러코스터 (roller coaster) 경사진 레일에서 아주 빠른 속도로 오르내리게 만든 놀이 기구.

롱 슛 (long shoot) 축구·농구·핸드볼 등에서, 먼 거리에서 골이나 바스켓을 향하여 공을 차거나 던지는 일.

롱 패스 (long pass) 축구·농구·핸드볼 등에서, 공을 길게 차거나 던져서 하는 패스.

루마니아 (Rumania) 〖국명〗 동부 유럽 발칸반도에 있는 공화국. 농업·임업·목축업이 성함. 수도는 부쿠레슈티.

루머 (rumor) 터무니없는 소문. 뜬소문. 예루머가 떠돌다.

루비 (ruby) 붉은빛을 띤 투명한 보석. 홍보석. 홍옥.

루주 (프 rouge) ⇨립스틱.

룩셈부르크 (Luxemburg) 〖국명〗 유럽 중부에 있으며 벨기에·독일·프랑스에 둘러싸인 입헌 군주국. 베네룩스 3국 중의 하나. 수도는 룩셈부르크.

-류 (類) 그와 같은 종류에 속하는 무리를 가리키는 말. 예채소류 / 금속류 / 포유류.

류머티즘 (rheumatism) 한랭·습기 등이 원인이 되어 관절이 붓고 쑤시며 열이 나는 병.

-률 (率) ㄴ 받침 이외의 받침 있는 낱말 뒤에 붙어, '비율'의 뜻을 나타내는 말. 예합격률 / 사고 발생률.

[참고] 률과 율의 표기

본음이 '률'인 말이 단어의 첫머리에 올 때는 두음 법칙에 따라 '율'로 쓰고 그 이외의 경우에는 '률'로 적는다. 다만 예외적으로 모음이나 'ㄴ' 받침 뒤에 오는 '률'은 실제 발음에 따라 '율'로 적는다.
(1) '률'로 적는 경우
　법률. 명중률. 합격률
(2) '율'로 적는 경우
　자율. 비율. 선율. 백분율. 전율

르네상스 (프 Renaissance) 14세기 말엽부터 16세기 초에 걸쳐 이탈리아를 중심으로 유럽 여러 나라에서 일어난 예술·학문상의 혁신 운동. 문예 부흥. 학예 부흥.

*를 받침 없는 말에 붙어 목적이 됨을 나타내는 말. ⓔ 노래를 부르다 / 말기를 먹다 / 학교를 가다. *을.

리¹ (理) ㄹ 받침의 말 뒤에 쓰여, '까닭·이치'의 뜻으로 쓰이는 말. ⓔ 거짓말할 리가 없다.

*리² (里) 거리 단위의 하나. 1리는 약 0.4km.

리³ (里) 면 바로 아래에 있는 행정 구역. 도시 지역의 '동'과 비슷함. ⓔ 명천면 대치리.

리⁴ (釐) 1000분의 1을 나타내는 단위. 푼의 10분의 1.

리그전 (league戰) 전체 참가 팀이 적어도 한 번씩 다른 모든 팀과 경기를 하게 되는 경기 방식. 비 연맹전. 반 토너먼트.

리더 (leader) 조직이나 단체를 이끌어 가는 위치에 있는 사람. 지도자. 지휘자.

리더십 (leadership) 지도자로서의 지위·임무 또는 통솔력. ⓔ 리더십을 발휘하다.

리드 (lead) 1 선두에 섬. 앞장섬. 인도. 지휘. ⓔ 팀을 리드하다. 2 운동 경기에서, 상대보다 점수가 앞섬. 또는 우세한 상황에 있음. ⓔ 초반부터 크게 리드하다. **리드하다**.

*리듬 (rhythm) 음의 길고 짧음과 강하고 약함. 가락·화성과 더불어 음악의 3요소 중의 하나.

리듬감 (rhythm感) 일정하게 반복되며 움직이는 율동적인 느낌. ⓔ 음악에 맞춰 리듬감 있게 걷다.

리듬 악기 (rhythm樂器) 리듬의 감각이나 능력을 기르기 위하여 쓰는 악기. 캐스터네츠·탬버린·작은북·트라이앵글 따위가 있음.

리듬 체조 (rhythm體操) 음악에 맞추어 연기하는 여자의 체조 경기. 공·링·훌라후프·줄·리본·곤봉 따위의 도구를 씀.

리모컨 (←remote control) 주로 텔레비전이나 오디오 따위를 멀리서 조종할 수 있게 하는 전자 장치. 원격 조종 장치.

리바운드 (rebound) 농구에서, 던진 공이 골인되지 않고 링·백보드에 맞고 튀어 나오는 일. 또는 그 공.

리바이벌 (revival) 1 오래된 영화·연극 등을 다시 보임. 2 사라진 유행 따위가 다시 유행하는 일. ⓔ 리바이벌붐. **리바이벌하다**.

리본 (ribbon) 무엇을 묶거나 꾸미는 데 쓰이는 끈이나 띠 모양의 좁다란 헝겊.

리비아 (Libya) 〖국명〗 북아프리카 지중해 연안에 있는 공화국. 수도는 트리폴리.

리사이틀 (recital) 한 사람이 노래를 하거나 연주를 하는 음악회.

리서치 (research) 조사. 실제 조사. 학술 연구.

리스트 (list) 목록. 명부. 일람표. 가격표. ⓔ 미술품의 리스트 / 리스트를 작성하다.

리시브 (receive) 테니스·탁구·배구에서, 서브한 공을 받아 넘김. **리시브하다**.

리어카 (rear+car) 자전거 뒤에 달리거나 사람이 직접 끌어서 물건을 운반하는, 바퀴가 둘 달린 작은 수레. ⓔ 리어카를 끌다.

리어카

리을 한글 자모 'ㄹ'의 이름.

리코더 (recorder) 세로로 부는, 플루트의 하나인 목관 악기.

리터 (liter) 미터법에 따라 액체나 기체의 양을 재는 단위. 1l는 10dl. 기호는 l, L. ⓔ 이 자동차는 리터당 10km를 간다.

리트머스 (litmus) '리트머스이끼'에서 짜낸 자줏빛 색소. 알칼리를 만나면 푸른색으로 변하고, 산을 만나면 붉은색으로 변함. 알칼리성·산성 반응 시험에 쓰임.

리트머스이끼 (litmus—) 이끼의 하나로 나뭇가지처럼 갈라지고 끝이 뾰족함. 몸에서 짜낸 리트머스액은 시험

리트머스 종이 (litmus—) 산성과 알칼리성을 구별하는 데 쓰이는 종이. 푸른색·붉은색의 두 종류가 있음. 푸른색 종이를 산성 용액에 담그면 붉은색으로 변하고, 붉은색 종이를 알칼리성 용액에 담그면 푸른색으로 변함. 비 리트머스 시험지.

리포터 (reporter) 신문·잡지의 취재 기자. 보도자. 보고자.

리포트 (report) 1 주로 대학생이 교수에게 제출하는 짧은 길이의 논문. 보고서. 2 ⇨보도².

리프트 (lift) 1 스키장이나 관광지에서, 낮은 곳에서 높은 곳으로 또는 높은 곳에서 낮은 곳으로 사람을 실어 나르는 의자 모양의 탈것. 예 리프트를 타다. 2 엘리베이터.

리플 (←reply) ⇨댓글. 예 기사에 리플을 달다.

리허설 (rehearsal) 음악·연극·방송 등에서, 공연을 하기 전에 실제처럼 하는 연습.

린스 (rinse) 머리를 감은 뒤 머리털에 윤기를 주기 위해 쓰는 세제. 또는 그것으로 헹구는 일.

릴레이 (relay) 조를 이룬 여러 명의 선수들이 일정한 거리를 나눠서 이어 달리는 육상 경기. 비 계주. 릴레이 경주. 이어달리기.

림프 (lymph) 고등 동물의 조직 사이를 채우는 색깔이 없는 액체. 혈관과 조직을 연결하며 세균의 침입을 막고, 장에서는 지방을 흡수하고 운반함. 비 림프액.

립스틱 (lipstick) 여자들이 화장할 때 입술에 바르는 손가락만 한 막대기 모양의 화장품. 루주. 예 립스틱을 바르다 / 립스틱을 칠하다.

링 (ring) 1 반지. 고리. 2 권투·레슬링의 경기장.

링거액 (Ringer液) 몸속에 있는 피나 물 대신에 쓰이는 생리적 식염수. 중병 환자나 출혈이 심한 사람에게 주사함. 준 링거.

링컨 (Lincoln, Abraham) 『인명』 미국의 제16대 대통령. 남북 전쟁을 승리로 이끌었으며 노예 제도 폐지를 주장하였음. 게티즈버그에서 행한 연설에 나오는 '국민의, 국민에 의한, 국민을 위한 정치'라는 말은 민주주의의 요점을 잘 말한 것으로 유명함. [1809-1865]

링크¹ (link) 인터넷에서 어떤 파일이나 화면 표시를 클릭하면 다른 파일이나 사이트로 이동할 수 있도록 연결해 놓은 것. 하이퍼링크.

링크² (rink) 스케이트 경기를 하기 위하여 마련한 얼음판. 또는 롤러스케이트를 타게 만든 장소.

ㅁ (미음) 한글 닿소리의 다섯째 글자.

-ㅁ ㄹ 받침 이외의 받침 없는 동사·형용사에 붙어 명사를 만드는 접미사. 예 기쁨 / 꿈 / 삶.

마¹ 서양 음계의 칠음 중에 제3음인 '미'의 우리말 음이름.

마² [마:] 맛과의 여러해살이 덩굴풀. 높이 1m 정도로 여름에 자주색 꽃이 핌. 산과 들에 나는데, 밭에 재배하기도 함. 싹은 먹으며 뿌리는 약으로 씀.

마³ (魔) 1 사람이 하는 일을 짓궂게 방해하는 힘. 예 마가 끼다 / 마가 들다. 2 궂은일이 자주 일어나는 장소나 때를 일컫는 말. 예 마의 건널목 / 마의 금요일.

마가린 (margarine) 동식물성 기름에 발효유·소금·비타민류를 넣고 반죽하여 버터처럼 만든 식품.

마감 1 어떤 일의 끝을 막음. 또는 끝마치는 때. 예 마감 뉴스 / 원서 접수를 마감하다. 2 정한 기한의 끝. 예 마감 시간. 마감하다.

마개 그릇 아가리나 구멍 따위에 끼워 막는 물건. 예 마개를 따다.

마고자 저고리 위에 덧입는 옷. 모양은 저고리와 비슷하나 섶이 좁고 깃이 없으며 앞을 여미지 아니하고 두 자락을 맞대어 단추를 끼워 입음. 비 마괘자.

마고자

***마구** 1 아주 심하게. 세차게. 예 가슴이 마구 떨리다. 2 앞뒤를 헤아리지 않고 닥치는 대로. 되는대로 아무렇게나. 예 쓰레기를 아무 데나 마구 버리다. 비 함부로. 준 막.

마구간 (馬廐間) [마:구깐] 말을 기르는 곳. 비 외양간. 준 마구.

마구잡이 [마구자비] 이것저것 또는 앞뒤를 따지지 않고 마구 하는 짓. 예 마구잡이로 일을 하다.

마귀 (魔鬼) 요사스럽고 못된 귀신을 통틀어 일컫는 말. 준 마.

마그네슘 (magnesium) 금속 원소의 한 가지. 은백색의 금속으로 공기 중에서 열을 가하면 강한 빛을 내면서 타므로, 사진을 촬영할 때나 불꽃놀이 따위에 씀.

마그마 (magma) 땅속 깊은 곳에서 땅의 열로 녹아 액체 상태로 있는, 뜨거운 물질. 이것이 땅 위로 나와서 굳으면 화성암이 됨. 암장.

마냥 1 전과 다름없이 언제나. 예 마냥 기다리다. 2 부족함이 없이 실컷. 예 마냥 웃고 떠들다.

마네킹 (mannequin) 상점 따위에 세워 놓고 옷이나 장신구 따위를 입히거나 거는, 사람 모양의 인형.

마녀 (魔女) 1 마술을 부려 사람에게 해를 끼친다는 여자. 2 마음이 악한 여자를 비유한 말.

***마누라** [마:누라] 1 나이가 든 아내를 친근하게 이르는 말. 2 나이 든 여자를 속되게 이르는 말. 예 주인집 마누라.

***마늘** 백합과의 여러해살이풀. 밭에서 기르는데, 비늘줄기는 여러 조각으로 되어 있음. 맛이 맵고 냄새가 독해 향신료·양념 따위로 씀.

마니산 (摩尼山) 인천광역시 강화군 강화도에 있는 산. 참성단이 있음. 높이 469m.

마님 [마:님] 지체가 높은 집안의 부인을 높여 부르던 말.

마다하다 [마:다하다] 싫다고 하거나 거절하다. 예 힘든 일을 마다하지 않고 친구를 돕다.

***마당** 1 집의 둘레에 닦아 놓은 단단하고 평평한 땅. 예 마당에 화초를 심다. 비 뜰. 2 어떤 일이 일어나거나 일을 하는 그때. 예 이왕 이렇게 된 마당에 주저하지 마세요.

마당극 (一劇) 동네 마당에서 벌이는, 주로 풍자적인 내용의 탈춤.

마당놀이 [마당노리] 마당에서 벌이는 민속놀이를 통틀어 이르는 말.

마당발 1 볼이 넓고 바닥이 평평하게 생긴 발. 2 비유적으로, 사람과의 사귐이 넓음. 또는 그런 사람.

마도로스 (←네 matroos) 외항선의 선원을 일컫는 말.

***마디** 1 대나 나무 따위의 줄기에서 가지나 잎이 붙은 곳. 또는 불룩하게 두드러진 곳. ⑩ 대나무 마디. 2 뼈와 뼈가 맞닿은 곳. ⑩ 마디가 굵은 손. 回 관절. 3 말이나 노래 등의 한 도막. ⑩ 노래 두 마디를 듣고 따라 부르다.

마디마디 낱낱의 모든 마디. ⑩ 온몸의 마디마디가 다 아프다.

마땅찮다 [마땅찬타] 썩 마음에 들지 아니하다. ⑩ 반찬이 **마땅찮아** 외식을 했다.

마땅하다 1 잘 어울리거나 알맞다. ⑩ 마땅한 물건이 없다. 2 그렇게 하는 것이 옳다. ⑩ 벌을 받아야 마땅하다. 回 당연하다.

마땅히 마땅하게. ⑩ 학생은 마땅히 공부를 해야 한다.

마라도(馬羅島) [마:라도] 〖지명〗 우리나라에서 가장 남쪽에 있는 섬으로, 제주도 모슬포항에서 약 11km 떨어져 있음.

마라톤(marathon) 육상 경기의 한 종목. 달리는 거리는 42.195km. 본 마라톤 경주.

마력¹(魔力) 사람을 현혹시키거나 까닭을 알 수 없는 이상한 힘. ⑩ 요괴의 마력 / 등산은 사람을 열중케 하는 마력이 있다.

마력²(馬力) [마:력] 기계가 일정 시간 안에 일하는 능률의 단위. 말 한 마리의 힘에 해당하는데, 1초 동안에 75kg의 무게를 1m 움직이는 일의 양 ((기호는 HP)).

***마련**¹ 일이나 물건을 이리저리 재어 계획을 세움. 또는 그 준비. ⑩ 돈을 마련하다. **마련하다**.

마련² '이다' 앞에 쓰이어 '당연히 그러할 것'의 뜻을 나타냄. ⑩ 돈이 있으면 쓰기 마련이다.

마렵다 [마렵따] 대소변이 나오려는 느낌이 있다. ⑩ 오줌이 마렵다. [활용] 마려워 / 마려우니.

*****마루** 한옥에서, 안방과 건넌방 사이에 나무판을 깔아 놓은 곳. ⑩ 마루를 깔다 / 마루에 걸터앉다. ⊃floor

마룻바닥 [마루빠닥 / 마룯빠닥] 마루의 바닥. ⑩ 마룻바닥을 닦다.

*****마르다**¹ 1 물기가 날아가 없어지다. ⑩ 빨래가 마르다. 2 야위어서 살이 없거나 살이 빠지다. ⑩ 몸이 마르다. 3 몸이나 목에 물기가 없어 갈증이 나다. ⑩ 목이 마르다. [활용] 말라 / 마르니. ×말르다. ⊃dry

*****마르다**² 옷감이나 재목 등을 치수에 맞추어 베고 자르다. ⑩ 옷감을 마르다. [활용] 말라 / 마르니.

마르크 (독 Mark) 유로화 이전에 사용하던, 독일의 화폐 단위.

마른침 음식물을 대했을 때나, 몹시 긴장했을 때에 힘들여 삼키는, 적은 양의 침.

마른하늘 비나 눈이 오지 않고 맑게 갠 하늘.

마름모 네 변의 길이가 모두 같으나 모든 각이 직각이 아닌 사각형.

마름질 옷감이나 목재 따위를 치수에 맞추어 자르고 베는 일. ⑩ 옷감을 마름질하다. 回 재단. **마름질하다**.

*****마리** 짐승이나 물고기 또는 벌레 등의 수를 셀 때에 쓰는 말. ⑩ 토끼 두 마리 / 물고기 네 마리.

*****마마**¹(媽媽) [마:마] ⇨ 천연두.

마마²(媽媽) [마:마] 왕과 그 가족들의 칭호 뒤에 붙여, 존대의 뜻을 나타내는 말. ⑩ 중전 마마.

마모(磨耗) 마찰된 부분이 닳아서 작아지거나 없어짐. ⑩ 기계의 마모가 심하다. **마모하다**.

마무리 어떤 일을 정리하여 끝맺음. ⑩ 마무리 작업 / 한 해를 마무리하다. **마무리하다**.

마법(魔法) 요술을 부려 불가사의한 일을 하는 술법.

마법사(魔法師) [마법싸] 마법을 부리는 사람.

마부(馬夫) [마:부] 말을 부려 마차나 수레를 모는 사람.

마분지(馬糞紙) [마:분지] 짚으로 만든, 빛이 누렇고 질이 낮은 종이.

마비 (麻痺) 1 신경이나 근육이 기능을 잃는 상태. 예 심장 마비 / 하반신이 마비되다. 2 사물의 기능이 정지되거나 없어지는 일. 예 사고로 교통이 거의 마비 상태이다.

마사지 (massage) 손바닥이나 손가락 끝으로 피부를 문지르거나 주물러 피로를 풀거나 병을 다스리는 방법. ×맛사지. **마사지하다**.

마산 (馬山) [마:산] 〖지명〗경상남도에 있던 항구 도시. 2010년 행정 구역 개편에 따라 창원시에 통합됨.

마소 말과 소.

마수 (魔手) 사람을 나쁜 길로 이끌거나 불행에 빠뜨리는 못된 꾀나 수단. 예 마수를 뻗치다.

마술 (魔術) 재빠른 손놀림이나 여러 가지 장치 등을 써서, 사람의 눈을 속여 놀라운 일을 실제로 해 보이는 재주. 예 마술을 부리다. 비요술.

마술사 (魔術師) [마술싸] 마술을 부리는 것을 전문으로 하는 사람. 비마법사.

마스코트 (mascot) 행운을 가져온다고 믿어 고이 간직하거나 위하는 작은 물건. 예 행운의 마스코트.

마스크 (mask) 1 병균이나 먼지 따위를 막기 위하여 입과 코를 가리는 물건. 예 마스크를 쓰다. 2 가면. 탈. 3 야구에서, 포수가 얼굴을 보호하기 위해 쓰는 기구.

마스터하다 (master—) 어떤 기술이나 내용을 배워 충분히 익히다. 예 영어를 마스터하다.

*****마시다** 1 물이나 술 따위의 액체를 목구멍으로 넘기다. 예 시원한 냉수를 벌컥벌컥 마시다. 2 공기나 냄새 따위를 입이나 코로 들이쉬다. 예 신선한 공기를 마시다. ⇒drink

마애불 (磨崖佛) 벼랑이나 동굴의 벽 같은 자연의 바위 벽에 새긴 불상.

마약 (麻藥) 마취 작용을 하며, 오랫동안 거듭 쓰면 중독 증상을 나타내는 물질. 예 마약 중독자. 비마취약.

마요네즈 (프 mayonnaise) 샐러드용 소스의 한 가지. 달걀노른자·샐러드유·식초·소금·설탕 등을 섞어서 만듦.

마우스 (mouse) 컴퓨터 입력 장치의 하나. 손으로 잡고 평평한 바닥에서 움직이면 그에 따라 화면의 커서가 움직임.

마운드 (mound) 야구에서, 투수가 공을 던지기 위하여 서는 곳. 다른 곳보다 조금 높음.

*****마을** 1 시골에서 여러 집이 모여 사는 곳. 예 마을 사람 / 이웃 마을. 비동네. 동리. 촌락. 2 이웃에 놀러 다니는 일. 예 마을을 가다. ⇒village

마을문고 (—文庫) 농어촌 주민을 위해 마을에 설치한 작은 도서관.

마을버스 (—bus) 정기 노선버스가 다니지 않는, 대도시의 고지대나 아파트 단지 등의 교통 편의를 위해 운행하는 버스.

*****마음** 1 사람의 성격이나 품성. 예 마음이 따뜻하다 / 마음이 넓다. 2 의식이나 정신. 예 마음에 담아 두다 / 마음의 병을 고치다. 3 속에 품은 생각. 예 네 마음을 모르겠다 / 마음에도 없는 말을 하다. 비본심. 4 느낌이나 감정. 예 감사하는 마음 / 마음이 가볍다 / 즐거운 마음으로 공부하다. 준맘. ⇒mind

　마음에 없다 무엇을 하거나 가지고 싶은 생각이 없다.

　마음(을) 놓다 믿고 의심하거나 걱정하지 않다. 안심하다.

　마음(을) 졸이다 걱정되어 마음이 몹시 쓰이다. 매우 걱정하다.

*****마음가짐** 마음을 쓰는 태도. 예 마음가짐이 바르다.

*****마음껏** [마음껃] 모자람이 없이 마음대로 실컷. 예 놀이터에서 마음껏 뛰놀다. 준맘껏.

*****마음대로** 하고 싶은 대로. 생각나는 대로. 예 자기 마음대로 행동하다. 준맘대로.

마음먹다 [마음먹따] 무엇을 하겠다고 마음속으로 작정하다. 예 일이 마음먹은 대로 풀리다. 준맘먹다.

마음보 [마음뽀] 마음을 쓰는 속 바탕. 예 마음보가 틀렸다. 준맘보.

*****마음씨** 마음을 쓰는 태도. 예 마음씨가 곱다. 준맘씨.

마이너스 (minus) 1 뺄셈의 기호인 '—'의 이름. 2 뺌. 덞. 3 전기의 음극. 4 부족·손해·불이익 따위를 뜻하는 말. ⓔ오늘 장사는 마이너스다. 🔁플러스.

마이동풍(馬耳東風) [마:이동풍] 남의 말을 귀담아듣지 않고 지나쳐 흘려버림을 이르는 말.

마이크(mike) 소리를 전류로 바꾸어 소리가 크게 나게 하는 장치.

마이크로파(micro波) 파장이 짧은 전자기파. 레이다, 통신, 텔레비전 따위에 씀.

마인드맵(mind map) 마음속에 지도를 그리듯이 생각을 정리하여 기억하는 방법.

마일(mile) 영국이나 미국에서 사용하는, 거리를 나타내는 단위. 1마일은 1,609m임((기호는 mi 또는 mil)).

마임(mime) 몸짓과 표정으로 하는 연기. 고대 그리스 및 로마에서 유행하였음.

마저 1 말끝에 붙어 '까지도'·'까지모두'의 뜻을 나타내는 말. ⓔ하나 남은 잎마저 떨어졌다. 2 전부. 남기지 않고 모두. ⓔ이것까지 마저 먹어라.

마적(馬賊) [마:적] 예전에, 말을 타고 무리를 지어 다니던 도둑.

*__마주__ 서로 똑바로 향하여. ⓔ얼굴을 마주 보며 웃다 / 마주 서서 이야기하다.

마주치다 1 서로 부딪치다. ⓔ손뼉도 마주쳐야 소리가 난다. 2 우연히 서로 만나다. ⓔ길을 가다 친구와 마주쳤다. 3 눈길이 서로 닿다. ⓔ선생님과 눈이 마주치다.

마주하다 마주 대하다. ⓔ식탁을 마주하고 앉다.

마중 오는 사람을 맞이하러 감. ⓔ마중을 나가다. 🔁배웅. 마중하다.

마지기 논밭의 넓이의 단위. 한 말의 씨를 뿌릴 만한 넓이. ⓔ두락.

*__마지막__ 일의 끝판. 맨 나중. 맨 끝. ⓔ이어달리기를 마지막으로 운동회가 끝났다. 🔁최후. 🔁처음. ⇒last

마지못하다 [마:지모타다] 마음에 내키지는 않으나 사정에 따라 하지 않을 수 없다. ⓔ마지못해 허락하다. → [학습마당] 9(271쪽)

마지아니하다 [마:지아니하다] 진심으로 그렇게 함을 힘주어 말할 때 쓰는 말. ⓔ성공하기를 바라 마지아니하다. 🔁마지않다.

마진(margin) 원가와 판매가의 차이가 나는 금액. 이익금.

*__마차__(馬車) [마:차] 말이 끄는 수레. ⓔ마차를 타다 / 마차를 몰다.

*__마찬가지__ 서로 같음. ⓔ어떻게 하든 결과는 마찬가지다. 🔁매한가지.

마찰(摩擦) 1 두 물체가 서로 닿아서 비벼짐. ⓔ마찰로 열이 생겼다. 2 의견이나 뜻이 맞지 않아서 서로 부딪치는 일. ⓔ무역 마찰 / 마찰을 일으키다. 🔁알력. 마찰하다.

마천루(摩天樓) [마철루] 하늘을 찌를 듯이 높이 솟은 고층 건물.

마취(痲醉) 수술 따위를 할 때 아픔을 느끼지 않게 하려고 약물 등을 써서 일시적으로 몸의 감각이나 의식을 잃게 하는 일. ⓔ마취에서 깨어나다 / 전신을 마취시키다. 마취하다.

마취제(痲醉劑) 마취하는 데 쓰는 약. 🔁마취약.

*__마치__ 거의 비슷하게. ⓔ마치 봄 날씨 같다. 🔁흡사.

*__마치다__ 어떤 일이나 과정, 절차 따위가 끝나다. ⓔ수업을 마치다 / 외출 준비를 마치다. 🔁끝내다. ⇒finish

---

주의 **마치다**와 **맞히다**

마치다 끝내다. ⓔ벌써 일을 마쳤다.
맞히다 1 표적에 맞게 하다. ⓔ활로 과녁을 맞히다. 2 맞는 답을 내놓다. ⓔ문제의 답을 맞히다. 3 눈·비·주사 따위를 맞게 하다. ⓔ침을 맞히다 / 비를 맞히다.

---

*__마침__ 1 어떤 경우나 기회에 꼭 알맞게. ⓔ보고 싶었는데 마침 잘 왔다. 2 우연히 공교롭게도. ⓔ일이 마침 그렇게 되었다.

마침꼴 음악에서 곡이나 곡의 단락이 끝나는 것을 나타내는 가락.

*__마침내__ 드디어. 기어이. 마지막에는. ⓔ방학 숙제를 마침내 끝내다 / 마침내 승리를 거두다. ⇒finally

마침표(—標) 1 문장의 끝맺음을 나타내는 문장 부호 '.'의 이름. 2 악곡의 끝을 나타내는 표. 🔁종지부.

마케팅 (marketing) 제품을 생산자한테서 소비자에게 잘 전달하기 위한 활동. 시장 조사·상품 계획·광고·판매 따위.

마크 (mark) 1 기호. 표지. 2 상품에 붙이는 고유의 표지. 상표. 예유명 마크가 붙은 옷. 3 축구나 농구에서, 상대편의 공격을 막고 방해하는 일. 예상대 팀의 마크가 심하다. **마크하다**.

마파람 남쪽에서 불어오는 바람.

마패 (馬牌) [마:패] 지름 10cm가량으로 만든 구리쇠의 둥근 패. 조선 시대 관리들이 나랏일로 지방에 갈 때 역에서 말을 빌려 쓰는 증명으로 썼음.

마패

마하 (Mach) 비행기나 미사일 따위의 속도를 나타내는 단위. 보통 마하 1은 초속 약 340m임((기호는 M)).

마한 (馬韓) [마:한] 삼한의 하나. 기원전 3-4세기경에 지금의 경기도·충청도·전라도에 걸쳐서 50여 부족 국가로 이루어져 있던 나라. 대개 농업을 주로 하는 부락 공동체였음.

마호메트 (Mahomet) 〖인명〗 이슬람교를 처음 연 사람. 아라비아 메카 교외의 히라 언덕에서 알라신의 계시를 받아 유일신 알라를 숭배하는 새 종교를 창시함. [570?-632]

*__마흔__ 열의 네 배. 凹사십.

*__막__¹ (幕) 1 칸을 막거나 어떤 곳을 가리는 데 사용하는 넓은 천. 예막을 치다. 2 연극에서, 장면이 바뀔 때마다 쳤다 걷었다 하는 넓은 천. 3 연극에서, 나누어진 한 단락. 예2막 3장.

　막을 내리다 ㉠무대 공연을 끝내다. ㉡어떤 행사나 일을 끝내다.

　막이 오르다 ㉠무대 공연이 시작되다. ㉡어떤 행사나 일이 시작되다. 예전국 체전의 막이 오르다.

*__막__² 걷잡을 수 없이. 예막 달리다. 凹몹시. 围마구.

*__막__³ 이제 곧. 지금 바로. 예차가 막 떠났다.

__막__⁴ (膜) 1 생물체의 모든 기관을 싸고 있거나 경계를 이루는 얇은 꺼풀. 고막·복막·세포막 따위. 2 모든 물건의 표면을 덮고 있는 얇은 물질.

막간 (幕間) [막깐] 1 연극에서, 막이 끝나고 다른 막이 시작되기까지의 동안. 예막간을 이용한 광고. 2 어떤 일의 한 단락이 끝나고 다음 단락이 시작될 때까지의 동안.

막강 (莫強) [막깡] 매우 강함. 예막강한 우리 국군. **막강하다**.

막걸리 [막껄리] 맑은술을 떠내지 않고 그대로 걸러 짜낸 술. 빛깔이 희뿌옇고 맛이 텁텁함. 围탁주.

막국수 [막꾹쑤] 메밀로 가락을 굵게 뽑아, 육수에 만 국수. 강원도의 향토 음식임.

막내 [망내] 여러 형제자매 가운데 맨 나중에 태어난 사람. 凹맏이.

막내둥이 [망내둥이] '막내'를 귀엽게 이르는 말. ×막내동이.

막내며느리 [망내며느리] 막내아들의 아내. 凹맏며느리.

막노동 (-勞動) [망노동] 쉽고 어려움을 가리지 않고 닥치는 대로 하는 육체적 노동. 围막일. **막노동하다**.

*__막다__ [막따] 1 사이를 가리다. 예칸을 막다. 2 더 못 나아가게 하다. 예소문이 퍼지는 것을 막다. 3 통하지 못하게 하다. 예길을 막다. 4 앞이 가리도록 둘러싸다. 예집을 울타리로 막다. 5 물리치다. 예외적의 침입을 막다.

막다르다 [막따르다] 앞이 막히어 더 나갈 길이 없다. 예막다른 길 / 막다른 곳에 다다르다. 〖참고〗 주로 '막다른'의 꼴로 쓰임.

*__막대__ [막때] '막대기'의 준말.

*__막대그래프__ (-graph) 비교할 수나 양의 크기를 막대의 길이로 나타낸 그래프.

*__막대기__ [막때기] 가늘고 기름한 나무토막. 준막대.

막대자석 (-磁石) [막때자석] 막대 모양의 길쭉한 자석.

막대하다 (莫大-) [막때하다] 더할 수 없이 많거나 크다. 예막대한 재산 / 막대한 영향을 끼치다.

막대자석

막되다 [막뙤다 / 막뛔다] 말이나 행동이 버릇없고 거칠다. 예막된 사람.

막둥이 [막뚱이] '막내'를 귀엽게 이르는 말. ×막동이.

막론하다 (莫論—) [망논하다] 이것저것 가리고 따져 말할 나위도 없다. 예 남녀노소를 막론하고. [참고] 주로 '막론하고'의 꼴로 쓰임.

막막하다¹ (漠漠—) [망마카다] 너르고 멀어서 아득하다. 예 막막하게 펼쳐진 광야.

막막하다² (寞寞—) [망마카다] 의지할 데가 없어서 답답하고 외롭다. 예 앞으로 살 길이 막막하다.

막말 [망말] 1 뒤에 여유를 두지 않고 잘라서 하는 말. 예 막말로 한마디만 하겠다. 2 조심하지 않고 나오는 대로 함부로 하는 말. 예 웃어른께 막말로 대꾸하다. **막말하다.**

막무가내 (莫無可奈) [망무가내] 남의 말을 들으려고 하지를 않고 제 뜻만 내세워 떼를 씀. 예 아무리 달래도 막무가내였다.

막바지 [막빠지] 1 일의 마지막 단계. 예 일이 막바지에 이르렀다. 2 더 갈 수 없는 막다른 곳. 예 산골짜기의 막바지.

***막사** (幕舍) [막싸] 1 천막이나 판자 따위로 임시로 살 수 있게 허름하게 지은 집. 예 피난민 막사. 2 군대가 거주하는 건물.

막상 [막쌍] 어떤 일에 실제로 이르러. 예 막상 일을 해 보니 생각보다 어려웠다.

막상막하 (莫上莫下) [막쌍마카] 낫고 못함의 차이가 없음. 예 막상막하의 실력.

막새기와 [막쌔기와] 지붕의 처마 끝에 놓는 기와.

막심하다 (莫甚—) [막씸하다] 대단히 심하다. 예 후회가 막심하다.

막아서다 [마가서다] 앞을 가로막고 서다. 예 길을 막아서다.

막연하다 (漠然—) [마견하다] 1 아득하여 분명하지 않다. 예 앞일이 막연하다. 2 분명하지 못하고 어렴풋하다. 예 막연한 대답 / 막연한 생각.

막연히 (漠然—) [마견히] 막연하게. 예 막연히 기다리다.

막일 [망닐] 가리지 않고 닥치는 대로 하는 육체적 노동. 예 막일로 끼니를 잇다. [비] 막노동. **막일하다.**

막자 [막짜] 덩어리 약을 갈아 가루로 만드는 데 쓰는, 유리나 사기로 만든 작은 방망이.

막자사발 (—沙鉢) [막짜사발] 알약 등의 덩어리를 부수어 가루로 만들 때 쓰는 유리나 사기로 만든 그릇.

막자사발

막중하다 (莫重—) [막쭝하다] 매우 중요하고 크다. 예 막중한 임무를 맡다 / 책임이 막중하다.

막차 (—車) 그날 마지막으로 떠나거나 들어오는 차. [반] 첫차.

막판 1 어떤 일의 끝이 되는 판. 예 일이 막판에 접어들다. 2 일이 아무렇게나 마구 되는 판.

***막히다** [마키다] 1 막음을 당하다. 예 숨이 탁 막히다 / 막힌 하수구를 뚫다. 2 어려운 대목에서 일이 순조롭게 풀리지 않게 되다. 예 생각이 막히다. 3 하려던 일을 못하게 되다. 예 혼삿길이 막히다.

***만¹** (灣) 바다가 육지 속으로 쑥 들어온 곳. 바닷가의 큰 물굽이.

***만²** (萬) [만ː] 천의 열 배. 예 10만 명 / 만에 하나라도 실수하면 안 된다.

만³ (滿) 시기나 햇수가 꽉 찼음을 나타내는 말. 예 만으로 따져 올해 열 살이다.

***만⁴** 동안이 얼마 계속되었음을 뜻하는 말. 예 이틀 만에 돌아오다.

***만⁵** '오로지·단지·오직'의 뜻을 나타내는 말. 예 빗만 졌다.

만개하다 (滿開—) [만ː개하다] 꽃이 한꺼번에 활짝 피다. 예 만개한 유채꽃이 들판을 덮었다.

만경창파 (萬頃蒼波) [만ː경창파] 한없이 넓고 푸른 물결.

만고 (萬古) [만ː고] 1 아주 먼 옛날. 2 끝없이 긴 세월. 예 만고에 빛날 업적.

만국 (萬國) [만ː국] 세계의 여러 나라. 예 만국 박람회. [비] 만방.

만국기 (萬國旗) [만ː국끼] 세계 여러 나라의 국기.

만끽하다 (滿喫—) [만끼카다] 1 음식을 마음껏 먹고 마시다. 예 별미를 만끽하다. 2 그 기분이나 분위기를 만족할 만큼 즐기다. 예우승의 기쁨을 만끽하다.

***만나다** 1 서로 마주 보게 되다. 예친구를 만나다. 2 어떤 일을 당하다. 예화재를 만나다 / 행운을 만나다. 3 어떤 때를 당하다. 예좋은 세월을 만나다. 4 인연으로 어떤 관계를 맺다. 예스승과 제자로 만나다. ⊃meet

만날 (萬一) [만:날] 여러 날을 통하여. 매일같이 계속. 예만날 놀고만 있다. 비맨날. 항상.

만년 (萬年) [만:년] 언제까지나 변하지 않고 같은 상태에 있음. 예만년 과장 / 만년 청춘.

만년필 (萬年筆) [만:년필] 펜대 속에 잉크를 넣어 두고 쓸 때마다 적당하게 흘러나오도록 된 펜.

만능 (萬能) [만:능] 모든 일에 다 능통하거나 모든 일을 다 할 수 있음. 예만능 선수.

만담 (漫談) [만:담] 재미있고 우스운 말로 세상과 인정을 비판·풍자하는 이야기. 예만담을 나누다.

만두 (饅頭) 밀가루를 반죽하여 얇게 펴서 그 속에 소를 넣고 빚어서 삶거나 찌거나 기름에 지져 만든 음식. 예만두를 빚다.

***만들다** 1 기술과 힘을 들여 사물을 이루다. 예새로운 장난감을 만들다. 2 새로 장만하여 내다. 예규칙을 만들다. 3 무엇이 되게 하다. 예동생을 의사로 만들다. 4 돈을 마련하다. 예등록금을 만들다. [활용] 만들어 / 만드니 / 만드는. ⊃make

만료 (滿了) [말료] 정해진 기한이 꽉 차서 끝남. 예임기가 만료하다. **만료하다**.

만루 (滿壘) [말:루] 야구에서, 1·2·3루에 모두 주자가 있는 경우. 예만루 홈런.

만류 (挽留) [말류] 붙들고 못 하게 말림. 예아무리 만류해도 듣지를 않는다. 비권고. **만류하다**.

만리 (萬里) [말:리] 매우 먼 거리. 예만리 길을 멀다 않고 달려오다.

만리장성 (萬里長城) [말:리장성] 중국의 북쪽에 있는 긴 성벽. 춘추 전국시대부터 부분적으로 있었던 것을 진나라의 시황제가 흉노의 침입을 막기 위하여 크게 더 늘려 지음. 길이는 약 2,700km임.

만만세 (萬萬歲) [만:만세] '만세'를 강조하는 말.

만만찮다 [만만찬타] 1 손쉽게 다룰 수 없다. 예만만찮은 사람. 2 그렇게 쉽지 않다. 예만만찮은 일. 3 수나 양이 적지 않다. 예사람들이 만만찮게 모였다.

만만하다 마음대로 대할 수 있어 보이다. 예그는 만만한 상대가 아니다.

만만히 만만하게. 예만만히 볼 수 없는 상대.

만무하다 (萬無一) [만:무하다] 도무지 없다. 결코 없다. 예그럴 리가 만무하다.

만물 (萬物) [만:물] 세상에 있는 모든 것. 예우주 만물 / 만물의 영장인 인간.

만물상 (萬物商) [만:물쌍] 일상생활에 필요한 여러 가지 물건을 파는 장사. 또는 그 가게.

만민 (萬民) [만:민] 모든 백성. 모든 사람. 예만민이 평등하다.

만민 공동회 (萬民共同會) 조선 말기인 1898년에 독립 협회 주최로 서울에서 열린 민중 대회.

만반 (萬般) [만:반] 여러 가지. 빠짐없이 전부. 예만반의 준비를 하다.

만발하다 (滿發一) [만:발하다] 많은 꽃이 한꺼번에 활짝 피다. 예산에 들에 진달래가 만발하다. 비만개하다.

만방 (萬邦) [만:방] 모든 나라. 예세계 만방에 알리다. 비만국.

만백성 (萬百姓) [만:백썽] 나라 안의 모든 백성.

만복 (萬福) [만:복] 많은 복. 온갖 복. 예만복이 깃들기를 기원합니다.

만사 (萬事) [만:사] 여러 가지 일. 모든 일. 예만사에 조심해라.

만삭 (滿朔) 아이 낳을 달이 다 참. 예만삭의 아내. 비만월.

만성 (慢性) 1 급히 나빠지지도 않고 쉽사리 낫지도 않는 병의 성질. 예만성 위장병. 반급성. 2 어떤 성질이 버릇이 되어 고치기 힘들게 된 상태.

*만세 (萬歲) [만:세] 축복이나 기쁨, 환호를 나타내기 위하여 두 손을 머리 위로 높이 들면서 외치는 소리. ⑩ 대한민국 만세.

만수무강 (萬壽無疆) [만:수무강] 아무 탈 없이 오래 삶. ⑩ 부모님의 만수무강을 빌다. **만수무강하다.**

만신창이 (滿身瘡痍) [만:신창이] 1 온몸이 상처투성이가 됨. 2 어떤 사물이 엉망이 됨.

*만약 (萬若) [마:냑] '혹 그러한 경우에는'의 뜻으로 어떤 조건을 앞세우는 말. ⑩ 만약의 경우에 대비하다 / 만약 내일 비가 오면 약속 장소를 바꾸자. 町 만일. ⊃ if

만용 (蠻勇) [마:뇽] 사물의 이치나 옳고 그름을 가리지 않고 함부로 날뛰는 용맹. ⑩ 공연한 일에 만용을 부리다.

만우절 (萬愚節) [마:누절] 4월 1일. 서양 풍속에서, 이날에는 거짓말을 하여도 괜찮다고 하여 나쁜 마음 없이 서로 속이며 즐거워함.

만원 (滿員) [마눤] 정한 인원이 다 참. ⑩ 만원 버스.

만월 (滿月) [마:뉠] 1 가장 둥근달. 町 보름달. 2 ⇨ 만삭.

만유인력 (萬有引力) [마:뉴일력] 질량을 가지고 있는 모든 물체가 서로 잡아당기는 힘. 영국의 뉴턴이 발견함.

*만일 (萬一) [마:닐] 1 혹시. 어쩌다가. 혹 그러한 경우에는. ⑩ 만일 네가 이긴다면. 2 뜻밖의 일. ⑩ 만일을 위한 준비. 町 만약.

만장일치 (滿場一致) [만:장일치] 모든 사람의 의견이 같음. ⑩ 학급 회장이 만장일치로 결정되다.

만점 (滿點) [만쩜] 1 정해진 점수에 꽉 찬 점수. ⑩ 100점 만점을 받다. 2 부족함이 없이 아주 만족할 만한 정도. ⑩ 영양 만점.

만조 (滿潮) [만:조] 꽉 차게 들어왔을 때의 밀물. 땐 간조.

만족 (滿足) 마음에 흐뭇하여 모자람이 없음. ⑩ 결과에 만족하다. 町 흡족. 땐 불만. **만족하다. 만족히.**

만족감 (滿足感) [만족깜] 만족한 느낌. 땐 불만감.

만족스럽다 (滿足—) [만족쓰럽따] 꽤 만족할 만한 데가 있다. ⑩ 만족스러운 표정을 짓다. [활용] 만족스러워 / 만족스러우니.

만주 (滿洲) 〖지명〗 압록강과 두만강 북쪽에 있는 중국의 넓은 땅. 우리 동포가 많이 삶.

만주족 (滿洲族) 만주 일대에 살았던 남방 퉁구스계의 한 종족. 숙신·읍루·말갈·여진 등이 같은 계통의 종족임.

*만지다 1 여기저기 손을 대어 주무르거나 문지르다. ⑩ 자꾸 만져서 고장을 내다. 2 다루거나 손질을 하다. ⑩ 머리를 만지다.

만지작거리다 [만지작꺼리다] 가볍게 주무르듯이 자꾸 만지다. ⑩ 지우개를 만지작거리다.

만찬 (晩餐) [만:찬] 손님을 초대하여 함께 먹는 저녁 식사. ⑩ 만찬을 열다.

*만큼 거의 같은 수량이나 정도임을 나타내는 말. ⑩ 배운 만큼 득이 된다 / 싫증이 날 만큼 먹었다.

만평 (漫評) [만:평] 인물이나 사회를 풍자하거나 비평하는 내용을 담아 신문이나 잡지에 실은 만화.

*만하다 1 동작이나 상태가 거의 어떤 정도에 미치어 있음을 나타냄. ⑩ 좀 친해질 만하니까 전학을 갔다. 2 어떤 사물의 값어치나 형편 또는 능력이 넉넉한 정도에 이름을 나타냄. ⑩ 읽을 만한 책.

만행 (蠻行) 도리에 벗어난 잔인한 짓. ⑩ 만행을 저지르다.

*만화 (漫畵) [만:화] 이야기를 간결하고 익살스러운 그림과 대화로 엮어서 나타낸 것.

만화 영화 (漫畵映畵) 만화로 꾸며진 영화. *애니메이션.

만화책 (漫畵冊) [만:화책] 내용이 만화로 꾸며져 있는 그림책.

만회 (挽回) [만회 / 만훼] 바로잡아 그 전의 상태로 돌이킴. ⑩ 떨어진 인기를 만회하다. **만회하다.**

*많다 [만:타] 사물의 수효나 분량이 어느 기준을 넘다. 적지 않다. 수가 넉넉하다. ⑩ 경험이 많다 / 오늘은 숙제가 많다. 땐 적다. ⊃ many, much

*많이 [마:니] 많게. ⑩ 많이 먹다 / 돈이 많이 들다.

맏딸 맨 먼저 낳은 딸. 비장녀. 큰딸. 반막내딸.

맏며느리 [만며느리] 맏아들의 아내. 비큰며느리. 반막내며느리.

맏아들 [마다들] 첫째 아들. 비장남. 반막내아들.

맏이 [마지] 형제자매 중 맨 먼저 태어난 사람. 반막내.

맏형 (−兄) [마ː형] 여러 형들 가운데 맏이가 되는 형. 비큰형.

*말¹ 말과에 속하는 동물. 네 다리와 목·얼굴이 길고 몸집이 크며 목덜미에 갈기가 있음. 힘이 세고 참을성이 많으며 빨리 달림. ᐃhorse

말² 장기·윷 따위의 판에서, 일정한 규칙에 따라 옮기는 물건.

*말³ (末) 어떤 기간의 끝이나 끝 무렵. 예조선 말/9회 말. 반초.

말⁴ 곡식이나 액체 따위의 분량을 되는 단위의 하나. 또는 그 그릇. '되'의 열 배. 예쌀 열 말.

*말⁵ [말ː] 1 사람의 생각·느낌 따위를 목구멍을 통하여 조직적으로 나타내는 소리. 예말을 가르치다/말이 거칠다. 비언어. 높말씀. 2 낱말·구·속담·문장 등을 두루 일컬음. 예내 사전에 불가능이란 말은 없다. 3 소문이나 풍문 따위. 예말이 퍼지다. 말하다.

　말(을) 놓다 존대하던 말씨를 반말 또는 '하게'로 바꾸어 말하다. 예서로 말을 놓고 지내다.

　말이 통하다 말의 뜻이 이해되어 의사가 전달되다. 예그와 나는 말이 통한다.

말갈족 (靺鞨族) 만주 동북 지방에 살던 퉁구스계의 한 종족. 여진족과 만주족의 선조임.

말갛다 [말ː가타] 1 흐리지 않고 깨끗하고 맑다. 예시냇물이 말갛다. 2 국물 따위가 진하지 않고 묽다. 예말간 국물. 활용말가니/말개서.

말괄량이 말이나 행동이 얌전하지 않고 덜렁거리는 여자.

말구유 말먹이를 담아 주는 그릇.

말굽 말의 발톱. 둥글게 하나로 되어 있음.

말굽자석 (−磁石) [말

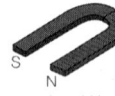
말굽자석

굽짜석] 말굽 모양으로 구부려 만든 자석. 양극이 서로 가까이 있기 때문에 자기력이 오래감.

말귀 [말ː뀌] 1 말이 뜻하는 내용. 예말귀를 못 알아듣다. 2 남이 하는 말의 뜻을 알아듣는 슬기. 예말귀가 밝다.

말기 (末期) 어떤 시대나 시기가 끝날 무렵. 예조선 말기에 일어난 사건. 반초기.

말꼬리 [말ː꼬리] 말의 끝부분. 예말꼬리를 흐리다. 비말끝.

말꼬투리 [말ː꼬투리] 시빗거리가 되거나 트집을 잡힐 만한 말의 한 부분. 예말꼬투리를 잡고 캐다.

말끔하다 티 하나 없이 맑고 깨끗하다. 예옷을 말끔하게 차려입다. 큰멀끔하다.

말끔히 말끔하게. 예방을 말끔히 치우다.

말끝 [말ː끝] 말을 마무리 짓는 끝. 예말끝마다 반말을 하다. 비말꼬리.

말냉이 [말랭이] 밭이나 들에서 자라는 두해살이풀. 잎은 타원형이고 뿌리에서 모여 남. 5월에 작고 흰 꽃이 피고 어린순은 나물로 먹음.

말년 (末年) [말련] 1 인생의 끝 무렵. 예말년을 편안히 보내다. 비만년. 반초년. 2 어떤 시기의 마지막 무렵. 예제대 말년.

말놀이 [말ː로리] 끝말잇기, 같은 끝말 찾기, 발음하기 힘든 말 외우기 등 말을 주고받으며 즐기는 놀이. 말놀이하다.

*말다¹ 물이나 국물에 밥이나 국수 등을 넣어 섞다. 예국에 밥을 말다/물에 만 밥을 먹다. 활용말아/마니/마는.

*말다² [말ː다] 1 하던 것이나 할 것을 그만 두다. 예먹다가 만 사과. 2 '아니 하다'의 뜻을 나타내는 말. 예보나 마나 뻔한 일이다. 3 '−지' 뒤에 쓰이어, 동작을 막는 뜻을 나타내는 말. 예그 일은 걱정하지 마라. 활용말아/마니/마는. →[학습마당] 9(271쪽)

*말다³ 1 너비가 있고 부드럽거나 잘 휘는 물건을 돌돌 감다. 예도화지를 말다/창문에 친 발을 말아 올리다. 2 얇고 넓적한 물건에 내용물을 넣고 돌

돌 감아 싸다. ㉠김밥을 말다. [활용] 말아 / 마니 / 마는.

말다툼 [말:다툼] 말로 옳고 그름을 가리는 다툼. ㉠작은 일로 **말다툼**하다. 비 말싸움. 입씨름. **말다툼하다**.

말대꾸 [말:대꾸] 남이 하는 말을 듣고 상대와 다른 자기 생각을 나타냄. 또는 그 말. ㉠어른 앞에서 말대꾸하면 못쓴다. 준 대꾸. **말대꾸하다**.

말대답 (−對答) [말:대답] 윗사람의 말에 이유를 붙여 반대하는 뜻으로 말하는 대답. ㉠어른 말씀에 꼬박꼬박 말대답이니. **말대답하다**.

말더듬이 [말:더드미] 말을 더듬는 사람.

말동무 [말:똥무] 서로 이야기를 나눌 만한 친구. ㉠할머니의 **말동무**가 되어 드리다. 비 말벗. **말동무하다**.

말똥말똥 1 정신이나 눈빛이 맑고 생기가 있는 모양. ㉠정신이 말똥말똥하다. 2 눈만 동글게 뜨고 다른 생각 없이 말끄러미 쳐다보는 모양. ㉠남의 얼굴을 **말똥말똥** 쳐다보다. 큰 멀뚱멀뚱. **말똥말똥하다**.

말뚝 땅에 두드려 박아 세우는 몽둥이나 기둥.

말뜻 [말:뜯] 말이 나타내는 뜻. ㉠말뜻을 이해하다.

말라깽이 몸이 바싹 마른 사람을 놀리는 말.

말라리아 (malaria) 말라리아 원충을 가진 학질모기가 옮기는 전염병. 하루나 이틀 간격으로 높은 열이 나는 것이 특징임. 심하면 빈혈 및 황달을 일으키기도 함. 학질.

말라붙다 [말라붇따] 액체가 바싹 졸거나 말라서 물기가 아주 없어지다. ㉠가뭄으로 논이 **말라붙었다**.

말랑말랑하다 야들야들하고 부드럽다. ㉠말랑말랑한 빵 / 고무찰흙이 말랑말랑하다. 큰 물렁물렁하다.

말레이시아 (Malaysia) 『국명』 말레이반도 남부와 보르네오섬 북부에 걸쳐 있는 입헌 군주국. 고무와 주석을 많이 수출하여 세계적으로 유명함. 수도는 쿠알라룸푸르.

말려들다 1 무엇에 감기어 들어가다. ㉠옷자락이 기계에 말려들다. 2 원하지 않는 일에 끌리어 들어가다. ㉠사건에 말려들다. [활용] 말려들어 / 말려드니 / 말려드는.

말리다¹ 펴졌던 물건이 둘둘 감기다. ㉠포장지가 말리다.

말리다² 남이 하려는 짓을 못하게 하다. ㉠싸움을 말리다.

*__말리다__³ 젖은 것을 마르게 하다. ㉠수건을 말리다. ⊃ dry

말머리 [말:머리] 1 말의 첫머리. ㉠말머리를 꺼내다. 2 이야기의 방향. ㉠입장이 곤란해서 말머리를 돌렸다. 비 화제.

말문 (−門) [말:문] 말을 하려고 여는 입. ㉠말문을 열다.

　말문이 막히다 하려던 말이 입 밖으로 나오지 않게 되다. ㉠느닷없는 질문에 말문이 막혔다.

말미 일에 매인 사람이 다른 일로 말미암아 얻는 겨를. ㉠며칠 말미를

학습마당 9

'말다'의 활용

(1) 어간 끝 받침 'ㄹ'이 줄어진 형태로 굳어 쓰이는 것은 준 대로 적는다.

(×)	(○)
말지 못하다	마지못하다
말지 않다	마지않다
(하)다 말다	(하)다마다
(하)자 말자	(하)자마자

(2) 명령형 어미 '−아라'와 결합할 때에는 '말아라'와 '마라' 두 가지로 활용하고, '−아'와 결합할 때에도 '말아'와 '마' 두 가지로 활용한다.
　싸우지 말아라 / 싸우지 마라, 걱정하지 말아 / 걱정하지 마

(3) 문어체나 간접 인용에서는 '말라'가 쓰인다.
　오늘 일을 내일로 미루지 말라 / 집에서 뛰지 말라고 하신다.

주십시오. ㈖휴가.

말미암다 [말:미암따] 어떤 일의 원인이나 이유가 되다. 계기가 되다. ㈎부주의로 말미암은 사고. [활용] 말미암아 / 말미암으니.

말미잘 해변말미잘목의 자포동물. 바위틈이나 다른 생물에 붙어 삶. 몸은 원기둥 모양이며 녹색이나 불그스름한 색에 흰 반점이 있음. 입 둘레에는 많은 촉수가 있어 이것으로 먹이를 잡아먹음.

말발 [말:빨] 듣는 사람이 긍정할 수 있게 하는 말의 힘. ㈎말발이 센 사람 / 말발이 약하다.

말발굽 [말:빨꿉] 말의 발굽. ㈎말발굽 소리가 요란하게 들리다.

말버릇 [말:뻐른] 늘 써서 버릇이 된 말의 투. ㈎말버릇이 고약하다. ㈖말투. 어투.

말벌 말벌과의 벌. 몸에 갈색의 긴 털이 있고 독침이 있음. 과실·벌꿀 따위에 해를 끼치며 해충도 잡아먹음. ㈖왕벌.

말벗 [말:뻗] ⇨말동무. 말벗하다.

말복 (末伏) 삼복의 마지막 복날. 몹시 더운 때. ㈎말복 더위.

말살 (抹殺) [말쌀] 있는 것을 뭉개어 아주 없애 버리거나 무시해 버림. ㈎기록을 말살하다. 말살하다.

말세 (末世) [말쎄] 정치·도덕·풍속 등이 어지럽고 혼란하여 망해 가는 세상.

말소 (抹消) [말쏘] 기록된 사실을 지워 없애 버림. ㈎증거 서류를 말소하다. 말소하다.

말소리 [말:쏘리] 말하는 소리. ㈎말소리를 낮추다. ㈖목소리. 음성.

말솜씨 [말:쏨씨] 말하는 솜씨. ㈎말솜씨가 뛰어나다. ㈖말재주. 말주변.

말수 (一數) [말:쑤] 사람이 입으로 하는 말의 수효. ㈎말수가 많다 / 말수를 줄이다.

말썽 [말:썽] 문제를 일으키는 말이나 행동. ㈎말썽을 부리다.

말썽꾸러기 [말:썽꾸러기] 자주 말썽을 부리는 사람. ㈎말썽꾸러기 같은 아이 / 말썽꾸러기를 야단치다.

말썽꾼 [말:썽꾼] 걸핏하면 말썽을 일으키는 사람.

말쑥이 [말쑤기] 말쑥하게. ㈎말쑥이 차려입다. ×말쑥히.

말쑥하다 [말쑤카다] 지저분함이 없이 깨끗하다. ㈎말쑥한 옷차림. ㉡멀쑥하다.

*****말씀** [말:씀] 1 웃어른의 말. ㈎선생님의 말씀대로 하겠습니다. 2 웃어른에게 하는 자기의 말. ㈎말씀을 드리다. 말씀하다.

말씨 [말:씨] 1 말하는 태도나 버릇. ㈎공손한 말씨. ㈖말투. 2 지역에 따라 다르게 나타나는 말의 특징. ㈎경상도 말씨.

말없이 [마:럽씨] 아무런 말도 아니하고. ㈎말없이 사라지다.

말엽 (末葉) [마렵] 어떤 시대를 세 시기로 나누었을 때의 끝 무렵. ㈎신라 말엽. ㈖말기. *초엽. 중엽.

말일 (末日) [마릴] 1 어떤 시기나 기간의 마지막 날. 2 그달의 마지막 날. ㈖그믐날.

말장난 [말:장난] 실속 없는 말이나 쓸데없는 말을 늘어놓는 일. ㈎말장난을 치다. ㈖언어유희. 말장난하다.

말재주 [말:째주] 말을 잘하는 재주. ㈎말재주가 뛰어난 친구. ㈖말솜씨. 화술.

말조심 (一操心) [말:조심] 말이 잘못되지 않게 하려는 조심. ㈎어른 앞에서는 말조심을 해라. 말조심하다.

말주변 [말:쭈변] 말을 이리저리 척척 잘 둘러대는 재주. ㈎말주변이 좋은 사람. ㈖말재주. 말솜씨.

말줄임표 (一標) [말:주림표] ⇨줄임표.

말짱하다 1 흠이 없고 온전하다. ㈎아직도 말짱한 물건. 2 깨끗하다. ㈎집안을 말짱하게 치우다. 3 정신이 또렷하다. ㈎말짱한 정신으로 말하는 거니. ㉡멀쩡하다.

말참견 (一參見) [말:참견] 다른 사람이 이야기할 때 끼어들어서 말하는 일. ㈎말참견하지 마라. ㈖말참례. 말참견하다.

말초 신경 (末梢神經) 뇌 또는 척수에서 나와 온몸에 퍼져 중추 신경계와 피부·근육·감각 기관 등을 연락하는 신경을 통틀어 이르는 말. ㈎말초 신경을 자극하다.

말총 말의 갈기나 꼬리의 털.
말타기 아이들의 놀이의 한 가지. 술래가 된 편의 한 사람이 기둥이 되고 나머지가 기둥에 등을 구부리고 엎드리면, 다른 편 아이들이 그 위에 뛰어올라 가위바위보를 하여 이긴 편을 정하는 놀이.
말투 (一套) [말:투] 말할 때 드러나는 버릇. ⓔ차분한 말투. 비말버릇. 어투.
말판 윷놀이 등에서, 말이 가는 길을 그린 판. ⓔ말판에 말을 놓다.
말하기 [말:하기] 말의 표현 능력을 가르치는 초등학교 등의 국어 교과의 한 부문. *듣기. 쓰기. 읽기.
***말하다** [말:하다] 1 생각이나 느낌을 말로 나타내다. ⓔ말할 수 없는 감격. ⊃say, speak, tell, talk 2 말리는 뜻으로 타이르거나 꾸짖다. ⓔ아무리 말해도 듣지 않는다. 3 어떤 사정이나 사실, 현상 따위를 나타내 보이다. ⓔ숭례문은 조선 시대의 건축미를 말해 준다.
말하자면 [말:하자면] 알기 쉽게 다른 말로 바꾼다면. ⓔ말하자면 새장 속의 새와도 같다. 비이를테면.
***맑다** [막따] 1 잡스럽거나 더러운 것이 섞이지 않아 투명하고 깨끗하다. ⓔ물이 맑다 / 맑은 공기를 마시다. 2 구름이나 안개가 끼지 않아 날씨가 좋다. ⓔ맑은 하늘 / 전국에 대체로 맑겠다. 반흐리다. 3 소리가 트이어 탁하지 않다. ⓔ맑은 목소리를 내다. 4 정신이 초롱초롱하고 또렷하다. ⓔ맑은 정신으로 말하다.

주의 '맑다'의 표준 발음
겹받침 'ㄺ'은 말끝 또는 닿소리 앞에서 [ㄱ]으로 발음한다. 다만 'ㄱ' 앞에서는 [ㄹ]로 발음한다.
(1) [ㄱ]으로 발음하는 경우
맑다 [막따], 맑지 [막찌], 맑습니다 [막씀니다]
(2) [ㄹ]로 발음하는 경우
맑게 [말께], 맑고 [말꼬], 맑거나 [말꺼나]

맑디맑다 [막띠막따] 매우 맑다. 더할 수 없이 맑다. ⓔ맑디맑은 [막띠말근] 어린이의 눈동자.
맘 [맘:] '마음'의 준말.
맘껏 [맘:껃] '마음껏'의 준말.
맘대로 [맘:대로] '마음대로'의 준말.
맘마 '밥'의 어린이 말. ⓔ아가야, 맘마 줄 테니까 울지 마.
맘씨 [맘:씨] '마음씨'의 준말.
맙소사 [맙:쏘사] 어처구니없는 일을 보거나 당할 때 탄식하는 소리. ⓔ하느님 맙소사 / 아이고 맙소사, 그걸 몰랐다니.
***맛** [맏] 1 음식 따위를 혀에 댈 때 느끼는 감각. ⓔ달콤한 맛 / 음식 맛이 좋다. 2 체험을 통해서 알게 된 느낌이나 분위기. ⓔ실패의 쓰라린 맛 / 새로운 맛. ⊃taste
맛(을) 들이다 좋아하거나 재미를 붙이다. ⓔ만화책에 맛을 들여서 걱정이다.
맛 좀 보다 고통과 아픔을 경험하다. ⓔ너 한번 맛 좀 봐라.

참고 신맛·쓴맛·매운맛·단맛·짠맛· 떫은맛

| 신맛 – 식초와 같은 맛((시다)) |
| 쓴맛 – 소태나 씀바귀와 같은 맛((쓰다)) |
| 매운맛 – 고추와 같은 맛((맵다)) |
| 단맛 – 설탕과 같은 맛((달다)) |
| 짠맛 – 소금과 같은 맛((짜다)) |
| 떫은맛 – 덜 익은 감과 같은 맛((떫다)) |

맛깔스럽다 [맏깔스럽따] 음식 맛이 입에 맞다. ⓔ김치가 맛깔스럽게 익었다. 활용 맛깔스러워 / 맛깔스러우니.
맛나다 [만나다] 맛이 좋다. ⓔ맛난 음식. 비맛있다.
맛보다 [맏뽀다] 1 음식 맛을 알기 위해 조금 먹어 보다. ⓔ국을 맛보다. 2 몸소 겪어 보다. ⓔ온갖 고생을 다 맛보다.
맛없다 [마덥따] 음식 맛이 좋지 않다. ⓔ맛없는 찌개.
***맛있다** [마딛따 / 마싣따] 음식의 맛이 좋다. ⓔ맛있는 음식 / 맛있게 먹다. 비맛나다.
망¹ (網) 그물 모양으로 만들어 가리거나 치거나 하는 물건을 통틀어 이르는 말. 예창문에 망을 치다.
망²(望) [망:] 좀 떨어진 곳에서 남의 움직임이나 형편을 살피거나 감시함. 예망을 보다.
망가뜨리다 망가지게 하다. 예장난감을 던져 망가뜨리다.
망가지다 부서지거나 찌그러져 못 쓰게 되다. 예충돌 사고로 자동차가 망가졌다. 비망그러지다.
망각(忘却) 어떤 사실을 잊어버림. 예책임을 망각한 행위. 망각하다.
망간(독 Mangan) 은백색의 광택이 나는 금속 원소. 철과 비슷하나 철보다 단단하고 부서지기 쉬움. 건전지·화학 약품 따위에 씀.
망건(網巾) 상투를 튼 사람이 머리가 흩어지지 않도록 그물처럼 만들어 머리에 두르는 물건. 말총·코끼리의 꼬리털·머리카락 따위로 만듦.
망고(mango) 타원형의 과육이 노랗고 단맛이 나는 열대 과일.
망국(亡國) 이미 망하여 없어진 나라. 예망국의 한.
망그러지다 ⇨망가지다.
망극하다(罔極一) [망그카다] 임금이나 어버이의 은혜가 헤아릴 수 없을 만큼 크다. 예성은이 망극하옵니다.
망나니 1 말과 행동을 함부로 하고 성질이 아주 못된 사람. 2 예전에, 죄인의 목을 베던 사람.
망년회(忘年會) [망년회 / 망년훼] 연말에 그해의 온갖 괴로움을 잊자는 뜻으로 베푸는 모임. 비송년회.
망둥이 [망:둥이] 망둑엇과의 바닷물고기를 통틀어 이르는 말. 몸은 작고 좌우의 배지느러미가 합쳐져서 빨판처럼 되어 있는 것이 특징임. 바닷가의 모래땅에 삶.
망라하다(網羅一) [망나하다] 널리 구하여 모두 받아들이다. 예교과서를 망라한 시험 문제.
망령(妄靈) [망:녕] 늙거나 정신이 흐려져 말이나 행동이 정상을 벗어남. 또는 그런 상태. 예망령이 들다.
망막(網膜) 눈알의 가장 안쪽에 있으며, 시신경이 분포되어 있는 막.
망막하다(茫漠一) [망마카다] 뚜렷한 계획이나 희망이 없어 마음이 답답하다. 예망막한 심정.
망망대해(茫茫大海) 한없이 넓고 큰 바다.
망명(亡命) 정치·사상·종교 따위의 이유로 탄압을 받거나 위험을 피해 자기 나라에서 살지 못하고 다른 나라로 몸을 피함. 예망명 생활 / 해외로 망명하다. 망명하다.
망발(妄發) [망:발] 도리에 어긋나거나 근거 없이 함부로 하는 말. 비망언. 망발하다.
망보다(望一) [망:보다] 남의 동정을 멀리서 살피다.
망사(網紗) 그물같이 거칠고 성기게 짠 헝겊.
망상(妄想) [망:상] 이치에 맞지 않으며 정상이 아닌 생각. 예망상에 사로잡히다. 비망념. 망상하다.
*__망설이다__ [망서리다] 머뭇거리면서 태도를 결정하지 못하다. 예망설이지 말고 빨리 골라라. 비주저하다.
망신(亡身) 말이나 행동을 잘못하여 자신의 지위·명예·체면 따위를 망침. 예망신을 당하다 / 망신을 시키다. 망신하다.
망신스럽다(亡身一) [망신스럽따] 망신을 당하는 느낌이 있다. 활용망신스러워 / 망신스러우니.
*__망아지__ 말의 새끼.
망언(妄言) [망:언] 남을 헐뜯는 간사하고 건방진 말. 비망발. 망언하다.
망연자실하다(茫然自失一) 어이가 없어서 정신이 나간 듯이 멍하다. 예친구의 사고 소식을 듣고 망연자실하였다.
망울 1 우유나 풀 따위의 속에 작고 둥글게 엉기어 굳어진 덩이. 큰멍울. 2 '꽃망울'의 준말.
망울망울 망울이 여기저기 둥글게 엉겨 있는 모양. 망울망울하다.
망원경(望遠鏡) [망:원경] 두 개 이상의 볼록 렌즈를 맞추어서 멀리 있는 물체를 잘 보이도록 만든 장치. 비만리경. 천리경.
망원 렌즈(望遠lens) 멀리 있는 물체를 크고 정확하게 보기 위해 초점 거리를 길게 만든 렌즈.
망정 '-니·-기에' 등의 뒤에 '망정

이지'로 쓰이어, '그러하였으니 다행이지'의 뜻을 나타내는 말. 예마침 네가 도와주었기에 망정이지 다칠 뻔했다.

망측하다 (罔測－) [망츠카다] 도리에 어긋나 어이가 없거나 보기가 민망하다. 예옷차림이 망측하다.

망치 단단한 물건이나 불에 달군 쇠를 두드리는 데 쓰는, 쇠로 만든 연장의 하나. ⊃hammer

망치다 일을 잘못되게 만들다. 예민수가 늦게 와서 공연을 망쳤다. 비그르치다.

망치질 망치로 무엇을 두드리거나 박는 일. 망치질하다.

망태 (網－) '망태기'의 준말.

망태기 (網－) 가는 새끼 따위로 엮어 만든 그릇. 물건을 담아 들고 다니는 데 씀. 예할머니는 망태기를 메고 산을 오르셨다. 준말망태.

망태기

망토 (프 manteau) 소매가 없이 어깨에 걸쳐 내려 입는 외투.

망하다 (亡－) 나라·단체·개인 따위가 제구실을 못해 결판이 나다. 예집안이 망하다. 반흥하다.

망향 (望鄕) [망ː향] 고향을 생각하고 그리워함.

***맞다**¹ [맏따] 1 오는 사람을 기다려 받아들이다. 예손님을 맞다. 2 자연히 돌아오는 계절이나 날을 당하다. 예생일을 맞다. 3 내리는 비나 눈 등을 몸으로 받다. 예비를 맞다. 4 주사·침 따위로 치료를 받다. 예예방 주사를 맞다. 5 가족으로 받아들이다. 예아내를 맞다 / 친구의 딸을 며느리로 맞다. 6 때리는 매나 총알 따위를 그대로 받다. 예회초리로 종아리를 맞다. 7 어떤 일을 당하다. 예야단을 맞다 / 도둑을 맞다. 8 점수를 받다. 예100점을 맞다.

***맞다**² [맏따] 1 틀리지 않고 옳다. 예시계가 맞다. 2 물건과 물건이 틈이 없이 서로 닿다. 예발에 맞는 신. 3 어울리다. 조화하다. 예분에 맞는 생활 / 옷 치수가 나한테 꼭 맞다. 4 서로 통하다. 예마음이 맞는 친구.

맞닿다 [맏따타] 마주 닿다. 예지붕과 지붕이 맞닿다.

맞대결 (－對決) [맏때결] 서로 맞서서 대결함. 예우승 후보들끼리 맞대결을 벌이다. 맞대결하다.

맞대다 [맏때다] 마주 대다. 예이마를 맞대고 의논하다.

맞들다 [맏뜰다] 두 사람이 마주 물건을 들다. 예책상을 맞들고 옮기다. [활용] 맞들어 / 맞드니 / 맞드는.

맞먹다 [만먹따] 둘이 서로 비슷하다. 예두 학생의 실력이 맞먹다.

맞물리다 [만물리다] 마주 물리다. 두 끝이 서로 겹쳐지다. 예맞물려 돌아가는 톱니바퀴.

맞바꾸다 [맏빠꾸다] 값을 따지지 않고 물건과 물건을 서로 바꾸다.

맞바람 [맏빠람] 마주 불어오는 바람. 예맞바람이 치다.

맞받다 [맏빧따] 1 마주 들이받다. 예정면으로 맞받는 교통사고가 났다. 2 남의 말이나 행동 따위에 정면으로 상대하다. 예신경질을 부리는 그에게 맞받아 화를 내다.

맞벌이 [맏뻐리] 부부가 모두 일하여 돈을 버는 일. 예맞벌이 부부. 맞벌이하다.

맞부딪치다 [맏뿌딛치다] 서로 마주 부딪치다. 또는 마주 부딪치게 하다. 예적수끼리 맞부딪치다.

맞붙다 [맏뿓따] 1 마주 닿다. 예하늘과 땅이 맞붙은 지평선. 2 싸움이나 내기 등에서 서로 상대하여 겨루다. 예두 선수가 맞붙어 싸우다.

***맞서다** [맏써다] 1 서로 마주 보고 서다. 2 서로 굽히지 않고 버티다. 예양편의 의견이 맞서다.

맞선 [맏썬] 남녀가 결혼하기 위하여 당사자끼리 직접 만나 보는 일. 예맞선을 보다.

맞아들이다 [마자드리다] 1 찾아온 사람을 맞아 안으로 들어오게 하다. 예손님을 맞아들이다. 2 가족으로 받아들이다. 예친구의 아들을 사위로 맞아들이다.

맞아떨어지다 [마자떠러지다] 어떤 기준에 꼭 맞다. 예예상이 꼭 맞아떨어지다.

맞은편 (－便) [마즌편] 1 마주 바라보이는 쪽. 예우리 집은 학교 바로 맞은편에 있다. 2 마주 상대되는 편.

-맞이 오는 사람이나 일·날·때를 맞는 일 따위를 뜻함. 예 달맞이 / 생일맞이 / 설맞이 / 손님맞이.

*맞이하다 [마지하다] 1 오는 사람이나 일·날·때를 기다려 맞다. 예 새해를 맞이하다. 2 예를 갖추어 가족으로 받아들이다. 예 신부로 맞이하다.

맞잡다 [맏짭따] 손이나 물건을 마주 잡다. 예 손을 맞잡고 기뻐하다.

맞장구 [맏짱구] 남의 말에 덩달아 그렇다고 의견을 같이하는 일.

맞장구치다 [맏짱구치다] 남의 말에 그렇다고 덩달아 같은 말을 하다.

맞절 [맏쩔] 서로 예를 지켜 마주 하는 절. 예 신랑 신부가 맞절하다. **맞절하다.**

*맞추다 [맏추다] 1 틀리거나 어긋나지 않도록 조정하다. 예 시계를 맞추다. 2 제자리에 맞게 짜다. 3 조립식 장난감을 맞추다. 3 어떤 기준이나 정도에 알맞게 하다. 예 음식의 간을 맞추다. 4 서로 마주 대다. 예 입을 맞추다. 5 상대의 마음에 들게 행동하다. 예 비위를 맞추다. 6 규격에 맞게 물건 만드는 일을 미리 부탁하다. 예 옷을 맞추다. 비 주문하다. 참고 전에는 6의 뜻으로 '마추다'를 썼으나, 지금은 모두 '맞추다'로 씀.

맞춤법 (一法) [맏춤뻡] 1 글자를 일정한 규칙에 맞도록 쓰는 법. 예 맞춤법에 맞게 쓰다. 비 철자법. 2 '한글 맞춤법'의 준말.

맞춤옷 [맏추몯] 몸의 치수에 맞게 특별히 재단하여 만든 옷.

맞히다¹ [마치다] 물음에 옳은 답을 하다. 예 정답을 맞히다. →마치다 주의

*맞히다² [마치다] 1 목표에 맞게 하다. 예 총을 쏘아 과녁을 맞히다. 2 비·눈이나 매·주사 따위를 맞게 하다. 예 아이에게 주사를 맞히다. →마치다 주의

*맡기다 [맏끼다] 1 어떤 일이나 물건을 책임지게 하거나 보관하게 하다. 예 수리를 맡기다 / 임무를 맡기다. 2 의지하거나 내버려 두다. 예 상상에 맡기다. 3 직책이나 역할을 담당하게 하다. 예 담임을 맡기다 / 악역을 맡기다.

*맡다¹ [맏따] 1 일이나 책임을 담당하다. 예 담임을 맡다. 2 어떤 물건을 받아 보관하다. 예 가방을 맡아 두다. 3 차지하다. 예 자리를 맡아 두어라. 4 면허·허가·증명 따위를 얻다. 예 숙제 검사를 맡다.

*맡다² [맏따] 냄새를 코로 들이마셔 느끼다. 예 냄새를 맡다.

맡아보다 [마타보다] 어떤 일을 책임지고 맡아서 하다. 예 건물 관리를 맡아보다.

매¹ 사람이나 짐승을 때리는 회초리·몽둥이 따위를 통틀어 일컫는 말. 또는 그것으로 때리는 일. 예 매를 들다 / 매를 맞다.

매² [매:] 맷과의 새. 수리보다 몸이 작고 부리와 발톱은 갈고리 모양임. 날개와 꽁지는 비교적 폭이 좁으며 빨리 낢. 작은 새나 병아리 따위를 잡아먹음. 우리나라 천연기념물. 비 송골매.

매²

매³ (枚) 종이 따위를 세는 말. 예 원고지 10매.

매⁴ (每) [매:] '마다'·'각각'의 뜻을 나타내는 말. 예 매 주일마다 부모님과 등산을 간다.

매각 (賣却) [매:각] 물건을 팔아 버림. 예 주식을 매각하다. **매각하다.**

매개 (媒介) 중간에서 양편의 관계를 맺어 줌. 예 쥐는 페스트균을 매개한다. **매개하다.**

매국노 (賣國奴) [매:궁노] 자신의 이익을 위하여 자기 나라의 주권이나 이권을 남의 나라에 팔아먹는 행위를 하는 사람.

매기다 값이나 등급·차례 등을 정하다. 예 번호를 매기다 / 점수를 매기다.

매끄럽다 [매끄럽따] 1 거칠지 아니하고 반들반들하다. 예 바닥이 매끄럽다. 큰 미끄럽다. 2 글이나 말에 조리가 있고 어색한 데가 없다. 예 매끄러운 문장. 활용 매끄러워 / 매끄러우니.

매끈매끈 흠이나 거친 데가 없이 부드럽고 반들반들한 모양. 예 마룻바닥이 매끈매끈하다. 큰 미끈미끈. **매끈매끈하다.**

매끈하다 흠이나 거친 데가 없이 부드럽고 반들하다. 예 매끈한 얼음판. 큰 미끈하다.

매끌매끌 매우 매끄러운 모양. 예 매끌매끌한 피부. 큰 미끌미끌. **매끌매끌하다.**

매끼 (每一) [매:끼] 차례대로 돌아오는 각각의 끼니. 또는 각각의 끼니마다. 예 매끼를 거르지 않다 / 매끼 고기를 먹다.

매너 (manner) 1 태도. 버릇. 예 선수들의 경기 매너가 좋다. 2 예절. 예 테이블 매너.

매년 (每年) [매:년] 한 해 한 해. 해마다. 매해. 예 매년 돌아오는 생일.

매니저 (manager) 1 호텔·회사 따위의 경영자나 책임자. 지배인. 관리인. 예 호텔의 매니저. 2 연예인이나 운동 선수 등의 일을 돌봐 주는 사람.

매니큐어 (manicure) 손톱이나 발톱을 화장하는 일. 또는 그런 화장품.

***매다**¹ [매:다] 1 끈이나 줄 따위가 풀리지 않게 잡아 묶다. 예 넥타이를 매다 / 옷고름을 매다. 2 끈 따위로 꿰매거나 동여 무엇을 만들다. 예 책을 매다 / 붓을 매다. 3 달아나거나 떨어지지 않게 붙잡아 묶다. 예 소를 말뚝에 매다 / 안전띠를 매다. ⊃tie

매다² [매:다] 논이나 밭의 잡풀을 뽑다. 예 논의 김을 매다.

> 주의 **매다**와 **메다**
> **매다** 1 움직이지 않게 묶어 둔다는 뜻을 가진 말. 예 안전띠를 매다 / 책을 매다 / 빨랫줄을 매다. 2 논밭에 난 잡풀을 매다. 예 김을 매다.
> **메다** 1 구멍이 막히다. 예 하수도가 메다. 2 감정이 북받쳐 목소리가 잘 나지 않다. 예 기쁨에 겨워 목이 메었다. 3 물건을 어깨에 지다. 예 가방을 메다.

***매달** (每一) [매:달] 달마다. 다달이. 예 매달 시험을 치르다. 비 매월.

매달다 [매:달다] 줄이나 끈, 실 따위로 잡아매어서 달려 있게 하다. 예 천장에 풍선을 매달다. 활용 매달아 / 매다니 / 매다는.

***매달리다** [매:달리다] 1 붙들고 늘어지다. 예 철봉에 매달리다. 2 줄기나 주장이 되는 것에 붙다. 예 주렁주렁 매달린 포도송이. 3 어떤 일에 몸과 마음이 쏠려 있다. 예 시험공부에만 매달리다. 4 어떤 것에 의지하거나 의존하다. 예 부모에게 매달리다.

매듭 1 실·끈 따위를 잡아맨 자리. 또는 실·끈 따위로 만드는 공예. 예 매듭이 풀리다. 2 일의 마무리.

매듭짓다 [매듭짇따] 1 노·실·끈 따위를 잡아매어 매듭을 만들다. 2 어떤 일을 순서에 따라 마무리하다. 예 하던 일을 완전히 매듭짓고 떠나왔다. 활용 매듭지어 / 매듭지으니 / 매듭짓는.

매력 (魅力) 사람의 마음을 사로잡아 끄는 힘. 예 매력 있는 사람.

매력적 (魅力的) [매력쩍] 매력이 있는 (것). 예 매력적인 모습.

매립 (埋立) 우묵한 땅이나 하천·바다 따위를 돌이나 흙으로 메움. 예 바다를 매립해서 간척지로 만들다. **매립하다.**

매립장 (埋立場) [매립짱] 돌·흙·쓰레기 따위로 메워 올리는 우묵한 땅. 예 쓰레기 매립장.

매립지 (埋立地) [매립찌] 쓰레기나 폐기물 등을 모아서 묻는 땅. 예 쓰레기 매립지를 조성하다.

매만지다 잘 가다듬어 손질하다. 예 머리를 매만지다.

매매 (賣買) 물건을 팔고 삼. 예 매매계약서. **매매하다.**

매몰 (埋沒) 파묻거나 파묻힘. 예 광산에서 매몰 사고가 나다 / 홍수로 논이 매몰되다. **매몰하다.**

매몰차다 인정이나 붙임성이 없이 차갑고 쌀쌀하다. 예 매몰찬 성격 / 매몰차게 말하다.

매무새 옷을 입은 맵시. 예 매무새가 곱다. 비 옷매무새.

***매미** [매:미] 매밋과의 곤충. 몸길이는 3.5cm가량, 몸빛은 어두운 녹색이고 날개는 투명함. 가늘고 긴 입으로 나뭇진을 빨아 먹으며, 수컷은 배에 발성기가 있어 맴맴 하고 욺.

매미채 [매:미채] 매미 따위의 곤충을 잡는 데 쓰는 채. 긴 막대 끝에 그물주머니가 달림.

매번 (每番) [매:번] 번번이. 여러 번 다. 매 때마다. ⑩그는 매번 같은 말만 되풀이한다.

매병 (梅甁) 입이 작고 어깨 부분은 크며 밑이 홀쭉하게 생긴 도자기 병.

매복 (埋伏) 상대편의 움직임이나 상태를 살피거나 불시에 공격하려고 적당한 곳에 숨어 있음. ⑩숲속에 매복하다. **매복하다**.

매병

매부 (妹夫) 누이의 남편. *처남.

매부리코 [매:부리코] 매의 부리처럼 코끝이 뾰족하게 내리 숙은 코. 또는 그런 코를 가진 사람.

매사 (每事) [매:사] 일마다. 모든 일. ⑩매사에 조심해라.

매사냥 [매:사냥] 길들인 매로 꿩이나 새를 잡는 일. **매사냥하다**.

매상 (賣上) [매:상] 일정한 기간 동안 물건을 판 수량이나 물건을 팔고 받은 돈의 합계. ⑩매상이 줄다. 본매상고.

매섭다 [매섭따] 1 남이 겁을 낼 만큼 성질이 매몰차고 사납다. ⑩매서운 눈초리 / 매섭게 쏘아보다. 비독하다. 2 정도가 매우 심하다. ⑩매섭게 추운 날씨 / 매서운 강바람. 큰무섭다. 활용매서워 / 매서우니.

매수 (買收) [매:수] 1 물건을 사들임. 2 돈이나 권력 따위로 남을 꾀어 자기편으로 만듦. ⑩뇌물로 매수하다. **매수하다**.

매스 게임 (mass game) 많은 사람이 일제히 똑같은 체조나 댄스 등을 하는 일.

매스 미디어 (mass media) 많은 사람에게 어떤 사실·정보·사상 등을 전달하는 매체. 곧, 방송·신문·잡지·영화 따위. 대중 매체.

매스 커뮤니케이션 (mass communication) 신문·잡지·방송 따위의 매스 미디어로 많은 사람들에게 정보를 전달하는 일. 준매스컴.

매스컴 '매스 커뮤니케이션'의 준말. ⑩매스컴을 타다.

매시간 (每時間) [매:시간] 한 시간. 한 시간마다. ⑩매시간 온도를 측정하다. 준매시.

매실나무 (梅實一) [매:실라무] 장미과의 낙엽 활엽 교목. 높이 5m 정도, 이른 봄에 흰색 또는 연분홍색 꽃이 잎보다 먼저 핌. 정원수로 심고 과실은 먹거나 약으로 씀. 비매화나무.

매양 언제든지. 번번이. 늘. ⑩매양 그 모양이다.

매연 (煤煙) 그을음이 섞인 연기. ⑩매연을 내뿜는 차량.

***매우** 보통 정도보다 훨씬 더. ⑩날씨가 매우 덥다 / 매우 중요하다. 비대단히. 무척. ⇨very

매운맛 [매운맏] 고추 따위와 같이 알알한 맛. ⑩매운맛이 나다.

참고 여러 가지 매운맛
(1) 단순한 매운맛
　매콤하다·매움하다·매콤하다·매큼하다·맵싸하다·맵디맵다
(2) 매운맛과 짠맛
　맵짜다

매운탕 (一湯) 생선을 주로 하고 고기·채소·두부 따위와 갖은 양념에 고추장을 풀어 얼큰하게 끓인 찌개. ⑩대구 매운탕.

매월 (每月) [매:월] 다달이. 달마다. ⑩매월 내는 회비 / 매월 초에 용돈을 받다. 비매달.

매이다 1 따로 떨어지지 않도록 매어지다. ⑩줄에 매여 있는 강아지. 2 구속이나 압력을 받게 되다. ⑩남의 집에 매인 몸.

***매일** (每日) [매:일] 날마다. ⑩매일 아침 운동을 하다. ⇨everyday

매일같이 (每日一) [매:일가치] 날마다. ⑩매일같이 산에 오르다.

매일반 (一一般) 결국 같은 형편. 마찬가지. 매한가지. ⑩힘들기는 너나나 매일반이다.

매입 (買入) [매:입] 물건 따위를 사들임. ⑩토지 매입 가격. 비구입. 반매출. **매입하다**.

매장¹ (埋藏) 1 묻어서 감춤. 2 지하자원 따위가 땅속에 묻히어 있음. ⑩매장된 석탄. **매장하다**.

매장²(埋葬) 1 죽은 사람이나 유골을 땅에 묻음. 예시체를 매장하다. 2 못된 짓을 한 사람을 사회에서 버림받게 함. 예사회에서 매장되다. **매장하다**.

매장³(賣場) [매ː장] 물건을 파는 곳. 예식료품 매장.

매장량(埋藏量) [매ː장냥] 지하자원 따위가 땅속에 묻힌 분량.

매점(賣店) [매ː점] 어떤 기관이나 단체 안에서 물건을 파는 작은 가게.

매정스럽다 [매정스럽따] 얄미울 정도로 인정머리가 없는 듯하다. 예매정스럽게 거절하다. 활용| 매정스러워/매정스러우니.

매정하다 얄미울 정도로 인정머리가 없다. 예매정한 사람/그는 내 부탁을 매정하게 거절했다. 큰|무정하다.

매주(每週) [매ː주] 주일마다. 예매주 토요일은 쉰다.

매직잉크(magic+ink) 어디에나 쓸 수 있고 빨리 마르는 잉크.

매직펜(magic+pen) 매직잉크를 넣어 쓰는 펜.

매진(賣盡) [매ː진] 남김없이 모두 팔림. 예차표가 매진되다.

매진하다(邁進一) [매ː진하다] 어떤 목표를 향해 힘써 나아가다. 예학업에 매진하다.

매질 매로 때리는 짓. **매질하다**.

매체(媒體) 어떤 작용을 한 곳에서 다른 곳으로 전달하는 물체. 예소리는 공기를 매체로 전달된다/언론 매체를 통해서 알리다.

매출(賣出) [매ː출] 물건을 내어 팖. 예매출이 늘다. 반|매입. **매출하다**.

매캐하다 연기나 곰팡이 따위의 냄새 때문에 목이나 코 따위가 칼칼하고 싸하다. 예담배 연기에 목구멍이 매캐하다.

매콤하다 조금 매운맛이 있다. 예매콤한 고추가 입맛을 돋운다.

매트(mat) 1 운동을 할 때 위험을 막기 위해 바닥에 까는, 두껍고 푹신한 깔개. 2 현관이나 방의 입구 따위에 두는 깔개. 3 '매트리스'의 준말.

매트리스(mattress) 스프링이나 스펀지를 넣어 만든 침대 위에 까는 두툼한 요.

매표구(賣票口) [매ː표구] 차표나 입장권 따위의 표를 파는 창구.

매표소(賣票所) [매ː표소] 차표나 입장권 따위의 표를 파는 곳. 예매표소 앞에 사람들이 길게 늘어섰다.

매한가지 마찬가지. 매일반. 예두 사람 다 컴퓨터를 다룰 줄 모르는 것은 매한가지이다.

매형(妹兄) 손위 누이의 남편. 비|자형. 반|매제. *처남.

매혹(魅惑) 남을 꾀어 마음을 사로잡음. **매혹하다**.

매혹적(魅惑的) [매혹쩍] 남을 매혹할 만한 데가 있는 (것). 예매혹적인 얼굴.

매화(梅花) 매화꽃. 또는 매화나무.

매화꽃(梅花一) [매화꼳] 매실나무의 꽃. 이른 봄에 희거나 불그레한 꽃이 잎보다 먼저 핌.

매화나무(梅花一) ⇨매실나무.

매회(每回) [매ː회/매ː훼] 회마다. 예매회 만원이다.

맥(脈) 1 기운이나 힘. 예맥이 빠지다. 2 '맥박'의 준말. 예맥을 짚다. 3 풍수지리에서, 땅에 어떤 기운이 흐르는 줄기. 예맥을 끊다.

맥(을) 못 추다 어떤 사람·사물에 대하여 힘을 못 쓰거나 이성을 찾지 못하다. 예돈이라면 맥을 못 춘다.

맥(이) 빠지다 기운이나 힘이 없어지다. 예비로 경기가 중지되어 맥이 빠져 버렸다.

맥락(脈絡) [맹낙] 사물 따위가 서로 이어져 있는 관계나 연관. 예같은 맥락에서 나온 말이다.

맥박(脈搏) [맥빡] 심장의 운동에 따라 일어나는 동맥의 주기적인 움직임. 예맥박을 재다/환자의 맥박이 불규칙하다. 준|맥.

맥없이(脈一) [매겁씨] 기운이 없이. 예맥없이 걷다.

맥주(麥酒) [맥쭈] 엿기름가루를 물과 함께 끓인 다음, 홉을 넣어 향기와 쓴맛이 있게 한 뒤에 효모를 넣어 발효시킨 술.

맨¹ '아무것도 섞이지 않고 그것뿐'이란 뜻을 나타내는 말. 예서재에는 맨 책이다.

맨² [맨:] '더 할 수 없이 가장'의 뜻을 나타내는 말. 예맨 꼭대기 / 맨 먼저.

맨날 [맨:날] ⇨만날.

맨눈 안경이나 현미경 따위를 이용하지 않고 직접 보는 눈. 回육안.

맨드라미 비름과에 속하는 한해살이풀. 줄기는 곧고 붉은색이며, 높이는 90cm 정도임. 7-8월에 닭의 볏 모양을 한, 빨강·노랑·흰색 따위의 꽃이 핌. 관상용으로 재배함.

맨땅 아무것도 깔지 않은 땅바닥. 예맨땅에 앉다.

맨몸 1 옷을 입지 않은 발가벗은 몸. 예맨몸으로 헤엄치는 아이들. 2 아무것도 지니지 않은 몸. 예맨몸으로 사업을 시작하다.

맨바닥 아무것도 깔지 않은 바닥. 예맨바닥에 드러눕다.

맨발 아무것도 신지 않은 발.

맨밥 반찬이 없이 먹는 밥. 예물에 말아 맨밥을 먹다.

맨살 아무것도 입거나 걸치지 아니하여 드러난 살. 예큰 수건으로 맨살을 가리다.

맨션 (mansion) 대형 고급 아파트.

맨손 1 아무것도 갖지 않은 손. 예맨손으로 친척 집을 방문하다. 回빈손. 2 아무것도 끼거나 감지 아니한 손. 예냄비 손잡이가 뜨거우니 맨손으로 잡지 마라.

맨손 체조 (一體操) 기계나 기구를 사용하지 않고 온몸을 고루 움직이며 하는 운동. 町기계 체조.

맨송맨송하다 1 몸에 털이 있을 곳에 털이 없다. 2 산에 나무나 풀이 없다. 3 술을 마시고도 취하지 않아 정신이 말짱하다. 4 해야 할 일이 없어서 심심하고 멋쩍다. 콘맨숭맨숭하다.

맨입 [맨닙] 1 아무것도 먹지 않은 입. 2 아무 대가도 없는 상태. 예맨입으로 별의별 부탁을 한다 / 맨입으로는 도와줄 수 없다.

맨주먹 1 어떤 무기나 도구도 가지지 않은 상태. 예맨주먹으로 맞서 싸우다. 2 아무것도 갖추지 못한 상태. 예맨주먹으로 시작한 사업을 크게 키우다.

맨홀 (manhole) 땅속에 묻은 수도관·하수관 따위를 검사하거나 청소할 때 드나들도록 만든 구멍.

맴¹ [맴:] 제자리에서 뱅뱅 도는 장난. 본 매암.

맴² 매미가 울음을 그칠 때에 내는 소리.

맴돌다 [맴:돌다] 1 제자리에서 뱅뱅 돌다. 2 원을 그리며 빙빙 돌다. 예솔개가 하늘을 맴돌다. 3 어느 수준이나 범위에 계속 머무르다. 예어색한 분위기가 맴돌다 / 성적이 꼴찌에 맴돌다. [활용] 맴돌아 / 맴도니 / 맴도는.

***맴맴¹** [맴:맴] 아이들이 맴을 돌 때에 부르는 소리. 또는 그 모양. 예고추 먹고 맴맴 담배 먹고 맴맴.

맴맴² 매미가 우는 소리.

***맵다** [맵따] 1 고추 맛과 같이 혀가 알알하다. 예깍두기가 맵다. 2 성질이 사납고 독하다. 예눈초리가 맵다. 3 몹시 춥다. 예날씨가 몹시 맵다. 4 연기 따위가 눈·코를 아리게 하다. 예매운 연기. [활용] 매워 / 매우니.

맵시 [맵씨] 곱게 매만진 모양. 예옷을 맵시 있게 입다.

맷돌 [매똘 / 맫똘] 곡식을 가는 데 쓰는 돌로 만든 기구. 둥글넓적한 돌 두 개를 포개고 위에 있는 아가리에 갈 곡식을 넣으면서 손잡이를 돌려서 갊.

맷돌

맷집 [매찝 / 맫찝] 매를 견디어 내는 힘. 예맷집이 좋다.

맹견 (猛犬) [맹:견] 몹시 사나운 개. 예맹견 주의.

맹공격 (猛攻擊) [맹:공격] 맹렬하게 나아가 공격함. 예맹공격을 가하다. 준맹공. **맹공격하다**.

맹꽁이 [맹:꽁이] 1 맹꽁잇과의 양서류. 길이 4cm가량으로 몸집이 뚱뚱하며 물갈퀴가 없음. 낮에는 땅속에 있

맹꽁이1

다가 밤에 나와 곤충을 잡아먹음. 날이 흐리거나 비가 올 때 특히 맹꽁맹꽁하고 요란스레 욺. 2 아무지지 못하고 하는 짓이 답답한 사람을 놀림조로 이르는 말.

맹독 (猛毒) [맹:독] 독성이 심한 독. 예 독사의 맹독.

맹랑하다 (孟浪—) [맹:낭하다] 1 생각과 달리 매우 허망하다. 예 맹랑한 소문이 돌다. 2 매우 똘똘하거나 까다로워 만만히 볼 수 없다. 예 맹랑한 녀석이로군. 3 처리하기가 매우 어렵고 묘하다. 예 일이 점점 맹랑하게 되어 간다.

맹렬하다 (猛烈—) [맹:녈하다] 기운이나 기세가 사납고 세차다. 예 적의 맹렬한 공격을 막아 내다.

맹렬히 (猛烈—) [맹:녈히] 맹렬하게. 예 맹렬히 싸우다.

맹목적 (盲目的) [맹목쩍] 아무 분별 없이 무턱대고 하는 (것). 예 맹목적인 사랑.

맹물 1 아무것도 타지 않은 물. 예 맹물을 들이켜다. 2 하는 짓이 싱겁고 야무지지 못한 사람.

맹세 굳게 약속하거나 다짐함. 예 맹세를 저버리다. 비 맹약. 서약. × 맹서. 맹세하다.

맹세코 다짐한 대로 꼭. 예 하늘에 맹세코 거짓말은 않는다.

*****맹수** (猛獸) [맹:수] 사나운 짐승. 사자나 호랑이 따위. 예 맹수를 길들이다. 비 야수.

맹숭맹숭하다 ⇨ 맹송맹송하다.

맹신 (盲信) 옳고 그름을 가리지 않고 덮어놓고 믿음. 예 남의 말을 맹신하다. 맹신하다.

맹아¹ (盲啞) 눈이 안 보이거나 말을 하지 못하는 사람.

맹아² (萌芽) 1 새로 튼 식물의 싹. 2 새로운 일의 시초. 또는 그러한 조짐이 나타나는 것.

맹위 (猛威) [맹:위] 사나운 기세. 예 추위가 맹위를 떨치다.

맹인 (盲人) 눈이 먼 사람. 비 봉사. 소경. 시각 장애인. 장님.

맹자¹ (孟子) [맹:자] 『인명』 중국 전국 시대의 철학자. 공자의 사상을 발전시켜 사람은 태어날 때부터 착하다는 '성선설'을 주장함. [기원전 372-기원전 289]

맹자² (孟子) [맹:자] 『책』 맹자의 제자들이 맹자의 말과 행동을 기록한 책. 사서, 곧 논어·맹자·중용·대학 가운데의 하나임.

맹장¹ (盲腸) 작은창자와 큰창자 사이에 있는 주머니 모양의 부분. 비 막창자.

맹장² (猛將) [맹:장] 용감하고 사나운 장수. 예 맹장 아래 약졸 없다.

맹장염 (盲腸炎) [맹장념] 맹장의 아래 끝에 붙어 있는 가느다란 관 모양의 작은 돌기에 생기는 염증. 오른쪽 아랫배가 아프고, 열이 나며 구토 따위의 증상이 나타남.

맹점 (盲點) [맹쩜] 주의가 미치지 못하여 모르고 지나치기 쉬운 잘못된 점. 예 맹점이 드러나다.

맹종 (盲從) 옳고 그름을 가리지 아니하고 남이 시키는 대로 덮어놓고 따름. 맹종하다.

맹추 똑똑하지 못하고 흐리멍덩한 사람을 낮잡아 이르는 말. 즨 멍추.

맹탕 (—湯) 1 맹물처럼 아주 싱거운 국물. 2 싱겁고 실속이 없는 일. 또는 그런 사람.

맹호 (猛虎) [맹:호] 몹시 사나운 범. 예 맹호와 같은 기세로 덤벼들다.

맹활약 (猛活躍) [맹:화략] 눈부실 정도로 뛰어난 활약. 예 맹활약을 펼치다. 맹활약하다.

맹훈련 (猛訓鍊) [맹:훌련] 맹렬한 훈련. 예 결승전을 앞두고 맹훈련 중이다. 맹훈련하다.

*****맺다** [맫따] 1 끈이나 실 따위의 두 끝을 이어 연결하다. 예 끄나풀을 맺다. 2 끝을 내다. 예 하던 일의 끝을 맺다. 3 관계나 인연 따위를 짓거나 이루다. 예 의형제를 맺다 / 협정을 맺다. 4 꽃망울이나 열매를 이루다. 예 열매를 맺다.

맺음말 [매즘말] ⇨ 결론.

*****맺히다** [매치다] 1 꽃망울이나 열매 따위가 생기다. 예 열매가 맺히다. 2 마음속에 잊혀지지 않고 응어리지다. 예 가슴에 한이 맺히다. 3 눈물·이슬 따위가 방울이 지다. 예 두 눈에 눈물이 맺히다. 4 살 속에 피가 뭉치다. 예 넘어져서 다리에 피가 맺혔다.

머금다 [머금따] 1 삼키지 않고 입안에 넣고만 있다. 예 물 한 모금을 머금

머나멀다 다. 2 생각을 품다. ⓔ원한을 머금다. 3 눈에 눈물이 괴다. ⓔ눈물을 머금고 떠나다. 4 얼굴에 어떤 표정을 나타내다. ⓔ미소를 머금다. 5 나무나 꽃이 물기를 지니다. ⓔ아침 이슬을 머금은 숲.

머나멀다 [머:나멀다] 멀고도 멀다. 아주 멀다. ⓔ머나먼 길. [참고] 주로 '머나먼'의 꼴로 쓰임.

머루 포도과의 낙엽 덩굴나무. 산에 저절로 나며, 열매는 검고 맛이 포도보다 심.

***머리** 1 동물의 목 위의 부분. ⓔ머리가 아프다 / 머리에 모자를 쓰다. 2 물건의 앞부분. ⓔ배의 머리 부분. 3 생각하고 판단하는 능력. ⓔ내 동생은 머리가 좋다. 4 '머리털'의 준말. ⓔ머리를 깎다. ⊃ head

머리가 깨다 뒤떨어진 생각에서 벗어나다.

머리가 돌다 ㉠생각이 잘 떠오르다. ㉡정신이 이상하게 되다.

머리(를) 들다 ㉠눌려 있었거나 숨겨 온 생각, 의심 따위가 겉으로 드러나게 되다. ㉡차차로 세력을 얻어 세상에 알려지게 되다.

머리(를) 숙이다 ㉠머리를 굽히다. ⓔ머리를 숙여 인사하다. ㉡옳다고 인정하여 존경의 뜻을 나타내다. ㉢사과하다.

머리를 싸매다 단단히 각오하고 덤비다. ⓔ머리를 싸매고 공부하다.

머리를 쥐어짜다 몹시 애를 써서 궁리하다.

머리(를) 흔들다 ㉠거절하거나 부인하는 뜻으로 머리를 좌우로 젓다. ㉡싫어서 진저리를 치다.

머리꼭지 [머리꼭찌] 머리의 맨 위 가운데 부분. [비] 정수리.

머리띠 머리에 매는 띠.

머리말 책의 첫머리에 그 책에 대하여 간단히 적은 글. ⓔ머리말을 쓰다. [비] 권두사. 권두언. 서문.

머리맡 [머리맏] 누울 때 머리를 두는 곳. ⓔ환자 머리맡에서 밤새 시중을 들다.

머리뼈 사람이나 동물의 머리를 이루고 있는 뼈. 두개골.

머리숱 [머리숟] 머리털의 수량. ⓔ머리숱이 많다.

머리채 길게 늘어뜨린 머리털. ⓔ머리채를 잡아 끌다.

***머리카락** 머리털의 낱개. ⓔ머리카락을 쓸어 올리다 / 머리카락이 바람에 날리다. [준] 머리칼. ⊃ hair

머리털 머리에 난 털. [준] 머리.

머리핀 (—pin) 머리를 꾸미거나 머리카락을 고정하는 데 쓰는 핀.

머릿결 [머리껼 / 머릳껼] 머리카락의 질이나 상태. ⓔ머릿결이 곱다.

머릿살 [머리쌀 / 머릳쌀] 1 머릿속에 있는 신경의 줄. 2 '머리'·'머릿속'을 낮잡아 이르는 말.

머릿살(이) 아프다 ㉠골치가 아프다. ㉡마음이 어수선하다.

머릿속 [머리쏙 / 머릳쏙] 생각 속.

머릿수건 (—手巾) [머리쑤건 / 머릳쑤건] 1 머리에 쓰는 수건. 2 음식을 만들 때 머리카락이 떨어지는 것을 막기 위하여 머리에 쓰는 수건.

***머무르다** 1 움직이거나 나아가던 것이 도중에 멎다. ⓔ기차가 역에 잠시 머물러 있다. 2 뒤에 처져 남다. ⓔ나만 머무르기로 하고 모두 떠났다. 3 일시적으로 어떤 곳에 묵다. ⓔ여관에 머무르다. [준] 머물다. [활용] 머물러 / 머무르니. ⊃ stay

머무적거리다 [머무적꺼리다] 말이나 행동을 딱 잘라서 하지 못하고 망설이다. ⓔ머무적거리지 말고 빨리 해라. [준] 머뭇거리다.

머물다 '머무르다'의 준말. ⓔ시골에 머물다. [활용] 머무니 / 머무는.

머뭇거리다 [머묻꺼리다] '머무적거리다'의 준말. ⓔ한참 머뭇거리다 말을 걸다.

머뭇머뭇하다 [머묻머무타다] 말이나 행동 따위를 딱 잘라서 하지 못하고 자꾸 주저하다. ⓔ머뭇머뭇하며 말을 잇지 못하다.

머슴 농가에 머물며 돈을 받고 농사일과 잡일을 해 주던 남자. ⓔ머슴을 부리다.

머쓱하다 [머쓰카다] 무안을 당하거나 흥이 꺾여 어색하고 부끄럽다. ⓔ민수는 야단을 맞고 머쓱해서 머리를 굵적였다.

머지않다 [머지안타] 주로 '머지않아'의 꼴로 쓰여, 시간적으로 멀지 않다. 예 머지않아 좋은 소식이 올 것이다.

머큐로크롬 (Mercurochrome) 살균·소독제의 하나. 빨간 수용액 따위로 만들어 상처에 바름.

머플러 (muffler) ⇨ 목도리.

***먹** 1 벼루에 물을 붓고 갈아 글씨를 쓰거나 그림을 그리는 데 쓰는 검은 물감. 예 먹을 갈다. 2 '먹물'의 준말. 예 먹이 옷에 묻다.

먹거리 [먹꺼리] ⇨ 먹을거리.

먹구름 [먹꾸름] 비나 눈이 내릴 듯한 몹시 검은 구름. 예 먹구름이 하늘을 덮다.

먹다[1] [먹따] 1 소리를 듣지 못하다. 예 귀가 먹다. 2 물이나 습기 따위를 빨아들이다. 예 기름 먹은 종이. 3 벌레, 균 따위가 파 들어가거나 퍼지다. 예 벌레가 먹은 과일. 4 풀이나 화장 따위가 잘 발라지다. 예 오늘따라 화장이 잘 먹는다.

***먹다**[2] [먹따] 1 음식 따위를 입을 거쳐 배 속으로 들여보내다. 예 밥을 먹다. ⊃ eat 2 꾸지람이나 욕을 듣다. 예 호되게 욕을 먹다. 3 뜻을 굳히다. 예 마음을 굳게 먹다. 4 나이가 들다. 예 나이를 먹은 사람. 5 상대편에게 점수를 주다. 예 한 골 먹다. 6 두려움을 느끼다. 예 겁을 먹다.

먹먹하다 [멍머카다] 귀가 갑자기 막힌 듯이 소리가 잘 들리지 않다. 예 폭죽 소리에 귀가 먹먹하다.

먹물 [멍물] 1 벼루에 먹을 갈아 까맣게 만든 물. 준 먹. 2 먹빛같이 검은 물. 예 오징어의 먹물.

먹보 [먹뽀] 미련하게 음식을 많이 먹거나 음식에 대한 욕심이 많은 사람을 놀리는 말. 비 식충이.

먹색 (一色) [먹쌕] 먹의 빛깔과 같은 검은색. 먹빛.

먹성 (一性) [먹썽] 음식을 먹는 성미나 그 분량. 예 먹성이 좋다.

먹을거리 [머글꺼리] 사람이 먹을 수 있는 모든 것. 식료품.

먹음직스럽다 [머금직쓰럽따] 보기에 먹음직하다. 활용 먹음직스러워 / 먹음직스러우니.

먹음직하다 [머금지카다] 음식이 보기에 맛이 있을 듯하다.

***먹이** [머기] 1 동물의 먹을거리. 2 가축에게 먹이는 풀이나 곡식. 예 토끼에게 먹이를 주다.

먹이 그물 생태계에서 여러 생물의 먹이 사슬이 그물처럼 복잡하게 얽혀 있는 먹이 관계.

***먹이다** [머기다] 1 음식 따위를 먹거나 마시게 하다. 예 아기에게 젖을 먹이다. 2 가축 등을 기르다. 예 돼지를 먹이다. 3 돈 따위를 주다. 예 뇌물을 먹이다. 4 물·기름·풀 따위를 배어들거나 고루 퍼지게 하다. 예 장판지에 기름을 먹이다.

먹이 사슬 초식 동물을 육식 동물이, 그 육식 동물을 다른 육식 동물이 잡아먹음으로써 이루어지는 관계. 사슬의 출발점에서 멀어질수록 큰 동물이 됨. 비 먹이 연쇄. 식물 연쇄.

먹이 연쇄 (一連鎖) ⇨ 먹이 사슬.

먹잇감 [머기깜 / 머긷깜] 짐승이나 물고기 따위의 먹이가 되는 것. 예 먹잇감을 찾아 나서다.

먹장구름 [먹짱구름] 먹빛같이 시꺼먼 구름.

먹지 (一紙) [먹찌] 아래위로 종이를 대고 눌러서 꼭 같이 써지도록 만든 검은 칠을 묻힌 종이.

먹칠 (一漆) 1 먹을 칠함. 2 명예나 체면 따위를 더럽힘. 예 부모 얼굴에 먹칠을 하다. **먹칠하다**.

먹히다 [머키다] 1 먹음을 당하다. 예 개구리가 뱀에게 먹혔다. 2 먹게 되다. 먹어지다. 예 밥이 잘 먹힌다.

먼동 (一東) [먼:동] 날이 밝아 올 무렵의 동쪽 하늘.

　먼동(이) 트다 날이 새어 동쪽 하늘이 밝아 오다.

먼바다 [먼:바다] 기상 예보에서, 육지로부터 동해는 20km, 서해와 남해는 40km 밖의 바다를 일컫는 말.

먼발치 [먼:발치] 조금 멀리 떨어져 있는 곳. 예 먼발치에서 바라보다.

먼빛 [먼:빋] 멀리서 언뜻 보이는 모양. 예 오가는 길에 먼빛으로 몇 번 본 적이 있다.

***먼저** 시간이나 차례로 보아 앞서서. ⓔ먼저 출발하다 / 먼저보다는 성적이 올랐다. 凾나중.

***먼지** 작고 가벼운 티끌.

먼지떨이 [먼지떠리] 먼지를 떠는 기구. 凾총채.

멀거니 정신없이 물끄러미 보고 있는 모양. ⓔ멀거니 앉아 있다 / 멀거니 하늘만 바라보다.

멀겋다 [멀거타] 매우 묽다. ⓔ멀건 국물. 활용 멀거니 / 멀게서.

멀다¹ [멀:다] 눈이 보이지 않게 되거나 귀가 들리지 않게 되다. ⓔ그는 어릴 적에 사고로 눈이 멀었다. 활용 멀어 / 머니 / 머는.

***멀다**² [멀:다] 1 거리가 많이 떨어져 있다. ⓔ집에서 학교까지는 그리 멀지 않다. 2 시간이 지나는 동안이 오래다. ⓔ먼 옛날. 3 사람 사이가 친하지 않아 서먹서먹하다. ⓔ그가 멀게 느껴진다. 凾가깝다. 활용 멀어 / 머니 / 먼.

***멀리** [멀:리] 가깝지 않게. 멀게. ⓔ산 너머 저 멀리. 凾가까이. ⊃far

***멀리 던지기** 최대한 공을 멀리 던져 그 거리를 겨루는 경기.

***멀리뛰기** [멀:리뛰기] 뜀뛰기 경기의 한 가지. 일정한 거리를 도움닫기하여 발구름판에서 한 발로 굴러 멀리 뛰어 그 거리를 겨루는 경기.

멀리하다 [멀:리하다] 1 가까이 하지 않고 거리를 두다. ⓔ한동안 책을 멀리하고 지냈다. 2 어떤 사물을 삼가거나 기피하다. ⓔ군것질을 멀리하다. 凾가까이하다.

***멀미** 배·비행기·차 따위를 탔을 때 흔들림 때문에 일어나는 메스껍고 어지러운 증세. ⓔ멀미 때문에 속이 거북하다. **멀미하다**.

멀미(가) 나다 멀미가 생기다. ⓔ버스만 타면 멀미가 난다.

멀쑥하다 [멀쑤카다] 1 멋없이 크고 무르게 생기다. ⓔ생김새가 멀쑥한 청년. 2 지저분함이 없이 맑고 깨끗하다. 잠 말쑥하다.

멀쩡하다 1 흠이 없이 깨끗하고 온전하다. ⓔ손끝 하나 다치지 않고 멀쩡하다. 잠 말짱하다. 2 정신이 아주 맑고 또렷하다. ⓔ이 환자는 정신만은 멀쩡하다.

멀쩡히 멀쩡하게.

멀찍이 [멀찌기] 약간 멀리. 좀 멀게. ⓔ멀찍이 떨어져라. 凾멀찌감치. 凾가직이. ×멀찌기.

멀티미디어 (multimedia) 컴퓨터를 이용하여 영상·음성·문자·그래픽 등의 여러 정보를 한데 모아 동시에 전달하는 매체.

***멈추다** 1 내리던 비나 눈 따위가 그치다. ⓔ비가 좀 멈추거든 가거라. 凾멎다. 2 움직임이나 동작이 그치다. ⓔ차가 멈추다. 3 움직임이나 동작을 그치게 하다. ⓔ일손을 멈추다.

멈칫 [멈칟] 하던 일이나 동작을 갑자기 멈추는 모양. ⓔ그를 보자 멈칫했다. **멈칫하다**.

***멋** [먿] 1 차림새·행동·됨됨이 따위가 세련되고 아름다움. ⓔ멋을 내다. 2 격에 어울리게 운치 있는 맛. ⓔ한복의 멋을 살리다.

멋대로 [먿때로] 마음대로. 하고 싶은 대로. ⓔ멋대로 지껄이다.

멋들어지다 [먿뜨러지다] 아주 멋있다. ⓔ가곡을 멋들어지게 부르다.

멋스럽다 [먿쓰럽따] 보기에 멋진 데가 있다. ⓔ멋스러운 머리 모양.

***멋있다** [머딛따 / 머싣따] 보기에 썩 좋거나 훌륭하다. ⓔ멋있는 그림 / 무대를 멋있게 꾸미다.

멋쟁이 [먿쨍이] 멋이 있는 사람. 또는 멋을 잘 부리는 사람. ×멋장이.

***멋지다** [먿찌다] 매우 멋이 있다. 매우 훌륭하다. ⓔ멋진 연기를 펼치다 / 멋진 모습에 반하다. ⊃fine, nice

멋쩍다 [먿쩍따] 1 동작이나 모양이 격에 맞지 않다. ⓔ멋쩍은 웃음. 2 쑥스럽고 어색하다. ⓔ혼자 가기가 멋쩍다. →-쩍다 주의

***멍** 부딪히거나 맞아서 피부 속에 퍼렇게 맺힌 피. ⓔ멍이 들다.

멍게 멍겟과의 동물. 크기는 주먹만 하고, 겉에 젖꼭지 같은 돌기가 많이 솟아 있으며 껍질은 질기고 얇음. 몸에 해초 뿌리 같은 것이 있어 바위에 붙어 삶. 속살은 주로 날것으로 먹음. 凾우렁쉥이.

멍들다 마음속에 쓰라린 고통의 흔

적이 남다. 예이 사건은 사람들의 마음을 멍들게 했다. [활용] 멍들어 / 멍드니 / 멍든.

멍멍 개가 짖는 소리.

멍멍하다 정신이 빠진 것같이 어리둥절하다. 예정신이 멍멍하다.

멍석 짚 같은 것을 엮어서 만든 큰 자리. 예멍석을 깔다.

멍석말이 [멍성마리] 예전에 세도를 부리는 집안에서 사사로이 가하던 형벌. 사람을 멍석에 둘둘 말아 놓고 몽둥이로 침. 멍석말이하다.

멍에 수레나 쟁기를 끌 수 있도록 소나 말의 목에 가로로 얹는 구부러진 막대.

멍울 1 우유나 풀 따위의 작고 둥글게 엉겨 굳은 덩이. 2 사람 몸에 병적으로 생긴 동글동글한 덩이.

멍에

멍청이 어리석고 정신이 흐릿한 사람. [비] 멍텅구리.

멍청하다 1 어리석고 정신이 흐릿하여 일을 제대로 처리하는 힘이 없다. 예아무리 설명해도 멍청해서 이해를 못한다. 2 자극에 대한 반응이 무디고 어리벙벙하다.

멍청히 멍청하게. 예멍청하게 서 있다.

멍하니 [멍:하니] 정신이 나간 듯이 두커니. 예기가 막혀 멍하니 서 있다.

멍하다 [멍:하다] 정신이 나간 듯 우두커니 있다. 예처음 당하는 일이라 정신이 멍하다.

멎다 [먿따] 1 내리던 비·눈 따위가 그치다. 예비가 멎을 때까지 기다리다. 2 계속되던 움직임이나 상태가 그치다. 예심장 박동이 멎다 / 총성이 멎다. [비] 멈추다.

메¹ '산'의 옛말. 예태산이 높다하되 하늘 아래 메이로다.

[주의] **메-와 산-**

(1) 메와 산이 같이 쓰이는 말
멧돼지 / 산돼지, 멧나물 / 산나물, 멧박쥐 / 산박쥐, 멧비둘기 / 산비둘기, 멧새 / 산새, 멧짐승 / 산짐승

(2) 산이 쓰이는 말
산누에, 산토끼
(3) 메가 쓰이는 말
멧대추, 멧도요, 멧두릅, 멧미나리, 멧부엉이, 멧종다리

메² 제사 때 올리는 밥.

메가폰 (megaphone) 목소리가 멀리까지 들리게 입에 대고 말을 하는 나팔 모양의 기구.

메가폰

메기 [메:기] 민물고기의 하나. 머리는 편평하며 입이 매우 크고 입 주변에 네 개의 긴 수염이 있음. 몸에 비늘이 없고 미끈미끈함.

메기다 1 노래를 주고받을 때, 한 편이 먼저 부르다. 2 둘이 톱을 마주 잡고 톱질을 할 때, 한 사람이 톱을 밀어 주다.

메꾸다 ⇨메우다.

메뉴 (menu) 1 음식의 이름과 값을 적은 표. 차림표. 메뉴판. 2 끼니때 먹는 음식의 종류. 예오늘 저녁 메뉴. 3 컴퓨터에서 사용자가 마우스나 키보드를 이용하여 명령을 선택할 수 있도록 한 조작 순서표.

메다¹ [메:다] 1 감정이 북받쳐 목소리가 잘 나지 않다. 예반가운 나머지 목이 메다. 2 구멍이 막히다. 예밥을 급히 먹다가 목이 메었다. ×메이다. → 매다 [주의]

*메다²** [메:다] 물건을 어깨에 걸치거나 얹다. 예배낭을 메다. → 매다 [주의]

메달 (medal) 우수함을 표창하거나 어떤 일을 기념하기 위해 납작한 쇠붙이에 여러 가지 모양이나 글자를 새겨서 개인이나 단체에 주는 패.

*메뚜기** 메뚜깃과의 곤충. 몸은 황록색이며, 머리가 둥글고 눈이 크며 날개가 긺. 뒷다리가 발달하여 잘 뛰며, 벼의 큰 해충임.

메마르다 1 땅이 물기가 없고 기름지지 않다. 예메마른 땅. [반] 걸다. 2 살결이 윤기가 없고 까슬까슬하다. 예메마른 입술. 3 인정이 없거나 생활에 정서가 없다. 예인정이 메마르다. [활용] 메말라 / 메마르니.

메모 (memo) 잊지 않거나 말을 전하기 위해 요점을 간단히 적음. 또는 그 적은 글. ⓔ메모하는 습관 / 메모를 남기다. **메모하다**.

메모리 (memory) 컴퓨터에서 명령이나 자료 또는 계산 처리된 결과를 기억하는 장치. 주기억 장치와 보조 기억 장치로 구분됨. 기억 장치.

메모지 (memo紙) 메모를 할 수 있거나 메모가 적혀 있는 작은 종이.

메밀 마디풀과의 한해살이풀. 가을철에 흰 꽃이 피며, 뾰족하고 세모진 열매를 맺는데, 열매는 가루를 내어 국수·묵 따위를 만들어 먹음. 밭에 많이 심음. ×모밀.

> [주의] **메밀과 모밀**
> 끈기가 적고 차지지 않은 메진 밀이라는 뜻에서 메밀, 열매가 모가 진 데서 모밀이라 한 듯하나, 메밀이 표준어이고 모밀은 비표준어이다.
> 메밀국수(○)   모밀국수(×)
> 메밀꽃(○)   모밀꽃(×)
> 메밀묵(○)   모밀묵(×)

메밀가루 [메밀까루] 메밀의 열매를 빻아서 만든 가루.

메밀국수 [메밀국쑤] 메밀가루로 만든 국수.

메밥 멥쌀로 지은 밥. ⓗ찰밥.

메스 (네 mes) 수술이나 해부할 때 쓰는 작은 칼.

메스껍다 [메스껍따] 1 속이 언짢아 헛구역질이 나고 토할 듯하다. ⓔ차멀미로 속이 메스껍다. 2 태도나 행동 따위가 못마땅하고 몹시 아니꼽다. ⓔ잘난 척하는 꼴이 메스껍다. [작]매스껍다. [활용] 메스꺼워 / 메스꺼우니.

메스실린더 (←measuring cylinder) 유리로 된 둥근 통에 눈금을 매겨 액체의 부피를 재는 시험관.

메슥거리다 [메슥꺼리다] 메스꺼운 느낌이 자꾸 나다. ⓔ차를 오래 탔더니 속이 메슥거린다. [작]매슥거리다.

메슥메슥하다 [메슥메스카다] 자꾸 메스껍다. ⓔ속이 메슥메슥하다.

메시아 (Messiah) 세상을 죄악에서 구원할 구세주. 기독교에서, '예수 그리스도'를 이르는 말.

메시지 (message) 어떤 사실을 알리기 위해 특별히 하는 말이나 글.

메신저 (messenger) 1 지시, 명령, 물건 따위를 전달하는 사람. 2 인터넷으로 메시지나 자료를 주고받을 수 있는 프로그램.

***메아리** 골짜기나 산에서 소리를 지르면 잠시 후에 되울려 나는 소리.

메우다 구멍이나 빈 곳을 채우다. ⓔ웅덩이를 메우다. ⓗ메꾸다.

메이커 (maker) 제작자. 특히, 유명한 제품의 제조 회사. ⓔ유명 메이커.

메일 (mail) 인터넷이나 통신망으로 주고받는 편지.

메주 무르게 삶은 콩을 찧어, 뭉쳐서 띄워 말린 것. 간장·된장·고추장 따위를 담그는 원료임.

메주

메주콩 메주를 쑤는 데 쓰는 콩.

메추라기 꿩과의 겨울 철새. 몸빛은 황갈색에 갈색과 검은색의 세로무늬가 있음. 병아리와 비슷하고 꽁지가 짧음. [준]메추리.

메카 (Mecca) 〖지명〗 사우디아라비아의 남서부에 있는 도시. 이슬람교의 교조 마호메트의 탄생지로 이슬람교도의 최고 성지임.

메타버스 (metaverse) 현실 세계와 같은 사회·경제·문화 활동이 이루어지는 인터넷상의 3차원 가상 세계.

메탄 (methane) 색깔과 냄새가 없고 타기 쉬운 기체. 공기 속에서 불을 붙이면 파란 불꽃을 내면서 탐. 메탄가스.

메탄가스 (methane gas) ⇨메탄.

메트로놈 (metronome) 음악에서, 악곡의 박자를 맞추거나 빠르기를 나타내는 기구.

멕시코 (Mexico) 〖국명〗 북아메리카 대륙의 남서쪽에 있는 나라. 농업이 주산업이며, 은이 많이 남. 수도는 멕시코시티.

메트로놈

멜로디 (melody) 높낮이와 리듬을 가진 음의 흐름. 가락. 선율.

멜로디언 (melodion) 피아노나 오르간과 비슷한 건반 악기. 입으로 불면서 건반을 눌러 소리를 냄.

멜론 (melon) 박과의 덩굴성 한해살이 식물. 서양종의 참외로, 녹색 껍질에 잔 그물 무늬가 있음. 타원형 또는 원형의 열매는 향기롭고 맛이 닮.

멜빵 [멜:빵] 1 짐을 어깨에 걸어 메는 끈. 예멜빵을 조이다. 2 바지나 치마 따위가 흘러내리지 않도록 어깨에 걸치는 끈.

멤버 (member) 단체를 이루는 한 사람. 구성원. 예멤버 교체.

멥쌀 메벼를 찧어 만든 끈기가 적은 쌀. 딴찹쌀.

멧돼지 [메돼지/멛돼지] 멧돼짓과의 산짐승. 돼지의 원종으로 몸빛은 흑색 또는 흑갈색이며 목에서 등에 걸쳐 뻣뻣한 털이 나 있음. 주둥이는 매우 길고 목은 짧으며, 날카로운 송곳니가 위로 솟아 있음. 비산돼지.

멧새 [메쌔/멛쌔] 1 참새와 비슷한 새. 몸빛은 밤색이며 검은색의 세로무늬가 있음. 들이나 산에서 잡초의 씨나 곤충을 먹고 삶. 비멥새. 2 산에 사는 새.

*__며느리__ 아들의 아내. 딴사위.

며칠날 [며친날] 그달의 몇째 되는 날. 준며칠.

*__며칠__ 1 '며칠날'의 준말. 예내일이 며칠이지. 2 몇 날. 예며칠 후에 가마. ×몇일.

멱¹ 목의 앞쪽. 예닭의 멱을 따다.

멱² [멱:] '미역¹'의 준말. 예개울가에서 멱을 감다.

멱살 [멱쌀] 목 아래에 옷깃을 여민 곳. 예멱살을 잡고 다투다.

*__면¹__ (面) [면:] 1 사물의 겉으로 드러난 쪽의 바닥. 예면이 고르지 않다. 비표면. 2 도형에서 넓이는 있으나 두께가 없는 것. 비평면. 3 일의 어떤 부분이나 측면. 예너무 부정적인 면만 보지 마라. 4 낯이나 체면. 예면을 세우다. 5 책이나 신문 따위에서 각각의 쪽. 예학교 신문 첫 면에 내가 쓴 기사가 실렸다.

면² (面) [면:] 군에 딸린 지방 행정 구역의 하나.

면³ (綿) 솜 또는 무명.

면⁴ (麵) [면:] 밀가루 등을 반죽하여 가늘고 길게 썰거나 기계로 뽑아낸 음식. 비국수.

면담 (面談) [면:담] 서로 만나서 이야기함. 예면담을 요청하다 / 담임과 면담하다. **면담하다**.

면도 (面刀) [면:도] 얼굴에 난 잔털이나 수염을 깎는 일. **면도하다**.

면도기 (面刀器) [면:도기] 면도하는 데 쓰는 기구.

면면이 (面面一) [면:며니] 1 저마다. 각자. 2 각 면마다.

면면히 (綿綿一) 면면하게. 예면면히 이어온 민족정신.

면모 (面貌) [면:모] 1 얼굴의 모양. 2 사물의 겉모습. 예면모를 새롭게 하다. 비겉모습.

면목 (面目) [면:목] 1 얼굴의 생김새. 2 ⇨체면. 예면목이 서지 않다. 3 사물의 모양이나 상태. 예면목을 새로이 하다.

  면목(이) 없다 부끄러워 남을 대할 용기가 나지 않다.

면밀하다 (綿密一) 자세하고 빈틈이 없다. 예면밀한 계획.

면밀히 (綿密一) 면밀하게. 예면밀히 관찰하다.

면박 (面駁) [면:박] 얼굴을 마주하여 꾸짖거나 나무람. 예면박을 주다.

면봉 (綿棒) 끝에 솜을 말아 붙인 가는 막대. 상처 부위나 귀, 코, 입속에 약을 바를 때 씀.

면사무소 (面事務所) [면:사무소] 면의 행정 사무를 맡아보는 곳. 준면소.

면사포 (面紗布) [면:사포] 결혼식 때에 신부가 머리에 쓰는 흰빛의 얇은 천. 예면사포를 쓰다.

면상 (面上) [면:상] 얼굴의 위. 또는 얼굴. 예상대방 면상에 주먹을 날려 코피를 쏟게 했다.

면세 (免稅) [면:세] 세금을 면제함. 예면세 조처 / 면세 수입품. **면세하다**.

면역 (免疫) [며:녁] 1 사람이나 동물의 몸 안에 병균이나 독이 들어와도 병이 나지 않을 만한 힘을 갖는 일. 예면역이 생기다. 2 자주 되풀이되어 그 일에 익숙해짐.

면역력 (免疫力) [며:녕력] 몸 밖에서 들어온 병균을 이겨 내는 힘. ⑩면역력을 높이다.

면역성 (免疫性) [며:녁썽] 면역이 되는 성질. ⑩면역성을 기르다.

면장 (面長) [면:장] 지방 행정 단위인 면의 우두머리. ⑩면장을 지내다.

*__면적__ (面積) [면:적] ⇨넓이.

면전 (面前) [면:전] 얼굴을 마주 대한 앞. ⑩면전에서 욕하다.

면접 (面接) [면:접] 1 사람을 직접 만나 봄. 2 '면접시험'의 준말. ⑩면접을 보다. **면접하다**.

면접시험 (面接試驗) [면:접씨험] 직접 만나서 질문과 대답을 통해 시험을 치르는 사람을 평가하는 일. ㈜면접. *필기시험.

면제 (免除) [면:제] 의무나 책임 등을 지우지 아니함. ⑩수업료를 면제해 주다. **면제하다**.

면직 (綿織) 솜을 원료로 하여 만든 옷감을 통틀어 일컫는 말. ㈋면직물.

면하다 (免—) [면:하다] 1 책임이나 의무에서 벗어나다. ⑩책임을 면하다. 2 어떤 일을 당하지 않게 되다. ⑩벌을 면하다 / 수해를 면하다. 3 어떤 범위에서 벗어나다. ⑩낙제를 면하다.

면허 (免許) [면:허] 어떤 특정한 일을 할 수 있는 자격을 국가나 공공 기관에서 허가하는 일.

면허증 (免許證) [면:허쯩] 면허의 내용이나 사실을 기재한 문서.

면화 (綿花) ⇨목화.

면회 (面會) [면:회 / 면:훼] 출입이 자유롭지 못한 사람을 찾아가 만나 봄. ⑩면회를 신청하다. **면회하다**.

멸균 (滅菌) 세균 따위를 죽여 없앰. ㈋살균. **멸균하다**.

멸망 (滅亡) 망하여 없어짐. ⑩로마 제국의 멸망. **멸망하다**.

멸시 (蔑視) [멸씨] 남을 업신여기고 깔봄. ⑩멸시를 당하다. ㈋무시. **멸시하다**.

멸종 (滅種) [멸쫑] 생물의 한 종류가 지구에서 완전히 없어짐. ⑩멸종 위기. **멸종하다**.

멸치 멸칫과의 바닷물고기. 몸길이는 약 13cm 정도이며, 등은 검푸르고, 배는 은빛을 띤 백색임. 젓갈이나 조림 등을 만들어 먹음. ×며루치.

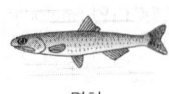
멸치

*__명__[1] (名) 사람의 수효를 나타내는 말. ⑩야구는 아홉 명이 한 팀이다.

*__명__[2] (命) [명:] 1 목숨. ⑩명이 길다. 2 '명령'의 준말. ⑩상사의 명을 받다.

명곡 (名曲) 유명한 악곡. ⑩명곡을 감상하다.

명나라 (明—) 중국 원나라의 뒤를 이어 세워진 왕조. 주원장이 세웠으며 도읍은 처음에 금릉, 나중에 북경으로 옮김. [1368-1644]

명년 (明年) ⇨내년.

명단 (名單) 어떤 일에 관계된 사람들의 이름을 적은 것. ⑩졸업생 명단 / 합격자 명단을 발표하다.

명답 (名答) 질문에 꼭 알맞은 답. ⑩지금 네가 한 말이 명답이다.

명도 (明度) 색의 삼요소의 하나. 색의 밝고 어두운 정도. ㈋밝기. *색상. 채도.

명란젓 (明卵—) [명난젓] 명태의 알로 담근 것.

*__명랑__ (明朗) [명낭] 마음이 밝고 쾌활함. ⑩명랑한 성격. ㈋쾌활. ㈝우울. **명랑하다**.

명량 대첩 (鳴梁大捷) 임진왜란 때 이순신 장군이 명량 해협에서 12척의 배로 왜군의 배 133척을 맞아 싸워 크게 이긴 해전.

*__명령__ (命令) [명:녕] 1 윗사람이 아랫사람에게 어떤 일을 하게 함. 또는 그 내용. ⑩명령을 내리다. ㈋분부. ㈜명. 2 컴퓨터에 시동, 정지나 입력, 출력 따위의 일을 처리하도록 지시함. ⑩명령 체계. **명령하다**. ⇨order

명령문 (命令文) [명:녕문] 1 남에게 무엇을 시키거나 행동을 요구하는 문장. '보아라·불을 꺼라·가지 마라' 따위. 2 명령의 뜻을 적은 글.

명령어 (命令語) [명:녕어] 컴퓨터에 일정한 동작을 명령하는 기계어.

명료하다 (明瞭—) [명뇨하다] 뚜렷하고 분명하다. ⑩간단하고 명료한 대답. ㈋명백하다.

명마(名馬) 이름난 말. 훌륭한 말. 비준마.

명망(名望) 널리 알려진 이름과 덕. 예명망이 높은 선생님이시다.

명맥(命脈) [명:맥] 사라지거나 끊어지지 않고 이어지는 전통. 예겨우 명맥을 유지하고 있다.

명명(命名) [명:명] 이름을 지어 붙임. 예우리나라 최초의 인공위성은 아리랑 1호로 명명되었다. **명명하다**.

명목(名目) 1 겉으로 내세우는 이름. 예명목뿐인 사장. 2 구실이나 이유. 예명목이 서지 않는다.

명문¹(名文) 잘 지은 글. 훌륭한 글. 유명한 글.

명문²(名門) 1 훌륭한 집안. 유명한 가문. 예그는 명문 출신이다. 2 이름난 학교. 예야구의 명문 / 명문 대학을 나오다.

명물(名物) 1 그 지방에서 특히 자랑할 만한 산물. 예인삼은 금산의 명물이다. 비명산물. 2 유명하거나 특징이 있어 인기 있는 사람이나 사물. 예학교의 명물.

명배우(名俳優) 연기를 잘하여 이름난 배우.

명백하다(明白—) [명백카다] 아주 분명하다. 예명백한 사실.

명백히(明白—) [명배키] 명백하게. 예태도를 명백히 하다.

명복(冥福) 죽은 뒤에 저승에서 받는 복. 예고인의 명복을 빌다.

명부(名簿) 이름·주소·직업 따위를 적어 놓은 장부. 예선거인 명부.

명분(名分) 1 사람이 지켜야 할 도리. 예명분을 지키다. 비본분. 2 겉으로 내세우는 이유나 구실. 예명분은 그럴듯하구나. 비명목. 명색.

명사¹(名士) 세상에 널리 알려진 사람. 예사회적인 명사.

명사²(名詞) 사람이나 사물의 이름을 나타내는 말. 비이름씨.

명사수(名射手) 총이나 활을 잘 쏘는 사람. 예백발백중의 명사수.

명산(名山) 이름난 산.

명산물(名産物) 어느 지방이나 나라에서 나는 이름난 산물. 비명물.

명상(冥想) 조용히 눈을 감고 깊이 생각함. 예눈을 감고 명상에 잠기다. **명상하다**.

명석하다(明晳—) [명석카다] 생각이나 판단력이 분명하고 똑똑하다. 예명석한 두뇌.

명성(名聲) 세상에 널리 떨친 이름. 예화가로서 명성이 높다.

명성 황후(明成皇后) 〖인명〗 조선의 26대 왕 고종의 비로 대한 제국 때 높여 부른 이름. 을미사변(1895) 때 경복궁에서 일본인들에게 죽임을 당함. [1851-1895]

명세서(明細書) 물품이나 금액 따위의 내용을 분명하고 자세하게 적은 문서. 예물품 명세서 / 지출 명세서.

명소(名所) 경치나 고적 등으로 이름난 곳. 예관광 명소.

명수(名手) 어떤 일에 훌륭한 소질과 솜씨가 있는 사람. 예바둑의 명수. 비명인.

명승(名勝) 이름난 자연 경치.

명승지(名勝地) 경치가 좋기로 이름난 곳.

명시¹(名詩) 유명한 시. 또는 아주 잘 지은 시.

명시²(明示) 분명하게 나타내 보임. 예때와 장소를 명시하여라. **명시하다**.

명심(銘心) 잊지 않도록 마음속에 새김. 예선생님의 가르침을 명심하겠습니다. **명심하다**.

명심보감(明心寶鑑) 〖책〗 어린이들의 인격 수양을 위한 한문 교양서. 중국 고전에서 좋은 말이나 글을 모아 엮었으며 조선 때, 글방에서 교과서로 널리 쓰였음.

명아주 명아줏과의 한해살이풀. 잎은 마름모의 달걀 모양이며 여름에 작은 연두색 꽃이 피고, 어린잎과 씨는 먹음.

명아주

명암(明暗) 밝음과 어두움. 예명암이 뚜렷하다.

명언(名言) 이치에 맞는 훌륭한 말. 유명한 말. 예명언을 남기다.

명예(名譽) 세상 사람들에게서 받는 높은 평가와 그에 따르는 영광. 예잃어버린 명예를 회복하다.

명예로이 (名譽—) 명예롭게.
명예롭다 (名譽—) [명예롭따] 명예로 여길 만하다. ⑩명예롭게 물러나다. [활용] 명예로워 / 명예로우니.
명예스럽다 (名譽—) [명예스럽따] 명예로 여길 만한 데가 있다. [활용] 명예스러워 / 명예스러우니.
명왕성 (冥王星) 태양계의 바깥쪽을 도는 별. 1930년에 발견됨. 지름은 지구의 반 정도. 공전 주기는 약 248년임. [참고] 발견 당시에는 태양계의 아홉째 행성이었으나 2006년부터 행성의 지위를 잃고 왜소 행성으로 분류됨.
명월 (明月) 1 밝은 달. 2 음력 8월 보름날 밤의 달.
명의 (名醫) [명의 / 명이] 병을 잘 고치는 이름난 의사. ⑩허준은 조선 때 명의였다.
명인 (名人) 어떤 분야에서 재주가 뛰어나 이름난 사람. ⑩창의 명인. 🔁명수.
명일 (明日) ⇨내일.
명작 (名作) 이름난 훌륭한 작품. ⑩명작 동화. 🔁걸작. 🔀졸작.
명장 (名將) 뛰어난 장군. 이름난 장수. ⑩충무공 이순신은 명장이다.
***명절** (名節) 해마다 민속적으로 온 국민이 즐기는 날. 설·단오·추석 따위.

참고	우리나라 고유 명절 (음력)

설 (정월 초하루) … 차례, 세배, 성묘, 널뛰기, 연날리기 따위
대보름 (정월 보름) … 부럼 깨기, 오곡밥 지어 먹기, 윷놀이 따위
한식 (2월) … 벌초 따위
초파일 (4월) … 연등제 따위
단오 (5월 초닷새) … 창포물로 머리 감기, 그네뛰기, 씨름 따위
유두 (6월 보름) … 맑은 물로 머리 감기, 국수 먹기
백중 (7월 보름) … 재 올리기
추석 (8월 보름) … 제사, 성묘, 강강술래
동지 (11월) … 팥죽 쑤어 먹기

명주 (明紬) 명주실로 무늬 없이 짠 천. 실크. 🔁면주.
명주잠자리 (明紬—) 명주잠자릿과의 곤충. 몸길이 3.5cm 정도로 검은 갈색이며 날개는 투명하고 그물 모양의 맥이 있음. 애벌레는 개미귀신.
명중 (命中) [명:중] 겨냥한 곳에 바로 맞음. ⑩화살이 과녁에 명중하다. 🔁적중. **명중하다**.
명찰 (名札) ⇨이름표.
명창 (名唱) 노래를 뛰어나게 잘 부르는 사람.
명치 [명:치] 사람 몸에 있는 급소의 하나로, 가슴뼈 아래 한가운데에 우묵하게 들어간 곳.
명칭 (名稱) 사람이나 사물을 부르는 이름. 🔁이름. 호칭.
명쾌하다 (明快—) 말이나 글의 조리가 분명하여 시원스럽다. ⑩명쾌한 대답을 듣다.
명탐정 (名探偵) 사건을 해결하는 능력이 뛰어나 이름이 널리 알려진 탐정.
명태 (明太) 대구과의 바닷물고기. 몸은 대구와 비슷하나

명태

더 훌쭉하고 길며 길이는 60cm 정도임. 생선 그대로 또는 말려서 먹고, 알은 명란젓을 담금.
명패 (名牌) 1 이름이나 직위를 써서 책상 위에 놓는, 길고 세모진 패. 🔁이름패. 2 ⇨문패.
명품 (名品) 뛰어나거나 이름난 물건. 또는 그런 작품.
명필 (名筆) 글씨를 아주 잘 쓰는 사람. 또는 아주 잘 쓴 글씨.
명하다 (命—) [명:하다] 1 명령하다. ⑩공격을 명하다. 2 임명하다. ⑩위원장에 명하다.
명함 (名銜) 이름·주소·직업·전화번호 따위를 적은 종이쪽. ⑩명함을 내밀다.
명화 (名畫) 1 아주 잘 그린 그림. 또는 유명한 그림. ⑩명화를 전시하다. 2 잘 만든 영화. ⑩명화 감상.
명확하다 (明確—) [명화카다] 아주 뚜렷하여 틀림이 없다. 분명하고 확실하다. ⑩명확한 대답.
명확히 (明確—) [명화키] 명확하게. ⑩일을 명확히 처리하다.
***몇** [멷] 확실하지 않은 수효를 일컫는 말. ⑩몇 사람 / 모두 몇이냐.

몇몇 [면멷] 적은 수효를 막연하게 이르는 말. [예] 그중 **몇몇**은 키가 작다 / **몇몇** 사람은 반대하였다.

***모**[1] 옮겨 심으려고 가꾸어 기른 어린 벼. [예] **모**를 심다.

모[2] 1 물건의 겉으로 쑥 나온 끝. [예] **모**가 난 돌. 2 성질·행동 등에서 특히 두드러지게 나타나는 점. [예] **모**가 나지 않은 성격. 3 사람이나 사물을 보는 측면이나 각도. [예] 여러 **모**로 생각한 끝에 정했다. 4 두부나 묵 따위를 세는 단위. [예] 두부 한 **모**만 주세요.

모[3] 윷놀이에서, 윷가락의 네 짝이 다 엎어진 것을 일컫는 말. [예] **모**가 나오다. →윷짝 [참고]

모[4] (毛) 동물의 털로 만든 섬유. 특히 양모를 가리킴. [비] 털.

모[5] (某) [모:] 1 사람의 성(姓) 뒤에 쓰여 '아무개'의 뜻을 나타냄. [예] 김 **모** 여사. 2 아무. 어떤. [예] **모** 인사 / **모** 단체 / **모** 회사.

***모가지** '목[1]'의 낮춤말.

모계 (母系) [모:계 / 모:게] 어머니 쪽의 계통. [반] 부계.

모골 (毛骨) 털과 뼈. [예] **모골**이 쭈뼛하다.

모공 (毛孔) 털이 나는 작은 구멍.

모과 (←木瓜) [모:과] 모과나무의 노란 열매. 타원형의 갸름한 모양으로 맛이 시고 향기가 있음. 설탕에 절여 먹거나 차를 달여 먹고 한약의 재료로 도 씀.

모과나무 (←木瓜—) [모:과나무] 장미과의 낙엽 활엽 교목. 높이는 6m가량, 봄에 연한 붉은빛 꽃이 피고 잎은 타원형임. 가을에 향기롭고 달걀 모양의 열매가 노랗게 익는데, 기침의 약재로 씀.

모교 (母校) [모:교] 자기가 졸업한 학교. 자기의 출신 학교.

모국 (母國) [모:국] 외국에서 자기 나라를 이르는 말. [예] 해외 동포의 **모국** 방문.

모국어 (母國語) [모:구거] 자기 나라의 말. [반] 외국어.

***모금**[1] 물이나 술 따위를 입안에 한 번 머금는 분량. [예] 물 한 **모금** / 서너 **모금**의 술.

모금[2] (募金) 어떤 일을 도와줄 목적으로 여러 사람으로부터 돈을 거두어들임. [예] 수재민을 위한 **모금** 운동. **모금하다**.

***모기** [모:기] 모깃과의 곤충. 몸길이는 3-13mm, 빛깔은 흑갈색이며 가슴에 세 쌍의 긴 다리가 있음. 여름철에 사람이나 가축의 피를 빨아 먹음. 갖가지 병균을 옮김.

모기장 (一帳) [모:기장] 모기를 막기 위해 치는, 망사 따위로 만든 그물 막. [예] **모기장**을 치다.

모기향 (一香) [모:기향] 모기를 쫓거나 잡기 위해 피우는 향.

모깃불 [모:기뿔 / 모:긷뿔] 쑥 따위를 태워 연기를 피워서 모기를 쫓는 불. [예] **모깃불**을 피우다.

모나다 1 물건의 거죽에 모가 생기다. [예] **모난** 돌. 2 말이나 행동이 까다롭거나 유별나다. [예] 너무 **모나게** 굴지 마라.

모내기 모내는 일. **모내기하다**.

모내다 모를 못자리에서 논으로 옮겨 심다. [비] 모심다.

모녀 (母女) [모:녀] 어머니와 딸.

모노레일 (monorail) 하나의 선로로 된 철도. 단궤 철도.

모눈 모눈종이에 그려진 사각형.

***모눈종이** 일정한 간격을 두고 서로 직각으로 엇갈린 여러 개의 가로줄과 세로줄을 그린 종이.

모니터 (monitor) 1 신문사나 방송국 또는 일반 회사 등의 부탁으로, 방송 내용·기사·상품 따위에 관하여 의견이나 비판 사항을 말하는 사람. 2 컴퓨터 본체에서 처리되는 내용을 화면에 표시해 주는 장치.

모닥불 [모닥뿔] 잎나무 따위를 모아 놓고 태우는 불이나 그 불의 더미. [예] **모닥불**을 피우다.

모델 (model) 1 모형. 본보기. 2 그림·조각·인물 사진의 대상이 되는 특정한 물건이나 사람. 3 최신 유행의 옷을 입고 관객에게 보이는 것을 직업으로 하는 사람.

모뎀 (modem) 컴퓨터와 컴퓨터를 전화선으로 연결해 주어 정보를 주고받게 해 주는 장치.

모독 (冒瀆) [모:독] 말이나 행동으로 더럽혀 욕되게 함. [예] 인격을 **모독**하다. **모독하다.**

***모두** 여럿이 다 함께. [예] 모두 찬성이다. [비] 전부. ➲ all

모둠 초등학교 등에서, 효율적인 학습이나 놀이 등의 활동을 위하여 학생들을 몇 명씩 묶어 만든 모임. [예] **모둠** 학습. [비] 조(組).

모둠발 두 발을 가지런히 같은 자리에 모은 발. [예] **모둠발**로 뛰다.

모둠원 (一員) [모두뭔] 학급에서 모둠을 이루고 있는 사람.

모둠장 (一長) 학급에서 모둠의 대표. [예] 내가 우리 모둠 **모둠장**이다.

***모든** [모:든] 여러 가지의. 전부의. [예] **모든** 사람들이 찬성했다.

모락모락 [모랑모락] 연기나 냄새 따위가 조금씩 피어오르는 모양. [예] 김이 **모락모락** 나는 찐빵.

모란 작약과의 낙엽 활엽 관목. 꽃이 크고 아름다우며 향기가 좋아 정원에 널리 재배됨. 종류에 따라 분홍·연분홍·흰색 등의 꽃이 핌. 뿌리의 껍질은 약재로 씀.

***모래** 자연적으로 잘게 부스러진 돌 알갱이. ➲ sand

***모래밭** [모래받] 모래가 넓게 깔려 있는 곳. [비] 백사장.

모래벌판 모래로 덮여 있는 벌판.

모래사장 (一沙場) 강가나 바닷가에 있는 넓고 큰 모래벌판. [예] 바닷가 **모래사장**을 맨발로 거닐었다.

모래성 (一城) 1 모래를 성 모양으로 쌓은 것. [예] 밀려든 파도에 **모래성**이 허물어지다. 2 '쉽게 허물어지는 것'을 비유하는 말.

모래시계 (一時計) [모래시계/모래시게] 가운데가 잘록한 유리그릇 위쪽에 모래를 넣고 작은 구멍으로 모래를 떨어뜨려 시간을 재는 시계.

모래시계

모래알 모래 낱 알갱이.

모래주머니 1 모래를 넣은 주머니. 특히 화재나 겨울철 미끄러운 길바닥에 뿌리기 위하여 준비함. 2 날짐승의 위의 일부분. 먹이를 잘게 부수는 일을 함. 곡류를 먹는 날짐승에게만 있음. [비] 사낭.

모래톱 강가나 바닷가에 있는 넓은 모래벌판. [비] 모래사장.

모래판 모래가 많이 깔려 있는 곳. 흔히 씨름 경기를 할 수 있도록 깔아 놓은 곳을 일컬음. [예] **모래판**에서 씨름을 하다.

모랫길 [모래낄/모랟낄] 모래가 깔려 있는 길.

모략 (謀略) 나쁜 꾀를 써서 남을 해치려는 일. [예] 사람들을 부추기어 **모략**을 꾸미다. **모략하다.**

***모레** [모:레] 내일의 다음 날. [예] **모레** 소풍을 간다.

모로 [모:로] 1 비껴서. 대각선으로. [예] **모로** 자르다. 2 옆쪽으로. [예] 게가 **모로** 기어간다/**모로** 눕다.

모루 [모:루] 대장간에서, 달군 쇠를 올려놓고 두드릴 때 받침으로 쓰는 쇳덩이.

***모르다** [모:르다] 1 알지 못하다. [예] 어찌할 바를 **모르다.** 2 이해하지 못하다. [예] 나는 그가 무슨 말을 하는지 **모르겠다.** 3 기억하지 못하다. [예] 나도 **모르는** 사람. 4 경험이 없다. [예] 전쟁을 **모르는** 젊은 세대. 5 지식이나 기능이 없다. [예] 운전을 할 줄 **모른다.** 6 어떤 것 외에 다른 것을 소중히 여기지 않는다. [예] 공부밖에 **모르는** 사람. 7 말로 표현할 수 없을 만큼 대단하다. [예] 대학에 합격했다니 얼마나 기쁜지 **모르겠다.** 8 의식하지 못하다. [예] 그 애기를 들으면서 나도 **모르게** 눈물이 흘렀다. [반] 알다. [활용] 몰라/모르니.

모르핀 (morphine) 아편의 주성분으로 빛깔과 냄새가 없으며 많이 사용하면 중독 증상이 일어남. 마취제나 진통제로 씀.

모름지기 마땅히. 반드시. [예] 학생이면 **모름지기** 공부에 힘써야 한다.

모면 (謀免) 어려운 상황이나 책임을 꾀를 써서 벗어남. [예] 위기를 **모면**하다. **모면하다.**

모멸감 (侮蔑感) [모:멸감] 모멸을 당하는 느낌. [예] **모멸감**을 느끼다.

모반 (謀反) 국가나 임금을 저버리고 난리를 일으킴. [예] **모반**에 가담하다. **모**

모발 (毛髮) 1 사람의 머리털. 2 사람 몸에 난 털.

모방 (模倣) 남의 것을 그대로 흉내를 냄. 예 남의 것을 무턱대고 모방해서는 안된다. 반창조. 모방하다.

모범 (模範) 본받아 배울 만한 본보기. 예 다른 사람에게 모범을 보이다. 비규범. 본보기.

모범생 (模範生) 다른 학생들이 본받을 만한 학생.

모범적 (模範的) 모범이 될 만한. 또는 그런 것. 예 모범적 행동 / 모범적인 학생.

모빌 (mobile) 가느다란 철사·실 따위로 여러 가지 모양의 금속 조각·나뭇조각 등을 매달아 균형을 이루게 한 조형품.

모사 (模寫) 무엇을 보거나 흉내 내어 그대로 그림. 또는 그렇게 그린 그림. 모사하다.

모색 (摸索) 일의 해결 방법이나 사건의 실마리를 생각하여 찾음. 예 해결책을 모색하다. 모색하다.

***모서리** 1 물건의 날카롭게 생긴 가장자리. 예 책상 모서리에 머리를 부딪치다. 2 다면체에서 면과 면이 서로 맞닿아 이룬 선.

모성 (母性) [모:성] 여성이 어머니로서 가지는 본능적인 성질.

모성애 (母性愛) [모:성애] 자식에 대한 어머니의 본능적인 사랑.

모세관 (毛細管) '모세 혈관'의 준말.

모세 혈관 (毛細血管) 동맥과 정맥과의 사이를 잇는 아주 가느다란 혈관. 온몸에 그물 모양으로 퍼져 있음. 혈액은 이곳을 지나면서 산소와 영양을 온몸의 조직에 보내며, 노폐물 따위를 심장으로 되돌려 보냄. 비실핏줄.

모션 (motion) 1 동작. 행위. 예 큰 모션으로 손짓을 하다. 2 어떤 행동의 예비적인 몸짓이나 동작.

모순 (矛盾) 말이나 행동의 앞뒤가 서로 맞지 아니함.

모스크바 (Moskva) 〖지명〗 러시아의 수도. 유럽 러시아의 중앙부, 모스크바강의 양쪽 기슭에 걸쳐 있음. 크렘린과 붉은 광장이 유명함.

***모습** 1 사람의 생긴 모양. 예 엄마의 모습을 쏙 빼닮은 아기. 비모양. 2 자연이나 사물의 드러난 모양. 예 발전된 서울의 모습에 놀라다. 3 자취나 흔적. 예 모습을 감추다.

모시 모시풀 껍질에서 뽑은 실로 짠, 희고 얇은 여름 옷감.

***모시다** [모:시다] 1 윗사람이나 존경하는 사람을 가까이에서 보살피거나 받들다. 예 부모님을 모시다. 2 손윗사람을 받들어 손수 안내해 드리다. 예 손님을 안방으로 모시다. 3 웃어른의 제사·장사·환갑 등을 지내다. 예 제사를 모시다. ×뫼시다.

모시옷 [모:시온] 모시로 지은 옷.

모시풀 쐐기풀과의 여러해살이풀. 밭에서 재배하며 줄기의 껍질에서 섬유를 뽑아 모시를 짜거나 밧줄, 어망 따위를 만듦.

모심기 [모심끼] 벼의 모를 못자리에서 논으로 옮겨 심는 일. 비모내기. 모심기하다.

***모양** (模樣) 1 사람이나 물건의 겉에 나타나는 생김새. 예 머리 모양을 바꾸다. 2 외모에 부리는 멋. 예 모양을 잔뜩 내고 외출하다. 비맵시. 3 어떠한 형편이나 되어 나가는 꼴. 예사는 모양이 각양각색이다. 4 위신이나 체면. 예 너 때문에 내 모양이 엉망이 되었다. 5 어떤 모습과 같은 모습. 예 펭귄 모양으로 뒤뚱거리다. 6 짐작이나 추측을 나타내는 말. 예 비가 올 모양이다.

모양새 (模樣一) 1 모양의 됨됨이. 예 모양새가 좋다. 2 체면이나 일이 되어가는 꼴. 예 모양새가 우습게 되다.

모양 자 (模樣一) 별·삼각형·원 따위의 모양을 새긴 자. 새긴 자리를 따라 선을 그어 그 모양을 그림.

*** 모여들다** 여럿이 어떤 범위 안으로 향하여 오다. 예 사람들이 광장에 모여들기 시작했다. 활용 모여들어 / 모여드니 / 모여드는.

모욕 (侮辱) [모:욕] 깔보고 얕잡아 봄. 예 모욕을 주다. 모욕하다.

모욕감 (侮辱感) [모:욕깜] 모욕을 당한 느낌. 예 모욕감을 느끼다.

모월 (某月) [모:월] 아무 달.

모유 (母乳) [모:유] 어머니의 젖.

모으다 1 흩어져 있는 것을 한데 합치다. 예휴지를 쓸어 모으다. 2 돈이나 물건들을 쌓아 두다. 예돈을 모으다. 3 특별한 것을 구하여 보관하다. 예우표를 모으다. 4 생각이나 힘 따위를 한곳에 집중하다. 예계속 노력을 기울이기로 의견을 모았다. 5 여러 사람을 한곳에 오게 하거나 한 단체에 들게 하다. 예회원을 모으다. 6 다른 사람들의 관심이나 흥미를 끌다. 예젊은이들의 인기를 한 몸에 모은 탤런트. [활용] 모아/모으니.

> [주의] **모으다**와 **모이다**
> **모으다** 모이게 한다는 뜻. 1 집합하게 하다. 2 저축하다. 3 수집하다.
> **모이다** 한데 합쳐진다는 뜻. 1 집합하다. 2 저축되다.

모음 (母音) [모:음] ⇨홀소리. [반]자음.
모음곡 (一曲) 여러 개의 악곡을 모아서 하나의 곡으로 만든 기악곡. 스위트. [비]조곡.
모음자 (母音字) [모:음짜] 모음을 나타내는 글자.
모음집 (一集) 여러 글·그림 등을 한데 모아 엮은 책.
모의[1] (模擬) [모의/모이] 남의 흉내를 냄. [비]모방. **모의하다**.
모의[2] (謀議) [모의/모이] 어떤 일을 벌이려고 의논함. 예공동 모의/모의에 가담하다. **모의하다**.
*__모이__ 닭이나 날짐승들의 먹이. 예닭에게 모이를 주다.
*__모이다__ 1 여럿이 한곳으로 오다. 한데 합쳐지다. 예우리는 일주일에 한 번 모인다. 2 사물이나 돈이 들어와 쌓이다. 3 생각이나 힘 따위가 한곳에 집중되다. →모으다 [주의]
모이주머니 새의 소화관의 하나. 주머니 모양으로, 먹은 모이를 저장하여 수분과 체온으로 불리어서 소화하기 쉽게 하는 모래주머니로 보냄. [비]멀떠구니. 소낭.
모일 (某日) [모:일] 아무 날.
*__모임__ 여러 사람이 어떤 목적을 위하여 때와 곳을 정하여 모이는 일. 예오늘은 일 학년 반별 모임이 있는 날이다.
*__모자__[1] (母子) [모:자] 어머니와 아들.
*__모자__[2] (帽子) 모양을 내거나 추위·더위·먼지 따위를 막으려고 머리 위에 쓰는 물건. ⇨hat, cap
*__모자라다__ [모:자라다] 1 어떤 기준이나 정도에 미치지 못하다. 예잠이 모자라다/돈이 모자라면 내가 빌려주겠다. 2 지능이 정상적인 수준보다 낮다. ×모자르다.
모자이크 (mosaic) 여러 가지 빛깔의 돌·유리·조개껍데기·타일·나무 따위의 조각을 붙이거나 박아서 도안이나 그림 따위로 나타낸 것. 또는 그런 미술 형식.
모정 (母情) [모:정] 자식에 대한 어머니의 정.
모조 (模造) 본떠서 만듦. 또는 그 제품. **모조하다**.
*__모조리__ 하나도 빼지 않고 모두. 예죄상이 모조리 드러나다. [비]전부.
모조지 (模造紙) 종이의 한 가지. 질이 강하고 질기며 윤이 남.
모조품 (模造品) 다른 물건을 본떠서 만든 물건. 이미테이션.
*__모종__ (一種) 옮겨 심기 위하여 가꾼, 벼 이외의 온갖 씨앗의 싹. 또는 옮겨 심는 일. 예고추 모종. **모종하다**.
모종삽 (一種一) 모종을 옮겨 심을 때 쓰는 작은 삽.
모직 (毛織) 털실로 짠 피륙.
모질다 [모:질다] 1 마음씨나 행동이 몹시 맵고 독하다. 예모진 짓을 하다/마음을 모질게 먹다. [비]잔인하다. 2 참고 견디지 못할 일을 잘 배겨 내다. 예온갖 고생을 모질게 이겨 내다. 3 정도가 세다. 예모진 학대. [활용] 모질어/모지니/모진.
모집 (募集) 조건에 맞는 사람이나 사물을 뽑아서 모음. 예자원봉사자를 모집하다. **모집하다**.
모쪼록 아무쪼록. 부디.
모차르트 (Mozart, Wolfgang Amadeus) 『인명』 오스트리아의 음악가. 교향악·실내악·가극 등 600곡 이상의 작품을 발표하여 음악의 천재라 불림. [1756-1791]

모처럼 1 벼르고 별러서 처음으로. ⓔ모처럼 잡은 기회를 놓치다. 2 아주 오래간만에. ⓔ날씨가 모처럼 개었다.

모체 (母體) [모:체] 아기나 새끼를 밴 어미의 몸.

모친 (母親) [모:친] '어머니'의 높임 말. 땐부친.

모태 (母胎) [모:태] 1 어머니의 태 안. 2 사물의 발생·발전의 근거가 되 는 토대. ⓔ산업 혁명은 현대 과학 발 전의 모태이다.

모터 (motor) 전기나 가솔린 등으로 동력을 일으키는 기계. 발동기. 전동 기. ⓔ모터사이클.

모터보트 (motorboat) 모터를 사용 하여 움직이는 보트.

모텔 (motel) 여행하는 사람이 이용 하기에 편리하도록 만든 숙박 시설.

모토 (motto) 행동이나 생활의 목표 를 표어와 신조로 삼는 짤막한 말. ⓔ 성실을 평생 모토로 삼다.

*__모퉁이__ 구부러지거나 꺾이어 돌아 간 자리. ⓔ길 모퉁이의 가게. 비귀퉁 이. 땐가운데.

모판 (一板) 들어가 손질하기에 편리 하도록 못자리의 사이사이를 떼어 직 사각형으로 다듬어 놓은 구역.

모피 (毛皮) 털이 붙은 채로 벗긴 짐 승의 가죽. ⓔ모피 코트.

모함 (謀陷) 나쁜 꾀를 써서 남을 어 려운 처지에 빠지게 함. ⓔ친구를 모 함에 빠뜨리다. **모함하다.**

모험 (冒險) [모:험] 위험을 무릅쓰고 어떤 일을 함. 또는 그 일. ⓔ밀림으 로 모험을 떠나다. **모험하다.**

모험가 (冒險家) [모:험가] 모험을 즐 기거나 자주 하는 사람.

모험심 (冒險心) [모:험심] 모험을 즐 기거나 도전하려는 마음.

*__모형__ (模型) 1 실물을 본떠서 만든 물건. ⓔ거북선의 모형 / 모형 지도. 2 똑같은 모양의 물건을 만들어 내기 위 한 틀. 준형.

모형도 (模型圖) 실제 모양을 본떠서 그린 그림.

모호하다 (模糊一) 말이나 태도가 흐 리터분하고 똑똑하지 못하다. ⓔ모호 한 대답.

*__목__[1] 1 머리와 몸을 이은 잘록한 부 분. ⓔ목도리로 목을 감다. ⇨neck 2 '목구멍'의 준말. ⓔ목이 컬컬하다. 3 모든 물건의 목에 해당하는 부분. ⓔ 목이 긴 병. 4 다른 곳으로는 빠져 나 갈 수 없는 통로의 중요하고 좁은 곳. ⓔ통로의 목을 지키다. 5 목을 통해 나오는 소리. ⓔ목이 쉬다 / 목을 가다 듬다.

목(을) 놓아 참거나 삼가지 않고 소리를 크게 내어. ⓔ목을 놓아 통 곡하다.

목을 축이다 목이 말라 물 따위를 마시다. ⓔ시원한 음료수로 목을 축 이다.

목이 빠지게 기다리다 몹시 애타게 기다리다. ⓔ편지가 오기를 목이 빠 지게 기다리다.

목(이) 잠기다 목이 쉬어서 목소리 가 잘 나오지 않게 되다.

목(이) 타다 심하게 갈증을 느끼다. ⓔ목이 타서 물을 찾다.

목이 터져라(고) 매우 큰 소리로. ⓔ목이 터져라고 응원하다.

*__목__[2] (木) '목요일'의 준말.

목각 (木刻) [목깍] 나무에 그림이나 글씨 따위를 새김. 또는 거기에 새긴 그림이나 글씨. **목각하다.**

목거리 [목꺼리] 목이 붓고 아픈 병. ⓔ목거리를 앓다.

목걸이 [목꺼리] 보석이나 귀금속 따 위로 된 목에 거는 장식품. ⓔ진주 목 걸이.

목격 (目擊) [목껵] 일이 벌어진 광경 을 눈으로 직접 봄. ⓔ교통사고 현장 을 목격하다. **목격하다.**

목격자 (目擊者) [목껵짜] 어떤 일을 눈으로 직접 본 사람.

목공 (木工) [목꽁] 1 나무로 여러 가 지 물건을 만드는 일. 2 ⇨목수.

목공구 (木工具) [목꽁구] 나무를 깎 고 다듬는 데 쓰는 공구. 톱, 대패, 끌 따위.

목관 악기 (木管樂器) 몸통이 나무 로 된 관악기. 클라리넷·퉁소·피리·색 소폰 따위. *금관 악기.

목구멍 [목꾸멍] 기도나 식도로 통하 는 입속의 깊숙한 안쪽. 준목.

목구멍에 풀칠하다 굶지 아니하고 겨우 살아가다.

목기(木器)[목끼] 나무로 만든 그릇.

목덜미[목떨미] 목의 뒷부분. 예목덜미를 잡다.

목도리[목또리] 추위를 막거나 멋을 내기 위하여 목에 두르는 물건. 비머플러.

목돈[목똔] 액수가 큰 돈. 예푼돈 모아 목돈을 만들다. 비모갯돈. 뭉칫돈. 반푼돈.

목동(牧童)[목똥] 말·소·염소 따위 가축에 풀을 뜯기며 돌보는 아이. 예목동이 부는 풀피리 소리.

목련(木蓮)[몽년] 목련과의 낙엽 활엽 교목. 높이는 10m 정도이며, 봄에 잎이 돋기 전에 크고 향기 있는 흰 꽃이 먼저 핌.

목례(目禮)[몽녜] 눈짓으로 가볍게 하는 인사. 예목례를 나누다. 비눈인사. **목례하다**.

목록(目錄)[몽녹] 어떤 물품의 이름이나 책들의 제목 따위를 일정한 차례로 적은 것. 예도서 목록 / 재산 목록. 비목차.

목마(木馬)[몽마] 어린아이들의 놀이나 승마 연습용으로 쓰는 나무로 만든 말.

목마르다[몽마르다] 1 물이 먹고 싶다. 예땀을 흘리고 나니 목마르다. 2 몹시 바라거나 아쉬워하다. 예편지를 목마르게 기다리다. [활용] 목말라 / 목마르니.

목말[몽말] 남의 어깨 위에 두 다리를 벌리고 앉거나 올라서는 짓. 예아빠가 목말을 태워 주었다.

목물[몽물] 팔다리를 뻗고 엎드려서 허리 위에서 목까지를 물로 씻는 일. 예목물을 끼얹다. 비등물. 등목. **목물하다**.

목민심서(牧民心書)[몽민심서] 〖책〗조선 순조 때 정약용이 쓴 책. 지방 관리들이 백성을 다스리는 데에 지켜야 할 도리를 설명한 것으로, 근세 사회 연구의 중요한 자료가 되고 있음.

목발(木-)[목빨] 다리가 불편한 사람이 겨드랑이에 끼고 걷는 지팡이.

목사(牧師)[목싸] 기독교에서 예배를 인도하고 신자를 가르치며 교회를 다스리는 교직. 또는 그 사람. 비목자.

목석(木石)[목썩] 1 나무와 돌. 2 나무나 돌과 같이 감정이나 인정이 없는 사람. 예목석같은 사람.

목성(木星)[목썽] 태양에서부터 다섯째의 행성. 태양계의 행성 가운데 가장 큰 별이며 밝게 빛남.

*목소리[목쏘리] 사람의 목구멍에서 나는 소리. 곧, 말소리 따위. 예목소리를 낮추다 / 친구의 목소리를 흉내 내다. 비음성. ⇒voice

목수(木手)[목쑤] 나무를 다루어 집을 짓거나 물건을 만드는 일을 직업으로 하는 사람. 비목공.

*목숨[목쑴] 숨을 쉬며 살아 있는 힘. 살아가는 데 밑바탕이 되는 힘. 예목숨이 다하다 / 목숨이 위태롭다. 비생명.

*목요일(木曜日)[모교일] 칠요일의 하나. 일요일로부터 다섯째 되는 날. 준목. ⇒Thursday

*목욕(沐浴)[모곡] 머리를 감으며 몸을 씻는 일. **목욕하다**. ⇒bath

목욕물(沐浴-)[모공물] 목욕할 때 쓰는 물.

*목욕탕(沐浴湯)[모곡탕] 목욕할 수 있도록 시설을 갖추어 놓고 영업을 하는 곳. 준욕탕.

목 운동(-運動) 머리와 목을 움직이는 맨손 체조의 하나.

목자(牧者)[목짜] 1 양을 치는 사람. 2 신자를 양에 비유하여 성직자나 목사를 이르는 말.

*목장(牧場)[목짱] 소·양·말 따위의 가축을 놓아기르는 넓은 산이나 들판 같은 곳.

목재(木材)[목째] 건축이나 가구 따위에 쓰는, 나무로 된 재료. 비재목.

*목적(目的)[목쩍] 이루려고 하는 일이나 나아가려는 방향. 예뚜렷한 목적을 세우다 / 목적을 향해 나아가다. 비목표. ⇒purpose

목적어(目的語)[목쩌거] 문장에서 '을'이나 '를'이 붙어 동작의 대상이 되는 말. 곧, '나는 책을 읽는다'에서 '책을' 따위.

목적지(目的地)[목쩍찌] 목표로 삼

거나 가고자 하는 곳. ⓔ목적지에 도착하다.

목전(目前) [목쩐] 눈앞. 당장. ⓔ시험이 목전에 닥치다.

목젖 [목쩓] 목구멍의 안쪽 뒤 끝에 위에서부터 아래로 늘어진 둥그스름한 살. 비현옹수.

목제(木製) [목쩨] 나무를 재료로 하여 만듦. 또는 그런 물건. ⓔ목제 그릇. 비목조.

목제품(木製品) [목쩨품] 나무를 재료로 해서 만든 물품.

목조(木造) [목쪼] ⇨목제. ⓔ목조 건물.

목차(目次) 목록이나 제목, 조항 따위의 차례.

목청 1 소리를 내는 기관. 2 목에서 울려 나오는 소리. 노래 부르는 목소리. ⓔ목청을 가다듬다.

목청껏 [목청껃] 있는 힘을 다하여 소리를 질러. ⓔ목청껏 외치다.

목초(牧草) 소·말·양 따위에게 먹이는 풀. ⓔ목초를 베다. 비꼴.

목초지(牧草地) 가축에게 먹이는 풀이 자라고 있는 땅.

목축(牧畜) 소·말·양·돼지 등을 많이 기르는 일. **목축하다**.

목축업(牧畜業) [목추집] 목축을 경영하는 직업이나 사업.

목침(木枕) 나무토막으로 만든 베개. ⓔ목침을 베고 자다.

목탁(木鐸) 불교의 의식에서 쓰는, 나무를 둥글게 깎아 속을 파서 방울처럼 만들고 고리 모양의 손잡이를 단 물건.

목탁

목탄(木炭) 1 ⇨숯. 2 버드나무·오동나무 등 결이 좋고 무른 나무로 만든 숯. 그림을 그릴 때 사용함.

목판(木版) 나무에 글자나 그림을 새긴 인쇄용 판.

목포(木浦) 〖지명〗전라남도 서쪽 끝에 있는 항구 도시. 각종 해산물과 농산물의 집산지이며 호남선의 종착지로 서해안 고속 도로가 연결됨. 유달산·삼학도 등의 명승지가 있음.

***목표**(目標) 목적으로 삼는 것. 일을 할 때 이루려는 대상. ⓔ목표를 정하다. 비목적. **목표하다**.

목표물(目標物) 목표로 하는 물건. ⓔ목표물에 명중시키다.

목표액(目標額) 목표로 삼고 있는 금액. ⓔ판매 목표액을 늘려 잡다 / 수출 목표액을 달성하다.

목화(木花) [모콰] 아욱과의 한해살이풀. 밭에 재배하는데 높이는 80cm 정도, 가을에 누렇거나 흰 꽃이 핌. 씨에 붙은 면화는 피륙이나 실의 원료가 됨. 1363년 고려 공민왕 때 문익점이 처음 들어옴. 비면화. 목면.

목화

목화씨(木花−) [모콰씨] 목화의 씨.

목회(牧會) [모쾨/모퀘] 기독교에서 목사가 교회를 맡아 설교하거나 신자의 신앙생활을 지도하는 일. **목회하다**.

***몫** [목] 1 여럿으로 나누어 가지는 각 부분. ⓔ자기 몫을 챙기다. 2 나눗셈에서, 어떤 수를 나누는 수로 나누어 얻은 수. ⓔ100을 50으로 나누면 몫은 [목쓴] 2이다.

몬순 지대(monsoon地帶) 계절에 따라 바람이 일정한 방향으로 부는 지대. 약 반년을 주기로 겨울에는 육지에서 바다로, 여름에는 반대로 바다에서 육지로 바람의 방향이 바뀜. 계절풍 지대.

몰골 볼품없는 모양새. ⓔ초라한 몰골 / 몰골이 말이 아니군.

***몰다** [몰:다] 1 바라는 쪽으로 움직여 가게 하다. ⓔ소를 몰다. 2 자전거나 자동차 따위를 운전하다. ⓔ자가용을 몰다. 3 한곳으로 모으거나 합치다. ⓔ공을 몰고 나아가다. 4 남을 나쁜 사람으로 여기고 그렇게 다루다. ⓔ역적으로 몰다. 활용 몰아 / 모니 / 모는.

몰두하다(沒頭−) [몰뚜하다] 어떤 한 가지 일에만 온 정신을 다 기울여 열중하다. ⓔ시험공부에 몰두하다.

몰라보다 [몰:라보다] 1 잘 알아보지 못하다. ⓔ몰라보게 컸군. 2 예의를 갖

몰라주다

추어야 할 사람에게 무례하게 굴다. 예어른을 몰라보고 버릇없이 굴다. 3 진정한 가치를 제대로 평가하지 못하다. 예좋은 작품을 몰라보다.

몰라주다 [몰:라주다] 알아주지 않다. 이해하여 주지 않다. 예남의 속을 몰라주다. 빤알아주다.

몰락 (沒落) 한창 잘되어 성하던 것이 쇠하여 망함. 예몰락한 집안. 몰락하다.

*몰래 [몰:래] 남이 모르도록 가만히. 예몰래 다가가다.

몰려가다 여럿이 떼를 지어 한쪽으로 가다. 예관객들이 무대 위로 우르르 몰려가다.

몰려나오다 여럿이 떼를 지어 나오다. 예수업이 끝나자 교실 밖으로 학생들이 몰려나왔다.

몰려다니다 여럿이 떼를 지어 돌아다니다. 예끼리끼리 몰려다니다.

몰려들다 1 여럿이 떼를 지어 한꺼번에 들어오다. 예구경꾼들이 몰려들다. 2 어떤 기운이 한꺼번에 일어나다. 예피로가 몰려들다. [활용] 몰려들어 / 몰려드니 / 몰려드는.

몰려오다 1 여럿이 뭉쳐 한쪽으로 밀려오다. 예검푸른 파도가 몰려오다. 2 어떤 기운이 한꺼번에 생기다. 예잠이 몰려오다.

몰리다 1 여럿이 한쪽으로 밀려 뭉치다. 예점심시간에 급식을 먹으려는 학생들이 한꺼번에 몰린다. 2 몰아댐을 당하다. 예궁지에 몰리다. 3 일이 한꺼번에 많이 밀리다. 예갑자기 일에 몰리어 바쁘다.

몰매 ⇨뭇매.

몰살 (沒殺) [몰쌀] 죄다 죽임. 예온 가족을 몰살하다. 몰살하다.

몰상식하다 (沒常識一) [몰쌍시카다] 말이나 행동이 상식에서 벗어나다. 예몰상식한 행동을 하다.

몰수 (沒收) [몰쑤] 빼앗아 들임. 예재산을 몰수하다. 몰수하다.

몰아내다 [모라내다] 몰아서 나가게 하다. 밖으로 쫓아 버리다. 예침략자를 몰아내다.

몰아넣다 [모라너타] 1 몰아서 안으로 들어가게 하다. 예닭을 닭장에 몰아넣다. 2 어떤 처지나 상태에 빠지게 하다. 예궁지에 몰아넣다.

몰아붙이다 [모라부치다] 한쪽으로 모두 몰려가게 하다. 예이삿짐을 한쪽으로 몰아붙이다.

몰아세우다 [모라세우다] 잘잘못을 가리지도 않고 마구 나무라다. 줄몰아세다.

몰아쉬다 [모라쉬다] 숨 따위를 한번에 모아 세게 또는 길게 쉬다. 예숨을 가쁘게 몰아쉬다.

몰아치다 [모라치다] 1 한곳으로 한꺼번에 몰려 닥치다. 예심한 바람이 몰아치다. 2 한꺼번에 몹시 서두르다. 예닷새에 할 일을 몰아쳐서 사흘에 끝내 버렸다. 3 심하게 구박하거나 나무라다. 예버릇없는 아이를 호되게 몰아치다.

몰이 [모리] 사냥할 때나 물고기를 잡을 때 짐승·물고기를 모는 일.

몰이꾼 [모리꾼] 몰이를 하는 사람.

몰인정하다 (沒人情一) [모린정하다] 남을 이해하고 걱정해 주는 마음이 전혀 없다. 예몰인정한 사람.

몰입 (沒入) [모립] 어떤 일에 깊이 파고들거나 빠짐. 예영화에 몰입하다. 몰입하다.

몰지각하다 (沒知覺一) [몰지가카다] 알아 깨달음이 없다. 예상식 밖의 몰지각한 행동.

*몸 1 사람이나 동물의 머리에서부터 발까지 거기에 딸린 모든 것을 통틀어 일컫는 말. 예몸이 튼튼하다. ⇨body 2 신분이나 사람을 이르는 말. 예형은 곧 군에 입대할 몸이다. 비신체.

  몸 둘 바를 모르다 어떻게 처신해야 할지 모르다.

  몸에 배다 익숙해지다.

  몸(을) 바치다 ㉠목숨을 희생하다. ㉡몸을 아끼지 않고 헌신하다.

몸가짐 몸을 움직이거나 차리고 있는 태도나 모양. 예공손한 몸가짐.

몸값 [몸깝] 1 사람의 몸을 돌려보내는 대가로 요구하는 돈. 예납치범들이 몸값을 요구하다. 2 사람의 가치를 돈으로 빗대어 하는 말. 예프로 선수들의 몸값이 올라가고 있다.

몸놀림 몸을 움직이는 일. 예몸놀림

몸담다 [몸담따] 어떤 조직이나 분야에서 일을 하다. 예 어머니께서는 교직에 몸담고 계신다.

몸동작 (-動作) [몸똥작] 몸을 움직이는 모양. 예 몸동작이 날렵하다.

***몸뚱이** 사람이나 짐승의 팔·다리·머리를 제외한 몸의 덩치.

몸매 몸의 맵시나 모양새. 예 몸매를 가꾸다.

***몸무게** 몸의 무게. 예 몸무게를 재다. 비 체중.

몸부림 1 울거나 떼쓰거나 할 때, 온 몸을 마구 흔들고 부딪는 일. 2 잠잘 때에 이리저리 뒹굴며 자는 일. 예 몸부림이 심한 동생. **몸부림하다.**

몸부림치다 1 온몸을 심하게 흔들고 부딪다. 예 몸부림치며 통곡하다. 2 어떤 일을 이루거나 고통 따위를 견디려고 몹시 애쓰다. 예 1등을 놓치지 않으려고 몸부림치다.

몸살 지나친 피로로 온몸이 쑤시고 오한이 나는 증세. 예 몸살이 나다.

몸서리치다 지긋지긋하도록 싫증이 나거나 무서워 몸을 떨다. 예 사고 현장을 보고 몸서리쳤다.

몸소 제 몸으로 직접. 예 몸소 실천하다. 비 친히.

몸수색 (-搜索) 무엇을 찾아내려고 남의 몸을 뒤지는 일. 예 경찰이 몸수색을 하다. **몸수색하다.**

몸져눕다 [몸져눕따] 병이나 고통이 심하여 자리에 누워 있다. 활용 몸져누워 / 몸져누우니.

몸조리 (-調理) 허약해진 몸을 잘 보살피고 돌봄. **몸조리하다.**

몸조심 (-操心) 1 병들거나 다치지 않도록 몸을 함부로 쓰지 아니함. 예 점점 추워지니 몸조심해라. 2 말이나 행동을 삼감. **몸조심하다.**

***몸집** [몸찝] 몸의 부피. 예 몸집이 매우 크다. 비 덩치.

***몸짓** [몸찓] 몸을 놀리는 모양. 예 재빠른 몸짓.

몸치장 (-治粧) 장신구 따위로 몸을 잘 매만져 맵시 있게 꾸밈. 비 몸단장. 몸차림. **몸치장하다.**

몸통 가슴·배·등으로 이루어진 몸의 중심 부분. 예 몸통 운동.

***몹시** [몹ː씨] 더할 수 없이 심하게. 예 몹시 춥다. 비 되게. 매우. 아주.

몹쓸 [몹ː쓸] 악독하고 고약한. 예 몹쓸 병에 걸리다.

***못**¹ [몯] 넓고 깊게 팬 땅에 늘 물이 괴어 있는 곳. 비 연못. ⇒ pond

***못**² [몯] 쇠·대·나무 따위로 가늘고 뾰족하게 만들어 물건과 물건 사이를 잇대고 걸쳐 박거나 벽 따위에 박아서 물건을 거는 데 쓰는 물건. 예 벽에 못을 박다. ⇒ nail

***못**³ [몯ː] 어떤 말 앞에서, 할 수 없다거나 이루어지지 않았다는 뜻을 나타내는 말. 예 망가뜨려 못 쓰게 만들다 / 오늘은 늦어서 못 간다 / 시끄러워 못 자겠다.

못⁴ [몯] 살갗이 무엇에 스치거나 탈이 나서 딴딴하게 된 자리. 예 발바닥에 못이 박이다.

못갖춘마디 [몯ː깓춘마디] 악보의 첫마디나 끝 마디에 있는, 박자표대로 되어 있지 않은 마디. *갖춘마디.

못나다 [몯ː나다] 1 얼굴이 잘나거나 예쁘지 않다. 예 못난 얼굴. 2 능력이 남보다 모자라거나 어리석다. 예 못난 녀석. 반 잘나다.

못난이 [몯ː나니] 못나고 하는 짓이 어리석은 사람. 비 바보.

못내 [몯ː내] 잊지 못하고 늘. 그지없이. 예 못내 그리워하다.

못다 [몯ː따] '다 하지 못함'을 나타내는 말. 예 못다 읽은 책.

못되다 [몯ː뙤다 / 몯ː뛔다] 성질이나 하는 행동이 좋지 아니하다. 예 못된 녀석.

못마땅하다 [몬ː마땅하다] 마음에 들지 아니하다. 예 못마땅한 듯이 눈살을 찌푸리다.

못살다 [몯ː쌀다] 1 가난하게 살다. 예 못사는 집. 반 잘살다. 2 기를 펴지 못하게 하다. 예 강아지를 못살게 굴지 마라. 활용 못살아 / 못사니 / 못사는.

못생기다 [몯ː쌩기다] 생김새가 보통보다 못하다. 예 못생긴 얼굴. 반 잘생기다. ⇒ ugly

못쓰다 [몯ː쓰다] 1 옳지 않다. 좋지 않다. 안 되다. 예 너무 게을러서 못쓰겠다 / 수업 중에 장난만 하면 못써. 2 얼굴이나 몸이 축나다. 예 앓았다더니 얼굴이 못쓰게 상했구나. 활용 못써 / 못쓰니.

못자리 [모짜리 / 몯짜리] 볍씨를 뿌려 모를 기르는 논. 또는 그 논바닥. 비 묘판. 묘상. **못자리하다**.

못줄 [모쭐 / 몯쭐] 모를 심을 때 줄을 맞추려고 대는 줄.

못지않다 [몯찌안타] 일정한 수준이나 정도에 미치다. 예 선수 못지않게 잘 달린다. 본 못지아니하다.

***못하다** [모:타다] 서로 비교해 보았을 때 질이나 양의 정도가 다른 것에 비하여 낮다. 예 내 자전거는 언니 것보다 못하다.

몽고점 (蒙古點) 어린아이의 엉덩이·등·허리 따위에 나타나는 푸르스름한 점. 비 몽고반점.

몽골 (Mongol) 〖국명〗 러시아와 중국 사이에 있는 나라. 주민의 유일한 생활 수단은 유목이며 목축업이 발달함. 수도는 울란바토르.

몽당연필 (一鉛筆) [몽당년필] 오래 써서 길이가 짧고 뭉툭한 연필.

몽둥이 조금 굵직하고 긴 막대기.

몽땅 1 전부. 모두. 예 재산을 몽땅 날리다. 2 꽤 많은 부분을 대번에 자르는 모양. 큰 뭉떵.

몽땅하다 끊어서 몽쳐 놓은 것처럼 짤막하다. 예 몽땅한 연필.

몽똑하다 [몽또카다] 끝이 아주 짧고 무디다. 예 몽똑한 연필심.

몽롱하다 (朦朧—) [몽농하다] 1 빛이 흐릿하다. 예 몽롱한 눈빛. 2 정신이 흐리멍덩하다. 예 기억이 몽롱하다.

몽상 (夢想) [몽:상] 꿈같이 헛되거나 허황한 생각을 함. 예 몽상에 잠기다 / 몽상에 젖다. **몽상하다**.

몽유병 (夢遊病) [몽:유뼝] 정신병의 하나. 잠을 자다가 갑자기 일어나서, 자신도 모르게 어떤 행동을 하다가 다시 자는 병. 있었던 일을 나중에 기억하지 못함.

몽타주 (프 montage) 따로따로 촬영된 화면을 알맞게 떼어 붙여서 화면 전체를 구성하는, 영화나 사진의 편집 구성의 한 방법.

몽탕 1 전부. 2 꽤 많은 부분을 대번에 자르는 모양. 센 뭉땅.

뫼¹ [뫼: / 뭬:] 사람의 무덤. 비 묘.

뫼² '산'의 옛말.

묏자리 [뫼:짜리 / 뭰:짜리] 뫼를 쓸 자리. 못자리. 예 묏자리를 잘 쓰다.

묘 (墓) [묘:] 사람의 무덤.

묘기 (妙技) [묘:기] 교묘한 기술과 재주. 예 묘기를 부리다.

***묘목** (苗木) [묘:목] 옮겨 심기 위하여 가꾼 어린나무. 비 모나무.

묘미 (妙味) [묘:미] 특별한 재미. 예 야구의 묘미를 만끽하다.

묘비 (墓碑) [묘:비] 무덤 앞에 세우는 비석. 비 묘석.

묘사 (描寫) [묘:사] 글이나 그림에서, 어떤 사물이나 현상, 마음의 상태 등을 있는 그대로 나타내거나 그려냄. 예 자연 경치를 잘 묘사한 동화. **묘사하다**.

묘소 (墓所) [묘:소] 죽은 사람의 무덤이 있는 곳. 산소. 예 부모님 묘소에 성묘를 다녀왔다.

묘수 (妙手) [묘:수] 1 좋은 방법이나 솜씨. 예 묘수를 쓰다 / 특별한 묘수가 없다. 2 바둑이나 장기에서, 생각해 내기 힘든 좋은 수. 예 묘수를 두다.

묘안 (妙案) [묘:안] 좋은 생각. 예 묘안이 떠오르다.

묘연하다 (杳然—) 소식이나 행방 따위를 알 수 없다. 예 소식이 묘연하다 / 그의 행방이 묘연하다.

묘지 (墓地) [묘:지] 무덤 또는 무덤이 있는 땅.

묘지기 (墓—) [묘:지기] 남의 산소를 지키며 보살피는 사람.

묘책 (妙策) [묘:책] 매우 좋은 꾀.

묘판 (苗板) [묘:판] 1 ⇨못자리. 2 씨를 뿌려 모를 키우기 위하여 만들어 놓은 곳.

***묘하다** (妙—) [묘:하다] 1 모양이나 동작 따위가 색다르다. 예 묘하게 생긴 돌. 2 일이나 이야기 따위가 기이하여 표현하기 어렵다. 예 기분이 묘하다 / 일이 묘하게 됐다. 3 수완이나 재주 따위가 뛰어나거나 약빠르다. 예 묘한 꾀를 생각해 내다.

묫자리 (墓—) [묘:짜리 / 묻:짜리] ⇨

묏자리.

무¹ [무:] 뿌리와 잎을 먹는 채소의 한 가지. 봄에 엷은 보라색이나 흰 꽃이 핌. 잎은 뿌리에서 뭉쳐나고 뿌리는 빛이 희고 살이 많음. ×무우.

무²(無) 없음. 凹유.

무감각(無感覺) 1 감각이 없음. 예 동상에 걸려 발가락이 무감각해지다. 2 주위 사정이나 분위기 따위에 관심이 없음. 예 무감각한 표정을 짓다. **무감각하다**.

***무겁다** [무겁따] 1 무게가 많이 나가다. 예 무거운 돌. 2 깊이 생각한 후 말과 행동을 하다. 예 입이 무겁다. 3 부담·책임 따위가 크거나 중대하다. 예 책임이 무겁다. 4 기분이 유쾌하지 않고 우울하다. 예 머리가 무겁다 / 마음이 무겁다. 5 병이나 죄가 심하거나 크다. 예 죄에 비해 무거운 벌을 받다. 凹가볍다. 활용 무거워 / 무거우니.

***무게** 1 물건의 무거운 정도. 예 무게를 달다. 凹중량. 2 가치나 중요성의 정도. 예 무게 있는 작품. 3 말과 행동이 침착하고 의젓한 정도. 예 무게 있는 사람. ⊃weight

무게 중심(一中心) 물체를 받쳐 기울지 않게 되는 점. 그 물체의 각 부분에 작용하는 중력이 하나로 모이는 점. 凹중심.

무공(武功) [무:공] 군인으로서 세운 공적. 예 무공 훈장. 凹무훈.

무공해(無公害) 자연이나 사람에게 피해를 주지 않음. 예 무공해 식품 / 무공해 농산물.

무과(武科) [무:과] 예전에, 무관을 뽑던 과거. 凹문과.

무관(武官) [무:관] 1 예전에, 무과 출신의 벼슬아치. 2 군에 소속되어 군대 일을 맡아보는 관리. 凹문관.

무관심(無關心) 관심이나 흥미가 없음. 예 무관심한 태도를 보이다. **무관심하다**.

무관하다(無關—) 관계가 없다. 예 나와는 무관한 일이다.

무궁무진(無窮無盡) 한이 없고 끝이 없음. 매우 많다. 예 무궁무진한 자원 / 이야깃거리가 무궁무진하다. **무궁무진하다. 무궁무진히**.

무궁하다(無窮—) 한이 없다. 끝이 없다. 예 나라의 무궁한 발전을 기원합니다.

***무궁화**(無窮花) 1 ⇨무궁화나무. 2 무궁화나무의 꽃. 우리나라의 나라꽃임. 凹근화.

무궁화나무(無窮花—) 아욱과의 낙엽 활엽 관목. 관상용·울타리용으로 심음. 높이는 3m, 가지가 많음. 여름에 분홍·보라·흰색·자줏빛의 꽃이 종 모양으로 핌. 凹무궁화.

***무기¹**(武器) [무:기] 전쟁이나 싸움에 사용되는 총·대포 따위의 온갖 기구. 凹병기.

무기²(無期) '무기한'의 준말. 예 무기 연기. 凹유기.

무기력(無氣力) 기운과 힘이 없음. 예 무기력한 사람. **무기력하다**.

무기명(無記名) 이름을 쓰지 않음. 예 무기명 비밀 투표. 凹기명.

무기물(無機物) 생활 기능이 없는 물질이나 그것을 원료로 하여 만든 물질을 통틀어 이르는 말. 물·공기·광물 따위. 凹유기물.

무기 염류(無機鹽類) 몸의 조직을 만드는 데 필요한 물질을 통틀어 이르는 말. 식염·황산 암모늄·질산 칼슘 따위.

무기질(無機質) 뼈·이·피·체액 따위에 포함되어 있는 영양소로 생물의 성장·유지에 꼭 필요한 원소. 칼슘·인·철분 따위.

무기 징역(無期懲役) 평생 풀어 주지 않고 감옥에 가두는 형벌.

무기한(無期限) 일정한 기한이 없음. 凹유기한. 줄무기.

무난하다(無難—) 1 어렵지 아니하다. 괜찮다. 예 예선은 무난하게 통과되었다. 2 까다롭지 않고 무던하다. 예 그는 무난한 사람이다.

무너뜨리다 무너지게 하다. 예 담을 무너뜨리다.

***무너지다** 1 포개어 쌓인 물건이 떨어져 흩어지다. 예 다리가 무너지다. 2 어떤 계획 등이 이루어지지 않다. 예 공든 탑이 무너지다. 3 질서나 체계 따위가 파괴되다. 예 사회 질서가 무너지다.

무녀 (巫女) [무:녀] ⇨무당.

무논 물이 늘 괴어 있거나 물을 쉽게 댈 수 있는 논.

무능 (無能) 재주나 힘이 없음. 능력이 없음. 빤유능. **무능하다**.

무능력 (無能力) [무능녁] 일을 처리할 만한 힘이 없음. **무능력하다**.

*__무늬__ [무니] 1 물건의 겉면에 나타난 모양. 예나무의 무늬를 살려서 가구를 만들다. 2 옷감·조각 등을 꾸미기 위한 여러 가지 모양. 예무늬를 수놓다. 비문양.

무단¹ (武斷) [무:단] 무력이나 억압을 써서 강제로 행함. 예무단 정치/무단으로 점거하다.

무단² (無斷) 미리 승낙을 얻지 않음. 예무단 외출/무단으로 결근하다. **무단하다**. **무단히**.

*__무당__ [무:당] 귀신을 섬기어 길흉을 점치고 굿을 하는 것을 업으로 하는 여자. 비무녀.

무당벌레 [무:당벌레] 무당벌렛과의 곤충. 몸길이는 8mm가량이고, 딱지날개는 붉은 바탕에 검은 무늬가 있음. 몸은 달걀 모양으로 둥글게 불쑥 나와 있고 아래쪽은 편평함. 진딧물 따위의 해충을 잡아먹는 익충임.

무당벌레

*__무대__ (舞臺) [무:대] 1 노래·춤·연극 따위를 하기 위하여 높직하게 만든 단. 예조명이 무대를 비추다. 2 온갖 재주나 기술 따위를 나타내 보이는 곳. 예세계 무대에 진출하다.

무더기 많은 물건을 한데 모아 수북이 쌓은 더미. 또는 그것을 세는 말. 예돌 무더기/토마토 한 무더기를 사다.

무더위 찌는 듯한 더위. 예무더위에 시달리다.

무던하다 1 정도가 어지간하다. 2 까다롭지 않고 마음씨가 너그럽다. 예성격이 무던한 사람.

무던히 무던하게. 예너는 무던히 애를 먹이는구나.

*__무덤__ 시체를 땅에 묻은 곳. 비분묘. 산소.

무덤덤하다 마음에 아무 느낌이 없이 예사스럽다. 예무덤덤한 성격/무덤덤한 표정을 짓다.

*__무덥다__ [무덥따] 날씨가 찌는 듯이 덥다. 예무더운 여름 날씨. 빤서늘하다. [활용] 무더워/무더우니.

무도회 (舞蹈會) [무:도회/무:도훼] 여러 사람이 음악에 맞추어 춤을 추는 모임.

무동 (舞童) [무:동] 1 예전에, 나라 잔치 때 춤을 추고 노래를 부르던 아이. 2 농악에서 남의 어깨 위에 서서 춤추는 아이.

　무동(을) 서다 서 있는 다른 사람의 어깨 위에 올라서다.

　무동(을) 타다 다른 사람의 어깨 위에 올라가 목 뒤로 걸터앉다.

무드 (mood) 어떤 상황에서 대체적으로 느끼는 분위기나 기분. 정서. 분위기. 예무드를 잡다/무드를 깨다.

무디다 1 끝이나 날이 날카롭지 않다. 예무딘 면도날. 2 느끼어 깨닫는 힘이 모자라다. 예감각이 무디다. 빤날카롭다.

무뚝뚝하다 [무뚝뚜카다] 성격이 쾌활하지 않고 인정미가 없다. 아기자기한 맛이 없다. 예무뚝뚝한 표정/무뚝뚝한 사나이.

무량수전 (無量壽殿) 무량수불(수명이 한없는 부처)인 아미타불을 모신 법당. 경상북도 영주시의 부석사에 있음. 우리나라 국보로, 정식 이름은 '영주 부석사 무량수전'.

*__무럭무럭__ [무렁무럭] 1 힘차게 잘 자라는 모양. 예무럭무럭 크는 아이들. 2 연기나 냄새 따위가 피어오르는 모양. 예김이 무럭무럭 난다. 잭모락모락.

무려 (無慮) 어떤 수효를 말할 때, 그 수가 예상보다 상당히 많음을 나타내는 말. 예사상자가 무려 50명이나 되었다.

무력 (武力) [무:력] 군사상의 힘. 무력을 행사하다. 비병력.

무력하다 (無力−) [무:력카다] 1 힘 또는 세력이 없다. 예적군의 공격에 무력하게 패배했다. 2 능력이나 활동할 힘이 없다. 예생활에 무력한 사람.

*__무렵__ 바로 그때쯤. 일이 벌어질 그

즈음. 예해 질 무렵.
무령왕릉 (武寧王陵) [무:령왕능] 충청남도 공주에 있는 백제 제25대 무령왕의 무덤. 1971년 발견되었는데, 백제 금관을 비롯하여 우리나라에서 가장 오래된 지석과 많은 유물이 발굴되었음.
무례 (無禮) 예의에 벗어남. 예의가 없음. 예무례한 행동을 하다. **무례하다**. 무례히.
무뢰한 (無賴漢) [무뢰한/무뤠한] 일정하게 하는 일 없이 돌아다니면서 나쁜 짓을 일삼는 사람.
무료 (無料) 값이나 요금이 없음. 예극장에 무료로 입장하다. 비거저. 공짜. 반유료.
무료하다 (無聊—) 심심하고 지루하다. 예무료하게 시간을 보내다.
무르다¹ 굳은 것이 녹실녹실하게 푹 익다. 예야채가 물러서 못 먹게 되다. [활용] 물러/ 무르니.
무르다² 1 샀던 것을 도로 주고 돈을 되찾다. 예차표를 무르다. 2 이미 행한 일을 그 전의 상태로 되돌리다. 예바둑돌을 무르다. [활용] 물러/ 무르니.
무르다³ 1 단단하지 않다. 예무른 사과. 2 마음이 여리거나 힘이 약하다. 예그녀는 마음이 너무 물러 걸핏하면 운다. [활용] 물러/ 무르니.
무르익다 [무르익따] 익을 대로 푹 익다. 예무르익은 오곡백과.
무릅쓰다 힘들고 어려운 일을 참고 견뎌 해내다. 예위험을 무릅쓰다. [활용] 무릅써/ 무릅쓰니.
무릇 [무른] 대체로 보아. 예무릇 성공이란 노력의 결실이다.
*__무릎__ [무릅] 넓적다리와 정강이 사이의 이어진 부분의 앞쪽. ⇒knee
  __무릎(을) 꿇다__ 항복하다. 굴복하다. 예무릎 꿇고 용서를 빌다.
  __무릎(을) 치다__ 매우 좋은 일이나 놀랄 만한 일이 있을 때 무릎을 탁 치다.
무릎뼈 [무릅뼈] 무릎 앞 한가운데에 있는 종지같이 생긴 뼈. 비슬개골. 종지뼈.
*__무리__¹ 여럿이 모여 한 동아리를 이룬 사람들. 또는 짐승의 떼. 예무리를 지어 돌아다니다.
*__무리__² (無理) 1 이치에 맞지 않음. 도리가 아님. 예무리한 요구를 하다. 2 힘에 부치는 일을 억지로 우겨서 함. 예일을 무리하게 떠맡기다 / 내 힘으로는 무리다. **무리하다**.
무리수 (無理數) 정수·분수의 형식으로 나타낼 수 없는 실수.
무말랭이 [무:말랭이] 반찬거리로 쓰려고 무를 잘게 썰어서 말린 것.
*__무명__¹ 무명실로 짠 천. 비면포.
무명² (無名) 이름이 알려져 있지 않음. 예무명 가수 / 무명 인사. 반유명. **무명하다**.
무명실 목화의 솜에서 뽑은 실. 비면사.
무명옷 [무명옫] 무명으로 지은 옷.
무명지 (無名指) ⇨약손가락.
무모하다 (無謀—) 앞뒤를 깊이 생각하는 신중함이 없다. 예무모한 계획을 짜다.
무미건조하다 (無味乾燥—) 재미나 멋이 없고 메마르다. 예무미건조한 생활 / 무미건조한 글.
무방비 (無防備) 적을 막아 지킬 시설이나 경비가 없음. 예무방비한 상태에서 공격을 받다. **무방비하다**.
무방하다 (無妨—) 방해될 것이 없다. 지장이 없다. 예가벼운 산책은 무방하다.
무법자 (無法者) [무법짜] 법을 무시하고 난폭한 행동을 하는 사람.
무병 (無病) 병이 없이 건강함. 예가족들의 무병을 기원하다. **무병하다**.
무병장수 (無病長壽) 병 없이 건강하게 오래 삶. **무병장수하다**.
무분별하다 (無分別—) 사리에 맞게 판단하지 못하다. 분별이 없다. 예무분별한 결정을 내리다.
무사¹ (武士) [무:사] 예전에, 무예를 익히어 그 방면에 종사하던 사람. 반문사.
무사² (無事) 아무 탈이 없음. 예무사히 도착하다. 비무고. **무사하다**. 무사히.
무사태평 (無事太平) 1 아무 탈 없이 편안함. 2 아무 일에도 마음을 두지 않고 태평함. 예어떤 일에나 **무사태평**인

사람. **무사태평하다.**
무상하다(無常―) 1 덧없다. 예인생이 무상하다. 2 나서 죽고, 흥하고 망하는 것이 한결같지 않다. 모든 것이 늘 변하다.
무색(無色) 아무 빛깔이 없음. 예무색의 기체. 맨유색.
무색하다(無色―) [무새카다] 1 부끄러워서 볼 낯이 없다. 부끄럽고 민망하다. 예무색하여 자리를 피하다. 凷무안하다. 2 본디의 특색을 드러내지 못하고 보잘것없다. 예가수가 무색할 정도로 노래 솜씨가 좋다.
무생물(無生物) 생활 기능·생명이 없는 물건. 돌·물 따위. 맨생물.
무서리 늦가을에 처음 내리는 묽은 서리. 맨된서리.
무서움 무서워하는 느낌. 예무서움에 떨다. 준무섬.
무서워하다 무엇을 무섭게 여기다. 예밤에 다니기를 무서워하다.
무선(無線) 1 통신이나 방송을 전선 없이 전파로 함. 예무선으로 교신하다. 2 전자 기기에 전선이나 코드가 없음. 예무선 이어폰 / 무선 청소기. 맨유선.
무선 전화(無線電話) 전선이 없이 전파를 이용하는 전화. 국제 전화 등에 쓰임. 맨유선 전화.
무섬 '무서움'의 준말.
***무섭다** [무섭따] 1 상대방의 위력에 눌려 마음이 약해져서 두렵다. 예무서운 선생님. 2 정도나 수준 따위가 놀랄 만하다. 예무서운 속도로 운전을 하다. 3 정도가 매우 심하다. 지독하다. 예무서운 눈초리. 짧매섭다. 4 '어떤 일을 하자마자 곧'의 뜻. 예종례가 끝나기가 무섭게 밖으로 뛰어나갔다.
|활용| 무서워 / 무서우니.
무성(無聲) 소리가 없음. 또는 소리를 내지 않음.
무성의(無誠意) [무성의 / 무성이] 일에 정성이 없음. 예무성의한 태도 / 무성의하게 대답하다. **무성의하다.**
무성하다(茂盛―) [무:성하다] 1 풀이나 나무 따위가 많이 나서 우거지다. 예잡초가 무성하다. 2 생각이나 말, 소문이 마구 뒤섞이거나 퍼져서 많다. 예그에 대한 소문이 온 마을에 무성하다.
무소속(無所屬) 어느 단체나 정당에도 속해 있지 않음. 또는 그런 사람. 예무소속으로 입후보하다.
무소식(無消息) 소식이 없음. 예어제 집을 나간 후로 무소식이다.
무속(巫俗) [무:속] 무당과 관련된 풍속. 예무속 신앙.
무쇠 [무쇠 / 무쉐] 1 솥 따위를 만드는 재료가 되는 쇠. 2 강하고 굳센 것의 비유. 예무쇠 같은 팔뚝.
무수하다(無數―) 셀 수 없이 많다. 한없이 많다. 예무수한 별이 반짝이고 있다.
무수히(無數―) 무수하게. 예밤하늘엔 별이 무수히 많다.
무술(武術) [무:술] 무기나 맨손으로 상대와 싸우는 기술. 예무술을 익히다. 凷무예.
***무슨** 1 의문의 뜻을 나타내는 말. 예무슨 일로 왔니. 凷어떤. 2 사물의 내용이나 특성 따위를 모를 때 이르는 말. 예그 사람에게 무슨 죄가 있을까. 3 예상외로 못마땅함을 강조하는 말. 예무슨 말을 그렇게 하니.
무승부(無勝負) 운동 경기 따위에서, 이기고 지는 편이 없음. 예무승부로 끝나다. 凷비김.
무시(無視) 1 존재나 가치를 알아주지 아니함. 중요하게 생각하지 않음. 예남의 의견을 무시하다. 2 사람을 깔보거나 업신여김. 예돈 좀 있다고 사람을 무시하지 마라. **무시하다.**
무시무시하다 무서움에 떨게 하는 기운이 있다. 예무시무시한 이야기.
무시험(無試驗) 시험을 치르지 않음. 예무시험 입학.
무식(無識) 배운 것이 없음. 아는 것이 없음. 예무식한 행동. 凷무지. 맨유식. **무식하다.**
무신(武臣) [무:신] 예전에, 무관으로서 나라의 군대를 지휘하던 신하. 맨문신.
무심(無心) 1 아무 감정이나 생각이 없음. 예무심히 말하다. 2 남의 일을 걱정하거나 관심이 없음. 예편지 한 장 없으니 너무도 무심하다. **무심하다.**

무심히.
무심결(無心—) [무심껼] 아무 생각이 없이 깨닫지 못하는 사이. 예무심결에 들은 이야기. 참고 주로 '무심결에'의 꼴로 쓰임.
무심코(無心—) 뜻하지 않게. 예무심코 비밀을 털어놓았다.
무안(無顔) 부끄러워 볼 낯이 없음. 예무안을 당하다. 무안하다.
　무안(을) 주다 상대방을 무안하게 하다.
무어 1 '무엇'의 준말. 예이건 대체 무어야. 2 놀랐을 때 내는 소리. 예무어, 다쳤다구. 3 친구나 손아랫사람에게 되묻는 말. 예무어, 그게 무슨 소리야. 준머. 뭐.
무언(無言) 말이 없음. 예무언의 약속. 무언하다.
무언극(無言劇) 말은 하지 않고 몸짓과 표정만으로 표현하는 연극. 팬터마임.
무엄하다(無嚴—) 버릇없이 굴다.
*****무엇** [무얻] 잘 모르는 일에 대해서 의심을 가질 때 쓰는 말. 예그게 무엇이냐. 준무어. 뭣.

참고 **무엇을·무엇이**의 준말
'무엇을'의 준말…무얼. 뭘. 뭣을.
'무엇이'의 준말…무에. 뭣이.

*****무역**(貿易) [무:역] 나라와 나라끼리 서로 물건을 팔고 삼. 예대외 무역이 활발하다. 비교역. 통상. 무역하다.
무역로(貿易路) [무:영노] 무역을 할 때 이용하는 길. 육로, 수로, 항공로 따위.
무역항(貿易港) [무:여캉] 외국과의 무역이 발달한 항구.
무연탄(無煙炭) 검고 윤이 나며, 태워도 연기가 나지 않는 석탄. 탄소분이 90% 이상으로 열량이 높음.
무열왕(武烈王) [무:여랑] 『인명』 ⇨ 김춘추.
무예(武藝) [무:예] 무기나 맨손으로 싸우는 무술에 관한 재주. 예무예에 뛰어난 군사. 비무술.
무왕(武王) [무:왕] 『인명』 1 백제의 제30대 임금. 일본에 천문·지리 따위의 책과 불교를 전하고, 신라 진평왕의 딸 선화 공주를 사랑하여 향가 '서동요'를 지었다고 함. [?-641 ; 재위 600-641] 2 발해 제2대 임금. 일본과 수교하여 문물을 교환하고 당나라를 공략함. [?-737 ; 재위 719-737]
*****무용**(舞踊) [무:용] 음악에 맞추어 몸을 움직여 감정과 뜻을 나타내는 예술. 예민속 무용. 비무도. 무용하다.
무용곡(舞踊曲) [무:용곡] 무용을 할 때 맞추어 추도록 연주하는 악곡.
무용단(舞踊團) [무:용단] 무용을 전문적으로 하는 사람들로 이루어진 단체. 예국립 고전 무용단.
무용담(武勇談) [무:용담] 싸움에서 용감하게 싸워 공을 세운 이야기.
무용수(舞踊手) [무:용수] 극단이나 무용단 따위에서 전문적으로 춤을 추는 사람.
무용지물(無用之物) 아무 쓸데없는 사람이나 물건.
무용총(舞踊塚) [무:용총] 중국 만주 지린성에 있는 고구려 때의 무덤. 고구려 고분 중의 하나로 1940년에 발견됨. 무덤 벽에는 남녀 14명이 춤추고 있는 벽화와 고구려 사람들의 생활 풍속을 그린 벽화가 있음.
무용하다(無用—) 쓸모나 소용이 없다. 반유용하다.
무위도식(無爲徒食) 하는 일 없이 놀고먹음. 예무위도식으로 세월을 보내다. 무위도식하다.
무의미하다(無意味—) [무의미하다/무이미하다] 1 아무 뜻이 없다. 예무의미한 행동을 하다. 2 가치나 의의가 없다. 예무의미하게 시간을 보낸다.
무의식(無意識) [무의식/무이식] 자신의 말이나 행동을 스스로 깨닫지 못하는 상태. 예무의식 상태.
무의식적(無意識的) [무의식쩍/무이식쩍] 의식이 없는 상태인 (것). 예무의식적으로 피하다. 반의식적.
무의촌(無醫村) [무의촌/무이촌] 의사나 의료 시설이 없는 곳.
무익하다(無益—) [무이카다] 이롭거나 도움이 될 만한 것이 없다. 예무익한 말다툼. 반유익하다.
무인[1](武人) [무:인] 무예를 닦은 사

람. 비무사. 반문인.
무인²(無人) 사람이 없음. 예무인 카메라. 반유인.
무인도(無人島) 사람이 살고 있지 않는 섬. 예난파선이 표류하다 무인도에 닿았다.
무일푼(無一―) 한 푼도 없음. 가진 돈이 전혀 없음.
무자비하다(無慈悲―) 인정이 없이 쌀쌀하고 모질다. 예군중을 무자비하게 몰아내다.
무작정(無酌定) [무작쩡] 1 미리 정한 것이 없음. 예무작정 기다리다. 2 좋고 나쁨을 가리지 않음. 예무작정 혼내다.
무장(武裝) [무ː장] 1 전투를 하기 위해 장비를 갖춤. 또는 그 장비. 예무장 군인. 2 필요로 하는 사상이나 기술 따위를 단단히 갖춤. 예온 국민이 정신 무장을 하다. **무장하다**.
무적(無敵) 겨룰 만한 상대가 없음. 예무적의 함대.
무전(無電) 전선을 사용하지 않고 전파를 이용하는 통신.
무전기(無電機) 무선으로 통신할 수 있도록 장치가 되어 있는 기계.
무전여행(無錢旅行) [무전녀행] 돈을 가지지 않고 하는 여행. 예전국 일주 무전여행에 나서다.
무절제(無節制) [무절쩨] 어느 정도에 알맞게 조절하지 못함. 예무절제한 생활. **무절제하다**.
무정하다(無情―) 정이 없다. 인정이 없다. 예무정한 사람 / 무정한 세월은 덧없이 흘러간다.
무제(無題) 제목이 없음. 흔히 시나 예술 작품 따위에서 일정한 제목이 없다는 뜻으로 제목 대신 씀.
무제한(無制限) 일정한 한도가 없는 것. 예무제한 공급하다.
무조건(無條件) [무조껀] 1 아무 조건도 없음. 예무조건으로 도와주다. 2 덮어놓고. 예무조건 찬성하다.
무조건 반사(無條件反射) 입안에 먹을 것을 넣으면 침이 나오는 것과 같이 어떤 자극에 대한 본능적인 반응. 대뇌와 관계없이 일어남. 반조건 반사.

무좀 발가락 사이나 발바닥이 균에 감염되어 물집이 생기거나 살 껍질이 벗겨져서 몹시 가려운 피부병.
무죄(無罪) [무죄 / 무줴] 1 아무 잘못이나 죄가 없음. 2 법적으로 죄가 되지 않거나 범죄의 증명이 없음. 또는 그렇다는 판결. 예무죄로 석방되다. 반유죄.
무지¹ 굉장히 많이. 예오늘은 무지 춥다. 비엄청.
무지²(無知) 1 아는 것이 없음. 예무지를 깨치다 / 무지의 탓으로 돌리다. 비무식. 2 미련하고 우악스러움. **무지하다**. **무지스럽다**.
*****무지개** 주로 비가 그친 뒤 하늘에 반원 모양으로 나타나는 일곱 가지 빛의 줄기. 공중의 물방울이 햇빛에 반사되어 생김. 그 빛깔은 위로부터 빨강·주황·노랑·초록·파랑·남색·보라의 차례임. ⊃rainbow
무지개떡 켜마다 여러 가지 색깔을 넣어서 시루에 찐 떡.
무지갯빛 [무지개삗 / 무지갣삗] 1 무지개처럼 여러 빛깔이 아롱져 보이는 색. 2 무지개의 일곱 가지 색깔.
무지막지하다(無知莫知―) [무지막찌하다] 매우 무지하고 우악스럽다. 예무지막지한 사람.
무직(無職) 일정한 직업이 없음.
무진장(無盡藏) 한없이 많이 있음. 예무진장한 지하자원. **무진장하다**.
무질서(無秩序) [무질써] 질서가 없음. 예무질서한 생활. **무질서하다**.
*****무찌르다** 1 적을 닥치는 대로 남김없이 마구 쳐서 물리치다. 예적군을 무찌르다. 2 사정을 보지 않고 마구 쳐들어가다. |활용| 무찔러 / 무찌르니.
무차별(無差別) 앞뒤 가리지 않음. 예무차별 공격. **무차별하다**.
무참하다(無慘―) 몹시 끔찍하고 참혹하다. 예무참한 최후를 맞다.
무채색(無彩色) 밝기의 차이는 있으나 색상과 순도가 없는 색. 흰색·검정색·회색 따위. 반유채색.
무책임하다(無責任―) [무채김하다] 1 책임이 없다. 2 책임감이 없다. 예무책임한 행동을 하다.
*****무척** 매우. 대단히. 예기분이 무척

좋다 / 문제가 무척 어려웠다.
무척추동물 (無脊椎動物) 등뼈가 없는 동물. 오징어, 지렁이, 곤충 따위. *척추동물.
무치다 나물에 갖은 양념을 섞어 버무리다. 예콩나물을 무치다.
무턱대고 [무턱때고] 아무 까닭이나 계획이 없이. 덮어놓고. 예무턱대고 반대하다.
무표정하다 (無表情—) 아무 표정이 없다. 예무표정한 얼굴을 하고 있다.
무한 (無限) 크기·넓이·시간 등이 한이 없음. 끝이 없음. 예무한의 가능성을 지닌 아이들 / 무한히 넓은 우주 공간. 반유한. **무한하다. 무한히.**
무한대 (無限大) 한없이 큼. 예무한대의 우주. **무한대하다.**
무한정 (無限定) 한정이 없음. 예무한정 기다리다. **무한정하다.**
무허가 (無許可) 허가를 받지 않음. 예무허가 건물을 철거하다.
무형 (無形) 일정한 모양이나 정해진 형식이 없음. 반유형. **무형하다.**
무형 문화재 (無形文化財) '무형유산'의 전 용어.
무형유산 (無形遺産) 여러 세대에 걸쳐 전승되어 온 전통 공연이나 전통 기술, 생활 관습 따위의 국가유산.
무화과 (無花果) 1 무화과나무의 열매. 2 ⇨무화과나무.
무화과나무 (無花果—) 뽕나뭇과의 낙엽 활엽 관목. 높이는 3m가량. 봄·여름에 엷은 붉은빛의 꽃이 핌. 열매는 가을에 짙은 자줏빛으로 익는데 먹을 수 있음. 비무화과.
무효 (無效) 보람이나 효력이 없음. 예무효 투표. 반유효. **무효하다.**
무희 (舞姬) [무:히] 춤추는 일을 직업으로 하는 여자.
묵 메밀·도토리·녹두 따위의 앙금을 풀 쑤듯이 되게 쑤어 굳힌 음식.
묵과하다 (默過—) [묵꽈하다] 잘못을 알고도 모르는 체하고 그대로 넘기다. 예거짓말한 사실을 그냥 묵과할 수 없다.
묵념 (默念) [뭉념] 눈을 감고 마음속으로 빌거나 생각에 잠김. 예순국선열에 대한 묵념을 올리다. **묵념하다.**

***묵다** [묵따] 1 오래되다. 예묵은 쌀. 2 어느 곳에서 손님으로 머무르다. 예친구 집에 묵다.

> 주의 **묵다, 묶다**와 **묽다**
> 묵다 1 새로 나온 것이 아니다. 예묵은 학설. 2 머무르다. 예친구 집에서 여러 날 묵다.
> 묶다 1 동여매다. 잡아매다. 예운동화 끈을 묶다. 2 얽어매다. 예죄인을 묶다. 3 한군데로 모아 합치다. 예책으로 묶다.
> 묽다 용액 따위가 물기가 많아 진하지 않다. 예죽이 묽다.

묵독 (默讀) [묵똑] 소리를 내지 않고 글을 읽음. 예책을 묵독하다. 비목독. 반음독. **묵독하다.**
묵묵부답 (默默不答) [뭉묵뿌답] 잠자코 아무 대답이 없음. **묵묵부답하다.**
묵묵하다 (默默—) [뭉무카다] 말없이 잠잠하다. 예그는 묵묵하게 쳐다볼 뿐 아무런 대답이 없다.
묵묵히 (默默—) [뭉무키] 묵묵하게. 예묵묵히 앉아서 일만 하다.
묵비권 (默祕權) [묵삐꿘] 피의자나 피고인이 자기에게 불리한 말을 하지 않을 수 있는 권리. 예묵비권을 행사하다.
묵사발 (—沙鉢) [묵싸발] 1 묵을 담은 사발. 2 일이나 물건이 몹시 잘못되거나 망그러진 상태. 예대들었다가 묵사발이 되었다.
묵살 (默殺) [묵쌀] 남의 의견이나 제안 따위를 듣고도 못 들은 척하거나 무시함. 예남의 의견을 묵살하다. **묵살하다.**
묵상 (默想) [묵쌍] 눈을 감고 말없이 마음속으로 생각함. 예묵상에 잠기다. **묵상하다.**
묵은해 [무근해] 새해를 맞이하여 지난해를 일컫는 말. 반새해.
묵인 (默認) [무긴] 모르는 체하고 슬며시 인정함. 예실수를 묵인해 주다. **묵인하다.**
묵직이 [묵찌기] 묵직하게.
묵직하다 [묵찌카다] 보기보다 꽤 무겁다. 예묵직한 가방.
묵화 (墨畫) [무콰] 먹물로 그린 그림.

묵히다 [무키다] 쓰지 않고 그냥 내버려 두다. 예곡식을 심지 않고 땅을 묵히다.

***묶다** [묵따] 1 끈이나 줄 따위로 동여매다. 예짐을 묶다. 2 몸을 마음대로 움직이지 못하게 얽어매다. 예손을 뒤로 묶다. 3 한군데로 모아 합치다. 예괄호로 묶다. →묶다 주의 ○tie

***묶음** [무끔] 한데 모아서 묶어 놓은 덩이. 또는 그것을 셀 때 쓰는 말. 예종이 한 묶음.

묶음표 (一標) [무끔표] 숫자, 단어, 문장 등의 앞뒤에 넣어 묶어 주는 문장 부호. ( ) ·{ } ·[ ] 따위. 비괄호.

묶이다 [무끼다] 묶음을 당하다. 예손발이 묶이다.

***문**[1] (門) 1 여닫는 물건. 방문·대문 따위. 2 어떤 것을 받아들이거나 어디에 들어가기 위한 통로. 예취업의 문이 좁다.

　문(을) 닫다 ㉠하루의 영업을 마치다. 예문 닫을 시간에 손님이 오다. ㉡사업을 그만두다. 예불경기로 문을 닫다.

　문(을) 열다 ㉠하루의 영업을 시작하다. ㉡개업하다.

문[2] (門) 생물의 분류에서, 강(綱)의 위, 계(界)의 아래에 있는 단계.

문간 (門間) [문깐] 대문이 있는 자리. 예문간에 들어서다.

문간방 (門間房) [문깐빵] 대문간 바로 옆에 있는 방. 예문간방에 세들어 살다.

문간채 (門間一) [문깐채] 대문간 곁에 있는 집채. 비행랑채.

문갑 (文匣) 문서나 문방구 등을 넣어 두는, 키가 작고 가로로 길게 만든 가구.

문갑

문건 (文件) [문껀] 공적인 문서나 서류. 비문서. 서류.

문고 (文庫) 1 여러 사람이 편리하게 읽을 수 있게 책을 모아 둔 곳. 예학급 문고. 2 출판물의 한 형식. 값이 싸고 가지고 다니며 읽기 편리하도록 만든 책.

문고리 (門一) [문꼬리] 문을 여닫고 잠그는 데 쓰는 쇠고리.

문과[1] (文科) [문꽈] 학교에서 인문과 사회 분야를 중심으로 연구하거나 배우는 학과. 또는 그런 학문의 분야. 빤이과.

문과[2] (文科) 예전에, 문관을 뽑던 과거. 비대과. 빤무과.

문관 (文官) 예전에, 문과 출신의 벼슬아치. 빤무관.

문구[1] (文句) [문꾸] 글의 구절. 예문구가 아름다운 소설. 비글귀.

문구[2] (文具) '문방구1'의 준말.

문구멍 (門一) [문꾸멍] 문에 바른 종이가 찢어져서 난 구멍. 예문구멍으로 방 안을 들여다보다.

문구점 (文具店) ⇨문방구2.

문기둥 (門一) [문끼둥] 문의 양쪽에 서 있는 기둥. 비문설주.

***문단**[1] (文段) 긴 문장 중에 크게 나눈 글의 단락. 예문단을 나누다.

문단[2] (文壇) 문학을 전문으로 하는 사람들의 사회.

문단속 (門團束) 탈이 없도록 문을 단단히 닫아 잠금. 예문단속하고 외출하다. 문단속하다.

문답 (問答) [문:답] 물음과 대답. 또는 서로 묻고 대답함. 문답하다.

문둥병 (一病) [문둥뼝] '나병'을 낮잡아 이르는 말.

문둥이 '나환자'를 낮잡아 이르는 말.

문드러지다 썩거나 물러서 힘없이 처져 떨어지다. 예홍시가 터져서 문드러지다.

***문득** 생각이나 느낌 따위가 갑자기 떠오르는 모양. 예문득 이사 간 친구 생각이 났다. 센문뜩.

문란 (紊亂) [물:란] 도덕이나 질서, 규칙 따위가 어지러움. 예질서가 문란하다. 문란하다.

문맥 (文脈) 글의 줄거리. 예문맥이 통하는 글.

문맹 (文盲) 글을 읽거나 쓸 줄 모름. 또는 그런 사람. 비까막눈이.

***문명** (文明) 사람의 지혜가 깨어 물질적 생활이 편리해짐. 예현대 문명/문명이 고도로 발전하다. 비문화. 빤미개. 야만.

문명인(文明人) 문명이 발달한 사회에서 사는 사람. 凹문화인. 凹야만인.

문무(文武) 학문과 무예. 곧, 글을 읽고 지식을 넓히는 일과 말 타고 활 쏘며 창검을 익히는 일을 일컬음. 例문무를 두루 갖춘 인물.

문무백관(文武百官) [문무백꽌] 문관과 무관을 통틀어 부르는 말.

문무왕(文武王) 〖인명〗 신라 제30대 임금. 김유신과 함께 백제·고구려를 멸망시켜 삼국을 통일함. 유언에 따라 시체는 화장한 뒤 동해에 장사 지냄. [?-681; 재위 661-681]

문물(文物) 문화의 발달로 생긴 것. 법률·예술·종교 따위.

문민(文民) 직업 군인이 아닌 일반 국민.

문밖(門-) [문박] 문의 바깥쪽. 例문밖을 나서다.

***문방구**(文房具) 1 붓·종이·벼루·먹·펜·잉크·연필 등 글을 쓰는 데 필요한 도구. 준문구. 2 학용품이나 사무용품 따위를 파는 가게. 凹문구점. 문방구점.

문방사우(文房四友) 종이, 붓, 먹, 벼루의 네 가지 문방구.

문방사우

문벌(門閥) 대대로 이어 내려오는 그 집안의 신분과 지위. 例문벌이 좋다. 凹가문.

***문법**(文法) [문뻡] 1 문장을 지을 때의 규칙. 2 말의 구성이나 사용법에서의 규칙을 체계화한 법칙. 또는 그것을 연구하는 학문. 例국어 시간에 문법을 배우다. 凹말본. ⊃grammar

문병(問病) [문:병] 앓는 사람을 찾아보고 위로함. 例병원에 입원한 친구를 문병하다. 凹병문안. **문병하다**.

문살(門-) [문쌀] 문짝의 뼈대가 되는 가늘고 길게 오린 나무나 대나무의 조각.

문상(問喪) [문:상] 초상당한 사람을 찾아가서 위로하는 것. 凹조문. 조상. **문상하다**.

문상객(問喪客) [문:상객] 문상하러 온 사람.

문서(文書) 글로써 생각이나 뜻을 적어 나타낸 것.

문설주(門-柱) [문설쭈] 문의 양쪽에 세워 문짝을 끼워 달게 된 기둥.

문신(文身) 살갗을 바늘로 찔러 먹물 따위로 글씨나 그림, 무늬 따위를 새겨 넣음. 또는 그렇게 새겨 넣은 것. **문신하다**.

문안(問安) [무:난] 웃어른께 안부를 여쭘. 例시골 할아버지께 문안 편지를 올리다. 凹안부. **문안하다**.

문양(文樣) [무냥] ⇨무늬.

문어¹(文魚) [무너] 문어과의 연체동물. 몸의 길이는 발끝까지 3m 정도이며, 여덟 개의 발이 있음. 몸빛은 고동색이고, 엷은 그물 무늬가 있으며 환경에 따라 색깔이 변함.

문어²(文語) [무너] 주로 글을 쓸 때에 쓰는 말. 凹글말. 凹구어.

문예(文藝) [무녜] 1 문학과 예술. 2 시·소설·희곡·수필 등 아름다움을 말과 글로써 표현한 예술 작품을 통틀어 이르는 말.

문예 부흥(文藝復興) ⇨르네상스.

문외한(門外漢) [무뇌한/무눼한] 1 어떤 일에 전문적인 지식이 없는 사람. 例미술에는 문외한이다. 2 어떤 일에 직접적인 관계가 없는 사람.

문의(問議) [무:늬/무:니] 물어서 의논함. 例담당자에게 문의하다. **문의하다**.

문익점(文益漸) 〖인명〗 고려 공민왕 때의 선비. 사신으로 원나라에 갔다가 목화씨를 얻어다 목화를 퍼뜨림. [1329-1398]

문인(文人) [무닌] 문학을 직업으로 하는 사람. 凹무인.

***문자**(文字) [문짜] 말이나 소리를 눈으로 볼 수 있도록 적는 데 사용하는 기호 체계. 한글, 로마자, 한자 따위. 凹글자.

문자 그대로 과장 없이 사실 그대로. 例문자 그대로 참패했다.

문자 메시지(文字message) 휴대 전화로 주고받는 문자로 된 내용.

***문장**(文章) 생각이나 느낌을 글자로 기록해 나타낸 것. 例문장이 서투르다. 凹글월.

문장 부호 (文章符號) 글의 뜻을 돕거나 글을 구별하여 읽고 알아보기 쉽게 하기 위하여 쓰는 여러 가지 부호. 마침표(.)·쉼표(,)·물음표(?)·느낌표(!) 따위.

***문제** (問題) [문:제] 1 해답을 필요로 하는 물음. ⓔ수학 문제/문제가 어렵다. ⓗ해답. 2 성가신 일. 또는 귀찮은 사건. ⓔ곤란한 문제가 생기다/문제를 해결하다. 3 연구·논의 따위의 대상이 되는 사항. ⓔ환경 오염 문제를 논의하다. ⊃ problem

문제아 (問題兒) [문:제아] 지능·성격·행동 등이 보통 아동과 달라 특수 교육과 지도가 필요한 아동.

문제없다 (問題一) [문:제업따] 문제 삼을 정도는 아니다. 걱정할 것이 없다. ⓔ당선은 문제없다.

문제점 (問題點) [문:제점] 문제가 되는 부분이나 요소.

문종 (文宗) 《인명》 고려 제11대 임금. 대각 국사 의천의 아버지. 학문을 좋아하였고 서예에 능통했음. [1019-1083 ; 재위 1046-1083]

***문지르다** 무엇을 서로 대고 이리저리 밀거나 비비다. ⓔ수건으로 등을 문지르다/먼지를 옷에다 쓱쓱 문지르다. [활용] 문질러/문지르니.

문지방 (門地枋) [문:찌방] 문설주 사이의 문 밑에 마루보다 조금 높게 가로 댄 나무. ⓔ문지방을 넘다/문지방에 걸터앉다.

　문지방이 닳도록 드나들다 매우 자주 드나들다.

문진 (文鎭) 책장 또는 종이쪽이 바람에 날리지 않도록 누르는 물건. ⓗ서진.

문집 (文集) 시나 글을 한데 모아 엮은 책. ⓔ학급 문집.

문책 (問責) [문:책] 잘못을 캐묻고 꾸짖음. ⓔ책임자를 문책하다. **문책하다**.

문체 (文體) 지은이의 성격이나 개성이 글 따위에 나타난 특색. ⓔ문체가 화려하다.

문턱 (門一) 1 문짝 밑이 닿는 문지방의 윗부분. ⓔ문턱을 넘다. 2 어떤 일이 '아주 가까이 왔음'을 비유하는 말. ⓔ봄의 문턱에 들어서다/정상의 문턱에서 주저앉다.

　문턱이 높다 들어가기가 힘들다. 만나거나 상대하기가 어렵다. ⓔ대학의 문턱이 높다.

　문턱이 닳도록 드나들다 자주 찾아가거나 드나들다. ⓔ도서관을 문턱이 닳도록 드나들다.

문틈 (門一) 닫힌 문의 틈새. ⓔ문틈으로 찬 바람이 들어오다.

문패 (門牌) 주소·성명을 적어 대문 위나 옆에 붙이는 작은 패. ⓔ문패를 달다.

문풍지 (門風紙) 문틈으로 들어오는 바람을 막기 위해 문짝 주변에 붙인 종이.

문하 (門下) 가르침을 받는 스승의 지도 아래. ⓔ뛰어난 스승 문하에서 인재가 배출되다.

문하생 (門下生) 스승의 집에 드나들며 가르침을 받는 제자. ⓗ문하.

문학 (文學) 사람의 감정이나 생각을 상상의 힘을 빌려 말과 글로써 나타내는 예술이나 그 작품. 시·소설·희곡·수필 따위. ⓔ문학에 뜻을 두다.

문학 작품 (文學作品) 시·소설·수필 등의 작품.

문헌 (文獻) 1 옛날의 제도와 문물을 기록한 책. 2 학술 연구에 자료가 되는 문서. ⓔ참고 문헌.

***문화** (文化) 1 진리를 구하고 끊임없이 진보·향상하려는 인간의 정신적 활동, 또는 그에 따른 정신적·물질적인 성과. 학문·예술·종교·도덕 따위. ⓔ문화를 교류하다/문화를 창조하다. 2 사람의 지혜가 깨어 세상이 밝고 살기 편하여짐. ⓗ문명. ⓜ미개. 야만.

문화권 (文化圈) [문화꿘] 어떤 공통된 특징을 갖는 문화가 미치는 지역. ⓔ이슬람 문화권.

문화 시설 (文化施設) 문화를 발전시키는 데 필요한 설비. 도서관·극장·학교·박물관 따위.

문화원 (文化院) 어떤 지역이나 나라의 문화와 언어를 직접 접할 수 있도록 마련한 기관.

문화유산 (文化遺産) 다음 세대에게 물려줄 과학·기술·관습·규범 등의 민족 또는 인류 사회의 문화.

문화인 (文化人) 수준 높은 지식과 교양을 갖추고 문화생활을 하는 사람. 비야만인.

***문화재** (文化財) 문화적 가치가 높은 역사적·예술적인 사물. ＊무형유산, 유형 문화유산.

문화적 (文化的) 문화에 관한 (것).

묻다¹ [묻따] 가루·풀·물 등이 다른 물건에 들러붙다. 예옷에 흙이 묻다.

***묻다**² [묻따] 1 물건을 흙이나 다른 물건 속에 넣어 감추다. 예땅속에 항아리를 묻다. 2 일을 숨기어 감추다. 예가슴속에 비밀을 묻어 두다. 3 얼굴이나 몸을 가리거나 푹 깊이 기대다. 예베개에 얼굴을 묻다.

***묻다**³ [묻ː따] 남에게 대답이나 설명을 구하다. 예길을 물어 찾아가다. [활용] 물어 / 물으니 / 묻고. ⊃ask

***묻히다** [무치다] 1 물·가루 따위를 다른 물건에 들러붙게 하다. 예팥고물을 묻힌 떡. 2 묻음을 당하다. 예땅속에 묻히다.

***물**¹ 생물이 살아가는 데 없어서는 안 될, 빛깔·냄새·맛 따위가 없는 투명한 액체. ⊃water

물² 물감이 물건에 묻어서 드러나는 빛깔. 예옷감에 물을 들이다.

물³ 물고기 따위의 싱싱한 정도. 예물이 좋은 생선.

물가¹ [물까] 바다·강·연못 등 물이 있는 곳의 가장자리.

물가² (物價) [물까] 물건의 값. 상품의 시장 가격. 예물가가 비싸다.

물갈퀴 오리·기러기·개구리 등의 발가락 사이에 있는 얇은 막. 헤엄을 치는 데 편리함.

***물감** [물깜] 1 물들이는 물질. 염색의 재료. 비염료. 2 그림을 색칠하는 데 쓰는 재료. 비그림물감.

물개 [물깨] 물갯과의 바다짐승. 북태평양 특산으로 몸길이가 수컷은 2m, 암컷은 1m 정도임. 귀와 꼬리는 작고 얼굴이 짧으며, 네 다리는 물고기의 지느러미 모양인데 헤엄을 잘 침. 비해구. ⊃seal

물거품 1 물이 다른 물에 부딪쳐서 생기는 거품. 비수포, 포말. 2 헛된 것, 덧없는 것의 비유. 예모든 일이 물거품이 되다.

***물건** (物件) 1 일정한 모양을 갖추고 있는 모든 것. 예물건을 맡기다. 2 사고파는 물품. 예물건을 고르다 / 물건이 비싸다.

물걸레 물에 축여서 쓰는 걸레. 비마른걸레.

***물결** [물껼] 바람 때문에 물이 움직여 올라갔다 내려왔다 하는 운동. 또는 그 모양. 예물결이 높이 일다. 비파도. ⊃wave

물결무늬 [물껼무니] 물결 모양의 무늬. 비물무늬.

물결선 (一線) [물껼썬] 물결 모양의 구불구불한 선.

***물고기** [물꼬기] 어류에 속하는 척추동물을 통틀어 이르는 말. 배·가슴·등·꼬리·볼기에 지느러미가 있음. 아가미로 숨 쉬며 부레로 물속을 헤엄쳐 다님. ⊃fish

물구나무서기 두 손으로 바닥을 짚고 몸을 거꾸로 세우는 동작.

***물귀신** (一鬼神) [물뀌신] 물속에 있다는 잡귀.

***물기** (一氣) [물끼] 축축한 물의 기운. 예물기를 닦다. 비수분.

물기둥 [물끼둥] 기둥처럼 공중에 솟구쳐 뻗치는 굵은 물줄기. 예물기둥이 솟다.

물길 [물낄] 1 배를 타고 물로 다니는 길. 예물길을 따라 내려가다. 비뱃길. 2 물이 흐르거나 물을 보내는 통로. 예물길을 내다. 비수로.

물꼬 논에 물이 넘나들도록 만든 좁은 통로. 예물꼬를 트다.

물끄러미 우두커니 한곳만 바라보는 모양. 예창밖을 물끄러미 바라보다. 작말끄러미.

물난리 (一亂離) [물랄리] 1 비가 많이 와서 인명이나 재산의 피해가 생기는 일. 예홍수로 물난리가 나다. 비수해. 2 물이 부족하여 일어나는 소동. 예물난리가 극심하다.

물놀이 [물로리] 1 잔잔한 물이 공기의 움직임을 받아 물 위에 잔물결을 일으키는 현상. 2 물가에서 노는 놀이. **물놀이하다**.

***물다**¹ 1 이빨이나 집게 따위에 무엇

을 사이에 넣고 마주 누르다. 예 물고기가 미끼를 물다. 2 무엇을 입안에 넣다. 예 아기가 사탕을 입에 문 채 잠들다. 3 곤충·벌레 따위가 살을 찌르다. 예 모기가 물다. [활용] 물어 / 무니 / 무는.

***물다**² 1 마땅히 내거나 갚아야 할 것을 치르다. 예 세금을 물다. 2 남에게 입힌 손해를 갚다. 예 수리비를 물어주다. [활용] 물어 / 무니 / 무는.

물닭 [물딱] 호수나 강가의 갈대 속에 사는 뜸부깃과의 새. 온몸이 검고 발가락 사이에 물갈퀴가 있음.

물독 [물똑] 물을 담아 두는 항아리.

물동이 [물똥이] 물을 긷거나 담아 놓는 그릇.

***물들다** 1 빛깔이 스미거나 옮아 묻다. 예 단풍이 곱게 물들다. 2 사상·행동·버릇 따위가 닮아 가다. 예 악에 물들다. [활용] 물들어 / 물드니 / 물드는.

물들이다 [물드리다] 물들게 하다. 예 머리를 검게 물들이다.

물땅땅이 논이나 늪, 연못에서 물풀을 먹고 사는 곤충. 몸빛은 광택이 나는 칠흑색에 더듬이와 수염은 누런 갈색임.

물때 1 아침저녁으로 바닷물이 드나드는 때. 2 밀물이 들어오는 때.

물량 (物量) 물건의 양.

***물러가다** 1 있던 자리에서 옮겨 가다. 2 윗사람 앞에 있다가 도로 나가다. 예 이만 물러가겠습니다. 3 지위나 하던 일을 내어 놓고 떠나다. 예 사장 자리에서 물러가다. 4 있던 현상이 사라져 가다. 예 더위가 물러가다.

물러나다 1 있던 자리에서 몸을 옮기다. 예 한 발 물러나다. 2 윗사람 앞에 있다가 도로 나오다. 3 하던 일이나 지위를 내어 놓고 나오다. 예 관직에서 물러나다.

물러서다 1 있던 자리에서 비켜서다. 예 다섯 발 뒤로 물러서다. 2 지위나 하던 일을 내놓다. 3 맞서서 버티던 일을 그만두다. 예 두 손 들고 물러서다.

물렁물렁하다 매우 무르고 물렁하다. [잡] 말랑말랑하다.

물렁뼈 탄력이 있고 부드러워 구부리기 쉬운 뼈. 코나 귀 따위에 있음.
[비] 연골.

물렁하다 1 매우 부드럽고 무르다. 예 물렁한 홍시. 2 사람의 몸이나 성질 또는 규율 따위가 단단하지 못하고 약하다. 예 물렁한 성격. [잡] 말랑하다.

물레 솜이나 털 따위의 섬유를 자아내어 실을 만드는 간단한 틀.

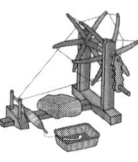
물레

***물레방아** 떨어지는 물의 힘으로 큰 바퀴를 돌려 곡식을 찧거나 빻는 방아. [비] 물방아. 수차.

물레질 물레를 돌려 고치나 솜에서 실을 뽑아내는 일. **물레질하다**.

물려받다 [물려받따] 재물이나 지위 따위를 뒤이어 받다. 예 재산을 물려받다. [반] 물려주다.

***물려주다** 재물·지위 따위를 자손 또는 남에게 전하여 주다. 예 가보를 물려주다. [반] 물려받다.

***물론** (勿論) 말할 것도 없음. 예 물론이지 가고말고. [비] 무론.

물류 (物流) 상품의 포장, 하역, 보관, 수송 따위의 경제 활동. 예 물류 센터 / 물류 창고.

물리다¹ 싫증이 나다. 예 그 이야기는 물리도록 들었다.

물리다² 시기를 늦추어 뒤로 미루다. 예 이사 날짜를 하루 물리다.

물리다³ 자리를 치우려고 놓인 물건을 집어내다. 예 밥상을 물리다.

***물리다**⁴ 입·집게 따위로 묾을 당하다. 예 뱀에게 물리다 / 재갈을 물리다.

물리다⁵ 벌금이나 세금을 내게 하다. 예 국민에게 세금을 물리다.

***물리치다** 1 주는 것을 거절하다. 예 뇌물을 물리치다. 2 쳐서 물러가게 하다. 예 적의 공격을 물리치다. 3 극복하거나 치워 없애 버리다. 예 가난을 물리치다.

물리학자 (物理學者) [물리학짜] 물리학을 연구하는 사람.

물만두 (—饅頭) 물에 삶은 만두.

물망초 (勿忘草) 지칫과의 여러해살이풀. 봄·여름에 높이 30cm가량의 꽃자루에 남색의 작은 꽃이 핌.

물물 교환 (物物交換) 돈으로 사거나 팔지 않고 직접 물건과 물건을 서로 바꾸는 일.

물밀듯이 물결이 밀려오듯이, 사람들이나 짐승, 물건 따위가 잇달아 많이 몰려오는 모양. 예 적군이 물밀듯이 몰려오다.

물바다 홍수 따위로 넓은 지역이 물에 잠긴 상태를 일컫는 말. 예 온 동네가 물바다가 되었다.

물방개 물방갯과의 곤충. 연못이나 물이 있는 논에 사는데, 길이 4cm 가량, 등은 검은색임. 겉날개는 딱딱하고 뒷다리로 헤엄침.

물방개

물방울 [물빵울] 조금씩 떨어지는 물의 작은 덩이. 예 물방울이 맺히다.

물벼락 갑자기 세차게 쏟아지는 물. 또는 그런 물을 흠뻑 뒤집어쓰게 되는 일. 예 길을 가다가 물벼락을 맞다. 비 물세례.

물벼룩 물벼룩과에 속하는 아주 작은 동물. 벼룩과 비슷하게 생겼으며 몸의 길이는 1-3mm, 껍질은 달걀꼴로 반투명하고 다섯 쌍의 다리로 뛰듯이 헤엄쳐 다님. 물고기의 먹이가 됨.

물병 (一瓶) [물뼝] 물을 넣는 병.

물보라 물결이 바위 따위에 부딪쳐 안개 모양으로 흩어지는 작은 물방울.

물불 1 물과 불. 2 어려움이나 위험을 비유적으로 이르는 말.
  물불을 가리지 않다 어떤 위험이나 곤란을 무릅쓴다는 말. 예 물불을 가리지 않고 덤비다.

물뿌리개 꽃이나 채소 따위에 물을 뿌릴 때 쓰는 도구.

물산 장려 운동 (物産奬勵運動) 일제 강점기에 우리 민족이 펼친 경제 자립 운동. 1922년 조만식 등의 민족 지도자들이 국산품 애용, 소비 절약, 자급자족, 민족 기업의 육성 등을 내걸고 전국적으로 벌인 운동.

물살 [물쌀] 물이 흐르는 힘. 예 물살이 세다 / 물살을 헤치고 나아가다.

물새 [물쌔] 물이나 물가에 사는 새를 통틀어 이르는 말.

물색 (物色) [물쌕] 1 물건의 빛깔. 예 물색이 곱다. 2 어떤 기준에 알맞은 사람이나 물건을 찾아 고름. 예 돗자리를 펴고 앉을 만한 곳을 물색 중이다. 물색하다.

물소 [물쏘] 솟과의 짐승. 소와 비슷하며 길이 2m가량, 털은 회색·회흑색, 드물게 흰 것도 있음. 머리는 길고 귀는 짧으며 활 모양의 검고 긴 뿔이 있음. 운반용·경작용으로 기름.

물속 [물쏙] 물의 가운데. 예 물속에서 자라는 식물. 비 수중.

물수건 (一手巾) [물쑤건] 1 물에 적신 수건. 2 음식점에서 손을 닦도록 내놓는, 소독한 젖은 수건.

물시계 (一時計) [물씨계 / 물씨게] 좁은 구멍을 통해 일정한 속도로 흘러온 물의 분량에 따라 시간을 계산할 수 있도록 만든 시계.

물심양면 (物心兩面) [물씸냥면] 물질적인 면과 정신적인 면의 양쪽 면. 예 물심양면으로 도와주다.

물씬 짙은 냄새를 확 풍기는 모양. 예 땀 냄새가 물씬 풍기다.

물안개 [무란개] 비가 오듯이 짙게 끼는 안개.

물안경 (一眼鏡) [무란경] 물속에서 볼 수 있게 만든 안경. 비 수중안경.

물약 (一藥) [물략] 액체로 된 약.

물어뜯다 [무러뜯따] 1 이나 부리로 물어서 뜯다. 예 손톱을 물어뜯다. 2 곤충이 주둥이로 살을 찌르다. 예 모기가 다리를 물어뜯다. 3 남을 헐뜯고 괴롭히다. 예 두 사람은 틈만 나면 서로 물어뜯는 앙숙이다.

물어 주다 남의 것에 손해를 보게 한 만큼 물건이나 돈으로 갚아 주다.

물오르다 [무로르다] 1 봄철에 나무에 물기가 오르다. 예 개나리가 물오르다. 2 사람이나 동물의 상태가 좋아지다. 예 물오른 생선. [활용] 물올라 / 물오르니.

물오리 [무로리] ⇨청둥오리.

물웅덩이 [무룽덩이] 물이 고여 있는 웅덩이.

물위 [무뤼] 물이 흘러 내려오는 위쪽. 반 물아래.

***물음** [무름] 묻는 일. 또는 묻는 말. 예 다음 물음에 답하시오.

물음표 (一標) [무름표] 문장에서, 물음이나 의심을 나타낼 때에 그 글의 끝에 쓰는 문장 부호 '?'의 이름. 비 의문부.

*****물자** (物資) [물짜] 생활에 필요한 여러 가지 물건이나 재료.

물장구 두 발로 물 위를 연거푸 치면서 헤엄치는 일.

물장군 (一將軍) 논이나 연못에 사는 곤충. 몸은 납작하고 잿빛을 띤 갈색이며, 앞다리에 날카로운 발톱이 있어 작은 물고기를 잡아먹음.

물장군

물장난 물에서 놀거나 물을 가지고 노는 장난. **물장난하다**.

물정 (物情) [물쩡] 세상의 형편이나 인심. 예세상 물정에 어둡다.

물줄기 [물쭐기] 1 물이 모여 개천이나 강으로 흘러가는 줄기. 2 힘 있게 내뻗치는 물의 줄기. 예분수대의 물줄기가 세차다.

*****물질** (物質) [물찔] 물체를 이루는 내용이나 성질. 물건의 본바탕.

물집 [물찝] 살가죽이 부르터 오르고 그 속에 물이 찬 것. 예발에 물집이 생기다. 비수포.

*****물체** (物體) 물질이 모여서 일정한 모양을 이루고 있는 것.

물총 (一銃) 대롱 끝의 구멍으로 물을 내쏘도록 되어 있는 장난감 총. 본물딱총.

물총새 (一銃一) 물총샛과의 새. 몸의 길이 17cm가량임. 여름새로 하천·연못가에서 물고기·새우·곤충 따위를 잡아먹으며 삶.

물컹하다 너무 익거나 곯아서 뭉그러질 듯이 무르다. 예참외가 곯아서 물컹하다.

물탱크 (一tank) 물을 넣어 두거나 저장하는 큰 통.

*****물통** (一桶) 1 물을 담아 두는 통. 2 물을 긷는 데 쓰는 통.

물풀 물속이나 물 근처에서 자라는 풀. 비수초.

물품 (物品) 쓸 만한 값어치가 있는 물건.

*****묽다** [묵따] 죽·반죽 따위가 물이 많아 진하지 않다. 예죽을 **묽게** 끓이다. 맨되다. [활용] 묽고 [물꼬] / 묽어서 [물거서] / 묽지 [묵찌]. →묵다 주의

뭇매 [문매] 여럿이 한꺼번에 덤벼 때리는 매. 예뭇매를 맞다.

뭉개다 1 문질러 으깨거나 짓이기다. 예벌레를 밟아 뭉개다. 2 일을 어찌할 줄 모르고 머무적거리다. 예빨리 오지 않고 뭘 그리 뭉개느냐.

뭉게구름 밑은 평평하고 꼭대기는 둥글게 속을 쌓아 놓은 것 같은 구름. 쎈뭉게. 작은.

뭉게뭉게 구름·연기 따위가 계속 피어오르는 모양. 예구름이 뭉게뭉게 피어오르다. 작몽게몽게.

뭉떵 큼직하게 대번에 뚝 자르거나 잘리는 모양. 작몽땅. 거뭉텅.

뭉뚝하다 [뭉뚜카다] 끝이 아주 짧고 무디다. 예뭉뚝한 연필.

뭉뚱그리다 되는대로 대강 한데 뭉쳐 놓다. 예짐을 뭉뚱그리다. 작몽똥그리다.

뭉치 1 한데 뭉치거나 말린 덩이. 예원고 뭉치 / 신문 뭉치. 2 한데 뭉치거나 말린 덩이를 세는 단위. 예털실 한 뭉치.

*****뭉치다** 1 하나로 단결하다. 예뭉치면 살고 흩어지면 죽는다. 2 한 덩이가 되게 하다. 예눈을 뭉치다.

뭉클하다 슬픔·기쁨 따위의 감정이 갑자기 가슴에 꽉 차 오르거나 맺혀 풀리지 않는 듯하다. 예그 말을 듣고 가슴이 뭉클했다.

뭉텅이 한데 뭉치어서 이루어진 큰 덩이. 예솜 뭉텅이.

뭉툭하다 [뭉투카다] 끝이 짧고 무디다. 작몽톡하다.

뭍 [묻] 1 ➪육지. 예뭍에 오르다. 2 섬사람들이 본토를 이르는 말.

*****뭐** [뭐:] '무어'의 준말. 예이것이 뭐냐 / 뭐라도 좀 먹자.

뭘 상대방의 칭찬이나 감사에 대해 별거 아니라고 자기를 낮추는 말. 예고맙긴 이 정도 가지고, 뭘.

뭣 [뭗:] '무엇'의 준말. 예뭣을 좋아하는지 물어보자.

뮤지컬 (musical) 현대 미국에서 발달한 음악·연극·무용 등을 결합시킨

종합 무대 예술의 한 형식.

-므로 까닭을 나타내는 말. ⑨성실한 사람이므로 성공을 거두었다.

> 주의 **-므로**와 **-ㅁ으로(써)**
> - **-(으)므로** 까닭을 나타내는 말. ⑨비가 오므로 외출하지 않았다 / 그가 나를 믿으므로 나도 그를 믿는다.
> - **-(으)ㅁ으로(써)** '…을 하는 것으로, …을 가지고'의 뜻으로 어떤 결과를 이끄는 조건·방법·수단 등을 나타내는 말. ⑨책을 읽음으로(써) 시름을 잊는다 / 열심히 삶으로써 은혜에 보답한다.

미 (이) mi 장음계의 셋째 음. 단음계의 다섯째 음의 계이름. '마' 음의 이탈리아 음이름.

미각 (味覺) 혓바닥을 자극하는 맛의 감각. 단맛·신맛·쓴맛·짠맛의 네 가지 기본 종류가 있다. ⑨미각이 발달하다. 비맛감각. 미감.

미간 (眉間) '양미간'의 준말. ⑨미간을 찌푸리다.

미개 (未開) [미:개] 1 꽃 따위가 아직 피지 않음. 반개화. 2 문명이 발달하지 못한 상태. ⑨미개 민족. 비야만. 반문명. 미개하다.

미개인 (未開人) [미:개인] 문명이 발달하지 못한 사회의 사람. 비야만인. 반문명인.

미개척 (未開拓) [미:개척] 아직 개척하지 못하거나 않음. ⑨생물학의 미개척 분야.

미결 (未決) [미:결] 아직 결정되거나 해결되지 아니함. ⑨미결 서류. 반기결. 미결하다.

미곡 (米穀) 1 쌀을 비롯한 갖가지 곡식. 2 ⇨쌀. 반맥곡.

미관 (美觀) [미:관] 아름답고 훌륭한 모습. ⑨도시의 미관을 살리다.

미국 (美國) 〖국명〗 북아메리카에 있는 연방 공화국. 50개 주와 1특별구로 이루어짐. 공용어는 영어이고 수도는 워싱턴. 준미. ⊃America

미군 (美軍) 미국의 군대. 또는 미국의 군인.

***미꾸라지** 미꾸릿과의 민물고기. 논이나 개천 등의 흙바닥에 삶. 길이 10~20cm, 가늘고 길며 몹시 미끄러움. 몸빛은 황갈색이고 배 쪽은 연함. 비추어.

미꾸리 미꾸릿과의 민물고기. 미꾸라지와 비슷하나 비늘이 더 많고 큼. 입에 다섯 쌍의 수염이 있고 머리와 등에는 작고 까만 점이 흩어져 있음.

***미끄러지다** 1 미끄러운 곳에서 밀려 나가거나 넘어지다. ⑨얼음판에서 미끄러지다. 작매끄러지다. 2 뽑거나 고르는 데에 들지 못하는 것을 속되게 이르는 말. ⑨입학시험에 미끄러지다.

미끄럼틀 앉아서 미끄러져 내려올 수 있도록 비스듬하게 세운 아이들의 놀이 시설. 비미끄럼대.

미끄럽다 [미끄럽따] 저절로 밀리어 나갈 만큼 매끄럽다. ⑨눈이 와서 길이 너무 미끄럽다. 활용미끄러워 / 미끄러우니.

미끈거리다 미끄러워서 자꾸 밀리어 나가다. ⑨뱀장어는 미끈거려 잡기 어렵다.

미끈하다 겉모양이 흠이 없이 훤칠하고 번듯하다. ⑨미끈하게 생기다. 작매끈하다.

미끌미끌 몹시 미끄러운 모양. ⑨얼음을 손으로 잡으려니 미끌미끌 계속 빠져나간다. 미끌미끌하다.

미끼 1 낚시 끝에 꿰어 물리는 물고기의 먹이. 지렁이·밥알 따위. 비낚싯밥. 2 사람이나 동물을 꾈 때에 쓰는 물건이나 수단. ⑨돈을 미끼로 사람을 유혹하다.

미나리 산형과의 여러해살이풀. 연못가나 습지에 나는데, 높이 30cm가량, 기는줄기가 진흙 속에 뻗어서 번식함. 잎과 줄기는 독특한 향기가 나고 연하여 먹음.

미남 (美男) [미:남] 얼굴이 잘생긴 남자. 반추남. 본미남자.

미납 (未納) [미:납] 내야 할 것을 아직 내지 못함. ⑨급식비를 미납하다. 반완납. 미납하다.

미녀 (美女) [미:녀] 얼굴이 아름다운 여자. 반미인.

미뉴에트 (minuet) 4분의3 박자로 된 프랑스의 옛 춤곡.

미니 (mini) 1 '작은 것'의 뜻. ⑨미

니 자동차. 2 '미니스커트'의 준말.

미니스커트 (miniskirt) 옷자락 끝이 무릎 위까지 오는, 매우 짧은 길이의 스커트. 준미니.

미니카 (minicar) 장난감이나 장식용으로 작게 만든 모형 자동차.

미닫이 [미:다지] 문이나 창 따위를 옆으로 밀어 여닫는 방식. 또는 그런 문이나 창.

미달 (未達) [미:달] 어떤 한도에 이르지 못함. 예정원에 미달되다. **미달하다**.

미담 (美談) [미:담] 듣는 사람이 감동할 만한 아름다운 이야기. 예흐뭇한 미담 / 미담의 주인공.

미덕 (美德) [미:덕] 아름답고 갸륵한 행실. 예양보의 미덕을 보이다.

미덥다 [미덥따] 믿음성이 있다. 예내 말이 미덥지 않거든 확인해 봐라. 활용 미더워 / 미더우니.

미동 (微動) 조금 움직임. 예미동도 하지 않고 앉아 있다. **미동하다**.

미라 (포 mirra) 썩지 않고 건조되어 원래 상태에 가까운 모습으로 남아 있는 사람이나 동물의 시체. ×미이라.

***미래** (未來) [미:래] 앞으로 올 때. 예미래의 세계 / 미래를 꿈꾸다. 반장래. ↔과거. 현재. ⊃future

미량 (微量) 아주 적은 양. 예미량의 독약.

미련[1] 어리석고 둔함. 예미련한 사람. **미련하다**. **미련스럽다**.

미련[2] (未練) [미:련] 생각을 딱 끊지 못하고 끌리는 데가 남아 있는 마음. 예미련이 없다 / 미련을 못 버리다.

미련퉁이 몹시 미련한 사람.

미로 (迷路) [미:로] 복잡하게 갈래가 져서 한번 들어가면 드나드는 곳이나 방향을 알 수 없게 된 길. 비미궁.

미루나무 버드나뭇과의 낙엽 활엽 교목. 줄기는 높이 30m가량으로 곧게 자라며, 잎은 광택이 남. 목재는 성냥 개비나 건축재로 쓰임. 포플러. ×미류나무.

***미루다** 1 기일 따위를 나중으로 넘기다. 예시험 날짜를 내일로 미루다. 2 일을 남에게 넘기다. 예네 일을 남에게 미루지 마라. 3 이미 아는 것으로 다른 것을 비추어서 헤아리다. 예지난 일로 미루어 짐작할 수 있다. 준밀다.

미륵보살 (彌勒菩薩) [미륵뽀살] 석가모니가 죽은 후 56억 7천만 년 뒤에 이승에 나타나 중생을 구한다는 보살. 비미륵불. 준미륵.

미륵사지 석탑 (彌勒寺址石塔) 전라북도 익산시 미륵사 터에 있는 백제 시대의 대표적인 석탑. 우리나라 석탑 가운데 가장 크고 오래됨.

미륵사지 석탑

우리나라 국보로, 정식 이름은 '익산 미륵사지 석탑'.

***미리** 어떠한 일이 생기기 전에. 예장마에 미리 대비하다. 비먼저.

미리미리 '미리'를 강조한 말. 예숙제는 미리미리 해 두어라.

***미만** (未滿) [미:만] 정한 수효나 정도에 차지 못함. 예열 살 미만의 어린이. 반초과.

미망인 (未亡人) [미:망인] 남편이 죽고 홀로 남은 여자. 비과부.

미모 (美貌) [미:모] 아름다운 얼굴 모습. 예미모가 빼어나다.

미묘하다 (微妙—) 이상하여 잘 알 수 없다. 예미묘한 의견 차이.

미미하다 (微微—) 아주 보잘것없다. 예미미한 존재.

미비 (未備) [미:비] 아직 다 갖추지 못함. 완전하지 못함. 예발표 자료가 미비하다. **미비하다**.

미사 (라 missa) 천주교에서 행하는 최대의 성찬 의식. 예수의 최후의 만찬을 기념하여 행하는데, 천주를 찬미하고 속죄를 원하며 은총을 기원함.

미사일 (missile) 로켓이나 제트 엔진 따위로 날아가 폭발하는 장거리용 공격 무기의 하나. 유도탄.

미상 (未詳) [미:상] 확실하거나 분명하지 않음. 알려지지 않음. 예연대 미상 / 작자 미상의 작품.

미생물 (微生物) 현미경이 아니면 볼 수 없는 아주 작은 생물. 박테리아·원생동물 등을 가리키는데, 바이러스를 포함하여 일컫기도 함.

미성년자 (未成年者) [미:성년자] 만 19세가 되지 않은 사람. ⑩미성년자 관람 불가.

미세 먼지 (微細—) 눈에 보이지 않을 정도로 아주 작은 먼지.

미세하다 (微細—) 매우 가늘고 작다. ⑩미세한 차이.

*__미소__ (微笑) 소리를 내지 않고 빙긋이 웃는 웃음. ⑩입가에 미소를 짓다.

미숙하다 (未熟—) [미:수카다] 일에 익숙하지 못하다. ⑩운전이 미숙하다 / 미숙한 연기를 보이다.

*__미술__ (美術) [미:술] 색채나 형태의 아름다움을 표현하는 예술의 한 분야. 그림·건축·조각·공예 따위. ⑩미술 전시회 / 미술 수업. ⊃art

미술관 (美術館) [미:술관] 그림·조각 등의 미술품을 수집·진열하여, 일반의 관람과 연구에 이바지하는 시설.

미술품 (美術品) [미:술품] 회화·조각·공예 따위의 미술 작품.

미숫가루 [미수까루 / 미숟까루] 찹쌀이나 멥쌀 또는 보리쌀 따위를 볶거나 쪄서 가루로 만든 식품.

미스[1] (Miss) 1 결혼하지 않은 여자의 성 앞에 붙이는 호칭. 양. ⑩미스 박. 2 미혼의 여자. 아가씨.

미스[2] (miss) 실수. 잘못. ⑩교정 미스 / 서브 미스.

미스터 (mister, Mr.) 남자의 성 앞에 붙이는 호칭. 군. 씨.

미스터리 (mystery) 도저히 설명하거나 이해할 수 없는 이상한 일이나 사건. ⑩미스터리 사건.

미시시피강 (Mississippi江) 미국의 중앙부를 흐르는, 세계에서 네 번째로 긴 강. 길이 6,270km.

미시즈 (Mrs.) 결혼한 여자의 성 앞에 붙이는 호칭. 부인. 여사. ⑩미시즈 김. ×미세스.

미식가 (美食家) [미:식까] 맛있는 음식을 찾아다니며 먹는 것을 즐기는 사람.

미식축구 (美式蹴球) [미:식축꾸] 미국에서 발달한, 럭비와 축구를 혼합한 구기. 한 팀이 11명씩으로 구성되며, 공을 갖고 골라인을 넘어 터치다운하거나 골포스트 사이로 공을 차 넣어서 득점하는 것으로, 매우 격렬한 경기임. 아메리칸 풋볼.

미신 (迷信) [미:신] 종교적·과학적으로는 헛되다고 여겨지는 믿음. ⑩미신을 믿다.

미심쩍다 (未審—) [미:심쩍따] 분명하지 못하여 마음에 거리끼다. ⑩행동이 미심쩍다.

미아 (迷兒) 길을 잃고 헤매는 아이. 본미로아.

*__미안__ (未安) 1 마음이 편하지 못하고 거북함. ⑩부탁을 거절해서 미안합니다. 2 남에게 대하여 부끄럽고 겸연쩍음. ⑩늦어서 미안해. **미안하다**. **미안스럽다**. ⊃sorry

미약하다 (微弱—) [미야카다] 보잘것없이 약하다. ⑩미약하나마 나도 돕겠다.

미얀마 (Myanmar) 〖국명〗인도차이나반도 서부에 있는 연방 공화국. 주민의 대부분이 불교를 믿음. 수도는 네피도.

미어지다 [미어지다 / 미여지다] 1 팽팽한 가죽이나 종이 따위가 해져서 구멍이 생기다. 2 꽉 차서 찢어지고 터질 듯하다. ⑩책을 많이 넣어 가방이 미어질 지경이다. 3 가슴이 찢어질 듯이 고통이나 슬픔을 느끼다. ⑩가슴이 미어지는 슬픔을 겪다.

미역[1] 냇물이나 강물에 들어가 몸을 담그고 씻거나 노는 일. ⑩미역을 감다. 준멱.

미역[2] 갈조류 미역과의 해조. 해안 바위에 붙어 있는데, 잎은 넓고 길이 2m가량으로 흑갈색, 황갈색을 띰. 칼슘의 함유량이 많아 특히 임산부와 어린이에게 좋음.

미역[2]

미역국 [미역꾹] 미역을 넣고 끓인 국. 준멱국.

미역국(을) 먹다 ㉠직장 같은 데서 떨리어 나다. ㉡시험 따위에서 떨어지다. ㉢퇴짜를 맞다.

미열 (微熱) 건강한 몸의 온도보다 조금 높은 체온.

미완성 (未完成) [미:완성] 끝을 다 맺지 못함. ⑩미완성 교향곡 / 미완성

작품. 반완성. 준미완.

미용(美容) [미ː용] 얼굴이나 머리 따위를 아름답게 매만짐. 예피부 미용. 미용하다.

미용사(美容師) [미ː용사] 남의 머리나 얼굴을 아름답게 꾸미는 일을 직업으로 하는 사람.

미용실(美容室) [미ː용실] ⇨미장원.

미움 밉게 여기는 마음. 예미움을 받다 / 미움이 커지다.

미워하다 미운 생각을 가지게 되다. 싫어하다.

미음[1] 한글의 자모 'ㅁ'의 이름.

미음[2] (米飮) 쌀이나 좁쌀에 물을 많이 붓고 오래 끓이어 체에 밭인 음식. 주로 환자나 어린아이들이 먹음. 예미음을 쑤다.

미인(美人) [미ː인] 얼굴과 몸매가 아름다운 여자. 비미녀. 미희. 반추녀.

*__미장원__(美粧院) [미ː장원] 머리나 얼굴 모습을 아름답게 매만져 주는 일을 영업으로 하는 집. 비미용실.

미장이 집을 짓거나 고칠 때 흙이나 회, 시멘트 따위를 바르는 일을 직업으로 하는 사람.

미정(未定) [미ː정] 아직 결정하지 못함. 예소풍 날짜는 아직 미정이다. 반결정.

미주알고주알 아주 작은 일까지 속속들이 알아내려고 하는 모양. 예미주알고주알 캐묻다.

미지(未知) [미ː지] 아직 모름. 알지 못함. 예미지의 세계.

*__미지근하다__ 1 차지도 않고 뜨겁지도 않다. 예방바닥이 미지근하다. 2 행동이나 태도, 성격 따위가 흐리멍덩하다. 예대답이 미지근하다.

미지근히 미지근하게. 예미지근히 데워 놓은 우유를 마시다.

미지수(未知數) [미ː지수] 1 앞으로 어떻게 될지 아직 알지 못하는 일. 예상을 받게 될지는 미지수다. 2 방정식에서, 구하려고 하는 수. 반기지수.

미진하다(未盡—) [미ː진하다] 아직 다하지 못하거나 충분하지 못하다. 예미진한 꿈을 이루기 위해 힘쓰다.

*__미처__ 아직. 채. 예그의 실력을 예전엔 미처 몰랐다.

미천하다(微賤—) 신분이나 지위 따위가 보잘것없고 천하다. 예미천한 신분에서 출세하다.

미치광이 1 미친 사람. 비광인. 2 말이나 행동이 정상적인 상태가 아닌 사람. 3 어떤 일에 지나칠 정도로 푹 빠져 있는 사람.

*__미치다__[1] 1 정신에 이상이 생겨 말하는 짓이 이상하게 날뛰다. 2 몹시 흥분하여 심하게 날뛰다. 예저 사람 미쳐도 단단히 미쳤군. 3 어떤 일에 지나칠 정도로 푹 빠지다. 예내 동생은 요즘 핸드폰 게임에 미쳐 있다. ⇨mad, crazy

미치다[2] 1 어디에 가 닿거나 이르다. 예깊은 산골이라 사람의 발길이 미치지 않는다. 2 일정한 기준에 다다르다. 예성적이 평균에 미치지 못하다. 3 영향을 끼치게 되다. 예불행이 여러 사람에게 미치다.

*__미터__(meter) 미터법에 따른 길이의 단위. 'm'로 표시함. 1m는 100cm.

미터기(meter器) 가스·전기·택시 따위의 자동 계기.

미투리 예전에, 삼이나 실, 종이 따위를 꼬아 만든 줄로 짚신 같이 만든 신. 비마혜. 승혜.

미투리

미팅(meeting) 남녀가 사교를 목적으로 집단으로 가지는 모임. 예미팅을 주선하다.

미풍(微風) 약하게 부는 바람. 예미풍이 일다. 비세풍.

미풍양속(美風良俗) [미ː풍냥속] 아름답고 좋은 풍속. 예미풍양속을 잘 지켜 나가다.

미행(尾行) 남의 행동을 살피기 위하여 몰래 뒤를 따라다님. 예경찰이 범인을 미행하다. 미행하다.

미혼(未婚) [미ː혼] 아직 결혼을 하지 않음. 또는 그러한 사람. 예미혼 남녀 / 미혼으로 지내다. 반기혼.

미화(美化) [미ː화] 아름답게 꾸미어 보기 좋게 만듦. 예교내 미화 작업. 미화하다.

미화원(美化員) [미ː화원] '환경미화원'의 준말.

미흡하다(未洽—) [미ː흐파다] 아직

만족스럽지 못하다. 예성적이 많이 향상되었지만 아직은 **미흡하다**.

믹서 (mixer) 과실이나 곡물, 채소 따위를 곱게 갈아 즙을 내는 데 쓰는 전기 기구.

민가 (民家) 보통 사람들이 사는 살림집.

민간 (民間) 1 보통 사람들의 사회. 예민간 신앙 / 민간에 전해지다. 2 관청·군·경찰 따위에 속하지 않음. 예민간 기업.

민간단체 (民間團體) 정부 기관에 속하지 않는 일반인 단체.

민간 신앙 (民間信仰) 예로부터 민간에 전하여 내려오는 신앙.

민간인 (民間人) [민가닌] 관리나 군인이 아닌 보통 사람. 비일반인.

민감하다 (敏感—) 느낌이나 반응이 날카롭고 빠르다. 예민감한 반응을 보이다 / 유행에 지나치게 **민감하다**. 반둔감하다.

민감히 (敏感—) 민감하게.

민권 (民權) [민꿘] 1 국민의 권리. 2 국민이 정치에 참여할 수 있는 권리. 반관권.

민꽃식물 (—植物) [민꼳씽물] 꽃이 피지 않고 홀씨로 번식하는 식물. 세균·곰팡이·양치식물 따위.

민단 (民團) 주로 일본에 사는 한국 교포들이 구성한 자치 단체를 이르는 말. 거류민단.

민담 (民譚) 예로부터 사람들의 입을 통해 전해 내려오는 전설·속담 따위의 이야기. 비민간 설화.

민둥산 (—山) 나무가 없는 산. 비벌거숭이산.

민들레 국화과의 여러해살이풀. 산과 들에 나는데 땅속줄기에서 잎이 무더기로 남. 봄에 긴 줄기 끝에 노란 꽃이 피고, 씨앗이 흰 털에 붙어서 바람에 날려 번식함. 뿌리는 약에 씀.

민란 (民亂) [밀란] 부패한 정치 따위에 대항하여 백성들이 일으킨 폭동이나 소요. 예민란에 가담하다.

민망스럽다 (憫惘—) [민망스럽따] 민망한 느낌이 있다. 활용 민망스러워 / 민망스러우니.

민망하다 (憫惘—) 답답하고 딱하여 걱정스럽다. 예듣기에 **민망할** 정도로 심한 말을 하다.

민무늬 [민무니] 무늬가 없는 것. 예민무늬 셔츠.

민물 강이나 호수처럼 짜지 않은 물. 비단물. 반바닷물.

민물고기 [민물꼬기] 민물에서 사는 물고기. 붕어·메기·뱀장어·잉어 따위. 반바닷물고기.

민박 (民泊) 관광지 따위에서, 돈을 받고 일반 민가에서 손님을 묵게 하는 일. **민박하다**.

민방위 (民防衛) 적의 공격이나 재난 따위로 인한 피해를 막기 위해 민간인들이 조직적으로 행하는 비군사적 방어 활동. 예민방위 훈련.

민법 (民法) [민뻡] 개인의 재산에 대한 권리나 의무, 가족 관계, 상속하는 방법 따위를 정한 법률.

민사 재판 (民事裁判) 개인들 사이에 재산 문제 따위로 다툼이 생겼을 때 법원이 행하는 재판. 반형사 재판.

민생 (民生) 1 일반 국민. 2 국민의 생활. 예민생 치안에 힘쓰다.

민생고 (民生苦) 국민이 생활하는 데 겪는 고통. 예민생고를 해결하다.

민선 (民選) 일반 국민이 선거로 뽑음. 예민선 시장. 반관선.

***민속** (民俗) 민간에서 전해 내려오는 풍속이나 문화. 예민속 무용.

민속놀이 (民俗—) [민송노리] 민간에서 시작되어 전해 내려오는, 그 지방의 생활과 풍습이 나타나 있는 놀이. 그네뛰기·윷놀이·씨름 따위.

민속 박물관 (民俗博物館) 조상들의 생활 모습·풍속·습관 등에 관한 자료나 도구 따위를 전시해 놓은 곳.

민속촌 (民俗村) 민간에 전해 오는 생활상·풍습·산업·예술 등을 옛 모습대로 재현해서 꾸며 놓은 마을.

민속춤 (民俗—) 민간에 전해 내려오는 춤. 각 지방의 생활과 풍속, 서민들의 소박한 감정이 잘 나타나 있음. 비민속 무용.

민심 (民心) 국민들의 마음. 예민심은 천심이다.

민영 (民營) [미녕] 민간인이 하는 경영. 예민영 방송. 반관영. 국영.

민영환(閔泳煥)〚인명〛 조선 고종 때의 문신. 을사조약(1905)이 체결될 때 조약의 효력을 없앨 것을 주장하였으나 실패하자 스스로 목숨을 끊음. 시호는 충정. 흔히 민충정공이라 일컬음. [1861-1905]

***민요**(民謠) [미뇨] 민간에서 자연적으로 발생하여 오랫동안 전해 내려오는, 민중의 생활 감정이 소박하게 담긴 노래. 아리랑·도라지 타령·양산도 따위.

민원(民願) [미눤] 주민이 행정 기관에 처리해 주기를 요구하는 일.

민원실(民願室) [미눤실] 민원 사무를 처리하는 관청의 한 부서.

민의(民意) [미늬/미니] 국민의 뜻. 예 정책에 민의를 반영하다.

민정[1](民政) 1 민간인에 의한 정치. 땐 군정. 2 국민의 안녕과 행복을 꾀하는 정치.

민정[2](民情) 백성들의 사정과 생활 형편. 예 민정을 살피다.

***민족**(民族) 같은 지역에서 오랫동안 공동생활을 함으로써 언어·풍습·문화·역사 따위가 같은 사람의 집단. 비 겨레.

민족 국가(民族國家) 하나의 민족으로 이루어진 국가.

민족 문화(民族文化) 한 민족의 말·풍습 따위를 토대로 하여 이루어진 독특한 문화.

민족성(民族性) [민족썽] 그 민족만이 가지고 있는 독특한 성질.

민족애(民族愛) [민조개] 같은 민족끼리의 믿음과 사랑. 예 민족애를 발휘하다.

민족 운동(民族運動) 1 다른 민족의 국가로부터 압박을 받는 약소 민족이 독립하려고 하는 운동. 2 따로따로 흩어져 있는 민족이 서로 모여 한 민족 국가를 건설하려는 운동.

민족 자결주의(民族自決主義) 다른 민족이나 나라의 간섭을 받지 않고, 자기 민족의 문제를 스스로 해결해 나가려는 주의.

민족적(民族的) [민족쩍] 온 민족에게 관계되거나 포함되는 (것). 예 민족적 자랑인 문화유산.

민족정신(民族精神) [민족쩡신] 그 민족이 가지고 있는 독특한 정신. 비 민족혼.

민족주의(民族主義) [민족쭈의/민족쭈이] 다른 민족의 지배에서 벗어나, 자기 민족의 국가를 건설하고 자기 나라의 번영을 이루려는 주장이나 운동. 비 국민주의.

민족혼(民族魂) [민조콘] 어느 한 민족이 지니고 있는 고유한 정신. 비 민족정신.

민주(民主) 1 주권이 국민에게 있음. 2 '민주주의'의 준말.

민주 공화국(民主共和國) 주권이 국민에게 있고, 주권의 행사가 국민의 뜻에 따르는 나라.

민주 국가(民主國家) 주권이 국민에게 있고 국민의 뜻에 따라 정치를 하는 나라. 비 민주주의 국가. 땐 군주 국가. 독재 국가.

민주적(民主的) 민주주의에 적합한 (것). 예 민주적인 절차와 방법/민주적으로 운영하다.

민주 정치(民主政治) 나라의 주권이 국민에게 있고, 국민의 뜻에 의하여 행해지는 정치. 땐 독재 정치.

***민주주의**(民主主義) [민주주의/민주주이] 주권이 국민에게 있고, 국민 스스로가 국민을 위하여 정치를 하는 주의. 데모크라시. 비 민본주의. 땐 공산주의. 전제주의. 준 민주.

민주화(民主化) 민주주의적으로 되어 감. 또는 그렇게 되게 함. 예 민주화 운동. 민주화하다.

민중(民衆) 국가나 사회를 구성하고 있는 보통 사람들. 일반 대중.

민첩하다(敏捷―) [민처파다] 동작·이해·판단 따위가 재빠르고 날쌔다. 예 민첩한 행동.

민폐(民弊) [민폐/민페] 민간에 폐가 되는 일. 예 민폐를 끼치다.

민화[1](民話) 민간에 전하여 내려오는 옛날이야기나 전설. 비 민간 설화.

민화[2](民畵) 민간 전설이나 서민 생활을 그린 그림. 익살스러우며 소박한 것이 특징임.

***믿다**[믿따] 1 꼭 그렇게 여겨 의심하지 않다. 예 그는 반드시 성공하리라

고 믿는다. 2 마음으로 의지하다. 예 친구들을 믿는다. 3 종교나 신을 받들고 따르다. 예 불교를 믿는다. ⊃ believe

***믿음** [미듬] 1 믿는 마음. 예 친구에 대한 굳건한 믿음. 2 신앙. 예 믿음이 깊다 / 믿음을 가지다.

믿음직스럽다 [미듬직쓰럽따] 믿음직한 데가 있다. 예 듬직한 태도가 믿음직스럽구나. [활용] 믿음직스러워 / 믿음직스러우니.

믿음직하다 [미듬지카다] 믿을 만하다. 예 믿음직한 국군 용사.

*****밀** 볏과에 속하는 한해살이(봄밀), 또는 두해살이(가을밀)풀. 보리와 비슷하나 그보다 키가 더 크고 줄기가 가늘며 이삭이 길쭉함. 녹말과 단백질이 많아 중요한 곡식이 됨. 비 소맥. 진맥. 참밀. ⊃ wheat

*****밀가루** [밀까루] 밀을 빻아 만든 가루. 여러 가지 음식의 재료로 씀. 비 맥분. 소맥분.

밀감 (蜜柑) ⇨ 귤나무.

밀고 (密告) 남몰래 넌지시 일러바침. 예 동지를 밀고하다. **밀고하다**.

밀기울 [밀끼울] 밀을 빻아 체로 쳐서 가루를 내고 남은 찌꺼기.

*****밀다** [밀:다] 1 힘을 주어 앞으로 나아가게 하다. 예 유모차를 밀다. 2 수염이나 머리카락을 매끈하게 깎다. 예 수염을 밀다. 3 추대하거나 추천하다. 예 회장으로 밀다. 4 도구를 써서 가루 반죽을 얇고 넓게 펴다. 예 만두피를 밀다. 5 표면에 붙은 것이 떨어지도록 문지르다. 예 때를 밀다. [활용] 밀어 / 미니 / 미는. ⊃ push

밀담 (密談) [밀땀] 남몰래 비밀히 이야기함. 또는 그 이야기. 예 밀담을 나누다. **밀담하다**.

밀도 (密度) [밀또] 빽빽이 들어선 정도. 예 인구 밀도가 높은 대도시.

밀랍 (蜜蠟) 벌집을 지으려고 꿀벌이 분비하는 물질. 양초, 광택제, 방수제 따위에 씀.

밀레 (Millet, Jean François) [인명] 프랑스의 화가. 종교적인 그림을 그림. '이삭줍기', '만종', '씨뿌리는 사람들' 등 농민 생활을 주제로 한 많은 명작을 남김. [1814-1875]

밀려가다 1 한꺼번에 떼를 지어 가다. 예 우르르 밀려가다 / 군중에 섞여 광장 쪽으로 밀려가다. 2 떼밀려서 가다. 예 바람에 밀려가다 / 파도에 밀려가다.

밀려나다 1 어떤 자리에서 쫓겨나다. 예 회장 자리에서 밀려나다. 2 어떤 위치에서 다른 쪽으로 밀리다. 예 길 옆으로 밀려나다.

밀려들다 한꺼번에 여럿이 몰려들다. 예 학생들이 공연장으로 밀려들었다. [활용] 밀려들어 / 밀려드니 / 밀려드는.

밀려오다 1 밀림을 당하여 이쪽으로 오다. 예 파도가 밀려오다. 2 여럿이 한꺼번에 몰려오다. 예 구경꾼들이 밀려오다.

밀렵 (密獵) 금하는 것을 어기고 몰래 사냥함. 예 밀렵을 단속하다. **밀렵하다**.

밀리그램 (milligram) 무게의 단위. 1그램의 1,000분의 1(기호는 mg).

*****밀리다** 1 미처 다 처리하지 못한 일이나 물건이 쌓이다. 예 일이 산더미같이 밀리다. 2 일정이나 순서가 뒤로 가거나 연기되다. 예 순서가 맨 뒤로 밀렸다. 3 차들이 몰려들어 빨리 움직이지 못하다. 예 차가 밀려 약속 시간에 늦었다.

밀리리터 (milliliter) 용량의 단위. 1리터의 1,000분의 1(기호는 ml·mL).

밀리미터 (millimeter) 길이의 단위. 1센티미터의 10분의 1(기호는 mm). 준 밀리.

밀림 (密林) 큰 나무들이 빽빽하게 들어선 깊은 숲. 정글. 예 밀림 지대.

밀물 육지 쪽으로 밀려 들어오는 바닷물. 반 썰물.

밀반죽 밀가루를 물에 갠 반죽. 본 밀가루 반죽. **밀반죽하다**.

밀사 (密使) [밀싸] 몰래 보내는 사절.

밀수 (密輸) [밀쑤] 허가받지 않고 비밀히 하는 수입과 수출. **밀수하다**.

밀실 (密室) [밀씰] 남이 함부로 드나들지 못하게 하고 비밀히 쓰는 방. 예 밀실에 가두다.

밀어내다 [미러내다] 1 밀어서 밖으로 나가게 하다. 예 몸싸움으로 상대편을 금 밖으로 밀어내다. 2 압력을 가하

밀어닥치다

여 자리에서 물러나게 하다. ⓔ폭군을 밀어내다.

밀어닥치다 [미러닥치다] 여럿이 한꺼번에 몰려 닥치다. ⓔ공연 중에 무대 위로 팬들이 밀어닥치다.

밀어붙이다 [미러부치다] 1 한쪽으로 세게 밀다. 2 여유를 주지 않고 계속 몰아붙이다. ⓔ계속 밀어붙여 상대 팀을 꺾다.

밀잠자리 4-5월에 나타나서 물가나 풀밭에서 흔히 볼 수 있는 짙은 갈색 또는 노란색의 잠자리.

밀잠자리

밀접하다(密接—) [밀쩌파다] 관계가 썩 가깝다. ⓔ밀접한 관계 / 두 사람 사이가 아주 밀접해졌다.

밀집(密集) [밀찝] 빽빽하게 모임. ⓔ공장이 밀집된 지역. **밀집하다**.

밀짚 [밀찝] 밀의 이삭을 떨고 난 밀의 줄기.

***밀짚모자** (—帽子) [밀찝모자] 밀짚·보릿짚 따위로 만든 여름 모자. ⓑ맥고모자.

밀착(密着) 1 빈틈없이 달라붙음. ⓔ밀착 수비. 2 서로의 관계가 매우 가깝게 됨. **밀착하다**.

밀치다 [밀ː치다] 힘껏 밀다. ⓔ사람들을 밀치고 앞으로 나아가다.

밀크셰이크 (milk shake) 우유에 달걀·설탕 따위를 넣고 거품을 일게 하여 살짝 얼린 찬 음료수.

밀폐(密閉) [밀페/밀폐] 틈이 없이 꼭 닫거나 막음. ⓔ밀폐 공간 / 밀폐 용기 / 밀폐된 방. **밀폐하다**.

밀항(密航) 법을 어기고 몰래 배를 타고 외국으로 감. **밀항하다**.

밀회(密會) [미뢰/미뤠] 남몰래 모이거나 만남. **밀회하다**.

***밉다** [밉따] 1 생김새가 볼품이 없다. ⓔ얼굴이 밉다. 2 행동이나 말이 마음에 들지 않고 싫다. ⓔ하는 짓이 밉다. ⓑ곱다. 활용 미워 / 미우니.

밉살스럽다 [밉쌀스럽따] 말과 행동이 남에게 몹시 미움을 받을 만하다. ⓔ밉살스럽게 굴다. 활용 밉살스러워 / 밉살스러우니.

밉상 (—相) [밉쌍] 미운 얼굴이나 행동. ⓔ얼굴이 밉상은 아니다.

밋밋이 [민미시] 밋밋하게.

밋밋하다 [민미타다] 1 생김새가 미끈하게 곧고 길다. ⓔ장식이 없는 밋밋한 기둥. 젹맷맷하다. 2 두드러진 특징이 없이 평범하다.

***및** [믿] 그 밖에. 그리고. 또. ⓔ문학에는 시·소설·수필 및 희곡 따위가 있다.

***밑** [믿] 1 물체의 아랫부분이나 아래쪽. ⓔ책상 밑. 2 정도·지위·나이 따위가 낮거나 적음. ⓔ형보다 세 살 밑이다. 3 지배·보호·영향 등을 받는 처지임을 나타냄. ⓔ훌륭한 선생님 밑에서 배우다. 4 일의 기초나 바탕. 5 '밑바닥'의 준말. ⓔ밑 빠진 독 / 가방 밑을 뒤지다. 6 '밑동'의 준말.

밑도 끝도 없다 앞뒤의 관계가 없이 말을 불쑥 꺼내어 갈피를 잡을 수 없다. ⓔ밑도 끝도 없이 불쑥 한마디 하다.

밑각 (—角) [믿깍] 다각형의 밑변의 양 끝을 꼭짓점으로 하는 내각.

밑거름 [믿꺼름] 1 농작물의 씨를 뿌리거나 모를 내기 전에 주는 거름. ⓔ밭에 밑거름을 주다. 2 어떤 일의 바탕이 되는 요인. ⓔ발전의 밑거름으로 삼다.

***밑넓이** [민널비] ⇨밑면적.

밑돌다 [믿똘다] 어떤 기준에 미치지 못하다. ⓔ내 수학 성적은 평균을 한참 밑돌았다. 빤웃돌다. 활용 밑돌아 / 밑도니 / 밑도는.

밑동 [믿똥] 1 긴 물건의 맨 아랫동아리. 2 나무줄기에서 뿌리에 가까운 부분. 3 채소 따위의 뿌리. ⓔ무의 밑동을 자르다. 준밑.

***밑면** (—面) [민면] 밑바닥을 이루는 평면.

밑면적 (—面積) [민면적] 원기둥, 각기둥, 원뿔, 각뿔 따위의 입체 도형에서 밑면의 넓이. ⓑ밑넓이.

밑바닥 [믿빠닥] 1 바닥이 되는 밑부분. ⓔ강의 밑바닥. 준밑. 2 사회생활에서 매우 낮은 지위나 자리의 비유. ⓔ밑바닥 생활 / 밑바닥부터 다시 시작하다.

⇒ bottom

밑바탕 [믿빠탕] 사물이나 사람의 기본이 되는 바탕. ⓔ밑바탕을 든든히 다지다 / 본디 밑바탕은 착한 사람이었다. ⓑ본바탕.

밑반찬 (—飯饌) [믿빤찬] 만들어서 오래 두고 언제나 손쉽게 내어 먹을 수 있는 반찬. 젓갈·자반·장아찌 따위.

밑받침 [믿빧침] 1 밑에 받치는 물건. 2 어떤 일을 이루는 바탕. ⓔ지역 발전의 밑받침이 되다.

*__밑변__ (—邊) [믿뼌] 삼각형에서 꼭지각에 대한 변. 평행 사변형에서는 평행하는 두 변.

밑실 [믿씰] 재봉틀의 북에 감은 실.

밑씨 [믿씨] 꽃의 암술에서 수정한 뒤에 자라서 씨가 되는 기관.

*__밑줄__ [믿쭐] 문장에서, 주의하기 위하여 어떤 말의 밑에 긋는 줄. 문장 부호 '—'의 이름. ⓔ중요한 글귀에 밑줄을 치다.

밑지다 [믿찌다] 들인 밑천을 다 건지지 못하다. 손해를 보다. ⓔ밑지고 팔다. ⓜ남다.

  밑지는 장사 아무런 이득이 없이 손해 보는 일을 뜻하는 말.

밑창 [믿창] 1 신의 바닥 밑에 붙이는 창. ⓔ구두 밑창을 갈다. ⓜ속창. 2 배나 그릇 따위의 맨 밑바닥. ⓔ밑창이 빠지다.

밑천 [믿천] 어떤 일을 하는 데 기초가 되는 돈이나 물건. 또는 기술·재주 따위. ⓔ장사 밑천을 대 주다. ⓑ자본.

밑판 (—板) [믿판] 밑에 대는 판이나 밑이 되는 판.

ㅂ (비읍) 한글 닿소리의 여섯째 글자.

바[1] 서양 음계의 칠음 중에 제4음인 '파'의 우리말 음이름.

***바**[2] '방법'이나 '일'의 뜻으로 쓰이는 말. 예 기뻐서 어찌할 바를 모르다 / 네가 알 바가 아니다.

***바가지** 1 물을 푸거나 물건을 담는 그릇. 또는 그 그릇을 세는 단위. 예 바가지로 물을 푸다 / 쌀 세 바가지. 2 터무니없이 비싼 요금이나 물건값. 예 피서철 관광객들에게 바가지를 씌우다.
　바가지(를) 긁다 아내가 남편에게 불평과 잔소리를 심하게 하다.
　바가지(를) 쓰다 남에게 속아서 부당하게 많은 돈을 치르거나 어떤 일을 도맡아 책임을 지게 되다.

바겐세일 (bargain sale) 평상시에 받던 값보다 특별히 싸게 파는 일. 할인 판매. 예 봄철 바겐세일 / 바겐세일 기간.

***바구니** 대나 싸리 따위로 둥글게 결어 속이 깊숙하게 만든 그릇. 예 과일을 바구니에 담다. ⊃ basket

바글거리다 1 적은 물이나 거품 따위가 넓게 퍼지며 자꾸 일어나거나 끓어오르다. 예 거품이 바글거리다 / 찌개가 바글거리며 끓다. 센 빠글거리다. 2 사람·짐승·벌레 따위가 많이 모여 움직이다. 예 개미가 바글거리다 / 식당에 손님들이 바글거린다. 큰 버글거리다.

바글바글 1 적은 물이나 거품 따위가 넓게 퍼지며 자꾸 일어나거나 끓어오르는 소리. 또는 그 모양. 예 찌개가 바글바글 끓는다. 2 사람·짐승·벌레 따위가 많이 모여 자꾸 움직이는 모양. 예 바닷가는 피서객으로 바글바글 들끓는다. **바글바글하다**.

***바깥** [바깓] 밖이 되는 곳. 밖으로 향한 쪽. 예 바깥 공기가 차다. 반 안.

바깥쪽 [바깓쪽] 바깥으로 드러난 쪽.

바깥출입 (-出入) [바깓추립] 집 밖을 나다니는 일. 예 바깥출입이 잦다. **바깥출입하다**.

***바꾸다** 1 서로 주고받다. 예 자리를 바꾸어 앉다 / 옷을 바꾸어 입다. 2 다른 것으로 교환하다. 예 형광등을 새것으로 바꾸다. 3 원래의 내용이나 상태를 다르게 고치다. 예 계획을 바꾸다 / 머리 모양을 바꾸다. ⊃ change

***바뀌다** 바꾸어지다. 예 태도가 바뀌다 / 해가 바뀌다.

바나나 (banana) 열대·아열대 지방에서 나는 과일. 긴 타원형의 열매가 송이를 이루어 열리며, 노랗게 익음. 냄새와 맛이 좋고 영양분이 많음.

바느질 바늘에 실을 꿰어 옷을 짓거나 꿰매는 일. 예 바느질 솜씨가 좋다. **바느질하다**.

바느질감 [바느질깜] 바느질할 옷이나 옷감 따위.

***바늘** 1 바느질을 하는 데 쓰는, 가늘고 끝이 뾰족하며 한쪽 끝에 실을 꿰는 구멍이 있는 쇠. 2 시계·저울 따위에서, 눈금을 가리키는 뾰족한 물건. 예 시계의 바늘이 정오를 가리키다. 3 끝이 뾰족하고 가늘고 길어서 찌르거나 꽂는 데 쓰는 도구. 주삿바늘·낚시바늘 따위.

바늘귀 [바늘뀌] 바늘의 위쪽에 뚫린, 실을 꿰는 구멍.

바늘꽂이 [바늘꼬지] 바늘을 꽂아 두는, 헝겊으로 만든 물건.

바늘땀 바느질할 때에 실을 꿴 바늘의 한 번 뜬 자국.

바늘쌈 바늘 스물네 개를 종이로 납작하게 싼 뭉치.

바닐라 (vanilla) 난초과의 여러해살이 덩굴풀. 열대 지방에서 나며, 잎은 줄기 끝에 타원형으로 남. 과실은 오이만 하며 익기 전에 '바닐린'을 채취함.

***바다** 1 지구에서 육지를 제외한 부분으로 짠물이 괴어 있는 넓은 곳. 예 넓고 푸른 바다. 비 해양. 반 육지. 2 매우 넓거나 큼을 뜻함. 예 바다와 같은

어머니의 사랑. ⊃sea

바다낚시 [바다낙씨] 바다에서 하는 낚시. 빤민물낚시.

***바닥** 1 물체의 편평한 평면 부분. 예책상 바닥 / 짐을 바닥에 놓아라. 2 물체의 밑이 되는 부분. 예양말 바닥. 3 일이나 물건의 다 없어진 끝. 예쌀이 바닥이 났다. 4 넓고 번잡한 곳. 예서울 바닥 / 시장 바닥.

  바닥(이) 드러나다 ㉠숨겨져 있던 모습이 드러나다. ㉡다 쓰여 없어지다. 예외화 낭비로 바닥이 드러난 국가 경제.

바닥나다 [바당나다] 1 신 바닥 따위가 닳아서 구멍이 나다. 예바닥난 운동화. 2 돈이나 물건 따위가 다 써서 없어지다. 예보름 만에 용돈이 바닥났다.

***바닷가** [바다까/바닫까] 바닷물과 땅이 서로 맞닿은 곳이나 그 근처. 예바닷가에 가다. 비해변.

바닷길 [바다낄/바닫낄] 배가 다니는 바다 위의 길. 비뱃길. 해로.

바닷말 [바단말] 미역·김·다시마 따위처럼 바다에서 자라는 식물. 비해조.

***바닷물** [바단물] 바다의 짠물. 비해수. 빤민물.

***바닷물고기** [바단물꼬기] 바다에서 사는 물고기. 빤민물고기.

바닷바람 [바다빠람/바닫빠람] 바다에서 육지로 불어오는 바람. 비해풍.

바닷새 [바다쌔/바닫쌔] 바다에서 물고기나 조개 등을 잡아먹고 사는 새. 갈매기 따위.

***바둑** 두 사람이 바둑판에 흑백의 돌을 번갈아 두어 가며 승부를 겨루는 놀이. 예바둑을 두다.

바둑돌 [바둑똘] 1 바둑 둘 때 쓰는 돌. 흑이 181개, 백이 180개임. 비바둑알. 2 모 없이 둥글둥글하며 반드러운 돌.

***바둑이** [바두기] 털에 검은 점과 흰 점이 바둑무늬 모양으로 뒤섞인 개. 또는 그런 개의 이름.

바둑판 (一板) 바둑을 두는 데 쓰는 판. 네모진 널빤지 위에 가로세로 각각 열아홉 줄이 그어져 있음.

바득바득 [바득빠득] 1 제 고집만 자꾸 부리거나 조르는 모양. 예자기 말이 옳다고 바득바득 우기다. 2 악착스럽게 애쓰는 모양. 예잘살기 위해서 바득바득 애쓴다. 큰부득부득. 센빠득빠득. 바득바득하다.

바들바들 자꾸 몸을 작게 바르르 떠는 모양. 예추워서 몸을 바들바들 떨다. 큰부들부들. 바들바들하다.

바디 베틀·가마니틀 따위에 딸린 기구의 하나. 가늘고 길게 쪼갠 대나무로 만들어, 베실을 낱낱이 꿰어 짜는 구실을 함.

바디

***바라다** 1 생각이나 희망대로 되기를 원하다. 예나는 네가 훌륭한 사람이 되기를 바란다. 2 무엇을 가지기를 원하다. ×바래다. ⊃wish

---

주의 **바라다**와 **바래다**

바라다 무엇이 이루어지기를 기대하다, 생각대로 되기를 원하다의 뜻. 예행복하게 살기를 바라다.

바래다 1 햇볕을 받아 색이 변하다. 예사진첩에 빛이 바랜 낡은 사진들이 끼워져 있다. 2 가는 사람을 도중까지 배웅하다. 예삼촌을 공항까지 바래다 드렸다.

참고 '바라다'는 '생각대로 되기를 원하다'라는 미래의 희망 사항이지, 자기 의지가 아니기 때문에 '겠'을 쓸 수가 없고, 또 '바라다'는 말 속에 미래의 뜻이 있으므로, 미래를 나타내는 '겠'을 쓸 필요가 없다. 그러므로 '바라겠다·바라겠습니다'는 그릇된 표현이다.
  예합격하기를 바란다 (○)
  　합격하기를 바라겠다 (×)
  　합격하기를 바라겠습니다 (×)

***바라보다** 1 바로 향하여 보다. 예앞만 바라보고 뛰다. 2 어떤 나이에 이를 날을 가까이 두고 있다. 예나이 50을 바라보다.

바락바락 [바락빠락] 성이 나서 자꾸 기를 쓰거나 소리를 지르는 모양. 예바락바락 대들다. 큰버럭버럭. 바락바락하다.

***바람¹** 1 기압의 변화로 일어나는 공

기의 움직임. 예시원한 바람 / 바람에 쓰러진 나무. 2 속이 빈 물체 속에 넣는 공기. 예타이어에서 바람이 샌다. 3 들뜬 기운이나 마음. 예무슨 바람이 불어 저 야단이냐. ⇒wind

바람² 바라는 것. 예내 바람대로 단짝 친구와 같은 반이 되었다. 비소망. ×바램.

바람³ 1 어떤 일이 일어날 때 더불어 일어나는 기운. 예개가 짖는 바람에 잠이 깼다. 2 제대로 갖추지 않은 차림. 예속옷 바람으로 뛰어나가다.

*****바람개비** 1 바람에 뱅뱅 돌도록 만든 어린이 장난감. 비팔랑개비. 2 바람 부는 방향을 알기 위하여 만든 장치. 비풍향계.

바람결 [바람껼] 1 바람의 움직임. 예바람결에 흩날리는 꽃잎들. 2 어떤 말을 간접적으로 들은 경우에 쓰는 말. 예바람결에 들으니 그가 차를 샀다더라.

바람둥이 곧잘 바람을 피우는 사람.

*****바람직하다** [바람지카다] 바랄 만한 가치가 있다. 예바람직한 사회 / 규칙적으로 운동하는 건 아주 바람직하다.

바랑 [바:랑] 승려가 등에 지고 다니는 자루 모양의 큰 주머니.

바래다¹ [바:래다] 빛깔이 희미해지거나 누렇게 변하다. 예빛이 바랜 사진 / 종이가 누렇게 바래다. →바라다 주의

바래다² 가는 사람을 어느 곳까지 따라가거나 바라보면서 보내다. 예손님을 역까지 바래다 드려라. →바라다 주의

바래다주다 가는 사람을 어느 곳까지 함께 가 주다. 예친구를 역까지 바래다주다. 준바래주다.

*****바로¹** 1 바르게. 곧게. 예마음을 바로 가지다. 2 정확히. 틀림없이. 예바로 맞히다. 3 지금 곧. 예지금 바로 떠나라. 4 곧장. 딴 데 들르지 않고. 예집에 바로 가거라. 5 똑바로. 예바로 세우다 / 선을 바로 긋다. 6 다름이 아니라 곧. 예바로 저기다 / 바로 오늘이 내 생일이다. ⇒just

*****바로²** 차려 자세로 돌아가라는 뜻의 구령. 예앞으로 나란히, 바로.

바로잡다 [바로잡따] 1 굽거나 비뚤어진 것을 곧게 하다. 예자세를 바로잡다. 2 잘못된 것을 고치다. 예틀린 글자를 바로잡다.

바로크 (프 baroque) 16세기 말부터 18세기 중엽에 유럽에서 유행한 예술 양식.

*****바르다¹** 1 종이나 헝겊 따위에 풀칠하여 붙이다. 예벽지를 바르다. 2 액체나 가루 따위를 묻히다. 예얼굴에 로션을 바르다. [활용] 발라 / 바르니. ×발르다.

*****바르다²** 1 도리에 맞다. 예예의가 바르다 / 인사성이 바른 사람. 2 기울어지거나 비뚤어지지 않고 곧다. 예바른 자세. 3 햇볕이 잘 비치다. 예양지 바른 언덕. 4 사실과 어긋남이 없다. 예숨기지 말고 바르게 대답해라. [활용] 발라 / 바르니.

바르다³ 1 속의 알맹이를 꺼내려고 겉을 쪼개어 헤치다. 예알밤을 바르다. 2 뼈다귀의 살 따위를 걷거나 생선의 가시를 추려 내다. 예생선을 발라 먹다. [활용] 발라 / 바르니.

바르르 1 적은 양의 액체가 가볍게 끓어오르는 모양. 또는 그 소리. 2 대수롭지 않은 일에 갑자기 성을 내는 모양. 예바르르 화를 내다. 3 가볍게 조금 떠는 모양. 예손을 바르르 떨다. 큰버르르. 센파르르.

바르셀로나 (Barcelona) 〖지명〗 에스파냐 제2의 도시. 지중해에 면한 에스파냐 최대의 항구로 상공업이 매우 성함. 1992년 제25회 올림픽 대회 개최지임.

바른길 1 굽지 않고 곧은 길. 예차를 몰고 바른길을 쌩쌩 달리다. 2 참된 도리. 정당한 길. 예학생들을 바른길로 가도록 이끌어 주다. 비정도.

바른대로 사실과 다름없이. 예숨김없이 바른대로 말해라.

바른말 이치에 맞는 말. 거짓이 없는 옳은 말.

바른 생활 (一生活) 초등학교 1·2학년에서 이웃·사회·나라에 대한 지식과 예절을 배우는 통합 교과.

바른씨름 ⇨오른씨름.

바른쪽 오른쪽 방향. 비오른쪽. 반왼쪽.

바리 1 말이나 소의 등에 잔뜩 실은

짐. 또는 그 짐을 세는 단위. 예 나무 한 **바리**. 2 윷놀이에서, 말 한 개를 이르는 말.

바리케이드 (barricade) 적의 침입이나 공격을 막기 위하여 임시로 설치한 방어 시설. 예 바리케이드를 치다.

바리톤 (baritone) 성악에서 테너와 베이스 사이의 남자 목소리. 또는 그 목소리로 노래하는 가수.

바베큐 '바비큐(barbecue)'의 잘못.

***바보** [바:보] 1 지능이 부족하여 정상적으로 판단하지 못하는 사람을 낮잡아 이르는 말. 2 어리석고 멍청하거나 못난 사람을 욕하거나 비난하여 이르는 말. 예 친구를 바보라고 놀리지 마라. 비 천치. 반 천재. ⇒fool

바보짓 [바:보짇] 어리석고 못나게 노는 짓. 예 그의 말에 속아서 바보짓을 하고 말았다.

바비큐 (barbecue) 돼지나 소 따위를 통째로 불에 구운 요리. 또는 그때 쓰는 화로. ×바베큐.

바빌로니아 (Babylonia) 〖국명〗 지금의 이라크에 있던 나라. 기원전 30세기경에 설립된 세계에서 가장 오래된 문명의 발상지로, 설형 문자를 사용하였음.

***바쁘다** 1 일이 많아 쉴 겨를이 없다. 예 눈코 뜰 새 없이 바쁘다. 2 몹시 급하다. 예 바쁜 볼일이 있다 / 시험이 눈앞에 다가와서 바쁘게 되었다. 활용 바빠 / 바쁘니.

바삐 바쁘게. 몹시 급하게. 예 바삐 걷다 / 바삐 서두르다.

바삭 1 가랑잎을 밟을 때에 나는 소리. 2 단단하고 부스러지기 쉬운 물건을 깨무는 소리. 예 사탕을 바삭 깨물다. 큰 버석. 센 바싹. **바삭하다**.

바삭거리다 [바삭꺼리다] 바삭 소리가 자꾸 나다. 예 가랑잎이 밟힐 때마다 바삭거린다.

바삭바삭하다 [바삭빠사카다] 바스러지기 쉬울 정도로 물기가 아주 없이 보송보송하다. 예 바삭바삭한 과자.

바셀린 (Vaseline) 석유에서 얻은 엷은 황색 기름의 일종. 화장품·연고 따위의 원료로 쓰임.

바순 (bassoon) 오보에보다 두 옥타브가 낮은 중저음의 목관 악기. 파곳.

바순

바스락 마른 잎이나 종이 따위를 밟거나 뒤적일 때 나는 소리. 예 숲속에서 바스락 소리가 났다. 큰 버스럭. **바스락하다**.

바스락거리다 [바스락꺼리다] 바스락 소리가 자꾸 나다.

바스켓 (basket) 농구에서, 던진 공이 통과할 수 있도록 둥근 쇠테에 그물을 매달아 만든 장치.

바싹 1 물기가 마르거나 타 버린 모양. 예 바싹 타고 재만 남다. 2 가까이 달라붙거나 몹시 죄는 모양. 예 바싹 껴안다. 3 갑자기 늘거나 주는 모양. 예 스웨터가 바싹 줄어들다. 4 몹시 긴장하거나 힘을 주는 모양. 예 어깨를 바싹 움츠리다 / 바싹 정신을 차리다. 5 몸이 매우 마른 모양. 예 바싹 야윈 몸.

바싹바싹 [바싹빠싹] 1 물기가 아주 없도록 자꾸 마르거나 타들어 가는 모양. 예 입안이 바싹바싹 마르다. 2 아주 가까이 달라붙거나 자꾸 죄는 모양.

바야흐로 이제 한창. 이제 막. 예 때는 바야흐로 봄이다. ×바야흐로.

> 참고 '바야흐로'는 이제부터 미래에 걸쳐 쓰이는 말로서, '이제 한창, 이제 막'이란 뜻을 나타내는 말이다. 그러므로 과거 문장에는 쓸 수 없다.
> 예 봄이 바야흐로 무르익어 가고 있다. (○)
> 봄이 바야흐로 무르익었다. (×)

***바위** 1 부피가 매우 큰 돌. 예 바위에 부딪치는 파도. 비 암석. ⇒rock 2 가위바위보에서 주먹을 쥐어 내민 것. 예 바위를 내다.

바위섬 바위로 이루어진 섬. 또는 바위가 많은 섬.

바위틈 1 바위의 갈라진 틈. 2 바위와 바위의 틈. 예 바위틈에 핀 꽃.

바윗덩어리 [바위떵어리 / 바윋떵어리] 바위의 덩어리.

바이러스 (virus) 1 특수 현미경으로만 볼 수 있는 미생물. 유행성 감기·소아마비·천연두 따위를 일으키는 병원체. 2 컴퓨터에서, 다른 프로그램을 망가뜨리거나 입력된 정보를 지워 버리는 해로운 프로그램.

바이스 (vise) 작은 공작물을 아가리에 물려 나사로 꽉 죄어서 고정시키는 기계.

바이올린 (violin) 가운데가 잘록한 타원형의 통에 네 줄을 매어 활로 문질러 연주하는 현악기의 하나. ⑩ 바이올린을 켜다.

바이킹 (Viking) 1 7-11세기에 걸쳐 유럽에서 활약한 노르만족의 다른 이름. 2 양쪽으로 왔다 갔다 하면서 타는 사람에게 짜릿한 즐거움을 주는, 바이킹의 배 모양으로 된 놀이 기구.

바이트 (byte) 컴퓨터가 처리하는 데이터의 양을 나타내는 단위. 8비트를 1바이트로 함. *비트.

바인더 (binder) 1 서류·잡지 따위를 한데 묶는 물건. 2 곡물을 베어 단으로 묶어 나오게 하는 농업 기계.

바자회 (bazaar會) 공공 또는 사회사업에 쓸 돈을 모으기 위하여 벌이는 시장. ⑩ 불우 이웃 돕기 자선 **바자회**를 열다.

바장조 (─長調) [바장쪼] '바' 음을 으뜸음으로 하는 장조.

***바지** 아랫도리에 입는 옷의 하나. 위는 통으로 되고 아래는 두 다리를 꿰는 가랑이가 있음. ⊃ pants

바지락 백합과의 작은 조개. 부채꼴 모양의 껍데기는 높이가 3cm, 길이가 4cm가량임. 소금기가 적은 바닷가의 모래에 사는데, 살은 먹음. 圓 바지락조개.

바지저고리 1 바지와 저고리. 2 자기 생각대로 하지 못하고 남이 시키는 대로만 하는 사람.

바지춤 바지의 허리 부분을 접어 여민 사이. ⑩ **바지춤**을 여미다 / **바지춤**을 추키다.

바짓가랑이 [바지까랑이 / 바진까랑이] 다리를 집어 넣는 바지의 부분.

바짝 1 물기가 아주 마르거나 졸아붙는 모양. ⑩ 빨래가 **바짝** 마르다 / 목이 **바짝** 타들어 가다. 2 아주 가까이 달라붙거나 몹시 죄거나 우기는 모양. ⑩ 허리띠를 **바짝** 졸라매다. 3 몹시 긴장하거나 힘을 주는 모양. ⑩ 정신을 **바짝** 차리라. 圕 부쩍.

***바치다** 1 신이나 웃어른께 드리다. ⑩ 햇곡식을 바치다. 2 어떤 일에 소중한 것을 내놓다. ⑩ 과학 연구에 평생을 바치다. 3 세금 따위를 내다. ⑩ 세금을 바치다. → [학습마당] 10(아래)

바캉스 (ㅍ vacance) 주로, 피서지나 휴양지 등에서 보내는 휴가.

바코드 (bar code) 상품의 관리를 컴퓨터로 처리할 수 있도록 상품에 표시해 놓은 막대 모양의 기호. 나라 이름·회사 이름·상품 이름 따위의 정보를 나타냄.

***바퀴** 1 돌게 하기 위하여 둥근 테 모양으로 만든 물건. ⑩ 자동차 바퀴. 2 어떤 둘레를 빙 돌아 본디 위치까지 이르는 횟수를 세는 단위. ⑩ 운동장을 한 바퀴 돌다.

바퀴벌레 바큇과의 곤충. 몸의 길이는 1-1.5cm로 납작한 타원형이며, 몸빛은 황갈색임. 음식물과 옷 따위에 해를 끼침.

학습마당 10

'바치다'와 '받치다', '받히다', '밭치다'

바치다 1 신이나 웃어른께 드리다. ⑩ 신전에 제물을 바치다. 2 마음과 몸을 내놓다. ⑩ 온갖 정성을 다 바치다. 3 세금 따위를 공공 기관에 내다. ⑩ 나라에 세금을 바치다.

받치다 1 밑을 괴다. ⑩ 기둥 밑을 돌로 받치다. 2 홀소리 글자 밑에 닿소리 글자를 붙여 적다. ⑩ '도' 아래 'ㄴ'을 받쳐 '돈'이라 쓴다. 3 '받다'의 힘줌말. 우산 같은 것을 펴서 들다. ⑩ 우산을 받치다.

받히다 [바치다] '받다'의 피동사. ⑩ 소에게 받히었다.

밭치다 [받치다] '밭다'의 힘줌말. ⑩ 체로 밭친다 / 술을 밭친다.

바탕 1 타고난 성질이나 체질. 또는 재질. 예바탕은 착한 사람이다. 2 물건의 재료. 또는 그 품질. 예바탕이 고운 옷감.

바탕천 그림을 그리거나 수를 놓을 때 밑바탕으로 사용하는 천.

바탕화면(一畫面) 컴퓨터의 모니터에 여러 가지 그림 표시들이 처음 나타나는 화면.

바투 1 두 물체의 사이가 아주 가깝게. 예바투 앉아라. 2 시간이나 길이가 매우 짧게. 예머리를 바투 깎다 / 날짜를 바투 잡다.

바티칸 시국(Vatican市國)〖국명〗가톨릭교의 교황이 다스리는, 세계에서 가장 작은 독립국. 이탈리아의 수도인 로마 북서부에 있음.

바흐(Bach, Johann Sebastian)〖인명〗독일의 작곡가. 많은 종교 음악과 관현악곡을 작곡하여 '음악의 아버지'라 불림. 작품에 '마태 수난곡', '요한 수난곡', '브란덴부르크 협주곡' 등이 있음. [1685-1750]

***박**¹ 박과의 한해살이 덩굴풀. 여름에 흰 꽃이 저녁부터 피었다가 아침에 시듦. 열매는 둥근 호박 모양이며, 반으로 쪼개어 바가지를 만듦.

박²(泊) 여행 가서 묵는 밤의 횟수를 세는 말. 예1박 2일.

박격포(迫擊砲) [박껵포] 가까운 거리의 공격에 쓰이는, 구조가 간단한 대포의 한 가지.

박꽃 [박꼳] 박의 꽃.

***박다** [박따] 1 물건의 한 끝을 다른 것 속에 들어가게 하다. 예못을 박다. 2 인쇄하다. 예명함을 박다. 3 사진을 찍다. 예사진을 박다. 4 바느질에서 실을 두 번 겹치게 얽어서 꿰매다. 예재봉틀로 치맛단을 박다. 5 머리 따위를 부딪치다. 예전봇대에 이마를 박았다.

박달나무 [박딸라무] 자작나뭇과의 낙엽 활엽 교목. 높이는 30m 정도이며, 나무의 질이 단단하여 건축이나 가구 따위의 재료로 씀. 준박달.

박대(薄待) [박때] 정의 없이 아무렇게나 대함. 모질게 대함. 예찾아온 손님을 박대하면 안 된다. 凹천대. 푸대접. 凹후대. **박대하다**.

박동(搏動) [박똥] 맥박이 뜀. 예심장의 박동 소리. **박동하다**.

박두(迫頭) [박뚜] 기일이나 시간이 가까이 닥쳐옴. 예개봉 박두 / 마감 날짜가 박두하다. **박두하다**.

박두진(朴斗鎭)〖인명〗시인. 청록파의 한 사람. 시집에 '바다와 아기', '해' 따위가 있음. [1916-1998]

박람회(博覽會) [방남회/방남훼] 농업·공업·상업 등에 관한 온갖 물품을 모아 벌여 놓고 사람들에게 구경시키며 판매·선전하는 행사. 예무역 박람회 / 산업 박람회.

박력(迫力) [방녁] 힘차게 밀고 나가는 강한 힘. 예박력 있는 연기 / 박력이 넘치다.

박멸(撲滅) [방멸] 모조리 잡아 없애 버림. 예기생충 박멸 / 해충을 박멸하다. **박멸하다**.

박목월(朴木月)〖인명〗시인. 본명은 박영종. 청록파의 한 사람. 시집에 '산도화', '경상도의 가랑잎' 따위가 있음. [1916-1978]

박문수(朴文秀)〖인명〗조선 영조 때의 문신. 이인좌의 난을 평정하는 데에 공을 세웠으며, 왕의 명으로 여러 번 암행어사로 나가, 조선 시대의 대표적인 어사로 이름을 떨침. [1691-1756]

***박물관**(博物館) [방물관] 역사적 유물이나 예술품·자연물·학술 자료 따위를 널리 모아 전시하여 사회 교육과 학술 연구에 도움이 되게 만든 시설. 예박물관에 견학을 가다.

박박 [박빡] 1 세게 문지르거나 닦는 모양. 예냄비를 박박 문질러 닦아라. 2 머리를 아주 짧게 깎은 모양. 예머리를 박박 깎았다. 3 얇고 질긴 종이나 천 따위를 자꾸 찢는 소리. 또는 모양. 예종이를 박박 찢다. 4 자꾸 기를 쓰거나 우기는 모양. 예악을 쓰며 박박 대들다. 쎈빡빡.

***박사**(博士) [박싸] 1 대학에서 주는 가장 높은 학위. 또는 그 학위를 받은 사람. 예공학 박사 / 박사 과정. 2 어떤 일에 능통하거나 널리 아는 것이 많은 사람. 예그 사람은 컴퓨터 박사다.

박살 [박쌀] 깨어져 조각조각 부서지

는 일. 예유리가 박살 나다.

박새 [박쌔] 해충을 잡아먹는 텃새. 나무 구멍, 처마 밑, 바위틈에 둥지를 틀고 삶.

박색 (薄色) [박쌕] 아주 못생긴 얼굴. 또는 그런 사람.

박수 (拍手) [박쑤] 기쁘거나 찬성 또는 환영을 할 때 손뼉을 계속해서 치는 일. 예박수를 치다 / 박수가 터져 나오다. **박수하다**.

박수갈채 (拍手喝采) [박쑤갈채] 손뼉을 치고 소리를 질러 반기며 기뻐하거나 찬성함. 예박수갈채를 보내다 / 박수갈채가 쏟아지다.

박스 (box) 물건을 넣어 두기 위하여 만든 네모난 그릇. 상자. 예과일을 박스에 담다.

박식 (博識) [박씩] 보고 들은 것이 많아서 아는 것이 많음. 예책을 많이 읽어 박식한 사람. **박식하다**.

박애 (博愛) [바개] 모든 사람을 차별 없이 널리 사랑함. 예박애 정신. **박애하다**.

박약하다 (薄弱―) [바갸카다] 1 의지·체력 따위가 굳세지 못하고 약하다. 예의지가 박약하다. 2 불확실하고 모자라다. 예근거가 박약하다.

박연 (朴堧) 〖인명〗 조선 세종 때의 음악가. 우리나라 3대 악성의 한 사람. 국악 발전에 크게 공헌하였음. [1378-1458]

박연 폭포 (朴淵瀑布) 개성시 박연리 천마산 기슭에 있는 폭포. 약수가 있고 가을 단풍이 아름다와 '송도삼절'의 하나로 꼽힘.

박영효 (朴泳孝) 〖인명〗 조선 말엽의 친일 정치가. 개화사상을 펼치려고 김옥균 등과 개화당을 조직하여 갑신정변을 일으켰으나 사대당에 패하여 실패함. [1861-1939]

박음질 [바금질] 바느질의 한 가지. 실을 두 번 겹쳐 얽어서 튼튼하게 꿰매는 일. 온박음질과 반박음질의 두 가지가 있음. **박음질하다**.

박이다 [바기다] 1 버릇이나 습관, 생각 따위가 몸에 배다. 예나는 양치 후 물을 마시는 습관이 몸에 박여 있다. 2 손바닥이나 발바닥에 굳은살이 생기다. 예손바닥에 못이 박이다.

박인로 (朴仁老) 〖인명〗 조선 선조 때의 문인. 호는 노계. 임진왜란 때 공을 많이 세웠으며 '태평사', '노계가', '누항사', '영남가' 따위의 가사와 60여 수의 시조를 지었음. [1561-1642]

*박자 (拍子) [박짜] 센박·여린박이 규칙적으로 되풀이되는 음악적 시간의 기본 단위. 예박자를 맞추다. 〖준〗박.

박장대소 (拍掌大笑) [박짱대소] 손뼉을 치며 크게 웃음. **박장대소하다**.

박절하다 (迫切―) [박쩔하다] 인정이 없고 야박하다. 예모처럼의 부탁을 박절하게 거절했다.

박제 (剝製) [박쩨] 새·짐승 따위의 가죽을 곱게 벗겨 썩지 않게 처리한 후 그 안에 솜 따위를 넣어 마치 살아 있는 것처럼 만드는 일. 또는 그렇게 만든 물건. 예새를 박제하여 전시하다. **박제하다**.

박제가 (朴齊家) 〖인명〗 조선 후기의 실학자. 북학파의 한 사람. 저서에 '북학의'가 있음. [1750-1805]

박쥐 [박:쥐] 포유류 박쥐목의 동물. 몸은 쥐와 비슷한데 앞다리가 날개처럼 변형되어 날아다님. 낮에는 나무의 빈 구멍이나 어두운 동굴 같은 곳에 있다가 밤에 활동함.

박지원 (朴趾源) 〖인명〗 조선 정조 때의 문장가·실학자. 호는 연암. 청나라에 다녀와서 '열하일기'를 짓고, 북학론을 주장하였고 실학을 강조함. 작품에 '허생전', '양반전' 따위가 있음. [1737-1805]

박진감 (迫眞感) [박찐감] 표현 따위가 실제에 가까운 느낌. 예박진감 넘치는 전투 장면.

박차 (拍車) 1 말을 탈 때 신는 구두의 뒤축에 댄, 쇠로 만든 톱니 모양의 물건. 말의 배를 차서 빨리 달리게 함. 예말에 박차를 가하다. 2 일의 진행을 더 빨리 하기 위하여 더하는 힘. 예신제품 개발에 박차를 가하다.

박차다 1 발길로 냅다 차다. 예대문을 박차고 나가다. 2 어려움 따위를 힘차게 물리치다. 예유혹을 박차고 공부에 열중하다.

박치기 이마로 무엇을 세게 받아 치

는 짓. **박치기하다**.

박탈 (剝奪) 남의 재물이나 권리, 자격 따위를 강제로 빼앗음. 예 자유를 박탈하다. **박탈하다**.

박테리아 (bacteria) ⇨ 세균.

박팽년 (朴彭年) 〖인명〗 조선 세종 때의 집현전 학자. 사육신의 한 사람. 성삼문·정인지 등과 세종의 훈민정음 창제를 도움. 세조가 단종을 내쫓고 왕위를 빼앗자 단종을 다시 왕으로 세우려다 발각되어 죽음을 당함. [1417-1456]

박하 (薄荷) [바카] 꿀풀과의 여러해살이풀. 특별한 향기가 있어 약재·향료·음료·사탕 따위를 만드는 데 쓰임.

박하다 (薄一) [바카다] 1 몹시 인색하다. 예 점수가 박하다 / 인심이 박한 세상. 2 이익이나 소득이 보잘것없이 적다. 예 월급이 박하다 / 이익이 박하다. 町 후하다.

박해 (迫害) [바캐] 힘이나 권력 따위로 약한 처지의 사람을 못살게 굴거나 해를 입힘. 예 박해에 시달리다. **박해하다**.

박혁거세 (朴赫居世) 〖인명〗 신라의 시조. 왕호는 거서간. 알에서 태어났다고 함. 농사와 양잠을 장려하고, 나라 이름을 서라벌, 수도를 금성이라 하고 성을 쌓아 국가의 기틀을 닦음. [재위 기원전 57-기원후 4]

박히다 [바키다] 1 인쇄되거나 사진이 찍히다. 町 찍히다. 2 물건이 다른 물건 속으로 들어가 꽂히다. 예 손에 가시가 박히다.

*__밖__ [박] 1 무슨 테나 선을 넘어선 쪽. 예 대문 밖. 町 안. 2 겉으로 드러나 보이는 부분. 예 밖은 노랑, 속은 빨강. 町 속. 3 집이 아닌 다른 곳. 예 밖에 나가 놀아라. ⇨ outside

밖에 오직 그것뿐. 예 너밖에 없다 / 천 원밖에 없다.

*__반__¹ (半) [반:] 1 둘로 똑같이 나눈 것의 한 부분. 예 수박을 반으로 가르다. 2 일이나 물건의 중간쯤 되는 부분. 예 이제 반쯤 왔다 / 색종이를 반으로 접다. ⇨ half

*__반__² (班) 1 어떤 공통점을 가지고 모인 집단. 예 미술반 / 합창반. 2 한 학년을 한 교실의 수용 인원 단위로 나눈 이름. 예 5학년 3반. 町 학급. 3 동네에서 '통' 아래에 있는 가장 작은 지방 행정 단위. 예 몇 통 몇 반에서 오셨습니까? ⇨ class

반가상 (半跏像) [반:가상] 오른발을 왼쪽 허벅다리 위에 얹고, 왼발은 오른쪽 무릎 밑에 넣고 앉은 부처의 상.

반가움 반가운 마음이나 감정. 예 반가움을 표시하다.

반가워하다 반가운 느낌을 가지다. 반갑게 여기다. 예 휴가 나온 아들을 반가워하다.

반가이 반갑게. 기쁘게. 예 손님을 반가이 맞다.

반감 (反感) [반:감] 불쾌하게 생각하여 반항하거나 반발하는 감정. 예 반감을 사다 / 반감을 가지다.

*__반갑다__ [반갑따] 뜻밖에 좋은 일을 당하거나, 친한 사람을 만나거나, 좋은 소식을 들어서 마음이 즐겁고 기쁘다. 예 친구를 반갑게 맞이하다 / 합격했다니 반가운 소식이구나. [활용] 반가워 / 반가우니.

반값 (半一) [반:갑 / 반:깝] 본디 값의 절반이 되는 값. 예 반값으로 팔다.

반격 (反擊) [반:격] 쳐들어오는 적군을 되받아 공격함. 예 반격에 나서다. 町 되치기. 받아치기. **반격하다**.

반공 (反共) [반:공] 공산주의에 반대함. 예 반공 국가 / 반공 교육. 町 용공. **반공하다**.

반구 (半球) [반:구] 1 둥글게 생긴 물체의 절반. 또는 그런 모양의 물체. 예 이 경기장의 천장은 반구 모양으로 되어 있다. 2 지구 표면을 두 쪽으로 나눈 한 부분.

반기¹ (反旗) [반:기] 반대의 뜻을 나타내는 행동이나 표시. 예 반장의 의견에 반기를 들다.

반기² (半旗) [반:기] 죽은 이를 슬퍼하는 뜻에서, 깃대 끝에서 기의 한 폭만큼 내려서 다는 국기. 예 반기를 걸어 조의를 표하다. 町 조기.

반기다 반가워하거나 반갑게 맞다. 예 손님을 반기며 악수를 청하다.

반나절 (半一) [반:나절] 한나절의 반. 예 도서관에서 반나절을 보내다.

반납(返納)[반:납] 꾸거나 빌린 것을 도로 돌려줌. 예빌린 책을 반납하다. **반납하다**.

반년(半年)[반:년] 한 해의 반. 곧, 6개월. 예고향을 떠나온 지 반년이 지났다.

반닫이(半—)[반:다지] 앞의 위쪽 절반이 문짝으로 되어 아래로 젖혀 여닫게 된, 궤 옷 같은 것을 넣어 둠.

반닫이

반달(半—)[반:달] 1 반원 모양의 달. 비반월. 2 한 달의 절반. 곧, 보름 동안.

반달곰(半—)[반:달곰] 곰과의 짐승. 앞가슴에 반달 모양의 흰무늬가 있음. 비반달가슴곰.

반달연(半—鳶)[반:달련] 꼭지에 반달 모양의 색종이를 붙인 연.

*__반대__(反對)[반:대] 1 남의 말이나 의견에 찬성하지 않고 맞서서 거스름. 예나는 부모님의 반대로 운동부에 들어갈 수 없었다. 비찬성. 2 사물의 모양·위치·순서·방향 따위가 맞서서 서로 다름. 예반대 방향으로 가다. **반대하다**.

반대기 가루를 반죽한 것이나 삶은 푸성귀 따위를 얄팍하고 둥글넓적하게 만든 조각.

반대말(反對—)[반:대말] 서로 뜻이 반대되는 말. '가다'와 '오다', '크다'와 '작다' 따위. 비반의어.

반대색(反對色)[반:대색] 서로 보색 관계를 이루는 색. 곧, 섞어서 백색·흑색 또는 회색이 되는 두 가지의 색. 빨강과 초록, 주황과 파랑 따위.

반대쪽(反對—)[반:대쪽] 반대되는 방향. 예식당은 경찰서 반대쪽에 있다.

반대편(反對便)[반:대편] 반대되는 방향. 반대되는 쪽에 있는 곳. 예길 반대편으로 건너가다.

반도(半島)[반:도] 삼면이 바다에 싸이고 한 면은 육지에 이어진 땅. 예발칸 반도.

반도체(半導體)[반:도체] 낮은 온도에서는 전류가 거의 흐르지 않으나 높은 온도일수록 전류가 잘 흐르는 물질. 트랜지스터 등의 전자 공업에 많이 이용됨. 예반도체 산업.

반동(反動)[반:동] 어떤 힘에 대하여 그 반대 방향으로 일어나는 힘. 예버스가 갑자기 서는 바람에 그 반동으로 쓰러졌다. **반동하다**.

반두 양쪽 끝에 막대기를 대어 두 사람이 맞잡고 물고기를 몰아 잡도록 만든 그물. 비조망.

*__반드시__ 꼭. 틀림없이. 예반드시 이겨야 한다 / 꿈은 반드시 이루어진다.

> 주의 **반드시**와 **반듯이**
> **반드시** '꼭', '틀림없이'의 뜻.
> 예약속은 반드시 지켜라.
> **반듯이** '비뚤어지거나 기울거나 굽지 않고 바르게'의 뜻.
> 예고개를 반듯이 들어라.

반들반들 부드럽고 윤기가 날 정도로 매끈매끈한 모양. 예조약돌이 반들반들 윤이 난다. **반들반들하다**.

반듯이[반드시] 반듯하게. 예반듯이 드러눕다. →반드시 주의

반듯하다[반드타다] 1 물건들이 비뚤어지거나 굽지 않고 바르다. 예책상을 반듯하게 놓다. 2 생김새가 반반하다. 예반듯한 얼굴. 큰번듯하다. 센반뜻하다.

반디 ⇨반딧불이.

반딧불[반디뿔/반딛뿔] 반딧불이의 꽁무니에서 반짝이는 불빛.

반딧불이[반디뿌리/반딛뿌리] 반딧불잇과의 곤충. 빛을 내는 기관이 있어 여름밤에 반짝거리며 날아다님. 비개똥벌레.

반란(叛亂)[발:란] 정부나 지도자 따위에 반대하여 내란을 일으킴. 예반란을 꾀하다. **반란하다**.

반려동물(伴侶動物)[발:려동물] 집에서 가까이 두고 기르는 동물. 개, 고양이, 새 따위.

반려자(伴侶者)[발:려자] 짝이 되는 사람. 예평생의 반려자.

반론(反論)[발:론] 남의 의견이나 생각에 반대되는 말을 함. 또는 그런 말. 예반론을 제기하다 / 반론을 펴다.

반론하다.

반말 (半一) [반:말] 친한 사람이나 손아랫사람에게 하듯 낮추어 하는 말. ⑩그 아이는 아무에게나 반말을 마구 해 댄다. **반말하다**.

반면 (反面) [반:면] 다른 한편. ⑩공부는 잘하는 반면에 운동은 못한다.

반목 (反目) [반:목] 서로 뜻이 맞지 않아 사이가 좋지 않음. ⑩반목과 대립이 계속되다. **반목하다**.

반문 (反問) [반:문] 상대의 물음에 대답하지 않고 오히려 되받아서 물음. ⑩믿어지지 않아 반문하다. **반문하다**.

반바지 (半一) [반:바지] 길이가 무릎까지 내려오는 짧은 바지.

반박 (反駁) [반:박] 남의 의견에 반대하여 말함. ⑩반박 성명 / 상대의 주장에 반박하다. **반박하다**.

반박음질 (半一) [반:바금질] 손바느질에서 바늘을 반 땀씩 건너 꿰매는 박음질. **반박음질하다**.

반반 (半半) [반:반] 똑같이 가른 반과 반. ⑩반반으로 나누다.

반반하다 1 구김살이나 울퉁불퉁한 데가 없고 반듯하다. ⑩땅을 반반하게 고르다. 2 생김새가 얌전하고 예쁘장하다. ⑩얼굴이 반반하게 생기다. 囘 번번하다.

반발 (反撥) [반:발] 어떤 상태나 행동에 맞서서 세차게 반대함. ⑩부당한 대우에 반발하다. **반발하다**.

반발심 (反撥心) [반:발씸] 지지 않고 반항하려는 마음.

반백 (斑白) [반:백] 흰 머리카락이 반쯤 섞인 머리털. ⑩반백의 신사.

반별 (班別) 반마다 따로따로. ⑩반별로 단체 사진을 찍다.

반복 (反復) [반:복] 같은 일을 되풀이함. ⑩반복하여 연습하다. **반복하다**.

반비례 (反比例) [반:비례] 대응하여 변하는 두 양 x, y에서 한쪽의 양 x가 2배, 3배, 4배, …로 커질 때 다른 쪽의 양 y는 $\frac{1}{2}$배, $\frac{1}{3}$배, $\frac{1}{4}$배, …로 작아지는 관계. 囘 역비례. 囲정비례. **반비례하다**.

반사 (反射) [반:사] 빛 따위가 다른 물체에 부딪쳐서 방향이 바뀌는 일. ⑩빛의 반사. **반사하다**.

반사각 (反射角) [반:사각] 반사 광선과 법선이 이루는 각.

반사경 (反射鏡) [반:사경] 빛을 받아서 반사하는 거울.

반사판 (反射板) [반:사판] 빛을 반사하여 조명의 밝기를 조절하는 판.

반상회 (班常會) [반상회 / 반상훼] 반 단위로 주민이 모여 매달 한 번씩 여는 모임. 나라에서 알리는 일을 전하거나 건의할 것을 의논하는 한편 이웃끼리 서로 돕는 등의 목적을 가짐.

반색 바라던 사물이나 기다리던 사람을 볼 때 몹시 반가워함. ⑩손님을 반색하며 맞다. **반색하다**.

반생 (半生) [반:생] 한평생의 절반. ⑩의료 봉사에 반생을 바치다.

반석 (盤石) 1 넓고 편편한 큰 돌. 囘 너럭바위. 2 아주 믿음직스럽고 든든한 기초나 토대.

*__반성__ (反省) [반:성] 자기의 말이나 행동에 잘못이 없었는지 스스로 돌이켜 생각함. ⑩일기를 쓰면서 하루 일을 반성하다. **반성하다**.

반성문 (反省文) [반:성문] 주로 학교에서, 학생이 자신의 잘못을 깨닫고 다시는 그런 잘못을 저지르지 않을 것을 선생님께 다짐하는 글.

반세기 (半世紀) [반:세기] 한 세기의 절반인 50년.

반소매 (半一) [반:소매] 팔꿈치 정도까지 내려오는 짧은 소매. ⑩반소매 와이셔츠. 囲반팔.

반송 (返送) [반:송] 우편으로 잘못 전달된 물건을 되돌려 보냄. ⑩편지가 반송되다. **반송하다**.

반수 (半數) [반:수] 전체의 절반이 되는 수. ⑩반수 이상이 찬성하다.

반숙 (半熟) [반:숙] 달걀이나 곡식 또는 음식물이 반쯤 익음. 또는 반쯤 익힘. ⑩달걀 반숙. 囲완숙. **반숙하다**.

반신반의 (半信半疑) [반:신바ː늬 / 반:신바ː니] 한편으로는 믿으면서도 한편으로는 의심함. ⑩뜻밖의 소식에 반신반의하다. **반신반의하다**.

반신불수 (半身不隨) [반:신불쑤] 병이나 사고로 몸의 절반이 마비되어 마음대로 쓰지 못함. 또는 그런 사람. ⑩그는 교통사고로 반신불수가 되었다.

반액 (半額) [바:낵] 1 원래 정해진 값의 절반. 예어린이는 입장료가 반액이다. 비반값. 2 모두 합한 값의 반. 예수입의 반액을 저축하다.

반역 (反逆) [바:녁] 1 나라와 겨레를 배반함. 예반역을 하다. 2 통치자에게서 권력을 빼앗으려고 함. 예반역을 도모하다. 비모반. 반역하다.

반영 (反映) [바:녕] 다른 일에 영향을 미치어 어떤 현상이 나타남. 예여론을 반영하다. 반영하다.

반영구적 (半永久的) [반:녕구적] 거의 영구에 가까운 (것). 예반영구적으로 사용하다.

반올림 (半—) [바:놀림] 근삿값을 구할 때, 4 이하는 버리고 5 이상은 10으로 올려서 계산하는 법. 곧, 12.4는 12로, 12.5는 13으로 하는 따위. 비사사오입. 반올림하다.

반원 (班員) [바눤] 한 반을 이루고 있는 사람. 예반원 전체가 응원에 참가했다.

반음 (半音) [바:늠] 온음의 절반이 되는 음정. 반온음.

*__반응__ (反應) [바:능] 1 작용이나 자극에 대응하여 어떤 현상이 일어남. 또는 그 현상. 예좋은 반응을 얻다. 2 물질 사이에 일어나는 화학적 변화. 예수소와 산소가 반응하면 물이 된다. 반응하다.

반일 (反日) [바:닐] 일본을 반대함. 예반일 감정.

반입 (搬入) [바닙] 어떤 물품을 운반하여 들여옴. 예전시장에 작품을 반입하다. 반반출. 반입하다.

반작용 (反作用) [반:자굥] 물체 ㄱ이 물체 ㄴ에 힘을 작용하면, ㄴ도 ㄱ에게 같은 크기의 힘을 반대 방향으로 되미치는 작용. 비반동. 반작용. 반작용하다.

*__반장__ (班長) 학급·행정 단위·작은 조직 따위의 반을 대표하여 일을 맡아보는 사람. 예학급 반장 / 3통 2반 반장.

반전[1] (反戰) [반:전] 전쟁을 반대함. 예반전 시위 / 반전 운동. 반전하다.

반전[2] (反轉) [반:전] 일이나 사건의 진행 방향이 완전히 바뀌는 일. 예분위기가 반전되다. 반전하다.

반절[1] (半—) [반:절] 아랫사람의 절을 받을 때, 그 답례로 앉은 채 윗몸을 조금 굽혀서 하는 절.

반절[2] (半切) [반:절] 절반으로 자름. 반절하다.

반점[1] (半點) [반:점] 문장 부호의 하나. 가로쓰기에서 쉼표인 ','의 이름.

반점[2] (斑點) 곤충·동물 등의 몸에 얼룩얼룩하게 박힌 점.

*__반주__ (伴奏) [반:주] 연주나 노래를 돕기 위해 옆에서 다른 악기를 연주함. 예피아노 반주에 맞추어 노래하다. 반주하다.

반죽 가루에 물을 조금 섞어서 이겨 갬. 또는 그렇게 한 것. 예밀가루 반죽 / 반죽이 질다. 반죽하다.

반지 (半指) 손가락에 끼는 고리. 예반지를 끼다. ⊃ring

*__반지름__ (半—) [반:지름] 원이나 구의 중심에서 그 둘레나 면에 이르는 선분의 길이. 비반경.

반짇고리 [반짇꼬리] 바늘·실·골무·헝겊 같은 바느질 도구를 담는 그릇.

반질거리다 1 몹시 윤이 나고 미끈거리다. 예마루가 반질거리다. 2 일을 살살 피하며 게으름을 부리다. 예반질거리며 말을 안 듣다. 큰번질거리다. 센빤질거리다.

반질반질 반질거리는 모양. 예구두를 반질반질하게 닦다. 큰번질번질. 센빤질빤질. 반질반질하다.

반짝[1] 1 무엇을 아주 가볍고 빠르게 들어 올리는 모양. 예삼촌이 나를 반짝 들어 안아 주셨다. 2 몸의 한 부분을 갑자기 위로 들어 올리는 모양. 예얼굴을 반짝 쳐들다. 3 감았던 눈을 갑자기 뜨는 모양. 예눈을 반짝 뜨다. 큰번쩍.

반짝[2] 작은 빛이 세게 잠깐 나타났다가 사라지는 모양. 큰번쩍. 센빤짝. 반짝하다.

반짝[3] 갑자기 정신이 들거나 생각나거나 마음이 끌리는 모양. 예정신이 반짝 들다 / 귀가 반짝 뜨이는 말. 큰번쩍.

반짝거리다 [반짝꺼리다] 자꾸 반짝이다. 예불빛이 반짝거리다. 큰번쩍거리다. 여반작거리다.

반짝반짝 [반짝빤짝] 반짝거리는 모양. 예 밤하늘에 별이 **반짝반짝** 빛난다. 반짝반짝하다.

***반짝이다** [반짜기다] 빛이 조금 세게 잠깐 나타났다가 사라지다. 예 불빛이 반짝이다. 큰 번쩍이다.

반쪽 (半一) [반:쪽] 1 한 개를 둘로 쪼갠 것 가운데 한쪽. 예 사과 반쪽. 2 살이 많이 빠져 여윈 모습. 예 감기를 앓더니 얼굴이 반쪽이 되었다.

***반찬** (飯饌) 밥에 곁들여서 먹는 여러 가지 음식. 예 반찬을 골고루 먹다. 준 찬.

반창고 (絆瘡膏) 살에 잘 붙는 물질을 발라 만든 헝겊이나 테이프. 상처를 보호하거나 붕대를 고정시키는 데에 씀.

***반칙** (反則) [반:칙] 주로 운동 경기에서 규칙이나 규정 따위를 어김. 예 반칙을 하여 퇴장을 당하다. 반칙하다.

반투명 (半透明) [반:투명] 1 어떤 물체를 통하여 볼 때에 그 반대쪽이 흐릿하게 보임. 예 반투명 유리. 2 한쪽에서 보면 투명하고 반대쪽에서 보면 불투명하게 보이는 일. 반투명하다.

반팔 (半一) [반:팔] ⇨반소매.

반포 (頒布) 세상에 널리 퍼뜨려 두루 알게 함. 예 훈민정음을 반포하다. 반포하다.

반포지효 (反哺之孝) [반:포지효] 까마귀 새끼가 자라서 늙은 어미에게 먹이를 물어다 주는 효라는 뜻으로, 자식이 자라서 늙은 어버이를 정성껏 받듦을 이르는 말. 비 안갚음.

반품 (返品) [반:품] 사들인 물건을 도로 돌려보냄. 또는 그 물품. 예 불량품을 반품하다. 반품하다.

반하다¹ [반:하다] 무엇에 마음이 취하여 홀리다. 예 성악가의 목소리에 반하다.

반하다² (反一) [반:하다] 1 반대가 되다. 예 공부는 열심히 하는 데 반하여 성적이 오르지 않는다. 2 남의 의견이나 규정 따위를 거스르거나 어기다. 예 부모의 뜻에 반하다.

반항 (反抗) [반:항] 따르지 않고 맞서서 대듦. 예 이유 없는 반항 / 기성세대에 반항하다. 비 반발. 반 복종. 반항하다.

반항심 (反抗心) [반:항심] 반항하는 마음. 예 반항심을 불러일으키다.

반환 (返還) [반:환] 1 도로 돌려줌. 예 공연이 취소되어 입장료를 반환하다. 비 반려. 2 되돌아오거나 감. 예 반환 지점을 돌다. 반환하다.

반환점 (返還點) [반환점] 마라톤·경보에서, 선수들이 돌아오는 점을 표시한 표지.

받는소리 [반는소리] 민요에서 한 사람이 먼저 부르면 뒤따라 여럿이 부르는 소리.

***받다** [받따] 1 주는 것을 가지다. 예 장학금을 받다. 2 어떤 행동이나 작용의 영향을 당하거나 입다. 예 존경을 받다. 3 던지거나 떨어지는 것을 잡다. 예 공을 받다. 4 액체 따위를 그릇에 넣다. 예 목욕물을 받다 / 빗물을 받다. 5 가게 따위를 퍼서 들다. 6 음식점·병원 등에서 손님을 맞음이다. 예 환자를 받다. 7 무엇의 영향을 입다. 예 책을 읽고 감명을 받다.

***받들다** [받뜰다] 1 공경하여 높이 모시다. 예 늙은 부모님을 받들다. 2 가르침이나 뜻 따위를 소중히 여기며 따르다. 예 스승의 뜻을 받들다. 3 손바닥으로 물건의 밑을 받쳐 올려 들다. 예 잔을 받들다. 활용 받들어 / 받드니 / 받드는.

받아넘기다 [바다넘기다] 1 거침없이 척척 대답하다. 예 까다로운 질문을 잘 받아넘기다. 2 물건 따위를 받아서 다른 사람에게 넘겨주다.

***받아들이다** [바다드리다] 1 받아서 자기 것으로 되게 하다. 예 외국 문물을 받아들이다. 2 다른 사람의 말이나 요구 따위를 들어주다. 예 의견을 받아들이다. ⊃ accept

받아먹다 [바다먹따] 주는 것을 받아서 먹다. 예 새가 모이를 받아먹다.

받아쓰기 [바다쓰기] 학교에서 올바른 맞춤법을 익히기 위해, 문장이나 낱말 따위를 교사가 부르는 대로 적는 일. 예 오늘 받아쓰기 시험을 봤다.

받치다 1 우산이나 양산을 펴 들다. 예 우산을 받치고 가다. 2 어떤 물건의 밑이나 안에 다른 물건을 대다. 예 책

받침을 받치다. → [학습마당] 10(328쪽)

받침¹ 한글에서 끝소리가 되는 닿소리. 비종성.

받침² 물건의 밑바닥을 받치는 물건. 예화분 밑에 받침을 받치다.

받침대 (─臺) [받침때] 무거운 물건 따위를 받치는 데 쓰는 물건. 비지주.

받침소리 어떤 말의 받침으로 나는 소리. '말'에서 'ㄹ' 따위. 비끝소리. 말음.

받침점 (─點) [받침쩜] 지렛대를 받치는 점. *작용점.

받히다 [바치다] 떠받음을 당하다. 예소한테 받히다 / 자동차에 받혀 다치다. → [학습마당] 10(328쪽)

발¹ 1 사람이나 동물의 다리 맨 끝부분으로, 걸을 때 땅에 디디는 몸의 부분. 예발로 공을 차다 / 구두가 발에 맞다. 2 물건 밑에 달려서 그 물건을 받치게 된 짧은 부분. 예장롱의 한 쪽 발이 부러졌다. 3 걸음. 예발이 빠르다 / 발을 멈추다. 4 걸음을 세는 말. 예한 발 뒤로 물러서다. ⊃foot

  발 벗고 나서다 자기 일처럼 열심히 하다.

  발을 동동 구르다 몹시 안타까워 애를 태우다. 예구조를 기다리며 발을 동동 구르다.

  발(이) 넓다 많은 사람과 사귀거나 알고 지내다.

  발이 저리다 잘못된 것이 있어 마음이 편하지 아니하다. 예제 발이 저리니까 못 본 체한다.

발² [발ː] 가늘게 쪼갠 대오리나 갈대 따위로 엮어, 무엇을 가리는 데 쓰는 물건. 예발을 치다 / 발을 걷다.

발³ [발ː] 두 팔을 벌렸을 때 양팔 사이의 길이. 예두 발 길이.

발가락 [발까락] 발의 앞쪽에 따로 갈라진 부분. 예발가락을 꼼지락거리다 / 발가락이 닮았다. ⊃toe

발가벗다 [발가벋따] 옷을 다 벗다. 알몸뚱이가 되다. 큰벌거벗다. 센빨가벗다.

발각 (發覺) 숨겼던 일이 드러남. 예음모가 발각되다. **발각되다**.

발간 (發刊) 책·신문·잡지 따위를 만들어 냄. 예국내에서 발간된 책 / 잡지를 발간하다. **발간하다**.

발갛다 [발ː가타] 조금 연하고 곱게 붉다. 예발갛게 상기된 얼굴. 큰벌겋다. 센빨갛다. [활용] 발가니 / 발개서.

발걸음 [발꺼름] 발을 옮겨서 걷는 동작. 예발걸음이 가볍다.

발걸이 [발거리] 1 책상이나 의자의 아래쪽에 가로질러 놓아 의자에 앉은 채 발을 올려놓을 수 있게 한 부분. 2 말을 탈 때 안장에서 발을 놓는 부분.

발견 (發見) 이제까지 찾아내지 못했거나 알려지지 않은 것을 처음으로 찾아내거나 알아냄. 예신대륙을 발견하다. **발견하다**.

> [주의] **발견**과 **발명**
> **발견** 이제까지 찾아내지 못한 것을 처음으로 찾아낸다는 뜻. 예새로운 별을 발견한다.
> **발명** 이제까지 없던 물건이나 방법을 새로 생각해 내어 만든다는 뜻. 예금속 활자를 발명하다.

발광¹ (發光) 빛을 냄. 예발광 물질. **발광하다**.

발광² (發狂) 1 병으로 미친 증세가 나타남. 2 미친 듯이 날뜀. **발광하다**.

발광체 (發光體) 스스로 빛을 내는 물체. 태양·불꽃·전구 따위.

발 구르기 1 멀리뛰기나 뜀틀 등의 운동에서 도움닫기를 한 후 뛰어오르기 위하여 발판에 발을 구르는 동작. 2 음악에서, 박자에 맞추어 발을 구르는 것.

발굴 (發掘) 1 땅속에 묻혀 있는 유적 따위를 파냄. 예고분을 발굴하다. 2 세상에 널리 알려지지 않거나 뛰어난 것을 찾아냄. 예신인 발굴 / 숨은 인재를 발굴하다. **발굴하다**.

발굽 [발꿉] 말·소·양 등의 발끝에 난 두껍고 단단한 발톱.

발그레 엷게 발그스름한 모양. 예발그레한 볼 / 발그레 얼굴을 붉히다. **발그레하다**.

발그스름하다 조금 발갛다. 예발그스름한 얼굴. 큰벌그스름하다.

발급 (發給) 공공 기관에서 증명서 따위를 만들어 내줌. 예주민 등록증을 발급하다. **발급하다**.

발기발기 여러 조각으로 마구 찢는 모양. 예사진을 발기발기 찢다.

발길 [발낄] 1 움직여 걸어 나가는 발. 예발길을 돌리다. 2 사람들의 오고 감. 예발길을 끊다 / 발길이 뜸하다. 3 앞으로 세차게 뻗는 발. 예발길로 걷어차다.

　발길이 내키지 않다 가고 싶은 마음이 좀처럼 나지 않다.

발길질 [발낄질] 발로 걷어차는 짓. 예화풀이로 강아지에게 발길질하다. 준발질. 발길질하다.

발꿈치 ⇨ 발뒤꿈치.

발끈 사소한 일에 왈칵 성을 내는 모양. 예발끈 성을 내며 돌아서다. 큰벌끈. 센빨끈. 발끈하다.

발단 (發端) [발딴] 어떤 일이 벌어지게 된 이유. 예사건의 발단은 오해에서 비롯되었다. 발단하다.

*__발달__ (發達) [발딸] 1 몸이나 마음이 자라 감. 예지능이 발달하다. 비발육. 2 사물이 차차 나아져 훌륭한 것으로 되어 감. 예우주 과학 기술의 발달. 비발전. 반퇴보. 발달하다.

발돋움 [발도둠] 1 키를 돋우느라고 발끝만 디디고 서는 짓. 예발돋움해서 보다. 2 더 높은 단계로 나아감. 예선진국 대열로 발돋움하다. 발돋움하다.

발동 (發動) [발똥] 1 어떤 느낌이 일어남. 예호기심이 발동하다. 2 동력을 일으킴. 예발동을 걸다. 3 어떤 법적 권한 따위를 행사함. 예사법권의 발동. 발동하다.

발동기 (發動機) [발똥기] 동력을 일으키는 기계. 모터. 엔진.

발뒤꿈치 [발뒤꿈치] 발의 뒤쪽 발바닥과 발목 사이의 불룩한 부분. 비발꿈치. 준뒤꿈치.

발등 [발뜽] 발의 윗부분. 예구둣발에 발등이 밟히다. 반발바닥.

　발등에 불(이) 떨어지다 갑자기 어떤 일이 눈앞에 닥치다.

　발등의 불을 끄다 가까이 닥친 어려움을 해결하다.

발딱 1 눕거나 앉아 있다가 갑자기 급하게 일어나는 모양. 예발딱 일어나다. 2 갑자기 뒤로 반듯하게 드러눕거나 자빠지는 모양. 예뒤로 발딱 넘어졌다. 큰벌떡. 센빨딱.

발라내다 껍데기를 벗기거나 속 알맹이를 따로 추려서 내다. 예씨를 발라내다 / 생선의 살을 발라내다.

발랄하다 (潑剌—) 표정이나 행동이 밝고 활기차다. 예발랄한 친구.

발레 (프 ballet) 어떤 이야기의 줄거리를 음악에 맞추어 표현하는 무용. 유럽에서 발달하였음.

발레리나 (이 ballerina) 발레를 하는 여자 무용수.

발레리노 (이 ballerino) 발레를 하는 남자 무용수.

발령 (發令) 1 직책이나 직위에 임명 하거나 해임하는 공식적인 명령. 예교장으로 발령이 나다. 2 경보를 발함. 예공습경보 발령. 발령하다.

발름거리다 코나 입 따위가 부드럽고 넓게 자꾸 벌어졌다 오므라졌다 하다. 큰벌름거리다. 센빨름거리다.

발름발름 발름거리는 모양. 예콧구멍을 발름발름 움직이며 냄새를 맡다. 발름발름하다.

발림 판소리에서 소리꾼이 하는 가벼운 몸짓이나 손짓. 비너름새.

발맞추다 [발맏추다] 여러 사람이 말이나 행동을 같은 목표나 방향으로 일치시키다. 예시대 흐름에 발맞추다.

발매 (發賣) 상품을 팖. 또는 팔기 시작함. 예새 음반을 발매하다. 비판매. 발매하다.

*__발명__ (發明) 아직까지 없던 물건이나 기술을 새로 생각해 내거나 만들어 냄. 예우주선을 발명하다. 발명하다. → 발견 주의

발명가 (發明家) 발명을 전문적으로 하는 사람.

발명품 (發明品) 새로 발명하여 낸 물품.

발목 다리와 발이 이어진 부분.

　발목(을) 잡히다 ㉠어떤 일에 꽉 잡혀서 벗어나지 못하다. ㉡남에게 어떤 단서나 약점을 잡히다.

발바닥 [발빠닥] 발 아래쪽의, 땅을 밟는 평평한 부분.

발바리 1 개의 한 종류. 몸이 작고 다리는 짧으며, 온몸에 긴 털이 축 늘어짐. 성질이 순하고 생김새가 예뻐

애완용으로 많이 기름. 2 침착하지 못하고 큰 볼일 없이 여기저기 잘 돌아다니는 사람.

발발 1 춥거나 무섭거나 하여 몸을 자꾸 떠는 모양. 예너무 무서워서 발발 떨다. 2 하찮은 것을 몹시 아끼는 모양. 예돈 몇 푼에 발발 떤다. 3 몸을 바닥에 대고 작은 동작으로 기는 모양. 예아기가 방바닥을 발발 기어 다니다. 큰벌벌.

발버둥 1 주저앉거나 누워서 다리를 뻗었다 오므렸다 하면서 몸부림을 하는 일. 예장난감을 사 달라고 발버둥을 치다. 2 온갖 힘이나 수단을 다해 몹시 애를 쓰는 일. 예파산을 면하려고 발버둥 치다. 참고 주로 '치다'와 함께 쓰임.

발버둥이 ⇨발버둥. 예줄을 놓치지 않으려고 발버둥이를 치다.

발병¹ (一病) [발뼝] 발에 생기는 병. 예십 리도 못 가서 발병이 나다.

발병² (發病) 병이 남. 예전염병의 발병하다. **발병하다**.

발붙이다 [발부치다] 1 발을 대고 서다. 예버스가 만원이라 발붙일 틈도 없다. 2 의지하거나 근거로 삼다. 예발붙일 터전을 잡다.

발뺌 책임을 지지 않으려고 핑계를 대며 피하는 짓. 예비겁하게 발뺌만 하지 마라. **발뺌하다**.

발사 (發射) [발싸] 총·대포·활·로켓 따위를 쏨. 예미사일을 발사하다. **발사하다**.

발산 (發散) [발싼] 1 열·빛·냄새 따위가 사방으로 퍼져서 흩어짐. 예열을 발산하다. 2 울분·감정 따위를 행동으로 나타내어 밖으로 풀어 없앰. 예젊음을 발산하다. **발산하다**.

발상 (發想) [발쌍] 어떤 생각을 해 냄. 또는 그 생각. 예기막힌 발상.

발상지 (發祥地) [발쌍지] 역사상 큰 사업이나 문화가 처음으로 일어난 땅. 예고대 문명의 발상지.

***발생** (發生) [발쌩] 어떤 것이 새로 생겨나거나 어떤 일이 일어남. 예교통사고가 발생하다. **발생하다**.

발생량 (發生量) [발쌩냥] 어떤 것이 생겨나는 양. 예이산화 탄소 발생량.

발생률 (發生率) [발쌩뉼] 어떤 것이 일어나는 비율. 예질병 발생률.

발설 (發說) [발썰] 입 밖으로 말을 내어 남이 알게 함. 예비밀을 발설하다. **발설하다**.

발성 (發聲) [발썽] 목소리를 냄. 예발성 연습. **발성하다**.

발소리 [발쏘리] 걸을 때 발이 바닥에 닿아서 나는 소리. 예발소리를 죽이며 걷다.

발송 (發送) [발쏭] 물건·편지·서류 따위를 우편 따위로 보냄. 예합격 통지서를 발송하다. **발송하다**.

발신 (發信) [발씬] 편지·전보·전신 따위를 보냄. 반수신. **발신하다**.

발신기 (發信機) [발씬기] 신호를 보내는 기계 장치.

발신인 (發信人) [발씨닌] 우편·전신 따위로 보내는 사람. 반수신인.

발아 (發芽) [바라] 1 풀·나무의 눈이 틈. 2 씨앗에서 싹이 나옴. 예발아가 늦어지다. **발아하다**.

발악 (發惡) [바락] 앞뒤를 가리지 않고 모진 소리나 행동을 마구 하며 사납게 악을 씀. 예최후의 발악을 하다. **발악하다**.

발암 (發癌) [바람] 암이 생김. 또는 암을 생기게 함. 예발암 성분 / 발암 물질. **발암하다**.

발야구 (一野球) [발랴구] 경기 규칙이 야구와 비슷한, 발로 공을 차서 승부를 겨루는 놀이.

발언 (發言) [바런] 회의나 모임에서 의견을 말함. 또는 그 의견. 예무책임한 발언을 하다. **발언하다**.

발언권 (發言權) [바런꿘] 회의나 모임에서 의견을 말할 수 있는 권리. 예발언권을 얻다. 준언권.

발열 (發熱) [바렬] 1 물체가 열을 냄. 예발열 반응. 2 체온이 높아짐. **발열하다**.

발원 (發源) [바뤈] 1 물줄기가 처음 생김. 예압록강은 백두산에서 발원하다. 2 사물이 일어나는 근원. 예발원지. **발원하다**.

발육 (發育) [바륙] 동식물이 자라남. 예발육이 왕성하다. 비성장. **발육하다**.

***발음** (發音) [바름] 말소리를 냄. 또

는 그 소리. 예발음 기호 / 발음을 정확히 하다. **발음하다**.

발음 기관 (發音器官) 1 동물체의 소리를 내는 기관. 준발음기. 2 사람이 발음하는 데 필요한 목청·혀·이·입술·입천장·코 따위의 기관.

***발자국** [발짜국] 1 발로 밟은 자리에 남은 모양. 예눈 위의 토끼 발자국. 2 걸음을 세는 단위. 예몇 발자국 뒤로 물러서다.

발자취 [발짜취] 1 발로 밟은 흔적. 예발자취를 남기다. 2 기록 따위에 남아 있는 지난날의 사실. 예조상의 발자취를 더듬어 보다.

발작 (發作) [발짝] 어떤 증상이나 격한 감정 따위가 갑자기 세차게 일어남. 예발작을 일으키다. **발작하다**.

발장구 헤엄칠 때 물 위에 엎드려 두 발을 물 위로 번갈아 들었다 내렸다 하면서 물을 차는 일.

발전¹ (發電) [발쩐] 전기를 일으킴. 예태양열 발전. **발전하다**.

***발전**² (發展) [발쩐] 1 더 낫고 좋은 상태로 나아감. 예사업이 나날이 발전하다. 비발달. 반쇠퇴. 2 일이 어떤 방향으로 나아감. 예사태의 발전을 지켜보다. **발전하다**.

발전기 (發電機) [발쩐기] 수력이나 화력 따위를 이용해 전기를 일으키는 기계나 장치.

***발전소** (發電所) [발쩐소] 수력·화력·원자력 따위로 발전기를 돌려 전기를 일으키는 곳. 예수력 발전소 / 원자력 발전소.

발족 (發足) [발쪽] 어떤 모임이나 단체 따위가 새로 만들어져 활동을 시작함. 예초등학교 주변 환경 개선을 위한 모임이 발족되었다. **발족하다**.

발진 (發疹) [발찐] 열로 인해 피부나 점막에 좁쌀만 한 종기가 생김. 또는 그 종기.

발짓 [발찓] 발을 움직이는 일. 예손짓과 발짓으로 의사를 전달하다. **발짓하다**.

발짝 한 발씩 떼어 놓는 걸음의 수효를 나타내는 말. 예두 발짝 뒤로 물러서다.

발치 누웠을 때 발이 있는 쪽. 반머리말.

발칙하다 [발치카다] 행동이나 말이 매우 버릇없고 막되어 괘씸하다. 예그는 발칙한 짓을 곧잘 한다 / 발칙하게 어른에게 대들다니.

발칵 1 갑작스럽게 화를 내거나 기운을 쓰는 모양. 예화를 발칵 내다. 2 갑자기 어떤 일이 벌어져 온통 혼란스럽게 된 모양. 예동네가 발칵 뒤집혔다. 큰벌컥. 작발깍.

발칸반도 (Balkan半島) 유럽 남동부에서 지중해로 뻗은 반도. 서쪽은 아드리아해와 이오니아해, 동쪽은 흑해, 남쪽은 에게해에 면하여 있으며 대부분 산악 지대임.

발코니 (balcony) 1 서양식 건축에서 건물 밖으로 길게 달아 낸 난간이 있는 대. 2 극장에서, 아래층보다 높이 좌우에 만든 특별 좌석.

발탁 (拔擢) 많은 사람들 중에서 특별히 뽑아 씀. 예신인을 발탁하다. **발탁하다**.

발톱 발가락 끝을 덮어 보호하고 있는 단단한 물질. 예발톱을 깎다.

발트해 (Balt海) 유럽 대륙과 스칸디나비아반도 사이에 있는 바다. 스웨덴·핀란드·리투아니아·라트비아·에스토니아·폴란드 및 독일 북부·덴마크가 이에 접함.

***발판** (一板) 1 높은 곳에 올라가기 위하여 걸쳐 놓은 널. 2 악기나 기구 따위에서 발로 밟는 부분. 예자전거 발판. 3 키를 높이려고 발밑에 괴는 물건. 예책으로 발판을 만들다. 4 육상·수영·다이빙·체조 따위에서 뛰는 힘을 돕기 위하여 쓰는 도구. 예발판을 힘차게 구르다. 비구름판. 도약판. 5 목적을 이루기 위한 수단이나 기반. 예경제 도약의 발판을 마련하다.

발포 (發砲) 총이나 대포를 쏨. 예발포 명령. **발포하다**.

***발표** (發表) 어떤 사실이나 결과 따위를 세상에 널리 드러내어 알림. 예합격자를 발표하다. 비공표. **발표하다**.

발표회 (發表會) [발표훼] 학술이나 예술 등의 창작 또는 연구 결과를 발표하는 모임. 예현대 무용 발표회.

발하다 (發一) 소리·빛·냄새·열·감정 따위를 내보내다. 예 찬란한 빛을 발하는 보석.

발해 (渤海) 고구려의 장수였던 대조영이 고구려가 망한 뒤에 세운 나라. 한반도 북부와 만주 일대를 차지하였으며, 전성기에는 '해동성국'이라고 불릴 정도로 세력을 떨쳤으나, 중국의 요나라에게 멸망함. [699-926]

발행 (發行) 1 도서·신문·잡지 따위를 출판하여 세상에 펴냄. 예 신문 발행. 비 간행. 발간. 출판. 2 화폐·증권·상품권·입장권·증명서 따위를 만들어 세상에 내놓음. 예 백화점에서 상품권을 발행하다. **발행하다**.

발행인 (發行人) 책이나 신문, 어음, 수표 따위를 발행한 사람.

발행일 (發行日) 책이나 신문, 어음, 수표 따위를 발행한 날짜.

발현 (發現) 숨겨져 있던 능력·성질·감정 따위가 드러남. 예 민족정신의 발현. **발현하다**.

발화 (發火) 불이 일어나거나 타기 시작함. 예 발화 지점 / 부엌에서 발화하여 집 전체로 번지다. **발화하다**.

발효¹ (發效) 조약·법령 따위가 효력을 나타냄. 예 조약이 발효되다.

발효² (醱酵) 효모나 박테리아 등이 유기물을 분해하여 이산화 탄소·알코올 등을 생기게 하는 작용. 술·간장·초·김치 따위를 만드는 데에 씀. **발효하다**.

***발휘** (發揮) 재능이나 능력 따위를 떨쳐 밖으로 드러냄. 예 노래 실력을 발휘하다. **발휘하다**.

밝기 [발끼] 밝은 정도. 예 전기스탠드의 밝기를 낮추다. 비 광도.

***밝다** [박따] 1 불빛 따위가 환하다. 예 햇살이 밝다. 2 느낌이 환하고 산뜻하다. 예 벽지가 밝다. 3 청력·시력이 좋다. 예 귀가 밝다. 4 잘 알다. 예 지리에 밝다. 5 밤이 지나 아침이 오다. 날이 새다. 예 밝아 오는 아침. 반 어둡다.

> 주의 밝다의 표준 발음
>
> 겹받침 'ㄺ'은 자음 앞이나 어말에서 'ㄱ'으로 발음한다. 다만 'ㄱ' 앞에서는 'ㄹ'로 발음한다. 또 모음 앞에서는 'ㄱ'을 뒤 음절 첫소리로 옮겨 발음한다.
> (1) 'ㄱ' 소리로 발음
> 밝다 [박따], 밝지 [박찌], 밝소 [박쏘], 밝던 [박떤]
> (2) 'ㄹ' 소리로 발음
> 밝고 [발꼬], 밝게 [발께], 밝구나 [발꾸나]
> (3) 밝아서 [발가서], 밝으면 [발그면], 밝은 [발근]

***밝히다** [발키다] 1 어두운 곳을 환하게 하다. 예 방 안을 밝히다. 2 옳고 그름을 가려 분명하게 하다. 예 진실을 밝히다. 3 모르던 사실을 알려 주다. 예 비밀을 밝히다. 4 밤을 새우다. 예 이야기로 밤을 밝히다. 5 드러나게 좋아하다. 예 돈을 밝히다.

***밟다** [밥따] 1 발로 어떤 곳을 디디거나 디디고 걷다. 예 낙엽을 밟으며 걷다. 2 물건 위에 발을 올려놓고 누르다. 예 옆 사람 발을 밟다. 3 순서를 거쳐 행하다. 예 절차를 밟다. 4 어떤 곳을 찾아가다. 예 고향 땅을 밟다.

> 주의 밟다의 표준 발음
>
> 겹받침 'ㄼ'은 어말 또는 자음 앞에서 'ㄹ'로 발음한다.
> 예 여덟[여덜], 넓다 [널따], 얇다 [얄:따]
> 그러나 '밟-'만은 예외적으로 자음 앞에서 [밥]으로 발음한다.
> 예 밟다 [밥:따], 밟고 [밥:꼬], 밟지 [밥:찌], 밟게 [밥:께]

밟히다 [발피다] 밟음을 당하다. 예 발등을 밟히다.

***밤**¹ 해가 져서 어두워진 때부터 다음 날 해가 뜨기 전까지의 동안. 예 나는 밤이 이슥할 때까지 소설책을 읽었다. 반 낮. ⇒night

***밤**² [밤:] 밤나무의 열매. 예 밤을 따다 / 밤이 잘 여물었다. ⇒chestnut

밤거리 [밤꺼리] 밤의 길거리. 예 밤거리를 쏘다니다.

밤길 [밤낄] 밤에 걷는 길. 예 밤길을 조심해라.

밤나무 [밤:나무] 참나뭇과의 낙엽 활엽 교목. 산기슭·들·자갈땅에서 자람. 높이 5-15m이며, 초여름에 꽃이 피고 '밤'이 초가을에 익음. 나무는 단단해서 토목용·건축용으로 많이 씀.

*밤낮 [밤낟] 1 밤과 낮. 비주야. 2 밤이나 낮이나. 늘. 언제나. 예밤낮 놀기만 하다.

　밤낮을 가리지 않다 쉬지 않고 계속하다.

밤낮없이 [밤나덥씨] 밤이나 낮이나 계속하여. 언제나. 늘. 예자식을 위해 밤낮없이 고생하시는 부모님 / 밤낮없이 열심히 공부하다. 비불철주야.

밤눈 밤에 사물을 볼 수 있는 시력. 예밤눈이 밝다.

밤늦다 [밤늗따] 밤이 깊다. 예밤늦은 시간에 전화벨이 울리다.

밤바다 [밤빠다] 어두운 밤의 바다.

밤사이 [밤싸이 / 밤사이] 밤이 지나는 동안. 예밤사이에 눈이 내리다. 준밤새.

밤새 [밤쌔 / 밤새] '밤사이'의 준말. 예밤새 내린 비.

밤새껏 [밤새껃] 밤이 샐 때까지. 예밤새껏 얘기를 나누다.

밤새움 잠을 자지 않고 밤을 보내는 일. 예이틀을 밤새움하다. 비철야. 준밤샘. 밤새움하다.

밤색 (一色) [밤ː색] 여문 밤의 껍질과 같은 갈색. 초콜릿색.

밤샘 '밤새움'의 준말. 예밤샘 공부를 하다. 밤샘하다.

밤송이 [밤ː송이] 밤알을 싸고 있는 겉껍데기. 가시가 많이 돋아 있고, 익으면 네 갈래로 벌어짐.

밤중 (一中) [밤쯍] 깊은 밤. 예밤중에 돌아다니다. 비야중. 한밤.

밤차 (一車) 밤에 다니는 차. 예밤차로 출발하다.

밤참 밤중에 먹는 음식. 예밤참을 먹다. 비야찬.

밤톨 [밤ː톨] 밤의 낱알. 예밤톨이 굵다.

밤하늘 밤의 하늘. 예밤하늘에 반짝이는 별들.

*밥 1 쌀·보리 따위의 곡식을 끓여 익힌 음식. 예밥을 짓다. 2 끼니로 먹는 음식. 예밥을 굶다. 비식사. 높진지. 3 동물의 먹이. 예물고기 밥을 주다. 밥하다. ⇨rice

　밥 먹듯 하다 예사로 자주 하다. 예지각을 밥 먹듯 하다.

밥그릇 [밥끄륻] 밥을 담아 먹는 그릇.

밥맛 [밤맏] 1 밥의 맛. 예밥맛이 좋다. 2 밥이 먹고 싶은 마음. 예밥맛이 나다 / 군것질하면 밥맛이 없다.

밥물 [밤물] 밥을 지을 때 솥이나 냄비에 붓는 물.

밥벌이 [밥뻐리] 1 먹고살기 위하여 하는 일. 예밥벌이가 될 만한 일을 찾다. 2 겨우 생활해 나갈 수 있을 정도의 벌이. 예겨우 밥벌이나 하다. 밥벌이하다.

밥상 (一床) [밥쌍] 음식을 차리는 데 쓰는 상. 예밥상을 차리다. 높진짓상.

밥상머리 (一床一) [밥쌍머리] 차려 놓은 밥상의 한쪽 언저리. 예밥상머리에 둘러앉아 저녁을 먹다.

밥상보 (一床褓) [밥쌍뽀] 차려 놓은 밥상을 덮어 두는 보자기.

밥통 (一桶) 1 밥을 담는 통. 2 ⇨위3. 3 밥만 먹고 제구실도 못하는 어리석은 사람을 놀리는 말. 예그것도 모르다니 밥통이구나.

밥투정 밥을 더 달라거나 먹기 싫어 짜증을 내는 짓. 예밥투정이 심한 아이. 밥투정하다.

밧줄 [바쭐 / 받쭐] 볏짚이나 삼 따위로 세 가닥을 지어 굵다랗게 꼰 줄.

*방1 (房) 건물 안에, 바닥과 천장이 있고 네 개의 벽으로 둘러 막히고 드나드는 문이 있는, 사람이 생활하거나 일하는 공간. ⇨room

방2 (榜) [방ː] 예전에, 어떤 일을 여러 사람에게 알리기 위하여 길이나 사람이 많이 모이는 곳에 써 붙이던 글. 예방을 붙이다.

방3 (放) [방ː] 1 총·대포를 쏜 횟수를 세는 말. 예한 방 쏘다. 2 주먹 따위로 때리는 횟수를 세는 말. 예주먹 한 방에 나가떨어지다.

방갈로 (bungalow) 지붕이 뾰족하고 높으며 처마가 긴 집으로, 산이나 강가 같은 유원지에 지은 야영 건물이나 별장.

방고래 (房一) [방꼬래] 방의 구들장 밑으로 나 있는, 불길과 연기가 나가

방공¹

게 만든 길. 준고래.

방공¹ (防共) 공산주의 세력을 막아 냄. 예방공 태세. **방공하다**.

방공² (防空) 적의 비행기나 미사일의 공격을 막음. 예방공 체제.

방공호 (防空壕) 적의 항공기나 대포, 미사일 등의 공격을 피하기 위하여 땅속에 파 놓은 굴이나 구덩이. 예방공호로 대피하다.

방과 (放課) 학교에서 그날의 수업이 끝남. 예방과 후에 자전거를 타러 가다. **방과하다**.

방관 (傍觀) 직접 관계하지 않고 곁에서 보기만 함. 예팔짱을 끼고 방관만 하다. **방관하다**.

방광 (膀胱) 콩팥에서 흘러나오는 오줌을 모아 두었다가 몸 밖으로 내보내는 주머니 모양의 기관. 비오줌통.

방구들 (房一) [방구들] 고래를 내고 구들장을 덮고 흙을 발라 만든 방바닥에 불을 때어 덥게 한 장치. 비온돌. 준구들.

방구석 (房一) [방구석] 1 방 안의 네 귀퉁이. 2 '방·방 안'을 속되게 일컫는 말. 예온종일 방구석에 처박혀 있다.

***방귀** [방:귀] 배 속의 음식물이 발효하여 항문으로 나오는 구린내 나는 가스. 예방귀를 뀌다. ×방구.

방귀쟁이 [방:귀쟁이] 방귀를 자주 뀌는 사람을 놀리는 말.

방글거리다 입을 조금 벌리고 소리 없이 부드럽게 자꾸 웃다. 큰벙글거리다. 센빵글거리다.

방글라데시 (Bangladesh) 〖국명〗 인도 동부에 있는 공화국. 농업을 주로 하며, 국민의 80%가 이슬람교도임. 본디 파키스탄의 한 주였으나 1971년에 파키스탄에서 분리하여 독립하였음. 수도는 다카.

방글방글 방글거리는 모양. 예방글방글 웃는 아기. 큰벙글벙글. 센빵글빵글. **방글방글하다**.

***방금** (方今) 바로 조금 전. 예형은 방금 도서관에 갔다. 비금방.

> [주의] **방금**과 **금방**
> '방금'과 '금방'은 같은 뜻으로 쓰일 때도 있으나 차이가 있는 말이다.
> (1) 동의어일 때
>   예금방 떠났다 (이제 막) / 금방 떠났다 (이제 막).
> (2) 차이가 날 때
>   예와서 한참 놀다가 방금 갔다 (이제 막) / 오자마자 금방 갔다 (오래 머물지 않고 곧).

방긋 [방귿] 소리 없이 입만 벌리고 가볍게 웃는 모양. 예방긋 웃어다. 비방긋이. 큰벙긋. 센빵긋. 빵끗. **방긋하다**.

방긋방긋 [방귿빵귿] 소리 없이 입만 벌리고 가볍게 잇달아 웃는 모양. 큰벙긋벙긋. 센빵긋빵긋. 빵끗빵끗. **방긋방긋하다**.

방긋이 [방그시] ⇨방긋.

방대하다 (尨大一) [방:대하다] 규모나 양이 매우 많거나 크다. 예방대한 자료.

방도 (方道) 어떤 일을 해 나갈 방법. 예좋은 방도가 떠오르다.

방독면 (防毒面) [방독면] 독가스나 세균 따위에 따른 피해를 막기 위하여 얼굴에 쓰는 마스크. 가스 마스크.

방독면

방랑 (放浪) [방:낭] 정처 없이 이곳저곳 떠돌아다님. 예방랑의 길을 떠나다. **방랑하다**.

방랑자 (放浪者) [방:낭자] 정처 없이 이곳저곳 떠돌아다니는 사람.

방류 (放流) [방:뉴] 1 가두어 놓은 물을 터서 흘려보냄. 예저수지의 물을 방류하다. 2 어린 물고기를 강물에 놓아줌. 예연어를 강에 방류하다. **방류하다**.

방망이 무엇을 두드리거나 다듬는 데에 쓰는, 둥글고 길게 만든 도구. 예방망이를 휘두르다. ⊃bat

방면 (方面) 1 어떤 장소나 지역이 있는 방향. 예부산 방면. 2 어떤 분야. 예문학 방면에 관심이 많다.

방명록 (芳名錄) [방명녹] 어떤 모임이나 예식 따위에 참석한 사람들이 자기 이름을 적어 놓는 책. 예방명록에 서명하다.

방목 (放牧) [방:목] 소·말·양 등의 가축을 놓아기름. 예목장의 소들을 방목하다. **방목하다**.

***방문**¹ (房門) 방으로 드나드는 문.

방문² (訪問) [방:문] 어떤 사람이나 장소를 찾아가서 만나거나 봄. 예선생님 댁을 방문하다. **방문하다**. ⊃visit

방문객 (訪問客) [방:문객] 찾아온 손님. 예방문객이 줄을 잇다.

***방바닥** (房—) [방빠닥] 방의 바닥. 예방바닥에 주저앉다.

방방곡곡 (坊坊曲曲) [방방곡꼭] 한 군데도 빠짐이 없는 모든 곳. 예만세 소리가 삼천리 방방곡곡에 울려 퍼졌다. 비도처.

방범 (防犯) 범죄가 일어나지 않게 미리 살피고 막음. 예방범 대책. **방범하다**.

방범대 (防犯隊) 범죄를 막기 위해 만든 단체. 예자치 방범대를 운영하다.

***방법** (方法) 어떤 목적을 이루기 위한 수단이나 방식. 예수단과 방법을 가리지 않다. 비도. 방책. ⊃method

방부제 (防腐劑) 식품 따위에 섞어 썩거나 변질되는 것을 막는 약품.

방비 (防備) 적의 공격이나 재해 따위를 미리 막을 준비를 함. 또는 그 시설이나 수단. 예태풍에 대비해서 방비를 튼튼히 하다. 비수비. **방비하다**.

방사능 (放射能) [방:사능] 라듐이나 우라늄 따위의 특수한 물질이 방사선을 내보내는 현상이나 성질.

방사선 (放射線) [방:사선] 라듐이나 우라늄 따위의 특수한 물질이 내뿜는 입자나 전자기파.

방석 (方席) 깔고 앉는 작은 자리. 예방석을 깔고 앉다.

***방송** (放送) [방:송] 라디오나 텔레비전을 통해서 뉴스·음악·강연·연예·스포츠 등을 보내어 널리 듣고 보게 하는 일. **방송하다**.

***방송국** (放送局) [방:송국] 방송을 하기 위한 시설을 갖춘 곳.

방송극 (放送劇) [방:송극] 라디오나 텔레비전을 통해서 방송되는 극.

방송사 (放送社) [방:송사] 방송을 사업으로 하는 회사.

방송실 (放送室) [방:송실] 방송을 하기 위한 시설을 갖춘 방.

방수 (防水) 물이 새거나 스며들거나 넘쳐 흐르는 것을 막음. 예방수 처리 / 방수 시계. **방수하다**.

***방식** (方式) 일정한 방법이나 형식. 예올해부터 경기 방식이 달라졌다. 비방법. 법식.

방실거리다 입을 조금 벌리고 소리 없이 밝고 예쁘게 자꾸 웃다. 큰벙실거리다. 센빵실거리다.

방실방실 방실거리는 모양. 예아기가 방실방실 웃는다. **방실방실하다**.

방심 (放心) [방:심] 정신을 차려 조심하지 않고 마음을 놓음. 예방심하여 실수하다. **방심하다**.

방아 돌이나 나무에 움푹한 구덩이를 만들어 곡식을 넣어 공이로 찧거나 빻는 도구. 디딜방아와 물레방아, 연자방아 따위가 있음. 예방아를 찧다.

방아깨비 메뚜기과의 곤충. 여름에 풀밭에 많은데, 몸빛은 녹색 또는 회색임. 뒷다리가 매우 크고 길어서 끝을 손으로 쥐면 방아를 찧듯이 몸을 끄덕거림.

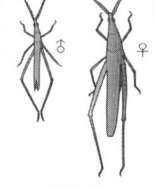
방아깨비

방아쇠 / 방아쉐 총의 아랫부분에 붙어 있어 집게손가락으로 잡아당겨서 총알이 나가게 하는 장치. 예방아쇠를 당기다.

***방안** (方案) 일을 해 나가는 방법이나 계획. 예해결 방안.

방앗간 (—間) [방아깐 / 방앋깐] 방아로 곡식을 찧거나 빻는 곳. 비정미소.

방어 (防禦) 상대편의 공격을 막음. 예적의 공격을 방어하다. 비방위. 수비. 판공격. **방어하다**.

방어선 (防禦線) 적의 공격을 막으려고 진을 쳐 놓은 전선. 예방어선을 구축하다.

방어율 (防禦率) 야구에서, 투수의 방어 성적의 합계를 투구 횟수로 나누고 9를 곱한 것.

방언 (方言) 표준어가 아닌, 어느 한 지방에서만 쓰는 말. 비사투리. 판표준어.

방역 (防疫) 전염병이 생기거나 퍼지

방열기

는 것을 소독·예방 주사 따위의 방법으로 미리 막음. ⑩방역 대책을 세우다. **방역하다**.

방열기 (放熱器) [방:열기] ⇨라디에이터.

방영 (放映) [방:영] 텔레비전으로 방송하는 일. ⑩방영 시간 / 만화 영화가 방영되다. **방영하다**.

*__방울__ 1 구슬같이 둥글둥글하게 맺힌 액체 덩어리. ⑩방울이 맺히다 / 비가 한두 방울 떨어지다. 2 얇은 쇠붙이로 둥글게 만들어 그 속에 단단한 물체를 넣어서 흔들면 딸랑딸랑 소리가 나는 물건. ⑩방울을 달다 / 방울을 흔들다.

방울꽃 [방울꼳] 물가 그늘에서 자라는 여러해살이풀. 잎은 달걀 모양으로 끝이 뾰족하고 양면에 털이 있음. 9월에 연한 자주색 꽃이 핌.

방울방울 한 방울 한 방울. ⑩풀잎에 이슬이 방울방울 맺히다.

방울새 [방울쌔] 되샛과에 속하는 새. 산이나 들, 숲에 사는데, 벼·풀씨·곤충 등을 먹음. 울음소리가 매우 고우며, 다른 새의 울음소리를 잘 흉내 냄.

방위[1] (方位) 동서남북을 기준으로 하여 정한 방향. ㊗방향.

방위[2] (防衛) 적의 공격이나 침략을 막아서 지킴. ⑩방위 태세를 갖추다. ㊗방어. ㊥공격. **방위하다**.

방위각 (方位角) 북쪽을 기준으로 시곗바늘이 돌아가는 방향으로 이루는 각도.

방위표 (方位表) 지도에서 방위를 나타내는 기호나 표.

방음 (防音) 밖의 소리가 안으로 들어오거나 안의 소리가 밖으로 나가는 것을 막음. ⑩방음 시설. **방음하다**.

방음벽 (防音壁) 소리가 들어오거나 나가는 것을 막으려고 만든 벽. ⑩방음벽을 설치하다.

방자하다 (放恣一) [방:자하다] 꺼리거나 삼가는 태도가 없이 무례하고 건방지다. ⑩방자하게 굴다.

방재 (防災) 폭풍·홍수·지진·화재 따위의 재해를 막음. ⑩방재 훈련. **방재하다**.

방전 (放電) [방:전] 전지와 같이 전기를 띤 물체가 전기를 잃는 현상. ㊥충전. **방전하다**.

방정 차분하지 못하고 몹시 경망스럽게 하는 말이나 행동.

 방정(을) 떨다 차분하지 못하고 아주 경망스럽게 굴다. ⑩방정을 떨어 일을 망치고 말았다.

방정맞다 [방정맏따] 1 말이나 행동이 경망스럽고 주책없다. ⑩방정맞은 소리. 2 가볍게 굴어서 나쁜 일이 생길 듯하다. ⑩방정맞은 생각이 든다.

방정식 (方程式) 미지수가 있는 식에서 그 미지수에 특정한 값을 주었을 때만 성립하는 등식. ⑩일차 방정식.

방정환 (方定煥) 〖인명〗 아동 문학가. 호는 소파. '색동회'를 만들어 우리나라에서 처음으로 어린이 운동을 벌임. '어린이'란 말을 쓰고, '어린이날'을 정함. [1899-1931]

방제 (防除) 1 재해 따위를 미리 막아 없앰. 2 농작물의 병충해를 예방하거나 없앰. **방제하다**.

방조제 (防潮堤) 바다의 조수나 해일 따위의 피해를 막기 위하여 해안에 쌓은 둑. ㊗방파제.

방종 (放縱) [방:종] 아무 거리낌 없이 자기 마음대로 행동함. ⑩방종한 생활. **방종하다**.

방주 (方舟) 네모반듯한 모양의 배. ⑩노아의 방주.

방죽 물이 밀려들어 오는 것을 막으려고 쌓은 둑. ⑩홍수로 방죽이 무너지다.

방지 (防止) 어떤 일이 일어나지 않도록 막음. ⑩노화 방지 / 사고를 미연에 방지하다. **방지하다**.

방직 (紡織) 기계로 실을 만들거나 옷감을 짜는 일. ⑩방직 공장.

방책 (方策) 방법과 꾀. ⑩해결 방책을 세우다.

방청 (傍聽) 회의나 방송, 재판 따위에 참석하여 직접 보고 들음. ⑩재판을 방청하다. **방청하다**.

방청객 (傍聽客) 방청하는 사람.

방청권 (傍聽券) [방청꿘] 방청을 허락하는 표.

방청석 (傍聽席) 방청하는 사람들이 앉는 자리. ⑩방청석은 초만원을 이루었다.

방충망 (防蟲網) 벌레들이 집 안으로 날아들지 못하게 창문 따위에 치는 망.

방충제 (防蟲劑) 해충을 방제하는 약제. 나프탈렌 따위.

방치 (放置) [방:치] 관리하거나 보호하지 않고 내버려 둠. ⑩길가에 방치해 둔 폐차. **방치하다**.

방침 (方針) 어떤 일을 하려고 하는 방향과 계획. ⑩학교의 교육 방침을 따르다.

방콕 (Bangkok) 〖지명〗 타이의 수도. 궁전과 불교 사원이 많으며, 쌀·티크 재목 따위를 수출함.

방탄 (防彈) 날아오는 탄알을 막음. ⑩방탄 장치. **방탄하다**.

방탕하다 (放蕩─) [방:탕하다] 술과 노름 따위에 빠져 돈을 낭비하고 행실이 좋지 못하다. ⑩방탕한 생활.

방파제 (防波堤) 거센 파도를 막으려고 바닷가 둘레에 쌓아 놓은 둑. 间방조제.

방패 (防牌) 1 전쟁 때, 손에 들고 적의 칼·창·화살 따위를 막는 데에 쓰던 무기. 2 어떤 일을 할 때에 앞장을 세울 만한 것. 또는 그런 사람. ⑩여론을 방패로 삼다.

방패연 (防牌鳶) 가운데 둥근 구멍이 있는, 네모난 방패 모양의 연.

방편 (方便) 목적을 위해 이용되는 일시적인 수단과 방법. ⑩출세의 방편으로 삼다.

방풍림 (防風林) [방풍님] 바람을 막으려고 가꾸어 놓은 숲.

*__방학__ (放學) 학교에서 학기나 학년이 끝난 뒤, 또는 더위와 추위를 피하여 일정한 기간 동안 수업을 쉬는 일. 또는 그 기간. ⑩방학 숙제. 间개학. **방학하다**. ⊃vacation

방한[1] (防寒) 추위를 막음. ⑩방한 모자. **방한하다**.

방한[2] (訪韓) [방:한] 한국을 찾아옴. ⑩방한 인사. **방한하다**.

방한복 (防寒服) 추위를 막기 위하여 입는 옷. ⑩방한복 차림으로 산에 오르다.

방해 (妨害) 남의 일에 끼어들어 훼방을 놓아 하지 못하게 함. ⑩동생이 공부를 방해하다. 间훼방. **방해하다**.

방해(를) 놓다 남에게 방해가 되는 짓을 하다.

*__방향__ (方向) 1 향하는 쪽. ⑩반대 방향으로 돌다 / 방향 감각을 잃고 헤매다. 间방위. 2 일정한 목표를 향하여 나아가는 쪽. ⑩앞으로 나아갈 방향을 정하다.

방화[1] (邦畫) 자기 나라에서 제작된 영화. 국산 영화. 间외화.

방화[2] (防火) 불이 나지 않도록 미리 막음. **방화하다**.

방화[3] (放火) [방:화] 일부러 불을 지름. ⑩방화 사건. 间소화. **방화하다**.

방황 (彷徨) 일정한 방향이나 목적이 없이 헤맴. ⑩거리를 정처 없이 방황하다. **방황하다**.

*__밭__ [받] 1 물을 대지 않고 야채나 곡식을 심는 땅. ⑩밭을 갈다 / 밭을 일구다. *논. 2 어떤 식물이나 자연물이 많이 나거나 있는 곳. ⑩잔디밭 / 모래밭 / 풀밭.

밭갈이 [받까리] 농기구 따위로 밭을 가는 일. **밭갈이하다**.

밭걷이 [받꺼지] 밭에 심었던 곡식이나 야채 등을 거두어들이는 일. **밭걷이하다**.

밭고랑 [받꼬랑] 밭의 이랑과 이랑 사이의 홈이 진 곳. 㐀밭골.

밭농사 (─農事) [반농사] 밭에서 짓는 농사. *논농사. **밭농사하다**.

밭다 [받따] 건더기와 액체가 섞인 것을 체 따위에 걸러 액체만 따로 받아 내다.

밭다리 걸기 씨름에서, 공격 기술의 하나. 오른쪽 다리로 상대의 오른쪽 다리를 밖으로 걸어 넘어뜨림.

밭두둑 [받뚜둑] 밭이랑의 두두룩한 부분. 间밭두렁.

밭두렁 [받뚜렁] 밭의 가장자리를 흙으로 둘러막은 두둑. 间밭두둑.

밭둑 [받뚝] 밭과 밭 사이의 경계를 이루고 있거나 밭의 가장자리에 둘려 있는 둑.

밭이랑 [반니랑] 밭의 고랑 사이에 흙을 높게 올려 만든 두둑한 곳.

밭일 [반닐] 밭에서 하는 모든 농사일. *논일. **밭일하다**.

*__배__[1] 1 사람이나 동물의 몸에서 위·

창자 따위의 내장이 들어 있는 곳으로 가슴과 엉덩이 사이의 부분. 예 배가 부르다 / 배가 아프다. 2 길쭉한 물건의 가운데 부분. 예 배가 볼록한 기둥.

배가 남산만 하다 아기를 밴 여자의 배가 몹시 부르다.

배(가) 아프다 남이 잘되어 심술이 나고 마음이 편치 않다.

*배² 사람이나 짐을 싣고 물에 떠다니게 만들어진 것. 예 폭풍우로 배가 가라앉았다. 비 선박. ⇒ship

*배³ 배나무의 열매. 예 달고 물이 많은 배 / 배를 깎다. ⇒pear

*배⁴ (倍) [배ː] 1 어떤 수나 양을 두 번 합한 만큼. 비 갑절. 2 같은 수나 양을 여러 번 되짚어 합침. 비 곱절.

배격 (排擊) 의견·사상·물건 따위를 비난하고 물리침. 예 사치 풍조를 배격하다. 비 배척. **배격하다**.

*배경 (背景) [배ː경] 1 뒤쪽의 경치. 예 바다를 배경으로 사진을 찍다. 2 무대의 뒤쪽에 꾸민 그림이나 장치. 예 무대 배경. 3 시간적·공간적·사회적인 여건이나 환경. 예 역사적 배경을 살펴보다.

배경 음악 (背景音樂) 영화·연극 따위에서, 대사·장면 따위의 분위기를 돋우기 위해 연주하는 음악.

배고프다 배 속이 비어 음식이 먹고 싶다. 예 점심을 걸렀더니 몹시 배고프네요. 반 배부르다. [활용] 배고파 / 배고프니. ⇒hungry

배고픔 배가 고픈 느낌이나 상태. 예 추위와 배고픔을 견디다.

배관 (配管) [배ː관] 가스나 물 같은 것을 보내려고 관을 까는 것. 또는 그 관. 예 가스 배관 / 배관 공사를 하다. **배관하다**.

*배구 (排球) 직사각형의 코트 중앙에 네트를 걸고 두 팀이 서로 손으로 공을 쳐서, 땅에 떨어뜨리지 않고 세 번 안에 상대편 코트로 넘기는 경기. 6인제·9인제가 있음.

배구공 (排球─) 배구 경기에서 사용하는 공.

배급 (配給) [배ː급] 똑같이 나누어 줌. 예 배급을 받다. 비 분배. **배급하다**.

배기 (排氣) 속에 든 공기나 가스 따위를 밖으로 뽑아 버림. 예 배기 장치. **배기하다**.

-배기 1 '그 나이를 먹은 아이'의 뜻. 예 세 살배기. 2 '무엇이 들어 있거나 차 있는 것'의 뜻. 예 나이배기 / 알배기 조기. 3 특정한 곳이나 물건을 나타냄. 예 언덕배기 / 진짜배기 / 공짜배기.

> [주의] **-배기**와 **-빼기**
> (1) [배기]로 발음되는 경우는 '-배기'로 적는다. 예 귀퉁배기 / 나이배기 / 대짜배기 / 육자배기.
> (2) 어떤 낱말 뒤에 붙어 [빼기]로 발음되는 것은 모두 '-빼기'로 적는다. 예 고들빼기 / 그루빼기 / 머리빼기 / 곱빼기 / 과녁빼기 / 악착빼기 / 이마빼기 / 코빼기.
> (3) 다만, 'ㄱ·ㅂ' 받침 뒤에서 [빼기]로 발음되더라도, 한 낱말인 경우는 '-배기'로 적는다. 예 뚝배기 / 학배기.

배기가스 (排氣gas) 엔진 따위에서 내부 연소가 끝나고 빠져나가는 가스. 예 자동차 배기가스.

배기다¹ 몸에 단단한 것이 닿아 살이 눌려 아프게 느껴지다. 예 바닥에서 잤더니 등이 배긴다.

배기다² 고통을 참고 버티어 나가다. 예 힘든 일을 배겨 내지 못하다.

배꼽 배의 한가운데에 있는, 탯줄이 떨어진 자리.

배꼽(을) 쥐다 웃음을 참지 못하여 배를 움켜잡고 크게 웃다.

배나무 배가 열리는 과일나무. 잎은 타원형이고 꽃은 흰색임. 열매는 달고 살이 연하며 물이 많음.

배낭 (背囊) [배ː낭] 물건을 담아 등에 지도록 천이나 가죽 따위로 만든 주머니. 예 등산 배낭.

*배다¹ [배ː다] 1 물기나 냄새 따위가 스며들다. 예 옷에 땀이 배다 / 고기 냄새가 옷에 배다. 2 버릇이 되어 익숙해지다. 예 친절이 몸에 배다.

배다² [배ː다] 1 배 속에 아이나 새끼 또는 알을 가지다. 예 새끼를 배다. 2 팔·다리 같은 데에 근육이 단단히 뭉치다. 예 하루 종일 걸었더니 다리에 알이 배었다.

> [주의] **배다**와 **베다**
> **배다** 1 물기나 냄새가 스며들다. 예옷에 땀이 배다. 2 익숙해지다. 예일이 손에 배다. 3 동물이 알·새끼 등을 가지다. 예새끼를 밴 고양이.
> **베다** 1 베개 따위로 머리를 받치다. 예엄마의 무릎을 베고 눕다. 2 잘라 내다. 예나무를 베다.

배다³ 1 물건의 사이가 매우 촘촘하다. 예모를 배게 심었다. 2 빈틈없이 속이 차다. 町성기다.

배달(配達) [배:달] 물건을 가져다 전해 주는 일. 예운동 삼아 아침마다 신문 배달을 한다. **배달하다**.

배달민족(—民族) 우리 민족을 일컫는 말. 町배달겨레. 춘배달족.

배당(配當) [배:당] 1 나누어 줌. 또는 그 양. 예일을 배당하여 시키다. 2 이익을 몫몫이 나누어 줌. **배당하다**.

배드민턴(badminton) 네트를 사이에 두고 라켓으로 셔틀콕을 서로 쳐 넘기고 받는 경기.

배란(排卵) 난자가 난소에서 자궁으로 나오는 일.

배럴(barrel) 부피의 단위. 영국·미국에서 석유·과일·야채 따위의 부피를 잴 때 씀. 석유 1배럴은 159리터임.

배려(配慮) [배:려] 도와주거나 보살펴 주려고 마음을 씀. 예다른 사람을 배려하지 않다. **배려하다**.

배반(背反) [배:반] 믿음과 의리를 저버리고 돌아섬. 예친구를 배반하다. 町배신. **배반하다**.

배부(配付) [배:부] 나누어 줌. 예교과서를 배부하다. **배부하다**.

배부르다 1 더 먹을 수 없을 정도로 양이 꽉 차다. 예저녁을 배부르게 먹었다. 町배고프다. 2 임신하여 배가 불룩하다. 3 생활 형편이 넉넉하다. 예배부른 소리 그만 해라. [활용] 배불러 / 배부르니.

배분(配分) [배:분] 몫몫이 나누어 줌. 예인원수에 따라 배분하다. **배분하다**.

배불리 배부르게. 예배불리 먹다.

배상(賠償) 남에게 입힌 손해를 물어 줌. 예손해 배상. **배상하다**.

배색(配色) [배:색] 두 가지 이상의 색을 서로 어울리게 씀. 예이 옷은 배색이 좋다. **배색하다**.

배선(配線) [배:선] 전선을 끌어 연결함. 또는 그 전깃줄. 예배선 공사를 하다. **배선하다**.

배설(排泄) 동물체가 먹은 음식에서 영양을 섭취하고 찌꺼기를 몸 밖으로 내보냄. **배설하다**.

배설 기관(排泄器官) 몸속에서 필요 없게 된 물질을 밖으로 내보내는 몸의 기관. 콩팥·방광 따위. 町배설기.

배설물(排泄物) 배설된 물질. 똥·오줌·땀 따위.

배수¹(配水) [배:수] 수돗물을 나누어 보냄. 예배수 공사. **배수하다**.

*__배수__²(倍數) [배:수] 어떤 수의 배가 되는 수. *약수.

배수³(排水) 안에 있는 물을 밖으로 내보냄. 예배수 시설 / 논은 배수가 잘 되어야 한다.

배수로(排水路) 물을 흘려 보내기 위한 물길.

배수진(背水陣) [배:수진] 1 강·호수·바다 따위를 등지고 치는 진. 후퇴하면 물에 빠지므로 목숨을 걸고 적과 싸우게 됨. 예배수진을 치다. 2 더 이상 물러설 수 없음의 비유. 예배수진을 치고 경기에 임하다.

배시시 입을 약간 벌리고 소리 없이 살짝 웃는 모양. 예대답은 하지 않고 배시시 웃기만 한다.

배식(配食) [배:식] 군대·단체 같은 데서 식사를 몫몫이 나누어 줌. 예줄을 서서 배식을 기다리다. **배식하다**.

배신(背信) [배:신] 믿음이나 의리를 저버리고 돌아섬. 예친구를 배신하다. 町배반. **배신하다**.

배신감(背信感) [배:신감] 배신을 당하고 느끼는 속상한 감정. 예배신감을 맛보다 / 배신감이 들다 / 배신감에 사로잡히다.

배양(培養) [배:양] 1 식물·미생물 따위를 가꾸어 기름. 예유산균을 배양하다. 2 인격·역량 따위가 발전하도록 가르치고 키움. 예실력 배양 / 인재를 배양하다. **배양하다**.

배양토(培養土) [배:양토] 화초나 나

무를 가꾸기 위하여 거름을 섞어 만든 기름진 흙.

배어들다 어떤 기운이나 냄새, 물기 따위가 속에까지 스며들다. ⑩옷에 땀이 배어들다 / 담배 냄새가 배어들다.
[활용] 배어들어 / 배어드니 / 배어드는.

배역(配役) [배:역] 연극·영화 따위에서 배우에게 어떤 역할을 맡기는 일. 또는 그 역. ⑩배역을 정하다 / 배역을 잘 소화하다. **배역하다**.

배열(配列) [배:열] 일정한 차례나 간격으로 죽 벌여 놓음. ⑩큰 것부터 차례로 배열하다. **배열하다**.

배영(背泳) [배:영] 물 위에 반듯이 누운 자세로 두 팔을 번갈아 돌려 물을 밀치면서 두 발로 물장구를 치는 수영법. 백스트로크. 回송장헤엄.

*__배우__(俳優) 연극·영화 따위에서 연기를 하는 사람. ⑩주연 배우.

*__배우다__ 1 남의 가르침을 받거나 기술을 익히다. ⑩열심히 배워야 학자가 되겠다 / 수영을 배우다. 2 남이 하는 일을 보고 그와 같이 하다. ⑩부모의 생활 태도를 배우다. 3 경험하여 잘 알다. ⑩인생의 참뜻을 배우다. 4 습관이나 습성을 몸에 익히다. ⑩어른 앞에서 술을 배우다. 回가르치다. ⊃learn

배우자(配偶者) [배:우자] 부부의 한쪽에서 본 다른 쪽. 남편이나 아내. ⑩배우자 선택을 신중하라.

배웅 떠나가는 손님을 따라 나가 작별하여 보냄. ⑩대문 밖까지 나가 손님을 배웅하다. 回마중. **배웅하다**.

배율(倍率) [배:율] 망원경·현미경 따위로 물체를 볼 때, 실제 크기와 보이는 크기와의 비율.

배자(褙子) [배:자] 겨울철에 추위를 막기 위해 부녀자들이 저고리 위에 덧입는 소매 없는 옷.

배자

배재 학당(培材學堂) 조선 고종 22년(1885)에 미국 선교사 아펜젤러가 서울에 세운 우리나라 최초의 근대식 사립 학교.

배점(配點) [배:점] 각 문제에 대한 점수를 정함. 또는 그 점수. ⑩배점이 큰 문제. **배점하다**.

배정(配定) [배:정] 나누어 몫을 정함. ⑩방을 배정하다 / 추첨으로 학교를 배정하다. **배정하다**.

배제(排除) 물리쳐서 없앰. ⑩학교 폭력을 배제하자. **배제하다**.

배지(badge) 신분·직무·명예를 나타내기 위해 옷·모자 따위에 붙이는 물건.

배지기 씨름에서, 상대방을 끌어당겨 배 위로 들어 올린 후 옆으로 돌려 넘어뜨리는 기술.

배지느러미 물고기의 배에 달린 지느러미. 대개 좌우에 한 쌍이 있으며 몸의 균형을 잡고 몸을 나아가게 함.

배짱 1 마음속으로 다져 먹은 생각. ⑩도둑놈의 배짱. 2 굽히지 않고 버티어 나가는 힘. ⑩배짱이 두둑하다 / 배짱을 부리다.

　배짱(이) 좋다 담력과 박력이 있어, 아무것도 무서운 것이 없다.

배쫑배쫑 작은 산새가 잇따라 우는 소리.

배차(配車) [배:차] 자동차·전동차 따위를 일정한 시간 또는 순서에 따라 각 노선으로 나누어 보냄. ⑩배차 시간. **배차하다**.

배척(排斥) 따돌리거나 거부하여 밀어 내침. ⑩외세를 배척하다. 回배격. 凹환영. **배척하다**.

*__배추__ [배:추] 채소의 한 가지. 잎은 여러 겹으로 포개져 자라고 긴 타원형임. 봄에 엷은 노란색의 꽃이 핌. 김치를 담그는 데 많이 씀.

배추김치 [배:추김치] 배추로 담근 김치.

배추벌레 [배:추벌레] 배추흰나비의 애벌레. 온몸에 잔털이 있고 녹색이며, 몸길이는 17mm가량임. 무·배추·양배추 따위에 많은 피해를 줌.

배추흰나비 [배:추힌나비] 흰나빗과의 나비. 몸길이는 3cm 정도이고 초봄에 나와 무꽃·배추꽃에 100-200개의 알을 낳음. 애벌레는 배추벌레라 함.

배추흰나비

배출¹(排出) 안에서 밖으로 밀어 내보냄. ⑩가스 배출 / 오염 물질을 배출하다. 배출하다.

배출²(輩出) [배:출] 인재를 길러 사회에 내보냄. 예해마다 많은 인재가 배출되다. 배출하다.

배치(配置) [배:치] 사람이나 물건을 알맞은 자리에 나누어 둠. 예자리 배치를 새로 하다. 배치하다.

배타적(排他的) 남을 배척하는 경향이 있는 (것). 예배타적인 관계 / 배타적인 태도.

배탈(一頉) 체하거나 설사가 나는 따위의 배 속 병. 예배탈이 나다.

배터리 (battery) ⇨전지².

***배턴** (baton) 릴레이 경주에서, 앞 주자가 다음 주자에게 넘겨주는 막대기. 비바통.

배트 (bat) 야구나 소프트볼 따위에서, 공을 치는 방망이.

배틀배틀 몸을 가누지 못하고 이리저리 쓰러질 듯이 계속 걷는 모양. 예아기가 배틀배틀 걷다. 배틀배틀하다.

배포¹(配布) [배:포] 신문이나 책자 따위를 널리 나누어 줌. 예광고지를 집집마다 배포했다. 배포하다.

배포²(排布) 머리를 써서 일을 조리 있게 계획함. 또는 그런 속마음. 예배포가 맞다 / 배포가 두둑한 녀석이다 / 배포 한번 좋구나.

배필(配匹) [배:필] 부부로서의 짝. 예좋은 배필을 만나다 / 배필로 삼다. 비배우.

배합(配合) [배:합] 이것저것을 알맞게 섞어 한데 합침. 예여러 가지 색의 배합. 배합하다.

배합 사료(配合飼料) 가축에게 필요한 여러 가지 영양소를 알맞게 섞어서 만든 사료.

배회하다(徘徊一) [배회하다 / 배훼하다] 이리저리 목적 없이 돌아다니다. 예쓸데없이 거리를 배회하다.

배후(背後) [배:후] 1 등 뒤. 뒤쪽. 예적의 배후를 공격하다. 2 어떤 일의 드러나지 않은 부분. 예배후 세력 / 배후에서 조종하다.

배흘림 기둥의 중간이 배가 부르고 아래위가 가면서 점점 가늘어지게 만드는 방법. 예배흘림기둥.

백¹ (bag) 물건을 넣어 들고 다닐 수 있는 가방.

***백²**(百) 십의 열 배. 예백 날 / 백 살 / 쌀 백 섬.

> **참고 백(百)의 여러 가지 뜻**
> 1 '완전함'을 나타냄. 예백 퍼센트 / 백발백중 / 백전백승.
> 2 '많음·여러 가지·여러 번'을 나타냄. 예백과사전 / 백배사죄.
> 3 '온·온갖'을 나타냄. 예백화점.

백골(白骨) [백꼴] 시체의 살이 썩고 남은 흰 뼈.

백과사전(百科事典) [백꽈사전] 학문·예술·기술·사회 따위의 모든 분야에 걸친 지식을 모아 자모 순서로, 또는 부문별로 알기 쉽게 풀이한 사전.

백관(百官) [백꽌] 모든 벼슬아치. 예조정의 백관들이 다 모이다.

백군(白軍) [백꾼] 경기에서, 청·백의 두 편으로 가를 때의 백 쪽의 편.

백금(白金) [백끔] 은백색의 금속 원소. 은보다 단단하며 녹슬지 않음. 장식품·도량형기·화학 기계 따위에 쓰임.

백기(白旗) [백끼] 1 흰 빛깔의 기. 2 항복을 표시하는 흰 기.

백김치(白一) [백낌치] 고춧가루를 쓰지 않고 허옇게 담근 김치.

백날(百一) [뱅날] 1 아무리 오래도록. 백 날 봐야 안 된다. 2 늘. 언제나. 예백날 말로만 떠든다.

백두산(白頭山) [백뚜산] 함경북도·함경남도와 중국 만주의 국경 지역에 있는 우리나라에서 가장 높은 산. 정상에 '천지'가 있음. 높이는 2,744m. 비장백산.

백로¹(白露) [뱅노] 이십사절기의 열다섯 번째. 처서와 추분 사이로, 9월 8일경임. 이 무렵에 이슬이 내리며 가을 기운이 느껴짐.

***백로²**(白鷺) [뱅노] 왜가릿과에 속하는 물새. 몸빛이 희고 부리가 길며, 다리는 검음. 날개 길이는 27cm, 꽁지는 10cm 정도임. 연못·논·강가에서 물고기·개구리 등을 잡아먹고 삶.

백로²

비 해오라기.

백록담 (白鹿潭) [뱅녹땀] 제주도의 한라산 꼭대기에 있는 못. 둘레는 동서가 600m, 남북이 500m가량이며 타원형임. 거의 사시사철 물이 괴어 있는 우리나라 명승으로, 정식 이름은 '한라산 백록담'.

백마 (白馬) [뱅마] 온몸의 털빛이 흰 색인 말. 비흰말.

백만 (百萬) [뱅만] 만의 백 배가 되는 수(의). 예백만 대군 / 소설 판매량이 백만이 넘었다.

백만장자 (百萬長者) [뱅만장자] 재산이 매우 많은 사람. 큰 부자.

백모 (伯母) [뱅모] ⇨큰어머니.

백묵 (白墨) [뱅묵] 칠판에 글씨를 쓰는 필기도구. 비분필.

백미¹ (白米) [뱅미] 희게 찧은 멥쌀. 비흰쌀. ※현미.

백미² (白眉) [뱅미] 1 흰 눈썹. 2 여럿 가운데에서 가장 뛰어난 사람이나 훌륭한 물건. 예백미로 꼽다 / 단편 소설의 백미.

백반¹ (白礬) [백빤] 떫은맛이 나는 무색투명한 물질로, 물감 들이는 데나 지혈제로 쓰임.

백반² (白飯) [백빤] 1 흰밥. 쌀밥. 2 음식점에서, 밥에 국과 몇 가지 반찬을 곁들여 파는 한 상의 음식. 예점심 때 식당에서 백반을 사 먹었다.

백발 (白髮) [백빨] 하얗게 센 머리털. 예백발의 노신사. 비흰머리.

백발백중 (百發百中) [백빨백쭝] 1 총이나 활 따위를 쏠 때마다 겨눈 곳에 다 맞음. 예백발백중의 명사수. 2 어떤 일이나 생각이 잘 들어맞음. 예내 생각은 백발백중이다.

백방 (百方) [백빵] 여러 가지 방법. 예백방으로 손을 써서 해결하다 / 백방으로 수소문하다.

백부 (伯父) [백뿌] ⇨큰아버지.

***백분율** (百分率) [백뿐뉼] 전체를 100으로 하여 어떤 수나 양이 전체에서 차지하는 비율. 그 단위를 '퍼센트·프로'라 함. 퍼센티지. 비백분비.

백사장 (白沙場) [백싸장] 강가나 바닷가에 흰모래가 깔려 있는 곳. 예바닷가에 펼쳐진 백사장을 거닐다.

백색 (白色) [백쌕] 흰 빛깔. 예백색 인종. 반흑색.

백설 (白雪) [백썰] 흰 눈. 예마을이 백설에 덮여 있다.

백설 공주 (白雪公主) 독일의 동화집에 나오는 옛날이야기. 아름다운 공주가 심술궂은 의붓어미 때문에 고생을 겪다가 일곱 난쟁이와 이웃 나라 왕자의 도움으로 행복하게 살게 되고, 의붓어미는 벌을 받는다는 내용.

백설기 (白─) [백썰기] 시루떡의 한 가지. 소금·설탕을 섞은 멥쌀가루를 고물 없이 시루에 안쳐 쪄 낸 떡. 준설기.

***백성** (百姓) [백썽] '일반 국민'의 예스러운 말. 비국민.

백수 (百獸) [백쑤] 온갖 짐승. 예사자는 백수의 왕이다.

백신 (vaccine) 1 각종 전염병의 병원균으로 만든 예방 접종용 의약품. 예백신 요법 / 백신 주사. 2 컴퓨터에서 바이러스를 찾아내고 손상된 부분을 복구하는 프로그램.

백악기 (白堊紀) [배각끼] 지질 시대의 하나로 중생대의 말기. 약 1억 4,500만 년 전부터 6,500만 년 전까지를 이름. 파충류 등의 동물, 암모나이트와 같은 조개류와 속씨식물 등이 번성하기 시작하였음.

백야 (白夜) [배갸] 북극과 남극에 가까운 지방에서 밤에 어두워지지 않는 현상. 또는 그런 밤.

백열등 (白熱燈) [배결뜽] 흰빛을 내는 가스등이나 전등 따위를 통틀어 이르는 말.

백열전구 (白熱電球) [배결전구] 진공 또는 특수한 기체를 넣은 유리공 안의 필라멘트에 전류를 흐르게 해서 불을 켜는 전구.

백엽상 (百葉箱) [배겹쌍] 기온·습도·기압 등을 재는 온도계·습도계·기압계 따위를 넣어 밖에 세워 놓은 흰색 나무 상자.

백옥 (白玉) [배곡] 흰 빛깔의 옥. 흰 구슬. 예백옥 같은 살결.

백운교 (白雲橋) [배군교] 경주 불국사의 대웅전으로 들어가는 자하문과 연결된 돌층계의 아랫부분. 윗부분인

청운교와 함께 우리나라 국보임.

백의 (白衣) [배긔 / 배기] 흰옷. 예백의의 천사.

백의민족 (白衣民族) [배긔민족 / 배기민족] 예로부터 흰옷을 즐겨 입은 우리 민족을 이르는 말.

백의종군 (白衣從軍) [배긔종군 / 배기종군] 벼슬 없이 군대를 따라 전쟁터로 감. **백의종군하다.**

백인 (白人) [배긴] 백인종에 속하는 사람.

백인종 (白人種) [배긴종] 피부 색깔이 흰 인종. 유럽·아메리카 민족이 거의 여기에 속함. 본백색 인종. ※황인종. 흑인종.

백일 (百日) [배길] 아이가 태어난 지백 번째가 되는 날. 예백일 떡 / 백일 사진.

백일장 (白日場) [배길짱] 여러 사람이 모여 시나 글을 짓는 솜씨를 겨루는 대회. 예백일장에서 장원을 차지하다.

백일해 (百日咳) [배길해] 몹시 심한 기침을 하는 급성 전염병. 한번 걸리면 일생 면역이 됨.

백일홍 (百日紅) [배길홍] 국화과의 한해살이풀. 여름부터 가을에 걸쳐 다양·빨강·노랑·자주 따위의 꽃이 오랫동안 핌. 间백일초.

백자 (白瓷) [백짜] 흰 빛깔의 자기. 조선 시대에 유행하였는데, 서민적이고 소박한 점이 특징임.

백작 (伯爵) [백짝] 서양에서 공작·후작·백작·자작·남작의 다섯으로 나눈 귀족 계급 가운데 셋째 계급.

백전백승 (百戰百勝) [백쩐백씅] 백 번 싸워서 백 번 이긴다는 뜻으로, 싸울 때마다 이김. **백전백승하다.**

백정 (白丁) [백쩡] 예전에, 소·돼지·개 따위를 잡는 일을 직업으로 하던 사람.

백제 (百濟) [백쩨] 고구려 왕족 온조왕이 한반도 남쪽에 세운 나라. 고구려·신라와 더불어 삼국 시대를 이루었음. 도읍은 지금의 경기도 광주였다가 뒤에 충청남도 공주로, 다시 부여로 옮겼음. 의자왕 때 신라와 당나라의 연합군에 멸망함. [기원전 18-서기 660]

백조 (白鳥) [백쪼] 오릿과와 물새의 하나. 떼 지어 해만이나 연못에 사는데, 날개 길이는 50-55cm임. 온몸이 흰

백조

색이고 다리는 검음. 철새이며 우리나라 천연기념물. 间고니.

백조자리 (白鳥—) [백쪼자리] 여름철 저녁 북쪽 하늘에 보이는 별자리. 눈에 보이는 별은 약 200개이며, 십여 개의 밝은 별이 '+' 자 모양으로 늘어서 있음. 가장 밝은 별은 데네브임. 间북십자성.

백지 (白紙) [백찌] 1 흰 빛깔의 종이. 2 아무것도 쓰지 않은 종이. 예백지에 낙서를 하다. 3 어떤 것에 대하여 아무것도 모르는 상태. 예음악에 대해서는 백지다.

백지장 (白紙張) [백찌짱] 1 흰 종이의 낱장. 2 핏기나 생기가 없이 새하얀 얼굴빛을 비유하는 말. 예친구의 얼굴이 백지장처럼 하얘졌다.

백치 (白痴) [백치] 나이에 비해 지능이 아주 낮은 사람.

백파이프 (bagpipe) 스코틀랜드의 민속 악기. 관악기의 하나로 가죽 주머니가 달려 있으며, 고음을 냄.

백파이프

백합[1] (百合) [배캅] 백합과의 여러해살이풀. 5-6월에 나팔 모양의 흰 꽃이 핌. 아름답고 향기가 좋음. 뿌리는 약용함. 间나리.

백합[2] (白蛤) [배캅] 백합과의 조개. 껍데기는 흐린 회색에 둥근 무늬가 있고 안쪽은 힘. 살은 먹을 수 있음. 间마당조개.

백혈구 (白血球) [배켤구] 피를 이루는 중요한 성분. 몸속에 들어온 병균을 잡아 죽임. 间흰피톨. ※적혈구.

백혈병 (白血病) [배켤뼝] 비정상적인 백혈구가 너무 많이 증가하여 생기는 병.

백호 (白虎) [배코] 1 털빛이 흰 호랑이. 2 서쪽 방위의 금 기운을 맡은 신을 상징하는 범의 모습의 형상. 3 풍수

지리에서 중심이 되는 산에서 오른쪽으로 갈려 나간 산줄기.

백화점 (百貨店) [배콰점] 온갖 상품을 종류별로 나누어 진열·판매하는 큰 상점.

밴드¹ (band) 가죽이나 천, 고무 따위로 좁고 길게 만든 띠. 예 머리카락을 고무 밴드로 묶다.

밴드² (band) 여러 가지 악기로 음악을 연주하는 악단. 악대. 음악대.

밸 [밸ː] 자존심이나 배짱을 속되게 이르는 말. 예 너는 밸도 없는 사람 같구나. 본 배알.

밸런스 (balance) 균형. 예 밸런스가 맞다. 반 언밸런스.

밸런타인데이 (Valentine Day) 가톨릭의 성자인 발렌티누스가 순교한 날인 2월 14일. 사랑하는 사람끼리 선물이나 편지를 주고받는 풍습이 있음.

*밸브 (valve) 실린더에서, 애저나 기체가 드나드는 구멍을 여닫는 마개. 펌프·가솔린 엔진 따위에 쓰임. 예 가스 밸브 / 밸브를 잠그다.

*뱀 [뱀ː] 파충류 뱀과의 척추동물을 통틀어 이르는 말. 몸은 둥글고 길며, 비늘로 덮여 있고 발이 없어 배로 기어다님. 혀는 가늘고 끝이 갈라져 있으며 입을 크게 벌려 먹이를 통째로 삼킴. ⊃snake

뱀딸기 [뱀ː딸기] 장미과의 여러해살이풀. 들·길가에 나는데, 줄기 마디마다 뿌리를 내림. 늦봄에 노란 다섯잎 꽃이 피고 열매는 딸기와 비슷하지만 먹지는 못함.

뱀장어 (一長魚) [뱀ː장어] 뱀장어과의 민물고기. 몸길이는 60cm가량이고 가늘며, 뱀과 비슷하게 생김. 잔비늘로 덮여 있고 배지느러미가 없음. 민물에서 살다가 바다로 나가 알을 낳음. 준 장어.

뱁새 [뱁ː쌔] 휘파람샛과에 속하는 새로 우리나라에 흔한 텃새. 꽁지가 길고 민첩하며, 여름·가을에 떼 지어 다니며 벌레를 잡아먹는 이로운 새임.

뱃고동 [배꼬동 / 밷꼬동] 배에서 신호로 '붕' 소리를 내는 고동. 예 뱃고동을 울리다.

뱃길 [배낄 / 밷낄] 배가 다니는 길. 비 선로. 수로. 항로. *물길.

뱃노래 [밴노래] 뱃사공이 노를 저어가며 부르는 노래.

뱃놀이 [밴노리] 배를 타고 즐겁게 노는 놀이. **뱃놀이하다**.

뱃머리 [밴머리] 배의 앞쪽 끝. 예 뱃머리를 돌리다. 비 이물. 반 고물.

뱃멀미 [밴멀미] 배를 타면 어지럽고 메스꺼워 구역질이 나는 증세. 예 뱃멀미가 나다. **뱃멀미하다**.

뱃사공 (一沙工) [배싸공 / 밷싸공] 배를 부리는 일을 직업으로 하는 사람. 준 사공.

뱃사람 [배싸람 / 밷싸람] 배를 부리거나 배에서 일을 하는 사람. 비 선원.

뱃속 [배쏙 / 밷쏙] 마음속. 예 뱃속을 알 수가 없다 / 뱃속이 들여다보이다.

뱃전 [배쩐 / 밷쩐] 배의 양쪽 가장자리 부분. 비 현측.

뱅글뱅글 작은 것이 매끄럽게 자꾸 도는 모양. 예 팽이가 뱅글뱅글 돈다. 큰 빙글빙글. 센 뺑글뺑글. 거 팽글팽글.

뱅뱅 1 작은 것이 자꾸 도는 모양. 2 갑자기 정신이 자꾸 아찔해지는 모양. 예 눈앞이 뱅뱅 돈다. 큰 빙빙. 센 뺑뺑. 거 팽팽.

뱅어 [뱅ː어] 뱅엇과의 민물고기. 몸은 10cm 정도이고 가늘며, 배 쪽에 작고 검은 점이 줄지어 있음.

뱉다 [밷ː따] 1 입속에 든 물건을 입 밖으로 내보내다. 예 씹던 껌을 뱉어 버리다. 2 차지한 물건을 도로 내놓다. 예 횡령한 돈을 뱉다. 3 말 따위를 함부로 하다. 예 욕설을 마구 뱉다.

버겁다 [버겁따] 다루기가 힘에 겹거나 거북하다. 예 짐이 무거워 혼자 들기에 버겁다. [활용] 버거워, 버거우니.

버그 (bug) 컴퓨터에서, 프로그램에 끼어 있는 미리 알아차리지 못한 잘못.

버금 으뜸의 다음 되는 차례. 예 버금 삼화음. 비 다음.

버금가다 순서로 보아 으뜸의 다음이 되다. 예 왕에 버금가는 자리. 비 다음가다.

버금딸림화음 (一和音) 버금딸림음 위의 삼화음. 장조에서는 '파·라·도', 단조에서는 '레·파·라'의 화음임.

버너 (burner) 야외에서 취사를 위해

사용하는 휴대용 가열 기구.

버둥거리다 1 주저앉거나 매달리거나 누워서 팔다리를 내저으며 자꾸 움직이다. 예 아이는 온몸을 버둥거리며 울었다. 2 곤란한 처지에서 벗어나려고 부득부득 애를 쓰다. 예 아무리 버둥거려도 소용없다. 작 바동거리다. 바둥거리다.

버드나무 버드나뭇과의 낙엽 활엽 교목. 높이는 20m 정도이며 개울가나 들의 습지에서 잘 자람. 잎은 긴 타원형이며, 가늘고 긴 가지가 축축 늘어짐. 비 버들.

버들 ⇨ 버드나무.

버들가지 버드나무의 가지.

버들강아지 ⇨ 버들개지.

버들개지 버드나무의 꽃. 솜과 비슷하며, 바람에 날려 흩어짐. 비 버들강아지.

버들잎 [버들립] 버드나무의 잎.

버들치 잉엇과의 민물고기. 몸길이는 8-15cm이고, 등은 어두운 갈색임. 피라미와 비슷하나 입에 수염이 없고 비늘이 비교적 큼.

버들피리 1 버드나무 가지의 껍질로 만든 피리. 2 버들잎을 접어 물고 피리 소리처럼 내부는 것.

버러지 ⇨ 벌레.

버럭 갑자기 화를 내거나 소리를 냅다 지르는 모양. 예 버럭 소리를 지르다. 작 바락.

버럭버럭 [버럭뻐럭] 성이 나서 자꾸 기를 쓰거나 소리를 냅다 지르는 모양. 예 버럭버럭 악을 쓰며 대들다. 작 바락바락. **버럭버럭하다**.

버려두다 1 아무렇게나 그냥 놓아두다. 예 주택가에 버려둔 차량. 2 혼자 있게 남겨 놓다. 예 홀어머니를 홀로 버려두지 마라.

버르장머리 '버릇'을 얕잡아 일컫는 말. 예 버르장머리 없는 녀석.

***버릇** [버른] 1 오랫동안 되풀이되어 마음이나 몸에 배어 굳어진 성질이나 행동. 예 그는 손톱을 깨무는 버릇이 있다. 2 어른에게 마땅히 차려야 할 예의. 예 버릇을 가르치다 / 버릇이 고약하다. ⇨ habit

버릇없다 [버르덥따] 어른이나 남 앞에서 마땅히 지켜야 할 예의가 없다. 예 버릇없는 말을 하다.

버릇없이 [버르덥씨] 버릇없게. 예 버릇없이 굴다.

버릇하다 [버르타다] 어떤 행동을 되풀이하여 버릇이 됨을 나타내는 말. 예 손가락을 물어 버릇하다.

***버리다** 1 쓰지 못할 것을 내던지다. 예 쓰레기를 버리다. 2 돌보지 않다. 예 가정을 버리다. 3 상하게 하거나 더럽혀 쓰지 못하게 만들다. 예 흙탕물이 튀어 옷을 버렸다. 4 '-아ー어' 뒤에 붙어, 앞말의 움직임을 완전히 끝냄을 나타내는 말. 예 먹어 버리다 / 찢어 버리다.

버림 근삿값을 구할 때, 구하는 자리의 숫자까지를 그대로 두고 그것보다 아랫자리의 숫자는 모두 0으로 하는 계산법. 반 올림.

버림받다 [버림받따] 관계가 끊기고 따돌림을 당하거나 버려지다. 예 부모에게 버림받은 아이.

버마재비 [버ː마재비] ⇨ 사마귀².

버무리다 여러 가지를 골고루 한데 뒤섞다. 예 나물을 버무리다.

***버선** 무명이나 광목 등으로 만들어 발에 꿰어 신는 물건. 솜버선·겹버선·홑버선 따위가 있음.

버선발 [버선빨] 버선만 신고 신발은 신지 않은 발. 예 버선발로 뛰쳐나오다.

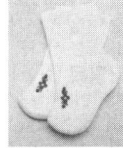
버선

버선코 버선 앞쪽 끝에 뾰족하게 올라온 부분. 어린아이들의 것에는 술을 달기도 함.

***버섯** [버섣] 산·들의 그늘진 땅이나 썩은 나무 등에 돋아나는 식물. 대부분이 우산처럼 생겼는데, 그 안쪽에 있는 홀씨로 번식함. 식용 버섯과 독버섯이 있음.

***버스** (bus) 여러 사람이 요금을 내고 함께 탈 수 있는 큰 자동차. 예 버스 정류장 / 버스를 놓치다.

버저 (buzzer) 전기의 힘으로 쇳조각을 울려서 내는 신호. 또는 그 장치. 예 버저를 누르다.

버젓이 [버저시] 버젓하게. 예용의자가 대낮에 버젓이 나타나다.
버젓하다 [버저타다] 1 조심하거나 굽히는 데가 없다. 예주차 금지 구역에 버젓하게 차를 세워 두다니. 2 번듯하고 떳떳하여 남에게 처지지 않다. 예제법 버젓하게 산다. 셴삐젓하다.
버짐 피부색이 변하거나, 머리카락이 빠지거나, 반점이 생기는 피부병. 흔히 얼굴에 많이 생김.
버찌 벚나무의 열매. 준벚.
버캐 액체 속에 섞여 있던 소금기가 엉기어 뭉쳐진 찌끼. 예오줌 버캐/버캐가 끼다.
버터 (butter) 우유에서 지방을 뽑아 굳힌 식품. 빵에 발라 먹거나 요리의 재료로 씀.
버튼 (button) 1 ⇨단추. 예버튼을 채우다. 2 누르면 전류가 통하거나 기계가 작동하는 장치. 예버튼을 눌러 스탠드의 불을 켜다.
버티다 1 굽히지 않고 맞서서 겨루다. 예못하겠다고 버티다. 2 어려운 일 따위를 참고 견디다. 예끝까지 버티어 내다. 3 쓰러지지 않게 괴거나 받치다. 예버팀목으로 버티다. 비괴다. 4 쓰러지지 않게 가누다. 예지팡이로 간신히 버티고 섰다.
버팀목 (一木) 물건이 쓰러지지 않게 버티어 세우는 나무. 예버팀목을 받치다. 비버팀나무.
벅 1 질긴 종이나 헝겊 따위가 찢어지는 소리나 모양. 2 세게 긁거나 문지르는 소리나 모양. 잭박.
벅벅 [벅뻑] 1 단단한 물건의 두드러진 바닥을 자꾸 긁거나 문지르는 소리나 모양. 예누룽지를 벅벅 긁다. 2 질긴 종이 따위를 자꾸 찢는 소리. 3 억지를 부리면서 우기는 모양. 예끝까지 벅벅 우기다. 잭박박.
벅차다 1 감당하기 어려울 정도로 힘겹다. 예그 일이 나에게는 벅차다. 2 어떤 생각이나 느낌 따위가 넘칠 듯이 가득하다. 예벅찬 감격. 3 견디기 힘들 정도로 숨이 가쁘다. 예숨이 벅차다.
*__번__ (番) 1 차례로 숙직하는 일. 예번을 서다. 2 차례를 나타내는 말. 예둘째 번. 3 일의 횟수를 나타내는 말. 예한 번.
번갈다 (番—) 일정한 시간 동안 한 사람씩 차례를 바꾸다. 예번갈아 청소를 하다. 참고주로 '번갈아'의 꼴로 쓰임.
*__번개__ 강한 전기를 띤 두 구름이 가까이 접근했을 때 순간적으로 번쩍이는 불꽃. 예번개가 치다.
  번개(와) 같다 매우 빠르다. 예번개 같은 솜씨.
번갯불 [번개뿔/번갣뿔] 번개가 칠 때 번쩍이는 빛.
번거롭다 [번거롭따] 1 일의 갈피가 어수선하고 복잡하다. 예절차가 번거롭다. 2 조용하지 못하고 수선스럽다. 예밤이 되니 도시 거리는 한층 번거로웠다. 3 귀찮고 짜증스럽다. 예대답하기 번거로운 물음. 활용번거로워/번거로우니.
번뇌 (煩惱) [번뇌/번눼] 마음이 시달려서 괴로움. 예번뇌에 시달리다. 번뇌하다.
*__번데기__ 곤충의 애벌레가 어른벌레로 되기 전에 한동안 아무것도 먹지 않고 고치 따위의 속에 가만히 들어 있는 몸.
번드르르 윤기가 있고 미끄러운 모양. 예얼굴이 번드르르하다/번드르르하게 잘 닦은 바다. 잭반드르르. 셴뻔드르르. 번드르르하다.
번득이다 [번드기다] 물체 따위에 반사된 빛이 잠깐씩 나타나다. 또는 그렇게 되게 하다. 예번득이는 눈빛. 잭반득이다. 셴번뜩이다.
번들거리다 거죽이 미끄럽고 윤이 나다. 예땀으로 얼굴이 번들거리다. 잭반들거리다. 셴뻔들거리다.
번들번들 번들거리는 모양. 예구두가 번들번들 광이 난다. 잭반들반들. 셴뻔들뻔들. 번들번들하다.
번듯이 [번드시] 번듯하게. 예번듯이 누워 꼼짝도 않는다.
번듯하다 [번드타다] 1 비뚤어지거나 기울거나 굽지 않고 바르다. 예번듯한 책장. 2 형편이나 위세가 버젓하고 당당하다. 예번듯한 집안에서 자라다. 3 생김새가 훤하고 멀끔하다. 예이목구비가 번듯한 청년. 잭반듯하다. 셴뻔뜻하다.

번뜩이다 [번뜨기다] 1 빛이 빠르게 보이지 않다 하면서 비치다. 예두 눈에 광채가 번뜩이다. 2 생각이나 의견 따위가 머릿속에 떠오르다. 예재치가 번뜩이다.

번민 (煩悶) 마음이 어수선하고 답답하여 괴로워함. 예번민에 시달리다. **번민하다**.

번번이 (番番─) [번버니] 여러 번 다. 예시험에 번번이 떨어지다. 町매번.

번복 (飜覆) 이리저리 뒤쳐서 고침. 뒤집음. 예증언을 번복하다. **번복하다**.

번성 (繁盛) 일이 한창 잘되어 크게 성하고 널리 퍼짐. 예사업이 나날이 번성하다. 町번창. **번성하다**.

번식 (繁殖) 동물이나 식물이 널리 퍼지거나 수가 불어남. 예세균이 번식하다. **번식하다**.

번식지 (繁殖地) [번식찌] 동물들이 번식하는 장소.

번역 (飜譯) [버녁] 한 나라의 말을 다른 나라 말로 옮김. **번역하다**.

번영 (繁榮) [버녕] 일이 크게 잘되어 부와 권력을 누림. 예날로 번영하는 기업. 町쇠퇴. **번영하다**.

번잡 (煩雜) 한데 뒤섞여 혼잡함. 예도시의 번잡을 피해 교외로 나가다. **번잡하다**. **번잡스럽다**.

***번지** (番地) 땅을 일정한 기준에 따라 나누어 매겨 놓은 번호. 또는 그 토지.

번지다 [번:지다] 1 액체 따위가 묻은 자리가 퍼져서 넓어지다. 예잉크가 번지다. 2 그 자리에 있지 않고 다른 곳으로 옮아가다. 예전염병이 전국으로 번지다. 3 작은 일이 크게 벌어져 나가다. 예일이 크게 번지기 전에 빨리 처리해라.

번지르르 1 미끄럽고 윤이 나는 모양. 예기름기가 번지르르 흐르다. 2 실속 없이 겉만 그럴듯한 모양. 예번지르르한 거짓말. 작반지르르. 센뻔지르르. **번지르르하다**.

번질번질 번질거리는 모양. 예마룻바닥이 번질번질하다. **번질번질하다**.

번째 (番─) 차례나 횟수를 나타내는 말. 예첫 번째 / 몇 번째.

***번쩍**[1] 1 물건을 아주 힘차게 빨리 들어 올리는 모양. 예쌀가마니를 번쩍 들다. 2 몸의 한 부분을 갑자기 위로 높이 들어 올리는 모양. 예번쩍 고개를 쳐들었다. 3 눈을 갑자기 크게 뜨는 모양. 예감았던 눈을 번쩍 뜨다. 작반짝.

번쩍[2] 빛이 잠깐 강하게 나타났다가 없어지는 모양. 예번개가 번쩍 하더니 천둥이 친다. 작반짝. 센뻔쩍. **번쩍하다**. **번쩍거리다**.

번쩍[3] 갑자기 정신이 들거나 생각이 떠오르는 모양. 예정신이 번쩍 들다 / 좋은 생각이 번쩍 떠오르다. 작반짝.

번쩍번쩍 [번쩍뻔쩍] 1 빛이 잠깐씩 여러 번 빛나는 모양. 2 힘차게 빨리 여러 번 들어 올리는 모양. 예짐을 번쩍번쩍 들다.

번쩍이다 [번쩌기다] 빛이 잠깐 나타났다 없어지다. 예헤드라이트 불빛이 번쩍이다. 작반짝이다.

번창 (繁昌) 한창 잘되어 성함. 예사업이 번창하다. 町번성. **번창하다**.

번트 (bunt) 야구에서, 타자가 방망이를 공에 가볍게 대어 맞추는 일. 예번트 자세를 취하다. **번트하다**.

***번호** (番號) 차례를 나타내거나 알아보기 위해 붙이는 숫자. 예우편 번호 / 참가 번호 / 번호를 매기다 / 번호를 부르다. ⊃number

번화가 (繁華街) 번성하고 화려한 거리. 번화한 거리.

번화하다 (繁華──) 번성하고 화려하다. 예번화한 도시.

벋다[1] [벋따] 끝이 바깥쪽으로 향해 있다. 예앞니가 벋다.

벋다[2] [벋따] 1 나뭇가지나 덩굴 같은 것이 바깥쪽으로 향하여 길게 자라다. 예칡덩굴이 무성하게 벋다. 2 힘이 미치다. 예사람의 힘이 우주에까지 벋다. 센뻗.

주의	**벋다**와 **벗다**
	벋다 1 바깥쪽으로 향해져 있다. 2 나뭇가지나 덩굴 같은 것이 길게 자라다. 3 힘이 먼 데까지 미치다.
	벗다 1 지니고 있던 것을 몸에서 떼어 내다. 예옷을 벗다. 2 면하다. 예책임을 벗다. 3 짐을 내려놓다. 예배낭을 벗다.

벌¹ 넓고 평평하게 생긴 땅. 너른 들. 🖻 벌판.

***벌**²[벌:] 1 곤충의 한 가지. 두 쌍의 날개가 있고, 대개 배 부분이 가늘며, 암컷은 꼬리 끝에 독침이 있음. 2 '꿀벌'의 준말. ⊃bee

***벌**³(罰) 죄를 짓거나 잘못을 저지른 사람에게 자유를 억제하거나 괴로움을 주어서 뉘우치도록 하는 일. 예벌을 받다. 🖻형벌. 땐상. **벌하다**.

***벌**⁴ 1 옷·그릇 등 짝을 이루거나 여러 가지가 한데 모여서 갖추어진 한 덩이. 예한 벌로 된 옷. 2 옷·그릇 등 짝을 이루는 물건을 세는 말. 예양복 한 벌 / 젓가락 세 벌.

벌거벗다[벌거벋따] 1 알몸뚱이가 다 드러나도록 옷을 죄다 벗다. 예아이들이 벌거벗고 물장구치다. 2 산에 나무나 풀이 없어서 흙이 드러나 보이다. 예벌거벗은 산. 函발가벗다. 쎈뻘거벗다.

벌거숭이 옷을 모두 다 벗은 알몸뚱이. 🖻나체. 알몸. 困발가숭이. 쎈뻘거숭이.

벌겋다[벌:거타] 연하고도 곱게 붉다. 예쇠를 벌겋게 달구다. 困발갛다. 쎈뻘겋다. [활용] 벌거니 / 벌게서.

벌금(罰金) 약속을 어겼거나 법규를 위반했을 경우에 벌로 내게 하는 돈. 예교통 법규 위반으로 벌금을 물다. 🖻과금.

***벌다**[벌:다] 1 일을 하여 돈이 생기게 하다. 예용돈을 벌어 쓰다. 2 이익을 얻거나 시간의 여유가 생기다. 예지름길로 가서 시간을 벌다. [활용] 벌어 / 버니 / 버는.

***벌떡** 갑자기 급하게 일어나거나 뒤로 자빠지는 모양. 예자리에서 벌떡 일어나다.

벌러덩 갑자기 뒤로 자빠지거나 드러눕는 모양. 예빙판에서 미끄러져 벌러덩 자빠지다. 困벌렁. **벌러덩하다**.

벌렁 '벌러덩'의 준말. 예풀밭에 벌렁 드러눕다. 困발랑.

벌렁거리다 몸의 일부가 아주 재빠르고 가볍게 자꾸 움직이다. 예콧구멍이 벌렁거리다. 困발랑거리다. 쎈뻘렁거리다.

벌렁벌렁 벌렁거리는 모양. 예가슴이 벌렁벌렁하다. **벌렁벌렁하다**.

*벌레 사람·짐승·새·물고기·조개 따위를 제외한 동물. 벌·나비와 같은 곤충. 🖻버러지.

벌름거리다 탄력 있는 물건이 부드럽고 넓게 벌어졌다 오므렸다 하다. 예코를 벌름거리다. 困발름거리다.

*벌리다[벌:리다] 1 둘 사이를 넓히다. 예틈을 벌리다. 2 오므라진 것을 펴서 열다. 예입을 벌리다. 3 껍질 따위를 열어 젖혀 속의 것을 드러내다. 예귤껍질을 까서 벌리다. 4 돈벌이가 되다. 困발리다.

[주의] **벌리다**와 **벌이다**

벌리다 '사이를 넓히거나 열다' 또는 '돈벌이가 되다'의 뜻. 예다리를 벌리지 마라 / 돈이 잘 벌린다.
벌이다 '일이나 가게를 시작하다' 또는 '물건을 늘어놓다'의 뜻. 예사업을 벌이다 / 책들을 벌여 놓다.

벌목(伐木) 산의 나무를 벰. 예벌목 작업. 🖻벌채. **벌목하다**.

벌벌 1 춥거나 무서워서 몸을 자꾸 떠는 모양. 예추워서 벌벌 떨다. 2 재물 따위를 몹시 아끼는 모양. 예돈 몇 푼에 벌벌 떨다. 困발발.

*벌써 1 이미 오래전에. 예그 소식은 벌써 들어 알고 있다. 2 생각보다 빠르게. 예집에 벌써 도착했구나. 🖻이미. 땐아직.

벌어들이다[버:러드리다] 일한 대가로 돈이나 물건 따위를 벌어서 가져오다. 예큰돈을 벌어들이다.

*벌어지다[버:러지다] 1 갈라져서 틈이나 사이가 생기다. 예틈이 벌어지다. 2 활짝 펴져서 넓게 열리다. 예밤송이가 벌어지다. 3 일이 생기다. 예싸움이 벌어지다. 4 두 사람 사이가 나쁘게 되다. 예사소한 일로 다투고는 사이가 벌어졌다. 5 가슴이나 어깨 따위가 옆으로 퍼지다. 예딱 벌어진 어깨.

벌이[버:리] 먹고살려고 돈을 버는 일. 예벌이가 좋다. **벌이하다**.

*벌이다[버:리다] 1 일을 계획해 시작하다. 예사업을 벌이다. 2 가게를 차리다. 예생선 가게를 벌이다. 3 물건을

늘어놓다. 예상품을 벌여 놓다. →벌리다 주의.

벌집 [벌:찝] 벌이 알을 낳고 먹이와 꿀을 저장하며 생활하는 집.
  벌집 쑤시어 놓은 것 같다 소란이 커져서 수습할 수 없게 되다.

벌채 (伐採) 산의 나무를 베어 내는 일. 예벌채 작업. 비벌목. 벌채하다.

벌초 (伐草) 무덤의 잡풀을 베어서 깨끗이 함. 벌초하다.

벌칙 (罰則) 약속이나 법을 어긴 행동에 대한 처벌을 정해 놓은 규칙. 예벌칙을 주다.

벌컥 1 기운이 갑자기 세게 치밀어 오르는 모양. 예벌컥 화를 내다. 2 갑자기 온통 혼란스러워지는 모양. 예집 안이 벌컥 뒤집히다. 3 닫혀 있던 것을 갑자기 세게 여는 모양. 예문을 벌컥 열다. 쪽발칵.

벌컥벌컥 [벌컥뻘컥] 물이나 음료 따위를 많이 세게 들이켜는 모양이나 소리. 벌컥벌컥하다.

*벌통 (一桶) [벌:통] 꿀벌들이 모여 살고 꿀을 모아 놓게 하는 통.

*벌판 넓은 들. 비들판.

범 [범:] ⇨호랑이1.

범람 (氾濫) [범:남] 1 물이 가득 차 넘쳐 흐름. 예큰비로 강물이 범람하다. 2 바람직하지 못한 것들이 많이 나돎. 예외래어의 범람. 범람하다.

범례 (凡例) [범:녜] 책의 첫머리에 그 책을 읽는 데 필요한 사항을 따로 적은 글. 비일러두기.

범벅 1 여러 가지가 뒤섞이어 갈피를 잡을 수 없게 된 물건이나 일. 2 곡식 가루에 호박 따위를 섞어서 풀처럼 되게 쑨 음식. 예호박범벅.

범법 (犯法) [범:뻡] 법에 어긋나는 일을 함. 예범법 행위 / 범법 사실을 인정하다.

범상하다 (凡常—) [범:상하다] 특별하지 않고 평범하다. 예그는 범상한 인물이 아니다.

범선 (帆船) [범:선] ⇨돛단배.

*범위 (範圍) [버:뮈] 한정된 구역의 언저리. 어떤 힘이 미치는 한계. 예시험 범위가 넓다. 비테두리.

범인 (犯人) [버:민] 죄를 지은 사람. 예범인을 체포하다. 비범죄자.

범죄 (犯罪) [범:죄/범:줴] 죄를 지음. 또는 지은 죄. 예범죄 행위 / 범죄를 저지르다.

범칙금 (犯則金) [범:칙끔] 도로 교통법의 규칙을 어긴 사람에게 물리는 벌금. 예범칙금을 내다.

범하다 (犯—) [범:하다] 1 법률·규칙·도덕을 어기다. 예계율을 범하다. 2 잘못을 저지르다. 예과오를 범하다. 3 남의 권리·재산 따위를 무시하거나 빼앗다.

범행 (犯行) [범:행] 범죄 행위를 함. 예범행 동기 / 범행을 저지르다. 범행하다.

*법 (法) 1 법률·법령 등 강제력을 갖는 온갖 규칙. 예법의 존엄성. 2 예의와 도리. 3 방식과 방법. 예맛있게 먹는 법. 4 어떤 말 뒤에 쓰이어 '당연히 그러함'을 나타낸다. 예겨울이 가면 봄이 오는 법이다. 5 '-ㄹ·을' 뒤에 쓰이어 추측·가능성을 나타내는 말. 예알아들었을 법도 한데. 6 태도나 습성 따위를 나타내는 말. 예아무리 늦어도 뛰는 법이 없다.

법고 (法鼓) [법꼬] 1 부처 앞에서 치는, 쇠가죽으로 만든 작은 북. 2 절에서 예불할 때나 의식을 치를 때 치는 큰북.

법관 (法官) [법꽌] 법원에서 법률에 따라 재판을 담당하는 사람.

법규 (法規) [법뀨] 국민의 권리와 의무를 규정하여 활동을 제한한 법률·명령·규정. 예교통 법규. 비규범. 법률.

법당 (法堂) [법땅] 불상을 모셔 놓고 부처의 가르침을 설교하는 절 본채의 큰 방.

법도 (法度) [법또] 1 법률과 제도. 2 생활하면서 지켜야 할 예절과 제도. 예법도에 어긋나는 일.

법령 (法令) [범녕] 법률과 명령. 예법령을 공포하다. 준영.

*법률 (法律) [범뉼] 나라에서 정한, 국민이 지켜 나가야 할 규칙. 예법률 위반 / 법률을 제정하다. 준법.

법률안 (法律案) [범뉴란] 법률로 정하고자 하는 사항을 조목별로 정리하여 국회에 제출하는 문서.

법무 (法務) [범무] 법률에 관한 사무. [예] 법무 사무소.

법무부 (法務部) [범무부] 중앙 행정 기관의 하나. 범죄의 증거 수집, 형벌의 집행, 출입국 관리 등 법률에 관한 일을 맡아봄.

법사 (法師) [법싸] 부처의 가르침에 대해 잘 알고 모범이 되는 승려.

법석 [법썩] 여러 사람이 시끄럽게 떠드는 모양. [예] 법석을 떨다.

법석대다 [법썩때다] 여러 사람이 소란스럽게 자꾸 떠들다.

법안 (法案) [버반] 법률의 안건이나 초안. [예] 법안을 심의하다.

***법원** (法院) [버뷘] 법관이 법률에 따라 옳고 그른 것을 가려 재판하는 기관. 대법원·고등 법원·지방 법원·가정 법원 등이 있음.

법적 (法的) [법쩍] 법에 따른 (것). [예] 법적 조치.

법전 (法典) [법쩐] 여러 종류의 법을 한데 모아 통일적이고 체계적으로 정리하여 엮은 책.

법정[1] (法廷) [법쩡] 법관이 소송 절차에 따라 재판을 하는 곳. [비] 재판정.

법정[2] (法定) [법쩡] 법률로 규정함. [예] 법정 시효가 지나다.

법주사 (法住寺) [법쭈사] 충청북도 보은군 속리산에 있는 절. 신라 진흥왕 때 의신 화상이 인도에서 돌아와 세웠다고 함. 석등·석련지·팔상전 등의 국보가 있음.

법치 (法治) 법에 따라 나라를 다스림. **법치하다**.

법치 국가 (法治國家) 국민의 뜻에 따라 제정된 법을 기초로 해서 나라를 다스리는 국가. [준] 법치국.

법칙 (法則) 꼭 지켜야 하는 규칙. [예] 법칙에 따르다.

***벗** [벋:] 비슷한 나이에 마음이 서로 통하여 사귀는 사람. [비] 동무. 붕우. 친구.

***벗겨지다** [벋껴지다] 벗김을 당하여 벗어지다. [예] 신발이 벗겨지다 / 오명이 벗겨지다. [본] 벗기어지다.

***벗기다** [벋끼다] 1 입은 옷을 벗게 하다. [예] 더러워진 아이의 옷을 벗기다. 2 껍질이나 가죽을 떼어 내다. [예] 사과 껍질을 벗기다. 3 거죽을 긁어 내다. [예] 때를 벗기다. 4 씌웠거나 덮었던 것을 걷어 내다. [예] 가면을 벗기다. 5 누명 따위에서 벗어나게 하다. [예] 누명을 벗기다.

벗님 [번:님] '벗'을 다정하게 이르는 말.

***벗다** [벋따] 1 옷·모자·신 따위를 몸에서 떼어 내다. [예] 외투를 벗다. 2 의무·누명·책임 등을 면하다. [예] 억울한 누명을 벗다. 3 졌던 짐을 몸에서 내려놓다. [예] 배낭을 벗다. →벋다 [주의]

***벗어나다** [버서나다] 1 어려운 일이나 처지에서 헤어나다. [예] 가난에서 벗어나다. 2 이치나 규칙에 어그러지다. [예] 도리에 벗어난 짓. 3 남의 눈에 들지 못하다. [예] 친구들의 눈에 벗어나다.

벗하다 [버:타다] 1 벗으로 삼다. [예] 자연과 벗하며 조용히 살다. 2 서로 허물없이 친구처럼 가까이 지내다. [예] 서로 벗하는 사이다.

벙거지 털로 검고 두껍게 만든, 갓처럼 쓰는 물건. 예전에 주로 병졸이나 하인들이 썼음.

벙글거리다 좋아서 입을 크게 벌리고 소리 없이 부드럽게 자꾸 웃다. [예] 친구는 나를 보더니 그저 벙글거리기만 했다. [작] 방글거리다. [센] 뻥글거리다.

벙글벙글 입을 벌려 소리 없이 자꾸 부드럽게 웃는 모양. [예] 아기가 벙글벙글 웃다. [작] 방글방글. [센] 뻥글뻥글. **벙글벙글하다**.

벙긋 [벙귿] 소리 없이 입만 벌리고 가볍게 웃는 모양. [작] 방긋. [센] 뻥긋. 뻥끗. **벙긋하다**.

벙벙하다 어리둥절하여 얼빠진 사람처럼 멍하다. [예] 갑자기 쏟아지는 칭찬에 어안이 벙벙하다. [준] 벙하다.

***벙어리** '언어 장애인'을 낮잡아 이르는 말.

벙어리장갑 (一掌匣) 엄지손가락 외에 네 손가락이 한데 들어가도록 만든 장갑.

벙어리저금통 (一貯金筒) 적은 돈을 넣어 모으는 저금통.

벚꽃 [벋꼳] 봄에 벚나무에서 피는 꽃. 5개의 꽃잎으로 되어 있는 연분홍이나 흰 빛깔의 꽃.

벚나무 [번:무] 장미과에 속하는 낙엽 활엽 교목. 높이는 20m 정도, 잎은 타원형이고 봄철에 5개의 꽃잎으로 되어 있는 연분홍색 꽃이 핌. 과실인 '버찌'는 여름에 검은 자주색으로 익으며 먹을 수 있음.

베 삼실(삼 껍질에서 뽑은 실)이나 무명실·명주실 따위로 짠 천. 예베를 짜다.

베가 (Vega) 거문고자리에서 가장 밝은 별. 음력 7월 7일 밤에 은하수 건너 견우성과 만난다는 전설이 있음. 직녀성.

*베개 누울 때에 머리를 괴는 물건. 예베개를 베다. ×벼개.

베갯잇 [베갠닏] 베개의 겉을 덧싸는 헝겊.

베고니아 (begonia) 베고니아과의 여러해살이풀. 높이는 60cm가량, 잎은 갸름한 심장 모양이며 7-9월에 엷은 붉은색 꽃이 핌.

베끼다 글이나 그림 따위를 원본 그대로 옮겨 쓰거나 그리다. 예친구의 숙제를 그대로 베끼다.

베네룩스 (Benelux) 벨기에·네덜란드·룩셈부르크의 세 나라의 머리글자를 딴 이름.

베니어합판 (veneer合板) 여러 겹의 얇은 판자를 수축하거나 굽지 않도록 결이 엇갈리게 붙여 만든 널빤지. 준 베니어.

베다[1] [베:다] 베개 따위로 머리 아래를 받치다. 예베개를 베다 / 팔을 베고 눕다. → 배다 [주의]

*베다[2] [베:다] 1 날이 있는 연장으로 물건을 끊거나 자르다. 예톱으로 나무를 베다. 2 날이 있는 물건으로 몸에 상처를 내다. 예과일을 깎다가 손을 벴다. → 배다 [주의]

베란다 (veranda) 서양식 집에서, 집채의 앞쪽으로 넓은 툇마루같이 튀어나오게 만든 부분.

베레모 (프 béret帽) 챙이 없고 둥글납작하게 생긴 모자. 베레.

베르디 (Verdi, Giuseppe Fortunino Francesco) [인명] 이탈리아 최대의 가극 작곡가. 작품에 '아이다', '리골레토', '일트로바토레', '춘희' 등이 있음. [1813-1901]

베를린 (Berlin) [지명] 독일의 수도. 독일 북동부에 있는 독일 최대의 도시.

베스트셀러 (bestseller) 일정 기간 동안에 가장 많이 팔린 책.

베옷 [베옫] 베로 지은 옷.

베이스[1] (base) 야구에서, 내야의 네 귀퉁이에 놓은 방석같이 생긴 물건. 또는 그 위치. 누(壘).

베이스[2] (bass) 1 성악에서 남자의 가장 낮은 음. 또는 그 가수. 2 기악 합주에서 낮은 소리를 내는 악기.

베이식 (BASIC) 초보자를 위한 컴퓨터 간이 프로그래밍 언어. 문법이 간단하고 프로그램의 편집과 수정이 쉬움.

베이지 (beige) 엷고도 밝은 갈색. 낙타색.

베이징 (중 北京) [지명] 중국의 수도로 허베이성에 있는 대도시. 요나라 시대부터 현재까지 900년간의 수도로, 자금성·천안문·공자묘 등의 명승고적이 많음. 북경.

베이컨 (bacon) 돼지고기를 소금에 절여 연기로 그을리거나 삶아 말린 식품. 주로 돼지의 등이나 옆구리 살로 만듦.

베일 (veil) 1 ⇨면사포. 2 가리고자 하는 것을 씌워서 보이지 아니하게 하는 것. 장막. 예신비의 베일을 벗기다.

베짱이 여칫과의 곤충. 몸길이는 3.5cm가량. 몸빛은 연두색이고 더듬이는 몸보다 길며 앞날개는 꽁무니보다 긺. '베짱베짱' 하고 욺.

베짱이

베테랑 (프 vétéran) 어떤 방면에 오랫동안 일해서 그 분야의 기술이나 기능에 뛰어난 사람. 전문가. 예베테랑 기자.

베토벤 (Beethoven, Ludwig van) [인명] 독일의 작곡가. '전원', '영웅', '운명', '합창' 등 9개의 교향곡 및 소나타·현악 사중주 등 세계 음악 사상 불후의 걸작을 많이 남겨 '악성'으로 불림. [1770-1827]

베트남 (Vietnam) [국명] 동남아시아 인도차이나반도 동부의 사회주의 공화국. 남북으로 갈라져 싸웠으나 1975년에 남부 베트남이 전쟁에서 지면서 남북이 통일되었음. 북부 지역은 석탄·철광석 따위의 지하자원이 풍부하고 남부 지역은 쌀이 많이 남. 수도는 하노이.

베틀 무명·명주·삼베 따위의 옷감을 짜는 틀.

베틀

베풀다 1 무슨 일을 차리어 벌이다. [예] 큰 잔치를 **베풀다**. 2 남에게 돈을 주거나 일을 도와주어서 혜택을 받게 하다. [예] 가난한 사람에게 은혜를 **베풀다**. [활용] 베풀어/베푸니/베푸는.

벤처 기업 (venture企業) 전문적인 지식과 신기술을 바탕으로 창조적이고 모험적으로 경영하는 중소기업.

벤치 (bench) 1 여러 사람이 같이 앉을 수 있도록 나무로 길게 만들어 놓은 의자. 2 운동 경기장에서 감독과 선수들이 앉는 자리.

벨 (bell) 전기를 이용하여 소리가 나도록 한 장치. [예] 현관 **벨**/**벨**이 울리다.

벨기에 (België) 『국명』 유럽 서북부에 있는 입헌 군주국. 석탄이 풍부하고 전 국토의 절반이 농업 용지로, 농업과 공업이 함께 발달했음. 수도는 브뤼셀.

벨트 (belt) 1 ⇨혁대. [예] **벨트**를 매다. 2 두 개의 기계 바퀴에 걸어 동력을 전하는 띠 모양의 물건. 피대.

*__벼__ 논·밭에 심는 볏과의 한해살이풀. 높이는 1-1.5m, 줄기는 속이 비고 마디가 있음. 가을에 익는 열매를 '벼'라 하고, 이것을 찧어 껍질을 벗긴 것을 '쌀'이라고 함. [예] **벼**를 거두다/**벼**를 베다.

벼농사 (一農事) 벼를 재배하여 거두는 일. [예] **벼농사**를 짓다. [비] 미작. 쌀농사.

*__벼락__ 1 공중의 전기와 땅 위의 물체가 서로 부딪쳐 일어나는 현상. 강한 충격과 몹시 큰 소리가 남. [비] 벼력. 2 몹시 호된 꾸지람의 비유.

벼락(을) 맞다 ㉠ 못된 짓을 하여 벌을 받다. ㉡ 심하게 꾸중을 듣다.

벼락공부 (一工夫) [벼락꽁부] 시험이 닥쳐서 갑자기 서둘러 하는 공부. [예] 시험 보는 전날에 **벼락공부**를 하다. **벼락공부하다**.

벼락부자 (一富者) [벼락뿌자] 갑자기 된 부자. [비] 졸부.

벼랑 깎아지른 듯이 험하고 가파른 비탈. [비] 낭떠러지.

*__벼루__ 먹을 가는 데 쓰는 돌.

벼룩 벼룩과의 곤충. 몸은 아주 작고, 짙은 갈색임. 날개는 퇴화했으나 뒷다리가 발달하여 잘 뜀. 사람·짐승의 몸에 붙어 피를 빨아 먹음.

벼룩시장 (一市場) [벼룩씨장] 갖가지 중고품을 사고파는 시장. [예] **벼룩시장**이 열리다.

벼르다 어떤 일을 이루려고 단단히 마음을 먹다. [예] 한번 혼내 주려고 단단히 **벼르다**. [활용] 별러/벼르니.

벼멸구 농작물이나 벼에 기생하는 해충. 멸구.

*__벼슬__ 관청에 나가 나랏일을 맡아보는 자리. 또는 그 일. [예] **벼슬**을 지내다. [비] 관직. **벼슬하다**.

벼슬길 [벼슬낄] 벼슬아치가 되는 길. [예] 장원 급제를 하여 **벼슬길**이 트이다.

벼슬살이 [벼슬사리] 벼슬에 올라 맡은 일을 하며 지내는 일.

벼슬아치 [벼스라치] 관청에 나가서 나랏일을 맡아보는 사람. [비] 관원.

벼슬자리 [벼슬짜리] 관청에 나가 나랏일을 맡아보는 자리.

벼훑이 [벼훌치] 벼의 이삭을 훑어 내는 농기구.

*__벽__ (壁) 1 방·집 따위를 둘러막은 둘레. [예] **벽**에 기대다. [본] 바람벽. 2 이겨 내기 어려운 장애. [예] 자금난으로 연구가 **벽**에 부딪치다. ➲wall

벽걸이 (壁一) [벽꺼리] 옷 따위를 걸도록 벽에 붙이거나 박은 고리나 대 또는 벽에 매다는 장식.

벽난로 (壁暖爐) [병날로] 실내의 벽에다 구멍을 내고 굴뚝은 벽 속으로 통하게 만들어 불을 지피는 난로. 페치카. [준] 벽로.

*__벽돌__ (甓一) [벽똘] 진흙이나 시멘트에 모래를 섞어 틀에 박아 내거나 구

운 건축 재료. ⑩ 벽돌로 담을 쌓다.
벽력 (霹靂) [병녁] ⇨벼락1.
벽면 (壁面) [병면] 벽의 거죽.
벽보 (壁報) [벽뽀] 종이에 써서 벽에 붙여 여러 사람에게 알리는 글. ⑩ 선거 벽보 / 벽보를 붙이다.
벽시계 (壁時計) [벽씨계 / 벽씨게] 벽이나 기둥에 걸어 놓는 시계.
벽신문 (壁新聞) [벽씬문] 갖가지 주장이나 뉴스·만화·사진 따위를 신문처럼 꾸며 벽에 붙이는 글.
벽장 (壁欌) [벽짱] 벽을 뚫어 문을 달고 장처럼 꾸며 물건을 넣게 된 곳.
벽지[1] (僻地) [벽찌] 도시에서 멀리 떨어져 으슥하고 한적한 곳. 교통이 불편하고 문화의 혜택이 적은 곳임.
벽지[2] (壁紙) [벽찌] 벽에 바르는 종이. ⑩ 벽지를 바르다.
벽창호 (碧昌一) 고집이 세고 무뚝뚝한 사람을 비유해 이르는 말.
벽촌 (僻村) 도시에서 멀리 떨어진 외딴 마을.
벽화 (壁畫) [벼콰] 건물이나 동굴, 무덤 따위의 벽에 그린 그림. ⑩ 고분 벽화.
***변**[1] (邊) 1 물체나 장소 따위의 가장자리. 2 다각형의 각 선분. 3 등식·부등식에서 부호의 양편에 있는 식 또는 수. 4 한자의 왼쪽으로 붙은 부수.
변[2] (變) [변:] 갑자기 생긴 이상한 일이나 재앙. ⑩ 변을 당하다.
변[3] (便) 대소변. 특히, 대변을 말함. ⑩ 변을 보다.
변경[1] (邊境) 나라의 경계가 되는 변두리 땅. 町 국경. 변방.
변경[2] (變更) [변:경] 다르게 바꾸어서 새롭게 고침. ⑩ 주소 변경. 변경하다.
변기 (便器) 똥·오줌을 누도록 만든 기구.
변덕 (變德) [변:덕] 이랬다저랬다 잘 변하는 성질이나 태도. ⑩ 변덕을 부리다 / 변덕이 심한 사람.
　변덕이 죽 끓듯 하다 몹시 변덕을 부리다.
변덕맞다 (變德一) [변:덩맏따] 변덕을 부리는 태도나 성질이 있다. 변덕스럽다.
변덕스럽다 (變德一) [변:덕쓰럽따] 변덕을 부리는 태도나 성질이 있다. ⑩ 변덕스러운 날씨. [활용] 변덕스러워 / 변덕스러우니.
변덕쟁이 (變德一) [변:덕쨍이] 생각이나 태도가 자주 바뀌는 사람. 또는 변덕을 잘 부리는 사람.
변동 (變動) [변:동] 변하여 움직임. ⑩ 물가 변동. 변동하다.
변두리 (邊一) 어떤 지역의 가장자리가 되는 곳. ⑩ 서울 변두리 지역으로 이사 가다.
변론 (辯論) [별:론] 1 이치를 밝혀 옳고 그름을 말함. 2 재판을 받고 있는 사람이나 변호인이 법정에서 하는 말. ⑩ 변론을 맡다. 변론하다.
변명 (辨明) [변:명] 자신의 잘못이나 실수에 대해 이해시키기 위하여 이유나 핑계를 댐. ⑩ 구구한 변명을 늘어놓다 / 변명의 여지가 없다. 변명하다.
변모 (變貌) [변:모] 모양이나 모습이 바뀜. 또는 그 모양이나 모습. ⑩ 몰라보게 변모한 서울. 변모하다.
변방 (邊方) 1 가장자리가 되는 쪽. 2 나라의 경계가 되는 국경 지역. 변경.
변변찮다 [변변찬타] 제대로 갖추지 못하여 부족한 데가 있다. ⑩ 대접이 변변찮다 / 인물이 변변찮다.
변변하다 1 됨됨이나 생김새가 흠이나 모자람이 없이 어지간하다. 2 지위나 살림살이가 남보다 떨어지지 아니하다. ⑩ 변변한 집안. 3 훌륭하거나 넉넉하다. ⑩ 변변한 옷 한 벌이 없다.
변변히 변변하게. ⑩ 인사도 변변히 못하고 급히 떠나다.
변별 (辨別) [변:별] 1 옳고 그름과 착하고 악함을 가림. 2 ⇨분별. 변별하다.
변비 (便祕) 똥을 잘 누지 못하는 병. ⑩ 변비로 고생하다.
변사[1] (辯士) [변:사] 무성 영화를 상영할 때 나오는 화면에 맞는 내용을 설명하던 사람.
변사[2] (變死) [변:사] 뜻밖의 재난이나 사고로 죽는 것. 변사하다.
변상 (辨償) [변:상] 1 빚을 갚음. ⑩ 빚을 변상하다. 町 변제. 2 남에게 끼친 손해를 돈이나 물건 따위로 물어 줌. ⑩ 자동차 수리비를 변상하다. 町 배상. 변상하다.

변색 (變色) [변ː색] 빛깔이 변하여 달라짐. ⑩누렇게 변색된 종이. **변색하다**.

변성기 (變聲期) [변ː성기] 사춘기에 성대가 성장함에 따라 목소리가 변하는 시기.

변성암 (變成岩) [변ː성암] 퇴적암이나 화성암이 깊은 땅속에서 높은 열이나 강한 압력을 받아 성질이 변하여 이루어진 암석.

*__변소__ (便所) 대소변을 보는 곳. ⑩변소를 치다. ⓗ뒷간. 화장실.

변수 (變數) [변ː수] 1 어떤 상황의 변화를 일으킬 수 있는 요인. ⑩국민의 여론이 중요한 변수가 되었다. 2 어떤 범위 안에서 여러 가지 값으로 변할 수 있는 수. ⓟ상수.

변신 (變身) [변ː신] 몸의 모양이나 태도 따위를 전과 다르게 바꿈. 또는 바뀐 몸. **변신하다**.

변심 (變心) [변ː심] 마음이 달라짐. ⑩친구의 변심을 원망하다. **변심하다**.

변압기 (變壓器) [벼ː납끼] 전류의 값이나 교류 전류의 전압을 올리거나 내리거나 하는 장치. 트랜스.

변장 (變裝) [변ː장] 본디 모습을 감추려고 옷차림이나 머리 모양 따위를 고쳐서 다르게 꾸밈. ⑩왕자로 변장하다. **변장하다**.

변절 (變節) [변ː절] 지켜야 할 절개나 지조를 지키지 않고 바꿈. **변절하다**.

변조 (變造) [변ː조] 1 어떤 사물의 형태나 내용을 다르게 고침. ⑩수표를 변조하다. 2 물체를 손질하여 다른 모양으로 고쳐 만듦. **변조하다**.

변종 (變種) [변ː종] 같은 종류의 생물 가운데에서 변화가 생겨 성질과 형태가 달라진 종류.

변주 (變奏) [변ː주] 어떤 가락을 바탕으로 하여 리듬·선율 따위를 여러 가지로 바꿔 연주함.

변죽 (邊一) 그릇이나 세간, 과녁 따위의 가장자리.

　변죽(을) 울리다 바로 집어 말하지 않고 돌려서 말을 하여 상대가 눈치를 채서 깨닫게 하다.

변질 (變質) [변ː질] 성질이나 물질이 변함. ⑩묵은쌀이 변질하다. **변질하다**.

변천 (變遷) [변ː천] 세월의 흐름에 따라 바뀌고 변함. ⑩시대의 변천. **변천하다**.

변칙 (變則) [변ː칙] 원칙에서 벗어나 달라짐. 또는 그런 법칙이나 규정. ⑩변칙으로 모은 재산.

변태 (變態) [변ː태] 1 본래의 모습이 변해 달라짐. 2 동물이 성체가 되기까지 시기에 따라 여러 가지 형태로 변하며 자라는 현상.

*__변하다__ (變一) [변ː하다] 1 사물의 전과 다르다. ⑩거리의 모습이 변하다. 2 마음·취미·습관 따위가 달라지다. ⑩마음이 변하다.

변한 (弁韓) [변ː한] 삼한의 하나. 현재의 경상남도 일부 지역에 있었고, 10여 개의 부족 국가로 이루어졌음. 뒤에 가야로 발전.

변함없다 (變一) [변ː하멉따] 달라지지 않고 항상 같다. ⑩내 마음은 변함없다.

변함없이 (變一) [변ː하멉씨] 변함없게. ⑩변함없이 잘 있다.

변형 (變形) [변ː형] 모양이나 형태가 바뀜. 또는 그 바뀐 모양. **변형하다**.

변호 (辯護) [변ː호] 1 남에게 이롭도록 편들어 도와줌. ⑩친구를 변호하다. 2 법정에서 변호인이 검사에 맞서 피고인에게 유리하도록 말함. ⑩변호를 맡다. **변호하다**.

*__변호사__ (辯護士) [변ː호사] 변호사법에 규정된 일정한 자격을 갖춘 사람. 재판할 때 피고 또는 원고를 변호하는 일과 그 밖의 법률에 관한 사무를 맡아봄.

*__변화__ (變化) [변ː화] 사물의 모양이나 성질 등이 달라짐. ⑩날씨의 변화/세상이 빠르게 변화하다. **변화하다**.

변화무쌍 (變化無雙) [변ː화무쌍] 변화가 많거나 심함. **변화무쌍하다**.

변환 (變換) [변ː환] 1 성질·상태 등을 바꿈. 모양이 바뀜. 2 일정한 법칙에 따라 어떤 요소를 다른 요소로 바꾸는 일. **변환하다**.

*__별__¹ [별ː] 1 밤하늘에 반짝거리는 천체. 지구·태양·달을 제외한 항성·행성·혜성 따위. 2 매우 뛰어난 존재. ⑩영화계의 큰 별. 3 매우 하기 힘든 일

의 비유. 예하늘의 별 따기. 4 장성급의 계급장. 예별을 달다. ⊃star

별² (別) 보통과 다른. 별난. 예아무리 생각해도 별 뾰족한 수가 없다.

별개 (別個) 서로 다른 것. 관계가 없는 것. 예별개의 문제.

별거 (別居) 부부나 한집안 식구가 따로 떨어져 삶. 예별거 생활. 빤동거. 별거하다.

별것 (別-) [별걷] 1 드물고 이상한 일이나 물건. 예별것 아니군. 2 다른 물건.

별고 (別故) 특별한 사고. 예별고 없이 잘 지내고 있습니다.

별관 (別館) 본관 말고 따로 지은 건물. 빤본관.

별기군 (別技軍) 조선 고종 18년(1881)에 설치되었던 신식 군대.

별꼴 (別-) 남의 눈에 거슬려 보이는 모습. 예별꼴 다 보겠다 / 정말이지 별꼴이야.

별꽃 [별꼳] 밭이나 길가에 흔히 자라는 두해살이풀. 줄기가 무더기를 이루어 누워서 뻗으며, 잎은 끝이 뾰족한 달걀 모양이고 봄에 하얀 꽃이 핌.

별나다 (別-) [별라다] 보통 것과 매우 다르게 특별하거나 이상하다. 예별난 성격 / 별나게 굴다.

별다르다 (別-) 다른 것과 아주 르다. 예별다른 방도가 없다. [활용] 별달라 / 별다르니. [참고] 주로 부정을 나타내는 말과 함께 쓰임.

별달리 (別-) 별다르게. 예별달리 생각 마라.

별도 (別途) [별또] 다른 방식. 딴 방면. 예별도로 취급하다.

별똥별 [별:똥별] 우주의 먼지가 지구 대기권에 들어왔을 때, 빠른 속도로 떨어져 공기와 부딪칠 때 그 마찰로 빛을 발하는 것. 비별똥. 유성.

***별로** (別-) 그다지 다르게. 이렇다 하게 따로. 예별로 먹고 싶지 않다 / 별로 할 말이 없다. 비별반.

별말 (別-) 1 뜻밖의 말. 예별말을 다 하는군. 2 별다른 말. 예별말은 없었네. 비별소리. 图별말씀.

별말씀 (別-) '별말'의 높임말.

별명 (別名) 본이름 외에 그 사람의 생김새·행동·성질 따위로 특징을 따서 남들이 지어서 부르는 이름. 닉네임. 빤본명.

별무반 (別武班) 고려 숙종 때 윤관이 여진족을 정벌하기 위해 기병을 중심으로 해서 만든 군대.

별미 (別味) 특별히 좋은 맛. 또는 그런 음식. 예한겨울에 먹는 냉면은 별미다.

별별 (別別) 보통보다 아주 다른 이상한 가지가지. 예별별 생각을 다하다. 비별의별.

별빛 [별:삗] 별의 반짝이는 빛.

별생각 (別-) 1 특별히 다른 생각. 예별생각 없이 한 말이다. 2 여러 가지 생각. 예별생각이 다 나다.

별세 (別世) [별쎄] 윗사람이 세상을 떠남. 예교장 선생님의 별세 소식을 전해 듣다. 별세하다.

별세계 (別世界) [별세계 / 별세게] 보통 세상과는 아주 다른 세상. 딴 세상. 예내 짝은 별세계에서 온 사람 같다. 비별천지.

별소리 (別-) ⇨별말.

별수 (別-) 별다른 방법. 다른 좋은 방법. 예그 사람이라고 별수 있겠어 / 별수 없는 노릇이다.

별스럽다 (別-) [별스럽따] 별난 데가 있다. 남달리 이상하다. 예별스러운 행동을 하다. [활용] 별스러워 / 별스러우니.

별식 (別食) [별씩] 늘 먹는 음식이 아닌 특별한 음식. 예오늘 저녁에는 별식을 만들어 먹자.

별신굿 (別神-) [별씬굳] 마을 수호신인 별신을 무당이 제사 지내는 전통적인 굿. 비별신제.

별신제 (別神祭) [별씬제] ⇨별신굿.

***별안간** (瞥眼間) [벼란간] 갑작스럽고 아주 짧은 동안. 난데없이. 예별안간 나타나다. 비갑자기.

별의별 (別-別) [벼리별 / 벼레별] 보통보다 다른 가지가지. 예별의별 소리를 다 듣겠다. 비별별.

별일 (別-) [별릴] 1 별다른 일. 예별일 없이 지내다. 2 드물고 이상한 일. 예별일을 다 겪는다.

별자리 [별:자리] 별이 늘어선 모양

별장(別莊) [별짱] 살림을 하는 집 이외에 경치 좋은 곳에 따로 마련한 집.

별주부전(鼈主簿傳) [별쭈부전] 〖책〗 고대 소설의 하나. 거북이가 용왕의 병에 토끼의 간을 약으로 쓰려고 토끼를 속여 용궁으로 끌고 갔으나 오히려 용왕이 토끼에게 속아 넘어갔다는 이야기. 🔁 토끼전.

별채(別一) 본채와 따로 떼어서 지은 집. ⓔ 별채에서 공부하다. 🔁 딴채. 🔁 본채.

별책(別冊) 따로 나누어 엮어 만든 책. ⓔ 별책 부록.

별천지(別天地) ⇨ 별세계. ⓔ 별천지에 온 기분.

볍씨 못자리에 뿌리는 벼의 씨.

볏 [볃] 닭이나 꿩 따위의 머리 위에 세로로 붙은 살 조각. 빛깔이 붉고 톱니 모양으로 생겼음. 🔁 계관.

볏가리 [벼까리 / 볃까리] 볏단을 차곡차곡 쌓아 놓은 더미.

볏단 [벼딴 / 볃딴] 벼를 베어 묶은 단. ⓔ 볏단을 쌓다.

볏섬 [벼썸 / 볃썸] 벼를 담은 섬.

볏짚 [벼찝 / 볃찝] 벼의 이삭을 떨어낸 줄기. ㊁ 짚.

*__병__¹(病) [병:] 1 몸에 탈이 나거나 아픔을 느끼게 되는 현상. 앓는 것. ⓔ 불치의 병에 걸리다 / 병이 나서 누워 있다. 🔁 질병. 2 좋지 못한 버릇이나 흠. ⓔ 남을 항상 의심하는 것도 병이야.

*__병__²(瓶) 1 액체·가루 따위를 담는 그릇. 유리·사기 따위로 만드는데, 목이 길고 좁음. ⓔ 빈 병 / 병이 깨지다. 2 액체·가루 따위를 담아 그 분량을 세는 단위. ⓔ 음료수 두 병. ⓞ bottle

병간호(病看護) [병:간호] 앓고 있는 사람을 잘 보살펴 도와줌. ⓔ 병간호를 극진히 하다. ㊁ 병간. **병간호하다**.

병균(病菌) [병:균] ⇨ 병원균. ㊁ 균.

병기(兵器) 전쟁에 쓰는 모든 기구. ⓔ 최신식 병기. 🔁 무기.

병나다(病一) [병:나다] 병이 생기다. ⓔ 피로가 쌓여 병났다.

병동(病棟) [병:동] 여러 개의 병실로 된 병원 안의 한 채의 건물. ⓔ 소아 청소년과 병동.

병들다(病一) [병:들다] 몸이나 마음에 병이 생기다. ⓔ 병든 몸 / 마음이 병들다. 〖활용〗 병들어 / 병드니 / 병드는.

병따개(瓶一) 병의 뚜껑을 따는 도구. ⓔ 병따개로 병을 따다.

병뚜껑(瓶一) 병의 입구를 막는 뚜껑. ⓔ 병뚜껑을 따다.

병력(兵力) [병:녁] 군대의 힘. 또는 군인의 수.

병렬(並列) [병:녈] 전지를 같은 극끼리 잇는 방법. 양(+)극을 다른 전지의 양(+)극에 연결하는 일. 🔁 직렬. **병렬하다**.

병마(病魔) [병:마] 병을 악마에 비유한 말. ⓔ 병마에 시달리다.

병마개(瓶一) 병의 아가리를 막는 마개. ⓔ 병마개를 따다.

병명(病名) [병:명] 병의 이름. ⓔ 병명도 모르는 병.

병목(瓶一) 병 위쪽의 잘록한 부분.

병문안(病問安) [병:무난] 아픈 사람을 찾아가 위로함. ⓔ 병문안을 다녀오다. **병문안하다**.

병사(兵士) 군사나 사병을 통틀어 이르는 말. 🔁 군사. 병정. 병졸. 사병.

병살(倂殺) [병:살] 야구에서, 두 사람의 주자를 한꺼번에 아웃시키는 일. 더블 플레이. **병살하다**.

병상(病床) [병:상] 앓고 있는 사람이 누워 있는 침상. ⓔ 병상에 눕다.

병색(病色) [병:색] 병든 사람의 얼굴빛. ⓔ 얼굴에 병색이 완연하다.

병석(病席) [병:석] 병든 사람이 앓아 누워 있는 자리. ⓔ 병석에 누운 지가 벌써 1년이 다 돼 온다.

병설(並設) [병:설] 두 가지 이상을 한곳에 함께 설치함. ⓔ 초등학교 병설 유치원. **병설하다**.

병세(病勢) [병:세] 병의 형편. ⓔ 병세가 좋아지다. 🔁 증세.

병신(病身) [병:신] 1 몸이나 정신이 온전하지 못한 사람. 🔁 불구자. 2 모자라는 행동을 하는 사람을 낮잡아 이르는 말.

병실 (病室) [병ː실] 환자가 있는 방. 비환자실.

***병아리** 알에서 갓 깨어났거나 다 자라지 못한 어린 닭.

병약하다 (病弱—) [병ː야카다] 1 병에 시달려 몸이 약하다. 예병약한 딸을 보살피다. 2 몸이 허약하여 병에 걸리기 쉽다. 예병약한 몸.

병역 (兵役) 국민의 의무로서 일정한 기간 군대에서 복무하는 일. 예병역을 마치다.

***병원** (病院) [병ː원] 의료에 필요한 시설을 갖추고 병든 사람을 진찰하고 치료하는 곳. 예종합 병원. ⊃hospital

병원균 (病原菌) [병ː원균] 병을 일으키는 균. 비병균.

병원비 (病院費) [병ː원비] 병원에서 치료를 받거나 입원하는 데 드는 돈.

병원체 (病原體) [병ː원체] 병을 일으키는 생물. 세균·바이러스·기생충 따위.

병인양요 (丙寅洋擾) [병ː인냥요] 조선 고종 3년(1866) 병인년에, 대원군의 천주교 탄압에 대한 보복으로 프랑스 함대가 강화도에 침범한 사건.

병자 (病者) [병ː자] 병에 걸려서 앓는 사람. 비환자.

병자호란 (丙子胡亂) [병ː자호란] 조선 인조 14년(1636) 병자년에 청나라가 20만 대군으로 침입한 난리. 준병란. 호란.

병장 (兵長) 사병 계급의 하나. 하사의 아래, 상등병의 위.

병적 (病的) [병ː쩍] 말이나 행동이 정상에서 벗어나 건전하지 못한 (것). 예병적인 행동을 보이다.

병정 (兵丁) 병역을 치르고 있는 젊은 남자. 비군인. 병사.

병조 (兵曹) 고려와 조선 때의 육조의 하나. 군사에 관한 일을 맡아봄.

병조림 (瓶—) 음식물을 병에 넣고 일정 기간 상하지 않게 봉하는 일. 또는 그렇게 만든 음식물. 병조림하다.

병졸 (兵卒) 예전에 사병을 이르던 말. 비병사. 사병.

병창 (竝唱) [병ː창] 가야금 따위의 악기를 타면서 부르는 노래. 예가야금 병창. 병창하다.

병충해 (病蟲害) [병ː충해] 식물이나 농작물이 병균과 벌레 때문에 입는 피해. 예농작물의 병충해를 예방하다.

병폐 (病弊) [병ː폐 / 병ː페] 오랜 시간이 지나는 동안 조직이나 사물의 내부에 생긴 폐해. 예사회의 병폐.

병풍 (屛風) 방이나 마루 따위에서 바람을 막거나 무엇을 가리거나 장식하는 데 쓰는 직사각형의 물건. 예병풍을 치다.

병합 (倂合) [병ː합] ⇨합병. 병합하다.

병행 (竝行) [병ː행] 두 가지 일을 한꺼번에 함. 예공부와 운동을 병행하다. 병행하다.

병환 (病患) [병ː환] '병'을 높여 일컫는 말. 예할머니께서 병환으로 입원하셨다.

*** 볕** [볃] 해가 내리쬐는 뜨거운 기운. 예볕을 쬐다 / 볕이 따갑다 / 옷을 볕에 말리다. 본햇볕.

보[1] (洑) 논에 물을 대려고 둑을 쌓고 흐르는 냇물을 막아 두는 곳. 예보를 막다.

*** 보**[2] (褓) 1 물건을 싸거나 덮기 위해 네모지게 만든 천. 2 가위바위보에서, 다섯 손가락을 다 펴서 내미는 것. 예보를 내다.

보[3] (步) '발걸음의 수'를 세는 단위. 예1보 후퇴 2보 전진.

보강 (補强) [보ː강] 보태거나 채워서 더 튼튼하게 함. 예팀의 체력을 보강하다. 보강하다.

*** 보건** (保健) [보ː건] 건강을 잘 지켜 나가는 일. 예보건 운동.

보건 복지부 (保健福祉部) 중앙 행정 기관의 하나. 보건 위생, 사회 보장, 의료 보험, 국민연금에 관한 사무 등 국민의 보건과 복지에 관한 일을 맡아봄. 준복지부.

보건소 (保健所) [보ː건소] 지역 주민의 건강과 위생을 보살피고, 질병을 예방하는 일을 맡아보는 공공 의료 기관.

보건실 (保健室) [보ː건실] 학교나 회사에서 건강과 위생에 관한 일을 맡아보는 방. 비양호실.

보고[1] (報告) [보ː고] 1 주어진 임무에 대하여 그 결과나 내용을 말이나 글로 알림. 예그간의 경과를 보고하다. 2 '보고서'의 준말. 보고하다.

보고² (寶庫) [보:고] 1 귀중한 재물을 넣어 두는 창고. 2 자원이나 재물이 많이 나는 곳. 예 바다는 자원의 보고이다.

보고문 (報告文) [보:고문] 어떤 일에 대한 조사나 연구 따위를 간추려서 발표하기 위해 적은 글. 예 보고문을 제출하다.

*보고서 (報告書) [보:고서] 보고하는 내용을 적은 글이나 문서. 예 보고서를 작성하다. [줄] 보고. ⇨report

보관 (保管) [보:관] 맡긴 물건을 잘 간직하여 관리함. 예 귀중한 물건은 잘 보관해라. 보관하다.

보관소 (保管所) [보:관소] 남의 물건을 맡아 보관하는 곳.

보교 (步轎) 예전에, 사방을 장막으로 두른, 벼슬아치가 타던 가마.

보균자 (保菌者) [보:균자] 병에 걸리지 않았으나, 병원균을 몸 안에 지니고 있는 사람. 다른 사람에게 병원균을 옮길 가능성이 있음.

보교

보글보글 적은 양의 액체가 계속 끓거나 작은 거품이 자꾸 일어나는 소리. 또는 그 모양. 예 된장찌개가 보글보글 끓다. [큰] 부글부글. [센] 뽀글뽀글. 보글보글하다.

보금자리 1 새의 둥지. [비] 둥지. 2 지내기에 매우 포근하고 아늑한 곳. 예 사랑의 보금자리.

　보금자리(를) 치다 보금자리를 만들다. 예 제비가 처마 밑에 보금자리를 치다.

보급¹ (普及) [보:급] 세상에 널리 펴서 알리거나 사용하게 함. 예 요즈음은 컴퓨터가 많이 보급되었다. 보급하다.

보급² (補給) [보:급] 물품을 보태어 대어줌. 예 식량을 보급하다. [비] 공급. 보급하다.

*보기 어떠한 것임을 알기 쉽게 하기 위하여 실제로 들어 보이는 일. 예 보기를 들어 이해하기 쉽게 설명하다. [본] 본보기.

보길도 (甫吉島) [보길또] 〖지명〗 전라남도 완도군에 있는 섬. 윤선도가 시조 '어부사시사'를 지은 곳으로 유명함.

*보내다 1 물건을 다른 곳으로 부쳐 주다. 예 친구에게 택배를 보냈다. 2 어떤 임무나 목적이 있어 사람을 가게 하다. 예 심부름을 보낸 아이가 돈을 잃어버리고 왔다. 3 시간이나 세월을 지나가게 하다. 예 방학을 뜻깊게 보내다. 4 죽어서 이별하다. 예 친구를 멀리 떠나 보내다. ⇨send

보너스 (bonus) ⇨상여금. 예 연말 보너스를 타다.

*보다¹ 1 사물의 모양을 눈을 통하여 알다. 예 자세히 보다. 2 알려고 두루 살피다. 예 어느 모로 보아도 이게 낫다. 3 구경하다. 예 영화를 보다. 4 보살피며 지키다. 예 아이를 보다 / 혼자서 집을 보고 있다. 5 시험을 치르다. 예 중간고사를 보다. 6 일을 맡아서 하다. 예 사무를 보다. 7 똥·오줌을 누다. 예 소변을 보다. 8 참고 기다리다. 예 어디 두고 보자. 9 자손을 낳거나 며느리·사위를 맞아들이다. 예 여동생을 보다 / 사위를 보다. ⇨see, look

*보다² '-아·-어' 따위의 뒤에서 시험 삼아 함을 나타내는 말. 예 먹어 보다 / 잡아 보다.

*보다³ '-ㄴ가'·'-ㄹ까' 따위의 뒤에서 추측 따위를 나타내는 말. 예 날이 개는가 보다 / 그만둘까 보다.

보다⁴ 둘을 비교할 때 쓰이는 말. 예 돈보다 책이 좋다. ⇨than

보다⁵ 한층 더. 예 보다 나은 내일을 계획하다.

보답 (報答) [보:답] 남에게 받은 은혜나 고마움을 갚음. 예 부모님의 은혜에 보답하다. 보답하다.

보도¹ (步道) [보:도] 사람이 걸어 다니는 길. [비] 인도. [반] 차도.

*보도² (報道) [보:도] 신문·라디오·텔레비전 따위를 통해 나라 안팎에서 생긴 새로운 일을 널리 일반에게 알리는 것. 예 신문 보도를 읽다. 보도하다.

보도블록 (步道block) 보도 바닥에 까는 시멘트 덩어리. 예 보도블록을 깔다.

보도진 (報道陣) [보:도진] 어떤 일을 보도하기 위하여 현장에 간 기자·

카메라맨 등을 통틀어 이르는 말.
보드랍다 [보드랍따] 1 거칠거나 빳빳하지 않고 매끈매끈하다. 예보드라운 살결. 2 성질이나 태도가 곱고 순하다. 예마음씨가 보드랍다. 3 가루 따위가 잘고 곱다. 예밀가루가 보드랍다. 큰부드럽다. 활용 보드라워/보드라우니.
보들보들하다 살갗에 닿는 느낌이 매우 보드랍다. 예보들보들한 옷감.
보듬다 [보듬따] 가슴에 착 대어 품듯이 안다. 예우는 아기를 보듬어 재우다.
보디가드 (bodyguard) ⇨경호원.
***보따리** (褓-) 1 보자기에 물건을 싸서 꾸린 뭉치. 예옷 보따리. 2 어떤 내용을 한데 모은 것. 예이야기 보따리를 풀다.
  보따리(를) 싸다 관계하거나 다니던 일을 그만두다.
보라매 난 지 1년이 채 안 된 새끼를 잡아 길들여서 사냥에 쓰는 매.
보라 ⇨보라색.
보라색 (-色) 남색과 자주색의 중간색. 예보라색 물감. 비보라. 보랏빛.
***보람** 어떤 일을 하고 나서 얻어지는 좋은 결과와 만족스러운 느낌. 예보람을 느끼다/고생한 보람이 있다. 비효력.
보람차다 일의 결과가 좋아서 만족스럽다. 예보람찬 생활.
보랏빛 [보라삩/보랃삩] 남빛과 자줏빛이 섞인 빛. 비보라색.
보료 [보ː료] 솜 따위로 속을 두껍게 넣어 만들어서, 앉는 자리에 항상 깔아 두는 요. 예보료에 앉다.

보료

보류 (保留) [보ː류] 결정을 잠시 뒤로 미룸. 예결정을 보류하다. **보류하다**.
보름 1 열다섯 날 동안. 15일간. 예새 학기를 시작한 지 보름이 지났다. 2 '보름날'의 준말.
보름날 음력 초하루로부터 열다섯째 되는 날. 음력 15일. 준보름.
***보름달** [보름딸] 음력 보름날 밤에 뜨는 둥근달. 비만월. 망월.

***보리** 볏과의 두해살이의 재배 식물. 줄기는 곧고 속이 비었으며, 높이는 1m가량임. 논·밭에 심는데, 쌀 다음가는 주요 곡물로 된장·맥주·빵 등의 원료임. 예보리를 심다. ⇨barley
보리밥 쌀에 보리를 섞어 지은 밥. 또는 보리로만 지은 밥.
보리밭 [보리밭] 보리를 심은 밭.
보리수 (菩提樹) 1 뽕나뭇과의 상록 활엽 교목. 인도 원산으로, 높이 30m 정도, 잎은 심장 모양이며 끝은 뾰족하고 광택이 있음. 과실은 무화과와 비슷함. 석가모니가 이 나무 아래에 앉아서 도를 깨달았다고 함. 2 슈베르트가 작곡한 가곡. 민요풍의 선율이 아름다움.
보리쌀 보리의 열매를 찧어서 껍데기를 벗긴 곡식.
***보리차** 볶은 겉보리를 넣어 끓인 차.
보릿고개 [보리꼬개/보릳꼬개] 예전에, 묵은 곡식은 다 떨어지고 보리는 아직 여물지 않아 농촌에 먹을 것이 없어 가장 살기 어려웠던 음력 4-5월을 이르던 말. 예보릿고개를 넘기다. 비춘궁기.
보모 (保姆) [보ː모] 유치원이나 보육원 등에서 아이들을 돌보아 주며 가르치는 여자.
***보물** (寶物) [보ː물] 1 금·은·옥과 같이 매우 드물고 귀한 물건. 예보물 상자. 2 예로부터 대대로 물려 내려오는 보배로운 물건. 비보배. 보화.
보물섬 (寶物-) [보ː물썸] 1 보물이 있는 섬. 보물을 감추어 둔 섬. 2 [책] 영국의 스티븐슨이 지은 장편 모험 소설.
보물찾기 (寶物-) [보ː물찯끼] 주로 야외에서 상품의 이름을 적은 종이쪽지 여러 장을 군데군데 감추어 놓고 이것을 찾아 가지고 오는 사람에게 거기에 적힌 물건을 주는 놀이의 하나.
보배 [보ː배] 1 아주 귀하고 소중한 물건. 2 아주 귀하고 소중한 사람이나 물건을 비유해 이르는 말. 예어린이는 나라의 보배이다. 비보물. **보배롭다**. **보배스럽다**.
보복 (報復) [보ː복] ⇨앙갚음. 예보복을 당하다. **보복하다**.

보부상 (褓負商) [보:부상] 조선 시대에 주로 활동했던 행상. 봇짐장수와 등짐장수를 일컬음.

보살 (菩薩) 1 부처의 다음가는 지위에 있는 성인. 2 불교를 믿는 여자 신도를 높여 부르는 말.

보살상 (菩薩像) [보살쌍] 보살의 모습을 새기거나 그린 불상.

*__보살피다__ 1 정성을 들여 돌보아 주다. 예환자를 보살피다. 2 마음을 써서 두루 살피다. 예선생님은 학생들을 보살핀다.

보상 (補償) [보:상] 남에게 입힌 손해를 갚아 줌. 예보상을 받다 / 피해를 보상하다. **보상하다**.

보상금[1] (補償金) [보:상금] 잃어버린 물건을 찾아 준 사람에게 고마움의 표시로 주는 돈. 예보상금이 지급되다 / 보상금을 사양하다.

보상금[2] (補償金) [보:상금] 피해를 보상해 주는 돈. 예화재 보상금.

보색 (補色) [보:색] 색상이 서로 다른 두 가지 색을 합하여 하양이나 검정이 될 때 이 두 색 관계를 일컫는 말. 곧, 빨강과 청록, 주황과 파랑 따위.

*__보석__[1] (寶石) [보:석] 단단하고 빛깔과 광택이 아름다워 장식으로 쓰이는 희귀한 광물. 다이아몬드·루비·진주·사파이어 따위. 비보옥. ⊃jewel

보석[2] (保釋) [보:석] 일정한 돈을 받고 구치소에 갇혀 있는 미결수를 풀어 주는 일. 예피고인이 보석으로 풀려나다. **보석하다**.

보석상 (寶石商) [보:석쌍] 보석을 사고파는 가게. 또는 그런 일을 하는 사람.

보세 (保稅) [보:세] 관세의 부과를 미루는 일.

보송보송 1 잘 말라서 물기가 전혀 없는 모양. 예빨래가 보송보송하게 말랐다. 2 거칠지 않아 곱고 보드라운 모양. 예살결이 보송보송하다. **보송보송하다**.

보수[1] (保守) [보:수] 급격한 변화를 반대하고 예로부터 내려오는 풍습·제도와 전통을 중히 여겨 지켜 나감. 예보수 세력. 반혁신. **보수하다**.

보수[2] (報酬) [보:수] 일한 대가로 주는 돈이나 물품. 예보수를 적게 받다.

보수[3] (補修) [보:수] 낡거나 상한 것 따위를 보충하여 고침. 예도로 보수 공사. **보수하다**.

보수적 (保守的) [보:수적] 사회의 오래된 관습·제도·방법 따위를 그대로 지키고 따르려고 하는 (것). 예보수적인 생각. 반진보적.

보수파 (保守派) [보:수파] 보수적인 생각을 주장하거나 이를 따르는 당파. 반혁신파.

보스 (boss) 우두머리. 두목.

보스턴 (Boston) 『지명』 미국 매사추세츠주의 주도. 큰 무역항으로 수출입이나 의복, 가구 따위의 공업이 성하고 문화의 도시로서 미술관·보스턴 대학 등이 있음.

보슬보슬 눈·비가 아주 가늘고 성기게 조용히 내리는 모양. 예봄비가 보슬보슬 내린다. 큰부슬부슬. **보슬보슬하다**.

보슬비 바람 없는 날 가늘고 성기게 조용히 내리는 비. 큰부슬비. →[학습마당] 13(417쪽)

보습[1] 농사지을 땅을 갈기 위해 쟁기에 끼우는 삽 모양의 뾰족하고 날카로운 쇳조각.

보습[2] (補習) [보:습] 일정한 학과 과정을 마치고 나서 학습이 부족한 교과를 다시 보충하여 익힘. 예보습 교육 / 보습 학원.

보시기 김치·깍두기 따위를 담는 작은 반찬 그릇.

보신 (補身) [보:신] 보약 따위를 먹어 몸의 영양을 보충함. **보신하다**.

보신각 (普信閣) [보:신각] 서울 종로에 있는 종각. 조선 태조 4년(1395)에 처음 세운 것으로 임진왜란과 6·25전쟁 때 불에 타서 없어진 것을 다시 세움. 해마다 제야의 종 타종 행사가 열림.

보쌈 (褓—) 삶아서 뼈를 추려 낸 소나 돼지 따위의 머리 고기를 보에 싸서 무거운 것으로 눌러, 기름을 빠지게 하여 썰어서 먹는 음식.

보쌈김치 (褓—) 배추나 무 등을 일정한 크기로 썰어 갖은 양념한 것을 넓은 배춧잎에 싸서 담근 김치.

보아주다 1 도와주거나 보살펴 주다. ⑩이웃집 아기를 보아주다. 2 남의 허물이나 잘못을 알면서도 모르는 체하다. ⑩남의 사정을 보아주다. [준]봐주다.

보안 (保安) [보:안] 1 안전을 유지함. ⑩보안을 유지하다. 2 사회의 안녕과 질서를 유지하고 보호하는 일. ⑩보안 조치. **보안하다**.

보안경 (保眼鏡) [보:안경] 눈을 보호하려고 쓰는 안경.

보안등 (保安燈) [보:안등] 사회의 안녕과 질서를 지키기 위해 어두운 곳에 달아 놓은 전등. 흔히 도둑을 막고 골목길을 환하게 하기 위해 달아 놓은 전등을 말함.

보약 (補藥) [보:약] 몸의 기운을 회복시키거나 높여 주는 한약.

보얗다 [보:야타] 1 선명하지 않고 연기나 안개가 낀 듯이 희끄무레하다. ⑩먼지가 보얗게 끼다. 2 살갗이나 얼굴이 하얗고 말갛다. ⑩어린이의 보얀 살결. [큰]부옇다. [센]뽀얗다. [활용]보야니 / 보얘서.

보온 (保溫) [보:온] 속에 담긴 내용물의 온도를 일정하게 유지함. ⑩보온 도시락. **보온하다**.

보온병 (保溫瓶) [보:온병] 속에 담긴 내용물의 온도를 일정하게 유지하는 데 쓰이는 병.

보완 (補完) [보:완] 모자라거나 부족한 것을 보충하여 완전하게 함. ⑩보완 대책을 마련하다. **보완하다**.

보우하다 (保佑—) [보:우하다] 보호하고 도와주다. ⑩하느님이 보우하사 우리나라 만세.

보유 (保有) [보:유] 가지고 있음. ⑩최고 기록을 보유하고 있다. **보유하다**.

보유자 (保有者) [보:유자] 기능·자격 따위를 가지고 있는 사람. ⑩세계 기록 보유자.

보육 (保育) [보:육] 남의 어린아이를 돌봐 기름. ⑩보육 시설. **보육하다**.

보육원 (保育院) [보:유권] 부모나 보호자가 없는 어린이들을 맡아서 기르고 가르치는 곳.

보은 (報恩) [보:은] 은혜를 갚음. ⑩부모에 보은하다. [반]배은. **보은하다**.

***보이다**[1] 1 눈에 뜨이다. ⑩산이 보이다. 2 보게 하다. 3 남의 눈에 뜨이게 하다. ⑩그림을 보이다. 3 남의 눈에 뜨이게 하다. ⑩허점을 보이다. [준]뵈다.

보이다[2] 남으로 하여금 보게 하다. ⑩웃어 보이다. [준]뵈다.

보일러 (boiler) 실내를 따뜻하게 하거나 더운물을 쓰기 위하여 물을 끓이는 시설.

***보자기** (褓—) 물건을 쌀 수 있게 네모지게 만든 작은 보. ⑩보자기로 싸다. [비]보. 보자.

보잘것없다 [보잘껃업따] 볼만한 가치가 없을 정도로 하찮다. ⑩보잘것없는 선물.

보장 (保障) [보:장] 피해를 받거나 나쁜 상태가 되지 않도록 보호함. ⑩노후 생활을 보장하다 / 신분을 보장하다. **보장하다**.

***보전** (保全) [보:전] 온전하게 잘 지키고 유지함. ⑩국토를 보전하다. **보전하다**.

> [주의] **보전**과 **보존**
> **보전** '영토를 보전하다'처럼 현재의 상태를 지켜서 앞으로도 같은 상태에 있게 한다는 의미로 쓰인다.
> **보존** '문화재를 보존하다'처럼 그냥 놔두면 훼손될 우려가 있는 대상을 지켜야 한다는 의미로 쓰인다.

보조[1] (步調) [보:조] 1 여러 사람이 같이 걸을 때 걸음걸이의 속도나 모양. ⑩보조가 맞다. 2 동시에 진행되는 여러 가지 일들의 속도나 조화. ⑩보조를 맞추다.

보조[2] (補助) [보:조] 모자라는 것을 보태어 도와줌. ⑩학교에서 학비를 보조해 주다. **보조하다**.

보조개 웃거나 말할 때에 볼에 오목하게 들어가는 자국. ⑩보조개를 짓다. [비]볼우물.

보조 국사 (普照國師) 〖인명〗 고려 때의 고승. 이름은 지눌. 송광사 등에서 수도하고 우리나라 불교 발전에 크게 기여함. [1158-1210]

보조 기억 장치 (補助記憶裝置) 주기억 장치의 용량 부족을 보충하는 외부 기억 장치.

보존(保存) [보:존] 중요하거나 가치가 있는 것을 잘 보호하고 간수해서 본래의 모습대로 유지함. 예문화재가 박물관에 보존되어 있다 / 환경을 보존하다. **보존하다.** →보전 주의

보좌(補佐) [보:좌] 윗사람을 도와 일을 처리함. 예대통령을 보좌하다. **보좌하다.**

보증(保證) 1 어떤 사물에 대하여 틀림없음을 책임짐. 예사원을 보증하다. 2 빚을 진 사람이 빚을 못 갚을 때 대신하여 갚을 것을 약속함. 예보증을 서다. **보증하다.**

보증금(保證金) 계약을 맺을 때 담보로 내는 돈. 예전세 보증금.

보증인(保證人) 1 어떤 사람의 신원이나 채무를 보증하는 사람. 예보증인을 세우다. 2 보증 채무를 지는 사람.

보채다 1 억지를 부려 심하게 조르다. 예컴퓨터를 사 달라고 보채다. 2 남을 몹시 성가시게 굴다. 예아기가 젖을 달라고 보채다.

보청기(補聽器) [보:청기] 귀가 잘 들리지 않는 사람이 소리가 잘 들리도록 귀에 꽂는 기구. 예할머니는 보청기를 귀에 꽂고 생활하신다.

보초(步哨) [보:초] 군대에서, 부대의 경비를 맡아보는 사람. 예보초 근무 / 보초를 서다.

보충(補充) [보:충] 모자라는 것을 보태어 채움. 예보충 설명을 하다 / 인원을 보충하다. **보충하다.**

보충 수업(補充授業) 일반 교과 과목 중에 학습 기초가 부족한 학생들에게 보충하여 실시하는 수업. 예방학 때 보충 수업을 받다.

보크사이트(bauxite) 알루미늄의 주된 원료가 되는 광석.

보태다 1 모자람을 채우다. 예문제집을 사는 데 돈을 보태다. 2 있는 데다 더하여 늘리다. 예바쁜 농사철에 일손을 보태다.

보탬 보태어 더하거나 돕는 일. 또는 그런 것. 예생활에 큰 보탬이 되다 / 학업에 보탬을 주다.

*****보통**(普通) [보:통] 1 널리 일반에게 통함. 특별하지 않고 평범함. 예보통 수준 / 보통 솜씨가 아니다. 반특별. 2 흔히. 일반적으로. 예동생은 보통 9시면 잠자리에 든다.

보통 선거(普通選擧) 교육·남녀·재산·계급 등을 구별하지 않고 일정한 나이가 되면 누구나 참가하는 선거. 반제한 선거.

보통 예금(普通預金) 돈을 언제든지 넣거나 찾아 쓸 수 있는 은행 예금의 하나.

보퉁이(褓—) 물건을 보자기에 싼 덩이.

보트(boat) 노를 젓거나 모터의 힘으로 움직이는 작은 배. 예보트를 타다.

보편적(普遍的) [보:편적] 모든 것에 예외 없이 두루 쓰이거나 관계되는 (것). 예보편적 생각. 비일반적.

보편화(普遍化) [보:편화] 널리 일반인에게 퍼짐. 또는 퍼지게 함. 비일반화. **보편화하다.**

보폭(步幅) [보:폭] 걸음의 발자국과 발자국 사이의 거리. 예보폭이 좁다.

보푸라기 보풀의 낱개. 예담요에 보푸라기가 일다. 큰부푸러기.

보풀 종이나 헝겊 따위의 거죽에서 일어나는 가는 털. 예보풀이 일다. 큰부풀.

보필(輔弼) [보:필] 윗사람의 일을 곁에서 도움. 또는 그 사람. 예사장을 보필하다. **보필하다.**

보행(步行) [보:행] 탈것을 타지 않고 걸어서 감. 예다리를 다쳐 보행이 불편하다. **보행하다.**

보행기(步行器) [보:행기] 젖먹이에게 걸음을 익히게 하려고 태우는, 바퀴 달린 기구.

보행자(步行者) [보:행자] 걸어서 길을 가는 사람. 길거리를 오고 가는 사람. 비보행인.

보험(保險) [보:험] 사망·화재 등 뜻밖의 사고에 대비하여 사람들이 미리 일정한 돈을 냈다가, 사고를 당하면 약속해 둔 금액을 받을 수 있게 하는 제도. 예생명 보험에 들다.

보험금(保險金) [보:험금] 보험에 든 사람한테 사고가 났을 때 보험 회사가 계약에 따라 그 사람에게 주는 돈.

보험료(保險料) [보:험뇨] 보험에 든 사람이 보험 회사에 정기적으로 내

는 돈. ⓔ보험료를 내다.

*보호 (保護) [보:호] 위험이나 곤란 따위의 상황에 놓이지 않도록 잘 돌보아 지킴. ⓔ환경 보호 / 어린이 보호 구역 / 문화재를 보호하다. **보호하다.**

보호대 (保護帶) [보:호대] 몸을 보호하려고 두르거나 차는 도구. ⓔ무릎 보호대 / 손목 보호대.

보호색 (保護色) [보:호색] 다른 동물의 눈에 띄지 않도록 몸의 빛깔이 주위 환경과 비슷하게 되어 있는 것. 송충이·메뚜기 따위의 몸빛.

보호자 (保護者) [보:호자] 1 환자나 노약자처럼 보호 받아야 할 사람을 보호하는 사람. 2 성년이 안 된 사람을 법적으로 보호하는 권리가 있는 사람.

보호조 (保護鳥) [보:호조] 법률로 잡지 못하게 하여 보호하는 새. 回보호새.

보화 (寶貨) [보:화] ⇨보물.

보훈 (報勳) [보:훈] 공훈에 보답함.

복¹ 참복과의 바닷물고기를 통틀어 이르는 말. 몸이 동통하고 등지느러미가 작으며 이가 날카로움. 위험이 닥치면 공기를 들이마셔 배를 불룩하게 내미는 성질이 있음. 고기는 독이 든 내장을 제거하고 먹음. 回복어.

복² (福) 1 아주 좋은 운수. 큰 행운. ⓔ새해 복 많이 받으세요. 2 배당되는 몫이 많음의 비유. ⓔ먹을 복은 타고 났나 보다.

복개 (覆蓋) [복깨] 하천에 덮개 구조물을 씌워 겉으로 보이지 않도록 함. ⓔ하천 복개 공사가 거의 끝나 간다. **복개하다.**

복고 (復古) [복꼬] 예전 상태로 돌아감. ⓔ복고 스타일. **복고하다.**

복고적 (復古的) [복꼬적] 과거의 사상이나 전통으로 되돌아가려는 (것). ⓔ복고적 경향 / 복고적 문화.

복구 (復舊) [복꾸] 파괴된 것을 다시 본래의 상태로 돌아가게 함. ⓔ복구 작업 / 지진으로 파괴된 도시를 복구하다. **복구하다.**

복권 (福券) [복꿘] 번호를 적어 넣었거나 어떤 표시를 해 놓은 표를 제비를 뽑아서 맞추면 일정한 상금을 타게 되는 표. ⓔ복권에 당첨되다.

복귀 (復歸) [복뀌] 본디의 자리·상태로 되돌아감. ⓔ부대로 복귀하다. **복귀하다.**

복날 (伏─) [봉날] 초복·중복·말복이 되는 날. 준복.

복덕방 (福德房) [복떡빵] 집이나 땅을 빌리거나 팔고 사는 것을 돈을 받고 소개하는 곳. [참고] 지금은 '부동산 중개인 사무소'라고 일컬음.

복덩이 (福─) [복떵이] 복을 가져다 주는 매우 귀중한 사람이나 물건.

*복도 (複道) [복또] 건물 안에 여러 방이나 사무실을 연결해 주며 사람들이 다닐 수 있게 만든 긴 통로.

복리¹ (福利) [봉니] 행복과 이익. ⓔ국민 복리를 증진하다. 回복지.

복리² (複利) [봉니] 이자에 대해 또 다시 이자를 붙이는 셈.

복면 (覆面) [봉면] 남이 알아보지 못하게 얼굴의 전부나 일부를 헝겊 따위로 싸서 가림. 또는 가리는 데에 쓰이는 물건. ⓔ복면강도 / 복면을 쓰다. **복면하다.**

복무 (服務) [봉무] 일정한 직무를 맡아 일함. ⓔ형은 군 복무를 마치고 집으로 돌아왔다. **복무하다.**

복받치다 [복빧치다] 감정이 세차게 치밀어 오르다. ⓔ설움이 복받쳐 마구 울었다. 큰북받치다.

복부 (腹部) [복뿌] 배 부분.

복사 (複寫) [복싸] 1 원본을 보고 베껴 쓰거나 적음. 2 문서·그림·사진 등을 같은 크기로, 또는 확대·축소하여 복제함. 카피. ⓔ서류 복사 / 사진 복사 / 책을 복사하다. **복사하다.**

복사기 (複寫機) [복싸기] 책·문서·자료 등을 복사하는 데 쓰는 기계.

복사뼈 [복싸뼈] 발목 부근에 안팎으로 둥글게 나온 뼈. 回복숭아뼈.

복수¹ (復讐) [복쑤] 원수를 갚음. ⓔ복수의 칼을 갈다. 回보복. 앙갚음. **복수하다.**

복수² (複數) [복쑤] 1 둘 이상의 수. 2 문법에서 어떤 말이 가리키는 사물이 둘 이상임을 나타내는 말. 凹단수.

복수심 (復讐心) [복쑤심] 자신에게 피해를 준 사람에게 앙갚음하려고 벼르는 마음. ⓔ복수심에 불타다 / 복수

복숭아 [복쑹아] 복숭아나무의 열매. 품종에 따라 크기가 다름. 향기가 좋고 단맛이 있으며 담홍색으로 익음. 준 복사. 복숭. ⇨peach

복숭아나무 [복쑹아나무] 장미과의 작은 낙엽 활엽 교목. 높이 3m 정도, 꽃이 잎보다 앞서 핌. 열매인 '복숭아'가 여름에 익는데 부드럽고 맛이 좋음. 씨는 한약에 씀. 준 복사나무.

복숭아뼈 [복쑹아뼈] ⇨복사뼈.

복스럽다 (福—) [복쓰럽따] 생김새가 복이 있어 보이다. 예 복스럽게 생긴 얼굴. [활용] 복스러워 / 복스러우니.

*__복습__ (復習) [복씁] 배운 것을 다시 익히어 공부함. 예 수업 시간에 배운 것을 복습하다. 반 예습. 복습하다.

복싱 (boxing) ⇨권투.

복어 (—魚) [보거] ⇨복¹.

복역 (服役) [보격] 죄를 지은 사람이 법원이 정해 준 일정 기간 동안 교도소에 갇혀 사는 것. 예 3년간 복역하다. 복역하다.

복용 (服用) [보굥] 약을 먹음. 예 하루에 두 알씩 복용한다. 복용하다.

복원 (復元) [보권] 원래의 상태나 위치로 돌아감. 예 고궁의 복원 공사 / 훼손된 문화재를 복원하다. 복원하다.

복음 (福音) [보금] 1 기쁜 소식. 2 그리스도에 의한, 인간을 구제하기 위한 길. 또는 그리스도의 가르침. 3 그리스도의 생애와 교훈을 기록한 마태·마가·누가·요한의 네 책.

*__복잡하다__ (複雜—) [복짜파다] 1 일이나 감정 따위의 갈피가 뒤섞여 번거롭고 어수선하다. 예 문제가 복잡하다 / 절차가 까다롭고 복잡하다 / 마음이 복잡하다. 반 간단하다. 2 사람이나 물건들이 혼잡하게 들어차 있다. 예 복잡한 버스 / 세일 기간이라 백화점은 매우 복잡하다.

복장 (服裝) [복짱] ⇨옷차림. 예 복장이 단정하다.

복장뼈 [복짱뼈] 가슴 한복판에 세로로 있는 뼈. 비 흉골.

복제 (複製) [복쩨] 본디의 것과 똑같은 것을 만듦. 또는 그 만든 것. 예 불법 복제를 금지하다. 복제하다.

복조리 (福笊籬) [복쪼리] 한 해의 복을 받을 수 있다는 뜻으로, 정월 초 하룻날 새벽에 부엌·안방·마루 따위의 벽에 걸어 놓는 조리.

복종 (服從) [복쫑] 남의 명령이나 뜻에 그대로 따름. 예 선생님 말씀에 복종하다. 비 순종. 반 반항. 불복. 복종하다.

복주머니 (福—) [복쭈머니] 복을 비는 뜻으로 정초에 어린이에게 달아 주는 작은 주머니.

*__복지__ (福祉) [복찌] 사람들이 행복하게 살 수 있는 사회 환경. 예 국민 복지 향상 / 복지 혜택. 비 복리.

복지 국가 (福祉國家) 국민의 복지 향상을 국가의 가장 중요한 목표로 삼아 여러 복지 정책을 꾀하는 국가.

복지 사회 (福祉社會) 사회를 이루고 있는 모든 사람들의 행복과 이익이 증진되고 보장된 사회.

복직 (復職) [복찍] 그만두었던 사람이 본디 자리로 돌아옴. 복직하다.

복창 (復唱) 남이 명령하거나 지시하는 말을 듣고 그대로 다시 한 번 소리 내어 욈. 예 명령을 복창하다. 복창하다.

복통 (腹痛) 배가 아픈 증세. 예 복통을 일으키다. 비 배앓이.

복판 어떤 장소나 사물의 한가운데. 예 화살이 과녁의 복판에 맞다. 비 중심. 반 가.

복학 (復學) [보칵] 학교를 떠나 있던 학생이 다시 그 학교에 다니게 됨. 예 2학년에 복학하다. 비 복교. 복학하다.

복합 (複合) [보캅] 두 가지 이상의 것을 합하여 하나로 함. 또는 하나가 됨. 복합하다.

복합어 (複合語) [보카버] 바탕이 되는 말들이 결합하거나 바탕이 되는 말에 덧붙는 말이 붙어 이루어진 낱말. 눈망울·눈사람·풋고추·싸഑질 따위.

*__볶다__ [복따] 1 마른 음식을 그릇에 담아 불에 올려놓고 저으면서 익히다. 예 콩을 볶다. 2 냄비에 기름을 두르고 야채나 고기 따위를 양념하여 익히다. 예 고기를 볶다. 3 사람을 괴롭혀 못 살게 굴다. 예 옷을 사 달라고 들들 볶는다.

볶음밥 [보끔밥] 밥에 당근·쇠고기·감자 따위를 잘게 썰어 넣고 기름에 볶아 만든 음식.

***본**¹ (本) 1 '본보기'의 준말. 예본을 보이다. 2 옷 따위를 만들 때 필요한 치수와 모양이 표시된 실제 크기의 그림. 예바지의 본을 뜨다. 3 시조가 난 땅. 예본이 어디십니까. 비관향. 본관.

본² (本) 지금 말하고 있는 '이'의 뜻. 예본 사건을 결말짓다.

본거지 (本據地) 활동의 중심이 되는 곳. 예그곳을 본거지로 삼다.

본격적 (本格的) [본격쩍] 제대로의 격식을 온전히 갖춘 (것). 예일을 본격적으로 시작하다.

본고장 (本-) 1 자기가 나서 자란 본디의 고향. 비본고향. 2 어떤 물건이 나는 본디의 곳. 예인삼의 본고장 / 유행의 본고장. 비본바닥.

본관¹ (本貫) 한집안의 성을 처음 쓰기 시작한 시조의 고향. 성이 시작된 곳. 비본.

본관² (本館) 중심이 되는 건물. 예대학 본관. 반별관.

본교 (本校) 1 분교에 대하여 중심이 되는 학교. 2 자기가 다니고 있는 이 학교. 반타교.

본국 (本國) 자기 나라. 곧, 자기의 국적이 있는 나라. 반외국. 타국.

본능 (本能) 생물이 태어날 때부터 가지고 있는 성질이나 능력. 예인간의 본능.

본드 (bond) 나무·가죽·고무 따위의 물건을 붙이는 데에 쓰는 물질. 비접착제.

본디 (本-) 사물이 전해 내려온 그 처음. 예본디부터 타고난 성품 / 본디 알던 사람이다. 비본래. 본시.

본딧말 (本-) [본딘말] 줄어들기 전의 말.

본때 (本-) 본보기가 될 만한 사물이나 사람의 됨됨이. 예일을 본때 있게 해치우다.

  본때를 보이다 잘못을 다시는 저지르지 않도록 따끔한 맛을 보이다. 예따끔하게 본때를 보이다.

본뜨다 (本-) 1 무엇을 본보기로 하여 그대로 좇아 하다. 예위인의 언행을 본뜨다. 2 이미 있는 것을 그대로 따라서 만들다. 예동그라미 모양을 본떠서 만들다. [활용] 본떠 / 본뜨니.

본뜻 (本-) [본뜯] 1 본래의 뜻. 예나의 본뜻은 그것이 아니었다. 2 말이나 글의 근본이 되는 뜻. 비본의.

본래 (本來) [볼래] ⇨본디. 예본래의 모습 / 본래 말이 없는 사람.

본론 (本論) [볼론] 글이나 말에서 중심이 되는 부분. 예자, 본론으로 들어가자. *서론.

본마음 (本-) 1 본디부터 가지고 있는 마음. 예본마음은 착하다. 비본심. 2 진심. 예너의 본마음을 알고 싶다. 준본맘.

본명 (本名) 본래의 이름. 예본명을 밝히다. 반가명.

***본문** (本文) 글에서 주요 내용이 되는 부분. 예본문의 내용을 요약해서 발표하다.

본바탕 (本-) 사물의 근본이 되는 본디의 바탕. 예본바탕이 드러나다 / 본바탕은 괜찮은 사람이다. 비밑바탕. 본질.

***본받다** (本-) [본받따] 남의 것을 본보기로 하여 그대로 따라 하다. 예본받을 만한 행동.

본보기 (本-) 1 전체의 모양을 구체적으로 알리는 방법의 한 부분이나 물건. 예본보기 물건. 비견본. 표본. 2 일 처리를 실지로 들어 보이는 일. 예본보기로 엄벌에 처하다. 3 ⇨모범. 남의 본보기가 되는 행동. 준보기. 본.

***본부** (本部) 어떤 기관이나 단체의 중심이 되는 조직. 예본부의 지시를 따르다. 반지부.

본분 (本分) 마땅히 하여야 할 본디의 의무. 예본분을 지키다 / 학생의 본분을 다하다.

본사 (本社) 1 지사에 대하여 주가 되는 회사. 예본사로 발령이 나다. 2 자기가 일하고 있는 이 회사.

본색 (本色) 1 본디의 빛깔이나 생김새. 2 타고난 성질. 예본색을 감추다 / 본색을 드러내다.

본선 (本選) 여러 단계를 거쳐 우승자를 결정할 때 맨 마지막 단계의 경쟁이나 시합.

본성 (本性) 본디부터 가진 성질. 예 본성이 어질다. 비 본질. 천성.

본심 (本心) 1 ⇨본마음. 예 본심을 숨기다 / 본심은 착하다. 2 꾸밈·거짓이 없는 참마음. 비 진심.

본업 (本業) [보넙] 주가 되는 사업이나 직업. 예 그는 본업이 요리사이다. 반 부업.

본연 (本然) [보년] 본디 그대로의 모습이나 상태. 예 학생 본연의 자세.

본위 (本位) [보뉘] 1 본래의 자리. 2 기본으로 삼는 표준. 으뜸으로 삼는 것. 예 흥미 본위의 잡지.

본인 (本人) [보닌] 1 당사자인 그 사람. 예 본인의 자백. 2 이야기하는 사람이 자기 스스로를 가리키는 말.

본잎 (本一) [본닙] 떡잎 뒤에 나오는 잎. 또는 특수한 잎이 아닌 보통의 잎. 비 본엽.

본적 (本籍) 1 그 사람의 호적이 있는 곳. 비 원적. 2 '본적지'의 준말.

본적지 (本籍地) [본적찌] 본적이 있는 곳. 비 원적지. 준 본적.

본전 (本錢) 1 이자를 붙이지 않은 본래의 돈. 비 원금. 2 장사·사업에 밑천으로 들인 돈. 예 본전을 뽑다. 3 본래 살 때에 든 값. 예 본전에 팔다. 비 본값.

본점 (本店) 영업의 중심이 되는 점포. 예 본점에 근무하다. 반 지점.

본존 (本尊) 절의 법당에 모신 부처 중 가장 으뜸되는 부처의 상.

본존불 (本尊佛) ⇨본존.

본질 (本質) 1 ⇨본바탕. 2 본래부터 갖고 있는 사물의 성질이나 모습. 예 생명의 본질.

본채 (本一) 한 울타리 안의 여러 집 가운데 가장 중심이 되는 집. 예 본채에 딸려 있는 마당.

본체 (本體) 1 겉으로 드러나지 않는 실제의 모습. 2 사물의 중심이 되는 부분. 예 컴퓨터 본체.

본체만체 보고도 안 본 체. 예 본체만체하고 지나가다. 비 본척만척. **본체만체하다**.

본초 자오선 (本初子午線) 지구의 경도를 재는 기준으로 삼는 자오선. 영국 그리니치 천문대를 지나는 선을 0도로 함.

본토 (本土) 1 자기가 사는 그 고장. 2 식민지나 보호국에 대해서 지배하는 나라.

본토박이 (本土一) [본토바기] 대대로 그 땅에서 사는 사람. 예 그는 서울 본토박이다. 준 토박이.

본회의 (本會議) [본회이 / 본훼이] 구성원 모두가 참가하는 정식 회의. 예 제5차 본회의를 열다.

*__볼__¹ 뺨의 가운데 부분. 예 볼을 만지다 / 볼이 발그레하다. ⇨ cheek

볼² (ball) 1 공. 2 야구에서, 투수가 스트라이크 존을 벗어나게 던진 공.

볼거리¹ 볼 아래가 불룩하게 부어오르는 병. 주로 어린아이에게 많이 생기며 귀밑샘에 염증이 생겨 일어남.

볼거리² [볼꺼리] 구경할 만한 것. 예 이곳에는 볼거리가 많다.

볼기 [볼:기] 뒤쪽 허리 아래, 허벅다리 위 좌우 쪽으로 살이 두둑한 부분. 예 볼기를 치다. →궁둥이 주의

볼기짝 [볼:기짝] '볼기'의 속된 말.

볼끼 예전에 추위를 막으려고 겨울에 쓰던 방한구. 두 뺨을 싸서 머리 위에서 잡아매어 씀.

볼레로 (에 bolero) 1 길이가 허리선보다 짧은 윗옷. 2 4분의3 박자로 된 에스파냐의 민속 춤곡.

볼록 겉으로 조금 도드라지거나 튀어나온 모양. 예 배가 볼록 나오다. 큰 불룩.

볼록 렌즈 (—lens) 가운데가 볼록하게 도드라진 렌즈. 빛을 한 점에 모이게 함. 현미경·카메라·망원경 등을 만드는 데 쓰임. 반 오목 렌즈.

볼록이 [볼로기] 볼록하게. 예 자루를 볼록이 채우다. ×볼록로.

볼록하다 [볼로카다] 겉으로 조금 도드라지거나 튀어나와 있다. 예 아랫배가 볼록하다. 큰 불룩하다.

볼륨 (volume) 1 부피. 예 볼륨이 있다. 2 음량. 예 텔레비전의 볼륨을 조절하다.

볼리비아 (Bolivia) [국명] 남아메리카 중부의 공화국. 광산이 많고 특히 주석은 세계적으로 유명함. 헌법상의 수도는 수크레, 행정상의 수도는 라파스.

볼링 (bowling) 평평한 마루 위에서서 지름 20cm가량의 공을 한 손으로 굴려 약 19m 앞에 세워 놓은 10개의 핀을 쓰러뜨리는 경기.

볼멘소리 성이 나서 퉁명스럽게 하는 말투. 예볼멘소리로 대꾸하다.

볼모 1 약속을 지키겠다는 증거로 상대방에게 잡혀 두는 물건이나 사람. 예볼모가 되다 / 볼모로 잡다. 2 예전에, 나라 사이에 침략을 아니하겠다는 약속으로 왕자를 상대국에 맡겨 두던 일. 또는 그 맡겨진 사람. 예볼모로 삼다. 비인질.

볼썽사납다 [볼썽사납따] 체면이나 예절이 없어 보기에 좋지 않다. 예볼썽사납게 굴다. 활용볼썽사나워 / 볼썽사나우니.

볼일 [볼:릴] 해야 할 일. 보아야 할 일. 예급한 볼일이 생기다 / 볼일 보러 나가다. 비용무.

볼트[1] (bolt) 너트와 함께 두 부분을 붙여 죄는 데 쓰는 나사.

볼트[2] (volt) 전압의 단위를 세는 말 ((기호는 V)). 예220볼트.

볼펜 (ball pen) 펜 끝에 작은 강철 알을 끼워 이 알이 돌면서 기름 잉크를 내어 쓰는 펜.

볼품 겉으로 드러나는 볼만한 모습. 예그 옷을 입으면 볼품이 난다.

볼품없다 [볼푸멉따] 겉으로 보기에 초라하다. 보아줄 만한 데가 없다. 예볼품없는 모습.

볼품없이 [볼푸멉씨] 볼품없게. 예꽃이 볼품없이 시들어 가다.

*__봄__ 일 년 네 철 중의 첫째 철. 대략 3–5월이 해당되며 절기로는 입춘부터 입하 전까지를 일컫음. 예봄이 오다 / 꽃 피는 봄을 맞이하다. ⇨spring

봄(을) 타다 ㉠봄철에 입맛이 없고 몸이 약해지다. ㉡봄기운 때문에 싱숭생숭 기분이 들뜨다.

|참고| 봄을 생각나게 하는 것
자연 : 새싹, 아지랑이, 봄바람, 봄비
동물 : 나비, 병아리, 제비, 종달새, 올챙이
꽃 : 진달래, 버들개지, 개나리, 목련, 민들레, 제비꽃, 벚꽃
나물 : 냉이, 달래, 쑥, 씀바귀
기타 : 버들피리, 나물캐기, 꽃놀이

봄갈이 [봄가리] 봄에 논밭을 가는 일. 비춘경. 반가을갈이. **봄갈이하다**.

봄꽃 [봄꼳] 봄에 피는 꽃.

봄나들이 [봄나드리] 봄을 맞아 가까운 산이나 들로 놀러 가는 일. **봄나들이하다**.

봄나물 봄에 산이나 들에 나는 나물. 달래, 냉이, 쑥 따위.

봄날 봄철의 날씨. 또는 봄철의 날. 예화창한 봄날.

봄맞이 [봄마지] 봄을 맞아서 베푸는 놀이. 또는 봄을 맞는 일. **봄맞이하다**.

봄바람 [봄빠람] 봄철에 부는 따뜻한 바람. 비춘풍.

봄볕 [봄뼏] 봄철에 비치는 따뜻한 햇볕. 예봄볕을 쬐다. 비춘양.

*__봄비__ [봄삐] 봄에 내리는 비. 예봄비가 대지를 촉촉하게 적신다. 비춘우.

봄빛 [봄삗] 봄의 경치. 봄의 기운.

봄소식 (—消息) 봄이 온 것을 느끼게 하는 여러 가지 자연 현상. 예매화가 꽃망울을 터뜨리며 봄소식을 전하고 있다.

봄철 봄의 계절.

봇물 (洑—) [본물] 보에 괸 물. 보에서 흘러내리는 물. 예봇물이 터지다. 쥰보.

봇짐 (褓—) [보찜 / 볻찜] 물건을 보자기에 싸서 꾸린 짐.

봇짐장수 (褓—) [보찜장수 / 볻찜장수] 물건을 보자기에 싸서 메고 다니며 파는 사람. *보부상.

봉[1] (鳳) [봉:] 1 '봉황'의 준말. 2 어수룩하여 이용하기 좋은 사람.

봉[2] (峰) 산봉우리.

봉[3] (封) 봉지, 봉투 등을 세는 말. 예사탕 한 봉.

봉급 (俸給) [봉:급] 직장에서 일한 대가로 받는 일정한 돈. 예봉급을 타다. 비급료.

봉기 (蜂起) 벌떼처럼 떼를 지어 일어남. 예민중의 봉기. **봉기하다**.

봉당 (封堂) 안방과 건넌방 사이에 마루를 놓지 않고 흙바닥으로 그대로 둔 곳.

봉래산 (蓬萊山) [봉:내산] 여름의 '금강산'을 달리 이르는 말. ※개골산. 풍악산.

봉변 (逢變) 뜻밖에 변이나 망신스러운 일을 당함. 예이게 무슨 봉변인가. 봉변하다.

봉분 (封墳) 흙을 쌓아 올려 무덤을 만듦. 또는 그 쌓아 올린 부분.

봉사[1] (봉:사) '시각 장애인'을 낮잡아 이르는 말.

***봉사**[2] (奉仕) [봉:사] 국가·사회 또는 남을 돕기 위해 일함. 예이웃을 위해 봉사하다. **봉사하다**.

봉사단 (奉仕團) [봉:사단] 국가나 사회 또는 다른 사람을 돕기 위하여 모인 모임이나 단체.

봉사자 (奉仕者) [봉:사자] 봉사하는 사람. 예의료 봉사자를 모집하다.

봉산 탈춤 (鳳山—) 황해도 봉산 지방에서 전해 내려오는 가면 무용극. 우리나라 국가 무형유산.

봉선화 (鳳仙花) [봉:선화] 봉선화과의 한해살이풀. 줄기 높이 60cm가량, 여름에 붉은색·흰색 꽃이 핌. 꽃과 잎을 따서 백반·소금 등을 섞어 손톱에 붉은 물을 들이기도 함. 町봉숭아.

봉송 (奉送) [봉:송] 영령·유골 또는 귀중한 것 따위를 정중히 운반함. 예올림픽 성화 봉송. **봉송하다**.

봉쇄 (封鎖) 굳게 잠가서 사람이나 물건이 드나들지 못하게 함. 예출입구를 봉쇄하다. **봉쇄하다**.

봉수 (烽燧) 예전에, 큰 난리나 외적의 침입이 있을 때 신호로 올리던 불. 봉화.

봉수대 (烽燧臺) 봉화를 올릴 수 있게 만들어 놓은 곳. 町봉화대. 봉홧둑.

봉수대

봉숭아 [봉:숭아] ⇨봉선화.

봉양 (奉養) [봉:양] 부모·조부모와 같은 웃어른을 받들어 모심. 예홀로 되신 어머니를 봉양하다. **봉양하다**.

봉오동 전투 (鳳梧洞戰鬪) 1920년 6월 만주 봉오동에서 홍범도가 이끄는 대한 독립군이 일본군을 크게 무찌른 싸움.

***봉오리** 맺히어 아직 피지 아니한 꽃. 예봉오리가 맺히다. 본꽃봉오리. ×봉우리.

봉우리 산꼭대기의 뾰족한 부분. 본산봉우리. ×봉오리.

봉제 (縫製) 재봉틀 따위로 박아서 만듦. 예봉제 인형. **봉제하다**.

***봉지** (封紙) 종이나 비닐 따위로 만든 주머니. 예과자 한 봉지/봉지에 들어 있는 밀가루.

봉축 (奉祝) [봉:축] 공경하는 마음으로 축하함. 예부처님 오신 날 봉축 행사. **봉축하다**.

***봉투** (封套) 편지나 서류 따위를 넣는, 종이로 만든 주머니. 예서류 봉투/군고구마를 봉투에 담아 주다.

봉하다 (封—) 1 문·봉투·그릇 따위를 열지 못하게 붙이거나 싸서 막다. 예항아리를 봉하다. 2 입을 다물다. 예입을 봉하다.

봉화 (烽火) 난리를 알리던 불. 불을 피워 낮에는 연기로, 밤에는 불빛으로 신호하였는데 상황에 따라 올리는 횟수가 달라짐. 町봉수.

봉화대 (烽火臺) ⇨봉수대.

봉황 (鳳凰) [봉:황] 옛날 중국 전설에 나오는 상상의 새. 수컷을 봉, 암컷을 황이라 하. 닭의 머리, 뱀의 목, 제비의 턱, 거북의 등, 물고기의 꼬리 모양을 하였고, 몸과 날개 빛은 오색이 찬란하고, 다섯 가지의 소리를 낸다 함. 町봉새. 봉황새. 준봉.

뵈다[1] [뵈:다/붸:다] 웃어른을 만나 보다. 예선생님을 뵈러 가다.

뵈다[2] [뵈:다/붸:다] 1 눈에 뜨이다. 2 보게 하다. 본보이다.

뵙다 [뵙:따/붹:따] '뵈다'의 높임말. 예선생님을 뵙고 말씀 드리겠습니다.

부[1] (部) 1 업무 조직에서 부서의 하나. 예이번 행사는 우리 부에서 담당한다. 2 우리나라 정부 행정 조직. 예각 부의 장관들을 임명하다.

부[2] (部) 1 몇 차례로 이루어지는 일의 한 차례. 예이번 공연은 일 부와 이 부로 이루어졌다. 2 책·신문 등을 세는 데 쓰는 말. 예신문 한 부.

부– (不) '아님·아니함·어긋남'의 뜻

'ㄷ·ㅈ'으로 시작되는 말 앞에 붙음. 예 부도덕 / 부자유. →불- 참고

부가 (附加) [부:가] 이미 있는 것에 덧붙임. 예 부가 기능 / 부가 정보 / 부가 가치세. 비 첨가. **부가하다**.

부각 (浮刻) 사물의 특징을 두드러지게 나타냄. 예 자동차의 편리성을 부각하다. **부각하다**.

부강 (富強) [부:강] 백성의 살림이 넉넉하고 군대의 힘이 강함. 예 나라의 부강을 도모하다. 비 부유. **부강하다**.

부결 (否決) [부:결] 회의에 낸 의안을 받아들이지 않기로 결정함. 반 가결. **부결하다**.

부계 (父系) [부계 / 부게] 아버지 쪽의 혈연관계를 기준으로 전해 내려오는 계통. 예 부계 사회. 반 모계.

부고 (訃告) [부:고] 사람의 죽음을 알리는 말이나 글. 예 부고를 받다. 비 부음.

부과 (賦課) [부:과] 1 세금이나 벌금 따위의 돈을 구체적으로 매기어 부담하게 함. 예 각종 세금을 부과하다. 2 어떤 일이나 책임을 부담하여 맡게 함. 예 무거운 임무를 부과하다. **부과하다**.

부국 (富國) [부:국] 잘사는 나라.

부군 (夫君) 남의 '남편'을 높여 이르는 말.

부귀 (富貴) [부:귀] 돈이 많고 지위가 높음. 반 빈천. **부귀하다**.

부귀영화 (富貴榮華) [부:귀영화] 돈이 많고 지위가 높으며 영화로운 것. 예 부귀영화를 누리다.

*__부근__ (附近) [부:근] 어떤 곳을 중심으로 그 가까운 언저리. 예 강아지를 데리고 동네 부근을 산책하다. 비 근방. 근처.

부글거리다 1 많은 물이 야단스레 자꾸 끓어오르다. 2 큰 거품이 자꾸 일어나다. 3 마음에 언짢거나 착잡하여 속이 계속 들볶이다. 작 보글거리다. 센 뿌글거리다.

부글부글 부글거리는 모양. 예 국이 부글부글 끓어오르다 / 화가 나서 속이 부글부글 끓다. 작 보글보글. **부글부글하다**.

부기[1] (浮氣) 몸이 부은 상태. 예 부기가 오르다 / 부기가 가라앉다.

부기[2] (簿記) [부:기] 돈이나 재산이 나가고 들어오는 것을 일정한 방식으로 정리하여 장부에 적는 방법. 예 상업 부기.

부끄러움 부끄러워하는 느낌. 예 부끄러움을 무릅쓰고 친구에게 부탁했다. 준 부끄럼.

부끄러워하다 부끄러운 태도를 나타내다. 무엇을 부끄럽게 여기다. 예 가난을 부끄러워하다.

*__부끄럽다__ [부끄럽따] 1 마음에 거리낌이 있어 남을 대할 면목이 없다. 예 친구를 오해하다니 참으로 부끄럽다. 2 쑥스럽거나 수줍다. 예 부끄러워서 고개를 못 들었다. 활용 부끄러워 / 부끄러우니.

부녀 (父女) 아버지와 딸.

부녀자 (婦女子) 부인과 여자. 곧, 여성을 이르는 말. 준 부녀.

부녀회 (婦女會) [부녀회 / 부녀훼] 부인들의 모임 단체.

부농 (富農) [부:농] 농토와 농사의 규모가 크고 수입이 많은 농가나 농민. 예 부농의 아들. 반 빈농.

부닥치다 1 세게 부딪치다. 예 벽에 머리를 부닥치다. 2 어려운 문제에 직면하다. 예 난관에 부닥치다.

부담 (負擔) [부:담] 어떤 일을 맡아 의무나 책임을 짐. 예 정신적인 부담을 주다. **부담하다**. **부담스럽다**.

부당 (不當) 도리에 어긋나 옳지 않음. 예 부당한 요구를 하다. 반 정당. 합당. **부당하다**. **부당히**.

부대[1] (負袋) [부:대] 종이·피륙·가죽 따위로 만든 큰 자루. 예 밀가루 부대. 비 포대.

*__부대__[2] (部隊) 1 군대의 조직 단위. 예 청룡 부대. 2 같은 목적을 가진 한 무리의 사람들의 모임. 예 박수 부대 / 응원 부대.

부대끼다 사람이나 일에 시달려 괴로움을 겪다. 예 동생들에게 부대끼다.

부덕 (不德) 덕이 없거나 부족함. 예 이번 일은 제 부덕으로 생긴 일입니다. 포대.

부도[1] (不渡) 수표·어음에 적힌 날짜에 돈을 받지 못하는 일. 예 부도 수표 /

부도를 막다.

부도² (附圖) [부:도] 어떤 책에 딸려 있는 지도나 도표. 예 사회과 부도.

부도체 (不導體) 전기나 열을 전하지 못하거나 전하는 정도가 아주 작은 물체. 유리·고무·플라스틱 등은 전기 부도체, 솜·석면·회 등은 열의 부도체임. 비 절연체. 반 도체.

부동 (不動) 1 움직이지 않음. 2 정신이 흔들리지 않음. 예 부동의 신념. 부동하다.

부동산 (不動産) 땅이나 집처럼 쉽게 움직일 수 없는 재산. 예 부동산 투자. 반 동산.

부동액 (不凍液) 겨울철에 자동차 엔진의 냉각수를 얼지 않게 하려고 쓰는 액체.

***부두** (埠頭) 배를 대고 사람이 타고 내리거나 짐을 싣고 부리는 곳.

부둣가 (埠頭―) [부두까/부둗까] 부두가 있는 근처.

부둥켜안다 [부둥켜안따] 두 팔로 꼭 끌어안다.

***부드럽다** [부드럽따] 1 살갗에 닿는 느낌이 거칠거나 뻣뻣하지 않고 물러서 매끈매끈하다. 예 살결이 희고 부드럽다. 2 성질이나 태도가 곱고도 순하다. 예 부드러운 마음/말씨가 부드럽다. 3 움직임이 유연하다. 예 춤추는 동작이 부드럽다. 작 보드랍다. 활용 부드러워/부드러우니.

부득부득 [부득뿌득] 1 제 고집만 자꾸 부리는 모양. 예 그래도 잘했다고 부득부득 우기고 있다. 2 자꾸 졸라대는 모양. 작 바득바득. 센 뿌득뿌득.

부득이 (不得已) [부드기] 하는 수 없이. 마지못하여. 어쩔 수 없이. 예 부득이한 사정이 생겨 가지 못했다. 부득이하다.

부들부들 자꾸 몸을 크게 부르르 떠는 모양. 예 공포에 질려 부들부들 떨다. 작 바들바들. **부들부들하다**.

부등식 (不等式) 두 수나 두 식을 부등호로 연결한 관계식. 반 등식.

부등호 (不等號) 두 개의 수식 사이에 두어 그 수식의 크고 작음이나 같지 않음을 나타내는 부호. '<·>' 따위가 있음.

부디 [부:디] '꼭·아무쪼록·틀림없이·기어이'의 뜻으로 남한테 간절하게 부탁하거나 청할 때 쓰는 말. 예 부디 몸조심하십시오.

부딪다 [부딛따] 물건과 물건이 서로 힘 있게 마주 닿다. 또는 힘 있게 마주 대다. 예 버스와 택시가 정면으로 부딪다.

부딪치다 [부딛치다] '부딪다'의 힘줌말. →부딪히다 주의

***부딪히다** [부딛치다] 부딪음을 당하다. 예 복도에서 달려오는 친구와 부딪혔다.

주의 **부딪치다**와 **부딪히다**

부딪치다 '부딪다'의 힘줌말. 예 손바닥을 부딪치다 / 반대에 부딪치다.
부딪히다 '부딪다'의 피동사. 예 택시가 화물차에 부딪히다 / 어려운 문제와 부딪히다.

부뚜막 아궁이 위의 솥이 걸린 편편한 자리.

부라리다 눈을 크게 뜨고 눈망울을 사납게 굴리다. 예 무섭게 눈을 부라리며 야단을 치다.

부뚜막

부락 (部落) 집이 많이 모여 있는 시골의 큰 마을. 예 산간 부락에 모여 살다.

부랑아 (浮浪兒) 부모나 보호자의 곁을 떠나 떠돌아다니는 아이.

부랑자 (浮浪者) 일정한 주소나 직업이 없이 떠돌아다니며 방탕한 생활을 하는 사람. 예 부랑자 수용소.

부랴부랴 매우 급히 서두르는 모양. 예 부랴부랴 집을 나서다.

부러뜨리다 단단한 물건을 꺾어서 부러지게 하다. 예 나뭇가락을 부러뜨리다.

***부러워하다** 부럽게 생각하다. 예 남의 출세를 부러워하지 마라.

***부러지다** 단단한 물체가 꺾어서 둘로 잘라지다. 예 부러진 연필심.

부럼 [부:럼] 한 해 동안 부스럼을 앓지 않는다고 하여 음력 정월 대보름날 새벽에 깨물어 먹는 잣·호두·땅콩 따위를 이르는 말. 예 부럼을 깨물다.

부럽다 [부럽따] 남의 좋은 것을 보고 저도 그렇게 되고 싶어하거나 갖고 싶어하다. 예몸이 건강한 네가 부럽다. [활용] 부러워 / 부러우니.

부레 물고기 배 속에 있는 공기주머니. 이것을 벌렸다 오므렸다 함에 따라 물고기가 물에 뜨고 잠기고 함. [비] 부낭. 어표.

부레뜸 연줄을 빳빳하고 질기게 하려고 부레 끓인 물을 실에 먹이는 일.

부레옥잠 (-玉簪) [부레옥짬] 연못에 떠다니며 자라는 물풀. 잔뿌리가 많고 잎이 둥글고 넓으며 잎자루의 가운데가 부풀어 물고기의 부레처럼 물에 뜸. 8-9월에 연한 자주색 꽃이 핌.

부레옥잠

부력 (浮力) 액체나 기체 속에 있는 물체를 위로 하게 하는 힘.

부록 (附錄) [부:록] 1 본문 끝에 덧붙인 기록. 2 잡지 따위에 덧붙여 따로 내는 책자. 본책의 끄트머리에 붙이는 것과 본책과 따로 내는 것이 있음. 예연말 특별 부록. [반] 본책.

부류 (部類) 종류에 따라 나눈 갈래. 예저 동물은 개의 부류이다.

***부르다**¹ 1 소리쳐 남의 주의를 끌거나 오라고 하다. 예부르면 들릴 거리. 2 값이나 액수를 말하다. 예부르는 게 값이다. 3 일컫다. 예친구들은 그를 천재라고 불렀다. 4 구호나 만세 따위를 소리 내어 외치다. 예만세를 부르다. 5 노래를 하다. 예교가를 부르다. [활용] 불러 / 부르니. ×불르다. ⇒call

***부르다**² 1 먹은 것이 많아 배 속이 꽉 찬 느낌이 있다. 예저녁을 많이 먹어서 배가 부르다. 2 불룩하게 부풀어 있다. 예고양이가 새끼를 배서 배가 부르다. [활용] 불러 / 부르니.

부르르 춥거나 무서워서 갑자기 몸을 움츠리며 떠는 모양. 예공포에 질려서 몸을 부르르 떨다. **부르르하다**.

부르릉 자동차 따위가 시동이 걸리거나 움직이기 시작할 때 나는 소리.

부르짖다 [부르짇따] 1 격한 감정을 억누르지 못하여 소리를 높여 크게 떠들다. 예만세를 부르짖다. 2 어떤 주장이나 의견을 열심히 말하다. 예자연 보호를 부르짖다.

부르트다 1 살가죽이 들뜨고 그 속에 물이 생기다. 예발바닥이 부르트도록 걸었다. 2 물것에 물려 살이 도톨도톨하게 부어오르다. 예모기에 물린 자리가 여기저기 부르텄다. [활용] 부르터 / 부르트니.

부름 어떤 일을 이루기 위하여 불러들임. 예나라의 부름을 받고 육군에 입대하다.

부릅뜨다 무섭고 사납게 눈을 크게 뜨다. 예두 눈을 부릅뜨고 노려보다. [활용] 부릅떠 / 부릅뜨니.

***부리** 1 새나 짐승의 주둥이. 2 물건의 뾰족한 부분.

부리나케 몹시 서둘러. 아주 급하게. 예지각하지 않으려고 부리나케 학교로 뛰어갔다.

***부리다**¹ 1 마소나 다른 사람을 시켜 일하게 하다. 예소를 부려 밭을 갈다. 2 자동차나 배 따위에 실었던 짐을 풀어 내려놓다. 예이삿짐을 부리는 데 반나절 걸렸다.

부리다² 1 재주나 꾀를 피우다. 예곰이 재주를 부리다. 2 어떤 행동을 나타내다. 예고집을 부리다.

부리부리하다 눈방울이 크고 초롱초롱하다. 예부리부리한 눈에 눈물이 고였다.

***부모** (父母) 아버지와 어머니. [비] 양친. 어버이. ⇒parent

부모님 (父母-) '부모'의 높임말.

***부문** (部門) 일정한 기준에 따라 갈라놓은 부분. 예피아노 부문 입상자. [비] 분야.

부반장 (副班長) [부:반장] 반에서 반장을 도와 학급 일을 보는 학생.

***부부** (夫婦) 남편과 아내. 예부부 동반 모임. [비] 내외. 부처.

부부유별 (夫婦有別) 오륜의 하나. 남편과 아내는 분별 있게 각기 자기의 본분을 다해야 한다는 뜻.

***부분** (部分) 전체를 몇 개로 나눈 것의 하나. 예중요한 부분을 잊었다. [반] 전체.

부분적 (部分的) 한 부분에 관계있는.

또는 그런 것. 예부분적 차이 / 무역 협상에서 부분적인 합의를 끌어내다.
부분 집합 (部分集合) 집합 B의 모든 원소가 집합 A에 속할 때, B를 A에 대하여 일컫는 말.
부사 (副詞) [부:사] 동사·형용사 따위의 앞에서 그 뜻을 꾸며 주는 말. 비어찌씨.
부사관 (副士官) [부:사관] 군대에서 원사·상사·중사·하사를 일컫는 말.
부산 (釜山) 〔지명〕 경상남도 동남쪽에 있는 광역시. 서울 다음가는 대도시이며 우리나라 최대의 무역항.
부산물 (副産物) [부:산물] 1 어떤 제품을 만드는 과정에서 그에 딸려 얻어지는 물건으로 상품 가치가 있는 것. 판주산물. 2 어떤 사물을 다루어 행할 때 부수적으로 일어나는 일 따위. 예연구의 부산물.
부산하다 1 어수선하고 바쁘다. 예부산한 움직임. 2 시끄럽고 떠들썩하다. 예시골 장터의 부산한 모습.
부산히 부산하게.
부삽 아궁이나 화로의 재를 치거나, 숯불이나 불을 담아 옮기는 데에 쓰는 조그마한 삽.
부상¹ (負傷) [부:상] 몸에 상처를 입음. 예교통사고로 심한 부상을 입다.
부상² (浮上) 1 물 위로 떠오름. 예잠수함이 부상하다. 2 어떤 능력이나 현상이 사람들의 관심을 받거나 눈에 띄게 나타남. 예강력한 우승 후보로 부상하다. **부상하다**.
부상³ (副賞) [부:상] 상장·상금 등 정식 상품 이외에 덧붙여 주는 상. 예부상으로 사전을 받다.
부상병 (負傷兵) [부:상병] 전투나 임무 수행에서 몸에 상처를 입은 군인.
부상자 (負傷者) [부:상자] 상처를 입은 사람. 예부상자를 치료하다.
부서 (部署) 일의 성격에 따라 나누어진 부분. 예부서를 옮기다.
***부서지다** 단단한 물건이 깨져 여러 조각이 나다. 예장난감이 부서지다. 작바서지다.
부석부석 [부석뿌석] 살이 약간 부어 오른 모양. 예부석부석한 얼굴. **부석부석하다**.

부석사 (浮石寺) [부석싸] 경상북도 영주시 부석면에 있는 절. 신라 문무왕 때 의상 대사가 왕명을 받고 지었다고 하며, 의상은 이곳에서 화엄종을 처음으로 열었음. 고려 때에 지은 무량수전과 조사당이 남아 있음.
부석사 무량수전 (浮石寺無量壽殿) 고려 중기에 지은, 우리나라에서 현재 남아 있는 가장 오래되고 우수한 목조 건물의 하나. 부석사의 본전. 우리나라 국보로, 정식 이름은 '영주 부석사 무량수전'.
부설¹ (附設) [부:설] 일이나 물건을 어느 것에 딸려서 설치함. 예사범 대학 부설 중학교. **부설하다**.
부설² (敷設) [부:설] 다리·철도 따위를 깔아서 설치함. 예철도를 부설하다. **부설하다**.
부성애 (父性愛) 자식에 대한 아버지의 사랑. 예깊은 부성애를 느끼다.
부속 (附屬) [부:속] 주되는 일이나 물건에 딸려서 붙음. 예부속 건물 / 대학 부속 병원.
부속품 (附屬品) [부:속품] 어떤 기계·기구에 딸려 붙은 물건. 예자동차 부속품을 생산하다.
부수¹ (部數) [부:쑤] 책·신문의 수효. 예발행 부수가 많은 신문.
부수² (部首) 한자 자전에서 글자를 찾는 길잡이가 되는 글자의 한 부분.
***부수다** 여러 조각이 나게 두드려 깨뜨리다. 예흙덩이를 잘게 부수다. 작바수다. ⊃break

주의 부수다와 부시다
부수다 깨뜨린다는 뜻. 예얼음 덩어리를 부수다.
부시다 1 빛이나 색채로 눈이 어리어리하다. 2 그릇을 씻다.

부수입 (副收入) [부:수입] 1 기본 수입 외에 일을 더하여 생기는 수입. 2 남이 모르는 수입. 예부수입을 챙기다.
부스러기 잘게 부스러진 찌꺼기. 예과자 부스러기를 흘리다.
부스럭 마른 풀·낙엽 따위를 밟거나 뒤적일 때 나는 소리. **부스럭하다**.

부스럭거리다 [부스럭꺼리다] 나뭇잎이나 마른 풀, 지푸라기 따위를 밟거나 뒤적일 때 자꾸 부스럭 소리가 나다. 또는 그런 소리를 내다.

부스럼 몸에 생기는 종기를 통틀어 이르는 말.

부스스 1 누웠거나 앉았다가 조용히 일어나는 모양. 예 침대에서 **부스스** 일어나다. 2 머리카락이나 털 따위가 어지럽게 일어나거나 흐트러진 모양. 예 **부스스한** 머리털. [작] 바스스. ×부시시. **부스스하다**.

부슬부슬 눈이나 비가 가늘고 성기게 내리는 모양. 예 가을비가 **부슬부슬** 내리다. [작] 보슬보슬. **부슬부슬하다**.

부시다[1] 강한 빛이나 색채를 마주 보기 힘들 정도로 눈이 어리어리하다. 예 강렬한 여름 햇살에 눈이 부시다. →부수다 [주의]

부시다[2] 그릇 따위를 깨끗이 씻다. 예 접시를 깨끗한 물로 부시다. →부수다 [주의]

부식[1] (副食) [부:식] 주식에 곁들여 먹는 음식. 밥에 딸린 반찬 따위를 이름. [반] 주식. [본] 부식물.

부식[2] (腐蝕) [부:식] 1 썩어서 문드러짐. 2 금속에 녹이 스는 것. 예 부식이 생기다. **부식하다**.

부식토 (腐植土) [부:식토] 식물이 썩은 유기물이 많이 섞여 있는 기름진 흙. 농사에 좋음.

부실 (不實) 1 몸이 튼튼하지 못하고 약함. 예 다리가 부실해서 잘 뛰지 못한다. 2 내용이 충실하지 못하거나 실속이 없음. 예 저녁 반찬이 부실하다. **부실하다**.

부싯돌 [부시똘/부싣똘] 석영의 하나. 부시로 쳐서 불을 일으키는 데 씀.

부아 분하거나 성이 나는 마음. 예 부아가 나다 / 부아가 치밀다.

부양 (扶養) 혼자 살아갈 능력이 없는 사람의 생활을 돌봄. 예 부모를 부양하다. **부양하다**.

부양가족 (扶養家族) 자기가 부양하고 있는 가족. 예 **부양가족**이 많다.

부업 (副業) [부:업] 주로 하는 일 외에 틈을 이용하여 하는 벌이. 예 농가 부업. [반] 본업.

부엉이 올빼밋과의 새 중 머리 위에 귀 모양의 털이 나 있는 새를 통틀어 일컫는 말. 성질이 사나워서 가축을 해치며, 해 질 녘에 '부엉부엉' 하고 욺. [비] 부엉새.
부엉이

***부엌** [부억] 일정한 시설을 갖추어 놓아 음식을 만들고 설거지를 할 수 있도록 만들어 놓은 곳. [비] 주방. ⊃kitchen

부여[1] (扶餘) 〖지명〗충청남도 부여군의 군청 소재지로 읍. 백제 성왕 이후 의자왕까지의 도읍지로, 낙화암·부소산·백제 왕릉·무량사·조룡대 등 명승 고적이 많음. 옛 이름은 '사비'였음.

부여[2] (附與) [부:여] 사람에게 권리·명예·임무 따위를 지니게 하여 주는 일. 예 권리를 **부여**하다 / 임무가 **부여**되다. **부여하다**.

부여잡다 [부여잡따] 두 손으로 힘껏 붙들어 잡다. 예 손목을 **부여잡고** 이별의 눈물을 흘리다.

부역 (賦役) [부:역] 나라나 공공 단체가 의무적으로 국민에게 시키는 노역.

부옇다 [부:여타] 선명하지 않게 희끄무레하다. 예 안개가 **부옇게** 끼다. [작] 보얗다. [센] 뿌옇다. [활용] 부여니 / 부예서.

부원 (部員) 부를 구성하는 사람. 부에 속하는 사람. 예 태권도 부원.

부위 (部位) 어느 부분이 전체에서 차지하는 위치. 예 아픈 **부위**를 살펴 보다.

부유 (富裕) [부:유] 재물이 넉넉함. 예 그는 **부유**한 가정에서 태어났다. [반] 가난. **부유하다**. ⊃rich

부음 (訃音) [부:음] 사람이 죽었다는 소식. 예 뜻밖의 **부음**을 듣다. [비] 부고.

부응 (副應) [부:응] 무엇에 좇아서 응함. 예 기대에 **부응**하여 열심히 노력하다. **부응하다**.

부의장 (副議長) [부:의장 / 부:이장] 의장 다음가는 직위. 또는 그 직위에 있는 사람.

부인[1] (婦人) 결혼한 여자.
부인[2] (夫人) 남의 아내의 높임말.

부인³ (否認) [부:인] 어떤 내용이나 사실을 그렇다고 인정하지 아니함. 예 범죄 사실을 부인한다. 비부정. 반시인. **부인하다.**

부임 (赴任) [부:임] 발령이나 임명을 받아 일할 곳으로 감. 예 지방 학교에서 부임해 오신 선생님. **부임하다.**

부자¹ (父子) 아버지와 아들. 예 부자가 꼭 닮았다. 반모녀.

*__부자²__ (富者) [부:자] 살림이 넉넉하고 재산이 많은 사람. 비부호. 반가난뱅이. 빈자.

부자유친 (父子有親) 오륜의 하나. 부모는 자녀에게 사랑을 베풀고 자녀는 부모를 존경하고 잘 섬겨야 한다는 뜻.

부작용 (副作用) [부:자굥] 1 병을 낫게 하는 작용에 곁들여 나타나는 해로운 작용. 예 이 약은 부작용이 없다. 2 어떤 일에 곁들여 미치는 나쁜 작용. 예 경제 발전의 부작용으로 금전 만능 사상이 생겼다.

부잣집 (富者一) [부:자찝/부:잗찝] 재산이 많아 살림이 넉넉한 사람의 집.

부장 (部長) 기관이나 조직에서, 한 부를 맡아 다스리는 직위.

부재 (不在) 그곳에 있지 않음. **부재하다.**

부적 (符籍) [부:적] 잡귀를 쫓고 재앙을 물리치기 위하여 붉은색으로 글씨를 쓰거나 그림을 그려 집에 붙이거나 몸에 지니는 종이.

부적당하다 (不適當一) [부적땅하다] 어떤 기준이나 정도 따위에 알맞지 아니하다. 예 집을 짓기에 부적당한 곳이다. 반적당하다. 준부적하다.

부적합하다 (不適合一) [부저카파다] 어떤 일이나 조건에 알맞지 않다. 예 토양이 농사를 짓기에 부적합하다.

부전승 (不戰勝) 추첨이나 상대자의 기권으로 경기를 하지 않고 이김. 예 부전승으로 결승에 오르다. **부전승하다.**

부전자전 (父傳子傳) 아들의 성격이나 버릇, 행동 따위가 아버지에게서 그대로 전해짐. **부전자전하다.**

부정¹ (不正) 바르지 않음. 옳지 않은 일. 예 부정이 탄로 나다. 반부정. **부정하다.**

부정² (否定) [부:정] 그렇지 않다고 단정함. 옳지 않다고 반대함. 예 사실을 부정한다. 반긍정. **부정하다.**

부정³ (不淨) 1 깨끗하지 못함. 2 사람이 죽는 것과 같은 불길한 일. **부정하다. 부정히.**

 부정(을) 타다 부정한 일로 해를 입다.

부정부패 (不正腐敗) 사회가 도덕적으로 바르지 않고 타락함. 예 부정부패 추방 운동을 벌이다.

부정적 (否定的) [부:정적] 부정의 내용을 가지는 (것). 예 부정적인 생각을 갖다. 반긍정적.

부조¹ (扶助) 잔칫집이나 상갓집에 돈이나 물건을 보냄. 또는 그 돈이나 물건. **부조하다.**

부조² (浮彫) 둘레를 파내고 모양이나 형상을 도드라지게 새긴 조각. 예 석고 부조. 비돋을새김. 양각.

부조리 (不條理) 도리에 어긋나거나 불합리한 일. 예 사회의 부조리를 없애다. 반조리. **부조리하다.**

*__부족¹__ (部族) 일정한 지역에 사는 같은 민족으로, 같은 언어·종교·습관 등을 가진 원시 민족이나 미개 민족의 생활 공동체.

*__부족²__ (不足) 필요한 양이나 기준에 모자람. 넉넉하지 않음. 예 골고루 먹지 않아서 영양 부족이 되었다. 반풍족. **부족하다.**

부주의 (不注意) [부주의/부주이] 조심하지 않거나 주의하지 아니함. 예 부주의로 생긴 교통사고. **부주의하다.**

부지 (敷地) 집을 짓거나 길을 내거나 하는 데 쓰는 땅. 예 공장 부지.

부지기수 (不知其數) 너무 많아서 그 수를 알 수가 없음. 예 곱게 물든 단풍이 부지기수로 널려 있다.

부지깽이 아궁이에 불을 땔 때, 불을 헤치거나 끌어내는 데 쓰는 가느다란 막대기.

*__부지런하다__ 어떤 일을 게으름 부리지 아니하고 꾸준하게 열심히 하다. 예 부지런하게 일하다. 반게으르다. 작바지런하다.

*__부지런히__ 부지런하게. 예 부지런히 공부하여 훌륭한 사람이 되어라.

부직포 (不織布) 실을 짜거나 뜨지

않고 접착제로 붙여서 만든 천.
부진 (不振) 성적이나 활동 따위가 활발하게 나가지 못함. 예성적이 부진하다. **부진하다**.
부질없다 [부지럽따] 헛되고 쓸데없다. 예부질없는 공상으로 시간을 보내다.
부질없이 [부지럽씨] 부질없게. 예길에서 부질없이 시간만 보내다.
부쩍 1 외곬으로 세차게 우기는 모양. 예부쩍 우기는 통에 지고 말았다. 2 사물이 갑자기 늘거나 주는 모양. 예강물이 부쩍 늘었다. 잭바짝.
부착 (附着) [부:착] 떨어지지 않게 들러붙음. 또는 붙이거나 닮. **부착하다**.
***부채**¹ 손으로 흔들어 바람을 일으키는 물건. 예부채를 부치다.
부채² (負債) [부:채] 남에게 빚을 짐. 또는 그 빚. 예부채를 지다.
부채꼴 한 원의 두 반지름과 그 호로써 이루어진 부채 모양의 도형.
부채질 1 부채를 흔들어 바람을 일으키는 짓. 2 흥분된 감정·싸움 등을 더욱 부추기는 짓. **부채질하다**.
부채춤 부채를 들고 추는 춤.
부챗살 [부채쌀/부챋쌀] 부채의 뼈대를 이루고 있는 여러 가닥의 대오리.
부처¹ 1 불교의 창시자인 석가모니. 2 불교에서, 큰 도를 깨달은 성인. 3 ⇨불상.
부처² (夫妻) 남편과 아내를 함께 이르는 말. 비부부.
부처님 '부처'의 높임말.
부처님 오신 날 ⇨석가 탄신일.
부총리 (副總理) [부:총니] 국무총리 바로 다음가는 직위. 기획 재정부 장관과 교육부 장관이 겸임함.
부추 [부:추] 백합과의 여러해살이풀. 봄에 작은 비늘줄기에서 가늘고 긴 잎이 무더기로 모여남. 잎은 먹으며 씨는 약재로 씀.
부추기다 [부:추기다] 남을 이리저리 들쑤셔서 그 일을 하게 만들다. 예옆에서 싸움을 부추기다.
부축 [부:축] 몸이 아프거나 불편한 사람의 겨드랑이나 팔을 붙들어 걸음을 도와주는 일. 예할머님을 부축해서 일으키다. **부축하다**.
부츠 (boots) 목이 긴 구두. 장화.

***부치다**¹ 남을 시켜 편지나 물건 등을 보내다. 예짐을 부치다. →[학습마당] 11(395쪽)
부치다² 힘이 모자라거나 미치지 못하다. 예힘에 부치는 일. →[학습마당] 11(395쪽)
부치다³ 1 문제를 회의에 내놓아 의논 대상으로 삼다. 예안건을 표결에 부치다. 2 일을 어떤 상태에 있게 하다. 예비밀에 부치다.
부치다⁴ 논밭을 갈아 농사를 짓다. 예남의 논을 부치다.
부치다⁵ 기름을 두른 프라이팬에 빈대떡이나 달걀 등을 넓적하게 펴서 익히다. →[학습마당] 11(395쪽)
부치다⁶ 부채 따위를 흔들어 바람을 일으키다. →[학습마당] 11(395쪽)
***부친** (父親) ⇨아버지. 반모친.
부침개 잘게 썬 재료를 넣은 걸쭉한 반죽을 기름에 얇고 넓적하게 부쳐서 만든 음식. 비지짐이.
***부탁** (付託) [부:탁] 무슨 일을 해 달라고 청하거나 맡김. 예친구의 부탁을 들어주다. 비당부. 청탁. **부탁하다**.
부탄 (Bhutan) 『국명』 인도의 북동부, 히말라야산맥 속에 있는 왕국. 수도는 팀푸.
부탄가스 (butane gas) 가스라이터, 버너, 가스레인지의 연료로 사용하는 기체.
***부터** 1 어떤 일이나 상태 따위의 '시작'을 나타내는 말. 예처음부터 끝까지 읽어라. 2 '무엇이나 누구를 먼저'의 뜻. 예우선 네 어머니부터 만나 뵈어야겠다.
부통령 (副統領) [부:통녕] 대통령 중심제 국가에서 대통령 다음가는 직위. 또는 그 직위에 있는 사람.
부팅 (booting) 컴퓨터를 작동시키는 작업. 예안전 모드로 컴퓨터를 부팅하다. **부팅하다**.
부판 (浮板) 헤엄칠 때 몸이 물에 잘 뜨게 하는 판.
부패 (腐敗) [부:패] 1 썩음. 2 도덕이나 사회 등의 질서나 규율이 어지럽고 나빠짐. 예부패한 사회. **부패하다**.
부풀 종이나 피륙 따위의 거죽에서 일어나는 가는 털. 예부풀이 일다. 잭

보풀.

부풀다 1 종이나 피륙의 거죽에 부푸러기가 일어나다. 짝 보풀다. 2 살가죽이 붓거나 부르터 오르다. 예 불에 덴 자리가 부풀어 올랐다. 3 희망·기대 따위로 마음이 들떠 있다. 예 가슴이 희망에 부풀다. 4 물건의 부피가 커지다. 예 빵이 잘 부풀었다. 활용 부풀어/부푸니/부푸는.

부풀리다 부풀게 하다. 예 풍선을 부풀리다/소문을 부풀리다.

부품 (部品) 기계 등의 어떤 부분에 쓰이는 물품. 예 자동차 부품을 생산하는 공장. 비 부속품. 본 부분품.

*부피 1 물건이 차지하고 있는 공간의 크기. 예 무겁고 부피가 큰 물건. 2 도형에서 입체가 차지하는 공간의 크기. 비 용적. 체적. *넓이.

부하 (部下) 남의 밑에 딸리어 그의 명령에 따라 움직이는 사람. 예 부하 직원. 비 휘하. 반 상관. 상사.

부합 (符合) [부:합] 두 가지 것이 서로 꼭 들어맞음. 예 사실과 부합되다. 비 일치. **부합하다.**

부형 (父兄) 1 아버지와 형. 2 학생의 보호자. 비 학부형.

부호[1] (富豪) [부:호] 재산이 많고 권세가 있는 사람. 비 부자.

부호[2] (符號) [부:호] 1 어떤 뜻을 나타내기 위하여 따로 정하여 쓰는 기호. 예 문장 부호. 2 수학에서, 음수 또는 양수임을 나타내는 기호((+·−)). 비 기호.

부화 (孵化) 동물의 알이나 물고기의 알 속에서 자란 새끼가 알 밖으로 나옴. 또는 그렇게 되게 함. 비 부란. **부화하다.**

부화기 (孵化器) 달걀이나 물고기의 알을 인공적으로 까는 데 쓰는 기구. 비 부란기.

부활 (復活) [부:활] 1 죽었다가 다시 살아남. 예 예수의 부활. 비 소생. 2 쇠퇴하였던 것이 다시 일어나 흥하게 됨. 예 군국주의의 부활. 비 부흥. **부활하다.**

부활절 (復活節) [부:활쩔] 기독교에서 예수의 부활을 기념하는 날. 부활주일.

부회장 (副會長) [부:회장/부:훼장] 회장 다음가는 직위. 또는 그 사람.

부흥 (復興) [부:흥] 한동안 쇠퇴하고 약하던 것이 다시 일어남. 또는 다시 일으킴. 예 문예 부흥. **부흥하다.**

*북[1] 타악기의 하나. 둥근 나무나 쇠붙이 통의 양쪽 면에 가죽을 팽팽하게 씌우고 북채로 두드려서 소리를 내는 악기.

북[2] 베틀에 딸린 기구의 하나. 베틀에서 가로로 왔다 갔다 하면서 실을 풀어 내어 천을 짜게 하는 도구. 배 모양으로 생겼음.

북[3] 식물의 뿌리를 싸고 있는 흙. 예 북을 돋우어 주다.

*북[4] (北) ⇨ 북쪽. 반 남.

북[5] 헝겊이나 종이 따위를 갑자기 세게 찢는 소리나 모양. 예 달력 한 장을 북 찢어 내다.

북경 (北京) [북꼉] 지명 ⇨ 베이징.

북극 (北極) [북끅] 1 지구의 가장 북쪽에 위치한 아주 추운 곳. 예 북극 탐험. 2 자석이 가리키는 북쪽의 끝. 반 남극.

북극성 (北極星) [북끅썽] 작은곰자리에서 가장 밝은 별. 하늘의 북극에 가장 가까이 있으며, 위치가 거의 변하지 않아 밤에 북쪽 방향을 아는 데 이용됨.

북극여우 (北極一) [북끙녀우] 주로 북극처럼 추운 지방에 사는 여우. 몸은 여름에는 갈색, 겨울에는 흰색이고 귀와 다리가 짧음.

북극 지방 (北極地方) 북극을 둘러싼 지역의 일대. 대부분 얼음으로 덮여 있음. 반 남극 지방.

북극해 (北極海) [북끄캐] 북극을 중심으로 아시아·유럽·북아메리카 대륙에 둘러싸인 바다. 여름철 이외에는 대부분 얼어 있음.

북녘 (北一) [붕녁] 북쪽 방면. 반 남녘. 발음 북녘에 [붕녀케]/북녘을 [붕녀클].

북데기 [북떼기] 짚·풀 따위가 뒤섞여 엉클어진 뭉텅이.

북돋다 [북똗따] '북돋우다'의 준말. 예 흥을 북돋다/용기를 북돋아 주다.

*북돋우다 [북도두다] 용기나 의욕

등을 더욱 높여 주다. 예용기를 북돋우다. 본북돋다.

북동쪽 (北東―) [북똥쪽] 북쪽과 동쪽 사이의 방향.

북두칠성 (北斗七星) [북뚜칠썽] 북쪽 하늘의 큰곰자리에서 가장 뚜렷하게 보이는 국자 모양의 7개 별. 준북두. 북두성.

북망산 (北邙山) [붕망산] 무덤이 많은 곳. 또는 사람이 죽어서 가는 곳을 일컬음. 비북망산천.

북문 (北門) [붕문] 북쪽에 있는 문.

북미 (北美) [붕미] ⇨북아메리카. 예북미 대륙. 반남미.

북반구 (北半球) [북빤구] 지구를 적도에서 남북으로 나눈 경우의 북쪽 부분. 반남반구.

북받치다 [북빧치다] 어떤 감정이나 힘 따위가 치밀어 오르다. 예북받쳐 오르는 울분. 작복받치다.

북방 (北方) [북빵] 북쪽. 또는 북쪽 지방. 반남방.

북벌 (北伐) [북뻘] 무력으로 북쪽의 지역이나 나라를 쳐들어가 차지하는 일. **북벌하다**.

북부 (北部) [북뿌] 어떤 지역의 북쪽 부분. 예북부 지방. 반남부.

북북 [북뿍] 1 부드럽고 무른 물건의 면을 계속 세게 갈거나 긁는 소리. 2 두툼한 물건이나 종이 따위를 계속 찢는 소리. 작복복. 센뿍뿍.

북상 (北上) [북쌍] 북쪽을 향하여 올라감. 예북상하는 장마 전선. 반남하. **북상하다**.

북새통 [북쌔통] 여러 사람이 한곳에 모여서 부산하게 법석이며 떠드는 기세. 예북새통이 벌어지다 / 아이들의 북새통에 잠을 잘 수가 없다.

북서쪽 (北西―) [북써쪽] 북쪽과 서쪽 사이의 방향.

북서풍 (北西風) [북써풍] 북서쪽에서 불어오는 바람.

북소리 [북쏘리] 북을 칠 때 나는 소리. 예북소리가 둥둥 울리다.

북아메리카 (北America) 세계 육대주의 하나. 파나마 지협의 북쪽에 있으며 미국·캐나다 따위가 속함. 비북미.

북악산 (北岳山) [부각싼] 서울 북쪽에 있는 산. 인왕산·북한산·낙산·남산 등과 함께 서울 분지를 둘러싸고 있는 자연 방벽으로, 옛날 서울 북쪽의 성벽은 이 산을 중심으로 세워졌음. 높이 342m. 준북악.

북어 (北魚) [부거] 말린 명태. 예북어 세 마리 / 북어 한 두름.

북위 (北緯) [부귀] 적도에서 북쪽으로 잰 위도. 반남위.

북유럽 (北Europe) 스칸디나비아반도를 중심으로 한, 유럽의 북부 지역. 덴마크·노르웨이·스웨덴·핀란드·아이슬란드 따위가 속함. 비북구.

북적거리다 [북쩍꺼리다] 많은 사람이 좁은 곳에 모여서 수선스럽게 움직이다. 예인파가 북적거리다. 작복작거리다.

북진 (北進) [북찐] 북쪽으로 나아감. 예북진 정책. 반남진. **북진하다**.

*****북쪽** (北―) 북극을 가리키는 쪽. 비북녘. 반남쪽. ⊃north

북채 북을 쳐서 울리는 자그마한 방망이.

북청 사자놀음 (北靑獅子―) 함경남도 북청에 전해 오는 민속놀이. 정월 대보름 무렵에 사자 모양을 꾸미어 집집마다 다니며 춤을 추어서 잡귀를 쫓는 놀이.

북측 (北側) 북쪽. 또는 북한 측. 예북측 대표 / 북측 인사. 반남측.

북태평양 (北太平洋) [북태평양] 태평양에서 적도 북쪽에 있는 바다.

북편 (―便) 장구에서, 손으로 쳐서 소리를 내는 면. 반채편.

북풍 (北風) 북쪽에서 불어오는 바람. 비뒤바람. 삭풍. 반남풍.

북한 (北韓) [부칸] 우리나라의 휴전선 이북 지역을 일컫는 말. 반남한.

북한강 (北漢江) [부칸강] 한강의 주요한 지류. 강원도 회양군 사동면에서 발원, 강원도·경기도를 거쳐 양평에서 남한강과 합류하여 한강으로 흘러드는 강. 길이 371km. *남한강.

북한산 (北漢山) [부칸산] 서울 북쪽에 있는 산. 백운대·인수봉·만경대의 세 봉우리가 있어 '삼각산'이라고도 함. 산성이 있으며, 1983년 국립 공원으로 지정됨. 높이 836m.

북한산성 (北漢山城) [부칸산성] 북한산에 있는 산성. 유사시에 대비하여 조선 숙종 40년(1714)에 만듦. 둘레 약 8km.

북한산 순수비 (北漢山巡狩碑) 신라 진흥왕의 북한산 순행을 기념하여 비봉에 세운 비. 현재 국립 중앙 박물관에 옮겨져 있음. 우리나라 국보로, 정식 이름은 '서울 북한산 신라 진흥왕 순수비'.

북해 (北海) [부캐] **1** 북쪽에 있는 바다. 回북양. **2** 유럽 대륙과 영국 사이에 있는 바다. 청어·대구가 많이 잡힘.

*__분__¹ 사람을 높이어 일컫는 말. 예저 분이 교장 선생님이시다.

분² (粉) **1** 가루. 분말. **2** 얼굴에 바르는 화장품. 예얼굴에 분을 바르다.

*__분__³ (分) **1** 각도나 경도, 위도에서 1도의 60분의 1. 예북위 38도 2분. **2** 한 시간의 60분의 1. 예40분 수업에 10분 휴식한다. ⊃minute

*__분__⁴ (分) [분:] 자기 신분에 맞는 한도. 예분에 넘치는 사치.

분⁵ (憤) [분:] 억울하고 화가 나 원통한 마음. 예분에 못 이겨 울다.

-분 (分) **1** 전체를 몇으로 나눈 부분. 예3분의 1. **2** 몫이 되는 분량. 예5인분의 식사. **3** 물질의 성분. 예당분 / 영양분.

분가 (分家) 가족의 일부가 집에서 나가 딴살림을 차림. 예동생이 결혼해서 분가하다. **분가하다**.

분간 (分揀) 사물의 옳고 그름, 좋고 나쁨, 크고 작음 따위를 가려냄. 예옳고 그름을 잘 분간해 보아라. 回분별. **분간하다**.

분갈이 (盆一) [분가리] 화분에 심어져 있는 식물을 다른 화분에 옮기거나 흙을 바꾸는 일. **분갈이하다**.

분개 (憤慨) [분:개] 몹시 분하게 여김. 예분개를 느끼다. **분개하다**.

분교 (分校) 본교에 다니기가 불편하고 먼 학생을 가르치기 위해 따로 세운 학교. 예벽지의 분교. 凹본교.

분규 (紛糾) 일이 뒤얽혀 말썽이 많고 시끄러움. 예인종 간의 분규가 끊이지 않다.

분기점 (分岐點) [분기쩜] 몇 갈래로 갈라지기 시작한 곳. 또는 그 시점. 예철도의 분기점.

분꽃 (粉一) [분꼳] 분꽃과의 한해살이풀. 여름부터 가을에 걸쳐 깔때기 모양의 흰색·빨간색·노란색 등 다양한 색의 꽃이 핌. 열매는 까맣게 익는데 속에 흰 가루가 들어 있음.

분노 (憤怒) [분:노] 분하게 여기어 몹시 성을 냄. **분노하다**.

분뇨 (糞尿) 똥과 오줌. 예분뇨 처리 탱크.

분단¹ (分團) 한 학급을 몇으로 나누어 만든 무리. **분단하다**.

분단² (分斷) 한 나라나 민족이 둘 이상으로 나뉘어 갈라짐. 예민족 분단의 시련. **분단하다**.

분담 (分擔) 일을 나누어서 맡음. 예일을 분담하여 끝마치다. **분담하다**.

분대 (分隊) 군대의 병력 편성 단위의 하나. 소대의 아래 단위로 9명의 사병으로 이루어짐.

분동 (分銅) 접시저울로 물건의 무게를 달 때 접시 위에 올려놓는 추.

분란 (紛亂) [불란] 어수선하고 떠들썩함. 예집안에 분란이 일어나다. **분란하다**.

*__분량__ (分量) [불:량] 부피·수효·무게 따위의 많고 적음이나 크고 작은 정도. 준양.

*__분류__ (分類) [불류] 종류에 따라 나눔. 예자료를 주제별로 분류하다. **분류하다**.

*__분리__ (分離) [불리] 갈라서 떼어 놓음. 서로 나뉘어 떨어짐. **분리하다**.

분리대 (分離帶) [불리대] 차도를 진행 방향에 따라 분리하기 위하여 그 경계에 설치한 띠 모양의 장치. 예중앙 분리대.

분리수거 (分離收去) [불리수거] 쓰레기를 종류에 따라 모아서 거두어 감. 예쓰레기 분리수거.

분립 (分立) [불립] 서로 갈라져서 따로 섬. 따로 나누어서 세움. 예삼권 분립. **분립하다**.

분만 (分娩) ⇨해산¹. **분만하다**.

분말 (粉末) ⇨가루. 예감자 분말 / 분말 소화기.

*__분명하다__ (分明一) **1** 뚜렷하고 똑똑

하다. 예분명하게 대답하다. 2 그렇게 될 것이 뻔하다. 예그가 이길 것은 분명하다. 비확실하다.

***분명히** (分明-) 분명하게. 예태도를 분명히 해라.

***분모** (分母) 분수에서 가로줄 밑에 적은 수. $\frac{1}{2}$이나 $\frac{1}{3}$에서 2, 3을 말함. 반분자.

분묘 (墳墓) ➡무덤.

분무기 (噴霧器) [분ː무기] 물이나 약품을 안개처럼 뿜어내는 기구.

분발 (奮發) [분ː발] 마음과 힘을 다하여 떨쳐 일어남. 예더욱 분발하여 연습했다. **분발하다**.

분방하다 (奔放-) 정해진 규칙이나 규범 따위에 얽매이지 않고 자유롭다. 예자유롭고 분방한 성격의 소유자.

분배 (分配) 몫몫이 고르게 나눔. 예이익을 분배하다. **분배하다**.

분별 (分別) 1 서로 다른 것을 따로 따로 가름. 2 어떤 일을 사리에 맞게 판단함. 예옳고 그른 일을 분별할 줄 알아야 한다. **분별하다**.

분별없다 (分別-) [분벼릅따] 세상 물정을 가리지 못하다.

분별없이 (分別-) [분벼럽씨] 분별없게. 예분별없이 행동하다.

분부 (分付) [분ː부] 아랫사람에게 명령을 내림. 또는 그 명령. 예분부대로 일을 하다. **분부하다**.

분분하다 (紛紛-) 1 뒤숭숭하고 시끄럽다. 2 여러 의견이 다르다. 예의견이 분분하다. 3 여러 사물이 한데 뒤섞여 어수선하다. 예꽃가루가 분분하게 날리고 있다.

분비 (分泌) 생명체가 살아가는 데 필요한 침·땀·소화액 따위를 만들어 밖으로 배출하는 기능. 예위액의 분비를 돕다. **분비하다**.

분비물 (分泌物) 생물체 안의 샘으로부터 분비되어 나오는 물질. 침·위액·땀·젖 따위.

분산 (分散) 갈라져서 이리저리 흩어짐. 예인구 분산 정책. **분산하다**.

분석 (分析) 어떤 일이나 현상을 이루고 있는 하나하나의 요소를 나눠 가려냄. 반합성. **분석하다**.

분석적 (分析的) [분석쩍] 내용을 분해하여 자세하게 밝히는 (것).

분속 (分速) 1분간을 단위로 하여 잰 속도.

분쇄 (粉碎) 1 가루처럼 잘게 부스러뜨림. 2 상대편을 쳐부숨. 예적의 음모를 분쇄하다. **분쇄하다**.

***분수**[1] (分數) [분쑤 / 분ː수] 어떤 정수를 여러 개로 등분하여 나타낸 수. $\frac{1}{2}$, $\frac{3}{4}$ 따위. 반정수.

분수[2] (分數) [분ː수] 1 자기 신분에 맞는 한도. 예분수에 맞게 생활하다. 2 사물을 분별하는 지혜. 예분수가 없는 사람.

***분수**[3] (噴水) [분ː수] 좁은 구멍으로 물을 내뿜거나 뿌리도록 만든 설비. 또는 그 물. 흔히 공원이나 광장 한가운데에 설치함.

분수대 (噴水臺) [분ː수대] 공원이나 광장 등에 물을 뿜어 올리기 위하여 마련해 놓은 시설.

분수령 (分水嶺) 1 한 근원의 물이 양쪽으로 갈라져 흐를 때 그 경계가 되는 산 또는 산맥. 비분수 산맥. 2 어떤 일이 결정되는 중요한 고비. 예성패의 분수령.

분식 (粉食) 밀가루로 만든 음식. 예오늘 점심은 간단히 분식으로 하자. **분식하다**.

분신 (分身) 어떤 주체에서 갈라져 나간 부분. 예자식은 부모의 분신이다.

분실 (紛失) 자기도 모르는 사이에 잃어버림. 예분실 신고. **분실하다**.

*****분야** (分野) [부냐] 어떤 일의 한 부분이나 범위. 예전문 분야에서 활동하다. 비부문.

분양 (分讓) [부냥] 큰 덩이를 갈라서 여럿에게 나누어 줌. 예아파트 분양 광고 / 주택 분양. **분양하다**.

분업 (分業) [부넙] 서로 관련된 일을 여러 사람이 나누어 맡아서 함. **분업하다**.

분연 (奮然) [부ː년] 세차게 떨치고 일어나는 모양. **분연하다**. **분연히**.

분열 (分裂) [부녈] 1 찢어져 갈라짐. 2 집단·단체·사상 따위가 여러 갈래로 나뉨. 예당이 분열하다. 3 세포나 핵이 갈라져 그 수가 증가함. ⓔ세포 분열. 분열하다.

***분위기** (雰圍氣) [부:뉘기] **1** 그 자리나 장면에서 느껴지는 기분. ⓔ어색한 분위기. **2** 주위를 둘러싸고 있는 환경. ⓔ시골집 분위기를 풍기다.

분유 (粉乳) [부:뉴] 우유에서 물기를 증발시키고 가루로 만든 것. 빈가루우유. 가루젖.

***분자** (分子) **1** 분수에서 가로줄 위에 적은 수. $\frac{2}{3}$나 $\frac{1}{4}$에서 2, 1을 말함. 반분모. **2** 물질의 성질을 잃지 않은 채로 나눌 수 있는 가장 작은 알갱이. 몇 개의 원자로 이루어짐.

분장 (扮裝) 배우가 출연 작품 중의 어느 인물로 꾸미어 차림. ⓔ햄릿으로 분장하다. 준분. 분장하다.

분장사 (扮裝師) 배우들의 분장을 전문으로 맡아보는 사람.

분재 (盆栽) 화초·나무 등을 화분에 심어 가꾸는 일. 분재하다.

분쟁 (紛爭) 말썽을 일으켜 시끄럽게 다툼. ⓔ분쟁을 일으키다. 분쟁하다.

분전 (奮戰) [분:전] 힘을 다하여 싸움. ⓔ우리 팀은 끝까지 분전했으나 아깝게 패했다. 빈분투. 분전하다.

분점 (分店) 본점이나 지점에서 따로 낸 점포. ⓔ분점을 내다.

분주하다 (奔走—) 몹시 바쁘다. 빈분망하다. 반한가하다.

분주히 (奔走—) 분주하게.

분지 (盆地) 산이나 고원으로 둘러싸인 평평한 지역.

분지르다 ⇨부러뜨리다. ⓔ가지를 분지르다. 활용 분질러 / 분지르니.

분진 (粉塵) 공기 중에 섞인 돌이 부서져 생긴 가루와 먼지.

분청사기 (粉靑沙器) 고려청자의 뒤를 이은 조선 시대의 자기. 청자에 흰색의 흙을 발라 다시 구워 낸 것으로, 파란색이나 누런색이 도는 회색빛을 띰.

분출 (噴出) [분:출] 액체나 기체가 세차게 뿜어 나옴. ⓔ석유가 분출하다. 분출하다.

분침 (分針) 시계에서 분을 가리키는 긴 바늘.

분통 (憤痛) [분:통] 몹시 분하여 마음이 쓰리고 아픔. 또는 그런 마음. ⓔ분통을 삭이다 / 분통을 터뜨리다.

분투 (奮鬪) [분:투] 있는 힘을 다하여 싸움. ⓔ분투를 다짐하다. 빈분전. 분투하다.

분패 (憤敗) [분:패] 이길 수 있는 것을 분하게 짐. 분패하다.

분포 (分布) 여러 곳에 널리 퍼져 있음. ⓔ식물의 분포 상태. 분포하다.

분포도 (分布圖) 분포되어 있는 상태를 한눈에 잘 알아볼 수 있도록 만든 도표. ⓔ인구 분포도.

분풀이 (憤—) [분:푸리] 분한 마음을 참지 못해 앙갚음을 하거나 다른 사람에게 분을 터뜨려, 분을 푸는 일. 분풀이하다.

분필 (粉筆) 탄산 석회나 구운석고 가루를 반죽하여 막대 모양으로 굳혀 만든 것. 칠판에 글씨를 쓰는 데 사용함. 빈백묵. ⇨ chalk

분하다 (憤—) [분:하다] **1** 억울한 일을 당하여 원통하다. **2** 될 듯한 일이 되지 않아 섭섭하고 아깝다.

분할 (分割) 나누어서 쪼갬. ⓔ빚을 12개월 분할하여 갚다. ×분활. 분할하다.

분해 (分解) 여러 부분으로 이루어진 한 덩이의 사물을 그 구성 요소나 낱낱의 부분으로 가름. ⓔ시계를 분해하다. 반결합. 분해하다.

분향 (焚香) 부처나 죽은 사람을 위하여 향을 피움. ⓔ부처님 앞에 분향하고 절하다. 분향하다.

분홍 (粉紅) [분:홍] ⇨분홍색.

분홍빛 (粉紅—) [분:홍삗] 진달래꽃의 빛깔과 같이 엷게 붉은 빛. 빈분홍. 분홍색.

분홍색 (粉紅色) [분:홍색] 진달래꽃의 빛깔과 같이 엷게 붉은 색. 빈분홍. 분홍빛. ⇨ pink

분화 (分化) 본디 하나이던 것이 여러 갈래로 나누어짐. 분화하다.

분화구 (噴火口) [분:화구] 화산의 불을 내뿜는 구멍.

분황사 석탑 (芬皇寺石塔) 신라 선덕 여왕 때 경상북도 경주시 분황사에 세운 탑. 우리나라에서 가장 오래된 탑으로, 현재 일부만 남아 있음. 우리나라 국보로, 정식 이름은 '경주 분황

붇다 [붇ː따] **1** 물에 젖어서 부피가 커지다. 예 콩이 통통 붇었다. **2** 분량이 늘어나다. 예 폭우로 강물이 크게 붇었다. [활용] 불어 / 붇으니 / 붇는.

> [주의] **붇다, 붓다**와 **붙다**
> **붇다 1** 물기에 젖어 부피가 커지다. **2** 많아지다. 늘다. 예 재산이 붇다.
> [활용] '붇'의 'ㄷ' 받침을 활용할 때 'ㄹ'로 바뀜. '붇+어'→'불어'.
> **붓다 1** 살가죽이 부풀어 오르다. **2** 성이 나다.
> [활용] '붓'의 'ㅅ' 받침은 활용할 때 없어짐. '붓+어서'→'부어서'.
> **붙다 1** 마주 닿아 떨어지지 않다. 예 우표가 딱 붙다. **2** 시험 따위에 합격하다. **3** 불이 옮아 당기다.
> [활용] '붙'의 'ㅌ' 받침을 활용할 때 그대로 있음. '붙+어'→'붙어'.

***불 1** 열과 빛을 내며 붉게 타는 현상. 또는 그렇게 타는 것. 예 불을 때다 / 불이 붙다. **2** 화재. 예 불이 나다. **3** 어둠을 밝히는 빛. 예 불이 나가다.
불(을) 끄다 급한 일을 처리하다.
불(을) 보듯 뻔하다 앞일이 의심할 여지없이 명백하다.

불-(不) 한자로 된 말 앞에 붙어, 그 말을 부정하는 뜻을 나타내는 말. 예 불가능 / 불규칙 / 불완전 / 불투명.

> [참고] 한자의 '불(不)'은 'ㄷ, ㅈ' 앞에서는 '부'로 적음.
> 예 부당(不當), 부동(不同), 부등(不等), 부자유, 부정확, 부주의

불가(不可) 옳지 않거나 가능하지 않음. 예 연소자 입장 불가. **불가하다.**
불가능(不可能) 할 수 없음. 될 수 없음. 가능하지 않음. 반가능. 준불능. **불가능하다.**
불가리아(Bulgaria) [국명] 유럽 발칸반도 동쪽에 있는 공화국. 주민의 80%는 농업에 종사함. 보리·밀·옥수수 따위가 남. 수도는 소피아.
불가마 불을 세게 지피거나 질그릇, 기와, 벽돌 등을 구워 내는 가마.
불가분(不可分) 나누려고 해도 나눌 수가 없음. 예 불가분의 관계.

불가사리 극피동물의 하나. 바닷속에서 살며 몸은 별 모양 또는 오각형이고, 입은 배에, 항문은 등에 있음. 온몸에 가시가 덮여 있는데 엷은 자주색이나 백색임. 말려서 비료로 씀.
불가사의(不可思議) [불가사의 / 불가사이] 사람의 생각으로는 헤아릴 수 없이 이상하고 야릇함. 예 불가사의한 우주의 신비. **불가사의하다.**
불가피하다(不可避─) 피할 수가 없다. 예 불가피한 사정.
불가항력(不可抗力) [불가항녁] 사람의 힘으로는 어찌할 수 없는 힘. 예 불가항력의 자연재해.
불간섭(不干涉) 간섭하지 아니함. 반간섭. **불간섭하다.**
불거지다 1 둥글게 솟아오르다. 예 광대뼈가 불거지다 / 힘줄이 툭 불거진 팔뚝. **2** 숨겨졌던 일이나 어떤 현상이 갑자기 드러나다. 예 그 일이 갑자기 불거지기 시작했다.
불건전하다(不健全─) 정신이나 생각 따위가 건전하지 못하다. 예 불건전한 오락.
불결하다(不潔─) 깨끗하지 못하고 더럽다. 예 불결한 환경. 반청결하다.
불경[1](不敬) 존경하는 마음이나 예의가 없음. **불경스럽다.**
불경[2](佛經) 부처의 가르침을 적어 놓은 책. 불교의 경전. 비내전. 불전. 준경.
불경기(不景氣) 여러 가지로 경제 형편이 좋지 않음. 반호경기.
불계(不計) [불계 / 불게] 바둑에서, 승부가 확실해 집 수를 계산하지 않는 일. 예 불계로 이기다.
불고기 살코기를 얇게 저며서 양념을 하여 재었다가 불에 구운 음식.
불공(佛供) 부처에게 꽃이나 음식을 바치고 절하고 기도하는 일. 비불향. **불공하다.**
불공정(不公正) 공정하지 않음. 반공정. **불공정하다.**
불공평(不公平) 공평하지 않음. 예 대우가 불공평하다. 반공평. **불공평하다.**
불과(不過) 주로 수를 나타내는 말 앞에 쓰이어, 그 수에 지나지 못함을 나타내는 말. 예 떠난 지 불과 3일밖에

되지 않았다. **불과하다**.

불교 (佛敎) 기원전 5세기경 인도에서 석가모니가 창시한 종교. 이 세상의 온갖 번뇌를 버리고, 깨달음을 통하여 부처가 되는 것을 목적으로 함. 예불교 신자.

불구 (不具) 몸의 한 부분이 온전하지 못하거나 기능을 잃은 상태. 예불구의 몸.

불구자 (不具者) 몸의 어느 부분이 온전하지 못한 사람. 비장애인.

불구하고 (不拘—) '-에도, -는데도' 따위의 뒤에 쓰이어, 앞의 말뜻을 뒤집어 뒷말에 이어 주는 말. 예몸살에도 불구하고 등교했다.

불국사 (佛國寺) [불국싸] 경상북도 경주시의 토함산 기슭에 있는 절. 신라 법흥왕 때 지었고, 그 뒤 김대성이 크게 고쳐 지었다. 석굴암과 더불어 신라 불교 예술의 귀중한 유적으로, 1995년 유네스코 세계 문화유산으로 지정됨. 우리나라 사적으로, 정식 이름은 '경주 불국사'.

불굴 (不屈) 어려움이 닥쳐도 굽히지 아니함. 예불굴의 투지로 싸우다. **불굴하다**.

불규칙 (不規則) 규칙에서 벗어남. 일정하지 않음. 예불규칙한 생활을 하다 / 맥박이 불규칙하게 뛰고 있다. 반규칙. **불규칙하다**.

불균형 (不均衡) 균형이 잡히지 않음. 반균형. **불균형하다**.

불그레하다 약간 곱게 불그스름하다. 예불그레한 뺨. 작볼그레하다.

불그스레하다 조금 붉다. 예열이 올라 얼굴이 불그스레하다.

불그스름하다 조금 붉다. 예저녁놀이 불그스름하게 물들었다. 준불그름하다. 작볼그스름하다. 센뿔그스름하다.

불그죽죽하다 [불그죽쭈카다] 빛깔이 칙칙하고 고르지 않게 불그스름하다.

불기 (一氣) [불끼] ⇨불기운. 예불기 없는 방. 비화기.

불기운 [불끼운] 불에서 나오는 뜨거운 기운. 비불기.

불길 [불낄] 1 세차게 타오르는 불꽃. 예불길에 휩싸이다. 2 세차게 솟구치는 감정이나 정열을 비유하는 말. 예개혁의 불길.

불길하다 (不吉—) 나쁜 일이 생길 것 같은 느낌이 있다. 예불길한 꿈. 반길하다.

***불꽃** [불꼳] 1 불에서 일어나는 붉은 빛을 띤 기운. 비화염. 2 쇠붙이 · 돌 따위가 서로 부딪칠 때 일어나는 불빛.

불꽃놀이 [불꼰노리] 경축이나 기념 행사 때 화약을 쏘아 올려 공중에서 불꽃이 일어나게 하는 놀이.

불끈 1 갑자기 떠오르는 모양. 예아침 해가 바다 위로 불끈 솟아오른다. 2 주먹을 갑자기 단단히 쥐는 모양. 예주먹을 불끈 쥐다. 3 성을 왈칵 내는 모양. 예울화가 불끈 치밀다. 작볼끈. **불끈하다**.

불끈불끈 자꾸 불끈하는 모양. 작볼끈볼끈. **불끈불끈하다**.

불나다 [불라다] 화재가 일어나다. 예불난 곳으로 소방차가 출동하다.

불난리 (—亂離) [불랄리] 불이 나서 뒤범벅이 된 상태.

불놀이 [불로리] 등불놀이, 쥐불놀이, 불꽃놀이 따위를 하며 노는 놀이. 예경축 불놀이. **불놀이하다**.

***불다**[1] [불:다] 바람이 일어나다. 예바람이 불다. 활용 불어 / 부니 / 부는.

***불다**[2] [불:다] 1 입김을 내어 보내다. 예뜨거운 국물을 후후 불다. 2 관악기를 연주하다. 예피리를 불다. 3 자신의 죄를 사실대로 말하다. 예체포되자 범행 일체를 순순히 불었다. 활용 불어 / 부니 / 부는.

불당 (佛堂) [불땅] 부처를 모셔 놓은 집. 비불전.

불덩이 [불떵이] 1 타고 있는 숯이나 나무 따위의 덩이. 2 열이 심한 몸이나 몹시 뜨겁게 단 물체를 비유하는 말. 예온몸이 불덩이같이 뜨겁다.

불도그 (bulldog) 영국 원산의 개. 머리가 크고 넓적하며 양쪽 볼이 처져 있음.

불도저 (bulldozer) 흙을 밀어 내어 땅을 고르는 데 쓰는 트랙터.

불도저

불똥 1 심지

의 끝이 다 타서 된 작은 불덩이. **2** 불이 타는 데서 튀어나온 작은 불덩이.

불똥(이) 튀다 사건이나 말썽 따위가 전혀 상관없는 사람에게 번져 곤란하게 하다.

불량(不良) **1** 행실이 나쁨. 예불량 청소년. 맨선량. **2** 품질이나 성적이 나쁨. 예불량 식품. **불량하다**.

불량배(不良輩) 성질이나 행동 따위가 나쁜 사람들의 무리.

불량품(不良品) 품질이 나쁜 물건. 예불량품을 고발하다.

불러내다 불러서 밖으로 나오게 하다. 예친구를 불러내다.

불러들이다 [불러드리다] 불러서 안으로 들어오게 하다. 예친구를 집에 불러들이다.

불러오다 불러서 오게 하다. 예의사를 불러오다.

불러일으키다 [불러이르키다] 어떤 마음·행동·상태를 일어나게 하다. 예감동을 불러일으키다 / 아이들에게 흥미를 불러일으키다.

불로 소득(不勞所得) 직접 일하지 않고 얻는 소득. 맨근로 소득.

불로초(不老草) 먹으면 늙지 않는다는 신령스러운 풀.

불룩 물체의 거죽이 쑥 내밀려 있거나 두드러져 있는 모양. 예배가 불룩 나오다 / 주머니가 불룩하다. 작볼록. **불룩하다**.

불륜(不倫) 사람으로서 지켜야 할 도리에서 벗어나 있음. 예불륜을 저지르다. **불륜하다**.

불리다¹ 배를 부르게 하다. 예배를 불리다.

불리다² **1** 무엇을 물 따위에 담가 부피를 늘어나게 하거나 물렁거리게 하다. 예밥에 두려고 콩을 불렸다. **2** 많아지게 하다. 예재산을 불리다.

불리다³ **1** 남에게 부름을 받다. 예교무실에 불려 가다. **2** 노래가 불려지다. 예많은 사람에게 불리는 노래. **3** 이름이 붙여지다. 예그는 천재라고 불렸다.

불리하다(不利一) 이롭지 못하다. 예불리한 조건 / 나의 반칙으로 우리 팀이 불리하게 되었다. 맨유리하다.

불만(不滿) 만족하지 않음. 마음에 차지 않거나 마땅하지 않음. 예불만을 품다 / 불만을 털어놓다. 비불평. 맨만족. 본불만족.

불만스럽다(不滿一) [불만스럽따] 마음에 차지 않아 언짢은 느낌이 있다. 예불만스러운 듯이 대꾸하다. 본불만족스럽다. [활용] 불만스러워 / 불만스러우니.

불매(不買) 사지 않음. 예불매 운동을 벌이다. **불매하다**.

불면증(不眠症) [불면쯩] 밤에 잠을 자지 못하는 병. 예불면증에 시달리다.

불멸(不滅) 없어지지 않음. 예불멸의 공적. **불멸하다**.

불명예(不名譽) 명예스럽지 못함. 예불명예를 벗다. 맨명예. **불명예스럽다**.

불모(不毛) 땅이 거칠고 메말라 식물이나 농작물이 자라지 않음. 예불모의 땅.

불모지(不毛地) **1** 나무나 풀이 나지 않는 거친 땅. 예불모지를 일구다. **2** 전혀 개발이나 발전이 되지 않은 상태. 예축구 불모지.

불문(不問) **1** 캐묻지 않음. 예전의 잘못은 불문에 부치겠다. **2** 가리지 않음. 예남녀노소를 불문하고 즐기는 놀이. **불문하다**.

불미스럽다(不美一) [불미스럽따] 옳지 못하거나 떳떳하지 못하다. [활용] 불미스러워 / 불미스러우니.

불바다 넓은 지역에 걸쳐 타오르는 큰 불. 예사방이 순식간에 불바다가 되었다.

불발(不發) **1** 탄알·폭탄 따위가 터지지 않음. **2** 계획했던 일을 못하게 됨. 예비가 와서 놀이공원에 가려던 계획은 불발로 끝났다. **불발하다**.

불법(不法) [불법 / 불뻡] 법에 거슬림. 예불법 과외를 단속하다. 비비합법. 맨합법. **불법하다**.

불벼락 불같이 사나운 꾸짖음의 비유. 예불벼락이 내리다.

불변(不變) 변하지 아니함. 예불변의 법칙. **불변하다**.

불볕 [불볃] 몹시 뜨겁게 내리쬐는 볕. 예불볕 아래서 열띤 응원을 하다.

불복(不服) 명령에 따르지 않음. 예명령에 불복하다. 비불복종. 맨복종.

순종. 불복하다.

불분명하다 (不分明一) 분명하지 않거나 분명하지 못하다. 예불분명한 태도 / 기억이 불분명하다.

불붙다 [불붇따] 1 물체에 불이 붙어 타다. 예이불에 불붙다. 2 어떤 일이 치열하게 벌어지다. 예다시 뜨겁게 불붙은 논쟁.

***불빛** [불삗] 타거나 켜 놓은 불의 빛. 예문틈으로 불빛이 새다.

불사르다 불에 태워 없애다. 예옛 편지를 불사르다. 활용 불살라 / 불사르니.

불사신 (不死身) [불싸신] 어떤 어려움을 당해도 쓰러지지 않는 굳센 사람의 비유.

불사조 (不死鳥) [불싸조] 이집트 신화에 나오는 새. 500-600년마다 스스로 향나무를 쌓아 불을 피워 타 죽고는 그 재 속에서 다시 태어난다고 함. 피닉스.

불상 (佛像) [불쌍] 부처의 모습을 새기거나 그린 형상.

불상사 (不祥事) [불쌍사] 좋지 못한 일. 상서롭지 못한 일. 예불상사가 생기지 않게 조심해라.

불성실하다 (不誠實一) [불썽실하다] 성실하지 못하다. 예불성실한 자세. 반성실하다.

불소 (弗素) [불쏘] 자극적인 냄새가 나는 노란 기체 원소. 충치 예방을 위하여 수돗물이나 치약에 넣어 씀.

불손하다 (不遜一) [불쏜하다] 예의가 없고 건방지다. 예불손한 태도. 반공손하다.

불순 (不純) [불쑨] 순수하거나 깨끗하지 못함. 예불순 성분 / 불순한 마음. 불순하다.

불순물 (不純物) [불쑨물] 순수한 물질 속에 섞여 있는 잡스러운 물질. 예불순물을 걸러 내다.

불시에 (不時一) [불씨에] 뜻하지 아니한 때에. 별안간에. 예불시에 당한 재난.

불시착 (不時着) [불씨착] 비행기가 고장이나 날씨의 악화 따위로 목적지가 아닌 장소에 착륙하는 일. 본불시착륙. 불시착하다.

불신 (不信) [불씬] 믿지 않음. 예이웃을 불신하는 세태. 불신하다.

불신감 (不信感) [불씬감] 믿지 못하는 느낌이나 마음. 예불신감이 들다.

불심 검문 (不審檢問) 경찰관이 수상쩍은 사람을 거리에서 갑자기 조사하는 일.

***불쌍하다** 가엾고 애처롭다. 예불쌍한 이웃을 돕다.

불쌍히 불쌍하게. 예가난한 사람을 불쌍히 여기다.

불쏘시개 장작을 때거나 숯불을 피울 때 불을 옮겨 붙이기 위하여 먼저 불을 붙이는 물건. 마른 잎·종이·관솔 따위. 준쏘시개.

불쑥 1 갑자기 쑥 내미는 모양. 예손을 불쑥 내밀다. 2 갑자기 쑥 나타나는 모양. 예불쑥 나타나다. 3 생각 없이 말을 함부로 하는 모양. 예그런 말을 불쑥 꺼내면 어떡하니. 불쑥하다.

불씨 1 불을 옮겨 붙일 수 있게 묻어 두는 불덩이. 예불씨를 잘 간수하다. 2 무슨 사건이 일어날 실마리. 예싸움의 불씨를 안고 있다.

불안 (不安) [부란] 1 마음이 편하지 아니함. 예불안한 생각이 들다. 2 분위기 따위가 술렁거리어 뒤숭숭함. 예불안한 국제 정세. 반편안. 불안하다. 불안스럽다.

불안감 (不安感) [부란감] 불안한 느낌. 예나는 불안감을 떨치기 위해 크게 심호흡을 했다.

불안정 (不安定) [부란정] 안정되지 못함. 예불안정한 생활을 하다. 반안정. 불안정하다.

불야성 (不夜城) [부랴성] 등불이 환하게 켜 있어 밤에도 대낮처럼 밝은 곳. 예불야성을 이룬 거리.

***불어나다** [부러나다] 1 수량 따위가 커지거나 많아지다. 예강물이 불어나다. 2 몸집 따위가 커지다. 예놔니까 몸이 불어나는 것 같다.

불어넣다 [부러너타] 어떤 생각이나 느낌을 가지도록 가르치거나 자극을 주다. 예용기와 희망을 불어넣다.

불어오다 [부러오다] 바람이 이쪽으로 불다. 예산들바람이 불어오다.

불여우 [불려우] 1 갯과에 속하는 여우의 하나. 한국 북부와 만주 동부에 분포함. 2 모질고 악착스럽고 나쁜 꾀를 부리는 여자를 비유하는 말. 예불여우같이 굴다.
불온 (不穩) [부론] 나라의 질서와 평안을 어지럽게 할 우려가 있음. 예불온한 사상. **불온하다**.
불완전 (不完全) [부완전] 부족함이나 흠이 있음. 예이 문장은 불완전하다. 땐완전. **불완전하다**.
불우 (不遇) [부루] 1 살림이나 처지가 딱하고 어려움. 예불우 이웃 돕기 / 그의 어린 시절은 불우했다. 2 운이 나빠 재능이 있어도 쓰여지지 않음. 예불우한 생애. **불우하다**.
불운 (不運) [부룬] 운수가 좋지 않음. 또는 그런 운수. 예불운한 처지. 비불행. 비운. 땐행운. **불운하다**.
불응 (不應) [부릉] 응하지 않음. 말을 듣지 않음. 예명령 불응 / 지시에 불응할 경우 처벌한다. **불응하다**.
불의[1] (不意) [부리 / 부리] 뜻밖. 예불의의 교통사고. 비의외.
불의[2] (不義) [부리 / 부리] 옳지 못함. 의리에 어긋남. 예불의에 항거하다. 땐정의.
불이익 (不利益) [불리익] 이익이 되지 않음. 예불이익을 당하다.
불임 (不妊) [부림] 임신을 하지 못함. **불임하다**.
불자동차 (一自動車) 불을 끄고 사람을 구조하는 일에 쓰도록 여러 장비를 갖춘 자동차. 비소방차.
불장난 아이들이 불을 붙여 갖고 노는 일. 예아이들의 불장난은 위험하다. **불장난하다**.
불조심 (一操心) 불이 나지 않도록 조심함. 예불조심 강조 기간. **불조심하다**.
불찰 (不察) 주의 깊게 살피지 않아서 생긴 잘못. 예저의 불찰이니 용서하십시오.
불참 (不參) 참가하지 않거나 참석하지 않음. 예학급 모임에 불참하다. 땐참가. 참석. **불참하다**.
불청객 (不請客) 청하지 않았는데 스스로 찾아온 손님. 예불청객이 들이닥

불충분 (不充分) 충분하지 못함. 예불충분한 설명. 땐충분. **불충분하다**.
불치 (不治) 병이 낫지 않음. 고칠 수 없음. 예불치의 병. **불치하다**.
불친절 (不親切) 친절하지 아니함. 예불친절한 태도. 땐친절. **불친절하다**.
불침번 (不寢番) 밤에 자지 않고 경비를 서는 일. 또는 그 사람. 예불침번을 서다.
불쾌감 (不快感) 불쾌한 느낌이나 감정. 예불쾌감을 주다.
불쾌지수 (不快指數) 온도와 습도에 따라 인체가 느끼는 불쾌감의 정도를 숫자로 나타낸 것. 예불쾌지수가 높다.
불쾌하다 (不快一) 못마땅하여 기분이 좋지 않다. 예불쾌한 냄새. 땐유쾌하다.
불타다 1 불이 붙어서 타다. 예불탄 자리. 2 몹시 붉은빛을 띠다. 예불타는 노을. 3 의욕·정열이 북받치어 솟아나다. 예애국심에 불타다.
불태우다 1 불을 붙여 타게 하다. 예서류를 불태워 증거를 없애다. 2 의욕이나 열정을 크게 북돋우다. 예투지를 불태우다.
불통 (不通) 교통·통신 따위가 통하지 않음. 예며칠째 소식이 불통이다 / 전화가 불통이다. **불통하다**.
불투명 (不透明) 1 투명하지 않음. 예불투명한 유리 / 불투명 렌즈. 2 말·태도 따위가 분명하지 않음. 예불투명한 태도. **불투명하다**.
불티 타는 불에서 튀는 작은 불똥. 예불티가 여기저기 튀다.
불티나다 물건이 금방 팔리거나 없어지다. 예신학기가 되자 참고서가 불티나게 팔렸다.
***불편** (不便) 1 편리하지 못하고 거북스러움. 예교통이 불편하다. 땐편리. 2 병으로 몸이 편하지 못함. 예다리가 불편해서 잘 걷지 못한다. 땐편안. **불편하다**. **불편스럽다**.
***불평** (不平) 마음에 들지 않아서 불만스럽게 생각함. 예일은 하지 않고 불평만 하다. 비불만. **불평하다**.
불평등 (不平等) 평등하지 않음. 예불평등한 대우를 받다. **불평등하다**.
불필요 (不必要) [불피료] 필요하지 않음. 예불필요한 지출을 줄이다. 땐

필요. **불필요하다.**
불한당 (不汗黨) 1 떼를 지어 돌아다니는 강도. 2 떼 지어 다니며 행패 부리는 무리. 예**불한당** 같은 녀석.
불합격 (不合格) [불합껵] 1 어떤 기준에 맞지 않음. 예**불합격** 판정을 받다. 2 시험 따위에 떨어짐. 예대학에 **불합격하다.** 반합격. **불합격하다.**
불합리 (不合理) [불함니] 도리에 맞지 않음. 예**불합리**한 제도. 반합리. **불합리하다.**
***불행** (不幸) 1 행복하지 못함. 예**불행**한 사람. 2 운수가 나빠 순조롭지 못함. 예**불행**하게도 시험에 또 낙방했다. 반다행. 행복. **불행하다. 불행히.**
불허 (不許) 허락하지 아니함. 예미성년자 관람을 **불허**하다. **불허하다.**
불현듯이 [불현드시] 갑자기 생각이 치밀어 걷잡을 수 없게. 예**불현듯이** 옛 친구 생각이 났다.
불협화음 (不協和音) [불혀롸음] 1 둘 이상의 음이 동시에 날 때, 서로 어울리지 않아 불안정한 감을 주는 화음. 2 서로 뜻이 맞지 않아서 일어나는 충돌. 예**불협화음**이 생기다.
불호령 (一號令) 몹시 화를 내며 큰 소리로 꾸짖는 일. 예아버지의 **불호령**이 떨어지다.
불혹 (不惑) 나이 마흔 살을 일컫는 말. 예**불혹**을 넘기다 / **불혹**의 나이에 대학을 졸업하다.
불화 (不和) 화목하지 못함. 서로 사이가 좋지 못함. 예**불화**를 해소하다. 반화목. 화합. **불화하다.**
불화살 화살 끝에 불을 붙여 쏘는 화살.
불확실 (不確實) [불확씰] 확실하지 않음. 사실과 다름. 예**불확실**한 정보. 반확실. **불확실하다.**
불황 (不況) 경기가 좋지 못함. 비불경기. 반호황.
불효 (不孝) 효도하지 않음. 어버이를 잘 섬기지 않음. 예**불효**를 저지르다 / **불효**보다 더 큰 죄는 없다. 반효도. **불효하다.**
불효자 (不孝子) 불효한 자식. 예**불효자**를 용서하세요.
불후 (不朽) 영원히 변하거나 없어지지 않음. 예**불후**의 명작을 남기다. **불후하다.**
***붉다** [북따] 빛이 핏빛과 같다. 또는 그와 같이 되다. 예노을이 **붉게** 물들었다. [발음] 붉고 [불꼬] / 붉은 [불근] / 붉지 [북찌].
붉디붉다 [북띠북따] 아주 진하게 붉다. 예**붉디붉은** 입술.
붉어지다 [불거지다] 빛이 점점 붉게 되어 가다. 예수줍어 얼굴이 **붉어지다.**
붉으락푸르락 [불그락푸르락] 성이 나거나 흥분하여 얼굴빛이 붉었다 푸르렀다 하는 모양. **붉으락푸르락하다.**

> 참고 의미가 똑같은 형태가 몇 가지 있을 경우, 그중 어느 하나가 널리 쓰이면, 그 단어만을 표준어로 삼는다.
>
> 예 { 들락날락 (○) { 오락가락 (○)
>   { 날락들락 (×) { 가락오락 (×)
>
>   { 붉으락푸르락 (○)
>   { 푸르락붉으락 (×)

붉히다 [불키다] 성이 나거나 부끄러워 얼굴을 붉게 하다. 예낯을 **붉히다.**
붐 (boom) 어떤 일이 대단한 인기를 끌고 갑자기 크게 유행하는 일. 예고층 아파트 **붐**이 일다.
붐비다 사람들이나 차 한곳에 많이 모여 혼잡하다. 예버스 안이 **붐비다.**
***붓** [붇] 1 가는 대 끝에 털을 꽂아서 글씨를 쓰거나 그림을 그리는 물건. 비모필. 2 연필·만년필 따위의 쓰는 도구를 통틀어 일컫는 말. 예**붓** 가는 대로 글을 쓰다.
붓글씨 [붇끌씨] 붓으로 먹을 찍어 한지 따위에 쓴 글씨. 예**붓글씨**를 쓰다.
붓꽃 [붇꼳] 붓꽃과의 여러해살이풀. 산이나 들에 나는데 줄기는 곧고 높이는 60cm가량, 잎은 긴 칼 모양임. 초여름에 푸른빛이 도는 짙은 자주색 꽃이 핌.
***붓다**¹ [붇ː따] 1 살가죽이 부풀어 오르다. 예울어서 눈이 퉁퉁 **부었다** / 잇몸이 **부어** 오르다. 2 성이 나다. 예왜 그렇게 잔뜩 **부어** 있니. 활용 부어 / 부으니 / 붓는. →붇다 주의
***붓다**² [붇ː따] 1 액체나 가루 따위를 쏟아 담다. 예독에 물을 **붓다.** 2 적금·

이자 따위를 일정한 기간마다 내다. 예은행에 적금을 붓다. [활용] 부어 / 부으니 / 붓는.

붓대 [붇때] 붓의 자루.

붕 공중에 떠오르거나 가슴이 뿌듯하게 느껴지는 모양. 예공중에 붕 뜨는 기분이었다.

붕괴(崩壞) [붕괴 / 붕궤] 허물어져 무너짐. 예지진으로 건물이 붕괴되다. **붕괴하다**.

붕당(朋黨) 조선 시대에 뜻이나 이익을 같이하는 사람들이 모인 정치 집단. 예붕당 정치.

붕대(繃帶) 종기나 상처를 감는 데 쓰는, 좁고 길게 만 헝겊이나 가제.

붕붕 1 비행기나 큰 곤충 따위가 계속 날 때 나는 소리. 예말벌이 붕붕 날다. 2 자동차·배 등에서 계속 울리는 경적 소리. 센뿡뿡.

붕산(硼酸) 색·냄새가 없고 투명하며 더운물이나 알코올에 녹는 비늘 모양의 결정. 방부제·소독제 따위에 쓰임.

***붕어** [붕:어] 잉엇과의 민물고기. 개울·못에 사는데 길이는 10-15cm. 몸의 폭이 넓고 머리는 뾰족하며, 주둥이는 둥글고 수염이 없음.

붕어빵 [붕:어빵] 1 붕어 모양의 틀에 묽은 밀가루 반죽과 팥소를 넣어서 구운 빵. 2 얼굴이 매우 닮은 사람. 예아들이 아버지와 붕어빵이다.

붕우유신(朋友有信) 오륜의 하나. 친구 사이에는 믿음이 있어야 한다는 뜻.

***붙다** [붇따] 1 맞닿아 떨어지지 않다. 예머리에 검불이 붙다. 2 서로 가까이 마주 닿다. 예벽에 붙어 있는 침대. 3 생활을 남에게 기대다. 예친척 집에 붙어 산다. 4 아주 밀접하게 사귀다. 예늘 붙어 다니는 두 사람. 5 불이 옮아서 타다. 예옆집에까지 불이 붙었다. 6 시험 따위에 합격하다. 예입사 시험에 붙다. 7 더 늘다. 또는 덧붙다. 예영어 실력이 붙다 / 이자가 붙다. 8 새로운 상태나 현상 또는 감정이 생기다. 예살이 붙다 / 정이 붙다. 9 어떤 장소에 오래 머물다. 예집에 붙어 있을 새가 없다. →붇다 [주의]

***붙들다** [붇뜰다] 1 꽉 쥐다. 예손목을 붙들다. 2 달아나는 것을 잡다. 예도둑을 붙들다. 3 가지 못하게 말리다. 예붙들고 안 놔주다. [활용] 붙들어 / 붙드니 / 붙드는.

붙들리다 [붇뜰리다] 붙듦을 당하다. 예청소 안 하고 도망가다가 선생님한테 붙들렸다.

학습마당 11

'붙이다'와 '부치다'

붙이다 [부치다] 1 붙게 하다. 예포스터를 붙이다.
2 서로 맞닿게 하다. 예찬장을 벽에 붙이다.
3 두 편의 관계를 맺게 하다. 예흥정을 붙이다.
4 암컷과 수컷을 교합시키다. 예접을 붙이다.
5 불이 옮아서 타게 하다. 예불을 붙이다.
6 노름·싸움 따위를 어울리게 만들다. 예싸움을 붙이다.
7 딸려 붙게 하다. 예경호원을 붙이다.
8 습관이나 취미 등이 익숙해지게 하다. 예습관을 붙이다.
9 이름을 가지게 하다. 예별명을 붙이다.
10 뺨이나 볼기를 손으로 때리다. 예한 대 올려 붙이다.

부치다 1 힘이 미치지 못하다. 예힘에 부치는 일.
2 편지나 물건을 보내다. 예편지를 부치다.
3 어떤 문제를 의논 대상으로 내놓다. 예안건을 표결에 부치다.
4 원고를 인쇄에 넘기다. 예인쇄에 부치다.
5 몸이나 식사 등을 의탁하다. 예삼촌댁에 몸을 부치고 있다.
6 부채 등을 흔들어 바람을 일으키다. 예부채로 부치다.
7 논밭을 다루어서 농사를 짓다. 예남의 논을 부치다.
8 번철에 기름을 바르고 빈대떡 따위를 익혀 만들다. 예부침개를 부치다.

붙박이장(一欌) [붇빠기장] 이동시킬 수 없게 벽에 붙여 만든 장.

****붙이다** [부치다] 1 서로 맞닿아서 떨어지지 않게 하다. 예봉투에 우표를 붙이다. 2 습관·취미 따위가 몸에 익숙해지다. 예독서에 취미를 붙이다. 3 남의 뺨을 손바닥으로 때리다. 예따귀를 한 대 붙이다. 4 말을 걸거나 가까이 다가서다. 예전학 온 친구에게 말을 붙이다. → [학습마당] 11(395쪽)

붙임딱지(一紙) [부침딱찌] 어떤 표시를 나타내기 위하여 한 장씩 떼어서 붙이는 작은 종이쪽. 비스티커.

붙임성(一性) [부침썽] 남과 잘 사귀는 성질. 예붙임성이 좋은 학생.

붙임줄 [부침쭐] 악보에서, 높이가 같은 두 음을 이은 줄. 한 음으로 여겨 끊지 않고 이어서 연주하라는 뜻임. '⌒'로 나타냄. 타이.

****붙잡다** [붇짭따] 1 붙들어 쥐다. 예소매를 붙잡다. 2 달아나지 못하게 잡다. 예꼭 붙잡고 놓지 않다. 3 가지 못하게 말리다. 예붙잡는 친구를 뿌리치고 왔다. 비붙들다. 준잡다.

붙잡히다 [붇짜피다] 붙들려서 잡히다. 예도둑질을 하다가 경찰에 붙잡혔다. 준잡히다.

뷔페(프 buffet) 여러 가지 음식을 큰 식탁에 차려 놓고 손님이 원하는 대로 덜어 먹게 된 식당. 또는 그렇게 차려진 음식.

브라보(이 bravo) '잘한다, 좋다, 신난다' 등의 뜻으로 외치는 소리.

브라우저(browser) 인터넷을 검색할 때, 문서나 영상 또는 음성 따위의 정보를 얻기 위해 사용하는 프로그램.

브라운관(Braun管) 진공관의 한 가지. 전류의 강약의 변화를 빛의 강약으로 바꾸는 작용을 하며, 레이더·텔레비전 따위에 이용됨.

브라질(Brazil) 〖국명〗남아메리카에 있는 연방 공화국. 남아메리카에서 가장 넓은 나라로, 농업과 축산업이 발달했고 커피의 생산은 세계의 반 이상을 차지함. 수도는 브라질리아.

브람스(Brahms, Johannes) 〖인명〗독일의 작곡가. 교향곡·바이올린 협주곡·첼로 소나타·피아노곡 등의 많은 곡을 작곡했는데, 주로 서정적인 실내악이 특색임. [1833-1897]

브래지어(brassiere) 가슴을 감싸는 여성용 속옷.

브랜드(brand) 생산 회사나 제품의 이름. 상표. 예유명 브랜드.

브레이크(brake) 달리는 차나 움직이는 기계를 멈추게 하는 장치. 제동기. 예브레이크를 걸다.

브로마이드(bromide) 배우·가수 등의 초상 사진. 예잡지에 브로마이드를 끼워 팔다.

브로치(brooch) 옷의 깃이나 앞가슴에 다는 장신구.

브리핑(briefing) 요점을 간추린 간단한 보고서. 또는 그런 보고. 예새로운 상품에 대한 브리핑을 하다.

브이로그(vlog) 자신의 일상을 찍은 동영상 콘텐츠. 비디오 블로그(video blog)의 준말. 영상 일기.

브이아이피(VIP) 아주 중요한 인물. 귀빈.

블라우스(blouse) 여자나 아이들이 겉에 입는 셔츠 모양의 낙낙한 윗옷.

블라인드(blind) 창에 달아 볕을 가리는 물건.

블랙박스(black box) 비행기나 자동차의 비행 또는 주행 자료 기록 장치. 사고가 났을 때 그 원인을 밝히는 데 중요한 구실을 함. 예블랙박스를 찾았으니 사고의 의문이 풀릴 것이다.

블로그(blog) 개인이 자유롭게 글을 써서 올리는 웹사이트. 예블로그를 개설하다 / 여행 블로그를 검색하다.

블로킹(blocking) 1 농구에서, 공을 갖지 않은 상대의 진행을 방해하는 일. 예블로킹에 막히다. 2 권투에서, 상대의 공격을 방어하는 일. 3 배구에서, 네트 앞에서 상대편의 스파이크를 막는 일. **블로킹하다**.

블록(block) 1 길에 깔거나 벽 따위를 쌓는 데 쓰는, 벽돌 모양의 콘크리트 덩어리. 2 시가지의 한 구획. 예두 블록을 지나면 소방서가 나옵니다. 3 쌓아 올리도록 만든 장난감. 예오빠가 블록을 쌓아 멋진 성을 만들었다.

블루스(blues) 미국의 흑인들 사이에서 일어난 두 박자 또는 네 박자의 슬픈 가락을 띤 곡. 또는 그에 맞춰 추는 춤.

블루진 (blue jeans) 푸른 빛깔의 질기고 두터운 무명으로 만든 옷. 町청바지.

블루투스 (bluetooth) 휴대폰, 노트북, 이어폰 등의 휴대기기를 서로 연결해 가까운 거리에서 무선으로 정보를 주고받을 수 있는 무선 통신 기술. 또는 그런 시스템.

***비**[1] 대기 중의 수증기가 높은 곳에서 찬 공기를 만나 엉겨 맺혀서 땅으로 떨어지는 물방울. 예하루 종일 비가 내린다 / 온몸이 비에 흠뻑 젖었다.
→ [학습마당] 12(아래) ⊃rain

***비**[2] 먼지나 쓰레기를 쓸어 내는 도구. 예비로 마당을 쓸다. 町빗자루.

비[3] (比) [비:] 두 개 이상의 수량을 서로 비교해 몇 배인가를 나타내는 관계. 흔히 ':'를 써서 그 관계를 나타냄. 참고 3:2, 5:3 따위.

비[4] (碑) 사건이나 업적 따위를 기념하기 위하여 돌이나 쇠붙이, 나무 따위에 글을 새기어 세워 놓은 물건.

비겁하다 (卑怯—) [비:거파다] 하는 짓이 당당하지 못하고 겁이 많다. 예비겁한 행동. 町비굴하다. 비열하다. 땐용감하다.

비결 (祕訣) [비:결] 남이 알지 못하는 자기만의 뛰어난 방법. 예맛의 비결을 묻다. 町비법.

비계 [비계 / 비게] 짐승, 특히 돼지의 가죽 안쪽에 붙은 허연 기름 조각.

비고 (備考) [비:고] 문서 따위에서, 그 내용에 참고가 될 만한 사항을 보충하여 적는 것. 또는 그 사항.

비공개 (非公開) [비:공개] 공개하지 않음. 드러내지 않음. 예비공개 회의.

비관 (悲觀) [비:관] 1 인생을 슬프게만 생각하고 실망함. 2 앞으로의 일이 잘 안될 것이라고 봄. 예비관만 하지 말고 용기를 내라. 땐낙관. 비관하다.

*****비교** (比較) [비:교] 둘이나 그 이상의 것을 견주어 살펴보는 일. 예다른 것과 비교해 보다. 비교하다.

> **주의** 비교와 대조
>
> **비교** 둘 또는 그 이상의 사물을 서로 견주어서 공통점이나 유사점, 차이점 따위를 밝혀내는 방식.
> 예소나무나 잣나무는 다 같이 상록 침엽수이며 생김새도 비슷하다.
> **대조** 두 사물의 차이점을 밝혀내는 방식.
> 예소나무는 잎이 두 가닥이며 노란 꽃이 피는데, 잣나무의 잎은 다섯 가닥이며 엷은 녹색 꽃이 핀다.

*****비교적** (比較的) [비:교적] 보통 정도보다는 꽤. 예오늘 시험은 비교적 쉬웠다.

비구 (比丘) [비:구] 절로 들어가서 머리를 깎은 남자 승려. 땐비구니.

비구니 (比丘尼) [비:구니] 절로 들어가 머리를 깎은 여자 승려. 町여승. 땐비구.

비굴하다 (卑屈—) [비:굴하다] 용기가 없고 당당하지 않다. 예태도가 비굴하다.

비극 (悲劇) [비:극] 1 매우 비참한 사건. 예전쟁은 인류의 비극이다. 町참극. 2 슬픔으로 끝맺는 극. 예비극 영화. 땐희극.

비극적 (悲劇的) [비:극쩍] 비극의 상

학습마당 12

비의 종류

장대비 굵은 빗발의 비가 쉴 새 없이 세차게 내리는 비.
소나기 갑자기 세차게 쏟아지다가 곧 그치는 비.
가랑비 가늘지만 빗줄기가 보이는 비.
보슬비 바람 없는 날 소리 없이 가늘게 내리는 비
이슬비 는개보다 굵고 가랑비보다 가는 비.
는개 안개비보다 굵고 이슬비보다 가는 비.
안개비 빗줄기가 안 보이고 안개처럼 가늘게 내리는 비.

태를 나타내는 (것). 비극의 성질을 지닌 (것). ⓔ사건은 비극적으로 끝을 맺었다.

비근하다 (卑近—) [비:근하다] 우리 주변에 흔하게 있고 손쉽게 대할 정도로 가깝다. ⓔ비근한 예를 들다.

비금속 (非金屬) [비:금속] 금속의 성질을 가지지 않은 물질.

비기다¹ 경기에서 서로 점수가 같아서 승부를 가리지 못하고 끝내다. ⓔ축구 경기가 일 대 일로 비겼다.

비기다² 서로 견주어 보다. ⓔ어버이의 사랑은 무엇과도 비길 수 없다.

비꼬다 [비:꼬다] 1 노끈 따위를 비틀어 꼬다. ⓔ짚으로 새끼를 비꼬다. 2 바로 말하지 않고 돌려서 말하다. ⓔ비꼬아 말하다.

비끼다 1 비스듬히 놓이거나 늘어지다. ⓔ칼을 비껴 차다. 2 비스듬히 치다. ⓔ저녁노을이 짙게 비낀 하늘이 아름답다.

비난 (非難) [비:난] 남의 잘못이나 흠 따위를 나무람. ⓔ비난을 퍼붓다. 비난하다.

비녀 여자의 쪽 찐 머리가 풀어지지 않도록 꽂는 물건.

비뇨기과 (泌尿器科) [비:뇨기꽈] 오줌을 만들고 내보내는 몸의 기관에 관한 질병을 연구하고 치료하는 의학의 한 분야.

*****비누** 때를 씻어 내는 물건. 물을 묻히어 문지르면 거품이 읾. 화장 비누·세탁 비누 따위가 있음. ⊃ soap

비누질 ⇨비누칠. 비누질하다.

비누칠 (—漆) 때를 빼거나 씻기 위하여 비누로 문지르는 일. ⓔ얼굴에 비누칠을 하고 찬물로 헹구다. 비누칠하다.

비눗물 [비눈물] 비누를 푼 물.

비눗방울 [비누빵울 / 비눋빵울] 동글동글하게 방울이 진 비누 거품. ⓔ비눗방울을 불어 날리다.

비늘 물고기나 뱀 따위의 몸을 덮고 있는 얇고 단단한 작은 조각. ⓔ생선의 비늘을 벗기다.

비늘구름 높은 하늘에 희고 작은 구름이 비늘 모양으로 얇게 깔린 구름.

*****비닐** (vinyl) 비닐 수지·비닐 섬유를 이용하여 만든 제품. 봉지, 포장, 비옷 등을 만드는 데 씀. ⓔ비닐 우산 / 비닐 장판 / 비닐 포장.

비닐봉지 (vinyl封紙) 비닐로 만든 봉지. ⓔ비닐봉지에 과일을 담아 주다.

비닐장갑 (vinyl掌匣) 비닐로 만든 일회용 장갑.

비닐하우스 (vinyl + house) 꽃이나 채소를 추위로부터 보호하고 제철이 아닌 때에 가꾸기 위하여 비닐로 만든 온상. 비닐 온상.

*****비다** [비:다] 1 일정한 공간에 사람·사물 따위가 없게 되다. ⓔ빈 병 / 텅 빈 교실. 2 자리를 차지하고 있던 것이 없어지다. ⓔ부회장 자리가 비다. 3 할 일이 없거나 일이 끝나 시간이 남다. ⓔ오후에는 시간이 빈다. 4 어떤 수량에 얼마가 모자라게 되다. ⓔ10만 원에서 천 원이 빈다.

비단¹ (非但) '아니다, 못하다' 따위 부정하는 말 앞에서 '다만', '오직'의 뜻으로 쓰는 말. ⓔ이 일은 비단 학생들만의 잘못이 아니다.

*****비단**² (緋緞) [비:단] 명주실로 광택이 나게 짠 보드랍고 고운 옷감을 통틀어 일컫는 말. ⓔ비단 치마 / 비단 한 필. ⊃ silk

비단결 (緋緞—) [비:단결] 1 비단의 거죽에 나타나는 올의 짜임새. 2 매우 곱고 부드러운 상태. ⓔ살결이 비단결이다.

비대 (肥大) [비:대] 살이 쪄서 몸집이 크고 뚱뚱함. ⓔ운동을 하니 비대한 몸이 어느새 홀쭉해졌다. 비대하다.

비대면 수업 (非對面授業) ⇨원격 수업.

*****비둘기** 비둘깃과에 속하는 새. 날개가 발달하여 멀리까지 날 수 있고 성질이 온순하여 길들이기 쉬우며, 집을 잘 찾아와 통신에 이용한다. 평화를 상징하는 새임. ⊃ pigeon

비듬 머리의 살가죽에 생겨 떨어지는 흰 비늘.

비등점 (沸騰點) [비:등쩜] 액체가 끓는 온도. 끓는점. ⟷빙점.

비등하다 (比等—) [비:등하다] 비교해 보았을 때 서로 비슷하다. ⓔ두 사람의 체격이 비등하다.

비디오 (video) 1 시각에 관계가 있는 것. 특히, 텔레비전에서 화면이 나오는 부분을 말함. 旧오디오. 2 전자식 녹음의 원리에 따라 소리와 영상을 기록한 테이프. 또는 그것을 재생하는 장치. 비브이티아르. 본비디오테이프리코더.

비디오 게임 (video game) 텔레비전 화면이나 컴퓨터 화면 등의 스크린을 사용해서 하는 게임. 전자오락.

비디오테이프 (video tape) 영상이나 소리를 기록하고 재생하는 자기 테이프.

비디오테이프리코더 (video tape recorder) ⇨비디오2.

비뚜로 바르지 않게. 비뚤어지게. 맨바로. 작배뚜로. 센삐뚜로.

비뚤거리다 1 이리저리 자꾸 기울며 흔들거리다. 또는 그렇게 하다. 2 곧지 못하고 이리저리 자꾸 구부러지다. 작배뚤거리다. 센삐뚤거리다.

비뚤다 1 바르지 않고 한쪽으로 기울어져 있다. 2 마음이 바르지 못하고 꼬여 있다. 작배뚤다. 센삐뚤다. 활용 비뚤어 / 비뚜니 / 비뚠.

비뚤대다 ⇨비뚤거리다.

비뚤비뚤 비뚤거리는 모양. 예글씨가 비뚤비뚤 엉망이다. **비뚤비뚤하다**.

비뚤어지다 [비뚜러지다] 1 반듯하지 않고 한쪽으로 기울어지다. 예액자가 비뚤어지다. 2 마음·성격 등이 바르지 않다. 예비뚤어진 성격. 작배뚤어지다. 센삐뚤어지다.

비례 (比例) [비:례] 1 예를 들어 견주어 봄. 2 두 개의 수나 양의 비율이 다른 두 개의 수나 양의 비율과 같은 일. 3 두 개의 수나 양에서 한쪽이 변함에 따라 다른 쪽도 일정하게 변하는 일. **비례하다**.

비례 배분 (比例配分) 일정한 수량을 일정한 비율에 따라 나누는 셈법.

비례 상수 (比例常數) 변화하는 두 수나 양이 비례할 때의 그 비의 값. 또는 반비례할 때의 그 곱의 값.

비례식 (比例式) [비:례식] 두 개의 비가 같음을 나타내는 식. 즉 $a:b=c:d$와 같은 식.

***비로소** 처음으로. 예이제야 비로소 네 마음을 알았다.

***비록** 아무리 그렇다 할지라도. 예비록 나이는 어리지만 속은 어른 못지않다.

비롯되다 [비롣뙤다 / 비롣뛔다] 처음으로 시작되다. 예오해는 나의 작은 실수에서 비롯되었다.

***비롯하다** [비로타다] 1 처음으로 시작하다. 예이 풍속은 신라 초에 비롯하였다. 2 여럿을 차례로 말할 때 그중 어느 것을 처음으로 삼다. 예선생님을 비롯하여 많은 친구들이 왔었다.

***비료** (肥料) [비:료] 농작물 따위가 잘 자라도록 흙에 뿌려 주는 영양 물질. 화학 비료와 퇴비 등이 있음. 예밭에 비료를 뿌리다. 비거름.

비리 (非理) [비:리] 도리나 이치에 어그러짐. 예비리를 저지르다.

비리다 물고기·날콩·동물의 피에서 나는 냄새나 맛과 같다. 예비린 생선. 작배리다.

비린내 비린 냄새. 예바닷바람이 비린내를 풍겼다.

비릿하다 [비리타다] 조금 비린 듯하다. 예비릿한 생선 냄새가 온 집안에 진동한다. 작배릿하다.

비만 (肥滿) [비:만] 몸에 살이 많이 쪄서 뚱뚱함. 예비만 아동. **비만하다**.

비매품 (非賣品) [비:매품] 팔지 않는 물품. 돈으로 거래되지 않는 물건. 맨판매품.

비명 (悲鳴) [비:명] 몹시 위험하거나 무서울 때에 지르는 외마디 소리. 예비명에 놀라다 / 비명을 지르다.

비몽사몽 (非夢似夢) [비:몽사몽] 깊이 잠이 들지도 깨지도 않은 어렴풋한 상태.

비무장 지대 (非武裝地帶) 1 무장을 하지 아니한 지대. 2 우리나라에서, 휴전선을 중심으로 남북 각각 2km 안쪽의 지역으로, 남북 모두 군대나 무기, 군사 시설을 설치하지 않기로 약속한 지역.

비문 (碑文) 비석에 새긴 글.

***비밀** (祕密) [비:밀] 남이 알지 못하도록 숨김. 또는 숨기고 있는 일. 예비밀이 새다. 비기밀. 맨공개. **비밀하다**. **비밀히**. **비밀스럽다**. ⇨secret

비밀리 (祕密裡) [비:밀리] 남에게 비밀로 하는 가운데. 예비밀리에 만나다.

비밀 선거 (祕密選擧) 자기가 누구에게 투표하였는지 남이 알 수 없게 비밀히 하는 선거. 투표용지에 투표자의 성명을 쓰지 않음. 반공개 선거.

비바람 1 비와 바람. 2 비가 내리면서 부는 바람.

비방[1] (誹謗) 남을 헐뜯어 말함. 예친구를 비방하다. 비방하다.

비방[2] (祕方) [비:방] 1 비밀한 방법. 예비방을 쓰다. 비비법. 2 세상에 알려지지 않은 약의 처방.

비범하다 (非凡一) [비:범하다] 보통이 아니고 매우 뛰어나다. 예비범한 솜씨를 발휘하다. 반평범하다.

비법 (祕法) [비:뻡] ⇨비방[2] 1. 예비법을 전수하다.

비변사 (備邊司) [비:변사] 조선 시대에 국방의 일을 맡아보던 관청.

비보 (悲報) [비:보] 슬픈 소식. 예할머니께서 돌아가셨다는 비보를 듣다.

비비 여러 번 꼬이거나 뒤틀린 모양. 예몸을 비비 틀다 / 일이 자꾸 비비 꼬인다. 작배배.

***비비다** 1 두 개의 물건을 맞대어 문지르다. 예두 손을 비비며 추위를 녹이다. 2 어떤 재료에 다른 재료를 넣고 섞이도록 버무리다. 예나물을 넣고 밥을 비비다. ×부비다.

비빔밥 [비빔빱] 고기·채소 따위를 섞고 갖은 양념을 하여 비빈 밥.

비사치기 손바닥만 한 납작한 돌을 세워 놓고 얼마쯤 떨어진 곳에서 돌을 던지거나 발로 차서 그 돌을 맞혀 넘어뜨리는 아이들 놀이. 비사치기하다.

비상 (非常) [비:상] 1 뜻밖의 긴급 사태. 또는 이에 대응하기 위하여 신속히 내려지는 명령. 예비상이 걸리다. 2 평범하지 않음. 예비상한 머리. 비상하다. 비상히.

비상계엄 (非常戒嚴) [비:상계엄 / 비:상게엄] 전쟁 등 국가의 비상사태가 발생했을 때 대통령이 선포하는 계엄.

비상구 (非常口) [비:상구] 위급한 일이 생겼을 때 급히 피하기 위해 마련한 출입구.

비상금 (非常金) [비:상금] 뜻밖의 일이 생겼을 때 쓰기 위하여 마련하여 둔 돈. 예만일에 대비해 비상금을 챙겨 두어라.

비상사태 (非常事態) [비:상사태] 대규모의 재해나 소요처럼 긴급한 사태.

비상시 (非常時) [비:상시] 뜻밖의 긴급한 사태가 일어난 때. 예비상시에 대비하여 모의 훈련을 하다. 반평상시.

비색 (翡色) [비:색] 고려청자의 빛깔과 같은 푸른 빛깔.

비서 (祕書) [비:서] 중요한 직위에 있는 사람에게 딸리어 기밀문서나 용무 따위를 맡아보는 직무. 또는 그 직위에 있는 사람.

비서실 (祕書室) [비:서실] 비서가 사무를 보는 방. 또는 그 기관.

***비석** (碑石) 돌로 만든 비. 죽은 사람의 공적이나 내력 따위를 적어 무덤 앞에 세움. 비빗돌.

비수기 (非需期) [비:수기] 어떤 물건이 잘 팔리지 않는 때. 반성수기.

비스듬하다 조금 기울어져 있다. 작배스듬하다.

비스듬히 비스듬하게.

비스킷 (biscuit) 양과자의 한 가지. 밀가루에 설탕·버터·우유 따위를 섞어 구움.

비슷이 [비스시] 비슷하게.

***비슷하다**[1] [비스타다] 거의 같다. 예생김새가 비슷하다.

비슷하다[2] [비스타다] 한쪽으로 조금 기울어져 있다. 작배슷하다.

비실비실 힘이 없어 비틀거리는 모양. 예비실비실 걷다. 비실비실하다.

***비싸다** 상품의 값이 정도에 지나치게 높다. 반싸다. ⇨expensive

비아냥거리다 얄밉게 빈정거리다. 예그의 얼굴에 비아냥거리는 듯한 미소가 살짝 어리었다.

비아냥대다 ⇨비아냥거리다.

비애 (悲哀) [비:애] 슬프고 서러움.

비약 (飛躍) 1 높이 뛰어오름. 2 빠른 속도로 발전하거나 나아짐. 예경제가 비약적으로 발전하다. 3 일의 단계나 순서를 밟지 않고 나아감. 예논리의 비약. 비약하다.

비열하다 (卑劣一) [비:열하다] 성품과 행실이 못나고 어리석으며 지저분하다. 예비열한 근성.
비염 (鼻炎) [비:염] 코의 점막에 생기는 염증.
비옥하다 (肥沃—) [비:오카다] 땅이 걸고 기름지다.
비올라 (이 viola) 바이올린보다 조금 큰, 줄이 4개 있는 현악기. 바이올린과 첼로의 중간 악기로, 차분한 소리를 냄.
비옷 [비온] 비에 젖지 않도록 옷 위에 덧입는 옷. 레인코트.

비올라

***비용** (費用) [비:용] 물건을 사거나 어떤 일을 하는 데 드는 돈. 예비용이 들다 / 비용을 절약하다.
비우다 1 안의 것을 치우거나 쏟거나 먹어서 없애다. 예밥그릇을 비우다. 2 밖으로 나가서 집이나 방에 아무도 없게 하다. 예집을 비우다. 3 욕심이나 집착 따위를 버리다. 예마음을 비우다.
비운 (悲運) [비:운] 슬픈 운명.
비웃다 [비:욷따] 업신여기는 태도로 웃다. 빈정거리며 웃다.
비웃음 [비:우슴] 비웃는 일. 또는 그렇게 웃는 웃음. 예비웃음을 사다. 비조소.
비위 (脾胃) [비:위] 1 음식의 맛이나 사물에 대해 좋고 나쁨을 분간하는 기분. 예음식이 비위에 안 맞는다. 2 아니꼽고 싫은 일을 잘 견디는 힘. 예비위 좋은 사람.
비유 (比喩) [비:유] 사물을 설명할 때 그와 비슷한 다른 사물을 빌려 표현하는 일. 예비유를 들다. 비유하다.
비유법 (比喩法) [비:유뻡] 어떤 것을 알기 쉬운 다른 것에 빗대어서 표현하는 방법의 하나. 직유법·은유법 등이 있음.
***비율** (比率) [비:율] 어떤 수나 양에 대한 다른 수나 양의 비. 예대학 합격자 비율이 높다. 준율.
비음 (鼻音) [비:음] 입안의 통로를 막고 코로 공기를 내보내면서 내는 소리. ㄴ·ㅁ·ㅇ 따위.
비읍 한글의 자모 'ㅂ'의 이름.
비자 (visa) 외국인이 입국하는 것을 허락하는 증명서. 입국 사증.

비장 (脾臟) [비:장] 내장의 하나. 위의 뒤쪽에 있으며 백혈구를 만들거나 쓸모없는 적혈구를 없애는 일을 함. 비지라.
비장하다 (悲壯—) [비:장하다] 슬프면서도 엄숙하고 씩씩하다. 예비장한 각오를 하다.
비정 (非情) [비:정] 사람으로서 따뜻한 정이 없고 쌀쌀하다. 예비정한 사람. 비정하다.
비정상 (非正常) [비:정상] 정상이 아닌 상태.
비제 (Bizet, Georges) 『인명』 프랑스의 작곡가. 이국적인 배경의 오페라 '카르멘'을 작곡하였으나 인정받지 못하다가, 그가 죽은 뒤에야 대성공을 거둠. [1838-1875]
비좁다 [비:좁따] 자리가 몹시 좁다. 예비좁은 골목길.
비중 (比重) [비:중] 1 어떤 물건의 무게를 그와 같은 부피의 4℃ 물의 무게와 비교한 비. 2 다른 것과 비교하는 경우에 그것이 가지는 중요성. 예비중이 높다 / 비중이 크다 / 면접에 비중을 두다.
비지 물에 불린 콩을 갈아 두부가 될 물을 짜내고 남은 찌꺼기.
비지땀 매우 힘든 일을 할 때에 쏟아지는 땀. 예비지땀을 흘리다.
비질 비로 바닥을 쓰는 일. 예비질을 끝내다. 비질하다.
비집다 [비:집따] 1 붙은 곳을 벌려 틈을 내다. 예문을 비집고 들어오다. 2 좁은 틈을 헤쳐서 넓히다. 예군중 속을 비집고 들어가다. 3 눈을 비벼서 뜨다. 예아무리 눈을 비집고 찾아도 찾을 수 없다.
비쭉거리다 [비쭉꺼리다] 불만이 있거나 울려고 할 때 소리 없이 입을 내밀고 실룩거리다.
비쭉비쭉 [비쭉삐쭉] 불만을 드러내거나 막 울려고 입술을 내밀고 소리 없이 실룩거리는 모양. 비쭉비쭉하다.
비참 (悲慘) [비:참] 더할 수 없이 슬프고 끔찍함. 예비참한 모습 / 비참한 생활. 비참하다.
비천하다 (卑賤—) [비:천하다] 지위나 신분이 낮고 천하다. 예비천한 집안 출신. 팬존귀하다.

*비추다 1 빛을 보내어 밝게 하다. 예손전등으로 얼굴을 비추다. 2 거울이나 물 따위에 모습이 나타나게 하다. 예거울에 몸을 비추다. 3 견주어 보다. 예양심에 비추어 보아 거리낌이 없다.

> 주의 비추다와 비치다
>
> 비추다 목적어가 있는 문장에서 쓰인다.
> 예불빛이 비추다 (○)
>   마루를 비치다 (×)
> 비치다 목적어를 취하지 않는다.
> 예어둠 속에 달빛이 비치다 (○)
>   어둠 속에 달빛이 비추다 (×)

비축 (備蓄) [비:축] 만약의 경우를 위하여 미리 저축해 둠. 예군량미를 비축하다. **비축하다**.

비취 (翡翠) [비:취] 짙은 푸른색의 윤이 나는 보석 구슬. 장신구나 장식품 등에 씀.

비치 (備置) [비:치] 마련하여 갖추어 둠. 예집에 구급약을 비치하다. **비치하다**.

*비치다[1] 1 환하게 되다. 예달빛이 환하게 비치다. 2 빛이 반사하여 거울이나 수면에 모양이 나타나 보이다. 예거울 속에 비친 내 얼굴 / 강물에 달 그림자가 비쳐 있다. 3 가리운 물건이 투명하거나 얇아 속의 것이 드러나 보이다. 예살이 비치는 양말. →비추다 주의

비치다[2] 넌지시 조금 말하다. 예그만둘 뜻을 비치다.

비커 (beaker) 물을 따르기 편리하게 만든, 입이 달린 원통 모양의 실험용 유리그릇.

비커

비키니 (bikini) 아래위가 분리되어 브래지어와 팬티로 이루어진 수영복. 예올해는 비키니가 유행한다.

*비키다 [비:키다] 무엇을 피하려고 있던 곳에서 약간 물러나다. 예차를 피해 길 한쪽으로 비키다.

*비타민 (vitamin) 동물이 살아가는 데에 필요한 영양소의 하나. 몸 안에서는 만들어지지 않고 음식물에서 얻음. 비타민 에이·비·시·디·이·케이 등 10여 종이 넘음.

비탄 (悲歎) [비:탄] 슬프게 탄식함. 예비탄에 잠기다. **비탄하다**.

*비탈 산이나 언덕의 비스듬하게 기울어진 곳. 예가파른 비탈.

비탈길 [비탈낄] 비탈진 언덕의 길. 예비탈길을 오르다.

비탈지다 땅이 매우 가파르게 기울어져 있다. 예비탈진 언덕길.

비통 (悲痛) [비:통] 몹시 슬퍼서 마음이 아픔. 예비통한 표정. **비통하다**. **비통히**.

비트 (bit) 정보량을 나타내는 최소 기본 단위. 0과 1 두 개의 값을 가지며, 이 비트가 모여서 숫자나 문자 등을 비롯한 모든 정보를 나타냄. *바이트.

비틀 힘이 없거나 어지러워 이리저리 쓰러질 듯한 모양. 예이리 비틀 저리 비틀. 짝배틀. **비틀비틀**.

비틀거리다 이리저리 쓰러질 듯이 걷다. 예술에 취해 비틀거리다.

비틀다 [비:틀다] 힘 있게 꼬면서 바싹 틀다. 예팔을 비틀다 / 철사를 비틀어 끊다. 짝배틀다. 활용 비틀어 / 비트니 / 비트는.

비틀리다 [비:틀리다] 비틂을 당하다. 예심하게 비틀린 철사. 짝배틀리다.

비파 (琵琶) 동양 현악기의 하나. 몸통이 길고 둥글며, 자루는 곧고 짧음. 4줄의 당비파와 5줄의 향비파가 있음. 중국을 거쳐 우리나라에 들어옴.

비판 (批判) [비:판] 잘하고 잘못함을 따져 가리어 밝힘. 예거센 비판을 받다. 비비평. **비판하다**.

비파

비판적 (批判的) [비:판적] 비판하는 입장에 서는. 또는 그런 것. 예비판적 사고 / 비판적인 시각으로 바라보다.

비평 (批評) [비:평] 사물의 좋음과 나쁨, 옳고 그름 등을 평가하여 논하는 일. 예신랄한 비평. 비비판. **비평하다**.

비폭력 (非暴力) [비:퐁녁] 폭력을 사

용하지 않는 것. 예비폭력 평화 시위를 벌이다.

비표준어 (非標準語) [비:표준어] 표준이 아닌 말. 사투리 따위.

비품 (備品) [비:품] 건물이나 시설 따위에 갖추어 두는 물품. 예학교 비품.

비프스테이크 (beefsteak) 쇠고기를 적당한 두께로 썰어 소금과 후춧가루를 뿌려 구운 음식.

***비하다** (比一) [비:하다] 견주다. 비교하다. 예비할 데 없는 재능.

비행 (非行) [비:행] 그릇된 행위. 예비행 청소년 / 비행을 저지르다.

***비행기** (飛行機) 항공기의 하나. 프로펠러를 돌리거나 연소 가스를 내뿜는 추진력으로 하늘을 나는 탈것. 비항공기. ⇨airplane, plane

　비행기(를) 태우다 남을 높이 추어올리다.

비행선 (飛行船) 공기보다 가벼운 수소·헬륨 등을 유선형의 공기 주머니 속에 넣고 추진기로 조종하는 비행기.

비행접시 (飛行一) [비행접씨] ⇨유에프오.

비호같다 (飛虎一) [비호갇따] 매우 용맹스럽고 날쌔다. 예비호같은 동작.

빈곤 (貧困) 가난해서 살림이 어려움. 예빈곤한 가정 / 빈곤에서 벗어나다. 비가난. 반부유. **빈곤하다**. 빈곤히.

빈궁 (貧窮) 가난하고 궁함. 예빈궁한 살림. 비빈곤. 빈한. 반부유. **빈궁하다**. 빈궁히.

빈농 (貧農) 가난한 농민. 반부농.

빈대 빈댓과의 곤충. 몸의 길이는 5mm 정도이고, 납작하고 둥글며 갈색임. 고약한 냄새를 풍기며 밤에 활동하여 사람의 피를 빨아 먹음.

빈대떡 녹두를 갈아서 나물·고기 따위를 넣어 얇고 넓적하게 부쳐 만든 음식.

빈둥거리다 아무것도 하는 일 없이 게으름만 부리다.

빈둥빈둥 하는 일 없이 게으름을 부리는 모양. 예빈둥빈둥 놀고만 있다. 작밴둥밴둥. 센삔둥삔둥. 거핀둥핀둥. **빈둥빈둥하다**.

빈말 [빈:말] 실속이 없는 말. 예빈말로 약속하다. **빈말하다**.

빈민 (貧民) 가난하게 사는 사람. 예빈민을 구제하다. 반부자.

빈번하다 (頻繁一) 횟수가 잦아서 번거롭다. 예왕래가 빈번하다.

빈번히 (頻繁一) 빈번하게.

빈부 (貧富) 부유함과 가난함을 함께 이르는 말. 예빈부의 차가 심하다.

빈속 [빈:속] 먹은 지가 오래되어 시장한 배 속. 예빈속에 약을 먹어서 어지럽다.

빈손 [빈:손] 1 아무것도 가지지 않은 손. 2 재산이나 돈이 없는 상태. 예빈손으로 돌아오다.

빈약 (貧弱) [비냑] 1 가난하고 힘이 없음. 2 내용이 충실하지 못해 보잘것없음. **빈약하다**.

빈자리 [빈:자리] 비어 있는 자리. 예지하철 빈자리에 앉다 / 부서에 빈자리가 나다.

빈정거리다 은근히 비웃으며 놀리다. 비빈정대다.

빈정대다 ⇨빈정거리다.

빈집 [빈:집] 1 사람이 살지 않는 집. 2 식구들이 모두 밖에 나가 비어 있는 집. 예빈집에 도둑이 들다.

빈칸 [빈:칸] 비어 있는 칸.

빈터 [빈:터] 비어 있는 땅. 공터.

빈털터리 [빈:털터리] 있던 재산을 다 없애고 가난뱅이가 된 사람. 준털터리.

빈틈없다 [빈:트멉따] 1 비어 있는 부분이 없다. 2 사람이 허술한 데가 없이 야무지고 철저하다. 예빈틈없는 성격.

빈틈없이 [빈:트멉씨] 빈틈없게. 예빈틈없이 꽉 들어차다.

빈혈 (貧血) 혈액 속의 적혈구나 헤모글로빈이 줄어드는 현상. 얼굴이 파래지고 현기증이 남.

***빌다** [빌:다] 1 남의 물건을 거저 달라고 하다. 예밥을 빌다. 2 자기 소원대로 되기를 바라며 기도하다. 예복을 빌다. 3 잘못을 용서해 달라고 호소하다. 예친구에게 용서를 빌다. [활용] 빌어 / 비니 / 비는.

빌딩 (building) 내부에 많은 사무실을 가지고 있으면서 여러 층으로 된 높은 건물.

빌라 (villa) 여러 세대가 모여 사는

고급 연립 주택.

*빌리다 남의 물건이나 돈을 나중에 돌려주거나 갚기로 하고 갖다가 쓰다. 예도서관에서 책을 빌리다. ⇒borrow

빌미 재앙이나 병 같은 불행이 생기는 원인. 예빌미가 되다 / 빌미로 삼다 / 빌미를 잡히다. →조짐 주의

빌붙다 [빌:붇따] 남에게 들러붙어서 아첨하고 알랑거리다.

빌빌하다 1 느리게 움직이다. 예기계가 오래되어서 빌빌하다. 2 기운 없이 느리게 행동하다. 예감기에 걸리더니 빌빌한다.

빌어먹다 [비러먹따] 남에게 구걸하여 얻어먹다. 짝배라먹다.

빔 [빔:] 명절이나 잔치 때에 새 옷으로 차려입는 일. 또는 그 옷. ×비음.

*빗 [빋] 머리털을 빗는 데 쓰는 도구. 예빗 한 개. ⇒comb

빗– '기울어지게, 비스듬히' 또는 '잘못'의 뜻을 나타내는 말. 예빗금 / 빗변 / 빗나가다 / 빗맞다.

빗금 [빋끔] 1 ⇨사선². 2 대응·대립되는 것을 함께 보이거나 분수를 나타낼 때 쓰는 문장 부호의 하나((/)).

빗기다 [빋끼다] 남의 머리털을 빗어 주다. 예딸의 머리를 빗기다.

빗나가다 [빈나가다] 1 움직임이 비뚤로 나가다. 예과녁에서 빗나가다. 2 행동이나 태도가 잘못된 방향으로 나가다. 예빗나가는 아이들이 점점 늘고 있다. 3 기대나 예상과 다르다. 예예측이 빗나가다.

빗다 [빋따] 빗으로 엉클어진 머리카락을 가지런히 하다.

주의 **빗다**와 **빚다**

빗다 머리카락을 가지런히 하다. 예빗으로 머리를 곱게 빗다.
빚다 1 가루를 반죽하여 만두 따위를 만들다. 예만두를 빚다. 2 만들어 내다. 예물의를 빚다.

빗대다 [빋때다] 1 바로 말하지 않고 빙 둘러서 말하다. 2 사실과 다르게 말하다.

빗맞다 [빈맏따] 1 목표에 어긋나서 딴 곳에 맞다. 예빗맞은 화살. 2 뜻한 일이 잘못되어 달리 이루어지다. 예예상이 빗맞다.

빗면 (–面) [빈면] 비스듬하게 기운 면. 비사면.

*빗물 [빈물] 비가 와서 괸 물.

빗발 [비빨 / 빋빨] 줄이 죽죽 진 것처럼 내리는 빗줄기.

빗발치다 [비빨치다 / 빋빨치다] 1 거센 빗줄기처럼 쏟아지거나 떨어지다. 예화살이 빗발치듯 날아오다. 2 독촉이 몹시 심하고 급하다. 예비난과 질책이 빗발치다.

*빗방울 [비빵울 / 빋빵울] 비로 떨어지는 물방울.

빗변 (–邊) [빋뼌] 직각 삼각형의 직각에 대한 가장 긴 변.

빗살무늬 [빋쌀무늬] 빗살처럼 선이 일정하게 그어진 무늬.

빗살무늬 토기 (–土器) 신석기 시대의 토기. 밑이 둥근 것 또는 뾰족한 것이 있고, 표면에 빗살 모양의 무늬가 있음. 강가나 바닷가에서 많이 발견됨. 비즐문 토기.

빗소리 [빋쏘리 / 빋쏘리] 비가 내리는 소리.

빗속 [빋쏙 / 빋쏙] 비가 내리는 가운데. 예우산도 없이 빗속을 걷다.

빗자루 [비짜루 / 빋짜루] ⇨비².

빗줄기 [비쭐기 / 빋쭐기] 줄이 진 것처럼 굵고 세차게 내리치는 빗발.

빙 1 한 바퀴 도는 모양. 예한 바퀴 빙 돌다. 2 정신이 아찔해지는 모양. 예한 대 맞았더니 정신이 빙 돌더군. 3 둘레를 둘러싼 모양. 예빙 둘러앉다. 4 갑자기 눈물이 글썽해지는 모양. 예눈물이 빙 돌다. 짝뱅. 센삥. 거핑.

*빙그레 입을 조금 벌리고 소리 없이 부드럽게 웃는 모양. 짝뱅그레. 센삥그레. 빙그레하다.

빙그르르 원을 그리며 가볍게 한 바퀴 도는 모양.

*빙글빙글 미끄럽게 자꾸 도는 모양. 예회전목마가 빙글빙글 돈다. 짝뱅글뱅글. 센삥글삥글. 거핑글핑글.

빙긋이 [빙그시] 입을 살짝 벌리고 소리 없이 가볍게 웃는 모양. 예빙긋이 미소를 띠다. 짝뱅긋이. 센삥긋이.

빙빙 1 자꾸 도는 모양. 또는 돌리는

모양. 좌 뱅뱅. 셈 뼁뼁. 거 핑핑. 2 하는 일 없이 이리저리 돌아다니는 모양.

빙산 (氷山) 남극이나 북극의 바다에 산처럼 떠 있는 얼음덩어리.

빙상 경기 (氷上競技) 얼음판 위에서 하는 여러 가지 경기. 스케이팅·아이스하키 따위.

빙수 (氷水) 얼음을 눈처럼 갈고 그 위에 삶은 팥, 과일 등을 올린 음식.

빙자 (憑藉) 말막음으로 내세워 핑계를 댐. 예 병을 빙자하여 불참하다. **빙자하다**.

빙점 (氷點) [빙쩜] 물이 얼기 시작할 때의 온도. 곧, 섭씨 0도. 비 결빙점. 반 비등점.

빙판 (氷板) 얼어붙은 길바닥.

빙하 (氷河) 1 얼어붙은 큰 강. 2 높은 산의 저온 지대에 내린 눈이 점점 큰 얼음덩이가 되어 천천히 낮은 곳으로 흘러내리는 것.

빙하 시대 (氷河時代) 지구상의 기후가 몹시 차가워 북반구 대부분이 대규모의 빙하로 덮혀 있던, 지금으로부터 70-80만 년 전으로 짐작되는 시기.

*****빚** [빋] 남에게 갚아야 할 돈. 예 빚을 지다. 비 부채. ⟹ debt

*****빚다** [빋따] 1 가루를 반죽하여 경단·만두·송편 등을 만들다. 예 송편을 빚다. 2 술을 담그다. 3 어떤 결과나 현상을 만들다. 예 가난이 빚은 비극. → 빗다 주의

빚지다 [빋찌다] 남에게 돈을 빌리거나 신세를 지다. 예 친구에게 빚진 돈을 갚다 / 나는 그에게 빚진 것이 많다.

*****빛** [빋] 1 사물을 비추어 밝게 보이게 하는 것. 예 빛을 비추다. ⟹ light 2 색. 예 빛이 곱다. 3 기색이나 태도. 예 피로한 빛을 나타내다. 4 반짝이는 광택. 예 구두가 반짝반짝 빛이 난다.

*****빛깔** [빋깔] 빛을 받아 물체의 거죽에 나타나는 빛. 비 색채.

*****빛나다** [빈나다] 1 빛이 환하게 비치다. 예 하늘에 별이 빛난다. 2 영광스럽고 훌륭하다. 예 영원히 빛날 작품.

빛내다 [빈내다] 빛나게 하다. 예 모교를 빛내다 / 반짝반짝 눈을 빛내다 / 조명이 밤하늘을 빛내다.

빛바래다 [빋빠래다] 본디의 빛깔이 옅어지거나 윤기가 없어지다. 예 빛바랜 사진.

ㅃ (쌍비읍) 'ㅂ'의 된소리.

빠끔 1 작은 구멍이나 틈이 깊고 또렷하게 나 있는 모양. 예 하늘이 빠끔 보이다. 2 살며시 문 따위를 조금 여는 모양. 예 창문을 빠끔 열다. **빠끔하다**.

빠끔히 ⟹ 빠끔.

빠듯하다 [빠드타다] 1 어떤 한도에 겨우 미치다. 예 예산이 빠듯하다. 2 가득 차서 빈틈이 없거나 꼭 맞아서 헐렁하지 않다.

빠뜨리다 [빠ː뜨리다] 1 물이나 웅덩이에 빠지게 하다. 예 강물에 빠뜨리다. 2 어려운 지경에 놓이게 하다. 예 친구를 함정에 빠뜨리다. 3 빼어 놓아 버리다. 예 명단에서 이름을 빠뜨리다. 4 부주의로 물건을 흘려 잃어버리다. 예 지갑을 빠뜨리다.

빠르기표 (一標) 악곡의 빠르기를 나타내는 기호.

*****빠르다** 1 어떤 동작을 하는 데 걸리는 시간이 짧다. 속도가 높다. 예 걸음이 빠르다 / 말이 빠르다. 2 과정이나 기간이 짧다. 예 이해가 빠르다 / 회복이 빠르다. 3 어떤 기준보다 이르다. 예 시계가 5분 빠르다. 반 늦다. 활용 빨라 / 빠르니. ⟹ fast, quick

빠른우편 (一郵便) [빠르누편] 접수한 날의 다음 날까지 배달되는 우편. 전의 속달 우편이 바뀐 것.

빠져나가다 [빠ː저나가다] 어떤 곳의 밖으로 나가다. 예 터널을 빠져나가다 / 포위망을 뚫고 빠져나가다.

빠져나오다 [빠ː저나오다] 어떤 곳의 밖으로 나오다. 예 회의장을 빠져나오다 / 골목을 빠져나오다.

*****빠지다** [빠ː지다] 1 물·구덩이 따위로 떨어져 들어가다. 예 물에 빠지다. 2 지니거나 박힌 것이 떨어지거나 뽑히다. 예 사랑니가 빠지다. 3 기운이 없어지다. 예 맥이 빠지다. 4 살이 여위다. 예 살이 빠지다. 5 어떤 것에 마음을 빼앗기다. 예 오락에 빠져 있는 아이. 6 김·때·빛깔 따위가 없어지다. 예 얼룩이 빠지다.

빡빡 1 힘들여 세게 긁거나 문지를 때 나는 소리. 2 머리나 수염 따위를

빡빡하다 아주 짧게 깎은 모양. 예머리를 빡빡 깎다. 여박박.

빠빠하다 [빠빠카다] 1 물기가 적어서 부드러운 맛이 없다. 예찌개가 너무 빡빡하다. 2 꼭 끼어서 헐렁하지 아니하다. 예바지가 빡빡하게 낀다. 3 이해심이 별로 없다. 예빡빡하지 않은 사람. 큰뻑뻑하다.

빤하다 [빤:하다] 내용이 환하게 들여다 보이듯이 분명하다. 예빤한 거짓말을 하지 마라. 큰뻔하다.

빤히 [빤:히] 빤하게. 큰뻔히.

빨가벗다 [빨가벋따] 옷을 모두 벗다. 예아이들이 빨가벗고 강물로 뛰어들었다.

*__빨강__ 빨간 빛깔이나 물감. ⇨red
*__빨갛다__ [빨:가타] 진하고도 곱게 붉다. 큰뻘겋다. 활용 빨가니 / 빨개서.
*__빨다__¹ 1 입술과 혀에 힘을 주어 입속으로 당겨 들어오게 하다. 예아기가 젖을 빨다. 2 입안에 넣어 녹이거나 혀로 핥다. 예사탕을 빨아 먹다. 활용 빨아 / 빠니 / 빠는.
*__빨다__² 더러운 물건을 물속에 넣어 때를 빼다. 예양말을 빨다. 활용 빨아 / 빠니 / 빠는. ⇨wash

빨대 [빨때] 물 따위를 빨아 먹는 데 쓰는 가는 대. 스트로.

*__빨래__ 1 더러운 옷·피륙 등을 물에 넣어 빠는 일. 2 ⇨빨랫감. 빨래하다.

빨랫감 [빨래깜 / 빨랟깜] 빨래할 옷이나 피륙 따위. 비빨래.

빨랫비누 [빨래삐누 / 빨랟삐누] 빨래할 때 쓰는 비누. 세탁비누.

빨랫줄 [빨래쭐 / 빨랟쭐] 빨래를 널어 말리는 줄.

*__빨리__ 걸리는 시간이 짧게. 예숙제를 빨리 끝내다. 빨리하다.

빨리다 1 액체나 기체가 입속으로 들어가다. 예젖을 빨리다 / 모기에게 피를 빨리다. 2 어떤 것에 이끌리다. 예이야기에 빨려 들다 / 말솜씨에 빨려들다.

빨리빨리 매우 빠르게. 예빨리빨리 걷다 / 꾸물거리지 말고 빨리빨리 움직여라.

빨빨거리다 이리저리 바쁘게 쏘다니다. 예하루종일 빨빨거리며 돌아다녔다.

빨아내다 [빠라내다] 속에 있는 것을 빨아서 밖으로 나오게 하다. 예독을 입으로 빨아내다.

빨아들이다 [빠라드리다] 빨아서 속으로 들어오게 하다. 예솜이 물을 빨아들이다.

빨아먹다 [빠라먹따] 남의 것을 우려내어 제 것으로 만들다. 예백성의 피를 빨아먹다.

빨판 낙지·문어·거머리 따위가 다른 물체에 달라붙는 데 쓰는 기관.

빳빳하다 [빧빠타다] 1 단단하고 꼿꼿하다. 예고개를 빳빳하게 세우고 다니다. 2 풀기가 세다. 예빳빳한 만 원권 / 모시에 풀을 먹여 빳빳하다. 3 태도나 성격이 고분고분하지 않고 억세다. 큰뻣뻣하다.

*__빵__ 밀가루를 반죽하여 불에 굽거나 찐 음식. ⇨bread

빵빵 자동차 따위의 경적이 계속해서 울리는 소리.

빵빵거리다 자동차의 경적을 자꾸 울리다.

빻다 [빠:타] 찧어서 가루를 만들다. 예고추를 곱게 빻다.

빼곡하다 [빼고카다] 사람이나 물건이 어떤 공간에 빈틈없이 들어차 있다.

빼기 [빼:기] 빼는 일. 반더하기.

빼내다 [빼:내다] 1 박힌 것을 뽑다. 2 여럿 중에서 필요한 것만을 골라내다. 3 얽매인 사람을 자유롭게 해 주다.

빼놓다 [빼:노타] 1 여럿 중에서 어떤 것을 골라 놓다. 예쓸 만한 것을 따로 빼놓다. 2 한 무리에 들어야 할 것을 못 들게 하다. 예나만 빼놓고 가다니.

*__빼다__ [빼:다] 1 속에 들어 있는 것을 밖으로 나오게 하다. 예풍선의 바람을 빼다. 2 덜어 내다. 예둘에서 하나를 빼다. 반더하다. 3 필요 없는 것을 없애다. 4 일부러 행동이나 태도를 꾸미다. 예점잔을 빼다. 5 살·힘 따위를 줄이거나 없애다. 예운동으로 살을 빼다.

빼먹다 [빼:먹따] 1 남의 물건을 몰래 꺼내 먹다. 2 빠뜨리다. 예무심코 한 자 빼먹고 쓰다. 3 규칙적으로 하던 일을 하지 않다. 예수업을 빼먹다.

빼앗기다 [빼앋끼다] 빼앗음을 당하다. 예돈을 빼앗기다. 준뺏기다.

빼앗다 [빼앋따] 1 남의 것을 강제로 제 것으로 만들다. 예지갑을 빼앗다. 2 남의 마음이나 생각을 이쪽으로 쏠리게 하여 사로잡다. 예여자의 마음을 빼앗다.

빼어나다 여럿 중에서 특히 뛰어나다. 예빼어난 인물.

빽빽이 [빽빼기] 빽빽하게. 예나무들이 집 주위에 빽빽이 둘러서 있다.

빽빽하다 [빽빼카다] 1 사이가 촘촘하다. 2 구멍이 막힐 듯이 좁아서 갑갑하다.

***뺄셈** [뺄ː쎔] 빼기로 계산하는 셈. 町감산. 町덧셈. 뺄셈하다.

뺏기다 [뺃ː끼다] '빼앗기다'의 준말. 예시간을 뺏기다 / 마음을 뺏기다.

뺏다 [뺃ː따] '빼앗다'의 준말.

뱅뱅 빠르게 자꾸 도는 모양. 큰뱅뱅.

***뺨** 얼굴의 양쪽에 살이 많이 붙은 부분. 町볼. ⊃cheek

뺨치다 비교의 대상을 능가하다. 예전문가 뺨치는 솜씨.

뻐근하다 힘들거나 지쳐서 몸이 아프고 움직이기에 거북하다. 예컴퓨터를 오래 했더니 어깨가 뻐근하다.

뻐기다 잘난 체하며 으스대다. 예부자라고 너무 뻐기지 마라.

뻐꾸기 두견과에 속하는 철새. 비둘기보다 조금 작음. 지빠귀·할미새 등의 둥지에
뻐꾸기
알을 낳아 기르며 주로 곤충을 잡아먹고 삶. 초여름에 남쪽에서 날아오며 '뻐꾹뻐꾹' 하며 구슬피 욺.

뻐꾸기시계 (一時計) [뻐꾸기시계/뻐꾸기시게] 뻐꾸기 모형이 시간을 알려 주도록 만든 시계.

뻐끔거리다 1 담배를 힘 있게 빨아 피우다. 2 물고기 따위가 입을 벌려 물이나 공기를 마시다. 예잉어가 입을 뻐끔거리다. 작빠끔거리다.

뻐드렁니 밖으로 뻗은 앞니. 벋니.

뻑뻑하다 [뻑뻐카다] 1 물기가 너무 적어서 부드러운 맛이 없다. 2 여유가 없어 빠듯하다. 3 기계·바퀴 따위가 잘 돌아가지 않다. 작빡빡하다.

뻔뻔스럽다 [뻔뻔스럽따] 보기에 뻔뻔하다. 예그의 태도가 너무 뻔뻔스럽다.

뻔뻔하다 잘못이 있어도 부끄러운 줄을 모르다. 작빤빤하다.

뻔뻔히 뻔뻔하게.

뻔질나다 [뻔질라다] 드나드는 것이 매우 잦다. 예뻔질나게 편의점을 드나들다.

뻔하다[1] [뻔ː하다] 그렇게 될 것이 분명하다. 예어차피 우리가 이길 것이 뻔하다. 작빤하다.

뻔하다[2] '-ㄹ·-을'과 어울려 '까딱하면 그렇게 될 형편이었으나 결국 그렇게 되지 않았다'는 뜻을 나타내는 말. 예지각할 뻔하다.

***뻗다** [뻗따] 1 덩굴 따위가 바깥쪽으로 길게 자라 나가다. 2 꼬부렸던 것을 펴서 길게 내밀다. 예다리를 뻗다. 3 어떤 곳에 미치게 손 따위를 내밀다. 예팔을 앞으로 쭉 뻗다.

뻗치다 1 '뻗다'의 힘줌말. 예힘이 온몸에 뻗치다. 2 이 끝에서 저 끝까지 닿다. 예찻길이 멀리 뻗쳐 있다.

뻘겋다 [뻘ː거타] 진하고도 곱게 붉다. 작빨갛다. 활용뻘거니/뻘게서.

뻘뻘 땀이 많이 흐르는 모양. 예땀을 뻘뻘 흘리다.

뻣뻣하다 [뻗뻐타다] 1 물체가 부드럽지 않고 꼿꼿하다. 예목이 뻣뻣하다. 2 태도나 성질이 고분고분하지 않고 억세다. 예손님을 뻣뻣하게 대하다. 작빳빳하다.

뻥 1 갑자기 터지는 큰 소리. 예풍선이 뻥 터지다. 2 공 따위를 세게 차는 소리나 모양. 예축구공을 뻥 차다. 3 큰 구멍이 뚫리는 소리나 모양. 예벽에 구멍이 뻥 뚫리다.

뻥튀기 1 쌀이나 옥수수 따위를 튀긴 과자. 2 어떤 사실을 크게 부풀리는 일. 예뻥튀기처럼 부풀려 말하다. 뻥튀기하다.

***뼈** 동물이나 사람의 살 속에 싸여 몸집을 구성하고 지탱하는 단단한 물질. 예뼈가 부러지다. ⊃bone

뼈대 1 몸을 이룬 뼈의 크고 작은 생김새. 예뼈대가 굵다. 2 사물의 핵심이나 중심. 町골간. 골격.

뼈마디 뼈와 뼈가 서로 맞닿아 이어진 부분. 골격의 관절.

뼈아프다 감정이 마음속 깊이 사무치는 느낌이 있다. 예 뼈아픈 시련을 겪다. 활용 뼈아파 / 뼈아프니.

뼈저리다 뼛속이 저릴 정도로 마음속 깊이 사무치다. 예 건강의 소중함을 뼈저리게 느끼다.

***뼘** [뼘ː] 엄지손가락과 다른 손가락을 완전히 펴서 벌린 거리. 예 뼘을 재다 / 뼘이 길다.

뼛골 (一骨) [뼈꼴 / 뼏꼴] 뼛속에 차 있는 누런 조직. 비 골수. 뼛속.

뼛속 [뼈쏙 / 뼏쏙] ⇨ 뼛골.

뽀드득 단단하고 매끄러운 물건을 비빌 때 나는 소리. 큰 뿌드득. 여 보드득. 뽀드득하다.

뽀얗다 [뽀ː야타] 1 연기나 안개 따위가 낀 것처럼 선명하지 않고 희끄레하다. 예 뽀얀 먼지가 앉다. 2 살갗이나 얼굴 따위가 하얗게 말갛다. 예 뽀얀 피부. 큰 뿌옇다. 여 보얗다. 활용 뽀야니 / 뽀얘서.

뽐내다 1 기를 펴고 잘난 체하다. 2 보라는 듯이 자랑하다. 예 노래 실력을 뽐내다.

***뽑다** [뽑따] 1 박힌 것을 빼내다. 예 밭에서 잡초를 뽑다. 2 여럿 중에서 가려내다. 예 우수 선수를 뽑다. 3 도로 거두어들이다. 예 밑천을 뽑다.

뽑히다 [뽀피다] 1 뽑아지다. 빠지다. 예 못이 절로 뽑히다. 2 여럿 중에서 가려내어지다. 예 반장으로 뽑히다.

뽕 막혀 있던 공기 따위가 좁은 구멍으로 갑자기 터져 빠지는 소리.

뽕나무 뽕나뭇과의 낙엽 활엽 교목 또는 관목. 밭에서 재배하는 것은 높이 2~3m임. 검붉은 열매 '오디'는 먹으며, 잎은 누에의 먹이임. 나무는 가구재로 쓰고, 껍질은 종이의 원료로 씀. 준 뽕.

뽕잎 [뽕닙] 뽕나무의 잎. 누에의 먹이로 씀. 예 누에에게 먹일 뽕잎을 따다.

뾰로통하다 얼굴에 화가 난 빛이 나타나 있다. 예 입을 뾰로통하게 내밀다.

뾰루지 뾰족하게 부어오른 작은 부스럼. 비 뾰두라지.

뾰족뾰족 여럿이 모두 뾰족한 모양. 예 뾰족뾰족 돋아 나온 보리 이삭. 뾰족뾰족하다.

뾰족하다 [뾰조카다] 끝이 차차 가늘어져서 날카롭다. 큰 뿌죽하다. 센 뾰쪽하다.

뿌듯하다 [뿌드타다] 기쁨이나 감격이 마음에 가득 차서 벅차다. 예 가슴 뿌듯한 이야기. 여 부듯하다.

***뿌리** 1 식물의 줄기 밑에 달려 수분과 양분을 빨아올리는 기관. 2 깊숙이 박힌 물건의 밑동. 예 이가 썩어 뿌리만 남았다. 3 깊숙이 자리 잡아 굳어진 일의 근본. 예 병의 뿌리.

뿌리(를) 뽑다 원인을 완전히 없애다. 예 부정부패를 뿌리 뽑다.

뿌리내리다 옮긴 곳에 자리를 잡다. 예 해외에서 뿌리내리고 살다.

***뿌리다** 1 눈이나 비 따위가 흩날려 떨어지다. 예 빗방울이 뿌리다. 2 작은 물건이나 물 따위를 흩어지도록 끼얹거나 던지다. 예 씨를 뿌리다.

뿌리채소 (一菜蔬) 뿌리를 먹는 여러 가지 채소. 무·당근·우엉·토란·생강 등인데, 수분·녹말 따위가 많음. 비 근채.

뿌리치다 1 붙잡은 것을 놓치게 하다. 예 손목을 뿌리치다. 2 권고를 물리치다. 예 유혹을 뿌리치다.

뿌리털 식물의 뿌리 끝에 가늘고 빽빽하게 난 털. 땅속에서 양분과 물을 흡수함.

뿌옇다 [뿌ː여타] 뚜렷하지 않고 희끄무레하다. 예 뿌옇게 김이 서리다. 작 뽀얗다. 활용 뿌여니 / 뿌예서.

*뿐[1] '다만 어떠하거나 어찌할 따름'이라는 뜻을 나타내는 말. 예 들었을 뿐 보지는 못했다.

뿐[2] '그것만이고 더는 없다'는 뜻을 나타내는 말. 예 공부뿐만 아니라 운동도 잘한다.

뿔 소·염소 등의 머리에 불쑥 나온, 뾰족하고 단단하게 생긴 부분.

뿔뿔이 [뿔뿌리] 서로 따로따로 흩어지는 모양. 예 뿔뿔이 헤어지다.

뿜다 [뿜ː따] 속에 있는 것을 밖으로 세차게 밀어 내다. 예 분수가 물을 뿜다.

뿜어내다 [뿌머내다] 속의 것을 뿜어 밖으로 나오게 하다. 예 입김을 밖으로 뿜어내다.

삐거덕 크고 단단한 물건이 서로 맞닿아 비빌 때 나는 소리. 예삐거덕 소리를 내며 문이 열리다. **삐거덕하다**.
삐걱 딱딱한 물건이 서로 닿을 때 나는 소리. **삐걱하다**.
삐끗하다 [삐끄타다] **1** 맞추어 끼울 물건이 어긋나서 맞지 않다. **2** 잘못해 일이 어긋나기만 하고 되지 아니하다. **3** 팔이나 다리 따위가 비틀려 뼈마디가 어긋나다. 예발목을 삐끗하다. 작 빼끗하다. 예비끗하다.
삐다 [삐:다] 몸의 어느 부분이 비틀리거나 접질려서 뼈마디가 어긋나다.
삐뚤삐뚤 바르지 못하고 이리저리 기울어지거나 구부러져 있는 모양. 작 빼뚤빼뚤. **삐뚤삐뚤하다**.
삐뚤어지다 [삐뚜러지다] **1** 중심을 잃고 한쪽으로 기울어지다. **2** 마음이 바르지 못하고 비꼬이다. 작 빼뚤어지다. 예비뚤어지다.
삐악삐악 병아리가 계속 약하게 우는 소리. **삐악삐악하다**.
삐죽 **1** 비웃거나 마음에 들지 않을 때 입을 쑥 내미는 모양. 예동생은 토라져서 입을 삐죽 내밀고 말도 안 했다. **2** 물체의 끝이 조금 내밀려 있는 모양. 예모자 밑으로 머리카락이 삐죽 튀어나왔다. **3** 잠깐 나타났다가 없어지는 모양. 예얼굴만 삐죽 내밀다. 작 빼죽. 센 삐쭉. **삐죽하다**.
삐죽이 [삐주기] 삐죽하게.
삐지다 ⇨삐치다.
삐치다 [삐:치다] 마음이 비틀어져 토라지다. 예조그마한 일에도 잘 삐친다. 비삐지다.
삥 **1** 일정한 범위의 둘레를 둘러싼 모양. **2** 한 바퀴 도는 모양. **3** 정신이 아찔해지는 모양. 예빙. 거 핑.

ㅅ (시옷 [시옫]) 한글 닿소리의 일곱째 글자.

사¹ 서양 음계의 칠음 중 제5음인 '솔'의 우리말 음이름.

***사²** (四) [사:] 넷. 넷째. 예 사 개월 / 사 권 / 사 년. ⊃ four

사³ (死) [사:] 죽음. 예 생과 사의 갈림길에 서다. 반 생.

사⁴ (私) 여러 사람과 관련된 것이 아니고 개인에 관한 것. 예 공과 사를 뚜렷하게 구별하다. 반 공.

사각 (四角) [사:각] 1 네 개의 각. 2 네 개의 각이 있는 모양. 예 사각 탁자. 3 '사각형'의 준말.

사각거리다 [사각꺼리다] 1 연한 사과나 과자 따위를 씹는 소리가 자꾸 나다. 2 갈대 따위의 얇고 빳빳한 물체가 스치는 소리가 자꾸 나다. 큰 서걱거리다. 센 싸각거리다.

사각기둥 (四角―) [사:각끼둥] 옆면과 밑면이 사각형인 각기둥. 네모기둥.

사각뿔 (四角―) [사:각뿔] 밑면이 사각형인 각뿔. 네모뿔.

사각사각 [사각싸각] 사각거리는 소리. 예 사과를 사각사각 씹어 먹다. **사각사각하다.**

***사각형** (四角形) [사:가켱] 네 개의 선분으로 둘러싸인 평면 도형. 비 네모꼴. 사변형. 준 사각.

사감 (舍監) 기숙사에서 기숙생들의 생활을 지도하고 감독하는 사람. 예 사감 선생.

***사건** (事件) [사:껀] 사회적으로 문제가 되거나 관심을 끌 만한 일. 예 살인 사건 / 사건이 터지다.

사격 (射擊) 대포나 총 따위를 쏨. 예 사격 경기. **사격하다.**

사경 (死境) [사:경] 죽을 지경. 죽음에 이른 지경. 예 사경을 헤매다.

사계 (四季) [사:계 / 사:게] ⇨ 사철1.

사계절 (四季節) [사:계절 / 사:게절] ⇨ 사철1. 예 우리나라는 사계절이 뚜렷하다.

***사고¹** (事故) [사:고] 뜻밖에 일어난 좋지 않은 일. 예 자동차 사고 / 사고가 나다. ⊃ accident

사고² (思考) 생각하고 궁리함. 예 건전한 사고. **사고하다.**

사고³ (史庫) [사:고] 조선 때 역사에 관한 중요한 기록이나 책 따위를 보관하던 나라의 서고. 강화 정족산·무주 적상산·봉화 태백산·강릉 오대산에 있었음.

사고력 (思考力) 생각하고 궁리하는 힘. 예 논리적인 사고력을 기르다.

사고방식 (思考方式) 어떠한 문제를 생각하고 판단하는 방법이나 태도. 예 보수적인 사고방식.

사공 (沙工) 배를 젓는 일을 직업으로 하는 사람. 본 뱃사공.

***사과¹** (沙果) 사과나무의 열매. 예 빨갛게 익은 사과. ⊃ apple

***사과²** (謝過) [사:과] 자기의 잘못에 대하여 용서를 구하는 것. 예 사과를 받다 / 잘못을 사과하다. 비 사죄. **사과하다.** ⊃ apology

사과나무 (沙果―) 장미과의 낙엽 교목. 봄에 흰 꽃이 피며, 열매인 사과는 8-9월에 익는데 시면서도 단맛이 있음. 홍옥, 국광 따위의 품종이 있음.

사관¹ (史官) [사:관] 예전에, 나라의 중요한 일을 기록하던 관리.

사관² (士官) [사:관] 장교를 이르는 말. 보통 소위·중위·대위를 가리킴.

사관 학교 (士官學校) 육군·해군·공군의 정규 장교를 길러 내는 군사 학교.

사교 (社交) 사회생활에서 사람들이 서로 사귀는 일.

사교육 (私教育) 학교 이외의 기관이나 시설에서 개인이 돈을 내고 받는 교육. * 공교육.

사구 (沙丘) 바람이 휘몰아쳐 저절로 만들어진 모래 언덕. 해안·강변·사막 등에 생김.

사군이충 (事君以忠) [사:구니충] 세속 오계의 하나. 충성을 다하여 임금

사군자 (四君子) [사:군자] 동양화에서, 품성이 고결하여 군자와 같다는 뜻으로, 매화·난초·국화·대나무를 일컫는 말.

***사귀다** 서로 가까이하여 얼굴을 익히고 친하게 지내다. 예 친구를 사귀다.

사그라뜨리다 사그라지게 하다. 예 분노를 사그라뜨리다.

사그라지다 삭아서 없어지다. 예 불길이 사그라지다 / 분한 마음이 사그라지다. ×삭으러지다.

사극 (史劇) [사:극] 역사상의 인물이나 사건을 소재로 한 연극이나 영화. 본 역사극.

사근사근하다 성질이 부드럽고 친절하여 붙임성이 있다. 예 사근사근한 성격. 큰 서근서근하다.

사글세 (—貰) [사글쎄] 남의 집이나 방을 빌려 살면서 다달이 내는 돈. 예 사글세로 방을 얻다. 비 월세. ×삭월세.

사금 (沙金) 강가나 바닷가의 모래·자갈에 섞인 작은 알갱이 또는 비늘 모양의 금.

사금파리 사기그릇의 깨어진 작은 조각.

사기¹ (士氣) [사:기] 의욕이나 자신감 등으로 가득 차서 굽힐 줄 모르는 씩씩한 기세. 예 우리 팀의 사기가 하늘을 찌를 듯하다 / 친구들의 사기를 북돋아 주다.

사기² (史記) [사:기] 역사적 사실을 적은 책. 비 사서.

사기³ (沙器) ⇨ 사기그릇.

사기⁴ (詐欺) 못된 꾀로 남을 속임. 예 사기를 당하다. **사기하다**.

사기그릇 (沙器—) [사기그른] 흙을 원료로 하여서 구워 만든, 희고 매끄러운 그릇. 비 사기.

사기꾼 (詐欺—) 사기를 일삼는 사람. 예 사기꾼에게 속다.

***사나이** 한창 혈기가 왕성할 때의 남자. 준 사내.

사나흘 사흘이나 나흘.

***사납다** [사:납따] 1 성질이나 생김새가 독하고 험악하다. 예 사나운 성미. 2 상황이나 사정 따위가 몹시 나쁘다. 예 운수가 사납다. 3 비·바람 따위가 거칠고 세차다. 예 비바람이 사납게 몰아치다. 활용 사나워 / 사나우니.

***사내** 1 '사나이'의 준말. 2 남자. 예 낯선 사내가 찾아오다. 반 계집.

사내답다 [사내답따] 남자로서의 기질과 품성을 가지고 있다. 예 사내답게 행동해라. 비 남자답다. 본 사나이답다. 활용 사내다워 / 사내다우니.

사내아이 나이 어린 남자아이. 반 계집아이. 준 사내애.

사내애 '사내아이'의 준말. 반 계집애.

***사냥** 산이나 들에서 짐승을 총 따위로 잡는 일. 비 수렵. **사냥하다**.

사냥감 [사냥깜] 사냥할 짐승.

사냥개 [사냥깨] 사냥할 때 쓰는 길들인 개.

***사냥꾼** 사냥하는 사람. 또는 사냥이 직업인 사람.

***사다** 1 남의 것을 돈을 주고 자기 것으로 만들다. 예 서점에서 책을 사다. 반 팔다. ⇨ buy 2 자기의 잘못으로 고생이나 욕, 병 따위를 얻다. 예 고생을 사서 하다 / 남의 비웃음을 사다. 3 가치를 인정하다. 예 노력을 높이 사다. 4 다른 사람에게 어떤 감정을 갖게 하다. 예 호감을 사다. 5 대가를 치르고 사람을 부리다. 예 짐꾼을 사다.

사다리 '사닥다리'의 준말.

***사다리꼴** 사각형 중에서, 한 쌍의 마주 보는 변이 평행인 것.

사닥다리 [사닥따리] 높은 곳에 오르내릴 때 디딜 수 있도록 나무나 쇠 따위로 만든 기구. 준 사다리.

사단 (師團) 군대 조직 단위의 하나. 군단의 아래, 연대의 위임. 예 사단 사령부.

사당 (祠堂) 죽은 사람의 이름을 적은 패를 모셔 놓은 집.

사대문 (四大門) [사:대문] 조선 때, 서울에 있던 네 대문. 곧, 동쪽의 흥인지문, 서쪽의 돈의문, 남쪽의 숭례문, 북쪽의 숙정문.

사대부 (士大夫) [사:대부] 예전에, 벼슬이나 문벌이 높은 사람. 예 사대부 집안의 자손.

사도 (使徒) [사:도] 1 예수가 복음을 널리 전하려고 특별히 뽑은 열두 제자. 예 사도 바울. 비 십이 사도. 2 보람 있고 훌륭한 일을 위해 자신을 돌보지 않고 힘쓰는 사람. [예] 평화의 **사도**.

사돈 (査頓) 1 혼인으로 맺어진 관계. [예] **사돈**을 맺다. 2 결혼한 사람의 양쪽 부모들끼리 또는 그 두 집의 항렬이 같은 사람끼리 서로 부르는 말. [예] **사돈**어른. ×사둔.

사들이다 [사드리다] 물건 따위를 사서 들여오다. [예] 동생은 쓸데없는 물건을 마구 **사들였다**.

사또 [사:또] 예전에, 고을의 우두머리가 되는 벼슬아치를 백성이 높여 부르던 말.

***사라지다** 1 모습이나 자취가 없어지다. [예] 어둠 속으로 **사라지다**. [반] 나타나다. 2 어떤 생각·감정 따위가 없어지다. [예] 슬픔이 **사라지다**. [큰] 스러지다. 3 '죽다'를 달리 이르는 말. [예] 단두대의 이슬로 **사라지다**.

***사람** [사:람] 1 생각과 말을 할 줄 아는, 지구상에서 가장 지능이 발달한 동물. 도구를 만들어 사용하며 문화를 가짐. [비] 인간. 인류. 2 일정한 자격이나 품격을 갖춘 이. [예] 선생님께서는 부족한 나를 **사람**으로 만들어 주셨다. 3 사람의 됨됨이나 성질. [예] 그는 **사람**이 무던해서 좋다. 4 어떤 사회나 단체의 구성원. [예] 그는 이 회사에 다니는 **사람**이다. ➲ man, person

사람답다 [사:람답따] 됨됨이나 하는 짓이 사람의 도리에 어그러짐이 없다. [예] **사람다운** 행동. [활용] 사람다워 / 사람다우니.

사람됨 [사:람됨 / 사:람뒘] 사람의 됨됨이나 인품. [예] **사람됨**이 본받을 만하다.

***사랑**[1] 1 아끼고 위하는 따뜻한 마음. [예] 어머니의 **사랑**. 2 남녀가 애틋이 그리는 일. [예] **사랑**에 빠지다. 3 남을 돕고 이해하려는 마음. [예] 이웃에게 **사랑**의 손길을 보내다. [반] 미움. 증오. **사랑하다**. ➲ love

사랑[2] (舍廊) 집의 안채와 따로 떨어져, 바깥주인이 머물며 손님을 대접하는 곳.

사랑니 어금니가 다 난 뒤, 맨 뒤쪽에 새로 나는 작은 어금니. ×사랑이.

사랑방 (舍廊房) 안채와 따로 떨어져, 사랑으로 쓰는 방.

사랑스럽다 [사랑스럽따] 사랑을 느낄 만큼 귀여운 데가 있다. [예] **사랑스러운** 어린이. [활용] 사랑스러워 / 사랑스러우니.

사랑채 (舍廊—) 사랑으로 사용하는 집채.

사래 '이랑'의 옛말.

사레 [사:레] 음식을 잘못 삼키어 숨구멍으로 들어갈 때 기침처럼 뿜어 나오는 기운.

사레들리다 [사:레들리다] 사레에 걸리다. [예] 동생은 물을 급히 마시다가 **사레들렸다**.

사려 (思慮) 여러 가지 일에 대하여 깊게 생각함. 또는 그런 생각. [예] **사려** 깊은 사람. [비] 사념. **사려하다**.

사력 (死力) [사:력] 목숨을 아끼지 않고 쓰는 힘. [예] **사력**을 다하여 싸우다. [비] 죽을힘.

사령 (使令) [사:령] 예전에, 관아에서 심부름하던 사람.

사령관 (司令官) 군대·함대의 지휘·통솔을 맡아보는 우두머리.

사령부 (司令部) 사단급 이상의 부대에서, 소속 부대를 통솔하고 지휘하는 본부.

사례[1] (事例) [사:례] 어떤 일이 전에 실제로 일어난 예. [예] 성공 **사례** / **사례**를 들어 설명하다.

사례[2] (謝禮) [사:례] 말·행동 또는 물품으로 상대편에게 고마운 뜻을 나타내는 일. [예] **사례**의 편지. **사례하다**.

사례금 (謝禮金) [사:례금] 고마움의 뜻으로 주는 돈.

사로잡다 [사로잡따] 1 사람이나 짐승 따위를 산 채로 붙잡다. [예] 산토끼를 **사로잡다**. 2 생각이나 마음을 한곳으로 쏠리게 하다. [예] 관중의 마음을 **사로잡다**.

사로잡히다 [사로자피다] 1 사람이나 짐승 따위가 산 채로 붙잡히다. [예] 적에게 **사로잡히다**. 2 얽매이어 꼼짝달싹 못하게 되다. [예] 공포에 **사로잡히다**.

사료[1] (史料) [사:료] 역사를 연구하는 데 필요한 문헌이나 유물 등의 자료. [예] **사료**를 모으다.

사료[2] (飼料) 가축에게 주는 먹이. [비]

ㅅ

먹이.

사르다 1 불에 태워 없애다. 예묶은 서류를 불에 **사르다**. 2 불을 붙여 대다. 예아궁이에 불을 **사르다**. [활용] 살라/사르니.

사르르 1 저절로 힘없이 풀어지거나 떨어지는 모양. 예보자기가 **사르르** 풀리다. 2 졸음이 살며시 오거나 또는 살며시 눈을 감거나 뜨는 모양. 예졸음을 못 이겨 눈을 **사르르** 감다. 3 눈이나 얼음이 저절로 녹는 모양. 예아이스크림이 입에서 **사르르** 녹는다. 4 몸 또는 몸의 일부가 살살 아픈 모양. 예배가 **사르르** 아프다. 큰스르르.

사리¹ 국수·새끼·실 따위를 동그랗게 포개어 감은 뭉치. 또는 그것을 세는 단위.

사리² (私利) 개인의 사사로운 이익. 반공리.

사리³ (事理) [사:리] 일의 이치. 일의 도리. 예**사리**에 맞는 말/**사리**를 분별할 줄 아는 사람. 비도리. 이치.

사리⁴ (舍利) 부처나 성자의 유골. 오늘날에는 화장한 뒤에 나오는 작은 구슬 모양의 것을 일컬음.

사리다 1 국수·새끼·실 따위를 헝클어지지 않도록 동그랗게 여러 겹으로 포개어 감다. 예국수를 **사리다**. 2 정신을 차리거나 가다듬다. 예마음을 굳게 **사려** 먹다. 3 뱀 따위가 몸을 똬리처럼 감다.

사리사욕 (私利私慾) 개인의 사사로운 이익과 욕심. 예**사리사욕**을 꾀하다/**사리사욕**에 눈이 멀다.

사리탑 (舍利塔) 부처나 승려의 사리를 모셔 둔 탑.

사립¹ '사립문'의 준말.

사립² (私立) 개인이나 민간 단체가 세워서 이끌어 감. 예**사립** 학교. 반공립. 국립.

사립문 (一門) [사림문] 잡목·싸리 따위의 나뭇가지로 엮어 만든 문. 준사립. ×싸리문.

사립짝 나뭇가지를 엮어서 만든 문짝. 준삽짝. *사립문.

사마귀¹ [사:마귀] 살갗에 낟알만 하게 돋은 군살. 예엄지손가락에 **사마귀**가 나았다.

사마귀² [사:마귀] 사마귓과의 곤충. 몸은 가늘고 길며, 머리는 삼각형임. 몸빛은 녹색 또는 황갈색임. 앞다리 끝의 돌기가 낫처럼 구부러져 벌레를 잡아먹기에 편리함. 비버마재비.

사마귀²

***사막** (沙漠) 식물이 거의 자라지 않고, 대부분 모래와 자갈로 뒤덮인 넓은 벌판. 예**사하라 사막**.

사막화 (沙漠化) [사마콰] 어떤 지역이 점점 사막으로 변하는 것. **사막화하다**.

사망 (死亡) [사:망] 사람이 죽음. 예교통사고로 **사망하다**. 비죽음. 반출생. 높서거. 작고. **사망하다**.

사망률 (死亡率) [사:망뉼] 일 년 동안 사망한 사람 수의 총인구에 대한 비율.

사망자 (死亡者) [사:망자] 죽은 사람. 비사망인.

사면¹ (四面) [사:면] 1 동·서·남·북의 네 방향. 예**사면**이 바다인 섬. 비사방. 2 네 개의 면.

사면² (赦免) [사:면] 죄를 용서하여 형벌을 줄이거나 없애 줌. 예특별 사면. **사면하다**.

사면초가 (四面楚歌) [사:면초가] 아무에게도 도움을 받지 못하는, 외롭고 곤란한 지경에 빠진 형편을 이르는 말.

***사명** (使命) [사:명] 맡겨진 임무. 예맡은 바 **사명**을 다하다. 비임무. 책임.

사명당 (四溟堂) [사:명당] 『인명』 조선 선조 때의 유명한 승려. 법명은 유정이며, 임진왜란·정유재란 때 승병을 이끌고 왜적과 싸워 큰 공을 세웠음. [1544-1610]

사모 (紗帽) [사:모] 예전에, 벼슬아치들이 관복을 입을 때에 쓰던, 검은 실로 짠 모자. 지금은 흔히 전통 혼례식 때 신랑이 씀.

사모

사모관대 (紗帽冠帶) [사:모관대] 사모와 관대를 갖춘 차림. 곧, 정식으로

사모님(師母—) 1 스승의 부인을 높여 부르는 말. 2 윗사람의 부인을 높여 부르는 말.

사모하다(思慕—) 1 애틋하게 생각하고 그리워하다. 예사모하는 사람. 2 우러러 받들고 마음이 따르다. 예스승을 사모하다.

사무(事務) [사:무] 자신이 맡은 직책에 관련된 여러 가지 일을 처리하는 일. 주로, 책상에서 문서 따위를 처리하는 일을 이름. 예사무를 보다.

사무기기(事務機器) [사:무기기] 컴퓨터·복사기·프린터처럼 사무실에서 사용하는 기계.

사무소(事務所) [사:무소] 어떤 단체나 회사 따위의 사무를 보는 곳.

사무실(事務室) [사:무실] 사무를 보는 방. 예사무실을 넓히다. ⊃office

사무원(事務員) [사:무원] 사무를 맡아보는 사람. 본사무직원.

사무직(事務職) [사:무직] 관청이나 회사 따위에서 사무를 맡아보는 직책.

사무치다 마음속 깊이 느껴지다. 예그리움이 가슴에 사무치다.

사물(事物) [사:물] 일과 물건. 예사물을 보는 눈이 날카롭다.

사물놀이(四物—) [사:물로리] 네 사람이 각기 꽹과리·징·북·장구를 가지고 어우러져 벌이는 놀이.

사물 인터넷(事物Internet) 사물에 센서와 프로세서를 장착하여 실시간으로 데이터를 인터넷으로 주고받는 기술이나 환경.

사물함(私物函) 공공시설에서 개인 물건을 넣어 두는 상자.

사뭇 [사묻] 1 거리낌 없이 마구. 예사뭇 우기다. 2 아주 딴판으로. 예생각한 것과는 사뭇 다르다. 3 줄곧. 예사뭇 떠들어 대기만 한다.

사발(沙鉢) 아래는 좁고 위는 넓은 모양의 사기그릇. 주로 밥이나 국을 담는 데 씀. ⊃bowl

***사방**(四方) [사:방] 1 네 방위. 곧, 동·서·남·북의 네 방향. 비사방위. 2 둘레의 모든 방향. 여러 곳. 예사방을 살피다. 비주변. 주위.

사방치기(四方—) [사:방치기] 어린이들의 놀이의 한 가지. 땅바닥에 네모나 동그라미 따위의 여러 공간을 구분해 놓고, 그 안에서 납작한 돌을 한 발로 차서 차례로 다음 공간으로 옮기다가 정해진 공간에 가서는 돌을 공중으로 띄워 받아 돌아오는 놀이.

사방팔방(四方八方) [사:방팔빵] 여기저기 모든 방향이나 방면. 예사방팔방에서 사람들이 모여든다.

사범(師範) 1 남의 스승이 될 만한 모범이나 본보기. 2 학술 및 권투·바둑·유도 따위의 기술을 가르치는 사람. 예태권도 사범.

사범 대학(師範大學) 중학교와 고등학교의 교사를 길러 내는 대학. 준사대.

사법(司法) 삼권의 하나. 어떤 문제에 대하여 법률에 따라 재판을 하는 일. *입법. 행정.

사법부(司法府) [사법뿌] 대법원과 그에 딸린 모든 기관.

사변(事變) [사:변] 나라의 큰 사건. 전쟁에 비길 만한 큰 일. 예육이오 사변 / 만주 사변. 비난리.

사별(死別) [사:별] 죽어서 이별함. 예몇 년 전에 남편과 사별하다. 반생이별. **사별하다**.

사병(士兵) [사:병] 군대에서 장교가 아닌 모든 병사. 반장교.

사복(私服) 제복이 아닌 보통 옷. 예사복을 입다.

사본(寫本) 원본을 복사하거나 옮기어 베낌. 또는 그렇게 베낀 책이나 서류. **사본하다**.

사부(師父) 1 스승과 아버지. 2 스승을 높여 일컫는 말.

사분음표(四分音標) [사:부늠표] 음악에서, 온음표의 4분의 1의 길이를 나타내는 음표((기호는 ♩)).

사비(私費) 개인이 부담하거나 들이는 비용. 예사비로 유학하다. 비자비. 반공비.

사비성(泗沘城) [사:비성] 백제의 마지막 수도. 충청남도 부여의 옛 이름. 비부소산성.

사뿐 소리가 나지 않게 발을 살짝 내디디는 모양. 예계단을 사뿐히 내려오다. 큰서뿐. 거사푼. **사뿐하다**. 사뿐히.
사뿐사뿐 소리가 나지 않을 정도로 가볍게 발걸음을 계속 내디디는 모양. 예복도에서는 **사뿐사뿐** 걸어 다녀야 한다. **사뿐사뿐하다.**
사사 (師事) 스승으로 섬김. 또는 스승으로 삼고 가르침을 받음. 예김 선생에게서 그림을 사사하였다 / 3년간 사사를 받다. **사사하다.**
사사건건 (事事件件) [사:사껀껀] 1 모든 일. 온갖 사건. 예사사건건에 시비를 걸다. 2 일마다. 매사에. 예**사사건건** 간섭하다.
사사로이 (私私一) 공적이 아닌 개인적인 성질이 있게. 예그것은 사사로이 한 일로 공무와는 상관없다.
사사롭다 (私私一) [사사롭따] 공적이 아닌 개인적인 성질을 띠고 있다. 예사사로운 일에 참견 마라. [활용] 사사로워 / 사사로우니.
사살 (射殺) 총이나 활 따위로 쏘아 죽임. 예적을 사살하다. **사살하다.**
***사상**[1] (史上) [사:상] '역사상'의 준말. 예대회 사상 첫 우승을 차지하다.
***사상**[2] (思想) [사:상] 1 어떤 사물에 대한 구체적인 사고나 생각. 예건전한 사상. 2 사회·인생 따위에 관한 일정한 견해. 예진보적 사상.
사상가 (思想家) [사:상가] 사회·인생 등에 대한 사상이 풍부하여 여러 사람에게 영향을 주는 사람.
사상자 (死傷者) [사:상자] 죽은 사람과 다친 사람. 예화재로 많은 사상자가 발생하였다.
사색[1] (死色) [사:색] 심한 걱정이나 겁 때문에 창백하게 된 얼굴빛. 예얼굴이 사색이 되다.
사색[2] (思索) 사물의 이치를 따져 깊이 생각함. 예사색의 시간을 갖다 / 사색에 잠기다. **사색하다.**
사생 (寫生) 실제의 물건이나 자연의 경치 따위를 그대로 그림. 예**사생**대회. **사생하다.**
사생아 (私生兒) 법률적으로 부부가 아닌 남녀 사이에서 태어난 아이. [비] 사생자.
사생활 (私生活) 개인의 사사로운 일상생활. 예**사생활** 침해 / 남의 **사생활**에 간섭하다.
사서[1] (史書) [사:서] 역사에 관한 책. [비] 역사책.
사서[2] (司書) 도서관에서 책의 정리·보존 및 열람에 관한 일을 맡아보는 사람.
사서삼경 (四書三經) [사:서삼경] 유교의 기본 경전을 이르는 말. 사서인 논어·맹자·중용·대학과, 삼경인 시경·서경·주역을 일컬음.
사서오경 (四書五經) [사:서오경] 유교의 기본 경전을 이르는 말. 사서인 논어·맹자·중용·대학과, 오경인 시경·서경·주역·예기·춘추를 일컬음.
사서함 (私書函) '우편 사서함'을 줄인 말로, 우체국에 설치하여 승인을 받은 개인이나 기관만이 사용하는 우편함.
사석 (私席) 개인적으로 만나는 자리. 예사석에서는 흉허물 없이 지낸다. [반] 공석.
사선[1] (死線) [사:선] 죽을 고비. 예사선을 넘다.
사선[2] (斜線) 1 비스듬하게 그은 줄. 2 한 평면이나 직선에 수직이 아닌 선. [비] 빗금.
사설[1] (社說) 신문이나 잡지 따위에서, 글쓴이의 의견이나 주장을 내세우는 글. 예신문 사설.
사설[2] (私設) 개인이 세움. 또는 그 시설. 예**사설** 도서관 / **사설** 유치원. [반] 공설. 관설.
사설[3] (辭說) 잔소리나 푸념을 길게 늘어놓음. 또는 그 잔소리나 푸념. 예사설이 길다 / 웬 사설이 그리 많으냐.
사설시조 (辭說時調) 시조 형식의 하나. 종장 첫 구를 제외한 초장·중장·종장 가운데 두 구 이상이 길어진 시조. [비] 장시조.
사소하다 (些少一) 보잘것없이 작거나 적다. 예사소한 일로 다투다.
사수[1] (死守) [사:수] 목숨을 걸고 지킴. 예진지를 사수하다. **사수하다.**
사수[2] (射手) 총포나 활 따위를 쏘는 사람. 예기관총 사수.
사슬 쇠로 된 고리를 여러 개 이어서 만든 줄. 예**사슬**에 꽁꽁 묶이다. [본] 쇠사슬. ⊃chain

*사슴 사슴과의 짐승. 다리가 가늘고 길며 몸빛은 밤색에 흰 점이 있음. 성질이 온순하며 이끼나 풀 따위를 먹고 되새김질함. 수컷의 갓 나온 뿔은 '녹용'이라 하여 귀한 약재로 씀.

사슴

⊃deer

사슴벌레 나무가 많은 숲에 사는 곤충. 몸빛은 검은 갈색이고 큰턱은 집게 모양으로 사슴의 뿔처럼 생김.

사시(四時) [사:시] 봄·여름·가을·겨울의 네 계절. 비 사철. 사계절.

사슴벌레

사시나무 버드나뭇과의 낙엽 활엽 교목. 산 중턱에 많이 나며, 4월에 잎보다 먼저 꽃이 피고 5월에 열매가 익음. 상자·성냥개비 따위의 재료로 씀.

사시나무 떨듯 몸을 몹시 떠는 모양을 이르는 말.

사시사철(四時四─) [사:시사:철] 일 년 내내. 어느 철이나 늘. 예 사시사철 눈에 덮여 있는 산꼭대기.

사신(使臣) [사:신] 예전에, 임금이나 나라의 명령으로 외국에 심부름을 가던 신하. 예 사신을 보내다 / 외국의 사신을 맞다.

*사실(事實) [사:실] 1 실제로 있었던 일이나 현재에 있는 일. 예 사실과 전혀 다르다 / 사실대로 말하다. ⊃fact 2 진실로. 정말로. 예 사실 난 아무 잘못도 없다.

사심(私心) 자기 욕심을 채우려는 마음. 예 사심을 버리다 / 사심 없이 일하다. 비 이기심. 반 공심.

사씨남정기(謝氏南征記) [사:씨남정기] 〖책〗조선 숙종 때, 김만중이 지은 한글 소설. 숙종이 인현 왕후를 내쫓고 장희빈을 왕비로 맞아들인 사실을 비꼰 내용임.

사악하다(邪惡─) [사아카다] 마음이나 생각이 간사하고 악독하다. 예 사악한 생각을 품다.

사암(沙岩) 차돌 따위의 여러 가지 돌이 부스러져 생긴 모래가 물속에 가라앉아 단단하게 된 바위. 비 사암석.

사약(賜藥) [사:약] 예전에, 임금이 큰 죄를 지은 신하에게 내리던 독약.

사양(辭讓) 겸손하게 거절하거나 남에게 양보함. 예 저녁 초대를 사양하다. 사양하다.

*사업(事業) [사:업] 1 어떤 목적을 위해 조직적으로 하는 사회 활동. 예 자선 사업. 2 이익을 얻기 위해 벌이는 지속적인 경제 활동. 예 사업에 성공하다. 비 기업. 실업. 사업하다.

*사업가(事業家) [사:업까] 사업을 하는 사람. 또는 사업에 능한 사람. 비 사업자.

사연(事緣) [사:연] 일의 앞뒤 사정과 까닭. 예 슬픈 사연을 말하다.

사욕(私慾) 자기 한 개인의 이익만을 채우려는 욕심. 예 사욕에 눈이 어둡다.

*사용(使用) [사:용] 일정한 목적이나 기능에 맞게 물건을 씀. 예 환경을 보호하기 위해 일회용품 사용을 제한하다. 비 이용. 사용하다. ⊃use

사용량(使用量) [사:용냥] 사용한 분량. 예 통화 사용량이 늘어나다 / 전기 사용량이 최대치를 기록하다.

사용자(使用者) [사:용자] 1 물건이나 시설을 쓰는 사람. 예 핸드폰 사용자. 2 노동자에게 일을 시키고 그 대가로 보수를 주는 사람.

사우나(sauna) 뜨거운 열기나 증기로 땀을 내는 목욕. 또는 그런 목욕을 하는 곳.

사우디아라비아(Saudi Arabia) 〖국명〗아라비아반도의 대부분을 차지하고 있는 왕국. 석유가 매우 많이 남. 수도는 리야드.

사원¹(寺院) 절. 사찰.

사원²(社員) 회사에 근무하는 사람. 예 신입 사원 / 사원을 모집하다. 비 회사원.

사월(四月) [사:월] 한 해 열두 달 가운데 넷째 달. ⊃April

*사위 딸의 남편. 예 사위로 삼다 / 사위를 보다. 반 며느리.

사위다 불이 다 타서 재가 되다. 예 숯불이 사위다 / 모닥불이 사위다.

사윗감 [사위깜/사윋깜] 사위로 삼

사유¹ (私有) 개인의 소유. [반]공유. 국유. **사유하다**.

사유² (事由) [사:유] 일의 까닭. 예 참석하지 못한 사유. [비]연고.

사유 재산 (私有財産) 개인이 소유한 재산.

사유지 (私有地) 개인이 소유한 토지. [반]공유지. 국유지.

사육 (飼育) 짐승을 먹여 기름. 예 가축을 사육하다. **사육하다**.

사육신 (死六臣) [사:육씬] 조선 세조 때 단종의 복위를 꾀하다가 실패하여 처형된 여섯 명의 충신. 성삼문·박팽년·하위지·이개·유응부·유성원. * 생육신.

사육장 (飼育場) [사:육짱] 가축이나 짐승을 먹여 기르는 곳.

사육제 (謝肉祭) [사:육쩨] 기독교 국가에서 부활절 40일 전에 며칠 동안 벌이는 축제. 카니발.

사은회 (謝恩會) [사:은회 / 사:은훼] 졸업생들이 스승의 은혜에 감사하는 뜻으로 베푸는 모임.

사의 (謝意) [사:의 / 사:이] 감사하게 여기는 뜻. 예 협조에 대해 심심한 사의를 표하다.

***사이** 1 한 곳에서 다른 곳까지의 거리. 예 학교와 집 사이. 2 어떤 때에서 다른 때까지의 동안. 예 눈 깜짝할 사이. 3 시간적 여유나 겨를. 예 편지 쓸 사이도 없이 바쁘다. 4 사귀는 정분. 예 사이가 나쁘다. 5 서로 맺은 관계. 예 친구 사이. [준]새.

사이(가) 뜨다 사람 사이의 관계가 친밀하지 않거나 벌어지다.

사이다 (cider) 탄산수에 당분과 향료를 섞어 만든 청량음료.

사이렌 (siren) 소리를 내어 위급한 상황을 알리는 장치. 또는 그 소리.

학습마당 13

사이시옷을 받치어 적는 경우

1. 순우리말로 된 합성어로서 앞말이 모음으로 끝난 경우
   (1) 뒷말의 첫소리가 된소리로 나는 것
고갯길	귓밥	나룻배	나뭇가지
냇가	모깃불	못자리	바닷가
뱃길	볏가리	부싯돌	선짓국
쇳조각	아랫집	잿더미	조갯살
찻집	쳇바퀴	햇빛	혓바늘

   (2) 뒷말의 첫소리 'ㄴ, ㅁ' 앞에서 'ㄴ' 소리가 덧나는 것
멧나물	아랫니	콧날	
노랫말	뱃머리	툇마루	

   (3) 뒷말의 첫소리 홀소리 앞에서 'ㄴㄴ' 소리가 덧나는 것
도리깻열	뒷윷	뒷일	베갯잇
욧잇	깻잎	나뭇잎	댓잎

2. 순우리말과 한자에서 온 말로 된 합성어로서 앞말이 모음으로 끝난 경우
   (1) 뒷말의 첫소리가 된소리로 나는 것
고양잇과	귓병	등굣길	샛강
소나뭇과	아랫방	장밋빛	전셋집
절댓값	찻잔	콧병	툇줄
툇세	핏기	햇수	횟집

   (2) 뒷말의 첫소리 'ㄴ, ㅁ' 앞에서 'ㄴ' 소리가 덧나는 것
곗날	제삿날	훗날	툇마루

   (3) 뒷말의 첫소리 홀소리 앞에서 'ㄴㄴ' 소리가 덧나는 것
가욋일	사삿일	예삿일	훗일

3. 두 음절로 된 다음 한자말
곳간 (庫間)	셋방 (貰房)	숫자 (數字)	찻간 (車間)
툇간 (退間)	횟수 (回數)		

사이버 (cyber) 어떤 일이 컴퓨터 통신이나 인터넷으로 이루어지는 것. [예] 사이버 강의.

사이보그 (cyborg) 몸의 일부를 기계 장치로 만든 가상의 인간.

사이비 (似而非) [사:이비] 겉은 비슷하게 보이지만 속은 완전히 다름. [예] **사이비** 기자 / **사이비** 종교.

사이사이 공간의 틈새나 시간의 틈이 나는 때. [예] **사이사이**에 끼어 앉다.

사이시옷 [사이시옫] 합성어에서 뒷말의 첫소리가 된소리로 나거나 'ㄴ' 소리로 나는 앞말에 받쳐 적는 'ㅅ' 받침. '바닷가'·'나뭇잎'·'아랫방' 따위에서 'ㅅ'. → **[학습마당]** 13(417쪽)

***사이좋다** [사이조타] 서로 다정하거나 친하다. [예] 친구와 **사이좋게** 지내다.

사이즈 (size) 신발이나 옷 따위의 크기. 치수. [예] **사이즈**가 맞지 않는다.

사이클 (cycle) 1 사물이 일정한 주기로 되풀이하여 순환하는 일. 2 ⇨자전거.

사이트 (site) '웹사이트'를 줄인 말로, 컴퓨터에서 인터넷을 통하여 정보를 찾아볼 수 있는 곳.

사이펀 (siphon) 한쪽은 길고 다른 한쪽은 짧은 'U' 자 모양의 굽은 관. 압력의 차이를 이용하여, 그릇을 기울이지 않고 그 속의 물을 다른 곳에 옮기는 데 씀.

사인[1] (死因) [사:인] 죽게 된 원인. 사망의 원인. [예] **사인**을 밝히다.

사인[2] (sign) 1 서류 따위에 서명함. 또는 그 서명. [예] 서류에 **사인**을 하다 / 인기 가수의 **사인**을 받다. 2 몸짓·눈짓 등으로 의사를 전달함. 또는 그 동작. [예] **사인**을 보내다 / **사인**을 주고받다. **사인하다.**

사인펜 (sign＋pen) 섬유를 굳혀 만든 심에 수성 잉크를 넣어 만든 필기 도구.

사임 (辭任) 맡아보던 일자리를 스스로 그만두고 물러남. [예] 회장직을 **사임**하다. **사임하다.**

사자

***사자** (獅子) 고양잇과의 맹수. 수컷은 머리에서 목까지 갈기가 있음. 몸길이 2m, 어깨 높이 1m 정도. 머리에 비하여 몸은 작은 편임. 인도·아프리카의 초원에 무리 지어 사는데, 밤에 활동하며 사냥은 주로 암컷이 함. ➲lion

사자놀이 (獅子—) [사자노리] 음력 정월 대보름날, 사자탈을 쓰고 하는 민속놀이. [비] 사자놀음.

사장 (社長) 회사의 대표자. [예] 출판사 **사장**.

사장조 (—長調) [사장쪼] '사' 음을 으뜸음으로 하는 장조.

사재 (私財) 개인의 재산. [예] **사재**를 들여 장학 재단을 만들다.

사재기 앞으로 물건이 귀해지거나 값이 오를 것을 예상하고 많이 사 두는 일. **사재기하다.**

사적[1] (私的) [사쩍] 개인에 관계되는 (것). [예] 그것은 **사적**인 일이니 끼어들지 마세요. [반] 공적.

***사적[2]** (史跡) [사:적] 역사적으로 중요한 사건이나 시설의 자취. [예] **사적** 답사.

사적지 (史跡地) [사:적찌] 역사적으로 중요한 사건이나 시설의 자취가 남아 있는 곳. [예] **사적지**를 보호하다.

사전[1] (事典) [사:전] 여러 가지 사항을 모아 일정한 순서로 배열하고 그 하나하나에 풀이를 붙인 책.

사전[2] (事前) [사:전] 일이 있기 전. 일을 시작하기 전. [예] **사전**에 알리다 / **사전** 준비를 철저히 하다. [반] 사후.

***사전[3]** (辭典) 낱말을 모아서 일정한 차례대로 벌여 싣고 낱낱이 그 발음·뜻·용법·어원 따위를 풀이한 책. [예] **사전**을 편찬하다. [비] 사서. ➲dictionary

사절[1] (使節) [사:절] 나라를 대표하여 일정한 임무를 띠고 외국에 가는 사람. [예] 외교 **사절**.

사절[2] (謝絶) [사:절] 요구나 제의를 거절함. [예] 면회 **사절** / 외상 **사절**. **사절하다.**

사절단 (使節團) [사:절딴] 나라를 대표하여 일정한 임무를 띠고 외국에 파견되는 사람들의 무리.

***사정[1]** (事情) [사:정] 1 일의 형편이나 까닭. [예] **사정**이 딱하다. [비] 형편. 2 딱한 처지를 하소연하여 용서나 도움

을 비는 일. 예아무리 사정해도 소용이 없다. 사정하다.
사정²(射精) 남성의 생식기에서 정액을 내보내는 일. 사정하다.
사정거리(射程距離) 총알, 포탄, 미사일 따위가 날아가는 거리. 예사정거리가 길다 / 사정거리를 벗어나다.
사정없다(事情—) [사:정업따] 남의 사정을 헤아려 돌봄이 없이 매몰차다.
사정없이(事情—) [사:정업씨] 남의 사정을 조금도 헤아리지 않고. 예사정 없이 내쫓아 버리다.
사제¹(師弟) 스승과 제자.
사제²(司祭) 가톨릭에서 주교와 신부를 아울러 이르는 말.
사제³(私製) 개인이 만듦. 또는 그 물건. 예사제 엽총 / 사제 폭탄.
사조(思潮) 한 시대에 나타나는 사상의 일반적인 경향. 예문예 사조.
사족(四足) [사:족] 1 짐승의 네발. 또는 네발 가진 짐승. 2 사람의 팔과 다리를 낮추어 이르는 말. 예사족이 멀쩡하다.

  사족(을) 못 쓰다 무엇에 반하거나 혹하여 꼼짝 못 하다. 예오락이라면 사족을 못 쓴다.

사죄(謝罪) [사:죄 / 사:줴] 지은 죄나 잘못에 대해 용서를 빎. 예무릎을 꿇고 사죄하다. 비사과. 사죄하다.
사주¹(四柱) [사:주] 태어난 해·달·날·시의 네 간지. 예사주가 좋다 / 사주를 풀다.
사주²(使嗾) [사:주] 남을 부추기어 나쁜 일을 시킴. 예사주를 받아 도둑질을 하다. 사주하다.
사주단자(四柱單子) [사:주딴자] 신랑 집에서 신부 집으로 신랑의 사주를 적어 보내는 종이.
사주팔자(四柱八字) [사:주팔짜] 1 사주의 간지가 되는 여덟 글자. 2 타고난 사람의 운수. 예사주팔자를 잘 타고나다 / 사주팔자가 사납다.
사중주(四重奏) [사:중주] 실내악의 한 가지. 바이올린 둘과 비올라·첼로로 구성되는 현악 사중주와 피아노·바이올린·비올라·첼로로 구성되는 피아노 사중주 등이 있음.
사중창(四重唱) [사:중창] 네 사람이 각각 다른 높이의 목소리로 하는 합창.
사지¹(四肢) [사:지] 두 팔과 두 다리. 예사지가 멀쩡한 사람.
사지²(死地) [사:지] 1 죽을 곳. 2 도저히 살아 나올 수 없는 위험한 곳. 예사지로 몰아넣다.
사직(辭職) 맡은 직무를 내놓고 물러남. 예회사를 사직하다. 사직하다.
***사진**(寫眞) 카메라로 사람이나 물건 또는 어떤 광경 등을 찍어 인화한 것. 예사진을 찍다.
사진관(寫眞館) 일정한 시설을 갖추어 놓고 사진 찍는 일을 영업으로 하는 집. 예사진관에서 부모님과 가족사진을 찍었다.
***사진기**(寫眞機) ⇨카메라.
사진사(寫眞師) 사진 찍는 일을 직업으로 하는 사람.
사진엽서(寫眞葉書) [사진녑써] 한쪽 면에 사진을 넣어 만든 엽서.
사진첩(寫眞帖) 사진을 붙이거나 끼워 두는 책. 앨범. ⊃album
사차원(四次元) [사:차원] 공간의 3차원과 시간의 1차원을 합하여 일컫는 말. 예사차원의 공간.
사찰¹(寺刹) ⇨절².
사찰²(査察) 조사하여 살핌. 예핵사찰을 실시하다. 사찰하다.
사채(私債) 개인이 사사로이 진 빚. 예사채 이자.
사철(四—) [사:철] 1 봄·여름·가을·겨울의 네 계절. 예사철의 변화. 비사계. 사계절. 사시. 2 늘. 항상. 예사철 푸른 나무.
사철나무(四—) [사:철라무] 노박덩굴과의 상록 관목. 해안에 나는데 높이는 2-3m, 잎은 두껍고 반들반들함. 나무껍질은 약으로 쓰고 정원수로 많이 심음.
사체(死體) [사:체] 사람이나 동물의 죽은 몸뚱이. 비시체. 주검.
사초(史草) [사:초] 조선 때, 사관이 기록하여 둔 역사 기록의 초고. 실록의 원고가 되었음.
***사촌**(四寸) [사:촌] 아버지의 친형제자매의 아들딸. 또는 그 촌수. 비사촌 형제. ×사춘. ⊃cousin

사춘기 (思春期) 육체적·정신적으로 성인이 되어 가는 시기. 12-18세 가량의 시기. ⑩사춘기에 들어서다.

사치 (奢侈) 분수에 넘치도록 지나치게 돈이나 물건을 쓰거나 호화롭게 지냄. ⑩사치를 부리다. 비호사. 호화. 반검소. 사치하다.

사치스럽다 (奢侈—) [사치스럽따] 사치한 데가 있다. ⑩사치스러운 옷차림 / 수입에 비해 생활이 사치스럽다. 활용 사치스러워 / 사치스러우니.

사치품 (奢侈品) 분수에 지나친 사치스러운 물품. ⑩사치품 소비를 줄이자. 비호사품.

사칙 (四則) [사:칙] 덧셈·뺄셈·곱셈·나눗셈의 네 가지 계산 방법. ⑩사칙 연산.

사친이효 (事親以孝) [사:치니효] 세속 오계의 하나. 부모를 효도로써 섬긴다는 뜻.

사칭 (詐稱) 이름이나 직업 따위를 거짓으로 속여 말함. 사칭하다.

사타구니 두 다리의 사이로 '샅'을 낮잡아 이르는 말. 비샅.

사탄 (Satan) 하나님과 대립하는 악을 인격화한 것. 마귀.

***사탕** (沙糖) 1 눈깔사탕·드롭스 따위처럼 설탕을 끓여서 여러 가지 모양으로 굳힌 것. ⑩사탕을 빨아 먹다. 2 ⇨설탕. ⊃candy

사탕무 (沙糖—) 명아줏과의 두해살이풀. 열대·아열대에서 많이 재배함. 줄기는 곧고 높이 약 1m, 잎은 좀 두껍고 긴 달걀 모양으로 자줏빛을 띰. 원뿔 모양의 뿌리는 맛은 달아 사탕의 원료로 씀.

사탕발림 (沙糖—) 달콤한 말로 남의 비위를 맞추어 살살 달램. 또는 그런 말. 비겉발림. 사탕발림하다.

사탕수수 (沙糖—) 볏과의 여러해살이풀. 열대·아열대에서 많이 재배함. 높이는 2-4m. 거의 수수와 비슷한데, 마디 사이가 짧음. 설탕의 원료로 씀.

사태[1] 소의 무릎 뒤쪽에 붙은 고깃덩어리. 국거리로 씀.

사태[2] (事態) [사:태] 일의 상태나 되어 가는 형편. ⑩사태가 심각하다. 비상황. 형세.

사택 (舍宅) 단체나 기관에서 직원을 위해 지은 살림집. ⑩목사 사택.

사퇴 (辭退) [사퇴 / 사퉤] 어떤 지위에서 물러남. ⑩반장 후보에서 **사퇴**하다. 사퇴하다.

사투 (死鬪) [사:투] 죽을힘을 다해 싸움. 또는 그런 싸움. ⑩사투를 벌이다.

***사투리** [사:투리] 어느 지방에서만 쓰는, 표준어가 아닌 말. ⑩강원도 사투리. 비방언. 반표준어.

사파리 (safari) 야생 동물을 놓아기르는 자연공원에 차를 타고 다니며 구경하는 일.

사파이어 (sapphire) 푸르고 투명하며 다이아몬드 다음으로 단단한 보석. 탄생석의 하나임.

사팔뜨기 [사:팔뜨기] 양쪽 눈의 시선이 평행하지 않은 사람을 낮잡아 이르는 말.

사포 (沙布) 모래·규석 따위의 고운 가루를 발라 붙인 헝겊이나 종이. 녹을 닦거나 가구 등의 거죽을 부드럽게 하는 데 쓰임. 샌드페이퍼.

사포질 (沙布—) 사포로 표면을 매끄럽게 문지르는 일. 사포질하다.

사표[1] (師表) 학식과 덕행이 높아 모범이 될 만한 사람.

사표[2] (辭表) 일자리에서 물러나겠다는 뜻을 적어 내는 문서. ⑩사표를 내다. 비사직서.

사필귀정 (事必歸正) [사:필귀정] 모든 일은 반드시 잘잘못이 가려져 바른 길로 돌아감.

사하다 (赦—) [사:하다] 지은 죄를 용서하다. ⑩죄를 **사하다**.

사하라 사막 (Sahara沙漠) 〖지명〗 아프리카 북부의 대부분을 차지한, 세계에서 가장 넓은 사막.

사학[1] (史學) [사:학] 역사를 연구하는 학문. 또는 역사의 본바탕을 깊이 연구하여 밝히는 학문. 본역사학.

사학[2] (私學) 개인이 세운 교육 기관. ⑩사학의 명문.

사할린 (Sakhalin) 〖지명〗 시베리아 동쪽, 일본의 북쪽에 있는 러시아의 섬. 일제 강점기 때 끌려갔던 우리 동포들이 많이 살고 있음.

***사항** (事項) [사:항] 일의 항목이나

사흘날

내용. 예 주의 **사항**을 잘 볼 것.
사해 (死海) [사:해] 요르단과 이스라엘 국경에 남북으로 좁고 길게 뻗은, 소금기가 많은 호수. 세계에서 가장 수면이 낮음. 비염해.
사행시 (四行詩) [사:행시] 네 글자짜리 말의 각 글자를 머리글자로 하여 지은 짧은 글. 또는 네 줄로 된 시.
사형 (死刑) [사:형] 죄인의 목숨을 끊는 형벌. 예 사형 선고/**사형**에 처하다. 비극형. **사형하다**.
사형수 (死刑囚) [사:형수] 사형 선고를 받은 죄수.
사형장 (死刑場) [사:형장] 사형을 집행하는 장소.
사화 (士禍) [사:화] 조선 때, 반대파에게 몰리어 많은 선비들이 참혹한 화를 입은 사건.
사화산 (死火山) [사:화산] 꽤 오래 전에 화산 활동이 멈춘 화산. 백두산·한라산 따위. 반활화산.
사환 (使喚) [사:환] 관청이나 회사, 가게 등에서 잔심부름을 하는 사람.
사활 (死活) [사:활] 죽으냐 사느냐의 갈림. 매우 중요한 문제. 예 **사활**이 걸린 문제이다.
사회¹ (司會) [사회/사훼] 1 회의나 예식 따위의 진행을 맡아봄. 예 **사회**를 보다. 2 '사회자'의 준말. **사회하다**.
***사회**² (社會) [사회/사훼] 1 같은 무리끼리 모여 사는 집단. 예 상류 사회. 2 학생·군인·죄수 들이 자기가 속한 영역 이외의 영역을 이르는 말. 예 **사회**에 진출하다/**사회**에 적응하다. 3 조직을 만들고 공동생활을 하는 인간의 집단. 예 산업이 발달하면서 **사회**의 모습이 바뀌었다. ⊃society
사회과 (社會科) [사회꽈/사훼꽈] 지리·역사·윤리·정치·경제·민주 생활 등의 분야에 관한 지식을 가르치는 교과.
사회과 부도 (社會科附圖) 사회 교과서에 딸린 지도나 도표, 그림 따위를 보여 주는 책.
사회권 (社會權) [사회꿘/사훼꿘] 국민이 인간다운 생활을 누리기 위하여 건강·교육·노동 등에 관하여 국가에 요구할 수 있는 권리. 헌법이 보장하는 기본권임.

사회면 (社會面) [사회면/사훼면] 신문에서 사회의 일상생활 속 사건 기사를 싣는 지면.
사회 문제 (社會問題) 사회 제도의 모순이나 결함에서 오는 여러 가지 문제. 실업자·노동·주택·교통·공해·범죄 문제 따위.
사회 보장 제도 (社會保障制度) 질병·재해·실업 등 여러 어려움에 처한 사람들의 생활을 국가가 경제적으로 지원해 주는 제도.
사회 복지 (社會福祉) 국민의 최저 한도의 생활을 보장하기 위해 빈곤자의 생활 보호·공중위생·공동 모금 따위의 사업을 조직적으로 행하는 일. 예 **사회 복지** 사업.
사회사업 (社會事業) [사회사업/사훼사업] 사회 복지를 목적으로 하는 사업. 가난하거나 재해를 입은 사람 등을 돕는 일, 아동 보호 사업, 의료 보호 사업 따위를 말함.
사회생활 (社會生活) [사회생활/사훼생활] 여러 사람들이 집단적으로 모여서 질서를 지키면서 살아가는 공동 생활.
사회성 (社會性) [사회썽/사훼썽] 사회생활을 하려고 하는 인간의 근본 성질. 사회에 적응하고 다른 사람과 원만하게 어울리며 살려고 하는 성질.
사회인 (社會人) [사회인/사훼인] 사회를 구성하는 한 사람으로서 생활해 나가는 개인.
사회자 (司會者) [사회자/사훼자] 모임이나 예식, 방송 프로그램 등의 진행을 맡아보는 사람. 준사회.
사회적 (社會的) [사회적/사훼적] 사회에 영향을 미치는 (것). 사회에 관계되는 (것). 예 **사회적** 관심사.
사회주의 (社會主義) [사회주의/사훼주이] 공동 생산과 공동 분배를 통해 경제적으로 평등한 사회를 실현하려는 사상. 반자본주의.
사후¹ (死後) [사:후] 죽은 후. 예 **사후** 세계. 반생전.
사후² (事後) [사:후] 일이 끝난 뒤. 또는 일을 끝낸 뒤. 예 **사후** 처리/**사후** 대책을 마련하다. 반사전.
사흘날 [사흔날] 1 셋째 날. 2 '초사

흘날'의 준말. ×사흘날.
사흘 1 세 날. 삼 일. ⑩**사흘**이 지나도 소식이 없다. 2 그달의 셋째 날.
삭감 (削減) [삭깜] 비용 따위를 깎아서 줄임. ⑩예산 삭감 / 경비를 삭감하다. **삭감하다**.
삭다 [삭따] 1 오래되어서 본바탕이 변해 썩은 것처럼 되다. ⑩옷이 삭아서 해지다. 2 먹은 음식이 소화되다. ⑩먹은 밥이 속에서 잘 삭질 않아 거북하다. 3 긴장이나 화가 풀려 마음이 가라앉다. ⑩그때의 분노가 아직도 삭지 않았다.
삭막하다 (索莫一) [상마카다] 황폐하고 쓸쓸하다. ⑩삭막한 겨울 풍경.
삭발 (削髮) [삭빨] 1 머리털을 아주 짧게 깎음. 2 절에 들어가 승려가 됨을 비유한 말. **삭발하다**.
삭삭 [삭싹] 1 종이나 헝겊 따위를 칼이나 가위로 거침없이 계속 베는 소리. 또는 그 모양. 2 잇달아 거침없이 밀거나 쓸거나 비비는 모양. 또는 그 소리. 3 조금도 남김없이 전부. 죄다. ⑩삭삭 긁어모으다. 큰석석. 센싹싹.
삭신 [삭씬] 몸의 근육과 뼈마디. ⑩몸살로 삭신이 쑤시다.
삭이다 [사기다] 1 먹은 음식을 소화시키다. ⑩음식을 잘 씹어서 삭여라. 2 분한 마음을 가라앉히다. ⑩억지로 분을 삭이다.

> 주의 **삭이다**와 **새기다**
> **삭이다** 1 소화시키다. ⑩음식을 잘 삭이다. 2 마음을 진정시키다. ⑩분한 마음을 삭이지 못해서 펄펄 뛴다.
> **새기다** 1 조각하다. ⑩도장을 새기다. 2 명심하다. ⑩마음에 새기다. 3 번역하다. ⑩영어를 우리말로 새기다.

삭정이 [삭쩡이] 살아 있는 나무에 붙은 채 말라 죽은 가지.
삭제 (削除) [삭쩨] 깎아 없애거나 지워 버림. ⑩명단에서 삭제하다. 빤첨가. **삭제하다**.
삭풍 (朔風) 겨울철에 북쪽에서 불어오는 찬 바람. 凹북풍.
삭히다 [사키다] 삭게 하다. ⑩새우젓을 삭히다.

삯 [삭] 1 일을 한 대가로 주는 돈이나 물건. ⑩**삯**으로[삭쓰로] 쌀을 받았다. 2 어떤 물건이나 시설을 이용하는 대가로 주는 돈. ⑩배를 빌린 삯을 치르다.
삯바느질 [삭빠느질] 삯을 받고 해 주는 바느질. ⑩삯바느질로 자식을 공부시키다. **삯바느질하다**.
*산¹ (山) 주위의 땅보다 훨씬 높이 우뚝하게 솟아 있는 땅덩이. ⑩가파른 산 정상에 오르다. ○mountain
산² (酸) 신맛이 있고 푸른 리트머스 종이를 붉은색으로 변하게 하는 성질을 가진 화합물. 염산·질산·황산 따위.
산간 (山間) 산과 산 사이. 산골짜기가 많은 땅. 凹산골.
산간벽지 (山間僻地) [산간벽찌] 산속에 있는 외진 곳.
산고 (産苦) [산:고] 아이를 낳을 때 느끼는 고통. ⑩산고를 겪다.
*산골 (山一) [산꼴] 산속의 외지고 으슥한 곳. ⑩산골 마을. 凹산간.
산골짜기 (山一) [산꼴짜기] 산과 산 사이의 움푹 들어간 곳. 凹계곡. 준산골짝.
산골짝 (山一) [산꼴짝] '산골짜기'의 준말.
산국 (山菊) 국화과에 속하는 여러해살이풀. 줄기에 잔털이 있고 높이는 60-90cm이며, 잎은 어긋나게 남. 산과 들에 나는데, 우리나라 각지에 분포함. 꽃은 약용 또는 식용함. 凹들국화. 산국화.
산그늘 (山一) [산끄늘] 산에 가려서 생긴 그늘. ⑩산그늘이 내리다 / 산그늘이 지다.
산기슭 (山一) [산끼슥] 산의 아랫부분. 산 밑. 凹산록.
*산길 (山一) [산낄] 산에 나 있는 길. ⑩가파른 산길 / 산길을 따라 오르다.
산꼭대기 (山一) [산꼭때기] 산의 맨 위. 凹산머리. 산정.
산나물 (山一) 산에서 나는 나물. ⑩산나물을 듬뿍 넣은 비빔밥. 凹멧나물. 산채.
산대놀음 (山臺一) [산대노름] 고려·조선 때에 유행하던 우리나라 가면극. 탈을 쓰고 큰길가나 빈터에서 춤을 추며 우스운 말과 몸짓으로 구경꾼들을 웃겼음. 비산대극. 산대놀이. 산대도감극. 산대잡극.

산더미 (山一) [산떠미] 물건이나 일이 매우 많이 있음을 산에 비유하여 일컫는 말. ⑩할 일이 산더미 같다.

산돼지 (山一) [산때지] ⇨멧돼지.

산들바람 시원하고 가볍게 부는 바람. 큰선들바람. →[학습마당] 23(871쪽)

산들산들 시원한 바람이 잇달아 가볍게 부는 모양. ⑩바람이 산들산들 분다. 큰선들선들. **산들산들하다**.

산등성이 (山一) [산뜽성이] 산의 등줄기. 준등성이. 산등.

산딸기 (山一) 산딸기나무의 열매.

산딸기나무 (山一) 장미과의 낙엽 관목. 높이 1-2m, 온몸에 가시가 남. 초여름에 흰 꽃이 피며, 한여름에 익는 붉은 열매는 약으로 쓰거나 먹음.

산뜻하다 [산뜨타다] 1 기분이나 느낌이 깨끗하고 시원하다. ⑩산뜻한 산속 공기 / 기분이 산뜻하다. 2 보기에 시원스럽고 말쑥하다. ⑩옷을 산뜻하게 입었다. 큰선뜻하다.

산란 (産卵) [살:란] 알을 낳음. ⑩산란 시기. **산란하다**.

산란하다 (散亂一) [살:란하다] 1 물건들이 흩어져 어지럽다. 2 어수선하고 뒤숭숭하다. ⑩마음이 산란하여 일이 손에 잡히지 않는다.

***산림** (山林) [살림] 산과 숲. 또는 산에 있는 수풀. ⑩산림 보호.

산림녹화 (山林綠化) [살림노콰] 헐벗은 산에 나무 심기·산림 보호·사방 공사 등을 하여 나무와 풀이 우거지게 하는 일.

산림욕 (山林浴) [살림뇩] ⇨삼림욕.

산림 자원 (山林資源) 산림에서 얻는 목재·나물·약초 따위의 경제적 가치가 있는 자원. ⑩산림 자원이 풍부하다.

산림청 (山林廳) [살림청] 농림 축산 식품부에 속한 중앙 행정 기관. 산림에 관한 사무를 맡아봄.

***산마루** (山一) 산등성이의 가장 높은 곳. 본산등성마루.

산만하다 (散漫一) [산:만하다] 어수선하게 흩어져 혼란하다. ⑩주의가 산만한 학생 / 문장이 산만하다.

***산맥** (山脈) 여러 산이 한 줄 또는 여러 줄로 이어져 일정한 방향으로 길게 뻗어 이룬 지대. *산줄기.

산모 (産母) [산:모] 아이를 낳은 지 며칠 안 되는 여자. 비산부. 해산어미.

산모롱이 (山一) 산모퉁이의 휘어져 돌아간 곳. ⑩산모롱이를 돌아가는 시골 버스.

산모퉁이 (山一) 산기슭의 쑥 내민 귀퉁이.

산문 (散文) [산:문] 글자의 수나 운율 따위에 제한 없이 자유롭게 쓴 보통의 글. 수필·기행문·소설·희곡 따위. 비줄글. 반운문.

산물 (産物) [산:물] 1 어떤 지방에서 생산되는 물건. ⑩이 지역의 대표적 산물은 사과다. 비산출물. 산품. 2 어떤 일의 결과로 생겨나거나 얻어지는 것. ⑩예술품은 감수성과 상상력의 산물이다.

산바람 (山一) [산빠람] 산에서 부는 바람. 비산풍. 반골바람.

산발 (散髮) [산:발] 머리를 풀어 헤침. 또는 그 머리. ⑩머리를 묶은 끈이 끊어져 산발이 되었다. **산발하다**.

산발적 (散發的) [산:발쩍] 때때로 여기저기 흩어져 발생하는 (것). ⑩산발적 시위.

산밭 (山一) [산받] 산에 있는 밭. ⑩산밭에 약초 씨를 뿌리다.

산보 (散步) [산:뽀] ⇨산책. ⑩공원에서 산보하다. **산보하다**.

산봉우리 (山一) [산뽕우리] 산꼭대기의 뾰족하게 솟은 부분. 비멧부리. 산봉. 준봉우리.

산부인과 (産婦人科) [산:부인꽈] 임신·해산·신생아 및 부인병을 다루는 의술의 한 분과. 또는 그러한 것을 진료하는 곳.

산불 (山一) [산뿔] 산에 난 불. ⑩산불 조심. 비산화.

산비둘기 (山一) [산삐둘기] 비둘깃과의 새. 마을 부근의 숲속이나 대나무 숲에 삶. 몸빛은 회갈색이며 목에 검은 띠무늬가 있음. 밭의 곡류·곤충 따위를 먹음. 비멧비둘기.

산비탈 (山一) [산삐탈] 산기슭의 몹

시 기울어진 곳. 예산비탈이 가파르다.
산사 (山寺) 산속에 있는 절.
산사태 (山沙汰) 큰비나 지진 등으로 산 중턱의 돌이나 흙이 갑자기 무너져 내리는 현상. 비산붕괴.
산산이 (散散-) [산:사니] 남김없이 깨어지거나 흩어지는 모양. 예거울이 산산이 부서지다.
산산조각 (散散-) [산:산조각] 아주 잘게 깨어진 여러 조각. 예찻잔이 산산조각이 나다.
산삼 (山蔘) 깊은 산속에 저절로 나서 자란 삼. 약효가 재배종보다 좋음. 반가삼.
산새 (山-) [산쌔] 산에서 사는 새. 뻐꾸기·꾀꼬리·딱따구리 따위.
산성¹ (山城) 산 위에 쌓은 성.
산성² (酸性) 신맛이 있는 물질의 성질. 푸른색 리트머스 종이를 붉은색으로 변하게 함. 예산성 식품 / 산성 토양. 반염기성.
산성비 (酸性-) 산성이 강한 비. 공장이나 자동차에서 나오는 오염 물질 때문에 생김. 흙이 산성으로 변하므로 농작물·산림 등에 직접 피해를 줌.
산세 (山勢) 산이 생긴 모양. 예산세가 몹시 험하다.
산소¹ (山所) '무덤'을 높여 일컫는 말. 예산소에 벌초하러 가다. 돔묘소.
***산소**² (酸素) 색·맛·냄새가 없는 기체. 물질을 태우는 성질이 있으며 동식물의 생활에 꼭 필요한 물질임.
산수¹ (山水) 1 자연의 경치. 예산수가 아름답다. 2 '산수화'의 준말.
산수² (算數) [산:수] 1 ⇨산술. 2 수의 성질, 셈의 기초 따위를 가르치는 학과목.
산수유나무 (山茱萸-) 층층나뭇과의 낙엽 활엽 교목. 산과 들에 나는데 높이는 3m가량이고, 봄에 노란 네잎꽃이 잎보다 먼저 피며, 해과는 길이 1.5cm 정도의 긴 타원형을 이룸. 과실·씨는 말려 한방에서 약재로 씀.
산수화 (山水畫) 동양화에서, 자연의 풍경을 그린 그림. 비산수도. 준산수.
산술 (算術) [산:술] 일상생활에 쓰이는 수와 양의 셈을 다루는 수학적 계산 방법. 비산수.

산신령 (山神靈) [산실령] 민속에서 산을 지키고 다스리는 신. 비산신.
산실 (産室) [산:실] 1 아이를 낳는 방. 비산방. 2 어떤 일을 꾸미거나 이루어 내는 곳. 예교육의 산실.
산아 제한 (産兒制限) 인공적 방법으로 아이를 배거나 낳는 것을 제한하는 일. 준산제.
산악 (山岳) [사낙] 높고 험한 산들. 예산악 훈련.
산악인 (山岳人) [사나긴] 등산을 즐기거나 잘하는 사람. 예산악인들이 원정 등반에 나서다.
산악자전거 (山岳自轉車) [사낙짜전거] 산길이나 험한 길에서도 탈 수 있게 만든 자전거.
산악회 (山岳會) [사나쾨/사나퀘] 산에 오르는 것을 취미로 하고, 산에 대해 연구하는 사람들로 이루어진 모임.
산야 (山野) [사냐] 산과 들. 예흰 눈이 덮인 산야.
산양 (山羊) [사냥] 솟과에 속하는 짐승. 험한 산악 지대에 살며 나뭇잎이나 열매 따위를 먹음. 우리나라 천연기념물. 비영양.
산언덕 (山-) [사넌덕] 언덕처럼 낮아진 산의 부분.
***산업** (産業) [사:넙] 일상생활에 필요한 여러 가지 물건 따위를 생산하는 사업. 농업·수산업·공업·상업·임업·목축업 따위. 예산업을 육성하다.
산업 사회 (産業社會) 산업화와 경제 성장을 기본으로 하는 오늘날의 사회.
산업용 (産業用) [사:넘농] 산업 활동에 씀. 예산업용 로봇 / 산업용 자재를 구입하다.
산업 재해 (産業災害) 작업장에서 생긴 사고·직업병 또는 공해 따위로 근로자가 받는 신체적 장애. 준산재.
산업체 (産業體) [사:넙체] 생산 활동을 하는 회사들. 예자동차 관련 산업체.
산업 혁명 (産業革命) 18세기 후반 영국에서 일어난 생산 기술과 사회 조직의 큰 변혁. 기계와 증기 기관의 발명으로 기술 향상과 사회의 발전을 가져옴.
산업화 (産業化) [사:너퐈] 산업의 형

태가 됨. 또는 그렇게 되게 함. **산업화하다**.

산울림 (山一) [사:울림] 골짜기나 산에서 소리를 지르면 잠시 후에 되울리는 소리. 비메아리.

산유국 (産油國) [사:뉴국] 원유를 생산하는 나라.

산자락 (山一) 밋밋하게 경사진 산의 밑부분. 예안개가 산자락을 휘감다 / 산자락에 아담한 건물이 자리잡고 있었다.

산장 (山莊) 1 산에 있는 별장. 2 등산하는 사람의 휴식·숙박을 위해 산에 세운 집. 예해가 저물어 산장에서 묵기로 했다.

산재하다 (散在一) [산:재하다] 여기저기 흩어져 있다. 예문화재가 여기저기 산재해 있다.

산적¹ (山賊) 예전에, 산속에 숨어 살면서 남의 재물을 빼앗던 도둑. 예산적을 만나다. 판해적.

산적² (散炙) [산:적] 쇠고기 따위를 길쭉하게 썰어 양념하여 꼬챙이에 꿰어 구운 음식.

산적하다 (山積一) [산:저카다] 일이나 물건이 산더미같이 많이 쌓이다. 예할 일이 산적해 있다.

산전수전 (山戰水戰) 세상을 살면서 온갖 고생과 어려움을 다 겪었음을 이르는 말. 예산전수전 다 겪은 사람.

산정¹ (山頂) ⇨산꼭대기.

산정² (算定) [산:정] 셈하여 정함. 예높은 산정 가격 / 피해액을 산정하다. **산정하다**.

산조 (散調) [산:조] 전통 음악에서, 가야금·거문고·대금 따위를 장구의 반주로 연주하는 기악 독주 악곡. 느린 가락으로 시작하여 차츰 빠른 가락으로 바꾸어 연주함. 예가야금 산조 / 해금 산조.

산줄기 (山一) [산쭐기] 큰 산에서 뻗어 나간 산의 줄기. *산맥.

산중 (山中) 산속. 예첩첩한 산중 / 깊은 산중에서 길을 잃다.

***산지**¹ (山地) 들이 적고 산이 많은 지대. 예산지는 기온이 낮다.

산지² (産地) [산:지] 물건이 생산되어 나오는 곳. 예쌀의 산지 / 배추 산지. 본산출지.

산지기 (山一) 남의 산이나 뫼를 맡아서 돌보는 사람.

산짐승 (山一) [산찜승] 산속에서 사는 짐승.

산책 (散策) [산:책] 바람도 쐬고 구경도 하며 천천히 거닒. 예공원으로 산책을 나가다. 비산보. **산책하다**.

산책길 (散策一) [산:책낄] ⇨산책로.

산책로 (散策路) [산:챙노] 산책할 수 있게 만든 길. 예산책로를 거닐다. 비산책길.

산천 (山川) 1 산과 내. 2 자연. 예고향 산천. 비강산. 산수. 산하.

산천어 (山川魚) [산처너] 물이 맑은 계곡이나 시내에서 사는 연어과의 민물고기. 등 쪽은 짙은 청색이고 옆구리는 옅은 적갈색에 타원형 얼룩무늬가 있음.

산천초목 (山川草木) 산과 내와 풀과 나무라는 뜻으로, '자연'을 이르는 말. 예보슬보슬 내리는 봄비가 산천초목을 적신다.

산촌 (山村) 산속에 있는 마을. 예산촌 마을. 비두메.

산출¹ (産出) [산:출] 물건이 천연적 또는 인공적으로 생산되어 나옴. 또는 물건을 생산해 냄. 예광산에서 철을 산출하다. 비생산. **산출하다**.

산출² (算出) [산:출] 계산하여 냄. 예원가를 산출하다. **산출하다**.

산타클로스 (Santa Claus) 크리스마스 전날 밤에 흰 수염에 빨간 옷을 입고 굴뚝으로 몰래 들어와 어린이의 양말에 선물을 넣고 간다는 할아버지. 준산타.

산토끼 (山一) 산·숲속에 사는 토끼과의 짐승. 풀·나무껍질을 먹고 삶. 등은 갈색인데 겨울에는 온몸이 하얗게 변함.

산통¹ (産痛) [산:통] 아기를 낳을 때가 되어서 주기적으로 반복되는 복통. 비진통.

산통² (算筒) [산:통] 점쟁이가 점을 칠 때 쓰는 도구로, 점괘가 되는 나뭇가지를 넣는 조그만 통.

　산통(을) 깨다 다 되어 가는 일을 이루지 못하게 하다.

산파 (産婆) [산:파] 아이를 낳을 때 아이를 받고 산모를 도와주는 일을 직업으로 하는 여자.

산하 (山河) 산과 강을 포함한 모든 자연. 예 조국의 산하. 비 산천.

산해진미 (山海珍味) 산과 바다에서 나는 온갖 귀한 것들을 가지고 잘 차린 맛이 좋은 음식.

산행 (山行) 산길을 걸어감. 예 산행을 다녀오다. **산행하다.**

산허리 (山—) 1 산의 중턱. 2 산등성이의 잘록하게 들어간 곳.

산호 (珊瑚) 깊은 바다 밑에 많은 산호충이 한데 엉기어 나뭇가지 모양을 이룬 것. 석회질로 매우 단단하여 장식품으로 이용됨.

산호초 (珊瑚礁) 산호충의 분비물이나 뼈 따위가 쌓여서 이루어진 암초 또는 섬.

산호충 (珊瑚蟲) 남쪽의 따뜻한 바다 밑에 사는 원시 동물. 산호를 이루는 작은 벌레로, 여럿이 모여 붙어 삶.

산화 (酸化) 어떤 물질이 산소와 화합하는 일. 무엇이 타거나 녹스는 것은 이 현상 때문임. 예 산화 작용 / 쇠가 산화해서 녹이 슬었다. 반 환원. **산화하다.**

산후 (産後) [산:후] 아이를 낳은 뒤. 예 산후 몸조리를 하다.

***살**¹ 1 사람이나 동물의 뼈를 싸고 있는 부드러운 물질. 예 살이 빠지다. 2 과일의 껍질과 씨 사이에 있는 부드러운 부분. 3 조개·게 등의 껍데기 속에 든 연한 물질. ⊃flesh

살² 1 창문·부채·우산·연 따위의 뼈대가 되는, 가늘고 길게 쪼갠 나무나 대오리. 예 부채의 살이 부러지다. 2 해나 빛, 흐르는 물 등의 내뻗치는 기운. 예 빛살 / 햇살 / 물살.

***살**³ 나이를 세는 말. 예 한 살 / 서른 살. 비 세.

살가죽 [살까죽] 사람이나 짐승의 몸 거죽을 싸고 있는 껍질. 비 피부.

살갑다 [살갑따] 마음씨가 너그럽고 다정스럽다. 예 살갑게 대하다. 활용 살가워 / 살가우니.

***살갗** [살깓] 살가죽의 겉면. 예 살갗이 [살가치] 희다. 비 피부.

살같이 [살가치] 쏜 화살과 같이 매우 빠르게. 쏜살같이. 예 살같이 흐르는 세월.

살결 [살껼] 살갗의 결. 예 살결이 고운 사람 / 살결이 희다.

살구 살구나무의 열매.

살구나무 장미과의 낙엽 활엽 교목. 높이는 5~7m이고, 초봄에 연분홍 다섯잎꽃이 피고, 누런 붉은색의 둥근 핵과가 여름에 익음.

살균 (殺菌) 약품이나 열 따위로 세균 따위의 미생물을 죽여 없애는 일. 예 살균 작용 / 살균된 우유. 비 멸균. 소독. **살균하다.**

살균제 (殺菌劑) 세균을 죽이는 약. 알코올·크레졸 따위.

살그머니 남이 모르게 넌지시. 예 살그머니 문을 열고 들어가다. 준 살그미. 큰 슬그머니.

살금살금 남이 모르도록 눈치를 보며 가만가만 하는 모양. 예 발소리를 내지 않고 살금살금 등 뒤로 다가서다. 준 살살. 큰 슬금슬금.

살기 (殺氣) 남을 죽이거나 해치려는 무서운 낯빛이나 분위기.

살기등등하다 (殺氣騰騰—) 살기가 표정이나 행동 따위에 잔뜩 나타나 있다. 예 표정이 살기등등하다 / 살기등등하게 노려보다.

살길 [살:낄] 살아가기 위한 방도. 예 살길을 찾다.

***살다** [살:다] 1 목숨을 이어 가다. 예 살아 있는 짐승 / 죽느냐 사느냐의 문제. 반 죽다. 2 어떤 곳에 자리를 잡고 지내다. 예 서울에 살고 있다. 3 살림이나 생활을 하다. 예 장사를 하고 살다. 4 소용·효력·쓸모 따위가 있다. 예 산 교훈을 얻다. 5 성질이나 기세가 뚜렷이 나타나다. 예 기가 살다. 활용 살아 / 사니 / 사는. ⊃live

살뜰하다 1 일이나 살림을 정성스럽고 규모 있게 하여 빈틈이 없다. 예 살뜰하게 살림을 꾸려 가다. 2 사랑하는 사람을 위하는 마음이 자상하고 지극하다. 예 아내를 살뜰하게 아껴 주다.

살랑 바람이 가볍게 부는 모양. 예 살랑 불어오는 봄바람.

살랑살랑 바람이 잇달아 살랑 부는

모양. 큰 설렁설렁. 센 쌀랑쌀랑. **살랑살랑하다.**

살래살래 몸의 한 부분을 가볍게 잇달아 가로흔드는 모양. 예 고개를 살래살래 흔들다. 준 살살. 큰 설레설레. 센 쌀래쌀래. **살래살래하다.**

***살리다** 1 죽게 된 목숨을 살게 하다. 예 물에 빠진 사람을 살려 내다. 2 어떤 부분을 덜어 내지 않고 본바탕대로 두거나 더 두드러지게 하다. 예 개성을 살리다 / 맛을 살리다. 3 활용하다. 예 경험을 살리다.

***살림** 1 한집안을 이루어 살아가는 일. 예 신혼 살림을 차리다. 2 살아가는 형편이나 정도. 예 살림이 넉넉하다 / 살림이 쪼들리다. 3 집 안에서 쓰는 세간. 예 살림을 장만하다. **살림하다.**

살림꾼 1 살림을 맡아 일하는 사람. 2 살림을 알뜰하게 꾸려 가는 사람. 예 누나는 알뜰한 살림꾼이다.

***살림살이** [살림사리] 1 살림을 차려서 사는 일. 예 살림살이하는 솜씨가 제법이다. 2 살림에 쓰는 온갖 물건. 예 살림살이가 많이 늘었다. **살림살이하다.**

살림집 [살림찝] 살림하는 집.

살맛 [살:만] 세상을 살아가는 재미나 보람. 예 살맛 나는 세상.

살며시 드러나지 않게 넌지시. 예 방문을 살며시 열다. 큰 슬며시.

살무사 살뭇과의 뱀. 길이는 70cm 가량, 머리는 납작한 삼각형이고 목이 가늘며 회색 바탕에 어두운 갈색 무늬가 있음. 이빨에서 독이 나옴.

살벌하다 (殺伐—) 행동이나 분위기가 거칠고 무시무시하다. 예 살벌한 분위기가 감돌다.

살붙이 [살부치] 혈육으로 볼 때 가까운 사람. 보통 부모와 자식 관계를 일컬음. 비 피붙이.

살살[1] 1 소리 나지 않게 가만히 다니는 모양. 예 살살 피해 다니다. 2 눈·설탕 따위가 모르는 사이에 녹아 버리는 모양. 예 사탕이 입안에서 살살 녹다. 3 달래거나 꾀는 모양. 예 우는 애를 살살 구슬리다. 4 가볍게 만지거나 문지르는 모양. 예 배를 살살 문지르다. 5 눈치를 보거나 눈웃음치는 모양. 예 살살 눈웃음을 치다. 큰 슬슬.

살살[2] 배가 조금씩 아픈 모양. 예 배가 살살 아프기 시작하다. 센 쌀쌀.

살상 (殺傷) [살쌍] 사람을 죽이거나 상처를 입힘. 예 적을 살상하다. **살상하다.**

살생 (殺生) [살쌩] 짐승이나 사람을 죽임.

살생유택 (殺生有擇) [살쌩유택] 세속 오계의 하나. 생명이 있는 것을 함부로 죽이지 말라는 뜻.

살수 (薩水) [살쑤] '청천강'의 옛 이름.

살수 대첩 (薩水大捷) 고구려 영양왕 23년(612) 때 을지문덕 장군이 중국 수나라의 양제가 이끌고 쳐들어온 대군을 살수에서 크게 무찌른 싸움.

살신성인 (殺身成仁) [살씬성인] 옳은 일을 위해 자기 목숨을 버림. **살신성인하다.**

***살아가다** [사라가다] 1 목숨을 이어 가다. 예 대대로 한 고장에서 살아가다. 2 생활을 해 나가다. 예 살아가는 재미 / 네 식구가 오순도순 살아가다.

살아나다 [사라나다] 1 거의 죽게 된 생명이 다시 살게 되다. 예 죽어 가던 친구가 다시 살아났다. 2 꺼져 가던 불이 다시 일어나다. 예 불씨가 살아나다. 3 몹시 어려운 고비에서 벗어나다. 예 부도 직전에 살아난 회사. 4 잊었던 기억·감정·정서 등이 다시 떠오르다. 예 학창 시절의 기억들이 살아나기 시작했다.

살아남다 [사라남따] 1 여럿 가운데 일부가 죽음을 피하고 살아서 남아 있게 되다. 예 가족 중에 혼자만 살아남았다. 2 어떤 일이나 효력 따위가 계속되다. 예 감동이 오래오래 가슴속에 살아남다. 3 어떤 분야에서 밀려나지 않고 남아 있다. 예 생존 경쟁에서 살아남다.

살아생전 (—生前) [사라생전] 이 세상에 살아 있는 동안. 예 부모님 살아생전에 효도해라.

살아오다 [사라오다] 1 목숨을 이어 오거나 생활해 오다. 예 정직하게 살아왔다. 2 죽지 않고 돌아오다. 예 전장에서 구사일생으로 살아왔다. 3 일정한 신분으로 근무하거나 어떤 일을 계속

살얼음

하여 겪어 오다. ㉠교사로 긴 세월을 살아오다.

살얼음 [사러름] 얇게 살짝 언 얼음. ㉠살얼음이 얼다 / 살얼음이 끼다. 団박빙.

　살얼음을 밟듯이 겁이 나서 매우 조심스럽게.

살얼음판 (一板) [사러름판] 1 얇게 언 얼음판. ㉠살얼음판에서 썰매를 타지 마라. 2 아슬아슬하고 위태로운 고비의 비유. ㉠살얼음판 같은 분위기.

살육 (殺戮) [사륙] 많은 사람을 마구 죽임. ㉠살육을 저지르다. **살육하다**.

살인 (殺人) [사린] 사람을 죽임. ㉠살인 사건. **살인하다**.

살인범 (殺人犯) [사린범] 사람을 죽인 범인. ㉠살인범이 붙잡히다.

살인자 (殺人者) [사린자] 사람을 죽인 사람. ㉠살인자를 쫓다.

살인적 (殺人的) [사린적] 사람의 목숨을 빼앗을 정도로 몹시 심한 (것). ㉠살인적인 더위.

살점 (一點) [살쩜] 큰 고깃덩어리에서 떼어 낸 살의 조각. ㉠살점을 베어 내다.

살지다 1 몸에 살이 많다. ㉠살진 생선. 2 땅이 기름지다.

> 주의 **살지다**와 **살찌다**
> **살지다** 1 몸에 살이 많다. ㉠살진 젖소. 2 땅이 기름지다. ㉠흙이 살지다.
> **살찌다** 몸에 살이 많아지다. ㉠몸이 살찌다 / 가을은 살찌는 계절이다.

살집 [살찝] 몸에 살이 붙어 있는 정도나 부피. ㉠살집이 좋다 / 살집이 적당하다.

*__**살짝**__ 1 남모르는 사이에 재빠르게. ㉠살짝 빠져나가다. 2 힘들이지 않고 가볍게. ㉠살짝 뛰어내리다. 3 심하지 않게 약간. ㉠살짝 때리다. 큰슬쩍.

살찌다 몸에 살이 많아지다. ㉠살쪄서 바지가 작다. →살지다 주의

살찌우다 몸에 살이 많아지게 하다. ㉠가축을 살찌우다.

살충 (殺蟲) 벌레나 해충을 죽임. ㉠살충 효과. 団제충. **살충하다**.

살충제 (殺蟲劑) 사람이나 농작물·가축 등에 해가 되는 벌레를 죽이거나 없애는 데 쓰는 약품을 통틀어 일컫는 말. 団구충제. 살충약.

살코기 쇠고기나 돼지고기 따위의 기름기·힘줄·뼈 따위를 발라낸, 살만 된 고기. 団정육. ×살고기.

살쾡이 고양잇과의 산짐승. 고양이와 비슷하게 생겼으나 몸집이 좀 크며, 갈색 바탕에 짙은 갈색 줄무늬가 있음. 산과 들에 살며 성질이 몹시 사납고 꿩·다람쥐·닭 등을 잡아먹음. 団삵. ×삵괭이.

살쾡이

살판나다 [살판나다] 1 돈이나 좋은 일이 생겨 살기가 좋아지다. 2 기를 펴고 살 수 있게 되다.

*__**살펴보다**__ 하나하나 주의해서 자세히 보다. ㉠주위를 살펴보다.

살포 (撒布) 가루나 액체 따위를 뿌려서 뿌림. ㉠소독약을 살포하다. **살포하다**.

살포시 매우 보드랍고 가볍게. ㉠살포시 눈을 감고 음악을 감상하다.

살풀이 (煞一) [살푸리] 좋지 않은 일을 미리 피하거나 물리치려고 벌이는 굿. 또는 그 굿의 장단과 노래. **살풀이하다**.

*__**살피다**__ 1 주의하여 두루두루 자세하게 보다. ㉠눈치를 살피다 / 주위를 살피다. 2 잘 미루어서 헤아리거나 생각하다. ㉠형세를 살피다.

살해 (殺害) 사람을 죽임. 남의 생명을 해침. ㉠살해 사건 / 살해 혐의로 체포하다. **살해하다**.

*__**삶**__ [삼ː] 1 사는 일. ㉠인간다운 삶을 살다. 団죽음. 2 목숨. 생명. ㉠삶을 소중히 여기다. 발음 삶이 [살ː미] / 삶을 [살ː믈].

*__**삶다**__ [삼ː따] 1 물에 넣고 끓이다. ㉠국수를 삶아 먹다. 2 남을 달래거나 으르거나 꾀어서 고분고분하게 만들다. ㉠친구를 잘 삶아서 내 편을 만들다. 団구워삶다. 발음 삶고 [삼ː꼬] / 삶아서 [살마서] / 삶으면 [살므면].

삼[1] 삼과의 한해살이풀. 줄기 높이 1-3m, 유라시아의 온대·열대에서 재

배합. 줄기의 껍질은 섬유의 원료로 삼베·어망 따위를 짜는 데 씀. 비대마. 마.

삼²(蔘) 인삼과 산삼을 통틀어 이르는 말. 예삼을 캐다.

*****삼³**(三) 1 셋. 2 '세'·'셋째'의 뜻. 예삼 년 / 삼 학년. ⊃three

삼가 조심하는 마음으로 정중히. 예삼가 고인의 명복을 빕니다.

삼가다 1 몸가짐이나 언행을 조심하다. 예말을 삼가다. 2 양이나 횟수 따위를 지나치지 않도록 하다. 예군것질을 삼가다. ×삼가하다.

삼각(三角) 모서리가 셋 있는 세모 모양. 예삼각 표지판.

삼각기둥(三角—) [삼각끼둥] 밑면이 삼각형으로 된 각기둥. 비세모기둥.

삼각뿔(三角—) 밑면이 삼각형인 각뿔. 비세모뿔.

삼각산(三角山) [삼각싼] '북한산'의 다른 이름.

삼각자(三角—) [삼각짜] 삼각형 모양의 자. 비세모자.

삼각주(三角洲) [삼각쭈] 강물이 운반해 온 흙·모래 따위가 강어귀에 쌓여서 된 모래벌판. 대개 삼각형을 이루며 땅이 기름짐. 델타.

삼각 플라스크(三角flask) 밑이 넓고 목이 좁은 원뿔 모양의 실험용 유리 기구.

*****삼각형**(三角形) [삼가켱] 세 개의 변으로 이루어진 평면 도형. 또는 그런 모양. 비세모꼴. 준삼각. ⊃triangle

삼강(三綱) 임금과 신하, 부모와 자식, 남편과 아내 사이에 마땅히 지켜야 할 도리.

삼강오륜(三綱五倫) 유교의 도덕에서, 기본이 되는 세 가지 강령과 다섯 가지 도리. 삼강과 오륜.

삼강행실도(三綱行實圖) [삼강행실또] 〖책〗조선 세종 때 임금의 명령으로 펴낸 책. 우리나라와 중국의 옛 책에서 본보기가 될 만한 충신, 효자, 열녀들의 행적을 그림과 글로 나타냄.

삼거리(三—) 세 갈래로 갈라진 길. 예천안 삼거리.

삼겹살(三—) [삼겹쌀] 돼지의 갈비에 붙은 살로, 비계와 살이 세 겹으로 되어 있는 것처럼 보이는 고기. 예삼겹살을 구워 먹다.

삼계탕(蔘鷄湯) [삼계탕 / 삼게탕] 어린 닭의 내장을 빼내고 인삼·찹쌀·대추 따위를 넣어서 푹 삶은 음식. 비계삼탕.

삼국(三國) 1 세 나라. 예삼국 정상 회의. 2 고구려, 백제, 신라의 세 나라. 예신라가 삼국을 통일하다.

삼국사기(三國史記) [삼국싸기] 〖책〗고려 인종 23년(1145), 김부식이 왕의 명령을 받아 지은 역사책. 신라·백제·고구려 세 나라의 역사를 기록하였음. '삼국유사'와 함께 지금까지 남아 있는 가장 오래된 우리나라 역사책임. 50권 10책.

삼국 시대(三國時代) 우리나라 역사에서, 고구려·백제·신라의 세 나라로 갈라져 있던 시대. 후에 신라가 통일하였음.

삼국유사(三國遺事) [삼궁뉴사] 〖책〗고려 충렬왕 7년(1281)에 승려 일연이 지은 역사책. 고구려·백제·신라의 역사를 기록하였음.

삼국지(三國志) [삼국찌] 〖책〗중국 진나라 때 진수가 지은 위·오·촉 삼국의 역사서.

삼군(三軍) 1 전체의 군대. 2 육군·해군·공군을 통틀어 일컫는 말.

삼권(三權) [삼꿘] 입법권·사법권·행정권을 통틀어 이르는 말.

삼권 분립 제도(三權分立制度) 국가의 권력을 입법·사법·행정의 삼권으로 나누어 힘의 균형을 유지하려는 정치 제도.

*****삼다¹** [삼:따] 1 남을 자기와 관계있는 사람이 되게 하다. 예며느리로 삼다. 2 어떤 것을 무엇이 되게 하거나 여기다. 예문제 삼다.

삼다² [삼:따] 1 짚신·미투리 따위를 만들다. 예짚신을 삼다. 2 삼이나 모시풀 등의 섬유를 비벼 꼬아 잇다. 예삼을 삼다.

삼다도(三多島) 여자·돌·바람의 세 가지가 많은 섬이라는 뜻에서, '제주도'를 일컫는 말.

삼대(三代) 아버지·아들·손자의 세 대. 예삼대가 함께 살다.

삼라만상 (森羅萬象) [삼나만상] 우주 안의 모든 사물과 현상.

삼류 (三流) [삼뉴] 어떤 부류에서 수준이 가장 낮은 층. 예삼류 가수.

삼림 (森林) [삼님] 나무가 많이 우거진 숲. 예삼림 보호 / 삼림 지대.

삼림욕 (森林浴) [삼님뇩] 병의 치료나 건강을 위해 숲을 거닐며 숲의 공기와 기운을 쐬는 일. 비산림욕.

삼매경 (三昧境) 한 가지 일에만 정신을 집중한 상태. 예독서 삼매경에 빠지다.

삼면 (三面) 세 방면. 예우리나라는 삼면이 바다로 둘러싸여 있다.

삼발이 (三-) [삼바리] 1 둥근 쇠 테두리에 발이 세 개 달린 기구. 2 사진기·망원경 따위를 올려놓는, 발이 세 개 달린 받침대.

삼베 여름옷·상복 따위를 만드는 데 쓰는, 삼의 올실로 짠 누런 천. 비마포. 준베.

삼베옷 [삼베옫] 삼베로 만든 옷.

삼별초 (三別抄) 고려 고종 때 최우가 설치한 특별 군사 조직. 좌별초·우별초·신의군으로 구성됨. 몽고가 쳐들어오자, 제주도까지 옮겨 가면서 끝까지 싸움.

삼복 (三伏) 1 초복·중복·말복을 통틀어 일컫는 말. 2 여름철의 가장 더운 기간. 예삼복을 잘 넘기다.

삼복더위 (三伏-) [삼복떠위] 한여름철의 몹시 심한 더위. 예삼복더위가 기승을 부리다. 준복더위.

삼부 (三府) 행정부·사법부·입법부의 총칭.

삼부 합창 (三部合唱) 세 성부로 이루어지는 합창. 소프라노·메조소프라노·알토의 삼부 합창이 대표적임.

삼삼오오 (三三五五) [삼사모오] 서넛 또는 대여섯 사람이 떼를 지어 다니거나 무슨 일을 하는 모양. 예삼삼오오 떼 지어 가다.

삼삼하다 1 음식이 조금 싱거운 듯하면서 맛이 있다. 예찌개 맛이 삼삼하다. 큰심심하다. 2 잊혀지지 않고 눈앞에 보이는 듯하다. 예그때 일이 아직도 눈에 삼삼하다.

삼수갑산 (三水甲山) [삼수갑싼] 함경남도에 있는 삼수와 갑산이 험하고 멀어서 가기 힘든 곳이라는 뜻에서 나온 말로, '매우 어려운 지경'을 이르는 말. ×산수갑산.

삼시 (三時) 아침·점심·저녁의 세 끼니. 또는 그 끼니때. 예삼시를 꼭꼭 챙겨 먹다.

삼신 (三神) 아기를 갖게 해 주고, 아기 엄마와 아기를 돌보는 세 신령. 비삼신령. 삼신할머니.

삼십 (三十) 1 서른. 예삼십 명. 2 서른 살. 예나이 삼십에 장가가다.

삼십육계 (三十六計) [삼심뉵꼐 / 삼심뉵께] 일이 불리하거나 곤란할 때에 달아나 버리는 일. 예삼십육계 줄행랑을 놓다.

삼엄하다 (森嚴-) [사멈하다] 분위기가 무서울 만큼 빈틈이 없고 엄숙하다. 예삼엄한 경계.

삼엽충 (三葉蟲) [사멽충] 고생대 지층에서 발견된 삼엽충류 화석 동물. 얕은 바다에 살던 것으로 몸은 50cm 정도로 납작하고 타원형이며 머리·가슴·꼬리로 구분됨.

삼원색 (三原色) [사뭔색] 바탕이 되는 세 가지 색이나 빛. 색의 삼원색은 빨강·노랑·파랑이며, 빛의 삼원색은 빨강·녹색·파랑임.

삼월 (三月) [사뭘] 한 해 가운데 셋째 달. 예삼월에 입학하다. ⇒March

삼일 운동 (三一運動) 1919년 3월 1일, 우리나라를 강제로 점령한 일본을 몰아내기 위해 손병희 등 33인이 중심이 되어 '독립 선언문'을 낭독하고, 이후 전국에 독립 만세를 부르며 일으켰던 민족 운동. 비기미독립운동.

삼일장 (三日葬) [사밀장] 사람이 죽은 지 사흘 만에 지내는 장사. 예삼일장을 치르다.

삼일절 (三一節) [사밀쩔] 국경일의 하나. 삼일 운동을 온 국민이 기념하는 날. 매년 3월 1일.

삼자 (三者) 1 어떤 일에 직접 관계가 없는 사람. 예삼자가 참견하다. 비제삼자. 2 어떤 일에 관계가 있는 세 사람. 예삼자 회담.

삼족 (三族) 1 부모와 형제와 처자. 2 부계·모계·처계의 겨레붙이. 예삼족을

멸하다.

삼중 (三重) 세 겹. 또는 세 번 거듭됨. 예삼중 유리 / 삼중 추돌 사고.

삼중주 (三重奏) 서로 다른 세 개의 악기로 같이 하는 연주. 트리오.

삼중창 (三重唱) 소리의 높낮이가 서로 다른 세 부분의 목소리로 부르는 중창. 트리오.

삼진 (三振) 야구에서, 타자가 스트라이크를 세 번 당하여 아웃이 되는 일. 스트라이크 아웃. 예투수가 삼진을 잡다.

삼짇날 (三一) [삼진날] 음력 삼월 초사흗날. 겨우내 집 안에 갇혔다가 이 날 꽃놀이를 하고 새 풀을 밟으며 봄을 즐김. 비삼월 삼질. 중삼. 준삼질.

삼차원 (三次元) 공간처럼 가로·세로·높이의 세 차원을 사용하여 표현되는 입체적인 공간. 예삼차원의 세계.

삼척동자 (三尺童子) [삼척똥자] 키가 1m 정도 되는 아이. 곧, 어린아이. 예그 정도는 삼척동자라도 알 수 있다.

삼천리 (三千里) [삼철리] 함경북도의 북쪽 끝에서 제주도의 남쪽 끝까지 삼천 리 정도 된다고 하여, 우리나라 전체를 일컫는 말. 예삼천리 방방곡곡.

*__삼촌__ (三寸) 아버지의 형제. 특히 결혼하지 않은 남자 형제를 이르거나 부르는 말. ⊃uncle

삼층밥 (三層一) [삼층빱] 밥을 서툴게 지어서 삼 층이 되게 지은 밥. 맨 위는 설거나 질고, 중간은 제대로 되고, 맨 밑은 탄 밥을 이르는 말.

삼치 고등엇과의 바닷물고기. 몸길이는 1m가량. 몸은 가늘고 길며 작은 비늘로 덮여 있음. 옆구리에는 회색 얼룩점이 흩어져 있으며, 배는 흼.

*__삼키다__ 1 무엇을 입에 넣어 목구멍으로 넘기다. 예알약을 삼키다. 2 눈물이나 웃음 따위를 억지로 참다. 예눈물을 삼키다.

삼태기 가는 대나무나 짚 등으로 엮어 흙·쓰레기·거름 따위를 담아 나르는 도구. 예삼태기로 흙을 담아 나르다.

삼태기

삼팔선 (三八線) [삼팔썬] 한반도 중앙부를 가로지르는 북위 38도선.

삼한 (三韓) 삼국 시대 이전에 지금의 전라도와 경상도에 있었던 마한·진한·변한의 세 나라.

삼한 사온 (三寒四溫) 겨울철에 3일가량 추웠다가, 다음 4일가량 따뜻한 날씨가 되풀이되는 현상.

삼행시 (三行詩) 세 글자로 된 말의 각 글자를 머리글자로 삼아서 지은 짧은 글. 또는 세 줄로 된 시.

삼화음 (三和音) 어떤 음 위에 3도와 5도의 음을 겹쳐서 만든 화음.

*__삽__ 땅을 파고 흙을 뜨는 데 쓰는 기구. 얇은 철판에 긴 나무 자루가 달려 있음. 예삽으로 흙을 떠내다.

삽사리 [삽싸리] 털이 복슬복슬하게 많이 난 우리나라의 토종개. 우리나라 천연기념물로, 정식 이름은 '경산의 삽살개'. 비삽살개.

삽사리

삽살개 [삽쌀개] ⇨삽사리.

삽시간 (霎時間) [삽씨간] 아주 짧은 시간. 예소문이 삽시간에 퍼져 나가다. 비일순간. 준삽시.

삽입 (揷入) [사빕] 틈이나 구멍 사이에 꽂아 넣거나 끼워 넣음. 예삽화를 삽입하다. 삽입하다.

삽질 [삽찔] 삽으로 땅을 파거나 흙을 떠내는 일. 삽질하다.

삽짝 '사립짝'의 준말.

삽화 (揷畫) [사퐈] 책·신문·잡지 따위에서, 글의 내용을 보충하거나 쉽게 이해할 수 있도록 그려 넣은 그림.

삿갓 [산깓] 볕이나 비 따위를 가리려고 대오리나 갈대로 거칠게 엮어서 만든 갓.

삿갓

삿대 [산:때] 얕은 물에서 배에 타고 물 밑의 땅바닥을 밀어 배를 움직이게 하는 긴 막대. 본상앗대.

삿대질 [산:때질] 1 삿대로 배를 움직이게 하는 일. 2 말다툼할 때 주먹이나 손가락 따위를 상대의 얼굴을 향하여 내지르는 짓. 예삿대질을 해 가며 싸우다. 본상앗대질. 삿대질하다.

상¹ (上) [상:] 차례나 등급을 나누었을 때의 맨 첫째. 예이 제품의 품질 등급은 상이다. 땐하.

*상² (賞) 잘한 일을 칭찬하기 위하여 주는 물건이나 돈. 예그림을 잘 그려서 상을 타다. ⊃ prize

상³ (像) 1 사람이나 물건의 모양을 본떠서 그리거나 만든 형상. 예성모 마리아상. 2 빛의 반사나 굴절로 생기는 물체의 형상. 실상과 허상이 있음.

상⁴ (喪) 가족의 어른이 죽는 일. 예상을 당하다.

*상⁵ (床) 소반·책상·평상 따위를 통틀어 일컫는 말. 예상을 차리다.

상가¹ (商街) 가게가 죽 늘어서 있는 거리. 예상가에서 쇼핑을 하다.

상가² (喪家) 사람이 죽은 집. 초상난 집. 비상갓집. 초상집.

상감¹ (上監) [상:감] '임금'의 높임말. 둘상감마마.

상감² (象嵌) 금속이나 도자기 따위의 겉에 무늬를 새기고, 그 새긴 자리에 금이나 은 따위의 재료를 채워 넣는 기법. 또는 그 작품.

상거래 (商去來) 상품을 팔고 사는 일. 예상거래를 트다.

상경 (上京) [상:경] 지방에서 서울로 올라옴. 예무작정 상경하다. 상경하다.

상고¹ (上古) [상:고] 아주 오랜 옛날. 예상고 시대의 역사.

상고² (上告) [상:고] 제이심 판결에 불만이 있을 때, 상급 법원에 그 변경을 요구하는 일. 상고하다.

상공 (上空) [상:공] 1 높은 하늘. 예상공에 연을 띄우다. 2 어떤 지역의 위에 있는 공중. 예수도권 상공.

상공업 (商工業) 상업과 공업.

상관¹ (上官) [상:관] 군대나 직장에서 자기보다 계급이 높은 사람. 예상관의 지시에 따르다. 땐부하.

상관² (相關) 1 서로 관련을 가짐. 예그 두 사건은 밀접하게 상관되어 있다. 2 남의 일에 간섭함. 예남의 일에 상관하지 마시오. 상관하다.

상관없다 (相關─) [상관업따] 1 서로 관련이 없다. 예그것과는 상관없는 일이다. 2 염려할 것이 없다. 예좀 늦어도 상관없다.

상극 (相剋) 둘 사이의 마음이 맞지 못하고 서로 맞섬.

상금 (賞金) 상으로 주는 돈. 예상금을 타다.

상급 (上級) [상:급] 높은 등급이나 계급. 예상급 학교. 땐하급.

상급생 (上級生) [상:급쌩] 학년이 높은 학생. 땐하급생.

상기¹ (上氣) [상:기] 부끄러움이나 흥분으로 얼굴이 붉어짐. 예붉게 상기된 얼굴. 상기하다.

상기² (想起) [상:기] 지난 일을 다시 생각해 냄. 예기억을 상기시키다. 상기하다.

상냥하다 성질이 싹싹하고 부드럽다. 예상냥한 마음씨.

상념 (想念) [상:념] 마음속에 품은 여러 가지 생각. 예상념에 잠기다.

상담 (相談) 개인의 어려운 문제를 전문가나 경험이 많은 사람과 의논함. 예선생님과 진로 문제를 상담하다. 비상의. 상담하다.

상담소 (相談所) 어떤 일에 관해 묻고 의논할 수 있는 시설. 예법률 상담소 / 결혼 상담소.

상당 (相當) 일정한 액수나 수치 따위에 해당함. 예5만 원 상당의 상품을 받다.

상당수 (相當數) 어지간히 많은 수. 예학부모의 상당수가 학교 급식을 찬성하다.

상당하다 (相當─) 1 어느 정도에 가깝다. 예백만 원에 상당하는 시계. 2 어지간하게 많다. 예상당한 노력이 필요하다. 3 꽤 대단하다. 예상당한 실력을 갖추고 있다.

상당히 (相當─) 상당한 정도로. 상당하게. 예문제가 상당히 어렵다.

*상대 (相對) 1 서로 마주 대함. 예신랑과 신부가 상대하여 서다. 2 실력 따위를 서로 겨룸. 예상대 선수. 3 '상대자'의 준말. 예결혼 상대. 상대하다.

*상대방 (相對方) 상대가 되는 사람. 예상대방이 듣지 못하게 소곤거리다. 비상대편.

상대자 (相對者) 말이나 일을 할 때 상대가 되는 사람. 준상대.

상대적 (相對的) 서로 맞서거나 비교

되는 관계에 있는. 또는 그런 것. 예상 대적으로 우리 팀이 불리하다.

*상대편 (相對便) 말이나 일을 할 때 서로 마주 보게 되는 편. 예상대편 선수 / 상대편과 의논하다. 비맞은편. 상대방.

상도덕 (商道德) 장사하면서 지켜야 할 도의. 예상도덕에 어긋나는 일을 저지르다.

상등병 (上等兵) [상ː등병] 군대 계급의 하나. 병장의 아래, 일등병의 위. 준상병.

상례 (常例) [상녜] 흔히 있는 일. 예그런 일은 상례로 되어 있다. 비통례.

상록수 (常綠樹) [상녹쑤] 나뭇잎이 사철 푸른 나무. 소나무·대나무 따위. 비늘푸른나무. 반낙엽수.

*상류 (上流) [상ː류] 1 강이나 내의 위쪽. 예한강 상류. 2 사회적 지위·생활 수준·교양 등이 높은 부류. 예상류 계급 / 상류 사회. 반하류.

상류층 (上流層) [상ː류층] 상류 생활을 하고 있는 사회 계층.

상륙 (上陸) [상ː륙] 배에서 내려 육지로 오름. 예인천 상륙 작전 / 연안 상륙에 성공하다. 상륙하다.

상모 (象毛) 농악에서, 모자 꼭대기에 흰 새털이나 긴 종이를 달아 빙글빙글 돌리게 된 것.

상민 (常民) 예전에, 양반이 아닌 평민을 이르던 말. 비상사람. 반양반.

상반 (相反) 서로 어긋나거나 반대됨. 예상반된 의견이 나오다. 반일치. 상반하다.

상반신 (上半身) [상ː반신] 사람 몸에서 허리 위의 부분. 예여권용 상반신 사진. 비상체. 윗몸. 반하반신.

상벌 (賞罰) 상과 벌.

상병 (上兵) [상ː병] '상등병'의 준말.

상보 (床褓) [상뽀] 음식을 차려 놓은 상을 덮는 보자기.

상복 (喪服) 초상 중에 입는 예복. 삼베로 만듦.

상봉 (相逢) 서로 만남. 예남북 이산가족의 상봉. 상봉하다.

상부 (上部) [상ː부] 1 위쪽 부분. 2 보다 높은 직위나 관청. 반하부.

상부상조 (相扶相助) 서로 도움. 예상부상조의 정신. 상부상조하다.

상비약 (常備藥) 병원이나 가정 등에서 언제든지 쓸 수 있도록 늘 마련해 두는 약. 예가정 상비약.

상사 (上司) [상ː사] 직장이나 군대에서 지위나 계급이 자기보다 높은 사람.

상사병 (相思病) [상사뼝] 이성을 몹시 그리워해서 생기는 마음의 병. 예상사병에 걸리다.

*상상 (想像) [상ː상] 경험하지 못한 일을 마음속으로 그리며 생각함. 예상상조차 못한 일. 비추측. 상상하다.

상상도 (想像圖) [상ː상도] 상상해서 그린 그림. 비상상화.

상상력 (想像力) [상ː상녁] 상상하는 능력. 예상상력이 풍부하다.

상상화 (想像畫) [상ː상화] 실물을 보지 않고 상상하여 그린 그림. 반사생화.

상서롭다 (祥瑞—) [상서롭따] 복되고 좋은 일이 있을 듯하다. 활용 상서로워 / 상서로우니.

상석 (上席) [상ː석] 일터나 계급 또는 모임 따위에서 지위가 가장 높은 사람이 앉는 자리. 비윗자리.

상선 (商船) 돈을 받고 사람이나 짐을 나르는 배. 화물선·무역선 따위. 예항구에 상선이 들어오다.

상설 (常設) 언제나 이용할 수 있도록 설비와 시설을 갖추어 둠. 예상설 시장.

상세하다 (詳細—) 매우 자세하다. 예상품 안내서에 상세한 설명이 나와 있다. 비소상하다.

상세히 (詳細—) 상세하게. 예약도를 상세히 그리다.

상소[1] (上疏) [상ː소] 임금에게 어떤 의견을 적은 글을 올림. 또는 그 글. 상소하다.

상소[2] (上訴) [상ː소] 하급 법원의 판결에 불만이 있을 때 따르지 않고 상급 법원이 다시 판결해 줄 것을 요구하는 일. 상소하다.

상소리 (常—) [상쏘리] 상스러운 말. 상스러운 소리. 예상소리를 하며 싸우다. 센쌍소리.

상소문 (上疏文) [상ː소문] 임금에게 올리던 글. 상소하는 글. 예상소문을

상속 (相續) 재산·권리 따위를 물려주거나 물려받음. ⓔ자식에게 재산을 상속하다. **상속하다**.

상쇠 (上一) [상:쇠/상:쉐] 농악대 따위에서, 맨 앞에서 전체를 이끌며 꽹과리를 치는 사람.

상수 (常數) 수학에서, 변하지 않는 일정한 값을 가진 수 또는 양. 맨변수.

상수도 (上水道) [상:수도] 먹는물이나 공업용 물을 관을 통해 보내 주는 설비. 맨하수도. 㽳상수. 수도.

상수리 [상:수리] 상수리나무의 열매. 도토리와 비슷함.

상수리나무 [상:수리나무] 참나뭇과의 낙엽 교목. 높이 20-25m로, 5월에 누런 갈색 꽃이 핌. 열매는 먹을 수 있으며, 나무는 단단하여 가구 따위의 재료로 쓰임.

상수원 (上水源) [상:수원] 상수도에 보내지는 물의 근원지. 강·호수 따위.

상순 (上旬) [상:순] 초하루부터 초열흘까지의 사이. ⓔ다음 달 상순. 삐초순. *중순. 하순.

상술 (商術) 장사하는 솜씨나 꾀.

상스럽다 (常一) [상쓰럽따] 말이나 행동이 교양이 없고 천하다. ⓔ상스러운 말을 마구 하다. 쎈쌍스럽다. 활용 상스러워/상스러우니.

상습 (常習) 늘 하는 버릇. ⓔ상습도박.

상습적 (常習的) [상습쩍] 좋지 않은 일이나 행동을 버릇처럼 하는 (것).

상승 (上昇) [상:승] 위로 올라감. ⓔ인기가 날로 상승하다. 맨하강. 하락. **상승하다**.

상식 (常識) 보통 사람이면 알 수 있는 일반적인 지식이나 판단력. ⓔ상식 밖의 행동/상식이 풍부하다.

상실 (喪失) 잃어버림. 없어지거나 사라짐. ⓔ응시 자격을 상실하다. **상실하다**.

상심 (傷心) 슬픔이나 걱정 따위로 마음이 아픔. ⓔ너무 상심하지 말고 용기를 내어라. **상심하다**.

상아 (象牙) 코끼리의 입에서 길게 뻗어 나온 앞니. 여러 가지 기구나 장식품에 쓰임. ⓔ상아로 도장을 새기다.

상아탑 (象牙塔) 속세를 떠나 오로지 학문이나 예술에만 몰두하는 생활 또는 대학을 비유하는 말.

상앗대 [상아때/상앋때] '삿대'의 본딧말.

*__상어__ 고래상어·별상어·수염상어·철갑상어 따위를 통틀어 일컫는 말. 몸은 방추형이며, 골격은 연골임. 꼬리지느러미는 칼 모양임. 성질이 사납고 민첩함.

상어

*__상업__ (商業) 물건을 사고팔아 이익을 얻는 일. ⓔ상업 분야/상업에 종사하다. 삐장사.

상여 (喪輿) 초상을 치를 때 시신을 싣고 묘지까지 나르는 데 쓰는, 가마 비슷한 도구.

상여금 (賞與金) 회사 등에서 직원들에게 급료 이외에 특별히 수고의 대가로 주는 돈. 보너스. ⓔ연말 특별 상여금을 지급하다.

상연 (上演) [상:연] 연극 따위를 무대 위에서 관객에게 보이는 일. ⓔ심청전을 상연하다. **상연하다**.

상영 (上映) [상:영] 영화관 따위에서 영화를 보여 줌. ⓔ만화 영화를 상영하고 있다. **상영하다**.

상오 (上午) [상:오] 밤 0시부터 낮 12시까지의 동안. 삐오전. 맨하오.

상용 (常用) 늘 씀. 일상적으로 사용함. ⓔ영어를 상용하다. **상용하다**.

상원사 동종 (上院寺銅鐘) 강원도 평창군 상원사에 있는 범종. 신라 성덕왕 24년(725)에 만듦. 우리나라에서 가장 오래된 종으로 국보임.

상의[1] (上衣) [상:의/상:이] ⇨윗옷. ⓔ상의를 벗다. 맨하의.

상의[2] (相議) [상:의/상:이] 어떤 일이나 문제 따위를 서로 의논함. ⓔ진학 문제를 담임 선생님과 상의하다. **상의하다**.

*__상인__ (商人) 장사를 하는 사람. 삐장수.

상임 (常任) 일정한 일을 늘 계속하여 맡음. ⓔ상임 위원.

상임 위원회 (常任委員會) 항상 일

정한 업무를 담당하는 위원회.

*상자 (箱子) 나무·대·종이 따위로 만든 네모난 그릇. 예선물 상자 / 상자를 열다. ⊃ box, case

상장 (賞狀) [상짱] 학업·행실·업적 따위에 대해 칭찬하는 글을 적은 증서.

상전 (上典) [상:전] 예전에, 종에 대하여 그 주인을 이르던 말. 땐종.

*상점 (商店) 물건을 파는 가게. 예상점이 늘어서 있다. 囲가게.

상정 (上程) [상:정] 의안을 회의에 내놓음. **상정하다**.

상제 (喪制) 부모나 조부모가 죽어서 상중에 있는 사람.

상조 (相助) 서로 도움. 예이웃과 상조하며 지내다. **상조하다**.

상종 (相從) 서로 따르며 친하게 지냄. 예상종 못할 사람이다. **상종하다**.

상주[1] (常住) 항상 살고 있음. 늘 있음. **상주하다**.

상주[2] (喪主) 부모나 조부모가 돌아가셨을 때 주가 되어 장례를 치르는 사람. 囲맏상제.

상징 (象徵) 어떤 사실이나 생각, 느낌을 떠오르게 하는 사물. 또는 그 사물을 가리키는 말이나 표시. 심볼. 예비둘기는 평화의 상징이다. **상징하다**.

상책 (上策) [상:책] 가장 좋은 꾀. 예도망치는 것이 상책이다. 囲하책.

*상처 (傷處) 다친 자리. 예상처가 나다 / 상처에 약을 바르다.

상처투성이 (傷處一) 몸에 다친 곳이 많은 상태. 예몸이 성한 데가 없이 온통 상처투성이다.

상체 (上體) [상:체] 몸의 윗부분. 囲상반신. 윗몸. 땐하체.

상추 국화과의 한해살이풀 또는 두해살이풀. 줄기 높이 1m가량, 잎은 크고 타원형임. 초여름에 엷은 황색 꽃이 피며, 잎은 쌈을 싸서 먹음. ×상치.

상층 (上層) [상:층] 위의 층. 囲위층. 땐하층.

*상쾌하다 (爽快一) [상:쾌하다] 기분이 시원하고 산뜻하다. 예기분이 상쾌하다. 囲유쾌하다.

상큼하다 냄새나 맛 따위가 향기롭고 시원하다. 예과일 향기가 상큼하다.

*상태 (狀態) 사물이나 현상이 놓여 있는 형편이나 모양. 예건강 상태가 양호하다.

상통 (相通) 1 서로 마음과 뜻이 통함. 예그와는 상통되는 점이 많다. 2 공통되는 부분이 있음. 예영화를 좋아하는 점에서 서로 상통한다. **상통하다**.

상투 예전에, 장가든 남자가 머리털을 끌어 올려서 정수리 위에 틀어 감아 맨 것.

상투적 (常套的) 늘 써서 버릇이 되다시피 한 (것). 예상투적 표현 / 상투적인 인사말.

상패 (賞牌) 상으로 주는 패.

상편 (上篇) [상:편] 두 편 또는 세 편으로 된 책의 첫째 편.

상평창 (常平倉) 고려·조선 시대에, 곡물·면포 따위의 생활필수품을 물가가 내릴 때 사들였다가, 오르게 되면 싼값으로 팔아 물가를 조절하던 기관.

상평통보 (常平通寶) 조선 후기 인조 때 쓰던 엽전의 이름.

상표 (商標) 다른 생산자의 상품과 구별하기 위해서 상품에 붙이는 표나 표시. 예등록 상표 / 유명 상표. 囲브랜드.

상품[1] (上品) [상:품] 질이 좋은 물건. 囲상치. 땐하품.

*상품[2] (商品) 사고파는 물건. 예상품 광고 / 상품을 진열하다.

상품[3] (賞品) 상으로 주는 물건.

상품권 (商品券) [상품꿘] 표시된 금액만큼의 상품과 바꿀 수 있는, 상점이나 백화점에서 발행하는 증서. 예도서 상품권 / 백화점 상품권.

상품성 (商品性) [상품썽] 상품으로서의 가치. 예상품성이 높다 / 상품성이 떨어지다.

상품화 (商品化) 팔 수 있는 물건으로 만듦. **상품화하다**.

상하 (上下) [상:하] 1 위와 아래. 예상하로 흔들다. 2 윗사람과 아랫사람. 예상하가 합심하여 일하다.

*상하다 (傷一) 1 물건이 깨지거나 헐다. 예유리그릇은 상하기 쉽다. 2 음식이 썩거나 맛이 가다. 예더운 날씨에 생선이 상하다. 3 몸이 다쳐 상처를 입다. 예눈이 상하다. 4 근심·슬픔·노여움 따위로 마음이 언짢다. 예친구의

농담에 마음이 상했다. 5 여위다. 예얼굴이 몹시 상하다.

상하수도(上下水道) [상:하수도] 상수도와 하수도.

상하이 (중 上海) 〖지명〗 중국의 양쯔 강 어귀에 있는 중국 최대의 항구 도시. 상해.

상해¹(傷害) 남의 몸에 상처를 내어 해를 입힘. 예전치 2주의 상해를 입히다. 상해하다.

상해²(上海) [상:해] 〖지명〗 '상하이' 를 우리 한자음으로 읽은 이름.

상행(上行) [상:행] 지방에서 서울로 올라감. 예상행 열차를 타다. 비상경. 반하행. 상행하다.

상향(上向) [상:향] 1 위를 향함. 2 수치나 기준 따위를 지금보다 더 높게 잡음. 예금리를 상향 조정하다.

상현달(上弦—) [상:현달] 매달 음력 7-8일경에 나타나는 반원 모양의 달. 둥근 쪽이 아래로 향함. 반하현달.

상형 문자(象形文字) 물체의 모양을 본떠서 만든 글자. 한자의 일부와 이집트 문자 따위.

상호¹(相互) 서로서로. 예상호 작용 / 상호 방위 조약. 비호상.

상호²(商號) 가게·회사의 이름.

상환(償還) 빚을 갚음. 예대출금을 상환하다. 상환하다.

*__상황__(狀況) 일이 되어 가는 형편이나 모양. 예현재의 진행 상황을 파악하다.

상회(商會) [상회 / 상훼] 작은 규모의 기업체나 상점. 예쌀 상회 / 전기 상회.

샅 [산] 두 다리가 갈라지는 그 사이. 비사타구니.

샅바 [삳빠] 씨름에서, 허리와 다리에 둘러 묶어 상대편의 손잡이로 쓰는, 천으로 만든 굵은 줄.

샅샅이 [삳싸치] 빈틈없이 모조리. 예방 안을 샅샅이 뒤지다.

*__새__¹ [새:] '사이'의 준말. 예쉴 새 없다 / 새가 벌어지다.

*__새__² [새:] 몸이 깃털로 덮여 있고 날개가 있어 날 수 있으며 아름다운 소리를 내는 짐승. 예새가 날다 / 새가 지저귀다. ⊃bird

*__새__³ 새로운. 새로 만든. 예새 책 / 새 옷 / 새 건물.

새– 빛깔이 매우 짙고 산뜻함을 나타냄. 예새빨갛다 / 새파랗다 / 새까맣다.
→ [학습마당] 14(아래)

새겨듣다 [새겨듣따] 1 잊지 않도록 주의해서 듣다. 예선생님 말씀을 새겨듣다. 2 말하고자 하는 본뜻을 잘 헤아려 듣다. 예그의 말은 잘 새겨듣지 않으면 오해하기 쉽다. [활용] 새겨들어 / 새겨들으니 / 새겨듣는.

새경 머슴이 한 해 동안 일한 대가로 주인에게서 받던 돈이나 곡식.

새근거리다 1 고르지 않고 가쁘게 숨 쉬는 소리가 자꾸 나다. 큰시근거리다. 2 어린아이가 곤히 잠들어 조용히 숨 쉬는 소리가 자꾸 나다. 센쌔근거리다.

새근새근 새근거리는 모양. 예아기가 새근새근 잠자다. 센쌔근쌔근. 새근새근하다.

*__새기다__¹ 1 글씨·그림 또는 어떤 모양을 나무나 돌 따위에 파다. 예도장을 새기다. 2 마음속에 깊이 기억하다. 예선생님의 가르침을 마음에 깊이 새기다. →삭이다 주의

학습마당 14

'새까맣다'와 '시꺼멓다'에서 '새– / 시–'의 쓰임

(1) 빛깔이 매우 짙고 선명함을 나타낼 때 된소리나 거센소리, 'ㅎ' 앞에는 '새– / 시–'를 붙이되, 뒷말이 양성 모음일 때는 '새–', 음성 모음일 때는 '시–'로 적음.
[보기] 새까맣다, 시꺼멓다   새빨갛다, 시뻘겋다
       새파랗다, 시퍼렇다   새하얗다, 시허옇다

(2) 한편, 울림소리 앞에서는 '샛– / 싯–'으로 적음.
[보기] 샛노랗다, 싯누렇다

새기다² 1 말이나 글의 뜻을 알기 쉽게 풀이하다. ⓔ 뜻을 새기다. 2 번역하다. ⓔ 한문을 새기다. → 삭이다 [주의]

새까맣다 [새까마타] 1 아주 까맣다. ⓔ 새까만 피부. [큰] 시꺼멓다. [거] 새카맣다. 2 거리나 시간 따위가 아득히 멀다. ⓔ 새까맣게 먼 옛날의 기억. 3 아는 바나 기억이 전혀 없다. ⓔ 약속을 새까맣게 잊다. 4 대단히 많다. ⓔ 새까맣게 몰려든 구경꾼. [활용] 새까마니 / 새까매서. → [학습마당] 14(436쪽)

새까매지다 새까맣게 되다. ⓔ 햇볕에 타서 살갗이 새까매지다. [거] 새카매지다.

새끼¹ 짚으로 꼰 줄. ⓔ 새끼를 꼬다.

*새끼² 1 낳은 지 얼마 안 되는 어린 짐승. ⓔ 새끼를 낳다. 2 '자식'의 낮은 말. ⓔ 제 새끼 귀한 줄은 아는군. 3 어떤 사람을 욕하여 이르는 말. ⓔ 이 새끼 / 나쁜 새끼.

새끼(를) 치다 무엇을 바탕으로 하여 그 수를 늘리다.

새끼손가락 [새끼손까락] 다섯 손가락 가운데서 맨 끝에 있는 가장 작은 손가락.

새끼줄 새끼로 만든 줄. ⓔ 새끼줄로 묶다 / 새끼줄을 치다.

새날 1 새로 밝아 오는 날. ⓔ 새날이 밝다. 2 새로운 시대. 또는 다가올 앞날. ⓔ 새날을 열어 갈 어린이들.

*새다¹ 1 틈이나 구멍으로 조금씩 흘러나오다. ⓔ 물이 새다. 2 비밀 따위가 외부에 알려지다. ⓔ 비밀이 새다. 3 가야 할 곳으로 가지 않고 도중에 딴 데로 가다. ⓔ 동생은 학원에 안 가고 오락실로 새 버렸다. 4 돈이나 재산이 조금씩 없어지다. ⓔ 공금이 새다. 5 모임 등에서 슬그머니 빠져나가다.

새다² [새:다] 날이 밝아 오다. ⓔ 날이 새다.

[주의] **새다와 세다**

새다 1 날이 밝아 오다. 2 틈이나 구멍으로 조금씩 흘러나오다. ⓔ 불빛이 새다.

세다 1 사물의 수효를 계산하다. ⓔ 학생 수를 세다. 2 힘이 많다. ⓔ 기운이 세다. 3 마음이 굳세다. ⓔ 각오가 세다. 4 머리카락이 하얗게 되다. ⓔ 머리가 세다.

새댁 (一宅) '새색시'의 높임말.

*새로 1 전에 없이 처음으로. ⓔ 동호회에 새로 가입하다. 2 전과 달리 새롭게. 또는 새것으로. ⓔ 책상과 의자를 새로 사다.

새로이 1 새롭게. ⓔ 각오를 새로이 하다. 2 전에 없던 것이 처음으로. ⓔ 새로이 알아낸 사실을 말하다.

새록새록 [새록쌔록] 1 새로운 물건이나 일이 자꾸 생기는 모양. ⓔ 새싹이 새록새록 돋아나다. 2 생각이나 느낌이 새롭게 거듭 생기는 모양. ⓔ 기억이 새록새록 떠오르다.

*새롭다 [새롭따] 1 지금까지 있은 적이 없다. ⓔ 새로운 기술. 2 지금까지와는 새삼스럽게 다르다. ⓔ 추어이 새롭다. 3 (일정한 시간이나 돈이) 절실하게 필요하다. ⓔ 단돈 만 원이 새롭다. [활용] 새로워 / 새로우니. ⊃new

새말 새로 생기거나 만든 말. [비] 신어. 신조어.

*새벽 날이 밝을 무렵. 먼동이 트기 시작할 무렵.

새벽같이 [새벽까치] 아침에 아주 일찍이. ⓔ 매일 새벽같이 일어나 산에 오르다.

새벽녘 [새병녁] 새벽이 될 무렵.

새빨갛다 [새빨가타] 색깔이 아주 짙게 빨갛다. ⓔ 새빨간 장미. [큰] 시뻘겋다. [활용] 새빨가니 / 새빨개서. → [학습마당] 14(436쪽)

새빨간 거짓말 매우 터무니없는 거짓말. ⓔ 새빨간 거짓말에 속아 넘어가다.

새빨개지다 새빨갛게 되다. ⓔ 부끄러워서 얼굴이 새빨개지다.

새살 상처나 헌데가 아물고 새로 돋아나는 살. ⓔ 상처에 새살이 돋다. [비] 생살.

새삼 이전의 느낌이나 감정이 다시금 새롭게. ⓔ 새삼 놀라다 / 지난날들이 새삼 그립다.

새삼스럽다 [새삼스럽따] 1 지난 일이 다시 생각되어 마치 새로운 일 같다. 예그날의 감격이 **새삼스럽다**. 2 지난 일을 공연히 다시 들추는 느낌이 있다. 예**새삼스럽게** 말 할 필요도 없다. [활용] 새삼스러워 / 새삼스러우니.

새색시 [새색씨] 갓 결혼한 여자. [비] 새댁. 신부. [준] 색시.

새소리 [새:소리] 새가 우는 소리.

새순 (—筍) 새로 나온 어린싹. 예새순이 돋아나다.

새시 (sash) 철·스테인리스강·알루미늄 따위로 된 창틀이나 문틀. 예알루미늄 새시.

새신랑 (—新郞) [새실랑] 갓 결혼한 남자.

***새싹** 1 새로 돋은 싹. 예새싹이 돋아나다 / 새싹이 움트는 계절. 2 사물의 근원이 되는 새로운 시초. 예어린이는 나라의 새싹이다.

새알 [새:알] 새의 알.

새앙쥐 '생쥐'의 잘못.

새우 절지동물의 하나. 몸은 굳은 껍질로 덮여 있고 자유로이 구부릴 수 있으며, 4개의 더듬이와 10개의 다리가 있음. 아가미로 호흡함.

새우

새우다 한숨도 자지 않고 밤을 지내다. 예밤을 새워 책을 읽다.

주의 **새우다**와 **세우다**

새우다 잠을 자지 않고 밤을 지내다. 예꼬박 밤을 새웠다.

세우다 1 곧추서도록 일으키다. 예장대를 세우다. 2 멈추게 하다. 예차를 세우다. 3 뜻을 정하다. 예큰 뜻을 세우다.

새우잠 새우같이 옆으로 몸을 꼬부리고 자는 잠. 예이불도 덮지 않고 새우잠을 잤더니 감기에 걸렸다.

새우젓 [새우젇] 빛이 흰 작은 새우로 담근 젓.

***새장** (—欌) [새:장] 새를 넣어 기르는 장. [비] 조롱.

새집¹ 새로 지은 집. 새로 이사한 집. 예새집을 짓다.

새집² [새:집] 새가 사는 집

새집 증후군 (—症候群) 새로 지은 건물의 건축 재료에서 나오는 화학 물질이 사람에게 일으키는 병적인 증상. 두통·피부염·알레르기 따위.

새참 [새:참] 일을 하다가 잠깐 쉬면서 먹는 음식. [본] 사이참.

새치 [새:치] 젊은 사람의 검은 머리에 섞여서 난 흰 머리카락.

새치기 [새:치기] 순서를 어기고 남의 자리에 끼어드는 짓. 예새치기하지 마시오. **새치기하다**.

새침데기 [새침떼기] 성격이나 행동이 새침한 데가 있는 사람. 예새침데기 아가씨.

새침하다 쌀쌀맞게 시치미를 떼는 태도가 있다. 예새침한 표정을 지어 보이다.

새카맣다 [새카마타] 아주 까맣다. 예일광욕으로 몸이 새카맣게 탔다. [큰] 시커멓다. [센] 새까맣다. [활용] 새카마니 / 새카매서.

새콤하다 조금 신맛이 있다. 예새콤한 오렌지 주스. [큰] 시큼하다. [여] 새곰하다.

새털 [새:털] 새의 털. 예새털이 날리다.

새털구름 [새:털구름] 높이 떠 있는 새털 모양의 흰 구름. [비] 털구름.

새파랗다 [새파라타] 1 매우 파랗다. 예새파란 가을 하늘. [큰] 시퍼렇다. 2 춥거나 겁에 질려 얼굴이나 입술이 아주 푸르께하다. 예입술이 새파랗게 질리다. 3 매우 젊다. 예새파란 젊은이. [활용] 새파라니 / 새파래서. → [학습마당] 14(436쪽)

새파래지다 새파랗게 되다. 예동생은 겁에 질려 얼굴이 새파래졌다. [큰] 시퍼레지다.

새하얗다 [새하야타] 매우 하얗다. 예새하얀 눈이 덮인 들판. [큰] 시허옇다. [활용] 새하야니 / 새하얘서. → [학습마당] 14(436쪽)

***새해** 새로 시작하는 해. 예새해 복 많이 받으세요. [비] 신년.

***색** (色) 물건의 빛깔. 예밝은 색 벽지를 고르다. [비] 빛. ⊃color

***색깔** (色—) ⇨빛깔. 예짙은 색깔.

색다르다 (色一) [색따르다] 종류가 다르다. 보통 것과는 좀 다르다. ⑩ 이 음식은 **색다른** 맛이 있다. [활용] 색달라 / 색다르니.

색 도화지 (色圖畫紙) 그림을 그리거나 만들기를 하는 데 쓰는, 색깔이 있는 종이.

색동 (色一) [색똥] 여러 가지 빛깔의 헝겊을 층이 지게 차례로 잇대어 만든, 아이들의 저고리나 두루마기의 소맷감.

색동옷 (色一) [색똥옫] 색동의 옷감을 대서 만든 옷.

색동저고리 (色一) [색똥저고리] 색동으로 소매를 대어 만든 어린아이의 저고리.

색맹 (色盲) [생맹] 빛깔을 구별하지 못하는 상태. 또는 그런 사람. 비 색소경.

색상 (色相) [색쌍] 빨강·파랑 등 사람의 눈으로 볼 수 있는 색의 종류. 유채색에만 있음. ⑩ 밝은 **색상**의 옷이 잘 어울린다.

색상지 (色相紙) [색쌍지] 하나의 색깔이 있는 큰 종이.

색상환 (色相環) [색쌍환] 여러 가지 색깔을 밝기의 차례대로 둥그렇게 벌여 놓아 만든 표. 비 색환.

색색¹ [색쌕] 숨을 고르고 가늘게 쉬는 소리. ⑩ 아기가 **색색** 잘도 잔다. 큰 식식. 센 쌕쌕. **색색하다**.

색색² (色色) [색쌕] 여러 가지의 빛깔. ⑩ **색색**의 옷을 입다.

색소 (色素) [색쏘] 물체가 빛깔을 띠는 데 바탕이 되는 물질. ⑩ 식용 **색소**.

색소폰 (saxophone) 관악기의 하나. 1846년에 벨기에의 색스가 발명함. 소리가 부드럽고 감미로워 재즈에 많이 연주됨.

색시 [색:씨] 1 갓 결혼한 젊은 여자. 새색시. 2 결혼하지 않은 젊은 여자.

색소폰

색실 (色一) [색씰] 여러 가지 색깔로 물들인 실. ⑩ **색실**로 수를 놓다. 비 색사.

색안경 (色眼鏡) [새간경] 눈을 보호하기 위하여 색깔이 있는 렌즈를 낀 안경. 선글라스.

***색연필** (色鉛筆) [생년필] 연필의 심에 물감을 섞어서 빛깔이 나게 만든 연필.

색유리 (色琉璃) [생뉴리] 빛깔이 들어 있는 유리.

색인 (索引) [새긴] 책의 내용이나 낱말 따위를 찾아보기 쉽게 차례로 배열해 놓은 것. 인덱스. 비 찾아보기.

색조 (色調) [색쪼] 색깔이 강하거나 약한 정도나 상태. 또는 짙거나 엷은 정도나 상태.

***색종이** (色一) [색쫑이] 여러 가지 빛깔로 물들인 종이. ⑩ **색종이**로 팔랑개비를 만들다. 비 색지.

색채 (色彩) ⇨빛깔. ⑩ 짙은 **색채** / **색채**가 곱다.

색출 (索出) 사람이나 숨긴 물건을 뒤져서 찾아냄. ⑩ 범인을 **색출**하다. **색출하다**.

***색칠** (色漆) 색을 칠함. 또는 그 칠. ⑩ 도화지에 그림을 그리고 **색칠**하다. 비 채색. **색칠하다**.

샌님 [샌:님] 보수적이고 융통성이 없는 얌전한 사람을 놀리는 뜻으로 이르는 말.

샌드위치 (sandwich) 얇게 썬 두 조각의 빵 안쪽에 버터나 소스를 바르고, 사이에 고기·야채·치즈 등을 끼워 넣은 음식.

샌들 (sandal) 가죽 따위로 바닥을 대고 이를 가느다란 끈으로 발등에 매어 신게 만든 신. 주로 여름에 신음. ×샌달.

샌프란시스코 (San Francisco) 〖지명〗 미국 캘리포니아주 태평양 연안에 있는 항구 도시.

샐러드 (salad) 생야채나 과일을 주재료로 하여 기름·마요네즈·식초 등의 소스로 버무린 서양 음식.

샐러리맨 (←salaried man) 회사나 기관에서 주로 사무를 보며 일정한 봉급을 받아 사는 사람.

샐비어 (salvia) 꿀풀과의 여러해살이

풀. 꽃이 아름답고 향기가 좋음. 잎은 약으로 씀.

샘[1] [샘:] 1 땅에서 물이 솟아 나오는 곳. 예 샘이 솟다. 2 '샘터'의 준말. → 우물 주의

샘[2] [샘:] 남의 것을 탐내거나 자기보다 나은 사람을 미워함. 또는 그 마음. 예 샘이 많다. 비 시기. 질투. ×새암. **샘하다**.

> 주의 **샘**과 **셈**
> **샘** 1 샘물이 나오는 자리. 2 시기, 질투. 예 샘이 불 같다 / 샘을 부리다.
> **셈** 1 수효를 세는 일. 예 셈이 틀렸다. 2 사물을 분별하는 슬기. 예 그 사람이면 셈이 빨라서 일을 맡길 만하다.

샘내다 [샘:내다] 샘하는 마음을 먹다. 샘을 부리다. 예 동생은 언제나 언니를 샘냈다.
샘물 [샘:물] 샘에서 나오는 물.
샘솟다 [샘:솓따] 힘이나 용기, 눈물 따위가 줄기차게 솟아나다. 예 희망이 샘솟다.
샘터 [샘:터] 샘이 있는 곳. 준 샘.
샘플 (sample) 상품의 견본. 예 샘플을 써 보다.
샛- 빛깔이 선명하고 짙음을 나타냄. 예 샛노랗다. 큰 싯-. → [학습마당] 14 (436쪽)
샛강 (-江) [새:깡/샏:깡] 큰 강에서 줄기가 갈려 나가 중간에서 섬을 이루고, 하류에서 다시 본디의 큰 강에 합쳐지는 작은 강.
샛길 [새:낄/샏:낄] 큰길로 통하는 작은 길. 예 샛길로 질러가다.
샛노랗다 [샌노라타] 빛깔이 더할 수 없이 노랗다. 예 샛노란 개나리꽃이 피었다. 큰 싯누렇다. 활용 샛노라니 / 샛노래서. → [학습마당] 14(436쪽)
샛눈 [샌:눈] 감은 듯하면서 살짝 뜨고 보는 눈. 예 샛눈을 뜨다.
샛문 (-門) [샌:문] 1 정문 외에 따로 만든 작은 문. 2 방과 방 사이를 드나드는 작은 문. 예 옆방으로 통하는 샛문으로 드나들다.
샛바람 [샏빠람] 뱃사람이 '동풍'을 일컫는 말.
샛별 [새:뺄/샏:뺄] 1 새벽에 동쪽 하늘에서 반짝이는 별인 금성을 이르는 말. 2 어떤 분야에서 특별한 능력을 나타내는 사람. 예 가요계의 샛별로 떠오르다.
생가 (生家) 그 사람이 태어난 집.
***생각** 1 어떤 일에 대한 의견이나 느낌. 예 내 생각은 이렇다. 2 바라는 마음. 예 술 생각이 간절하다. 3 머리에 떠오름. 깨달음. 예 겨우 생각이 나다. 4 어떤 사람이나 일 따위에 대한 기억. 예 옛 생각. 5 사리를 분별함. 예 생각 없이 말을 내뱉다. **생각하다**. ⊃ idea
***생각나다** [생강나다] 1 의견이나 느낌이 떠오르다. 예 좋은 수가 생각나다. 2 어떤 일이나 사람에 관한 기억이 떠오르다. 예 간밤의 꿈이 생각나다. 3 어떤 일이 그리워지거나 하고 싶어지다. 예 어머니의 밥상이 생각나다.
생강 (生薑) 생강과의 여러해살이풀. 높이는 30-60cm이며, 뿌리는 맵고 향기가 좋아 양념으로 쓰고 한방에서는 약으로 씀. 비 새앙.
***생겨나다** 없던 것이 있게 되다. 예 여기저기 공장이 생겨나다.
생계 (生計) [생계 / 생게] 살아 나갈 방도. 또는 현재 살아가는 형편. 예 생계를 꾸려 나가다.
생계비 (生計費) [생계비 / 생게비] 생활하는 데 드는 돈.
생고생 (生苦生) 하지 않아도 좋을 공연한 고생.
생고집 (生固執) 터무니없이 부리는 공연한 고집. 예 학교에 가지 않겠다고 생고집을 부리다.
생굴 (生-) 익히거나 소금에 절이지 않은 굴.
생글거리다 소리 없이 부드럽고 정답게 자꾸 눈으로 웃다. 예 무슨 좋은 일이 있는지 연방 생글거린다. 큰 싱글거리다.
생글생글 생글거리는 모양. 예 아기가 생글생글 웃는다. **생글생글하다**.
생긋 [생귿] 소리 없이 얼핏 눈과 입만 조금 움직여 정답게 웃는 모양. 비 생긋이. 큰 싱긋. 센 쌩긋. **생긋하다**.
생기 (生氣) 활발하고 씩씩한 기운.

예 **생기**가 넘치다. 비 활기.

***생기다** 1 없던 것이 있게 되다. 예 얼굴에 여드름이 **생기다**. 2 어떤 일이 일어나다. 발생하다. 예 중대한 일이 **생기다**. 3 생김새가 어떠한 모양으로 되어 있다. 예 예쁘게 **생기다**. 4 자기의 소유가 되다. 예 내 방이 생기다.

생기발랄하다 (生氣潑剌—) 기운이 넘치고 활발하다. 예 **생기발랄한** 학생들의 모습이 보기 좋다.

***생김새** 생긴 모양새. 예 사람마다 얼굴 생김새가 다르다.

생년월일 (生年月日) [생녀눨릴] 태어난 해와 달과 날.

생도 (生徒) 사관 학교에서 교육을 받는 학생. 예 육군 사관 생도.

생동 (生動) 생기 있게 살아 움직임. 예 만물이 생동하는 봄. **생동하다**.

생동감 (生動感) 살아 움직이는 것 같은 느낌. 예 생동감이 넘치다.

생떼 (生—) 당치 않은 일을 억지로 하려는 고집. 예 생떼를 쓰다.

생략 (省略) [생냑] 전체에서 일부를 줄이거나 뺌. 예 이하 **생략** / 긴 설명을 생략하다. **생략하다**.

생로병사 (生老病死) [생노병사] 인간이 반드시 겪어야만 하는 네 가지 고통. 곧, 태어나고 늙고 병들고 죽는 일.

생리 (生理) [생니] 1 생물체의 여러 현상이나 그 원리. 예 **생리** 현상. 2 생활하는 습성이나 본능. 예 생리에 맞지 않다. 3 ⇨월경.

생리 작용 (生理作用) 생물의 생활하는 작용. 곧, 혈액 순환·호흡·소화·배설·생식 등에 관한 작용을 통틀어 일컫는 말.

생리적 (生理的) [생니적] 신체의 조직이나 기능에 관련되는. 또는 그런 것. 예 생리적으로 땀을 많이 흘린다.

생매장 (生埋葬) 1 사람을 산 채로 땅에 묻음. 2 아무 잘못도 없는 사람을 사회에서 몰아냄. 예 사회에서 **생매장**을 당하다. **생매장하다**.

생머리 (生—) 파마를 하지 않은 자연 그대로의 머리. 예 생머리를 길게 늘어뜨리다.

***생명** (生命) 1 목숨. 수명. 예 모든 생명은 귀중하다. 2 사물의 중요한 점. 예 장사는 신용이 **생명**이다. 3 여자의 자궁 안에 있는 생명체. 예 배 속에서 새 **생명**이 자라다. ⇨life

생명력 (生命力) [생명녁] 생명의 힘. 목숨을 이어 가려는 힘. 예 **생명력**이 강하다.

생명체 (生命體) 생명이 있는 물체. 예 달에는 생명체가 없다.

생모 (生母) 자기를 낳은 어머니. 비 친어머니. 반 양모.

생목숨 (生—) [생목쑴] 1 살아 있는 목숨. 예 **생목숨**을 끊다. 2 죄가 없는 사람의 목숨. 예 **생목숨**을 앗아 가다.

*** 생물** (生物) 생명이 있는 동물과 식물. 반 무생물.

생물체 (生物體) 동물이나 식물처럼 살아 있는 물체.

생방송 (生放送) 미리 녹화나 녹음한 것이 아니고 스튜디오나 현장에서 직접 하는 방송. 예 **생방송**으로 중계하다.

생부 (生父) 자기를 낳은 아버지. 비 친아버지. 반 양부.

생사 (生死) 사는 일과 죽는 일. 삶과 죽음. 예 가족들의 **생사**를 확인하다. 비 사생.

생사람 (生—) 아무 잘못이나 관계가 없는 사람.

  생사람(을) 잡다 아무 잘못이나 관계가 없는 사람에게 누명을 씌워 고생시키다. 예 모르는 일이니까 괜히 **생사람** 잡지 마.

*** 생산** (生産) 인간이 생활하는 데 필요한 물건을 만들어 냄. 예 식량 **생산**을 늘리다. 반 소비. **생산하다**.

생산량 (生産量) [생산냥] 일정한 기간에 만들어 낸 물건의 수량. 반 소비량.

생산력 (生産力) [생산녁] 생산할 수 있는 능력.

생산물 (生産物) 생산된 물건. 비 생산품.

생산비 (生産費) 생산하는 데 드는 돈. 비 원가.

생산액 (生産額) [생사낵] 일정 기간에 만들어 내는 물건의 양이나 값어치. 비 생산고. 준 산액.

생산 요소 (生産要素) 생산에 반드시 필요한 요소. 토지·노동·자본 따위.

생산자 (生産者) 생활에 필요한 물건

을 만드는 사람. 吧소비자.
생산지 (生産地) 어떤 물품이 생산되는 곳. ㉠생산지 표시의 의무화. 吧소비자.
생살 (生一) 1 상처가 난 자리에 새로 돋아나는 살. ㉠생살이 돋아나다. 비새살. 2 아프지 않은 성한 살. ㉠생살을 째다.
생색 (生色) 다른 사람 앞에 당당히 나설 수 있거나 자랑할 수 있는 체면.
생색내다 (生色一) [생색내다] 자기가 한 일을 지나치게 내세우다.
생생하다 1 생기가 왕성하다. ㉠생생하게 자라나는 풀. 큰싱싱하다. 센쌩쌩하다. 2 눈앞에 보이듯이 명백하고 또렷하다. ㉠생생한 증언.
*__생선__ (生鮮) 말리거나 소금에 절이지 아니한, 잡은 그대로의 물고기. 비선어.
생성 (生成) 사물이 생겨남. 또는 생겨 이루어지게 함. ㉠우주의 생성 과정. 생성하다.
생소하다 (生疎一) 낯이 설다. 처음 보거나 듣는 것이어서 친숙하지 않다. ㉠생소한 이름 / 이 길은 생소하다.
생수 (生水) 샘에서 솟아 나오는 맑은 물.
생시 (生時) 1 태어난 시간. 2 잠을 자지 않고 깨어 있을 때. ㉠꿈이냐 생시냐. 3 살아 있는 동안. ㉠부모님 생시에 잘 모셔라.
생식[1] (生食) 음식을 익히지 아니하고 날로 먹음. 吧화식. 생식하다.
생식[2] (生殖) 생물이 같은 종류의 생물을 새로 태어나게 하는 일. 생식하다.
생식기 (生殖器) [생식끼] 성의 구별이 있는 생물체가 생식을 하는 데 쓰는 몸의 기관. 비생식 기관.
*__생신__ (生辰) '생일'을 높여 이르는 말. ㉠부모님 생신.
생애 (生涯) 살아 있는 동안. 일생 동안. ㉠생애 최고의 날.
생약 (生藥) 한약에서 천연 그대로 사용하는 식물성의 약. 풀뿌리·나무껍질·열매 따위.
생업 (生業) 살아가기 위하여 하는 일. ㉠생업에 종사하다. 비직업.

생원 (生員) 1 조선 때, 과거 시험에 합격한 사람. 2 예전에, 나이 많은 선비를 대접하여 이르던 말. ㉠김 생원.
생육신 (生六臣) [생육씬] 조선 때, 단종을 몰아내고 왕위를 차지한 세조에게 불만을 품고 절개를 지키어 벼슬을 하지 않은 여섯 사람. 곧, 이맹전·조여·원호·김시습·성담수·남효온을 이름. *사육신.
생으로 (生一) 1 익거나 마르거나 삶지 아니한 날것 그대로. ㉠생으로 먹다. 2 저절로 되지 아니하고 무리하게. 억지로. ㉠고생을 생으로 사서 하다.
생이별 (生離別) [생니별] 어려운 일을 당하여 어쩔 수 없이 부부, 부모와 자식, 형제끼리 서로 헤어짐. ㉠전쟁 중에 가족들과 생이별했다. 吧사별. 준생별. 생이별하다.
*__생일__ (生日) 세상에 태어난 날. ㉠생일 선물 / 오늘은 내 생일이야. 비탄생일. 높생신. ○birthday
생장 (生長) 나서 자람. ㉠생장 과정 / 그늘에 사는 식물은 생장이 느리다. 생장하다.
생전 (生前) 살아 있는 동안. 죽기 전. ㉠할아버지께서 생전에 하시던 말씀. 비평생. 吧사후.
생존 (生存) 살아 있음. 끝까지 살아서 남음. ㉠실종자의 생존 여부를 확인하다. 생존하다.
생존 경쟁 (生存競爭) 생물이 살아남기에 더 좋은 조건을 얻기 위하여 벌이는 경쟁.
생존권 (生存權) [생존꿘] 사람의 기본적인 자연권의 하나. 각 개인이 완전한 사람으로서의 생존을 누릴 권리.
생존자 (生存者) 살아남은 사람. ㉠수색 결과 생존자는 없었다.
생중계 (生中繼) [생중계/생중게] 녹음이나 녹화나 편집한 것이 아니고 현장에서 직접 방송하는 일.
생쥐 [생ː쥐] 쥐의 일종. 몸길이 6-10cm, 꼬리 5-10cm로 쥐 종류 중에서 가장 작음. 집 안이나 집 근처에 살며 야채·곡물 등을 먹어 피해를 줌.

생쥐

○mouse

생즙 (生汁) 익히지 않은 채소나 과일 따위에서 짜낸 액체.

생지옥 (生地獄) 지옥이 생각날 만큼 힘들고 괴로운 상황. [예] 출근할 때의 지하철은 **생지옥**이다.

생채 (生菜) 날로 무친 나물. [예] 신선하게 **생채**를 해서 먹다.

생채기 손톱 따위로 할퀴거나 긁혀 생긴 작은 상처. [예] 손톱에 긁혀 얼굴에 **생채기**가 나다.

생체 (生體) 생물의 몸. 살아 있는 몸. [예] **생체**를 해부하다.

생크림 (生cream) 우유에서 뽑아낸 희고 부드러운 기름. 서양 요리·과자·커피 따위에 씀.

생태1 (生太) 말리거나 얼리지 않은, 잡은 그대로의 명태.

생태2 (生態) 생물이 자연적으로 살아가는 생활의 모습. [예] 식물의 **생태**를 조사하다.

생태계 (生態系) [생태계 / 생태게] 어느 지역에 사는 모든 생물과, 이들의 생활에 필요한 환경이 균형과 조화를 이루는 자연의 체계.

생트집 (生—) 아무 까닭도 없이 트집을 잡음. 또는 그 트집. [예] **생트집**을 잡다.

생판 (生—) 1 매우 낯설게. [예] **생판** 처음 듣는 이야기 / **생판** 모르는 사람. 2 터무니없이 무리하게. [예] **생판** 떼를 쓰다.

생포 (生捕) 산 채로 잡음. [예] 멧돼지를 **생포**하다. **생포하다**.

생필품 (生必品) '생활필수품'의 준말. [예] **생필품** 가격이 오르다.

생화 (生花) 살아 있는 나무나 화초에서 꺾은 꽃. [반] 조화.

***생활** (生活) 1 살아서 활동함. [예] 동물의 **생활** 형태를 관찰하다. 2 생계를 유지하여 살아 나감. [예] 풍족한 **생활**. 3 어느 조직에 속하여 구성원으로 활동함. [예] 단체 **생활**을 하다 / 학교 **생활**. 4 어떤 행위를 하며 살아감. [예] 취미 **생활**. **생활하다**.

생활 계획표 (生活計劃表) 어떤 행동이나 활동을 규칙적으로 하기 위해 계획을 적어 놓은 표.

생활고 (生活苦) 살림을 꾸리는 데 돈이 부족해 겪는 생활의 괴로움. [예] **생활고**에 시달리다.

***생활권** (生活圈) [생활꿘] 사람이 일상생활을 하기 위해 활동하는 범위. [예] 교통의 발달로 **생활권**이 넓어졌다.

생활력 (生活力) 사회생활을 해 나가는 데 필요한 능력. 특히, 경제적인 능력을 말함. [예] **생활력**이 강하다.

생활문 (生活文) 일상생활에서 겪은 일을 중심으로 쓰는 글.

생활비 (生活費) 생활하는 데 드는 모든 비용.

생활상 (生活相) [생활쌍] 생활해 나가는 모습. [예] 선조들의 지혜로운 **생활상**을 엿보다.

생활 수준 (生活水準) 일반적으로 누리고 있는 생활의 정도. [예] **생활 수준**이 향상되다.

생활용품 (生活用品) [생활룡품] 일상생활에 사용되는 물품.

생활 정보 (生活情報) 일상생활에 관련된 정보.

생활 지도 (生活指導) 학생들이 좋은 습관이나 태도를 기르도록 일상생활 활동을 지도하는 일.

생활 통지표 (生活通知表) 학교에서 각 학생의 품행·학업 성적·건강 상태·출석 상황 등을 적어 학부모에게 보내는 표.

생활필수품 (生活必需品) [생활필쑤품] 일상생활에 꼭 필요한 물품. [예] **생활필수품**을 구매하다. [준] 생필품.

생활화 (生活化) 일상생활에서 습관이 됨. 생활의 한 부분으로 됨. [예] 절약을 **생활화**하다. **생활화하다**.

생후 (生後) 태어난 뒤. [예] **생후** 10개월 된 아기.

샤워 (shower) 찬물이나 더운물을 비처럼 뿌리는 물뿌리개 모양의 장치로 몸을 씻는 일. [예] 매일 아침에 **샤워**를 하다. **샤워하다**.

샤워기 (shower器) 샤워할 때 물을 비처럼 뿌려 주는 목욕용 기구.

샤프 (sharp) 1 가는 심을 조금씩 밀어내면서 쓰게 만든 필기도구. [본] 샤프펜슬. 2 음악에서 반음을 높이는 기호. 악보에 '#'로 표시함. 올림표.

샬레 (독 Schale) 과학 실험을 하는

데 쓰이는 둥글고 높이가 낮은 유리그릇. 예샬레에 콩을 넣고 싹을 틔우는 실험을 했다.

샴페인 (champagne) 이산화 탄소가 들어 있는 백포도주. 프랑스의 샹파뉴 지방에서 처음 만든 술로, 거품이 많고 상쾌한 맛이 있음.

샴푸 (shampoo) 1 머리를 감을 때 쓰는 액체 비누. 2 머리를 감는 일. **샴푸하다**.

샹들리에 (프 chandelier) 천장에 매다는, 여러 개의 화려한 장식과 등이 달린 장식등. 예호화찬란한 샹들리에.

샹들리에

샹송 (프 chanson) 대중의 소박하고 자유로운 감정을 담은 프랑스의 대중가요.

*__서__¹ (西) 서쪽. 밴동. ⊃west

서² (序) [서:] 책머리 따위에 글을 쓴 동기 등을 적은 문장. 본서문.

서³ [서:] '돈', '말', '푼' 따위의 앞에 써서, 그 수량이 셋임을 나타내는 말. 예금 서 돈 / 쌀 서 말.

서가 (書架) 책을 꽂아 두거나 얹어 두는, 여러 층으로 된 선반. 예서가에 책이 많다. 비책장.

서거 (逝去) [서:거] 사회적으로 지위가 높거나 유명한 사람의 죽음을 높여 이르는 말. 서거하다.

서걱거리다 [서걱꺼리다] 1 사과나 과자 따위를 씹는 소리가 자꾸 나다. 2 갈대나 풀 먹인 천 따위가 스치는 소리가 자꾸 나다. 잭사각거리다. 센써걱거리다.

서경 (西經) 영국의 그리니치 천문대를 0도로 하여 지구의 서쪽으로 180도까지의 사이의 경도. 밴동경.

서경덕 (徐敬德) 『인명』 조선 중종 때의 학자. 호는 화담. 벼슬을 마다하고 평생 유학을 연구함. 이이, 이황과 함께 조선의 3대 성리학자로 꼽히며, 황진이·박연 폭포와 함께 '송도삼절'로 불림. [1489-1546]

서경시 (敍景詩) [서:경시] 자연의 경치를 읊은 시.

서고 (書庫) 책을 보관하는 건물이나 방. 비문고.

서곡 (序曲) [서:곡] 가극이나 성극 따위에서, 막을 올리기 전에 연주하는 기악곡.

서광 (曙光) [서:광] 1 해가 떠오를 무렵의 환한 빛. 2 좋은 일이 생길 징조. 예통일의 서광이 비치다.

서구 (西歐) ⇨서유럽. 밴동구.

서글서글하다 마음이 너그럽고 성질이 부드럽다. 예서글서글한 성격. 잭사글사글하다.

서글프다 1 슬프고 허전하다. 예서글픈 신세. 2 섭섭하고 언짢다. 예서글픈 마음을 달래다. 활용서글퍼 / 서글프니.

서기¹ (書記) 1 기록을 맡아보는 사람. 예서기를 뽑다. 2 관공서에서 사무를 처리하는 8급 공무원.

서기² (西紀) 예수가 탄생한 해(사실은 탄생 후 4년째)를 기원 1년으로 하는 서양의 기원. 예21세기는 서기 2001년부터 100년간이다. 본서력기원.

서까래 도리에서 처마 끝까지 건너지른 나무.

서남 (西南) 1 서쪽과 남쪽. 2 서쪽과 남쪽 사이의 방위.

서남아시아 (西南Asia) 아시아의 남서부 지역. 이란·이라크·사우디아라비아·튀르키예 등의 나라가 있음.

서낭 1 서낭신이 붙어 있다는 나무. 2 '서낭신'의 준말.

서낭당 (一堂) 서낭신을 모신 집.

서낭신 (一神) 토지와 마을을 지켜 준다는 신. 준서낭.

서너 셋이나 넷 정도. 예서너 시간 / 서너 집 / 서너 번.

서녘 (西一) [서녁] 서쪽 방면. 예서녘 하늘을 바라보다. 밴동녘.

*__서늘하다__ 1 조금 추운 느낌이 있다. 예서늘한 가을 날씨. 2 갑자기 놀라서 마음에 찬 기운이 느껴지다. 예간담이 서늘해지다. 잭사늘하다. 센써늘하다.

*__서다__ 1 발바닥을 땅에 대고 몸을 곧게 하다. 예차렷 자세로 서다. 2 계속하던 동작을 멈추다. 예시계가 서다. 3 어떤 자리나 입장에 있다. 예교단에 서다. 4 끝이 날카롭게 되다. 예칼날이 시퍼렇게 서다. 5 확실한 것이 되다.

예 계획이 서다. 6 건물이 만들어지다. 예 공장이 서다 / 동상이 서다. 7 장이나 씨름판 따위가 열리다. 예 오일장이 서다. ⊃stand

서당 (書堂) 예전에, 어린이에게 한문을 가르치던 마을의 글방.

서대문 (西大門) 사대문의 하나. 서울 서쪽의 정문이었던 돈의문을 말함. 지금은 헐리어 없어졌음.

서도 (書道) 글씨 쓰는 법을 배우는 일. 주로 붓으로 쓰는 것을 이름.

서독 (西獨) 독일이 통일되기 전의 '독일 연방 공화국'을 이르는 말. 囲 서부 독일.

서동요 (薯童謠) 향가의 하나. 백제 무왕이 신라 진평왕의 딸 선화 공주를 사모하여, 신라의 수도인 경주에 가 이 노래를 지어 아이들에게 부르게 하였다고 함. '삼국유사'에 전함.

서두 (序頭) [서:두] 일이나 말의 첫머리. 예 서두가 너무 길다.

****서두르다** 일을 빨리 끝내려고 바쁘게 움직이다. 또는 급하게 처리하려고 하다. 예 출발을 서두르다. 图 서둘다. [활용] 서둘러 / 서두르니. ⊃hurry

서둘다 '서두르다'의 준말. [활용] 서둘러 / 서두니 / 서두는.

서라벌 (徐羅伐) 1 '신라'의 옛 이름. 2 '경주'의 옛 이름.

서랍 책상·화장대·장롱 등에 붙어 끼웠다 빼었다 하게 만든 뚜껑 없는 상자. 예 서랍을 열다.

서러움 [서:러움] 원통하고 슬프게 느껴지는 마음. 囲 설움.

서럽다 [서:럽따] 분하고 억울하여 슬프다. 예 서럽게 울다. [활용] 서러워 / 서러우니.

서력기원 (西曆紀元) [서력끼원] '서기²'의 본딧말.

****서로** 1 함께. 다 같이. 예 서로 도우며 살자. 2 짝을 이루거나 관계를 맺고 있는 상대. 예 서로가 힘을 합치다.

서로서로 많은 사람들의 하나하나가 함께. 예 서로서로 돕다.

서론 (序論) [서:론] 본론에 들어가기 전의 글. 囲 머리말. *본론.

서류 (書類) 어떤 내용을 적은 문서. 특히 사무에 관한 문서. 예 서류를 정리하다.

****서른** 열의 세 배. 예 서른 명 / 서른 살. 囲 삼십.

****서리¹** 맑고 바람 없는 밤 기온이 영하로 내려갈 때, 공기 중의 수증기가 땅 위나 물체의 표면에 닿아서 얼어붙은 흰 가루 모양의 얼음. 예 서리 맞은 배추 / 서리가 내렸다.

서리² 떼를 지어서 남의 과일·곡식·가축 따위를 훔쳐 먹는 장난. 예 참외서리 / 서리를 맞다. **서리하다**.

서리다 1 수증기가 찬 기운을 받아 물방울을 지어 엉기다. 예 창문에 김이 서리다. 2 어떤 기운이 얼굴에 나타나다. 예 그리움이 서린 눈동자.

서릿발 [서리빨 / 서릳빨] 서리가 땅바닥이나 풀포기 등의 위에 엉기어 성에처럼 된 모양.

  서릿발 같다 권위·형벌 따위가 매우 모질고 엄함을 비유하는 말. 예 아버지의 서릿발 같은 호령.

서막 (序幕) [서:막] 1 연극 등에서, 처음 여는 막. 예 오페라의 서막. 2 일의 시작. 예 통일의 서막을 열다.

서먹서먹하다 [서먹써머카다] 낯익지 않아 매우 어색하다. 예 사촌을 오랜만에 만났더니 서먹서먹하여 할 말이 없다.

서먹하다 [서머카다] 낯익지 않아 어색하다. 예 처음 만난 사이라 분위기가 서먹하다.

서면 (書面) 일정한 내용을 적은 문서. 예 서면으로 제출하다.

서명 (署名) [서:명] 자기의 이름을 써넣음. 또는 써넣은 것. 사인. 예 서명 운동 / 영수증에 서명하다. **서명하다**.

서무실 (庶務室) [서:무실] 학교 등에서 일반 사무를 맡아보는 곳.

서문 (序文) [서:문] ⇨머리말.

서민 (庶民) [서:민] 평범한 일반 시민. 보통 사람. 예 평범한 서민 / 서민들의 생활.

서민층 (庶民層) [서:민층] 서민에 속하는 계층.

서반구 (西半球) 지구를 경도 0°및 180°선에서 동서 두 쪽으로 나누었을 때의 서쪽 부분. 囲 동반구.

서방¹ (西方) 1 서쪽. 2 서쪽 지방. 囲

동방.

서방[2] (書房) 1 '남편'의 속된 말. [예] 서방을 얻다. 2 예전에, 벼슬이 없는 사람의 성 뒤에 써서 부르던 말. 3 성 다음에 써서, 사위를 가리키거나 부를 때 쓰는 말. [예] 김 **서방**.

***서부** (西部) 어떤 지역의 서쪽 부분. [예] **서부** 영화. [반] 동부.

서북쪽 (西北一) 서쪽과 북쪽의 사이가 되는 쪽.

서브 (serve) 테니스·탁구·배구 등에서, 공격하는 쪽이 먼저 공을 상대편 코트에 쳐 넣는 일. 또는 그 공. **서브하다**.

서비스 (service) 1 손님을 접대함. 또는 장사로 손님에게 편의를 줌. [예] **서비스** 좋은 가게. 2 개인적으로 남을 위해 여러 가지로 봉사함. [예] **서비스** 정신을 발휘하다. 3 장사에서 값을 에누리하거나 덤을 줌. [예] 사장님이 음료수를 **서비스**로 주셨다. **서비스하다**.

서비스업 (service業) 제품의 생산 대신에 서비스를 제공하는 산업. 금융업, 수리업·미용업·광고업, 여관·호텔 등의 숙박업, 영화·연극 등의 흥행업 따위.

서사시 (敍事詩) [서:사시] 신화나 전설, 역사적 사건, 영웅의 일생 같은 것을 객관적으로 읊은 시. ＊서정시.

서산 (西山) 서쪽에 있는 산. [예] 해가 **서산**으로 넘어가다.

서산 대사 (西山大師) 〖인명〗 조선 선조 때의 승려. 임진왜란 때 승병을 지휘하여 한양을 다시 찾을 때 사명당 등과 함께 큰 공을 세움. 승명은 휴정. [1520~1604]

서서히 (徐徐一) [서:서히] 천천히. [예] 부서진 배가 **서서히** 물속으로 가라앉다.

서성거리다 자꾸 서성이다. [예] 버스를 기다리며 **서성거리다**.

서성이다 한곳에 서 있지 않고 주위를 왔다 갔다 하다. [예] 복도를 말없이 **서성이다**.

서술 (敍述) [서:술] 사건이나 생각을 순서에 따라 말하거나 적음. [예] 사건을 있는 그대로 **서술**하다. **서술하다**.

서술어 (敍述語) [서:수러] 한 문장 안에서 주어의 움직임·상태·성질을 나타내는 말.

서슬 1 칼 따위의 날카로운 부분. 2 강하고 날카로운 기세.

서슬이 시퍼렇다 권세나 기세 따위가 대단하다. [예] **서슬이 시퍼레서** 대들다.

서슴다 [서슴따] 어떤 말이나 행동을 해야 할지 정하지 못해 머뭇거리며 망설이다. [예] **서슴지** 말고 대답해라.

서슴없이 [서스멉씨] 서슴없게. 서슴지 않고. [예] **서슴없이** 말하다.

서식[1] (書式) 증서·원서·신고서 등의 서류를 쓰는 일정한 방식. [예] **서식**에 맞추어 원서를 쓰다.

서식[2] (棲息) [서:식] 동물이 어떠한 곳에서 살아감. [예] 낙동강에서 **서식**하는 철새. **서식하다**.

서신 (書信) ⇨편지. [예] **서신** 왕래 / **서신**을 전하다.

서약 (誓約) [서:약] 맹세하고 약속함. [예] 혼인 **서약**. **서약하다**.

***서양** (西洋) 유럽과 아메리카 대륙의 여러 나라를 일컫는 말. [예] **서양** 문학. [비] 서구. [반] 동양.

서양식 (西洋式) 서양의 양식이나 격식. [예] **서양식** 건물.

서양 음악 (西洋音樂) 서양에서 생겨 발달한 음악. [반] 동양 음악. [준] 양악.

서양인 (西洋人) 서양 여러 나라의 사람. [반] 동양인.

서양화 (西洋畫) 서양에서 발달한 그림. 수채화·유화·파스텔화 따위. [반] 동양화. [준] 양화.

서역 (西域) 예전에, 중국의 서쪽에 있던 여러 나라들과 그 지방을 통틀어 이르는 말.

서열 (序列) [서:열] 순서를 좇아 늘어섬. 또는 그 순서. [예] **서열**이 높다.

***서예** (書藝) 붓으로 글씨를 맵시 있게 쓰는 기술.

서예가 (書藝家) 붓글씨를 직업적으로 쓰는 예술가. [비] 서도가.

***서운하다** 기대에 미치지 못해 아쉽거나 섭섭한 느낌이 있다. [예] 내 마음을 몰라주니 **서운하다**.

***서울** 1 한 나라의 중앙 정부가 있는 곳. [예] 영국의 **서울**은 런던이다. [비] 수

도. 2 우리나라 수도의 이름.

서원 (書院) 조선 때 선비들이 학문을 연구하고, 훌륭한 학자나 충신들의 제사를 지내던 곳. 조선 중기부터 각 지방에 세워졌으며, 경북 영풍군 백운동 서원이 시초임.

서유견문 (西遊見聞) 〖책〗 조선 고종 32년(1895)에 유길준이 미국과 유럽을 다녀와서 보고 느낀 것을 쓴 책. 한글과 한문을 섞어서 쓴 최초의 기행문임.

서유기 (西遊記) 〖책〗 중국 명나라 때 오승은이 지은 소설. 당나라의 삼장 법사가 손오공·저팔계·사오정을 거느리고 갖은 어려움을 극복하면서 인도에서 불경을 구해 온다는 내용임.

서유럽 (西Europe) 서부 유럽. 독일·프랑스·영국 등이 속해 있는 유럽의 지역을 이르는 말. 비서구. 반동유럽.

서자 [庶子] [서:자] 아내가 아닌 다른 여자에게서 태어난 아들. 비얼자. 반적자.

서장 (署長) [서:장] 경찰서·세무서·소방서 따위 관서의 책임자.

서재 (書齋) 책을 갖추어 두고 책을 읽거나 글을 쓰는 방.

서재필 (徐載弼) 〖인명〗 독립운동가·개화 정치가. 갑신정변을 일으켰으며, 독립 협회를 조직하고 독립신문을 발간하였음. [1864-1951]

서적 (書籍) ⇨책.

***서점** (書店) 책을 파는 가게. 예서점에서 참고서를 사다. 비책방.

서정시 (抒情詩) [서:정시] 개인의 감정이나 정서를 읊은 시. *서사시.

서진 (書鎭) ⇨문진.

***서쪽** (西一) 해가 지는 쪽. 비서편. 반동쪽. ⊃west

　서쪽에서 해가 뜨다 절대로 있을 수 없는 일이나 가능성이 거의 없는 일을 비유한 말.

서체 (書體) ⇨글씨체.

서커스 (circus) 마술·곡예·동물의 재주 따위의 다양한 묘기를 보여 주는 공연. 또는 그 공연을 하는 단체. 곡마단. 곡예단.

서클 (circle) 같은 취미 또는 직업 등에 따라 모인 사람들의 단체. 동아리. 예독서 서클.

서투르다 [서:투르다] 익숙하지 못하다. 예영어가 **서투르다**. 익숙하다. 준서툴다. 활용 서툴러 / 서투르니.

서툴다 [서:툴다] '서투르다'의 준말. 활용 서투니 / 서툰.

서편 (西便) 서쪽 편. 반동편.

서편제 (西便制) 판소리의 한 갈래. 음이 곱고 애절함. 보성·광주·나주 등 섬진강 서쪽에서 발달하였음.

서풍 (西風) 서쪽에서 불어오는 바람. 비갈바람. 하늬바람. 반동풍.

서핑 (surfing) ⇨파도타기.

서학 (西學) 1 서양의 학문. 2 조선 때, 천주교를 이르던 말.

서해 (西海) 1 서쪽의 바다. 2 우리나라 서쪽에 있는 바다. 비황해.

서해안 (西海岸) 1 서쪽에 있는 바닷가. 2 우리나라의 서쪽 바다의 해안. 반동해안.

서행 (徐行) [서:행] 사람이나 자동차가 천천히 감. 예서행 운전. **서행하다**.

서화 (書畫) 글씨와 그림.

석¹ (石) ⇨섬¹2.

석² [석:] 셋(3). 예종이 석 장. *넉.

석가모니 (釋迦牟尼) [석까모니] 〖인명〗 불교의 창시자. 세계 4대 성인의 한 사람. 이름은 싯다르타. 생로병사의 4가지 고통에서 중생을 구하기 위하여 고행을 쌓다가 깨달음을 얻어 부처가 됨. 준석가.

석가 탄신일 (釋迦誕辰日) 석가모니가 탄생한 날. 음력 4월 8일. 비불탄일. 초파일.

석가탑 (釋迦塔) [석까탑] 불국사에 있는 삼층 석탑. 통일 신라 시대(8세기경)에 세워졌는데, '무영탑'이라고도 함. 우리나라 국보로, 정식 이름은 '경주 불국사 삼층 석탑'.

석가탑

석간신문 (夕刊新聞) [석깐신문] 저녁때 발행하는 신문. 반조간신문. 준석간.

석고 (石膏) [석꼬] 흰색의 석회질 광물. 공예 재료나 물감·시멘트 따위의 원료로 씀.

석고상 (石膏像) [석꼬상] 석고로 만든 조각이나 인물상.

석공 (石工) [석꽁] ⇨석수.

석굴 (石窟) [석꿀] 바위에 뚫린 굴.

석굴암 (石窟庵) [석꾸람] 경주 토함산 동쪽에 있는, 우리나라의 대표적인 석굴 사원. 신라 경덕왕 때 김대성이 세움. 정면 중앙에 석가여래상을 앉히고, 벽에는 관세음보살상 등을 새김. 우리나라 국보로, 정식 이름은 '경주 석굴암 석굴'. 1995년에 유네스코 세계 문화유산으로 지정됨.

석권 (席卷) [석꿘] 돗자리를 만다는 뜻으로, 무서운 기세로 영토나 세력 범위를 넓힘. 예수영 경기에서 전 종목을 석권하다. **석권하다**.

석기 시대 (石器時代) 돌로 도구를 만들어 쓰던 인류 문화 발달의 초기 시대. 구석기 시대와 신석기 시대로 나뉨.

석등 (石燈) [석뜽] 돌로 만든 등. 비석등롱. 장명등.

석등

석류 (石榴) [성뉴] 석류나무의 열매. 연분홍 빛깔의 투명한 씨는 시고 닮. 껍질은 한방에서 설사·복통 따위에 씀.

석류나무 (石榴─) [성뉴나무] 석류나뭇과의 낙엽 활엽 교목. 높이 3m가량, 초여름에 짙은 주홍색 여섯잎꽃이 피고 가을에 과실인 석류가 둥글게 익음. 나무껍질과 뿌리, 열매의 껍질은 말려 약으로 씀.

석면 (石綿) [성면] 광물질 섬유로 만든 물질. 불에 타지 않아서 소방수의 옷을 만들며 전기의 절연용이나 보온용으로 씀.

석방 (釋放) [석빵] 법에 따라 가두었던 사람을 풀어 자유롭게 함. 예포로 석방. 비방면. **석방하다**.

석별 (惜別) [석뼐] 헤어지는 것을 섭섭하게 여김. 예석별의 정을 나누다. **석별하다**.

석불 (石佛) [석뿔] 돌로 만든 부처. 비돌부처.

석사 (碩士) [석싸] 대학원 과정을 마치고 논문이 통과되어 주는 학위. 또는 그 학위를 받은 사람.

석상¹ (石像) [석쌍] 돌로 만든 사람이나 동물의 모양.

석상² (席上) [석쌍] 여러 사람이 모인 자리. 예회의 석상.

석쇠 [석쐬/석쒜] 고기나 생선 따위를 굽는 기구. 굵은 쇠테에 철사로 그물처럼 엮어 만듦.

석수 (石手) [석쑤] 돌을 다루어 여러 가지 물건을 만드는 사람. 비석공.

석수장이 (石手─) [석쑤장이] '석수'를 낮추어 일컫는 말.

석순 (石筍) [석쑨] 석회 동굴의 천장에서 바닥으로 떨어진 물이 오랫동안 굳어 죽순 모양으로 된 돌.

석양 (夕陽) [서걍] 저녁때의 지는 해. 또는 그 햇빛. 예석양에 붉게 물든 하늘. 비낙조.

석연하다 (釋然─) [서견하다] 의심스러운 일이 시원하게 풀려 마음이 개운하다. 예석연치 않은 대답.

석영 (石英) [서경] 화강암을 이루고 있는 광물 중 유리 같은 광택이 있는 것. 무색의 순수한 것은 수정이라고 함. 비차돌.

*석유 (石油) [서규] 천연으로 땅속에서 나오며 특수한 냄새가 나는 끈적끈적하고 검은 액체. 물보다 가볍고 불에 잘 탐. 공업 및 연료의 원료로 씀.

석유 화학 공업 (石油化學工業) 석유나 천연가스 따위를 원료로 하여 화학 제품을 만드는 공업.

석재 (石材) [석째] 토목·건축 및 그 밖의 여러 가지 물건을 만드는 데 재료로 쓰는 돌. 예석재로 된 건물.

석전 (石戰) [석쩐] 민속놀이의 하나. 편을 갈라 돌팔매질로 승부를 겨룸. 비석전놀이.

석조 (石造) [석쪼] 돌로 만든 것. 예석조 건물 / 석조 건축.

석주 (石柱) [석쭈] 돌로 만든 기둥. 비돌기둥.

석차 (席次) 성적의 차례. 예석차를 매기다 / 석차가 떨어지다.

석총 (石塚) ⇨돌무덤.

*석탄 (石炭) 광물질의 하나. 옛날 식물이 땅속 깊이 묻혀서 생긴 타기 쉬운 검정 고체. 연료와 화학 공업에

쓰임.

석탑 (石塔) 돌로 쌓은 탑. 비돌탑.

석판화 (石版畫) 돌로 만든 판에 그림을 그려서 찍어 낸 그림.

석학 (碩學) [서칵] 학식이 많고 깊은 사람.

석회 (石灰) [서쾨/서퀘] 석회암을 태워 만든 흰 가루로, 비료·공업용 따위에 쓰임.

석회석 (石灰石) [서쾨석/서퀘석] 시멘트, 비료, 석회 따위의 원료로 쓰는 퇴적암. 석회암.

석회수 (石灰水) [서쾨수/서퀘수] 석회를 녹인 빛깔이 없는 투명한 액체. 소독·살균제로 쓰임.

석회암 (石灰岩) [서쾨암/서퀘암] 석회를 주요 성분으로 한 수성암. 건축 재료·석회·시멘트의 원료로 쓰임. 비석회석. 횟돌.

***섞다** [석따] 1 두 가지 이상의 것을 한데 합치다. 예쌀에 콩을 섞어 밥을 짓다. 2 어떤 말이나 행동에 다른 말이나 행동을 함께 나타내다. 예거짓말을 섞어 이야기하다.

***섞이다** [서끼다] 서로 섞어지다. 예물과 기름은 섞이지 않는다.

***선**[1] [선:] 다른 사람의 소개로 사람을 만나는 일. 예삼촌은 선을 보러 나갔다.

***선**[2] (善) [선:] 착하고 올바름. 어질고 좋음. 또는 그런 일. 예선과 악의 구별. 반악. 선하다.

***선**[3] (線) 1 그어 놓은 줄이나 금. 예선을 긋다. 2 경계가 되는 줄. 예선을 넘다. 3 물체의 윤곽을 이루는 부분. 예얼굴 선이 부드럽다.

선[4] (禪) 불교에서, 정신을 가다듬어 진리를 깨닫는 경지에 드는 일.

선각자 (先覺者) [선각짜] 사물의 이치나 도리를 남보다 먼저 깨달은 사람. 준선각.

***선거** (選擧) [선:거] 여러 사람 가운데서 적당한 사람을 대표로 뽑는 일. 예회장 선거 / 선거를 치르다. 비선출. 선거하다.

선거 관리 위원회 (選擧管理委員會) 선거에 관한 일을 맡아 하는 기관. 준선관위.

선거권 (選擧權) [선:거꿘] 선거에 참가하여 투표할 수 있는 권리.

선거일 (選擧日) [선:거일] 선거를 하는 날.

선견지명 (先見之明) 닥쳐올 일을 미리 짐작하는 지혜. 예선견지명이 있는 사람.

선결 (先決) 다른 문제보다 앞서 해결하거나 결정함. 예선결 과제 / 선결 조건. 선결하다.

선경 (仙境) 1 신선이 산다는 곳. 2 경치가 신비스럽고 세상살이의 근심이 없는 곳.

선고 (宣告) 1 결정이나 사실을 상대에게 분명하게 알림. 예암이라는 선고를 받다. 2 재판장이 법정에서 재판의 결과를 말함. 예무죄를 선고하다. 선고하다.

선교 (宣敎) 종교를 알려 널리 폄. 예선교 활동. 선교하다.

선교사 (宣敎師) 종교를 널리 알리고 전도하는 사람.

선구자 (先驅者) 어떤 사상이나 일에 있어 남보다 일찍 깨닫고 실천에 옮긴 사람. 준선구.

선글라스 (sunglass) 강렬한 햇빛으로부터 눈을 보호하기 위하여 쓰는, 색깔 있는 안경.

선금 (先金) 물건값이나 삯 따위의 전부나 일부를 미리 치르는 돈. 예선금을 받다.

선남선녀 (善男善女) [선:남선:녀] 착한 남자와 여자. 곧, 착하고 어진 사람들을 말함.

***선녀** (仙女) 선경에 산다고 하는 여자 신선.

***선대칭** (線對稱) 도형 가운데 서로 맞서는 두 점을 잇는 직선이, 주어진 직선에 같은 거리에 있는 관계.

선대칭 도형 (線對稱圖形) 어떤 직선을 기준으로 포갤 때, 완전히 겹쳐지는 도형. *대칭축.

선도[1] (先導) 여러 사람을 앞장서서 인도함. 예선도 차량을 따라가다.

선도[2] (善導) [선:도] 올바르고 좋은 길로 잘 가르쳐 이끎. 예불량 청소년을 선도하다. 선도하다.

선돌 선사 시대의 건조물로 땅 위에

세운 큰 돌기둥.

선동(煽動) 남을 부추겨 어떤 일을 일으키게 함. 예수업을 거부하자고 학생들을 선동하다. **선동하다**.

선두(先頭) 행동이나 활동 따위에서 맨 앞. 예선두 주자 / 선두에 서다. 비첫머리. 반후미.

선뜻 [선뜯] 행동이 빠르고 시원스러운 모양. 예선뜻 나서다. 작산뜻.

선량(善良) [설:량] 착하고 어짊. 예선량한 사람. 반불량. **선량하다**.

선례(先例) [설례] 이전부터 있던 사례. 비전례.

선로(線路) [설로] 열차나 전차의 바퀴가 굴러 가는 길. 예선로 보수 공사. 비궤도.

선망(羨望) [선:망] 남을 부러워하고 자기도 그렇게 되기를 바람. 예선망의 대상이 되다. **선망하다**.

선머슴 [선:머슴] 장난이 심하고 몹시 덜렁거리는 사내아이.

선명(鮮明) 산뜻하고 밝음. 예선명한 색채 / 어린 시절의 기억이 선명하다. **선명하다. 선명히**.

선무당 [선:무당] 서투르고 미숙한 무당.

*__선물__(膳物) [선:물] 보답이나 축하의 뜻으로 물건 따위를 선사함. 또는 그 물건. 예생일 선물 / 졸업 선물 / 친구에게 줄 작은 선물을 준비했다. **선물하다**. ○ gift, present

선박(船舶) ⇨ 배².

선반¹ 물건을 얹어 두기 위하여 벽에 달아 놓은 긴 널빤지. 예선반을 달다.

선반²(旋盤) 쇠붙이를 자르거나 깎는 데 쓰는 공작 기계.

선발¹(先發) 1 남보다 먼저 일을 시작하거나 길을 떠남. 반후발. 2 야구에서, 1회부터 출전함. 예선발 투수.

선발²(選拔) [선:발] 많은 가운데서 골라 뽑음. 예선발 기준 / 대표를 선발하다. **선발하다**.

선발대(先發隊) [선발때] 먼저 출발한 대원이나 부대. 반후발대.

*__선배__(先輩) 1 학문·경험·나이 따위가 자기보다 많거나 나은 사람. 예직장 선배. 2 같은 학교를 자기보다 먼저 졸업한 사람. 예대학 선배. 반후배.

선별(選別) [선:별] 가려서 골라냄. 예선별 과정을 통해 품질 좋은 사과만 판매한다. **선별하다**.

선보다 [선:보다] 결혼할 상대를 찾으려고 남녀가 만나다. 예이모는 요즘 선보러 다니느라 바쁘다.

선보이다 [선:보이다] 1 선을 보게 하다. 2 사물을 처음으로 공개하여 여러 사람에게 보이다. 예신형 자동차를 선보이다.

선봉(先鋒) 무리의 맨 앞장. 예선봉으로 나서다.

*__선분__(線分) 두 점 사이를 가장 가까이 잇는 직선.

선불(先拂) 일이 끝나기 전이나 물건을 받기 전에 돈을 미리 냄. 예운임 선불. 반후불. **선불하다**.

*__선비__ 1 예전에, 학식은 있으나 벼슬하지 아니한 사람. 2 '학문을 닦은 사람'을 예스럽게 일컫는 말. 비학자. 3 어질고 순한 사람.

선사(膳賜) [선:사] 사랑·감사·존경의 뜻으로 선물을 줌. 예장미를 한아름 선사하다. **선사하다**.

선사 시대(先史時代) 기록이 전혀 없는 시대. 석기 시대와 청동기 시대를 이름. 반역사 시대.

선산(先山) 조상의 무덤. 또는 조상의 무덤이 있는 산.

선상¹(船上) 배의 갑판 위.

선상²(線上) 1 선의 위. 2 어떤 일정한 상태에 있음. 예방학은 수업의 연장 선상에 있다.

*__선생__(先生) 1 학생을 가르치는 사람. 예국어 선생 / 초등학교 선생. 비교사. ○ teacher 2 남을 존대하여 부르는 말. 예김 선생 / 의사 선생. 3 '학예가 뛰어난 사람'의 존칭. 예다산 정약용 선생.

*__선생님__(先生―) '선생'의 높임말. 예담임 선생님.

선서(宣誓) 여러 사람 앞에서 맹세함. 예증인 선서. **선서하다**.

선서문(宣誓文) 선서의 내용을 적은 글. 예취임 선서문을 낭독하다.

선선하다 1 날씨가 알맞게 서늘하다. 예아침 공기가 선선하다. 2 성질이 시원스럽고 쾌활하다. 예대답이 선선하다. [짝]산산하다.

선수¹(先手) 1 남이 하기 전에 먼저 하는 행동. 2 바둑·장기 따위에서, 상대편이 어떤 수를 쓰기 전에 먼저 놓는 일. [판]후수.

선수(를) 치다 어떤 일을 남보다 먼저 앞질러서 하다.

*__선수__²(選手) [선:수] 운동 기량이나 기술 따위가 뛰어나 많은 사람 중에서 대표로 뽑힌 사람. [예]육상 선수.

선수단(選手團) [선:수단] 어떤 경기를 하는 선수들로 만들어진 단체.

선수촌(選手村) [선:수촌] 선수들을 위해 숙박 시설을 갖추어 놓은 지역.

선심(善心) [선:심] 1 착한 마음. 2 남을 도와주는 마음. [예]선심을 쓰다. [판]악심.

선악(善惡) [선:낙] 착함과 악함. [예]선악을 분별하다.

선약(先約) [서냑] 먼저 약속함. 또는 그 약속. [예]선약이 있어 먼저 일어나다. **선약하다**.

선양(宣揚) [서냥] 드러내어 널리 떨치게 함. [예]국위 선양. **선양하다**.

선언(宣言) [서넌] 1 의견이나 주장을 널리 펴서 말함. 2 국가나 단체가 자기의 주장과 방침을 외부에 정식으로 공표함. [예]독립을 선언하다. [비]선포.

선언문(宣言文) [서넌문] ⇨선언서.

선언서(宣言書) [서넌서] 어떤 일을 선언하는 내용을 적은 문서. [예]독립 선언서. [비]선언문.

선열(先烈) [서녈] 나라를 위하여 싸우다 목숨을 바친 열사. [예]선열들의 높은 뜻을 기리다.

선왕(先王) [서놩] 지금 임금의 바로 전의 임금. 또는 이전의 여러 임금.

선용(善用) [서:농] 알맞게 쓰거나 좋은 일에 씀. [예]여가 선용. [판]악용. **선용하다**.

선원(船員) [서뉜] 배에서 일하는 사람. [비]뱃사람.

선율(旋律) [서뉼] 음악에서, 소리의 길이와 높낮이의 어울림. 멜로디. [예]아름다운 선율. [비]가락.

선의(善意) [서:늬/서:니] 1 좋은 뜻. [예]단짝 친구와 선의의 경쟁을 하다. 2 남을 생각하는 착한 마음. [예]선의로 해석하다. [비]호의. [판]악의.

선인(先人) [서닌] 예전 시대의 사람. 옛날 사람.

선인장(仙人掌) [서닌장] 사막 지대에 많이 나는 상록 식물. 줄기는 녹색으로, 즙이 많고 공 모양 또는 원기둥 모양임. 보통, 잎은 가시로 변함. 여러 가지 빛깔의 꽃이 피며 품종이 많음.

선인장

선임¹(先任) [서님] 어떤 일을 먼저 맡음. 또는 그 일을 먼저 맡은 사람. [예]선임 연구원. [판]후임. **선임하다**.

선임²(選任) [서:님] 사람을 뽑아서 임무를 맡김. [예]장관을 선임하다. **선임하다**.

선입견(先入見) [서닙껸] 미리 머릿속에 가지고 있는 고정적인 생각. 선입관.

선입관(先入觀) [서닙꽌] ⇨선입견.

선잠 [선:잠] 깊이 들지 못한 잠. [예]선잠이 들다 / 선잠을 깨다.

*__선장__(船長) 배의 항해와 배 안의 사무를 책임지고 선원들을 지휘하는 최고 책임자. [비]함장.

선적(船積) 배에 짐을 실음. [예]화물을 선적하다. **선적하다**.

*__선전__¹(宣傳) 어떤 일이나 생각, 주장 등을 널리 알리고 이해를 구하는 일. [예]신상품을 선전하다. [비]광고. **선전하다**.

선전²(善戰) [선:전] 있는 힘을 다하여 잘 싸움. [예]강팀을 만나 선전하였으나 아깝게 지고 말았다. **선전하다**.

선전 포고(宣戰布告) 상대국과 전쟁을 시작한다는 뜻을 나라 안팎에 널리 알림.

선정¹(善政) [선:정] 바르게 잘 다스리는 정치. [예]선정을 베풀다. [판]악정.

선정²(選定) [선:정] 여럿 가운데서 가려 뽑음. [예]당선작을 선정하다 / 새로 선정한 교재. [비]선발. **선정하다**.

선제공격(先制攻擊) 상대편을 누르기 위하여 먼저 공격하는 일. [예]선제공격을 가하다.

선조[1] (先祖) 먼 윗대의 조상. [예] 선조의 뜻을 받들다. [반] 후손.

선조[2] (宣祖) 『인명』 조선 제14대 임금. 선정을 폈으나 임진왜란과 당쟁 등으로 큰 시련을 겪음. [1552-1608 ; 재위 1567-1608]

선죽교 (善竹橋) [선:죽꾜] 개성시 선죽동에 있는 돌다리. 고려 말의 충신 정몽주가 이방원 일파에게 죽임을 당한 곳임.

선지 소나 돼지의 피가 식어서 엉긴 덩어리. 국이나 찌개 따위의 재료로 씀. [예] 선지 해장국.

선진 (先進) 발전의 단계나 진보의 정도가 다른 것보다 앞섬. [예] 선진 문화. [반] 후진.

선진국 (先進國) 문화나 산업 기술, 경제 등이 앞선 나라. [예] 선진국의 대열에 들어서다. [반] 후진국.

선집 (選集) [선:집] 한 사람 또는 여러 사람의 작품 중 몇 가지를 추려 엮은 책. [예] 문학 선집.

선착순 (先着順) [선착쑨] 어떤 곳에 먼저 와 닿는 차례. [예] 선착순으로 입장권을 나누어 주다.

선착장 (船着場) [선착짱] 배가 와 닿는 곳.

선창 (先唱) 노래나 구호 따위를 맨 먼저 부름. [예] 만세를 선창하다. **선창하다.**

선처 (善處) [선:처] 형편에 따라 알맞게 처리함. [예] 선처를 부탁하다 / 선처를 바랍니다. **선처하다.**

선천적 (先天的) 태어날 때부터 가지고 있는 (것). [예] 선천적 소질 / 나는 선천적으로 약한 체질이다. [반] 후천적.

선체 (船體) 배의 몸체.

선출 (選出) [선:출] 여럿 가운데서 가려 뽑음. [예] 회장 선출. [비] 선발. **선출하다.**

선친 (先親) 남에게 돌아가신 자기 아버지를 일컫는 말. [비] 선인.

***선택** (選擇) [선:택] 여럿 가운데서 필요한 것을 골라 뽑음. [예] 선택 과목 / 선택 사항. **선택하다.** ➲ choice

선포 (宣布) 세상에 널리 알림. [예] 독립을 선포하다. [비] 공포. **선포하다.**

선풍 (旋風) 1 ⇨회오리바람. 2 갑자기 사회에 영향을 미치는 일. [예] 선풍을 일으키다.

***선풍기** (扇風機) 작은 전동기에 날개를 달아 회전시킴으로써 바람을 일으키는 장치.

선풍적 (旋風的) 갑자기 생겨나 사회에 큰 영향을 끼치거나 관심의 대상이 될 만한 (것). [예] 선풍적인 인기를 끌고 있는 영화.

선플 (善←reply) 인터넷에 올린 다른 사람의 글에 대하여 붙이는 칭찬이나 격려가 담긴 댓글. [반] 악플.

선하다[1] [선:하다] 마음에 사무치어 눈앞에 보이는 듯하다. [예] 고향 마을이 눈에 선하다.

선하다[2] (善—) [선:하다] 착하다. [예] 선하게 살다. [반] 악하다.

선행[1] (先行) 다른 일보다 앞서 행하는 것. 또는 앞서 이루어지는 것. **선행하다.**

선행[2] (善行) [선:행] 착하고 어진 행실. [예] 이웃에게 선행과 나눔을 실천하다. [반] 악행.

선행상 (善行賞) [선:행상] 선행을 한 사람에게 주는 상.

선호 (選好) [선:호] 여럿 중에서 특별히 좋아함. [예] 국산 제품을 선호하다. **선호하다.**

선호도 (選好度) [선:호도] 좋아하는 정도. [예] 신제품에 대한 소비자 선호도를 조사하다.

선홍색 (鮮紅色) 산뜻하고 밝은 붉은색. [예] 선홍색의 동백꽃.

선회 (旋回) [선회 / 선훼] 빙빙 돎. [예] 선회 비행. **선회하다.**

선후 (先後) 먼저와 나중. 앞뒤.

섣달 [섣:딸] 음력으로 한 해의 마지막 달. 음력 12월.

섣부르다 [섣:뿌르다] 솜씨가 서툴고 어설프다. [예] 괜히 섣부른 짓 하지 마라. [활용] 섣불러 / 섣부르니.

섣불리 [섣:뿔리] 어설프게. 서투르게. [예] 섣불리 건드리다간 큰코다친다.

***설** [설:] '설날'의 준말.

설거지 음식을 먹고 난 뒤에 음식을 담았던 그릇을 씻어서 정리하는 일. ×설겆이. **설거지하다.**

설경 (雪景) 눈이 내리거나 눈이 쌓인

경치.

설계 (設計) [설계 / 세게] 1 제작이나 공사 따위에 앞서 그 목적에 맞도록 계획을 세우고 도면에 드러내 보이는 일. 2 계획을 세움. 또는 그 계획. 예 미래를 설계하다. **설계하다**.

설계도 (設計圖) [설계도 / 세게도] 건물이나 기계 등을 만들 때 그 내용을 나타낸 그림. 비 마련그림.

설교 (說敎) 1 종교의 가르침을 설명함. 비 설법. 2 단단히 타일러 가르침. **설교하다**.

***설날** [설:랄] 우리나라 명절의 하나. 정월 초하룻날. 예 설날에 세배를 드리다. 준 설.

설다 [설:다] 1 덜 익다. 예 밥이 설다. 2 잠이 모자라거나 깊이 들지 않다. 3 서투르다. 익숙하지 못하다. 예 귀에 선 목소리. 활용 설어 / 서니 / 선.

설득 (說得) [설뜩] 설명하거나 타일러 알아듣도록 이해시킴. 예 부모님을 설득하다. 비 설복. **설득하다**.

설득력 (說得力) [설뜽녁] 설득하는 힘. 예 설득력 있는 연설.

설렁설렁 어떤 일을 열심히 하지 않고 대충 하는 모양. 예 맡은 일을 설렁설렁 해치우다.

설렁탕 (一湯) 소의 머리·내장·발·도가니 등을 푹 삶아서 만든 국.

설레다 마음이 가라앉지 아니하고 들떠서 두근거리다. 예 여행 갈 생각에 가슴이 설레다.

설레설레 머리 따위를 가볍게 좌우로 잇따라 흔드는 모양. 예 고개를 설레설레 흔들다. 준 설설. 작 살래살래. 센 썰레썰레. **설레설레하다**.

설레이다 '설레다'의 잘못.

설령 (設令) 가정해서 그렇다고 하더라도의 뜻. 예 설령 내가 조금 늦더라도 기다려라. 비 설사. 설혹.

설립 (設立) 기관이나 조직체 따위를 만들어 세움. 예 회사를 설립하다. **설립하다**.

설마 아무리 그러하기로. 예 설마 지금 가려는 것은 아니겠지.

*****설명** (說明) 알기 쉽게 풀어서 밝힘. 예 컴퓨터에 대해 자세히 설명하다. 비 해설. **설명하다**.

설명문 (說明文) 일이나 사물의 내용 따위를 알기 쉽게 자세히 일러 주는 글.

설명서 (說明書) 내용이나 이유, 사용하는 방법 따위를 설명한 글.

설문 (設問) 어떤 사실을 조사하기 위하여 문제를 내어 물음. 또는 그 문제. 예 장래 희망에 관한 설문 조사를 하다. **설문하다**.

설문지 (設問紙) 조사를 할 목적으로 어떤 사항에 대한 문제나 질문을 적어 놓은 종이.

설법 (說法) [설뻡] 불교의 교리를 풀어 가르침. 비 설교. **설법하다**.

설비 (設備) 어떤 목적에 필요한 기계·기구·건물 등을 갖춤. 또는 그런 시설. 예 생산 설비 / 비를 갖추다. 비 시설. **설비하다**.

설빔 [설:빔] 설에 새로 장만하여 입는 옷이나 신발 따위.

> 참고 설빔은 설과 빔이 이어진 말이다. '설'은 새해의 첫머리 또는 설날의 뜻이며 '빔'은 명절 또는 잔치 때에 새 옷을 갈아입는 일 또는 그 옷을 말한다.

설사¹ (泄瀉) [설싸] 배탈이 났을 때 누는 묽은 똥. **설사하다**.

설사² (設使) [설싸] ⇨설령.

설사병 (泄瀉病) [설싸뼝] 설사를 하는 병.

설상가상 (雪上加霜) [설쌍가상] 눈 위에 서리가 덮인다는 뜻으로, 불행이 거듭 일어남을 이르는 말.

설설 1 물이 고루 천천히 끓는 모양. 2 온돌이 고루 뜨거운 모양. 예 아랫목이 설설 끓는다. 3 기를 펴지 못하는 모양. 4 머리를 좌우로 천천히 흔드는 모양. 예 고개를 설설 젓다. 5 벌레 따위가 가볍게 기어다니는 모양. 작 살살. 센 썰썰.

설설 기다 남 앞에서 기가 죽어 행동을 자유로이 못하고 순종만 하다.

설악산 (雪嶽山) [서락싼] 강원도 양양군과 인제군 사이에 있는 산. 주봉은 대청봉이고 경치가 매우 아름다우며, 비선대·울산 바위·비룡 폭포 등이 있음. 1970년 3월에 국립 공원으로 지정됨. 높이 1,708m.

설움 [서:룸] 서럽게 느껴지는 마음. 예설움이 복받치다. 비서러움.

설익다 [설릭따] 덜 익다. 예설익은 과일/밥이 설익었다. 반농익다.

설정 (設定) [설쩡] 새로 만들어 정해 둠. 예방향 설정/목표를 설정하다. 설정하다.

설총 (薛聰) 〖인명〗 신라 경덕왕 때의 학자. 원효 대사의 아들로, 강수·최치원과 더불어 신라의 3대 문장가임. 이두를 정리하고 체계를 세움. [655-?]

***설치** (設置) 어떤 목적에 필요한 기관이나 시설, 컴퓨터 프로그램 등을 갖추어 놓음. 예학교에 도서관을 설치하다. 설치하다.

설치다¹ 행동을 거칠게 하면서 날뛰다. 예거리를 설치고 다니다.

설치다² 필요한 정도에 미치지 못한 채로 그만두다. 예잠을 설쳤다.

***설탕** (雪糖) 사탕수수·사탕무 등을 원료로 하여 만든, 달고 물에 잘 녹는 가루. 비사탕. ⊃ sugar

설혹 (設或) ⇨설령.

설화 (說話) 신화·전설·민담 등을 줄거리로 사실처럼 꾸민 옛이야기.

섬¹ 1 곡식을 담기 위하여 짚으로 엮어 만든 가마니. 2 곡식 등의 양을 세는 단위. 한 섬은 한 말의 열 배임. 예벼 한 섬. 비석.

***섬**² [섬:] 사방이 바다로 둘러싸인 땅. 예배를 타고 섬에 들어가다/섬과 육지가 다리로 연결되다. ⊃ island

섬광 (閃光) 아주 잠깐 동안 강렬하게 번쩍이는 빛.

섬기다 윗사람을 잘 모시어 받들다. 예부모님을 섬기다.

섬나라 [섬:나라] 사방이 바다로 둘러싸인 나라. 일본·뉴질랜드 따위.

섬네일 (thumbnail) 컴퓨터 영상이나 사진을 한눈에 알아볼 수 있게 데이터 이미지를 간략하게 표현한 것. 대표 사진. 미리 보기 사진.

섬돌 [섬똘] 집채의 앞뒤에 오르내릴 수 있게 놓은 돌층계. 준섬.

섬뜩하다 [섬뜨카다] 소름이 끼치도록 무섭고 끔찍하다. 예섬뜩한 장면이 많은 영화/등골이 섬뜩하다.

섬멸 (殲滅) 적을 모조리 무찔러 멸망시킴. 섬멸하다.

섬세하다 (纖細—) 1 곱고 가늘다. 예섬세한 공예품. 2 감정 또는 행동이 매우 찬찬하고 세밀하다. 예선생님은 모든 학생들에게 섬세하게 마음을 쓰신다.

***섬유** (纖維) [서뮤] 1 생물체의 몸을 이루는 가늘고 긴 실 모양의 물질. 2 직물이나 종이의 원료가 되는 실 모양의 물질. 예섬유 공업이 발달하다.

섬유질 (纖維質) [서뮤질] 섬유로 된 물질. 예채소에는 섬유질이 많이 들어 있다.

섬진강 (蟾津江) 전라북도 진안군에서 시작하여 전라남도와 경상남도를 지나 남해로 흘러 들어가는 강. 길이 212km.

섭렵 (涉獵) [섬녑] 책을 많이 읽거나 여기저기 찾아다니며 많은 것을 경험함을 이르는 말. 예한국 고전을 섭렵하다. 섭렵하다.

섭리 (攝理) [섬니] 1 기독교에서 세상과 우주 만물을 다스리는 하나님의 뜻. 예신의 섭리를 따르다. 2 자연계를 지배하고 있는 원리와 법칙. 예자연의 섭리.

섭섭하다 [섭써파다] 1 정에 끌려 서로 헤어지기가 마음에 서운하고 아쉽다. 예헤어지기가 무척 섭섭하다. 2 없어지는 것이 아깝다. 3 남이 자기에게 대하는 태도가 서운하고 흡족하지 아니하다. 비서운하다.

섭섭히 [섭써피] 섭섭하게. 예이별을 섭섭히 여기다.

섭씨 (攝氏) 섭씨온도계의 눈금의 이름. 'C'로 표시함.

섭씨온도계 (攝氏溫度計) [섭씨온도계/섭씨온도게] 물의 어는점을 0도로 하고 끓는점을 100도로 하는 온도계. ※화씨온도계.

섭외 (涉外) [서뵈/서붸] 외부와 연락하고 교섭하는 일. 예배우를 섭외하다. 섭외하다.

섭취 (攝取) 영양이 되는 물질을 몸속에 빨아들임. 예영양 섭취/단백질을 섭취하다. 섭취하다.

성¹ [성:] 노엽거나 언짢게 여기어 일어나는 불쾌한 감정. 예성을 왈칵 내다. 됨역정.

*성²(姓)[성:] 한 혈통을 잇는 겨레붙이의 칭호. 대대로 이어 내려 다른 겨레붙이와 구별됨. 김·이·박·최 따위. 비성씨.

성³(性)[성:] 1 사람·사물의 본바탕. 사람이 나면서부터 갖고 있는 소질. 2 남녀·암수의 구별.

*성⁴(城) 적을 막기 위하여 쌓아 올린 높은 담. ⇒castle

성가(聖歌)[성:가] 기독교에서, 찬송하는 노래. 예성가 합창. 비찬송가.

성가시다 자꾸 들볶거나 귀찮게 굴어서 괴롭고 싫다. 예바쁜데 성가시게 굴지 마라.

성게[성:게] 얕은 바다에서 살며 몸이 밤송이처럼 생긴 야행성 동물.

성게

*성격(性格)[성:격] 말이나 행동을 통하여 나타나는 개인의 특별한 성질. 예조급한 성격. 비성품.

성경(聖經)[성:경] 기독교의 신약·구약 성서. 비성서.

성골(聖骨)[성:골] 신라 때의 계급 제도인 골품의 첫째 등급. 부모가 다 왕족임. ✽진골.

*성공(成功) 1 목적·뜻을 이룸. 예실패는 성공의 어머니. 반실패. 2 부자가 되거나 사회적 지위를 얻음. 예역경을 딛고 성공하다. 성공하다.

성공적(成功的) 성공했다고 할 만한 (것). 예이번 행사는 성공적으로 끝마쳤다.

성과(成果)[성:과] 일이 이루어진 결과. 예뜻밖의 성과를 올리다.

성곽(城郭) 성 둘레의 벽.

성관계(性關係)[성:관계 / 성:관게] ⇨성교. 성관계하다.

성교(性交)[성:교] 남자와 여자가 성기를 통하여 육체적으로 관계를 맺음. 비성관계. 성교하다.

성교육(性教育)[성:교육] 청소년에게 성에 관한 올바른 지식을 알려 주기 위해 하는 교육.

성군(聖君)[성:군] 매우 존경하고 받들 만큼 훌륭한 임금. 예세종 대왕은 성군이다.

성균관(成均館) 조선 때 서울에 설치한 최고의 국립 교육 기관. 유교를 가르쳤으며 문묘가 있음.

성금(誠金) 어려운 사람이나 사회적인 사업을 돕기 위해 내는 돈. 예불우 이웃 돕기 성금. 비헌금.

성급하다(性急—)[성:그파다] 성질이 팔팔하고 몹시 급하다. 예성급한 판단을 내리다.

성급히(性急—)[성:그피] 성급하게. 예성급히 굴면 실패한다.

성기(性器)[성:기] 사람이나 동물의 생식기관. 비생식기.

성기다 물건의 사이가 촘촘하지 않고 넓다. 반배다. 작상기다.

성깔(性—)[성:깔] 성질을 거칠게 부리는 태도나 버릇. 예성깔을 부리다.

성나다[성:나다] 1 화가 나다. 예성난 얼굴. 2 격한 기운이 일다. 예성난 파도. 3 종기 따위가 덧나다.

성내다[성:내다] 화를 내다. 예친구에게 성내다.

*성냥 작은 나뭇개비 끝에 황을 발라서 마찰하여 불을 일으키는 물건. 예성냥을 켜다.

성냥갑(—匣)[성냥깝] 성냥개비를 담은 작은 상자.

성냥개비[성냥깨비] 성냥의 낱개.

성냥불[성냥뿔] 성냥으로 켠 불.

성년(成年) 신체나 지능이 충분히 발달하여 법적인 권리를 행사할 수 있는 나이. 만 19세 이상. 비성인. 반미성년.

성년식(成年式) 일정한 나이를 먹은 젊은이가 어른이 되었음을 알리는 의식.

성능(性能)[성:능] 기계 따위가 일을 해내는 능력. 예성능이 뛰어난 자동차. 비기능.

*성당(聖堂)[성:당] 천주교의 종교 의식이 행해지는 건물.

성대(聲帶) 목구멍에 있는, 소리를 내는 기관. 비목청.

성대하다(盛大—)[성:대하다] 행사의 규모 따위가 풍성하고 크다. 예성대한 결혼식을 올리다.

성대히(盛大—)[성:대히] 성대하게. 예장례식을 성대히 치르다.

성덕 대왕 신종(聖德大王神鐘) 통일 신라 시대의 범종. 신라 혜공왕 7년(771) 완성되었으며 지름이 2.27m, 높이가 3.33m나 되는, 우리나라 최대의 종. 현재 경주 박물관에 보관되어 있으며 우리나라 국보임. 에밀레종.

성덕 대왕 신종

성량(聲量) [성냥] 목소리의 크기. ⓔ성량이 풍부한 가수.

성령(聖靈) [성:녕] 기독교에서, 성 삼위 중의 하나인 하나님의 영을 이르는 말.

성리학(性理學) [성:니학] 중국 송 나라·명나라 때에 일어난 유학의 한 계통. 주자가 완성하여 '주자학'이라고도 불림. ㉿이학. ＊유교. 유학.

성립(成立) [성닙] 일이 이루어짐. ⓔ계약이 성립되다. **성립하다.**

성명¹(姓名) [성:명] 성과 이름. ㉿성함.

성명²(聲明) 어떤 사항에 관한 견해나 의견을 여러 사람에게 발표하는 일. 또는 그 의견. ⓔ반대하는 성명을 내다. **성명하다.**

성모(聖母) [성:모] 예수의 어머니인 마리아를 일컫는 말.

＊**성묘**(省墓) 조상의 산소를 찾아가서 돌봄. **성묘하다.**

성문(城門) 성을 드나드는 문.

성미(性味) [성:미] 본디 가지고 있는 마음의 바탕. ⓔ까다로운 성미 / 성미가 급하다.

성벽(城壁) 성의 벽.

성별(性別) [성:별] 남녀나 암수의 구별. ⓔ병아리는 성별을 구분하기가 쉽지 않다.

성부(聲部) 목소리의 높낮이에 따라 나눈 구분. 소프라노·알토·테너·베이스 따위.

성분(成分) 어떤 물체를 이루는 바탕이 되는 물질. ⓔ멸치에는 칼슘 성분이 많다.

성사(成事) 일을 뜻한 대로 이룸. ⓔ일이 성사되다. **성사하다.**

성삼문(成三問) 〖인명〗 조선 세종 때의 충신. 호는 매죽헌. 집현전 학사로 정인지·신숙주 등과 함께 세종 대왕을 도와 한글을 만드는 데에 공을 세웠음. 사육신의 한 사람으로 단종의 복위를 꾀하다가 발각되어 처형되었음. [1418-1456]

성서(聖書) [성:서] 하나님의 말씀을 기록한 기독교의 경전. 구약 성서 39권과 신약 성서 27권으로 되어 있음. 바이블. ㉿성경.

성성하다(星星—) 머리털이 희끗하끗하다. ⓔ백발이 성성한 노인.

성쇠(盛衰) [성:쇠 / 성:쉐] 성함과 쇠퇴함.

성수기(盛需期) [성:수기] 어떤 물건이 한창 잘 팔리는 시기. ⓔ에어컨은 여름철이 성수기이다. ㉾비수기.

성숙(成熟) 1 몸과 마음이 자라서 어른스럽게 되는 일. ⓔ성숙한 모습. 2 곡식·과일 따위가 무르익음. ⓔ오곡이 성숙하는 계절. ㉿숙성. **성숙하다.**

성스럽다(聖—) [성:스럽따] 거룩하고 고결하다. ⓔ분위기가 성스럽고 엄숙하다. 〖활용〗성스러워 / 성스러우니.

＊**성실**(誠實) 태도나 말과 행동 따위가 정성스럽고 참됨. ⓔ성실한 학생. ㉾불성실. **성실히. 성실하다.**

성심껏(誠心—) [성심껃] 정성스러운 마음을 다하여. ⓔ아픈 동생을 성심껏 돌봐 주었다. ㉿정성껏.

성씨(姓氏) [성:씨] '성²'을 높여서 이르는 말. ⓔ두 사람은 성씨가 같다.

성악(聲樂) 사람의 목소리로 나타내는 음악. ㉾기악.

성악가(聲樂家) [성악까] 성악을 전문적으로 하는 사람. ㉾기악가.

성에 추운 겨울에 유리창이나 벽 따위에 수증기가 허옇게 얼어붙은 것. ⓔ창에 성에가 끼다. ×성애.

성역(聖域) [성:역] 신성하게 여겨 아무나 함부로 들어가지 못하는 장소.

성왕(聖王) [성:왕] 〖인명〗백제의 제26대 임금. 도읍을 사비(지금의 부여)로 옮기고, 잃었던 한강 유역의 옛 땅을 되찾음. [재위 523-554]

성욕(性慾) [성:욕] 성적 행위에 대한 욕망.

성우 (聲優) 라디오 드라마나 영화에서 직접 연기하지 않고 등장인물의 목소리만 내는 배우.

성운 (星雲) 하늘에 엷은 구름같이 보이는 많은 별들의 무리.

성원[1] (成員) 1 모임이나 단체를 이루고 있는 인원. 멤버. 비구성원. 2 회의 성립에 필요한 인원.

성원[2] (聲援) 하는 일이 잘되도록 격려하거나 도와줌. 예아낌없는 성원을 보내다. **성원하다.**

성은 (聖恩) [성:은] 임금의 큰 은혜. 예성은을 입다.

성의 (誠意) [성의 / 성이] 정성이 담긴 마음. 예성의를 보이다. 비성심.

성의껏 (誠意—) [성의껏 / 성이껏] 있는 성의를 다하여. 예환자를 성의껏 돌보다. 비정성껏.

성인[1] (成人) 자라서 어른이 된 사람. 보통, 만 19세 이상의 남녀를 이름. 예성인 남녀 / 성인 요금을 받다. 비어른.

성인[2] (聖人) [성:인] 슬기와 덕이 뛰어나 우러러 본받을 만한 사람. 예세계 4대 성인. 비성자.

성인병 (成人病) [성인뼝] 주로 중년 이후에 나타나는 병을 통틀어 이르는 말. 동맥 경화·고혈압·암·심장병·당뇨병 따위.

성자 (聖者) [성:자] 1 ⇨성인[2]. 2 불교에서, 온갖 욕심을 버리고 올바른 도리를 깨달은 사람.

성장 (成長) 사람이나 생물이 자라서 점점 커짐. 예성장 과정 / 성장 산업. 비성숙. 반쇠퇴. **성장하다.**

성장기 (成長期) 성장하는 시기. 비발육기.

성장률 (成長率) [성장뉼] 주로 한 나라나 지역의 경제 성장 정도를 그 전해의 성장에 비하여 나타낸 비율. 예성장률이 둔화하다.

성적[1] (成績) 1 어떤 일을 다 마친 뒤의 결과. 예근무 성적이 좋다. 2 공부한 내용·기능·태도 등을 평가한 결과. 예성적이 오르다 / 성적이 떨어지다.

성적[2] (性的) [성:적] 성에 관계되는 (것). 예성적 차별.

성적순 (成績順) [성적쑨] 시험의 성적에 따라 매긴 순서. 예성적순으로 반을 가르다.

성적표 (成績表) 성적을 적은 표.

성조기 (星條旗) 미국의 국기. 독립 당시의 주를 상징하는 흰색·붉은색의 13개 가로줄과, 파란 사각형에 현재의 주를 상징하는 50개의 흰 별이 그려져 있음.

성종[1] (成宗) 〖인명〗 고려 제6대 임금. 여러 제도를 정비·개선하고, 국경에 성을 쌓아 외적 침입에 대비함. [960-997 ; 재위 981-997]

성종[2] (成宗) 〖인명〗 조선 제9대 임금. 유학을 장려하고, 법률 및 제도의 기초가 되는 '경국대전'을 펴냄. [1457-1494 ; 재위 1469-1494]

성좌 (星座) ⇨별자리.

성주 (城主) 성의 우두머리.

성지 (聖地) [성:지] 종교와 관계가 깊어 신성하게 여기는 땅. 예성지 순례.

성직자 (聖職者) [성:직짜] 종교적 직분을 맡은 사람. 목사·선교사·승려·신부 등.

성질 (性質) [성:질] 1 마음의 본바탕. 예성질이 급하다. 2 사물이 본디부터 가지고 있는 고유한 특성. 예화학적 성질. 비성격. 성미.

성징 (性徵) [성:징] 남녀·암수에 따라 몸에 나타나는 성적인 특징.

성찬 (盛饌) [성:찬] 풍성하게 잘 차린 음식. 예성찬을 베풀다.

성찰 (省察) 자기의 마음을 반성하여 살핌. **성찰하다.**

성채 (城砦) 성과 진지. 예외적을 막기 위해 성채를 쌓다.

성추행 (性醜行) [성:추행] 다른 사람의 신체를 강제로 접촉하여 성적으로 불쾌감과 수치심을 주는 행위. **성추행하다.**

성충 (成蟲) ⇨어른벌레. 반유충.

성취 (成就) 일을 목적했던 대로 다 이룸. 예소원을 성취하다. **성취하다.**

성취감 (成就感) 목적했던 것을 이루었을 때 느끼는 흐뭇한 감정.

성큼 1 다리를 높이 들어 크게 떼어 놓는 모양. 예마루로 성큼 올라서다. 2 동작이 망설임 없이 빠르고 시원스러운 모양. 예차가운 물에 손을 성큼 집어넣다. 3 어떤 때나 대상이 갑자기

성큼성큼 가까워진 모양. 예봄이 성큼 다가왔다. 잘상큼.

성큼성큼 다리를 자꾸 높이 들어 크게 떼어 놓는 모양. 예성큼성큼 걷다. 잘상큼상큼.

성탄절 (聖誕節) [성:탄절] 예수가 탄생한 날. 12월 25일. 크리스마스. 준성탄.

성터 (城一) 성이 있었던 자리.

성패 (成敗) 성공과 실패. 예일의 성패를 좌우하다.

성폭력 (性暴力) [성:퐁녁] 성적인 행위로 다른 사람에게 육체적·정신적 피해를 입히는 것.

성품 (性品) [성:품] 성질이나 됨됨이. 예강직한 성품의 소유자. 비성격.

성하다[1] 1 본디대로 온전하다. 예성한 그릇. 2 병이나 상처가 없다. 예성한 다리.

성하다[2] (盛一) [성:하다] 1 기운이나 세력이 한창 왕성하다. 예나라가 크게 성하다. 2 나무나 풀이 무성하다. 예잡풀이 성하다.

성함 (姓銜) [성:함] '성명[1]'의 높임말.

성행 (盛行) [성:행] 매우 많이 유행함. 예밀수가 성행한다. 성행하다.

성행위 (性行爲) [성:행위] 남자와 여자가 성기를 통하여 육체적으로 관계를 맺는 일. 비성관계. 성교.

성향 (性向) [성:향] 성질에 따른 경향. 예정치적 성향. 비기질.

성현 (聖賢) [성:현] 덕망이 높고 어진 사람. 예성현의 가르침을 따르다.

성형 수술 (成形手術) 보기에 흉하거나 장애가 되는 신체 부분을 고치는 수술. 신체를 아름답게 가꾸려고 하는 수술도 이에 속함.

성화[1] (成火) 1 뜻대로 되지 않아 답답하고 애가 탐. 또는 그러한 상태. 예여행을 못 가서 성화가 나다. 2 몹시 귀찮게 구는 일. 예성화를 부리다. 성화하다.

성화[2] (聖火) [성:화] 올림픽 따위의 규모가 큰 체육 경기에서 대회장에 켜 놓는 횃불. 예성화 봉송.

성화[2]

성화같다 (星火一) [성화같따] 몹시 심하고 급하다. 예성화같은 독촉.

성화같이 (星火一) [성화가치] 몹시 심하고 급하게. 예성화같이 재촉하다.

성황 (盛況) [성:황] 모임이나 행사 따위에 사람이 많이 모여 활기에 찬 상태. 예공연이 성황을 이루다.

성황당 (城隍堂) '서낭당'의 원말.

섶[1] [섭] 누에가 고치를 짓도록 마련한 짚이나 잎나무.

섶[2] [섭] 두루마기나 저고리의 깃 아래에 이어서 댄 헝겊 조각. 겉섶과 안섶이 있음. 본옷섶.

세[1] (貰) [세:] 남의 것을 빌려 쓰기로 하고 내는 돈. 예세를 받다.

세[2] (稅) [세:] '조세'의 준말. 예국민의 세 부담을 줄이다.

세[3] (歲) [세:] 숫자 뒤에 쓰여 나이를 나타내는 말. 예십팔 세. 비살.

*__세__[4] [세:] '셋'의 뜻. 예세 사람.

세간 [세:간] 집안 살림에 쓰는 여러 가지 물건. 예세간을 장만하다 / 세간이 불어나다. 비세간살이. 가재도구. 살림살이.

　세간(을) 나다 함께 살던 사람이 따로 살림을 차리다. 비분가하다.

*__세계__ (世界) [세:계 / 세:게] 1 지구에 있는 모든 국가. 예세계 일주 / 세계 무대에 진출하다. 비세상. 2 어떤 분야나 영역. 예동물의 세계 / 미지의 세계를 탐험하다. ⇒world

세계 대전 (世界大戰) 세계적인 규모로 일어난 큰 전쟁. 흔히, 제1차 및 제2차 세계 대전을 이름.

세계사 (世界史) [세:계사 / 세:게사] 세계의 역사.

세계인 (世界人) [세:계인 / 세:게인] 세계의 모든 사람.

세계 인권 선언 (世界人權宣言) 1948년 12월 10일 파리에서 열린 국제 연합 총회에서 채택된, 인권을 보호하고 존중할 것을 국제 사회의 의무로 규정한 선언.

세계적 (世界的) [세:계적 / 세:게적] 온 세계에 알려지거나 관계되는 (것). 예세계적인 음악가 / 세계적인 발명. 비국제적.

세계 지도 (世界地圖) 세계를 그린

세계화 (世界化) [세:계화 / 세:게화] 국가나 민족에 매이지 않고 세계적으로 되게 하는 것. **세계화하다**.

세공 (細工) [세:공] 손으로 섬세하게 물건을 만드는 작업. 예보석 세공.

세공품 (細工品) [세:공품] 세공한 물건. 예금은 세공품. 비세공물.

세관 (稅關) [세:관] 비행장·항구 등에서 여행자의 짐이나 수출입 화물을 검사하고 세금을 매기는 따위의 일을 맡아보는 관청.

세균 (細菌) [세:균] 눈으로 볼 수 없을 만큼 작고, 병을 일으키거나 부패 작용을 하는 생물. 박테리아. 준균.

***세금** (稅金) [세:금] 나라에서 쓰는 비용을 마련하기 위해 국민으로부터 거두어들이는 돈. 예세금 납부 / 세금을 물다.

***세기** (世紀) [세:기] 1 시대 또는 연대. 예새로운 세기를 맞이하다. 2 100년 동안을 세는 단위. 예그 화가는 십구 세기 사람이다. ⇒century

세뇌 (洗腦) [세:뇌 / 세:눼] 본디 품었던 생각을 잊게 하고 특정한 사상을 주입시켜 그 내용을 따르게 하는 일. 예세뇌 교육 / 세뇌 공작을 벌이다. **세뇌하다**.

세다¹ [세:다] 머리카락이나 수염 따위가 희어지다. 예머리가 허옇게 세다. →새다 주의

***세다**² [세:다] 수를 헤아리다. 예돈을 세다. →새다 주의 ⇒count

***세다**³ [세:다] 1 힘이 많다. 예기운이 세다 / 문을 세게 열다. 2 기세 따위가 강하다. 예고집이 세다 / 자존심이 세다. 3 물·불·바람 따위가 강하거나 빠르다. 예화력이 세다 / 물살이 세다. →새다 주의 ⇒strong

세대¹ (世代) [세:대] 1 한 대. 약 30년. 예한 세대나 뒤진 생각. 2 같은 시대 사람들. 예세대 간의 갈등. 3 부모·자식·손자로 이어지는 대. 예세대가 같이 살다.

세대² (世帶) [세:대] ⇨가구¹.

세대주 (世帶主) [세:대주] 한 세대의 중심이 되는 사람.

세대차 (世代差) [세:대차] 서로 다른 세대 사이에 나타나는 생각의 차이. 예세대차가 나다 / 세대차가 심하다.

세도막 형식 (一形式) 음악에서, 큰 악절 다음에 작은악절이 뒤따르고, 다시 처음의 큰악절로 되돌아가는 형식.

세도 정치 (勢道政治) 왕의 신임을 받는 사람이 나랏일을 자기 마음대로 하던 정치.

세레나데 (serenade) 밤에 애인의 집 창가에서 부르거나 연주하던 사랑의 노래.

***세력** (勢力) [세:력] 권력이나 기세의 힘. 예세력을 떨치다. 준세.

세련 (洗練) [세:련] 말이나 행동, 태도 따위를 잘 다듬고 가꾸어 고상하고 품위가 있음. 예세련된 옷차림 / 세련된 태도로 말하다. **세련되다**.

세례 (洗禮) [세:례] 1 기독교에서, 신자가 되려는 사람에게 죄악을 씻는 표시로 행하는 의식. 예세례를 받다. 2 쏟아지는 공격·비난·제재 따위. 예주먹 세례를 받다.

***세로** [세:로] 위에서 아래로 곧게 내려오는 모양. 또는 그 길이. 반가로.

세로 좌표 (一座標) 좌표에서, 세로 방향의 위치를 나타내는 좌표. 비와이 좌표. 반가로 좌표.

세로줄 [세:로줄] 1 세로로 그은 줄. 반가로줄. 2 악보에서, 마디를 구분하기 위하여 그은 수직선.

세로축 (一軸) [세:로축] 좌표에서 세로로 놓인 축. 비와이축. 반가로축.

세로획 (一劃) [세:로획 / 세:로훽] 글자에서, 위에서 아래로 내리긋는 선. 반가로획.

세마치 [세:마치] 대장간에서 쇠를 불릴 때에 세 사람이 돌려 가며 치는 마치.

세마치장단 [세:마치장단] 국악에서, 세마치를 치는 것같이 빠른 장단. 아리랑·양산도 등에 사용됨.

세면 (洗面) [세:면] 얼굴을 씻음. 예세면 도구. 비세수. **세면하다**.

세면기 (洗面器) [세:면기] 얼굴을 씻기 위한 물을 담는 그릇.

세면대 (洗面臺) [세:면대] 세면 시설을 해 놓은 대.

세모¹ [세:모] 삼각형의 세 개의 모.

예 종이를 세모로 접다. 비 삼각.

세모² (歲暮) [세:모] ⇨세밀.

세모꼴 [세:모꼴] ⇨삼각형.

세무 (稅務) [세:무] 세금을 매기고 거두어들이는 일에 관한 사무. 예 세무 관리.

세무서 (稅務署) [세:무서] 국세청에 딸려 지방 세무를 맡아보는 관서.

세미나 (seminar) 1 대학 등에서 교수의 지도 아래 학생들이 모여 발표나 토론 따위를 통해서 공부하는 교육 방법. 2 전문인 등이 특정한 주제를 가지고 여는 연수회나 강습회. 예 경영 세미나를 열다.

세밀하다 (細密—) [세:밀하다] 자세하고 꼼꼼하다. 예 세밀한 관찰.

세밀 (歲—) [세:밀] 한 해의 마지막 때. 비 세모. 연말.

세발자전거 (—自轉車) [세:발자전거] 어린애들이 타는, 바퀴가 셋 달린 자전거.

*__세배__ (歲拜) [세:배] 설에 웃어른께 인사로 하는 절. 예 세배를 올리다. **세배하다**.

세뱃돈 (歲拜—) [세:배똔 / 세:뱯똔] 세배하러 오는 아이들에게 주는 돈.

세부 (細部) [세:부] 자세한 부분. 예 세부 계획을 보고하다.

세분 (細分) [세:분] 여럿으로 잘게 나누거나 자세히 분류함. 예 교과 과정을 세분하다. **세분하다**.

*__세상__ (世上) [세:상] 1 사람들이 모여서 살고 있는 사회. 예 세상 물정을 모르다 / 온 세상이 떠들썩하다. 비 세간. 천하. 2 한 사람이 살아 있는 동안. 예 그는 수난 속에서 한 세상을 보냈다. 비 평생. 3 마음대로 할 수 있는 곳. 예 제 세상인 양 마구 날뛴다.

  세상(을) 떠나다 죽다. 예 할머니는 작년에 세상을 떠나셨다.

세상만사 (世上萬事) [세:상만사] 세상에서 일어나는 온갖 일.

세상모르다 (世上—) [세:상모르다] 잠에 깊이 빠져 아무것도 알지 못하다. 예 세상모르고 곤히 자다. [활용] 세상몰라 / 세상모르니.

세상살이 (世上—) [세:상사리] 세상을 살아 나가는 일. 예 세상살이가 이렇게 힘들어서야.

세세하다 (細細—) [세:세하다] 1 아주 자세하다. 예 세세하게 설명하다. 2 자디잘아 보잘것없다. 예 세세한 일에 신경을 쓰다.

세세히 (細細—) [세:세히] 세세하게. 예 세세히 일러두다 / 세세히 기록하다.

세속 (世俗) [세:속] 1 이 세상. 예 세속을 등지고 살다. 비 세속. 2 세상의 풍속. 예 세속을 따르다.

세속 오계 (世俗五戒) 신라 진평왕 때 원광 법사가 정한 것으로, 화랑들이 지켜야 할 다섯 가지 계율. 곧, 사군이충·사친이효·교우이신·임전무퇴·살생유택.

*__세수__ (洗手) [세:수] 손이나 얼굴을 씻음. 비 세면. **세수하다**.

세숫대야 (洗手—) [세:수때야 / 세:숟때야] 세숫물을 담는 그릇.

세숫물 (洗手—) [세:순물] 세수를 하는 데 쓰는 물. 예 세숫물을 뜨다.

세숫비누 (洗手—) [세:수삐누 / 세:숟삐누] 세수할 때에 쓰는 비누. 비 화장비누.

세습 (世襲) [세:습] 한집안의 재산·신분·직업 등을 대대로 물려받는 일. 예 왕위를 세습하다. **세습하다**.

세시 (歲時) [세:시] 한 해의 여러 철. 예 세시 풍속.

세심하다 (細心—) [세:심하다] 작은 일에도 꼼꼼하게 주의를 기울여 빈틈이 없다. 예 세심한 배려 / 세심하게 살피다 / 성격이 세심하다.

세심히 (細心—) [세:심히] 세심하게. 예 세심히 관찰하다.

세안 (洗顔) [세:안] 얼굴을 씻는 것. 예 세안 비누 / 세안 용품. 비 세수. 세면. **세안하다**.

*__세우다__ 1 곧게 일으키다. 예 기둥을 세우다. 2 움직이는 것을 멈추게 하다. 예 차를 세우다. 3 칼 따위의 날을 날카롭게 하다. 예 톱날을 세우다. 4 뜻을 정하다. 예 큰 뜻을 세우다. 5 이마지하다. 예 공을 세우다. 6 계획 따위를 짜다. 예 계획을 세우다. → 새우다 [주의]

*__세월__ (歲月) [세:월] 1 흘러가는 시간. 예 세월이 흐르다 / 세월 가는 줄 모르다. 비 광음. 2 지내는 형편이나 사

정. 예 요즘 세월이 좋아졌다.

세율 (稅率) [세:율] 세금을 매기는 비율. 예 세율이 높다. 비 과세율.

세이프 (safe) 1 야구에서, 주자가 베이스까지 안전하게 나가는 일. 2 테니스에서, 공이 경기장의 규정선 안에 떨어지는 일. 반 아웃.

세인 (世人) [세:인] 세상 사람. 예 세인을 놀라게 하다.

세일 (sale) 정해진 가격보다 싸게 파는 것. 예 세일 상품 / 백화점 봄맞이 세일. 세일하다.

세자 (世子) [세:자] 왕위를 이어받을 왕자. 예 세자를 책봉하다. 비 태자. 본 왕세자.

*__세제__ (洗劑) [세:제] 세수·빨래·청소 따위를 할 때에 때나 표면에 붙은 이물질을 씻어 내는 데 쓰는 물질. 비누 따위.

세제곱 [세:제곱] 같은 수를 세 번 곱함. 또는 그렇게 하여 얻은 수. 예 2의 세제곱은 8이다. 세제곱하다.

세제곱미터 (—meter) 가로·세로·높이가 각각 1m인 정육면체의 부피((기호는 m³)).

세조 (世祖) [세:조] 〖인명〗 조선 제7대 임금. 세종의 둘째 아들로, 조카인 단종을 몰아내고 왕이 됨. 여러 제도를 고치는 등 초기의 왕권 확립에 크게 공헌함. 수양 대군. [1417-1468 ; 재위 1455-1468]

세종 (世宗) [세:종] 〖인명〗 조선 제4대 임금. 훈민정음을 창제하고, 측우기와 해시계를 발명하게 하는 등 민족 문화를 크게 일으킴. 외적의 침입을 막기 위해 북쪽에 6진을 두고, 남쪽에 3포를 두는 등 여러 면에 큰 업적을 남김. [1397-1450 ; 재위 1418-1450]

세주다 (貰—) [세:주다] 돈을 받고 집이나 물건 따위를 빌려주다. 예 집을 세주다.

세차 (洗車) [세:차] 자동차에 묻은 먼지나 흙 따위를 씻음. 세차하다.

세차다 [세:차다] 힘차고 억세다. 예 세찬 바람 / 비가 세차게 쏟아지다.

세차장 (洗車場) [세:차장] 돈을 받고 차를 씻어 주는 곳.

세척 (洗滌) [세:척] 깨끗이 씻음. 예 세척 효과가 뛰어나다. 세척하다.

세척력 (洗滌力) [세:청녁] 깨끗이 씻어 내는 힘. 예 비누의 세척력이 뛰어나다.

세척제 (洗滌劑) [세:척쩨] 때나 더러운 것을 씻어 내는 데에 쓰는 약품. 합성 세제 따위.

세컨드 (second) 1 야구에서, 2루. 2 권투에서, 경기하는 선수를 돌보고 작전 지시를 하는 사람.

세탁 (洗濯) [세:탁] ⇨빨래. 예 세탁 후 옷감이 줄어들었다. 세탁하다.

*__세탁기__ (洗濯機) [세:탁끼] 전기를 이용하여 빨래하는 기계.

세탁소 (洗濯所) [세:탁쏘] 세탁하는 기계를 갖춰 놓고 돈을 받고 남의 빨래와 다림질을 해 주는 곳.

세태 (世態) [세:태] 세상의 형편이나 상태. 예 세태가 어지럽다.

세트 (set) 1 그릇이나 가구 따위의 한 벌. 예 커피 세트. 2 영화 촬영이나 연극 공연을 위한 장치. 3 테니스·배구 등에서, 한 경기 중의 한 판.

세파 (世波) [세:파] 모질고 거센 세상살이의 어려움. 예 세파에 시달리다.

세포 (細胞) [세:포] 생물체를 이루고 있는 가장 기본 단위. 예 신경 세포 / 세포 조직.

세포 분열 (細胞分裂) 한 개의 세포가 두 개 이상의 세포로 나누어지는 현상.

세피리 (細—) [세:피리] 전통 음악에 쓰이는, 가늘고 작은 피리.

센말 [센:말] 뜻은 같지만, 어감이 강한 말. '방긋'에 대한 '빵끗' 따위의 말. 반 여린말.

센머리 [센:머리] 하얗게 센 머리카락. 비 백발.

센물 [센:물] 칼슘 이온이나 마그네슘 이온 따위가 많이 들어 있어서 비누 거품이 잘 일지 않는 물. 반 단물.

센박 (—拍) [센:박] 한 마디 안에서 세게 연주하는 박자. 반 여린박.

센서 (sensor) 소리·빛·온도·압력 따위의 변화나 정도를 알아내는 기계 장치. 비 감지기.

센세이션 (sensation) 많은 사람을 갑자기 흥분시키거나 많은 사람의 관

센스 (sense) 사물이나 사실에 대한 감각이나 판단력. ⑩센스가 뛰어난 사람 / 센스가 있다.

***센터** (center) 1 어떤 설비나 기능이 집중되어 있는 곳. ⑩문화 센터 / 암 센터. 2 축구·배구·농구 따위에서, 중앙의 위치 또는 그 위치에 선 선수.

센티미터 (centimeter) 길이의 단위. 1m의 100분의 1((기호는 cm)). 준센티. ×센치미터.

셀로판 (cellophane) 비스코스라는 물질로 만든 종이 같은 물건. 유리처럼 환히 비치며 반짝거림. 담뱃갑·캐러멜 갑 따위를 싸는 데 많이 쓰임. 비셀로판지.

셀로판지 (cellophane紙) 셀로판을 얇고 투명하게 만들어 여러 가지 색깔을 넣은 종이. 셀로판종이.

셀로판테이프 (cellophane tape) 셀로판에 접착제를 바른 테이프.

셀프 카메라 (self camera) 자기 자신을 사진이나 동영상으로 직접 찍는 일. 또는 그렇게 찍은 사진이나 동영상. 준셀카.

***셈** [셈:] 1 수를 세는 일. ⑩셈이 빠르다. 2 주고받을 액수를 따져 밝히는 일. ⑩셈이 분명하다. 비계산. 3 사실의 형편 또는 까닭. ⑩어찌된 셈인지 모르겠다. 본셈판. **셈하다.** →샘 주의

셈여림 [셈:녀림] 음악에서, 강하게 또는 약하게 소리 내는 것.

셈여림표 (一標) [셈:녀림표] 악곡의 셈여림의 정도를 나타내는 표. 비강약 부호.

***셋** [셋:] 둘에 하나를 더한 수. 비삼. 활용 셋만 [셈:만] ⇨three

셋방 (貰房) [세:빵 / 셋:빵] 세를 내고 빌려 쓰는 방. ⑩셋방 신세를 면하다 / 단칸 셋방을 구하다.

셋집 (貰一) [세:찝 / 셋:찝] 세를 내고 빌려 사는 집. ⑩셋집을 놓다 / 셋집을 얻어 살다.

***셋째** [섿:째] 1 세 개째. 2 세 번째째. ⑩셋째 아들.

셔츠 (shirts) 대개 칼라가 있고 앞쪽에 작은 단추가 달린, 긴팔이나 반팔로 된 가벼운 서양식 윗옷.

셔터 (shutter) 1 카메라에서, 빛이 들어가는 구멍을 순간적으로 여닫는 장치. ⑩카메라의 셔터를 누르다. 2 위로 감아올리고 풀어 내리게 된, 쇠로 만든 덧문. ⑩가게 셔터를 내리다.

셔틀콕 (shuttlecock) 배드민턴 경기에 쓰이는 깃털이 달린 공.

***소**[1] 가축의 하나. 머리에 뿔이 둘 있고 눈이 크며, 발굽은 둘로 갈라져 있음. 풀을 먹으며 밭을 갈고 짐을 나르는 데 씀. 가죽·뿔 따위로 여러 가지 물건을 만들고 젖과 고기는 먹음. →수소 주의 ⇨cow

소[2] 떡이나 만두 또는 통김치·오이소박이 따위의 속에 넣어, 맛을 내기 위한 여러 가지 재료.

소가족 (小家族) [소:가족] 부부와 결혼하지 않은 자녀로 이루어진 가족. 또는 식구 수가 적은 가족. 반대가족.

소가죽 ⇨쇠가죽.

소각 (燒却) 불에 태워 버림. ⑩쓰레기를 소각하다. **소각하다.**

소각로 (燒却爐) [소:강노] 쓰레기 따위를 태워 없애는 큰 장치.

소각장 (燒却場) [소:각짱] 쓰레기 따위를 불에 태워 없애는 곳.

소갈머리 [소:갈머리] '심지'[2]의 낮춤말. ⑩소갈머리 없는 짓. 비소갈딱지.

소감 (所感) [소:감] 마음에 느끼고 생각한 것. ⑩당선 소감을 밝히다.

***소개** (紹介) 1 서로 모르는 두 사람을 알고 지내도록 관계를 맺어 줌. ⑩친구를 소개하다. 2 모르는 내용이나 사실을 알리는 일. ⑩신간 서적을 소개하다. **소개하다.**

소개서 (紹介書) 사람이나 사물을 소개하는 글. ⑩이력서와 자기 소개서를 준비하다.

소개장 (紹介狀) [소:개짱] 소개하는 내용의 편지나 문서.

소견 (所見) [소:견] 일이나 사물을 살펴보고 가지게 되는 생각. ⑩소견이 좁다 / 각자의 소견. 비의견.

소경 [소:경] '시각 장애인'을 낮잡아 이르는 말. 비맹인. 봉사. 장님.

소계 (小計) [소:계 / 소:게] 전체가 아닌 어느 한 부분만의 합계. 반총계.

소고 (小鼓) [소:고] 농악기의 하나. 높이가 낮고 얇은 가죽으로 메운 작은 북. 자루가 달렸고, 나무 채로 침.

소고

소고기 ⇨쇠고기.
소곤거리다 남이 알아듣지 못하게 작은 목소리로 자꾸 가만가만 말하다. 큰수군거리다. 센쏘곤거리다.
소곤소곤 소곤거리는 모양. 예귓속말을 소곤소곤하다. 큰수군수군. 센쏘곤쏘곤. **소곤소곤하다**.
소관 (所關) [소:관] 관계되는 일. 예그것은 내 소관이 아니다.
소괄호 (小括弧) [소:괄호] 주로 보충적인 내용을 덧붙일 때 쓰는 묶음표의 하나. 문장 부호 '( )'의 이름.
소국 (小國) [소:국] 국력이 약하거나 국토가 작은 나라. 반대국.
소굴 (巢窟) 도둑이나 나쁜 짓을 하는 무리들이 모이는 곳.
소규모 (小規模) [소:규모] 일의 범위가 좁고 작은 규모. 반대규모.
소극적 (消極的) [소극쩍] 무슨 일에 대하여 스스로 나서지 않는 (것). 예소극적인 태도. 반적극적.
*__소금__ 음식을 절이거나 짠맛을 내는 데 쓰이는 결정체. ⇨salt
소금기 (一氣) [소금끼] 소금 성분. 짭짤한 맛이나 냄새.
소금물 소금을 녹인 물. 또는 짜디짠 물. 비염수.
소금쟁이 소금쟁잇과의 곤충. 길이 1.5cm, 몸빛은 흑색임. 털이 있는 긴 다리로 물 위를 달림.

소금쟁이

소급 (遡及) 지나간 일에까지 거슬러 올라가서 영향을 미침. **소급하다**.
소꿉놀이 [소꿉노리] 아이들이 자질구레한 장난감 그릇 따위를 가지고 살림살이하는 흉내를 내며 노는 놀이. **소꿉놀이하다**.
소꿉장난 [소꿉짱난] 소꿉놀이를 하며 노는 장난. **소꿉장난하다**.
*__소나기__ 갑자기 세차게 쏟아지다가 곧 그치는 비. 예여름에는 소나기가 자주 내린다. 비소낙비. →[학습마당] 12(397쪽)
소나기구름 소나기, 우박, 천둥을 동반하는 크고 짙은 구름.
*__소나무__ 소나뭇과의 상록 침엽 교목. 껍질은 검붉고 비늘 모양이며, 잎은 바늘처럼 길고 뾰족함. 꽃은 늦봄에 피고 다음 해 가을에 열매를 맺음. 건축 재료·땔감 등으로 쓰임. 비솔. ⇨pine
소나타 (이 sonata) 기악곡의 한 형식으로, 4개의 악장으로 되어 있는 악곡. 주명곡.
소낙비 [소낙삐] ⇨소나기.
*__소녀__ (少女) [소:녀] 아주 어리지도 않고 성숙하지도 않은 여자아이. 예귀여운 소녀. 반소년. ⇨girl
*__소년__ (少年) [소:년] 아주 어리지도 않고 성숙하지도 않은 남자아이. 예빡빡머리 소년. 반소녀. ⇨boy
소뇌 (小腦) [소:뇌/소:눼] 대뇌의 아래, 연수의 뒤에 있는 뇌의 한 부분. 몸의 평형 감각과 근육 운동을 조절함. 비작은골.
소다 (soda) 반죽에 넣어 부풀게 하거나, 빨래에 표백제로 쓰거나, 살갗을 소독할 때 쓰는 흰 가루 물질. 탄산나트륨.
소달구지 소가 끄는 수레. 예소달구지 위에 걸터앉았다. 비우차.
소담스럽다 [소담스럽따] 보기에 소담하다. 예소담스러운 함박꽃. 활용소담스러워/소담스러우니.
소담하다 1 음식이 넉넉하여 보기에도 먹음직하다. 예나물을 무쳐 소담하게 담다. 2 생김새가 탐스럽다. 예소담한 꽃송이.
소대 (小隊) [소:대] 군대를 편성하는 단위의 하나. 보통, 분대의 위, 중대의 아래인 육군의 정규 부대.
소대원 (小隊員) [소:대원] 소대를 이루는 구성원.
소대장 (小隊長) [소:대장] 소대를 거느리는 장교. 보통 소위나 중위가 맡음.
소댕 솥을 덮는 뚜껑. 비솥뚜껑.
소도구 (小道具) [소:도구] 연극이나 영화에서 무대 장치나 분장에 쓰는 작은 도구. 비소품.

소도시 (小都市) [소:도시] 작은 도시. 凹대도시.

소독 (消毒) 약품·열 따위를 이용하여 병균을 죽이는 일. 예일광 소독. **소독하다.**

소독약 (消毒藥) [소동냑] 소독하는 데 쓰는 약. 알코올·요오드·포르말린 따위. 凹소독제.

소동 (騷動) 시끄럽게 떠들고 마구 행동함. 예소동을 일으키다. 凹소란. **소동하다.**

*__소득__ (所得) [소:득] 어떤 일 따위를 한 결과로 얻는 이익·수입. 예근로 소득 / 사업 소득. 凹수입.

소득세 (所得稅) [소:득쎄] 개인의 소득에 나라가 매기는 세금.

소등 (消燈) 등불을 끔. 예소등 시간. 凹점등. **소등하다.**

소라 [소:라] 소랏과에 속하는 고둥. 딱딱한 껍데기의 겉은 흑갈색이고 안쪽은 희고 광택이 남. 살은 먹고, 껍데기는 바둑돌·자개·단추 따위를 만듦.

소라

소란 (騷亂) 어수선하고 시끄러움. 예소란을 피우다. 凹소동. **소란하다. 소란스럽다.**

소량 (少量) [소:량] 적은 분량. 예소량의 소금. 凹다량. 대량.

소련 (蘇聯) 『국명』 유럽 동부와 아시아 북부에 있었던 세계 최초의 사회주의 국가. 1922년 성립되어 1991년 해체됨. 수도는 모스크바. 본소비에트 사회주의 공화국 연방.

소령 (少領) [소:령] 군대 계급의 하나. 중령의 아래, 대위의 위.

소로 (小路) [소:로] 좁은 길. 凹대로.

소록소록 [소록소록] 1 아기가 곱게 자는 모양. 예아기가 소록소록 잠들다. 2 비나 눈 따위가 보슬보슬 내리는 모양. **소록소록하다.**

소르르 1 얽힌 물건이 잘 풀어지는 모양. 예옷고름이 소르르 풀어지다. 2 부드러운 바람이 천천히 부는 모양. 예바람이 소르르 불다. 3 졸음이 오거나 잠이 드는 모양. 예책을 읽다가 소르르 잠이 들다.

*__소름__ [소:름] 춥거나 무섭거나 징그러울 때 피부에 좁쌀같이 도톨도톨하게 돋는 것. 예소름이 오싹 끼치다.

*__소리__ 1 물체의 떨림으로 일어나는 음파가 귀에 울리어 들리는 것. 예바람 소리 / 소리를 줄이다. ⊃sound 2 사람의 목소리. 예소리를 지르다 / 소리를 치다. 3 말. 예무슨 소리를 하는 거지. 4 판소리·민요 등 우리나라의 전통적인 노래. 예소리를 잘하다. → [학습마당] 15(465쪽)

소리굽쇠 [소리굽쐬 / 소리굽쒜] 소리의 성질을 연구하는 데 쓰는 'U' 자 모양의 기구. 두드리면 맑은 소리를 냄. 凹음차.

소리글자 (一字) [소리글짜] 글자 하나하나에 뜻이 없이 소리만 나타내는 글자. 한글·로마 글자·일본의 가나 등. 凹표음 문자. 凹뜻글자. 준소리글.

소리꾼 우리나라의 전통적인 창이나 노래를 잘 부르는 사람. 예그는 소문난 소리꾼이다.

*__소리치다__ 소리를 크게 지르다. 예빨리 오라고 목청껏 소리쳐 부르다. 凹외치다.

소만 (小滿) [소:만] 이십사절기의 하나. 입하와 망종 사이로 양력 5월 21일경임. → [학습마당] 21(652쪽)

소말리아 (Somalia) 『국명』 아프리카 대륙의 동쪽 끝에 있는 민주 공화국. 바나나 재배, 목축업이 성함. 그러나 오랜 가뭄과 내전으로 질병과 식량난이 극심함. 수도는 모가디슈.

소망 (所望) [소:망] 바라는 것. 기대하는 것. 예소망을 이루다. 凹소원. 희망. **소망하다.**

소매[1] 윗옷의 좌우에 있는 두 팔을 꿰는 부분. 예짧은 소매 / 소매 끝이 해어지다. 凹옷소매.

　소매를 걷다 모든 일을 제쳐 놓고 일을 적극적으로 시작하다.

소매[2] (小賣) [소:매] 물건을 도매상에서 사들여 직접 소비자에게 팖. 凹도매.

소매상 (小賣商) [소:매상] 소매하는 장사. 또는 그 장수. 凹도매상.

소매업 (小賣業) [소:매업] 물건을 소매로 파는 영업.

소매치기 길거리나 차 안 등 복잡한 곳에서 남의 몸이나 가방에 있는 돈이나 보석을 슬쩍 빼어 훔치는 짓. 또는 그런 짓을 하는 사람. 예 지갑을 소매치기당하다.

소맥분(小麥粉) [소:맥뿐] 밀을 빻아 만든 가루. 밀가루.

소맷자락 [소매짜락 / 소맫짜락] 소매의 아래쪽에 늘어지는 부분.

소멸(消滅) 사라져 없어짐. 예 자연 소멸. 소멸하다.

소모(消耗) 써서 없앰. 예 여름에는 전력 소모가 많다. 비소비. 소모하다.

소모품(消耗品) 쓰는 대로 닳아서 점점 못 쓰게 되거나 없어지는 물품. 잉크·연필·종이 따위. 반비품.

소묘(素描) [소:묘] 어떤 한 가지 색, 특히 검은색으로 대상물의 형태와

학습마당 15

소리의 동화

(1) 받침 'ㄷ, ㅌ(ㄾ)'이 홀소리 'ㅣ'와 만날 경우에는, [ㅈ, ㅊ]으로 바꾸어서 뒤의 음절 첫소리로 옮겨 발음한다.
　곧이듣다 [고지듣따]　굳이 [구지]　미닫이 [미:다지]
　땀받이 [땀바지]　밭이 [바치]　벼훑이 [벼훌치]
　[붙임] 'ㄷ' 뒤에 '히'가 와서 '티'가 된 것은 [치]로 발음한다.
　굳히다 [구치다]　닫히다 [다치다]　묻히다 [무치다]

(2) 받침 'ㄱ(ㄲ, ㅋ, ㄳ, ㄺ), ㄷ(ㅅ, ㅆ, ㅈ, ㅊ, ㅌ, ㅎ), ㅂ(ㅍ, ㄼ, ㄿ, ㅄ)'은 'ㄴ, ㅁ' 앞에서 [ㅇ, ㄴ, ㅁ]으로 발음한다.
　국물 [궁물]　깎는 [깡는]　흙만 [흥만]
　닫는 [단는]　옷맵시 [온맵씨]　맞는 [만는]
　젖멍울 [전멍울]　쫓는 [쫀는]　꽃망울 [꼰망울]
　놓는 [논는]　잡는 [잠는]　앞마당 [암마당]
　밟는 [밤:는]　읊는 [음는]　값나가다 [감나가다]
　[붙임] 두 낱말을 이어서 발음하는 경우에도 이와 같다.
　책 넣는다 [챙넌는다]　흙 말리다 [흥말리다]　옷 맞추다 [온맏추다]
　밥 먹는다 [밤멍는다]　값 매기다 [감매기다]

(3) 받침 'ㅁ, ㅇ' 뒤에 연결되는 'ㄹ'은 [ㄴ]으로 발음한다.
　담력 [담:녁]　침략 [침:냑]　강릉 [강능]　항로 [항:노]
　[붙임] 받침 'ㄱ, ㅂ' 뒤에 연결되는 'ㄹ'도 [ㄴ]으로 발음한다.
　막론 [막논 → 망논]　석류 [석뉴 → 성뉴]
　협력 [협녁 → 혐녁]　법리 [법니 → 범니]

(4) 'ㄴ'은 'ㄹ'의 앞이나 뒤에서 [ㄹ]로 발음한다.
　난로 [날:로]　신라 [실라]　천리 [철리]　광한루 [광:할루]　대관령 [대:괄령]
　칼날 [칼랄]　물난리 [물랄리]　줄넘기 [줄럼끼]　할는지 [할른지]
　[붙임] 첫소리 'ㄴ'이 'ㅀ, ㄾ' 뒤에 올 때에도 이에 준한다.
　닳는 [달른]　뚫는 [뚤른]　핥네 [할레]
　다만, 다음과 같은 단어들은 'ㄹ'을 [ㄴ]으로 발음한다.
　의견란 [의:견난]　임진란 [임:진난]　생산량 [생산냥]　결단력 [결딴녁]
　공권력 [공꿘녁]　동원령 [동:원녕]　상견례 [상견녜]　횡단로 [횡단노]
　이원론 [이:원논]　입원료 [이붠뇨]　구근류 [구근뉴]

(5) 위에서 말한 항목 이외의 닿소리 발음의 동화는 표준 발음으로 인정하지 않는다.
　감기 [감:기] (× [강:기])　옷감 [옫깜] (× [옥깜])　있고 [읻꼬] (× [익꼬])
　꽃길 [꼳낄] (× [꼭낄])　젖먹이 [전머기] (× [점머기])
　문법 [문뻡] (× [뭄뻡])　꽃밭 [꼳빧] (× [꼽빧])

(6) 다음의 어미는 [어]로 발음함을 원칙으로 하되, [여]로 발음함도 허용한다.
　되어 [되어 / 되여]　피어 [피어 / 피여]
　[붙임] '이오, 아니오'도 이에 준하여 [이요, 아니요]로 발음함을 허용한다.

명암을 나타낸 그림. 대생.

소문(所聞) [소:문] 여러 사람의 입에 오르내리며 전하여 들리는 말. 예 안 좋은 소문이 돌다 / 소문이 자자하다. 비 풍문.

소문나다(所聞—) [소:문나다] 소문이 퍼지다. 예 구두쇠로 소문나다.

소문자(小文字) [소:문짜] 서양 문자의 작은 체의 문자. 반 대문자.

소박하다(素朴—) [소:바카다] 꾸밈이나 거짓이 없고 수수하다. 예 소박한 인심.

소반(小盤) [소:반] 밥·반찬과 그 밖의 음식을 벌여 놓고 먹는 작은 밥상.

소방(消防) 불이 나지 않도록 예방하고 불이 난 것을 끄는 일.

소방관(消防官) 불이 나지 않도록 미리 막고 불이 난 것을 끄는 일을 맡은 공무원.

소방대원(消防隊員) 소방 일을 하는 사람들의 집단에 속한 사람.

*소방서(消防署) 불이 나지 않도록 예방하고 불이 난 것을 끄는 일을 맡아보는 기관.

소방수(消防手) ⇨소방관.

소방차(消防車) 불을 끄는 데 쓰는 자동차. 비 불자동차.

소백산맥(小白山脈) [소:백싼맥] 태백산맥에서 갈려 서쪽으로 달리다가 남서쪽으로 뻗어 내려 영남 지방과 호남 지방과의 경계를 이루는 산맥.

소변(小便) [소:변] ⇨오줌. 예 소변이 마렵다. 반 대변.

소복(素服) [소:복] 하얗게 차려입은 옷. 흔히 상복으로 입음. 예 소복 차림. **소복하다**.

소복소복 [소복쏘복] 물건이 많이 담겨 있거나 쌓여 있는 모양. 예 소복소복 눈이 쌓이다. 큰 수북수북. **소복소복하다**.

소복이 [소보기] 소복하게. 예 쟁반에 과일을 소복이 담다. 큰 수북이. ×소복히.

소복하다 [소보카다] 1 물건이 도드라지게 많이 담겨 있거나 쌓여 있다. 예 밥을 소복하게 담다. 2 식물이나 털 따위가 촘촘하고 길게 나 있다. 예 잡초가 소복하게 자랐다. 큰 수북하다.

*소비(消費) 돈·물건·시간·노력 따위를 써서 없앰. 예 소비 절약 운동 / 3년이라는 시간을 소비하다. 반 생산. **소비하다**.

*소비자(消費者) 생산된 물건을 돈을 주고 사서 쓰는 사람. 예 소비자 보호 운동. 반 생산자.

소비자 가격(消費者價格) 소비자가 물건을 사는 값. 또는 정부가 소비자에게 파는 값.

소비자 단체(消費者團體) 소비자가 자신들의 권리와 이익을 보호하기 위하여 만든 기구.

소비재(消費財) 자신의 욕망을 채우기 위해 일상생활에서 소비하는 모든 물품. 일용품·식료품 따위.

소상하다(昭詳—) 분명하고 자세하다. 예 이유를 소상하게 밝히다.

소상히(昭詳—) 분명하고 자세하게. 예 어제 본 일을 소상히 말해라.

소생(蘇生) 거의 죽어 가다가 다시 살아남. 예 만물이 소생하는 봄이 돌아오다. 비 회생. **소생하다**.

*소설(小說) [소:설] 있었던 일이나 있음직한 일을 이야기로 꾸며, 지은이가 말하고 싶은 생각이나 느낌을 나타낸 글. 예 탐정 소설.

소설가(小說家) [소:설가] 소설을 전문적으로 쓰는 사람.

소셜 네트워크 서비스(social network service) ⇨에스엔에스(SNS).

소소하다(小小—) [소:소하다] 대수롭지 않고 자질구레하다. 예 소소한 일까지 간섭한다.

소속(所屬) [소:속] 어떤 기관이나 단체에 딸림. 또는 그 딸린 사람이나 물건. 예 대학에 소속된 초등학교. **소속하다**.

소속감(所屬感) [소:속깜] 자신이 어떤 집단에 속해 있다는 느낌. 예 소속감을 가지다.

소송(訴訟) 법원에 재판을 걺. 또는 그 절차. 예 소송을 걸다. **소송하다**. 참고 민사 소송·형사 소송 등의 구별이 있음.

*소수¹(小數) [소:수] 1보다 작고 0보다 큰 실수. 0.1, 0.9 따위.

소수²(少數) [소:수] 적은 수효. 예

소수의 의견을 존중하다. 판다수.
소수³ (素數) [소:쑤] 1과 그 수 자신 이외의 정수로는 나누어지지 않는 정수. 2·3·5·7·11·13 따위.
소수림왕 (小獸林王) [소:수리왕] 〖인명〗고구려 제17대 임금. 재위 2년(372)에 중국 전진으로부터 최초로 불교를 받아들임. [재위 371-384]
소수 민족 (少數民族) 한 나라를 이루는 여러 민족 가운데 인구가 적고 인종·언어·풍습 따위를 달리하는 민족.
소수점 (小數點) [소:수쩜] 소수 부분과 정수 부분을 구분 짓는 점.
소스 (sauce) 서양 요리에서, 맛과 빛깔을 돋우기 위해 음식에 치는 액체 조미료.
소스라치다 깜짝 놀라 몸을 갑자기 떠는 듯이 움직이다. 예광 소리에 소스라치며 놀랐다.
소슬바람 (蕭瑟—) 으스스하고 쓸쓸하게 부는 가을바람.
소시지 (sausage) 소·돼지 따위의 창자에, 양념하여 곱게 다진 고기를 채우고 삶은 서양식 순대. ×소세지.
소식¹ (小食) [소:식] 음식을 적게 먹음. 판과식. 소식하다.
***소식²** (消息) 안부나 어떤 형편 따위를 알리는 말이나 글. 예소식을 전하다 / 고향 소식. 비기별. 안부.
소신 (所信) [소:신] 굳게 믿거나 생각하는 것. 예소신을 굽히지 않다.
소신껏 (所信—) [소:신껃] 자기가 믿고 주장하는 대로. 예소신껏 밀고 나가다.
소실 (消失) 사라져 없어짐. 잃어버림. 예권리가 소실되다. 소실하다.
소심하다 (小心—) [소:심하다] 대담하지 못하고 지나치게 조심스럽다. 예소심한 성격 / 소심하게 굴다.
소싸움 남부 지방에서 단옷날에 두 소를 맞붙여 싸우게 하는 민속놀이.
소아 (小兒) [소:아] 어린아이.
소아과 (小兒科) [소:아꽈] 어린아이에게 생기는 병을 전문으로 보는 의학의 한 분야. 소아 청소년과로 이름이 바뀜.
소아마비 (小兒痲痺) [소:아마비] 어린아이에게 많이 발생하는 운동 기능의 마비성 질병.
소액 (少額) [소:액] 적은 액수. 예소액 대출을 받다.
소양 (素養) 평소에 닦아 놓은 교양. 예음악적 소양이 뛰어나다.
소양강 댐 (昭陽江dam) 강원도 춘천시 소양강에 있는 댐. 한강 유역의 홍수 조절과 농업용·공업용 물 공급과 수력 발전 따위의 구실을 함. 1973년 10월에 완공됨.
소외 (疏外) [소:외 / 소:웨] 따돌리거나 멀리함. 예동네 친구들에게 소외를 당하다. 소외되다.
소외감 (疏外感) [소:외감 / 소:웨감] 남에게 따돌림을 당한 것 같은 느낌. 예친구들 사이에서 소외감을 느끼다.
소요 (所要) [소:요] 요구되는 것. 또는 필요한 것. 예많은 시간과 노력이 소요되는 일이다. 소요하다.
***소용** (所用) [소:용] 쓸 곳. 또는 쓰이는 일. 예아무 소용이 없는 물건을 갖다 버리다. 비필요.
소용돌이 [소:용도리] 바닥이 패어 물이 세차게 빙빙 돌며 흐르는 현상. 또는 그런 곳.
소용돌이치다 [소:용도리치다] 물이 빙빙 돌면서 세차게 흐르다.
소용없다 (所用—) [소:용업따] 아무런 쓸모나 도움이 될 수가 없다. 예아무리 다짐을 해도 소용없다.
소우주 (小宇宙) [소:우주] 우주 속에 포함되어 있는 작은 우주.
***소원** (所願) [소:원] 원하고 바람. 하고 싶어함. 예소원을 빌다 / 소원이 이루어지다. 비소망. 소원하다.
소위¹ (少尉) [소:위] 군인 계급의 하나. 중위의 아래, 준위의 위.
***소위²** (所謂) [소:위] 이른바. 예소위 교수란 사람이 책을 멀리하다니.
소유 (所有) [소:유] 자기 것으로 가지고 있음. 또는 가지고 있는 물건. 예공동 소유 / 땅을 소유하다. 소유하다.
소유물 (所有物) [소:유물] 자기 것으로 가지고 있는 물건.
소음 (騷音) 불쾌하고 시끄러운 소리. 예소음 공해.
소인¹ (小人) [소:인] 1 나이가 어린 사람. 예소인은 입장료가 반액이다.

소인[팬]대인. 2 마음이 좁고 행동이 바르지 않은 사람. [팬]군자. 3 윗사람에게 자기를 낮추어 하는 말. 4 키가 작은 사람. [팬]거인.

소인²(消印) 우체국에서 우표 따위에 찍는, 접수 날짜 등이 새겨진 도장. 예소인이 찍힌 엽서. **소인하다.**

소인국(小人國) [소:인국] 키가 아주 작은 사람들이 모여 산다는 상상의 나라.

소인수(素因數) 어떤 정수를 소수의 곱으로 나타낼 때의 각 인수. 곧, 30의 소인수는 $30=2\times3\times5$에서 $2\cdot3\cdot5$임. *소인수 분해.

소인수 분해(素因數分解) 어떤 정수를 소수의 곱으로 나타내는 것. 곧, $300=2^2\times3\times5^2$ 따위.

소일(消日) 1 하는 일 없이 세월을 보냄. 예할아버지는 매일 노인정에서 소일하신다. 2 어떤 일에 재미를 붙여 세월을 보냄. 예소일로 삼다 / 독서로 소일하다. **소일하다.**

소일거리(消日—) [소:일꺼리] 세월을 보내기 위해 심심풀이로 하는 일. 예소일거리로 그림을 그리다.

소자(小子) [소:자] 부모에 대한 자기의 낮춤말. 예소자 문안드립니다.

소작(小作) [소:작] 남의 땅을 빌려 농사를 지음. 예소작 농민 / 소작을 부치다. **소작하다.**

소장¹(小腸) [소:장] ⇨작은창자.

소장²(所藏) [소:장] 간직하여 둠. 또는 그 물건. 예박물관에 소장되어 있는 문화재. **소장하다.**

소장³(少將) [소:장] 군인 계급의 하나. 중장의 아래, 준장의 위.

소재¹(所在) [소:재] 있는 곳. 예책임의 소재 / 소재가 분명하지 않다.

***소재²**(素材) 1 예술 작품의 바탕이 되는 재료. 예광산촌 이야기를 소설의 소재로 삼다. 2 어떤 것을 만드는 데 바탕이 되는 재료. 예종이를 소재로 인형을 만들다.

소재지(所在地) [소:재지] 주요 건물이나 기관 따위가 자리 잡고 있는 곳. 예도청 소재지. [준]소재.

소절(小節) [소:절] 말, 글, 노래 따위의 한 도막. 예노래를 한 소절씩 따라 부르다.

소정(所定) [소:정] 미리 정해져 있는 것. 예소정의 절차를 밟다.

소주(燒酒) 곡식을 쪄서 누룩과 물을 섞어 발효시켜 증류하거나 알코올에 물을 섞어 만든 맑은 술.

***소중하다**(所重—) [소:중하다] 매우 귀중하다. 예소중한 가족 / 선물을 소중히 간직하다. [비]귀중하다.

소중히(所重—) [소:중히] 소중하게. 예시간을 소중히 여기다.

소지¹(所持) [소:지] 가지고 있음. 또는 그런 물건. 예불법 무기를 소지하다. **소지하다.**

소지²(素地) 나중에 어떤 일을 일으킬 가능성. 예애초부터 말썽의 소지가 있었다.

소지품(所持品) [소:지품] 가지고 있는 물건. 예소지품 검사.

***소질**(素質) 본디부터 가지고 있는 성질. 또는 타고난 능력이나 기질. 예노래에 소질이 있다.

소집(召集) 불러서 모음. 예회의를 소집하다. **소집하다.**

소쩍새 [소쩍쌔] 올빼밋과의 새. 깊은 숲속에 살며, 회색 바탕에 갈색의 줄무늬가 있음. 부리는 짧고 끝이 안으로 휘어져 있음. 낮에 자고 밤에 활동하여 벌레를 잡아먹음. '소쩍쩍' 하고 욺.

소책자(小冊子) [소:책짜] 작고 얇게 만든 책. 예홍보용 소책자를 간행하다.

소철(蘇鐵) 소철과의 상록 교목. 열대성 식물로, 높이는 3m가량. 잎은 가늘고 길며 줄기 끝에 돌려나고, 수꽃은 긴 원통형의 솔방울 모양임. 씨는 약으로 씀.

소총(小銃) [소:총] 개인이 어깨에 메거나 손에 들고 다니는 전투용 총.

소켓(socket) 전구 따위를 꽂아 쓰는 전기 접속 기구.

소쿠리 대나 싸리로 엮은, 테가 있는 둥근 그릇.

소쿠리

소크라테스(Socrates) [인명] 고대 그리스의 철학자. 세계 사대 성인의

한 사람. [기원전 470?-기원전 399]

소탈하다 (疏脫—) 예절이나 형식에 얽매이지 않고 수수하고 털털하다. 예소탈한 성격.

소탕 (掃蕩) 휩쓸어 모두 없애 버림. 예폭력배를 소탕하다. **소탕하다**.

소통 (疏通) 1 막히지 않고 잘 통함. 예차량 소통이 원활하다. 2 생각하는 바가 서로 통함. 예친구끼리 의견 소통이 잘 이루어진다. **소통하다**.

소파 (sofa) 등받이와 팔걸이가 있는 긴 안락의자.

*__소포__ (小包) [소:포] 우편으로 보낼 수 있는 물건. 본소포 우편물.

소폭 (小幅) [소:폭] 1 폭이 좁음. 2 시세 등의 차가 적음. 예주가가 소폭 상승하다. 반대폭.

소품 (小品) [소:품] 1 그림·조각·문학·음악 따위의 크기가 작은 작품. 2 연극의 무대 장치에 쓰이는 자잘한 물건. 예소품을 준비하다.

*__소풍__ (逍風) 학교에서, 운동이나 자연 관찰, 역사 유적 따위의 견학을 겸해 야외로 나갔다 오는 일. ⇒picnic

소프라노 (이 soprano) 여성이나 어린이의 목소리에서 가장 높은 소리. 또는 그 가수.

소프트볼 (softball) 가죽으로 만든 부드럽고 큰 공. 또는 그 공으로 하는 야구 비슷한 경기. 주로 어린이나 여자들이 함.

소프트웨어 (software) 컴퓨터를 작동시키기 위한 프로그램을 짜거나 그 이용법을 연구하는 기술 부문. 반하드웨어.

소학 (小學) [소:학] 〖책〗중국 송나라 때 유자징이 주자의 가르침을 받아 엮은 책. 양반의 자제들은 8살이 되면 이 책으로 유학의 기초를 배웠음.

소학교 (小學校) [소:학꾜] '초등학교'를 예전에 일컫던 말.

소행 (所行) [소:행] 이미 행한 일이나 짓. 예소행이 괘씸하다.

소행성 (小行星) [소:행성] 화성과 목성 사이의 궤도에서 태양의 둘레를 도는 작은 행성. 무수히 많은 수가 있음.

소형 (小型) [소:형] 같은 종류의 물건 중에서 규모가 작은 것. 예소형 자동차. 반대형. 중형.

소홀하다 (疏忽—) 예사롭게 여겨서 정성이나 조심이 부족하다. 예행사 준비가 소홀하다.

소홀히 (疏忽—) 소홀하게. 예손님 대접을 소홀히 하다.

*__소화__¹ (消化) 1 먹은 음식물을 몸속에서 삭임. 예과식을 했더니 소화가 잘 안된다. 2 읽거나 들은 것을 충분히 익혀 자기 것으로 만듦. 예수업 내용이 어려워 쉽게 소화하지 못한다. **소화하다**.

소화² (消火) 불을 끔. 예소화 작업. 비진화. 반방화. **소화하다**.

소화기 (消火器) 불을 끄는 데에 쓰는 기구.

소화 기관 (消化器官) 먹은 음식을 소화·흡수하는 기관.

소화액 (消化液) 먹은 음식물을 소화시키기 위해 소화샘에서 분비되는 액체. 위액·담즙·침·창자액 따위.

소화기

소화제 (消化劑) 소화가 잘되게 하기 위해 먹는 약.

*__속__¹ [속:] 1 물체의 안쪽 부분. 예수박 속 / 속을 파먹다 / 속이 꽉 차다. 반겉. 2 사람 몸에서 배의 안 또는 위장. 예속이 편치 않다. 3 품고 있는 마음이나 생각. 예속을 털어놓다. 4 사람이나 사물을 대하는 자세나 태도. 예속이 좁다.

　속(을) 끓이다 마음을 태우다. 예돈을 잃어버리고 속을 끓이다.

　속이 끓다 몹시 화가 나다. 걱정이 되어 애가 타다. 예화가 나서 속이 부글부글 끓다.

　속(이) 시원하다 바라던 대로 되어서 마음이 상쾌하다. 기분이 후련하다. 예복잡한 일이 해결되어 속이 시원하다.

속² (屬) 생물 분류의 한 단위. 과와 종의 사이에 있음.

속개 (續開) [속깨] 일단 멈추었던 회의 따위를 다시 계속하여 엶. 예재판이 속개되다. **속개하다**.

속공 (速攻) [속꽁] 재빠른 동작으로

공격함. 예 속공 작전. **속공하다.**

속국 (屬國) [속꾹] 다른 나라의 지배를 받고 있는 나라. 땐종속국.

속기 (速記) [속끼] 1 빨리 적음. 2 말을 속기 부호로 적음. 또는 그 기록. **속기하다.**

속껍질 [속:껍찔] 속에 있는 껍질. 예 밤 속껍질 / 속껍질을 벗겨내다. 땐 겉껍질.

속눈썹 [송:눈썹] 눈시울에 난 털. 예 속눈썹이 길다. 땐 겉눈썹. ⓔeyelash

***속다** [속따] 1 남의 거짓이나 꾀에 넘어가다. 예 사기꾼에게 속다. 2 어떤 것을 다른 것으로 잘못 알다. 예 마네킹을 산 사람으로 속을 정도로 잘 만들었다.

속닥거리다 [속딱꺼리다] 남이 알아듣지 못하도록 작은 목소리로 계속 가만가만 이야기하다. 예 귓속말로 속닥거리다. 團숙덕거리다. 쎈쏙닥거리다.

속닥속닥 [속딱쏙딱] 작은 목소리로 계속 말하는 소리나 모양. 예 두 사람은 계속 속닥속닥 떠들어 댔다. **속닥속닥하다.**

속단 (速斷) [속딴] 신중하게 생각해 보지 않고 판단함. 예 속단하지 말고 좀 더 지켜보자. **속단하다.**

속달 (速達) [속딸] '속달 우편'의 준말. 예 우편물을 속달로 부치다.

속달 우편 (速達郵便) 요금을 더 받고 보통 우편보다 빨리 배달하던 우편. 지금은 '빠른우편'으로 바뀜. 예 소포를 속달 우편으로 보내다. 준속달.

***속담** (俗談) [속땀] 예로부터 내려오는 교훈·풍자 등의 뜻이 담긴 짧은 말. '등잔 밑이 어둡다' 따위.

***속도** (速度) [속또] 빠른 정도. 빠르기. 스피드. 예 속도 제한 지역 / 일정한 속도로 달리다.

속독 (速讀) [속똑] 책 따위를 빨리 읽음. **속독하다.**

속되다 (俗一) [속뙤다 / 속뛔다] 1 고상하지 못하고 천하다. 예 속된 말씨. 2 세속적이다. 예 속된 인간.

속뜻 [속:뜯] 1 마음속에 품고 있는 깊은 뜻. 예 그의 속뜻을 모르겠다. 2 글의 바탕에 흐르고 있는 뜻. 예 글의 속뜻을 파악하다.

***속력** (速力) [송녁] 빠른 힘. 속도를 내는 힘. 예 최대 속력을 내다.

속리산 (俗離山) [송니산] 충청북도 보은군과 경상북도 상주시 사이에 있는 산. 경치가 좋아 국립 공원으로 지정되어 있음. 법주사와 정이품 소나무가 있음. 높이 1,058m.

속마음 [송:마음] 겉으로 드러나지 않은 참마음. 예 속마음을 친구에게 털어놓다. 준속맘.

속말 [송:말] 속마음에서 우러나오는 참된 말. 땐 겉말.

속물 (俗物) [송물] 자신의 이익만 쫓는 야비한 사람. 예 보기와는 달리 속물이다.

속박 (束縛) [속빡] 얽어매어 자유를 빼앗음. 예 속박을 당하다. 團구속. 땐해방.

속보¹ (速報) [속뽀] 빨리 알림. 또는 그 보도. 예 뉴스 속보. **속보하다.**

속보² (速步) [속뽀] 빨리 걸음. 또는 빠른 걸음.

속불꽃 [속:뿔꼳] 불꽃의 안쪽에 있는 가장 밝게 빛나는 부분. 땐 겉불꽃.

***속삭이다** [속싸기다] 나지막한 목소리로 가만가만 이야기하다. 예 친구에게 귓속말로 속삭이다.

속삭임 [속싸김] 나지막한 목소리로 가만가만히 하는 말. 예 다정한 속삭임.

속살 [속:쌀] 1 옷에 가리어진 부분의 피부. 예 옷이 얇아 속살이 보이다. 2 식물의 겉껍질 안에 있는 부분. 예 사과의 속살을 숟가락으로 긁어 아이에게 먹이다.

속살거리다 [속쌀거리다] 남이 알아듣지 못하도록 작은 목소리로 계속 말하다.

속상하다 (一傷一) [속:쌍하다] 화가 나거나 걱정이 되어 마음이 불편하고 괴롭다. 예 일이 제대로 되지 않아 속상하다.

속설 (俗說) [속썰] 민간에 전하여 내려오는 설명이나 의견.

속성 (速成) [속썽] 빨리 이룸. 속성됨. 예 속성으로 배우다 / 속성 사진을 찍다. 땐만성. **속성하다.**

속세 (俗世) [속쎄] 속된 세상. 이 세상을 일컫는 말. 예 속세를 떠나 산으

속셈 [속:쎔] 1 마음속으로 하는 궁리. 예그의 속셈을 알 수가 없다. 2 연필이나 계산기 따위를 쓰지 않고 머릿속으로 하는 계산. 예속셈 학원. 町암산. **속셈하다**.

속속들이 [속:쏙뜨리] 깊은 속까지 샅샅이. 예사건을 속속들이 파헤치다.

속수무책 (束手無策) [속쑤무책] 손을 묶은 것처럼 어찌할 도리가 없어 꼼짝 못 함.

속어 (俗語) [소거] 1 통속적으로 쓰는 저속한 말. 2 예절에 맞지 않는 상스러운 말.

*__속옷__ [소곧] 겉옷의 안쪽에 받쳐 입는 옷. 町내의. 땐겉옷.

*__속이다__ [소기다] 1 거짓을 참으로 곧이듣게 하다. 예좋은 물건처럼 속이다. 2 거짓말로 남을 꾀다.

속임수 (一數) [소기쑤] 남을 속이는 짓. 또는 그 수단. 예속임수를 쓰다 / 속임수에 넘어가다.

속장경 (續藏經) [속짱경] 고려 때 송나라·요나라·일본 등지에서 모아 온 불교에 관한 책을 정리하여 의천이 만든 불교의 경전.

속절없다 [속쩌럽따] 어찌할 도리가 없다. 예속절없는 세월이 유수같이 흘러간다.

속절없이 [속쩌럽씨] 속절없게. 예속절없이 애만 태우다.

속죄 (贖罪) [속쬐/속쮀] 1 지은 죄를 물건이나 공로로 대신하여 씻음. 예죽음으로써 속죄하다. 2 예수가 인간의 죄를 대신하여 십자가에 못박힌 일. **속죄하다**.

속초 (束草) 〖지명〗 강원도 동해안에 있는 항구 도시. 설악산·해수욕장·비행장이 있으며, 어획량이 많아 동해의 어업 기지 구실을 함.

속출 (續出) 잇따라 나옴. 예크고 작은 부상이 속출하다. **속출하다**.

속치마 [속:치마] 치마를 입을 때, 속에 받쳐 입는 치마.

속칭 (俗稱) 세상에서 보통 쓰는 이름. 예시인 김병연은 속칭 김삿갓으로 알려져 있다. **속칭하다**.

속편 (續篇) 이미 만들어진 책이나 영화 따위의 뒤를 이어서 다시 만들어진 것.

*__속하다__ (屬一) [소카다] 어떤 것에 관계되어 딸리거나 매이다. 예우리 반에 속한 사람. ⇒belong

속히 (速一) [소키] 빨리. 서둘러서. 꽤 바르게. 예속히 돌아오너라. 町급히. 땐천천히.

솎다 [속따] 촘촘히 있는 것을 군데군데 골라 뽑아내서 성기게 하다. 예배추를 솎다.

*__손__[1] 1 손가락과 손바닥이 있는 부분. 예손을 씻다 / 두 손 모아 기도하다. 2 손가락. 예손을 꼽아 기다리다. 3 일을 하는 힘이나 기술. 예손이 많이 간다. 4 일을 하는 사람. 예농사철에는 손이 늘 부족하다. ⇒hand

손에 땀을 쥐다 몹시 아슬아슬하여 마음이 졸아들고 애달다.

손(을) 떼다 하던 일을 멈추다. 중간에서 그만두다.

손[2] 1 다른 곳에서 찾아온 사람. 2 주인을 찾아온 사람. 町객. 나그네. 높손님.

손[3] (孫) [손:] '후손'의 준말. 예손이 귀한 집.

*__손가락__ [손까락] 손끝에 달려 있는 다섯 개의 갈라진 가락. 〖보기〗 엄지손가락 : 무지, 집게손가락 : 인지, 가운뎃손가락 : 중지, 약손가락 : 무명지, 새끼손가락 : 소지. ⇒finger

> [참고] '손가락'은 '손'과 '가락'이 이어진 말이다. '가락'은 가늘고 긴 물건을 이르는 말로 나누다란 뜻의 가르다에서 생겨난 말이다. 엿가락, 젓가락의 가락이 그 예이다.

손가락질 [손까락찔] 1 손가락으로 가리키는 짓. 2 남을 얕보거나 흉보는 짓. 예손가락질을 받을 만한 짓. **손가락질하다**.

손거울 [손꺼울] 가지고 다니며 손에 들고 보는 작은 거울.

손금 [손끔] 손바닥에 여러 갈래로 잘게 나 있는 금. 예손금이 좋다.

손기정 (孫基禎) 〖인명〗 마라톤 선수. 1936년 베를린 올림픽에서 우리나라

처음으로 마라톤에서 금메달을 땄음. [1912-2002]

손길 [손낄] 1 손바닥을 펴 내민 손. 예손길이 닿는 가까운 거리. 2 돌보아 주거나 도와주는 일. 예사랑의 손길을 뻗다. 3 무엇을 하는 손의 움직임. 또는 가꾸고 다듬는 솜씨. 예벼를 베는 농부의 손길이 바쁘다.

손꼽다 [손꼽따] 1 손가락을 꼽아 수를 세다. 예소풍 갈 날을 손꼽아 기다리다. 2 많은 가운데에서 특히 손가락을 꼽아 셀 정도로 뛰어나다. 예손꼽을 만한 부자.

손꼽히다 [손꼬피다] 많은 가운데서 손가락을 꼽아 셀 정도로 뛰어난 축에 속하다. 예한국 제일의 관광지로 손꼽히다.

손끝 [손끋] 손가락의 끝. 예손끝 하나 까딱하기 싫다.

손날 태권도에서, 엄지손가락을 구부리고 손가락을 편 공격 자세 때, 새끼손가락에서 손목까지의 부분을 이르는 말. 예손날로 기왓장을 깨뜨리다.

*__손녀__ (孫女) 자식의 딸. 땐손자.

손놀림 손을 움직이는 일. 또는 손의 동작. 예손놀림이 빠르다.

*__손님__ '손'의 높임말. 예손님을 초대하다.

손님상 [손님쌍] 손님을 위하여 차린 밥상. 예갈비찜을 손님상에 올리다.

손대다 1 손으로 만지거나 건드리다. 예그림에 손대지 마라. 2 일을 시작하다. 예사업에 손대다. 3 고치다. 예작품에 다시 손대다. 4 남을 때리다.

손도장 (一圖章) [손또장] 도장 대신 엄지손가락에 인주 따위를 묻혀 지문을 찍은 것. 비지장.

손들다 1 자기의 힘 이상의 것을 만나 항복하다. 예저 고집쟁이에겐 정말 손들었다. 비포기하다. 2 어떤 제안이나 의견에 찬성하다. 예반장의 제안에 모두 손들었다. [활용] 손들어 / 손드니 / 손드는.

손등 [손뜽] 손의 바깥쪽. 손바닥의 뒤. 예소매가 손등을 덮다.

손때 1 오랜 세월을 두고 손으로 만지고 길들여서 묻은 때. 예손때 묻은 사전. 2 손을 대어 건드리거나 매만져서 생긴 때.

손마디 손가락의 마디. 예손마디가 굵다.

*__손목__ 손과 팔이 이어진 부분으로, 손에 가까운 곳. 예손목을 꽉 붙들다. 비팔목.

손목시계 (一時計) [손목씨계 / 손목씨게] 손목에 차는 작은 시계.

*__손바닥__ [손빠닥] 손의 안쪽. 손금이 있는 쪽. ⊃palm

손발 손과 발. 비수족.

손버릇 [손뻐륻] 1 손에 익은 버릇. 2 남의 것을 훔치는 버릇. 예손버릇이 나쁘다.

손병희 (孫秉熙) 『인명』 3·1 운동 때 민족 대표 33인의 한 사람. 동학의 3대 교조. 동학의 이름을 천도교로 바꿈. [1861-1922]

손보다 1 흠이나 탈이 없도록 손질을 잘하거나 고치다. 예고장이 난 시계를 손보다. 2 혼이 나도록 몹시 때리다. 예까부는 놈은 내가 손봐 주겠다.

*__손뼉__ 손가락과 손바닥을 합친 전체의 바닥. 예손뼉을 치다.

손상 (損傷) [손ː상] 1 물체가 깨지거나 상함. 예건물이 오래되어 손상되다. 2 명예나 체면, 가치 따위가 떨어짐. 예품위를 손상하다. 손상하다.

손색 (遜色) [손ː색] 서로 견주어 보아서 못한 점. 예외제에 비하여 조금도 손색이 없는 국산 제품.

손수 남의 힘을 빌리지 않고 직접 자기 손으로. 예할머님이 손수 심으신 나무. 비몸소. 친히.

*__손수건__ (一手巾) [손쑤건] 몸에 지니고 다니는 작은 수건.

손수레 사람이 손으로 끌거나 미는 작은 수레. 예많은 짐을 싣고 가는 손수레를 뒤에서 밀어 주었다.

손쉽다 [손쉽따] 일을 하기에 어렵지 않다. 예손쉽게 해결하다. [활용] 손쉬워 / 손쉬우니.

손실 (損失) [손ː실] 잃어버리거나 줄어들어서 손해를 봄. 또는 그 손해. 예재산에 손실을 입다. 비손해. 땐이득. 이익. 손실하다.

손아귀 [소나귀] 1 엄지손가락과 다

른 네 손가락과의 사이. 예손아귀 힘이 세다. 2 세력이 미치는 범위. 예적의 손아귀에서 벗어나다.

손아래 [소나래] 나이·항렬·지위 따위가 자기보다 아래인 관계. 비수하. 반손위.

손아랫사람 [소나래싸람 / 소나랟싸람] 자기보다 손아래가 되는 사람. 비아랫사람. 반손윗사람.

손오공 (孫悟空) [소노공] 중국 소설 '서유기'의 주인공으로 요술을 부린다고 하는 가상의 원숭이를 이르는 말.

손위 [소뉘] 나이·항렬·지위 따위가 자기보다 위인 관계. 반손아래.

손윗사람 [소뉘싸람 / 소뉟싸람] 자기보다 손위가 되는 사람. 비윗사람. 반손아랫사람.

손익 (損益) [소:닉] 손해와 이익. 예손익 계산서.

*손자 (孫子) [손:자] 아들의 아들. 또는 딸의 아들. 반손녀.

손자국 [손짜국] 손이 닿았던 흔적. 예거울에 손자국이 났다.

손잡다 [손짭따] 1 손과 손을 마주 잡다. 예둘이서 손잡고 해변을 거닐다. 2 서로 힘을 합하여 함께 일하다. 예우리 앞으로 손잡고 잘해 봅시다.

*손잡이 [손자비] 어떤 물건에 달려 있는, 손으로 잡게 된 부분. 예가방 손잡이 / 손잡이를 돌려 문을 열다.

손장난 [손짱난] 쓸데없이 손을 놀려서 하는 장난.

손재주 [손째주] 손으로 무엇을 만들거나 다루는 재주. 예내 친구는 손재주가 뛰어나다.

손전등 (一電燈) [손쩐등] 가지고 다닐 수 있게 만든 작은 전등. 비회중전등.

손주 (孫一) 손자와 손녀를 아울러 이르는 말.

*손질 손을 대어 잘 매만지는 일. 예구두를 손질하다. 손질하다.

손짓 [손찓] 손을 놀려서 어떤 뜻을 나타내는 짓. 예손짓해서 부르다. 손짓하다.

손찌검 손으로 남을 때리는 일. 예툭하면 손찌검이다. 손찌검하다.

손톱 손가락 끝에 있어서 그 부분을 보호하는 딱딱하고 얇은 부분.

  손톱만큼도 아주 조금도. 예인정이라곤 손톱만큼도 없다.

손톱깎이 [손톱까끼] 손톱이나 발톱을 깎는 기구.

손풍금 (一風琴) ⇨아코디언.

*손해 (損害) [손:해] 돈이나 재산을 잃거나 해를 입음. 예막대한 손해를 보다. 비손실. 반이익. 준손.

*솔¹ ⇨소나무.

*솔² [솔:] 먼지를 쓸어 떨어뜨리거나 풀칠할 때 쓰는 도구. ⇨brush

솔³ (이 sol) 장음계의 다섯째 음, 단음계의 일곱째 음의 계이름. '사' 음의 이탈리아 음이름.

솔가지 [솔까지] 땔감으로 쓰려고 꺾어서 말린 소나무 가지.

솔개 수릿과의 새. 몸빛은 어두운 갈색이며, 가슴에 검은색 세로무늬가 있음. 날개 길이는 48cm가량, 공중에서 날개를 편 채로 맴돌며 먹이를 노림.

솔개

솔기 옷 따위를 지을 때 두 폭을 맞대고 꿰맨 줄. 예옷의 터진 솔기를 꿰매다. 준솔.

솔깃하다 [솔기타다] 그럴듯해 보여 마음이 쏠리다. 예그의 말에 모두 귀가 솔깃했다.

솔로 (이 solo) 독창이나 독주.

솔로몬 (Solomon) 〖인명〗 고대 이스라엘 왕국의 제3대 임금. 다윗왕의 아들. 지혜의 왕으로 유명하여, 뛰어난 지혜를 '솔로몬의 지혜'라고도 함. [재위 기원전 971?-기원전 932?]

*솔바람 소나무 사이를 스치며 부는 바람.

솔방울 [솔빵울] 소나무의 열매. 비늘 같은 조각이 겹겹이 달려 있고, 그 사이에 씨가 들어 있음.

솔밭 [솔받] 소나무가 많이 들어서 있는 땅.

솔선 (率先) [솔썬] 남보다 앞장서서 먼저 함. 솔선하다.

솔선수범 (率先垂範) [솔썬수범] 남보다 앞장서서 몸소 모범을 보임. 예솔선수범하여 교실 청소를 하다. 솔선수범하다.

솔솔 1 물·가루 따위가 계속 가볍게 새어 나오거나 흐르는 모양. 2 냄새나 가는 연기 따위가 가볍게 풍기거나 피어오르는 모양. ⑩주방에서 고소한 냄새가 솔솔 난다. 3 바람이 부드럽고 가볍게 부는 모양. ⑩봄바람이 솔솔 분다. 囯 술술.

솔숲 [솔숩] 소나무가 우거진 숲. 비 송림.

솔이끼 [솔리끼] 이끼의 한 가지. 줄기 높이 10cm가량으로 가지 없이 곧게 섬. 산속의 축축하고 그늘진 곳에서 무리지어 자람.

솔잎 [솔립] 소나무의 잎.

*__솔직하다__ (率直−) [솔찌카다] 거짓이나 꾸밈이 없이 바르고 곧다. ⑩솔직한 대답.

솔직히 (率直−) [솔찌키] 솔직하게. ⑩솔직히 말해라. ×솔직이.

솔질 [솔:질] 솔로 먼지 등을 털거나 닦는 일. **솔질하다**.

*__솜__ [솜:] 목화씨에 달라붙은 털 모양의 부드럽고 가벼운 흰 섬유질. 이불에 넣거나 실을 자아 옷감을 짜기도 하는 등 널리 쓰임.

솜뭉치 [솜:뭉치] 솜을 뭉쳐 놓은 덩어리. ⑩옷이 터져 솜뭉치가 비어져 나오다.

솜사탕 (−沙糖) [솜:사탕] 빙빙 도는 기계에 설탕을 넣어 솜같이 부풀려 만든 과자.

*__솜씨__ 1 손을 놀려서 물건을 만드는 재주. ⑩음식 솜씨가 좋다. 2 일을 처리하는 수단이나 수완. ⑩익숙한 솜씨로 사건을 해결하다.

솜이불 [솜:니불] 안에 솜을 넣어 만든 이불. ⑩솜이불을 덮다.

솜털 [솜:털] 매우 잘고 보드랍고 고운 털.

솟구치다 [솓꾸치다] 빠르고 세게 솟구다. ⑩불길이 솟구치다.

*__솟다__ [솓따] 1 아래에서 위로, 또는 속에서 겉으로 세차게 나오다. ⑩분수가 힘차게 솟다. 2 느낌이나 기운이 생기다. ⑩기운이 솟다. 3 건물이나 산 따위가 우뚝 서다. ⑩산이 우뚝 솟아 있다.

솟대 [솓:때] 마을을 지켜주는 수호신의 상징으로 마을 입구에 세운 높은 장대. 장대 끝에 나무로 만든 새를 붙임.

솟대

솟아나다 [소사나다] 1 안에서 밖으로 나오다. ⑩눈물이 솟아나다. 2 힘이나 감정 따위가 생기다. ⑩힘이 솟아나다.

*__솟아오르다__ [소사오르다] 1 불쑥 나타나다. ⑩불길이 솟아오르다. 2 힘이나 감정 따위가 힘차게 일어나다. ⑩솟아오르는 슬픔. [활용] 솟아올라 / 솟아오르니.

솟을대문 (−大門) [소슬때문] 행랑채의 지붕보다 높이 솟게 만든 큰 대문.

송골매 (松鶻−) ⇨ 매².

솟을대문

송골송골 땀이나 소름 따위가 잘게 많이 돋아나 있는 모양. ⑩이마에 땀방울이 송골송골 맺히다. **송골송골하다**.

*__송곳__ [송:곧] 작은 구멍을 뚫는 데 쓰는 뾰족한 쇠붙이 연장.

[참고] '송곳'은 '손곳'이 변한 말로, '손'은 좁다의 뜻을 나타내는 '솔다'에서 나온 말이며, '곳'은 꼬챙이란 뜻이다.

송곳니 [송:곤니] 앞니와 어금니 사이에 있는 뾰족한 이.

송구스럽다 (悚懼−) [송:구스럽따] 미안한 마음과 거북한 느낌이 있다. ⑩폐를 끼쳐 송구스럽다. [활용] 송구스러워 / 송구스러우니.

송구영신 (送舊迎新) [송:구영신] 묵은해를 보내고 새해를 맞음.

송구하다 (悚懼−) [송:구하다] 매우 고맙고도 미안하다. ⑩이런 말씀을 드리게 되어 대단히 송구합니다.

송금 (送金) [송:금] 돈을 부쳐 보냄. ⑩등록금을 송금하다. **송금하다**.

송나라 (宋−) [송:나라] 중국 통일 왕조의 하나. 도읍은 변경, 후에는 임안. 우리나라와는 학문과 예술 등에서 활발한 교섭을 함. 1127년 이전을 북송, 그 이후를 남송이라 하며 원나라 세조에게 망함. [960-1279]

송년사 (送年辭) [송:년사] 묵은해를 보내면서 하는 인사말이나 이야기. ⑩ 사장님의 송년사. 땐신년사.

송덕비 (頌德碑) [송:덕삐] 공덕을 기리기 위하여 세운 비.

송도 (松都) 〖지명〗 '개성²'의 옛 이름. 고려 때의 도읍지.

송두리째 있는 것은 죄다. 모조리. ⑩ 송두리째 빼앗겼다. ×송두리채.

송별 (送別) [송:별] 사람을 떠나보냄. ⑩ 전학 가는 친구를 송별하다. 땐유별. 송별하다.

송별회 (送別會) [송:별회 / 송:별훼] 송별의 섭섭함을 달래고 앞날의 행운을 바라는 뜻으로 베푸는 모임. ⑩ 직장을 그만두는 동료를 위한 송별회가 열렸다.

송사 (送辭) [송:사] 떠나는 사람에게 남아 있는 사람이 하는 인사말. 본송별사.

송사리 [송:사리] 송사릿과의 민물고기. 몸길이는 3-4cm 정도이며, 옆구리에 작고 검은 점이 많이 있고 특히 눈이 큼.

송송 1 작은 구멍이나 자국이 많이 나 있는 모양. ⑩ 스펀지에 구멍이 송송 나 있다. 2 연한 물건을 아주 잘게 빨리 써는 모양. ⑩ 파를 송송 썰다. 3 살갗에 잔 땀방울이나 소름 따위가 많이 돋아난 모양. ⑩ 콧등에 땀이 송송 맺혔다. 匡숭숭.

송신 (送信) [송:신] 전화·전보·라디오 따위의 신호를 보냄. 또는 그런 일. ⑩ 송신 장치. 송신하다.

송신기 (送信機) [송:신기] 전기 통신을 위해 신호를 전류로 바꿔 수신하는 곳까지 보내는 장치. 땐수신기.

*__송아지__ 소의 새끼. 어린 소.

송알송알 땀방울·물방울·열매 따위가 잘게 많이 맺힌 모양. ⑩ 풀잎에 송알송알 맺힌 이슬.

송어 (松魚) 연어과의 바닷물고기. 연어와는 비슷한데 몸길이는 60cm 정도이며 등은 짙은 남색, 배는 은백색임. 여름철에 알을 낳을 때는 강이나 개울로 거슬러 올라옴.

송영 (送迎) [송:영] 떠나는 사람을 보내고 오는 사람을 맞음. ⑩ 공항에는 송영하는 사람들로 항상 붐빈다. 송영하다.

송유관 (送油管) [송:유관] 석유나 원유 따위를 다른 곳으로 보내기 위하여 시설한 관.

*__송이__¹ 1 꽃이나 눈, 열매 따위가 따로 된 한 덩이. ⑩ 송이가 맺히다. 2 꼭지에 달린 꽃이나 열매 따위를 세는 단위. ⑩ 장미 열 송이 / 포도 한 송이.

송이² (松栮) 송이과의 버섯. 솔밭의 축축한 곳에 뭉쳐나며, 줄기는 원통 모양, 겉에 섬유와도 같은 비늘이 있으며 살은 흼. 특유의 향기와 맛을 지닌 식용 버섯임. 땐송이버섯.

송이²

송이송이 송이마다 모두. ⑩ 목련이 송이송이 탐스럽다.

송장 [송:장] 죽은 사람의 몸. 땐시신. 시체. 주검.

송전 (送電) [송:전] 발전소에서 생산된 전력을 변전소로 보내는 일. ⑩ 송전이 중단되다. 송전하다.

송진 (松津) 소나무나 잣나무에서 나오는 끈끈한 액체. 종이·비누 공업 등에 쓰임.

송충이 (松蟲—) 송충나방의 애벌레. 소나무 잎을 갉아 먹는 해충으로 모양은 누에와 비슷하고 몸빛은 흑갈색임. 땐송충.

송판 (松板) 소나무로 만든 널빤지. 땐판자.

송편 (松—) 멥쌀가루를 반죽하여 깨·밤·콩 따위의 소를 넣고 빚어 솔잎을 깔고 찐 떡.

송화기 (送話器) [송:화기] 전화기에서 말을 보내는 장치. 음성 진동을 전류 진동으로 바꾸는 데 씀. 땐수화기.

송환 (送還) [송:환] 전쟁 포로나 불법으로 입국한 사람을 본국으로 도로 돌려보냄. ⑩ 포로 송환. 송환하다.

*__솥__ [솓] 쇠나 양은 따위로 만들어, 밥을 짓거나 국 따위를 끓이는 그릇. ⑩ 솥에 밥을 안치다.

솥뚜껑 [솓뚜껑] 솥을 덮는 뚜껑.

솨 1 나뭇가지나 물건 틈 사이로 스쳐 부는 바람 소리. 예솔바람이 솨 불어온다. 2 비바람이 치는 소리. 예갑자기 소나기가 솨 쏟아진다. 3 물·액체가 세차게 흐르는 소리. 예수돗물이 솨 쏟아진다. 센쏴.

쇄국(鎖國) [쇄:국] 다른 나라와의 교통이나 무역을 금함. 반개국.

쇄국 정책(鎖國政策) 다른 나라와 통상이나 무역을 하지 않고 내왕도 하지 않으려는 정책. 반개방 정책.

쇄국주의(鎖國主義) [쇄:국주의/쇄:국주이] 다른 나라와 통상·무역·내왕을 하지 않으려는 주의. 반개국주의.

쇄도(殺到) [쇄:도] 전화나 주문 따위가 한꺼번에 세차게 몰려듦. 예주문이 쇄도하다. **쇄도하다**.

쇄신(刷新) [쇄:신] 묵은 것이나 나쁜 관습을 버리고 새롭게 함. 예국정을 쇄신하다. **쇄신하다**.

***쇠** [쇠/쉐] 1 ⇨철³. 예녹슨 쇠/쇠를 녹이다/쇠를 달구다. 2 쇠붙이를 통틀어 일컫는 말. 3 '열쇠·자물쇠'의 준말. 예쇠를 채우다.

쇠가죽 [쇠:가죽/쉐:가죽] 소의 가죽. 비소가죽. 우피.

쇠고기 [쇠:고기/쉐:고기] 소의 고기. 비소고기. 우육. ⇨beef

쇠고랑 [쇠:고랑/쉐:고랑] '수갑'의 속된 말. 준고랑. ×고랑쇠.

쇠귀 [쇠:귀/쉐:귀] 소의 귀. 예아무리 설명해도 쇠귀에 경 읽기다. 비소귀. 우이.

쇠다 [쇠:다/쉐:다] 명절이나 생일 따위를 맞이하여 지내다. 예설을 쇠다.

쇠똥 [쇠:똥/쉐:똥] 소의 똥. 예외양간에 쇠똥 냄새가 진동한다. 비소똥.

쇠똥구리 [쇠:똥구리/쉐:똥구리] 쇠똥구릿과의 곤충. 몸빛은 검고 윤이 남. 여름철에 쇠똥·말똥 등을 굴려 흙 속에 묻어 두었다가 그것을 먹으며 그 속에 알을 낳음. 비말똥구리.

쇠뜨기 [쇠뜨기/쉐뜨기] 속샛과의 여러해살이풀. 들에 나며 땅속줄기로 뻗는데 마디에서 줄기가 나옴. 이뇨제로 씀.

쇠못 [쇠몯/쉐몯] 쇠로 만든 못. 예나무에 쇠못을 박다.

쇠몽둥이 [쇠몽둥이/쉐몽둥이] 쇠로 만든 몽둥이.

쇠붙이 [쇠부치/쉐부치] 금·은·구리·철이나 그런 것들이 섞이어 된 물질. 예쇠붙이를 녹이다. 비금속.

쇠비름 [쇠:비름/쉐:비름] 쇠비름과의 한해살이풀. 밭이나 길가에 나는데, 굵고 연한 줄기가 땅 위로 뻗고 전체가 붉은빛을 띠며, 여름에 노란 꽃이 핌. 사료나 약재로 씀.

쇠뿔 [쇠:뿔/쉐:뿔] 소의 뿔. 비소뿔. 우각.

쇠사슬 [쇠사슬/쉐사슬] 쇠로 만든 고리를 여러 개 이어서 만든 줄. 예쇠사슬에 묶인 죄수. 준사슬.

쇠스랑 [쇠스랑/쉐스랑] 쇠로 서너 개의 발을 만들고 자루를 박은 갈퀴 모양의 농기구. 땅을 파 일구거나 고르는 데 씀.

쇠약하다(衰弱―) [쇠야카다/쉐야카다] 몸이 튼튼하지 못하고 힘이 약하다. 예잦은 병치레로 몸이 쇠약해지다.

쇠줄 [쇠줄/쉐줄] 쇠로 만든 줄. 예쇠줄을 잡고 산 정상에 오르다.

쇠퇴(衰退) [쇠퇴/쉐퉤] 세력이나 기운이 약해져 전보다 못하여짐. 예국력이 쇠퇴하다. 반발전. **쇠퇴하다**.

쇠하다(衰―) [쇠하다/쉐하다] 힘이나 세력 따위가 점차로 약해지다. 예기력이 쇠하다.

쇤네 [쇤:네/쉔:네] 옛날에, 신분이 낮은 사람이 신분이 높은 사람 앞에서 자기를 낮추어 이르던 말. 본소인네.

쇳물 [쇤물/쉔물] 1 쇠의 녹이 우러나 검붉은 물. 예옷에 쇳물이 들다. 2 높은 열에 녹아 액체 상태로 된 쇠. 예용광로에서 흘러나오는 쇳물.

쇳소리 [쇠쏘리/쉗쏘리] 1 쇠붙이가 부딪쳐 나는 소리. 예기차가 쇳소리를 몇 번 내더니 멈추었다. 2 쨍쨍 울리는 날카로운 목소리. 예목이 쉬어 쇳소리가 나다.

쇳조각 [쇠쪼각/쉗쪼각] 쇠붙이의 조각. 예자석에 쇳조각이 들러붙다.

쇼 (show) 1 구경거리. 예한바탕 쇼가 벌어지다. 2 노래와 춤 따위로 엮어진 가벼운 오락. 예뮤지컬 쇼. 3 남을 속이기 위해 일부러 꾸미는 일의 비유. 예쇼를 부리다.

쇼크 (shock) 예상치 못하고 갑자기 당하는 큰일 때문에 생기는 놀라움과 동요. 충격. 예갑작스러운 그의 죽음에 쇼크를 받았다.

쇼팽 (Chopin, Frédéric François) 〖인명〗폴란드의 낭만파 음악가. 섬세하고 세련된 작곡 및 피아노 연주로 피아노의 시인이라 일컬어짐. [1810-1849]

쇼핑 (shopping) 구경하고 돌아다니면서 물건을 사는 일. 물건 사기. 장보기. 예쇼핑을 가다. **쇼핑하다**.

숄 (shawl) 여자들이 멋을 내거나 몸을 따뜻하게 하기 위하여 어깨에 걸치는 넓고 긴 천. 어깨걸이.

수¹ 생물에서, 새끼나 알을 배지 못하거나 열매를 맺지 못하는 쪽의 성. 예암과 수를 구별하다. 빤암.

***수**² 1 어떤 일을 처리하거나 해결하는 수단이나 방법. 예약을 쓸 수밖에 없다 / 문제를 해결할 좋은 수가 있다. 2 어떤 일을 할 만한 힘이나 가능성. 예있을 수 없는 일 / 어쩌면 빨리 올 수도 있다.

***수**³ (水) '수요일'의 준말.

수⁴ (秀) 성적이나 등급을 '수·우·미·양·가'의 다섯 단계로 나눌 때 가장 높은 단계.

***수**⁵ (數) [수:] 1 셀 수 있는 물건의 많고 적음. 예모인 사람 수가 많다. 2 ⇨숫자2. 예수에 밝다. 3 자연수·정수·유리수·무리수·분수 등을 통틀어 일컫는 말.

수⁶ (繡) [수:] 헝겊에 여러 가지 빛깔의 실로 그림이나 글자를 바늘로서서 놓는 일. 또는 그 그림이나 글자. 예수를 놓다.

수⁷ (首) 1 시나 노래를 세는 단위. 예시조 한 수를 읊다. 2 마리. 예오리 한 수.

수감 (收監) 죄인을 감방에 가둠. 예수감 생활. 빤석방. **수감하다**.

수갑 (手匣) 죄인이나 피의자의 양쪽 손목에 채우는 쇠로 만든 고리.

수갑

수강 (受講) 강습이나 강의를 받음. 예수강 신청 / 영어 회화 과목을 수강하다. **수강하다**.

수거 (收去) 거두어 감. 예재활용품 수거. **수거하다**.

***수건** (手巾) [수:건] 얼굴이나 몸 등을 닦는 헝겊 조각. 타월. ⇨towel

수고 [수:고] 일을 하느라고 애를 쓰고 힘을 들임. 예수고 많이 하셨습니다. 비노고. **수고하다. 수고스럽다**.

수고비 (—費) [수:고비] 수고한 대가로 받는 돈. 예수고비를 건네다 / 수고비를 받지 않다.

수공 (手工) 손으로 하는 공예. 예정교한 수공.

수공업 (手工業) 기계를 사용하지 않고 손과 간단한 도구를 사용하여 생산하는 작은 규모의 공업. 빤기계 공업.

수공예 (手工藝) 손과 간단한 도구로 하는 공예.

수교 (修交) 나라와 나라 사이에 외교 관계를 맺음. 예동유럽 나라들과 수교하다. **수교하다**.

수구 (水球) 수상 경기의 하나. 물속에서 7명씩 짠 두 편이 헤엄을 치며 공을 서로 상대편의 골에 던져 넣어 득점을 겨루는 경기.

수국 (水菊) 수국과의 낙엽 활엽 관목. 높이는 약 1m 정도이며, 잎은 넓은 타원형이고 톱니가 있음. 가을에 꽃이 피며 열매를 맺지 못함. 꽃은 말려 약재로 씀.

수군 (水軍) 예전에, 바다를 지키던 군대. 지금의 해군.

수군거리다 남이 알아듣지 못하도록 낮은 소리로 자꾸 이야기하다. 예두 사람이 무언가 수군거리다. 짝소곤거리다. 쎈쑤군거리다.

수군대다 ⇨수군거리다.

수군통제사 (水軍統制使) 조선 시대 임진왜란 중에 수군을 통솔하던 종이품 무관의 벼슬.

수궁 (水宮) 물속에 있다고 하는 상상의 궁전. 비용궁.

수그러들다 1 안으로 굽어 들거나 기울어져 들어가다. 예머리가 수그러들다. 2 형세나 기세가 점점 약해지다. 예밤이 되자 더위가 한풀 수그러들었

수그러지다 1 안으로 굽어 들거나 기울어지다. 예고개가 수그러지다. 2 사납던 기세가 약해지다. 예불길이 수그러지다.

수그루 소철이나 은행나무처럼 암수가 구별되는 종자식물에서 수꽃이 피는 나무. 반암그루.

수그리다 1 깊이 숙이다. 예머리를 수그리다. 2 기세 따위를 줄이다.

수금(收金) 받아야 할 돈을 거두어들임. 수금하다.

수긍(首肯) 옳다고 인정함. 예수긍이 가다 / 네 말에 수긍하기 어렵다. 수긍하다.

수기(手記) 자신이 겪은 일을 직접 적은 글. 예체험 수기.

수꽃 [수꼳] 암술은 없고 수술만 있는 꽃. 반암꽃.

수꿩 꿩의 수컷. 장끼. 반암꿩. ×수꿩. 숫꿩.

수나라(隋—) 〖국명〗 양견이 장안에 도읍하여 세운 중국의 왕조. 고구려를 몇 차례 침공하였으나 도리어 크게 패함. 뒤에 당나라 고조 이연에게 망함. [581-618]

수나사(—螺絲) 표면에 나선형의 홈이 있어 암나사에 끼우게 된 나사. 반암나사.

수난(受難) 견디기 어려운 일을 당함. 예수난 시대 / 수난을 겪다.

수납[1](收納) 돈이나 물품 따위를 받아 거두어들임. 예수납 창구 / 세금을 수납하다. 수납하다.

수납[2](受納) 물건을 어떤 곳에 넣어 둠. 예수납 공간이 항상 부족하다. 수납하다.

수납장(收納欌) [수납짱] 일상생활에 쓰이는 물건들을 넣어 두는 장.

수녀(修女) 가톨릭에서 신에게 서약하고 독신으로 수도하는 여자.

수녀원(修女院) 수녀들이 일정한 규율 밑에서 공동생활을 하며 수행을 쌓는 곳.

수년(數年) [수:년] 여러 해. 몇 해. 예수년에 걸쳐 연구에 전념하다.

수놈 짐승의 수컷을 이르는 말. 반암놈. ×숫놈.

수놓다(繡—) [수:노타] 1 여러 가지 색실로 헝겊 따위에 그림·글씨·무늬 따위를 떠서 놓다. 예꽃을 수놓은 치마. 2 비유적으로, 색실로 수를 놓은 것처럼 아름다운 경치를 이루다. 예별들이 밤하늘을 수놓다.

수뇌(首腦) [수:뇌 / 수:눼] 어떤 조직이나 단체에서 가장 중요한 자리에 있는 사람. 예수뇌 회의.

수다 [수:다] 쓸데없이 말을 많이 지껄이는 일. 또는 그 말. 예수다를 늘어놓다 / 수다를 떨다.

수다스럽다 [수:다스럽따] 쓸데없이 하는 말이 많은 데가 있다. 예수다스러운 장사꾼. 활용수다스러워 / 수다스러우니.

수다쟁이 [수:다쟁이] 수다스러운 사람을 낮잡아 이르는 말.

*__수단__(手段) 1 목적을 이루기 위한 방법. 또는 그 도구. 예생계 수단 / 수단과 방법을 가리지 않고 싸우다. 2 일을 처리해 나가는 솜씨와 꾀. 예수단이 좋다.

수달(水獺) 족제빗과의 짐승. 강기슭·늪가에 굴을 파고 삶. 몸길이는 60-80cm, 꼬리는 40-50cm. 네발이 짧으며 발가락 사이에 물갈퀴가 있어 헤엄을 잘 치며, 물고기·게·조개 따위를 잡아먹음. 우리나라 천연기념물.

수달

수달피(水獺皮) 수달의 가죽. 예수달피 목도리.

수당(手當) 일정한 급료 이외에 따로 주는 보수. 예야근 수당.

수더분하다 성질이 까다롭지 않고 순하고 소박하다. 예그는 성격이 수더분하여 친해지기가 쉽다.

*__수도__[1](首都) 한 나라의 중앙 정부가 있는 도시. 비서울.

*__수도__[2](水道) 1 '상수도'의 준말. 예수도를 놓다 / 수도가 끊기다. 2 '하수도'의 준말. 예수도가 막히다. 3 수돗물을 받아 쓸 수 있게 만든 시설. 예수도에서 물을 받다. 4 수돗물을 나오

게 하거나 막는 장치. 수도꼭지. 예수도를 틀다 / 수도를 잠그다.

수도³ (修道) 도를 닦으며 수양을 쌓는 일. **수도하다**.

수도관 (水道管) 수돗물을 보내는 관. 예수도관이 터지다.

수도권 (首都圈) [수도꿘] 서울을 중심으로 한 경기도 일원을 말함. 예수도권 전철망.

수도꼭지 (水道―) [수도꼭찌] 수돗물이 나오다 그치게 하기 위해 손으로 열고 잠그는 부분.

수도원 (修道院) 가톨릭에서 수도자들이 일정한 규칙을 지키며 공동생활을 하는 집.

수돗가 (水道―) [수도까/수돋까] 수돗물이 나오는 곳의 가장자리.

*수돗물 (水道―) [수돈물] 상수도에서 나오는 물.

수동 (手動) 손으로 움직임. 예수동 재봉틀. 반자동.

수동적 (受動的) 스스로 움직이지 않고 다른 것의 작용을 받아 움직이는 (것). 예수동적인 태도를 보이다. 반능동적.

수두 (水痘) 어린이의 피부에 붉고 둥근 좁쌀만 한 종기가 생겼다가 얼마 뒤에 물집으로 변하는 전염병. 비작은 마마.

수두룩이 [수두루기] 수두룩하게. 예빨간 사과가 과일 가게 앞 바구니에 수두룩이 쌓여 있다.

수두룩하다 [수두루카다] 매우 흔하고 많다. 예그런 것쯤 어디 가나 수두룩하다.

수라상 (水刺床) [수라쌍] 궁중에서, 임금에게 올리는 밥상을 높여 이르던 말. 예수라상에 올릴 음식을 만들다.

수라장 (修羅場) 전쟁이나 싸움 또는 그 밖의 일로 큰 혼란에 빠진 곳. 또는 그런 상태. 예그의 발언으로 회의장은 수라장이 되었다. 비난장판. 아수라장.

수락 (受諾) 요구를 받아들여 승낙함. 예수락의 뜻을 표하다 / 제시한 조건을 수락하다. **수락하다**.

*수량 (數量) [수:량] 수효와 분량. 예수량을 채우다.

[참고] **수량의 단위**

- 그림 한 폭 · 고등어 한 손(2마리)
- 꽃 한 송이 · 나무 한 그루 · 김 한 톳(100장) · 밤 한 톨, 한 말, 한 되 · 대추 한 줌 · 북어 한 쾌(20마리) · 배추 한 통 · 사과 한 접(100개) · 신 한 켤레 · 갈비 한 대, 한 짝 · 두부 한 모 · 수저 한 벌(숟가락·젓가락 한 쌍) · 굴비 한 갓(10마리), 한 두름(20마리) · 달걀 한 줄, 한 꾸러미(10개), 한 판(30개)
- 오이 한 거리(50개), 한 접(100개).

수런거리다 여러 사람이 모여 수선스럽게 자꾸 떠들다.

수렁 1 진흙과 고운 흙이 물과 섞여 질퍽거리는 깊은 웅덩이. 2 헤어나기 힘든 처지를 비유하는 말. 예악의 수렁에 빠지다.

*수레 사람이 타거나 짐을 싣는, 바퀴를 달아서 굴러가게 만든 기구. 예수레를 끌다.

수려하다 (秀麗―) 경치나 용모 따위가 빼어나게 아름답다. 예이목구비가 수려하다.

수력 (水力) 흐르는 물의 힘. 또는 그것을 이용하여 얻은 동력.

수력 발전 (水力發電) 물의 힘으로 발전기를 돌려서 전기를 일으키는 발전 방식. 반화력 발전.

수련¹ (修鍊) 정신이나 학문, 기술 따위를 닦아 단련함. 예심신을 수련하다. 비연수. **수련하다**.

수련² (睡蓮) 수련과의 여러해살이 물풀. 연못·늪에 남. 뿌리줄기는 물 밑바닥으로 뻗고 수염뿌리가 많음. 잎은 물 위에 뜨며 말굽 모양임. 가을에 흰 꽃이 피며 달걀 모양의 열매를 맺음.

수련²

수렴 (收斂) 1 돈이나 물건 따위를 모아 거둠. 2 의견·주장 따위를 한데 모음. 예전교생의 의견을 수렴하다. **수렴하다**.

수렵 (狩獵) ⇨사냥. **수렵하다**.

수렵도 (狩獵圖) [수렵또] 예전에, 사냥하는 모습을 그린 그림.

수령[1] (首領) 한 당파나 무리의 우두머리. 町 두목.

수령[2] (守令) 고려·조선 때, 각 고을을 맡아 다스리던 지방관. 관찰사·목사·부사·군수·현감 등. 町 원.

수령[3] (受領) 돈이나 물품을 받음. 예 보상금을 수령하다. **수령하다**.

수로 (水路) 1 ⇨물길2. 예 수로를 내다. 2 뱃길. 町 육로.

수로왕 (首露王) 〖인명〗 가야의 시조. 신라 유리왕 때에 하늘로부터 김해의 구지봉으로 내려와서 육 가야를 세웠다는 여섯 형제의 맏이. 김수로왕. [재위 42-199]

수록 (收錄) 1 글이나 자료 따위를 모아서 기록함. 또는 그렇게 한 기록. 2 책이나 잡지에 실음. 예 그림이 많이 수록된 사전. **수록하다**.

수료 (修了) 일정한 학업이나 과정을 다 배워 마침. 예 박사 과정을 수료하다. **수료하다**.

수류탄 (手榴彈) 가까운 거리에서 손으로 던져 폭발시키는 작은 폭탄.

수리[1] (修理) 고장 나거나 허름한 데를 손보아 고침. 예 낡은 집을 수리하다. 町 수선. **수리하다**.

수리[2] (受理) 사표 등의 서류를 받아서 처리함. 예 사표를 수리하다. **수리하다**.

수리[3] (水利) 물을 이용하는 일. 예 수리 시설을 점검하다.

수리공 (修理工) 고장 난 것을 고치는 일을 직업으로 하는 사람. 예 자동차 수리공 / 시계 수리공.

수립 (樹立) 국가나 정부, 제도, 계획 따위를 이룩하여 세움. 예 정책을 수립하다. **수립하다**.

수릿날 [수린날] ⇨단오.

수만 (數萬) [수:만] 만의 두서너 배가 되는 수. 예 수만 명의 군중.

*****수많다** (數—) [수:만타] 수효가 매우 많다. 예 수많은 [수:마는] 관객.

수면[1] (水面) 물의 표면.

수면[2] (睡眠) 잠자는 일. 예 충분한 수면을 취하다. **수면하다**.

수명 (壽命) 1 생물이 살아 있는 기간. 예 수명이 길다. 2 물품을 사용할 수 있는 기간. 예 이 기계의 수명은 5년이다.

수모 (受侮) 남에게 모욕을 당함. 창피를 당함. 예 갖은 수모를 받다.

수목 (樹木) 살아 있는 나무. 예 수목이 우거지다.

수목원 (樹木園) [수모권] 갖가지 나무와 풀을 연구하고 여러 사람에게 보이기 위하여 모아 기르는 곳.

수묵 (水墨) 엷은 빛의 먹물.

수묵화 (水墨畫) [수무콰] 색은 칠하지 않고 주로 먹물의 짙고 옅은 효과를 내어 그린 그림.

수문 (水門) 저수지나 수로에 설치하여 물의 양을 조절하는 문. 예 수문을 열다.

수문장 (守門將) 예전에, 궁궐이나 성의 문을 지키던 장수.

*****수박** [수:박] 박과의 한해살이 덩굴풀. 밭에서 나는데 여름에 연한 노란빛 꽃이 핌. 둥글고 큰 열매의 속은 붉고 맛이 달며 물이 많음. 예 잘 익은 수박 한 조각을 먹다. ◐watermelon

수반[1] (水盤) 주로 물을 담아 꽃을 꽂거나 수석 등을 넣는 데 쓰는, 바닥이 얕고 평평한 넓은 그릇.

수반[2] (首班) 행정부의 우두머리. 예 내각 수반.

수반[3] (隨伴) 어떤 일이 다른 일과 함께 일어남. 예 성공에는 노력이 수반된다. **수반하다**.

수발 몸이 불편하거나 아픈 사람 가까이에서 시중을 들며 보살핌. 예 환자의 수발을 들다. 町 시중. **수발하다**.

수배 (手配) 범인을 잡으려고 필요한 지시나 조치를 함. 예 지명 수배 / 수배를 받다. **수배하다**.

수백 (數百) [수:백] 백의 두서너 배가 되는 수. 예 수백 명의 인원.

수백만 (數百萬) [수:뱅만] 백만의 두서너 배가 되는 수. 예 수백만 개의 별들.

수법 (手法) [수뻡] 1 수단과 방법. 예 교묘한 수법. 2 작품을 만드는 솜씨. 예 글의 전개 수법.

수복 (收復) 잃었던 땅을 도로 찾음. 예 수복 지구. 町 탈환. **수복하다**.

수북이 [수부기] 수북하게. ⓔ밥을 수북이 담아 주다. ×수북히.

수북하다 [수부카다] 1 물건이 많이 담겨 있거나 쌓여 있다. ⓔ책상 위에 먼지가 수북하다. 2 식물이나 털 따위가 촘촘하고 길게 나 있다. ⓔ마당에 잡초가 수북하다. 짐소복하다.

***수분**[1] (水分) ⇨물기.

수분[2] (受粉) 꽃식물에서, 수술의 꽃가루가 암술머리에 붙어 열매를 맺는 현상. 圓가루받이.

***수비** (守備) 전쟁이나 경기 따위에서 침략이나 공격을 막아 자기편을 지킴. ⓔ수비가 허술하다. 圓방비. 반공격. **수비하다**.

수비수 (守備手) 운동 경기에서, 수비를 맡은 선수. 반공격수.

수사[1] (搜査) 범인의 행방을 찾거나 증거를 모음. ⓔ탐문 수사 / 수사 결과를 발표하다.

수사[2] (數詞) [수ː사] 수량이나 순서를 나타내는 말.

수산 (水産) 바다나 강 따위의 물에서 남. 또는 그런 산물. ⓔ수산 시장 / 수산 식품.

수산물 (水産物) 바다·강·호수 등 물에서 나는 산물. 물고기·조개·미역·다시마 등 따위.

수산업 (水産業) [수사넙] 수산물을 잡거나 기르고 가공하는 일에 관한 사업. ⓔ이 지역은 오래전부터 수산업이 발달하였다.

수산업 협동조합 (水産業協同組合) 수산업을 하는 사람들의 공동 이익을 위하여 설립한 협동조합. 준수협.

수산 자원 (水産資源) 강이나 바다 등 물에서 생산되는 어류·조개류 따위의 자원.

수산화 나트륨 (水酸化Natrium) 소금물을 전기 분해 해서 얻는 흰색의 무른 결정체. 수용액은 강한 알칼리성을 나타냄. 비누의 제조·펄프 공업 등에 쓰임. 圓가성 소다.

수산화 칼슘 (水酸化calcium) 산화 칼슘에 물을 부어 만든 흰색의 가루. 표백분·회반죽·모르타르 등의 재료로 쓰임. 圓가성 석회. 소석회.

수상[1] (水上) 물의 위.

수상[2] (受賞) 상을 받음. ⓔ대통령상 수상 작품. **수상하다**.

수상[3] (首相) 내각제에서 내각의 우두머리. 圓국무총리.

수상기 (受像機) 방송된 텔레비전 전파를 받아서 영상을 만드는 장치. ⓔ텔레비전 수상기.

수상 스키 (水上ski) 모터보트에 맨 밧줄을 잡고 보트에 끌려 가면서 스키로 물 위를 미끄러져 달리는 스포츠.

수상하다 (殊常―) 보통과 다르게 이상해서 의심스럽다. ⓔ동생의 행동이 수상하다.

수색 (搜索) 사람·물건 등이 어디에 있는가를 찾음. ⓔ수색 작전 / 실종자를 수색하다. **수색하다**.

수석[1] (水石) 흐르는 물가에서 주운 보기 좋은 자연석. ⓔ수석을 수집하다.

수석[2] (首席) 등급이나 직위 따위에서 맨 윗자리. ⓔ수석 연구원 / 수석으로 졸업하다. 반말석.

수선[1] 남의 정신을 어지럽히는 시끄러운 말이나 행동. ⓔ수선을 피우다. **수선스럽다**.

수선[2] (修繕) 낡거나 허름한 물건을 고침. ⓔ구두를 수선하다. 圓수리. **수선하다**.

수선[3] (垂線) 직선이나 평면과 직각을 이루는 직선. 圓수직선.

수선화 (水仙花) 수선화과의 여러해살이풀. 따뜻한 지방의 해변에 나는데, 열매가 없는 알뿌리 식물임. 잎은 가늘고 길며 모여나고 이른 봄에 흰색·노란색 등의 꽃이 핌.

수성[1] (水性) 물에 잘 녹는 성질. ⓔ수성 사인펜 / 수성 페인트.

수성[2] (水星) 행성 가운데서 가장 작고 태양에 제일 가까운 별.

수세 (守勢) 적을 맞아 지키는 형세. 또는 힘이 부쳐 밀리는 형세. ⓔ수세에 몰리다. 반공세.

수세미 설거지할 때 그릇을 씻는 데 쓰는 물건.

수세식 (水洗式) 화장실의 오물이 물에 씻겨 내려가도록 처리하는 방식. ⓔ수세식 변기 / 수세식 화장실.

수소[1] 소의 수컷. 圓황소. 반암소. ×숫소.

> **주의** '소'의 수컷을 '숫소'로 쓰지 않고 '수소'로 쓰는 까닭
>
> '표준어 규정'에서 수컷을 이르는 접두사는 '수-'로 통일하여 쓴다고 정하였다.
>
> 예 수평, 수나사, 수놈, 수소, 수은행나무
>
> * 다만 다음 낱말에 한해서만 '숫-'으로 쓴다.
>
> 예 숫양, 숫염소, 숫쥐

***수소**[2] (水素) 불에 타기 쉬우며, 색·맛·냄새가 없는 기체. 가장 가벼운 원소.

수소문 (搜所聞) 세상에 떠도는 소문을 찾아 살핌. 예 여기저기 수소문해서 친구를 찾다. **수소문하다**.

수속 (手續) 어떤 일 따위를 처리하기 위해 거쳐야 하는 과정이나 단계. 비 절차.

수송 (輸送) 차·배·비행기 등으로 사람이나 물건을 실어 보냄. 예 수송 차량 / 화물 수송. 비 운송. **수송하다**.

수송관 (輸送管) 기체나 액체 따위를 보내는 관. 예 도시가스 수송관 / 석유 수송관.

수수 볏과의 한해살이풀. 줄기에는 곧게 뻗은 10-13개의 마디가 있음. 가을에 열매가 익으며, 줄기는 건축재·비 등을 만듦. 열매는 주요 곡식의 하나임.

수수깡 수수의 줄기. 비 수숫대.

***수수께끼** 1 어떤 사물을 빗대어 말하여 그 사물의 뜻이나 이름을 알아맞히는 놀이. 예 수수께끼를 내다. 2 진상이나 실체를 알 수 없는 이상한 일. 예 수수께끼의 인물 / 우주의 수수께끼.

수수료 (手數料) 어떤 일을 맡아서 처리해 준 대가로 주는 요금. 예 수수료가 붙다.

수수방관 (袖手傍觀) 팔짱을 끼고 보고만 있다는 뜻으로, 남이 하는 일에 간섭하거나 거들지 않고 그대로 버려둠. **수수방관하다**.

수수하다 옷차림새나 성질, 태도 따위가 무던하다. 예 항상 수수한 차림새를 하다.

수술[1] 수술대와 꽃밥의 두 부분으로 된 식물의 생식 기관. 반 암술.

수술[2] (手術) 몸의 일부를 째거나 자르거나 하여 병을 고치는 일. 예 맹장 수술을 하다. **수술하다**.

수술비 (手術費) 수술하는 데 드는 비용.

수습[1] (收拾) 어지러운 마음이나 사태를 거두어 바로잡음. 예 사고를 수습하다. **수습하다**.

수습[2] (修習) 정식으로 일을 맡기 전에 배워 익힘. 예 수습 기간.

수시로 (隨時-) 아무 때나 늘. 예 수시로 질문하다. 비 수시.

수식 (數式) [수ː식] 수나 양을 나타내는 숫자나 문자를 계산 기호로 연결한 식. 등식·부등식 따위.

수신 (受信) 1 우편물·전보 따위의 통신을 받음. 2 전화·라디오·텔레비전 방송 따위의 신호를 받음. 예 수신 안테나 / 수신 상태가 나쁘다. 반 발신. 송신. **수신하다**.

수신기 (受信機) 유선·무선의 전기 통신에서, 신호나 정보 등의 통신을 받는 장치. 반 송신기.

수신사 (修信使) 조선 고종 때 일본에 보내던 외교 사신. *통신사.

수신인 (受信人) [수ː시닌] 전화·전보·우편물 따위를 받는 사람. 비 수신자. 반 발신인.

수신자 (受信者) 우편이나 전화 또는 언어, 문자, 메일 등을 받는 사람. 예 수신자 부담 전화 서비스. 비 수신인. 반 발신자.

수신제가 (修身齊家) 마음과 몸을 가다듬어 수양하고 집안을 다스림. **수신제가하다**.

수심[1] (愁心) 매우 근심함. 또는 그런 마음. 예 수심이 가득한 얼굴.

수심[2] (水深) 물의 깊이. 예 수심이 깊다.

수십 (數十) [수ː십] 열의 두서너 배가 되는 수. 예 수십 권의 책.

수압 (水壓) 물의 압력. 예 수압이 낮다 / 수압이 약하다.

수액 (樹液) 땅속에서 나무줄기를 통하여 잎으로 올라가는, 양분이 되는 액. 예 나무에 수액이 오르다.

수양 (修養) 몸과 마음을 단련하여

지식과 덕성을 깨우침. ⓔ정신 수양 / 수양을 쌓다. **수양하다**.

수양 대군 (首陽大君) 〖인명〗 ⇨세조.

수양딸 (收養一) 남의 자식을 데려다 친자식처럼 기른 딸. 펜수양녀. 양녀.

수양버들 (垂楊一) 버드나뭇과의 낙엽 활엽 교목. 높이 10m 정도, 가지가 가늘고 길게 늘어지며, 봄에 노란 수꽃과 원기둥꼴 이삭 모양을 한 암꽃이 핌. 물가나 습지에서 자람. 쭌수양.

수억 (數億) [수:억] 억의 두서너 배가 되는 수. ⓔ수억의 인구.

***수업**[1] (受業) 학문이나 예능의 가르침을 받음. **수업하다**. ⇨class

수업[2] (修業) 기술이나 학업을 익히고 닦음. ⓔ작가 수업.

***수업**[3] (授業) 교사가 학생에게 지식이나 기능을 가르쳐 줌. ⓔ수업 시간 / 수업을 받다.

수업료 (授業料) [수업뇨] 학생들이 수업을 받는 대가로 내는 돈. ⓔ수업료를 내다.

수없다 (數一) [수:업따] 헤아릴 수 없이 많다. ⓔ수없는 사람들이 몰려들다. 참고 주로 '수없는'의 꼴로 쓰임.

수없이 (數一) [수:업씨] 헤아릴 수 없이 많이. ⓔ수없이 많은 별.

수에즈 운하 (Suez 運河) 아프리카 북동부, 지중해와 홍해 사이를 연결하는 운하. 길이 163km. 너비 200m. 1869년에 개통됨.

수여 (授與) 증서·상장·상품·훈장 따위를 줌. ⓔ무궁화 훈장을 수여하다. **수여하다**.

수염 (鬚髥) 1 성숙한 남자의 입가·턱·뺨에 나는 털. ⓔ수염을 깎다. 펜나룻. 2 벼·옥수수 등의 낟알 끝 또는 사이에 난 까끄라기나 털 모양의 것. 3 동물의 입 근처에 난 뻣뻣한 털.

수염뿌리 (鬚髥一) 뿌리줄기의 밑동에서 수염처럼 많이 뻗어 나온 뿌리. 벼나 보리 따위의 뿌리.

***수영** (水泳) 물속에서 헤엄치는 일. ⓔ수영 선수 / 수영을 배우다. 펜헤엄. **수영하다**. ⇨swim

수영복 (水泳服) 수영할 때 입는 옷. ⓔ수영복 차림.

수영장 (水泳場) 수영하면서 놀거나 수영 경기를 할 수 있도록 만들어 놓은 곳. ⓔ실내 수영장. 펜풀장.

수예 (手藝) 자수·뜨개질 따위의 손으로 하는 재주.

수온 (水溫) 물의 온도.

수완 (手腕) 일을 꾸미거나 처리해 나가는 솜씨. ⓔ수완이 좋다.

수요 (需要) 상품을 사들이려고 하는 욕망. 또는 그 총량. ⓔ수요가 늘다. 펜공급.

***수요일** (水曜日) 일요일로부터 넷째 날. 쭌수. ⇨Wednesday

수요자 (需要者) 필요해서 얻고자 하는 사람. 펜공급자.

수용[1] (收容) 일정한 곳에 사람이나 물건을 모아 넣음. ⓔ피난민을 수용하다. **수용하다**.

수용[2] (受容) 받아들임. ⓔ요구 조건을 수용하다. **수용하다**.

수용성 (水溶性) [수용썽] 어떤 물질이 물에 녹는 성질. ⓔ수용성 비타민.

수용소 (收容所) 많은 사람들을 한곳에 가두거나 모아 두는 곳. ⓔ포로 수용소.

수용액 (水溶液) 어떤 물질을 물에 녹인 액체. 식염수 따위.

수원[1] (水原) 〖지명〗 경기도 중남부에 있는 도청 소재지. 공업 도시로 발전하고 있으며 수원 화성, 서호 등의 명승지가 있음.

수원[2] (水源) 물이 흘러나오는 근원. ⓔ이 물은 한강이 수원이다.

수원성 (水原城) 경기도 수원시에 있는 성. 조선 정조 때 세워졌으며 우리나라에서 가장 대표적인 성. 펜화성.

수원지 (水源池) 상수도에 보낼 물을 모아 두는 곳.

수월찮다 [수월찬타] 1 수월하지 아니하다. ⓔ여행비 마련이 수월찮다. 2 꽤 많다. ⓔ학원비가 수월찮게 든다.

수월하다 힘이 들지 않고 하기가 쉽다. ⓔ수월한 문제.

수월히 수월하게. ⓔ시험을 수월히 통과하다.

수위[1] (水位) 강·바다·호수 등의 수면의 높이. ⓔ하천 수위가 경계선을 넘었다.

수위[2] (守衛) 학교·회사·관청 등에서

경비를 맡아봄. 또는 맡아보는 사람.
수유 (授乳) 젖먹이에게 젖을 먹임. ㉠모유 수유. **수유하다**.
수은 (水銀) 보통 온도에서 은백색의 액체로 되어 있는 금속 원소. 질산에 쉽게 용해되며, 어느 금속과도 합금을 만들기 쉬움. 온도계·물감 제조 등에 쓰임.
수은등 (水銀燈) 전극을 넣은 진공 유리관 속에 수은 증기를 넣고 전압을 걸면 밝은 빛을 내는 등.
수은주 (水銀柱) 수은 기압계나 온도계 따위의 유리관에 채운 수은의 부분. ㉠수은주가 영하로 내려가다.
수의[1] (囚衣) [수의/수이] 죄수가 입는 옷. ㉯죄수옷. 죄수복.
수의[2] (壽衣) [수의/수이] 시체에 입히는 옷.
수의사 (獸醫師) [수의사/수이사] 가축의 질병을 진찰하고 치료하는 의사. ㉰수의.
수익 (收益) 이익을 거두어들임. 또는 그 이익. ㉠수익을 올리다.
수익금 (收益金) [수익끔] 이익으로 얻은 돈. ㉠판매 수익금을 반반씩 나누다 / 공연 수익금을 불우 이웃을 돕는 데 기부하다.
수일 (數日) [수:일] 이삼 일. 또는 사오 일. 며칠. ㉠작업은 수일 내로 끝날 것이다.
***수입**[1] (收入) 돈이나 물품 등을 거두어들임. 또는 그 돈이나 물품. ㉯소득. ㉱지출.
***수입**[2] (輸入) 외국에서 나는 물건을 사들여 옴. ㉠수입 제한. ㉱수출. **수입하다**.
수입품 (輸入品) 외국에서 수입한 물품. ㉠수입품에 관세를 부과하다. ㉱수출품.
수자원 (水資源) 농업·공업·발전용 따위의 자원이 되는 물. ㉠수자원을 개발하다.
수작 (酬酌) 1 서로 말을 주고받음. ㉠수작을 부리다. 2 남의 말이나 행동 따위를 업신여겨 하는 말. ㉠속이 빤히 보이는 수작에 넘어가다. **수작하다**.
수장[1] (水葬) 시체를 물속에 넣어 장사 지냄. **수장하다**.

수장[2] (首長) 집단이나 단체를 지배·통솔하는 사람. ㉠국회의 수장. ㉯우두머리.
수재[1] (秀才) 뛰어난 재주. 또는 머리가 좋고 재주가 뛰어난 사람. ㉠촉망받는 수재. ㉯영재.
수재[2] (水災) 홍수나 장마 때문에 생긴 재해. ㉠수재 의연금. ㉯수해.
수재민 (水災民) 홍수나 장마 때문에 피해를 입은 사람.
수저 1 숟가락과 젓가락. ㉠수저를 들고 밥을 먹다. 2 '숟가락'을 달리 이르는 말. ㉠밥을 한 수저 뜨다.
수적 (數的) [수:쩍] 숫자상으로 보는 (것). ㉠수적으로 보면 우리 팀이 훨씬 우세하다.
수전노 (守錢奴) 돈을 모을 줄만 알고, 쓸 줄을 모르는 인색한 사람을 얕잡아 이르는 말. ㉯구두쇠.
수절 (守節) 남편이 죽고 나서 다시 결혼하지 않고 혼자 지냄. ㉠젊은 나이에 혼자되어 평생을 수절하다. **수절하다**.
수정[1] (修正) 바로잡아서 고침. ㉠계획을 수정하다. **수정하다**.
수정[2] (水晶) 육각기둥 모양을 한 석영의 한 가지. 보통은 무색투명하며, 불순물이 섞인 정도에 따라 자줏빛·검은빛 등이 됨. 장식품·광학 재료 등에 쓰임. 크리스털.
수정[3] (受精) 암수의 생식 세포가 서로 하나로 합쳐 새 개체를 이루는 일. **수정하다**.
수정과 (水正果) 생강·계피를 달인 물에 설탕이나 꿀을 탄 다음, 곶감을 넣고 잣을 띄운 우리나라 전통 음료.
수정란 (受精卵) [수정난] 정자를 받아들여 수정을 한 난자.
수정체 (水晶體) 빛을 꺾어서 물체의 상이 선명하게 망막 위에 생기도록 하는 눈의 한 부분.
수제비 밀가루를 반죽하여 맑은장국 따위에 적당한 크기로 떼어 넣어 익힌 음식.
수제자 (首弟子) 여러 제자 가운데 배움이 가장 뛰어난 제자.
수조 (水槽) 물을 담아 두는 큰 통. ㉯물탱크.

수족(手足) 1 손과 발. 예수족이 차다. 비팔다리. 2 손발과 같이 마음대로 부리는 사람. 예수족이 되어 일하다.

수족관(水族館) [수족꽌] 물속에 사는 생물을 기르며, 그 생태·습성 따위를 사람들에게 구경시키거나 연구할 수 있도록 만든 시설.

***수준**(水準) 사물의 가치나 질에서 기준이 되는 일정한 표준이나 정도. 예문화 수준의 차이 / 수준이 높다.

수줍다 [수줍따] 부끄러워하는 태도가 있다. 예많은 사람 앞에 서니 수줍어서 얼굴이 붉어졌다.

수줍음 [수주븜] 수줍어하는 일. 예수줍음을 타다.

수중¹(水中) 물속. 물 가운데. 예수중 촬영.

수중²(手中) 1 손의 안. 예수중에 넣다 / 수중에 돈이 없다. 2 자기의 힘이 영향을 미칠 수 있는 범위. 예그는 내 수중에 있다. 비손아귀.

***수증기**(水蒸氣) 물이 증발하여 된 기체. 준증기.

수지(收支) 수입과 지출.

수지맞다(收支一) [수지맏따] 1 사업이나 장사 따위에서 이익이 남다. 예수지맞는 장사. 2 뜻하지 않게 좋은 일이 생기다. 예이렇게 좋은 선물을 받다니 정말 수지맞았네.

***수직**(垂直) 직선과 직선, 직선과 평면, 평면과 평면이 직각을 이루고 있는 상태. 반수평.

***수직선**(垂直線) [수직썬] ⇨수선³.

수질(水質) 물의 성질. 예강물의 수질이 좋다.

수집¹(收集) 거두어 모음. 예폐품 수집. 수집하다.

수집²(蒐集) 취미나 연구를 위하여 여러 가지 재료나 물건을 찾아 모음. 또는 그 재료나 물건. 예정보 수집. 수집하다.

수차¹(水車) 낮은 데의 물을 길어 올리는 기계. 조선 세종 때부터 이용하였음. 비물레방아.

수차²(數次) [수:차] 두서너 차례. 여러 차례. 예수차에 걸친 회담.

수채 집 안에서 버린 허드렛물이나 빗물 따위를 흘러 나가게 한 시설. 수채가 막히다. 비하수구.

수채화(水彩畫) 서양화에서, 물감을 물에 풀어서 그린 그림.

수척하다(瘦瘠一) [수처카다] 몸이 몹시 마르고 야위다. 예병으로 얼굴이 수척해지다.

수천(數千) [수:천] 천의 여러 배 되는 수효. 예수천 명의 관객.

***수첩**(手帖) 몸에 지니고 다니며 간단한 기록을 하는 작은 공책. 예수첩에 기록하다. 비필첩.

수초(水草) 물속이나 물가에서 자라는 풀. 비물풀.

수축(收縮) 물체의 부피나 규모가 줄어들거나 오그라듦. 예근육이 수축하다. 반팽창. 수축하다.

***수출**(輸出) 국내 상품이나 기술을 외국으로 팔아 내보냄. 예자동차를 수출하다. 반수입. 수출하다.

수출량(輸出量) 국내 상품이나 기술을 외국으로 팔아 내보낸 양.

수출액(輸出額) [수추랙] 수출로 벌어들인 돈의 액수.

수출입(輸出入) [수추립] 수출과 수입. 예수출입 절차 / 수출입 자율화.

수출품(輸出品) 외국으로 수출되는 물품. 반수입품.

수취인(受取人) 서류나 물건을 받는 사람.

수치¹(羞恥) 부끄러움. 예수치로 여기다.

수치²(數値) [수:치] 계산하여 얻은 수. 예수치를 구하다.

수치스럽다(羞恥一) [수치스럽따] 창피하고 부끄러운 데가 있다. 예그런 일은 입에 올리기도 수치스럽다. 활용 수치스러워 / 수치스러우니.

수치심(羞恥心) 부끄러움을 느끼는 마음. 예수치심을 느끼다.

수칙(守則) 행동·절차에 관하여 지켜야 할 사항을 정한 규칙. 예안전 수칙을 지키다.

수캉아지 강아지의 수컷. 반암캉아지. ×숫강아지.

수캐 개의 수컷. 반암캐.

수컷 [수컫] 동물에서 새끼를 배지 아니하는 쪽. 반암컷.

수키와 두 암키와 사이에 엎어 놓는

수탈 (收奪) 강제로 빼앗음. 예수탈을 일삼다 / 일제의 식민지 수탈 정책. 수탈하다.

***수탉** [수탁] 닭의 수컷. 빤암탉.

수탕나귀 당나귀의 수컷. 빤암탕나귀. ×숫당나귀.

수톨쩌귀 암톨쩌귀에 꽂는, 뾰족한 촉이 달린 돌쩌귀. 빤암톨쩌귀.

수통 (水桶) 물을 넣는 통.

수퇘지 돼지의 수컷. 빤암퇘지.

수판 (數板) [수:판] 셈을 하는 데 쓰는 기구. 예수판을 놓다. 비주판.

***수평** (水平) 기울지 않고 평평한 상태. 예수평을 이루다. 빤수직.

수평면 (水平面) 정지해 있는 물의 표면.

수평선 (水平線) 바다와 하늘이 맞닿아 보이는 선. 예수평선 너머로 해가 지다.

수평아리 병아리의 수컷. 빤암평아리. ×숫병아리.

수포¹ (水泡) 1 물 위에 떠 있는 거품. 예강에 수포가 일다. 2 헛된 결과. 예모든 일이 수포로 돌아가다. 비물거품.

수포² (水疱) 살가죽이 부풀어 올라 속에 물이 잡힌 것. 예수포가 생기다. 비물집.

수표 (手票) 은행에 예금이 있는 사람이 일정한 금액을 그 지참인에게 지불해 줄 것을 은행에 위탁한 증서. 예자기앞 수표.

수표교 (水標橋) 조선 세종 때, 서울의 청계천에 놓은 다리. 다리 기둥에 눈금을 새겨 물의 깊이를 재어 홍수에 대비하였다.

***수풀** 나무가 꽉 들어찬 곳. 비삼림. 준숲.

수프 (soup) 서양 요리에서, 고기나 채소 따위를 삶아 낸 국물에 맛을 낸 음식. 예쇠고기 수프 / 야채수프.

***수필** (隨筆) 일상생활을 하면서 보고 느낀 것을 형식에 얽매이지 않고 생각나는 대로 자유롭게 써 나간 글. 에세이.

수하물 (手荷物) 여행하는 사람이 손수 들 수 있는 작은 짐.

***수학** (數學) [수:학] 수량이나 도형의 성질에 대하여 연구하는 학문. 예수학 문제. 비산수. ⊃mathematics

수학여행 (修學旅行) [수학녀행] 학생들이 실지로 보고 들어서 지식을 넓힐 수 있도록 교사의 인솔 아래 실시하는 여행.

수학 익힘책 (數學一冊) 초등학교에서, 수학에서 배운 것을 연습할 수 있도록 문제를 많이 풀게 만든 교과서.

수해 (水害) 홍수로 인하여 집이나 논밭이 떠내려가고 살림살이가 물에 잠기는 재해. 예수해를 입다. 비수재.

수행¹ (遂行) 생각하거나 계획한 대로 해냄. 예지시대로 임무를 수행하다. 수행하다.

수행² (隨行) 높은 지위에 있는 사람이나 일정한 임무를 띠고 가는 사람을 따라감. 또는 그 사람. 예대통령을 수행하다. 수행하다.

수행³ (修行) 1 행실·학문·기예 따위를 닦음. 예수행을 쌓다. 2 불도에 힘씀. 수행하다.

수행원 (隨行員) 높은 지위에 있는 사람을 따라다니며 그 사람을 돕거나 보호하는 사람. 예수행원을 동반하다.

수행 평가 (遂行評價) 학습 과제 수행 과정과 결과를 직접 보고 학생의 능력을 판단하는 일.

수험 (受驗) 시험을 치름. 예수험 준비를 하다.

수험생 (受驗生) 입학시험 따위를 치르는 사람. 예대입 수험생.

수혈 (輸血) 중환자나 출혈이 심한 사람에게 그 혈액형과 같은 건강한 사람의 피를 혈관에 넣는 일. 수혈하다.

수협 (水協) '수산업 협동조합'의 준말. 예수협 중앙회.

수형도 (樹形圖) 선으로 연결하여 나뭇가지 모양으로 나타낸 그림. 수학에서 경우의 수를 구할 때나 국어에서 문장 짜임새를 나타낼 때 씀.

수호 (守護) 중요한 사람이나 대상을 지키고 보호함. 예조국을 수호하다. 수호하다.

수호신 (守護神) 국가나 민족 또는 개인 등을 지키고 보호해 주는 신.

수호천사 (守護天使) 가톨릭에서 모

든 사람을 선으로 이끌고 악으로부터 보호하는 천사.

수화(手話) 농아들이 말 대신에 손짓으로 서로 주고받는 말.

수화기(受話器) 전화기에서, 전화가 오면 귀에 대고 듣는 부분. 땐송화기.

수확(收穫) 1 농작물 따위를 거두어들임. 또는 그 거둔 농작물. 예쌀 수확이 작년보다 줄었다. 2 어떤 일을 하고 나서 얻은 성과. 예이번 여행에서 얻은 수확이 크다. 수확하다.

수확량(收穫量) [수항냥] 농작물을 거두어들인 양. 예옥수수의 수확량이 늘다.

수회(數回) [수:회/수:훼] 두서너 번. 여러 번. 예수회에 걸친 회담.

***수효**(數爻) [수:효] 사물의 수. 예수효를 세다. 町수량.

수훈(殊勳) 뛰어난 공훈. 예결승전에서 수훈을 세우다.

숙고(熟考) [숙꼬] 잘 생각함. 깊이 생각함. 예숙고하여 일을 처리하다. 숙고하다.

***숙녀**(淑女) [숭녀] 1 교양과 예의와 품격을 고루 갖춘 여자. 예우아한 숙녀. 2 다 자란 여자를 아름답게 이르는 말. 예그 옷을 입으니 제법 숙녀 티가 난다. 땐신사. ⊃lady

숙달(熟達) [숙딸] 어떤 일에 익숙하고 통달함. 예영어에 숙달하다. 땐미숙. 숙달하다.

숙덕거리다 [숙떡꺼리다] 여럿이 모여서 은밀히 수군거리다. 예큰일이나 난 듯이 숙덕거리다. 작속닥거리다. 센쑥덕거리다.

숙련(熟練) [숭년] 어떠한 일에 아주 익숙함. 예숙련된 솜씨. 숙련하다.

숙맥(菽麥) [숭맥] 1 콩과 보리. 2 콩과 보리를 구별하지 못한다는 뜻에서, 어리석고 못난 사람을 비유하는 말. 예숙맥 같은 사람.

숙면(熟眠) [숭면] 잠이 깊이 듦. 또는 그 잠. 예숙면에 빠지다/숙면을 취하다. 숙면하다.

숙명(宿命) [숭명] 날 때부터 정해진 운명. 예숙명의 대결.

숙모(叔母) [숭모] 숙부의 아내. 町작은어머니. 땐숙부.

숙박(宿泊) [숙빡] 여관이나 호텔 따위에 머물러 묵음. 예숙박 시설/여관에서 숙박하다. 숙박하다.

숙부(叔父) [숙뿌] 아버지의 남동생. 町작은아버지. 삼촌. 땐숙모.

숙성(熟成) [숙썽] 충분히 발효가 됨. 잘 익음. 예김치는 숙성 기간을 잘 조절해야 제맛이 난다. 숙성하다.

숙소(宿所) [숙쏘] 집을 떠나 임시로 묵는 곳. 예숙소를 정하다.

숙식(宿食) [숙씩] 자고 먹음. 예숙식을 제공하다. 숙식하다.

숙어(熟語) [수거] 두 개 이상의 낱말이 합쳐져 하나의 뜻을 이루어, 하나의 낱말과 같은 구실을 하는 말.

숙연하다(肅然―) [수견하다] 고요하고 엄숙하다. 예숙연한 분위기.

숙원(宿願) [수권] 오래전부터 가지고 있는 소원. 예숙원을 이루다.

***숙이다** [수기다] 고개나 몸을 앞으로 구부리다. 예머리를 숙이다.

***숙제**(宿題) [숙쩨] 1 집에서 해 오도록 학교에서 내 주는 과제. 예숙제가 많다. ⊃homework 2 두고 생각하여 볼 문제. 예남북통일은 우리 민족의 숙제이다. 町과제.

숙종[1](肅宗) [숙쫑] 〖인명〗 고려 제15대 임금. 화폐 제도를 시작함. 고려의 전성기를 이룸. [1054–1105 ; 재위 1095–1105]

숙종[2](肅宗) [숙쫑] 〖인명〗 조선 제19대 임금. 주전도감을 두고 상평통보를 만들어 통용시킴. [1661–1720 ; 재위 1674–1720]

숙주나물 [숙쭈나물] 1 녹두를 물에 불리어 싹을 낸 나물. 2 숙주를 데쳐서 양념에 무친 반찬.

숙직(宿直) [숙찍] 관청·회사 따위의 직장에서 밤에 잠을 자며 건물이나 시설물을 지키는 일. 또는 그 사람. 숙직하다.

숙직실(宿直室) [숙찍씰] 숙직하는 사람이 자는 방.

숙질간(叔姪間) [숙찔간] 아저씨와 조카 사이.

숙청(肅清) 독재 국가 등에서 권력에 반대하거나 방해하는 사람이나 집단을 힘을 못쓰게 하거나 없애는 일.

숙청하다.

순¹(筍) 식물의 싹. 예 대나무 순 / 순을 치다 / 순이 돋다.

순²(純) 다른 것이 섞이지 않은. 순수한. 순전한. 예 순 살코기.

***순간**(瞬間) 1 아주 짧은 시간. 눈 깜짝할 사이. 잠깐 동안. 예 한눈판 순간에 일어난 사고. 2 어떤 일이 일어난 바로 그때. 예 골을 넣는 순간 환호성이 터졌다.

순간적(瞬間的) 아주 짧은 시간인 (것). 예 순간적인 실수.

순결(純潔) 몸과 마음이 아주 깨끗함. 예 순결한 사랑. 순결하다.

순경(巡警) 경찰 공무원 계급의 하나. 경장의 아래로 맨 아래 계급임.

순교(殉敎) 자기가 믿는 종교를 위하여 목숨을 바치는 일. 순교하다.

순국(殉國) 나라를 위하여 목숨을 바침. 순국하다.

순국선열(殉國先烈) [순국써녈] 나라를 위하여 목숨을 바친 열사.

순금(純金) 다른 금속이 섞이지 않은 순수한 황금. 예 순금 목걸이.

순대 돼지 창자 속에 쌀·두부·숙주나물·선지·당면 따위를 양념하여 넣고 삶은 음식.

순도(純度) 품질의 순수한 정도. 예 순도가 높다.

순두부(-豆腐) 눌러서 굳히지 않은 두부.

순둥이(順-) [순:둥이] 순한 아이를 귀엽게 이르는 말. 예 아이가 순둥이여서 보채지 않고 잘 논다.

순례(巡禮) [술례] 종교의 발생지, 절의 소재지, 성인의 무덤이나 거주지 따위를 차례로 찾아다니며 참배함. 예 성지 순례. 순례하다.

순리(順理) [술:리] 도리나 이치에 순종함. 예 순리적으로 해결하다.

순면(純綿) 다른 것이 섞이지 않은 무명실만으로 짠 직물.

순모(純毛) 다른 것이 전혀 섞이지 않은 순수한 털실이나 모직물. 예 순모 바지 / 순모 양복.

순박하다(淳朴-) [순바카다] 성질이 순하고 진실하며 아무런 꾸밈이 없다. 예 순박한 사람들. 回 소박하다.

순발력(瞬發力) 외부의 자극에 반응하여 몸을 빨리 움직일 수 있는 능력. 예 순발력이 뛰어난 선수.

순방(巡訪) 여러 곳을 차례로 방문함. 예 유럽 순방에 나서다. 순방하다.

순번(順番) [순:번] 차례대로 돌아오는 순서. 예 순번을 정하다.

순사(巡査) 일제 강점기 때, 경찰관의 가장 낮은 계급.

순산(順産) [순:산] 아이를 아무 탈 없이 순조롭게 낳음. 예 순산을 기원하다. 순산하다.

***순서**(順序) [순:서] 정해진 차례. 예 순서를 지키다. 回 차례.

순서도(順序圖) [순:서도] 컴퓨터에서 프로그램을 작성할 때 일의 처리 순서를 도표로 나타낸 것.

순서쌍(順序雙) [순:서쌍] 수학에서, 두 원소를 짝으로 하여 하나의 새로운 원소를 만든 것.

순수(純粹) 1 다른 것이 조금도 섞이지 않음. 예 순수한 금. 2 사사로운 욕심이나 못된 생각이 없음. 예 순수한 우정. 凹 불순. 순수하다.

순순하다(順順-) [순:순하다] 성질이 온순하고 고분고분하다. 回 순하다.

순순히(順順-) [순:순히] 순순하게. 예 순순히 자백하다.

순시(巡視) 경계·감독하기 위하여 돌아다니며 사정을 살펴봄. 또는 그런 사람. 예 지방 관청을 순시하다. 순시하다.

순시선(巡視船) 해상의 안전과 치안의 확보와 같은 임무를 띠고 바다를 돌아다니며 감독하는 배.

순식간(瞬息間) [순식깐] 눈 깜짝할 사이. 극히 짧은 동안. 예 바람이 불어 불길이 순식간에 사방으로 번지다. 回 순간.

순위(順位) [수:뉘] 순서를 나타내는 위치나 지위. 예 순위를 정하다.

순은(純銀) [수:는] 다른 것이 섞이지 않은 순수한 은.

순응(順應) [수:능] 환경이나 변화에 적응하여 익숙해지거나 순순히 잘 따름. 예 자연에 순응하다. 순응하다.

순이익(純利益) [순:니익 / 수:니익] 총이익에서 총비용을 뺀 순전한 이익.

순전하다 (純全―) 순수하고 완전하다. 예 이번 일은 순전히 우연이었다.
순전히 (純全―) 순전하게. 예 이번 사고는 순전히 네 탓이다.
순정 (純情) 순수한 감정이나 애정. 예 순정을 바치다.
순조로이 (順調―) [순:조로이] 순조롭게. 예 문제가 순조로이 해결되다.
순조롭다 (順調―) [순:조롭따] 아무 탈 없이 예정대로 잘되어 가다. 예 첫 출발이 순조롭다. 활용 순조로워 / 순조로우니.
순종¹ (順從) [순:종] 순순히 복종함. 예 부모님 말씀에 순종하다. 순종하다.
순종² (純種) 다른 계통과 섞이지 않은 순수한 종. 예 순종의 진돗개.
순지르기 (筍―) 풀·나무·농작물 따위의 길게 돋은 싹을 잘라 내는 일. 비 순지름.
순직 (殉職) 직무를 다하다가 목숨을 잃음. 예 순직 소방관. 순직하다.
순진하다 (純眞―) 마음이 꾸밈이 없고 참되다. 예 순진한 아이.
순찰 (巡察) 범죄나 사고를 예방하기 위하여 여러 곳을 돌아다니며 사정을 살핌. 예 순찰을 돌다. 순찰하다.
순찰차 (巡察車) 범죄나 사고의 예방을 위하여 순찰하는 자동차.
순탄하다 (順坦―) [순:탄하다] 1 아무 탈 없이 순조롭다. 예 순탄한 생활. 2 길이 험하지 않고 평탄하다. 예 길이 순탄하다.
순풍 (順風) [순:풍] 1 순하게 부는 바람. 2 배가 가는 쪽으로 부는 바람. 예 순풍에 돛을 달다. 반 역풍.
***순하다** (順―) [순:하다] 1 성질이 부드럽다. 예 순한 아이. 2 맛이 독하지 않다. 예 맵고 짠 음식보다 순한 음식이 제 입맛에 잘 맞아요.
순화¹ (純化) 불순한 것을 없애 버리고 순수하게 함. 순화하다.
순화² (醇化) 1 덕으로 정성스럽게 가르쳐서 그 마음을 바르고 아름답게 함. 예 정서 순화 / 청소년을 순화하다. 2 잡스러운 것을 없애고 순수하게 함. 예 국어 순화 / 외래어를 우리말로 순화하다. 순화하다.
순환 (循環) 주기적으로 자꾸 되풀이하여 돎. 예 혈액 순환. 순환하다.
순환계 (循環系) [순환계 / 순환게] 몸 전체에 피를 돌게 하여 영양을 공급하고 쓸데없는 물질을 내보내는 계통의 조직.
순환기 (循環器) 피를 돌게 하여 몸의 각 조직에 영양분을 나르고 쓸데없는 물질을 배설하는 기관. 심장·혈관·림프관 따위.
순회 (巡廻) [순회 / 순훼] 여러 곳을 차례로 돌아다님. 예 전국을 순회하며 공연을 갖다. 순회하다.
***숟가락** [숟까락] 밥이나 국 따위를 떠먹는 기구. 준 숟갈. 높 수저. ⇨spoon
숟갈 [숟깔] '숟가락'의 준말.
***술**¹ 알코올 성분이 있어 마시면 취하는 음료를 통틀어 일컫는 말. 막걸리·소주·맥주 따위.
술² [술:] 가마·기·띠·끈 따위에 장식으로 다는 여러 가닥의 실.
술³ 한 숟가락의 분량. 예 밥 한 술을 뜨다.
***술래** 술래잡기 놀이에서, 숨은 아이들을 찾아내는 아이.
술래잡기 [술래잡끼] 여럿 가운데 한 아이가 술래가 되어 숨은 아이들을 찾아내는 놀이. 술래잡기하다.
술렁거리다 자꾸 어수선하게 소란이 일다. 예 소풍 갈 때가 되면 괜히 술렁거린다.
술렁이다 어수선하게 소란이 일다. 예 연말이 되면 공연히 술렁인다.
술병 (―瓶) [술뼝] 술을 담는 병.
술상 (―床) [술쌍] 술과 안주를 차려 놓은 상. 예 술상을 차리다. 비 주안상.
술수 (術數) [술쑤] ⇨술책. 예 술수를 쓰다 / 술수에 능한 사람.
술술 1 물·가루 등이 조금씩 가볍게 새어 나오는 모양. 2 문제나 얽힌 실 따위가 수월하게 잘 풀리는 모양. 예 어려운 시험 문제가 술술 풀리다. 3 말이 막힘없이 잘 나오는 모양. 예 거짓말이 거침없이 술술 나왔다. 작 솔솔.
술잔 (―盞) [술짠] 술을 따라 마시는 그릇. 예 술잔을 채우다.
술집 [술찝] 술을 파는 집. 비 주점.
술책 (術策) 어떤 일을 꾸미는 꾀나 방법. 예 술책을 부리다. 비 술수.

***숨** [숨:] 1 사람이나 동물이 코나 입으로 공기를 들이마시고 내쉬는 일. ⑩숨을 쉬다. 田호흡. ⊃breath 2 채소 따위의 빳빳하고 생생한 기운. ⑩배추에 소금을 쳐 숨을 죽이다.

숨(을) 거두다 죽다. ⑩그는 갑작스러운 사고로 숨을 거두었다.

숨(을) 돌리다 ㉠가쁜 숨을 가라앉히다. ㉡바쁜 중에 잠시 휴식을 취하다. ⑩숨 돌릴 틈도 없다.

숨(이) 가쁘다 어떤 일이나 사태가 몹시 힘에 겹거나 급박하다.

숨(이) 막히다 숨이 막힐 정도로 긴장하거나 답답함을 느끼다. ⑩숨 막히는 순간.

숨이 턱에 닿다 몹시 숨이 차다.

숨결 [숨:껼] 숨을 쉬는 속도나 높낮이. ⑩숨결이 거칠다.

숨골 [숨:꼴] ⇨연수¹.

***숨기다** 남이 모르게 보이지 않는 곳에 감추다. 드러나지 않게 하다. ⑩사실을 숨기다 / 생일 선물을 숨겨 놓다.

숨김없이 [숨기멉씨] 숨기는 일이 없이. 있는 그대로 모두. ⑩지난 과거를 숨김없이 털어놓다.

***숨다** [숨:따] 1 남에게 보이지 않으려고 몸을 감추다. ⑩문 뒤에 숨다. 2 어떤 사실이 드러나지 않다. ⑩숨은 노력.

***숨바꼭질** [숨바꼭찔] 술래가 숨어 있는 사람을 찾아내는 아이들 놀이의 하나. **숨바꼭질하다**.

숨소리 [숨:쏘리] 숨을 쉬는 소리. ⑩모두들 숨소리를 죽이고 선생님 말씀에 귀를 기울였다.

숨쉬기 [숨:쉬기] ⇨호흡.

숨죽이다 [숨:주기다] 1 숨을 멈추다. 2 숨소리가 들리지 않게 조용히 하다. ⑩숨죽이고 엿듣다.

숨지다 [숨:지다] 숨이 끊어져 죽다. ⑩젊은 나이에 교통사고로 숨지다. 田죽다. 운명하다.

숨차다 [숨:차다] 숨이 가빠서 숨을 쉬기가 어렵다. ⑩숨차서 헐떡거리다.

숨통 (一筒) [숨:통] ⇨기관³.

숫- '양'·'염소'·'쥐' 앞에 붙어 수컷임을 나타내는 말. ⑩숫양 / 숫염소 / 숫쥐.

주의 **수컷을 나타내는 숫-과 수-**

숫양·숫염소·숫쥐만 '숫-'으로 하고 그 밖에는 '수-'로 통일한다.
⑩수꿩, 수나사, 수소, 수놈
*다만 다음 낱말들은 '수-' 다음에 나는 거센소리를 인정한다.
⑩수캉아지, 수캐, 수컷, 수키와, 수탉, 수탕나귀, 수톨쩌귀, 수퇘지, 수평아리

숫기 (一氣) [숟끼] 활발하여 부끄럼이 없는 기운. ⑩숫기가 없는 사람.

숫돌 [숟똘] 칼 따위를 갈아서 날을 세우는 데 쓰는 돌.

***숫자** (數字) [수:짜 / 숟:짜] 1 수를 나타내는 글자. 一, 二, 三… 또는 1, 2, 3… 따위. ⑩숫자를 세다. 2 숫자로 나타나는 수량적인 일이나 지식. ⑩숫자에 밝다. 田수. ⊃number

참고 (1) 수를 적을 때에는 '만(萬)' 단위로 띄어 씀.
⑩십오억 육천구백칠십오만 일천구백구십일…15억 6975만 1991.
(2) 숫자의 종류에는, 보통 쓰는 1, 2, 3…의 아라비아 숫자, 一, 二, 三…의 한자 숫자, Ⅰ, Ⅱ, Ⅲ…의 로마 숫자 따위가 있음.

숫제 [숟쩨] 1 하기 전에 차라리 아예. ⑩하기 싫거든 숫제 오지도 마라. 2 거짓이 아니고 참말로. ⑩숫제 굶겠다지 뭐야.

숭고하다 (崇高一) 뜻이 높고 고상하다. ⑩숭고한 희생정신.

숭늉 밥을 푼 솥에 물을 부어 데운 물. 구수한 맛이 나며 흔히 식사 후에 마심. ⑩숭늉이 구수하다.

숭례문 (崇禮門) [숭녜문] 조선 시대 한양 도성의 남쪽 성문. 우리나라 국보로, 정식 이름은 '서울 숭례문'.

숭례문

숭배 (崇拜) 마음속으로 우러러 공경함. **숭배하다**.

숭상 (崇尙) 높여 소중히 여김. ◉불교를 숭상하다. **숭상하다.**

숭숭 1 조금 큰 구멍이 많이 뚫린 모양. ◉구멍이 숭숭 뚫린 창호지. 2 물건을 듬성듬성 빨리 써는 모양. ◉오이를 숭숭 썰다. 잘 송송.

숭어 [숭:어] 숭엇과의 바닷물고기. 몸길이 70cm 정도. 머리는 작은 편이며 두께가 얇고 폭이 넓음. 몸빛은 등이 회청색, 배가 은백색이고 온몸에 빳빳한 비늘이 있음. 어릴 때는 민물에서 살다가 크면 바다로 내려감.

*숯 [숟] 나무를 숯가마에 넣어서 구워 낸 검은 덩어리. 연료로 씀. ◉숯을 피우다. 비 목탄.

숯불 [숟뿔] 숯이 타는 불. ◉숯불에 고기를 굽다.

숱 [숟] 머리카락 따위의 부피나 분량. ◉숱이 많다 / 머리의 숱이 많이 빠지다.

숱하다 [수타다] 1 아주 많다. ◉숱한 사연 / 숱한 고비를 넘기다. 2 흔하다. ◉숱하게 볼 수 있는 물건.

*숲 [숩] 나무가 무성하게 들어찬 곳. ◉소나무 숲 / 숲에서 야영하다 / 숲이 울창하다. 본 수풀.

숲길 [숩낄] 숲속에 나 있는 길.

쉬¹ 파리의 알. ◉파리가 생선에 쉬를 슬었다.

쉬² [쉬:] '쉬이'의 준말.

쉬³ [쉬:] 1 떠들거나 큰 소리 내지 말라는 뜻으로 하는 소리. ◉쉬, 조용히 해라. 비 쉿. 2 어린아이에게 오줌을 누일 때 하는 소리. 비 쉬야.

쉬다¹ [쉬:다] 입이나 코로 공기를 들이마셨다 내보냈다 하다. ◉크게 숨을 쉬다 / 가쁜 숨을 쉬다. ⊃breathe

*쉬다² [쉬:다] 1 피로를 풀려고 몸을 편안히 두다. ◉주말엔 집에서 쉰다. 2 하던 일을 잠시 그만두다. ◉개고기념일이라 학교가 쉽니다 / 남은 일은 좀 쉬었다 하자. 3 잠을 자다. ◉밤새 편히 쉬게. ⊃rest

쉬다³ [쉬:다] 목청에 탈이 생겨 목소리가 거칠고 흐려지다. ◉감기로 목이 쉬다.

쉬다⁴ [쉬:다] 음식이 상하여 맛이 시금하게 되다. ◉쉰 밥 / 여름엔 음식이 금방 쉰다.

쉬쉬하다 [쉬:쉬하다] 남이 알까 걱정하여 숨기다. ◉쉬쉬한다고 누가 모르나.

쉬엄쉬엄 쉬어 가면서 일하는 모양. ◉시간은 넉넉하니 서두르지 말고 쉬엄쉬엄 해라. **쉬엄쉬엄하다.**

쉬이 1 쉽게. 쉽사리. ◉쉬이 여길 일이 아니다. 2 오래지 않아. ◉쉬이 한번 찾아뵙겠습니다. 준 쉬.

쉭 공기나 입김 따위가 좁은 구멍으로 새어 나오는 소리.

*쉰 [쉰:] 열의 다섯 배. ◉쉰 살. 비 오십. ×쉬흔.

쉰내 [쉰:내] 음식 따위가 쉬어서 나는 시큼한 냄새. ◉쉰내 나는 음식.

쉼터 [쉼:터] 쉬는 장소.

쉼표 (─標) [쉼:표] 1 문장에서 짧게 쉬는 부분을 나타내는 문장 부호 ','의 이름. 2 악보에서, 음이 멈추는 동안의 길이를 나타내는 기호.

*쉽다 [쉽:따] 1 어렵지 않다. ◉쉬운 문제 / 수학 문제를 쉽게 풀다. 반 어렵다. 2 흔하거나 예사롭다. ◉이번 일은 쉽게 포기하지 않겠다. 3 가능성이 많다. ◉깨지기 쉬운 유리그릇 / 날카로운 물건을 갖고 놀면 다치기 쉽다. 활용 쉬워 / 쉬우니. ⊃easy

쉽사리 [쉽:싸리] 아주 쉽게. 순조롭게. ◉일이 쉽사리 풀리다.

쉿 [쉳] 소리를 내지 말라는 뜻으로 급하게 내는 소리. ◉쉿, 누가 듣겠다. 비 쉬.

슈바이처 (Schweitzer, Albert) 〖인명〗 독일의 의사·철학자·목사 및 음악가로서 아프리카의 가봉에 병원을 세워 원주민의 치료에 힘쓰고, 핵 실험 금지를 주장해 세계 평화에 공헌함. 1952년 노벨 평화상을 받음. 저서에 '문화철학' 등이 있음. [1875-1965]

슈베르트 (Schubert, Franz Peter) 〖인명〗 오스트리아의 작곡가. 독일 낭만주의 음악 및 근대 독일 가곡의 창시자. 작품에 '교향곡 제8번(미완성 교향곡)', '겨울 나그네', '아름다운 물레방앗간의 아가씨' 등이 유명함. [1797-1828]

슈트라우스 (Strauss, Johann) 〖인명〗

오스트리아의 작곡가. 비엔나 왈츠를 예술의 경지에까지 끌어올려, '왈츠의 왕'으로 불림. [1825-1899]

슈팅(shooting) 축구·농구 등에서, 골이나 바스켓을 향해 공을 차거나 던져서 넣는 일. **슈팅하다**.

슈퍼마켓(supermarket) 물건을 살 사람이 필요한 물건을 직접 골라 계산대에서 물건값을 치르게 되어 있는 규모가 큰 가게. 준슈퍼.

참고 원어인 supermarket의 철자 t에 영향을 받아서 '슈퍼마켙'으로 잘못 쓰는 경우가 많은데, 외래어 표기에서 받침에는 'ㄱ, ㄴ, ㄹ, ㅁ, ㅂ, ㅅ'만을 쓰며 'ㄷ, ㅌ' 등은 쓰지 않는다.

슈퍼맨(superman) 보통 사람과는 달리 놀랍고 엄청난 힘을 가진 사람. 초인.

슛(shoot) 축구·핸드볼·농구 따위에서 바스켓이나 골을 향해 공을 던지거나 차는 일. 예슛을 날리다.

스낵(snack) 가벼운 식사나 간식. 예스낵 코너.

스냅(snap) ⇨똑딱단추.

스님 1 승려가 자신의 스승을 부르는 말. 2 승려를 높여 부르는 말.

스러지다 1 나타난 형태가 차츰 희미해지면서 없어지다. 2 불기운이 약해져서 꺼지다.

스르르 1 얽히거나 묶인 것이 저절로 풀리는 모양. 예옷고름이 스르르 풀리다. 2 졸린 눈이 힘없이 감기는 모양. 예눈이 스르르 감기다. 3 얼음이나 눈이 저절로 녹는 모양. 예입안의 사탕이 스르르 녹다. 4 미끄러지듯 슬며시 움직이는 모양. 예바람이 불어 문이 스르르 열리다. 좍사르르.

스리랑카(Sri Lanka) 〖국명〗 인도반도 남쪽의 인도양에 있는, 섬으로 된 공화국. 최대 도시는 콜롬보, 수도는 스리자야와르데네푸라코테.

스릴(thrill) 간담을 서늘하게 하거나 아슬아슬한 느낌. 예스릴이 넘치는 추리 소설.

스마트폰(smartphone) 무선 전화기에 컴퓨터와 인터넷 접속 기능을 결합한 휴대 전화. 원하는 프로그램을 설치해서 사용할 수 있음.

스멀거리다 살갗에 작은 벌레가 기는 것처럼 근질거리다. 예몸이 스멀거리다.

스며들다 속으로 배어들다. 예뼛속까지 스며드는 추위. 활용 스며들어/스며드니/스며드는.

스모그(smog) 자동차에서 나오는 배기가스나 공장에서 내뿜는 연기가 하늘에 안개처럼 끼어 있는 것.

스무 스물을 나타내는 말. 예스무 마리/스무 장.

스무고개 스무 번까지 질문을 하여 어떤 문제를 알아맞히는 놀이.

*__스물__ 열의 두 배. 예나이는 갓 스물이다. 비이십.

스미다 1 물·기름 따위의 액체가 배어들다. 예땅에 빗물이 스미다. 2 기체·바람 따위가 안으로 흘러들다. 예찬바람이 옷깃에 스미다. 3 마음속 깊이 느껴지다. 예뼛속까지 스미는 외로움.

스산하다 1 날씨가 흐리고 차다. 예날씨가 스산하다. 2 쓸쓸하고 어수선하다. 예스산한 거리. 3 마음이 안정되지 않고 어수선하다. 예마음이 스산하다.

스스럼없다 [스스럼업따] 부끄럽거나 조심스러운 마음이 없다. 예스스럼없는 친구.

스스럼없이 [스스럼업씨] 스스럼없게. 예스스럼없이 지내는 사이.

*__스스로__ 1 저절로. 예꽃은 스스로 핀다. 2 자진하여. 예스스로 공부하다. 3 자기 힘으로. 예자기 일은 스스로 해야 한다. 4 자기 자신. 예스스로를 높이다.

*__스승__ 자기를 가르쳐 주는 사람. 예스승의 은혜. 비선생. 반제자.

스승의 날 선생님의 은혜에 감사하고 존경심을 되새기기 위해 정한 날. 매년 5월 15일임.

스웨덴(Sweden) 〖국명〗 북유럽 스칸디나비아반도의 동부에 있는 입헌 군주국. 수도는 스톡홀름.

스웨터(sweater) 털실로 두툼하게 짠 웃옷.

스위스(Swiss) 〖국명〗 유럽 중부에 있는 연방 공화국. 영세 중립국이며,

***스위치** (switch) 전기의 흐름을 이었다 끊었다 하는 장치. 전기 개폐기. ⑩전원 스위치 / 스위치를 내리다 / 스위치를 켜다.

스치다 1 서로 살짝 닿으면서 지나가다. ⑩바람이 옷깃을 스치다 / 향기가 코끝을 스치다. 2 어떤 생각 따위가 문득 떠올랐다가 사라진다. ⑩입가에 미소가 스치다 / 불길한 예감이 뇌리를 스쳤다.

스카우트 (scout) 우수한 운동선수나 연예인 같은 재능 있는 사람을 찾아내어 뽑는 일. **스카우트하다**.

스카이다이빙 (skydiving) 비행 중인 비행기에서 뛰어내려, 공중을 활공하다가 낙하산을 펴고 내려와 목표 지점에 내리는 정확도나 공중에서의 연기를 겨루는 스포츠.

스카프 (scarf) 방한용으로 목에 두르거나 장식용으로 사용하는 목도리·머릿수건 따위.

스칸디나비아반도 (Scandinavia半島) 〖지명〗유럽 북서부에 있는 반도. 노르웨이·스웨덴·핀란드가 속해 있음.

스캐너 (scanner) 그림이나 사진, 문자 따위를 복사하듯이 읽어서 컴퓨터의 그래픽 정보로 바꾸는 입력 장치.

스캔들 (scandal) 충격적이고 부도덕한 사건. 좋지 못한 소문. ⑩정치적 스캔들에 휘말리다.

스커트 (skirt) 서양식 치마.

스컹크 (skunk) 족제빗과의 동물. 땅속 구멍에 살며 밤에 활동함. 온몸이 긴 털로 덮였으며 꼬리의 털은 특히 길고, 항문으로 독한 냄새를 내뿜어 적을 물리침.

***스케이트** (skate) 구두 바닥에 쇠날을 붙이고 얼음판 위를 지치는 운동 기구.

스케이트보드 (skateboard) 길쭉한 두꺼운 판자 밑에 바퀴를 단 놀이 기구. 두 발을 올려놓고 선 자세로 탐.

스케이트장 (skate場) 스케이트를 타는 데 필요한 시설을 갖춘 곳.

스케일 (scale) 1 일이나 계획의 규모. ⑩스케일이 큰 사업을 구상하다. 2 사람의 됨됨이나 도량. ⑩스케일이 큰 사람.

스케줄 (schedule) 시간에 따라 구체적으로 세운 계획. 또는 그 계획표. ⑩스케줄을 짜다.

스케치 (sketch) 그릴 대상을 직접 보고 그 특징을 잡아 간단히 그리는 일. 밑그림. 사생. 사생화. **스케치하다**.

스케치북 (sketchbook) 그림을 그릴 수 있도록 여러 장의 도화지를 한데 묶은 책.

스코어 (score) 경기할 때 얻는 점수. 득점. ⑩3 대 0으로 스코어 차가 크게 벌어지다.

스코틀랜드 (Scotland) 〖지명〗영국의 그레이트브리튼 북부에 있는 지방. 모직물 공업이 세계적으로 유명하며 중심 도시는 에든버러임.

스쿨버스 (school bus) 학생들이 학교를 편하게 다닐 수 있도록 운영하는 학교 버스.

스크래치 (scratch) 크레파스를 색칠한 위에 다른 색을 덧칠한 다음 송곳·칼 따위로 긁어서 바탕색이 나타나게 하는 일.

스크랩 (scrap) 신문·잡지 등에서 필요한 부분을 오려 내는 일. 또는 그 오려 낸 조각. ⑩신문에 난 기사를 스크랩하다. **스크랩하다**.

스크랩북 (scrapbook) 신문·잡지 따위에 난 기사 중에서 필요한 부분을 오려 내어 붙이는 책.

스크롤 (scroll) 컴퓨터에서 모니터의 화면에 나타난 내용을 세로나 가로 방향으로 이동시키는 것.

스크롤바 (scroll bar) 컴퓨터에서 모니터의 화면에 나타난 내용을 위아래 또는 좌우 방향으로 움직일 때 사용하는 막대.

스크린 (screen) 영상이나 영화 따위를 비추기 위한 백색 또는 은색의 막. 영사막.

스키 (ski) 눈 위를 지치는 데 쓰는 좁고 긴 판 모양의 기구. 또는 이를 가지고 하는 눈 위의 운동. ⑩스키를 타다.

스키장 (ski場) 스키를 탈 수 있도록

스타 (star) 인기 있는 연예인이나 운동선수. 예 인기 스타.
스타디움 (라 stadium) 관람석이 있는 규모가 큰 운동 경기장. 예 올림픽 스타디움.
스타일 (style) 모양. 자태. 형. 예 최신 스타일.
스타카토 (이 staccato) 악보에서, 한 음표씩 끊어서 연주하는 일. 또는 그 기호. 기호는 '·'. 끊음표.
스타킹 (stocking) 목이 긴 여자용 양말. 나일론 따위로 만들어 얇고 신축성이 있음.
스타트 (start) 시작. 출발. 예 스타트가 좋지 않다.
스태프 (staff) 연극·영화·방송에서, 연기자 이외의 제작에 참여하는 사람.
스탠드 (stand) 1 운동장 따위의 관람석. 예 스탠드를 꽉 메운 관중. 2 물건을 올려놓는 대. 3 ⇨전기스탠드.
스탬프 (stamp) 주로 고무로 만든 도장.
스테레오 (stereo) 2개 이상의 스피커를 사용하여 입체감을 낼 수 있게 한 음향 방식. 또는 그 장치.
스테이크 (steak) 서양 요리의 하나로, 두툼하고 넓적하게 썰어 구운 고기.
스테이플러 (stapler) 서류 따위를 철하는 데 쓰는 기구. 비 호치키스.
스테인리스강 (stainless鋼) 녹이 슬지 않고 약품에도 변하지 않는 강철. 비 스테인리스 스틸. 준 스테인리스.
스텝 (step) 춤에서, 동작의 기본이 되는 몸과 발의 움직임. 예 스텝을 밟다 / 스텝을 배우다.
스토리 (story) 소설이나 희곡, 영화 따위의 내용이나 줄거리.
스톡홀름 (Stockholm) 〖지명〗 스웨덴의 수도. 발트 해안에 있는 항구 도시로 상업·교통의 중심지임. 매년 노벨상 수여식이 열림.
스톱 (stop) 정지. 멈춤.
스튜디오 (studio) 1 사진사·미술가·공예가 따위의 작업실. 2 영화의 촬영소. 3 방송국의 방송실.
스튜어디스 (stewardess) 비행기 안에서 승객에게 봉사하는 여자 승무원.

스트라이크 (strike) 1 야구에서, 투수가 던진 공이 타자의 겨드랑이와 무릎 사이를 통과하거나 타자가 공을 헛치는 일. 반 볼. 2 볼링에서, 공을 한 번 굴려서 열 개의 핀 모두를 넘어뜨리는 일.
스트레스 (stress) 육체적·정신적으로 받는 자극이나 긴장. 또는 이때 몸에 일어나는 갖가지 반응. 예 스트레스가 쌓이다 / 스트레스를 풀다.
스트레칭 (streching) 손발과 팔다리를 쭉 펴는 일. 예 스트레칭 체조.
스티로폼 (styrofoam) 가볍고 열 차단성이 좋아 포장 재료나 단열재 따위에 널리 쓰는 합성수지. 상품명에서 유래.
스티커 (sticker) 1 선전 광고 또는 어떤 표시를 나타내기 위하여 붙이는, 풀칠이 되어 있는 작은 종이. 2 교통경찰이 교통 법규 위반자에게 떼어 주는 처벌의 서류. 예 주차 위반 스티커.
스틸 (steel) ⇨강철.
스팀 (steam) 증기를 통하여 열을 내는 난방 장치. 예 스팀이 들어오다.
스파게티 (이 spaghetti) 이탈리아식 국수 요리. 가늘고 구멍이 없는 국수로 만듦.
스파이 (spy) ⇨간첩. 예 산업 스파이를 파견하다.
스파이크 (spike) 배구에서, 공을 상대방 쪽으로 세게 내리치는 공격.
스파크 (spark) 전기의 방전 때 일어나는 불꽃.
스패너 (spanner) 너트·볼트 따위를 죄거나 푸는 공구.
스팸 메일 (spam mail) 다수의 사람들에게 일방적으로 보내는 광고성 이메일.
스펀지 (sponge) 고무나 합성수지를 부풀려서 만든 물질. 푹신푹신하고 물기를 잘 빨아들여 방석이나 물건을 닦는 재료로 많이 씀. ×스폰지.
스페인 (Spain) ⇨에스파냐.
스펙트럼 (spectrum) 빛을 프리즘 따위 분광기로 분해했을 때 생기는 무지개와 같은 빛깔의 띠.
스펠링 (spelling) 주로 유럽어의 바른 철자(법).

스포이트 (네 spuit) 고무주머니가 끝에 달린 유리관. 잉크·물약 따위를 다른 용기에 옮기는 데 씀.

스포츠 (sports) 육상 경기·수영·스케이팅·스키·야구·테니스 등에서 등산·사냥·사격 등에 이르기까지 여가 활동·경쟁·육체 단련 등을 위한 모든 신체 운동.

스폰서 (sponsor) 1 어떤 행사나 자선 사업 따위에 기부금을 내어 돕는 사람. 예스폰서를 찾다. 2 상업 방송에서 프로그램을 제공하는 광고주. 예스폰서가 없는 프로그램.

스푼 (spoon) 주로 양식에 쓰는 숟가락. 예커피 스푼.

스프레이 (spray) ⇨분무기.

스프링 (spring) ⇨용수철.

스프링클러 (sprinkler) 1 천장에 설치해 불이 나면 자동으로 물을 뿌려 불을 끄는 장치. 2 작물이나 잔디에 자동적으로 물을 뿌리는 장치.

스피드 (speed) 물체가 움직이거나 어떤 일이 진행되는 빠르기. 속도. 예스피드를 내다 / 스피드를 줄이다.

스피커 (speaker) 1 텔레비전이나 라디오 따위에서, 소리가 나오는 장치. 예스피커 볼륨을 올리다. 2 소리를 크게 하여 멀리까지 들리게 하는 장치. 확성기.

스핑크스 (Sphinx) 1 그리스 신화에 나오는 괴물. 상반신은 여자 모습, 하반신은 날개 돋친 사자 모습임. 행인에게 수수께끼를 내서 이를 풀지 못하면 죽였다 함. 2 옛날 이집트에서, 왕의 권력을 나타내어 신전·피라미드 따위의 어귀에 세웠던 돌. 머리는 사람, 몸은 사자의 모습을 함.

슬그머니 1 남이 모르게 넌지시. 예슬그머니 자리를 뜨다. 2 혼자 마음속으로 은근히. 예슬그머니 화가 났다. 준슬그미. 작살그머니.

슬근슬근 물건과 물건이 서로 맞닿아 가볍게 자꾸 비벼지는 모양. 예슬근슬근 톱질하다. 작살근살근. **슬근슬근하다**.

슬금슬금 아무도 모르게 남의 눈치를 살펴 가면서 슬며시 행동하는 모양. 예감시가 소홀한 틈을 타서 슬금 슬금 도망치다. 작살금살금.

*__슬기__ 사리를 밝히고 잘 처리해 가는 능력. 예갈등을 슬기 있게 해결하다. 비지혜.

*__슬기롭다__ [슬기롭따] 슬기가 있다. 예어려운 고비를 슬기롭게 넘기다. 비지혜롭다. 활용슬기로워 / 슬기로우니.

슬다 1 물고기·벌레 따위가 알을 깔기어 놓다. 예나방이 나뭇잎에 알을 슬다. 2 쇠붙이에 녹이 생기다. 예칼에 녹이 슬다. 활용슬어 / 스니 / 스는.

슬라이드 (slide) 환등기에 넣어 화면에 비추어 볼 수 있게 만든 필름.

슬라이드 글라스 (slide glass) 현미경에서, 조사하려는 것을 올려놓는 투명한 유리. 깔유리.

슬라이딩 (sliding) 1 야구에서, 미끄러지면서 베이스를 밟는 일. 2 배구에서, 상대가 공격한 공을 몸을 날리듯 미끄러지면서 받아치는 일. **슬라이딩하다**.

슬럼프 (slump) 1 경기의 침체. 2 어떤 일이나 몸이 일시적으로 좋지 않거나 나아지지 않는 일.

슬레이트 (slate) 지붕을 덮는 데 쓰는 얇은 석판. 시멘트에 석면을 섞고 물을 부은 후, 압력을 가하여 판의 모양을 만듦.

슬로건 (slogan) 주장이나 주의 따위를 짧은 글로 나타낸 것. 표어.

슬로바키아 (Slovakia) 【국명】 동유럽에 있는 공화국. 주민은 슬로바키아인으로 슬로바키아어를 사용함. 농업을 주로 하며 철·구리·암염을 산출함. 1918년 체코와 합치어 '체코슬로바키아공화국'을 이루었다가, 1993년 독립함. 수도는 브라티슬라바.

슬리퍼 (slipper) 발끝만 꿰게 되어 있고 뒤축이 없는 신발.

슬립 (slip) 여성의 양장용 속옷의 하나. 소매 없는 원피스 모양으로, 어깨에 가는 끈으로 걸어 입음.

슬며시 1 드러나지 않게 넌지시. 예슬며시 주의를 주다. 2 마음속으로 은근히. 예슬며시 겁이 나다. 작살며시.

슬슬 1 천천히 슬그머니 움직이는 모양. 예슬슬 피하다. 2 눈이나 설탕 따위가 모르는 사이에 녹는 모양. 예눈이 슬슬 녹아내리다. 3 남을 슬그머니 속이거나 꾀거나 달래는 모양. 예우는 동생을 슬슬 달래다. 4 가볍게 문지르거나 긁는 모양. 예동생의 아픈 배를 슬슬 문질러 주다. 5 서두르지 않고 천천히 행동하는 모양. 예슬슬 출발하자. [작]살살.

슬쩍 1 남이 모르는 사이에 재빠르게. 예슬쩍 감추다. 2 힘들이지 않고 가볍게. 예슬쩍 건드려도 넘어간다. [작]살짝.

슬퍼하다 슬픈 마음이 되다. 예이별을 슬퍼하다. [반]기뻐하다.

*****슬프다** 원통하고 서럽다. 예슬픈 이야기 / 슬프게 울다. [비]서럽다. [반]기쁘다. [활용] 슬퍼 / 슬프니.

*****슬픔** 슬픈 마음이나 느낌. 예슬픔을 달래다. [비]설움. [반]기쁨.

슬피 슬프게. 예슬피 울다.

슬하(膝下) 무릎의 아래라는 뜻으로, 부모의 곁. 예부모님의 슬하를 떠나다.

습격(襲擊) [습껵] 갑자기 적을 덮쳐 공격함. 예불시에 적진을 습격하다. 습격하다.

*****습관**(習慣) [습꽌] 생활 속에서 되풀이되고 있는 버릇. 예일찍 일어나는 습관을 기르다. [비]습성.

습관적(習慣的) [습꽌적] 습관이 된 (것). 예습관적인 행동.

*****습기**(濕氣) [습끼] 축축한 기운. 예습기 찬 방 / 습기가 많다.

*****-습니까** 받침 있는 말에 붙어 물음의 뜻을 나타내는 말. 예이 답이 맞습니까.

*****-습니다** 받침 있는 말에 붙어 현재의 동작이나 상태, 사실을 나타내는 말. 예많습니다 / 먹습니다. * -ㅂ니다. → [학습마당] 16(아래)

습도(濕度) [습또] 공기의 습한 정도. 공기 중에 포함된 수증기의 양. 퍼센트로 나타냄. 예습도가 높다 / 방 안의 습도를 조절하다.

습도계(濕度計) [습또계 / 습또게] 공기 중의 습도를 재는 계기.

습득[1](拾得) [습득] 남이 잃은 물건을 우연히 주워서 얻음. 예길에서 지갑을 습득하다. [반]분실. 습득하다.

습득[2](習得) [습득] 학문이나 기술 따위를 배워 익혀서 얻음. 예기술 습득이 빠르다. 습득하다.

습성(習性) [습썽] 1 버릇이 되어 버린 성질. 예돌아다니는 습성이 생겼다. 2 동물의 한 종류에 공통되는 고유한 성질. 예야생 동물의 습성을 연구하다.

습윤 기후(濕潤氣候) 강우량이 증발량보다 많은 지방의 기후. [반]건조기후.

습자(習字) [습짜] 글씨 쓰기를 배워 익힘. 습자하다.

습작(習作) [습짝] 예술가가 시·소설·그림 따위를 연습 삼아 짓거나 그려 봄. 또는 그 작품. 예습작을 출품하다. 습작하다.

습지(濕地) [습찌] 습기가 많아 축축한 땅.

습진(濕疹) [습찐] 피부의 표면에 생기는 염증. 좁쌀알 같은 알갱이가 수없이 돋아나며 벌겋게 붓고 가려운 증상이 나타남.

습하다(濕-) [스파다] 물기가 많아

학습마당 16

'-습니다'와 '-읍니다'

예전에는, 받침 있는 말에 붙어 현재의 상태나 동작을 나타낼 때에 높이는 말로 '-읍니다'를 쓰고, '-읍니다'보다 공손한 말로서 '-습니다'를 썼으나, 1988년 개정된 '표준어 규정'에서는 '-읍니다'를 버리고 '-습니다'로 통일하여 적기로 하였다.

받다 :	받습니다 (○)	받음 (○)
	받읍니다 (×)	받슴 (×)
없다 :	없습니다 (○)	없음 (○)
	없읍니다 (×)	없슴 (×)
있다 :	있습니다 (○)	있음 (○)
	있읍니다 (×)	있슴 (×)

축축하다. 예습한 방.
승강구(昇降口) 기차·비행기 따위를 타고 내릴 때 드나드는 문.
승강기(昇降機) ⇨엘리베이터.
승강이(昇降—) 서로 자기의 주장을 고집하여 옥신각신함. 예사소한 일로 승강이를 벌이다. **승강이하다**.

> **주의 승강이와 실랑이**
> **승강이** 서로 자기 주장을 고집하며 옥신각신하는 것. 예서로 좋은 자리를 차지하려고 승강이를 벌이다.
> **실랑이** 옳으니 그르니 하며, 남을 못 견디게 굴어 시달리게 하는 것. 예들어가면 안 된다고 하는 경비원과 실랑이를 벌이다.

승강장(乘降場) 정거장이나 정류소에서 차를 타고 내리는 곳.
승객(乘客) 배·차·비행기 등에 타는 손님. 예버스 승객.
승격(昇格) [승껵] 지위나 등급 따위가 오름. 예종합 대학으로 승격하다. **승격하다**.
승낙(承諾) 청하는 것을 들어줌. 예승낙을 얻다. 町허가. 허락. 딴거절. **승낙하다**.
승냥이 갯과의 산짐승. 이리와 비슷한데 주둥이와 다리는 짧고 귀는 곧으며 꼬리가 긺. 온몸이 황갈색임. 성질이 사납고 초식성 동물을 잡아먹음.
승단(昇段) 태권도·유도·바둑 따위의 단수가 오름. 예승단 대회.
승려(僧侶) [승녀] 절에서 불경을 공부하고 불교의 도리를 닦는 사람. 町승. 중. 높스님.
***승리**(勝利) [승니] 싸움이나 경기 등에서 실력을 겨루어 상대에게 이김. 예축구에서 우리 팀이 승리하다. 町승전. 딴패배. **승리하다**.
승리감(勝利感) [승니감] 승리한데서 오는 우월감 또는 기쁨. 예승리감에 젖다. 딴패배감.
승마(乘馬) 1 말을 탐. 2 말을 타고 경주를 하거나 장애물을 넘는 재주를 겨루는 운동. **승마하다**.
승무(僧舞) 민속춤의 하나. 고깔을 쓰고 장삼을 입고 승려처럼 차린 다음 혼자서 추는 불교적 색채가 짙은 춤.

승무원(乘務員) 차·배·비행기 따위에 타고 조종·운전하는 사람과 승객에 관한 일을 맡아 하는 사람. 예열차 승무원.
승병(僧兵) 예전에, 승려들로 조직된 군대. 町승군.
승복¹(承服) 납득하여 따름. 예판정에 승복하다. **승복하다**.
승복²(僧服) 승려가 입는 옷.
승부(勝負) 이김과 짐. 예승부를 겨루다. 町승패.
승부차기(勝負—) 축구에서 무승부일 때, 양 팀 선수들이 공을 차서 골대에 들어간 골의 수로 승패를 결정하는 일.
승산(勝算) 이길 가능성. 예승산이 높다 / 승산이 있다.
승선(乘船) 배를 탐. 예유람선에 승선하다. 딴하선. **승선하다**.
승소(勝訴) 소송에서 이김. 예원고의 승소로 재판이 끝나다. 딴패소. **승소하다**.
승승장구(乘勝長驅) 싸움에 이긴 기세를 타서 냅다 몰아침. 예승승장구로 이기다. **승승장구하다**.
***승용차**(乘用車) 사람이 타고 다니는 데 쓰는 자동차.
승인(承認) 정당하다고 인정하여 받아들임. 町승낙. **승인하다**.
승전(勝戰) 싸움에서 이김. 町승리. 딴패전. **승전하다**.
승진(昇進) 직위가 오름. 예다른 사람보다 승진이 빠르다 / 부장으로 승진하다. **승진하다**.
승차(乘車) 차를 탐. 예승차 질서. 딴하차. **승차하다**.
승차권(乘車券) [승차꿘] ⇨차표.
승천(昇天) 하늘로 올라감. 예이 연못에는 용이 여의주를 물고 승천했다는 얘기가 전해진다. **승천하다**.
승패(勝敗) 운동 경기·게임·놀이·싸움 따위에서 이김과 짐. 예홈런 한 방으로 승패를 가르다. 町승부.
승하(昇遐) 임금이 세상을 떠남. 町붕어. **승하하다**.
승합차(乘合車) 7명 이상의 사람이 앉아서 탈 수 있는 자동차.
승화(昇華) 고체가 액체 상태를 거

치지 않고 바로 기체로 되는 현상. 나프탈렌·드라이아이스 따위에서 볼 수 있음. **승화하다**.

*시¹ (詩) 문학의 한 부문. 자연이나 인생에 대한 생각이나 느낌을 리듬이 있는 짧은 글로 나타낸 글. 예 시를 쓰다 / 시를 읽다. ⇒ poem

*시² (市) [시:] 도시를 중심으로 하는 지방 행정 구역의 하나. 특별시·광역시·시로 나뉨.

*시³ (時) 시간의 단위. 하루의 24분의 1. 예 세 시. ⇒ hour

시⁴ (이 si) 장음계의 일곱째 음, 단음계의 둘째 음의 계이름. '나' 음의 이탈리아 음이름.

시— 짙고 선명함을 나타내는 말. 예 시뻘겋다 / 시커멓다. [작]새-. *싯-. → [학습마당] 14(436쪽)

*–시– 받침 없는 말에 붙어 존경하는 뜻을 나타내는 말. 예 아버님께서 오시었다.

*시가¹ (市街) [시:가] 도시의 큰 길거리.

시가² (時價) [시까] 일정한 시기의 물건값. 예 시가보다 싸게 사다.

시가³ (詩歌) 시와 노래.

시가지 (市街地) [시:가지] 도시의 큰 길거리를 이루는 지역.

시가행진 (市街行進) [시:가행진] 도시의 큰 거리를 따라 여러 사람이 함께 걸음. 예 집회 후 시가행진을 벌이다. **시가행진하다**.

*시각¹ (時刻) 1 시간 중의 한 때. 예 도착 시각. 2 짧은 시간. 예 시각을 다투다.

> [주의] **시각**과 **시간**
> **시각** 1 시간의 흐름에서 어느 한 순간의 시점. 예 출발 시각은 열 시다. 2 짧은 시간. 예 시각을 지체하지 말 것.
> **시간** 어떤 시각과 시각의 사이. 예 세 시간 걸려 끝마쳤다 / 생각할 시간이 없다.

시각² (視角) [시:각] 사물을 보는 각도. 생각하는 방향. 예 사람마다 시각이 다르다.

시각³ (視覺) [시:각] 빛이 망막을 자극하여 물체의 모양이나 움직임, 빛깔 따위를 알아보는 눈의 감각. 예 시각을 잃다.

시각 장애인 (視覺障碍人) 시각에 이상이 있어 앞을 보지 못하거나 시력이 아주 약한 사람.

*시간 (時間) 1 어떤 시각과 시각과의 사이. 예 시간은 돈이다. 2 과거·현재·미래와 연결하여 끊임없이 흐르는 것. 예 시간을 초월하다 / 시간은 사람을 기다리지 않는다. 3 무엇을 하는 때. 예 식사 시간. 4 어떤 일을 하기로 정해진 동안. 예 약속 시간을 정확히 지켜라. [반]공간. →시각 [주의] ⇒ time

시간대 (時間帶) 하루 중 일정한 동안의 시간. 예 출퇴근 시간대 / 저녁 시간대.

시간적 (時間的) 시간에 관계되는 (것). 예 시간적 여유. [반]공간적.

*시간표 (時間表) 1 할 일을 시간별로 계획해 나눈 표. 예 수업 시간표. 2 기차·버스 등의 출발과 도착 시간을 적은 표. 예 버스 시간표.

시건방지다 매우 건방지다. 예 주제넘게 시건방진 소리 하지 마라.

*시계¹ (時計) [시계 / 시:게] 시각을 나타내거나 시간을 재는 데 쓰는 기계. 예 시계를 보니 3시다 / 시계가 빠르다 / 시계가 멈추다. ⇒ watch, clock

시계² (視界) [시:계 / 시:게] 어떤 일정한 자리에서 바라볼 수 있는 범위. 예 시계가 탁 트이다. [비]시야.

시계추 (時計錘) [시계추 / 시:게추] 괘종시계에 매달린 추. 좌우로 흔들림에 따라 일정한 속도로 태엽이 풀리면서 시곗바늘이 움직이게 됨.

시계탑 (時計塔) [시계탑 / 시:게탑] 시계가 달려 있는 높은 탑.

시곗바늘 (時計—) [시계빠늘 / 시:겓빠늘] 시간, 분, 초를 가리키는 시계의 바늘. 예 시곗바늘이 열두 시를 가리키고 있다.

*시골 1 도시에서 떨어져 있는 지방. 예 시골 사람 / 시골로 전학을 가다. [비]촌. [반]서울. 도회지. 2 고향. 예 여름휴가에는 시골에 계신 부모님을 찾아뵙기로 했다.

시골길 [시골낄] 시골에 나 있는 길.

예) 트럭이 포장된 길을 지나 울퉁불퉁한 시골길로 접어들었다.

시골뜨기 시골 사람을 낮잡아 이르는 말. 비촌뜨기.

시골집 [시골찝] 1 시골에 있는 집. 비촌가. 2 고향에 있는 자기 집.

시골티 시골 사람의 촌스러운 모양이나 태도. 예) 시골티를 벗지 못한 친구. 비촌티.

시공¹ (施工) [시:공] 공사를 시행함. 예) 아파트를 시공하다. 시공하다.

시공² (時空) 시간과 공간. 예) 시공을 초월하다.

시구 (詩句) [시꾸] 시의 구절.

시궁창 구정물이나 빗물이 잘 빠지지 않아 질척질척하게 되는 곳.

시금치 명아줏과의 한해살이 또는 두해살이풀. 뿌리는 붉고, 줄기는 속이 비었음. 추위에 강하며 잎에는 비타민과 철분이 많아 데쳐서 무쳐 먹거나 국으로 끓여 먹음.

시급하다 (時急—) [시그파다] 빨리 해결해야 할 만큼 몹시 급하다. 예) 시급한 문제가 생기다.

시급히 (時急—) [시그피] 시급하게. 예) 시급히 해결되어야 할 과제.

***시기**¹ (時期) 어떤 일이 이루어지는 때. 예) 입학 시기. 비시절.

시기² (時機) 어떤 일을 하기에 적당한 때나 기회. 예) 시기가 적절하다 / 시기를 놓치다.

시기³ (猜忌) 남이 잘하거나 잘되는 것을 시샘하여 미워함. 예) 상 탄 것을 시기하다. 비샘. 시기하다.

시기상조 (時機尙早) 어떤 일을 하기에 때가 아직 이름. 예) 아버지의 사업을 이어받기에는 시기상조다.

시기심 (猜忌心) 남이 잘되는 것을 샘하고 미워하는 마음. 예) 시기심이 발동하다.

시꺼멓다 [시꺼머타] 아주 짙게 꺼멓다. 예) 시꺼먼 눈썹. 작새까맣다. 커시커멓다. 활용 시꺼머니 / 시꺼메서. → [학습마당] 14(436쪽)

***시끄럽다** [시끄럽따] 듣기 싫을 만큼 떠들썩하다. 예) 시끄러워 잠을 이룰 수가 없다. 활용 시끄러워 / 시끄러우니.

시끌벅적하다 [시끌벅쩌카다] 몹시 어수선하고 시끄럽다. 예) 시끌벅적한 시골 장터.

시끌시끌하다 1 매우 시끄럽다. 예) 가게가 손님들로 시끌시끌하다. 2 일이 마구 얽혀 정신이 어지럽다. 예) 세상이 시끌시끌하다.

시나리오 (scenario) 영화나 텔레비전 등에서, 장면의 순서 및 배우의 대사·동작 등을 적은 글. 각본. 대본. 예) 시나리오 작가.

참고 **시나리오의 종류**
(1) 오리지널 시나리오 … 영화 촬영을 위하여 창작한 각색하지 않은 시나리오
(2) 각색 시나리오 … 소설·희곡·다큐멘터리 따위를 영화 촬영에 적합하게 각색한 시나리오
(3) 레제 시나리오 … 단순히 읽게 하기 위하여 만든 시나리오

시나브로 모르는 사이에 조금씩 조금씩. 예) 알뜰하게 모아 둔 돈을 시나브로 다 쓰다.

시나위 기악의 하나. 향피리·대금·해금·장구 따위로 이루어진 합주 음악.

***시내**¹ [시:내] 산골짜기나 평지에 흐르는 자그마한 내. 비하천.

참고 이 말은 어원적으로 골짜기를 의미하는 '실'과 작은 물줄기를 뜻하는 '내'가 합쳐진 말로 골짜기에 흐르는 내를 의미했던 말이다.

시내² (市內) [시:내] 도시의 중심을 이루는 곳. 반시외.

시내버스 (市內bus) 시내에서 일정한 구간을 운행하는 버스. *시외버스.

시냇가 [시:내까 / 시:낻까] 시냇물의 가장자리의 땅.

***시냇물** [시:낸물] 시내에서 흐르는 물. 예) 시냇물이 졸졸 흐르다.

시네라리아 (cineraria) 국화과의 한해살이풀 또는 두해살이풀. 온실에서 관상용으로 재배하며, 초여름에서 초가을까지 빨강·자주·남색·흰색 등의 꽃이 핌.

시녀 (侍女) [시:녀] 예전에, 지위가 높은 사람의 가까이에 있으면서 시중

시누이 (媤―) 남편의 누이. 준시누. 시뉘.

시늉 어떤 모양이나 움직임 따위를 흉내 내는 짓. 예우는 시늉을 내다. 시늉하다.

***시다** 1 맛이 식초의 맛과 같다. 예포도가 시다. ⇨sour 2 뼈마디가 삐어서 움직일 때마다 짜릿하게 아프다. 예무릎이 시다. 3 하는 짓이 비위에 거슬리다. 예눈꼴이 시어 못 보겠다. 4 눈이 강한 빛을 받아 찔리는 듯하다. 예눈이 시어 앞을 볼 수 없다.

시달리다 괴로움을 당하다. 예더위에 시달리다.

시답잖다 [시답짠타] 마음에 차지 아니하다. 마음에 들지 않다. 예이번 일을 시답잖게 여기다.

***시대** (時代) 1 시간을 역사적으로 구분한 기간. 예조선 시대. 2 그 당시. 당대. 예시대의 흐름을 따르다.

시대상 (時代相) 어떤 시대의 되어 가는 모든 형편. 한 시대의 사회상. 예시대상을 반영한 작품.

시대적 (時代的) 그 시대의 특징적인 (것). 예소설의 시대적 배경.

시댁 (媤宅) 시집 곧, 남편의 집을 높여서 하는 말. 圓시가. 맨친정.

시도 (試圖) [시:도] 어떤 일을 이루어 보려고 시험 삼아 하여 봄. 예나는 여러 번의 시도 끝에 원하는 자리에 앉을 수 있었다. **시도하다**.

시동 (始動) [시:동] 발전기·전동기·증기 기관·내연 기관 등의 운전을 개시함. 예자동차의 시동을 걸다.

시동생 (媤――) 남편의 남동생.

***시들다** 꽃·풀 등이 물기가 말라 생기가 없어지다. 예정원의 꽃이 시들었다. [활용] 시들어 / 시드니 / 시드는.

시들시들 약간 시들어 힘이 없는 모양. 예야채가 시들시들 말랐다. **시들시들하다**.

시들하다 1 꽃·풀 따위가 시들어 생기가 없다. 2 마음에 차지 않아 내키지 않다. 예시들한 표정을 하고 있다. 3 대수롭지 않다. 예시들한 문제를 가지고 고민을 하는구나.

시디 (CD) ⇨콤팩트디스크.

시디롬 (CD-ROM) 콤팩트디스크에 데이터를 기록해 둔 읽기 전용의 기억 장치.

시디롬

시래기 말린 무청이나 배춧잎.

시럽 (syrup) 1 설탕물에 과즙·향료·색소 따위를 넣어 만든 음료. 2 달게 만든 물약.

시렁 물건을 얹기 위해 방이나 마루 벽에 가로지른 두 개의 긴 나무. 예그릇을 시렁에 얹다.

시력 (視力) [시:력] 물체의 형상을 알아보는 눈의 능력. 예시력을 재다.

시력 검사 (視力檢査) 시력의 정도를 검사하는 일.

시련 (試鍊) [시:련] 겪기 어려운 상황이나 고난. 예혼자서 시련을 헤쳐 나가다.

시루 떡이나 쌀 등을 찌는 데 쓰는 둥근 질그릇. 바닥에 구멍이 여러 개 뚫렸음.

시루

시루떡 떡가루에 콩·팥 따위를 섞어 시루에 넣고 쪄서 만든 떡.

***시름** 늘 마음에 걸리는 근심과 걱정. 예시름을 잊다.

시름시름 병세가 더하거나 낫지도 않으면서 오래 끄는 모양. 예시름시름 앓다.

시리다 1 몸 한 부분에 찬 기운을 느끼다. 예발이 시리다. 2 찬 것이 닿아 통증을 느끼다. 예얼음물을 마셨더니 이가 시리다.

시리아 (Syria) 『국명』 서아시아에 있는 공화국. 기후가 온화하여 농업·목축 등이 발달함. 공용어는 아랍어. 수도는 다마스쿠스.

시리우스 (Sirius) 큰개자리에서 가장 밝은 청백색의 별.

시리즈 (series) 1 영화·방송·출판물에서, 같은 주인공이나 주제가 공통되는 두 편 이상 연속되는 기획물. 예영화 시리즈. 2 특별 기획에 따라 차례대로 계속하는 운동 경기. 예한국 시리즈.

시립 (市立) [시:립] 시에서 설립·유지하는 일. 예시립 도서관 / 시립 병원.

***시멘트** (cement) 찰흙을 포함한 석

회석이나 석고를 구워 만든 가루. 토목·건축 재료의 접합제로 씀. 비양회.

시무룩하다 [시무루카다] 마음에 불만스러운 듯이 말이 없다. 예시무룩한 표정. 작새무룩하다. 센씨무룩하다.

*__시민__ (市民) [시:민] 1 시에서 사는 사람. 시의 주민. 예서울 시민. 2 국정에 참여할 수 있는 권리를 가진 사람. 예시민의 권리와 의무.

시발 (始發) [시:발] 맨 처음의 출발이나 발차. 시발하다.

시방 (時方) 바로. 지금. 예시방 한 말은 농담이다.

시범 (示範) [시:범] 모범을 보임. 예태권도 시범을 보이다.

시베리아 (Siberia) 〖지명〗 우랄산맥에서 베링해에 이르는 북아시아 지역. 러시아 땅으로 몹시 추우며 지하자원이 풍부함.

시부모 (媤父母) 남편의 부모.

시비 (是非) [시:비] 1 옳음과 그름. 예시비를 가리다. 비잘잘못. 2 옳으니 그르니 하는 말다툼. 예시비를 걸다. 시비하다.

시뻘겋다 [시뻘거타] 몹시 뻘겋다. 예시뻘건 얼굴. 작새빨갛다. 활용시뻘거니 / 시뻘게서. → [학습마당] 14(436쪽)

시사[1] (示唆) [시:사] 어떤 것을 미리 간접적으로 일러 줌. 예시사하는 바가 크다. 시사하다.

시사[2] (時事) 그 당시에 생긴 여러 가지 세상일. 예시사에 밝다.

시사회 (試寫會) [시:사회 / 시:사훼] 영화를 개봉하기에 앞서 시험적으로 특정인에게 보여 주기 위한 모임. 예시사회에 초대하다.

시상[1] (施賞) [시:상] 상장이나 상품 또는 상금을 줌. 시상하다.

시상[2] (詩想) 시를 지을 때 시인에게 떠오르는 생각이나 구상. 예시상을 그때그때 적어 두다.

시새움 자기보다 나은 사람을 미워하고 싫어함. 예친구를 시새움하다. 준시샘. 시새움하다.

시샘 '시새움'의 준말. 예시샘을 내다. 시샘하다.

*__시선__ (視線) [시:선] 눈의 방향. 쳐다보는 곳. 예시선을 돌리다.

*__시설__ (施設) [시:설] 어떤 목적을 위해 기계·기구·건물 따위를 설비함. 또는 그 설비. 예오락 시설 / 편의 시설. 시설하다.

시설물 (施設物) [시:설물] 시설해 놓은 구조물을 아울러 이르는 말. 예학교 시설물을 관리하다 / 공원 시설물을 이용하다.

시세 (時勢) 1 그 당시의 형세. 세상의 형편. 2 그때의 물건값. 예시세가 오르다. 비시가.

시소 (seesaw) 긴 널빤지의 한 가운데를 괴어 그 양쪽 끝에 사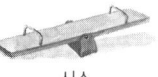

시소

람이 타고 서로 오르락내리락하는 놀이. 또는 그 놀이 기구.

시속 (時速) 한 시간을 단위로 하여 잰 평균 속도. 예시속 80km로 차를 몰다.

시스템 (system) 1 어떤 목적을 위한 질서 있는 조직 체계. 예관리 시스템. 2 컴퓨터에서, 필요한 기능을 실현하기 위하여 관련 요소를 일정한 법칙에 따라 조합한 집합체.

시시 (cc) 세제곱센티미터. 곧, 1cc는 1cm^3, 1,000분의 1리터.

시시각각 (時時刻刻) [시시각깍] 시각마다. 예시시각각으로 변하다.

시시껄렁하다 시시하고 재미가 없다. 예그의 이야기가 하도 시시껄렁해서 하품이 나왔다.

시시덕거리다 [시시덕꺼리다] 실없이 잘 웃으며 몹시 지껄이다. 예틈만 나면 전화로 친구와 시시덕거리다. 준시시거리다.

시시때때로 (時時—) '때때로'의 힘줌말. 예시시때때로 의견이 달라 친구와 다투다.

시시비비 (是是非非) [시:시비비] 옳은 것은 옳다고 하고 그른 것은 그르다고 함. 예시시비비를 가리다.

시시콜콜 자질구레한 것까지 낱낱이 따지거나 다루는 모양. 예시시콜콜 간섭하다. 시시콜콜하다. 시시콜콜히.

시시하다 보잘것없다. 변변하지 못하다. 예시시한 얘기 / 영화의 결말이 시시하게 끝나다.

시식 (試食) [시:식] 음식의 맛이나 요리 솜씨를 보려고 시험 삼아 먹어 봄. ⓔ 시식 자리를 마련하다. **시식하다**.

시신 (屍身) [시:신] '죽은 사람의 몸'을 높여 이르는 말. ⓑ 송장. 시체.

시아버지 (媤一) 남편의 아버지.

시아주버니 (媤一) 남편의 형.

시야 (視野) [시:야] 1 눈으로 볼 수 있는 범위. ⓔ 시야를 가리다. 2 지식이나 생각이 미치는 범위. ⓔ 시야가 넓은 사람.

시약 (試藥) [시:약] 화학 분석에서 물질의 성분을 조사할 때 쓰이는 약품.

시어 (詩語) 시에 있는 말. 시에 쓰는 말.

시어머니 (媤一) 남편의 어머니.

시에프 (CF) 광고 선전용 텔레비전 필름. ⓔ 시에프 촬영.

시옷 [시온] 한글의 자모 'ㅅ'의 이름.

시외 (市外) [시:외/시:웨] 도시에서 벗어난 곳. ⓑ 교외. ⓟ 시내.

시외버스 (市外bus) 도시와 그 도시의 주변 지역까지 운행하는 버스. *시내버스.

시원섭섭하다 [시원섭써파다] 한편으로는 시원하면서도 다른 한편으로는 섭섭하다. ⓔ 학교를 졸업하게 되니 시원섭섭한 마음이 들었다.

시원스럽다 [시원스럽따] 시원한 태도나 느낌이 있다. ⓔ 대답이 매우 시원스러워 마음에 든다. [활용] 시원스러워/시원스러우니.

시원시원하다 말이나 행동이 모두 막힘없이 매우 시원스럽다. ⓔ 일을 시원시원하게 처리하다.

시원찮다 [시원찬타] 만족스럽지 않다. ⓔ 시원찮은 솜씨.

*__시원하다__ 1 알맞게 선선하다. ⓔ 시원한 새벽 공기 / 날씨가 시원하다. 2 마음이 가볍고 상쾌하다. ⓔ 어쨌든 시험이 끝나 속이 시원하다. 3 음식의 국물 맛이 텁텁하지 않고 개운하다. ⓔ 조갯국이 시원하다. 4 막힌 것이 없이 확 트여서 답답하지 않다. ⓔ 고속 도로가 시원하게 뚫렸다. ⓒ cool

시원히 시원하게. ⓔ 걱정을 시원히 떨쳐 버리다.

시월 (←十月) 일 년 열두 달 가운데 열 번째 달. ⓒ October

시위[1] '활시위'의 준말. ⓔ 시위를 당기다.

시위[2] (示威) [시:위] '시위운동'의 준말. **시위하다**.

시위운동 (示威運動) [시:위운동] 많은 사람이 자기들의 의견이나 주장을 나타내기 위해서 하는 행진이나 모임. 데모. 준 시위.

시인[1] (是認) [시:인] 어떤 내용이나 사실이 옳다고 또는 그렇다고 인정함. ⓔ 자기 잘못을 시인하다. ⓟ 부인. **시인하다**.

시인[2] (詩人) 시를 전문적으로 짓는 사람. ⓔ 여류 시인.

시일 (時日) 1 때와 날. ⓑ 날짜. 2 어떤 일에 걸리는 기간. ⓔ 오랜 시일이 걸리다.

*__시작__ (始作) [시:작] 어떤 일이나 행동을 처음으로 함. ⓔ 수업 시작을 알리는 종소리가 울렸다. ⓑ 개시. 시초. ⓟ 완료. 종료. **시작하다**. ⓒ begin

시작점 (始作點) [시:작쩜] 어떤 것이 처음으로 일어나거나 시작되는 곳. 기점.

*__시장[1]__ 배가 고픔. ⓔ 한 끼 굶었더니 몹시 시장하구나. **시장하다**.

시장[2] (市長) [시:장] 시의 행정을 맡은 우두머리. ⓔ 시장을 선출하다.

*__시장[3]__ (市場) [시:장] 사람이 모여 여러 가지 상품을 사고파는 장소. ⓔ 농수산물 시장. ⓑ 장. ⓒ market

시장기 (一氣) [시장끼] 배고픈 느낌. ⓔ 시장기가 돌다. ⓑ 허기.

시장바구니 (市場一) [시:장빠구니] 장 보러 갈 때 들고 가는 바구니. 준 장바구니.

*__시절__ (時節) 1 계절. 철. ⓔ 꽃 피는 시절 / 눈 내리는 시절. 2 일정한 시기나 때. ⓔ 어린 시절 / 학창 시절.

시점[1] (時點) [시:쩜] 시간의 흐름 위의 어느 한때. ⓔ 현재의 시점에서 바라보다.

시점[2] (視點) [시:쩜] 소설에서, 작가가 이야기를 서술하는 방식이나 관점. ⓔ 1인칭 시점.

시접 [시:접] 속으로 접혀 들어간 옷솔기의 한 부분.

시정 (是正) [시:정] 잘못된 것을 바로잡음. ⓔ시정을 요구하다. **시정하다**.

시조[1] (始祖) [시:조] 1 한 겨레의 맨 처음되는 조상. ⓔ우리 겨레의 시조는 단군이다. 2 학문·기술 등을 처음 연 사람. ⓔ천문학의 시조.

***시조**[2] (時調) 고려 말부터 발달하여 온 우리나라 고유의 정형시. 초장·중장·종장의 3장으로 이루어지며, 그 형식에 따라 평시조·엇시조·사설시조로 나뉨.

시종[1] (始終) [시:종] 1 처음과 끝. ⓗ시말. 2 처음부터 끝까지. ⓔ시종 침묵을 지키다.

시종[2] (侍從) [시:종] 임금을 가까이에서 받들어 모시며 여러 가지 시중을 들던 신하.

시종일관 (始終一貫) [시:종일관] 처음부터 끝까지 한결같이 함. ⓔ시종일관 웃음을 잃지 않았다.

시주 (施主) [시:주] 승려나 절에 돈이나 물건을 베풀어 주는 사람. 또는 그 일. ⓗ화주. **시주하다**.

시중[1] 옆에서 여러 가지 심부름을 하는 일. ⓔ환자를 시중하다. **시중하다**.

시중[2] (市中) [시:중] 사람들이 생활하는 공개된 공간을 비유적으로 일컫는 말. ⓔ위조지폐가 시중에 유통되고 있다.

시중들다 사람 옆에서 심부름을 하거나 보살펴 주다. ⓔ시중들어 줄 자식이 없다. [활용] 시중들어 / 시중드니 / 시중드는.

시즌 (season) 어떤 활동이 활발히 이루어지는 시기. 또는 어떤 활동을 하기에 좋은 시기. ⓔ입학 시즌 / 크리스마스 시즌 / 프로 야구 시즌이 돌아왔다.

시집[1] (媤―) 남편의 집안. 시부모가 사는 집. ⓗ시가. ⓟ친정.

시집[2] (詩集) 여러 편의 시를 모아 엮은 책. ⓔ시집을 내다.

시집가다 (媤―) [시집까다] 여자가 결혼하다. ⓔ고모는 작년에 시집갔다. ⓗ출가하다.

시집보내다 (媤―) [시집뽀내다] 여자를 결혼시키다. ⓔ외동딸을 시집보내다. ⓗ출가시키다.

시집살이 (媤―) [시집싸리] 여자가 시집에서 하는 살림살이. ⓔ시집살이가 고되다. **시집살이하다**.

시집오다 (媤―) [시지보다] 여자가 결혼하여 아내가 되다. ⓔ갓 시집온 새색시.

시차 (時差) 1 세계 각 지역에서 쓰는 표준시가 가리키는 시각의 차. 경도 15°마다 1시간의 차가 생김. ⓔ시차에 적응하다 / 시차를 계산하다. 2 시간의 간격. ⓔ시차를 두고 출발하다.

시찰 (視察) [시:찰] 살피고자 하는 곳을 돌아다니며 실제의 사정을 살펴봄. ⓔ산업 시찰. ⓗ순찰. **시찰하다**.

시책 (施策) [시:책] 국가나 행정 기관이 실행하는 계획.

시청[1] (市廳) [시:청] 시의 행정 사무를 맡아보는 곳.

시청[2] (視聽) [시:청] 눈으로 보고 귀로 들음. ⓔ텔레비전 방송을 시청하다. **시청하다**.

시청각 교육 (視聽覺教育) 학습 효과를 높이기 위하여 영화·텔레비전·비디오·슬라이드·모형 따위를 이용하여 행하는 교육.

시청료 (視聽料) [시:청뇨] 텔레비전을 시청하는 값으로 내는 요금. ⓔ시청료를 내다.

시청률 (視聽率) [시:청뉼] 텔레비전에서, 특정한 프로그램이 시청되고 있는 정도. ⓔ높은 시청률을 기록하다.

시청자 (視聽者) [시:청자] 텔레비전을 시청하는 사람. ⓔ시청자가 직접 참여할 수 있는 프로그램.

***시체** (屍體) [시:체] 사람의 죽은 몸뚱이. ⓗ사체. 송장. 주검.

시쳇말 (時體―) [시쳰말] 그 시대에 유행하는 말. ⓗ유행어.

시초 (始初) [시:초] 맨 처음. ⓔ이 일은 시초부터 잘못되었다. ⓗ시작. 최초. ⓟ종말.

시추 (試錐) [시:추] 석유 따위의 지하자원을 탐사하거나 지질을 조사하기 위하여 땅속 깊이 구멍을 뚫어 보는 일. ⓔ시추 장비. **시추하다**.

시치다 바느질에서 여러 겹의 천을 맞대어 임시로 드문드문 꿰매다.

시치미 알면서도 모르는 체하거나

하고도 하지 않은 체하는 태도.
시치미(를) 떼다 알면서도 모르는 체하거나 하고도 하지 않은 체하다.
시침 (時針) 시계에서, 시를 가리키는 짧은 바늘.
시침질 바느질을 할 때, 여러 겹의 천을 맞대어 임시로 듬성듬성 꿰매는 일. **시침질하다**.
시커멓다 [시꺼머타] 매우 꺼멓다. 예 시커먼 연기가 자욱하다. 잭 새카맣다. [활용] 시커머니 / 시커메서. → [학습마당] 14(436쪽)
시큰거리다 뼈마디가 저리고 신 느낌이 자꾸 들다. 잭 새큰거리다.
시큰대다 ⇨시큰거리다.
시큰둥하다 못마땅하여 마음에 들지 않다. 예 시큰둥한 표정.
시큰하다 뼈마디가 저리고 시다. 예 발목이 시큰하다 / 허리가 시큰하다 / 코끝이 시큰하다.
시큼하다 맛이나 냄새 따위가 꽤 시다. 예 시큼한 김치. 잭 새큼하다.
***시키다** 1 어떤 일이나 행동 따위를 하게 하다. 예 노래를 시키다 / 떠든 학생에게 청소를 시키다. 2 식당에서 음식을 주문하다. 예 짜장면 곱빼기를 시키다.

[주의] **시키다와 식히다**

시키다 하게 하다. 예 청소를 시키다.
식히다 식게 하다. 예 뜨거운 물을 식히다.

시트 (sheet) 침대의 아래위로 덧씌우는 천.
시트르산 (←citric酸) 레몬이나 감귤 따위의 과일에 많이 들어 있는 산. 물과 알코올에 잘 녹고 신맛이 있으며, 청량음료나 의약품 등에 씀.
시퍼렇다 [시퍼러타] 1 매우 퍼렇다. 예 눈이 시퍼렇게 멍들다. 2 춥거나 겁이 나 몹시 질려 퍼렇다. 예 시퍼렇게 질리다. 잭 새파랗다. 3 칼의 날 따위가 몹시 날카롭다. 예 시퍼런 칼날. [활용] 시퍼러니 / 시퍼러서. → [학습마당] 14(436쪽)
시피유 (CPU) 컴퓨터에서, 중앙 처리 장치.

시한 (時限) 어떤 일을 끝내기로 정한 날짜나 시각. 예 시한 내에 일을 끝내다.
시한부 (時限附) 시간의 한계를 둠. 예 시한부 조건 / 시한부 인생.
시한폭탄 (時限爆彈) 일정한 시간이 지나면 저절로 폭발하도록 장치한 폭탄.
시합 (試合) 운동이나 그 밖의 경기 따위에서, 서로 실력을 겨룸. 예 달리기 시합. 비 경기. **시합하다**.
시해 (弒害) [시:해] 부모나 임금을 죽임. 비 시살. **시해하다**.
시행 (施行) [시:행] 실지로 행함. 예 시행 규칙. 반 폐지. **시행하다**.
시행착오 (施行錯誤) [시:행차고] 학습 원리의 하나. 학습자가 어떤 과제를 풀 때 알고 있는 여러 방법을 시도하다가 우연히 성공하여 답을 알게 되는 일. 예 시행착오를 거듭한 끝에 성공했다.
***시험** (試驗) 1 사물의 성질 또는 능력 등을 실지로 경험해 알아봄. 예 새 컴퓨터를 시험 작동 중이다. 2 문제를 내어 해답을 맞춘 결과로 학력이나 능력을 검사하고 평가함. 예 대학 수학 능력 시험을 치르다 / 시험에 합격하다. **시험하다**. ⊃ test, examination
시험관[1] (試驗官) 시험 볼 때 감독하거나 그 성적을 채점하는 사람.
***시험관**[2] (試驗管) 실험에 쓰이는, 한쪽이 막힌 기다란 유리관.
시험지 (試驗紙) 1 시험 문제가 적힌 종이나 답안을 쓰는 종이. 예 시험지를 채점하다. 2 화학 실험에 쓰는 시약을 바른 특수 종이. 예 리트머스 시험지.
시효 (時效) 어떤 효력이 지속되는 일정한 기간. 예 시효 기간 / 시효가 났다.
***식** (式) 1 일정한 방식이나 투. 예 공부를 이런 식으로 할 테냐. 2 예식을 갖춘 행사. 예 식이 거행되다 / 식을 치르다 / 식을 마치다. 3 특수한 기호를 연결하여 어떤 뜻이나 관계를 나타내는 데 쓰이는 것. 예 x를 구하는 식을 써라.
식견 (識見) [식껸] 사물을 올바르게 판단할 수 있는 능력. 예 식견을 기르다 / 식견이 높다.

식곤증 (食困症) [식꼰쯩] 음식을 먹은 후 몸이 나른하고 자꾸 졸음이 오는 증세.

*__식구__ (食口) [식꾸] 한집안에서 같이 살며 끼니를 함께하는 사람. 圓식솔.

식권 (食券) [식꿘] 식당 등에서 돈 대신 내고 음식을 먹을 수 있는 표.

식기 (食器) [식끼] 음식을 담는 그릇. ⑩식기를 씻다.

*__식다__ [식따] 1 더운 기운이 없어지다. ⑩밥이 식다. 2 열성이 줄다. 감정이 누그러지다. ⑩애정이 식다.

   식은 죽 먹듯 아무렇지도 않은 듯 아주 쉽게 하는 모양. ⑩거짓말을 식은 죽 먹듯 하다.

식단 (食單) [식딴] 1 식당이나 음식점 따위에서 파는 음식의 종류와 값을 적은 표. 2 일정 기간 동안 먹을 음식의 종류 및 순서를 계획하여 짠 표. ⑩식단을 짜다. 圓차림표. 메뉴.

*__식당__ (食堂) [식땅] 1 건물 안에 음식을 먹을 수 있도록 시설을 갖춘 방. 2 음식을 만들어 손님에게 파는 가게. ⑩식당을 차리다.

식당차 (食堂車) [식땅차] 음식을 먹을 수 있도록 설비를 갖춘 기차간.

식도 (食道) [식또] 목구멍에서 위에 이르는 가느다란 관. 음식물이 위로 들어가는 길. 圓밥줄.

식도락 (食道樂) [식또락] 여러 가지 음식을 맛보며 먹는 일을 즐거움으로 삼는 일.

*__식량__ (食糧) [싱냥] 사람이 살아가는 데 필요한 먹을거리. ⑩식량을 구하다. 圓양식.

식량난 (食糧難) [싱냥난] 식량이 모자라서 겪는 어려움.

식료품 (食料品) [싱뇨품] 음식의 재료가 되는 물품. ※식품.

식목일 (植木日) [싱모길] 산을 푸르게 하기 위하여 나무를 심고 가꾸기를 권장할 목적으로 나라에서 제정한 날. 매년 4월 5일.

*__식물__ (植物) [싱물] 흙에서 자라는 나무나 풀 등과 같이 대체로 한곳에 고정하여 살며, 공기와 흙과 물에서 영양분을 섭취하여 살아가는 생물. 圓동물. ⊃plant

식물도감 (植物圖鑑) [싱물도감] 식물의 모양, 생태 따위를 그림, 사진, 글로 정리한 책.

식물성 (植物性) [싱물썽] 1 식물이 가지는 성질. 2 식물에서 얻어지는 것. ⑩식물성 단백질.

식물원 (植物園) [싱무뤈] 식물을 연구하고 식물에 대한 지식을 보급하기 위하여 여러 가지 풀과 나무를 모아 기르는 곳. 圓동물원.

식물 채집 (植物採集) 들이나 산의 식물을 그대로 따 모음.

식민 (植民) [싱민] 빼앗은 남의 나라 땅에 자기 국민을 이주, 정착하게 하여 살게 하는 일. 또는 그 이주민.

식민지 (植民地) [싱민지] 국가로서의 주권을 갖지 못하고 다른 나라의 지배를 받는 지역이나 나라.

식별 (識別) [식뻘] 알아서 구별함. ⑩가짜를 식별해 내다. 圓판별. **식별하다**.

식비 (食費) [식삐] 먹는 데 드는 돈. ⑩식비가 많이 든다. 圓식대.

식빵 (食—) 밀가루에 효모·설탕·소금·우유 등을 넣어 반죽하여 구운 주식용 빵.

식사¹ (式辭) [식싸] 식장에서 그 식에 대해 인사로 말함. 또는 그 말. **식사하다**.

*__식사__² (食事) [식싸] 날마다 일정한 시간에 음식을 먹는 일. 또는 그 음식. ⑩식사 시간 / 저녁 식사 초대를 받다. **식사하다**. ⊃meal

식사량 (食事量) [식싸량] 음식을 먹는 양. ⑩식사량을 줄이다 / 식사량을 조절하다.

*__식생활__ (食生活) [식쌩활] 먹고 사는 생활. ⑩식생활을 개선하다.

식솔 (食率) [식쏠] ⇨식구.

식수¹ (食水) [식쑤] 마실 수 있는 물. 圓음료수.

식수² (植樹) [식쑤] 나무를 심음. ⑩어린이날 기념 식수를 하다. 圓식목. **식수하다**.

식수난 (食水難) [식쑤난] 마실 물이 모자라서 겪는 어려움.

식순 (式順) [식쑨] 의식을 진행하는 순서. ⑩입학식은 식순에 따라 진행되

식식거리다 [식씩꺼리다] 숨을 가쁘고 거칠게 쉬며 식식 소리를 자주 내다. 예숨이 차서 식식거린다.

식식대다 [식씩때다] ⇨식식거리다.

식염 (食鹽) [시겸] ⇨소금.

식염수 (食鹽水) [시겸수] 소금을 탄 물. 비소금물.

식욕 (食慾) [시콕] 음식을 먹고 싶어 하는 마음. 예식욕을 잃다 / 식욕이 왕성하다. 비밥맛.

식용 (食用) [시콩] 먹을 것으로 씀. 먹는 데에 씀. 예식용 버섯을 골라내다. 식용하다.

식용 색소 (食用色素) 음식물에 빛깔을 내기 위해 쓰는, 향기가 있고 몸에 해롭지 않은 색소.

식용유 (食用油) [시콩뉴] 음식에 사용하는 기름. 참기름·들기름·옥수수기름 따위.

식은땀 [시근땀] 1 몸이 약해져서 병적으로 나는 땀. 예감기로 밤새 식은땀을 흘리다. 2 긴장하거나 놀랐을 때 나는 땀. 예식은땀이 나다. *진땀.

식은태 [시근태] 가마에서 꺼내자마자 터진 그릇. 또는 도자기가 식으면서 생기는 가는 금.

식이 요법 (食餌療法) 음식물의 품질·성분·분량 따위를 조절하여 병을 치료하거나 예방하는 방법.

식인종 (食人種) [시긴종] 사람을 잡아먹는 풍습이 있는 인종.

식장 (式場) [식짱] 식을 올리는 장소. 예하객들이 식장을 가득 메우다.

식전 (食前) [식쩐] 1 아침밥을 먹기 전. 예식전에 길을 떠났다. 2 밥을 먹기 전. 예식전에 약을 먹다. 반식후.

식중독 (食中毒) [식쭝독] 음식물에 섞인 세균·독물·화학 물질 등으로 말미암아 일어나는 병. 복통·구토 등의 증세가 생김.

*__식초__ (食醋) 음식물에 신맛을 낼 때 쓰는 조미료. 투명한 액체임. 예식초를 치다.

식충이 (食蟲―) 밥만 먹고 하는 일 없이 지내는 사람을 낮추어 이르는 말.

식칼 (食―) 부엌에서 음식을 만드는 데 쓰는 칼. 비식도.

식탁 (食卓) 음식을 차려 놓고 식사를 할 때 쓰는 탁자.

식판 (食板) 밥과 국, 서너 가지 반찬을 담는 칸이 있는 공용 식기.

*__식품__ (食品) 사람이 날마다 먹는 음식물. 예여러 가지 식품을 골고루 섭취하다.

식품군 (食品群) 영양소가 비슷한 식품끼리 묶어 분류한 것.

식품점 (食品店) 여러 가지 먹을거리를 파는 가게.

식혜 (食醯) [시케 / 시혜] 찹쌀이나 멥쌀로 밥을 고슬고슬하게 지어, 엿기름 가루를 우린 물을 부어 삭힌 음료.

식후 (食後) [시쿠] 밥을 먹은 뒤. 예식후 30분 후에 약을 챙겨 먹어야 한다. 반식전.

*__식히다__ [시키다] 더운 기운을 없어지게 하다. 예뜨거운 물을 식히다 / 땀을 식히다 / 한여름의 더위를 식히다. 반데우다. →시키다 주의.

*__신__[1] 발에 신고 걷는 데 쓰는 물건을 통틀어 이르는 말. ⇨shoes

*__신__[2] 좋은 일이 있거나 흥미 따위가 생겨 매우 좋아진 기분. 예신이 나서 춤을 추다.

신[3] (神) 종교의 대상으로 우주를 다스린다고 믿어지는, 초인간적 또는 초자연적 존재. 예하느님. ⇨god

신간 (新刊) 책을 새로 펴냄. 또는 그 책. 예신간 서적 / 신간이 나오다. 반구간. 신간하다.

신갈나무 [신갈라무] 참나뭇과의 낙엽 활엽 교목. 높이 30m 정도로 잎은 달걀 모양이며, 생김새가 떡갈나무와 비슷하고 가을에 '도토리'가 열림. 재목은 농기구·차량·선로 따위에 씀.

*__신경__ (神經) 1 외부의 자극을 두뇌와 몸의 각 부분에 전하고 반응을 일으키게 하는 실 모양의 기관. 2 사물을 느끼거나 생각하는 감각 작용. 예신경이 날카로워지다.

신경계 (神經系) [신경계 / 신경게] 뇌와 신경을 구성하는 계통의 기관.

신경전 (神經戰) 경쟁이나 싸움을 할 때, 거슬리는 말과 행동으로 상대편의 신경을 자극하는 일. 예날카로운 신경전을 벌이다.

신경증(神經症) [신경쯩] 심리적 원인으로 신체적, 정신적 증상이 나타나는 병.

신경질(神經質) 신경이 너무 예민하여 사소한 일에까지 곧잘 흥분하는 성질. 예신경질을 부리다.

신경질적(神經質的) [신경질쩍] 사소한 일에까지 신경을 쓰고 화를 잘 내는 (것). 예신경질적인 성격.

신경통(神經痛) 신경이 자극을 받아 일어나는 심한 통증. 예어머니는 신경통으로 고생하신다.

신고(申告) 국민이 관청에 어떠한 사실을 보고하는 일. 예출생 신고/수상한 사람을 경찰서에 신고하다. 신고하다.

신곡(新曲) 새로 지은 노래. 예신곡을 발표하다.

신구(新舊) 새것과 헌것.

신규(新規) 1 새로운 규정 또는 규칙. 2 완전히 새롭게 어떤 일을 하는 것. 예신규 등록/신규 채용.

신기(神技) 매우 뛰어난 기술이나 재주. 예신기에 가까운 솜씨.

신기다 신이나 양말 따위를 신게 하다. 예아기에게 신을 신기다.

신기록(新記錄) 지금까지의 기록보다 뛰어난 새로운 기록. 예신기록을 세우다.

신기루(蜃氣樓) [신:기루] 사막이나 바다에서 햇빛의 굴절로 실제로는 없는데 어떤 사물이 있는 것처럼 보이는 현상.

신기술(新技術) 이전의 기술보다 발전한 새로운 기술. 예신기술을 도입하다/신기술 개발에 성공하다.

신기전(神機箭) 예전에, 화약이나 불을 달아 쏘던 화살.

*__신기하다__(新奇—) 새롭고 기이하다. 예신기한 물건.

*__신나다__ 흥이 일어나 기분이 좋아지다. 예신나는 놀이/운동장을 신나게 달리다.

신년(新年) ⇨새해. 예신년 인사.

*__신념__(信念) [신:념] 굳게 믿는 마음. 예신념을 가지고 살다/신념을 지키다.

*__신다__ [신:따] 신이나 양말 따위에 발을 넣다. 예실내화를 신다.

신단수(神壇樹) 단군 신화에서, 환웅이 처음 하늘에서 그 밑에 내려왔다는 신령한 나무.

신대륙(新大陸) 1 새로 발견한 대륙. 2 남북아메리카와 오스트레일리아를 가리킴. 맨구대륙.

신데렐라(Cinderella) 1 유럽 동화 속의 여주인공. 계모와 그의 딸에게 구박을 받으며 살다가 요술 할머니의 도움으로 왕자와 결혼하게 됨. 2 하루아침에 세상에 널리 알려지거나 스타가 된 여자를 이르는 말.

신도(信徒) [신:도] 종교를 믿는 사람. 비신자.

신도시(新都市) 대도시 주변에 계획적으로 새로 건설된 주거 지역. 예신도시가 들어서다.

신돌석(申乭石) 『인명』 조선 후기의 의병장. 을사조약이 맺어진 이듬해 경상북도 울진군에서 의병을 일으켜 활약함. [1878-1908]

신동(神童) 재주와 슬기가 남달리 뛰어난 아이.

신라(新羅) [실라] 삼국 시대의 한 나라. 박혁거세가 지금의 영남 지방을 중심으로 세움. 제2대 무열왕이 삼국을 통일한 후, 제56대 경순왕 때 고려에 망함. 도읍은 경주. [기원전 57-기원후 935]

신라관(新羅館) [실라관] 신라 때 당나라에 설치한 숙박소. 중국에 간 신라의 유학승과 사신이 묵던 곳임.

신라방(新羅坊) [실라방] 통일 신라 시대 때 당나라 산둥반도 등에 있던, 신라인이 살던 곳.

신라원(新羅院) [실라원] 통일 신라 시대 때 당나라의 신라방에 세운 신라인의 절.

신랄하다(辛辣—) [실랄하다] 공격이나 비판 따위가 매우 날카롭고 예리하다. 예신랄하게 비판하다.

신랄히(辛辣—) [실랄히] 신랄하게.

신랑(新郎) [실랑] 곧 결혼할 남자나 갓 결혼한 남자. 맨신부.

신랑감(新郎—) [실랑깜] 신랑이 될 사람, 또는 신랑이 될 만한 사람. 맨신붓감.

신령 (神靈) [실령] 신기하고 묘한 힘을 가지고 있다는 신. 준영.

신록 (新綠) [실록] 늦봄이나 초여름에 새로 돋은 잎의 연한 푸른빛. 예신록의 계절.

신뢰 (信賴) [실:뢰 / 실:뤠] 굳게 믿고 의지함. 예친구를 신뢰하다. **신뢰하다**.

신맛 [신맏] 식초와 같은 시큼한 맛.

> [참고] 여러 가지 신맛
> (1) 단순한 신맛
> 새곰하다. 새콤하다. 새금하다. 새큼하다. 시굼하다. 시쿰하다. 시금하다. 시큼하다. 새그무레하다. 새크무레하다. 시그무레하다. 시크무레하다. 시디시다.
> (2) 신맛과 단맛
> 새콤달콤하다. 새큼달큼하다.
> (3) 신맛과 쓴맛
> 시큼씁쓸하다. 시금씁쓸하다.
> (4) 신맛과 떫은맛
> 시금떨떨하다. 시금털털하다.

신망 (信望) [신:망] 믿고 바람. 믿음과 덕망. 예신망이 두터운 사람.

***신명**[1] 흥겨운 신과 멋. 예신명이 나게 놀다.

신명[2] (神明) 하늘과 땅의 모든 신. 예신명께 비나이다. 준신.

***신문**[1] (新聞) 새로운 뉴스나 화제 등을 알려 주는 정기 간행물. 조간·석간·주간 따위가 있음. 예신문 한 부를 사다. ⇨newspaper

신문[2] (訊問) [신:문] 어떤 사건에 대해서 증인이나 피고인 등에게 말로 물어 조사하는 일. **신문하다**.

신문고 (申聞鼓) 조선 태종 때, 백성이 억울한 일을 임금에게 직접 하소연할 때 치게 하던 북.

신문 기자 (新聞記者) 신문에 실을 기사의 자료를 취재해서 쓰는 사람.

신문명 (新文明) 새 시대의 새로운 문명. 비신문화.

신문사 (新聞社) 신문을 만들어 펴내는 회사.

신문왕 (神文王) 『인명』 삼국을 통일한 문무왕의 아들로 신라 제31대 임금. 국학을 세워 당나라의 학문을 배우게 하고, 관제를 다시 정리하는 등 신라의 황금시대를 이룩하였음. [?-692 ; 재위 681-692]

신문학 (新文學) 우리나라 19세기 말, 특히 갑오개혁 이후 개화사상의 영향을 받아 일어난 새로운 형식과 내용의 문학을 일컫는 말.

신물 1 먹은 것이 체하여 트림할 때 목으로 넘어오는 시큼한 물. 예신물이 올라오다. 2 지긋지긋하고 진절머리가 나는 일.

> **신물(이) 나다** 싫증이 나고 지긋지긋하다.

신미양요 (辛未洋擾) 조선 고종 8년(1871), 미국 군함이 강화도에 침입한 사건.

신민회 (新民會) [신민회 / 신민훼] 1907년 안창호·양기탁·이동녕 등이 조직한 비밀 항일 단체. 1910년에 일본 총독 암살 모의 사건으로 많은 회원이 일본 경찰에 잡히면서 해체됨.

신바람 [신빠람] 흥겹고 신이 나서 우쭐해지는 기분. 예신바람이 나다. 비어깻바람.

***신발** ⇨신[1]. 예신발 한 켤레 / 신발을 신다 / 신발을 벗다.

신방 (新房) 신랑·신부가 첫날밤을 지내는 방. 예신방에 들다.

신변 (身邊) 몸과 몸의 주위. 예신변 보호 / 신변에 위험을 느끼다.

신병 (新兵) 새로 입대한 병사. 예신병 훈련소.

신봉 (信奉) [신:봉] 사상이나 학설, 종교 따위를 옳다고 믿고 받듦. **신봉하다**.

신부[1] (神父) 천주교에서, 사제로 임명을 받은 성직자.

신부[2] (新婦) 곧 결혼할 여자나 갓 결혼한 여자. 비새색시. 반신랑.

신분 (身分) 개인의 사회적 지위나 계급. 예학생 신분에 맞지 않는 곳에 가다.

신분제 (身分制) ⇨신분 제도.

신분 제도 (身分制度) 예전에, 사람을 신분에 따라 등급을 나누어 차별화한 제도. 신분제.

신분증 (身分證) [신분쯩] 어떤 사람의 신분이나 소속을 확인해 주는 문서. 回 신분증명서.

신붓감 (新婦一) [신부깜/신붇깜] 신부가 될 만한 사람. 또는 신부가 될 사람. 凹 신랑감.

신비 (神祕) 사람의 생각으로는 설명 또는 이해할 수 없을 만큼 매우 놀랍고 신기한 일이나 현상. 예 자연의 신비. 신비하다.

신비롭다 (神祕一) [신비롭따] 신비한 느낌이 있다. 예 모나리자의 신비로운 미소. 활용 신비로워/신비로우니.

신비스럽다 (神祕一) [신비스럽따] 신비한 데가 있다. 예 신비스럽고 경건한 일출과 일몰. 활용 신비스러워/신비스러우니.

*__신사__ (紳士) [신:사] 1 태도나 행동이 점잖고 예의 바르며 교양 있는 남자. 예 신사다운 행동. 2 '성인 남자'를 높여 일컫는 말. 예 신사 숙녀 여러분. 凹 숙녀. *gentleman

신사복 (紳士服) [신:사복] 성인 남자들이 입는 양복.

신사 유람단 (紳士遊覽團) 조선 고종 18년(1881), 새로운 문물을 살펴보게 하려고 일본에 보낸 시찰단.

신사임당 (申師任堂) 『인명』 조선 전기의 서화가. 율곡 이이의 어머니로 시문과 그림에 뛰어났으며 어진 어머니로 이름남. [1504-1551]

신사적 (紳士的) [신:사적] 신사다운 (것). 예 신사적인 태도.

신상 (身上) 개인에 관한 일이나 형편. 예 신상 조사.

신생 (新生) 새로 생기거나 태어남. 예 신생 농구팀. 신생하다.

신생대 (新生代) 지질 시대 가운데 가장 최근의 시대로 약 6500만 년 전부터 지금까지의 시기.

신생아 (新生兒) 갓난아이.

신석기 시대 (新石器時代) 고고학에서 구석기 시대와 청동기 시대 사이의 시대로, 돌을 갈아서 만든 도구와 토기를 사용하고 농경과 목축을 하며 생활함. *구석기 시대.

신선 (神仙) 인간 세상을 떠나 자연과 벗하며 도를 닦아 신통한 능력이 있어 늙지 않고 오래 산다는 상상의 사람. 回 선인.

신선도 (新鮮度) 먹을거리의 싱싱한 정도. 예 신선도가 높다.

신선하다 (新鮮一) 1 새롭고 산뜻하다. 예 신선한 공기를 마시다. 2 채소나 생선 따위가 싱싱하다. 예 신선한 과일을 맛보다.

신설 (新設) 새로 설치하거나 마련함. 예 신설 초등학교. 신설하다.

신성 (神聖) 매우 거룩하고 성스러움. 예 신성 모독 / 예로부터 우리 조상들은 용을 신성한 존재로 여겼다. 신성하다.

*__신세__ (身世) 1 자기가 처해 있는 처지나 형편. 예 가련한 신세. 2 남에게 도움을 받거나 폐를 끼치는 일. 예 신세를 지다.

신세계 (新世界) [신세계/신세게] 1 새로운 세상. 2 ⇨ 신대륙2. 凹 구세계.

신세대 (新世代) 새로운 세대. 주로 20세 이하의 젊은 세대. 예 신세대 감각. 凹 구세대.

신세타령 (身世一) 자신의 불행한 처지를 넋두리하듯이 늘어놓는 일. 또는 그런 이야기. 예 신세타령이 절로 난다. 신세타령하다.

신소설 (新小說) 갑오개혁 이후부터 현대 소설이 지어지기 전까지 나온 소설. 계급 타파·개화·계몽·자유 연애 따위를 주제로 다룸. 이인직의 '혈의 누' 따위. *구소설.

신속 (迅速) [신:속] 날쌔고 빠름. 예 신속 배달 / 신속한 회답 / 사건을 신속히 처리하다. 신속하다. 신속히.

신속성 (迅速性) [신:속썽] 매우 빠른 성질. 예 보도의 신속성.

신수¹ (身手) 사람 얼굴에 나타난 건강한 기운. 예 신수가 훤하다.

신수² (身數) 그 사람의 운수. 예 신수가 사납다 / 신수를 보다.

신숙주 (申叔舟) 『인명』 조선 세종·세조 때의 학자·정치가. 호는 보한재. 세종의 훈민정음 창제 때 성삼문과 함께 크게 공헌함. [1417-1475]

신시가지 (新市街地) 본디의 도시에서 새로 뻗어 나가 새롭게 형성된 시가지.

신시대 (新時代) 새로운 시대. 예 신시대가 열리다. 凹 구시대.

신식 (新式) 새로운 방식이나 형식. [예] 신식 결혼. [반] 구식.

신신당부 (申申當付) 되풀이하여 간절히 하는 부탁. [예] 비밀을 꼭 지키라고 신신당부하다. **신신당부하다.**

신신부탁 (申申付託) ⇨신신당부. [예] 약속을 잊지 말라는 나의 신신부탁도 동생에게는 소용이 없었다. **신신부탁하다.**

신앙 (信仰) [시:낭] 한 종교의 신을 믿고 받드는 일. [예] 신앙의 자유 / 신앙을 가지다.

신약 성서 (新約聖書) 기독교 성서의 하나. 예수의 생애와 가르침, 제자들의 선교, 사도들의 편지 등을 모은 책. *구약 성서.

신여성 (新女性) [신녀성] 개화기 때 신식 교육을 받은 여성.

신열 (身熱) [시녈] 병 때문에 오르는 몸의 열. [예] 신열에 시달리다.

신예 (新銳) [시녜] 어떤 분야에 새로 나타나서 뛰어난 실력이나 기세를 보임. 또는 그런 사람이나 물건. [예] 신예 작가.

신용 (信用) [시:뇽] 사람이나 사물이 틀림없다고 믿어 의심하지 아니함. 또는 그 믿음성의 정도. [예] 신용이 좋은 사람 / 신용을 잃다. **신용하다.**

신용 카드 (信用card) 현금 없이 물건이나 서비스를 받고 비용을 일정 기간 뒤에 낼 수 있도록 고객의 신분과 예금 계좌를 확인해 주는 카드. 크레디트 카드.

신원 (身元) [시눤] 어떤 사람의 주소·본적·신분·직업 따위에 관한 일. [예] 신원을 알 수 없는 사람 / 신원을 조회하다.

신윤복 (申潤福) 〖인명〗 조선 후기의 풍속화가. 호는 혜원. 기생·무속·술집을 소재로 한 풍속도를 많이 그렸음. 대표적인 작품으로는 '미인도'가 있음. [1758-?]

신음 (呻吟) [시늠] 병이나 고통으로 괴로워 앓는 소리를 냄. [예] 밤새 신음하면서 끙끙 앓다. **신음하다.**

***신의** (信義) [시:늬 / 시:니] 믿음과 의리. [예] 신의를 지키다.

신의주 (新義州) [시늬주 / 시니주] 〖지명〗 평안북도 서쪽에 있는 시. 목재 집산지로, 제재·펄프 따위의 공업이 발달됨. 압록강 철교에 의하여 중국·유럽에 이르는 교통의 요지임.

신인 (新人) [시닌] 예술계·체육계 따위의 분야에 새로 등장한 사람. [예] 신인 선수 / 신인 가수.

신임 (信任) [시:님] 믿고 일을 맡김. [예] 신임을 받다 / 선생님의 신임이 두텁다. **신임하다.**

신임장 (信任狀) [시:님짱] 외교관을 다른 나라로 보내는 나라의 원수나 외무 담당 장관이 외교관의 신분과 파견 목적을 알리는 문서.

신입 (新入) [시닙] 어떤 모임이나 단체에 새로 들어옴. [예] 신입 사원. **신입하다.**

신입생 (新入生) [시닙쌩] 새로 입학한 학생. [예] 신입생 모집.

신자 (信者) [신:자] 종교를 믿는 사람. [비] 신도.

신작로 (新作路) [신장노] 자동차가 다닐 수 있게 새로 낸 넓은 길.

신장[1] (一欌) [신짱] 신을 넣어 두는 장. [예] 신장에서 구두를 꺼내어 신다. [비] 신발장.

신장[2] (身長) 사람의 키. [예] 신장을 재다 / 신장이 크다.

신장[3] (伸張) 세력 따위를 널리 펴거나 뻗침. [예] 국력 신장. **신장하다.**

신장[4] (腎臟) [신:장] 동물의 몸 안에서 오줌을 걸러 내는 기관. 사람에게는 강낭콩 모양으로 좌우 한 쌍이 있음. [비] 콩팥.

신전 (神殿) 신을 모신 큰 건물. [예] 파르테논 신전.

신정 (新正) 1 새해의 첫머리. 2 양력설. [반] 구정.

신제품 (新製品) 새로운 제품. 새로 만든 물건. [예] 신제품 개발.

신조 (信條) [신:조] 굳게 믿어 지키고 있는 생각. [예] 정직을 신조로 삼다.

신종 (新種) 1 새로운 종류. [예] 신종 개발. 2 새로 발견하였거나 새롭게 개량한 생물의 품종.

신주 (神主) 죽은 사람의 위패.

신주 모시듯 조심스럽고 정성스럽게 다루는 모양.

신주머니 [신쭈머니] 신을 넣어 들고 다니는 주머니. 비신발주머니.

신중 (愼重) [신:중] 매우 생각이 깊고 조심스러움. 예신중한 몸가짐 / 신중히 생각하다. **신중하다**. **신중히**.

신진 (新進) 어떤 분야에 새로 나아감. 또는 그 사람. 예신진 작가.

신진대사 (新陳代謝) 생물이 섭취한 영양물질을 빨아들이고 노폐물은 내보내는 작용. 비물질대사.

신참 (新參) 어떤 부서·단체 따위에 새로 들어옴. 또는 그 사람. 예신참 사원 / 신참 회원. 반고참.

신채호 (申采浩) 〖인명〗 일제 강점기의 독립운동가·역사가·언론인. 호는 단재. 황성신문·대한매일신보 등에 글을 실어 독립 정신을 북돋움. 저서에 '조선 상고사'·'조선사 연구초' 따위가 있음. [1880-1936]

신천지 (新天地) 새로운 세상. 예신천지가 펼쳐지다.

신청 (申請) 어떤 기관이나 단체, 또는 사람에게 어떤 일을 해 줄 것을 요구하거나 청하는 일. 예참가 신청 / 회원 가입 신청 / 장학금을 신청하다. **신청하다**.

*__신체__ (身體) 사람의 몸. 예신체를 단련하다. 비몸. 육체. 반영혼.

신체검사 (身體檢査) 건강 상태를 알기 위하여 몸의 각 부분을 검사함. 준신검.

신체적 (身體的) 몸에 관한 (것). 예신체적 변화.

신축 (新築) 건물 따위를 새로 지음. 예아파트 신축 현장 / 신축한 집으로 이사를 하다. **신축하다**.

신축성 (伸縮性) [신축썽] 늘어나고 줄어드는 성질. 예이 운동복은 신축성이 좋다.

신출귀몰 (神出鬼沒) 마음대로 나타났다 사라졌다 하여 그 변화를 헤아릴 수 없음. **신출귀몰하다**.

신출내기 (新出一) [신출래기] 어떤 일에 처음 나서서 아직 익숙지 못한 사람. 예신출내기라고 깔보다.

신탁 통치 (信託統治) 유엔의 위임을 받은 나라가 어떤 특정한 지역을 다스리는 제도.

신토불이 (身土不二) [신토부리] 몸과 땅은 하나라는 뜻으로, 자기가 사는 땅에서 나는 농산물이 자신의 몸에 가장 잘 맞는다는 말.

신통력 (神通力) [신통녁] 무슨 일이든지 해낼 수 있는 영묘하고 불가사의한 힘.

신통스럽다 (神通一) [신통스럽따] 보기에 매우 놀랍고 신기한 데가 있다. 예신통스러운 솜씨. |활용| 신통스러워 / 신통스러우니.

신통하다 (神通一) 1 놀랍고 신기하다. 예신통하게 잘 맞히다. 2 대견하고 훌륭하다. 예어린것이 신통하기도 하지. 비신기하다.

신트림 신물이나 시큼한 냄새가 목구멍으로 넘어오면서 나는 트림. **신트림하다**.

신판 (新版) 책의 내용이나 형식을 새롭게 꾸민 것. 또는 그렇게 만든 책. 반구판.

신품 (新品) 새로운 물품.

*__신하__ (臣下) 임금을 섬기어 벼슬하는 사람.

신학 (神學) 기독교의 교리 및 신앙에 대해서 연구하는 학문.

신학교 (神學校) [신학꾜] 신학을 가르치어 종교 사업을 맡아할 사람을 길러 내는 학교.

신학기 (新學期) [신학끼] 새로 시작되는 학기. 예신학기를 맞이하다.

신학문 (新學問) [신항문] 개화기에 서양에서 들어온 새로운 학문. 예신학문을 배우다. 반구학문.

신형 (新型) 기계나 장치 따위의 새로운 형태. 예신형 차. 반구형.

*__신호__ (信號) [신:호] 소리, 색깔, 몸짓, 부호 따위를 써서 뜻을 통하는 방법. 예교통 신호 / 신호를 보내다. **신호하다**.

신호기 (信號機) [신:호기] 철도나 도로 따위에서, 진행·주의·정지 따위의 신호를 표시하는 기계.

신호등 (信號燈) [신:호등] 철도나 도로 따위에서, 자동차나 사람에게 진행·정지·방향 전환·주의 따위의 신호를 알리기 위해 켜는 등.

신호탄 (信號彈) [신:호탄] 군대에서

신호를 하기 위해 쏘는 탄환.
신혼(新婚) 갓 결혼함. 또는 새로 결혼함. 예신혼 생활 / 신혼의 단꿈에 젖어 있다. **신혼하다**.

신혼여행(新婚旅行) [신혼녀행] 결혼식을 마치고 신혼부부가 함께 가는 여행. 비밀월여행.

신화(神話) 신이나 신 같은 존재에 대한 신비롭고 환상적인 이야기. 예단군 신화.

신흥(新興) 어떤 사회적 사실이나 현상이 새로 일어남. 예신흥 공업국 / 신흥 종교.

*싣다 [실:따] 1 물건을 나르려고 배나 차 등에 얹다. 예짐을 싣다. 2 사람이 탈것에 오르다. 예택시에 몸을 싣다. 3 책이나 신문 따위에 글·그림 등을 내다. 예신문에 특종 기사를 싣다. [활용] 실어 / 실으니 / 싣는.

> [주의] '싣다'의 활용
> '싣다'는 '싣' 뒤에 모음 어미가 올 때에는 '실-'로 활용하며, 자음 어미가 올 때에는 '싣-'으로 어간이 바뀌지 않는다. 싣다 - 싣고 - 싣지 - 실으니 - 실어서.
> 예많이 실지 마라 (×)
> 　많이 싣지 마라 (○)
> 　자동차가 짐을 싣고 떠났다 (×)
> 　자동차가 짐을 싣고 떠났다 (○)

*실 [실:] 고치·털·솜 따위를 가늘고 길게 뽑아 꼰 것. 예실로 꿰매다.

실- '가는'·'작은'·'엷은'의 뜻을 나타내는 말. 예실눈 / 실가지 / 실개천 / 실바람.

-실(室) '방'의 뜻. 예비서실 / 장관실 / 회의실.

실감(實感) 실제인 것처럼 느껴지는 것. 예실감 나게 연기하다 / 어려움을 실감하다. **실감하다**.

실개울 [실:개울] 골짜기나 들에 흐르는, 폭이 좁은 물줄기.

실개천(-川) [실:개천] 좁다랗고 작은 개천. 예실개천을 건너다.

실격(失格) [실:격] 기준에 미치지 못하거나 규칙을 어겨서 자격을 잃음. 예실기시험에서 실격하다. **실격하다**.

실고추 [실:고추] 실처럼 가늘게 썬 고추. 음식의 고명으로 씀.

실과(實科) [실꽈] 바느질·요리·목공·전기 등 일상생활에 필요한 지식과 기능 및 소프트웨어 교육을 다루는 초등학교 과목. 예실과 수업.

실권(實權) [실꿘] 실제로 행사할 수 있는 권리나 권세. 예실권을 쥐다 / 실권을 장악하다.

실기(實技) 실지의 기술이나 기능. 예실기시험.

실기둥 [실:기둥] 단추를 달 때 앞단의 두께만큼 세운 실. 두꺼운 옷의 단추를 끼우기 쉽게 함.

실낱 [실:랃] 실의 올.

실낱같다 [실:랃깓따] 1 아주 가늘고 작다. 예실낱같은 눈썹. 2 목숨이나 희망 따위가 끊어질 것 같다. 예실낱같은 희망.

*실내(室內) [실래] 방이나 건물 따위의 안. 예실내 온도. 반실외.

실내악(室內樂) [실래악] 방 안이나 작은 모임에서 적은 인원으로 연주하기에 알맞은 기악 합주곡. 현악 사중주가 잘 알려져 있음. 본실내 음악.

실내 장식(室內裝飾) 건축물의 내부를 그 쓰임에 따라 아름답게 꾸미는 일. 비실내 디자인.

실내화(室內靴) [실래화] 방이나 건물 안에서 신는 신. 예실내화로 갈아 신다.

실눈 [실:룬] 1 가늘고 작은 눈. 2 가늘게 뜬 눈. 예실눈을 뜨고 바라보다.

실뜨기 [실:뜨기] 실의 두 끝을 마주 매어 두 손에 건 다음에 양쪽 손가락에 얼기설기 얽어 가지고 두 사람이 주고받으면서 여러 가지 모양을 만드는 놀이.

실랑이 말로 옳으니 그르니 하며 서로 옥신각신 다투는 짓. 본실랑이질. **실랑이하다**. →승강이 주의

*실력(實力) 실제로 어떤 일을 해낼 수 있는 능력. 예실력을 쌓다.

실례¹(實例) 실제의 예. 실제로 있는 보기. 예실례를 들어 설명하다.

실례²(失禮) 말이나 행동이 예의에 벗어남. 또는 그런 말이나 행동. 예실례가 많습니다 / 잠깐 실례합니다. 비실수. **실례하다**.

실로 (實─) 참으로. 예세종 대왕은 실로 위대한 인물이다.

***실로폰** (xylophone) 타악기의 하나. 순서대로 늘어놓은 나무토막을 두 개의 채로 쳐서 소리를 냄.

실록 (實錄) 1 역사적인 사실을 있는 그대로 적은 기록. 예제2차 세계 대전 실록. 2 한 임금이 임금의 자리에 있는 동안에 있었던 사실을 적은 기록. 예역대 왕의 실록을 편찬하다 / 실록을 사고에 보관하다.

실룩 근육의 일부분이 갑자기 움직이는 모양. 또는 일부분을 갑자기 움직이는 모양. 작샐룩. 센씰룩. **실룩하다. 실룩거리다.**

실리 (實利) 실지로 얻은 이익. 예실리를 챙기다.

***실리다** 1 차·배 따위에 올려놓이다. 예들것에 실려 병원으로 옮겨지다. 2 출판물에 글·그림 등이 인쇄되어 나오다. 예잡지에 글이 실리다.

실리콘 (silicon) 화학에서, 수정·차돌 등의 주성분이 되는 원소. 반도체를 만드는 데 쏨. 규소.

실린더 (cylinder) 가스를 폭발시키는 기관이나 증기 기관 따위에서 피스톤이 왔다 갔다 하는, 둥글고 긴 통 모양의 장치.

실마리 [실:마리] 1 감겨 있거나 헝클어진 실의 첫머리. 2 일이나 사건을 풀어 나갈 수 있는 첫머리. 예해결의 실마리를 찾다.

실망 (失望) 희망을 잃음. 또는 바라던 일이 뜻대로 되지 않아 마음이 몹시 상함. 예기대에 어긋나 실망하다. 비낙망. 낙심. 실의. 반희망. **실망하다.**

실망감 (失望感) 바라는 대로 되지 않아 실망스러운 느낌. 예실망감을 주다 / 실망감을 감추지 못하다.

실명¹ (失明) 시력을 잃어 눈이 보이지 않게 됨. 예한쪽 눈을 실명하다. **실명하다.**

실명² (實名) 실제의 이름. 비본명. 반가명.

실무 (實務) 맡은 일을 실제로 다루는 일. 예실무에 경험이 많다.

실물 (實物) 실제로 있는 물건이나 사람. 예실물 크기의 사진.

실바람 [실:바람] 아주 약하게 부는 바람. →[학습마당] 23(871쪽)

실밥 [실:빱] 1 꿰ېا 실이 밖으로 드러난 부분. 예실밥이 드러나다. 2 옷을 뜯을 때 뽑아내는 실의 부스러기. 예실밥이 풀어지다.

실버들 [실:버들] 가늘고 길게 늘어진 버들. 예실버들이 늘어선 거리.

실비¹ [실:비] 실처럼 가늘게 내리는 비. 예보슬보슬 실비가 내리다.

실비² (實費) 실지로 드는 돈. 예실비로 음식을 제공하다.

실상 (實狀) [실쌍] 실제의 상태나 내용. 예실상을 조사하다. 비실지.

실생활 (實生活) [실쌩활] 이론이나 공상이 아닌 실제의 생활. 예실생활에 응용하다.

실선 (實線) [실썬] 끊어진 곳이 없이 이어진 선.

실성 (失性) [실썽] 정신에 이상이 생겨 제정신을 잃음. 예실성한 사람. **실성하다.**

실세 (實勢) [실쎄] 1 실제의 세력이나 기운. 또는 그것을 가진 사람. 예강력한 실세. 2 실제의 시세. 예실세 가격.

실소 (失笑) [실쏘] 어처구니가 없어 자기도 모르게 나오는 웃음. 예실소를 금할 수가 없다. **실소하다.**

실속 (實─) [실쏙] 1 실제의 알맹이가 되는 내용. 예실속 없는 이야기. 2 겉에 나타나지 아니한 이익. 예실속만 차리다.

***실수** (失手) [실쑤] 1 주의하지 않아서 잘못함. 또는 그런 행위. 예실수로 일어난 사고 / 실수를 저지르다. 2 ⇨ 실례². **실수하다.**

실습 (實習) [실씁] 실제로 해 보고 익힘. 예현장 실습. **실습하다.**

***실시** (實施) [실씨] 실제로 시행함. 예학교 급식을 실시하다. 비시행. **실시하다.**

실신 (失神) [실씬] 병이나 충격 따위로 정신을 잃음. 예충격으로 실신하다. 비기절. **실신하다.**

실실 실없이 슬며시 웃는 모양. 예괜히 실실 웃다. 작샐샐. **실실하다.**

실언 (失言) [시런] 하지 않아야 될

말을 실수로 말함. 또는 그 말. 예실언을 사과하다. **실언하다**.

실업¹(失業) [시럽] 일할 의사와 노동력을 가진 사람이 일자리를 잃거나 일할 기회를 갖지 못하는 상태. 비실직. 반취업. **실업하다**.

실업²(實業) [시럽] 농업·상업·공업 따위의 생산·제작·판매 따위에 관련된 사업.

실업가(實業家) [시럽까] 상공업·금융업 따위의 사업을 하는 사람.

실업률(失業率) [시럼뉼] 일을 할 수 있는 인구 가운데서 실업자가 차지하는 비율. 예실업률이 점점 낮아지다.

실업자(失業者) [시럽짜] 일자리를 잃거나 일자리가 없는 사람.

실업 학교(實業學校) 실업에 관한 교육을 하는 학교.

실없다(實-) [시럽따] 말이나 행동이 참되지 않아 미덥지 못하다. 예실없는 소리 그만 해라.

실없이(實-) [시럽씨] 실없게. 예실없이 지껄이는 말.

실오라기 [시:로라기] 한 가닥의 실. 예실오라기 같은 희망. 비실오리.

실외(室外) [시뢰/시뤠] 방이나 건물 따위의 밖. 예실외 운동. 반실내.

실용(實用) [시룡] 실제로 이용 또는 사용함. 예실용 영어. **실용하다**.

실용성(實用性) [시룡썽] 실제로 쓰는 데 알맞은 성질. 예실용성이 없는 물건 / 실용성을 강조하다.

실용적(實用的) [시룡쩍] 실제로 이용되는 (것). 실제로 쓰는 데 알맞은 (것). 예실용적 학문 / 실용적이지 못한 그릇.

실용화(實用化) [시룡화] 실제로 쓰거나 쓰게 함. 예실용화 가능성. **실용화하다**.

실은(實-) [시른] 사실은. 실제로는. 예실은 거짓말이다.

실의(失意) [시릐/시리] 기대가 어긋나 뜻이나 의욕을 잃음. 예실의에 잠기다. 비실망. **실의하다**.

실재(實在) [실째] 실제로 존재함. 예실재의 인물. **실재하다**.

실적(實績) [실쩍] 실제의 업적이나 성적. 예수출 실적을 올리다.

실전(實戰) [실쩐] 실제의 싸움. 예실전을 방불케 하는 훈련.

실점(失點) [실쩜] 운동 경기나 승부 따위에서 점수를 잃음. 또는 그 점수. 반득점. **실점하다**.

실정(實情) [실쩡] 실제의 사정이나 형편. 예실정에 맞다 / 실정을 잘 알다. 비실태.

*__실제__(實際) [실쩨] 있는 그대로의 경우나 형편. 예실제 상황 / 실제 나이보다 젊게 보인다. 비실지.

*__실제로__(實際-) [실쩨로] 사실 그대로. 예실제로 경험한 일이다 / 말로만 듣던 곳에 실제로 가 보다. 비실지로.

실조(失調) [실쪼] 조화나 균형을 잃음. 예영양실조.

실족(失足) [실쪽] 발을 잘못 디딤. 예실족해서 추락하다. **실족하다**.

실존(實存) [실쫀] 실제로 존재하는 것. 예실존 인물. **실존하다**.

실종(失踪) [실쫑] 간 곳이나 죽었는지 살았는지를 알 수 없음. 예실종 신고. **실종되다**.

실증(實證) [실쯩] 1 확실한 증거. 2 실물이나 사실에 따라 증명함. 또는 그런 사실. **실증하다**.

실지(實地) [실찌] 1 실세의 처지나 경우. 예실지 경험을 쌓다. 비실제. 2 실제의 땅이나 장소. 예실지의 답사. 비현장.

실지렁이 [실:지렁이] 집 근처의 하수도나 더러운 개천에 무리 지어 사는 붉은 실오라기 모양의 지렁이. 금붕어 열대어의 먹이로 씀.

실직(失職) [실찍] 일자리를 잃음. 예실직을 당하다. 비실업. 반취직. **실직하다**.

실직자(失職者) [실찍짜] 일자리를 잃은 사람.

*__실질__(實質) [실찔] 꾸밈이나 거짓이 없는 실체의 본바탕. 반형식.

실질적(實質的) [실찔쩍] 실제에 바탕을 둔. 또는 그런 것. 예실질적인 책임자 / 실질적 성과를 거두다.

실책(失策) 잘못된 계획이나 잘못된 처리. 예실책을 범하다.

*__실천__(實踐) 생각한 바를 실제 행동으로 옮김. 예계획을 실천에 옮기다.

비실행. 반이론. **실천하다.**
실체 (實體) 1 모양과 부피가 있는 물건. 2 본디의 모습. 예사건의 **실체**를 파악하다.
실추 (失墜) 명예나 권위 따위를 떨어뜨리거나 잃음. 예교사의 위신을 실추하다. **실추하다.**
실컷 [실컫] 1 마음에 원하는 대로 한껏. 예**실컷** 자다 / **실컷** 뛰어놀다 / **실컷** 먹다. 비마음껏. 2 아주 심하게. 예**실컷** 얻어맞다.
실크 (silk) ⇨견직물.
실크 로드 (Silk Road) 아시아 내륙을 가로지르는 고대의 교통로. 고대 중국 특산물인 비단을 옮기던 길인 데서 유래한 말. 비단길.
실타래 [실:타래] 긴 실을 쉽게 풀어 쓸 수 있도록 뭉쳐 놓은 것. 예**실타래**를 풀다.
실탄 (實彈) 총이나 대포 따위에 넣어 쏘는 실제 탄알. 예**실탄**을 장전하다.
실태 (實態) 있는 그대로의 상태. 실제의 형편. 예인구 분포의 **실태**를 조사하다.
실토 (實吐) 사실대로 말함. 예잘못을 **실토**하고 용서를 빌다. **실토하다.**
실톱 [실:톱] 실같이 가늘고 작은 톱. 얇은 널빤지를 여러 가지 모양으로 도려내는 데 쓰임.
실패¹ [실:패] 실을 감아 두는 작은 나무쪽.
*****실패²** (失敗) 일을 잘못하여 그르침. 예**실패**는 성공의 어머니. 반성공. **실패하다.**
실핏줄 [실:피쭐 / 실:핃쭐] ⇨모세 혈관. 예**실핏줄**이 터지다.
실하다 (實一) 1 튼튼하다. 예몸이 **실하다**. 2 재산이 넉넉하다. 예재산이 **실하다**. 3 속이 옹골지다. 예배추 속이 **실하게** 차다.
실학 (實學) 조선 영조·정조 때 생겨난 학문. 전통적 유학에서 벗어나, 실생활의 향상과 사회 제도의 개선을 이루고자 함.
실학자 (實學者) [실학짜] 실학을 공부하고 주장하던 학자.
실행 (實行) 생각이나 계획을 실제로 행함. 예약속대로 **실행하다**. 비실시.

실천. **실행하다.**
실향 (失鄕) 고향을 잃거나 빼앗김. 예**실향**의 아픔을 달래다.
실향민 (失鄕民) 고향을 잃고 타향살이를 하는 사람. 예북녘에 고향을 둔 실향민.
*****실험** (實驗) 1 실제로 시험함. 예**실험** 실습. 2 과학에서, 이론이나 현상을 관찰하고 측정함. 예약의 효능 **실험**. 비시험. **실험하다.**
실험복 (實驗服) 실험할 때 입는 옷.
실험실 (實驗室) 실험을 하기 위해 필요한 장치와 설비를 갖춘 방. 예과학 **실험실**.
*****실현** (實現) 꿈이나 기대 따위를 실제로 이룸. 예**실현** 단계 / 꿈을 **실현하다**. **실현하다.**
실형 (實刑) 실제로 받는 형벌. 징역·사형 따위. 예**실형**을 선고하다.
실화 (實話) 실제로 있었던 사실의 이야기. 예그 영화는 **실화**이다.
실황 (實況) 실제의 상황. 예공연 **실황** / 경기 **실황** 중계 방송.
실효 (實效) 실제의 효과. 예**실효**를 거두다.
*****싫다** [실타] 1 마음에 들지 않다. 예**싫은** 사람. 2 하고 싶지 않다. 예공부하기 **싫다**. 반좋다.
*****싫어하다** [시러하다] 1 마음에 들지 않아 언짢게 여기다. 예나는 거짓말하는 사람을 제일 **싫어해**. 2 하기를 꺼려하다. 예나는 수학을 **싫어한다**. 반좋아하다. ⇨dislike, hate
싫증 (一症) [실쯩] 싫은 생각이나 느낌. 예**싫증**이 나다. 비염증.
심 (心) 1 죽에 곡식 가루를 잘게 뭉쳐 넣은 덩이. 팥죽에 넣는 새알심 따위. 2 양복저고리의 어깨나 깃 따위에 빳빳하게 하려고 넣는 헝겊. 예양복 깃에 **심**을 넣다. 3 연필이나 볼펜 속에 들어 있는, 글씨를 쓸 수 있는 부분. 예연필의 **심**이 가늘다.
심각성 (深刻性) [심:각썽] 상태나 상황이 심각한 정도. 예환경 오염의 **심각성** / 사태의 **심각성**을 깨닫다.
*****심각하다** (深刻一) [심:가카다] 상태나 정도가 매우 중대하고 절박하다. 예**심각한** 문제 / 교통 체증이 **심각하다**.

심경 (心境) 마음의 상태. 예심경의 변화를 일으키다.

심금 (心琴) 외부의 자극을 받아 미묘하게 움직이는 마음.
　심금(을) 울리다 자극을 받아 감동을 일으키다.

심기 (心氣) 마음으로 느끼는 기분. 예심기가 불편하다.

심기일전 (心機一轉) [심기일쩐] 어떤 동기로 이제까지 품었던 마음을 완전히 바꿈. **심기일전하다**.

***심다** [심:따] 풀·나무의 씨앗이나 뿌리 따위를 땅속에 묻다. 예나무를 심다. ⊃ plant

심드렁하다 마음에 들지 않아서 관심이 없다. 예심드렁하게 대답하다 / 심드렁한 표정을 짓다.

심란하다 (心亂─) [심난하다] 마음이 뒤숭숭하고 어수선하다. 예입시 문제로 심란하다.

심려 (心慮) [심녀] 웃어른이 마음속으로 걱정함. 예심려를 끼쳐 드려 죄송합니다. **심려하다**.

심리 (心理) [심니] 마음의 움직임이나 상태. 예불안한 심리.

심리적 (心理的) [심니적] 심리에 관련된. 또는 그런 것. 예심리적 변화 / 심리적인 요인 / 심리적인 측면을 고려하다.

심리학 (心理學) [심니학] 심리를 연구하는 학문.

심마니 산삼을 캐는 것을 직업으로 하는 사람.

심문 (審問) 자세히 따져서 물음. 예죄인을 심문하다. **심문하다**.

심벌즈 (cymbals) 타악기의 하나. 둥글고 얇게 만든 두 개의 쇠붙이를 마주쳐서 소리를 냄.

심보 (心─) [심뽀] 주로 좋지 못한 마음씨. 예심보가 고약하다. 비마음보.

심복 (心腹) 마음 놓고 부리거나 일을 맡길 수 있는 사람. 예심복을 두다.

***심부름** [심:부름] 남이 시키는 일이나 부탁을 받아 해 주는 일. 예선생님 심부름으로 교무실에 다녀오다. **심부름**하다.

심부름꾼 [심:부름꾼] 심부름을 하는 사람.

심사[1] (審査) 자세히 살펴 조사하여 등급을 나누거나 합격 여부를 결정함. 예심사 기준 / 자격을 심사하여 선발하다. **심사하다**.

심사[2] (心思) 1 마음. 예심사가 편치 못하다. 2 남이 하는 일을 방해하거나 그르치려는 마음.
　심사(가) 나다 심사를 부리고 싶은 생각이 들다.
　심사(가) 사납다 마음이 불편하고 짜증이나 화가 나다.
　심사가 틀리다 마음이 비뚤어져 일을 방해하려는 마음이 나다.

심사숙고 (深思熟考) [심:사숙꼬] 깊이 잘 생각함. 예심사숙고하여 결정하다. **심사숙고하다**.

심상찮다 (尋常─) [심상찬타] 예사롭지 않다. 예적들의 움직임이 심상찮다.

심성 (心性) 타고난 마음씨. 예심성이 착하다.

심술 (心術) 남을 미워하고 괴롭히려는 마음. 예심술이 나다.

심술궂다 (心術─) [심술굳따] 심술이 몹시 많다. 예심술궂은 친구.

심술꾸러기 (心術─) 심술이 많은 사람. 예내 동생은 심술꾸러기이다. 비심술쟁이.

심술보 (心術─) [심술뽀] 심술이 많은 못된 사람의 낮춤말.

심신 (心身) 마음과 몸. 예심신을 단련하다.

심심찮다 [심심찬타] 드물지 않고 꽤 잦다. 예심심찮게 손님들이 찾아들었다. 참고 주로 '심심찮게'의 꼴로 쓰임.

심심풀이 [심심푸리] 심심함을 잊고 시간을 보내기 위하여 무엇을 함. 예심심풀이로 만화를 보다.

***심심하다**[1] 할 일이나 재미있는 일이 없어 지루하고 따분하다. 예집에만 있으니 심심해서 못 견디겠다.

심심하다[2] 맛이 조금 싱겁다. 예심심하게 간을 하다.

심야 (深夜) [시:먀] 깊은 밤. 예심야 방송 / 심야 영업.

심오하다 (深奧─) [시:모하다] 이론이나 생각 따위가 깊고 오묘하다. 예심오한 진리를 깨닫다.

심의 (審議) [시:믜 / 시:미] 제출된

안건을 상세히 검토하고 논의함. 예심의를 통과하다. **심의하다**.

***심장**(心臟) 피를 핏줄 속으로 밀어내어 돌게 하는 작용을 하는 신체 기관. 回염통. ⇨heart

심장 마비(心臟痲痺) 심장의 기능이 갑자기 멈추는 일. 예심장 마비로 쓰러지다.

심장병(心臟病) [심장뼝] 심장에 생기는 병을 통틀어 이르는 말. 예심장병으로 입원하다.

심적(心的) [심쩍] 마음에 관련된 (것). 예심적 부담 / 심적인 고통. 回물적.

심정(心情) 마음에 품은 생각과 감정. 예답답한 심정. 回마음.

심중(心中) 마음의 속. 마음속. 예심중을 헤아리다.

심지¹(心−) 등잔·초·알코올램프 따위에 실이나 헝겊으로 꼬아서 꽂고 불을 붙이게 된 물건. 예심지에 불을 붙이다.

심지²(心志) 마음과 뜻. 마음에 품은 의지. 예심지가 강한 사람.

***심지어**(甚至於) [심:지어] 심하다 못해 나중에는. 예심지어 세수조차 하지 않는구나.

심청전(沈淸傳) [심:청전] 〖책〗 조선 때 지은 고대 소설의 하나. 심청의 지극한 효성이 장님인 아버지의 눈을 뜨게 한다는 이야기. 지은이와 연대는 알 수 없음.

심취(心醉) 어떤 일에 깊이 빠져 마음을 빼앗김. 예문학에 심취하다. **심취하다**.

심층(深層) [심:층] 사물이나 사건의 내부 깊숙한 곳. 예심층 취재.

심통(心−) 마땅치 않게 여기는 나쁜 마음. 예심통을 부리다 / 심통이 사납다. 예말이 너무 심하다.

심해(深海) [심:해] 깊은 바다. 보통 깊이가 200m 이상의 깊은 곳. 예심해 어업 / 심해를 탐사하다. 回천해.

심혈(心血) 온갖 정성과 힘. 예심혈을 기울여 만든 작품.

심호흡(深呼吸) [심:호흡] 공기를 깊숙이 들이마셨다 내쉬었다 하며 크게 숨을 쉬는 일. 예산에 올라 심호흡을 하다. **심호흡하다**.

심화(深化) [심:화] 어떤 일의 정도가 점점 깊어짐. 예심화 학습.

심훈(沈熏) 〖인명〗 소설가·영화인. 농촌 계몽 소설인 '상록수'를 씀. 그 밖에 '영원의 미소', '직녀성' 등이 있음. [1901-1936]

***십**(十) '열'의 뜻. 예십 명 / 십의 3배는 30이다. ⇨ten

십계명(十誡命) [십계명 / 십꼐명] 기독교에서, 하나님이 모세를 통하여 이스라엘 민족에게 내린 10가지의 가르침.

십대(十代) 10세에서 19세까지의 나이. 또는 그런 나이의 사람들.

십부제(十部制) [십뿌제] 자동차 번호의 끝자리 수와 날짜의 끝자리 수가 같은 날에 자동차를 운행하지 않는 제도. 예승용차 십부제 운행을 시행하다.

십분(十分) [십뿐] 충분히. 넉넉하게. 예솜씨를 십분 발휘하다.

십상 [십쌍] 1 꼭 알맞은 일이나 물건. 예신주머니로는 십상이다. 2 꼭 맞게. 썩 잘 어울리게. 예책꽂이로 쓰기엔 십상 좋다.

|참고| 이 말은 '십성(十成)'에서 변한 말이다. 십성은 황금의 품질을 열 개의 등급으로 나누었을 때의 가장 높은 등급을 이르는 말이었다.

십이월(十二月) [시비월] 1 한 해의 열두 번째 달. 2 ⇨섣달. ⇨December

십이지(十二支) [시비지] 육십갑자에서 '자, 축, 인, 묘, 진, 사, 오, 미, 신, 유, 술, 해'를 이르는 말.

십이지장(十二指腸) [시비지장] 위와 작은창자 사이에서 음식물의 소화를 도와주는, 말굽 같이 생긴 기관. 回샘창자.

십이지장충(十二指腸蟲) [시비지장

충] 기생충의 하나. 몸은 젖빛, 길이 약 1cm이고, 사람의 십이지장의 장벽에 들러붙어서 피를 빨아 먹음.

십일월(十一月) [시비뤌] 한 해의 열한 번째 달. ⊃November

십자가(十字架) [십짜가] 기독교도를 상징하는 '十' 자 모양의 표. 예십자가를 몸에 지니다. ⊃cross

　십자가를 지다 큰 죄나 고난 따위를 떠맡다.

십자군(十字軍) [십짜군] 중세 시대 유럽에서 기독교도가 이슬람교도들이 점령한 팔레스타인과 예루살렘을 찾기 위해 일으킨 군대.

십자말풀이(十字−) [십짜말푸리] 바둑판처럼 가로세로로 난 빈칸에 주어진 설명에 맞는 낱말을 찾아 채우는 낱말 맞추기 놀이. 낱말 퍼즐.

십자매(十姉妹) [십짜매] 참새목의 새. 참새와 비슷한데 번식력이 강하며 길이 12cm 정도로 빛이 희고 가슴에 갈색 띠가 있음. 애완용으로 기름.

십장생(十長生) [십짱생] 죽지 않고 오래 산다는 열 가지. 곧, 해·산·물·돌·구름·소나무·불로초·거북·학·사슴.

십중팔구(十中八九) [십쭝팔구] 열 가운데 여덟이나 아홉이 해당될 정도로 거의 다 그러함을 나타내는 말. 예급하게 먹으면 **십중팔구** 체한다. 비십상팔구.

십진법(十進法) [십찐뻡] 열을 기본 단위로 하여 수를 세는 단위.

싯− 빛깔이 짙고 선명함을 나타내는 말. 예싯멀겋다 / 싯누레지다. 작샛−.
*시−. → [학습마당] 14(436쪽)

싯누렇다 [신누러타] 매우 누렇다. 예벼가 **싯누렇게** 익다. 작샛노랗다.
[활용] 싯누러니 / 싯누레서. → [학습마당] 14(436쪽)

싱가포르(Singapore) 《국명》 말레이 반도의 남쪽 끝에 있는 섬나라. 세계적인 중계 무역항이며, 남양 어업의 근거지임. 수도는 싱가포르.

싱겁다 [싱겁따] 1 짜지 않다. 예나물무침이 싱겁다. 반짜다. 2 말이나 행동이 덩치에 어울리지 않고 멋쩍다. 예싱겁게 웃다. 3 음료수 따위가 본래의 맛보다 약하다. 예차를 두 번 우렸더니 맛이 싱겁다. [활용] 싱거워 / 싱거우니.

싱그럽다 [싱그럽따] 싱싱하고 향기롭다. 예싱그러운 5월의 신록. [활용] 싱그러워 / 싱그러우니.

싱글(single) 1 한 개. 단일. 예싱글 침대. 2 독신. 미혼. 예싱글로 지내다. 3 테니스나 탁구 따위의 단식 경기.

싱글거리다 눈과 입을 슬며시 움직이며 소리 없이 부드럽게 자꾸 웃다. 예혼자 좋아서 **싱글거리다**. 센씽글거리다. 작생글거리다.

싱글벙글 눈과 입을 슬며시 움직이며 소리 없이 정답고 환하게 웃는 모양. 예합격 소식을 듣고 좋아서 싱글벙글 웃는다. **싱글벙글하다**.

싱글싱글 눈과 입을 슬며시 움직이며 소리 없이 정답게 자꾸 웃는 모양. 예말없이 **싱글싱글** 웃다. 작생글생글. 센씽글씽글. **싱글싱글하다**.

싱긋 [싱귿] 눈과 입을 슬며시 움직이며 소리 없이 가볍게 웃는 모양. 예눈이 마주치자 **싱긋** 웃는다. 작생긋. 센씽긋. **싱긋하다**.

싱긋거리다 [싱귿꺼리다] 눈과 입을 슬며시 움직이며 소리 없이 정답게 자꾸 웃다. 작생긋거리다.

싱숭생숭 마음이 들떠 어수선하고 갈팡질팡하는 모양. 예봄이 되니 마음이 괜히 싱숭생숭 설렌다. **싱숭생숭하다**.

*__싱싱하다__ 1 본디 그대로의 생기가 있다. 예싱싱한 생선. 2 빛깔이 맑고 산뜻하다. 예싱싱한 초록빛 산 풍경. 3 원기가 왕성하다. 예싱싱한 젊음. 작생생하다. 센씽씽하다.

싱크대(sink臺) 조리 또는 설거지할 때 쓰는 부엌 시설. 설거지대.

*__싶다__ [십따] 1 '−고'의 뒤에 쓰이어, 하고자 하는 마음이 있음을 나타내는 말. 예가고 싶다 / 먹고 싶다. 2 '−면' 뒤에 쓰이어, 그렇게 되었으면 좋겠다는 뜻을 나타내는 말. 예이겼으면 싶다.

*__싶어 하다__ 어떤 행동을 하고자 하는 마음이 있음을 나타내는 말. 예보고 싶어 하다 / 고향에 가고 싶어 하다.

ㅆ (쌍시옷) [쌍시온] 'ㅅ'의 된소리.

싸구려 값이 싸거나 품질이 좋지 않은 물건.

***싸늘하다** 1 매우 선선하고 좀 차가운 기운이 있다. ⑩싸늘한 가을 아침. 2 성격이나 태도 따위가 차가운 듯하다. ⑩싸늘한 눈길. 큰써늘하다. 여사늘하다.

***싸다¹** 1 물건값이 적당한 값보다 적다. ⑩철 지난 옷을 싸게 팔다. 밴비싸다. 2 저지른 일에 비해 받는 벌이 마땅하다. ⑩하는 짓을 보면 욕먹어 싸다.

***싸다²** 1 보자기나 종이 따위의 안쪽에 물건을 넣고 묶거나 둘러 보이지 않게 하다. ⑩선물을 포장지에 싸다. 2 어디 가기 위하여 물건이나 음식을 꾸리다. ⑩도시락을 싸다.

> 주의 **싸다**와 **쌓다**
>
> **싸다** 1 보자기나 종이 따위로 물건을 묶거나 둘러 보이지 않게 하다. ⑩책 겉장을 싸다. 2 어디 가기 위하여 물건이나 음식을 꾸리다. ⑩도시락을 싸다.
> **쌓다** 1 여러 개의 물건을 겹겹이 포개어 놓다. ⑩벽돌을 쌓다. 2 덕이나 공적을 여러 번 세우다. ⑩공을 쌓다. 3 기술·경험 등을 거듭하여 기르다. ⑩훈련을 쌓다.

***싸다³** 똥·오줌 따위를 가리지 못하고 함부로 누다.

싸다⁴ 입이 가벼워 들은 말을 주변 사람에게 잘 떠벌리다. ⑩그 사람은 입이 싸다.

싸다니다 여기저기를 채신없이 바삐 돌아다니다. ⑩하루 종일 어디를 싸다니다가 이제 오느냐.

싸라기눈 빗방울이 내리다가 갑자기 찬 바람을 만나 얼어서 떨어지는 쌀알 같은 눈. 준싸라기. 싸락눈.

싸락눈 [싸랑눈] '싸라기눈'의 준말.

싸리 ⇨싸리나무.

싸리나무 콩과의 낙엽 활엽 관목. 산지에 남. 잎은 세 잎이 나오고 한여름에 자주색 꽃이 핌. 나무는 땔감으로, 나무껍질은 섬유의 원료로, 잎은 사료로 쓰임. 비싸리.

싸매다 헝겊 따위로 무엇을 싸서 풀어지지 않게 꼭 매다. ⑩상처를 붕대로 싸매다.

***싸우다** 1 말이나 힘으로 서로 이기려고 다투다. ⑩하찮은 일로 친구와 싸우다. 2 시련·어려움 따위를 이겨 내려고 애쓰다. ⑩가난과 싸워 가며 공부하다. ⇨fight

***싸움** 싸우는 일. ⑩싸움이 벌어지다. 준쌈. **싸움하다**.

싸움터 전쟁이나 싸움이 벌어진 곳. ⑩싸움터로 나가다. 비전장. 전쟁터.

싸이다 1 가운데에 들어서 둘러쌈을 당하다. ⑩보자기에 싸인 패물. 2 헤어나지 못할 만큼 분위기나 상황에 뒤덮이다. ⑩고민에 싸인 얼굴 / 건물이 불길에 싸이다.

싸전 (一廛) 쌀과 그 밖의 곡식을 파는 가게. 비쌀가게.

***싹¹** 1 씨앗·줄기 따위에서 처음 나오는 어린잎이나 줄기. ⑩싹이 트다. 2 어떤 현상이 일어나는 맨 처음. ⑩희망의 싹이 자라다. 3 앞으로 잘될 것 같은 낌새나 징조. 싹수.

싹이 노랗다 가능성이나 희망이 애초부터 보이지 않는다는 말.

***싹²** 1 조금도 남김없이 모두. ⑩얼굴에서 핏기가 싹 가시다. 2 거침없이 밀거나 쓸거나 비비는 소리. 또는 그 모양. ⑩하던 일을 옆으로 싹 밀어 놓고 밥상을 받다.

싹둑 [싹뚝] 연한 물건을 단번에 베거나 자르는 모양이나 소리. ⑩오랫동안 기르던 머리를 싹둑 자르다. 큰썩둑. 여삭둑.

싹싹 1 손을 비비거나 비는 모양. ⑩잘못했다고 싹싹 빌다. 큰썩썩. 2 거침없이 밀거나 훑어 나가는 모양. ⑩거리의 낙엽을 싹싹 쓸어 내다. 3 남김없이 모두. ⑩밥그릇을 싹싹 비우다. 큰썩썩. 여삭삭.

싹싹하다 [싹싸카다] 성질이 상냥하고 눈치가 빠르다. ⑩성격이 싹싹하다.

싹트다 어떤 생각·감정이나 현상 따위가 처음으로 생겨나다. ⑩우정이 싹트다. 활용싹터 / 싹트니.

*쌀** 다 자란 벼의 껍질을 벗긴 알맹이. ⑩미곡. ⇨rice

쌀겨 [쌀껴] 쌀을 찧을 때 나오는 가장 고운 속겨.

쌀농사 (一農事) [쌀롱사] 벼를 재배

쌀뜨물 쌀을 씻고 난 뿌연 물.
쌀밥 멥쌀로 지은 밥. 비흰밥.
쌀쌀맞다 [쌀쌀맏따] 성격이나 행동이 따뜻한 정이나 붙임성이 없이 차갑다. 예쌀쌀맞게 굴지 마라.
쌀쌀하다 1 날씨나 바람 따위가 으스스하게 차다. 예쌀쌀한 초겨울 날씨. 큰쓸쓸하다. 2 성질이나 태도가 정다운 맛이 없고 냉정하다. 예쌀쌀하게 말하다.
쌀알 [싸랄] 쌀의 하나하나의 알. 예흩어진 쌀알을 줍다. 비낟알.
쌀집 [쌀찝] 쌀을 파는 가게. 예쌀집에서 쌀을 팔다. 비쌀가게.
쌀통 (—桶) 쌀을 넣어 두는 통. 예쌀통에서 쌀을 푸다.
쌈[1] 김·상추 따위로 밥과 반찬을 싸서 먹는 일. 또는 그런 음식.
쌈[2] [쌈ː] '싸움'의 준말. 쌈하다.
쌈[3] 바늘 24개를 단위로 세는 말. 예바늘 한 쌈.
쌈장 (—醬) 쌈을 먹을 때 넣어 먹는, 양념을 한 고추장이나 된장.
쌈지 담배·동전 따위를 넣어 두는, 종이·헝겊이나 가죽 따위로 만든 작은 주머니.
쌉쌀하다 조금 쓴맛이 있다. 예국이 좀 쌉쌀하다. 큰씁쓸하다.
***쌍** (雙) 둘씩 짝을 이룬 것. 예남녀가 쌍을 짓다.
쌍기역 (雙—) 한글 자모 'ㄲ'의 이름.
쌍꺼풀 (雙—) 겹으로 된 눈꺼풀. 또는 그런 눈. 예쌍꺼풀이 지다.
쌍둥이 (雙—) 엄마 배 속에 같이 있다가 한꺼번에 태어난 두 아이. 비쌍생아. ×쌍둥아.
쌍디귿 (雙—) 한글 자모 'ㄸ'의 이름. 첫소리로만 쓰이며 'ㄷ'의 된소리를 나타냄.
쌍떡잎식물 (雙—植物) [쌍떵닙씽물] 밑씨에서 두 개의 떡잎이 마주 붙어 나는 식물. 감·밤·완두 따위. 반외떡잎식물.
쌍무지개 (雙—) 두 개가 한꺼번에 뜬 무지개. 예쌍무지개가 뜨다.
쌍받침 (雙—) 같은 닿소리가 겹쳐서 된 받침. '볶다', '있다' 등에서 ㄲ·ㅆ을 이르는 말. ＊겹받침.
쌍방 (雙方) 대립하거나 서로 관계되는 양쪽. 예쌍방의 의견을 듣고 결정하자. 비양방.
쌍벽 (雙璧) 1 두 개의 구슬. 2 여럿 가운데 우열을 가리기 어려울 정도로 능력이나 업적이 뛰어난 둘. 예문단의 쌍벽을 이루다.
쌍비읍 (雙—) 한글 자모 'ㅃ'의 이름.
쌍수 (雙手) 오른쪽과 왼쪽의 두 손. 예쌍수를 들어 반기다. 비양손.
  쌍수(를) 들다 기꺼이 지지하거나 환영하다. 예너의 제안을 쌍수를 들어 환영한다.
쌍시옷 (雙—) [쌍시온] 한글 자모 'ㅆ'의 이름.
쌍쌍이 (雙雙—) 남녀 또는 암수가 둘씩 둘씩 짝을 이룬 모양. 예남녀가 쌍쌍이 걸어가다.
쌍안경 (雙眼鏡) 두 개의 망원경을 나란히 붙여, 두 눈으로 멀리까지 볼 수 있게 만든 기계. 반단안경.
쌍점 (雙點) 문장 부호 ' ： '의 이름. 종류를 들 때, 간단한 설명을 덧붙일 때 쓰며, 시와 분, 장과 절 따위를 구분할 때에도 씀.
쌍지읒 (雙—) [쌍지읃] 한글 자모 'ㅉ'의 이름.
***쌓다** [싸타] 1 물건을 겹겹이 포개어 놓다. 예벽돌을 쌓다. 2 물건을 차곡차곡 포개어 얹어 구조물을 이루다. 예담을 쌓다. 3 기술·경험·지식 따위를 많이 닦거나 이루다. 예경력을 쌓다. →싸다 주의
***쌓이다** [싸이다] 1 여러 개의 물건이 겹치다. 예책상에 먼지가 쌓이다. 2 할 일이 많이 밀리다. 예쌓인 일감.
쌔근거리다 1 가쁘고 고르지 않은 숨 쉬는 소리가 자꾸 나다. 2 어린아이가 곤히 잠들어 조용히 숨 쉬는 소리가 자꾸 나다. 큰씨근거리다.
쌔근쌔근 어린아이가 곤히 자는 모양. 예쌔근쌔근 잠자는 아기. 예새근새근. 큰씨근씨근하다.
쌔다 [쌔ː다] 아주 흔하다. 예아이방에는 장난감들이 쌔고 쌨다.
쌕쌕 1 잠이 들어 숨을 고르게 쉬는 소리. 예아이는 금세 쌕쌕 소리를 내

며 잠이 들었다. **2** 숨을 가쁘고 세게 쉬는 소리. 凰씩씩.

쌕쌕 가쁜 숨을 쌕쌕 몰아쉬다. 凰씩씩. 예색색. **쌕쌕하다**

쌩 바람이나 속도가 빠른 물체가 세차게 지나갈 때 나는 소리. 예바람이 쌩 불다. 凰씽. **쌩하다**.

쌩쌩 세찬 바람이 잇따라 불거나 물체가 바람을 세차게 일으키며 빠르게 움직일 때 나는 소리. 예비바람이 쌩쌩 불다 / 차들이 쌩쌩 달린다. 凰씽씽. **쌩쌩하다**

써늘하다 1 온도나 기온이 낮아 찬 느낌이 있다. 예써늘한 방. **2** 성격이나 태도 따위가 차가운 데가 있다. **3** 갑자기 놀라거나 무서워 찬 기운이 느껴지다. 예갑자기 등골이 써늘하다. 困싸늘하다. 예서늘하다.

써레 [써:레] 갈아 놓은 논의 바닥을 고르거나 흙덩이를 잘게 부수는 데 쓰는 농기구. 주로 소나 말이 끎.

써레

썩 1 빨리. 급히. 예썩 나가거라. **2** 아주 뛰어나게. 예썩 좋은 성적은 아니다.

*** 썩다** [썩따] **1** 음식물 따위가 부패균의 작용으로 나쁜 냄새가 나며 쉽게 부스러지거나 뭉개지는 상태가 되다. 예이빨이 썩다 / 생선이 썩다. 凰부패하다. **2** 좋은 재주나 능력을 발휘하지 못하다. 예촌구석에서 썩기에는 아까운 사람이다. **3** 걱정이나 근심 따위로 마음이 몹시 상하다. 예속을 썩다.

썩썩 무엇을 비비거나 쓸거나 자르는 모양이나 소리. 예바닥을 썩썩 쓸다. 困싹싹.

썩이다 [써기다] 걱정·근심 따위로 마음을 상하게 하다. 예부모 속을 썩이다.

썩히다 [써키다] 썩게 하다. 예일자리가 없어 재주를 썩히고 있다.

*** 썰다** [썰:다] 칼로 물건을 잘게 토막 내다. 예무를 썰다. 활용 썰어 / 써니 / 써는.

썰렁하다 1 서늘한 기운이 있어 조금 추운 듯하다. 예방 안이 썰렁하다. **2** 갑자기 놀라 가슴속에 찬바람이 도는 느낌이 있다. **3** 분위기가 갑자기 어색하다. 예썰렁한 분위기. 困쌀랑하다. 예설렁하다.

*** 썰매 1** 눈 위나 얼음판에서 사람이나 짐을 싣고 끄는 기구. **2** 아이들이 얼음 위에서 미끄럼을 타는 놀이 기구. 예썰매를 타다.

썰물 바닷물이 주기적으로 밀려 나가서 물 깊이가 얕아지는 현상. 또는 그 바닷물. 예썰물이 지다. 困간조. 凰밀물.

쏘가리 꺽짓과의 민물고기. 길이는 40-50cm. 머리가 길고 입이 크며 머리와 등에 보라색·회색 무늬가 많음. 우리나라 하천의 중·상류에 삶.

*** 쏘다** [쏘:다] **1** 목표물을 향해 화살이나 총탄을 날아가게 하다. 예적을 향해 총을 쏘다. **2** 벌레가 침으로 살을 찌르다. 예벌이 팔을 쏘다. **3** 듣는 사람의 마음이 뜨끔하도록 말하다. 예한마디 톡 쏘다. **4** 강한 냄새나 매운맛이 코나 입안을 강하게 자극하다. 예톡 쏘는 맛.

쏘다니다 아무 데나 마구 돌아다니다. 예발이 붓도록 쏘다니다.

쏘아보다 날카롭게 노려보다. 예쏘아보는 눈초리가 매섭다.

쏘아붙이다 [쏘아부치다] 듣는 사람의 마음이 상할 정도로 날카롭게 말을 내뱉다. 예홧김에 한마디 쏘아붙이다.

쏘이다 쏨을 당하다. 예벌에게 쏘이다 / 쐐기에 쏘인 곳이 종일 쓰렸다. 준쐬다.

쏙 1 약간 내밀거나 들어간 모양. 예양 볼에 보조개가 쏙 들어가다. **2** 쉽게 밀어 넣거나 뽑아내는 모양. 예밭에서 배추 한 포기를 쏙 뽑았다. **3** 제외되거나 포함하지 않는 모양. 예친구들이 나만 쏙 빼놓고 놀러 갔다. **4** 생김새나 차림새 따위가 꼭 닮은 모양. 예너는 아버지를 쏙 빼닮았구나. **5** 마음에 꼭 드는 모양. 예이 옷은 내 마음에 쏙 든다. 凰쑥.

쏙쏙 머릿속에 기억이나 인상이 선명하게 새겨지는 모양. 예수학 시간에 선생님의 설명이 머리에 쏙쏙 들어왔다. 凰쑥쑥.

쏜살같이 [쏜살가치] 쏜 화살과 같이

쏟다

몹시 빠르게. 예 쏜살같이 달아나다 / 물고기가 쏜살같이 헤엄치다. 준 살같이.

*쏟다 [쏟따] 1 그릇에 담긴 것을 한꺼번에 바깥으로 나오게 하다. 예 대야의 물을 쏟다. 2 마음속에 품은 생각이나 말 따위를 모두 드러내다. 예 불평을 쏟아 놓다. 3 마음이나 정신 따위를 어떤 대상이나 일에 기울여 열중하다. 예 독서에 정신을 쏟다. 4 피나 눈물 따위를 흘리다. 예 코피를 쏟다.

*쏟아지다 [쏘다지다] 1 그릇에 담긴 물질이 한꺼번에 바깥으로 나오다. 예 물이 바닥에 쏟아지다. 2 눈물이나 땀, 피 따위가 많이 흐르다. 예 쏟아지는 눈물. 3 어떤 일이나 대상, 현상이 한꺼번에 생기다. 예 쏟아지는 박수갈채 / 질문이 쏟아지다. 4 비나 눈, 햇빛 등이 많이 또는 강하게 내리거나 비치다. 예 갑자기 비가 쏟아진다.

쏠다 [쏠ː다] 쥐나 좀 따위가 물건을 물어 뜯다. 예 누에가 뽕잎을 쏠아 먹다. 활용 쏠아 / 쏘니 / 쏘는.

쏠리다 1 한쪽으로 기울거나 몰리다. 예 가방 속에 물건들이 한구석으로 쏠리다. 2 마음이나 눈길이 어떤 것에 끌리다. 예 만화 영화에 관심이 쏠리다.

쏴 1 비바람이 치거나 물결이 밀려오는 소리. 예 비바람이 쏴 몰아친다. 2 물이 급히 또는 세차게 흐르거나 쏟아지는 소리. 예 골짜기에서 쏴 물 흐르는 소리가 들린다.

쐐기 [쐐ː기] 어떤 틈 사이에 박아 넣어 그 틈을 메우거나 벌어지게 하는 데 쓰이는, 위쪽보다 아랫부분이 얇거나 뾰족하게 만든 나뭇조각.

  쐐기(를) 박다 뒤탈이 없도록 미리 단단히 다짐을 해 두다.

쐐기표 (一標) 띄어 읽는 곳을 표시하는 기호 'V'의 이름.

쐬다 [쐬ː다 / 쒜ː다] 바람이나 연기 따위를 직접 받다. 예 바람을 쐬다.

쑤군거리다 남이 알아듣지 못하게 목소리를 낮추어 비밀스럽게 자꾸 말하다. 예 쑤군거리는 말소리에 귀를 기울이다.

*쑤다 곡식의 알이나 가루를 물에 끓여 걸쭉하게 익히다. 예 죽을 쑤다 / 풀을 쑤다.

쑤시다[1] 바늘로 찌르는 것처럼 아프다. 예 잇몸이 붓고 쑤신다.

쑤시다[2] 1 구멍이나 틈 따위를 막거나 꼬집으로 찌르다. 예 이를 쑤시다. 2 여러 사람 사이로 비집고 들어갈 틈을 벌리거나 만들다. 예 사람들을 쑤시고 만원 전철에 타다. 3 사실을 알아내려고 이모저모 조사하다. 예 신문 기자가 비리 사건을 쑤시고 다닌다.

쑥[1] 1 안으로 깊이 들어가거나 밖으로 불룩하게 내미는 모양. 예 배를 쑥 내밀고 걷다. 2 깊이 밀어 넣거나 길게 뽑아내는 모양. 예 무를 쑥 뽑다. 3 말이나 행동을 경솔하고 거리낌 없이 하는 모양. 예 쑥 말을 꺼내다. 4 기운이나 살이 줄어드는 모양. 예 힘이 쑥 빠지다. 5 제외되거나 참여하지 않는 모양. 예 뒤로 쑥 빠지다. 작 쏙.

쑥[2] 국화과의 여러해살이풀. 들에 나며, 높이는 60-90cm로, 잎의 뒷면에 흰색의 솜털이 있고 향기가 남. 연한 것은 먹고 줄기와 잎자루는 약으로 씀.

쑥갓 [쑥깓] 국화과의 한해살이풀 또는 두해살이풀. 높이는 30-70cm이며, 늦봄에 노란색 꽃이 핌. 냄새가 향긋하여 쌈이나 나물로 먹음.

쑥대머리 [쑥때머리] 머리털이 마구 흐트러져 어지럽게 된 머리.

쑥대밭 [쑥때받] 1 쑥이 무성하게 우거진 거친 땅. 2 매우 어지럽거나 못쓰게 된 모양. 예 큰비로 마을 전체가 쑥대밭이 되었다. 준 쑥밭.

쑥덕거리다 [쑥떡꺼리다] 낮은 목소리로 은밀하게 자꾸 이야기하다. 예 뒤에서 쑥덕거리지 마라. 작 쏙닥거리다. 예 숙덕거리다.

쑥떡 쑥을 넣어 만든 떡.

쑥스럽다 [쑥쓰럽따] 하는 짓이나 모양이 어울리지 않아 어색하고 멋쩍다. 예 낯선 사람을 만나자니 쑥스럽다. 활용 쑥스러워 / 쑥스러우니.

쑥쑥 1 여러 군데가 밖으로 불룩하게 내밀거나 안으로 깊이 들어간 모양. 2 자꾸 밀어 넣거나 뽑아내는 모양. 예 잡초를 쑥쑥 뽑아 버리다. 3 갑자기 많이 올라가거나 내려가는 모양. 예 성적이 쑥쑥 오르다. 4 갑자기 많이 커지거나 자라는 모양. 예 키가 쑥쑥 자라다.

[잼] 쏙쏙.

쓰개치마 예전에, 여자가 외출할 때 머리와 몸의 윗부분을 가리려고 머리에 쓰던 치마.

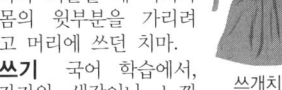
쓰개치마

쓰기 국어 학습에서, 자기의 생각이나 느낌을 글로 표현하는 일. *말하기. 듣기. 읽기.

*쓰다¹ 1 붓·펜 따위로 글씨를 적다. 예 이름을 쓰다. 2 글을 짓다. 예 일기를 쓰다. [활용] 써 / 쓰니. ⊃write

*쓰다² 1 모자 따위를 머리에 얹다. 예 모자를 푹 눌러 쓰다. 2 우산 따위를 받쳐 들다. 예 양산을 쓰다. 3 얼굴에 어떤 물건을 걸거나 덮어 쓰다. 예 마스크를 쓰다. 4 억울한 누명이나 죄를 입게 되다. 예 억울하게 누명을 쓰다. [활용] 써 / 쓰니.

*쓰다³ 1 어떤 목적으로 사용하다. 예 국산품을 쓰다. 2 사람을 두어 부리다. 예 파출부를 쓰다. 3 온 정신을 기울이다. 예 머리를 써서 일하다. 4 힘이나 기술을 발휘하다. 예 나도 힘을 써 보겠다. 5 시간이나 돈을 들이다. 예 돈을 많이 써서 걱정이다. [활용] 써 / 쓰니.

*쓰다⁴ 1 맛이 약이나 씀바귀 따위의 맛과 같다. 예 한약이 쓰다. 2 입맛이 없다. 예 감기 탓인지 입이 몹시 쓰다. 3 마음이 언짢다. 예 쓰다 달다 말이 없다. [반] 달다. [활용] 써 / 쓰니.

*쓰다듬다 [쓰다듬따] 귀엽거나 탐스러워 손으로 쓸어 주다. 예 동생의 머리를 쓰다듬어 주다.

쓰라리다 1 다친 데가 쓰리고 아리다. 예 상처가 쓰라리다. 2 마음이 몹시 괴롭다. 예 쓰라린 추억.

쓰러뜨리다 쓰러지게 하다. 예 발을 걸어 쓰러뜨리다.

*쓰러지다 1 서 있던 것이 한쪽으로 쏠려 넘어지다. 예 나무가 쓰러지다. 2 기업 등이 제 기능을 하지 못하고 망하다. 예 자금난에 시달리다가 쓰러진 회사가 많다. 3 병이나 과로 따위로 앓아눕거나 죽다. 예 과로로 쓰러지다.

*쓰레기 비로 쓸어 낸 먼지나 못 쓰게 되어 내버리는 물건을 통틀어 이르는 말. 예 음식물 쓰레기.

쓰레기봉투 (一封套) 쓰레기를 담아서 버리는 봉투.

쓰레기장 (一場) 쓰레기를 버리거나 모아 놓는 곳.

쓰레기 종량제 (一從量制) 쓰레기를 내보내는 양에 따라서 치우는 값을 매기는 제도. 쓰레기의 양을 줄이는 효과가 있음.

*쓰레기통 (一桶) 쓰레기를 담거나 모아 두는 통.

쓰레받기 [쓰레받끼] 비로 쓸어 모은 쓰레기를 담아 내는 기구.

쓰레질 비로 쓸어 집 안을 청소하는 일. 예 방을 쓰레질하다. 쓰레질하다.

쓰르라미 매밋과의 곤충. 몸이 조금 작고 수컷은 '쓰르람쓰르람' 하고 욺.

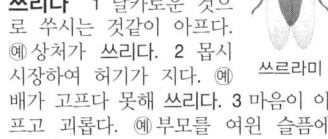
쓰르라미

쓰리다 1 날카로운 것으로 쑤시는 듯같이 아프다. 예 상처가 쓰리다. 2 몹시 시장하여 허기가 지다. 예 배가 고프다 못해 쓰리다. 3 마음이 아프고 괴롭다. 예 부모를 여읜 슬픔에 가슴이 쓰리다.

*쓰이다¹ 씀을 당하다. 예 창고로 쓰이는 집. [비] 사용되다.

*쓰이다² 1 글씨가 써지다. 예 칠판에 쓰인 글씨를 옮겨 적다. 2 글씨를 쓰게 하다. 예 동생에게 쓰인 글씨.

쓰임 쓰이는 일. 또는 쓰이는 곳. 예 쓰임이 다양하다 / 그릇이 쓰임에 따라 모양이 다르다.

*쓰임새 쓰임의 정도나 쓰이는 곳. 예 쓰임새가 많은 물건.

쓱 1 빨리 지나가는 모양. 예 못본 척 빠른 걸음으로 쓱 지나쳐 가다. 2 슬쩍 문지르거나 비비는 모양. 예 코를 쓱 문지르다.

쓱쓱 1 자꾸 슬쩍 문지르거나 비비는 모양. 예 흙 묻은 손을 바지에 쓱쓱 문지르다. 2 일을 거침없이 손쉽게 해치우는 모양. 예 그는 어려운 일도 쓱쓱 잘해 낸다.

쓴맛 [쓴맏] 1 씀바귀 따위의 맛과 같은 맛. 예 쓴맛이 나는 약. [반] 단맛. 2 달갑지 않은 경험. 예 사업 실패라는 쓴맛을 보다.

쓴웃음 [쓰느슴] 기가 막히거나 마지

못해 짓는 웃음. 예 쓴웃음을 짓다.
쓸개 간에서 만들어진 쓸개즙을 저장해 두었다가 십이지장으로 내보내는 내장. 비 담. 담낭.
쓸개즙 (一汁) 지방의 소화를 돕는 소화액. 간장의 간세포에서 만들어져 쓸개에 저장되었다가 음식물이 지날 때에 십이지장에서 나옴. 비 담즙.
***쓸다** 1 비로 쓰레기 따위를 모아서 버리다. 예 마당을 쓸다. 2 손으로 가볍게 쓰다듬거나 문지르다. 예 노인이 긴 수염을 쓸다. 3 유행병이 널리 퍼지거나 태풍이나 홍수 따위로 피해를 당하다. 예 태풍이 전국을 쓸고 지나갔다. [활용] 쓸어 / 쓰니 / 쓰는.
쓸데없다 [쓸떼업따] 소용없다. 필요 없다. 아무런 쓸모나 가치가 없다. 예 쓸데없는 생각을 하다.
쓸리다 풀 먹인 옷 따위에 살이 문질려 살갗이 벗겨지다.
***쓸모** 쓸 만한 가치. 쓰이게 될 자리. 예 아무 쓸모도 없는 물건.
쓸모없다 [쓸모업따] 쓸 만한 가치가 없다. 예 쓸모없게 된 물건들을 밖에 내놓다.
***쓸쓸하다** 1 날씨가 좀 차고 음산하다. 잘 쌀쌀하다. 2 외롭고 적적하다. 예 쓸쓸한 겨울 하다.
쓸쓸히 쓸쓸하게. 예 빈집을 혼자 쓸쓸히 지키다 / 여생을 쓸쓸히 보내다.
씀바귀 국화과의 여러해살이풀. 산과 들에 남. 높이 30cm 정도, 초여름에 노란색 꽃이 핌. 뿌리·줄기 및 어린잎은 먹음.
씀씀이 [씀쓰미] 1 돈이나 물건 따위를 쓰는 일. 또는 그 비용. 예 씀씀이가 헤프다 / 씀씀이를 줄이다. 2 어떤 일이나 사람에 대한 생각이나 관심의 정도. 예 마음 씀씀이가 남다르다.
씁쓸하다 1 맛이 조금 쓰다. 예 씁쓸한 맛이 나다. 2 마음에 달갑지 않아 언짢거나 꺼림칙하다. 예 씁쓸한 표정을 짓다.
씌다[1] [씨:다] '쓰이다[2]'의 준말. 예 칠판에 씌어 있는 글씨가 작아서 잘 안 보인다.
씌다[2] [씨다] 귀신 따위에 홀리다. 예 귀신이 씌다.

***씌우다** [씨우다] 1 머리에 쓰게 하다. 예 아기에게 모자를 씌우다. 2 허물을 남의 탓으로 돌리다. 예 남에게 누명을 씌우다.
***씨**[1] 1 식물의 싹이 나오는 근본. 예 씨 없는 수박. 비 씨앗. 종자. 반 열매. 2 동물이 생겨나는 근본. 예 씨가 좋은 말. 3 아버지의 혈통. 예 씨는 못 속인다. 비 자손.
***씨**[2] (氏) 성이나 이름 뒤에 쓰이어 존대하는 뜻을 나타내는 말. 예 김 씨 / 철수 씨 / 홍길동 씨.
씨근거리다 고르지 않고 거칠고 가쁘게 숨 쉬는 소리가 자꾸 나다. 예 씨근거리며 뛰어오다. 잘 쌔근거리다. 여 시근거리다.
씨눈 식물의 씨 속에서 자라 싹이 되는 부분. 또는 동물의 알 속에서 자라 새끼가 되는 부분.
***씨름** 1 우리나라 고유의 운동 경기. 두 사람이 샅바를 넓적다리에 걸어 서로 잡고 힘과 기술을 써서 상대를 먼저 넘어뜨리기를 겨룸. 예 천하장사 씨름 대회. 2 어떤 일을 이루기 위하여 온 힘을 쏟거나 끈기 있게 달라붙음. 예 책과 며칠째 씨름하고 있다. 씨름하다.
씨름판 씨름을 하는 곳. 예 씨름판이 벌어지다.
씨방 (一房) 암술 밑에 있는 통통한 주머니 모양의 부분으로, 그 안에 밑씨가 들어 있음. 비 자방.
씨실 옷감을 가로 건너 짜는 실. 비 북실. 반 날실.
씨아 목화의 씨를 빼는 기구.
씨알 1 곡식의 낟알. 2 생선 한 마리 한 마리의 크기. 예 씨알이 굵은 붕어.
씨암탉 [씨암탁] 씨를 받으려고 기르는 암탉. 예 씨암탉이 알을 품다.
***씨앗** [씨앋] 1 곡식이나 채소 따위의 씨. 예 씨앗을 뿌리다 / 씨앗에서 싹이 트다. 비 종자. 2 앞으로 커질 수 있는 근원. 예 희망의 씨앗.
씨족 (氏族) 같은 조상에서 나온 한 족속. 원시 사회의 공동생활 단위였던 가족 집단.
씨줄 1 천을 짤 때 가로 놓인 실. 2 ⇨ 위선[1]. 반 날줄.
씩 소리 없이 한 번 싱겁게 웃는 모

양. ⑩혼자서 씩 웃다.
-씩 각각 같은 개수로 나누는 뜻을 나타내는 말. ⑩두 개씩 나누다.
씩씩 숨을 매우 가쁘고 거칠게 쉬는 소리. ⑩씩씩 숨을 몰아쉬다. 쨉쌕쌕. 엽식식. **씩씩하다**.
씩씩거리다 [씩씩꺼리다] 가쁘고 거칠게 숨을 잇따라 쉬다. 또는 그런 소리를 자꾸 내다. ⑩화를 못 참고 씩씩거리다. 쨉쌕쌕거리다. 옙식식거리다.
*****씩씩하다** [씩씨카다] 행동이나 태도가 굳세고 위엄이 있다. ⑩씩씩한 군인 / 씩씩하게 걷다.
씰룩거리다 [씰룩꺼리다] 근육의 일부분이 갑자기 자꾸 움직이다. 또는 근육의 일부분을 갑자기 자꾸 움직이게 하다. ⑩동생은 입을 **씰룩거리며** 투덜댔다. 쨉쌜룩거리다. 엽실룩거리다.
*****씹다** [씹따] 1 음식 따위를 입에 넣고 이로 자꾸 깨물다. ⑩풍선껌을 질겅질겅 씹다. ⊃chew 2 남을 나쁘게 말하다. ⑩친구를 씹다.
씹히다 [씹피다] 무엇이 씹어지다. ⑩김치가 사각사각 씹히다.
씻기다 [씯끼다] 1 씻음을 당하다. ⑩먼지투성이의 거리가 빗물에 씻기다. 2 남의 몸 따위를 씻어 주다. ⑩아기의 얼굴을 씻기다.
*****씻다** [씯따] 1 물이나 휴지 따위로 때나 더러운 것을 없애다. ⑩손발을 깨끗이 씻다. 2 누명이나 오해 등에서 벗어나 떳떳하게 되다. ⑩누명을 씻다. 3 좋지 않은 현상에서 벗어나다. ⑩하루의 피로를 씻다 / 갈증을 시원하게 씻어 주다. ⊃wash

씻은 듯이 아주 깨끗하게. ⑩병이 씻은 듯이 나았다.

씽긋 [씽귿] 눈과 입을 슬며시 움직이며 소리 없이 가볍게 웃는 모양. 쨉쌩긋. 엽싱긋. **씽긋하다**.
씽씽 1 나뭇가지나 전선 같은 데에 계속해서 세게 부딪치는 바람 소리. ⑩바람이 씽씽 불어 댄다. 2 사람이나 물체가 매우 빠르게 잇따라 지나가는 소리나 모양. ⑩자동차들이 씽씽 달린다. 쨉쌩쌩. **씽씽하다**.
씽씽하다 1 힘이나 기운 따위가 왕성하다. 2 시들거나 상하지 않고 생기가 있다. ⑩씽씽한 과일. 쨉쌩쌩하다. 엽싱싱하다.

ㅇ (이응) 한글 닿소리의 여덟째 글자.

*아¹ 1 놀람·당황·초조 등을 나타내거나 급할 때 내는 소리. 예 아, 깜짝이야 / 아, 이를 어쩌나. 2 기쁨·슬픔·칭찬·뉘우침 등을 나타낼 때 내는 소리. 예 아, 시원하다 / 아, 슬프다 / 아, 잘했어. 3 상대자의 주의를 끌기 위해 하는 말에 앞서 내는 소리. 예 아, 여기야 이쪽으로 와. 4 어떤 것을 새로 깨달았을 때 내는 소리. 예 아, 깜빡했다 / 아, 그래요. 큰어.

아² 받침 있는 말에 붙어서 사람이나 사물 따위를 부를 때에 쓰는 말. 예 복동아 / 지연아, 주말에 나랑 같이 놀자 / 달아 달아.

*아가 1 '아기'를 귀엽게 부르는 말. 예 아가야, 이리 온. 2 시부모가 젊은 며느리를 친근하게 부르는 말. 예 아가, 전화 받아라.

아가리 1 '입'을 속되게 이르는 말. 예 아가리 닥치고 있어. 2 그릇·자루 따위의, 물건을 넣고 내고 하는 구멍의 입구. 예 병 아가리 / 주머니 아가리를 벌리다.

　　아가리(를) 놀리다 '말을 하다'의 속된 말.

　　아가리(를) 벌리다 ㉠ '울다'의 속된 말. ㉡ 말을 함부로 함을 속되게 이르는 말.

*아가미 물고기나 조개처럼 물속에서 사는 동물의 숨 쉬는 기관. 붉은빛의 빗살 모양으로 여러 갈래로 잘게 나뉨.

*아가씨 1 아직 결혼하지 않은 여자나 젊은 여자를 높여 일컫는 말. 2 손아래 시누이를 이르는 말.

아교 (阿膠) 짐승의 가죽이나 뼈 따위를 진하게 고아서 말린 끈끈한 풀. 비 갖풀.

아군 (我軍) [아ː군] 우리 편의 군대. 예 이번 전투에서 아군이 승리했다. 비 우군. 반 적군.

아궁이 방이나 솥 따위를 덥히려고 연료를 넣고 불을 때기 위해 만든 구멍. 예 아궁이에 불을 지피다.

아궁이

아귀 1 딱 맞는 수효. 예 수입과 지출의 아귀가 맞다. 2 말의 조리. 예 말의 아귀가 맞지 않다. 3 물건의 갈라진 곳. 예 책상 서랍의 아귀가 맞지 않다.

　　아귀(를) 맞추다 일정한 기준에 맞게 하다.

아귀다툼 서로 헐뜯고 악을 쓰며 다투는 일. 예 아귀다툼을 벌이다. **아귀다툼하다.**

*아기 1 젖먹이 아이. 예 우는 아기를 달래다. ⊃baby 2 나이가 어린 딸이나 며느리를 귀엽게 이르는 말.

아기씨 예전에, 여자아이나 시집갈 나이의 처녀 또는 갓 시집온 색시를 높여 이르던 말.

아기자기 1 여러 가지가 오밀조밀 어울려 예쁜 모양. 예 방을 아기자기하게 꾸미다. 2 잔재미가 있고 즐거운 모양. 예 아기자기한 신혼 생활. **아기자기하다.**

*아까 조금 전에. 예 아까 만난 그 사람 / 아까 내가 뭐라고 했지.

아까시나무 콩과의 낙엽 교목. 높이는 20m 정도이며 5-6월에 향기가 진한 흰 꽃이 송이를 이루어 피고 가지에 날카로운 가시가 있음.

아까시나무

*아깝다 [아깝따] 1 버리거나 내놓기가 싫다. 예 버리기는 너무 아깝다. 2 섭섭하거나 서운한 느낌이 있다. 예 놓치기 아까운 사람. 3 소중하여 함부로 하기가 어렵다. 예 시간이 아깝다. 활용 아까워 / 아까우니.

*아끼다 1 무엇을 귀중하게 여기어

함부로 쓰지 아니하다. 예시간을 아끼다 / 학용품을 아껴 쓰다. 비절약하다. 반낭비하다. 2 소중히 여기거나 다루다. 예동생을 아끼는 마음 / 학생들을 아끼는.

아낌없다 [아끼업따] 아까워하거나 부족한 느낌이 없다. 예아낌없는 박수를 보내다.

아낌없이 [아끼업씨] 아낌없게. 예아낌없이 돈을 쓰다.

아나운서 (announcer) 1 라디오나 텔레비전에서 사회나 보도, 중계방송 따위의 일을 맡아보는 사람. 2 경기장·극장·역 따위에서 시간이나 기록 따위를 방송으로 알리는 사람.

아낙 ⇨아낙네.

아낙네 [아낭네] 남의 집 부녀자를 흔히 일컫는 말. 아낙. 예빨래하는 아낙네.

아날로그 (analogue) 길이·각도 또는 전류 따위의 값을 연속적인 물리량으로 나타내는 일. *디지털.

*__아내__ 결혼하여 남자의 짝이 된 여자. 비처. 반남편. ⇨wife

아냐 '아니야'의 준말. 예아냐, 그럴 필요 없어.

아네모네 (anemone) 미나리아재빗과의 여러해살이풀. 덩이줄기 식물로 높이는 20cm가량이며, 봄에 줄기 끝에 빨강·하양·노랑 따위의 꽃이 핌. 관상용으로 심음.

아녀자 (兒女子) 1 여자를 낮추어 일컫는 말. 2 어린아이와 여자. 준아녀.

아뇨 '아니요'의 준말. 예아뇨, 전 괜찮아요 / 아뇨, 그럴 리가 없어요.

아늑하다 [아느카다] 조용하고 편안하게 느껴지다. 예아늑한 분위기. 큰으늑하다.

*__아니__[1] 동사·형용사 앞에 쓰여 부정 또는 반대의 뜻을 나타내는 말. 예아니 가다 / 공부도 아니 하고 놀기만 한다. 준안.

아니[2] 1 '그렇지 않다'는 뜻으로 대답하는 말. 예무슨 일 있니? 아니. ⇨no 2 놀라거나 감탄스러울 때 또는 의심스러운 일이냐. 예아니, 이게 무슨 일이냐.

아니꼽다 [아니꼽따] 1 비위에 거슬리어 구역질이 날 듯하다. 2 말과 행동이 밉살스러워 불쾌하다. 비아니꼬운 말투. 활용아니꼬워 / 아니꼬우니.

*__아니다__ 어떤 사실을 부정할 때에 '그렇지 않다'의 뜻으로 쓰는 말. 예고래는 물고기가 아니다.

아닌 게 아니라 과연 그러하다는 말. 예아닌 게 아니라, 그게 사실이구나.

아닌 밤중에 ㉠뜻하지 않은 밤중에. ㉡뜻밖의 때에. 예아니, 아닌 밤중에 무슨 뚱딴지 같은 소리냐.

아니리 판소리에서, 창을 하는 중간 중간에 장면의 변화나 경치 묘사를 위해 가락을 붙이지 않고 이야기하듯 엮어 나가는 말. 비사설.

*__아니야__ 부정의 뜻을 힘주어 나타내는 말. 예아니야, 그것은 틀렸다. 준아냐.

아니요 윗사람이 묻는 말에 '그렇지 않습니다'의 뜻으로 대답하는 말. 예아니요, 배는 고프지 않아요.

*__아니하다__ ('-지' 뒤에 쓰여) 부정의 뜻을 나타내는 말. 예밥을 먹지 아니하다. 준않다.

아담하다 (雅淡-) [아:담하다] 1 깨끗하고 아름답다. 예아담한 방. 2 보기 좋게 자그마하다. 예아담한 몸매.

아동 (兒童) 1 어린아이. 어린이. 2 초등학교에 다니는 나이의 아이.

아동극 (兒童劇) 1 어린이들이 하는 연극. 2 아동을 대상으로 상연하는 연극. 예어린이날에 아동극을 관람했다.

아동기 (兒童期) 유년기와 청년기의 중간쯤에 해당되는 6-7세에서 12-13세까지의 시기.

아동복 (兒童服) 어린아이들이 입도록 만든 옷. 어린이 옷.

아둔하다 영리하지 못하고 둔하다. 예아둔해서 말귀를 못 알아듣는다.

아드님 남의 아들을 높이어 이르는 말. 반따님.

*__아득하다__ [아드카다] 1 끝없이 멀다. 예아득한 수평선. 2 까마득하게 오래 되다. 예아득한 옛날. 3 어떻게 하면 좋을지 막막하다. 예살아갈 길이 아득하다.

아득히 [아드키] 아득하게. 예아득히

먼 옛날.

*아들 남자로 태어난 자식. 예 아들을 낳다. 町 딸. ⊃ son

아들딸 아들과 딸. 町 자녀.

아들자 길이나 각도를 잴 때에 보다 자세하게 재기 위하여 덧붙여 쓰는 자. * 어미자.

아등바등 무엇을 이루려고 애를 쓰거나 우겨 대는 모양. 예 아등바등 살아가다. 아등바등하다.

아따 무엇이 몹시 심하거나 못마땅할 때 내는 소리. 예 아따, 춥기도 하다 / 아따, 말도 많네.

아뜩하다 [아뜨카다] 갑자기 어지러워 까무러칠 듯하다. 예 정신이 아뜩하다. 町 아찔하다.

아라비아 (Arabia) 〖지명〗 서남아시아에 있는 세계에서 가장 큰 반도. 대부분 사막이고 석유가 많이 묻혀 있음.

아라비아 숫자 (Arabia数字) 0, 1, 2, 3, 4, 5, 6, 7, 8, 9의 10개의 숫자. 이 숫자를 십진법으로 짜 맞추어 씀. 인도에서 시작되어 아라비아 사람들이 유럽으로 전하였음.

아라비안나이트 (Arabian Nights) 〖책〗 페르시아에서 생겨나 오랜 세월에 걸쳐서 이루어진 이야기를 모은 책. 이 중에서 '알라딘의 요술 램프', '신드바드의 모험', '알리바바와 40개의 도적' 따위는 널리 알려짐. 천일 야화.

아람 밤이나 도토리 따위가 충분히 익어 저절로 떨어질 정도가 된 상태. 또는 그런 열매. 예 밤송이의 아람이 벌어지다.

아랑곳없다 [아랑고덥따] 어떤 일을 알려고 들거나 참견하지 않다. 예 친구들이 수군거리는데도 전혀 아랑곳없다.

아랑곳없이 [아랑고딥씨] 아랑곳없게. 예 계속 내리는 비에도 아랑곳없이 친구들과 놀았다.

아랑곳하다 [아랑고타다] 어떤 일에 나서서 알려고 들거나 참견하다. 예 남의 일에는 아랑곳하지 않다.

*아래 1 일정한 기준보다 낮은 곳. 예 다리 아래. 2 지위나 신분, 수량 따위가 낮은 쪽. 예 동생은 나보다 네 살 아래다. 3 다른 것보다 못한 쪽. 예 평균보다 아래다. 4 글 따위에서, 뒤에 오는 내용. 예 자세한 것은 아래와 같습니다. 町 위. ⊃ down

아래옷 [아래옫] 아래에 입는 옷. 町 아랫도리. 아래도리옷. 하의. 윗옷.

아래위 아래와 위. 예 병을 아래위로 흔들다. 町 상하. 위아래.

아래쪽 아래가 되는 쪽. 町 위쪽.

아래채 여러 채로 된 집의 아래쪽에 있는 집채. 町 위채.

아래층 (─層) 이 층 이상으로 된 건물의 아래에 있는 층. 예 아래층에 사는 사람. 町 위층.

아랫니 [아랜니] 아래쪽 잇몸에 난 이. 町 윗니.

아랫단 [아래딴 / 아랟딴] 옷 아래 가장자리를 안으로 접어 붙이거나 감친 부분.

아랫도리 [아래또리 / 아랟또리] 1 허리 아래의 부분. 町 윗도리. 2 아래에 입는 옷.

아랫도리옷 [아래또리옫 / 아랟또리옫] 아래에 입는 옷. 町 아래옷.

아랫목 [아랜목] 구들을 놓은 방에서 아궁이 쪽에 가까운 방바닥. 예 아랫목에서 몸을 녹이다. 町 윗목.

아랫물 [아랜물] 하류에서 흐르는 물. 町 윗물.

아랫배 [아래빼 / 아랟빼] 배꼽 아래쪽의 배. 예 아랫배가 볼록 나오다. 町 윗배.

아랫변 (─邊) [아래뼌 / 아랟뼌] 사다리꼴에서 아래의 변. 町 하변. 町 윗변.

아랫사람 [아래싸람 / 아랟싸람] 1 ⇨ 손아랫사람. 2 자기보다 지위나 신분이 낮은 사람. 예 아랫사람의 의견을 존중해 주다. 町 윗사람.

아랫입술 [아랜닙쑬] 아래쪽의 입술. 예 아랫입술을 깨물고 아픔을 참다. 町 윗입술.

아랫집 [아래찝 / 아랟찝] 바로 아래쪽에 이웃하여 있는 집. 町 윗집.

아량 (雅量) [아:량] 속이 깊으면서 너그러운 마음씨. 예 넓은 아량 / 아량을 베풀다.

아련하다 또렷하지 않고 분간하기 힘들게 어렴풋하다. 예 어릴 적 기억이 아련하다 / 멀리서 종소리가 아련하게 들려온다.

아련히 아련하게. 예할아버지의 모습이 아련히 떠오르다.

아령 (啞鈴) [아:령] 쇠붙이나 플라스틱 따위로 만들며, 양쪽 끝에 공처럼 생긴 쇠뭉치를 단 운동 기구.

아령

아로새기다 1 무늬나 글자 따위를 또렷하고 정교하게 새기다. 예자개 무늬를 아로새긴 장롱. 2 또렷이 기억해 두다. 예선생님의 말씀을 마음에 깊이 아로새기다.

아롱거리다 또렷하지 않고 흐리게 아른거리다. 예아롱거리는 아지랑이. 큰어롱거리다. 센알롱거리다.

아롱다롱 여러 가지 빛깔의 작은 점이나 줄 따위가 촘촘하게 뒤섞여 무늬를 이룬 모양. 예봄이 되니 꽃들이 아롱다롱 곱게 피었다. 큰어롱더롱. 아롱다롱하다.

아롱아롱 아롱거리는 모양. 큰어룽어룽. 아롱아롱하다.

아롱지다 동글동글하고 빛나는 여러 작은 무늬가 생기다. 예눈물이 뺨에 아롱지다. 큰어룽지다.

아뢰다 [아뢰다/아뤠다] 윗사람에게 말씀드려 알리다. 예웃어른께 아뢰다.

아르 (프 are) 토지 등의 넓이를 나타내는 미터법의 한 단위. 1아르는 100제곱미터임((기호는 a)).

아르바이트 (독 Arbeit) 학생이나 직업인이 본디 직업 외에 임시로 하는 일. 부업. 예아르바이트로 학비를 벌다. 아르바이트하다.

아르헨티나 (Argentina) 〖국명〗남아메리카 남부, 대서양 연안에 있는 공화국. 농업·목축업 따위가 발달함. 수도는 부에노스아이레스.

아른거리다 1 무엇이 조금 보이다 말다 하다. 2 그림자가 희미하게 자꾸 움직이다. 3 물이나 거울에 비친 그림자가 자꾸 흔들리다. 예강물에 아른거리는 달빛. 큰어른거리다.

*__아름__ 두 팔로 껴안은 둘레의 길이나 물건의 양. 또는 그 길이나 양의 단위. 예둘레가 세 아름이나 되는 나무 기둥 / 꽃다발 한 아름.

주의 **아름**과 **알음**과 **앎**
아름 두 팔로 껴안은 둘레의 길이나 물건의 양. 예둘레가 한 아름 되는 나무.
알음 아는 것. 예서로 알음이 있는 사이.
앎 아는 일. 지식. '알다'의 명사꼴. 예바로 앎이 중요하다.

*__아름답다__ [아름답따] 1 빛깔·소리·모양 따위가 마음에 즐겁고 기쁜 느낌을 줄 만큼 예쁘고 곱다. 예아름다운 목소리 / 경치가 아름답다. 2 행동이나 마음씨 따위가 훌륭하고 갸륵하다. 예아름다운 우정. 활용 아름다워/아름다우니. ⇒beautiful

아름드리 둘레가 한 아름이 넘는 큰 나무나 물건. 예아름드리 소나무.

아리다 1 혀끝이 알알한 느낌이 있다. 예혀가 아리다. 2 다친 살이 찌르는 것같이 쓰리고 아프다. 예상처가 아리다.

아리땁다 [아리땁따] 마음이나 태도, 몸가짐 따위가 사랑스럽고 아름답다. 예아리따운 신부가 입장하다 / 아리따운 자태를 드러내다. 활용 아리따워/아리따우니.

*__아리랑__ 우리나라에서 널리 불리는 민요의 한 가지. 본아리랑 타령.

아리송하다 비슷비슷한 것이 뒤섞여서 분간하기 어렵다. 예무슨 말인지 아리송하다. 준알쏭하다. 큰어리숭하다.

아리아 (이 aria) 오페라에서, 아름다운 선율의 독창곡.

아릿하다 [아리타다] 조금 아리다. 예고추가 매워서 혀끝이 아릿하다.

*__아마__ 확실히 말할 수 없는 말 앞에서 '거의·대개'의 뜻으로 쓰이는 말. 예아마 올 수 있을 거야 / 아마 조금 늦을 거야. ⇒maybe, perhaps

아마도 '아마'를 강조하는 말. 예아마도 괜찮을 것이다.

아마존강 (Amazon江) 브라질에 있는 세계 제2의 강. 안데스산맥에서 시작하여 브라질 북부를 거쳐 대서양으로 흐름.

아마추어 (amateur) 문학·예술·스포츠 등을 취미 삼아 즐기는 사람. 예아마추어 권투 선수. 빤프로페셔널. 준아마.

아메리카 (America) 〖지명〗북아메리카와 남아메리카를 두루 일컫는 말. 태평양·대서양·북극해로 둘러싸이고, 파나마 지협에 의하여 남북으로 갈라짐.

아메바 (amoeba) 단세포의 가장 원시적인 동물로, 큰 것이 0.2mm 정도이며 형태가 일정하지 않음.

아몬드 (almond) 서양에서 나는 살구의, 고소한 맛이 나는 씨. 예아몬드 초콜릿.

*아무 [아:무] 1 꼭 이름을 지정하지 않은 어떤 사람. 예아무나 오너라. 2 어떤 사물 따위를 특별히 정하지 않고 이를 때 쓰는 말. 예아무 곳이라도 좋다. 3 '아무런·어떠한'의 뜻. 예아무 대꾸도 없다.

아무개 [아:무개] 이름 대신에 누구를 가리키는 말. 예김 아무개 집에 다녀왔지.

*아무것 [아:무걷] 1 특별히 지정하지 않고 이르는 말. 어떤 것. 예아무것이든 좋다. 2 중요하거나 특별한 어떤 것. 예아무것도 아닌 일로 다투다.

아무래도 [아:무래도] 아무리 하여도. 예아무래도 한자 실력은 너를 못 따르겠다.

*아무런 [아:무런] '전혀 어떠한'의 뜻을 나타내는 말. 예그래봤자 아무런 소용도 없다 / 그 일과는 아무런 관계도 없다.

*아무렇다 [아:무러타] 무엇이 정해지지 않은 상태나 조건에 놓여 있다. 예네가 최선을 다했다면 경기 결과는 아무렇든 상관없다. [활용] 아무러니 / 아무래서.

아무려면 [아:무려면] 말할 것도 없이 그렇다는 뜻으로, 상대편의 말에 강한 긍정을 보일 때 하는 말. 예아무려면 그런 것도 못 풀라고. 준아무렴.

*아무리 [아:무리] 1 최대한 노력하여. 예아무리 애를 써 봐도 소용없다. 비암만. 2 결코 그럴 리가 없다는 뜻으로 하는 말. 예아무리, 그가 그런 말을 했을라고.

아무짝 [아:무짝] 아무 방면. 예아무짝에도 못 쓰겠다.

아무쪼록 [아:무쪼록] 될 수 있는 대로. 예아무쪼록 건강하십시오.

아무튼 [아:무튼] 어쨌든. 하여튼. 아무튼 나는 여길 떠나겠다. 본아무러하든. ×아뭏든.

아문센 (Amundsen, Roald) 〖인명〗노르웨이의 탐험가. 1911년에 최초로 남극에 도달하였으며, 1926년에는 비행선으로 북극 상공을 처음 횡단하였음. [1872~1928]

아물거리다 [아물거리다] 1 보일 듯 말 듯 조금씩 자꾸 움직이다. 예아지랑이가 아물거리다. 2 정신이 자꾸 희미해지다. 예정신이 아물거리다.

아물다 부스럼이나 상처가 나아서 살갗이 맞붙다. 예상처가 쉽게 아물다. [활용] 아물어 / 아무니 / 아무는.

아물아물 [아물아물] 자꾸 아물거리는 모양. 예눈앞이 아물아물하다. 아물아물하다.

아미노산 (amino酸) 생물체의 단백질을 이루는 중요한 유기 물질.

아바마마 (－媽媽) 예전에, 임금이나 임금의 아들딸이 자기 아버지를 이르거나 부르던 말. 빤어마마마.

*아버님 '아버지'의 높임말.

*아버지 자기를 낳아 준 남자. 예정류장에서 아버지를 기다리다. 비부친. 빤어머니. 높아버님. ⇒father

아범 1 자식을 둔 아들을 그 부모가 부르거나 가리키는 말. 예아범아, 바둑이나 한 판 두자꾸나. 2 아내가 남편에게 자기 남편을 가리켜서 이르는 말. 빤어멈.

아부 (阿附) 남의 비위를 맞추려고 알랑거림. 예상사에게 아부하다. 비아첨.

아비 1 '아버지'의 낮춤말. 예그 아비에 그 아들. 2 결혼하여 자식을 둔 아들을 이르는 말. 예아비야, 이리 좀 오너라. 3 아내가 시부모나 친정 부모 앞에서 남편을 이르는 말. 예아비는 오늘 좀 늦는답니다. 빤어미.

아비규환 (阿鼻叫喚) 참혹한 고통 속에서 살려 달라고 울부짖는 참상을 일컫는 말.

*아빠 '아버지'를 어린아이가 부르는 말. 또는 '아버지'를 정답게 이르거나

아연실색하다

부르는 말. 빤엄마. ⊃dad(dy)
*아뿔싸 미처 생각지 못했던 것을 깨닫고 뉘우칠 때 내는 소리. 예아뿔싸, 내가 사람을 잘못 보았구나. 큰어뿔싸.
아사달(阿斯達) 〖지명〗 단군이 고조선을 세울 때의 도읍. 대체로 황해도 구월산으로 전해지는데, 지금의 평양 부근의 백악산이라는 설도 있음.
아삭거리다 [아삭꺼리다] 싱싱하고 연한 과일이나 채소를 깨무는 소리가 자꾸 나다. 또는 그런 소리를 자꾸 내다. 예사과가 아삭거리다.
아삭아삭 [아사가삭] 아삭거리는 모양. 예오이를 아삭아삭 베어 먹다. 아삭아삭하다.
아서라 하지 말라는 뜻을 나타내는 말. 예아서라, 넘어지겠다. 준아서.
아성(牙城) 1 예전에, 우두머리가 있던 성. 예적의 아성. 삐본거지. 2 매우 중요한 근거지. 예아성이 무너지다 / 아성을 깨뜨리다.
아세톤(acetone) 독특한 냄새가 있고 휘발성이 있는 무색투명한 액체. 의약품 원료와 용매제로 쓰임.
아수라장(阿修羅場) ⇨수라장. 예순식간에 아수라장으로 변하다.
아쉬움 아쉬워하는 마음. 예아쉬움을 감추지 못하다.
아쉬워하다 1 필요할 때 모자라거나 없어서 안타깝고 만족스럽지 못하게 여기다. 예돈을 아쉬워하다. 2 미련이 남아 서운하게 여기다. 예이별을 아쉬워하다.
아쉽다 [아쉽따] 1 필요할 때 없거나 모자라서 안타깝고 만족스럽지 못하다. 예돈이 아쉽다 / 아쉬운 것 없이 살다. 2 미련이 남아 서운한다. 예정든 학교를 떠나기가 아쉽다. 활용아쉬워 / 아쉬우니.
아스라이 아스라하게. 예아스라이 떠오르는 어린 시절의 추억.
아스라하다 1 기억이 흐릿하고 아득하다. 예지난날의 아스라한 기억들을 되살리다. 2 아슬아슬하게 높거나 까마득하게 멀다. 예아스라한 산꼭대기.
아스파라거스(asparagus) 백합과의 여러해살이풀. 가는 가지에 잎의 작용을 함. 초여름에 엷은 황색 꽃이 피고 열매는 둥글고 붉게 익음. 어린줄기와 순은 먹음.
아스팔트(asphalt) 도로포장·방수 따위에 쓰이는 검은 물질. 예아스팔트 길 / 차도에 아스팔트를 깔다.
아스피린(aspirin) 해열·진통제의 하나((상품명)).
아슬아슬하다 [아스라슬하다] 어떤 일이나 상태가 잘못되거나 정도를 지나칠까 봐 두려워 조마조마하다. 예아슬아슬한 묘기.
*아시아(Asia) 6대주의 하나. 우리나라·일본·중국·인도·시베리아 등이 포함된 세계에서 가장 큰 대륙. 아시아주.
아시아 경기 대회(Asia競技大會) 아시아 여러 나라의 국제 종합 운동 경기 대회. 4년에 한 번 국제 올림픽 대회의 중간 해에 열림. 우리나라는 1986년에 제10회를 개최했음. 아시안 게임.
아시아 태평양 경제 협력체(Asia太平洋經濟協力體) 1989년에 한국을 비롯한 태평양 주변의 여러 나라가 경제 협력과 무역 증진을 목적으로 만든 기구. 회원국은 현재 21개국임. 에이펙(APEC).
아씨 [아:씨] 예전에, 신분이 낮은 사람이나 하인이 어리거나 젊은 양반인 여자를 부르던 말.
아아 1 뜻밖의 일을 당했을 때 내는 소리. 예아아, 큰일 났군. 2 모르던 것을 깨닫게 되었을 때 감탄하는 말. 예아아, 좋아라.
*아악(雅樂) [아:악] 고려 때부터 내려오던 궁중 음악. 조선 세종이 박연을 시켜 완성하였음.
아야 갑자기 아플 때 내는 소리. 예아야, 왜 꼬집어.
아양 귀염을 받으려고 알랑거리는 몸짓이나 말. 예아양을 떨다 / 아양을 부리다. 아양스럽다.
아역(兒役) 연극이나 영화에서 어린이의 역. 또는 그 역을 맡은 연기자.
*아연(亞鉛) 광택 있는 청백색의 무른 금속. 철판 등을 도금하거나 놋쇠·양은 따위를 합금하는 데 쓰임.
아연실색하다(啞然失色一) [아연실쌔카다] 뜻밖의 일에 너무 놀라 얼굴빛

이 변하다. ㉠뜻밖의 소식에 아연실색했다.

아열대 (亞熱帶) [아:열때]　열대와 온대의 중간이 되는 지대. 사막·반건조 지대가 많음. ㉠아열대 기후.

아예　1 애초부터. 처음부터. ㉠아예 기대도 하지 않았다. 2 절대로. 조금도. ㉠아예 믿지 마라.

아옹다옹　서로 트집을 잡아 자꾸 다투는 모양. ㉠두 사람은 만나기만 하면 아옹다옹 다툰다. 아옹다옹하다.

*__아우__　1 형제자매 중에서 나이가 적은 사람. 2 친한 남자나 여자 사이에서 자기보다 나이가 적은 사람. ㉠형님 아우 하며 지내는 사이. 旭동생. 閏언니. 형.

아우르다　여럿을 한 덩어리나 한 판이 되게 하다. ㉠몇 사람이 아울러 봉사회를 만들었다. 冟어우르다. 活用아울러/아우르니.

아우성 (一聲)　여럿이 저마다 외치거나 악을 쓰며 떠드는 소리. ㉠아우성을 치다.

아욱　아욱과의 두해살이풀. 밭에 재배함. 잎은 넓은 달걀꼴로 여름에 흰색 또는 연한 분홍색의 꽃이 핌. 연한 줄기와 잎은 죽이나 국을 끓여 먹음.

아울러　1 그것에 덧붙여. 그와 더불어. ㉠필기도구와 아울러 수험표를 반드시 지참할 것. 2 여럿을 한데 합하여. 동시에 함께. ㉠재주와 실력을 아울러 갖추다.

아웃 (out)　1 테니스·축구·탁구·배구 따위에서, 일정한 선 밖으로 공이 나가는 일. ㉠아웃을 선언하다. 2 야구에서, 타자나 주자가 공격할 자격을 잃는 일. ㉠타자가 삼진으로 아웃되다. 閏세이프.

아웅다웅　'아옹다옹'의 큰말.

아유　1 뜻밖의 일에 놀라는 소리. ㉠아유, 깜짝이야. 2 힘에 부치거나 피곤할 때 내는 소리. ㉠아유, 무거워라. 冟어유.

*__아이__¹　1 나이가 어린 사람. 2 남에게 자기 자식을 낮추어 이르는 말. ㉠우리 집 아이가 이번에 졸업을 합니다. 3 아직 태어나지 않았거나 막 태어난 아기. ㉠아이를 낳다/둘째 아이가 태어나다. 閏애.　⊃child

아이²　1 무엇을 조르거나 마음에 내키지 않을 때 내는 소리. ㉠아이, 빨리 줘/아이, 그것도 몰라. 2 '아이고'의 준말. ㉠아이, 깜짝이야.

아이고　1 아플 때, 힘들 때, 놀랄 때, 원통할 때, 기막힐 때 따위에 나오는 소리. ㉠아이고, 큰일 났구나. 閏아이. 冟어이구. 2 반갑거나 좋을 때 내는 소리. ㉠아이고, 살아 있으니 이렇게 만나는구나. 3 우는 소리. 특히, 부모가 돌아가셨을 때 곡하는 소리.

아이고머니　'아이고'보다 느낌이 더 깊고 간절할 때 내는 소리. ㉠아이고머니, 이 일을 어쩌나. 閏애고머니. 冟어이구머니.

아이디 (ID)　인터넷이나 컴퓨터 통신에서, 컴퓨터 이용자의 신분을 증명할 수 있는 고유의 문자나 부호. 계정.

아이디어 (idea)　어떤 일에 대한 생각이나 방법. 구상. ㉠참신한 아이디어를 내다.

아이스크림 (ice cream)　우유·달걀·향료·설탕 등을 섞어 얼린, 부드러운 과자.

아이스하키 (ice hockey)　얼음판에서 한 편에 6명씩의 경기자가 스케이트를 타고, 끝이 굽은 막대기로 공을 쳐서 상대 팀 골에 넣어 얻은 점수로 승패를 가리는 경기.

아이엠에프 (IMF)　⇨국제 통화 기금.

아이오시 (IOC)　⇨국제 올림픽 위원회.

아이참　못마땅하거나 초조하거나 수줍을 때 내는 소리. ㉠아이참, 속상해.

아이콘 (icon)　컴퓨터에서, 문자나 그림으로 실행할 수 있는 명령을 나타낸 것. 마우스로 그림을 선택하여 명령을 실행함.

아이큐 (IQ)　⇨지능 지수.

아이템 (item)　1 한 단위로 다루는 컴퓨터 파일 데이터의 구분에서 가장 작은 단위. 2 항목이나 품목 또는 종목. ㉠인기 아이템/패션 아이템.

아인슈타인 (Einstein, Albert) 『인명』 독일 태생의 미국 물리학자. '특수 상대성 이론', '일반 상대성 이론', '통일장 이론' 등을 발표하였으며, 1921년에

노벨 물리학상을 받음. [1879-1955]

아작아작 [아자가작] 조금 단단한 과일이나 무 따위를 씹을 때 나는 소리. 예무를 **아작아작** 씹어 먹다. **아작아작하다**.

아장아장 어린아이가 뒤뚱뒤뚱 걷는 모양. 예아기가 **아장아장** 걸음마를 시작하다. 큰어정어정. **아장아장하다**.

아쟁 (牙箏) 가야금과 비슷하며, 대쟁보다 조금 작고 7개의 줄로 된 우리 나라 고유의 현악기의 한 가지. 활을 앞뒤로 문질러 연주함.

아쟁

***아저씨** 1 부모와 같은 항렬의, 아버지의 친형제를 제외한 남자를 이르거나 부르는 말. 예친척 **아저씨** / **아저씨**와 아주머니. 2 친척 관계가 아닌 남자 어른을 이르거나 부르는 말. 예집배원 아저씨. 땐아주머니. 낮아재. ⊃uncle

아전 (衙前) 조선 시대에 고을의 관청에 딸린 낮은 벼슬아치.

***아주** 1 정도·수준이 보통보다 훨씬. 예그 악기는 **아주** 비싸다. 2 영영. 영원히. 예**아주** 가 버렸다. 3 완전히. 전혀. 예약속을 아주 잊어버리다 / 내 생각과 아주 딴판이다.

***아주머니** 1 부모와 같은 항렬의 여자를 이르거나 부르는 말. 2 친척이 아닌 여자 어른을 이르거나 부르는 말. 예주인 아주머니. 땐아저씨. ⊃aunt

아줌마 아주머니를 낮추어 이르거나 부르는 말.

***아지랑이** 봄날 햇빛이 강하게 쬘 때 공기가 공중에서 아른거리는 현상. ×아지랭이.

***아직** 1 때가 덜 된. 예**아직** 안 왔다. 2 지금도 전과 같은 상태임을 나타내는 말. 예**아직** 비가 오고 있다.

아직기 (阿直岐) 『인명』 백제 근초고왕 때의 학자. 일본에 건너가 일본 태자의 스승이 되었으며, 왕인 박사를 일본 왕에게 추천하여 한학을 전하게 하였음. [?-?]

아직껏 [아직껃] 아직까지. 예이런 물건은 아직껏 본 적이 없다.

아집 (我執) [아:집] 자기 생각만 옳다고 내세우는 고집. 예아집을 버리지 못하다.

아찔하다 갑자기 정신이 아득하고 어지럽다. 예옥상에서 밑을 내려다보니 눈앞이 **아찔했다**. 비아득하다. 큰어찔하다.

아차 잘못된 것을 갑자기 깨달았을 때 나오는 소리. 예**아차**, 또 틀렸다.

아첨 (阿諂) 남의 환심을 사거나 잘 보이려고 알랑거림. 예**아첨**을 떨다. 비아부. **아첨하다**.

아치 (arch) 1 건축 기술의 하나. 창이나 문의 위쪽을 둥글게 쌓아 올린 것. 2 축하나 환영의 뜻으로 만든 무지개 모양의 구조물.

*아침** 1 날이 샐 때부터 아침밥을 먹을 때까지의 동안. 예**아침** 일찍 일어나다. ⊃morning 2 '아침밥'의 준말. 예**아침**을 먹다. 땐저녁.

아침나절 아침밥을 먹은 뒤부터의 한나절. 예**아침나절**에 하루 일과를 끝내다.

아침밥 [아침빱] 아침에 끼니로 먹는 밥. 비조반. 준아침. ⊃breakfast

아침저녁 아침과 저녁. 예**아침저녁**으로 날이 쌀쌀해졌다 / **아침저녁**으로 부모님께 문안 인사를 드리다.

아카시아 (acacia) '아까시나무'를 흔히 이르는 말.

아코디언 (accordion) 주름상자를 늘였다 줄였다 하며 건반을 눌러 연주하는 악기. 손풍금.
아코디언

아크릴 (←acrylic) 1 합성수지의 하나. 안전유리나 전기의 절연 재료로 쓰임. 본아크릴산 수지. 2 '아크릴 섬유'의 준말.

아크릴 섬유 (←acrylic纖維) 가볍고 부드러우며 보온성이 뛰어난 합성 섬유를 통틀어 일컫는 말. 준아크릴.

아테네 (Athenae) 『지명』 그리스의 수도. 아티카반도에 있음. 고대 그리스 문명의 중심지로, 파르테논 신전 등 많은 유적과 고대 건축물이 있음.

아토피 피부염 (atopy皮膚炎) 어린

아틀리에 아이의 팔꿈치나 오금의 피부가 두꺼워지면서 까칠까칠해지고 몹시 가려운 증상을 나타내는 만성 피부염.

아틀리에 (프 atelier) 화가나 조각가가 일하는 작업실. 화실.

*__아파트__ (←apartment) 5층 이상의 건물 안에 여러 가구가 따로따로 살게 된 공동 주택.

아파하다 아픔을 느끼어 괴로워하다. 예그의 딱한 처지를 보고 마음 아파하다.

아편 (阿片) 덜 익은 양귀비 열매에 상처를 내어 흘러나온 진을 말린 갈색의 물질. 마취제·진통제 따위로 쓰임. 중독성이 있음.

아편 전쟁 (阿片戰爭) 청나라가 아편의 수입을 금지하여 일어난, 영국과 청나라 사이의 전쟁. 청나라가 패함. [1840-1842]

아폴론 (Apollon) 그리스 신화에서, 태양·궁술·의료·음악 및 시의 신. 로마 신화의 아폴로에 해당함.

아프가니스탄 (Afghanistan) 〖국명〗 아시아 남서부에 위치한 나라. 밀·목화·사탕수수 따위를 산출하며, 양가죽은 주요 수출품임. 수도는 카불.

*__아프다__ 몸이나 마음에 고통이 있다. 예다리가 아파서 걷기가 힘들다. 〖활용〗 아파 / 아프니. ⊃sick

아프로디테 (Aphrodite) 그리스 신화에서, 미와 사랑의 여신. 로마 신화의 베누스. 영어로는 비너스.

아프리카 (Africa) 〖지명〗 6대주의 하나. 유럽의 남쪽에 위치하며, 수에즈 지방에 의하여 아시아주와 연결되어 있는 세계 제2의 대륙임. 아프리카주.

아픔 몸이나 마음에 고통이 있는 일. 예아픔을 참다 / 분단의 아픔을 겪다.

아하 미처 생각지 못한 일을 깨달았을 때 내는 소리. 예아하, 깜빡 잊었구나. 倒어허.

*__아홉__ 여덟에 하나를 더한 수. 예아홉 살 / 아홉 개. 비구. ⊃nine

아홉째 아홉 번째나 아홉 개째. 또는 아홉 번째의. 예아홉째 날 / 아홉째 줄.

아황산 가스 (亞黃酸gas) 이산화 황을 일반적으로 일컫는 말.

*__아흔__ 열의 아홉 배. 예아흔 살 / 아 흔 번. 비구십.

악¹ 있는 힘을 다하여 모질게 마구 쓰는 기운. 예악을 바락바락 쓰며 대들다.

*__악__² (惡) 착하지 않음. 올바르지 아니함. 예악에 물들다. 만선.

악³ 1 남이 놀라도록 갑자기 지르는 소리. 2 놀랐을 때 무의식적으로 지르는 소리. 예'악' 하는 비명 소리가 들려왔다.

*__악곡__ (樂曲) [악꼭] 1 음악의 곡조. 2 곡조를 나타낸 부호. 예악곡대로 연주하다.

악공 (樂工) [악꽁] 1 음악을 연주하는 사람. 2 조선 때, 궁정의 음악을 연주하던 사람.

*__악기__ (樂器) [악끼] 음악을 연주하기 위해 쓰이는 기구. 현악기·관악기·타악기·건반 악기 따위. 예악기를 잘 다루다.

악녀 (惡女) [앙녀] 성질이 모질고 나쁜 여자. 만선녀.

악단 (樂團) [악딴] 음악 연주를 목적으로 조직된 단체. 예악단을 지휘하다. 비악대.

악담 (惡談) [악땀] 남을 헐뜯거나 저주하는 말. 예악담을 퍼붓다. 만덕담. 악담하다.

악당 (惡黨) [악땅] 나쁜 짓을 일삼는 악한 사람이나 무리.

악대 (樂隊) [악때] 여러 가지 악기로 음악을 연주하는 단체. 비악단.

악독 (惡毒) [악똑] 마음이 악하고 독살스러움. 예악독한 흉계를 꾸미다. 악독하다. 악독히. 악독스럽다.

악동 (惡童) [악똥] 1 행실이 나쁜 아이. 예그 애는 걸핏하면 아이들을 두들겨 패는 악동이었다. 2 장난꾸러기.

악랄하다 (惡辣―) [앙날하다] 매우 사납고 모질다. 예악랄한 수단.

악마 (惡魔) [앙마] 1 종교나 민속 신앙에서, 까닭 없이 사람에게 재앙을 내리고 해를 끼치는 나쁜 귀신. 2 매우 악독한 짓을 하는 사람의 비유. 만천사.

악명 (惡名) [앙명] 악하기로 소문난 이름. 좋지 않은 평판. 예악명이 높다 / 악명을 떨치다.

악몽 (惡夢) [앙몽] 불길하고 무서운

꿈. 예악몽에 시달리다. 비흉몽.
악물다 [암물다] 매우 성이 나거나 아플 때, 또는 단단히 결심할 때 아래위의 이를 힘주어 물다. 예이를 악물고 울음을 참다. 큰 으물다. [활용] 악물어 / 악무니.
악바리 [악빠리] 1 성미가 깔깔하고 고집이 세며 모진 사람. 2 지나치게 똑똑하고 영악한 사람.
악법 (惡法) [악뻡] 1 사회에 해가 되는 나쁜 법률. 예악법도 법이다. 2 나쁜 방법.
***악보** (樂譜) [악뽀] 음악의 곡조를 일정한 기호를 써서 나타낸 것.
악사 (樂士) [악싸] 악기로 음악을 연주하는 사람. 예거리의 악사.
악상 (樂想) [악쌍] 1 음악의 주제·구성 등에 관한 작곡가의 생각. 예악상이 떠오르다. 2 음악 속에 표현된 사상.
악성[1] (樂聖) [악썽] 역사적으로 매우 위대한 음악가. 예악성 베토벤.
악성[2] (惡性) [악썽] 1 모질고 독한 성질. 예악성 유언비어. 2 고치기 어려운 병의 종류나 상태. 예악성 빈혈에 시달리다.
악센트 (accent) 말의 어떤 음절이나 글의 어떤 부분을 높이거나 힘주어 소리내는 것. 또는 그 부호.
악수 (握手) [악쑤] 인사·화해·감사 따위의 뜻으로 서로 손을 내밀어 마주잡는 일. 예악수를 나누다. 악수하다.
악쓰다 악을 내어 소리 지르거나 행동하다. 예악쓰며 울어 대다. [활용] 악써 / 악쓰니.
악어 (鰐魚) [아거] 악어목의 파충류. 몸길이 2-10m에 달하고 딱딱한 비늘로 덮였으며, 발가락 사이에는 물갈퀴가 있음. 물고기나 다른 짐승을 잡아먹음. 가죽은 널리 이용됨.
악역 (惡役) [아격] 놀이·연극·영화 등에서 악인으로 분장하는 배역. 예악역 배우 / 악역을 맡다.
악영향 (惡影響) [아경향] 나쁜 영향. 예불량 식품은 아이들의 건강에 악영향을 미친다.
악용 (惡用) [아공] 잘못 쓰거나 나쁜 일에 씀. 예지위를 악용하다. 반선용. 악용하다.

악의 (惡意) [아긔 / 아기] 1 남에게 해를 끼치려는 나쁜 마음. 예악의가 있어 그런 것은 아니다. 2 나쁜 뜻. 예악의로 해석하다. 반선의.
악인 (惡人) [아긴] 악한 사람.
악장 (樂章) [악짱] 소나타·교향곡 등과 같이 여러 개의 소곡이 모여서 큰 악곡이 되는 경우의 각각의 소곡. 예제1악장.
악조건 (惡條件) [악쪼껀] 나쁜 조건. 예악조건을 무릅쓰고 산에 오르다. 반호조건.
악질 (惡質) [악찔] 성질이 모질고 나쁨. 또는 그런 사람. 예악질 상인.
악착같다 (齷齪—) [악착깓따] 성질이 모질고 끈질기다. 예누굴 닮아 악착같은지 모르겠다. 비악착스럽다. 큰 억척같다.
악착같이 (齷齪—) [악착까치] 모질고 끈질기게. 예악착같이 일을 하다 / 악착같이 돈을 모으다.
악취 (惡臭) 불쾌하고 고약한 냄새. 예악취를 풍기다 / 악취가 코를 찌르다.
악플 (惡←reply) 인터넷에 올린 글에 대하여 욕을 하거나 비난하는 댓글. 예악플이 달리다 / 악플 때문에 마음고생을 하다.
악하다 (惡—) [아카다] 1 모질고 독하다. 예악한 사람. 2 양심을 어기고 도덕에서 벗어나다. 반선하다. 착하다.
악학궤범 (樂學軌範) [아칵꿰범] 《책》 조선 성종 24년(1493)에 성현·신말평·유자광 등이 임금의 명을 받아 펴낸, 음악에 관한 책.
악한 (惡漢) [아칸] 악독한 짓을 하는 사람. 비악당.
악화 (惡化) [아콰] 어떤 상태나 관계 따위가 나쁘게 변함. 예병세가 악화되다 / 사태를 악화시키다. 반호전. 악화하다.
***안**[1] 1 테두리에서 가운데를 향하는 쪽의 공간. 예추운데 안으로 들어오너라. 비내. 속. 반겉. 밖. 2 어떤 범위에 들어 있는 것. 예성적이 3등 안에 든다. ⊃inside
***안**[2] '아니'의 준말. 예비가 안 온다 / 나는 안 먹는 음식이 없다 / 그것은 만지면 안 된다.

안간힘

> [주의] **안**과 **않다**
> **안** '아니'의 준말로 부정 또는 반대의 뜻을 나타내는 말. 예 영희는 오늘 공부를 안 했다.
> **않다** '아니하다'의 준말로 '안하다'의 꼴로는 쓰이지 않는다. 예 철수는 학교에 가지 않았다 / 날씨가 덥지 않다.

안간힘 [안깐힘 / 안간힘] 1 어떤 일을 이루기 위해서 몹시 애쓰는 힘. 예 기우는 집안을 일으키려고 안간힘을 쓴다. 2 불평이나 울분, 괴로움 따위를 참으려고 몹시 애쓰는 힘. 예 안간힘을 다해 참다.
　안간힘(을) 쓰다 불평이나 괴로움을 참으면서 몹시 애쓰다 예 울지 않으려고 안간힘을 쓰다.

> [참고] '안'과 '간힘'이 합쳐진 말이다. '안'은 속의 뜻이며 '간힘'은 내쉬는 숨을 억지로 참아 고통을 이기려고 애쓰는 힘의 뜻이다.

안감 [안깜] 옷이나 물건의 안에 받치는 감. 예 안감을 대다. 비 안찝. 반 겉감.
안갖춘꽃 [안갇춘꼳] 꽃받침·꽃잎·수술·암술 따위를 완전히 갖추지 못한 꽃. 오이꽃·뽕나무꽃 따위. 반 갖춘꽃.
*__안개__ [안:개] 수증기가 찬 공기를 만나 아주 작은 물방울이 되어 공중에 부옇게 떠 있어 연기처럼 보이는 것.
안개꽃 [안:개꼳] 석죽과에 속하는 한해살이풀. 높이 30-45cm, 많은 가지가 갈라져 여름에서 가을에 걸쳐 잘고 하얀 꽃이 무리지어 핌. 꽃잎은 다섯 장이고 끝이 오목함.
안개비 [안:개비] 안개처럼 부옇게 내리는 가는 비. 비 가랑비. → [학습마당] 12(397쪽)
안건 (案件) [안:껀] 문제가 되어 서로 이야기하거나 토의해야 할 사항. 예 토의할 안건이 많다.
안견 (安堅) 〖인명〗 조선 초기의 화가. 산수화를 잘 그렸으며, 작품에 '몽유도원도', '적벽도', '청산백운도' 따위가 있음. [?-?]

*__안경__ (眼鏡) [안:경] 시력이 좋지 않은 사람이 잘 볼 수 있게 하거나 강한 햇빛이나 먼지 따위를 막기 위해 눈에 쓰는 기구. ⊃glasses
안경테 (眼鏡—) [안:경테] 안경의 알을 끼우는 테. 예 안경테를 바꾸다.
안과 (眼科) [안:꽈] 눈의 병을 예방하고 치료하는 의학의 한 분과. 또는 그 병원. 예 안과 의원.
안구 (眼球) [안:구] 눈구멍 안에 있는 공 모양의 기관. 예 안구 건조증 / 안구가 충혈되다. 비 눈알.
안기다 1 남의 품속에 들다. 예 어머니 품에 안기다. 2 안도록 하다. 예 남편에게 아기를 안기다 / 회사에 손해를 안기다. 3 감정 등을 갖게 하다. 예 희망을 안겨 주다.
*__안내__ (案內) [안:내] 1 어떤 곳에 데려다 주거나 데리고 다니면서 어떤 내용 따위를 알려 줌. 예 거실로 안내되다 / 학교 시설을 안내하다. 2 어떤 내용이나 사정 등을 알림. 예 안내 방송. 안내하다.
안내도 (案內圖) [안:내도] 어떤 곳을 안내하는 내용을 그린 그림. 예 노선 안내도 / 국립 공원 안내도.
안내인 (案內人) [안:내인] 안내하는 일을 맡아 하는 사람. 예 안내자.
안내장 (案內狀) [안:내짱] 어떤 내용을 소개하여 알려 주는 문서. 예 모임을 알리는 안내장을 발송하다.
안내판 (案內板) [안:내판] 안내 내용을 써 놓은 게시판. 예 공사 안내판. 비 알림판.
*__안녕__ (安寧) 1 아무 탈 없이 편안함. 예 선생님, 안녕하십니까. 비 평안. 2 편한 사이에서, 만나거나 헤어질 때에 쓰는 인사말. 예 안녕, 내일 또 만나자. 안녕하다. ⊃bye, hello, hi
*__안녕히__ (安寧—) 아무 탈 없이 편안하게. 예 안녕히 가십시오.
*__안다__ [안:따] 1 두 팔을 벌려 끌어당겨 가슴에 품다. 예 아기를 품에 안다. 2 남의 일을 책임지고 떠맡다. 예 친구의 빚을 떠맡아 안다. 3 안으로 들어오는 것을 몸으로 바로 받다. 예 바람을 안고 가다. 4 생각이나 감정 따위를 마음속에 지니다. 예 꿈을 안고 열

심히 공부하다.

안단테 (이 andante) 악보에서 빠르기를 지시하는 말. '천천히·느린 속도로'의 뜻.

안단티노 (이 andantino) 악보에서 빠르기를 지시하는 말. '안단테보다 조금 빠르게'의 뜻.

안달 조급하게 걱정하면서 속을 태우는 짓. 예안달을 떨다 / 집에 돌아가고 싶어 안달하는. 안달하다.

안대 (眼帶) [안:대] 눈병에 걸린 눈을 가리는 거즈 따위의 천 조각.

안데르센 (Andersen, Hans Christian) 『인명』 덴마크의 동화 작가·시인. 가난하지만 아름다운 마음씨를 지닌 사람을 그린 동화를 많이 썼음. 작품에는 '인어 공주'·'미운 오리 새끼'·'성냥팔이 소녀' 따위가 있음. [1805-1875]

안데스산맥 (Andes山脈) 남아메리카의 서쪽에 있는 세계에서 가장 긴 산맥. 은·구리·주석 따위의 광산물이 많이 남.

안도 (安堵) 어떤 일이 잘 진행되어 마음을 놓음. 예안도의 한숨을 쉬다. 안도하다.

안도감 (安堵感) 편안한 느낌. 안심이 되는 마음. 예안도감이 들다.

안동 (安東) 『지명』 경상북도 북동쪽에 있는 시. 도산 서원·하회 마을 따위의 명승지가 있고 삼베와 소주가 유명함.

안되다[1] [안되다 / 안뒈다] 1 일이나 현상 등이 좋게 이루어지지 않다. 예공부가 안되다. 2 사람이 훌륭하게 되지 못하다. 예자식이 안되기를 바라는 부모는 없다. 3 일정한 수준이나 정도에 이르지 못하다. 예모임에 나온 사람이 안돼도 열 명은 넘는다.

안되다[2] [안되다 / 안뒈다] 1 섭섭하거나 가엾고 애석한 느낌이 있다. 예마음이 안되다 / 혼자 보내기가 안돼서 바래다주다 / 돕지 못해 참 안됐다. 2 걱정 따위로 얼굴이 해쓱하다. 예안색이 안되어 보인다.

안뜨기 뜨개질에서, 가장 기본이 되는 대바늘뜨기. 바늘 두 개로 코를 안으로만 감아 떠 나감. 안뜨기하다.

안락 (安樂) [알락] 몸과 마음이 편안하고 걱정이 없어 즐거움. 예안락한 생활. 안락하다.

안락사 (安樂死) [알락싸] 살아날 가망이 없는 환자나 동물의 고통을 덜어 주기 위해 본인이나 가족의 뜻에 따라 고통이 적은 방법으로 인공적으로 죽음에 이르게 하는 일.

안락의자 (安樂椅子) [알라긔자 / 알라기자] 편히 기대앉아 쉴 수 있게 만든 팔걸이의자.

안마[1] (按摩) [안:마] 손으로 몸을 두드리거나 주물러서 피의 순환을 도와주는 일. 마사지. 안마하다.

안마[2] (鞍馬) [안:마] 체조 경기의 한 종목. 또는 그 기구. 말의 등 모양을 한 틀 위에 있는 두 개의 손잡이를 잡고 운동함.

안마당 집의 안채에 있는 마당. 비안뜰. 반바깥마당.

안면 (顔面) 1 ⇨얼굴. 예안면에 경련이 일다. 2 서로 얼굴을 아는 친분. 예그와는 안면이 있다.

안목 (眼目) [안:목] 사물을 보고 분별하는 힘. 예안목이 높다.

*****안방** (一房) [안빵] 1 집주인이 거처하는 방. 2 예전에, 안주인이 거처하던 방. 반바깥방.

안보 (安保) 외부의 침략으로부터 국가의 안전을 지키는 일. 예안보 태세 확립. 본안전 보장.

안부 (安否) 편안함과 편안하지 않은 것. 또는 그에 대한 소식이나 인사. 예안부 전화 / 안부를 묻다. 안부하다.

안색 (顔色) 얼굴에 나타나는 기색. 예안색이 변하다. 비얼굴빛.

안성맞춤 (安城一) [안성맏춤] 경기도 안성에 주문하여 만든 놋그릇이 제일 좋다는 뜻에서 나온 말로, 생각한 대로 잘된 물건이나 때맞추어 잘된 일. 예공부방으로서는 안성맞춤이다. ×안성마춤.

안시성 (安市城) 삼국 시대에 고구려와 당나라의 경계에 있던 성. 고구려가 지금의 만주 랴오허강 부근에 설치하여 당나라의 침략을 막은 곳으로 유명함.

안시성 싸움 (安市城一) 고구려 제28대 보장왕 4년(645), 당나라 태종의 공격에 맞서 양만춘의 고구려 군대가 안시성에서 크게 이긴 싸움.
안식 (安息) 편하게 쉼. 예안식을 취하다. **안식하다.**
안식처 (安息處) 편안히 쉴 수 있는 곳. 예가정은 가족들의 가장 편안한 안식처이다.
안심[1] 소의 갈비 안쪽에 붙은 부드럽고 연한 살.
안심[2] (安心) 근심·걱정이 없이 마음을 편안히 가짐. 예안심하고 일을 맡기다. **안심하다.**
안쓰럽다 [안쓰럽따] 다른 사람의 처지나 형편이 가엾고 불쌍하다. 예시험 공부하느라 애쓰는 모습이 매우 안쓰럽다. [활용] 안쓰러워 / 안쓰러우니. ×안스럽다.
안압지 (雁鴨池) [아:납찌] 경상북도 경주시 북동쪽에 있는 연못. 신라 문무왕 때 신라의 지도 모양으로 만듦.
안약 (眼藥) [아:냑] 눈병이 났을 때 눈에 넣는 약. 예눈에 안약을 넣다. 비눈약.
안울림소리 [아눌림소리] 목청을 울리지 않고 내는 소리. 곧, 자음의 ㄱ·ㄷ·ㅂ·ㅅ·ㅈ·ㅊ·ㅋ·ㅌ·ㅍ·ㅎ. 비무성음. 만울림소리.
안이하다 (安易─) [아니하다] 1 너무 쉽게 여기는 태도가 있다. 예안이한 생각. 2 근심이 없고 편안하다. 예안이한 생활을 하다.
안익태 (安益泰) 〖인명〗 작곡가·지휘자. '애국가'의 작곡자로 작품에 '한국 환상곡' 등이 있음. [1906-1965]
안일 (安逸) [아닐] 편안하고 한가로움. 또는 편안함만을 누리려는 태도. 예안일한 생활 / 안일한 근무 태도. **안일하다. 안일히.**
안장 (鞍裝) [안:장] 1 말의 등에 얹어서 사람이 탈 수 있게 만든, 가죽으로 된 물건. 2 자전거 따위에서 사람이 앉는 자리.
*****안전** (安全) 편안하고 아무 탈이 없음. 위험이 없음. 예홍수가 나서 안전한 장소로 대피했다. 만불안전. 위험. **안전하다. 안전히.** ⇨safe
안전띠 (安全─) 자동차나 비행기 따위에서, 사고 때 받는 충격으로 사람을 보호하려고 몸을 좌석에 고정하는 띠. 비안전벨트.

안전모 (安全帽) 공장·공사장·운동 경기 따위에서, 머리를 보호하기 위하여 쓰는 모자. 헬멧.
안전벨트 (安全belt) ⇨안전띠.
안전 보장 이사회 (安全保障理事會) '유엔 안전 보장 이사회'의 준말.
안전사고 (安全事故) 공장·공사장 따위에서, 안전 교육의 미비 또는 일상의 부주의 따위로 일어나는 사고. 예안전사고를 예방하다.
안전성 (安全性) [안전썽] 안전한 성질. 예약품의 안전성을 검증하다 / 자동차의 안전성을 높이다.
안전지대 (安全地帶) 1 사람의 안전을 위해 교통이 복잡한 도로나 정류장 따위에 마련한 곳. 2 피해를 당할 위험성이 없는 안전한 지대.
안절부절못하다 [안절부절모타다] 마음이 불안하고 초조하여 어쩔 줄 모르다. 예합격자 발표를 기다리며 안절부절못하다.
안정[1] (安定) 안전하게 자리 잡음. 큰 변화가 없이 일정한 상태를 유지함. 예물가 안정 / 안정된 생활. 만불안정. **안정하다.**
안정[2] (安靜) 1 편안하고 고요함. 예마음의 안정을 얻다. 2 병을 치료하기 위하여 몸과 마음을 편안하게 하고 조용히 쉬는 일. 예안정을 취하다. **안정하다.**
안정감 (安定感) 안정된 느낌. 편안한 느낌. 예안정감을 느끼다.
안주[1] (安住) 1 한곳에 자리 잡고 편안하게 삶. 예부부는 늘그막에 고향에 안주했다. 2 현재의 상황이나 처지에 만족하고 있음. 예현실에 안주하다. **안주하다.**
안주[2] (按酒) 술을 마실 때에 곁들여 먹는 음식.
안주머니 [안쭈머니] 옷 따위의 안쪽에 달린 주머니.
안주인 (─主人) [안쭈인] 집안의 여자 주인. 만바깥주인.
안중 (眼中) [안:중] 1 눈 속. 2 생각하거나 관심을 가지는 범위의 안. 예시험은 안중에도 없이 놀기만 한다.

안중근 (安重根) 〖인명〗 독립운동가. 1909년 만주 하얼빈역에서 일본의 정치가 이토 히로부미를 쏘아 죽이고 체포되어 이듬해 순국함. [1879-1910]

안질 (眼疾) [안:질] ⇨눈병.

안짱다리 두 발끝을 안쪽으로 향하게 하고 걷는 사람. 또는 그렇게 휜 다리.

*__안쪽__ 안으로 향한 부분이나 안에 있는 부분. 맨바깥쪽.

안창호 (安昌浩) 〖인명〗 독립운동가·교육자. 호는 도산. 신민회, 청년 학우회, 흥사단 등을 조직하고, 평양에 대성 학교를 설립함. 3·1 운동 후에 상하이 임시 정부의 내무 총장이 되어 민족의 자주 독립운동을 펼쳤음. [1878-1938]

안채 안팎 각 채로 된 집의 안에 있는 집. 맨바깥채.

안치 (安置) 위패나 시신 따위를 잘 모셔 둠. 예불상을 법당에 안치하다. 안치하다.

안치다 찌거나 끓일 음식을 솥이나 시루 따위에 넣다. 예밥을 안치다 / 떡을 시루에 안치다.

> [주의] **안치다**와 **앉히다**
> **안치다** 끓이거나 찔 물건을 솥이나 시루에 넣다. 예떡을 안치다.
> **앉히다** [안치다] 앉게 하다. 예키가 큰 아이를 뒷자리에 앉히다.

안치수 (一數) 안쪽으로 잰 길이의 치수. 맨바깥치수.

안타 (安打) 야구에서, 타자가 한 베이스 이상을 나아갈 수 있도록 친 공. 히트. 예5타수 3안타.

*__안타깝다__ [안타깝따] 뜻대로 되지 않거나 보기에 딱하여 속이 타고 답답하다. 예혼자 애쓰는 것을 보니 안타깝다 / 기회를 놓친 것이 안타깝다. [활용] 안타까워 / 안타까우니.

안테나 (antenna) 무선 전신·라디오·텔레비전 따위의 전파를 보내거나 받기 위하여 공중에 세우는 장치. 예위성 안테나를 설치하다.

안팎 [안팍] 1 안과 밖. 예집 안팎을 청소하다. 2 어떤 수량에 조금 모자라거나 넘치는 정도. 예열 살 안팎의 아이. 3 아내와 남편. 예안팎이 다 부지런하다. 맨내외.

안하무인 (眼下無人) [안:하무인] 눈 아래에 사람이 없다는 뜻으로, 남을 깔보고 업신여김을 이르는 말. 예안하무인으로 방자하게 굴다.

*__앉다__ [안따] 1 엉덩이를 바닥에 붙이고 몸을 편하게 세우다. 예의자에 앉다. 2 새나 벌레 또는 비행기 따위가 일정한 곳에 내리다. 예꽃에 나비가 앉다. 3 가루·먼지 따위가 내려 쌓이다. 예책상에 먼지가 앉다. 4 어떤 지위를 차지하다. 예형이 회장 자리에 앉았다. ⊃sit

앉은뱅이 [안즌뱅이] 앉기는 해도 서거나 걷지 못하는 사람을 낮잡아 이르는 말.

앉은키 [안즌키] 허리를 똑바로 펴고 앉았을 때, 바닥에서 머리끝까지의 높이. 맨선키.

앉히다 [안치다] 1 앉게 하다. 예아이를 의자에 앉히다. 2 무엇을 올려놓거나 자리를 차지하게 하다. 예안방 윗목에 장롱을 앉히다. 3 어떤 지위를 차지하게 하다. 예장관에 앉히다. → 안치다 [주의]

*__않다__ [안타] 1 어떤 행동을 아니 하다. 예말은 않고 울기만 한다. 2 '아니하다'의 준말. 예먹지 않다 / 크지 않다. →안 [주의]

*__알__ 1 새·물고기·벌레 따위의 새끼가 될 물질이 껍데기에 싸여 있는 것. 예암탉이 알을 품다. 2 열매 따위의 낱개. 예알이 굵다. 3 속에 들어 있거나 박혀 있는 작고 둥근 물건. 예알이 작은 안경. 4 근육이 딴딴하게 뭉친 것. ⊃종아리에 알이 배다.

*__알갱이__ 1 열매나 곡식 따위의 낱알. 예호두 알갱이. 2 작고 단단하고 동그란 것. 예모래 알갱이.

알거지 몸에 지닌 것이 아무것도 없이 거지꼴이 된 사람. 예사업이 망하여 하루아침에 알거지가 되다.

알고리즘 (algorism) 컴퓨터 정보 처리에서 어떤 문제를 해결하기 위한 절차, 방법, 명령어들의 집합. 알고리듬.

알곡 (一穀) 쭉정이나 잡것이 섞이지 않은 곡식. 맨알곡식.

*알다 [알:다] 1 모르던 것을 깨닫다. 예잘못을 알다. 2 서로 낯이 익다. 예나는 그녀와 잘 아는 사이이다. 3 생각하여 판단하고 분별하다. 예자신을 알다. 4 관여하거나 관계하다. 예내 알 바 아니다. 5 소중히 여기다. 예공부만 알다. 6 기술이나 능력을 가지고 있다. 예운전을 할 줄 알다. [활용] 알아/아니/아는. ⇒know

알뜰살뜰 1 일이나 살림을 정성껏 규모 있게 꾸려 나가는 모양. 예알뜰살뜰 모은 용돈을 학비에 보태다. 2 다른 사람에게 정성을 쏟는 모양. **알뜰살뜰하다. 알뜰살뜰히.**

알뜰하다 1 일이나 살림을 정성스럽고 규모 있게 하여 빈구석이 없다. 예알뜰한 살림. 2 아끼고 위하는 마음이 지극하다. 예환자를 알뜰하게 보살피다.

알뜰히 알뜰하게. 예알뜰히 돈을 모으다.

알라 (Allah) 이슬람교에서 받드는 유일·절대의 신.

알랑거리다 교묘한 말을 꾸며 대고 간사하게 아첨하는 짓을 자꾸 하다. 예윗사람에게 알랑거리다.

알래스카 (Alaska) 〖지명〗 북아메리카의 북서부에 있는 큰 반도. 베링 해협을 사이에 두고 시베리아와 마주봄. 1959년 49번째로 미국의 주로 편입됨.

알량하다 시시하고 보잘것없다. 예알량한 수법으로 남을 속이다.

알레그로 (이 allegro) 악보에서, 빠르기를 지시하는 말. '빠르고 경쾌하게'의 뜻.

알레르기 (독 Allergie) 어떤 물질이 몸에 닿거나 몸속에 들어갔을 때 그 물질에 대해 과민한 반응을 나타내는 일. 재채기·두드러기 따위의 증상이 일어남. 예알레르기를 일으키다.

알렉산더 대왕 (Alexander大王) 〖인명〗 마케도니아의 왕. 그리스·페르시아·시리아·이집트 등을 점령하여 그리스어를 공통어로 하는 헬레니즘 문화의 기초를 닦음. 이로 인하여 고대 그리스 문화는 동방에까지 퍼짐. [기원전 356-기원전 323]

알력 (軋轢) 서로 의견이 맞지 않아 충돌함. 예간부들끼리 알력이 심하다. [비]불화.

알로에 (aloe) 백합과 알로에속에 속하는 식물을 통틀어 일컫는 말. 줄기가 서는 종류와 서지 않는 종류가 있음. 잎은 칼 모양으로 길고 두터우며, 가장자리에는 가시가 있음. 열대 식물로서, 약용·관상용으로 재배하는데, 약 600종이 알려져 있음.

알록달록 [알록딸록] 여러 빛깔의 점이나 줄이 고르지 않게 무늬를 이룬 모양. 예알록달록한 양산. [큰]얼룩덜룩. **알록달록하다.**

알루미늄 (aluminium) 은백색의 가볍고 연한 금속. 인체에 해가 없어 도시락·냄비·주전자 따위를 만드는 데 많이 쓰임.

*알리다 1 알게 하다. 통지하다. 예소식을 알리다. 2 어떤 사실을 소개하여 알게 하다. 예마감 시간을 알리다. 3 어떤 사실을 나타내거나 표시하다. 예출발을 알리다.

*알리바이 (alibi) 어떤 사건이 일어난 시각에 그 장소에 없었다는 사실을 증명하는 것. 예알리바이가 성립되다.

알림장 (一狀) [알림짱] 학교에서 숙세나 준비물, 학부모에게 알리는 내용 따위를 적는 공책.

알림창 (一窓) 컴퓨터나 스마트폰 화면에서 사용자에게 필요한 정보를 표시하여 보여 주는 작은 화면. *팝업 창.

알림판 (一板) 여러 사람에게 알리기 위한 내용을 걸거나 붙이는 판. [비]게시판.

*알맞다 [알:맏따] 일정한 기준이나 조건, 정도 따위에 넘치거나 모자라지 않다. 예소풍 가기에 알맞은 날씨. [비]적당하다.

> [참고] **알맞은**
>
> '알맞은'은 형용사 '알맞다'의 말 줄기에 어미 '-은'이 붙은 말이다. 그런데 이 말을 '알맞는'으로 잘못 쓰는 경우가 많다. '검은 꽃, 희는 눈'으로 쓰지 않듯이 형용사에 어미 '-는'은 붙여 쓸 수 없다.
>
> 예알맞은 답을 고르시오. (○)
> 　알맞는 답을 고르시오. (×)

알맹이 1 물건의 껍데기나 껍질을 벗기고 남은 속 부분. 예호두 알맹이가 굵다. 2 사물의 중심이 되는 중요한 부분. 예알맹이가 없는 이야기. 비핵심.

알몸 1 아무것도 입지 않은 몸. 예알몸으로 물장구치며 노는 아이들. 비나체. 2 재산이 전혀 없는 사람의 비유. 예알몸으로 시작한 사업.

알밤 1 익은 밤송이에서 빼내거나 떨어진 밤톨. 예알밤을 줍다. 반송이밤. 2 주먹으로 머리를 쥐어박는 일. 예알밤을 한 대 먹이다.

알부자 (-富者) 겉보다는 실속이 있는 알짜 부자.

알뿌리 덩어리 모양으로 된 뿌리. 감자·양파·마늘 따위. 비구근.

알사탕 (-沙糖) 알 모양의 잘고 동그란 사탕. 비눈깔사탕.

알선 (斡旋) [알썬] 남의 일이 잘되도록 마련하여 줌. 예취직을 알선하다. 비주선. 알선하다.

알쏭달쏭 생각이 자꾸 헛갈리어 얼른 분간이 안되는 모양. 예그가 누군지 알쏭달쏭하다. 큰얼쑹덜쑹. 알쏭달쏭하다.

알아내다 [아라내다] 1 모르던 것을 새로 깨닫다. 예속사정을 알아내다. 2 찾거나 연구하여 내다. 예행방을 알아내다.

알아듣다 [아라듣따] 1 남의 말을 듣고 그 뜻을 알다. 예알아듣도록 타이르다. 2 소리를 분간하여 듣다. 예아이의 발자국 소리를 알아듣다. 활용 알아들어 / 알아들으니 / 알아듣는.

알아맞히다 [아라마치다] 계산이나 추측 따위를 사실과 꼭 맞게 하다. 예답을 알아맞히다.

*****알아보다** [아라보다] 1 조사하거나 살펴보다. 예소문이 사실인지 알아보다. 2 다시 볼 때 잊지 않고 기억해 내다. 예개가 주인을 알아보다. 3 눈으로 보고 분간하다. 예어두워서 누구인지 알아볼 수 없었다. 4 능력이나 가치 따위를 이해하다. 예사람됨을 알아보다.

알아주다 [아라주다] 1 남의 좋은 점을 인정하여 좋게 평가하여 주다. 예실력을 알아주다 / 동네에서 알아주는 식당. 2 남의 어려움을 이해하여 주다. 예사정을 알아주다. 3 남의 특이한 성격을 인정하다. 예하여간 재 고집은 알아줘야 해. 비몰라주다.

알아채다 [아라채다] 낌새를 미리 알다. 예친구의 속마음을 알아채. 비알아차리다.

알알이 [아라리] 한 알 한 알마다. 알마다. 예알알이 여문 곡식.

알알하다 [아랄하다] 1 맛이 맵거나 독하여 혀끝이 매우 아리다. 예고추가 어찌나 매운지 혀가 알알하다. 2 상처 따위가 매우 아리다. 예일광욕을 했더니 등이 알알하다. 큰얼얼하다.

알약 (-藥) [알략] 작고 둥글게 만든 약. 비환약. ※가루약. 물약.

알은척 [아른척] ⇨알은체. 예이번 일에 대해 알은척하고 나서다 / 나를 보고 반갑게 알은척을 하다. 알은척하다.

알은체 [아른체] 1 어떤 일에 대하여 관심을 가지는 듯한 태도를 보임. 예남의 일에 알은체하지 말라. 2 사람을 알고 인사하는 듯한 표정을 지음. 예처음 본 사람에게 알은체를 한다. 비알은척. 알은체하다.

알음 [아름] 1 사람끼리 서로 아는 일. 2 알고 있음. 예알음이 많다. →아름 주의

알젓 [알젇] 생선의 알로 담근 젓.

알제리 (Algérie) 『국명』 아프리카 대륙 북서부에 있는 나라. 지중해성 기후로, 주로 포도·밀·오렌지 따위를 생산함. 국토의 대부분이 사하라 사막이며, 특히 석유가 많이 남. 수도는 알제.

알짜 여럿 중에서 가장 중요하거나 좋은 물건. 예알짜만 고르다.

알짱거리다 하는 일 없이 자꾸 돌아다니거나 뱅뱅 돌다. 예앞에서 알짱거리지 마라. 큰얼쩡거리다.

알차다 속이 꽉 차다. 실속이 있거나 내용이 충실하다. 예방학을 알차고 보람 있게 보내다.

알칼리 (alkali) 물에 잘 녹으며, 붉은 리트머스 종이를 푸른색으로 변화시키는 성질의 물질. 염기. 반산.

알칼리성 (alkali性) 알칼리가 지니는 기본적 성질. 염기성. 예알칼리성 세제. 반산성.

*****알코올** (alcohol) 쌀·보리·감자 따

위의 녹말을 원료로 하여 만든 화합물. 투명한 액체이며, 향기가 있고, 술에 들어 있음. 소독용으로 쓰이는 것도 있음. ×알콜.

알코올램프 (alcohol lamp) 알코올을 연료로 하는 램프. 그을음이 없고 화력이 강해서 실험에 쓰임.

알타미라 동굴 (Altamira洞窟) 에스파냐의 북부에 있는 선사 시대의 동굴 유적. 멧돼지·들소 따위가 그려진, 인류 역사상 가장 오래된 벽화가 있음.

알토 (이 alto) 여자 목소리에서 가장 낮은 소리. 또는 그 음역의 가수.

알통 사람의 몸에서, 근육이 불룩 튀어나온 부분.

알파 (그 alpha) 1 그리스 글자의 첫자. 'A, α'로 씀. 2 '첫째'·'처음'의 뜻. 예알파에서 오메가까지. 빤오메가. 3 '그 이상의 얼마쯤'의 뜻. 예기본 점수 플러스 알파.

알파벳 (alphabet) 유럽이나 미국에서 사용되고 있는 로마자. A, B, C… 등 26자로 되어 있음. 참고그리스 문자의 첫째 글자 알파(α)와 둘째 글자 베타(β)가 합쳐 생긴 말.

알프스산맥 (Alps山脈) 유럽 대륙의 중남부에 있는 산맥. 일년 내내 눈으로 덮인 산봉우리와 아름다운 호수가 유명함. 독일·프랑스·오스트리아·스위스·이탈리아 등의 나라와 국경을 이루고 있음.

앎 [암ː] 아는 일. 예앎은 [알ː믄] 힘이다. 빤지식. →아름 주의

***앓다** [알타] 1 병에 걸려 고통을 당하다. 예몸살을 앓다. 2 마음에 근심이 있어 속을 태우다. 예혼자서 끙끙 앓다. 발음앓고[알코] / 앓아서[아라서] / 앓으니[아르니] / 앓는[알른].

앓아눕다 [아라눕따] 병으로 자리에 눕다. 예며칠 동안 감기 몸살로 앓아눕다. 활용앓아누워 / 앓아누우니.

암¹ [암ː] '말할 것 없이 그렇다'는 뜻을 나타내는 말. 예암, 그렇고 말고. 본아무려면. 아무렴.

암² (癌) [암ː] 피부·점막 따위에 생기는 병. 몸 세포에 종기 같은 것이 생겨 한없이 커지고 퍼져 조직을 파괴하므로 사망률이 매우 높음.

암고양이 고양이의 암컷. 빤수고양이. 준암팽이. ×암코양이.

암그루 은행나무처럼 암꽃과 수꽃이 다른 그루에 피는 나무에서 암꽃이 피고 열매를 맺는 나무. 빤수그루.

암기 (暗記) [암ː기] 외워 잊지 않음. 예암기 과목 / 문장을 암기하다. **암기하다**.

암기력 (暗記力) [암ː기력] 외워 잊지 아니하는 힘. 예암기력 테스트 / 암기력이 뛰어나다.

암꽃 [암꼳] 밤나무, 호박 따위의 꽃처럼 수술은 없고 암술만 있는 꽃. 빤수꽃.

암나사 (一螺絲) 수나사를 끼울 수 있도록 구멍 안에 나선형 홈이 나 있는 나사. 빤수나사.

암놈 짐승의 암컷. 빤수놈.

암담하다 (暗澹一) [암ː담하다] 희망이 없고 막연하다. 절망적이다. 예수해로 집을 잃고 나니 살길이 암담하다.

암만¹ [암ː만] 밝혀 말할 필요가 없는 값이나 수량 따위를 일컫는 말. 예암만을 주고 샀으면 어때.

암만² ⇨아무리1. 예암만 들어도 모르겠다.

암만해도 아무리 생각하거나 힘써 보아도. 예암만해도 네 말이 맞는 것 같다.

암모니아 (ammonia) 냄새가 지독한 무색의 기체. 질소와 수소의 화합물로 물에 잘 녹으며, 화학 공업의 원료 및 비료 제조 따위에 쓰임.

암모니아수 (ammonia水) 암모니아를 물에 녹인 용액. 염기성의 무색 액체로 약품으로 많이 씀.

암반 (岩盤) 다른 바위 속으로 뚫고 들어가서 굳어진, 모양이 일정하지 않은 큰 바위. 또는 땅속에 있는 큰 암석층.

암벽 (岩壁) 벽 모양으로 깎아지른 듯이 높이 솟은 바위. 예암벽을 타다.

암산 (暗算) [암ː산] 계산기·수판 따위를 쓰지 않고 머릿속으로 계산함. 빤속셈. 빤필산. **암산하다**.

암살 (暗殺) [암ː살] 몰래 사람을 죽임. 예암살 계획을 세우다. **암살하다**.

***암석** (岩石) ⇨바위1.

암소 소의 암컷. 뗀수소. 황소.
암송 (暗誦) [암ː송] 글을 보지 않고 소리 내어 욈. 예시를 암송하다. **암송하다**.
암수 암컷과 수컷. 비자웅.
암술 수술로부터 꽃가루를 받는 꽃술. 뗀수술.
암술머리 꽃에서 암술의 꼭대기에 있어 꽃가루를 받는 부분.
암시 (暗示) [암ː시] 넌지시 깨우쳐 줌. 또는 그 내용. 힌트. 예암시를 주다. 뗀명시. **암시하다**.
암시장 (暗市場) [암ː시장] 불법적인 거래가 이루어지는 시장.
암실 (暗室) [암ː실] 실험이나 사진 현상 따위를 위하여 빛이 들어오지 못하도록 어둡게 꾸민 방.
암울하다 (暗鬱—) [아ː물하다] 어둡고 답답하고 침울하다. 예암울한 심정.
암자 (庵子) 1 큰 절에 딸린 작은 절. 2 승려가 임시로 살면서 도를 닦는 작은 집.
암초 (暗礁) [암ː초] 물속에 잠겨 있어 보이지 않는 바위. 예배가 암초에 부딪치다.
암캉아지 강아지의 암컷. 뗀수캉아지.
암캐 개의 암컷. 뗀수캐.
암컷 [암컫] 동물에서 새끼를 배는 쪽. 뗀수컷.
암키와 지붕의 고랑이 되게 젖혀 놓는 기와. 뗀수키와.
*__암탉__ [암탁] 닭의 암컷. 예암탉이 알을 품다. 뗀수탉. ⊃hen
암탕나귀 당나귀의 암컷. 뗀수탕나귀. ×암당나귀.
암톨쩌귀 문짝의 수톨쩌귀를 끼우도록 구멍이 뚫린 돌쩌귀. 뗀수톨쩌귀.
암퇘지 돼지의 암컷. 뗀수퇘지.
암투 (暗鬪) [암ː투] 겉으로 드러나지 않게 싸움. 예학생회장 자리를 놓고 치열한 암투를 벌이다. **암투하다**.
암팡지다 몸은 작아도 힘차고 다부지다. 예암팡진 목소리 / 암팡지게 대들다.
암페어 (ampere) 전류의 세기를 나타내는 단위(기호는 A).
암평아리 병아리의 암컷. 뗀수평아리. ×암병아리.

암표 (暗票) [암ː표] 불법으로 몰래 사고파는 차표나 입장권 따위의 표.
암행 (暗行) [암ː행] 정부의 관리가 특별한 임무를 띠고 자신의 신분을 숨기고 돌아다니는 일. **암행하다**.
암행어사 (暗行御史) [암ː행어사] 조선 때, 지방관들의 잘잘못과 백성의 사정을 살피기 위하여 임금이 비밀히 임시로 파견하던 벼슬아치. 준어사.
암호 (暗號) [암ː호] 비밀을 유지하기 위하여 당사자끼리만 알 수 있도록 꾸민 약속 기호. 예암호를 풀다.
암흑 (暗黑) [암ː흑] 1 어둡고 캄캄함. 예전기가 나가자 주위는 암흑으로 변했다. 2 암담하고 비참한 상태의 비유. 예암흑의 미래. 뗀광명.
압도 (壓倒) [압또] 훨씬 나은 기세나 능력으로 상대를 눌러 꼼짝 못하게 함. 예성난 기세에 압도를 당하다. **압도하다**.
압력 (壓力) [암녁] 1 어떤 물체가 다른 물체를 누르는 힘. 예공기의 압력. 2 사람에게 심리적으로 압박을 가하는 힘. 예관계 기관에 압력을 넣다.
압력솥 (壓力—) [암녁쏟] 뚜껑을 밀폐하여 용기 안의 압력을 높일 수 있도록 장치한 솥. 온도가 100℃ 이상까지 오르므로 음식물이 짧은 시간에 조리됨.
압록강 (鴨綠江) [암녹깡] 우리나라와 만주 사이에 있는, 우리나라에서 제일 긴 강. 길이 790km.
압박 (壓迫) [압빡] 1 강한 힘으로 내리누름. 예가슴을 압박하다. 2 기운을 펴지 못하게 세력으로 내리누름. 예압박을 가하다. **압박하다**.
압사 (壓死) [압싸] 무거운 것에 눌려서 죽음. 예바위 밑에 깔려 압사하다. **압사하다**.
압송 (押送) [압쏭] 피고인이나 죄인을 어느 곳에서 다른 곳으로 옮김. 예범인을 서울로 압송하다. **압송하다**.
압수 (押收) [압쑤] 1 법원이나 수사 기관 따위에서 증거물이나 몰수하여야 할 물건을 강제로 가져감. 예압수 수색을 당하다. 2 물건 따위를 강제로 빼앗음. 예만화책을 압수하다. **압수하다**.
압정 (押釘) [압쩡] 손가락으로 눌러

박는, 대가리가 크고 촉이 짧은 쇠못. 凰압핀.

압제 (壓制) [압쩨] 권력이나 폭력 위로 사람들을 억지로 복종시킴. 예압제에서 벗어나다. **압제하다**.

압축 (壓縮) 1 물질 따위에 압력을 가하여 부피를 줄임. 2 문장 따위를 줄여 짧게 함. **압축하다**.

앗 [앋] 위급하거나 놀라서 내는 소리. 예앗, 위험하다 / 앗, 차가워.

앗다[1] [앋ː따] 1 빼앗거나 가로채다. 예대형 화재가 많은 목숨을 앗아 갔다. 2 껍질을 벗기고 씨를 빼다. 예목화씨를 앗다. 3 깎아 내다. 예모서리를 앗다.

앗다[2] [앋ː따] 일을 해 주고 일로써 갚게 하다. 예품을 앗다. *품앗이.

앙가슴 젖과 젖 사이의 가운데 부분.

앙감질 한 발은 들고 한 발로만 뛰는 짓. **앙감질하다**.

앙갚음 [앙가픔] 자기에게 해를 끼친 사람에게 자기도 그에게 해를 주는 행동. 예앙갚음을 당하다. 凰보복. 복수. **앙갚음하다**.

앙금 물에 가라앉은 녹말 따위의 부드러운 가루. 凰침전물.

앙부일영 (仰釜日影) [앙ː부이령] 해시계의 한 가지. 솥 모양과 비슷한데 안쪽에 이십사절기를 나타내는 눈금을 새기고, 바늘을 꽂아 이 바늘의 그림자를 보고 시각을 알 수 있게 만듦. 凰앙부일구.

앙부일영

앙상하다 1 뼈만 남도록 바짝 마르다. 예뼈만 앙상하다. 2 나무가 잎이 지고 가지만 남아 쓸쓸하다. 예앙상한 나뭇가지. 큰엉성하다.

앙상히 앙상하게. 예가지만 앙상히 남다.

앙숙 (快宿) 앙심을 품고 서로 미워하는 사이. 예두 사람은 앙숙이다.

앙심 (快心) 원한을 품고 앙갚음하려고 벼르는 마음. 예앙심을 품다.

앙증맞다 [앙증맏따] 작으면서도 갖출 것은 다 갖추어 귀엽고 깜찍하다. 예돌잔치 때 한복을 입은 아이의 모습이 앙증맞다.

앙증스럽다 [앙증스럽따] 보기에 앙증맞은 데가 있다. 예아기 신발이 앙증스럽다. [활용] 앙증스러워/앙증스러우니.

앙칼지다 1 제힘에 넘치는 일에 악을 쓰고 덤비는 태도가 있다. 2 모질고 날카롭다. 예앙칼진 목소리.

앙케트 (프 enquête) 여러 사람에게 같은 내용을 질문하여 그에 대한 대답을 조사하는 일. 예앙케트 조사.

앙코르 (프 encore) 1 연주 따위를 마친 출연자에게 박수 따위로 다시 출연을 청하는 일. 2 호평을 받은 연극이나 영화 따위를 다시 보여 주는 일. 예앙코르 드라마.

앙큼하다 겉으로는 아닌 것 같이 행동하면서 속으로는 제 욕심을 채우려는 태도가 있다. 예앙큼한 속셈. 큰엉큼하다.

앙탈 1 시키는 대로 말을 듣지 않고 생떼를 쓰거나 고집을 부림. 예앙탈을 부리다. 2 마땅히 해야 할 것을 핑계를 대어 피하거나 꾀를 부림. **앙탈하다**.

***앞** [압] 1 얼굴이나 눈이 향한 쪽. 예책상 앞에 앉다 / 앞으로 나가다. 凰뒤. 2 차례에서 먼저 있는 편. 예앞에 서다. 3 다가올 시간. 미래. 장래. 예앞을 내다보다. ⇨front

앞(을) 다투다 서로 먼저 하려고 경쟁하다.

앞가림 [압까림] 자기 앞에 닥친 일을 겨우 처리할 만한 능력이나 처지. 예제 앞가림도 못하면서 누굴 도울 수 있겠니. **앞가림하다**.

앞 구르기 매트에서 몸을 앞으로 구르는 동작. *뒤 구르기.

앞길 [압낄] 1 집이나 마을의 앞에 있는 길. 예마을 앞길을 넓히다. 2 장차 나아갈 길. 예앞길을 가로막다. 3 앞으로 살아갈 길. 예앞길이 막막하다. 凰전도.

***앞날** [암날] 1 앞으로 올 날이나 때. 예앞날을 기약하다. 2 죽을 때까지 남은 세월. 예앞날이 얼마 남지 않았다. 凰뒷날. 장래.

앞니 [암니] 앞쪽으로 아래위에 각각 네 개씩 나 있는 이. ×앞이.

앞당기다 [압땅기다] 이미 정한 시간이나 약속을 당겨서 미리 하다. ⑩계획을 앞당기다.

앞두다 [압뚜다] 닥쳐올 때나 장소 따위를 가까이 두다. ⑩시험을 사흘 앞두다.

***앞뒤** [압뛰] 1 앞과 뒤. ⑩앞뒤를 살피다. 2 먼저와 나중. 3 앞말과 뒷말. 凪전후.

앞뒤가 맞다 이야기나 사건 따위가 이치에 맞고 조리가 있다. ⑩말의 앞뒤가 맞다.

앞뜰 [압뜰] 집 앞에 있는 뜰. ⑩앞뜰에 핀 목련. 凪앞마당. 凮뒤뜰.

앞문 (一門) [암문] 방이나 건물의 앞에 있는 문. ⑩교실 앞문이 열리다. 凮뒷문.

앞바다 [압빠다] 1 육지와 가까운 바다. ⑩인천 앞바다. 2 기상 예보에서, 한반도를 중심으로 육지로부터 동해는 20km, 서해와 남해는 40km 이내의 바다.

***앞서다** [압써다] 1 먼저 나아가다. 앞장을 서다. 2 다른 것보다 먼저 작용하다. ⑩말이 앞서는 사람. 3 앞에 있는 것을 지나쳐 가다. ⑩서로 앞서겠다고 다투다. 4 남보다 뛰어나거나 높은 수준에 있다. ⑩세계적으로 앞선 기술. 凮뒤지다.

앞서거니 뒤서거니 서로 앞에 서기도 하고 뒤에 서기도 하는 모양.

***앞세우다** [압쎄우다] 1 앞에 서게 하다. ⑩악대를 앞세운 행렬. 2 먼저 내어 놓다. ⑩경제 문제를 앞세우다.

앞소리 [압쏘리] 민요를 부를 때 한 사람이 앞서 부르는 소리. 메기는소리.

앞일 [암닐] 앞으로 닥쳐올 일. ⑩앞일이 걱정이다.

앞자리 [압짜리] 앞쪽에 있는 자리.

앞잡이 [압짜비] 1 앞에서 이끌어 주는 사람. 2 남의 끄나풀이 되어 그 지시대로 움직이는 사람. ⑩남의 앞잡이 노릇을 하다.

***앞장** [압짱] 여럿이 나아가거나 일을 할 때에 맨 앞에 서는 사람.

앞장서다 [압짱서다] 1 맨 앞에 서서 나아가다. ⑩앞장서서 싸우다. 2 어떤 일을 할 때 가장 먼저 나서서 하다. ⑩그는 남을 돕는 일에 항상 앞장선다.

앞지르다 [압찌르다] 빨리 앞가서 남보다 먼저 앞을 차지하다. ⑩앞차를 앞지르다. [활용] 앞질러 / 앞지르니.

앞치마 [압치마] 부엌일 등을 할 때 몸 앞을 가리는 치마. 에이프런. ⑩앞치마를 두르다. 凪행주치마.

앞판 (一板) [압판] 물건의 앞쪽이나 앞면에 있는 판. ⑩장롱 앞판.

***애**¹ [애:] 1 걱정에 싸인 초조한 마음속. ⑩애가 타다. 2 몸과 마음의 수고로움. ⑩애를 쓰다.

애² [애:] '아이¹'의 준말. ⑩이 애는 장난이 심하다.

애간장 (一肝腸) [애:간장] '초조한 마음속'을 강조하여 이르는 말. ⑩애간장 다 녹인다.

애간장을 저미다 간장을 저미듯 몹시 고통을 주다.

애간장(을) 태우다 몹시 안타깝고 초조해서 마음이 편칠 않다.

애걸 (哀乞) 원하는 것을 들어 달라고 애처롭게 빎. ⑩아이를 찾아 달라고 애걸하다. 애걸하다.

애걸복걸 (哀乞伏乞) [애걸복껄] 소원·요구 따위를 들어 달라고 애처롭게 빌면서 간절히 원함. ⑩애걸복걸 매달리다. 애걸복걸하다.

애교 (愛嬌) [애:교] 남에게 귀엽게 보이려고 아양을 떠는 말씨나 행동. ⑩애교를 떨다 / 애교를 부리다.

애국 (愛國) [애:국] 자기 나라를 사랑함. 凮매국. 애국하다.

애국가 (愛國歌) [애:국까] 우리나라의 국가. ⑩애국가를 부르다. *국가.

애국심 (愛國心) [애:국씸] 자기 나라를 사랑하는 마음. ⑩애국심이 강한 민족 / 애국심이 투철하다.

애국자 (愛國者) [애:국짜] 자기 나라를 사랑하는 사람. 凮매국노.

애국지사 (愛國志士) [애:국찌사] 나라를 위하여 자기의 몸과 마음을 다 바쳐 이바지하는 사람.

애기똥풀 양귀비과의 두해살이풀. 들이나 길가에 흔히 자라는 풀로 5-8월에 가지 끝에 작고 노란 꽃이 핌. 마취와 진정 효과가 있어 약으로 씀.

애꾸눈 한쪽이 먼 눈. 준애꾸.

애꿎다 [애꾿따] 1 아무 잘못 없이 어떤 일을 당하여 억울하다. 예애꿎은 누명을 쓰다. 2 그 일과는 아무런 상관이 없다. 예애꿎은 동생만 나무라지 마라. ×애꿋다.

애끊다 [애:끈타] 창자가 끊어질 듯이 몹시 슬프다. 예애끊는 통곡.

애끓다 [애:끌타] 마음이 몹시 답답하거나 안타깝다. 예애끓는 이별을 나누다.

애니메이션 (animation) 그림으로 그린 사람·동물 따위가 살아 있는 것처럼 보이게 하는 특수한 영화 기술. 만화 영화에 쓰임.

애달프다 1 마음이 안타깝거나 쓰라리다. 예애달픈 사랑. 2 애처롭고 쓸쓸하다. 예애달픈 신세. [활용] 애달파 / 애달프니.

애당초 (一當初) 일의 맨 처음. 예애당초 시작하지 말았어야지.

애도 (哀悼) 사람의 죽음을 슬퍼함. 예애도의 뜻을 표하다. **애도하다**.

애독 (愛讀) [애:독] 즐겨서 읽음. 예추리 소설을 애독하다. **애독하다**.

애독자 (愛讀者) [애:독짜] 신문이나 잡지 등의 글을 즐겨 읽는 사람.

애드벌룬 (ad balloon) 광고하는 글이나 그림 따위를 매달아 공중에 띄우는 풍선.

애로 (隘路) 어떤 일을 하는 데 방해가 되는 점. 예애로 사항 / 애로가 많다.

애매모호하다 (曖昧模糊—) [애:매모호하다] 말이나 태도 따위가 분명하지 아니하고 희미하다. 예애매모호하게 대답을 얼버무리다.

애매하다¹ [애:매하다] 아무 잘못 없이 누명을 쓰거나 꾸중을 들어 억울하다. 예공연히 애매한 사람을 들볶다. [준] 앰하다.

애매하다² (曖昧—) [애:매하다] 뜻이 희미하여 분명하지 않다. 예애매한 대답 / 밥을 먹기에는 시간이 애매하다.

애먹다 [애:먹따] 애가 탈 정도로 어려움을 겪다.

애무 (愛撫) [애:무] 이성을 사랑하여 어루만짐. **애무하다**.

애물 (一物) [애:물] 애를 태우는 물건이나 사람. [본] 애물단지.

애벌 같은 일을 되풀이할 때의 첫 번째 차례. [비] 초벌.

애벌레 [애:벌레] 알에서 깨어 어른벌레가 되기 전의 벌레. [비] 유충. [반] 어른벌레.

애비 '아비'의 잘못.

애석하다 (哀惜—) [애서카다] 슬프고 아깝다. 예그 나이에 죽다니 애석한 마음을 금할 수 없다.

애송이 애티가 남아 있어 어리게 보이는 사람.

***애쓰다** [애:쓰다] 마음과 힘을 다하여 일에 힘쓰다. 예애쓴 보람이 있다. [활용] 애써 / 애쓰니.

애완 (愛玩) [애:완] 동물이나 물건을 좋아하여 가까이 두고 귀여워하거나 즐김. 예애완 고양이.

애완동물 (愛玩動物) [애:완동물] 집에서 애완용으로 기르는 동물. 개, 고양이, 새, 금붕어 따위.

애용 (愛用) [애:용] 어떤 물건을 좋아하여 즐겨 사용함. 예국산품 애용 / 대중교통을 애용하다. **애용하다**.

애원 (哀願) 소원이나 요구 따위를 들어 달라고 간절하게 바라고 원하는 일. [비] 간청. 탄원. **애원하다**.

애인 (愛人) [애:인] 이성 사이의 사랑하는 사람. [비] 연인.

애절하다 (哀切—) 몹시 애처롭고 슬프다. 예애절한 사연.

애정 (愛情) [애:정] 사랑하는 마음. 예애정 어린 손길.

애지중지 (愛之重之) [애:지중지] 매우 사랑하고 소중히 여김. 예애지중지하며 키운 딸. **애지중지하다**.

애착 (愛着) [애:착] 사랑하고 아껴서 단념할 수가 없음. 또는 그런 마음. 예애착을 느끼다 / 애착이 강하다. **애착하다**.

애창 (愛唱) [애:창] 어떤 노래를 즐겨 부름. **애창하다**.

애창곡 (愛唱曲) [애:창곡] 좋아하여 즐겨 부르는 노래.

애처롭다 [애처롭따] 가엾고 불쌍하여 마음이 슬프다. 예애처로운 모습 / 애처롭게 울다. [활용] 애처로워 / 애처로우니.

애청 (愛聽) [애:청] 노래나 방송 따

위를 즐겨 들음. 예애청하는 곡. **애청하다**.

애초 (—初) 맨 처음. 예애초에 잘못된 일. 비당초. 애당초.

애칭 (愛稱) [애:칭] 본디의 이름 외에 친밀하게 부르는 이름.

애타다 [애:타다] 너무 걱정이 되어 속이 타는 듯하다. 예합격 소식을 애타게 기다리다.

애태우다 [애:태우다] 애타게 하다. 예돌아오지 않는 사람을 기다리며 애태우다.

애통하다 (哀痛—) 몹시 슬프고 가슴 아프다. 예교통사고로 부모를 잃었으니 애통한 일이다.

애틋하다 [애트타다] 1 애가 타는 듯하다. 예애틋한 사랑을 느끼다. 2 아끼고 위하는 정이 깊다. 예애틋한 심정을 전하다.

애프터서비스 (after+service) 물건을 판 뒤에 그 물건의 설치·수리·점검·교환 따위를 보증하고 책임지는 일. 사후 봉사.

애플리케이션 (application) 스마트폰이나 태블릿 피시 따위의 운영 체제에서 사용자가 편리하게 쓸 수 있도록 개발한 여러 가지 응용 프로그램. 앱.

애향심 (愛鄕心) [애:향심] 자기의 고향을 아끼고 사랑하는 마음.

애호¹ (愛好) [애:호] 사랑하고 즐김. 예음악을 애호하다. **애호하다**.

애호² (愛護) [애:호] 사랑하고 보호함. 예문화재를 애호하다. **애호하다**.

애호가 (愛好家) [애:호가] 어떤 사물이나 일을 사랑하고 즐기는 사람. 예바둑 애호가/동물 애호가.

애호박 덜 여문 어린 호박.

애환 (哀歡) 슬픔과 기쁨. 예삶의 애환. 비희비.

액 (液) 물이나 기름처럼 흘러 움직이는 물질. 비액체.

액세서리 (accessory) 옷과 어울려 멋을 내기 위한 장식품. 넥타이·핸드백·브로치·귀걸이 따위.

액셀러레이터 (accelerator) 발로 밟게 된 자동차의 가속 장치. 이것을 밟으면 엔진이 빨리 돌아 속도가 빨라짐. 준액셀.

액션 (action) 1 배우의 연기. 특히 격렬한 동작의 연기. 예액션 배우. 2 촬영을 시작한다는 뜻으로 감독이 외치는 말.

액운 (厄運) [애군] 모질고 사나운 일을 당할 운수.

액자 (額子) [액짜] 글·그림·사진 따위를 끼우는 틀.

***액체** (液體) 물·알코올·기름 등과 같이 일정한 부피는 있으나 모양은 넣는 그릇에 따라 변하는 물질. *고체. 기체.

액화 (液化) [애콰] 기체가 냉각 또는 압축되어 액체로 변하거나 고체가 녹아 액체로 되는 현상. 또는 그렇게 만드는 일. **액화하다**.

앨범 (album) 1 ⇨사진첩. 예졸업 앨범을 꺼내 보다. 2 음악을 모아 놓은 음반. 예앨범을 내다.

앰뷸런스 (ambulance) ⇨구급차.

앱 (app) '애플리케이션'의 준말.

앳 (at) 이메일 주소에서 아이디와 도메인 이름을 나누는 기호. '@'로 쓰고 흔히 골뱅이라고 부름.

앳되다 [앧뙤다/앧뛔다] 애티가 있어 나이보다 어려 보이다. 예나이에 비해 앳돼 보인다. ×애띠다.

앵 모기나 벌 따위가 빨리 날 때 나는 소리.

앵두 앵두나무의 열매.

앵두나무 장미과의 낙엽 활엽 관목. 높이는 3m가량임. 잎보다 먼저 흰 다섯잎꽃이 피고, 둥근 열매가 6월에 빨갛게 익음.

앵무새 (鸚鵡—) 앵무과의 새. 다리가 짧고 부리는 갈고리 모양임. 몸빛은 아름다우며 사람이나 다른 동물의 소리를 잘 흉내 냄.

앵앵거리다 모기나 벌 따위가 날아다니면서 자꾸 소리를 내다. 예모기가 귓전에서 앵앵거리다.

앵커 (anchor) 라디오나 텔레비전의 종합 뉴스를 진행하는 사람. *캐스터.

*** 야** [야:] 1 매우 놀랍거나 반가울 때 내는 소리. 예야, 참 좋구나. 2 어른이 아이를 부르거나 같은 또래끼리 서로 부르는 말. 예야, 같이 가자.

야간 (夜間) [야:간] 해가 져서 먼동

야경 이 틀 때까지. 밤 동안. 예야간 근무. 비밤사이. 반주간.

야경 (夜景) [야:경] 밤의 경치. 예야경이 아름다운 도시.

야광 (夜光) [야:광] 어두운 곳에서 빛을 냄. 또는 그런 물건. 예야광 시계.

*__야구__ (野球) [야:구] 각각 9명으로 짜여진 두 팀이 교대로 공격과 수비의 위치에 서서, 배트로 공을 쳐 득점을 겨루는 경기. 베이스볼. ⊃baseball

야구장 (野球場) [야:구장] 야구 경기를 하도록 만든 운동장.

야근 (夜勤) [야:근] 퇴근 시간 이후인 밤에 일함. 또는 그 일. 본야간 근무. 야근하다.

야금야금 [야금냐금 / 야그먀금] 무엇을 조금씩 입안에 넣고 먹거나, 축내거나 써 없애는 모양. 예그 많은 사과를 야금야금 다 먹어 버렸다. 야금야금하다.

야누스 (Janus) 로마 신화에서, 앞뒤로 두 개의 얼굴을 가진 신. 성문과 집의 문을 지키며, 전쟁과 평화를 상징함.

*__야단__ (惹端) [야:단] 1 떠들썩하게 벌어진 일. 예서로 먼저 차에 타려고 야단이다. 2 소리를 높여 마구 꾸짖는 일. 예호되게 야단을 맞다. 3 난처하거나 딱한 일. 예그거 참 야단인데. 야단하다. 야단스럽다.

야단나다 (惹端—) [야:단나다] 1 떠들썩한 일이 벌어지다. 2 매우 곤란한 일이 벌어지다. 예숙제를 못해서 야단났다.

야단맞다 (惹端—) [야:단맏따] 크게 꾸지람을 듣다. 예장난이 심해서 선생님께 야단맞았다.

야단법석 (惹端—) [야:단법썩] 여러 사람이 한데 모여 서로 떠들어 시끄러운 판. 예야단법석을 떨다.

야단치다 (惹端—) [야:단치다] 소리를 높여 크게 꾸짖다.

야당 (野黨) [야:당] 현재 정권을 잡고 있지 않은 정당. 예야당 의원. 반여당. 준야.

야들야들 [야들랴들 / 야드랴들] 부드럽고 연하며 윤이 나는 모양. 예야들야들 윤이 나는 피부. 큰이들이들. 야들야들하다.

야릇하다 [야르타다] 무엇이라고 표현할 수 없이 묘하고 이상하다. 예야릇한 기분 / 야릇한 표정.

야만 (野蠻) [야:만] 1 문화가 발달하지 못하고 뒤떨어진 상태. 또는 그런 종족. 비미개. 반문명. 2 교양이 없고 예의를 모르며 사나움. 또는 그런 사람. 예야만 행위. 반문명. 야만스럽다.

야만인 (野蠻人) [야:마닌] 미개하여 문화 수준이 낮은 사람. 비미개인. 반문명인. 문화인.

야만적 (野蠻的) [야:만적] 문명의 정도가 낮아 무식하거나 사나운 (것). 예야만적 행위.

야망 (野望) [야:망] 크게 무엇을 이루어 보겠다는 희망. 예소년이여, 야망을 가져라. 예야심.

야맹증 (夜盲症) [야:맹쯩] 밤에 시력이 크게 떨어져 잘 보이지 않게 되는 증세. 비타민 에이의 부족으로 일어남. 비밤소경.

야멸차다 ⇨야멸치다.

야멸치다 1 남의 사정을 돌보지 않고 제 일만 생각하다. 예야멸치게 뿌리치고 떠나다. 2 태도가 차고 야무지다. 예야멸치게 쏘아붙이다.

야무지다 생김새·성격·행동 따위가 빈틈이 없이 단단하다. 예솜씨가 야무지다 / 야무지게 생긴 사람.

야물다 1 과일이나 곡식 따위가 단단하게 잘 익다. 2 사람됨이나 씀씀이가 헤프지 않고 알뜰하다. 큰여물다. [활용] 야물어 / 야무니 / 야문.

야박하다 (野薄—) [야:바카다] 야멸치고 인정이 없다. 예야박한 인심 / 야박하게 굴다.

야밤 (夜—) [야:밤] 깊은 밤.

야비하다 (野卑—) [야:비하다] 성질이나 행동이 교활하고 천하다. 예야비한 말투 / 야비하게 웃다.

야사 (野史) [야:사] 민간에서 개인적으로 기록한 역사.

야산 (野山) [야:산] 들판 근처에 있는 나지막한 산.

야생 (野生) [야:생] 동식물이 산이나 들에서 저절로 나서 자람. 또는 그런 동식물. 예야생 동물. 야생하다.

야생마 (野生馬) [야:생마] 야생 상태로 사는, 길들여지지 않은 말.

야생화 (野生花) [야:생화] 산과 들에 저절로 피는 꽃. 비들꽃.

야속 (野俗) [야:속] 섭섭하여 언짢음. 예 내 마음을 몰라주는 친구가 정말 야속했다. **야속하다. 야속히. 야속스럽다.**

야수 (野獸) [야:수] 야생의 짐승. 산이나 들에서 자라 길들지 않은 짐승.

야시장 (夜市場) [야:시장] 밤에 벌이는 시장. 비야시.

야심 (野心) [야:심] 마음속에 품은 욕망이나 소망. 예 야심을 품다. 비야망.

야심만만하다 (野心滿滿一) [야:심만만하다] 야심이 가득 차 있다. 예 야심만만한 정치가.

야영 (野營) [야:영] 야외에 천막을 치고 생활함. 캠핑. 예 산에서 야영하다. **야영하다.**

야옹 고양이가 우는 소리.

***야외** (野外) [야:외/야:웨] **1** 시가지에서 좀 떨어진 들. 예 야외로 소풍을 가다. 비교외. **2** 집 밖. 예 야외 수업.

야욕 (野慾) [야:욕] 자기 잇속만 채우려는 더러운 욕심.

야위다 살이 빠져서 말라 보이다. 예 얼굴이 몰라보게 야위었다. 비살찌다. 큰여위다.

야유 (揶揄) [야:유] 남을 빈정거리며 놀림. 또는 그런 말이나 행동. 예 방청석에서 야유가 터져 나오다. **야유하다.**

야유회 (野遊會) [야:유회/야:유훼] 들이나 교외에 나가서 노는 모임. 예 야유회를 다녀오다.

야자나무 (椰子一) [야:자나무] 야자과의 상록 교목. 열대 지방에서 자라며, 줄기는 가지를 내지 않고 곧추 자람. 높이는 20~30m. 열매는 '야자'라 하여 먹으며, 잎은 지붕을 이는 데 씀. 비야자수.

야자나무

야자수 (椰子樹) [야:자수] ⇨야자나무. 예 야자수 열매를 맛보다.

야채 (野菜) [야:채] ⇨채소.

야트막하다 [야트마카다] 약간 얕은 듯하다. 예 야트막한 산/야트막하게 쌓아 올린 돌담. 큰여트막하다.

야하다 (冶一) [야:하다] 상스럽고 천하게 아리땁다. 예 야한 차림새.

야학 (夜學) [야:학] **1** 밤에 공부함. **2** 밤에 배우는 학교. 예 야학을 열다. 본야간 학교. **야학하다.**

야호 **1** 등산하는 사람들이 서로 부르거나 외치는 소리. **2** 즐거울 때 지르는 소리.

약¹ 화가 날 때의 언짢거나 분한 감정. 예 약이 오르다.

***약²** (藥) **1** 병이나 상처를 고치거나 예방하기 위해 먹거나 바르거나 주사하는 물질. 예 감기에 잘 듣는 약. **2** 해로운 동식물을 없애는 데 쓰는 물질. 농약·파리약·쥐약 따위. 예 약을 치다.

***약³** (約) 어떤 수량에 거의 가까운 정도를 나타내는 말. 예 약 10미터의 높이.

***약간** (若干) [약깐] 얼마 되지 않음. 얼마쯤. 예 약간의 돈.

약골 (弱骨) [약꼴] 몸이 약한 사람. 예 그 사람은 태어날 때부터 약골이었다. 비약질.

약과 (藥果) [약꽈] **1** 우리나라 전통의 과자. 밀가루에 기름과 꿀을 반죽하여 모양을 내서 기름에 튀기거나 지짐. 비과줄. **2** 감당할 만한 일. 예 그 정도라면 약과다.

***약국** (藥局) [약꾹] 약사가 처방전에 따라 약을 조제하거나 판매하는 곳. 비약방.

약다 [약따] 꾀가 많고 눈치가 빠르다. 예 어린 녀석이 꽤 약구나. 비영리하다.

약도 (略圖) [약또] 자세하지 않게 중요한 지점만 간단히 그린 지도. 예 약도만 보고 찾아가다.

약력 (略歷) [양녁] 학력·경력 등을 간략하게 적은 것. 예 약력 소개/지은이 약력.

약밥 (藥一) [약빱] 물에 불린 찹쌀을 시루에 쪄서 설탕·꿀·참기름·진간장·밤·대추·곶감·잣 따위를 넣고 버무려 다시 시루에 찐 음식. 비약식.

약방 (藥房) [약빵] ⇨약국.

약분(約分) [약뿐] 분수의 분모와 분자를 공약수로 나누어 간단하게 하는 일. 비맞줄임. **약분하다**.

***약사**(藥師) [약싸] 보건 복지부 장관의 면허를 받아, 의사의 처방에 따라 약을 조제하거나 의약품을 파는 사람. ×약제사.

약삭빠르다 [약싹빠르다] 꾀가 있고 눈치가 빠르며 행동이 재빠르다. 예약삭빠르게 도망치다. [활용]약삭빨라/약삭빠르니.

약세(弱勢) [약쎄] 1 기세나 세력이 약함. 2 물가나 주식 따위의 값이 내려가는 기세. 반강세.

약소(弱小) [약쏘] 힘이 약하고 작음. 반강대. **약소하다**.

약소국(弱小國) [약쏘국] 경제력이나 군사력 따위가 약하고 작은 나라. 비약소국가. 반강대국.

***약속**(約束) [약쏙] 앞으로 할 일을 상대방과 서로 정하여 놓음. 예친구와 다섯 시에 만나기로 약속했다. 비약조. 언약. **약속하다**. ⇒promise

약손(藥─) [약쏜] 1 '약손가락'의 준말. 2 아픈 곳을 만지면 낫는다고 하여 어루만져 주는 손을 이르는 말. 예엄마 손은 약손이라며 아픈 내 배를 쓸어 주셨다.

약손가락(藥─) [약쏜까락] 엄지손가락으로부터 넷째 손가락. 비무명지. 약지. 준약손.

***약수**¹(約數) [약쑤] 어떤 수나 식을 나누어 나머지가 없이 떨어지게 하는 수 또는 식. 예4의 약수는 1·2·4이다.

약수²(藥水) [약쑤] 마시면 약효가 있는 샘물.

약수터(藥水─) [약쑤터] 약수가 나는 곳.

약시(弱視) [약씨] 약한 시력. 또는 그러한 시력을 가진 사람. 특히, 안경이나 콘택트렌즈를 쓰고도 교정할 수 없는 경우를 말함.

약식¹(略式) [약씩] 정식의 절차를 줄인 간단한 방식. 반정식.

약식²(藥食) [약씩] ⇨약밥.

약용(藥用) [야공] 약으로 씀. 예약용 식물. **약용하다**.

약육강식(弱肉强食) [야귝깡식] 약한 것이 강한 것에 먹힘. 예약육강식의 동물 세계.

약자(弱者) [약짜] 힘이 약한 사람. 권력이나 재산이 없는 사람. 예약자를 돕다. 반강자.

약재(藥材) [약째] '약재료'의 준말.

약재료(藥材料) [약째료] 약을 짓는 데 쓰는 재료. 비약종. 준약재.

약점(弱點) [약쩜] 떳떳하지 못하거나 모자라서 남에게 뒤떨어지는 점. 예남의 약점을 이용하다. 비결점. 반강점.

약제(藥劑) [약쩨] 여러 가지 약을 섞어 지은 약.

약제실(藥劑室) [약쩨실] 병원이나 약국에서 약사가 약을 조제하는 곳. 비조제실.

약조(約條) [약쪼] 조건을 정하여 약속함. 또는 그 약속한 조항. **약조하다**.

약주(藥酒) [약쭈] 1 '술'의 높임말. 2 다 익은 술에 맑은 부분만 떠낸 술. 비약주술. 청주.

약지(藥指) [약찌] ⇨약손가락.

약체(弱體) 1 약한 몸. 2 실력이나 능력이 약한 조직이나 체제. 예상대 팀이 약체라고 얕보지 마라.

약초(藥草) 약으로 쓰는 풀. 예약초를 캐다. 비약풀.

약탈(掠奪) 폭력을 써서 남의 것을 강제로 빼앗음. 예금품을 약탈하다. **약탈하다**.

약품(藥品) 1 만들어 놓은 약. 2 화학적 변화를 일으키는 데 쓰는 고체나 액체의 물질. 예화공 약품.

***약하다**(弱─) [야카다] 1 힘이 세지 않다. 예물살이 약하다/열에 약하다. 2 튼튼하지 못하다. 예몸이 약해서 걱정이다. 3 연하고 무르다. 예약한 나뭇가지. 4 의지 따위가 굳세지 못하다. 예마음이 약하다. 5 능력이 모자라다. 예영어에 약하다/약한 과목을 보충하다. 반강하다. ⇒weak

약혼(約婚) [야콘] 결혼하기로 약속함. 또는 그 약속. 예약혼을 발표하다. 비혼약. 반파혼. **약혼하다**.

약혼식(約婚式) [야콘식] 약혼할 때 올리는 의식.

약화(弱化) [야콰] 힘이나 세력이 약

해짐. 예태풍의 힘이 약화되었다. 반강화. **약화하다**.

약효 (藥效) [야쿄] 약의 효험. 예약효가 떨어지다 / 약효가 없다.

얄궂다 [얄굳따] 이상야릇하고 짓궂다. 예얄궂은 질문 / 얄궂은 운명.

얄밉다 [얄밉따] 말이나 하는 짓이 매우 밉다. 예얄밉게 구는 동생. [활용] 얄미워 / 얄미우니.

얄팍하다 [얄파카다] 1 두께가 조금 얇다. 예쇠고기를 얄팍하게 썰다. 2 생각이 깊이가 없고 속이 빤히 들여다보이다. 예얄팍한 생각.

***얇다** [얄:따] 두께가 두껍지 아니하다. 예얇은 옷. 반두껍다. 큰엷다. [발음] 얇아서 [얄바서] / 얇은 [얄븐].

얌전하다 1 성질이 차분하고 말과 행동이 단정하다. 예얌전한 여학생. 2 모양이 단정하고 점잖다. 예한복을 얌전하게 차려입다.

얌전히 얌전하게. 예떠들지 말고 얌전히 앉아 있어라.

얌체 부끄러움을 모르는 사람을 낮추어 이르는 말. 예얌체같이 새치기를 하다.

얏 [얃] 힘을 쓸 때나 정신을 집중할 때 내는 소리.

양[1] 1 '모양', '듯', '것처럼' 등의 뜻을 나타내는 말. 예학자인 양 행세하다 / 돈이 많은 양 으스대다. 2 '의도'·'생각' 등의 뜻을 나타내는 말. 예공부를 할 양으로 책상에 앉았다.

***양**[2] (羊) 솟과의 가축. 털이 부드럽고 곱슬곱슬하며, 약간 구부러진 뿔이 났다. 털과 가죽은 옷 따위를 만들고, 고기와 젖은 먹음.

양[3] (陽) 수학에서 어떤 수가 0보다 큰 것. 반음.

***양**[4] (量) '수량·분량·무게' 등을 통틀어 이르는 말. 예양보다 질.

양[5] (孃) 여자의 성이나 성명, 이름 뒤에 쓰여, 결혼하지 않은 여성임을 나타내는 말. 예박 양 / 이춘희 양.

양[6] (兩) [양:] '두', '두 쪽'의 뜻. 예딱 벌어진 양 어깨 / 머리를 양 갈래로 묶다.

양가 (兩家) [양:가] 양쪽의 집.

양각 (陽刻) 조각에서, 글자나 그림 따위를 도드라지게 새김. 비돋을새김. 반음각. **양각하다**.

양강도 (兩江道) [양:강도] 『지명』 북한의 한 도. 한반도 북쪽 중앙에 위치하며 개마고원과 백두산이 있음.

양계 (養鷄) [양:계 / 양:게] 닭을 침. 또는 그 닭. **양계하다**.

양계장 (養鷄場) [양:계장 / 양:게장] 여러 가지 필요한 설비를 갖추어 놓고 닭을 기르는 곳.

양곡 (糧穀) 양식으로 쓰는 곡식. 쌀·보리·밀 따위.

양국 (兩國) [양:국] 두 나라. 예양국 간의 무역을 자유화하다.

양궁 (洋弓) 서양식의 활을 쏘아 일정한 거리에 있는 표적을 맞추어 점수를 겨루는 경기.

양귀비 (楊貴妃) 양귀비과의 한해살이풀 또는 두해살이풀. 높이는 약 1m이며 잎은 어긋나고 긴 달걀 모양임. 희거나 붉은 꽃이 피고 과실에서 아편을 얻음.

양귀비

양극[1] (兩極) [양:극] 1 남극과 북극. 2 양극(+)과 음극(-).

양극[2] (陽極) 두 전극 사이에 전류가 흐를 때 전기가 흘러나오는 쪽의 극. 비양전극. 플러스극. 반음극.

양금 (洋琴) 현악기의 하나. 사다리꼴 모양의 나무판에 열네

양금

개의 쇠줄을 매고, 대나무로 만든 채로 쳐서 소리를 냄.

양껏 (量-) [양껃] 먹을 수 있거나 할 수 있는 양의 한도까지. 하고 싶은 만큼 다. 예양껏 먹다.

양날톱 (兩-) [양:날톱] 양쪽에 날이 있는 톱. 한쪽은 켜는 톱니로, 다른 쪽은 자르는 톱니로 되어 있음.

양녀 (養女) [양:녀] 데려다 기른 딸. 비수양딸. 양딸.

***양념** 음식의 맛을 돋우기 위해 쓰는 재료를 통틀어 이르는 말. 간장·된장·마늘·파 따위. **양념하다**.

|참고| **양념의 종류**
(1) 소금 … 짠맛을 냄.
(2) 간장 … 나물·조림·구이·포·약밥 등에 구수한 짠맛을 냄.
(3) 된장 … 국·찌개의 간을 맞춤.
(4) 젓국 … 찌개·나물·생채·김치 등에 짠맛을 냄.
(5) 고추장 … 매운맛을 내게 하고 비린내 따위를 없앰. 찌개·조림·나물·구이 등에 씀.
(6) 파·마늘 … 누린내·비린내·채소의 풋내를 없앰.
(7) 기름 … { 참기름 : 나물·국 등에 씀. / 콩기름 : 볶음·전을 부치는 데 씀.
(8) 깨소금 … 고소한 맛을 냄. 나물·볶음·국 등에 씀.
(9) 설탕 … 꿀·조청·엿 등과 같이 단맛을 냄.
(10) 식초 … 신맛·감칠맛을 냄.
(11) 고춧가루·후춧가루·겨자즙 … 비린내·누린내를 없앰.
(12) 생강 … 고기의 누린내를 없앰.

양다리(兩-) [양ː다리] 양쪽 다리.
양다리(를) 걸치다 [걸다] 양쪽에서 이익을 보려고 두 편에 모두 관계를 가지다.
양달(陽-) 볕이 잘 드는 곳. 삐양지. 땐응달.
양도(讓渡) [양ː도] 권리·재산이나 법률상의 지위 등을 남에게 넘겨줌. **양도하다**.
양돈(養豚) [양ː돈] 돼지를 먹여 기름. 예양돈 농가. **양돈하다**.
양동이(洋-) 손잡이가 있어 물을 담아 들고 다닐 수 있는 원통형의 그릇. 함석 따위로 만듦.
양력(陽曆) [양녁] '태양력'의 준말. 땐음력.
양로원(養老院) [양ː노원] 의지할 데 없는 노인들을 수용하여 돌보아 주는 사회 복지 시설.
***양말**(洋襪) 발을 보호하고 따뜻하게 하기 위해 신는, 실이나 섬유 따위로 짠 것. ⊃socks
양면(兩面) [양ː면] 1 양쪽 면. 앞면과 뒷면. 예양면 복사/동전의 양면. 2 겉으로 드러나 있지 않은 다른 쪽 것. 예인간 본성의 양면을 보여주다. 3 두 가지 방면. 예수륙 양면 공격. 땐단면.
양면테이프(兩面tape) 안팎에 접착제를 바른 테이프.
양모(羊毛) 양의 털. 예양모 제품. 삐양털.
양미간(兩眉間) [양ː미간] 두 눈썹 사이. 예양미간을 찌푸리다. 준미간.
양민(良民) 선량한 백성. 예무고한 양민을 학살하다.
양반(兩班) [양ː반] 1 조선 때 지체나 신분이 높은 사람을 가리켜 부르던 말. 상류 계급의 사람. 땐상민. 2 점잖고 예의 바른 사람. 예그 사람은 행실이 참 양반이다. 3 자기 남편을 남에게 이르는 말. 예우리 집 양반.
양반탈(兩班-) [양ː반탈] 탈놀이에서 양반이나 샌님으로 나오는 사람이 쓰는 탈.
양발(兩-) [양ː발] 사람의 두 발.
양배추(洋-) 십자화과의 두해살이풀. 잎이 넓고 두꺼우며, 속잎이 여러 겹으로 뭉쳐 큰 공처럼 생긴, 서양에서 들여온 채소.
양변(兩邊) [양ː변] 1 양쪽의 가장자리. 2 등식에서, 좌변과 우변을 통틀어 일컫는 말.
양보(讓步) [양ː보] 1 길·자리·물건 따위를 사양하여 남에게 미루어 줌. 예노약자에게 자리를 양보하다. 2 자기가 내세운 주장을 굽히고 남의 의견을 따름. 예양측이 조금씩 양보하다. **양보하다**.
***양복**(洋服) 남성의 서양식 정장. 예양복을 맞추다. 땐한복.
양복점(洋服店) [양복쩜] 양복을 만들거나 파는 가게.
양봉(養蜂) [양ː봉] 꿀을 얻기 위하여 벌을 기름. **양봉하다**.
양부모(養父母) [양ː부모] 양자로 들어간 집의 아버지와 어머니.
양분[1](養分) [양ː분] 영양이 되는 성분. 삐영양분. 자양분.
양분[2](兩分) [양ː분] 둘로 나눔. 예이익을 둘이서 양분하다. **양분하다**.
양산(陽傘) 햇빛을 가리기 위하여 쓰는 우산 모양의 물건. 파라솔. 예양산을 펴다.

양상 (樣相) 사물이나 현상이 나타나는 모양이나 상태. [예] 경기의 **양상**이 달라지다.

양서 (良書) 내용이 좋은 책. 유익한 책. [예] **양서**를 소개하다 / **양서** 보급을 위해 애쓰다. [반] 악서.

양서류 (兩棲類) [양:서류] 어류와 파충류의 중간에 위치하는 척추동물의 한 무리. 개구리·도롱뇽 따위.

양성[1] (陽性) 어떤 병이 있거나 감염되었음을 알리는 성질. [반] 음성.

양성[2] (養成) [양:성] 가르쳐서 유능한 사람을 길러 냄. [예] 인재를 **양성**하다. [비] 육성. **양성하다**.

양손 (兩—) [양:손] 양쪽 손. [예] **양손**에 꽃을 들다 / **양손**을 움켜쥐다.

양송이 (洋松栮) 주름버섯과의 하나. 갓의 지름은 5-12cm, 살은 두껍고 흰색임. 여러 품종이 있으며, 재배하여 식용함.

양수 (陽數) 0보다 큰 수. [반] 음수.

양수기 (揚水機) 모터 등을 이용하여 물을 퍼 올리는 기계.

양순하다 (良順—) 착하고 순하다. [예] **양순**한 사람.

양식[1] (洋食) 서양식 음식.

***양식**[2] (糧食) 1 살아가는 데 필요한 먹을거리. [예] **양식**이 떨어지다. [비] 식량. 2 정신적인 활동에 중요한 구실을 하는 것. [예] 책은 마음의 **양식**.

***양식**[3] (樣式) 1 일정한 형식이나 방법. [예] 보고서 **양식**이 바뀌다. 2 예술 작품이나 건축물 따위에 나타나는 독특한 표현 형식. [예] 건축 **양식**.

양식[4] (養殖) [양:식] 물고기·조개·김 따위를 기르고 번식시키는 일. [예] **양식** 진주 / 김을 **양식**하다. **양식하다**.

양식업 (養殖業) [양:시겁] 물고기·조개·김 따위의 양식을 전문으로 하는 사업.

양식장 (養殖場) [양:식짱] 물고기·조개·김 따위의 양식을 전문적으로 하는 곳.

양심 (良心) 자기의 행위에 대해 옳고 그름을 판단할 줄 알고 바른 행동을 하려는 마음. [예] **양심**의 가책을 느끼다 / **양심** 있는 사람.

양심적 (良心的) 양심에 비추어 보아 부끄럽지 않은 (것). [예] **양심적**인 사람 / **양심적**으로 행동하다.

양아들 (養—) [양:아들] ⇨양자.

양약 (洋藥) 서양 의술로 만든 약. [반] 한약.

양어장 (養魚場) [양:어장] 물고기를 인공적으로 길러 번식시키는 곳.

양옆 (兩—) [양:녑] 좌우 양쪽의 옆. [예] 길 **양옆**으로 물이 흐른다.

양옥 (洋屋) 서양식으로 지은 집. [비] 양옥집. [반] 한옥.

양옥집 (洋屋—) [양옥찝] ⇨양옥.

양육 (養育) [양:육] 아이의 생활을 돌보아 주면서 기름. [예] 부모 대신 동생을 **양육**하다. **양육하다**.

양은 (洋銀) 구리·아연·니켈 등을 합금하여 만든 쇠. 빛이 희고 단단하며 녹이 나지 않음. 시계·식기·장식품 등에 쓰임.

양인 (良人) 조선 시대에 양반과 천민의 중간 신분에 속했던 사람. 양민.

양자 (養子) [양:자] 아들이 없는 집에서 대를 잇기 위해 데려다 기르는 사내아이. [비] 양아들.

양잠 (養蠶) [양:잠] 누에를 침. [비] 누에치기. **양잠하다**.

양장 (洋裝) 여자가 옷을 서양식으로 입음. 또는 그 옷. [예] **양장** 차림 / **양장**이 잘 어울린다. **양장하다**.

양장점 (洋裝店) 여자의 양장 옷을 만들거나 파는 가게.

양재 (洋裁) 양복을 재단하고 재봉하는 일. [예] **양재** 학원.

양적 (量的) [양쩍] 양으로 많고 적음을 따지는 (것). [예] **양적**으로 우세하다. [반] 질적.

양조 (釀造) [양:조] 술·간장·식초 따위를 담가서 만드는 일. [예] 술을 **양조**하다. **양조하다**.

양주 (洋酒) 1 서양식 양조법으로 만든 술. 위스키·브랜디·진 따위. 2 서양에서 들여온 술.

양지 (陽地) 햇볕이 바로 드는 곳. [비] 양달. [반] 음지.

양지바르다 (陽地—) 햇볕이 바로 잘 들다. [예] **양지바른** 집. [활용] 양지발라 / 양지바르니.

양지쪽 (陽地-) 볕이 잘 드는 쪽. 町양달쪽. 맨음지쪽.
양질 (良質) 좋은 바탕이나 품질. 예양질의 종이.
***양쪽** (兩-) [양:쪽] 상대되는 두 쪽. 예양쪽 뺨에 보조개가 있다. 町양편. 양측.
양쯔강 (중 揚子江) 티베트고원에서 시작하여 중국의 중앙부를 지나 동중국해로 흘러 들어가는, 아시아에서 제일 큰 강. 길이는 6,300km. 창장강.
양철 (洋鐵) 안팎에 주석을 입힌 얇은 철판. 통조림통·기름통 따위를 만드는 데 쓰임. 예양철 지붕. 町생철. 함석. 본서양철.
양초 (洋-) 동물의 지방이나 파라핀 등에 심지를 넣고 굳혀 만든 것으로, 불을 밝히는 데 씀. ○candle
양측 (兩側) [양:측] 1 두 편. 예양측의 대표자. 2 양쪽의 측면. 예길 양측에 도랑을 파다.
양치 '양치질'의 준말. 양치하다.
양치기 (羊-) 양을 치는 일. 또는 그 사람. 예양치기 소년.
양치식물 (羊齒植物) [양치싱물] 꽃이 피지 않고 홀씨로 번식하는 식물. 고사리 따위.
양치질 소금이나 치약 등으로 이를 닦고, 물로 입안을 가셔 내는 일. 준양치. 양치질하다.
양친 (兩親) [양:친] 아버지와 어머니. 町부모.
양칫물 [양친물] 양치할 때 쓰는 물.
양탄자 (洋-) 짐승의 털을 굵은 베실에 박아 짠 피륙. 흔히 방바닥이나 마룻바닥에 깖. 카펫.
양털 (羊-) 양의 털. 町양모.
***양파** 백합과의 두해살이풀. 잎은 가늘고 길며, 줄기 끝에 꽃이 핌. 땅속의 비늘줄기는 매운맛과 특이한 향기가 있어서 널리 식용함. 페르시아가 원산지임.
양팔 (兩-) [양:팔] 양쪽 팔. 예양팔을 벌리다.
양팔저울 (兩-) [양:팔저울] 가로 막대의 중심을 받치고 양쪽에 똑같은 접시가 달린 저울. 町천칭.
양편 (兩便) [양:편] 양쪽 편. 두 편. 예양편이 비기다.
양푼 음식을 담거나 데우는 데 쓰는 넓고 둥근 놋그릇.
양해 (諒解) 남의 사정을 잘 헤아려 너그러이 받아들임. 예양해를 구하다 / 양해를 얻다. 양해하다.
양호실 (養護室) [양:호실] 학교에서 학생들의 건강이나 위생 따위의 일을 맡아볼 수 있도록 마련한 곳.
양호하다 (良好-) 매우 좋다. 예성적이 양호하다.
***얕다** [얃따] 1 깊지 않다. 예얕은 물. 2 학문이나 지식이 적다. 예얕은 지식. 3 생각이나 마음 쓰는 것이 너그럽지 않다. 예얕은 생각. 맨깊다. 园옅다.
얕보다 [얃뽀다] 업신여겨 깔보다. 실제보다 얕잡아 보다. 예얕볼 상대가 아니다. 町깔보다. 넘보다.
얕잡다 [얃짭따] 남의 능력을 업신여겨 하찮게 대하다. 예어리다고 얕잡아 보지 마라.

주의 **얕잡다**와 **낮잡다**
얕잡다 (사람의 인품이나 능력 따위를) 실제 지닌 값어치보다 낮게 평가하여 아무렇게나 대접하다.
낮잡다 (사물의 질이나 가치 따위를) 실제 지닌 값어치보다 낮게 평가하여 아무렇게나 다루다.

***얘** [얘:] 손아랫사람이나 친구를 부르는 말. 예얘, 이리 오너라.
***얘기** [얘:기] '이야기'의 준말. 예얘기를 나누다. 얘기하다.
얘깃거리 [얘:기꺼리 / 얘:긷꺼리] '이야깃거리'의 준말.
***어** 가벼운 놀람이나 당황한 느낌 따위를 나타내는 소리. 예어, 차에 우산을 두고 내렸네. 죅아.
어간 (語幹) [어:간] 말의 줄기. 곧 동사·형용사의 활용에서 변하지 않는 부분. '먹다, 먹고, 먹으면'에서 '먹-'과 같은 말. *어미.
어감 (語感) [어:감] 말소리나 말투의 차이에 따른 느낌. 예어감이 다르다.
어구 (語句) [어:구] 말의 구절.
어귀 드나드는 목의 첫머리. 예마을 어귀. 町입구.

어근 (語根) [어ː근] 어떤 낱말에서 실질적인 뜻을 나타내며 더 이상 쪼갤 수 없는 가장 작은 뜻의 단위. '탐스럽다'의 '탐', '맨주먹'의 '주먹', '덮개'의 '덮ㅡ' 따위.

어금니 송곳니의 안쪽에 있는 큰 이. 이의 가운데가 오목하며 음식물을 잘게 부수는 역할을 함.

어긋나기잎 [어근나기입] 줄기의 마디마다 하나씩 어긋나게 달린 잎.

어긋나다 [어근나다] 1 서로 엇갈리다. ⑩길이 어긋나다. 2 서로 맞지 아니하다. ⑩뼈가 어긋나다. 3 기대에 맞지 않거나 기준에서 벗어나다. ⑩기대에 어긋나다.

어기다 약속·시간·명령 등을 지키지 아니하다. ⑩약속을 어기다.

어기여차 여럿이 힘을 합할 때에 일제히 내는 소리. 圓어여차.

어김없다 [어기멉따] 어기는 일이 없다. 틀림이 없다. ⑩그는 어김없는 사람이다.

어김없이 [어기멉씨] 어기는 일 없이. ⑩약속한 것은 어김없이 지킨다. 圓틀림없이.

어깃장 [어기짱/어긷짱] 짐짓 고분고분 따르지 않고 뻗대는 행동. ⑩어깃장을 놓다.

*어깨** 사람의 몸에서, 목의 아래 끝에서 팔의 위 끝에 이르는 부분. ⑩어깨를 쫙 펴고 걷다. ⇒shoulder

　어깨가 가볍다 무거운 책임이나 부담을 덜어 홀가분하다.

　어깨가 무겁다 무거운 책임을 져서 마음의 부담이 크다.

어깨걸이 [어깨거리] 1 어깨에 걸쳐서 앞가슴 쪽으로 드리우는 긴 천. 圓숄. 2 어깨에 멜 수 있도록 만든 끈이나 줄.

*어깨동무** 서로 팔을 상대의 어깨 위에 얹어 끼고 나란히 서는 것. **어깨동무하다**.

어깨뼈 척추동물의 팔과 손을 이루는 뼈와 몸통을 연결하는 등 위쪽의 한 쌍의 뼈. 圓견갑골.

어깨춤 신이 나서 어깨를 으쓱거리는 일. 또는 그렇게 추는 춤. ⑩흥에 겨워 어깨춤이 절로 난다.

어깻죽지 [어깨쭉찌/어깯쭉찌] 팔이 어깨에 붙은 부분.

어깻짓 [어깨찓/어깯찓] 어깨를 흔들거나 으쓱거리는 짓. **어깻짓하다**.

어눌하다 (語訥—) [어ː눌하다] 말을 유창하게 하지 못하고 더듬는 데가 있다. ⑩말투가 어눌해서 잘 알아듣지 못하겠다.

*어느** 1 여럿 가운데의 어떤. ⑩어느 것이 맞는 답이냐. 2 확실하지 않은 사람·사물·때·곳 따위를 가리키는 말. ⑩눈이 내리던 어느 겨울 저녁이었다.

*어느덧** [어느덛] 어느 사이인지 모르는 동안에. ⑩여름이 가고 어느덧 가을이 왔다.

어느새 어느 틈에 벌써. ⑩어느새 중학생이 되었구나.

어는점 (—點) [어ː는점] 물이 얼기 시작할 때, 또는 얼음이 녹기 시작할 때의 온도. 곧, 0℃임. ⑩어는점 이하로 내려가다.

어댑터 (adapter) 다른 전기나 기계 장치를 서로 연결하는 데 사용하는 기구. ⑩전기 어댑터.

어두움 '어둠'의 본말.

어두컴컴하다 어둡고 컴컴하다. ⑩어두컴컴한 골목길.

어둑어둑하다 [어두거두카다] 사물을 똑똑히 알아볼 수 없을 만큼 어둡다. ⑩어둑어둑해서야 목적지에 겨우 도착했다.

어둑하다 [어두카다] 꽤 어둡다. ⑩날이 어둑하다 / 밖은 이미 어둑하게 저물었다.

*어둠** 어두운 상태. 또는 그런 때. ⑩어둠이 깔리다 / 어둠에 싸이다.

어둠상자 (—箱子) [어둠쌍자] 1 빛의 성질을 알아보는 데 쓰기 위하여 안을 검게 칠한 상자. 2 카메라처럼, 밖에서 빛이 들어오지 않게 만든 상자.

어둠침침하다 어둡고 침침하다. ⑩방이 어둠침침하다.

*어둡다** [어둡따] 1 빛이 없어 환하지 않다. ⑩어두운 골목길. 2 시력이나 청력이 약하다. ⑩귀가 어둡다. 3 어떤 일에 대해 잘 모른다. ⑩세상일에 어둡다. 4 빛깔의 느낌이 무겁고 짙다. ⑩어두운 보랏빛. 5 분위기나 표정, 성

격 따위가 침울하고 무겁다. [예] 표정이 몹시 어둡다. 6 예상이나 전망이 좋지 않다. [예] 수출 전망이 어둡다. [반] 밝다. [활용] 어두워 / 어두우니. ➲ dark

***어디**[1] 1 잘 모르는 어느 곳. [예] 어디로 가느냐. ➲ where 2 정해져 있지 않거나 꼭 집어 댈 수 없는 곳. [예] 어디를 가도 값은 비슷하다. 3 수량·장소·범위가 매우 중요함을 가리키는 말. [예] 여기가 감히 어디라고 큰소리를 치느냐.

어디[2] 1 벼르거나 다짐하는 뜻을 강조하는 말. [예] 어디, 변명이나 들어 보자. 2 되물어 강조할 때 쓰는 말. [예] 그게 어디 말이나 되는 소리입니까.

어떠어떠하다 성질이나 상태가 어떠하고 어떠하다. 구체적으로 밝혀 말하기 어렵거나 밝힐 필요가 없을 때 씀. [예] 어떠어떠한 물건들을 사 왔느냐.

***어떠하다** 생각, 느낌, 상태, 형편 등이 어찌 되어 있다. '어떻다'의 본말. [예] 요즈음 건강은 좀 어떠하냐. [준] 어떻다.

어떡하다 [어떠카다] '어떻게 하다'의 준말. [예] 다 청소하는데 너만 놀면 어떡하니.

***어떤** '어떠한'의 준말. [예] 어떤 옷을 입어도 잘 어울린다. ➲ any, some

***어떻게** [어떠케] '어떠하게'의 준말. [예] 그 문제를 어떻게 풀었니 / 내가 어떻게 도와줄까. ➲ how

***어떻다** [어떠타] 생각, 느낌, 상태, 형편 등이 어찌 되어 있다. '어떠하다'의 준말. [예] 거기 날씨는 좀 어때 / 네 생각은 어떠니. [활용] 어떠니 / 어때서.

어라 가볍게 놀라거나 당황한 느낌 따위를 나타낼 때 쓰는 말. [예] 어라, 여기 있던 책이 어디 갔지.

어레미 바닥의 구멍이 굵은 체. [예] 쌀가루를 어레미로 치다.

***어려움** 하기에 힘들거나 괴로운 것. [예] 어려움을 이겨 내다.

어려워하다 1 사람을 두려워하거나 조심스럽게 대하다. [예] 어려워하지 말고 편히 앉아라. 2 힘겹게 여기다. [예] 수학을 제일 어려워하다.

어련하다 잘못할 리가 없다는 뜻으로 쓰이는 말. [예] 자네가 한 일인데 어련하겠나.

어련히 어련하게. [예] 그 사람이 어련히 알아서 할까.

어렴풋이 [어렴푸시] 어렴풋하게. [예] 어렴풋이 생각나다.

어렴풋하다 [어렴푸타다] 1 기억이나 생각이 분명하지 않다. [예] 그의 모습이 어렴풋하게 떠올랐다. 2 잘 보이거나 잘 들리지 않아 희미하다. [예] 어렴풋하게 들리는 목소리. [작] 아렴풋하다.

***어렵다** [어렵따] 1 하기가 까다로워 힘에 겹다. [예] 문제가 어렵다. [반] 쉽다. ➲ difficult, hard 2 살림이 가난하다. [예] 어렵게 살다. 3 상대방과 거리감이 있어 대하기가 조심스럽고 거북하다. [예] 선생님을 어렵게 여기다. 4 이해하기에 까다롭다. [예] 한자가 많아서 읽기가 어렵다. 5 가능성이 거의 없다. [예] 믿기 어렵다. [활용] 어려워 / 어려우니.

어로 (漁撈) 물고기 따위의 수산물을 잡거나 거두어들이는 일.

어루만지다 1 가볍게 쓰다듬으며 만지다. [예] 할머니께서는 늘 내 등을 어루만져 주셨다. 2 달래거나 위로하여 마음이 편하도록 하여 주다. [예] 아픈 마음을 어루만지다.

어류 (魚類) 물고기를 통틀어 이르는 말. 지느러미가 있으며, 물속에서 아가미로 호흡함.

어르다 [어:르다] 어린아이를 달래거나 기쁘게 하여 주다. [예] 우는 아기를 어르다. [활용] 얼러 / 어르니.

> [주의] **어르다**와 **으르다**
>
> **어르다** 어린아이를 달래거나 기쁘게 하여 주다란 뜻으로, '어르고 / 어르니 / 어르는 / 얼러서 / 어른다 / 얼러라'로 쓰인다. 얼르다는 잘못된 말이다.
>
> **으르다** 상대방이 겁을 먹도록 말이나 행동으로 위협하는 것을 나타내는 뜻으로, '으르고 / 으르니 / 으르는 / 을러서 / 으른다 / 을러라'로 쓰인다. 을르다는 잘못된 말이다.

어르신 [어:르신] ⇨어르신네. [예] 마을 어르신들을 모시고 잔치를 열었다.

어르신네 [어:르신네] 남의 아버지나 나이 많은 사람을 높여 이르는 말. [예] 자네 어르신네 건강은 좀 어떠신가.

어른 [어:른] 1 다 자란 사람. 예어른같이 의젓하게 말한다. 빈성인. 2 나이 많은 사람을 높여 부르는 말. 예집안의 어른. 3 남의 아버지를 높여 이르는 말. 예자네 어른과는 잘 아는 사이일세.

어른거리다 1 무엇이 보였다 안 보였다 하다. 예아들의 모습이 눈앞에 어른거리다. 2 큰 무늬나 희미하게 비치는 그림자가 자꾸 움직이거나 흔들리다. 쫙아른거리다. 쎈얼른거리다.

어른벌레 [어:른벌레] 곤충의 형태를 완전히 갖추고 알을 낳을 수 있게 된 벌레. 빈성충. 엄지벌레. 빈애벌레.

어른스럽다 [어:른스럽따] 어린아이의 말이나 행동이 의젓하고 어른 같은 데가 있다. 예나이에 비해 어른스럽다. 활용 어른스러워 / 어른스러우니.

어름 [어:름] 1 두 물건의 끝이 맞닿은 자리. 2 물건과 물건의 한가운데. 3 어떠한 시간이나 장소의 테두리 안. 예생일잔치는 오후 네 시 어름에야 끝났다.

> 주의 **어름**과 **얼음**
> **어름** 두 물건의 끝이 닿은 데. 예바다와 하늘이 닿은 어름이 수평선이다.
> **얼음** 물이 얼어서 굳어진 것. 예얼음이 얼다.

어름치 잉엇과의 민물고기. 몸은 25cm 정도이고 옆으로 납작하며 은색을 띰. 우리나라 특산종으로 천연기념물임.

어리광 어른에게 귀염을 받으려고 일부러 어리고 예쁘게 보이는 짓. 예어리광을 떨다 / 어리광을 부리다. **어리광하다**.

어리굴젓 [어리굴젇] 소금을 뿌린 굴에 고춧가루를 섞어 삭힌 것.

어리다¹ 1 눈에 눈물이 괴다. 예눈물이 어리다. 2 어떤 현상·기운·감정 따위가 배어 있거나 나타나다. 예정성이 어린 선물. 3 빛이나 그림자 따위가 희미하게 비치다. 예물 위에 어리는 그림자.

***어리다**² 1 나이가 적다. 예어린 시절을 시골에서 보냈다. 2 생각이 모자라거나 경험이 적거나 수준이 낮다.

어리둥절하다 정신이 얼떨떨하다. 예어리둥절한 표정을 짓다.

어리벙벙하다 어리둥절하여 갈피를 잡을 수 없다.

***어리석다** [어리석따] 생각이 모자라다. 슬기롭지 못하고 둔하다. 예어리석은 행동. 빈똑똑하다.

어리숙하다 [어리수카다] ⇨어수룩하다.

어린것 [어린걷] 어린아이나 나이 어린 사람을 낮추어 이르는 말. 예어린 것이 영리하기도 하지.

어린뿌리 아직 성장하지 못한 뿌리. 싹이 튼 후 자라서 뿌리가 됨.

어린아이 [어리나이] 나이가 적은 아이. 예어린아이가 의젓하다. 준어린애.

***어린애** [어리내] '어린아이'의 준말.

***어린이** [어리니] 어린아이를 대접해서 이르는 말. 4, 5세부터 초등학생까지의 아이를 가리킴. 빈어른.

어린이날 [어리니날] 어린이를 사랑하고 보호하자는 뜻에서 정한 날. 5월 5일.

어린이집 [어리니집] 6세 미만의 어린이를 돌보고 기르는 시설. *놀이방.

어린이 헌장 (一憲章) 어린이의 권리와 복지를 보장해 줄 것을 어른 전체가 약속한 헌장. 1957년 5월 5일에 선포하였음.

어린이회 (一會) [어리니회 / 어리니훼] 초등학교 어린이들이 스스로 학교생활을 해 나가기 위하여 만든 모임.

어린잎 [어린닙] 새로 나온 연한 잎. 예차나무의 어린잎을 따다.

어림 대강 짐작으로 헤아림. 예어림으로 계산하다. **어림하다**.

어림셈 대강 짐작으로 하는 셈. 예어림셈으로 따져 봐도 백만 원은 된다. **어림셈하다**.

***어림수** (一數) [어림쑤] 대강 짐작으로 잡은 수.

어림없다 [어리멉따] 1 도저히 될 가망이 없다. 예어림없는 소리 마라. 2 너무 많거나 커서 대강 짐작도 할 수 없다.

어림잡다 [어림잡따] 대강 짐작으로 헤아려 보다. 예어림잡아 100명은 될

어림재기 길이·무게·면적 따위를 대강 짐작으로 재는 일.

어림짐작 (一斟酌) 어림으로 대강 헤아리는 짐작. 예말만 듣고 어림짐작으로 찾아가다. **어림짐작하다**.

어릿광대 [어릳꽝대] 공연이나 쇼가 시작되기 전에 먼저 나와서 우습고 재미있는 말과 행동으로 관객을 웃기는 사람. 피에로.

어마마마 (一媽媽) 궁중에서, 임금이나 임금의 아들딸이 자신의 어머니를 부르던 말.

어마어마하다 규모가 엄청나고 굉장하다. 준어마하다.

어망 (漁網) 물고기를 잡는 데 쓰는 그물.

어머 '어머나'의 준말. 작어마.

어머나 몹시 놀랐을 때에 주로 여자들이 내는 소리. 예어머나, 벌써 꽃이 피었네. 준어머.

*__어머니__ 1 자기를 낳은 여자. 예어머니께선 주무신다. 2 자녀를 가진 부인을 두루 일컫는 말. 예친구 어머니. 비모친. 반아버지. 높어머님. ◐mother

*__어머님__ '어머니'를 높여 이르는 말. 예어머님, 오래오래 사십시오.

어머머 '어머'를 잇따라 내는 소리. 예어머머, 어머머, 애 좀 봐.

어멈 1 '어미'를 조금 대접하여 이르는 말. 2 윗사람이 자식 있는 여자를 친근히 일컫는 말. 반아범.

어명 (御命) [어:명] 임금의 명령. 예어명을 내리다 / 어명을 받들다.

어묵 (魚一) 생선의 살을 으깨어 소금·설탕·녹말가루 등을 섞고, 여러 가지 모양으로 만들어 익힌 음식.

어물 (魚物) 생선 또는 생선을 가공하여 말린 것.

어물거리다 말이나 행동을 시원스럽게 하지 않고 꾸물거리다. 예어물거리다가 버스를 놓쳤다.

어물어물 [어무러물] 어물거리는 모양. 예어물어물 말꼬리를 흐리다. **어물어물하다**.

어물전 (魚物廛) 생선·김·미역 따위의 어물을 파는 가게.

*__어미__[1] 1 '어머니'의 낮춤말. 예친정 어미. 2 자식 있는 남자가 부모나 장인, 장모에게 자기 아내를 일컫는 말. 반아비. 3 새끼나 알을 낳은 동물의 암컷. 예어미 소.

어미[2] (語尾) [어:미] 동사·형용사의 말 줄기에 붙어 경우에 따라 여러 가지로 변하는 부분. '먹다, 먹고, 먹으면'에서 '다, 고, 으면' 따위. ※어간.

어미자 수학에서, 고정되어 있는 자를 '아들자'에 상대하여 이르는 말. 큰 치수를 재는 데 씀.

어민 (漁民) 물고기를 잡거나 기르는 일을 하는 사람. 비어부.

어버이 아버지와 어머니를 아울러 부르는 말. 비부모.

어버이날 어머니와 아버지에 대한 감사와 존경심을 되새기기 위해 정한 날. 5월 8일.

어법 (語法) [어:뻡] 말의 일정한 법칙. 예어법에 맞다 / 어법에 어긋나다. 비문법.

*__어부__ (漁夫) 고기잡이를 직업으로 하는 사람. 비어민.

어부바 어린아이가 업어 달라고 하는 소리. 또는 어린아이에게 업히라고 부르는 소리. **어부바하다**.

어사 (御史) [어:사] '암행어사'의 준말. 예어사가 뜨다.

어사화 (御賜花) [어:사화] 조선 시대에, 임금이 과거 시험에 급제한 사람에게 내리던, 종이로 만든 꽃.

어색하다 (語塞一) [어:새카다] 1 서먹서먹하여 멋쩍고 쑥스럽다. 예마주 보고 앉아 있기가 어색하다. 2 격식·규범·관습 따위에 맞지 않아 자연스럽지 아니하다. 예표현이 어색하다.

*__어서__ 1 '빨리·곧'의 뜻으로 빨리하기를 재촉하는 말. 예어서 가거라. 2 반갑게 맞아들이거나 간절히 권하는 말. 예어서 오십시오 / 어서 앉아라. 비속히. 얼른.

어서어서 '어서'의 힘줌말.

어선 (漁船) 고기잡이를 하는 배. 예원양 어선. 비고기잡이배. 고깃배.

어설프다 [어:설프다] 1 하는 일이 몸에 익지 않아 엉성하고 거칠다. 예일 솜씨가 어설프다. 2 짜임새가 없고 허술하다. 예어설픈 지식. 활용어설퍼·

어설프니.

어수룩하다 [어수루카다] 똑똑하지 아니하고 조금 어리석은 듯하다. ㉮어수룩한 사람. 町어리숙하다.

어수선하다 1 가지런하지 않고 마구 헝클어져 있다. ㉮방 안이 몹시 어수선하다. 2 마음이 뒤숭숭하고 어지럽다. ㉮정신이 어수선하다.

어스름 저녁이나 새벽의 약간 어둑한 상태. 또는 그런 때. **어스름하다**.

> [주의] **어스름**과 **으스름**
> **어스름** 저녁이나 새벽의 조금 어둑한 상태나 그런 때를 나타내는 말. 뒤에 '-하다'가 붙을 수 있다. ㉮새벽 어스름 / 저녁 어스름이 깔리다.
> **으스름** 빛 따위가 침침하고 흐릿한 상태를 나타내는 말. 뒤에 '-하다'가 붙을 수 있다. ㉮으스름 황혼 / 으스름달 / 으스름달밤 / 으스름한 달빛.
> * 달빛이 침침하고 흐릿하게 비치는 밤은 '으스름달밤'이고 흐릿한 빛을 내는 달은 '으스름달'이다. '어스름달밤', '어스름달'은 틀린 말이다.

어슬렁거리다 몸집이 큰 사람이나 짐승이 천천히 걸어가다.

어슬렁어슬렁 몸집이 큰 사람이나 짐승이 천천히 걷는 모양. **어슬렁어슬렁하다**.

어슴푸레 1 빛이 어둑하고 희미한 모양. ㉮어슴푸레 여명이 창문으로 비치다. 2 기억이 희미한 모양. ㉮어릴 적 모습이 어슴푸레하게 떠오르다. 3 희미하고 흐릿한 모양. ㉮어둠 속에 무엇인가 어슴푸레 보인다. [작]아슴푸레. **어슴푸레하다**.

어슷비슷하다 [어슫삐스타다] 큰 차이 없이 서로 비슷하다. ㉮두 선수의 실력이 어슷비슷하다.

어시스트 (assist) 축구·농구 따위에서, 득점할 수 있는 좋은 위치에 있는 선수에게 공을 보내는 일. 또는 그런 선수.

어시장 (魚市場) 생선 따위의 수산물을 파는 시장. [준]어시.

어안 [어:안] 어이없어 말을 못 하고 있는 혀 안.
　어안이 벙벙하다 뜻밖에 놀라운 일을 당했거나 기가 막혀서 말이 안 나오다. 기가 막히는 일을 당해 어리둥절하다.

어언 (於焉) 알지 못하는 동안에 어느덧. ㉮고향을 떠난 지도 어언 십여 년이 되었다.

어업 (漁業) 물고기·조개·김·미역 따위를 잡거나 기르는 일.

어여쁘다 '예쁘다'의 예스러운 말. [활용] 어여뻐 / 어여쁘니.

어여삐 보기에 사랑스럽고 귀엽게. ㉮어여삐 여기다.

어엿하다 [어여타다] 행동이 당당하고 떳떳하다. ㉮나는 어엿한 한국 사람이다.

어영대장 (御營大將) [어ː영대장] 조선 시대 군영의 하나인 어영청의 으뜸 벼슬. 품계는 종이품.

어영부영 되는대로 아무렇게나 어물어물 넘겨서 행동하는 모양. ㉮어영부영 시간을 보내다. **어영부영하다**.

어우러지다 여럿이 모여 한 덩어리나 한판을 이루게 되다. ㉮남북이 함께 어우러지다.

****어울리다** 1 어우르게 되다. ㉮어울려 떼를 지어 다니다. 2 한데 섞이어 편하고 자연스럽게 보이다. ㉮잘 어울리는 부부 / 사이좋게 어울려 지내다. [준]얼리다. [작]아울리다.

어울림 사람이나 물건이 서로 잘 조화를 이룸. ㉮피아노와 바이올린의 어울림 / 사람과 사람의 어울림.

어원 (語源) [어ː원] 어떤 낱말이 이루어진 본바탕.

어유 1 뜻밖에 벌어진 일에 놀랐을 때 내는 소리. ㉮어유, 큰일났군. 2 피곤하고 힘에 부칠 때 내는 소리. ㉮어유, 무거워.

어음 일정한 금액을 지정한 날짜와 장소에서 조건 없이 치를 것을 약속하는 증서.

어의 (御醫) [어ː의 / 어ː이] 예전에, 궁중에서 임금이나 왕족의 병을 치료하던 의원.

어이구 1 몹시 아프거나 힘들거나 놀라거나 원통하거나 기가 막힐 때 내는 소리. ㉮어이구, 깜짝이야. 2 몹시 반갑거나 좋을 때 내는 소리. ㉮어이구,

어이없다 [어이업따] 일이 너무 뜻밖이어서 기가 막히는 듯하다. 🔁어처구니없다.

어이없이 [어이업씨] 일이 너무 뜻밖이어서 기가 막히는 듯하게. 🔁어처구니없이.

어이쿠 '어이구'를 강조한 말.

***어장** (漁場) 1 고기잡이를 하는 곳. 2 풍부한 수산 자원이 있고, 고기가 잘 잡히는 수역. 📖멸치 어장.

어저께 ⇨어제. 📖그녀는 어저께 떠났다.

어전 (御前) [어:전] 임금의 앞. 📖어전을 물러 나오다.

어절 (語節) [어:절] 문장을 구성하고 있는 각각의 마디. '철수가 그림책을 본다'에서 '철수가', '그림책을', '본다' 따위.

어정쩡하다 1 분명하지 않고 흐릿하다. 📖어정쩡하게 대답하다. 2 얼떨떨하고 난처하다. 📖어정쩡한 태도로 서 있다.

***어제** 오늘의 하루 전날. 📖어제 친구들과 학교 운동장에서 놀았다. 🔁어저께. 작일. ⇨yesterday

어제오늘 어제와 오늘이라는 뜻으로, 아주 최근. 📖환경 오염은 어제오늘의 일이 아니다.

어제저녁 어제의 저녁. 📖어제저녁에 소식을 들었다 / 어제저녁부터 기온이 떨어졌다. 🔁엊저녁.

어젯밤 [어제빰 / 어젣빰] 어제의 밤. 📖어젯밤에 겨우 도착했다.

어조 (語調) [어:조] 말의 가락. 📖날카로운 어조로 꾸짖다.

어족¹ (魚族) 여러 가지 물고기들. 📖어족 보호 대책이 시급하다. 🔁어류.

어족² (語族) [어:족] 각 언어의 구조나 어법, 그 계통이 같은 기원이라고 보는 말들의 한 묶음. 인도유럽 어족, 우랄 어족, 알타이 어족 따위.

어중간하다 (於中間一) 1 거의 중간에 가깝다. 📖어중간한 크기. 2 이것에도 저것에도 알맞지 아니하다. 📖시간이 어중간하다.

어지간하다 1 어떤 기준에 거의 가깝다. 📖성적이 어지간히 좋아졌다. 2 꽤 무던하다. 📖참는 걸 보니 너도 참 어지간하다.

어지간히 어지간하게. 📖성질도 어지간히 급하다.

어지러이 어지럽게.

***어지럽다** [어지럽따] 1 현기증이 나고 정신이 얼떨떨하다. 📖머리가 어지럽다. 2 모든 것이 혼란하고 어수선하다. 📖어지러운 세상을 바로잡다. 활용 어지러워 / 어지러우니.

어지럽히다 [어지러피다] 어지럽게 하다. 📖아이들이 방을 어지럽히다 / 질서를 어지럽히다 / 민심을 어지럽히다.

어지르다 정돈되어 있는 것을 함부로 늘어놓아 어지럽게 하다. 📖방 안을 제발 어지르지 마라. 활용 어질러 / 어지르니.

어질다 마음이 너그럽고 착하며 슬기롭고 덕이 많다. 📖어진 임금. 활용 어질어 / 어지니 / 어진.

***어째** '어찌하여'의 준말. 📖옷차림이 어째 그 모양이냐.

***어째서** 어떤 까닭으로.

어쨌든 [어짿든] '어찌하였든'의 준말. 📖어쨌든 시키는 대로 해라.

어쩌고저쩌고 이렇다는 둥 저렇다는 둥 말을 늘어놓는 모양. 📖음식 맛이 어쩌고저쩌고 말이 많다. 🔁이러쿵저러쿵.

***어쩌나**¹ 1 '어찌하다'의 준말. 📖미안해서 어쩌나. 2 어떤 이유가 있거나 어떤 이유로 하다. 📖이렇게 추운데 어쩐 일이오.

어쩌다² 1 '어쩌다가'의 준말. 📖어쩌다 말이 잘못 나왔네. 2 어찌하다. 📖어쩌다 접시를 깨트렸다.

어쩌다가 1 뜻밖에 우연히. 📖어쩌다가 만난 옛 친구. 2 이따금 또는 가끔. 📖어쩌다가 보는 영화. 🔁어쩌다.

***어쩌면** 1 혹. 어떤 경우에는. 📖어쩌면 갔을지도 모른다. 본 어찌하면. 2 뜻밖의 일에 감탄하는 소리. 📖어쩌면 그리도 잘하느냐. 🔁어쩜.

***어쩐지** 어찌 된 까닭인지. 📖어쩐지 좀 으스스하다.

어쩜 '어쩌면'의 준말. 📖어쩜 저렇게 예쁠까.

***어찌** 1 어떠한 이유로. 예어찌 걱정이 안 되겠습니까. 2 어떠한 방법으로. 예그 문제를 어찌 풀었니. 3 어떠한 관점에서. 예어찌 보면 잘된 일인지도 몰라. 4 강도나 정도가 대단하게. 예책이 어찌 많은지.

어찌나 '어찌'를 강조한 말.

어찌하다 어떻게 하다.

어차피 (於此彼) 이렇게 하든지 저렇게 하든지. 예어차피 알려질 일이다. 본어차어피.

어처구니없다 [어처구니업따] 일이 너무 뜻밖이어서 어이가 막히는 듯하다. 예또 속다니 어처구니없구나. 비어이없다.

어처구니없이 [어처구니업씨] 어처구니없게. 비어이없이.

***어촌** (漁村) 어업을 주로 하는 사람들이 사는 바닷가 지역이나 마을. 예어촌 생활. 비갯마을.

-어치 그 값에 맞는 분량이나 정도. 예만 원어치.

어투 (語套) [어:투] 말버릇. 말투. 예화가 난 어투로 말을 하다.

어패류 (魚貝類) 생선과 조개 종류를 통틀어 일컫는 말. 단백질과 비타민 등이 많고 맛이 좋으며 살이 연함.

어학 (語學) [어:학] 1 언어를 연구하는 학문. 예어학 전공자. 2 외국어를 배우는 일. 예어학 공부. 본언어학.

***어항** (魚缸) 물고기를 기르는 데 쓰는, 유리로 만든 항아리.

어허 1 미처 생각하지 못한 일을 깨달았을 때 내는 소리. 예어허, 참 그렇군. 좌아하. 2 조금 못마땅하거나 불안할 때 내는 소리. 예어허, 그러지 말라니까.

어험 의젓함을 나타내거나 기척을 내려고 일부러 내는 헛기침 소리.

어획량 (漁獲量) [어획냥/어훽냥] 잡거나 채취한 수산물의 양. 예해양 오염으로 해마다 어획량이 준다.

어휘 (語彙) [어:휘] 낱말의 수효. 예어휘가 풍부한 사전.

어흥 1 호랑이가 우는 소리. 2 아이를 겁나게 하기 위하여 호랑이의 우는 소리를 흉내 내는 소리.

억[1] 갑자기 놀라거나 쓰러질 때 내는 소리. 예억 소리를 지르며 고꾸라졌다.

***억**[2] (億) 만의 만 배. 예일억 원.

억누르다 [엉누르다] 1 어떤 감정 따위가 일어나거나 나타나지 않도록 억지로 참다. 예부모를 잃은 슬픔을 억누르다. 2 자유롭게 행동하지 못하도록 압력을 가하다. 예자유를 억누르다. [활용] 억눌러 / 억누르니.

억눌리다 [엉눌리다] 억누름을 당하다. 예억눌려 지내다.

억류 (抑留) [엉뉴] 억지로 머무르게 함. 억류하다.

억만장자 (億萬長者) [엉만장자] 헤아리기 어려울 만큼 재산이 아주 많은 사람.

억새 [억쌔] 볏과의 여러해살이풀. 7-9월에 자줏빛을 띤 노란색의 꽃이 핌. 잎은 가늘고 길며, 마소의 먹이로 쓰임.

억세다 [억쎄다] 1 식물의 잎이나 줄기가 뻣뻣하고 세다. 예억세고 질긴 줄기. 2 힘이 몹시 세다. 예억센 손. 3 뜻이나 성질이 굳고 세차다. 예기질이 억세다.

억수 [억쑤] 물을 퍼붓듯이 세차게 내리는 비. 예비가 억수로 쏟아지다. 좌악수.

억압 (抑壓) [어갑] 힘으로 억누름. 예억압 정책. 억압하다.

억양 (抑揚) [어걍] 1 음악에서 소리의 높낮이와 강약. 2 말의 높낮이와 강약. 말하는 사람의 감정·의도에 따라 달라짐.

억울하다 (抑鬱—) [어굴하다] 분하고 가슴이 답답하다. 예억울한 누명을 뒤집어쓰다.

억제하다 (抑制—) [억쩨하다] 1 억눌러서 일어나지 못하게 하다. 예울컥 솟구치는 감정을 억제하다. 2 억지로 못하게 하다. 예물가가 오르는 것을 억제하다.

억지 [억찌] 자기의 생각이나 행동을 무리하게 내세우는 고집. 예억지를 부리다 / 억지를 쓰다. 좌악지.

***억지로** [억찌로] 강제로. 무리하게. 예억지로 밥을 먹이다.

억척 일을 하는 태도가 매우 모질고 끈덕짐. 또는 그런 사람. 예억척을 떨다 / 억척으로 공부하다. 圉악착.
억척스럽다 [억척쓰럽따] 일을 하는 태도가 매우 굳세고 끈덕지다. 예밤낮으로 억척스럽게 일하다. 圉악착스럽다. 활용 억척스러워 / 억척스러우니.
억측 (臆測) 이유와 근거가 없이 추측함. 또는 그런 추측. 예터무니없는 억측에 불과하다. **억측하다**.
언급 (言及) 어떤 일에 대해서 말함. 예언급을 피하다. **언급하다**.
***언니** 1 여형제 사이에서, 나이가 위인 사람을 부르는 말. 예사촌 언니. 2 오빠의 아내를 부르는 말. 3 여자들 사이에서, 자기보다 나이가 많은 사람을 정답게 부르는 말.
***언덕** 땅이 좀 높고 비탈진 곳. 예언덕 위에 올라서면 마을을 한눈에 볼 수 있다. 圉구릉. ⊃hill
언덕길 [언덕낄] 언덕에 나 있는 길. 예언덕길을 오르다.
언덕배기 [언덕빼기] 언덕의 꼭대기. 또는 언덕의 경사가 심한 곳. 圉언덕바지.
언도 (言渡) 재판의 결과를 알림. '선고'의 옛 이름. **언도하다**.
언뜻 [언뜯] 1 지나는 결에 잠깐 나타나는 모양. 예언뜻 눈에 띄다. 圉얼핏. 2 생각이나 기억이 문득 떠오르는 모양. 예언뜻 떠오른 생각 / 언뜻 기억이 나다.
언론 (言論) [얼론] 말이나 글로써 자기의 생각을 발표하는 일. 또는 그 말이나 글. 예언론 매체 / 언론의 자유가 보장되다.
언론사 (言論社) [얼론사] 신문사, 잡지사, 방송국, 통신사 등 언론을 담당하는 회사. 예언론사 기자 / 언론사들의 취재 경쟁이 벌어지다.
언문 (諺文) [언ː문] 예전에, 한글을 낮잡아 일컫던 말.
언사 (言辭) 말이나 말씨. 예모욕적인 언사.
언성 (言聲) 말하는 목소리. 예언성을 높이지 말고 조용히 말해라.
언약 (言約) [어냑] 말로 약속함. 또는 그 약속. 예잊지 말자고 굳게 언약하다. 圉약속. **언약하다**.
***언어** (言語) [어너] 1 사람의 생각·감정을 표현하는 소리나 글자 따위의 수단과 체계. 圉말. 2 어떤 개념을 나타내도록 조직된 기호의 체계. 예컴퓨터 언어.
언어생활 (言語生活) [어너생활] 말하거나 듣거나 쓰거나 읽거나 하는 언어와 관련된 인간의 생활.
언어 장애인 (言語障碍人) 청각이나 발음 기관에 이상이 있어 말을 온전히 할 수 없는 사람.
언쟁 (言爭) ⇨말다툼. **언쟁하다**.
언저리 어떤 곳이나 사물의 둘레의 부근. 예입 언저리에 뾰루지가 나다.
***언제** [언ː제] 1 어느 때에. 아무 때. 예이 노래는 언제 들어도 좋다 / 바다는 언제 보아도 푸르다. 2 어느 때. 예신학기는 언제부터냐 / 언제는 좋다고 하더니. ⊃when
***언제나** [언ː제나] 1 어느 때에나. 아무 때나. 예생각나면 언제나 와도 좋다. 2 끊임없이. 계속해서. 예언제나 웃는 모습이다. 3 어느 때가 되어야. 예방학은 언제나 오려나. 圉항상.
언제든지 [언ː제든지] 어느 때든지. 아무 때나. 예언제든지 궁금한 것이 있으면 물어보렴.
언젠가 [언ː젠가] 1 어느 때에 가서는. 예언젠가는 다시 만나게 되겠지. 2 이전 어느 때에. 예언젠가 그를 본 일이 있다. 본언제인가.
언질 (言質) 나중에 꼬투리나 증거가 될 말. 예결혼한다는 언질을 받았다.
언짢다 [언짠타] 마음에 들지 않거나 불쾌하다. 예언짢은 기색.
언택트 (←un-+contact) 사람을 직접 만나지 않고 물품을 구매하거나 서비스 따위를 받는 일. 예언택트 마케팅 / 언택트 소비가 확산되다.
언해본 (諺解本) [언ː해본] 한문으로 된 내용을 한글로 풀어서 쓴 책. 예훈민정음 언해본.
언행 (言行) 말과 행동. 예언행을 살피다. 圉언동. 본언어 행동.
***얹다** [언따] 1 물건을 다른 물건 위에 올려놓다. 예선반 위에 그릇을 얹다. 2 일정한 분량이나 액수에 얼마 정도 더 덧붙이다. 예덤으로 몇 개를 얹어 주다. 3 윷놀이에서, 한 말을 다른

얹다 [언치다] 1 다른 것 또는 높은 곳에 올려놓이다. 2 먹은 음식이 체하다. 예저녁 먹은 것이 얹힌다. 3 남에게 신세를 지다. 예한동안 선생님 댁에 얹혀 지냈다.

***얻다** [얻ː따] 1 거저 주는 것을 받아 가지다. 예친구에게서 책을 얻다. 2 구하거나 찾아 가지다. 예과반수의 찬성을 얻다. 3 보고 들어 자기의 것으로 만들다. 예교훈을 얻다 / 해답을 얻다. 4 꾸거나 빌리다. 예방을 얻다. 5 힘 따위를 가지게 되다. 예힘을 얻다 / 자신을 얻다. ⇒get

얻어맞다 [어ː더맏따] 남에게 매를 맞다. 예따귀를 얻어맞다.

얻어먹다 [어ː더먹따] 1 남의 음식을 거저 먹거나 빌어서 먹다. 2 욕을 듣게 되다.

***얼** [얼ː] 정신. 넋. 예민족의 얼.

얼간이 [얼가니] 똑똑하지 못하고 모자라는 사람. 준얼간.

얼개 짜임새나 구조. 예기계의 얼개. 비구조.

***얼굴** 1 눈·코·입이 있는 머리의 앞면. 예얼굴을 씻다. 2 얼굴의 생긴 모양. 예잘생긴 얼굴 / 얼굴이 아름답다. 비용모. 3 체면. 명예. 예얼굴이 깎이다. 4 마음속의 생각이나 느낌 따위가 겉으로 드러난 표정이나 모습. 예기쁜 얼굴을 하다. ⇒face

얼굴을 내밀다 [내놓다, 비치다] 모임 따위에 모습을 나타내다.

얼굴빛 [얼굴삗] 얼굴에 나타나는 표정이나 빛깔. 예얼굴빛이 밝다. 비낯빛. 안색. 얼굴색.

얼굴색 (-色) [얼굴쌕] ⇒얼굴빛. 예얼굴색을 살피다 / 얼굴색 하나 변하지 않고 거짓말을 한다.

얼기설기 이리저리 뒤섞여 얽힌 모양. 예실이 얼기설기 얽히다. 작알기살기. 게얼키설키. 얼기설기하다.

***얼다** [얼ː다] 1 찬 기운을 만나 고체 상태로 굳어지다. 예물이 얼다. 2 추위로 몸의 감각이 없어지다. 예손발이 꽁꽁 얼다. 3 지나치게 긴장하여 얼떨떨해지다. 예마이크 앞에 서자 얼어서 말이 안 나왔다. 활용얼어 / 어니 / 어는.

얼떨결 [얼떨껼] 뜻밖의 일을 갑자기 당하거나 여러 가지가 복잡하여 정신을 가다듬지 못하는 사이. 예얼떨결에 말해 버렸다. 준얼결.

얼떨하다 뜻밖의 일을 갑자기 당하거나 복잡하여 정신이 없다.

얼렁뚱땅 슬쩍 속이면서 대충 넘기는 모양. 예얼렁뚱땅 일을 해치우다. 비엄벙뗑. 작알랑똥땅. 얼렁뚱땅하다.

얼레 실·연줄·낚싯줄 따위를 감는 기구. 예얼레를 감다 / 얼레를 풀다.

얼레빗 [얼레빋] 빗살이 굵고 성긴 큰 빗. 반참빗.

***얼룩** 1 본바탕에 다른 빛이 뚜렷하게 섞인 자국. 2 액체가 스며들어서 더러워진 자국. 예얼룩을 빼다 / 얼룩이 생기다.

얼룩덜룩 [얼룩떨룩] 여러 가지 짙은 빛깔의 점이나 무늬 따위가 고르지 않게 나 있는 모양. 예옷이 얼룩덜룩하게 더럽혀져 있다. 작알록달록. 얼룩덜룩하다.

얼룩말 [얼룽말] 말과의 짐승. 말과 비슷한데 조금 작고 희거나 엷은 누런 바탕에 검은색 줄무늬가 있음. 초원에 떼를 지어 사는데, 성질이 사나워 길들이기 어렵다. ⇒zebra

얼룩무늬 [얼룽무니] 본바탕에 다른 빛깔의 점·줄 따위가 뚜렷하게 섞인 무늬.

얼룩소 [얼룩쏘] 털빛이 얼룩얼룩한 소. 예푸른 초원 위에서 얼룩소들이 한가롭게 풀을 뜯고 있다.

얼룩얼룩 [얼루걸룩] 여러 가지 짙은 빛깔의 점이나 무늬가 고르게 나 있는 모양. 작알록알록. 얼룩얼룩하다.

얼룩지다 [얼룩찌다] 얼룩이 생기다. 예눈물로 얼룩진 얼굴 / 옷에 물감이 묻어 얼룩져 있었다. 본어루러지다.

***얼른** 시간을 끌지 않고 곧. 빨리. 어서. 예늦기 전에 얼른 가거라.

얼리다 얼게 하다. 예물을 얼리다.

***얼마** 1 모르는 수량이나 정도. 예모두 얼마인가. 2 정하지 않은 수량이나 정도. 예얼마 안 되지만 넣어 두렴. 3 뚜렷하게 밝힐 필요가 없는 적은 수량

이나 값 또는 정도. 예재고가 얼마 남지 않았다.

얼마간 (一間) 1 그리 많지 않은 수량이나 정도. 예얼마간의 양의 차이. 2 그리 길지 않은 시간 동안. 예얼마간 묵었다가 오겠다.

*얼마나 1 얼마가량이나. 예길이가 얼마나 되느냐. 2 느낌이나 감탄의 정도가 매우 큼을 나타내는 말. 예얼마나 아플까.

얼마만큼 얼마쯤 되게.

얼버무리다 1 분명하게 말하지 아니하다. 예대답을 적당히 얼버무리다. 2 음식을 잘 씹지 않고 삼키다.

얼빠지다 [얼:빠지다] 정신이 없어지다. 예얼빠진 표정/얼빠진 사람.

얼싸안다 [얼싸안따] 두 팔을 벌려 껴안다. 예얼싸안고 기뻐하다.

얼쑤 춤을 추거나 노래를 하면서 흥에 겨워 장단을 맞출 때 내는 소리.

얼씨구 1 흥에 겨워서 떠들 때에 장단을 가볍게 맞추며 내는 소리. 예얼씨구 좋다. 2 보기에 눈꼴사나워 비꼬는 뜻으로 내는 소리. 예얼씨구, 그걸 말이라고 하니.

얼씨구나 '얼씨구'를 강조하여 내는 소리. 예얼씨구나, 좋다.

얼씬거리다 눈앞에 자꾸 나타났다가 사라지다. 좍알씬거리다.

얼어붙다 [어러붇따] 1 얼어서 꽉 들러붙다. 예너무 추워서 수도가 얼어붙었다. 2 긴장이나 무서움 등으로 몸 따위가 굳어지다. 예많은 사람들 앞에 서니 입이 얼어붙어 말이 잘 나오지 않는다.

얼얼하다 [어럴하다] 1 맛이 아주 맵거나 독하여 혀끝이 아리고 쓰라리다. 예김치가 너무 매워서 입안이 얼얼하다. 2 상처 따위로 몹시 아리다. 예넘어져 다친 무릎이 얼얼하다. 좍알알하다.

*얼음 [어름] 물이 얼어 굳어진 것. 예얼음이 얼다/얼음이 녹다/주스에 얼음을 넣다. →어름 주의 ⊃ice

얼음과자 (一菓子) [어름과자] 설탕물에 과실즙이나 향료 등을 섞어 얼려 만든 과자. 예얼음과자가 불티나게 팔린다. 비빙과.

얼음장 (一張) [어름짱] 넓은 얼음 조각. 예방바닥이 얼음장 같다.

얼음주머니 [어름주머니] 얼음을 넣은 주머니. 열이 높은 환자의 머리에 얼음찜질을 할 때 씀.

얼음지치기 [어름지치기] 얼음 위를 미끄러져 달림. 또는 그런 운동이나 놀이. **얼음지치기하다**.

얼음판 [어름판] 얼음이 마당처럼 넓게 언 곳. 예얼음판에서 미끄러져 넘어지다.

얼쩡거리다 하는 일도 없이 자꾸 돌아다니다. 좍알짱거리다.

얼추 1 대강. 대충. 예바쁜 일이 얼추 끝났다. 2 거의 가깝게. 예얼추 다 왔다.

얼큰하다 1 입안이 얼얼할 정도로 맵다. 예얼큰한 매운탕. 2 술이 많이 취해 정신이 어렴풋하다. 좍알큰하다.

얼연하다.

얼토당토아니하다 1 전혀 관계가 없다. 아주 가당찮다. 예얼토당토아니한 사람. 2 전혀 합당하지 않다. 예얼토당토아니한 이야기. 준얼토당토않다.

얼핏 [얼핃] ⇨언뜻1. 예얼핏 보기에도 가짜로 보인다.

얽다¹ [억따] 1 노끈이나 줄 따위로 이리저리 걸어서 묶다. 2 없는 일을 있는 것처럼 꾸미다. 발음얽고 [얼꼬]/얽어서 [얼거서]/얽은 [얼근].

얽다² [억따] 1 얼굴에 마맛자국이 있다. 2 물건의 거죽에 흠이 많이 나다. 발음얽고 [얼꼬]/얽어서 [얼거서]/얽은 [얼근].

얽매다 [엉매다] 1 얽어서 매다. 예상자를 끈으로 얽매다. 2 자유를 구속하다. 예엄격한 규율이 나를 얽매고 있다.

얽매이다 [엉매이다] 1 얽혀서 매이다. 예밧줄에 손과 발이 얽매이다. 2 어떤 일에 걸리어서 자유롭지 못하다. 예낡은 인습에 얽매이다.

얽히다 [얼키다] 1 긴 가지나 줄 따위가 이리저리 엇걸리거나 감기다. 예밧줄이 얽히다. 2 생각 등이 복잡하게 뒤섞이다. 예뒤숭숭하게 얽힌 생각들.

엄격하다 (嚴格一) [엄껴카다] 말이나 행동이 엄하고 철저하다. 예엄격한 심사/엄격한 가정에서 자라다.

엄격히 (嚴格—) [엄껴키] 엄격하게. ⑩공과 사를 엄격히 구별하다.

엄금 (嚴禁) 엄하게 금지함. ⑩잡상인의 출입을 엄금하다. **엄금하다**.

엄동설한 (嚴冬雪寒) 눈이 오고 몹시 추운 겨울. ⓒ엄한.

엄두 무엇을 하려고 용감하게 나서는 마음. ⑩감히 엄두를 못 내다.

*__엄마__ '어머니'를 친근하게 이르거나 부르는 말. ⊃mom(my)

엄밀하다 (嚴密—) 엄격하고 세밀하다. ⑩엄밀한 검토를 하다.

엄벌 (嚴罰) 엄하게 벌을 줌. 또는 그 벌. ⑩엄벌에 처하다. **엄벌하다**.

엄살 아픔·어려움을 거짓으로 꾸미거나 보태어서 나타내는 태도. ⑩엄살을 부리다 / 엄살이 심하다. ㉾암살. **엄살하다**.

엄살꾸러기 엄살을 잘 부리는 사람을 낮잡아 이르는 말.

엄수 (嚴守) 명령이나 약속 따위를 어기지 않고 반드시 지킴. ⑩시간 엄수. **엄수하다**.

엄숙하다 (嚴肅—) [엄수카다] 1 장엄하고 정숙하다. ⑩기념식을 엄숙하게 거행하다. 2 위엄 있고 정중하다. ⑩엄숙한 태도.

엄숙히 (嚴肅—) [엄수키] 엄숙하게. ⑩엄숙히 선언하다.

엄습 (掩襲) [엄:습] 갑자기 습격함. ⑩피로가 엄습해 오다. **엄습하다**.

엄연하다 (儼然—) [어:면하다] 1 사실이나 현상이 명백하다. ⑩누가 뭐라 해도 그건 엄연한 사실이다. 2 겉모양이 의젓하고 점잖다. ⑩엄연한 태도.

엄정하다 (嚴正—) 엄격하고 바르다. ⑩엄정하게 다스리다 / 엄정한 심사를 거친 작품.

엄중하다 (嚴重—) 몹시 엄하다. ⑩엄중하게 처벌하다.

엄중히 (嚴重—) 엄중하게. ⑩엄중히 경계하다.

엄지 엄지손가락이나 엄지발가락.

엄지발가락 [엄지발까락] 발가락 중에서 가장 크고 굵은 첫째 발가락. ⓒ엄지발.

엄지손가락 [엄지손까락] 다섯 손가락 가운데 가장 굵고 짧은 첫째 손가락. ⓑ무지. ⓒ엄지. ⊃thumb

엄청 양이나 정도가 아주 지나치게. ⑩엄청 길다 / 엄청 무섭다.

*__엄청나다__ 생각보다 대단하다. ⑩값이 엄청나다 / 엄청나게 크다.

엄포 [엄:포] 남을 실속 없는 호령이나 위협으로 으르는 짓.

　엄포(를) 놓다 남을 실속 없는 말로 호령하거나 으르다.

엄하다 (嚴—) 1 잘못되지 않도록 단속이 심하다. ⑩엄한 가정 교육 속에서 자라다. 2 매우 심하다. ⑩엄한 처벌.

엄히 (嚴—) 엄하게. ⑩잘못을 엄히 꾸짖다.

업계 (業界) [업꼐 / 업께] 같은 산업이나 상업을 직업으로 하는 사람들의 사회. ⑩자동차 업계.

업그레이드 (upgrade) 하드웨어나 소프트웨어의 성능이나 품질을 보다 나은 것으로 향상시키는 작업. ⑩노트북의 성능을 한 단계 업그레이드하다. **업그레이드하다**.

*__업다__ [업따] 1 사람이나 물건 따위를 등에 지다. ⑩동생을 업다. 2 어떤 세력을 배경으로 삼다. ⑩할아버지의 지위를 등에 업고 출세하다. 3 윷놀이에서, 한 말에 다른 말을 어우르다.

　업어 가도 모르다 잠이 깊이 들어 웬만한 일에는 깨어나지 못하는 상태에 있다.

업데이트 (update) 기존 정보를 최신 정보로 바꿈. ⑩스마트폰 사용 앱을 최신 버전으로 업데이트하다. **업데이트하다**.

업무 (業務) [엄무] 직장 따위에서 맡아서 하는 일. ⑩업무 보고 / 업무가 너무 많다.

업보 (業報) [업뽀] 불교에서, 전생에 지은 선악으로 말미암아 현재에서 받는 불행이나 죗값.

업신여기다 [업:씬녀기다] 잘난 척하려는 마음에서 남을 낮추보거나 얕잡아 보다. ⑩남을 업신여기지 마라.

업적 (業績) [업쩍] 일을 해 놓은 성과. ⑩많은 업적을 남기고 세상을 떠나다.

업체 (業體) 사업이나 기업을 운영하는 조직체. ⑩건설 업체 / 협력 업체.

업히다 [어피다] 1 업음을 당하다. 예 엄마 등에 업힌 아기. 2 남의 등에 업게 하다. 예 딸아이에게 아기를 업히다.

***없다** [업:따] 1 남지 않다. 예 다 쓰고 없다. 2 가지지 않다. 예 돈도 없고 집도 없다. 3 가난하다. 예 없는 살림. 4 죽고 살아 있지 않다. 예 부모가 없는 아이. 5 있지 아니하다. 예 구름 한 점 없는 하늘. 반 있다. →있다[참고]

***없애다** [업:쌔다] 없어지게 하다. 예 모기를 없애다.

***없이** [업:씨] 1 없게. 없는 상태로. 예 생각이 없이 날뛰다. 2 가리지 않고. 예 어른 애 없이 반기다. 3 가난하게. 예 없이 사는 이 설움을 누가 알까.

엇각 (一角) [얻깍] 한 직선이 다른 두 직선과 만날 때, 서로 반대쪽에서 마주 보는 각. 만난 두 직선이 평행일 때, 엇각의 크기는 같음.

엇갈리다 [얻깔리다] 서로 빗나가다. 예 길이 엇갈리다.

엇나가다 [언나가다] 1 금이나 줄 따위가 비뚜로 나가다. 2 말과 행동이 상대편을 어기어 나가다.

엇메다 [언메다] 이쪽 어깨에서 저쪽 겨드랑이 밑으로 걸어서 메다.

엇바꾸다 [얻빠꾸다] 서로 바꾸다.

엇비슷이 [얻삐스시] 엇비슷하게.

엇비슷하다 [얻삐스타다] 1 거의 같다. 예 엇비슷하여 구별이 잘 안 된다. 2 약간 비슷하다. 예 오이를 엇비슷하게 썰다.

엇시조 (旀時調) [얻씨조] 초장·중장이 평시조보다 글자 수가 더 많은 시조. 종장은 변화가 없음.

엉거주춤 1 앉지도 서지도 않고 몸을 반쯤 굽힌 모양. 예 엉거주춤 서 있다. 2 이러지도 저러지도 못하고 망설이는 모양. 예 엉거주춤하면서 눈치만 살피다. 엉거주춤하다.

엉겁결에 [엉겁껴레] 자기도 모르는 사이에 갑자기. 예 엉겁결에 소리를 지르다.

엉겅퀴 국화과의 여러해살이풀. 높이는 1m 정도, 잎에 센 가시털이 있고, 초여름에 자줏빛 꽃이 핌. 줄기와 잎은 약으로 쓰거나 먹음.

엉겅퀴

엉금엉금 [엉그멍금] 몸이 큰 사람이나 동물이 느리고 굼뜨게 기어가는 모양. 예 거북이가 엉금엉금 기어가다. 작 앙금앙금. 거 엉큼엉큼. **엉금엉금하다.**

엉기다 1 액체나 가루 따위가 한데 뭉쳐 굳어지다. 예 기름이 엉기어 붙다. 2 무엇이 한데 뒤얽히다.

엉덩방아 [엉:덩방아] 넘어져 털썩 주저앉으면서 엉덩이를 바닥에 부딪치는 일. 예 빙판에서 미끄러져 엉덩방아를 찧었다.

***엉덩이** [엉:덩이] 볼기의 윗부분. 예 엉덩이에 주사를 맞다. 비 둔부. →궁둥이 주의

  엉덩이가 근질근질하다 일어나거나 움직이고 싶어서 가만히 앉아 있을 수가 없다.

  엉덩이가 무겁다 [질기다] 한번 자리를 잡고 앉으면 좀처럼 일어나지 아니한다.

엉뚱하다 1 격에 맞지 않는 말이나 행동을 하다. 예 엉뚱한 욕심을 부리다. 2 짐작하거나 생각한 것과 전혀 다르다. 예 엉뚱한 대답을 한다.

엉망 일이나 물건이 손댈 수 없을 만큼 어수선한 모양. 예 일이 엉망이 되었다.

엉망진창 '엉망'의 힘줌말.

엉성하다 1 꼭 짜이지 않다. 예 짜임새가 엉성하다. 2 형태나 내용이 부실하다. 예 엉성한 물건이 값만 비싸다. 3 뼈만 남도록 빼적 마르다. 작 앙상하다.

엉엉 목을 놓아 우는 모양. 예 땅을 치며 엉엉 울다. 작 앙앙. **엉엉하다.**

엉클어뜨리다 [엉크러뜨리다] 엉클어지게 하다. 거 헝클어뜨리다.

엉클어지다 [엉크러지다] 1 실이나 줄, 물건 따위가 뒤섞여 어지럽게 되다. 예 실이 엉클어지다. 2 일이나 문제 따위가 뒤섞여 갈피를 잡을 수 없게 되다. 준 엉키다. 거 헝클어지다.

엉큼하다 엉뚱한 속셈으로 도에 넘치는 일을 하는 태도가 있다. 예 엉큼한 생각을 품다. 작 앙큼하다.

엉키다 '엉클어지다'의 준말. 예 머리카락이 엉키다.

엉터리 1 터무니없는 말이나 행동을 하는 사람. 예그는 정말 엉터리야. 2 보기와 다르게 실속이 없는 조잡한 물건. 예엉터리 시계.

엊그저께 [얻끄저께] 이삼 일 전. 어제저제께. 준엊그제.

엊그제 [얻끄제] '엊그저께'의 준말. 예엊그제 고향에 다녀왔다.

엊저녁 [얻쩌녁] '어제저녁'의 준말. 예엊저녁 내린 봄비로 새싹들이 파릇파릇하다.

엎다 [업따] 1 위아래가 반대가 되도록 뒤집다. 예그릇을 씻어 엎어 놓다. 2 일 따위를 망쳐 버리다. 3 속에 든 것이 쏟아지게 하다. 예냄비를 엎어 국이 쏟아지다.

엎드러지다 [업뜨러지다] 잘못하여 앞으로 넘어지다. 예돌부리에 걸려 앞으로 엎드러졌다.

***엎드리다** [업뜨리다] 몸의 앞부분을 길게 바닥에 붙이거나 가까이하다. 예나는 방바닥에 엎드려 책을 읽었다. 준엎다.

엎어지다 [어퍼지다] 1 앞으로 넘어지다. 예돌부리에 걸려 엎어지다. 2 위아래가 뒤집히다. 예교통사고로 자동차가 엎어지다.

엎지르다 [업찌르다] 물 따위의 액체가 그릇 밖으로 쏟아지게 하다. 활용 엎질러/엎지르니.

엎질러지다 [업찔러지다] 액체가 그릇 밖으로 쏟아져 나오게 되다. 예물이 바닥에 엎질러지다.

엎치다 [업치다] '엎다'의 힘줌말.
엎친 데 덮치다 어렵거나 나쁜 일이 겹쳐 일어나다.

엎치락뒤치락 [업치락뛰치락] 자꾸 엎쳤다 뒤쳤다 하는 모양. 예경기가 엎치락뒤치락하다가 결국 우리 편이 이겼다. **엎치락뒤치락하다**.

에¹ 말하는 중에 뒷말이 곧 나오지 않을 때 내는 군소리.

***에**² 1 어떤 말 뒤에 붙어 뒤에 오는 말의 장소·진행 방향·원인 등을 나타내는 말. 예산 위에 뜬 구름/학교에 가다. 2 일정한 조건이나 기준 등을 나타냄. 예규칙에 어긋난 발언/분위기에 알맞은 음악. 3 '에다가'의 준말. 예1에 2를 더하다. ⇨at

***에게** 사람이나 동물을 나타내는 말 뒤에 붙어, 행동이 미치는 상대편을 나타내는 말. 예친구에게 주어라.

에구머니 몹시 놀라거나 기막힐 때 내는 소리. 예에구머니, 깜짝이야.

에그 1 가엾거나 안타까울 때 내는 소리. 예에그, 이게 무슨 고생이람. 2 징그럽거나 섬뜩할 때 내는 소리. 예에그, 끔찍해라.

에나멜 (enamel) 쇠붙이나 도자기 그릇 따위에 윤이 나게 바르는 칠.

에나멜선 (enamel線) 에나멜을 얇게 입힌 전선.

***에너지** (energy) 1 인간이 활동하는 근원이 되는 힘. 2 기계 따위를 움직이게 하는 동력.

에너지원 (energy源) 에너지의 근원이 되는 것.

에너지 자원 (energy資源) 생활에 필요한 에너지를 만들어 내는 물질. 곧, 석탄·석유·전기·풍력·수력·핵연료 따위.

에누리 1 값을 더 얹어서 부르는 일. 또는 그 물건값. 예에누리 없는 장사. 2 값을 깎는 일. 예천 원만 에누리합시다. **에누리하다**.

에다 [에:다] 1 날카로운 연장으로 도려내듯 베다. 예살을 에는 듯한 추위. 2 마음을 몹시 아프게 하다. 예갑자기 가슴을 에는 듯한 슬픔이 몰아쳤다.

에다가 1 무엇이 더하여짐을 나타내는 말. 예국에다가 밥을 말다. 2 두는 곳이나 놓는 위치를 나타내는 말. 예길모퉁이에다가 우체통을 세우다. 3 '에'를 강조하는 말. 예과자에다가 밥에다가 실컷 먹었다. 준에. 에다.

에델바이스 (독 Edelweiss) 국화과에 속하는 여러해살이풀. 주로 높은 산에 나는데, 높이 10-20cm이며 잎과 줄기는 흰 솜털로 덮이고 흰색 꽃이 핌.

에돌다 [에:돌다] 곧바로 가지 않고 멀리 돌다. 예공사 중이니 큰길로 에돌아 가세요. 활용 에돌아/에도니/에도는.

에디슨 (Edison, Thomas Alva) 〖인명〗미국의 발명가. 축음기·백열전구·영사기 등 1,000여 종을 발명하여 '발

명왕'이라 불림. [1847-1931]

에라 실망하여 단념하거나 포기할 때 내는 소리. ⓔ에라, 모르겠다.

에러 (error) 1 과실. 실책. 잘못. 2 컴퓨터에서, 어떤 원인에 의해 잘못된 결과가 나오는 일. 오류.

에메랄드 (emerald) 녹색의 빛이 있는 아름다운 보석. 5월의 탄생석으로 행복을 상징함.

에밀레종 (一鐘) '성덕 대왕 신종'을 일상적으로 이르는 말.

에베레스트산 (Everest山) 네팔과 티베트와의 국경에 있는 히말라야산맥의 제일 높은 봉우리. 세계에서 제일 높은 산임. 높이 8,848m.

에비 어린아이가 위험한 것이나 더러운 것을 만지려고 할 때 말리는 소리. ⓔ에비, 만지지 마라.

***에서** 어떤 말 뒤에 붙어, 행동이 일어나고 있는 곳 또는 움직임의 출발점을 나타내는 말. ⓔ집에서 잔다 / 학교에서 집까지 걸어간다.

에세이 (essay) ⇨수필.

에스 극 (S極) 자석이 가리키는 남쪽 끝. ⒷⓃ남극. 엔엔 극.

에스에프 (SF) 과학적인 공상을 자유롭게 묘사한 소설. 공상 과학 소설.

에스엔에스 (SNS) 온라인에서 사회적 관계망을 형성하여 다른 사람들과 교류할 수 있도록 도와주는 서비스. 소셜 네트워크 서비스.

에스오에스 (SOS) 1 무선 전신을 이용한 조난 신호. 항해 중에 있는 배가 폭풍우 따위를 만나 구조를 요청할 때의 신호. 2 일반적으로, 도움을 요청하는 신호.

에스컬레이터 (escalator) 사람이 걷지 않아도 위층·아래층으로 오르내릴 수 있게 한 자동식 계단.

에스키모 (Eskimo) 북아메리카의 북극해 연안과 그린란드, 알래스카 등지에 살고 있는 몽고 및 아메리카 인디언 계통의 인종. 살갗은 황색, 머리칼은 검은색이며 '이글루'라는 얼음집에서 살며 고기잡이와 사냥으로 생활함.

에스파냐 (España) 『국명』 유럽의 남서부, 이베리아반도의 대부분을 차지한 공화국. 전통적인 농업국으로 올리브·포도주가 유명하며, 관광 수입이 특히 많음. 수도는 마드리드. 스페인.

에스페란토 (Esperanto) 폴란드의 안과 의사 자멘호프가 만든 국제어. 라틴계 언어를 중심으로 한 유럽어를 정리한 언어. 자음과 모음의 수는 28개.

에어로빅댄스 (←aerobics dance) 에어로빅스 건강법을 춤에 이용한 일종의 미용 건강 체조. ⒷⓃ에어로빅.

에어로빅스 (aerobics) 달리기·자전거 타기·줄넘기·등산 따위의 운동으로 많은 양의 산소를 흡입하여 심장과 폐의 활동을 돕는 운동법. 유산소 운동.

에어백 (air bag) 자동차가 충돌했을 때, 순간적으로 부풀어 나와 충격을 완화시켜 사람을 보호하는 공기 주머니.

에어컨 (←air conditioner) 실내의 온도와 습도를 자동으로 조절하는 기계. 우리나라에서는 주로 냉방 장치를 가리킴. 뵌에어컨디셔너.

에워싸다 사방을 빙 둘러서 싸다. ⓔ성을 에워싸다. ⒷⓃ둘러싸다.

에이 실망하여 단념의 뜻을 나타내는 말. ⓔ에이, 될 대로 되어라.

에이스 (ace) 1 제일인자. 최우수 선수. 2 테니스에서, 서브로 얻은 한 점. 3 야구에서, 주전 투수. 4 트럼프·주사위 따위의 한 끗.

에이즈 (AIDS) 주로 비정상적인 성접촉이나 감염된 피를 통해 옮는, 사망률이 매우 높은 병. 후천 면역 결핍증.

에이치비 (HB) 연필심의 단단한 정도를 나타내는 기호의 한 가지. 별로 단단하지도 무르지도 않은 중간치의 것. ⓔ에이치비 연필.

에잇 [에읻] 비위에 거슬려 마음이 언짢을 때 내는 소리. ⓔ에잇, 속상해 / 에잇, 듣기 싫다.

에취 재채기할 때 나는 소리.

에콰도르 (Ecuador) 『국명』 남아메리카 북서쪽 태평양 연안의 나라. 남아메리카 제2의 석유 수출국임. 수도는 키토.

에탄올 (ethanol) 알코올음료의 주성분. 색이 없고 투명한 액체로 흥분·마취 작용이 있고 쓴맛이 있음. ⒷⓃ에틸알코올.

에테르 (ether) 탄소·수소·산소로 되

어 있는 물질로, 주로 마취제로 쓰임.
에티오피아 (Ethiopia) 〖국명〗 아프리카 동부에 있는 공화국. 고원 지대이며 기후는 따뜻함. 소·커피·곡물·면화 등의 농목업이 성함. 수도는 아디스아바바.
에티켓 (프 étiquette) 사람들과 어울려 살면서 지켜야 할 행동이나 태도. 예법. 예의. 예절. 예에티켓을 지키다.
에펠 탑 (Eiffel塔) 프랑스 파리에 있는 철탑. 1889년 만국 박람회 때 프랑스의 건축가 에펠이 설계한 것으로 높이는 324m임.
에피소드 (episode) 1 이야기·사건 등에서, 줄거리 사이에 끼워 넣은 짧은 이야기. 2 알려지지 않은 이야기. 일화. 예에피소드를 들려주다.
에헤 1 하찮거나 기막힐 때 내는 소리. 예에헤, 그 정도야 식은 죽 먹기지. 2 노랫소리를 흥에 겨워 마음 내키는 대로 내는 소리. 예에헤 금강산 일만 이천 봉.
에헤야 노래에서 '에헤'를 멋있게 맺는 소리. 예에헤야, 좋다.
에헴 점잔을 빼거나 인기척을 낼 때의 헛기침 소리.
엑스 (x) 수학에서 모르는 수, 곧 미지수를 나타내는 데 쓰는 부호. 보기 $5+x=8$.
엑스레이 (X-ray) 1 ⇨엑스선. 2 ⇨엑스선 사진. 예병원에서 엑스레이 촬영을 하다.
엑스선 (X線) 눈에는 보이지 않으나 물질을 꿰뚫는 힘이 강한 광선. 의학상·학술상 용도가 넓음. 1895년 독일의 뢴트겐이 발견함. 비뢴트겐선. 엑스 광선.
엑스선 사진 (X線寫眞) 엑스선을 이용하여 눈으로 볼 수 없는 물체의 속을 촬영하는 사진. 특히, 폐결핵 진단과 공업 방면 등에 널리 쓰임. 비뢴트겐 사진. 엑스레이.
엑스 좌표 (x座標) ⇨가로 좌표.
엑스축 (x軸) ⇨가로축.
엑스트라 (extra) 연극이나 영화 촬영에서 단역을 맡은 임시 고용 배우.
엑스포 (Expo) 세계 여러 나라가 참가하여 각국의 주요 생산품을 전시하는 국제 박람회.
엔 (일 円) 일본의 화폐 단위. 기호는 ¥. 예오백 엔/만 엔.
엔 극 (N極) 자석이 가리키는 북쪽 끝. 비북극. 반에스 극.
엔지 (NG) 1 영화에서, 촬영이 제대로 되지 않음. 또는 그 필름. 2 방송 따위에서, 녹화나 녹음이 제대로 되지 않음. 참고노굿 (No good)의 약자임.
엔지니어 (engineer) 기계·전기·토목·건축 따위의 기술자. 예반도체 분야의 엔지니어.
엔진 (engine) 연료를 태워 기계를 움직이는 힘을 내는 장치. 가솔린 엔진·디젤 엔진·제트 엔진 따위. 기관.
엔터 키 (enter key) 컴퓨터에서, 명령이 입력된 것을 알리거나 문장의 줄을 바꿀 때 사용하는 키.
엘리베이터 (elevator) 동력으로 사람이나 화물을 위아래로 운반하는 데 쓰이는 기계 장치. 승강기.
엘리트 (프 élite) 우수한 사람으로 인정되어 사회에서 지도적 위치에 있는 소수의 사람. 예엘리트 사원.
엠브이피 (MVP) 스포츠에서, 최우수 선수.
엠시 (MC) 주로, 방송 프로나 연예 공연을 진행하는 사회자.
*****여** (女) '여성'의 준말. 반남.
여가 (餘暇) 일을 하는 가운데 잠시 생기는 자유로운 시간. 예바빠서 여가가 없다.
*****여간** (如干) 보통으로. 어지간하게. 예여간 힘든 게 아니다.
　여간(이) 아니다 보통이 아니고 대단하다. 예고집이 여간 아니다.
여간하다 (如干—) 어지간하다. 예여간한 성의가 아니다/여간해서 끝나지 않겠다.
여객 (旅客) 기차·배·비행기 따위로 여행하는 사람. 예여객을 수송하다. 비길손. 나그네.
여객기 (旅客機) [여객끼] 여행하는 사람을 태워 나르는 비행기.
여객선 (旅客船) [여객썬] 여행하는 사람을 태워 나르는 배.
여건 (與件) [여:껀] 주어진 조건. 예주위 여건이 좋지 않다.

여고(女高) '여자 고등학교'의 준말. ⓔ여고에 다니는 언니.

여과(濾過) [여:과] 거름종이나 여과기를 써서 액체에 섞여 있는 불순물을 걸러 내는 일. **여과하다**.

여과기(濾過器) [여:과기] 액체를 거르는 데 쓰는 기구. 凹거르개.

여과지(濾過紙) [여:과지] 액체에 섞여 있는 불순물을 거르는 종이. 거름종이.

여관(旅館) 돈을 받고 방을 빌려주어 여행하는 사람을 묵게 하는 집.

여군(女軍) 여자 군인. 또는 여자 군인으로 조직된 군대. ⓔ여군 장교.

여권(旅券) [여꿘] 국가가 해외 여행자의 신분·국적을 증명하고, 상대국에 그 보호를 부탁하는 공문서. 패스포트.

***여기** 1 이곳. ⓔ여기를 보세요 / 여기에 있었구나. 2 '이것·이 점'의 뜻으로 하는 말. ⓔ이 문제는 여기가 어렵다. ＊거기. 저기. ⊃here

***여기다** 마음속으로 그렇다고 생각하다. ⓔ자랑스럽게 여기다.

***여기저기** 이곳저곳에. ⓔ옷가지를 여기저기 늘어놓다.

여남은 [여나믄] 열이 조금 넘는 수. ⓔ여남은 명이 왔다. 凹십여.

여념(餘念) 다른 생각. ⓔ시험공부에 여념이 없다.

여느 보통의. 예사로운. ⓔ여느 때처럼 / 여느 사람과는 다르다.

여닫다 [여:닫따] 문을 열고 닫고 하다. ⓔ서랍을 여닫다.

여닫이 [여:다지] 앞으로 밀거나 당겨서 열고 닫는 방식. 또는 그런 문. →[학습마당] 24(895쪽)

여당(與黨) [여:당] 현재 정권을 잡고 있는 정당. 凹집권당. 凹야당.

여대생(女大生) '여자 대학생'을 줄인 말.

***여덟** [여덜] 일곱에 하나를 더한 수. ⓔ여덟 개 / 여덟 명 / 여덟 살 / 여덟 마리. 凹팔. 발음 여덟이 [여덜비] / 여덟은 [여덜븐]. ⊃eight

여덟째 [여덜째] 순서가 여덟 번째가 되는 차례. ⓔ공연장에 여덟째로 입장했다.

***여동생**(女—) 여자 자매. 凹누이동생. 凹남동생.

여드레 1 여덟 날. 2 그달의 여덟째의 날.

여드름 주로 사춘기의 청소년 얼굴에 나는 검붉고 작은 종기.

***여든** 열의 여덟 배. 凹팔십.

여래(如來) '부처'를 달리 이르는 말.

***여러** 수효가 많은. ⓔ여러 가지 / 여러 번 / 여러 사람.

***여러분** '당신들'의 뜻으로, 여러 사람을 높여 부르는 말. ⓔ여러분, 만나서 반갑습니다.

여러해살이 [여러해사리] 뿌리나 땅속줄기에서 해마다 줄기나 잎이 돋아 나는 식물의 기능. ⓔ여러해살이 식물. 凹다년생. ＊한해살이.

***여럿** [여럳] 1 많은 사람. ⓔ여럿이 함께 가다. 2 많은 수. ⓔ그릇이 여럿이면 좋겠다.

여론(輿論) [여:론] 세상 사람의 공통된 의견. ⓔ여론 조사 / 여론을 반영하다. 凹공론. 중론.

여류(女流) 어떤 전문적인 일에 능숙한 여자를 이르는 말. ⓔ여류 시인 / 여류 소설가.

***여름** 4계절의 하나. 달로는 6·7·8월이며, 절기로는 입하부터 입추까지. 몹시 덥고 낮이 길고 밤이 짧음. ⓔ무더운 여름 / 여름을 보내다. ⊃summer

|참고| 여름을 생각나게 하는 것

| 자연 : 나무 그늘, 장마, 소나기, 이슬, 천둥, 뭉게구름, 무지개
| 동물 : 개구리, 매미, 잠자리, 뜸부기, 백로, 뻐꾸기
| 꽃 : 수국, 장미, 창포, 모란, 봉숭아, 아카시아, 라일락
| 과일 : 딸기, 복숭아, 수박, 참외
| 채소 : 가지, 오이, 토마토
| 기타 : 모내기, 보리말, 물놀이, 얼음과자, 맥고모자, 모시, 삼베, 부채, 씨름, 그네뛰기

여름날 여름철의 한 날. 또는 그런 날씨. ⓔ더운 여름날 / 지난 여름날.

여름내 온 여름 동안. ⓔ여름내 개울에서 놀았다.

***여름 방학**(—放學) 여름에 더위를 피하기 위해 수업을 일정 기간 쉬는

일. 町하기 방학. *겨울 방학.

여름새 봄에 우리나라에 와서 여름을 지내다가 새끼를 낳은 뒤, 가을에 남쪽으로 가는 철새. 제비·뻐꾸기·두견새 따위. 町겨울새.

***여름철** 계절이 사철 중에서 여름인 때. 町하절.

***여리다** 1 단단하거나 질기지 않고 부드럽거나 연하다. 예 여린 살코기. 2 의지나 감정 따위가 야물거나 모질지 못하고 무르다. 예 마음이 여려 잘 운다.

여린말 어감이 거세거나 세지 않고 예사소리로 된 말. '쌔근쌔근'에 대한 '새근새근' 따위. 町센말.

여명(黎明) 1 희미하게 밝아 오는 빛. 또는 그런 무렵. 2 희망의 빛.

여물 1 소나 말을 먹이려고 말려서 썬 짚이나 풀. 예 여물을 쑤다. 2 흙을 이길 때, 바른 뒤에 갈라지지 않도록 섞는 짚.

여물다 1 일이 잘되어 뒤탈이 없다. 예 일 처리를 여물게 하다. 2 씨가 익어서 단단해지다. 예 잘 여문 옥수수. 町영글다. [활용] 여물어 / 여무니 / 여문.

여미다 벌어진 옷깃 따위를 바로잡아 합쳐 단정하게 하다. 예 옷깃을 여미다.

여배우(女俳優) 여자 배우. 예 당대 최고의 여배우. 준여우.

여백(餘白) 글씨나 그림이 있는 이외의 남은 빈 자리. 예 여백을 남기다. 町공백.

여벌(餘一) 당장 필요한 것 이외에 여분으로 가지고 있는 옷이나 물건. 예 여벌로 준비해 둔 옷.

***여보** 1 자기 아내 또는 남편을 부르는 말. 2 어른이 가까이 있는 비슷한 나이의 사람을 부를 때 쓰는 말.

여보세요 1 가까이 있는 사람을 부를 때 쓰는 말. 예 여보세요, 길 좀 물읍시다. 2 전화를 할 때 상대편을 부르는 말.

여보시오 [여보시오/여보시요] 남을 부를 때 보통으로 높여서 부르는 말.

여봐라 가까이 있는 아랫사람을 부를 때 쓰는 말. 예 여봐라, 게 누구 없느냐.

여부(與否) [여:부] 그러함과 그렇지 아니함. 예 그 일의 가능성 여부는 알 수가 없다.

여북 '얼마나·오죽'의 뜻으로 언짢거나 안타까운 경우에 쓰는 말. 예 여북하면 도둑질을 할까. **여북하다**.

여분(餘分) ➪나머지.

여비(旅費) 여행하는 데 드는 돈. 예 아르바이트를 해서 여비를 마련하다. 町노비. 노자.

여상(女商) '여자 상업 고등학교'를 줄여 이르는 말.

여생(餘生) 앞으로 남은 삶. 나머지의 인생. 예 여생을 편안히 보내고 싶다. 町여명.

***여섯** [여섣] 다섯보다 하나 많은 수. 町육. ➪six

***여성**(女性) 여자. 보통 성년에 이른 여자를 이름. 준여. 町남성.

여세(餘勢) 어떤 일이 끝난 뒤의 나머지 세력이나 기세. 예 전반전의 여세를 몰아 경기를 승리로 이끌었다.

여수(麗水) 〖지명〗 전라남도에 있는 시. 여수반도 끝에 있는 근대적 항구 도시로, 한려 수도·거문도 따위의 명승지가 있음.

여승(女僧) 여자 승려. 町비구니. 町남승. 高여스님.

여신(女神) 여성의 신. 여자 신. 예 행운의 여신.

여실히(如實一) 사실과 꼭 같게. 예 평소의 행동이 여실히 드러나다.

여아(女兒) 1 딸. 예 건강한 여아를 출산하다. 2 여자아이. 町남아.

여염집(閭閻一) [여염찝] 일반 백성의 살림집. 예 여염집 여자.

여왕(女王) 1 여자 임금. 예 선덕 여왕. ➪queen 2 어떤 분야에서 중심되는 위치에 있는 여성을 일컫는 말. 예 탁구계의 여왕.

여왕개미(女王一) 알을 낳을 수 있는 암개미. 보통 일개미보다 몸집이 크며 날개가 있고 우두머리임.

여왕벌(女王一) 알을 낳을 수 있는 암벌. 몸이 크며 벌 사회의 우두머리임. 꿀벌에서는 한 무리에 한 마리뿐임. 町여왕봉. 장수벌. *일벌.

***여우**[1] 1 갯과의 짐승. 꼬리가 길고 다리가 짧으며 털빛은 대개 엷은 적갈

여우²

색임. 몸은 홀쭉하고 주둥이는 길고 뾰족하게 튀어나오고 귀는 뾰족함. 털가죽은 목도리로 많이 씀. ⊃fox 2 매우 교활하고 변덕스러운 사람을 비유하여 일컫는 말.

여우²(女優) '여배우'의 준말. 예여우 주연상.

여우비 볕이 나 있는 날 잠깐 오다가 그치는 비.

여운(餘韻) 일이 끝난 다음에도 아직 가시지 않은 느낌이나 정취. 예여운을 남기다 / 깊은 여운을 주다.

여울 강이나 바다에서 물살이 빠르고 세게 흐르는 곳.

여울목 여울물이 턱진 곳.

여위다 1 몸의 살이 빠져서 얼굴이 파리하게 되다. 직야위다. 2 살림살이가 가난하고 구차하게 되다.

주의 **여위다**와 **여의다**

여위다 1 몸의 살이 빠지다. 예여윈 몸. 2 가난하여 살림이 보잘것없다. 예여윈 살림 / 가세가 여위다.
여의다 1 죽어서 이별하다. 예부모를 여읜 고아. 2 멀리 떠나보내다. 3 시집보내다. 예막내딸을 여의다.

---

*여유(餘裕) 1 넉넉하고 남음이 있음. 예여유 있는 생활. 2 서두르지 않고 느긋하고 차분하게 판단하는 마음. 예여유 있는 태도.

여유롭다(餘裕-) [여유롭따] 여유가 있다. 예여유로운 삶을 누리다. 활용 여유로워 / 여유로우니.

여의다 [여의다 / 여이다] 1 죽어서 이별하다. 예부모를 여의다. 2 멀리 떠나보내다. 3 딸을 시집보내다. 예막내딸을 여의다. →여위다 주의

여의도(汝矣島) [여의도 / 여이도] 『지명』 서울 시내 한강 가운데에 있는 작은 섬. 국회 의사당·한국 방송 공사·63 빌딩 따위의 건물이 있음.

여의봉(如意棒) [여의봉 / 여이봉] 자기 뜻대로 늘이고 줄여서 신통력을 발휘할 수 있다는 몽둥이.

여의사(女醫師) [여의사 / 여이사] 여자 의사. 여의.

여의주(如意珠) [여의주 / 여이주] 용

의 턱 아래에 있다는 구슬. 이 구슬을 얻으면 무엇이든 마음대로 만들어 낼 수 있다 함.

여인(女人) 어른이 된 여자.

여인숙(旅人宿) 규모가 작고 숙박료가 싼 여관.

*여자(女子) 여성인 사람. 맨남자. → [학습마당] 17(573쪽) ⊃woman

여장(女裝) 남자가 여자처럼 차림. 또는 그런 차림새. 맨남장. **여장하다**.

여장부(女丈夫) 성격이나 행동이 씩씩하고 활달한 여자. *대장부.

여전하다(如前-) 전과 다름이 없다. 예그 버릇이 여전하다.

여전히(如前-) 전과 같이. 예그는 여전히 착하다.

여정(旅程) 여행의 과정이나 일정. 예2박 3일의 여정.

여중(女中) '여자 중학교'를 줄여 이르는 말. 예여중을 다니다.

여지(餘地) 어떤 일을 하거나 어떤 일이 일어날 가능성. 예의심받을 여지가 있다 / 선택의 여지가 없다.

여지없다(餘地-) [여지업따] 더할 나위가 없다.

여지없이(餘地-) [여지업씨] 여지없게. 예내 희망은 여지없이 무너졌다.

여직원(女職員) [여지권] 여자 직원.

여진(餘震) 큰 지진 따위가 있은 다음에 잇달아 일어나는 작은 지진.

여진족(女眞族) 동만주와 연해주 지역에 살던 퉁구스계 종족. 12세기 초에는 추장 아구다가 금나라를 세웠으며, 후에 청나라를 세워 중국을 통일함. 圖여진.

*여쭈다 [여:쭈다] 1 웃어른께 말씀을 올리다. 예모르는 것이 있으면 선생님께 여쭈어라. 2 웃어른에게 인사를 드리다. 예인사를 여쭈다.

참고 **여쭈다**와 **여쭙다**

두 단어 모두 표준어로 '여쭈다 - 여쭈니 - 여쭈어'와 '여쭙다 - 여쭈우니 - 여쭈워'는 모두 맞춤법에 맞는 표기이다.
예선생님께 여쭈어라. (○)
선생님께 여쭈워라. (○)

여쭙다 [여:쭙따] '여쭈다'의 높임말. ㉠부모님께 여쭙고 난 후에 말씀드리겠습니다. 본 여쭈옵다. 활용 여쭈워/여쭈우니. →여쭈다 참고

여차하면 (如此一) 일이 뜻대로 되지 않으면. ㉠여차하면 비밀을 말할 생각이다.

여치 [여:치] 여칫과의 곤충. 몸길이 약 3cm, 메뚜기와 비슷한데 더듬이가 길며, 몸 옆면은 갈

여치

학습마당 17

'여자'라는 낱말에서의 '여'가 '남녀'라는 낱말에서는 '녀'가 되는 까닭

'여자'라는 한자어에서 '여'의 본래의 음은 '녀'인데, 이를 우리말로 적을 때에는 '녀자'가 아니라 '여자'로 적는다. 이와 같이 낱말의 첫머리에서 발음되는 것을 꺼려 나타나지 않거나 다른 소리로 발음되는 현상을 '두음 법칙'이라고 한다.

1. 한자음 '녀, 뇨, 뉴, 니'가 낱말의 첫머리에 올 적에는 두음 법칙에 따라 '여, 요, 유, 이'로 적는다.
   여자 (×녀자)   요소 (×뇨소)   유대 (×뉴대)   익명 (×닉명)
   (1) 다음과 같은 말에서는 '냐, 녀' 음을 인정한다.
      (엽전 열) 냥   (금 닷) 냥쭝   (몇) 년
   (2) 낱말의 첫머리 이외의 경우에는 본음대로 적는다.
      남녀   당뇨   은닉
   (3) 두 말이 합쳐서 된 말에서 뒷말의 첫소리가 'ㄴ' 소리가 나더라도 두음 법칙에 따라 적는다.
      신여성 (×신녀성)   공염불 (×공념불)   남존여비 (×남존녀비)
2. 한자음 '랴, 려, 례, 료, 류, 리'가 낱말의 첫머리에 올 적에는 두음 법칙에 따라 '야, 여, 예, 요, 유, 이'로 적는다.
   양심 (×량심)   예의 (×례의)   이발 (×리발)
   (1) 다음과 같은 말은 본음대로 적는다.
      리 (里): 몇 리나 되느냐?
      리 (理): 그럴 리가 없다.
   (2) 낱말의 첫머리 이외의 경우에는 본음대로 적는다.
      개량   선량   수력   협력   사례   혼례
      쌍룡   급류   능률   합격률   도리   진리
   (3) 홀소리나 'ㄴ' 받침 뒤의 '렬, 률'은 '열, 율'로 적는다.
      나열 (×나렬)   우열 (×우렬)   규율 (×규률)   비율 (×비률)
      분열 (×분렬)   진열 (×진렬)   선율 (×선률)   환율 (×환률)
   (4) 준말에서 본음으로 소리나는 것은 본음대로 적는다.
      국련 (국제연합)   한시련 (한국 시각 장애인 연합회)
   (5) 두 말이 합쳐 된 말에서 뒷말의 첫소리가 'ㄴ' 또는 'ㄹ' 소리로 나더라도 두음 법칙에 따라 적는다.
      역이용 (×역리용)   열역학 (×열력학)
   (6) 둘 이상의 낱말로 이루어진 고유 명사나 숫자를 한글로 쓸 때에도 두음 법칙에 따라 적는다.
      서울여관 (×서울려관)   육백육십육 (×육백륙십육)
3. 한자음 '라, 래, 로, 뢰, 루, 르'가 낱말의 첫머리에 올 적에는 두음 법칙에 따라 '나, 내, 노, 뇌, 누, 느'로 적는다.
   낙원 (×락원)   내일 (×래일)   노인 (×로인)   누각 (×루각)
   (1) 낱말의 첫머리 이외의 경우에는 본음대로 적는다.
      쾌락   왕래   연로   고루   동구릉   가정란
   (2) 접두사 같은 한자가 붙은 말은 두음 법칙에 따라 적는다.
      실낙원 (×실락원)   중노동 (×중로동)   비논리적 (×비론리적)

여타 (餘他) 그 밖의 다른 것. 그 나머지. ⑩여타는 생략한다.

***여태** 지금까지. 아직까지. ⑩여태까지 그런 일이 없었다. 凹입때.

여태껏 [여태껀] 여태까지. ⑩여태껏 들어본 적이 없는 이야기다. 凹이제껏. 입때껏.

여편네 (女便一) 1 결혼한 여자를 낮추어 이르는 말. 2 자기 아내를 낮추어 이르는 말.

여하간 (如何間) 어떻든 간에. 여하튼. 하여간. ⑩여하간 네 잘못이다.

여하튼 (如何一) 어떻든. 아무튼. 하여튼. 凹여하간.

***여학생** (女學生) [여학쌩] 여학교의 학생. 여자 학생. 凹남학생.

***여행** (旅行) 볼일이나 구경할 목적으로 다른 고장이나 다른 나라에 가서 두루 둘러보는 일. ⑩여름 방학에 부모님과 제주도로 여행을 다녀왔다. 여행하다. ⊃journey, trip, travel

여행객 (旅行客) 여행 중인 사람. ⑩기차역이 여행객들로 북적인다.

여행기 (旅行記) 여행을 하며 보고, 듣고, 겪은 일들을 쓴 글.

여행길 (旅行一) [여행낄] 여행을 하는 길이나 과정. ⑩여행길에서 좋은 길동무를 만나다.

여행사 (旅行社) 일반 여행 손님이나 관광객의 편의를 돌봐 주는 일을 업으로 하는 영업 기관.

여행자 (旅行者) 여행하는 사람.

역¹ (役) 연극·영화에서, 배우가 맡아서 하는 역할. ⑩주인공 역을 맡다. 凹역할.

***역**² (驛) 1 기차가 멎고 떠나는 곳. ⑩역 대합실에서 언니와 상봉하다. 凹정거장. ⊃station 2 예전에 문서를 전달하고, 공무로 다니던 관리들에게 말을 제공하던 곳.

역겹다 (逆一) [역겹따] 감각이나 느낌이 몹시 불쾌하다. ⑩역겨운 냄새가 코를 찌른다. 활용 역겨워 / 역겨우니.

역경 (逆境) [역꼉] 일이 순조롭지 않아 어렵게 된 형편. ⑩역경을 딛고 일어서다.

역군 (役軍) [역꾼] 1 공사장에서 삯일을 하는 사람. 2 ⇨일꾼2. ⑩산업역군.

역기 (力器) [역끼] 근육 운동을 할 때에 쓰는 기구. 바벨. ⑩역기를 들어 올리다.

역대 (歷代) [역때] 이어 내려온 여러 대. ⑩역대 대통령.

역도 (力道) [역또] 무거운 역기를 들어 올려 그 무게를 겨루는 경기. ⑩역도 선수.

역량 (力量) [영냥] 어떤 일을 해낼 수 있는 힘. 또는 그 힘의 정도. ⑩역량을 발휘하다.

역력하다 (歷歷一) [영녀카다] 뚜렷하다. 분명하다. ⑩증거가 역력하다 / 피로의 빛이 역력하다.

역력히 (歷歷一) [영녀키] 역력하게. ⑩머릿속에 역력히 남아 있다.

역류 (逆流) [영뉴] 거꾸로 흐름. 또는 거꾸로 흐르는 물. ⑩피가 역류하다. 역류하다.

역모 (逆謀) [영모] 반역을 꾀함. 또는 그런 일. ⑩역모를 꾸미다.

역무원 (驛務員) [영무원] 역에서 일하는 사람.

역부족 (力不足) [역뿌족] 힘·재능 따위가 모자람. ⑩그를 상대하기에는 역부족이다. 역부족하다.

***역사** (歷史) [역싸] 1 인간 사회의 변천과 흥망의 과정. 또는 그 기록. ⑩역사에 길이 남다. 2 어떤 사물이나 사실이 오늘에 이르기까지 변화한 자취. ⑩책의 역사. ⊃history

역사가 (歷史家) [역싸가] 역사를 전문으로 연구하는 사람.

역사관 (歷史觀) [역싸관] 역사의 발전에 대한 체계적인 생각.

역사극 (歷史劇) [역싸극] 역사에 있었던 사실을 바탕으로 만든 영화나 연극이나 드라마. 凹사극.

역사상 (歷史上) [역싸상] 역사에 나타나 있는 바. 역사적으로 본 바. ⑩역사상 유례가 없는 큰 사건. 凹사상.

역사적 (歷史的) [역싸적] 1 오래 남을 만하게 중요한 것. ⑩역사적인 사건. 2 역사에 관계된 (것).

역사책 (歷史冊) [역싸책] 역사를 기

역설 (力說) [역썰] 자신의 뜻을 힘주어 주장함. **역설하다**.

역성 [역썽] 옳고 그름에는 상관없이 한쪽만 편들어 줌. 예동생 역성만 드시는 아버지.

역수 (逆數) [역쑤] 1을 어떤 수로 나누어 얻은 몫을 그 나눈 수에 대하여 일컫는 말. 예컨대 5의 역수는 $\frac{1}{5}$, $\frac{2}{3}$의 역수는 $\frac{3}{2}$.

역순 (逆順) [역쑨] 거꾸로 된 순서. 예역순 사전.

역습 (逆襲) [역씁] 적의 공격을 받고 있던 편이 거꾸로 적을 공격함. 예기회를 보아 역습하다. **역습하다**.

***역시** (亦是) [역씨] 1 또한. 예나 역시 몰랐다. 2 전과 마찬가지로. 예역시 이상하다. 3 전에 생각했던 대로. 예역시 네가 제일이다.

역암 (礫岩) [여감] 퇴적암의 하나. 자갈이 물속에 쌓이어, 진흙이나 모래 따위와 섞여 굳어진 암석. 비자갈돌.

역작 (力作) [역짝] 힘들여 만듦. 또는 그 작품. 예이 책은 10년 걸려서 이룬 역작이다.

역장 (驛長) [역짱] 역의 우두머리.

역적 (逆賊) [역쩍] 나라나 임금에게 배반하는 사람. 예역적으로 몰리다.

역전[1] (逆轉) [역쩐] 형세가 뒤집혀짐. 예역전의 기회. **역전하다**.

역전[2] (驛前) [역쩐] 역의 앞쪽. 예역전 광장으로 나오다.

역전승 (逆轉勝) [역쩐승] 경기 따위에서, 처음에는 지다가 나중에는 이김. 예역전승을 거두다. 빤역전패. **역전승하다**.

역전패 (逆轉敗) [역쩐패] 경기 따위에서, 처음에는 이기다가 나중에는 짐. 빤역전승. **역전패하다**.

역점 (力點) [역쩜] 1 ⇨힘점. 2 특히 중요시하여 힘을 들이는 점. 예글의 첫머리에 역점을 두다.

역정 (逆情) [역쩡] '화[1]·성[1]'의 높임말. 예윗사람의 역정을 사다.

역주 (力走) [역쭈] 힘껏 달림. 예마라톤 최종 구간에서 역주하다. **역주하다**.

역하다 (逆―) [여카다] 1 구역질이 날 듯 속이 메숙메숙하다. 예역한 냄새. 2 마음에 거슬려 못마땅하다. 예그의 말이 역하다.

역학 (力學) [여칵] 물체 사이에 작용하는 힘과 이것으로 생기는 운동과의 관계를 연구하는 물리학의 한 부문.

***역할** (役割) [여칼] 1 각자 맡아서 해야 할 일. 예각자 맡은 바 역할을 다하다. 비구실. 2 드라마·영화·연극 따위에서 맡은 배역. 예할아버지 역할을 맡다. 비역. ×역활.

역할극 (役割劇) [여칼극] 참가자가 주어진 상황에서 특정 역할을 맡아 연기하는 연극.

역할놀이 (役割―) [여칼로리] 가상의 상황에서 상황 속 인물의 역할을 흉내 내며 노는 놀이 활동. 비역할극.

역행 (逆行) [여캥] 1 순서를 바꾸어 행함. 2 거슬러서 나아감. 예시대에 역행하다. 빤순행. **역행하다**.

***역효과** (逆效果) [여쿄과/여쿄꽈] 얻고자 하는 것과는 반대되는 결과. 예오히려 역효과를 내다.

엮다 [역따] 1 노끈이나 새끼로 이리저리 여러 가닥으로 어긋매껴 어떤 물건을 만들다. 예복조리를 엮다. 2 책을 만들다. 예자서전을 엮다. 3 여러 개의 물건을 끈이나 줄로 어긋매껴 묶다. 예새끼로 굴비를 엮다.

연[1] (年) 일 개년. 한 해. 예연 강수량 / 연 수출량.

***연**[2] (鳶) 가는 댓가지 틀에 얇은 종이를 붙여 실에 달아 공중에 날리는 장난감.

연[2]

연[3] (蓮) 수련과의 여러해살이 물풀. 연못에서 자라거나 논밭에서 재배함. 뿌리줄기는 끝으로 갈수록 굵고, 잎은 물 위에 뜸. 여름에 붉은색 또는 흰색의 꽃이 피며 열매는 연밥, 뿌리는 연근이라고 함.

연[4] (聯) 시에서, 몇 개의 행을 묶어 하나의 단위로 삼은 부분.

연간 (年間) 한 해 동안. 예연간 생산량 / 연간 소득.

연개소문 (淵蓋蘇文) 〖인명〗 고구려 말기의 장군·정치가. 645년 당나라 태

종의 17만 대군을 안시성에서 크게 무찌름. [?-665]

연거푸 (連—) 잇달아 여러 번. 예물을 연거푸 들이켜다.

***연결** (連結) 물건·사실 따위가 서로 이어지거나 관계를 맺음. 예육지와 섬을 연결하는 다리. 빤분리. **연결하다**.

연고[1] (軟膏) [연:고] 피부에 발라서 상처나 피부 질환을 치료하는 데 쓰는 약. 예무릎에 난 상처를 소독하고 연고를 바르다.

연고[2] (緣故) 1 ⇨사유[2]. 찾아온 연고를 말하다. 2 혈통·정분 또는 법률상으로 맺어진 사이. 예연고 없는 환자.

연고지 (緣故地) 혈통 또는 법률상의 인연이나 관계가 맺어진 곳. 곧, 출생지·거주지 따위.

연골 (軟骨) [연:골] 척추동물의 뼈 중 부드럽고 탄력 있는 뼈. 비물렁뼈.

연관 (聯關) 서로 관계를 맺음. 예연관 있는 낱말을 고르시오. 비관련. **연관하다**.

***연구** (研究) [연:구] 어떤 일이나 사물에 대하여 조사하고 생각하여 진리를 밝히는 일. 예발해 역사를 연구하다. 비궁리. 탐구. **연구하다**.

연구가 (研究家) [연:구가] 연구를 전문으로 하는 사람. 예요리 연구가.

연구소 (研究所) [연:구소] 여러 가지 시설을 갖추어 놓고, 연구를 전문으로 하는 곳. 예화학 연구소.

연구실 (研究室) [연:구실] 학교나 기관에 설치하여, 연구를 전문으로 하기 위하여 사용하는 방.

연구원 (研究院) [연:구원] 전문 분야별로 연구를 하기 위해 설립한 기관.

***연극** (演劇) [연:극] 배우가 음악·무대 장치 등의 도움을 받아, 각본에 따라 연기를 하는 예술. **연극하다**.

연극반 (演劇班) [연:극빤] 학교나 단체에서 연극을 특별 활동으로 하는 모임.

연근 (蓮根) 연꽃의 뿌리. 구멍이 많으며 조리하여 먹음. 비연뿌리.

연금 (年金) 국가나 사회에 특별한 공로가 있거나 일정 기간 동안 국가 기관이나 회사, 단체 따위에서 일한 사람에게 해마다 정기적으로 주는 돈. 예국민 연금.

연기[1] (延期) 미리 정한 날짜를 뒤로 미룸. 예비가 와서 운동회를 연기하다. **연기하다**.

***연기**[2] (煙氣) 물건이 탈 때에 나는 검거나 뿌연 기체. 예산에서 검은 연기가 피어오르다.

연기[3] (演技) [연:기] 관객 앞에서 연극·곡예·춤과 노래 등을 말이나 행동으로 보이는 일. 예능숙한 연기. **연기하다**.

연꽃 (蓮—) [연꼳]
1 연못·늪 등지에 나는 여러해살이 물풀. 여름에 분홍색 또는 흰색 꽃이 피며, 잎은 물 위에 뜨는데 둥글넓적함. 2 1의 꽃. 비연화.

연꽃

*** 연날리기** (鳶—) 바람을 이용해 연을 공중에 띄우는 놀이.

연년생 (年年生) 한 살 터울로 아이를 낳음. 또는 그 아이. 예연년생을 키우다.

연노랑 (軟—) [연:노랑] 연한 노랑.

연단 (演壇) [연:단] 강연·연설 등을 하는 사람이 올라서는 단. 예연단에 오르다. 비연대.

연달다 (連—) 연하여 잇달다. 예연달아 재채기가 나다. 참고 주로 '연달아'의 꼴로 쓰임.

연대[1] (年代) 지나간 시간을 일정한 햇수로 나누는 것. 예생존 연대.

연대[2] (聯隊) 군대 편성의 하나. 사단의 아래, 대대의 위로, 흔히 3개 대대로 편성됨.

연대순 (年代順) 연대를 따라 벌여 놓은 순서. 예기록을 연대순으로 분류하다.

연대표 (年代表) 역사상 발생한 사건을 연대순으로 배열하여 적은 표. 준연표.

연도 (年度) 회계 처리 등을 위해 편의상 구분한 일 년 동안의 기간. 예졸업 연도.

연두[1] (軟豆) [연:두] 연한 초록. 비연두색. 연둣빛.

연두[2] (年頭) 새해의 첫머리. 예대통령 연두 기자 회견.

연두색 (軟豆色) [연:두색] 연한 초록색. 예 연두색 은행잎이 노란색으로 물들다. 비 연두. 연둣빛.

연둣빛 (軟豆—) [연:두삗 / 연:둗삗] 연한 초록빛. 예 연둣빛 저고리. 비 연두. 연두색.

연등 (燃燈) 주로 부처님 오신 날에 축하하는 뜻으로 밝히는 등불.

연등회 (燃燈會) [연등회 / 연등훼] 석가모니의 탄생일에 집집마다 등불을 켜고 복을 비는 불교 행사.

*__연락__ (連絡) [열락] 1 서로 이어지는 것. 2 서로 관계를 가짐. 예 연락을 끊다. 3 사정을 알림. 예 친구에게 연락하다. 연락하다.

연락망 (連絡網) [열랑망] 연락을 정확하고 빠르게 하기 위한 유선·무선 또는 사람에 의한 통신망. 예 비상 연락망.

연락처 (連絡處) [열락처] 연락을 주고받을 수 있는 전화번호 따위. 예 연락처를 남기다.

연령 (年齡) [열령] ⇨나이. 예 취학 연령에 다다른 아동.

연로하다 (年老—) [열로하다] 나이가 들어서 늙다. 예 연로하신 부모님. 반 연소하다.

*__연료__ (燃料) [열료] 열·동력 등을 얻기 위해 태우는 재료. 석탄·가스·석유·숯 따위. 예 연료를 절약하다. 비 땔감.

연루 (連累) [열루] 남이 저지른 범죄에 관련됨. 예 살인 사건에 연루되다.

연륜 (年輪) [열륜] 노력이나 경험에 따른 숙련의 정도. 예 오랜 연륜을 쌓다 / 연륜이 부족하다.

연립 (聯立) [열립] 여럿이 어울려서 이룸. 예 연립 내각. 연립하다.

연립 주택 (聯立住宅) 보통 3층 이하의 공동 주택. 각 세대가 하나의 건축물 안에서 각각 독립된 주거 생활을 할 수 있는 주택.

연마 (研磨) [연:마] 학문이나 기술 등을 연구하고 닦음. 예 기술을 연마하다. 비 단련. 수련. 연마하다.

연막 (煙幕) 1 군사 행동 따위가 적군의 눈에 띄지 않게 공중에 퍼뜨리는 짙은 연기. 예 연막을 치다. 2 사실을 숨기기 위해 능청을 떠는 행동을 비유적으로 이르는 말. 예 연막을 치다.

연말 (年末) 한 해의 마지막 무렵. 예 연말 결산. / 세밑. 반 연초.

연말연시 (年末年始) [연말련시] 한 해의 마지막 때와 새해의 첫머리를 아울러 이르는 말. 예 연말연시를 가족과 함께 보내다.

연맹 (聯盟) 공동 목적을 가지고 함께 행동할 것을 맹세하고 약속하는 일. 또는 그런 조직체. 예 육상 연맹. 비 동맹. 연맹하다.

연명 (延命) 목숨을 겨우 이어 살아감. 예 죽으로 겨우 연명하다. 연명하다.

연모 물건을 만들거나 일을 할 때에 쓰는 기구와 재료. 비 연장.

*__연못__ (蓮—) [연몯] 1 연꽃을 심은 못. 2 ⇨못¹. 예 연못 속에 잉어들이 헤엄쳐 다닌다.

연민 (憐憫) 불쌍하고 가련하게 여김. 예 연민의 정을 느끼다.

연발 (連發) 1 연속하여 일어남. 예 실수 연발 / 교통사고가 연발하다. 2 총 따위를 연달아 쏨. 예 기관총을 연발하다. 연발하다.

연방¹ (聯邦) 자치권을 가진 여러 나라가 공통의 정치 이념 아래 결합하여 구성하는 국가. 미국·캐나다·러시아 따위.

연방² (連方) 잇달아 자꾸. 예 연방 꾸벅이며 졸다. 비 연신.

연배 (年輩) 서로 비슷한 나이. 또는 그런 사람. 예 아버지와 같은 연배의 어른.

연변¹ (沿邊) 강이나 철도, 큰길 등을 따라 길게 이어진 양쪽 가장자리 지역. 예 도로 연변의 가로수.

연변² (延邊) 『지명』 ⇨옌볜.

연보 (年譜) 개인의 일생을 연대순으로 간단히 적은 글. 예 작가의 연보.

연보라 (軟—) [연:보라] 연한 보라. 비 연보라색. 연보랏빛.

연보라색 (軟—色) [연:보라색] 연한 보라색. 비 연보라. 연보랏빛.

연보랏빛 (軟—) [연:보라삗 / 연:보랃삗] 연한 보랏빛. 예 연보랏빛 하늘. 비 연보라. 연보라색.

연봉 (年俸) 일 년을 단위로 하여 정

한 봉급. ⓔ야구 선수들은 봉급을 연봉으로 받는다.
연분홍 (軟粉紅) [연:분홍] 엷은 빛의 분홍. ⓔ연분홍 치마. 비연분홍빛. 연분홍색.

연분홍빛 (軟粉紅-) [연:분홍삗] 연한 분홍빛. 비연분홍. 연분홍색.

연분홍색 (軟粉紅色) [연:분홍색] 연한 분홍색. 비연분홍. 연분홍빛.

연비 (連比) 세 개 이상의 수나 양의 비. 10 : 20 : 30 따위.

연뿌리 (蓮-) 연꽃의 뿌리. 여러 개의 구멍이 나 있으며 먹거나 약으로 씀. 비연근.

연사 (演士) [연:사] 연설하는 사람.

연산 (演算) [연:산] 식이 나타낸 일정한 규칙에 따라 계산하는 일. 연산하다.

연산군 (燕山君) [연:산군] 『인명』 조선 제10대 임금. 무오사화·갑자사화를 일으켜 많은 학자와 대신을 죽여 폭군으로 지탄받아 중종반정으로 폐위되었음. [1476-1506 ; 재위 1494-1506]

연상¹ (聯想) 한 가지 생각이나 사물로 말미암아 이와 관련되는 다른 생각이 떠오르는 일. ⓔ가을 하면 낙엽이 연상된다. 연상하다.

연상² (年上) 자기보다 나이가 많음. 또는 그런 사람. 반연하.

연설 (演說) [연:설] 여러 사람 앞에서 자기의 의견이나 주장을 말함. ⓔ선거 연설 / 일장 연설하다. 연설하다.

연설문 (演說文) [연:설문] 연설할 내용을 적은 글. ⓔ연설문을 낭독하다.

연세 (年歲) '나이'의 높임말. ⓔ연세가 많다. 비춘추.

연소 (燃燒) 물건이 탐. ⓔ완전 연소. 연소하다.

연소자 (年少者) 나이가 어린 사람. ⓔ연소자 관람 불가.

연속 (連續) 끊이지 않고 죽 이음. ⓔ연속해서 우승하다. 연속하다.

연속극 (連續劇) [연속끅] 한 편의 드라마를 정기적으로 일부분씩 나누어서 연속하여 방송하는 극. ⓔ일일 연속극 / 주말 연속극.

연속적 (連續的) [연속쩍] 끊이지 않고 죽 이어지거나 지속하는. 또는 그런 것. ⓔ연속적으로 질문을 던지다.

연쇄 (連鎖) 서로 연이어 맺음. ⓔ연쇄 반응 / 연쇄 충돌. 연쇄하다.

연쇄점 (連鎖店) 상품을 공동으로 관리·보관하고, 둘 이상의 판매 단위를 연결하여 경영하는 소매점. 체인 스토어. 체인점.

연수¹ (延髓) 뇌와 척수를 연결하는 부분으로, 뇌의 명령을 전달하며 호흡·심장·혈관 등의 운동을 조절함. 비숨골.

연수² (研修) [연:수] 지식이나 기술 등을 배우고 닦음. ⓔ해외 연수를 다녀오다. 연수하다.

***연습** (練習) [연:습] 여러 번 반복하여 익힘. ⓔ연습 문제 / 피아노를 연습하다. 비연마. 연습하다. ⊃practice

연습장 (練習帳) [연:습짱] 연습하는 데 쓰는 공책. ⓔ영어 단어를 연습장에 반복해서 써 가며 외웠다.

연승 (連勝) 잇달아 이김. ⓔ연승을 거두다. 반연패. 연승하다.

연시 (軟枾) [연:시] 말랑말랑하게 무르익은 감. 비홍시.

연신 잇따라 자꾸.

연싸움 (鳶-) 연을 날리면서 서로의 연실을 마주 걸어 상대편의 연실을 끊어 버리는 싸움.

연안 (沿岸) [여난] 강·호수·바다와 맞닿은 육지. 또는 그 물가. ⓔ연안 도시 / 연안 부두 / 지중해 연안.

연안 어업 (沿岸漁業) 해안에서 멀지 않은 바다에서 하는 어업.

연애 (戀愛) [여:내] 남녀 사이에 서로 그리워하고 생각하는 애틋한 정. 비사랑. 연애하다.

연약하다 (軟弱-) [여:냐카다] 무르고 약하다. ⓔ연약한 피부 / 연약한 태도를 보이다.

연어 (鰱魚) [여너] 연어과의 바닷물고기. 몸은 원통 모양으로 누런빛을 띤 적색임. 가을에 강을 거슬러 올라와 모랫바닥에 알을 낳고 죽음.

연연하다 (戀戀-) [여:년하다] 1 미련을 가지다. ⓔ지난 일에 너무 연연하지 마라. 2 애틋하게 그립다. ⓔ연연한 정.

연예 (演藝) [여:녜] 여러 사람 앞에

서 무용·연극·쇼 따위를 보임. 또는 그 재주. 예연예 활동.

연예인 (演藝人) [여:녜인] 연예에 종사하는 배우·가수 등을 통틀어 일컫는 말.

연월일 (年月日) [여뉠릴] 해와 달과 날. 예제조 연월일.

연유 (緣由) [여뉴] 까닭. 이유. 예사건의 연유를 캐다.

연인 (戀人) [여:닌] 서로 사랑하는 남녀. 예영원한 나의 연인. 비애인.

연일 (連日) [여닐] 여러 날을 계속함. 예연일 대만원이다.

연자매 (研子—) [연:자매] 소·말로 하여금 끌어 돌리게 하여 곡식을 찧는 맷돌. 비연자방아.

연자매

연장[1] 어떤 일을 하는 데 쓰는 도구. 예연장을 챙기다. 비도구.

연장[2] (延長) 1 시간이나 길이 따위를 길게 늘임. 예연장 공연 / 버스의 연장 운행. 반단축. 2 어떤 일이 계속하여 이어지는 것. 예체험 학습은 수업의 연장이다. 연장하다.

연장자 (年長者) 자기보다 나이가 많은 사람. 예연장자에 대한 예의를 갖추다.

연장전 (延長戰) 운동 경기에서, 정한 시간 안에 동점이거나 득점이 없어 승부가 나지 않을 경우 다시 시간을 늘여서 계속하는 경기.

연재 (連載) 신문·잡지 등에 긴 원고 따위를 여러 회로 나누어 계속 싣는 일. 예소설 연재. 연재하다.

연적 (硯滴) 벼루에 먹을 갈 때 쓰는, 물을 담아 두는 그릇.

*연주** (演奏) [연:주] 여러 사람 앞에서 악기로 음악을 들려줌. 예피아노 연주. 연주하다.

연주가 (演奏家) [연:주가] 음악을 연주하는 사람. 또는 그것을 직업으로 하는 사람.

연주법 (演奏法) [연:주뻡] 악기를 연주하는 방법. 비주법.

연주자 (演奏者) [연:주자] 연주하는 사람.

연주회 (演奏會) [연:주회 / 연:주훼] 음악을 연주하여 여러 사람에게 들려주는 모임. 콘서트.

연줄 (鳶—) [연쭐] 연을 매어서 날리는 데 쓰는 실.

연중 (年中) 한 해 동안. 예연중 강우량.

연지 (臙脂) 화장할 때 입술이나 볼에 바르는 붉은 빛깔의 물감. 예연지를 찍다.

연착 (延着) 정한 시간보다 늦게 도착함. 예기차가 연착하는 바람에 늦었다. 연착하다.

연체 (延滯) 내야 할 돈을 기한이 지나도록 내지 않음. 예자동차세 납부를 연체하다. 연체하다.

연체동물 (軟體動物) [연:체동물] 몸에 뼈가 없고 부드러우며 근육이 풍부한 동물. 조개·문어·낙지 따위.

연초 (年初) 새해의 처음 무렵. 예연초의 계획대로 시행하다. 비연시. 반연말.

연초록 (軟草綠) [연:초록] 연한 초록색. 예연초록 새싹들이 돋아나다.

연출 (演出) [연:출] 각본을 기초로 하여, 배우의 연기·무대 장치·음악 등을 종합하여 연극이나 영화의 제작을 지도하는 일. 연출하다.

연출가 (演出家) [연:출가] 각본 또는 시나리오를 연출하는 것을 업으로 삼는 사람.

*연탄** (煉炭) [연:탄] 석탄·목탄 등의 가루에 석회·진흙 등을 섞어서 구멍을 여러 개 뚫은 원통형으로 만든 연료. 구공탄·십구공탄 따위. 예연탄 난로 / 연탄을 때다. 준탄.

연탄가스 (煉炭gas) 연탄이 탈 때 생기는 일산화 탄소 따위의 가스.

연통 (煙筒) 양철·슬레이트 등으로 둥글게 만든 굴뚝.

연패[1] (連敗) 싸움이나 경기에서 잇달아 짐. 예연패를 당하다. 반연승. 연패하다.

연패[2] (連霸) 운동 경기 따위에서 잇달아 우승함. 예3년 연패를 기록하다. 연패하다.

연평균 (年平均) 1년을 단위로 하여 내는 평균. 예연평균 강수량.

연표 (年表) '연대표'의 준말.

***연필** (鉛筆) 점토에 흑연 가루를 섞어 높은 열로 구워 심을 만들어 나무 속에 박은 필기도구. 예 연필 한 자루 / 연필을 깎다. ⊃ pencil

연필깎이 (鉛筆一) [연필까끼] 연필을 깎는 데에 쓰는 기구.

연필꽂이 (鉛筆一) [연필꼬지] 연필이나 볼펜 같은 것을 꽂아 두는 통.

연하 (年下) 자기보다 나이가 적음. 또는 그런 사람. 예 이모는 4년 연하의 남자와 결혼했다. 맨 연상.

***연하다** (軟一) [연:하다] 1 무르고 부드럽다. 예 고기가 연하다. 맨 질기다. 2 빛이 엷고 산뜻하다. 예 연한 색깔.

연하장 (年賀狀) [연하짱] 새해를 축하하는 그림이나 글을 담은 간단한 내용의 편지.

***연합** (聯合) 둘 이상의 것이 하나로 뭉침. 예 국제 연합 / 연합 함대 사령관. 연합하다.

연합국 (聯合國) [연합꾹] 같은 목적을 위하여 함께 행동을 하기로 약속한 나라들.

연합군 (聯合軍) [연합꾼] 1 두 나라 이상의 군대가 뭉친 군대. 2 연합국의 군대.

연해 (沿海) 1 바다에 잇닿은 근처 지방. 비 연해변. 2 육지 가까이 있는 얕은 바다.

연해주 (沿海州) 〖지명〗 러시아 극동 방면의 한 지방. 남동쪽으로 동해에, 남단은 우리나라와 접해 있음.

연행 (連行) 경찰관이 범인이나 용의자 등을 경찰서로 강제로 데리고 가는 일. 예 살인 사건의 범인을 연행하다. 연행하다.

연혁 (沿革) [연:혁] 변천하여 온 과정. 예 우리 학교의 연혁을 소개하다.

연회 (宴會) [연:회 / 연:훼] 여러 사람이 모여 음식을 함께 먹고 노래와 춤을 벌이는 일. 예 연회에 참석하다.

연휴 (連休) 쉬는 날이 이틀 이상 계속되는 일. 예 추석 연휴를 즐기다.

*'''열¹''' [열:] 아홉에 하나를 더한 수. 예 열의 열 배는 백이다. 비 십. ⊃ ten

*'''열²''' (列) 1 사람·물건이 죽 벌여 선 줄. 예 열을 지어 행군하다. 2 줄을 세는 단위. 예 이 열로 늘어서다.

*'''열³''' (熱) 1 물질의 온도를 높이는 원인이 되는 에너지. 예 열을 가하다. 2 흥분한 상태. 예 열을 받다 / 열을 올리다. 3 병 때문에 높아진 체온. 예 몸에 열이 높다. 4 열성. 열의. 예 야구에 열을 올리다.

열강 (列強) 여러 강한 나라. 예 세계의 열강과 겨루다.

열거 (列擧) 여러 가지 예나 사실을 하나씩 들어 말함. 예 일일이 잘못을 열거하다. 열거하다.

열광 (熱狂) 너무 좋아서 미친 듯이 날뜀. 예 열광하는 관중 / 열광적인 환영. 열광하다.

열기 (熱氣) 뜨거운 기운. 예 응원의 열기가 더해 가는 경기장.

열기구 (熱氣球) 기구 속의 공기를 버너로 가열하여 팽창시켜, 바깥 공기와의 비중의 차이를 이용하여 공중에 떠오르게 만든 기구. 예 열기구를 타고 하늘을 날다.

열기구

열나다 (熱一) [열라다] 1 몸에서 열이 나다. 2 화가 나다. 3 열성이 나다. 예 열나게 토론하다.

열녀 (烈女) [열려] 절개가 굳은 여자. 비 열부.

열다¹ [열:다] 열매 등이 맺히다. 예 감나무에 감이 주렁주렁 열었다. 활용 열어 / 여니 / 여는.

*'''열다²''' [열:다] 1 닫히거나 가리어진 것 따위를 터놓다. 예 대문을 열다. 2 사업 따위를 시작하다. 예 신발 가게를 열다. 3 모임이나 회의를 개최하다. 예 고등학교 동창회를 열다. 4 새로운 기틀을 마련하다. 예 새 시대의 막을 열다. 5 자신의 마음을 터놓거나 다른 사람의 마음을 받아들이다. 예 마음의 문을 열다. 6 다른 사람에게 어떤 일에 대하여 이야기를 시작하다. 예 용의자가 마침내 입을 열었다. 활용 열어 / 여니 / 여는. ⊃ open

열대 (熱帶) [열때] 적도를 중심으로 남북 회귀선 사이에 있는 더운 지대. 일 년간의 평균 기온이 20℃ 이상이며, 계절의 변화가 거의 없음. 예열대 지방 / 열대 식물. 딴한대.

열대 기후 (熱帶氣候) 사계절의 구별이 없이 일 년 내내 매우 덥고 밤낮의 기온 차가 크며 비가 많이 오는 열대 지방의 기후.

열대림 (熱帶林) [열때림] 열대 지방에 있는 무성한 수풀.

열대성 (熱帶性) [열때썽] 열대 지방의 특유한 성질. 예열대성 과일 / 열대성 고기압 / 열대성 기후.

열대야 (熱帶夜) [열때야] 여름철에 온도가 25℃ 이상인 무더운 밤.

열대어 (熱帶魚) [열때어] 열대 지방에서 사는 물고기. 생김새가 다양하고 고운 빛깔을 띤 것이 많아 관상용으로 기름.

열도 (列島) [열또] 바다 위에 길게 줄을 지은 모양으로 죽 늘어서 있는 여러 개의 섬. 예일본 열도.

열등 (劣等) [열뜽] 수준이 보통보다 낮음. 또는 낮은 등급. 예품질이 열등하다. 딴우등. 열등하다.

열등감 (劣等感) [열뜽감] 용모·능력 따위에서 자신이 남보다 떨어진다는 느낌. 콤플렉스. 예열등감을 느끼다. 딴우월감.

열등의식 (劣等意識) [열뜽의식 / 열뜽이식] 자신이 다른 사람보다 못하다고 느끼는 의식. 예열등의식에서 벗어나다.

열띠다 (熱―) 열성적이다. 뜨거운 기운을 품다. 예열띤 응원. [참고] 주로 '열띤'의 꼴로 쓰임.

열람 (閱覽) 책 따위를 죽 훑어봄. 예도서를 열람하다. 열람하다.

열람실 (閱覽室) 도서관 등에서 책을 보는 방.

열량 (熱量) 온도를 높이는 데 필요한 열의 양. 칼로리로 나타냄. 예열량이 높은 식품.

열렬하다 (熱烈―) 어떤 것에 대한 애정이나 태도가 매우 맹렬하다. 예열렬한 지지를 보내다.

열렬히 (熱烈―) 열렬하게. 예우리는 한국 팀을 열렬히 응원했다.

***열리다**¹ 1 닫히거나 가리어진 것이 트이다. 예문이 열리다. 2 새로운 기틀이 마련되다. 예정보화 시대가 열리다. 3 사업 따위가 시작되다. 예수출의 길이 열리다.

***열리다**² 열매가 맺혀 달리다. 예사과가 주렁주렁 열렸다.

열망 (熱望) 열렬하게 바람. 예통일을 열망하다. 열망하다.

***열매** 1 ⇨과실¹. 2 ⇨결과. 예알찬 열매를 맺다.

열목어 (熱目魚) [열모거] 연어과의 물고기. 하천 상류의 차고 깨끗한 물에서만 삶. 몸빛은 은빛이고, 옆구리와 등지느러미 등에 무늬가 있음.

열무 어린 무.

열무김치 열무로 담근 김치.

열반 (涅槃) 1 불교에서, 도를 완전히 이루어 모든 번뇌와 고통에서 벗어나는 최고의 정신적인 상태. 2 덕망 있는 승려가 죽음. 예열반에 들다. 딴입적. 열반하다.

열변 (熱辯) 열렬하게 사리를 밝혀 옳고 그름을 따지는 말. 예열변을 토하다.

열병 (熱病) 열이 심하게 나는 병.

열사 (烈士) [열싸] 나라를 위해 싸우다 목숨을 바친 사람. 예유관순 열사.

|참고| **열사와 의사**
열사 나라와 민족을 위하여 맨몸으로 싸우다 끝내 죽음으로 자신의 지조를 나타내어 정신적인 저항의 위대성을 보인 사람. 예이준 열사.
의사 나라와 민족을 위하여 무력이나 행동으로 항거하여 큰 공적을 세우고 의롭게 죽은 사람. 예안중근 의사 / 윤봉길 의사.

열성 (熱誠) [열썽] 열렬한 정성. 예봉사 활동에 열성을 다하다.

열성적 (熱誠的) [열썽적] 열성을 다하는 (것). 예열성적 태도 / 열성적인 사람.

열세 (劣勢) [열쎄] 상대방보다 힘이나 세력이 약함. 또는 그 힘이나 세력. 예열세에 몰리다. 딴우세. 열세하다.

***열쇠** [열:쐬 / 열:쒜] 1 자물쇠를 잠그거나 여는 쇠붙이. 예열쇠를 꽂다. 2 문제를 푸는 데 필요한 요소. 예문제 해결의 열쇠. 딴자물쇠. ⊃key

열쇠고리 [열:쐬고리 / 열:쒜고리] 열쇠를 끼워 보관하거나 가지고 다니는 데 쓰는 고리.

***열심** (熱心) [열씸] 어떤 일에 깊이 마음을 기울임. 또는 그런 마음. ⓔ그는 요즘 영어 공부에 **열심**이다. 뗴열중.

열심히 (熱心—) [열씸히] 온 정성을 다하여 골똘하게. ⓔ**열심히** 공부하다 / **열심히** 일하다.

열악하다 (劣惡—) [여라카다] 품질·능력·형편 따위가 몹시 떨어지고 나쁘다. ⓔ**열악**한 환경.

열어젖뜨리다 [여러전뜨리다] 문이나 창문 따위를 갑자기 활짝 열다. ⓔ방문을 **열어젖뜨리다**.

열에너지 (熱energy) 열을 에너지의 하나로 보고 이르는 말.

열의 (熱意) [여리 / 여릐] 어떤 일을 이루기 위하여 정성을 다하는 마음. ⓔ일에 대한 **열의**가 대단하다.

열전 (熱戰) [열쩐] 1 운동 경기에서의 맹렬한 싸움. ⓔ**열전**을 벌이다. 2 총·포 따위의 무력을 사용하는 치열한 싸움. 뗴냉전.

열전도 (熱傳導) 열이 온도가 높은 쪽에서 낮은 쪽으로 옮겨지는 현상. 물체 중에서 열전도가 잘되는 것을 양도체라고 하고, 그렇지 못한 것을 절연체라고 함.

열정 (熱情) [열쩡] 어떤 일에 애정을 갖고 열중하는 마음. ⓔ연구에 **열정**을 쏟다.

열정적 (熱情的) [열쩡적] 열정이 있는 (것). ⓔ**열정적**인 사랑.

열중 (熱中) [열쭝] 한 가지 일에 정신을 쏟음. ⓔ수학 문제 풀이에 **열중**하다. **열중하다**.

열중쉬어 (列中—) [열쭝쉬어 / 열쭝쉬어] 줄지어 선 채로 약간 편하게 왼발을 약간 옆으로 벌리고 양손을 등허리에서 맞잡으라는 구령.

*****열차** (列車) 기관차에 객차·화차 등을 연결하여 짐이나 사람을 실어 나르는 차량. ⓔ귀성 **열차**. 뗴기차.

열창 (熱唱) 노래 따위를 열심히 부름. 또는 그 노래. **열창하다**.

열풍 (烈風) 1 사납고 거세게 부는 바람. 2 세차게 일어나는 기운이나 기세. ⓔ축구 **열풍**이 일다.

열하일기 (熱河日記) 〖책〗 조선 정조 때 박지원이 사신을 따라 청나라의 열하에 다녀와서 그곳의 풍속과 경제 사정 따위를 적은 기행문.

열화 (熱火) 뜨거운 불길이라는 뜻으로, 매우 격렬한 열정의 비유. ⓔ**열화** 같은 성원에 보답하다.

열흘 1 열 날. ⓔ**열흘**이 걸리다. 2 그달의 열째 날. →날¹ 참고

*****엷다** [열:따] 1 두께가 두껍지 않다. ⓔ**엷은** 이불을 덮다. 뗴두껍다. 짞얇다. 2 빛깔이 진하지 않다. ⓔ**엷은** 빛깔. 뗴진하다. 발음 엷고 [열:꼬] / 엷어서 [열:버서] / 엷은 [열:븐].

염가 (廉價) [염까] 매우 싼 값. ⓔ**염가**로 팔다. 뗴고가.

염기 (鹽基) 붉은 리트머스 종이를 푸른색으로 변화시키는 성질이 있는 화합물. 물에 녹는 것을 '알칼리'라고 함.

염기성 (鹽基性) [염기썽] 염기가 나타내는 성질.

염두 (念頭) [염:두] 마음의 속. 마음 속. ⓔ**염두**에 두다. 뗴가슴속. 머릿속.

염라대왕 (閻羅大王) [염나대왕] 죽은 사람이 살아 있을 때 한 일을 심판한다는 저승의 임금.

*****염려** (念慮) [염:녀] 앞일에 대하여 여러 가지로 마음을 써서 걱정함. ⓔ건강을 해칠 **염려**가 있다. 뗴걱정. 근심. **염려하다**. **염려스럽다**.

염료 (染料) [염:뇨] 염색에 쓰이는 재료. 뗴물감.

*****염분** (鹽分) 물질 속에 들어 있는 소금 성분. 또는 그 양.

염불 (念佛) [염:불] 부처의 모습이나 공덕을 생각하면서 아미타불을 부르는 일. **염불하다**.

염산 (鹽酸) 염소와 수소의 화합물. 강한 산성을 띠는 액체로 공업이나 의학 등의 분야에서 다양하게 쓰임.

염색 (染色) [염:색] 실·천·머리카락 따위에 여러 가지 색깔로 물을 들임. ⓔ머리카락을 **염색**하다. 뗴탈색. **염색하다**.

염색체 (染色體) [염:색체] 세포가 분열할 때 나타나는 유전자의 집합체로 염기성 색소에 잘 염색되는 막대 모양

의 작은 물질.

*염소¹ 솟과의 집짐승. 양과 비슷하며 되새김질을 함. 흔히 뿔이 있고 꼬리가 짧음. 수컷은 턱 밑에 긴 수염이 있음. 성질이 활발하고 민첩함. 고기와 젖은 식용함. ⇨goat

염소¹

염소²(鹽素) 기체 원소의 하나. 황록색으로 나쁜 냄새가 나며, 다른 원소와 잘 화합함. 표백제의 원료 및 살균제·독가스 등에 쓰임.

염원(念願) [여:뭔] 마음속으로 간절히 생각하고 바람. 예통일을 염원하다. **염원하다**.

염전(鹽田) 바닷물을 햇볕에 증발시켜서 소금을 만들기 위해 논처럼 만든 곳. 비소금밭. 염밭.

염주(念珠) [염:주] 염불할 때에 손가락 끝으로 한 알씩 넘겨 수를 세는 기구. 보리수나무·모감주나무·염주나무 등의 열매로 만듦.

염주

염증¹(炎症) [염쯩] 몸의 어느 부분이 붉게 부어 오르고 아프거나 열이 나는 증세. 예상처에 염증이 생기다. 준염.

염증²(厭症) [염:쯩] ⇨싫증. 예일에 염증을 느끼다.

염치(廉恥) 체면을 차릴 줄 알며 부끄러움을 아는 마음. 예염치를 모르다.

염치없다(廉恥一) [염치업따] 염치를 아는 마음이 없다.

염치없이(廉恥一) [염치업씨] 염치없게. 예염치없이 굴다.

염탐(廉探) 몰래 남의 사정을 살피고 조사함. 예적의 움직임을 염탐하다. 비염알이. 염찰. **염탐하다**.

염탐꾼(廉探一) 비밀히 염탐하는 사람. 예적의 염탐꾼이 숨어들다. 비염알이꾼.

염통 ⇨심장.

염화 나트륨(鹽化Natrium) '소금'의 화학적 이름.

염화 칼슘(鹽化calcium) 염소와 칼슘의 화합물. 백색의 결정이거나 가루임. 습기를 잘 빨아들이므로 건조제로 사용함.

엽록소(葉綠素) [염녹쏘] 엽록체 속에 있는 녹색 색소. 빛 에너지를 흡수하여 광합성을 함. 비잎파랑이.

*엽서(葉書) [엽써] 짤막한 소식 따위를 적어 보내는 카드. 본그림엽서. 우편엽서.

엽전(葉錢) [엽쩐] 놋쇠로 만든 옛날 돈. 동글납작하며 가운데에 네모진 구멍이 있음.

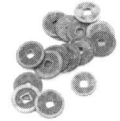
엽전

엽차(葉一) 차나무의 잎을 달여서 만든 차.

엿 [엳] 쌀·수수 따위를 엿기름으로 삭히고 고아서 만든 달고 끈끈한 식품.

엿기름 [엳끼름] 보리에 물을 부어 싹이 나게 한 다음 말린 것. 엿과 식혜를 만드는 데 쓰임.

엿듣다 [엳:뜯따] 남이 하는 말을 몰래 가만히 듣다. 예남의 이야기를 엿듣다. 활용 엿들어/엿들으니/엿듣는.

엿보다 [엳:뽀다] 1 남몰래 가만히 보다. 2 때를 노리다. 예기회를 엿보다. 3 미루어 짐작으로 알다. 예선인의 슬기를 엿보다.

엿보이다 [엳:뽀이다] 1 무엇이 짐작할 수 있게 슬쩍 보이다. 예노력이 엿보이다. 2 좁은 틈 등으로 살짝 보이다. 예문틈으로 낯선 얼굴이 언뜻 엿보였다.

엿새 [엳쌔] 1 여섯 날. 6일. 2 그달의 여섯째 날.

엿장수 [엳짱수] 엿을 파는 사람.
  엿장수 마음대로 엿장수가 엿을 마음대로 늘이듯, 무슨 일을 자기 마음대로 이랬다저랬다 하는 모양.

*영¹(零) 수가 없는 것. 아무것도 없는 것 ((기호는 0)). ⇨zero

영²(靈) 죽은 사람의 넋. 본영혼.

영³(永) [영:] '영영'의 준말. 예영 소식이 없다.

영⁴ 1 도무지. 전혀. 예영 입맛이 없다. 2 아주 또는 대단히. 예영 딴판이다. 참고 뒤에 부정하는 말이 옴.

*영감¹(令監) [영:감] 1 나이 많은 남자를 일컫는 말. 2 예전에, '대감' 다음의 벼슬아치를 부르던 말. 3 나이 많

영감²(靈感) 어떤 일의 동기가 되는 자극이나 생각. ㉠**영감**을 얻다 / **영감**이 떠오르다. ⇨inspiration

***영광**(榮光) 빛나는 명예. ㉠최우상의 **영광**을 차지하다. 비영예.

영광스럽다(榮光—) [영광스럽따] 영광을 느낄 만하다. ㉠대표로 뽑힌 것이 **영광스럽다**. [활용] 영광스러워 / 영광스러우니.

영구(永久) [영:구] 길고 오램. ㉠**영구** 보존 / **영구**히 계속되다. **영구하다**. **영구히**.

영구적(永久的) [영:구적] 오래도록 변하지 않는 (것). ㉠메일을 **영구적**으로 삭제하다. 비항구적. 반일시적.

영구차(靈柩車) 시체를 넣은 관을 실어 나르는 자동차.

영국(英國) 〚국명〛 유럽의 서부 대서양 가운데에 있는 입헌 군주국. 의회 제도가 잘 발달한 나라로 유명함. 수도는 런던. ⇨England

영글다 ⇨여물다. [활용] 영글어 / 영그니 / 영그는.

영남(嶺南) 소백산맥의 동남쪽 지방. 곧, 경상남도와 경상북도.

영농(營農) 농업을 경영함. ㉠**영농** 자금 / **영농** 후계자. **영농하다**.

영도(領導) 많은 사람을 거느려 이끎. 앞장서서 지도함. **영도하다**.

영동(嶺東) 강원도의 대관령 동쪽 지역. 반영서.

영동 고속 도로(嶺東高速道路) 인천광역시에서 강원도 강릉 사이를 잇는 고속 도로. 2001년에 개통되었으며 길이는 234.4km.

영동선(嶺東線) 경상북도 영주와 강원도 강릉 사이를 잇는 산업 철도. 길이 188.9km.

영락없다(零落—) [영나깁따] 조금도 틀리지 않고 들어맞다. ㉠아이의 모습이 **영락없는** 제 아버지다.

영락없이(零落—) [영나깁씨] 영락없게. ㉠이번 시험에는 **영락없이** 합격할 것이다.

영령(英靈) [영녕] 죽은 사람의 영혼을 높여 이르는 말. ㉠호국 **영령**.

영롱하다(玲瓏—) [영농하다] 1 눈부시게 빛나다. ㉠**영롱한** 아침 이슬 / 햇빛이 **영롱하다**. 2 구슬 따위의 울리는 소리가 맑고 아름답다. ㉠**영롱한** 목소리로 노래하다.

영리(營利) [영니] 돈을 벌어 이익을 남기려고 함.

영리하다(恰悧—) [영:니하다] 똑똑하고 눈치가 빠르다. ㉠**영리한** 아이 / 머리가 **영리하다**.

영문¹ 까닭이나 형편. ㉠**영문**을 몰라 어리둥절하다.

영문²(英文) 영어로 쓴 글.

영민하다(英敏—) 똑똑하고 재빠르다. ㉠**영민하기**로 소문난 수재.

영부인(令夫人) 남의 부인을 높여 부르는 말. ㉠대통령 **영부인**을 맞이하다. 비귀부인.

영사(領事) 외국에 있으면서 자기 나라의 무역에 대한 이익과 국민 보호에 관한 일을 맡아보는 공무원.

영사기(映寫機) 영화 필름을 스크린에 확대하여 비추는 기계.

영산강(榮山江) 전라남도의 담양에서 시작하여 나주평야를 지나 서해로 흐르는 강. 길이 115.5km.

영상¹(映像) 1 빛으로 비추어져 나타나는 물체의 모양. ㉠거울에 비친 **영상**. 2 영화나 텔레비전 따위의 화면에 비추어진 모습. 3 머릿속에서 그리는 모습이나 광경. 이미지.

영상²(零上) 기온이 0℃ 이상일 때를 이르는 말. 반영하.

영상 매체(映像媒體) 영화·비디오·텔레비전 따위처럼 정보를 영상으로 전달하는 도구.

영생(永生) [영:생] 오래 사는 것. 영원히 삶. **영생하다**.

영서(嶺西) 강원도의 대관령 서쪽 지역. 반영동.

영선사(領選使) 조선 고종 18년(1881) 신문화를 받아들이기 위하여 청나라에 파견한 사절. 청의 신식 무기의 제조와 사용법을 익히고자 김윤식을 대표로 하여 69명의 청년들을 파견하였음.

영세(領洗) 천주교에서, 신자가 될 때 받는 의식. ㉠**영세**를 받다. 비세례.

영세민(零細民) 수입이 적어 몹시 가난한 사람.

영수증 (領收證) 돈이나 물건을 확실히 받았다는 표시로 내주는 증서. 예 영수증을 받다.

영식 (令息) 윗사람의 아들을 높여 이르는 말. 판 영애.

영아 (嬰兒) ⇨ 젖먹이.

영악하다 (靈惡─) [영아카다] 자신에게 이로운 것을 빠르게 찾고 똑똑하다. 예 어린아이답지 않게 영악한 녀석이다.

영안실 (靈安室) 병원 따위에서 임시로 시신과 위패를 모셔 두는 방.

*__영양__ (營養) 생물이 생명을 유지하고 몸을 성장시키기 위하여 필요한 성분을 섭취하는 작용. 또는 그 성분. 예 영양 보충.

영양가 (營養價) [영양까] 음식물에 있는 영양소의 양·질·칼로리 따위로 정해지는 영양 가치. 예 우유는 영양가가 높은 음식이다.

영양분 (營養分) 영양이 되는 성분. 또는 영양소의 분량. 예 영양분을 고루 섭취하다. 비 자양분.

영양사 (營養士) 단체 급식을 하는 곳에서 음식의 영양을 따져 식단을 짜고 급식을 지도하는 사람.

*__영양소__ (營養素) 생물의 영양이 되는 물질. 사람에게 필요한 영양소로는 단백질·지방·탄수화물·무기질·비타민 따위가 있음.

*__영양식__ (營養食) 영양가가 높은 음식. 또는 그 식사.

영양실조 (營養失調) [영양실쪼] 영양 섭취가 모자라거나 고르지 않은 상태. 예 영양실조에 걸리다.

영양제 (營養劑) 영양을 보충하는 약.

영어 (英語) 영국·미국·캐나다·오스트레일리아 등을 비롯하여 세계 여러 나라에서 널리 쓰이는 언어. ⊃English

영업 (營業) 이익을 얻기 위하여 하는 사업. 예 영업 사원 / 오늘은 영업을 쉽니다. **영업하다**.

영업용 (營業用) [영업뇽] 영업에 쓰임. 또는 그런 대상. 예 영업용 택시.

영역 (領域) 영향이나 세력 따위가 미치는 범위. 예 활동 영역 / 남의 영역을 침범하다.

영영 (永永) [영ː영 / 영ː녕] 영원히. 언제까지나. 예 그는 영영 소식이 없다. 준 영.

영예 (榮譽) 영광스러운 명예. 예 영예의 최우수상 수상. **영예스럽다**.

영예롭다 (榮譽─) [영예롭따] 영예로 여길 만하다. 예 영예롭게 은퇴하다. 활용 영예로워 / 영예로우니.

영웅 (英雄) 지혜와 재능이 뛰어나고 용맹하여 보통 사람이 하기 어려운 일을 해내는 사람. ⊃hero

영웅심 (英雄心) 용맹과 지혜와 담력이 뛰어남을 나타내려는 마음.

*__영원__ (永遠) [영ː원] 1 한없이 오래 계속되는 일. 예 영원한 사랑 / 영원히 빛날 우리의 전통. 2 시간이 흘러도 변함없이 존재하는 일. 예 진리는 영원하다. 비 영구. 판 순간. **영원하다. 영원히**.

영월 (寧越) 〖지명〗 강원도 영월군에 있는 읍. 군청 소재지임. 무연탄이 많이 나고 우리나라 최대의 화력 발전소가 있었음.

영위 (營爲) 일을 꾸려 나감. 예 알찬 생활을 영위하다. **영위하다**.

영유권 (領有權) [영유꿘] 일정한 영토에 대한 해당 국가의 관할권.

영의정 (領議政) [영의정 / 영이정] 조선 시대 의정부의 최고의 관직. 비 영상. *우의정. 좌의정.

영인본 (影印本) [영ː인본] 원본을 사진으로 찍어 그것을 원판으로 복제한 책.

영장[1] (令狀) [영짱] 법원이나 관청에서 보내는, 명령의 뜻을 적은 명령서. 예 구속 영장 / 영장을 발부하다.

영장[2] (靈長) 뛰어난 능력을 가진 우두머리. 곧, 사람을 가리키는 말. 예 인간은 만물의 영장이다.

영재 (英才) 뛰어난 재주. 또는 그런 재주를 가진 사람. 예 영재 교육 / 영재를 발굴하다. 비 수재.

영적 (靈的) [영쩍] 신령스러운 (것). 정신이나 영혼에 관한 (것). 예 영적 세계 / 영적 체험.

영점 (零點) [영쩜] 1 득점이 없음. 예 수학 점수가 영점이다. 2 능력이나 성과가 전혀 없음을 일컫는 말. 예 민수는 득점은 잘 내지만 팀의 주장으로서는 영점이다.

영정(影幀) [영ː정] 사람의 모습을 그린 족자. ⓐ 세종 대왕 영정. 비 영상.

영조(英祖) 〖인명〗 조선 제21대 임금. 탕평책으로 인재를 고루 등용하였고, 균역법을 시행하였음. 모진 형벌을 폐지하였으며, 신문고를 부활시켰음. [1694-1776 ; 재위 1724-1776]

영주권(永住權) [영ː주꿘] 일정한 자격을 갖춘 외국인에게 주는, 그 나라에 영주할 수 있는 권리.

영지버섯(靈芝-) [영지버섣] 죽은 활엽수의 그루터기에 나는 버섯. 갓은 잎사귀 모양 또는 둥근 모양으로, 칠을 한 것처럼 윤이 나고 딱딱함. 말려서 약으로 씀. 비 영지.

영지버섯

영차[영ː차] 여럿이 힘을 합쳐 한 가지 일을 할 때 기운을 돋우려고 함께 지르는 소리. ⓐ 영차, 영차 외치며 줄을 잡아당긴다. 본 이영차.

영토(領土) 한 나라의 주권을 행사할 수 있는 지역. ⓐ 독도는 우리나라의 영토이다. 비 영지. *영공. 영해.

영특하다(英特-) [영트카다] 남달리 재주가 뛰어나고 똑똑하다. ⓐ 영특한 아이.

영패(零敗) 경기 따위에서, 점수를 전혀 얻지 못하고 짐. ⓐ 간신히 영패를 면한다.

영하(零下) 눈금이 0℃ 아래로 내려간 온도. ⓐ 기온이 영하로 떨어지다. 반 영상.

영해(領海) 영토에 인접한 해역으로 연안해·항만·내해·해협 따위 그 나라의 주권을 행사할 수 있는 바다. 우리 나라에서는 12해리 이내임.

***영향**(影響) [영ː향] 한 가지 사물로 말미암아 다른 사물에 미치는 결과. ⓐ 태풍의 영향.

영향권(影響圈) [영ː향꿘] 영향이 미치는 범위.

영향력(影響力) [영ː향녁] 영향을 미치는 힘. ⓐ 영향력을 행사하다.

영혼(靈魂) 1 육체에 깃들어 인간의 활동을 지배한다고 여겨지는 정신적 실체. 2 죽은 이의 넋. 영. 반 육체.

***영화**(映畵) 어떤 내용을 가지고 움직이는 대상을 촬영하여 영사기로 영사막에 비추어 보이게 하는 것. 시네마. *활동사진. ⊃ movie

영화관(映畵館) 영화를 상영하는 시설을 갖춘 건물.

영화배우(映畵俳優) 영화에 출연하는 배우.

영화제(映畵祭) 일정한 기간 동안에 제작된 영화 작품 중에서 그 우열을 겨루어 시상하고, 제작자나 감독, 출연자 등이 교류하기 위한 행사. ⓐ 부산 국제 영화제.

옅다[열따] 1 바닥까지의 깊이가 깊지 않다. ⓐ 개울이 옅다. 2 빛깔이 연하다. ⓐ 옅은 하늘색. 반 짙다. 3 생각이나 지식 따위가 깊지 아니하다. 4 안개나 연기가 약간 끼어 있다. ⓐ 옅은 안개.

***옆**[엽] 왼쪽이나 오른쪽의 곁. ⓐ 옆 사람 / 옆을 보다. ⊃ side

옆구리[엽꾸리] 몸의 양쪽 갈빗대가 있는 부분. ⓐ 옆구리를 쿡쿡 찌르다.

옆길[엽낄] 1 큰길 옆으로 난 작은 길. ⓐ 옆길로 접어들다. 2 본디 해야 할 일을 하지 않고 다른 일을 하는 경우. ⓐ 이야기가 옆길로 새다.

***옆면**(-面) [염면] 앞뒤에 대한 왼쪽이나 오른쪽의 면. 비 측면.

옆줄[엽쭐] 1 옆에 있는 줄. ⓐ 옆줄에 앉은 단짝 친구와 숙제를 같이 하다. 2 옆으로 난 줄. ⓐ 옆줄 밖으로 공이 나가다. 3 물고기의 몸 양옆에 가로로 길게 나 있는 줄. 물살이나 압력을 느끼는 감각 기관의 구실을 함.

***예**¹ [예ː] 옛날. 오래전.

> 주의 **예**와 **옛**
> **예** '옛날'·'오래전'의 뜻.
>   ⓐ 예나 지금이나 변함없는 우정.
> **옛** '지나간 때의'·'예전의'의 뜻.
>   ⓐ 옛 추억 / 옛 모습 / 옛 친구 / 옛 날 / 옛말 / 옛이야기.

***예**² (例) [예ː] 1 본보기. 보기. ⓐ 예를 들어 설명하다. 2 이전부터 있던 사례. ⓐ 이런 예도 있다. ⊃ example

예³ (禮) 1 사람이 마땅히 지켜야 할

도리. 예어른 앞에서 예를 갖추고 공손하게 대하다. 2 '예법'의 준말. 예예를 지키다. 3 '경례'의 준말.

***예**⁴ [예:] 1 어른이 묻는 말에 그렇다는 뜻으로 대답하는 말. 예예, 알겠습니다. 2 어른이 한 말을 못 알아듣거나 놀라서 다시 묻는 뜻으로 하는 말. 예예, 뭐라고요. ⊃yes

예각 (銳角) [예:각] 직각보다 작은 각. 땐둔각.

예감 (豫感) [예:감] 무슨 일이 있기 전에 암시적으로 또는 육감으로 미리 느낌. 예불길한 예감이 들다. 예감하다.

예견 (豫見) [예:견] 어떤 일이 있기 전에 미리 앎. 예앞일을 예견하다. 비선견. 예견하다.

예고 (豫告) [예:고] 미리 알림. 일에 앞서 알림. 예예고도 없이 시험을 보다. 예고하다.

***예금** (預金) [예:금] 은행이나 우체국 따위의 금융 기관에 돈을 맡기는 일. 예예금을 찾다. 비저금. 예금하다.

***예금액** (預金額) [예:그맥] 금융 기관에 예금한 액수.

예금주 (預金主) [예:금주] 금융 기관에 예금을 한 사람.

예금 통장 (預金通帳) 은행이나 우체국 따위의 금융 기관에서 예금자에게 만들어 주며 예금과 지급의 내용을 적는 통장. 비저금통장.

예기하다 (豫期―) [예:기하다] 앞으로 닥쳐 올 일을 미리 기대하거나 예상하다. 예예기치 못했던 일이 생기다. [참고] 주로 '예기치 못하다·예기치 않다'의 꼴로 쓰임.

예끼 [예:끼] 때릴 듯이 또는 심하게 혼낼 때 내는 소리. 예예끼 고얀 놈.

예년 (例年) [예:년] 보통으로 지나온 해. 평상시의 해. 예예년에 없던 추위.

예능 (藝能) [예:능] 1 재주와 기능. 2 음악·무용·연극·영화 따위를 통틀어 이르는 말. 예예능에 소질이 있다.

예닐곱 여섯이나 일곱. 예예닐곱 명이 둘러앉다.

예로부터 [예:로부터] 오래전부터. 옛날부터. 예예로부터 우리나라는 흰 옷을 즐겨 입었다.

예리하다 (銳利―) [예:리하다] 1 연장 따위가 날카롭다. 예칼날이 예리하다. 2 관찰력이나 판단력이 빠르고 정확하다. 예예리한 판단.

예매¹ (豫買) [예:매] 정해진 때가 되기 전에 미리 삼. 예입장권을 예매하다. 예매하다.

예매² (豫賣) [예:매] 정해진 때가 되기 전에 미리 팖. 예승차권 예매를 시작하다. 비선매. 예매하다.

예명 (藝名) [예:명] 연예인이 본명 외에 따로 지어 부르는 이름.

예문 (例文) [예:문] 예로써 드는 문장. 예예문을 들어 설명하다.

예물 (禮物) 1 고마운 뜻에서 주는 물건. 2 결혼할 때, 신랑과 신부가 주고받는 기념품. 예예물 반지.

예민하다 (銳敏―) [예:민하다] 감각·판단 따위가 빠르고 뛰어나다. 예예민한 반응을 보이다.

***예방** (豫防) [예:방] 무슨 일이나 탈이 있기 전에 미리 막음. 예전염병을 예방하다. 예방하다.

예방 접종 (豫防接種) 전염병을 예방하기 위해 백신을 주사하여 면역성이 생기게 하는 일.

예방 주사 (豫防注射) 전염병을 예방하기 위해 백신 주사를 맞는 일. 또는 그런 주사.

예배 (禮拜) 신이나 부처 앞에 존경하는 마음으로 공손히 절을 하는 의식. 예주일 예배를 드리다. 비참배. 예배하다.

예법 (禮法) [예:뻡] 예절의 형식. 예예법에 어긋나는 행동. 준예.

예보 (豫報) [예:보] 앞으로 다가올 일을 미리 알림. 또는 그런 보도. 예일기 예보가 맞는다면 내일은 비가 올 것이다. 예보하다.

예복 (禮服) 예식 때 입는 옷. 예절을 특별히 차릴 때 입는 옷. 예결혼 예복 / 예복을 갖추어 입다.

예비 (豫備) [예:비] 미리 준비함. 예예비로 우산을 가지고 가다. 예비하다.

예비군 (豫備軍) [예:비군] 비상시를 대비해 군대를 제대한 사람들로 이루어진 군대.

***예쁘다** [예:쁘다] 생긴 모양이나 하는 짓이 사랑스럽고 귀엽다. 예예쁜

아기의 재롱. 빤민다. 활용예뻐 / 예쁘니. ×이쁘다.

예쁘장하다 [예:쁘장하다] 제법 예쁘다. 예예쁘장하게 생기다.

예사 (例事) [예:사] 보통 있는 일. 흔히 있는 일. 예아이들이 서로 다투는 일은 예사다. 비보통. 빤특별. 본예상사.

예사로 (例事—) [예:사로] 보통 있는 일로. 흔히 있는 일로. 예거짓말을 예사로 한다.

예사롭다 (例事—) [예:사롭따] 흔한 일이다. 예그냥 넘어갈 예사로운 일이 아니다. 활용예사로워 / 예사로우니.

예사말 (例事—) [예:사말] 1 보통으로 흔히 하는 말. 예예사말로 듣지 마라. 2 높이거나 공손한 뜻이 없는 보통의 말. 빤겸사말. 공대말.

예사소리 (例事—) [예:사소리] ㄱ· ㄷ·ㅂ·ㅅ·ㅈ 등과 같이 된소리나 거센소리가 아닌 보통의 소리. 비평음.

예산 (豫算) [예:산] 1 미리 필요한 돈을 계산함. 또는 그 금액. 예예산을 세우다. 2 국가 또는 지방 자치 단체가 한 회계 연도의 수입과 지출을 미리 계산하는 일. 또는 그 금액. **예산하다**.

예산서 (豫算書) [예:산서] 돈이 들어오고 나가는 내용을 미리 짐작하여 셈한 것을 적은 서류.

예삿일 (例事—) [예:산닐] 흔히 있는 일. 예이 사건은 예삿일이 아니다.

***예상** (豫想) [예:상] 어떤 일이 일어나기 전에 미리 생각함. 또는 그런 내용. 예예상이 빗나가다. 비예측. **예상하다**.

예선 (豫選) [예:선] 본선이나 결선에 나갈 선수나 팀을 뽑음. 예예선 경기 / 예선을 통과하다. 빤결선.

예성강 (禮成江) 황해도 언진산에서 시작하여 신계·남천을 지나 황해로 흘러가는 강. 길이 174km.

예수 (←Jesus) 〖인명〗 ⇨그리스도.

예수교 (←Jesus敎) ⇨기독교.

***예순** 열의 여섯 배. 60. 예예순 개 / 운동장에 모인 사람이 예순 명이다.

***예술** (藝術) [예:술] 특별한 재료나 형식, 기교 따위를 써서 아름다움을 표현하는 활동. 또는 그 작품. 미술·음악·문학·연극 따위. 예예술 작품 / 예술 감상. ⇨art

예술가 (藝術家) [예:술가] 예술 작품을 만들어 내거나 표현하는 사람. 음악가·소설가·시인·건축가 등.

예술적 (藝術的) [예:술쩍] 예술다운 (것). 예술의 특성을 지니고 있는 (것). 예예술적 가치가 있는 그림.

예술제 (藝術祭) [예:술쩨] 음악, 연극, 무용, 문학 등을 공연하거나 발표하는 예술 행사. 예학교 예술제 연극 공연에서 배역을 맡다.

예술품 (藝術品) [예:술품] 예술적 가치가 있는 작품.

예습 (豫習) [예:습] 앞으로 배울 것을 미리 공부함. 미리 익힘. 예예습을 철저히 하다. 빤복습. **예습하다**.

예시 (例示) [예:시] 예를 들어 보임. 예몇 가지 방법을 예시를 들어 설명하다. **예시하다**.

예식 (禮式) 예법에 따라 행하는 식. 예예식을 거행하다.

예식장 (禮式場) [예:식짱] 예식을 치를 수 있도록 필요한 시설을 갖춘 곳. 주로 결혼식장을 말함.

예약 (豫約) [예:약] 미리 약속함. 또는 그 약속. 예좌석을 예약해 놓다 / 예약을 취소하다. **예약하다**.

예언 (豫言) [예:언] 앞으로 일어날 일을 미리 말함. 또는 그 말. 예예언이 빗나가다. **예언하다**.

예외 (例外) [예:외 / 예:웨] 일반적 규칙이나 통상적인 예에서 벗어나는 일. 예어떤 법칙에도 예외는 있다.

***예의** (禮儀) [예:의 / 예:이] 사람이 지켜야 할 올바른 예절과 몸가짐.
  예의(가) 바르다 남에게 공손하고 삼가는 태도가 있다.

예의범절 (禮儀凡節) [예:의범절 / 예:이범절] 일상생활을 하면서 지켜야 할 모든 예의와 절차. 예예의범절에 맞다 / 예의범절에 어긋나다.

***예전** [예:전] 퍽 오래된 지난날. 예예전처럼 사이좋게 지내자. 비옛적.

***예절** (禮節) 바르고 공손한 말씨와 몸가짐. 예예절을 지키다.

***예정** (豫定) [예:정] 미리 정함. 미리 내다보고 하는 작정. 예일이 예정

보다 빨리 끝났다. 비계획. **예정하다**.

예찬(禮讚) 훌륭하거나 좋은 것, 아름다운 것 따위를 칭찬하고 우러러봄. 예선조의 업적을 예찬하다. **예찬하다**.

예체능(藝體能) [예:체능] 예능과 체육을 함께 이르는 말. 예예체능 과목 / 예체능을 잘한다.

예측(豫測) [예:측] 앞으로 일어날 일을 미리 헤아려 짐작함. 예우승 팀을 예측할 수 없다. 비예상. **예측하다**.

예컨대(例―) [예:컨대] 예를 들자면. 이를테면.

예행(豫行) [예:행] 미리 행함. 연습으로서 행함. 예예행 의식. **예행하다**.

옌볜(중 延邊) 〖지명〗 중국 지린성에 있는 조선족 자치주. 우리 민족이 많이 삶. 연변.

옌지(중 延吉) 〖지명〗 중국 지린성 동부 조선족 자치주의 주도. 연길.

***옛** [옏] 지나간 때의. 옛날의. 예옛 기억들을 떠올려 보다. →예 주의

***옛날** [옌:날] 아주 오래된 지난날. 옛 시대. 비옛적. 반지금.

옛날이야기 [옌:날리야기] 1 옛날부터 전해 내려오는 이야기. 2 지나간 과거의 이야기. 옛날에 있었던 일. 비옛이야기. 준옛날얘기.

옛말 [옌:말] 예로부터 전해 오는 말이나 이야기. 예옛말을 다시 살려 쓰다. **옛말하다**.

옛사람 [옏:싸람] 옛날에 살았던 사람. 예옛사람들의 지혜 / 옛사람의 생활 방식.

옛이야기 [옌:니야기] ⇨옛날이야기. 예흘러간 옛이야기 / 옛이야기를 들려 주다.

옛일 [옌:닐] 옛날의 일. 예이젠 모두 다 옛일이다.

옛적 [옏:쩍] ⇨옛날.

옛집 [옏:찝] 1 옛날의 집. 오래된 집. 2 예전에 살던 집.

***오**¹(五) [오:] 다섯. 예오 년 / 오 개월 / 오 학년. ↪five

오² [오:] 놀람·칭찬·감탄 따위 느낌을 나타낼 때 내는 소리. 예오, 맙소사 / 오, 세상에 이럴 수가. ↪oh

-오 받침 없는 말에 붙어 '물음·명령·설명'의 뜻을 나타내는 말. 예어디로 가오 / 저리 가시오 / 그것은 내 것이오.

참고 **-오**와 **-요**
(1) 말이 끝날 때는 '-오'
예이것은 책이오 / 이리로 오시오.
(2) 말이 이어질 때는 '-요'
예이것은 책이요, 저것은 붓이요, 또 저것은 먹이다.
(3) 말끝 뒤에 붙을 때는 '요'로 적음.
예읽어+요→읽어요.
좋아+요→좋아요.

오가다 오고 가고 하다. 왕래하다. 예오가다 만난 사람.

오각뿔(五角―) [오:각뿔] 밑면이 오각형인 각뿔.

오감(五感) [오:감] 눈으로 보고, 귀로 듣고, 코로 냄새 맡고, 혀로 맛보고, 피부로 느끼는 다섯 가지 감각.

오경(五經) [오:경] 유학의 다섯 가지 경전. 시경·서경·주역·예기·춘추.

오곡(五穀) [오:곡] 1 쌀·보리·조·콩·기장의 다섯 가지 곡식. 2 곡식을 통틀어 일컫는 말.

오곡밥(五穀―) [오:곡빱] 오곡으로 지은 밥. 비오곡반.

오곡백과(五穀百果) [오:곡빽꽈] 온갖 곡식과 여러 가지 과일. 예오곡백과가 풍성한 가을.

오골계(烏骨鷄) [오골계 / 오골게] 살·가죽·뼈가 모두 검은 빛깔인 아시아 원산의 닭. 체질이 약하고 알을 적게 낳음. 풍병·허약증에 약으로 삶아 먹음.

오그라들다 물체가 안쪽으로 점점 오그라져서 작아지다. 예추운 날씨에 손발이 오그라들다. 큰우그러들다. 활용 오그라들어 / 오그라드니 / 오그라드는.

오그라지다 1 물체의 가장자리가 안쪽으로 오목하게 휘어지다. 2 작아지다. 졸아들다. 3 주름이 잡히면서 줄어들다.

오그리다 오그라지게 하다. 예몸을 오그리고 자다. 큰우그리다.

오금 무릎이 구부러지는 오목한 안쪽 부분. 예너무 오래 앉아 있었더니 오금을 못 펴겠다.

오금이 저리다 자기 잘못이 들통이

나거나 그 때문에 나쁜 결과가 생길까 마음을 졸이다.

오기 (傲氣) [오:기] 남에게 지기 싫어하는 마음. 예오기를 부리다.

오나가나 오는 경우나 가는 경우나 모두. 가는 곳마다. 예오나가나 말썽이다.

*__오냐__ [오:냐] 아랫사람에 대해 또는 혼잣말로 긍정이나 결심을 나타내는 말. 예오냐, 어서 들어오너라 / 오냐, 두고 보자.

오누이 오라비와 누이. 예오누이 사이 / 오누이처럼 가깝게 지내다. 비남매. 준오뉘.

오뉴월 (五六月) [오:뉴월] 오월과 유월. 음력으로 가장 덥고 해가 긴 철.

*__오늘__ 1 지금 지내고 있는 이날. 예오늘은 방학식이라 학교에서 일찍 집으로 돌아온다. 비금일. 2 '오늘날'의 준말. ⇒today

*__오늘날__ [오늘랄] 지금의 시대. 예오늘날의 세계. 준오늘.

*__오다__[1] 1 다른 곳에서 이곳으로 움직이다. 예미국에서 온 손님. 반가다. 2 비·눈·서리 따위가 내리다. 예첫눈이 오다. 3 잠·아픔 따위의 증상이 몸에 나타나다. 예잠이 오다. 4 소식 따위가 전해지다. 예편지가 오다. 5 계절 따위가 되다. 예봄이 오다. 6 어떤 일이 닥치다. 예올 것이 왔구나. 7 어떤 경우나 시기에 이르다. 예이제 와서 딴소리냐. [활용] 오너라. ⇒come

오다[2] 움직임이나 상태를 나타내는 말의 뒤에 쓰여 그 동작이나 상태가 계속하여 진행됨을 나타내는 말. 예날이 밝아 오다.

오다가다 가끔 어쩌다가. 지나는 길에. 우연히. 예오다가다 만난 사람.

오답 (誤答) [오:답] 틀린 답. 예오답을 적다. 반정답.

오대산 (五臺山) [오:대산] 강원도 평창군과 홍천군 경계에 있는 산. 태백산맥에 속하며 한강의 발원지임. 설악산과 함께 금강산 다음가는 명승지로 월정사·상원사가 있으며, 고산 식물과 약초가 풍부함. 국립 공원으로 지정되어 있음. 높이 1,539m.

오대양 (五大洋) [오:대양] 지구를 둘러싸고 있는 규모가 큰 다섯 바다. 태평양·대서양·인도양·남빙양·북빙양을 이름.

오대호 (五大湖) [오:대호] 북아메리카 중부에 있는 다섯 호수. 곧, 슈피리어호·미시간호·휴런호·이리호·온타리오호를 이름.

오뎅 (일 おでん) 어묵·무·유부 따위를 여러 개씩 꼬챙이에 꿰어, 끓는 장국에 넣어 익힌 일본식 음식. 비어묵.

오도독 1 작고 단단한 물건을 야무지게 깨무는 소리. 예사탕을 오도독 깨물다. 2 작고 단단한 물건이 부러지는 소리. 큰우두둑. **오도독하다**.

오동나무 (梧桐―) 현삼과에 속하는 낙엽 활엽 교목. 높이 10m 정도. 봄에 보라색 꽃이 핌. 재목이 가볍고 부드러우며 잘 휘거나 트지 않아 가구·악기를 만드는 데 많이 씀.

오동통하다 몸이 작고 통통하다. 예아기가 살이 오동통하게 올랐다.

오두막집 (―幕―) [오두막찝] 조그맣게 지어 사람이 겨우 살 만한 집. 비오막살이.

오두방정 [오:두방정] 몹시 방정맞은 행동. 예오두방정을 떨다. ×오도방정.

오들오들 [오드르들] 춥거나 무서워서 몸을 잇따라 심하게 떠는 모양. 예오들오들 떨며 서 있다. **오들오들하다**.

오디오 (audio) 라디오·텔레비전·전축 따위의 소리 부분. 예오디오 기기. 반비디오.

오뚝이[1] [오뚜기] 아무렇게나 굴려도 쓰러지지 않고 오뚝오뚝 서는 아이들의 장난감. ×오똑이.

오뚝이[2] [오뚜기] 오뚝하게. 큰우뚝이. ×오똑이. 오뚝히.

오뚝하다 [오뚜카다] 물건이 높게 솟아 있다. 예콧날이 오뚝하다. 반옴폭하다. 큰우뚝하다.

오라 [오:라] 예전에 도둑이나 죄인을 묶던 붉고 굵은 줄. 예오라를 지우다. 비오랏줄.

오라버니 '오빠'의 높임말.

오라비 '오라버니'의 낮춤말.

*__오락__ (娛樂) [오:락] 쉬는 시간에 재미있게 놀아서 기분을 즐겁게 하는 일. 예오락 시간 / 오락 프로. **오락하다**.

오락가락 [오락까락] 1 자꾸 왔다갔다 하는 모양. 예골목길에서 오락가락 하다. 2 비나 눈이 내리다 말다 하는 모양. 예비가 오락가락한다. 3 생각이 떠오를 듯 말 듯 하는 모양. 4 정신이 얼떨떨하여 아뜩아뜩한 모양. 예사람을 못 알아볼 정도로 정신이 오락가락 하다. **오락가락하다**.

오락실 (娛樂室) [오:락씰] 오락에 필요한 시설이 마련되어 있는 방. 오락을 하는 방. 예오락실에서 게임을 하다.

오랑우탄 (orangutan) 성성잇속의 짐승. 키는 1.4m가량, 황갈색의 긴 털이 온몸에 나 있으며, 팔이 길어 서 있어도 손끝이 땅에 닿음. 보르네오·수마트라 밀림에 살며 나무 위에서 생활함. 성성이.

오랑캐 우리나라를 침략한 다른 민족을 낮추어 이르는 말.

오랑캐꽃 [오랑캐꼳] ⇨제비꽃.

***오래** 시간이 길게. 긴 시간 동안. 예한곳에 오래 살다.

오래가다 어떤 상태나 현상 따위가 긴 시간 계속되거나 유지되다. 예그 유행은 오래가지 않았다.

오래간만 시간이 오래 지난 뒤. 예오래간만에 만난 친구. 준오랜만.

오래다 시간이 지나간 동안이 길다. 예고향을 떠난 지 오래다.

오래달리기 긴 시간 동안 하는 달리기. 예체육 시간에 오래달리기를 했다.

오래도록 시간이 오래 지나도록. 예친구의 편지를 오래도록 소중히 간직하다.

오래되다 [오래되다/오래뒈다] 지나간 시간이 길다. 예벌써 오래된 이야기다. ⇨old

오래오래 아주 오래 지나도록. 예오래오래 건강하십시오.

오래전 (一前) 긴 시간이 지나간 과거. 예오래전 옛날/오래전 일을 기억하다.

***오랫동안** [오래똥안/오랟똥안] 시간적으로 썩 긴 동안. 예오랫동안 꿈꾸어 오던 여행을 떠나다.

오렌지 (orange) 감귤 종류의 한 가지. 열매는 감귤보다 더 크고 둥글며 껍질이 두껍고 단단함.

오로지 [오:로지] 다른 것이 없이 오직. 예오로지 공부에만 힘쓰다. **오로지하다**.

오류 (誤謬) [오:류] 1 그릇되어 이치에 어긋남. 예오류를 범하다. 2 ⇨에러(error)2. 예프로그램에 오류가 생겨 바로잡다.

오륜 (五倫) [오:륜] 유교에서 사람으로서 지켜야 할 다섯 가지의 도리. 임금과 신하 사이의 의리, 아버지와 아들 사이의 친애, 부부 사이의 분별, 어른과 아이 사이의 질서, 친구 사이의 신의를 말함.

오르간 (organ) ⇨풍금. 예오르간 반주.

오르내리다 1 올라갔다 내려갔다 하다. 예이삿짐을 옮기느라 계단을 오르내리다. 2 사람들 사이에 자주 이야깃거리가 되다. 예많은 사람들 입에 오르내리다.

***오르다** 1 낮은 데에서 높은 데로 가다. 예설악산에 오르다. 2 높은 지위나 신분 따위를 얻게 되다. 예왕위에 오르다. 3 값이 비싸지다. 예물가가 오르다. 4 실적·효과가 나타나다. 예성적이 오르다. 凹내리다. 5 남의 이야깃거리가 되다. 예화제에 오르다. 활용 올라/오르니.

오르막 비탈이 져서 올라가도록 된 곳. 예오르막을 오르다/오르막에서 잠시 쉬다. 凹내리막.

오른발 오른쪽 발. 凹왼발.

***오른손** 오른쪽 손. 凹왼손.

오른씨름 샅바를 왼쪽 다리에 걸고 서로 상대방의 오른쪽 어깨를 맞대고 하는 씨름. 凹왼씨름.

***오른쪽** 사람이 북쪽을 바라보고 설 때 동쪽을 향한 몸의 부분과 방향이 같은 쪽. 비우측. 凹왼쪽. ⇨right

> 참고 '오른쪽'의 '오른'은 본래 '옳다'의 '옳은'이었다. 그러나 우측을 나타내는 '옳은'은 '옳다'의 뜻과는 멀어졌기에 어원을 밝히지 아니하고 소리 나는 대로 '오른'으로 쓰기로 하였다.

오른편 (一便) 오른쪽. 凹왼편.

오름 '산', '산봉우리'의 제주도 방언.

*오리 [오:리] 오릿과의 새. 발가락 사이에 물갈퀴가 있어 헤엄을 잘 치며, 부리는 넓적하고 긺. 검둥오리·청둥오리 따위가 있음. ⇨duck

오리

오리걸음 [오:리거름] 오리처럼 뒤뚱거리며 걷는 걸음.

오리나무 자작나뭇과의 낙엽 활엽 교목. 높이 약 20m로 산이나 들에 저절로 나며 솔방울 모양의 열매는 가을에 익음.

*오리다 칼이나 가위로 베어 내다. 예종이를 오리다.

오리발 [오:리발] 1 ⇨물갈퀴. 2 손가락이나 발가락 사이의 살가죽이 달라붙은 손발을 놀려 일컫는 말. 3 엉뚱하게 딴전을 부리는 태도.
　오리발(을) 내밀다 자기 잘못을 숨기고 엉뚱하게 딴전을 부리다.

오리엔테이션 (orientation) 신입생 또는 신입 사원 등에게 새로운 환경에 잘 적응할 수 있도록 방향을 제시하고 지도하는 일.

오리온 (Orion) 그리스 신화에 나오는 거인 사냥꾼.

오리온자리 (Orion─) 겨울철에 가장 똑똑하게 보이는 남쪽 하늘의 별자리. 중앙에 3개의 별이 나란히 있고, 그 둘레에 4개의 밝은 별이 사각형을 이루고 있음.

오막살이 (─幕─) [오막싸리] 1 허술하고 초라한 작은 집. 町오두막집. 2 오두막집에서 사는 살림살이.

오만 (傲慢) [오:만] 태도나 행동이 건방지고 거만함. 예오만하게 굴다. 오만하다.

오명 (汚名) [오:명] 1 더러워진 이름이나 명예. 예오명을 남기다. 2 ⇨누명. 예오명을 씻다.

오목 (五目) [오:목] 바둑 놀이의 하나로 다섯 개의 바둑돌을 먼저 줄지어 놓는 사람이 이기는 놀이.

오목 거울 바닥이 오목한 반사면으로 된 거울. 탐조등이나 반사 망원경 따위에 씀. 町볼록 거울.

오목 렌즈 (─lens) 가운데가 얇고 가장자리로 갈수록 두꺼워지는 렌즈. 빛을 발산하는 작용을 하므로 근시의 교정에 씀. 町볼록 렌즈.

오목오목 [오모고목] 군데군데 동그스름하게 폭 파이거나 들어가 있는 모양. 예눈밭 위에 **오목오목** 팬 발자국이 나 있다.

오목하다 [오모카다] 가운데가 동글게 움푹 들어가 있는 상태이다. 예조개가 오목하게 있다.

오묘하다 (奧妙─) [오:묘하다] 놀랍고 신기하다. 예자연의 오묘한 이치.

오물 (汚物) [오:물] 지저분하고 더러운 쓰레기나 배설물 따위. 예오물을 수거하다.

오물거리다 1 작은 벌레나 물고기 따위가 한군데에 모여 곰지락거리다. 2 입 안에 든 음식을 이리저리 굴리면서 조금씩 자꾸 씹다. 큰우물거리다.

오물오물 [오무로물] 1 음식물을 입 안에 넣고 조금씩 계속해서 씹는 모양. 2 말을 속 시원히 하지 않고 입안에서만 중얼거리는 모양. 오물오물하다.

오므라이스 (←omelet+rice) 채소와 고기를 잘게 썰어 넣고 케첩을 섞어 볶은 밥을 넓게 지진 달걀로 싼 요리.

오므라지다 물건의 가장자리 끝이 한군데로 향하여 모이다. 예나팔꽃이 오므라지다. 큰우므러지다.

오므리다 가장자리의 끝이 한군데로 향하여 모이게 하다. 예다리를 오므리고 앉다. 큰우므리다.

오미자 (五味子) [오:미자] 목련과에 속하는 오미자나무의 열매. 폐의 기능을 돕는 효능이 있어 기침·갈증에 약재로 씀.

오밀조밀 (奧密稠密) 1 솜씨가 세밀하고 꼼꼼한 모양. 2 마음 씀씀이가 세밀하고 자상한 모양. 예집 안을 오밀조밀하게 꾸미다. 오밀조밀하다.

오발 (誤發) [오:발] 총을 실수로 잘못 쏨. 예사냥총 오발 사고가 일어나다. 오발하다.

오밤중 (午─中) [오:밤쭝] ⇨한밤중. 예시험 준비하느라 오밤중까지 열심히 공부하다.

오보에 (이 oboe) 관현악에서 높은 음을 내는 목관 악기. 소리가 부드럽고 섬세함.

오보에

오복 (五福) [오:복] 유교에서 말하는 다섯 가지 복. 곧, 오래 살고, 재산이 넉넉하고, 건강하고, 덕을 닦고, 편안히 죽는 일.

오붓이 [오부시] 오붓하게.

오붓하다 [오부타다] 1 홀가분하면서 서로 가깝고 정답다. 예 식구끼리의 오붓한 식사. 2 살림이 넉넉하다. 예 오붓한 살림.

오븐 (oven) 조리 기구의 하나. 기구 속에 재료를 넣고 꽉 닫은 뒤 그 안의 사방에서 열을 보내어 재료를 굽는 요리 기구.

***오빠** 여자가 자기보다 나이가 많은 남자 형제나 친한 남자를 이르는 말.

오산 (誤算) [오:산] 1 잘못 셈함. 또는 그 셈. 2 잘못된 추측이나 생각. 예 우리 팀이 이길 거라 기대했는데 그것은 나의 큰 오산이었다. **오산하다**.

오산 학교 (五山學校) 1907년에 이승훈이 민족정신을 북돋우고 인재를 양성하기 위하여 평안북도 정주에 세운 학교.

오색 (五色) [오:색] 1 파랑·노랑·빨강·하양·검정의 다섯 가지 빛깔. 2 여러 가지 빛깔.

오색실 (五色—) [오:색씰] 여러 가지 빛깔의 실. 예 병풍에 오색실로 가을 단풍을 아름답게 수놓았다.

오선지 (五線紙) [오:선지] 음악에서 악보를 그리기 위해 다섯 줄씩 가로로 그린 종이. 예 오선지 위에 음표를 그리다.

오성 (鰲城) ⇨이항복.

오세아니아 (Oceania) 〖지명〗 세계 육대주의 하나. 남태평양의 멜라네시아·폴리네시아·미크로네시아 및 오스트레일리아·뉴질랜드 따위의 섬과 대륙으로 이루어짐. 대양주.

오소리 족제빗과의 짐승. 너구리와 비슷하며, 다리는 짧고 굵음. 등은 갈색이며 털 끝에 잿빛을 띤 흰 털이 섞임. 땅에 굴을 파고 삶. 모피는 방한용, 털은 붓·솔 따위를 만드는 데 씀.

오소리

오손도손 다정하고 사이좋게 지내는 모양. 예 식구들이 모여 앉아 오손도손 이야기를 나누다. **오손도손하다**.

오솔길 [오솔낄] 폭이 좁은 호젓한 길. 예 오솔길을 따라 산책하다.

[참고] '오솔길'의 '오'는 '홀로, 외진'의 뜻을 나타내는 말이며, '솔'은 좁다의 뜻을 나타내는 '솔다'에서 온 말이다. 따라서 그 뜻은 '외진 좁은 길'을 의미하는 말이다.

오순도순 '오손도손'의 큰말.

오스트레일리아 (Australia) 〖국명〗 태평양의 남쪽에 있는 대륙으로, 영연방에 속한 공화국. 수도는 캔버라. 호주.

오스트리아 (Austria) 〖국명〗 유럽 대륙의 중부에 있는 영세 중립국. 수도는 빈.

오십 (五十) [오:십] 십의 다섯 배가 되는 수. 예 오십 년 / 오십 그램. 囲쉰.

오싹 매우 무섭거나 추워서 갑자기 몸이 움츠러들거나 소름이 끼치는 모양. 예 생각만 해도 등골이 오싹하다. **오싹하다**.

오아시스 (oasis) 사막 지역에서 샘이 솟고 식물이 자라는 곳.

***오염** (汚染) [오:염] 공기나 물, 환경 따위가 더러워지는 것. 예 대기의 오염을 줄이다 / 지하수 오염이 심각하다.

오용 (誤用) [오:용] 잘못 사용함. 예 단어의 오용 / 약물 오용. **오용하다**.

오월 (五月) [오:월] 일 년 열두 달 가운데 다섯째의 달. ⇨ May

***오이** 박과의 한해살이 덩굴풀. 줄기는 덩굴손으로 감아 벋으며, 여름에는 노란 꽃이 핌. 열매는 가늘고 길쭉한데 단단하고 독특한 향과 시원한 맛이 있음. 반찬거리로 쓰며 김치를 담가서도 먹음. 준외. ⇨ cucumber

오이냉국 (—冷—) [오이냉꾹] 오이를 잘게 썰어 소금·파·마늘·고춧가루 따위로 양념한 다음 냉국을 붓고 식초를 친 음식. 囲오이찬국.

오이소박이 [오이소바기] 꼭지를 뗀 오이를 두세 토막으로 자르고, 그 끝은 조금 남기고 '+' 자 모양으로 쪼개어, 갖은 양념을 한 소를 넣고 담근 김치. 오이소박이김치.

오이지 오이를 소금물에 담가 절인 반찬.

오인 (誤認) [오:인] 잘못 보거나 잘못 생각함. 예아우를 형으로 오인하다. **오인하다**.

오일 (oil) ⇨기름.

오일륙 군사 정변 (五一六軍事政變) 1961년 5월 16일, 박정희 소장을 중심으로 한 일부 군인들이 일으킨 군사 정변.

오일장 (五日場) [오:일짱] 닷새마다 열리는 시골의 장. 예오일장이 서다.

오일펜스 (oil fence) 바다 위에 유출된 기름이 퍼지는 것을 막기 위하여 기름 둘레에 둘러치는 울타리 모양의 막이.

오자 (誤字) [오:짜] 잘못 쓰거나 틀린 글자. 예오자를 수정하다.

오작교 (烏鵲橋) [오작꾜] 1 칠월 칠석에 견우와 직녀를 만나게 하기 위해 까마귀와 까치가 모여 은하수에 놓는다는 전설의 다리. 2 전라북도 남원의 광한루에 있는 돌로 된 다리. '춘향전' 으로 더욱 유명해진 다리임.

오장 (五臟) [오:장] 몸 안의 다섯 가지 내장. 곧, 폐·심장·지라·간·콩팥.

오장육부 (五臟六腑) [오:장육뿌] 몸 속의 내장을 통틀어 일컫는 말. 즉, 오장과 육부.

*오전 (午前) [오:전] 밤 12시부터 낮 12시까지의 사이. 자정부터 오정까지. 凹상오. 凹오후. ⊃ a.m.

오점 (汚點) [오:쩜] 1 더러운 점. 凹얼룩. 2 불명예스러운 점. 예생애에 오점을 남기다. 凹결점. 흠.

오젓 [오:젇] 음력 오월 초여름 사리 때에 잡은 새우로 담근 젓.

오정 (午正) [오:정] 낮 12시. 凹정오. 凹자정.

오존 (ozone) 독한 냄새가 나는 엷은 청색 기체. 산성이 강하며 살균·소독·표백 따위에 씀.

오존층 (ozone層) 오존을 많이 포함하고 있는 공기층. 지상에서 20-30km 위에 있으며, 태양의 자외선을 잘 흡수함.

오죽 여간. 얼마나. 예오죽하면 울겠니. 凹여북. 작히나. **오죽하다**.

오죽헌 (烏竹軒) [오:주컨] 강원도 강릉시 죽헌동에 있는 이율곡이 태어난 집. 조선 초기에 지은 목조 건물로서 유물·필적·간판 등이 보존되어 있음. 우리나라 보물로, 정식 이름은 '강릉 오죽헌'.

오죽헌

*오줌 혈액 속에 있는 노폐물이 콩팥에서 걸러져서 요도를 통해 몸 밖으로 나오는 액체. 凹소변.

오줌싸개 오줌을 잘 가리지 못하는 아이.

오중주 (五重奏) [오:중주] 다섯 개의 악기로 이루어지는 합주. 예현악오중주를 감상하다.

오지 (奧地) [오:지] 해안이나 도시에서 멀리 떨어진 곳. 예오지를 탐험하다 / 산간 오지에 살다.

오지그릇 [오지그륻] 붉은 진흙으로 빚어 구운 다음 잿물을 입혀 다시 구운 질그릇. 검붉은 윤이 나고 단단함. 독, 항아리, 뚝배기, 단지 따위. 凹도기.

오지랖 [오지랍] 웃옷이나 윗도리에 입는 겉옷의 앞자락.

오지랖(이) 넓다 쓸데없이 남의 일에 참견을 잘하다.

*오직 다만. 단지. 오로지. 예오직 하라는 일만 한다.

오진 (誤診) [오:진] 병을 잘못 진단함. 또는 잘못된 진단. **오진하다**.

*오징어 오징엇과의 연체동물. 몸은 원통형이고 10개의 발이 입 둘레에 있음. 적을 만나면 먹물처럼 시커먼 액체를 뿜음.

오차 (誤差) [오:차] 1 수학에서, 참값과 근삿값의 차이. 2 실지로 한 계산이나 측량한 값과 이론적으로 정확한 값과의 차이. 예오차를 줄이다. 3 실수 또는 생각, 판단 치의 오차도 없다.

오찬 (午餐) [오:찬] 손님을 초대하여 평소보다 잘 차려 먹는 점심. 예오찬 모임에 참석하다.

오체 (五體) [오:체] 1 사람의 온몸.

2 불교에서, 사람의 머리와 팔다리.
오케스트라 (orchestra) ⇨관현악단.
오케이 (OK) 1 '옳다·좋다·만사 해결'의 뜻. 2 인쇄에서 교정이 끝났다는 뜻. 예오케이를 놓다.
오토바이 (←auto+bicycle) 발동기를 달아 그 힘으로 두 개의 바퀴를 돌려서 달리게 만든 탈것.
오톨도톨 물건의 거죽이나 바닥이 고르지 못하고 자잘하게 부풀어 오른 모양. 예오톨도톨한 피부. 큰우툴두툴. 오톨도톨하다.
오판 (誤判) [오:판] 잘못 판단함. 또는 잘못된 판정. 예심판이 오판을 해서 우리 팀이 경기에서 졌다. **오판하다**.
오페라 (opera) ⇨가극.
오프라인 (off-line) 1 컴퓨터나 통신기기가 네트워크나 인터넷 등에 연결되어 있지 않은 상태. 2 인터넷 같은 온라인에 상대하여 실제로 경험하는 현실의 세계. *온라인.
오픈 게임 (open game) 1 정식 경기가 아닌 연습 경기나 비공식 경기. 2 본 경기에 앞서 하는 경기.
오피스텔 (←office+hotel) 침실, 부엌, 화장실 등 간단한 주거 시설을 갖춘 사무실. 사무실과 주거의 기능을 겸함.
오한 (惡寒) 몸이 오슬오슬 춥고 떨리는 증세. 예오한이 나다.
오합지졸 (烏合之卒) [오합찌졸] 까마귀가 모인 것처럼 무질서한 병졸이라는 뜻으로, 규율과 질서가 없는 집단을 이르는 말.
오해 (誤解) [오:해] 사실과 다르게 잘못 아는 일. 예내 말을 오해하다. **오해하다**.
*오후 (午後) [오:후] 낮 12시부터 밤 12시까지의 사이. 오정부터 자정까지. 비하오. 반오전. ⊃afternoon. p.m.
*오히려 생각과는 달리 도리어. 예저것보다는 오히려 이것이 낫다.
옥[1] (獄) 죄인을 가두어 두는 곳. 비감옥. 교도소.
옥[2] (玉) 빛이 곱고 모양이 아름다운 보석의 한 가지. 또는 그것을 갈아서 만든 구슬.

옥고 (獄苦) [옥꼬] 옥살이하는 고생. 예옥고를 치르다.
옥내 (屋內) [옹내] 집 또는 건물의 안. 예옥내 행사.
옥동자 (玉童子) [옥똥자] 옥같이 예쁜 어린 아들. 소중한 아들. 예옥동자를 낳다.
옥사[1] (獄舍) [옥싸] 죄인을 가두어 두는 건물.
옥사[2] (獄死) [옥싸] 감옥살이를 하다 감옥에서 죽음. **옥사하다**.
옥살이 (獄―) [옥싸리] '감옥살이'의 준말. 예옥살이를 마치다.
옥상 (屋上) [옥쌍] 건물에서 지붕 부분을 평평하게 만들어 놓은 곳.
옥새 (玉璽) [옥쌔] 임금의 도장. 비국새.
*옥수수 [옥쑤수] 볏과의 한해살이풀. 높이는 약 2-3m로, 줄기는 높고 곧으며 잎이 크고 긺. 열매는 식용하거나 가축의 사료로 씀. 비강냉이.
옥수숫대 [옥쑤수때 / 옥쑤숟때] 옥수수의 줄기.
옥신각신 [옥씬각씬] 옳으니 그르니 하고 서로 다투는 모양. 또는 그런 행위. 예요즘 둘은 만나기만 하면 옥신각신 말다툼을 벌인다. **옥신각신하다**.
옥양목 (玉洋木) [오걍목] 희고 얇으며 발이 고운 무명의 하나.
옥외 (屋外) [오괴 / 오궤] 건물의 밖.
옥잠화 (玉簪花) [옥짬화] 백합과의 여러해살이풀. 잎은 크고 넓으며 길게 둥긂. 여름에 자줏빛이나 흰빛의 꽃이 피는데, 피기 전 봉오리 모양이 옥비녀와 비슷함. 어린잎은 식용하며 관상용으로 재배함.
옥저 (沃沮) [옥쩌] 함경도 일대에 있던 고조선의 한 부족. 또는 그 부족이 세운 나라.
옥좌 (玉座) [옥쫘] 임금이 앉는 자리. 또는 임금의 지위. 비왕좌.
옥중 (獄中) [옥쭝] 감옥의 안.
옥체 (玉體) 1 임금의 몸. 2 편지 따위에서, 남의 몸의 존칭.
옥타브 (octave) 음계의 어떤 음에서 시작하여 위나 아래로 여덟째 거리에 있는 음. 또는 그 거리. 8도 음정.
옥탑 (屋塔) 건물 옥상에 지은 탑 모

양의 작은 건물.
옥토 (沃土) 농작물이 잘 자라는 기름진 땅. 비옥답. 반박토.
옥토끼 (玉一) 1 달 속에 산다는 전설상의 토끼. 비옥토. 2 털빛이 하얀 토끼.
옥편 (玉篇) 한자를 차례로 배열하고 그 글자의 음과 뜻을 풀어 엮은 책. 예옥편에서 모르는 한자를 찾아보다. 비자전.
옥황상제 (玉皇上帝) [오황상제] 도교에서 말하는 하느님. 준옥제.
***온** [온:] 전부의. 모두의. 예온 집안 식구가 다 모이다.
***온갖** [온:갇] 모든 종류의. 여러 가지의. 예온갖 정성을 기울여 아픈 강아지를 돌보다. 비갖은.
온건하다 (穩健一) [온:건하다] 생각이나 행동 따위가 사리에 맞고 건전하다. 예말과 행동이 온건하다.
온기 (溫氣) 따뜻한 기운. 예방 안에 온기가 남아 있다. 반냉기.
온난 (溫暖) 날씨가 따뜻함. 예기후가 온난한 지방. 온난하다.
온난 전선 (溫暖前線) 따뜻한 공기가 찬 공기를 밀치고 지나가는 곳에 생기는 전선. 이 전선에 가까운 지역은 비가 많이 내리고, 지나가면 기온이 높아짐. 반한랭 전선.
온달 (溫達) 〔인명〕 고구려 평원왕 때의 장수. 집이 가난하고 생김새가 초라해 '바보 온달'이라 불렸으나, 평원왕의 딸 평강 공주와 결혼하고, 공주의 도움으로 무술을 익혀 훌륭한 장수가 됨. [?-590]
온대 (溫帶) 열대와 한대 사이에 있는 지역. 기후가 온화하고 사계절의 구분이 뚜렷함.
온데간데없다 [온데간데업따] 이제까지 있던 것이 감쪽같이 없어져 찾을 수가 없다. 예가방 속의 수첩이 온데간데없다.
***온도** (溫度) 따뜻하고 차가운 정도. 온도계가 나타내는 도수. 예실내 온도를 조절하다. ⇒temperature
***온도계** (溫度計) [온도계 / 온도게] 차고 더운 정도를 재는 기구. 예실내 온도계.

온돌 (溫突) 아궁이에서 불을 때면 불기운이 방바닥 밑을 통하여 방을 덥게 하는 장치. 비방구들.
온돌방 (溫突房) [온돌빵] 온돌을 놓아 난방 장치를 한 방.
온라인 (on-line) 컴퓨터의 입출력 장치가 중앙 연산 처리 장치와 통신 회선으로 직접 연결되어 있어 바로바로 처리되는 상태.
온라인 수업 (on-line授業) 인터넷 통신망을 이용하여 실제 교실에서 받는 것과 같이 이루어지는 수업. 비원격 수업. 비대면 수업.
***온몸** [온:몸] 몸의 전체. 예추워서 온몸이 떨린다. 비전신.
온밤 [온:밤] 온 하룻밤. 예간호하느라 온밤을 뜬눈으로 새우다.
***온상** (溫床) 인공적으로 따뜻한 온도를 유지하여 꽃이나 채소를 빨리 자라게 하는 장치. 예온상 재배.
온수 (溫水) 따뜻한 물. 반냉수.
온순하다 (溫順一) 성질이나 마음씨가 부드럽고 순하다. 예온순한 성격. 비유순하다.
온쉼표 (一標) [온:쉼표] 음악에서 한 마디 전부를 쉴 때 쓰이는, 온음표와 같은 길이의 쉼표((기호는 ▬)).
온실 (溫室) 추울 때 식물을 기르거나, 열매를 빨리 맺게 하려고 온도와 습도를 조절할 수 있게 만든 건물. 예온실에서 재배한 과일.
온유 (溫柔) 〔오뉴〕 성질이 부드럽고 조용하며 순함. 온유하다.
온음 (一音) [오:늠] 반음의 두 배 음정. 장음계에서 미·파·시·도 이외의 음정. 비전음. 반반음.
온음표 (一音標) [오:늠표] 음표 가운데 가장 긴 음표. '♩'의 4배 되는 음표((기호는 ○)).
온장고 (溫藏庫) 음식물 등을 따뜻하게 보관하는 상자 모양의 기구.
온전하다 (穩全一) [온:전하다] 1 본바탕 그대로 남아 있다. 예온전한 몸/물건을 온전하게 보관하다. 2 잘못된 것이 없이 바르거나 옳다. 예정신이 온전하게 박힌 사람.
온전히 (穩全一) [온:전히] 온전하게. 예하루를 온전히 쉬다.

온점 (一點) [온ː점] 한 문장이 끝났음을 나타낼 때 찍는 부호((.)). 마침표.

온정 (溫情) 따뜻한 인정. 예불우 이웃에게 온정을 베풀다. 凹냉정.

온조왕 (溫祚王) 〖인명〗 백제의 시조. 고구려를 세운 동명 성왕의 둘째 아들로 위례성에 도읍을 정하고 나라를 세움. [?-28 ; 재위 기원전 18-기원후 28]

온종일 (一終日) [온ː종일] 하루가 다 지나가도록. 아침부터 저녁때까지. 예온종일 기다리다 / 온종일 비가 내린다. 旧종일. 진종일.

온천 (溫泉) 땅속의 열로 물이 평균 기온 이상으로 데워져 솟아나는 샘. 예온천 목욕. 凹냉천.

온탕 (溫湯) 따뜻한 물이 들어 있는 탕. 凹냉탕.

***온통** [온ː통] 통째로 전부. 모두. 모조리. 예하늘이 온통 새파랗다. 준통.

온풍기 (溫風器) 실내의 공기를 따뜻하게 하는 난방 기기.

온혈 동물 (溫血動物) 바깥 온도에 관계없이 항상 일정한 체온을 유지하는 동물. 조류·포유류 따위. 旧항온 동물. 凹냉혈 동물.

온화하다 (溫和一) 1 날씨가 따뜻하고 맑다. 예온화한 날씨. 2 성질·태도 등이 부드럽고 인자하다. 예얼굴빛이 온화하다.

올[1] '올해'의 준말. 예올 가을에 이사할 예정이다.

올[2] [올ː] 실이나 줄의 가닥. 예한 올 한 올 엮다 / 스웨터의 올이 풀리다.

올가꾸기 농작물을 제철에 앞서 일찍 가꾸는 일.

올가미 1 새끼·노끈 따위로 고리를 엮어서 짐승을 잡는 장치. 예올가미를 놓아 토끼를 잡다. 2 사람이 걸려들게 꾸민 꾀. 예그의 올가미에 걸리다.

　올가미(를) 씌우다 남을 자기 꾀에 걸려들게 하다.

올곧다 [올곧따] 1 마음이 바르고 곧다. 예올곧게 자라다. 2 줄이 반듯하게 있다. 예올곧은 나무들 사이로 길이 나 있다.

***올라가다** 1 낮은 데서 높은 데로 향하여 가다. 예언덕을 올라가다. 2 값이 비싸지다. 예땅값이 올라가다. 3 지위가 높아지다. 예부장으로 올라가다. 4 수준이나 정도가 높아지다. 예성적이 올라가다. 凹내려가다. 활용올라가거라.

올라서다 1 꼭대기에 다다르다. 예정상에 올라서다. 2 무엇을 디디고 그 위에 서다. 예의자 위에 올라서다. 3 낮은 지위에서 높은 지위로 가다. 예사장으로 올라서다. 凹내려서다.

***올라오다** 1 낮은 데서 높은 데로, 아래에서 위로 옮아오다. 예땀을 뻘뻘 흘리며 언덕길을 올라오느라 숨이 턱에 닿았다. 2 흐름을 거슬러 위쪽으로 오다. 예연어는 가을에 강물을 거슬러 올라온다. 3 지방에서 서울로 오다. 예어제 할아버지께서 서울에 올라오셨다. 旧상경하다. 4 낮은 등급에서 높은 등급으로 옮아오다. 예갓 중학교에 올라온 신입생. 5 컴퓨터 통신망이나 인터넷 게시판 등에 글이 게시되다. 예게시판에 새로운 공지 사항이 올라오다. 활용올라오너라.

올라타다 1 탈것에 몸을 올려놓다. 예말에 올라타다. 2 몸 위에 오르다. 예등에 올라타고 상대를 누르다.

***올려놓다** [올려노타] 1 물건을 무엇의 위에 옮겨 놓다. 예책상 위에 가방을 올려놓다. 2 정도나 수준을 높이 끌어올리다. 예사기를 올려놓다. 3 이름 따위를 적어 넣다. 예회원 명단에 이름을 올려놓다.

올려다보다 1 아래쪽에서 위쪽을 바라보다. 예산을 올려다보다. 2 존경하는 마음으로 상대를 높이 받들며 우러르다. 凹내려다보다.

올려본각 (一角) 나무의 높이나 건물의 높이를 잴 때, 올려다보는 방향이 수평과 이루는 각. 凹내려본각.

올려본각

올록볼록 [올록뽈록] 물체의 거죽이나 면이 고르지 않게 여기저기 불거져 나와 있는 모양. 예화장지가 올록볼록하다. 큰울룩불룩. **올록볼록하다**.

***올리다** 1 웃어른에게 바치다. 예옷

어른께 절을 올리다. 2 오르게 하다. 예 이 층으로 올리다. 맨내리다. 3 의식을 치르다. 예기도를 올리다. 4 문서나 신문 등에 드러내다. 예명단에 이름을 올리다.

올리브 (olive) 물푸레나뭇과의 상록 교목. 높이는 6-10m로 잎은 긴 타원형 모양임. 길고 둥근, 검은 자줏빛 열매에서 기름을 짜는데, 약으로 쓰거나 먹기도 하며 비누·머릿기름의 재료로도 씀. 소아시아 원산. 감람나무.

올리브

올림[1] 윗사람에게 편지를 쓸 때 자기 이름 뒤에 쓰는 말.

올림[2] 근삿값을 구하는 방법의 한 가지. 구하려는 자리 아래의 끝수를 버리고 구하려는 자리에 1을 더하는 일. 맨버림.

올림말 사전 따위에서 풀이가 달려 있는 하나하나의 낱말. 비표제어.

올림표 (-標) 음의 높이를 본디 음보다 반음 올리라는 기호. 악보에 '#'로 표시함. 샤프.

올림피아드 (Olympiad) 1 ⇨올림픽. 2 국제적으로 열리는 대회. 예수학 올림피아드.

*__올림픽__ (Olympic) 1896년부터 4년마다 세계 각국이 참가하여 벌이는 운동 경기. 예올림픽 선수촌. 본국제 올림픽 경기 대회.

올림픽 경기 (Olympic競技) ⇨올림픽. 예우리나라 선수가 올림픽 경기에서 금메달을 땄다.

올망졸망 작고 귀여운 것들이 고르지 않게 많이 벌여 있는 모양. 예아이들이 올망졸망 모여 놀고 있다. **올망졸망하다**.

올무 새나 짐승을 잡는 올가미.

올바로 곧고 바르게. 예마음을 올바로 가져라.

*__올바르다__ 말이나 생각, 행동 따위가 옳고 바르다. 예올바른 태도 / 올바르게 살다. [활용] 올발라 / 올바르니. ×옳바르다.

올벼 [올:벼] 제철보다 이르게 익는 벼. 맨늦벼.

올빼미 올빼밋과의 새. 부엉이와 비슷한데, 몸은 갈색이고 머리와 눈이 큼. 낮에는 숲에서 쉬고 밤에 활동하며 새·쥐·토끼·벌레 따위를 잡아먹음. 우리나라 천연기념물.

올빼미

올차다 [올:차다] 1 야무지고 기운차다. 예그 아이 참 올차다. 2 곡식의 알이 일찍 여물다. 예올찬 벼 이삭.

*__올챙이__ 알에서 갓 깬 개구리 새끼. 물속에서 아가미로 숨을 쉬며, 머리에 달린 긴 꼬리로 헤엄쳐 다님. 자라면서 꼬리가 없어지고 네 다리가 생겨 개구리가 됨.

올케 오빠나 남동생의 아내.

*__올해__ 지금 지나고 있는 해. 예올해 몇 살이오. 맨금년. 준올.

옭아매다 [올가매다] 1 올가미를 씌워서 잡아매다. 예미친개를 옭아매다. 2 없는 죄를 이리저리 꾸미어 씌우다. 예무고한 사람을 살인죄로 옭아매다.

옮겨심기 [옴겨심기] 식물 따위를 원래의 자리에서 다른 자리로 바꾸어 심음. 비이식. **옮겨심기하다**.

*__옮기다__ [옴기다] 1 사물의 자리를 바꾸어 놓다. 예짐을 옮기다. 2 주거 따위를 바꾸다. 예셋집을 옮기다. 3 병 따위를 전염시키다. 예뇌염을 옮기는 모기. 4 들은 말을 딴 데에 전하다. 예말을 함부로 옮기지 마라.

*__옮다__ [옴:따] 1 사물이 자리를 바꾸다. 2 주거 따위를 바꾸다. 3 말·소문이 퍼져 가다. 4 불이 다른 곳으로 번지다. 예불길이 옆 건물로 옮아 붙다. 5 병·버릇·사상이 남에게 번지다. 예눈병이 옮았다.

*__옳다__[1] [올타] 틀리지 않다. 사리에 맞다. 예듣고 보니 네 말이 옳다 / 옳은 판단을 내리다. ⇨right

옳다[2] [올타] 무엇이 마음에 맞을 때 내는 소리. 예옳다, 네 말이 맞다 / 옳다, 너 마침 잘 만났다.

옳지 [올치] 1 다른 사람의 말이나 행동이 마음에 들 때 하는 말. 예옳지, 바로 그거야. 2 갑자기 좋은 생각이 떠올랐을 때 하는 말. 예옳지, 이제 알았다.

옴 [옴:] 옴벌레가 붙어서 생기는 전염성 피부병. 손가락·발가락 사이나 겨드랑이 따위가 짓무르면서 차차 온몸에 퍼짐. 몹시 가려움.

옴짝달싹 [옴짝딸싹] 몸을 아주 조금 움직이는 모양. 예**옴짝달싹** 못 하게 묶다. 큰움쩍달싹. 참고 주로 '못 하다'와 함께 쓰임. **옴짝달싹하다**.

옴츠리다 몸이나 몸의 일부를 오그려 작아지게 하다. 예자라가 목을 옴츠리다 / 놀라서 몸을 옴츠리고 앉다. 준옴치다. 큰움츠리다.

옴폭 가운데가 속으로 폭 들어가 오목한 모양. 예땅이 옴폭 패다. 큰움폭. **옴폭하다**.

***옷** [옫] 몸을 가리거나 보호하기 위해 천으로 만들어 입는 물건. 비의복. 피복. ⇨clothes

옷을 벗다 어떤 직업·직장·직위를 그만두거나 잃다. 예그는 결국 그 사건 때문에 옷을 벗었다.

참고 **전래하는 옷의 종류**

윗도리로 입는 것 — 저고리, 적삼, 배자, 조끼, 마고자, 등거리, 동옷
아랫도리로 입는 것 — 바지, 치마, 고의, 잠방이, 두렁이
겉에 입는 것 — 두루마기, 도포, 중치막, 두루풍, 장옷, 쓰개치마
안에 입는 것 — 속곳, 고쟁이, 무지기

옷가지 [옫까지] 몇 가지의 옷. 예옷가지를 장만하다.

***옷감** [옫깜] 옷을 지을 천.

옷걸이 [옫꺼리] 옷을 걸어 두는 도구. 예교복을 옷걸이에 걸다.

옷고름 [옫꼬름] 저고리나 두루마기의 앞에 달아 옷자락을 여미어 매는 끈. 준고름.

옷깃 [옫낃] 저고리나 두루마기의 목에 둘러 대어 앞으로 여미는 부분. 예옷깃을 세우다. 준깃.

옷깃을 여미다 조심스러운 마음으로 자세를 단정히 하다.

옷매무새 [옫매무새] ⇨매무새.
옷맵시 [옫맵씨] 옷을 입은 맵시. 예옷맵시가 난다.

옷소매 [옫쏘매] 윗옷의 두 팔을 꿰는 부분. 비소매.

옷자락 [옫짜락] 저고리 또는 치마 따위의 앞이나 뒤의 늘어진 부분. 예옷자락을 잡고 늘어지다.

옷장 (-欌) [옫짱] 옷을 넣어 두는 장. 비의장.

***옷차림** [옫차림] 옷을 입은 모양. 예단정하고 깔끔한 옷차림을 하다.

옷핀 (-pin) 옷을 여밀 때 꽂아 쓰는 핀.

옹 (翁) 노인을 존경하는 뜻으로 성이나 이름 뒤에 쓰이는 말. 예김 옹.

옹고집 (壅固執) [옹:고집] 억지가 매우 심한 고집. 예옹고집을 부리다.

옹고집전 (壅固執傳) [옹:고집쩐] 조선 후기의 판소리계 소설. 성질이 못된 옹고집이 가짜 옹고집에게 집에서 쫓겨나 갖은 고생을 하면서, 잘못을 뉘우치고 착한 사람이 된다는 이야기.

옹골차다 실속 있게 꽉 차고 기운차다. 예그놈 참 옹골차게 생겼다.

옹기 (甕器) [옹:기] ⇨옹기그릇.

옹기그릇 (甕器-) [옹:기그륻] 질그릇과 오지그릇을 통틀어 일컫는 말. 비옹기.

옹기종기 크기나 모양이 다른 것들이 많이 모여 있는 모양. 예옹기종기 모여 앉다.

옹달샘 작고 오목한 샘.

옹립 (擁立) [옹:닙] 지도자나 임금의 자리에 모시어 세움. **옹립하다**.

옹색하다 (壅塞-) [옹:새카다] 1 생활이 매우 어렵다. 예옹색한 살림살이. 2 집이나 방 따위가 매우 비좁다. 예옹색한 방. 3 생각이 막혀서 답답하고 옹졸하다. 예옹색한 변명을 늘어놓다.

옹성 (甕城) [옹:성] 성을 튼튼히 지키기 위하여 성문 밖에 단단하게 쌓은 작은 성.

옹알거리다 1 입속말로 똑똑하지 않게 자꾸 말하다. 2 말을 잘 못하는 어린아이가 입속말로 소리를 내다. 큰웅얼거리다.

옹알이 [옹아리] 아기가 사람을 알아보고 옹알거리는 짓. **옹알이하다**.

옹이 나무의 몸에 박힌 가지의 그루터기.

옹졸하다 (壅拙—) [옹:졸하다] 성질이 너그럽지 못하고 생각이 좁음. 예옹졸한 사람. 반너그럽다. 준옹하다.

옹호 (擁護) [옹:호] 편을 듦. 예인권 옹호. 옹호하다.

옻 [옫] 옻나무에서 나는 진. 살갗에 닿으면 가렵고 아픔. 예옻을 칠하다/옻이 오르다.

옻나무 [온나무] 옻나뭇과의 낙엽 교목. 높이 6-9m로 여름에 황록색의 작은 꽃이 피며, 나무껍질에서 뽑은 진은 옻칠의 원료로 씀. 어린 순은 먹음.

옻나무

옻칠 (—漆) [옫칠] 가구나 나무 그릇 따위에 윤을 내기 위하여 옻나무의 진을 바르는 일. 옻칠하다.

와[1] [와] 여럿이 한꺼번에 움직이거나 떠드는 소리. 예와 몰려 나가다/와 웃다. 와하다.

***와**[2] 받침 없는 말에 붙어, 여러 가지를 열거하거나 비교함을 나타내는 말. 예개와 소/참외와 비슷하다. ※과.

와그르르 쌓였던 단단한 물건이 갑자기 한꺼번에 무너지는 소리나 모양. 예벽돌이 와그르르 무너지다. 와그르르하다.

와글거리다 사람이 한곳에 많이 모여 시끄럽게 자꾸 떠들거나 움직이다. 예회의장 안은 많은 사람들로 와글거렸다.

와글와글 [와그롸글] 많은 사람들이 모여 자꾸 떠들며 움직이는 모양이나 소리. 예백화점에 사람들이 와글와글하다. 와글와글하다.

와드득 단단한 물건을 깨물거나 마구 부러뜨릴 때 나는 소리. 예돌이 와드득 씹히다. 와드득하다.

와들와들 [와드롸들] 몹시 춥거나 무서워 야단스럽게 떠는 모양. 예추위서 와들와들 떨다. 와들와들하다.

와락 급하게 대들거나 잡아당기거나 끌어안는 모양. 예개가 와락 덤벼들다.

와르르 쌓였던 것이 야단스럽게 무너지는 소리나 모양. 예돌담이 와르르 무너졌다. 와르르하다.

와이셔츠 (←white+shirt) 양복저고리 속에 입는 소매가 달린 셔츠.

와이엠시에이 (YMCA) 기독교에 바탕을 둔 국제적인 청년 운동 단체. 기독교 청년회.

와이 좌표 (y座標) ⇨세로 좌표.

와이축 (y軸) ⇨세로축.

와이파이 (Wi-Fi) 무선 접속 장치가 설치된 곳의 일정 거리 안에서 초고속 인터넷을 할 수 있는 근거리 통신망. 'Wireless Fidelity'의 약자.

와인 (wine) ⇨포도주.

와작와작 [와자과작] 조금 단단한 음식을 자꾸 깨물어서 씹을 때 나는 소리나 모양. 예냉장고에서 얼음을 꺼내 와작와작 씹어 먹다. 와작와작하다.

와장창 갑자기 한꺼번에 무너지거나 부서지는 소리나 모양. 예유리창이 와장창 깨지다. 와장창하다.

와트 (watt) 전력의 크기를 재는 단위. 1와트는 1볼트의 전압으로 1암페어의 전류가 흐를 때임(기호는 W).

와해 (瓦解) 어떤 조직이나 계획 따위가 깨어져 흩어짐. 예조직이 와해되다. 와해하다.

왁스 (wax) 가구·자동차 따위에 발라 윤을 내거나 미끄럽게 하는 데 쓰이는 물질.

왁자지껄 [왁짜지껄] 여러 사람이 모여 정신이 어지럽도록 시끄럽게 떠들고 지껄이는 소리나 모양. 예조용하던 교실이 갑자기 왁자지껄하다. 왁자지껄하다.

왁자하다 [왁짜하다] 정신이 어지럽도록 떠들썩하다. 예골목에서 아이들이 왁자하게 떠드는 소리가 들린다.

완강하다 (頑强—) 태도가 완고하고 의지가 굳세다. 예친구의 부탁을 완강하게 거절하다.

완결 (完結) 어떤 일을 완전하게 끝마침. 예사건을 완결하다. 완결하다.

완고하다 (頑固—) 융통성이 없고 고집이 세다. 예완고한 성격.

완곡하다 (婉曲—) [완:고카다] 말하는 투가 듣는 사람의 감정이 상하지 않도록 하지 않고 부드럽다. 예완곡한 표현을 하다.

완공 (完工) 공사를 모두 끝마침. 예도서관 건물을 완공하다. 비준공. 완공하다.

완구 (玩具) [완:구] ⇨장난감.

완납 (完納) 남김없이 완전히 납부함. 예세금을 기일 내에 완납하다. 반미납. 완납하다.

완도 (莞島) 『지명』 전라남도 남해에 있는 큰 섬. 김·미역의 특산지로 알려짐. 유적이 많고 경치가 아름다워 관광지로 유명함.

완두 (豌豆) 콩과의 두해살이 덩굴풀. 5월경에 나비 모양의 흰빛이나 자줏빛 꽃이 핌. 열매인 완두콩은 꼬투리 속에 열림. 콩은 먹고, 잎과 줄기는 가축의 먹이로 쓰임.

완두

완두콩 (豌豆—) 완두의 열매. 초여름에 열리며 쌀과 섞어 밥을 지어 먹는 데 씀.

완력 (腕力) [완:력] 1 팔의 힘. 예완력이 세다. 2 육체적으로 억누르는 힘. 예완력으로 문제를 해결하려 하다. 비폭력.

완료 (完了) [왈료] 완전히 끝을 냄. 예작업을 완료하다. 완료하다.

완만하다¹ (緩晩—) [완:만하다] 일 따위의 되어 가는 속도가 늦다.

완만하다² (緩慢—) [완:만하다] 1 움직임이 느리다. 예완만한 속도. 2 기울기가 급하지 않다. 예완만한 비탈길.

완벽 (完璧) 결점이 없이 훌륭함. 예완벽한 솜씨. 완벽하다.

완봉승 (完封勝) 야구에서, 투수가 상대 팀에게 점수를 전혀 주지 않고 이김. 예완봉승을 거두다.

완비 (完備) 시설이나 제도 따위를 빠짐없이 완전히 갖춤. 예냉방 완비/주차장 완비. 완비하다.

***완성** (完成) 완전히 다 이룸. 예작품을 완성하다. 반미완성. 완성하다.

완성품 (完成品) 다 만든 물건. 예완성품을 내놓다/완성품을 출시하다.

완수 (完遂) 목적을 완전히 이루거나 해냄. 예임무를 완수하다. 완수하다.

완숙 (完熟) 1 열매 따위가 완전히 익음. 무르익음. 예완숙한 배. 2 음식 따위가 완전히 익힘. 예달걀을 완숙하다. 3 매우 능숙함. 예완숙한 솜씨. 4 사람이나 동물이 완전하게 성숙한 여인. 완숙하다.

완승 (完勝) 완전히 승리함. 예완승을 거두다. 반완패. 완승하다.

완연하다 (宛然—) [완:년하다] 뚜렷하게 나타나다. 예가을빛이 완연하다.

완자 [완:자] 쇠고기를 잘게 다져 달걀·두부·갖은 양념 등을 섞고 둥글게 빚어서 기름에 지진 음식.

완장 (腕章) [완:장] 지위를 나타내기 위해 옷의 팔 부분에 두르는 띠. 예주장 완장을 차다.

***완전** (完全) 결점이나 모자람이 없이 모든 것이 다 갖추어짐. 예완전 무장/공사를 완전히 마치다. 비완벽. 반불완전. 완전하다. 완전히.

완전무결 (完全無缺) 충분히 갖추어서 부족함이나 결점이 없음. 예완전무결한 상태. 완전무결하다.

완제품 (完製品) 일정한 규격과 조건에 맞추어 완전하게 만들어진 물품. 예완제품을 수출하다.

완주 (完走) 목표로 정한 지점까지 다 달림. 예마라톤 전 구간을 완주하다. 완주하다.

완치 (完治) 병을 완전히 고침. 예간염이 완치되다. 완치하다.

완쾌 (完快) 병이 완전히 나음. 예속히 완쾌하시길 빕니다. 비쾌유. 완쾌하다.

완패 (完敗) 완전하게 짐. 예3:0으로 완패하다. 반완승. 완패하다.

완행 (緩行) [완:행] 1 느리게 다님. 2 '완행열차'의 준말. 반급행.

완행열차 (緩行列車) [완:행녈차] 각 역마다 멎는 빠르지 않은 열차. 반급행열차. 준완행.

완화 (緩和) [완:화] 급하거나 긴장된 상태를 느슨하게 함. 예긴장을 완화시키다. 완화하다.

왈가닥 말이나 행동이 침착하지 못하고 덜렁덜렁하며 수선스러운 여자. 비왈패.

왈가왈부 (日可日否) 어떤 일에 대하여 옳다거니 그르다거니 하고 말함. 예서로의 주장을 내세워 왈가왈부하다. 왈가왈부하다.

왈츠 (waltz) 4분의 3박자로 약간 빠르고 경쾌한 춤곡. 또는 그에 맞춰 남녀가 한 쌍이 되어 원을 그리면서 추는 춤. 원무곡.

왈칵 1 갑자기 많이 쏟아 내는 모양. 예눈물이 왈칵 쏟아지다. 2 갑자기 화가 치밀거나 몹시 흥분하는 모양. 예화를 왈칵 내다. 3 갑자기 힘껏 밀치거나 잡아당기는 모양. 예왈칵 떼밀다. 큰월컥.

*왕 (王) 1 ⇨임금¹. 2 으뜸. 예동물의 왕 / 왕 노릇을 하다. ⊃king

왕건 (王建) 〖인명〗 고려 태조의 이름. 원래 궁예(태봉의 왕)의 부하였으나, 다른 장수들의 추대를 받아 송도에 도읍하고 왕위에 올라 고려를 세움. [877-943 ; 재위 918-943]

왕겨 (王—) 벼의 겉껍질. 비매조밋겨.

왕골 사초과의 한해살이풀. 높이는 1-2m 정도. 줄기는 껍질을 벗겨 방석·돗자리 따위를 만드는 데 쓰고, 줄기 속의 끈·종이 등의 원료로 씀.

왕관 (王冠) 임금의 머리에 쓰는 관. 예황금 왕관을 쓰다. ⊃crown

왕골

왕국 (王國) 임금이 다스리는 나라. 예고대 왕국 / 왕국을 다스리다. 비군주국. ⊃kingdom

왕궁 (王宮) 임금이 사는 궁전. 비궁궐. 궁전.

왕년 (往年) [왕:년] 지나간 해. 옛날. 예왕년에는 나도 인기가 좋았다.

왕눈이 (王—) [왕누니] 눈이 큰 사람을 놀리는 말.

왕래 (往來) [왕:내] 오고 감. 예편지 왕래 / 사람의 왕래가 잦다. 비내왕. 왕래하다.

왕릉 (王陵) [왕:능] 임금의 무덤.

왕림 (枉臨) [왕:님] 남이 찾아옴을 높이어 이르는 말. 예이렇게 왕림해 주셔서 고맙습니다. 왕림하다.

왕립 (王立) [왕:닙] 왕의 명령으로 세운 것. 예왕립 박물관 / 왕립 학술원.

왕명 (王命) 임금의 명령. 예왕명을 받들다. 비어명.

왕복 (往復) [왕:복] 갔다가 돌아옴.

예왕복 차표를 끊다. 왕복하다.

왕비 (王妃) 임금의 아내. 비왕후. 높중전. ⊃queen

왕성 (旺盛) [왕:성] 한창 성함. 예호기심이 왕성하다 / 원기가 왕성하다. 왕성하다. 왕성히.

왕세자 (王世子) 왕위를 이을 왕자. 준세자.

왕실 (王室) 임금의 집안. 비왕가.

왕오천축국전 (往五天竺國傳) [왕:오천축꾹쩐] 〖책〗신라의 승려 혜초가 인도와 그 근처의 여러 나라를 순례하고 당나라로 돌아와서 적은 기행문.

왕왕¹ 귀가 멍멍하게 울릴 정도로 큰 소리로 시끄럽게 떠드는 소리. 왕왕하다. 왕왕거리다.

왕왕² (往往) [왕:왕] 이따금. 때때로. 예왕왕 실수를 한다.

왕위 (王位) 임금의 자리. 예왕위를 계승하다 / 왕위에 오르다. 비왕좌.

왕인 (王仁) 〖인명〗 백제의 학자. 일본에 건너가 '논어', '천자문' 등을 가르치고 태자의 스승이 됨.

*왕자¹ (王子) 임금의 아들. 반공주. 왕녀. ⊃prince

왕자² (王者) 어떤 분야에서 힘이나 실력이 으뜸인 사람. 예밀림의 왕자.

왕자병 (王子病) [왕자뼝] 남자가 마치 자기가 왕자처럼 멋있고 잘생겼다고 착각하는 일을 속되게 이르는 말. *공주병.

왕조 (王朝) 1 왕이 직접 다스리는 나라. 예왕조를 세우다. 2 한 왕가가 다스리는 동안. 예조선 왕조.

왕족 (王族) 임금의 일가.

왕좌 (王座) 1 임금이 앉는 자리. 예왕좌를 이어받다. 비왕위. 2 으뜸가는 자리. 예씨름계의 왕좌.

왕진 (往診) [왕:진] 의사가 병원 밖의 환자가 있는 곳에 가서 진찰함. 예왕진을 가다. 왕진하다.

왕창 '엄청나게 큰 규모로'의 뜻으로 속되게 쓰는 말. 예돈을 왕창 벌다.

왕초 (王—) 거지·넝마주이 등의 우두머리를 속되게 일컫는 말.

왕후 (王后) ⇨왕비.

왕희지 (王羲之) 〖인명〗 중국 진나라의 서예가. 글씨체가 힘차고 아름다우

며 귀족적이어서 서예의 성인이라 불림. [307-365]

*왜 [왜:] 무슨 까닭으로. 어째서. 예 불렀는데 왜 오지 않았니. ⇨why

왜가리 [왜:가리] 왜가릿과의 새. 등은 회색이고 목·가슴·배는 흰색인데, 목덜미에는 회색 세로줄 무늬가 있음. 물고기·조개·개구리 따위를 잡아먹음.

왜가리

왜곡 (歪曲) 사실과 다르게 해석함. 예 남의 말을 왜곡해서 듣다. **왜곡하다**. ×의곡. 외곡.

왜구 (倭寇) 13-16세기에 우리나라와 중국 해안을 항해하며 노략질하던 일본의 해적. 비 왜적.

왜냐하면 '왜 그런가 하면'의 뜻. 예 그는 성공할 줄 알았다. 왜냐하면 꾸준히 노력했기 때문이다.

왜놈 (倭—) 일본 사람, 특히 일본 남자를 낮잡아 이르는 말. 예 왜놈 순사 / 왜놈의 앞잡이.

왜란 (倭亂) 1 왜인이 일으킨 난리. 2 조선 선조 25년(1592)에 일본이 조선을 침략하여 일어난 전쟁. 임진왜란.

왜소하다 (矮小—) 몸집과 키가 작다. 예 왜소한 체격.

왜인 (倭人) 일본 사람을 낮추어 이르는 말.

왜적 (倭賊) ⇨왜구.

왠지 왜 그런지. 예 그를 보니 왠지 쑥스럽다.

> 주의 **왠지**와 **웬**
>
> **왠지** 의문을 나타내는 말. '왜'에 '-ㄴ지'가 붙은 형태로 '누군지, 무엇인지, 어딘지'와 같은 모양이다. '무슨 까닭인지, 어째서인지, 왜 그런지'의 뜻을 나타냄. 예 왠지 가슴이 두근거린다.
> **웬** '어떠한, 어찌 된'의 뜻을 나타내는 말. 예 웬 말이 이렇게 많은지 모르겠다.
> * '웬일'은 하나의 낱말이므로 붙여 쓴다.

*외 (外) [외: / 웨:] 일정한 범위나 한도에 들지 않는 것. 예 그 외에 / 예상 외로. 비 밖.

외가 (外家) [외:가 / 웨:가] 어머니의 친정. 비 외갓집.

외갓집 (外家—) [외:가찝 / 웨:갇찝] ⇨외가. 예 방학 때 외갓집에 놀러 갈 계획이다.

외계 (外界) [외:계 / 웨:게] 지구 밖의 세계. 예 외계의 생명체.

외계인 (外界人) [외:계인 / 웨:게인] 지구 밖의 다른 별에서 온 사람. 비 우주인.

외고집 (—固執) [외고집 / 웨고집] 융통성이 조금도 없는 고집. 예 외고집을 피우다.

외곬 [외골 / 웨골] 한 가지 일에만 파고드는 것. 예 외곬으로 [외골쓰로] 생각하다.

외과 (外科) [외:꽈 / 웨:꽈] 주로 몸의 외부에 난 상처나 내장 기관에 생긴 병을 처치하거나 수술하여 치료하는 의학의 한 분과. 반 내과.

외곽 (外郭) [외:곽 / 웨:곽] 바깥 테두리.

외관 (外觀) [외:관 / 웨:관] 겉으로 드러난 모양. 예 외관이 아름답다. 비 겉보기. 겉모양. 외견.

외교 (外交) [외:교 / 웨:교] 1 외국과의 교섭. 예 외교 문서 / 외교 관계. 반 내치. 2 다른 사람과의 교제.

외교관 (外交官) [외:교관 / 웨:교관] 외국에 머물면서 자기 나라를 대표하여 외교에 대한 일을 맡아보는 공무원.

외교권 (外交權) [외:교꿘 / 웨:교꿘] 다른 나라의 간섭을 받지 않고 외국과 교섭을 할 수 있는 권리.

외교부 (外交部) [외:교부 / 웨:교부] 외교 정책, 경제 협력, 조약, 재외 국민의 보호·지원 등과 관련된 일을 맡아보는 중앙 행정 기관.

*외국 (外國) [외:국 / 웨:국] 다른 나라. 예 외국 여행. 비 타국. 반 내국.

외국산 (外國産) [외:국싼 / 웨:국싼] 외국에서 나는 물건. 예 외국산 자동차. 반 국산.

외국어 (外國語) [외:구거 / 웨:구거] 다른 나라의 말. 반 모국어. *외래어.

외국인 (外國人) [외:구긴 / 웨:구긴]

다른 나라 사람. 비타국인. 만내국인. 준외인.

외길 [외길/웨:길] 1 한 군데로만 난 길. 2 한 가지 방향에만 전념하는 태도. 예외길 인생.

외나무다리 [외나무다리/웨나무다리] 좁은 개울 따위에 한 개의 통나무로 놓은 다리.

***외다** [외:다/웨:다] '외우다'의 준말. 예구구단을 외다. →외우다 참고

외돌토리 [외돌토리/웨돌토리] ⇨외톨이.

외동딸 [외동딸/웨동딸] 하나뿐인 딸을 귀엽게 이르는 말. 만외동아들.

외동아들 [외동아들/웨동아들] 하나뿐인 아들을 귀엽게 이르는 말. 만외동딸.

외등 (外燈) [외:등/웨:등] 집 밖에 켜 놓는 등불. 본옥외등.

외따로 [외따로/웨따로] 외로이. 오직 홀로. 따로. 예외따로 떨어진 집.

외딴 [외딴/웨딴] 외따로 떨어져 있는. 예외딴 마을.

외딴곳 [외딴곧/웨딴곧] 외따로 떨어진 곳. 예인적이 드문 외딴곳에 살다.

외딴길 [외딴길/웨딴길] 외따로 떨어져 있는 작은 길. 예밤에는 외딴길로 가지 마라.

외딴섬 [외딴섬/웨딴섬] 외따로 떨어져 있는 섬.

외딴집 [외딴집/웨딴집] 외따로 떨어져 있는 집.

외딸 [외딸/웨딸] 형제가 없이 오직 하나뿐인 딸. 만외아들.

외떡잎식물 (一植物) [외떡닙씽물/웨떡닙씽물] 떡잎이 하나인 식물. 벼·보리·옥수수 따위. 만쌍떡잎식물.

외람되다 (猥濫—) [외:람되다/웨:람뒈다] 하는 짓이 분수에 지나치다. 예외람되오나 그 의견에는 반대입니다.

외래 (外來) [외:래/웨:래] 1 밖에서 또는 외국에서 옴. 예외래 문물. 만재래. 2 환자가 입원하지 않고 병원에 다니면서 치료를 받는 일. 또는 그 환자. 예외래 환자.

외래문화 (外來文化) [외:래문화/웨:래문화] 외국에서 들어온 다른 나라의 문화. 만고유문화.

외래어 (外來語) [외:래어/웨:래어] 외국에서 들어와 우리말처럼 쓰이는 말. 곧, 국어화된 외국어. 만고유어.

외래종 (外來種) [외:래종/웨:래종] 다른 나라에서 들어온 동물이나 식물. 황소개구리 따위. 만재래종.

외로움 [외로움/웨로움] 홀로 있어 쓸쓸한 마음이나 느낌. 예외로움을 많이 타다.

외로이 [외로이/웨로이] 외롭게. 홀로 쓸쓸히. 예외로이 길을 가다.

***외롭다** [외롭따/웨롭따] 혼자 있거나 의지할 곳이 없어서 매우 쓸쓸하다. 예친구가 없어서 **외롭다**. 비고독하다. 활용 외로워/외로우니.

외마디 [외마디/웨마디] '악, 앗' 따위와 같이 한 음절로 된 짧은 소리. 예떨어지면서 외마디 소리를 지르다.

외면 (外面) [외:면/웨:면] 마주 보기를 꺼려 얼굴을 돌려 버림. 예보자마자 외면하다. **외면하다**.

외모 (外貌) [외:모/웨:모] 겉모양. 겉모습. 예외모가 반듯하다.

외무 (外務) [외:무/웨:무] 외교에 관한 사무. *내무.

외박 (外泊) [외:박/웨:박] 자기 집이나 일정한 숙소가 아닌 다른 곳에서 잠. **외박하다**.

외부 (外部) [외:부/웨:부] 1 바깥 부분. 예외부 공사. 비바깥. 2 조직이나 단체의 밖. 예정보가 외부로 새나가다. 만내부.

외사촌 (外四寸) [외:사촌/웨:사촌] 외삼촌의 아들이나 딸. 본외종사촌.

***외삼촌** (外三寸) [외:삼촌/웨:삼촌] 어머니의 남자 형제. 비외숙. 외숙부.

외상¹ [외:상/웨:상] 값은 나중에 치르기로 하고 물건을 먼저 가져가는 일. 예외상으로 사다. 만맞돈.

외상² (外傷) [외:상/웨:상] 몸의 겉에 난 상처.

외상값 [외:상깝/웨:상깝] 외상으로 거래한 물건의 값. 예외상값을 갚다.

외세 (外勢) [외:세/웨:세] 외국의 세력. 예외세의 침략.

외손 (外孫) [외:손/웨:손] 1 딸이 낳은 자식. 2 딸의 자손.

외손녀 (外孫女) [외:손녀/웨:손녀]

딸이 낳은 딸. 凹친손녀.

외손자 (外孫子) [외:손자 / 웨:손자] 딸이 낳은 아들. 凹친손자.

외숙모 (外叔母) [외:숭모 / 웨:숭모] 외삼촌의 아내.

외식 (外食) [외:식 / 웨:식] 집에서 해 먹지 않고 음식점에 가서 사 먹음. 또는 그 식사. 예오랜만에 가족들과 외식하다. **외식하다**.

외식비 (外食費) [외:식삐 / 웨:식삐] 외식을 하는 데 드는 돈.

외신 (外信) [외:신 / 웨:신] 외국으로부터 온 통신. 예외신 기사. 凹해외 통신. 凹내신.

외아들 [외아들 / 웨아들] 형제가 없이 오직 하나뿐인 아들. 凹독자. 凹외딸.

외야 (外野) [외:야 / 웨:야] 야구에서, 내야의 뒤쪽 지역. 아웃필드. 凹내야.

외야수 (外野手) [외:야수 / 웨:야수] 야구에서 외야를 지키는 선수. 凹내야수. 준외야.

*__외양간__ (—間) [외양깐 / 웨양깐] 말이나 소를 기르는 곳. 凹마구간.

*__외우다__ [외우다 / 웨우다] 1 기억하고 있는 말이나 글을 틀리지 않게 그대로 말하다. 예주문을 외우다. 2 머릿속에 기억하다. 암기하다. 예친구 전화번호를 전부 외우고 있다. 준외다.

> 참고 __외우다__와 __외다__
> 이전에는 '외다'가 표준어이고 '외우다'는 비표준어였다. 그러나 표준어 규정에서 '준말과 본말이 다 같이 널리 쓰이는 것은 두 가지를 다 표준어로 삼는다'라고 함에 따라 '외우다'도 '외다'의 본말로 표준어가 되었다. '외우는, 외우며, 외워' 또는 '외는, 외며, 외어'로 활용한다.

외자 (外資) [외:자 / 웨:자] 외국에서 들여오는 돈이나 물자. 예외자를 유치하다. 凹내자. 凹외국 자본.

외적 (外敵) [외:적 / 웨:적] 외부에서 쳐들어오는 적. 예외적을 물리치다.

외제 (外製) [외:제 / 웨:제] 외국에서 만든 물건. 예외제 상품. 凹외국제.

외조 (外助) [외:조 / 웨:조] 남편이 아내를 도움. 凹내조.

외줄 [외줄 / 웨줄] 한 가닥의 줄.

외지 (外地) [외:지 / 웨:지] 자기가 사는 고장 밖의 다른 고장. 예외지로 이사 가다.

외지다 [외지다 / 웨지다] 사람이 잘 다니지 않아서 으슥하고 후미지다. 예외진 산골.

외짝 [외짝 / 웨짝] 짝을 이루지 못하고 단 하나로 된 것.

외채 (外債) [외:채 / 웨:채] 한 나라가 다른 나라에 진 빚. 凹외국채.

외척 (外戚) [외:척 / 웨:척] 1 같은 본 이외의 친척. 2 외가 쪽 친척.

외출 (外出) [외:출 / 웨:출] 볼일 보러 밖에 나감. 예외출하려는데 손님이 찾아왔다. 凹나들이. **외출하다**.

외출복 (外出服) [외:출복 / 웨:출복] 외출할 때 입는 옷. 凹나들이옷.

*__외치다__ [외치다 / 웨치다] 1 매우 큰 소리로 부르짖다. 큰 소리를 지르다. 예친구들과 한목소리로 구호를 외쳤다. 凹소리치다. 2 의견이나 요구 따위를 강하게 주장하다. 예수많은 사람들이 독립을 외치다. ⊃shout

외침¹ [외침 / 웨침] 큰 소리를 지르거나 의견을 강하게 주장하는 일. 예다급한 외침 소리가 들리다.

외침² (外侵) [외:침 / 웨:침] 다른 나라로부터 침략을 받는 일. 예외침을 당하다 / 외침을 막아 내다.

외톨이 [외토리 / 웨토리] 의지할 데도 없고 매인 데도 없는 홀몸. 예외톨이로 지내다. 凹외돌토리.

외투 (外套) [외:투 / 웨:투] 추위를 막기 위하여 겉옷 위에 입는 옷. 오버코트. ⊃overcoat

외판원 (外販員) [외:파눤 / 웨:파눤] 고객을 찾아다니며 상품을 파는 사람. 세일즈맨.

외풍 (外風) [외:풍 / 웨:풍] 1 밖에서 방 안으로 들어오는 바람. 예외풍이 세다. 2 외국에서 들어온 풍속.

*__외할머니__ (外—) [외:할머니 / 웨:할머니] 어머니의 친정어머니. 凹외조모.

*__외할아버지__ (外—) [외:하라버지 / 웨:하라버지] 어머니의 친정아버지. 凹외조부.

외항 (外項) [외:항 / 웨:항] 수학에

서, 한 비례식의 양쪽 바깥에 있는 두 개의 항. 즉, $a:b=c:d$에서 a와 d. 반내향.

외형 (外形) [외:형 / 웨:형] 겉으로 드러난 모양. 겉에서 본 모양. 예사람은 외형보다 마음이 중요하다. 비외모.

***외화¹** (外貨) [외:화 / 웨:화] 다른 나라의 돈. 예수출로 외화를 벌다.

외화² (外畫) [외:화 / 웨:화] 외국 영화. 예외화 개봉 극장 / 외화 수입. 반방화.

***왼발** [왼:발 / 웬:발] 왼쪽 발. 반오른발.

왼손 [왼:손 / 웬:손] 왼쪽 손. 반오른손.

왼손잡이 [왼:손자비 / 웬:손자비] 왼손을 오른손보다 잘 쓰는 사람. 예왼손잡이 투수.

왼씨름 [왼:씨름 / 웬:씨름] 샅바를 오른쪽 다리에 걸고 서로 상대방의 왼쪽 어깨를 마주 대고 하는 씨름. 반오른씨름.

***왼쪽** [왼:쪽 / 웬:쪽] 사람이 북쪽을 바라보고 설 때 서쪽을 향한 몸의 부분과 방향이 같은 쪽. 반오른쪽. ⇒left

요¹ 사람이 눕거나 앉을 때 방바닥에 까는 이부자리. 속에 솜·털 등을 넣음.

***요²** 상대방을 높이는 뜻을 나타내는 말. 예첫손이 와요. →-오.[참고]

요³ 1 눈앞의 일이나 물건을 얕잡아 일컫는 말. 예요 며칠 전 / 요 녀석 저리 가거라 / 요 일을 하여라. 2 시간이나 거리가 가까움을 일컫는 말. 예요 근처에 살아요. 큰이.

요가 (산 yoga) 예로부터 전해오는 인도의 심신 단련법의 하나. 자세를 바르게 하여 호흡을 고르고, 감정을 억제하여 마음과 몸을 단련함.

요강 방에 두고 오줌을 누는 그릇.

요건 (要件) [요껀] 1 중요한 용건. 2 필요한 조건. 예자격 요건을 모두 갖추다.

요것 [요걷] 1 자기에게 가까이 있는 일이나 물건을 낮잡거나 귀엽게 이르는 말. 예요것부터 치워라. 2 사람을 낮잡거나 귀엽게 이르는 말. 예요것들이 까부네. 큰이것.

요괴 (妖怪) [요괴 / 요궤] 1 요망스러운 마귀. 예밤마다 요괴가 나타나다. 2 요사스럽고 괴상함.

요구 (要求) 필요하여 달라고 청함. 예요구 조건 / 돈을 요구하다. 비요청. 요구하다.

요구르트 (yog(h)urt) 우유·양젖 따위를 발효시켜 만든 영양 식품.

요금 (料金) [요:금] 시설·물건을 이용하거나 수고를 끼친 값으로 치르는 돈. 예전기 요금을 내다.

요기 (療飢) 음식을 조금 먹어서 배고픔을 면함. 예우선 라면으로 요기나 하고 가자. 요기하다.

요긴하다 (要緊—) 중요하고도 꼭 필요하다. 예적은 돈이지만 요긴하게 써라. 비긴요하다.

요나라 (遼—) 거란족이 세운 나라. 세 차례나 고려에 침입하였으나, 고려의 서희와 강감찬의 활약으로 물러났음. 금나라와 송나라의 공격을 받고 망함. [916-1125]

요놈 '이놈'을 낮잡아 이르거나 귀엽게 이르는 말. 예요놈아 까불지 마라.

요도 (尿道) 방광 안의 오줌이 몸 밖으로 나오는 길. 비오줌길.

요동 (搖動) 흔들림. 흔들려 움직임. 예파도가 높아 배가 요동을 쳤다. 요동하다.

요란 (搖亂) 1 시끄럽고 떠들썩함. 예요란한 기계 소리. 2 정도가 지나치게 야단스러움. 예옷차림이 요란하다. 요란하다. 요란히.

요란스럽다 (搖亂—) [요란스럽따] 1 시끄럽고 떠들썩한 데가 있다. 예요란스러운 웃음소리. 2 정도가 지나치게 어지럽고 화려한 데가 있다. 예요란스럽게 춤을 추다. 활용 요란스러워 / 요란스러우니.

요람 (搖籃) 1 아기를 눕히거나 앉혀서 흔들어 즐겁게 해 주거나 잠재우게 만든 물건. 예아기가 요람 속에서 잠이 들다. 2 사물이 발생하는 처음. 예고대 문명의 요람.

요량 (料量) 잘 헤아려 생각함. 예상대의 마음을 떠볼 요량으로 이것저것 물어보다.

요러하다 1 요와 같다. 2 요런 모양으로 되어 있다. 예요러한 물건을 봤니. 준요렇다. 큰이러하다.

요렇다 [요러타] '요러하다'의 준말. 큰이렇다. 활용 요러니 / 요래서.

요령 (要領) 1 일을 하는 데 필요한 좋은 방법. 예요령을 터득하다. 2 적당히 부리는 꾀. 예요령을 피우다가 야단맞다.

요령껏 (要領-) [요령껃] 있는 요령을 다하여. 예맡은 일을 요령껏 알아서 해라.

요르단 (Jordan) [국명] 아시아의 남서쪽에 있는 왕국. 농업과 광업이 주요 산업임. 수도는 암만.

*__요리__ (料理) 1 음식을 만드는 일. 또는 그 음식. 예한국 요리. 2 어떤 대상을 능숙하게 다루어 처리함을 속되게 이르는 말. 예그 사람 하나쯤 요리하기는 어렵지 않다. 요리하다. ⊃cook

요리사 (料理師) 요리하는 일을 직업으로 하는 사람.

요리조리 방향이 일정하지 않고 요쪽 조쪽으로. 예잡히지 않으려고 요리조리 피해 다닌다. 큰이리저리.

요맘때 요 정도쯤 된 때. 예요맘때면 길가에 노란 개나리가 활짝 핀다. 큰이맘때.

요망[1] (妖妄) 말과 행동이 가볍고 바르지 못함. 예요망을 떨다. 비요사. 요망하다. 요망스럽다.

요망[2] (要望) 바라는 일이 꼭 이루어지기를 바람. 예요망 사항 / 전화 요망. 요망하다.

요모조모 요런 면 조런 면. 여러 방면. 예요모조모로 자세히 살펴보다. 큰이모저모.

요번 (一番) 이제 막 돌아온 차례. 예요번만은 결코 물러서지 않겠다.

요법 (療法) [요뻡] 병을 고치는 방법.

요사이 이제까지의 아주 가까운 동안. 예요사이 부쩍 살이 쪘다. 준요새. 큰이사이.

*__요새__[1] '요사이'의 준말. 예요새 어떻게 지내니. 비요즘.

요새[2] (要塞) 적의 침입을 막기 위하여 국방상 중요한 지점에 설치한 방어 시설.

요소[1] (要所) 중요한 장소나 시설. 예요소에 보초를 세우다.

*__요소__[2] (要素) 어떠한 사물에 꼭 필요한 성분 또는 조건. 예음악의 3대 요소. 비요건.

*__요술__ (妖術) 재빠른 손놀림·장치 따위를 써서 사람의 눈을 속여 여러 가지 신기한 일을 보여 주는 기술. 또는 그 구경거리. 예요술을 부리다. 비마술. 요술하다.

요술쟁이 (妖術-) 요술하는 재주가 있는 사람. 비마법사. 마술사.

요약 (要約) 말이나 글의 요점을 잡아서 간추림. 예내용을 간단히 요약하다. 요약하다.

요양 (療養) 병을 치료하거나 건강을 돌보는 일. 예요양하러 고향으로 내려간다. 요양하다.

요양원 (療養院) 요양에 필요한 시설이 갖추어진 곳. 비요양소.

요염하다 (妖艶-) 사람을 홀릴 만큼 매우 아름답다. 예요염한 자태.

요오드 (독 Jod, 영 iodine) 금속광택이 있는 검붉은 색의 고체 물질. 각종 물감·소독약·의약 등에 널리 쓰임. 비옥도.

요오드팅크 (←독 Jodtinktur) 요오드와 요오드화 칼륨(무색 결정)을 알코올에 녹인 용액. 검붉은 갈색이며, 소독약으로 쓰임. 비옥도정기.

요요 (yoyo) 둥근 실패 같은 것에 실을 감은 다음, 실 끝을 잡고 던졌다 당겼다 하며 노는 장난감.

요원 (要員) 1 필요한 인원. 예판매 요원을 모집하다. 2 중요한 지위에 있는 사람. 예간부 요원.

요원하다 (遙遠-) 아득히 멀다. 예세계 평화가 이루어질 날은 요원하다.

요인[1] (要因) 사물이나 사건의 성립에 필요한 원인. 예성공 요인.

요인[2] (要人) 중요한 자리에 있는 사람. 또는 높은 자리에 있는 사람. 예정부 요인.

*__요일__ (曜日) 일·월·화·수·목·금·토에 붙여 일주일의 각 날을 나타내는 말. 예오늘은 무슨 요일이지.

요전 (一前) 이 얼마 전 예요전에 본 그 영화. 큰이전.

요절 (夭折) [요ː절] 젊은 나이에 죽음. 예20대에 요절한 시인. 요절하다.

요점 (要點) [요쩜] 가장 중요하고 중심이 되는 사실. 예요점을 파악하다. 비중점.

요정 (妖精) 서양의 전설이나 이야기에 많이 나오는 정령(갖가지 물건에 붙어 있다는 혼령)으로, 여러 가지 신기한 일을 함. 님프. 예숲속의 요정들.

*요즈음 오늘을 중심으로 한 며칠 사이. 예요즈음의 젊은이. 비요사이. 준요즘. 큰이즈음.

*요즘 '요즈음'의 준말. 예요즘 독감이 유행이다.

요지[1] (要旨) 말이나 글 따위에서 중요한 뜻이나 대강의 내용. 예글의 요지를 파악하다.

요지[2] (要地) 정치·문화·교통·군사 등의 핵심이 되는 중요한 곳. 예교통의 요지.

요지경 (瑤池鏡) 1 여러 가지 재미있는 그림을 통에 넣고 돋보기로 들여다보게 만든 장난감. 2 내용이 알쏭달쏭하고 복잡하여 이해할 수 없음을 비유하는 말. 예세상은 요지경 속 같다.

요지부동 (搖之不動) 흔들어도 꼼짝하지 않음. 예그의 결심은 요지부동이다. 요지부동하다.

요청 (要請) 필요한 일을 해 달라고 간곡하게 부탁함. 예수해 복구를 요청하다. 요청하다.

요충 (蟯蟲) 기생충의 하나. 몸빛은 희고 몸길이는 수컷이 3-5mm, 암컷이 1cm 내외이고 가늚. 손이나 음식을 통해 사람의 몸 안으로 들어감. 밤에 항문으로 기어 나와 알을 낳음. 비실거위.

요컨대 (要一) 1 중요한 점을 말하자면. 결국은. 2 여러 말 할 것 없이. 예요컨대 이번엔 꼭 합격해야 한다는 것이다.

요통 (腰痛) 허리가 아픈 병.

요트 (yacht) 놀이나 경기에 쓰이는, 속도가 빠르고 가벼운 서양식 돛단배.

요하다 (要一) 필요로 하다. 예이 작업은 숙련된 기술을 요한다.

요한 슈트라우스 (Strauss, Johann) 〖인명〗 ⇨슈트라우스.

요행 (僥倖) 1 뜻밖에 얻는 행복. 예요행을 바라다. 2 행복을 바람. 요행하다. 요행히.

*욕 (辱) 1 남을 욕되게 하는 말. 예욕을 먹다. 본욕설. 2 명예스럽지 못한 일. 예욕을 보다. 3 '수고'를 속되게 이르는 말. 욕하다.

욕구 (欲求) [욕꾸] 무엇을 얻거나 무슨 일을 하고자 바라는 일. 욕구하다.

욕되다 (辱一) [욕뙤다/욕뛔다] 불명예스럽게 되다. 예욕된 일을 당하다.

욕망 (欲望) [용망] 무엇을 하거나 가지고 싶어 간절히 바람. 또는 그 마음. 예헛된 욕망을 버려라. 비욕심. 욕망하다.

욕먹다 (辱一) [용먹따] 남에게서 나쁘게 말하는 것을 듣다. 예욕먹을 짓을 저지르다.

욕설 (辱說) [욕썰] '욕1'의 본딧말.

욕실 (浴室) [욕씰] 목욕하는 방.

*욕심 (欲心) [욕씸] 무엇을 탐내거나 분수에 넘치게 하고자 하는 마음. 예욕심을 부리다.

욕심꾸러기 (欲心一) [욕씸꾸러기] 욕심이 많은 사람. 비욕심쟁이.

*욕심쟁이 (欲心一) [욕씸쟁이] 욕심이 많은 사람. 비욕심꾸러기.

욕지기 [욕찌기] 토할 듯 메슥메슥한 느낌.

*용 (龍) 상상의 동물. 몸은 큰 뱀과 비슷하며, 뿔·귀·수염과 네 개의 발이 있음. 깊은 연못·호수·바다 등에 살다가 때로 하늘로 날아올라 조화를 부린다고도 함. 동양에서는 복되고 좋은 동물로 믿음. ⇨dragon

*용감하다 (勇敢一) [용:감하다] 용기가 있어 씩씩하고 기운차다. 예용감한 행동. 반비겁하다. ⇨brave

용감히 (勇敢一) [용:감히] 용감하게. 예용감히 싸우다.

용건 (用件) [용:껀] 볼일. 해야 할 일. 예전화로는 용건만 간단히 말합시다. 비용무.

용광로 (鎔鑛爐) [용광노] 높은 온도로 광석을 녹여서 쇠붙이를 뽑아내는 가마.

*용구 (用具) [용:구] 무엇을 하거나 만드는 데 쓰는 도구. 예청소 용구/필기 용구.

용궁 (龍宮) 바닷속에 있다고 하는

용왕의 궁전.

*용기[1] (勇氣) [용:기] 씩씩하고 굳센 기운. 예 용기를 내다 / 용기를 얻다. 비 용맹.

용기[2] (容器) 물건을 담는 그릇.

용납 (容納) 남의 말이나 행동을 너그러운 마음으로 받아들임. 예 거짓말은 용납할 수 없는 일이다. 비 용인. 용납하다.

용담 (龍膽) 용담과의 여러해살이풀. 양지바른 산기슭에서 자라며, 가을에 푸른빛을 띤 자주색 꽃이 핌. 뿌리는 말려서 약으로 씀.

용도 (用途) [용:도] 쓰이는 곳. 예 이 수첩은 용도가 다양하다.

*용돈 (用—) [용:똔] 개인의 자질구레한 일에 쓰이는 돈. 예 용돈을 아껴 쓰다.

용두레 낮은 곳에 있는 물을 높은 곳에 퍼 올리는 농기구.

용량[1] (容量) [용냥] 용기 안에 들어 갈 수 있는 분량. 예 이 냉장고는 용량이 크다.

용량[2] (用量) [용:냥] 1 쓰이는 분량. 2 한 번이나 하루에 사용하는 약의 분량. 예 용량을 꼭 지킬 것.

용례 (用例) [용:녜] 쓰고 있는 예. 쓰이는 본보기. 예 용례가 많은 사전.

용마루 (龍—) 지붕 위의 마루.

용매 (溶媒) 용액을 만들 때, 용질 곧 고체·기체를 녹이는 액체. 액체에 액체를 녹일 때는 많은 쪽의 액체를 말함. 반 용질.

용맹 (勇猛) [용:맹] 용감하고 사나움. 예 용맹한 장수. 비 용감. 반 비겁. 용맹하다.

용맹스럽다 (勇猛—) [용:맹스럽따] 용감하고 사나운 데가 있다. 예 적에 대항하여 용맹스럽게 싸우다. 활용 용맹스러워 / 용맹스러우니.

용머리 (龍—) 용의 머리 모양.

용모 (容貌) 사람의 얼굴 모양. 예 단정한 용모 / 용모가 뛰어나다.

용무 (用務) [용:무] ⇨볼일. 예 용무를 마치다. 비 용건.

용법 (用法) [용:뻡] 사용하는 방법. 예 동사의 용법.

용변 (用便) [용:변] 똥이나 오줌을 눔. 예 용변을 보다. 용변하다.

용병 (傭兵) 봉급을 주고 병사를 고용하는 일. 또는 그 병사. 용병하다.

용비어천가 (龍飛御天歌) 〖책〗 조선 세종 27년(1445)에 왕명에 따라 정인지·권제 등이 지은 악장. 한글로 쓴 최초의 작품으로 조선의 건국을 찬양한 노래를 모음.

*용사 (勇士) [용:사] 1 용맹스러운 사람. 2 용맹스러운 병사. 예 참전 용사 / 역전의 용사.

*용서 (容恕) 잘못이나 죄를 꾸짖거나 벌하지 않고 너그럽게 덮어 줌. 예 용서를 빌다 / 잘못을 용서하다. 반 처벌. 용서하다.

용솟음치다 (湧—) [용소스치다] 1 물 따위가 매우 세찬 기세로 끓거나 솟아오르다. 2 힘이나 기세 따위가 힘차게 솟아오르다. 예 애국심이 용솟음치다.

용수 (用水) [용:수] 1 먹을 수 있는 물에 대하여 허드렛물을 이르는 말. 2 음료·세탁·공업·발전·농사 등에 쓰기 위한 물.

*용수철 (龍鬚鐵) 강한 철사를 나사 모양으로 감아 만든 쇠. 탄력이 있어 늘었다 줄었다 함. 스프링.

용수철저울 (龍鬚鐵—) 용수철이 늘어난 길이를 보고 물체의 무게를 재는 저울.

용안 (龍顏) 임금의 얼굴.

용암 (鎔岩) 화산이 폭발할 때 분화구에서 솟아나온 마그마. 또는 그것이 식어 굳어진 바위.

*용액 (溶液) 두 가지 이상의 물질이 녹아 있는 액체. 설탕물·소금물 따위. *용매. 용질.

용어 (用語) [용:어] 사용하는 말. 특히, 어떤 분야에서 전문적으로 쓰는 말. 예 과학 용어 사전 / 컴퓨터 용어.

용언 (用言) [용:언] '무엇이 어찌한다' 또는 '무엇이 어떠하다'에서 '어찌한다'와 '어떠하다'에 해당하는 말. '물이 흐른다'와 '꽃이 아름답다'에서 '흐른다, 아름답다'를 이름. 용언은 '흐르고, 흐르니', '아름다운, 아름다워'처럼 어미가 활용할 수 있는 것이 특징임.
→ 〖학습마당〗 18(610쪽)

용왕 (龍王) 바닷속에 있다고 상상하

는 용궁의 임금.

용용 [용뇽] 양쪽 엄지손가락 끝을 자기 볼에 대고 나머지 네 손가락을 흔들며 남을 약 올리는 짓. 또는 그러면서 내는 소리.

용용 죽겠지 '약이 올라 죽겠지'의 뜻으로 남을 약 올리는 말.

용의 (用意) [용:의/용:이] 어떤 일

학습마당 18

용언의 활용

다음과 같은 용언들은 어미가 바뀔 경우, 그 어간이나 어미가 원칙을 벗어나면 벗어나는 대로 적는다.

1. 어간의 끝 'ㄹ'이 줄어질 때
   놀다 : 노니 논 놉니다
   둥글다 : 둥그니 둥글 둥급니다
   [붙임] 다음과 같은 말에서도 'ㄹ'이 준 대로 적는다.
   마지못하다 마지않다 (하)자마자 (하)지 마라 (하)지 마(아)
2. 어간의 끝 'ㅅ'이 줄어질 때
   낫다 : 나아 나으니 나았다
   짓다 : 지어 지으니 지었다
3. 어간의 끝 'ㅎ'이 줄어질 때
   그렇다 : 그러니 그럴 그러면 그러오
   까맣다 : 까마니 까말 까마면 까마오
   동그랗다 : 동그라니 동그랄 동그라면 동그라오
   퍼렇다 : 퍼러니 퍼럴 퍼러면 퍼러오
   하얗다 : 하야니 하얄 하야면 하야오
4. 어간의 끝 'ㅜ, ㅡ'가 줄어질 때
   푸다 : 퍼 펐다   │ 담그다 : 담가 담갔다
   크다 : 커 컸다   │ 따르다 : 따라 따랐다
5. 어간의 끝 'ㄷ'이 'ㄹ'로 바뀔 때
   걷다 : 걸어 걸으니 걸었다
   듣다 : 들어 들으니 들었다
   묻다 : 물어 물으니 물었다
6. 어간의 끝 'ㅂ'이 'ㅜ'로 바뀔 때
   굽다 : 구워 구우니 구웠다
   가깝다 : 가까워 가까우니 가까웠다
   무겁다 : 무거워 무거우니 무거웠다
   쉽다 : 쉬워 쉬우니 쉬웠다
   [다만] '돕-, 곱-'과 같은 어간에 어미 '-아'가 붙어 '와'로 소리 나는 것은 '-와'로 적는다.
   돕다 : 도와 도와서 도와도 도왔다
   곱다 : 고와 고와서 고와도 고왔다
7. '하다'의 활용에서 어미 '-아'가 '-여'로 바뀔 때
   하다 : 하여 하여서 하여도 하여라 하였다
8. 어간의 끝음절 '르' 뒤에 오는 어미 '-어'가 '-러'로 바뀔 때
   이르다 : 이르러 이르렀다
   푸르다 : 푸르러 푸르렀다
9. 어간의 끝음절 '르'의 'ㅡ'가 줄고, 그 뒤에 오는 어미 '-아/-어'가 '-라/-러'로 바뀔 때
   가르다 : 갈라 갈랐다   │ 구르다 : 굴러 굴렀다
   벼르다 : 별러 별렀다   │ 부르다 : 불러 불렀다
   오르다 : 올라 올랐다   │ 이르다 : 일러 일렀다

을 하려는 마음을 먹음. 또는 그 마음. 예너를 도와줄 용의가 있다.

용의자 (容疑者) [용의자/용이자] 범행을 했으리라는 의심을 받고 있는 사람. 예강력한 용의자/살인 사건의 용의자를 체포하다. 비피의자. 반피해자.

용이하다 (容易―) 어렵지 않고 매우 쉽다. 예그곳은 교통이 편리해 접근이 용이하다.

용장 (勇將) [용ː장] 용감한 장수. 예용장 밑에 약졸 없다.

용적 (容積) 물건을 가득 담을 수 있는 부피. 예용적이 큰 그릇. 비들이. 용량.

용접 (鎔接) 두 금속에 높은 온도의 열을 가해 붙여 잇는 일. 용접하다.

용지 (用紙) [용ː지] 어떤 일에 쓰이는 종이. 예신문용지/프린트용지.

용질 (溶質) 용액 속에 녹아 있는 물질. 소금물의 소금 따위. 비용매.

*용품 (用品) [용ː품] 일상생활에 쓰이는 온갖 물품. 예여행용품/등산용품.

용하다 [용ː하다] 1 재주가 뛰어나다. 예용한 의사에게 보이다. 2 기특하고 장하다. 예일등을 하다니 용하구나.

용해 (溶解) 1 녹음. 또는 녹임. 2 물질이 액체 속에서 골고루 녹는 현상. 용해하다.

우[1] (右) [우ː] 오른쪽. 예우로 돌앗.

우[2] (優) 성적이나 등급을 수·우·미·양·가의 다섯 등급으로 나눌 때의 둘째 등급.

우[3] 떼를 지어 한꺼번에 몰려다니는 모양. 예학생들이 교문 밖으로 우 몰려나오다.

우간다 (Uganda) 【국명】 아프리카 동부의 내륙에 있는 공화국. 농업을 주로 하며, 면화·커피를 수출함. 수도는 캄팔라.

우거지 무나 배추 따위를 다듬을 때 골라낸 잎 또는 줄기.

*우거지다 나무나 풀이 자라서 빽빽하게 들어차고 가지나 잎이 많이 나다. 예숲이 울창하게 우거지다. 비무성하다.

우거지상 (―相) 잔뜩 찌푸린 얼굴의 모양을 속되게 이르는 말.

우격다짐 [우격따짐] 억지로 우겨서 남을 굴복시킴. 예우격다짐으로 공부를 시키다. 우격다짐하다.

우그러뜨리다 물체에 힘을 주어 우그러지도록 만들다.

우그러지다 1 물건이 안쪽으로 우묵하게 휘어지다. 2 물건의 거죽에 주름이 잡히며 줄어들다. 작오그라지다.

우그리다 우그러지게 하다. 작오그리다.

우글거리다 한곳에 많이 모여 움직이며 들끓다. 예쓰레기장에 파리가 우글거리다. 작오글거리다.

우글대다 ⇨우글거리다.

우글쭈글 주름 따위가 많이 잡힌 모양. 작오글쪼글. 우글쭈글하다.

우기 (雨期) [우ː기] 일 년 중 비가 가장 많이 오는 시기. 예우기로 접어들다. 비장마철. 반건기.

우기다 억지를 쓰다. 고집을 부리다. 예무조건 우기지 마라.

우당탕 물건이 요란하게 바닥에 떨어지거나 부딪칠 때 나는 소리. 예복도에서 우당탕 소리가 들렸다. 우당탕하다.

우대 (優待) 특별히 잘 대우함. 예경력자 우대. 우대하다.

우대증 (優待證) [우대쯩] 우대 받을 자격이 있다는 것을 나타낸 문서. 예경로 우대증.

우데기 울릉도에서, 바람이나 눈비를 막기 위해 이엉을 엮어 집 둘레에 둘러치는 벽.

우데기

우동 (일 うどん) ⇨가락국수.

우두 (牛痘) 천연두를 예방하기 위해 사람의 몸에 주사하는 약. 소에서 뽑은 면역 물질임.

우두머리 어떤 조직이나 단체에서 가장 높은 사람.

우두커니 정신없이 멀거니 있는 모양. 예버스 정류장에 우두커니 서 있다. 비멍하니. 작오도카니.

우둔하다 (愚鈍―) 어리석고 둔하다. 예하는 짓은 우둔하지만 정직한 사람이다.

우드록 (woodrock) 합성수지를 가

공해 널빤지처럼 만든 것. 건축이나 미술, 포장 재료로 두루 씀.

우등 (優等) 1 훌륭하게 빼어난 등급. 2 성적이 높음. 또는 그 등급. [예] 학교를 우등으로 졸업하다. [반] 열등. **우등하다**.

우등생 (優等生) 성적이 우수하고 품행이 단정하여 모범이 되는 학생. [반] 열등생.

우뚝 높이 솟은 모양. [예] 우뚝 솟은 산. [작] 오뚝. **우뚝하다**.

우라늄 (uranium) 방사성 원소의 하나. 방사능이 강하여 원자력 발전에 이용됨.

우락부락하다 [우락뿌라카다] 1 몸집이 크고 얼굴이 험상궂다. [예] 우락부락하게 생기다. 2 행동이나 말이 거칠고 난폭하다. [예] 성품이 우락부락하다.

우랄산맥 (Ural山脈) 러시아에 있는 산맥. 유럽과 아시아를 가르며 남북으로 뻗음. 금·은·동·석탄·철 등의 광물 자원이 풍부함.

우람하다 크고 웅장하여 위엄이 있다. [예] 우람한 체격.

우량 (優良) 뛰어나게 좋음. [예] 청소년 우량 도서. **우량하다**.

우량계 (雨量計) [우:량계/우:량게] 일정한 시간 동안 비가 내린 양을 재는 기구.

우러나다 액체 속에 잠긴 물건의 빛이나 맛이 액체 속으로 배어들다. [예] 쓴맛이 우러나다.

우러나오다 마음속에서 생각이나 감정이 저절로 생겨나다. [예] 감사하는 마음이 마음속에서 우러나온다.

우러러보다 1 높은 데를 쳐다보다. [예] 푸른 하늘을 우러러보다. 2 마음속으로 공경하는 마음을 가지다. [예] 우러러볼 만한 사람.

우러르다 공경하는 마음을 가지다. [활용] 우러러/우러르니.

우렁쉥이 ⇨멍게.

우렁이 우렁잇과에 속하는 고둥. 논·웅덩이 등에 사는데, 껍데기는 원뿔처럼 생기고, 거죽은 짙은 녹색임. 알맹이는 먹음.

우렁차다 소리가 크고 힘차다. [예] 우렁찬 목소리.

우레 ⇨천둥. [예] 우레와 같은 박수. ×우뢰. →천둥 [주의]

> [참고] 이 말은 한자어 '우뢰(雨雷)'에서 변한 말이 아니라 본래 고유어이다. '울다'의 '울–'에 '에'가 붙은 것으로 '우는 것'이란 뜻이다. 이 울에가 우레로 변한 것이다.

우려 (憂慮) 근심하거나 걱정함. [예] 우려할 만한 일. **우려하다**.

우려내다 1 달래거나 청해서 금품을 억지로 얻어 내다. [예] 돈을 **우려내다**. 2 물건을 액체에 담가 그것의 성분·맛·빛깔 따위를 우러나게 하다. [예] 쓴맛을 우려내다.

> [주의] **우려내다**와 **울거내다**
>
> 우려내다는 '우리다'와 '내다'가 합쳐진 말이고 이와 비슷한 말로 흔히 쓰는 울거내다는 '울그다·울구다'와 '내다'가 합쳐진 말이다. 그런데 '우리다'는 표준어이지만 '울그다·울구다'는 비표준어이므로, '울거내다'도 비표준어이다.
>
> 우려내다(○) 우려먹다(○)
> 울거내다(×) 울거먹다(×)

우려먹다 [우려먹따] 1 음식 따위를 여러 번 우려내어 먹다. [예] 한약을 여러 번 우려먹다. 2 위협하거나 달래거나 하여 남의 물건을 억지로 빼앗아 먹다. [예] 못된 관리가 백성의 재산을 우려먹다.

우롱 (愚弄) 사람을 어리석게 보고 함부로 대하는 것. [예] 소비자를 우롱하는 처사/우롱을 당하다. [비] 놀림. **우롱하다**.

우루과이 (Uruguay) 〖국명〗 남아메리카 남동부의 공화국. 말·소·돼지 따위를 많이 기르며, 도로와 하천 교통이 발달되었음. 수도는 몬테비데오.

우르르 1 여럿이 한 번에 바쁘게 내닫거나 쫓아오는 모양. [예] 여러 사람이 우르르 몰려들었다. 2 쌓였던 물건이 무너지는 소리. [예] 쌓아 놓은 재목들이 우르르 무너져 내리다. 3 천둥 치는 소리. **우르르하다**.

우르릉 1 천둥 따위가 둔하게 울리는

소리. 2 무엇이 무너지면서 요란하게 울리는 소리. **우르릉하다**

우륵 (于勒) 『인명』 신라 진흥왕 때의 음악가. 우리나라 3대 악성의 한 사람. 본래 가야국 사람으로 가야금을 만들고, 악곡 12곡을 지음.

*우리[1] 말하는 사람이 자기나 자기 무리를 대표하여 스스로 일컫는 말. 예우리 아기 / 우리 학교 / 우리 가족. 준울. ⊃we

*우리[2] 짐승을 가두어 기르는 곳. 예돼지를 우리에 가두다.

우리다 어떤 물건을 물에 담가서 맛·색을 빼다. 예떫은맛을 우리다.

*우리말 우리나라 사람이 쓰는 말. 곧, 한국어.

우림 (雨林) [우:림] 비가 많이 내리는 열대 지역의 무성한 숲. 예열대 우림 기후.

우마 (牛馬) 소와 말.

우매 (愚昧) 어리석고 사리에 어두움. 예우매한 사람. **우매하다**.

우묵하다 [우무카다] 가운데가 조금 둥글게 깊숙하다. 예우묵한 그릇. 작오목하다.

*우물 땅을 파서 맑은 지하수를 괴게 한 설비. 예우물을 파다.

주의 **우물과 샘**

'물이 땅에서 솟아 나오는 곳'을 샘이라 하므로 파서 만든 우물과 샘은 엄연히 구별되는 말이다. 속담으로 '목 마른 놈이 샘 판다'고 말하는 사람이 많은데, 샘은 팔 필요가 없으므로 잘못된 말이다. '목마른 놈이 우물 판다'라고 해야 한다.

우물가 [우물까] 우물의 주변.

우물거리다 1 음식을 입에 넣고 입을 다문 채 시원스럽지 않게 자꾸 씹다. 예껌을 우물거리다가 뱉다. 2 어떤 일을 시원스럽게 하지 않고 머뭇거리다. 예우물거리지 말고 속 시원히 대답해라. 작오물거리다.

우물우물 [우무루물] 우물거리는 모양. 예우물우물 씹다. **우물우물하다**.

우물쭈물 말이나 행동을 망설이며 흐리멍덩하게 하는 모양. 예우물쭈물하면서 할 말을 못하고 서 있다. **우물쭈물하다**.

우뭇가사리 [우무까사리 / 우묻까사리] 바닷속 모래나 돌에 붙어 사는 바다풀의 하나. 줄기에 잔가지가 많이 나 있고, 빛깔은 검붉은 색임. 한천의 원료임.

우뭇가사리

우박 (雨雹) [우:박] 큰 물방울이 공중에서 갑자기 찬 기운을 만나 얼어서 떨어지는 덩어리. 비누리.

우발적 (偶發的) [우:발쩍] 어떤 일이 뜻밖에 일어나는 (것). 예우발적 사고 / 화가 난 상태에서 우발적으로 일을 저지르다.

우방 (友邦) [우:방] 서로 가까이 지내는 나라. 예우방국.

우변 (右邊) [우:변] 등식이나 부등식에서 등호 또는 부등호의 오른쪽에 있는 수나 식. 반좌변.

우비 (雨備) [우:비] 비를 맞지 않게 몸을 가리는 기구. 우산·비옷·삿갓·도롱이 따위.

우사 (牛舍) 마소를 기르기 위해 지은 건물. 외양간.

*우산 (雨傘) [우:산] 비가 올 때 머리 위에 받쳐서 비를 가리는, 펴고 접을 수 있는 물건. 예친구랑 우산을 같이 쓰고 걷다. ⊃umbrella

우산국 (于山國) 삼국 시대에 울릉도에 있던 나라.

우산이끼 (雨傘—) [우:산니끼] 이끼의 한 종류. 집 부근의 축축하고 그늘진 땅이나 돌담 따위에서 자람. 전체가 녹색을 띠며 헛뿌리가 있어 몸을 땅에 고정시킴.

우상 (偶像) [우:상] 1 나무·돌 또는 쇠붙이 따위로 만든, 신·부처나 사람의 형상. 2 대중적인 인기가 있어 맹목적으로 존경하는 대상. 예그 가수는 10대들의 우상이다.

*우선[1] (于先) 먼저. 예우선 인사부터 드려라. 반나중.

우선[2] (優先) 다른 것보다 먼저 특별하게 대우함. 예무엇보다 건강이 우선이다. **우선하다**.

우선권 (優先權) [우선꿘] 남보다 먼저 할 수 있는 권리.

우세 (優勢) 세력·형세 등이 남보다 나음. 빤열세. **우세하다.**

*__우수__[1] (優秀) 여럿 가운데 아주 뛰어남. 예성적이 우수하다. 비우월. 빤열등. **우수하다.**

우수[2] (憂愁) 근심과 걱정. 예우수에 잠기다.

우수성 (優秀性) [우수썽] 여럿 가운데 가장 뛰어난 성품이나 성질. 예한글의 우수성.

우수수 1 물건이 많이 쏟아지는 모양. 2 바람에 나뭇잎이 떨어져 흩어지는 모양. 또는 그 소리. 예나뭇잎이 우수수 떨어지다.

우스개 남을 웃기려고 하는 짓이나 말. 예우스개 얘기를 하다.

우스갯소리 [우스개쏘리 / 우스갣쏘리] 남을 웃기려고 하는 말. 예우스갯소리를 잘도 한다.

우스꽝스럽다 [우스꽝스럽따] 1 말이나 모습, 행동 따위가 특이해 보기에 우습다. 예차림새가 우스꽝스럽다. 2 매우 가소롭다. 예거드름을 피우는 게 우스꽝스럽다. 활용 우스꽝스러워 / 우스꽝스러우니.

*__우습다__ [우:습따] 1 웃음이 날 만하다. 예우스운 이야기. 2 하찮다. 가소롭다. 예잘난 체하는 꼴이 우습다. 활용 우스워 / 우스우니.

우습게 보다 ㉠남을 업신여기다. 얕보다. ㉡간단한 것으로 알다.

우습지도 않다 너무 어이가 없어서 기가 막히다.

우승 (優勝) 경기·경주 따위에서 경쟁 상대를 모두 이겨 1등을 차지함. 예축구 대회에서 우승하다. 비승리. 빤참패. **우승하다.**

우승자 (優勝者) 경기에서 이긴 사람. 챔피언.

우아하다 (優雅一) 점잖고 부드러우며 아름답다. 예우아한 미소.

우악스럽다 (愚惡一) [우악쓰럽따] 미련하고 거친 데가 있다. 예우악스러운 행동 / 말투가 우악스럽다. 활용 우악스러워 / 우악스러우니.

우애 (友愛) [우:애] 형제 또는 친구 사이의 사랑이나 정. 예동기간의 우애. 비우의.

우애롭다 (友愛一) [우:애롭따] 우애가 있다. 예우애로운 형제. 활용 우애로워 / 우애로우니.

우엉 국화과의 두해살이풀. 높이는 50-150cm 정도이며 뿌리와 어린잎은 먹고, 씨는 약으로 씀. 7월에 검은 자주색 또는 흰색의 꽃이 핌.

우여곡절 (迂餘曲折) [우여곡쩔] 뒤얽힌 복잡한 사정. 예수많은 우여곡절을 겪다.

우연 (偶然) 뜻하지 않게 일어난 일. 예우연의 일치 / 우연하게 길에서 만나다. 빤필연. **우연하다.**

우연히 (偶然一) 뜻하지 않게. 뜻밖에. 예우연히 만난 사람.

우열 (優劣) 나음과 못함. 예우열을 다투다.

우왕좌왕 (右往左往) [우:왕좌왕] 이리저리 왔다 갔다 하며 종잡지 못함. 이랬다저랬다 갈팡질팡함. 예길을 잃고 우왕좌왕하다. **우왕좌왕하다.**

우우 [우:우] 야유하거나 상대를 위협할 때 잇따라 내는 소리. 예우우 야유를 보내다.

*__우울__ (憂鬱) 근심이 있어 마음이 답답하고 기분이 가라앉음. 예우울한 표정 / 우울한 기분. **우울하다.**

우월 (優越) 다른 것보다 뛰어나게 나음. 비우세. 빤열등. **우월하다.**

우월감 (優越感) 자기가 남보다 뛰어나다고 여기는 생각. 예우월감을 갖다. 빤열등감.

우위 (優位) 남보다 나은 위치나 수준. 예우위에 서다. 비상위.

*__우유__ (牛乳) 암소의 젖. 지방·단백질·비타민·칼슘 등이 많고, 버터·치즈·음료의 원료가 됨. ⊃ milk

우유갑 (牛乳匣) [우유깝] 우유를 담아 파는 작은 종이 상자. 비우유 팩.

우유병 (牛乳瓶) [우유뼝] 우유를 담는 병.

우유부단하다 (優柔不斷一) 우물쭈물하며 딱 잘라 결단을 내리지 못하다. 예우유부단한 성격.

우의[1] (友誼) [우:의 / 우:이] 친구 사이의 정. 예우의가 두텁다 / 우의를 맺다. 圇우애. 우정.

우의²(雨衣) 비에 젖지 않게 덧입는 옷. 圇비옷. ＊우비.

우의정(右議政) [우:의정 / 우:이정] 조선 시대에, 의정부에 속한 정일품 벼슬. ＊영의정. 좌의정.

우정(友情) [우:정] 친구 사이의 정. ㉠우정을 나누다. 圇우의.

우정국(郵征局) 조선 고종 때 우편 사무를 맡아보았던 관청.

＊**우주**(宇宙) [우:주] 지구·태양·별·달 따위가 있는 끝없이 넓은 세계. ㉠우주 탐험 / 우주의 신비를 밝히다.

우주 개발(宇宙開發) 로켓이나 인공위성 따위를 이용하여, 천체·지구 또는 기상을 조사하고 연구하여 인류의 활동 범위를 우주 공간으로 넓히려는 작업.

우주복(宇宙服) [우:주복] 우주를 여행할 때 입도록 만든 특수한 옷.

우주선(宇宙船) [우:주선] 우주 공간을 날 수 있도록 만든 물체.

우주여행(宇宙旅行) [우:주여행] 우주선을 타고 지구 밖에 있는 달 또는 다른 행성으로 가는 여행.

우주인(宇宙人) [우:주인] 1 지구 이외의 다른 행성에서 살고 있을지도 모를 생물을 일컫는 말. 圇외계인. 2 우주선을 조정하는 사람. 또는 우주선의 승무원.

우중충하다 1 날씨나 분위기 따위가 어둡고 침침하다. ㉠우중충한 방. 2 색이 오래되어 바래서 색깔이 선명하지 못하다. ㉠바지가 낡아서 우중충해 보인다.

우지끈 단단한 물건이 부서지거나 부러지는 소리. ㉠나뭇가지가 우지끈 부러지다. **우지끈하다**.

우직하다(愚直一) [우지카다] 어리석고 고지식하다. ㉠우직한 사람.

우짖다 [우진따] 새가 울며 지저귀다. ㉠까마귀 떼가 시끄럽게 우짖다.

우쭐거리다 자신을 자랑하며 남 앞에서 자꾸 뽐내다. 圇우쭐대다.

우쭐하다 자기가 잘난 듯이 우쭐거리고 싶은 느낌이 들다.

＊**우체국**(郵遞局) 우편물의 접수·배달 등의 우편 업무와 예금·보험 등의 사무를 맡아보는 과학 기술 정보 통신부에 딸린 관청. ⊃ post office

＊**우체부**(郵遞夫) '우편집배원'을 흔히 이르는 말.

우체통(郵遞筒) 편지 등의 우편물을 넣는 통. ㉠편지를 우체통에 넣다.

우측(右側) [우:측] 오른쪽. 圇좌측.

우측통행(右側通行) [우:측통행] 교통질서를 유지하기 위하여 길의 오른쪽으로 통행하는 일. 圇좌측통행.

우크라이나(Ukraine) 〖국명〗동유럽의 흑해 북쪽에 있는 공화국. 밀의 세계적인 산지이며, 중공업이 발달하였음. 수도는 키이우.

우툴두툴 물건의 거죽이나 바닥이 고르지 못하여 들어가기도 하고 솟기도 한 모양. ㉠등이 우툴두툴한 두꺼비. **우툴두툴하다**.

우편(郵便) 1 편지나 소포 따위를 받거나 전달하는 통신 제도. ㉠우편으로 보내다. 2 ⇨우편물. ㉠등기로 우편이 배달되다.

우편물(郵便物) 우편으로 전달되는 편지나 소포 따위. ㉠우편물을 발송하다 / 우편물을 배달하다. ⊃ mail

우편 번호(郵便番號) 우편물을 분류하기 위해 지역별로 매긴 번호.

우편집배원(郵便集配員) [우편집빼원] 우편물을 우체통에서 거두어 모으고 받을 사람에게 배달하는 사람. 圈집배원.

우편환(郵便換) 서로 멀리 떨어져 있는 사람에게 돈을 보낼 경우 현금 대신에 우체국에서 발행하는 환증서로 보내는 방법.

＊**우표**(郵票) 우편 요금을 낸 표시로 우편물에 붙이는 증표. ㉠우표 수집 / 우표를 붙이다.

우호(友好) [우:호] 개인이나 나라 사이가 서로 좋음. ㉠우호 조약을 맺다. 圇적대.

우화(寓話) [우:화] 교훈적인 내용을 인격화한 동식물이나 다른 사물에 비겨서 나타낸 이야기. ㉠이솝 우화.

우환(憂患) 근심이나 걱정거리. ㉠우환이 생기다.

우회(迂廻) [우회 / 우훼] 바로 가지 않고 멀리 돌아서 감. ㉠우회 작전 /

비포장도로를 빠져나가 우회 도로로 가다. 우회하다.
우회전 (右回轉) [우:회전/우:훼전] 차량 등이 오른쪽으로 돎. 예앞에 보이는 네거리에서 우회전해서 세워 주세요. 맨좌회전. **우회전하다**.
우후죽순 (雨後竹筍) [우:후죽쑨] 비가 온 뒤에 여기저기 솟는 죽순이라는 뜻으로, 어떤 일이 한때에 많이 일어남을 비유하는 말.
욱 1 갑자기 화가 불끈 치미는 모양. 예화가 욱 치밀어 오르다. 2 갑자기 심하게 구역질이 날 때 토할 것처럼 내는 소리. 예먹은 음식이 욱 넘어온다.
욱신거리다 [욱씬거리다] 머리나 상처 따위가 쑤시는 듯이 아프다. 예축구를 했더니 다리가 욱신거린다.
욱신욱신 [욱씨눅씬] 욱신거리는 모양. 예잠을 못 이룰 정도로 허리가 욱신욱신하다. **욱신욱신하다**.
욱하다 [우카다] 앞뒤를 헤아림이 없이 격한 감정이 불끈 일어나는 성질이 있다. 예욱하는 성질.
운¹ (運) [운:] 어떤 일이 잘 이루어지는 운수. 예운이 좋아 시험을 통과했다.
운² (韻) [운:] 소리의 효과를 내기 위해 시의 행에 놓인 소리들이 같거나 비슷하게 나도록 꾸민 것. 예운을 맞추다.
*__운동__ (運動) [운:동] 1 사람이 몸을 단련하거나 건강을 위해 몸을 움직임. 예준비 운동. 2 어떤 목적을 이루기 위해 바삐 돌아다니며 힘씀. 예선거 운동. 3 물체가 시간이 지남에 따라 위치를 바꾸는 일. 예지구의 자전 운동. **운동하다**.
운동가 (運動家) [운:동가] 정치적·사회적 개혁이나 개선을 위하여 활동하는 사람. 예환경 운동가/인권 운동가.
운동 경기 (運動競技) 일정한 규칙에 따라 속력·지구력·기능 따위를 겨루는 일. 스포츠.
운동량 (運動量) [운:동냥] 운동하는 데 들인 힘의 양.
운동복 (運動服) [운:동복] 운동할 때 입는 간편한 옷. 비체육복.
운동원 (運動員) [운:동원] 선거에서 자신이 지지하는 후보의 당선을 위해 열심히 활동하는 사람. 예선거 운동원.
*__운동장__ (運動場) [운:동장] 운동 경기나 놀이를 하기 위하여 여러 가지 기구나 설비를 갖춘 넓은 마당. 그라운드.
*__운동화__ (運動靴) [운:동화] 운동할 때 신는 신발.
*__운동회__ (運動會) [운:동회/운:동훼] 많은 사람이 모여 여러 가지 운동 경기를 하는 모임. 비체육회.
*__운명__¹ (運命) [운:명] 타고난 운수. 예운명에 맡기다. 비숙명. 운수.
운명² (殞命) [운:명] 사람의 목숨이 끊어짐. 비죽음. **운명하다**.
운모 (雲母) 비늘처럼 얇게 벗겨지는 광물. 흔히, 화강암에서 나며 열·전기 절연체에 이용함. 비돌비늘.
운문 (韻文) [운:문] 시와 같이 일정한 운율이 있는 글. 맨산문.
*__운반__ (運搬) [운:반] 물건 따위를 옮겨 나름. 예이삿짐을 운반하다. 비수송. 운송. **운반하다**.
운석 (隕石) [운:석] 지구에 떨어진 별똥. 유성이 다 타지 않고 땅 위에 떨어진 것임.
운송 (運送) [운:송] 짐이나 여객을 나르는 일. 예배로 자동차를 운송하다. **운송하다**.
운수 (運數) [운:수] 사람의 힘으로는 어찌할 수 없는 선악이나 행복, 불행 따위. 예운수가 좋다. 비재수.
운수업 (運輸業) [운:수업] 규모가 크게 화물이나 여객을 운반하는 영업.
운영 (運營) [우:녕] 조직·기구·사업체 따위를 목적에 맞게 다스리고 이끌어 감. 예회사를 운영하다. **운영하다**.

주의 __운영__과 __운용__

__운영__ '학교·기업·당·학회' 등과 어울려 조직이나 기구를 관리하면서 움직여 갈 때 주로 쓰인다.
__운용__ '기금·예산·물품' 등과 어울려 대상을 움직여 가면서 쓸 때 주로 쓰인다.

운용 (運用) [우:뇽] 물건이나 제도 따위를 알맞게 사용함. 예자금을 운용

하다. **운용하다.** →운영 주의

운율(韻律) [우:늉] 시에서 음의 장단·강약·높낮이 또는 같은 음·비슷한 음을 규칙적으로 반복 배열하여 음악적인 느낌을 주는 말의 가락. 리듬. 예 3·4조 운율.

운임(運貨) [우:님] 운반이나 운송에 대한 값으로 주거나 받는 돈. 예 비싼 운임을 치르다. 비운송비.

운전(運轉) [운:전] 큰 기계나 자동차 따위를 움직여 부림. 예 자동차 운전 / 초보 운전. **운전하다.** ⊃drive

운전기사(運轉技士) [운:전기사] 자동차 따위를 직업적으로 운전하는 사람. 예 버스 운전기사.

운전대(運轉─) [운:전때] 자동차 따위에서 운전을 하기 위한 손잡이. 예 운전대를 잡다.

운전사(運轉士) [운:전사] ⇨운전기사. 예 택시 운전사.

운전수(運轉手) [운:전수] 운전사를 낮잡아 이르는 말.

운전자(運轉者) [운:전자] 자동차를 운전하는 사람. 예 초보 운전자.

운치(韻致) [운:치] 고상하고 우아한 멋. 예 운치가 있는 경치.

운하(運河) [운:하] 육지를 파서 배가 다닐 수 있게 만든 물길. 예 파나마 운하 / **운하를 파다.**

운항(運航) [운:항] 배나 항공기가 항로를 따라 움직임. 예 유럽 항로를 운항하다. **운항하다.**

운행(運行) [운:행] 자동차·기계 따위를 운전하여 다님. 예 임시 열차를 운행하다. **운행하다.**

울[1] '울타리'의 준말.
울[2] '우리'의 준말.
울[3] (wool) 1 양모. 털실. 모직물. 2 짧은 양털로 짠 모직물의 일종.

울긋불긋 [울귿뿔귿] 여러 가지 짙고 옅은 빛깔이 다른 빛깔과 화려하게 뒤섞인 모양. 예 가을 산이 단풍으로 울긋불긋하다. **울긋불긋하다.**

*울다 [울:다] 1 아픔·슬픔 따위를 견디 못해 소리를 내면서 눈물을 흘리 이야기하다 / 목메어 울다. 반웃다. 2 새·벌레 따위가 소리를 내다. 예 암탉이 울다. ⊃cry, weep 3 도배·바느질 자리 따위가 반반하지 못하고 우글쭈글하여지다. 활용 울어 / 우니 / 우는.

울렁거리다 1 너무 놀라거나 두려워 가슴이 두근거리다. 예 가슴이 울렁거리다. 2 속이 토할 것같이 메슥메슥해지다.

울렁이다 1 흥분되어 가슴이 설레며 두근거리다. 예 무대에 처음 올라서니 가슴이 울렁인다. 2 먹은 것이 토할 것 같이 메슥거리다. 예 배가 출렁거리자 속이 울렁였다.

울릉도(鬱陵島) 〖지명〗경상북도 울릉군에 속하는 화산섬. 오징어·고등어·김 따위가 많이 나며, 겨울에 눈이 많이 내림.

*울리다 1 누구를 울게 하다. 예 동생을 울리다. 2 종 따위를 쳐서 소리를 내다. 예 종을 울리다. 3 소리가 나거나 퍼지다. 예 목소리가 크게 울리다.

울림소리 목청을 울려 내는 소리. 모든 모음과 ㄴ·ㄹ·ㅁ·ㅇ이 이에 속함. 비유성음. 반안울림소리.

울먹이다 [울머기다] 울상이 되어 복받치는 울음이 터져 나올 듯하다. 예 울먹이는 소리로 이야기하다.

울며불며 [울:며불며] 야단스레 울부짖으며 우는 모양.

울보 [울:보] 걸핏하면 잘 우는 아이. 비우지.

울부짖다 [울부진따] 크게 울며 부르짖다. 예 불길 속에서 살려 달라고 울부짖는 소리가 들리다.

울분(鬱憤) 분한 마음이 가슴속에 가득 쌓임. 예 울분을 터뜨리다.

울산(蔚山) [울:싼] 〖지명〗경상남도 동북쪽에 있는 광역시. 우리나라에서 가장 큰 공업 도시로 섬유·자동차·선박 따위를 생산하며, 수산업도 성함.

울상(─相) [울:쌍] 울려고 하는 얼굴 모양. 예 꾸중을 듣고 울상을 짓다.

*울음 [우름] 우는 일. 또는 그 소리. 예 울음을 뚝 그치다.

울음보 [우름뽀] 참다못해 터뜨린 울음을 일컫는 말. 예 울음보를 터뜨리다. 참고 주로 '터지다·터뜨리다'와 함께 쓰임.

울음소리 [우름쏘리] 우는 소리. 예

고요한 밤에 귀뚜라미 울음소리가 들려온다.

참고 여러 가지 울음소리
(1) 어른들의 울음소리
  꺼이꺼이, 어이어이, 엉엉, 훌쩍훌쩍, 흑흑
(2) 초상 때의 울음소리
  아이고, 애고대고, 애고애고, 에구대구, 에구에구
(3) 아이의 울음소리
  앙앙, 잉잉
(4) 젖먹이의 울음소리
  응애응애, 까르륵, 빼, 빼빼, 삐, 삐빼, 삐삐, 으아, 으앙

울적하다 (鬱寂—) [울쩌카다] 마음이 답답하고 쓸쓸하다. 예울적한 마음을 달래다.

울창하다 (鬱蒼—) 큰 나무들이 빽빽하고 푸르게 우거져 있다. 예울창한 숲. 본울울창창하다.

울컥 1 먹은 것을 급히 토하려는 모양. 2 분한 생각이 한꺼번에 꽉 치미는 모양. 예상대방의 말에 서운한 생각이 들어 울컥하다. 센울꺽. **울컥하다**.

*울타리 담 대신에 풀·나무 따위를 엮어서 집 주변을 둘러막는 물건. 예울타리를 세우다. 비울짱. 준울.

울퉁불퉁 물체의 거죽이나 면이 고르지 않고 여기저기 나오고 들어간 모양. 예도로가 울퉁불퉁하다. **울퉁불퉁하다**.

울화 (鬱火) 속이 답답하여 일어나는 화. 예울화가 치밀다.

움 [움:] 1 풀·나무의 어린싹. 예움이 트다. 2 나무를 베어 낸 그루의 뿌리에서 나는 싹.

움막 (—幕) [움:막]
비바람이나 추위를 막으려고 땅을 파고 짚이나 풀 따위로 지붕을 덮어 임시로 지은 허술한 집. 비움집.

움막

*움직이다 [움지기다] 1 위치를 바꾸다. 자리를 옮기다. 예책상을 움직이다. 2 정지하지 않다. 동작을 계속하다. 예몸을 움직일 수 없다. 3 마음이 흔들리거나 생각이 바뀌다. 또는 그리 되게 하다. 예나도 모르게 마음이 움직였다.

움직임 [움지김] 1 움직이는 일. 예몸의 움직임이 둔하다. 2 어떤 일이 벌어지려는 낌새. 예적의 움직임이 심상치 않다.

움집 [움:찝] ⇨움막.

움찔 깜짝 놀라 갑자기 몸을 움츠리는 모양. 예움찔 놀라다 / 움찔 몸을 떨다. **움찔하다**.

움츠러들다 춥거나 무서워서 몸이 움츠러져 들어가다. 예두려움에 목덜미가 움츠러들다. 작옴츠러들다. 활용 움츠러들어 / 움츠러드니 / 움츠러드는.

움츠리다 몸을 오그려 작게 하다. 예추워서 몸을 움츠리다. 준움치다. 작옴츠리다.

움켜잡다 [움켜잡따] 손가락을 오므려 힘 있게 꽉 잡다. 작옴켜잡다.

움켜쥐다 손가락을 오므려 물건을 놓치지 않도록 힘 있게 쥐다. 예장난감을 잔뜩 움켜쥐다. 작옴켜쥐다.

움큼 손으로 한 줌 쥔 분량. 예사탕을 한 움큼 집다. 작옴큼.

움트다 [움:트다] 1 나무나 풀에서 싹이 나기 시작하다. 2 어떤 조짐이 보이다. 예사랑이 움트다. 활용 움터 / 움트니.

움푹 가운데가 푹 들어가 우묵한 모양. 예움푹 들어간 눈. 작옴폭. **움푹하다**.

웃기다 [욷:끼다] 1 웃게 하다. 예익살로 청중을 웃기다. 2 어떤 일이나 행동이 한심하거나 어이가 없다. 예별 웃기는 소리 다 듣겠네.

*웃다 [욷:따] 기쁜 표정을 얼굴에 나타내다. 예활짝 웃다 / 웃는 얼굴로 친구들을 대하다. 반울다. 활용 웃어 / 웃으니 / 웃는. ⇨smile, laugh

웃돈 [욷똔] 본디 줘야 하는 돈 이외에 더 주는 돈. 예웃돈을 얹어 주다. ×윗돈.

웃돌다 [욷똘다] 어떤 정도를 넘어서다. 비상회하다. 반밑돌다. 활용 웃돌아 / 웃도니 / 웃도는.

*웃어른 [우더른] 나이나 항렬, 지위 등이 높아 받들어 모셔야 할 사람. 예

웃어른을 공경하다. ×윗어른.

|주의| **웃어른**과 **윗사람**
웃어른 나이·항렬·지위 등이 높아 직접·간접으로 모셔야 할 어른.
윗사람 나이·지위·신분 등이 자기보다 위이거나 높은 사람.
* 웃어른은 '아래·위'의 대립이 없으므로 '웃'으로 표기하고 윗사람은 대립되는 아랫사람이 있으므로 윗사람으로 표기한다.

웃옷 [우돋] 맨 겉에 입는 옷. 재킷, 코트 따위. ㉮두꺼운 **웃옷**을 꺼내 입다. 凪겉옷.

|주의| **웃옷**과 **윗옷**
웃옷 맨 겉에 입는 옷. 재킷·점퍼·코트 따위의 외투.
윗옷 위에 입는 옷. 와이셔츠·티셔츠 따위. 凪상의. 윗도리. 웃통. 凪아래옷.

***웃음** [우슴] 웃는 일. 또는 웃는 모양과 소리. ㉮해맑은 **웃음**을 띠다 / 환한 **웃음**을 짓다.

웃음거리 [우슴꺼리] 남의 비웃음이나 놀림을 받을 만한 일이나 사람. ㉮세상의 **웃음거리**가 되다.

웃음꽃 [우슴꼳] 아주 활짝 웃는 웃음을 비유하여 이르는 말. ㉮**웃음꽃**을 피우다.

웃음바다 [우슴빠다] 여러 사람이 한꺼번에 웃는 장면을 비유하여 이르는 말. ㉮교실 안은 갑자기 **웃음바다**가 되었다.

웃음소리 [우슴쏘리] 웃는 소리.

웃음판 [우슴판] 여러 사람이 한꺼번에 웃는 경우나 자리. ㉮**웃음판**이 벌어지다.

웃자라다 [욷짜라다] 식물의 줄기나 잎이 너무 자라 연약하게 되다.

웃통 [욷통] 1 사람의 몸에서, 허리의 윗부분. ㉮**웃통**을 드러내다. 2 몸의 윗도리에 입는 옷. ㉮**웃통**을 벗어부치다. 凪윗옷.

웅녀 (熊女) 단군 신화에 나오는 단군의 어머니. 원래는 곰이었으나 동굴 속에서 100일 동안 쑥과 마늘만 먹고 여자가 되어, 환웅과 결혼하여 단군을 낳았다고 함.

웅대하다 (雄大―) 웅장하고 크다. ㉮웅대한 건물.

웅덩이 움푹 패어 물이 괸 곳. ㉮웅덩이에 빠지다.

웅변 (雄辯) 조리가 있으면서 힘차고 거침없이 하는 말이나 연설. 凪눌변.

웅성거리다 많은 사람이 모여 소란스럽게 떠드는 소리가 자꾸 나다.

웅얼거리다 똑똑하게 들리지 않는 입속말로 자꾸 중얼거리다. ㉮걸으면서 노랫가락을 웅얼거리다.

웅얼대다 ⇨웅얼거리다.

웅장하다 (雄壯―) 규모가 으리으리하게 크다. ㉮웅장한 궁궐.

웅진 (熊津) 〖지명〗 충청남도 공주의 옛 이름. 凪곰나루.

웅크리다 춥거나 집이 날 때 몸을 잔뜩 움츠리다. ㉮구석에 웅크리고 앉다. ㉘옹크리다.

워낙 1 본디부터. ㉮워낙 급하다 / 워낙 바쁘다. 2 아주. 두드러지게. ㉮워낙 길이 험하다.

워드 프로세서 (word processor) 1 문서의 입력·기억·편집·출력 등의 기능을 갖춘 사무 기계. 2 컴퓨터를 이용해서 문서의 입력·기억·편집·출력을 할 수 있는 프로그램.

워싱턴 (Washington) 〖지명〗 미국의 수도. 정치·문화·교육의 중심지임. 연방 의사당과 대통령의 관저인 백악관 등이 있음.

***원**[1] (圓) ⇨동그라미. ⊃circle

원[2] (員) 조선 때 고을을 다스렸던 지방관. 凪수령. 凪원님.

원[3] (願) [원:] 마음속으로 바라는 일. ㉮원을 풀다 / 너의 원이 무엇이냐. 凪소망. 소원.

***원**[4] 우리나라 돈의 단위. ㉮천 원 / 백만 원.

원[5] 놀랍거나 언짢거나 뜻밖의 일을 당할 때에 하는 말. ㉮원, 세상에 그럴 수가 있나.

원가 (原價) [원까] 1 처음 사들일 때의 값. ㉮원가로 팔다. 2 상품을 완성시킬 때까지 들어간 값. ㉮원가 계산. 凪생산비.

원각사 (圓覺寺) [원각싸] 서울 탑골 공원 자리에 있던 절. 조선 세조 11년(1465)에 왕명으로 세움.

원격 (遠隔) [원:격] 멀리 떨어져 있음. [예] 원격 조종 / 원격 진료.

원격 수업 (遠隔授業) 학교에 가지 않고 집에서 컴퓨터나 노트북 등을 이용해서 인터넷으로 수업을 하는 것. [비] 비대면 수업.

원고[1] (原稿) 인쇄하거나 연설하기 위해 쓴 처음의 글. [예] 원고를 작성하다 / 원고 청탁을 받다.

원고[2] (原告) 법원에 재판을 청구한 사람. [반] 피고.

원고지 (原稿紙) 글을 쓰기 알맞게 가로세로 줄을 쳐서 칸을 만들어 놓은 종이. [예] 이백 자 원고지. [본] 원고용지.

원광석 (原鑛石) 광산에서 파낸 그대로의 광석.

원군 (援軍) [원:군] 전투를 벌이고 있는 자기편 군대를 돕기 위해 온 군대. [예] 원군을 청하다.

원그래프 (圓graph) 전체에 대한 부분들의 비율을 알아보기 편하도록 원을 반지름으로 갈라서 여러 부분을 나타낸 그래프.

원근 (遠近) [원:근] 1 멀고 가까움. 2 먼 곳과 가까운 곳.

원근감 (遠近感) [원:근감] 그림 따위에서, 멀고 가까운 거리에 대한 느낌. [예] 원근감이 뛰어나다.

원근법 (遠近法) [원:근뻡] 그림 등에서, 눈에 보이는 것과 똑같은 거리감을 화면에 나타내는 법.

원금 (元金) 1 밑천. 본전. 2 빌려준 돈에 이자를 붙이지 않은 본래의 돈. [예] 이자 없이 원금만 갚으면 된다. [반] 이자.

원기 (元氣) 1 본디 타고난 기운. 2 활동의 근본이 되는 힘. 3 몸과 마음의 활동력. [예] 원기를 회복하다.

***원기둥** (圓—) 원으로 된 위아래 두 평면과 곡면으로 이루어진 도형.

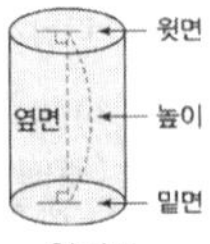

원기둥

원나라 (元—) 중국 왕조의 하나. 몽고 제국의 쿠빌라이(칭기즈 칸의 손자)가 중국에 침입하여 베이징에 도읍하고 세운 나라. [1271~1368]

원내 (院內) '원' 자가 붙은 각종 기관의 내부. [예] 원내 투쟁. [반] 원외.

원년 (元年) 1 임금이 왕위에 오른 해. [예] 세종 원년. 2 어떤 중요한 일이 시작된 해.

***원님** (員—) 옛날 고을을 맡아 다스리던 '원'을 높여 부르던 말.

원단 (原緞) 가공하지 않은, 짠 그대로의 옷감. [예] 고급 원단을 쓰다.

원대하다 (遠大—) [원:대하다] 생각이나 계획이 깊고 크다. [예] 원대한 계획을 세우다.

원동력 (原動力) [원동녁] 사물이 활동을 할 수 있게 만드는 힘. [예] 성공의 원동력은 꾸준한 노력이다.

원두막 (園頭幕) 참외·수박 따위를 심어 놓은 밭을 지키기 위해 높직하고 간단하게 지은 집. [예] 친구들과 원두막에 둘러앉아 수박을 먹다.

원두막

원둘레 (圓—) 수학에서, 원의 둘레. 또는 그 길이. [비] 원주.

***원래** (元來) [월래] 본디. 처음부터. [예] 원래부터 속일 생각은 아니었다. [비] 본래.

원로 (元老) [월로] 어떤 일에 오래 종사하여 경험과 공로가 많은 사람. [예] 교육계의 원로.

***원료** (原料) [월료] 어떤 물건을 만드는 데 쓰이는 재료. [예] 빵의 원료는 밀가루이다.

***원리** (原理) [월리] 사물이 이루어지는 근본 이치. [예] 아르키메데스의 원리. [비] 원칙.

원리금 (元利金) [월리금] 원금과 이자를 합친 돈. [예] 원리금 합계.

원만하다 (圓滿—) 1 일이 순조롭게 되어 가다. [예] 원만한 해결 / 원만하게 처리하다. 2 성격이 부드럽고 너그럽다. [예] 원만한 성격. 3 사이가 좋다. [예] 원만한 관계.

원망 (怨望) [원:망] 못마땅히 여겨 탓하거나 분하게 여겨 미워함. [예] 친구를 원망하다. **원망하다**.

원망스럽다 (怨望—) [원:망스럽따]

원망하는 마음이 있다. 예 **원망**스러운 표정. [활용] 원망스러워 / 원망스러우니.

원목 (原木) 베어 낸 그대로 아직 가공하지 않은 나무. 예 **원목** 가구.

원반 (圓盤) 원반던지기에 쓰는 운동 기구. 나무에 놋쇠의 둥글넓적한 판을 박고 금속의 테를 둘렀음.

원반던지기 (圓盤―) 지름 2.5m의 원 안에서 원반을 던져 그 거리를 다투는 운동 경기. 비 투원반.

원본 (原本) 1 개정하거나 번역을 하기 전의 본디의 책. 반 역본. 2 등본이나 초본의 근본이 되는 문서.

원불교 (圓佛敎) 1916년 박중빈이 세운 종교의 한 파. 불교의 현대화와 생활화, 대중화를 주장하여 시주·동냥·불공 등을 폐지하고 각자 직업에 종사하면서 교화 사업을 함.

*****원뿔** (圓―) 원둘레 위의 모든 점과 원의 평면 밖의 한 점을 연결하여 생긴 면으로 둘러싸인 입체 도형.

원산 (元山) 〖지명〗 함경남도의 한 시. 동해안에 있는 항구 도시로 공업이 성하며 명사십리·석왕사 등 명승고적이 있음.

원산지 (原産地) 1 물건이 생산 또는 제조된 곳. 예 수입 농산물에 **원산지**를 표시하다. 2 동식물이 맨 처음 자라난 곳. 예 식품의 **원산지**를 표기하다.

원상 (原狀) 본디대로의 상태. 예 **원상** 복구.

원색 (原色) 1 본디의 제 빛깔. 예 **원색** 식물 도감. 2 모든 색의 기본이 되는 색. 빨강·노랑·파랑의 세 가지.

원색적 (原色的) [원색쩍] 원색과 같이 강렬한 (것). 예 **원색적** 작품 / **원색적**인 옷차림.

원서 (願書) [원:서] 회사나 학교 따위에 지원하는 내용을 적은 서류. 예 입학 **원서** / **원서** 접수.

원성 (怨聲) [원:성] 원망하는 소리. 예 백성들의 **원성**이 높다.

*****원소** (元素) 1 더 이상 나눌 수 없는 기본적인 물질. 예 금속 **원소**. 2 수학에서, 집합을 이루는 낱낱의 요소. 예 집합 **원소**.

원수¹ (元首) 한 나라의 최고 통치권을 가진 사람. 본 국가 원수.

원수² (元帥) 군인의 가장 높은 계급. 대장의 위. 별이 다섯 개란 뜻에서 오성 장군이라고도 함.

원수³ (怨讐) [원:수] 원한이 맺힐 정도로 자기에게 해를 끼친 사람이나 집단. 예 은혜를 **원수**로 갚다 / **원수** 사이가 되다.

원숙하다 (圓熟―) [원수카다] 1 매우 숙련되어 있다. 예 **원숙한** 솜씨. 비 능숙하다. 2 인격이나 지식 따위가 깊고 원만하다. 예 바둑 실력이 날로 **원숙해**지다.

*****원숭이** [원:숭이] 1 원숭잇과의 동물. 얼굴과 궁둥이에 털이 없고 붉으며, 꼬리가 있고, 입에 먹이를 모아 두는 주머니가 있음. 흉내를 잘 내며 나무에 잘 오름. 늘보원숭이·비비·침팬지 등 종류가 많음. 2 남의 흉내를 잘 내는 사람의 별명. ○ monkey

원시¹ (原始) 처음 생긴 그대로 있어 발달하지 않은 상태. 예 **원시** 종교 / **원시** 밀림 지대.

원시² (遠視) [원:시] 먼 데의 것은 잘 보이나 가까운 것은 잘 보이지 않는 시력. 또는 그런 사람. 볼록 렌즈로 교정함. 반 근시.

원시림 (原始林) 사람 손이 닿지 않은 자연 그대로의 숲. 비 처녀림.

원시 사회 (原始社會) 인류 역사의 첫 단계로 볼 수 있는 문명이 발달하지 않은 사회. 비 미개 사회. 반 문명 사회.

원시 시대 (原始時代) 문명이 발달하지 않았던 미개한 시대.

원시인 (原始人) 원시 시대나 미개한 사회의 사람.

원시적 (原始的) 원시 상태와 같은 (것). 예 **원시적** 방법 / **원시적** 사회 / **원시적**인 생활.

원심력 (遠心力) [원:심녁] 물체가 원을 그리면서 돌 때 중심에서 바깥쪽으로 향하는 힘. 반 구심력.

원앙 (鴛鴦) [위낭] 오릿과의 물새. 몸길이 40-45cm, 부리는 짧고 끝에는 손톱 같은 돌기가 있음. 수컷이 특히 아름다우며 높은 나무에 구멍을 뚫고

집을 만듦. 암수의 사이가 매우 좋아 정다운 부부에 비유함.

원앙

원양 (遠洋) [위:냥] 육지에서 멀리 떨어진 바다. 예원양 어선. 凹원해.

원양 어업 (遠洋漁業) 잡은 물고기를 저장·가공하는 시설을 갖춘 어선으로 먼 바다에서 고기잡이를 하는 어업. 凹근해 어업, 연안 어업.

원예 (園藝) [위예] 채소·화초·과수·정원수 따위를 심어 가꾸는 일이나 기술. 예원예 농업.

원유[1] (原油) [위:뉴] 땅속에서 뽑아낸 상태 그대로의 석유. 예원유 가격이 폭등하다.

원유[2] (原乳) [위:뉴] 가공하지 않은 소의 젖. ✳우유

*원인[1] (原因) [위:닌] 무슨 일이 일어나게 된 까닭. 예친구와 싸우게 된 원인. 凹동기. 이유. 凹결과. ○cause

원인[2] (猿人) [위:닌] 가장 원시적이고 오래된 화석 인류.

원자 (原子) 각 원소가 특성을 잃지 않고 더 이상 나누어지지 않는 가장 작은 알갱이. ○atom

원자력 (原子力) 원자핵이 분열하거나 핵반응할 때에 내보내는 에너지. 원자 에너지.

원자력 발전소 (原子力發電所) 원자로 안에서, 원자핵 분열로 생긴 열로써 수증기를 만들고, 이것으로 터빈 발전기를 돌려 전기를 일으키는 곳.

원자로 (原子爐) 원자력을 이용하여 에너지를 생산하는 장치.

원자재 (原資材) 공업 생산의 원료가 되는 재료. 예원자재의 수입이 늘다.

원자 폭탄 (原子爆彈) 원자핵이 분열할 때 나오는 에너지를 이용한 폭탄. 凹원자탄. 歪원폭.

원자핵 (原子核) 원자의 중심부를 이루는 입자. 양자와 중성자로 이루어짐. 凹핵.

원작 (原作) 연극·영화에서, 그 소재가 된 본디의 소설·희곡 따위. 예원작 소설을 영화화하다.

원장[1] (院長) 병원·학원 등 '원(院)' 자가 붙은 기관이나 시설의 대표자. 예병원 원장 / 학원 원장.

원장[2] (園長) 동물원이나 유치원 등 '원(園)' 자가 붙은 기관이나 시설의 대표자. 예유치원 원장.

원점 (原點) [원쩜] 1 어떤 것이 시작되는 점. 근본이 되는 본디의 점. 예수사가 원점으로 돌아가다. 凹기점. 2 수학에서, 좌표를 정할 때 기준이 되는 점. 3 길이 따위를 잴 때의 기준이 되는 점.

원정 (遠征) [원:정] 1 먼 곳에 가서 운동 경기 따위를 함. 예축구 팀의 브라질 원정. 2 먼 곳으로 싸우러 나감. 예십자군 원정. 원정하다.

원정군 (遠征軍) [원:정군] 먼 곳으로 싸우러 가는 군대. 예대규모의 원정군이 출발하다.

원조[1] (元祖) 1 한 겨레의 맨 처음 조상. 凹시조. 2 어떤 일을 처음 시작한 사람. 예삼계탕의 원조.

원조[2] (援助) [원:조] 물품이나 돈 따위로 도와줌. 예원조를 요청하다 / 식량 원조를 하다. **원조하다.**

원주 (圓周) 한 점에서 같은 거리에 있는 점의 자취. 凹원둘레.

원주민 (原住民) 그 지역에 본디부터 살고 있던 사람. 凹이주민.

원주율 (圓周率) 원의 둘레와 그 원의 지름과의 비율. 보통 3.14를 원주율로 사용함((기호는 π(파이))).

원천 (源泉) 사물의 근원. 예기술 개발은 산업 발전의 원천이다.

원체 (元體) 본디부터. 워낙. 예원체 몸이 약하다.

원칙 (原則) 여러 가지 경우에 공통되는 근본적인 법칙. 예원칙에서 벗어나다 / 원칙을 따르다.

원컨대 (願一) [원:컨대] 바라건대. 예원컨대 이번에는 꼭 합격하십시오.

원탁 (圓卓) 둥근 탁자. 예온 가족이 원탁에 빙 둘러앉았다.

원통 (圓筒) 원기둥 모양의 둥근 통. ✳원기둥.

원통하다 (冤痛一) 몹시 분하고 억울하다. 예누명을 쓰고 원통해하다.

원통형 (圓筒形) 둥글고 길쭉한 통과 같은 모양. 예원통형 보온병.

원판 (圓板) 판판하고 넓으며 둥근 모양의 판.

원피스 (one-piece) 주로 여성이 입는, 위아래가 붙어 하나로 된 옷.

***원하다** (願―) [원:하다] 무엇을 바라거나 하고자 하다. 예 유명한 디자이너가 되기를 원하다. ◐want

원한 (怨恨) [원:한] 원통하고 한이 되는 생각. 예 원한이 사무치다. 준원.

원형¹ (原形) 1 본디의 모양. 이전의 상태. 예 창경궁의 원형을 되찾다. 2 ⇨ 으뜸꼴.

원형² (圓形) 둥근 모양. 예 원형 무대 / 원형 경기장.

원호 (援護) [원:호] 도와주며 보살핌. 예 원호 대상자. 원호하다.

원활 (圓滑) 일이 거침없이 잘되어 나감. 예 교통이 원활하다 / 행사가 원활히 진행하다. 원활하다. 원활히.

원효 (元曉) 『인명』 신라의 고승. 해동종의 시조. 많은 저서를 냈으며, 그의 사상은 삼국 통일의 중요한 요소가 됨. 불교의 대중화에 힘씀. [617-686]

원흉 (元兇) 못된 짓을 한 무리의 우두머리. 예 부정 선거의 원흉.

***월** (月) 1 한 달. 예 월 생활비. 2 '월요일'의 준말. 3 달을 세는 단위. 예 8월 보름.

월간 (月刊) 한 달에 한 번씩 책·잡지 따위를 펴냄. 또는 그 펴낸 것. 예 월간 잡지.

월경 (月經) 성숙한 여자의 자궁에서 매월 정기적으로 출혈하는 생리 현상. 멘스. 비 생리. 월경하다.

월계관 (月桂冠) [월계관/월계관] 1 고대 그리스에서, 월계수의 가지와 잎으로 만들어 경기의 우승자에게 씌워 주던 관. 2 우승의 영예. 예 승리의 월계관을 쓰다.

월계관1

월계수 (月桂樹) [월계수/월계수] 녹나뭇과의 상록 교목. 지중해가 원산지이고 높이는 10-20m, 잎은 녹색이고 긴 달걀꼴임. 이른 봄에 엷은 노란색 꽃이 핌. 잎은 향기가 좋아 향료로 씀.

월급 (月給) 일한 대가로 다달이 받는 돈. 예 월급을 타다. 비 봉급.

월급날 (月給―) [월금날] 월급을 받는 날.

월남 (越南) [월람] 1 북쪽에서 삼팔선 또는 휴전선의 남쪽으로 넘어옴. 예 월남 가족. 반 월북. 2 ⇨ 베트남. 월남하다.

월동 (越冬) [월똥] 겨울을 남. 예 월동 준비. 월동하다.

월드 와이드 웹 (World Wide Web) 인터넷 정보를 동영상이나 문자, 그래픽, 음성 따위의 멀티미디어 환경으로 찾아볼 수 있게 해 주는 인터넷 정보 검색 서비스의 이름. 준 웹.

월드컵 (World Cup) 스포츠 경기의 국제 선수권 대회. 또는 그 우승배. 축구·배구·스키·골프 따위가 있는데, 4년마다 개최되는 축구 대회가 유명함.

월등하다 (越等―) [월뜽하다] 다른 것에 비하여 훨씬 낫고 뛰어나다. 예 성적이 너보다 월등하다.

월말 (月末) 그 달의 끝 무렵. 예 월말 고사. 반 월초.

월반 (越班) 학생의 학습 능력이 뛰어나 학년을 건너뛰어 상급반으로 오르는 일. 예 성적이 뛰어나 월반하다. 월반하다.

월별 (月別) 달에 따라 나눈 구별. 예 월별로 계획을 짜다.

월북 (越北) 삼팔선 또는 휴전선의 북쪽으로 넘어감. 예 월북 작가. 반 월남. 월북하다.

월세 (月貰) [월쎄] ⇨ 사글세.

월식 (月蝕) [월씩] 지구가 태양과 달 사이에 들어가 달의 한쪽 또는 전체가 지구의 그림자에 가려져 안 보이게 되는 현상. 예 부분 월식.

***월요일** (月曜日) [월료일] 칠요일의 하나. 일요일로부터 둘째 날. 예 주말 잘 보내고 월요일에 봐. 준 월. ◐Monday

월인석보 (月印釋譜) [워린석뽀] 『책』 조선 세조 5년(1459)에 '월인천강지곡'과 '석보상절'을 합하여 간행한 책.

월인천강지곡 (月印千江之曲) [워린천강지곡] 『책』 조선 때 세종이 석가모니의 공덕을 찬양하여 지은 노래를 실은 책.

월정사 (月精寺) [월정사] 강원도 평창군의 오대산에 있는 절. 신라 선덕 여왕 때 자장 율사가 세움. 고려 때 세운 팔각 구층 석탑과 석조 보살 좌상 따위가 남아 있음.

월척 (越尺) 낚시에서, 낚은 물고기의 길이가 한 자가 넘음. 또는 그 물고기. 예 월척을 낚다.

월초 (月初) 그달의 처음 무렵. 예 우리 반은 매달 월초에 짝을 바꾼다. 반 월말.

월평균 (月平均) 한 달을 단위로 하여 내는 평균. 예 월평균 기온.

웨딩드레스 (wedding dress) 결혼식 때 신부가 입는 서양식 혼례복.

웨이터 (waiter) 호텔·식당 등에서 손님의 시중을 드는 남자 종업원.

*__웬__ [웬ː] 어떠한. 어찌 된. 예 웬 사람이 저리 많으냐. →왠지 주의

   웬 떡이냐 뜻밖의 행운이나 횡재를 만났을 때 하는 말. 예 아니, 이게 웬 떡이냐.

웬걸 [웬ː걸] 1 기대했던 것과 다르게 뜻밖의 일이 일어났음을 나타내는 말. 예 잘 사는 줄 알았더니 웬걸, 거지가 다 되었잖아. 2 '웬 것을'의 준말. 예 웬걸 이렇게 많이 사 왔나.

웬만큼 [웬ː만큼] 1 그저 그만하게. 예 사업이 웬만큼 자리를 잡아가고 있다. 2 보통은 넘는 정도로. 예 영어를 웬만큼 한다.

웬만하다 [웬ː만하다] 어지간하다. 그저 그만하다. 예 웬만하면 참아라. 본 우연만하다.

*__웬일__ [웬ː닐] 어떻게 된 일. 예 네가 도서관에 웬일이니.

웹 (web) '월드 와이드 웹'의 준말.

웹 사이트 (website) 인터넷에서 정보를 모아 놓고 사람들이 이용할 수 있게 만든 곳. 사이트.

웹툰 (webtoon) 인터넷을 통하여 연재되는 만화. 웹(web)과 카툰(cartoon)의 합성어.

웹툰 작가 (webtoon 作家) 인터넷 웹사이트에 웹툰을 연재하는 작가.

웹 하드 (web hard) 인터넷에 데이터를 저장하고 관리할 수 있도록 하는 서비스.

*__위__[1] 1 기준으로 삼는 사물이나 부분보다 높은 쪽. 예 허리 위. 2 꼭대기. 예 맨 위. 3 거죽. 표면. 예 지구 위에 사는 생물. 4 높은 지위나 촌수. 예 항렬이 위다. 반 아래.

*__위__[2] (位) 등급이나 등수. 예 달리기에서 3위를 차지하다.

*__위__[3] (胃) 동물의 식도와 장 사이에 있는 주머니 모양의 소화 기관. 위액을 분비함. 비 밥통. 위장. ⇒stomach

위급 (危急) 매우 위태롭고 급함. 예 위급한 사태. **위급하다**.

*__위기__ (危機) 위험한 고비나 시기. 예 위기를 극복하다 / 위기에 처하다.

위기감 (危機感) 위험에 처해 있다는 불안한 느낌이나 생각. 예 위기감이 감돌다.

*__위대하다__ (偉大—) 크게 뛰어나고 훌륭하다. 예 한글 창제는 세종 대왕의 위대한 업적이다.

위도 (緯度) 지구의 적도를 0°로 하고 북극과 남극을 90°로 하여, 남북으로 각각 평행되게 나타낸 좌표. 반 경도. 준 위.

위독하다 (危篤—) [위도카다] 병이 몹시 중하여 생명이 위태롭다. 예 위독한 환자. 비 위급하다. 위태하다.

위력 (威力) 상대를 압도할 만큼 강력함. 또는 그런 힘. 예 원자탄의 위력 / 위력이 있다.

위례성 (慰禮城) 백제 초기의 도읍지. 시조 온조왕이 고구려에서 남쪽으로 내려와 처음으로 도읍을 정한 곳. 위치에 대해서는 지금의 경기도 하남시 부근이라는 설과 충청남도 천안시 북면 일대라는 설이 있음.

*__위로__ (慰勞) 따뜻한 말과 행동으로 수고나 괴로움을 덜어 주거나 슬픔을 달래 줌. 예 따뜻한 위로의 말을 건네다. 비 위안. **위로하다**.

위문 (慰問) 어려움에 처한 사람이나 수고하는 사람을 찾아가 위로하고 격려함. 예 위문 공연 / 수재민을 위문하고 의연금을 전달하다. **위문하다**.

위문편지 (慰問便紙) 위로하는 뜻으로 보내는 편지. 예 국군 장병에게 위문편지를 쓰다.

위문품 (慰問品) 군인이나 이재민 등을 위로하기 위해 보내는 여러 가지 물품.

위반 (違反) 법·규칙·계약 따위를 지키지 않고 어김. ⑩규칙을 위반하다. 비위배. **위반하다**.

위배 (違背) ⇨위반. ⑩계약에 위배되다. **위배하다**.

위법 (違法) 법을 어김. ⑩위법 행위. 반적법. 합법. **위법하다**.

위산 (胃酸) 위액 속에 들어 있는 산성 물질.

위상 (位相) 어떤 관계 속에서 가지는 위치나 상태. ⑩우리나라의 국제적 위상을 높이다.

위생 (衛生) 건강을 지키고, 병의 예방과 치료에 힘쓰는 일. ⑩**위생** 검사 / 위생 상태를 점검하다.

위생적 (衛生的) 위생에 알맞은 (것). ⑩위생적인 환경.

위선¹ (緯線) 위도를 나타낸 선. 비씨줄. 위도. 반경선.

위선² (僞善) 겉으로만 착한 체함. ⑩위선에 찬 행동.

위선자 (僞善者) 겉으로만 진실하고 착한 체하는 사람.

위성 (衛星) 1 행성의 둘레를 도는 별. ⑩달은 지구의 위성이다. 2 '인공 위성'의 준말. 통신 위성.

위성 도시 (衛星都市) 대도시 가까이 있으면서 대도시와 깊은 관계를 맺고 있는 중소 도시. 의정부·과천·안양 등은 서울의 위성 도시임.

위성 사진 (衛星寫眞) 인공위성에서 지구나 다른 천체를 찍어 지구에 보낸 사진.

위성 중계 (衛星中繼) 통신 위성이나 방송 위성을 이용해 중계해서 방송하는 일.

위성 통신 (衛星通信) 인공위성을 중계소로 하는 장거리 무선 통신.

위세 (威勢) 1 사람을 두렵게 하여 복종시키는 힘. ⑩위세에 눌리다. 2 맹렬한 기세. ⑩위세가 당당하다.

위스키 (whiskey) 보리·밀·옥수수 등에 엿기름·효모를 섞어 발효시킨 뒤 증류하여 만든 서양 술. 알코올 함유량이 많음.

위시하다 (爲始―) 여럿 중에서 어떤 대상을 첫째 또는 대표로 삼다. ⑩선생님을 위시하여 반 전체가 게임에 참가하다.

위신 (威信) 남을 두렵게 하면서도 믿고 따르게 하는 힘. ⑩위신이 서다 / 위신이 떨어지는 행동을 하다.

위아래 1 위와 아래. ⑩위아래를 훑어보다. 2 윗사람과 아랫사람. ⑩위아래도 모르고 까분다. 비상하. 아래위.

위안 (慰安) 위로하여 마음을 편안하게 함. ⑩마음의 위안 / 위안이 되다. 비위로. **위안하다**.

위암 (胃癌) 위에 생기는 암.

위압감 (威壓感) [위압깜] 위압을 받는 느낌. ⑩위압감을 느끼다.

위액 (胃液) 위샘에서 위 속으로 분비되는 소화액. 빛깔과 냄새가 없는 강한 산성의 액체임.

위엄 (威嚴) 점잖고 엄숙함. 또는 그런 태도나 기세. ⑩위엄 있는 태도. **위엄스럽다**.

위업 (偉業) 위대한 사업이나 업적. ⑩평생의 위업을 이루다.

위염 (胃炎) 위의 벽에 염증이 생기는 병. 급성과 만성이 있음.

***위원** (委員) 선거나 임명으로 어떠한 일의 처리를 위임받은 사람. ⑩심사 위원 / 청소년 선도 위원.

위원장 (委員長) 위원 가운데의 우두머리. 위원회의 책임자.

***위원회** (委員會) [위원회 / 위원훼] 특정한 목적 아래 임명 또는 선거로 뽑힌 위원으로 짜여진 기관. ⑩국제 올림픽 위원회.

***위인** (偉人) 뛰어나고 훌륭한 사람. ⑩위인의 일대기.

***위인전** (偉人傳) 뛰어나고 훌륭한 일을 많이 한 사람의 업적이나 일화를 써 놓은 책.

위임 (委任) 일의 처리를 남에게 맡김. 또는 그 맡은 책임. ⑩정부는 국민의 위임을 받아 그 권한을 행사한다. **위임하다**.

위자료 (慰藉料) 어떤 일로 손해를 입혔을 때 그 정신적 고통이나 피해에 대하여 물어 주는 돈. ⑩거액의 위자료를 청구하다.

위장¹ (胃腸) 위와 장.
위장² (胃臟) ⇨위³.
위장³ (僞裝) 본래의 속셈이나 모습

이 드러나지 않도록 거짓으로 꾸밈. ⓔ위장 간첩의 침투. **위장하다**.

위조 (僞造) 남을 속이려고 진짜와 비슷하게 물건을 만듦. ⓔ여권을 위조하다. **위조하다**.

위조지폐 (僞造紙幣) [위조지폐 / 위조지폐] 진짜처럼 보이게 만든 가짜 지폐. ⓔ위조지폐가 발견되다.

위주 (爲主) 으뜸으로 삼음. ⓔ입시 위주 / 실력 위주로 뽑다.

위중하다 (危重一) 병의 증세가 매우 심각하고 위태롭다. ⓔ할머니 병환이 위중하시다.

위증 (僞證) 1 거짓으로 증명함. 2 법원에서 증인이 거짓으로 증언함. **위증하다**.

*__위쪽__ 위가 되는 쪽. ⓔ벽 위쪽에 틈새가 있다. ⓑ아래쪽.

위채 한 집안의 위쪽에 있는 집채. ⓑ아래채. ×웃채.

위축 (萎縮) 어떤 힘에 눌려 기력이 없어짐. ⓔ그의 당당한 태도에 위축되다. **위축하다**.

위층 (一層) 어떤 층보다 위에 있는 층. ⓔ위층은 침실로 쓰고 있다. ⓥ상층. ⓑ아래층. ×웃층. 윗층.

*__위치__ (位置) 1 일정한 곳에 자리를 차지함. 또는 그 자리. ⓔ이 가게는 위치가 좋다. 2 사회적으로 담당하고 있는 지위나 역할. ⓔ학생의 위치에 벗어나는 행동. **위치하다**.

위탁 (委託) 맡기어 부탁함. ⓔ위탁 판매. **위탁하다**.

위태롭다 (危殆一) [위태롭따] 보기에 위태한 듯하다. ⓔ병세가 악화되어 생명이 위태롭다. [활용] 위태로워 / 위태로우니.

위태위태하다 (危殆危殆一) 매우 위태하다. ⓔ위태위태한 암벽 등반.

위태하다 (危殆一) 형세나 형편이 매우 위험하다. ⓔ이번 장마로 댐이 위태하다.

위턱 위쪽의 턱. ⓑ아래턱.

위통 (胃痛) 위가 아픈 증세.

위트 (wit) 말이나 글을 재치 있고 능란하게 구사하는 능력. 기지. 재치. ⓔ위트가 넘치다.

위패 (位牌) 죽은 사람의 이름을 적은 나무패. ⓔ위패를 모시다.

위풍당당하다 (威風堂堂一) 풍채가 위엄이 있고 씩씩하다. ⓔ위풍당당한 군인의 모습.

*__위하다__ (爲一) 1 어떤 목적을 이루려고 하다. ⓔ건강을 위하여 등산을 한다. 2 이롭게 하거나 돕다. ⓔ너를 위해 하는 말이다. 3 물건이나 사람을 소중하게 여기다. ⓔ책을 제 몸처럼 위하다.

위헌 (違憲) 법률이나 명령, 규칙 등이 헌법의 조항이나 정신에 어긋나는 일. ⓔ위헌 결정을 내리다.

*__위험__ (危險) 위태로움. 안전하지 못함. ⓔ위험 구역 / 위험한 곳에서 자전거를 타지 마라. ⓑ안전. **위험하다**. **위험스럽다**. ⊃ danger

위험성 (危險性) [위험썽] 위험하거나 위험해질 가능성. ⓔ물이 불어 다리가 무너질 위험성이 있다.

위험천만하다 (危險千萬一) 매우 위험하다. ⓔ위험천만한 생각.

위협 (威脅) 힘으로 으르고 윽박지름. ⓔ위협을 받다 / 가족의 안전을 위협하다. ⓥ협박. **위협하다**.

위화감 (違和感) 다른 사람과 잘 어울리지 못해서 일어나는 어색한 느낌. ⓔ위화감을 조성하다.

위화도 회군 (威化島回軍) 고려 말 (1388), 명나라의 랴오둥을 치러 가던 이성계가 압록강의 위화도에서 군대를 돌려서 왕을 내쫓고 정권을 장악한 사건. 조선을 건국하는 기반이 됨.

윈도즈 (windows) 컴퓨터에서, 여러 프로그램을 사용하는 데 쓰는, 그림이나 기호로 된 프로그램.

윌슨 (Wilson, Thomas Woodrow) 『인명』 미국의 제28대 대통령. 제1차 세계 대전 때 독일에 선전 포고를 하였고 국제 연맹의 조직을 제창함. 1919년에 노벨 평화상을 받음. [1856-1924]

윗글 [위끌 / 윋글] 바로 위의 글. ⓔ윗글을 읽고 아래의 물음에 답하시오. ⓑ아랫글.

윗니 [윈니] 윗잇몸에 난 이. ⓑ아랫니. ×웃니.

윗도리 [위또리 / 윋또리] 1 허리의 윗부분. ⓥ상체. 2 ⇨윗옷. ⓔ윗도리를 벗다. 빤아랫도리. ×웃도리.

윗마구리 [윈마구리] 길쭉한 물건의 위쪽 머리 면. 빤아랫마구리.

윗목 [윈목] 온돌방에서, 아궁이로부터 먼 쪽. 곧, 굴뚝에 가까운 바닥. 빤아랫목.

윗몸 [윈몸] 허리 윗부분의 몸. 예윗몸 운동 / 윗몸을 일으키다. 비상반신.

윗몸 일으키기 누운 상태에서 다리를 고정하고 몸의 허리 윗부분을 앞뒤로 굽혔다 젖혔다 하는 운동.

윗물 [윈물] 강이나 내의 상류에서 흐르는 물. 빤아랫물.

윗변 (一邊) [위뼌 / 윋뼌] 사다리꼴에서 위에 있는 변. 빤아랫변.

윗부분 (一部分) [위뿌분 / 윋뿌분] 전체에서 위에 해당하는 부분. 예얼굴 윗부분 / 공이 골대 윗부분을 맞고 팅겨서 나왔다. 빤아랫부분.

윗사람 [위싸람 / 윋싸람] 자기보다 나이나 항렬, 신분이 높은 사람. 예윗사람을 섬기다. 빤아랫사람. ×웃사람. →웃어른 [주의]

윗옷 [위돋] 윗몸에 입는 옷. 예윗옷을 벗어 던지고 운동을 시작했다. 비윗도리. 상의. →웃옷 [주의]

윗입술 [윈닙쑬] 위쪽의 입술. 예윗입술을 깨물다. 빤아랫입술.

윗자리 [위짜리 / 윋짜리] 1 윗사람이 앉는 자리. 예손님을 윗자리에 모시다. 2 높은 지위나 순위. 빤아랫자리. ×웃자리.

윙윙 1 조금 큰 벌레나 돌 따위가 매우 빠르고 세차게 날아가는 소리. 예말벌이 윙윙 날아다니다. 2 큰 기계의 모터나 바퀴가 세차게 돌아가는 소리. 예기계 소리가 윙윙 들린다. 3 거센 바람이 전선이나 철사 따위에 매우 빠르고 세차게 부딪치는 소리. 4 귓속에서 울리어 나는 소리. 좌웡웡. **윙윙하다**.

윙윙거리다 계속해서 윙윙 소리가 나다. 예벌들이 윙윙거리며 날아다닌다.

윙크 (wink) 상대에게 무엇을 표시하려고 한쪽 눈을 깜빡거리며 하는 눈짓. **윙크하다**.

유¹ (有) [유:] 있거나 존재함. 예무에서 유를 창조하다. 빤무.

유² (類) [유:] 1 ⇨무리¹. 2 '종류'의 준말. 예같은 유의 물건. 3 생물을 분류하는 단위의 하나.

유가족 (遺家族) 죽은 사람의 뒤에 남은 가족. 예군경 유가족. 비유족.

유감 (遺憾) 마음에 차지 아니하여 섭섭하거나 불만스럽게 남아 있는 느낌. 예유감의 뜻을 표하다.

유감스럽다 (遺憾-) [유감스럽따] 마음에 차지 아니하여 섭섭하거나 불만스러운 데가 있다. 예유감스럽게도 초대에 응할 수가 없습니다. [활용] 유감스러워 / 유감스러우니.

유감없다 (遺憾-) [유가멉따] 섭섭하거나 불만스러운 데가 없이 마음에 흡족하다. 예유감없는 경기를 펼치다.

유감없이 (遺憾-) [유가멉씨] 유감없게. 예실력을 유감없이 발휘하다.

유격수 (遊擊手) [유격쑤] 야구에서, 2루와 3루 사이를 지키는 내야수.

유고슬라비아 (Yugoslavia) [국명] 유럽의 발칸반도 중부에 있는 연방 공화국. 1991년에 크로아티아, 슬로베니아, 마케도니아가, 1992년에 보스니아 헤르체고비나가 독립하고 남은 세르비아와 몬테네그로가 새로운 연방을 구성함. 수도는 베오그라드.

학습마당 19

'윗-'과 '웃-'의 구별

'윗-'과 '웃-'은 명사 '위'에 맞추어 '윗-'으로 통일한다.
  [보기] 윗넓이, 윗니, 윗도리, 윗몸, 윗사람, 윗사랑, 윗입술, 윗자리
다만 1. 된소리나 거센소리 앞에서는 '위-'로 한다.
  [보기] 위짝, 위쪽, 위채, 위층, 위턱
다만 2. '아래, 위'의 대립이 없는 낱말은 '웃-'으로 발음되는 형태를 표준어로 삼는다.
  [보기] 웃국, 웃기, 웃돈, 웃비, 웃어른, 웃옷 (겉옷)

유골 (遺骨) 죽은 사람을 화장하고 남은 뼈. 또는 무덤 속에서 나온 뼈. 예유골을 발굴하다. 비유해.

유공자 (有功者) [유:공자] 공로가 있는 사람. 예독립 유공자.

유과 (油菓) 쌀가루나 밀가루의 반죽을 여러 가지 모양으로 빚어 기름에 튀겨서 꿀이나 조청을 바른 전통 과자. 유밀과. 비약과.

유관순 (柳寬順) 『인명』 독립운동가. 18세 때 이화 학당 학생으로 3·1 운동에 참가하여 만세를 부르다가, 일본 헌병에 붙잡혀 고문을 당하고 감옥에서 죽음. [1902~1920]

유괴 (誘拐) [유괴/유궤] 사람을 속여서 꾀어냄. 예유괴 사건. **유괴하다**.

유괴범 (誘拐犯) [유괴범/유궤범] 유괴를 저지른 사람. 또는 그 범죄. 예어린이 유괴범으로 체포되다.

유교 (儒敎) 중국의 공자가 주장한, 인의를 근본으로 정치와 도덕을 실천하려고 한 유학의 가르침. *성리학. 유학.

유구무언 (有口無言) [유:구무언] 입은 있으나 할 말이 없다는 뜻으로, 변명할 말이 없음.

유구하다 (悠久—) 아득하게 오래다. 예유구한 역사. 비유원하다.

유권자 (有權者) [유:꿘자] 선거할 권리를 가진 사람.

유급 (留級) 등급·계급·학년 등이 오르지 못하고 그대로 남음. 예유급이 되다. 비낙제. **유급하다**.

유기 (有期) [유:기] 기간이 정해져 있음. 유기한. 예유기 정학. 반무기.

유기농 (有機農) [유:기농] 농약이나 화학 비료를 쓰지 않고 하는 농업. 유기 농업. 예유기농 채소 / 유기농으로 재배하다.

유기물 (有機物) [유:기물] 1 생활 기능을 가진 생물체를 조직·구성하는 물질. 2 탄소를 주성분으로 하는 화합물. 반무기물.

유기한 (有期限) [유:기한] 기간이 정해져 있음. 반무기한. 준유기.

유난 [유:난] 말과 행동, 상태 따위가 두드러져 보통과 아주 다름. 예유난을 떨다 / 유난스러운 성질 / 눈이 유난히 큰 아이 / 달이 유난히 밝다. **유난하다**. 유난히. 유난스럽다.

유네스코 (UNESCO) 교육·과학·문화를 통하여 나라 사이의 이해를 깊게 하며 세계 평화에 이바지함을 목적으로 1946년 설립한 국제 기구. 본부는 프랑스의 파리에 있음. 국제 연합 교육 과학 문화 기구.

유년 (幼年) 나이 어린 때. 또는 어린 나이의 아이. 예유년 시절.

유년기 (幼年期) 유아기와 소년기의 중간 시기로 유치원이나 초등학교 1·2학년에 해당하는 시기.

유념하다 (留念—) 마음속에 깊이 새기고 생각하다. 예다시는 이런 일이 없도록 내 말을 유념해 두게. 비유하다.

유능 (有能) [유:능] 재능이나 능력이 있음. 예유능한 인재를 발굴하다. 반무능. **유능하다**.

유니세프 (UNICEF) 개발 도상국의 아동 복지 향상, 건강 개선을 목적으로 1946년 설립된 유엔 전문 기구의 하나. 본부는 미국 뉴욕에 있음. 국제 연합 아동 기금.

유니폼 (uniform) 1 제복. 2 단체 경기를 하는 선수들이 똑같이 입는 운동복. 예붉은색 유니폼을 입은 한국 선수들이 입장하다.

유단자 (有段者) [유:단자] 검도·유도·태권도·바둑 등에서, 초단 이상의 사람.

유달리 (類—) [유:달리] 여느 것과는 아주 다르게. 별나게. 예바다를 유달리 좋아하다.

유대 (紐帶) 둘 이상의 사이를 연결 또는 결합시키는 관계. 예이웃 나라와 유대를 강화하다.

유대교 (Judea敎) 모세의 가르침을 기초로 기원전 4세기경부터 발달한 유대인의 민족 종교. 유태교.

유대인 (Judea人) 셈 어족으로 히브리어를 사용하고 유대교를 믿는, 팔레스타인을 원주지로 하는 민족. 유태인. 비이스라엘인.

*유도[1] (柔道) 맨손으로 맞잡고 상대편이 공격해 오는 힘을 이용하여 상대를 내던지거나 조르거나 눌러 승부를

유도²(誘導) 가고자 하는 장소나 방향으로 상대를 이끎. 예 책을 읽도록 분위기를 유도하다. **유도하다**.

유도탄(誘導彈) ⇨미사일.

유독¹(有毒) [유:독] 독성이 있음. 예 유독 물질. 땐 무독. **유독하다**.

유독²(唯獨) 많은 것 가운데 홀로. 예 왜 유독 너만 싫다고 하니.

유두¹(乳頭) ⇨ 젖꼭지.

유두²(流頭) 우리나라 명절의 하나. 나쁜 일을 떨쳐 버리려고 동쪽으로 흐르는 물에 머리를 감는 풍속이 있음. 음력 유월 보름날임.

유들유들 [유들류들] 1 부끄러워하거나 어려워하지 않고 뻔뻔하게 구는 모양. 예 유들유들한 성격. 2 살이 찌고 윤기가 있는 모양. 예 얼굴에 유들유들 윤기가 흐른다. **유들유들하다**.

유라시아(Eurasia) 유럽과 아시아 대륙을 함께 일컫는 말.

유람(遊覽) 여러 곳을 두루 돌아다니며 구경함. 예 전국을 유람하다. **유람하다**.

유람객(遊覽客) 여러 곳을 두루 돌아다니며 구경하는 사람.

유람선(遊覽船) 유람객을 태우고 다니는 배. 예 한강 유람선을 타다.

유랑(流浪) 일정한 거처 없이 이리저리 떠돌아다님. 예 유랑 극단. 땐 정착. **유랑하다**.

유래(由來) 어떤 사물이나 일이 생겨나 전해 내려옴. 예 유래가 깊다 / 유래를 찾다. **유래하다**.

*__유럽__(Europe) 아시아의 서북쪽에 있는 육대주의 하나. 영국·독일·프랑스 따위의 선진국들이 있고, 문화가 크게 발달한 지역임.

유력(有力) [유:력] 1 세력이나 재산이 있음. 예 유력 인사. 2 가능성이 많음. 예 유력한 우승 후보. **유력하다**.

유령(幽靈) 1 죽은 사람의 혼령. 비 망혼. 2 이름뿐이고 실제는 없는 것. 예 유령 회사.

유료(有料) [유:료] 요금을 내게 되어 있음. 예 유료 주차장. 땐 무료.

*__유리__(琉璃) 석영·탄산 나트륨·석회암을 주원료로 해서 만든, 투명하고 단단하며 잘 깨지는 물건. 예 유리 접시 / 유리 조각 / 유리 창문. ⇨glass

유리관(琉璃管) 유리로 만든 가느다란 관. 흔히 화학 실험에 씀.

유리구슬(琉璃—) 유리로 만든 구슬. 예 유리구슬처럼 영롱한 물방울.

유리문(琉璃門) 유리를 끼워 만든 문. 예 식당 유리문을 밀고 들어가다.

*__유리창__(琉璃窓) 유리를 끼운 창.

유리컵(琉璃cup) 유리로 만든 컵. 예 유리컵에 우유를 따라 마시다.

*__유리하다__(有利—) [유:리하다] 이익이 있다. 이롭다. 예 피고에게 유리한 증언을 하다. 땐 불리하다.

유망주(有望株) [유:망주] 어떤 분야에서 발전될 가망이 많은 사람. 예 유망주를 키우다.

유망하다(有望—) [유:망하다] 희망이 있다. 앞으로 잘될 듯하다. 예 앞길이 유망한 청년.

유머(humor) 남을 웃기는 말이나 행동. 해학. 예 유머 감각이 뛰어나다.

*__유명__(有名) [유:명] 세상에 이름이 알려져 있음. 예 유명 상표 / 고갱과 고흐는 미술가로 유명하다. 비 저명. 땐 무명. **유명하다**.

유모(乳母) 남의 아이를 그 어머니를 대신하여 젖을 먹여 길러 주는 여자. 비 젖어머니.

유모차(乳母車) 어린아이를 태워서 밀고 다니는 자그마한 수레.

유목(遊牧) 한곳에 머물지 않고 물과 풀밭을 따라 옮겨 다니며 소나 양 따위의 가축을 기르는 일. 예 유목 민족. **유목하다**.

유목민(遊牧民) [유몽민] 유목을 하면서 이동 생활을 하는 사람들.

유무(有無) [유:무] 있음과 없음. 예 잘못의 유무를 따지다.

유물(遺物) 1 죽은 사람이 남긴 물건. 예 할아버지의 유물을 정리하다. 비 유품. 2 유적에서 출토·발굴된 물건. 예 선사 시대의 유물을 발굴하다.

유민(流民) 고향을 떠나 이리저리 떠도는 백성. 예 유민의 설움.

유발(誘發) 어떤 일이 원인이 되어 다른 일이 일어남. 예 교통 체증 유발 / 암 유발 물질이 포함된 장난감을 회수하다. 유발하다.
유방 (乳房) 사람이나 동물의 가슴 또는 배의 좌우에 쌍을 이루고 있는, 젖을 분비하는 기관. 비젖.
유배 (流配) 예전에, 죄인을 귀양 보내던 일. 예외딴섬으로 유배 보내다. 유배하다.
유별나다 (有別—) [유:별라다] 보통의 것과 아주 다르다. 예유별난 사람/유별나게 굴다.
유복자 (遺腹子) [유복짜] 태어나기 전에 아버지를 여읜 자식. 예동생은 유복자로 태어났다.
유복하다 (裕福—) [유보카다] 살림이 넉넉하다. 예유복한 가정.
유부 (油腐) 두부를 얇게 썰어 기름에 튀긴 음식.
유사 (類似) [유:사] 서로 비슷함. 예유사 상표/유사한 사건. 유사하다.
유사시 (有事時) [유:사시] 급하거나 특별한 일이 갑자기 일어난 때. 예유사시에 대비하여 식량을 비축해 놓다.
유사품 (類似品) [유:사품] 어떠한 물건과 비슷하게 만든 물품. 예유사품이 나돌다.
***유산**[1] (遺産) 1 죽은 사람이 남겨 놓은 재산. 예유산을 물려받다. 2 앞 세대가 물려준 사물이나 문화. 예찬란한 유산.
유산[2] (流産) 태아가 달이 차기 전에 죽어서 나옴. 자연 유산과 인공 유산이 있음. 유산하다.
유산균 (乳酸菌) ⇨젖산균.
유생 (儒生) 유학을 공부하는 선비. 예성균관 유생. 비유가.
유서[1] (遺書) 유언을 적은 글. 예유서를 남기다.
유서[2] (由緖) 예로부터 전해 오는 까닭과 내력. 예유서 있는 집안.
유선 (有線) [유:선] 1 전선을 이용해서 방송이나 통신을 하는 방식. 예유선 방송/유선 통신. 2 전자 기기에 전선이나 코드가 있음. 예유선 전화/유선 청소기. 반무선.
유선 전화 (有線電話) 전화선이 연결되어 통화하는 전화. 반무선 전화.
유선형 (流線型) 물이나 공기의 저항을 적게 하려고 앞부분을 곡선으로 만든 형태. 자동차·비행기·배 따위에 응용함.
유성[1] (油性) 기름의 성질. 기름과 같은 성질. 예유성 페인트.
유성[2] (流星) ⇨별똥별.
유성룡 (柳成龍) 『인명』 조선 선조 때의 정치가. 호는 서애. 임진왜란 때 이순신과 권율 같은 명장을 천거했음. 저서에 '서애집', '징비록' 따위가 있음. [1542-1607]
유세[1] (有勢) [유:세] 자랑삼아 세도를 부림. 예유세를 떨다/네가 대체 뭔데 유세냐. 유세하다.
유세[2] (遊說) 여러 곳을 돌아다니면서 자기 의견이나 소속 정당의 주장을 설명하거나 선전함. 예선거 유세. 유세하다.
유속 (流速) 물이 흐르는 속도.
유수[1] (有數) [유:수] 손꼽힐 만큼 두드러지거나 훌륭함. 예국내 유수의 기업. 유수하다.
유수[2] (流水) 흐르는 물. 예세월은 유수와 같다.
유순하다 (柔順—) 성질이 부드럽고 온순하다. 예말씨가 유순하다.
유스 호스텔 (youth hostel) 청소년들의 여행 활동을 장려하고 지원하기 위해 만든 국제적 숙박 시설.
유식 (有識) [유:식] 지식이 있음. 아는 것이 많음. 예유식한 체하는 젊은이. 반무식. 유식하다.
유실 (流失) 물에 떠내려가서 없어짐. 예홍수로 집과 논밭이 유실되었다. 유실하다.
유실수 (有實樹) [유:실쑤] 열매가 열리는 나무. 밤나무·감나무·사과나무 따위.
유심히 (有心—) [유:심히] 주의 깊게. 예공연을 보는 아이의 반응을 유심히 관찰하다.
유아[1] (乳兒) ⇨젖먹이.
유아[2] (幼兒) 학교에 다니기 전의 어린아이.
유아기[1] (幼兒期) 만 1세부터 6세까지의 어린 시기.
유아기[2] (乳兒期) 태어나서 약 1년간 모유나 우유를 먹으며 자라는 시기.
유아원 (幼兒園) 유치원에 들어가기

전의 어린아이들을 맡아서 돌보고 가르치는 시설.

유약 (釉藥) 도자기를 구울 때, 그 겉에 덧씌우는 약. 윤이 나게 하고 기체나 액체의 침투를 막음. ⓔ유약을 입히다. 町잿물.

유언 (遺言) 죽기 전에 가족이나 가까운 사람들에게 남긴 말. ⓔ유언을 남기다. 유언하다.

유언비어 (流言蜚語) 아무 근거 없이 널리 퍼진 소문. ⓔ유언비어를 퍼뜨리다. 町뜬소문.

유언장 (遺言狀) [유언짱] 유언을 적은 문서. ⓔ유언장을 작성하다.

유에프오 (UFO) 정체를 알 수 없는 비행 물체. 町미확인 비행 물체. 비행 접시.

유엔 (UN) 제2차 세계 대전 후, 국제 평화의 유지와 국가 간의 협력을 위해 1945년에 만들어진 국제 기구. 본부는 미국 뉴욕에 있음. 국제 연합.

유엔 안전 보장 이사회 (UN安全保障理事會) 세계 평화와 안전을 지키고 분쟁을 해결하기 위하여 둔 유엔의 중요 기관의 하나. ⓔ안보리. 안전 보장 이사회.

유엔 총회 (UN總會) 유엔의 최고 기관. 유엔에 가입한 전 회원국으로 구성되며, 매년 9월에 정기 총회가 열림. 국제 연합 총회.

***유역** (流域) 강물이 흐르는 언저리의 지역. ⓔ한강 유역.

유연성 (柔軟性) [유연썽] 부드럽고 연한 성질. ⓔ유연성을 기르다.

유연탄 (有煙炭) [유:연탄] 탈 때 연기가 나는 석탄. 갈탄·역청탄 따위.

유연하다 (柔軟一) 부드럽고 연하다. ⓔ유연한 동작.

유용하다 (有用一) [유:용하다] 쓸모가 있다. ⓔ학생들에게 유용한 책.

유원지 (遊園地) 돌아다니며 구경하거나 놀기 위하여 여러 가지 시설을 갖추어 놓은 곳. 町놀이동산.

유월 (←六月) 한 해 열두 달 중에서 여섯 번째의 달. ⇒June

유유히 (悠悠一) 1 여유가 있으며 태연하게. ⓔ범행을 저지르고 유유히 사라졌다. 2 한가하고 느리게. ⓔ유유히 흐르는 강.

유의어 (類義語) [유:의어 / 유:이어] 뜻이 서로 비슷한 말.

***유의하다** (留意一) [유:의하다 / 유:이하다] 마음에 새겨 두어 조심하며 관심을 가지다. ⓔ건강에 유의하다.

유익하다 (有益一) [유:이카다] 도움이 되고 이롭다. ⓔ유익한 책.

유인 (誘引) 주의나 흥미를 일으켜 꾀어냄. ⓔ미끼로 물고기를 유인하다. 유인하다.

유인원 (類人猿) [유:이눤] 원숭이류 중 가장 진화한 것. 다른 원숭이류보다 크고 사람과 비슷하며, 꼬리가 없고 앞다리의 발가락이 발달하여 거의 곧게 서서 걸을 수 있음.

유일 (唯一) 오직 그것 하나뿐임. ⓔ유일한 친구 / 영화 감상은 나의 유일한 취미이다. 유일하다.

유일무이하다 (唯一無二一) 오직 하나뿐이고 둘도 없다. ⓔ유일무이한 기회 / 그렇게 속이 깊은 친구는 유일무이하다.

유입 (流入) 흘러 들어옴. ⓔ인구 유입 / 오염된 물의 지하수 유입을 막다. 유입하다.

유자 (柚子) [유:자] 유자나무의 열매. ⓔ유자를 설탕에 절이다.

유자나무 (柚子一) [유:자나무] 운향과의 상록 교목. 잎은 달걀 모양의 긴 타원형임. 동글납작한 열매가 겨울에 누렇게 익으며, 향내가 나고 맛이 심.

유작 (遺作) 죽은 사람이 살아 있을 때 남긴 작품. ⓔ유작 전시회 / 미완성 유작을 남기다.

***유적** (遺跡) 성·건물·고인돌·고분 따위처럼 남아 있는 역사의 자취. ⓔ유적이 발견되다. 町고적.

유적지 (遺跡地) [유적찌] 유물이나 유적이 있는 장소. ⓔ유적지 견학.

유전¹ (油田) 석유가 나는 곳. ⓔ유전 지대 / 유전 탐사.

유전² (遺傳) 조상으로부터 자손에게 몸의 모양이나 성질이 전해지는 현상. ⓔ유전 인자 / 나병은 유전되지 않는다. 유전하다.

유전 공학 (遺傳工學) 유전자의 합성·변형 따위를 연구하는 학문. 병의

유전병 (遺傳病) [유전뼝] 유전으로 어버이로부터 자손에게 전해지는 병. 색맹·혈우병 따위.

유전자 (遺傳子) 생물체 개개의 유전 형질을 나타내는 원인이 되는 물질. 염색체 안에 있음.

유제품 (乳製品) 우유를 가공하여 만든 식품. 버터·치즈·연유·분유 따위.

유조선 (油槽船) 석유를 실어 나르는 배. 예유조선이 부산항에 도착했다.

유족 (遺族) 죽은 사람의 뒤에 남아 있는 가족. 비유가족.

유종 (有終) [유:종] 시작한 일에 끝마무리가 있음.

 유종의 미 (有終—美) 일의 끝을 잘 마무리하는 것. 예유종의 미를 거두다.

유죄 (有罪) [유:죄 / 유:줴] 잘못이나 죄가 있음. 예그는 법원에서 유죄 판결을 받았다. 빤무죄.

유지¹ (有志) [유:지] 마을이나 지역 등에서 이름이 나 있고 영향력을 가진 사람. 예마을 유지들이 지역 개발에 앞장섰다.

***유지**² (維持) 어떤 상태나 현상을 그대로 보존하거나 변함없이 지탱함. 예질서 유지 / 규칙적인 운동으로 건강을 유지하다. 유지하다.

유지류 (油脂類) 동식물에서 얻은 지방이나 기름을 통틀어 이르는 말.

유창하다 (流暢—) 말을 하거나 글을 읽는 것이 물이 흐르듯 거침이 없다. 예영어를 유창하게 하다.

유채 (油菜) 십자화과의 두해살이풀. 봄에 노란 꽃이 피며, 잎과 줄기는 나물로 먹고 씨는 기름을 짬. 비평지.

유채색 (有彩色) [유:채색] 검정·하양·회색을 뺀 모든 색깔. 빤무채색.

유출 (流出) 1 밖으로 흘러 나감. 또는 흘러 내보냄. 예공장 폐수의 유출. 2 귀중한 물품이나 정보 따위가 불법으로 흘러 나감. 예시험지가 수험생에게 유출되었다. 유출하다.

유충 (幼蟲) ⇨애벌레. 빤성충.

유치¹ (乳齒) 아기일 때 났다가 나중에 갈게 되는 이. 비젖니.

유치² (誘致) 시설 따위를 갖추어 놓고 사람을 오게 하거나 행사를 열게 함. 예관광객 유치 사업. 유치하다.

***유치원** (幼稚園) 초등학교에 들어가기 전의 어린이들을 교육하는 시설이나 기관.

유치장 (留置場) 경찰서에서 법을 어긴 사람들을 임시로 가두어 두는 곳. 예유치장 신세를 지다.

유치하다 (幼稚—) 수준이 낮거나 미숙하다. 예유치한 생각 / 행동이 유치하기 짝이 없다.

유쾌하다 (愉快—) 즐겁고 상쾌하다. 예공원에서 하루를 유쾌하게 보내다. 빤불쾌하다.

유턴 (U-turn) 자동차 따위가 'U' 자 모양으로 돌아 방향을 바꾸는 일. 유턴하다.

유토피아 (utopia) 이 세상에는 없는 이상적인 사회. 이상향. 예유토피아를 꿈꾸다.

유통 (流通) 1 공기나 액체 따위가 거침없이 흘러 통함. 2 화폐나 수표 등이 세상에 널리 쓰임. 예새로 유통되는 화폐. 3 상품이 생산자·상인·소비자 사이에 거래됨. 예수입 상품의 유통 과정. 유통하다.

유통 기한 (流通期限) 주로 식품 따위의 상품이 유통될 수 있는 정해진 기간. 예유통 기한을 확인하다.

유품 (遺品) 죽은 사람이 생전에 쓰다 남긴 물건. 예유품을 간직하다. 비유물.

유프라테스강 (Euphrates江) 이라크의 메소포타미아 평야를 흐르는 큰 강. 고대 문명의 발상지임.

유하다 (柔—) 부드럽고 순하다. 예성격이 유하다. 빤강하다.

유학¹ (留學) 외국에 가서 공부함. 예미국으로 유학을 가다. 유학하다.

유학² (儒學) 공자의 사상을 근본으로 하는 학문. 비공맹학. *성리학. 유교.

유학생 (留學生) [유학쌩] 외국에 머물면서 공부하는 학생.

유학자 (儒學者) [유학짜] 유학을 깊이 연구하는 사람. 예조선 시대 유학자들의 문집을 간행하다.

유한 (有限) [유:한] 수·양·공간 등에

일정한 한도나 한계가 있음. 凹무한. 유한다.

유해¹(遺骸) 죽은 사람의 몸이나 뼈. 예유해를 묻다. 凹유골.

유해²(有害) [유:해] 해로움이 있음. 예유해 식품. 凹무해. 유해하다.

유행(流行) 1 옷차림·말·생각 따위가 일시적으로 널리 퍼지는 현상. 예유행이 지난 옷차림. 2 전염병 따위가 널리 퍼지는 일. 예독감이 유행하다. 유행하다.

유행가(流行歌) 특정한 시기에 대중의 인기를 얻어서 많은 사람이 듣고 부르는 노래.

유행성(流行性) [유행썽] 일시적으로 널리 퍼지는 성질. 예유행성 결막염.

유행어(流行語) 어떤 기간에 많은 사람들에게 널리 쓰이는 말. 凹시쳇말. 요샛말.

유형¹(有形) [유:형] 모양이나 형체가 있음. 凹무형.

유형²(類型) [유:형] 비슷한 것 사이의 공통된 형태. 예몇 개의 유형으로 나누다.

유형 문화유산(有形文化遺産) 건축물·조각·책·예술품 등 형체가 있어 눈으로 볼 수 있으며, 역사적·예술적 가치가 있는 문화유산.

유형 문화재(有形文化財) '유형 문화유산'의 전 용어.

유형원(柳馨遠) 『인명』 조선 효종 때의 실학자. 호는 반계. 저술과 학문 연구에 힘썼으며, 토지 개혁, 상공업 장려 따위를 주장함. 저서에 '반계수록' 등이 있음. [1622~1673]

유혹(誘惑) 남을 꾀어서 그릇된 마음을 품거나 그릇된 행동을 하게 함. 예유혹을 뿌리치다 / 유혹에 넘어가다. 유혹하다.

유화(油畵) 기름에 갠 물감으로 그린 서양식 그림. 예캔버스에 그린 유화. 凹유채화.

유화제(乳化劑) 물과 기름처럼 서로 섞이지 않는 두 액체를 잘 섞이게 하는 성질을 가진 물질.

유황(硫黃) ⇨황.

유효(有效) [유:효] 효력이나 효과가 있음. 예유효 기간. 凹무효. 유효하다.

유흥가(遊興街) 술집 따위의 놀 수 있는 장소가 모여 있는 거리.

유희(遊戱) [유히] 즐겁게 놀며 장난함. 유희하다.

****육**(六) 여섯. 예육 개월. ⊃six

육각기둥(六角—) [육깍끼둥] 밑면이 육각형으로 된 기둥.

육각형(六角形) [유까켱] 여섯 개의 직선으로 둘러싸인 평면 도형.

육감(六感) [육깜] 감각 기관으로 알 수 있는 오감 이외에 말로 설명할 수 없고 곧바로 느껴서 알 수 있는 감각. 예육감으로 알다.

육교(陸橋) [육꾜] 교통이 번잡한 도로나 철로 위에 건너질러 놓은 다리. 예육교를 건너다.

육군(陸軍) [육꾼] 육지에서의 전투를 임무로 하는 군대. 예육군 사관 학교. *공군. 해군. ⊃army

육로(陸路) [융노] 육지에 있는 길. 예육로를 이용하여 피난을 가다. 凹수로. 해로.

육류(肉類) [융뉴] 먹을 수 있는 짐승의 고기 종류.

육면체(六面體) [융면체] 여섯 개의 평면으로 둘러싸인 입체.

육박하다(肉薄—) [육빠카다] 어떤 수준에 아주 가까이 다가가다. 예5만에 육박하는 군중 / 마감 시간이 육박하다.

육상(陸上) [육쌍] 1 육지의 위. 땅 위. 예육상 교통. 凹육지. 해상. 2 '육상 경기'의 준말.

육상 경기(陸上競技) 땅 위에서 하는 여러 가지 운동 경기. 달리기·멀리뛰기·높이뛰기·던지기 따위. 준육상.

육성¹(肉聲) [육썽] 사람의 입에서 직접 나오는 소리. 예유언을 육성으로 남기다.

육성²(育成) [육썽] 길러서 키움. 예인재를 육성하다. 육성하다.

육순(六旬) [육쑨] 1 예순 날. 2 예순 살. 예육순의 어머니.

육식(肉食) [육씩] 1 음식으로 고기를 먹음. 凹채식. 2 동물이 다른 동물의 고기를 먹이로 하는 일. 凹초식. 육식하다.

육식 동물(肉食動物) 사자나 호랑

육식성

이 등과 같이 다른 동물의 고기를 먹이로 하는 동물. *초식 동물.

육식성 (肉食性) [육씩썽] 고기 또는 동물을 먹이로 하는 성질. 예육식성 동물. *초식성.

육신 (肉身) [육씬] 사람의 몸. 비육체. 반영혼.

육십 (六十) [육씹] ⇨예순. 예육십 명 / 육십 세.

육십 만세 운동 (六十萬歲運動) 조선의 마지막 임금인 순종의 장례식 날인 1926년 6월 10일에 청년·학생들이 일제에 항거하여 일으킨 만세 운동.

육아 (育兒) [유가] 어린아이를 기름. 예육아 일기.

육안 (肉眼) [유간] 안경이나 망원경, 현미경 따위를 이용하지 않고 직접 보는 눈. 예육안으로는 볼 수가 없다. 비맨눈.

육영 (育英) [유경] 훌륭한 인재를 가르쳐 기름. 곧, 교육을 이르는 말. 예육영 사업.

육영 공원 (育英公院) 조선 말 고종 23년(1886)에 나라에서 세운 최초의 근대식 공립 학교. 재정난 등으로 1894년에 문을 닫음.

육의전 (六矣廛) [유긔전 / 유기전] 조선 시대에 서울 종로에 있던, 선전·면포전·지전·면주전·저포전·내외어물전 등의 여섯 가지 종류의 가게. 비육주비전.

육이오 전쟁 (六二五戰爭) 1950년 6월 25일 새벽, 북위 삼십팔도선을 넘어 북한군이 기습적으로 남침함으로써 일어난 전쟁. 1953년 7월 27일 휴전이 됨. 비육이오 사변. 준육이오.

육자배기 (六字—) [육짜배기] 남도 지방의, 곡조가 활발한 민요.

육젓 (六—) [육쩓] 한여름인 음력 유월에 잡은 새우로 담근 젓. *오젓.

육조 (六曹) [육쪼] 고려·조선 시대에 나라의 일을 맡던 이조·호조·예조·병조·형조·공조의 여섯 관청. 지금의 행정부와 비슷한 기관임.

육중하다 (肉重—) [육쭝하다] 투박하고 무겁다. 예육중한 몸집 / 육중하고 둔탁한 소리.

***육지** (陸地) [육찌] 1 물에 잠기지 않은 땅. 예배가 육지에 닿다. 2 대륙과 연결되어 있는 땅. 예육지 사람들. 비대륙. 뭍. 반바다. 해양.

육체 (肉體) 사람의 몸. 예육체를 단련하다. 비신체. 육신. 인체. 반영혼. 정신.

육체노동 (肉體勞動) 몸을 움직여 그 힘으로 하는 노동. 반정신노동.

육체미 (肉體美) 몸이 발달하여 균형이 잡힌 몸매.

육체적 (肉體的) 육체에 관한 (것). 예육체적 고통. 반정신적.

육친 (肉親) 조부모·부모·형제 등과 같이 혈족 관계가 있는 사람. 예육친의 정을 느끼다.

육탄 (肉彈) 몸을 탄알 삼아 직접 적진에 뛰어들어 덤비는 일. 또는 그 몸. 예육탄 돌격.

육포 (肉脯) 쇠고기를 얇게 저며 양념하여 말린 포.

육풍 (陸風) 육지에서 바다로 부는 바람. 비육연풍. 반해풍.

육하원칙 (六何原則) [유카원칙] 보도 기사 등의 글을 쓸 때 반드시 지켜야 할 여섯 가지 기본적인 원칙. 곧, '누가, 언제, 어디서, 무엇을, 어떻게, 왜'를 일컫는 말.

육해공군 (陸海空軍) [유캐공군] 육군과 해군과 공군. 비삼군.

육회 (肉膾) [유쾨 / 유훼] 소의 살코기·간·처녑·양 등을 잘게 썰어 갖은 양념을 하여 날로 먹는 음식.

윤 (潤) [윤ː] '윤기'의 준말. 예윤이 나는 마룻바닥.

윤곽 (輪廓) 1 일이나 사건의 큰 줄거리. 예사건의 윤곽이 드러나다. 2 사물의 테두리나 대강의 모습. 예윤곽이 뚜렷한 얼굴.

윤관 (尹瓘) 「인명」 고려 예종 때의 장군. 여진을 정벌하고 아홉 개의 성을 쌓았음. [?-1111]

윤기 (潤氣) [윤ː끼] 매끈하고 빛이 나는 기운. 예윤기가 흐르는 머리 / 피부에 윤기가 흐르다. 준윤.

윤년 (閏年) [윤ː년] 윤달이나 윤일이 있는 해. 양력에서는 4년마다 한 번 2월이 29일까지 있고, 음력에서는 5년에 두 번의 비율로 1년을 13개월로

함. [반]평년.
윤달 (閏一) [윤:달] 윤년에 드는 달. 양력에서는 2월이 평년보다 하루 많고, 음력에서는 평년보다 한 달을 더하여 만듦.
윤동주 (尹東柱) 〖인명〗 시인. 1943년에 독립운동의 혐의로 일본 경찰에 붙잡혀 감옥에서 사망함. 작품집에 '하늘과 바람과 별과 시'가 있음. [1917-1945]
윤리 (倫理) [율리] 사람이 살아가는 데 지켜야 할 도리. [비]인륜.
윤봉길 (尹奉吉) 〖인명〗 독립운동가. 1932년 일본 천황의 생일을 기념하는 축하식장인 상하이 훙커우 공원에 폭탄을 던져 시라카와 대장 등 일본 고관들을 죽이고 붙잡혀 순국함. [1908-1932]
윤선도 (尹善道) 〖인명〗 조선 중기의 문신·시조 작가. 호는 고산·해옹. 시조 문학의 대가로 77수가 전함. [1587-1671]
윤택 (潤澤) [윤:택] 1 살림이 넉넉하고 여유가 있음. 예 윤택한 살림. 2 윤기 있는 광택. 윤택하다.
윤활유 (潤滑油) [윤:활류] 기계가 맞닿는 부분의 마찰을 덜기 위하여 쓰는 기름. 예 자동차 엔진 윤활유.
윤회 (輪廻) [윤회 / 윤훼] 불교에서, 삶과 죽음이 끝없이 되풀이하는 일. 예 윤회 사상. 윤회하다.
율 (率) '비율'의 준말. 예 투표에 참여하는 율이 높다.
율곡 (栗谷) '이이²'의 호.
율동 (律動) [율똥] 가락에 맞추어 추는 춤.
율무 볏과에 속하는 한해살이풀. 높이는 1.5m가량, 여름에 꽃이 피며 타원형의 열매를 맺는데 먹거나 약으로 씀.
율법 (律法) [율뻡] 인간이 지켜야 할 종교적·사회적·도덕적 생활에 대하여 신의 이름으로 만든 법. 모세의 십계명이 대표적임.
융 (絨) 촉감이 부드럽고 보풀이 일게 짠 천의 한 가지.
융기 (隆起) 1 높게 일어나 들뜸. 또는 그 부분. 2 땅이 기준면보다 높아짐. 융기하다.

융단 (絨緞) 염색한 털로 그림이나 무늬를 놓아 짠 두꺼운 모직물의 하나. 마루에 깔거나 벽에 걺. 카펫.
융성 (隆盛) 기운차게 일어나서 크게 번성함. 예 불교가 크게 융성하다. 융성하다.
융숭하다 (隆崇一) 대하는 태도가 매우 정성스럽고 극진하다. 예 융숭한 대접을 받다.
융자 (融資) 돈을 빌려 씀. 또는 그 돈. 예 은행 융자를 받다. 융자하다.
융털 (絨一) 1 작은창자의 안쪽 벽에 촘촘하게 나 있는 부드러운 털. 소화를 돕고 양분의 흡수를 쉽게 함. [비]융모. 2 융단 거죽에 난 보드라운 털.
융통 (融通) 필요한 물건이나 돈을 돌려씀. 예 돈을 융통하다. 융통하다.
융통성 (融通性) [융통썽] 형편에 따라 일을 잘 처리하는 성질이나 능력. 예 융통성이 없는 사람.
융합 (融合) 여러 종류의 것이 녹아서 하나로 합침. 예 산소와 수소가 융합하면 물이 된다. 융합하다.
융화 (融和) 서로 어울려 화목하게 됨. 예 세대 간의 융화를 도모하다. 융화하다.
***윷** [윷:] 1 작고 둥근 통나무 두 개를 반으로 쪼개어 네 쪽으로 만든 놀잇감. 2 윷놀이에서, 윷짝 네 개가 모두 뒤집힌 경우. 윷말이 네 자리를 갈 수 있음. 예 윷이 나오다. →윷짝[참고]
윷가락 [윧:까락] ⇨윷짝.
***윷놀이** [윤:노리] 편을 갈라 윷을 던져 승부를 겨루는 놀이. 윷놀이하다.
윷말 [윤:말] 윷놀이에서 쓰는 말. 한 편에 네 개씩 있음.
윷밭 [윤:빧] 1 윷놀이에서, 말을 놓는 자리. 2 윷판의 말밭.
윷짝 [윤:짝] 윷의 낱개. [비]윷가락.
  윷짝 가르듯 판단이 분명함을 비유한 말.

[참고] 윷짝
(1) 말뜻
  도 (돼지) ← 돝
  개 (개)
  걸 (양) ← 결 ← 갈 (큰 양의 뜻)
  윷 (소) ← 슛 ← 슛 ← 슈 ← 쇼

> 모(말) ← 몰 ← 물
> (2) 유래
> 몸체의 크기로 … 개보다는 양이 크고 양보다는 소가 크다.
> 속도로 … 돼지가 가장 느리고 말이 가장 빠르다.

윷판 [윷:판] 1 윷을 놀고 있는 그 자리. 예 윷판을 벌이다. 2 윷밭을 그린 판. 예 윷판에 말을 놓다. 비 말판.

으깨다 굳은 물건이나 덩이로 된 물건을 눌러 부스뜨리다. 예 삶은 감자를 으깨다. 비 뭉개다.

으뜸 1 많은 것 가운데 뛰어난 것. 또는 첫째가는 것. 예 으뜸이 되다 / 글은 간결함을 으뜸으로 한다. 2 기본·근본의 뜻. 예 효도는 윤리의 으뜸이다.

으뜸가다 많은 것 가운데 첫째가 되다. 예 으뜸가는 맛 / 으뜸가는 당면 과제를 해결하다.

으뜸꼴 어떤 낱말의 기본이 되는 꼴. '-다'를 붙여 나타냄. 가다·보다·울다 따위. 비 기본형. 원형.

으뜸음 (一音) [으뜨믐] 음계의 첫째 음. 장음계에서는 '도', 단음계에서는 '라' 음임.

으뜸화음 (一和音) 음계의 으뜸음을 밑음으로 하여 이루어진 삼화음.

으레 1 두말할 것 없이. 당연히. 예 으레 우리가 할 일이다. 2 틀림없이. 언제나. 예 앉았다 하면 으레 책을 읽는다. ×으례.

*__으로__ ㄹ 받침 이외의 받침 있는 말에 붙어, 수단·방법·재료 따위와 이유·원인·지위·자격 또는 시간·방향 등을 나타내는 말. 예 돈으로 약을 사다 / 동쪽으로 가다 / 병으로 결석하다 / 반장으로 뽑히다 / 아침저녁으로 문안하다.

으로서 ㄹ 받침 이외의 받침 있는 말에 붙어, '지위나 신분 또는 자격을 가지고'의 뜻을 나타내는 말. 예 학생으로서 마땅히 해야 할 일. → 로서 주의

으로써 ㄹ 받침 이외의 받침 있는 말에 붙어, '…을 가지고'의 뜻을 나타내는 말. 예 용기와 신념으로써 경기에 임하라. → 로서 주의

으르다 말이나 행동으로 상대방을 위협하다. 예 아무리 으르고 달래도 소용이 없다. 활용 을러 / 으르니. → 어르다 주의

으르렁거리다 1 크고 사나운 짐승 따위가 자꾸 성내어 크고 세차게 울부짖다. 2 아주 성이 나서 자꾸 거친 말로 서로 다투다. 예 그들은 만나기만 하면 으르렁거린다.

으름장 [으름짱] 말이나 행동으로 남을 위협하는 짓.
으름장(을) 놓다 단단히 으르다.

으리으리하다 기가 질릴 정도로 규모나 모양이 굉장하다. 예 집이 으리으리하다.

으스대다 어울리지 않게 우쭐거리며 뽐내다. 예 그는 힘이 세다고 으스댔다. ×으시대다.

으스러지다 덩어리가 깨어져 부스러지다. 예 손이 으스러지도록 꼭 잡다. 작 아스러지다.

으스름 빛 따위가 침침하고 흐릿한 상태. 예 으스름한 달밤 / 으스름이 깔리다. **으스름하다.** → 어스름 주의

으스스 차거나 싫은 것이 몸에 닿았을 때 소름이 끼치는 모양. 예 찬 바람에 온몸이 으스스 떨린다. ×으시시. **으스스하다.**

으슥하다 [으스카다] 무서운 느낌이 들 만큼 구석지고 고요하다. 예 으슥한 골목길.

으슬으슬 [으스르슬] 소름이 끼칠 듯이 차가운 느낌이 자꾸 드는 모양. 예 감기에 걸려 몸이 으슬으슬 춥다. 작 오슬오슬. **으슬으슬하다.**

*__-으시-__ 존경의 뜻을 나타내는 말. 예 선생님은 내 손을 꼭 잡으시었다. *-시-.

으쓱 1 갑자기 어깨를 한 번 들먹이는 모양. 2 어깨를 들먹이며 우쭐하는 모양. 예 합격 소식에 어깨가 으쓱 올라갔다. **으쓱하다.**

으쓱거리다 [으쓱꺼리다] 1 어깨를 자꾸 들먹이다. 예 신이 나서 어깨가 저절로 으쓱거린다. 2 어깨를 들먹이며 자꾸 우쭐거리다.

으악 1 갑자기 토하는 소리. 2 놀라

으앙 젖먹이가 우는 소리.

으흐흐 1 엉큼하게 웃는 소리. 예으흐흐 하며 능글맞게 웃다. 2 흐느껴 우는 소리. 예으흐흐 흐느껴 울다.

윽박지르다 [윽빡찌르다] 몹시 꾸짖거나 다그쳐서 기를 꺾다. 예잘못한 학생을 윽박지르지 말고 잘 타일러라. [활용] 윽박질러 / 윽박지르니. ×욱박지르다.

*은[1] (銀) 귀금속의 하나. 금보다 조금 가볍고 단단하며 백색의 광택을 가짐. 화폐·장식품 따위에 쓰임. ⊃silver

*은[2] 받침 있는 말에 붙어, 사물을 구별하거나 강조하는 뜻을 나타내는 말. 예인생은 짧고 예술은 길다 / 오늘은 기분이 좋다.

은공 (恩功) 은혜와 공로. 예부모의 은공에 보답하다.

은근슬쩍 (慇懃一) 드러나지 않게 슬그머니. 예아버지께서 은근슬쩍 오시더니 용돈을 주셨다.

은근하다 (慇懃一) 행동 따위가 드러나지 않고 은밀하다. 예은근한 태도 / 은근하게 말하다.

은근히 (慇懃一) 은근하게. 예은근히 자랑하다.

은덕 (恩德) 은혜와 덕. 예선생님의 은덕 / 은덕을 입다.

*-은데 1 다음 말을 끌어내려고 관련될 만한 어떤 사실을 먼저 말할 때 쓰는 말. 예물건은 좋은데 값이 비싸다. 2 스스로 감탄할 때 쓰는 말. 예경치가 참 좋은데.

은돈 (銀一) 은으로 만든 돈. 町은화.
은둔 (隱遁) 세상일을 피하여 숨음. 예은둔 생활. 은둔하다.

은메달 (銀medal) 은으로 만든 메달. 경기 등에서 2위를 차지한 선수에게 줌. 예은메달을 따다 / 은메달을 목에 걸다.

은밀하다 (隱密一) 숨어 있어서 겉으로 드러나지 않다. 예이야기를 은밀하게 나누다.

은박지 (銀箔紙) [은박찌] 알루미늄을 종이처럼 얇고 넓게 만든 것으로, 주로 식품을 포장할 때 씀.

은반 (銀盤) 1 은으로 만든 쟁반. 2 '달'이나 '얼음판' 따위를 아름답게 일컫는 말. 예은반 위의 요정.

은방울꽃

은방울꽃 (銀一) [은방울꼳] 백합과의 여러해살이풀. 6월경에 방울 모양의 희고 작은 꽃이 긴 꽃줄기에 달려 핌.

은빛 (銀一) [은삧] 은과 같은 빛깔. 町은색.

은사 (恩師) 가르친 선생님을 높여 이르는 말. 예초등학교 시절의 은사를 찾아뵙다.

은상 (銀賞) 상의 등급을 금·은·동으로 나누었을 때의 2등 상.

은색 (銀色) ⇨은빛.

은신처 (隱身處) 몸을 숨기는 곳. 예은신처를 찾다.

은어[1] (銀魚) [으너] 바다빙엇과의 민물고기. 몸이 가늘고 길며 어릴 때 바다에서 지내고, 자라면 강을 거슬러 올라 모래나 자갈 밑에 알을 낳음.

은어[2] (隱語) [으너] 어떤 단체나 무리에서 자기네끼리만 알도록 특정한 뜻을 숨겨 쓰는 말.

은연중 (隱然中) [으년중] 주로 '은연중에' 꼴로 쓰여, 겉으로 드러나 아니하는 가운데. 남이 모르는 가운데. 예은연중에 속마음을 내보이다.

은유법 (隱喩法) [으뉴뻡] 문학에서 비유법의 하나로 본뜻은 숨기고 다른 것에 빗대어 본뜻을 암시적으로 표현하는 방법. '내 마음은 호수요'라고 하는 따위. *직유법.

은은하다 (隱隱一) [으느하다] 1 겉으로 드러나지 아니하고 어슴푸레하고 흐릿하다. 예달빛이 은은하게 비치다. 2 소리가 아득하여 들릴 듯 말 듯 하다. 예목탁 소리가 은은하게 들려오다.

은인 (恩人) [으닌] 은혜를 베풀어 준 사람. 예생명의 은인. 町원수.

은장도 (銀粧刀) 노리개의 하나. 칼집 있는 작은 칼로, 칼자루와 칼집을 은으로 장식함.

은진 미륵 (恩津彌勒) 충청남도 논산시 은진면 관촉사에 있는 석조 미륵

보살의 입상. 고려 시대에 세운 것으로, 높이는 24.5m.

은총 (恩寵) 1 높은 사람에게서 받는 특별한 은혜와 사랑. 예은총을 입다. 2 기독교에서, 인류에 대한 하나님의 사랑. 예하나님의 은총.

은퇴 (隱退) [은퇴 / 은퉤] 직책에서 물러남. 또는 물러나서 한가로이 삶. 예공직에서 은퇴하다. **은퇴하다**.

은폐 (隱蔽) [은폐 / 은페] 덮어 감추거나 가리어 숨김. 예사건을 은폐하다. **은폐하다**.

은하 (銀河) 구름 띠 모양으로 길게 분포되어 있는 수많은 별의 무리. 비은하수. ⇒galaxy

은하계 (銀河系) [은하계 / 은하게] 은하를 이루는 항성을 포함한 수많은 별의 집단.

은하수 (銀河水) '은하'를 강에 비유하여 일컫는 말.

*__은행__[1] (銀行) 여러 사람의 돈을 맡아 관리해 주고 돈을 필요로 하는 사람에게 빌려주는 일 등을 업무로 하는 대표적인 금융 기관. ⇒bank

은행[2] (銀杏) 은행나무의 열매.

은행나무 (銀杏-) 은행나뭇과의 낙엽 교목. 부채 모양의 잎이 한군데에서 여러 개가 나며 암수가 다른 곳으로 되어 있음. 가로수나 정자나무로 심으며, 목재는 조각이나 가구용 재료로 쓰임.

은행원 (銀行員) 은행에서 은행 업무를 맡아보는 사람. 준행원.

은행잎 (銀杏-) [은행닙] 은행나무의 잎. 예은행잎이 노랗게 물들었다.

*__은혜__ (恩惠) [은혜 / 은헤] 베풀어 주는 신세나 혜택. 예부모님의 은혜 / 은혜를 베풀다. 비자혜.

은혜롭다 (恩惠-) [은혜롭따 / 은헤롭따] 은혜를 입어 매우 고맙다. 활용 은혜로워 / 은혜로우니.

은화 (銀貨) 은으로 만든 돈. 은을 섞은 합금으로 만든 돈. 비은돈.

*__을__[1] 받침 있는 말에 붙어, 그 말을 목적어가 되게 하는 말. 예옷을 벗다 / 일을 하다 / 잠을 자다. ∗를.

을[2] (乙) 둘 이상의 사람이나 사물이 있을 때, 그중 하나를 가리키는 말. 예집주인을 갑, 세입자를 을로 한다.

을러대다 위협적인 말과 행동으로 남을 억누르다. 예주먹을 휘두르며 을러대다.

을미사변 (乙未事變) 1895년에 일본의 자객들이 경복궁을 침입하여 명성황후를 죽인 사건. 일본 공사 미우라 등이 친러시아 세력을 제거하기 위하여 일으켰음.

을사조약 (乙巳條約) [을싸조약] 일본이 1905년에 우리나라의 외교권을 빼앗기 위하여 우리 정부와 강제로 맺은 조약.

을씨년스럽다 [을씨년스럽따] 날씨나 분위기 따위가 스산하고 쓸쓸한 데가 있다. 예가을 날씨가 을씨년스럽다. 활용 을씨년스러워 / 을씨년스러우니.

을지문덕 (乙支文德) 『인명』 고구려 영양왕 때의 장군. 612년 고구려에 침입한 수나라 양제의 30만 대군을 살수(지금의 청천강)에서 크게 무찌름. [?-?]

읊다 [읍따] 1 소리를 내어 운율에 맞추어 시를 읽거나 외다. 예시를 읊다. 2 시를 짓다. 예낙엽을 보고 시를 읊다. 발음 읊고 [읍꼬] / 읊으니 [을프니] / 읊는다 [음는다].

읊조리다 [읍쪼리다] 뜻을 음미하면서 낮은 목소리로 시를 읊다. 예그는 소월의 시를 읊조리며 숲을 거닐었다.

*__음__[1] (音) 1 말소리. 2 한자를 읽을 때의 소리. 예한자에 음을 달다. 3 음악을 이루는 소리. 예낮은 음.

음[2] 상대의 뜻을 따르거나 걱정이 있을 때, 입을 다물고 내는 소리. 예음, 듣고 보니 그럴듯하군 / 음, 큰일이군.

음각 (陰刻) 평면에 그림이나 글씨 따위를 안으로 들어가게 새김. 또는 그런 조각. 반양각. **음각하다**.

음경 (陰莖) 남성의 외부 생식기.

음계 (音階) [음계 / 음게] 음을 높이에 따라 일정한 간격으로 차례로 늘어놓은 것. 동양 음악은 궁·상·각·치·우의 5음, 서양 음악은 도·레·미·파·솔·라·시의 7음 음계를 기초로 함.

음극 (陰極) 전지 등에서 전류가 흘러 들어가는 쪽의 극. 비마이너스극. 음전극. 반양극.

음낭 (陰囊) 포유류 수컷의 성기 아

래에 붙어 있는 주머니처럼 생긴 것. 속에 고환이 들어 있음.

음넓이(音—)[음널비] 사람의 목소리나 악기가 낼 수 있는 최저 음에서 최고 음까지의 폭. 町음역.

음란(淫亂)[음난] 행실이 바르지 못하고 난잡함. 예음란 동영상 / 음란한 행위를 적발하다. **음란하다**.

음란물(淫亂物)[음난물] 음란한 내용을 담은 책이나 그림·사진·영화·비디오테이프 따위.

음량(音量)[음냥] 악기나 사람의 목소리가 크거나 작게 울리는 정도. 예라디오의 음량을 조절하다.

음력(陰曆)[음녁] 달의 주기를 기준으로 만든 달력. '태음력'의 준말. 예음력 생일. 町양력.

음료(飮料)[음뇨] 갈증을 풀거나 맛을 즐기기 위하여 마시는 액체의 총칭. 예천연 과즙 음료.

*음료수(飮料水)[음뇨수] 갈증을 풀거나 맛을 즐기기 위하여 마시는 물. 예목이 말라 음료수를 마셨다.

음률(音律)[음뉼] 소리와 음악의 가락. 준율.

음매 소나 송아지의 울음소리.

음모(陰謀) 몰래 나쁜 일을 꾸밈. 또는 그 꾸민 일. 예작당하여 음모를 꾸미다. **음모하다**.

음미하다(吟味—) 1 사물의 내용이나 속뜻을 깊이 새기어 느끼거나 생각하다. 예옛 성현의 훌륭한 말씀을 음미하다. 2 음식의 맛과 향을 즐기면서 맛보다. 예녹차 향을 음미하며 마시다.

음반(音盤) 음악이나 소리 따위를 녹음하여 다시 들을 수 있게 만든 둥그런 판. 디스크. 레코드판. 예가요 음반 / 음반을 제작하다.

음복(飮福)[음:복] 제사를 지내고 난 뒤에 제사에 쓴 술이나 음식을 나누어 먹음. **음복하다**.

음산하다(陰散—) 날씨가 흐리고 으스스하다. 예음산한 날씨.

음색(音色) 어떤 음이 높낮이가 같아도 악기 또는 사람에 따라 달리 들리는 소리의 특성.

음성¹(音聲) 사람의 목소리나 말소리. 예귀에 익은 음성.

음성²(陰性) 밖으로 드러나지 않은 숨은 성질. 예음성 거래 / 음성 수입. 町양성.

음수(陰數) 0보다 작은 수. 마이너스의 수. $-1, -2, -3, -4, …$ 따위. 町양수.

***음식**(飮食)[음:식] 1 사람이 먹을 수 있도록 만든 것. 밥·국·반찬 따위. 예음식을 차리다 / 음식을 남기거나 버리지 마라. 2 '음식물'의 준말. ◦food

***음식물**(飮食物)[음:싱물] 사람이 먹고 마시는 것. 준음식.

음식점(飮食店)[음:식쩜] 음식을 파는 가게. 町식당.

***음악**(音樂)[으막] 목소리나 악기로 듣기 좋은 소리를 만드는 예술. 크게 성악과 기악으로 나눔. 예음악을 감상하다. ◦music

음악가(音樂家)[으막까] 음악 활동에 종사하는 사람.

음악극(音樂劇)[으막끅] 대사가 주로 노래로 되어 있는 연극.

음악실(音樂室)[으막씰] 음악을 공부하거나 연주하거나 감상할 수 있게 만든 방.

음악회(音樂會)[으마쾨/으마퀘] 음악을 연주하여 청중이 감상하게 하는 모임. 콘서트.

음역(音域)[으먹] ⇨음넓이.

음영(陰影)[으명] 빛이 불투명체에 가로막혀 생기는 어두운 부분. 町그림자. 그늘.

음이름(音—)[으미름] 각 음의 높이를 나타내기 위해 붙이는 이름. 서양 음악에서는 'C·D·E·F·G·A·B', 우리나라에서는 '다·라·마·바·사·가·나'의 일곱 문자와 샤프(#), 플랫(♭) 따위로 나타냄.

음자리표(音—標) 악보의 왼쪽 첫머리에 적어 음의 높낮이를 정하는 기호. 높은음자리표·낮은음자리표 따위가 있음.

음절(音節) 단어 또는 단어의 일부를 이루는 발음의 최소 단위. '노래'에서 '노'와 '래' 따위. 町소리마디.

음정(音程) 1 높이가 다른 두 음 사이의 간격. 예음정이 불안하다 / 음정이 고르다. 2 음 하나하나의 높고 낮은

음주 (飮酒) [음:주] 술을 마심. 예음주 운전 단속. **음주하다**.

음지 (陰地) 그늘진 곳. 비응달. 반양지. →응달 주의

음치 (音癡) 음에 대한 감각이 둔하고 가락이나 높낮이, 박자 따위를 분별하지 못하는 사람.

음침하다 (陰沈—) 1 성질이 명랑하지 못하고 음흉한 데가 있다. 예음침한 표정/음침한 사람. 2 날씨가 흐리고 컴컴하다. 예날씨가 음침하다. 3 분위기가 어두컴컴하고 스산하다. 예음침한 골방.

음표 (音標) 악보에서, 음의 높낮이와 길이를 나타내는 기호. 사분음표, 팔분음표 따위. 비음부.

음향 (音響) 소리의 울림. 예음향 기기/음향 시설.

음향 효과 (音響效果) 연극·영화·라디오·텔레비전 따위에서 여러 가지 소리를 써서 장면을 실감 나게 하는 일.

음흉 (陰凶) 마음이 엉큼하고 흉악함. 예음흉을 떨다/음흉한 속셈을 드러내다. **음흉하다**.

*__읍__ (邑) 1 시나 군에 속한 지방 행정 구역의 하나. 대략 인구 2만에서 5만 사이인 곳. 2 '읍내'의 준말. ○town

읍내 (邑內) [음내] 읍의 안. 준읍.

읍사무소 (邑事務所) [읍싸무소] 읍의 행정 사무를 맡아보는 기관.

읍성 (邑城) [읍썽] 한 읍 전체를 성벽으로 쌓아 두른 성. 예해미 읍성/읍성을 수축하다.

*__응__ 1 친구 사이나 손아랫사람에게 대답하거나 부름에 응하는 소리. 예응, 빨리 갈게. 2 상대편의 대답을 재촉하거나 다짐을 해 둘 때 쓰는 말. 예알았지, 응. 3 남의 행동이 마땅치 않아 불평을 나타내는 소리. 예이것 누가 망가뜨렸니, 응.

응가 어린아이의 말로, 똥이나 똥을 누는 일을 이르는 말. **응가하다**.

응고 (凝固) [응:고] 액체 따위가 엉겨 뭉쳐 딱딱하게 됨. 예혈액이 응고하다. 반융해. **응고하다**.

응급 (應急) [응:급] 급한 대로 우선 처리함. 예응급 환자. **응급하다**.

응급실 (應急室) [응:급씰] 병원에서 환자의 응급 치료를 할 수 있도록 시설을 갖추어 놓은 방.

응급 치료 (應急治療) 다치거나 병이 났을 때, 위급한 고비를 넘기기 위하여 임시로 하는 치료. 비응급 처치.

응낙 (應諾) [응:낙] 남이 부탁하는 것을 들어줌. 예친구의 부탁을 쾌히 응낙하다. **응낙하다**.

응달 햇빛이 들지 않아 그늘진 곳. 예응달에서 땀을 식히다. 비음지. 반양달.

> 주의 **응달**과 **음지**
> **응달** 응달의 원말은 음달이지만 음달은 표준어가 아니다. 음지와 같은 뜻이며 반대말은 양달이다. 예양달을 피해 응달에 가서 쉬다.
> **음지** 응달의 동의어인 한자말인데, 반대말은 양지이다. 예양지가 음지되고 음지가 양지된다.

응답 (應答) [응:답] 물음이나 부름에 응하여 대답함. 예질문에 응답하다. 반질의. **응답하다**.

응답자 (應答者) [응:답짜] 설문 조사 등의 물음에 응답한 사람. 예전체 응답자의 절반 이상이 찬성을 했다.

응당 (應當) [응:당] 마땅히. 으레. 당연히. 예응당 네가 해야 할 일이다.

응당하다 (應當—) [응:당하다] 1 어떤 현상이나 사실이 지극히 마땅하다. 예학생이 공부하는 것은 응당한 일이다. 2 상당하다. 알맞다. 예응당한 벌을 받아야 한다.

응대 (應對) [응:대] 부름이나 물음 또는 요구 따위에 응하여 상대함. 예아무런 응대가 없다. **응대하다**.

응모 (應募) [응:모] 모집에 응함. 예이번에 응모한 작품들은 수준이 아주 높다. **응모하다**.

응분 (應分) [응:분] 제 신분에 맞음. 분수나 정도에 적당함. 예응분의 대가/응분의 보상다.

응석 [응:석] 어른의 사랑을 믿고 어려워하는 기색 없이 버릇없게 구는 말과 행동. 예응석을 받아 주다/응석을

부리다.

응석받이 [응:석빠지] 1 응석을 받아 주는 일. 2 응석을 부리며 자란 아이. 예응석받이가 되다.

응수 (應酬) [응:수] 상대편의 말이나 행동에 맞받아 응함. 예한마디도 지지 않고 응수하다. **응수하다**.

응시¹ (凝視) [응:시] 눈길을 한 곳에 두고 똑바로 바라봄. 예그는 멍하니 벽만 응시하고 있었다. **응시하다**.

응시² (應試) [응:시] 시험을 봄. 시험을 치름. 예응시 자격 / 검정고시에 응시하다. **응시하다**.

응어리 1 근육이 뭉쳐서 단단해진 덩어리. 예종아리에 응어리가 생기다. 2 한이나 불만 따위로 맺혀 있는 감정. 예가슴속의 응어리를 풀다.

응용 (應用) [응:용] 원리나 지식, 기술 따위를 다른 일을 하는 데 활용함. 예지식의 응용. **응용하다**.

응용 미술 (應用美術) 주로 실제의 생활에 쓰이는 물건을 보기 좋게 만들거나 꾸미는 미술.

*__응원__ (應援) [응:원] 운동 경기 따위에서, 선수들의 힘을 북돋우는 일. 예목이 터져라 응원하다. 비성원. 후원. **응원하다**.

응원가 (應援歌) [응:원가] 운동 경기 따위에서, 자기편 선수를 응원할 때 여럿이 부르는 노래.

응원단 (應援團) [응:원단] 운동 경기 따위에서, 자기편이 이기도록 응원하는 사람들의 무리.

응원석 (應援席) [응:원석] 응원하는 사람들이 앉는 자리. 예양 팀 응원단이 응원석을 가득 메웠다.

응접실 (應接室) [응:접씰] 손님을 접대하려고 마련해 놓은 방. 예손님을 응접실로 안내하다.

응집 (凝集) [응:집] 한군데에 엉겨서 뭉침. 예온 국민이 응집하여 통일을 이룩하다. **응집하다**.

응징 (膺懲) [응:징] 잘못을 뉘우치도록 벌을 줌. 예체벌로 응징하다. **응징하다**.

응하다 (應一) [응:하다] 어떤 물음이나 요구, 필요 따위에 맞추어 대답하거나 행동하다. 예질문에 응하다.

*__의__¹ 1 소유·소속을 나타냄. 예나의 가방 / 우리의 학교. 2 과정이나 목표 따위의 대상임을 나타냄. 예성공으로의 길. 3 행동의 대상임을 나타냄. 예우리의 각오.

의² (義) [의:] 사람이 행하여야 할 바른 도리. 예의를 지키다.

*__의__³ (誼) [의:] ⇨정의³. 예의가 좋다.

의거¹ (依據) 1 어떤 사실이나 원리에 근거함. 예법령에 의거한 판결. 2 자연에 의지하여 자리 잡고 머무름. 예사찰에 의거하다. 3 어떤 힘을 빌려 의지함. 비의빙. **의거하다**.

의거² (義擧) [의:거] 정의를 위하여 일으킨 의로운 일. 예의거 활동. **의거하다**.

*__의견__ (意見) [의:견] 어떤 대상이나 일에 대한 생각. 예소수의 의견도 존중하다. 비의사. 의향. ○opinion

의견서 (意見書) [의:견서] 어떤 의견을 적은 글이나 문서.

의결 (議決) 여러 사람이 의논하여 결정함. 예예산안을 의결하다. 비결의. **의결하다**.

의과 (醫科) [의:꽈] 의학을 연구하고 가르치는 대학의 한 분과. 예의과 대학에 지원하다.

의관 (衣冠) 예전에, 남자의 웃옷과 갓이라는 뜻으로, 남자가 정식으로 갖추어 입는 옷차림을 이르는 말. 예의관을 갖추다. **의관하다**.

의구심 (疑懼心) 의심하고 두려워하는 마음. 예의구심이 생기다.

의금부 (義禁府) [의:금부] 조선 시대에 임금의 명령을 받들어 죄인을 신문하는 일을 맡아보던 관청.

의기 (意氣) [의:기] 적극적으로 무엇을 하려는 마음. 예의기가 드높다.

의기소침 (意氣銷沈) [의:기소침] 기운을 잃고 풀이 죽음. 예벌을 받더니 의기소침해졌다. **의기소침하다**.

의기양양 (意氣揚揚) [의:기양양 / 의:기양냥] 바라는 대로 일이 되어 만족한 마음이 얼굴에 나타나는 모양. 예의기양양한 얼굴. **의기양양하다**.

*__의논__ (議論) 어떤 일에 대하여 서로 의견을 주고받음. 예다같이 의논하여 결정하다. 비상의. **의논하다**.

의당 (宜當) 마땅히. 으레. 예 잘못은 의당 사과해야 한다. **의당하다**. 의당히.

의도 (意圖) [의:도] 무엇을 하려고 하는 생각이나 계획. 예 상대방의 의도를 전혀 모르겠다. **의도하다**.

의례 (儀禮) 형식과 절차를 갖춘 행사. 예 의례 준칙. 비 의식.

의롭다 (義一) [의:롭따] 떳떳하고 옳다. 예 의로운 사람. [활용] 의로워 / 의로우니.

의뢰 (依賴) [의뢰 / 의뤠] 1 남에게 의지함. 2 남에게 부탁함. 예 변호사에게 소송을 의뢰하다. **의뢰하다**.

의뢰인 (依賴人) [의뢰인 / 의뤠인] 남에게 어떤 일을 부탁하여 맡긴 사람. 예 의뢰인이 사건을 변호사에게 맡기다.

***의료** (醫療) 의술로 병을 치료하는 일. 예 의료 기술의 발달.

의료 보험 (醫療保險) 사회 보험의 하나. 수입에 따라 보험료를 치르고, 질병이나 부상이 생기면 그 보험금으로 치료비의 일부를 혜택받는 제도.

의료비 (醫療費) 병을 치료하는 데 드는 돈.

의류 (衣類) 여러 가지 종류의 옷. 예 아동 의류 전문점. 비 의복.

의리 (義理) [의:리] 1 사람으로서 마땅히 지켜야 할 바른 도리. 예 의리가 있다 / 의리를 지키다. 2 사람과의 관계에서 지켜야 할 바른 도리. 예 의리의 사나이.

***의무** (義務) [의:무] 1 마땅히 해야 할 일. 예 학생의 의무. 2 법률로 정하여 강제로 하거나 못하게 하는 일. 예 병역의 의무. 비 책임. 반 권리.

의무감 (義務感) [의:무감] 어떤 일을 반드시 해야 한다고 여기는 마음. 예 의무감이 강하다.

의무 교육 (義務敎育) 일정한 나이가 된 아동이 교육법에 따라 의무적으로 받아야 하는 보통 교육.

의문 (疑問) 의심스럽게 생각함. 예 맞을지 틀리지 의문이다. 비 의혹. **의문스럽다**.

의문문 (疑問文) 질문을 하여 그 해답을 요구하는 문장. '너는 어느 학교에 다니니' 따위.

***의미** (意味) [의:미] 1 말·기호·몸짓 따위가 나타내는 뜻. 예 낱말의 의미. 2 어떤 사물이 지닌 가치·중요성. 예 의미 있는 일을 하다. 비 뜻. 의의. **의미하다**. ⇨ meaning

***의병** (義兵) [의:병] 외적의 침입을 물리치기 위하여 백성들이 스스로 조직한 군대. 또는 그 군사. 비 의군.

의병장 (義兵將) [의:병장] 의병을 거느리는 장수.

***의복** (衣服) ⇨ 옷. 비 의류.

의분 (義憤) [의:분] 불의를 보고 일어나는 분노. 예 의분을 참지 못하다.

의붓아버지 [의:부다버지] 어머니가 다시 결혼하여 생긴 아버지. 비 의부.

의붓어머니 [의:부더머니] 아버지가 다시 결혼하여 생긴 어머니. 비 의모.

***의사**[1] (醫師) 국가에서 주는 자격을 가지고 의술과 약으로 병을 고치는 일을 직업으로 하는 사람. ⇨ doctor

***의사**[2] (義士) [의:사] 1 의리와 지조를 굳게 지키는 사람. 비 의인. 2 나라와 민족을 위해 의로운 행동으로 목숨을 바친 사람. 예 안중근 의사 / 윤봉길 의사. → 열사 [참고]

의사[3] (意思) [의:사] 무엇을 하고자 하는 생각. 예 자유 의사 / 의사를 결정하다. 비 뜻. 의도.

의사당 (議事堂) 의원들이 모여서 회의하는 건물. 주로 국회 의사당을 일컬음.

의사소통 (意思疏通) [의:사소통] 가지고 있는 생각이나 뜻이 서로 통함. 예 의사소통이 원활하다. **의사소통하다**.

의사 표시 (意思表示) 어떤 일에 대한 자기의 생각을 나타내는 것. 예 의사 표시를 분명히 해라.

의상[1] (衣裳) 겉에 입는 옷. 예 민족 고유의 의상.

의상[2] (義湘) [의:상] 〖인명〗 통일 신라 때의 승려. 당나라에서 공부하고 돌아와 화엄종을 창시하고 왕의 명령으로 부석사를 세움. [625-702]

의상실 (衣裳室) 1 옷을 보관하거나 갈아입는 방. 2 여자들의 양장 옷을 맞추어 파는 가게.

의생활 (衣生活) 일상생활에서 옷과 관련된 생활.

의석 (議席) 1 회의하는 자리. 예 의

석을 뜨다. 2 의회 따위에서 의원의 자리. 예 의석이 텅텅 비다.

의성어 (擬聲語) 사물의 소리를 흉내내어 만든 말. '뻐꾹뻐꾹'·'졸졸' 따위. *의태어.

의수 (義手) [의:수] 손이 없는 사람에게 나무·고무·금속 따위로 만들어 붙인 손.

의술 (醫術) 병을 고치는 기술. 예 의술이 발달하다.

의식¹ (衣食) 옷과 음식.

의식² (儀式) 일정한 격식을 갖추어 치르는 행사나 예식. 예 전통 의식. 비 의례.

***의식**³ (意識) [의:식] 1 정신이 든 상태에서 사물을 깨닫는 모든 작용. 예 의식을 잃다. 2 깨달음이나 생각. 예 민족 의식. 반 무의식.

의식적 (意識的) [의:식쩍] 그런 줄 알면서 일부러 하는 (것). 예 의식적으로 피하다. 반 무의식적.

의식주 (衣食住) [의:식쭈] 사람이 생활해 가는 데 필요한 세 가지 요소. 곧, 옷과 음식과 집.

의식하다 (意識一) [의:시카다] 1 무엇을 두드러지게 느끼거나 특별히 마음에 두다. 예 남의 눈을 의식하다. 2 생각이 미치어 깨닫거나 느끼다. 예 분위기가 심상치 않음을 의식하다.

의심 (疑心) 믿지 못하여 이상히 여기는 마음. 예 의심을 품다. 비 의문. 의혹. **의심하다**. ○ doubt

의심스럽다 (疑心一) [의심스럽따] 의심할 만한 데가 있다. 예 의심스러운 눈초리 / 그 속셈이 의심스럽다. [활용] 의심스러워 / 의심스러우니.

의심쩍다 (疑心一) [의심쩍따] 매우 의심스럽다. 예 의심쩍은 눈으로 자꾸 쳐다보다.

의아스럽다 (疑訝一) [의아스럽따] 의아한 데가 있다. 예 의아스러운 얼굴로 쳐다보다 / 그는 우리의 방문을 의아스럽게 생각하였다. [활용] 의아스러워 / 의아스러우니.

의아하다 (疑訝一) 이상하고 의심스럽다. 예 의아한 표정을 짓다.

의안 (議案) 회의에서 토의할 안건. 예 의안을 심의하다.

의약 (醫藥) 1 병을 예방하거나 고치는 데 쓰는 약. 2 의술과 약. 예 의약 분업.

의연금 (義捐金) [의:연금] 자선이나 공익을 위해 내는 돈. 예 수재 의연금. 준 연금.

의연하다 (毅然一) 의지가 굳세어 끄떡없다. 예 의연한 태도.

의외 (意外) [의:외 / 의:웨] 뜻밖. 생각 밖. 예 의외의 결과 / 의외라는 표정을 짓다.

의욕 (意慾) [의:욕] 어떤 일을 하고자 하는 적극적인 의지. 예 공부에 대한 의욕이 대단하다.

의용군 (義勇軍) [의:용군] 전쟁이나 사변이 났을 때 뜻있는 사람끼리 모여 조직한 군대. 또는 그런 군대의 군인.

의원¹ (醫院) 환자를 치료하기 위한 시설을 갖춘 곳. 병원보다 규모가 작음. 예 내과 의원.

***의원**² (議員) 국회나 지방 의회의 의결권을 가진 사람. 예 국회 의원.

의의 (意義) [의:의 / 의:이] 어떤 사실이나 행위 따위가 갖는 중요성이나 가치. 예 역사적 의의가 큰 사건. 비 뜻. 의미.

의인 (義人) [의:인] 의로운 사람.

의인법 (擬人法) [의:인뻡] 사람이 아닌 것을 사람인 것처럼 나타내는 표현 방법. '꽃이 웃는다', '슬피 우는 기적 소리' 따위.

의인화 (擬人化) 사람이 아닌 것을 사람인 것처럼 표현함. 예 거북을 의인화한 동화. **의인화하다**.

***의자** (椅子) 사람이 걸터앉을 수 있도록 만든 물건. 비 걸상. ○ chair

의자왕 (義慈王) [의:자왕) 〖인명〗 백제의 제31대 마지막 왕. 즉위 후 개혁 정치를 펼쳐 국정을 쇄신하며 신라를 공격하여 영토를 확장하였으나 말년에 나당 연합군의 침공으로 나라를 빼앗기고 당나라에 잡혀가 죽음. [?-660 ; 재위 641-660]

의장 (議長) 1 의원을 통솔하고 의회를 대표하는 사람. 예 의장을 선출하다. 2 회의할 때, 회의를 진행시키는 사람.

의장대 (儀仗隊) 국가 경축 행사나 외

의절 (義絕) [의:절] 1 서로 믿기로 굳게 약속하였던 관계를 끊음. 2 친구나 가족, 친척 사이의 정을 끊음. 예 친구와 의절하다. **의절하다.**

의젓이 [의저시] 의젓하게.

의젓하다 [의저타다] 말과 행동이 점잖고 무게가 있다. 예 나이는 어리지만 행동은 의젓하다.

의정부 (議政府) 조선 때, 중앙의 최고 관청. 영의정·좌의정·우의정이 임금과 의논하여 나라의 중요한 일을 결정하던 기관.

의제 (議題) 회의에서 의논할 문제. 예 의제를 정하다.

의존 (依存) 다른 것에 의지하여 존재함. 예 원료를 외국에 의존하다. **의존하다.**

의좋다 (誼—) [의:조타] 정이 두텁다. 예 의좋은 형제. 凹 정답다.

의주 (義州) [의:주] 〖지명〗 평안북도 압록강 하류에 있는 도시. 품질이 좋은 명주가 유명함.

의중 (意中) [의:중] 마음속. 예 의중을 헤아리다. 凹 심중.

의지¹ (依支) 1 다른 것에 몸을 기댐. 예 난간에 몸을 의지하고 일어서다. 2 다른 것에 마음을 기대어 도움을 받음. 예 의지할 곳 없는 몸. 凹 의탁. **의지하다.**

*__의지__² (意志) [의:지] 어떤 목적을 이루려는 마음. 예 굳은 의지를 보이다.

의지력 (意志力) [의:지력] 세운 뜻을 꿋꿋하게 지켜 나가는 힘. 예 의지력이 강하다.

의창 (義倉) [의:창] 고려 시대에, 곡식을 저장하여 두었다가 흉년에 가난한 백성들에게 내어 주던 빈민 구호 기관.

의천 (義天) [의:천] 〖인명〗 고려 때의 고승. 시호는 대각 국사. 우리나라에 처음으로 천태종을 열고 '속장경'을 간행함. [1055-1101]

의치 (義齒) [의:치] 이가 빠진 자리에 만들어 박은 가짜 이. *틀니.

의타심 (依他心) 남에게 의지하려는 마음. 예 의타심을 버리다.

의탁 (依託) 모든 것을 남에게 의지하여 맡김. 예 모든 일을 형에게 의탁하다. **의탁하다.**

의태어 (擬態語) 어떤 사물의 모양이나 움직임 따위를 흉내 내어 만든 말. '꼬불꼬불'·'얼룩얼룩' 따위. *의성어.

의표 (意表) [의:표] 생각 밖이나 예상 밖. 예 의표를 찌르는 질문을 하다. 凹 의외.

*__의하다__ (依—) 1 말미암다. 예 사정에 의하여 조퇴하다. 2 근거하다. 예 법에 의하여 처벌을 받다. 【본】의거하다.

의학 (醫學) 병을 예방하거나 치료하는 데 필요한 지식과 기술을 연구하는 학문.

의학계 (醫學界) [의학계/의학계] 의학에 종사하는 사람들의 사회.

의학자 (醫學者) [의학짜] 의학을 연구하는 사람.

의향 (意向) [의:향] 무엇을 하려는 생각. 예 친구의 의향을 묻다. 凹 의사.

의협심 (義俠心) [의:협씸] 남의 어려움이나 억울함을 풀어 주기 위해 자신을 희생하려는 의로운 마음. 예 의협심이 강하다.

의형제 (義兄弟) [의:형제] 서로 남이지만 친형제처럼 지내기로 약속한 관계. 예 친구와 의형제를 맺다.

의혹 (疑惑) 의심하여 수상히 여김. 또는 그런 생각. 예 의혹을 품다. 凹 의심. **의혹하다.**

의회 (議會) [의회/의훼] 1 선거로 뽑힌 의원들로 구성되어, 국민의 의사를 대표하여 예산의 심의·입법 따위를 맡아보는 합의제 기관. 예 의회 정치. 2 ⇨국회.

*__이__¹ 1 사람이나 동물의 입안에 있으며 무엇을 물거나 음식물을 씹는 구실을 하는 기관. 사람은 20개의 젖니가 빠진 뒤 32개의 간니가 남. 凹 치아. ◯ tooth 2 톱·톱니바퀴 따위의 뾰족뾰족 내민 부분. 예 이가 나가다.

이(를) 갈다 분을 참지 못하여 독한 마음을 먹고 벼르다.

이를 악물다 고통이나 힘에 겨운 어려움을 꾹 참는 모양. 또는 단단히 결심하는 모양. 예 이를 악물고 고통을 참다.

이² 잇과의 곤충. 몸빛은 회백색. 사람이나 가축에 붙어살며, 피를 빨아 먹고 발진 티푸스·재귀열 따위를 옮김.

***이³** (二) [이:] 둘. 두. 예이 개월 / 이 층 / 이 학년. ⊃ two

이⁴ (利) [이:] 이익이나 이득. 예이가 남다.

***이⁵** 다른 말 뒤에 써서, '사람'을 뜻하는 말. 예저 이는 누구지.

***이⁶** 1 '이이'의 준말. 예이가 왜 이래. 2 '이것'의 준말. 예이보다 좋은 것. 3 이러한 형편. 예이에 만족지 못하다.

이⁷ 말하는 이에게 가까이 있거나 이야기한 대상을 가리킬 때 쓰는 말. 예이 물건 / 이 시간 / 이 일.

이⁸ ((받침 있는 말 뒤에 붙어)) 1 그 말을 주어가 되게 하는 말. 예하늘이 맑다 / 운동장이 넓다 / 산이 높다. 2 '되다', '아니다' 앞에 쓰여, 바뀌게 되거나 그것이 아님을 나타내는 말. 예물이 얼어서 얼음이 되었다 / 그것이 사실이 아니다.

-이 형용사의 말의 줄기에 붙어 부사로 만드는 말. 예가까이 / 깨끗이 / 산뜻이 / 일찍이 / 따뜻이. *-히. → [학습마당] 20(아래)

이간질 (離間-) [이:간질] 둘 사이를 갈라놓는 짓. 예이간질을 놓다. **이간질하다**.

이같이 [이가치] 이와 같이. 이렇게. 예이같이 기쁜 일이 또 있겠느냐. 좌요같이.

이개 (李塏) 〖인명〗 사육신의 한 사람. 호는 백옥헌. 직제학을 지냈으며, 시와 글이 맑고 깨끗한 것으로 유명함. [1417-1456]

***이거** '이것'의 준말. 예이거면 충분하다 / 이거로 주세요. 좌요거.

***이것** [이걷] 1 가까운 자리에 있는 사물을 가리키는 말. 예이것은 책이다. 2 사람을 얕잡아 가리킬 때 이르는 말. 예이것이 감히 누구한테 대들어. 준이. 이거. 좌요것. ⊃ this

이것저것 [이걷쩌걷] 여러 가지의 것. 예이것저것 꼬치꼬치 캐묻다.

이골 [이:골] 아주 길이 들어서 몸에 푹 밴 버릇.

  이골(이) 나다 어떤 방면에 길이 들어서 아주 익숙해지다.

이곳 [이곧] 1 말하는 사람에게 가까운 곳. 예이곳에서는 하늘에 별이 잘 보인다. 2 바로 앞에서 말한 곳. 예지금은 공원이지만 이곳은 원래 학교가 자리하던 곳이다.

이과 (理科) [이:꽈] 자연계의 원리나 현상을 연구하는 학과. 물리학·화학·생물학·지질학·천문학 따위. 맨문과.

이광수 (李光洙) 〖인명〗 우리나라의

학습마당 20

'-이'와 '-히'

부사의 끝소리가 분명히 '이'로만 소리 나는 것은 '-이'로 적고, '히'로만 소리 나거나 '이'로도 소리 나고 '히'로도 소리 나는 것은 모두 '-히'로 적는다.

(1) '이'로만 소리 나는 것

깨끗이	느긋이	따뜻이	반듯이
버젓이	산뜻이	의젓이	
가까이	고이	날카로이	번거로이
같이	깊이	높이	많이	헛되이
겹겹이	번번이	틈틈이	더욱이	일찍이

(2) '히'로만 소리 나는 것

극히	급히	속히	족히
특히	엄격히	정확히	

(3) '이'로도 소리 나고 '히'로도 소리 나는 것

솔직히	가만히	나란히	무단히
각별히	소홀히	쓸쓸히	과감히
꼼꼼히	열심히	섭섭히	당당히
분명히	상당히	조용히	고요히	도저히

소설가. 호는 춘원. 작품으로 '흙'·'무정' 따위가 있음. [1892-1950]

이구아나 (iguana) 이구아나과의 파충류. 대형 도마뱀으로 몸의 길이는 1.5-2m이고 꼬리가 길며, 등쪽에 길게 가시 모양의 돌기가 줄지어 있음. 멕시코나 미국 중남부에 분포함.

이구아나

이국 (異國) [이:국] 자기 나라가 아닌 다른 나라. 町외국. 타국.

이권 (利權) [이:권] 이익을 얻을 수 있는 권리. 예두 나라 간의 이권 다툼이 심하다.

이규보 (李奎報) 〖인명〗 고려 고종 때의 문장가. 호는 백운거사. 저서에는 '동국이상국집'·'백운소설' 따위가 있음. [1168-1241]

이글거리다 불꽃이 어른어른하며 타오르다. 예태양이 이글거리다.

이글루 (igloo) 에스키모가 사는 집. 눈덩이와 얼음으로 둥글게 쌓아 만듦.

이글이글 [이글리글/이그리글] 1 불꽃이 어른어른하며 불이 타오르는 모양. 예이글이글 타오르는 모닥불. 2 해가 뜨거운 볕을 내려 쪼이는 모양. 이글이글하다.

이기 (利器) [이:기] 실제 생활에 쓰기에 편리한 기구나 기계. 예자동차는 문명의 이기이다.

***이기다**¹ 1 적을 쳐부수다. 예전쟁에 이기다. 2 힘이나 재주를 겨루어 상대를 꺾다. 예상대 팀을 큰 점수 차로 이기다. 3 감정이나 욕망 따위를 억누르다. 예슬픔을 이겨 내다. 4 고통이나 고난을 참고 견디어 내다. 예병을 이기다 / 어려운 역경을 이기고 성공하다. 町지다. ↪win

이기다² 1 흙·가루 따위에 물을 부어 반죽하다. 예시멘트를 이기다. 2 칼로 잘게 썰어서 짓찧어 다지다. 예마늘을 이기다.

이기심 (利己心) [이:기심] 자기의 이익만을 생각하는 마음.

이기적 (利己的) [이:기적] 자기의 이익만 생각하는 (것). 예이기적인 행동.

이기주의 (利己主義) [이:기주의/이: 기주이] 자기의 이익만을 챙기는 사고방식이나 태도. 町개인주의.

이기죽거리다 [이기죽꺼리다] 자꾸 밉살스럽게 지껄이며 빈정거리다. 예이기죽거리며 약을 올리다. ㈜이죽거리다.

이까짓 [이까짇] 고작 이 정도밖에 안 되는. 예이까짓 상처쯤은 견딜 수 있다. ㈜이깟. 圂요까짓.

***이끌다** 1 목적하는 곳으로 따라오게 하다. 예조카들을 이끌고 동물원에 갔다. 2 어떤 상태로 이르게 하다. 예아이를 사랑으로 이끌어 주다. 3 힘들여 움직이다. 예지친 몸을 이끌고 가다. |활용| 이끌어 / 이끄니 / 이끄는.

이끌리다 이끎을 당하다. 예동생 손에 이끌려 공원에 갔다.

***이끼** 고목이나 바위, 습기가 많은 곳에서 자라는 식물. 대체로 잎과 줄기의 구별이 분명하지 않음.

이남 (以南) [이:남] 1 기준으로 삼는 곳에서부터 그 남쪽. 예한강 이남 지역. 2 우리나라에서, 흔히 '남한'을 가리키는 말. 町이북.

이내¹ (以內) [이:내] 일정한 범위의 안. 예3일 이내에 숙제를 제출할 것. 町이외.

이내² 1 그때에 곧. 지체함이 없이 바로. 예눕히고 이내 잠이 들었다. 2 그때의 형편대로 계속. 예헤어진 뒤로 이내 소식이 끊겼다.

이념 (理念) [이:념] 한 사회나 개인이 옳다고 생각하는 이상적인 생각이나 견해. 예민주주의의 근본 이념.

이놈 1 말하는 사람에게 가까이 있는 남자를 속되게 이르는 말. 예당장 이놈을 끌어내라. 2 말하는 사람과 가까이 있는 아이나 동물, 대상을 속되게 이르는 말. 예이놈 참 잘생겼다.

이농 (離農) [이:농] 농사짓는 일을 그만두고 농촌을 떠남. 예이농 현상. 町귀농. 이농하다.

***이다**¹ 물건을 머리 위에 얹다. 예물동이를 머리에 이다.

이다² [이:다] 기와나 볏짚 따위로 지붕 위를 덮다. 예지붕에 기와를 이다.

***이다**³ 어떤 말에 붙어서 사물을 지정하는 뜻을 나타내는 말. 받침 없는 말

에서는 '이'가 생략되기도 함. ⓔ좋아하는 과목은 수학이다 / 네가 이야기할 차례이다 / 이것은 책이다.

이다음 뒤미처 오는 때나 자리. 이번의 다음. ⓔ이다음에 다시 얘기하자. 준이담. 잘요다음.

이다지 이러한 정도로. 또는 이렇게까지. ⓔ과제를 마무리하기가 이다지 힘들 줄이야. 잘요다지.

이단(異端)[이:단] 자기가 믿는 종교의 교리에 어긋나는 이론이나 행동. 또는 그런 종교.

이대로 1 이 모양으로. ⓔ이대로 놓아두었다가는 큰일 나겠다. 2 이것과 똑같이. ⓔ이대로 만들어 보아라. 잘요대로.

이덕형(李德馨)〖인명〗 조선 선조·광해군 때의 문신. 호는 한음. 임진왜란 때 명나라에 사신으로 가서 원병을 요청하여 성공을 거두었음. 이항복과 더불어 '오성과 한음'으로 알려짐. [1561-1613]

*__이동__(移動) 움직여 옮김. 또는 움직여 자리를 바꿈. ⓔ철새가 이동하다 / 병력을 이동시키다. 비이전. **이동하다**.

이두(吏讀)[이:두] 신라 이후 한자의 음과 뜻을 빌려 우리말을 적던 글자. 설총이 정리하고 집대성함.

이득(利得)[이:득] 이익을 얻음. 또는 그 이익. ⓔ이득을 보다. 비이익. 반손실.

이듬해 바로 다음 해. ⓔ그 이듬해 3월에 중학교에 입학했다.

이등변 삼각형(二等邊三角形) 두 변의 길이가 같은 삼각형.

이등분(二等分)[이:등분] 둘로 똑같이 나눔. ⓔ수박을 이등분하다. **이등분하다**.

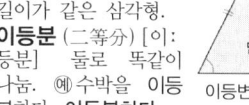
이등변 삼각형

이따 '이따가'의 준말.

이따가 조금 지난 뒤에. ⓔ이따가 다시 오마. 준이따.

주의 **이따가**와 **있다가**

이따가 '시간이 조금 지난 뒤에'란 뜻을 나타내는 말. ⓔ이따가 오너라.
있다가 '있다'의 '있 -'에 어떤 동작이나 상태가 끝나고 다른 동작이나 상태로 옮겨지는 뜻을 나타내는 '-다가'가 붙은 형태이다.
ⓔ돈은 있다가도 없어지고 없다가도 생기는 법이다.
며칠 더 있다가 가네.

이따금 조금씩 있다가. ⓔ이따금 편지를 받는다. 비가끔. 때때로.

이따위 '이런 것들'·'이러한 종류'를 얕잡아 하는 말. ⓔ무슨 일을 이따위로 해. 잘요따위.

이때 바로 지금의 때. ⓔ기회는 이때다 / 이때를 기억하다.

이때껏[이:때껃] 지금까지. 아직까지도. ⓔ이때껏 어디 있었니.

이라크(Iraq)〖국명〗 서남아시아의 티그리스강·유프라테스강 유역의 공화국. 고대 메소포타미아 문명의 발상지. 석유는 이 나라 최대의 산업임. 수도는 바그다드.

이란(Iran)〖국명〗 서남아시아에 있는 나라. 대부분이 사막 지대임. 세계적인 석유 산출국이고, 농업과 목축업이 성함. 수도는 테헤란.

이랑 밭의 한 두둑과 한 고랑을 합하여 이르는 말. ⓔ이랑이 길다.

이래(以來)[이:래] 그 뒤로. 그때부터 지금까지. ⓔ학교 설립 이래 첫 우승을 했다.

이래도 1 '이리하여도'의 준말. ⓔ이래도 아무 소용없다. 2 '이러하여도'의 준말. ⓔ얼굴은 이래도 마음씨는 곱다. 잘요래도.

이래라저래라 '이리하여라 저리하여라'의 준말. ⓔ이래라저래라 참견이 심하다. 잘요래라조래라.

이러다가 '이렇게 하다가'의 준말. ⓔ이러다가 정말 큰일 나겠다. 잘요러다가.

이러쿵저러쿵 이러하다는 둥 저러하다는 둥 말을 늘어놓는 모양. ⓔ이러쿵저러쿵 말이 많다. 잘요러쿵조러쿵. **이러쿵저러쿵하다**.

*__이러하다__ 1 이와 같다. ⓔ단체 생활은 이러한 것이다. 2 이런 모양으로 되어 있다. ⓔ이러한 사람을 찾아다니다. 준이렇다. 잘요러하다.

이럭저럭 [이럭쩌럭] **1** 정한 방법 없이 이렇게 저렇게 되어 가는 대로. ⓔ이럭저럭 겨우 먹고산다. **2** 이렇게 저렇게 하는 사이에 어느덧. ⓔ이럭저럭 10년의 세월이 지났다. 작요럭조럭. **이럭저럭하다**.

***이런**[1] '이러한'의 준말. ⓔ이런 종류의 사고는 흔하다. 작요런.

이런[2] 뜻밖의 일이 일어났을 때 놀라서 내는 소리. ⓔ이런, 내 정신 좀 봐. 작요런.

***이렇게** [이러케] '이러하게'의 준말. ⓔ이렇게 해 보아라. 작요렇게.

***이렇다** [이러타] '이러하다'의 준말. ⓔ내용은 이렇다∕보다피 우리 형편은 이렇다. 작요렇다. 활용 이러니∕이래서.

이렇듯 [이러튿] '이러하듯'의 준말. ⓔ어쩌면 이렇듯 고울까∕이렇듯 반갑게 맞아 주니 고맙다.

이레 1 일곱 날. 칠 일. **2** 그달의 일곱째 날.

이렛날 [이렌날] 일곱째의 날.

이력(履歷) [이:력] 지금까지 거쳐 온 학업·직업 따위의 경력. ⓔ이력을 쌓다∕이력이 화려하다.

이론(理論) [이:론] 어떤 사실에 대한 이치에 들어맞는 설명. ⓔ이론과 실제∕이론을 전개하다.

***이롭다**(利—) [이:롭따] 이익이 있다. ⓔ이 일은 우리 모두에게 이롭다. 활용 이로워∕이로우니.

이루[1] **1** 있는 대로 다. ⓔ부모님의 한없는 사랑 어찌 이루 말하랴. **2** 여간해서는 도저히. ⓔ글로는 이루 다 표현할 수 없다.

이루[2] (二壘) [이:루] 야구에서, 투수의 뒤쪽에 있는, 일루와 삼루 사이의 베이스.

***이루다 1** 어떤 상태나 결과가 되게 하다. ⓔ행복한 가정을 이루다. **2** 목적을 달성하다. ⓔ소원을 이루다.

주의 **이루다와 이르다**

이루다 1 어떤 상태나 결과가 되게 하다. ⓔ냇물이 모여 강물을 이루다. **2** 무엇을 세우거나 만들다. ⓔ가정을 이루다. **3** 성취하다. ⓔ뜻하는 것을 이루다.

이르다 1 (이르니, 이르러서) 도착하다. 일정한 시간에 미치다. ⓔ목적지에 이르다∕새벽녘에 이르러 비로소 잠이 들었다. **2** (이르니, 일러서) 알아듣도록 말하다. ⓔ깨닫도록 일러 주다. **3** (이르니, 일러서) 시간이 어떤 때보다 빠르거나 앞서 있다. ⓔ이른 새벽.

***이루어지다 1** 어떠한 상태나 결과가 되다. ⓔ어렵게 합의가 이루어지다. **2** 뜻한 대로 되다. ⓔ소원이 이루어지다. **3** 구성되다. ⓔ바위가 화강암으로 이루어지다.

이룩되다 [이룩뙤다∕이룩뛔다] 바라거나 뜻하던 일이 이루어지다. ⓔ통일이 이룩되기를 바라다.

***이룩하다** [이루카다] **1** 목적하던 큰 일이나 성과를 이루다. ⓔ복지 사회를 이룩하다. **2** 나라·도읍·건물 따위를 새로 세우다. ⓔ통일 국가를 이룩하다.

이류(二流) [이:류] 질이나 정도 또는 지위 따위가 일류보다 약간 못함. 또는 그런 것. ⓔ이류 극장.

***이륙**(離陸) [이:륙] 비행기 따위가 날기 위하여 땅에서 떠오름. 반착륙. **이륙하다**.

***이르다**[1] **1** 어떤 장소나 시간에 닿다. ⓔ제 시간에 이르다. 반떠나다. **2** 어떤 정도나 범위에 미치다. ⓔ결론에 이르다. 활용 이르러∕이르니. →이르다 주의

***이르다**[2] **1** 무엇이라고 말하다. ⓔ이것을 새우라고 이른다. **2** 알아듣거나 깨닫게 말하다. ⓔ잘 알아듣도록 이르다. **3** 고자질하다. ⓔ친구의 잘못을 선생님께 이르다. 활용 일러∕이르니. →이르다 주의

이를 데 없다 이루 다 말할 수 없다. ⓔ미안하기 이를 데 없다.

***이르다**[3] 대중이나 기준을 잡은 때보다 앞서거나 빠르다. ⓔ이른 아침부터 어디를 가니∕생각보다 이르게 도착하였다. 반늦다. 활용 일러∕이르니. →이르다 주의

이른바 흔히 말하는 바. ⓔ이것이

이른바 민주주의다. 비소위.

이를테면 가령 말하자면. 예이를테면 소문이란 구르는 눈덩어리 같은 것이다. 본이를터이면.

*이름 1 사람·생물·물건·장소 따위를 다른 것과 구별하기 위하여 부르는 말. 예이름을 부르다 / 이름을 붙이다. 2 세상에 널리 알려진 소문이나 명성. 예이름을 날리다. ⊃name

　이름(을) 남기다 이름이 후세에 전하여질 만하게 공적을 세우다. 예역사에 이름을 남긴 사람들.

　이름(이) 있다 세상에 그 이름이 널리 알려져 있다. 예이름 있는 성악가.

이름나다 이름이 세상에 널리 알려지다. 유명해지다. 예학자로 이름나다.

이름표(一標) 이름·지위 따위를 적어 가슴에 다는 표. 비명찰.

이리¹ 갯과의 짐승. 개와 비슷하며 늑대보다 큼. 털빛은 변화가 많으나 흔히 회갈색 바탕에 검은 털이 섞여 있음. 떼 지어 생활하며 성질이 사납고 육식성임.

이리¹

*이리² 1 이곳으로. 이쪽으로. 예모두 이리 오너라. 2 이러하게. 예이리 귀여울 수가 있을까. 쥔요리.

이리듐(iridium) 백금족에 속하는 은백색의 금속 원소. 산과 염기에 녹지 않으며, 백금과의 합금으로 화학 기구를 만드는데 씀.

*이리저리 1 이러하고 저러하게. 예이리저리 기억을 더듬다. 2 이쪽으로 저쪽으로. 예이리저리 찾아보다. 쥔요리조리.

*이리하다 이와 같이 하다. 예이리하면 될 것이다. 쥔요리하다.

*이마 얼굴의 눈썹 위로부터 머리털이 난 아래까지의 부분. ⊃forehead

이만 1 이만한. 이 정도의. 예이만 일로 화를 내다니. 2 이 정도로 하고. 예이만 실례하겠습니다. 쥔요만.

이만저만 1 이만하고 저만함. 예어려움이 이만저만이 아니다. 2 이만하고 저만한 정도로. 예문제가 이만저만 심각한 게 아니다. 쥔요만조만. **이만저만하다**. 참고주로 뒤에 '아니다, 않다' 따위와 함께 쓰임.

이만큼 이만한 정도. 또는 이만한 정도로. 예키가 이만큼 자라다 / 돈이 이만큼이나 모았다.

이만하다 상태·모양·성질 따위의 정도가 이러하다. 예이만하면 될 것 같다 / 이만할지 다행이다. 쥔요만하다.

이맘때 이만큼 될 때. 예작년 이맘때 가을 소풍을 갔었다. 쥔요만때.

이맛살 [이마쌀 / 이맏쌀] 이마에 잡힌 주름살. 예이맛살을 찌푸리다.

이메일(email) 컴퓨터 통신망을 이용하여 주고받는 편지. 전자 우편. 예문서를 이메일로 보내다 / 이메일 주소를 알려 주다.

이면(裏面) [이:면] 1 안쪽. 속. 2 겉으로 드러나지 않은 속사정. 예사건의 이면을 조사하다.

*이모(姨母) 어머니의 여자 형제.

이모부(姨母夫) 이모의 남편.

이모저모 사물의 이런 면 저런 면. 이쪽저쪽의 여러 방면. 예이모저모 따져 보고 결정하다. 쥔요모조모.

이모티콘(emoticon) 컴퓨터나 휴대 전화에서 감정이나 느낌을 전달하기 위해 사용하는 그림 문자.

이목(耳目) [이:목] 1 귀와 눈. 예이목이 밝다. 2 남들의 주의나 관심. 예남의 이목이 두렵다.

　이목을 끌다 남의 주의를 끌거나 눈에 띄다.

이목구비(耳目口鼻) [이:목꾸비] 귀·눈·입·코. 또는 얼굴의 생김새. 예이목구비가 뚜렷하다.

이문(利文) [이:문] 이익으로 남은 돈. 예이문이 남는 장사. 비이전.

이물 배의 앞부분. 비선두. 선수. 반고물.

이물질(異物質) [이:물찔] 어떤 물질과 다른 물질. 예눈에 이물질이 들어가다.

*이미 [이:미] 다 끝나거나 지난 일을 말할 때, '벌써'의 뜻으로 쓰는 말. 예이미 때가 늦었다.

이미지(image) 1 마음속에 떠오르는 사물에 대한 감각적 영상. 2 어떤 사람이나 사물에 대해 남아 있는 인상이나 기억. 예 이미지 관리 / 좋은 이미지를 남기다.

이민 (移民) 자기 나라를 떠나 다른 나라에서 삶. 또는 그 사람. 예 외국으로 이민을 가다. **이민하다**.

*****이바지하다** 도움이 되게 하다. 예 학문에 이바지하다. 비 공헌하다.

이발 (理髮) [이:발] 머리털을 깎고 다듬는 일. **이발하다**.

*****이발사** (理髮師) [이:발싸] 남의 머리털을 깎고 다듬는 일을 직업으로 하는 사람. 비 이용사.

*****이발소** (理髮所) [이:발쏘] 일정한 시설이나 설비를 갖추고 이발을 해 주는 곳. 비 이발관.

이방 (吏房) [이:방] 1 조선 때, 승정원 육방의 하나. 승지 아래 딸려 인사·비서 따위의 일을 맡아보았음. 2 지방 관아에 딸린 이방의 아전.

이방인 (異邦人) [이:방인] 다른 나라에서 온 사람. 비 외국인.

*****이번** (一番) 이제 돌아온 바로 이 차례. 예 이번에는 꼭 이기고야 말겠다. 짝 요번.

이벤트 (event) 1 경기 따위의 종목·시합. 예 메인 이벤트. 2 많은 사람들을 모아 놓고 여는 행사. 예 대규모 이벤트를 기획하다.

이변 (異變) [이:변] 1 보통과는 다른 별난 일. 예 이변이 생기다. 2 예상 밖의 사태. 예 이번 대회에서는 많은 이변이 일어났다.

이별 (離別) [이:별] 서로 갈리어 떨어짐. 예 사랑하는 사람과 이별하다. 비 별리. 작별. 반 상봉. **이별하다**.

이병기 (李秉岐) 〖인명〗시조 시인·국문학자. 호는 가람. 시조와 고전을 연구하였고, 시조 부흥 운동에 앞장섰음. 저서에 '가람 시조집' 따위가 있음. [1891-1968]

이봉창 (李奉昌) 〖인명〗독립운동가. 일본 천황에게 수류탄을 던졌으나 실패하고 체포되어 순국함. [1900-1932]

이봐 사람을 부를 때 쓰는 말. 예 이봐요, 이리 와 앉아 보세요.

이부자리 이불과 요. 예 이부자리를 펴다. 비 침구.

이북 (以北) [이:북] 1 어떤 지점을 기준으로 하여 그 북쪽. 예 한강 이북 지역. 2 우리나라에서, 흔히 '북한'을 이르는 말. 반 이남.

이분[1] (二分) [이:분] 1 둘로 나눔. 예 남북으로 이분된 국토. 2 춘분과 추분. **이분하다**.

이분[2] '이 사람'의 높임말. 예 이분이 우리 선생님이시다.

*****이불** 잘 때 몸을 덮기 위하여 피륙 따위로 만든 침구. 예 이불을 덮다 / 이불을 개다.

이비인후과 (耳鼻咽喉科) [이:비인후꽈] 귀·코·목구멍·기관·식도의 병을 전문적으로 치료하는 의학의 한 분과. 또는 그 병원.

*****이사** (移徙) 살던 곳에서 다른 곳으로 옮김. 예 새집으로 이사를 가다. **이사하다**.

*****이삭** 1 꽃이 피고 열매가 달리는 부분. 벼·보리 따위에 있음. 예 이삭이 고개를 숙이다. 2 농작물을 거두고 난 후에 땅에 떨어져 있는 나머지. 예 이삭을 줍다.

이산가족 (離散家族) [이:산가족] 헤어지거나 흩어진 가족. 특히, 국토가 분단되어 남북으로 헤어진 가족을 가리킴.

이산화 망가니즈 (二酸化manganese) 흑갈색의 가루. 물에 녹지 않고 열을 가하면 분해하여 산소를 발생함. 물감·성냥·유리 따위를 만드는 데 씀.

이산화 탄소 (二酸化炭素) 탄소와 산소의 화합물. 무색의 기체로 공기보다 무거움. 대기 중에도 존재하며, 식물의 탄소 동화 작용에 필요함. 음료수·소화제 따위를 만드는 데 씀. 비 탄산 가스.

이산화 황 (二酸化黃) 황과 산소의 화합물. 황을 태울 때 생기는 독이 있는 무색의 기체. 직물의 표백제로 씀. 비 아황산 가스.

이삿짐 (移徙—) [이:사찜 / 이:삳찜] 이사할 때 이사 갈 집으로 옮기는 짐. 예 이삿짐을 꾸리다.

*****이상**[1] (以上) [이:상] 1 그것보다 더 많거나 나음. 예 세 사람 이상 타지 마시오. 반 이하. 2 '이미 그렇게 된 바에

는'의 뜻. [예] 맡은 이상 최선을 다해라. 3 이제까지 앞에서 말한 내용. [예] 이상이 내가 아는 전부다. 4 서류나 강연 등의 마지막에 써서 '끝'의 뜻을 나타내는 말. [예] 오늘 수업을 마친다. 이상.

***이상**[2] (理想) [이:상] 생각할 수 있는 범위 안에서 가장 좋다고 여겨지는 상태. [예] 청소년이여, 이상을 높게 가져라. [반] 현실.

***이상**[3] (異常) [이:상] 1 보통과 다름. 보통이 아님. [예] 이상 기온이 계속되다. 2 몸·정신·기계 따위의 기능이나 활동이 정상적인 상태와 다름. [예] 기분이 이상하다 / 컴퓨터에 이상이 생기다. 3 의심스러움. [예] 이상한 생각이 들다 / 이상한 사람이다. [반] 정상. **이상하다**. **이상히**.

이상설 (李相卨) 〖인명〗 독립운동가. 1910년 일본에게 주권을 빼앗기는 것을 반대하는 성명서를 세계 여러 나라에 보내는 등 독립운동에 크게 이바지함. [1870-1917]

이상스럽다 (異常—) [이:상스럽따] 보통과는 다른 듯하다. [예] 이상스러운 행동. [활용] 이상스러워 / 이상스러우니.

이상야릇하다 (異常—) [이:상냐르타다] 매우 이상하다. [예] 분위기가 이상야릇하다.

이상재 (李商在) 〖인명〗 정치가·종교가. 호는 월남. 서재필과 함께 독립 협회를 만들어 민중의 계몽에 힘씀. [1850-1927]

이상적 (理想的) [이:상적] 이상에 맞는 (것). [예] 이상적인 가정.

이상향 (理想鄕) [이:상향] 이상적이며 완전하고 평화로운 상상의 세계. 유토피아.

이색적 (異色的) [이:색쩍] 보통과 달리 특이한 (것). [예] 이색적인 풍습 / 이색적인 제안을 하다.

이성[1] (異性) [이:성] 자기와 성이 다른 사람. 남성이 여성을, 여성이 남성을 가리키는 말. [예] 이성 친구 / 이성 간의 교제. [반] 동성.

***이성**[2] (理性) [이:성] 사물의 이치를 생각하고 판단하는 능력. [예] 이성을 잃다. [비] 지성.

이성계 (李成桂) 〖인명〗 조선의 제1대 임금. 태조. 고려 말의 무신으로 장군이었으나, 위화도 회군(1388) 이후 삼군도총제사가 되었다가 1392년에 신하들의 추대로 왕위에 올라 조선을 세움. [1335-1408 ; 재위 1392-1398]

이세 (二世) [이:세] 1 다른 나라에 이민간 사람의 자녀로서 그 나라의 시민인 사람. [예] 재미 교포 이세. 2 다음 세대를 이을 어린이들. [예] 이세 교육. 3 자녀. [예] 아직 이세가 없다.

이솝 (Aesop) 〖인명〗 고대 그리스의 우화 작가. 작품에 우화집 '이솝 이야기'가 있음. [기원전 620-기원전 560]

이솝 이야기 (Aesop—) 〖책〗 이솝이 지은 우화들을 모아 엮은 책. 동물을 인간에 빗대어 인간 세계를 풍자적으로 나타냄.

이수광 (李睟光) 〖인명〗 조선 중기의 학자·문신. 호는 지봉. 실학 발전의 선구자. 저서에 '지봉유설' 따위가 있음. [1563-1628]

이순신 (李舜臣) 〖인명〗 조선 선조 때의 장군. 시호는 충무. 전라좌도 수군절도사가 되어 거북선을 만듦. 임진왜란이 일어나자 거북선을 앞세워 한산도 싸움에서 큰 승리를 거두고 삼도수군통제사가 됨. 노량 해전에서 적의 유탄에 맞아 전사함. 저서에 '난중일기'가 있음. [1545-1598]

이스라엘 (Israel) 〖국명〗 지중해 동쪽 연안에 있는 유대 민족의 나라. 1948년에 영국의 통치에서 벗어나 독립함. 수도는 예루살렘.

이스트 (yeast) 효모의 한 가지. 보통 빵을 부풀릴 때 씀.

이슥하다 [이스카다] 밤이 꽤 깊다. [예] 밤이 이슥하도록 책을 읽다.

***이슬** 1 공기 중의 수증기가 기온이 내려가거나 찬 물체에 부딪힐 때 엉겨서 생기는 물방울. [예] 아침 이슬이 영롱하다. 2 덧없는 생명을 비유하는 말. 3 '눈물'을 비유하는 말. [예] 눈에 이슬이 맺히다.

이슬람 (Islam) 1 이슬람교를 국교로 삼은 나라나 그런 문화권. 2 이슬람교 또는 이슬람교도.

이슬람교 (Islam敎) 세계 3대 종교의 하나로 7세기초 아라비아의 예언자

마호메트가 창시한 종교. 코란을 경전으로 하고 유일신 알라를 섬김. 회교.

이슬비 아주 가늘게 내리는 비. ㉠이슬비가 보슬보슬 내리다. →[학습마당] 12(397쪽)

이승 살고 있는 지금의 세상. ㉠이승을 뜨다. ㉲이생. ㉳저승.

　이승(을) 떠나다 죽다.

이승만(李承晚) 〖인명〗 독립운동가·정치가. 호는 우남. 국내외에서 독립운동에 힘썼으며, 우리나라 초대 및 2대·3대 대통령을 지냄. 4·19 혁명으로 대통령 자리에서 물러남. [1875-1965]

이승훈¹(李承薰) 〖인명〗 우리나라 최초로 천주교 영세를 받은 사람. 교명은 베드로. 포교에 힘쓰다가 신유박해 때 순교함. [1756-1801]

이승훈²(李昇薰) 〖인명〗 독립운동가·교육자. 3·1 운동 때 민족 대표 33인의 한 사람. 호는 남강. 오산 학교를 설립하고 신민회에 가입하여 민족 의식을 고취함. 동아일보 사장을 지냄. [1864-1930]

이승휴(李承休) 〖인명〗 고려 말의 학자. 글재주가 뛰어나고 문장이 아름다워 이름을 떨침. 저서에 '제왕운기' 따위가 있음. [1224-1300]

이식(移植) 1 농작물이나 나무 따위를 옮겨 심음. ㉠묘목을 정원에 이식하다. 2 살아 있는 몸에서 조직이나 장기를 떼어 그 몸의 다른 곳 또는 다른 몸에 옮겨 붙이는 일. ㉠피부 이식 수술. **이식하다**.

이심전심(以心傳心) [이ː심전심] 마음에서 마음으로 서로 뜻이 통함. ㉠이심전심으로 통하다.

이십(二十) [이ː십] 스물. ㉠이십 개/이십 세.

이십사절기(二十四節氣) [이ː십싸절기] 지구에서 태양이 보이는 위치에

학습마당 21

이십사절기

봄	입춘: 2월 4일경. 봄이 시작된다. 우수: 2월 19일경. 겨울이 지나 비가 오고 초목의 싹이 나기 시작한다. 경칩: 3월 6일경. 겨울잠 자던 벌레들이 깨어 꿈틀거리기 시작한다. 춘분: 3월 21일경. 봄이 몸에서 깊어 간다. 밤낮의 길이가 같다. 청명: 4월 5일경. 하늘과 땅이 상쾌하게 맑은 공기로 가득 찬다. 곡우: 4월 20일경. 봄비가 내려서 온갖 곡식을 기름지게 한다.
여름	입하: 5월 6일경. 여름이 시작된다. 소만: 5월 21일경. 풀과 나무가 무성하여 하늘과 땅에 가득 차기 시작한다. 망종: 6월 6일경. 곡물의 씨를 뿌리는 시기이다. 하지: 6월 21일경. 여름이 무르익어 간다. 낮이 가장 길다. 소서: 7월 7일경. 몹시 더워진다. 대서: 7월 23일경. 일 년 중에 가장 더운 때이다.
가을	입추: 8월 8일경. 가을이 시작된다. 처서: 8월 23일경. 더위가 수그러지기 시작한다. 백로: 9월 8일경. 가을 기분이 느껴진다. 추분: 9월 23일경. 가을이 무르익어 간다. 밤낮의 길이가 같다. 한로: 10월 8일경. 찬 이슬이 보인다. 상강: 10월 23일경. 서리가 내리기 시작한다.
겨울	입동: 11월 7일경. 겨울이 시작된다. 소설: 11월 22일경. 추워지고 눈이 내리기 시작한다. 대설: 12월 7일경. 많은 눈이 내린다. 동지: 12월 22일경. 겨울이 깊어 간다. 밤이 가장 길다. 소한: 1월 6일경. 몹시 추워진다. 대한: 1월 21일경. 일 년 중 가장 춥다.

따라 정한 1년의 절기. 준이십사기. 이십사절. →[학습마당] 21(652쪽)

이쑤시개 잇새에 낀 것을 파내는 데 쓰는 물건.

이앓이 [이아리] ⇨치통.

이암 (泥岩) 진흙이 딱딱하게 굳어서 된 바위. 비진흙 바위.

이앙기 (移秧機) 모를 심는 기계.

*이야기 1 서로 주고받고 하는 말. 예언니와 이야기를 나누다. 2 어떤 문제를 놓고 하는 이런저런 말. 예혼자 이야기가 오가다. 3 어떤 사실이나 없는 일을 꾸며서 재미있게 늘어놓는 말. 예재미있는 이야기. 4 소문이나 평판. 예이상한 이야기가 나돌다. 준얘기. **이야기하다.** ⊃ story

이야기꽃 [이야기꼳] 여럿이 한자리에서 주고받는 즐겁고 재미있는 이야기. 예온 가족이 모여 앉아 이야기꽃을 피웠다.

이야기책 (一冊) 이야기를 적어 놓은 책. 소설책 따위. 준얘기책.

이야깃거리 [이야기꺼리/이야긷꺼리] 이야기가 될 만한 자료나 소재. 준얘깃거리.

이양 (移讓) 권리나 권한 따위를 남에게 넘겨줌. 예소유권을 이양하다. **이양하다.**

이양선 (異樣船) [이:양선] 모양이 다른 배라는 뜻으로, 조선 때 외국의 선박을 이르던 말.

이어 계속하여. 잇대어. 예어제 이어 오늘도 몹시 무덥다.

*이어달리기 ⇨릴레이.

*이어받다 [이어받따] 1 앞의 것을 뒤이어 넘겨받다. 예앞 주자의 배턴을 이어받다. 2 지위·권리·의무 등을 물려받다. 예전통을 이어받다. 비계승하다.

이어서 계속하여서. 잇달아서. 이어. 예번갯불이 번쩍하더니 곧 이어서 우르르 쾅 하는 소리가 들렸다.

*이어지다 끊어지지 않고 계속되다. 예차량 행렬이 끝없이 이어지다/흐린 날씨가 연일 이어지다.

이어짓기 [이어짇끼] 같은 땅에 같은 농작물을 해마다 심어 가꿈. 비연작. 반돌려짓기. 윤작. **이어짓기하다.**

이어폰 (earphone) 귀에 꽂거나 밀착하여 방송이나 녹음테이프 따위를 혼자서 들을 수 있는 장치.

이엉 지붕이나 담을 덮는 데 쓰기 위해 엮은 짚. 준영.

*이에 그래서. 이리하여. 곧. 예다른 학생의 모범이 되었으므로 이에 상장을 수여함.

이역 (異域) [이:역] 1 다른 나라의 땅. 예이역 땅에 묻히다. 2 제고장이나 고향이 아닌 딴 곳.

이역만리 (異域萬里) [이:영말리] 아주 멀리 떨어진 다른 나라의 땅.

이온 (ion) 양 또는 음의 전기를 띤 원자나 원자단.

이완 (弛緩) 근육이나 긴장 따위가 풀려 느슨해짐. 예근육이 이완되다. 반긴축. **이완하다.**

이왕 (已往) [이:왕] 이미 그렇게 된 바에. 예이왕 그렇게 된 일을 후회해 봤자 소용없다. 비기왕. 본이왕에.

이왕이면 (已往一) [이:왕이면] 어차피 그렇게 할 바에는. 예이왕이면 경치 좋은 곳으로 놀러 가자/이왕이면 친한 친구와 짝이 되면 좋겠어. 비기왕이면.

*이외 (以外) [이:외/이:웨] 일정한 범위나 한도의 밖. 예이곳은 관계자 이외의 사람은 들어올 수 없다. 반이내.

*이용 (利用) [이:용] 1 필요에 따라 이롭거나 쓸모 있게 씀. 예폐품 이용/대중교통을 이용하다. 2 다른 사람이나 대상을 자신의 목적을 위한 수단으로 씀. 예출세를 위해 친구를 이용하다. **이용하다.**

이용자 (利用者) [이:용자] 물건이나 시설, 서비스 등을 이용하는 사람. 예인터넷 이용자/대중교통 이용자.

*이웃 [이욷] 1 나란히 또는 가까이 있어서 경계가 닿아 있음. 예이웃 마을. 2 가까이 사는 집. 또는 그런 사람. 예이웃끼리 정답게 지내다. **이웃하다.**

이웃사촌 (一四寸) [이욷싸촌] 서로 이웃에 살며 정이 들어 친척처럼 가까운 이웃.

이웃집 [이욷찝] 이웃에 있는 집. 예이웃집에 놀러 가다/이웃집이 이사를 가다.

이원수 (李元壽) 〖인명〗 아동 문학가. 15세 때 동시 '고향의 봄'으로 등단하여 평생 아동 문학의 발전을 위해 힘씀. [1911-1981]

이월 (二月) [이:월] 한 해 열두 달 중의 둘째 달. ⇒February

*__이유__ (理由) [이:유] 어떤 행동을 하거나 결과에 이르게 된 까닭. 예친구와 싸운 이유를 묻다 / 결석할 만한 이유가 없다. 비사유. 🗎 reason

이유기 (離乳期) [이:유기] 젖먹이가 젖을 떼는 시기. 보통 태어난 지 6-7개월쯤임.

이육사 (李陸史) 〖인명〗 시인. 본명은 원록. 일제에 항거한 시인으로 '청포도', '교목' 따위의 시를 썼음. 독립운동을 하다가 잡혀 베이징 감옥에서 죽음. 유고집 '육사 시집'이 있음. [1904-1944]

이윤 (利潤) [이:윤] 장사하여 남은 돈. 예이윤을 남기다 / 이윤을 높이다. 비이익.

이율 (利率) [이:율] 원금에 대한 이자의 비율. 예이율이 높다. 비이자율.

이율곡 (李栗谷) ⇨이이².

*__이윽고__ [이윽꼬] 얼마쯤 시간이 흐른 뒤에 마침내. 예이윽고 작품이 완성되었다.

이은상 (李殷相) 〖인명〗 시인. 호는 노산. '가고파', '성불사', '고향 생각', '봄처녀' 등의 시가 있고, 저서에 '이충무공 일대기'가 있음. [1903-1982]

이음매 두 물체를 이은 자리.

> [주의] **이음매**와 **이음새**
> **이음매** 이은 부분.
>   예이음매가 벌어지다.
>   이음매 보수 작업 (○)
> **이음새** 이은 모양.
>   예이음새가 보기 좋다.
>   이음새 보수 작업 (×)

이음새 두 물체의 이은 모양새. 예이음새가 매끈하다. →이음매 [주의]

이음줄 [이음쭐] 악보에서, 둘 이상의 음을 끊지 않고 연주할 것을 지시하는 기호.

이응 한글 자모 'ㅇ'의 이름.

이의 (異議) [이:의/이:이] 다른 주장이나 의견. 예이의를 제기하다.

이이¹ 이 사람. 준이.

이이² (李珥) 〖인명〗 조선 중종·선조 때의 대학자·정치가. 호는 율곡. 신사임당의 아들이며, 서경덕의 학설을 이어받아 성리학을 발전시킴. 저서에 '율곡전서' 등이 있음. [1536-1584]

*__이익__¹ (利益) [이:익] 1 물질적·정신적으로 보탬이 되는 것. 예이익을 내다. 2 기업에서 모든 비용을 빼고 남은 순수한 소득. 비이득. 이윤. 반손해. 손실.

이익² (李瀷) 〖인명〗 조선 영조 때의 실학자. 호는 성호. 평생토록 학문을 익혀, 천문·지리·의약·역사 따위에 업적을 남김. 저서에 '성호사설' 등이 있음. [1681-1763]

이익금 (利益金) [이:익끔] 벌어들인 돈에서 비용을 빼고 순전히 이익으로 남은 돈. 예이익금 배당 / 이익금을 분배하다.

*__이자__ (利子) [이:자] 돈을 빌린 사람이나 예금 따위로 돈을 맡은 은행 등이 그 대가로 주는 돈. 예이자를 내다 / 비싼 이자로 돈을 빌리다. 비변리. 반원금.

이자율 (利子率) [이:자율] 원금에 대한 이자의 비율. 비이율.

이장¹ (里長) [이:장] 지방 행정 구역인 '이(里)'의 사무를 맡아보는 사람.

이장² (移葬) 무덤을 옮김. 비개장. 이장하다.

이재민 (罹災民) 화재·홍수 등 뜻밖의 불행을 당한 사람. 예이재민 구호 성금을 보내다.

*__이전__¹ (以前) [이:전] 1 이제보다 전. 예이전에 살던 곳. 2 기준이 되는 때를 포함해서 그 전. 반이후. 잠요전.

이전² (移轉) 1 장소·주소 따위를 다른 데로 옮김. 예주민 등록 이전 / 가게를 이전하다. 비이사. 2 권리 따위를 남에게 넘겨주거나 또는 넘겨받음. 예소유권 이전. 이전하다.

이점 (利點) [이:쩜] 이로운 점. 예교통이 편리한 이점이 있다.

이정표 (里程標) [이:정표] 길의 거리나 방향 따위를 표시하여 찾아가기 쉽게 해 놓은 표지.

***이제** 바로 이때. 예영화가 이제 막 끝났다. 비지금.

이제껏 [이제껀] 지금에 이르기까지. 예이제껏 무엇을 하였느냐. 비여태껏. 입때껏.

이제나저제나 언제일지 알 수 없을 때, 또는 어떤 일을 몹시 안타깝게 기다릴 때 쓰는 말. 예이제나저제나 애타게 기다리던 비가 오기 시작했다.

이제야 이제 비로소. 지금에 이르러서야 겨우. 예네가 왜 그렇게 화를 냈는지 이제야 그 이유를 알았다.

이제현(李齊賢) 〖인명〗고려 말의 문신·학자. 호는 익재. 당대의 명문장가로 이름을 떨쳤고 외교 문서를 도맡아 기초함. 저서에 '익재난고', '익재집' 등이 있음. [1287-1367]

이조(吏曹) [이:조] 고려·조선 때 육조의 하나. 관리를 선발·평가하는 따위의 일을 맡았음.

이조 판서(吏曹判書) 조선 때 육조의 하나인 이조의 으뜸 벼슬. 정이품임. 준이판.

이주(移住) 다른 곳으로 옮겨 가서 삶. 예해외 이주. 이주하다.

이죽거리다 [이죽꺼리다] '이기죽거리다'의 준말. 예계속 이죽거리며 화를 돋우다.

이준(李儁) 〖인명〗조선 고종 때의 열사. 고종의 밀서를 가지고 이상설·이위종 등과 함께 헤이그 만국 평화 회의에 참석하여 일본의 침략 행위를 세계에 알리고자 하였으나 일본의 방해로 실패하여 그곳에서 순국하였음. [1859-1907]

이중(二重) [이:중] 1 두 겹. 예이중 창문. 2 두 번 거듭되거나 겹침. 예요금을 이중으로 내다. 비중복.

이중섭(李仲燮) 〖인명〗서양화가. 야수파의 영향을 받았으며 향토적이고 개성적인 그림을 그림. 작품에 '소', '게' 따위가 있음. [1916-1956]

이중주(二重奏) [이:중주] 두 사람이 서로 다른 두 개의 악기로 합주하는 일. 듀엣. 비이부 합주.

이중창¹(二重唱) [이:중창] 두 사람이 서로 다른 성부로 노래를 부르는 일. 듀엣. 비이부 합창.

이중창²(二重窓) [이:중창] 추위나 밖의 소음을 막기 위하여 두 겹으로 만든 창. 비갑창. 겹창.

이중환(李重煥) 〖인명〗조선 영조 때의 실학자. 이익·유형원의 학문을 계승하고, 지리·사회·경제를 연구하여 실학 사상에 많은 업적을 남김. 저서에 '택리지'가 있음. [1690-1752]

이즈음 얼마 전부터 이제까지의 무렵. 준이즘. 작요즈음.

이지러지다 1 한 귀퉁이가 떨어지다. 예사기그릇이 이지러지다. 작야지러지다. 2 달 따위가 한쪽이 차지 않다. 예달이 이지러지다. ×이즈러지다.

이진법(二進法) [이:진뻡] 0과 1의 두 개의 숫자만 가지고 나타내는 수. 컴퓨터 등에 이용됨.

이질(痢疾) [이:질] 똥이 자주 마렵고 똥에 피와 고름이 섞여 나오는 전염병.

이질적(異質的) [이:질쩍] 성질이 서로 다른 (것). 예동서양의 문화에는 이질적인 면이 많다. 반동질적.

이집트(Egypt) 〖국명〗아프리카의 북동부에 있는 공화국. 세계 문명 발상지의 하나로, 피라미드·스핑크스 따위의 고대 유적이 많음. 수도는 카이로. 애급.

이쪽저쪽 [이쪽쩌쪽] 이쪽과 저쪽을 아울러 이르는 말. 여러 곳. 예이쪽저쪽 두리번거리며 돌아다니다.

이쯤 이만한 정도. 예오늘 일은 이쯤에서 마무리하자. 작요쯤.

이차(二次) [이:차] 1 두 번째. 예이차 시험. 2 어떤 사물이나 현상의 부수적인 것. 예이차 문제.

이차돈(異次頓) 〖인명〗신라 법흥왕 때 불교를 일으키기 위해 순교한 승려. 그가 처형될 때 하얀 피가 나오는 기적이 일어나자 그때부터 불교를 공인하였다 함. [506-527]

이착륙(離着陸) [이:창뉵] 이륙과 착륙. 예짙은 안개로 비행기 이착륙이 안 된다. 이착륙하다.

이채롭다(異彩-) [이:채롭따] 보기에 색다른 데가 있다. 활용이채로워/이채로우니.

이체 (移替) 줄 돈이나 받을 돈을 금융 기관에서 주고받게 함. 예세금을 자동 이체하다. **이체하다**.

이층집 (二層一) [이:층찝] 단층 위에 한 층 더 올려 지은 집.

*__이치__ (理致) [이:치] 사실이나 사물을 이해하고 설명할 수 있게 하는 진리나 원칙. 예이치에 어긋나다.

이키 몹시 놀라거나 뜻밖의 일을 당했을 때 갑자기 지르는 소리. 예이키 큰일 났다.

이탈 (離脫) [이:탈] 어떤 범위나 무리 따위에서 떨어져 나오거나 떨어져 나감. 예궤도에서 이탈하다 / 대열에서 이탈하다. **이탈하다**.

이탈리아 (Italia) 〖국명〗 유럽 남부의 반도로 된 나라. 풍경이 아름답고 유적이 많아 관광국으로 유명함. 그리스와 더불어 서양 문명의 원천이었음. 수도는 로마. 이태리.

이토록 이러한 정도로까지. 이렇게까지. 예증세가 이토록 나빠질 줄은 몰랐다.

이토 히로부미 (伊藤博文) 〖인명〗 일본의 정치가. 조선 고종 때 국권 피탈의 주동자로서 을사조약(1905)을 강제로 성립시킴. 중국 하얼빈에서 안중근 의사가 쏜 총에 맞아 죽음. [1841-1909]

이퇴계 (李退溪) ⇨이황.

*__이튿날__ [이튿날] 그다음 날. 예밤새 아팠던 아이가 이튿날 아침에는 말짱했다. 준이틀.

*__이틀__ 1 두 날. 이 일. 예이틀을 굶다시피 했다. 2 그달의 둘째 날.

이파리 나무나 풀의 살아 있는 낱잎. 비잎사귀.

이판사판 막다른 데 이르러 어찌할 수 없게 된 지경. 예이판사판으로 덤벼들다.

*__이하__ (以下) [이:하] 1 일정한 한도의 아래. 예15세 이하 관람 불가. 반이상. 2 거기에서 뒤거나 아래. 예이하 생략. 비이후.

이항 (移項) 등식의 한 변에 있는 항을 부호를 바꿔 다른 변으로 옮기는 일. **이항하다**.

이항복 (李恒福) 〖인명〗 조선 선조 때의 문신. 호는 백사. 임진왜란 때 다섯 번이나 병조 판서가 되어 난을 수습하는 데 큰 공을 세움. 이덕형과 더불어 '오성과 한음'으로 알려짐. [1556-1618]

*__이해__[1] (利害) [이:해] 이익과 손해. 예형제간에 이해를 따지지 마라.

*__이해__[2] (理解) [이:해] 1 사리를 분별하여 아는 것. 예이해가 깊다. 2 말이나 글의 뜻을 깨달아 앎. 예이해하기 쉬운 문제. 3 ⇨양해. 예이해를 구하다 / 내 뜻을 이해해 주시기 바랍니다. **이해하다**. ⊃understand

이해심 (理解心) [이:해심] 사정이나 형편을 잘 헤아리는 마음. 예이해심이 많다.

이행 (履行) [이:행] 실제로 행함. 말과 같이 함. 예약속을 이행하다. **이행하다**.

이혼 (離婚) [이:혼] 부부가 혼인 관계를 끊고 헤어지는 일. 반결혼. **이혼하다**.

이화 학당 (梨花學堂) 조선 고종 때 (1886), 미국 선교사 스크랜턴 여사가 지금의 서울 중구 정동에 창설한 사립 여자 교육 기관. 현재의 이화 여자 대학교.

이황 (李滉) 〖인명〗 조선 중종·명종 때의 유학자·문신. 호는 퇴계. 예조 판서·대제학 따위를 지냈음. 성리학 체계를 집대성하여 이이와 성리학의 양대 학파를 이룸. 안동에 도산 서원을 세워 많은 인재를 기름. 작품에 시조 '도산십이곡'이 있음. [1501-1570]

*__이후__ (以後) [이:후] 1 기준이 되는 때로부터 뒤. 예지난달 이후 비가 오지 않는다. 2 지금으로부터 뒤. 예이후에 생기는 일은 책임지지 않겠다. 반이전.

*__익다__[1] [익따] 1 열매 따위가 충분히 여물다. 예벼가 익다. 2 날것이 열을 받아 날것의 기운이 없어지다. 예군밤이 덜 익었다. 3 맛이 들다. 예김치가 알맞게 익다.

익다[2] [익따] 1 자주 경험하여 서투르지 않다. 예손에 익은 일. 2 여러 번 겪어서 낯설지 않다. 예귀에 익은 목소리 / 낯이 익은 얼굴.

익룡(翼龍)[잉뇽] 중생대에 하늘을 날아다니던 공룡.

익명(匿名)[잉명] 이름을 숨김. 예익명의 편지가 배달되다.

익사(溺死)[익싸] 물에 빠져 죽음. 예익사 사고. **익사하다**.

익살[익쌀] 남을 웃기려고 일부러 하는 우스운 말이나 행동. 예익살을 떨다.

익살스럽다[익쌀스럽따] 말이나 행동이 재미있고 우스운 데가 있다. 예익살스러운 표정을 짓다. [활용] 익살스러워 / 익살스러우니.

***익숙하다**[익쑤카다] 1 여러 번 해 보아 능란하다. 예아직 일에 익숙지 못하다. 2 자주 만나 사귀어 사이가 가깝다. 예그 사람과 익숙한 사이다. 3 여러 번 보고 들어서 잘 안다. 예외국 사정에 익숙하다. 비능숙하다. 반서투르다.

익조(益鳥)[익쪼] 농사에 해를 끼치는 벌레를 잡아먹는, 사람에게 이로운 새. 제비·까치·딱따구리 따위. 비이론새. 반해조.

익충(益蟲) 사람에게 이익을 주는 벌레. 꿀벌·누에나방·잠자리 따위. 비이론벌레. 반해충.

***익히다**[이키다] 1 익게 하다. 예감자를 익히다. 2 익숙하게 하다. 예기술을 익히다.

인¹ 여러 번 되풀이하여 몸에 깊이 밴 버릇.

  인(이) 박이다 여러 번 되풀이하여 버릇처럼 몸에 배다.

인²(人) 사람의 수효를 나타내는 말. 예삼십삼 인.

인³(仁) 남을 사랑하고 어질게 행동하는 일. 예인을 실천하다.

인⁴(燐) 질소족 원소의 한 가지. 공기 중에서 불이 잘 붙어 성냥 따위를 만드는 데 씀.

인가¹(人家) 사람이 사는 집. 예인가가 드문 산골.

인가²(認可) 인정하여 허락함. 예정부의 인가를 받다. **인가하다**.

***인간**(人間) 1 ⇨사람. 예인간은 사회적 동물이다. 비인류. 2 사람의 됨됨이. 예인간이 왜 저 모양이냐.

인간관계(人間關係)[인간관계 / 인간관게] 사회생활에서 사람들 사이의 관계. 예인간관계가 원만하다.

인간답다(人間—)[인간답따] 인간으로서의 올바른 태도를 지니고 있다. 예인간다운 생활. [활용] 인간다워 / 인간다우니.

인간문화재(人間文化財) 전통적인 연극·음악·무용·공예 따위에서, 중요한 무형유산의 기능을 지니고 있는 사람. 국가 무형유산 보유자.

인간미(人間味) 따뜻하고 정겨운 느낌. 예인간미가 넘치다.

인간성(人間性)[인간썽] 사람이 본디 지니고 있는 성질. 예인간성이 좋은 사람.

인간적(人間的) 사람다운 성질이 있는 (것). 예인간적인 대우를 받다. 반비인간적.

인건비(人件費)[인껀비] 사람을 부리는 데에 드는 비용. 예인건비를 줄이다.

인걸(人傑) 특히 뛰어난 인재.

***인격**(人格)[인껵] 1 사람으로서의 품격. 예인격 수양. 비인품. 2 스스로 책임을 질 수 있는 능력을 가진 개인.

인격자(人格者)[인껵짜] 훌륭한 인격을 갖춘 사람.

인계(引繼)[인계 / 인게] 사람이나 물건, 일 따위를 남에게 넘겨주거나 넘겨받음. 예인계를 받다 / 업무를 인계하다. **인계하다**.

인고(忍苦) 괴로움을 참음. 예인고의 나날을 보내다. **인고하다**.

인공(人工) 사람의 힘으로 만들어 내는 일. 예인공 폭포. 비인위. 인조. 반자연. 천연.

인공위성(人工衛星) 지구에서 쏘아 올려 지구의 둘레를 도는 물체. 1957년에 세계 최초로 소련이 쏘아 올림. 과학 위성·통신 위성·기상 위성 따위. [준]위성.

인공적(人工的) 사람의 힘으로 만든 (것). 예미생물을 인공적으로 배양하다. 반자연적.

인공 지능(人工知能) 인간의 생각하고 이해하는 활동의 일부를 컴퓨터로 대신할 수 있게 하는 기능.

인공호흡(人工呼吸) 호흡이 곤란한 사람에게 인위적으로 폐에 공기를 불어 넣어 호흡을 할 수 있도록 하는 응급 처치.

인과 관계(因果關係) 두 가지 사항에서 하나는 원인이 되고, 다른 하나는 결과가 되는 관계.

인과응보(因果應報) 불교에서, 전생에서 지은 선악에 따라 현세에서 그대로 갚음을 받는 일.

*__인구__(人口) 일정한 지역 안에 사는 사람의 수. ⑩인구 이동 / 인구가 증가하다.

인구 밀도(人口密度) 보통 $1km^2$ 안에 사는 사람의 평균수. ⑩인구 밀도가 높다.

인권(人權) [인꿘] 인간으로서 당연히 가지는 기본적 권리. ⑩인권을 존중하다.

인근(隣近) 가까운 곳. ⑩인근 마을. 囲근처.

*__인기__(人氣) [인끼] 어떤 대상에 쏠리는 사람들의 높은 관심이나 호감. ⑩인기를 끌다.

인기척(人一) [인끼척 / 인기척] 사람이 있음을 느낄 수 있을 만한 소리나 짓. ⑩인기척이 없다.

인내(忍耐) 괴로움이나 어려움 따위를 참고 견딤. ⑩고통을 인내하다. **인내하다**.

인내력(忍耐力) 괴로움이나 어려움 따위를 참고 견디는 힘. ⑩인내력을 발휘하다.

인내심(忍耐心) 괴로움이나 어려움 따위를 참고 견디는 마음. ⑩인내심이 강하다. 囲끈기. 참을성.

인내천(人乃天) 모든 사람이 하늘과 같다는 천도교의 기본 사상.

인당수(印塘水) 고대 소설인 '심청전'에 나오는, 심청이 뛰어들었던 깊은 바닷물.

인대(靭帶) 관절을 튼튼하게 하고 관절 운동을 억제하는 작용을 하는 조직. ⑩운동을 하다가 인대가 늘어났다.

인더스강(Indus江) 파키스탄의 중부를 흐르는 강. 하류 지방은 기원전 3천 년경 고대 문명의 발상지임. 길이 2,900km.

인도[1](人道) 넓은 도로에서 차도와 구별하여 사람만이 다니는 길. 囲보도. 맨차도.

인도[2](引導) 1 가르쳐 일깨움. ⑩바른길로 인도하다. 2 길이나 장소를 안내함. ⑩손님들을 회의장으로 인도하다. **인도하다**.

인도[3](引渡) 사람이나 물건, 권리 따위를 넘겨줌. ⑩적에게 포로를 인도하다. **인도하다**.

인도[4](印度) 〖국명〗 아시아 남부의 중앙에 있는 큰 나라. 고대 문명과 불교의 발상지이며, 쌀·보리·밀 따위가 많이 나고 지하자원이 풍부함. 수도는 뉴델리. 인디아.

인도네시아(Indonesia) 〖국명〗 동남아시아의 많은 섬으로 된 나라. 석유·주석·고무·구리·나무 등의 자원이 풍부함. 수도는 자카르타.

인도양(印度洋) 세계 오대양의 하나로 아시아·오스트레일리아·아프리카 대륙과 남극 대륙에 둘러싸인 바다.

인도적(人道的) 사람으로서 마땅히 지켜야 할 도리에 따르는. 또는 그런 것. ⑩인도적 지원 / 인도적인 구호 활동을 벌이다.

인도주의(人道主義) [인도주의 / 인도주이] 모든 사람이 인종·종교 따위의 차별 없이 행복하고 평화롭게 살자는 주의.

인도차이나반도(Indo-China半島) 〖지명〗 동남아시아에 있는 반도. 베트남·라오스·캄보디아·타이·미얀마·말레이시아 등의 나라가 있음.

인두 불에 달구어 천에 대고 눌러서 구김살을 펴거나 주름을 잡는 데 쓰는 기구.

인두

인디아(India) 〖국명〗 ⇨인도[4].

인디언(Indian) 아메리카 대륙에서 살고 있는 원주민. 몬아메리칸 인디언. ×인디안.

인라인스케이트(in-line skate) 신발에 여러 개의 작은 바퀴가 한 줄로 달린 스케이트.

인력[1](人力) [일력] 1 사람의 힘. ⑩인력으로 막을 수 없는 재해. 2 사람의 노동력. ⑩인력을 양성하다.
인력² (引力) [일력] 공간적으로 떨어져 있는 물체끼리 서로 끌어당기는 힘. 凹척력.
인력거 (人力車) [일력꺼] 사람이 끄는, 바퀴가 두 개 달린 수레. 사람을 태움.

인력거

***인류** (人類) [일류] 1 사람을 다른 동물과 구별해서 이르는 말. ⑩최초의 인류. 2 지구 위에 사는 모든 사람. 凹인간.
인류애 (人類愛) [일류애] 나라나 인종을 가리지 않고 모든 사람을 사랑하는 일.
인류 평화 (人類平和) 온 세계의 모든 사람들이 전쟁이나 무력 충돌이 없이 평온하고 화목하게 지내는 상태.
인륜 (人倫) [일륜] 사람으로서 마땅히 지켜야 할 도리. ⑩인륜에 벗어난 행동.
인명¹ (人命) 사람의 목숨. ⑩인명 피해를 줄이다.
인명² (人名) 사람의 이름.
인명사전 (人名事典) 널리 알려진 사람의 행적을 모아 이름 순서로 실은 사전.
*** 인물** (人物) 1 뛰어난 사람. ⑩인물이 귀하다. 凹인걸. 인재. 2 사람의 됨됨이. ⑩훌륭한 인물. 凹인품. 3 사람의 얼굴 모양. ⑩머리를 자르니 인물이 훤하다. 凹용모.
인물화 (人物畫) 사람을 주제로 그린 그림. 초상화 따위.
인민 (人民) 국가나 사회를 구성하는 사람. 凹국민. 백성.
인부 (人夫) 품삯을 받고 막일을 하는 사람. ⑩인부를 쓰다. 凹막벌이꾼.
인분 (人糞) 사람의 똥. ⑩인분을 거름으로 쓰다.
*** 인사¹** (人事) 1 안부를 묻거나 공경하여 예의를 나타냄. ⑩선생님께 인사를 드리다. 2 처음 만나 서로 이름을 묻고 알려줌. ⑩인사를 나누다. 인사하다.
인사² (人士) 사회적 지위가 높거나 사회적 활동이 많은 사람. ⑩저명한 인사.
인사말 (人事—) 인사로 하는 말. ⑩인사말을 주고받다.
인사법 (人事法) [인사뻡] 인사하는 방법.
인사불성 (人事不省) [인사불썽] 정신을 잃고 의식이 없는 상태. ⑩술에 취하여 인사불성이 되다.
인산인해 (人山人海) [인사닌해] 사람이 헤아릴 수 없이 많이 모인 상태. ⑩인산인해를 이루다.
인삼 (人蔘) 두릅나뭇과에 속하는 여러해살이풀. 높이는 60cm가량. 줄기는 짧고 마디가 있으며, 희고 살진 뿌리가 도라지와 비슷함. 한약재로 쓰임. 图삼.
인상¹ (引上) 물건값·요금·봉급 등을 올림. ⑩가격 인상 / 공공요금이 인상되다. 凹인하. 인상하다.
*** 인상²** (印象) 보거나 듣거나 해서 마음에 강하게 받는 느낌. ⑩좋은 인상을 주다.

  인상(이) 깊다 어떤 느낌이 마음속에 뚜렷하게 남다.

인상³ (人相) 사람의 얼굴 생김새와 골격. ⑩인상을 찌푸리다.
인상적 (印象的) 뚜렷이 마음에 남아서 잊혀지지 않는 (것). ⑩영화의 마지막 장면이 인상적이었다.
인색하다 (吝嗇—) [인새카다] 지나칠 정도로 재물을 아끼다. ⑩인색하게 굴다.
인생 (人生) 사람이 세상을 살아가는 일. 또는 그 살아 있는 동안. 凹생애.
인생관 (人生觀) 어떻게 살아가는 것이 옳은지에 대한 기본적인 생각. ⑩인생관이 뚜렷하다.
인솔 (引率) 많은 사람을 이끌고 감. ⑩인솔 교사 / 학생들을 인솔하다. 凹인도. 인솔하다.
인쇄 (印刷) 글자나 그림·사진 등을 종이 따위에 옮겨 찍는 일. ⑩인쇄가 선명하다. 인쇄하다.
인쇄공 (印刷工) 인쇄하는 일을 하는 직공.
인쇄본 (印刷本) 인쇄하여 놓은 책이나 종이. *필사본.
인쇄소 (印刷所) 인쇄 설비를 갖추고

인쇄술 (印刷術) 인쇄하는 기술.

인수¹ (因數) 수나 식을 몇 개의 곱의 형태로 나타내었을 때 그 낱낱의 수나 식. [보기] 12=1×12, 12=2×6, 12=3×4에서 1, 2, 3, 4, 6, 12는 모두 12의 인수임.

인수² (引受) 물건이나 권리를 넘겨 받음. 예 회사를 인수하다. 凹인도. 인수하다.

인슐린 (insulin) 이자에서 나오는 호르몬. 체내의 혈당량을 줄이는 작용을 하므로 당뇨병의 치료에 씀.

인스턴트 (instant) 즉석에서 손쉽게 조리해 먹을 수 있도록 만들어진 상태. 또는 그 식품. 예 인스턴트 라면 / 인스턴트 커피.

인스턴트식품 (instant食品) 조리가 간편하고 저장·휴대 등이 편리한 가공 식품. 라면·통조림 따위.

인습 (因習) 이전부터 전해 내려오는 습관. 예 인습에 얽매이다.

인식 (認識) 어떤 일에 대하여 확실히 알고 그 뜻을 바로 깨닫는 일. 예 사태를 올바로 인식하다. 인식하다.

인심 (人心) 남의 딱한 사정을 헤아리고 도와주는 마음. 예 인심이 후하다. 凹인정.

인양 (引揚) [이냥] 끌어서 올림. 예 인양 작업. 인양하다.

인어 (人魚) [이너] 몸의 윗부분은 여자의 몸이고, 아랫부분은 물고기인 상상의 동물.

인연 (因緣) [이년] 1 사람들 사이에 맺어지는 관계. 예 인연이 깊다. 凹연분. 2 어떤 사물과의 관계.

인왕산 (仁王山) [이냥산] 서울의 서쪽에 있는 산. 전체가 화강암으로 되어 있는 것이 특징이며, 경치가 아름다움. 높이 338m.

인왕제색도 (仁王霽色圖) [이냥제색또] 조선 후기의 화가인 정선의 대표작. 1751년에 동쪽에서 본 서울 인왕산을 그린 그림으로, 우리나라 국보임.

인용 (引用) [이뇽] 남의 말이나 글 가운데서 필요한 부분을 끌어다 씀. 예 속담을 인용하다. 인용하다.

인원 (人員) [이눤] 단체를 이루고 있는 사람들. 또는 그 수효. 예 인원을 파악하다. 凹인원수.

인원수 (人員數) [이눤쑤] 사람의 수. 예 인원수를 파악하다.

인위적 (人爲的) [이뉘적] 사람의 힘으로 만든 (것). 예 인위적으로 만들어진 폭포. 凹인공적. 凹자연적.

인자하다 (仁慈—) 마음이 어질고 너그럽다. 예 인자하신 선생님.

인재 (人材) 학식과 능력이 뛰어난 사람. 예 인재를 양성하다. 凹인물.

인적 (人跡) 사람의 발자취. 또는 사람의 왕래. 예 인적이 드물다.

인절미 불린 찹쌀을 시루에 쪄서 떡메로 친 다음, 적당한 크기로 썰어 고물을 묻힌 떡.

인접 (隣接) 이웃하여 있음. 옆에 닿아 있음. 예 우리 학교는 도로에 인접해 있다. 인접하다.

인정¹ (人情) 1 사람이 본디 가지고 있는 감정이나 심정. 2 남을 동정하는 마음씨. 예 인정을 베풀다. 凹인심. 3 세상 사람의 마음. 예 메마른 인정. 인정스럽다.

***인정**² (認定) 옳거나 분명하다고 여김. 예 자기의 잘못을 인정하다. 凹승인. 인정하다.

인정머리 (人情—) 주로 '없다'와 함께 쓰여, '인정'을 속되게 이르는 말. 예 인정머리라고는 눈 씻고 찾아봐도 없다.

인정미 (人情味) 인정이 깃든 따뜻한 느낌. 예 인정미가 넘치다.

***인제**¹ 1 이제에 이르러. 예 인제 다 끝났다. 2 지금부터. 예 인제 곧 나가려던 참이야.

인제² (麟蹄) 〖지명〗 강원도 인제군의 군청 소재지. 백담사·옥녀탕 따위의 명승지가 있고 꿀·약초·버섯 등의 특산물이 많이 남. 동쪽에 설악산이 있고 소양강이 남쪽으로 흐름.

인조 (人造) 사람이 만듦. 또는 그런 물건. 예 인조 가죽 / 인조 잔디.

인조견 (人造絹) 펄프를 원료로 하여 만든 비단.

인조반정 (仁祖反正) 조선 광해군 15년(1623)에 김류·이서·이귀·이괄 등이 광해군을 왕위에서 몰아내고 인조

인종 (人種) 지구상의 인류를 피부색·골격·머리색 등으로 나눈 종류. 백인종·흑인종·황인종 등.

인종 차별 (人種差別) 인종이 다르다는 이유로 사회적인 여러 권리의 차별을 두는 일.

인주 (印朱) 도장을 찍을 때 쓰는 붉은빛의 재료.

인중 (人中) 코와 윗입술 사이에 오목하게 골이 진 곳.

인증 (認證) 어떤 문서나 일이 정당한 절차로 이루어졌다는 것을 공적 기관이 인정하여 증명함. 예공인 인증 마크/품질 규격 인증을 획득하다. 인증하다.

인지 (印紙) 세금·수수료 등을 낸 것을 증명하기 위하여 서류에 붙이는, 정부에서 발행하는 증표. 예수입 인지.

인지상정 (人之常情) 사람이면 누구나 가지는 보통의 마음.

인질 (人質) 자신의 요구를 들어주지 않으면 해치겠다고 위협하며 강제로 붙잡아 둔 사람. 예인질로 잡다/인질을 풀어 주다. 凰볼모.

인척 (姻戚) 혼인으로 맺어진 친척.

인천 (仁川) 〖지명〗 경기도 중서부에 위치한 우리나라 6개 광역시 중 하나. 제2의 항구 도시로 해산물·금속·기계류 따위를 수출하며, 기계 공업이 발달함. 월미도·송도 해수욕장 따위가 유명함.

인천 국제공항 (仁川國際空港) 인천 중구에 위치한 우리나라 최대 규모의 국제선 전용 공항. 2001년에 개항함.

인천 상륙 작전 (仁川上陸作戰) 6·25 전쟁 중 1950년 9월 15일, 인천에서 맥아더 장군이 지휘한 작전. 이 작전이 성공하여 우리 편이 유리해졌음.

인체 (人體) 사람의 몸. 예인체에 해로운 식품.

인출 (引出) 예금 따위를 찾음. 예현금을 인출하다. 인출하다.

인치 (inch) 야드파운드법과 미국 단위계의 길이 단위. 1인치는 1피트의 12분의 1로, 약 2.54cm.

인터넷 (Internet) 전 세계에 걸쳐 연결된 컴퓨터 통신망. 전자 우편·전자 뉴스·데이터베이스·화상 전송 등이 국경을 넘어 교환되고 있음. 예인터넷 검색.

인터뷰 (interview) 만나서 이야기하는 일. 특히 기자가 기사를 얻기 위하여 사람을 만나 회견하는 일. 회견. 면담. 예장관을 단독으로 인터뷰하다. 인터뷰하다.

인터체인지 (interchange) 교통이 혼잡한 곳이나 고속 도로 등에서 사고를 방지하고 교통이 지체되지 않도록 도로가 교차하는 부분을 입체적으로 만든 것. 凰나들목.

인터폰 (interphone) 건물이나 열차, 비행기 등의 안에서 내부 연락용으로 쓰는 유선 전화. 구내전화.

인턴 (intern) 의과 대학을 졸업하고 병원에서 1년 동안 실습을 받는 수련의. 실습 의학생.

인테리어 (interior) 실내를 아름답게 꾸미는 일. 실내 장식.

인파 (人波) 사람이 많이 모여 움직이는 모양을 물결에 비유한 말. 예광장이 수많은 인파로 뒤덮이다.

인편 (人便) 사람이 오고 가는 편. 예인편에 편지를 보내다.

인품 (人品) 사람의 됨됨이나 성품. 예인품이 훌륭하다. 凰인격.

인플레이션 (inflation) 돈의 가치가 떨어지고 물건값이 오르는 현상. 凾디플레이션. 줊인플레.

인하 (引下) 가격·요금·세금 따위를 내림. 예가격 인하/이율을 인하하다. 凾인상. 인하하다.

***인하다** (因一) 무엇이 원인이 되다. 예폭우로 인하여 경기가 중단되다.

***인형** (人形) 사람이나 동물의 모양으로 만든 장난감. ⇨doll

인형극 (人形劇) 인형을 손이나 실로 조종하여 하는 연극. 우리나라에는 꼭두각시놀음이 일찍이 발달하였음.

인화[1] (人和) 여러 사람이 서로 마음이 통하여 화합함. 예인화 단결/인화를 도모하다. 인화하다.

인화[2] (引火) 불이 옮아 붙음. 예인화가 잘되는 물질. 인화하다.

***일**[1] [일:] 1 무엇을 만들거나 이루기 위해 몸을 움직이거나 머리를 쓰는 활

동. ⓔ일을 마치다 / 일에 파묻히다. 2 생계나 벌이를 위한 노동이나 직업. ⓔ경비 일을 맡기다 / 무슨 일을 하십니까. 3 ⇨볼일. ⓔ아침 일찍 만날 일이 있다. 4 큰 난리나 변동. ⓔ결국 일이 터졌다. 5 ⇨사고¹. ⓔ일만 저지르다. 6 특별한 형편. ⓔ가지 못할 일이 있다. ⓑ사정. 7 비용이 드는 행사. ⓔ일을 치르다.

***일²** (日) 1 '일요일'의 준말. 2 날. 하루 동안. ⓔ일 3회 복용. 3 날짜·날수를 세는 말. ⓔ15일.

***일³** (一) 1 하나. 2 '한'·'첫째'의 뜻. ⓔ일 리터 / 일 권. ⓞone

일가 (一家) 1 성과 본이 같은 겨레붙이. ⓔ일가가 되는 분. 2 한집안. ⓔ가까운 일가가 모여 살다.

일가견 (一家見) 어떤 문제에 대하여 자기만이 가지는 독특한 생각. ⓔ경제 문제에 일가견이 있다.

일가족 (一家族) 한집안의 가족. 온가족. ⓔ김 씨 일가족 / 일가족이 여행을 떠났다.

일가친척 (一家親戚) 한 조상에게서 태어난 친족과 외가의 모든 겨레붙이. ⓔ일가친척 모두가 한자리에 모이다.

일간¹ (日刊) 신문 따위를 날마다 간행함. 또는 그 간행물.

일간² (日間) 1 하루 동안. ⓔ일간 작업 계획. 2 가까운 며칠 안에. ⓔ일간 또 올게.

일간 신문 (日刊新聞) 날마다 발행하는 신문. ⓑ일간지.

일감 [일:깜] ⇨일거리. ⓔ일감이 밀리다 / 일감이 떨어지다.

일개미 [일:개미] 집을 짓고 먹이를 날라 모으는 일을 하는 개미. 날개와 생식 기능이 없음. ⓑ일꾼개미.

일거리 [일:꺼리] 하여야 할 일. ⓔ일거리를 맡기다. ⓑ일감.

일거양득 (一擧兩得) 한 가지 일을 하여 두 가지 이익을 얻음. ⓔ일거양득의 효과. ⓑ일석이조.

일격 (一擊) 한 번 세게 침. ⓔ일격을 가하다.

일고여덟 [일고여덜] 일곱이나 여덟. ⓔ보리쌀 일고여덟 말은 된다. ⓟ일여덟.

***일곱** 여섯에 하나를 더한 수. ⓔ내 동생은 일곱 살이다. ⓞseven

일과 (日課) 날마다 규칙적으로 하는 일. ⓔ운동을 일과로 삼다.

일과표 (日課表) 날마다 해야 할 일을 적어 놓은 표.

일관 (一貫) 처음부터 끝까지 한 가지 방법이나 태도로 계속함. ⓔ태도가 일관되다. **일관하다.**

일관성 (一貫性) [일관썽] 처음부터 끝까지 변함없이 계속하는 성질. ⓔ일관성 있는 행동.

일괄 (一括) 한데 묶음. ⓔ일괄 처리하다. **일괄하다.**

일광 (日光) ⇨햇빛. ⓔ일광이 내리쬐다.

일광욕 (日光浴) [일광뇩] 병의 치료나 건강을 위해서 햇빛에 몸을 드러내 놓고 쬐는 일. ⓔ일광욕을 즐기다. **일광욕하다.**

일교차 (日較差) 기온·기압·습도 등이 하루 동안에 변화하는 차이. ⓔ일교차가 심하다.

일구다 논이나 밭을 만들려고 땅을 파서 일으키다. ⓔ밭을 일구다.

일그러뜨리다 물건이나 얼굴의 한쪽을 비뚤어지게 또는 우글쭈글하게 하다. ⓔ얼굴을 일그러뜨리다.

일그러지다 물건이나 얼굴의 한쪽이 비뚤어지거나 우글쭈글해지다. ⓔ눈언저리가 일그러져 있다.

일급 (一級) 1 첫 번째 등급. ⓔ일급 자격증. 2 최고의 수준. ⓔ일급 호텔.

***일기¹** (日記) 하루 동안 자신이 겪은 일과 느낌을 적은 글. ⓞdiary

***일기²** (日氣) 그날의 기상 상태. ⓔ일기가 고르지 못하다. ⓑ날씨.

일기도 (日氣圖) 어떤 지역의 기압·날씨·바람 따위를 숫자·기호·그림 따위로 나타낸 지도. 일기 예보의 기본이 됨. ⓑ기상도.

일기 예보 (日氣豫報) 날씨의 변화를 미리 알리는 일. ⓑ기상 통보.

일기장 (日記帳) [일기짱] 일기를 적는 공책. ⓟ일기.

일깨우다 일러 주거나 가르쳐서 깨닫게 하다. ⓔ가족의 소중함을 일깨우다. ⓟ일깨다.

일껏 [일:껃] 모처럼 애써서. 예 일껏 만들어 놓은 것을 망가뜨렸다.

일꾼 [일:꾼] 1 삯을 받고 남의 일을 하는 사람. 예 일꾼이 부족하다. 2 어떤 일이든지 잘 처리하거나 맡아 할 만한 사람. 예 나라의 일꾼. 비 역군. ×일군.

일년생 (一年生) [일련생] ⇨한해살이. 예 일년생 식물.

일념 (一念) [일렴] 한결같은 마음. 예 자식을 생각하는 어머니의 일념.

*__일다__[1] [일:다] 1 어떤 현상이 생기다. 예 바람이 일다. 2 약하거나 희미한 것이 왕성해지다. 예 불이 일다. 3 솟아오르거나 부풀어 오르다. 예 거품이 일다. [활용] 일어/이니/이는.

일다[2] [일:다] 곡식을 물속에 넣어 모래·티를 가려내다. 예 쌀을 일다. [활용] 일어/이니/이는.

일단 (一旦) [일딴] 1 우선 먼저. 예 일단 끝내고 보자. 2 잠깐. 예 일단 정지 / 일단 생각해 보자.

일단락 (一段落) [일딸락] 일의 한 단계가 끝남. 예 일단락을 짓다 / 사건이 일단락되다. **일단락되다**.

일당[1] (一黨) [일땅] 행동이나 목적을 같이하는 무리. 예 도둑 일당을 잡아들이다.

일당[2] (日當) [일땅] 하루 동안 일한 값으로 주는 돈. 예 일당을 받다.

일대[1] (一帶) [일때] 어느 지역의 전부. 예 영동 일대에 큰 눈이 내렸다. 비 일원.

일대[2] (一大) [일때] 어떤 말 앞에 붙어 '굉장한·중대한'의 뜻을 나타내는 말. 예 일대 성황을 이루다.

일대기 (一代記) [일때기] 한 사람의 일생 동안의 일을 쓴 기록. 예 안중근 의사의 일대기. 비 전기.

일대일 대응 (一對一 對應) 집합 ㉠과 집합 ㉡의 원소가 하나도 빠짐없이 각각 짝을 지우는 관계.

일대일 대응

일동 (一同) [일똥] 어떤 모임이나 단체에 속한 모든 사람. 예 전교생 일동을 대표하여 상을 받다.

일등 (一等) [일뜽] 첫째 등급. 또는 으뜸. 예 기말고사에서 전교 일등을 차지하다. 비 제일.

일람표 (一覽表) 일의 내용을 한눈에 알아볼 수 있도록 간단하게 꾸며 놓은 표. 예 성적 일람표를 작성하다.

일러두기 책의 첫머리에 그 책의 내용이나 사용법 등에 대하여 설명한 글. 비 범례.

일러두다 특별히 부탁하거나 지시해 두다. 예 가족들에게 문단속을 잘 하라고 일러두었다.

일러바치다 어떤 비밀이나 나쁜 일을 윗사람에게 알리다. 예 친구의 잘못을 선생님께 일러바치다.

일러스트레이션 (illustration) 내용의 이해를 돕기 위해 사용하는 삽화나 그림, 사진 등의 시각 자료. 일러스트.

일렁이다 물 위에 떠서 물결에 따라 이리저리 움직이다. 예 파도에 일렁이는 쪽배. 비 일렁거리다.

일련 (一連) 하나로 이어지는 것. 예 일련의 문제.

일렬 (一列) 한 줄. 예 운동장에 일렬로 늘어서다.

일례 (一例) 하나의 보기. 예 일례를 들어 설명하다.

일루 (一壘) 야구에서, 주자가 맨 처음 밟는 누.

일류 (一流) 어떤 분야에서 첫째가는 지위나 부류. 예 일류 극장 / 일류 대학 / 일류 기술자.

일리 (一理) 옳은 데가 있어서 받아들일 만한 이치. 예 듣고 보니 네 말에도 일리가 있다.

일망타진 (一網打盡) 어떤 무리를 한꺼번에 모조리 다 잡음. 예 폭력배를 일망타진하다. **일망타진하다**.

일맥상통 (一脈相通) [일맥쌍통] 처지나 생각, 성격 등이 서로 통하거나 비슷함. 예 일맥상통한 이야기. **일맥상통하다**.

일면 (一面) 1 사람이나 물체, 일의 한 면. 예 그의 새로운 일면을 보다. 2 신문의 첫째 면.

일명 (一名) 본명 이외에 따로 부르는 이름. 예 서울을 일명 한양이라고도 불렀다.

일목요연하다 (一目瞭然—) [일모교연하다] 한눈에 알아볼 수 있을 만큼 분명하다. 예 서류를 일목요연하게 정리하다.

일몰 (日沒) 해가 짐. 예 일몰을 바라보다. 반 일출.

일미 (一味) 아주 뛰어나고 독특한 맛. 예 과연 천하 일미로다.

일박 (一泊) 하룻밤을 묵음. 예 우리는 그 여관에 여장을 풀고 일박을 했다. 일박하다.

***일반** (一般) 1 보통 사람들. 예 일반에게 공개하다. 2 전체에 두루 해당하는 것. 예 일반 상식.

일반인 (一般人) [일바닌] 1 특별한 신분이나 지위가 없는 보통 사람. 예 일반인의 관심. 2 어떤 일과 특별한 관계가 없는 사람. 예 일반인의 출입을 금하다. 반 특정인.

일반적 (一般的) 일부에 한정되지 않고 전체에 걸친 (것). 예 일반적인 의견. 반 국부적.

일반화 (一般化) 개별적이거나 특수한 것이 일반적인 것으로 됨. 예 해외여행이 일반화되다. 일반화하다.

일방적 (一方的) 1 한쪽으로 치우치는 (것). 예 일방적인 승리. 2 상대편은 생각지 않고 자신의 일만 생각하는 (것). 예 약속을 일방적으로 어기다.

일방통행 (一方通行) 일정한 구간을 지정하여 한 방향으로만 가도록 하는 일. 예 일방통행 도로.

일벌 [일:벌] 집을 짓고 애벌레를 기르며 꿀 모으는 일을 맡아 하는 벌. 생식 기능이 없음. *여왕벌.

일보 (一步) 1 한 걸음. 예 일보 전진하다. 2 일의 시작이나 첫걸음. 예 개혁의 일보를 내딛다.

일본 (日本) 〖국명〗우리나라와 동해를 사이에 두고 있는 나라. 4개의 큰 섬과 많은 작은 섬들로 이루어짐. 화산이 많고 지진이 잦음. 수도는 도쿄.

일본어 (日本語) [일보너] 일본 사람의 국어. 준 일어.

***일부** (一部) 전체에서 어느 한 부분. 예 독후감 일부를 수정하다. 비 일부분. 반 전부.

***일부러** [일:부러] 1 특별히 마음을 먹고. 예 일부러 올 것까지는 없다. 2 알면서 짐짓. 예 일부러 모르는 체하다.

일부분 (一部分) 한 부분. 또는 전체를 여럿으로 나눈 부분. 예 수입의 일부분을 저축하다. 비 일부.

일부일처 (一夫一妻) 한 남편에게 한 아내가 있는 것.

일사병 (日射病) [일싸뼝] 한여름에 뙤약볕 밑에서 오랫동안 햇볕을 직접 받을 때에 일어나는 병. 심한 두통·현기증이 일어나고, 숨이 차며 정신을 잃음.

일사불란하다 (一絲不亂一) [일싸불란하다] 질서를 지켜 조금도 흐트러지거나 어지러움이 없다. 예 일사불란하게 움직이다.

일산화 탄소 (一酸化炭素) 산소가 부족한 상태에서 물체가 탈 때 생기는 독한 기체. 맛·냄새·빛깔이 없으며, 연탄가스 중독의 원인이 됨.

일삼다 [일:삼따] 1 일로 여기어 하다. 예 채소밭을 일삼아 가꾸다. 2 좋지 않은 일 따위를 계속하여 하다. 예 불평을 일삼다.

***일상** (日常) [일쌍] 매일매일. 날마다. 늘. 항상. 예 일상 하는 일.

일상생활 (日常生活) [일쌍생활] 날마다의 생활. 평소의 생활.

일상어 (日常語) [일쌍어] 일상생활에서 보통으로 늘 쓰는 말.

일상적 (日常的) [일쌍쩍] 날마다 늘 있는 (것). 예 일상적인 행동.

일색 (一色) [일쌕] 1 한 가지의 빛깔. 예 교복이 푸른빛 일색이다. 2 뛰어난 미인. 예 인물이 일색이다. 3 한 가지로만 이루어진 특색이나 정경. 예 경기장이 온통 빨간색 티셔츠 일색이다.

***일생** (一生) [일쌩] 태어나서 죽을 때까지. 살아 있는 동안. 예 일생을 마치다. 비 평생.

일석이조 (一石二鳥) [일써기조] 돌 한 개를 던져 새 두 마리를 잡는다는 뜻으로, 동시에 두 가지 이득을 봄을 이르는 말. 예 일석이조의 효과를 보다. 비 일거양득.

일선 (一線) [일썬] 전투가 벌어지거나 적과 가장 가깝게 맞서 있는 곳. 예 일선 장병에게 위문편지를 보내다. 비 전선. 전방. 반 후방.

일손 [일:쏜] 1 일하는 손. 예 일손을

돕다. 2 일하는 솜씨. ⓔ일손이 빠르다. 3 일하는 사람. ⓔ일손이 모자라다 / 일손을 구하다.
  일손(을) 놓다 하던 일을 그만두다. 그만두고 쉬다. ⓔ일손 놓지 말고 부지런히 해라.

일수(日數) [일쑤] 날의 수. ⓔ등교 일수 / 수업 일수를 채우다.

일순간(一瞬間) [일쑨간] 눈 깜짝할 사이. ⓔ일순간의 실수로 사고를 내다. ⓗ삽시간.

일시¹(一時) [일씨] 1 한때. 한동안. ⓔ일시 중단하다. 2 같은 때. 한꺼번에. ⓔ주문이 일시에 몰리다.

일시²(日時) [일씨] 날짜와 시간. 날과 때. ⓔ약속 장소와 일시를 정해 알려 주다.

일시불(一時拂) [일씨불] 치러야 할 돈을 한꺼번에 다 갚는 일.

일시적(一時的) [일씨적] 한때나 한동안만 관계있는 (것). 오래가지 못하는 (것). ⓔ일시적 현상. ⓑ영구적. 항구적.

일식¹(日蝕) [일씩] 지구와 태양 사이에 달이 들어와 태양의 전부 또는 일부가 달에 가려지는 현상. ⓔ개기 일식.

일식²(日食) [일씩] 일본식 음식. ⓔ일식 전문점.

일쑤 흔히 또는 으레 그러는 일. ⓔ그 애는 지각하기가 일쑤다.

***일어나다** [이러나다] 1 누웠다가 앉거나, 앉았다가 서다. ⓔ의자에서 일어나다. 2 잠에서 깨어나다. ⓔ아침 일찍 일어나다. 3 어떤 일이 생기다. ⓔ싸움이 일어나다. 4 어떤 마음이 생기다. ⓔ식욕이 일어나다. 5 한창 성해지다. ⓔ집안이 불같이 일어나다.

***일어서다** [이러서다] 1 앉았다가 서다. ⓔ자리에서 일어서다. 2 쇠하던 것이 기운이 생겨 다시 번창하여지다. ⓔ망해가던 사업이 다시 일어서다. 3 어떤 일에 나서다. ⓔ민주화 운동에 학생들이 일어서다.

일없다 [이ː럽따] 1 필요가 없다. ⓔ그런 일 일없다. 2 괜찮다. ⓔ일없으니 염려 마세요.

일연(一然) 〖인명〗 고려 때의 승려. 저서에 '삼국유사' 따위가 있음. [1206-1289]

***일요일**(日曜日) [이료일] 일주일 중 첫째 날. ⓒ일. ⊃Sunday

일용품(日用品) [이룡품] 날마다 쓰는 물건. ⓔ일용품을 아껴 쓰다.

일원(一員) [이뤈] 어떤 단체를 구성하고 있는 사람 중의 하나. ⓔ대표단의 일원.

일월¹(一月) [이뤌] 한 해 중의 첫째 달. ⓗ정월. ⊃January

일월²(日月) [이뤌] 해와 달.

***일으키다** [이르키다] 1 일으켜 세우다. ⓔ넘어진 아이를 일으키다. ⓑ넘어뜨리다. 2 어떤 일을 벌이다. ⓔ말썽을 일으키다. 3 세우다. ⓔ학교를 일으키다. 4 생겨나게 하다. ⓔ전기를 일으키다.

일익(一翼) [이릭] 중요한 구실을 하는 한쪽 부분. ⓔ국방의 일익을 담당하는 여군.

일인칭(一人稱) [이린칭] 1 ⇨제일 인칭. 2 작품의 주인공으로 묘사되는 '나'. ⓔ일인칭 소설.

일일(日日) [이릴] 매일매일. 나날이. 날마다. ⓔ일일 연속극.

일일생활권(一日生活圈) [이릴생활꿘] 그날로 볼일을 끝내고 되돌아올 수 있는 거리 안에 있는 범위. 우리나라는 고속 도로의 건설로 전국이 일일생활권이 됨.

***일일이**(一一-) [이리리] 하나하나 빠짐없이 다. ⓔ행사장에 모인 모든 사람들과 일일이 악수하다.

일임(一任) [이림] 모조리 맡김. ⓔ일임을 받다. **일임하다**.

일자(日子) [일짜] 날짜. ⓔ시험 일자가 내일이다.

일자리 [일ː짜리] ⇨일터. ⓔ일자리를 구하다.

일장(一場) [일짱] ⇨한바탕. ⓔ일장 연설 / 일장 훈계를 늘어놓다.

일전(日前) [일쪈] 지나간 날. 며칠 전. ⓔ일전에 만난 사람.

일절(一切) [일쩔] '아주·도무지·전연'의 뜻. 흔히, 사물을 부인하거나 행위를 금지할 때 씀. ⓔ출입을 일절 금하다 / 앞으로 그런 짓은 일절 하지 마

라. →일체 주의

***일정¹** (一定) [일쩡] 정해져 있는 것. 예일정한 규칙 / 수입이 일정하다. **일정하다.**

일정² (日程) [일쩡] 1 일정한 기간 동안 해야 할 일이나 그 일을 위해 날짜별로 짜 놓은 계획. 예일정을 짜다 / 일정을 앞당기다. 2 그날에 할 일. 또는 그 분량이나 순서. 예경기 일정 / 행사 일정.

일제¹ (一齊) [일쩨] 여럿이 한꺼번에 함. 예일제 점검.

일제² (日帝) [일쩨] 1 왕이 다스리던 일본 제국. 예일제의 침략. 본일본 제국. 2 8·15 광복 전에 일본이 신봉한 제국주의. 예일제의 만행. 본일본 제국주의.

일제 강점기 (日帝強占期) 일본이 우리나라의 국권을 강제로 빼앗고 지배한 1910년부터 1945년까지 35년간의 기간.

일제히 (一齊一) [일쩨히] 여럿이 한꺼번에. 예일제히 일어나다 / 온 겨레가 일제히 만세를 외치다.

일종 (一種) [일쫑] 1 한 종류. 한 가지. 예식물의 일종. 2 어떤 종류. 예일종의 만족감을 느끼다.

일주 (一周) [일쭈] 한 바퀴를 돎. 예세계 일주. **일주하다.**

일주문 (一柱門) [일쭈문] 흔히 절 같은 데서 기둥을 한 줄로 배치한 문.

일주문

일주 운동 (日周運動) 별·태양·달 등이 하루에 한 바퀴씩 지구의 둘레를 도는 것처럼 보이는 운동. 실제로는 지구가 자전하기 때문임.

일주일 (一週日) [일쭈일] 일요일부터 토요일까지의 칠 일. 예일주일 후면 여름 방학이다. 비일주간. 준일주.

일지 (日誌) [일찌] 그날그날의 일에 대한 기록. 또는 그 책. 예학급 일지 / 일지를 쓰다.

일직선 (一直線) [일찍썬] 한 방향으로 쭉 곧은 줄. 예일직선을 긋다.

일진 (日辰) [일찐] 그날의 운수. 오늘은 일진이 좋았다.

일찌감치 조금 더 일찍이. 예일찌감치 저녁을 먹다. 반느지감치.

***일찍** 어떤 시간보다 늦지 않고 이르게. 예남보다 일찍 출발하다. 비일찍이. ⊃early

***일찍이** [일찌기] 1 일정한 시간보다 이르게. 예일찍이 서두르다. 비일찍. 반느직이. 2 오래 전에. 예전에. 예일찍이 없었던 일. ×일찌기.

일차 (一次) 첫째가는 근본적인 것. 예일차 사료 / 일차 목표 / 일차 책임.

일차적 (一次的) 첫 번째가 되는 (것). 예일차적으로 할 일.

일체 (一切) 온갖 것. 모든 것. 예소지품 일체를 조사하다 / 내용은 일체 비밀임.

주의 **일체**와 **일절**

일체 모두. 전부. 전체. 예모든 재산은 일체 네게 맡긴다.
일절 아주. 도무지. 전연. 전혀((사물을 부인·부정·금지할 때 씀)). 예그런 일은 일절 하지 마라.

일체감 (一體感) 여럿이 어울려 하나가 된 느낌. 예일체감을 느끼다.

일출 (日出) 해가 뜸. 예일출이 시작되다. 비해돋이. 반일몰.

일치 (一致) 서로 들어맞음. 예두 사람의 의견이 일치하다. 비합치. 반상반. **일치하다.**

일컫다 [일컫따] 이름 지어 부르거나 가리켜 말하다. 예사자를 흔히 백수의 왕이라고 일컫는다. 활용 일컬어 / 일컬으니 / 일컫는.

일탈 (逸脫) 어떤 조직·사상 따위에서 벗어남. 예본래의 목적에서 일탈하다. **일탈하다.**

***일터** [일:터] 일을 하는 곳. 예일터로 나가다. 비일자리. 작업장. 직장.

일편단심 (一片丹心) 진심에서 우러나오는 변치 않는 마음.

일평생 (一平生) 살아 있는 동안. 그는 일평생을 예술 활동에 바쳤다. 비한평생.

***일하다** [일:하다] 맡은 바 일을 하다. 예부모님은 하루 종일 쉬지 않고 땀 흘려 일하신다 / 열심히 일한 만큼

보람이 있다. ⇒work

*일행(一行) 1 길을 함께 가는 사람들의 무리. 예 일행을 따라 걷다. 2 길을 함께 가는 사람. 예 그 학생은 우리 일행입니다.

일화(逸話) 세상에 널리 알려지지 않은 흥미 있는 이야기. 예 숨은 일화를 들려주다.

일확천금(一攫千金) 힘들이지 않고 단번에 많은 재물을 얻음. 예 일확천금을 꿈꾸다.

일환(一環) 서로 밀접한 관계에 있는 여럿 중의 하나. 예 개교 기념 행사의 일환으로 마라톤 대회가 열렸다.

일회용(一回用) [일회용/일훼용] 한 번 쓰고 버리도록 된 것. 예 일회용 기저귀/일회용 반창고.

일회용품(一回用品) [일회용품/일훼용품] 한 번 쓰고 버리도록 만든 물건. 예 환경 오염과 관련하여 일회용품 사용을 규제하다.

일흔 열의 일곱 배. 칠십.

읽기 [일끼] 국어 학습에서, 글을 바르게 읽고 이해하는 일. 또는 그 방법. *말하기. 듣기. 쓰기.

*읽다 [익따] 1 소리를 내거나 글을 말하거나 눈으로 보아 뜻을 헤아리다. 예 큰 소리로 책을 읽다. 2 표정이나 태도를 보고 사람의 마음이나 뜻을 알아차리다. 예 상대의 마음을 읽다. → 겹받침 주의 ⇒read

읽을거리 [일글꺼리] 책·잡지·신문 따위의 읽을 것. 또는 그 내용. 예 읽을거리가 다양하다.

*잃다 [일타] 1 가졌던 물건이 자기도 모르게 없어지다. 예 지갑을 잃다. 2 사람과의 관계가 끊어지거나 헤어지다. 예 돈 때문에 친구를 잃다. 3 방향이나 길을 찾지 못하다. 예 산에서 길을 잃고 한참을 헤매다. [발음] 잃으니 [이르니]/잃어서 [이러서]/잃은 [이른]/잃었다 [이럳따]. ⇒lose

| 주의 **잃다, 잇다, 잊다**

잃다 가지고 있던 것이 자기도 모르게 없어지다. 예 정신을 잃다/연필을 잃은 줄도 몰랐다.

잇다 끝과 끝을 맞붙게 하다. 예 끈을 잇다/왕위를 잇다.

잊다 알던 것을 모르게 되다. 예 이름을 잊다/수학 공식을 잊다.

*잃어버리다 [이러버리다] 아주 잃다. 예 잃어버린 돈/우산을 잃어버리다.

임 사모하는 사람. 예 임을 그리워하다/임과 이별하다.

임경업(林慶業) [인명] 조선 인조 때의 명장. 이괄의 난을 해결하는 데 공을 세웠으며, 병자호란 이후에 청나라를 치고자 했으나 김자점의 방해로 실패함. [1594-1646]

*임금¹ [임:금] 군주 국가에서 나라를 다스리는 가장 높은 사람. 비 군왕. 군주. 왕.

임금²(賃金) [임:금] 근로자가 노동의 대가로 받는 돈. 예 임금을 인상하다. 비 노임. 품삯.

임금님 [임:금님] '임금¹'을 높여 이르는 말.

임기(任期) [임:기] 임무를 맡아보는 일정한 기간. 예 국회 의원 임기.

임기응변(臨機應變) 그때그때의 형편에 따라 알맞게 일을 처리함. 예 임기응변에 능하다. **임기응변하다**.

임대(賃貸) [임:대] 돈을 받고 자기의 물건을 남에게 빌려줌. 예 임대 아파트. 반 임차. **임대하다**.

임대료(賃貸料) [임:대료] 무엇을 빌려준 대가로 받는 돈. 반 임차료.

임명(任命) [임:명] 관직을 줌. 어떤 일을 맡김. 예 교장으로 임명되다. 반 파면. **임명하다**.

임명장(任命狀) [임:명짱] 어떤 사람에게 어떤 직위·직무·직책을 맡긴다는 사실을 밝힌 정식 문서.

*임무(任務) [임:무] 맡은 일. 예 임무에 충실하다. 비 책무.

임박하다(臨迫─) [임바카다] 어떤 때가 가까이 닥쳐오다. 예 약속 날짜가 임박해 오다.

임산물(林産物) 산림에서 나는 물건. 목재·나물·버섯 따위.

임산부(妊産婦) [임:산부] 아이를 밴 여자와 아이를 갓 낳은 여자. 임부와 산부. 예 임산부에게 자리를 양보하다.

임시(臨時) 정하지 않은 일시적인

기간. 예임시 반장 / 귀성객을 위하여 임시 열차를 운행하다.

임시 정부 (臨時政府) 1 아직 권력을 잡지 못했거나 국제적으로 인정받지 못한, 적법한 정부로 인정할 수 없는 정부. 비가정부. 2 ⇨대한민국 임시 정부. 준임정.

임시표 (臨時標) 악곡의 도중에 본디의 음을 임시로 변화시키기 위하여 쓰는 기호. 올림표(#)·내림표(♭)·제자리표(♮) 따위.

임신 (妊娠) [임:신] 아이를 뱀. 또는 그 일. 비잉태. 회임. **임신하다**.

임야 (林野) [이먀] 숲과 들. 예드넓은 임야 / 임야를 훼손하다.

임업 (林業) [이멉] 숲에서 얻을 수 있는 경제적인 이득을 목적으로 나무를 기르고 베어 내는 사업. 비산림업.

임오군란 (壬午軍亂) [이:모군난] 조선 고종 19년(1882)에 신식 군대인 별기군에 대한 특별 대우와 군대 제도 개혁 따위에 불만을 품은 구식 군인들이 일으킨 난리.

임용 (任用) [이:묭] 어떤 일을 맡아 할 사람을 씀. 예사무직에 **임용하다** / 교사 **임용** 시험. **임용하다**.

임원 (任員) [이:뭔] 어떤 단체를 운영하고 감독하는 일을 맡은 사람. 예학생회 **임원**.

임의 (任意) [이:믜 / 이:미] 일정한 규칙이나 기준 없이 자기 마음대로 함. 예**임의**대로 사용하다.

임의로 (任意-) [이:믜로 / 이:미로] 거리낌 없이 마음대로. 예**임의로** 해석하다.

임자¹ [임:자] 물건을 차지하고 있는 사람. 예이 책의 **임자**가 누구냐. 비소유주. 주인.

임자² [임:자] 1 친한 사람끼리 '자네'라고 하기는 거북할 때 쓰는 말. 예이 일은 **임자**가 맡아서 해 주게. 2 나이가 좀 많은 부부 사이에서 남편이 아내를 부르는 말. 예**임자**, 살림하느라 고생이 많소.

임종 (臨終) 1 죽음을 맞이함. 예할아버지는 편안하게 **임종**을 하셨다. 2 부모가 돌아가실 때 그 자리에 같이 있음. 예어머님의 **임종**을 지켜보다. **임종하다**.

임직원 (任職員) [임:지권] 임원과 일반 직원을 다 합한 모든 직원. 예**임직원** 일동 / 이번 행사에 모든 **임직원**이 참석했다.

임진강 (臨津江) 함경남도에서 시작하여 경기 북부 지방을 거쳐 한강과 합하여 황해로 흘러 들어가는 강. 길이 254km.

임진왜란 (壬辰倭亂) [임:지놰란] 조선 선조 25년(1592)에 일본이 15만 대군으로 조선을 침략한 전쟁. 선조 31년(1598)까지 두 차례에 걸쳐 침입하여 전후 7년간이나 싸움. 준왜란. 임진란. *정유재란.

임하다 (臨-) 1 윗사람이 아랫사람을 대하다. 예부하 직원에 **임하는** 태도. 2 어떤 사태나 일에 부닥치다. 예시험에 **임하다**.

*입 1 입술에서 목구멍까지의 부분. 몸 안으로 음식을 넣으며, 소리를 내는 기관임. 예**입**을 벌리다. 2 사람이 하는 말을 비유적으로 이르는 말. 예**입**이 싸다 / **입**이 거칠다 / **입**으로만 떠든다. 3 남의 말이나 소문. 예남의 **입**에 오르내리다. 4 ⇨입술. 예**입**을 삐죽 내밀다 / **입**이 부르트다. 5 물건의 주둥이. 예**입**이 작은 병. ⇨mouth

입만 아프다 여러 번 일러도 받아들이지 않아 말한 보람이 없다.

입에 맞다 음식물이 좋아하는 식성과 일치하다.

입에 발린 소리 마음에도 없이 듣기 좋으라고 하는 말.

입(을) 맞추다 서로의 말이 같도록 짜다.

입이 가볍다 신중하지 못하여 말을 참지 못하고 함부로 하다.

입이 무겁다 말이 적거나 아는 일을 함부로 옮기지 않다.

입가 [입까] 입의 가장자리. 입의 언저리. 예**입가**에 미소를 띠다.

입가심 [입까심] 입안을 가셔서 개운하게 하는 일. 예**입가심**으로 껌을 씹다. **입가심하다**.

입교 (入校) [입꾜] 학생이 되어 공부하기 위해 학교에 들어감. 비입학. **입교하다**.

*입구 (入口) [입꾸] 들어가는 어귀나 문. 예교문 입구/지하철 입구/고속도로 입구에 들어서다. 반출구.

입국 (入國) [입꾹] 자기 나라나 남의 나라에 들어감. 예입국 절차를 밟다/외국인의 입국 허가가 나오다. 반출국. **입국하다**.

입궐 (入闕) [입꿸] 대궐 안으로 들어감. 반퇴궐. **입궐하다**.

입금 (入金) [입끔] 은행 따위에 예금하는 일. 예용돈의 일부를 은행에 입금하다. **입금하다**.

입금액 (入金額) [입끄맥] 입금한 돈의 액수. 예통장에 들어온 입금액을 확인하다.

입김 [입낌] 1 입에서 나오는 더운 김. 예언 손을 입김으로 녹이다. 2 어떤 일에 미치는 영향력.

*입다 [입따] 1 옷 따위를 몸에 꿰거나 두르다. 예바지를 입다. ⇒wear 2 피해·손해를 보거나 당하다. 예큰 피해를 입다. 3 은혜나 도움을 받다. 예은혜를 입다.

입단 (入團) [입딴] 어떤 단체에 가입함. 예입단 선서/농구부에 입단하다. **입단하다**.

입담 [입땀] 말하는 솜씨나 힘. 예입담을 늘어놓다/입담이 좋다. 비언변.

입당 (入黨) [입땅] 어떤 정당에 가입함. 예입당을 권하다/입당 신청서를 작성하다. 반탈당. **입당하다**.

입대 (入隊) [입때] 군대에 들어가 군인이 됨. 예공군에 입대하다. 비입영. 반제대. **입대하다**.

입동 (立冬) [입똥] 이십사절기의 열아홉째. 양력 11월 7일경. 상강과 소설 사이에 있음. 이때부터 겨울이 시작됨. → [학습마당] 21(652쪽)

입력 (入力) [임녁] 컴퓨터에서, 문자나 숫자를 기억시키는 일. 예컴퓨터에 자료를 입력하다. 반출력. **입력하다**.

입막음 [임마금] 불리한 말을 하지 못하게 함. 예사실이 밖으로 새어 나가지 않게 입막음을 단단히 해 두다. **입막음하다**.

입맛 [임맏] 1 음식을 먹을 때 입에서 느끼는 맛. 예입맛이 떨어지다. 비구미. 2 무엇을 즐기거나 좋아하는 마음. 예관객의 입맛에 맞추다.

입맛(을) 다시다 ㉠일이 뜻대로 되지 않아 귀찮아하거나 난처해하다. ㉡무엇을 가지고 싶어하거나 하고 싶어하다.

입맛(이) 당기다 ㉠먹고 싶은 생각이 들다. ㉡무엇에 흥미가 생기거나 욕심이 나다.

입맞춤 [임맏춤] 입을 맞추는 일. 키스. **입맞춤하다**.

입문 (入門) [임문] 학문이나 특정 분야를 배우고자 첫 과정에 들어섬. 예바둑 입문. **입문하다**.

입바르다 [입빠르다] 바른말을 거침없이 하다. 예입바른 소리. [활용] 입발라/입바르니.

입방아 [입빵아] 쓸데없는 말을 방정맞게 자꾸 지껄이는 일.

입방아(를) 찧다 쓸데없는 말을 방정맞게 자꾸 하다. 예상관도 없는 남의 일에 입방아를 찧고 있다.

입버릇 [입뻐른] 자주 말해 버릇이 되어 버린 말이나 말투. 예입버릇처럼 늘 말하다.

입법 (立法) [입뻡] 법을 제정함. 또는 그 행위. 예입법 기관/입법 정신. **입법하다**. *사법. 행정.

입법부 (立法府) [입뻡뿌] 삼권 분립에 따라 법률을 제정하는 국가 기관으로, 국회를 이르는 말.

입사 (入社) [입싸] 회사 등에 일자리를 얻어 들어감. 예입사 동기/입사 시험. 반퇴사. **입사하다**.

입산 (入山) [입싼] 산속에 들어감. 예입산 금지. **입산하다**.

입상 (入賞) [입쌍] 상을 타게 되는 등수 안에 듦. 예입상의 영예를 안다. **입상하다**.

입선 (入選) [입썬] 응모하거나 출품한 작품이 심사에 뽑힘. 예입선 작품/백일장에서 입선하다. 비당선. 반낙선. **입선하다**.

입센 (Ibsen, Henrik) 『인명』 노르웨이의 극작가. 여성 문제나 사회 문제를 주로 다루었음. 작품에 '인형의 집', '유령', '사랑의 희극' 따위가 있음. [1828-1906]

입속말 [입쏭말] 남이 알아듣지 못하

입수 (入手) [입쑤] 손에 들어옴. 또는 손에 넣음. 예 정보를 입수하다. **입수하다**.

***입술** [입쑬] 포유동물의 입의 아래 위에 붙은 얇고 부드러운 살. ⊃lip

입시 (入試) [입씨] '입학시험'의 준말. 예 입시 문제집 / 입시 준비.

입심 [입씸] 기운차게 거침없이 말하는 힘. 예 입심이 좋다.

입씨름 1 어떤 일을 이루려고 말로 애를 쓰는 일. 예 입씨름만 계속되다. 2 ⇨말다툼. 예 결말 없는 입씨름을 벌이다. **입씨름하다**.

입양 (入養) [이뱡] 1 양자를 들이거나 양자로 들어감. 예 해외 입양. 2 법에서, 부모와 양자의 관계를 맺는 것. **입양하다**.

입영 (入營) [이병] 군인이 되어 군대에 들어감. 예 입영 열차 / 입영이 1주일 남았다. 凹입대. **입영하다**.

입원 (入院) [이뷘] 환자가 병을 고치기 위해 일정한 기간 동안 병원에 머물며 치료를 받는 일. 예 입원 수속 / 친구가 교통사고로 병원에 입원 중이다. 凹퇴원. **입원하다**.

입원실 (入院室) [이뷘실] 환자가 입원하여 치료를 받을 수 있게 시설해 놓은 방.

입자 (粒子) [입짜] 물질을 구성하는 아주 작은 알갱이. 예 먼지 입자 / 입자가 곱다.

입장[1] (入場) [입짱] 극장·식장·경기장 등에 들어감. 예 연소자 입장 불가. 凹퇴장. **입장하다**.

입장[2] (立場) [입짱] 자기가 처해 있는 사정이나 형편. 예 난처한 입장에 놓이다.

입장객 (入場客) [입짱객] 극장·식장·경기장 따위에 들어가는 사람.

입장권 (入場券) [입짱꿘] 극장·식장·경기장 따위의 일정한 장소에 들어가는 것을 허가하는 표. 예 무료 입장권 / 입장권 예매 / 입장권이 매진되다.

입장단 [입짱단] 1 음악을 듣거나 춤을 출 때 입으로 소리를 내서 맞추는 장단. 예 흥겹게 입장단을 넣으며 음악을 듣다. 2 남이 하는 말에 장단을 맞추는 일. 예 입장단에 놀아나다.

입장료 (入場料) [입짱뇨] 입장하기 위하여 내는 돈.

입주 (入住) [입쭈] 새로 마련한 집이나 땅에 들어가 삶. 예 새 아파트에 입주하다. **입주하다**.

입주자 (入住者) [입쭈자] 새로 지은 집 따위에 들어가 사는 사람.

입증 (立證) [입쯩] 증거 따위를 내세워 증명함. 예 결백을 입증하다. **입증하다**.

입천장 (―天障) 입안에서 목구멍으로부터 윗잇몸까지 입의 천장을 이루는 부분.

입체 (立體) 길이·폭·두께가 있는 물체. 예 입체 영화 / 입체 교차로.

***입체 도형** (立體圖形) 한 평면 위에 있지 않고 공간적인 넓이를 가진 여러 가지 도형. 凹공간 도형.

입체 음향 (立體音響) 둘 이상의 스피커를 사용하여 원음의 방향감이나 거리감을 살려 입체감·현장감 등이 재생된 음향.

입체적 (立體的) 물건에 깊이·두께 등이 있어 입체감을 주는 (것). 예 입체적인 구도.

입추 (立秋) 이십사절기의 열셋째. 대서와 처서 사이로, 양력 8월 8-9일경. 이때부터 가을이 시작됨. → [학습마당] 21(652쪽)

입춘 (立春) 이십사절기의 첫째. 대한과 우수 사이로, 양력 2월 4일경. 이때부터 봄이 시작됨. → [학습마당] 21(652쪽)

입하 (立夏) [이파] 이십사절기의 일곱째. 곡우와 소만 사이에 들며 이때부터 여름이 시작된다고 함. 양력 5월 5-6일경. → [학습마당] 21(652쪽)

***입학** (入學) [이팍] 학생이 되어 공부하기 위해 학교에 들어감. 예 입학 기념 / 입학 선물 / 중학교에 입학하다. 凹입교. 凹졸업. **입학하다**.

입학시험 (入學試驗) [이팍씨험] 입학하기 위하여 치르는 시험. ㈜입시.

입학식 (入學式) [이팍씩] 입학할 때 신입생을 모아 놓고 행하는 의식. 예 초등학교 입학식. 凹졸업식.

입항 (入港) [이팡] 배가 항구에 들어

입헌 군주제 (立憲君主制) 왕이 있으나 실제의 정치는 의회가 헌법에 따라 행하는 정치 제도.

입회 (入會) [이푀/이풰] 어떤 모임에 들어가 회원이 됨. **입회하다**.

입후보 (立候補) [이푸보] 선거에 후보자로 나섬. ⑩무소속으로 입후보하다. **입후보하다**.

입후보자 (立候補者) [이푸보자] 선거에서 후보자로 나선 사람. ⑩선거에 출마한 입후보자가 공약을 발표하다.

*입히다 [이피다] 1 입게 하다. 당하게 하다. ⑩아기에게 옷을 입히다. 2 물건의 거죽에 무엇을 덮어씌우거나 바르다. ⑩구리에 금을 입히다.

*잇다 [읻따] 1 끝과 끝을 맞대어 서로 붙게 하다. ⑩실을 잇다. 2 앞뒤가 끊어지지 않게 하다. ⑩집안의 대를 잇다. 3 줄을 이루어 서다. ⑩표를 사기 위해 사람들이 줄을 이어 서 있다. 4 바로 뒤를 잇따르다. ⑩개회사에 이어 인사말이 있었다. [활용] 이어 / 이으니 / 잇는. →잃다 [주의]

*잇달다 [읻딸다] 끊이지 않게 뒤를 이어 달다. ⑩축하 행렬이 잇달다. [활용] 잇달아 / 잇다니 / 잇다는.

> [주의] **잇달다와 잇따르다**
> 무엇이 뒤를 이어 계속된다는 뜻으로는 두 말 모두 쓸 수 있다. 그러나 뒤를 이어 무엇을 계속한다는 뜻으로는 '잇달다'만 쓸 수 있다.
> ⑩ 잇달아 회의를 열다 (○)
>   잇따라 회의를 열다 (×)
> '잇따르다' 뒤에 오는 말을 꾸밀 때 '잇딴'으로 잘못 쓰는 경우가 많다. 맞는 말은 '잇따른'이다.
> ⑩ 잇따른 사고 (○)
>   잇딴 사고 (×)

잇닿다 [읻따타] 서로 이어져 맞닿다. ⑩처마가 잇닿다.

잇대다 [읻때다] 서로 잇닿게 하다. ⑩헝겊을 잇대어 꿰매다.

잇따르다 [읻따르다] 뒤를 이어 따르다. ⑩잇따라 질문하다 / 잇따른 범죄 사건 / 비난이 잇따르다. [활용] 잇따라 / 잇따르니.

잇몸 [읻몸] 이뿌리를 싸고 있는 살. ⑩잇몸에서 피가 난다.

잇속 (利—) [이:쏙/읻:쏙] 이익이 있는 실속. ⑩잇속을 차리다.

*있다 [읻따] 1 어떤 사실·현상·상태 등이 존재하다. ⑩산도 있고 물도 있다 / 책에 열이 있다. 2 어떤 지위·자리 따위를 차지하다. ⑩회사 부장으로 있는 분. 3 몸에 지니거나 가지다. ⑩병이 있다. 4 생기거나 발생하다. ⑩볼일이 있어 먼저 간다 / 그런 일이 있어서야 되겠나. 5 물건이나 돈 따위를 가지다. ⑩내게 돈이 조금 있다. 6 '-고' 다음에 쓰여, 어떤 동작을 계속하다. ⑩밥을 먹고 있다 / 책을 읽고 있는 아이. 7 '-아'·'-어' 다음에 쓰여, 어떤 상태가 계속되다. ⑩멍하니 앉아 있다. [참고] 현재의 동작을 나타내는 말 '-습니다'와 연결될 때는 '있습니다'로 쓰며, '있읍니다'로 쓰지 않는다. 또, '-음'이 뒤에 올 때는 '있음'이라고 쓰고 '있슴'이라고는 쓰지 않는다. '없다'도 '있다'의 경우처럼 '없습니다'·'없음'이라고 쓴다.

잉꼬 (일 いんこ) 앵무과에 속하는 새. 몸길이는 21cm가량, 머리 위는 황색, 허리·가슴·배는 녹색임. 더운 지방에서 살고 사람을 잘 따르며 암수가 정답게 지내는 새로 알려짐.

*잉어 [잉:어] 잉엇과의 민물고기. 몸빛은 대개 주홍빛 섞인 갈색인데 힘이 세고 큰 비늘이 있으며, 입가에 한두 쌍의 수염이 있음. 큰 것은 1m 이상인 것도 있음.

잉여 (剩餘) [잉:여] 쓰고 난 나머지. ⑩잉여 농산물.

잉잉 1 어린아이가 밉살스럽게 잇따라 우는 소리. 2 날벌레 따위가 잇따라 나는 소리. **잉잉거리다**.

잉카 문명 (Inca文明) 남아메리카의 페루 고원 지방을 중심으로 잉카족이 이룩한 고대 문명. 청동기를 사용했고, 토목·직물 외에 의학도 발달하였으나 다른 문화와의 교류가 없어 더 발전되지 못함.

잉크 (ink) 글씨를 쓰거나 인쇄에 사

용하는 빛깔이 있는 액체. ⑩잉크가 번지다.

잉태 (孕胎) [잉:태] 아이를 뱀. 🔁임신. 잉태하다.

*****잊다** [읻따] 1 한번 알았던 것을 기억하지 못하다. ⑩친구와의 약속을 깜빡 잊었다. 2 생각하지 않다. ⑩지난 일은 다 잊었다. 3 마음에 오래 두지 않고 저버리다. ⑩은혜를 잊다. →잃다 주의 ⊃forget

잊어버리다 [이저버리다] 모두 잊다. 아주 잊다. ⑩점심 약속을 까맣게 잊어버렸다.

잊히다 [이치다] 생각이 나지 않게 되다. ⑩그의 말이 잊히지가 않는다 / 사람들의 기억 속에 점차 잊혀 간다.

*****잎** [입] 식물의 영양 기관의 하나. 가지나 줄기의 마디에 나서 광합성·호흡 등의 작용을 함. ⊃leaf

잎눈 [임눈] 자라서 줄기나 잎이 될 식물의 눈. 꽃눈보다 작음. 🔁엽아.

잎담배 [입땀배] 썰지 않고 잎사귀 그대로 말린 담배. 🔁엽연초. 🔄살담배.

잎맥 (一脈) [임맥] 수분과 양분이 이동하는 잎 속의 관. 그물맥과 나란히맥이 있음. 🔁엽맥.

잎사귀 [입싸귀] 낱낱의 잎. 🔁이파리.

잎자루 [입짜루] 잎을 줄기나 가지에 붙게 하는 꼭지 부분. 잎을 햇빛 방향으로 향하게 함.

잎줄기 [입쭐기] 1 잎의 줄기. 2 잎과 줄기.

ㅈ (지읒 [지은]) 한글 닿소리의 아홉째 글자.

*자¹ 1 길이를 재는 기구. 삼각자·대자 등. 2 길이의 단위의 하나. 약 30.3cm. 田 척.

자² (字) 1 글자. 또는 글자의 수를 나타내는 말. 예이백 자 원고지 / 이 한자가 무슨 자냐. 2 날짜. 예오늘 자 신문.

자³ (者) '놈' 또는 '사람'이라는 뜻을 나타내는 말. 예팔씨름에서 그를 이길 자가 없다.

자⁴ 남의 주의를 끌거나 행동을 재촉할 때 하는 말. 예자, 가자.

자가용 (自家用) 개인이 사용하는 자동차. 凹영업용.

자각 (自覺) 스스로 깨달음. 예처지를 자각하다. **자각하다.**

*자갈 바다나 강의 바닥에서 오래 갈리어 반들반들하게 된 돌.

자갈길 [자갈낄] 자갈을 깐 길.

자갈밭 [자갈받] 1 자갈이 많이 깔려 있는 땅. 2 자갈이 많은 밭.

자강도 (慈江道) 『지명』 북한의 한 도. 한반도 북쪽 중앙에 위치. 임업과 공업이 발달함. 도청 소재지는 강계.

자개 금조개 껍데기를 잘게 썰어 낸 조각. 빛깔이 아름다워 가구 따위를 꾸미는 데 쓰임. 예자개 공예.

자객 (刺客) [자:객] 주로 정치적 목적으로 남이 시켜서 사람을 몰래 죽이는 사람.

자격 (資格) 1 어떤 임무를 맡거나 일을 하는 데 필요한 조건. 예응시 자격. 2 신분이나 지위. 예반장 자격으로 회의에 참석하다.

자격루 (自擊漏) [자격누] 조선 세종 16년(1434)에 장영실, 김빈 등이 만든 것으로, 물의 흐름을 이용하여 스스로 소리를 내게 해서 시간을 알리도록 만든 시계. 우리나라 국보로, 정식 이름은 '창경궁 자격루'.

자격증 (資格證) [자격쯩] 일정한 자격을 인정하여 주는 증서. 예교사 자격증 / 자격증을 따다.

자격지심 (自激之心) [자격찌심] 자기가 한 일에 대하여 스스로 미흡하게 여기는 마음. 예자격지심이 들다.

자결 (自決) 1 자기의 일을 스스로 해결함. 예민족 자결. 2 스스로 목숨을 끊음. 凹자살. **자결하다.**

자고로 (自古—) 예로부터. 예자고로 죄짓고는 못 사는 법이다.

자국¹ 1 어떤 물건에 다른 물건이 닿아서 생긴 자리. 예신발 자국 / 눈물 자국. 2 상처·흠집 따위가 아문 자리. 예수술 자국. 凹흔적. ×자욱.

자국² (自國) 자기 나라. 예자국의 이익. 凹타국.

자궁 (子宮) 여성 생식기의 하나. 태아가 자라는 곳으로 골반 내에 자리잡고 있음. 凹아기집.

자귀 나무를 깎아 다듬는 연장.

자그마치 1 자그마하게. 예입을 자그마치 벌리다. 2 훨씬 많이. 적지 않게. 예자그마치 관중이 만 명이나 모였다. ×자그만치.

자그마하다 좀 작은 듯하다. 예자그마한 키. 圆자그맣다.

자그맣다 [자그마타] '자그마하다'의 준말. 예몸집이 자그맣다. 활용 자그마니 / 자그매서.

자극 (刺戟) [자:극] 1 기분을 흥분시킴. 예새로운 자극. 2 눈·귀·코·살갗의 신경에 강한 느낌을 줌. 예남의 신경을 자극하다. **자극하다.**

자극성 (刺戟性) [자:극썽] 신경이나 감각 등을 자극하는 성질. 예자극성이 강한 음식.

자극적 (刺戟的) [자:극쩍] 자극하는 성질이 있는 (것). 예자극적인 음식을 피하다.

자금 (資金) 어떤 목적에 쓰는 돈. 예결혼 자금 / 정치 자금.

자금난 (資金難) 자금이 부족해서 생기는 어려움. 예자금난에 허덕이다.

자급(自給) 자기에게 필요한 물건을 스스로 마련함. 예식량을 자급하다. 자급하다.

자급자족(自給自足) [자급짜족] 자기에게 필요한 물건을 스스로 생산하여 충당함. 예원료를 자급자족하다. 자급자족하다.

자긍심(自矜心) 제 스스로 떳떳하고 자랑스러워 하는 마음. 예직업에 대한 자긍심을 갖다.

***자기**¹(自己) 1 그 사람 자신. 예자기 일은 자기가 해라. 2 어떤 사람을 말할 때, 그를 도로 가리키는 말. 예자기가 무얼 안다고. 비자신. 반남. 타인.

자기²(瓷器) [자:기] 사기그릇. 예자기로 만든 꽃병.

자기³(磁氣) [자:기] 자석이 쇠를 끌어당기거나 같은 자기극끼리 서로 밀치는 작용이나 성질.

자기력(磁氣力) [자:기력] 자석의 서로 당기고 밀치는 힘. 비자력.

자기장(磁氣場) [자:기장] 자기력의 영향이 미치는 장소와 공간. 비자장.

자기주장(自己主張) 자기가 분명하게 내세우는 의견이나 생각. 예자기주장을 굽히지 않다.

자기중심(自己中心) 남은 생각하지 않고 자기를 중심으로 생각함.

자기중심적(自己中心的) 자기중심의 태도를 보이는. 또는 그런 것. 예이기적이고 자기중심적으로 행동하여 사람들의 비난을 사다.

***자꾸** 잇달아서 여러 번. 계속해서. 예음식을 자꾸 권하다.

자꾸자꾸 잇달아서 자꾸. 예귀찮게 자꾸자꾸 묻다.

***자네** 친구나 손아랫사람을 높여 부르는 말. 예자네는 좀 쉬게.

자녀(子女) 아들과 딸. 예자녀 교육. 비아들딸. 자식.

***자다** 1 잠이 들다. 예늘어지게 한잠 푹 자다. ⊃sleep 2 움직이던 것이 멈추다. 예시계가 자다. 3 바람이나 물결 따위가 잠잠해지다. 예파도가 자다.

자동(自動) 기계 따위가 제 힘으로 움직임. 예자동 응답기. 반수동.

자동문(自動門) 사람이 드나들 때에 자동으로 열리고 닫히는 문.

자동식(自動式) 사람의 힘이 필요 없이, 기계 장치가 스스로 움직이게 되어 있는 방식. 반수동식.

자동적(自動的) 저절로 움직이고 작용하는 (것). 예자동적으로 움직이는 기계.

***자동차**(自動車) 가스·휘발유 따위를 연료로 하는 발동기의 힘으로 바퀴를 돌려 달리게 만든 차. ⊃car

자동판매기(自動販賣機) 돈을 넣고 단추를 누르면 선택한 상품이 저절로 나오게 되는 기계. 예커피 자동판매기. 준자판기.

자동화(自動化) 기계나 장치가 스스로 움직이게 함. 예사무 자동화 시대. 자동화하다.

***자두** 자두나무의 열매. 복숭아와 비슷하나 작고 신맛이 있음.

자두나무 장미과의 낙엽 활엽 교목. 높이는 약 10m 정도이며 봄에 흰 꽃이 잎보다 먼저 핌. 열매는 먹음.

자라 자랏과의 동물. 얕은 바다나 강에 살며 거북과 비슷함. 몸길이 30cm 가량이고, 목이 길며 꼬리는 짧고 발가락 사이에 물갈퀴가 있음.

***자라나다** 자라서 크게 되다. 예새순이 자라나다.

***자라다**¹ 1 차차 커지다. 예발톱이 자라다 / 나뭇가지가 자라다. 2 발전하다. 예선진국으로 자라다. ⊃grow

자라다² 힘이나 능력이 어떤 수준이나 정도에 미치거나 닿다. 예힘 자라는 데까지 돕겠다.

자락 1 옷이나 천 등의 아래로 드리운 넓은 조각. 예바지 자락을 걷어 올리다. 2 논밭이나 산 따위의 넓은 부분. 예북한산 자락.

***자랑** 자기 물건이나 일을 드러내어 칭찬함. 예자식 자랑 / 새 컴퓨터를 샀다고 자랑하다. 자랑하다.

자랑거리 [자랑꺼리] 자랑할 만한 거리. 예그게 무슨 자랑거리냐.

자랑삼다 [자랑삼따] 어떤 일을 남에게 드러내어 뽐낼 만한 거리로 하다. 예그는 지난날의 고생담을 자랑삼아 늘어놓았다.

***자랑스럽다** [자랑스럽따] 남에게 자

자랑 만하여 마음이 흐뭇하다. 예**자랑**스러운 얼굴. 활용 자랑스러워 / 자랑스러우니.

자력¹ (自力) 자기 혼자의 힘. 예**자**력으로 학비를 벌다. 반타력.

자력² (磁力) [자:력] ⇨자기력.

***자료** (資料) 연구·조사 따위의 바탕이 되는 재료. 예**자료** 수집.

자료집 (資料集) 자료를 모아서 엮은 책. 예방언 자료를 수집하여 **자료집**을 펴내다.

자루¹ 속에 물건을 넣을 수 있게 헝겊 등으로 길고 크게 만든 주머니.

자루² 연장이나 기구 따위의 손으로 잡는 부분. 예곡괭이 자루.

***자루**³ 1 긴 물건을 세는 단위. 예연필 세 **자루**. 2 자루에 든 것을 세는 단위. 예콩 두 **자루**.

***자르다** 1 동강을 치다. 끊어 내다. 예사과를 둘로 **자르다**. 2 말이나 일 따위의 단락을 짓다. 예딱 잘라 말하다. 3 단체나 직장에서 내쫓다. 활용 잘라 / 자르니. ⇨cut

자르르 1 거죽에 물기나 기름기, 윤기 따위가 골고루 흐르는 모양. 예얼굴에 윤기가 **자르르** 흐른다. 2 살이나 뼈마디에 저린 느낌이 일어나는 모양. 예다리가 **자르르** 저리다. 큰지르르. 센짜르르. **자르르하다**.

***자리**¹ 1 앉거나 서거나 누울 장소. 예자리에 앉다. ⇨seat 2 물건을 두거나 놓을 장소. 예기계 놓을 자리. 3 지위 또는 직위. 예장관 자리. 4 십진법에 의한 숫자의 위치. 예소수점 아래 둘째 자리.

자리(가) 잡히다 ㉠서투르던 것이 익숙해지다. ㉡어수선함이 가라앉아 안정되다.

자리를 뜨다 일어나서 그 자리를 떠나다.

자리² 1 앉거나 눕도록 바닥에 까는 물건. 왕골·부들·갈대 따위로 짬. 예잔디밭에 **자리**를 깔다. 2 깔고 덮고 잘 이부자리. 예**자리**를 펴다.

자리에 눕다 누워서 앓다. 예어머니께서 무리를 하여 **자리에 눕고** 말았다.

자리하다 일정한 곳을 차지하다. 예대도시 근교에 **자리한** 공원묘지.

자린고비 몹시 인색한 사람을 꼬집어 일컫는 말.

자립 (自立) 남의 도움을 받지 않고 스스로 섬. 예경제적으로 **자립**하다. **자립하다**.

자릿수 (一數) [자리쑤 / 자릳쑤] 십진법에 의한 자리의 숫자. 비위수.

-자마자 '그 동작을 하자 곧'의 뜻을 나타내는 말. 예집에 도착하자마자 비가 쏟아졌다. → [학습마당] 9(271쪽)

자막 (字幕) 영화·텔레비전에서, 제목·배역·설명 따위를 글자로 나타낸 것. 예한글 자막 영화.

자만 (自慢) 스스로 자랑하여 잘난 체하고 뽐냄. **자만하다**.

자만심 (自慢心) 스스로 뻐기며 자랑하는 마음. 예**자만심**에 빠지다.

자매 (姉妹) 1 여자 형제. 언니와 여동생 사이. 예사이좋은 쌍둥이 자매. 2 계통이 같고 비슷한 점이 많은 관계. 예자매 학교 / 자매 도시 / 자매를 맺다. *형제. ⇨sister

자매결연 (姉妹結緣) [자매겨련] 1 자매의 관계를 맺는 일. 2 어떤 지역이나 단체가 다른 지역이나 단체와 서로 돕기 위해 친선 관계를 맺는 일. 예자매결연 학교.

자맥질 [자매찔] 물속에서 떴다 잠겼다 하며 팔다리를 놀리는 짓. 예아이들이 물속에 뛰어들어 물장구를 치며 **자맥질**을 하다. **자맥질하다**.

자멸 (自滅) 자기 스스로 자기 신세를 망침. 예핵전쟁이 난다면 인류는 **자멸**하고 말 것이다. **자멸하다**.

자명종 (自鳴鐘) 미리 정하여 놓은 시간이 되면 저절로 울려서 시간을 알려 주는 시계.

자명하다 (自明一) 설명이나 증명이 필요 없이 그 자체로 아주 분명하다. 예**자명한** 이치.

자모 (字母) 하나의 글자를 이루는 단위인 낱낱의 글자. ㄱ·ㄴ·ㄷ·ㅏ·ㅑ·ㅓ 따위.

자못 [자몯] 생각보다 매우. 퍽. 예기대가 **자못** 크다.

자문¹ (自問) 스스로 자신에게 물음. **자문하다**.

자문²(諮問) [자ː문] 개인이나 특정 기관에 의견을 물음. 예전문가의 자문을 받다. **자문하다**.

자문자답(自問自答) 자기가 묻고 자기가 대답함. **자문자답하다**.

자물쇠 [자물쐬/자물쒜] 여닫게 된 물건에 채워서 열지 못하게 잠그는 장치. 비자물통. 반열쇠. 준쇠. ⊃lock

자바라(啫哱囉) 국악기 중에서, 놋쇠로 만든 타악기의 하나. 둥글넓적하고 배가 불룩하며 가운데에 끈을 꿰어 마주쳐서 소리를 냄.

자바라

자박자박 [자박짜박] 가볍게 발소리를 내며 가만가만 걷는 소리. 큰저벅저벅. **자박자박하다**.

자반 [자ː반] 1 생선을 소금에 절인 반찬. 2 조금 짭짤하게 졸이거나 무친 반찬.

자발적(自發的) [자발쩍] 스스로 나서서 하는 (것). 예자발적 참여 / 자발적으로 봉사에 나서다.

자방(子房) ⇨씨방.

자백(自白) 자기의 허물이나 죄를 스스로 말함. 예자백을 강요하다 / 자백을 받다.

자벌레 자벌레나방의 애벌레. 몸은 가늘고 긴 원통형으로, 가슴에 세 쌍, 배에 한 쌍의 발이 있음. 꽃무늬를 머리 쪽에 갖다 대고 몸을 길게 늘이기를 반복하여 움직임.

자벌레

자본(資本) 사업을 하는 데 기본이 되는 돈. 예사업 자본이 넉넉하다. 비밑천.

자본가(資本家) 자본을 가지고 그것으로 노동자를 고용하여 기업을 이끌어 가는 사람.

자본금(資本金) 이익을 목적으로 사업에 투자한 돈.

자본주의(資本主義) [자본주의/자본주이] 자본을 가진 사람이 이익을 목적으로 일할 사람을 부려서 상품을 생산하는 경제 구조.

자부(自負) 스스로 자기의 가치나 능력을 믿음. 예훌륭한 학자임을 자부하다. **자부하다**.

자부심(自負心) 자기의 가치나 능력을 믿는 마음. 예그는 자부심이 강한 사람이다.

자비¹(自費) 스스로가 부담하는 비용. 예자비로 유학을 떠나다.

자비²(慈悲) 사랑하고 가엾게 여김. 예자비를 베풀다.

자비롭다(慈悲-) [자비롭따] 사랑하고 가엾게 여기는 마음이 있다. [활용] 자비로워/자비로우니.

자비심(慈悲心) 사랑하고 가엾게 여기는 마음.

자빠뜨리다 자빠지게 하다.

자빠지다 뒤로 또는 옆으로 넘어지다. 예뒤로 벌렁 자빠지다.

자살(自殺) 스스로 자기 목숨을 끊음. 반타살. **자살하다**.

자상하다(仔詳-) 1 자세하고 찬찬하다. 예자상한 성격. 2 인정이 넘치고 마음 씀씀이 넉넉하다. 예자상하신 어머니/자상한 눈길로 바라보다.

자상히(仔詳-) 자상하게. 예자상히 보살피다.

자생(自生) 저절로 나서 자람. 예자생 식물. **자생하다**.

자서전(自敍傳) 자기가 쓴 자신의 전기.

***자석**(磁石) [자ː석] 철을 끌어당기는 성질이 있는 물체. 비지남철.

자선(慈善) 남을 불쌍히 여겨 도와줌. 예자선 음악회/아픈 어린이를 돕는 자선 기금을 모으다.

자선냄비(慈善-) 연말에 구세군에서 어려운 사람을 도우려고 길가에 놓고 성금을 걷는 그릇.

자선 사업(慈善事業) 병자·노약자·빈민·고아 등을 도와주는 사회 사업.

자성(磁性) [자ː성] 자기장 안에서, 자기를 띤 물체가 쇠붙이를 끌어당기거나 밀치는 성질. 예자성을 띠다.

***자세**(姿勢) 1 몸을 움직이는 모양이나 태도. 예자세가 바르다. 2 사물을 대하는 마음가짐이나 정신적 태도. 예적극적인 자세.

***자세하다**(仔細-) 아주 작고 하찮은 부분까지 구체적이고 분명하다. 예

이 사전은 풀이가 매우 **자세하다**. 비상세하다.
*자세히(仔細—) 자세하게. 예자세히 설명하다.
자손(子孫) 1 자식과 손자. 2 후손. 예단군의 자손. 반조상.
자수¹(刺繡) [자ː수] 수를 놓음. 또는 그 수. 예자수를 놓다.
자수²(自首) 죄를 지은 사람이 스스로 수사 기관에 자기의 죄를 알리고 처벌을 구하는 일. 예경찰에 자수하다. **자수하다**.
자수³(字數) [자쑤] 글자의 수.
자수성가(自手成家) 물려받은 재산이 없는 사람이 스스로의 힘으로 재산을 모음. **자수성가하다**.
자습(自習) 스스로 배워 익힘. 예아침 자습 시간. **자습하다**.
자습서(自習書) [자습써] 스스로 배워 익힐 수 있게 만든 책. 예국어 자습서.
*자식(子息) 1 아들이나 딸. 비자녀. 2 남자를 욕할 때 이르는 말. 예나쁜 자식. 3 어린아이를 귀엽게 이르는 말. 예자식, 귀엽기도 하지.
*자신¹(自身) 자기 스스로. 예자신의 이익만 꾀한다. / 너 자신을 알라. 비자기. 반남. 타인.
*자신²(自信) 자기의 능력이나 가치를 스스로 믿음. 예자신을 잃다 / 자신에 찬 모습. 비자부. **자신하다**.
자신감(自信感) 자신이 있다는 느낌. 예자신감이 넘치다.
자신만만하다(自信滿滿—) 아주 자신이 있다. 예자신만만한 태도.
자아(自我) 나. 자기. 예자아가 강하다.
자아내다 1 물레나 기계로 실을 계속 뽑아내다. 예솜에서 실을 자아내다. 2 어떤 느낌 따위가 우러나게 하다. 예슬픔을 자아내다.
자애(慈愛) 아랫사람에게 베푸는 따뜻하고 깊은 사랑. 예부모의 자애 / 자애를 베풀다.
자양분(滋養分) 몸의 영양을 좋게 하는 성분. 예자양분이 많은 식품 / 자양분을 섭취하다. 비영양분.
자업자득(自業自得) [자업짜득] 자기가 저지른 일의 나쁜 결과가 자신에게 돌아옴. 비자업자박.
*자연(自然) 1 사람이 만들지 않고 저절로 이루어진 세계. 특히, 산·강·나무·풀 따위. 예자연의 조화 / 자연의 혜택. 비천연. 반인공. ⇨nature 2 손을 대지 않은 그 본디대로의 상태. 3 '자연히'의 준말.
자연계(自然界) [자연계 / 자연게] 인간 세계를 둘러싸고 있는 자연의 세계.
자연 과학(自然科學) 자연에 속하는 모든 대상을 다루는 학문. 반인문 과학.
자연미(自然美) 꾸밈이 없는 자연 그대로의 아름다움. 예자연미가 넘친다. 비천연미. 반인공미.
자연법칙(自然法則) 자연계의 모든 현상이나 성질 사이에 두루 성립하는 변함없는 법칙.
자연 보호(自然保護) 자연을 훼손하지 않고, 본디의 모습으로 보존하려 하는 일.
자연사(自然死) 늙고 쇠약해져서 자연히 죽음. **자연사하다**.
*자연수(自然數) 1부터 시작하여 하나씩 더하여 얻을 수 있는 수. 1, 2, 3 따위를 말함.
*자연스럽다(自然—) [자연스럽따] 보기에 꾸밈이 없어 어색하지 않다. 예자연스럽게 행동하다. 활용 자연스러워 / 자연스러우니.
자연스레(自然—) 자연스럽게. 예두 사람은 같이 공부하면서 자연스레 친해졌다.
자연재해(自然災害) 홍수·가뭄 따위와 같이 자연 현상에서 오는 재난으로 입는 피해.
자연적(自然的) 자연 그대로의 (것). 예자연적 환경. 반인공적. 인위적.
자연 현상(自然現象) 인간과 관계없이 자연계에서 저절로 일어나는 현상.
자연환경(自然環境) 우리가 살고 있는 주위의 지리·자원·기후 등의 형편.
자연히(自然—) 저절로. 예상처가 자연히 아물다. 준자연.
자외선(紫外線) [자ː외선 / 자ː웨선] 눈에 보이지 않으나 태양 광선 속에 있어 살균·화학 작용을 하는 전자기파.

자욱이 [자우기] 자욱하게. 예안개가 자욱이 끼어 곳곳에서 교통사고가 일어났다.

자욱하다 [자우카다] 연기나 안개 따위가 잔뜩 끼어 몹시 흐릿하다. 예안개가 자욱하게 낀 호수. 잘자옥하다.

자원¹(自願) 어떤 일을 스스로 하고자 하여 나섬. 예자원 입대 / 벽지 근무를 자원하다. **자원하다**.

***자원**²(資源) 자연에서 얻어지는 것으로서 인간 생활 및 경제 생산에 이용되는 온갖 물질. 예식량 자원 / 자원이 풍부하다.

자원봉사자(自願奉仕者) 돈을 받지 않고 스스로 어떤 일에 참여하는 사람.

자위 눈알이나 새 따위의 알에서, 빛깔에 따라 구분된 부분. 눈알의 검은자위와 흰자위, 달걀의 노른자위와 흰자위 따위를 이름.

***자유**(自由) 남의 억누름이나 간섭을 받지 않고 자기 마음대로 행동함. 예표현의 자유 / 자유 시간 / 자유를 누리다. 빤구속. **자유스럽다**. ⊃freedom

자유권(自由權) [자유꿘] 억누름이나 간섭을 받지 않고 자유롭게 살 수 있는 권리.

자유로이(自由一) 자기 마음대로. 자유롭게. 예자유로이 행동하다.

***자유롭다**(自由一) [자유롭따] 아무런 구속을 받지 않고 자기 마음대로 할 수 있다. 예자유로운 몸이 되다. [활용] 자유로워 / 자유로우니.

자유 민주주의(自由民主主義) 자유주의를 기본으로 하는 민주주의 사상.

자유시(自由詩) 형식에 제한을 받지 않고 자유롭게 표현된 시. 빤정형시.

자유인(自由人) 정당한 행위에 대하여 자기의 권리를 자유로이 행사할 수 있는 사람. 빤자유민.

자유자재(自由自在) 거침없이 자기 마음대로 할 수 있음. 예영어를 자유자재로 구사하다.

자유주의(自由主義) [자유주의 / 자유주이] 사회의 발전을 위해 개인의 자유를 존중하려는 주의.

자유형(自由型) 1 수영에서, 헤엄치는 방법에 제한이 없는 경기 종목. 2 레슬링에서, 몸 전체를 공격 대상으로 삼는 경기 종목.

자유화(自由化) 자유롭게 함. 또는 그렇게 됨. 예두발 자유화 / 가격 자유화. **자유화하다**.

자율(律) 스스로의 의지로 자신을 통제함. 예아침 자습을 학생들의 자율에 맡겼다. 빤타율.

자율적(自律的) [자율쩍] 스스로의 의지로 자기 행동을 조절하는 (것). 예자율적 분위기 / 자율적인 행동.

자음(子音) ⇨닿소리. 빤모음.

자음자(子音字) [자음짜] 자음을 나타내는 글자. *모음자.

자의식(自意識) [자의식 / 자이식] 자기 자신을 남과 구별하여 깊이 느끼는 일. 예자의식이 강한 사람.

자인(自認) 스스로 인정함. 예실수를 자인하다. 빤시인. **자인하다**.

자자손손(子子孫孫) 자손의 여러 대. 예자자손손 물려줄 국토. 빤대대손손.

자자하다(藉藉一) [자:자하다] 여러 사람의 입에 오르내리다. 예명성이 자자하다 / 칭찬이 자자하다.

자작나무 [자장나무] 자작나뭇과의 낙엽 활엽 교목. 높은 산의 양지에 남. 높이는 30m 정도. 가을에 열매가 익으며, 목재는 가구에, 껍질은 약의 재료로 씀.

자작농(自作農) [자장농] 자기 땅에 자기가 직접 짓는 농사. 또는 그런 농민. 빤소작농.

자잘하다 1 여러 개가 다 잘다. 예과일이 전부 자잘하다. 2 모두 보잘것없고 시시하다. 예자잘한 이야기를 늘어놓다.

자장(慈藏) [인명] 신라의 고승. 선덕왕 때 당나라에 가서 율행을 배워 율사가 됨. 통도사를 세움. 자장 율사. [590?-658?]

자장가(一歌) 어린아이를 재우기 위하여 부르는 노래.

자장면(중 炸醬麵) ⇨짜장면.

자장자장 아기를 재울 때 조용히 노래 부르듯이 내는 소리. 예자장자장 우리 아기 잘도 자네.

자재(資材) 무엇을 만드는 근본이 되는 재료. 예건축 자재.

자전(自轉) 지구 따위가 축을 중심으로 일정한 속도로 도는 일. 예지구의 자전. 땐공전. **자전하다**.

***자전거**(自轉車) 사람이 타고 앉아 두 발로 페달을 밟아 바퀴를 돌려서 앞으로 나아가게 만든 탈것. 예친구와 자전거를 타다. ⊃bicycle, bike

자전거 도로(自轉車道路) 자전거가 다닐 수 있도록 만든 도로.

자정(子正) 밤 열두 시. 예자정 무렵/자정이 넘어 귀가하다. 땐오정. 정오.

자제[1](子弟) 1 남의 아들의 높임말. 예훌륭한 자제를 두셨군요. 2 남을 높여 그 집안의 젊은이를 이르는 말.

자제[2](自制) 자기의 감정이나 욕망을 억누름. 예흥분을 자제하다. **자제하다**.

자제력(自制力) 자기의 감정이나 욕망을 스스로 억누르는 힘. 예자제력을 잃다/자제력이 강하다.

자조(自助) 스스로 자기를 도움. 예자조 정신. **자조하다**.

자족(自足) 스스로 만족하게 여김. 예자족하는 생활. **자족하다**.

자존심(自尊心) 남에게 굽히지 않고 자기 몸이나 품위를 스스로 높이는 마음. 예자존심이 강한 사람.

***자주**[1](自主) 남의 보호나 간섭을 받지 않고 자신의 일을 스스로 처리함.

***자주**[2] 짧은 동안에 여러 번. 같은 일을 잇달아 잦게. 예나는 물건을 자주 잃어버린다. 삔곤잘. 종종. 卍가끔. 이따금. ⊃often

자주[3] (紫朱) [자:주] ⇨자줏빛.

자주권(自主權) [자주꿘] 한 국가가 외국의 간섭을 받지 않고 자기의 문제를 결정하고 처리할 수 있는 권리.

자주독립(自主獨立) [자주동닙] 한 나라가 다른 나라의 간섭을 받지 않고 자주권을 행사하는 일. 예자주독립을 이루다.

자주색(紫朱色) [자:주색] ⇨자줏빛.

자주성(自主性) [자주썽] 남에게 기대지 않고 자기 힘으로 일을 처리해 나가려는 성질. 예민족의 자주성을 지키다.

자주적(自主的) 남의 간섭 없이 스스로 일을 처리해 가는 (것). 예자주적인 결정.

자주정신(自主精神) 자기 스스로 일을 처리하려는 정신.

자줏빛(紫朱一) [자:주삗/자:줃삗] 짙은 남빛을 띤 붉은색. 예자줏빛 저고리. 삔자주. 자주색. ⊃purple

자중하다(自重—) 말이나 행동, 몸가짐 따위를 조심하여 하다.

자지러지다 1 놀라서 몸이 움츠러지다. 예자지러지게 놀라다. 2 소리가 듣기에 짜릿할 정도로 빠르거나 잦아지다. 예자지러지게 웃다.

자진(自進) 남이 시키지 않아도 스스로 나섬. 예궂은일을 자진해서 하다. **자진하다**.

자진모리장단 민속악에서, 판소리나 산조 장단의 한 가지. 휘모리장단보다 느리고 중중모리장단보다 빠른 장단으로, 섬세하면서 명랑하고 차분하면서 상쾌하다.

자질(資質) 타고난 성품이나 소질. 예음악에 뛰어난 자질이 있다. 삔자성. 천성.

자질구레하다 여러 개가 다 잘고 시시하다. 예자질구레한 걱정.

자책(自責) 자기 자신을 스스로 꾸짖음. 예자책을 느끼다. **자책하다**.

자처하다(自處—) 자기 스스로 어떤 사람으로 여기어 그렇게 행동하다. 예학자로 자처하다.

자철석(磁鐵石) [자:철썩] 자석의 성질이 있는 철광석.

자체(自體) 1 다른 것이 아닌 바로 그것. 예그 생각 자체가 어리석다. 2 스스로 하는 것. 예자체 조사.

자초지종(自初至終) 처음부터 끝까지 이르는 동안. 예일의 자초지종을 밝히다.

자초하다(自招—) 스스로 어떤 결과를 끌어들이다. 예불행을 자초하다/화를 자초하다.

***자취**[1] 무엇이 남기고 간 흔적. 예옛 절터의 자취/자취를 남기다.

자취[2](自炊) 손수 밥을 지어 먹으면서 생활함. 예자취 생활에 익숙하다. **자취하다**.

자치(自治) 1 자기의 일을 스스로 다스림. 예학생 자치 기구. 2 지방 자치 단체 등이 일정한 범위 안에서 스스로 그 행정·사무를 행함. 예지방 자치. 자치하다.

자치기 한 뼘 정도의 짤막한 나무토막을 다른 긴 막대기로 쳐서 날아간 거리를 재어 승부를 겨루는 아이들의 놀이.

자치 단체(自治團體) 국가로부터 자치권이 부여된 공공 단체.

자치적(自治的) 자기의 일을 스스로 결정하고 처리하는 (것). 예자치적으로 운영하는 학교.

자치제(自治制) ⇨지방 자치 제도.

자칫 [자칟] 어쩌다가 조금이라도 어긋나면. 예자칫 잘못하면 실패하기 쉽다. 자칫하다.

자칭(自稱) 남에게 자신을 무엇이라고 스스로 일컬음. 예자칭 천재. 자칭하다.

자카르타(Jakarta) 〖지명〗 인도네시아의 수도. 자바섬의 북서 해안에 있는 항구 도시로 상업·공업이 발달하였고, 사적도 많음.

자타(自他) 자기와 남. 예자타가 공인하는 세계적인 육상 선수.

자태(姿態) 모습과 태도. 예곱고 우아한 자태 / 자태를 뽐내다.

자택(自宅) 자기의 집. 비자가.

자퇴(自退) [자퇴 / 자퉤] 스스로 물러남. 예자퇴 원서 / 학교를 자퇴하다. 자퇴하다.

자투리 1 팔거나 쓰다 남은 천 조각. 예자투리 천. 2 주된 용도로 쓰고 남은 나머지. 예자투리 시간.

자판(字板) 컴퓨터나 타자기에서, 자료를 입력하기 위하여 손가락으로 누르는 키를 배열해 놓은 판.

자판기(自販機) '자동판매기'의 준말. 예음료수 자판기.

자포자기(自暴自棄) 절망에 빠져 스스로 자신을 포기하고 돌보지 않음. 예그는 대학 입학에 실패하여 자포자기 상태이다. 자포자기하다.

자필(自筆) 자기가 직접 씀. 또는 그 글씨. 예자필 이력서. 반대필. 자필하다.

자학(自虐) 스스로 자기를 몹시 괴롭힘. 예자학 행위. 자학하다.

자해(自害) 스스로 자기 몸을 다치게 함. 예자해 소동. 자해하다.

자화(磁化) [자:화] 어떤 물체가 자기장 안에 놓였을 때 자석 같은 성질을 띠는 현상. 자화하다.

자화상(自畫像) 자기가 자신의 모습을 그린 그림. 예거울을 보면서 자화상을 그리다.

자화자찬(自畫自讚) 자기가 그린 그림을 스스로 칭찬한다는 뜻으로, 자기가 한 일을 스스로 자랑함. 예자화자찬을 늘어놓다. 자화자찬하다.

*__작가__(作家) [작까] 문학 작품이나 예술 작품을 창작하는 사람. 예동화 작가 / 방송 작가.

작고하다(作故-) [작꼬하다] 사람의 죽음을 높여 이르는 말. 예선생님께서 작고하셨다.

*__작곡__(作曲) [작꼭] 음악 작품을 창작함. 또는 시나 가사에 가락을 붙임. 예교가를 작곡하다. 작곡하다.

작곡가(作曲家) [작꼭까] 작곡을 전문으로 하는 사람.

작곡자(作曲者) [작꼭짜] 악곡을 창작한 사람.

*__작년__(昨年) [장년] ⇨지난해. 예작년 이맘때 / 올겨울은 작년 겨울보다 춥다. 비거년. 반내년.

*__작다__ [작:따] 1 크지 않다. 부피가 얼마 안 되다. 예작은 방 / 몸집이 작다. 2 정해진 크기에 모자라서 맞지 않다. 예신발이 작다 / 살이 쪄서 옷이 작다. 3 도량이 좁다. 예배포가 작다. 4 음성이 낮다. 예작은 목소리. 5 사소하다. 예작은 실수로 큰 일에 화를 내다. 6 돈의 액수가 적거나 단위가 낮다. 예작은 돈. ⇨small, little

---

주의 **작다**와 **적다**

작다 크기나 넓이 등이 일정한 수준에 미치지 못하다. 크지 않다. 예작은 방에서 공부하다.
적다 수효나 분량이 일정한 수준에 미치지 못하다. 많지 않다. 예적은 인원으로 회사를 경영해 나가다. 반많다.

작대기 [작때기] 긴 막대기. 예지게를 작대기로 버티다.

작동 (作動) [작똥] 기계가 움직임. 또는 기계를 움직이게 함. 예컴퓨터를 작동하다. **작동하다**.

작두 [작뚜] 소·말에게 먹일 풀·짚·콩깍지 등을 써는 연장. 예작두로 풀을 썰다.

작두

작문 (作文) [장문] 글을 지음. 또는 그 글. 예작문 시간. 비글짓기. **작문하다**.

작물 (作物) [장물] '농작물'의 준말. 예원예 작물 / 작물을 수확하다.

작별 (作別) [작뼐] 인사를 나누고 헤어짐. 또는 그 인사. 예작별을 고하다. 비이별. 반상봉. **작별하다**.

*__작사__ (作詞) [작싸] 노랫말을 지음. 예자신이 작사, 작곡한 노래를 부르다. **작사하다**.

작살¹ [작쌀] 물고기를 찔러 잡는 기구. 작대기 끝에 뾰족한 쇠를 두세 개 박았음.

작살² [작쌀] 완전히 깨어지거나 부서짐. 예도자기가 바닥에 떨어져 작살났다.

작성 (作成) [작썽] 서류·원고 따위를 만듦. 예기사 작성 / 보고서를 작성하다. **작성하다**.

작심 (作心) [작씸] 마음을 단단히 먹음. 또는 그 마음. 예공부를 열심히 하기로 작심하다. **작심하다**.

작심삼일 (作心三日) [작씸사밀] 어떤 일을 아무리 결심해도 사흘을 가지 못한다는 뜻으로, 결심이 굳지 못함을 이르는 말. 예일기를 쓰겠다는 결심은 작심삼일로 끝났다.

작아지다 [자가지다] 무엇이 작은 상태로 되다. 예목소리가 점점 작아지다 / 옷이 작아지다. 반커지다.

*__작업__ (作業) [자겁] 일정한 목적을 가지고 정해진 계획에 따라 벌이는 일. 예작업 환경 / 야간 작업 / 작업 시간을 늘리다. **작업하다**.

작업복 (作業服) [자겁뽁] 일을 할 때에 입는 옷. 예작업복으로 갈아입고 일을 시작하다.

작업장 (作業場) [자겁짱] 일을 하는 곳. 공장·공사장 따위. 비일터.

작열하다 (灼熱—) [장녈하다] 불 따위가 뜨겁게 타오르다. 예뜨겁게 작열하는 태양.

*__작용__ (作用) [자공] 어떤 현상을 일으키거나 영향을 미침. 예동화 작용 / 반사 작용. 반반작용. **작용하다**.

작용점 (作用點) [자공쩜] 물체에 대해 힘이 작용하는 점.

작은개자리 [자근개자리] 겨울철에 북쪽 하늘에서 볼 수 있는, 두 개의 별로 이루어진 작은 별자리.

작은골 [자근골] ⇨소뇌.

작은곰자리 [자근곰자리] 북쪽 하늘에 있는 별자리. 북두칠성 옆에 있고, 북극성이 그 주된 별임.

작은달 [자근달] 양력으로 31일이 못 되는 달. 음력으로 28일이나 29일이 되는 달. 반큰달.

작은댁 (一宅) [자근댁] '작은집'을 높여 이르는 말. 반큰댁.

작은따옴표 (一標) [자근따옴표] 문장에서 따온 말 가운데 다시 따온 말이 들어 있을 때나 마음속으로 한 말을 적을 때 쓰는 부호(' ').

작은딸 [자근딸] 딸이 여럿 있을 때 맏이가 아닌 딸을 이르는 말. *큰딸.

작은말 [자근말] 낱말의 뜻은 같으나 작고 가볍고 밝은 느낌을 주는 말. 살랑·콩콩·동동 따위. 반큰말.

작은북 [자근북] 타악기의 하나. 어깨에 걸어 메거나 대 위에 올려놓고 두 개의 가는 나무 막대기로 두드려 소리를 냄.

작은아들 [자그나들] 맏아들이 아닌 아들. *큰아들.

작은아버지 [자그나버지] 아버지의 결혼한 남동생. 비삼촌. 숙부. 반큰아버지.

작은악절 (—樂節) [자그낙쩔] 음악에서, 두 개의 동기가 모여 보통 넷 또는 여섯의 마디로 이루어진 악절. 비소악절. 반큰악절.

작은어머니 [자그너머니] 작은아버지의 아내. 비숙모. 반큰어머니.

작은집 [자근집] 작은아버지의 가족, 또는 작은아버지의 가족이 사는 집.

작은창자 [자근창자] 위와 큰창자 사이에 있는 창자. 음식물을 소화하고 영양을 빨아들임. 길이 6-7m. 소장.

작자 (作者) [작짜] 1 글에 작품을 지은 사람. 예작자 불명. 본저자. 2 남을 업신여겨 낮추어 이르는 말. 예그 작자 염치도 좋군.

작작 [작짝] 대강. 어지간하게. 예바보 같은 소리 작작 해라.

작전 (作戰) [작쩐] 1 일정 기간에 계획에 따라 집중적으로 벌이는 군사적 행동. 예군경 합동 작전. 2 싸움이나 경기를 벌일 자세한 계획. 예작전을 짜다.

작전 타임 (作戰time) 배구·농구 따위의 경기에서, 감독이나 주장이 선수들에게 작전을 지시하기 위해 심판에게 요구하는 시간.

작정 (作定) [작쩡] 일을 어떻게 하기로 결정함. 예내일부터 운동을 할 작정이다. 비예정. **작정하다**.

작중 인물 (作中人物) 작품에 등장하는 인물. 예작중 인물의 심리를 묘사하다.

***작품** (作品) 1 만든 물건. 2 예술 활동으로 만든 창작물. 예문학 작품 / 미술 작품 / 작품을 발표하다.

작품집 (作品集) 문학·미술 등의 작품을 모아서 엮은 책.

작황 (作況) [자쾅] 농사의 잘되고 못된 상황. 예긴 장마로 벼 작황이 좋지 않다.

***잔** (盞) 1 물·차 등을 따라 마시는 작은 그릇. 예잔에 우유를 따라 마시다. 2 술이나 음료를 담은 잔의 수를 세는 말. 예녹차 한 잔.

잔가지 풀과 나무의 작은 가지. 예잔가지를 치다.

잔고 (殘高) 나머지 금액. 예예금 통장에 잔고가 없다.

잔금 (殘金) 1 쓰고 남은 돈. 비잔액. 2 치르거나 갚을 돈. 예잔금을 치르다.

잔기침 작은 소리로 자주 하는 기침. 예할아버지의 잔기침 소리가 들려왔다. 반큰기침. **잔기침하다**.

잔꾀 [잔꾀/잔꿰] 당장의 어려움을 벗어나려고 깊이 생각하지 않고 내는 꾀. 예잔꾀를 부리다.

잔돈[1] 얼마 안 되는 돈. 예잔돈을 모으다.

잔돈[2] (殘一) 거슬러 주거나 받는 돈. 거스름돈. 예잔돈을 거슬러 주다.

잔등이 '등'을 속되게 이르는 말.

***잔디** 볏과의 여러해살이풀. 들이나 길가에 남. 줄기가 땅바닥에 붙어 옆으로 길게 벋고, 마디마다 뿌리가 내려 재생력이 강함. 흙이 무너지는 것을 막거나, 정원을 꾸미는 데 쓰임.

잔디밭 [잔디받] 잔디가 많이 나 있는 곳.

잔뜩 1 한도에 이를 때까지 가득. 꽉 차게. 예잔뜩 찌푸린 날씨 / 서류가 잔뜩 쌓이다. 2 자라는 데까지 힘껏. 예멋을 잔뜩 부리다. 3 심하게. 예화가 잔뜩 나다.

잔루 (殘壘) [잘루] 야구에서, 그 회의 공격이 끝났을 때 베이스에 주자가 남아 있는 일. 예잔루 이루.

잔말 쓸데없이 자질구레하게 늘어놓는 말. 예잔말 말고 네 공부나 해라. 비잔소리. **잔말하다**.

잔모래 잘고 고운 모래.

잔물결 [잔물껼] 작고 잔잔한 물결. 예연못에 잔물결이 일다.

잔별 작은 별.

잔병 (一病) 자주 앓는 자질구레한 병. 예잔병을 달고 산다.

잔병치레 (一病一) 잔병을 자주 앓는 일. **잔병치레하다**.

잔뼈 나이가 어려서 아직 다 자라지 않은 작고 약한 뼈.

  잔뼈가 굵어지다 어려서부터 어떤 일을 하면서 자라나다.

잔뿌리 굵은 뿌리에서 돋아나는 작은 뿌리.

잔설 (殘雪) 봄이 되어도 녹지 않았거나 녹다 남은 눈. 예눈 녹은 물이 잔설 사이로 흐른다.

잔소리 1 쓸데없이 늘어놓는 자질구레한 말. 예잔소리가 많다. 2 구중으로 하는 여러 말. 예잔소리를 듣다. **잔소리하다**.

잔손 자질구레하게 여러 번 가는 손질. 예잔손이 많이 가는 일.

잔손질 자질구레하게 손을 많이 놀

리어 매만지는 짓. **잔손질하다.**
잔솔밭 [잔솔받] 어린 소나무가 많은 곳. [발음] 잔솔밭이 [잔솔바치] / 잔솔밭에 [잔솔바테] / 잔솔밭을 [잔솔바틀] / 잔솔밭도 [잔솔받또].
잔시중 자질구레한 시중.
잔심부름 자질구레한 심부름. 예 잔심부름을 도맡다. **잔심부름하다.**
잔액 (殘額) [자낵] 나머지 액수. 예 통장의 잔액을 확인하다. 비 잔금.
잔여 (殘餘) [자녀] 아직 남아 있는 것. 예 잔여 세력 / 잔여 임기.
잔인하다 (殘忍―) [자닌하다] 인정이 없고 몹시 모질다. 예 잔인한 장면.
잔일 [잔닐] 자질구레하여 잔손이 많이 가는 일. 반 큰일.
잔잔하다 1 바람·물결 따위가 가라앉아 조용하다. 예 파도가 잔잔하다. 2 소리가 조용하고 나지막하다. 예 잔잔한 목소리.
잔재 (殘滓) 1 남은 찌꺼기. 2 지난날의 낡은 생각이나 생활 방식. 예 일제의 잔재.
잔재미 아기자기하고 감칠맛이 나는 재미. 예 잔재미를 보다 / 잔재미를 느끼다.
잔재주 1 남을 속이려고 하지만 금세 드러나는 얕은 꾀. 예 잔재주를 피우다. 2 자질구레한 일을 잘하는 재주. 예 잔재주가 많다.
잔주름 잘게 잡힌 주름. 예 잔주름이 가다 / 잔주름이 잡히다.
***잔치** 기쁜 일이 있을 때 음식을 차려 놓고 손님을 초청하여 즐기는 일. 비 연회. 향연. **잔치하다.**
잔칫날 [잔친날] 잔치를 하는 날.
잔칫상 (―床) [잔치쌍 / 잔친쌍] 잔칫날 손님을 대접하기 위해 차려 놓은 음식상.
잔칫집 [잔치찝 / 잔친찝] 잔치를 하는 집. 예 돌 잔칫집.
잔털 매우 가늘고 짧은 털. 예 목덜미에 보송보송한 잔털이 있었다.
잔풀 작거나 어린 풀. 예 뜰의 잔풀을 뽑다.
잔학하다 (殘虐―) [잔하카다] 잔인하고 포악하다. 예 잔학한 독재자.
잔해 (殘骸) 부서지거나 못 쓰게 되어 남은 물건. 예 건물의 잔해 / 추락한 비행기의 잔해.
잔혹하다 (殘酷―) [잔호카다] 잔인하고 가혹하다. 예 잔혹한 장면.
*__잘__ 1 옳고 바르게. 예 마음을 잘 써라. 2 훌륭하게. 예 딸을 잘 키웠다. 3 탈 없이. 편륭하게. 예 잘 가시오. 4 만족하게. 예 잘 먹었다. 5 적절하게. 예 마침 잘 왔다. 6 버릇으로 늘. 곧잘. 예 잘 웃는 사람. ↪well
잘강잘강 질긴 물건을 잘게 자꾸 씹는 모양. 예 고기를 잘강잘강 씹다. 큰 질겅질겅. **잘강잘강하다.**
잘근잘근 질긴 것을 가볍게 자꾸 씹는 모양. 예 오징어를 잘근잘근 씹다. 큰 질근질근. **잘근잘근하다.**
잘나다 [잘라다] 1 똑똑하고 뛰어나다. 예 잘난 체하다. 2 잘생기다. 예 저렇게 잘난 얼굴은 본 적이 없다. 반 못나다. 3 반어적인 뜻으로, 변변치 못하거나 대수롭지 않다. 예 그 잘난 장난감 가지고 약 올리지 마라.
*__잘다__ 1 형태가 작다. 예 잘게 자르다. 2 굵지 않다. 예 무가 너무 잘다. 비 가늘다. 반 굵다. 3 성질이 좀스럽다. 예 잘게 굴다. [활용] 잘아 / 자니 / 잔.
잘되다 [잘되다 / 잘뒈다] 1 일·현상·물건 등이 좋게 이루어지다. 예 일이 생각보다 잘되었다. 2 사람이 훌륭하게 되다. 예 너 하나 잘되기만 바란다.
잘록하다 [잘로카다] 긴 물건의 한군데가 패어 들어가 오목하다. 예 허리가 잘록하다.
잘리다 1 동강이 나거나 끊어지다. 예 밑동이 잘린 나무. 2 해고당하다. 예 회사에서 잘리다. ×짤리다. 3 전체에서 한 부분이 떼어지다. 예 영화의 한 장면이 폭력적이라는 이유로 잘렸다.
*__잘못__ [잘몯] 1 제대로 잘하지 못한 일. 예 잘못을 인정하다. 비 과실. 실수. ↪error, fault, mistake 2 틀리게. 그릇되게. 예 뜻을 잘못 이해하다. 3 좋지 않게. 예 잘못 선택하다.
*__잘못되다__ [잘몯뙤다 / 잘몯뛔다] 1 틀리게 되거나 그릇되다. 예 계산이 잘못되다. 2 뜻밖의 사고나 병 따위로 불행하게 죽다. 예 큰 병에 걸렸다더니 잘못된 것이 아닐까.

잘못하다 [잘모타다] 1 일을 그릇되게 하다. 예수술을 잘못하다. 2 실수하다. 예잘못해서 웅덩이에 빠지다. 3 사리에 어그러진 일을 하다. 예잘못하면 뉘우칠 줄 알아야지. 반잘하다.

잘살다 경제적으로 넉넉하게 살다. 예모두가 잘사는 세상 / 남부럽지 않게 잘살다. 활용 잘살아 / 잘사니 / 잘사는.

잘생기다 얼굴이나 풍채가 훤하여 훌륭하다. 예인물이 훤히 잘생겼다. 반못생기다. ⇒handsome

잘잘못 [잘잘몯] 잘함과 잘못함. 옳음과 그름. 예잘잘못을 가리다. 비시비. 흑백.

잘하다 1 옳고 바르게 하다. 예누가 잘하고 잘못했는지 분명히 밝혀야 한다. 2 남보다 낫고 훌륭하게 하다. 예공부를 잘하다. 3 익숙하고 능란하게 하다. 예영어를 잘하다. 4 버릇으로 자주 하다. 예웃기를 잘하다.

잘해야 넉넉히 잡아야. 고작. 기껏해야. 예잘해야 열이 될까 말까 하다 / 잘해야 장려상이나 받겠지.

***잠** 생물이 휴식을 위해서 일정한 시간 동안 활동을 멈추고 쉬는 상태. 예깜박 잠이 들다. ⇒sleep

잠결 [잠껼] 자면서 정신이 흐릿한 겨를. 또는 잠이 막 깨려고 할 즈음. 예잠결에 이상한 소리를 들었다.

잠귀 [잠뀌] 잠결에 소리를 들을 수 있는 감각. 예잠귀가 밝다 / 잠귀가 어둡다.

***잠그다** 1 여닫는 물건을 열리지 않게 하다. 예서랍을 잠그다. 2 물·가스 따위가 흘러나오지 않도록 차단하다. 예가스를 잠그다. 3 옷의 단추를 끼우다. 예외투의 단추를 잠그다. 활용 잠가 / 잠그니.

잠금장치 (一裝置) 문·수도·가스 따위를 잠그는 장치.

***잠기다**[1] 1 여닫게 된 물건이 열리지 않게 되다. 예문이 잠기다. 반열리다. 2 목이 쉬어 소리가 제대로 나오지 않다. 예소리를 하도 질렀더니 목이 잠겼다.

***잠기다**[2] 1 액체 속에 가라앉다. 예논밭이 물에 잠기다. 2 한 가지 일이나 생각에 열중하다. 예생각에 잠기다. 3 어떤 기분 상태에 놓이게 되다. 예슬픔에 잠기다.

***잠깐** 매우 짧은 동안. 오래지 않은 사이. 예잠깐 동안 / 잠깐 눈을 붙이다. 비잠시. 반한참. 오래.

잠꼬대 1 잠을 자면서 자기도 모르게 중얼거리는 헛소리. 2 사리에 맞지 않는 엉뚱한 말. 예무슨 잠꼬대 같은 소리냐. 잠꼬대하다.

잠꾸러기 잠이 아주 많은 사람. 잠을 많이 자는 사람. 비잠보.

***잠들다** 1 잠을 자게 되다. 예아이가 울다가 잠들다. 2 죽다. 예고이 잠드소서. 활용 잠들어 / 잠드니 / 잠드는.

잠망경 (潛望鏡) 잠수 중인 잠수함에서 바다 위를 살피는 데 쓰는 망원경.

잠바 (←jumper) ⇨점퍼.

잠방이 가랑이가 무릎까지 내려오는 짧은 남자용 홑바지.

잠버릇 [잠뻐른] 잘 때에 하는 버릇이나 짓. 예잠버릇이 사납다.

잠복 (潛伏) 1 겉으로 드러나지 않게 몰래 숨어 있음. 예범인을 잡으려고 잠복하다. 2 병에 걸렸으나 증상은 나타나지 않음. 잠복하다.

잠복기 (潛伏期) [잠복끼] 병원체가 몸에 들어와 증상을 나타내기까지의 기간.

잠수 (潛水) 물속에 잠겨 들어감. 또는 그런 일. 예잠수를 해서 전복을 따왔다. 잠수하다.

잠수부 (潛水夫) 물속에 들어가 일하는 것을 직업으로 하는 사람. 비잠수공. 잠수원.

잠수함 (潛水艦) 주로 물속으로 다니며 적의 배를 공격하거나 정찰 등을 하는 배.

***잠시** (暫時) [잠:시] 짧은 시간 동안. 예잠시 정전이 되다. 비잠깐. 반오래.

잠옷 [자몯] 잠잘 때 입는 옷. 비자리옷.

잠입 (潛入) [자밉] 몰래 숨어 들어감. 예적진에 잠입하다. 잠입하다.

***잠자다** 1 자는 상태가 되다. 예아기가 새근새근 잠자고 있다. 2 사물이 쓰이지 않거나 제 기능을 다하지 못하는 상태이다. 예바닷속에 잠자고 있는 천연자원. ⇒sleep

잠자리[1] 잠자리목에 속한 곤충을 통틀어 이르는 말. 몸이 가늘고 길며, 작은 더듬이와 턱이 있음. 가슴에 있는 다리는 세 쌍이고, 옆으로 두 쌍의 얇고 투명한 날개가 있음.

잠자리[1]

잠자리[2] [잠짜리] 누워서 잠을 자는 곳. 예 잠자리에 들다.

잠자리채 잠자리 따위의 곤충을 잡기 위해 긴 막대기에 그물주머니를 매단 기구.

잠자코 아무 말 없이. 예 잠자코 있어라.

잠잠하다 (潛潛—) 1 소란스럽지 않고 조용하다. 예 한동안 잠잠하던 바람이 다시 거세졌다. 2 말이 없이 가만히 있다. 예 교실 안이 갑자기 잠잠해졌다.

잠재 (潛在) 겉으로 드러나지 않고 속에 잠겨 있거나 숨어 있음. 예 아이들의 잠재된 능력을 개발해 주어야 한다. 잠재하다.

잠재력 (潛在力) 겉으로 나타나지 않고 속에 숨어 있는 힘. 예 무한한 잠재력 / 잠재력이 크다.

잠재우다 1 잠자게 하다. 예 아기를 잠재우다. 2 부풀어 오른 것을 가라앉히다. 예 솜을 잠재우다.

잠적하다 (潛跡—) [잠저카다] 어디로 갔는지 알 수 없게 되다. 자취를 감추다. 예 죄를 짓고 잠적하다.

잠정 (暫定) 우선 임시로 정함. 예 잠정 결론을 내리다.

잠투정 어린아이가 잠들기 전이나 잠을 깬 후에 떼를 쓰며 우는 짓. 예 잠투정을 부리다. 잠투정하다.

잡곡 (雜穀) [잡꼭] 쌀 이외의 여러 가지 곡식. 보리·콩·팥·밀·조·옥수수·기장 따위.

잡곡밥 (雜穀—) [잡꼭빱] 쌀에 잡곡을 섞어 지은 밥.

잡귀 (雜鬼) [잡뀌] 정체 모를 자질구레한 여러 귀신. 비 잡신.

잡기 (雜技) [잡끼] 주로 어른이 재미로 하는 여러 가지 노름이나 놀이. 예 그는 잡기에 능하다.

잡념 (雜念) [잠념] 여러 가지 쓸데없는 생각. 예 잡념을 버리고 공부에 열중하다.

잡다[1] [잡따] 1 손 따위로 움켜쥐다. 예 손을 잡고 걷다. 2 권리·이익 따위를 가지다. 예 정권을 잡다. 3 집·직장·가질 물건·목표 등을 정하다. 예 방향을 잡다. 4 결점을 집어내다. 예 트집을 잡다. 5 '붙잡다'의 준말. 예 범인을 잡다. ⊃ catch, hold

잡다[2] [잡따] 1 동물을 죽이다. 예 돼지를 잡다. 2 불을 끄다. 예 불길을 잡다. 3 화났거나 들뜬 마음을 가라앉히다. 예 마음을 잡고 공부하다.

잡다[3] [잡따] 주름 따위를 만들다. 예 바지 주름을 잡다.

잡다하다 (雜多—) [잡따하다] 여러 가지가 뒤섞여 있다. 예 잡다한 물건들이 널려 있다.

잡담 (雜談) [잡땀] 쓸데없이 지껄이는 말. 예 잡담을 나누다 / 잡담을 늘어놓다. 잡담하다.

잡동사니 (雜—) [잡똥사니] 쓸데없는 것이 한데 뒤섞인 모양. 또는 그런 물건. 예 쓸 만한 건 두고 잡동사니는 모두 버려라.

잡목 (雜木) [잠목] 별로 쓸 데가 없는 여러 가지 나무. 예 잡목이 우거진 숲길.

잡비 (雜費) [잡삐] 여러 가지 자질구레한 일에 드는 돈.

잡상인 (雜商人) [잡쌍인] 여기 저기 다니면서 자질구레한 물건을 파는 장사꾼. 예 잡상인 출입 금지.

잡색 (雜色) [잡쌕] 1 여러 가지 색이 뒤섞여 있는 색. 2 사람이 마구 뒤섞여 있는 것. 3 민속놀이에서 흥을 돋우기 위해 나오는 사람.

잡수다 [잡쑤다] '먹다[2]'의 높임말. 예 아버지께서 약주를 잡수다.

잡수시다 [잡쑤시다] '잡수다'의 높임말. 예 아버지께서 진지를 잡수시고 계신다. 준 잡숫다.

잡식 (雜食) [잡씩] 1 여러 가지 음식을 가리지 않고 먹음. 2 육류와 채소를 섞어 먹음. 잡식하다.

잡아가다 [자바가다] 사람을 잡아 데려가다. 예 경찰이 도둑을 잡아가다. [활용] 잡아가거라.

잡아끌다 [자바끌다] 손으로 잡고 끌다. 예 손을 잡아끌다. [활용] 잡아끌어 / 잡아끄니 / 잡아끄는.

잡아내다 [자바내다] 1 숨어 있는 것을 찾아내다. 예 범인을 잡아내다. 2 결점이나 틀린 곳을 찾아내다. 예 흠을 잡아내다.

잡아넣다 [자바너타] 1 붙잡아 가두다. 예 강도를 감옥에 잡아넣다. 2 억지로 들어가게 하다. 예 돼지를 우리에 잡아넣다.

*__잡아당기다__ [자바당기다] 잡아서 자기 쪽으로 끌다. 예 밧줄을 잡아당기다.

잡아들이다 [자바드리다] 잡아서 가두다. 예 폭력배들을 잡아들이다.

잡아떼다 [자바떼다] 1 붙어 있는 것을 억지로 떨어지게 하다. 예 벽보를 잡아떼다. 2 아는 것을 모른다고 하거나 한 짓을 하지 않았다고 하다. 예 모른다고 딱 잡아떼다.

잡아매다 [자바매다] 1 흩어진 것을 모아 한데 매다. 예 흘러내리는 머리를 잡아매다. 2 달아나지 못하게 잡아서 묶다. 예 소를 말뚝에 잡아매다.

잡아먹다 [자바먹따] 1 어떤 동물을 죽여 그 고기를 먹다. 예 소를 잡아먹다. 2 돈·물건·시간 따위가 들게 하다. 예 하찮은 일에 시간을 잡아먹는다. 3 자리를 차지하다. 예 침대가 방을 반이나 잡아먹었다.

잡아타다 [자바타다] 자동차 등을 세워서 타다. 예 택시를 잡아타다.

잡음 (雜音) [자븜] 1 시끄러운 소리. 예 거리의 잡음. 비 소음. 2 전신·라디오 따위의 청취를 방해하는 소리. 예 전화기가 잡음이 심하다. 3 어떤 일에 대한 언짢은 말이나 소문. 예 잡음을 일으키다.

잡일 (雜-) [잠닐] 여러 가지 자질구레한 일. **잡일하다**.

잡종 (雜種) [잡쫑] 1 온갖 것이 뒤섞인 종류. 2 다른 종류와 섞여 생긴 순수하지 못한 생물체. 예 이 개는 잡종이다. 반 순종.

*__잡지__ (雜誌) [잡찌] 여러 가지 종류의 글을 모아 일정한 때에 계속 펴내는 책. 주간지·월간지·계간지 따위. 예 잡지를 구독하다. ⊃magazine

잡채 (雜菜) 당근·양파·버섯·고기 따위를 잘게 썰어 양념하여 볶은 다음 삶은 당면과 함께 무친 음식.

잡초 (雜草) 저절로 나서 자라는 여러 가지 풀. 비 잡풀. 반 화초.

잡치다 1 일 따위를 그르치다. 예 시험을 잡치다. 2 기분이나 분위기를 좋지 않게 하다. 예 기분을 잡치다.

잡혀가다 [자펴가다] 남에게 붙들려 가다. 예 도둑이 경찰에 잡혀갔다.

잡화 (雜貨) [자퐈] 일상생활에서 쓰는 여러 가지 잡다한 물품.

잡화점 (雜貨店) [자퐈점] 일용품 등 여러 가지 상품을 파는 상점.

*__잡히다__[1] [자피다] 1 움키어 잡음을 당하다. 붙들리다. 예 손에 잡히다. 2 '붙잡히다'의 준말. 예 범인이 잡히다.

잡히다[2] [자피다] 1 동물이 잡음을 당하다. 예 오징어가 많이 잡히다. 2 결점이나 흠잡음을 당하다. 예 트집을 히다. 3 어떤 일이나 마음이 안정되다. 예 마음이 잡히다 / 자리가 잡히다.

잡히다[3] [자피다] 의복 따위에 주름이 서게 되다. 예 주름이 잡힌 스커트.

잡히다[4] [자피다] 담보로 맡기다. 예 시계를 잡히고 돈을 빌리다.

잣 [잗] 잣나무의 열매. 솔방울같이 생긴 단단한 송이에 들어 있으며, 맛이 고소함.

잣나무 [잔:나무] 소나뭇과에 속하는 상록 교목. 높이가 10m 이상 자라고 잎은 바늘 모양이며, 목재는 건축용으로 쓰임. 씨는 먹음.

잣나무

잣다 [잗:따] 물레를 돌려 실을 뽑다. 예 물레로 명주실을 잣다. [활용] 자아 / 자으니 / 잣는.

잣송이 [잗:송이] 잣이 박혀 있는 잣나무의 열매 송이.

잣죽 (-粥) [잗:쭉] 잣과 쌀을 물에 불려 갈아서 쑨 죽.

장[1] (場) 연극 구성의 한 단위. 한 막 중에서 한 장면 한 장면으로 구분한 부분. 예 3막 5장.

*__장__[2] (場) 많은 사람이 모여서 물건을 사고파는 곳. 예 장에 가다 / 장이 서다. 비 시장. 저자.

장³ (長) [장:] 어떤 조직이나 단체, 기관의 우두머리. ⑩단체의 장을 뽑다.

*__장__⁴ (章) 글의 내용을 크게 나누는 구분의 하나. ⑩장과 절을 나누다 / 각 장의 주요 논점을 요약하여 제시하다.

*__장__⁵ (張) 종이나 유리처럼 얇고 넓적하게 생긴 물건을 세는 말. ⑩종이 두 장 / 기와 한 장.

*__장__⁶ (醬) [장:] 1 '간장¹'의 준말. 2 간장이나 된장, 고추장 따위를 통틀어 이르는 말. ⑩장을 담그다.

장⁷ (欌) [장:] 물건을 넣어 두는 가구. ⑩장을 짜다.

장⁸ (腸) [장:] 배 속에 있는 소화기의 일부. 길고 꼬불꼬불하며 음식물을 소화·흡수한 다음 배설함. 凹창자.

장가 [장:가] 남자가 아내를 맞아들이는 일. ⑩장가를 들다.

장가가다 [장:가가다] 남자가 결혼하다. ⑩장가갈 나이가 되다.

*__장갑__ (掌匣) [장:갑] 추위를 막거나 장식하기 위하여 손에 끼는 물건. 털실·천·가죽 따위로 만듦. ⊃glove

장거리 (長距離) 1 먼 거리. ⑩장거리 여행. 凹단거리. 2 '장거리 달리기'의 준말.

장거리 달리기 (長距離—) 육상 경기 종목의 한 가지. 주로 5,000m·10,000m·마라톤 경주 등을 통틀어 일컬음. 준장거리. * 단거리 달리기. 중거리 달리기.

장관¹ (壯觀) [장:관] 굉장하여 볼 만한 광경. ⑩붉게 물든 설악의 장관.

*__장관__² (長官) [장:관] 나라의 행정을 맡아보는 여러 부의 최고 책임자. ⑩법무부 장관.

장교 (將校) [장:교] 육해공군에서 소위 계급 이상의 군인. 凹사병.

*__장구__ 국악 타악기의 하나. 통은 길고 허리가 잘록하며, 두 개의 테에다 가죽을 대어 붉은 줄로 얽어서 팽팽하게 했음. 왼쪽은 손, 오른쪽은 가느다란 채로 침.

장구

장구벌레 모기의 애벌레. 몸길이는 4-7mm. 여름에 물속에서 깨어 껍질을 벗고 번데기가 되었다가 모기가 됨.

장구애비 논이나 늪, 못 등에서 사는 곤충. 몸빛이 흑갈색이며, 몸길이는 3cm 정도임. 앞다리는 낫 모양이고 배 부분에 한 쌍의 긴 숨구멍이 있음.

장구하다 (長久—) 매우 길고 오래다. ⑩장구한 세월.

장국 (醬—) [장:국] 간장이나 소금으로 간을 하여 맑게 끓인 국. 凸맑은 장국.

*__장군__ (將軍) 1 군을 통솔하고 지휘하는 군의 우두머리. 凹장수. 2 대장·중장·소장·준장을 통틀어 일컫는 말. 凹졸병. ⊃general

장군총 (將軍塚) 중국 지린성 지안시에 있는 고구려 때의 돌무덤. 화강암으로 쌓아 올린 것으로, 규모가 크고 독특한 무덤 양식을 띠고 있어 동방의 피라미드라고 불림. 산 아래에 광개토왕비가 있음.

장기¹ (長技) [장끼] 가장 잘하는 재주. ⑩장기 자랑. 凹특기.

*__장기__² (將棋) [장:기] 두 사람이 32짝의 말을 붉은 글자와 푸른 글자의 두 종류로 나누어 가지고, 그 말을 움직여 승부를 가리는 놀이의 하나. ⑩장기를 두다.

장기³ (長期) 오랜 기간. ⑩장기 계획. 凹단기.

장기⁴ (臟器) 내장의 여러 기관. ⑩장기 기증.

장기간 (長期間) 오랜 동안. 긴 기간. ⑩장기간 머물다 / 약을 장기간 복용하다. 凹단기간.

장기화 (長期化) 일이 오래 끌게 됨. 또는 그렇게 되게 함. ⑩도로 공사가 장기화되다. **장기화하다.**

장꾼 (場—) 장에서 물건을 사고파는 사람들.

장끼 꿩의 수컷. 凹까투리.

*__장난__ 1 주로 어린아이들이 재미로 하는 짓. 또는 심심풀이 삼아 하는 짓. ⑩장난을 치다 / 장난이 심하다. 2 짓궂게 하는 못된 짓. ⑩장난 전화. **장난하다.**

*__장난감__ [장난깜] 아이들이 가지고 놀 수 있도록 만든 여러 가지 물건. ⑩장난감 로봇. 凹완구. ⊃toy

장난감 교향곡 (一交響曲) 하이든이 1788년에 작곡한 교향곡. 장난감 악기가 많이 사용된 데서 붙은 이름임.

장난기 (一氣) [장난끼] 장난하려는 마음. 예장난기가 발동하다.

장난꾸러기 장난이 심한 아이. 또는 그런 사람.

장난꾼 장난이 심한 사람.

장난삼다 [장난삼따] 목적이나 의도 따위가 없이 심심풀이로 실없게 행동하다. 예장난삼아 말하다. [참고] 주로 '장난삼아', '장난삼아서'의 꼴로 쓰임.

장난스럽다 [장난스럽따] 장난하는 듯한 태도가 있다. 예장난스러운 표정을 짓다 / 장난스럽게 굴다. [활용] 장난스러워 / 장난스러우니.

장난질 장난으로 하는 짓. 예장난질이 심하다. **장난질하다**.

장난치다 장난을 심하게 하다. 예친구와 장난치고 놀다.

장날 (場一) 장이 서는 날. 보통 3일이나 5일마다 섬.

장남 (長男) [장:남] ⇨맏아들.

장내 (場內) 어떤 장소의 안. 회의장의 안. 예장내가 소란하다. 반장외.

장녀 (長女) [장:녀] ⇨맏딸.

장년 (壯年) [장:년] 서른 살에서 마흔 살 정도의 나이로, 한창 기운이 넘치는 시기. 또는 그 나이의 사람. 예장년의 신사 / 장년에 접어들다.

장님 [장:님] '시각 장애인'을 낮잡아 이르는 말. 비맹인. 봉사. 소경.

장다리꽃 [장다리꼳] 무·배추 등의 꽃줄기에서 피는 꽃.

*****장단** 1 노래·춤 따위의 박자. 예장단을 맞추다. 2 남의 행동을 뒤에서 꼬드기는 짓. 예남의 장단에 놀아나다.

　장단(이) 맞다 ㉠가락이 잘 맞다. ㉡서로 잘 조화되고 짝이 맞다.

장단점 (長短點) [장단쩜] 좋은 점과 나쁜 점. 예장단점을 비교하다.

장담 (壯談) [장:담] 확신을 가지고 자신 있게 말함. 또는 그런 말. 예승리를 장담하다. **장담하다**.

장대 (長一) [장:대] 대나 나무를 다듬어 만든 긴 막대기.

장대비 (長一) [장때비] 장대처럼 굵고 거세게 좍좍 내리는 비. →[학습마당] 12(397쪽)

장대하다 (壯大一) [장:대하다] 허우대가 크고 튼튼하다. 예체격이 장대한 운동선수.

장도리 [장:도리] 못을 박거나 빼는 데 사용하는 연장.

장도리

장독 (醬一) [장:똑] 간장이나 된장 따위를 담아 두는 곳.

장독간 (醬一間) [장:똑깐] 장독 따위를 놓아 두는 곳.

장독대 (醬一臺) [장:똑때] 장독 따위를 놓아 두는, 땅바닥보다 약간 높은 곳.

장독대

장딴지 [장:딴지] 종아리 뒤쪽의 살이 불룩한 부분.

*****장래** (將來) [장내] 1 앞으로 닥쳐올 날. 예장래 희망. 비미래. 앞날. 반과거. 2 앞날에 대한 희망. 예장래가 밝다. 비전도.

장래성 (將來性) [장내썽] 앞으로 성공하거나 크게 될 수 있는 가능성. 예장래성이 있는 사람.

장려 (奬勵) [장:녀] 바람직하고 좋은 일을 해 나가도록 권하여 북돋는 줌. 예저축 장려. 비권장. **장려하다**.

장려상 (奬勵賞) [장:녀상] 1 어떤 일을 장려할 목적으로 주는 상. 예독서 장려상. 2 큰 상은 못 받지만 가능성 있는 참가자들에게 격려하는 뜻에서 주는 상. 예장려상을 받다 / 장려상을 타다.

장력 (張力) [장녁] 물체의 한 면을 경계로 하여 한쪽 부분이 다른 쪽 부분을 면에 수직으로 서로 끌어당기는 힘. 예표면 장력 / 장력을 시험하다.

장렬하다 (壯烈一) [장:녈하다] 의기가 씩씩하고 장하다. 예장렬하게 전사하다.

*****장례** (葬禮) [장:녜] 죽은 사람의 시체를 묻거나 화장하는 일을 하는 의식. 비장사. 장의.

장례식 (葬禮式) [장:녜식] 장사를 지내는 의식. 예장례식을 치르다.

장로 (長老) [장:노] 기독교에서, 교

회 운영에 대한 봉사와 지도를 맡아보는, 신도 가운데 최고 직분에 있는 사람. ⑩ 교회 장로.

장로교 (長老敎) [장:노교] 교회의 운영을 장로들의 합의제로 하는 개신교의 한 파.

장롱 (欌籠) [장:농] 옷·침구·패물 따위를 넣어 두는 가구. 歪농. 장.

***장마** 여름철 비가 계속해서 많이 오는 현상. 또는 그 비. 팬가뭄.

장마(가) 지다 여러 날 계속해 비가 오다.

장마철 장마가 지는 계절. 우리나라에서는 6월 말부터 8월 초임.

장막 (帳幕) 사람이 볕이나 비를 피할 수 있도록 한데에 둘러치는 막. 예 장막을 치다. 町천막.

장만 필요한 것을 만들거나 갖춤. 예 살림을 장만하다. 町마련. 준비. 장만하다.

장맛 (醬一) [장:맛] 간장, 된장, 고추장 등의 맛.

장맛비 [장마삐 / 장맏삐] 장마철에 내리는 많은 비.

***장면** (場面) 1 어떤 사건이 벌어지고 있는 곳의 광경. 예 극적인 장면. 2 연극이나 영화 등의 한 정경. 예 영화의 한 장면 같다.

***장모** (丈母) [장:모] 아내의 어머니. 팬장인.

장물 (贓物) 범죄 행위로 옳지 못하게 얻은 남의 물건.

***장미** (薔薇) 장미과의 낙엽 관목. 높이 2-3m, 가시가 많으며, 5-6월에 꽃이 핌. 개량 품종이 많으며 빛깔도 다양함. ⊃rose

장미꽃 (薔薇一) [장미꼳] 장미의 꽃. 町장미화.

장밋빛 (薔薇一) [장미삗 / 장믿삗] 1 장미꽃 빛깔과 같이 짙은 붉은색. 町장미색. 2 건강, 행복, 앞날의 광명 등의 상징으로 쓰는 말. 예 장밋빛 인생.

장바구니 (場一) [장빠구니] '시장바구니'의 준말.

장발 (長髮) 길게 기른 머리털.

장 발장 (Jean Valjean) 프랑스 작가 빅토르 위고의 소설인 '레 미제라블'의 주인공.

장백산맥 (長白山脈) [장백싼맥] 만주 남동부, 압록강 북쪽에 뻗어 있는 산맥. 중국과 경계를 이루며, 우리나라의 최고봉인 백두산이 솟아 있음. 압록강·두만강·쑹화강 등이 발원함.

장벽 (障壁) 1 통행할 수 없도록 막은 벽. 예 베를린 장벽. 2 무엇을 하는 데 방해가 되는 것. 예 우리 사이에는 어떤 장벽도 없다.

장병 (將兵) [장:병] 장교와 사병. 모든 군인. 예 국군 장병에게 위문편지를 보내다. 町장졸.

장보고 (張保皐) 〖인명〗 통일 신라 흥덕왕 때의 장수. 청해진 대사가 되어 황해와 남해의 해상권을 잡았으며, 신라와 당나라의 무역을 활발하게 하였음. [?-846]

장보기 (場一) 시장에 가서 물건을 사 오는 일.

장본인 (張本人) [장보닌] 어떤 일을 꾀하여 일으킨 바로 그 사람. 예 사건의 장본인.

장부¹ (帳簿) 돈이나 물건이 들어오고 나감을 적어 두는 책. 예 장부에 기입하다.

장부² (丈夫) [장:부] 1 사내답고 씩씩한 남자. 장성한 남자. 2 '대장부'의 준말.

장비 (裝備) 어떤 일을 하기 위해서 지니거나 갖추어야 하는 물건. 예 등산 장비 / 촬영 장비.

***장사**¹ 이익을 얻기 위하여 물건을 파는 일. 예 옷 장사 / 장사 밑천을 대 주다. 町상업. 장사하다.

주의 **장사**와 **장수**
장사 물건을 파는 일. 예 옷 장사(옷을 파는 일) / 학용품 장사(학용품을 파는 일).
장수 물건을 파는 사람. 예 옷 장수(옷을 파는 사람) / 학용품 장수(학용품을 파는 사람). 즉, 문방구점 주인).

장사² (葬事) [장:사] 죽은 사람을 땅에 묻거나 화장하는 일. 예 장사를 지내다. 町장례. 장사하다.

장사³ (壯士) [장:사] 힘이 매우 센 사람. 예 힘이 장사다. 町역사.

장사꾼 장사하는 사람을 낮잡아 이르는 말. ⓔ장사꾼 기질 / 타고난 장사꾼. 凹장사치.

장사진(長蛇陣) 많은 사람이 줄을 지어 길게 늘어선 모양. ⓔ장사진을 치다 / 장사진을 이루다.

장사치 장사를 하는 사람을 낮추어 이르는 말. 凹장사꾼. ×장사아치.

장삼(長衫) 검은 베로 만든 승려의 웃옷. 길이가 길고 품과 소매가 넓음.

장삿길[장사낄/장삳낄] 장사하려고 나선 길. ⓔ장삿길로 나서다 / 장삿길에 들어서다.

장생(長生) 오래 삶. ⓔ사람은 누구나 장생을 꿈꾼다. **장생하다**.

장서(藏書) 책을 간직하여 둠. 또는 그 책. ⓔ개인 장서 / 서서를 대학에 기증하다.

장석(長石) 화성암의 주요 성분. 광택이 있는 흰빛·잿빛이 나며, 질그릇·사기그릇 제조나 비료·화약·유리·성냥 따위의 제조에 쓰임.

장성(長成) [장:성] 자라서 어른이 됨. ⓔ장성한 아들. **장성하다**.

*****장소**(場所) 무엇이 있거나 어떤 일이 벌어지는 곳이나 자리. ⓔ약속 장소 / 장소가 좁다. ➪place

장송곡(葬送曲) [장:송곡] 장례 때 연주하는 곡. ⓔ장송곡이 구슬프다.

*****장수**¹ 장사하는 사람. ⓔ생선 장수. 凹상인. →장사¹ 주의

장수²(長壽) 오래도록 삶. ⓔ대대로 장수하는 집안. **장수하다**.

*****장수**³(將帥) [장:수] 군사를 거느리는 우두머리. 凹장군.

장수왕(長壽王) 〖인명〗고구려 제20대 임금. 남하 정책에 뜻을 두고 도읍을 국내성에서 평양으로 옮김. 백제와 신라를 공략하여 영토를 크게 넓힘. [394-491; 재위 412-491]

장수풍뎅이(將帥-) [장:수풍뎅이] 장수풍뎅잇과의 곤충. 몸길이는 4-5cm이며 빛깔은 어두운 갈색임. 수컷의 머리에는 투구를 쓴 것같이 뿔 모양의 돌기가 있음.

장수풍뎅이

장수하늘소(將帥-) [장:수하늘쏘] 하늘솟과의 곤충. 몸길이는 7-9cm이며, 수컷은 큰 턱이 발달하였음. 우리나라 천연기념물.

장승 주로 통나무를 깎아서 마을 어귀나 길가에 세운 상. 보통 남녀 한 쌍을 세우는데, 위쪽에는 사람의 얼굴 모양을, 아래쪽에는 '천하대장군'·'지하여장군'이란 글씨를 쓰거나 새김. 마을을 지키는 신의 역할을 함.

장승

장승제(-祭) 민속에서, 음력 정월 보름날 마을의 수호신인 장승에게 지내던 제사.

장시(長詩) 여러 개의 시구로 이루어진 긴 시.

장시간(長時間) 오랜 시간. ⓔ장시간 기다리다. 凹단시간.

장식(裝飾) 1 보기 좋게 꾸미는 일. 또는 그 꾸밈새. ⓔ방을 꽃으로 장식하다. 凹치장. 2 그릇이나 가구, 옷 등에 쇠붙이·헝겊·뿔·돌 따위로 여러 모양을 만들어 다는 데 쓰는 물건. **장식하다**.

장식품(裝飾品) 장식에 쓰는 물품. 凹장식물.

장신(長身) 키가 큰 몸. ⓔ장신의 농구 선수. 凹단신.

장신구(裝身具) 몸치장을 하는 데 쓰는 물건. 비녀·목걸이·반지·귀고리 따위. ⓔ장신구를 달다.

장아찌 무·오이·마늘 따위를 간장 따위에 절였다가 양념을 하여 오래 두고 먹는 반찬.

장악(掌握) [장:악] 손안에 잡아 쥔다는 뜻으로, 무엇을 마음대로 할 수 있게 됨을 일컫는 말. ⓔ실권을 장악하다. **장악하다**.

장안(長安) '서울'을 수도라는 뜻으로 일컫는 말. ⓔ장안의 화제가 되다.

장애(障礙) 1 거치적거려 방해가 됨. ⓔ공부하는 데 장애가 되다. 2 신체 기관이 제 기능을 하지 못하거나 정신 능력에 결함이 있는 상태. ⓔ시각 장애 / 지체 장애. 3 통신에서 신호의 전송을 방해하는 잡음이나 혼신 등의 물

리적 현상. 예통신 장애 / 전산 장애.
***장애물**(障礙物) 장애가 되는 물건. 예장애물을 뛰어넘다.

장애물 달리기(障礙物-) 여러 개의 장애물을 뛰어넘어 달리는 육상 경기. 비허들 레이스.

장애아(障礙兒) 몸에 장애가 있어 생활을 하는 데 어려움이 있는 아이.

***장애인**(障礙人) 신체적·정신적으로 장애가 있어 일상생활이나 사회생활을 하는 데 불편이 있는 사람. 비장애자.

***장어**(長魚) '뱀장어'의 준말.

장엄(莊嚴) 규모가 크고 엄숙하며 위엄이 있음. 예장엄한 의식. 비웅장. 장엄하다.

장염(腸炎) [장ː념] 창자의 점막에 생기는 염증. 예급성 장염.

장영실(蔣英實) 〖인명〗조선 세종 때의 과학자. 간의·혼천의·측우기·해시계·물시계 따위를 만들었음. [?-?]

장옷 [장온] 예전에, 부녀자가 나들이할 때에 얼굴을 가리느라고 머리에서부터 길게 내려 쓰던 옷.

장외(場外) [장외 / 장웨] 어떤 곳의 바깥. 예장외 홈런을 치다. 반장내.

장원(壯元) [장ː원] 1 예전에, 과거 시험에서 첫째로 뽑힘. 또는 그런 사람. 2 글짓기 등에서 성적이 첫째임. 또는 그런 사람. 장원하다.

장옷

장유유서(長幼有序) [장ː유유서] 오륜의 하나. 어른과 어린이 사이에는 차례와 질서가 있어야 한다는 말.

장음(長音) 길게 나는 소리. 비긴소리. 반단음.

장음계(長音階) [장음계 / 장음게] 셋째와 넷째, 일곱째와 여덟째 사이의 음은 반음이고, 그 밖의 음은 온음으로 이루어진 음계. 반단음계.

장의사(葬儀社) [장ː의사 / 장ː이사] 장례에 필요한 물건을 팔거나 여러 가지 일을 맡아 하는 영업소.

-장이 직종·물건 이름 등에 붙어 그것을 만들거나 그 직종에 종사하는 기술자임을 나타내는 말. 예대장장이 / 미장이. *-쟁이.

주의 **-장이**와 **-쟁이**

-장이 기술자를 이르는 말이다.
  예양복장이 / 유기장이 / 미장이 / 땜장이 / 갓장이.
-쟁이 사람의 직업, 성질, 습관 또는 행동, 모양 등을 나타내는 말에 붙어 그러한 사람을 낮게 이르는 말이다.
  예직업-환쟁이, 사주쟁이
  성질-고집쟁이, 겁쟁이
  습관-심술쟁이, 거짓말쟁이
  행동이나 모양-빚쟁이, 멋쟁이

장인¹(匠人) 여러 가지 물건을 만드는 것을 직업으로 하는 사람. 비장색. 준장.

***장인**²(丈人) [장ː인] 아내의 아버지. 반장모.

장자(長子) [장ː자] 맏아들. 큰아들.

장작(長斫) 통나무를 길게 쪼개어 만든 땔나무. 예소나무 장작 / 장작을 패다.

장장(長長) 기나긴. 예장장 열 시간에 걸친 회의.

장점(長點) [장쩜] 좋은 점. 뛰어난 점. 예장점을 살리다. 반단점.

장정¹(壯丁) [장ː정] 1 젊고 기운이 좋은 남자. 2 군에 입대할 나이가 된 젊은 남자.

장정²(長程) 매우 먼 길. 예장정에 오르다.

장제스(蔣介石) 〖인명〗중국의 군인·정치가. 국민당 정부를 거느리고 중국 공산당과 싸웠으나, 1949년 공산군에 쫓겨 국민당 정부를 타이완으로 옮김. [1887-1975]

장조(長調) [장쪼] 장음계로 된 곡조. 반단조.

장조림(醬-) [장ː조림] 간장에 쇠고기를 넣고 조린 반찬.

장중하다(莊重-) 장엄하고 무게가 있다. 예장중한 음악.

장지¹(障-) 방에 칸을 막아 끼우는 문. 미닫이와 비슷하나 높이가 높고 문지방이 낮음. 예장지를 열다.

장지²(長指) 가운뎃손가락.

장지문(障-門) 전통 한국식 주택에서, 마루나 부엌 같은 데서 방으로 드나드는 작은 미닫이문.
장차 (將次) 앞으로. 미래에. ⓔ너는 장차 어떤 사람이 되고 싶니. ⓑ미래. 장래.
장착 (裝着) 기구·장비 따위를 붙이거나 착용함. ⓔ안전띠를 장착하다. 장착하다.
***장치** (裝置) 1 차려서 꾸밈. 꾸며 둠. ⓔ무대 장치. 2 기계 따위를 설치함. 또는 그 기계. ⓔ가스 안전 장치. 장치하다.
장쾌하다 (壯快—) [장:쾌하다] 움직임이나 소리 따위가 웅장하고 통쾌하다. 힘차고 장하다. ⓔ장쾌한 홈런.
장타 (長打) 야구에서, 이루타 이상의 안타. ⓔ장타를 날리다.
장터 (場—) 장이 서는 곳. ⓑ시장.
장티푸스 (腸typhus) 장티푸스균이 장에 침범하여 생기는 급성 전염병. 설사 따위의 증세가 나타남. 장질부사.
장판 (壯版) 1 장판지를 깔거나 바른 방바닥. 2 ⇨장판지.
장판지 (壯版紙) 방바닥에 깔거나 방바닥을 바르는 데에 쓰는 종이. ⓟ장판.
장편 소설 (長篇小說) 짜임이 복잡하고 다루는 세계가 넓으며 등장인물이 다양한 긴 소설. ⓑ단편 소설. ⓟ장편.
***장하다** (壯—) [장:하다] 하는 일이 매우 훌륭하여 칭찬할 만하다. ⓔ장한 어린이상을 받다. ⓑ훌륭하다.
장학 (奬學) [장:학] 공부나 학문에 힘쓰도록 북돋아 줌. ⓔ장학 재단 / 장학 기금을 마련하다.
장학관 (奬學官) [장:학꽌] 교육에 대한 지도·조사·감독 따위의 일을 맡아보는 교육 공무원.
장학금 (奬學金) [장:학끔] 성적은 우수하지만 가정 형편이 어려워 학업에 어려움을 겪는 학생에게 주는 학비 보조금.
장학생 (奬學生) [장:학쌩] 장학금을 받는 학생.
장해 (障害) 하고자 하는 일을 막아서 방해함. ⓑ장애. 장해하다.
장화 (長靴) 비나 눈이 올 때 또는 말을 탈 때 신는, 가죽이나 고무로 된 목이 긴 신. ⓑ단화. ⇨ boots

장화홍련전 (薔花紅蓮傳) [장화홍년전] [책] 조선 시대의 소설. 계모와의 갈등을 나타낸 작품. 지은이와 연대는 알 수 없음.
장황하다 (張皇—) 번거롭고 길다. ⓔ변명을 장황하게 늘어놓다.
잦다 [잗따] 거듭되는 어떤 일이 짧은 동안에 자주 있다. ⓔ횟수가 잦다 / 지각이 잦다. ⓑ드물다.
잦아들다 [자자들다] 1 괴었던 물이 차차 말라 없어지다. ⓔ물이 끓어 잦아들다. 2 거친 기운이 가라앉아 잠잠해져 가다. ⓔ바람이 잦아들다. 3 속으로 깊이 스며들거나 배어들다. ⓔ찬 기운이 뼛속까지 잦아들다. [활용] 잦아들어 / 잦아드니 / 잦아드는.
잦아지다 [자자지다] 어떤 일이나 행동 등이 자주 있게 되다. ⓔ만나는 횟수가 잦아지다.
재[1] 물건이 완전히 타고 난 뒤에 남은 가루. ⓔ종이를 태운 재.
재[2] 길이 나 있어 넘어 다닐 수 있는, 높은 산의 고개. ⓔ재를 넘다. ⓑ고개. 영.
재가 (再嫁) [재:가] 결혼했던 여자가 남편이 죽거나 이혼하여 다시 결혼함. ⓑ개가. 재가하다.
재간 (才幹) 일을 잘 처리하는 솜씨나 능력. ⓔ재간 있는 사람. ⓑ재능.
재갈 1 말을 부리기 위해 말의 입에 가로로 물리는 쇠로 만든 물건. 2 소리를 내지 못하도록, 또는 혀를 깨물지 못하도록 사람의 입에 물리는 물건. ⓔ재갈을 물리다.
재개 (再開) [재:개] 회의나 활동 따위를 한동안 쉬었다가 다시 시작함. ⓔ활동을 재개하다 / 협상을 재개하다. 재개하다.
재개발 (再開發) [재:개발] 이미 있는 것을 더 낫게 하기 위해 다시 개발함. ⓔ재개발 구역 / 재개발 사업. 재개발하다.
재건 (再建) [재:건] 허물어진 건물이나 조직 따위를 다시 일으켜 세움. ⓔ조직을 재건하다. 재건하다.
재고[1] (再考) [재:고] 어떤 일이나 문제 따위를 다시 생각함. ⓔ이 문제는 재고의 여지가 없다. 재고하다.

재고² (在庫) [재:고] '재고품'의 준말. 예재고 정리 / 재고 조사.

재고품 (在庫品) [재:고품] 아직 상점에 내놓지 않았거나, 팔고 남아서 창고에 쌓아 둔 상품. 예재고품을 싸게 팔다. 준재고.

재구성 (再構成) [재:구성] 새롭게 다시 짬. 예조직을 재구성하다. **재구성하다.**

재기 (再起) [재:기] 실패한 뒤에 능력이나 힘을 모아서 다시 일어남. 예재기에 성공하다. **재기하다.**

재깍 일을 시원스럽게 재빨리 해치우는 모양. 예재깍 대답하다. 큰제꺽.

재난 (災難) 뜻밖에 일어난 불행한 일. 예뜻밖의 재난을 당하다. 비재앙.

재능 (才能) 재주와 능력. 예재능을 발휘하다. 비재간.

*__재다¹__ [재:다] 1 길이·높이·깊이·크기·무게·온도 따위를 알아보다. 예키를 재다 / 무게를 재다. 2 여러모로 따져 보고 헤아리다. 예일의 앞뒤를 잘 재어 보다.

재다² [재:다] 총에 탄환이나 화약을 넣다. 예탄약을 재다.

재다³ [재:다] 1 동작이 날쌔고 재빠르다. 예걸음이 재다. 2 입을 가볍게 놀리다. 예입이 재다.

*__재다⁴__ [재:다] 잘난 체하며 으스대거나 뽐내다. 예일등했다고 너무 재지 마라.

재단¹ (財團) 어떤 사회적 목적을 위하여 법적으로 등록된 재산을 관리하는 단체. 예장학 재단.

재단² (裁斷) 옷감이나 목재 따위를 치수에 맞게 재거나 자르는 일. 마름질. 예양복을 재단하다. **재단하다.**

재단사 (裁斷師) 옷을 재단하는 일을 직업으로 하는 사람.

재담 (才談) 익살을 섞어 가며 재치 있게 하는 재미있는 이야기.

재떨이 [재떠리] 담뱃재를 떨어 놓는 그릇.

재래 (在來) [재:래] 예전부터 전하여 내려온 것. 예재래 농법 / 재래의 민간 요법.

재래식 (在來式) [재:래식] 예전부터 전하여 내려오는 방식. 예재래식 부엌.

반개량식.

재래종 (在來種) [재:래종] 어떤 지방에서 오랜 세월 동안 기르거나 재배되어 그 지방의 풍토에 적응한 종자. 예재래종 배추. 비토종. 반개량종.

재량 (裁量) 자기 생각대로 헤아려서 처리함. 예네 재량껏 해 보아라. **재량하다.**

재력 (財力) 재물의 힘. 또는 재산상의 능력. 예재력을 쌓다 / 재력이 좋다.

재론 (再論) [재:론] 이미 의논한 것을 다시 의논함. 예재론할 여지가 없다. **재론하다.**

재롱 (才弄) 어린아이의 귀여운 말과 행동. 예재롱을 떨다 / 재롱을 부리다.

*__재료__ (材料) 1 물건을 만드는 데 드는 원료. 예건축 재료 / 음식 재료. 비자재. 2 어떤 일을 하기 위한 거리. 예개구리를 연구 재료로 삼다.

재료비 (材料費) 물건의 재료를 구하는 데 드는 돈. 예재료비가 너무 많이 든다.

재목 (材木) 1 건축·기구 등을 만드는 데 재료로 쓰는 나무. 비목재. 2 어떤 일을 할 만한 능력이 있거나 어떤 직위에 합당한 사람. 예그는 큰일을 할 재목이다.

재무 (財務) 돈이나 재산에 관한 일. 예그는 재무에 밝다.

재물 (財物) 돈이나 그 밖의 온갖 값나가는 물건. 비재화.

재물대 (載物臺) [재물때] 현미경에서 관찰 재료를 얹어 놓는 받침대.

*__재미__ 1 아기자기하게 즐거운 기분이나 느낌. 예낚시질의 재미에 빠지다. 2 좋은 성과나 보람. 예재미가 괜찮은 장사. 3 안부를 묻는 인사말에서, 생활의 형편. 예요즘 재미가 어떤가. ⊃fun

재미(를) 붙이다 재미가 있어서 그 일을 되풀이하게 되다. 예수학 공부에 재미를 붙이다.

재미나다 즐겁고 유쾌한 기분이 들다. 예재미나는 놀이.

재미없다 [재미업따] 1 아기자기한 즐거움이 없다. 예재미없는 영화. 2 신상에 좋지 않거나 해롭다. 예너 그러면 재미없다. 반재미있다.

*__재미있다__ [재미읻따] 아기자기한 맛

이나 즐거움이 있다. ⓔ재미있는 이야기. ⓟ재미없다.

재발 (再發) [재:발] 병이나 사건이 다시 생김. ⓔ병이 재발하다. **재발하다.**

재방송 (再放送) [재:방송] 전에 방송한 프로그램을 다시 방송함. ⓔ드라마를 재방송하다. **재방송하다.**

*재배** (栽培) [재:배] 풀·나무·곡식·채소 등을 심어 가꿈. ⓔ꽃을 재배하다. **재배하다.**

재배치 (再配置) [재:배치] 사람이나 물건을 원래 있던 자리에서 옮겨 알맞은 자리에 다시 나누어 둠. ⓔ자리를 재배치하다. **재배치하다.**

재벌 (財閥) 주로 한 가족과 친척들로 구성된 자본가·기업가의 무리. ⓔ재벌 기업.

재봉 (裁縫) 옷감 따위를 치수에 맞게 잘라서 바느질함. **재봉하다.**

재봉틀 (裁縫—) 천이나 가죽 따위를 바느질하는 기계. ×자봉틀.

재봉틀

재분배 (再分配) [재:분배] 이미 분배한 것을 다시 분배함. ⓔ수익금을 공평하게 재분배하다. **재분배하다.**

재빠르다 행동 따위가 날쌔고 빠르다. ⓔ재빠른 동작 / 눈치가 재빠르다. [활용] 재빨라 / 재빠르니.

*재빨리** 재빠르게. ⓔ재빨리 숨다.

*재산** (財産) 개인이나 단체가 가지고 있는 재물. ⓔ재산을 늘리다 / 재산을 탕진하다. ⓟ재물.

재산권 (財産權) [재산권] 경제적 가치가 있는 재산에 관한 법적 권리.

재상 (宰相) [재:상] 예전에, 임금을 돕고 모든 관원을 지휘·감독하는 지위에 있던 이품 이상의 벼슬.

재색 (才色) 여자의 재주와 아름다운 용모. ⓔ재색을 두루 갖춘 신부.

재생 (再生) [재:생] 1 죽게 되었다가 다시 살아남. ⓔ재생의 희망. 2 잘못이나 죄를 뉘우치고 새로운 생활을 시작함. ⓔ재생의 길을 걷다. 3 낡거나 못 쓰게 된 물건을 다시 살려서 쓰게 만듦. 4 녹음·녹화한 음성·영상 등을 다시 들려주거나 보여 주는 일. **재생하다.**

재선 (再選) [재:선] 두 번째로 당선됨. ⓔ의장에 재선되다. **재선하다.**

재수¹ (再修) [재:수] 한 번 배웠던 과정을 다시 배움. **재수하다.**

재수² (財數) 재물이나 좋은 일이 생길 운수. ⓔ재수가 좋다.

재앙 (災殃) 폭풍우·지진·홍수 따위로 말미암은 불행한 사고. ⓔ재앙을 당하다 / 재앙을 입다. ⓟ재난.

재연 (再演) [재:연] 한 번 했던 일을 다시 되풀이함. ⓔ현장 재연 / 범행을 재연하다. **재연하다.**

재외 (在外) [재:외 / 재:웨] 외국에 있음. ⓔ재외 국민.

재외 동포 (在外同胞) 외국에 살고 있는 동포.

재우다¹ 잠을 자게 하다. ⓔ아기를 재우다.

재우다² 고기 등을 양념하여 그릇에 차곡차곡 담아 두다. ⓔ쇠고기를 양념에 재우다.

재원 (才媛) 재주가 뛰어난 젊은 여자. ⓔ교양과 학식을 갖춘 재원.

재위 (在位) [재:위] 왕의 자리에 있음. 또는 그 동안. ⓔ재위 10년. **재위하다.**

재일 (在日) [재:일] 일본에서 살고 있음. ⓔ재일 동포 / 재일 교포.

재임 (在任) [재:임] 직무에 있음. 또는 그 동안. ⓔ재임 기간.

재작년 (再昨年) [재:장년] 지난해의 바로 전 해. ⓟ그러께.

재잘거리다 1 낮고 빠른 목소리로 자꾸 지껄이다. ⓔ아이들이 재잘거리며 교문을 나서고 있다. 2 작은 새들이 서로 어울려 자꾸 지저귀다. ⓒ지절거리다.

재잘재잘 재잘거리는 소리. 또는 그 모양. **재잘재잘하다.**

재재거리다 수다스럽게 자꾸 재잘거리다. ⓔ학생들이 재재거리다.

재적 (在籍) [재:적] 1 호적·학적 따위에 올라 있음. ⓔ재적 학생 수. 2 단체 따위에 등록되어 있음. ⓔ국회 재적 의원.

재정 (財政) 1 개인이나 기업의 경제 상태. 2 국가 또는 공공 단체 따위가 돈을 관리하며 사용하는 일. ⓔ지방

재정의 확립.

***재주** 1 무엇을 잘할 수 있는 타고난 소질과 능력. 예그림에 재주가 있다. 2 어떤 일에 대처하는 방도나 꾀. 예재주를 부리다. 비재간. 재능.

재주껏 [재주껃] 있는 재주를 다하여. 예재주껏 해 보다.

재주꾼 재주가 많거나 뛰어난 사람.

재주넘다 [재주넘따] 몸을 날려서 머리와 다리를 거꾸로 하여 뛰어넘다.

재즈 (jazz) 20세기 초 미국에서 흑인의 음악을 기본으로 하여 발달한 경쾌한 리듬의 대중음악.

재직 (在職) [재:직] 어떤 직장에서 근무하고 있음. 예재직 증명서 / 공무원으로 재직 중이다. 재직하다.

재질¹ (才質) 재주와 기질. 예연예인의 재질이 있다.

재질² (材質) 재료나 목재의 성질. 예재질이 단단한 나무.

재차 (再次) [재:차] 두 번째. 또다시. 예재차 묻다.

재창 (再唱) [재:창] 다시 노래를 부름. 예한 곡 더 재창하다. 재창하다.

재창조 (再創造) [재:창조] 이미 있는 것을 새롭게 다시 만들어 냄. 예전통 춤을 현대적으로 재창조한 창작 무용을 무대에 올리다. 재창조하다.

***재채기** 코안의 점막이 자극을 받아 간질간질하다가 갑자기 코로 숨을 터뜨리면서 큰 소리를 내는 일. 재채기하다.

재청 (再請) [재:청] 1 회의에서, 남의 동의에 찬성한다는 뜻을 알림. 2 공연 따위에서, 출연자에게 한 번 더 출연해 달라고 요청함.

***재촉** 1 빨리 하도록 독촉함. 예발음을 재촉하다. 2 받을 것을 어서 달라고 조름. 예빚을 갚으라고 재촉하다. 비독촉. 재촉하다.

재치 (才致) 눈치 빠르게 판단하고 행동하는 능력. 예까다로운 질문을 재치 있게 받아넘기다.

재킷 (jacket) 앞이 터지고 소매가 달린 짧은 상의. ×자켓.

재택근무 (在宅勤務) [재:택끈무] 출근하는 대신 인터넷 등의 통신 수단을 이용하여 집에서 업무를 보는 것.

***재판**¹ (裁判) 소송에 대하여 재판관이 법률에 따라 판결을 내리는 일. 민사·형사·행정 재판의 세 가지가 있음. 예재판을 받다. 재판하다.

재판² (再版) [재:판] 1 이미 낸 책을 다시 찍어 냄. 예재판된 것도 이미 다 팔렸다. 비중판. 반초판. 2 지난 일이 다시 되풀이되는 일. 재판하다.

재판관 (裁判官) 법원에서, 재판에 관한 사무를 담당하고 재판을 행하는 국가 공무원.

재판소 (裁判所) 1 각종 분쟁에 대한 재판을 내리는 기관. 예국제 사법 재판소 / 헌법 재판소. 2 ⇨법원.

재판장 (裁判長) 여러 명의 판사가 같이 하는 재판에서 우두머리가 되는 판사.

재평가 (再評價) [재:평까] 고쳐 다시 평가함. 예인물을 재평가하다. 재평가하다.

재학 (在學) [재:학] 학교에 다니고 있음. 예재학 증명서. 재학하다.

재학생 (在學生) [재:학쌩] 학교에 다니고 있는 학생. 예재학생 대표.

재해 (災害) 재앙으로 말미암은 피해. 예재해 복구.

재현 (再現) [재:현] 다시 나타남. 또는 다시 나타냄. 예사고 당시의 상황을 재현하다. 재현하다.

재혼 (再婚) [재:혼] 두 번째로 혼인함. 또는 그 혼인. 재혼하다.

재화 (財貨) ⇨재물.

재활 (再活) [재:활] 몸이나 정신의 장애를 이기고 다시 활동하는 일. 예재활 치료. 재활하다.

***재활용** (再活用) [재:화룡] 못 쓰게 된 물건을 용도를 바꾸거나 가공하여 다시 이용하는 일. 예폐지를 수거하여 재활용하다. 재활용하다.

재활용품 (再活用品) [재:화룡품] 재활용할 수 있는 버린 물건. 또는 재활용으로 만든 물건. 예재활용품을 분리 수거하다.

재활원 (再活院) [재:화뤈] 장애인이 장애를 이겨 내고 생활할 수 있게 도와주는 곳.

재회 (再會) [재:회/재:훼] 다시 만남. 예이산가족의 재회. 재회하다.

잭 (jack) 1 기중기의 한 가지. 무겁고 큰 것을 들어 올릴 때 씀. 2 전선 끝에 달려 전기 기기에 쉽게 연결하고 뗄 수 있게 한 장치.

잼 (jam) 과일에 설탕을 넣고 약한 불로 졸여 만든 식품. 예빵에 **잼**을 발라 먹다.

잽싸다 매우 재빠르고 날래다. 예잽싸게 달아나다.

잿더미 [재떠미 / 잳떠미] 1 재가 쌓인 더미. 2 불에 타서 못 쓰게 된 자리. 예온 도시가 **잿더미**로 변하다.

잿물 [잰물] 1 재에 물을 부어 우려낸 물. 예전에 주로 빨래할 때 썼음. 본양잿물. 2 ⇨유약.

잿빛 [재삗 / 잳삗] 재와 같은 빛깔. 예**잿빛** 하늘. 비회색.

***쟁기** 소가 끌게 하여 논밭을 가는 데 쓰는 농기구.

쟁반 (錚盤) 사기·나무·플라스틱 따위로 만든, 깊이가 얕고 둥글납작한 그릇. 예과일 **쟁반**.

-쟁이 성질·습관 또는 행동·모양 등과 어떤 직업을 나타내는 말에 붙어 그런 사람을 낮추어 이르는 말. 예멋쟁이 / 심술쟁이. →-장이 주의

쟁이다 물건을 여러 개 차곡차곡 포개어 쌓다. 예옷을 장 속에 **쟁여** 넣다. 준재다.

쟁쟁거리다 (錚錚—) 전에 들었던 소리가 귀에 울리는 느낌이 자주 나다. 예노랫소리가 귓가에 **쟁쟁거린다**.

쟁쟁하다[1] (錚錚—) 전에 들었던 소리가 잊혀지지 않고 귀에 울리는 듯하다. 예선생님의 말씀이 아직도 귀에 **쟁쟁하다**.

쟁쟁하다[2] (錚錚—) 여럿 가운데서 매우 뛰어나다. 예**쟁쟁한** 인사들이 한자리에 모이다.

쟁취 (爭取) 다투어 싸워서 얻음. 예승리를 **쟁취**하다. **쟁취하다**.

쟁탈 (爭奪) 서로 다투어서 빼앗음. 예선수권을 **쟁탈**하다. **쟁탈하다**.

쟁탈전 (爭奪戰) 서로 다투어 빼앗는 싸움. 예헤비급 선수권 **쟁탈전**.

쟤 '저 아이'의 준말. 예**쟤**가 누구니. →제 주의

***저**[1] 말하는 사람이 윗사람 등을 상대하여 자신을 낮추어 가리키는 말. 예**저**는 모릅니다.

저[2] 멀리 떨어져 있는 사람이나 사물을 가리키는 말. 예**저** 사람 / **저** 건물.

저[3] 입에 가로로 대고 부는 관악기를 통틀어 일컫는 말.

저[4] [저:] 1 미처 생각이 잘 나지 않을 때 내는 소리. 예**저**, 누구시더라. 2 말을 꺼내기가 거북하거나 어색할 때 머뭇거리면서 내는 소리. 예**저**, 지금 뭐라고 말씀하셨죠.

저가 (低價) [저:까] 싼 가격. 싼값. 예**저가** 상품 / 제품을 **저가**로 판매하다. 반고가.

저거 '저것'을 구어적으로 이르는 말. 예**저거** 좀 주세요.

***저것** [저걷] 1 멀리 있는 사물을 가리키는 말. 예**저것**이 새로 나온 차다. 2 '저 사람'을 얕잡아 이르는 말. 예**저것**이 정신 나간 모양이군. 3 '저 아이'를 귀엽게 이르는 말. 예**저것**이 벌써 학교에 들어간답니다. ⇨that

저격 (狙擊) [저:격] 특정 목표를 총으로 겨누어 쏨. 예**저격**을 가하다 / 저격을 받아 쓰러지다. **저격하다**.

***저고리** 1 한복의 윗옷. 길·소매·섶·깃·동정·고름 따위가 갖추어져 있음. 2 양복의 윗도리. 비재킷. 양복저고리.

저고리1

저곳 [저곧] 말하는 사람이나 듣는 사람으로부터 멀리 떨어져 있는 장소를 가리키는 말. 예**저곳**으로 가면 시간이 더 걸린다. *이곳. 그곳.

저금 (貯金) [저:금] 은행·우체국 따위에 돈을 맡김. 또는 그 돈. 예**저금**을 찾다. 비저축. **저금하다**.

저금통 (貯金筒) [저:금통] 돈을 모아 둘 수 있게 만든 통.

***저기** 말하는 사람이나 듣는 사람으로부터 멀리 떨어져 있는 곳을 가리키는 말. 예**저기**가 우리 집이다. 비저곳. 작조기. *거기. 여기.

저기압 (低氣壓) [저:기압] 1 주위의 기압에 비하여 낮은 기압. 반고기압. 2 사람의 기분이 언짢은 상태.

*저녁 1 해가 지고 밤이 되기까지의 동안. 예저녁에는 제법 쌀쌀하다. 2 저녁에 끼니로 먹는 밥. 예저녁을 먹다. 비저녁밥. 반아침. ⊃evening

저녁나절 [저녁나절] 저녁 무렵의 한 동안.

저녁놀 [저녕놀] 해가 질 때의 하늘이 붉어 보이는 기운. 반아침놀. 본저녁노을.

*저녁때 1 해가 질 무렵. 예동생은 아침에 나가더니 저녁때에야 돌아왔다. 2 저녁밥을 먹을 때. 예벌써 저녁때가 되었네.

저녁밥 [저녁빱] 저녁에 끼니로 먹는 밥. 비저녁.

저녁상 (一床) [저녁쌍] 저녁밥을 차려 놓은 밥상. 예저녁상을 차리다.

저놈 1 말하는 사람이나 듣는 사람으로부터 떨어져 있는 남자를 속되게 이르는 말. 예저놈 잡아라. 2 '저 아이'를 속되게 이르는 말. 예저놈 참 잘생겼다. 3 '저것'을 속되게 이르는 말. 예수박 저놈으로 주세요.

저능아 (低能兒) [저:능아] 지능이 보통 수준보다 낮은 아이를 낮잡아 이르는 말.

저러하다 상태·모양·성질 따위가 저와 같다. 예저러한 모양으로 만들어라. 준저렇다.

*저런 1 저와 같은. 예저런 사람은 가까이 하지 마라. 2 뜻밖에 놀라운 일이 있을 때 부르짖는 소리. 예저런, 거참 큰일 낳군. 작조런.

*저렇다 [저러타] '저러하다'의 준말. 예모두 저러니 할 말이 없다. 작조렇다. [활용] 저러니 / 저래서.

저력 (底力) [저:력] 속에 간직하고 있는 끈기 있는 힘. 숨은 힘. 예민족의 저력을 과시하다.

저렴하다 (低廉—) [저:렴하다] 물건 따위의 값이 싸다. 예저렴한 가격.

*저리 1 저러하게. 저와 같이. 예이리 할까 저리 할까 망설이다. 2 저쪽으로. 예저리 가시오. 작조리.

저리다 살이나 뼈마디가 오래 눌려서 피가 잘 돌지 못하여 힘이 없고 감각이 둔하다. 예오랫동안 무릎을 꿇고 있었더니 다리가 저리다.

주의 **저리다와 절이다**
저리다 살이나 뼈마디가 힘이 없고 감각이 둔하다. 예발이 저리다 / 손이 저리다.
절이다 소금 따위를 뿌려서 절게 하다. 예배추를 소금에 절이다 / 생선을 절이다.

*저마다 사람마다. 각자. 예저마다 한 마디씩 하다.

저만큼 1 저만한 정도로. 예저만큼 해내기도 쉽지 않다. 2 저쯤 떨어진 곳으로. 예저만큼 앞서서 걸어가다. 작조만큼.

저만하다 1 크기나 정도가 같거나 거의 비슷하다. 예저만한 크기의 나무. 2 별로 대단하지 않다. 예상처가 저만하니 정말 다행이네요. 작조만하다.

저명 (著名) [저:명] 세상에 이름이 널리 알려짐. 예저명한 학자. 비유명. 저명하다.

저물녘 [저물력] 해가 저무는 저녁 무렵. 예저물녘에야 집에 닿았다.

저물다 1 해가 져서 어두워지다. 예날이 저물다. 2 계절이나 한 해가 다 지나가다. 예한 해가 저물다. [활용] 저물어 / 저무니 / 저무는.

저미다 여러 조각으로 얇게 베어 내다. 예고기를 저미다.

저버리다 1 약속 따위를 어기다. 예약속을 저버리다. 2 은혜 따위를 모른 체하다. 예신의를 저버리다.

저벅거리다 [저벅꺼리다] 발을 묵직하고 느리게 내디디며 계속 걷다.

저번 (一番) [저:번] 요전의 그때. 예저번에 만났던 사람. 비지난번.

저변 (底邊) [저:변] 한 분야의 밑바탕을 이루는 부분. 예사회의 저변.

저분 '저 사람'을 아주 높여 이르는 말. 예저분이 우리 선생님이시다. *그분. 이분.

저서 (著書) [저:서] 책을 지음. 또는 그 책. 예많은 저서를 남기다.

저소득 (低所得) [저:소득] 소득이 낮음. 또는 낮은 소득. 예저소득 계층. 반고소득.

저속 (低速) [저:속] 느린 속도. 예저속 운전. 반고속.

저속하다 (低俗-) [저:소카다] 품위가 낮고 속되다. 예 저속한 소설.

*__저수지__ (貯水池) [저:수지] 상수도·수력 발전 또는 논밭에 물을 대기 위하여 강물이나 골짜기의 물을 모아 두는 큰 못.

저술 (著述) [저:술] 글을 지어 책을 만듦. 또는 그 책. 비 저작. **저술하다**.

저승 사람이 죽은 뒤 그 혼령이 산다고 하는 세상. 예 저승으로 가다. 비 황천. 반 이승.

저온 (低溫) [저:온] 낮은 온도. 예 저온 살균 / 저온 처리. 반 고온.

*__저울__ 물건의 무게를 다는 기구.

저울질 1 저울로 물건의 무게를 다는 일. 2 속마음을 알아보거나 서로 비교하여 이리저리 헤아려 봄. 예 양쪽을 저울질하다 / 사람을 저울질하다. **저울질하다**.

저음 (低音) [저:음] 낮은 소리. 예 저음 가수. 반 고음.

저의 (底意) [저:의 / 저:이] 속에 품은 생각. 예 저의를 모르겠다. 비 속뜻. 속마음.

저자 (著者) [저:자] 책을 지은 사람. 비 지은이.

저작 (著作) [저:작] 책을 지음. 예 오로지 저작에만 힘쓰다. **저작하다**.

저작권 (著作權) [저:작꿘] 저작자가 자기 저작물의 복제·번역·방송·상연 따위를 독점하는 권리.

*__저장__ (貯藏) [저:장] 1 물건을 모아서 간수함. 예 식품을 저장하다. 2 컴퓨터에서, 생성된 데이터를 기억 장치에 보존하는 일. 예 파일을 하드에 저장하다. **저장하다**.

저장고 (貯藏庫) [저:장고] 물건이나 재화를 보관해 두는 창고.

저장뿌리 (貯藏-) [저:장뿌리] 양분을 저장하여 두는 식물의 뿌리. 무·고구마·당근 따위.

*__저절로__ 다른 힘을 빌리지 않고 제 스스로. 예 웃음이 저절로 나오다 / 촛불이 저절로 꺼지다. 준 절로.

저조 (低調) [저:조] 능률이나 성적이 낮음. 예 기록이 저조하다. **저조하다**.

저주 (詛呪) [저:주] 남에게 재앙이나 불행이 닥치기를 빌고 바람. 반 축복. 저주하다. 저주스럽다.

저지¹ (沮止) 막아서 못하게 함. 예 시위를 저지하다. **저지하다**.

저지² (低地) [저:지] 지대가 낮은 땅. 반 고지.

*__저지르다__ 잘못하여 그르치다. 탈을 내다. 예 큰 잘못을 저지르다. 활용 저질러 / 저지르니.

저질 (低質) [저:질] 질이 낮고 좋지 않음. 예 저질 만화.

저촉 (抵觸) [저:촉] 법률·규칙 따위에 어긋나거나 거슬림. 예 법에 저촉되는 행동은 삼가라. **저촉하다**.

*__저축__ (貯蓄) [저:축] 절약하여 모아 둠. 예 저축 생활 / 저축을 장려하다. 비 저금. 반 낭비. **저축하다**.

저택 (邸宅) [저:택] 규모가 큰 집. 예 그는 으리으리한 저택에 산다.

저토록 저만큼이나. 저렇게까지. 예 저토록 착한 사람은 처음이다.

저편 (-便) 1 저쪽. 예 저편에 있는 집. 2 저쪽의 사람들. 예 저편에서 먼저 싸움을 걸어왔다. 반 이편.

저하 (低下) [저:하] 기운·수준·능률·물가 따위가 떨어져 낮아짐. 예 사기 저하 / 체력 저하. 반 향상. **저하하다**.

저학년 (低學年) [저:항년] 낮은 학년. 초등학교에서는 1, 2, 3학년을 가리킴. 반 고학년.

*__저항__ (抵抗) [저:항] 1 맞서서 버티어 겨룸. 예 강압적인 식민 통치에 저항하다. 비 대항. 2 힘이 작용하는 방향과 반대의 방향으로 작용하는 힘. 예 공기의 저항. **저항하다**.

저항력 (抵抗力) [저:항녁] 1 외부의 힘에 반항하는 힘. 2 질병이나 병원균을 견뎌 내는 힘. 예 저항력이 강하다.

저해 (沮害) 막아서 못 하게 해침. 예 저해 요인 / 발전을 저해하다. **저해하다**.

저혈압 (低血壓) [저:혀랍] 혈압이 정상보다 낮은 상태. 성인의 최고 혈압이 90mmHg 이하인 혈압. 반 고혈압.

*__저희__ [저히] 1 '우리¹'의 낮춤말. 예 저희들이 하겠습니다. 2 저 사람들. 예 저희끼리 하라고 하라.

*__적__¹ (敵) 전쟁이나 운동 경기에서 서로 맞서 싸우는 상대. 예 적을 무찌르

다 / 적에게 쫓기다. ⊃enemy

적² (炙) 양념을 하고 대꼬챙이에 꿰어서 불에 구운 생선이나 고기.

***적³** 때를 나타내는 말. 예어릴 적에 놀던 곳 / 개구리 올챙이 적 생각을 못한다.

적개심 (敵愾心) [적깨심] 적을 미워하고 분하게 여기는 마음. 예적개심에 불타다 / 적개심을 품다.

적국 (敵國) [적꾹] 적대 관계에 있는 나라.

적군 (敵軍) [적꾼] 적의 군대나 군사. 비적병. 반아군. 우군.

적극 (積極) [적끅] 어떤 일에 긍정적이고 능동적으로 활동함. 예상대 팀을 적극 방어하다. 반소극.

적극적 (積極的) [적끅쩍] 사물에 대한 태도가 긍정적이고 능동적인 (것). 예적극적인 행동. 반소극적.

적금 (積金) [적끔] 은행에 일정한 기간마다 일정한 금액을 적립하는 저금. 예적금을 들다 / 적금을 붓다 / 적금을 타다. **적금하다**.

적기¹ (適期) [적끼] 알맞은 시기. 예적기에 씨를 뿌리다.

적기² (敵機) [적끼] 적의 비행기.

적나라하다 (赤裸裸—) [정나라하다] 숨김없이 있는 그대로 다 드러내다. 예적나라하게 폭로하다.

*** 적다¹** [적따] 글로 쓰다. 예선생님의 말씀을 적다.

*** 적다²** [적:따] 많지 않다. 분량이나 수효가 어느 기준에 미치지 못하다. 예수입이 적다 / 경험이 적다. 반많다. →작다 주의

적당량 (適當量) [적땅냥] 정도에 알맞은 분량. 예적당량의 수분을 섭취하다 / 커피를 적당량 마시다.

*** 적당하다** (適當—) [적땅하다] 1 정도에 알맞다. 예적당한 운동은 건강에 좋다. 2 엇비슷하게 요령이 있다. 예적당한 말이 떠오르다.

적당히 (適當—) [적땅히] 적당하게. 예소금을 적당히 넣어 간을 맞추다.

적대 (敵對) [적때] 적으로 대함. 예적대 행위. 반우호. **적대하다**.

적도 (赤道) [적또] 위도의 기준이 되는 선. 남북 양극으로부터 90°의 거리에 있음. 예적도 지방.

적립 (積立) [정닙] 돈 따위를 모아서 쌓아 둠. **적립하다**.

적립금 (積立金) [정닙끔] 적립해 두는 돈.

적막 (寂寞) [정막] 고요하고 쓸쓸함. 예적막한 밤. 비정적. **적막하다**.

적발 (摘發) [적빨] 숨겨진 것을 들추어 냄. 예시험 시간에 부정행위를 하다가 적발되었다. **적발하다**.

적법 (適法) [적뻡] 법의 규정에 맞음. 예적법한 절차를 거치다. 반불법. 위법. **적법하다**.

적병 (敵兵) [적뼝] 적의 병사. 예적병을 포로로 잡다. 비적군.

적삼 [적쌈] 윗도리에 입는 홑옷. 모양은 저고리와 같음.

적색 (赤色) [적쌕] 붉은 빛깔.

적선¹ (敵船) [적썬] 적이나 적국의 배. 비함선.

적선² (積善) [적썬] 착한 일을 많이 함. 예적선을 베풀다. **적선하다**.

적설 (積雪) [적썰] 쌓여 있는 눈. 예적설량.

적성 (適性) [적썽] 어떤 일에 알맞은 성질이나 능력. 예적성에 맞는 일 / 적성을 살리다.

적성 검사 (適性檢査) 어떤 분야나 활동에 대한 개인의 적성을 알아보기 위한 검사.

적수 (敵手) [적쑤] 재주나 힘이 서로 비슷한 상대. 예적수가 될 만하다.

적시 (適時) [적씨] 알맞은 때. 예적시에 안타를 치다.

적시다 [적씨다] 액체를 묻혀서 젖게 하다. 예옷을 적시다 / 물에 적신 수건.

적신호 (赤信號) [적씬호] 1 교통 신호에서 '멈춤'을 알리는 신호. 2 위험한 상태임을 알리는 낌새. 예건강에 대한 적신호. 반청신호.

적십자 (赤十字) [적씹짜] 1 흰 바탕에 붉은색으로 그린 십자 모양. 적십자사의 상징임. 2 '적십자사'의 준말.

적십자1

적십자사 (赤十字社) [적씹짜사] 전쟁 때에는 다친 사람을 돌보고, 보통 때에는 병들고 가난한 사람들을 돕기

적어도 [저:기도] 1 아무리 적게 잡아도. ⑩적어도 열흘은 걸리겠다. 2 마음에 부족하나마 그런대로. ⑩적어도 만 원은 있어야지. 3 아무리 낮게 평가해도. ⑩나는 적어도 너처럼 거짓말은 하지 않는다.

적외선 (赤外線) [저괴선/저궤선] 눈에 보이는 광선의 한계인 붉은빛 바깥쪽에 나타나며, 눈에는 보이지 않지만 열작용과 투과력이 강한 광선. ⑩적외선 요법 / 적외선 필름.

적요 (摘要) [저교] 요점을 뽑아 적음. 또는 그 기록. ⑩강의의 내용을 적요하다. **적요하다**.

적용 (適用) [저굥] 무엇을 어디에 맞추어 씀. ⑩학교에서 배운 지식을 실생활에 적용하다. **적용하다**.

적응 (適應) [저긍] 1 어떤 환경이나 조건에 잘 맞추어 어울림. ⑩새로운 환경에 적응하다. 2 생물의 생김새나 기능이 주위의 사정에 알맞게 변화하는 일. **적응하다**.

적응력 (適應力) [저긍녁] 적응하는 힘. ⑩적응력이 뛰어나다.

적의 (敵意) [저괴/저기] 적으로 여겨 미워하고 해치려는 마음. ⑩적의를 품다.

적이 [저:기] 약간. 다소. ⑩그 소식에 적이 놀랐다.

적임자 (適任者) [저김자] 어떤 일을 맡기기에 알맞은 사람. ⑩이 일에는 그가 적임자다.

적자 (赤字) [적짜] 수입보다 지출이 많은 상태. 또는 그렇게 해서 생기는 손해. ⑩가게에 적자를 내다. 凹흑자.

적잖다 [적:잔타] 적은 수나 양이 아니다. ⑩적잖은 사람들이 음악회에 모였다. 본적지 아니하다.

적잖이 [적:짜니] 적잖게. ⑩사고 소식에 적잖이 놀랐다.

적장 (敵將) [적짱] 적군의 장수. ⑩적장을 쓰러뜨리다.

적재적소 (適材適所) [적째적쏘] 마땅한 사람을 알맞은 자리에 씀. ⑩인재를 적재적소에 배치하다.

적적하다 (寂寂—) [적쩌카다] 외롭고 쓸쓸하다. ⑩노인 둘만 살자니 적적하기 그지없다. 비한적하다.

적절성 (適切性) [적쩔썽] 꼭 알맞은 성질. ⑩표현의 적절성을 평가하다.

*__적절하다__ (適切—) [적쩔하다] 꼭 알맞다. ⑩적절한 예를 들어 설명하다. 비적당하다.

적절히 (適切—) [적쩔히] 적절하게. ⑩적절히 대처하다.

적정 (適正) [적쩡] 알맞고 바름. ⑩적정 가격 / 적정 수준.

적조 (赤潮) [적쪼] 플랑크톤이 너무 많이 번식되어 바닷물이 붉게 물들어 보이는 현상.

적중 (的中) [적쭝] 1 화살 따위가 목표물에 맞음. ⑩화살이 과녁에 적중하다. 2 예상이나 예감 따위가 정확히 들어맞음. ⑩이번에도 나의 예상이 적중했다. **적중하다**.

적지 (敵地) [적찌] 적이 차지하고 있는 곳. ⑩적지에 몰래 침입하다.

적진 (敵陣) [적찐] 적의 군대가 진치고 있는 곳. ⑩적진을 향해 포탄을 퍼붓다.

적합하다 (適合—) [저카파다] 알맞게 들어맞다. ⑩어린이에게 적합한 놀이 / 벼농사에 적합한 기후.

적혈구 (赤血球) [저켤구] 피를 이루는 중요한 성분. 붉은빛을 띠며 몸의 각 부분으로 산소를 나르는 헤모글로빈을 지님. *백혈구.

*__전__[1] (前) 1 앞. 그전. ⑩늙기 전에 전에는 그도 성실했다. 비이전. 凹나중. 후. 2 자격·지위 따위를 나타내는 말 앞에 쓰여 과거의 경력을 나타내는 말. ⑩전 대통령.

전[2] (煎) [전:] 재료를 얇게 썰어 밀가루나 달걀 따위를 묻혀 기름에 지진 음식을 통틀어 이르는 말. ⑩전을 부치다.

전[3] (순) '전체'·'모든'의 뜻. ⑩전 세계 / 전 대원 앞으로 / 삼국사기는 전 50권으로 되어 있다.

전가 (轉嫁) [전:가] 죄나 책임 따위를 남에게 떠넘김. ⑩책임을 전가하다. **전가하다**.

전갈[1] (傳喝) 사람을 시켜서 남의 말을 전하거나 안부를 물음. ⑩전갈을 보내다. **전갈하다**.

전갈[2] (全蠍) 전갈과의 절지동물. 전갈 지대에 삶. 등은 푸른빛을 띤 갈색이고 꼬리 끝에 갈고리 모양의 독침이 있음.

전갈[2]

전갈자리 (全蠍-) 7월 말경의 밤 하늘에 보이는 별자리.

전개 (展開) [전:개] 1 눈앞에 벌어짐. 예아름다운 경치가 눈앞에 전개되다. 2 소설·영화 따위의 이야기가 펼쳐짐. 예이야기가 흥미진진하게 전개되다. **전개하다**.

전개도 (展開圖) [전:개도] 입체 도형을 펼친 모양을 그린 그림.

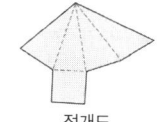
전개도

전격 (電擊) [전:격] 번개처럼 갑작스럽게 들이침. 예전격 작전.

전경 (全景) 한눈에 바라보이는 전체의 경치. 예서울의 전경이 한눈에 들어오다.

전골 [전:골] 고기·해물·버섯·채소 따위를 섞어서 국물을 조금 부어 끓인 음식. 예버섯 전골.

전공 (專攻) 어느 분야를 전문적으로 연구함. 예수학 전공. **전공하다**.

전과[1] (全科) [전꽈] 초등학교의 학년별 전 과목에 걸친 학습 참고서.

전과[2] (戰果) [전:꽈] 전쟁이나 시합에서 올린 성과. 예전과를 세우다 / 눈부신 전과를 올리다.

전과[3] (前科) [전꽈] 이전에 형벌을 받은 사실. 예전과 3범.

전광판 (電光板) [전:광판] 전구를 촘촘히 배열하고 그것을 켰다 껐다 하여 문자·그림 따위가 나타나게 만든 게시판. 본전광게시판.

***전교** (全校) 한 학교의 전체. 예전교 학생 회장.

전교생 (全校生) 한 학교의 모든 학생. 예전교생이 운동장에 모여 줄을 맞춰 섰다.

***전구** (電球) [전:구] 전기가 흐르면 밝은 빛을 내는 기구. 예전구를 갈다 / 전구를 켜다.

***전국** (全國) 한 나라 전체. 온 나라.예전국 체육 대회 / 전국 각지에서 모여들다.

전국적 (全國的) [전국쩍] 온 나라에 관계되는 (것). 예전염병이 전국적으로 퍼지다.

전국 체전 (全國體典) 해마다 각시·도 및 해외 교포 선수단이 참가하여 열리는 전국적인 규모의 체육 대회. 비전국 체육 대회.

전근 (轉勤) [전:근] 근무하는 곳을 옮김. 예전근을 가다 / 지방으로 전근되다. 비전출. **전근하다**.

***전기**[1] (傳記) 어떤 사람이 태어나서 죽기까지의 일을 이야기식으로 적은 글. 예강감찬 장군의 전기를 읽고 감명을 받다. 비일대기.

***전기**[2] (電氣) [전:기] 빛과 열을 내며 기계를 움직이는 에너지.

전기[3] (前期) 한 기간을 몇 개로 나눈 첫 시기. 예프로 야구 전기 리그. 반후기.

전기밥솥 (電氣-) [전:기밥쏟] 전기를 이용하여 밥을 짓는 가전제품. 예전기밥솥에 밥을 안치다.

전기스탠드 (電氣stand) 책상 위 등에 놓고 쓰는 이동식 전등. 스탠드.

전기 에너지 (電氣energy) 전기를 이용하여 얻을 수 있는 에너지.

전기 회로 (電氣回路) 전류가 흐르는 통로. 준회로.

전깃줄 (電氣-) [전:기쭐/전:긷쭐] ⇨전선[2].

전나무 [전:나무] 소나뭇과의 상록 침엽 교목. 산기슭이나 골짜기에 나며, 줄기 높이는 20-40m나 되는데 나무는 건축·가구·제지용으로 씀.

전날 (前-) 1 어떤 날의 바로 앞날. 예소풍 전날. 2 지나간 날. 예전날의 잘못을 뉘우치다.

전년 (前年) 지난해. 작년. 예수출이 전년에 비해 크게 늘었다.

전념 (專念) 오로지 한 가지 일에만 마음을 씀. 예평생을 암 연구에 전념하다. **전념하다**.

전단 (傳單) 선전·광고의 내용을 적은 종이쪽. 예수배 전단을 돌리다.

전달 (傳達) 명령·지시·물건 따위를 전함. 예전달 사항. **전달하다**.

전담 (全擔) 어떤 일이나 비용의 전부를 맡거나 부담함. 예 여행 비용을 혼자서 전담하다. **전담하다.**

전답 (田畓) 논과 밭. 비 논밭.

전당 (殿堂) [전:당] 1 크고 화려한 집. 2 어떤 분야의 중심이 되는 기관이나 시설. 예 학문의 전당.

전당포 (典當鋪) [전:당포] 물건을 맡아 두고 돈을 빌려주어 이익을 얻는 곳. 예 반지를 전당포에 맡기고 돈을 빌리다.

전도[1] (全圖) 전체를 그린 그림이나 지도. 예 대한민국 전도.

전도[2] (傳道) 주로 기독교에서 교리의 참뜻을 널리 알리어 신앙이 없는 사람들에게 신앙을 갖게 하는 일. **전도하다.**

전도[3] (傳導) 열·전기 따위가 물체의 한 부분에서 다른 곳으로 옮아감. 또는 그런 현상. 예 철사는 열을 전도한다. **전도하다.**

전도사 (傳道師) 기독교의 교리를 전하여 기독교를 믿지 않는 사람에게 신앙을 갖게 권하는 사람.

전동 (電動) [전:동] 전기로 움직임. 예 전동 자전거 / 전동 칫솔.

전동기 (電動機) [전:동기] 전류가 흐르면 빠른 속도로 회전 운동을 하여 다른 기계를 움직이게 하는 기계. 비 모터. 전기 모터.

전동차 (電動車) [전:동차] 전기의 힘으로 레일 위를 달리는 차.

*__전등__ (電燈) [전:등] 전기의 힘으로 빛을 내는 등. 예 전등을 켜다.

전등불 (電燈—) [전:등뿔] 전등에 켜진 불. 예 전등불 주위로 날벌레들이 모여들다.

전등사 (傳燈寺) 인천광역시 강화군 길상면 정족산에 있는 절. 고구려 소수림왕 11년(381)에 아도 화상이 세웠다고 함.

전라남도 (全羅南道) [절라남도] 〖지명〗 우리나라의 한 도. 한반도의 남서부에 위치. 여름에 비가 많고 겨울은 따뜻함. 산맥이 적고 평야가 많아 농업이 발달함. 도청 소재지는 무안. 준 전남.

전라도 (全羅道) [절라도] 〖지명〗 전라남도와 전라북도를 함께 이르는 말. 비 호남. 준 전라.

전라북도 (全羅北道) [절라북도] 〖지명〗 우리나라의 한 도. 한반도의 남서부에 위치. 따뜻하고 비가 많음. 호남 평야를 중심으로 쌀·보리 등의 농산물이 많이 남. 도청 소재지는 전주. 준 전북.

전란 (戰亂) [절:란] 전쟁으로 생긴 난리. 예 전란을 당하다 / 전란에 시달리다.

*__전람회__ (展覽會) [절:람회 / 절:람훼] 물품이나 예술 작품을 늘어놓고 여러 사람에게 보이는 모임. 예 미술 전람회. 비 전시회.

*__전래__ (傳來) [절래] 1 예로부터 전하여 내려옴. 예 전래 동요 / 전래 동화 / 조상 전래의 보물. 2 외국에서 전해 들어옴. 예 불교의 전래 / 한자의 전래. **전래하다.**

전략 (戰略) [절:략] 전쟁에 이기기 위한 계획이나 방법. 예 전략을 짜다.

전력[1] (全力) [절력] 모든 힘. 예 전력을 다하여 뛰다.

전력[2] (專力) [절력] 오로지 한 가지 일에만 힘을 씀. 예 학업에 전력하다. **전력하다.**

전력[3] (電力) [절:력] 전기의 힘. 예 전력 소모가 적은 청소기.

전력[4] (戰力) [절:력] 전투나 경기 따위를 할 수 있는 능력. 예 전력을 기르다 / 전력이 약화되다.

*__전류__ (電流) [절:류] 전기의 흐름. 예 고압 전류 / 전류가 흐르다.

전립 (戰笠) [절:립] 조선 때, 무관이 쓰던 모자. 붉은 털로 둘레에 끈을 꼬아서 두름.

전말 (顚末) [전:말] 어떤 일의 처음부터 마지막까지의 과정. 예 사건의 전말을 밝히다.

전망 (展望) [전:망] 1 멀리 바라봄. 또는 멀리 바라보이는 풍경. 예 전망이 좋은 집. 2 앞일을 미리 내다봄. 예 전망이 밝은 사업. **전망하다.**

전망대 (展望臺) [전:망대] 먼 곳까지 볼 수 있게 높이 쌓은 대. 예 전망대를 세우다. 비 관망대. 망대.

전면[1] (全面) 1 모든 면. 예 전면 통

제. 2 신문·잡지 따위의 하나의 면 전체. 예전면 광고.

전면²(前面) 앞면. 앞쪽. 예건물의 전면 사진.

전멸(全滅) 모조리 죽거나 망해 없어짐. 예적군을 전멸하다. 비몰살. **전멸하다**.

전모(全貌) 전체의 모양. 예사건의 전모 / 전모를 밝히다.

전문¹(全文) 문장의 전체. 예독립 선언서의 전문.

***전문²**(專門) 오로지 한 가지 일만을 연구하거나 맡음. 예전문 지식 / 장난감만 전문으로 판매한다.

***전문가**(專門家) 어떤 분야에 많은 지식이나 기술, 경험을 가진 사람. 예컴퓨터 전문가.

전문의(專門醫) [전무늬/전무니] 의학의 일정한 분과를 전문으로 하는 의사. 예외과 전문의 자격을 얻다.

전문적(專門的) 어떤 한 가지 일에 대하여 깊이 알고 있는 (것). 예전문적인 교육. 반일반적.

전문직(專門職) 전문 지식이 있어야 하는 직업. 학자·과학 기술자·건축 기사·의사·변호사 따위의 직업.

전문화(專門化) 전문적으로 됨. 또는 그렇게 함. 예업무를 전문화하다. **전문화하다**.

전반¹(全般) 통틀어 모두. 예사회 전반에 걸쳐 공해 문제가 심각하다.

전반²(前半) 전체를 둘로 나누었을 때의 앞부분. 예20세기 전반. 반후반.

전반적(全般的) 어떤 일이나 분야 전체에 걸친 (것). 예학생들의 학력 수준이 전반적으로 향상되었다.

전반전(前半戰) 운동 경기에서, 전체 시간을 둘로 나누었을 때에 앞부분의 경기. 반후반전.

전방(前方) 1 앞쪽. 예100m 전방. 2 적을 바로 마주하고 있는 지역. 예전방에서 근무하다. 반후방.

전번(前番) [전뻔] 지난번. 예전번에도 만났었다.

***전보**(電報) [전ː보] 전신을 이용하여 전하는 소식. 예전보를 치다 / 축하 전보를 받다.

전복¹(全鰒) 전복과의 조개. 등은 귀 모양이며, 갈색 또는 푸른빛을 띤 갈색임. 살은 먹으며 껍데기는 장식의 재료 또는 약으로 씀.

전복²(顚覆) [전ː복] 뒤집혀 엎어짐. 또는 뒤집어엎음. 예열차가 전복하다. **전복하다**.

전봇대(電報-) [전ː보때/전ː봇때] 1 전선이나 통신선을 늘여 매기 위하여 세운 기둥. 전신주. 2 키가 큰 사람의 별명.

전봉준(全琫準) 『인명』 조선 고종 때 동학 농민 운동의 지도자. 녹두 장군. 농민을 구하고자 동학 농민 운동을 일으켰으나, 관군과 일본군의 대대적인 반격으로 실패함. [1855~1895]

***전부**(全部) 하나도 빠짐없이 온통. 모두. 예재산의 전부 / 동네 사람들이 전부 모이다. 반전체. 비일부.

전분(澱粉) [전ː분] 곡류나 감자류에 많이 들어 있는 흰 탄수화물. 비녹말.

전사¹(戰士) [전ː사] 전쟁에서 싸우는 군사.

전사²(戰死) [전ː사] 전쟁터에서 싸우다가 죽음. 예아들의 전사 소식을 듣다. 비전몰. **전사하다**.

전산(電算) [전ː산] 1 '전자계산기'의 준말. 2 ⇨컴퓨터. 예전산 처리.

전산망(電算網) [전ː산망] 컴퓨터들이 서로 그물처럼 연결되어 있는 통신 조직망.

전생(前生) 불교에서 말하는 삼생의 하나. 이 세상에 태어나기 이전의 세상. 반내생. 후생.

전선¹(前線) 1 적과 마주 대하고 있는 지역. 예서부 전선. 비일선. 2 직접 뛰어드는 일정한 활동 분야. 예생활 전선 / 산업 전선. 3 따뜻한 공기와 찬 공기가 서로 만나는 경계면. 예장마 전선이 북상하다.

***전선²**(電線) [전ː선] 전기를 통하게 하는 금속선. 구리나 알루미늄으로 만듦. 비전깃줄.

전설(傳說) 예로부터 전해 내려오는 이야기. 비민간 설화.

전성기(全盛期) 활동이 가장 왕성한 시기. 예그때가 그의 전성기였다 / 제 이의 전성기를 누리다.

전세¹(專貰) 약속한 일정 기간 동안

그 사람에게만 빌려주는 일. 예전세 버스. 비대절.

전세² (傳貰) 일정 금액을 주인에게 맡기고 부동산을 일정 기간 빌려 쓰는 일. 부동산을 돌려줄 때는 맡긴 돈을 되돌려받음. 예전세 보증금 / 전세를 얻다.

전세³ (戰勢) [전:세] 전쟁·경기 따위의 형세나 형편. 예전세를 뒤엎다. 비전황.

전세금 (傳貰金) 전세를 얻을 사람이 전세를 놓을 사람에게 맡기는 돈. 비전셋돈.

전세방 (傳貰房) [전세빵] 전세로 빌려주는 방. 또는 전세로 빌려서 쓰는 방. ×전셋방.

전셋집 (傳貰-) [전세찝 / 전섿찝] 전세로 빌려 쓰는 집. 예전셋집에 살다.

전속 (專屬) 오직 한 곳에만 속함. 예전속 합창단. 전속하다.

전속력 (全速力) [전송녁] 낼 수 있는 가장 빠른 속력. 예전속력으로 달리다.

전송¹ (電送) [전:송] 글이나 사진 따위를 전류나 전파를 이용하여 먼 곳으로 보냄. 전송하다.

전송² (餞送) [전:송] 떠나는 사람을 작별하여 보냄. 예공항까지 전송하다. 비배웅. 반마중. 전송하다.

전수¹ (傳受) 전하여 받음. 예스승에게서 무예를 전수하다. 전수하다.

전수² (傳授) 기술이나 지식 따위를 전하여 줌. 예제자에게 기술을 전수하다. 전수하다.

전술 (戰術) [전:술] 싸우는 기술과 방법. 예전술에 능하다.

전승¹ (傳承) 문화나 풍속, 제도 따위를 이어받아 후세에 전함. 예전승 공예 / 조상의 훌륭한 문화유산을 전승하다. 전승하다.

전승² (戰勝) [전:승] 싸움에서 이김. 예전승의 기쁨. 비승전. 전첩. 반전패. 전승하다.

전승³ (全勝) 전쟁이나 경기 따위에서 한 번도 지지 않고 모조리 이김. 예5전 전승의 기록. 전승하다.

***전시¹** (展示) [전:시] 여러 가지 물건을 모아 벌여 놓고 보임. 예전시 공간이 넓다 / 미술관에 조각품을 전시하다. 비전람. 전시하다.

전시² (戰時) [전:시] 전쟁이 벌어진 때. 예전시에 대비하다.

전시관 (展示館) [전:시관] 전시를 하기 위한 건물. 예무역 전시관.

전시물 (展示物) [전:시물] 전시해 놓은 물건. 예박물관의 전시물을 관람하다.

전시실 (展示室) [전:시실] 물건을 전시해 놓은 방. 예미술관 특별 전시실에서 서예전이 열렸다.

전시품 (展示品) [전:시품] 전시해 놓은 물건이나 작품. 예미술관의 전시품을 관람하다.

***전시회** (展示會) [전:시회 / 전:시훼] 예술 작품이나 특정한 물건 따위를 전시하여 사람들에게 보이는 모임. 예전시회를 관람하다 / 전시회를 열다.

전신¹ (全身) 몸의 전체. 예전신 마취 / 전신을 부들부들 떨다. 비온몸.

전신² (電信) [전:신] 전류나 전파를 이용하여 주고받는 통신.

전신 운동 (全身運動) 온몸을 고루 움직이는 운동. 예전신 운동에는 수영이나 달리기가 좋다. 비온몸 운동.

전신주 (電信柱) [전:신주] 전선이나 통신선을 늘여 매기 위하여 세운 기둥. 전봇대.

전심전력 (全心全力) [전심절력] 온 마음과 온 힘을 다 기울임. 예목표 달성을 위해 전심전력을 다하다.

전압 (電壓) [저:납] 흐르는 전기의 세기. 예전압이 높다.

전액 (全額) [저:낵] 어떤 돈의 전부. 예재산 전액을 장학금으로 기부하다 / 수업료를 전액 면제하다.

전야 (前夜) [저:냐] 어떤 날의 전날 밤. 예크리스마스 전야.

전야제 (前夜祭) [저:냐제] 어떤 큰 행사의 전날 밤에 행하는 축제. 예올림픽 전야제가 열리다.

전역 (全域) [저:녁] 어느 지역의 전체. 예중부 지방 전역에 호우 주의보가 내렸다.

전연 (全然) [저:년] 아주. 도무지. 전혀. 예나는 전연 모르는 일이다.

전열기 (電熱器) [저:녈기] 전류를 통

하여 생기는 열을 이용하는 기구. 전기다리미·전기난로 따위.

전염 (傳染) [저념] 1 병균이 남에게 옮음. 예눈병이 전염되다. 2 나쁜 버릇이나 풍속 따위가 옮아 물이 듦. **전염하다**.

*전염병 (傳染病) [저념뼝] 병균이 공기·음식 따위를 통해 다른 사람에게 옮는 병. 콜레라·장티푸스 따위. 예전염병이 돌다.

전염성 (傳染性) [저념썽] 전염하는 성질. 예이번 감기는 전염성이 매우 강하다.

전용 (專用) [저뇽] 1 일정한 사람이나 특정한 목적으로만 씀. 예대통령 전용 비행기 / 버스 전용 차로. 2 오로지 한 가지만을 씀. 예한글 전용. 町 공용. **전용하다**.

전우 (戰友) [저:누] 같은 부대에 속하면서 생활과 전투를 같이하는 동료.

전원¹ (田園) [저뉜] 1 논밭과 동산. 2 시골. 교외.

전원² (全員) [저뉜] 전체의 인원. 예우리 반 전원이 시험에 합격했다.

전원³ (電源) [저:뉜] 전기 코드를 꽂아 전기를 끌어 들이는 곳. 전기 콘센트 따위. 예전원 스위치.

전원주택 (田園住宅) [저뉜주택] 시골 생활의 정취를 느낄 수 있게 도시 근처에 지은 주택.

전월 (前月) [저눨] 이달의 바로 앞의 달. 지난달.

전율 (戰慄) [저:뉼] 1 무섭거나 두려워서 몸이 벌벌 떨림. 예공포 영화를 보고 전율을 느끼다. 2 비유적으로 몸이 떨릴 정도로 감격스러움. 예전율이 흐르다 / 연주가 절정에 다다르자 객석은 전율에 휩싸였다. **전율하다**.

전의 (戰意) [저:늬 / 저:니] 싸우고자 하는 마음. 예전의를 잃다.

전이 (轉移) [저:니] 암 등이 혈액이나 림프를 따라 딴 조직으로 옮아가는 일. **전이하다**.

전인 교육 (全人敎育) 지식이나 기능 따위의 교육에 치우치지 아니하고 성격 교육이나 정서 교육 등을 통해 인간이 지닌 모든 능력을 조화롭게 발달시키는 것을 목적으로 하는 교육.

전임 (前任) [저님] 전에 맡았던 일. 또는 전에 일을 맡았던 사람. 예전임 대통령. 町후임.

전입 (轉入) [저:닙] 살던 곳에서 새로 살 곳으로 주소를 옮기어 들어옴. 예전입 신고 / 전입 인구. 町전출. **전입하다**.

전자¹ (前者) 둘을 들어 말할 때에 먼저 말한 것. 예전자에 비해 후자가 낫다. 町후자.

*전자² (電子) [전:자] 한 원자 속에서 음전기를 띠고 원자핵의 둘레를 도는 입자.

전자계산기 (電子計算機) [전:자계산기 / 전:자게산기] 1 ⇨컴퓨터. 图 전산. 전산기. 2 간단한 조작으로 각종 계산을 자동으로 할 수 있는 기계.

전자레인지 (電子range) 고주파로 음식물을 가열하는 조리 기구.

전자석 (電磁石) [전:자석] 철심에 코일을 여러 번 감아 이 코일에 전류를 통하면 자석의 성질을 띠고, 전류를 끊으면 자석의 성질을 잃도록 만든 자석. 본 전기 자석.

전자오락 (電子娛樂) [전:자오락] ⇨ 비디오 게임.

전자저울 (電子—) [전:자저울] 전자 장치를 이용하여 물건의 무게를 숫자로 표시하는 저울.

전자책 (電子冊) [전:자책] 책의 내용을 종이 대신 컴퓨터 화면이나 단말기로 볼 수 있게 만든 책.

전자파 (電磁波) [전:자파] 전기장과 자기장이 공간을 광속으로 퍼져 나가는 파동.

전장 (戰場) [전:장] 전쟁이 벌어지고 있는 곳. 예전장에 나간 병사들이 돌아오다. 町싸움터. 전쟁터.

*전쟁 (戰爭) [전:쟁] 1 나라와 나라 사이에 무기를 사용해 싸움. 예전쟁이 터지다. 町전투. 町평화. 2 어떤 일을 위하여 심하게 경쟁을 함. 예입시 전쟁 / 범죄와의 전쟁을 선포하다. **전쟁하다**. ⇨war

전쟁고아 (戰爭孤兒) [전:쟁고아] 전쟁으로 부모를 잃은 아이.

전쟁터 (戰爭—) [전:쟁터] 전쟁이 벌어지고 있는 곳. 町싸움터. 전장.

전적¹ (全的) [전쩍] 전체에 걸친 (것). 예전적으로 찬성하다.

전적² (戰績) [전:적] 경기나 시합에서 싸워서 얻은 성적. 예3승 1패의 전적을 거두다.

전적지 (戰跡地) [전:적찌] 전쟁의 흔적이 남아 있는 곳. 예6·25 때의 전적지를 답사하다.

전전긍긍 (戰戰兢兢) [전:전긍긍] 몹시 두려워 벌벌 떨며 조심함. 예무슨 일이라도 일어날까 봐 전전긍긍하다. 전전긍긍하다.

전제 (前提) 어떤 사물·상황이 이루어지도록 먼저 내세우는 밑바탕이 되는 것. 예전제 조건. 전제하다.

전제주의 (專制主義) [전제주의 / 전제주이] 국민의 의사를 존중하지 아니하고 지배자 마음대로 권력을 행사하는 정치 체제. 땐민주주의. 입헌주의.

전조등 (前照燈) ⇨헤드라이트.

전주¹ (全州) 〖지명〗 전라북도의 도청 소재지로 행정, 교육, 문화의 중심지. 제지업이 발달하였으며 한지·부채 등이 유명함.

전주² (電柱) [전:주] ⇨전신주.

전주곡 (前奏曲) 1 오페라에서 막이 오르기 전에 연주하는 곡. 2 어떤 일이 벌어지기 전의 조짐이나 암시. 예불행의 전주곡.

전지¹ (全紙) 펼쳐진 신문 두 장을 붙인 크기의 종이.

전지² (電池) [전:지] 화학적인 반응으로 전류를 일으키는 장치. 배터리. 예전지를 새것으로 갈아 끼우다.

전지전능하다 (全知全能—) 무엇이나 다 알고 무엇이나 할 수 있다. 예전지전능하신 하느님.

전직 (前職) 전에 가졌던 직업이나 직책. 예전직 경찰관.

전진 (前進) 앞으로 나아감. 예일보 전진. 땐후진. 후퇴. 전진하다.

전집 (全集) 한 사람 또는 같은 종류의 책이나 작품을 한데 모아 한 질로 펴낸 책. 예세계 문학 전집.

전차¹ (電車) [전:차] 전기의 힘으로 땅 위에 놓인 선로를 달리며 손님을 나르는 차량.

*__전차__² (戰車) [전:차] ⇨탱크1.

전철¹ (前轍) 먼저 지나간 수레바퀴의 자국이라는 뜻으로, 이전 사람의 잘못된 일이나 행동의 자취.
  전철을 밟다 이전의 잘못이나 실패를 되풀이하다.

전철² (電鐵) [전:철] 전기의 힘으로 궤도 위를 달리는 철도. 예전철을 타고 출퇴근한다. 본전기 철도.

*__전체__ (全體) 온통. 전부. 예전체 학생의 의견을 듣는다. 땐부분.

전체적 (全體的) 전체에 관계된. 또는 그런 것. 예전체적 분위기 / 이 그림은 전체적으로 색감이 좋다.

전축 (電蓄) [전:축] 전기를 이용해 소리를 재생하는 장치. 예전축을 켜다 / 전축을 틀다.

전출 (轉出) [전:출] 주소를 다른 곳으로 옮겨 감. 예전출 신고를 하다. 땐전입.

*__전통__ (傳統) 예전부터 이어 내려오는 관습이나 행동 따위의 양식. 예전통 혼례 / 전통을 계승하다.

전통문화 (傳統文化) 조상들로부터 전해져 내려오는 문화.

전통미 (傳統美) 전통적으로 내려오는 아름다움. 예전통미를 살린 개량한복.

전통적 (傳統的) 전통에 관한 (것). 전통으로 되는 (것). 예전통적인 음식 문화 / 전통적 가치관.

전투 (戰鬪) [전:투] 전쟁터에서 군인들이 무기를 가지고 적과 싸우는 일. 비전쟁. 전투하다.

전투기 (戰鬪機) [전:투기] 적을 상대로 하늘에서 싸우는 비행기.

전투력 (戰鬪力) [전:투력] 전투를 할 수 있는 능력. 예전투력을 키우다.

전파¹ (傳播) 지식·사상·기술 따위를 전하여 널리 퍼뜨림. 예불교의 전파. 전파하다.

전파² (電波) [전:파] 전자파 중 전기 통신용으로 알맞은 파장.

전편 (前篇) 두세 편으로 나뉜 책이나 영화 따위의 앞 편. 땐후편.

전폐 (全廢) [전폐 / 전폐] 아주 없애 버림. 완전히 그만둠. 예식음을 전폐하다. 전폐하다.

전폭적 (全幅的) [전폭쩍] 있는 대로

의 전부에 걸친 (것). 예전폭적인 신뢰 / 전폭적인 지지를 얻다.

전표 (傳票) 은행·회사·상점 등에서 돈이 들어오고 나가는 내용을 간단히 적은 쪽지. 예입금 전표.

전하 (殿下) [전:하] 왕이나 왕비 등 왕족을 높여 부르는 말. 예전하께 아뢰옵나이다. 비각하.

***전하다** (傳—) 1 이어서 내려오다. 알려져 내려오다. 예예로부터 전하는 말. 2 어떤 것을 상대에 갖다주다. 예물건을 전하다. 3 소식을 알리다. 예기쁜 소식을 전하다. 4 남기어 물려주다. 예가보를 자손에게 전하다.

전학 (轉學) [전:학] 학생이 다니던 학교에서 다른 학교로 옮기는 것. 예전학을 가다. 전학하다.

전함 (戰艦) [전:함] 전쟁에 사용하는 배. 비군함. 본전투함.

전항 (前項) 1 앞에 적혀 있는 사항. 2 수학에서, 둘 이상의 항 중에서 앞에 있는 항. 반후항.

*** 전혀** (수—) 도무지. 완전히. 온전히. 예전혀 모르는 일이다.

*** 전화** (電話) [전:화] 1 '전화기'의 준말. 예전화가 계속 울리다. 2 전화기로 상대와 말을 주고받음. 예전화를 걸다 / 친구는 한참만에 전화를 받았다. 전화하다. ○ phone, telephone.

전화국 (電話局) [전:화국] 전화 가입 신청의 접수·가설·교환 따위의 일을 맡아보는 곳.

전화기 (電話機) [전:화기] 말소리를 전파나 전류로 바꾸었다가 다시 말로 바꾸어 통화하는 장치. 준전화.

전화벨 (電話bell) 전화가 걸려 오는 것을 소리로 알리는 장치. 또는 그 소리. 예전화벨이 울리다.

전화위복 (轉禍爲福) [전:화위복] 불행하고 나쁜 일이 바뀌어 오히려 복이 됨. *새옹지마.

전환 (轉換) [전:환] 방향이나 상태가 여태까지와 다르게 바뀌거나 바꿈. 예방향 전환 / 기분 전환을 위해 음악을 듣다. 전환하다.

전환점 (轉換點) [전:환점] 방향이나 상태가 바뀌는 계기나 시점. 예역사의 전환점.

전후 (前後) 1 앞과 뒤. 2 시간·나이 따위의 말에 붙어, '경·쯤'의 뜻을 나타내는 말. 예20세 전후 / 3시 전후에 수업이 끝난다.

전후좌우 (前後左右) 앞쪽과 뒤쪽과 왼쪽과 오른쪽. 곧, 사방. 예전후좌우를 살피고 길을 건너다.

*** 절**¹ 남을 높이는 뜻으로 몸을 굽혀 하는 인사. 예절을 받다 / 넙죽 절하다. 비인사. 절하다.

*** 절**² 불상을 모셔 놓고 불도를 닦으며 승려들이 사는 집. 비사찰.

절³ (節) 시·노래 또는 문장 따위의 작은 단락. 예애국가를 1절만 부르다.

절감 (節減) 비용을 아끼고 씀씀이를 줄임. 예생활비를 절감하다. 절감하다.

절개 (節槪) 옳은 일을 지키어 뜻을 굽히지 않는 씩씩하고 꿋꿋한 마음. 예절개를 지키다. 비지조.

절경 (絕景) 더할 수 없이 훌륭한 경치. 뛰어난 경치. 예천하의 절경. 비가경.

절교 (絕交) 서로 사귀는 것을 끊음. 예사소한 말다툼 때문에 친구에게 절교를 당했다. 반교제. 절교하다.

절구 곡식을 찧거나 빻는 데 쓰는 도구.

절구통 (—桶) 곡식 따위를 찧거나 빻기 위해, 통나무 또는 돌의 속을 우묵하게 파내어 만든 기구.

절구

절굿공이 [절구꽁이 / 절굳꽁이] 절구에 곡식을 넣고 찧거나 빻는 데 쓰는, 나무·돌·쇠 따위로 만든 공이.

절규 (絕叫) 있는 힘을 다하여 부르짖음. 예자유를 달라고 절규하다. 절규하다.

절기 (節氣) 음력에서 한 해를 24등분하여 계절을 나타낸 것. → [학습마당] 21(652쪽)

절다¹ [절:다] 걸음을 절뚝거리며 걷다. 예다리를 절다. 활용 절어 / 저니 / 저는.

절다² [절:다] 1 채소나 생선 따위에 소금기가 속속들이 배어들다. 예김칫거리가 알맞게 절다. 2 땀이나 때 따위가 더럽게 묻다. 예옷이 땀에 절어 있다. [활용] 절어 / 저니 / 저는.
절단 (切斷) [절딴] 자르거나 끊어 냄. 의 철판을 절단하다. **절단하다**.
절대 (絶對) [절때] 1 다른 어떤 것과도 대립되거나 비교할 것이 없는 상태. 예절대 권력. 2 '절대로'의 준말. 예절대 따라 하지 마시오.
***절대로** (絶對—) [절때로] 어떤 일이 있어도 반드시. 예혼자 산에 가는 것은 절대로 안 된다. [준] 절대.
절대적 (絶對的) [절때적] 다른 것과 비교하거나 상대할 만한 것이 없는 (것). 예절대적 진리. [반] 상대적.
절도¹ (竊盜) [절또] 남의 물건을 훔침. 또는 그런 사람. **절도하다**.
절도² (節度) [절또] 일이나 행동을 격식에 맞고 질서 있게 하는 것. 예절도 있는 태도.
절뚝거리다 [절뚝꺼리다] 한쪽 다리가 짧거나 다쳐서 걸을 때 몸이 한쪽으로 기우뚱거리다. 예절뚝거리면서 걷다. [센] 쩔뚝거리다.
절뚝절뚝 [절뚝쩔뚝] 한쪽 다리가 짧거나 다쳐서 기우뚱거리며 걷는 모양. [센] 쩔뚝쩔뚝. **절뚝절뚝하다**.
절레절레 머리를 계속 옆으로 가볍게 흔드는 모양. 예머리를 절레절레 흔든다.
절로 '저절로'의 준말. 예절로 고개가 숙여지다 / 신이 나서 절로 콧노래가 나왔다.
절룩거리다 [절룩꺼리다] 다리 하나가 짧거나 다쳐서 약간 절다. [작] 잘록거리다. [센] 쩔룩거리다.
절망 (絶望) 모든 희망이 사라짐. 예절망에 빠지다 / 절망을 딛고 일어서다. [비] 실망. [반] 희망. **절망하다**.
절망적 (絶望的) 희망을 가질 수 없게 된 (것). 예절망적인 상황에 처하다. [반] 희망적.
절묘하다 (絶妙—) 더할 수 없이 교묘하다. 예절묘한 패스.
절박하다 (切迫—) [절바카다] 어떤 일이나 상황이 매우 다급하다. 예절박한 상황에 부닥치다.
절반 (折半) 하나를 반으로 나눈 것. 예밥을 절반도 못 먹다.
절벽 (絶壁) 바위가 깎아 세운 것처럼 아주 높이 솟아 있는 험한 낭떠러지. 예깎아지른 듯한 절벽.
절수 (節水) [절쑤] 물을 아껴 씀. 예절수 운동 / 가뭄 때에는 절수해야 한다. **절수하다**.
절실하다 (切實—) [절씰하다] 1 아주 중요하고 다급하다. 예매우 절실한 요청이오니 들어주시기 바랍니다. 2 무엇을 바라는 마음이 간절하다. 예부모님의 사랑을 절실하게 그리워한다.
절실히 (切實—) [절씰히] 절실하게. 예외국어의 필요성을 절실히 느끼다.
***절약** (節約) [저략] 함부로 쓰지 않고 꼭 필요한 데에만 아껴 씀. 예에너지 절약 / 용돈을 절약해서 저축하다. [비] 검약. [반] 낭비. **절약하다**.
절이다 [저리다] 소금을 뿌려서 절게 하다. 예배추를 소금에 절이다. →저리다 [주의]
절전 (節電) [절쩐] 전기를 아껴 씀. 예절전하는 습관을 생활화하다. **절전하다**.
절절 매우 뜨겁게 끓거나 달아 있는 모양. 예물이 절절 끓는다 / 아랫목이 절절 끓는다. [작] 잘잘. [센] 쩔쩔.
절정 (絶頂) [절쩡] 1 산의 꼭대기. 2 어떤 일의 진행이나 상태가 최고에 이른 때. 예인기 절정에 오르다. [비] 정상.
절제 (節制) [절쩨] 정도를 넘지 않도록 스스로 알맞게 조절하여 제한함. 예감정을 절제하다. **절제하다**.
절지동물 (節肢動物) [절찌동물] 동물을 분류하는 구분의 하나. 몸에 마디가 있으며, 대개 머리·가슴·배로 나뉨. 지네·거미 따위.
***절차** (節次) 일의 순서와 방법. 예수속 절차 / 절차를 밟다. [비] 수속.
절찬 (絶讚) 지극히 칭찬함. 또는 그 칭찬. 예절찬 상영 중 / 비평가들의 절찬을 받다. **절찬하다**.
절찬리 (絶讚裡) [절찬니] 대단한 칭찬을 받는 가운데. 예연주회는 절찬리에 끝났다.
절충 (折衷) 서로 다른 생각이나 주장들을 어느 편으로도 치우치지 않게 조절하여 알맞게 함. 예양쪽의 의견을 절충하다. **절충하다**.
절친하다 (切親—) 아주 친하다. 예

절친한 친구.
절판(絕版) 출판하였던 책을 더 이상 찍지 않음. **절판하다**.
절편 떡살을 눌러 둥글거나 모나게 만든 떡.
절호(絕好) 더할 수 없이 좋음. 예절호의 기회.
*__젊다__ [점:따] 나이가 적고 혈기가 왕성하다. 예젊은[절믄] 시절 / 젊은 사람들 / 삼촌은 나이보다 젊어 보인다. 땐늙다. ⇒young
*__젊은이__ [절므니] 나이가 젊은 사람. 町청년. 땐늙은이.
젊음 [절믐] 젊은 상태. 또는 젊은 기력. 예젊음을 과시하다.
점¹(占) 앞으로 일어날 좋고 나쁜 일 등을 미리 알아보는 일. 예점을 치다.
*__점__²(點) 1 작고 둥글게 찍힌 표나 자리. 예까만 점을 찍다. 2 사람의 피부나 짐승의 털에 다른 빛깔로 박힌 얼룩. 3 글의 구절을 구별하기 위하여 찍는 표. 町구두점. 4 여러 속성 가운데 특정한 어떤 부분. 예좋은 점과 나쁜 점 / 궁금한 점을 묻다 / 배울 점이 많다.
점거(占據) 어떤 곳을 강제로 차지하여 자리 잡음. 예남의 집을 점거하다. **점거하다**.
점검(點檢) 낱낱이 조사하거나 검사함. 예기계를 하나하나 점검하다. **점검하다**.
점대칭 도형(點對稱圖形) 한 점을 중심으로 180° 회전시켰을 때, 처음 도형과 꼭 맞아 포개지는 도형. 땐선대칭 도형.
점령(占領) [점녕] 일정한 땅을 빼앗아 차지함. 예적의 진지를 점령하다. 町점거. **점령하다**.
점막(粘膜) 소화관·호흡기 등의 안쪽을 덮은 끈끈하고 부드러운 막을 통틀어 이르는 말. 예코의 점막.
점박이(點一) [점바기] 얼굴이나 몸에 점이 있는 사람이나 짐승. 예점박이 강아지. 町점둥이.
점선(點線) 점을 줄지어 찍어서 이루어진 선. 예점선을 긋다.
점성술(占星術) 별의 자리나 모양을 보고 점을 치는 방법.

*__점수__(點數) [점쑤 / 점수] 성적을 나타내는 숫자. 예이번 시험에서 과학 점수가 많이 올랐다.
*__점심__(點心) [점:심] 낮에 하는 식사. 예점심 급식 / 점심을 먹다 / 점심을 거르다. 町중식. ⇒lunch
점심때(點心一) [점:심때] 점심을 먹을 때. 예점심때가 지나다 / 식당은 점심때가 가장 붐빈다.
점심밥(點心一) [점:심빱] 점심으로 먹는 밥. 町점심.
점심시간(點心時間) [점:심씨간] 점심을 먹는 낮 동안의 시간.
점액(粘液) [저맥] 끈끈한 액체.
점원(店員) [저뮌] 상점에서 물건을 팔거나 그 밖의 일을 맡아 하는 사람.
점유(占有) [저뮤] 토지·가옥·시설 따위를 차지하여 자기의 것으로 함. **점유하다**.
점자(點字) [점짜] 두꺼운 종이에 도드라진 점을 일정한 방식으로 짜 모아 만든, 시각 장애인용 글자. 손가락으로 더듬어 읽음.
점잔 [점:잔] 말이나 행동이 가볍지 않고 무게 있는 태도. 예점잔을 부리다 / 점잔을 피우다.
　점잔(을) 빼다 일부러 행동이나 태도를 점잖게 꾸미다.
점잖다 [점:잔타] 1 말이나 행동이 무게가 있고 의젓하다. 예점잖은[점:자는] 행동. 2 야하지 않고 고상하다. 예점잖게 옷을 입다.
점쟁이(占一) 점치는 일을 직업으로 하는 사람. 町점술가.
*__점점__(漸漸) [점:점] 조금씩 더하거나 덜 해지는 모양. 예병세가 점점 좋아지다. 町차차.
점찍다(點一) [점찍따] 마음속에 작정하여 두다. 예점찍어 둔 옷을 사러 가게에 들르다.
*__점차__(漸次) [점:차] 차례를 따라 점점. 예생활이 점차 나아지다.
점치다(占一) 운수·길흉 따위를 예측하거나 점으로 알아보다. 예신년 운수를 점치다.
점토(粘土) 차지고 끈기가 있는 흙. 햇빛에 쬐거나 불에 구우면 단단해짐. 벽돌·기와·도자기 등의 원료가 됨. 町

찰흙.

점판암 (粘板岩) [점파남] 점토가 굳어서 된 검은 빛깔의 암석. 얇게 잘 쪼개지며, 슬레이트·석판·벼루 등의 재료로 씀.

점퍼 (jumper) 품이 넉넉하고 활동성이 좋은 웃옷. 놀이용이나 운동복, 작업복 등으로 씀. 回잠바.

점포 (店鋪) [점:포] 손님에게 물건을 팔거나 돈을 받고 편의를 보아주는 가게나 업소. 예점포를 내다. 回가게. 상점.

점프 (jump) 1 한 번 힘껏 뛰어오르거나 뛰어넘는 짓. 2 스키·다이빙·농구 등의 운동에서 뛰어오르든가 뛰어넘는 동작. 점프하다.

점호 (點呼) 한 사람씩 이름을 불러 인원이 맞는가를 알아봄. 예점호 시간을 알리다.

점화 (點火) 불을 켜거나 붙임. 예성화에 점화하다. 凹소화. 점화하다.

점화기 (點火器) 가스에 불을 붙이는 데 사용하는 기구.

접 과일·채소 따위를 100개씩 세는 말. 예오이 한 접 / 마늘 두 접.

접견 (接見) [접견] 신분이 높은 사람이 공식적으로 손님을 만남. 예외교사절을 접견하다. 접견하다.

접골 (接骨) [접꼴] 삐거나 부러진 뼈를 이어 맞춤. 접골하다.

접근 (接近) [접끈] 가까이 다가감. 예접근 금지. 回근접. 접근하다.

접눈 (接一) [점눈] 접붙이기할 때에 접가지에 같이 붙여서 자른 눈.

***접다** [접따] 1 꺾어서 겹치다. 예색종이를 접어 학을 만들다. 2 의견·주장 따위를 미루어 두다. 예그 문제는 일단 접어 두자. 凹펴다.

접대 (接待) [접때] 손님을 맞아서 대접함. 접대하다.

접때 [접:때] 지난 지 얼마 안 되는 때를 막연하게 이르는 말. 예접때 부탁한 일 잊지 마라.

접목 (接木) [점목] 나무를 접붙임. 또는 그 나무. 접목하다.

접붙이기 (接一) [접뿌치기] 한 나무에 다른 나무의 가지나 눈을 따다 붙이는 방법. 접붙이기하다.

접속 (接續) [접쏙] 1 서로 맞대어 이음. 예두 문장을 접속하다. 2 컴퓨터 통신 등이 연결됨. 예인터넷에 접속하다. 접속하다.

접수 (接受) [접쑤] 공문서나 서류 따위를 받아들임. 예원서 접수 / 접수를 마감하다. 접수하다.

***접시** [접씨] 반찬이나 과일 등을 담는 납작한 그릇. 예반찬 접시. ⊃dish

접안렌즈 (接眼lens) 현미경이나 망원경 따위에서 눈으로 보는 쪽의 렌즈. 回대안렌즈. 凹대물렌즈.

접어들다 [저버들다] 1 일정한 시기나 나이에 이르다. 예장마철로 접어들다 / 사춘기에 접어들다. 2 어느 지점을 넘거나 갈림길로 들어서다. 예골목길로 접어들다. [활용] 접어들어 / 접어드니 / 접어드는.

접영 (蝶泳) [저병] 수영법의 한 가지. 두 손을 동시에 앞으로 뻗쳐 물을 끌어당기면서 헤엄쳐 나아감. 버터플라이 수영법.

접전 (接戰) [접쩐] 1 서로 어울려 싸움. 맞붙어 싸움. 2 서로 힘이나 기량이 비슷하여 승부가 쉽게 나지 않는 싸움. 예치열한 접전을 벌이다. 접전하다.

접종 (接種) [접쫑] 병을 예방·치료하기 위해 병원균 따위를 몸에 집어넣는 일. 예예방 접종. 접종하다.

접착 (接着) 두 물체의 표면이 끈기 있게 서로 달라붙음. 예접착이 잘 되다. 접착하다.

접착력 (接着力) [접창녁] 두 물체가 서로 달라붙는 힘. 예접착력이 강하다 / 접착력이 좋다.

접착제 (接着劑) [접착쩨] 두 물체를 서로 붙이는 데 쓰는 물질. 풀·아교·본드 따위.

접착테이프 (接着tape) 한쪽 면에 접착제를 바른 테이프.

접촉 (接觸) 1 맞붙어서 닿음. 예접촉 사고. 2 서로 사귀거나 관계를 가짐. 예외부와 접촉을 끊다. 접촉하다.

접필 (接筆) 글씨를 쓸 때 글자의 점이나 획이 서로 겹치거나 닿는 일.

접하다 (接一) [저파다] 1 이어서 닿다. 예두 집이 서로 접하다. 2 사귀거나 가까이 대하다. ⓔ자연과 **접하다**. 3 소식 따위를 듣게 되다. ⓔ합격 소식을 접하다.

접합 (接合) [저팝] 한데 대어 붙임. ⓔ접합 수술. **접합하다**.

접히다 [저피다] 접음을 당하다. 접어지다. ⓔ이 종이는 두꺼워서 잘 접히지 않는다.

젓 [젇] 새우·조기·멸치 따위의 생선이나 조개·생선의 알·창자 따위를 소금에 짜게 절여 삭힌 반찬.

*젓가락 [저까락 / 젇까락] 음식이나 그 밖의 다른 물건을 끼워서 집는 기구. 준 저. 잣갈. ⊃chopstick

젓가락질 [저까락찔 / 젇까락찔] 젓가락으로 음식이나 물건을 집는 일. ⓔ동생은 아직 어려서 **젓가락질**이 서투르다. **젓가락질하다**.

젓갈¹ [젇깔] 젓으로 담근 음식.
젓갈² [저깔 / 젇깔] '젓가락'의 준말.

*젓다 [젇:따] 1 액체를 고르게 하려고 휘저어 섞다. ⓔ홍차에 설탕을 넣고 스푼으로 **젓다**. 2 배를 움직이려고 노를 이리저리 계속 움직이다. ⓔ노를 **젓다**. 3 싫거나 거절하는 뜻으로 손이나 머리를 흔들다. ⓔ싫다고 머리를 **젓다**. [활용] 저어 / 저으니 / 젓는.

> [주의] **젓다**와 **젖다**
> **젓다** 1 막대기 따위로 휘둘러 섞다. ⓔ스푼으로 커피를 **젓다**. 2 노를 움직이다. ⓔ보트를 **젓다**. 3 손·고개를 가로 흔들어 부정의 뜻을 나타내다. ⓔ고개를 **젓다**.
> **젖다** 1 축축하게 되다. ⓔ옷이 비에 **젖다**. 2 어떤 마음의 상태에 깊이 잠기거나, 몸에 배어 버릇이 되다. ⓔ인습에 **젖다** / 향수에 **젖다**.

정¹ [정:] 돌에 구멍을 뚫거나 쪼아 다듬는 데에 쓰는, 쇠로 만든 연장.
정² [정:] '정말로·참으로'의 뜻을 나타내는 말. ⓔ정 달라면 주지.
*정³ (情) 1 느끼어 일어나는 마음. ⓔ연민의 정을 느끼다. 2 사랑하는 마음. ⓔ정이 들다.
정⁴ (錠) 알약을 세는 단위. ⓔ이 약은 하루에 한 정 복용한다.

정가 (定價) [정:까] 상품에 매긴 값. ⓔ정가 판매.

정각 (正刻) [정:각] 틀림없는 바로 그 시각. ⓔ정각 한 시에 출발하다.

정갈하다 깨끗하고 말쑥하다. ⓔ정갈한 음식 / 몸가짐이 정갈하다.

정감 (情感) 마음에 호소해 오는 듯한 느낌. ⓔ정감이 넘치는 말.

정강이 아랫다리 앞쪽의, 뼈가 있는 부분.

정거 (停車) ⇨정차. **정거하다**.

*정거장 (停車場) 버스나 열차 등이 머물러 사람이 타고 내리거나 짐을 싣고 내리는 곳. ⓔ정거장으로 마중 나가다.

정겹다 (情一) [정겹따] 정이 넘치는 듯하다. 매우 다정하다. ⓔ정겨운 모습 / 정겹게 이야기를 나누다. [활용] 정겨워 / 정겨우니.

정경 (情景) 1 마음에 감동을 불러일으킬 만한 경치나 장면. ⓔ감격스러운 정경. 2 가엾은 처지에 놓여 있는 딱한 모습. ⓔ눈물겨운 정경.

정계 (政界) [정:계 / 정:게] 정치와 정치가의 사회. ⓔ정계를 떠나다.

정계비 (定界碑) [정:계비 / 정:게비] 조선 숙종 때 청나라와의 국경을 정하기 위해 백두산에 세운 비.

정곡 (正鵠) [정:곡] 1 과녁의 한복판이 되는 점. ⓔ정곡을 맞히다. 2 가장 중요한 요점 또는 핵심. ⓔ정곡을 찌르는 날카로운 질문.

정과 (正果) [정:과] 여러 가지 과일·생강·연뿌리·인삼 따위를 꿀이나 설탕물에 졸여 만든 음식.

정관 (精管) 고환에서 만든 정자를 정낭으로 보내는 가늘고 긴 관.

정교하다 (精巧一) 솜씨나 기술 따위가 꼼꼼하고 자세하며 교묘하다. ⓔ정교한 솜씨.

정구 (庭球) 1 물렁한 고무공으로 치는 테니스. 연식 정구. 2 '테니스'의 전 이름.

정권 (政權) [정꿘] 정부를 구성하여 정치를 담당하는 권력. ⓔ정권을 장악하다.

정규 (正規) [정:규] 정식으로 정해진 규정. ⓔ정규 방송 / 정규 교육.

정글 (jungle) ⇨밀림.

정글짐 (jungle gym) 둥근 나무나 철봉을 가로세로로 짜 맞추어 어린이들이 오르내리고 건너며 놀게 만든 운동 기구.

정글짐

정기[1] (定期) [정:기] 기한이나 기간이 일정하게 정하여져 있는 것. 또는 그 기한이나 기간. [예] **정기** 총회 / **정기** 휴일 / **정기** 간행물. [반]부정기.

정기[2] (精氣) 1 만물을 생성하는 원기. 생명의 원천이 되는 원기. [예]산천의 **정기**를 타고나다. 2 심신 활동의 근본이 되는 힘.

정기 예금 (定期預金) 은행 등에서, 일정 기한을 정하여 맡는 예금.

정기적 (定期的) [정:기적] 일정 기간을 두거나 기한이 정해진 (것). [예]**정기적**인 방문 / 매달 **정기적**으로 모임을 갖다.

정기 적금 (定期積金) 미리 액수를 정해 놓고 일정한 기간에 매달 조금씩 저금을 하여, 만기가 되면 처음에 정한 액수를 한꺼번에 찾는 예금.

정나미 (情—) 사물에 대하여 애착을 느끼는 마음. [예]**정나미**가 떨어지다.

정년 (停年) 공무원이나 회사 직원 등이 일정한 나이에 이르면 일하던 직장에서 물러나도록 정해진 나이. [예]**정년**을 맞다.

정녕 (丁寧) 정말로. 틀림없이. [예]이것이 **정녕** 꿈은 아니겠지요.

정다각형 (正多角形) [정:다가켱] 변의 길이와 각의 크기가 모두 같은 다각형.

정담 (情談) 다정한 이야기. [예]**정담**을 나누다 / **정담**을 주고받다.

정답 (正答) [정:답] 옳은 답. 맞는 답. [예]**정답**을 알려 주다 / **정답**을 맞히다. [반]오답.

***정답다** (情—) [정답따] 정이 있어 따뜻하다. [예]**정다운** 친구 / **정답게** 노래하다. [활용] 정다워 / 정다우니.

정당 (政黨) 정치에 대한 생각이나 주장 따위가 같은 사람들끼리 모인 단체. [예]**정당**에 가입하다. [비]당.

정당방위 (正當防衛) [정:당방위] 위급한 상황에서 부당한 피해를 막기 위하여 어쩔 수 없이 남에게 해를 끼치는 행위. [비]정당 방어.

정당하다 (正當—) [정:당하다] 바르고 옳다. 이치에 알맞다. [예]**정당한** 이유 / 심판의 판정이 **정당하다**.

정도[1] (正道) [정:도] 올바른 길. 정당한 도리. [예]**정도**를 걷다.

***정도**[2] (程度) 1 무엇의 분량이나 수준. [예]중학생이 풀 **정도**의 문제. 2 알맞은 한도. [예]**정도**에 지나치다. 3 그만큼의 분량. [예]한 10분 **정도** 기다렸다.

정도전 (鄭道傳) 『인명』 조선 건국의 공신. 호는 삼봉. 전략·외교·법·행정 따위에 밝음. 성리학을 지도 이념으로 세울 것을 주장함. 방원의 난 때 죽음. [1342-1398]

정독 (精讀) 자세히 살피어 읽음. [예]책을 **정독**하다. **정독하다**. *통독.

정돈 (整頓) [정:돈] 흐트러진 것을 가지런히 정리하여 바로잡음. [예]책상 위를 깨끗이 **정돈**하다. [비]정리. **정돈하다**.

***정들다** (情—) 정이 깊어지다. 정이 생기다. [예]이사를 가게 되어 **정든** 친구와 헤어지다. [활용] 정들어 / 정드니 / 정드는.

정떨어지다 (情—) [정떠러지다] 사랑하고 아끼는 마음이 없어지다. 싫은 생각이 나다. [예]**정떨어지는** 말을 하다.

정력 (精力) [정녁] 활동할 수 있는 힘. [예]**정력**이 왕성하다. [비]원기.

정렬 (整列) [정:녈] 가지런히 줄지어 늘어섬. [예]운동장에 **정렬**하여 기다리다. **정렬하다**.

***정류장** (停留場) [정뉴장] 사람이 타고 내리도록 버스·택시 등이 잠시 머무르는 일정한 장소. [예]버스 **정류장**. [비]정류소.

***정리** (整理) [정:니] 흐트러진 것을 가지런히 바로잡음. [예]사진첩을 **정리**하다. [비]정돈. **정리하다**.

정립 (定立) [정:닙] 전체 중에서 하나의 뚜렷한 생각이나 판단을 세우는 일. **정립하다**.

***정말** (正—) [정:말] 1 거짓이 없는 바른 말. [비]사실. [반]거짓말. 2 '정말로'의 준말. [예]**정말** 뜻밖이다.

정말로 (正一) [정:말로] 진실로. 참말로. 진짜로. 예정말로 참을 수 없다. 图정말.

정맥 (靜脈) 몸의 각 부분의 피를 심장으로 보내는 핏줄. 반동맥.

정면 (正面) [정:면] 바로 마주 보이는 쪽. 예집의 정면. 반측면. 후면.

정면도 (正面圖) [정:면도] 사물의 정면을 보고 그린 그림.

정몽주 (鄭夢周)『인명』고려 말의 충신·유학자. 호는 포은. 향교를 세우고 유학을 보급하였으며 성리학에 밝았음. 이성계를 반대하다가 선죽교에서 피살됨. [1337-1392]

정묘호란 (丁卯胡亂) 조선 인조 5년 (1627)에 후금의 침입으로 일어난, 우리나라와 후금 사이의 싸움.

정문 (正門) [정:문] 건물의 정면에 있는 문. 반후문.

정물 (靜物) 1 멈추어 움직이지 않는 물건. 2 '정물화'의 준말.

정물화 (靜物畫) 꽃·과일·그릇 따위의 정물을 그린 그림. 图정물.

정미소 (精米所) 기계를 이용하여 곡식을 찧거나 빻는 곳. 비방앗간.

정밀 (精密) 아주 정교하고 치밀하여 빈틈이 없고 자세함. 예정밀 검사 / 정밀 검진을 받다. **정밀하다.**

정박하다 (碇泊一) [정박카다] 배가 닻을 내리고 머무르다. 예배가 부두에 정박하다.

정반대 (正反對) [정:반대] 완전하게 반대되는 일. 예낮과 밤은 정반대다.

정반사 (正反射) [정:반사] 표면이 고른 거울에 들어온 빛이 일정한 방향으로 반사되는 일. **정반사하다.**

정벌 (征伐) 적이나 죄 있는 무리를 군대로 침. 예오랑캐를 완전히 정벌하다. **정벌하다.**

정변 (政變) 반란·쿠데타·혁명 따위 정치상의 큰 변동. 예정변을 겪다.

*__정보__ (情報) 어떤 사정이나 상황에 관한 소식. 또는 그 내용이나 자료. 예교통 정보 / 여행 정보. ⊃information

정보 산업 (情報産業) 정보의 생산·수집·유통·전달 따위를 다루는 산업.

정보지 (情報誌) 특정한 분야에 대한 정보를 제공하는 잡지.

정보화 (情報化) 정보가 유력한 자원이 되어 산업과 사회 발전의 중심이 되어 가는 것. 예정보화 시대가 도래하다.

정보화 사회 (情報化社會) 정보의 생산이 가치를 낳는 사회. 정보가 물품이나 에너지, 서비스보다 더 유력한 자원이 되어 사회·경제를 운영하고 발전시킴.

정복 (征服) 1 남의 나라를 쳐서 땅을 빼앗음. 비정벌. 2 어려운 일을 겪어 이겨 냄. 예에베레스트 정상을 정복하다. **정복하다.**

*__정부__ (政府) 1 나랏일을 맡아보는 기관. 2 국가의 정책을 집행하는 행정부.

정부미 (政府米) 쌀값을 조절하고 군 대용·구호용으로 쓰기 위하여 정부가 사들여 보관하고 있는 쌀.

정분 (情分) 정이 넘치는 따뜻한 마음. 사귀어 정이 든 정도. 예정분이 두터운 사이.

정비 (整備) [정:비] 1 뒤섞이거나 흐트러진 것을 가다듬어 바로 갖춤. 예대열을 정비하다. 2 기계나 시설 따위에 고장이 있는지 살피고 수리함. 예자동차를 정비하다. **정비하다.**

정비례 (正比例) [정:비례] 두 양이 서로 같은 비율로 늘거나 주는 관계. 반반비례. **정비례하다.**

정비소 (整備所) [정:비소] 자동차·배·비행기 따위가 제대로 작동하도록 보살피고 손질하는 일을 전문으로 맡아 하는 곳. 예자동차 정비소.

정사 (政事) 정치에 관계되는 일. 예정사를 돌보다.

*__정사각형__ (正四角形) [정:사가켱] 네 각이 모두 직각이고 네 변의 길이가 모두 같은 사각형. ⊃square

정삼각형 (正三角形) [정:삼가켱] 세 각의 크기와 세 변의 길이가 모두 같은 삼각형.

*__정상¹__ (頂上) 1 산의 맨 위. 예정상을 정복하다. 비산꼭대기. 2 그 위에 다시 없는 것. 예인기 정상의 영화배우. 비절정. 3 가장 높은 지위나 등급의 지도자. 예세계 정상들이 한자리에 모이다.

*__정상²__ (正常) [정:상] 특별한 변동이

나 탈이 없이 제대로인 상태. 예정상 수업 / 혈압이 정상이다.

정상인 (正常人) [정:상인] 몸과 정신에 탈이 없는 사람.

정상적 (正常的) [정:상적] 상태가 정상인 (것). 예일이 정상적으로 돌아가다.

정색 (正色) [정:색] 얼굴에 엄한 빛을 나타냄. 또는 그 얼굴빛. 예정색을 하고 대들다. **정색하다.**

*__정서__ (情緖) 어떤 일을 경험하거나 어떤 경우를 당하여 일어나는 온갖 감정. 예메마른 정서 / 정서가 풍부하다.

정서법 (正書法) [정:서뻡] 한 언어에서 글자를 적을 때, 맞춤법·띄어쓰기·문장 부호 등을 바르게 적는 방법.

정서적 (情緖的) 정서를 불러일으키는 (것). 예정서적 반응 / 정서적으로 안정되어 있는 학생.

정석 (定石) [정:석] 1 바둑에서, 공격과 방어에 최선으로 여겨지는 방식으로 돌을 놓는 법. 2 일을 처리하는 일정한 방식. 예정석을 따르다.

정선 (鄭敾) 《인명》 조선 후기의 화가. 호는 겸재. 전국을 여행하면서 사생화를 많이 그려 우리나라의 독특한 산수 화풍을 세움. [1676-1759]

*__정성__ (精誠) 거짓이 없고 성실한 마음. 예온갖 정성을 다하다 / 정성 어린 간호를 받다. 비지성.

*__정성껏__ (精誠—) [정:성껃] 정성을 다하여. 예정성껏 돌보다 / 부모님을 정성껏 모시다.

정성스럽다 (精誠—) [정:성스럽따] 보기에 정성을 다하는 태도가 있다. 예정성스럽게 만든 음식 / 환자를 정성스럽게 돌보다. 활용 정성스러워 / 정성스러우니.

정수¹ (淨水) 물을 깨끗하고 맑게 함. 또는 그 물. 예수돗물을 정수해서 마시다. **정수하다.**

*__정수__² (整數) [정:수] ···-3, -2, -1, 0, 1, 2, 3··· 따위의 수. 즉, 0과 자연수 및 자연수에 '-' 부호를 붙인 음수를 통틀어 이르는 말.

정수기 (淨水器) 물을 깨끗하게 거르는 기구. 예정수기 필터를 교체하다.

정수리 (頂—) 머리 위의 숫구멍이 있는 자리.

정숙 (靜肅) 고요하고 엄숙함. 예정숙한 분위기에서 공부하다. **정숙하다. 정숙히.**

정숙하다 (貞淑—) [정수카다] 여자의 행실이 바르고 마음씨가 곱다. 예정숙한 아내.

*__정승__ (政丞) 조선 때, 의정부에서 으뜸가던 벼슬. 영의정·좌의정·우의정을 일컬음.

정시 (定時) [정:시] 정해진 시각. 예정시에 출발하다 / 정시에 퇴근하다.

정식 (正式) [정:식] 정당한 방법. 규정대로의 방식. 예정식으로 유엔에 가입하다. 반약식.

정식 종목 (正式種目) 규정된 방식에 따라 치르는 정규의 경기 종목. 예올림픽 정식 종목으로 채택되다.

*__정신__ (精神) 1 마음이나 영혼. 예건전한 정신. 2 생각하고 판단하는 능력. 또는 그 작용. 예정신을 빼앗기다. 3 마음의 자세나 사상. 비영혼. 반육체.

정신(을) 뽑다 정신을 빼서 얼떨떨하게 만들다.

정신을 잃다 의식을 잃다.

정신(을) 차리다 ㉠정신을 가다듬다. ㉡어떤 일에 실패한 원인을 알아서 반성하다.

정신(이) 나가다 정신이 정상에서 벗어나다. 예정신 나간 소리.

정신(이) 팔리다 다른 데에 온통 정신이 쏠리다.

정신과 (精神科) [정신꽈] 1 정신의 병을 연구하고 치료하는 의학의 한 분야. 2 정신의 병을 치료하는 병원.

정신노동 (精神勞動) 주로 두뇌를 쓰는 노동. 반육체노동.

정신대 (挺身隊) 일제 강점기 말에 공장 등 근로에 강제 동원했던 여성들을 이르는 말.

정신력 (精神力) [정신녁] 정신을 받치고 있는 힘. 예정신력이 강한 사람 / 정신력을 기르다.

정신병 (精神病) [정신뼝] 정신의 장애나 이상으로 정상적인 생활을 하지 못하는 병적인 상태.

정신 병원 (精神病院) 정신병을 앓는 사람을 치료하는 병원.

정신없다(精神一) [정:시넙따] 1 제정신이 아니다. 예술에 취하여 정신없는 행동을 하다. 2 몹시 바쁘다. 예밀린 방학 숙제를 하느라 정신없다.

정신없이(精神一) [정:시넙씨] 제정신이 아닌 상태로. 예정신없이 여기저기 쏘다니다.

정신 연령(精神年齡) 지능의 발달 정도를 나이로 나타낸 것.

정신적(精神的) 정신에 관한 (것). 정신 활동을 중요하게 여기는 (것). 예정신적으로 도움이 되다. 맨물질적. 육체적.

정액(精液) 남자 생식기에서 분비되는 정자가 들어 있는 액체.

정약용(丁若鏞) 〖인명〗 조선 후기의 대학자. 호는 다산. 유형원과 이익 등을 통하여 내려온 실학사상을 모아 완성함. 저서에 '목민심서', '경세유표', '흠흠신서' 등이 있음. [1762-1836]

정어리 청어과의 바닷물고기. 몸길이 20-25cm. 몸빛은 등이 검푸르고 옆구리와 배는 은백색임. 우리나라의 동해에서 많이 잡힘.

정연하다(整然一) [정:연하다] 질서 있고 가지런하다. 예그의 이론은 조리가 정연하다.

정열(情熱) [정녈] 가슴속에서 맹렬하게 일어나는 적극적인 감정. 예정열을 쏟다 / 정열을 불태우다. 비열정.

정열적(情熱的) [정녈쩍] 정열에 불타는 (것). 예정열적 사랑 / 정열적으로 활동하다.

정오(正午) [정:오] 낮 열두 시. 예정오 뉴스 / 정오를 알리는 종소리 / 정오가 지나다. 비오정. 맨자정. ⊃noon

정오각형(正五角形) [정:오각켱] 다섯 변의 길이가 같고 다섯 각의 크기가 같은 오각형.

정원¹(定員) [정:원] 일정한 규정에 따라 정해진 인원. 예정원을 초과하다.

*__정원__²(庭園) 나무·꽃 따위를 가꾸어 놓은 집 안의 뜰이나 꽃밭. 예정원을 가꾸다. ⊃garden

정원사(庭園師) 정원을 가꾸는 것을 직업으로 하는 사람.

정원수(庭園樹) 정원에 심어 가꾸는 나무.

정월(正月) 일 년 중의 첫째 달. 예정월 초하루. 비일월.

정유(精油) 원유에서 중유·경유·휘발유 따위의 기름을 만드는 일. 예정유 공장 / 정유 회사.

정유재란(丁酉再亂) 임진왜란 뒤인 1597년에, 왜군이 우리나라를 다시 침략해 일으킨 난리.

정육각형(正六角形) [정:뉵까켱] 여섯 개의 각과 변의 길이가 모두 같은 육각형.

정육면체(正六面體) [정:늉면체] 여섯 개의 똑같은 정사각형으로 둘러싸인 육면체.

정육점(精肉店) [정:육쩜] 쇠고기·돼지고기 따위를 파는 가게. 비푸줏간.

*__정의__¹(正義) [정:의 / 정:이] 올바른 도리. 예정의를 위해 싸우다. 맨불의.

정의²(定義) [정:의 / 정:이] 어떤 말이나 사물의 뜻을 뚜렷이 밝혀 정함. 예정의를 내리다. **정의하다**.

정의³(情誼) [정:의 / 정:이] 서로 사귀어 친하여진 정. 예두터운 정의 / 정의가 깊다. 비의.

정의감(正義感) [정:의감 / 정:이감] 올바른 도리를 지키려는 마음. 예정의감에 불타다.

정의롭다(正義一) [정:의롭따 / 정:이롭따] 정의에 어긋나지 않고 올바르다. 예정의로운 사회 실현 / 약한 친구를 돕는 정의로운 아이. [활용] 정의로워 / 정의로우니.

정인보(鄭寅普) 〖인명〗 한학자·교육가. 호는 위당·담원. 중국에서 동양학을 연구하며 동포 계몽 운동에 힘씀. 귀국 후 여러 학교에서 강의를 하며, 총독부 정책을 비판하는 논설을 씀. 6·25 전쟁 때 납북됨. 저서에 '조선사 연구', '담원 시조집' 등이 있음. [1893-1950]

정인지(鄭麟趾) 〖인명〗 조선 초기의 문신·학자. 훈민정음 창제에 공이 큼. 천문·아악 등에 관한 많은 책과 '고려사'를 편찬하고 최항 등과 '용비어천가'를 지음. [1396-1478]

정자¹(正字) [정:자] 1 서체가 바르고 또박또박 쓴 글자. 예이름을 정자로 적어라. 2 한자의 약자가 아닌 본래의 글자.

정자² (亭子) 경치가 좋은 곳에 놀거나 쉬기 위하여 지은 작은 집.

정자³ (精子) 동물 수컷의 생식 세포. 난자와 결합하여 새로운 생명을 만듦.

정자²

정자나무 (亭子-) 집 근천이나 길가에 있는 큰 나무. 그 그늘 아래 사람들이 모여 놀거나 쉼.

정작 1 요긴하거나 진짜인 것. ⓔ정작 할 말은 꺼내지도 못했다. 2 어떤 일에 부닥쳐 실지로. ⓔ정작 해 보니 어렵구나. 凹막상.

정장 (正裝) [정:장] 정식의 복장을 함. 또는 그 복장. ⓔ정장을 차려입고 결혼식에 참석하다. **정장하다**.

정적 (靜寂) 고요하고 잠잠함. ⓔ정적을 깨뜨리다 / 산속에 정적이 감돌다. 凹적막.

정전 (停電) 전기 공급이 한때 중지됨. 전기가 나감. ⓔ정전 사고.

정전기 (靜電氣) 물체가 마찰했을 때 생기는 흐르지 않는 전기. 화학 섬유로 된 스웨터 따위를 벗을 때 일어나는 전기 따위. 凹마찰 전기.

정절 (貞節) 여자의 곧은 절개. ⓔ정절을 지키다.

정정 (訂正) 잘못을 고쳐서 바로잡음. ⓔ잘못된 기사를 정정하다. **정정하다**.

정정당당하다 (正正堂堂-) [정:정당당하다] 태도나 수단이 바르고 떳떳하다. ⓔ정정당당한 태도.

정정당당히 (正正堂堂-) [정:정당당히] 정정당당하게. ⓔ정정당당히 싸우다.

정정하다 (亭亭-) 노인의 몸이 굳세고 건강하다. ⓔ정정한 노인.

정조¹ (正祖) 〖인명〗 조선 제22대 임금. 영조의 탕평책을 이어받아 인재를 고루 등용하고, 규장각을 두어 학문과 실학을 크게 발전시키는 등 조선 후기 문화의 전성기를 이룸. [1752-1800 ; 재위 1776-1800]

정조² (貞操) 여자의 곧은 절개. ⓔ정

조를 지키다. 凹정절.

정족수 (定足數) [정:족쑤] 회의에서 의결에 필요한 최소의 사람 수. ⓔ정족수에 미달하여 회의를 미루다.

정주간 (鼎廚間) [정:주깐] 부엌과 안방 사이에 벽이 없이 부뚜막을 넓혀서 만든 온돌방. 함경도 지방에서 많이 볼 수 있음.

정중부 (鄭仲夫) 〖인명〗 고려 의종 때의 무신. 무신을 푸대접하는 데 반발하여 난을 일으키고 정권을 잡음. 1179년 무신 경대승에게 살해됨. [1106-1179]

정중하다 (鄭重-) [정:중하다] 태도가 점잖고 예의가 있다. ⓔ정중한 인사 / 정중한 표현 / 정중하게 묻다.

정중히 (鄭重-) [정:중히] 정중하게. ⓔ정중히 거절하다 / 정중히 사과하다.

정지 (停止) 1 움직이고 있던 것이 멈추거나 그침. ⓔ열차가 정지하다. 2 하고 있던 일을 그만둠. ⓔ영업 정지. **정지하다**.

정지선 (停止線) 횡단보도 앞 따위에서 자동차가 멈춰 서야 하는 위치를 나타내는 선.

***정직** (正直) [정:직] 거짓이나 꾸밈이 없이 마음이 바르고 곧음. ⓔ정직한 사람. 凹솔직. 凹거짓. **정직하다**.

정직성 (正直性) [정:직썽] 거짓이 없고 바르고 곧은 성질.

정진 (精進) 온 힘을 다하여 나아감. 열심히 노력함. ⓔ학업에 정진하다. **정진하다**.

정차 (停車) 차가 멎음. 또는 차를 멈춤. ⓔ정차 금지. 凹정거. 凹발차. **정차하다**.

정착 (定着) [정:착] 1 일정한 곳에 자리 잡고 머물러 삶. ⓔ정착 생활. 凹정주. 凹유랑. 2 새로운 제도나 문화 등이 사회에 받아들여져 뿌리를 내림. **정착하다**.

정찰¹ (正札) [정:찰] 물건의 정당한 값을 적은 쪽지. ⓔ정찰 판매.

정찰² (偵察) 몰래 적의 형편을 살핌. ⓔ적진을 정찰하다. **정찰하다**.

정찰기 (偵察機) 정찰을 임무로 하는 군용 비행기.

정책 (政策) 나라를 다스리는 방침과

그것을 이루기 위한 수단. ⓔ외교 정책/정책을 세우다.

정처 (定處) [정:처] 정한 곳. 일정한 곳. ⓔ정처 없이 떠나다.

정철 (鄭澈) 『인명』 조선 중기의 정치가·학자·시인. 호는 송강. 가사 문학의 대가로 국문학사상 중요한 작품을 많이 남김. 작품에 '송강가사', '관동별곡', '사미인곡' 등이 있음. [1536-1593]

정체[1] (正體) [정:체] 본디의 참된 모습. ⓔ정체가 드러나다.

정체[2] (停滯) 사물이 움직이지 아니하고 한자리에 머물러 막힘. ⓔ교통 정체 구간. **정체하다**.

정체불명 (正體不明) [정:체불명] 정체가 분명하지 않음. 또는 그러한 것. ⓔ정체불명의 물체.

정체성 (正體性) [정:체썽] 변하지 않는 본래의 성질. ⓔ정체성을 확립하다 / 정체성의 혼란을 겪다.

정초 (正初) 1 정월의 처음 며칠. 2 그해의 맨 처음.

정취 (情趣) 깊은 정서를 자아내는 흥취. ⓔ예술적 정취.

*__정치__ (政治) 나라의 주권자가 영토와 국민을 다스리는 일. ⓔ민주 정치/정치 활동. **정치하다**.

정치가 (政治家) 정치를 맡아서 하는 사람. 凹정치인.

정치부 (政治部) 방송국·신문사 등에서 정치에 관한 기사를 맡아보는 부서. ⓔ정치부 기자.

정치적 (政治的) 정치에 관한 (것). ⓔ정치적 사건.

정탐 (偵探) 몰래 남의 깊은 사정을 살핌. ⓔ적진을 정탐하다. 凹탐정. 염탐. **정탐하다**.

정통 (正統) [정:통] 1 바른 계통. ⓔ정통 한식 요리/정통을 잇다. 2 빗나가지 않고 정확히. ⓔ과녁에 정통으로 맞다.

정통하다 (精通—) 사물에 대하여 깊이 자세히 안다. ⓔ국제 정세에 정통한 사람/정통한 소식.

정평 (定評) [정:평] 모든 사람이 다 같이 인정하는 좋은 평판. ⓔ정평이 난 작품.

*__정하다__ (定—) [정:하다] 1 선택하거나 판단하여 결정하다. ⓔ소풍 장소를 정하다. 2 규칙 등의 적용 범위를 결정하다. ⓔ법이 정한 범위/일정한 기준을 정하다. 3 뜻을 세워 굳히다. ⓔ떠나기로 마음을 정하다.

정학 (停學) 학생이 교칙을 어겼을 때, 일시적으로 등교를 정지시키는 학교의 처벌. ⓔ정학 처분.

정형 (定型) [정:형] 일정한 형식이나 정해진 틀. ⓔ전통적인 시의 정형을 깨뜨리다.

정형시 (定型詩) [정:형시] 글자의 수와 배열 순서 따위가 일정한 시. 시조나 한시 따위. 凹자유시.

정형외과 (整形外科) [정:형외꽈 / 정:형웨꽈] 외과의 한 갈래. 근육이나 뼈대 따위의 운동 기관에 생긴 장애를 치료함.

정화 (淨化) 깨끗하게 함. ⓔ거리를 정화하다. **정화하다**.

정화조 (淨化槽) 똥과 오줌을 정화하여 하수도로 내보내는 시설.

*__정확__ (正確) [정:확] 틀림없이 바르고 확실함. ⓔ시계를 정확하게 맞추다. 凷확실. 凹부정확. **정확하다**.

정확도 (正確度) [정:확또] 바르고 확실한 정도.

정확성 (正確性) [정:확썽] 정확한 성질이나 정도. ⓔ정확성을 높이다 / 정확성이 떨어지다.

*__젖__ [젇] 1 자식이나 새끼를 먹이는 뿌연 액체. ⓔ젖이 나오다. 2 ⇨유방. ⓔ젖을 빨다 / 젖을 물리다.

젖가슴 [젇까슴] 젖이 있는 부위의 가슴.

젖꼭지 [젇꼭찌] 1 젖의 한가운데에 쏙 내민 부분. ⓔ젖꼭지를 물리다. 2 아기가 우유를 빨아 먹을 수 있도록 젖 모양으로 만든 물건.

젖니 [전니] 젖먹이 때 나서 갈기 전의 이. 凷배냇니. 유치.

> [참고] '이'가 합성어 등에서 '니' 또는 '리'로 소리 날 때는 '니'로 적는다. ⓔ간니, 금니, 덧니, 사랑니, 생니, 송곳니, 아랫니, 앞니, 어금니, 윗니, 톱니, 틀니

젖다 [절따] 1 물이 배어 축축하게 되다. ⑩옷이 비에 젖다. 2 몸에 배어 버릇이 되다. ⑩낡은 관습에 젖다. 3 어떤 심정에 깊이 잠기다. ⑩슬픔에 젖다. →젓다 [주의]

젖먹이 [전머기] 젖을 먹는 어린아기. 町영아. 유아.

젖병 (一瓶) [젇뼝] 우유나 분유 등을 담아 아기에게 먹이도록 젖꼭지가 달린 병.

젖빛 [젇삗] 젖과 같이 뿌연 빛깔. ⑩젖빛 유리.

젖산 (一酸) [젇싼] 젖당이나 포도당 등의 발효로 생기는 산. 근육에 쌓여 피로의 원인이 됨.

젖산균 (一酸菌) [젇싼균] 물에 녹으면 단맛이 나는 탄수화물을 분해하여 젖산으로 만드는 균을 통틀어 일컫는 말. 町유산균.

젖소 [젇쏘] 우유를 얻기 위해 기르는 소.

젖줄 [젇쭐] 1 젖이 나오는 줄기. 2 필요한 것을 가져다주는 중요한 수단을 비유적으로 이르는 말. ⑩한강은 서울의 젖줄이다.

젖혀지다 [저처지다] 1 물건의 밑부분이 겉으로 드러나다. 2 속의 것이 드러나게 열리다. [잘] 잦혀지다.

젖히다 [저치다] 1 뒤로 기울어지게 하다. ⑩고개를 뒤로 젖히다. 2 속의 것이 겉으로 드러나게 하다. ⑩커튼을 걷어 젖히다. [잘] 잦히다.

***제**[1] '나'·'자기'의 낮춤말인 '저'가 특별히 변한 말. 조사 '가' 앞에서만 쓰임. ⑩그 일은 제가 하겠습니다.

***제**[2] '나의'·'자기의'의 낮춤말인 '저의'의 준말. ⑩제 생각을 말씀 드리겠습니다 / 그 연필은 제 것입니다 / 제 욕심만 차리다.

[주의] **제와 재**

제 1 '나'·'자기'의 낮춤말인 '저'가 변한 말로 조사 '가' 앞에서만 쓰인다. ⑩제가 하겠습니다 / 제가 제 뺨을 친다. 2 '나의'·'자기의'의 낮춤말인 '저의'의 준말. ⑩제 꾀에 넘어간다.

재 '저 아이'의 준말. ⑩재는 말을 잘한다.

제[3] '적에'가 줄어든 말. ⑩해 돋을 제 왔다.

제— (第) 순서나 차례의 뜻을 나타내는 말. ⑩제1과 / 제2차 세계 대전 / 제5회 국제 영화제.

제각각 (一各各) [제각깍] 여럿이 모두 각각. ⑩들어 보니 제각각 의견이 다르다.

***제각기** (一各其) [제각끼] 모두 저마다. ⑩제각기 한 마디씩 하다. 町각자. 제가끔.

제값 [제갑] 본디 지니고 있는 값어치나 가격. ⑩제값을 받다.

제강 (製鋼) [제:강] 시우쇠(무쇠를 불려 만든 쇠붙이)를 불려서 강철을 만듦. 또는 그 강철.

제거 (除去) 없애 버림. ⑩창틀의 먼지를 제거하다 / 장애물을 제거하다. **제거하다.**

제격 (一格) 그 지닌 바의 정도나 신분에 어울리는 격식. ⑩제격에 맞다 / 제격에 어울리다 / 이 일에는 그 사람이 제격이다.

제곱 같은 수를 두 번 곱함. ⑩3의 제곱은 9다. **제곱하다.**

[참고] '5미터 제곱'이라 하면, 5미터를 한 변으로 하는 정사각형을 말하며, 그 넓이는 25제곱미터가 됨. 곧, $(5m)^2 = 25m^2$라는 말임.

제곱미터 (—meter) 넓이의 단위. 한 변의 길이가 1m인 정사각형의 넓이를 1제곱미터라고 하며 '$1m^2$'라고 씀.

제곱센티미터 (—centimeter) 넓이의 단위. 한 변의 길이가 1cm인 정사각형의 넓이를 1제곱센티미터라고 하며 '$1cm^2$'라고 씀.

***제공** (提供) 필요한 것을 내어 줌. 쓰라고 줌. ⑩자료 제공 / 숙식을 제공하다. **제공하다.**

제과 (製菓) [제:과] 과자나 빵 등을 만듦.

제과점 (製菓店) [제:과점] 과자나 빵을 만들어 파는 가게.

제구실 제가 마땅히 해야 할 일. ⑩제구실을 못하다.

제국[1] (諸國) 여러 나라. ⑩아시아

제국.

제국² (帝國) [제:국] 황제가 다스리는 나라. 예 대한 제국.

제국주의 (帝國主義) [제:국쭈의 / 제:국쭈이] 군사적·경제적으로 다른 나라를 정복하여 더 큰 나라를 건설하려고 하는 주의.

제군 (諸君) '여러분·자네들'의 뜻으로, 손아랫사람에게 쓰는 말. 예 학생 제군.

제금 (提金) ⇨자바라.

***제기¹** 엽전 같은 것을 종이나 헝겊 따위로 싼 다음 나머지 부분을 먼지떨이처럼 여러 갈래로 만들어 발로 차고 노는 장난감. 예 제기를 차다.

제기² (祭器) [제:기] 제사 때 쓰는 그릇.

제기³ (提起) 1 의견이나 문제를 내놓음. 예 반론이 제기되다 / 의혹을 제기하다. 2 소송을 일으킴. 예 소송을 제기하다. 제기하다.

제기차기 제기를 차는 놀이. 제기를 땅에 떨어뜨리지 않고 발로 많이 차는 쪽이 이김. 제기차기하다.

제까짓 [제까진] 겨우 저따위 정도의. 예 제까짓 게 무엇이기에 그리 뽐내느냐. 圇 제깟.

제날짜 정했거나 기한이 찬 날. 예 제날짜를 지키다.

제네바 (Geneva) [지명] 스위스 남서쪽 끝에 있는 관광 도시. 시계를 비롯한 정밀 공업이 발달함. 국제 적십자 본부·국제 노동 기구 본부 따위가 있음.

제단 (祭壇) [제:단] 예배나 제사를 지내게 만들어 놓은 단.

제대 (除隊) 군인이 복무 기간이 다 했거나 그 밖의 일로 군인의 신분에서 벗어나 사회로 돌아감. 예 만기 제대 / 대위로 군대를 제대하다. 제대하다.

***제대로** 1 제 격식대로. 예 제대로 지은 집. 2 마음먹은 대로. 예 이번에도 제대로 표현하지 못했다. 3 알맞은 정도. 예 이가 아파 제대로 먹지도 못한다.

***제도¹** (制度) [제:도] 관습·도덕·법률 등의 규범. 또는 국가·사회의 조직과 체계. 예 입시 제도 / 토지 제도 / 제도를 개혁하다.

제도² (製圖) [제:도] 기계·건물·공작물 등의 도면을 그림. 제도하다.

제도³ (諸島) 여러 섬. 예 사모아 제도 / 필리핀 제도.

제독 (提督) 해군의 장군. 함대의 사령관.

제동 (制動) [제:동] 기계나 자동차 따위의 운동을 멈추게 하거나 속력을 떨어지게 함. 예 제동 장치 / 제동을 걸다. 제동하다.

제때 1 알맞은 때. 예 제때에 오다 / 제때에 비가 내리다. 2 정해 놓은 때. 예 제때에 맞춰 약을 챙겨 먹다.

제련 (製鍊) [제:련] 광석을 용광로에 넣고 녹여서 원하는 금속을 뽑아내는 일. 제련하다.

제례 (祭禮) [제:례] 제사의 절차나 예절.

제례악 (祭禮樂) [제:례악] 종묘나 문묘의 제사에 연주하는 음악.

제멋 [제먿] 제 나름대로 느끼고 생각하는 멋. 예 제멋에 살다.

제멋대로 [제먿때로] 자기 마음대로. 자기가 하고 싶은 대로. 예 제멋대로 지껄이다.

제명 (除名) 구성원 명단에서 이름을 지우고 자격을 빼앗음. 예 제명 처분 / 당에서 제명하다. 제명하다.

***제목** (題目) 글·공연·작품 등에 붙여진 이름. 예 소설의 제목 / 제목을 붙이다. 圓 표제.

제물 (祭物) [제:물] 1 제사에 쓰는 음식. 예 제물을 마련하다. 圓 제수. 2 희생물. 예 제물로 바치다.

제물포 조약 (濟物浦條約) 조선 고종 19년(1882)에 임오군란으로 발생한 피해 보상 문제를 처리하기 위해 제물포(인천)에서 일본과 맺은 조약.

***제발** [제:발] 간절히 바라건대. 아무쪼록. 예 제발 공부 좀 해라 / 제발 용서해 주세요.

제방 (堤防) 물 피해가 나지 않도록 하천이나 바닷가에 흙이나 돌, 콘크리트 따위로 쌓은 둑.

***제법** 수준이나 솜씨가 기대 이상인 어느 정도에 이른 모양. 예 제법 일을 잘한다 / 날씨가 제법 춥다 / 음식 솜씨

가 제법이다.

제보 (提報) 수사 기관이나 언론 등에 정보를 제공함. [예] **제보**가 들어오다. **제보하다**.

제복 (制服) [제:복] 어느 단체나 기관에서 정해진 규정에 따라 똑같이 입는 복장. 유니폼. [예] 군인의 **제복**.

제본 (製本) [제:본] 인쇄물 등을 실로 매거나 풀로 붙이고 표지를 씌워 책을 만듦. [비] 제책. **제본하다**.

제분 (製粉) [제:분] 곡식을 빻아 가루로 만듦. 특히, 밀가루를 만드는 일. [예] **제분**소.

***제비**[1] [제:비] 제빗과의 새. 몸길이 18cm 정도. 날개와 꽁지가 길며 등은 검은색, 배는 흰색임. 매우 빠르게 날며, 봄에 우리나라에 와서 처마 밑에 집을 짓고 살다가 가을에 남쪽으로 날아가는 철새임.

제비[1]

제비[2] 기호나 글자가 적힌 종잇조각 등을 뽑아 그에 따라 차례나 승부 따위를 결정하는 방법. [예] **제비**를 뽑다. [비] 추첨.

제비꽃 [제:비꼳] 제비꽃과의 여러해살이풀. 봄에 보랏빛의 꽃이 피며, 높이 12cm 정도임. [비] 오랑캐꽃.

제빙 (製氷) [제:빙] 물을 얼리어 얼음을 만듦. **제빙하다**.

***제사** (祭祀) [제:사] 신령 또는 죽은 사람의 넋에게 음식을 바치어 정성을 표하는 의식. [예] **제사**를 지내다. [준] 제.

제사상 (祭祀床) [제:사쌍] 제사를 지내기 위하여 음식을 차려 놓는 상. [준] 제상.

제삼 인칭 (第三人稱) 대화자 이외의 사람을 그 이름 대신 가리키는 말. '그·그녀·저이·그이' 따위.

제삼자 (第三者) [제:삼자] 어떤 일에 직접 관계되지 않은 사람. [예] **제삼자**가 개입하다. [반] 당사자.

제삼차 산업 (第三次產業) 상업·운수·통신·금융 따위의 서비스 산업.

제삿날 (祭祀—) [제:산날] 제사 지내는 날. [비] 기일. 제일. [준] 젯날.

제상 (祭床) [제:쌍] '제사상'의 준말. [예] **제상**을 차리다.

제설 (除雪) 쌓인 눈을 치우는 일. [예] **제설** 작업. **제설하다**.

제소 (提訴) 소송을 냄. [예] 법원에 **제소**하다. **제소하다**.

제수[1] (除數) [제쑤] 나눗셈에서 어떤 수를 나누는 수. 6÷3에서 3이 제수임. [반] 피제수.

제수[2] (祭需) [제:수] 제사에 쓰는 여러 가지 음식이나 재료. [예] **제수**를 준비하다. [비] 제물.

제스처 (gesture) 말할 때 쓰는 손짓이나 몸짓, 표정 따위. [예] **제스처**가 요란하다 / **제스처**를 취하다.

***제시** (提示) 1 어떠한 뜻을 글이나 말로 나타내어 보임. [예] 해결책을 **제시**하다. 2 증명하는 문서나 표 따위를 내어 보임. [예] 증거물 **제시**. **제시하다**.

제시간 (一時間) 정한 시간. [예] **제시간**에 도착하다.

제아무리 자기가 아무리. 남을 얕잡아 보는 뜻으로 쓰는 말. [예] **제아무리** 잘난 체해도 별수 없다. [준] 아무리.

제안 (提案) 어떤 생각이나 의견을 내놓음. 또는 그 생각이나 의견. [예] **제안**을 받아들이다. [비] 제의. **제안하다**.

제압 (制壓) [제:압] 힘이나 위엄으로 상대를 누르고 꼼짝 못하게 함. [예] 적을 **제압**하다. **제압하다**.

제야 (除夜) 한 해의 마지막 날 밤. [예] **제야**의 종소리. [비] 제석.

제약[1] (制約) [제:약] 1 사물의 성립에 필요한 조건이나 규정. [예] 시간의 **제약**을 받다. 2 어떤 조건을 붙이어 제한함. [예] **제약**을 가하다. **제약하다**.

제약[2] (製藥) [제:약] 약을 만듦. 또는 그 약. [예] **제약** 회사.

제어 (制御) [제:어] 1 감정·충동·생각 따위를 막거나 누름. [예] **제어**된 행동. 2 기계·설비 따위를 상황에 알맞게 움직이도록 조절함. [예] 자동 **제어** 장치. **제어하다**.

제왕운기 (帝王韻紀) [제:왕운기] 〖책〗 고려 고종 때 이승휴가 지은 역사책. 상권에는 중국 왕조의 이야기가, 하권에는 우리나라 왕조의 이야기가 7자씩의 한시로 씌어 있음.

제외 (除外) [제외/제웨] 어느 범위 밖에 둠. 예그 사람을 제외하고는 모두 모였다. **제외하다**.

제우스 (Zeus) 그리스 신화에 나오는 최고의 신. 천지의 모든 현상을 지배한다 함. 아내는 헤라이며, 로마 신화의 유피테르에 해당함.

제위 (帝位) [제:위] 황제의 자리. 왕의 자리. 예제위에 오르다. 비왕위.

제육 (一肉) 돼지고기.

제의 (提議) [제의/제이] 어떤 의안이나 의견을 내놓음. 예사업을 같이하자고 제의하다. **제의하다**.

제이 인칭 (第二人稱) 대화하는 상대방의 이름 대신에 쓰는 말. '너·당신·자네' 따위.

제이차 산업 (第二次産業) 광업·건설업·제조업 따위 주로 원재료의 정제와 가공을 담당하는 산업.

제이 차 세계 대전 (第二次世界大戰) 1939년에서 1945년 사이에 벌어졌던 세계적인 큰 전쟁. 미국·영국·프랑스·소련 등의 연합군이 독일·이탈리아·일본 등과 싸워 승리하였음.

*__제일__ (第一) [제:일] 1 여럿 가운데 으뜸인 것. 또는 차례로 맨 처음. 예이 분야에선 내가 제일이다. 비첫째. 2 첫째로. 예내가 제일 좋아하는 꽃. 비가장.

제일가다 (第一一) [제:일가다] 여럿 가운데 가장 뛰어나다. 예제일가는 관심사/산 중에 제일가는 명산이다. 비으뜸가다.

제일선 (第一線) [제:일썬] 1 맨 앞장. 예제일선에 나서서 솔선수범하다. 2 ⇒최전선.

제일 인칭 (第一人稱) 말하는 사람이 자기를 일컬을 때에 쓰는 말. '나·저·저희' 따위. 비일인칭.

제일차 산업 (第一次産業) 농업·임업·어업 따위 주로 원재료의 생산을 담당하는 산업. 준일차 산업.

제일 차 세계 대전 (第一次世界大戰) 1914년부터 1918년 사이에 벌어졌던 세계적인 큰 전쟁. 영국·프랑스·러시아 등의 연합군과 독일·오스트리아·이탈리아 등이 싸웠는데, 독일의 항복으로 끝남.

*__제자__ (弟子) [제:자] 스승의 가르침을 받거나 받은 사람. 예제자로 삼다. 비생도. 문인. 반스승. 선생.

*__제자리__ 1 본디 있던 자리. 예제자리에 갖다 놓다. 2 마땅히 있어야 할 자리. 예항상 제자리를 지키다.

제자리걸음 [제자리거름] 1 한자리에서 걷는 동작. 2 일의 진행이나 상태가 변화나 발전 없이 그대로 머물러 있음. 예성적이 제자리걸음이다. **제자리걸음하다**.

제자리표 (一標) 악보에서 #나 ♭으로 높였거나 낮춘 음을 본래의 음으로 돌아가게 하는 표. '♮'로 나타냄.

제작 (製作) [제:작] 1 재료를 가지고 새로운 물건을 만듦. 예도구를 제작하다. 2 영화·방송 프로그램 따위를 여러 사람이 협력해 만듦. 예음반 제작/다큐멘터리를 제작하다. 비제조. **제작하다**.

제작도 (製作圖) [제:작또] 어떤 물건을 만드는 데에 필요한 도면. 공장이나 작업장에서 사용함.

제재 (制裁) [제:재] 1 법이나 규정을 어긴 사람에게 벌을 내림. 또는 그 벌. 예법적 제재를 가하다. 2 도덕·관습 또는 규칙에 어긋나는 행위를 제한하거나 금지함. 또는 그 조치. 예여론의 제재를 받다. **제재하다**.

제재소 (製材所) [제:재소] 베어 낸 나무로 재목이나 판자를 만드는 곳.

제적 (除籍) 호적·학적 따위에서 이름을 빼어 구성원의 자격을 잃게 함. 예학교에서 제적당하다. **제적하다**.

제전 (祭典) [제:전] 1 제사를 지내는 의식. 2 성대히 열리는 예술·문화·체육 따위의 행사. 예제24회 올림픽 제전/음악의 제전.

제정 (制定) [제:정] 법률이나 제도 따위를 만들어서 정함. 예법률을 제정하다. **제정하다**.

제정신 (一精神) 자기 본래의 똑바른 정신. 예제정신이 아니다. 비본정신.

제조 (製造) [제:조] 원료를 가공하여 물건을 만듦. 예부품을 제조하다. 비제작. **제조하다**.

제조법 (製造法) [제:조뻡] 물건을 만드는 방법. 예약품 제조법/와인 제조법.

제조업 (製造業) [제:조업] 원료나 재료를 가공하여 상품을 만드는 사업.

제주 (祭主) [제:주] 제사를 맡아 진행하는, 그 제사의 중심이 되는 사람. 주로 죽은 사람의 맏아들이 됨.

제주도 (濟州島) [제:주도] 〖지명〗 우리나라의 가장 남쪽 끝에 있는 큰 화산섬. 우리나라에서 가장 큰 섬으로 바람·돌·여자가 많아 '삼다도'라 불리며 경치가 빼어나고 교통도 편리하여 관광객이 많음. 귤이 많이 나고 한라산이 있음.

제중원 (濟衆院) [제:중원] 우리나라 최초의 근대식 병원. 처음 이름은 광혜원이었는데 1886년에 고종이 백성의 치료에 공이 크다 하여 제중원으로 고쳤음.

제지[1] (制止) [제:지] 하려고 하는 일을 말려서 못하게 함. 예아이들의 장난을 제지하다. **제지하다.**

제지[2] (製紙) [제:지] 종이를 만듦. 예제지 공장.

제짝 한 벌이나 한 쌍을 이루는 그 짝. 예제짝을 찾다.

제창[1] (提唱) 어떤 일을 제시하여 주장함. 예언론의 자유를 제창하다. 町주창. **제창하다.**

제창[2] (齊唱) 여러 사람이 다 같이 노래를 부름. 예애국가를 제창하다. **제창하다.**

제천 (祭天) [제:천] 하늘에 제사를 지냄.

제철[1] 옷·음식 따위의 알맞은 때. 예제철 과일 / 제철이 지나다.

제철[2] (製鐵) [제:철] 철광석을 녹이고 다루어 쇠를 만듦. 예제철 공장.

제철소 (製鐵所) [제:철쏘] 철광석을 녹여 무쇠나 강철을 만드는 곳.

제초 (除草) 잡초를 뽑아 없앰. 예제초 작업. 町김매기. **제초하다.**

제초제 (除草劑) 잡초를 없애는 약. 예제초제를 뿌리다.

제출 (提出) 의견이나 안건 등을 내어 놓음. 예보고서를 제출하다. **제출하다.**

제치다 1 거치적거리지 않게 처리하다. 예앞사람을 제치고 뛰어나가다. 2 경쟁자보다 앞서 나가다. 예선두를 제치고 우승하다. 3 하려던 일을 미루다. 예숙제를 제쳐 놓고 놀러 나가다.

제트기 (jet機) 연소 가스를 세게 내뿜어 그 반작용으로 움직이는 비행기.

제패 (制霸) [제:패] 경기 따위에서 우승함. 예마라톤에서 세계를 제패하다. **제패하다.**

제풀로 저 혼자 저절로. 예제풀로 자라다. 町제물로.

제풀에 [제푸레] 내버려 두어도 저 혼자 저절로. 예아이가 울다가 제풀에 지쳐 잠이 들었다. 町제물에.

*__제품__ (製品) [제:품] 원료를 가지고 만든 상품. 예전자 제품 / 실용적인 제품을 만들다.

제하다 (除一) 어떤 몫에서 무엇을 빼다. 예물건값을 제하고 거스름돈을 받다.

제한 (制限) [제:한] 한도를 정하거나 그 한도를 넘지 못하게 막음. 또는 그 정한 한계. 예제한 속도를 지키다 / 나이 제한을 두다. **제한하다.**

제헌 (制憲) [제:헌] 헌법을 만들어서 정함. 예제헌 국회. **제헌하다.**

제헌절 (制憲節) [제:헌절] 국경일의 하나. 1948년 7월 17일 헌법이 제정 공포된 것을 기념하는 날.

제화 (製靴) [제:화] 구두를 만듦. 예제화공장.

제후 (諸侯) 봉건 시대에 왕에게서 받은 영토와 그 안에 사는 백성을 다스리던 사람.

제휴 (提携) 공동의 목적을 위하여 서로 돕는 관계를 맺음. 예기술 제휴 / 제휴를 맺다. **제휴하다.**

젠체하다 잘난 체하다. 예조금 안다고 젠체하지 마라.

젤리 (jelly) 과일즙에 설탕을 넣고 졸인 뒤 식혀서 만든 반고체 모양의 과자. ×제리.

*__조__[1] 볏과의 한해살이풀. 곡식의 한 가지. 9월경에 노란색의 동그랗고 자디잔 열매가 맺음.

*__조__[2] (組) 적은 인원으로 짜여진 소규모의 집단. 예여러 조로 나누다.

*__조__[3] (兆) 수의 단위. 억의 만 배.

조[4] (條) 조목이나 항목을 나타냄. 예

헌법 제1조.

조⁵ (調) 1 시가나 노래의 자수에 따른 리듬을 나타내는 말. 예삼사조. 2 '그런 말투나 행동'의 뜻. 예빈정대는 조로 말하다. 3 어떤 말 뒤에 붙어 '말투·방식·태도' 등의 뜻. 예시비조 / 애원조.

조가비 조개의 껍데기.

*__조각__¹ 한 물건에서 떼어 내거나 떨어져 나온 작은 부분. 예헝겊 조각.

*__조각__² (彫刻) 나무·돌·금속 같은 것에 그림이나 글씨 또는 모양을 새김. 예조각 공원. **조각하다.**

조각가 (彫刻家) [조각까] 조각을 전문으로 하는 미술가.

조각구름 [조각꾸름] 여러 조각으로 흩어져 있는 구름.

조각나다 [조강나다] 깨어지거나 갈라져서 여러 조각이 생기다. 예컵이 떨어져 조각나 버렸다.

조각배 [조각빼] 작은 배.

조각보 (一褓) [조각뽀] 여러 조각의 헝겊을 대어서 만든 보자기.

조각조각 [조각쪼각] 여러 조각으로 갈라지거나 깨진 모양.

조각칼 (彫刻—) 조각을 할 때 쓰는 칼. 창칼·끌칼·둥근칼·세모칼 등.

조각품 (彫刻品) 조각을 한 작품.

조간신문 (朝刊新聞) 날마다 아침에 발행하는 신문. 빤석간신문. 준조간.

조감도 (鳥瞰圖) 높은 곳에서 내려다본 모양을 그린 그림이나 지도.

*__조개__ 조가비를 가진 연체동물. 주로 바닷속에 사는데 속살은 연하여 먹음.

조개더미 옛날 원시인들이 먹고 버린 조개껍데기가 쌓여 무더기를 이루고 있는 유적. 주로 석기 시대의 것으로 웅기·김해의 조개더미가 유명함. 비조개무지. 패총.

*__조건__ (條件) [조껀] 무엇이 이루어지는 데 필요한 사항. 예계약 조건 / 조건을 제시하다. 비조항.

조건 반사 (條件反射) 사람이나 짐승이 훈련 등에 의해 일정한 환경만 주어지면 저절로 그 행동을 하게 되는 것.

조경 (造景) [조:경] 경치를 아름답게 꾸밈. 예조경 공사 / 조경 사업.

조계종 (曹溪宗) [조계종 / 조게종] 우리나라 불교를 대표하는 한 종파.

조공 (朝貢) 예전에, 속국이 종주국에 예물을 바치던 일. 또는 그 예물. 예조공을 바치다. **조공하다.**

조광조 (趙光祖) 『인명』 조선 중종 때의 학자. 호는 정암. 급진적인 개혁을 통해 도덕적 이상 정치를 꾀하다가 기묘사화 때 죽임을 당함. [1482-1519]

*__조국__ (祖國) 1 조상 때부터 살아온 나라. 예조국을 위해 싸우다. 2 자기의 국적이 속해 있는 나라. 비고국. 모국. 빤타국. 외국.

*__조그마하다__ 조금 작거나 적다. 예조그마한 손. 준조그맣다.

*__조그맣다__ [조그마타] '조그마하다'의 준말. 예조그만 목소리 / 몸을 조그맣게 웅크리다. [활용] 조그마니 / 조그매서.

*__조금__ 1 정도나 분량이 적게. 예국에 소금을 조금 넣다 / 조금이라도 다르면 안 된다. 2 시간적으로 짧게. 예조금 후에 보자. 준좀.

*__조금씩__ 많지 않게 여러 번 계속하여. 예건강이 조금씩 회복되다.

조급하다 (躁急—) [조그파다] 참을성이 없이 매우 급하다. 예조급한 성격 / 조급하게 굴다.

조급히 (躁急—) [조그피] 조급하게. 예조급히 서두르다.

조기¹ 민어과의 수조기·참조기·보구치 따위를 통틀어 일컫는 말. 몸길이 30cm 정도의 바닷물고기로, 붕어와 비슷한데 머리는 작고 살은 연함.

조기² (弔旗) [조:기] 1 ⇨반기². 예조기를 게양하다. 2 조의를 표하는 검은 선을 두른 기.

조기³ (早起) [조:기] 아침 일찍 일어남. 예조기 청소 / 조기 축구회.

조기⁴ (早期) [조:기] 이른 시기. 예병을 조기에 발견하다.

조깅 (jogging) 건강을 유지하기 위해 천천히 달리는 운동.

조끼 (←일 チョッキ) 저고리·셔츠·블라우스 위에 덧입는 소매가 없는 옷.

조난 (遭難) 항해나 산행을 하다 사고를 당하거나 위험한 지경에 놓이는 일. 예조난을 당한 등산객을 구조하다. **조난하다.**

조달 (調達) 필요한 돈이나 물건 등

조랑말 몸집이 작은 종자의 말.

조력 (潮力) 밀물과 썰물의 차에서 생기는 힘.

조력 발전소 (潮力發電所) 밀물과 썰물의 차를 이용하여 전기를 일으키는 발전소.

조련사 (調鍊師) 동물에게 곡예 따위를 훈련시키는 사람.

조례 (朝禮) 학교에서 담임 선생님이 수업하기 전에 학생들과 하는 아침 인사. 비조회. 반종례.

조롱¹ (鳥籠) ⇨새장.

조롱² (嘲弄) 비웃거나 깔보고 놀림. 예키가 작다고 **조롱**하지 마라. 비희롱. **조롱하다**.

조롱박 1 ⇨호리병박. 2 호리병박으로 만든 바가지.

조롱조롱 작은 열매나 물방울 따위가 많이 매달린 모양. 큰주렁주렁. **조롱조롱하다**.

조류¹ (潮流) 1 밀물·썰물에 따라서 일어나는 바닷물의 흐름. 2 세상의 흐름. 예시대의 **조류**를 타다.

조류² (鳥類) 온몸이 깃털로 덮이고 날개가 있는 짐승의 무리. 새의 종류. 비날짐승.

조류³ (藻類) 물속에 살면서 엽록소로 탄소 동화 작용을 하는 식물. 갈조류·홍조류 등이 있음.

*__조르다__ 1 다른 사람에게 끈덕지게 무엇을 요구하다. 예엄마에게 용돈을 달라고 **조르다**. 2 끈 따위로 단단히 죄다. 예허리띠를 **조르다**. [활용] 졸라 / 조르니.

조르르 1 가는 물줄기가 빠르게 흘러내리는 소리. 또는 그 모양. 예물이 <u>조르르</u> 흐르다. 2 경사진 곳에서 작은 물건이 빠르게 미끄러져 내리는 모양. 3 어린아이나 작은 짐승이 잰걸음으로 따르는 모양. 예엄마 뒤를 **조르르** 따라가다. 큰주르르. 센쪼르르.

조르륵 가는 물줄기가 빠르게 잠깐 흐르다가 그치는 소리. 또는 그 모양. 예컵에 물을 **조르륵** 따라서 마시다. 큰주르륵. 센쪼르륵. **조르륵하다**.

조리¹ (條理) 글이나 말의 앞뒤가 들어맞고 체계가 서는 갈피. 예말을 **조리** 있게 하다.

조리² (笊籬) [조:리] 곡식을 이는 데 쓰는 도구.

조리³ (調理) 1 몸을 보살피고 병을 다스려 건강을 회복하게 함. 예수술 후에는 **조리**를 잘해야 한다. 2 음식을 잘 맞추어 요리함. 예**조리** 기구 / **조리** 방법 / 음식을 위생적으로 **조리**하다. **조리하다**.

조리개 사진기에서, 렌즈를 통과하는 빛의 양을 조절하는 장치.

조리다 고기·채소 등을 양념하여 국물이 졸아들게 바짝 끓이다. 예쇠고기를 간장에 **조려** 장조림을 만들다.

주의 **조리다**와 **졸이다**

조리다 고기나 채소 따위를 양념하여 국물이 바특하게 바짝 끓이다. 예생선을 조리다.

졸이다 속을 태우다시피 마음을 초조하게 먹다. 예마음을 졸이다.

조리대 (調理臺) 음식을 만드는 데 쓰는 받침.

조리법 (調理法) [조리뻡] 음식을 만드는 방법. 비요리법.

조리사 (調理士) 음식점에서 음식을 만드는 사람. 비요리사.

조림¹ 고기나 채소 등을 조려서 만든 반찬.

조림² (造林) [조:림] 나무를 심거나 씨를 뿌려 숲을 만드는 일. 예**조림** 사업. **조림하다**.

조립 (組立) 여러 부품들을 모아 하나의 구조물로 맞추어 짬. 예장난감 자동차를 **조립**하다. **조립하다**.

조립식 (組立式) [조립씩] 조립의 방법으로 꾸미는 방식. 예**조립식** 가구 / **조립식** 주택.

조릿대 [조리때 / 조릳때] 볏과에 속하는 키 작은 대나무. 줄기는 조리를 만드는 데 쓰고 잎은 약으로 씀.

조마조마하다 닥쳐올 일에 대하여 염려가 되어 초조하고 불안하다. 예마음이 조마조마하다.

조만간 (早晩間) [조:만간] 앞으로 곧.

머지않아. 예조만간 해결될 것이다.

조만식 (曺晩植) 〖인명〗 독립운동가·정치가. 호는 고당. 조선 물산 장려회를 조직해 국산품 애용 운동을 펼쳤으며, 광복 후 평양에서 조선 민주당을 조직해 민주 통일 운동에 힘씀. 6·25 전쟁 때 공산당에게 희생된 것으로 알려짐. [1882-1950]

조망 (眺望) 먼 곳을 바라봄. 또는 그 광경. 예조망이 좋다. 비전망. **조망하다**.

조명 (照明) [조:명] 1 빛을 비추어 밝게 함. 예조명이 밝다 / 야간 조명 시설을 설치하다. 2 무대 효과를 높이기 위하여 빛을 비추는 일. 예무대의 조명이 꺼지다. **조명하다**.

조명등 (照明燈) [조:명등] 어두운 데를 밝게 비추는 데 쓰는 등. 라이트.

조명탄 (照明彈) [조:명탄] 공중에서 터지면서 밝은 빛을 내어 장소나 목표물을 밝히는 포탄.

조모 (祖母) ⇨할머니1. 반조부.

조목 (條目) 법규나 규정 따위를 이루는 낱낱의 조항이나 항목. 예조목별로 검토하다. 비조항. 항목.

조목조목 (條目條目) [조목쪼목] 조목마다. 예조목조목 따지다.

조무래기 1 자질구레한 물건. 2 '어린아이'를 낮추어 이르는 말.

조문 (弔問) [조:문] ⇨문상. 예조문을 가다. **조문하다**.

조물주 (造物主) [조:물쭈] 우주 만물을 만들고 다스리는 신.

조미료 (調味料) 음식의 맛을 맞추는 데 쓰는 재료. 예조미료를 치다.

조바심 조마조마하여 마음을 졸임. 또는 그렇게 졸이는 마음. 예조바심이 나다 / 너무 조바심할 것 없다. **조바심하다**.

조바위 추울 때 여자가 머리에 쓰던 방한모의 한 가지. 귀와 뺨을 덮게 되어 있음.

조반 (朝飯) ⇨아침밥.

조부 (祖父) ⇨할아버지1. 반조모.

조부모 (祖父母) 할아버지와 할머니. 예조부모를 모시다.

***조사**[1] (調査) 사물의 내용을 자세히 살펴보거나 찾아봄. 예인구 조사 / 조사를 받다 / 사고 원인에 대한 조사를 실시하다 / 조사 결과를 발표하다. 비검사. **조사하다**.

조사[2] (助詞) [조:사] 주로 명사 뒤에 붙어 다른 말과의 관계를 나타내거나 그 말의 뜻을 도와주는 말. 이·가·는·에게·한테·부터·을·도 따위. 비토씨.

조사자 (調査者) 어떤 것을 조사하는 사람.

조사표 (調査表) 조사한 내용을 정리한 표.

***조상** (祖上) 1 돌아간 어버이 위로 대대의 어른. 예조상 전래의 땅 / 조상을 섬기다. 비선조. 반자손. 2 자기 세대 이전의 모든 세대. 예조상의 얼을 이어받다.

조석 (朝夕) 아침과 저녁. 예조석으로 문안 인사를 드리다.

조선[1] (造船) [조:선] 배를 설계하여 만듦. 예조선 공업.

***조선**[2] (朝鮮) 이성계가 고려를 무너뜨리고 세운, 우리나라의 마지막 왕조. [1392-1910]

조선소 (造船所) [조:선소] 배를 만들거나 고치는 곳.

조선어 학회 (朝鮮語學會) 일제 강점기 때 우리말을 연구하고 널리 알리려고 만든 민간 학술 단체.

조선어 학회 사건 (朝鮮語學會事件) 1942년 10월 일본이 일본어 사용과 국어 말살을 꾀하여 조선어 학회를 독립운동 단체로 몰아 회원들을 옥에 가둔 사건. 이 사건으로 학회가 해산되었다가 광복 후에 '한글 학회'로 다시 태어남.

조선왕조실록 (朝鮮王朝實錄) [조서농조실록] 〖책〗 조선 태조 때부터 철종 때까지 25대 472년 동안의 역사적 사실을 기록해 놓은 책. 우리나라 국보로, 1997년에 유네스코 세계 기록 유산으로 지정됨.

조선 총독부 (朝鮮總督府) 일본이 1910-1945년 광복 때까지 우리나라를 지배하기 위하여 설치하였던 최고 행정 관청.

조성 (造成) [조:성] 1 무엇을 만들어 이룸. 예기금을 조성하다. 2 분위기 따위가 생기게 함. 예학습 분위기를 조성하다. **조성하다.**

조세 (租稅) 국가 또는 지방 자치 단체가 필요한 경비로 쓰기 위하여 국민으로부터 거두어들이는 돈. ⑩조세를 징수하다. 閏세.

조소[1] (彫塑) 흙으로 빚거나 나무·돌 따위를 깎고 새겨서 어떤 형상을 만듦. 또는 그런 미술.

조소[2] (嘲笑) 조롱하여 비웃는 웃음. ⑩조소의 대상이 되다 / 야유와 조소를 보내다. 刪비웃음. **조소하다.**

조속하다 (早速―) [조:소카다] 이르고도 빠르다. ⑩조속한 시일 안에 해결해라.

조수[1] (潮水) 일정한 시간을 두고 들어왔다 나갔다 하는 바닷물. 밀물과 썰물. ⑩조수가 밀려 들어오다.

조수[2] (助手) [조:수] 어떤 사람의 일을 도와주는 사람. ⑩조수로 일하다.

조숙하다 (早熟―) [조:수카다] 나이에 비해 몸과 정신의 발달이 빠르다. ⑩조숙한 아이.

조식 (曺植) 〖인명〗 조선 명종 때의 학자. 호는 남명. 평생 벼슬을 하지 않고 성리학의 연구와 후진 양성에만 힘씀. [1501-1572]

조신 (操身) 몸가짐이 조심스럽고 얌전함. ⑩조신한 성품 / 조신하게 행동하다. **조신하다.**

조실부모하다 (早失父母―) [조:실부모하다] 어려서 부모를 여의다.

***조심** (操心) [조:심] 말하거나 행동할 때 마음을 써서 잘못이나 실수가 없도록 함. ⑩산불 조심 / 어른 앞에서 말을 조심하다. 閏주의. 쀤방심. **조심하다. 조심히.**

조심성 (操心性) [조:심썽] 그릇되거나 잘못이 없도록 미리 조심하는 성질이나 태도. ⑩조심성 있게 행동하여라.

***조심스럽다** (操心―) [조:심스럽따] 말이나 행동에 조심하는 태도가 있다. [활용] 조심스러워 / 조심스러우니.

조심조심 (操心操心) [조:심조심] 매우 조심스럽게. ⑩미끄러지지 않도록 조심조심 걷다. **조심조심하다. 조심조심히.**

조아리다 이마를 땅에 닿을 만큼 자꾸 숙이다. ⑩머리를 조아리다.

조약 (條約) 문서로 약속한 국가 사이의 합의. ⑩조약을 맺다. 刪약조.

조약돌 [조약똘] 작고 매끈한 동글동글한 돌.

조언 (助言) [조:언] 옆에서 도움이 되는 말로 거듦. 또는 그 말. ⑩친구에게서 조언을 듣다. **조언하다.**

조여들다 1 바싹 조여서 안으로 오그라들다. 2 범위를 좁혀 오다. ⑩경찰의 수사망이 조여들다. [활용] 조여들어 / 조여드니 / 조여드는.

조연 (助演) [조:연] 연극·영화에서, 주연을 도와 연기하는 일. 또는 그 사람. ⑩조연을 맡다. **조연하다.**

조예 (造詣) [조:예] 학문·예술·기술 등에 대한 지식이 높은 수준에 이른 정도. ⑩미술에 조예가 깊다.

***조용하다** 1 아무런 소리도 나지 않고 고요하다. ⑩조용하다. 2 말·행동이 얌전하다. ⑩조용하게 책을 읽다. 3 번잡하지 않고 한가하다. ⑩조용한 곳으로 요양 가다.

***조용히** 조용하게. ⑩조용히 해라.

조율 (調律) 악기의 음을 표준음에 맞추어 고름. ⑩피아노를 조율하다. **조율하다.**

조의 (弔意) [조:의 / 조:이] 죽은 이에 대하여 슬퍼하는 마음. ⑩삼가 조의를 표하다.

조이다 1 느슨하거나 헐거운 것을 단단하거나 팽팽하게 하다. 또는 그렇게 되다. ⑩허리띠를 조이다 / 신발이 조이다 / 바지가 조이다. 2 벌어진 사이를 좁히다. ⑩포위망을 조이다. 3 긴장하거나 마음을 졸이다. 또는 그렇게 되다. ⑩가슴 조이며 합격자 발표를 기다리다.

조작[1] (造作) [조:작] 1 일부러 사실인 듯이 꾸며 만듦. ⑩사건을 조작하다. 2 진짜를 본떠 가짜를 만듦. ⑩장부를 조작하다. **조작하다.**

조작[2] (操作) 기계·장치 따위를 다루어 움직임. ⑩조작이 간단하다 / 리모컨으로 조작하다. **조작하다.**

조잘거리다 1 좀 낮은 목소리로 계속해서 떠들다. ⑩수업 시간에 짝과 조잘거리다가 선생님께 혼났다. 2 참새 따위의 작은 새가 자꾸 지저귀다. 큰

주절거리다.

조잘대다 ⇨조잘거리다.

조잡하다 (粗雜—) [조자파다] 말·행동이나 솜씨 등이 거칠고 잡스러워 품위가 없다. ⑩조잡한 장난감.

조장 (助長) [조:장] 바람직하지 않은 일을 부추김. ⑩과소비를 조장하다. **조장하다**.

***조절** (調節) 어떤 사정이나 조건에 알맞게 바로잡음. ⑩방 안의 온도를 알맞게 조절하다. 비조정. **조절하다**.

조정[1] (調整) 알맞고 고르게 정돈함. ⑩화면 조정. **조정하다**.

조정[2] (調停) 다투는 중간에 나서서 화해시킴. ⑩분쟁을 조정하다. 비중재. **조정하다**.

조정[3] (朝廷) 예전에, 임금이 신하들과 나라의 정치를 의논하거나 집행하던 곳.

조정[4] (漕艇) 보트를 저어 정해진 거리와 그 속력으로 승부를 겨루는 운동 경기.

조제 (調劑) 여러 가지 약을 알맞게 섞어 약제를 만듦. ⑩처방전에 따라 약을 조제하다. **조제하다**.

조조 (早朝) [조:조] 이른 아침.

조종 (操縱) 1 비행기·배 따위를 다루어 부림. ⑩비행기를 조종하다. 2 남을 자기 뜻대로 부림. ⑩배후에서 조종하다. **조종하다**.

조종사 (操縱士) 비행기를 조종하는 사람.

조종석 (操縱席) 비행기에서 조종사가 앉는 자리.

조준 (照準) [조:준] 탄알이나 폭탄 따위가 목표에 명중하도록 총이나 포 따위를 겨냥하는 일. ⑩과녁의 한가운데를 조준하여 총을 쏘다. **조준하다**.

***조직** (組織) 1 여러 사람이 모여 단체 따위를 만듦. ⑩조직을 강화하다. 2 모양과 크기, 기능이 같은 세포의 집단. ⑩신경 조직. **조직하다**.

조직적 (組織的) [조직쩍] 어떤 일을 여럿이 모여 짜임새 있게 하는 (것). ⑩조직적인 활동을 벌이다.

조직체 (組織體) 조직을 이루는 체제나 단체.

조짐 (兆朕) 어떤 일이 일어날 낌새. ⑩심상치 않은 조짐 / 물가가 오를 조짐이 보이다.

> [주의] **조짐**과 **빌미**
> **조짐** 좋거나 나쁜 일이 생길 낌새를 이르는 말이다.
> **빌미** 재앙이나 병 같은 불행이 생기는 원인, 또는 탈이 생기는 까닭을 뜻하는 말이다. 조짐과는 달리 좋지 않은 일의 원인에만 쓰인다.

조차 '도, 까지도, 마저'의 뜻으로, 앞의 말을 강조할 때 쓰는 말. ⑩너조차 나를 원망하느냐.

조처 (措處) 문제나 일을 잘 정돈하여 처리함. ⑩적절한 조처를 취하다. 비조치. **조처하다**.

조청 (造清) [조:청] 묽게 곤 엿.

조촐하다 1 아주 아담하고 깨끗하다. ⑩조촐한 집. 2 소박하고 단출하다. ⑩생일상을 조촐하게 차리다.

조총 (鳥銃) 심지에 불을 붙여 화약을 터지게 하여 쏘던 옛날 총. 화승총.

조치 (措置) 일을 잘 살펴서 필요한 대책을 세워 처리함. ⑩행정 조치 / 방역 완화 조치를 취하다. 비조처. **조치하다**.

***조카** 형제자매의 아들과 딸.

조퇴 (早退) [조:퇴 / 조:퉤] 학교나 직장 같은 데서, 끝나는 시간이 되기 전에 일찍 나감. ⑩감기 때문에 오전에 조퇴했다. **조퇴하다**.

조판 (組版) 원고에 따라 뽑은 활자를 원고의 지시대로 맞추어 판을 짜는 일. **조판하다**.

조폐 (造幣) [조:폐 / 조:페] 화폐를 만듦. **조폐하다**.

조표 (調標) 곡의 첫머리의 음자리표 다음에 붙이는 '#'(올림표)나 'b'(내림표).

조합 (組合) 1 여럿을 모아 합하여 한 덩이가 되게 함. 2 목적이나 이해를 같이하는 많은 사람이 모여 서로 돕기 위한 단체. 노동조합·농업 협동조합 따위. **조합하다**.

조합원 (組合員) [조하붠] 조합에 가입한 사람.

조형 (造形) [조:형] 형체를 이루어서

만듦. 예조형 미술. **조형하다.**
조형물 (造形物) [조:형물] 형체를 이루어 만든 물건.
조형미 (造形美) [조:형미] 사람이 만든 물건의 아름다움. 예조형미가 뛰어난 건축물.
조혼 (早婚) [조:혼] 어린 나이에 일찍 혼인함. 또는 그 혼인. **조혼하다.**
조화[1] (弔花) [조:화] 죽음을 슬퍼하는 뜻으로 바치는 꽃.
조화[2] (造化) [조:화] 1 만물을 만들고 기르는 대자연의 이치. 또는 그렇게 만들어진 우주 만물. 예자연의 조화. 2 어떻게 된 일인지 알 수 없는 신통한 일. 예무슨 조화인지 영문을 모르겠다.
조화[3] (造花) [조:화] 종이나 헝겊 따위로 만든 꽃. 반생화.
***조화**[4] (調和) 여럿이 서로 잘 어울리게 함. 또는 잘 어울림. 예조화를 이루다 / 빛깔이 잘 조화되다. **조화하다. 조화롭다.**
조회[1] (朝會) [조회 / 조훼] 아침에 학교나 관청 등에서 구성원 모두가 한자리에 모여 인사·지시 사항 전달·체조 따위를 하는 모임. 예조회 시간. 비조례. **조회하다.**
조회[2] (照會) [조:회 / 조:훼] 어떤 내용에 대한 사실 여부를 확인하려고 관계되는 기관에 알아봄. 예신원 조회 / 성적을 조회하다. **조회하다.**
족구 (足球) [족꾸] 발로 공을 차서 네트를 넘겨 두 팀이 승부를 겨루는 경기. 규칙은 배구와 비슷함.
족두리 [족뚜리] 예전에, 부녀자가 예복을 입을 때에 머리에 얹던 관의 일종.
족발 (足一) [족빨] 돼지의 발을 양념하여 삶은 음식.

족두리

족보 (族譜) [족뽀] 한집안의 대대로 내려온 계통을 적은 책.
족속 (族屬) [족쏙] 1 같은 문중의 겨레붙이. 2 어떤 무리를 낮추어 이르는 말. 예남을 괴롭히는 한심한 족속.
족자 (簇子) [족짜] 글씨나 그림 따위를 꾸며서 벽에 걸거나 둘둘 말아 둘 수 있게 만든 물건.
족장 (族長) [족짱] 종족이나 부족의 우두머리.
족제비 [족쩨비] 족제빗과의 동물. 몸길이는 꼬리 끝까지 50cm 정도로 누런 갈색 털에 짧은 네 다리와 굵고 긴

족제비

꼬리를 가졌으며, 쥐·닭 따위를 잡아먹음. 털은 겨울용 옷을 만들고 꼬리털은 붓을 만듦.
족족 [족쪽] '어떤 일을 할 때마다, 하는 것마다'의 뜻을 나타냄. 예돈을 버는 족족 써 버리다.
족집게 [족찝께] 1 잔털이나 가시 따위를 뽑는 작은 기구. 예족집게로 흰머리를 뽑다. 2 어떤 사실이나 비밀 따위를 잘 알아맞히는 사람. 예족집게같이 알아낸다.
족하다 (足一) [조카다] 수량이나 정도 따위가 넉넉하다. 예열 개로 족하다 / 자격은 족하다.
족히 (足一) [조키] 충분히. 능히. 예족히 칭찬할 만하다.
존경 (尊敬) 높이어 공손히 섬김. 예선생님에게 존경의 뜻을 나타내다. 비공경. **존경하다.** ⇒respect
존경심 (尊敬心) 높이어 공손히 받드는 마음. 예존경심이 절로 우러나오다. 비공경심.
존귀 (尊貴) 지위나 신분이 높고 귀함. 예존귀한 분. 비고귀. 반비천. **존귀하다.**
존대 (尊待) 존경하여 받들어 대접함. 예노인을 존대하다. 반하대. **존대하다.**
존댓말 (尊待一) [존댄말] 윗사람이나 남을 높이어 쓰는 말. 비높임말. 경어.
존립 (存立) [졸립] 국가·단체·제도 따위가 망하거나 없어지지 않고 존재함. 예조직의 존립이 위태롭다. **존립하다.**
존속 (存續) 그대로 계속하여 있음. 예존속 기간. **존속하다.**
존엄 (尊嚴) [조념] 높고 위엄이 있음. 예생명이란 존엄한 것이다. **존엄하다.**

존엄성(尊嚴性) [조넘썽] 높고 엄숙한 성질. 예인간의 존엄성.

존재(存在) 1 실제로 있음. 예신의 존재를 믿다. 2 실재로 있는 사물이나 사람. 예세상에서 가장 귀한 존재. 존재하다.

***존중**(尊重) 높이 받들고 귀중하게 여김. 예남의 의사를 존중하다. 존중하다. 존중히.

존칭(尊稱) 존경하는 뜻으로 높여 부르는 이름. 예선생님이라는 존칭을 쓰다. 凹비칭. 존칭하다.

존함(尊銜) 상대방의 이름을 높이 이르는 말. 예존함은 익히 들어 알고 있습니다.

졸개(卒—) 남의 부하 노릇을 하면서 잔심부름하는 사람을 얕잡아 일컫는 말. 凹우두머리.

졸다[졸:다] 졸음이 밀려와서 잠드는 상태로 들어가다. 예앉아서 꾸벅꾸벅 졸다. [활용] 졸아 / 조니 / 조는.

졸다[졸:다] 분량이나 부피가 줄어들다. 예찌개가 바짝 졸았다. [활용] 졸아 / 조니 / 조는.

졸도(卒倒) [졸또] 심한 충격을 받거나 과로·병 등으로 갑자기 정신을 잃고 쓰러지는 일. 예과로로 졸도하다. 졸도하다.

졸라매다 느슨하지 않게 단단히 동여매다. 예허리띠를 졸라매다.

졸리다[졸:리다] 졸음이 와서 자고 싶은 느낌이 들다. 예점심을 먹고 나니 슬슬 졸린다.

졸리다[졸:리다] 동이거나 감은 것이 단단히 매여 조이게 되다. 예목이 졸리다 / 손목이 졸리다. [센] 쫄리다.

졸병(卒兵) 계급이 낮은 병사. 凹군사. 병졸. *고참.

졸아들다[조라들다] 부피가 작아지다. 분량이 적어지다. 예국물이 졸아들다. [활용] 졸아들어 / 졸아드니 / 졸아드는.

***졸업**(卒業) [조립] 1 학교에서의 정해진 교과 과정을 다 마침. 예졸업 사진 / 졸업 시험 / 중학교를 졸업하다. 凹입학. 2 어떤 부문의 일이 익숙하게 됨. 예이제 이 일에서 졸업했다. 졸업하다.

졸업생(卒業生) [조럽쌩] 졸업한 학생. 예나는 이 학교 졸업생입니다 / 졸업생 대다수가 상급 학교에 진학하다. 凹입학생.

졸업식(卒業式) [조럽씩] 졸업장을 주는 의식. 凹입학식.

졸업장(卒業狀) [조럽짱] 졸업을 증명하는 증서. 예졸업장을 타다.

***졸음**[조:름] 잠이 오는 느낌. 자고 싶은 기분. 예졸음을 쫓다 / 졸음이 쏟아지다 / 졸음이 오다.

졸이다[조리다] 1 물을 줄어들게 하여 양이 적어지게 하다. 예국물을 졸이다. 2 속을 태우다시피 조바심하다. 예마음을 졸이다. →조리다 [주의]

졸장부(拙丈夫) [졸짱부] 활달하지 못하고 옹졸한 사내. 예졸장부라고 놀림을 받다. 凹대장부.

졸졸 1 가는 물줄기가 끊임없이 흐르는 소리. 예시냇물이 졸졸 흐르다. 2 사람이나 작은 동물이 줄곧 뒤를 따라다니는 모양. 예강아지가 졸졸 따라오다. [큰] 줄줄. [센] 쫄쫄.

졸지에(猝地—) [졸찌에] 갑자기. 예불이 나서 졸지에 자식을 잃다.

좀[1] 옷이나 나무, 책 따위에 구멍을 내는 아주 작은 해충.
  좀이 쑤시다 마음이 들떠서 가만히 참고 기다리지 못하다.

***좀**[2] 1 '조금'의 준말. 예좀 나은 편이다. 2 부탁이나 동의를 구할 때 말을 부드럽게 하기 위해 더하는 말. 예연필 좀 빌려줘.

좀[3] 그 얼마나. 예좀 예쁜가.

좀도둑[좀또둑] 자질구레한 물건을 훔쳐 가는 도둑.

좀먹다[좀먹따] 1 물건에 좀이 슬다. 2 어떤 사물에 대하여 모르는 가운데에 손해를 입히다.

좀스럽다[좀스럽따] 1 사물의 규모가 작다. 예좀스러운 계획. 2 마음이 좁고 너그럽지 못한 데가 있다. [활용] 좀스러워 / 좀스러우니.

좀약(—藥) [좀냑] 좀이 생기는 것을 막기 위해 쓰는 약품. 나프탈렌 따위. 예서랍에 좀약을 넣다.

좀처럼[좀:처럼] 여간해서는. 예좀처럼 풀기 어려운 문제. 凹좀체.

좀체 [좀:체] 여간해서는. 예늦더위가 좀체 물러가지 않다 / 좀체 화를 내지 않는다. 비좀체처럼.

*좁다 [좁따] 1 너비나 공간이 작다. 넓지 않다. 예길이 좁다. 2 마음이나 생각이 너그럽지 못하다. 예속이 좁다. 3 내용이나 범위가 넓지 않다. 예좁은 의미 / 시야가 좁다. 반넓다.

좁다랗다 [좁따라타] 너비나 공간이 매우 좁다. 예좁다란 골목. [활용] 좁다라니 / 좁다래서.

좁쌀 1 조의 열매로 노랗고 알이 아주 자잘한 곡식. 2 몹시 작고 좀스러운 사물이나 사람을 비유하는 말.

좁히다 [조피다] 1 좁게 만들다. 예앞사람과의 거리를 좁히다. 2 차이를 줄이다. 예의견 차이를 좁히다.

종[1] [종:] 예전에 남의 집에 얽매여서 대대로 천한 일을 하던 사람. 예종을 부리다. 비노비. 하인. 반상전.

*종[2] (種) 1 생물의 분류에서 '속'의 아래로 가장 낮은 단계. 2 공통되는 성질들을 함께 가지고 있어 하나의 개념으로 묶일 수 있는 개체들.

*종[3] (鐘) 시간을 알리거나 신호를 보내려고 치거나 흔들어서 소리를 내는, 쇠로 만든 물건. 예종을 치다 / 종이 울리다. ⊃bell

종가 (宗家) 한 문중에서 맏이로만 이어 온 집안. 비큰집.

종결 (終結) 일을 끝냄. 예현장 조사를 종결하다 / 사건이 종결되다. 종결하다.

*종교 (宗敎) 신이나 절대자 등을 믿어 마음의 평안과 행복을 얻으려는 일. 기독교·불교·천주교·이슬람교 따위. 예종교 음악 / 종교를 믿다 / 종교에 귀의하다.

종교 개혁 (宗敎改革) 16세기에 유럽에서 로마 가톨릭교회에 반대하여 프로테스탄트 교회를 세운 기독교의 개혁 운동.

종교적 (宗敎的) 종교를 따르는. 또는 종교와 관련이 있는 (것). 예종교적 의식을 행하다.

종군 (從軍) 군대를 따라 전쟁터로 나감. 예종군 간호사 / 종군 기자. 종군하다.

종기 (腫氣) [종:기] 살갗의 한 부분이 곪아 고름이 생긴 상처. 비부스럼.

종내 (終乃) 마침내. 끝끝내. 예기다려도 그는 종내 오지 않았다.

종다래끼 대나 싸리 따위로 만든 작은 바구니.

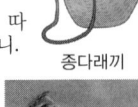
종다래끼

종다리 종다릿과의 새. 몸빛은 붉은 갈색에 거무스름한 가로무늬가 있고 배 쪽은 흼. 봄에 공중으로 높이 날아오르며 고운 소리로 욺. 비종달새.

종다리

종단 (縱斷) 남북의 방향으로 건너거나 건너옴. 예국토 종단. 반횡단. 종단하다.

종달새 [종달쌔] ⇨종다리.

종대 (縱隊) 세로로 줄을 지어서 늘어선 모양. 예이 열 종대로 행군하다. 반횡대.

종두 (種痘) 천연두를 예방하기 위하여 사람의 몸에 우두를 접종하는 일.

종두법 (種痘法) [종두뻡] 종두하는 방법. 영국의 의사 제너가 발견함. 비우두법.

종래 (從來) [종내] 이전부터 지금까지의 동안. 예종래 없었던 큰 사건.

종량제 (從量制) [종냥제] 이용 요금·세금 따위가 사용량·배출량 등에 따라서 매겨지는 제도. 예쓰레기 종량제.

종례 (終禮) [종녜] 학교에서 학교 공부를 마친 뒤에, 담임 선생과 학생들이 모여서 하는 인사. 반조례.

종료 (終了) [종뇨] 어떤 행동이나 일 따위를 끝마침. 예작업이 종료되다 / 경기 종료 5분 전에 한 골을 넣다. 반개시. 시작. 종료하다.

*종류 (種類) [종:뉴] 사물의 상태나 성질에 따라 나누는 갈래. 예종류가 다양하다. ⊃kind

종류별 (種類別) [종:뉴별] 종류에 따라 각각 갈라놓은 것. 예상품을 종류별로 진열하다.

종말 (終末) 계속된 일이나 현상의 맨 끝. 예종말이 다가오다. 비끝판. 최후.

종목(種目) [종ː목] 종류에 따라 나눈 항목. ⑩ 경기 종목. 비 항목.

종묘(宗廟) 조선 역대 임금과 왕비의 위패를 모신 사당. 서울특별시 종로구 종로 3가에 있음. 우리나라 사적으로, 1995년 유네스코 세계 문화유산으로 지정됨.

종묘 제례악(宗廟祭禮樂) 조선 시대에, 종묘에서 제사를 지낼 때 연주하던 음악. 우리나라 국가 무형유산으로, 2001년 유네스코 세계 무형유산으로 지정됨.

종반(終盤) 1 바둑·운동 경기 등에서, 승부가 끝나갈 무렵. 2 행사·일 따위의 끝판에 가까운 단계. 반 초반.

종사(從事) 어떤 일을 직업으로 삼아서 일함. ⑩ 평생을 교육에 종사하다. **종사하다**.

종성(終聲) ⇨ 받침¹.

종소리(鐘—) [종ː소리] 종이 울리는 소리. ⑩ 거리에 종소리가 은은하게 울려 퍼지다.

종속(從屬) 다른 것의 지배를 받거나 주가 되는 것에 딸려 붙음. ⑩ 종속 관계 / 개인은 국가에 종속된다. **종속하다**.

종손(宗孫) 종가의 대를 이을 자손. 또는 종가의 맏손자.

종아리 [종ː아리] 무릎과 발목 사이의 뒤쪽 근육 부분.

종알거리다 남이 잘 알아듣기 어려울 정도의 작은 목소리로 계속해서 빠르게 말하다. 큰 중얼거리다. 센 쫑알거리다.

종알종알 남이 잘 알아듣지 못할 작은 목소리로 쉬지 않고 말하는 소리. 또는 그 모양. ⑩ 친구들과 종알종알 얘기하며 걷다. 큰 중얼중얼. 센 쫑알쫑알. **종알종알하다**.

종양(腫瘍) [종ː양] 세포가 병적으로 수가 늘어나 만들어진 해롭거나 쓸모 없는 종기나 혹.

종업원(從業員) [종어붠] 회사나 가게에 고용되어 일하는 사람. ⑩ 식당 종업원.

종유석(鍾乳石) ⇨ 돌고드름.

***종이** 주로 식물성 섬유로 만든 펄프를 얇게 펴서 굳히어 낸 물건. 서화·인쇄·도배·포장 등 여러 가지 일에 쓰임. ⇨ paper

***종이배** 종이를 접어 만든 배. ⑩ 시냇물에 종이배를 띄우다.

종이비행기(—飛行機) 종이를 접어 만든 비행기. ⑩ 종이비행기를 접어 날리다.

종이컵(—cup) 물이나 음료수를 따라서 마시는 데 쓰는, 종이로 만든 일회용 컵.

종이학(—鶴) 종이를 접어서 학 모양으로 만든 것.

***종일**(終日) 아침부터 저녁까지의 하루 낮 동안. ⑩ 종일 책을 읽었다. 비 온종일.

종잇장(—張) [종이짱 / 종읻짱] 종이의 낱장. ⑩ 종잇장같이 얇다 / 종잇장들이 바람에 날린다.

종자(種子) 채소나 곡식의 씨. ⑩ 종자를 개량하다. 비 씨. 씨앗.

종자식물(種子植物) [종자싱물] 꽃이 피고 열매를 맺으며 씨로 번식하는 식물. 꽃식물.

종잡다 [종잡따] 어림짐작으로 이해하거나 알아차리다. ⑩ 종잡을 수 없는 행동.

종장(終章) 시조나 노래의 마지막 장. ＊초장. 중장.

종적(蹤跡) 없어지거나 떠난 뒤에 남는 자취. ⑩ 종적을 감추다 / 종적이 묘연하다. 비 흔적.

종전¹(從前) 지금보다 이전. ⑩ 요금은 종전대로 받는다.

종전²(終戰) 전쟁이 끝남. 또는 전쟁을 끝냄. 반 개전. **종전하다**.

종점(終點) [종쩜] 기차·버스 따위의 마지막 도착지. ⑩ 버스 종점. 비 종착역. 반 기점.

종족(種族) 1 조상이 같고 공통되는 언어·풍속·습관·문화 등을 가진 집단. 2 같은 종류의 생물 전체.

종종(種種) [종ː종] 가끔. 이따금. ⑩ 종종 찾아오는 친구. ⇨ often

종종걸음 [종종거름] 발걸음을 가까이 자주 떼며 급히 걷는 걸음. ⑩ 추워서 종종걸음으로 걷다. 센 총총걸음.

종지 간장·고추장 따위를 담아 상에 놓는 작은 그릇. ⑩ 간장 종지.

종지부 (終止符) ⇨ 마침표.
　종지부(를) 찍다 어떤 일의 결말을 짓다. 마침표를 찍다. 예 가수 생활에 종지부를 찍다.

종착역 (終着驛) [종창녁] 기차·전차 따위가 마지막으로 도착하는 역. 예 경부선의 종착역. 비 종점. 반 시발역.

종친 (宗親) 성과 본이 같은 일가붙이.

종친회 (宗親會) [종친회/종친훼] 성과 본이 같은 친척끼리 모이는 모임.

*__종합__ (綜合) 관련되는 여러 가지를 한데 모아 합함. 예 종합 운동장/종합 상가/의견을 종합하다. **종합하다**.

종합 병원 (綜合病院) 각종 병을 고칠 수 있도록 여러 종류의 진료 과목을 한 곳에 설치한 병원.

종합장 (綜合帳) [종합짱] 일정한 내용이 아니라, 여러 가지 내용을 필요한 대로 적어 두는 공책.

종합적 (綜合的) [종합쩍] 여러 가지를 한데 모아 합한 (것). 예 종합적인 판단.

종횡 (縱橫) [종횡/종휑] 세로와 가로. 예 설계도에 자를 대고 종횡으로 선을 긋다.

종횡무진 (縱橫無盡) [종횡무진/종휑무진] 자유롭고 거침이 없이 행동하는 상태. 예 종횡무진으로 활약하다.

좇다 [존따] 1 뒤를 따르다. 예 머리에서 발끝까지 유행을 좇다. 2 복종하다. 예 부모님의 말씀을 좇다.

[주의] **좇다**와 **쫓다**

좇다 1 뒤를 따르다. 2 남의 뜻을 따라 그대로 하다. 복종하다. 3 대세를 따르다. 예 여론을 좇다.
쫓다 1 급한 걸음으로 뒤를 따르다. 2 떠나도록 몰아내다. 예 파리를 쫓다.

좇아가다 [조차가다] 1 뒤를 따라가다. 2 남이 하는 대로 따르다. 예 최신 유행을 좇아가다. 활용 좇아가거라.

*__좋다__ [조:타] 1 즐겁다. 유쾌하다. 예 기분이 좋다. 2 아름답다. 예 경치가 좋다. 3 훌륭하다. 예 음식 솜씨가 좋다. 4 낫다. 유익하다. 예 이 책이 더 좋다. 5 상관없다. 예 지금 먹으러 가도 좋다. 6 적당하다. 알맞다. 예 좋은 예를 들다. 7 기쁘다. 예 좋은 날. 8 서로 가깝고 친하다. 예 친구들과 사이가 좋다. 발음 좋고 [조:코] / 좋아 [조:아] / 좋소 [조:쏘]. ⇨ good

좋아지다 [조:아지다] 1 좋게 되다. 예 품질이 좋아지다. 2 좋아하게 되다. 예 고양이가 점점 좋아지다.

*__좋아하다__ [조:아하다] 1 좋은 느낌을 가지다. 예 꽃을 좋아하다. 2 하고 싶어하거나 먹고 싶어하다. 예 과일을 좋아하다. 3 남에게 사랑을 느끼다. 예 짝꿍을 좋아하다. 4 기뻐하다. 즐거워하다. 예 대학에 합격해 좋아하다. 반 싫어하다. ⇨ like

좌담 (座談) [좌:담] 여러 사람이 한자리에 모여 앉아서 형식에 얽매이지 않고 자유롭게 의견이나 이야기를 주고받는 일. **좌담하다**.

좌담회 (座談會) [좌:담회/좌:담훼] 여러 사람이 모여 앉아 어떤 문제를 중심으로 하여 각자의 의견을 이야기하는 모임.

좌르르 1 물줄기가 잇달아 세차게 쏟아지는 소리나 모양. 2 작은 물건 여러 개가 한꺼번에 쏟아지는 소리나 모양. 예 연필이 좌르르 쏟아지다. 쎈 쫘르르.

좌변 (左邊) [좌:변] 등식이나 부등식에서, 등호 또는 부등호의 왼쪽에 적은 수나 식. 반 우변.

좌석 (座席) [좌:석] 앉는 자리. 예 지정 좌석/좌석에 앉다.

*__좌우__ (左右) [좌:우] 1 왼쪽과 오른쪽. 2 옆. 측근. 예 좌우를 살펴라. 3 마음대로 다루거나 움직임. 예 생사를 좌우하다. 본 좌지우지. **좌우하다**.

좌우간 (左右間) [좌:우간] 이렇든 저렇든 간에. 어떻게 되든지 간에. 예 좌우간 대답부터 해라. 비 좌우지간.

좌우명 (座右銘) [좌:우명] 늘 마음에 새겨 두고 가르침으로 삼는 말이나 글. 예 벽에 좌우명을 써 붙이다.

좌의정 (左議政) [좌:의정/좌:이정] 조선 때, 의정부의 정일품 벼슬. 비 좌상. *영의정. 우의정.

좌절 (挫折) [좌:절] 1 마음이나 기운이 꺾임. 예 좌절을 겪다/좌절을 맛보다. 2 어떤 계획이나 일이 실패로 돌아감. 예 무전여행 계획이 좌절되다. 좌절하다.

좌절감 (挫折感) [좌:절감] 좌절한 느낌. 예좌절감에 빠지다 / 깊은 좌절감을 맛보다.

좌측 (左側) [좌:측] 왼쪽. 반우측.

좌측통행 (左側通行) [좌:측통행] 길을 갈 때 길의 왼쪽으로 다니는 일. 반우측통행.

*__좌표__ (座標) [좌:표] 평면이나 공간에서 점의 위치를 나타내는 수치.

좌표축 (座標軸) [좌:표축] 좌표의 기준이 되는 가로와 세로의 축.

좌회전 (左回轉) [좌:회전 / 좌:훼전] 차 따위가 왼쪽으로 돎. 또는 왼쪽으로 돌림. 예차가 좌회전하다. 반우회전. 좌회전하다.

좍 1 넓게 퍼지는 모양. 예소문이 좍 퍼지다. 2 거침없이 읽거나 말하거나 행동하는 모양. 예편지를 좍 훑어보다. 센쫙.

좍좍 [좍좍] 1 굵은 빗방울이나 물줄기가 세게 쏟아지는 모양이나 소리. 예비가 좍좍 오다. 2 거침없이 계속 읽거나 말하는 모양. 예천자문을 좍좍 읽어 내려가다. 3 잇달아 넓게 퍼지는 모양. 센쫙쫙.

좔좔 1 많은 양의 액체가 힘차게 흐르는 모양. 또는 그 소리. 예시냇물이 좔좔 흐르다. 2 거침없이 읽거나 외거나 말하는 모양. 예구구단을 좔좔 외우다.

*__죄__ (罪) [죄: / 줴:] 1 도덕이나 법률에 벗어난 나쁜 행실. 예죄와 벌 / 죄를 저지르다. 2 벌을 받을 만한 짓. 예지각한 죄로 청소를 했다.

죄다[1] [죄:다 / 줴:다] 1 느슨한 것을 켕기어 팽팽하게 하다. 예고삐를 죄다 / 벨트가 허리를 죄다. 2 벌어진 사이를 좁히다. 예수사망을 죄다. 3 마음을 졸여 간절히 바라고 기다리다. 예마음을 죄다. 비조이다.

죄다[2] [죄:다 / 줴:다] 모조리 다. 예죄다 먹어 버리다. 준죄.

죄명 (罪名) [죄:명 / 줴:명] 죄의 이름. 예죄명이 밝혀지다.

죄목 (罪目) [죄:목 / 줴:목] 저지른 죄의 종류.

죄받다 (罪一) [죄:받따 / 줴:받따] 악한 일을 하여 괴로운 일을 당하다. 예착한 사람을 괴롭히면 죄받는다.

죄상 (罪狀) [죄:상 / 줴:상] 죄를 저지른 실제의 사정. 예죄상이 드러나다.

죄송스럽다 (罪悚一) [죄:송스럽따 / 줴:송스럽따] 죄송한 마음이 있다. 예미리 연락을 못 드려서 죄송스럽습니다. 활용 죄송스러워 / 죄송스러우니.

*__죄송하다__ (罪悚一) [죄:송하다 / 줴:송하다] 죄스럽고 미안하다. 예늦어서 죄송합니다. 비송구하다. 황송하다.

죄수 (罪囚) [죄:수 / 줴:수] 교도소에 갇힌 죄인. 예죄수가 도망을 치다.

죄악 (罪惡) [죄:악 / 줴:악] 죄가 될 만한 나쁜 짓. 예죄악을 저지르다.

죄암죄암 [죄암죄암 / 줴암줴암] 젖먹이에게 죄암질을 시킬 때 하는 소리. 준죔죔.

죄암질 [죄암질 / 줴암질] 젖먹이가 두 손을 쥐었다 폈다 하며 재롱을 부리는 일을 귀엽게 이르는 말. 죄암질하다.

죄어들다 [죄어들다 / 줴어들다] 안으로 바싹 죄어 오그라들다. 비조여들다. 활용 죄어들어 / 죄어드니 / 죄어드는.

죄이다 [죄이다 / 줴이다] 죔을 당하다. 예나사가 꼭 죄이다.

죄인 (罪人) [죄:인 / 줴:인] 죄를 지은 사람.

죄짓다 (罪一) [죄:짇따 / 줴:짇따] 죄가 될 일을 하다. 예죄짓고는 못 산다. 활용 죄지어 / 죄지으니 / 죄지은.

죄책감 (罪責感) [죄:책깜 / 줴:책깜] 저지른 잘못에 대해 책임을 느끼는 마음. 예죄책감에 시달리다.

죗값 (罪一) [죄:깝 / 줻:깝] 지은 죄에 대하여 치르는 대가. 예죗값을 톡톡히 치르다.

*__주__[1] (主) 1 여럿 중에서 가장 중심이 되거나 중요한 것. 예올해는 액션 영화가 주를 이뤘다. 2 기독교에서, 하나님이나 예수님을 이르는 말. 3 중심이 되거나 중요한. 예주 무기 / 주 고객 / 주 무대.

주[2] (州) 미국의 행정 구역의 하나. 예워싱턴주.

*__주__[3] (週) 일·월·화·수·목·금·토의 7일 동안. 예이번 주 / 다음 주. ⇒week

주간[1] (晝間) 낮. 낮 동안. 예주간 근

무. 반야간.

주간² (週間) 1 한 주일 동안. 예독서 주간 / 주간 일기 예보. 2 한 주일 동안을 세는 단위. 예앞으로 일 주간 금식할 계획이다.

주간³ (週刊) 한 주일에 한 번씩 신문·잡지 따위를 펴냄. 또는 그런 출판물. 예주간 신문. *월간. 일간.

주객 (主客) 1 주인과 손님. 2 주되는 사물과 거기 딸린 사물.

주거 (住居) [주:거] 일정한 곳에 자리 잡고 삶. 또는 그런 집. 예주거 문화 / 주거 환경. **주거하다**.

주거비 (住居費) [주:거비] 집세, 수도 요금, 전기 요금처럼 집에서 사는 데 드는 돈.

주거지 (住居地) [주:거지] 살고 있는 지역. 예주거지가 분명치 않다.

주걱 1 밥을 푸는 도구. 본밥주걱. 2 발이 구두에 잘 들어가게 하는 도구. 본구둣주걱.

주검 죽은 몸뚱이. 비송장. 시체.

> 주의 **주검과 죽음**
> 주검 죽은 몸뚱이. 시체. 예친구의 주검 앞에서 밤새워 울었다.
> 죽음 죽는 일. 사망. 예죽음으로써 나라를 지키다.

주경야독 (晝耕夜讀) [주경냐독] 낮에는 농사를 짓고 밤에는 글을 읽는다는 뜻으로, 어려운 상황에서도 꿋꿋하게 열심히 공부함을 이르는 말. **주경야독하다**.

***주고받다** [주고받따] 서로 주기도 하고 받기도 하다. 예친구와 편지를 주고받다.

주관¹ (主管) 어떤 일이나 행사 따위를 책임지고 맡아 관리함. 예교육부가 주관하는 독서 감상문 쓰기 대회. **주관하다**.

> 주의 **주관과 주최**
> 주관 어떤 일 또는 행사에 대하여 실무 처리를 맡을 때 주로 쓰인다.
> 주최 어떤 일 또는 행사에 대하여 계획하고 최종 결정을 하며, 이에 따르는 책임을 질 때 주로 쓰인다.

주관² (主觀) 자기만의 생각 또는 자기에게 치우친 생각. 예주관이 뚜렷하다. 반객관.

주관식 (主觀式) 주어진 항목에서 고르지 않고 시험 문제의 답을 직접 적는 방식. 비서답형. 반객관식.

주관적 (主觀的) 주관을 바탕으로 한 (것). 예주관적인 견해 / 주관적인 판단. 반객관적.

***주교** (主敎) 천주교에서, 일정한 교구를 다스리는 교직. 또는 그 직에 있는 사람.

주권 (主權) [주꿘] 1 가장 중요한 권리. 2 나라의 구성 요소로 나라의 의사를 최종적으로 결정하고 실시하는 최고의 권력. 예대한민국의 주권은 국민에게 있다.

주근깨 얼굴의 군데군데에 생기는 갈색의 작은 점.

주기 (週期) 한 바퀴를 도는 데 걸리는 기간. 예달의 공전 주기.

주기도문 (主祈禱文) 예수가 제자들에게 직접 가르친 기도문.

주낙 낚싯줄에 여러 개의 낚시를 달아 물살을 따라서 얼레를 감았다 풀었다 하여 물고기를 잡는 기구.

주년 (周年) 어떤 날이 일 년을 단위로 돌아올 때 그 횟수를 세는 말. 예개교 10주년 / 결혼 20주년.

주눅 [주:눅] 기운을 펴지 못하고 움츠러드는 태도나 성질.
   주눅(이) 들다 기운을 펴지 못하고 움츠러들다.

***주다¹** 1 내 것을 남에게 건네어 가지게 하다. 예친구에게 생일 선물을 주다. 2 받게 하다. 입게 하다. 예이익을 주다 / 충격을 주다. 3 눈길·마음·정 따위를 보내다. 예따뜻한 눈길을 주다. ⊃give

***주다²** 동사의 어미 '-아'나 '-어'에 붙어 남을 위해 행동하는 뜻을 보이는 동사. 예이끌어 주다 / 돌보아 주다 / 읽어 주다 / 편지를 써 주다.

주도 (主導) 주장이 되어 이끌거나 지도함. **주도하다**.

주도권 (主導權) [주도꿘] 주장이 되어 일을 이끌거나 지도하는 권리. 예주도권을 장악하다.

주동(主動) 어떠한 일에 주장이 되어 행동함. 예학생들이 주동하여 개천 살리기 운동을 하다. **주동하다**.

주동자(主動者) 어떠한 일에 주장이 되어 행동하는 사람. 예이번 사건의 주동자를 찾아내다 / 시위 주동자로 몰리다. 回주모자.

주되다(主一) [주되다 / 주뒈다] 주장이나 중심이 되다. 예주된 목적이 무엇이냐.

주둔(駐屯) [주:둔] 군대가 어떤 지역에 머무름. **주둔하다**.

주둥이 '입'·'부리'의 낮춤말.

주렁주렁 나무에 열매 따위가 많이 매달려 있는 모양. 예잘 익은 감이 주렁주렁 달렸다. 작조랑조랑. **주렁주렁하다**.

주력(主力) 주장·중심이 되는 힘. 예주력 선수 / 주력 부대.

주례(主禮) 예식을 맡아 진행하는 일. 또는 그 사람. 예주례로 모시다 / 주례를 맡다 / 주례를 보다. **주례하다**.

주례사(主禮辭) 주례하는 사람이 예식에서 하는 축하의 글이나 말.

*__주로__(主一) 주장으로 삼아서. 주되게. 예주로 학생들이 모이는 장소.

주룩주룩 [주룩쭈룩] 잇달아 나는 주룩 소리. 예하루 종일 비가 주룩주룩 내렸다. 작조록조록. 센쭈룩쭈룩. **주룩주룩하다**.

주류(主流) 1 강의 주되는 큰 흐름. 예한강의 주류. 2 어떤 사상이나 학술 따위의 주된 갈래.

주르르 1 잽싼 걸음으로 앞만 바라보고 나아가는 모양. 예구경꾼들이 주르르 달려 나왔다. 2 물줄기가 끊이지 않고 흐르는 모양. 예양동이의 물이 주르르 새다. 3 비탈진 곳을 미끄러지듯 흘러내리는 모양. 예비탈길에서 주르르 미끄러지다. 작조르르. 센쭈르르. **주르르하다**.

주름 1 피부가 늘어지거나 노화되어 생긴 잔금. 2 옷의 폭 따위를 줄이 지게 접은 금. 예주름을 잡다. 3 헝겊·종이 따위에 생긴 구김살. 예주름을 펴다 / 주름이 가다.

주름살 [주름쌀] 살갗에 생긴 잔금. 예주름살이 잡히다.

주름잡다 [주름잡따] 모든 일을 자기가 하고 싶은 대로 앞장서서 처리하다. 예천하를 주름잡다.

주리 예전에 죄인의 두 다리를 한데 묶고 다리 사이에 두 개의 막대기를 끼우고 비틀던 형벌. 예주리를 틀다.

주리다 [주:리다] 1 제대로 먹지 못하여 배를 곯다. 예주린 배를 물로 채우다. 2 원하는 것을 얻지 못하여 아쉬워하다. 예사랑에 주린 아이.

> |주의| **주리다**와 **줄이다**
>
> **주리다** 먹을 것을 제대로 먹지 못하여 배를 곯다. 예오래 주리며 살았다.
> **줄이다** 줄게 하다. 예체중을 줄이다 / 소리를 줄이다 / 옷을 몸에 맞게 줄이다.

주막(酒幕) 예전에, 시골 길가에서 술과 밥을 팔고 나그네를 재우기도 하던 집. 回주막집.

주막집(酒幕一) [주막찝] 예전에, 주막을 운영하던 집.

*__주말__(週末) 한 주일의 끝. 토요일부터 일요일에 걸치는 동안. 예주말에 여행을 다녀오다. ⊃weekend

*__주머니__ 1 돈이나 필요한 물품을 넣기 위해 헝겊이나 가죽으로 만들어 끈을 꿰어서 허리에 차거나 들게 된 물건. 예도시락 주머니. 2 옷에 달아 물건을 넣게 헝겊을 덧대어 만든 것. 예주머니를 뒤지다 / 주머니에서 돈을 꺼내다. ⊃pocket

*__주먹__ 다섯 손가락을 오므려 쥔 손. 예주먹을 쥐다.

주먹다짐 [주먹따짐] 1 주먹으로 때리는 짓. 2 힘으로 윽박지르는 짓. 예친구에게 주먹다짐을 하다. **주먹다짐하다**.

주먹밥 [주먹빱] 주먹처럼 둥글게 뭉친 밥덩이.

주먹질 [주먹찔] 주먹을 휘두르며 으르거나 때리는 짓. **주먹질하다**.

주먹코 뭉뚝하고 크게 생긴 코. 또는 그러한 코를 가진 사람.

주모(酒母) 예전에, 술집에서 술을 팔던 여자.

주모자(主謀者) 우두머리가 되어 앞

장서서 일을 꾸미는 사람. 비주동자.
주목 (注目) [주:목] 1 관심을 가지고 주의 깊게 봄. 예선생님을 주목하다. 2 의심하고 경계하는 눈으로 봄. 예경찰의 주목을 받고 있는 용의자. 비주시. 주목하다.
주몽 (朱蒙) 〖인명〗 ⇨동명 성왕.
주무르다 1 손으로 어떤 물건이나 몸의 한 부분을 자꾸 쥐었다 놓았다 하다. 예아픈 허리를 주무르다 / 할머니의 팔다리를 주물러 드리다. 2 사람을 마음대로 다루다. 활용 주물러 / 주무르니.
***주무시다** '자다'의 높임말.
주문[1] (注文) [주:문] 어떤 상품의 모양·크기·수량 등을 일러 주고 그렇게 맞추거나 보내어 달라고 함. 예주문 생산 / 주문을 받다 / 책을 주문하다 / 주문이 까다롭다. 주문하다.
주문[2] (呪文) [주:문] 술법을 행하거나 귀신을 쫓을 때 외는 글귀. 예주문을 걸다 / 주문을 외다.
주물 (鑄物) [주:물] 쇠붙이를 녹여 거푸집에 넣어 굳혀 만든 물건. 예주물 공장.
주물럭거리다 [주물럭꺼리다] 물건을 손으로 자꾸 주무르다. 작조몰락거리다.
***주민** (住民) [주:민] 일정한 지역에 살고 있는 사람. 예아파트 주민.
주민 등록증 (住民登錄證) 일정한 지역에 살고 있는 주민임을 나타내는 증명서. 만 17세 이상인 사람에게 해당 시장·군수·구청장이 발행함.
주민세 (住民稅) [주:민쎄] 그 고장에 살거나 사업소 등을 둔 사람이 내는 세.
주발 (周鉢) 위가 약간 벌어지고 뚜껑이 있는, 놋쇠로 만든 밥그릇.
주방 (廚房) 음식을 만들거나 차리는 곳. 비부엌.
주방장 (廚房長) 음식점 따위에서 음식을 만드는 사람들의 우두머리.
주번 (週番) 한 주일마다 바꾸어서 하는 근무. 또는 그 사람.
주변[1] [주:변] 일이 잘되게 하거나 처리하는 솜씨. 예주변이 없다. 비수완. 닫주변머리.
***주변**[2] (周邊) 주위의 가장자리. 예도시 주변 / 학교 주변 / 주변을 정리하다. 비언저리.
주변머리 [주:변머리] '주변'[1]의 낮은말. 예주변머리 없는 사람.
주부 (主婦) 한집안의 살림을 맡아 꾸려 가는 안주인. 예주부 교실. 비가정주부.
***주사** (注射) [주:사] 주사기로 약물을 생물체의 근육이나 혈관 등에 넣는 일. 예뇌염 예방 주사 / 주사를 맞다. 주사하다.
***주사기** (注射器) [주:사기] 약물을 주사하는 기구.
***주사위** 단단한 나무나 짐승의 뼈, 플라스틱 따위로 만든 정육면체의 장난감. 이를 굴려 점수의 많고 적음을 겨룸. 예주사위를 던진다.

주사위

주생활 (住生活) [주:생활] 집을 터전으로 하여 살아가는 생활.
주석[1] (朱錫) 은백색의 윤이 나고 녹이 슬지 않는 금속 원소의 하나.
주석[2] (主席) 일부 국가에서, 국가나 정당 따위의 최고 직위. 또는 그 직위에 있는 사람. 예국가 주석.
주선 (周旋) 일이 잘되도록 이리저리 힘을 써서 처리해 주는 일. 예취직을 주선하다. 비알선. 주선하다.
주섬주섬 어지럽게 널려 있는 물건을 주워 거두거나 치우는 모양. 예물건을 주섬주섬 챙기다. 주섬주섬하다.
주성분 (主成分) 어떤 물질을 이루는 가장 중요한 성분.
주세붕 (周世鵬) 〖인명〗 조선 중종·명종 때의 문신·학자. 1543년에 우리 나라 최초의 서원인 백운동 서원을 풍기에 세웠음. [1495-1554]
주소 (住所) [주:소] 사는 곳이나 기관, 회사 따위가 있는 곳을 행정 구역으로 나타낸 이름. ⇨address.
주술 (呪術) [주:술] 초자연적·신비적인 힘을 빌려 좋은 일과 나쁜 일을 점쳐서 재앙을 물리치고 복을 가져오려고 술법을 부리는 일. 또는 그 술법. 예주술을 부리다.
***주스** (juice) 과일이나 야채에서 짜낸

즙. ⑩오렌지 주스를 마시다 / 주스를 만들다.

주시 (注視) [주:시] 1 주의 깊게 자세히 살펴봄. 2 어떤 일에 온 정신을 모아서 살핌. **주시하다**.

주시경 (周時經) 『인명』 국어학자. 호는 한힌샘. 우리말을 과학적으로 연구하고 체계를 세워 국어학 중흥의 선구가 됨. 저서에 '조선어 문법', '말의 소리' 등이 있음. [1876-1914]

주식¹ (株式) 주식회사의 자본을 이루는 단위. ⑩주식 거래. 㽽주.

주식² (主食) 밥이나 빵과 같이 끼니에 주로 먹는 음식. ⑩쌀이 주식이다. 凹부식.

주식회사 (株式會社) [주시쾨사 / 주시퀘사] 주식을 발행하여 여러 사람으로부터 자본을 모아 만든 회사.

주심 (主審) 운동 경기의 심판원 중에서 중심이 되는 사람. 凹부심. 凰주심판.

주야 (晝夜) 1 낮과 밤. 凹밤낮. 2 쉬지 않고 계속함. ⑩주야로 일을 하다.

주어 (主語) 문장에서 서술어가 나타내는 동작이나 상태의 주체가 되는 말. '철수가 운동을 한다'에서 '철수' 따위. 凹임자말.

*__주어지다__ 일이나 문제의 해결에서 필요한 조건 따위가 갖추어지거나 제시되다. ⑩자기에게 주어진 시간을 활용하다.

주역¹ (主役) 1 주되는 구실. 주인 구실. 또는 그 사람. 2 연극이나 영화 따위에서 주인공. 또는 그 역을 맡은 배우. ⑩주역을 맡다.

주역² (周易) 『책』 유교의 경전으로 시경·서경과 더불어 삼경의 하나. 凹역경.

주연 (主演) 연극이나 영화에서 주인공이 되어 연기하는 일. 또는 그 사람. ⑩주연 배우 / 주연을 맡다. **주연하다**.

주옥 (珠玉) 진주와 구슬.

*__주요__ (主要) 가장 소중하고 긴요함. ⑩주요 사건 / 주요 인물. 凹중요. 凹사소. **주요하다**.

*__주위__ (周圍) 1 어떤 곳의 바깥 둘레. ⑩연못 주위를 한 바퀴 돌다. 2 사물이나 사람을 둘러싸고 있는 것. 또는 그 환경. ⑩주위 환경 / 주위를 둘러보다. 凹주변. 凹중심.

주유소 (注油所) [주:유소] 자동차 따위에 휘발유·경유 등의 기름을 넣어 주는 곳. 凹급유소.

*__주의__¹ (主義) [주의 / 주이] 굳게 지키는 생각이나 주장.

*__주의__² (注意) [주:의 / 주:이] 1 마음에 새겨 두고 조심함. ⑩주의 사항. ⊃ attention 2 곁에서 귀띔하거나 충고함. ⑩지각한 학생에게 주의를 주다. 3 어떤 곳이나 일에 관심을 기울임. ⑩주의가 산만하다 / 주의를 끌다. **주의하다**.

주의력 (注意力) [주:의력 / 주:이력] 어떤 한 가지 일에 마음을 집중시키는 힘. ⑩주의력을 기르다.

주의보 (注意報) [주:의보 / 주:이보] 폭풍·호우·대설·태풍 등으로 피해를 입을 염려가 있을 때 기상대에서 주의를 주는 기상 예보. ⑩호우 주의보. → [학습마당] 5(120쪽)

*__주인__ (主人) 1 대상이나 물건을 소유한 사람. ⑩가게 주인 / 지갑을 주인에게 돌려주다. 2 집안이나 단체, 조직을 중심이 되어 이끌어 가는 사람. ⑩주인 의식을 갖다 / 나라의 주인 노릇을 하다. 3 손님을 맞아 상대하는 사람. ⑩주인 내외가 손님을 맞이하다. 4 고용 관계에서 고용하는 사람. ⑩주인과 종업원.

*__주인공__ (主人公) 이야기·연극·영화 등에서 중심이 되는 사람. ⑩주인공 역을 맡다.

주일¹ (主日) 기독교에서, 예배를 보는 일요일을 이르는 말.

*__주일__² (週日) 월요일부터 일요일까지의 동안. 또는 어느 날부터 이레 되는 날. ⑩한 주일 후면 방학이다.

주임 (主任) 직장이나 단체에서 어떤 일을 주로 맡음. 또는 그 사람.

주입 (注入) [주:입] 1 액체나 기체 따위를 넣음. ⑩자동차에 연료를 주입하다. 2 무턱대고 외우게 하여 지식을 가르침. ⑩주입식 교육 / 암기 위주로 지식을 주입하다. **주입하다**.

주자 (走者) 1 달리는 사람. ⑩릴레이 주자. 2 야구 경기에서, 누에 나가 있는 사람. ⑩2루 주자.
주자학 (朱子學) ⇨성리학.
***주장**¹ (主張) 자기의 생각이나 의견을 굳게 내세움. ⑩자기 주장만 내세우다 / 권리를 주장하다. 圓주창. **주장하다**. →고집 주의
주장² (主將) 운동 경기에서 팀을 대표하는 선수. ⑩야구부 주장.
주재¹ (主宰) 어떤 일을 중심이 되어 맡아 처리함. 또는 그 사람. ⑩회의를 주재하다. **주재하다**.
주재² (駐在) [주:재] 1 일정한 곳에 머물러 있음. 2 임무를 맡아 파견된 곳에 머물러 있음. ⑩워싱턴 주재 특파원. **주재하다**.
주재료 (主材料) 어떤 것을 만드는 데에 주되는 재료.
주저 (躊躇) 머뭇거리거나 망설임. ⑩주저하지 말고 말해라. **주저하다**.
주저앉다 [주저안따] 1 섰던 자리에 그대로 앉다. ⑩그 자리에 힘없이 주저앉다. 2 하던 일이 뜻대로 되지 않아 도중에 그만두다.
주전 (主戰) 중심이 되어 싸움. 또는 그 사람. ⑩주전 투수.
주전부리 끼니가 아닌, 맛이나 심심풀이로 음식을 먹는 일. 또는 그런 음식. **주전부리하다**.
***주전자** (酒煎子) 술이나 물을 담아 데우거나 잔에 따르도록 만든 그릇을 통틀어 일컫는 말.
주정 (酒酊) [주:정] 술에 취하여 정신없이 함부로 하는 말이나 행동. ⑩주정을 부리다. **주정하다**.
주제¹ 못난 처지나 형편. ⑩주제도 모르고 까부는구나.
***주제**² (主題) 1 중요한 문제. 중심이 되는 문제. ⑩강연의 주제. 2 작가가 그 작품에서 나타내려는 중심이 되는 생각. ⑩보고서의 주제 / 주제를 파악하다.
주제가 (主題歌) 영화나 연극 따위의 중심이 되는 내용을 가사 등에 담아 만든 노래.
주제넘다 [주제넘따] 말이나 하는 행동이 제 분수에 넘게 건방지다. ⑩주제넘게 나서다.
주제도 (主題圖) 자연, 인구, 문화, 산업, 경제 같은 특정한 주제를 정하여 보기 쉽게 만든 지도.
주제어 (主題語) 말이나 글에서 전체 내용의 주제가 되는 낱말.
주조 (鑄造) [주:조] 쇠붙이를 녹여서 거푸집에 부어 원하는 모양을 만듦. ⑩활자를 주조하다. **주조하다**.
주중 (週中) 일주일 중 주말이 아닌 날. ⑩이 식당은 주중에도 손님이 붐빈다. *주말. 주초.
주지 (住持) [주:지] 한 절을 책임지고 관리하는 승려. ⑩주지를 맡다.
주지사 (州知事) 미국처럼 여러 주로 이루어진 연방 국가에서 한 주의 행정을 책임지고 맡은 사람.
주차 (駐車) [주:차] 자동차 따위를 세워 둠. ⑩주차 금지 구역에 차를 세워 두다. **주차하다**.
주차장 (駐車場) [주:차장] 차를 세워 두도록 마련해 놓은 곳. ⑩무료 주차장.
주창 (主唱) 주의나 사상 따위를 앞장서서 주장함. ⑩새 학설을 주창하다. **주창하다**.
주책 1 일정한 주장이나 판단력. 2 일정한 줏대가 없이 이랬다저랬다 하는 짓. ⑩주책을 떨다 / 주책을 부리다. ×주착.
주책없다 [주채겁따] 일정한 주견이 없이 이랬다저랬다 하여 몹시 실없다. ⑩주책없는 소리.

주의 '주책'은 확실하게 정한 생각이란 뜻으로 '주착'이 변한 말이다. 따라서 '주책없다'는 일정한 주견이 없다는 뜻이다. 이 뜻으로 '주책이다'라고 쓰는 것은 잘못된 말이다.

주책없이 [주채겁씨] 주책없게. ⑩주책없이 굴다.
주체 (主體) 사물의 주되는 부분. 중심이 되는 것. ⑩행위의 주체로서의 개인. 빤객체.
주초 (週初) 한 주일의 첫머리. 빤주말. 주중.
주최 (主催) [주최 / 주췌] 어떤 행사나 모임을 책임지고 맡아 앞장서서 엶. ⑩전시회를 주최하다. **주최하다**.

→주관 주의

주축(主軸) 어떤 활동의 중심이 되는 존재나 세력. 예청소년이 주축이 된 모임.

주춤 망설이거나 놀라서 하던 동작을 갑자기 멈추거나 몸을 움츠리는 모양. 예놀라서 발걸음을 주춤하다. 주춤하다.

주춤거리다 어떤 행동이나 걸음 따위를 자꾸 망설이며 머뭇거리다. 예주춤거리는 태도/대답을 주춤거리다.

주춤대다 ⇨주춤거리다.

주춧돌 [주춛돌/주춛똘] 기둥 밑에 기초로 받쳐 놓은 돌. 예주춧돌을 놓다. 비모퉁잇돌. 초석.

주치의(主治醫) [주치의/주치이] 어떤 환자의 치료를 책임진 의사.

*__주택__(住宅) [주:택] 사람이 살 수 있게 지은 집. 예단독 주택.

주택가(住宅街) [주:택까] 주택이 모여 있는 거리나 지역.

주택지(住宅地) [주:택찌] 1 여러 조건이 주택을 짓기에 알맞은 땅. 2 주택이 많이 들어선 곳.

주판(籌板) [주:판] ⇨수판.

주한(駐韓) [주:한] 임무를 띠고 한국에 머물러 있음. 예주한 외교 사절.

주행(走行) 자동차 따위가 달림. 예주행 거리/주행 속도. 주행하다.

주홍색(朱紅色) 누른빛을 약간 띤 붉은빛. 비주홍.

주화(鑄貨) [주:화] 쇠붙이로 만든 돈. 예주화 한 닢.

주황색(朱黃色) 붉은색과 노란색 사이의 빛깔. 비주황.

주효하다(奏效—) [주:효하다] 효력이 나타나다. 예설득이 주효했다.

죽[1] 1 한 줄로 늘어선 모양. 예죽 늘어서다. 2 동작이 단번에 거침없이 나아가는 모양. 예여럿이서 죽 밀고 들어가다. 3 종이나 피륙 따위를 단번에 찢는 소리. 4 여럿을 한 번에 훑어보는 모양. 예교실 안을 죽 훑어보다. 5 줄을 치거나 선을 긋는 모양. 예밑줄을 죽 긋다. 쫙쪽. 쎈쭉.

*__죽__[2](粥) 곡식을 물에 오래 끓여 알갱이를 무르게 만든 음식. 예죽을 끓이다/죽을 쑤다.

죽 끓듯 하다 ㉠변덕이 몹시 심한 모양. 예변덕이 죽 끓듯 하다. ㉡마음속이 부글부글 끓어오르듯 화가 몹시 나다.

죽을 쑤다 손해를 크게 보다. 일을 망치다.

*__죽다__[1] [죽따] 1 생명이 끊어지다. 예비행기 사고로 죽다. 2 동작을 그치다. 예시계가 죽다. 3 불이 꺼지다. 예난롯불이 죽었다. 4 성질이나 기운이 줄어지다. 예기가 죽다. 맨살다. ⇨die

죽다[2] [죽따] 두드러져야 할 곳이 꺼져서 가라앉거나 뭉툭한 상태가 되다. 예콧날이 죽다.

죽도(竹刀) [죽또] 1 대나무로 만든 칼. 2 검도 연습에 쓰는, 쪽쪽 넷을 동여 칼 대신으로 쓰는 기구.

죽령(竹嶺) [중녕] 경상북도 영주시와 충청북도 단양군의 경계에 있는 고개. 높이 689m.

죽마고우(竹馬故友) [중마고우] 대말(대로 만든 막대기)을 함께 타고 놀던 친구라는 뜻으로, 어릴 때부터 가깝게 지내며 자란 친구. 비죽마구우. 죽마지우.

죽부인(竹夫人) [죽뿌인] 대오리(가늘게 다듬은 대나무 가지)로 길고 둥글게 엮어 만든 물건. 여름밤에 서늘한 기운이 들도록 끼고 잠.

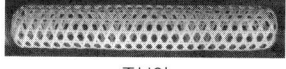

죽부인

죽세공(竹細工) [죽쎄공] 대나무를 재료로 하여 물건을 만드는 일. 바구니·부채 따위를 만듦.

죽순(竹筍) [죽쑨] 대나무의 땅속줄기에서 돋아나는 어리고 연한 싹. 먹을 수 있음.

죽염(竹鹽) [주겸] 대나무 통 속에 소금을 다져 넣고 황토로 막아서 불에 여러 번 구워 낸 가루.

*__죽음__ [주금] 죽는 일. 예삶과 죽음/죽음을 각오하다/죽음을 맞이하다. 비사망. 맨삶. →주검 주의 ⇨death

*__죽이다__ [주기다] 1 생명을 빼앗다. 예벌레를 죽이다. 2 기계 따위의 기능을 멈추게 하다. 3 기세를 꺾거나 기운

을 약하게 하다. ⓔ기를 죽이다 / 성질을 죽이다. 4 불을 끄다. ⓔ불씨를 죽이다. 5 소리를 낮추거나 멈추다. ⓔ발소리를 죽이다 / 숨을 죽이다. 6 속력 따위를 줄게 하다. ⓔ속력을 죽이다.
⟨반⟩살리다. ⇨kill

죽죽 [죽쭉] 1 여러 줄로 늘어선 모양. ⓔ가로수가 죽죽 늘어선 길. 2 거침없이 나아가는 모양. 3 종이나 천을 계속해서 찢는 모양. ⓔ신문지를 죽죽 찢다. 4 계속하여 줄을 치거나 선을 긋는 모양. ⓔ공책에 줄을 죽죽 긋다.
⟨작⟩족족. ⟨센⟩쭉쭉.

죽창 (竹槍) 대나무로 만든 창.

죽치다 오랫동안 한곳에만 붙박여 있다. ⓔ친구도 만나지 않고 집에만 죽치고 있다.

준결승전 (準決勝戰) [준:결쓩전] 운동 경기 등에서, 결승전에 나갈 단체나 선수를 결정하는 경기. ⟨준⟩준결승.

준공 (竣工) [준:공] 건축 등의 공사를 모두 마침. ⓔ준공이 늦어지다. ⟨비⟩완공. ⟨반⟩기공. 착공. **준공하다**.

준령 (峻嶺) [줄:령] 높고 험한 고개. ⓔ준령을 타고 넘다.

준마 (駿馬) [준:마] 잘 달리는 말.

준말 [준:말] 긴 말을 줄인 간단한 말. '아니하다'를 '않다', '갖추어'를 '갖춰'로 하는 따위. ⟨비⟩약어.

⟨참고⟩ 준말이 널리 쓰이고 본딧말이 잘 쓰이지 않을 경우에는 준말만을 표준말로 삼는다.
· 귀찮다 (×귀치 않다)
· 김 (×기음) ⓔ김매다
· 똬리 (×또아리)
· 무 (×무우) ⓔ무말랭이, 총각무
· 뱀 (×배암)
· 샘 (×새암)
· 생쥐 (×새앙쥐)
· 솔개 (×소리개)
· 온갖 (×온가지)
· 장사치 (×장사아치)

준법 (遵法) [준:뻡] 법이나 규칙을 지키고 따름. ⟨반⟩위법.

*****준비** (準備) [준:비] 필요한 것을 미리 마련하여 갖춤. ⓔ여행 준비 / 손님 맞을 준비를 끝내다. ⟨비⟩예비. 채비. 준비하다.

*****준비물** (準備物) [준:비물] 앞으로 해야 할 일에 필요하여 미리 갖추어 놓는 물건.

준비 운동 (準備運動) 본격적인 운동을 하기 전에 온몸을 고르게 풀기 위해 하는 가벼운 운동.

준수 (遵守) [준:수] 규칙이나 명령 등을 그대로 좇아서 지킴. ⓔ교통 법규를 준수하다. **준수하다**.

준수하다 (俊秀─) [준:수하다] 재주·슬기·겉모습이 아주 빼어나다. ⓔ준수하게 생긴 젊은이.

준엄하다 (峻嚴─) [주:넘하다] 조금도 타협함이 없이 매우 엄격하다. ⓔ준엄한 심판을 내리다.

준우승 (準優勝) [주:누승] 운동 경기에서, 우승 다음가는 성적. ⓔ준우승을 차지하다. **준우승하다**.

준치 [준:치] 준칫과의 바닷물고기. 몸길이 50cm 정도. 모양은 밴댕이와 비슷함. 등 쪽은 푸른빛과 누런빛이 섞여 있고 배 쪽은 은빛임. 살에는 가시가 많음.

준하다 (準─) [준:하다] 어떤 본보기에 비추어 그대로 따르다. ⓔ과장에 준하는 월급을 주다.

*****줄**[1] 1 노끈·새끼 따위와 같이 무엇을 묶는 데 쓰는 가늘고 긴 물건. ⓔ줄을 매다 / 줄을 감다 / 줄을 당기다. 2 가로나 세로로 그은 선. ⓔ줄을 긋다. 3 벌여 선 행렬. ⓔ학생들이 줄을 지어 서다.

줄[2] [줄:] 쇠붙이를 쓸거나 깎는 데 쓰는, 강철로 만든 연장.

*****줄**[3] 어떠한 방법·사실·속셈 따위를 나타내는 말. 반드시 'ㄴ, ㄹ' 뒤에서만 쓰임. ⓔ그렇게 할 줄은 꿈에도 몰랐다 / 간 줄 알았다.

*****줄거리** 1 잎이 다 떨어진 나뭇가지. 2 내용을 간추린 대강의 골자. ⓔ소설의 줄거리.

줄곧 끊어지거나 그치지 않고 잇달아. ⓔ아침부터 줄곧 비가 내린다. ⟨비⟩내리. 내처.

*****줄기** 1 식물의 가장 중심이 되는 부분. 2 산이 갈라져 나간 갈래. 3 물이 줄 대어 흐르는 선. 4 소나기의 한 차

례. 예 소나기가 시원하게 한 줄기 퍼붓다.

*줄기차다** 억세고 세차게 계속되다. 예 줄기찬 노력 / 줄기차게 비가 오다.

*줄넘기** [줄럼끼] 양손으로 줄의 끝을 잡고 발 아래에서 머리 위로 넘기면서 뛰거나 또는 기다란 줄 두 끝을 각각 딴 사람이 잡고 커다란 원을 그리면서 돌리는 속을 뛰어넘는 놀이. 줄넘기하다.

*줄다** [줄:다] 수효나 분량이 적어지다. 예 몸무게가 줄다 / 인원이 줄다. 반 늘다. 활용 줄어 / 주니 / 주는.

줄다리기 여러 사람이 두 편으로 갈라서서 줄을 마주 잡고 당겨서 승부를 겨루는 놀이. 줄다리기하다.

줄달음질 [줄다름질] 단숨에 내처 달리는 달음박질. 예 줄달음질을 치다. 준 줄달음. 줄달음질하다.

줄무늬 [줄무니] 줄로 이루어진 무늬. 예 줄무늬 천.

*줄어들다** [주러들다] 크거나 많던 것이 점점 작거나 적게 되다. 예 참가 인원이 줄어들다. 활용 줄어들어 / 줄어드니 / 줄어드는.

*줄이다** [주리다] 길이나 크기 따위를 줄게 하다. 예 비용을 줄이다 / 전력 소비량을 줄여야 한다. 반 늘이다. → 주리다 주의

줄임표 (一標) [주림표] 문장 부호의 하나. 말을 줄이거나 말이 없음을 나타내는 문장 부호(……). 비 생략표.

줄자 좁고 긴 천이나 쇠 따위에 눈금을 새긴 띠 모양의 자.

줄잡다 [줄:잡따] 실제보다 줄여 대강 헤아려 보다. 예 줄잡아도 5만 명은 넘는다.

줄줄 1 굵은 물줄기가 계속해서 흐르는 소리. 예 빗물이 줄줄 흐르다. 2 떨어지지 않고 줄곧 뒤따르는 모양. 예 학생들이 줄줄 따라오다. 작 졸졸. 센 쭐쭐. 3 막힘없이 무엇을 읽거나 외는 모양. 예 한문 편지를 줄줄 읽다. 4 물건들을 여기저기 자꾸 흘리는 모양. 예 소지품을 줄줄 흘리고 다니다.

줄줄이 [줄쭈리] 1 줄마다 다. 2 여러 줄로. 예 운동장에 학생들이 줄줄이 늘어서다. 3 줄지어 잇따라. 예 방문객이 줄줄이 이어지다.

줄짓다 [줄진따] 줄을 이루다. 예 식당 앞에 사람들이 줄지어 늘어서다. 활용 줄지어 / 줄지으니 / 줄짓는.

줄타기 공중에 친 줄 위를 걸어 다니면서 부리는 재주. 줄타기하다.

줄표 (一標) 이미 말한 내용을 다른 말로 쉽게 설명하거나 보충할 때 쓰는 문장 부호 '─'의 이름.

줄행랑 (一行廊) [줄행낭] 1 대문의 좌우 양쪽으로 죽 벌여 있는 하인들의 방. 2 '도망'을 속되게 이르는 말. 예 줄행랑을 놓다.

줄행랑치다 (一行廊一) [줄행낭치다] 피하여 달아나다.

*줌** [줌:] 주먹으로 쥘 만한 분량. 예 한 줌의 흙.

*줍다** [줍:따] 1 바닥에 떨어지거나 흩어진 물건을 집다. 예 지갑을 줍다. 2 남이 잃어버린 물건을 집어 가지다. 예 길에서 돈을 줍다. 활용 주워 / 주우니. ×줏다.

줏대 (主一) [주때 / 줃때] 마음의 중심이 되는 생각이나 태도. 예 줏대가 있는 사람.

중[1] [중:] 절에 살면서 불경을 공부하고 불교의 도리를 닦는 사람. 비 승려. 높 스님.

*중**[2] (中) 1 무엇을 하는 동안. 예 그는 여행 중이다. 2 여럿 가운데. 예 무리 중에 가장 뛰어나다. 3 가치·등급·순위·정도 등이 중간 정도임. 예 성적이 중에 든다. 4 무엇의 안이나 속. 예 공기 중의 산소.

*중간** (中間) 1 두 사물의 사이. 예 중간에 끼이다. 2 어떤 일이 진행되고 있는 사이. 예 회의하는 중간에 전화벨이 울리다. 3 등급·크기·차례 따위의 가운데. 예 중간 정도의 성적.

중간고사 (中間考査) 학기 중간에 학력을 평가하기 위해 실시하는 시험. 예 중간고사를 치르다.

중강진 (中江鎭) [지명] 평안북도 자성군에 있는 도시. 콩·옥수수 따위의 농산물이 나며, 벌목·제재가 활발함. 우리나라에서 가장 추운 지역임.

중개 (仲介) 제삼자로서 두 당사자 사이를 연결해 일을 주선함. 예 부동산

중개. 중개하다.

중거리 (中距離) 짧지도 길지도 않은 중간 정도의 거리. 예중거리 슛 / 중거리 달리기.

중건 (重建) [중ː건] 사찰이나 궁궐 따위를 다시 고쳐 지음. 예경복궁 중건. 중건하다.

중견 (中堅) 어떤 단체나 사회에서 중심이 되는 사람. 예중견 작가.

중계 (中繼) [중계 / 중게] 1 중간에서 받아 이어 줌. 2 '중계방송'의 준말. 예야구 중계. 중계하다.

중계방송 (中繼放送) [중계방송 / 중게방송] 극장·경기장·야외 등 현장의 모습을 방송국이 중계하여 방송하는 일. 준중계.

중고 (中古) '중고품'의 준말. 예중고 가구 / 중고 시계.

중고차 (中古車) 사용하여 조금 낡은 차. 예중고차를 사다.

중고품 (中古品) 오래되거나 낡은 물건. 예중고품 매매. 준중고.

중공업 (重工業) [중ː공업] 배·기계·차 등과 같이, 부피에 비하여 무게가 큰 물건을 만드는 공업. 반경공업.

중국 (中國) 〖국명〗 아시아의 동부에 있는 큰 나라. 황허강을 중심으로 한 고대 문명의 발상지로 오랜 역사를 이어 옴. 1949년 중국 공산당이 마오쩌둥을 지도자로 삼아 중화 인민 공화국을 세움. 수도는 베이징. 준중.

중금속 (重金屬) [중ː금속] 비중이 큰 금속. 금·은·구리·수은·납·철 등이 있음. 예장난감에서 중금속이 검출되다. 반경금속.

중급 (中級) 정도·수준 따위의 가운데 등급. 예중급 영어.

중기 (中期) 어떤 기간의 중간 시기. 예조선 중기.

중년 (中年) 마흔 살 안팎의 나이. 예중년 부인 / 중년 신사.

중노동 (重勞動) [중ː노동] 육체적으로 몹시 힘이 드는 노동. 예중노동에 시달리다. 반경노동.

중단 (中斷) 하던 일이나 행동을 중간에서 그만둠. 예작업을 중단하다. 비중지. 반계속. 중단하다.

중대¹ (中隊) 부대를 구성하는 단위의 하나. 보통, 4개 소대로 이루어짐. 대위가 지휘함. 예중대 본부.

중대² (重大) [중ː대] 매우 중요함. 예중대 임무 / 중대한 발표. 비중요. 반경미. 사소. 중대하다.

중도 (中途) 1 일이 되어 가는 중간. 예중도에서 그만두다. 2 가던 길의 중간. 비도중.

중독 (中毒) 1 음식이나 약의 독한 성분으로 말미암아 신체에 기능 장애가 생기는 일. 예약물 중독. 2 술·마약·도박처럼 어떤 것에 빠져 그것 없이는 견디지 못하는 병적 상태. 예알코올 중독 / 게임 중독 / 스마트폰 중독.

중독성 (中毒性) [중독썽] 중독을 일으키는 성질.

중독자 (中毒者) [중독짜] 중독이 된 사람. 예마약 중독자 / 알코올 중독자.

중동 (中東) 서남아시아와 북아프리카에 걸친 지역. 이란·이라크·사우디아라비아·아프가니스탄 등의 나라가 있으며, 석유가 많이 남.

중등 교육 (中等敎育) 초등 교육을 끝낸 사람에게 중학교와 고등학교에서 실시하는 교육.

중략 (中略) [중냑] 말이나 글의 중간의 일부를 줄임. 중략하다.

중량 (重量) [중ː냥] 1 물체의 무게. 예중량을 달다 / 중량이 5kg이다. 2 무거운 무게. 반경량.

중력 (重力) [중ː녁] 지구가 그 표면에 있는 물건을 지구 중심 쪽으로 당기는 힘.

중령 (中領) [중ː녕] 군대 계급의 하나. 대령의 아래, 소령의 위.

중류 (中流) [중뉴] 1 강의 상류와 하류 사이. 예중류 중류. 2 중간쯤 되는 계층. 예중류 생활.

중립 (中立) [중닙] 어느 특정한 나라나 입장에 치우치지 않고 그 중간에 서는 일. 예중립적인 태도 / 중립을 지키다.

중매 (仲媒) 혼인이 이루어지게 남녀를 소개하는 일. 예중매로 결혼하다. 중매하다.

　중매(를) 서다 중매를 하기 위해 남자와 여자 사이에 나서다.

중모리장단 민속악에서, 판소리나

산조 장단의 한 가지. 진양조장단보다 좀 빠르고 중중모리장단보다 좀 느린 장단. 강강술래·진도 아리랑·농부가 따위가 이에 속함.

중반(中盤) 어떤 일의 진행이 초반을 지나 중간쯤 되는 단계. 예축구 경기가 중반에 접어들다.

중병(重病) [중:병] 목숨을 잃을 정도로 위중한 병. 중태에 빠진 병. 예중병 환자 / 중병을 앓다.

중복¹(中伏) 삼복의 하나로, 두 번째 복날. 예중복 더위.

중복²(重複) [중:복] 거듭함. 겹침. 예중복되는 내용. **중복하다.**

*중부(中部) 어떤 지역의 가운데 부분. 예중부 전선.

중부 지방(中部地方) 어떤 지역의 가운데쯤에 자리 잡고 있는 지방. 우리나라에서는 서울특별시·인천광역시·경기도·강원도·충청도 일대를 일컬음.

중산층(中産層) 자본가와 노동자의 중간에 있는 계층. 생활 정도나 재산 상태가 중간 정도인 계층.

중상(重傷) [중:상] 많이 다침. 예중상을 입다. 반경상.

중생(衆生) [중:생] 불교에서, 부처를 믿어 구제되어야 할 인간과 그 밖의 모든 생물. 예중생을 구하다.

중생대(中生代) 지질 시대의 하나. 고생대의 다음 신생대의 전 시대. 트라이아스기·쥐라기·백악기로 나뉘며 파충류·암모나이트·양치식물·은행류 따위가 번성하였음.

중석(重石) [중:석] ⇨텅스텐.

중성(中性) 1 이것도 저것도 아닌 중간의 성질. 2 산성과 알칼리성의 중간 상태. 예중성 반응. 3 남자 같은 여자나 여자 같은 남자.

중세(中世) 시대 구분의 하나. 고대와 근대 사이의 중간 시대로, 우리나라에서는 고려 시대가 이에 해당됨.

중소기업(中小企業) 자본금·종업원 수·시설 따위의 규모가 중간 정도이거나 그보다 작은 기업.

중순(中旬) 한 달의 11일부터 20일까지의 열흘 동안. 예시월 중순. *상순. 하순.

중시(重視) [중:시] '중요시'의 준말. 예실용과 기능을 중시하다 / 개인기보다 팀워크를 중시하다. 반경시. **중시하다.**

*중심¹(中心) 1 사물의 한가운데. 예원의 중심. 비중앙. 2 매우 중요하고 기본이 되는 부분. 예중심 내용. 비핵심. 3 주관이나 줏대. 예중심을 잡다 / 중심이 있는 사람.

중심²(重心) [중:심] ⇨무게 중심. 예몸의 중심을 잡다 / 중심을 잃고 쓰러지다.

중심가(中心街) 시내의 중심이 되는 거리. 예중심가를 벗어나다.

중심각(中心角) 원의 중심에서 두 반지름이 이루는 각.

중심부(中心部) 사물의 한가운데가 되는 부분. 비중앙부.

중심지(中心地) 어떤 일이나 활동의 중심이 되는 중요한 곳. 예교통의 중심지.

중압(重壓) [중:압] 1 무겁게 내리누르는 압력. 2 견디기 힘든 부담을 주거나 강요하는 힘.

*중앙(中央) 1 한가운데. 예중앙으로 모이다. 2 어떤 일의 중심이 되는 중요한 곳. 3 서울. 수도. ⊃center

중앙선(中央線) 서울 청량리에서 원주를 거쳐 경주에 이르는 간선 철도. 1942년에 개통됨. 383km.

중앙아메리카(中央America) 남아메리카 대륙과 북아메리카 대륙을 잇는 길쭉한 지역.

중앙아시아(中央Asia) 아시아 서쪽 중앙의 지역. 기후가 건조하고 사막이 많아서 유목이 발달함.

중앙은행(中央銀行) 한 나라의 금융 제도와 통화 제도의 중심이 되는 은행.

중앙 집권(中央集權) 나라의 중요한 권력이 중앙 정부에 몰려 있는 통치 형태.

중앙 처리 장치(中央處理裝置) 컴퓨터의 본체로 두뇌에 해당하는 작용을 하는 부분.

중양절(重陽節) [중:양절] 우리나라 옛 명절의 하나. 음력 9월 9일.

*중얼거리다 남이 잘 알아듣기 어려울 정도의 작고 낮은 목소리로 혼자

중얼대다

자꾸 말하다. 잭 종알거리다. 센 쭝얼거리다.
중얼대다 ⇨중얼거리다.
중얼중얼 중얼거리는 모양. 예 중얼중얼 혼잣말을 하다. **중얼중얼하다**.
중역 (重役) [중ː역] 은행·회사 등의 중요한 임원. 예 중역 회의.
중엽 (中葉) 어느 시대의 중간쯤 되는 기간. 예 18세기 중엽.
***중요** (重要) [중ː요] 소중하고 필요함. 예 중요 문화재 / 중요한 자료를 얻다. 비 긴요. 주요. **중요하다**.
***중요성** (重要性) [중ː요썽] 일의 중요한 성질. 예 환경의 중요성을 강조하다. 비 중대성.
중요시 (重要視) [중ː요시] 중요하게 여김. 준 중시. **중요시하다**.
중원 고구려비 (中原高句麗碑) 충청북도 충주시 가금면 선돌 마을에서 1979년 발견된 고구려 장수왕의 남진 순수비. 우리나라 국보로, 정식 이름은 '충주 고구려비'.
중위[1] (中位) 중간 정도의 지위나 위치. 예 중위권.
중위[2] (中尉) 장교 계급의 하나. 대위의 아래, 소위의 위.
중이염 (中耳炎) 병원균이 침입하여 가운데귀에 생기는 염증. 귀와 머리가 아프고 열이 남.
중인 (中人) 조선 때 양반과 상민 사이의 중간 계급. 낮은 관리직·기술직 등을 맡았음. 예 중인 계급.
중일 전쟁 (中日戰爭) 1937년 일본이 중국을 침략하여 일으킨 전쟁. 일본은 주요 도시를 점령하였으나 중국이 저항을 계속하자 1941년 태평양 전쟁으로 확대시킴. 1945년 일본이 연합국에 항복함으로써 끝남.
중임[1] (重任) [중ː임] 먼저 근무했던 지위에 다시 씀. 예 회장직에 중임되다. **중임하다**.
중임[2] (重任) [중ː임] 중대한 임무. 예 중임을 맡다.
중장[1] (中章) 시조나 시구 따위를 초장·중장·종장의 셋으로 나누었을 때의 가운데 장. *초장. 종장.
중장[2] (中將) 군인 계급의 하나. 대장의 아래, 소장의 위.
중장비 (重裝備) [중ː장비] 토목·건축에 쓰이는 무겁고 큰 기계나 차 위를 통틀어 일컫는 말. 예 중장비를 써서 공사하다.
중재 (仲裁) 다툼질하는 사이에 끼어들어 화해시킴. 예 사건을 중재하다. **중재하다**.
중전 (中殿) '왕비'를 높여 이르던 말. 본 중궁전.
중절모자 (中折帽子) 꼭대기의 가운데를 눌러 움푹 들어가게 하여 쓰는, 둥근 챙이 달린 신사용의 모자. 비 중절모.
중점[1] (中點) [중ː쩜] 선분 위에 있으면서 선분의 양 끝에서 같은 거리에 있는 점.
중점[2] (重點) [중ː쩜] 가장 중요하게 여겨야 할 점.
중죄 (重罪) [중ː죄/중ː줴] 매우 큰 죄. 예 중죄를 짓다 / 중죄로 다스리다.
중주 (重奏) [중ː주] 둘 이상의 악기가 각각 한 성부씩 맡아서 동시에 하는 연주. 예 피아노 3중주. **중주하다**.
중중모리장단 민속악에서, 판소리나 산조 장단의 한 가지. 중모리장단보다 좀 빠르고 자진모리장단보다 좀 느림. 새타령이 이에 속함.
중증 (重症) [중ː쯩] 매우 위중한 병의 증세. 예 중증 환자. 반 경증.
중지[1] (中止) 하던 일을 중간에서 그만둠. 예 사격 중지 / 작업을 중지하다. 비 중단. 반 계속. **중지하다**.
중지[2] (中指) 가운뎃손가락.
중진국 (中進國) 문화·경제 등의 발달 수준이 선진국과 후진국의 중간쯤인 나라.
중창 (重唱) [중ː창] 둘 이상의 사람이 각각 한 성부씩 맡아 노래함. 이중창·삼중창 따위가 있음.
중책 (重責) [중ː책] 무겁고 중요한 책임. 예 중책을 다하다 / 중책을 맡다.
중천 (中天) 하늘의 한복판. 예 해가 중천에 뜨다.
중추 (中樞) 중심이 되는 중요한 부분이나 자리. 예 사회의 중추 역할을 하다.
중추 신경계 (中樞神經系) 동물의 신경계에서, 뇌와 척수를 담당하는 신경

섬유와 신경 세포가 한데 모여 있는 부분.

중추절 (仲秋節) 음력 8월 15일을 명절로 일컫는 말. 비추석. 한가위.

중탕 (重湯) [중ː탕] 끓는 물 속에 음식이 담긴 그릇을 넣어 익히거나 데움. 예약을 중탕하다. **중탕하다**.

중태 (重態) [중ː태] 위험한 상태에 있는 병의 증세. 예병세가 악화하여 중태에 빠지다.

중턱 (中一) 산이나 고개 따위의 허리쯤 되는 곳. 예산 중턱까지 오르다.

중퇴 (中退) [중퇴/중퉤] 학업을 다 마치기 전에 학교를 그만둠. 예집안 사정으로 대학을 중퇴하다. **중퇴하다**.

중편 (中篇) 1 상·중·하의 세 편으로 나눈 책의 가운데 편. 2 장편 소설과 단편 소설의 중간쯤 되는 분량의 소설. 본중편 소설.

중풍 (中風) 뇌혈관에 이상이 생겨 몸의 전체나 일부가 마비되는 병.

중하다 (重一) [중ː하다] 1 병이 위중하다. 2 소중하다. 3 책임 따위가 무겁다. 예임무가 중하다. 빤경하다.

*__중학교__ (中學校) [중학꾜] 초등학교 교육을 마친 학생에게 중등 보통 교육을 실시하는 학교. 준중학.

중학생 (中學生) [중학쌩] 중학교에 다니는 학생.

중형¹ (中型) 크지도 작지도 않은 중간쯤 되는 크기나 규모. 예중형 자동차/중형 피아노.

중형² (中刑) [중ː형] 무거운 형벌. 예중형에 처하다/중형을 받다.

중화 (中和) 1 서로 다른 성질의 물질이 녹아 섞여 각각의 성질을 잃거나 그 중간의 성질을 띰. 2 산성과 알칼리성 물질이 섞여서 서로의 성질을 잃음. **중화하다**.

중화상 (重火傷) [중ː화상] 정도가 심한 화상. 예중화상을 입다.

중화학 공업 (重化學工業) 중공업과 화학 공업을 함께 일컫는 말.

중환자 (重患者) [중ː환자] 병세가 위독한 환자. 예중환자실. 빤경환자.

중후하다 (重厚一) [중ː후하다] 태도가 점잖고 무게가 있다. 예중후한 인상을 가진 중년 신사.

중흥 (中興) 쇠퇴하던 것이 중간에 다시 일어남. 예민족 중흥. **중흥하다**.

중히 (重一) [중ː히] 중하게. 예책임을 중히 여기다.

*__쥐__¹ 쥣과에 속하는 짐승의 총칭. 꼬리는 몸보다 길고 귀는 둥글고 크며, 털은 잿빛을 띰. 사람에게 페스트균을 가진 벼룩을 퍼뜨림. ⊃mouse

쥐도 새도 모르게 아무도 사정을 알 수 없게 감쪽같이.

쥐² 몸의 어느 한 곳에 경련이 일어나 근육에 오그라들거나 굳어져, 몹시 아프면서 꼼짝도 못하는 현상. 예수영하다가 다리에 쥐가 나다.

쥐구멍 1 쥐가 드나드는 작은 구멍. 2 몸을 숨길 만한 아주 좁은 곳을 속되게 이르는 말.

쥐구멍(을) 찾다 몹시 부끄러울 때, 몸을 피하려고 애쓰다.

쥐꼬리 매우 적은 것을 비유한 말. 예쥐꼬리만한 수입.

*__쥐다__ [쥐ː다] 1 손가락을 모두 오므려 주먹을 만들다. 예주먹을 불끈 쥐다. 2 손바닥 안에 어떤 물건을 들게 하여 힘 있게 움켜잡다. 예손목을 쥐다. 3 권리나 권력 따위를 가지다. 예경제권을 쥐다. 4 재물 따위를 벌거나 가지다. 예목돈을 손에 쥐다.

쥐었다 폈다 하다 어떤 일이나 사람을 자기 마음대로 조종하다.

쥐덫 [쥐덛] 쥐를 잡는 데 쓰는 덫. 예쥐덫을 놓다.

쥐라기 (Jura紀) 중생대의 중간에 속하는 지질 시대. 양치식물·은행나무·파충류·공룡 따위가 번성하였고 시조새가 출현하였음.

쥐며느리 쥐며느릿과의 절지동물. 쓰레기 더미나 마루 밑 따위의 습한 곳에 삶. 몸길이는 1cm 정도이고 타원형임. 놀라면 몸을 둥글게 움츠리고 죽은 시늉을 함.

쥐불놀이 [쥐불로리] 음력 정월에 논둑이나 밭둑의 잡초 속에 있는 해충을 태워 없애기 위하여 불을 놓는 민속놀이. 비쥐불놓이. **쥐불놀이하다**.

쥐뿔 아주 보잘것없거나 규모가 작은 것을 가리키는 말.

쥐뿔도 모르다 아무것도 모르다.

쥐약 (一藥) 쥐를 잡는 데 쓰는 약.
쥐어뜯다 [쥐어뜯따/쥐여뜯따] 1 단단히 쥐고 뜯어내다. 2 속이 답답하거나 괴로울 때 가슴 따위를 뜯다시피 함부로 꼬집거나 잡아당기다. ㉣ 줴뜯다.
쥐어박다 [쥐어박따/쥐여박따] 주먹으로 함부로 때리다. ㉤동생의 머리를 쥐어박다. ㉣ 줴박다.
쥐어짜다 [쥐어짜다/쥐여짜다] 1 단단히 쥐고 비틀어 액체 따위를 짜내다. ㉤젖은 수건을 쥐어짜다. 2 오기 있게 떼를 쓰며 조르다. ㉤쥐어짠들 없는 돈이 나오랴. 3 이리저리 골똘히 생각하다. ㉤머리를 쥐어짜다.
쥐엄쥐엄 젖먹이에게 두 손을 쥐었다 폈다 하게 할 때 내는 소리. ㉢ 죄암죄암.
쥐치 쥐칫과에 속하는 바닷물고기. 몸길이 30cm가량으로, 마름모 모양이며 옆으로 납작하다. 주둥이 끝은 뾰족하고 꼬리자루는 짧음.
쥐포 (一脯) 쥐치를 말려 기계로 눌러 납작하게 만든 어포. 술안주 따위로 씀.
쥘부채 [쥘ː뿌채] 접었다 폈다 할 수 있는 부채. ㉥접이부채.
즈믄 '천'의 옛말.
즈음 일이 어찌 될 때. ㉤졸업식 날이 가까워 올 즈음에 갑자기 병이 났다. ㉥무렵. ㉣ 즘.

쥘부채

*__즉__ (卽) 다름이 아니라 곧. 다시 말해서. ㉥곧.
즉각 (卽刻) [즉깍] 즉시. 당장에. 곧바로. ㉤즉각 대답하다.
즉결 (卽決) 그 자리에서 즉시 처리하거나 결정함. ㉤즉결 심판/사건을 즉결로 처리하다. **즉결하다**.
즉사 (卽死) [즉싸] 그 자리에서 바로 죽음. ㉥직사. **즉사하다**.
즉석 (卽席) [즉썩] 그 자리에서 곧. ㉤즉석에서 승낙하다.
즉석식품 (卽席食品) [즉썩씩품] 조리가 쉽고 저장이나 휴대가 편리한 가공식품. ㉥인스턴트식품.
즉시 (卽時) [즉씨] 곧. 바로 그때. ㉤즉시 떠나다. ㉥즉각.
즉위 (卽位) [즈귀] 임금의 자리에 오르는 일. ㉤왕으로 즉위하다. ㉥등극. ㉦퇴위. **즉위하다**.
즉위식 (卽位式) [즈귀식] 임금의 자리에 오르는 의식.
즉효 (卽效) [즈쿄] 곧바로 나타나는 효과. ㉤즉효를 보다.
즉흥 (卽興) [즈킁] 그 자리에서 바로 일어나는 흥취나 기분. ㉤즉흥으로 노래를 부르다.
즉흥적 (卽興的) [즈킁적] 그 자리에서 일어나는 흥취나 기분에 따라 하는 (것). ㉤즉흥적 연설/즉흥적으로 떠오른 생각.
*__즐거움__ 기쁘고 좋은 느낌이나 마음. ㉤즐거움에 찬 얼굴/즐거움을 같이하다. ㉦괴로움.
즐거워하다 즐겁게 여기다.
즐거이 즐겁게. ㉤즐거이 노래를 부르다.
*__즐겁다__ [즐겁따] 마음이 흐뭇하고 기쁘다. ㉤즐거운 일만 생기다/즐겁게 지내다. ㉦괴롭다. ㉧ 즐거워/즐거우니.
*__즐기다__ 1 즐거움을 누리다. ㉤인생을 즐기다. 2 무엇을 유별나게 좋아하다. ㉤운동을 즐기다. ⊃enjoy
즐비하다 (櫛比一) 많은 것이 빗살처럼 가지런하고 빽빽이 늘어서 있다. ㉤도심에는 고층 건물들이 즐비하게 들어섰다.
즙 (汁) 과실 따위에서 배어 나오거나 짜낸 물. ㉤즙을 내다.
증가 (增加) 수량이 더 늘어 많아짐. ㉤자동차의 급격한 증가. ㉦감소. **증가하다**.
증가율 (增加率) 늘어나는 비율. ㉤인구 증가율.
증감 (增減) 많아짐과 적어짐. 또는 늘림과 줄임. **증감하다**.
증강 (增強) 인원·설비 따위를 늘려 강하게 함. ㉤병력을 대폭 증강하다. **증강하다**.
증거 (證據) 어떤 사실을 증명할 수 있는 근거. ㉤확실한 증거/증거를 대다/증거를 잡다.
증거물 (證據物) 증거가 되는 물건.

예 증거물을 찾아내다.

증권 (證券) [증꿘] 회사의 주식이나 공채, 사채 등을 통틀어 일컫는 말. 예 증권 시세 / 증권에 투자하다.

증권 시장 (證券市場) 증권을 발행하고 팔고 사는 일이 이루어지는 시장. 준증시.

증기 (蒸氣) 1 액체가 증발하여 생긴 기체. 2 '수증기'의 준말.

증기 기관 (蒸氣機關) 수증기의 압력을 이용하여 기관을 움직이는 장치. 예 증기 기관차.

증대 (增大) 더하여 커짐. 늘려서 많게 함. 예 소득 증대 사업. 반감소. 증대하다.

증류 (蒸溜) [증뉴] 액체를 가열하여 생긴 기체를 식혀서 다시 불순물이 없는 순수한 액체로 만드는 일. 예 물을 증류하다.

증류수 (蒸溜水) [증뉴수] 보통의 물을 증류하여 만든 깨끗한 물. 화학 실험 등에 쓰임.

증명 (證明) 1 어떤 일에 대해 진실인지 아닌지 증거를 들어 밝힘. 예 자신의 결백을 증명해 보이다. 2 참과 거짓을 밝힘. 증명하다.

증명서 (證明書) 어떤 사실을 증명하는 문서. 예 증명서를 발급하다.

증발 (蒸發) 1 액체가 기체로 변하는 현상. 예 물이 증발하다. 2 사람이나 물건이 갑자기 없어져 버리는 일. 예 모 배우의 증발 사건. 증발하다.

증발 접시 (蒸發―) 어떤 물질이 물 따위에 녹아 있을 때, 물을 증발시키고 그 물질을 얻는 데 쓰는 바닥이 얕은 접시.

증빙 (證憑) 증거로 삼음. 또는 증거로 삼는 근거. 예 증빙 서류를 제출하다. 증빙하다.

증산 (增産) 생산하는 양을 늘림. 예 식량 증산. 반감산. 증산하다.

증상 (症狀) ⇨증세. 예 감기 증상이 나타나다.

증서 (證書) 어떤 사실을 증명하는 문서. 예 보험 증서.

증세 (症勢) 병이나 상처의 상태. 예 증세가 악화되다. 비증상.

증손 (曾孫) '증손자'의 준말.

증손녀 (曾孫女) 손자의 딸. 예 증손녀가 태어나다. 반증손자.

증손자 (曾孫子) 손자의 아들. 반증손녀. 준증손.

증시 (證市) '증권 시장'의 준말.

증식 (增殖) 1 더 늘어나서 많아짐. 예 재산을 증식하다. 2 생물 또는 그 조직·세포 등이 생식이나 분열로 수가 늘어남. 증식하다.

증액 (增額) 액수를 늘림. 또는 그 액수. 반감액. 증액하다.

증언 (證言) 1 어떤 사실을 증명하는 말. 예 역사의 증언. 2 증인으로서 사실을 진술함. 또는 그 진술. 예 목격자의 증언 / 생생한 증언을 듣다. 증언하다.

증오 (憎惡) 몹시 미워함. 예 증오에 가득 찬 눈초리. 증오하다.

증오심 (憎惡心) 몹시 미워하는 마음. 예 증오심이 불타다.

증원 (增員) 사람 수를 늘림. 예 임시로 두 명의 직원을 증원하다. 반감원. 증원하다.

증인 (證人) 어떤 사실을 증언하는 사람. 예 증인으로 법정에 서다.

증정 (贈呈) 성의 표시나 축하 인사로 남에게 물건을 줌. 예 기념품을 증정하다. 비기증. 증정하다.

증조 (曾祖) '증조부'의 준말.

증조모 (曾祖母) 아버지의 할머니. 증조할머니.

증조부 (曾祖父) 아버지의 할아버지. 증조할아버지. 준증조.

증진 (增進) 기운이나 세력 따위가 점점 더 늘어 감. 예 식욕 증진. 반감퇴. 증진하다.

증축 (增築) 집 따위를 더 늘려 지음. 예 증축 공사. 증축하다.

증편 (增便) 배·항공기·자동차 등의 정기적인 운행 횟수를 늘림. 예 증편 운행. 반감편. 증편하다.

증폭 (增幅) 1 진동 전류 또는 전압·전파 따위의 진폭을 늘림. 2 사물의 범위를 넓혀 크게 함. 예 의혹이 증폭되다. 증폭하다.

증후군 (症候群) 원인이 분명치 않은 몇 가지 증세가 함께 나타나는 병. 예 만성 피로 증후군.

***지** 어떤 동작이 있었던 때로부터 지

금까지의 동안을 나타내는 말. 반드시 'ㄴ' 뒤에 쓰임. 예이 동네로 이사온 지 오래되었다.

-지¹ 1 뒤에 '못하다'·'아니하다'·'말다' 등을 이어 줄 때 쓰는 말. 예상황이 좋지 않다 / 더 묻지 마라. 2 서로 반대되는 사실이나 움직임, 상태 등을 나타내는 말을 이어 줄 때 쓰는 말. 예책임질 사람은 윗사람이지 아랫사람이 아니다.

-지² '하지'의 뜻을 나타냄. 예보내 준 돈이 넉넉지 않다.

> [주의] **-지와 -치**
> '-하지'를 줄여 쓸 때, '하'가 아주 줄어들 때는 '-지'로 적고 'ㅎ'이 남아 소리 날 때는 '-치'로 적는다.
> (1) '하' 앞의 받침 소리가 [ㄱ,ㄷ,ㅂ]이면 '하'가 통째로 줄어 '-지'로 적음.
>   예생각하지→생각지
>   익숙하지→익숙지
>   깨끗하지→깨끗지
>   섭섭하지→섭섭지
> (2) 그 외의 경우에는 '-치'로 적음.
>   예만만하지→만만치
>   심심하지→심심치

지각¹(地殼) 지구의 표면을 둘러싸고 있는 단단한 부분.

지각²(知覺) 1 알아서 깨달음. 또는 그 능력. 2 사물의 이치나 도리를 분별하는 능력. 예지각이 없다 / 지각 능력이 부족하다. 3 감각 기관을 통해 외부의 대상을 깨달아 아는 일. **지각하다**.

지각³(遲刻) 정한 시각보다 늦음. 예꾸물거리다가 오늘도 지각했다. **지각하다**.

지각생(遲刻生) [지각쌩] 정한 시간보다 늦은 사람.

***지갑**(紙匣) 가죽이나 헝겊 따위로 만들어서 돈 따위를 넣는 주머니. 예가죽 지갑 / 지갑을 잃어버리다.

지게 짐을 얹어 사람이 등에 지는 기구. 예지게를 진다.

지게꾼 지게로 짐을 나르는 일을 업으로 삼는 사람. ×지겟군.

지게

지게차(-車) 차의 앞부분에 붙은 두 개의 철판을 위아래로 움직여 짐을 운반하는 차. 포크리프트.

지게차

지겟작대기 [지게짝때기 / 지겥짝때기] 지게를 받쳐 세우는 긴 막대기.

지겹다 몸서리쳐질 정도로 싫다. 예생각만 해도 지겹다. [활용] 지겨워 / 지겨우니.

지경(地境) 어떠한 처지나 경우. 예힘들어 죽을 지경이다. [비] 형편.

***지구¹**(地球) 우리 인류가 살고 있는 땅덩어리. ⊃earth

***지구²**(地區) 기준에 따라 여럿으로 나눈 땅의 한 구역. 예상업 지구.

지구력(持久力) 오래 견디어 참아 내는 힘. 예산악 훈련으로 지구력을 기르다.

지구의(地球儀) [지구의 / 지구이] 지구를 본떠 만든 작은 모형. [비] 지구본.

지구촌(地球村) 통신이나 교통수단의 발달로 넓은 지구가 한 마을처럼 가까워졌다는 뜻으로 이르는 말.

지구의

지국(支局) 본사나 본국에서 갈라져 나와 각 지역에 설치되어 그 지역의 업무를 맡아보는 곳. 예신문사 지국을 경영하다.

지그시 1 슬며시 힘을 주는 모양. 예입술을 지그시 깨물다 / 눈을 지그시 감고 음악 감상을 하다. 2 어려움을 조용히 참고 견디는 모양. 예통증을 지그시 참다.

지그재그(zigzag) 직선이 번갈아 좌우로 비스듬히 꺾인 모양. 갈지자형. 예지그재그로 걷다.

지극하다(至極-) [지그카다] 더할 수 없이 마음과 힘을 다하다. 예효성이 지극한 아들 / 정성이 지극하다.

지극히(至極-) [지그키] 지극하게. 예학생이 공부하는 것은 지극히 당연한 일이다.

지근거리다 머리가 자꾸 쑤시듯 아

지근지근 머리가 자꾸 쑤시듯 아픈 모양. 지근지근하다.

지글지글 적은 물 따위가 타는 듯한 소리를 내면서 계속 끓는 모양. 예 찌개가 지글지글 끓다. [작] 자글자글. [센] 찌글찌글. 지글지글하다.

*__지금__ (只今) 바로 이때. 이제. 예 지금 당장 시작해라 / 지금까지 한 게 하나도 없다. ⊃now

지금껏 (只今—) [지금껃] 바로 이때에 이르기까지. 여태까지. 예 숙제도 안 하고 지금껏 뭐 했니.

지급 (支給) 돈이나 물품 따위를 내어 줌. 예 이자 지급 / 월급을 지급하다. 지급하다.

지긋이 [지그시] 나이가 비교적 많게. 예 나이가 지긋이 들어 보인다.

지긋지긋하다 [지귿찌그타다] 1 넌더리가 날 정도로 몹시 싫거나 괴롭다. 예 지긋지긋한 고생 / 가난이 지긋지긋하다. 2 보기에 몹시 잔인하여 몸서리쳐지다.

지긋하다 [지그타다] 나이가 비교적 많다. 예 나이가 지긋한 신사.

지기 (知己) 서로 마음이 통하는 벗. 예 여러 해 사귀어 온 지기.

*__지껄이다__ [지꺼리다] 큰 소리로 떠들썩하게 말하다. [작] 재깔이다.

지끈거리다 머리가 자꾸 쑤시고 아프다. 예 머리가 지끈거리다.

지끈지끈 머리가 쑤시며 몹시 아픈 상태. 예 머리가 지끈지끈 쑤신다. 지끈지끈하다.

*__지나가다__ 1 어떤 곳을 거쳐서 다른 데로 옮겨 가다. 예 숲을 지나가다. 2 어떤 곳을 통과하다. 예 교차로를 지나가다. 3 어떤 곳에 들르거나 머무르지 않고 바로 가다. 예 문 앞을 지나가다. 4 일정한 때가 넘어가다. 예 약속한 시간이 지나갔다. 5 말 따위를 별다른 의미 없이 하다. 예 지나가는 말처럼 묻다. [활용] 지나가거라.

*__지나다__ 1 다른 곳으로 옮겨 가다. 예 근처를 지나는 길에 들렀다. 2 어떤 곳을 통과하다. 예 학교 앞을 지나다. 3 시간이 흐르다. 예 줄을 서서 기다린 지 1시간이 지났다. 4 어떤 일을 위한 때가 넘어가거나 끝나다. 예 유효 기간이 지나다. ⊃pass

> [주의] **지나다**와 **지내다**
>
> **지나다** 1 어떤 곳을 거쳐 가거나 통과하다. 예 버스가 네거리를 지나 정류장에서 멈췄다. 2 시간이 흘러 과거가 되다. 예 지난 일 년 동안. 3 어떤 한도나 정도를 넘다. 예 우유의 유통기한이 지나다.
>
> **지내다** 1 살아가다. 서로 사귀어 가다. 예 별고 없이 지내다 / 그와 사이 좋게 지내고 있다. 2 어떤 직위에 있어 그 일을 겪다.

지나다니다 어느 곳을 지나서 오고 가고 하다. 예 이 길은 주로 학생들이 많이 지나다닌다.

지나오다 1 어떤 곳을 거쳐서 오다. 예 가게 앞을 지나오다. 2 어떤 곳을 들르지 않고 지나쳐 오다. 3 무슨 일을 겪어 오다. 예 지나온 일을 생각하다. [활용] 지나오너라.

*__지나치다__ 1 표준이 될 만한 정도를 넘다. 예 장난이 지나치다. 2 문제 삼거나 관심을 가지지 않고 가벼이 넘기다. 예 그냥 지나칠 일이 아니다. 3 머물거나 들르지 않고 어떤 곳을 지나거나 지나오다. 예 학교 앞을 지나치다. [활용] 지나치어 / 지나치니 / 지나친.

지난날 이미 지나가 버린 날. 또는 그런 날의 생활이나 과정. 예 지난날의 추억 / 지난날을 돌이켜 보다.

지난달 이달의 바로 전달.

지난번 (—番) 말하는 때 이전의 지나간 차례나 때. [비] 먼젓번. 전번.

지난해 이해의 바로 전해. [비] 작년.

지남철 (指南鐵) ⇨자석.

*__지내다__ [지:내다] 1 살아가다. 예 그동안 어떻게 지내셨습니까. 2 서로 사귀어 가다. 예 정답게 지내다. 3 혼인·제사 따위를 치르다. 예 차례를 지내다. 4 과거에 어떤 직책을 맡아 일하다. 예 교장을 지내다. 5 일정한 시간을 보내다. 예 외갓집에서 여름 방학을 지내다. →지나다 [주의]

지네 지네강에 속하는 절지동물을 통틀어 이르는 말. 몸은 가늘고 길며, 여러 개의 마디로 되어 있고, 마디마

지눌 (知訥) 〖인명〗 ⇨ 보조 국사.

지느러미 물고기의 운동 기관. 얇은 막인데, 몸의 균형을 유지하고 헤엄치는 데 씀. 가슴·배·등·꼬리 등에 있음.

지능 (知能) 사물이나 현상을 이해하고 상황에 맞는 방법을 알아내는 지적 능력. 예지능이 높다 / 지능이 발달하다.

지능 검사 (知能檢査) 타고난 지능 수준이나 그 발달 정도를 판단하는 검사.

지능 지수 (知能指數) 지능 검사의 결과로 얻은 정신 연령을 실제 연령으로 나눈 뒤 100을 곱한 수. 아이큐(IQ).

***지니다** 1 몸에 간직하여 가지다. 예돈을 지니다. 2 본디의 모양을 간직하다. 예그는 어릴 때의 모습을 그대로 지니고 있다.

지다¹ 어떤 현상이나 상태가 이루어지다. 예장마가 지다 / 얼룩이 지다 / 경사가 지다.

***지다**² 1 해나 달이 서쪽으로 넘어가다. 예서산에 지는 해. 맨뜨다. 2 꽃이나 잎 따위가 시들어 떨어지다. 예낙엽이 지다. 맨피다. 3 묻거나 붙었던 것이 없어지다. 예옷의 때가 지다.

***지다**³ 싸움·시합·내기 따위에서 상대를 이기지 못하다. 예야구 시합에 지다. 맨이기다.

***지다**⁴ 1 물건 따위를 등에 얹다. 예짐을 지고 언덕을 오르다. 2 어떤 책임을 맡다. 예모든 책임을 지다. 3 빌린 돈을 갚아야 할 의무를 가지다. 예빚을 지다. 4 신세나 은혜를 입다. 예친구에게 신세를 지다.

지당하다 (至當—) 이치에 맞고 지극히 당연하다. 예지당하신 말씀. 비타당하다.

***지대** (地帶) 한정된 일정한 구역. 예산악 지대 / 공업 지대.

***지도**¹ (指導) 어떤 목적이나 방향으로 상대를 가르치거나 이끌어 잘 인도함. 지도하다.

***지도**² (地圖) 지구 표면의 일부나 전부를 일정한 비율로 줄여서 나타낸 그림. 산·강·바다 따위를 여러 기호와 색을 이용하여 나타냄. ⊃ map

지도력 (指導力) 남을 가르치거나 이끄는 능력.

지도자 (指導者) 남을 가르치고 이끄는 사람. 예최고 지도자 / 각계각층의 지도자가 모이다.

지독하다 (至毒—) [지도카다] 더할 나위 없이 모질거나 심하다. 예지독한 구두쇠 / 지독하게 더운 날씨 / 쓰레기 냄새가 지독하다.

지동설 (地動說) 태양은 우주의 중심에 정지해 있고, 지구가 그 둘레를 돈다는 학설. 맨천동설.

지라 ⇨ 비장.

지랄 변덕스럽고 함부로 행동하는 것을 욕하는 말. 예지랄을 떨다 / 지랄을 부리다. 지랄하다.

지렁이 [지:렁이] 땅속에 사는 동물. 몸은 원통형이며 많은 마디로 됨. 길이는 10cm 정도, 등은 검붉은 빛깔임. 암수한몸이며 흙을 먹고 그 속에서 양분을 섭취함. 낚싯밥으로 쓰임.

지레¹ ⇨ 지렛대.

지레² 어떤 때가 되기 전에 미리. 예지레 겁을 먹고 달아나다.

지레짐작 (—斟酌) 미리 넘겨짚는 짐작. 예지레짐작으로 눈치채다. 지레짐작하다.

지렛대 [지레때 / 지렏때] 무거운 물건을 움직이는 데에 쓰는 막대기. 레버. 비지레.

지렛대

지력¹ (地力) 농작물을 자라게 하는 땅의 힘. 예거름을 주어 밭의 지력을 높이다.

지력² (智力) 사물을 헤아리는 능력. 예지력이 뛰어나다.

지령 (指令) 군대나 관청 등의 조직에서, 윗사람이 명령이나 지시를 내림. 또는 그 명령이나 지시. 예비밀 지령을 내리다. 지령하다.

지뢰 (地雷) [지뢰 / 지뤠] 땅속에 얕게 묻어, 그 위를 사람이나 탱크 따위가 지나가면 폭발하도록 장치한 폭약. 예지뢰 탐지기 / 지뢰가 터지다.

지루하다 시간을 너무 오래 끌어 싫증이 나고 따분하다. 예지루한 강의 / 영화가 지루하다.

지류(支流) 강의 원줄기로 흘러 들어가나 원줄기에서 갈라져 나온 물줄기. 凹본류. 원류. 주류.

지르다¹ 1 막대기·주먹·다리 따위로 힘껏 치다. ⑩옆구리를 냅다 쿡 지르다. 2 지름길로 가다. ⑩길을 질러 가다. 3 노여움이나 불이 일어나게 하다. ⑩불을 지르다. [활용] 질러 / 지르니.

*__지르다__² 소리를 크게 내다. ⑩고함을 지르다 / 소리를 너무 질러 목이 쉬다. [활용] 질러 / 지르니.

*__지름__ 원·구의 둘레 위에 있는 두 점을 원·구의 중심을 지나게 직선으로 이은 선분. 凹직경.

지름길 [지름낄] 1 질러서 가는 가까운 길. ⑩지름길로 가다. 2 쉽고 빨리 하는 방법. ⑩성공의 지름길. 凹첩경.

지리(地理) 1 어떤 곳의 지형이나 길 따위의 형편. ⑩서울 지리에 밝다. 2 바다·육지·산·강·인구·산업·교통·기후 따위의 상태. 또는 그것을 연구하는 학문.

지리다 똥이나 오줌을 참지 못하고 조금 싸다.

지리산(智異山) 경상남도와 전라남도, 전라북도 사이에 걸쳐 있는 산. 화엄사가 유명하며, 노고단 일대의 삼림은 식물학·임학의 좋은 연구지임. 1967년 국립 공원으로 지정됨. 높이 1,915m.

지리적(地理的) 지리에 관한 (것).

지리학(地理學) 지구 표면에서 볼 수 있는 많은 현상들을 연구하는 학문.

지린내 오줌 냄새와 같은 냄새. ⑩지린내가 나다.

지망(志望) 뜻하여 바람. 또는 그 뜻. ⑩교사를 지망하다. **지망하다**.

*__지면__¹(地面) 땅의 표면. ⑩지면이 평평하다. 凹땅바닥.

지면²(紙面) 1 종이의 겉면. ⑩지면이 곱다. 2 신문·잡지 따위에서 기사가 실린 쪽. ⑩신문 지면 / 많은 지면을 차지한 기사.

지명¹(地名) 마을이나 지역, 산천 따위의 이름. ⑩지명을 바꾸다.

지명²(指名) 여럿 가운데서 어떤 사람이나 물건을 지정함. ⑩후계자 지명. **지명하다**.

지명도(知名度) 이름이 널리 알려져 있는 정도. ⑩지명도가 높다.

지목(指目) 사람·사물 따위가 어떠하다고 가리켜 정함. ⑩범인으로 지목되다. 凹지적. **지목하다**.

지문¹(地文) 1 시험 문제 따위에서 주어진 내용의 글. ⑩지문을 읽고 물음에 답하다. 2 희곡이나 시나리오에서, 등장인물의 동작·표정·말투 등을 지시한 글. 凹바닥글. 지시문.

지문²(指紋) 손가락 끝마디 안쪽에 있는 피부의 무늬. ⑩지문을 찍다 / 지문이 남다.

지물포(紙物鋪) 여러 가지 종이를 파는 가게.

지반(地盤) 1 땅의 표면. ⑩지반이 약하다. 2 건물 따위를 설치하는 기초가 되는 땅. ⑩지반 공사. 3 일을 이루는 근거지. ⑩선거 지반을 다지다.

*__지방__¹(地方) 1 어느 한 방면의 땅. ⑩중부 지방 / 열대 지방. 2 서울 이외의 지역. ⑩지방에서 서울로 올라오다. 凹중앙.

*__지방__²(脂肪) 생물의 몸에 들어 있는 기름기. 보통 온도에서는 고체 상태임. 우리 몸에 열과 힘을 내게 하는 중요한 영양소임. 凹굳기름.

지방³(紙榜) 제사 따위를 지낼 때 쓰는, 조상의 이름을 적은 종이.

지방관(地方官) 1 각 지방의 일반 행정 사무를 맡아보는 국가 공무원. 2 지난날, 주·부·군·현 등의 으뜸 벼슬.

지방 문화재(地方文化財) 국유 문화재 이외에 향토 문화의 보존을 위하여 각 시나 도에서 지정하여 관리·보호하는 문화재.

지방 법원(地方法院) 제1심 판결을 맡는 하급 법원. ㈜지법.

지방색(地方色) 어떤 지방에 있는 자연·인정·풍속 따위의 고유한 특색. 凹향토색.

지방세(地方稅) [지방쎄] 지방 자치 단체에서 그 주민들에게 매기는 세금의 총칭. 凹국세.

지방 의회(地方議會) 지방 자치 단체의 의회. 예산 편성, 조례의 제정·개폐 등에 관한 사항을 의결하는 기관. 특별시·광역시·도·시·군·구에 둠.

지방 자치 단체(地方自治團體) 특

별시·광역시·시·군·구 따위와 같이 국가로부터 인정된 범위 안의 행정을 하는 공공 단체.

지방 자치 제도(地方自治制度) 지방 자치 단체가 법의 범위 안에서 지역 주민의 의사를 기초로 자주적으로 행정을 하는 제도. 비자치제.

지배(支配) 권력을 가지고 자기의 뜻대로 사람들을 다스림. 예지배 계급. 비통치. 지배하다.

지배인(支配人) 주인을 대신하여 영업에 관한 지시나 감독을 하는 최고 책임자.

지배자(支配者) 권력을 가지고 다른 사람들을 다스리는 사람.

지배적(支配的) 다른 것들보다 힘이 더 세거나 우세한 (것).

지병(持病) ⇨고질. 예지병인 신경통으로 오래 고생하다 / 지병이 악화되다.

지봉유설(芝峰類說) [지봉뉴설] 『책』 조선 광해군 때 이수광이 지은 일종의 백과사전. 천문·지리 등의 풀이와 천주교·서양 문물에 대한 견문을 썼음.

지불(支拂) 물건값이나 일의 대가를 치름. 예음식값을 지불하다. 비지급. 지불하다.

*지붕 눈·비·이슬·햇빛 따위를 막기 위하여 집의 꼭대기를 덮어 씌우는 덮개. 예지붕을 이다 / 지붕이 낮다 / 지붕이 새다. ⊃roof

지붕돌 [지붕똘] 비석이나 석등 위에 지붕처럼 만들어 얹는 돌.

지사¹(支社) 회사·단체 등이 지방·외국 등지에 설치한 사업소. 예해외에 지사를 두다. 반본사.

지사²(志士) 크고 높은 뜻을 품고 나라와 민족을 위해 자기 몸을 바쳐 일하려는 사람.

지상(地上) 1 땅의 위. 반지하. 2 이 세상. 예지상 최대의 쇼.

지새다 밤이 지나고 날이 밝아 오다. 예밤이 지새도록 책을 읽었다.

지새우다 잠을 자지 않고 뜬눈으로 밤을 보내다.

지서(支署) 본서에서 갈라져 나가 그 지역의 업무를 맡아보는 관서. 예경찰 지서. 비분서.

지석(誌石) 죽은 사람의 이름이나 태어나고 죽은 날짜, 행적 따위를 기록하여 무덤 앞에 묻는 돌.

지석영(池錫永) 『인명』 조선 말의 학자. 우리나라에서 처음으로 종두법을 시행함. 국어 연구에도 공적을 남김. [1855~1935]

지성¹(至誠) 지극한 정성. 예환자를 지성으로 돌보다 / 지성이면 감천이라. 비정성. 지성스럽다.

지성²(知性) 인간의 이성적인 사고나 판단의 능력. 예뛰어난 지성을 갖추다.

지성인(知性人) 지성을 지닌 사람. 예지성인의 면모를 갖추다.

지소(支所) 본소의 관리 아래 정해진 지역의 일을 처리하는 곳. 예각 지역에 지소를 설치하다.

지속(持續) 어떤 상태가 계속 이어짐. 예약효가 지속되다 / 학업을 지속하다. 지속하다.

지속적(持續的) [지속쩍] 어떤 상태가 계속 이어지는 (것). 예지속적인 노력을 기울이다.

지수(指數) 1 숫자나 문자의 오른쪽 위에 표시하여 거듭제곱을 나타내는 숫자나 문자. 7^3(7의 세제곱)에서 3을 가리킴. 2 물가나 임금 등의 변동을 알기 쉽게 나타내기 위하여 일정한 때를 100으로 기준하여 비교하는 숫자. 예물가 지수.

*지시(指示) 어떤 일을 시킴. 예지시 사항 / 상사의 지시에 따르다 / 업무를 지시하다. 지시하다.

지시문(指示文) 1 지시하는 내용을 적은 글. 2 희곡에서, 등장인물의 동작·표정·말투 등 대사가 아닌 내용을 나타내는 부분. 비지문.

지시약(指示藥) 반응의 결과를 색의 변화로 나타내는 약. 리트머스 종이 따위.

*지식(知識) 어떤 사물에 관하여 알고 있음. 또는 그 알고 있는 내용. 예전문 지식 / 지식을 쌓다. 비학식.

지식인(知識人) [지시긴] 지식층에 속하는 사람.

지신밟기(地神一) [지신밥끼] 영남 지방에서 음력 정월 대보름날에 행하여져 오는 민속놀이의 하나. 농악대를 앞세우고 집집을 돌며 땅의 신을 달래어 한 해가 무사하기를 빎.

지아비 웃어른 앞에서 '남편'을 낮추어 일컫는 말. 펜지어미.

지압(指壓) 손가락 끝으로 누르거나 두드림. 예지압을 받다. **지압하다**.

지어내다 없는 사실이나 감정, 표정 따위를 만들거나 꾸며서 내다. 예그건 지어낸 거짓말이다 / 애써 웃음을 지어내다.

지어미 웃어른 앞에서 '아내'를 낮추어 일컫는 말. 펜지아비.

지엄하다(至嚴一) 매우 엄하다. 예지엄하신 분부를 내리다.

지엔피(GNP) ⇨국민 총생산.

***지역**(地域) 어떤 성질이나 기준에 따라 나누어진 땅. 예공업 지역으로 개발하다. 비지대. 구역. ⊃area

지역구(地域區) [지역꾸] 구·시·군 따위의 일정한 지역을 한 단위로 하여 정한 선거구. ↔전국구.

지연¹(遲延) 시간이 예정보다 오래 걸리거나 늦춰짐. 예공사가 지연되다. **지연하다**.

지연²(地緣) 살고 있는 지역을 근거로 하여 맺어진 관계. ↔혈연.

지열(地熱) 1 땅덩이가 본디부터 가지고 있는 열. 2 햇볕을 받아 땅 표면에서 나는 열.

지옥(地獄) 1 살아서 나쁜 짓을 한 사람이 죽은 후 가서 모진 고통을 받는다는 곳. 펜천국. 천당. 극락. 2 못 견딜 정도로 아주 괴로운 형편이나 상태. 예천당과 지옥을 오가다.

***지우개** 1 쓴 글씨나 그림을 지우는 고무로 만든 물건. 2 칠판에 분필로 쓴 것을 지우는 도구. ⊃eraser

***지우다**¹ 1 글씨·그림·흔적 따위를 보이지 않게 없애다. 예낙서를 지우다. 2 생각·기억 따위를 없애다. 예나쁜 기억은 지워 버려라.

지우다² 1 짐 따위를 지게 하다. 예지게를 지우다. 2 책임을 맡도록 만들다. 예책임을 지우다.

지원¹(支援) 지지하여 도움. 예지원 대책 / 수재민들에게 생필품을 지원하다. 비원조. 후원. **지원하다**.

지원²(志願) 어떤 일이나 조직에 뜻을 두어 들어가기를 바람. 예음대를 지원하다. 비지망. **지원하다**.

지원서(志願書) 학교·기관 등에 지원하는 뜻을 적어서 내는 서류.

지원자(志願者) 지원하는 사람. 예지원자가 몰리다.

지위(地位) 사회적인 신분에 따르는 자리나 계급. 예사회적 지위 / 지위가 높다.

***지은이** [지으니] 책을 지은 사람. 비글쓴이. 작가. 저자.

지읒 [지읃] 한글의 자모 'ㅈ'의 이름. [발음] 지읒이 [지으시] / 지읒을 [지으슬] / 지읒에 [지으세].

지자기(地磁氣) 지구가 갖는 자기. 본지구 자기.

지자제(地自制) '지방 자치 제도'를 줄여 이르는 말.

지자체(地自體) '지방 자치 단체'를 줄여 이르는 말.

지장¹(支障) 일을 해 나가는 데 거치적거리며 방해가 되는 것. 예공부에 지장이 있다. 비장애.

지장²(指章) 도장 대신에 찍는 손가락의 지문. 예지장을 찍다. 비손도장.

지저귀다 새가 계속 소리 내어 울다. 예새들이 지저귀다.

지저분하다 1 어지럽고 깨끗하지 못하다. 예지저분한 거리. 2 말과 행동이 추잡하고 더럽다.

지적¹(知的) [지쩍] 지식이 있는 (것). 지식에 관한 (것). 예지적인 수준이 높다.

지적²(指摘) 1 꼭 집어서 손가락으로 가리킴. 2 잘못된 점이나 허물을 들추어 드러냄. 예잘못을 지적하다. 비지목. **지적하다**.

지적 장애인(知的障碍人) 보통 사람들보다 지능의 발달이 뒤져 있어서 정상적인 사회생활에 지장을 받는 사람.

***지점**¹(地點) 땅 위의 일정한 어떤 곳. 예결승 지점.

지점²(支店) 본점에 딸리어 그 지휘·명령에 따르는 영업소. 예전국에 지점을 두다. 펜본점.

지점장(支店長) 지점의 책임을 맡아 운영하는 사람.

지정(指定) 여럿 가운데서 특별히

가리켜 정함. ㉠지정 좌석에 앉다. **지정하다**.

지조(志操) 끝까지 굽히지 않는 꿋꿋한 절개. ㉠학자로서의 지조.

지주¹(地主) 1 땅의 소유자. ㉠지주계급. 2 자기의 땅을 남에게 빌려주고 그 대가를 받는 사람.

지주²(支柱) 1 무엇을 버티는 기둥. 비받침대. 2 의지할 수 있는 근거나 힘의 비유. ㉠정신적 지주 / 넌 우리 집안의 지주다.

지중해(地中海) 1 유럽·아프리카·아시아 대륙에 둘러싸인 바다. 2 대륙과 대륙 사이에 끼인 바다. 북극해·홍해 따위.

지중해성 기후(地中海性氣候) 지중해 지방에 나타나는 기후. 겨울이 따뜻하며, 여름보다 겨울에 비가 많이 내림.

지지¹ 어린아이에게 더러운 것이라고 일러 주는 말.

지지²(支持) 1 붙들어서 버팀. 2 주의·정책 따위에 찬성하여 뒷받침함. ㉠지지 세력 / 열렬한 지지를 받다 / 지지를 보내다. **지지하다**.

지지다 1 국물을 조금 붓고 끓여 익히다. ㉠된장찌개를 지지다. 2 기름 친 그릇에 부쳐 익히다. ㉠전을 지지다. 3 뜨겁게 하거나 타게 하다. 4 찜질을 하다. ㉠온돌방에서 몸을 지지다.

지지대(支持臺) 넘어지지 않도록 물건을 받쳐 주는 대. ㉠나무에 지지대를 대다.

지지배배 제비·종달새 따위의 새가 지저귀는 소리.

지지부진(遲遲不進) 매우 더뎌 잘

학습마당 22		
지진의 세기		
진도 등급	진도 등급별 현상	
I	대부분 사람들은 느낄 수 없으나, 지진계에는 기록된다.	
II	조용한 상태나 건물 위층에 있는 소수의 사람만 느낀다.	
III	실내, 특히 건물 위층에 있는 사람이 현저하게 느끼며, 정지하고 있는 차가 약간 흔들린다.	
IV	실내에서 많은 사람이 느끼고, 밤에는 잠에서 깨기도 하며, 그릇과 창문 등이 흔들린다.	
V	거의 모든 사람이 진동을 느끼고, 그릇, 창문 등이 깨지기도 하며, 불안정한 물체는 넘어진다.	
VI	모든 사람이 느끼고, 일부 무거운 가구가 움직이며, 벽의 석회가 떨어지기도 한다.	
VII	일반 건물에 약간의 피해가 발생하며, 부실한 건물에는 상당한 피해가 발생한다.	
VIII	일반 건물에 부분적 붕괴 등 상당한 피해가 발생하며, 부실한 건물에는 심각한 피해가 발생한다.	
IX	잘 설계된 건물에도 상당한 피해가 발생하며, 일반 건축물에는 붕괴 등 큰 피해가 발생한다.	
X	대부분의 석조 및 골조 건물이 파괴되고, 기차선로가 휘어진다.	
XI	남아 있는 구조물이 거의 없으며, 다리가 무너지고, 기차선로가 심각하게 휘어진다.	
XII	모든 것이 피해를 입고, 지표면이 심각하게 뒤틀리며, 물체가 공중으로 튀어 오른다.	

진행되지 않음. ⓔ공사가 **지지부진하**다.

지지율(支持率) 지지하는 비율이나 정도. ⓔ**지지율**이 높다.

*지진(地震) 땅속에 급격한 변화가 생겨 땅이 크게 울리고 흔들리며 갈라지는 현상. ⓔ**지진**에 의한 재해 / **지진**이 나다. 凹지동. → [학습마당] 22(754쪽)

지진계(地震計) [지진게 / 지진게] 지진으로 인한 지표의 진동 상태를 기록하는 장치.

지질(地質) 지각을 이루고 있는 암석이나 지층의 성질. ⓔ**지질** 조사.

지질학(地質學) 지구의 구성 물질, 형성 과정, 과거에 살았던 생물 따위를 연구하는 학문.

지짐이 [지지미] 1 국보다 국물을 적게 잡아 짭짤하게 끓인 음식. 2 ⇨부침개. ⓔ두부 **지짐이**.

지참(持參) 무엇을 가지고 모임에 참석함. ⓔ도시락 **지참** / 필기도구를 **지참하다**. **지참하다**.

지척(咫尺) 아주 가까운 거리. ⓔ**지척**에 살다 / **지척**을 못 보다.

지천(至賤) 1 매우 천함. 2 '지천으로'로 쓰이어, 하도 많아서 별로 귀할 것이 없음. ⓔ들판에 억새가 **지천**으로 자라 있었다.

지체¹ 대대로 전해 내려오는 집안의 지위나 신분. ⓔ**지체** 높은 집안.

지체²(遲滯) 시간이 늦어짐. 기일에 뒤짐. ⓔ**지체** 없이 신고하다. **지체하다**.

지축(地軸) 1 지구가 자전을 하는 데 중심이 되는 축. 곧 남북 양극을 연결하는 축. 2 대지의 중심. ⓔ**지축**을 흔드는 소리.

*지출(支出) 어떤 목적을 위해 돈을 쓰는 일. ⓔ**지출**을 줄이다. 凹수입. **지출하다**.

*지층(地層) 물·바람 따위의 작용으로 운반된 진흙·모래·자갈·돌 등이 차례로 쌓여서 이루어진 층.

*지치다¹ [지:치다] 힘든 일을 하거나 어떤 일에 시달려 기운이 빠지다. ⓔ삶에 **지치다** / 기다리다 **지치다**.

지치다² [지:치다] 얼음 위를 미끄러져 달리다. ⓔ얼음을 **지치다**.

지침(指針) 1 시계·계량기 따위의 지시 장치에 붙어 있는 바늘. ⓔ나침반의 장치. 2 생활이나 행동의 올바른 방향이나 방법을 알려 주는 말. ⓔ행동 **지침** / **지침**을 따르다.

지칭(指稱) 어떤 대상을 가리키어 부름. 또는 그 이름. **지칭하다**.

지켜보다 눈을 떼지 않고 주의를 기울여 잘 살펴보다. ⓔ수상한 행동을 하는지 **지켜보다**.

*지키다 1 잃지 않도록 살피다. ⓔ집을 **지키다**. 2 보호하다. ⓔ밤새도록 환자를 **지키다**. 3 어떤 상태나 태도 따위를 그대로 유지하다. ⓔ비밀을 **지키다**. 4 눈여겨 감시하다. ⓔ길목을 **지키다**. 5 법·약속·예의 따위를 어기지 않고 준수하다. ⓔ약속을 **지키다**.

지킴이 [지키미] 어떤 것을 지키는 사람. ⓔ문화재 **지킴이** / 안전 **지킴이**.

지탄(指彈) 잘못을 지적하여 나무람. ⓔ사회의 **지탄**을 받다. **지탄하다**.

지탱(支撑) 오래 버티어 나감. ⓔ겨우 목숨을 **지탱하다**. **지탱하다**.

*지팡이 걸을 때 도움을 받기 위해 짚는 막대기. ⓔ**지팡이**를 짚다.

지퍼(zipper) 이가 서로 맞는 금속 따위의 조각을 헝겊 테이프에 박아, 그 두 줄을 고리로 밀고 당겨 여닫게 만든 물건. ⓔ**지퍼**를 올리다.

지평선(地平線) 하늘과 땅이 맞닿아 보이는 넓고 평평한 경계선. ⓔ**지평선**을 바라보다. 国지평.

지폐(紙幣) [지폐 / 지페] 종이로 만든 돈.

지표¹(地表) 지구의 표면. 또는 땅의 겉면. 凹지표면.

*지표²(指標) 방향·목적 등을 나타내는 표지. ⓔ생활의 **지표**.

지표면(地表面) ⇨지표¹.

지푸라기 짚의 낱개. 또는 짚의 부스러기.

지프(jeep) 군대나 작업장 따위에서 편하게 쓰도록 만든 소형 자동차. 험한 지형을 달리기에 알맞음.

지프

지피다 아궁이나 화로 등에 땔나무나 연탄을 넣고 불을 붙이다. ⓔ장작

불을 지피다.

***지하**(地下) 1 땅의 속. 예**지하** 주차장. 맨지상. 2 죽은 넋이 돌아간다는 땅.

지하도(地下道) 사람이나 차들이 다니도록 땅 밑으로 낸 길.

지하수(地下水) 땅속의 흙·돌 등의 빈틈에 있는 물. 맨지표수.

지하실(地下室) 땅을 파고 만들어 놓은 방. 예어두컴컴한 **지하실** / **지하실**로 내려가다. 비땅광.

지하자원(地下資源) 땅속에 묻혀 있는 자원. 석탄·석유·철광 따위.

***지하철**(地下鐵) 땅속에 굴을 파고 놓은 철도. 본지하 철도. ⊃subway

지하철역(地下鐵驛) [지하철력] 지하철을 타고 내리는 곳.

지향(指向) 일정한 방향으로 나아감. 또는 그 방향. 예길을 잃고 **지향** 없이 헤매다. **지향하다**.

지혈(止血) 피가 나오다 멈춤. 또는 나오는 피를 멈추게 함. **지혈하다**.

지형(地形) 땅의 생긴 모양. 예**지형**이 험하다.

지형도(地形圖) 지형을 나타낸 지도. 땅의 높낮이·교통로·취락·토지 이용·지명 따위를 표시함.

***지혜**(智慧) [지혜 / 지혜] 사물의 이치를 밝히고 옳은 것과 그른 것, 좋은 것과 나쁜 것을 가려내는 능력. 예**지혜**가 뛰어나다. 비슬기.

지혜롭다(智慧—) [지혜롭따 / 지혜롭따] 지혜가 있다. 비슬기롭다. [활용] 지혜로워 / 지혜로우니.

지화자 흥을 돋우기 위해 노래나 춤의 곡조에 맞추어 내는 소리. 예얼씨구 좋다, **지화자** 좋네.

***지휘**(指揮) 1 단체에 속한 사람들에게 지시하여 일을 하도록 시킴. 비지시. 2 합주·합창 따위에서, 지휘자의 손짓이나 몸동작으로 많은 사람이 조화를 이루게 이끄는 일. 예오케스트라 **지휘**를 하다. **지휘하다**.

지휘관(指揮官) 군대의 지휘를 맡은 관직. 또는 그 사람.

지휘봉(指揮棒) 지휘자가 합주·합창 등을 지휘하는 데 쓰는 막대기.

지휘자(指揮者) 1 지시하고 이끌어 가는 사람. 2 합주나 합창을 할 때 앞에서 지휘를 하는 사람.

***직각**(直角) [직깍] 두 직선이 만나서 이루는 각이 90도인 각.

직각 삼각형(直角三角形) 한 각이 직각인 삼각형. 준직삼각형.

직각 이등변 삼각형(直角二等邊三角形) 직각을 사이에 둔 두 변의 길이가 같은 삼각형.

직감(直感) [직깜] 사물이나 현상을 접하자마자 순간적으로 느껴 앎. 예위험을 **직감**하다. **직감하다**.

직거래(直去來) [직꺼래] 중개인을 거치지 아니하고 살 사람과 팔 사람이 직접 거래함. 예농산물 **직거래** 판매장. **직거래하다**.

직결(直結) [직껼] 직접 연결되거나 직접 관계됨. **직결하다**.

직경(直徑) [직꼉] 원이나 구의 지름. 예**직경** 30cm의 구멍.

직계(直系) [직꼐 / 직께] 친족 사이의 핏줄이 할아버지·아버지·아들·손자 등으로 직접 이어지는 계통. 예**직계** 가족. 맨방계.

직공(職工) [직꽁] 1 자기 손 기술로 물건을 만드는 직업을 가진 사람. 2 공장에서 일하는 사람. 예인쇄소 **직공**. 비공원.

직구(直球) [직꾸] 야구에서, 투수가 타자에게 공을 던질 때 변화를 주지 않고 곧게 던지는 공.

직급(職級) [직끕] 직장에서 맡은 일의 등급. 예**직급**이 오르다 / **직급**을 부장으로 높이다.

직녀(織女) [징녀] 견우직녀 이야기에 나오는 베를 짜는 여자 주인공.

***직렬**(直列) [징녈] 여러 전지를 서로 다른 극끼리 닿게 한 줄로 잇는 일. 맨병렬.

직류(直流) [징뉴] 방향이 일정한 전류. 맨교류.

직매장(直賣場) [징매장] 생산자가 중간 상인을 거치지 않고 소비자에게 제품을 직접 파는 장소.

직면하다(直面—) [징면하다] 어떤 일에 직접 접하다. 예위험에 **직면하다**.

직무(職務) [징무] 담당해 맡은 사무. 예**직무** 평가 / **직무**를 충실히 수행하다.

직물 (織物) [징물] 옷감 따위의 실로 짠 천을 통틀어 일컫는 말. 면직물·모직물·견직물 따위.

직분 (職分) [직뿐] 1 직무상의 본분. 예 맡은 바 직분을 다하다. 2 마땅히 해야 할 본분. 예 사람마다 각자 지켜야 할 직분이 있다.

*__직사각형__ (直四角形) [직싸가켱] 네 각이 모두 직각인 사각형. 비 장방형. 본 직각 사각형.

직사광선 (直射光線) [직싸광선] 정면으로 곧게 비치는 광선. 예 직사광선이 내리쬐다. 준 직사광.

*__직선__ (直線) [직썬] 1 꺾이거나 굽은 데가 없는 곧은 선. 2 두 점 사이를 가장 짧은 거리로 연결한 선. 반 곡선.

직선적 (直線的) [직썬적] 1 직선인 (것). 예 직선적인 도로. 2 감추거나 꾸미지 않는 (것). 예 직선적인 성격 / 직선적으로 말하다.

직선제 (直選制) [직썬제] 국민들이 직접 선거를 통하여 선출하는 제도. 반 간선제.

직성 (直星) [직썽] 타고난 성질이나 성미. 예 일이 직성에 맞지 않다.

　직성(이) 풀리다 소원·욕망 따위가 이루어져 마음이 편해지다.

직속 (直屬) [직쏙] 직접 딸림. 예 정부 직속 기관 / 직속 상관. **직속하다**.

*__직업__ (職業) [지겁] 생활을 꾸려 나가기 위하여 자신의 적성과 능력에 따라 일정한 기간 계속 종사하는 일. 예 직업을 구하다 / 적성에 맞는 직업. 비 생업. 일자리.

직업병 (職業病) [지겁뼝] 그 직업의 특수한 환경 때문에 생기는 병.

직업인 (職業人) [지거빈] 직업을 가지고 있는 사람.

직영 (直營) [지경] 직접 관리하고 경영함. 예 회사 직영 식당. **직영하다**.

직원 (職員) [지권] 직장에서 근무하는 모든 사람. 예 부하 직원 / 직원을 뽑다.

직위 (職位) [지귀] 직무상의 자리. 예 직위가 높다.

*__직육면체__ (直六面體) [징늉면체] 각 면이 모두 직사각형이고 마주 보는 세 쌍의 면이 평행한 육면체.

*__직장__¹ (職場) [직짱] 사람들이 일하는 곳. 회사·공장·관청 따위. 예 직장에 다니다.

직장² (直腸) [직짱] 대장의 끝부분으로, 항문에 이어지는 곧은 부분. 비 곧창자. 곧은창자.

직장인 (職場人) [직짱인] 직장을 가지고 일하는 사람.

직전 (直前) [직쩐] 일이 생기기 바로 전. 예 출발 직전에 기계 고장이 나다. 반 직후.

*__직접__ (直接) [직쩝] 1 중간에 다른 것이 없이 바로 연결되는 관계. 예 직접 원인. 반 간접. 2 곧바로. 예 전해 줄 것이 있어 직접 왔다.

직접 선거 (直接選擧) 국민이 후보자로 나선 사람을 보고 직접 투표하는 제도. 반 간접 선거.

직접적 (直接的) [직쩝쩍] 중간 매개를 통하지 않고 바로 연결되는 (것). 예 태풍의 직접적인 영향을 받을 것이다. 반 간접적.

직종 (職種) [직쫑] 직업이나 직무의 종류. 예 직종이 다르다.

직지심경 (直指心經) [직찌심경] 고려 우왕 때, 흥덕사에서 인쇄된 세계 최초의 금속 활자본. 프랑스 국립 도서관에 소장되어 있음. 2001년 유네스코 세계 기록 유산으로 지정됨. 본 직지심체요절.

직직 [직찍] 1 줄이나 획을 함부로 세게 긋는 소리나 모양. 예 종이에 줄을 직직 긋다. 2 종이나 천 따위를 세게 마구 찢는 소리. 예 광고지를 직직 찢다. 3 신 따위를 끌며 걷는 소리나 모양. 예 슬리퍼를 직직 끌다. 잘 작작. 센 찍찍. **직직하다**. **직직거리다**.

직진 (直進) [직찐] 곧게 나아감. 예 직진 신호. **직진하다**.

직책 (職責) 직무상의 책임.

직통 (直通) 두 지점 사이에 막힘이 없이 바로 통함. 예 직통 전화 / 본사와 직통으로 연락하다. **직통하다**.

직파법 (直播法) [직파뻡] 모를 길러 옮겨 심지 않고 바로 논에 볍씨를 뿌리는 농사법.

직판장 (直販場) 생산자가 소비자에

게 물건을 직접 판매하는 곳.

직하다 [지카다] 앞말이 뜻하는 내용이 일어날 가능성이 많음을 나타내는 말. [예] 실망을 느꼈음 **직하다** / 이 나무는 수령이 백 년은 됨 **직하다**.

직할시 (直轄市) [지칼씨] '광역시'의 전 이름.

직행 (直行) [지캥] 도중에 다른 곳에 머물거나 들르지 않고 목적지로 바로 감. [예] **직행** 노선 / 예선 1위로 본선에 직행하다. **직행하다**.

직후 (直後) [지쿠] 어떤 일이 일어난 바로 뒤. [예] 졸업 **직후** 유학을 떠나다. [반] 직전.

진[1] (陣) 적과 맞서 싸우기 위해 군대가 머물러 있는 곳. [예] 산기슭에 **진**을 벌이다.

진(을) 치다 자리를 차지하다. [예] 진을 치고 앉아 불을 쬐고 있다.

진[2] (津) [진:] 풀이나 나무껍질 따위에서 나오는 끈끈한 물질. [예] 소나무에서 끈적끈적한 **진**이 나온다.

진(이) 빠지다 실망하거나 싫증이 나서 더 이상 할 마음이 나지 않는다. 또는 힘을 다 써서 기진맥진해지다.

진[3] (眞) 1 진짜. 참. 2 등급을 진·선·미로 나눌 때의 첫 번째.

진[4] (jean) 비스듬한 무늬가 나오게 짠 옷감으로, 올이 가늘고 질긴 무명의 하나.

진가 (眞價) [진까] 참된 가치. [예] **진가**를 발휘하다.

진갑 (進甲) [진:갑] 환갑의 이듬해. 또는 그해의 생일. [예] **진갑**을 맞다.

진격 (進擊) [진:격] 앞으로 나아가서 적을 공격함. [예] **진격** 명령. [반] 퇴각. 후퇴. **진격하다**.

진골 (眞骨) 신라 시대에, 부모 중 어느 한쪽만이 왕족의 혈통을 지닌 계급. *성골.

진공 (眞空) 공기 따위의 물질이 전혀 없는 공간. [예] **진공** 상태.

진공관 (眞空管) 진공으로 된 유리관 속에 몇 개의 전극을 넣은 것.

진공청소기 (眞空淸掃機) 전동기를 이용한 흡인력으로 먼지와 티끌을 빨아들이는 청소 도구.

진국 (津—) 오랫동안 푹 고아 걸쭉하게 된 국물.

진군 (進軍) [진:군] 적과 맞서기 위해 군대가 앞으로 나아감. 또는 군대를 나아가게 함. **진군하다**.

진귀하다 (珍貴—) 보배롭고 귀중하다. [예] 대대로 내려오는 **진귀한** 물건을 소중히 다루다.

진급 (進級) [진:급] 등급·계급·학년 등이 다음 단계로 오름. [예] **진급**이 빠르다 / 과장으로 **진급**되다. **진급하다**.

진기하다 (珍奇—) 귀중하고 기이하다. [예] **진기한** 물건.

진나라 (秦—) 춘추 전국 시대에 중국에 있었던 나라. 시황제가 주나라와 다른 여섯 나라를 멸망시키어 최초로 중국을 통일함. 한나라 고조에게 망함.

진노 (震怒) [진:노] 신분·지위 또는 연령이 높은 사람이 몹시 화를 냄. [예] 왕의 **진노**를 사다. **진노하다**.

진눈깨비 비가 섞여서 내리는 눈.

진단 (診斷) [진:단] 의사가 환자를 보고 병의 상태를 진찰하여 판단함. [예] **진단**을 받다 / **진단**을 내리다 / 환자를 **진단**하다. **진단하다**.

진단서 (診斷書) [진:단서] 의사가 환자를 진찰한 결과를 적은 서류. [예] 사망 **진단서** / **진단서**를 떼다.

***진달래** 진달랫과의 낙엽 활엽 관목. 높이 2–3m로, 봄에 잎보다 먼저 엷은 분홍색의 꽃이 핌. 산간 양지에 나며, 정원수·관상용으로 심음.

진달래꽃 [진달래꼳] 진달래의 꽃.

진담 (眞談) 진심으로 하는 말. 참된 말. [예] 농담이 아니고 **진담**이다. [반] 농담. **진담하다**.

진도[1] (進度) [진:도] 일이 되어 가는 속도나 정도. [예] **진도**가 빠르다.

진도[2] (震度) [진:도] 지진이 일어났을 때, 몸에 느껴지는 진동이나 건물이 받는 영향 등의 정도를 등급으로 나눈 것. → [학습마당] 22(754쪽)

진도[3] (珍島) 『지명』 전라남도 남서쪽에 있는 섬. 육지와 연결되어 있는 진도 대교가 있고 진돗개가 유명함.

진도 아리랑 (珍島—) 남도 민요의 하나. 밀양 아리랑과 비슷하며 빠른 자진모리장단으로 부름.

진돗개 (珍島―) [진도깨 / 진돋깨] 우리나라 전라남도 진도에서 나는 개. 몸빛은 황갈색 또는 백색임. 귀는 뾰족하게 서며, 꼬리는 짧고 원편으로 말림. 날쌔고 슬기롭고 용맹함. 우리나라 천연기념물.

진돗개

진동[1] 저고리의 어깨선에서 겨드랑이까지의 폭이나 넓이.

진동[2] (振動) [진:동] 1 규칙적으로 흔들려 움직임. 예 자동차의 진동이 심하다. 2 냄새가 몹시 심하게 남. 예 악취가 진동하다. **진동하다**.

진동[3] (震動) [진:동] 몹시 울려 심하게 흔들림. 예 지진으로 땅이 진동하다. **진동하다**.

진드기 진드깃과의 곤충. 개·말·소 따위에 붙어살며 피를 빨아 먹음. 몸은 주머니 모양이며, 암컷은 7mm, 수컷은 2.5mm가량으로 머리·가슴·배의 구별이 분명하지 않음. 준 진디.

진득이 [진드기] 진득하게. 예 연락을 진득이 기다리다. 작 잔득이.

진득하다 [진드카다] 1 몸가짐이 의젓하고 참을성이 있다. 예 아픔을 진득하게 참아 내다. 2 물기가 있어 눅눅하고 차지다. 예 반죽이 진득하다. 작 잔득하다.

진딧물 [진딘물] 진딧물과의 곤충. 화초나 채소 따위에 붙어 진을 빨아 먹고 삶. 농작물의 해충임. 준 진디.

진땀 (津―) 몹시 애쓰거나 힘들 때 흐르는 끈끈한 땀. 예 생각만 해도 진땀나는 일이다.

　진땀(을) 빼다 [흘리다] 어려운 일이나 난처한 일을 당하여 몹시 애를 쓰다. 예 어려운 수학 문제를 푸느라 진땀을 뺐다.

진력나다 (盡力―) [질:령나다] 어떤 것에 질리어 싫증이 나다. 예 같은 일을 매일 반복하니 진력난다.

진로 (進路) [질:로] 앞으로 나아갈 길. 예 선생님과 진로 상담을 하다. 빤 퇴로.

진료 (診療) [질:료] 의사가 환자를 진찰하고 치료함. 예 환자를 진료하다. **진료하다**.

진료소 (診療所) [질:료소] 진료할 수 있는 시설을 갖춘 곳. 일반적으로 보건소를 이름.

진리 (眞理) [질리] 참된 도리. 참된 이치. 예 진리 탐구. ⊃truth

진맥 (診脈) [진:맥] 한의학에서 손목의 맥을 짚어 보고 병을 진찰함. 예 진맥을 짚다. **진맥하다**.

진면목 (眞面目) 본래의 모습. 예 진면목을 발휘할 기회가 오다.

진물 (津―) [진:물] 부스럼이나 상처 따위에서 흐르는 물. 예 진물이 나다 / 솜으로 진물을 닦다.

진미 (珍味) 음식의 아주 좋은 맛. 또는 그런 맛이 나는 음식물. 예 진미를 맛보다.

진배없다 [진배업따] 그보다 못하거나 다를 것이 없다. 예 직접 가 본 것이나 진배없다.

진범 (眞犯) 어떤 범죄를 실제로 저지른 바로 그 사람. 예 경찰이 진범을 체포했다.

진보 (進步) [진:보] 정도나 수준이 점점 나아지거나 발달함. 예 과학 기술이 진보하다. 빤 퇴보. **진보하다**.

진분수 (眞分數) [진분쑤 / 진분수] 분자의 값이 분모보다 작은 분수. $\frac{2}{3}, \frac{3}{5}$ 따위. 빤 가분수.

진사 (進士) [진:사] 조선 때, 과거의 예비 시험에 합격한 사람에게 주던 칭호.

진상[1] (眞相) 사물의 참된 모습. 예 사건의 진상을 조사하다.

진상[2] (進上) [진:상] 지방의 특산물이나 귀한 물건을 임금이나 높은 벼슬아치에게 바침. 예 지방 특산물을 임금에게 진상하다. **진상하다**.

진선미 (眞善美) '참된 것·착한 것·아름다운 것'을 아울러 이르는 말.

진솔하다 (眞率―) 진실하고 솔직하다. 예 진솔한 대화를 나누다.

진수 (眞髓) 사물의 중심 부분에서도 가장 중요한 부분. 예 뮤지컬의 진수를 맛보다.

진수성찬 (珍羞盛饌) 푸짐하게 잘 차린 맛있는 음식. 예 진수성찬을 맛보다 / 진수성찬을 차리다.

진술 (陳述) [진:술] 자세하게 말함. ⓔ목격자의 진술을 듣다. **진술하다**.

진실 (眞實) 거짓이 없고 참됨. ⓔ진실을 털어놓다 / 진실을 감추다 / 사건의 진실을 밝히다. 冝참. 冟거짓. 허위.
진실하다. ⇨true **진실히**. ⇨truth

진실로 (眞實—) 참으로. 거짓 없이. ⓔ그 친구를 진실로 좋아한다.

진실성 (眞實性) [진:실썽] 참된 성질이나 품성. ⓔ그 남자의 말은 진실성이 없다.

진심 (眞心) 거짓이 없는 참된 마음. 참마음. ⓔ합격을 진심으로 축하합니다. 冝진정.

진압 (鎭壓) [지:납] 강제로 억눌러 진정시킴. ⓔ진압 작전 / 시위를 진압하다. **진압하다**.

진열 (陳列) [지:녈] 여러 사람에게 보이기 위해 물건을 죽 벌여 놓음. ⓔ상품을 진열하다. **진열하다**.

진열대 (陳列臺) [지:녈때] 물품이나 상품을 벌여 놓는 대. ⓔ진열대를 정리하다.

진열장 (陳列欌) [지:녈짱] 상점 등에서 물건이나 상품을 벌여 놓는 데 쓰는 장.

진영 (陣營) [지녕] 1 군대가 머물러 있는 일정한 구역. 冝군영. 2 대립하는 세력의 어느 한쪽. ⓔ자유 진영 / 공산 진영.

진원지 (震源地) [지:눤지] 1 지진이 최초로 시작된 지점. ⓔ지진의 진원지를 찾다. 2 사건이나 소동 따위를 일으킨 근원이 되는 곳의 비유. ⓔ소문의 진원지.

진위 (眞僞) [지뉘] 참과 거짓. ⓔ진위를 밝히다.

진의 (眞意) [지늬/지니] 참뜻. 참된 의사. ⓔ진의를 알 수가 없다.

진입 (進入) [지:닙] 목표로 삼은 곳이나 상태를 향해 내처 들어감. ⓔ궤도에 진입하다 / 선진국 대열에 진입하다. **진입하다**.

진입로 (進入路) [지:님노] 어떤 곳으로 들어가는 길. ⓔ마을 진입로를 따라 걷다.

진자 (振子) [진:자] 줄 끝에 추를 매달아 좌우로 계속 움직이게 만든 물체. 冝흔들이.

진자리 아이들이 오줌·똥을 싸서 축축하게 젖은 자리. 冟마른자리.

진작 [진:작] 어떤 일이 생기기 전에 미리. 좀 더 일찍이. ⓔ어머니가 찾기 전에 진작 집에 갔어야 했는데.

진저리 1 차가운 것이 살갗에 닿거나 오줌을 눈 뒤에 으스스 떠는 몸짓. ⓔ추위에 진저리를 치다. 2 몹시 귀찮거나 지긋지긋하여 떠는 몸짓. ⓔ생각만 해도 진저리가 난다.

진전 (進展) [진:전] 일이 진행되어 발전함. ⓔ협상이 빠른 진전을 보이다. **진전하다**.

진절머리 '진저리'를 속되게 이르는 말. ⓔ진절머리가 나다.

진정[1] (眞情) 1 참되고 애틋한 정이나 마음. ⓔ진정으로 좋아하다. 2 진실한 사정. ⓔ진정을 토로하다.

진정[2] (鎭靜) [진:정] 1 흥분이나 아픔 따위를 가라앉힘. ⓔ설레는 마음을 진정시키다. 2 소란스럽고 어지러운 일을 가라앉힘. ⓔ난리가 진정되다. **진정하다**.

진정제 (鎭靜劑) [진:정제] 흥분을 가라앉히는 데 쓰는 약.

진정하다 (眞正—) 참되고 올바르다. ⓔ진정한 친구. 冝진실하다.

진종일 (盡終日) [진:종일] 하루 종일. ⓔ진종일 비가 내렸다 / 진종일 쏘다니다. 冝온종일. 徻진일.

진주[1] (眞珠) 조개의 살 속에서 생기는 구슬 모양의 덩어리. ⓔ진주 목걸이.

진주[2] (晋州) [진:주] 〖지명〗경상남도에 있는 시. 방직·제지·양조 따위의 공업이 발달함. 촉석루·북장대·공자묘 등이 유명함.

진즉 (趁卽) [진:즉] ⇨진작. ⓔ진즉 말할 것이지.

진지[1] [진:지] '밥'의 높임말. ⓔ할아버지, 진지 잡수세요.

진지[2] (陣地) 적의 공격에 대비해 전투에 필요한 시설과 장비를 갖추고 부대를 배치해 놓은 곳. ⓔ진지를 구축하다.

진지하다 (眞摯—) 태도 따위가 참되고 착실하다. ⓔ친구와 진지한 이야기를 나누다.

진짓상 (一床) [진ː지쌍 / 진ː짇쌍] '밥상'의 높임말. 예진짓상을 차리다 / 진짓상을 올리다.

진짜 (眞一) 1 거짓이 아닌 참된 것. 또는 그런 물건. 예이것은 진짜 꿀이다. 판가짜. 2 ⇨진짜로. 예진짜 멋있구나.

진짜로 (眞一) 참으로. 정말로. 예진짜로 재미없네. 비진짜.

진찰 (診察) [진ː찰] 의사가 병의 종류·증상·원인 따위를 살펴보는 일. 예진찰을 받다. 비진단. 진맥. **진찰하다**.

진찰실 (診察室) [진ː찰씰] 의사가 환자를 진찰하는 방.

진창 땅이 질어서 곤죽같이 질퍽질퍽한 곳. 예진창에 자전거 바퀴가 빠지다. 비이녕.

진창길 [진창낄] 땅이 질어서 질퍽질퍽한 길.

진척 (進陟) [진ː척] 일이 진행되어 감. 예일의 진척이 빠르다. **진척하다**.

진출 (進出) [진ː출] 어떠한 방면으로 활동 범위나 세력을 넓혀 나아감. 예해외로 진출하다. **진출하다**.

진취적 (進取的) [진ː취적] 진취의 기상이 있는 (것). 예진취적 자세.

진탕 (一宕) 싫증이 날 만큼 아주 많이. 예진탕 놀다.

진통 (陣痛) 1 아이를 낳을 때, 일정한 간격으로 반복되는 통증. 예진통이 오다. 2 일이 다 되어 갈 무렵에 겪는 어려움. 예예산안 통과에 진통을 겪다. **진통하다**.

진통제 (鎭痛劑) [진ː통제] 아픔을 가라앉히는 약.

진폭 (振幅) [진ː폭] 진동의 중심으로부터 진동하는 오른쪽 또는 왼쪽까지의 거리.

진품 (眞品) 가짜가 아닌 물건. 예진품을 가려내다. 비진짜.

진풍경 (珍風景) 보기 드물게 희귀한 경치나 구경거리. 예거리의 진풍경 / 진풍경이 벌어지다.

진하다 (津一) 1 빛깔이 짙다. 예진한 초록. 2 액체의 농도가 높다. 예멸치 국물을 진하게 끓이다.

진학 (進學) [진ː학] 상급 학교에 들어감. 예진학 상담 / 중학교에 진학하다. **진학하다**.

진한 (辰韓) 〖국명〗삼한의 하나. 1-3세기경까지 경상남도와 경상북도 일대에 걸쳐 있었던 초기의 국가.

진해 (鎭海) [진ː해] 〖지명〗경상남도 남해 쪽에 있던 시. 현재는 창원시에 통합되어 진해구로 개편됨. 벚꽃, 군항제, 충무공 동상 따위가 유명함.

진행 (進行) [진ː행] 1 앞으로 나아감. 2 일을 처리하여 나아감. 예진행 상황을 보고하다 / 회의를 진행하다. 비진척. 판중지. **진행하다**.

진행자 (進行者) [진ː행자] 의식·방송 등에서, 일을 이끌어 나가는 사람.

진화¹ (進化) [진ː화] 생물이 오랜 시간에 걸쳐 간단한 구조에서 복잡한 구조로, 하등한 것에서 고등한 것으로 점점 나아져 가는 일. 예진화 과정. 판퇴화. **진화하다**.

진화² (鎭火) [진ː화] 불을 끔. 예진화 작업 / 산불을 진화하다. **진화하다**.

진화론 (進化論) [진ː화론] 생물은 원시적인 것에서부터 고등한 것으로 진화되었다는 이론. 다윈이 주장함.

진흙 [진흑] 1 빛깔이 붉고 차진 흙. 예진흙을 [진흘글] 반죽하다. 2 질척질척하게 짓이겨진 흙.

진흙탕 [진흑탕] 흙이 질척질척하게 된 땅. 예진흙탕에 차바퀴가 빠지다.

진흙투성이 [진흑투성이] 진흙이 잔뜩 묻은 상태. 예빗길을 달려서 차가 진흙투성이다.

진흥 (振興) [진ː흥] 떨치어 일으킴. 예농촌 진흥 운동 / 과학 기술을 진흥하다. **진흥하다**.

진흥왕 (眞興王) 〖인명〗신라 제24대 임금. 영토를 넓혀 삼국 통일의 기틀을 마련하고, 황룡사를 지어 불교를 진흥시켰으며, 화랑 제도를 두어 화랑 정신을 장려하였다. [534-576 ; 재위 540-576]

진흥왕 순수비 (眞興王巡狩碑) 신라 진흥왕이 국토를 넓힌 뒤 국경을 돌아보고 기념으로 세운 비석. 현재 북한산비, 황초령비, 마운령비, 창녕비가 남아 있음.

질¹ (帙) 여러 권으로 된 책의 한 벌. 예백과사전 한 질.

***질²**(質) 1 물건이 성립하는 근본 바탕. 예양보다 질. 판양. 2 타고난 성질. 예질 나쁜 친구.

질감(質感) 재료에 따라 달리 느껴지는 독특한 느낌. 예나무의 질감을 살린 장롱.

질겁하다(窒怯—) [질거파다] 뜻밖에 일을 당하여 자지러질 정도로 깜짝 놀라다. 예뱀을 보고 질겁하다.

질겅거리다 질긴 물건을 계속하여 씹다. 예오징어 다리를 질겅거리다.

질겅질겅 질겅거리는 모양. 예껌을 질겅질겅 씹다. **질겅질겅하다**.

질경이 질경잇과의 여러해살이풀. 들이나 길가에서 자람. 잎은 뿌리에서 뭉쳐 나며 타원형임. 여름에 깔때기 모양의 흰 꽃이 핌. 어린잎은 먹음.

질경이

질그릇 유약을 입히지 않고 진흙만으로 구워 만든 그릇. 예손수 질그릇을 빚다. 비토기.

질근질근 질긴 물건을 자꾸 씹는 모양. 예마른오징어 다리를 질근질근 씹다. 잘근잘근. **질근질근하다**.

질금 눈물·액체 따위가 조금 흐르다 그치는 모양. 센찔금. **질금하다**.

질기다 쉽게 끊어지거나 부스러지지 않다. 예고기가 질기다 / 옷감이 질기다.

질끈 1 단단히 졸라매거나 바싹 동이는 모양. 예허리띠를 질끈 매다. 잘끈. 2 바짝 힘을 주어 사이를 눌러 붙이는 모양. 예눈을 질끈 감다 / 주먹을 질끈 쥐다.

***질녀**(姪女) [질려] 형제자매의 딸.

질다 1 밥이나 반죽 따위가 되지 않고 물기가 많다. 예밥이 질다. 2 땅이 질척질척하다. 예진 땅. 활용 질어 / 지니 / 진.

질량(質量) 물체가 가지고 있는 물질의 양.

질러가다 지름길로 가다. 예산길로 질러가다. 활용 질러가거라.

***질리다** 1 어떤 일이나 음식에 싫증이 나다. 예라면에 질리다. 2 기가 막히다. 예질려서 말문이 막힌다. 3 몹시 놀라거나 무서워서 얼굴빛이 변하다. 예새파랗게 질리다 / 겁에 질려 울상이 되다.

***질문**(質問) 모르는 것이나 알고 싶은 것을 캐어 물음. 예선생님께 질문을 하다. 비질의. 판대답. 응답. **질문하다**. ⇨question

***질병**(疾病) 몸과 마음의 상태가 좋지 않아 생기는 온갖 병. 예질병에 걸리다 / 질병을 치료하다. 비질환.

질산(窒酸) [질싼] 질소·산소·수소가 일정한 비율로 섞여 강한 산성을 띠는 물질.

질색(窒塞) [질쌕] 몹시 싫거나 놀라서 기막힐 정도에 이름. 예우는 것은 딱 질색이다 / 쥐는 정말 질색이다. **질색하다**.

***질서**(秩序) [질써] 사물이 올바른 상태를 유지하기 위하여 정해진 순서나 절차. 예질서를 지키다.

질서 정연하다(秩序整然—) 사물의 순서가 한결같이 바르고 가지런하다. 예질서 정연하게 줄을 서서 기다리다.

질소(窒素) [질쏘] 빛깔·맛·냄새가 없는 기체 원소. 공기의 약 78%를 차지함. 비료나 질산의 원료로 씀.

질식(窒息) [질씩] 숨이 막힘. 예연기에 질식하다. **질식하다**.

질의(質疑) [지리 / 지리] 이상한 점이나 알고 싶은 것을 물음. 예질의를 받다. 비질문. 판응답. 대답. **질의하다**.

질적(質的) [질쩍] 본바탕의 (것). 질에 관계되는 (것). 예질적인 문제 / 질적으로 향상되다. 판양적.

질주(疾走) [질쭈] 빨리 달림. 예목적지를 향해 질주하다. **질주하다**.

질질 1 축 늘어져서 끌리는 모양. 예옷자락을 질질 끌다. 2 정한 기한을 자꾸 미루는 모양. 예약속 날짜를 질질 끌다. 3 윤기가 겉에 흐르는 모양. 예개기름이 얼굴에 질질 흐르다. 4 몸에 지니고 다니는 물건 따위를 잘 빠뜨리거나 흘리는 모양. 예자기 물건을 아무 데나 질질 흘리고 다닌다. 5 콧물·침 따위가 자꾸 흐르는 모양. 예콧물이 질질 난다.

질책(叱責) 꾸짖어 나무람. 예질책을 받다. **질책하다**.

질척하다 [질처카다] 진흙이나 반죽

따위가 물기가 많아 차지고 질다. 예 반죽이 질척하다 / 질척한 빗길을 홀로 걷다.

질투(嫉妬) 자기보다 낫거나 잘되는 사람을 미워함. 예 질투가 나다 / 친구를 질투하다. **질투하다**.

질투심(嫉妬心) 시기하고 미워하는 마음. 예 질투심에 사로잡히다.

질퍽하다 [질퍼카다] 반죽이나 진흙 따위가 물기가 많아 부드럽게 질다.

질풍(疾風) 대단히 빠르고 세게 부는 바람.

질환(疾患) ⇨질병.

짊어지다 [질머지다] 1 짐 따위를 등에 메다. 예 등에 배낭을 짊어지다. 2 책임을 지다. 예 내일의 조국을 짊어질 청소년.

*짐¹ 1 들거나 지거나 나르도록 꾸려 놓은 물건. 예 짐을 챙기다. 2 부담. 담당. 책임. 예 짐을 벗어 버리고 싶다. 3 수고가 되는 일이나 귀찮은 물건. 예 이런 자잘한 물건은 짐밖에 안된다. 4 한 번에 지어 나를 만한 분량을 세는 말. 예 나무 한 짐을 지다.

짐²(朕) [짐:] 임금이 자기를 일컫던 말. 예 짐이 고하겠노라 / 짐은 국가다. 비 과인.

짐꾼 짐을 져 나르는 사람.

짐수레 짐을 싣는 수레.

짐스럽다 [짐스럽따] 마음에 부담이 되는 느낌이 있다. 예 과분한 칭찬이 오히려 짐스럽다. [활용] 짐스러워 / 짐스러우니.

*짐승 1 몸에 털이 나고 네 발을 가진 동물. 2 날짐승·길짐승을 모두 이르는 말. 3 잔인하거나 야만적인 사람을 비유하여 이르는 말. 예 그런 짓은 짐승 같은 사람이나 할 수 있다.

*짐작(斟酌) 사정이나 형편 따위를 어림쳐서 헤아림. 예 짐작이 가다 / 나의 짐작이 들어맞다. 비 추측. **짐작하다**.

짐짓 [짐진] 마음은 그렇지 않으나 일부러 그렇게. 예 짐짓 모른 체하다.

짐짝 묶어 놓은 짐의 덩이. 예 트럭에 짐짝을 가득 싣다.

짐차(一車) 짐을 나르는 데에 쓰는 자동차. 예 짐차로 이삿짐을 나르다.

짐칸 짐을 싣는 칸. 비 화물칸.

*집¹ 1 사람이 사는 건물. 예 하루 종일 집에 있었다. 2 바둑에서, 어느 한 쪽의 차지로 완전히 굳은 곳. 예 한 집 차이로 이기다. 3 가족. 가정. 예 집이 그립다. 4 동물이 보금자리를 친 곳. 예 까치가 나뭇가지에 집을 짓다. 5 총·칼 따위를 끼거나 담아 두는 것. 예 칼을 집에 넣다. ⇨ house, home

집²(輯) 책이나 음악 앨범 따위를 낼 때 그 발행 차례를 나타내는 말. 예 5집 음반을 내다.

집게 [집께] 물건을 집는 데 쓰는, 끝이 두 가닥으로 갈라진 연장.

집게발 [집께발] 게·가재 등의 끝이 집게 모양으로 생긴 발.

집게손가락 [집께손까락] 엄지손가락과 가운뎃손가락 사이에 있는 손가락. 비 검지.

집결(集結) [집껼] 한군데로 모음. 또는 한군데로 모임. 예 10시까지 운동장으로 집결하다. **집결하다**.

집계(集計) [집꼐 / 집께] 모아서 합계함. 또는 그 합계. 예 투표용지를 집계하다. **집계하다**.

집구석 [집꾸석] '집'이나 '가정'의 속된 말. 예 집구석에만 틀어박혀 있다.

집권(執權) [집꿘] 정권을 잡음. 예 집권 세력. **집권하다**.

집기병(集氣甁) [집끼병] 화학 실험에서 쓰는 유리로 된 병으로 기체를 모으는 데 사용함.

집념(執念) [짐념] 한 가지 일에만 계속해서 마음을 쏟음. 예 집념이 강한 사람. **집념하다**.

*집다 [집따] 1 손으로 물건을 잡다. 예 휴지를 집어 쓰레기통에 버리다. 2 기구 사이에 물건을 끼워서 들다. 예 집게로 빨래를 집다. 3 지적하여 가리키다. 예 꼭 집어 누구라고 말하기는 곤란하다. ⇨ pick

> [주의] **집다와 짚다**
>
> **집다** 손·집게 등으로 물건을 잡다. 예 젓가락으로 반찬을 집어 먹다.
>
> **짚다** 손·지팡이 따위를 바닥에 대고 몸을 의지하다. 예 지팡이를 짚다 / 칼을 짚고 서서 호령했다.

집단 (集團) [집딴] 여럿이 모여 무리를 이룬 것. ⑩집단으로 행동하다. 田 단체. 떼. 모임.

집단생활 (集團生活) [집딴생활] 공통되는 의식이나 목표를 가지고 일정 기간 동안 여럿이 무리를 지어 함께 지내는 생활.

집대성 (集大成) [집때성] 여럿을 모아 하나로 정리된 것으로 완성함. ⑩민요를 집대성하다. **집대성하다**.

집들이 [집뜨리] 새집으로 이사한 사람이 인사와 집 구경을 겸해서 이웃과 친지를 초대하여 음식을 대접하는 일. **집들이하다**.

집무 (執務) [짐무] 기관이나 단체의 직위가 높은 사람이 사무를 봄. ⑩집무 시간 / 집무를 보다 / 출근해서 집무를 시작하다. **집무하다**.

집배원 (集配員) [집빼원] 우편물을 모아서 배달하는 일을 하는 사람. 田 우체부. 본 우편집배원.

집사 (執事) [집싸] 1 주인 옆에 있으면서 그 집 일을 맡아보는 사람. 2 교회 직분의 하나. 또는 그 직분을 맡은 사람.

집사람 [집싸람] 자기 아내를 겸손하게 이르는 말.

집산지 (集散地) [집싼지] 생산지에서 생산물이 모여들었다가 다시 다른 곳으로 내보내지는 곳.

집세 (一貰) [집쎄] 남의 집을 빌려 사는 대가로 내는 돈. ⑩집세를 내다 / 집세가 많이 올랐다.

집시 (Gypsy) 유럽 각지를 떠돌아다니며 생활하는 민족.

집안 [지반] 가족이나 가까운 친척. ⑩집안 어른 / 집안 식구.

집안일 [지반닐] 1 집 안에서 하는 여러 가지 일. ⑩집안일을 돕다. 2 집안의 일이나 행사. ⑩집안일로 조퇴를 했다.

집약 (集約) [지뱍] 한데 모아서 간추림. ⑩의견을 집약하다. **집약하다**.

집어내다 [지버내다] 1 손이나 집게 따위로 집어서 밖으로 내놓다. ⑩상자에서 과자를 집어내다. 2 지적하여 밝혀내다. ⑩글의 요점을 집어내다 / 잘못을 집어내다.

집어던지다 [지버던지다] 일이나 행동을 그만두다. ⑩약속을 헌신짝처럼 집어던지다.

집어삼키다 [지버삼키다] 1 입에 집어 넣고 삼키다. ⑩알약을 집어삼키다. 2 남의 것을 가로채어 가지다. ⑩남의 재산을 집어삼키다.

집어치우다 [지버치우다] 하던 일을 중간에서 그만두다. ⑩장사를 집어치우다.

집자 (集字) [집짜] 옛 문헌에서 필요한 글자를 찾아서 모음. ⑩제목의 글씨는 고서에서 집자한 것이다. **집자하다**.

집적거리다 [집쩍꺼리다] 1 경솔하게 이 일 저 일에 자꾸 손을 대거나 참견하다. 2 말이나 행동으로 일부러 남을 자꾸 건드려 귀찮게 하다. ⑩동생을 집적거리다.

집주인 (一主人) [집쭈인] 1 한집안의 으뜸이 되는 사람. 2 집의 주인. ⑩집주인에게 집세를 낸다.

집중 (集中) [집쭝] 한곳으로 모이거나 모음. ⑩정신을 집중하다 / 집중 호우가 쏟아진다. **집중하다**.

집중력 (集中力) [집쭝녁] 마음이나 주의를 집중할 수 있는 힘. ⑩집중력이 부족하다.

집짐승 [집찜승] 집에서 기르는 짐승. 개·닭·소 따위. 田 가축.

집집 [집찝] 각 집. 모든 집. ⑩집집마다 우유를 배달한다.

집착 (執着) 어떤 것에 마음이 쏠려 잊지 못하고 매달림. ⑩출세에 집착하다. **집착하다**.

집채 집의 전체. ⑩집채 같은 파도.

집터 집이 있거나 집을 지을 자리. 또는 집이 있던 빈터. ⑩집터가 좋다 / 집터를 다지다. 田 택지.

집파리 여름에 집 안에서 흔히 볼 수 있는 파리. 몸빛은 검은 갈색이고 등에 다섯 개의 세로띠가 있음. 전염병을 옮기는 해충으로 전 세계에 분포.

집필 (執筆) 시나 작품 따위의 글을 씀. ⑩소설을 집필하다. **집필하다**.

집합 (集合) [집팝] 1 한곳에 모으거나 모임. ⑩집합 장소. 만 해산. 2 수학에서, 어떤 특정한 조건에 맞는 대상을 분명히 알 수 있는 원소들의 모임.

㉠ 짝수의 집합. **집합하다**.

집행 (執行) [지팽] 법률·명령·재판 따위의 내용을 실행하는 일. ㉠사형을 집행하다. **집행하다**.

집현전 (集賢殿) [지편전] 조선 초기 학술 연구 기관의 하나. 훈민정음의 창제 등 많은 문화 사업이 이루어졌음.

집회 (集會) [지푀 / 지풰] 어떤 목적으로 여러 사람이 일시적으로 모임. ㉠집회를 열다. 빤산회. **집회하다**.

집히다 [지피다] 1 물건 따위가 손이나 손가락 등에 집어지다. ㉠손에 집히는 대로 돈을 꺼냈다. 2 과거의 기억이나 어떤 일 등이 생각나다. ㉠마음에 언뜻 집히는 것이 있다.

*__짓__ [짇:] 몸을 놀려 움직이는 동작. 주로 좋지 않은 행위나 행동을 이름. ㉠나쁜 짓 / 못된 짓만 골라서 하다. 비행동.

짓궂다 [짇:꾿따] 남을 놀리고 귀찮게 굴다. ㉠짓궂은 장난을 치다.

짓누르다 [진누르다] 1 함부로 마구 누르다. ㉠가슴을 짓누르다. 2 심리적으로 심하게 억압하다. ㉠걱정이 마음을 무겁게 짓누른다. 활용 짓눌러 / 짓누르니.

짓눌리다 [진눌리다] 마구 짓누름을 당하다. ㉠무거운 가방에 어깨가 짓눌리다.

*__짓다__ [짇:따] 1 재료를 들여서 만들다. ㉠밥을 짓다 / 약국에서 감기약을 짓다. 2 표정이나 태도 등을 나타내다. ㉠슬픈 표정을 짓다. 3 글을 쓰다. ㉠시를 짓다. 4 건물 따위를 세우다. ㉠집을 짓다. 5 벌 받을 짓을 하다. ㉠죄를 짓다. 6 농사를 하다. ㉠벼농사를 짓다. 7 관계를 맺거나 짝을 이루다. ㉠열을 지어 걸어가다 / 관련을 지어 말하다. 활용 지어 / 지으니 / 짓는.

> 주의 **짓다, 짖다, 짙다**
> **짓다** 재료를 들여서 만들다. ㉠농사를 짓다 / 집을 짓다 / 옷을 짓다.
> **짖다** 개나 까막까치가 큰 소리로 울다. ㉠사냥개가 사납게 짖다 / 까치가 깍깍 짖다.
> **짙다** 빛깔·냄새 따위가 진하다. ㉠어둠이 짙게 깔린 밤 / 향기가 짙은 꽃.

짓무르다 [진무르다] 1 살갗이 심하게 헐어서 문드러지다. ㉠살이 짓물러서 진물이 나오다. 2 채소·과일 등이 심하게 썩거나 오래되어 문드러지다. ㉠날씨가 더워 배추가 짓물렀다. 3 눈자위가 상하여 핏발이 서고 눈물에 젖다. ㉠짓무른 눈. 활용 짓물러 / 짓무르니. ×진무르다. 짓물다.

짓뭉개다 [진뭉개다] 함부로 마구 뭉개다. ㉠꽃밭을 짓뭉개다.

짓밟다 [짇빱따] 1 짓이기듯 마구 밟다. ㉠담배꽁초를 구둣발로 짓밟아 끄다. 2 남의 인격이나 권리 따위를 침해하다. ㉠인권을 짓밟다.

짓밟히다 [짇빨피다] 마구 밟히다. 짓밟음을 당하다. ㉠자존심이 짓밟히다.

짓이기다 [진니기다] 썩 잘게 이기다. 마구 이기다. ㉠찐 감자를 짓이기다.

짓찧다 [짇찌타] 아주 세게 찧다. ㉠마늘을 짓찧다.

징¹ 신의 가죽 창이나 말굽·쇠굽 등에 박는, 대가리가 크고 넓으며 길이가 짧은 쇠못.

*__징__² 놋쇠로 대야같이 만든 국악기. 채로 쳐서 소리를 냄.

징²

징검다리 개울에 돌덩이·흙두미를 드문드문 놓아 그것을 딛고 건너게 만든 다리.

징계 (懲戒) [징계 / 징게] 옳지 못한 행위를 다시 저지르지 않게 벌을 줌. ㉠징계를 받다. **징계하다**.

징그럽다 [징그럽따] 보거나 만지기에 불쾌하고 소름이 끼치도록 흉하다. ㉠징그러운 벌레. 활용 징그러워 / 징그러우니.

징발 (徵發) 전쟁 같은 위급한 일이 생겼을 때 필요한 사람이나 물품 따위를 강제로 모으거나 거둠. **징발하다**.

징벌 (懲罰) 옳지 아니한 일을 하거나 죄를 지은 데 대하여 벌을 줌. ㉠징벌을 내리다. **징벌하다**.

징병 (徵兵) 나라가 법률에 따라 일정한 나이에 이른 국민을 강제로 소집하여 일정 기간 병역에 복무시킴. ㉠징병 검사. **징병하다**.

징수 (徵收) 행정 기관이 법에 따라

조세·수수료 따위를 국민에게서 거두어들이는 일. 예 국세청이 세금을 **징수**하다.

징역 (懲役) 형벌의 한 가지. 죄인을 교도소에 가두어 두고 일을 하게 하는 형벌.

징역살이 (懲役-) [징역싸리] 징역형을 받고 교도소에 갇혀서 살아가는 일.

징역형 (懲役刑) [징여켱] 징역의 형벌. 예 그는 사기 혐의로 5년 **징역형**을 받았다.

징용 (徵用) 전쟁 등 비상사태에 국가가 국민을 강제로 불러서 일정한 일을 시킴. **징용하다**.

징조 (徵兆) 어떤 일이 생길 낌새. 예 불길한 징조가 보이다.

징집 (徵集) 나라가 일정한 나이가 된 국민에게 국방의 의무를 지우기 위해 불러 모음. **징집하다**.

징징거리다 언짢거나 못마땅하여 자꾸 보채거나 짜증을 내다. 예 **징징거리**지 말고 똑바로 말해 보아라.

징크스 (jinx) 1 재수 없는 일. 불길한 일. 예 **징크스**를 깨다. 2 으레 그렇게 되리라고 일반적으로 생각되는 불행한 일. 예 **징크스**를 가지다.

징후 (徵候) 겉으로 나타나는 낌새. 예 병의 징후.

***짖다** [짇따] 1 개가 소리를 크게 내다. 예 바둑이가 멍멍 **짖다**. 2 까마귀나 까치가 시끄럽게 지저귀다. →짓다 주의

짙다 [짇따] 1 빛깔·냄새 따위가 진하다. 예 백합의 짙은 향기. 반 옅다. 2 안개·연기 따위가 자욱하다. 예 안개가 짙다. 3 액체의 농도가 높다. 예 커피가 너무 짙다. 4 풀이나 나무 등이 빽빽하다. 예 녹음이 짙다. →짓다 주의

짙푸르다 [짇푸르다] 빛깔이 짙게 푸르다. 예 짙푸른 가을 하늘. 활용 짙푸르러 / 짙푸르니.

짚 [집] 벼나 곡식의 낟알을 떨어낸 줄기. 예 **짚**으로 새끼를 꼬다 / 바닥에 짚을 깔다.

짚가리 [집까리] 볏짚의 묶음을 쌓은 더미.

*** 짚다** [집따] 1 손·지팡이 따위를 바닥에 대고 몸을 의지하다. 예 지팡이를 짚은 할머니. 2 손으로 이마나 머리 위를 가볍게 누르다. 예 맥을 짚다. 3 상황을 헤아려 짐작하다. 예 범인을 잘못 짚다. →집다 주의

짚단 [집딴] 볏짚을 묶은 단. 예 **짚단**을 묶다. 비 짚뭇.

짚신 [집씬] 볏짚으로 만든 신. 예 짚신을 삼다.

짚이다 [지피다] 마음에 어떠할 것으로 짐작이 가다. 예 **짚이는** 데가 있다.

짚신

짚자리 [집짜리] 볏짚으로 엮어 만든 자리.

ㅉ (쌍지읒) [쌍지읃] 'ㅈ'의 된소리.

짜개다 단단한 물건을 연장이나 힘으로 갈라지게 하다. 예 도끼로 장작을 짜개다.

짜내다 1 짜서 나오게 하다. 예 고름을 짜내다. 2 힘써서 어떤 생각이 나오게 하다. 예 온갖 지혜를 짜내다. 3 어떤 상태를 억지로 만들어 내다. 예 눈물을 짜내다.

*__짜다__¹ 1 사람을 모아 조직을 만들다. 예 두 사람씩 조를 짜다. 2 비틀거나 눌러 물기나 기름을 내다. 예 치약을 짜다. 3 옷감 따위를 만들다. 예 목도리를 짜다 / 털실로 짠 스웨터를 선물받다. 4 생각 따위를 억지로 내다. 예 머리를 짜다. 5 계획이나 일정 따위를 세우다. 예 생활 계획표를 짜다. 6 몇몇이 모여 나쁜 일을 하기로 약속하다. 예 친구와 짜고 거짓말을 하다.

*__짜다__² 1 소금과 같은 맛이 있다. 예 짜고 매운 음식을 피해라. 반 싱겁다. 2 후하지 않고 박하다. 인색하다. 예 점수가 짜다.

-짜리 얼마의 분량이나 값어치를 가진 물건이라는 뜻. 예 열 살짜리 / 오백 원짜리 동전.

짜릿하다 [짜리타다] 1 살이나 뼈마디에 갑자기 저린 느낌이 일어나다. 2 심리적 자극을 받아 순간적으로 흥분되고 떨리는 듯하다. 큰 찌릿하다.

짜부라지다 물체가 구겨지거나 오목하게 오그라지다. 예 짜부라진 모자. 큰 찌부러지다.

짜이다 1 옷감 따위가 만들어지다. 예 천이 면으로 짜이다. 2 틀이나 구성

이 세워지다. 예영화 줄거리가 탄탄하게 잘 **짜여** 있다. 3 계획이나 일정이 세워지다. 예시간표가 **짜이다** / 예산이 **짜이다.**

짜임 조직이나 구성. 예글의 **짜임.**

짜임새 1 짜인 모양새. 예옷감의 **짜임새**가 곱다. 2 글·이론 따위가 연관과 체계를 제대로 갖춘 상태. 예**짜임새** 있는 글 / **짜임새**가 엉성하다. 참쨈새.

짜장면 (중 炸醬麵) 볶은 중국 된장에 고기와 채소 등을 넣고 비빈 국수. 자장면.

*__짜증__ 마음에 맞지 않아 북받치는 성이나 싫증. 예**짜증**을 부리다.

짜증스럽다 [짜증스럽따] 짜증이 나는 데가 있다. 예**짜증스럽게** 대답을 하다. 활용 **짜증스러워** / **짜증스러우니.**

*__짝__¹ 1 한 벌이나 한 쌍을 이루는 것. 또는 그중의 하나. 예양말 **짝**을 찾다 / 여자 아이가 **짝**이 되다. 2 비할 데 없이 대단하거나 매우 심함. 예반갑기 **짝**이 없다 / 그의 행동은 한심하기 **짝**이 없다.

짝² 1 틈이 활짝 벌어진 모양. 예양팔을 **짝** 벌리다. 2 입맛을 다시는 소리. 예입맛을 **짝** 다시다. 3 물체가 바싹 다가붙거나 들러붙는 모양. 예몸에 **짝** 달라붙은 옷 / 바닥에 껌이 **짝** 달라붙다. 큰쩍.

짝³ 1 줄이나 획 따위를 한 번 긋는 소리. 예연필로 줄을 **짝** 긋다. 2 종이나 옷감 따위를 찢는 소리. 예편지를 **짝** 찢다. 큰찍.

짝⁴ '무슨'이나 '그' 뒤에 쓰여 '꼴'의 뜻을 나타내는 말. 예아닌 밤중에 홍두깨라고 이게 딱 그 **짝**이네.

짝⁵ 1 상자나 짐짝을 세는 말. 예사과 두 **짝**. 2 소나 돼지 따위 갈비의 한쪽 모두. 예소 갈비 한 **짝.**

짝꿍 교실에서 옆자리에 앉거나 늘 붙어 다니는 친구. 예그는 초등학교 1학년 때 내 **짝꿍**이었다.

짝사랑 [짝싸랑] 남녀 사이에서 한쪽만 상대방을 사랑하는 일. **짝사랑하다.**

*__짝수__(一數) [짝쑤] 2로 나누어 나머지가 없이 떨어지는 수. 2, 4, 6, 8, 10 따위. 비우수. 반홀수.

짝짓기 [짝찓끼] 동물이 새끼나 알을 낳기 위해서 암컷과 수컷이 만나 교미하는 일.

짝짜꿍 젖먹이가 손뼉을 치는 재롱. **짝짜꿍하다.**

짝짝¹ 1 걸을 때에 신을 끄는 소리. 예실내화를 **짝짝** 끌다. 2 줄이나 획을 함부로 긋는 소리. 3 종이나 천 따위를 함부로 찢는 소리. 예신문지를 **짝짝** 찢다. 큰찍찍. **짝짝하다.**

짝짝² 손뼉을 자꾸 치는 소리. 예박수를 **짝짝** 치다. **짝짝하다.**

짝짝이 [짝짜기] 제 짝이 아닌 다른 짝끼리 모여서 이루어진 한 벌. 예**짝짝이** 양말.

짝하다 [짜카다] 둘이 서로 어울려 짝이 되게 하다. 예남녀가 **짝해서** 앉으세요.

짠맛 [짠맏] 소금이나 간장 등과 같은 맛. 예**짠맛**이 나다.

> 참고 여러 가지 짠맛
> (1) 단순한 짠맛
> 간간하다, 간간짭짤하다, 건건하다, 건건찝찔하다, 짭짤하다, 찝찔하다, 짜디짜다
> (2) 매운맛과 짠맛
> 맵짜다

짠지 무 따위를 통째로 소금에 짜게 절여서 묵혀 두고 먹는 반찬.

짤까닥 1 들러붙었다가 떨어지는 소리. 또는 그 모양. 2 잠기거나 열리며 나는 쇳소리. 또는 그 모양. 참짤깍. 큰쩔꺼덕. 예잘까닥. 거찰까닥. **짤까닥하다.**

짤깍짤깍 계속 짤까닥 소리가 나는 모양. 또는 그 소리. 본짤까닥짤까닥. **짤깍짤깍하다.**

짤따랗다 [짤따라타] 생각보다 썩 짧다. 예소매 길이가 **짤따랗다.** 반기다랗다. 활용 **짤따라니** / **짤따래서.** ×짧다랗다.

짤랑짤랑 여러 개의 작은 방울 따위가 자꾸 흔들리거나 부딪쳐 울리는 소리. 큰쩔렁쩔렁. 예잘랑잘랑. 거찰랑찰랑. **짤랑짤랑하다.**

짤막하다 [짤마카다] 길이가 조금 짧은 듯하다. 예**짤막한** 막대 / **짤막하게**

대답하다.

*짧다 [짤따] 1 두 끝 사이가 가깝다. 예짧은 다리. 2 오래지 않다. 예짧은 역사. 3 모자라다. 예지식이 짧다. 4 글이나 이야기의 양이 적다. 예짧은 연설. 반길다. ⊃ short

짧아지다 [짤바지다] 짧게 되다. 예해가 점점 **짧아진다** / 배터리 수명이 짧아지다. 반길어지다.

짧은소리 [짤븐소리] 짧게 내는 소리. 반긴소리.

짬 1 다른 일에 손 댈 수 있는 겨를. 예마침 짬이 나다. 2 물건끼리 맞붙은 틈. 예들어갈 짬이 없다.

짬뽕 (←-일 ちゃんぽん) 1 중국 음식의 하나. 각종 해물과 야채를 섞어 볶은 것을 국수에 넣고, 돼지 뼈나 소뼈·닭 뼈를 우린 국물을 부어 만든 것. 2 서로 다른 것을 뒤섞음. 예김치와 나물을 **짬뽕**하여 비벼 먹다. **짬뽕하다**.

짬짬이 [짬짜미] 짬이 나는 대로 그때그때. 예짬짬이 일을 돕다.

짭짤하다 1 조금 짠 듯하다. 예짭짤한 된장찌개. 2 일이 잘되어 실속이 있다. 예아르바이트로 **짭짤한** 수입을 올리다.

짱구 이마나 뒤통수가 유달리 많이 튀어나온 머리. 또는 그런 머리통을 가진 사람.

-째[1] 어떤 말 뒤에 붙어 '그대로, 전부'의 뜻을 나타내는 말. 예그릇째 / 뿌리째 / 껍질째.

주의 **-째**와 **채**

-째 어떤 말 뒤에 붙어 '그대로, 전부'의 뜻을 나타낸다.
  예통째 / 껍질째 / 그릇째 / 덩굴째.
채 '어떤 상태가 계속된 대로 그냥'의 뜻을 나타낸다.
  예선 채로 / 옷을 입은 채 / 산 채로 잡다.

-째[2] 1 차례나 등급을 나타내는 말. 예첫째 / 세 개째 / 두 잔째. 2 '계속되는 동안'의 뜻을 나타내는 말. 예이틀째 굶다.

째깍째깍 시계 따위의 톱니바퀴가 자꾸 돌아가는 소리. **째깍째깍하다**.

째다 [째ː다] 종이·가죽·옷감 따위를 칼이나 손으로 찢거나 베어 가르다. 예곪은 데를 째다.

째지다 [째ː지다] 터져서 갈라지거나 베어져서 벌어지다. 예옷이 째지다. 본째어지다.

짹짹 참새 따위가 우는 소리. 큰찍찍. **짹짹하다**.

쨍 1 금속이 맞부딪쳐서 세게 울리는 소리. 예심벌즈의 **쨍** 소리가 요란했다. 2 얼음장이나 유리가 부딪치거나 갈라지는 소리. **쨍하다**.

쨍그랑 얇은 쇠붙이나 유리 따위가 떨어지거나 부딪쳐서 맑게 울리는 소리. 예접시가 쨍그랑 깨지다. 큰쩽그렁. 여쟁그랑. **쨍그랑하다**.

쨍쨍 햇볕이 강하게 내리쬐는 모양. 예뙤약볕이 **쨍쨍** 내리쬐다. **쨍쨍하다**.

쩌렁쩌렁하다 목소리가 커서 울림이 크다. 예쩌렁쩌렁한 목소리. 작짜랑쩌랑하다.

쩍 1 입·팔·다리 등을 아주 크게 벌리는 모양. 예너무 놀라 입이 쩍 벌어지다. 2 입맛을 크게 한 번 다시는 소리. 3 물건이 끈기 있게 들러붙는 모양. 또는 그 소리. 예껌이 옷에 쩍 달라붙다.

-쩍다 '그런 느낌이 있다'는 뜻으로 쓰임. 예의심쩍다 / 겸연쩍다 / 수상쩍다.

주의 **-적다**와 **-쩍다**의 표기

-적다 [적따]로 발음되거나, '적다'의 뜻이 담겨 있으면 '-적다'로 적는다.
  예괘다리적다(사람됨이 멋없고 거칠며 뻔뻔하다), 딴기적다(기력이 약하여 일할 기운이 없다), 열퉁적다(언어나 동작이 거칠고 퉁명스럽다), 맛적다(재미가 없어 싱겁다).
-쩍다 '적다'의 뜻이 없이 [쩍따]로 발음되는 경우는 모두 '-쩍다'로 통일하여 적는다.
  예객쩍다(말이나 행동이 실없다), 겸연쩍다(미안하여 낯이 화끈하다), 맥쩍다(심심하고 무료하다), 멋쩍다(동작이나 모양이 격에 맞지 아니하다, 어색하다), 해망쩍다(총명하지 못하고 아둔하다).

쩔뚝거리다 [쩔뚝꺼리다] 한쪽 다리가 짧거나 탈이 나서 걸을 때마다 절다. 예 다리를 쩔뚝거리며 걷다.

쩔쩔 뜨거운 열기로 몹시 달아 있는 모양. 예 방이 쩔쩔 끓는다. 작 짤짤. 여 절절.

쩔쩔매다 급한 일에 부닥쳐 어찌할 바를 모르고 갈팡질팡하다. 예 바빠서 쩔쩔매다.

쩝쩝 1 입맛을 다시는 소리. 2 음식을 마구 먹을 때 나는 소리. 예 쩝쩝 소리를 내지 말고 먹어라. 작 짭짭. **쩝쩝하다**.

쩨쩨하다 1 시시하고 신통치 않다. 2 사람이 잘고 인색하다. 예 쩨쩨한 녀석 / 쩨쩨하게 굴다.

쪼가리 쪼개진 조각. 작은 조각. 예 종이 쪼가리 / 헝겊 쪼가리.

쪼개다 1 하나로 된 물건을 둘 이상으로 나누다. 예 사과를 둘로 쪼개다. 2 시간이나 돈 따위를 아끼다. 예 잠자는 시간을 쪼개어 책을 읽다.

쪼그라들다 1 눌리거나 오그라져서 구겨지거나 작아지다. 2 살이 빠져 주름이 잡히다. 3 일의 규모가 줄어들다. 예 살림이 점점 쪼그라들다. [활용] 쪼그라들어 / 쪼그라드니 / 쪼그라드는.

쪼그리다 팔다리를 오그려 몸을 작게 옴츠리다. 예 구석에 쪼그리고 앉아 있다. 큰 쭈그리다.

쪼글쪼글 불규칙하게 주름이 많이 잡힌 모양. 예 나이가 들수록 얼굴에 쪼글쪼글 주름이 늘어간다. 큰 쭈글쭈글. **쪼글쪼글하다**.

***쪼다** [쪼:다] 뾰족한 끝으로 찍다. 예 병아리가 모이를 쪼아 먹다.

쪼들리다 어떤 일이나 사람에 오래 시달리거나 부대끼어 괴롭게 지내다. 예 살림에 쪼들리다 / 빚쟁이에게 쪼들리다.

쪽[1] 예전에, 결혼한 여자가 뒷머리를 땋아서 틀어 올려 비녀를 꽂은 머리.

***쪽**[2] 책의 면. 페이지. 예 10쪽 분량의 보고서를 작성하다. ⊃page

쪽[3] 쪼개진 물건의 한 부분. 예 참외 한 쪽.

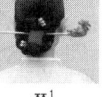
쪽[1]

***쪽**[4] 1 방향을 가리키는 말. 예 해가 지는 쪽. 2 어느 한 편을 가리키는 말. 예 찬성하는 쪽에 손을 들다. 비 편. ×짝.

쪽[5] '얼굴'의 속된 말.

쪽[6] 1 적은 액체 따위를 단숨에 들이마시거나 빠는 모양. 예 냉수를 쪽 들이켜다. 2 입맞춤하는 소리. 예 볼에 입을 쪽 맞추다. 3 땀이 솟거나 살 따위가 빠지는 모양. 예 앓고 나더니 살이 쪽 빠졌다.

쪽문(一門) [쫑문] 대문의 가운데나 한편에 사람이 드나들도록 만든 작은 문. 예 대문이 잠겨서 쪽문으로 들어왔다.

쪽박 [쪽빡] 작은 바가지.
  쪽박(을) 차다 거지 신세가 되다. 예 이러다가는 쪽박 차기 딱 좋겠다.

쪽배 [쪽빼] 통나무를 쪼개어 속을 파서 만든 작은 배.

쪽빛 [쪽삗] 쪽의 빛깔. 곧, 남빛. 예 쪽빛 하늘.

쪽수(一數) [쪽쑤] 신문이나 책 등의 페이지의 수. 비 면수.

쪽지(一紙) [쪽찌] 종이의 작은 조각. 또는 그런 데에 쓴 편지. 예 쪽지 시험 / 쪽지를 전하다.

쫄깃쫄깃 [쫄긷쫄긷] 씹히는 맛이 매우 차지고 쫀득한 듯한 모양. 예 쫄깃쫄깃한 인절미. **쫄깃쫄깃하다**.

쫄쫄 끼니를 굶어 아무것도 먹지 못한 모양. 예 하루 종일 쫄쫄 굶었다.

쫑그리다 귀를 꼿꼿이 치켜세우거나 입술을 뾰족이 내밀다. 예 토끼가 놀라 귀를 쫑그리다.

쫑긋 [쫑귿] 입술이나 귀를 뾰족하게 내밀거나 빳빳하게 세우는 모양. 예 귀를 쫑긋 세우고 선생님의 설명을 듣다. **쫑긋하다**.

쫑알거리다 남이 잘 알아듣지 못할 정도의 작은 소리로 혼잣말을 자꾸 하다. 큰 쭝얼거리다. 예 종알거리다.

쫓겨나다 [쫃껴나다] 내쫓음을 당하다. 예 직장에서 쫓겨나다.

쫓기다 [쫃끼다] 1 남에게 쫓음을 당하다. 예 죄를 짓고 경찰에 쫓기다. 2 일에 몹시 몰려 지내다. 예 일에 쫓기다 / 시간에 쫓기다.

쫓다 [쫃따] 1 어떤 자리에서 떠나도록 내몰다. 예 파리를 쫓다. 2 급히 뒤를 따라가다. 예 고양이가 쥐를 쫓다. →좇다 [주의]

쫓아가다 [쪼차가다] 1 만나거나 잡으려고 급히 따라가다. 예 소매치기를 쫓아가다. 2 뒤에 바싹 붙어 따라가다. 예 새끼 오리가 어미를 쫓아가다. [활용] 쫓아가거라.

쫓아내다 [쪼차내다] 1 강제로 밖으로 몰아내다. 예 트집을 잡아 집에서 쫓아내다. 2 직장이나 학교 따위를 그만두게 하다. 예 회사에서 부정을 저지른 직원을 쫓아내다.

쫓아다니다 [쪼차다니다] 1 뒤에 바싹 붙어 따라다니다. 예 동생이 언니를 쫓아다니다. 2 사귀거나 가까이하려고 다가가다. 예 여자 꽁무니를 쫓아다니다. 3 부지런히 찾아다니다. 예 노름판을 쫓아다니다.

쫓아오다 [쪼차오다] 1 뒤에서 바싹 따라오다. 예 개가 짖으며 쫓아오다. 2 급하게 뛰어 달려오다. 예 병아리들이 어미 닭을 쫓아오다. [활용] 쫓아오너라.

쫙 1 넓게 퍼지는 모양. 예 소문이 쫙 퍼지다. 2 비나 물 따위가 갑자기 쏟아지는 모양. 또는 그 소리. 예 온몸에 식은땀이 쫙 흐르다. 3 펴지거나 찢어지는 모양. 예 가슴을 쫙 펴다. [여] 좍.

***쬐다** [쬐ː다 / 쮀ː다] 1 볕이 내리비치다. 예 비가 그치고 햇빛이 쬐다. 2 볕이나 불기운 따위를 몸에 받다. 예 모닥불을 쬐다.

쭈그러지다 1 눌리거나 우그러들어서 부피가 몹시 작아지다. 예 주전자가 쭈그러지다. 2 살이 빠져서 쭈글쭈글해지다. 예 얼굴이 쭈그러지다. [작] 쪼그라지다.

쭈그리다 1 누르거나 우그러서 부피를 작게 하다. 예 깡통을 쭈그리다. 2 팔다리를 접어서 몸에 붙여 몸을 작게 만들다. 예 다리를 쭈그리고 앉다. [작] 쪼그리다. [거] 쭈크리다. ×쭈구리다.

쭈글쭈글 물체가 쭈그러져서 고르지 않게 주름이 많이 잡힌 모양. 예 치마가 쭈글쭈글해지다. [작] 쪼글쪼글. 쭈글쭈글하다.

쭈뼛쭈뼛 [쭈뻗쭈뻗] 부끄럽거나 어색하여 선뜻 나서지 못하고 자꾸 머뭇거리는 모양. 예 내 옆으로 쭈뼛쭈뼛 다가서다. [작] 쪼뼛쪼뼛. 주뼛주뼛. 쭈뼛쭈뼛하다.

쭈뼛하다 [쭈뻐타다] 놀라거나 무서워서 머리카락이 꼿꼿하게 일어서는 듯하다. 예 비명 소리에 머리카락이 쭈뼛해지다.

쭉 1 한 줄로 끊어지지 않고 이어진 모양. 예 쭉 뻗은 고속 도로. 2 곧게 펴거나 벌리는 모양. 예 허리를 쭉 펴다. 3 종이나 천 따위를 한 가닥으로 찢거나 훑는 모양. 예 김치를 쭉 찢어서 먹다. 4 선을 긋거나 줄을 치는 모양. 예 밑줄을 쭉 긋다. 5 같은 상태로 계속되는 모양. 예 쭉 병석에 누워 있다. 6 물 따위를 단숨에 들이마시거나 빠는 모양. 예 물을 쭉 마시다.

쭉정이 [쭉쩡이] 껍질만 있고 속에 알맹이가 들어 있지 않은 곡식이나 과일 따위의 열매.

쭉쭉 1 선이나 줄을 잇따라 곧게 긋는 모양. 예 바닥에 금을 쭉쭉 긋다. 2 여럿이 잇따라 고르게 늘어서 있는 모양. 예 건물이 쭉쭉 늘어서다. 3 무엇이 잇따라 길게 뻗어 나가는 모양. 예 나무들이 하늘 위로 쭉쭉 뻗어 있다. 4 종이나 천 따위를 여러 가닥으로 잇따라 찢는 모양. 예 종이를 쭉쭉 찢어 휴지통에 버리다. 5 물 따위를 단숨에 마시는 모양. 예 음료수를 쭉쭉 들이켜다. 6 입으로 세게 계속 빠는 소리. 예 아기가 엄마 젖을 쭉쭉 빨다.

***-쯤** 어떤 말 뒤에 붙어, '정도'를 나타내는 말. 예 오늘쯤 / 중간쯤 / 한 번쯤 / 얼마쯤.

쯧쯧 [쯛쯛] 가엾거나 못마땅하여 혀를 차는 소리. 예 쯧쯧, 가엾어라.

찌 낚시 도구의 하나. 물고기가 문 것을 알기 위해 낚싯줄에 달아 물 위에 뜨게 만든 가벼운 물건. 예 찌가 움직이다. [본] 낚시찌.

찌개 고기·채소·두부에 고추장이나 된장 따위를 넣고 양념과 간을 맞추어 끓인 반찬.

찌그러지다 물건 따위가 눌려서 우그러지다. 예 찌그러진 냄비. [작] 짜그라지다.

찌꺼기 1 액체가 다 빠진 뒤에 밑에 남은 것. ⓔ한약 찌꺼기를 거름으로 쓰다. 2 좋은 것을 골라 낸 나머지. ⓔ음식물 찌꺼기. 준찌끼.

찌다¹ 살이 올라 뚱뚱해지다. ⓔ마음이 편해서인지 살만 찐다.

찌다² 1 음식물을 뜨거운 김으로 익히거나 데우다. ⓔ감자를 찌다. 2 몹시 덥다. ⓔ날씨가 푹푹 찌다.

찌들다 1 물건이 오래되어 때가 끼고 더럽게 되다. ⓔ땀과 먼지에 찌든 옷. 2 많은 어려움을 겪어 매우 여위다. ⓔ피로에 찌든 얼굴. 활용 찌들어 / 찌드니 / 찌드는.

*__찌르다__ 1 끝이 뾰족한 것을 물체의 속으로 들이밀다. ⓔ주사기를 엉덩이에 찌르다. 2 감정 따위를 세게 건드리다. ⓔ가슴을 찌르는 말. 3 냄새가 코로 강하게 맡아지다. ⓔ코를 찌르는 냄새. 4 틈이나 사이에 무엇을 꽂아 넣다. ⓔ주머니에 손을 찌르다. 활용 찔러 / 찌르니.

찌르르 저린 느낌이 세게 일어나는 모양. ⓔ젖은 손으로 코드를 꽂다가 찌르르 전기가 올랐다. 작짜르르. 여지르르. 찌르르하다.

찌뿌드드하다 1 몸살이나 감기로 몸이 쑤시고 무겁다. ⓔ온몸이 찌뿌드드하다. 2 비나 눈이 올 것같이 날씨가 흐리다. 준뿌드드하다.

찌푸리다 1 얼굴이나 눈살을 몹시 찡그리다. ⓔ눈살을 찌푸리다. 2 날이 흐리다. ⓔ잔뜩 찌푸린 날씨.

찍 1 줄이나 획을 한 번 세게 긋는 소리나 모양. 2 종이나 천 따위를 세게 찢는 소리나 모양. ⓔ신문지를 찍 찢다. 작짝. 여직.

찍다¹ [찍따] 날이 있는 연장으로 쳐서 베다. ⓔ도끼로 나무를 찍다.

*__찍다__² [찍따] 1 물건의 끝에 액체나 가루 따위를 묻히다. ⓔ떡을 꿀에 찍어 먹다. 2 인쇄하다. ⓔ책을 찍다. 3 사진을 박다. ⓔ기념사진을 찍다. 4 점이나 문장 부호 따위를 써넣다. ⓔ마침표를 찍다.

찍소리 [찍쏘리] 아주 조금이라도 남에게 들리게 떠드는 소리나 반항하려는 태도. ⓔ찍소리도 못하다. 작째소리. *끽소리.

찍찍 쥐나 새 따위가 자꾸 우는 소리. 작째짹. 찍찍하다.

찍히다 [찌키다] 1 찍음을 당하다. ⓔ사진이 잘 찍혔다. 2 싫어하는 대상으로 확실히 정해지다. ⓔ선생님께 문제아로 찍히다.

찐득찐득 1 계속 끈질기고 질기게 들러붙는 모양. 2 끈질기고 질겨서 계속해서 자르려고 해도 잘 끊어지지 않는 모양. 작짠득짠득. 여진득진득. 찐득찐득하다.

찐빵 밀가루 반죽에 팥을 넣어 뜨거운 김에 쪄서 익힌 빵.

찔끔 눈물 따위의 액체가 조금 흐르다 그치다 하는 모양. 찔끔하다.

찔끔찔끔 1 액체가 조금씩 흐르다 그치다 하는 모양. 2 적은 분량의 것을 여러 번에 나누어 조금씩 내주는 모양. ⓔ많지도 않은 돈을 찔끔찔끔 갚고 있다. 찔끔찔끔하다.

찔끔하다 몹시 놀라거나 겁이 나서 몸을 움츠리다. ⓔ선생님의 꾸지람에 찔끔했다.

찔레 ⇨찔레나무.

찔레꽃 [찔레꼳] 찔레나무의 꽃.

찔레나무 장미과의 낙엽 활엽 관목. 산기슭·개울가에 나며 가시가 있고 봄에 흰 꽃이 핌. 연한 싹은 먹고 열매는 약으로 씀. 관상용·산울타리용으로 재배함. 준찔레.

찔리다 1 날카로운 끝에 찌름을 당하다. ⓔ장미꽃 가시에 찔리다. 2 양심의 가책을 받다. ⓔ양심에 찔리는 데가 있다.

찜 1 고기나 채소에 양념을 하여 찌거나 국물을 적게 해서 삶은 음식. 2 찌거나 삶은 음식을 나타내는 말.

찜질 1 약물이나 더운물에 적신 헝겊 또는 얼음을 아픈 곳에 대어 통증을 가라앉히는 법. 2 온천 또는 뜨거운 물에 몸을 담그거나 더운 모래밭에 몸을 묻고 땀을 흘려 병을 고치는 법. 찜질하다.

찜찜하다 마음에 꺼림칙한 느낌이 있다. ⓔ괜히 찜찜한 생각이 들다.

찜통 뜨거운 김으로 음식을 찌는 조리 기구.

찝찔하다 1 감칠맛이 없이 좀 짜다. ㉑찝찔한 눈물. [작]짭짤하다. 2 일이 되어 가는 꼴이 마음에 들지 않다. ㉑뒷맛이 찝찔하다.

찡그리다 근심스럽거나 언짢아서 이마나 눈살을 주름지게 하다. ㉑얼굴을 찡그리다. [작]쨍그리다.

찡긋 [찡귿] 눈이나 코를 약간 찡그리는 모양. ㉑찡긋 윙크를 하다 / 두 눈을 찡긋 감았다 뜨다. **찡긋하다**.

찡하다 마음에 강한 감동의 느낌이 일어나다. ㉑슬픈 영화를 보고 가슴이 찡했다.

***찢다** [찓따] 1 물체를 잡아당겨 둘 이상으로 가르다. ㉑종이를 갈기갈기 찢다. 2 날카로운 소리가 귀청을 크게 울리다. ㉑고막을 찢는 폭발음이 들리다. 3 마음을 몹시 아프게 하다. ㉑가슴을 찢어 놓고 떠나다. [활용] 찢어 / 찢으니 / 찢는.

찢어발기다 [찌저발기다] 갈가리 찢어서 늘어놓다. ㉑비난의 말이 담긴 편지를 찢어발기다.

찢어지다 [찌저지다] 찢기어 갈라지다. ㉑찢어진 우산 / 옷이 나뭇가지에 걸려 찢어지다.

찧다 [찌타] 1 곡식 따위를 빻기 위하여 절구에 넣고 공이로 내리치다. ㉑쌀을 찧다. 2 땅 따위를 다지려고 무거운 물건을 들었다가 내리치다. 3 아주 세게 부딪다. ㉑발을 헛디뎌 엉덩방아를 찧다.

ㅊ (치읓 [치읃]) 한글 닿소리의 열째 글자.

****차**¹ 차나무의 어린잎으로 만든 마실 것의 재료. 또는 이를 달인 물. 녹차·홍차 따위. ⊃tea

****차**² (車) 바퀴가 굴러서 나아가게 된, 사람이나 짐을 실어 나르는 온갖 교통 기관. 기차·자동차·전동차·마차 따위. ⑩ 차를 몰다 / 차를 타다 / 차가 다니다. ⊃car

****차**³ (差) 1 질이나 양 따위의 서로 다른 정도. ⑩ 실력의 차. 2 어떤 수량에서 다른 수량을 덜어 낸 나머지 수량. ⑩ 7과 3의 차는 4이다.

****차**⁴ (次) 1 어떤 일을 하는 기회에 겸해서 다른 일까지 보게 됨을 나타내는 말. ⑩ 서울 갔던 차에 남대문 시장을 둘러보았다. 2 숫자 뒤에 쓰여 차례나 횟수를 나타내는 말. ⑩ 제이 차 세계 대전.

****차갑다** [차갑따] 1 살갗에 닿는 느낌이 서늘하고 차다. ⑩ 물이 차갑게 식다 / 날씨가 차갑다. 2 인정이 없고 냉정하다. ⑩ 차가운 눈초리 / 차갑게 거절하다. [활용] 차가워 / 차가우니.

차고 (車庫) 자동차·기차·전동차 따위의 차를 넣어 두는 곳. ⊃garage

차곡차곡 1 물건을 가지런히 쌓거나 포개는 모양. ⑩ 신문을 차곡차곡 쌓아 놓다. 2 ⇨차근차근. ⑩ 순서를 차곡차곡 밟다. 차곡차곡하다.

차관 (次官) 행정부에서 장관을 돕고 대리할 수 있는 관직. 또는 그 관직에 있는 사람. ⑩ 환경부 차관.

차광 (遮光) [차ː광] 햇빛이나 불빛을 가리어 막음. ⑩ 창문에 차광 장치를 하다.

차근차근 말이나 행동을 순서에 따라 조리 있게 하는 모양. ⑩ 차근차근 얘기하다. 阰차곡차곡. 차근차근하다. 차근차근히.

차기 (次期) 다음 시기. ⑩ 차기 대통령 / 차기 선거에 대비하다.

차나무 차나뭇과의 늘푸른나무. 잎은 길쭉한데 두껍고 윤이 나며 가을에 흰 꽃이 핌. 어린잎을 따서 차를 만듦.

차남 (次男) 둘째 아들. 阳차녀.

차내 (車內) 자동차·기차·전동차 따위의 안. ⑩ 모든 차내에서는 금연해야 한다.

차녀 (次女) 둘째 딸. 阳차남.

****차다**¹ 1 온도가 낮다. ⑩ 날씨가 차다 / 바람이 차다. 2 인정이 없고 쌀쌀맞다. ⑩ 마음씨가 차다.

****차다**² 1 어떤 공간에 사람이나 사물 따위가 더 들어갈 수 없을 정도로 가득하게 되다. ⑩ 저금통이 차다. 2 정한 수효·기간 따위에 이르다. ⑩ 정원이 차다. 3 감정·기운 따위가 가득하게 되다. ⑩ 희망에 차다. 4 한도에 이르다. ⑩ 숨이 너무 차서 더 이상 못 뛰겠다.

****차다**³ 1 몸의 한 부분에 물건을 끼우거나 걸거나 늘어뜨려 지니다. ⑩ 시계를 차다. 2 팔목이나 발목에 끼우거나 잠그다. ⑩ 수갑을 차다.

****차다**⁴ 1 발로 내어 지르다. ⑩ 공을 차다. ⊃kick 2 혀끝을 입천장에 붙였다가 떼어 소리를 내다. ⑩ 혀를 차다.

차단 (遮斷) [차ː단] 막아서 멈추게 함. ⑩ 자외선 차단 / 소음을 차단하다 / 통행을 차단시키다. 차단하다.

차단기¹ (遮斷器) [차ː단기] 사고의 위험이 있을 때, 전류나 전자의 흐름을 멈추는 장치.

차단기² (遮斷機) [차ː단기] 철도의 건널목에 설치하여, 차나 사람의 통행을 막는 장치.

차도¹ (車道) 차가 다니는 길. 阰찻길. 阳보도, 인도.

차도² (差度) 병이 조금씩 나아가는 정도. ⑩ 차차 차도가 있다.

차돌 1 광택이 있고 매우 단단한 돌. 阰석영. 2 야무진 사람의 비유. ⑩ 차돌같이 야무진 아이.

차등 (差等) 차이가 나는 등급. 또는 등급의 차이. ⑩ 품질에 따라 차등을 두다.

차디차다 매우 차다. ㉮차디찬 얼음물을 한 잔 마시다.

차라리 저렇게 하는 것보다는 이렇게 하는 것이 오히려 나음을 나타내는 말. ㉮그렇게 할 바에야 차라리 그만두는 게 낫겠다. ㈖도리어.

차량(車輛) 1 여러 가지 차를 두루 일컫는 말. ㉮차량 통행금지. 2 열차의 한 칸.

***차려** 몸과 정신을 바로 차리어 똑바로 서 있는 자세. 또는 그 자세를 취하라는 구령.

차려입다 [차려입따] 잘 갖추어 입다. ㉮한복을 곱게 차려입다.

차령산맥(車嶺山脈) 태백산맥의 오대산에서 시작하여 충청남도의 태안반도에 이르는 산맥. 백운산·계룡산 등이 있으며, 금·은·텅스텐 등이 남. 길이는 약 200km.

***차례**[1] (次例) 1 순서 있게 벌여 나가는 관계나 자리. ㉮차례를 기다리다. ㈖순서. 2 책 따위의 목차. 3 일이 일어나는 횟수를 세는 단위. ㉮소나기가 몇 차례 쏟아졌다.

차례[2] (一禮) 추석·설날과 같은 명절날이나 조상의 생일날 아침에 지내는 제사. ㉮차례를 지내다.

차례차례(次例次例) 차례를 따라서. ㉮한 명씩 차례차례 들어오너라.

***차리다** 1 음식 따위를 장만하여 갖추다. ㉮밥상을 차리다. 2 기운이나 정신 따위를 가다듬다. ㉮정신을 차리다. 3 준비를 갖추다. ㉮채비를 차리다. 4 격식이나 태도 등을 갖추어 겉으로 드러내다. ㉮격식을 차리다. 5 살림·가게 따위를 벌이다. ㉮음식점을 차리다.

차림 옷이나 몸치장을 차려 갖추는 일. ㉮등산복 차림.

차림새 차린 그 모양. ㉮검소한 차림새.

차림표 (一表) ⇨식단.

***차마** '애틋하고 안타까워서 감히 어찌'의 뜻을 나타내는 말. ㉮차마 동생을 두고 떠나지 못하겠다.

차별(差別) 차이나 차등을 두어 구별함. ㉮부당한 차별 대우를 받다. ㈖구별. ㈜평등. **차별하다**.

차분하다 마음이 가라앉아 조용하다. ㉮차분한 성격.

차분히 차분하게. ㉮마음을 차분히 가라앉히다.

차비(車費) 차를 타는 데 내는 돈. ㉮차비를 내다. ㈖찻삯.

차석(次席) 수석의 다음 자리. 또는 그 자리의 사람. ㉮차석으로 합격하다. ㈖차위.

차선[1] (次善) 최선의 다음가는 좋은 방법. ㉮차선을 택하다.

차선[2] (車線) 도로에서, 자동차 한 대가 지날 수 있을 너비로 나누어 표시한 선. ㉮차선을 지키다 / 차선을 변경하다.

차양(遮陽) 1 처마 끝에 덧붙여 볕을 가리거나 비를 막는 작은 지붕. ㉮차양을 치다. 2 모자의 앞에 햇볕을 가리도록 내민 부분. ㉮차양이 넓은 모자. ㈜챙.

차오르다 어떤 한도나 높이에 다다라 오르다. ㉮물이 허리까지 차오르다. [활용] 차올라 / 차오르니.

차올리다 발로 차서 위로 올리다. ㉮공을 차올리다.

차용(借用) [차ː용] 돈이나 물건을 빌려 씀. ㉮은행에서 자금을 차용하다. **차용하다**.

차원(次元) 1 도형·물체·공간이 펼쳐져 있는 정도를 나타내는 수. 2 어떤 사물을 생각하거나 행하는 정도. ㉮차원이 다른 문제.

***차이**(差異) 서로 같지 않고 다름. ㉮성격 차이 / 차이가 나다.

차이다 1 발길로 참을 당하다. ㉮정강이를 차이다. 2 발에 걸려 부딪히다. ㉮돌이 발부리에 차이다. 3 주로, 남녀 관계에서 일방적으로 상대방에게 퇴짜를 맞다. ㉮애인에게 차이다.

***차이점**(差異點) [차이쩜] 서로 같지 않고 다른 점. ㈜공통점.

차이콥스키 (Tchaikovsky, Pyotr Il'ich) 『인명』 러시아의 작곡가. 독일 낭만파 음악에서 러시아 민족 음악의 서정성을 더하여 화려한 리듬과 동양적인 선율을 살렸음. 작품에 '교향곡 6번(비창)', '백조의 호수', '호두까기 인형' 등 많

은 작품이 있음. [1840-1893]

차입(借入)[차:입] 돈이나 물건을 빌림. 차입하다.

차장(次長) 관공서나 회사 등에서 과장보다 높고 부장보다 낮은 직위에 있는 사람. 또는 그 직위.

차전놀이(車戰—)[차전노리] 음력 정월 대보름날의 민속놀이. 경상북도 안동에서는, 동채에 탄 사람의 지휘로 동채를 밀었다 당겼다 하다가 상대편 동채 머리를 먼저 땅에 닿게 하는 편이 이김.

차전놀이

차점(次點)[차쩜] 최고점 다음가는 점수.

차종(車種) 자동차의 종류.

*__차지__ 자기 것으로 만듦. 예안방은 아이들 차지이다 / 우승을 차지하다 / 이익금을 혼자 차지하다. 차지하다.

차지다 끈기가 많다. 예반죽이 차지다. 땐메지다.

차질(蹉跌) 일이 계획대로 되지 않고 틀어짐. 예계획에 차질이 생기다.

*__차차__(次次) 1 어떤 상태가 조금씩 진행하는 모양. 예건강이 차차 좋아지다. 囲차츰. 2 서두르지 않고 천천히. 예차차 아시게 됩니다.

차창(車窓) 기차나 자동차 등에 달려 있는 창문. 예차창 밖으로 아름다운 풍경이 스쳐 지나간다.

차체(車體) 승객이나 화물을 싣는 자동차나 기차 따위의 몸체. 예충돌 사고로 차체가 크게 부서졌다.

*__차츰__ 어떤 상태나 정도가 계속 조금씩 진행하는 모양. 예흥분이 차츰 가라앉다. 囲차차.

차츰차츰 갑작스럽지 않게 조금씩 진행하는 모양. 예성적이 차츰차츰 올라가다.

차트(chart) 각종 자료를 알기 쉽게 정리한 일람표. 예가요계의 인기 순위 차트.

차편(車便) 차가 사람이나 물건을 싣고 오고 가는 편. 예차편을 이용하다 / 차편으로 보내다.

차표(車票) 차를 타기 위하여 찻삯을 주고 산 표. 예차표를 예매하다. 囲승차권.

차후(此後) 이다음. 이 뒤. 예그 문제는 차후에 다시 의논하자.

착[1] 물건이 잘 달라붙는 모양. 예착 달라붙는 바지. 큰척.

착[2] 1 몸가짐이나 태도가 점잖고 태연한 모양. 예의자에 착 버티고 앉다. 2 분위기나 목소리 따위가 가라앉은 모양. 예착 가라앉은 분위기 / 들떴던 마음이 착 가라앉다.

착각(錯覺)[착깍] 실제와 다르게 느끼거나 생각함. 예착각을 일으키다. 착각하다.

착공(着工)[착꽁] 공사를 시작함. 예착공을 앞두다. 囲기공. 땐준공. 착공하다.

착륙(着陸)[창뉵] 비행기 따위가 땅에 내림. 예착륙 지점 / 안전하게 착륙하다. 땐이륙. 착륙하다.

착상(着想)[착쌍] 1 일의 실마리가 될 만한 생각. 예착상이 훌륭하다. 2 예술품을 만들 때 그 내용을 머릿속에서 구상하는 일. 예착상이 잘 떠오르지 않는다. 착상하다.

착색(着色)[착쌕] 그림이나 물건에 물을 들이거나 색을 칠하여 빛깔이 나게 함. 착색하다.

착석(着席)[착썩] 자리에 앉음. 예여러분, 모두 자리에 착석해 주십시오. 땐기립. 착석하다.

착수(着手)[착쑤] 어떤 일에 손을 대어 시작함. 예공사를 착수하다 / 수사가 착수되다. 착수하다.

착실하다(着實—)[착씰하다] 거짓이 없고 한결같이 성실하다. 예착실한 학생.

착실히(着實—)[착씰히] 착실하게. 예착실히 노력하다.

착안(着眼)[차간] 어떤 일을 눈여겨보아 그 일을 이루기 위한 기틀을 잡음. 예뉴턴은 사과가 아래로 떨어지는 것에 착안하여 만유인력을 발견하였다.

착오(錯誤)[차고] 잘못 생각하여 실제와 맞지 않음. 또는 그 잘못. 예계산 착오. 착오하다.

착용(着用) [차굥] 옷 등을 몸에 입거나 물건 등을 쓰거나 신거나 함. 예안전띠를 착용하다. **착용하다**.

착잡하다(錯雜—) [착짜파다] 갈피를 잡을 수 없을 정도로 뒤섞여 마음이 복잡하고 어수선하다. 예친구와 다퉈서 기분이 착잡하다.

착지(着地) [착찌] 체조에서, 동작을 마치고 땅바닥에 내려섬. 예착지에서 점수가 깎이다. **착지하다**.

착착[1] 물체가 끈기 있게 자꾸 달라붙는 모양. 큰척척.

착착[2] 가지런하게 여러 번 개키거나 접는 모양. 예말린 수건을 착착 접어 놓다.

착착[3] (着着) 1 일이 순서대로 진행되어 가는 모양. 예공사가 착착 이루어지다. 2 질서 정연하게 조화를 이루며 행동하는 모양. 예발을 착착 맞추며 걸어가다.

착취(搾取) 자본가나 지주 등이 노동자나 농민에게 일한 만큼의 보수를 주지 않고 이익을 가로채는 일. **착취하다**.

*__착하다__ [차카다] 마음이 곱고 어질다. 예착한 마음씨를 지니다. 비선하다. 반악하다.

찬가(讚歌) [찬:가] 훌륭함을 칭찬하려는 뜻에서 부르는 노래. 예경기장에 승리의 찬가가 울려 퍼졌다.

찬동(贊同) [찬:동] 찬성하여 뜻을 같이함. 예그 의견에 찬동하다. 비찬성. **찬동하다**.

*__찬란하다__(燦爛—) [찰:란하다] 1 눈부시게 화려하고 아름답다. 예찬란한 신라 금관. 2 빛나고 훌륭하다. 예찬란한 문화유산.

찬란히(燦爛—) [찰:란히] 찬란하게. 예찬란히 빛나는 우리 역사.

*__찬물__ 차가운 물. 예찬물을 마시다. 비냉수. 반더운물.

찬물을 끼얹다 잘되어 가는 일에 공연히 트집을 잡아 훼방을 놓다.

찬미(讚美) [찬:미] 아름답고 훌륭한 것을 기리어 칭찬함. 예인생을 찬미하다. 비찬송. 찬양. **찬미하다**.

찬바람 냉랭하고 싸늘한 기운이나 느낌. 예그녀에게서 찬바람이 돈다.

찬반(贊反) [찬:반] 찬성과 반대. 예같은 반 친구들의 찬반을 묻다.

찬밥 1 지은 지 오래되어 식은 밥. 예찬밥을 데워 먹다. 반더운밥. 2 업신여김을 받거나 푸대접을 받는 사람이나 사물. 예찬밥 신세가 되다.

찬사(讚辭) [찬:사] 칭찬하는 말이나 글. 예아낌없는 찬사를 보내다.

*__찬성__(贊成) [찬:성] 옳다고 여겨 의견을 같이함. 예과반수의 찬성을 얻어 법안이 통과됐다. 비동의. 반반대. 불찬성. **찬성하다**.

찬송(讚頌) [찬:송] 칭찬하여 기림. 예주님을 찬송하다. 비찬미. 찬양. **찬송하다**.

찬송가(讚頌歌) [찬:송가] 기독교에서 하나님의 사랑과 은총을 기리는 노래. 비찬미가.

찬스(chance) 무슨 일을 하기에 알맞은 때. 기회. 예찬스를 잡다 / 절호의 찬스를 놓치다.

찬양(讚揚) [차:냥] 아름다움이나 훌륭함을 드러내어 칭찬함. 예효행을 찬양하다. 비찬미. 찬송. **찬양하다**.

찬연하다(燦然—) [차:년하다] 눈부시게 빛나다. 예찬연한 아침 햇살 / 찬연한 전통문화.

찬장(饌欌) [찬:짱] 그릇이나 음식등을 넣어 두는 장.

찬조(贊助) [찬:조] 뜻을 같이하여 도움. 예찬조 출연. **찬조하다**.

찬조금(贊助金) [찬:조금] 어떤 일을 돕기 위해 스스로 내는 돈. 예찬조금이 걷히다 / 찬조금으로 낸 돈.

찬찬하다 매우 꼼꼼하고 차분하다. 예찬찬한 성격.

찬찬히 찬찬하게. 예얼굴을 찬찬히 뜯어보다.

찬탄(讚歎) [찬:탄] 칭찬하며 감탄함. 예찬탄을 보내다 / 찬탄을 아끼지 않다. **찬탄하다**.

찬탈(簒奪) [찬:탈] 왕의 자리를 빼앗음. 예왕위를 찬탈하다. **찬탈하다**.

찰거머리 1 빨판이 발달되어 잘 들러붙고 떨어지지 않는 거머리. 2 남에게 끈질기게 들러붙어 귀찮게 구는 사람을 비유적으로 이르는 말.

찰나(刹那) [찰라] 지극히 짧은 동

안. 예막 집을 나서려는 **찰나**에 안방에서 전화벨이 울렸다. 비순간.
찰떡 찹쌀로 만든 떡. 빈메떡.
찰랑거리다 1 물이 넘칠 듯이 자꾸 흔들리다. 2 물결치는 것처럼 부드럽게 자꾸 흔들리다. 예긴 머리를 **찰랑거리**며 걸어가다.
찰랑찰랑하다 가득 찬 물 따위가 넘칠 듯이 자꾸 흔들리다.
찰밥 찹쌀로 지은 밥. 때로는 찹쌀에 팥·밤·대추·검은콩 등을 섞어 짓기도 함. 빈메밥.
찰방찰방 1 작은 물체가 깊은 물에 잇따라 떨어지는 소리. 2 얕은 냇물에서 걸어다닐 때 나는 소리. 큰철벙철벙. **찰방찰방하다**.
찰싹거리다 [찰싹꺼리다] 찰싹찰싹 소리가 잇따라 나다. 또는 그런 소리를 잇따라 내다. 큰철썩거리다. 예잘 싹거리다.
찰싹찰싹 1 물 위를 납작한 물건으로 잇따라 때리는 소리. 2 물결이 잇따라 부딪치는 소리. **찰싹찰싹하다**.
찰칵 작은 쇠붙이 따위가 가볍게 부딪치는 소리. 예사진기의 셔터를 **찰칵** 누르다. 큰철컥. 본찰카닥.
***찰흙** [찰흑] 끈기가 있어 차진 흙. 예미술 시간에 **찰흙**으로 인형을 만들었다. 비점토.
찰흙판 (一板) [찰흑판] 찰흙으로 여러 모양을 찍어 낼 수 있는 틀이나 홈이 있는 판.
참¹ 사실이나 진리에 어긋남이 없음. 예참과 거짓. 비진리. 반거짓.
***참**² 1 '정말·과연·참말로' 등의 뜻을 나타내는 말. 예사정이 **참** 딱하다 / 경치가 **참** 좋다. 2 까맣게 잊었던 일이 문득 생각나거나, 비로소 깨닫게 되었을 때 '참말로'의 뜻으로 쓰이는 말. 예**참**, 깜빡 잊었네.
참³ [참:] 1 일을 하다가 잠시 쉬는 동안에 먹는 음식. 예**참**을 먹다. 2 무엇을 하는 경우나 때. 예집에 가려던 **참**이다. 3 무엇을 할 생각이나 예정. 예이사를 할 **참**이다.
***참가** (參加) 어떤 모임이나 단체에 참여함. 예**참가** 신청서를 작성하다 / 올림픽 경기에 **참가**하다. 반불참. **참가하다**.

참값 [참깝] 계산하거나 실제로 재어서 얻은 정확한 값.
참견 (參見) 자기와 상관없는 일이나 이야기에 공연히 끼어들어 아는 체하거나 간섭함. 예쓸데없는 **참견**. **참견하다**.
참고 (參考) 도움이 될 만한 자료로 삼음. 예**참고** 문헌 / 공부에 **참고**될 책. **참고하다**.
참고서 (參考書) 1 교과서 내용을 이해하기 쉽게 풀이한 책. 예학습 **참고서**. 2 참고가 되는 책.
참관 (參觀) 어떤 모임이나 행사에 가서 지켜봄. 예연구 수업을 **참관**하다. **참관하다**.
참관인 (參觀人) [참과닌] 어떤 모임이나 행사에 가서 지켜보는 사람. 예투표 **참관인**.
참극 (慘劇) 잔인하고 끔찍한 일이나 사건. 예6·25 전쟁의 **참극**.
참기름 참깨로 짠 기름.
참깨 참깻과의 한해살이풀. 줄기에 잔털이 났으며, 5~6월에 꽃이 피고 열매는 긴 타원형으로 가을에 익음. 씨는 볶아서 먹거나 기름을 짬.

참깨

참나리 산과 들에서 자라는 백합과의 여러해살이풀. 누런 빛을 띤 붉은색 꽃이 한여름에 줄기 끝에 한 개씩 핌.

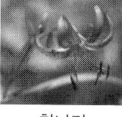
참나리

참나무 1 참나뭇과의 갈참나무·굴참나무·물참나무 등을 통틀어 이르는 말. 2 ⇨상수리나무.
참나물 미나릿과의 여러해살이풀. 산의 나무 그늘에 나며, 향기가 있음. 어린잎은 나물로 무쳐서 먹음.
***참다** [참:따] 1 충동·감정 따위를 억누르고 다스리다. 예이를 악물고 분을 **참다**. 2 웃음·울음·아픔 따위를 억누르고 견디다. 예아픔을 **참을** 수 없어 소리를 질렀다 / 터져 나오는 웃음을 겨우 **참았다**. 3 기회나 때를 기다리다. 예조금만 더 **참아** 주십시오.

참담 (慘澹) 1 끔찍하고 절망적임. 2 가슴이 아플 정도로 비참함. [예] 참담한 패배. **참담하다.**

***참답다** [참답따] 거짓이나 꾸밈이 없이 진실되고 올바르다. [예] 참다운 친구. [활용] 참다워 / 참다우니.

***참되다** [참뙤다 / 참뛔다] 거짓이 없고 진실되다. [예] 거짓 없이 참되게 살다.

참뜻 [참뜯] 거짓이 없고 진실한 뜻. [예] 너의 참뜻을 알았다. [비] 진의.

***참말** 사실과 조금도 틀림이 없는 말. [예] 참말 같은 거짓말. [비] 정말. [반] 거짓말.

참매미 매밋과의 곤충. 몸길이 3.6cm 정도이며 머리와 가슴은 검은색이고 몸의 아랫면은 연한 녹색을 띰.

참매미

참모 (參謀) 1 윗사람을 도와 일을 계획하고 의논하는 데에 참여함. 또는 그 사람. [예] 선거 참모. 2 군에서, 인사·정보·작전 등의 계획과 지도를 맡아보는 장교. [예] 작전 참모.

참모습 거짓이나 꾸밈이 없는 모습. [예] 참모습을 드러내다.

참배 (參拜) 1 신이나 부처에게 절하고 빎. [예] 부처님께 참배하다. 2 무덤이나 기념비 등의 앞에서 존경이나 추모의 뜻을 나타냄. [예] 국립묘지 참배. **참배하다.**

참변 (慘變) 비참하고 끔찍한 사건이나 사고. [예] 열차의 탈선으로 많은 승객이 숨지는 참변을 당하였다.

참봉 (參奉) 조선 시대에 여러 관아에 둔 가장 낮은 종구품 벼슬.

참빗 [참빋] 빗살이 아주 가늘고 촘촘한, 대나무로 만든 빗. [반] 얼레빗.

참빗

참사 (慘事) 슬프고 끔찍한 일. [예] 건물이 무너져 많은 사람들이 다치는 참사가 일어났다. [비] 참변.

참사랑 진실하고 순수한 사랑. [예] 참사랑을 베풀다.

참상 (慘狀) 끔찍하고 비참한 모양이나 상태. [예] 차마 눈을 뜨고 볼 수 없는 전쟁의 참상.

***참새** 참샛과의 새. 부리는 검고 몸빛은 갈색임. 가을에는 농작물을 해치나 여름에는 해충을 잡아먹는 텃새임. 마을 주변에 삶. ➲ sparrow

참새

***참석** (參席) 모임이나 회의 따위의 자리에 나감. [예] 회의에 참석하다. [비] 출석. [반] 불참. **참석하다.**

참선 (參禪) 불교에서, 조용히 앉아 갖은 걱정에서 벗어나 고요한 마음을 얻기 위하여 수련하는 일. **참선하다.**

참성단 (塹星壇) 강화도 마니산에 있는 유적. 단군이 하늘에 제사를 지낸 제단이라고 전해지는 곳. 우리나라 사적으로, 정식 이름은 '강화 참성단'.

참신하다 (斬新—) [참:신하다] 매우 새롭고 산뜻하다. [예] 참신한 디자인 / 참신한 인물.

***참여** (參與) [차며] 참가하여 관계함. [예] 행사에 참여하다. **참여하다.**

참여도 (參與度) [차며도] 어떤 일에 참여하는 정도. [예] 다양한 교구를 활용하여 학생들의 수업 참여도를 높이다.

***참외** [차뫼 / 차뭬] 박과의 한해살이 덩굴풀. 인도가 원산지로 밭에서 자람. 줄기는 털이 있고, 땅 위로 덩굴손을 내어 뻗으며 자람. 여름에 노란 꽃이 피고, 열매는 타원형으로 맛이 닮.

***참으로** [차므로] 거짓이 없이. 진심으로. [예] 참으로 놀라운 일이 벌어졌다 / 참으로 훌륭하다. [비] 정말로. 진실로.

참을성 (—性) [차믈썽] 잘 참고 견디어 내는 성질. [예] 참을성을 기르다 / 참을성이 부족하다. [비] 인내성.

참작 (參酌) 이리저리 사정이나 상황을 보아서 알맞게 헤아림. [예] 정상을 참작하다. **참작하다.**

참전 (參戰) 전쟁에 싸우러 나감. [예] 참전 용사. **참전하다.**

참정권 (參政權) [참정꿘] 국민의 기본권의 하나. 정치에 직접·간접으로 참여할 수 있는 권리. 선거권·피선거권을 행사하거나 공무원이 될 수 있는 권리 따위.

참조 (參照) 참고로 비교하고 대조하여 봄. [예] 백과사전을 참조하다. **참조**

하다.

참조기 민어과의 바닷물고기. 몸길이는 30cm 정도이고, 몸빛은 회색을 띤 누른빛이고 입술은 불그스름함. 말린 것은 '굴비'라 함. 비황석어.

참치 등 쪽이 검푸르고 배는 희며 살은 검붉은 고등엇과의 큰 바닷물고기. 주로 회나 통조림으로 만들어 먹음.

참판(參判) 조선 시대에 육조에 둔 종이품 벼슬. 판서의 다음 서열.

참패(慘敗) 싸움이나 경기에서 크게 짐. 예선거에서 참패를 당하다. **참패하다.**

참하다[참:하다] 1 생김새가 나무랄 데 없이 말쑥하고 곱다. 예참하게 생기다. 2 성품이 찬찬하고 얌전하다. 예참한 색시감.

참호(塹壕) 적의 공격에 대비하여 길게 파 놓은 구덩이.

참혹하다(慘酷—) 슬프고도 끔찍하다. 잔인하고 무자비하다. 예참혹한 사건 현장. 비처참하다.

참회(懺悔)[참회/참훼] 자기의 잘못을 깨닫고 깊이 뉘우침. 예참회의 눈물을 흘리다. **참회하다.**

찹쌀 찰벼를 찧은 쌀. 비멥쌀.

찻간(車間)[차칸/찻깐] 자동차·기차 따위의 사람이 타게 된 칸. 예찻간에서 우연히 친구를 만났다.

찻길(車—)[차낄/찻낄] 자동차나 기차가 다니는 길. 예찻길에서 자전거를 타지 마라. 비차도.

찻삯(車—)[차싹/찻싹] 차를 타는 데 내는 돈. 비차비.

찻잎[찬닙] 차나무의 잎. 물에 우려내 차로 마심.

찻잔(—盞)[차짠/찻짠] 차를 담아 마시는 잔.

창[1] 구두·고무신 등의 밑바닥 부분. 또는 거기에 덧붙이는 가죽이나 고무의 조각. 예구두의 창을 갈다.

*창[2] (窓) '창문'의 준말. 예창을 활짝 열다.

창[3] (唱) [창:] 판소리나 잡가 등을 가락에 맞추어 부름. 또는 그 노랫소리. **창하다.**

*창[4] (槍) 1 예전에 쓰던 무기의 한 가지. 긴 나무 자루 끝에 양쪽에 칼날이 있는 뾰족한 쇠가 달려 있어서 찌르거나 던지게 되어 있음. 2 창던지기에 쓰는 기구.

창가(窓—)[창까] 창문의 가장자리. 또는 창문과 가까운 곳. 예창가에 기대어 생각에 잠기다.

창간(創刊)[창:간] 신문·잡지 등을 처음으로 펴냄. 예어린이 잡지를 창간하다. 만종간. **창간하다.**

창간호(創刊號)[창:간호] 정기적으로 발행되는 책 따위의 맨 첫 번째의 것. 예창간호를 내다.

창건(創建)[창:건] 나라나 단체, 큰 건물 등을 처음으로 세움. 예새 왕조를 창건하다. **창건하다.**

창경궁(昌慶宮) 서울특별시 종로구 와룡동에 있는 궁궐. 조선 성종 14년 (1483)에 수강궁을 고친 이름. 일제 강점기 이후에는 '창경원'으로 불리다가 1983년에 다시 본디 이름을 되찾음. 궁에는 국보인 명정전과 보물인 홍화문, 옥천교 등이 있음.

*창고(倉庫) 물건을 저장하거나 보관하는 건물. 비곳간. 곳집.

창공(蒼空) 푸른 하늘. 예창공을 나는 제비. 비창천.

창구(窓口) 사무실 따위에서 직원과 손님 사이에 돈이나 문서 등을 주고받을 수 있도록 조그마하게 만든 창문. 예민원 창구 / 은행 창구.

창구멍[창꾸멍] 이불·솜옷·대님·버선 따위를 지을 때, 안팎을 뒤집어 빼내기 위해 꿰매지 아니한 부분. 예창구멍을 내다.

창궐하다(猖獗—) 전염병이나 못된 세력 따위가 맹렬히 일어나 걷잡을 수 없이 퍼지다. 예도적이 창궐하다 / 전염병이 창궐하다.

창극(唱劇)[창:극] 우리나라 고유의 음악인 판소리를 연극으로 꾸민 것.

창단(創團)[창:단] 단체를 새로 만듦. 예농구 팀을 창단하다. **창단하다.**

창덕궁(昌德宮)[창덕꿍] 서울특별시 종로구에 있는 조선 시대의 궁궐. 역대 왕들이 살면서 정치를 하던 곳. 1997년에 유네스코 세계 문화유산으로 지정됨.

창던지기(槍—) 창을 멀리 던지는

것으로 승부를 겨루는 육상 경기. 비투창. **창던지기**하다.

창립 (創立) [창:닙] 학교·회사 등을 처음으로 세움. 예창립 기념일. 비창설. **창립**하다.

***창문** (窓門) 공기나 빛이 통하도록 벽이나 지붕에 만들어 놓은 작은 문. 준창. ○window

창백하다 (蒼白—) [창배카다] 얼굴빛 따위가 핏기가 없고 해쓱하다. 예겁에 질려 얼굴이 **창백해**지다.

창법 (唱法) [창:뻡] 노래를 부르는 방법. 예**창법**이 독특하다.

창살 (窓—) [창쌀] 창문에 가로세로로 지른 가는 나뭇조각.

창설 (創設) [창:설] 기관이나 단체 따위를 처음으로 세움. 예학교를 **창설**하다. 비창립. **창설**하다.

창설자 (創設者) [창:설짜] 처음으로 만들어 세운 사람. 비창립자.

창세기 (創世記) [창:세기] 구약 성서의 제1권. 세상과 인류의 창조, 죄의 기원, 아브라함과 그 자손의 생애 등이 기록되어 있음.

창시 (創始) [창:시] 어떤 사상이나 학설 따위를 처음으로 시작하거나 내세움. 예새로운 학파를 **창시**하다. **창시**하다.

창안 (創案) [창:안] 처음으로 생각하여 냄. 또는 그 고안. 예한글을 **창안**한 세종 대왕. **창안**하다.

창업 (創業) [창:업] 1 나라를 처음으로 세움. 2 사업을 처음으로 시작함. 예회사를 **창업**하다. **창업**하다.

***창의** (創意) [창:의 / 창:이] 새로운 의견을 생각하여 냄. 또는 그 의견. **창의**하다.

창의력 (創意力) [창:의력 / 창:이력] 새로운 생각을 해내는 능력.

창의성 (創意性) [창:의썽 / 창:이썽] 새로운 것을 생각해 내는 성질.

창의적 (創意的) [창:의적 / 창:이적] 새로운 방안을 생각하는 (것). 예**창의**적인 아이디어를 내놓다.

***창자** 작은창자와 큰창자를 통틀어 이르는 말. 비장.

창작 (創作) [창:작] 1 새로운 것을 처음으로 만드는 일. 2 문예·그림·음악 등의 예술 작품을 독창적으로 만들어 내는 일. 예**창작** 동화. 반모작. **창작**하다.

창제 (創製) [창:제] 처음으로 만듦. 예한글을 **창제**하다. **창제**하다.

***창조** (創造) [창:조] 1 처음으로 만들어 냄. 예유행을 **창조**하다. 반모방. 2 신이 우주 만물을 처음으로 만듦. 예천지 **창조**. **창조**하다.

창창하다 (蒼蒼—) 1 바다·하늘 따위가 새파랗다. 예**창창한** 가을 하늘. 2 앞길이 멀어서 아득하다. 예앞길이 **창창한** 젊은이.

창칼 뾰족한 작은 칼을 이르는 말.

창턱 (窓—) 창문의 문지방에 있는 턱. 예**창턱**에 기대다.

창틀 (窓—) 창문을 달거나 여닫기 위하여 만들어 끼우는 틀.

창포 (菖蒲) 천남성과의 여러해살이풀. 잎은 뾰족하고 길며, 특이한 향기가 있음. 연못·호숫가에 남.
창포

창피 (猖披) 체면이 깎이거나 아니꼬운 일을 당한 부끄러움. 예남들 보기 **창피**해서 고개를 못 들겠다. **창피**하다. ×쳉피.

창호지 (窓戶紙) 문을 바르는 얇은 종이. 예**창호지**를 바르다.

*** 찾다** [찯따] 1 여기저기 뒤지거나 살피다. 예잃어버린 지갑을 **찾다**. 2 맡기거나 빌려준 것을 돌려받다. 예은행에서 돈을 **찾다**. 3 사람을 만나거나 어떤 곳을 보러 이곳저곳 다니다. 예선배를 **찾다** / 명승고적을 **찾다**. 4 모르는 것을 밝혀내다. 예사고 원인을 **찾으**려고 조사 중이다. 활용 찾아 / 찾으니 / 찾는. ○find

*** 찾아가다** [차자가다] 1 남을 만나러 가다. 예담임 선생을 **찾아가다**. 비방문하다. 2 맡긴 것이나 빌린 것을 도로 가져가다. 예맡긴 물건을 **찾아가다**. 활용 찾아가거라.

찾아내다 [차자내다] 찾아서 드러내다. 예문제 해결의 실마리를 **찾아내다**.

찾아보기 [차자보기] ⇨색인.

*** 찾아보다** [차자보다] 1 남을 찾아가서 만나다. 예옛 친구를 **찾아보다**. 2

무엇을 알기 위해 확인하거나 조사하다. 예 사전을 찾아보다.

찾아뵙다 [차자뵙따/차자뷉따] 웃어른을 만나러 가서 뵙다. 예 선생님을 찾아뵙고 인사를 드리다.

*****찾아오다** [차자오다] 1 남이 나를 만나러 오다. 예 손님이 찾아오다. 2 맡긴 것이나 빌려준 것을 도로 가져오다. 예 예금을 찾아오다. [활용] 찾아오너라.

채¹ 1 북·장구·징 등을 쳐서 소리를 내는 도구. 2 테니스·골프·탁구 따위에서 공을 치는 도구.

*****채**² 1 집을 세는 단위. 예 집 한 채. 2 이불 따위를 세는 단위. 예 이불 두 채.

*****채**³ 어떤 상태가 계속된 대로 그냥. 예 옷을 입은 채 자다. → -채 [주의]

채⁴ 일정한 정도에 아직 이르지 못한 상태. 예 말이 채 끝나기도 전에 화부터 낸다.

> [주의] **채와 체**
> 채 1 '어떤 상태가 계속된 대로 그냥'의 뜻을 나타내는 말. 예 신을 신은 채 들어간다 / 산 채로 잡았다. 2 일정한 정도에 아직 이르지 못한 상태를 나타내는 말. 예 날이 채 밝기도 전에 떠났다.
> 체 '그럴듯하게 꾸미는 거짓 태도'를 뜻하는 말. 예 먹는 체하다 / 알면서도 모르는 체 시치미를 떼다.

채⁵ [채:] 채소를 가늘고 길쭉하게 써는 일. 또는 그 썬 것. 예 채를 썰다 / 채를 치다.

채광 (採光) [채:광] 창문 따위를 내어 빛을 받아 들임. 예 채광이 잘되는 건물.

채굴 (採掘) [채:굴] 땅속에 묻혀 있는 광물 등을 캐냄. 예 석탄을 채굴하다. 채굴하다.

채권¹ (債券) [채:권] 국가·은행·회사 등이 필요한 돈을 빌리려고 발행하는 공채·사채 따위의 증권.

채권² (債權) [채:권] 빚을 준 사람이 빚을 진 사람에게 행사할 수 있는 권리. [반] 채무.

채널 (channel) 텔레비전·라디오 따위에서, 주파수대에 따라 각 방송국에 배정된, 전파의 전송 통로. 예 채널을 맞추다 / 채널을 돌리다.

채다¹ 재빨리 짐작하거나 알아차리다. 예 눈치를 채다.

채다² 1 갑자기 힘 있게 잡아당기다. 예 낚싯대를 힘껏 채다. 2 재빠르게 센 힘으로 빼앗거나 훔치다. 예 매가 먹이를 채다 / 날치기가 손가방을 채다.

채도 (彩度) [채:도] 색의 선명한 정도. 엷은 빛은 채도가 낮고, 진한 빛은 채도가 높다고 함. [참] 명도. 색상.

채롱 (一籠) 껍질을 벗긴 싸릿개비로 엮어 함처럼 만든 바구니나 광주리 따위의 그릇.

채륜 (蔡倫) [인명] 종이의 발명자로 알려진 중국 후한 사람. 나무껍질·베·무명·그물 등으로 종이를 만듦. [?-121]

채무 (債務) [채:무] 남에게 빌려 쓴 돈을 갚아야 할 의무. [반] 채권.

채반 (一盤) 껍질을 벗긴 싸릿개비로 둥글넓적하게 엮어 만든 그릇.

채비 어떤 일을 하기 전에 준비를 갖추어 차림. 또는 그 준비. 예 출발할 채비를 하다. [비] 차비. 채비하다.

채색 (彩色) [채:색] 1 그림 따위에 색을 칠함. 2 여러 가지 고운 빛깔. 채색하다.

채석장 (採石場) [채:석짱] 건축·토목 등 여러 가지 공사에 쓸 돌을 캐내는 곳.

*****채소** (菜蔬) [채:소] 잎이나 줄기, 열매를 먹기 위해 밭에서 기르는 농작물. [비] 남새. 야채. ⊃vegetable

채소밭 (菜蔬一) [채:소밭] 채소를 심어 가꾸는 밭. 예 채소밭을 가꾸다.

채송화 (菜松花) [채:송화] 쇠비름과의 한해살이풀. 높이 약 20cm. 자주·분홍·노랑 등 여러 빛깔의 꽃이 오전에 피었다 오후에 짐.

채송화

채식 (菜食) [채:식] 푸성귀·과일 따위의 식물성 음식만 먹음. [반] 육식. 채식하다.

채용 (採用) [채:용] 1 사람을 골라서 씀. 예 신입 사원을 채용하다. 2 의견이나 방법 등을 받아들여서 씀. ⑩신기술 채용. 채용하다.

채우다¹ 몸의 한 부분에 물건을 달아 차게 하다. ⑩아기에게 기저귀를 채우다.

채우다² 음식·과일·물건 따위를 차게 하거나 상하지 않게 하려고 찬물이나 얼음 속에 담그다. ⑩수박을 얼음물에 채우다.

***채우다**³ 1 모자라는 수량을 보태다. ⑩빈자리를 채우다. 2 일정한 높이나 한도까지 이르게 하다. ⑩대야에 물을 반쯤 채우다.

채우다⁴ 자물쇠·단추 따위를 잠그거나 걸어 열리지 않게 하다. ⑩점퍼의 지퍼를 채우다.

채점 (採點) [채:쩜] 시험지에 적힌 답이 맞고 틀린지를 살피어 점수를 매김. ⑩중간고사 시험 채점 / 답안지를 채점하다. 채점하다.

채집 (採集) [채:집] 1 널리 찾아서 모음. ⑩민요 채집. 2 동식물 등의 표본을 캐거나 잡아서 모음. ⑩곤충 채집. 채집하다.

채찍 말이나 소를 모는 데 쓰는 물건. 가는 나무 막대나 댓가지의 끝에 노끈이나 가죽을 닮. ⑩채찍을 휘두르다. 图채.

채찍질 [채찍찔] 1 채찍으로 치는 일. ⑩말에 채찍질을 하다. 2 몹시 재촉하거나 격려하는 일. ⑩더욱더 노력하라고 채찍질하다. 채찍질하다.

채취 (採取) [채:취] 1 풀·나무 등을 베거나 캐거나 하여 거두어들임. ⑩미역 채취. 2 연구나 조사를 위하여 필요한 것을 받아 둠. ⑩지문 채취 / 혈액을 채취하다. 채취하다.

채택 (採擇) [채:택] 골라서 가려냄. 가려서 뽑음. ⑩내 글이 학급 신문에 채택되었다. 채택하다.

채팅 (chatting) 인터넷이나 컴퓨터 통신 따위에서 다른 장소에 있는 여러 사용자가 모니터 화면을 통해 말이나 글로 대화를 나누는 일.

채편 (一便) 장구나 북에서 채로 치는 오른쪽 얇은 가죽면. *북편.

채혈 (採血) [채:혈] 병을 진단하거나 수혈을 하기 위하여 피를 뽑음. 凹수혈. 채혈하다.

***책** (冊) 글이나 그림 등을 인쇄한 종이를 겹쳐서 한데 묶어 놓은 것. 凹도서. 서적. ⊃book

***책가방** (冊一) [책까방] 책·공책·필통 등을 넣어서 메거나 들고 다니는 가방.

책갈피 (冊一) [책깔피] 책장과 책장의 사이. ⑩책갈피에 단풍잎을 끼워 두다.

책거리 (冊一) [책꺼리] 글방 같은 곳에서 학생이 책 한 권을 다 배워 끝낸 뒤에 선생과 동료들에게 한턱내는 일. 凹책씻이.

책꽂이 (冊一) [책꼬지] 책을 세워서 꽂아 두는 물건.

책략 (策略) [챙냑] 어떤 나쁜 일을 하려고 하는 꾀와 방법.

책망 (責望) [챙망] 잘못을 꾸짖고 나무라는 것. ⑩일을 잘못해 책망을 듣다. 图책. 책망하다.

책받침 (冊一) [책빧침] 글씨를 쓸 때 종이 밑에 받치는 단단하고 판판한 물건. ⑩책받침을 받치다.

책방 (冊房) [책빵] 책을 파는 가게. ⑩학교 앞 책방에서 문제집을 샀다. 凹서점.

책벌레 (冊一) [책뻘레] 지나치게 책을 읽거나 공부만 하는 사람.

***책상** (冊床) [책쌍] 앉아서 책을 읽거나 글을 쓰거나 사무를 보는 데 쓰는 상. ⊃desk

책상다리 (冊床一) [책쌍다리] 한쪽 다리를 다른 쪽 다리 위에 포개고 앉는 자세. 책상다리하다.

***책임** (責任) [채김] 1 맡아서 해야 할 임무나 의무. ⑩책임을 완수하다 / 책임이 무겁다. 2 어떤 일의 결과에 대하여 지는 의무나 부담. ⑩도의적 책임 / 책임을 추궁하다. 3 법을 어긴 사람에게 법률적 불이익이나 제재를 가하는 일. ⑩법적 책임 / 형사 책임.

책임감 (責任感) [채김감] 책임을 중요하게 여기는 마음. ⑩책임감이 무겁다 / 책임감이 강한 어린이.

책임자 (責任者) [채김자] 어떤 일을 맡아 책임을 지는 사람. ⑩인솔 책임자 / 이곳의 최고 책임자는 누구인가요?

책자 (冊子) [책짜] 작은 책. 예관광 안내 책자.

책장¹ (冊張) [책짱] 책의 낱낱의 장. 예책장을 찢다 / 책장을 넘기다.

책장² (冊欌) [책짱] 책을 넣어 두는 장. 예내 방 책장에는 책이 가득 꽂혀 있다.

챔피언 (champion) 선수권을 가진 사람. 우승자. 예헤비급 챔피언.

챗봇 (chatbot) 문자나 음성으로 사용자와 대화할 수 있도록 설계된 컴퓨터 프로그램.

챙 [챙ː] '차양'의 준말. 예챙이 달린 모자를 쓰다.

***챙기다** 1 필요한 물건을 빠짐없이 갖추다. 예낚시 도구를 챙기다. 2 거르지 않고 잘 거두다. 예나는 아침밥을 꼭 챙겨 먹는다.

***처** (妻) ⇨아내.

처가 (妻家) 아내의 본집. 예처가 식구. 비처갓집.

처남 (妻男) 아내의 오빠나 남동생. *매부. 매형.

처넣다 [처너타] 어떤 곳에 마구 집어넣다. 예옷장에 옷을 처넣다.

***처녀** (處女) [처ː녀] 1 아직 결혼하지 않은 성인 여자. 판총각. 2 '최초·처음'으로 하는'의 뜻을 나타내는 말.

처단 (處斷) [처ː단] 죄가 있는 사람의 사정을 보아주지 않고 마땅한 벌을 줌. 예처단을 내리다 / 죄를 물어 엄중히 처단하다. 처단하다.

처량하다 (凄凉-) 1 구슬프고 쓸쓸하다. 예처량한 피리 소리. 2 초라하고 가엾다. 예처량한 신세.

***처럼** 어떤 말 뒤에 붙어, '…과 같이, …모양으로' 등의 뜻을 나타내는 말. 예눈처럼 희다 / 얼음처럼 차갑다 / 새처럼 날고 싶다.

***처리** (處理) [처ː리] 1 일이나 사건 등을 마무리하여 끝맺음. 예일을 신속하게 처리하다. 2 어떤 결과를 얻기 위해 화학적·물리적 작용을 일으킴. 예폐수 처리 시설 / 썩지 않게 알코올로 처리하다. 처리하다.

처리장 (處理場) [처ː리장] 깨끗하게 처리하는 곳. 예쓰레기 처리장 / 하수 처리장.

처마 지붕이 도리 밖으로 내민 부분. 예제비가 처마 밑에 집을 짓다 / 처마 밑에 서서 비를 피하다.

처매다 다친 곳에 약을 바르고 붕대 따위로 감아 매다. 예뱀에게 물린 다리를 처매다.

처먹다 [처먹따] 1 음식을 욕심 사납게 마구 먹다. 예너희들만 처먹을 테냐. 2 '먹다'의 속된 말.

처박다 [처박따] 1 몹시 세게 박다. 예못을 처박다. 2 함부로 쑤셔 넣거나 밀어 넣다. 예책상 서랍에 편지를 처박아 두다.

처방 (處方) [처ː방] 1 병의 증세에 따라 약을 짓는 방법. 예처방을 내리다. 2 '처방전'의 준말.

처방전 (處方箋) [처ː방전] 처방의 내용을 적은 종이. 예처방전을 보고 약을 짓다. 준처방.

처벌 (處罰) [처ː벌] 규칙이나 법을 어긴 데 대하여 벌을 줌. 예교통 위반으로 처벌을 받다. 처벌하다.

처분 (處分) [처ː분] 1 처리하여 치움. 예남은 물건을 처분하다 / 집을 처분하다. 2 일정하게 처리하도록 하는 지시나 결정. 예선생님의 처분에 따르겠습니다. 처분하다.

처세 (處世) [처ː세] 사람들과 어울려 세상을 살아가는 일. 예처세에 능하다. 처세하다.

처세술 (處世術) [처ː세술] 처세하는 수단이나 방법. 예처세술에 뛰어나다.

처소 (處所) [처ː소] 사람이 살거나 임시로 머물러 있는 곳. 예처소를 마련하다.

처신 (處身) [처ː신] 세상을 살아가는 데 필요한 몸가짐이나 행동. 예점잖게 처신하다. 처신하다.

***처음** 일의 첫머리. 차례로 맨 첫 번. 예태어나서 처음 겪은 고생. 비시작. 판끝. 마지막. 준첨.

처자 (妻子) 아내와 자식. 예처자를 거느리다. 비처자식.

처절하다 (悽絶-) [처절하다] 몹시 슬프고 끔찍하다. 예처절한 광경.

처제 (妻弟) 아내의 여동생.

***처지** (處地) [처ː지] 1 처해 있는 사정이나 형편. 예어려운 처지 / 처지가

딱하다. 2 서로 사귀어 지내는 관계. ⑩ 서로 말을 트고 지내는 처지다. 비 입장. 형편.

처지다 [처:지다] 1 감정이나 기분 따위가 착 잠겨 가라앉다. ⑩ 기분이 처지다. 2 한 무리에서 뒤떨어져 뒤에 남다. ⑩ 모두 가고 나만 처지다. 3 팽팽하던 것이 아래로 늘어지다. ⑩ 빨랫줄이 처지다.

처참하다 (悽慘—) [처:참하다] 몹시 슬프고 끔찍하다. ⑩ 사고 현장은 몹시 처참했다.

처치 (處置) [처:치] 1 일을 맡아 알맞게 처리함. ⑩ 적절한 처치를 하다. 2 상처나 헌데 따위를 치료함. ⑩ 응급 처치. 처치하다.

처칠 (Churchill, Winston Leonard Spencer) 〖인명〗 영국의 정치가이며 문필가. 제2차 세계 대전 중에 수상이 되어 전쟁을 승리로 이끎. '제이 차 세계 대전 회고록'으로 1953년 노벨 문학상을 받음. [1874-1965]

*__처하다__ (處—) [처:하다] 1 어떤 처지에 놓이다. ⑩ 곤경에 처하다. 2 어떤 형벌을 주다. ⑩ 사형에 처하다.

처형[1] (妻兄) 아내의 언니.

처형[2] (處刑) [처:형] 1 형벌에 처함. 2 사형에 처함.

척[1] 1 빈틈없이 잘 들러붙는 모양. ⑩ 척 들러붙은 벽지. 2 늘어지거나 휘어진 모양. ⑩ 척 늘어진 버들가지. 3 서슴지 않고 선뜻 행하는 모양. ⑩ 돈을 척 내주다. 좌 착.

*__척__[2] (隻) 배의 수효를 세는 말. ⑩ 배 두 척.

척[3] ⇨ 체[3]. ⑩ 잘난 척을 하다 / 들은 척도 않다.

척도 (尺度) [척또] 1 자로 잰 길이. 2 측정하거나 평가하는 기준. ⑩ 우열을 가리는 척도가 되다.

척박하다 (瘠薄—) [척빠카다] 땅이 몹시 메마르고 기름지지 못하다. ⑩ 토양이 척박하다.

척수 (脊髓) [척쑤] 뇌에 연결되는 등뼈 속에 들어 있는 신경으로, 뇌와 말초 신경 사이의 자극 전달과 반사 기능을 맡음. 비 등골.

척척[1] 물체가 끈끈하게 자꾸 달라붙는 모양. ⑩ 비에 젖은 옷이 몸에 척척 달라붙다. 좌 착착.

척척[2] 1 일을 능숙하게 처리하는 모양. ⑩ 사건을 척척 해결하다. 2 질서 있게 조화를 이루는 모양. ⑩ 손발이 척척 맞는다.

척척박사 (—博士) [척척빡싸] 모든 물음에 척척 대답해 내는 사람.

척척하다 [척처카다] 젖은 물건이 살에 닿아서 축축한 느낌이 있다. ⑩ 비에 젖어 바지가 척척하다.

척추 (脊椎) 등골뼈가 죽 이어진 신체 부위. 비 척주.

척추동물 (脊椎動物) 등골뼈로 된 척추를 가진 고등 동물.

척하다 [처카다] 그럴듯하게 거짓으로 꾸미다. ⑩ 잘 모르면서 아는 척하다. 비 체하다.

척하면 [처카면] 한마디만 하면. 약간의 암시만 주면. ⑩ 척하면 알아들어야지.

척화비 (斥和碑) [처콰비] 조선 고종 8년(1871)에 흥선 대원군이 조선을 침략하는 서양인들과 가까이 지낼 수 없다는 뜻을 새겨 서울과 지방 각지에 세운 비석.

*__천__[1] [천:] 옷·이불 따위의 감이 되는 피륙. ⑩ 구김이 잘 가는 천.

*__천__[2] (千) 백의 열 배. ⑩ 천 원 / 천에 백을 보태다. ⊃ thousand

천거 (薦擧) [천:거] 능력이 있는 사람을 어떤 자리에 추천하는 일. ⑩ 재능이 있는 인재를 천거하다. 천거하다.

천고마비 (天高馬肥) 하늘이 높고 말이 살찐다는 뜻으로, 가을에는 하늘이 맑고 먹을 것이 넉넉함을 일컫는 말. ⑩ 천고마비의 계절.

천국 (天國) 1 하늘에 있다는 이상적인 세계. 2 기독교에서, 하나님이 직접 다스리는 나라. 비 천당. 하늘나라. 반 지옥.

천군만마 (千軍萬馬) 매우 많은 군사와 말. ⑩ 천군만마를 거느리다.

천금 (千金) 많은 돈이나 비싼 값. ⑩ 목숨은 천금을 주고도 못 산다.
  천금 같다 아주 소중하다. ⑩ 천금 같은 자식들.

천년 (千年) 아주 오랜 세월.

천년만년 (千年萬年) 아주 오랜 세월. 圓천만년.

천당 (天堂) 1 기독교에서, 하나님이 지배하는 축복의 나라. 圓천국. 하늘 나라. 2 불교에서 '극락세계'의 일컬음. 凰지옥.

천대 (賤待) [천:대] 1 업신여기어 푸대접함. 囲천대를 받다. 2 물건 따위를 함부로 다룸. 囲구식 세탁기라고 천대하다. 圓천시. **천대하다**.

천덕꾸러기 (賤―) [천:덕꾸러기] 남에게 천대를 받는 사람이나 물건. 囲동네 천덕꾸러기로 따돌림을 당하다. 圓천더기.

천도 (遷都) [천:도] 도읍을 옮김. 囲한양으로 천도하다. **천도하다**.

천도교 (天道敎) 수운 최제우를 교조로 하는 동학을 제3대 교주 손병희가 개칭한 것임. '사람이 곧 하늘'이라는 인내천 사상을 중요시함. *동학.

천동설 (天動說) 지구는 우주의 중심에 있고, 모든 천체가 지구 주위를 돈다고 믿었던, 고대의 학설. 凰지동설.

*__천둥__ 번개가 친 다음에 하늘이 요란스럽게 울리는 대기 중의 방전 현상. 圓우레.

> 주의 **천둥**과 **우레**
> 천둥은 한자말 천동(天動)이 변한 말로 표준어이다. 천둥과 동의어인 우레는 우리말 '울다'에서 온 말이다. 예전에는 우레를 한자말로 보아 발음이 비슷한 우뢰(雨雷)라고 쓰기도 하였으나, '표준어 규정'에서 우뢰를 버리고 우레를 표준어로 삼았다.

천둥소리 천둥이 칠 때 나는 소리. 圓우렛소리. 뇌성.

천렵 (川獵) [철렵] 냇물에서 놀이로 하는 고기잡이. **천렵하다**.

천륜 (天倫) [철륜] 부모와 자식, 형제 사이에서 마땅히 지켜야 할 도리. 囲천륜을 저버린 사건.

천리마 (千里馬) [철리마] 하루에 천 리를 달릴 만한 좋은 말.

천리안 (千里眼) [철리안] 사물을 꿰뚫어 볼 수 있는 뛰어난 능력.

천마총 (天馬塚) 신라 지증왕의 능으로 여겨지는 경주의 고분. 금관과 '出' 자 모양의 금동관, 금·은제 팔찌, 말안장 따위가 나왔음. 말안장에 날아가는 말이 그려져 있어 '천마총'이라 부름.

천막 (天幕) 비바람이나 볕을 막기 위해 한데에 치는 서양식 장막. 텐트. 囲천막을 치다.

천만 (千萬) 1 만의 천 배. 2 아주 많은 수. 囲천만 가지 생각.
  천만의 말씀 남의 말에 대해서 강하게 부정하거나 겸손해 하는 말로서, 당찮다는 뜻의 말.

천만년 (千萬年) 아주 오랜 세월. 圓천년만년.

천만다행 (千萬多幸) 매우 다행함. 囲다치지 않아서 천만다행이다. 圓만만다행. **천만다행하다**. **천만다행히**.

천만에 (千萬―) [천마네] 전혀 그렇지 않거나 당치 않다는 뜻으로, 상대편의 말을 부정하거나 겸손하게 사양할 때 하는 말. 囲천만에, 그 사람이 그럴 리가 없어.

천명 (天命) 1 타고난 목숨. 囲천명을 다하다. 圓천수. 2 하늘의 명령. 囲최선을 다하고 천명을 기다리다.

천문 (天文) 1 천체에서 일어나는 온갖 현상. 2 '천문학'의 준말.

천문대 (天文臺) 천체 현상을 관측하고 연구하는 시설.

천문학 (天文學) 우주의 구조, 천체의 현상·운행, 다른 천체와의 거리 및 관계 따위를 연구하는 학문. 줼천문.

천문학자 (天文學者) [천문학짜] 천문학을 연구하는 학자.

천문학적 (天文學的) [천문학쩍] 수가 엄청나게 큰 (것). 囲상상하기 힘든 천문학적 숫자.

천민 (賤民) [천:민] 지체가 아주 낮고 천한 사람.

천박하다 (淺薄―) [천:바카다] 학문이나 생각이 얕거나 말이나 행동이 상스럽다. 囲생각이 천박하다.

천방지축 (天方地軸) 1 못난 사람이 생각없이 덤벙대는 일. 2 너무 급하여 허둥지둥 날뛰는 모양. 囲천방지축 설치고 다니다.

천벌 (天罰) 하늘이 내리는 벌. 囲한 짓을 보면 천벌을 받아 마땅하다.

천부인 (天符印) 단군 신화에서 환인이 그의 아들 환웅에게 제왕의 지위를 나타내는 표지로 내려 준 세 가지 보물로 검, 거울, 방울을 말함.

천부적 (天賦的) 선천적으로 타고난 (것). [예] **천부적** 소질.

***천사** (天使) 1 기독교에서 하나님의 심부름꾼을 이르는 말. 2 마음이 곱고 착한 사람을 비유하여 이르는 말. [예] **천사** 같은 아름다운 마음씨 / 백의의 **천사**. [반] 악마. ⊃angel

천생 (天生) 1 하늘로부터 타고남. [예] **천생**의 배필. 2 날 때부터. 당초부터. [예] **천생** 고생할 팔자다. 3 아주 흡사히. [예] **천생** 제 아버지다. 4 부득이. 어쩔 수 없이. [예] 형편상 **천생** 이사해야겠다.

천생연분 (天生緣分) [천생년분] 하늘이 정해 준 연분. [비] 천생인연.

천성 (天性) 타고난 성품. [예] **천성**이 착하다.

천수답 (天水畓) 농사에 필요한 물을 다른 데에서 끌어 올 수가 없어 비가 와야만 모를 심을 수 있는 논. [비] 천둥지기.

천시 (賤視) [천:시] 업신여기거나 천하게 여김. [예] 잘산다고 남을 **천시**해서는 안 된다. **천시하다**.

천식 (喘息) [천:식] 기관지에 경련이 일어나 숨이 가쁘고 기침이 나며 가래가 심한 병. [예] **천식** 환자.

천신만고 (千辛萬苦) 온갖 어려움을 겪으며 심하게 고생함. [예] **천신만고** 끝에 구출되다.

천안 삼거리 (天安三一) 충청도 민요의 하나. 노래 중간에 '흥' 소리가 규칙적으로 나오고 있어서 '흥타령'이라고도 함.

천연 (天然) [처년] 사람의 힘을 가하지 않은 상태. [예] **천연**의 맛. [비] 자연. [반] 인공.

천연가스 (天然gas) 땅속에서 자연적으로 뿜어져 나오는 가스. 메탄·에탄 따위. [비] 자연가스.

천연기념물 (天然紀念物) [처년기념물] 드물거나 귀하여 법으로 특별히 정하여 보호하는 동식물·광물 따위의 자연유산.

천연덕스럽다 (天然一) [처년덕쓰럽따] 말과 행동이 숨기거나 속이는 것이 없는 것 같다. [예] **천연덕스럽게** 거짓말을 하다. [비] 천연스럽다. [활용] 천연덕스러워 / 천연덕스러우니.

천연두 (天然痘) [처년두] 급성 전염병의 하나. 높은 열이 나며 온몸에 종기가 생겨서 나은 뒤에도 얼굴이 얽게 되는 병. [비] 마마.

천연색 (天然色) [처년색] 자연 그대로의 빛깔. [예] **천연색** 사진.

천연스럽다 (天然一) [처년스럽따] 말과 행동이 숨기거나 속이는 것이 없는 것 같다. [비] 천연덕스럽다. [활용] 천연스러워 / 천연스러우니.

천연자원 (天然資源) [처년자원] 자연에서 얻는 모든 자원. 물·매장 광물·산림·수산물 따위.

천왕성 (天王星) [처놩성] 태양계의 일곱 번째의 행성. 태양을 한 바퀴 도는 데 약 84년이 걸림.

천우신조 (天佑神助) [처누신조] 하늘과 신령이 도움. [예] **천우신조**로 목숨만은 건졌다. **천우신조하다**.

천인 (賤人) [처:닌] 예전에, 사회의 가장 낮은 신분에 속하던 사람. 백정·노비 등.

천자문 (千字文) 예전에, 한문을 처음 배울 때 쓰던 책. 중국 양나라의 주흥사가 기초 한자 천 자를 모아 지었음.

***천장** (天障) 지붕의 안쪽이나 집의 안에서 위쪽 면. [예] **천장**이 높은 건물. [비] 보꾹. [반] 바닥. ×천정. ⊃ceiling

> [주의] 예전에는 '천정·천장' 모두 표준어로 함께 쓰이던 말이지만, '표준어 규정'에서, 좀 더 널리 쓰이는 '천장'만을 단수 표준어로 삼았기 때문에 천정은 비표준어가 되었다. 그러나 물가가 한없이 오르기만 하는 것을 나타내는 숙어는 '천정부지'라고 한다.

천재[1] (天才) 타고난 뛰어난 재주. 또는 그런 재능을 가진 사람. [반] 둔재.

천재[2] (天災) 자연의 변화로 일어나는 재앙. 홍수·태풍·지진 따위. [비] 자연재해. [반] 인재.

천재지변 (天災地變) 지진이나 홍수

따위의 자연 현상으로 일어나는 재앙. 예 천재지변이 일어나다.

천적 먹이 사슬에서, 잡아먹히는 생물에 대해서 잡아먹는 생물을 말함. 들쥐에 대한 뱀, 진딧물에 대한 무당벌레 따위.

천주교 (天主教) 그리스도교의 한 갈래. 교황을 교회의 최고 지도자로 받들고 오랜 전통을 따르는 교. 로마 가톨릭교.

천지[1] (天地) 1 하늘과 땅. 예 온 천지가 눈으로 덮였다. 2 우주. 세상. 세계. 예 천지에 이름을 떨치다. 3 대단히 많음. 예 집에 먹을 것이 천지인데 또 사 왔니.

천지[2] (天池) 백두산 꼭대기의 화산이 터진 구멍에 물이 괴어서 이루어진 호수. 가장 깊은 곳은 312m.

천지개벽 (天地開闢) 1 하늘과 땅이 처음으로 열림. 2 자연계나 사회의 큰 변동을 비유하는 말. 예 천지개벽이 일어나다.

천지신명 (天地神明) 하늘과 땅에 있는 모든 신령. 예 천지신명께 비나이다.

천직 (天職) 타고난 직업이나 직분. 예 교직을 천직으로 여기다.

천진 (天眞) 꾸밈이나 거짓이 없고 순진하고 참됨. 예 어린이의 천진한 웃음. **천진하다**.

천진난만하다 (天眞爛漫—) 말이나 행동이 거짓이나 꾸밈이 없이 아주 천진하다. 예 천진난만한 어린이.

천진스럽다 (天眞—) [천:진스럽따] 천진한 데가 있다. 예 천진스러운 아기의 얼굴. [활용] 천진스러워 / 천진스러우니.

천차만별 (千差萬別) 여러 가지 사물이 모두 차이가 있고 구별이 있음. 예 같은 씨앗을 뿌렸어도 수확은 밭에 따라 천차만별이다. **천차만별하다**.

*__천천히__ [천:천히] 태도나 동작이 급하지 않고 느리게. 예 차를 천천히 몰다. 비 서서히. 짝 찬찬히.

천체 (天體) 우주에 있는 모든 물체. 해·달·지구·성운·행성·인공위성 따위.

천추 (千秋) 아주 오랜 세월. 먼 미래. 예 천추의 한을 남기다.

천추만대 (千秋萬代) 후손 만대에 이르기까지의 아주 긴 시간. 예 천추만대에 빛나다 / 이름을 천추만대에 남기다.

천치 (天癡) 태어날 때부터 정신이 온전치 않은 사람. 비 백치.

천칭 (天秤) 저울의 하나. 가운데를 중심으로 가로대 양쪽 끝에 저울판을 달고, 각각 물건과 추를 놓아 평평하게 하여 물건의 무게를 닮. 본 천평칭.

천태만상 (千態萬象) 천 가지 모습과 만 가지 형상이라는 뜻으로 모든 사물이 제각기 다른 모습을 하고 있음을 이르는 말.

천태종 (天台宗) 대승 불교의 한 파. 고려 숙종 2년(1097)에 대각 국사 의천이 처음 들여옴.

천하 (天下) 1 하늘 아래 온 세상. 예 천하가 다 아는 일. 2 한 나라. 또는 정권. 예 천하를 얻다. 3 '세상에 둘도 없는·세상에 드문'의 뜻을 나타냄. 예 천하 미인.

천하다 (賤—) [천:하다] 1 생긴 모양이나 말과 행동이 품위가 낮다. 예 천한 말씨. 2 물건이 귀중하지 않고 너무 흔하다. 예 천한 물건. 3 신분이 낮다. 예 천한 직업. 반 귀하다.

천하무적 (天下無敵) 세상에 겨룰 만한 상대가 없음. 예 천하무적의 용사들.

천하장사 (天下壯士) 굉장히 힘이 센 사람. 예 천하장사 씨름 대회.

천하태평 (天下太平) 1 온 세상이 평화로움. 2 어떤 일에 무관심한 상태로 걱정·근심 없이 편안함. 예 입학시험이 코앞에 닥쳤는데도 천하태평이다.

천행 (天幸) 하늘이 준 큰 행운. 예 천행으로 살아나다.

천황 (天皇) 일본에서, 그 왕을 일컫는 말.

*__철__[1] 1 일 년을 봄·여름·가을·겨울의 넷으로 나누는 그 한 동안. 예 철이 바뀌다 / 철 따라 옷을 갈아입다. 비 계절. 2 어떤 일을 하기에 좋은 때. 예 모내기 철.

철[2] 옳고 그름을 분별할 줄 아는 힘. 예 철이 들 나이 / 철이 없다.

*__철__[3] (鐵) 지구상에 널리 존재하며, 생활에서 가장 많이 쓰이는 금속 원소의 하나. 비 쇠.

철갑 (鐵甲) 쇠로 만든 갑옷. 예 철갑을 두르다.

철강 (鐵鋼) '무쇠와 강철'을 아울러 이르는 말. 예 철강 공업.

철거 (撤去) 건물이나 시설 따위를 허물거나 걷어치움. 예 무허가 건물을 철거하다. **철거하다.**

철공소 (鐵工所) 쇠붙이로 온갖 기구를 만드는 규모가 작은 공장.

철광 (鐵鑛) 1 철광석이 나는 광산. [본] 철광산. 2 '철광석'의 준말.

철광석 (鐵鑛石) 철이 들어 있어서 철을 뽑아내는 원료로 쓰이는 광석. 자철석·적철석·갈철석 따위. [준] 철광.

철교 (鐵橋) 1 쇠로 만든 다리. 2 기차가 다닐 수 있는 다리. 예 한강 철교. [본] 철도교.

철군 (撤軍) 있던 곳에서 군대를 철수함. **철군하다.**

철근 (鐵筋) 콘크리트 속에 박아 뼈대로 삼는 가늘고 긴 쇠막대.

철기 (鐵器) 쇠로 만든 그릇이나 도구. 예 철기 문화.

철기 시대 (鐵器時代) 석기 시대·청동기 시대에 뒤이어 연모를 철기로 만들어 쓰던 시대. 인류 문화 발전의 제3단계임.

철길 (鐵─) [철낄] ⇨철도.

철나다 [철라다] 사리를 판단할 줄 아는 힘이 생기다. [비] 철들다.

*__철도__ (鐵道) [철또] 기차가 다니는 길. [비] 기찻길. 철길. 철로.

철도망 (鐵道網) [철또망] 철도가 서로 연결되어 있는 상태.

철두철미 (徹頭徹尾) [철뚜철미] 처음부터 끝까지 철저하게. 예 철두철미하게 준비하는 사람. **철두철미하다.**

철들다 사리를 분별하고 판단할 수 있게 되다. 예 철을 나이가 되다. [활용] 철들어 / 철드니 / 철든다.

철딱서니 [철딱써니] '철²'의 속된 말. 예 이 철딱서니 없는 녀석아.

철렁 깜짝 놀라는 모양. 예 가슴이 철렁 내려앉다. **철렁하다.**

철로 (鐵路) ⇨철도.

철마 (鐵馬) 기차를 쇠로 만든 말이라는 뜻으로 이르는 말.

철망 (鐵網) 1 철사로 그물처럼 얽어 만든 물건. 2 '철조망'의 준말.

철면피 (鐵面皮) 부끄러운 줄을 모르는 뻔뻔스러운 사람.

철모 (鐵帽) 전투할 때에 머리를 보호하기 위해 쓰는, 쇠로 만든 모자.

철문 (鐵門) 쇠로 만든 문. 예 굳게 닫힌 철문. [비] 쇠문.

철물점 (鐵物店) 쇠로 만든 온갖 물건을 파는 가게. [비] 철물전.

철벅철벅 얕은 물이나 진창을 자꾸 밟거나 치는 소리나 모양. 예 흙탕길을 철벅철벅 걸어가다. [잘] 찰박찰박. [여] 절벅절벅. **철벅철벅하다.**

철벙철벙 묵직한 물체가 물에 자꾸 부딪치는 소리. 또는 그 모양. 예 개울물을 철벙철벙 건너다. [잘] 찰방찰방. [여] 절벙절벙. **철벙철벙하다.**

철벽 (鐵壁) '쇠로 된 벽'이라는 뜻으로 매우 튼튼한 방비. 예 철벽 수비.

*__철봉__ (鐵棒) 1 쇠로 만든 몽둥이. 2 기계 체조 기구의 하나. 두 기둥 사이에 쇠막대기를 가로 걸쳤음.

철부지 (─不知) 1 철없는 아이. 예 아직 아무것도 모르는 철부지다. 2 철없어 보이는 어리석은 사람.

철분 (鐵分) 어떤 물질 속에 섞여 있는 쇠의 성분. 예 빈혈은 철분 부족으로 생긴다.

*__철사__ (鐵絲) [철싸] 쇠로 가늘고 길게 만든 줄. [비] 철선.

*__철새__ [철쌔] 계절에 따라 알맞은 환경을 찾아 이동하면서 생활하는 새. 제비·기러기 따위. [반] 텃새.

철석같다 (鐵石─) [철썩깓따] 의지나 약속, 믿음 따위가 매우 굳고 단단하다. 예 철석같은 맹세.

철수 (撤收) [철쑤] 장비나 시설물 따위를 거두어 가지고 물러남. 예 철수 작전. [비] 철퇴. **철수하다.**

철썩철썩 1 많은 양의 액체가 단단한 물체에 자꾸 부딪치는 소리. 예 바닷물이 바위에 철썩철썩 부서지다. 2 큰 물체가 자꾸 부딪치거나 달라붙는 소리. [잘] 찰싹찰싹. [여] 절썩절썩. **철썩철썩하다.**

철야 (徹夜) [처랴] 잠을 자지 않고 밤을 샘. 예 철야 작업. **철야하다.**

철없다 [처럽따] 사리를 분별할 만한 지각이 없다. 예 철없는 아이.

철없이 [처럽씨] 철없게. 예 철없이

굴지 마라.

철인¹(哲人) [처린] 1 학식이 높고 사리에 밝은 사람. 2 ⇨철학자. 예철인 소크라테스.

철인²(鐵人) [처린] 몸이나 힘이 무쇠처럼 강한 사람.

철자(綴字) [철짜] 자음과 모음을 맞추어 글자를 만듦. 'ㅅ'과 'ㅗ'가 모여 '소'가 되는 따위.

철재(鐵材) [철째] 건축·토목 공사 등에 사용하는, 쇠로 만든 재료.

철저(徹底) [철쩌] 빈틈없이 빠뜨리지 않고 완전함. 예감독에 철저를 기하다 / 철저히 조사하다 / 철저한 대책을 세우다. **철저하다. 철저히.**

철제(鐵製) [철쩨] 쇠로 만듦. 또는 그런 물건. 예철제 가구.

철조망(鐵條網) [철쪼망] 출입을 막기 위해 가시가 달린 철사를 둘러놓은 울타리. 준철망.

철쭉 진달랫과의 낙엽 활엽 관목. 봄에 연분홍색 꽃이 피는데 진달래와 비슷함. 정원수로 심음. 비철쭉나무.

철창(鐵窓) 1 쇠로 창살을 만든 창문. 2 '감옥'을 비유하여 일컫는 말. 예철창에 갇히다.

철책(鐵柵) 쇠로 만든 울타리.

철철 물 따위가 많이 넘쳐흐르는 모양. 예컵에 물을 철철 넘치게 붓다. 작찰찰.

철칙(鐵則) 고치거나 어길 수 없는 엄격한 규칙. 예명령에 따르는 것이 군인의 철칙이다.

철커덕 끈기 있거나 넓적한 물체끼리 서로 맞부딪치거나 떨어지는 소리. 준철컥. 작찰카닥. 예절커덕. **철커덕하다.**

철커덩 크고 단단한 쇠붙이 따위가 맞부딪치는 소리. **철커덩하다.**

철통같다(鐵桶—) [철통간따] 조금도 빈틈이 없이 튼튼하다. 예철통같은 방위 태세 / 수비가 철통같다.

철퇴(鐵槌) [철퇴 / 철퉤] 쇠로 만든 몽둥이. 비쇠몽둥이.

철판(鐵板) 쇠로 된 넓은 판.

철폐(撤廢) [철폐 / 철페] 어떤 제도나 규정 따위를 없앰. 예남녀 차별 제도의 철폐를 주장하다. **철폐하다.**

철하다(綴—) 문서·신문 따위를 여러 장 한데 모아 매다. 예신문을 철하여 보관하다.

철학(哲學) 자연·인생·사회 따위의 현실적인 문제의 근본 원리를 연구하는 학문.

철학자(哲學者) [철학짜] 철학을 전문적으로 연구하는 사람. 비철인. 철학가.

철회(撤回) [철회 / 철훼] 이미 제출했거나 주장했던 것을 도로 거두어들임. 예사표를 철회하다. **철회하다.**

첨가(添加) 새로 덧붙이거나 보탬. 예각종 영양소를 첨가한 식품. 반삭제. **첨가하다.**

첨가물(添加物) 식품 따위를 만들 때 보태어 넣는 것.

첨단(尖端) 시대·유행 따위의 맨 앞장. 예첨단 기술 / 유행의 첨단을 걷다.

첨단 산업(尖端産業) 기술 집약도가 높고 관련 산업에 미치는 효과가 큰 산업. 항공기·전자·생물 공학·컴퓨터·정보 통신 산업 따위. 비하이테크 산업.

첨벙 묵직하고 큰 물건이 깊은 물에 떨어지는 소리. 예물에 첨벙 뛰어들다. **첨벙하다.**

첨부(添附) 서류 따위를 더하여 붙임. 예입학 원서에 첨부할 서류 / 진단서를 첨부하다. **첨부하다.**

첨삭(添削) 시문·답안 따위에 말을 보충하거나 줄여서 고침. 예문서 내용을 첨삭하다. **첨삭하다.**

첨성대(瞻星臺) 신라 선덕 여왕 때에 세운 천문 기상 관측대. 경상북도 경주시에 있는데, 높이가 9.17m로 동양에서 가장 오래된 것임. 우리나라 국보로, 정식 이름은 '경주 첨성대'.

첨성대

첨지(僉知) 나이 많은 사람을 낮잡아 이르던 말. 예박 첨지.

첨탑(尖塔) 지붕 꼭대기가 뾰족한 탑. 예성당의 첨탑.

첩(貼) 종이에 싼 약의 뭉치를 세는 말. 예한약 한 첩.

첩경 (捷徑) [첩꼉] 쉽고 빠른 길이나 방법. 예성공에 이르는 첩경은 무엇인가요. 비지름길.

첩보 (諜報) [첩뽀] 적의 행동이나 사정을 몰래 알아내어 보고함. 또는 그 보고. 예첩보 기관 / 첩보 활동.

첩자 (諜者) [첩짜] ⇨간첩.

첩첩산중 (疊疊山中) [첩첩싼중] 여러 산이 겹치고 겹친 깊은 산속. 예첩첩산중에서 길을 잃다.

첩첩이 (疊疊―) [첩처비] 여러 겹으로 거듭 포개어져서. 예옷을 첩첩이 껴입다.

*__첫__ [첟] '처음'의 뜻을 나타내는 말. 예첫 우승 / 오늘의 첫 행사.

　첫 삽을 들다[뜨다] 어떤 일을 처음으로 시작하다.

첫걸음 [첟꺼름] 맨 처음 내디디는 걸음. 또는 어떤 일의 시작. 예성공의 첫걸음 / 사회생활의 첫걸음을 내딛다. 비초보.

첫날 [천날] 어떤 일이 처음으로 시작되는 날. 예공연 첫날부터 만원이다.

첫날밤 [천날빰] 결혼한 신랑과 신부가 처음으로 함께 자는 밤. 비초야.

첫눈[1] [천눈] 처음 보아서 눈에 뜨이는 느낌. 예첫눈에 반하다 / 첫눈에 알아보다.

첫눈[2] [천눈] 그해 겨울에 처음으로 오는 눈. 예첫눈이 내리다. 비초설.

첫돌 [첟똘] 아기가 태어나서 처음 맞는 생일. 예첫돌을 맞다. 준돌.

첫마디 [천마디] 맨 처음으로 하는 말의 한 마디. 예첫마디를 건네다.

첫머리 [천머리] 어떤 일이 시작되는 부분. 예글의 첫머리. 반끝머리.

첫발 [첟빨] 1 처음 내딛는 발. 2 어떤 것을 시작하는 맨 처음.

　첫발을 내디디다 새로이 무엇을 시작하다. 또는 처음으로 어떤 범위 안으로 들어서다. 예사회에 첫발을 내디디다.

첫사랑 [첟싸랑] 처음으로 느끼거나 맺은 사랑. 예첫사랑의 추억을 소중히 간직하다.

첫새벽 [첟쌔벽] 날이 새기 시작하는 이른 새벽. 예첫새벽에 길을 떠나다.

첫소리 [첟쏘리] 한 음절에서 처음으로 나는 소리. '날'에서 'ㄴ', '홍'에서 'ㅎ' 소리 따위. 비초성.

첫인사 (―人事) [처딘사] 처음 만나서 하는 인사. 예첫인사를 나누다 / 첫인사를 건네다.

첫인상 (―印象) [처딘상] 첫눈에 느껴지는 인상. 예첫인상이 좋다.

*__첫째__ [첟째] 맨 처음의 차례. 차례로 맨 처음. 예첫째 딸 / 첫째 시간.

첫째가다 [첟째가다] 여럿 가운데서 첫째가 되다. 예마을에서 첫째가는 부자. 비으뜸가다. 제일가다.

첫차 (―車) [첟차] 그날의 운행하는 차 중에서 제일 먼저 떠나거나 들어오는 차. 반막차.

첫판 [첟판] 어떤 일이 시작되는 첫머리의 판. 예첫판을 이기다.

첫해 [처태] 어떤 일을 시작하는 맨 처음의 해. 예입학 첫해를 보내다.

청 (請) 어떤 일을 남에게 부탁함. 예친구에게 도움을 청하다. 비부탁. 본청탁. 청하다.

청각 (聽覺) 귓청이 울려 소리를 듣는 감각.

청각 장애인 (聽覺障礙人) 귀에 이상이 생겨 소리를 듣지 못하는 사람.

*__청개구리__ (靑―) 1 청개구릿과의 작은 개구리. 등은 회색 또는 녹색 바탕에 검은 무늬가 흩어져 있음. 주위 환경에 따라 몸빛이 변함. 비가 오려고 할 때 심하게 욺. 2 모든 일을 반대로 하는 사람을 비유적으로 이르는 말. 예제발 청개구리같이 굴지 마라.

청개구리1

청결 (淸潔) 맑고 깨끗함. 예청결한 옷차림 / 몸을 청결히 하다. 반불결. 청결하다. 청결히.

청과물 (靑果物) 신선한 과일과 채소.

청구 (請求) 돈이나 물건을 달라고 요구함. 예신문 대금을 청구하다 / 위자료를 청구하다. 청구하다.

청구서 (請求書) 청구하는 내용이 적힌 문서나 쪽지.

청국장 (淸麴醬) [청국짱] 된장의 한 가지. 콩을 푹 삶아 더운 방에서 발효

청군(青軍) 운동 경기 따위에서, 편을 갈랐을 때, 푸른 빛깔의 편.

청나라(淸一) 중국 최후의 왕조. 명나라를 멸망시킨 여진족들이 만주에 후금을 세웠는데, 1636년에 태종이 '청'이라 고침. 신해혁명으로 멸망함. [1616-1912]

*__청년__(青年) 젊은 사람. 특히, 남자를 말함. 예장래가 유망한 청년. 回젊은이.

청동(青銅) 구리와 주석의 합금.

청동기 시대(青銅器時代) 석기 시대와 철기 시대의 중간으로, 청동기를 제조하여 사용하던 시대.

청둥오리 오릿과의 야생의 새. 추운 지방에서 번식하고 가을 우리나라에 내려와 겨울을 지내는 철새임. 回물오리.

청둥오리

청량음료(清涼飲料) [청냥음뇨] 탄산 가스가 들어 있어 마시면 산뜻하고 시원한 느낌을 주는 음료수. 콜라·사이다 따위.

청력(聽力) [청녁] 귀로 소리를 듣는 힘. 예그는 청력이 뛰어나다.

청렴(清廉) [청념] 마음이 깨끗하고 헛된 욕심이 없음. 예청렴한 공무원. 청렴하다.

청렴결백(清廉潔白) [청념결백] 재물에 욕심이 없고 마음이 깨끗함. 청렴결백하다.

청록파(青鹿派) [청녹파] 1946년에 공동 시집인 '청록집'을 낸 조지훈·박목월·박두진의 세 시인을 일컫는 말.

청명하다(清明一) 날씨가 맑고 밝다. 예청명한 날씨.

청문회(聽聞會) [청문회/청문훼] 의회에서 어떤 문제에 대하여 관련된 사람에게 그 일에 대해서 물어보는 모임. 예국회 청문회.

청바지(青一) 청색의 질긴 천으로 만든 바지. 블루진.

청빈(清貧) 성품이 깨끗하고 재물에 대한 욕심이 없어 가난함. 예청빈한 선비. 청빈하다.

청사(廳舍) 관청의 건물. 예정부 종합 청사/국제공항 청사.

청사초롱(青紗一籠) 푸른색, 붉은색 천을 씌우고 안에 촛불을 넣어 달아 놓거나 들고 다니는 등.

청사초롱

청산¹(青山) 나무와 풀이 우거진 푸른 산. 예청산을 벗 삼다.

청산²(清算) 셈이나 빚 따위를 깨끗이 정리함. 예사업하다가 진 빚을 청산하다. 청산하다.

청산리 대첩(青山里大捷) 김좌진 장군이 이끄는 독립군이 1920년 10월 만주 청산리에서 일본군을 크게 무찌른 싸움.

청산유수(青山流水) [청산뉴수] 막힘없이 말을 썩 잘함. 예청산유수 같은 말솜씨.

청색(青色) 푸른 빛깔.

청설모 다람쥣과의 하나로 다람쥐보다 조금 크고 몸빛은 잿빛 갈색이며 종자, 과실, 나뭇잎 등을 먹고 삶.

청설모

*__청소__(清掃) 깨끗이 쓸고 닦음. 예청소 당번/청소 도구/교실을 청소하다. 청소하다.

청소기(清掃機) 청소할 때 쓰는 기계. 예청소기를 돌리다.

청소년(青少年) 청년과 소년.

청소부¹(清掃夫) 청소하는 일을 직업으로 하는 남자.

청소부²(清掃婦) 청소하는 일을 직업으로 하는 여자.

청소함(清掃函) 비·걸레 따위의 청소 도구를 넣어 두는 상자.

청순(清純) 깨끗하고 순수함. 예청순한 사랑. 청순하다.

청승 궁상스럽고 처량한 듯한 태도나 행동.

청승맞다 [청승맏따] 궁상스럽고 처량하여 보기에 몹시 언짢다. 예청승맞은 울음소리.

청아하다(清雅一) 맑고 아담하며 속되지 않다. 예청아한 자태/청아한 목소리.

청어(靑魚) 청어과의 바닷물고기. 몸길이 35cm 내외로, 등은 짙은 청색, 배는 은백색임. 가을에서 봄에 걸쳐 잡힘.

청와대(靑瓦臺) 서울 경복궁 뒤 북악산 기슭에 있는 우리나라 대통령이 살면서 사무를 보던 곳.

청운(靑雲) 1 푸른 빛깔의 구름. 2 비유적으로 높은 지위나 벼슬. 예청운의 꿈을 품다.

청운교(靑雲橋) 경주 불국사의 대웅전으로 올라가는 돌계단의 윗부분. 아래에 있는 백운교와 함께 우리나라 국보임.

청원(請願) 공공 기관이나 윗사람에게 바라는 것을 말하고 이루어지게 해 달라고 청함. 예학교 신설을 정부에 청원하다. **청원하다**.

청일 전쟁(淸日戰爭) 1894-1895년에 일어난 청나라와 일본과의 전쟁. 이 전쟁에서 이긴 일본은 조선을 간섭하게 되었음.

청일점(靑一點)[청일쩜] 많은 여자 사이에 끼어 있는 한 명의 남자. 반홍일점.

청자¹(靑瓷) 철분을 함유한 청록색 유약을 입혀 구운, 푸른 빛깔의 자기.

청자²(聽者) 이야기를 듣는 사람. 반화자.

청장년(靑壯年) 청년과 장년.

청정(淸淨) 맑고 깨끗함. 예청정 수역 / 청정한 마음. **청정하다**. **청정히**.

청중(聽衆) 강연·설교·음악 따위를 듣기 위해 모인 사람들.

청진기(聽診器) 청진하는 데 쓰는 기구. 예환자의 가슴에 청진기를 갖다 대다.

청천강(淸川江) 낭림산맥에서 시작하여 평안북도 서남부를 따라 흘러 황해로 들어가는 강. 옛 이름은 살수. 길이는 199km.

청천벽력(靑天霹靂)[청천병녁] 맑게 갠 하늘에서 치는 날벼락이란 뜻으로, 뜻밖에 일어난 큰 변고나 사건. 예청천벽력 같은 소식.

청첩장(請牒狀)[청첩짱] 결혼 따위의 경사스러운 일이 있을 때 남을 초청하는 내용이 적힌 카드. 예청첩장을 띄우다. 준청첩.

청청하다(靑靑—) 싱싱하게 푸르다. 예청청한 초원.

청초하다(淸楚—) 깨끗하고 곱다. 예청초한 모습.

청춘(靑春) 젊은 나이. 한창 젊을 때. 예청춘 남녀.

청취(聽取) 의견·음악·방송 따위를 들음. 예라디오를 청취하다. **청취하다**.

청탁(請託) 무엇을 해 달라고 남에게 부탁함. 또는 그 부탁. 예원고 청탁 / 청탁을 거절하다. 비부탁. 준청. **청탁하다**.

청포(淸泡) 물에 불린 녹두를 갈아서 가라앉힌 앙금을 말린 가루로 쑨 묵. 비녹말묵.

청포도(靑葡萄) 다 익어도 열매의 빛깔이 푸른 포도의 한 품종.

***청하다**(請—) 1 무엇을 달라거나 해 줄 것을 부탁하다. 예도움을 청하다. 2 남을 초대하다. 예손님을 청하다. 3 잠이 들도록 애쓰다. 예자리에 누워 잠을 청하다.

청해진(淸海鎭)〖지명〗 신라 흥덕왕 때 장보고가 전라남도 완도에 설치하였던 해군 기지.

청혼(請婚) 결혼하기를 청함. 예청혼을 받다. 비구혼. **청혼하다**.

청화 백자(靑華白瓷) 흰 바탕에 푸른 물감으로 그림을 그린 자기. 비청화 자기. 유리청.

체¹ 가루를 곱게 치거나 액체를 거르는 데 쓰는 기구. 예체로 가루를 치다.

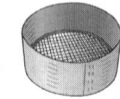
체¹

체²(體) 문장·글씨·그림 따위의 본보기나 표현 방식. 예글씨의 체가 예쁘다.

체³ 그럴듯하게 꾸미는 거짓 태도. 예부자인 체하다 / 못 본 체하다. 비척. →채 주의

체⁴ 못마땅하여 아니꼽거나 분하고 억울할 때 내는 소리. 예체, 별꼴 다 보겠네.

체격(體格) 몸의 생김새나 뼈대. 예체격이 크다.

체결(締結) 계약·조약 따위를 맺음. 예두 나라 사이에 조약이 체결되다.

체결하다.

체계 (體系) [체계/체게] 일정한 원리에 따라 낱낱의 부분을 계통을 세워 짜임새 있게 통일한 전체. 예가치 체계/명령 체계/조직 체계를 개편하다.

체계적 (體系的) [체계적/체게적] 체계를 이룬 (것). 예체계적인 설명.

체구 (體軀) 몸의 크기. 예체구가 크다. 비몸집.

체급 (體級) 권투·레슬링·역도 따위에서, 경기자의 몸무게에 따라 매긴 등급. 예체급을 올리다.

체내 (體內) 몸의 안. 예세균이 체내에 침투하다.

체념 (諦念) 희망을 버리고 생각지 않음. 예체념하기에는 아직 이르다. 비단념. 체념하다.

체능 (體能) 어떤 일을 해낼 만한 몸의 능력. 예학생들의 체능을 측정하다.

체력 (體力) 육체적 활동을 할 수 있는 몸의 힘이나 작업 능력. 예강인한 체력.

체류 (滯留) 딴 곳에 가서 오래 머물러 있음. 예장기 체류/외국에 체류하다. 체류하다.

체면 (體面) 남을 대하기에 떳떳한 태도나 입장. 예체면이 깎이다/체면을 차리다. 비면목. 체모. 준면.

체벌 (體罰) 몸에 직접 고통을 주는 벌. 예체벌을 받다. 체벌하다.

체액 (體液) 몸 안의 혈관 또는 조직 사이를 채우고 있는 액체. 혈액·림프·뇌척수액 따위.

체온 (體溫) 사람이나 동물의 몸의 온도. 사람의 정상적인 체온은 36-37℃임. 예체온을 재다/체온이 높다.

체온계 (體溫計) [체온계/체온게] 몸의 온도를 재는 데 쓰는 온도계. 비체온기.

체위 (體位) 1 체격이나 건강, 운동 능력 따위의 몸의 튼튼하고 약한 정도. 예국민 체위가 향상되다. 2 몸의 자세. 예학생들의 체위를 바로잡다.

***체육** (體育) 신체의 발달과 건강을 꾀하기 위한 교육이나 교과. 예체육 대회/체육 시간.

체육관 (體育館) [체육꽌] 실내에서 체조나 경기를 할 수 있게 만든 건물.

체육복 (體育服) [체육뽁] 운동을 할 때 입는 간편한 옷. 비운동복.

체육회 (體育會) [체육회/체육훼] 1 체육의 발전과 향상을 위하여 조직된 단체. 2 ⇨운동회.

체전 (體典) 여러 가지 경기가 벌어지는 체육 행사. 예전국 체전.

체제 (體制) 사회적인 제도나 조직이 이루는 짜임새. 예새로운 지도 체제가 들어서다.

*체조** (體操) 몸을 고르게 발육시키고, 건강을 유지하기 위하여 일정한 규칙에 따라 하는 운동. 맨손 체조와 기계 체조로 크게 나눔. 체조하다.

체중 (體重) 몸의 무게. 예체중 조절/체중이 늘다. 비몸무게.

체중계 (體重計) [체중계/체중게] 몸무게를 재는 데 쓰는 저울.

체증 (滯症) 1 체하여 소화가 잘 안 되는 증세. 준체. 2 차들이 많이 몰려 교통이 원활하지 않은 상태. 예극심한 교통 체증을 빚다.

체지방 (體脂肪) 몸에 쌓여 있는 지방. 예체지방을 측정하다.

체질 (體質) 타고난 몸의 바탕. 몸의 성질. 예허약 체질.

체취 (體臭) 1 몸에서 나는 냄새. 예어머니의 체취. 2 사람·작품 등에서 풍기는 특유의 느낌. 예권위주의적 체취가 강한 인물.

체코 (Czech) 『국명』유럽 중부에 있는 나라. 1993년 체코슬로바키아 공화국에서 분리하여 독립함. 밀·포도가 많이 나고 제철·유리 공업이 발달했음. 수도는 프라하.

체크 (check) 1 대조하거나 검사함. 또는 그 표시로 찍는 'V'자 모양의 표. 예건강 체크. 2 바둑판 모양의 무늬. 예체크 셔츠. 체크하다.

체통 (體統) 지위나 신분에 알맞은 체면. 예체통을 지키다/체통 없이 굴다.

체포 (逮捕) 죄인을 쫓아가서 잡음. 예범인을 체포하다. 체포하다.

체하다¹ (滯—) 먹은 음식이 잘 소화되지 않아 위 속에 남아 내려가지 않다. 예급하게 먹었더니 체한 것 같다.

체하다² 그럴듯하게 거짓으로 꾸미

는 태도가 있다. ⑩못 들은 체하다 / 자는 체하다. 삐척하다.

*체험 (體驗) 직접 경험함. 또는 그 경험. ⑩체험을 쌓다 / 여행을 통해 많은 것을 체험하다. 체험하다.

체험담 (體驗談) 직접 겪은 이야기. ⑩체험담을 들려주다.

체험 학습 (體驗學習) 교실에서의 수업을 떠나 교실 밖 실제 현장에서 직접 겪으면서 배우는 것.

체형 (體型) 몸의 생긴 모양. ⑩키가 크고 마른 체형.

첼로 (이 cello) 바이올린과 비슷하나 크고, 낮은 음을 내는 현악기. 무릎 사이에 끼고 활로 연주하며 줄이 4개임.

쳐내다 [처내다] 더러운 것들을 쓸어 모아 다른 곳으로 옮기다. ⑩외양간의 거름을 쳐내다.

첼로

*쳐다보다 [처:다보다] 얼굴을 들고 올려다보다. ⑩얼굴을 빤히 쳐다보다. 본치어다보다.

쳐들다 [처:들다] 위로 들어 올리다. ⑩두 팔을 번쩍 쳐들다. 활용 쳐들어 / 쳐드니 / 쳐드는.

쳐들어가다 [처드러가다] 공격해 들어가다. ⑩적진에 쳐들어가다.

*쳐들어오다 [처드러오다] 공격해 들어오다. ⑩적이 쳐들어오다.

쳐부수다 [처부수다] 1 공격하여 무찌르다. ⑩적을 쳐부수다. 2 세차게 때려 부수다. ⑩도끼로 문을 쳐부수다.

쳐올리다 [처올리다] 위로 바싹 들어 올리다. ⑩바지를 쳐올려 입다 / 뒷머리를 짧게 쳐올리다.

쳐주다 [처주다] 1 셈을 맞추어 주다. ⑩빈 병을 100원씩 쳐주다. 2 인정하여 주다. ⑩이겼다고 쳐주다.

*초¹ (초) 불을 밝히는 데 쓰는 물건. 밀랍(꿀벌의 집을 만드는 주성분) 따위를 녹여서 여러 모양으로 굳혀 가운데에 실 따위로 심지를 박음. ⑩초에 불을 붙이다. ⊃candle

초² (醋) 신맛이 나는 액체 조미료. 삐식초.

*초³ (秒) 시간의 단위. 1분의 60분의 1. ⑩1분 30초 / 초시계로 초를 재다 / 일 분 일 초를 다투다. ⊃second

초⁴ (初) '초기·처음'의 뜻. ⑩내년 초 / 학년 초 / 고려 초. 삐말.

초가 (草家) 볏짚·밀짚 따위를 이어 지붕을 만든 집. 삐초가집.

초가

초가삼간 (草家三間) 세 칸밖에 안 되는 초가집이라는 뜻으로, 아주 작은 집을 이르는 말.

초가을 (初─) 가을이 시작되는 첫 무렵. 삐늦가을.

초가지붕 (草家─) 볏짚이나 갈대 등을 엮어 덮은 지붕. *기와지붕.

초가집 (草家─) ⇨초가.

초겨울 (初─) 겨울이 시작되는 첫 무렵. 삐늦겨울.

초고 (草稿) 나중에 고쳐 쓰기로 하고 대강 쓴 원고. ⑩연설문 초고.

초고속 (超高速) 매우 빠른 속도. ⑩초고속 열차 / 초고속 통신망.

초고추장 (醋─醬) 식초를 넣어 섞은 고추장. 삐초장.

초과 (超過) 일정한 정도나 수를 넘음. ⑩예산 초과 / 정원을 초과하다. 삐미만. 초과하다.

초급 (初級) 가장 낮은 등급이나 단계. ⑩초급 과정 / 초급 영어.

초기 (初期) 처음이 되는 시기. 또는 그 동안. ⑩학년 초기 / 초기 작품. 삐말기.

초년 (初年) 1 사람의 일생에서 초기. 젊은 시절. ⑩초년에 고생하다. 삐말년. 2 여러 해 걸리는 어떤 일의 처음 시기. ⑩사회 초년.

초능력 (超能力) [초능녁] 현대 과학으로 설명하기 어려운, 기이하고 신한 현상을 일으키는 능력.

초단 (初段) 태권도·검도·유도·바둑 따위의 첫째 단. ⑩태권도 초단.

초대¹ (初代) 첫 번째 차례. 제1대. ⑩초대 회장.

*초대² (招待) 사람을 불러서 대접함. ⑩초대 손님. 삐초청. 초대하다.

초대장 (招待狀) [초대짱] 초대하는 뜻을 적어 보내는 편지. ⑩초대장을 받다. 町초청장.

초대형(超大型) 크기가 아주 큰 것. 예초대형 냉장고.

초등(初等) 단계가 있는 여러 등급에서 맨 처음 등급. 또는 맨 아래 등급. *중등. 고등.

초등 교육(初等敎育) 학교 교육의 맨 처음 단계로, 기본적인 내용을 가르치는 교육. 곧, 초등학교에서 실시하는 교육.

초등 돌봄 교실(初等─敎室) 초등학교 안에 마련된 돌봄 교실에서 방과 후 학생들을 돌봐 주는 제도.

***초등학교**(初等學校) [초등학꾜] 공부할 나이가 된 아동에게 초등 교육을 하는 학교. 수업 기간은 6년이며 의무 교육으로 규정되어 있음.

초등학생(初等學生) [초등학쌩] 초등학교에 다니는 학생.

초라하다 1 겉모양이 허술하여 보잘것없다. 예초라한 옷차림. 町화려하다. 2 보잘것없고 변변하지 못하다. 예시골에서 여생을 초라하게 보내다. 흰추레하다.

초래(招來) 어떤 결과를 가져오게 함. 예불행을 초래하다. **초래하다**.

초례청(醮禮廳) 예전에 전통 양식의 혼례식을 올리던 곳. 예신랑 신부가 초례청에 마주 서서 절을 한다.

***초록**(草綠) 파랑과 노랑의 중간색. 예초록 물감. ⇨green

초록빛(草綠─) [초록삗] 파랑과 노랑의 중간 빛. 町초록색. 준초록.

초롱(─籠) 대·쇠 따위로 테를 만들고 종이 따위를 씌워 불을 켜는 등. 町등롱.

초롱불(─籠─) [초롱뿔] 초롱에 켠 불. 예초롱불을 켜다.

초롱초롱 맑고 반짝반짝 빛나는 모양. 예눈망울이 초롱초롱 빛나다. **초롱초롱하다**.

초만원(超滿員) [초마눤] 정원을 넘어 더할 수 없이 꽉 찬 상태. 예초만원을 이룬 지하철.

초면(初面) 처음으로 대하는 얼굴이나 처지. 예그와는 초면이다 / 초면에 실례가 많았습니다. 町구면.

초목(草木) 풀과 나무. 예초목이 무성하다.

초반(初盤) 1 운동 경기나 바둑, 장기 따위에서, 승부의 첫 단계. 예경기 초반 / 초반에 결판내다. 2 어떤 일이나 일정한 기간의 첫 단계. 예사십 대 초반의 남자 / 2010년대 초반.

초밥(醋─) 일본 요리의 하나. 식초 따위로 맛을 낸 밥에 저민 생선·조개·새우 따위를 얹거나 유부·김으로 싸서 만듦.

초벌(初─) 한 물건에 같은 일을 되풀이할 때의 맨 첫 번째 차례. 町애벌. 예초벌로 살짝 익힌 고기.

초벌구이(初─) 도자기를 초벌로 굽는 일. 町애벌구이.

초보(初步) 학문이나 기술을 익힐 때 수준이 가장 낮은 처음 단계. 예초보 단계 / 초보 운전.

초복(初伏) 삼복의 하나로, 첫 번째 복날.

초본(抄本) 원본에서 일부분만을 베끼거나 뽑아낸 문서. 예주민 등록 초본. *등본.

초봄(初─) 봄이 시작되는 무렵. 예이 스웨터는 초봄에 입기 좋다.

초비상(超非常) 어떤 일이나 상태가 아주 긴박함을 이르는 말. 예초비상이 걸리다.

초빙(招聘) 사람을 예를 갖춰 불러 맞아들임. 예외국에서 교수를 초빙하다. 町초청. **초빙하다**.

초사흗날(初─) [초사흔날] 그달의 셋째 날. 준초사흘.

초산(初産) 처음으로 아이를 낳음. 예초산인 산모.

초상¹(初喪) 사람이 죽어서 장사 지낼 때까지의 일. 예초상을 치르다 / 초상이 나다.

초상²(肖像) 사람의 얼굴이나 모습을 나타낸 사진·그림 따위.

초상집(初喪─) [초상찝] 초상난 집. 예초상집에 문상을 가다.

초상화(肖像畫) 사람의 얼굴이나 모습을 그린 그림.

초석(礎石) 1 ⇨주춧돌. 2 어떤 일의 기초. 예나라의 초석.

초성(初聲) ⇨첫소리.

초소(哨所) 보초를 서는 곳. 예경

비 초소 / 방범 초소.

초속 (秒速) 1초 동안의 속도. ⑩초속 15m의 강풍.

초순 (初旬) 초하루부터 초열흘까지의 동안. 땐상순.

초승달 (初一) [초승딸] 초승에 뜨는 눈썹처럼 가는 달. ×초생달.

초시계 (秒時計) [초시계/초시게] 초를 재는 시계.

초식 (草食) 주로 풀이나 푸성귀만 먹고 삶. *육식.

초식 동물 (草食動物) 풀을 먹고 사는 동물. 토끼·사슴 따위. *육식 동물.

초식성 (草食性) [초식썽] 식물을 먹고 사는 동물의 성질. *육식성.

초안 (草案) 글을 짓기 위해 대강의 줄거리를 짠 글. ⑩발표문의 초안을 작성하다.

초여름 (初一) 여름이 시작되는 첫 무렵.

초연하다 (超然一) 어떤 상황에도 아랑곳하지 않고 의젓하다. ⑩돈 문제에 초연하다.

초연히 (超然一) 초연하게. ⑩초연히 살아가다.

초엽 (初葉) 한 시대를 셋으로 구분할 때 그 처음 시기. ⑩20세기 초엽. *중엽. 말엽.

초원 (草原) 풀이 난 들판. ⑩푸른 초원 / 드넓은 초원 / 초원에서 뛰놀다. 땐풀밭.

초월 (超越) 어떤 한계나 표준을 뛰어넘음. ⑩상상을 초월하는 이야기. 초월하다.

초음속 (超音速) 소리의 속도보다 빠른 속도. ⑩초음속으로 비행하다.

초음파 (超音波) 진동수가 1초에 2만 헤르츠 이상으로, 사람의 귀에는 들리지 않는 음파. ⑩초음파 검사 / 초음파 탐지기.

초인 (超人) 보통 사람보다 훨씬 뛰어난 능력을 가진 사람.

초인적 (超人的) 보통 사람보다 훨씬 뛰어난 능력을 가진 (것). ⑩초인적인 힘을 발휘하다.

초인종 (招人鐘) 사람을 부르는 신호로 울리는 종. 벨. ⑩초인종을 누르다.

초장¹ (初場) 1 장사를 시작한 처음의 동안. ⑩초장이라 손님이 뜸하다. 2 어떤 일을 시작한 처음. ⑩초장부터 일이 꼬인다.

초장² (初章) 삼장으로 된 시조의 첫째 장. *중장. 중장.

초장³ (醋醬) 식초를 타서 양념한 간장이나 고추장.

초저녁 (初一) 날이 어두워진 지 얼마 되지 않은 때. 이른 저녁. ⑩초저녁에 잠이 들다.

초점 (焦點) [초쩜] 1 사람들의 관심이나 흥미가 집중되는 사물의 중심 부분. ⑩관심의 초점. 2 사진을 찍을 때 대상의 모습이 가장 선명하게 나타나는 상태. ⑩초점이 정확하다. 3 볼록 렌즈 등에서, 광선이 반사 또는 굴절하여 한곳으로 모이는 점. ⑩초점을 맞추다.

초조 (焦燥) 애를 태우며 마음을 졸임. ⑩초조한 마음 / 차례를 초조히 기다리다. 초조하다. 초조히.

초지일관 (初志一貫) 처음에 세운 뜻을 끝까지 밀고 나감. 초지일관하다.

초지진 (草芝鎭) 조선 시대에, 강화도에 구축한 조선군의 해안 경비 진지. 신미양요·병인양요 때의 격전지.

초창기 (草創期) 어떤 것이 시작된 처음의 시기.

초청 (招請) 사람을 청하여 부름. ⑩파티에 초청하다. 땐초대. 초빙. 초청하다.

초췌하다 (憔悴一) 고생이나 병으로 몸이 여위고 피로해 기운이 없다. ⑩초췌해진 얼굴.

초침 (秒針) 시계의 초를 가리키는 바늘.

초콜릿 (chocolate) 코코아 가루에 설탕·향료·우유·버터 등을 넣어서 굳힌 과자. ×초코렛.

초크 (chalk) 헝겊에 바느질 선이나 자르는 선을 표시하는 데 쓰는 분필의 하나.

초파리 (醋一) 초파릿과의 곤충. 길이 2-3mm로 파리보다 작음. 식초·간장·술 따위에 잘 모임. 유전 공학의 실험 재료로 쓰임.

초파일 (←初八日) 석가모니의 탄생일로 음력 4월 8일을 이르는 말.

초판 (初版) 어떤 책을 처음 인쇄하여 펴낸 판. 예 초판 발행.

초하루 (初一) '초하룻날'의 준말.

초하룻날 (初一) [초하룬날] 그달의 첫째 날. 예 음력 정월 초하룻날. 준초하루.

초행 (初行) 1 어떤 곳에 처음으로 감. 2 처음으로 가는 길. 예 이곳은 초행이 아니라서 지리를 잘 안다. 초행하다.

촉[1] (燭) 빛의 밝기를 나타내는 단위. 예 30촉짜리 형광등.

촉[2] (鏃) 긴 물건의 끝에 박힌 뾰족한 부분. 예 연필 촉.

촉각[1] (觸角) [촉깍] 곤충이나 새우, 가재 따위의 머리에 있는, 수염 모양의 감각 기관. 비더듬이.

　촉각을 곤두세우다 정신을 집중시키고 신경을 곤두세워 즉각 대응할 태세를 취하다.

촉각[2] (觸覺) [촉깍] 온도나 아픔 따위를 느끼는 살갗의 감각. 예 촉각이 발달하다.

촉감 (觸感) [촉깜] 무엇에 닿았을 때의 느낌. 예 촉감이 부드럽다. 비감촉.

촉구 (促求) [촉꾸] 재촉하여 요구함. 예 재조사를 촉구하다. 촉구하다.

촉망 (屬望) [총망] 잘되기를 바라고 기대함. 예 장래가 촉망되는 젊은이. 촉망하다.

촉매 (觸媒) [총매] 화학 반응 때, 그 자체는 화학 변화를 일으키지 않으나 다른 물질의 반응 속도를 빠르게 하거나 늦추는 물질. 예 촉매 반응 / 촉매 작용.

촉박 (促迫) [촉빡] 기한이나 시간이 매우 가깝게 다가와 있음. 예 시간이 촉박하다. 촉박하다.

촉석루 (矗石樓) [촉썽누] 경상남도 진주시에 있는 누각. 남강에 자리 잡은 웅장한 건물로 우리나라 3대 누각의 하나로 꼽힘.

촉수 (觸手) [촉쑤] 해파리 따위 무척추동물의 입 근처에 있는 가늘고 길쭉하며 활발하게 운동하는 감각 기관. 먹이를 잡는 구실을 함.

촉진 (促進) [촉찐] 재촉하여 빨리 나아가게 함. 예 경제 활동의 촉진 / 수출을 촉진하다. 촉진하다.

촉촉이 [촉초기] 촉촉하게. 예 아침 이슬에 풀잎이 촉촉이 젖어 있다.

촉촉하다 [촉초카다] 물기가 있어서 조금 젖은 듯하다. 예 봄비가 촉촉하게 땅을 적시다. 큰축축하다.

촌[1] (寸) [촌:] 친척의 멀고 가까운 관계를 나타내는 말. 예 5촌 당숙 / 그 사람이 나의 4촌 형이다.

촌[2] (村) [촌:] 도시에서 멀리 떨어진 마을. 비시골.

촌뜨기 (村一) [촌:뜨기] '촌사람'을 낮잡아 이르는 말. 비시골뜨기.

촌락 (村落) [촐:락] 시골의 마을. 예 농가가 몇 안 되는 촌락. 비마을. 반도시.

촌사람 (村一) [촌:싸람] 1 시골에 사는 사람. 2 견문이 좁고 어수룩한 사람을 비유적으로 이르는 말.

촌수 (寸數) [촌:쑤] 친척 사이의 멀고 가까운 관계를 나타내는 수. 또는 그런 관계. 예 촌수가 가깝다 / 촌수를 따지다. 참고 자기 입장에서 볼 때, 부모·자식은 1촌, 조부모·형제는 2촌, 백부·숙부·백모·숙모·조카는 3촌, 종형제는 4촌 사이가 됨.

촌스럽다 (村一) [촌:쓰럽따] 말씨나 행동 따위가 세련되지 않고 어수룩하다. 예 옷차림이 어딘가 촌스럽다. 활용 촌스러워 / 촌스러우니.

촌장 (村長) [촌:장] 한 마을의 우두머리.

촌충 (寸蟲) [촌:충] 척추동물의 작은 창자에 붙어 사는 기생충. 몸은 긴 끈 모양으로 많은 마디가 있음.

촌티 (村一) [촌:티] 촌스러운 태도나 기색. 예 촌티 나는 사람. 비시골티.

촐랑거리다 방정맞게 자꾸 까불다. 예 점잖지 못하게 촐랑거리다.

촐싹거리다 [촐싹꺼리다] 주책없이 까불며 자꾸 돌아다니다. 예 촐싹거리지 말고 가만히 있거라.

촘촘하다 틈이나 간격이 좁거나 작다. 예 촘촘한 바느질.

촘촘히 촘촘하게. 예 산에 나무가 촘촘히 들어서 있다.

촛농 (一膿) [촌농] 초가 탈 때 흘러내려 굳은 것. 비촉루.

촛대 (一臺) [초때 / 촏때] 초를 꽂아 놓는 기구.

***촛불** [초뿔 / 촏뿔] 초에 켠 불. 예 촛불을 켜다.

촛점 '초점'의 잘못.

총[1] (銃) 화약의 힘으로 탄환을 발사하는 무기. 권총·기관총·사냥총 따위. 예 총에 맞아 부상을 입다 / 허공을 향해 총을 쏘다.

***총**[2] (總) [총:] '어떤 수량을 더하여 모두'의 뜻. 예 총 200명의 합격자.

***총각** (總角) [총:각] 결혼하지 않은 남자 어른. 반 처녀.

총각김치 (總角一) [총:각김치] 손가락 굵기만 한 총각무를 잎과 줄기를 떼지 않고 통째로 양념에 버무려 담근 김치.

총각무 (總角一) [총:강무] 무청째로 총각김치를 담그는, 뿌리가 잔 무의 한 가지.

총격 (銃擊) 총을 쏘아 공격함. 예 총격 사건 / 총격을 받다. **총격하다**.

총계 (總計) [총:계 / 총:게] 한데 묶어서 계산함. 또는 그 계산. 예 총계를 내다. 비 합계. 반 소계. **총계하다**.

총공격 (總攻擊) [총:공격] 모두 힘을 모아 일제히 공격함. **총공격하다**.

총괄 (總括) [총:괄] 여러 가지를 한데 모아서 뭉침. 예 총괄 평가 / 의견을 총괄하다. **총괄하다**.

총구 (銃口) ⇨총구멍.

총구멍 (銃一) [총구멍] 총에서 총알이 나가는 구멍. 비 총구.

총기[1] (銃器) 소총·권총 따위의 무기. 예 총기를 소지하다.

총기[2] (聰氣) 재주 있고 영리한 기운. 예 눈에 총기가 있다.

총대 (銃一) [총때] 소총의 몸. 곧, 총열(탄알을 잰 관)을 장치한 전체의 나무. 비 총자루.

　총대(를) 메다 아무도 나서서 맡기를 꺼리는 공동의 일을 대표로 맡아 하는 것을 속되게 이르는 말.

총독 (總督) [총:독] 식민지 등에서, 정치·군사 등 모든 일을 다스리는 관직. 또는 그 사람.

총독부 (總督府) [총:독뿌] 총독이 업무를 보는 관청.

총동원 (總動員) [총:동원] 필요한 모든 사람이나 물자를 모으는 일. 예 산불이 나서 마을 사람들이 총동원되었다. **총동원하다**.

총력 (總力) [총:녁] 전체의 모든 힘. 예 수출에 총력을 기울이다.

총리 (總理) [총:니] '국무총리'의 준말. 예 총리로 임명되다.

총명 (聰明) 아주 영리하고 재주가 있음. 예 총명한 아이. **총명하다**.

총무 (總務) [총:무] 어떤 기관이나 단체에서, 전체를 다 다루는 사무를 맡은 사람.

총부리 (銃一) [총뿌리] 총에서 총구멍이 있는 부분. 예 총부리를 들이대고 위협하다.

총사령관 (總司令官) [총:사령관] 군 전체를 지휘하는, 가장 지위가 높은 군인. 예 유엔군 총사령관.

총살 (銃殺) 총을 쏘아 죽임. 예 총살을 당하다. **총살하다**.

총상 (銃傷) 총에 맞아 생긴 상처. 예 전투에서 총상을 입다.

총생산 (總生産) [총:생산] 일정 기간 동안 생산 활동에 참여하여 만든 모든 생산물을 돈으로 계산한 총합계. 예 국민 총생산 / 국내 총생산.

총선거 (總選擧) [총:선거] 국회 의원 전체를 한꺼번에 뽑는 선거. 예 총선거를 실시하다. 준 총선.

총성 (銃聲) ⇨총소리. 예 총성이 울리다.

총소리 (銃一) [총쏘리] 총을 쏠 때 나는 소리. 비 총성.

총수입 (總收入) [총:수입] 들어간 경비 등을 빼지 않은, 벌어들인 모든 수입을 합친 금액. 비 총소득. 반 총지출.

총알 (銃一) 총에 넣어 쏠 때 날아가 목표물을 맞히는 작은 쇳덩이. 비 총탄. 탄환.

총애 (寵愛) [총:애] 남달리 귀엽게 여겨 사랑함. 예 임금의 총애를 받다. **총애하다**.

총액 (總額) [총:액] 모두를 합한 액수. 예 예산 총액. 비 전액.

총영사 (總領事) [총:녕사] 가장 지위가 높은 영사. 외국에 머물면서 자기 나라 국민을 보호하고 감독하는 일

총인구(總人口) [총:인구] 어떤 나라나 지역에 사는 전체 인구.

총장(總長) [총:장] 1 어떤 단체의 사무 전체를 맡아 처리하는 사람. 예검찰 총장. 2 대학교의 최고 책임자.

총재(總裁) [총:재] 어떤 기관이나 단체에서 모든 사무를 관리·감독하는 일. 또는 그 사람. 예은행 총재.

총점(總點) [총:점] 전체 점수의 합계. 예반에서 총점이 가장 높다.

총채 여러 가닥의 끈이나 털, 헝겊 따위로 만든 먼지떨이.

총총¹ 별들이 많고 또렷또렷한 모양. 예하늘의 별들이 총총하다. **총총하다. 총총히.**

총총²(悤悤). 몹시 급하고 바쁜 모양. 예연락을 받고 총총히 떠나다. **총총하다. 총총히.**

총총걸음 [총총거름] 발을 자주 떼어 놓으며 급히 걷는 걸음. 예총총걸음으로 사라졌다. 间종종걸음.

총칭(總稱) [총:칭] 비슷한 것들의 전부를 한데 모아 두루 일컬음. 또는 그런 이름. **총칭하다.**

총칼(銃―) 1 총과 칼. 예총칼을 휘두르다. 2 무력. 예총칼로 남의 나라를 정복하다.

총탄(銃彈) ⇨총알. 예총탄에 맞아 쓰러지다.

총회(總會) [총:회/총:훼] 어떤 기관이나 단체에서 회원 전체가 모이는 모임. 예정기 총회를 열다.

촬영(撮影) [촤령] 사람, 사물, 풍경 따위를 사진이나 영화로 찍음. 예촬영 현장 / 영화를 촬영하다. **촬영하다.**

최강(最強) [최:강/췌:강] 가장 셈. 예세계 최강의 실력.

최고¹(最古) [최:고/췌:고] 가장 오래됨. 예세계 최고의 금속 활자본. 逛최신.

*__최고__²(最高) [최:고/췌:고] 1 가장 높음. 예최고 속도 / 최고 점수. 逛최저. 2 가장 으뜸인 것. 으뜸이 될 만한 것. 예최고 인기 가수.

최고급(最高級) [최:고급/췌:고급] 가장 높은 등급. 예최고급 제품.

최고봉(最高峰) [최:고봉/췌:고봉] 1 가장 높은 봉우리. 예대청봉은 설악산의 최고봉이다. 2 어떤 분야에서 가장 뛰어나고 높은 수준. 예현대 음악의 최고봉.

최고조(最高潮) [최:고조/췌:고조] 어떤 분위기나 감정 따위가 가장 높은 정도에 이른 상태. 클라이맥스. 예인기가 최고조에 이르다.

*__최근__(最近) [최:근/췌:근] 지난 지 얼마 안 되는 날. 예최근에 일어났던 일. 间요즘.

최남선(崔南善)〖인명〗사학자이며 문학자. 호는 육당. 신문학 운동의 선구자로 잡지 '소년', '샛별' 따위를 간행하였고, 우리나라 최초의 신체시인 '해에게서 소년에게'를 지음. 3·1 운동 때 '독립 선언서'를 썼으며, 국사 연구에도 힘씀. [1890-1957]

최다(最多) [최:다/췌:다] 가장 많음. 예최다 득점. 逛최소.

최단(最短) [최:단/췌:단] 가장 짧음. 예최단 거리. 逛최장.

*__최대__(最大) [최:대/췌:대] 가장 큼. 예최대 규모 / 최대의 성과를 올리다. 逛최소.

최대 공약수(最大公約數) 공약수 중 가장 큰 수. 逛최소 공배수.

최대한(最大限) [최:대한/췌:대한] 가장 큰 한도. 예최대한 노력하다 / 닦은 실력을 최대한으로 발휘하다. 间최대한도. 逛최소한.

최루탄(催淚彈) [최루탄/췌루탄] 눈물샘을 자극해서 눈물이 나오게 만드는 약이나 물질을 넣은 탄환.

최면(催眠) [최면/췌면] 인위적으로 사람을 잠이 든 것처럼 만든 상태. 예최면 상태 / 최면을 걸다.

최무선(崔茂宣)〖인명〗고려 말의 무기 발명가·장군. 중국 원나라 사람에게서 화약 만드는 법을 배워 화통도감을 설치하였고, 화약·화포 등을 만들어 왜구를 크게 무찔렀음. [1325-1395]

최상(最上) [최:상/췌:상] 1 수준이나 등급 따위의 맨 위. 2 가장 훌륭함. 예최상의 품질 / 최상의 행복. 逛최하.

최상급(最上級) [최:상급/췌:상급] 가장 높은 정도나 등급. 예최상급으로 대접하다. 逛최하급.

***최선**(最善)[최:선/췌:선] 1 모든 노력. 온 정성과 힘. ⓔ목표를 향해 최선을 다하다. ⓑ전력. 2 가장 좋고 훌륭함. ⓔ감기에 걸리면 푹 쉬는 게 최선이다. ⓜ최악.

최소[1](最小)[최:소/췌:소] 수나 정도 따위가 가장 작음. ⓔ최소 범위. ⓜ최대.

최소[2](最少)[최:소/췌:소] 양 따위가 가장 적음. ⓔ최소의 비용으로 최대의 이익을 얻다. ⓜ최다.

최소 공배수(最小公倍數) 공배수 중에서 가장 작은 수. ⓜ최대 공약수.

최소한(最小限)[최:소한/췌:소한] 줄일 수 있는 가장 작은 한도. ⓔ피해를 최소한으로 줄이다 / 최소한 이틀은 걸린다. ⓑ최소한도.

최승로(崔承老)〖인명〗고려 초기의 문신. 나라를 다스리는 방법을 28항목으로 나누어 정리하여 왕에게 올리는 등, 고려 왕조의 기틀을 다지는 데 큰 역할을 함. [927-989]

최시형(崔時亨)〖인명〗동학의 제2대 교주. 동학을 널리 알리면서 부패한 관리들을 처벌할 것과 종교의 자유를 주장함. 일본군과 관군에게 쫓기다가 1898년 원주에서 체포되어 처형됨. [1827-1898]

최신(最新)[최:신/췌:신] 가장 새로움. ⓔ최신 기술 / 최신 유행. ⓜ최고.

최신식(最新式)[최:신식/췌:신식] 가장 새로운 방식이나 격식. ⓔ최신식 건물 / 최신식 복사기를 들여놓다.

최신형(最新型)[최:신형/췌:신형] 가장 새로운 모양. ⓔ최신형 자동차.

최악(最惡)[최:악/췌:악] 가장 나쁨. ⓔ최악의 경우 / 기말고사 결과는 최악이다. ⓜ최선.

최영(崔瑩)〖인명〗고려 우왕 때의 장군. 팔도 도통사가 되어 군대를 이끌고 명나라를 치기 위해 나섰으나 이성계의 반란으로 실패하고, 후에 이성계에 의해 죽임을 당하였음. [1316-1388]

최우선(最優先)[최:우선/췌:우선] 어떤 일을 하는 데 가장 먼저 해야 하거나 가장 중요한 것. ⓔ최우선 과제 / 효를 최우선으로 삼다.

최우수(最優秀)[최:우수/췌:우수] 여럿 가운데 가장 뛰어남. ⓔ최우수 선수.

최윤덕(崔潤德)〖인명〗조선 초기의 장군. 세종 1년(1419)에 쓰시마섬을 정벌하고, 여진족을 토벌하는 등 여러 싸움에서 공을 세움. [1376-1445]

최장(最長)[최:장/췌:장] 가장 긺. ⓔ최장 거리 / 최장 시간. ⓜ최단.

최저(最低)[최:저/췌:저] 가장 낮음. ⓔ최저 온도 / 최저 가격. ⓜ최고.

최적(最適)[최:적/췌:적] 가장 알맞음. ⓔ최적의 온도를 유지하다.

최전선(最前線)[최:전선/췌:전선] 적과 맞서는 맨 앞의 전선. ⓔ최전선에 배치되다. ⓑ제일선. 최전방.

최제우(崔濟愚)〖인명〗동학의 창시자. 천도교 제1대 교주. 호는 수운. 37세 때 동학을 창시하였는데, 5년 만에 동학이 세상을 어지럽힌다는 죄목으로 체포되어 사형당함. [1824-1864]

최종(最終)[최:종/췌:종] 맨 나중. ⓔ최종 선택 / 최종 단계에서 탈락하다. ⓜ최초.

최종적(最終的)[최:종적/췌:종적] 맨 나중의 (것). ⓔ최종적 합의를 이끌어 내다 / 최종적인 결론을 내리다.

최첨단(最尖端)[최:첨단/췌:첨단] 유행이나 시대 따위의 맨 앞. ⓔ유행의 최첨단을 걷다 / 최첨단 기술을 선보이다.

***최초**(最初)[최:초/췌:초] 맨 처음. ⓔ우리나라 최초의 대통령. ⓜ최종. 최후.

최충(崔沖)〖인명〗고려 초기의 학자·문신. 문장과 글씨가 뛰어나 '해동공자(고려의 공자라는 뜻)'라 불림. 9재 학당을 세워 많은 인재를 기름. [984-1068]

최충헌(崔忠獻)〖인명〗고려 중기의 무신. 1196년 왕을 몰아내고 정권을 잡음. 그 뒤 동생을 비롯한 많은 무신들을 물리치고 독재 정치를 함. [1149-1219]

최치원(崔致遠)〖인명〗통일 신라 말의 학자이며 문장가. 자는 고운. 12세 때 당나라에 유학하여 과거에 급제하고 황소의 난이 일어나자 격문을 써서 이름을 떨침. 저서에 '계원필경' 등이 있음. [857-?]

최하 (最下) [최ː하 / 췌ː하] 수준이나 등급의 맨 아래. 예최하 점수를 받다. 凹최고. 최상.

최하급 (最下級) [최ː하급 / 췌ː하급] 가장 낮은 정도나 등급. 凹최상급.

최후 (最後) [최ː후 / 췌ː후] **1** 맨 마지막. 맨 뒤. 예최후 수단을 쓰다. 凹최종. 凹최초. **2** 삶의 마지막 순간. 예쓸쓸한 최후를 맞다.

*추 (錘) **1** 무게를 달아 보기 위해 무게가 일정한 쇠뭉치 따위를 끈에 매어단 장치. 예저울에 추를 달다. **2** 시계가 움직이도록 막대에 매달려서 일정하게 왔다갔다하며 흔들리는 장치.

추가 (追加) 나중에 더하여 보탬. 예추가 모집 / 추가 비용 / 예산을 추가하다. **추가하다**.

추격 (追擊) 뒤쫓아 가며 공격함. 예범인을 추격하다. **추격하다**.

추계 (秋季) [추계 / 추게] 가을철. 예추계 운동회. 凹추기.

추곡 (秋穀) 가을에 거두는 곡식. 쌀·보리 따위.

추구 (追求) 목적한 것을 이루기 위해 계속 뒤쫓아 구함. 예이상을 추구하다 / 행복을 추구하다. **추구하다**.

추궁 (追窮) 잘못한 일을 끝까지 캐내어 따짐. 예추궁을 당하다 / 책임을 추궁하다. **추궁하다**.

추근거리다 성가실 정도로 은근히 자꾸 귀찮게 굴다. 凹치근거리다.

추기경 (樞機卿) 로마 가톨릭교회에서, 교황 다음가는 성직자.

추남 (醜男) 얼굴이 못생긴 남자. 凹미남.

추녀¹ 전통 목조 건축에서 처마 네모퉁이의 기둥 위에 끝이 위로 들린 서까래. 또는 그 부분의 처마.

추녀² (醜女) 얼굴이 못생긴 여자. 凹미녀.

*추다 춤 동작을 보이다. 예음악에 맞춰 춤을 추다.

추대 (推戴) 윗사람으로 떠받듦. 예위원장으로 추대하다. **추대하다**.

추도 (追悼) 죽은 사람을 생각하여 슬퍼함. 예추도 예배 / 고인을 추도하다. 凹애도. **추도하다**.

추돌 (追突) 기차·자동차 따위가 뒤에서 들이받음. 예추돌 사고가 발생하다. **추돌하다**.

> 주의 **추돌**과 **충돌**
> **추돌** 뒤에서 들이받음. 뒤쫓아가다 부딪침.
> **충돌** 자동차 따위가 서로 정면으로 부딪침.

추락 (墜落) 높은 곳에서 떨어짐. 예비행기 추락 사고. **추락하다**.

추레하다 차림새가 깨끗하지 못하고 보잘것없다. 예옷차림이 추레하다. 좐초라하다.

추렴 모임이나 놀이 따위에 드는 돈을 각자가 얼마씩 내어 거둠. 예비용을 추렴하다. **추렴하다**.

추리 (推理) 이미 아는 사실을 바탕으로 아직 밝혀지지 않은 것을 미루어 생각함. 예살인 사건을 추리하다. **추리하다**.

추리다 섞여 있는 많은 것 속에서 여럿을 골라 뽑다. 예요점을 추리다 / 작품 중에서 잘된 것만 추리다.

추리 소설 (推理小說) 범죄 사건을 추리하여 해결하는 과정을 다룬 소설.

추모 (追慕) 죽은 사람을 생각하고 그리워함. 예추모 행사. **추모하다**.

추방 (追放) 쫓아내어 멀리함. 몰아냄. 예부정부패를 추방하다 / 해외로 추방하다. **추방하다**.

추분 (秋分) 이십사절기의 하나. 양력 9월 23일경이며, 낮과 밤의 길이가 같음. 凹춘분. [학습마당] 21(652쪽)

추사체 (秋史體) 조선 후기의 명필인 추사 김정희의 글씨체.

추산 (推算) 짐작으로 미루어 셈함. 예10만 명으로 추산되는 피서 인파. **추산하다**.

*추상 (抽象) 여러 사물들에서 공통된 성질을 찾아 일반적인 개념을 만드는 일. 예자동차·비행기·배 따위에서 '탈것'이란 공통점을 찾는 일. 凹구상. **추상하다**.

추상적 (抽象的) **1** 여러 사물들에서 공통된 성질을 찾아 종합한 (것). **2** 구체성이 없고 현실과 동떨어져 막연한 (것). 예추상적이고 복잡한 이야기.

추상화 (抽象畵) 사물을 사실대로 그리지 않고 자신의 생각이나 느낌대로 그리는 그림.

***추석** (秋夕) 우리나라 명절의 하나. 음력 8월 15일이며 햅쌀로 송편을 빚고 햇과일 따위의 음식을 장만하여 차례를 지내고 성묘를 함. 비중추절. 한가위.

추세 (趨勢) 세상일이 되어 가는 형편. 예추세를 따르다.

***추수** (秋收) 가을에 익은 곡식을 거두어들이는 일. 예벼를 추수하다 / 추수가 한창인 가을 들녘. 비가을걷이. 추수하다.

추수 감사절 (秋收感謝節) 기독교에서 가을에 곡식을 거두고 하나님께 감사 예배를 올리는 날.

추스르다 1 치켜올려 잘 다루다. 예바지춤을 추스르다. 2 몸을 가누어 움직이다. 예지친 몸을 추스르다. 3 일 따위를 수습하여 처리하다. [활용] 추슬러 / 추스르니 / 추스르는.

추신 (追伸) 편지 따위에서, 편지 끝에 글을 덧붙일 때에 그 글의 앞에 쓰는 말. 추신하다.

추악하다 (醜惡—) [추아카다] 용모·행동 따위가 더럽고 좋지 않다. 예추악한 얼굴 / 행동이 추악하다.

추앙 (推仰) 높이 받들어 우러러봄. 예영웅으로 추앙하다. 추앙하다.

추어올리다 1 옷이나 물건, 신체 일부 등을 위로 끌어 올리다. 예바지를 추어올리다. 2 실제보다 높여 칭찬하다. 예잘한다고 자꾸 추어올리니까 쑥스러운지 머리를 긁적거렸다. 비추어주다.

추어주다 ⇨추어올리다2.

추어탕 (鰍魚湯) 미꾸라지를 넣고 여러 가지 양념과 함께 얼큰하게 끓인 국. 준추탕.

추억 (追憶) 지난 일을 돌이켜 생각함. 예어린 시절의 추억에 잠기다 / 소중한 추억으로 간직하다. 비추상. 회상. 추억하다.

추월 (追越) 앞서 가는 것을 뒤따라가서 앞지름. 예추월 금지 / 앞차를 추월하다. 추월하다.

***추위** 추운 기운. 또는 추운 날씨. 반더위.

추위를 타다 추위를 잘 느끼고 견디는 힘이 약하다.

추이 (推移) 일이나 형편이 시간이 지남에 따라 변해 감. 예사건의 추이를 지켜보다.

추임새 판소리를 하는 중간에 고수가 흥을 돋우기 위하여 내는 '좋다·으이·얼씨구' 따위의 소리.

추잡하다 (醜雜—) [추자파다] 말이나 행동이 더럽고 지저분하다. 예추잡한 짓 / 추잡하게 굴다.

추장 (酋長) 원시 사회의 부족이나 부락의 우두머리.

추적 (追跡) 1 도망하는 사람의 뒤를 밟아 쫓음. 예범인을 추적하다. 2 사물의 자취를 더듬어 감. 예전화 발신지를 추적하다. 추적하다.

추젓 (秋—) [추젇] 가을철에 잡은 새우로 담근 젓.

추정 (推定) 추측하여 판단함. 미루어 헤아려서 결정함. 예붕괴 원인을 부실 공사로 추정하다. 추정하다.

추종 (追從) 권력이나 남의 뒤를 따라서 쫓음. 예추종 세력 / 타의 추종을 불허하다. 추종하다.

추진 (推進) 1 물체를 밀어 앞으로 내보냄. 예로켓 추진 장치. 2 목표를 향해 밀고 나아감. 예계획대로 일을 추진하다. 추진하다.

추천 (推薦) 좋거나 알맞다고 생각되는 사람이나 물건을 책임지고 소개함. 예사전을 추천하다 / 장학생으로 추천되다. 비천거. 추천하다.

추천서 (推薦書) 추천하는 글을 적은 서류. 예학교장 추천서를 받다. 비추천장.

추첨 (抽籤) 제비를 뽑음. 예당첨자를 추첨하다. 비제비. 추첨하다.

추출 (抽出) 용매를 써서 고체나 액체로부터 어떤 물질을 뽑아내는 일. 예독극물을 추출하다. 추출하다.

추측 (推測) 미루어 헤아림. 예근거 없는 추측 / 그의 추측이 들어맞았다. 비짐작. 추측하다.

추켜들다 힘있게 위로 올려 들다.

예 깃대를 높이 **추켜들다**. [활용] 추켜들어 / 추켜드니 / 추켜드는.

추켜세우다 1 옷깃이나 신체 일부 등을 위로 치올려 세우다. 예 눈썹을 **추켜세우다** / 허리를 꼿꼿이 **추켜세우다**. 2 정도 이상으로 크게 칭찬하다. 예 사람들이 **추켜세우는** 소리에 낯간지러워 고개를 숙이다.

추키다 1 위로 가볍게 치올리다. 예 등에 업은 아이를 **추키다**. 2 힘 있게 위로 끌어 올리거나 채어 올리다. 예 허리춤을 **추키다**.

추태(醜態) 더럽고 부끄러운 태도나 짓. 예 **추태**를 부리다.

추풍령(秋風嶺) [추풍녕] 경상북도 김천과 충청북도 황간 사이에 있는 고개. 경부 고속 도로의 가운데 지점으로, 우리나라 중부와 남부의 경계를 이룸. 높이 221m.

추하다(醜―) 1 옷차림이나 언행 따위가 지저분하고 더럽다. 예 차림새가 **추하다**. 2 외모 따위가 못생겨서 보기에 흉하다. 예 얼굴은 **추하지만** 마음은 곱다.

추호(秋毫) 가을철에 가늘어진 짐승의 털이란 뜻으로, 아주 적거나 조금인 것을 뜻하는 말. 예 고자질할 마음은 **추호**도 없었다.

추후(追後) 일이 지나간 후 얼마 뒤. 예 장소는 **추후**에 알려 주겠다. 비 나중. 다음.

***축**[1](軸) 도형 또는 물체의 중심이 되는 부분.

축[2] 여러 사람으로 이루어진 동아리. 같은 무리나 또래. 예 공부 잘하는 **축**에 든다.

축[3] 말린 오징어 스무 마리의 단위. 예 오징어 한 **축**.

축[4] 물건이 아래로 늘어지거나 처진 모양. 예 어깨가 **축** 처지다.

축가(祝歌) [축까] 축하하는 뜻으로 부르는 노래. 예 결혼 **축가**를 부르다.

***축구**(蹴球) [축꾸] 11명이 한 팀이 되어 공을 발로 차거나 머리로 받아서 상대 골에 공을 많이 넣는 것으로 승부를 겨루는 경기. ⇒soccer.

축나다(縮―) [충나다] 1 일정한 수나 양에서 부족이 생기다. 예 돈이 **축나다**. 2 몸이 약해져서 살이 빠지다. 예 몸이 **축나다**. 비 축지다.

축농증(蓄膿症) [충농쯩] 콧속에 고름이 고이는 질병. 코가 막히고 두통이 나며, 건망증이 생김.

축대(築臺) [축때] 높이 쌓아 올린 대나 터. 예 **축대**를 쌓다.

축도(縮圖) [축또] 실제 크기보다 작게 줄여 그린 그림.

축문(祝文) [충문] 제사 때 신령에게 고하는 내용을 적어 읽는 글. 예 **축문**을 읽다. 준 축.

축배(祝杯) [축빼] 축하하는 뜻으로 마시는 술. 또는 그 술잔. 예 **축배**를 들다.

축복(祝福) [축뽁] 앞으로의 행복을 빎. 예 **축복**을 받다 / 앞날을 **축복**하다. 비 축하. 반 저주. **축복하다**.

축사[1](畜舍) [축싸] 가축을 기르는 건물.

축사[2](祝辭) [축싸] 축하하는 뜻의 말이나 글. 예 **축사**를 낭독하다.

축산(畜産) [축싼] 가축을 길러 생활에 필요한 것들을 얻는 일. 예 **축산** 농가 / **축산** 정책.

축산물(畜産物) [축싼물] 고기·가죽·젖·달걀 따위의, 가축을 길러서 얻는 물품.

축산업(畜産業) [축싸넙] 가축을 기르고 그 생산물을 가공하는 산업.

축소(縮小) [축쏘] 모양이나 규모 따위를 줄여서 작게 함. 예 **축소** 복사 / 100,000분의 1로 **축소**한 지도. 반 확대. **축소하다**.

축원(祝願) [추권] 부처나 신에게 바라는 일이 이루어지기를 비는 일. 예 **축원**을 올리다 / 아들의 성공을 **축원**하다. **축원하다**.

축음기(蓄音機) [추금기] 레코드에 녹음한 노래나 소리 따위를 재생하는 장치. 비 유성기.

축의금(祝儀金) [추긔금 / 추기금] 잔치나 예식을 축하하는 뜻으로 내는 돈.

축이다 [추기다] 물 따위에 적셔 축축하게 하다. 예 목을 **축이다**.

축재(蓄財) [축째] 재물을 모아 쌓음. 예 부정 **축재**. **축재하다**.

축적(蓄積) [축쩍] 지식·경험·자금

따위를 많이 모아서 쌓음. 또는 모아서 쌓은 것. 예 경험을 축적하다 / 피로가 축적되다. **축적하다**.

축전¹ (祝典) [축쩐] 축하하는 의식이나 행사. 예 개막 축전 행사.

축전² (祝電) [축쩐] 축하하는 뜻으로 보내는 전보. 예 축전을 치다.

축제 (祝祭) [축쩨] 축하하여 벌이는 큰 규모의 행사. 예 개교 기념 축제 / 축제가 열리다 / 온 도시가 축제 분위기에 싸이다.

축조 (築造) [축쪼] 돌이나 벽돌 따위로 건물이나 구조물을 쌓아 만드는 일. 예 성곽을 축조하다. **축조하다**.

축척 (縮尺) 지도나 설계도를 그릴 때 실제 거리를 축소한 비율. 예 축척 50,000분의 1 지도. 비 줄인자.

축축이 [축추기] 축축하게. 예 땀에 옷이 축축이 젖다.

축축하다 [축추카다] 물기가 약간 있어서 젖은 듯하다. 예 빨래가 덜 말라서 축축하다. 젂 촉촉하다.

축포 (祝砲) 축하의 뜻으로 쏘는 총이나 대포.

축하 (祝賀) [추가] 남의 좋은 일에 기쁘고 즐겁다는 뜻으로 인사함. 또는 그 인사. 예 생일 축하 선물 / 친구들에게 축하를 받다. 비 축복. **축하하다**.

춘곤 (春困) 봄철에 느끼는 나른한 기운.

춘분 (春分) 이십사절기의 하나. 양력 3월 21일경이며, 낮과 밤의 길이가 같음. 비 추분. → [학습마당] 21(652쪽)

춘삼월 (春三月) [춘사뭘] 봄 경치가 가장 좋은 음력 삼월.

춘천 (春川) 〖지명〗 강원도의 도청 소재지로 소양강과 북한강이 만나는 곳에 위치한 호반 도시. 도내 행정·산업·문화의 중심지로 쌀·콩·소·임산물의 집산지임.

춘추 (春秋) 1 봄과 가을. 2 어른의 나이를 높여 일컫는 말. 비 연세.

춘풍 (春風) ⇨ 봄바람.

춘하추동 (春夏秋冬) 봄·여름·가을·겨울의 네 계절.

춘향가 (春香歌) 춘향전을 창극조로 엮어 부른 판소리.

춘향전 (春香傳) 〖책〗 한국 고대 소설의 대표적 작품. 작자는 알려지지 않음. 주인공 성춘향과 이몽룡의 사랑 이야기를 중심으로 특권 계급에 대한 천민의 항거와 춘향의 정절 등을 주제로 함.

출가¹ (出家) 속세를 떠나 승려가 됨. **출가하다**.

출가² (出嫁) 처녀가 결혼을 하는 것. 예 출가한 딸. **출가하다**.

출가외인 (出嫁外人) [출가외인 / 출가웨인] 결혼한 딸은 남이나 마찬가지라는 뜻.

출간 (出刊) ⇨ 출판. 예 백과사전을 출간하다. **출간하다**.

출감 (出監) 구치소나 교도소 등에서 풀려나옴. 비 출옥. **출감하다**.

출격 (出擊) 주로 항공기가 적을 공격하러 나감. 예 출격 명령. **출격하다**.

출구 (出口) 밖으로 나가는 곳. 예 비상 출구. 반 입구.

출국 (出國) 그 나라를 떠나 외국으로 나감. 예 출국 수속 / 출국 금지 명령을 내리다. 반 입국. **출국하다**.

출근 (出勤) 일터로 일하러 감. 예 출근 시간 / 회사에 출근하다. 반 퇴근. **출근하다**.

출납 (出納) [출랍] 논이나 물품을 내어 주거나 받아들임. 예 출납을 맡아보다. **출납하다**.

출동 (出動) [출똥] 군대·경찰·소방대 등이 일정한 목적을 실행하기 위해 현장으로 감. 예 119 구조대가 출동하다. **출동하다**.

출두 (出頭) [출뚜] 어떤 곳에 직접 나감. 예 자진 출두 / 경찰서에 출두하다. **출두하다**.

출렁거리다 물 따위가 큰 물결을 이루며 자꾸 흔들리다. 예 바닷물이 출렁거리다. 젂 촐랑거리다.

출력 (出力) 1 컴퓨터에서, 입력된 데이터와 프로그램에 의해 처리되어 나오는 정보. 2 발전기·변압기·엔진이 일을 할 수 있는 에너지의 양. 반 입력. **출력하다**.

출력 장치 (出力裝置) 컴퓨터의 중앙 처리 장치로부터 처리 결과를 보여 주는 모니터·프린터 따위의 장치. 반 입력 장치.

출마 (出馬) 선거 등에 입후보자로 나섬. [예] 회장 선거에 출마하다. **출마하다.**

출몰 (出沒) 무엇이 나타났다 사라졌다 함. [예] 해적의 출몰이 잦다 / 귀신이 출몰하다. **출몰하다.**

***출발** (出發) 1 목적지를 향해 길을 떠남. [예] 학교를 향해 출발하다. [반] 도착. 2 어떤 일을 시작함. [예] 대학생으로 새 출발을 시작하다. **출발하다.**

출발선 (出發線) [출발썬] 경주할 때, 출발하는 자리에 그어 놓은 선.

출범 (出帆) 1 배가 돛을 달고 항구를 떠남. 2 어떤 단체가 새로 조직되어 일을 시작함. [예] 새 정부가 출범하였다. **출범하다.**

출산 (出産) [출싼] 아기를 낳음. [예] 출산 휴가. **출산하다.**

출생 (出生) [출쌩] 세상에 태어남. [예] 출생 신고 / 출생 연월일. [비] 출산. [반] 사망. **출생하다.**

출생률 (出生率) [출쌩뉼] 전체 인구에 대한 일정한 기간에 태어난 아이의 비율. [예] 출생률이 낮아지다.

출석 (出席) [출썩] 어떤 자리에 나아가 참석함. [예] 출석 인원 / 출석을 부르다. [반] 결석. **출석하다.**

출세 (出世) [출쎄] 사회적으로 높은 지위에 오르거나 유명하게 됨. [예] 출세가 빠르다. **출세하다.**

출소 (出所) [출쏘] 교도소에서 형을 마치고 풀려나옴. [예] 만기 출소. **출소하다.**

출신 (出身) [출씬] 1 출생 당시의 가정이 속하여 있던 사회적 신분. [예] 양반 출신. 2 어떤 지방이나 학교, 직업 등과 관계된 신분. [예] 서울 출신 / 군인 출신.

출연 (出演) [추련] 방송·영화·연극·강연 따위에 나와 연기함. [예] 찬조 출연 / 영화에 출연하다. **출연하다.**

출옥 (出獄) [추록] 형기를 마치고 교도소에서 나옴. [비] 출감. **출옥하다.**

출입 (出入) [추립] 나감과 들어옴. 드나듦. [예] 출입 금지 / 출입이 자유롭다. **출입하다.**

출입구 (出入口) [추립꾸] 드나드는 어귀나 문.

출입문 (出入門) [추림문] 드나드는 문. [예] 출입문이 열리다.

출장[1] (出張) [출짱] 볼일을 위해 임시로 다른 곳으로 나감. [예] 지방에 출장 가다.

출장[2] (出場) [출짱] 선수가 경기를 하러 경기장에 나감. [예] 출장 정지 처분을 당하다 / 3년 연속 대회에 출장하다. **출장하다.**

출전[1] (出戰) [출쩐] 1 전쟁터로 싸우러 나감. [예] 출전 명령을 내리다. 2 시합·경기 따위에 나감. [예] 축구 경기에 출전하다. **출전하다.**

출전[2] (出典) [출쩐] 인용한 글 따위의 근거가 되는 책. [예] 출전을 밝히다.

출정 (出征) [출쩡] 군인으로서 싸움터에 나감. [예] 출정 군인. **출정하다.**

출제 (出題) [출쩨] 시험 문제를 냄. [예] 출제 위원 / 출제 범위가 넓다. **출제하다.**

출중하다 (出衆一) [출쭝하다] 여러 사람 속에서 특별히 뛰어나다. [예] 출중한 인물.

출처 (出處) 사물이나 말 따위가 나온 근거. [예] 출처를 캐다.

출출하다 배가 고픈 느낌이 있다. [예] 출출한 김에 맛있게 먹었다.

출타 (出他) 집에 있지 않고 다른 곳에 나감. [예] 담당 직원은 출타 중이다.

출토 (出土) 고대의 유물이나 유적이 땅속에서 나옴. [예] 토기가 출토되다. **출토하다.**

출퇴근 (出退勤) [출퇴근 / 출퉤근] 출근과 퇴근. [예] 출퇴근 버스 / 출퇴근 시간이 일정하다. **출퇴근하다.**

출판 (出版) 글·그림 따위를 책으로 만들어 세상에 내놓음. [예] 도서 출판 / 자서전을 출판하다. [비] 출간. **출판하다.**

출판사 (出版社) 출판을 업으로 하는 회사. [예] 사서 전문 출판사.

출품 (出品) 전람회·전시회 같은 곳에 물건이나 작품을 내놓음. [예] 전람회에 출품된 작품. **출품하다.**

출하 (出荷) 1 짐이나 상품 따위를 내어보냄. [예] 출하를 미루다. 2 생산자가 생산품을 시장으로 내보냄. [예] 출하 가격. [반] 입하. **출하하다.**

출항 (出港) 배가 항구를 떠남. [예] 출

출현 (出現) 없었거나 숨겨져 있던 사물이나 현상이 나타남. 예 미확인 비행 물체가 출현하다. **출현하다**.

출혈 (出血) 1 피가 혈관 밖으로 나옴. 예 출혈이 심하다. 2 손해나 희생을 비유적으로 이르는 말. 예 출혈을 감수하다. **출혈하다**.

*__춤__ 음악에 맞추거나 흥에 겨워 팔다리를 이리저리 놀리며 온몸을 움직이는 동작. 예 음악에 맞춰 춤을 추다. 비 무도. 무용.

춤곡 (一曲) 춤을 출 때 맞추어 추도록 작곡된 곡. 비 무곡.

춤사위 민속 무용에서, 춤의 기본이 되는 손이나 발 등의 일정한 움직임.

*__춤추다__ 춤을 동작으로 나타내다. 예 노래하고 춤추다. ○ dance

*__춥다__ [춥따] 몸으로 느끼기에 기온이 낮거나 날씨가 차다. 예 날씨가 으스스하게 춥다. 반 덥다. [활용] 추워 / 추우니.

충 (忠) 국민이 나라와 임금을 위하는 마음.

충격 (衝擊) 1 마음에 받은 심한 자극이나 영향. 쇼크. 예 정신적인 충격을 주다. 2 물체에 급격히 가해지는 힘. 예 충격을 받다.

충격적 (衝擊的) [충격쩍] 충격을 받을 만한 (것). 예 충격적인 뉴스.

충고 (忠告) 진심으로 남의 잘못이나 결점을 고치도록 타이름. 예 진심 어린 충고. **충고하다**. ○ advice

충당 (充當) 모자라는 것을 채워 메움. 예 인력을 충당하다. **충당하다**.

충돌 (衝突) 서로 맞부딪치거나 맞섬. 예 충돌 사고 / 의견이 충돌하다. **충돌하다**. → 추돌 [주의]

충동 (衝動) 1 남을 부추기거나 들쑤시어 움직이게 함. 예 앞장서도록 충동하다. 2 순간적으로 어떤 행동을 하려는 마음의 움직임. 예 충동을 억제하다. **충동하다**.

충동적 (衝動的) 순간적으로 어떤 행동을 하려는 욕구가 갑작스럽게 일어나는 (것). 예 충동적인 행동.

충렬왕 (忠烈王) [충녈왕] 〖인명〗 고려 제25대 임금. 원나라에 굴복하여 세조의 공주와 결혼하였으며, 원나라의 간섭을 심하게 받았음. [1236-1308 ; 재위 1274-1308]

충만하다 (充滿一) 가득 차다. 예 얼굴에 기쁨이 충만하다.

충무공 (忠武公) 이순신 장군처럼 나라에 무공을 세워 죽은 뒤 그 공을 높이 기리기 위해 임금이 내린 호.

충복 (忠僕) 1 충성스러운 남자 종. 2 어떤 사람을 충직하게 받들어 모시는 사람.

*__충분하다__ (充分一) 모자람이 없이 넉넉하다. 예 충분한 증거를 확보하다 / 그만하면 사윗감으로 충분하다. 반 불충분하다.

*__충분히__ (充分一) 충분하게. 예 충분히 검토하다.

충성 (忠誠) 진정에서 우러나오는 정성. 예 충성을 바치다 / 나라에 충성하다. 비 충의. 충절. 반 불충. **충성하다**.

충성스럽다 (忠誠一) [충성스럽따] 충성을 다하는 태도가 있다. 예 임금에게 충성스러운 신하. [활용] 충성스러워 / 충성스러우니.

충성심 (忠誠心) 충성스러운 마음. 예 충성심이 강하다.

충신 (忠臣) 정성을 다하여 나라와 임금을 섬기는 신하. 예 충신은 두 임금을 섬기지 않는다. 반 간신.

충실[1] (充實) 내용·설비 따위가 알참. 예 내용이 충실한 사전. **충실하다**. **충실히**.

충실[2] (忠實) 마음이 곧아 충성스럽고 성실함. 예 맡은 일에 충실하다. **충실하다**. **충실히**.

충심[1] (忠心) 충성스러운 마음.
충심[2] (衷心) 마음에서 우러나오는 참된 마음. 예 충심으로 환영하다. [참고] 주로 '충심으로'의 꼴로 쓰임.

충원 (充員) 모자라는 사람의 수를 채움. 예 인력 충원. **충원하다**.

충전 (充電) 축전지 따위에 전기를 채우는 일. 예 휴대폰 배터리를 충전하다. 반 방전. **충전하다**.

충전기 (充電器) 전기 장치에 전기를 채워 넣는 데 쓰는 기구.

충절 (忠節) 충성스러운 절개와 의리. 예 충절을 지키다.

충정 (衷情) 마음에서 우러나오는 참된 정. ⑩충정으로 권고하다.

충족 (充足) 1 넉넉하게 채워 모자람이 없게 함. ⑩욕구를 충족시키다. 2 모자람이 없음. ⑩**충족**한 생활. **충족하다. 충족히.**

충주 (忠州) 〖지명〗 충청북도의 한 시. 수력 발전소가 있고, 담배 재배지로 유명함.

충주 댐 (忠州dam) 충청북도 충주시에 있는 다목적 콘크리트 댐. 수력 발전을 하며, 경인 지구를 포함한 한강 유역에 물을 대어 줌.

충직하다 (忠直—) [충지카다] 충성스럽고 곧다. ⑩**충직**한 신하.

충천하다 (衝天—) 1 하늘을 찌를 듯이 공중으로 높이 솟아오르다. ⑩화염이 **충천**하다. 2 기개·기세 따위가 북받쳐 오르다. ⑩사기가 **충천**하다.

충청남도 (忠淸南道) 〖지명〗 우리나라의 한 도. 한반도 중부의 남서쪽에 위치함. 넓은 평야가 많아서 농업이 발달하였음. 도청 소재지는 홍성. 줄 충남.

충청도 (忠淸道) 〖지명〗 충청남도와 충청북도를 아울러 이르는 말.

충청북도 (忠淸北道) [충청뿍또] 〖지명〗 우리나라의 한 도. 한반도 가운데에 있으며, 바다와 맞닿은 곳이 없음. 지하자원이 풍부하며 광공업과 시멘트 공업이 발달함. 도청 소재지는 청주. 줄 충북.

충치 (蟲齒) 벌레 먹은 이. ⑩단것을 많이 먹어서 어금니에 **충치**가 생겼다. 비삭은니.

충혈 (充血) 몸의 어느 한 부위에 피가 지나치게 많이 몰린 상태. ⑩눈이 **충혈**되다.

충효 (忠孝) 충성과 효도.

췌장 (膵臟) [쉐:장] 위와 간 부근에 있는 기관. 길이는 약 15cm이고, 탄수화물·단백질·지방 따위를 삭이는 효소를 냄. 비이자.

취급 (取扱) [취:급] 1 물건을 다룸. ⑩**취급** 주의. 2 사람이나 사건을 어떤 태도로 대하거나 처리함. ⑩바보 **취급**을 당하다 / 강력 사건을 **취급**하다. **취급하다.**

취나물 참취의 잎을 삶아 쇠고기, 파, 기름, 깨소금 따위의 양념을 쳐서 볶은 나물.

취득 (取得) [취:득] 자기 것으로 만들어 가짐. ⑩학위 **취득** / 운전면허증을 **취득**하다. **취득하다.**

취락 (聚落) [취:락] 사람들이 모여 사는 곳. 인가가 모여 있는 곳.

*취미 (趣味) [취:미] 1 즐기거나 좋아하여 하는 일. ⑩**취미** 생활을 하다. 2 아름다움이나 멋을 감상하고 이해하는 능력. ⊃hobby

취사 (炊事) [취:사] 음식을 만드는 일. ⑩**취사** 금지 구역 / **취사**를 담당하다. **취사하다.**

취소 (取消) [취:소] 약속하거나 발표했던 것을 없었던 것으로 함. ⑩점심 약속을 **취소**하다. **취소하다.**

취약 (脆弱) [취:약] 무르고 약함. ⑩**취약** 과목. **취약하다.**

취업 (就業) [취:업] ⇨취직. ⑩은행에 **취업**하다. 반실업. **취업하다.**

취임 (就任) [취:임] 맡은 자리에 처음으로 나아가 일을 봄. ⑩교장으로 **취임**하다. 반이임. **취임하다.**

취입 (吹入) [취:입] 1 공기 따위를 불어 넣음. 2 레코드·녹음테이프 따위에 소리나 목소리를 녹음함. ⑩신곡을 **취입**하다. **취입하다.**

취재 (取材) [취:재] 작품이나 기사 따위의 재료를 조사하여 얻음. ⑩**취재** 기자 / **취재** 경쟁을 벌이다 / 시위 현장을 **취재**하다. **취재하다.**

취재진 (取材陣) [취:재진] 취재하는 기자들의 무리. ⑩회담장에 **취재진**이 몰려들다.

취조 (取調) [취:조] 범죄 사실을 밝히기 위해 죄인이나 혐의자를 조사함. 비문초. **취조하다.**

취주악 (吹奏樂) [취:주악] 금관 악기·목관 악기를 주체로 하고 타악기를 곁들여 연주하는 음악.

취중 (醉中) [취:중] 술에 취한 동안.

취지 (趣旨) [취:지] 근본이 되는 중요한 뜻. ⑩**취지**를 설명하다.

취직 (就職) [취:직] 일자리를 얻음. ⑩**취직** 시험 / 신문사에 **취직**하다. 비취업. 반실직. **취직하다.**

취침 (就寢) [취:침] 잠자리에 들어 잠을 잠. 예취침 시간. 吧기상. **취침하다.**

취타 (吹打) [취:타] 예전에 군대에서, 관악기와 타악기로 연주하던 일. 또는 그런 군악. 대취타와 소취타의 두 가지가 있음. **취타하다.**

취하 (取下) [취:하] 신청했던 일이나 서류 등을 도로 거두어들임. 예고소를 취하하다. **취하하다.**

취하다¹ (醉一) [취:하다] 1 어떤 기운으로 정신이 흐려지고 몸을 제대로 움직일 수 없게 되다. 예잠에 취하다/약 기운에 취하여 잠만 자다. 2 무엇에 열중하여 정신을 빼앗기다. 예음악에 취하다.

***취하다**² (取一) [취:하다] 1 자기의 것으로 만들어 가지다. 예영양을 취하다/휴식을 취하다. 2 어떤 행동을 하거나 자세를 보이다. 예분명한 태도를 취하다/연락을 취하다. 3 방법 등을 쓰거나 연구하다. 예조처를 취하다.

취학 (就學) [취:학] 학교에 입학하여 공부함. 예취학 아동. **취학하다.**

취항 (就航) [취:항] 배나 비행기가 항로에 오름. 예국제선 신규 취항. **취항하다.**

취향 (趣向) [취:향] 하고 싶은 마음이 생기는 방향. 예취향이 다르다/취향에 맞게 골라 먹다.

측 (側) 어느 한쪽. 예우리 측/젊은 측/학교 측의 의견.

측간 (廁間) [측깐] 뒷간. 변소.

측근 (側近) [측끈] 1 곁의 가까운 곳. 예측근에서 모시다. 2 곁에서 가까이 모시는 사람. 본측근자.

측량 (測量) [층냥] 1 기계를 써서 물건의 높이·길이·넓이 등을 잼. 예수심을 측량하다. 2 생각하여 헤아림. 예그의 마음을 측량할 수가 없다. 吧측정. **측량하다.**

측면 (側面) [층면] 1 ⇨옆면. 예측면을 공격하다. 2 사실이나 현상의 한 부분. 예교육적인 측면.

측면도 (側面圖) [층면도] 물체의 옆면에서 바라본 그림.

측백나무 (側柏一) [측빽나무] 정원수나 울타리용으로 심는 늘푸른나무. 잎은 작은 비늘 모양으로 밀집하여 나고 4월에 꽃이 핌. 잎과 열매는 약으로 씀.

측우기 (測雨器) [츠구기] 조선 세종 23년(1441)에 만든, 비가 내린 양을 재는 기구.

측은하다 (惻隱一) [츠근하다] 가엾고 불쌍하다. 예딱한 사정을 듣고 보니 측은한 생각이 들었다.

측은히 (惻隱一) [츠근히] 측은하게. 예측은히 바라보다.

***측정** (測定) [측쩡] 어떤 양의 크기를 기계나 장치를 써서 어떤 단위를 기준으로 하여 잼. 예음주 측정/거리를 측정하다. 吧측량. **측정하다.**

측정값 (測定一) [측쩡깝] 측정해서 얻은 수치.

측정기 (測定器) [측쩡기] 측정하는 데 쓰이는 기구나 기계.

***층** (層) 1 사물이 서로 같지 않아 생긴 차이. 예두 사람의 실력은 층이 심하다. 2 건물에서, 같은 높이를 이루는 부분. 예꼭대기 층/같은 층에 살다. 3 여러 겹으로 지은 건물에서, 같은 높이의 켜를 세는 말. 예지상 20층 빌딩/25층 아파트.

층간 소음 (層間騷音) 아파트와 같은 공동 주택에서 아랫집에 들리는 윗집의 생활 소음.

층계 (層階) [층계/층게] 걸어서 층 사이를 오르내릴 수 있게 만든 설비. 예층계를 오르다. 吧계단.

층지다 (層一) 층이 나 있다. 예머리를 층지게 깎다.

층층대 (層層臺) ⇨층계.

층층이 (層層一) 1 여러 층으로 겹겹이. 예돌을 층층이 쌓아 올리다. 2 층마다. 예층층이 화분을 놓다.

치¹ (齒) ⇨이¹1.

치(가) 떨리다 몹시 분하거나 지긋지긋하다. 예그 일을 생각하면 지금도 치가 떨린다.

치² 일정한 몫이나 양. 예이틀 치 양식/한 달 치의 임금이 밀리다.

치³ 길이의 단위. 한 자의 10분의 1.

약 3cm.
치⁴ 못마땅하거나 아니꼽거나 화날 때 내는 소리. ⓔ치, 제까짓 게 뭔데.
-치 '하지'의 준말. ⓔ만만치 않다. →-지 주의

치과 (齒科) [치꽈] 이를 전문적으로 치료·교정하는 의학의 한 분야.

*__치다¹__ 바람·눈보라·물결·번개 따위가 세차게 움직이다. ⓔ파도가 치다 / 눈보라가 치다.

*__치다²__ 1 손이나 물건을 가지고 무엇을 때리다. ⓔ뺨을 치다. 2 소리를 내려고 무엇을 때리거나 두드리다. ⓔ피아노를 치다. 3 공격하다. ⓔ적을 치다. 4 몸·손·발·날개 따위를 심하게 움직이다. ⓔ몸부림을 치다 / 헤엄을 치다. 5 손이나 물건으로 놀이나 운동을 하다. ⓔ배드민턴을 치다.

치다³ 1 점·줄을 나타내어 표시하다. ⓔ중요한 단어에 밑줄을 치다. 2 우선 셈을 잡아 놓다. ⓔ속는 셈 치고 따라가다.

*__치다⁴__ 1 적은 분량의 액체를 따르거나 가루 따위를 뿌려 넣다. ⓔ식초를 치다 / 소금을 치다. 2 체질을 하여 고운 가루를 뽑아내다. ⓔ밀가루를 체에 치다.

*__치다⁵__ 1 그물·발·줄 따위를 펴서 벌여 놓다. ⓔ장막을 치다 / 밧줄을 치다. 2 칸막이·벽 따위를 둘러서 세우다. ⓔ병풍을 치다 / 담을 치다. 3 소리를 기세 있게 내다. ⓔ고함을 치다 / 호통을 치다. 4 좋지 않은 짓을 저지르다. ⓔ사고를 치다 / 뺑소니를 치다. 5 몸을 흔들어 진저리를 몹시 내다. ⓔ진저리 치다.

치다⁶ 1 가축을 기르다. ⓔ돼지를 치다. 2 식물이 가지를 내돋게 하다. ⓔ가지를 치기 시작하다. 3 동물이 새끼를 낳다. ⓔ새끼를 치다. 4 돈을 받고 남을 묵게 하다. ⓔ손님을 치다 / 하숙을 치다. 5 지저분한 물건을 파내거나 옮겨서 그 자리를 말끔하게 하다. ⓔ눈을 치다 / 쓰레기를 치다. 6 차나 수레 따위가 사람을 강한 힘으로 부딪고 지나가다. ⓔ자동차가 사람을 치다.

치닫다 [치닫따] 1 위로 향해 달리거나 달려 올라가다. 2 어떤 방향으로 힘차고 빠르게 나아가다. ⓔ골을 향해 힘차게 치달았다. 활용 치달아 / 치들으니 / 치닫는.

치뜨다 눈을 위쪽으로 뜨다. ⓔ눈을 매섭게 치뜨다. 반 내리뜨다. 활용 치떠 / 치뜨니.

치레 1 잘 매만져서 모양을 내는 일. ⓔ치레에 공을 들이다. 2 무슨 일에 실속보다 겉을 보기 좋게 꾸며 드러냄. ⓔ실속 없이 치레에만 치우친 행사였다. 치레하다.

*__치료__ (治療) 병이나 상처 따위에 손을 써서 낫게 함. ⓔ응급 치료 / 불에 덴 곳을 치료하다. 치료하다.

치료실 (治療室) 병원 등에서 환자를 치료하는 곳. ⓔ집중 치료실 / 물리 치료실.

치료제 (治療劑) 병 따위를 치료하기 위하여 쓰는 약제. ⓔ신경통 치료제 / 여드름 치료제.

*__치르다__ 1 주어야 할 돈을 내어 주다. ⓔ값을 치르다. 2 어떤 일을 겪다. ⓔ시험을 치르다. 활용 치러 / 치르니.

*__치마__ 여자의 아랫도리에 입는 겉옷. 반 저고리. ⊃ skirt

치마저고리 여자들이 입는 한복 치마와 저고리.

치마폭 (一幅) 천을 이어 대어서 만든 치마의 너비.

치맛바람 [치마빠람 / 치맏빠람] 1 치맛자락이 움직이는 서슬. 2 여자의 극성스러운 활동의 비유. ⓔ몇몇 엄마들이 치맛바람을 일으켰다.

치맛자락 [치마짜락 / 치맏짜락] 치마폭이 늘어진 부분.

치매 (癡呆) 뇌세포가 손상되어 지능·의지·기억 따위가 사라지는 병. 주로 노인에게 나타남. ⓔ치매에 걸리다.

치명상 (致命傷) [치:명상] 1 목숨이 위험할 정도의 큰 상처. ⓔ치명상을 입다. 2 회복할 수 없을 정도의 큰 타격. ⓔ이 일이 그에게 치명상이 됐다.

치명적 (致命的) [치:명적] 죽음·멸망에 이를 만큼 결정적인 (것). ⓔ치명적인 사건에 휘말리다.

치밀다 1 아래에서 위로 힘차게 솟아 오르다. 2 어떤 감정이나 생각 따위가 세차게 일어나다. ⓔ울화가 치밀다. 3

위로 밀어 올리다. 閉내리밀다. 활용치밀어 / 치미니 / 치미는.

치밀하다 (緻密—) 1 자세하고 꼼꼼하다. 예치밀한 성격. 2 아주 곱고 빽빽하다. 예무늬가 치밀하다.

치받다 [치받따] 세게 들이받다. 예과속하던 차가 앞차를 치받았다.

치부 (恥部) 남에게 알리고 싶지 않은 부끄러운 부분.

치사¹ (致死) [치:사] 죽음에 이르게 함. 예과실 치사. 치사하다.

치사² (致謝) [치:사] 고맙다는 뜻을 나타냄. 예하객들에게 치사의 말을 하다. 치사하다.

치사랑 손윗사람을 사랑함. 또는 그런 사랑. 閉내리사랑.

치사량 (致死量) [치:사량] 죽음에 이르게 할 정도로 많은 약물의 양.

치사하다 (恥事—) 행동이나 말 따위가 쩨쩨하고 남부끄럽다. 예치사하게 매달리고 싶지 않다.

치석 (齒石) 이의 안팎이나 틈에 침에서 분비된 석회분이 엉겨 붙어 단단하게 굳어진 물질.

치성 (致誠) [치:성] 1 있는 정성을 다함. 2 신이나 부처에게 정성을 다하여 빎. 예치성을 드리다. 치성하다.

치솟다 [치솓따] 위로 힘차게 솟다. 예치솟는 불길.

*__치수__ (—數) 물건의 길이나 크기. 예발 치수 · 옷 치수를 재다.

치아 (齒牙) '이'¹¹'를 점잖게 이르는 말. 예치아가 가지런하다.

치안 (治安) 1 나라를 편안하게 다스림. 또는 그런 상태. 2 국가 사회의 안녕과 질서를 유지하고 보전함. 예치안 유지.

치약 (齒藥) 이를 닦는 데 쓰는 약.

치열 (熾烈) 기세나 세력이 불길같이 세차고 사나움. 예치열한 경쟁. 치열하다. 치열히.

치외 법권 (治外法權) 다른 나라의 영토 안에 있으면서 그 나라의 지배를 받지 아니하는 국제법에서의 권리.

치욕 (恥辱) 부끄러움과 욕됨. 예치욕을 느끼다.

*__치우다__ 1 물건을 다른 데로 옮기다. 예의자를 치우다. 2 청소하거나 정리하다. 예방을 치우다. 중치다.

치우치다 균형이 맞지 않고 한쪽으로 쏠려 있다. 예감정에 치우치다. 閉쏠리다.

치유 (治癒) 병을 치료하여 낫게 함. 치유하다.

치읓 [치은] 한글 자모 'ㅊ'의 이름. 발음치읓이 [치으시] / 치읓을 [치으슬] / 치읓에 [치으세].

치이다 덫이나 무거운 물건에 부딪히거나 눌리다. 예자동차에 치이다. 중치다.

치자나무 (梔子—) [치:자나무] 꼭두서닛과에 속하는 상록 활엽 관목. 높이 2-3m가량으로 6월에 흰 꽃이 핌. 열매는 '치자'라 하여 약재나 염료로 씀.

치장 (治粧) 잘 매만져서 곱게 꾸밈. 예아름답게 치장한 배우. 閉단장. 치장하다.

치졸하다 (稚拙—) 유치하고 졸렬하다. 예치졸한 생각.

치중 (置重) [치:중] 어떤 것에 특히 중점을 둠. 예공부에 치중하다. 치중하다.

치즈 (cheese) 우유 속에 있는 단백질을 뽑아 굳혀 발효시킨 식품.

치질 (痔疾) 항문의 안팎에 생기는 병을 통틀어 이르는 말.

치켜들다 위로 올려 들다. 예손을 번쩍 치켜들다. 활용치켜들어 / 치켜드니 / 치켜드는.

치켜세우다 1 옷깃이나 신체 일부 따위를 위로 올려 세우다. 예엄지를 치켜세우다. 2 정도 이상으로 칭찬하다. 예애국자라고 치켜세우다.

치키다 위로 끌어 올리다. 예바지를 치켜 입다.

치킨 (chicken) 토막을 낸 닭에 밀가루 등을 묻혀 기름에 튀기거나 구운 음식.

치타 (cheetah) 고양잇과에 속하는 표범의 하나. 몸길이 1.4m 정도로, 다리는 가늘고 길며 귀는 짧음. 몸빛은 황갈색이며 둥근 검은색 무늬가 있음. 짐승 중 가장 빨리 달림.

치통 (齒痛) 이가 쑤시거나 아픈 증세. 閉이앓이.

치하¹ (治下) 다스리는 범위의 안.

일제 치하.

치하²(致賀) [치:하] 남의 좋은 일에 대하여 축하함. 예공로를 치하하다. **치하하다.**

칙칙폭폭 증기 기관차가 달릴 때 연기를 뿜으면서 내는 소리.

칙칙하다 [칙치카다] 빛깔이 맑지 못하고 컴컴하고 어둡다. 예칙칙한 옷.

친가(親家) 아버지쪽 집안. 예친가와 외가 / 친가 쪽 친척. 凹외가.

*친구(親舊) 오래 두고 가깝게 사귄 벗. 예친구와 다투다 / 친구를 사귀다. 凹벗. 동무. 친우. ⊃friend

친권(親權) [친꿘] 부모가 미성년인 자식에 대해 가지는, 신분상·재산상의 여러 권리와 의무.

친근감(親近感) 친근한 느낌. 예친근감을 주다 / 친근감이 들다.

친근하다(親近—) 사이가 매우 가깝고 다정하다. 예형제처럼 친근한 사이 / 이웃과 친근하게 지내다.

친목(親睦) 서로 친하여 뜻이 맞고 정다움. 예친목을 도모하다. **친목하다.**

친밀감(親密感) 사이가 매우 친하고 가까운 느낌. 예처음 본 사이인데도 오래전부터 알고 지낸 친구처럼 친밀감이 든다.

친밀하다(親密—) 서로 지내는 사이가 아주 가깝고 친하다. 예친밀하게 지내다.

친부모(親父母) 자기를 낳은 아버지와 어머니. 凹실부모. 친어버이.

친분(親分) 매우 가깝게 느끼는 따뜻한 마음. 예친분이 두텁다.

친선(親善) 서로 친하여 사이가 좋음. 예친선 경기.

친손녀(親孫女) 자기 아들의 딸. 凹외손녀.

친손자(親孫子) 자기 아들의 아들. 凹외손자.

친숙하다(親熟—) [친수카다] 친하여 익숙하고 허물이 없다. 예친숙한 사이.

친아버지(親—) [치나버지] 자기를 낳은 아버지. 凹생부. 친부.

친애(親愛) [치내] 대단히 사랑함. 예친애하는 국민 여러분. **친애하다.**

친어머니(親—) [치너머니] 자기를 낳은 어머니. 凹생모. 친모.

친일파(親日派) [치닐파] 1 일본과 친한 무리. 2 일제 강점기에, 일본의 앞잡이가 되어 우리 겨레에 해를 끼친 무리.

친자식(親子息) 자기가 낳은 아들이나 딸. 凹친자.

*친절(親切) 태도가 매우 정답고 고분고분함. 예친절한 사람 / 친절을 베풀다 / 친절히 가르치다. 凹불친절. **친절하다. 친절히.**

친정(親庭) 결혼한 여자의 본집. 친정집 ＊시집.

친족(親族) 촌수가 가까운 일가. 凹친척.

친지(親知) 서로 잘 알고 가깝게 지내는 사람. 예친지들을 모시고 피로연을 베풀다.

*친척(親戚) 같은 조상의 친족과 외가 쪽의 사람들. 예친척 간의 정분이 깊다. 凹친족.

친친 실이나 끈 따위로 꼭꼭 감거나 동여매는 모양. 예머리에 붕대를 친친 감다.

친필(親筆) 손수 쓴 글씨. 예친필로 서명하다. 凹육필. 진필.

*친하다(親—) 가까이 사귀어 정이 두텁다. 예친한 친구.

친할머니(親—) 아버지의 친어머니. 凹친조모.

친할아버지(親—) [친하라버지] 아버지의 친아버지. 凹친조부.

친형제(親兄弟) 한 부모에게서 난 형제.

친환경(親環境) 자연환경을 오염하지 않고 자연 그대로의 상태와 잘 어울리는 일. 예친환경 제품 / 친환경 자동차.

친히(親—) 몸소. 손수. 예친히 역까지 배웅하다.

칠¹(漆) 물건의 겉에 발라 썩는 것을 막거나 광택이나 색깔을 내는 데 쓰는 물질. 또는 그것을 바르는 일. 예칠이 벗겨지다. 凹도료. **칠하다.**

*칠²(七) 일곱. 예칠 개월. ⊃seven

칠교놀이(七巧—) [칠교노리] 칠교도를 가지고 노는 놀이.

칠교도(七巧圖) 정사각형을 일곱 조각으로 나누고 이 조각을 이리저리 옮직여 여러 가지 모양을 짜 맞추며 노는 장난감. 비칠교판.

칠교판 (七巧板) ⇨칠교도.

칠기 (漆器) 옻칠과 같이 검은 잿물을 입힌 도자기.

칠레 (Chile) 〖국명〗 남아메리카의 남서부 태평양 쪽에 있는 공화국. 구리·칠레 초석·금·은 따위의 광산물이 풍부함. 삼림 자원이 많고 어업도 성함. 수도는 산티아고.

칠면조 (七面鳥) 칠면조과의 큰 새. 머리와 목에는 털이 없고 살이 늘어졌으며 그 빛이 여러 가지로 변함. 몸빛은 백색·검정색 등이 있고, 등은 황갈색, 다리는 붉고, 부리는 연한 회색임. 고기는 식용함.

칠보 (七寶) 금·은이나 구리 따위의 바탕에 갖가지 빛의 에나멜을 녹여 붙여서 꽃·새·인물 따위의 무늬를 나타낸 세공.

칠석 (七夕) [칠썩] 음력 칠월 칠일. 해마다 이날 은하 동쪽의 견우와 서쪽의 직녀가 오작교에서 만난다는 전설이 있음.

칠순 (七旬) [칠쑨] 일흔 살. 예칠순 노인 / 칠순 잔치를 치르다.

칠십 (七十) [칠씹] 일흔. 예칠십 명 / 칠십 세 / 칠십 마리.

칠월 (七月) [치뤌] 한 해의 열두 달 가운데 일곱 번째 달. ⇨July

칠전팔기 (七顚八起) [칠쩐팔기] 일곱 번 넘어지고 여덟 번 일어난다는 뜻으로, 여러 번 실패해도 다시 일어나 꾸준히 노력함을 이르는 말.

칠칠맞다 [칠칠맏따] '못하다', '않다'와 함께 쓰여, '칠칠하다'를 속되게 이르는 말. 예칠칠맞지 못하다고 타박을 주다.

칠칠하다 1 성질이나 일 처리가 반듯하고 야무지다. 예사람이 칠칠치 못하다. 2 옷차림이나 모양새가 깨끗하고 단정하다. 예칠칠하지 못한 옷차림. 참고 주로 '못하다·않다'와 함께 쓰임.

*칠판 (漆板) 검정색이나 초록색 따위로 칠하여 분필로 글씨를 쓰거나 그림을 그리게 만든 판. 예칠판에 낙서하다. 비흑판. ⇨blackboard

칠흑 (漆黑) 검고 광택이 있음. 또는 그 빛깔. 예칠흑 같은 밤.

칡 [칙] 콩과의 여러해살이풀. 산기슭 양지에서 자라는 덩굴나무로 8월에 자주색 꽃이 피며, 납작한 열매는 10월에 익음. 뿌리는 녹말이 많아 식용하거나 한약의 재료로 씀.

칡

칡덩굴 [칙떵굴] 칡의 벋은 덩굴.

*침¹ 입안의 침샘에서 생기는 끈기 있는 분비물. 예침을 뱉다. 비타액.

　침(을) 삼키다 [흘리다] ㉠음식 따위를 몹시 먹고 싶어하다. ㉡자기 것으로 만들고 싶어 몹시 탐내다.

　침이 마르다 다른 사람이나 물건에 대해 말을 아주 많이 하다. 예침이 마르게 자식 자랑을 하다.

침² (針) 바늘.

침³ (鍼) 병을 고치는 데 쓰는 바늘.

침강 (沈降) 밑으로 가라앉음. 예침강 해안. 침강하다.

침공 (侵攻) [침:공] 남의 영토를 범하여 공격함. 침공하다.

침구 (寢具) [침:구] 잠자는 데 쓰는 물건. 이부자리·베개 따위.

침낭 (寢囊) [침:낭] 겹으로 된 천 사이에 솜이나 깃털 따위를 넣고 자루처럼 만든 침구. 주로 야영할 때 씀.

*침대 (寢臺) [침:대] 사람이 누워 잘 수 있게 만든 가구. ⇨bed

*침략 (侵略) [침:냑] 남의 나라에 쳐들어감. 예침략을 당하다 / 적의 침략에 대비하다. 비침범. 침략하다.

침몰 (沈沒) 물속에 가라앉음. 예배가 침몰하다. 침몰하다.

*침묵 (沈默) [침:묵] 말없이 잠잠히 있음. 예침묵을 지키다. 침묵하다.

침범 (侵犯) [침:범] 남의 영토나 권리 따위에 해를 끼침. 예사생활을 침범하다 / 영공을 침범하다. 비침노. 침략. 침범하다.

침봉 (針峰) 꽃꽂이에서, 굵은 바늘이 촘촘히 꽂혀 있어 나뭇가지나 꽃의 줄기를 꽂아 고정시키는 도구.

침상 (寢牀) [침:상] 누워 잘 수 있게 만든 평상. 예침상에 눕다. 비침대.

침샘 침을 내보내는 샘.

침수 (浸水) [침:수] 물에 젖거나 잠김. 예 침수 가옥. **침수하다.**

침술 (鍼術) 침을 놓아 병을 치료하는 한방 의술.

침식[1] (浸蝕) [침:식] 빗물이나 흐르는 물이 땅을 깎아 내거나 산을 무너뜨리는 작용. 예 침식 작용. 땐 퇴적. **침식하다.**

침식[2] (寢食) [침:식] 잠자는 일과 먹는 일. 예 침식을 해결하다. 비 숙식. **침식하다.**

침실 (寢室) [침:실] 잠을 자는 방. 예 침실이 아늑하다. ⊃bedroom

침엽수 (針葉樹) [치녑쑤] 잎이 바늘처럼 가늘고 길며 끝이 뾰족한 나무. 대부분 상록수로 재목은 건축재나 토목재로 씀. 소나무·잣나무·향나무 따위. 비 바늘잎나무. 땐 활엽수.

침울하다 (沈鬱―) [치물하다] 1 걱정이나 근심 따위에 잠겨 밝지 못하고 우울하다. 예 침울한 표정. 2 날씨·분위기 등이 어둡고 음산하다. 예 침울한 날씨.

침입 (侵入) [치:밉] 침범하여 들어오거나 들어감. 예 적군의 침입 / 국경을 침입하다 / 영공을 침입하다. **침입하다.**

침전 (沈澱) 액체 속에 섞인 앙금 따위가 밑바닥에 가라앉음. 또는 그 물질. **침전하다.**

침전지 (沈澱池) 물속에 섞인 흙이나 모래를 가라앉혀서 물을 맑게 하기 위해 만든 못.

침착 (沈着) 행동이 들뜨지 않고 차분함. 예 침착하게 행동하다. **침착하다. 침착히.**

침체 (沈滯) 일이 발전하지 못하고 제자리에 머무름. 예 선수들의 사기가 침체되다. **침체하다.**

침침하다 (沈沈―) 1 어둡거나 흐리다. 예 창고가 어두워 침침하다. 2 눈이 어두워 보이는 것이 흐릿하다. 예 눈이 침침하다.

침통하다 (沈痛―) 마음이 몹시 괴롭고 슬프다. 예 침통한 얼굴 / 침통한 목소리로 말하다.

침투 (浸透) [침:투] 1 어떤 곳에 몰래 숨어 들어감. 예 간첩 침투 / 야간 침투 작전. 2 세균이나 병균 따위가 몸속에 들어옴. 예 세균의 침투로 상처가 곪다. **침투하다.**

침팬지 (chimpanzee) 원숭이의 한 종류. 키 1.5m 정도. 털은 검은 갈색이고, 주로 과실을 먹음. 원숭이 종류 중에서 지능이 가장 발달했음.

침팬지

침해 (侵害) [침:해] 침범하여 손해를 끼침. 예 사생활 침해. **침해하다.**

칩 (chip) 집적 회로를 부착한 반도체의 작은 조각.

칩거 (蟄居) [칩꺼] 나가서 활동하지 않고 집 안에만 죽치고 있음. 예 칩거 생활을 하다. **칩거하다.**

*__칫솔__ (齒―) [치쏠 / 칟쏠] 이를 닦는 데 쓰는 솔. ⊃toothbrush

칭기즈 칸 (Chingiz Khan) 【인명】 몽골 제국의 건국자로 초대 황제. 본명은 테무친. 한자로는 성길사한(成吉思汗). 몽골의 여러 부족을 통일하고 세계 정복에 나서 동서양에 걸친 대제국을 세움. [1167?-1227 ; 재위 1206-1227]

칭송 (稱頌) 잘한 일이나 좋은 일에 대해 칭찬함. 또는 그런 말. 예 칭송이 자자하다. 비 칭찬. **칭송하다.**

칭얼거리다 어린아이가 몸이 불편하거나 마음에 못마땅하여 짜증을 내면서 자꾸 보채다. 여 징얼거리다. 센 찡얼거리다.

*__칭찬__ (稱讚) 좋은 점이나 잘한 일 등을 들어 추어주거나 높이 평가함. 또는 그런 말. 예 주어진 과제를 다해서 선생님께 칭찬을 들었다. 비 칭송. **칭찬하다.**

칭칭 ⇨ 친친. 예 밧줄로 칭칭 동여매다 / 끈으로 칭칭 묶다.

칭하다 (稱―) 일컫다. 부르다. 예 그는 스스로를 천재라고 칭했다.

칭호 (稱號) 어떠한 뜻으로 일컫는 이름. 예 그는 힘이 세어 천하장사라는 칭호를 얻었다. 비 명칭.

ㅋ (키읔 [키윽]) 한글 닿소리의 열한째 글자.

카나리아 (canaria) 되샛과의 새. 종달새와 비슷하며, 몸빛은 보통 황색이며 겨드랑이 부분에 흑색 얼룩무늬가 있음. 우는 소리가 아름다워 관상용으로 많이 기름.

카나리아

카네이션 (carnation) 석죽과의 여러해살이풀. 남유럽 원산인데, 높이는 30-50cm, 여름에 향기 있는 붉은색·흰색의 고운 겹꽃이 피며, 어버이날에 이 꽃을 가슴에 다는 풍습이 있음.

카네이션

카누 (canoe) 나무껍질·짐승 가죽·통나무·갈대 따위로 만든 좁고 긴 작은 배.

***카드** (card) 1 그림이나 글자 장식이 인쇄된 우편물의 하나. 엽서·연하장 따위. 2 주로 플라스틱으로 만들어진 사각형의 조각에 자성체 물질이나 칩을 사용하여 각종 정보를 기록하여 내용을 증명하거나 신용 거래에 쓰는 표. ⑩ 신용 카드 / 현금 인출 카드. 3 어떤 사항을 적어 자료로 보관하는 종이. ⑩ 도서 목록 카드 / 자료 카드. 4 카드놀이에 쓰이는 패. 5 특정한 기능을 갖추어 컴퓨터의 확장 슬롯에 꽂아 사용하게 만든 전자 회로판. ⑩ 사운드 카드.

카랑카랑하다 목소리가 쇳소리같이 맑고 높다.

카레 (←curry) 1 강황·후추·생강·마늘 따위로 만든 노랗고 매운 조미료. 2 '카레라이스'의 준말.

카레라이스 (←curried rice) 인도 요리의 하나. 고기와 채소 따위를 볶다가 물에 알맞게 푼 카레를 섞어서 걸쭉한 국물로 만들어 쌀밥에 끼얹어 먹음. 준 카레.

카리스마 (charisma) 많은 사람들을 휘어잡는 능력이나 자질.

카메라 (camera) 사진을 찍는 기계. 촬영기. 사진기.

카메라맨 (cameraman) 1 신문·잡지의 사진 기자. 2 텔레비전·영화의 촬영 기사.

카멜레온 (chameleon) 파충류의 하나. 네 다리와 꼬리가 길며 발가락은 나무를 잡기에 알맞고 긴 혀로 곤충을 잡아먹음. 몸빛은 환경·광선·온도 등에 따라 쉽게 변함.

카멜레온

카세트 (cassette) 1 녹음기에 넣어 소리나 음악을 들을 수 있게 만든 녹음테이프. 본 카세트테이프. 2 카세트 테이프를 사용하여 소리를 녹음하거나 재생할 수 있게 만든 장치. 본 카세트테이프리코드.

카스텔라 (포 castella) 밀가루에 거품을 낸 달걀과 설탕을 넣고 반죽하여 구운 빵.

카스트 (caste) 인도의 신분 제도. 승려 계급인 브라만, 귀족과 무사 계급인 크샤트리아, 평민인 바이샤, 노예 계급인 수드라로 나뉨.

카시오페이아자리 (Cassiopeia-) 북극성을 중심으로 북두칠성의 맞은편에 있는 별자리. 늦가을 저녁에 다섯 개의 별이 '더블유(W)' 자 모양으로 보임.

카우보이 (cowboy) 주로 미국 서부의 목장에서 말을 타고 일하는 남자를 일컫는 말.

카운슬러 (counselor) 심리적인 문제나 고민이 있는 사람과 상담을 전문적으로 하는 사람. 상담원.

카운터 (counter) 식당·상점 따위에서, 값을 계산하는 곳. ⑩ 계산은 카운터에서 하십시오.

카운트 (count) 1 운동 경기 따위의 득점 계산. 2 권투에서, 녹다운된 경우에 초를 재는 일. **카운트하다.**

카카오 (에 cacao) 카카오나무의 열매. 오이 모양으로 생겼으며, 껍질 속에 든 씨를 말려 가루로 만든 것이 코코아임. 초콜릿의 원료나 약재로 씀.

카카오

카탈로그 (catalog) 작은 책자로 된 상품 안내서. 예 카탈로그를 보고 물건을 주문하다.

카톨릭 '가톨릭(Catholic)'의 잘못.

카페 (프 café) 커피나 음료, 술 및 간단한 서양 음식을 파는 집.

카페인 (caffeine) 커피의 열매나 잎, 카카오와 찻잎 등에 들어 있는 성분. 많이 사용하면 중독 증상을 일으킴.

카펫 (carpet) ⇨양탄자.

카피 (copy) 1 복사. 예 서류를 세 부 카피하다. 2 광고의 문안. **카피하다.**

칵 목구멍에 걸린 것을 뱉으려고 목청에 힘을 주어 내는 소리. 예 가래침을 칵 뱉다.

칵테일 (cocktail) 몇 가지 양주와 음료를 알맞게 섞어 만든 술.

***칸** 1 사방을 둘러막은 그 선의 안. 예 시험지 칸을 채우다. 2 건물·기차 안·책장 등에서 일정한 크기나 모양으로 둘러막아 생긴 공간. 예 앞 칸 / 책장 맨 위 칸. 3 집의 칸살을 세는 말. 예 방 한 칸.

칸나 (canna) 칸나과의 여러해살이풀. 줄기는 넓적하며 높이는 2m가량. 잎은 타원형으로 끝이 뾰족함.

***칸막이** [칸마기] 방 따위의 공간을 가로질러 사이를 막음. 또는 그 막은 물건. **칸막이하다.**

칸트 (Kant, Immanuel) 〖인명〗 독일의 철학자. 근대 철학의 아버지로 불림. 저서에 '순수 이성 비판', '실천 이성 비판' 따위가 있음. [1724-1804]

***칼** 물건을 베거나 썰거나 깎는 데 쓰는 연장. 예 칼을 갈다. ⇨knife

칼국수 [칼국쑤] 밀가루를 반죽하여 방망이로 얇게 밀어서 칼로 가늘게 썰어 만든 국수. 비 틀국수.

칼날 [칼랄] 칼의 날카로운 부분으로, 물건을 베는 쪽.

칼라 (collar) 양복이나 와이셔츠 따위의 깃. 예 칼라를 세우다.

칼로리 (calorie) 1 음식을 소화했을 때 몸 안에서 생기는 열량. 예 칼로리 소모량. 2 음식의 열량을 나타내는 단위((기호는 Cal)). 예 밥 한 공기는 300 칼로리 정도이다.

칼륨 (독 Kalium) 은백색의 연한 알칼리 금속 원소. 은빛이 나고 부스러지기 쉬운 화합물.

칼바람 몹시 차고 매서운 바람. 예 칼바람이 몰아치다.

칼부림 칼을 함부로 내저어 상대편을 해치려는 짓. **칼부림하다.**

칼슘 (calcium) 산에 잘 녹는 은백색의 가벼운 금속 원소. 동물 뼈의 주성분을 이룸.

칼싸움 칼이나 칼 모양의 것을 가지고 하는 싸움. 준 칼쌈. **칼싸움하다.**

칼자루 [칼짜루] 칼을 안전하게 쥐게 만든 부분.

  칼자루(를) 쥐다 어떤 일이나 상황의 결정권이 있다.

칼질 칼로 물건을 깎거나 썰거나 베는 따위의 일. 예 칼질이 서투르다. **칼질하다.**

칼집¹ [칼찝] 칼날을 보호하기 위해 칼의 몸을 꽂아 넣어 두는 물건.

칼집² 요리를 만들 재료에 칼로 가볍게 에어서 낸 자국. 예 생선에 칼집을 내다.

칼춤 칼을 들고 추는 춤. 비 검무.

칼칼하다 1 목이 말라서 무엇을 마시고 싶은 생각이 간절하다. 예 시원한 물로 칼칼한 목을 축이다. 2 목소리가 조금 쉰 듯하고 거친 느낌이 있다. 3 맵고 텁텁하여 목을 자극하다. 큰 컬컬하다.

캄보디아 (Cambodia) 〖국명〗 인도차이나반도에 있는 나라. 농업국으로 쌀·고무가 주산물임. 수도는 프놈펜.

***캄캄하다** 1 몹시 어둡다. 예 캄캄한 지하실. 2 희망이 없다. 예 컴컴하다. 예 앞날이 캄캄하다. 3 정보·소식 따위를 전혀 알지 못하다. 예 컴퓨터에 대해서는 캄캄하다.

캐나다 (Canada) 〖국명〗 북아메리카의 북부에 있는 영연방 국가. 국토 면적은 세계 제2위이며, 니켈·아연·금·구리 등의 자원이 풍부함. 수도는 오타와.

캐내다 [캐:내다] 1 땅속에 묻힌 것을 파내다. 예석탄을 캐내다. 2 자세히 따져 물어서 속 내용을 알아내다. 예비밀을 캐내다.

*캐다 [캐:다] 1 땅에 묻힌 물건을 파내다. 예감자를 캐다. 2 모르는 일을 자꾸 찾아 밝히내다. 예뒤를 캐다.

캐러멜 (caramel) 설탕에 우유·초콜릿·커피 따위를 넣고 고아서 굳힌 과자. ×카라멜.

캐럴 (carol) 크리스마스에 부르는 성탄 축하곡. 예성탄절을 앞두고 거리에는 캐럴이 울려 퍼졌다.

캐릭터 (character) 소설·만화·연극 등에 등장하는 독특한 인물이나 동물의 모습을 디자인한 것. 장난감·문구·아이들의 옷 따위에 많이 씀. 예만화 캐릭터.

캐스터 (caster) 텔레비전 뉴스 따위의 진행을 맡은 사람. 예뉴스 캐스터/기상 캐스터.

캐스터네츠 (castanets) 나무나 상아로 만든, 두 짝의 조가비 모양의 타악기. 손가락에 끼워 맞부딪쳐서 소리를 냄.

캐스터네츠

캐스팅 (casting) 연극이나 영화에서 역을 정하는 일. 또는 그 배역. 예드라마의 주인공으로 캐스팅되다. **캐스팅하다**.

캐어묻다 [캐어묻따] 깊이 파고들어 묻다. 예약속을 어긴 이유를 캐어묻다. 준캐묻다. [활용] 캐어물어 / 캐어물으니 / 캐어묻는.

캐주얼 (casual) 옷차림이 간편함. 또는 그런 옷. 예캐주얼한 복장. **캐주얼하다**.

캑캑거리다 [캑캑꺼리다] 목구멍에 무엇이 걸리거나 숨이 막혀서 잇따라 '캑캑' 소리를 내다.

캔 (can) 음식물을 넣고 꽉 막은 원통 모양의 금속 용기. 깡통. 예캔 커피 / 캔 맥주.

캔디 (candy) 설탕이나 엿을 굳혀서 만든 과자. 봉봉·드롭스·캐러멜·초콜릿·누가 따위.

캘리포니아주 (California州) 〖지명〗 미국의 태평양 연안에 있는 주. 지중해성 기후로 농업이 성하며, 석유·천연가스의 생산지이기도 함. 주도는 새크라멘토.

캘린더 (calendar) ⇨달력.

캘커타 (Calcutta) 〖지명〗 '콜카타(Kolkata)'의 옛 지명.

캠페인 (campaign) 사회적·정치적 목적을 위해 조직적으로 행하는 운동. 예자연 보호 캠페인을 벌이다.

캠프 (camp) 휴양·훈련 따위를 위하여 산이나 들에 지은 임시 천막. 또는 거기서 지내는 생활.

캠프파이어 (campfire) 야영지에서 밤에 피우는 모닥불. 또는 그것을 둘러싸고 노는 것.

캠핑 (camping) 산·들·바닷가에서 하는 천막 생활. 야영. 예동해안으로 캠핑을 가다. **캠핑하다**.

캡슐 (capsule) 1 가루약 따위를 넣어 먹는 데 쓰는, 얇은 막으로 만든 작은 껍데기. 2 우주 비행체 따위에 쓰는, 물·공기·열 등이 통하지 않게 만든 용기.

캡처 (capture) 영상, 음성, 이미지 따위에서 필요한 부분을 편집해 따로 떼어 놓는 것.

캥거루 (kangaroo) 캥거루과의 동물. 오스트레일리아 특산종임. 앞다리는 짧으나 뒷다리는 길고 튼튼하여 잘 뜀. 아랫배에 새끼를 넣어 기르는 주머니가 있음.

캥거루

커녕 그것은 고사하고 그만 못한 것도 될 수 없다는 뜻을 나타내는 말. 예밥커녕 죽도 못 먹었다.

커닝 (cunning) 시험 중에 감독자 몰래 책이나 남의 것을 보는 행위. 예커닝하다가 들키다. **커닝하다**.

*커다랗다 [커:다라타] 매우 크다. 아주 큼직하다. 예커다란 눈. 준커닿다. [활용] 커다라니 / 커다래서.

커버 (cover) 무엇을 덮거나 싸는 물건. [예] 책 커버 / 침대 커버.

커브 (curve) 1 길·선로 따위의 굽은 곳. [예] 커브를 돌아 큰길로 나오다. 2 야구에서, 투수가 던진 공이 타자 가까이에 와서 휘는 일. 또는 그런 공. [예] 커브를 던지다.

커서 (cursor) 컴퓨터가 명령을 받아들일 준비가 되어 있거나 다음 글자가 입력될 위치를 나타내는 표시.

커지다 크게 되다. [예] 목소리가 커지다 / 문제가 커지다. [반] 작아지다.

커터 (cutter) 자르거나 깎는 데 쓰는 도구.

커트 (cut) 1 머리카락을 자르는 일. 또는 그 머리 모양. [예] 커트 머리가 유행하다. 2 탁구·테니스에서 공을 비스듬히 깎아 치는 일. **커트하다**.

커트라인 (cut+line) 시험에서 합격권에 든 마지막 점수. [예] 커트라인이 높다.

커튼 (curtain) 1 문이나 창에 치는 휘장. [예] 커튼을 치다. 2 무대의 막.

커플 (couple) 짝이 되는 남녀 한 쌍. [예] 캠퍼스 커플.

커피 (coffee) 커피나무 열매의 씨를 볶아 갈아서 만든 가루. 또는 끓는 물에 이것과 설탕·우유 따위를 넣어 만든 차. 독특한 향기와 쓴맛이 있음.

커피숍 (coffee shop) 차류·음료수·커피 따위를 팔면서, 이야기하거나 쉴 수 있게 꾸며 놓은 가게. 다방. 찻집.

> [참고] '커피숖'으로 잘못 쓰는 경우가 많다. '외래어 표기법'에 받침에는 ㄱ, ㄴ, ㄹ, ㅁ, ㅂ, ㅅ, ㅇ 만을 쓴다고 규정하고 있다. ㅍ은 외래어 표기에서 받침으로 쓰지 않는다.

컨디션 (condition) 1 몸의 건강이나 기분 따위의 상태. [예] 컨디션을 조절하다 / 컨디션이 좋다. 2 주위의 상황. 사정. [예] 비가 와서 그라운드 컨디션이 나쁘다.

컨테이너 (container) 화물 운송에 쓰이는 큰 상자. 짐을 꾸리지 않고 넣어 그대로 배·기차에 실어 보냄.

컨트롤 키 (control key) 컴퓨터의 기능키의 하나. 단축키로 사용할 수 있음. 줄여서 'Ctrl'로 씀.

컬러 (color) 색깔. [예] 컬러 사진.

컬링 (curling) 얼음판에서 둥그런 돌을 미끄러뜨려 표적에 넣어 득점을 겨루는 경기.

컬컬하다 1 목이 몹시 말라 물·술 따위를 마시고 싶은 생각이 간절하다. [예] 목이 컬컬해서 물을 들이켜다. 2 맵고 얼큰한 맛이 있다. [작] 칼칼하다.

컴백하다 (comeback—) 이전에 활동했던 곳으로 다시 돌아오다. [예] 가요계로 컴백하다 / 연극 무대에 컴백하다.

컴컴하다 아주 어둡다. [예] 컴컴한 지하실 / 마음속이 컴컴하다. [작] 캄캄하다. [센] 껌껌하다.

컴퍼스 (compass) 제도용의 기구. 양 다리를 자유로이 폈다 오므렸다 하여, 선의 길이를 재거나 원을 그리는 데 씀. ×콤파스.

***컴퓨터** (computer) 전자 회로를 이용하여 계산을 고속·자동으로 행하는 장치. 계산 외에 자료 정리·사무 관리·정보 처리 따위에 이용됨. 전자계산기.

컴퓨터 바이러스 (computer virus) 인터넷이나 컴퓨터 네트워크를 통해 다른 컴퓨터에 침입하여 저장된 데이터나 프로그램을 파괴하는 프로그램.

***컵** (cup) 1 사기나 유리 따위로 만든 잔. [예] 컵에 물을 따르다. 2 운동 경기에서 상으로 주는 큰 잔.

컵라면 (cup—) 컵 모양의 일회용 그릇에 들어 있는 라면. 뜨거운 물을 부어 간편하게 먹을 수 있음.

컹컹 큰 개가 크게 짖는 소리. **컹컹하다**.

케이블카 (cable car) 공중에 건너지른 레일에 차량을 매달아 승객이나 화물을 운반하는 장치. [준] 케이블.

케이스 (case) 물건을 넣는 상자나 갑. [예] 화장품 케이스.

케이에스 마크 (KS mark) 산업 표준화법에 따라 한국 산업 규격에 합격된 제품에 표시하는 표.

케이에스 마크

케이크 (cake) 밀가루·달걀·버터·우유·설탕 따위를 주재료로 하여 구워 만든 빵. [예] 생일 축하 케이

케첩 (ketchup) 토마토 따위의 주스에 향료·감미료·식초 등을 섞어 만든 소스.

케케묵다 [케케묵따] 일이나 물건, 생각 등이 오래되어 낡거나 시대에 뒤떨어지다. ×켸켸묵다.

켄트지 (Kent紙) 그림·제도·인쇄 따위에 쓰는 흰색의 빳빳한 종이.

켕기다 속으로 슬그머니 겁이 나거나 거리끼는 것이 있다. 예큰소리를 쳤지만 뒤가 켕긴다.

***켜다** 1 촛불·등불·성냥에 불을 붙이다. 예불을 켜다. 2 물·술 따위를 한꺼번에 많이 마시다. 예물을 켜다. 3 나무를 세로로 톱질하여 쪼개다. 예재목을 얇게 켜다. 4 활로 악기의 줄을 문질러 소리를 내다. 예바이올린을 켜다. 5 팔다리를 뻗으며 몸을 펴다. 예기지개를 켜다. 6 라디오·텔레비전·컴퓨터 따위를 작동하게 만들다. 예텔레비전을 켜다.

***켤레** 신·버선·양말 따위의 두 짝으로 된 것의 한 벌을 세는 말. 예양말 두 켤레 / 구두 세 켤레.

***코**[1] 1 얼굴 복판에 우뚝 나와 있는 부분. 숨쉬기와 냄새 맡는 역할을 하며, 소리를 내는 일을 돕는 중요한 기관임. 예코로 냄새를 맡다. 2 코에서 나오는 진득진득한 점액. 예코를 풀다. 비콧물. ⇒ nose

코가 납작해지다 몹시 무안을 당하거나 기가 죽다.

코가 높다 잘난 체하고 몹시 뽐내며 빼기다.

코[2] 그물이나 뜨개질을 이루는 하나하나의 매듭. 예한 코 한 코 정성을 들여 뜨다.

코끝 [코끋] 콧등의 끝. 예코끝이 찡하다 / 안경을 코끝에 걸다.

***코끼리** 코끼릿과의 포유동물. 육지에 사는 동물 중 가장 큼. 몸은 잿빛이고 귀가 크며, 원통형으로 길게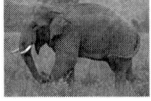
코끼리
늘어진 코를 자유롭게 움직여 물건을 집거나 먹이를 입에 넣을 수 있음. 윗잇몸에 있는 앞니 두 개가 특별히 길고 큰데 '상아'라고 부름. ⇒ elephant

코너 (corner) 1 모퉁이. 구석. 예코너를 돌다. 2 백화점 따위의 특정 상품의 매장. 예농산물 코너.

코드[1] (code) 컴퓨터에서, 정보를 나타내거나 프로그램을 만드는 데 쓰는 기호 체계. 예한글 코드 / 악성 코드를 심다.

코드[2] (cord) 전등 또는 이동시켜 쓰는 전기 기구에 연결하여 쓰는 전깃줄. 예코드를 뽑다.

코딩 (coding) 컴퓨터에서, 프로그램 언어를 사용하여 프로그램을 만드는 일. 비프로그래밍. **코딩하다**.

코딱지 [코딱찌] 콧구멍에 콧물과 먼지가 섞여 말라붙은 것.

코뚜레 소의 코를 꿰뚫어 끼는 고리 모양으로 된 나무. 다 자란 송아지 때부터 고삐를 매는 데 씀. 본쇠코뚜레.

코란 (Koran) 이슬람교의 성전. 마호메트가 신의 계시를 받아 적었다는 글로, 이슬람교도들의 신앙·일상생활·도덕 등의 규범이 114장에 걸쳐 기록되어 있음. 코란경.

코로나일구 (←coronavirus—九) 2019년 중국에서 처음 발생한 신종 코로나바이러스에 의한 호흡기 감염 질환. 감염이 전 세계로 확산되어 세계 보건 기구에서 감염병 경보 최고 단계인 팬데믹(세계적 대유행)을 선언함. 코로나일구 바이러스 감염증. 코로나19.

코르크 (cork) 코르크나무의 겉껍질과 속껍질 사이의 두꺼운 껍질. 가볍고 탄력성이 풍부하며, 액체·기체가 통하지 않아 보온재·방음재·병마개 등 그 쓰임새가 넓음.

코리아 (Korea) 한국. 대한민국.

코맹맹이 코가 막혀 소리를 제대로 내지 못하는 사람. 또는 그런 소리. 예코맹맹이 소리로 말을 하다.

코미디 (comedy) 희극.

코미디언 (comedian) 희극 배우.

코바늘 한쪽 또는 양쪽 끝이 갈고리 모양인 짧은 뜨개바늘.

코바늘뜨기 뜨개질에서, 코바늘로 뜨는 일.

코발트 (cobalt) 쇠보다 무겁고 단단

하며 은백색 광택이 나는 금속 원소. 유리나 도자기의 착색 염료, 페인트·니스의 건조제로 사용됨.

코브라 (cobra) 코브라과에 속하는 독사의 하나. 몸길이는 1.5-2m, 몸빛은 회색·갈색·흑색 등 변화가 많음. 밤에 활동하며 개구리·뱀·새·쥐 따위를 잡아먹음.

코브라

코빼기 '코¹'의 낮춤말. 예그 사람은 요새 코빼기도 볼 수 없으니 어찌 된 일이지.

코뿔소 [코뿔쏘] 열대 지방에 사는 포유동물. 코 위에 뿔이 하나 나 둘이 있으며 몸집이 크고 네 다리는 짧음. 초식성으로 강이나 연못가의 숲속에 무리를 지어 삶.

코뿔소

코스 (course) 1 어떤 목적에 따라 정해진 길. 예등산 코스 / 코스를 잘못 잡다. 2 경주 따위에서 선수가 나아가는 길. 예마라톤 코스. 3 거쳐야 할 순서나 과정. 예박사 코스를 밟다.

*코스모스 (cosmos) 국화과의 한해살이풀. 높이는 1-2m이며, 잎은 마주나고 깃 모양으로 갈라짐. 가을에 흰색·분홍색·자주색 등의 꽃이 가지 끝에 한 개씩 핌. 관상용임.

코알라 (koala) 코알라과의 포유동물. 오스트레일리아 특산의 작은 동물로 배에 주머니가 있으며 머리는 곰과 비슷함. 나무 위에서 지내며 유칼립투스 잎을 먹고 삶.

코알라

코앞 [코압] 1 바로 가까이 마주 보이는 곳. 예코앞에 들이대다. 2 바로 앞에 닥친 기회나 시간. 예기말고사 날짜가 코앞에 다가왔다.

코웃음 [코우슴] 코끝으로 가볍게 비웃는 웃음. 예코웃음을 치다.

코일 (coil) 나사 모양이나 원형으로 여러 번 감은 도선.

코치 (coach) 1 지도하여 가르침. 예코치를 받다. 2 운동 경기의 정신·기술을 지도하고 훈련시키는 일. 또는 그런 일을 하는 사람. 예농구 코치. **코치하다**.

코코넛 (coconut) 야자나무의 열매. 즙은 음료로 마시고, 속에 든 살은 그대로 먹거나 기름을 짬.

코코넛

코코아 (cocoa) 카카오나무 열매의 씨를 빻아 만든 가루. 음료·과자·약재로 씀.

코트¹ (coat) 추위를 막기 위해 겉옷 위에 입는 옷. 외투. 예코트를 걸치다.
코트² (court) 테니스·농구·배구 따위의 경기장. 예테니스 코트.

코팅 (coating) 물체의 겉면을 비닐 따위의 얇은 막으로 씌우는 일. 예코팅 렌즈. **코팅하다**.

코펜하겐 (Copenhagen) 〖지명〗 덴마크의 수도. 북부 유럽에서 제일 큰 도시로 무역과 조선업이 성함. 안데르센의 동화에 나오는 인어의 동상과 왕궁 등이 있음.

코펠 (←독 Kocher) 야외 활동을 할 때 쓰는 휴대용 취사도구. 예캠핑을 가려고 배낭에 코펠과 버너를 챙겨 넣었다.

코펠

코피 코에서 나오는 피. 예코피를 쏟다 / 코피가 터지다.

코흘리개 1 콧물을 늘 흘리는 아이를 놀리는 말. 2 철없는 어린아이를 이르는 말. 예누구나 코흘리개 시절이 있다.

콕¹ (cock) 관 속을 통과하는 물이나 가스의 양을 조절하기 위한 마개.
콕² 작게 또는 야무지게 찌르거나 찍거나 박는 모양. 예침으로 콕 찌르다 / 부리로 콕 쪼다. 큰쿡.

콘덴서 (condenser) 적은 양의 전기를 잠시 저장하는 장치. 축전기.

콘도 (condo) 소유자가 사용하지 않는 동안에는 다른 제삼자에게 빌려줄 수 있는 분양 주택.

콘서트 (concert) 음악회. 연주회. 예 콘서트를 열다.

콘센트 (←concentric plug) 건물 안의 배선에서 전기 기구를 접속하는 데 쓰는 기구. 플러그를 끼워 전기가 통하게 함.

콘크리트 (concrete) 시멘트에 모래·자갈을 섞어 물에 반죽한 혼합물. 토목·건축 공사에 씀. 예 철근 콘크리트 건물.

콘택트렌즈 (contact lens) 안경 대신에 눈의 각막에 직접 붙여 쓰는 렌즈.

콘테스트 (contest) 작품이나 능력, 얼굴과 몸매 등을 겨루는 대회. 예 사진 콘테스트.

콘텐츠 (contents) 인터넷이나 방송 등을 통해 제공되는 각종 정보. 또는 그 내용물.

콜라 (cola) 1 벽오동과의 상록 교목. 높이는 8-15m, 잎은 달걀꼴, 꽃은 황색임. 과실은 15cm의 긴 타원형으로 속에 4-10개의 씨가 있음. 씨는 카페인과 콜라닌을 함유하며, 콜라의 원료로 씀. 2 콜라 열매의 씨를 원료로 한 청량음료.

콜라주 (ㅍ collage) 미술에서, 화면에 종이·인쇄물·사진 따위를 오려 붙여서 작품을 만드는 기법. 광고, 포스터 따위에 사용.

콜럼버스 (Columbus, Christopher) 〖인명〗 아메리카 대륙을 발견한 이탈리아의 탐험가. [1451-1506]

콜레라 (cholera) 콜레라균이 창자에 침입해 일어나는 급성 전염병. 열이 몹시 나고 설사를 하며 토함. 사망률이 높음.

콜레라균 (cholera菌) 콜레라를 일으키는 병원균.

콜록 가슴 속에서 울려 나오는 기침 소리. **콜록하다**.

콜록거리다 [콜록꺼리다] 계속 콜록 소리를 내다.

콜롬비아 (Colombia) 〖국명〗 남아메리카의 북서부에 있는 공화국. 세계 제2의 커피 산지이며, 옥수수·담배·석유 따위를 산출함. 수도는 보고타.

콜카타 (Kolkata) 〖지명〗 인도 동부 서벵골주의 주도. 갠지스강의 지류인 후글리강 기슭에 있는 무역항으로 상공업·금융의 중심지. 2000년에 도시 이름이 캘커타에서 콜카타로 바뀜.

콜콜 어린아이가 곤하게 잠잘 때 숨을 쉬는 소리. 또는 그 모양. 큰 쿨쿨. **콜콜하다**.

콤바인 (combine) 곡식을 베는 일과 탈곡하는 일을 한 꺼번에 할 수 있는 농업 기계.

콤바인

콤비 (←combination) 1 어떤 일을 하기 위해 두 사람이 짝을 이루는 일. 또는 그 두 사람. 2 아래위가 다른 색이나 무늬로 된 양복 한 벌. 또는 그 윗옷.

콤팩트디스크 (compact disk) 디지털 방식으로 소리를 기록한 소형의 금속 원반. 레이저 광선을 이용하여 재생함. 시디(CD).

콤플렉스 (complex) 무의식 속에 잠재해 있는 강박 관념. 열등감.

콧구멍 [코꾸멍 / 콛꾸멍] 코에 있는 두 구멍.

콧김 [코낌 / 콛낌] 콧구멍에서 나오는 더운 김.

　콧김이 세다 남에게 미치는 권력이나 영향력이 세다.

콧날 [콘날] 콧등의 날이 있는 부분. 예 콧날이 오뚝하다.

콧노래 [콘노래] 입은 벌리지 않고 코로 소리를 내어 부르는 노래.

콧대 [코때 / 콛때] 콧등의 높이 솟아 있는 부분.

　콧대(가) 세다 고집이 세고 자존심이 강하다. 예 콧대가 센 여자.

콧등 [코뜽 / 콛뜽] 코의 등성이.

콧물 [콘물] 콧구멍에서 흘러나오는 액체. 예 콧물을 훌쩍이다.

콧방귀 [코빵귀 / 콛빵귀] 코로 나오는 숨을 막았다가 갑자기 터뜨리면서 '흥' 하고 내는 소리.

　콧방귀를 뀌다 남의 말을 대수롭지 않게 여기거나 무시하여 들은 체 만 체하다.

콧소리 [코쏘리 / 콛쏘리] 1 콧구멍으로 나오는 소리. 2 코안을 울리면서 내는 소리. 곧, ㄴ·ㅁ·ㅇ의 소리. 비 비음.

콧수염 (―鬚髯) [코쑤염/콛쑤염] 코 아래에 난 수염. 예콧수염을 기르다.

***콩** 콩과의 한해살이풀. 씨는 단백질과 지방이 많은 곡식으로 간장·된장·두부의 원료가 됨. 대두. ⊃bean

콩가루 [콩까루] 콩을 빻아서 만든 가루.

콩기름 콩에서 짜낸 기름.

콩깍지 [콩깍찌] 콩 알맹이를 털어 내고 남은 껍질.
  콩깍지가 씌다 앞이 가리어 사람을 정확하게 보지 못함을 비유적으로 이르는 말.

콩나물 콩을 시루 같은 구멍 있는 그릇에 담아 그늘에 두고서 물을 주어 뿌리를 내리게 한 것. 또는 그것으로 만든 나물.

콩닥콩닥 1 작은 절구나 방아를 잇따라 찧을 때 나는 소리. 2 심리적인 충격을 받아 가슴이 자꾸 세차게 뛰는 모양. 예가슴이 콩닥콩닥 뛰다. **콩닥콩닥하다**.

콩밥 1 쌀에 콩을 섞어 지은 밥. 2 죄수의 밥을 속되게 이르는 말.

콩밭 [콩받] 콩을 심어 가꾸는 밭.

콩알 1 콩의 낱낱의 알. 2 매우 작은 물건을 비유하여 이르는 말. 예간이 콩알만 해지다.

콩자반 콩을 간장에 끓여서 설탕을 넣고 바싹 조린 반찬. 비콩장.

콩쥐팥쥐 [콩쥐팓쮜] 〖책〗 조선 시대의 소설. 착하고 예쁜 콩쥐가 계모와 그의 딸 팥쥐에게 학대를 받다가 선녀의 도움으로 어려움을 이겨 내고 행복해진다는 내용. 지은이와 연대는 모름.

콩쿠르 (프 concours) 음악·미술·무용·연극 따위의 실력을 겨루기 위해 여는 경연 대회. 예피아노 콩쿠르/콩쿠르에서 입상하다.

콩트 (프 conte) 짧고 재치 있게 쓴 단편.

콩팥 [콩팓] 동물의 몸 안에서 오줌을 걸러 내는 기관. 사람에게는 강낭콩 모양으로 좌우 한 쌍이 있음. 신장.

콰르릉 폭발물 따위가 터지거나 천둥이 요란하게 울리는 소리. **콰르릉하다**.

콱콱 계속해서 콱 하는 모양. 예숨이 콱콱 막히다.

괄괄 좁은 구멍으로 많은 양의 액체가 급히 쏟아지는 소리. 예수돗물이 괄괄 흐른다. 큰퀄퀄. **괄괄하다**.

쾅 1 폭발물이 터질 때 나는 소리. 예대포를 쾅 쏘다. 2 무겁고 단단한 물건이 바닥에 떨어지거나 부딪칠 때 울리는 소리. 예문을 쾅 닫다. 센꽝.

쾌감 (快感) 상쾌하고 즐거운 느낌. 예승리의 쾌감을 맛보다.

쾌거 (快擧) 통쾌하고 장한 일. 예쾌거를 이루다.

쾌락 (快樂) 기분이 좋고 즐거움. 예쾌락에 빠지다. 반고통.

쾌속선 (快速船) [쾌속썬] 속도가 아주 빠른 배.

쾌적하다 (快適―) [쾌저카다] 몸과 마음에 알맞아 기분이 상쾌하고 아주 좋다. 예쾌적한 날씨.

쾌차 (快差) 병이 완전히 나음. 예속히 쾌차하시길 빕니다. 비쾌유. **쾌차하다**.

쾌청하다 (快晴―) 구름 한 점 없이 맑다. 예쾌청한 가을 하늘.

쾌활하다 (快活―) 마음이나 행동이 씩씩하고 활발하다.

쾌히 (快―) 시원스럽게. 거침없이. 예쾌히 승낙하다.

쿠데타 (프 coup d'État) 비합법적인 무력이나 폭력 따위로 정권을 빼앗는 일. 예쿠데타가 일어나다.

쿠바 (Cuba) 〖국명〗 서인도 제도에서 가장 큰 섬인 쿠바섬과 그 주변의 섬으로 이루어진 사회주의 국가. 에스파냐어를 사용하며 사탕수수·바나나·담배의 명산지임. 수도는 아바나.

쿠베르탱 (Coubertin, Pierre de) 〖인명〗 프랑스의 교육가. 올림픽 경기를 다시 일으켜 1896년 아테네에서 제1회 대회를 엶. [1863~1937]

쿠션 (cushion) 1 의자나 소파, 탈것의 좌석 따위에 편히 앉도록 탄력이 생기게 만든 부분. 2 솜이나 스펀지 따위의 탄력 있는 것을 넣어 푹신푹신하게 만든 등 받침.

쿠웨이트 (Kuwait) 〖국명〗 아라비아 반도 북부에 있는 나라. 풍부한 석유 자원을 가지고 있음. 수도는 쿠웨이트.

쿠키 (cookie, cooky) 밀가루를 주재료로 하여 구운 비스킷.

쿠폰 (coupon) 1 한 장씩 떼어서 돈처럼 사용하는 표. 예사내 식당 **쿠폰**을 사다. 2 서비스나 상품을 무료로 또는 할인된 가격으로 구입할 수 있는 우대권이나 할인권. 예할인 **쿠폰**.

쿡쿡 1 잇따라 세게 찌르거나 박는 모양. 작콕콕. 2 참던 웃음을 자꾸 터뜨리는 소리. **쿡쿡하다**.

*****쿨쿨** 곤히 잠들었을 때 숨을 크게 쉬는 소리. 또는 그 모양. 예아무것도 모르고 **쿨쿨** 자고 있다. 작콜콜. **쿨쿨하다**.

쿵 1 크고 무거운 물건이 떨어질 때 울리는 소리. 작콩. 2 큰북을 칠 때 울리는 소리. 3 멀리서 울려 오는 대포 소리.

쿵덕 절구나 방아를 찧을 때 나는 소리나 모양. 작콩닥. **쿵덕하다**.

쿵쾅 1 총·대포 따위의 소리가 크고 작게 섞이어 세게 나는 소리. 2 북소리 따위가 크고 작게 뒤섞이어 요란하게 나는 소리. 3 마룻바닥 따위를 여럿이서 급히 구를 때 요란스럽게 울리는 소리. 4 단단하고 큰 물건이 서로 부딪칠 때 요란하게 나는 소리. **쿵쾅하다**.

쿵쾅거리다 계속해서 쿵쾅 소리가 나다. 또는 그런 소리를 내다. 예아이들이 복도에서 **쿵쾅거리며** 뛰어다닌다.

쿵쿵 1 크고 무거운 물건이 잇따라 바닥에 떨어지는 소리. 작콩콩. 2 큰북을 잇따라 처서 울리는 소리. 3 멀리서 잇따라 우렁차게 울리는 총포 소리. 4 심장이 자꾸 세차게 뛰는 소리. 또는 그 모양. **쿵쿵하다**.

퀭하다 눈이 쑥 들어가 크고 기운 없어 보이다. 예며칠 앓더니 눈이 **퀭**하니 들어갔다.

퀴리 부부 (Curie夫婦) 폴란드 출신의 물리학자 마리 퀴리와 프랑스의 물리학자 피에르 퀴리 부부. 공동으로 라듐·폴로늄을 발견하여 1903년에 함께 노벨 물리학상을 받았음.

퀴즈 (quiz) 어떤 질문에 대한 답을 알아맞히는 놀이. 또는 그 질문. 예퀴즈 프로.

퀴퀴하다 냄새가 비위에 거슬릴 정도로 구리다. 예**퀴퀴한** 발 냄새. 작쾨쾨하다.

큐아르 코드 (QR code) 사각형 모양 안에 검은 점과 선을 써서 다양한 정보를 나타내는 이차원 코드. 막대 모양 바코드보다 많은 정보를 담을 수 있음.

큐피드 (Cupid) 로마 신화에 나오는 사랑의 신. 비너스의 아들로, 벗은 몸에 날개가 달리고 활·화살을 가진 아이의 모습임.

*****크기** 사물의 넓이·부피·양 따위가 큰 정도. 예**크기**가 너무 하다 / **크기**에 비해 가볍다.

크나크다 상당히 크다. 예**크나큰** 감동. [활용] 크나커 / 크나크니.

크낙새 [크낙쌔] 딱따구릿과의 새. 부리가 머리보다 길며 몸빛은 주로 검은색이고 가슴 아래는 흰색임. 우는 소리가 큼. 우리나라 특산종인데 멸종 위기에 처한 귀한 새로, 천연기념물임.

크낙새

*****크다** 1 부피나 길이 따위가 어떤 기준 이상이다. 예키가 **크다**. 2 수나 양이 많다. 예**큰** 수. 3 소리가 강하다. 예**큰** 소리로 떠들다. 4 일의 규모·범위 따위가 넓다. 예일이 크게 벌어졌다. 5 사람의 됨됨이가 뛰어나고 훌륭하다. 예**큰** 인물. 6 옷·신발 따위가 알맞은 치수 이상으로 되어 있다. 예구두가 너무 **크다**. 7 마음이나 몸에 느끼는 어떤 일의 영향·충격 따위가 보통이 넘다. 예실망이 **크다**. 8 '대강, 대충'의 뜻을 나타내는 말. 예**크게** 둘로 나누다. [활용] 커 / 크니. ⊃ big, large

크래커 (cracker) 얇고 바삭하게 구운 짭짤한 비스킷.

크레디트 카드 (credit card) ⇨신용 카드.

크레용 (프 crayon) 그림을 그릴 때 쓰는 막대 모양의 재료.

크레인 (crane) ⇨기중기.

*****크레파스** (craypas) 크레용보다 색의 효과가 큰, 그림을 그리는 재료의 한 가지. 크레용과 파스텔의 특색을 따서 만든 것.

크리스마스 (Christmas) 예수의 탄생을 축하하는 날. 매년 12월 25일. 성탄일. 성탄절.

크리스마스실 (Christmas seal) 결핵 퇴치 기금을 모으기 위해 크리스마스를 전후하여 발행하는 우표 모양의 증표.

크리스마스이브 (Christmas Eve) 크리스마스 전날 저녁. 곧, 12월 24일 저녁.

크리스마스카드 (Christmas card) 크리스마스를 축하하기 위해 서로 주고받는 카드.

크리스마스 캐럴 (Christmas carol) 크리스마스를 축하하는 노래.

크리스마스트리 (Christmas tree) 크리스마스에 장식으로 세우는 나무. 보통 상록수에 여러 가지 장식용의 별·종·꼬마 전등 따위를 닮.

크리스천 (Christian) 기독교를 믿는 사람을 이르는 말.

크리스트교 (Christ敎) ⇨기독교.

크림 (cream) 1 우유의 지방으로 만드는 식품. 과자나 요리의 재료로 쓰임. 2 피부나 머리 손질을 위해 쓰는 화장품. 3 '아이스크림'의 준말.

큰개자리 늦겨울 저녁때 남쪽 하늘에 보이는 별자리.

큰골 ⇨대뇌.

큰곰 곰과의 짐승. 보통의 곰보다 크며 털빛은 갈색 또는 흑적갈색임. 야행성이며 단독 생활을 함.

큰곰자리 북두칠성을 포함하는 별자리. 북극성 주위를 돌고 있는, 가장 크고 밝게 빛나는 별자리.

큰기침 남에게 주의를 주거나 정신을 가다듬기 위하여 소리를 크게 내어 하는 기침. 빤잔기침. **큰기침하다**.

큰길 넓은 길. 비대로.

큰달 한 달의 날수가 양력으로는 31일, 음력으로는 30일이 되는 달. 빤작은달.

큰댁 (一宅) '큰집'을 높이어 이르는 말. 빤작은댁.

큰돈 액수가 많은 돈. 예큰돈을 모으다/그렇게 큰돈을 어디서 구했니. 비거금.

큰따옴표 (一標) 글 가운데서 직접 대화를 표시하거나 남의 말을 끌어다 쓸 때 쓰는 문장 부호((" ")). ※작은따옴표.

큰딸 딸이 여럿 있을 때 맨 위의 딸을 이르는 말. 비맏딸. 장녀.

큰마음 크고 넓게 생각하는 마음씨. 준큰맘.

큰말 낱말의 뜻은 작은말과 같으면서 표현상의 느낌이 크게 되는 말. '큉쿵, 둥둥, 퍼렇다, 그득하다' 따위. 빤작은말.

큰물 1 비가 많이 와서 내나 강에 크게 붙은 물. 예큰물이 나서 마을이 물에 잠겼다. 비홍수. 2 사람이 활동하는 무대가 크고 넓은 곳을 비유하는 말. 예큰물에서 놀다.

큰바람 풍력 계급의 하나. 초속 17.2~20.7m의 바람. 가는 나뭇가지가 부러지며 걷기가 힘듦. →[학습마당] 23(871쪽)

큰방 (一房) 집주인이나 집안의 가장 어른이 쓰는 방. 비안방. 빤작은방.

큰북 땅에 놓거나 받쳐 놓고 치는, 크고 무겁게 만든 북.

큰비 오래도록 많이 오는 비. 예엊저녁 내린 큰비로 피해를 보다.

큰소리 1 목청을 크게 하여 내는 소리. 예큰소리를 내야 말을 듣겠느냐. 2 일이 될지 안 될지 모르면서 자신 있게 하는 말. 예일단은 **큰소리**부터 친다. **큰소리하다**.

큰소리치다 1 목청을 크게 하여 야단을 치다. 2 덮어놓고 뱃심 좋게 장담하다. 예큰소리치는 사람치고 일 잘하는 사람 못 봤다.

큰아들 [크나들] 아들 중의 맏이. 비맏아들. 장남.

큰아버지 [크나버지] 아버지의 맏형. 또는 아버지의 형. 비백부. 빤작은아버지.

큰악절 (一樂節) [크낙쩔] 음악에서, 두 개의 작은 악절로 이루어진 악절. 보통 여덟 마디 또는 열두 마디로 이루어짐. 빤작은악절.

큰어머니 [크너머니] 큰아버지의 아내. 비백모. 빤작은어머니.

큰언니 [크넌니] 여러 언니 가운데 가장 나이 많은 언니.

큰일 1 [크닐] 다루는 데 힘이 많이 들고 범위가 넓은 일. 짭잔일. 2 [큰닐] 큰 예식이나 잔치를 치르는 일. 예큰일을 치르다. 비대사.

큰일(이) 나다 감당하기 어려운 일이나 큰 문제가 생기다. 예큰일 날 소리 하지 마라.

큰절 앉으면서 허리를 굽히고 머리를 숙여 하는 절. 명절, 제사, 혼례 때나 웃어른에게 예의를 갖추어야 할 때에 하는 절. 예할아버지께 큰절을 올리다. **큰절하다**.

큰집 1 큰아버지나 그 가족의 집을 일컫는 말. 짭작은집. 2 분가하여 나간 집에서 그 원집을 일컫는 말. 비종가.

큰창자 작은창자의 끝에서 항문에 이르는 소화 기관. 식물성 섬유와 수분을 빨아들임. 대장.

큰코다치다 뜻밖의 큰 봉변이나 무안을 당하다. 예어리다고 얕보다가는 큰코다친다.

큰형 (一兄) 여러 형 가운데 가장 나이 많은 형. 맏형.

클라리넷 (clarinet) 목관 악기의 하나. 음색이 부드러우며, 원통 모양의 관이 아래로 내려갈수록 차차 넓어지는 모양임.

클라리넷

클라이맥스 (climax) 1 흥분·긴장·감정 따위가 최고점에 이른 상태. 또는 그 장면. 예클라이맥스에 이르다. 2 극·소설의 전개 과정에서 갈등이 최고에 이른 단계. 비절정.

클래식 (classic) 서양의 고전 음악. 예클래식 음악.

클럽 (club) 1 공통된 취미나 목적 따위로 모인 단체. 동호회. 예클럽 활동. 2 골프에서, 공을 치는 막대기. 골프채.

클로버 (clover) ⇨토끼풀.

클릭 (click) 마우스의 단추를 누름. 예마우스를 클릭하다. **클릭하다**.

클린치 (clinch) 권투에서, 상대편의 공격을 피하기 위해 껴안는 일. 예클린치가 심하다. **클린치하다**.

클립 (clip) 종이나 서류 따위를 끼워 두는 기구.

클립아트 (clipart) 컴퓨터에서, 문서 작업을 위하여 미리 만들어 놓은 여러 가지 그림. 필요할 때 불러서 사용.

큼지막하다 [큼지마카다] 꽤 큼직하다. 예글자가 큼지막하다.

큼직하다 [큼지카다] 꽤 크다. 아주 크다. 예사과가 큼직하다.

킁킁 숨을 콧구멍으로 힘을 주어 띄엄띄엄 내쉬는 소리. **킁킁하다**.

킁킁거리다 계속해서 킁킁 소리를 내다. 예킁킁거리며 냄새를 맡다.

***키**[1] 1 사람이나 동물이 똑바로 섰을 때에 발바닥에서 머리끝에 이르는 몸의 길이. 예키가 부쩍 자라다. 비신장. 2 식물이나 세워진 물건의 높이.

키[2] 배의 방향을 조종하는 기구. 예키를 잡다.

키[3] 곡식 따위를 위아래로 흔들어 쭉정이나 티끌을 고르는 기구. 예키로 쌀을 까부르다.

키[3]

키[4] (key) 1 ⇨열쇠. 2 어떤 문제를 해결할 수 있는 실마리. 예문제 해결의 키는 그가 쥐고 있다.

키다리 키가 큰 사람의 별명. 짭난쟁이.

키득 참다못하여 입속에서 새어 나오는 웃음소리. 또는 그렇게 웃는 모양. 본키드득. **키득하다**.

키득거리다 [키득꺼리다] 계속하여 키득 소리를 내어 웃다. 예만화책을 보며 키득거리다.

키보드 (keyboard) 1 피아노 따위의 건반. 2 컴퓨터나 워드 프로세서 등에서 명령어나 글자가 있는 부분. 자판.

키스 (kiss) 1 입을 맞춤. 입맞춤. 2 사랑하거나 존경하는 뜻으로 인사할 때에 손등이나 뺨에 입을 대는 일. **키스하다**.

***키우다** 1 크게 하다. 예재산을 키우다. 2 자라게 하다. 예돼지를 키우다 / 인재를 키우다.

키워드 (key word) 1 문장을 이해하거나 문제를 해결할 수 있는 열쇠가 되는 말. 2 컴퓨터에서, 데이터를 검색할 때 찾으려는 내용의 중심이 되는 단어.

키위 (kiwi) 다랫과의 덩굴 과수. 따뜻한 곳에서 재배함. 과일은 표면이 녹갈색이며, 잔털이 나 있음. 뉴질랜드가 주산지임.

키읔 [키윽] 한글 자모 'ㅋ'의 이름. [발음] 키읔이 [키으기] / 키읔을 [키으글] / 키읔에 [키으게].

키질 키로 곡식 따위를 까부르는 일. **키질하다.**

키포인트 (key+point) 일의 요점이나 중심을 두는 부분.

킥 (kick) 축구·럭비 등에서, 발로 공을 차는 일.

킥보드 (kick-board) 길고 좁은 판에 바퀴·손잡이·브레이크가 달려 있어 발로 땅을 차면 굴러 가는 탈것. 예 킥보드를 타다.

킥보드

킥킥 웃음을 참지 못하여 절로 자꾸 가볍게 터져 나오는 웃음소리. 예 영화를 보면서 동생은 재미있는 듯 킥킥 웃었다. **킥킥하다.**

킬로 (kilo) 킬로그램·킬로미터·킬로와트 따위를 줄여 이르는 말.

킬로그램 (kilogram) 무게의 단위. 1킬로그램은 1,000그램임. 기호는 kg.

킬로미터 (kilometer) 미터법에서, 길이의 단위. 1킬로미터는 1,000미터임. 기호는 km.

킬로와트 (kilowatt) 전력의 단위. 1킬로와트는 1,000와트임. 기호는 kW.

킬로칼로리 (kilocalorie) 열량의 단위. 1킬로칼로리는 1,000칼로리임. 기호는 kcal.

킬킬 억지로 참으려다가 참지 못하고 웃는 소리. 또는 그 모양. 예 남은 속이 타는데 킬킬 웃고만 있다. [작] 캘캘. [센] 낄낄. **킬킬하다.**

킬킬거리다 자꾸 킬킬 소리를 내다. 예 무엇이 우스운지 혼자서 킬킬거리고 있다.

킹킹거리다 어린아이가 울음 섞인 소리로 응석을 부리거나 무엇을 달라고 조르는 소리를 자꾸 내다. 예 아이가 어디가 아픈지 계속 킹킹거린다.

ㅌ

ㅌ (티읕 [티읃]) 한글 닿소리의 열두째 글자.

타 (他) 1 남. 다른 사람. 예타의 모범이 되다 / 타의 추종을 불허하다. 2 다른. 예타 지역 / 타 부서 / 타 기업.

타개 (打開) [타:개] 매우 어려운 일을 잘 처리하여 해결함. 예어려움을 타개하다. **타개하다**.

타격 (打擊) [타:격] 1 때리어 침. 예타격을 가하다. 2 어떤 영향을 받아 기운이 크게 꺾이거나 손해를 봄. 예입시의 실패는 그에게 큰 타격을 주었다. 3 야구에서, 투수가 던지는 공을 타자가 배트로 침. **타격하다**.

타계 (他界) [타계 / 타게] 지위가 높거나 훌륭한 사람의 죽음. **타계하다**.

*__타고나다__ 능력·복·운명 따위를 날 때부터 지니고 태어나다. 예타고난 운명 / 복을 타고나다.

타고르 (Tagore, Rabīndranāth) 〖인명〗인도의 시인·사상가. 영국에 유학하여 서양 사상에 접한 뒤, 동서 문화의 융합에 힘씀. 1913년 시집 '기탄잘리'로 동양인으로서는 최초로 노벨 문학상을 받음. [1861 - 1941]

타구 (打球) [타:구] 야구에서, 공을 치는 일. 또는 그 공.

타국 (他國) 자기 나라가 아닌 다른 나라. 비외국. 이국. 반고국. 본국.

*__타다__[1] 1 불이 붙다. 예연탄이 타다. 2 햇볕에 피부가 거멓게 그을다. 예볕에 타다. 3 너무 걱정이 되어 안타까워하거나 조마조마해하다. 예애가 타다. 4 바짝 말라붙다. 예논바닥이 타다 / 목이 타다. ⊃burn

*__타다__[2] 1 차나 짐승의 등에 몸을 싣다. 예버스를 타다. 2 산·나무·바위 따위를 밟고 오르다. 예바위를 타다. 3 기회나 때를 이용하다. 예혼란한 틈을 타서 빠져나가다. 4 얼음 위를 미끄러져 달리다. 예스케이트를 타다. 5 언론이나 방송 따위에 자주 등장하다. 예매스컴을 타다.

타다[3] 많은 액체에 적은 액체나 가루 따위를 섞다. 예커피를 타다.

타다[4] 돈이나 상 따위를 받다. 예용돈을 타다 / 우등상을 타다.

타다[5] 1 두 쪽으로 갈라 가르마를 내다. 예가르마를 타다. 2 박 따위를 가르다. 예박을 타다.

타다[6] 악기의 줄을 퉁기거나 건반을 눌러 소리를 내다. 예가야금을 타다.

타다[7] 1 부끄럼이나 노여움을 쉽게 느끼다. 예부끄럼을 잘 타는 아이. 2 계절이나 날씨의 영향을 쉽게 받다. 예추위를 많이 타다.

타당하다 (妥當—) [타:당하다] 형편이나 이치에 맞아 옳다. 예타당한 의견 / 논리가 타당하다.

타락 (墮落) [타:락] 올바른 길에서 벗어나 잘못된 길로 빠짐. **타락하다**.

타래 실·끈 따위를 감아서 틀어 놓은 분량의 단위. 예실 한 타래.

타력 (打力) [타:력] 야구에서, 타자가 공을 때리는 힘이나 능력. 예타력이 센 선수 / 타력을 보강하다.

타령 [타:령] 1 광대의 판소리나 민요 중의 잡가를 통틀어 일컫는 말. 방아 타령·토끼 타령 따위가 있음. 2 어떤 것에 대해 자꾸 이야기하는 일. 예반찬 타령을 하다. **타령하다**.

타령조 (—調) [타:령쪼] 타령의 음악적 특성을 띠는 곡조.

타박 [타:박] 잘못이나 결함 따위를 나무라거나 탓함. 예타박을 주다 / 하는 일마다 타박이다. **타박하다**.

타박상 (打撲傷) [타:박쌍] 맞거나 부딪쳐서 생긴 상처. 예무릎에 타박상을 입다.

타박타박 지친 다리로 힘없이 느릿느릿 걷는 모양. 예기운 없이 타박타박 걸어오다. 큰터벅터벅. **타박타박하다**.

타산지석 (他山之石) 다른 산에서 나는 거친 돌이 자기의 옥돌을 가는 데 도움이 된다는 뜻으로, 다른 사람의 하찮은 말이나 행동도 자기의 수양에 도움이 된다는 말. ⓔ타산지석으로 삼다.

타살 (他殺) 1 남에게 목숨을 빼앗김. 2 남을 죽임. 뻔자살. **타살하다**.

타석 (打席) [타ː석] 1 야구에서, 타자 (공을 치려고 서는 자리. 2 야구에서, 타자가 타석에 선 횟수. 타석수.

타수 (打數) [타ː수] 야구에서, 타자가 공을 친 횟수. ⓔ3타수 1안타.

타악기 (打樂器) [타ː악끼] 두드려서 소리를 내는 악기. 북·징·탬버린 따위.

타오르다 1 불이 붙어 타기 시작하다. ⓔ불길이 타오르다. 2 마음이 달아오르다. ⓔ타오르는 정열. 활용 타올라 / 타오르니.

타원 (楕圓) [타ː원] 길쭉하게 둥근 원. ⓔ타원 모양의 궤도.

타원형 (楕圓形) [타ː원형] 길쭉하게 둥근 모양. ⓔ타원형 얼굴.

타월 (towel) ⇨수건.

타율¹ (他律) 자기 의지가 아닌 남의 명령이나 다른 힘에 따라 행동하는 일. 뻔자율.

타율² (打率) [타ː율] 야구에서, 타자가 안타를 치는 비율. ⓔ타율이 높다.

타율적 (他律的) [타율쩍] 자신의 의지가 아닌 다른 사람의 명령이나 지시에 따라 행동하는. 또는 그런 것. 뻔자율적.

타의 (他意) [타의 / 타이] 다른 사람의 뜻. ⓔ타의에 의해서 물러나다. 뻔자의.

타이¹ (←Thailand) 〖국명〗 인도차이나반도에 위치한 입헌 군주국. 주민의 90% 이상이 불교를 믿음. 쌀과 목재의 생산이 세계적이며 고무, 주석 따위도 많이 남. 수도는 방콕. 태국.

타이² (tie) 1 운동 경기에서 동점. 무승부. ⓔ타이를 이루다. 2 '넥타이'의 준말.

*__타이르다__ 이치를 밝혀 알아듣도록 말해 주다. ⓔ잘못을 조용히 타이르다. 활용 타일러 / 타이르니.

타이밍 (timing) 가장 좋은 결과를 얻는 시기. ⓔ타이밍이 맞지 않다.

타이어 (tire) 자동차 따위의 바퀴 둘레에 끼우는, 고무로 만든 테.

타이완 (중 臺灣) 〖지명〗 중국 대륙 동쪽에 있는 섬나라. 1949년 중국의 국민당 정부가 공산당과의 내전에서 패하여 이곳으로 옮겨 옴. 정치적 민주화와 눈부신 경제 발전을 이루고 있음. 수도는 타이베이. 대만.

타이틀 (title) 1 제목. 책 이름. ⓔ타이틀을 붙이다. 2 어떤 경기에서, 가장 우수한 개인이나 단체에 주는 자격. 선수권. ⓔ타이틀에 도전하다 / 타이틀을 차지하다.

타이프 (type) '타이프라이터'의 준말. ⓔ타이프를 치다.

타이프라이터 (typewriter) ⇨타자기. 준타이프.

타인 (他人) 다른 사람. ⓔ타인처럼 느껴지다. 뻰남.

타일 (tile) 점토를 구워서 만든 얇은 판. 벽이나 바닥 따위에 붙이는데, 모양과 빛깔이 여러 가지임. ⓔ타일을 깔다.

타임 (time) 1 때. 시간. 2 '타임아웃'의 준말. ⓔ작전 타임.

타임머신 (time machine) 현재로부터 과거나 미래를 향해 여행할 수 있다는 공상의 기계.

타임아웃 (time-out) 배구·농구 따위에서, 경기 도중 경기 팀이 요구하는 선수 교체·휴식 또는 협의를 위한 짧은 시간. 준타임.

타임캡슐 (time capsule) 그 시대를 대표하거나 기념하는 자료·물건 따위를 넣어서 후세에 전하기 위하여 땅속에 묻는 용기.

타입 (type) 형. 유형. ⓔ사람이 부지런한 타입이다.

> 참고 원어인 type의 철자 p에 영향을 받아서 '타잎'으로 잘못 쓰는 경우가 많다. 외래어 표기법에서 ㅍ은 받침으로 쓰지 않는다.

타자¹ (打字) [타ː자] 타자기로 종이 위에 글자를 찍는 일. ⓔ타자를 치다.

*__타자__² (打者) [타ː자] 야구에서, 배트로 공을 치는 공격하는 편의 선수. ⓔ3번 타자.

타자기 (打字機) [타ː자기] 손가락으로 글자판을 눌러 종이에 글자를 찍는 기계. 타이프. 타이프라이터. ⓔ한글

타작 (打作) [타:작] 곡식의 이삭을 떨어서 낟알을 거두는 일. 예보리를 타작하다. 비마당질. **타작하다**.

타점 (打點) [타:쩜] 야구에서, 타자가 안타 따위로 득점한 점수. 예타점을 올리다.

타조 (駝鳥) [타:조] 타조과의 새. 사막·황무지에 삶. 새 중에서 가장 큰데 키는 2-2.5m, 몸무게는 130kg이 넘음. 수컷은 검은색, 암컷은 갈색이며 머리는 작고 다리와 목은 긺. 날개가 작아 날지는 못하지만 시속 90km 정도로 빠르게 달림.

타진 (打診) [타:진] 남의 마음이나 사정을 미리 알아봄. 예의사를 타진하다. **타진하다**.

타파 (打破) [타:파] 나쁜 관습이나 제도를 깨뜨려 버림. 예미신을 타파하다. **타파하다**.

타향 (他鄕) 고향이 아닌 다른 고장. 비객지. 타관. 반고향.

타향살이 (他鄕—) [타향사리] 타향에서 사는 일. 예타향살이에 지치다. **타향살이하다**.

타협 (妥協) [타:협] 두 편이 서로 좋도록 의논하여 일을 처리함. 예타협을 보다 / 타협이 이루어지다. **타협하다**.

*__탁__ 1 세게 부딪거나 터지는 소리. 예화살이 과녁에 탁 꽂히다. 2 죄어진 것이나 긴장 따위가 갑자기 풀리는 모양. 예맥이 탁 풀리다. 3 시원스럽게 트인 모양. 예탁 트인 길.

*__탁구__ (卓球) [탁꾸] 나무 대의 중앙에 네트를 치고 마주 서서 라켓으로 작은 공을 쳐 넘기는 경기. 핑퐁.

탁구공 (卓球—) [탁꾸꽁] 탁구 경기에 쓰는 작고 가벼운 공.

탁구대 (卓球臺) [탁꾸대] 탁구 경기에 쓰는 직사각형의 탁자.

탁상 (卓上) [탁쌍] 책상이나 식탁 따위의 위. 예탁상 달력 / 탁상 위에 서류를 놓다.

탁아 (託兒) [타가] 보호자 대신 어린 아이를 맡아 돌보는 일. 예탁아 시설이 부족하다.

탁아소 (託兒所) [타가소] 부모가 일하러 나간 사이에, 그 아이들을 맡아 돌보는 곳.

탁월하다 (卓越—) [타궐하다] 남보다 훨씬 뛰어나다. 예탁월한 선택 / 탁월한 재능.

탁자 (卓子) [탁짜] 물건을 올려놓을 수 있는 가구. ⊃table

탁탁 1 일을 결단성 있게 잘 처리하는 모양. 예시키는 일을 탁탁 잘 해내다. 2 물건을 자꾸 두드리거나 먼지 따위를 떠는 모양. 또는 그 소리. 예먼지를 탁탁 떨다. 3 숨이 못 견디게 자꾸 막히는 모양. 예숨이 탁탁 막히다. 큰턱턱.

탁하다 (濁—) [타카다] 맑지 않고 흐리다. 예공기가 탁하다.

탄광 (炭鑛) [탄:광] 석탄을 캐내는 광산.

탄력 (彈力) [탈:력] 용수철처럼 튀거나 팽팽하게 버티는 힘. 예탄력이 하다.

탄로 (綻露) [탈:로] 비밀이 드러남. 예숨겼던 사실이 탄로 나다.

탄복 (歎服) [탄:복] 참으로 훌륭하다고 여겨 매우 감탄함. 예탄복을 자아내다 / 탄복할 만한 솜씨. **탄복하다**.

탄산 (炭酸) [탄:산] 이산화 탄소가 물에 녹아 생긴 약한 산. 청량음료에 넣어 톡 쏘는 맛을 냄. 예탄산 성분 / 탄산 용액.

탄산 가스 (炭酸gas) ⇨이산화 탄소.

탄산수소 나트륨 (炭酸水素Natrium) 빵을 부풀게 하거나 소화제 따위로 쓰이는 흰 가루. 물에 잘 녹으며 가열하면 쉽게 이산화 탄소를 발생함. 비중 탄산 소다. 중조.

탄산음료 (炭酸飮料) [탄:사늠뇨] 탄산을 물에 녹여 만든 산뜻하고 시원한 음료.

탄산 칼륨 (炭酸Kalium) 습기를 흡수하여 녹는 성질을 가진 흰 가루. 물에 잘 녹음. 비누·유리 따위를 만드는 데 씀.

탄생 (誕生) [탄:생] 1 사람이 태어남. 예생명의 탄생. 2 어떤 조직·제도·사업체 따위가 생겨남. 예새로운 내각이 탄생하다. **탄생하다**.

탄생석 (誕生石) [탄:생석] 태어난 달을 상징하는 보석.

참고		
생월	명칭	상징
1월	석류석	진실·우정
2월	자수정	성실·평화
3월	혈석	젊음·행복
4월	다이아몬드	불멸·사랑
5월	에메랄드	행복·행운
6월	진주·월장석	건강·아름다움
7월	루비	사랑·정열
8월	페리도트·사도닉스	부부의 행복
9월	사파이어	성실·진실
10월	오팔(단백석)·전기석	사랑·희망
11월	토파즈(황옥)	건강·희망
12월	터키석	성공·승리

탄성 (歎聲) [탄:성] 1 탄식하는 소리. 2 깊이 감탄하는 소리. 예탄성을 지르다 / 탄성이 터지다.

탄소 (炭素) [탄:소] 냄새와 색이 없고 맛이 없는 고체 원소. 숯·석탄·다이아몬드 따위의 성분임.

탄소 동화 작용 (炭素同化作用) 잎 속의 엽록체가 햇빛을 받아서 흡수한 이산화 탄소와 뿌리에서 흡수한 수분으로 탄수화물을 만드는 일.

탄수화물 (炭水化物) [탄:수화물] 탄소·수소·산소의 화합물. 생물의 에너지원으로 중요하며 녹말·설탕류 따위가 이에 속함. 비함수 탄소.

탄식 (歎息) [탄:식] 한숨을 쉬며 한탄함. 예관리들의 부패를 탄식하다. 비한탄. **탄식하다**.

탄신 (誕辰) [탄:신] 임금이나 성인이 태어난 날. 예석가 탄신.

탄알 (彈—) [타:날] 총이나 포에 재어서 화약의 폭발하는 힘으로 목표물을 쏘게 만든 쇳덩이. 비탄환.

탄압 (彈壓) [타:납] 권력이나 무력 따위로 함부로 으르대고 억누름. 예언론을 탄압하다. **탄압하다**.

탄약 (彈藥) [타:냐] 총알과 화약. 예탄약 상자.

탄원 (歎願) [타:눤] 사정을 자세히 말하고 도와주기를 몹시 바람. 예석방을 탄원하다. **탄원하다**.

탄원서 (歎願書) [타:눤서] 탄원의 뜻을 쓴 글이나 문서. 예탄원서를 제출하다.

탄탄하다¹ 됨됨이나 생김새가 아주 굳고 야무지다. 예탄탄한 체격. 큰튼튼하다.

탄탄하다² (坦坦—) [탄:탄하다] 땅이나 도로가 평평하고 넓다. 예탄탄하게 뚫린 도로.

탄환 (彈丸) [탄:환] ⇨탄알.

탈¹ [탈:] 나무·흙·종이 따위로 여러 가지 얼굴을 본떠 만든 물건. 마스크. 예탈을 쓰다. 비가면.

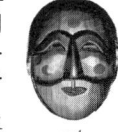
탈¹

***탈**² (頉) [탈:] 1 변고나 사고. 예탈 없이 지내다. 2 몸에 생긴 병. 예몸에 탈이 생기다 / 탈이 나서 누워 있다. 3 트집이나 핑계. 예탈을 잡으려고 안달이 났다 / 탈 잡힐 일 일랑 하지 마라. 4 결함이나 허물. 예그 사람은 말이 많은 게 탈이다.

탈것 [탈껃] 사람이 타고 다니는 도구. 말·자동차·비행기 따위.

탈곡 (脫穀) 1 곡식의 이삭에서 낟알을 떨어냄. 2 곡식의 낟알에서 겉겨를 벗겨 냄. **탈곡하다**.

탈곡기 (脫穀機) [탈곡끼] 탈곡하는 데에 쓰는 농기계.

탈놀이 [탈:로리] 탈춤·오광대·산대놀이 따위와 같이 탈을 쓰고 하는 연극. 비가면극. 탈놀음.

탈락 (脫落) 범위나 순위에 들지 못하고 빠지거나 떨어짐. 예예선에서 탈락하다. **탈락하다**.

탈레스 (Thales) 〖인명〗 고대 그리스의 철학자. 만물의 근원은 물이라고 주장하였으며, '철학의 시조'로 불림. [기원전 624?-기원전 546?]

탈모 (脫毛) 털이 빠짐. 또는 그 털.

탈바꿈 [탈:바꿈] 원래의 모습이나 상태가 변해 아주 달라짐. **탈바꿈하다**.

탈상 (脫喪) [탈쌍] 어버이의 삼년상을 마침. 비해상. **탈상하다**.

탈색 (脫色) [탈쌕] 1 옷이나 천 따위에 들어 있는 색을 뺌. 반염색. 2 빛이 바래어 엷어짐. **탈색하다**.

탈선 (脫線) [탈썬] 1 기차나 전동차 따위가 선로를 벗어남. 예기차가 탈선되다. 2 말·행동이 나쁜 방향으로 빗나감. **탈선하다**.

탈세 (脫稅) [탈쎄] 세금의 일부 또는 전부를 내지 않는 일. 예탈세 혐의를 받다. **탈세하다**.

탈수 (脫水) [탈쑤] 물체 속에 들어 있는 물기를 뺌. 예빨래를 탈수하여 널다. **탈수하다**.

탈영 (脫營) [타령] 군인이 자기가 속한 병영을 빠져나와 도망함. **탈영하다**.

탈옥 (脫獄) [타록] 죄수가 감옥에서 빠져나와 도망함. **탈옥하다**.

탈의실 (脫衣室) [타리실/타리씰] 목욕탕·수영장 등에서 옷을 벗거나 갈아입는 방.

탈주 (脫走) [탈쭈] 몰래 빠져나와 달아남. 예범인이 탈주하다. 비도망. **탈주하다**.

탈지면 (脫脂綿) [탈찌면] 기름기와 불순물을 없애고 소독한 솜. 비약솜.

탈진 (脫盡) [탈찐] 기운이 다 빠져 없어짐. 예독감으로 탈진 상태가 되다. **탈진하다**.

탈출 (脫出) 빠져나와 도망함. 예해외로 탈출하다. 비탈주. **탈출하다**.

***탈춤** [탈:춤] 얼굴에 탈을 쓰고 추는 춤. 예봉산 탈춤/탈춤을 추다.

탈취 (奪取) 남이 가진 것을 억지로 빼앗아 가짐. 예금품을 탈취하다. **탈취하다**.

탈탈 1 먼지 따위를 깨끗이 털어 버리는 모양. 또는 그 소리. 예먼지를 탈탈 털어 내다. 2 아무것도 남지 않게 죄다 털어 내는 모양. 예주머니를 탈탈 털다.

탈탈거리다 낡은 자동차 따위가 흔들거리며 느리게 가다. 예경운기가 탈탈거리다.

탈퇴 (脫退) [탈퇴/탈퉤] 속해 있던 조직이나 단체 따위에서 관계를 끊고 물러남. 예모임에서 탈퇴하다. 반가입. **탈퇴하다**.

탈피 (脫皮) 1 곤충류·파충류 따위가 자라면서 묵은 허물이나 표피를 벗는 일. 2 어떤 상태나 처지에서 벗어남. **탈피하다**.

탈환 (奪還) 빼앗긴 것을 도로 빼앗아 찾음. 예빼앗긴 서울을 탈환하다. 비수복. **탈환하다**.

탐 (貪) 지나친 욕심. 예탐을 내다/옷에 탐이 많다. 본탐욕.

탐관오리 (貪官汚吏) [탐과노리] 탐욕이 많고 행실이 깨끗하지 못한 관리. 예탐관오리의 횡포가 심하다.

탐구 (探究) 더듬어 깊이 연구함. 예진리의 탐구. **탐구하다**.

탐구심 (探究心) 진리·학문 등을 깊이 파고들어 연구하려는 마음. 예탐구심이 강하다. 비연구심. 탐구욕.

탐나다 (貪一) 몹시 가지고 싶은 마음이 생기다. 예탐나는 장난감.

탐내다 (貪一) 몹시 가지고 싶어 하다. 예남의 물건을 탐내다.

탐라 (耽羅) [탐나] 〖지명〗 1 제주도의 옛 이름. 2 삼국 시대에 제주도에 있었던 나라. 본탐라국.

탐방 (探訪) 1 명승고적 따위를 구경하기 위해 찾아감. 예경주 불국사를 탐방하다. 2 어떤 사실을 알아내기 위하여 사람이나 장소를 찾아가는 일. 예탐방 기사. **탐방하다**.

탐사 (探査) 자세히 살펴 조사함. 예석유 탐사. **탐사하다**.

탐사선 (探査船) 우주나 해양 등 알려지지 않은 곳을 탐사하는 배나 우주선. 예화성 무인 탐사선/첨단 해양 탐사선.

탐색 (探索) 감추어진 사실을 이리저리 살피어 찾음. **탐색하다**.

탐스럽다 (貪一) [탐스럽따] 마음이 끌리도록 보기에 아주 좋다. 예탐스럽게 핀 장미/감이 탐스럽게 열렸다. 활용탐스러워/탐스러우니.

탐욕 (貪慾) [타목] 지나치게 탐내는 욕심. 예탐욕을 내다/탐욕을 채우다. 비야욕. 준탐. **탐욕스럽다**.

탐정 (探偵) 어떠한 사정을 비밀리에 살펴 자세히 알아냄. 또는 그런 일을 하는 사람. 예탐정 소설.

탐조등(探照燈) 밤에 무엇을 찾거나 먼 곳에 있는 목적물을 비추기 위한 조명 기구. 서치라이트.

탐지(探知) 몰래 조사하여 알아냄. 예전파 탐지 / 적의 비밀을 탐지하다. 탐지하다.

탐지기(探知機) 드러나지 않은 사실이나 물건 따위를 바로 알아내는 기계를 통틀어 이르는 말. 예지뢰 탐지기 / 거짓말 탐지기.

탐탁하다 [탐타카다] 모양이나 태도가 마음에 들어 만족하다. 예탐탁하게 여기다.

탐탁히 [탐타키] 탐탁하게.

탐하다(貪―) 무엇을 가지려고 지나치게 욕심을 내다.

*__탐험__(探險) 위험을 무릅쓰고 모르는 곳을 두루 찾아다니며 조사함. 예남극 탐험. 비모험. 탐험하다.

*__탑__(塔) 1 여러 층으로 높고 뾰족하게 세운 건축물. 예탑을 쌓다. 2 사리나 부처의 유품 등을 안치하고 공양을 하기 위해 절 안에 돌로 여러 층을 쌓아 높게 올린 건축물.

탑골 공원(塔―公園) 서울 종로 2가에 있는 공원. 원각사가 있던 곳으로 3·1 운동 때 독립 선언문을 발표한 곳임. 파고다 공원.

탑승(搭乘) [탑씅] 배나 비행기 따위에 올라탐. 예탑승 인원 / 비행기에 탑승하다. 탑승하다.

탑신(塔身) [탑씬] 탑의 받침대와 꼭대기의 장식 사이에 있는 탑의 몸체.

*__탓__ [탇] 1 일이 잘못된 원인. 예네 탓이다. 2 잘못된 것을 원망하거나 핑계나 구실로 삼는 일. 예안되면 조상 탓으로 돌린다.

탓하다 [타타다] 잘못된 것을 원망하다. 예운명을 탓하다.

탕¹(湯) [탕:] 1 '국'의 높임말. 2 제사에 쓰는 건더기가 많고 국물이 적은 국. 비탕국. 3 달여 먹는 약.

탕²(湯) [탕:] 목욕탕·온천 따위의 목욕하는 곳. 예탕에 들어가다.

탕³ 1 쇠붙이로 된, 속이 빈 작은 통을 세게 두드릴 때 울리는 소리. 2 총포가 터져서 나는 소리.

탕수육(糖水肉) 고기 튀김에 식초·간장·설탕·채소 등을 넣고 끓인 소스를 부어 먹는 중국요리.

탕약(湯藥) [탕:약] 달여서 먹는 한약. 비탕제.

탕진(蕩盡) [탕:진] 재물 따위를 다 써서 없앰. 예재산을 탕진하다. 탕진하다.

탕탕 1 총이나 대포가 잇달아 터지거나 마룻바닥 따위를 자꾸 칠 때 나는 소리. 2 실속 없는 장담을 함부로 하는 모양. 예큰소리만 탕탕 치다. 큰텅텅. 센땅땅.

탕평책(蕩平策) [탕:평책] 조선 영조 때 당파 싸움을 없애기 위하여 여러 당파에서 사람을 고르게 뽑아 쓴 정책.

태(胎) 배 속의 아이를 싸고 있는 난막·태반 및 탯줄을 통틀어 이르는 말.

태고(太古) 아주 오랜 옛날. 예태고 시대.

태교(胎敎) 아기를 밴 여자가 태아에게 좋은 영향을 주기 위해 마음을 편안히 하고 행동을 삼가는 일. 태교하다.

태국(泰國) 〖국명〗 ⇨타이¹.

*__태권도__(跆拳道) [태꿘도] 우리나라 고유의 무술. 맨손과 맨주먹으로 찌르기·치기·발로 차기 따위를 이용하여 공격하거나 방어하는 기술. 비태권.

태그(tag) 1 가격 등을 써서 상품에 붙이는 꼬리표. 2 컴퓨터에서, 어떤 정보를 검색할 때 사용하기 위해 부여하는 단어나 키워드.

태극(太極) 역학에서, 우주 만물이 생긴 근원인 본체. 하늘과 땅이 아직 나뉘기 전의 세상 만물의 원시 상태.

*__태극기__(太極旗) [태극끼] 우리나라의 국기. 흰 바탕의 한가운데에 양은 붉은빛, 음은 푸른빛으로 태극을 나타내고, 건·곤·감·이의 네 괘를 네 귀에 검은빛으로 그렸음.

태극기

태기(胎氣) 아이를 밴 낌새. 예태기가 있다 / 태기를 느끼다.

태껸 ⇨택견.

*__태도__(態度) [태:도] 1 겉으로 드러

나는 몸가짐. 예의젓한 태도. 비몸가짐. 2 어떤 사물이나 상황 따위를 대하는 자세. 예강경한 태도 / 학습 태도가 좋다. ⇒attitude

태만 (怠慢) 게으르고 느림. 예근무 태만. 태만하다. 태만히.

태몽 (胎夢) 아기를 밸 징조의 꿈. 예태몽을 꾸다.

태반 (太半) 절반 이상. 예일의 태반은 끝났다.

태백산 (太白山) [태백싼] 경상북도 봉화군과 강원도 태백시 및 영월군 사이에 있는 산. 태백산맥의 주봉으로 높이는 1,567m임. 2016년 국립 공원으로 지정.

태백산맥 (太白山脈) [태백싼맥] 함경남도와 강원도 철령 부근에서 낙동강 어귀에 이르는 우리나라에서 가장 긴 산맥. 산맥 서쪽에 비해 동쪽의 경사가 급함. 금강산·태백산·오대산·설악산 따위가 속해 있음. 길이 600km.

태봉 (泰封) 후삼국 중의 한 나라. 신라 말기에 궁예가 송악에서 세운 나라로, 도읍을 철원으로 옮긴 뒤 '태봉'이라 하였는데, 고려 태조 왕건에게 망함. [901-918]

태산 (泰山) 1 높고 큰 산. 2 크고 많음. 예할 일이 태산 같다.

태생 (胎生) 1 어떤 땅에 태어남. 예부산 태생. 2 어미 배 속에서 어느 정도 자란 뒤에 태어남. 예태생 동물. 반난생.

태세 (態勢) [태:세] 어떤 일을 앞두고 갖춘 모양이나 몸가짐. 예싸울 태세를 갖추다. 비자세.

***태아** (胎兒) 모체 안에서 자라고 있는 어린 생명체.

***태양** (太陽) 1 태양계의 중심을 이루는 빛나는 항성. 지구와의 거리는 1억 4,945만 km. 크기는 지구의 약 130만 배, 표면 온도는 약 6,000℃임. 비해. 2 매우 소중하거나 희망을 주는 존재를 비유하여 이르는 말. 예민족의 태양. ⇒sun

태양계 (太陽系) [태양계 / 태양게] 태양과 그것을 중심으로 하여 그 둘레를 돌고 있는 모든 별들로 구성된 천체의 무리. 태양, 8개의 행성, 이에 딸린 위성, 무수한 소행성, 혜성 따위로 이루어져 있음.

태양력 (太陽曆) [태양녁] 지구가 태양의 둘레를 한 바퀴 도는 데 걸리는 시간을 1년으로 한 달력. 반태음력. 준양력.

태양 에너지 (太陽energy) 태양의 열과 빛 속에 들어 있는 힘.

태양열 (太陽熱) [태양녈] 태양에서 나와서 지구에 도달하는 열.

***태어나다** 사람이나 동물이 처음으로 세상에 나오다. 예장남으로 태어나다 / 아이가 태어나다.

태연 (泰然) 태도나 기색이 아무렇지도 않고 그냥 그대로 있는 모양. 예태연한 얼굴 / 거짓말을 태연히 하다. 태연하다. 태연히. 태연스럽다.

태연자약 (泰然自若) 마음에 어떤 충격을 받아도 태도나 기색이 변하지 않고 천연스러움. 예아무리 욕을 먹어도 태연자약하다. 태연자약하다.

태엽 (胎葉) 시계나 장난감 따위에 동력으로 쓰이는, 얇고 좁은 강철을 돌돌 말아 그 풀리는 힘을 이용하는 장치. 예태엽을 감다.

*태우다¹ 1 불에 타게 하다. 예종이를 태우다 / 낙엽을 태우다. 2 열로 검어지게 하다. 예밥을 태우다. 3 햇빛 따위에 그을게 하다. 예일광욕으로 피부를 태우다. 4 마음을 졸이다. 예애를 태우다.

*태우다² 탈것에 몸을 얹게 하다. 예자전거를 태우다.

태우다³ 간지럼 따위를 느끼게 하다. 예간지럼을 태우다.

태음력 (太陰曆) [태음녁] 달이 지구의 둘레를 한 바퀴 도는 데 걸리는 시간을 기준으로 하여 만든 달력. 반태양력. 준음력.

태자 (太子) 황제의 자리를 이어받을 아들. 비세자. 본황태자.

태자비 (太子妃) 황태자의 아내.

태조 (太祖) 1 한 왕조를 일으킨 첫 임금. 예조선 태조. 2 〖인명〗 ⇨왕건. 3 〖인명〗 ⇨이성계.

태종 (太宗) 1 한 왕조의 임금 가운데 태조에 버금가는 공과 덕이 있는 임금. 2 〖인명〗 조선 제3대 임금. 성은 이(李), 이름은 방원. 조선을 세우는 데 크게 공헌하였으며, 신문고 설치 등 많은 업적을 남겼음. [1367-1422 ; 재위 1400-1418]

태종 무열왕(太宗武烈王) 〖인명〗 ⇨ 김춘추.

태초(太初) 하늘과 땅이 맨 처음 생겨났을 때. 아주 먼 옛날.

태클(tackle) 축구 따위에서, 상대방이 공격하고 있을 때 틈을 노려 공을 빼앗는 일.

태평(太平) 1 세상이 평화롭고 해마다 풍년이 들며 평안함. 예태평을 누리다. 2 성격이 느긋하여 마음에 근심 걱정 없이 태연함. 예시험이 다가오는데 태평이다. **태평하다**. **태평히**. **태평스럽다**.

태평성대(太平聖代) 어진 임금이 나라를 잘 다스려 아주 평화로운 세상이나 시대. 예태평성대를 누리다.

태평소(太平簫) 나팔 모양으로 된 국악기의 하나. 나무로 된 관에 여덟 개의 구멍이 있으며, 관 끝에는 깔때기 모양의 놋쇠를 달았음. 궁중 제례악, 농악 따위에 씀.

태평소

태평양(太平洋) [태평냥] 오대양의 하나. 아시아와 남북아메리카 및 오스트레일리아에 둘러싸인 세계 최대의 바다.

태평양 전쟁(太平洋戰爭) 제2차 세계 대전의 일부로, 1941-1945년에 연합국과 일본 사이에 벌어진 전쟁. 일본의 진주만 습격으로 시작되어 연합군이 히로시마에 원자탄을 투하함으로써 일본이 무조건 항복하여 끝났음.

***태풍**(颱風) 북태평양 남서부에서 발생하여 아시아 대륙 동부로 불어오는 맹렬한 바람. 예태풍 경보 / 태풍이 지나가다. → [학습마당] 5(120쪽)

태학(太學) 1 고구려 소수림왕 때 세운 국립 교육 기관. 귀족의 자제에게 유학과 역사를 가르쳤음. 2 조선 때 '성균관'을 달리 이르던 말.

태형(笞刑) 예전에, 매로 죄인의 볼기를 치던 형벌.

택견 [택껸] 우리나라 전통 무술의 하나. 유연하게 움직이다가 순간적으로 손과 발을 써서 상대방을 넘어뜨림. 우리나라 국가 무형유산. 태껸.

택배(宅配) [택빼] 요금을 받고 짐·서류 따위를 요구하는 곳까지 배달해 주는 일. 예택배로 주문한 물건을 보내다.

***택시**(taxi) 손님을 목적지까지 태워 주고 미터기에 따라 요금을 받는 영업용 승용차.

택일¹(擇一) [태길] 여럿 가운데서 하나를 고름. 예둘 중에서 택일하다. **택일하다**.

택일²(擇日) [태길] 좋은 날짜를 고름. 예택일하여 이사를 하다. 비택길. **택일하다**.

택하다(擇—) [태카다] 여럿 가운데에서 고르다. 예마음대로 택하다. 본선택하다.

탤런트(talent) 텔레비전 드라마에 나오는 연기자. 예인기 탤런트.

탬버린(tambourine) 쇠붙이나 나무로 된 테의 한쪽 면에 가죽을 대고 둘레에는 작은 방울을 달아 만든 작은 타악기. 손에 들고 가죽을 치며 흔들어 방울을 울림.

탬버린

탱자 탱자나무의 열매. 향기가 좋으며 약으로도 씀.

탱자나무 귤나무 비슷한, 낙엽 활엽 관목. 높이가 2m가량이고, 나무껍질은 녹색이며 가지에 가시가 많아서 울타리로 심음. 가을에 탱자가 노랗게 익음.

탱자나무

***탱크**(tank) 1 무한궤도를 갖추고, 총포가 장치되어 있는 공격용 차량. 차체는 탄환을 막도록 두껍게 되어 있음. 전차. 예탱크 부대. 2 물·기름·가스 따위를 넣어 두는 큰 통. 예기름 탱크.

탱탱 살이 찌거나 부어서 팽팽한 모양. 예살이 탱탱 찌다. 큰팅팅. **탱탱하다**.

***터**¹ 1 건축이나 토목 공사를 할 자리.

또는 했던 자리. 예터가 넓다 / 터를 잡다. 2 일이 이루어진 밑바닥. 예경제 발전의 터를 닦다.

*터² 1 예정·추측의 뜻을 나타내는 말. 예내가 갈 터이다. 2 형편·처지의 뜻을 나타내는 말. 예그와는 서로 잘 아는 터이다.

터널 (tunnel) 차나 사람이 다닐 수 있도록 산이나 땅 따위의 밑을 뚫어 만든 길. 굴.

터놓다 [터노타] 1 막은 물건을 치워 통하게 하다. 예길을 터놓다. 2 숨김없이 마음을 드러내다. 예터놓고 지내는 사이.

터덜거리다 1 무거운 발걸음으로 힘없이 계속 걷다. 예지친 몸을 이끌고 터덜거리며 걷다. 2 차나 빈 수레 등이 험한 길 위를 요란하게 지나가는 소리가 나다. 예버스가 터덜거리며 비포장 도로를 달리다. 작타달거리다.

터덜터덜 터덜거리는 모양. 예터덜터덜 힘없이 걷다. **터덜터덜하다**.

터득하다 (攄得—) [터: 드카다] 깊이 생각하여 이치를 깨달아 알아내다. 예진리를 터득하다 / 요령을 터득하다.

***터뜨리다** [터: 뜨리다] 터지게 하다. 예웃음을 터뜨리다 / 풍선을 터뜨리다 / 꽃망울을 터뜨리다.

터럭 1 사람이나 길짐승의 몸에 난 길고 굵은 털. 2 아주 작거나 사소한 것. 예너랑 같이 갈 마음이 터럭만큼도 없다. [참고] 주로 '터럭만큼·터럭만하다'로 쓰임.

터무니없다 [터무니업따] 이치나 도리에 맞지 않거나 근거가 없다. 예터무니없는 거짓말 / 터무니없는 값을 부르다.

터무니없이 [터무니업씨] 터무니없게. 예터무니없이 비싸다.

터미널 (terminal) 버스·열차 따위의 시발점이나 종점. 예고속버스 터미널.

터벅터벅 힘없이 천천히 걸어가는 모양. 예혼자 터벅터벅 걷다. 작타박타박.

터울 한 어머니가 낳은 자녀의 나이 차이. 예형과는 두 살 터울이다.

터전 1 집터가 되는 땅. 예터전을 닦다. 2 생활의 근거지. 예삶의 터전을

마련하다. 비기반.

터줏대감 (—主大監) [터주때감 / 터준때감] 마을이나 단체 등에서 가장 오래되어 그 주인처럼 된 사람을 농으로 이르는 말.

***터지다** [터: 지다] 1 일이 갑자기 벌어지다. 예전쟁이 터지다. 2 한 덩어리로 된 것이 갈라지다. 예폭탄이 터지다. 3 박수·웃음·소리 따위가 한꺼번에 나오다. 예환성이 터지다. 4 벌어져 갈라지다. 예입술이 터지다. 5 참거나 쌓였던 감정 따위가 왈칵 쏟아지다. 예울음이 터지다.

터치아웃 (touch+out) 1 야구에서, 수비수가 주자의 몸에 공을 대어 아웃시키는 일. 2 배구에서, 공이 수비수의 몸에 맞고 경기장 밖으로 나가는 일.

터키 (Turkey) 〖국명〗 '튀르키예'의 영어 이름.

터트리다 [터: 트리다] ⇨터뜨리다.

***턱**¹ 1 사람이나 동물의 입 위아래에 있는, 말을 하거나 음식을 씹는 일을 하는 기관. 2 얼굴 아래쪽 뾰족하게 나온 부분. 예턱을 괴다. ◯chin, jaw

턱² 평평한 곳에 어느 한 부분이 갑자기 조금 높게 된 자리. 예턱이 지다 / 턱에 걸리다.

턱³ 좋은 일이 있을 때 남에게 베푸는 음식 대접. 예생일 턱을 내다.

턱⁴ 그렇게 되어야 할 까닭. 예그럴 턱이 있나.

턱⁵ 1 긴장이 풀리는 모양. 예마음을 턱 놓다. 2 숨이 막히는 모양. 예숨이 턱 막히다. 3 갑자기 맥없이 쓰러지는 모양. 예방바닥에 턱 쓰러지다. 4 무슨 행동을 아주 의젓하게 하는 모양. 예의자에 턱 걸터앉다. 5 움직이던 것이 갑자기 멈추거나 걸리는 모양. 예엔진이 턱 멎었다.

턱걸이 [턱꺼리] 철봉을 손으로 잡고 몸을 끌어 올리어 턱이 철봉 위까지 올라가게 하는 운동. **턱걸이하다**.

턱밑 [텅믿] 아주 가까운 곳. 예안경을 턱밑에 두고 딴 데서 찾는다.

턱뼈 동물의 턱을 이루는 뼈.

턱수염 (—鬚髥) [턱쑤염] 아래턱에 난 수염. 예턱수염을 기르다.

턱시도 (tuxedo) 남자가 입는 서양식

예복.

턱없다 [터겁따] 1 이치에 닿지 않다. 예 턱없는 소리 하지도 마라. 2 수준이나 분수에 맞지 않다.

턱없이 [터겁씨] 턱없게. 예 값이 턱없이 비싸다.

턱지다 [턱찌다] 평평한 곳에 두두룩한 자리가 생기다. 예 턱진 곳에 걸려 넘어지다.

턱턱 1 일을 의젓하게 잘 처리하는 모양. 예 맡은 일을 턱턱 해내다. 2 자꾸 세게 걸리거나 막히는 모양. 예 숨이 턱턱 막히다. 3 물건을 자꾸 두드리거나 먼지 따위를 떠는 모양. 또는 그 소리. 작 탁탁.

*__털__ 1 사람이나 동물의 몸에 나는 가느다란 실 모양의 것. 예 털을 뽑다 / 털이 나다. 2 물건의 거죽에 부풀어 일어난 가는 실 모양의 것.

털갈이 [털가리] 짐승이나 새의 묵은 털이나 깃이 빠지고 새로 나는 일. 털갈이하다.

털구멍 [털꾸멍] 털이 나는 작은 구멍. 비 모공.

털끝 [털끋] 1 털의 끝. 2 매우 작거나 적은 것. 예 털끝만큼도 의심할 여지가 없다.

털끝도 못 건드리게 하다 조금도 손을 대지 못하게 한다는 말.

털다 [털:다] 1 붙은 것이 흩어지거나 떨어지게 하다. 예 먼지를 털다. 센 떨다. 2 가지고 있는 물건을 모조리 내어 쓰다. 예 밑천을 털다. 3 도둑이나 소매치기가 재물을 죄다 가져가다. 예 빈집을 털다. 활용 털어 / 터니 / 터는.

털리다 1 털어지다. 턺을 당하다. 2 노름판에서 가지고 있던 돈을 모조리 잃다. 예 한 판에 노름 밑천이 털리다. 3 도둑이나 소매치기에게 가지고 있던 재물을 모조리 잃어버리다. 예 가진 돈을 몽땅 털리다.

털모자(一帽子) 털로 만든 모자.

털버덕 1 넓적한 물건이 얕은 물 위를 거칠고 어지럽게 밟거나 치는 소리. 2 아무렇게나 털썩 주저앉는 모양. 또는 그 소리. 예 땅바닥에 털버덕 앉다. 작 탈바닥.

털보 얼굴이나 몸에 털이 많이 난 사람을 놀리는 말.

털실 털로 만든 실.

털썩 1 사람이 갑자기 주저앉거나 쓰러지는 소리나 모양. 예 의자에 털썩 주저앉다. 2 조금 두껍고 넓은 물건이 갑자기 바닥에 내려앉는 소리나 모양. 예 짐을 털썩 내려놓다. 작 탈싹. 털썩하다.

털어놓다 [터러노타] 1 속에 든 물건을 모두 내놓다. 예 지갑을 털어놓다. 2 비밀이나 고민 따위를 숨김없이 모두 이야기하다. 예 속마음을 털어놓다.

털털하다 사람의 성격이 까다롭지 않고 소탈하다. 예 사람이 털털하여 어지간한 일에는 성을 안 낸다.

텀벙 묵직하고 큰 물건이 깊은 물속에 떨어질 때 나는 소리. 예 깊은 물속에 텀벙 뛰어들다. 작 탐방. 여 덤벙. 텀벙하다.

텀블링(tumbling) 1 ⇨공중제비. 2 여러 사람이 손을 맞잡거나 어깨에 올라타 여러 가지 모양을 만드는 체조. 텀블링하다.

텁수룩이 [텁쑤루기] 텁수룩하게. 예 수염이 텁수룩이 나다.

텁수룩하다 [텁쑤루카다] 수염이나 머리털이 많이 나 어수선하거나 더부룩하다. 예 텁수룩한 머리털. 작 탑소록하다.

텁텁하다 [텁터파다] 음식의 맛이나 입안이 시원하거나 깨끗하지 않다. 예 입안이 텁텁하다.

텃밭 [터빧 / 턷빧] 집터에 딸리거나 집 가까이 있는 밭. 예 텃밭을 가꾸다.

텃새 [터쌔 / 턷쌔] 철 따라 옮겨 다니지 않고 한 지역에서 내내 사는 새. 참새·까치·까마귀·꿩 따위. 비 유조. 반 철새.

텃세(一勢) [터쎄 / 턷쎄] 먼저 자리 잡은 사람이 뒤에 들어오는 사람을 업신여기는 일. 예 텃세가 심하다 / 텃세를 부리다. 텃세하다.

텅[1] 속이 비어 아무것도 없는 모양. 예 텅 빈 교실.

텅[2] 쇠붙이로 된 속이 빈 큰 통을 세게 두드릴 때 울리는 소리. 작 탕.

텅스텐(tungsten) 회백색의 매우 단단하고 질긴 금속 원소. 전구·진공관 따위에 필라멘트로 씀. 중석.

텅텅 속이 다 비어서 아무것도 없는 모양. 예텅텅 빈 버스.

테 1 둥근 물건이 흐트러지지 않게 둘러맨 줄. 예금이 간 항아리에 테를 메우다. 2 장식이나 표지로 가장자리를 두른 물건. 예모자에 흰 테를 두르다.

테너 (tenor) 남자의 목소리에서 가장 높은 소리. 또는 그 가수.

테니스 (tennis) 가운데에 네트를 치고 양쪽에서 공을 라켓으로 치고 받는 경기. 정구.

테니스장 (tennis場) 테니스를 하는 운동장. 비정구장.

테두리 1 가장자리를 따라 죽 둘린 줄. 물체의 둘레. 비윤곽. 준테. 2 어떤 범위나 한계. 예예산의 테두리 안에서 지출한다.

테라스 (terrace) 실내에서 직접 밖으로 나갈 수 있도록 꾸민, 길이나 정원 쪽으로 뻗쳐 나온 곳.

테라 코타 (이 terra cotta) 점토를 구워 만든 인형이나 그릇.

테러 (terror) 폭력을 써서 남을 위협하거나 공포에 빠지게 하는 행위. 예테러를 당하다.

테마 (독 Thema) 예술 작품·논문·회의 따위의 중심이 되는 내용. 주제. 예테마 송을 부르다.

테스트 (test) 시험. 검사. 음미. 예실력 테스트. 테스트하다.

테이블 (table) 서양식의 탁자나 식탁. 예둥근 테이블.

***테이프** (tape) 1 가늘고 길게 만든 종이나 헝겊 조각. 2 소리나 영상 따위를 기록하는 데 쓰는 가늘고 긴 필름.

테크닉 (technic) 연주·노래·운동 따위를 훌륭하게 해내는 기술. 수법. 기교. 예테크닉이 좋다.

텐트 (tent) ⇨천막.

***텔레비전** (television) 전파를 통해 보낸 영상과 소리를 받아 화면에 나타내어 볼 수 있게 한 장치. 예텔레비전을 보다. ×테레비. 텔레비.

텔레파시 (telepathy) 감각 기관을 통하지 않고, 한 사람이 가진 생각이나 인상이 멀리 있는 다른 사람에게 전달되는 일. 정신 감응. 예텔레파시가 통하다.

템포 (이 tempo) 1 일의 속도. 진도. 예지하철 공사의 템포가 빠르다. 2 악곡을 연주하는 속도.

토1 한문의 구절 끝에 붙여 읽는 우리말 부분. 예토를 붙이다.
　토(를) 달다 어떤 말 끝에 덧붙여 말하다. 예말끝마다 토를 달다.

***토**2 (土) '토요일'의 준말.

토기 (土器) 진흙으로 만들어 볕에 말리거나 불에 구운 그릇.

***토끼** 토끼과의 짐승. 귀가 길고 뒷다리가 앞다리보다 훨씬 발달하였으며 꼬리가 짧음. 초식 동물로 번식력이 강함. ⇨rabbit

토끼장 (一欌) 토끼를 넣어 기르는 장. 비토끼우리. 토끼집.

토끼전 (一傳) 『책』 ⇨별주부전.

토끼풀 콩과의 여러해살이풀. 잎자루 끝에 3-4개의 작은 잎이 붙고 여름에 나비 모양의 흰 꽃이 핌. 클로버.
토끼풀

토너먼트 (tournament) 여러 팀이 우승을 겨룰 때, 경기할 때마다 진 팀은 제외되고 마지막 남은 두 팀이 우승을 겨루는 경기. 또는 그 경기 방법. 반리그전.

토닥거리다 [토닥꺼리다] 잘 울리지 않는 물건을 가볍게 자꾸 두드리어 소리를 내다. 예엄마는 내 등을 토닥거리며 우는 나를 달래 주었다. 큰투덕거리다. 센또닥거리다.

토담 (土一) 흙으로 쌓아 만든 담. 비흙담.

토대 (土臺) 1 집· 다리 따위의 맨 아래에서 떠받치는 밑바탕. 2 사물의 근본. 예생활의 토대. 비기초.

토담

토라지다 마음에 들지 않아 꼬이고 뒤틀리어 싹 돌아서다. 예약속 시간에 늦었다고 토라지다.

토란 (土卵) 천남성과의 여러해살이풀. 잎은 두껍고 넓으며 땅속에 감자와 비슷한 뿌리가 달림. 뿌리와 줄기를 먹음.

***토론** (討論) [토:론] 여러 사람이 각각 의견을 말하면서 논의함. 예토론을 벌이다. 비토의. **토론하다**.

토론자 (討論者) [토:론자] 토론하는 사람.

토론회 (討論會) [토:론회 / 토:론훼] 어떤 문제에 대해 그 옳고 그름을 논의하기 위한 모임이나 회의. 예독서 토론회.

***토마토** (tomato) 가짓과의 한해살이풀. 높이 1-1.5m가량, 여름에 노란 꽃이 피고, 둥그렇고 빨간 열매가 열리는데 비타민이 풍부함. 남아메리카 열대 지방 원산.

토막 1 크고 덩어리가 진 도막. 예생선 토막 / 나무를 토막 내다. 2 말·글·노래 등의 짤막한 한 부분. 예한 토막의 이야기. 3 덩어리진 도막을 세는 말. 예생선 한 토막.

토목 (土木) 1 흙과 나무. 2 '토목 공사'의 준말.

토목 공사 (土木工事) 흙·모래·나무·돌·쇠 따위로 도로나 다리 따위를 만드는 공사. 준토목.

토박이 (土一) [토바기] 일정한 고장에서 대대로 살아오는 사람. 예서울 토박이. 본본토박이.

토박이말 (土一) [토바기말] 대대로 그 고장에서 사는 사람들이 쓰는 말.

토벌 (討伐) 군대를 보내어 적이나 죄 지은 무리를 쳐 없앰. 예왜구를 토벌하다. **토벌하다**.

토산물 (土産物) 그 지방에서만 나는 특유한 물건. 강화의 화문석, 담양의 죽세공품 따위.

토성[1] (土城) 흙으로 쌓아 올린 성. 예토성을 쌓다.

토성[2] (土星) 태양에서 여섯 번째로 가까운 행성. 크기는 지구의 755배이며, 둘레에 여섯 개의 고리 모양의 띠가 있음.

토속 (土俗) 그 지방의 특유한 풍속. 예토속 신앙.

토스터 (toaster) 전기를 이용해 식빵을 굽는 기구.

토스트 (toast) 식빵을 얇게 썰어 살짝 구운 것.

토시 추위나 더러움을 막기 위해 팔에 끼는, 헝겊이나 가죽 따위로 만든 물건.

토실토실 살이 보기 좋게 찐 모양. 예토실토실 살이 찌다. 큰투실투실. **토실토실하다**.

토양 (土壤) 농작물을 자라게 할 수 있는 흙. 예기름진 토양.

***토요일** (土曜日) 일주일 가운데 일요일로부터 일곱째 되는 날. 예토요일에 친구들과 놀이동산에 가서 재밌게 놀았다. 준토. ⊃Saturday

***토의** (討議) [토:의 / 토:이] 어떤 문제에 대하여 서로 의견을 내놓고 논의함. 예토의 사항 / 진지하게 토의하다. 비토론. **토의하다**.

토인 (土人) 1 그 지방에 대대로 사는 사람. 2 원시적인 생활을 하는 사람을 낮잡아 이르는 말.

토정비결 (土亭祕訣) 〖책〗 조선 명종 때 토정 이지함이 지은 책. 그해의 운수를 알아보는 데에 씀.

토종 (土種) 그 땅에서 나는 종자. 예토종 식물 / 토종 농산물. 비재래종.

토종꿀 (土種一) 토종벌을 쳐서 얻어낸 꿀.

***토지** (土地) 사람의 생활과 활동에 이용하는 땅. 예비옥한 토지.

토질 (土質) 땅의 성질. 흙의 성질. 예척박한 토질.

토착 (土着) 조상 대대로 그 땅에서 삶. 예토착 문화. **토착하다**.

토핑 (topping) 다 만든 요리나 과자 위에 맛을 내거나 모양을 꾸미려고 마무리로 재료를 올려서 장식하는 것.

토하다 (吐—) [토:하다] 1 게우다. 뱉다. 예음식을 토하다. 2 생각하고 있는 것을 말하다. 예열변을 토하다.

토함산 (吐含山) [토:함산] 경상북도 경주시에 있는 산. 불국사와 석굴암이 있음. 높이 745m.

톡 1 한 부분이 불거져 나온 모양. 예두 눈이 톡 불거지다. 2 살짝 치거나 건드리는 모양. 또는 그 소리. 예먼지를 톡 털다. 3 갑자기 터지거나 튀는 모양. 또는 그 소리. 예석류가 톡 터지다. 4 갑자기 혀끝이나 코 따위에 자극을 받는 느낌. 예톡 쏘는 음료수.

톡톡 큰 툭.
톡톡 1 자꾸 살짝 치거나 건드리는 모양이나 소리. 예어깨를 **톡톡** 쳐서 깨우다. 2 자꾸 터지거나 튀는 모양. 또는 그 소리. 3 작은 것이 자꾸 가볍게 부러지는 모양이나 소리. 예성냥개비를 **톡톡** 부러뜨리다. 큰 툭툭.
톡톡하다 [톡토카다] 1 국물이 적어 묽지 않다. 예**톡톡하게** 끓인 닭찜. 2 천이 고르고 단단하게 짜이어 도톰하다. 3 꾸중이나 망신 등의 정도가 심하다. 예망신을 **톡톡하게** 당하다. 4 구실·역할 따위가 제대로 되다. 예자기 역할을 **톡톡하게** 해내다. 큰 툭툭하다.
톡톡히 [톡토키] 톡톡하게. 예꾸지람을 **톡톡히** 듣다.
톤[1] (ton) 무게의 단위. 1,000kg을 1톤이라 함((기호는 t)).
톤[2] (tone) 1 전체에서 느끼는 기분이나 소리 따위. 예**톤**을 낮추다. 2 색깔이 짙거나 옅은 정도. 색조.
톨 밤이나 곡식의 낱알 따위를 세는 말. 예밤 한 **톨**.
톨게이트 (tollgate) 고속 도로나 유료 도로에서 통행료를 받는 곳.
*__톱__[1] 나무나 쇠붙이 따위를 자르거나 켜는 데 쓰는 강철로 된 연장.

톱[1]

톱[2] (top) 1 꼭대기. 우두머리. 맨 앞. 2 수위. 수석. 3 신문이나 잡지 따위에서, 가장 눈에 잘 띄는 자리. 예1면 **톱**에 실린 기사.
톱날 [톰날] 톱의 날카로운 이가 줄지어 선 부분. 예**톱날**을 세우다.
톱니 [톰니] 톱의 날을 이룬 뾰족하고 날카로운 이.
톱니바퀴 [톰니바퀴] 바퀴 둘레가 일정한 간격의 톱니로 되어 있어, 이와 이가 서로 맞물려 돌아감으로써 동력을 전달하는 기계 장치.
톱밥 [톱빱] 톱질할 때에 나무 등에서 쓸려 나오는 가루.
톱질 [톱찔] 톱으로 나무 따위를 자르거나 켜는 일. **톱질하다**.
톳 [톧] 김 백 장을 한 묶음으로 묶은 덩어리. 또는 그 묶음을 세는 말. 예김 한 **톳**.

통[1] 1 바짓가랑이나 소매 따위의 속의 넓이. 예바지의 **통**이 넓다. 2 사람의 도량이나 씀씀이. 예**통**이 큰 사람.
통[2] 배추·박 등을 세는 말. 예배추 열 **통** / 수박 한 **통**.
*__통__[3] 어떤 일이 벌어진 환경이나 판국. 예장마 **통**에 물난리를 겪다.
통[4] 전혀. 도무지. 예네 말을 **통** 알아듣지 못하겠다.
통[5] 작은북이나 속이 빈 나무통 따위를 쳐서 울리는 소리.
통[6] (通) 편지나 전화, 서류 따위를 세는 말. 예편지 세 **통** / 전화 한 **통** 걸다 / 이력서 한 **통**.
*__통__[7] (桶) 1 물이나 물건 따위를 담는 그릇. 예**통**에 물을 붓다. 2 통에 담긴 것을 세는 말. 예아이스크림 한 **통**을 혼자 다 먹었더니 배가 아프다.
통[8] (統) [통:] 반의 위, 동의 아래인 행정 단위. 예염리동 17**통** 4반.
통계 (統計) [통:계 / 통:게] 1 한데 몰아서 셈함. 2 어떤 현상을 종합적으로 한눈에 알아보기 쉽게 체계에 따라 숫자로 나타냄. 또는 그런 것. 예**통계** 숫자 / **통계** 조사.
통고 (通告) 글이나 말을 통하여 소식을 알림. 예**통고**를 받다 / 시험 연기를 **통고하다**. **통고하다**.
통곡 (痛哭) [통:곡] 큰 소리로 슬피 욺. 예**통곡**하며 슬퍼하다. **통곡하다**.
통과 (通過) 1 어떤 곳이나 때를 거쳐 지나감. 예유리는 빛을 **통과**시킨다. 2 회의에서 의논하여 결정됨. 예새 법이 **통과**되다. 3 검사나 시험 따위에 합격함. 예학과 시험을 가볍게 **통과**하다. **통과하다**. ⊃ pass
통근 (通勤) 집에서 직장에 매일 일하러 다님. 예**통근** 버스. **통근하다**.
통꽃 [통꼳] 꽃잎이 서로 붙어서 하나의 꽃판을 이루는 꽃. 진달래나 나팔꽃 따위. 비합판화. 반갈래꽃.
통나무 켜거나 자르지 아니한 통째의 나무. 예**통나무**로 집을 짓다.
통나무집 통나무로 지은 집.
통달 (通達) 막힘이 없이 환히 앎. 예컴퓨터에 **통달**한 사람. **통달하다**.
통닭 [통닥] 털과 내장만을 제거한 채 통째로 익힌 닭고기.

통독(通讀) 처음부터 끝까지 내리 읽음. 예삼국지를 통독하다. **통독하다**. *정독.

통례(通例) [통녜] 일반적으로 통하여 쓰는 예. 비상례.

통로(通路) [통노] 다닐 수 있게 트인 길. 예좁은 통로를 간신히 빠져나오다.

통발(筒—) 가는 대나무 조각을 엮어 통같이 만든, 고기를 가두어 잡는 도구. 예통발을 치다.

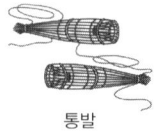

통발

통보(通報) 어떤 일을 알림. 예기상 통보 / 합격 통보. **통보하다**.

통분(通分) 분수나 분수식에서 각기 다른 분모를 그 최소 공배수로 바꾸어 같은 분모로 만드는 일. **통분하다**.

통사정(通事情) 딱하고 어려운 형편을 털어놓고 말함. 예도와 달라고 통사정하다. **통사정하다**.

통상¹(通常) 특별하지 않고 보통으로. 일상적으로. 예통상 아침 7시에 일어난다. 비보통.

통상²(通商) 나라들 사이에 서로 물건을 사고팔고 함. 예외국과 통상 조약을 맺다. 비교역. 무역. **통상하다**.

통상적(通常的) 특별하지 않고 늘 있는 (것). 예이번 행사는 통상적인 모임에 불과하다.

통속(通俗) 1 세상에 널리 통하는 일반적인 풍속. 2 전문적이 아니고 일반적으로 알기 쉬운 일. 예통속 작가.

통솔(統率) [통ː솔] 무리를 거느려 다스림. 예부하를 통솔하다. **통솔하다**.

통솔력(統率力) [통ː솔력] 어떤 무리를 통솔하는 힘. 예통솔력이 있다 / 통솔력이 부족하다.

***통신**(通信) 우편·전신·전화 등으로 정보나 소식을 전하는 일. 예컴퓨터로 통신하다. **통신하다**.

통신망(通信網) 신문사나 통신사 등에서 여러 곳에 사람을 보내어 본사와 연락하도록 만든 조직.

통신문(通信文) 소식이나 정보를 알리기 위해 보내는 글. 예가정 통신문.

통신비(通信費) 전화나 인터넷 등을 사용하는 데에 드는 돈.

통신사¹(通信社) 신문사·잡지사·방송 사업체 따위에 소식을 알리는 언론기관.

통신사²(通信使) 조선 때, 우리나라에서 일본으로 보내던 사신. 1876년 '수신사'로 고침.

통신 위성(通信衛星) 먼 거리 사이의 전파 통신을 하는 데 쓰는 인공위성.

통역(通譯) 언어가 통하지 않는 사람 사이에서, 양쪽의 언어를 번역하여 그 뜻을 전해 줌. 또는 그런 일을 하는 사람. 예협상에서 통역을 맡다 / 통역으로 근무하다. **통역하다**.

통용(通用) 일반적으로 두루 쓰임. 예통용 화폐. **통용하다**.

통운(通運) 물건을 실어서 나름. 예통운 회사.

***통일**(統一) [통ː일] 1 나누어진 것들을 합쳐서 하나로 만듦. 예국토 통일. 비통합. 반분산. 분열. 2 서로 다른 것을 같거나 일치되게 맞춤. 예의견이 통일되다. **통일하다**.

통일부(統一部) [통ː일부] 중앙 행정 기관의 하나. 우리나라의 통일에 관한 문제를 조사·연구하고, 통일 후의 정책에 관한 사무를 맡아봄.

통일 신라(統一新羅) 삼국을 통일한 676년 이후부터 후삼국 전까지의 신라.

***통장**¹(通帳) 은행·우체국 등에서, 돈을 넣거나 뺀 상태를 기록해 주는 장부. 예자유 저축 통장.

통장²(統長) [통ː장] 통을 대표하여 일을 맡아보는 사람.

통제(統制) [통ː제] 전체의 목적을 이루기 위하여 여러 부분을 조절하고 제약하는 일. 예통제 구역 / 교통을 통제하다. **통제하다**.

통제사(統制使) [통ː제사] 임진왜란 때 경상도, 전라도, 충청도 세 도의 수군을 통솔하던 무관 벼슬. 또는 그 벼슬아치. '삼도 수군통제사'를 줄인 말로 선조 26년(1593)에 설치하여 이순신 장군을 임명함.

통조림(桶—) 고기·과일 따위를 양철통에 넣고 가열·살균한 뒤 밀봉해서 오래 저장할 수 있도록 만든 식품.

통증 (痛症) [통:쯩] 아픈 증세. [예] 통증이 심해지다 / 통증이 가시다.
통지 (通知) 소식을 알림. [예] 합격 통지를 받다 / 수학여행 관련 내용을 통지하다. **통지하다**.
통지서 (通知書) 어떤 사실을 알리는 글. [예] 합격 통지서.
통째 나누지 않고 덩어리로 있는 그대로. [예] 돼지를 통째로 굽다. ×통채. [참고] 주로 '통째로'의 꼴로 쓰임.
통찰 (洞察) [통:찰] 사물을 환히 꿰뚫어 봄. [예] 예리한 통찰. **통찰하다**.
통찰력 (洞察力) [통:찰력] 사물을 환히 꿰뚫어 보는 능력. [예] 통찰력이 뛰어나다 / 통찰력을 지니다.
통치 (統治) [통:치] 나라나 지역을 도맡아 다스림. [예] 통치 기관 / 나라를 통치하다. **통치하다**.
통치마 양쪽에 세로로 단을 대지 않고 통으로 지은 치마. [반] 풀치마.
통쾌하다 (痛快—) [통:쾌하다] 매우 즐겁고 시원하여 유쾌하다. [예] 통쾌한 승리를 거두다.
통탄 (痛歎) [통:탄] 몹시 가슴 아파하며 안타까워함. [예] 통탄할 일이다. **통탄하다**.
통통[1] 1 속이 빈 작은 통 따위를 잇따라 치는 소리. [예] 물통을 통통 두드리다. 2 단단한 곳을 발로 구르는 소리. [예] 마루를 통통 구르다. [큰] 퉁퉁. 3 작은 발동기 따위가 울리는 소리. [예] 모터보트가 통통 소리를 내며 떠났다.
통통[2] 몸이 붓거나 살이 쪄서 굵은 모양. [예] 발이 통통 붓다 / 살이 통통 오르다. [큰] 퉁퉁. **통통하다**. **통통히**.
통틀어 [통트러] 있는 대로 모두 합하여. [예] 여기가 이 지역 일대를 통틀어 가장 경치 좋은 곳이다.
통풍 (通風) 바람을 통하게 함. [예] 통풍 장치 / 통풍이 잘되다. **통풍하다**.
통풍창 (通風窓) 바람이 통하도록 내는 작은 창.
***통하다** (通—) 1 막힘이 없이 트이다. [예] 사방으로 통하다. 2 말이나 문장이 잘 이어져 뜻을 알다. [예] 뜻이 통하다 / 그런 말은 여기서 통하지 않는다. 3 사이에 세워 중개하게 하다. [예] 텔레비전을 통하여 알리다. 4 어떤 경로를 따라 움직여 가다. [예] 전류가 통하고 있다.
통학 (通學) 자기 집에서 학교까지 다님. [예] 통학 구역 / 기차로 통학하다. **통학하다**.
통합 (統合) [통:합] 모두 합쳐 하나로 모음. [예] 기업을 통합하다. [비] 통일. **통합하다**.
통행 (通行) 길로 지나다님. [예] 차량 통행이 원활하다 / 고속 도로를 통행하다. [비] 왕래. **통행하다**.
통행금지 (通行禁止) 특정한 지역이나 시간에 사람과 차량 통행을 못하게 하는 일. [예] 통행금지 구역. [준] 통금.
통행료 (通行料) [통행뇨] 통행하는 데 내는 돈. [예] 고속 도로 통행료.
통행증 (通行證) [통행쯩] 통행이 금지된 어떤 지역이나 특정 시간에 통행을 허가하는 증서.
통화[1] (通貨) 나라 안에서 사용되고 있는 돈.
통화[2] (通話) 1 전화로 말을 서로 주고받음. [예] 통화가 끝나다 / 길게 통화하다. 2 통화한 횟수를 세는 말. [예] 전화 한 통화. **통화하다**.
퇴각 (退却) [퇴:각 / 퉤:각] 상대와 맞서 있다가 물러감. [예] 퇴각 명령. **퇴각하다**.
퇴근 (退勤) [퇴:근 / 퉤:근] 직장에서 일을 마치고 나옴. [예] 퇴근 시간 / 오후 6시에 퇴근하다. [반] 출근. **퇴근하다**.
퇴근길 (退勤—) [퇴:근낄 / 퉤:근낄] 퇴근할 때 집으로 가는 길. 또는 가는 동안. [반] 출근길.
퇴보 (退步) [퇴:보 / 퉤:보] 1 뒤로 물러감. 2 수준이나 정도가 이제까지보다 뒤떨어짐. [예] 기술의 퇴보. [반] 진보. **퇴보하다**.
퇴비 (堆肥) [퇴비 / 퉤비] 잡초·낙엽 따위를 썩혀 만든 거름. [비] 두엄.
퇴원 (退院) [퇴:원 / 퉤:원] 입원했던 환자가 병원에서 나옴. [예] 퇴원 수속을 밟다. [반] 입원. **퇴원하다**.
퇴위 (退位) [퇴:위 / 퉤:위] 왕위에서 물러남. [반] 즉위. **퇴위하다**.
퇴임 (退任) [퇴:임 / 퉤:임] 임무에서 물러남. [예] 정년 퇴임을 맞다. [비] 퇴직. **퇴임하다**.

ㅌ

퇴장 (退場) [퇴:장 / 퉤:장]   회의장·경기장·무대 등에서 물러남. 예 배우가 무대에서 퇴장하다. 반 등장. 입장. **퇴장하다**.

퇴적 (堆積) [퇴적 / 퉤적]   많이 덮쳐 쌓임. 또는 많이 덮쳐 쌓음. 예 물살이 느려 토사의 퇴적이 많다. 반 침식. **퇴적하다**.

퇴적물 (堆積物) [퇴정물 / 퉤정물]   많이 겹쳐 쌓인 것. 예 강바닥에 퇴적물이 쌓이다.

퇴적암 (堆積岩) [퇴저감 / 퉤저감]   퇴적 작용으로 생긴 암석. 모래·진흙 따위가 가라앉거나 쌓여서 생김.

퇴적 작용 (堆積作用)   흙·모래 따위가 흐르는 물이나 바람에 실려 운반되어 쌓이는 현상.

퇴직 (退職) [퇴:직 / 퉤:직]   직장에서 물러남. 예 직장에서 퇴직하다. 비 퇴임. 반 취직. **퇴직하다**.

퇴진 (退陣) [퇴:진 / 퉤:진]   하던 일을 그만두고 물러남. 예 회장 자리에서 퇴진하다. **퇴진하다**.

퇴짜 (退一) [퇴:짜 / 퉤:짜]   받아들이지 않고 물리치는 일.

   퇴짜(를) 놓다   바치는 물건이나 의견 따위를 받아들이지 않고 물리치다. 예 남의 부탁을 퇴짜 놓다.

   퇴짜(를) 맞다   바치는 물건이나 의견 따위가 거절을 당하다. 예 데이트 신청을 했다가 보기 좋게 퇴짜를 맞았다.

퇴치 (退治) [퇴:치 / 퉤:치]   물리쳐서 아주 없애 버림. 예 문맹 퇴치 / 전염병을 퇴치하다. **퇴치하다**.

퇴폐 (頹廢) [퇴폐 / 퉤폐]   도덕·풍속·문화 따위가 질서 없이 어지러워짐. 예 퇴폐 풍조. **퇴폐하다**.

퇴학 (退學) [퇴:학 / 퉤:학]   학생이 다니던 학교를 졸업 전에 그만둠. 예 퇴학을 당하다 / 학교를 퇴학하다. 비 퇴교. **퇴학하다**.

퇴화 (退化) [퇴:화 / 퉤:화]   1 나아지기 이전의 상태로 되돌아감. 비 퇴행. 2 생물의 기관이 오래 쓰이지 않아서 점차 작아지거나 기능을 잃게 됨. 예 사람의 꼬리뼈는 점점 퇴화하여 흔적만 남아 있다. 반 진화. **퇴화하다**.

툇마루 (退一) [퉨:마루 / 퉷:마루]   방과 마당 사이에 좁게 달아 낸 마루. 예 툇마루에 걸터앉다.

투 (套)   1 버릇이 된 일. 예 말하는 투가 좋지 않다. 2 일의 방식. 예 편지 쓰는 투로 쓴 독서 감상문.

툇마루

투고 (投稿)   원고를 신문사·잡지사 등에 보냄. 또는 그 원고. 예 신문에 투고하다. 비 기고. **투고하다**.

투구[1]   예전에, 군인이 전쟁할 때 머리를 보호하기 위해 쓰던 쇠로 만든 모자.

투구[2] (投球)   야구에서, 투수가 포수를 향해 공을 던지는 일.

투기[1] (投機)   기회를 보아서 큰 이익을 얻으려는 짓. 예 부동산 투기. **투기하다**.

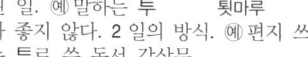

투구[1]

투기[2] (妬忌)   부부나 사랑하는 사람 사이에서 상대방이 다른 사람을 좋아할 경우에 심하게 미워하거나 샘을 내는 일. **투기하다**.

투덜거리다   혼자 중얼거리며 불평하다. 예 숙제가 많다고 투덜거리다.

투덜대다   ⇨투덜거리다.

투막 (一幕)   울릉도의 통나무집. 옥수숫대로 촘촘히 엮은 울타리를 처마 높이만큼 집 주위에 바싹 붙여 눈이 들어오지 않게 지음.

투명 (透明)   속까지 환히 비치도록 맑음. 예 시냇물이 바닥까지 투명하다. **투명하다**.

투박하다 [투바카다]   1 생김새가 볼품없고 모양 없이 거칠다. 예 투박한 외투. 2 말이나 행동이 거칠고 다소곳하지 못하다. 예 투박한 말씨.

투병 (鬪病)   병을 고치려고 적극적으로 병과 싸움. 예 오랜 투병 생활을 마치다. **투병하다**.

투사 (鬪士)   1 전쟁터나 경기장에 싸우려고 나선 사람. 2 자기가 믿는 주의나 사상을 위해 맹렬히 활동하는 사람. 예 정의의 투사.

투서 (投書)   드러나지 않은 사실이나 남의 잘못을 적어 관계 기관에 몰래 보냄. 또는 그런 글. 예투서가 빗발치다. **투서하다**.

투수 (投手) 야구에서, 상대편 타자가 칠 공을 포수를 향하여 던지는 선수. 피처. 판포수.

투숙 (投宿) 호텔·여관 따위에서 잠을 잠. **투숙하다**.

투시 (透視) 1 막힌 물체를 환히 꿰뚫어 봄. 2 정상적인 감각으로는 알 수 없는 것을 알아내는 일. 또는 그 능력. **투시하다**.

투신 (投身) 1 어떤 일에 몸을 던져 일을 함. 예봉사 활동에 투신하다. 2 죽으려고 몸을 던짐. 예강물에 투신하다. **투신하다**.

투약 (投藥) 병에 알맞은 약을 씀. 예안정제를 투약하다. **투약하다**.

투여 (投與) 약 따위를 남에게 줌. 예진통제를 투여하다. **투여하다**.

투옥 (投獄) 옥에 가둠. 예죄인을 투옥하다. **투옥하다**.

투우 (鬪牛) 1 소끼리 싸움을 붙임. 또는 그 소. 2 투우사와 소가 싸움. 또는 그 경기. **투우하다**.

투우사 (鬪牛士) 투우 경기에서 소와 싸우는 사람.

투입 (投入) 1 던져 넣음. 예자동판매기에 동전을 투입하다. 2 필요한 인원이나 물자 따위를 넣음. 예병력을 계속 투입하다. **투입하다**.

투자 (投資) 사업에 밑천을 댐. 예부동산 투자 / 연구 분야에 투자하다. 비출자. **투자하다**.

투쟁 (鬪爭) 어떤 목적을 위해 다툼. 예임금 인상 투쟁. **투쟁하다**.

투정 못마땅하거나 무엇이 부족하여 떼를 쓰며 조르는 일. 예반찬 투정 / 투정을 부리다. **투정하다**.

투지 (鬪志) 싸우고자 하는 의지. 예투지가 강하다.

***투철하다** (透徹—) 사리가 밝고 뚜렷하다. 예투철한 신념.

투표 (投票) 선거나 어떤 일을 결정할 때 각자의 뜻을 표시하여 내는 일. 예찬반 투표. **투표하다**. ⇒vote

투표권 (投票權) [투표꿘] 투표할 수 있는 권리. 예투표권을 가지다 / 투표권을 행사하다.

투표소 (投票所) 투표하는 곳. 비투표장.

투표율 (投票率) 유권자(투표권이 있는 사람) 전체에 대한 투표한 사람 수의 비율. 예투표율이 낮다.

투표함 (投票函) 투표자가 기입한 투표용지를 넣는 상자. 예투표함을 열어 투표 결과를 집계하다.

투피스 (two-piece) 여성복에서, 윗옷과 아래옷이 따로 되어 한 벌을 이루는 옷.

투하 (投下) 던져서 아래로 떨어뜨림. 예폭탄을 투하하다. **투하하다**.

투호 (投壺) 일정한 거리에서 청색·홍색의 화살을 던져 병 속에 들어간 화살의 수를 세어 승부를 가리는 놀이. **투호하다**.

툭 1 어느 한 부분이 불거져 오른 모양. 예이마가 툭 불거지다. 2 슬쩍 치는 소리나 모양. 예팔꿈치로 툭 치다. 3 갑자기 터지거나 튀는 소리. 또는 그 모양. 예주머니가 툭 터지다. 4 갑자기 걸리거나 차이는 소리나 모양. 예문턱에 툭 걸려 넘어지다. 5 갑자기 부러지거나 끊어지는 소리나 모양. 예빨랫줄이 툭 끊어졌다. 잭톡.

툭툭 1 여기저기 불거진 모양. 예근육이 툭툭 불거져 있는 팔. 2 여러 번 슬쩍 치는 소리나 모양. 예사진첩 위에 쌓인 먼지를 툭툭 털어 내다. 3 여러 번 터지거나 부러지는 소리나 모양. 4 말을 아무렇게나 함부로 내뱉는 모양. 예부모님께 함부로 말을 툭툭 내뱉다. 잭톡톡.

툭하면 [투카면] 조금이라도 어떤 일이 있으면 버릇처럼 곧. 걸핏하면. 예툭하면 시비를 건다 / 툭하면 운다.

툰드라 (러 tundra) 북극해 연안에 분포하는 넓은 벌판. 연중 대부분 얼음으로 덮여 있고 짧은 여름에만 땅거죽의 일부가 녹아서 이끼류가 자라며, 순록을 유목함. 동토대. 툰드라 지대.

툴바 (tool bar) 컴퓨터에서 자주 사용하는 기능이나 명령어를 따로 모아 막대 모양으로 만들어 놓은 것.

툴툴거리다 마음에 못마땅하여 자꾸 투덜거리다.

퉁 북이나 속이 빈 나무통 따위를 두

드려 울리는 소리.

퉁기다 1 버티어 놓은 물건을 빠지게 건드리다. 2 줄을 당겼다 놓아 소리가 나게 하다. ⑩기타 줄을 **퉁기며** 노래하다. [잘] 통기다.

퉁명스럽다 [퉁명스럽따] 말이나 행동이 고분고분하지 않고 불쾌한 기색이 있다. ⑩성가신 듯 **퉁명스럽게** 쏘아붙이다. [활용] 퉁명스러워 / 퉁명스러우니.

퉁소 목관 악기의 하나. 가는 대나무로 만들며, 앞에 5개의 구멍이 있고 뒤에 한 개의 구멍이 있음.

퉁퉁[1] 북이나 속이 빈 나무통 따위를 계속 두드려 울리는 소리. [잘] 통통. **퉁퉁하다**.

퉁퉁[2] 붓거나 살지거나 불어서 몸이 굵은 모양. ⑩**퉁퉁** 부은 얼굴. [잘] 통통. **퉁퉁하다**. **퉁퉁히**.

퉤 침이나 입안에 든 것을 뱉는 소리. 또는 그 모양. ⑩침을 **퉤** 뱉다. **퉤하다**.

퉤퉤 침이나 입안에 든 것을 자꾸 뱉는 소리. 또는 그 모양. ⑩침을 **퉤퉤** 뱉다. **퉤퉤하다**.

튀각 다시마 따위를 작게 잘라 기름에 튀겨 만든 반찬.

튀기다[1] 1 힘을 모았다가 갑자기 탁 놓다. ⑩물방울을 **튀기다**. 2 튀게 하다. ⑩벽에 공을 **튀기며** 놀다.

*****튀기다**[2] 끓는 기름에 넣거나 불에 익혀 부풀게 하다. ⑩생선을 기름에 **튀기다**.

튀김 생선·고기·야채 따위에 밀가루를 묻혀 끓는 기름에 튀긴 음식.

*****튀다** 1 갑자기 흩어져 퍼지다. ⑩불똥이 **튀다**. 2 공 따위가 물체에 부딪쳐서 뛰어오르다. 3 '달아나다'의 속된 말. ⑩도둑이 **튀다**. 4 차림새나 태도 따위가 유난스러워 남의 시선을 끌다. ⑩**튀는** 옷을 입다.

튀르키예 (Türkiye) 〖국명〗아시아의 서쪽 끝, 유럽의 동남쪽에 있는 공화국. 밀·보리·담배 따위의 농산물과 석탄·철광·크로뮴 따위의 광산물이 많이 남. 수도는 앙카라.

튀어나오다 [튀어나오다 / 뒤여나오다] 1 불거지다. ⑩광대뼈가 **튀어나오다**. 2 갑자기 불쑥 나타나다. ⑩골목에서 **튀어나오다**.

튜바 (tuba) 금관 악기의 하나. 엄숙하고 무게 있는 낮은 음을 냄. 관현악·취주악에 쓰임.

튜바

튜브 (tube) 1 연고·치약 따위를 넣고 짜내어 쓰게 된 용기. ⑩치약 **튜브**를 짜다. 2 자동차·자전거 따위의 타이어 속에 있는 공기를 넣는 고무관. ⑩자전거 **튜브**. 3 수영할 때 사용하는, 타이어처럼 생긴 고무관. 공기를 넣어 물 위에 뜨게 만듦. ⑩아이들이 수영장에서 **튜브**를 타고 놀다.

튤립 (tulip) 백합과의 여러해살이풀. 높이는 20-60cm. 4-5월에 흰색·노란색·자주색 등의 여섯잎꽃이 종 모양으로 피는데 잎은 넓고 알뿌리임. 울금향.

*****트다**[1] 1 싹이나 꽃봉오리 따위가 벌어지다. ⑩싹이 **트다**. 2 새벽에 동쪽 하늘이 훤해지다. ⑩먼동이 **트다**. 3 추위 등으로 살갗이 갈라지다. ⑩손이 **트다**. [활용] 터 / 트니.

트다[2] 1 막힌 것을 통하게 하다. ⑩길을 **트다**. 2 서로 거래 관계를 맺다. ⑩거래를 **트다**. [활용] 터 / 트니.

트라이앵글 (triangle) 타악기의 하나. 강철 막대를 정삼각형으로 구부려 한쪽 끝을 실로 매달고 금속 막대로 침. 소리가 매우 맑고 높음.

트라이앵글

트랙 (track) 육상 경기장이나 경마장의 경주하는 길. ⑩**트랙** 경기 / **트랙**을 돌다.

트랙터 (tractor) 무거운 짐이나 농업 기계를 끄는 특수 자동차.

트랜스 (←transformer) ⇨변압기.

트랜지스터 (transistor) 반도체를 이용하여 전류의 강약을 조절하는 장치.

트랩 (trap) 배나 비행기 등을 오르내릴 때 쓰는 사다리. ⑩비행기 **트랩**을 오르다.

*****트럭** (truck) 짐을 실어 나르는 화물 자동차. ⑩**트럭** 운전사.

트럼펫 (trumpet) 금관 악기의 하나. 나팔의 일종으로, 소리가 높고 날카로우며 명쾌함.

트럼펫

트럼프 (trump) 카드를 가지고 하는 서양식 놀이의 하나.

트렁크 (trunk) 1 여행할 때 쓰는 큰 가방. 2 자동차 뒤쪽의 짐 넣는 곳. 예트렁크에 짐을 싣다.

트로피 (trophy) 운동 경기에 이긴 사람이나 단체에게 주는 우승컵. 우승배. 예우승 트로피/상장과 트로피를 수여하다.

트롬본 (trombone) 금관 악기의 하나. 긴 유(U) 자 모양의 관을 움직여 음을 조절함.

트롬본

트리오 (trio) 세 사람이 함께 서로 다른 세 개의 악기를 연주하거나 노래하는 일. 삼중주. 삼중창.

***트림** [트:림] 먹은 음식이 위에서 잘 소화되지 않아 생긴 가스가 입으로 복받쳐 나옴. 예트림이 나오다. **트림하다**.

트이다 1 막혔던 것이 통하다. 예길이 확 트이다. 2 앞으로 잘되어 가다. 예운이 트이다. 3 생각이 환히 열리다. 예속이 트인 사람. 图틔다.

트집 공연히 조그마한 흠집을 들추어 불평을 하거나 말썽을 부림. 예트집을 부리다. **트집하다**.
　트집(을) 잡다 조그만 흠집을 가지고 사람을 괴롭히다.

특강 (特講) [특깡] 특별히 하는 강의. 예방학 동안 논술 특강을 듣다.

특공대 (特攻隊) [특꽁대] 특수 임무나 기습 공격을 위해 특별히 훈련된 부대. 예특공대를 조직하여 적진을 기습하다.

특권 (特權) [특꿘] 특별한 권리. 예특권 의식/특권을 누리다.

특근 (特勤) [특끈] 일정한 근무 시간 외에 특별히 더 하는 근무. 예휴일 특근/특근 수당. **특근하다**.

특급 (特級) [특끕] 특별한 계급이나 등급. 예특급 호텔.

특기 (特技) [특끼] 특별한 기술이나 기능. 예나의 특기는 달리기이다/특기를 발휘하다. 图장기.

특등 (特等) [특뜽] 특히 뛰어난 등급. 1등보다 더 나은 등급을 이름.

특명 (特命) [틍명] 1 특별한 명령. 예대통령의 특명이 내리다. 2 특별히 임명함. **특명하다**.

***특별** (特別) [특뼐] 보통과 다름. 예특별 기획/특별 방송. 图특수. 凹보통. 평범. **특별하다**.

특별법 (特別法) [특뼐뻡] 특정한 지역이나 사람, 사항에 한정해서 특별히 적용하는 법. 图특례법.

특별시 (特別市) [특뼐시] 지방 자치 단체의 하나. 도나 광역시와 같은 상급 지방 자치 단체로, 중앙에서 직접 감독함. 현재 서울특별시가 있음. *광역시.

특별 활동 (特別活動) 학교 교육 과정의 하나. 학생의 취미·특기 등을 중심으로 모여서 활동함. 图특활.

***특별히** (特別—) [특뼐히] 예사롭지 않게. 보통과 아주 다르게. 예특별히 아끼는 물건. 图특히.

특보 (特報) [특뽀] 특별한 보도. 예뉴스 특보.

특사 (特使) [특싸] 나라의 대표로 특별한 임무를 띠고 외국에 나가는 사절. 예특사를 파견하다.

특산 (特産) [특싼] 어떤 지역에서만 특별히 나는 것. 예특산 작물.

특산물 (特産物) [특싼물] 어떤 지역에서 나는 독특한 산물. 예특산물 전시장.

특산품 (特産品) [특싼품] 어떤 지역에서 특별히 생산되는 물품.

***특색** (特色) [특쌕] 보통의 것과 다른 점. 예특색을 살리다. 图특징.

특석 (特席) [특썩] 열차·극장 따위에서 보통 좌석과 달리 특별히 마련한 좌석. 图특별석.

특선 (特選) [특썬] 1 특별히 골라 뽑음. 2 특히 우수하다고 인정된 작품. 예특선으로 뽑히다.

***특성** (特性) [특썽] 어떤 사물에만 있

는 특수한 성질. 예추위에 강한 특성을 지닌 식물. 비특질.

특수 (特殊) [특쑤] 보통과는 매우 다름. 예특수한 상황이다. 비특별. 특이. 반보편. 일반. 특수하다.

특수 문자 (特殊文字) 숫자나 로마자 이외에 컴퓨터에 쓰이는 문자 따위와 같이 특별한 문자. '+, -, #, =, ₩' 따위.

특수성 (特殊性) [특쑤썽] 일이나 물건의 특수한 성질. 반일반성.

특유 (特有) [트규] 어떤 사물만이 특별히 가지고 있음. 예마늘 특유의 냄새. 특유하다.

특이 (特異) [트기] 다른 것과 특별히 다름. 예특이한 체질. 비특수. 반보편. 특이하다.

특정 (特定) [특쩡] 특별히 지정함. 예특정 가격 / 특정한 사람. 반불특정. 특정하다.

특종 (特種) [특쫑] 1 특별한 종류. 2 '특종 기사'의 준말. 예특종을 잡다.

특종 기사 (特種記事) 어떤 특정한 신문사·잡지사에서만 취재하여 보도한 중대 기사. 준특종.

특질 (特質) [특찔] 특별한 성질이나 기질. 예한국인의 특질.

특집 (特輯) [특찝] 신문·잡지·텔레비전 따위에서 어떤 문제를 특별히 다룸. 예특집 기사 / 특집 방송.

***특징** (特徵) [특찡] 다른 것과 비교하여 특별히 눈에 뜨이는 점. 예이 책의 특징은 사진이 다양하게 들어 있다는 점이다. 비특색.

특징적 (特徵的) [특찡적] 다른 것과 비교하여 특별히 눈에 띄는. 또는 그런 것.

특출하다 (特出—) 특별히 뛰어나다. 예여러 사람 중에서 특출하다.

특파원 (特派員) 신문사·방송국 등에서 외국에 특별히 파견되어 보도하는 기자.

특허 (特許) [트커] 어떤 물건을 발명한 사람에게 그 발명품에 대한 특정한 권리를 주는 일. 예특허를 얻다. 특허하다.

특허청 (特許廳) [트커청] 중앙 행정 기관의 하나. 특허나 상표에 관한 사무와 이에 대한 심사나 심판에 관한 일을 맡아봄.

특허품 (特許品) [트커품] 특허를 얻은 발명품이나 상품.

특혜 (特惠) [트케 / 트혜] 특별한 혜택. 예특혜를 받다.

특화 (特化) [트콰] 어떤 산업이나 상품을 특별히 중요하게 여겨 발전시키는 것. 특화하다.

특효약 (特效藥) [트쿄약] 어떤 병에 특별한 효험이 있는 약. 예감기에는 특효약이 없다.

***특히** (特—) [트키] 보통과 다르게. 다른 것보다 두드러지게. 예이 수박이 특히 달고 맛있다 / 특히 여름철 건강에 유의하거라. 비특별히. ⊃especially

***튼튼하다** 1 생김새나 됨됨이가 굳고 단단하다. 예튼튼하게 지은 건물. 2 건강하다. 예튼튼한 어린이. 반약하다. 작탄탄하다.

튼튼히 튼튼하게. 예건물의 기초를 튼튼히 다지다.

틀 1 물건을 만드는 데 기본이 되는 물건. 예틀에 넣어 찍어 내다. 2 테두리만으로 된 물건. 예틀을 짜다. 3 일정한 격식·형식. 예틀에 박힌 말.

틀니 [틀리] 잇몸에 끼워서 음식물을 씹을 수 있도록 인공적으로 만든 이. ⁎의치.

*** 틀다** 1 물건의 양 끝을 서로 반대쪽으로 돌리다. 예젖은 수건을 틀어 짜다. 2 일이 어그러지도록 방해하거나 반대하다. 예일을 틀어 놓다. 3 기계나 장치를 작동하게 하다. 예수도꼭지를 틀다 / 텔레비전을 틀어 보다. 4 뱀 따위가 몸을 똬리처럼 만들다. 도사리다. 예뱀이 똬리를 틀다. 5 몸으로 어떤 모양이나 자세를 만들다. 예반가부좌를 틀다. |활용| 틀어 / 트니 / 트는.

*** 틀리다** 1 계산이나 답, 사실 따위가 맞지 않다. 예계산이 틀리다. 반맞다. 2 바라거나 하려는 일이 잘되지 못하다. 예약속 시간에 맞춰 가기는 이미 틀린 것 같다. →다르다 주의

틀림없다 [틀리멉따] 어긋남이 없다. 확실하다. 예틀림없는 사람.

틀림없이 [틀리멉씨] 틀림없게. 예그는 틀림없이 온다.

틀어막다 [트러막따] 1 억지로 밀어 넣어 통하지 못하게 하다. 예코피가 나서 솜으로 코를 틀어막다. 2 말이나 행동을 제 마음대로 하지 못하게 막다. 예입을 틀어막다.

틀어박히다 [트러바키다] 1 좁은 곳에 들어가 나오지 못하다. 2 밖으로 나다니지 않고 한곳에만 있다. 예집구석에 틀어박히다 / 시골에 틀어박히다.

틀어지다 [트러지다] 1 바라는 일이 어그러지다. 예계획이 틀어지다. 2 사귀는 사이가 벌어지다. 예오해가 생겨 두 사람 사이가 틀어졌다.

*틈 1 벌어져 사이가 생긴 자리. 예창문 틈으로 바람이 들어오다. 비간격. 2 겨를. 기회. 예잠시 쉴 틈도 없다 / 혼잡한 틈을 타다. 3 불화. 예둘 사이에 틈이 생기다.

틈나다 겨를이 생기다. 예틈나는 시간에 운동을 하다 / 틈나는 대로 텃밭을 가꾸다.

틈새 벌어져 난 틈의 사이. 예문 틈새로 엿듣다 / 틈새를 막다.

틈타다 때나 기회를 얻다. 예감시가 소홀한 때를 틈타 도망가다.

틈틈이 [틈트미] 1 틈이 난 곳마다. 예틈틈이 낀 먼지를 닦아 내다. 2 겨를이 있을 때마다. 예틈틈이 음악을 듣었다.

틔다 [티:다] '트이다'의 준말. 예앞이 탁 틔다 / 운수가 틔다 / 거래가 틔자 주문이 쇄도했다.

틔우다 [티우다] 1 트이게 하다. 예벽을 틔워 통로를 만들다. 2 싹이 트게 하다. 예물이 없어 싹을 틔우지 못하다.

티¹ 1 재·흙, 그 밖의 온갖 물건의 잔 부스러기나 찌꺼기. 예눈에 티가 들어가다. 비티끌. 2 조그마한 흠집. 예옥에도 티가 있다.

티² 어떤 태도나 기색 또는 버릇. 예앳된 티가 나다 / 얼굴에 슬픈 티가 가득하다.

티격태격 서로 뜻이 맞지 않아 다투는 모양. 예의견이 맞지 않아 티격태격하다. **티격태격하다**.

티그리스강 (Tigris江) 이라크의 중부를 지나 남동쪽으로 흐르는 강. 바스라 북쪽에서 유프라테스강과 합쳐져 페르시아만으로 흘러듦. 메소포타미아 문명의 발상지임. 길이 1,900km.

티끌 1 티와 먼지. 예티끌이 눈에 들어가다. 2 매우 작음. 아주 적음. 예욕심은 티끌만큼도 없다.

티눈 손이나 발에 생기는 사마귀 비슷한 굳은살. 예티눈이 박이다.

티베트고원 (Tibet高原) 〖지명〗 중국 남서부, 히말라야산맥의 북쪽에 있는 건조한 고원 지대.

티브이 (TV) '텔레비전'의 약칭.

티셔츠 (T-shirts) '티(T)'자 모양으로 생긴 반소매의 셔츠.

티읕 [티읃] 한글 자모 'ㅌ'의 이름. 〖발음〗티읕이 [티으시] / 티읕을 [티으슬] / 티읕에 [티으세].

티켓 (ticket) 1 입장권이나 승차권 따위의 표. 예영화 티켓 / 티켓을 끊다. 2 특정한 것을 할 수 있는 자격. 또는 그 증명서. 예올림픽 본선 진출 티켓을 따다.

*팀 (team) 1 같은 일을 하는 한 단체의 사람. 예팀을 이루어 영화를 촬영하다. 2 운동 경기 따위에서, 둘이나 둘 이상으로 나누어 승부를 겨룰 때의 한패. 예두 팀이 결승에 오르다.

팀워크 (teamwork) 팀의 구성원이 서로 힘을 합하여 어떤 일을 하려는 의식. 예팀워크가 잘 짜여 있다.

팀장 (team長) 팀의 책임자.

팀파니 (이 timpani) 타악기의 하나. 원을 반으로 자른 모양의 북. 구리로 만든 반구형의 몸체 위에 쇠가죽을 대고 둘레의 나사로 소리를 조절하며 낮은 소리를 냄.

팀파니

팁 (tip) 음식점·호텔 따위에서, 시중을 드는 사람에게 고맙다는 뜻으로 요금 외에 더 주는 돈. 예팁을 내다 / 팁을 주다.

팅팅 살이 몹시 찌거나 붓거나 하여 매우 팽팽한 모양. 예울어서 눈이 팅팅 붓다. 잭탱탱. **팅팅하다**.

ㅍ (피읖 [피읍]) 한글 닿소리의 열셋째 글자.

*파¹ 백합과의 여러해살이풀. 밭에 재배하며 잎은 속이 빈 둥근기둥 모양이며, 여름에 흰 꽃이 핌. 독특한 냄새와 맛이 있어 음식의 맛을 더하는 데 쓰임.

파² (派) 1 주의·사상·행동 등을 같이 하는 사람들의 집단. 예파가 갈리다. 2 같은 조상에서 갈라져 나온 집안 갈래. 예성은 같지만 파가 다르다.

파³ (이 fa) 장음계의 넷째 음이나 단음계의 여섯째 음의 계이름.

파격적 (破格的) [파:격쩍] 일정한 격식을 깨뜨리거나 벗어나는 (것). 예파격적인 대우를 받다.

파견 (派遣) 임무를 맡겨 일할 곳으로 사람을 보냄. 예파견 근무. 비파송. 파견하다.

파고 (波高) 파도의 높이.

파고들다 1 깊숙이 안으로 들어가다. 예이불 속으로 파고들다. 2 깊이 스며들다. 예마음속에 파고들다. 3 깊이 캐어 알아내다. 예사건의 진상을 파고들다. 활용 파고들어 / 파고드니 / 파고드는.

파괴 (破壞) [파:괴 / 파:궤] 때려 부수거나 깨뜨려 헐어 버림. 예적의 진지를 파괴하다. 반건설. 파괴하다.

파급 (波及) 어떤 일의 여파나 영향이 차차 퍼져 다른 데에 미침. 예선거열기가 전국적으로 파급되었다. 파급하다.

파김치 파로 담근 김치.
  파김치(가) 되다 몹시 지쳐서 기운이 하나도 없게 되다. 예계속되는 고된 일로 파김치가 되었다.

파나마 운하 (Panama運河) 중앙아메리카의 파나마 지협에 있는, 태평양과 대서양을 잇는 운하.

파내다 묻히거나 박힌 것을 파서 꺼내다. 예땅에 박힌 돌을 파내다.

*파다 1 구멍이나 구덩이를 만들다. 예땅을 파다. 2 그림이나 글씨를 새기다. 예도장을 파다. 3 알아내기 위해 노력하다. 예사건의 진상을 파다. 4 전력을 기울이다. 예책만 파다.

파닥거리다 [파닥꺼리다] 자꾸 파닥이다. 예날개를 파닥거리다. 큰퍼덕거리다.

파닥이다 [파다기다] 1 작은 새 따위가 가볍고 빠르게 날개를 친다. 2 물고기가 가볍고 빠르게 꼬리를 친다. 큰퍼덕이다.

*파도 (波濤) 물이 출렁거려 일어난 큰 물결. 예파도가 밀려오다. 비물결.

파도치다 (波濤—) 바다에 물결이 일어나다. 예배를 타고 넘실넘실 파도치는 바다로 나가다.

파도타기 (波濤—) 타원형의 널빤지를 타고 몸의 균형을 잡아 가면서 밀려오는 파도를 타는 놀이. 서핑.

파동 (波動) 1 물결의 움직임. 예파동이 일다. 2 사회적으로 커다란 영향을 미치는 움직임. 예석유 파동.

파라과이 (Paraguay) 〖국명〗 남아메리카 중남부에 있는 나라. 목축업과 임업이 발달하였으며, 목화·담배·과일 따위를 산출함. 수도는 아순시온.

파라다이스 (paradise) 근심이나 걱정 없이 행복을 누릴 수 있는 곳. 비낙원.

파라솔 (프 parasol) 1 ⇨양산. 2 해변·강변 등에서, 햇빛을 가리거나 탁자 위를 가릴 수 있도록 쳐 놓는 큰 양산. 예파라솔을 치다.

파라솔2

파란만장 (波瀾萬丈) 물결의 높이가 만 길이나 된다는 뜻으로, 일의 진행에서 기복과 변화가 몹시 심함. 예파란만장한 일생. 파란만장하다.

파란불 교통 신호등에서 차나 사람이 지나가도 좋다는 것을 나타내는 파란 불빛. 回초록불. *노란불. 빨간불.
***파란색**(一色) 맑은 하늘의 빛깔과 같은 색. 回파랑. ⇒blue
***파랑** 파란 빛깔이나 물감. 回파란색. 囵퍼렁.
***파랑새** 1 푸른빛을 띤 새. 길조를 상징함. 2 파랑샛과의 새. 몸길이는 28cm 정도, 몸빛은 어두운 녹색에 머리는 흑갈색임. 부리는 넓고 끝이 구부러졌음. 모기·매미 따위를 잡아먹음.

파랑새2

***파랗다** [파:라타] 1 밝고 선명하게 푸르다. 예파란 하늘. 2 춥거나 겁에 질려 얼굴이나 입술 따위가 푸르께하다. 예파랗게 질린 얼굴. 囵퍼렇다.
[활용] 파라니 / 파래서.

파래 파랫과의 바닷말. 민물이 흘러드는 바다에 나는데 잎이 넓고 긴 것도 있고 머리털같이 가늘고 긴 것도 있음. 빛은 푸르며 향기와 맛이 있어 식용함.

파래지다 [파:래지다] 파랗게 되다. 예잔디가 파래지다 / 겁에 질려 얼굴이 파래지다. 囵퍼레지다.

파렴치(破廉恥) [파:렴치] 염치를 모르고 뻔뻔스러움. 예파렴치한 행동을 저지르다. **파렴치하다.**

[참고] **파렴치의 표기**

접두사처럼 쓰이는 한자가 붙어서 된 말은, 뒷말의 첫소리를 두음 법칙에 따라 적는 것이 원칙이다. 이에 따르면 '파염치'로 적어야 한다. 그러나 '破廉恥'의 일반적인 현실 발음이 '파렴치'이기 때문에 발음의 이러한 불규칙성을 표기에 반영하여 '파렴치'로 적는다. 그러나 '沒廉恥'는 원칙에 따라 '몰염치'로 적는다.

파루(罷漏) [파:루] 조선 시대에, 통행금지가 끝난 것을 알리기 위해 새벽에 종을 서른세 번 치던 일.

파르르 1 눈이나 입술을 가늘고 빠르게 떠는 모양. 예입술을 파르르 떨다. 2 발끈 성을 내는 모양. 예파르르 성을 내다. **파르르하다.**

파르스름하다 약간 파랗다. 예새싹이 파르스름하게 돋아나다. 回파릇하다. 囵푸르스름하다.

파릇파릇 [파를파륻] 군데군데 산뜻하게 파란 모양. 예새싹이 파릇파릇 돋아나다. 囵푸릇푸릇. **파릇파릇하다.**

파릇하다 [파르타다] 빛깔이 조금 파란 듯하다. 예파릇한 새싹이 돋아나다. 回파르스름하다.

***파리**[파:리] 파리목의 곤충. 한 쌍의 날개와 관 모양의 주둥이가 있음. 여름철에 더러운 곳에서 많이 생기며 장티푸스·콜레라 등의 전염병을 옮김.

파리[²] (Paris) 【지명】 프랑스의 수도. 프랑스의 경제·문화·정치의 중심지이며 세계 문화의 중심지임. '예술의 도시·유행의 도시'라고 불림. 에펠 탑·루브르 박물관 따위의 명승지가 있음.

파리하다 몸이 마르고 얼굴이 해쓱하다. 예파리한 얼굴.

파마 (←permanent) 기구나 화학 약품을 써서 머리를 구불구불하게 하거나 곧게 펴는 일. 또는 그렇게 한 머리. **파마하다.**

파먹다 [파먹따] 겉에서 속으로 움푹하게 먹어 들어가다. 예벌레가 파먹은 사과.

파면(罷免) [파:면] 잘못을 저지른 사람을 일자리에서 쫓아냄. 예공금을 횡령한 죄로 파면을 당하다. **파면하다.**

파멸(破滅) [파:멸] 파괴되어 없어짐. 예파멸에 이르다. **파멸하다.**

파문(波紋) 1 물 위에 이는 물결. 2 어떤 일이 다른 데에 미치는 영향. 예파문을 일으키다.

파묻다 [파묻따] 1 땅을 파고 그 속에 묻다. 예항아리를 파묻다. 2 남몰래 깊이 감추다. 예마음속에 파묻어 둔 비밀. 3 깊이 기대거나 대다. 예의자에 몸을 푹 파묻다.

파묻히다 [파무치다] 1 보이지 않게 묻히다. 예신발이 눈에 파묻히다. 2 어떤 일에 빠져 몰두하다. 예책에 파묻혀 지내다. 3 감추어지거나 드러나지 않다. 예인파에 파묻혀 보이지 않다.

파미르고원(Pamir高原) 아시아 대륙의 중앙 부분에 있는 '세계의 지붕'이라고 불리는 높은 지대. 평균 높이는 6,100m 이상임.

파발(擺撥) 조선 시대에, 사람이 말을 타거나 걸어서 공적인 문서를 먼 곳에 전하던 방법. 중간에 말을 바꾸어 타거나 쉴 수 있게 만들어 놓은 역참이 있었음.

파발마(擺撥馬) 조선 시대에, 파발을 전하는 사람이 타던 말.

파벌(派閥) 출신지·학력 따위의 이해관계에 따라 따로따로 갈라진 사람들의 집단. 예 파벌 싸움.

파병(派兵) 군대를 파견함. 예 해외 파병. **파병하다**.

파브르(Fabre, Jean Henri) 〖인명〗 프랑스의 곤충학자. 곤충, 특히 벌의 생태 관찰로 유명함. 저서에 '곤충기'가 있음. [1823-1915]

파산(破産) [파:산] 재산을 모두 잃고 망함. 예 사업에 실패하여 파산하다. 町 도산. **파산하다**.

파상풍(破傷風) [파:상풍] 살갗에 생긴 상처에 균이 들어가 오한과 열이 심하고 경련이 일어나는 병.

파생(派生) 어떤 사물의 주체에서 갈려 나와 생김. 예 농산물 수입으로 많은 문제가 파생하였다. **파생하다**.

파생어(派生語) 어떠한 원말에 덧붙는 말이 앞이나 뒤에 붙어 이루어진 말. 덮개·풋고추·싸움질·치밀다·슬기롭다 따위. ※합성어.

파손(破損) [파:손] 깨어져 못 쓰게 됨. 또는 깨뜨려 못 쓰게 만듦. 예 지진으로 유리창이 파손되다. **파손하다**.

파수(把守) 경계하여 지킴. 또는 그 사람. 예 파수를 서다. **파수하다**.

파스(←독 Pasta) 삐거나 벌레 물린 데에 바르거나 붙이는 약. 예 파스를 붙이다.

파스타(이 pasta) 밀가루를 달걀에 반죽하여 만든 이탈리아 국수. 마카로니, 스파게티 따위.

파스텔(pastel) 크레용의 일종. 빛깔이 있는 가루 원료로 만듦.

파스퇴르(Pasteur) 〖인명〗 프랑스의 과학자. 썩거나 발효하는 것이 세균의 작용이라는 것을 발견하고 살균 방법을 알아냄. 탄저병과 광견병의 백신을 개발함. [1822-1895]

파시(波市) 고기가 많이 잡힐 때 바다 위에서 열리는 생선 시장.

***파악**(把握) 어떤 일을 잘 이해하여 확실하게 앎. 예 요점을 파악하다 / 인원을 파악하다. **파악하다**.

파안대소(破顔大笑) [파:안대소] 즐거운 표정을 지으며 크게 웃음. **파안대소하다**.

파업(罷業) [파:업] 노동자들이 정부나 경영주에게 자기들의 요구를 말하고 그것을 실현하기 위해 일제히 작업을 중지함. 예 파업 농성. **파업하다**.

파열(破裂) [파:열] 깨어지거나 갈라져 터짐. 예 수도관 파열. **파열하다**.

파운드(pound) 1 주로 영국과 미국에서 쓰는 무게의 단위. 1파운드는 0.4536kg. 2 영국의 화폐 단위. 1파운드는 100펜스.

파울(foul) 경기할 때 규칙을 어기는 일. 반칙. 예 파울을 범하다.

파워(power) 힘. 능력. 권력.

파이(pie) 밀가루와 버터를 섞어 만든 반죽에 과일·고기 따위를 넣고 구운 서양과자.

파이다 단단한 거죽이 움푹 들어가다. 예 비에 땅이 파이다 / 바위가 깊이 파여 있다. ⓒ 패다.

파이팅(fighting) 운동 경기에서, 선수끼리 잘 싸우자는 뜻으로 외치는 소리. 또는 응원하는 사람이 선수에게 잘 싸우라는 뜻으로 외치는 소리. 예 우리 반, 파이팅! ×화이팅.

파이프(pipe) 1 주로 물이나 가스 따위를 보내는 데 쓰는 관. 예 파이프가 막히다. 2 살담배를 피울 때 쓰는 서양식 담뱃대. 예 파이프를 물다.

파인애플(pineapple) 파인애플과의 여러해살이풀. 더운 지방에서 재배하며 높이 50-120cm. 잎은 칼 모양이고 타원형인 열매는 20cm 정도로 뭉쳐 열리며 물이 많고 향기가 좋아 날로 먹거나 통조림·주스 따위를 만듦.

파인애플

파일(file) 1 서류를 한데 모아 매어 둔 묶음. 예 파일을 정리하다. 2 컴퓨터에서 기억 장치에 저장된 정보의 묶음. 예 파일을 복사하다.

파일럿 (pilot) 비행기를 조종하는 사람. 조종사.

파일명 (file名) 컴퓨터에서, 파일로 된 문서의 이름.

파자마 (pajamas) 헐렁한 윗옷과 바지로 된 잠옷.

파장 (罷場) [파:장] 1 시장 따위가 끝남. 또는 그런 때. 예파장이라 물건을 싸게 살 수 있다. 2 여러 사람이 모여 하는 일이 거의 끝날 무렵. 예잔치가 파장에 가까워졌다. **파장하다**.

파쟁 (派爭) 파벌끼리의 다툼. 예파쟁을 일삼다.

파전 (一煎) 밀가루 반죽에 길쭉길쭉하게 썬 파를 넣고 조갯살·굴 따위를 섞어 넓적하게 지진 전.

파종 (播種) 논밭에 곡식의 씨앗을 뿌림. 씨뿌리기. 예벼를 수확하고 보리를 파종하다. **파종하다**.

파지 (破紙) [파:지] 인쇄·제본 따위의 과정에서 규격에 어긋나거나 찢어지거나 하여 못 쓰게 된 종이. 예파지를 모아 재활용하다.

파직 (罷職) [파:직] 관직에서 물러나게 함. **파직하다**.

파초 (芭蕉) 파초과의 여러해살이풀. 높이는 3m가량이며, 잎은 긴 타원형임. 여름에 황갈색의 꽃이 핌. 관상용으로 재배함.

파출부 (派出婦) 일반 가정에서 원하는 시간에 가서 집안일을 돌보아 주는 여자.

파출소 (派出所) [파출쏘] 경찰관이 파견되어 관할 구역의 경찰 업무를 맡아보는 곳.

파충류 (爬蟲類) [파충뉴] 척추동물의 한 종류. 몸은 비늘로 덮였으며 머리·목·몸뚱이·꼬리의 네 부분으로 나뉨. 허파로 호흡하고 변온 동물이며 난생임. 거북·뱀·악어 따위.

파키스탄 (Pakistan) 〖국명〗 인도 북서쪽에 있는 공화국. 밀·면화·사탕수수가 많이 나며, 석유·천연가스·크롬 따위의 매장량이 풍부함. 수도는 이슬라마바드.

파탄 (破綻) [파:탄] 일이나 계획 따위가 잘 이루어지지 못하고 중도에서 잘못됨. 예파탄이 나다. **파탄하다**.

파트 (part) 1 전체를 이루는 한 부분. 예이 곡은 크게 세 파트로 나뉜다. 2 여럿이 하는 일에서 맡은 역할이나 부서. 예영업 파트. 3 합창이나 합주 따위에서, 각 성역이나 악기가 맡고 있는 부분. 예알토 파트.

파트너 (partner) 춤·경기 따위에서 둘이 한 짝이 되는 경우의 상대. 동반자. 짝패. 예파트너와 호흡을 맞추다.

파티 (party) 사교·친목 따위를 목적으로 하는 모임. 예생일 파티 / 파티를 열다.

파파라치 (이 paparazzi) 유명 인사나 연예인의 사생활을 몰래 찍어서 언론에 제공하고 돈을 받는 사람.

파편 (破片) [파:편] 깨어진 조각. 부서진 조각. 예유리 파편 / 파편에 맞다.

파프리카 (형 paprika) 고추의 한 종류. 피망을 개량한 것으로 열매는 짧은 타원형으로 빛깔은 빨강, 주황, 노랑 들이 있음. 아삭아삭한 질감이 있으며 단맛이 남.

파프리카

파하다 (罷一) [파:하다] 어떤 모임이나 일을 그만두거나 마치다. 예학교가 파하다 / 행사를 파하다.

파헤치다 1 속의 것이 드러나도록 파서 젖히다. 예땅을 파헤치다. 2 감추어진 남의 비밀 등을 들추어 세상에 드러내다. 예비밀을 파헤치다.

파혼 (破婚) [파:혼] 약혼한 것을 깨뜨림. 빤약혼. **파혼하다**.

팍 1 갑자기 힘차게 내지르는 모양이나 소리. 예팍 집어 던진다. 2 갑자기 힘없이 거꾸러지는 모양이나 소리. 예맥없이 팍 주저앉다. 큰퍽.

팍팍하다 [팍파카다] 음식이 끈기나 물기가 적어 메마르고 부드러운 맛이 없다. 예찐 고구마가 너무 팍팍하다. 큰퍽퍽하다.

*__판__¹ 1 일이 벌어진 자리나 장면. 예여기저기서 윷놀이 판이 벌어지다. 2 상황이나 형편. 예지금은 네가 나설 판이 아니다. 3 승부를 겨루는 일의 수효를 세는 말. 예바둑을 한 판 두다.

*__판__² (板) 1 ⇨널빤지. 2 음성이나 음악 등을 녹음한 얇고 반반한 둥근 물

건. 예판을 내다. 비음반. 3 달걀 30개를 오목오목하게 파인 판에 세워 담은 것을 세는 말. 예달걀 한 판.

판가름 옳고 그름이나 낫고 못함 따위를 판단하여 가름. 예누가 잘못했는지 판가름이 나다. 판가름하다.

판결 (判決) 1 잘잘못을 가리어 결정함. 예공평한 판결. 비판정. 2 법원이 법률을 적용하여 소송 사건에 대해 판단하여 결정을 내림. 예유죄로 판결을 내리다. 판결하다.

판결문 (判決文) 판결 내용과 그 근거 따위를 적은 문서.

판국 (一局) 일이 벌어져 있는 형편. 예어수선한 판국.

판다 (panda) 히말라야에서 중국에 이르는 지역에 사는, 곰처럼 생긴 동물. 몸빛은 흰색이고, 네 다리와 눈, 귀는 검은색임. 나무를 잘 오르며 죽순·대나무 잎 따위를 먹고 삶. 정식 이름은 대왕판다. ×팬더.

판다

*판단 (判斷) 어떠한 것에 대한 생각을 정함. 또는 그렇게 정한 생각. 예가치 판단 / 정확한 상황 판단을 내리다. 판단하다.

판단력 (判斷力) [판단녁] 사물을 올바르게 판단하는 힘. 예판단력이 뛰어나다 / 판단력이 흐리다.

판로 (販路) [팔로] 상품이 팔려 나가는 방면이나 길. 예판로가 열리다 / 판로를 개척하다.

판막음 [판마금] 마지막 승부에서 이겨 경기를 끝내는 것. 판막이. 예언어치기 한판에서 멋있게 판막음을 장식하다. 판막음하다.

판막이 [판마기] ⇨판막음. 판막이하다.

*판매 (販賣) 물건 따위를 팖. 예판매 가격 / 할인 판매. 반구입. 판매하다.

판매량 (販賣量) 일정한 기간 동안 판매한 양. 예판매량의 증가.

판매점 (販賣店) 상품을 파는 가게. 예할인 판매점.

판명 (判明) 어떤 사실을 분명히 밝힘. 예판명이 나다. 판명하다.

판문점 (板門店) 『지명』 경기도 파주시 진서면 군사 분계선에 걸쳐 있는 마을. 군사 정전 위원회 회의실과 중립국 감독 위원회 회의실이 있음.

판별 (判別) 옳고 그름을 판단하여 구별함. 예진짜 여부를 판별하다. 판별하다.

판본 (版本) 글이나 그림을 새긴 나무판으로 인쇄한 책.

*판사 (判事) 법원에서 재판을 행하고 판결을 내리는 법관.

판서 (判書) 조선 때 육조의 으뜸 벼슬. 지금의 장관에 해당함.

판소리 [판쏘리] 조선 중기 이후에 발달한 우리 고유의 민속악. 북장단에 맞추어 어떤 이야기를 창으로 부르는 형식임. 우리나라 국가 무형유산으로, 2003년 유네스코 세계 무형유산으로 지정됨.

> [참고] 판소리의 형식
>
> (1) 구성 … 소리((노래)), 아니리((말)), 발림((몸짓)), 추임새((흥을 돋우는 소리)).
> (2) 유파 … 동편제, 서편제, 중고제.
> (3) 장단 … 진양조장단((느림)), 중모리장단((좀 느림)), 중중모리장단((좀 빠름)), 자진모리장단((보통 빠름)), 휘모리장단((매우 빠름)), 엇모리장단((아주 빠름)), 엇중모리장단((보통 빠름)).
> (4) 선율 … 계면조((슬픈 느낌)), 우조((웅장한 느낌)), 평조((화평하고 명랑한 느낌)), 경드름((경쾌한 느낌)), 설렁제((씩씩한 느낌)) 따위.
> (5) 종류(열두 마당) … *춘향가·*심청가·*흥부가·*수궁가·*적벽가·배비장 타령·*변강쇠 타령(=가루지기 타령)·강릉 매화 타령·옹고집 타령·장끼 타령·무숙이 타령·숙영낭자전.
> 1) *표는 신재효가 개작·정리한 판소리 여섯 마당.
> 2) *표 중 현재는 변강쇠 타령을 제외한 다섯 마당만이 불림.

판옥선 (板屋船) [파녹썬] 조선 시대에, 널빤지로 지붕을 덮은 배. 명종 때 만들어 임진왜란 때 크게 활약함.

판이하다 (判異—) [파니하다] 아주

판자

다르다. 예 형제지만 그들의 성격은 판이하게 달랐다.
판자(板子) 나무로 만든 널빤지. 비 널빤지.
판재(板材) 통나무를 널빤지로 만든 목재.
판전(版殿) 나무나 금속에 불경을 새긴 경판을 쌓아 두는 큰 집. 판각.
판정(判定) 옳고 그름을 가려서 결정함. 예 공정한 판정 / 판정을 내리다. 비 판결. **판정하다**.
판정승(判定勝) 권투나 레슬링 따위에서, 심판의 판정으로 이김. 예 판정승을 거두다. 반 판정패. **판정승하다**.
***판지**(板紙) 널빤지처럼 단단하고 두껍게 만든 종이. 비 마분지.
판치다 여러 사람이 어울린 판에서 가장 잘하다. 예 씨름판에서 판치다.
판판하다 물건의 표면이 높낮이가 없이 고르고 넓다. 예 운동장이 판판하다. 큰 펀펀하다.
***판화**(版畫) 나무·금속·돌 따위로 된 판에 그림을 새기고 색을 칠한 후, 종이나 천을 대고 찍어 낸 그림.
***팔**[1] 사람의 어깨와 손목 사이의 부분. 예 팔을 흔들다. ⊃arm
　팔을 걷어붙이다 어떤 일에 적극적으로 나서다.
팔[2] (八) 여덟. ⊃eight
팔각(八角) 여덟 개의 모서리.
팔각기둥(八角─) [팔각끼둥] 밑면이 팔각형인 기둥.
팔각형(八角形) [팔가켱] 여덟 개의 변으로 이루어진 다각형.
팔걸이 [팔거리] 의자 따위에서 팔을 걸치는 부분.
팔관회(八關會) [팔관회 / 팔관훼] 통일 신라와 고려 때, 신에게 제사를 지내던 국가적인 행사. 등불을 밝히고 잔치를 베풀며 나라의 태평을 빌었음.
팔꿈치 팔의 위아래 관절이 이어진 곳의 바깥쪽. 예 언니는 팔꿈치로 내 옆구리를 쿡쿡 찔렀다. ⊃elbow
***팔다** 1 돈을 받고 물건을 주거나 노력을 들이다. 예 집을 팔다 / 음식을 팔다. 반 사다. ⊃sell 2 정신이나 눈을 다른 곳으로 돌리다. 예 한눈을 팔다 / 딴 데 정신을 팔다가 넘어졌다. 3 자기

의 이익을 위해 어떤 일에 무엇을 끌어다가 대다. 예 친구의 이름을 팔다. 4 돈을 주고 곡식을 사다. 예 쌀을 팔러 가다. 5 부당한 이득을 위해 속이거나 배반하다. 예 나라를 팔다. [활용] 팔아 / 파니 / 파는.
팔다리 팔과 다리. 예 팔다리 운동.
팔도(八道) [팔또] 1 우리나라 전체를 이르는 말. 2 조선 때, 국토를 8개의 도로 나눈 행정 구역. 곧, 경기도·충청도·경상도·전라도·강원도·황해도·평안도·함경도.
팔도강산(八道江山) [팔또강산] 우리나라의 전 국토를 이르는 말.
팔딱팔딱 1 작은 것이 힘을 모아서 가볍게 자꾸 뛰는 모양. 예 개구리가 팔딱팔딱 뛰다. 2 맥이 뛰는 모양. 예 팔딱팔딱 맥박이 뛰다. 큰 펄떡펄떡. **팔딱팔딱하다**.
팔뚝 1 팔꿈치에서 손목까지의 부분. 아래팔. 예 팔뚝이 굵다. 2 어깨부터 팔꿈치까지의 부분. 위팔. 예 팔뚝에 완장을 차다.
팔랑개비 어린이 장난감의 하나. 종이 따위로 바람을 받아 잘 돌게 만든 장난감. 비 바람개비.
팔랑거리다 1 바람에 날려 계속 가볍게 나부끼다. 예 깃발이 팔랑거린다. 2 계속 가볍게 날아다니다. 예 나비가 팔랑거리며 날아간다. 큰 펄렁거리다.
팔랑팔랑 계속 팔랑거리는 모양. 예 꽃잎이 팔랑팔랑 날리다. 큰 펄렁펄렁. **팔랑팔랑하다**.
팔레트(프 palette) 그림물감을 짜내어 섞어서 필요한 색을 만드는 데 쓰는 그림 도구.
***팔리다** 1 물건이나 노력 따위를 다른 사람이 사 가게 되다. 예 집이 팔리다. 2 정신이 한쪽으로 쏠리다. 예 노는 데 정신이 팔리다.
팔만대장경(八萬大藏經) 고려 고종 23년(1236)부터 38년(1251)까지 16년에 걸쳐 완성한 불경. 판목이 총 8만여 장이나 되는데, 경남 합천 해인사에 보관되어 있음. 비 고려 대장경.
팔목 손과 잇닿은 팔의 끝부분. 예 팔목을 잡다.
팔방(八方) 1 동·서·남·북·북동·남

동·북서·남서의 여덟 방위. 2 모든 방향. 이곳저곳. 예팔방에서 모여들다.

팔방미인 (八方美人) 1 어느 모로 보나 아름다운 사람. 2 여러 방면에 재주가 있는 사람. 예미술이건 음악이건 못하는 게 없는 팔방미인이다.

팔베개 베개 대신 팔을 베는 것. 예팔베개를 하고 눕다. **팔베개하다**.

팔분쉼표 (八分―標) 온쉼표의 8분의 1 길이를 나타내는 쉼표((기호는 ꜞ)).

팔분음표 (八分音標) [팔분늠표] 온음표의 8분의 1인 반 박자 길이를 나타내는 음표((기호는 ♪)).

팔불출 (八不出) 몹시 어리석은 사람을 가리키는 말.

팔삭둥이 (八朔―) [팔싹뚱이] 1 정해진 달을 다 채우지 못하고 8개월 만에 태어난 아이. 2 똑똑하지 못한 사람을 조롱하여 이르는 말.

팔순 (八旬) [팔쑨] 여든 살. 예팔순이 넘은 할머니.

팔심 [팔씸] 팔뚝의 힘. 예팔심이 세다 / 팔심을 기르다.

팔씨름 두 사람이 팔꿈치를 바닥에 댄 채 손을 마주 잡고 상대편의 손등이 바닥에 닿도록 하여 팔의 힘을 겨루는 내기. 예팔씨름을 벌이다. **팔씨름하다**.

팔아먹다 [파라먹따] 1 물건을 팔아서 돈으로 바꿔 버리다. 예보석을 모두 팔아먹다. 2 정신이나 시선을 다른 곳으로 돌리다. 예정신을 딴 데 팔아먹다.

팔월 (八月) [파뤌] 일 년 열두 달 가운데 여덟 번째 달. ⊃August

팔일오 광복 (八一五光復) 1945년 8월 15일에 우리나라가 일제의 식민지에서 독립하여 주권을 되찾은 일.

팔자 (八字) [팔짜] 사람의 한평생의 운수. 예팔자가 사납다.

팔자(가) 늘어지다 근심이나 걱정이 없고 사는 것이 편안하다.

팔짝팔짝 갑자기 가볍게 뛰거나 날아오르는 모양. 예개구리가 팔짝팔짝 뛰다. 큰펄쩍펄쩍. **팔짝팔짝하다**.

팔짱 1 두 손을 각각 다른 쪽 소매 속에 마주 넣거나, 두 팔을 마주 끼어 겨드랑이 밑에 손을 넣는 일. 예팔짱을 끼고 구경만 하고 있다. 2 나란히 있는 옆 사람의 팔에 자기의 팔을 끼는 일. 예남녀가 다정하게 팔짱을 끼고 걷고 있다.

팔찌 팔목에 끼는 고리 모양의 장신구. 예팔찌를 끼다.

팔팔 1 적은 물이 용솟음치며 끓는 모양. 예물이 팔팔 끓다. 2 작은 것이 기운차게 한 자리에서 자꾸 날거나 뛰는 모양. 예팔팔 뛰는 물고기. 3 몸이나 온돌방이 높은 열로 매우 뜨거운 모양. 예온몸이 팔팔 끓다. 큰펄펄.

팔팔하다 1 성질이 거세고 급하다. 예성격이 팔팔하다. 2 날 듯이 활발하고 생기가 있다. 예팔팔한 젊은이. 큰펄펄하다.

팜플렛 '팸플릿'의 잘못.

팝송 (pop song) 서양의 대중가요. 특히 미국이나 유럽에서 유행하는 대중가요를 이름.

팝업 창 (pop-up窓) 인터넷 웹 페이지에 접속할 때 화면에 따로 튀어나와 여러 가지 사항을 안내하는 창.

팝콘 (popcorn) 옥수수에 소금으로 간을 해서 튀긴 식품.

팡파르 (프 fanfare) 축하 의식이나 축제 때에 쓰는 트럼펫의 신호. 예팡파르가 울리다.

*팥 [팓] 콩과의 한해살이풀. 여름에 노란 꽃이 피고, 가늘고 둥근 통 모양의 긴 꼬투리에 4-15개의 씨가 들어 있음. 씨는 유용한 잡곡임.

팥빙수 (―氷水) [판뼝수] 얼음을 잘게 갈고 팥 그 위에 삶은 팥·설탕·떡 따위를 얹은 음식.

팥죽 (―粥) [팓쭉] 팥을 삶아 체에 으깨어 밭인 물에 쌀을 넣어 쑨 죽. 예팥죽을 쑤다.

패¹ (敗) [패:] 경기에서 진 횟수를 나타내는 말. 예3승 1패.

패² (牌) 1 사물의 특징·이름·성분 따위를 알리려고 그림이나 글씨를 새긴 자그마한 종이나 나뭇조각. 예대문에 개를 조심하라는 패를 붙였다. 2 서로 어울리는 사람들의 무리. 예패를 지어

다니다.

패가망신 (敗家亡身) [패:가망신] 집안의 재산을 다 써서 없애고 몸을 망침. 예 노름으로 패가망신하다. **패가망신하다.**

패거리 (牌—) '패²'의 낮춤말. 예 패거리로 몰려와서 문을 부수었다.

패권 (霸權) [패:권] 우두머리나 승리자의 권력. 예 패권을 다투다 / 패권을 잡다.

패기 (霸氣) [패:기] 뜻을 이루려는 끈질긴 정신. 예 패기 있는 젊은이 / 패기가 넘치다.

패다¹ 곡식의 이삭이 나오다. 예 벼 이삭이 패다.

패다² 사정없이 마구 때리다. 예 멍이 시퍼렇게 들도록 패다.

패다³ [패:다] 도끼로 장작 따위를 쪼개다. 예 장작을 패다.

패다⁴ [패:다] '파이다'의 준말. 예 살짝 팬 보조개 / 땅이 움푹 패다.

패딩 (padding) 옷을 만들 때 솜, 오리털 따위를 넣어 누비는 방식. 또는 그렇게 만든 옷. 예 패딩 점퍼 / 패딩 조끼.

패랭이 1 예전에, 신분이 낮은 사람이나 상제가 쓰던, 댓개비로 엮어 만든 갓. 2 ⇨패랭이꽃.

패랭이1

패랭이꽃 [패랭이꼳] 석죽과의 여러해살이풀. 들에 저절로 나며 높이는 30cm 정도임. 여름에 홍색·백색의 꽃이 피는데 약재로 씀. 패랭이.

패륜 (悖倫) [패:륜] 도덕에 어긋나는 짓. 예 패륜을 저지르다.

패륜아 (悖倫兒) [패:류나] 사람이 마땅히 지켜야 할 도리에 어긋난 짓을 하는 사람.

패망 (敗亡) [패:망] 싸움에서 져서 망함. 예 패망한 나라. 町 패배. **패망하다.**

패물 (佩物) [패:물] 1 사람의 몸에 차는, 귀금속 따위로 만든 장식물. 2 ⇨노리개.

패배 (敗北) [패:배] 싸움이나 겨루기에서 짐. 예 패배를 당하다. 町 승리. **패배하다.**

패션 (fashion) 유행하는 옷·옷차림·머리 모양 따위의 형식. 예 패션 감각이 남다르다.

패션쇼 (fashion show) 새로 유행할 옷을 모델들이 입고 나와 관객에게 보이는 일.

패스 (pass) 1 시험이나 검사 따위에 합격함. 예 자격시험에 패스하다. 2 탈 것에 오를 수 있는 증표. 예 전철 패스. 3 축구·농구 따위에서 같은 편끼리 공을 주고받는 일. 예 정확한 패스. 4 '패스포트'의 준말. **패스하다.**

패스워드 (password) 인터넷에서, 사용자의 신원을 확인하기 위해 입력하는 고유의 문자나 숫자들. 예 아이디와 패스워드를 입력하고 이메일 계정에 접속하다.

패스트푸드 (fast food) 주문하면 즉시 완성되어 나오는 식품. 햄버거·피자 따위.

패스포트 (passport) 1 나라에서 외국 여행자에게 내주는 증명서. 여권. 2 ⇨통행증. 준 패스.

패싸움 (牌—) 여러 사람이 패를 지어 싸우는 일. 예 패싸움을 벌이다. 준 패쌈. **패싸움하다.**

패인 (敗因) [패:인] 싸움에 지거나 일에 실패한 원인. 예 패인은 방심이었다. 町 승인.

패자 (敗者) [패:자] 싸움이나 경기에 진 사람. 町 승자.

패잔병 (敗殘兵) [패:잔병] 싸움에 진 군대의 병사 가운데 살아남은 병사.

패전 (敗戰) [패:전] 싸움에 짐. 예 패전 국가 / 패전 투수. 町 승전. **패전하다.**

패총 (貝塚) [패:총] ⇨조개더미.

패턴 (pattern) 정해진 방식이나 형태. 양식. 유형. 예 소비 패턴 / 생활 패턴이 바뀌다.

패하다 (敗—) [패:하다] 싸움에 지다. 예 시합에 패하다. 町 승리하다.

팩 (pack) 1 밀가루·달걀·벌꿀 등에 약제나 영양제 따위를 반죽하여 얼굴에 바르거나 붙이는 미용법. 또는 그런 화장품. 2 우유나 음료수를 담아 보관하는, 비닐 또는 종이로 만든 작은 용기. 예 우유 팩.

팩스 (fax) '팩시밀리'의 준말.

팩시밀리 (facsimile) 글·그림·사진 따위를 전기 신호로 바꾸어 전화선을

팬 (fan) 연극·영화·운동 경기나 선수·배우·가수 등을 매우 좋아하는 사람. 예 음악 팬을 열광시키다.

팬덤 (fandom) 연예인이나 운동선수 또는 특정 분야를 열정적으로 좋아하는 사람들의 무리를 이르는 말.

팬지 (pansy) 제비꽃과의 한해살이풀 또는 두해살이풀. 줄기 높이 20cm가량. 봄에 노란색·보라색·흰색의 꽃이 피는데, 관상용으로 많이 재배함.

팬츠 (pants) 1 육상 경기용의 짧은 바지. 2 아랫도리에 입는 짧은 속옷.

팬클럽 (fan club) 연예인이나 운동선수, 작가 등을 매우 좋아하는 사람들이 참여하여 만든 모임이나 단체. 예 팬클럽 회원 / 팬클럽에 가입하다.

팬터마임 (pantomime) 말은 하지 않고 몸짓과 표정만으로 하는 연극. 무언극. 비 마임.

팬티 (←panties) 다리 부분은 거의 없고 엉덩이에 꼭 붙는 짧은 속옷.

팬파이프 (panpipe) 갈대나 금속으로 된 길고 짧은 여러 관을 길이의 순서대로 늘어놓고 나란하게 묶어, 입으로 불어 연주하는 악기.

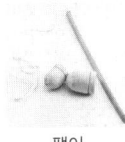
팬파이프

팸플릿 (pamphlet) 선전·광고·설명 따위를 기록한 작은 책자.

팻말 (牌―) [팬말] 무엇을 표시하거나 알리기 위해 패를 붙이거나 패를 새긴 나뭇조각이나 말뚝. 예 팻말을 세우다. 비 패목.

팽 1 작은 것이 한 바퀴 재빨리 도는 모양. 예 고개를 팽 돌리다. 2 갑자기 정신이 아찔해지는 모양. 예 머리가 팽 돌다. 3 갑자기 눈물이 글썽해지는 모양. 예 눈가에 눈물이 팽 돌다. 큰 핑.

팽개치다 1 짜증이 나거나 못마땅하여 물건 따위를 내던지거나 내버리다. 예 장난감을 팽개치다. 2 하던 일 따위를 중도에서 그만두거나 책임을 저버리다. 예 삼촌은 직장을 팽개치고 사업에 뛰어들었다.

팽그르르 1 미끄러지듯 빨리 한 바퀴 도는 모양. 2 갑자기 정신이 아찔해지는 모양. 3 갑자기 눈가에 눈물이 맺히는 모양. 예 팽그르르 눈물이 돌다. 큰 핑그르르. 여 뱅그르르. **팽그르르하다**.

팽나무 느릅나뭇과의 낙엽 활엽 교목. 높이는 20m 정도이며, 잎은 타원형인데 위쪽에 가는 톱니가 있음. 골짜기나 개울가에 남. 나무는 단단하여 건축이나 기구 재료로 쓰임.

팽배 (澎湃) 어떤 기운이 맹렬한 기세로 일어남. 예 위기감의 팽배 / 이기주의가 팽배하다. **팽배하다**.

*__팽이__ 둥글고 짧은 나무의 한쪽 끝을 뾰족하게 깎아서 심을 박아 만든 아이들 장난감. 끈을 몸통에 감아 던지거나 채로 쳐서 돌리며 놂.

팽이

팽이치기 팽이를 채로 쳐서 돌리며 노는 놀이. **팽이치기하다**.

팽창 (膨脹) 1 크기나 길이가 부풀어서 커지거나 늘어남. 2 규모나 수량이 늘어남. 예 인구의 팽창. 3 물질이 온도 상승에 따라 길이나 부피가 느는 현상. 반 수축. **팽창하다**.

팽팽하다[1] 1 줄 따위가 늘어지지 않고 튀기는 힘이 있다. 예 밧줄을 팽팽하게 잡아당기다. 2 양쪽의 힘이 서로 엇비슷하다. 예 찬반 양쪽의 의견이 팽팽하게 맞서 있다.

팽팽하다[2] (膨膨―) 한껏 부풀어 탱탱하다. 예 얼굴이 주름 하나 없이 팽팽하다.

팽팽히 팽팽하게. 예 줄을 팽팽히 당기다 / 의견이 팽팽히 맞서다.

퍼내다 담겨 있거나 고여 있는 것을 길어 내거나 떠내다. 예 독에서 물을 퍼내다.

퍼덕거리다 [퍼덕꺼리다] 자꾸 퍼덕이다. 예 새가 날개를 퍼덕거리다. 작 파닥거리다. 센 퍼떡거리다.

퍼덕이다 [퍼더기다] 1 큰 새가 가볍게 날개를 치다. 2 큰 물고기가 가볍게 꼬리를 치다. 예 잡힌 물고기가 꼬리를 퍼덕인다. 작 파닥이다.

*__퍼뜨리다__ [퍼ː뜨리다] 널리 퍼지게 하다. 예 소문을 퍼뜨리다. 비 퍼트리다.

퍼뜩 1 어떤 생각이 별안간 머리에 떠오르는 모양. 예좋은 생각이 퍼뜩 떠오르다. 2 어떤 물체나 빛 따위가 갑자기 나타나는 모양. 3 갑자기 정신이 드는 모양. 작파뜩.

퍼렇다 [퍼:러타] 탁하고 어둡게 푸르다. 예눈에 퍼렇게 멍이 들다. 작파랗다. 활용 퍼러니 / 퍼레서.

퍼레이드 (parade) 축제나 행사 행사 때, 축하하는 뜻으로 거리를 많은 사람이 행진하는 일. 또는 그 행렬. 예축하 퍼레이드.

***퍼붓다** [퍼붇따] 1 비·눈 따위가 억세게 쏟아지다. 예비가 억수같이 퍼붓다. 2 욕설·비난 따위를 마구 하다. 예욕을 퍼붓다. 활용 퍼부어 / 퍼부으니 / 퍼붓는.

퍼센트 (percent) 100을 기준으로 하였을 때의 어떤 양이 차지하는 비율 ((기호는 %)). 백분율. 프로.

퍼즐 (puzzle) 이리저리 뒤섞여 있는 낱말·숫자·도형 따위를 맞추어 일정한 말·수식·그림을 만드는 놀이.

***퍼지다** [퍼:지다] 1 끝 쪽으로 가면서 점점 넓거나 굵게 벌어지다. 예밑이 퍼진 스커트. 2 널리 미치다. 예소문이 퍼지다. 3 초목이 무성하게 되다. 예가지가 퍼지다. 4 끓거나 삶은 것이 불어서 커지고 잘 익다. 예잘 퍼진 죽. 5 고루 미치다. 예약 기운이 퍼지다.

퍽[1] 힘 있게 내지르는 모양이나 소리. 예등을 퍽 소리가 나게 때리다. 2 갑자기 힘없이 쓰러지는 모양이나 소리. 예바닥에 퍽 주저앉다. 작팍.

*퍽[2] 썩 많이. 아주 지나치게. 매우. 예장난이 퍽 심하다.

퍽퍽 1 힘 있게 자꾸 내지르는 모양. 2 힘없이 잇달아 거꾸러지는 모양. 3 진흙 따위를 밟을 때 깊이 빠지는 모양. 작팍팍.

퍽퍽하다 [퍽퍼카다] 1 음식이 물기나 끈기가 없어서 목이 멜 정도로 메마르고 부드럽지 못하다. 예퍽퍽한 건빵. 2 몹시 지쳐서 꼼짝 못할 정도로 다리가 무겁고 힘이 없다. 예오래달리기 후 다리가 퍽퍽하여 움직일 수가 없다. 작팍팍하다.

펄 '개펄'의 준말.

펄떡 1 힘을 모아 크고 탄력 있게 뛰는 모양. 예물고기가 펄떡 뛰다. 2 심장이나 맥이 크게 뛰는 모양. 작팔딱. 펄떡하다.

펄떡펄떡 1 힘을 모아 크고 탄력 있게 자꾸 뛰는 모양. 예잉어가 펄떡펄떡 뛰다. 2 심장이나 맥이 크게 자꾸 뛰는 모양. 예심장이 펄떡펄떡 뛰다. 작팔딱팔딱. 펄떡펄떡하다.

펄럭거리다 [펄럭꺼리다] 바람에 날리어 아주 빠르게 자꾸 나부끼다. 예빨래가 바람에 펄럭거리다. 작팔락거리다.

펄럭이다 [펄러기다] 넓은 천이 바람에 힘차고 크게 나부끼다. 예태극기가 바람에 펄럭인다.

펄쩍 1 갑자기 뛰거나 솟아오르는 모양. 예담을 펄쩍 뛰어오르다. 2 문이나 뚜껑을 급히 여는 모양. 예방문을 펄쩍 열다. 작팔짝. 펄쩍하다.

  펄쩍 뛰다 억울한 일이나 뜻밖의 일을 당하였을 때 깜짝 놀라거나 강하게 부인하다. 예그 소식을 듣고 놀라서 펄쩍 뛰었다.

펄쩍펄쩍 자꾸 뛰거나 솟아오르는 모양. 예그는 선물을 받아들고 펄쩍펄쩍 뛰며 기뻐했다. 작팔짝팔짝. 펄쩍펄쩍하다.

펄펄 1 많은 물이 계속 끓는 모양. 예물이 펄펄 끓다. 2 힘차게 날거나 뛰는 모양. 예새가 펄펄 날다. 3 높은 열로 매우 뜨거운 모양. 예방이 펄펄 끓다. 4 눈이나 깃발 따위가 세차게 날리거나 나부끼는 모양. 예눈이 펄펄 내리다. 작팔팔.

  펄펄 뛰다 억울한 일을 당했을 때에 강하게 부인하다. 예자기는 범인이 아니라고 펄펄 뛰었다.

펄프 (pulp) 나무에서 섬유를 뽑아내어 종이나 옷감의 원료로 쓰는 물질.

펌프 (pump) 압력을 이용하여 액체나 기체를 빨아올리거나 이동시키는 기계. 예펌프로 물을 퍼 올리다.

펑 1 갑자기 거세게 터지거나 튀는 소리. 예풍선이 펑 터지다. 2 큰 구멍이 뚫리는 소리. 또는 그 모양. 작팡. 센뻥.

펑펑 1 눈이나 액체 따위가 세차게 쏟아지는 모양. 예함박눈이 펑펑 내린다. 2 여러 번 거세게 터지거나 튀면서 나는 소리. 예불꽃이 펑펑 소리를 내며 하늘로 솟구치다. 3 돈이나 물건 따위를 헤프게 마구 쓰는 모양. 예돈을 펑펑 쓰다. 작팡팡.

페가수스자리 (Pegasus—) 북쪽 하늘의 별자리. 안드로메다자리의 남서쪽, 백조자리의 남동쪽에 있음. 10월 하순에 남중함.

페널티 (penalty) 운동 경기에서, 경기자가 규칙을 위반했을 때 심판이 내리는 벌칙.

페니실린 (penicillin) 푸른곰팡이에서 얻은 항생 물질. 1929년 영국의 플레밍이 발견함. 세균에 의해 생기는 염증 치료에 뛰어난 효력을 나타냄.

페달 (pedal) 발로 밟거나 눌러서 기계 따위를 작동시키는 부품. 피아노·재봉틀 등의 발판이나 자전거의 발걸이 등. 예자전거 페달을 힘껏 밟다.

페루 (Peru) 〖국명〗남아메리카 서부에 있는 공화국. 잉카 제국의 중심지이며 사탕수수·철광석·면화 등을 수출함. 수도는 리마.

페르시아만 (Persia灣) 이란과 아라비아반도에 둘러싸인 만. 예전부터 동서 교통의 중심지임.

페르시아 제국 (Persia帝國) 지금의 이란에 있었던 고대 제국. 기원전 6세기 중엽에 건국되었으며 다리우스 1세 때 전성기를 이루었으나, 마케도니아의 알렉산더 대왕에 의해 멸망하였음.

페스탈로치 (Pestalozzi, Johann Heinrich) 〖인명〗스위스의 교육가·교육학자. 초등학교를 처음 세웠으며 고아와 아동 교육에 일생을 바쳤음. 교육의 아버지로 불림. [1746-1827]

페스트 (pest) 페스트균이 퍼뜨리는 급성 전염병. 열이 많이 나고, 두통·현기증이 나며 피부가 흑자색으로 변하여 대부분 죽음. 흑사병.

***페이지** (page) 1 책이나 장부 따위의 한 면. 쪽. 예페이지를 넘기다. 2 책이나 장부 따위의 면을 세는 단위. 예두 페이지.

페인트 (paint) 칠감의 한 가지. 물체에 바르면 굳어져서 빛깔을 내고 물체를 보호해 줌. 수성 페인트·유성 페인트 따위가 있음. 도료. 예페인트를 칠하다.

페인트칠 (paint漆) 페인트를 바르는 일. 또는 그 칠. **페인트칠하다.**

페트병 (PET瓶) 음료를 담는 일회용 플라스틱병. 가볍고 깨지지 않는 특성이 있음. 페트.

펜 (pen) 잉크 따위를 찍어서 글씨를 쓰는 도구. 경필. 철필.

펜싱 (fencing) 서양식 검술. 올림픽 경기 종목으로, 철망으로 된 마스크를 쓰고 가늘고 긴 검으로 상대편을 찌르거나 베어 승부를 겨룸.

펜치 (←pincers) 손에 쥐고 철사를 구부리거나 끊는 데 쓰는 연장.

펜팔 (pen pal) 서로 편지를 주고받으며 우정을 맺고 사귀는 벗. 예펜팔 친구.

펜치

펭귄 (penguin) 펭귄과의 바닷새. 등은 검은색, 배는 흰색임. 날개는 짧고 지느러미 모양으로 날지 못하며, 똑바로 서서 걸음. 헤엄을 잘 치며 물고기·낙지·새우 따위를 잡아먹음. 남극 지방에서 삶.

펭귄

펴내다 잡지나 책 따위를 발행하다. 예동화책을 펴내다.

펴낸이 [펴내니] 어떤 책을 발행한 사람.

***펴다** 1 펼쳐 놓거나 넓게 깔다. 예돗자리를 펴다. 2 구김살을 반반하게 하다. 예주름을 펴다. 3 곧게 하다. 예허리를 펴고 앉다. 4 손발을 뻗다. 예다리를 펴다. 5 접은 것을 벌리다. 예책을 펴다. 6 생각이나 의견, 감정을 자유롭게 표현하거나 주장하다. 예뜻을 펴다 / 반론을 펴다.

펴지다 1 개켜져 있던 것이 젖혀지다. 2 구김살이 없어지다. 예주름이 펴지다. 3 굽혔던 것이 곧게 되다. 예철사가 곧게 펴지다. 4 접힌 것이 벌어지다. 예 우산이 펴지다.

***편¹**(篇) 책, 문학 작품, 영화, 논문 따위를 세는 말. 예 한 편의 시.

***편²**(便) 1 여러 패로 나누었을 때 그 하나하나의 쪽. 예 우리 편 / 편을 가르다. 2 사람이 오고 가거나 물건을 보내는 데 이용하는 기회나 수단. 예 기차 편으로 출장을 가다. 3 사물을 몇 가지로 나누어 생각했을 때의 한쪽. 예 가려면 일찍 가는 편이 낫다. 4 어떤 쪽. 어떤 방향. 예 바람이 부는 편. 5 대체로 그와 같은 부류에 속하거나 그와 같은 상태에 있음을 나타내는 말. 예 오늘은 아주 조용한 편.

편견(偏見) 공정하지 못하고 한쪽으로 치우친 생각. 예 편견을 가지다 / 편견을 버리다.

편곡(編曲) 어떤 곡을 다른 형식으로 바꾸어 꾸미거나 다른 악기를 써서 연주 효과를 달리하는 일. 또는 그 곡. 편곡하다.

편광(偏光) 일정한 방향으로만 진동하는 빛. 예 편광 현미경. *자연광.

편달(鞭撻) 일깨워 주고 격려하여 줌. 예 애정 어린 지도와 편달을 부탁드립니다.

편대(編隊) 비행기 따위가 짝을 지어 대형을 갖추는 일. 또는 그 대형. 예 편대 비행.

편도(片道) 가고 오는 길 중 어느 한쪽. 또는 그 길. 예 편도 승차권.

편도샘(扁桃-) 사람의 목구멍 안 양쪽에 동글게 도드라져 있는 것으로, 세균을 막는 구실을 하는 림프 조직.

편도샘염(扁桃-炎)[편도샘념] 편도샘에 생기는 염증. 편도샘이 부어 목구멍이 아프며 음식물을 삼키기가 어려움 됨.

편두통(偏頭痛) 한쪽 머리가 심하게 아픈 증세. 예 편두통에 시달리다.

편들다(便一) 어느 편을 거들거나 도와주다. 예 편들어 줄 사람이 없다. 비 역성들다. [활용] 편들어 / 편드니 / 편드는.

***편리**(便利)[펼리] 편하고 이용하기 쉬움. 예 편리한 생활. 비 편의. 반 불편. 편리하다.

편마암(片麻岩) 석영·장석·돌비늘 따위로 이루어진 암석. 줄무늬가 있음.

편모(偏母) 아버지가 죽거나 이혼하여 혼자가 된 어머니.

편법(便法)[편뻡] 편리한 방법. 쉬운 방법. 예 편법을 쓰다.

편부(偏父) 어머니가 죽거나 이혼하여 혼자가 된 아버지.

편성(編成) 1 사람들을 모아서 단체를 이룸. 예 학급을 편성하다. 2 여러 가지 자료를 모아서 책이나 영화 따위를 만듦. 예 프로그램 편성. 편성하다.

편식(偏食) 입에 맞는 음식만 가려 먹는 일. 예 편식하는 습관을 가져서는 안 된다. 편식하다.

***편안**(便安)[펴난] 몸과 마음이 거북하지 않아 편하고 걱정이 없어 좋음. 예 편안한 생활 / 편안히 앉다. 비 평안. 편안하다. 편안히.

편애(偏愛)[펴내] 어느 한 사람이나 한쪽만을 치우쳐 사랑함. 예 큰아들을 편애하다. 편애하다.

편의(便宜)[펴의/펴니] 형편이나 조건 따위가 편하고 좋음. 예 편의를 봐주다 / 편의를 제공하다. 비 편리.

편의점(便宜店)[펴늬점/펴니점] 고객의 편의를 위해 일용 잡화·식료품 따위를 24시간 파는 상점.

편입(編入)[펴닙] 1 다니던 학교를 그만두고 다른 학교에 들어감. 예 3학년에 편입하다. 2 이미 짜여진 단체나 조직 등에 끼어듦. 편입하다.

편자¹ 말굽에 대어 붙이는 'U' 자 모양의 쇳조각.

편자²(編者) 책을 엮은 사람. 비 엮은이.

편전(便殿) 예전에, 임금이 평소에 거처하던 궁전.

편중(偏重) 한쪽으로 치우침. 어느 한쪽만 중히 여김. 예 수학에 편중된 공부를 하다. 편중하다.

***편지**(便紙)[편:지] 소식을 알리거나 용건을 적어 보내는 글. 예 편지를 쓰다 / 편지를 부치다. 비 서찰. 서한. 편지하다. ⇨ letter

편지글(便紙-)[편:지글] 편지의 형식으로 쓴 글.

편지꽂이(便紙-)[편:지꼬지] 편지를 꽂아 두는 통.

편지지 (便紙紙) [편:지지] 편지를 쓰는 종이. 예편지지 두 장.

편집 (編輯) 여러 가지 자료를 모아 신문·잡지·책 따위를 만드는 일. 또는 영상, 소리, 문서 따위를 하나의 작품으로 완성하는 일. 비편찬. 편집하다.

편집기 (編輯機) [편집끼] 컴퓨터에서 문서나 표 등을 편집하는 기능을 가진 프로그램. 예문서 편집기 / 편집기 프로그램.

편집부 (編輯部) [편집뿌] 신문·잡지 또는 일반 책 따위의 편집에 관한 일을 맡아보는 부서.

편짜다 (便—) 승부를 겨루기 위하여 편을 갈라 조직하다. 예두 팀으로 편짜다.

편찬 (編纂) 여러 종류의 자료를 모아 정리하여 책을 냄. 예사전을 편찬하다. 비편집. 편찬하다.

편찮다 (便—) [편찬타] 1 마음이나 몸이 거북하거나 괴롭다. 예자리가 편찮다. 2 병을 앓고 있다. 예어머니가 편찮으시다.

편충 (鞭蟲) 기생충의 하나. 사람의 장, 특히 맹장에 기생하여 빈혈·신경증·설사 따위를 일으킴.

편파적 (偏頗的) 한쪽으로 치우쳐 공평하지 못한 경향이 있는 (것). 예편파적인 판정 / 편파적으로 보도하다.

편평하다 (扁平—) 넓고 평평하다. 예편평한 바위.

*__편하다__ (便—) 1 마음이나 몸이 거북하거나 괴롭지 않다. 예편한 자세로 앉다. 2 근심이나 걱정이 없다. 예마음이 편하다. 3 어떤 일을 하는 데 힘이 들지 않고 쉽다. 예신고 벗기에 편한 운동화. 반불편하다.

편협하다 (偏狹—) [편혀파다] 마음이 너그럽지 못하고 생각이 좁다. 예편협한 생각.

편히 (便—) 편하게. 예주말에 집에서 편히 쉬다.

펼쳐지다 [펼처지다] 1 눈앞에 드러나다. 예눈앞에 푸른 바다가 펼쳐지다. 2 접힌 것이 펴지다. 예책상 위에 읽다 만 책이 펼쳐져 있다. 3 어떤 일이나 상황이 벌어지다. 예손에 땀을 쥐는 경기가 펼쳐지다.

*__펼치다__ 1 펴서 드러내다. 예책을 펼치다. 2 널찍하게 펴다. 예부채를 펼치다. 3 꿈·계획 따위를 실현하다. 예꿈을 펼치다.

평[1] (評) [평:] 옳고 그름, 좋고 나쁨, 잘되고 못됨 등을 가려서 말함. 예평이 좋은 책.

평[2] (坪) 땅 넓이의 단위. 1평은 약 3.3제곱미터임.

*__평가__ (評價) [평:까] 1 물건의 값어치를 따져 결정함. 예재산을 평가하다. 2 가치·수준·능력 등을 측정함. 예실력을 높이 평가하다. 평가하다.

평가자 (評價者) [평:까자] 평가하는 일을 하는 사람.

평강 공주 (平岡公主) 〖인명〗 고구려 평원왕의 딸. 바보 온달과 결혼하여 그에게 학문과 무예를 가르쳐 훌륭한 장군이 되게 함.

*__평균__ (平均) 1 많고 적음이 없이 고르게 한 것. 예평균을 내다. 2 많은 수나 양의 중간값. 또는 그런 값을 구함. 예평균 점수. 평균하다.

평균 기온 (平均氣溫) 일정한 기간을 두고 관측한 기온의 평균값.

*__평균대__ (平均臺) 길고 좁은 나무로 만들어 기계 체조에 쓰는 기구. 또는 그 위에서 하는 운동. 여자 체조 경기의 한 종목임.

평균대

평균 수명 (平均壽命) 일정한 지역에 사는 사람들의 수명을 평균한 것. 일 년 동안에 죽은 사람의 나이를 모두 합쳐 죽은 사람의 수로 나눈 수. 예의학의 발달로 사람들의 평균 수명이 늘어났다.

평년 (平年) 1 윤년이 아닌 해. 1년이 365일인 해. 반윤년. 2 농사가 보통 정도로 된 해. 예올 농사는 평년 수준을 넘는다.

평등 (平等) 한 사회에서 권리·의무·자격 따위가 모든 사람에게 고르고 똑같음. 예평등한 대우를 받다. 비동등. 반불평등. 차별. 평등하다.

평등권 (平等權) [평등꿘] 모든 국민이 성별·직업·종교 따위로 차별받지 않는 권리.
***평론**(評論) [평:논] 사물의 가치나 착하고 악함, 잘되고 못됨 등을 비평하여 논함. 또는 그 글. 예문학 평론/시사 평론. 평론하다.
***평면**(平面) 1 평평한 면. 2 한 표면 위의 두 점을 지나는 직선이 항상 그 표면 위에 놓이는 면. 땐곡면.
평면도(平面圖) 건물과 같은 물체의 구조를 위에서 내려다보고 그린 그림.
평면 도형(平面圖形) 평면에 그려진 도형. 빈평면형.
평민(平民) 벼슬이 없는 사람. 보통 사람. 예평민 계급. 비서민. 땐귀족.
평방(平方) '제곱'의 전 용어.
평범하다(平凡—) 뛰어나거나 특별한 점이 없이 보통이다. 예평범한 학생. 땐비범하다.
평복(平服) 보통 때에 입는 옷. 또는 제복이나 관복이 아닌 보통의 옷. 비평상복.
평상(平牀) 밖에 놓고 앉거나 드러누워서 쉴 수 있도록 나무로 평평하게 만든 상. 예평상에서 낮잠을 자다.
평상시(平常時) 보통 때. 예엄마는 일요일에도 평상시처럼 일찍 일어나신다. 비평소. 평일. 땐비상시. 준상시. 평시.
***평생**(平生) 1 살아 있는 동안. 예평생의 소원. 비일생. 2 ⇨평생토록. 예평생 잊을 수 없는 일.
평생 교육(平生敎育) 가정 교육·학교 교육·사회 교육 등을 통하여 일생 동안 받는 교육.
평생토록(平生—) 목숨이 다할 때까지. 예평생토록 교육에 헌신하다.
***평소**(平素) 보통 때. 평상시. 예평소에 쌓은 실력.
평수(坪數) [평쑤] 평으로 따진 넓이. 예주택 평수 / 평수를 물어보다.
평시(平時) '평상시'의 준말.
평시조(平時調) 초장·중장·종장으로 되어 있는, 가장 기본적이고 대표적인 시조. 글자 수가 45자 안팎임.
평안(平安) 마음에 걱정이 없음. 또는 무사히 잘 있음. 예평안한 생활 / 집안이 평안하다. 비편안. 평안하다.
평안남도(平安南道) [지명] 북한의

한 도. 한반도의 북서쪽에 자리 잡아 평양을 둘러싸고 있으며, 주요 도시로는 안주·순천·개천 등이 있음.
평안도(平安道) [지명] 평안남도와 평안북도를 함께 이르는 말.
평안북도(平安北道) [평안북도] [지명] 북한의 한 도. 한반도의 북서쪽 끝에 자리 잡고, 평안남도·자강도 및 중국 북경과 맞닿아 있음. 주요 도시로는 신의주·정주 등이 있음. 도청 소재지는 신의주.
평안히(平安—) 걱정되는 일이 없이. 예평안히 주무십시오.
***평야**(平野) 아주 넓은 들. 예평야 지대. 비평원.
평양(平壤) [지명] 평안남도 서남쪽 대동강 하류에 위치한, 우리나라에서 가장 오래된 도시. 북한의 수도이며 한반도 북부 최대 도시로 정치, 경제, 행정의 중심지.
평영(平泳) 수영법의 한 가지. 개구리처럼 두 발을 함께 오므렸다 뻗으며 치는 헤엄. 비개구리헤엄.
평온(平穩) 고요하고 편안함. 예평온을 되찾다. 평온하다. 평온히.
평원(平原) 평평하고 너른 들판. 예평원을 달리는 말. 비평야.
평일(平日) 1 ⇨평상시. 2 휴일이나 기념일이 아닌 보통 날. 예주말은 복잡하니까 평일에 가자.
평정¹(平定) 반란이나 난리를 평온하게 진정시킴. 예반란을 평정하다. 평정하다.
평정²(平靜) 마음이 평안하고 고요함. 예마음의 평정을 되찾다. 평정하다. 평정히.
평준화(平準化) 수준이 서로 차이 나지 않게 함. 예고등학교 평준화 / 실력의 평준화. 평준화하다.
평지(平地) 바닥이 편편한 땅. 예넓은 평지. 땐산지.
평지풍파(平地風波) 뜻밖에 분쟁이 일어남을 비유하는 말. 예말 한 마디로 평지풍파를 일으키다.
평탄하다(平坦—) 1 바닥이 넓고 평평하다. 예평탄한 길. 2 일의 상태나 진행이 순조롭다. 예일이 평탄하게 진행되다.

평판 (評判) [평:판] 1 비평하여 잘잘못을 가림. 2 세상 사람들의 비평. 예평판이 좋다.

평평하다 (平平―) 바닥이 높낮이가 없이 널찍하고 판판하다. 예언덕을 평평하게 깎다.

평하다 (評―) [평:하다] 사물의 가치나 좋고 나쁨 따위를 자세히 따져서 말하다. 예남을 평하기 전에 나부터 돌아보자.

*****평행** (平行) 두 개의 직선이나 두 개의 평면이 나란히 있어 아무리 늘여도 서로 만나지 않음. 예**평행**으로 선을 긋다. **평행하다**.

*****평행 사변형** (平行四邊形) 서로 마주 보는 두 쌍의 변이 각각 평행인 사각형.

평행선 (平行線) 같은 평면 위에 있는 둘 이상의 평행한 직선.

평형 (平衡) 1 어느 한쪽으로 기울지 않고 균형이 잡혀 있음. 밸런스. 예평형을 이룸. 비균형. 2 저울대가 수평을 이름. 3 한 물체에 작용하는 두 힘이 서로 맞서는 것. 그 힘의 크기가 같고, 방향이 서로 반대이면 그 두 힘은 평형이 됨.

*****평화** (平和) 1 평온하고 화목함. 예가정의 **평화**. 2 전쟁이나 분쟁 등의 갈등이 없이 평온함. 예세계의 **평화**를 지키다. 비화평. 반전쟁. ○peace

*****평화롭다** (平和―) [평화롭따] 다툼이나 걱정 따위가 없고 조용하다. 예평화로운 시골 마을. [활용] 평화로워/평화로우니.

평화스럽다 (平和―) [평화스럽따] 조용하고 화목해 보이다. 예평화스러운 농촌 풍경. [활용] 평화스러워/평화스러우니.

평화적 (平和的) 전쟁이나 갈등 따위가 없이 평화스러운 (것). 예평화적으로 해결하다.

평화 통일 (平和統一) 전쟁이나 무력을 쓰지 않고 평화적인 방법으로 이루는 통일.

폐[1] (肺) [폐:/페:] 육지에 사는 동물의 호흡기. 비폐부. 폐장. 허파.

폐[2] (弊) [폐:/페:] 1 남에게 끼치는 신세나 괴로움. 예폐를 끼치다/남에게 폐가 되다. 2 '폐단'의 준말.

폐가 (廢家) [폐:가/페:가] 버려두어 낡아 빠진 집.

폐간 (廢刊) [폐:간/페:간] 신문·잡지 따위의 간행을 폐지함. 예경영이 어려워 잡지를 폐간하다. **폐간하다**.

폐건전지 (廢乾電池) [폐:건전지/페:건전지] 못 쓰게 되어 버리는 건전지.

폐결핵 (肺結核) [폐:결핵/페:결핵] 결핵균의 침입으로 폐에 생기는 전염병. 기침·열·호흡 곤란·가슴앓이 따위의 증세가 일어나고 심하면 피를 토함. 비폐병.

폐곡선 (閉曲線) [폐:곡선/페:곡선] 곡선 위의 한 점을 출발하여 한 바퀴 돌아 출발점으로 되돌아오는 선. 원 따위.

폐곡선

폐관 (閉館) [폐:관/페:관] 시간이 되어 도서관·박물관 따위의 문을 닫음. 예학교 도서관의 폐관 시간은 오후 6시다. 반개관. **폐관하다**.

폐광 (廢鑛) [폐:광/페:광] 광산에서 광물을 캐내는 일을 그만둠. 또는 그 광산. **폐광하다**.

폐교 (廢校) [폐:교/페:교] 수업을 중지하고 학교 문을 닫음. 또는 그 학교. 반개교. **폐교하다**.

폐기 (廢棄) [폐:기/페:기] 못 쓰게 된 것을 버림. 예낡은 가구를 폐기 처분하다. **폐기하다**.

폐기물 (廢棄物) [폐:기물/페:기물] 못 쓰게 되어 버리는 물건. 예음식 폐기물/폐기물을 처리하다.

폐단 (弊端) [폐:단/페:단] 어떤 일이나 행동에서 나타나는 좋지 못하고 해로운 점. 예폐단이 생기다/복잡한 절차의 폐단을 없애다. 준폐.

폐동맥 (肺動脈) [폐:동맥/페:동맥] 심장에서 폐로 정맥혈을 보내는 혈관. 비허파 동맥. 반폐정맥.

폐렴 (肺炎) [폐:렴/페:렴] 폐에 생기는 염증. 열이 나고 가슴이 몹시 아프며, 기침이 심해지고 호흡이 곤란해짐.

폐막 (閉幕) [폐:막/페:막] 1 연극을 마치고 막을 내림. 2 어떤 일이나 행사가 끝남. 예전람회가 폐막되다. 반개막. **폐막하다**.

폐막식 (閉幕式) [폐:막씩 / 페:막씩] 어떤 행사를 마치면서 하는 식. [예] 올림픽 **폐막식**. [반] 개막식.

폐물 (廢物) [폐:물 / 페:물] 못 쓰게 된 물건. 소용이 없이 된 물건. [예] **폐물** 이용. [비] 폐품.

폐백 (幣帛) [폐:백 / 페:백] 신부가 결혼식을 마치고 시부모를 비롯한 시댁 어른들에게 드리는 첫인사. 대추·밤·술·안주·과일 등을 상 위에 올려놓고 큰절을 함. [예] **폐백**을 드리다 / **폐백**을 받다.

폐병 (肺病) [폐:뼝 / 페:뼝] 1 폐에 생기는 병을 통틀어 이르는 말. 2 '폐결핵'을 속되게 이르는 말.

폐쇄 (閉鎖) [폐:쇄 / 페:쇄] 1 드나들지 못하게 입구를 막음. [예] 출입구를 **폐쇄**하다. 2 기관이나 단체 따위를 없애 버림. [예] 공장을 **폐쇄**하다. [반] 개방. **폐쇄하다**.

***폐수** (廢水) [폐:수 / 페:수] 쓰고 난 뒤에 버리는 물. [예] 공장 **폐수** / **폐수** 처리 시설을 갖추다.

폐암 (肺癌) [폐:암 / 페:암] 폐에 생기는 암.

폐업 (廢業) [폐:업 / 페:업] 직업이나 영업을 그만둠. [예] **폐업** 신고를 하다. [반] 창업. **폐업하다**.

폐위 (廢位) [폐:위 / 페:위] 왕이나 왕비의 자리에서 물러나게 함. [예] 왕을 폐위시키다. **폐위하다**.

폐인 (廢人) [폐:인 / 페:인] 1 병·마약 등으로 몸을 망친 사람. [예] 마약으로 완전히 **폐인**이 되다. 2 남에게 버림을 받아 쓸모없이 된 사람.

폐장 (閉場) [폐:장 / 페:장] 극장·시장·해수욕장 따위의 영업이 끝나 문을 닫음. [예] 해수욕장을 **폐장**하다. [반] 개장. **폐장하다**.

폐점 (閉店) [폐:점 / 페:점] 가게를 닫음. [예] 경영난으로 가게를 **폐점**했다. [반] 개점. **폐점하다**.

폐정맥 (肺靜脈) [폐:정맥 / 페:정맥] 폐에서 깨끗해진 동맥혈을 심장으로 보내는 좌우 두 개의 혈관. [비] 허파 정맥. [반] 폐동맥.

폐지[1] (廢止) [폐:지 / 페:지] 행하던 제도나 법규 따위를 그만두거나 없앰. [예] 노예 제도를 **폐지**하다. [비] 철폐. **폐지하다**.

폐지[2] (廢紙) [폐:지 / 페:지] 못 쓰게 된 종이. [예] **폐지** 재활용. [비] 휴지.

폐차 (廢車) [폐:차 / 페:차] 낡거나 못 쓰게 된 차를 없앰. 또는 그 차. **폐차하다**.

폐품 (廢品) [폐:품 / 페:품] 쓸 수 없게 된 물품. [예] **폐품** 수집 / **폐품**을 재활용하다. [비] 폐물.

폐하 (陛下) [폐:하 / 페:하] 황제나 황후를 높여서 부르는 말.

폐해 (弊害) [폐:해 / 페:해] 폐가 되는 나쁜 일. [예] 사이비 종교의 **폐해**.

폐허 (廢墟) [폐:허 / 페:허] 건물이나 시가, 성 등이 파괴되어 형체도 없이 완전히 허물어져 못 쓰게 된 터. [예] 전쟁으로 **폐허**가 된 도시.

폐활량 (肺活量) [폐:활량 / 페:활량] 폐 속에 최대한도로 공기를 들이마신 후, 다시 내쉴 때 나오는 공기의 양. [예] **폐활량**이 크다.

폐회 (閉會) [폐:회 / 페:훼] 집회 또는 회의가 끝남. [예] **폐회**를 선언하다. [반] 개회. **폐회하다**.

폐휴지 (廢休紙) [폐:휴지 / 페:휴지] 못 쓰게 되어 버리는 종이.

포[1] (砲) '대포'의 준말. [예] 적을 향하여 **포**를 쏘다.

포[2] (脯) 생선이나 고기 따위를 얇게 저며 놓은 것. [예] **포**를 뜨다.

포개다 놓인 것 위에 또 놓다. [예] 이불을 **포개**어 얹다.

포격 (砲擊) 목표물에 대포를 쏨. [예] 적진에 **포격**을 가하다. **포격하다**.

포고 (布告) [포:고] 1 일반에게 널리 알림. 2 국가의 결정 의사를 공식적으로 일반에게 발표하는 일. [예] 선전 **포고**. **포고하다**.

포고령 (布告令) [포:고령] 정부에서 국민에게 널리 알리는 명령이나 법령. [예] **포고령**을 내리다.

포괄 (包括) [포:괄] 어떤 사물이나 현상 따위를 하나의 범위 안에 넣음. [예] 역사와 지리를 **포괄**해서 설명하다. **포괄하다**.

포교 (布敎) [포:교] 종교를 널리 폄. [예] **포교** 활동. **포교하다**.

ㅍ

포구 (浦口) 강가나 바닷가에서 작은 배가 드나드는 곳.

***포근하다** 1 감정이나 분위기 따위가 보드랍고 따뜻하여 편안한 느낌이 있다. 예포근한 엄마의 품. 2 겨울 날씨가 바람도 없고 따뜻하다. 예포근한 날씨. 큰푸근하다.

포근히 포근하게. 예포근히 감싸 주다. 큰푸근히.

***포기**¹ 풀이나 나무의 뿌리를 단위로 한 낱개. 또는 그것을 세는 단위. 예배추 두 포기.

***포기**² (抛棄) [포:기] 1 하던 일을 도중에 그만두어 버림. 예아침 운동을 포기하다. 2 자기의 권리나 자격을 쓰지 않음. 예출전을 포기하다. 포기하다.

포대¹ (包袋) ⇨부대¹. 예포대 자루/밀가루 한 포대.

포대² (砲臺) 대포를 설치하고 포탄을 발사하기 위해 튼튼히 쌓은 진지. 예포대를 쌓다.

포대기 어린아이를 업거나 덮어 줄 때 쓰는 작은 이불. 예아기를 포대기에 싸다.

***포도** (葡萄) 포도나무의 열매. 맛이 새콤달콤하며 날로 먹거나 건포도나 포도주를 만들어 먹음. ○grape

포도나무 (葡萄—) 포도과의 낙엽 활엽 덩굴나무. 덩굴은 길게 뻗어 퍼지는데 덩굴손으로 다른 것에 감아 붙으며, 한 송이에 여러 개의 포도가 달림.

포도당 (葡萄糖) 포도나 꿀 등에 들어 있는 당분의 한 가지. 생물의 에너지원이 됨. 글루코오스.

포도송이 (葡萄—) 한 꼭지에 달린 포도알의 덩어리. 예포도송이가 주렁주렁 달리다.

포도주 (葡萄酒) 포도로 만든 술.

포도청 (捕盜廳) [포:도청] 조선 때, 도둑이나 범죄자를 잡아 다스리던 관청. 준포청.

포동포동 통통하게 살지고 보드라운 모양. 예포동포동 살이 오르다. 큰푸둥푸둥. 포동포동하다.

포로 (捕虜) [포:로] 전쟁에서 적에게 사로잡힌 군인. 예포로 석방/포로로 잡히다.

포로수용소 (捕虜收容所) [포:로수용소] 포로를 집단적으로 한곳에 가두어 두거나 거주시키는 시설.

포르르 작은 새 등이 갑자기 날아가는 소리. 예참새가 포르르 날아오르다. 큰푸르르. 포르르하다.

포르투갈 (Portugal) 【국명】 유럽 남부의 이베리아반도 서부 끝에 있는 나라. 주산업은 농업이며 포도주·올리브·보리·코르크 등을 산출함. 수도는 리스본.

포만감 (飽滿感) [포:만감] 넘치도록 가득 찬 느낌. 예포만감을 느끼다.

포맷 (format) 1 일정한 모양이나 형식. 양식. 2 컴퓨터에서, 하드 디스크를 처음의 상태로 되돌리는 것.

포목 (布木) 베나 무명 따위의 옷감.

포물선 (抛物線) [포:물썬] 비스듬히 던져 올린 물체가 떨어지면서 반원 모양을 그리는 곡선. 예공이 포물선을 그리며 떨어지다.

포박 (捕縛) [포:박] 잡아서 묶음. 예죄인을 포박하다. 포박하다.

포병 (砲兵) 육군에서, 포 사격을 맡아 하는 군대나 군인.

포복 (匍匐) 배를 땅에 대고 김. 예철조망을 포복 자세로 통과하다. 포복하다.

포볼 (four+ball) 야구에서, 투수가 타자에게 스트라이크가 아닌 볼을 네 번 던지는 일. 사구.

포부 (抱負) [포:부] 마음속에 지닌 앞날에 대한 계획이나 희망. 예포부가 크다 / 포부를 품다.

포석정터 (鮑石亭—) [포석쩡터] 경상북도 경주시에 있는 통일 신라의 고적지. 왕과 귀족들이 전복 모양으로 생긴 돌홈을 따라 굽이쳐 흐르는 물에 잔을 띄우고 시를 읊으며 놀이를 하던 곳임. 우리나라 사적으로, 정식 이름은 '경주 포석정지'.

포석정터

포섭 (包攝) [포:섭] 상대를 자기편으로 끌어들임. 예적에게 포섭을 당하다. 포섭하다.

포성 (砲聲) 대포를 쏠 때 나는 소리.

예 포성이 울리다. 回 폿소리.
포수¹ (砲手) [포:수] 총으로 짐승을 잡는 사냥꾼.
포수² (捕手) [포:수] 야구에서, 본루를 지키며 투수가 던지는 공을 받는 선수. 캐처. 凹투수.
***포스터** (poster) 광고나 선전을 하기 위한 간단한 글귀가 적힌 그림. 예 영화 포스터 / 공연 홍보 포스터를 붙이다.
포슬포슬 가루 따위가 물기가 적어서 잘 엉기지 못하는 모양. 回푸슬푸슬. 예 보슬보슬. 포슬포슬하다.
포승 (捕繩) [포:승] 죄인을 잡아 묶는 노끈. 예 범인을 포승으로 묶다. 回 오라. 오랏줄.
포식 (飽食) [포:식] 배부르게 먹음. 예 음식을 포식하다. 포식하다.
포악 (暴惡) [포:악] 행동이나 성질이 사납고 악독함. 예 성질이 포악한 사람. 포악하다. 포악스럽다.
포옹 (抱擁) [포:옹] 품에 껴안음. 예 감격의 포옹을 나누다. 포옹하다.
포위 (包圍) [포:위] 주위를 뺑 둘러 에워쌈. 예 사방에서 적을 포위하다. 포위하다.
포위망 (包圍網) [포:위망] 치밀하고 빈틈없이 에워싼 것. 예 포위망을 뚫다.
포유류 (哺乳類) [포:유류] 척추동물의 한 종류. 새끼를 낳아 젖을 먹여 기름. 폐로 호흡하며, 대뇌가 가장 발달한 동물임. 예 고래는 포유류에 속한다. 回 젖먹이 동물. 포유동물.
포인터 (pointer) 컴퓨터에서, 마우스를 따라 움직이는 모니터 화면의 작은 화살표 표시.
포인트 (point) 1 중요한 사항이나 핵심. 2 운동 경기에서, 득점.
포자 (胞子) ⇨홀씨.
포장¹ (布帳) 두꺼운 천이나 비닐 위로 만든 넓은 덮개나 가리개. 예 햇빛을 막으려고 운동장에 포장을 치다. 回막. 장막.
***포장**² (包裝) 물건을 종이·판지 등으로 싸서 꾸림. 예 선물을 예쁘게 포장하다. 포장하다.
포장³ (鋪裝) 길에 아스팔트·돌·콘크리트 등을 깔아 바닥을 단단하고 평평하게 만드는 일. 예 포장 공사 / 아스팔트로 포장하다. 포장하다.
포장지 (包裝紙) 포장에 쓰이는 종이. 예 선물을 포장지로 싸다.
포졸 (捕卒) [포:졸] 조선 시대에 포도청에 속한 군졸. 포도군사.
포즈 (pose) 어떤 자세나 몸짓을 표현하는 일. 또는 그 자세나 몸짓. 예 멋진 포즈를 취하다.
포진 (布陣) [포:진] 전쟁이나 경기를 하기 위하여 진을 침. 포진하다.
포착 (捕捉) [포:착] 1 꼭 붙잡음. 2 어떤 기회나 정세를 알아차림. 예 기회를 포착하다. 3 문제·사정·뜻 따위를 알아차림. 포착하다.
포츠담 선언 (Potsdam宣言) 1945년 7월 독일의 포츠담에서 미국·영국·중국·소련의 대표가 회담하고 발표한 선언. 일본의 무조건 항복을 권고했으며, 우리나라의 독립이 약속되었음.
포켓 (pocket) 옷에 달린 호주머니.
포크 (fork) 양식에서, 고기·생선·과일 등을 찍어 먹는 식탁 용구.
포클레인 (프 Poclain) 굴착기의 하나. 몸체에 달린 큰 삽으로 땅을 파내는 기계.
포탄 (砲彈) 대포의 탄알. 예 포탄이 터지다. 回 대포알.
포털 사이트 (portal site) 인터넷으로 정보 검색, 이메일 등 다양한 서비스를 제공하는 사이트. 포털.
포플러 (poplar) ⇨미루나무.
***포함** (包含) 어떤 범위나 무리에 들어 있음. 예 회원은 나를 포함해서 열다섯 명이다. 포함하다.
포항 (浦項) 〖지명〗 경상북도 동남쪽 동해안에 있는 항구 도시. 포항 종합 제철 공장이 세계적으로 유명하며, 명승지로 보경사·입암 서원·구룡포 해수욕장 따위가 있음.
포화¹ (砲火) 총이나 대포를 쏠 때에 일어나는 불. 예 포화를 퍼붓다.
포화² (飽和) [포:화] 최대한도까지 가득 차 있는 상태. 예 인구가 포화 상태에 이르다.
포화 용액 (飽和溶液) 일정한 온도와 일정한 압력에서 물질이 더 이상 녹을 수 없을 정도의 양까지 녹아 있는 용액.
포환(砲丸) 1 대포의 탄알. 2 포환던지기에 쓰는 쇠로 만든 공.
포환던지기(砲丸−) 지름 2.13m의 원 안에서 남자는 7.25kg, 여자는 4kg의 포환을 한 손으로 던져 그 거리를 겨루는 경기. 비투포환.
***폭**¹(幅) 1 물건의 한 끝에서 다른 끝까지의 거리. 예개울의 폭이 넓다. 비너비. 2 어떤 일의 범위. 예생각의 폭이 넓다. 3 그림·족자를 셀 때 쓰는 말. 예한 폭의 풍경화.
폭² 1 아주 깊고 느긋하게. 예잠이 폭 들었다. 2 빈틈없이 잘 덮이거나 싸는 모양. 예아이를 이불로 폭 싸다. 3 잘 익도록 끓이는 모양. 예국이 폭 끓었다. 큰푹.
폭격(爆擊) [폭껵] 비행기에서 폭탄을 떨어뜨려 적의 군대나 시설을 파괴하는 일. 예적의 진지를 폭격하다. **폭격하다**.
폭군(暴君) [폭꾼] 성질이 사납고 악독한 임금.
폭넓다(幅−) [퐁널따] 어떤 사항이 두루 미쳐 영향을 끼치는 범위가 넓다. 예폭넓게 공부하다. [활용] 폭넓으니 [퐁널브니] / 폭넓어서 [퐁널버서].
폭도(暴徒) [폭또] 폭력으로 사회의 질서를 어지럽히는 무리. 예폭도를 진압하다.
폭동(暴動) [폭똥] 여러 사람이 난폭한 행동으로 질서를 어지럽히고 소동을 일으킴. 예이웃 나라에서 폭동이 일어났다. 비난동.
폭등(暴騰) [폭뜽] 물건값이 갑자기 크게 오름. 예쌀값이 폭등하다. 반폭락. **폭등하다**.
폭락(暴落) [퐁낙] 물건값이 갑자기 크게 떨어짐. 예채소 값이 폭락하다. 반폭등. **폭락하다**.
폭력(暴力) [퐁녁] 남을 해치거나 무엇을 파괴하기 위해 사용하는, 강제적이고 육체적인 힘. 예학원 폭력을 없애자. 비완력.
폭력물(暴力物) [퐁녕물] 폭력적인 내용을 담은 책, 그림, 영화 따위.
폭력배(暴力輩) [퐁녁빼] 함부로 폭력을 휘두르는 무리.
폭력적(暴力的) [퐁녁쩍] 폭력을 쓰는. 또는 그런 것. 예폭력적 시위 / 폭력적인 행동.
폭로(暴露) [퐁노] 나쁜 일·음모·비밀 등이 드러남. 또는 그런 것을 드러냄. 예사건의 비밀을 폭로하다. **폭로하다**.
폭리(暴利) [퐁니] 옳지 않은 방법으로 장사하여 지나치게 많이 남긴 이익. 예폭리를 취하다. 반박리.
폭발¹(暴發) [폭빨] 1 쌓였던 감정 따위가 갑자기 터짐. 예감정이 폭발하다. 2 어떤 것이 급격히 증가함. 예인기 폭발. **폭발하다**.
폭발²(爆發) [폭빨] 불이 일어나며 갑작스럽게 터짐. 예가스 폭발 사고 / 폭탄이 폭발하다. **폭발하다**.
폭발적(爆發的) [폭빨쩍] 별안간 굉장한 기세로 일이 터지는 (것). 예폭발적 관심 / 폭발적인 인기.
폭삭 [폭싹] 1 온통 곯아서 썩은 모양. 예사과가 폭삭 썩었다. 2 담겼던 물건이 모두 엎질러지는 모양. 예떡을 시루째 폭삭 엎다. 3 맥없이 주저앉는 모양. 예다리에 힘이 없어 바닥에 폭삭 주저앉다. 4 엉성한 물건이 쉽게 가라앉거나 부서지는 모양. 예지붕이 폭삭 내려앉다. 5 집안 따위가 완전히 망해 버린 모양. 예집안이 폭삭 망하다. 큰푹석.
폭서(暴暑) [폭써] 아주 심한 더위. 비폭염.
폭설(暴雪) [폭썰] 갑자기 많이 내리는 눈. 예폭설로 교통이 마비되다.
폭소(爆笑) [폭쏘] 여러 사람이 갑자기 크게 웃는 웃음. 예일제히 폭소를 터뜨리다.
폭신하다 [폭씬하다] 닿는 느낌이 보드랍고 탄력이 있다. 예침대가 폭신하다. 큰푹신하다.
폭약(爆藥) [포걍] 폭발을 일으키는 화학 물질. 본폭발약.
폭우(暴雨) [포구] 갑자기 세차게 쏟아지는 비. 예폭우로 축대가 무너졌다.
폭음(爆音) [포금] 1 화약·화산 등이 폭발할 때 나는 큰 소리. 비폭발음. 2 비행기·자동차·오토바이 등의 엔진 소리. 예폭음을 내며 질주하는 오토바이.

폭정 (暴政) [폭쩡] 백성을 심하게 괴롭히는 정치. 예폭정에 시달리다. 비학정.

폭주¹ (暴走) [폭쭈] 빠른 속도로 난폭하게 달림. **폭주하다**.

폭주² (暴注) [폭쭈] 일이나 주문이 한꺼번에 몰림. 예전화 주문이 폭주하다 / 업무량이 폭주 상태다. **폭주하다**.

폭죽 (爆竹) [폭쭉] 가느다란 대통이나 종이 통 속에 화약을 넣고 불을 붙여 터뜨려 소리나 불꽃이 나게 하는 물건. 예폭죽을 터뜨리다.

폭탄 (爆彈) 던지거나 쏘거나 떨어뜨려서 터뜨리는 폭발물. 사람을 죽이거나 건물을 파괴하는 데 씀. 예폭탄을 투하하다.

폭파 (爆破) 폭발시켜 부수어 버림. 예폭파 장치 / 다리를 폭파하다. **폭파하다**.

폭포 (瀑布) '폭포수'의 준말.

폭포수 (瀑布水) 낭떠러지에서 곧장 흘러 떨어지는 물줄기. 준폭포.

폭풍 (暴風) 몹시 세게 부는 바람. 예폭풍이 몰아치다.

폭풍우 (暴風雨) 세찬 바람과 함께 쏟아지는 큰비. 예간밤의 폭풍우로 나무가 쓰러졌다.

폭행 (暴行) [포캥] 남에게 폭력을 가하는 일. 예집단 폭행 / 폭행을 당하다. **폭행하다**.

폴더 (folder) 컴퓨터에서, 서로 관련있는 프로그램이나 파일을 묶어서 하나의 아이콘으로 나타낸 것.

폴란드 (Poland) 〖국명〗 동유럽 북부에 있는 나라. 북부는 농업지, 남부는 철·석탄의 산출이 많아 공업이 발달함. 수도는 바르샤바.

폴짝폴짝 작은 것이 가볍고 힘 있게 자꾸 뛰어오르는 모양. 예신이 나서 폴짝폴짝 뛰다. 큰풀쩍풀쩍. **폴짝폴짝하다**.

폴카 (polka) 보헤미아 지방에서 일어난 4분의2 박자의 경쾌한 춤곡. 또는 그 춤.

품 (form) 1 겉으로 드러내는 멋이나 태도. 예그는 안경을 폼으로 쓰고 다닌다. 2 어떤 일을 하려 할 때 취하는 폼의 형태. 자세. 예폼을 잡다 / 폼이 어색하다.

퐁당 작고 단단한 물건이 물에 떨어질 때 나는 소리. 예물에 퐁당 뛰어들다. 큰풍덩. **퐁당거리다**.

퐁당퐁당 작고 단단한 물체가 잇달아 물에 떨어지는 소리. 예연못에 퐁당퐁당 돌을 던지다.

표¹ (表) 어떤 내용을 간추려서 알아보기 쉽게 적어 놓은 것. 예표를 작성하다.

표² (標) 눈으로 보아 알 수 있는 두드러진 특징. 또는 그 특징을 나타내는 기호. 예거짓말을 한 표가 얼굴에 나타나 있다.

표³ (票) 1 증거가 될 만한 쪽지. 예표를 끊다. 2 선거 또는 의결 따위에서, 자기 의사를 적은 쪽지. 예표를 몰아주다. ⊃ticket

표결 (票決) 회의에서 어떤 일을 의사 표시나 투표를 해서 결정함. 예표결에 부치다. **표결하다**.

표고버섯 [표고버섣] 느타릿과의 버섯. 밤나무·떡갈나무 등의 고목에 나는데, 줄기는 굽고 짧으며, 삿갓은 원형으로 넓고 길은 자줏빛임. 식용함. 비표고.

표고버섯

표구 (表具) 그림의 뒷면이나 테두리에 종이나 천을 붙여서 족자나 병풍, 걸개그림 따위를 만드는 일. 예그림을 표구하다.

표기 (表記) 문자나 음성 기호로 언어를 표시하는 일. 예소리 나는 대로 표기하다. **표기하다**.

표기법 (表記法) [표기뻡] 문자나 부호로 언어를 나타내는 규칙. 예외래어 표기법.

표독스럽다 (慓毒—) [표독쓰럽따] 사납고 독살스러운 데가 있다. 예표독스러운 표정을 짓다. 활용표독스러워 / 표독스러우니.

표류 (漂流) 1 물에 떠서 흘러감. 예표류하는 난파선. 2 목적이나 방향을 잃고 헤맴. 예정책의 표류. **표류하다**.

표리 (表裏) 겉으로 드러난 말과 행동 또는 속마음. 겉과 속. 안과 밖.

표면 (表面) 사물의 가장 바깥쪽이면서 거죽으로 드러난 면. 예표면이

매끄럽다. 町겉면. 겉쪽. 판이면.
표면적(表面的) 겉으로 드러난 (것). 예표면적인 이유.
표명(表明) 생각이나 태도 따위를 드러내어 분명히 함. 예사의를 표명하다. 표명하다.
표방(標榜) 어떤 구실을 붙여 주의나 주장을 앞에 내세움. 예자유를 표방하다. 표방하다.
표백(漂白) 종이나 천 따위를 바래거나 약품을 써서 희게 함. 예표백 작용. 표백하다.
표백제(漂白劑) [표백쩨] 표백에 쓰이는 약품. 표백분·과산화 수소 따위.
표범(豹—) 고양잇과의 맹수. 아프리카에서 아시아에 걸쳐 사는데, 몸은 1.5m 정도이고 몸 전체에 검은 점이 있음. 동작이 민첩하고 나무에 잘 오르며, 성질이 매우 사나움. 사슴·영양 따위를 잡아먹음.

표범

표본(標本) 1 본보기가 되거나 표준 삼을 만한 물건. 예성공의 표본으로 삼다. 2 생물의 몸 전체나 그 일부에 적당한 처리를 하여 보전할 수 있게 한 것. 예곤충 표본.
표상(表象) 대표적인 상징. 예국기는 나라의 표상이다.
*__표시__(表示) 겉으로 드러내어 보임. 예감사의 표시 / 친근감을 표시하다. 표시하다.
*__표어__(標語) 주의·주장·이상 따위를 짤막하고 간단히 나타낸 말. 슬로건. 예불조심 표어.
표적(標的) 목표가 되는 물건. 예표적을 맞히다 / 표적이 빗나가다.
*__표정__(表情) 마음속의 감정이 얼굴에 드러난 모습. 예밝은 표정 / 슬픈 표정을 짓다.
표제(標題) 1 책의 겉에 쓰인 제목. 2 연설·담화 따위의 제목. 3 연극·미술·음악 따위 예술 작품의 제목.
표제어(標題語) 사전 따위에 올리어 풀이를 붙인 말. 町올림말.
표주박(瓢—) 조롱박이나 둥근 박을 반으로 쪼개어 만든 작은 바가지. 흔히, 물을 떠 먹는 데 씀.
표준(標準) 1 사물의 크기·수량·가치·정도를 정하는 근거나 기준. 예표준 가격 / 표준으로 삼다. 2 일반적이거나 평균적인 것. 예그 정도의 키면 표준은 된다.
표준말(標準—) ⇨표준어.
표준시(標準時) 한 나라 또는 일정한 범위 안에서 공통으로 사용하는 표준 시각.
*__표준어__(標準語) [표주너] 교육적·문화적인 통일을 위해 표준으로 정한 말. 우리나라에서는 교양 있는 사람들이 두루 쓰는 현대 서울말로 정함. 町대중말. 표준말. 판사투리.
표지¹(表紙) 책의 겉장. 町겉장.
표지²(標識) 어떤 사물을 구별하기 위한 표시. 예도로 표지.
표지판(標識板) 어떤 사실을 알리기 위해 그 내용을 적거나 그려 놓은 판. 예안내 표지판을 세우다.
표찰(標札) 종이·나무·플라스틱 따위로 만들어 이름이나 짤막한 글을 쓴 표. 예표찰을 붙이다.
표창(表彰) 남의 훌륭한 일을 세상에 널리 알려 칭찬함. 예표창을 받다. 표창하다.
표피(表皮) 1 식물체 각 부분의 표면을 덮고 있는 조직. 예표피 세포. 2 생물체의 표면을 덮고 있는 세포층. 예표피 조직.
표하다¹(表—) 태도·의견 따위를 나타내다. 예감사의 뜻을 표하다.
표하다²(標—) 표지로 삼으려고 표를 하다. 예읽던 곳을 표해 두다.
*__표현__(表現) 말·글·몸짓·표정으로 마음속의 생각이나 느낌을 드러내어 나타냄. 예표현이 서투르다 / 감정을 솔직히 표현하다. 표현하다.
푯말(標—) [푠말] 어떤 것을 표시하기 위하여 세우는 말뚝.
푸근하다 1 감정이나 분위기 따위가 부드럽고 편안하다. 예푸근한 마음. 2 겨울 날씨가 바람도 없이 따뜻하다. 예올 겨울은 푸근하다. 잭포근하다.
푸념 마음에 품은 불평을 말함. 예푸념을 늘어놓다. 푸념하다.

푸다 1 물·분뇨 따위를 떠내다. 예거름을 푸다. 2 그릇 속에 든 곡식이나 밥 따위를 떠내다. 예밥통에서 밥을 푸다. [활용] 퍼 / 푸니.

푸닥거리 [푸닥꺼리] 무당이 간단하게 음식을 차려 놓고 귀신을 달래거나 나쁜 기운을 몰아내는 굿. **푸닥거리하다.**

푸대접 (-待接) 성의 없게 아무렇게나 하는 대접. 예푸대접을 받다. [비]냉대. 박대. **푸대접하다.**

푸드덕 큰 새가 힘 있게 날개를 치는 소리나 모양. 예비둘기가 푸드덕 날아오르다. [작] 포드득. **푸드득거리다.**

*__푸르다__ 맑은 하늘이나 싱싱한 풀잎의 빛깔과 같다. 예푸른 산 / 푸른 하늘. [활용] 푸르러 / 푸르니.

푸르르다 '푸르다'를 강조하는 말. 예푸르른 숲이 우거지다. [활용] 푸르러 / 푸르르니.

푸르스름하다 약간 푸르다. 예푸르스름한 불빛. [작] 파르스름하다.

푸르죽죽하다 [푸르죽쭈카다] 빛깔이 고르지 못하고 칙칙하게 푸르스름하다. 예푸르죽죽한 입술. [작] 파르족족하다.

푸른곰팡이 빵·떡 따위에 잘 생기는 청록색 또는 회갈색 곰팡이. 부패 작용을 하거나 독성이 있는 것이 많으나 페니실린을 만드는 유익한 것도 있음.

푸릇푸릇 [푸를푸륻] 군데군데 푸르스름한 모양. 예새싹이 푸릇푸릇 돋다. [작] 파릇파릇. **푸릇푸릇하다.**

푸석하다 [푸서카다] 1 부피만 크고 옹골차지 못하고 바탕이 거칠어서 부스러지기 쉽다. 2 핏기가 없이 약간 부은 듯하고 꺼칠하다. 예병을 앓아 얼굴이 푸석하다.

푸성귀 사람이 가꾸어 기르거나 저절로 난 온갖 나물.

푸줏간 (-間) [푸주깐 / 푸줃깐] 소나 돼지 따위의 고기를 파는 가게. [비]고깃간.

푸짐하다 음식의 양이 넉넉하다. 예푸짐한 상차림 / 접시에 음식을 푸짐하게 담다.

*__푹__ 1 잠이 깊이 들거나 느긋하게 쉬는 모양. 예잠이 푹 들다. 2 힘 있게 깊이 찌르거나 쑤시는 모양. 예찐 감자를 젓가락으로 푹 찔러 보다. 3 흠뻑 끓거나 삶는 모양. 예돼지고기를 푹 삶다. 4 빈틈없이 덮거나 싸는 모양. 예이불을 푹 덮어쓰다. 5 깊이 팬 모양. 예구덩이가 푹 패었다. 6 수렁 따위에 깊이 빠지는 모양. 예자동차 바퀴가 웅덩이에 푹 빠지다. 7 고개를 아주 깊이 숙이는 모양. 예고개를 푹 숙이고 다니다. [작] 폭.

푹신푹신 [푹씬푹씬] 매우 푹신한 느낌이 있는 모양. 예두툼한 이불이 푹신푹신 포근했다. [작] 폭신폭신. **푹신푹신하다.**

푹신하다 [푹씬하다] 부드러운 탄력성이 있고 따스한 느낌이 있다. 예푹신한 이불.

푹푹 1 자꾸 깊이 찌르거나 쑤시는 모양. 예여기저기 푹푹 쑤시다. 2 수북하게 자꾸 쏟거나 담는 모양. 예쌀을 자루에 푹푹 퍼 담다. 3 날이 찌는 듯이 더운 모양. 예푹푹 찌는 삼복더위. 4 남김없이 썩거나 삭는 모양. 예감자가 푹푹 썩다. 5 자꾸 깊이 빠지거나 들어가는 모양. 예발이 늪 속으로 푹푹 빠지다. 6 속속들이 잘 익도록 오래 끓이거나 찌는 모양. 예고기를 푹푹 삶다.

푹하다 [푸카다] 겨울 날씨가 춥지 않고 따뜻하다. 예날씨가 푹하다.

푼¹ [푼:] 백에 대한 비율로, 1할의 10분의 1. 예3할 5푼.

푼² [푼:] 적은 액수의 돈. 예한 푼두 푼 알뜰하게 모으다.

푼돈 [푼:똔] 많지 않은 몇 푼의 돈. 예푼돈 모아 목돈을 마련하다. [반]떼돈. 목돈.

푼푼이 [푼:푸니] 한 푼씩 한 푼씩. 예푼푼이 모은 돈.

*__풀__¹ 무엇을 붙이거나 옷감 따위를 빳빳하게 만드는 데 쓰는 끈끈한 물질. 예우표를 풀로 붙이다 / 풀을 쑤다 / 풀을 먹이다.

*__풀__² 줄기가 나무처럼 단단하지 않으면서 연하고 물기 많은 식물. 예풀이 나다 / 풀을 베다 / 밭에 무성하게 자란 풀을 뽑다. ⊃grass

풀³ 세찬 기세나 활발한 기운.
　풀이 죽다 활발한 기운이나 기세가

꺾여 약해지다. ⑩풀이 죽은 목소리로 대답하다.

풀기 (-氣) [풀끼] 풀을 먹여 빳빳하게 된 기운. ⑩풀기가 있어 옷이 빳빳하다.

***풀다** 1 묶은 것이나 얽힌 것을 끄르거나 흩어지게 하다. ⑩엉긴 실타래를 풀다 / 보따리를 풀다. 2 나쁜 감정·분노 따위를 누그러지게 하거나 가라앉게 하다. ⑩화를 풀다. 3 액체에 다른 것을 타다. ⑩물에 노란색 물감을 풀다. 凹쉬다. 4 콧물을 밖으로 나오게 하다. ⑩코를 세게 풀다. 5 답을 알아내다. ⑩쉬운 문제부터 풀다. 활용 풀어 / 푸니 / 푸는.

풀려나다 매어 있거나 갇힌 상태에서 벗어나 자유롭게 되다. ⑩감옥에서 풀려나다 / 납치된 선원들이 무사히 풀려나다.

***풀리다** 1 매이거나 얽힌 것이 끌러지다. ⑩매듭이 풀리다. 2 춥던 날씨가 누그러지다. ⑩날씨가 풀리다. 3 이치나 문제가 밝혀지다. ⑩수수께끼가 풀리다. 4 액체에 다른 것이 잘 섞이다. ⑩밀가루가 물에 잘 풀리다. 5 나쁜 감정·오해 따위가 없어지다. ⑩오해가 풀리다. 6 눈동자 따위가 또렷하지 않고 흐려지다. ⑩졸려서 눈이 풀리다. 凹풀어지다.

풀무 불을 피울 때 바람을 일으키는 기구. ⑩풀무로 불을 피우다. 凹풍구.

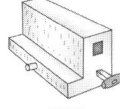
풀무

풀무치 메뚜깃과의 곤충. 몸의 길이는 4.8-6.5cm이며 몸빛은 갈색 또는 녹색이고 앞날개에 검은 갈색 무늬가 있음. 풀잎이나 농작물을 갉아 먹음.

***풀밭** [풀받] 풀이 많이 나 있는 땅.

풀벌레 풀숲에서 사는 벌레. ⑩풀벌레 우는 소리.

풀숲 [풀숩] 풀이 무성한 수풀.

풀썩 연기나 먼지 따위가 한꺼번에 갑자기 일어나는 모양. ⑩먼지가 풀썩 일다. 작폴싹.

풀어내다 [푸러내다] 1 얽힌 것을 끌러 내다. ⑩엉킨 실뭉치를 풀어내다. 2 복잡한 일이나 어려운 문제를 해결하다. ⑩수학 문제를 척척 풀어내다. 3 오해를 없애다. ⑩오해를 말끔히 풀어내다.

풀어지다 [푸러지다] 1 묶거나 얽힌 것이 풀리다. ⑩옷고름이 풀어지다. 2 맺힌 감정 따위가 없어지다. ⑩오해가 풀어지다. 3 추위가 누그러지다. ⑩날씨가 풀어지다. 4 액체에 다른 물질이 섞이다. ⑩물에 물감이 풀어지다. 凹풀리다.

풀어헤치다 [푸러헤치다] 속마음을 숨김없이 털어놓다. ⑩가슴을 풀어헤치고 이야기를 나누다.

풀이 [푸리] 1 모르거나 어려운 것을 알기 쉽게 쉬운 말로 밝히어 말함. ⑩낱말을 풀이하다. 2 어떤 문제가 요구하는 답을 얻어 냄. 또는 그 답. ⑩문제 풀이. 풀이하다.

풀이말 [푸리말] 문장에서 '어찌하다·어떠하다·무엇이다'에 해당하는 말. '숲이 우거지다'에서 '우거지다' 따위. 凹서술어.

***풀잎** [풀립] 풀의 잎.

풀장 (pool場) ⇨수영장.

풀칠 (-漆) 풀을 바르는 일. ⑩풀칠한 도배지. 풀칠하다.

풀풀 1 날쌔고 기운차게 자꾸 뛰거나 나는 모양. ⑩몸이 풀풀 날다. 2 눈·먼지 따위가 흩날리는 모양. ⑩먼지가 풀풀 난다. 작폴폴.

풀피리 입술 사이에 풀잎을 대고 부는 것. ⑩풀피리를 불다. 凹잎피리.

품[1] 무슨 일을 하는 데에 드는 힘 또는 수고. ⑩하루 품이 들다.

***품**[2] 1 윗옷의 양쪽 겨드랑이 밑의 가슴과 등을 두르는 부분의 넓이. ⑩입어 보니 품이 잘 맞는다. 2 두 팔을 벌려서 안을 때의 가슴. ⑩엄마 품에 안기다. 3 따뜻이 맞아들이거나 감싸 주는 곳을 비유적으로 이르는 말. ⑩조국의 품에 안기다.

품격 (品格) [품:껵] 1 사람 된 바탕과 타고난 성품. ⑩품격이 훌륭하다. 2 사물에서 느껴지는 품위. ⑩품격 높은 제품.

품계석 (品階石) [품:계석 / 품:게석] 조선 시대에 관리의 등급을 새겨서 대궐 안의 정전 앞뜰에 두 줄로 세운 돌.

품귀 (品貴) [품:귀] 물건이 없어 구하기 힘듦. 예품귀 현상. 품귀하다.

***품다** [품:따] 1 품속에 넣거나 가슴에 대어 안다. 예암탉이 알을 품다. 2 생각이나 느낌 따위를 마음에 가지다. 예큰 뜻을 품다.

품명 (品名) [품:명] 물건의 이름.

품목 (品目) [품:목] 물건의 종류를 나타내는 이름. 예수출 품목 / 품목이 다양하다.

품사 (品詞) [품:사] 단어를 형태·기능·의미에 따라 나누어 놓은 갈래. 명사·대명사·동사·형용사·조사·감탄사·관형사·부사·수사의 9품사가 있음.

품삯 [품싹] 일을 해 주는 대가로 받는 돈. 예품삯을[품싹쓸] 주다. 비노임. 임금. 품값.

품새 ⇨품세.

품성 (品性) [품:성] 품격과 성질. 예고결한 품성. 비성품.

품세 태권도에서, 공격과 방어의 기본 기술을 연결한 연속 동작. 품새.

품속 [품쏙] 품의 속이나 품고 있는 그 속. 예엄마의 품속에서 잠이 들다 / 가족사진을 품속에 간직하다.

품앗이 [푸마시] 힘든 일을 서로 거들어 주면서 돕는 일. 예품앗이로 김을 매다. **품앗이하다**.

품위 (品位) [푸:뮈] 남의 존경과 인정을 받을 수 있는 사람됨. 예품위 있는 행동을 하다 / 품위를 지키다. 줄품.

품절 (品切) [품:절] 물건이 다 팔려 없음. 예국어사전이 품절되다. 비절품.

***품종** (品種) [품:종] 농작물이나 가축의 종류를 특성에 따라 나눈 이름. 예우수한 품종.

품종 개량 (品種改良) 어떤 생물의 유전적 성질을 바꾸어서 더 좋은 품종으로 만드는 일.

***품질** (品質) [품:질] 물건의 좋고 나쁜 바탕이나 성질. 예품질 향상 / 품질이 우수하다.

품팔이 [품파리] 품삯을 받고 남의 일을 해 주는 일. 예품팔이로 끼니를 잇다. **품팔이하다**.

품행 (品行) [품:행] 사람의 성품과 행실. 예품행이 단정하다.

풋고추 [푿꼬추] 빛이 푸르고 아직 익지 않은 고추.

풋과일 [푿꽈일] 아직 덜 익은 과일. 예풋과일을 잘못 먹고 배탈이 나다. 비풋과실.

풋나물 [푼나물] 봄철에 새로 나온 나무·풀의 연한 싹으로 만든 나물.

풋내 [푼내] 새로 나온 푸성귀나 풋나물 따위로 만든 음식에서 나는 풀 냄새. 예풋내가 나다.

풋내기 [푼내기] 경험이 없어 일이 서투른 사람. 예풋내기 선생. ×풋나기.

풋사랑 [푿싸랑] 1 남녀 간에 정이 덜 들어 안정성이 없는 들뜬 사랑. 2 철없는 나이에 느끼는 이성에 대한 사랑. **풋사랑하다**.

풋풋하다 [푿푸타다] 푸르고 싱싱하다. 예풋풋한 봄나물.

풍[1] (風) '허풍'의 준말. 예그는 풍이 세다 / 풍을 치다.

풍[2] (風) 뇌에 이상이 생겨 팔다리·신경 따위의 기능이 제대로 되지 않는 병. 예풍을 맞다.

***풍경**[1] (風景) 1 아름다운 경치. 예시골의 평화로운 풍경. 비경관. 경치. 2 어떤 정경이나 상황의 모습. 예시골의 장날 풍경.

풍경[2] (風磬) 처마 끝에 매달아 바람에 흔들릴 때 소리가 나게 만든 작은 종. 예그윽한 풍경 소리.

풍경화 (風景畫) 자연의 경치를 그린 그림. 준풍경.

풍경[2]

***풍금** (風琴) 페달을 밟아 바람을 불어 넣어 소리를 내는 건반 악기. 오르간. 예풍금을 치다.

풍기 (風紀) 지켜야 할 풍속·풍습. 예풍기가 문란하다.

풍기다 1 냄새가 나다. 또는 냄새를 퍼뜨리다. 예고약한 냄새를 풍기다. 2 어떤 분위기가 나다. 또는 그런 것을 자아내다. 예청순한 인상을 풍기다.

***풍년** (豊年) 곡식 등이 잘되어 수확이 많은 해. 예풍년을 만나다 / 풍년이 들다. 반흉년.

풍년가 (豊年歌) 풍년의 기쁨을 노래한 경기 민요.

풍덩 크고 무거운 물건이 깊은 물에 떨어질 때 나는 소리. 예 신이 나서 물 속에 풍덩 뛰어들다.

풍뎅이 풍뎅잇과의 곤충. 몸길이는 2cm 정도이고 둥글넓적하며, 등은 광택이 나는 짙은 녹색임. 나뭇잎이나 농작물을 갉아 먹는 해충임.

풍뎅이

풍랑(風浪)[풍낭] 바람이 불어 일어나는 물결. 예 풍랑이 거세다 / 풍랑에 배가 흔들리다.

풍력(風力)[풍녁] 바람의 세기. → [학습마당] 23(아래)

풍력 발전(風力發電) 바람의 힘을 이용하여 전기를 일으키는 일.

풍로(風爐)[풍노] 흙이나 쇠로 만든, 바람이 통하도록 아래에 구멍을 낸 화로.

풍류(風流)[풍뉴] 멋스럽게 노는 일. 예 풍류를 즐기다.

풍만하다(豊滿—) 몸에 살이 보기 좋게 많다. 예 몸집이 풍만하다.

풍매화(風媒花) 바람에 의해서 수술의 꽃가루가 암술에 묻어 열매를 맺는 꽃. 벼·소나무·은행나무 따위의 꽃이 있음. *충매화.

풍문(風聞) 바람결에 들리는 소문. 떠도는 말. 예 이상한 풍문이 나돌다. 비 소문. 풍설.

풍물(風物) 1 어떤 지방이나 계절의 독특한 구경거리나 산물. 예 풍물 기행. 2 농악에 쓰는 꽹과리·징·장구·북

학습마당 23

풍력 계급표 (보퍼트)

계급	명칭	지표면의 풍속을 추정하기 위한 관찰 사항	풍 속 (m/sec)
0	고요	연기가 똑바로 위로 올라감	0.0-0.2
1	실바람	풍향은 연기가 날리는 것으로 알 수 있지만, 바람개비는 움직이지 않음	0.3-1.5
2	남실바람	바람이 얼굴에 느껴지고 나뭇잎이 흔들리며 바람개비가 움직임	1.6-3.3
3	산들바람	나뭇잎과 가는 가지가 쉴 새 없이 흔들리고 깃발이 가볍게 휘날림	3.4-5.4
4	건들바람	먼지가 일고 종잇조각이 날리며 작은 나뭇가지가 흔들림	5.5-7.9
5	흔들바람	잎이 많은 작은 나무 전체가 흔들리고 강물에 잔물결이 일어남	8.0-10.7
6	된바람	큰 나뭇가지가 흔들리고 전선이 흔들리며 우산 받기가 곤란함	10.8-13.8
7	센바람	나무 전체가 흔들리고 걷기가 곤란함	13.9-17.1
8	큰바람	잔가지가 부러지고 걸을 수 없음	17.2-20.7
9	큰센바람	건축물에 약간 피해가 있음	20.8-24.4
10	노대바람	나무가 쓰러지고 건축물에 피해가 있음	24.5-28.4
11	왕바람	건축물에 큰 피해가 있음	28.5-32.6
12	싹쓸바람	매우 큰 피해가 발생함	32.7 이상

풍물놀이 (風物─) [풍물로리] 농부들이 꽹과리·장구·징·북·태평소 따위를 치면서 춤과 노래를 곁들이는 놀이. 비농악.

풍물패 (風物牌) 풍물을 불거나 치면서 노래하고 춤추며 곡예를 곁들이기도 하는 사람들의 무리.

*__풍부하다__ (豊富─) 넉넉하고 많다. 예자원이 풍부하다.

풍산개 (豊山─) 개 품종의 하나. 함경남도 풍산 지방에서 나는 이름난 사냥개.

*__풍선__ (風船) 고무·비닐 따위로 만든 주머니 속에 공기나 수소를 넣어 부풀리는 장난감. 예풍선을 불다.

풍성하다 (豊盛─) 넉넉하고 많다. 예풍성한 과일.

풍속¹ (風俗) 예로부터 내려오는 생활의 모든 습관. 예풍속에 따라 차례를 지내다. 비풍습.

풍속² (風速) 바람이 부는 속도. 1초 동안 불어 가는 거리로 나타냄. 예최대 풍속/풍속 30미터의 강풍.

풍속계 (風速計) [풍속꼐/풍속께] 바람의 속도를 재는 기구. 비풍력계.

풍속화 (風俗畫) [풍소콰] 그 시대의 형편이나 생활 모습을 그린 그림. 조선 후기의 김홍도·신윤복 등이 그 대표적인 화가임. 비풍속도.

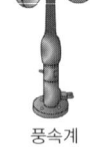
풍속계

풍수 (風水) 무덤·집터 등의 방향이나 위치의 좋고 나쁨이 사람의 운수에 관계한다는 학설. 비지술.

풍수지리 (風水地理) 죽은 사람을 묻거나 집을 지을 때 풍수를 보아 좋은 장소를 구하는 이론.

풍수해 (風水害) 폭풍우와 홍수로 생긴 피해. 예풍수해 대책.

*__풍습__ (風習) 풍속과 습관. 예단옷날에 창포물에 머리를 감는 풍습이 있다. 비관습. 풍속.

풍악 (風樂) 예로부터 전해오는 우리나라 고유의 옛 음악. 주로 기악을 이름. 예풍악을 울리다.

풍악산 (楓嶽山) [풍악싼] 가을의 '금강산'을 달리 일컫는 말. *개골산. 봉래산.

풍어제 (豊漁祭) 어촌에서, 물고기가 많이 잡히기를 비는 제사.

풍요 (豊饒) 매우 많아서 넉넉함. 예물리적 풍요를 누리다. 비풍부. 풍성. **풍요하다.**

풍요롭다 (豊饒─) [풍요롭따] 풍요한 느낌이 있다. 예가을의 풍요로운 들판/물질적으로나 정신적으로 풍요로운 삶을 누리다. 활용 풍요로워/풍요로우니.

풍운아 (風雲兒) [풍우나] 좋은 기회와 운을 갖고 세상에 나타난 뛰어난 사람. 예이 시대의 풍운아.

풍자 (諷刺) 잘못 따위를 어떤 것에 빗대어 재치 있게 타일러 일깨우거나 비판함. 예정치를 풍자하다. **풍자하다.**

풍작 (豊作) 풍년이 들어 잘된 농사. 예금년 농사는 풍작을 이루었다. 반흉작.

풍전등화 (風前燈火) 바람 앞에 놓인 등불이라는 뜻으로, 매우 위태로운 상태에 놓여 있음을 가리키는 말. 비풍전등촉.

풍조 (風潮) 시대에 따라 변하는 세상의 형편. 예과소비 풍조.

풍족하다 (豊足─) [풍조기다] 매우 넉넉하여 모자람이 없다. 예풍족한 생활을 누리다.

풍진 (風疹) 좁쌀만 한 종기가 온몸에 나는 급성 피부 전염병. 흔히 어린이들에게 많음.

풍차 (風車) 바람의 힘으로 큰 날개를 돌려 다른 기계를 움직이는 데 이용하는 장치.

풍채 (風采) 겉으로 드러나 보이는 사람의 겉모양. 예당당한 풍채/풍채가 좋다. 비풍신.

풍토 (風土) 기후와 땅의 상태. 예풍토에 알맞은 식물을 심다.

풍토병 (風土病) [풍토뼝] 어떤 지방의 기후와 땅의 성질 때문에 생기는 그 고장 특유의 병. 예풍토병으로 고생하다. 비토질병.

풍파 (風波) 1 세찬 바람과 거센 물결. 예항해 중에 풍파를 만나다. 2 세상을 살아가는 데서 생기는 곤란이나 고통. 예갖은 풍파를 겪다.

풍향(風向) 바람이 불어오는 방향.
풍향계(風向計) [풍향계/풍향께] 바람이 불어오는 방향을 관측하는 기계. 圓바람개비.

풍향계

풍화 작용(風化作用) 땅 위의 바위가 풍화로 차차 부서져 흙으로 변하는 작용.
퓨마(puma) 고양잇과의 짐승. 수컷은 몸길이 약 1.6m, 암컷은 수컷보다 작음. 머리는 작고 귀는 둥글며, 뒷다리가 길고 등은 적갈색 내지 회갈색임. 나무에 잘 오르고 사슴·토끼 따위를 잡아먹음.
퓨즈(fuse) 납과 주석을 섞어 만든 부드럽고 가느다란 선. 전류가 지나치게 강하면 녹아서 회로를 끊어 위험을 막음. ⑩퓨즈가 끊어지다.
프라이(fry) 고기·생선·야채 따위를 기름에 튀기거나 지지는 일. 또는 그 음식.
프라이드치킨(fried chicken) 기름에 튀긴 닭고기. 닭튀김.
프라이버시(privacy) 개인의 사생활이나 사적인 일. 또는 그것을 남에게 간섭받지 않을 권리. ⑩프라이버시를 존중하다 / 프라이버시를 침해하다.
프라이팬(frypan) 음식을 튀기거나 지질 때 쓰는, 둘레의 높이가 낮고 넓적한 냄비.
프랑스(France) 〖국명〗유럽의 서쪽에 있는 공화국. 기계·귀금속·섬유·건축·화학 공업 따위가 발달함. '불란서'라고도 함. 수도는 파리.
프랑스 혁명(France革命) 1789년부터 1799년까지 프랑스에서 일어난 시민 혁명. 프랑스의 사회·정치·사법·종교적 구조를 크게 바꾸어 놓았음.
프랭클린(Franklin, Benjamin) 〖인명〗미국의 정치가·사상가·과학자. 번개의 방전 현상을 증명하였으며, 피뢰침을 발명함. [1706-1790]
프러포즈(propose) 1 제안하는 일. 2 결혼하자고 청하는 일. ⑩프러포즈를 받다. **프러포즈하다**.
프레파라트(독 Präparat) 현미경으로 관찰할 수 있도록 만든 생물 및 광물의 표본.
프로¹(←program) '프로그램'의 준말. 圓방송 프로.
프로²(←네 procent) ⇨퍼센트. ⑩지하철 요금이 20프로 인상되었다.
프로그래머(programmer) 컴퓨터의 프로그램을 만드는 사람.
프로그래밍(programming) 컴퓨터 프로그램 언어를 써서 프로그램을 만드는 일. 圓코딩.
***프로그램**(program) 1 라디오·텔레비전 따위의 방송 순서. 또는 음악회·운동회 따위의 진행 순서. 2 진행 계획이나 순서. ⑩프로그램을 짜다. 3 컴퓨터에서 데이터의 처리 과정을 지시한 것. 圙프로.
프로듀서(producer) 연극·영화·방송 따위를 만드는 사람.
프로세서(processor) 컴퓨터 안에서 명령을 해독하고 실행하는 기능을 하는 '중앙 처리 장치'를 가리키는 말.
프로키온(Procyon) 별자리 작은개자리에서 가장 밝은 별.
프로타주(프 frottage) 우툴두툴한 물체에 종이를 대고 색연필·크레용·숯 따위로 문질러 나타나는 무늬를 이용하는 회화 기법.
프로판(propane) 메탄계의 탄화수소의 한 가지. 천연가스나 원유에 들어 있으며 냄새나 색깔이 없고 불에 잘 타는 기체.
프로펠러(propeller) 비행기나 선박을 앞으로 나아가게 하는 회전 날개. 추진기.
프로필(profile) 인물의 약력. ⑩작가의 프로필을 소개하다.
프리랜서(freelancer) 일정한 곳에 속하지 않고 자유 계약으로 일하는 사람. ⑩프리랜서 작가.
프리즘(prism) 삼각기둥으로 된 유리나 수정. 빛을 여러 가지 색으로 나누는 성질이 있어, 이를 이용하여 빛의 꺾임이나 갈라져 흩어지는 상태를 살피는 데 씀.
프리 킥(free kick) 축구나 럭비에서, 상대편이 반칙을 범했을 때에 그 지점에서 자유로이 공을 차는 일.
프린터(printer) 컴퓨터의 정보를 종

이에 인쇄하는 장치.
프린트 (print) 인쇄함. 또는 인쇄물. 예선생님이 수학 문제 프린트를 나누어 주셨다. **프린트하다**.
프림 (Frim) 커피에 타서 우유 맛을 내는 하얀 가루. 상표 프리마(Frima)에서 온 말.
플라나리아 (planaria) 플라나리아과의 편형동물. 몸은 평평하고 길쭉하며 머리는 삼각형임. 몸길이는 20-35mm임. 하천이나 돌, 나무 밑에서 삶. 암수가 한몸을 이루며, 몸이 잘려도 그 부분이 다시 자람.

플라나리아

플라멩코 (에 flamenco) 에스파냐 남부 안달루시아 지방에서 발달한 집시의 노래와 춤. 기타 반주와 캐스터네츠 소리에 맞추어 손뼉을 치거나 발을 구르거나 하는 격렬한 리듬과 동작이 특색임.
플라스크 (flask) 몸은 둥글고 목이 긴 화학 실험용 유리병.
***플라스틱** (plastic) 합성수지의 하나. 열이나 압력을 가해 모양을 쉽게 바꿀 수 있는 물질. 튼튼하고 전기가 잘 통하지 않아 널리 이용됨. 예플라스틱 그릇.
플라타너스 (platanus) 버즘나뭇과의 낙엽 활엽 교목. 잎은 손바닥 모양으로 크고 가을에 방울 모양의 둥근 열매를 맺음. 가로수로 심음.
플랑크톤 (plankton) 물속에 떠다니는 미생물을 통틀어 일컫는 말. 물고기의 중요한 먹이로 식물성 플랑크톤과 동물성 플랑크톤이 있음.
플래시 (flash) 1 손전등. 예플래시를 비추다. 2 사진 찍을 때 번쩍하는 빛을 내는 전구. 예플래시가 터지다 / 플래시를 터뜨리다.
플래카드 (placard) 가로로 긴 천에 광고나 표어를 쓰고 양 끝에 장대를 꿰어 단 선전물. 예플래카드를 들고 행진하다.
플랫 (flat) 음악에서, 음의 높이를 반음 내리는 기호 '♭'의 이름. 내림표.
플랫폼 (platform) 정거장에서 승객이 열차를 타고 내리는 곳.

플러그 (plug) 전선 끝에 달려 있으며 콘센트에 끼워 전류를 흐르게 하는 전기 기구.
플러스 (plus) 1 더하기((기호는 +)). 2 양수 또는 전기의 양극 등을 나타내는 말. 빤마이너스.
플레밍 (Fleming, Alexander) 〖인명〗 영국의 세균학자. 곰팡이로부터 페니실린을 얻어 1945년에 노벨 생리·의학상을 받음. [1881-1955]
플레이 (play) 1 운동 경기에서 선수가 펼치는 내용이나 기량. 경기. 예멋진 플레이를 보여 주다. 2 운동 경기에서 선수를 격려하기 위해 외치는 소리. 예플레이, 플레이, 청팀 이겨라.
플로피 디스크 (floppy disk) 컴퓨터에서 데이터를 기록하는 보조 기억 장치의 하나. 원형의 얇은 플라스틱으로 정사각형의 케이스에 들어 있으며, 3.5인치의 것이 널리 쓰임. 町디스켓.
플루트 (flute) 관악기의 하나. 옆으로 쥐고 불며, 맑고 깨끗한 음색이 특징임. 독주나 관현악에 많이 쓰임. 예나는 플루트를 연주할 수 있다. ×플룻.

플루트

***피**[1] 1 사람이나 동물의 몸 안에서 혈관을 따라 돌며 산소와 영양을 나르는 붉은빛의 액체. 예피가 나다 / 피를 흘리다. 町혈액. 2 같은 핏줄을 타고난 겨레붙이의 계통. 예피는 못 속인다. 町혈통. ⊃blood
피가 마르다 몹시 괴롭거나 애가 타다.
피[2] 볏과의 한해살이풀. 밭이나 습한 곳에서 자람. 높이는 1m 정도이며, 잎은 가늘고 길며 여름에 옅은 녹색의 꽃이 핌. 열매는 먹거나 사료로 씀.
피겨 스케이팅 (figure skating) 스케이트를 타고 얼음판에서 여러 가지 어렵고 아름다운 동작을 보여 주는 기술로 승부를 겨루는 경기.
피고 (被告) [피:고] 1 민사 소송에서 소송을 당한 사람. 빤원고. 2 '피고인'의 준말.
피고인 (被告人) [피:고인] 형사 소송에서, 죄를 지었다고 공소 제기를 당한 사람. 준피고.

피곤(疲困) 몸이나 마음이 몹시 지쳐 고달픔. 예피곤을 느끼다 / 몸이 피곤하다. 비피로. **피곤하다**.

피구(避球)[피:구] 일정한 구역 안에서 두 편으로 갈라서 한 개의 공으로 상대편을 맞히는 놀이.

피나다 몹시 애쓰거나 고생을 하다. 예피나게 번 돈 / 피나는 노력을 하다. 참고이 말은 주로 '피나는·피나게'로 쓰임.

피나무 피나뭇과의 낙엽 활엽 교목. 산허리나 골짜기에 남. 잎은 어긋나고 넓은 달걀 모양임. 열매는 공 모양으로 가을에 익음. 재목은 가구를, 나무껍질은 밧줄·그물·끈 등을 만듦.

피난(避難)[피:난] 전쟁이나 재난을 피하여 멀리 옮김. 예피난을 가다 / 산불을 피해 긴급 피난하다. **피난하다**.

피난길(避難─)[피:난낄] 전쟁이나 재난을 피하여 떠나는 길. 예피난길에 오르다.

피난민(避難民)[피:난민] 전쟁이나 재난을 피하여 가는 사람. 예피난민 수용소.

피난살이(避難─)[피:난사리] 피난하여 사는 살림살이. 예고단픈 피난살이를 했다. **피난살이하다**.

피난처(避難處)[피:난처] 피난해 갈 곳. 피난하여 사는 곳.

피날레(이 finale) 곡이나 연극의 끝. 예피날레를 장식하다.

피노키오(Pinocchio) 이탈리아의 콜로디가 지은 동화. 나무 인형 피노키오가 진짜 사람이 되기까지의 과정을 그린 교훈적인 이야기.

피눈물 몹시 슬프고 원통하여 나는 눈물. 예피눈물 나는 고생 / 피눈물을 흘리다.

*피다¹ 1 꽃봉오리·잎 따위가 벌어지다. 예꽃이 피다. 반지다. 2 사람이 살이 오르고 혈색이 좋아지다. 예얼굴이 피다. 3 불이 차츰 일어나다. 예숯이 피다. 4 사는 형편이 나아져 잘살게 되다. 예살림이 피다. 5 곰팡이·버짐·검버섯 따위가 생기다. 예음식에 곰팡이가 피다.

피다² '피우다'의 잘못.

피동(被動)[피:동] 1 남의 힘으로 움직이는 일. 2 주체가 다른 힘에 의하여 움직이는 동사의 성질. 안기다·먹히다 따위. 반능동.

피둥피둥 1 퉁퉁하게 살찐 모양. 예피둥피둥 살이 찌다. 2 남의 말을 잘 듣지 않고 엇나가는 모양. 예하라는 일은 아니하고 **피둥피둥** 놀기만 한다. **피둥피둥하다**.

피땀 무엇을 이루기 위한 노력과 정성의 비유. 예피땀 어린 결과.

피땀(을) 흘리다 온갖 힘과 정성을 쏟아 노력하다. 예피땀 흘려 모은 재산.

피라미 잉엇과의 민물고기. 맑은 물에 사는데, 몸길이는 10-16cm로, 등쪽은 푸른 갈색이고 배 쪽은 은색임. 뒷지느러미가 매우 큼. 산란기 때의 수컷은 몸빛이 변함.

피라미드(pyramid) 기원전 2,700년에서 기원전 2,500년 사이에 이집트의 나일강 변에 세워진 왕이나 왕족의 무덤. 돌이나 벽돌로 정사각뿔 모양으로 높이 쌓았음.

피라미드

피란(避亂)[피:란] 난리를 피해 다른 곳으로 옮김. **피란하다**.

피란길(避亂─)[피:란낄] 난리를 피해 가는 길. 또는 그 도중. 예피란길에 오르다.

*피로(疲勞) 지쳐서 고단함. 예피로가 쌓이다 / 피로를 풀다. 비피곤. **피로하다**.

피로감(疲勞感) 정신이나 몸이 피곤하고 지친 느낌. 예일시에 피로감이 밀려오다.

피로연(披露宴) 결혼·출생 따위의 기쁜 일을 널리 알리기 위해 베푸는 잔치. 예결혼식 피로연.

피뢰침(避雷針)[피:뢰침/피:뤠침] 벼락을 피하려고 건물의 높은 곳에 세우는, 끝이 뾰족한 쇠붙이의 막대기.

피륙 끊지 않고 죽 이어진 베·무명·비단 따위의

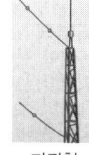
피뢰침

천을 통틀어 일컫는 말. 町천.
*피리 1 8개의 구멍이 있고 피리서를 꽂아서 세로로 부는 목관 악기. 2 속이 빈 대나무에 구멍을 뚫고 불어서 소리를 내는 악기를 통틀어 일컫는 말.

> [참고] **국악에 쓰이는 피리**
> 세 종류가 있으며 구멍은 모두 8개로 둘째 구멍은 뒤에 있음.
> (1) **당(唐)피리** … 향피리보다 굵으나 길이가 짧음. 음폭이 2옥타브로 넓고 활달한 음색을 냄. 종묘 제례악과 당악에 쓰임.
> (2) **향(鄕)피리** … 궁중 음악·민요·시나위에 쓰이는 것이 있는데 26cm 내외로 그 길이가 약간 다름. 음량이 커서 대편성의 관현 합주나 무용 합주에 쓰임.
> (3) **세(細)피리** … 향피리보다 가늘고 작으며 음량이 작아 가곡 반주나 가야금, 거문고 등이 중심이 되는 실내악적 음악 반주에 쓰임.

피망 (프 piment) 가짓과의 한해살이풀. 열매는 크며 꼭대기가 납작하고 세로로 골이 져 있으며 짧은 타원형임. 푸른 것은 요리에 쓰고 붉은 것은 맛을 더하는 향신료로 씀.

피망

피맺히다 [피매치다] 가슴에 피가 맺힐 정도로 한이 사무치다. 예피맺힌 사연. [참고] 주로 '피맺힌'의 꼴로 쓰임.
피멍 1 부딪히거나 맞아서 살갗 아래에 피가 맺힌 것. 예피멍이 생기다. 2 마음의 깊은 상처의 비유. 예가슴에 피멍이 들다.
*피부(皮膚) 동물의 몸을 감싸고 있는 살가죽. 예피부가 거칠어지다. 町살갗. ⊃skin
피부병(皮膚病) [피부뼝] 피부에 생기는 병. 습진·옴·백선 따위.
피부색(皮膚色) 피부의 빛깔. 예피부색이 무척 희다.
피붙이 [피부치] 자신이 직접 낳은 자식이나 직계 자손. 町살붙이. 혈족.
피비린내 1 피에서 나는 비린 냄새. 2 몹시 거칠고 무시무시한 기운. 예피비린내 나는 사건.
피살(被殺) [피:살] 죽임을 당함. 살해를 당함. 예괴한에게 피살되다.
피서(避暑) [피:서] 시원한 곳으로 가서 더위를 피함. 예피서를 떠나다 / 피서 계획을 세우다. 町피한. 피서하다.
피서객(避暑客) [피:서객] 피서를 즐기는 사람. 예바다에 피서객이 몰리다.
피서지(避暑地) [피:서지] 피서에 적당한 곳. 예피서지를 물색하다.
피선거권(被選擧權) [피:선거꿘] 선거에 나가 당선될 수 있는 권리.
피스톤(piston) 엔진 따위의 실린더 안에서 왕복 운동을 하는 원통 모양의 장치.
피시(PC) 개인용 컴퓨터.
피시방(PC房) 여러 대의 개인용 컴퓨터를 갖추어 놓고 영업을 하는 곳.
피식 입술을 힘없이 벌리며 싱겁게 한 번 웃는 소리나 모양. 예어이가 없어 피식 웃고 말았다. 피식하다.
피신(避身) [피:신] 위험 따위로부터 몸을 숨겨 피함. 예안전한 곳으로 피신하다. 피신하다.
*피아노¹(piano) 손가락 끝으로 건반을 눌러 소리를 내는 건반 악기의 한 가지.
피아노²(이 piano) 악보에서, 셈여림을 나타내는 말. '여리게'의 뜻((기호는 p)). 町포르테.
피아니스트(pianist) 피아노를 전문적으로 연주하는 사람.
*피어나다 [피어나다 / 피여나다] 1 꺼져 가던 불이 다시 일어나다. 예불꽃이 피어나다. 2 곤란한 형편이 차츰 풀리게 되다. 예살림이 피어나다. 3 꽃 따위가 피게 되다. 예들꽃이 피어나다.
피어오르다 [피어오르다 / 피여오르다] 가볍게 퍼지며 위로 올라가다. 예연기가 피어오르다.
피에로(프 pierrot) 서커스나 연극에서 우스꽝스러운 복장을 하고 나오는 어릿광대.
*피우다 1 피게 하다. 예모깃불을 피우다. 2 태도나 행동 따위를 나타내다. 예소란을 피우다 / 재주를 피우다. 3 냄새나 먼지 따위를 퍼뜨리거나 일으키다. 예먼지를 피우다. 4 담배에 불을

붙여 연기를 빨아 입이나 코로 내보내다. ㉮끊었던 담배를 다시 피우다.

피읖 [피읍] 한글 자모 'ㅍ'의 이름. 발음 피읖이 [피으비] / 피읖을 [피으블] / 피읖에 [피으베].

피의자 (被疑者) [피:의자 / 피:이자] 죄를 지었다는 의심을 받고 있으나 아직 재판을 받지 않은 사람. 비용의자.

피임 (避妊) [피:임] 임신하지 않도록 하는 것. **피임하다**.

피자 (이 pizza) 둥글넓적하게 만든 밀가루 반죽 위에 토마토·치즈·고기·피망·향료 따위를 얹어 구운 서양 음식.

피장파장 서로 낫고 못함이 없음. 상대편의 행동에 따라 그와 같은 행동으로 맞서는 일. ㉮억울하기는 서로 피장파장.

피제수 (被除數) [피:제수] 나눗셈에서, 나눔을 당하는 수. 이를테면 10÷2=5에서 10을 이름. 반제수.

피차 (彼此) [피:차] 이쪽과 저쪽의 양쪽. ㉮피차 조심하는 게 상책이다.

피켓 (picket) 시위나 캠페인을 할 때 주장하는 내용을 적은, 자루 달린 널빤지.

피클 (pickle) 오이·양배추 따위의 채소나 과일을 식초·설탕·소금·향신료를 섞어 만든 액체에 담아 절여서 만든 음식.

피타고라스 (Pythagoras) 〖인명〗 고대 그리스의 철학자·수학자. 수를 만물의 근원으로 생각하였으며, 기하학 이론인 '피타고라스의 정리' 등을 발견함. [기원전 580?-기원전 500?]

피투성이 피가 여러 군데에 묻은 모양. ㉮피투성이가 된 셔츠 / 온몸이 피투성이가 되다.

피튜니아 (petunia) 가짓과의 한해살이풀 또는 여러해살이풀. 높이는 50cm가량, 줄기와 잎에 잔털이 나 있음. 꽃은 크기와 빛깔이 여러 가지이고, 관상용임.

피트 (feet) 주로 영국과 미국에서 쓰이는 길이의 단위. 1피트는 12인치, 30.48cm.

*피하다 (避一) [피:하다] 1 몸을 숨겨 다른 곳으로 옮기다. ㉮화살을 피하다. 2 비·눈 따위를 맞지 않을 곳으로 옮기다. ㉮처마 밑에서 비를 피하다. 3 좋지 않은 날짜·시간을 택하지 않다. ㉮바쁜 시간을 피하다.

피하 지방 (皮下脂肪) 포유동물의 살가죽 밑에 들어 있는 지방 조직. 영양분의 저장, 체온의 보존 따위의 기능을 함.

*피해 (被害) [피:해] 재산·명예·신체 따위에 손해를 입음. ㉮농작물 피해 / 엄청난 피해를 입다. 반가해.

피해자 (被害者) [피:해자] 피해를 당한 사람. 반가해자.

픽 1 힘없이 가볍게 쓰러지는 모양. ㉮다리에 기운이 없어 픽 쓰러지다. 작팩. 2 막혔던 공기가 힘없이 터져 나오는 소리. 3 힘없이 싱겁게 웃는 모양. ㉮픽 하고 웃음을 터뜨렸다.

픽셀 (pixel) 컴퓨터 모니터 등에서 색과 밝기를 나타낼 수 있는 화면의 가장 작은 단위.

핀 (pin) 1 쇠붙이 따위로 바늘처럼 가늘게 만든 물건을 통틀어 일컫는 말. 옷핀·머리핀·안전핀 따위. ㉮핀을 꽂다. 2 볼링에서, 공을 던져 쓰러뜨리는 병 모양의 물체.

핀둥거리다 하는 일 없이 계속 게으름 피우며 놀기만 하다. ㉮하루 종일 집 안에서 핀둥거리다. 작팬둥거리다. 여빈둥거리다.

핀셋 (ㅍ pincette) 손으로 집기 어려운 물건을 집는 데에 쓰는 작은 집게.

핀잔 맞대어 놓고 남을 언짢게 꾸짖음. ㉮핀잔을 듣다 / 핀잔을 주다. **핀잔하다**.

필[1] (匹) 소나 말을 세는 단위. ㉮말 한 필.

필[2] (疋) 옷감을 셀 때 쓰이는 단위. ㉮명주 한 필.

필경 (畢竟) 끝에 가서는. 마침내. 결국에는. ㉮필경 꿈을 이룰 것이다. 비결국.

필기 (筆記) 1 글씨를 씀. 2 강의·강연 따위의 내용을 받아씀. ㉮수업 내용을 필기하다. **필기하다**.

필기구 (筆記具) ⇨필기도구.

필기도구 (筆記道具) 글씨를 쓰는 데 사용하는 도구. 종이·먹·붓·펜·연필 따위. 비필기구.

필기시험 (筆記試驗) 시험 답안을 글로 쓰는 시험.
필기체 (筆記體) 활자가 아니고 손으로 쓴 글씨체.
필독 (必讀) [필똑] 반드시 읽어야 함. [예] 필독 도서. **필독하다**.
필드 (field) 육상 경기장의 트랙 안쪽에 만들어진 넓은 경기장.
필드하키 (field hockey) 잔디 경기장에서 11명씩의 두 팀이 막대기로 공을 쳐서 상대방의 골에 넣어 승부를 겨루는 경기.
필라멘트 (filament) 전구·진공관 속에 있어 전류가 흐르면 열과 빛을 내는 가는 선. 텅스텐으로 만든 선이 많이 이용됨.
필름 (film) 투명한 셀룰로이드 따위에 빛을 받으면 변화하는 약을 칠한 것. 영화·사진 따위의 촬영에 쓰임. [예] 영화 필름.
필리핀 (Philippines) 〖국명〗 태평양의 서쪽에 있는, 약 7,100개의 섬으로 이루어진 나라. 농업이 발달하였고, 설탕·파인애플·담배가 주요 수출품임. 수도는 마닐라.
필사 (必死) [필싸] 죽을 힘을 다해 애를 씀. 목숨을 걸고 행함. [예] 필사의 각오 / 필사의 노력.
필사본 (筆寫本) [필싸본] 손으로 베껴 써서 만든 책.
필사적 (必死的) [필싸적] 죽을 각오로 열심히 하는 (것). [예] 나는 결승선이 보이자 **필사적**으로 달렸다.
필생 (畢生) [필쌩] 태어나서 일생을 마칠 때까지의 기간. 한평생 동안. [예] 필생의 사업. [비] 일생. 평생. [참고] 주로 '필생의' 꼴로 쓰임.
필수 (必須) [필쑤] 꼭 필요로 함. [예] 필수 과목 / **필수** 조건.
필수품 (必需品) [필쑤품] 살아가는 데 없어서는 안 되는 꼭 필요한 물품.
필순 (筆順) [필쑨] 글씨를 쓸 때 획을 긋는 차례. [예] 한자를 **필순**에 맞게 쓰다.
필승 (必勝) [필씅] 꼭 이김. 반드시 이김. [예] **필승**을 다짐하다. **필승하다**.
필시 (必是) [필씨] 꼭. 반드시. 틀림없이. [예] **필시** 어딘가에 잘 넣어 두었을 거야.
필연 (必然) [피련] 반드시 그렇게 될 수밖에 다른 도리가 없음. 반드시 그렇게 됨. [예] **필연**의 결과. [반] 개연. 우연.
필연성 (必然性) [피련썽] 어떤 사물이 그리 될 수밖에 없는 성질. [반] 개연성. 우연성.
***필요** (必要) [피료] 어떤 일에 꼭 있어야 함. [예] **필요**는 발명의 어머니 / 용기가 **필요한** 일이다. [반] 불필요. **필요하다**. ➲need
***필요성** (必要性) [피료썽] 필요로 하는 성질. [예] 대화의 **필요성**을 느끼다.
필자 (筆者) [필짜] 글 또는 글씨를 쓴 사람. [예] **필자** 소개.
필적하다 (匹敵—) [필쩌카다] 능력이나 세력이 엇비슷하여 서로 견줄 만하다. [예] 달리기로는 우리 학교에서 이 학생에 **필적할** 사람이 없다.
필체 (筆體) 손으로 쓴 글씨의 모양. [비] 글씨체. 서체.
필터 (filter) 1 불순물을 걸러 내기 위한 장치나 물질. 여과기. [예] 정수기 필터. 2 담배의 진을 거르기 위해 담배 끝에 붙여 입에 물게 된 부분.
***필통** (筆筒) 지우개·연필 따위를 넣어 가지고 다니는 작은 상자.
필히 (必—) 꼭. 반드시. [예] **필히** 운동화를 신고 오시오.
핏기 (—氣) [피끼 / 핃끼] 피부에 드러난 불그레한 빛깔. [예] **핏기**가 돌다. [비] 혈색.
핏발 [피빨 / 핃빨] 몸에 이상이 있을 때 어느 부분에 피가 몰려 붉게 된 결. [예] 밤을 새워 일했더니 눈에 **핏발**이 섰다.
핏자국 [피짜국 / 핃짜국] 어떤 물건이나 장소에 피가 묻어서 생긴 흔적. [예] **핏자국**이 선명하게 남아 있다.
핏줄 [피쭐 / 핃쭐] 1 몸속의 피가 흐르는 관. [비] 혈관. 2 한 조상의 피를 이은 겨레붙이의 계통. [예] **핏줄**이 끊기다.
핑 1 한 바퀴 힘차게 도는 모양. [여] 빙. [센] 삥. 2 갑자기 정신이 어찔한 모양. [예] 머리가 **핑** 돌다. [작] 팽. [여] 빙. [센] 삥. 3 갑자기 눈에 눈물이 어리는 모양. [예] 갑자기 눈에 눈물이 **핑** 돌다.
핑계 [핑계 / 핑게] 1 다른 일을 방패

막이로 내세움. ㉠핑계를 삼다. 2 불리한 상황에 엉뚱한 다른 일을 내세워 변명함. ㉠아프다는 핑계를 대다. 비 구실. **핑계하다**.

핑그르르 1 빠르고 미끄럽게 한 바퀴 도는 모양. 2 갑자기 정신이 아찔한 모양. ㉠빙그르르. 쎈 뼁그르르. 3 갑자기 눈물이 어리는 모양. 작 팽그르르. **핑그르르하다**.

핑크색 (pink色) 분홍색.
핑퐁 (ping-pong) ⇨탁구.
핑핑 1 계속해서 힘 있게 도는 모양. ㉠팽이가 핑핑 돈다. 2 갑자기 정신이 자꾸 어찔해지는 모양. ㉠눈앞이 핑핑 돈다. 작 팽팽. ㉠빙빙. 쎈 뼁뼁. 3 총알 따위가 공중으로 잇따라 빠르게 지나가는 소리. 또는 그 모양. ㉠총알이 머리 위로 핑핑 날아다녔다. 작 팽팽.

ㅎ (히읗 [히은]) 한글 닿소리의 열넷째 글자.

*__하__¹ (下) [하:] 차례나 등급을 '상·하'나 '상·중·하'로 나누었을 때의 맨 아래 또는 끝. 凹상.

__하__² '많이·크게·매우·대단히'와 같은 뜻. 예하 많아서 걱정이오.

__하__³ 기쁨·슬픔·놀라움·안타까움·한탄 따위의 감정을 나타내는 소리. 예하, 참 잘되었다. 凹허.

하강 (下降) [하:강] 높은 데서 아래로 내려옴. 예비행기가 하강하다. 凹강하. 凹상승. 하강하다.

하객 (賀客) [하:객] 축하하는 손님. 예하객들로 붐비다.

하계 (夏季) [하:계/하:게] ⇨하기. 예하계 올림픽. 凹동계.

하고많다 [하고만타] 많고 많다. 예하고많은 물건 중에서 하필 그걸 샀느냐. 참고 주로 '하고많은'의 꼴로 쓰임.

하교 (下校) [하:교] 학교에서 그날의 공부를 마치고 집으로 돌아옴. 예하교 시간. 凹하학. 凹등교. 하교하다.

하굣길 (下校-) [하:교낄/하:굗낄] 공부를 끝내고 학교에서 집으로 돌아오는 길. 凹등굣길.

하구 (河口) 강물이 바다로 흘러 들어가는 어귀. 예배가 하구에 도착하다. 凹강어귀.

하굿둑 (河口-) [하구뚝/하굳뚝] 바닷물이 들어오는 것을 막기 위하여 강어귀에 쌓은 둑.

하권 (下卷) [하:권] 두 권 또는 세 권으로 된 책의 맨 끝 권. 예하권이 상권보다 더 재미있다.

*__하급__ (下級) [하:급] 낮은 계급이나 등급. 예하급 관리/하급 관청/하급 학년. 凹상급.

하급생 (下級生) [하:급쌩] 학년이 낮은 학생. 凹상급생.

하기 (夏期) [하:기] 여름의 시기. 예하기 방학/하기 강습회. 凹하계.

하기는 '사실을 말하자면'의 뜻으로, 결정된 일을 긍정할 때 쓰는 말. 예하기는 그렇기도 하다. 준하긴.

하긴 '하기는'의 준말.

*__하나__ 1 수의 처음. 예하나에서 열까지 세다. 凹일. 2 오직 그것뿐. 예단하나뿐인 친구. 3 뜻이나 마음, 생각 따위가 다르지 않고 서로 같음. 예하나로 뭉치자/우리는 모두 하나다. 凹일체. ⇨one

---

주의 __하나도__

우리말에서 논리적으로 모순이 되는 관용 표현에 '하나도'가 있다. '하나도 안 덥다', '하나도 즐겁지 않다', '하나도 크지 않다', '돈이 하나도 없다' 따위.
그러나 더위, 감정, 크기, 돈은 '하나, 둘, 셋' 하고 셀 수 있는 말이 아니다. '전혀', '조금도'라고 표현하는 것이 적절하다.

하나같다 [하나갇따] 여럿이 모두 똑같다. 예자식을 생각하는 부모 마음은 모두 하나같다.

하나같이 [하나가치] 하나같게. 예아이들이 하나같이 착했다.

하나님 개신교에서, 오직 하나뿐인 신이라는 뜻으로 하느님을 일컫는 말. 凹하느님.

*__하나하나__ 1 하나씩. 예시험 문제를 하나하나 풀어 나가다. 2 빠짐없이 모두. 예조그만 잘못까지 하나하나 들추어내다.

하녀 (下女) [하:녀] 여자 하인.

*__하느님__ 세상을 만들고, 옳고 그름을 가려 모든 사람에게 화와 복을 내리는 전능하고 거룩한 존재. 凹천제. 하나님. ⇨God

*__하늘__ 해와 달과 무수한 별들이 있는 아득히 높고 너른 공간. ⇨sky

하늘과 땅 두 사물 사이에 큰 차이나 거리가 있음을 이르는 말.

하늘을 찌르다 ㉠매우 높이 솟아 있다. ㉡기세가 대단하다. 예선수들

하늘거리다 조금 힘없이 늘어져 가볍게 자꾸 흔들리다. 또는 그렇게 되게 하다. 예 코스모스가 바람에 하늘거리다. 큰 흐늘거리다.

하늘나라 [하늘라라] 예수를 믿은 사람이 죽은 후에 간다는, 하나님이 다스리는 세상. 비 천국. 천당.

하늘빛 [하늘삗] 맑게 갠 하늘과 같은 빛깔. 비 하늘색.

하늘색 (一色) [하늘쌕] 맑은 하늘의 빛깔과 같이 엷게 파란 색. 예 하늘색 원피스.

하늘소 [하늘쏘] 하늘솟과의 곤충을 통틀어 이르는 말. 몸은 가늘고 기름하며, 날개는 딱딱하고 촉각은 매우 깊. 꽃·나무 진·썩은 나무 따위를 먹고 삶. 애벌레는 '나무굼벵이'라고 하는데, 나무속을 파먹음.

하늘하늘 힘없이 늘어져 자꾸 가볍게 흔들리는 모양. 예 들판에 핀 꽃들이 바람에 하늘하늘 흔들린다. 큰 흐늘흐늘. **하늘하늘하다**.

하늬바람 [하니바람] 농촌이나 어촌에서 '서풍'을 이르는 말. 반 샛바람. 준 하늬.

***하다** 1 어떤 목적을 위해 움직이다. 예 독서를 하다. 2 어떤 상태나 표정을 나타내다. 예 웃는 얼굴을 하다. 3 결정을 짓다. 예 소풍을 가기로 하다. 4 상대와 의사소통을 하다. 예 전화를 하다. 5 음식을 먹고 마시거나 담배 따위를 피우다. 예 식사를 하다 / 술을 하다. 6 '얼마의 금액이다'의 뜻. 예 3천 원 하는 책 / 이 옷은 얼마나 해요? 7 처리하다. 처분하다. 예 남은 돈은 어떻게 할까. 8 말하다. 일컫다. 예 그런 사람을 천재라고 한다. 9 일부 동사의 대신으로 쓰는 말. 예 점심을 하다(먹다) / 밥을 하다(짓다) / 노래를 하다 (부르다). [활용] 하고 / 하니 / 하여서 [해서] / 하였다 [했다]. ⊃do

***-하다** 1 명사 뒤에 붙어 동작을 나타내는 동사를 만드는 말. 예 절하다 / 공부하다 / 운동하다. 2 형용사의 말의 줄기에 붙어서 쓰이는 말. 예 착하다 / 따뜻하다. 3 부사나 부사형 말에 붙어 동사나 형용사를 만드는 말. 예 번쩍번쩍하다 / 귀여워하다.

하다못해 [하다모태] 정 할 수 없다면. 가장 나쁜 경우라고 하더라도. 예 하다못해 전화라도 한 통 걸었어야 걱정하지 않지.

하단¹ (下段) [하:단] 1 여러 단이 있는 것의 아래쪽 단. 예 책장 하단. 2 기사나 글의 아래쪽 부분. 예 신문의 하단 부분. 반 상단.

하단² (下端) [하:단] 아래쪽의 끝. 예 바지 하단을 접어 올리다.

***하도** '하'를 강조하여 이르는 말로, 아주 심하게. 예 하도 기가 막혀서 말을 잇지 못했다.

하드 디스크 (hard disk) 컴퓨터의 보조 기억 장치의 하나. 자석 물질을 입힌 둥근 알루미늄판으로 정보를 저장하는 데 쓰임. 플로피 디스크보다 기억 용량이 크고 데이터를 읽고 쓰는 속도가 빠르다.

하드보드지 (hardboard紙) 펄프에 접착제를 가하여 압축해서 만든 두껍고 딱딱한 종이.

하드웨어 (hardware) 컴퓨터를 구성하고 있는 기계 장치를 통틀어 이르는 말. 반 소프트웨어.

하등¹ (下等) [하:등] 1 낮은 등급. 아래 등급. 반 상등. 2 정도나 수준이 낮거나 뒤떨어지는 것. 예 하등 식물. 반 고등.

하등² (何等) 아무런. 조금도. 예 하등 책임이 없다.

하락 (下落) [하:락] 값이나 등급 따위가 떨어짐. 예 물가가 하락하다. 반 상승. **하락하다**.

***하루** 1 한 낮과 한 밤이 지나는 동안. 1일. 예 하루가 지나가다 / 시골 외갓집에서 하루를 보내다. 2 아침부터 저녁까지. 예 하루의 일과를 시작하다 / 오늘은 하루 종일 바빴다. 3 막연히 가리킬 때의 어느 날. 예 언제 하루 날 잡아서 벽지를 새로 바르기로 했다.

하루바삐 하루라도 빠르게. 하루라도 빨리. 예 하루바삐 완쾌되기를 빕니다. 비 하루빨리. 하루속히.

하루빨리 ⇨ 하루바삐. 예 하루빨리 집으로 돌아가고 싶다.

하루살이 [하루사리] 1 하루살잇과의

하루속히 (一速—) [하루소키] ⇨하루바삐. 예하루속히 만나고 싶다.

하루아침 짧은 시간. 예하루아침에 유명해지다.

하루하루 매일매일. 그날그날. 예하루하루 달라지다.

하룻강아지 [하루깡아지 / 하룯깡아지] 1 태어난 지 얼마 안 되는 어린 강아지. 2 어떤 일에 아직 경험이 없는 사람.

하룻밤 [하루빰 / 하룯빰] 1 하루의 밤 시간 동안. 예하룻밤을 꼬박 새우다. 2 어느 날 밤. 예하룻밤은 누가 찾아왔었다.

***하류** (下流) [하:류] 1 강이나 내의 흘러내리는 아래쪽. 예한강 하류. 2 교양·지위·생활 수준 따위가 낮은 계층. 예하류 생활. 땐상류.

하릴없다 [하:리럽따] 1 달리 어떻게 할 도리가 없다. 예바보라는 말을 들어도 하릴없다. 2 조금도 틀리지 않다. 예몰골이 하릴없는 거지꼴이다.

하릴없이 [하:리럽씨] 하릴없게. 예하릴없이 앉아서 기다리다.

하마 (河馬) 하마과의 짐승. 입이 크고 몸이 아주 뚱뚱하며 열대 아프리카의 강이나 호수에 사는데, 낮에는 물속에 있다가 밤에 나와 나무뿌리나 풀 따위를 먹음. ⊃hippo

하마터면 '자칫 잘못하였더라면'의 뜻. 예하마터면 기차를 놓칠 뻔했다. ×하마트면.

하멜 (Hamel, Hendrik) 〖인명〗 네덜란드의 선원. 1653년 네덜란드를 출발하여 일본으로 항해하던 중 폭풍으로 배가 부서져 제주도에 표류, 서울에서 14년 동안 붙잡혀 있다가 탈출·귀국함. '하멜 표류기'를 써서 우리나라의 지리·풍속·정치 따위를 처음으로 유럽에 소개함. [?-1692]

하멜 표류기 (Hamel漂流記) 〖책〗 하멜이 제주도에 표류한 후 우리나라에서의 생활을 기록한 책. 우리나라를 처음으로 유럽에 알린 기록임.

하명 (下命) [하:명] 1 '명령'의 높임말. 예하명을 내리다 / 하명을 받다. 2 명령을 내림. 예하명하신 대로 모두들 모이라고 했습니다. **하명하다**.

하모니 (harmony) 1 ⇨화성¹. 2 일치. 조화. 예하모니를 이루다.

하모니카 (harmonica) 직사각형의 틀에 쇠붙이로 조그마한 칸을 만든 작은 악기. 입에 대고 불거나 빨아들여서 소리를 냄.

하모니카

하물며 더군다나. 예개도 은혜를 아는데 하물며 인간에 있어서랴.

하반기 (下半期) [하:반기] 한 해나 어떤 일정한 기간을 둘로 나눈 것의 나중 기간. 예하반기 결산. 땐상반기.

하반신 (下半身) [하:반신] 몸의 허리 아래의 부분. 예하반신이 마비되다. 땐상반신.

하복 (夏服) [하:복] 여름철에 입는 옷. 圁여름옷. 땐동복.

하복부 (下腹部) [하:복뿌] 사람의 배꼽 아래쪽의 배 부분. 예하복부에 힘을 주다.

하사 (下士) [하:사] 육해공군의 부사관 계급의 하나. 병장의 위, 중사의 아래 계급.

하사관 (下士官) [하:사관] '부사관'의 전 용어.

하산 (下山) [하:산] 산에서 내려옴. 땐등산. 입산. **하산하다**.

하선 (下船) [하:선] 배에서 내림. 땐승선. **하선하다**.

하소연 억울한 일, 딱한 사정 따위를 간곡히 호소함. 예억울함을 하소연하다. **하소연하다**.

하수¹ (下手) [하:수] 바둑·장기·무술 따위에서 실력이 낮은 사람. 땐고수.

하수² (下水) [하:수] 빗물이나 집, 공장 등에서 쓰고 버리는 더러운 물. 예하수 처리 문제. 땐상수.

하수관 (下水管) [하:수관] 하수가 흐르는 관. 예하수관을 묻다.

하수구 (下水溝) [하:수구] 하수가 흘러내려 가도록 만든 도랑. 예 음식물 찌꺼기 때문에 하수구가 막혔다.

하수도 (下水道) [하:수도] 하수가 흘러가게 만든 도랑이나 그 설비. 예 하수도 공사. 반 상수도.

하숙 (下宿) [하:숙] 일정한 돈을 내고 남의 집에 머물면서 먹고 잠. 또는 그 집. 예 학교 근처에다 하숙을 구하다. 하숙하다.

하숙생 (下宿生) [하:숙쌩] 하숙하는 학생. 예 하숙생을 들이다.

하숙집 (下宿-) [하:숙찝] 하숙을 영업으로 하고 있는 집.

하순 (下旬) [하:순] 그달 21일부터 그믐날까지의 열흘 동안. *상순. 중순.

하얀색 (-色) 깨끗한 눈의 색깔과 같은 색. 비 백색. 흰색. 반 검은색.

***하얗다** [하:야타] 1 매우 희다. 예 머리가 하얗다 / 하얀 손수건. 반 까맣다. 2 춥거나 겁이 나서 얼굴에 핏기가 없다. 예 겁에 질려 얼굴이 하얗게 변했다. 큰 허옇다. [활용] 하야니 / 하얘서.

하얘지다 [하:애지다] 하얗게 되다. 예 무엇을 보고 놀랐는지 친구의 얼굴이 하얘졌다.

하얼빈 (중 哈爾濱) [지명] 중국 동북부 쑹화강 중류의 오른쪽 기슭에 있는 도시. 이곳에서 안중근 의사가 이토 히로부미를 총으로 쏘아 죽임.

하여간 (何如間) 어쨌든지. 예 될지 안될지 모르지만 하여간 해 봅시다. 비 하여튼.

하여금 '로'나 '으로'로 끝나는 말 뒤에 쓰여, '시키어·하게 하여의'의 뜻을 나타냄. 예 학생으로 하여금 올바른 길로 나아가도록 가르치는 것이 선생의 임무이다.

하여튼 (何如-) 어쨌든. 예 하여튼 해 보자. 비 하여간. ×하옇든.

하역 (荷役) 짐을 싣고 내리는 일. 예 하역 작업. 하역하다.

하염없다 [하여멉따] 1 이렇다 할 만한 아무 생각도 없이 그저 멍하다. 예 하염없는 시선으로 창 밖을 바라보다. 2 끝맺는 데가 없다. 예 하염없는 나날.

하염없이 [하여멉씨] 하염없게. 예 하염없이 흐르는 눈물 / 하염없이 먼 산만 바라보다.

하오 (下午) [하:오] 낮 12시부터 밤 12시까지의 시간. 예 하오 5시. 비 오후. 반 상오.

하와이 (Hawaii) [지명] 태평양의 중앙부에 있는 여러 섬들. 1959년에 미국의 50번째 주가 되었음. 사탕수수·파인애플 따위가 많이 나며, 세계적인 관광지임.

하원 (下院) [하:원] 국회가 둘이 있는 나라에서, 국민이 직접 뽑은 의원으로 이루어진 국회. 반 상원.

하위 (下位) [하:위] 낮은 지위나 차례. 예 팀 성적이 하위에 머물다.

하의 (下衣) [하:의/하:이] 몸의 아랫도리에 입는 옷. 반 상의.

하이든 (Haydn, Franz Joseph) [인명] 오스트리아의 고전파 작곡가. '교향곡의 아버지'라고 불림. 작품에 '천지 창조', '사계' 등이 있음. [1732-1809]

하이라이트 (highlight) 가장 흥미로운 장면이나 부분. 예 영화의 하이라이트 장면.

하이에나 (hyena) 하이에나과의 짐승. 개와 비슷하나 앞다리가 길며 어깨에 갈기털이 있음. 아프리카·인도에 살며 성질이 사납고 죽은 짐승의 고기를 먹음.

하이킹 (hiking) 산이나 들, 바닷가 같은 곳을 걷거나 자전거를 타고 여행하는 일. 예 하이킹 코스.

하이틴 (high+teen) 10대 후반의 나이. 곧 17-19세의 나이. 또는 그 나이의 사람.

하이퍼링크 (hyperlink) 컴퓨터에서 단어나 구, 기호, 그림과 같은 것들을 마우스로 클릭하면 다른 요소나 문서로 이동할 수 있도록 연결해 놓은 것.

하이힐 (←high heeled shoes) 굽이 높은 여자 구두. 뾰족구두.

***하인** (下人) [하:인] 남의 집에 살며 일을 하는 사람. 비 종.

하자 (瑕疵) 흠. 결점. 예 아무런 하자가 없다.

하잘것없다 [하잘꺼덥따] 시시하고 보잘것없다. 대수롭지 않다. 예 하잘것없는 일로 다투다.

하절기(夏節期) [하:절기] 보통 6월에서 8월까지의 더운 때. 凹동절기.

하지(夏至) [하:지] 이십사절기의 하나. 일 년 중 낮이 가장 길고 밤이 가장 짧음. 양력 6월 21일경. 凹동지. → [학습마당] 21(652쪽)

*__하지만__ 그러나. 그렇지만. 예고맙다. 하지만 사양하겠다.

하직(下直) [하:직] 1 먼 길을 떠날 때 웃어른께 작별 인사를 함. 예하직 인사를 올리다. 2 죽어서 세상을 떠남. 예세상을 하직하다. **하직하다**.

하차(下車) [하:차] 기차·자동차 따위의 탈것에서 내림. 예서울역에서 하차하다. 凹승차. **하차하다**.

하찮다 [하찬타] 1 훌륭하지 않다. 예하찮은 솜씨. 2 대수롭지 않다. 예하찮은 일로 소란을 피우다. |본|하치않다.

*__하천__(河川) 시내. 강. 예하천이 범람하다.

하체(下體) [하:체] 몸의 아랫부분. 예하체가 길다. 凹상체.

하층(下層) [하:층] 1 탑이나 건물의 아래층. 2 사회적 지위나 경제적 생활 수준이 낮은 계층. 예하층 계급/하층 사회. 凹하급. 凹상층.

하키(hockey) 필드하키나 아이스하키를 줄여 이르는 말.

하트(heart) 심장. 사랑. 마음.

*__하품__ 고단하거나 졸리거나 심심할 때 저절로 입이 벌어지면서 나오는 깊은 숨. 예하품을 참다/하품이 나오다. **하품하다**.

하프(harp) 현악기의 하나. 삼각형의 틀에 47개의 현이 세로로 걸려 있으며 두 손으로 튕겨 소리를 냄.

하필(何必) 어째서 꼭 그렇게. 예하필 왜 나한테 묻는 거야.

하하 1 기뻐서 입을 크게 벌리고 웃는 소리. 2 기가 막혀 한숨을 쉬며 내는 소리. 예하하, 이거 큰일 났군. |큰|허허.

하행(下行) [하:행] 1 아래쪽으로 내려감. 2 서울에서 지방으로 내려감. 예하행 열차. 凹상행. **하행하다**.

하향(下向) [하:향] 1 아래쪽으로 향함. 예그래프가 하향 곡선을 그리다. 2 점수·수치·지위 따위가 낮아짐. 凹상향. **하향하다**.

하현달(下弦一) [하:현딸] 음력 매월 22-23일경에 뜨는, 둥근 쪽이 위로 향하여 있는 반달. 凹상현달.

하회탈(河回一) [하:회탈/하:훼탈] 하회 별신굿 탈놀이에 쓰이던 나무로 만든 탈. 우리나라 국보로, 정식 이름은 '안동 하회탈 및 병산탈'.

하회탈

*__학__(鶴) ⇨두루미.

학과(學科) [학꽈] 대학 등에서 학문을 전문 분야에 따라 나눈 갈래. 예지망 학과를 고르다.

*__학교__(學校) [학꾜] 여러 가지 시설을 갖추어 놓고 교사가 계속하여 학생을 가르치는 곳. 초등학교·중학교·고등학교·대학교 및 특수 학교가 있음. 예학교에 다니다. ⊃school

학군(學群) [학꾼] 입시 제도 개편에 따라 지역별로 나누어 정해 놓은, 몇 개의 중학교 또는 고등학교의 무리.

*__학급__(學級) [학끕] 같은 교실에서 가르침을 받는 학생의 십단. 예학급 담임/학급 회의. 凹반. ⊃class

*__학기__(學期) [학끼] 한 학년 동안을 나눈 기간. 우리나라에서는 한 학년을 두 학기로 나눔. 예3학년 1학기/새 학기가 시작되다.

*__학년__(學年) [항년] 1 1년간의 학습 과정의 단위. 예학년 말 시험. 2 1년간의 수업하는 학과의 정도에 따라 구분한 학교 교육의 단계. 예일 학년/삼 학년 담임을 맡다.

학당(學堂) [학땅] 예전에, 학교를 이르던 말. 예배재 학당.

학대(虐待) [학때] 몹시 괴롭히거나 가혹하게 대우함. 예동물을 학대하면 안 된다. **학대하다**.

학도(學徒) [학또] 1 ⇨학생. 예청년 학도. 2 학문을 닦는 사람.

학력¹(學力) [항녁] 교육을 통해 얻은 지식이나 기술의 능력. 예기초 학력을 평가하다/학력을 쌓다.

학력²(學歷) [항녁] 학교를 다닌 경

력. 예 최종 학력.

***학문** (學問) [항문] 배워서 익힘. 또는 그런 지식. 예 학문이 깊다 / 학문에 뜻을 두다.

학벌 (學閥) [학뻘] 1 졸업한 학교의 사회적 지위나 등급. 예 학벌이 좋다 / 학벌을 따지다. 2 같은 학교 출신에 의하여 만들어지는 파벌. 예 학벌의 폐해가 적지 않다.

학부모 (學父母) [학뿌모] 학생을 자녀로 둔 부모. 비 학부형.

학부형 (學父兄) [학뿌형] 학생의 아버지나 형이라는 뜻으로, 학생의 보호자를 이르는 말. 비 학부모.

학비 (學費) [학삐] 공부를 하는 데드는 돈. 예 학비에 쪼들리다 / 아르바이트로 학비를 벌다.

학사 (學士) [학싸] 대학을 졸업하는 사람이 받게 되는 학위. 또는 그 학위를 받은 사람.

학살 (虐殺) [학쌀] 끔찍하게 마구 죽임. 예 양민을 학살하다. **학살하다**.

*****학생** (學生) [학쌩] 학교에 다니면서 공부하는 사람. 예 4학년 학생 / 모범학생. 비 학도. ⇨pupil, student

학생증 (學生證) [학쌩쯩] 학생의 신분임을 알리는 증명서.

학선 (鶴扇) [학썬] 손잡이가 날개를 편 학처럼 생긴 부채.

학수고대하다 (鶴首苦待一) [학쑤고대하다] 학의 목처럼 목을 길게 늘여 기다린다는 뜻으로, 몹시 애타게 기다리다. 예 편지가 오기를 학수고대하다.

학술 (學術) [학쑬] 학문과 예술. 또는 학문과 기술. 예 학술 강연회.

*****학습** (學習) [학씁] 지식이나 기술 따위를 배워서 익힘. 예 자율 학습 / 학습 지도. **학습하다**.

학습장 (學習帳) [학씁짱] 공부하는 데 필요한 사항을 적는 공책. 노트. 예 학습장을 정리하다.

학습지 (學習紙) [학씁찌] 정기적으로 가정으로 배달되는 학습 문제지. 예 학습지를 풀다.

*****학식** (學識) [학씩] 배워서 얻은 지식. 예 학식이 높다.

학업 (學業) [하겁] 학교에 다니면서 공부하는 일. 예 학업에 열중하다.

학예 (學藝) [하계] 학문과 예술.

학예회 (學藝會) [하계회 / 하계훼] 학생들이 학교에서 배운 예능이나 학예품을 여러 사람 앞에서 보이는 행사. 비 학예 발표회.

*****학용품** (學用品) [하굥품] 연필·공책 따위의 학습에 필요한 물건.

학우 (學友) [하구] 학교에서 같이 공부하는 벗.

학원 (學院) [하권] 지식·기술·예체능 교육 등을 하는 사설 교육 기관. 예 컴퓨터 학원 / 피아노 학원.

학위 (學位) [하귀] 정해진 학업 과정을 마치거나 어떤 부문의 학술을 전문적으로 연구하여 일정한 수준에 이른 사람에게 대학에서 주는 자격. 학사·석사·박사 따위. 예 학위를 따다.

학익진 (鶴翼陣) [하긱찐] 학이 날개를 편 모양으로 치는 진. 적을 둘러싸기에 편리하다.

*****학자** (學者) [학짜] 학문에 능통하거나 학문을 연구하는 사람.

학자금 (學資金) [학짜금] 학비로 쓰는 돈. 예 학자금을 마련하다.

학점 (學點) [학쩜] 대학이나 대학원에서 들은 수업의 양을 계산하는 단위. 또는 그 수업에서 받은 성적을 나타내는 단위. 예 졸업 학점을 따다 / A 학점을 받다.

학정 (虐政) [학쩡] 국민을 괴롭히는 가혹한 정치. 예 학정에 시달리다.

학질 (瘧疾) [학찔] ⇨ 말라리아.

학창 (學窓) 공부하는 교실 또는 학교를 이르는 말. 예 학창 시절.

학칙 (學則) [학칙] 교과 과정이나 학생 생활에 관한 학교의 규칙. 예 학칙 개정 / 학칙을 위반하다. 비 교칙.

학회 (學會) [하쾨 / 하퀘] 학술의 연구와 장려를 목적으로 조직된 단체. 예 한글 학회.

*****한**[1] 1 '하나'의 뜻. 예 한 사람 / 한 개. 2 '대략'의 뜻. 예 한 천 명. 3 '어떤'·'어느'의 뜻. 예 한 착한 학생이 있었다.

*****한**[2] (限) [한:] 넘지 못하게 정하거나 이미 정해진 정도의 범위. 예 기쁘기 한이 없다.

한[3] (恨) [한:] 마음에 맺힌 슬프고

한가득 꽉 차도록 가득. 예 양동이에 물을 한가득 채우다. **한가득하다.**

한가로이 (閑暇—) 한가하게. 별로 할 일이 없이. 예 한가로이 날고 있는 갈매기.

한가롭다 (閑暇—) [한가롭따] 별로 할 일이 없이 시간적 여유가 있다. 예 한가롭게 공원을 거닐다. 활용 한가로워 / 한가로우니.

***한가운데** 가운데에서도 가장 중심이 되는 곳. 예 교실 한가운데에 난로가 있다. 비 한복판.

한가위 우리나라 명절의 하나. 음력 8월 15일. 비 가위. 중추절. 추석.

한가하다 (閑暇—) 겨를이 있어 여유가 있다. 예 휴가철이라 시내가 비교적 한가하다. 반 분주하다.

한갓 [한갇] 단지. 오직. 그것만으로. 예 한갓 핑계에 지나지 않는다.

한강 (漢江) [한:강] 우리나라 중부를 흐르는 강. 강원도 태백산맥에서 시작하여 경기도 남양주시에서 남한강과 북한강의 두 물줄기가 합류하면서 서울을 거쳐 황해로 흘러들어감. 길이 514km.

한걸음 [한거름] 쉬지 아니하고 한숨에 내쳐 걷는 걸음이나 움직임. 예 한걸음에 집으로 달려가다. 참고 주로 '한걸음에'의 꼴로 쓰임.

한겨레 큰 겨레라는 뜻으로, 우리 민족을 이르는 말.

한겨울 추위가 한창인 겨울.

한결 보다 더. 한층 더. 훨씬. 예 모자를 쓰니 얼굴이 한결 돋보인다. 비 한층.

> 참고 '하나'를 뜻하는 '한'에 '층'을 뜻하는 '결'이 이어진 말이다. 따라서 이 말은 '한층' 또는 '일층'과 같은 뜻을 지닌 고유어이다.

한결같다 [한결갇따] 1 처음부터 끝까지 변함이 없다. 예 한결같은 부모님의 사랑. 2 여럿이 모두 꼭 같다. 예 한결같은 반응 / 한결같은 대답.

한결같이 [한결가치] 한결같게. 예 표정이 한결같이 밝았다.

한계 (限界) [한:계 / 한:게] 사물의 정하여 놓은 범위나 경계. 예 한계에 부닥치다 / 한계를 극복하다.

한고비 가장 중요하거나 어려울 때. 예 한고비를 넘기다 / 추위가 한고비 지나다.

한곳 [한곧] 일정한 곳. 또는 같은 곳. 예 반사한 빛을 한곳으로 모으다.

한과 (韓菓) [한:과] 한국 고유의 전통 과자. 떡·강정·유밀과·산자·약과·다식 따위.

한구석 한쪽으로 치우쳐 구석진 곳. 한쪽 구석. 예 한구석에 몰아넣다 / 마음 한구석이 텅 비다 / 어디 한구석 나무랄 데가 없다.

***한국** (韓國) [한:국] 『국명』 '대한민국'을 줄여 이르는 말.

한국 방송 공사 (韓國放送公社) 방송을 통하여 문화의 발전과 공공복지의 향상에 이바지함을 목적으로 설립된 특수 법인. 케이비에스(KBS).

한국 산업 규격 (韓國産業規格) 산업 표준화법에 따라 제정된 광공업품의 표준 규격. 합격된 제품에는 케이에스(KS) 표시를 함.

한국어 (韓國語) [한:구거] 한국인이 쓰는 언어. 비 한국말.

한국은행 (韓國銀行) [한:구근행] 우리나라의 중앙은행. 화폐를 발행하고 예금의 이자를 정하며, 각 은행의 업무를 감독함.

한국인 (韓國人) [한:구긴] 대한민국의 국적을 가진 사람. 또는 한국 사람의 혈통을 가진 사람.

한국적 (韓國的) [한:국쩍] 한국 고유의 특징이나 특성이 있는 (것). 예 한국적인 음식.

한국 전쟁 (韓國戰爭) ⇨ 육이오 전쟁.

한국학 (韓國學) [한:구칵] 우리나라의 역사나 문화, 정치, 경제, 사회 등에 관하여 연구하는 학문.

한군데 어떤 일정한 곳. 같은 곳. 예 책을 한군데에 쌓다 / 형제가 한군데에 산다.

***한글** [한:글] 우리나라 고유 글자의 이름. 조선 세종 28년(1446)에 '훈민

정음'이란 이름으로 반포된 것으로, 처음에는 28자였으나, 지금은 24자만 쓰이고 있음. 닿소리 14자와 홀소리 10자로 되어 있음.

한글날 [한:글랄] 세종 대왕이 한글을 처음 만들어 널리 편 것을 기념하기 위하여 정한 날. 10월 9일임.

한글 맞춤법 (一法) 한글로 우리말을 바르게 적는 규칙들을 모은 어문 규정집의 하나. 현재의 맞춤법은 1988년 1월 문교부에서 확정·고시한 것임. [준]맞춤법.

한기 (寒氣) 1 추운 기운. 2 병이 났을 때 느끼는 추운 기운. [예]한기를 느끼다.

***한길** 차나 사람이 많이 다니는 넓은 길. [예]아이들이 한길에서 노는 것은 위험하다. ×행길.

***한꺼번에** [한꺼버네] 몰아서 한 차례에. 죄다 한번에. [예]일을 한꺼번에 처리하다. [준]한껍에.

한껏 (限一) [한:껃] 할 수 있는 데까지. 한도에 이르는 데까지. [예]한껏 멋을 부리다 / 한껏 먹다.

한나라 (漢一) [한:나라] 고대 중국의 나라 이름. 흔히, 전한(기원전 202-서기 8)과 후한(25-220)을 통틀어 일컬음. 기원전 108년에는 우리나라 북쪽 지방에 낙랑·임둔·현도·진번의 4군을 설치하였음.

한나절 하루 낮의 반. [예]한나절이나 걸려서 음식을 만들다.

한낮 [한낟] 낮의 한가운데. 곧, 낮 열두 시쯤 되는 때. [예]한낮의 찌는 더위. [반]한밤중.

한낱 [한낟] 하잘것없는. 오직. [예]한낱 핑계에 불과하다.

한눈[1] 1 한 번 봄. 잠깐 봄. [예]한눈에 반하다 / 한눈에 알아보다. 2 한꺼번에 전부 둘러보는 일. [예]한눈에 내려다보이는 들판.

한눈[2] [한:눈] 당연히 볼 데를 보지 않고 딴 데를 보는 눈.

한눈팔다 [한:눈팔다] 볼 데를 보지 않고 딴 데를 보다. [예]공부에 열중하느라 한눈팔 겨를이 없다. [활용]한눈팔아 / 한눈파니 / 한눈파는.

한달음 [한다름] 중도에 쉬지 않고 한 번에 달려감. [예]한달음에 달려가 대학 합격 소식을 부모님께 알렸다. [참고] 주로 '한달음에·한달음으로' 꼴로 쓰임.

한대 (寒帶) 북극해 연안과 남극 대륙 지방 등의 몹시 추운 지대. [예]한대 기후. [반]열대.

한대림 (寒帶林) 한대에 있는 삼림. 아한대림을 이르는 말로, 침엽수가 주를 이룸.

한더위 한창 심한 더위. 최고조에 달한 더위. [예]삼복 한더위.

한데[1] 한곳. 한군데. [예]장난감은 한데다가 잘 정리해 두어라.

한데[2] [한:데] 덮거나 가리지 않은 곳. 곧, 집채의 바깥. [예]한데서 밤을 새우다. [비]노천.

한도 (限度) [한:도] 일정하게 정한 정도. [예]참는 데도 한도가 있다.

한도막 형식 (一形式) 곡이 여덟 마디로 된 형식. 특히, 동요나 민요에 많이 쓰임.

한동안 꽤 오랫동안. [예]한동안 안 보이더니 나타났다. [비]한참.

한두 하나나 둘의. [예]한두 명 / 한두 번으로 끝내다.

한둘 하나나 둘. [예]희망자가 한둘이 아니다.

한들거리다 가볍게 이리저리 자꾸 흔들리거나 흔들다. [예]길가의 코스모스가 가을바람에 한들거리다. [큰]흔들거리다.

한들한들 한들거리는 모양. [예]나뭇잎들이 바람에 한들한들 흔들리다. [큰]흔들흔들. **한들한들하다**.

***한때** 1 어느 한 시기. 얼마간의 시기. [예]한때 유행한 노래. 2 같은 때. [예]손님이 한때에 들이닥치다.

한뜻 [한뜯] 같은 생각. [예]한뜻으로 모인 사람들.

한라산 (漢拏山) [할:라산] 국립 공원의 하나. 제주도 중앙에 있는 높이 1,950m의 산. 화산의 분화구였던 백록담이 있음. 한대·온대·아열대의 식물이 자람.

한랭 (寒冷) [할랭] 기온이 낮고 매우 추움. [예]한랭 기후. **한랭하다**.

한랭 전선 (寒冷前線) 찬 공기가 따

ㅎ

뜻한 공기 밑으로 들어갈 때에 생기는 전선. 凹온난 전선.
한량없다 (限量—) [할:량업따] ⇨그지없다. 몌고맙기 한량없다.
한량없이 (限量—) [할:량업씨] 한량없게. 몌한량없이 기쁘다.
한류 (寒流) [할류] 한대 지방에서 적도 쪽으로 흐르는, 찬 바닷물의 흐름. 소금기가 적음. 凹난류.
한마디 짧은 말. 간단한 말. 몌나도 한마디 해야겠다.
한마음 하나로 합친 마음. 몌한마음으로 뭉치다. 凹일심. 준한맘.
  한마음 한뜻 모든 사람이 꼭 같은 생각을 함. 몌한마음 한뜻으로 어려운 고비를 넘기다.
한목 한꺼번에 다. 한차례에 죄다. 몌한목에 넘겨주다 / 빚을 한목에 다 갚다.
한목소리 [한목쏘리] 여럿이 함께 내는 하나의 목소리. 또는 같은 의견이나 생각. 몌한목소리를 내다 / 한목소리로 노래를 부르다.
한몫 [한목] 한 사람 앞에 돌아가는 분량. 또는 한 사람이 맡은 역할. 몌한몫 끼다 / 한몫 거들다 / 팀 승리에 단단히 한몫하다. [말음] 한몫이 [한목씨] / 한몫을 [한목쓸]. **한몫하다**.
한문 (漢文) [한:문] 한자로 쓴 글.
한문학 (漢文學) [한:문학] 한문을 연구하는 학문. 凹한학.
한물 과일·채소·어물 따위가 많이 나거나 잡힐 때.
한물가다 한창인 때가 지나다. 몌더위도 이제 한물갔다.
한민족 (韓民族) [한:민족] ⇨한족².
한바탕 일이 크게 벌어진 한판. 몌한바탕 마당놀이가 벌어지다.
한반도 (韓半島) [한:반도] 국토 전체가 반도로 이루어진 우리나라를 일컫는 말.
한밤 ⇨한중.
한밤중 (—中) [한밤쭝] 깊은 밤. 몌한밤중부터 비가 내리다. 凹오밤중. 준한밤. 凹낮낯.
한방 (漢方) [한:방] 1 중국에서 전해 들어와 우리나라에서 발달한 의술. 몌한방 병원. 2 한의의 처방. 몌한방으로 병을 고치다.
*한번 (—番) 1 시험 삼아. 몌한번 해 보자. 2 기회가 있는 어떤 때. 몌언제 한번 만나자. 3 지난 어느 때나 기회. 몌언젠가 한번은 이런 일이 있었다. 凹일단. 일차.
*한복 (韓服) [한:복] 한국의 고유한 의복. 몌한복 차림으로 나들이를 가다. 凹양복.
한복판 가장 중심이 되는 가운데. 몌도시 한복판. 凹한가운데.
한사코 (限死—) [한:사코] 기를 쓰고. 몹시 고집을 세워. 몌한사코 떠나다 / 한사코 우기다.
한산도 (閑山島) 〖지명〗 경상남도 통영시에 있는 섬. 임진왜란 때 이순신 장군의 수군 근거지였으며, 장군의 사당이 있음. 凹한산섬.
한산도 대첩 (閑山島大捷) 임진왜란 때, 이순신 장군이 한산도 앞바다에서 일본 해군을 크게 무찌른 싸움.
한산하다 (閑散—) 1 사람이 많지 않아 조용하고 쓸쓸하다. 몌한산한 거리. 2 일이 없어 한가하다. 몌부동산 거래가 한산하다.
한살이 [한사리] 동물이나 식물이 태어나서 죽을 때까지 살아가는 모습. 몌강낭콩을 심어 식물의 한살이를 관찰하다.
한석봉 (韓石峰) '한호'의 성과 호를 함께 부르는 이름.
한성 (漢城) [한:성] 〖지명〗 '서울'의 옛 이름. 凹한양.
한솥밥 [한솓빱] 같은 솥에서 푼 밥. 몌한솥밥 먹는 식구.
한순간 (—瞬間) 매우 짧은 동안. 몌한순간도 눈을 뗄 수 없다.
한술 숟가락으로 한 번 뜬 음식이라는 뜻으로, 적은 음식을 이르는 말. 몌밥 한술 얻어먹다.
  한술 더 뜨다 행동이나 말이 남보다 또는 다른 때보다 더욱 심하다.
*한숨 1 한 번의 호흡이나 그 동안. 2 잠깐 동안의 휴식이나 잠. 몌한숨도 못 자다. 3 근심이나 서러움이 있을 때 길게 몰아서 내쉬는 숨. 몌한숨 소리 / 땅이 꺼지게 한숨을 내쉬다 / 한숨이 새어 나오다.

한숨(을) 돌리다 어려운 고비를 넘기고 좀 여유를 갖다.

한스럽다 (恨—) [한:스럽따] 슬프고 억울한 느낌이 있다. [활용] 한스러워 / 한스러우니.

한시[1] (一時) **1** 같은 시각. 예 한날 한시에 태어나다. **2** 잠깐 동안. 예 한시가 바쁘다 / 한시도 부모님을 잊은 적이 없다.

한시[2] (漢詩) [한:시] 한문으로 지어진 시.

한시름 큰 시름. 큰 걱정. 예 한시름 놓다 / 한시름 덜다.

한시바삐 (—時—) 빨리 서둘러서. 조금이라도 빨리. 예 한시바삐 걸음을 옮기다.

한식[1] (寒食) 동지로부터 105일째 되는 날. 4월 5일이나 6일쯤임. 조상의 무덤에 차례를 지내고 묘를 돌보는 날로, 명절의 하나.

한식[2] (韓式) [한:식] 우리나라 고유의 양식. 예 한식 기와집.

한식[3] (韓食) [한:식] 우리나라 고유의 음식. 한국 요리.

한심하다 (寒心—) 정도에 지나치거나 모자라서 가엾고 딱하다. 예 집에서 놀고만 있으니 한심하기 짝이 없다.

한약 (韓藥) [하:냑] 한방에서 쓰는 약. 주로 풀뿌리나 나무껍질 따위를 재료로 씀. [반] 양약. [본] 한방약.

한약방 (韓藥房) [하:냑빵] 한약재를 팔거나 한약을 지어 파는 곳. [비] 한약국. [반] 양약방.

한양 (漢陽) [하:냥] 〖지명〗 조선 시대에 서울을 일컫던 말.

한없다 (限—) [하:넙따] 끝이 없다. 예 사람의 욕심은 한없다.

한없이 (限—) [하:넙씨] 끝이 없이. 예 한없이 기뻐하다.

한여름 [한녀름] 여름의 한창 더운 때. 예 한여름의 무더위.

한옥 (韓屋) [하:녹] 재래식으로 지은 우리나라 고유의 집. [반] 양옥.

한용운 (韓龍雲) 〖인명〗 승려·시인. 3·1 운동 때 민족 대표 33인 중의 한 사람. 호는 만해. 불교계의 지도자로도 공이 큼. 일제에 저항하는 민족 정신을 노래한 시집 '님의 침묵'이 유명함. [1879-1944]

한우 (韓牛) [하:누] 소의 한 품종. 성질이 온순하고 고기 맛이 좋은 우리나라 재래종임.

한울님 [하눌림] 천도교에서, 하느님을 이르는 말.

한의사 (韓醫師) [하:늬사 / 하:니사] 한약이나 침 따위로 병을 치료하는 의사. [비] 한의.

한의원 (韓醫院) [하:늬원 / 하:니원] 한의사가 환자를 치료하는 곳.

한의학 (韓醫學) [하:늬학 / 하:니학] 우리나라에서 전통적으로 발달해 내려온 의학.

한입 [한닙] **1** 입에 음식물이 가득찬 상태. 예 상추쌈이 한입이다. **2** 한 번 벌린 입. 예 한입에 다 먹다.

***한자** (漢字) [한:짜] 중국의 고유한 글자. 중국·한국·일본 등에서 쓰이고 있음. [비] 한문자.

한자어 (漢字語) [한:짜어] 한자로 된 낱말. [비] 한자말.

한잠 **1** 매우 깊이 든 잠. 예 한잠 푹 자다. **2** 잠시 자는 잠. 예 낮잠을 한잠 자다.

한적하다 (閑寂—) [한저카다] 한가하고 고요하다. 예 한적한 거리.

한정 (限定) [한:정] 일정한 범위로 제한하여 정함. 예 한정 판매 / 인원수를 한정하다. **한정하다**.

한족[1] (漢族) [한:족] 예로부터 중국에 살아온 민족. 황색 인종으로, 중국 전체 인구의 90% 이상을 차지함. [비] 한민족.

한족[2] (韓族) [한:족] 한반도를 중심으로 남만주 등지에 걸쳐 살아온 우리나라의 중심이 되는 민족. 고유의 한국어를 사용하는 황색 인종임. [비] 배달민족. 한민족.

한중 (韓中) [한:중] 한국과 중국.

한중록 (閑中錄) [한중녹] 〖책〗 조선 정조 때 혜경궁 홍씨가 지은 작품. 남편인 사도 세자의 죽음을 중심으로 자신의 일생을 돌아본 것임.

한증 (汗蒸) [한:증] 높은 온도로 몸을 덥게 하여 땀을 내어서 병을 치료하는 일. **한증하다**.

한증막 (汗蒸幕) [한:증막] 한증을 하

기 위하여 담을 둘러쳐 굴처럼 만든 시설.

한지 (韓紙) [한:지] 닥나무 껍질 따위의 섬유를 원료로 하여 우리나라의 전통적인 방법으로 만든 종이. 창호지 따위.

한집안 [한지반] 1 같은 집에서 함께 사는 가족. [예] 한집안 식구. 2 가까운 혈육. 같은 집안. [예] 한집안에 선생이 셋이나 된다.

***한쪽** 여러 갈래에서 한편 쪽. [예] 한쪽 말만 듣고는 모른다 / 한쪽 팔을 다치다.

***한참** 시간이 상당히 지나는 동안. [예] 한참 기다리다 / 한참만에 나타나다. [비] 한동안.

> [주의] **한참**과 **한창**
>
> **한참** 꽤 오랜 동안, 한동안의 뜻으로 쓴다.
> [예] 한참 동안 기다리다 / 아기가 장난감을 한참 갖고 놀다가 잠이 들었다.
>
> **한창** 가장 활발할 때라는 뜻의 명사로 쓰거나, 가장 활기 있는 모양을 나타내는 뜻의 부사로 쓴다.
> [예] 고향엔 지금 추수가 한창이다 / 한창 많이 먹을 나이다.

***한창** 1 가장 성한 때. [예] 꽃이 한창이다. 2 가장 활기 있게. [예] 한창 일할 나이. → 한참 [주의]

한창때 기운이나 의욕이 가장 왕성한 때. [예] 한창때의 젊은이.

한철 한창 성한 때. [예] 수박은 여름이 한철이다.

***한층** (一層) 한 단계 더. 더욱. [예] 한층 돋보이다. [비] 한결.

한탄 (恨歎) [한:탄] 원망하거나 뉘우칠 때에 한숨짓는 일. 또는 그 탄식. [예] 신세 한탄 / 그는 자식이 없음을 한탄했다. [준] 한. **한탄하다.**

한탄강 (漢灘江) [한:탄강] 〖지명〗 강원도 평강군에서 시작되는 강. 철원군과 경기도 연천군을 거쳐 임진강으로 흘러 들어감. 길이 136km.

한턱 남에게 한바탕 음식을 대접하는 일. [예] 1등을 해서 친구들에게 한턱을 냈다.

한테 주로 구어에서 쓰는 말로 '에게'의 뜻을 나타냄. [예] 언니한테 보낼 물건이다 / 모든 책임은 나한테 있다. [비] 에게.

한통속 서로 마음이 통하여 같이 모이는 동아리. [예] 모두 다 한통속이다. [비] 한패. [준] 한통.

한파 (寒波) 겨울철에 갑자기 기온이 내려가는 현상. [예] 한파 주의보. → **[학습마당]** 5(120쪽)

한판 한 차례의 내기나 경기. [예] 한판 승부.

한패 (一牌) 같은 동아리나 무리. [예] 한패가 되어 속이다. [비] 한통속.

***한편** (一便) 1 한쪽. [예] 한편으로 비켜서라. 2 같은 편. 같은 동아리. [예] 한편이 되다. 3 어떤 일의 한 측면. [예] 고맙기도 하고 한편으로는 부담스럽기도 하다.

한평생 (一平生) 한 사람의 살아 있는 동안. [예] 조국을 위해 한평생을 바치다. [비] 일평생.

한풀 기세나 기운이 어느 정도로. [예] 추위가 한풀 누그러지다.

한풀 꺾이다 한창이던 기세가 어느 정도 수그러지다. [예] 더위가 한풀 꺾이다.

한하다 (限一) [한:하다] 조건이나 범위를 정하다. [예] 어린이에 한하여 입장이 가능하다.

한학 (漢學) [한:학] 한문에 관한 학문. [비] 한문학.

한해[1] (旱害) [한:해] 가뭄으로 인하여 입은 재해. [예] 한해 대책을 세우다.

한해[2] (寒害) 추위로 인하여 농작물이 입은 피해. [예] 한해를 입다.

한해살이 [한해사리] 식물이 한 해 동안에 싹이 트고, 자라서 꽃이 피고, 가을에 열매를 맺고 말라 죽는 일. 또는 그런 식물. [예] 한해살이 식물. [비] 일년생. [반] 여러해살이.

한호 (韓濩) 〖인명〗 조선 선조 때의 서예가. 호는 석봉. 해서·행서·초서를 모두 잘 써서 중국에까지 이름을 떨침. 추사 김정희와 함께 조선 서예계의 쌍벽을 이룸. [1543-1605]

***할** (割) 어떤 수나 수량을 10등분하여 그 몇을 나타내는 말. 푼의 10배.

ㅎ

예 3할 할인.

할당 (割當) [할땅] 몫을 갈라 나눔. 또는 그 나눈 몫. 예 일을 할당하다. 할당하다.

할딱거리다 [할딱꺼리다] 자꾸 할딱이다. 예 가쁜 숨을 할딱거리다. 큰 헐떡거리다.

할딱이다 [할따기다] 가쁘게 숨을 몰아쉬다. 예 숨을 할딱이며 산을 오르다. 큰 헐떡이다.

할랑하다 낄 물건이 작고 끼울 자리가 크다. 예 바지가 할랑하다. 큰 헐렁하다.

할렐루야 (히 Hallelujah) 기독교에서 '신을 찬미하다'라는 뜻으로, 기쁨·감사를 나타내는 말.

*__할머니__ 1 아버지의 어머니. 비 조모. 2 부모의 어머니와 같은 항렬에 있는 여자. 3 친척이 아닌 늙은 여자를 친하게 이르는 말. 예 할머니에게 자리를 양보하다. 높 할머님. ⊃grandmother

할멈 1 나이가 많은 늙은 여자를 낮추어 이르는 말. 2 늙은 남편이 자기 아내를 친근하게 이르는 말.

할미 1 '할멈'을 낮추어 이르는 말. 2 할머니가 손자·손녀에게 자기 자신을 이르는 말.

할미꽃 [할미꼳] 산이나 들에 나는 여러해살이풀. 온몸에 짧은 털이 나고 봄에 줄기 끝에 자주색 꽃이 아래를 향하여 핌.

할미꽃

할미탈 탈의 하나. 얼굴은 흰색이며, 이마에 주름살이 두 뺨·이마·턱에 붉은색의 둥근 점이 있음. 눈두덩과 입술은 붉은색임.

할부 (割賦) 사들인 물건의 값을 여러 번 나누어 냄. 예 할부 판매 / 할부로 물건을 구입하다. 할부하다.

*__할아버지__ [하라버지] 1 아버지의 아버지. 비 조부. 2 부모의 아버지와 같은 항렬에 있는 남자. 3 친척이 아닌 늙은 남자를 친근하게 이르는 말. 높 할아버님. ⊃grandfather

할아범 [하라범] 나이 많은 늙은 남자를 낮추어 이르는 말.

할아비 [하라비] 1 '할아범'을 낮추어 이르는 말. 2 할아버지가 손자·손녀에게 자기 자신을 이르는 말. 예 할아비 손잡고 가자.

할인 (割引) [하린] 일정한 값에서 얼마를 깎아 줌. 디스카운트. 예 할인 판매. 만 할증. ×활인. 할인하다.

할인율 (割引率) [하린뉼] 정해진 가격에서 깎아 주는 비율.

할인점 (割引店) [하린점] 물건을 할인된 가격으로 파는 가게. 예 할인점에서 과일을 사다.

할퀴다 손톱이나 날카로운 물건으로 긁어 생채기를 내다. 예 손톱으로 얼굴을 할퀴다.

핥다 [할따] 혀가 물건의 겉면에 살짝 닿으면서 지나가게 하다. 예 아이들이 아이스크림을 핥으며 나란히 걸어간다. [발음] 핥으니 [할트니] / 핥아서 [할타서].

함 (函) [함:] 혼례 때 신랑 집에서 사주단자·청혼 문서·선물 따위를 넣어 신부 집에 보내는 상자. 예 친구들이 함을 팔러 신부 집에 가다.

함경남도 (咸鏡南道) 『지명』 북한의 한 도. 우리나라 북동부에 위치함. 북쪽 국경에는 백두산이 있고 겨울은 몹시 추움. 비료·흑연·시멘트·철 따위가 유명함. 도청 소재지는 함흥.

함경도 (咸鏡道) 『지명』 함경남도와 함경북도를 함께 이르는 말.

함경북도 (咸鏡北道) [함경북또] 『지명』 북한의 한 도. 우리나라 북동쪽 끝에 위치하여 겨울에는 몹시 추움. 개마고원이 있으며, 어업·철광·임업이 성함. 도청 소재지는 청진.

함구 (緘口) 입을 다물고 말을 하지 않음. 함구하다.

*__함께__ 서로 더불어. 한꺼번에 같이. 예 친구들과 함께 공부하다 / 온 가족이 함께 여행을 가다 / 함께 기뻐하다. 비 같이. ⊃together

함께하다 어떤 일을 더불어 하다. 같이하다. 예 영광스러운 자리를 함께하다.

함대 (艦隊) [함:대] 군함 두 척 이상으로 이루어진 해군 부대.

함락 (陷落) [함:낙] 적의 성이나 진지 따위를 공격하여 빼앗음. 예 적의 진지가 함락되다. **함락하다**.
함량 (含量) [함냥] 어떤 물질이 포함하고 있는 어떤 성분의 양. 예함량 미달 / 지방 함량이 많은 고기 / 멸치는 칼슘 함량이 많다. 본함유량.
함몰 (陷沒) [함ː몰] 어떤 표면이 푹 들어가는 일. 예홍수 때문에 도로가 함몰이 되었다. **함몰하다**.
함박꽃 [함박꼳] 1 함박꽃나무의 꽃. 2 작약의 꽃. 준함박.
함박꽃나무 [함박꼰나무] 목련과의 낙엽 활엽 교목. 산골짜기에 나는데 봄에 향기로운 큰 꽃이 아래 또는 옆을 향하여 핌. 꽃잎은 보통 6-9개이며 관상용임.

함박꽃나무

함박눈 [함ː박눈] 함박꽃 송이처럼 굵고 탐스럽게 내리는 눈.
함박웃음 [함바구슴] 환하게 활짝 웃는 웃음. 예함박웃음을 터뜨리다.
*함부로 1 생각 없이 마구. 되는대로. 예함부로 말하다. 2 버릇없이. 예함부로 까불다.
함빡 1 모자람이 없이 아주 넉넉하게. 예옷을 함빡 머금다. 2 물 따위에 푹 젖은 모양. 예비를 함빡 맞다. 큰흠뻑.
함석 겉면에 아연을 입혀 녹이 슬지 않게 한 철판. 지붕을 이거나 양동이·대야 따위를 만드는 데 씀.
함선 (艦船) [함ː선] 군함과 선박을 통틀어 이르는 말.
함성 (喊聲) [함ː성] 여럿이 함께 지르는 고함 소리. 예함성을 지르다.
함수 (函數) [함ː쑤 / 함ː수] 한 변수의 값에 따라 다른 변수의 값이 결정되는 관계를 나타낸 수식.
함양 (涵養) [하ː먕] 능력이나 성품을 기르고 닦음. 예도덕심을 함양하다. **함양하다**.
함유 (含有) [하ː뮤] 물질이 어떤 성분을 포함하고 있음. 예탄소를 함유한 음료수. **함유하다**.
함자 (銜字) [함ː짜] 남의 이름을 높여 이르는 말. 예아버님의 함자가 무엇이냐. *성함.

함장 (艦長) [함ː장] 군함의 승무원을 지휘·통솔하는 우두머리.
함정[1] (陷穽) [함ː정] 1 짐승을 잡기 위해 파 놓은 구덩이. 예함정을 만들다. 비허방다리. 2 남을 어려움에 빠뜨리려는 계략. 예함정에 빠지다.
함정[2] (艦艇) [함ː정] 전투력을 갖춘 배. 전함·잠수함·어뢰정 따위.
함지박 통나무의 속을 파서 큰 바가지같이 만든 그릇.
함축 (含蓄) 말이나 글 따위에 많은 뜻이 들어 있음. 예이 시는 많은 뜻을 함축하고 있다. **함축하다**.
함흥 (咸興) 〖지명〗함경남도의 도청 소재지. 쌀·콩 따위의 농업과 담배·화학 등의 공업이 성하고, 교통의 요지임. 진흥왕 순수비 따위가 있음.
함흥차사 (咸興差使) 조선의 태조 이성계가 왕위를 물려주고 함흥에 가서 있을 때, 아들 태종이 보낸 사신을 죽이거나 잡아 가두어 돌려보내지 아니하였던 고사에서 나온 말로, 심부름을 가서 아무 소식이 없거나 더디 올 때의 비유.
*합 (合) 여럿을 모두 더한 값. 예3과 4의 합은 7이다.
합격 (合格) [합껵] 시험이나 검사 따위에 통과함. 예대학에 합격하다. 반불합격. **합격하다**.
*합계 (合計) [합꼐 / 합께] 수나 양을 합하여 셈함. 또는 그 수효. 예합계를 내다. 비총계. **합계하다**.
합금 (合金) [합끔] 두 가지 이상의 금속이나 비금속을 섞어 만든 새로운 성질의 금속. 놋쇠·양은 따위.
합기도 (合氣道) [합끼도] 맨손이나 검, 봉 등을 이용하여 자신의 몸을 지키는 무술의 하나.
합당하다 (合當—) [합땅하다] 기준이나 조건에 꼭 들어맞다. 예합당한 답변.
*합동 (合同) [합똥] 1 둘 이상이 모여 행동이나 일을 함께함. 예합동 결혼식. 2 두 개의 도형이 크기와 모양이 같아 서로 포개었을 때에 꼭 맞는 일. **합동하다**.
합류 (合流) [함뉴] 1 둘 이상의 흐름이 한데 합하여 흐름. 예두 강이 합류

하다. 2 어떤 목적을 위해 여럿이 한데 모임. [예] 선발대에 합류하다. **합류하다.**

합리 (合理) [함니] 이론이나 이치에 맞음. [반] 불합리.

합리적 (合理的) [함니적] 이치에 맞는 (것). [예] 합리적인 생각.

합법 (合法) [합뻡] 법령이나 규범에 맞음. [비] 적법. [반] 불법. 비합법.

합법적 (合法的) [합뻡쩍] 법령이나 규범에 맞는 (것). [반] 비합법적.

합병 (合併) [합뼝] 둘 이상의 단체나 국가 따위를 하나로 합침. [예] 두 은행을 합병하다. [비] 병합. **합병하다.**

합병증 (合併症) [합뼝쯩] 어떤 병에 더하여 일어나는 다른 병.

합산 (合算) [합싼] 합하여 계산함. [예] 한 달 교통비를 합산하다. [비] 가산. 합계. **합산하다.**

합석 (合席) [합썩] 한자리에 같이 앉음. [예] 합석을 권하다. **합석하다.**

합선 (合線) [합썬] 양전기와 음전기의 두 선이 한데 붙음. [예] 전기 합선으로 불이 나다.

합성 (合成) [합썽] 둘 이상의 것을 합쳐서 하나를 이룸. [예] 합성 사진. **합성하다.**

합성 섬유 (合成纖維) 석유·석탄 따위를 원료로 하여 만든 섬유. 나일론·비닐론·아크릴 따위. [준] 합섬.

합성 세제 (合成洗劑) 화학적으로 합성한 세제. 주로 가루와 액체로 되어 있음.

합성수지 (合成樹脂) [합썽수지] 화학적으로 합성하여 만든 수지(나무의 진) 같은 물질. 플라스틱 따위.

합성어 (合成語) [합썽어] 둘 이상의 뜻을 가진 말이 합쳐져서 이루어진 말. 검붉다 (검다 + 붉다)·여닫다(열다 + 닫다)·눈사람 (눈 + 사람) 따위. ＊파생어.

합세 (合勢) [합쎄] 세력이나 기운을 한데 모음. [예] 합세하여 적을 물리치다. **합세하다.**

합숙 (合宿) [합쑥] 여럿이 한곳에 묵음. [예] 합숙 훈련. **합숙하다.**

합승 (合乘) [합씅] 자동차 따위에 여럿이 함께 탐. [예] 택시를 합승하다. **합승하다.**

합심하다 (合心—) [합씸하다] 여러 사람이 마음을 한데 합하다. [예] 국민 모두가 합심하여 수재민을 도왔다.

합의[1] (合意) [하븨 / 하비] 뜻이나 의견이 일치함. [예] 합의 사항 / 만족스러운 합의를 보다. **합의하다.**

합의[2] (合議) [하븨 / 하비] 어떤 문제에 대해 두 사람 이상이 한자리에 모여서 의논함. [예] 합의하여 결정하다. **합의하다.**

합작 (合作) [합짝] 여럿이 힘을 합하여 무엇을 만들거나 운영하는 일. [예] 한중 합작 영화. **합작하다.**

합장 (合掌) [합짱] 불교에서, 두 손바닥을 합하여 하는 인사. [예] 합장을 올리다. **합장하다.**

***합주** (合奏) [합쭈] 두 개 이상의 악기로 동시에 연주하는 일. 또는 그 연주. [예] 관현악을 합주하다. [반] 독주. **합주하다.**

합주곡 (合奏曲) [합쭈곡] 합주를 할 수 있도록 작곡한 곡.

합죽선 (合竹扇) [합쭉썬] 얇게 깎은 대나무의 가지를 맞붙인 것을 살로 하고 그 위에 종이를 발라서, 접었다 폈다 하게 만든 부채.

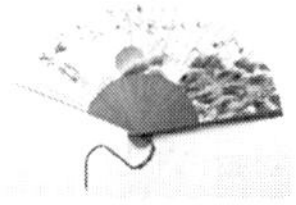
합죽선

합집합 (合集合) [합찌팝] 수학에서 두 집합 A와 B가 있을 때, 집합 A와 집합 B의 원소 전체로 이루어진 집합. 'A∪B'로 나타냄.

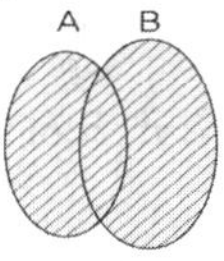

합집합

***합창** (合唱) 여러 사람이 목소리를 맞추어 노래함. 코러스. [예] 2부 합창 / 전교생이 교가를 합창하다. [반] 독창. **합창하다.**

합창단 (合唱團) 합창을 주로 하는 음악 단체. 코러스. [예] 어린이 합창단 / 합창단이 축가를 부르다.

***합치다** (合—) '합하다'의 힘줌말. [예] 힘을 합치다. [반] 나누다.

합판 (合板) 얇은 나무판을 여러 장 붙여서 만든 널빤지.

***합하다** (合—) [하파다] 1 여럿이 하나가 되다. [예] 두 반이 합하다. 2 여럿

핫- 옷·이불 따위의 말 앞에 써서 솜을 넣은 것이라는 뜻. ⓔ핫바지 / 핫이불.

핫도그 (hot dog) 소시지에 밀가루 반죽을 덧입혀 기름에 튀긴 음식.

핫옷 [하돋] 솜을 넣어 지은 옷.

항 (項) [항:] 1 법률이나 문장 따위의 각 부분. ⓔ법률 제2항. 2 다항식의 단항식.

항거 (抗拒) [항:거] 순종하지 않고 맞서서 대항함. ⓔ민중의 항거 / 불의에 항거하다. ⓗ대항. 저항. **항거하다.**

항공 (航空) [항:공] 비행기 따위로 하늘을 날아다님. ⓔ항공 산업.

항공기 (航空機) [항:공기] 사람이나 물건을 싣고 하늘을 날아다니는 탈것. 비행기·헬리콥터 따위.

항공로 (航空路) [항:공노] 항공기가 안전하게 날 수 있도록 정해져 있는 하늘의 길.

항공 모함 (航空母艦) 항공기를 싣고 다니면서 뜨고 내리게 할 수 있는 설비를 갖춘 큰 군함.

항공 우편 (航空郵便) 항공로로 우편물을 실어 나르는 일. 또는 그 우편물. 에어 메일. ⓒ항공편.

***항구** (港口) [항:구] 바닷가에 배가 안전하게 드나들 수 있도록 시설을 갖추어 놓은 곳.

항구 도시 (港口都市) 항구를 끼고 발달한 도시. 항구로 발전한 도시. ⓒ항도. 항시.

항구적 (恒久的) 변하지 않고 오래가는 (것). ⓔ항구적인 평화. ⓗ영구적. ⓟ일시적.

항라 (亢羅) [항:나] 명주·모시·무명 실 따위로 짠 옷감의 하나. 구멍이 송송 뚫어지게 짠 것으로 여름 옷감으로 알맞음.

항렬 (行列) [항녈] 친족 관계에서의 차례를 나타내는 말. 형제 관계는 같은 항렬임. ⓔ항렬이 높다.

항렬자 (行列字) [항녈짜] 같은 항렬에 속하는 사람들이 이름에 쓰는 같은 글자. ⓔ항렬자를 보니 할아버지뻘이다. ⓗ돌림자.

항로 (航路) [항:노] 1 배가 다니는 바닷길. ⓗ뱃길. 해로. 2 항공기가 다니는 길. ⓗ항공로.

항만 (港灣) [항:만] 우묵히 들어간 바닷가에 방파제·부두·창고 따위의 시설을 갖추어 놓은 곳. ⓔ항만 시설.

항목 (項目) [항:목] ⇨조목.

***항문** (肛門) 똥을 몸 밖으로 내보내는 소화기 끝의 구멍. ⓗ똥구멍.

항복 (降伏) 싸움에 진 것을 인정하고 상대편에게 굴복함. ⓔ적의 항복을 받다. **항복하다.**

***항상** (恒常) 언제나. 늘. ⓔ동생은 항상 부지런하다 / 그는 항상 열심히 공부하는 학생이다.   ⊃always

항생제 (抗生劑) [항:생제] 몸에 들어오는 다른 미생물이나 생물 세포의 기능을 막는 약제.

항성 (恒星) 우주에서 위치를 거의 바꾸지 않는 별. 태양처럼 스스로 빛을 냄. ⓗ붙박이별. ⓟ행성.

항소 (抗訴) [항:소] 제일심(처음 받은 재판) 판결에 불만이 있을 때 상급 법원에 상소하는 일. 또는 그 상소. ⓔ항소를 기각하다. **항소하다.**

***항아리** (缸—) 아래위가 좁고 가운데가 불룩한 질그릇.

항암 (抗癌) [항:암] 암세포가 늘어나는 것을 막거나 암세포를 죽임. ⓔ항암 치료를 받다.

항의 (抗議) [항:의 / 항:이] 반대의 뜻을 주장함. ⓔ부당한 판정에 항의하다 / 항의 전화가 빗발치다. **항의하다.**

항일 (抗日) [항:일] 일본 제국주의에 반대하여 싸우는 일. ⓔ항일 운동 / 항일 투쟁. **항일하다.**

항쟁 (抗爭) [항:쟁] 맞서 싸움. ⓔ항쟁을 벌이다. ⓗ항전. **항쟁하다.**

항해 (航海) [항:해] 배를 타고 바다 위를 다님. ⓔ항해를 떠나다 / 대서양을 항해하다. **항해하다.**

*****해**¹ ⇨태양. ⓔ해가 뜨다 / 지는 해. ⊃sun 2 지구가 태양을 한 바퀴 도는 동안. ⓔ해가 바뀌다. ⊃year 3 해가 떠서 질 때까지의 동안. ⓔ해가 길다. 4 1월부터 12월까지의 열두 달을 한 단위로 세는 말. ⓔ아무 탈없이 한 해를 보냈다.

해가 서쪽에서 뜨다 절대로 있을 수 없는 일 또는 사물이 뒤바뀜을 강조한 말. 예새벽부터 일어나 공부를 하다니 내일은 해가 서쪽에서 뜨겠다.

*해² (害) [해:] 나빠지게 함. 예건강에 해가 되다 / 농작물에 해를 입히다. **해하다**.

해³ 입을 조금 벌리고 힘없이 싱겁게 웃는 모양. 또는 그 소리. 예해 웃다. 큰헤.

해갈 (解渴) [해:갈] 1 목마름을 풀어 버림. 예갈증이 해갈되다. 2 비가 내려 가뭄을 겨우 면함. 예어제 내린 비로 겨우 해갈이 되었다. **해갈하다**.

해거름 해가 질 무렵. 예아침에 나갔다가 해거름에야 돌아오다.

***해결** (解決) [해:결] 얽힌 일을 풀어서 처리함. 문제를 풀어서 결말을 지음. 예문제를 해결하다. **해결하다**.

해결책 (解決策) [해:결책] 어떤 일이나 문제를 해결하기 위한 방법. 예해결책을 찾다.

해고 (解雇) [해:고] 고용주가 고용한 사람을 그만두게 함. 예해고를 당하다. **해고하다**.

해골 (骸骨) 죽은 사람의 살이 썩고 남은 앙상한 뼈. 또는 그 머리뼈.

해괴망측하다 (駭怪罔測—) [해괴망측카다 / 해궤망측카다] 말할 수 없을 만큼 매우 이상하다. 예해괴망측한 소리.

해괴하다 (駭怪—) [해괴하다 / 해궤하다] 크게 놀랄 만큼 괴상하다. 예해괴한 소문이 돌다.

해군 (海軍) [해:군] 바다에서 전투를 맡아 하는 군대. *공군. 육군. ⊃ navy

해금 (奚琴) 둥근 나무통에 가는 자루를 박고 두 줄의 명주실을 매어, 대나무에 말총을 얹은 활로 비벼서 켜는 현악기. 비깡깡이.

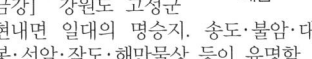
해금

해금강 (海金剛) [해:금강] 강원도 고성군 현내면 일대의 명승지. 송도·불암·대봉·선암·작도·해만물상 등이 유명함.

***해내다** [해:내다] 맡은 일이나 문제를 능히 처리하다. 예맡은 일을 훌륭히 해내다 / 제 몫을 다 해내다.

해넘이 [해너미] 해가 막 지는 때. 비일몰. 반해돋이.

해녀 (海女) [해:녀] 바닷속에 들어가 미역·해삼·전복 따위를 따는 일을 직업으로 하는 여자.

***해님** '해¹'를 사람처럼 비유하여 정답게 일컫거나 높여 부르는 말. 예해님이 방긋 웃다. ×햇님.

해답 (解答) [해:답] 질문이나 문제에 대하여 답하거나 어려운 일을 풀어서 밝힘. 또는 그 답. 예해답을 구하다 / 해답을 찾다. 반문제. 준답. **해답하다**.

***해당** (該當) 바로 들어맞음. 꼭 맞음. 예그 말에 해당되는 영어는 없다. **해당하다**.

해당란 (該當欄) [해당난] 어떤 사항에 바로 들어맞는 난. 예해당란에 '○'를 하시오.

해당화 (海棠花) [해:당화] 장미과의 낙엽 활엽 관목. 바닷가의 모래땅에서 자라며 줄기에는 가시가 많음. 5월에 짙은 붉은색의 꽃이 핌. 비때찔레.

| 학습마당 | 24 |

'해돋이'를 소리 나는 대로 '해도지'로 적지 않는 까닭

'ㄷ, ㅌ' 받침 뒤에 '-이(-)'나 '-히-'가 붙어서 낱말이 될 때, 그 'ㄷ, ㅌ'이 'ㅈ, ㅊ'으로 소리 나더라도 낱말의 원래 형태를 밝혀서 'ㄷ, ㅌ'을 받침으로 적는다. 그러므로 '해돋이'가 [해도지]로 소리 나더라도 받침을 받쳐서 '해돋이'로 적는다.

맏이 [마지]	마지 (×)	여닫이 [여다지]	여다지 (×)
굳이 [구지]	구지 (×)	닫히다 [다치다]	다치다 (×)
같이 [가치]	가치 (×)	살붙이 [살부치]	살부치 (×)
밭이 [바치]	바치 (×)	붙이다 [부치다]	부치다 (×)

해독[1] (害毒) [해:독] 나쁜 영향을 끼치는 요소. 해와 독. [예] 해독을 끼치다.

해독[2] (解讀) [해:독] 읽어서 뜻을 알아냄. [예] 암호를 해독하다. **해독하다**.

해돋이 [해도지] 해가 막 떠오르는 때. [예] 해돋이를 구경하다. [비] 일출. [반] 해넘이. → **[학습마당]** 24(895쪽)

해동 (解凍) [해:동] 얼었던 것이 녹아서 풀림. [예] 냉동 고기를 해동하다. **해동하다**.

해동성국 (海東盛國) [해:동성국] 크게 번영하던 시절의 발해를 중국에서 이르던 말.

해동통보 (海東通寶) [해:동통보] 고려 숙종 때(1102년) 사용하였던 우리나라 최초의 엽전.

***해롭다** (害—) [해:롭따] 해가 되는 점이 있다. 해가 있다. [예] 담배는 건강에 해롭다. [반] 이롭다. [활용] 해로워 / 해로우니.

해류 (海流) [해:류] 일정한 방향과 속도로 흐르는 바닷물의 흐름. 난류와 한류가 있음.

해리 (海里) [해:리] 바다 위의 거리를 나타내는 단위. 1해리는 위도 1°의 60분의 1의 길이로, 약 1,852m임.

해마 (海馬) [해:마] 실고깃과의 바닷물고기. 길이는 5-15cm 정도, 딱딱한 비늘로 덮이고 머리는 말의 머리와 비슷하며, 주둥이는 대롱 모양이고 몸빛은 갈색임.

해마다 그해 그해. [예] 해마다 열리는 운동회. [비] 매년.

해맑다 [해막따] 매우 희고 맑다. [예] 해맑은 얼굴 / 해맑은 미소. [큰] 희맑다. [발음] 해맑고 [해말꼬] / 해맑은 [해말근] / 해맑지 [해막찌]. →맑다 [주의]

해맞이 [해마지] 1 해가 뜨는 것을 구경하거나 맞이하는 일. 2 새해를 맞음. **해맞이하다**.

해머 (hammer) ⇨망치.

해면 (海面) [해:면] 바다의 표면. [예] 잔잔한 해면. [비] 해수면.

해명 (解明) [해:명] 까닭이나 내용을 풀어서 밝힘. [예] 해명에 나서다 / 진상을 해명하다. **해명하다**.

해몽 (解夢) [해:몽] 꿈을 풀어 좋은 일인지 나쁜 일인지를 가림. [예] 그 꿈을 아들을 낳을 꿈이라고 해몽했다. **해몽하다**.

해묵다 [해묵따] 1 어떤 물건이 해를 넘기어 오래되다. [예] 해묵은 된장. 2 어떤 일이나 감정이 해결되지 못한 상태로 많은 시간이 지나다. [예] 해묵은 감정. [참고] 주로 '해묵은'의 꼴로 쓰임.

해물 (海物) [해:물] '해산물'의 준말.

***해바라기** 국화과의 한해살이풀. 높이는 2m 정도이며, 잎은 크고 넓은 달걀 모양임. 여름에 크고 노란 꽃이 핌. 씨는 먹거나 기름을 짬.

해발 (海拔) [해:발] 바다 표면에서부터 잰 육지나 산의 높이. [예] 북한산은 해발 836m이다.

***해방** (解放) [해:방] 구속이나 억압, 부담 따위에서 벗어남. [예] 내일이면 시험에서 해방이다. [반] 속박. **해방하다**.

해변 (海邊) [해:변] 바다와 가까이 닿아 있는 땅. [예] 노을 진 해변을 거닐다. [비] 바닷가. ➲ **beach**

해병대 (海兵隊) [해:병대] 바다와 육지 어디에서든지 전투를 할 수 있게 특별히 훈련된 부대. 주로 상륙 작전을 수행함.

해부 (解剖) [해:부] 생물의 일부나 전부를 갈라서 그 구조나 각 부분 사이의 관계를 연구하는 일. [예] 개구리를 해부하다. **해부하다**.

해빙 (解氷) [해:빙] 1 얼음이 녹음. [반] 결빙. 2 국내나 국제적인 정치 관계 따위에서 긴장이 줄어듦. [예] 양국 간의 해빙 분위기가 조성되다. **해빙하다**.

해사하다 얼굴이 희고 곱다. [예] 얼굴이 해사하게 생겼다.

해산[1] (解産) [해:산] 아이를 낳음. [비] 분만. **해산하다**.

해산[2] (解散) [해:산] 1 모였던 사람이 흩어짐. 또는 흩어지게 함. [예] 시위대를 강제로 해산시키다. [비] 분산. [반] 집합. 2 어떤 단체나 조직 등을 해체하여 없앰. [예] 국회 해산. **해산하다**.

해산물 (海産物) [해:산물] 바다에서 나는 먹을거리. 생선·조개·해초 따위. [준] 해물.

해삼 (海蔘) [해:삼] 바다 깊이가 20m 정도 되는 곳에 사는 바다 동물. 몸은 오이 모양이고, 길이는 15-40cm 정

[ㅎ]

도. 몸의 빛깔은 밤색·갈색으로 얼룩무늬가 있음.

해상 (海上) [해:상] 바다의 위. 예해상 교통 / 해상에 높은 파도가 일다. 반육상.

해상권 (海上權) [해:상꿘] 바다에서 군사·무역·항해 따위에 관하여 가지는 권한.

해석 (解釋) [해:석] 어려운 내용이나 뜻을 알기 쉽게 풀어 설명함. 예문장의 뜻을 해석하다. **해석하다**.

*__해설__ (解說) [해:설] 알기 쉽게 풀어 설명함. 또는 그런 글. 예뉴스 해설 / 정답 해설. **해설하다**.

해설자 (解說者) [해:설짜] 해설하는 사람.

해소 (解消) [해:소] 어려운 일이나 문제를 해결하여 없앰. 예갈증을 해소하다 / 불안이 해소되다. **해소하다**.

해수 (海水) [해:수] 바닷물.

해수면 (海水面) [해:수면] 바닷물의 표면. 비해면.

해수욕 (海水浴) [해:수욕] 바닷물에서 헤엄을 치거나 노는 일. 예해수욕을 즐기다. **해수욕하다**.

해수욕장 (海水浴場) [해:수욕짱] 해수욕을 하기에 알맞은 환경과 시설이 갖추어져 있는 바닷가.

해시계 (—時計) [해시계 / 해시게] 그림자의 길이와 방향으로 대략의 시각을 알 수 있는 장치.

해시태그 (hashtag) 트위터나 페이스북 같은 에스엔에스(SNS) 등에서 단어나 문구 앞에 해시 기호 '#'를 붙여 게시물의 분류나 검색을 쉽게 할 수 있게 만든 표시 방법.

해쓱하다 [해쓱카다] 얼굴에 핏기나 생기가 없어 파리하다. 예해쓱한 얼굴. 비창백하다.

*__해안__ (海岸) [해:안] 바다와 육지가 맞닿은 곳. 예해안 경비대 / 해안 지방. 비바닷가. 해변.

해안가 (海岸—) [해:안까] 바다와 육지가 맞닿은 곳이나 그 근처. 예해안가를 모래밭을 거닐다. 비바닷가.

해안선 (海岸線) [해:안선] 바다와 육지가 맞닿아서 길게 뻗은 선.

해약 (解約) [해:약] 계약 등을 성립한 약속을 취소하는 일. 예적금을 해약하다. **해약하다**.

*__해양__ (海洋) [해:양] 크고 넓은 바다.

해양 경찰청 (海洋警察廳) 해양 수산부 소속으로 해상에서의 경찰 업무를 맡아보는 경찰 조직.

해양성 기후 (海洋性氣候) 섬이나 해안 지방에서 주로 나타나는 기후. 기온 차이가 적고 습도가 높으며, 날씨가 흐리고 비가 많음. 비해양 기후. 반대륙성 기후.

해양 수산부 (海洋水産部) 중앙 행정 기관의 하나. 수산업, 해양 운송, 항만 시설 관리 및 해양 자원 개발 등의 일을 맡아봄.

해어지다 닳아서 떨어지다. 예신발이 해어지다. 준해지다.

해역 (海域) [해:역] 바다 위의 일정한 구역. 예청정 해역.

해열제 (解熱劑) [해:열쩨] 병으로 생긴 몸의 열을 내리게 하는 약.

해오라기 ⇨백로².

해왕성 (海王星) [해:왕성] 태양계에서 가장 멀리 떨어져 있는 행성.

*__해외__ (海外) [해:외 / 해:웨] 바다 밖에 있는 다른 나라. 예해외 통신 / 해외에 나아오다. 비국외. 반국내.

해외 동포 (海外同胞) 같은 나라 사람이면서 외국에 사는 사람.

해운업 (海運業) [해:우넙] 사람이나 물건을 배로 실어 나르는 사업.

해이하다 (解弛—) [해:이하다] 마음의 긴장이나 규율 따위가 풀리어 느슨해지다. 예방학이 다가오자 아이들 마음이 해이해지기 시작했다.

해인사 (海印寺) [해:인사] 경상남도 합천군 가야산에 있는 절. 팔만대장경이 보관되어 있음.

해일 (海溢) [해:일] 지진이나 화산의 폭발, 태풍 따위로 바다에 큰 물결이 갑자기 일어나 육지로 넘쳐 들어오는 일. →[학습마당] 5(120쪽)

해임 (解任) [해:임] 지위나 임무를 내놓게 함. 예교장직에서 해임되다. 비면직. 해직. **해임하다**.

해장 [해:장] 전날의 술기운을 풀기 위하여 해장국 따위와 함께 술을 약간 마심. **해장하다**.

해장국 [해ː장꾹] 전날의 술기운으로 거북한 속을 풀기 위하여 다음 날 아침에 먹는 국. 예해장국 한 그릇을 뚝딱 해치우다.

해저 (海底) [해ː저] 바다의 밑바닥. 예해저 터널.

해적 (海賊) [해ː적] 배를 타고 다니면서, 다른 배나 해안 지방을 습격하여 재물을 빼앗는 도둑. 巴산적.

해적선 (海賊船) [해ː적썬] 해적이 타고 다니는 배.

해전 (海戰) [해ː전] 바다에서 벌이는 전투. 예한산도 해전.

해제 (解除) [해ː제] 특별한 지시나 금지 따위를 풀어서 자유롭게 함. 또는 이전 상태로 되돌림. 예계엄 해제/태풍 경보 해제. 해제하다.

해조¹ (害鳥) [해ː조] 곡식이나 과실 따위에 해를 끼치는 새. 참새·까마귀 따위. 巴익조.

해조² (海藻) [해ː조] 김·미역·다시마와 같이 바다에서 자라는 식물. 비바닷말. 해조류. 해초.

해조류 (海藻類) [해ː조류] ⇨해조².

해주 (海州) [해ː주] [지명] 황해도 도청 소재지가 있는 항구 도시. 교통의 중심지로 무역업·수산업이 발달하였고 부용당·신광사·탁열정 따위의 명승지가 있음.

해죽 만족한 태도로 귀엽게 살짝 웃는 모양. 囝히죽. 엔해쭉.

해지다 [해ː지다] '해어지다'의 준말. 예해진 양말을 기워 신다.

해직 (解職) [해ː직] 직책에서 물러나게 함. 예해직 교사. 해직하다.

해체 (解體) [해ː체] 1 단체·조직 등을 흩어지게 함. 예구단이 야구팀의 해체를 발표했다. 2 여러 부분을 모아 만든 것을 작은 부분으로 다시 나눔. 예낡은 선박을 해체하다.

해초 (海草) [해ː초] ⇨해조².

해충 (害蟲) [해ː충] 사람이나 농작물 따위에 피해를 주는 벌레. 예해충을 박멸하다. 巴익충.

해치 (獬豸) [해ː치] ⇨해태.

***해치다** (害—) [해ː치다] 1 해롭게 만들다. 예담배는 건강을 해친다. 2 남을 다치게 하거나 죽이다. 예강도가 사람을 해치다.

해치우다 [해ː치우다] 1 어떤 일을 빠르고 시원스럽게 끝내다. 예숙제를 해치우다 / 밥 한 그릇을 거뜬히 해치우다. 2 일의 방해가 되는 대상을 없애 버리다. 예혼자서 몇 놈을 해치웠다.

해커 (hacker) 해킹 행위를 하는 사람. 예해커가 침입하다.

해코지 (害—) [해ː코지] 남을 해치고자 하는 짓. ×해꼬지. 해코지하다.

해킹 (hacking) 남의 컴퓨터 시스템에 침입하여 정보를 빼내거나 프로그램을 파괴하는 일.

해탈 (解脫) [해ː탈] 세상의 욕망·구속·굴레를 벗어난 상태. 예해탈의 경지에 이르다. 해탈하다.

해태 [해ː태] 옳고 그름을 판단하여 안다고 하는 상상의 동물. 사자와 비슷하나 머리 가운데에 뿔이 하나 있음. 화재나 재앙을 물리친다 하여 궁궐이나 절간 등의 좌우에 돌로 조각하여 세웠음. 비해치.

해파리 [해ː파리] 해파릿과의 자포동물. 모양은 삿갓 비슷하고 밑에는 많은 촉수가 늘어져 있고, 뒷면 자루의 끝에는 입이 있음. 몸이 흐늘흐늘하고 물 위에 떠서 살며 촉수에 있는 독침으로 먹이를 쏘아 잡아먹음.

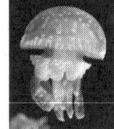
해파리

해풍 (海風) [해ː풍] 바다에서 육지로 부는 바람. 비바닷바람. 巴육풍.

해프닝 (happening) 예상하지 않았던 갑작스러운 일. 예웃지 못할 해프닝이 벌어지다.

해학 (諧謔) 익살스럽고 풍자적인 말이나 행동. 유머. 예해학과 풍자.

해협 (海峽) [해ː협] 육지 사이에 있어 있는 좁고 긴 바다. 예대한 해협.

핵 (核) 1 세포의 중심에 있는 알갱이. 2 사물이나 현상 따위의 중심이 되는 것. 3 ⇨원자핵.

핵가족 (核家族) [핵까족] 부부와 결혼하지 않은 자녀만으로 구성된 가족. 巴대가족.

핵무기 (核武器) [행무기] 원자핵이 갈라지거나 합쳐질 때 생기는 힘을 이용하여 폭발하게 만든 무기. 원자 폭탄이나 수소 폭탄 따위. 비 핵병기.

핵심 (核心) [핵씸] 사물의 가장 중심이 되는 부분. 예 문제의 **핵심**을 찌르다. 비 알맹이. 알속.

핵폭탄 (核爆彈) 핵반응이 일어날 때 생기는 엄청난 에너지를 이용하여 만든 폭탄. 원자 폭탄·수소 폭탄 따위.

핸드백 (handbag) 여성들이 손에 들거나 어깨에 메고 다니는 작은 가방. 손가방.

핸드볼 (handball) 구기의 하나. 7명을 한 팀으로, 공을 손으로 주고받거나 몰아서 상대편 골에 던져 넣어 승부를 가리는 경기. 송구.

핸드폰 (hand+phone) 몸에 지니고 다니면서 사용할 수 있는 소형 무선 전화기. 휴대 전화.

핸들 (handle) 자동차·자전거·배 따위를 운전하거나 작동하는 손잡이. 비 운전대.

핸디캡 (handicap) 남보다 불리한 조건. 예 **핸디캡**을 극복하다.

핼쑥하다 [핼쑤카다] 얼굴에 핏기가 없고 파리하다. 예 밤새 앓더니 얼굴이 **핼쑥해졌다**. 비 창백하다.

햄 (ham) 돼지고기를 소금에 절여 훈제한 가공식품.

햄릿 (Hamlet) 《책》 셰익스피어의 4대 비극의 하나. 덴마크의 왕자 햄릿이, 왕인 아버지를 독살하고 어머니와 결혼한 숙부에 대해 복수를 하고 자신도 죽는다는 이야기.

햄버거 (hamburger) 둥근 빵 사이에 다져서 구운 고기와 채소와 양념 따위를 끼운 음식.

햄스터 (hamster) 비단털쥣과의 하나. 몸의 길이는 12-16cm이며, 꼬리와 다리가 짧고 몸의 위쪽은 주황색, 아래쪽은 회백색이고 앞가슴에 어두운 갈색의 반점이 있음. 의학 실험용으로 쓰는데 요즈음에는 애완동물로 기르기도 함.

햅쌀 그해에 새로 난 쌀.

햇- 주로 농산물 이름 앞에 붙어서, '그해에 새로 난'의 뜻을 나타내는 말. 예 **햇**감자 / **햇**고추.

햇곡식 (一穀食) [핻꼭씩] 그해에 새로 난 곡식. 준 햇곡.

햇과일 [핻꽈일] 그해에 새로 난 과일. 비 햇과실.

햇무리 [핸무리] 해의 둘레에 둥그렇게 테를 이룬 빛. 준 햇물.

햇병아리 [핻뼝아리] 1 깬 지 얼마 안 되는 어린 병아리. 2 경험이 없어 일에 서투른 사람. 예 대학을 갓 졸업한 **햇병아리** 교사.

***햇볕** [해뼏 / 핻뼏] 해가 내리쬐는 뜨거운 기운. 예 **햇볕**이 따사롭다 / **햇볕**에 얼굴이 까맣게 그을리다. 준 볕. [발음] 햇볕이 [해뼈치] / 햇볕에 [해뼈테] / 햇볕을 [해뼈틀].

> [주의] **햇볕**과 **햇빛**
> '햇볕'은 햇볕으로 말미암아 생기는 뜨거운 기운을 이르는 말이며, '햇빛'은 해의 빛, 곧 일광(日光)을 말한다.
> 햇볕에 옷을 말리다 (○)
> 햇빛에 옷을 말리다 (×)
> 햇볕이 따갑다 (○)
> 햇빛이 따갑다 (×)
> 햇빛이 비치다 (○)
> 햇볕이 비치다 (×)
> 햇빛에 눈이 부시다 (○)
> 햇볕에 눈이 부시다 (×)

***햇빛** [해삗 / 핻삗] 해의 빛. 예 **햇빛**을 가리다. 비 일광. →햇볕 [주의].

***햇살** [해쌀 / 핻쌀] 해가 내쏘는 광선. 예 눈부신 **햇살**.

햇수 (一數) [해쑤 / 핻쑤] 해의 수. 예 근무 **햇수** / 결혼한 지 **햇수**로 3년이다. 비 연수.

행 (行) 글의 가로 또는 세로의 줄. 예 **행**을 바꾸다.

행군 (行軍) 군인이나 많은 사람이 줄을 지어 먼 거리를 걸어감. 예 **행군**을 멈추다. **행군하다**.

행글라이더 (hang-glider) 금속제의 틀에 화학 섬유의 천을 입혀서 공기의 흐름을 이용해 날 수 있게 만든 기구.

행글라이더

***행동** (行動) 몸을 움직여서 어떤 동작을 하거나 일을 함. 예 단체 **행동** /

계획을 행동으로 옮기다 / 행동이 민첩하다 / 의젓하게 행동하다. 비행위. **행동하다**. ⊃act

행랑 (行廊) [행낭] 대문간에 붙어 있는 방으로, 예전에 주로 하인들이 거처하던 방.

행렬 (行列) [행녈] 여럿이 줄지어 감. 또는 그 줄. 예시위 행렬 / 행렬을 짓다.

행마 (行馬) 바둑·장기 따위에서, 말을 씀. **행마하다**.

행방 (行方) 간 곳이나 방향. 예행방을 감추다. 비종적.

행방불명 (行方不明) 간 곳이나 있는 곳을 몰라 찾을 수 없음. 예목격자가 행방불명이 되다.

*__행복__ (幸福) [행ː복] 걱정이 없고 마음이 흡족하여 즐거운 상태. 예행복을 추구하다 / 행복을 느끼다 / 행복을 누리다. 반불행. **행복하다**. ⊃happy **행복스럽다**. ⊃happiness

행사[1] (行使) 권리나 권력, 힘 따위를 실제로 사용하는 일. 예국민의 권리를 행사하다. **행사하다**.

*__행사__[2] (行事) 정해진 계획대로 일을 행함. 또는 그 일. 예다채로운 행사가 열리다 / 행사 준비에 바쁘다 / 학교 행사에 참여하다. **행사하다**.

행사장 (行事場) 행사를 치르는 장소. 예행사장이 관객들로 붐비다.

행상 (行商) 이곳저곳 돌아다니며 물건을 파는 장사. 또는 그 사람. 예채소 행상. 비행상인. **행상하다**.

행색 (行色) 겉으로 드러난 차림새나 모습. 예행색이 초라하다.

행선지 (行先地) 가는 곳. 예행선지를 바꾸다.

행성 (行星) 태양의 둘레를 도는 별들. 수성·금성·지구·화성·목성·토성·천왕성·해왕성의 여덟 별. 비떠돌이별. 혹성. 반항성.

행세[1] (行世) 해당되지 않는 사람이 어떤 당사자인 것처럼 행동함. 예그는 주인 행세를 하며 손님을 맞았다. **행세하다**.

행세[2] (行勢) 권세를 부림. 또는 그 태도. 예행세하는 집안 / 마을에서 행세하다. **행세하다**.

행실 (行實) 평소에 하는 행동. 예행실이 바른 학생 / 행실이 좋지 못하다. 비품행.

행여 (幸一) [행ː여] 어쩌다가 혹시. 예추운 날씨에 행여 감기라도 들까 걱정된다 / 행여 남이 볼까 두렵다.

행여나 (幸一) [행ː여나] '행여'를 강조하는 말. 예행여나 좋은 소식이 오지 않을까 하고 기다린다.

행운 (幸運) [행ː운] 좋은 운수. 예행운을 빌다 / 행운을 잡다 / 행운이 따르다. 반불운.

행운아 (幸運兒) [행ː우나] 행운을 만나 모든 일이 잘되어 가는 사람.

행위 (行爲) 사람이 의지를 가지고 하는 짓. 예부도덕한 행위 / 자기 행위에 책임을 지다. 비행동.

행인 (行人) 길을 가는 사람. 예행인에게 길을 묻다.

행장 (行裝) 여행할 때 필요한 여러 가지 물건. 예행장을 챙기다.

행적 (行跡) 1 행동의 자취나 실적. 예행적을 감추다. 2 평생에 한 일이나 업적. 예그는 미술계에 커다란 행적을 남겼다.

*__행정__ (行政) 삼권의 하나. 법률에 따라 국가의 정치를 행하는 일. *입법. 사법.

행정 구역 (行政區域) 행정 기관의 권한이 미치는 범위를 정한 지역. 특별시·광역시·시·도·군·읍·면·동·리 따위.

행정부 (行政府) 행정을 맡아보는 국가 기관. 비정부.

행정 안전부 (行政安全部) 중앙 행정 기관의 하나. 행정 기관의 관리, 법령의 공포, 선거, 안전 및 재난 등에 관한 일을 맡아봄.

행정 재판 (行政裁判) 행정 기관이 한 일 때문에 개인이 손해를 입었을 때, 국가를 상대로 손해 배상을 청구하는 재판.

행주 밥상이나 그릇 따위를 훔치거나 씻을 때 쓰는 헝겊. 예행주로 식탁을 훔치다.

행주 대첩 (幸州大捷) 임진왜란 중이던 1593년에 권율 장군이 행주산성에서 1만의 군사로 왜군 3만과 싸워 크게 승리한 싸움.
행주산성 (幸州山城) [행:주산성] 경기도 고양시에 있는 성. 임진왜란 때 권율 장군이 왜군을 크게 물리친 곳.
행주치마 부엌일을 할 때 옷이 더럽혀지지 않게 덧입는 치마. 町앞치마.
행진 (行進) 여러 사람이 줄을 지어 앞으로 나아감. 예구호를 외치며 행진하다. **행진하다**.
행진곡 (行進曲) 행진할 때 연주하는 음악.
행차 (行次) '웃어른이 길을 가는 것'을 높여서 일컫는 말. 예신하들은 왕의 행차를 따랐다. **행차하다**.
행태 (行態) 하는 짓이나 몸가짐. 행동하는 모양. 예비도덕적인 행태를 보이다.
행패 (行悖) 거칠고 버릇없는 짓을 함. 또는 그런 언행. 예행패를 일삼다 / 마구 행패를 부리다.
***행하다** (行—) 마음먹은 대로 해 나가다. 예모험을 행하다.
향 (香) 1 ⇨향기. 예커피의 향이 진하다. 2 장례식이나 제사 때 피우는 향내 나는 물건. 예향을 피우다.
향가 (鄕歌) 신라 중엽에서 고려 초기에 민간에 널리 퍼졌던 우리나라 고유의 시가. 모두 향찰로 기록되어 있으며, 25수가 전해 옴.
향교 (鄕校) 고려·조선 때 지방에 있었던, 공자를 모신 사당과 이에 딸린 학교.
향긋하다 [향그타다] 은근히 향기로운 느낌이 있다. 예향긋한 냄새.
***향기** (香氣) 꽃·향수 따위에서 나는 좋은 냄새. 예향기가 좋은 꽃. 町향.
향기롭다 (香氣—) [향기롭따] 향기가 있다. 예향기로운 냄새. [활용] 향기로워 / 향기로우니.
향나무 (香—) 측백나뭇과의 상록 침엽 교목. 산기슭이나 평지에 나며, 높이 20m가량으로 껍질은 붉은 갈색임. 정원에 많이 심으며, 조각·가구·향료·약 따위에 쓰임.
향내 (香—) 1 향기로운 냄새. 예향내를 풍기다. 町향기. 2 향의 냄새. 예빈소에는 향내가 가득했다. 뵨향냄새.
향년 (享年) [향:년] 한평생을 살아 누린 나이. 죽을 때의 나이를 말할 때 씀. 예향년 90세로 생애를 마치다.
향락 (享樂) [향:낙] 즐거움을 누림. 예향락에 빠지다.
향로 (香爐) [향노] 향을 피우는 작은 화로.
향료 (香料) [향뇨] 식품이나 화장품 따위에 넣어 향기를 내는 데 쓰는 물질.
향상 (向上) [향:상] 수준이나 실력, 기술 따위가 점점 나아짐. 예생활 수준 향상 / 성적이 날로 향상되다. 町진보. 땐저하. **향상하다**.
향수¹ (鄕愁) 고향을 그리워하는 마음. 예향수에 젖다.
향수² (香水) 향기로운 냄새가 나는 화장품의 한 가지. 예향수를 뿌리다.
향수병 (鄕愁病) [향수뼝] 고향을 간절히 그리워하는 마음.
향신료 (香辛料) [향신뇨] 음식물에 맵거나 향기로운 맛을 더하는 조미료. 겨자·고추·깨·후추·파·마늘 따위.
향약 (鄕約) 조선 때 농촌에서 서로 돕고 이끌어 주며 힘을 뭉치게 할 목적으로 만든 자치 규약.
향연 (饗宴) [향:연] 특별히 잘 베풀어 손님을 대접하는 잔치. 예향연을 베풀다.
향찰 (鄕札) 신라 때 한자의 음과 뜻을 빌려 우리말을 적던 표기법. 주로 향가를 기록하였음.
향토 (鄕土) 시골. 고향 땅.
향토색 (鄕土色) 그 지방에서만 볼 수 있는 특색. 예향토색이 짙은 문학 작품. 町지방색.
향토지 (鄕土誌) 어떤 지방의 역사, 지리, 풍속, 산업 따위를 조사하여 기록한 책.
향피리 (鄕—) 피리의 한 가지. 당피리와 같으나 여덟 개 구멍 중 둘째 구멍이 뒤에 있음. →피리[참고]
***향하다** (向—) [향:하다] 1 바라보다. 예국기를 향하여 서다. 2 마음을 기울이다. 3 어떤 곳으로 가다. 예집으로 향하다.
향후 (向後) [향:후] 이 뒤. 이다음.

예) 향후 거취 / 향후 일정 / 향후 대책을 논의하다.

허 안타깝거나 놀랍거나 걱정스러울 때 내는 소리. 예) 허, 이거 야단났네. 참) 하.

허가 (許可) 허락함. 들어줌. 예) 영업 허가를 받다. 비) 승낙. 반) 금지. 불허. **허가하다.**

허겁지겁 [허겁찌겁] 조급한 마음에 정신없이 서두르는 모양. 예) 허겁지겁 뛰어가다. **허겁지겁하다.**

허공 (虛空) 텅 빈 공중. 예) 허공 속으로 사라지다.

허구 (虛構) 1 실제로 없는 일을 사실처럼 꾸며 만듦. 예) 소문은 허구로 밝혀졌다. 2 소설·희곡 따위에서, 실제로 없는 일을 꾸며 내는 일. 또는 그 이야기. 픽션.

허균 (許筠) [인명] 조선 선조·광해군 때의 정치가·소설가. 서자를 차별하는 제도에 반대하다가 비참한 생애를 마침. 많은 저서가 있는데, 특히 소설 '홍길동전'은 우리나라 최초의 한글 소설로 그 가치가 매우 큼. [1569-1618]

허기 (虛飢) 굶어서 몹시 배고픈 느낌. 예) 허기를 때우다.

허기지다 (虛飢-) 배가 몹시 고파 기운이 빠지다. 예) 허기진 배를 채우다 / 허기져 쓰러질 것 같다.

허깨비 실제로는 없는데 있는 것처럼 보이는 물체. 예) 눈에 허깨비가 보이다. 비) 헛것.

허다하다 (許多-) 매우 많다. 예) 그런 일은 허다하게 볼 수 있다. 비) 수두룩하다.

허덕이다 [허더기다] 힘에 겨워서 괴로워하며 애쓰다. 예) 가난에 허덕이다.

허둥거리다 방향·방법을 모르거나 정하지 못하여 갈팡질팡하다. 예) 시간에 쫓겨 허둥거리며 달려가다. 참) 하동거리다.

허둥대다 ⇨허둥거리다.

허둥지둥 마음이 급하여 어찌할 바를 모르고 허둥거리는 모양. 예) 허둥지둥 달아나다. **허둥지둥하다.**

허드레 허름하고 중요하지 않아 함부로 쓸 수 있는 물건. 예) 허드레로 입는 옷.

허드렛물 [허드렌물] 먹지 않고 아무데나 두루 쓰는 물. 예) 빗물을 받아 허드렛물로 쓴다.

허드렛일 [허드렌닐] 중요하지 않은 일. 비) 잡역. ×허드레일.

허들 (hurdle) 1 장애물 달리기에서 쓰는 장애물. 금속이나 나무로 만들며 가장 높은 것이 106.7cm임. 2 장애물을 뛰어넘어 달리는 육상 경기.

허들2

허락 (許諾) 부탁하거나 원하는 일을 들어줌. 예) 부모님의 허락을 받다 / 친구들하고 여행 가는 것을 허락하다. 비) 승낙. 허가. **허락하다.**

허례허식 (虛禮虛飾) 예절·형식 등을 실속 없이 겉으로만 꾸며 번드르하게 하는 일.

허름하다 1 낡거나 값이 좀 싼 듯하다. 예) 허름한 옷. 2 사람이나 물건이 표준에 좀 미치지 못한 듯하다. 예) 허름한 물건.

***허리** 사람이나 짐승의 갈빗대 아래에서 엉덩이 위의 잘록한 부분. 예) 허리를 구부리다.

허리를 굽히다 ㉠ 정중히 인사하다. ㉡ 남을 겸손한 태도로 대하다.

허리띠 바지 따위가 흘러내리지 않게 옷의 허리 부분에 둘러매는 띠. 비) 벨트.

허리띠를 졸라매다 ㉠ 아끼며 검소하게 살다. ㉡ 새로운 결의와 단단한 각오로 일을 시작하다. ㉢ 배고픔을 참다.

허리춤 바지 따위의 옷에서, 허리의 안쪽 부분. 예) 허리춤에 손을 찔러 넣다 / 치맛자락의 한끝을 허리춤에 찌르다. 준) 춤.

허무 (虛無) 아무런 의미나 가치가 없게 느껴져 매우 허전하고 쓸쓸함. 덧없음. 예) 허무한 인생. **허무하다.**

허무맹랑하다 (虛無孟浪-) [허무맹낭하다] 거짓되고 터무니없다. 예) 허무맹랑한 소문.

허물[1] 1 살갗에서 저절로 일어나는 꺼풀. 예) 허물이 벗겨진 데가 아프다.

2 뱀·매미 따위가 자라면서 벗는 껍질. 예뱀이 허물을 벗다.

허물² 1 잘못한 일. 예허물을 덮어 주다. 비과실. 실수. 2 ⇨흉1.

허물(을) 벗다 누명에서 벗어나다.

허물다 쌓이거나 짜인 물건을 헐어서 무너뜨리다. 예낡은 집을 허물다. 활용 허물어 / 허무니 / 허무는.

허물어지다 [허무러지다] 쌓인 물건이나 짜인 것이 흩어져 무너지다. 예담이 허물어지다.

허물없다 [허무럽따] 서로 아주 친하여 체면을 차릴 필요가 없다. 예둘은 허물없는 사이다.

허물없이 [허무럽씨] 허물없게. 예이웃과 허물없이 지내다.

허벅다리 [허벅따리] 넓적다리의 위쪽 부분.

허벅지 [허벅찌] 1 허벅다리 안쪽의 살이 많은 부분. 2 ⇨허벅다리.

허비 (虛費) 헛되게 써 버림. 또는 그 비용. 예돈을 허비하다 / 시간을 허비하다. 허비하다.

허사 (虛事) 쓸데없는 일. 예모든 노력이 허사가 되다. 비헛일.

허상 (虛像) 실제 없는 것이 있는 것처럼 나타나 보이거나 실제와는 다르게 보이는 모습. 예허상을 보다 / 허상에 사로잡히다.

허생전 (許生傳) 〖책〗조선 정조 때 박지원이 지은 한문 소설. 당시의 허약한 국가 경제를 비판하고 양반의 무능함을 지적하였음.

허세 (虛勢) 실제로 아무 힘도 없는 기세. 예허세를 부리다.

허송세월 (虛送歲月) 하는 일 없이 세월만 헛되이 보냄. 예허송세월을 보내다. 허송세월하다.

허수아비 곡식을 해치는 새나 짐승 따위를 쫓기 위해 논밭에 세워 놓는 물건. 막대기·짚 따위로 사람 모양으로 만듦.

허술하다 1 엉성하여 빈틈이 있다. 예경비가 허술하다. 2 낡고 헐어서 보잘것없다. 예허술한 옷차림.

허술히 허술하게. 예허술히 봤다간 큰코다친다.

허식 (虛飾) 실속 없이 겉만 꾸밈. 예허식 없이 진실하게 사람들을 대하다. 비겉치레.

허심탄회 (虛心坦懷) [허심탄회 / 허심탄훼] 아무 욕심이 없고 마음에 거리낌이 없음. 예허심탄회하게 이야기하다. 허심탄회하다.

허약 (虛弱) 기운이나 힘이 약함. 예허약 체질. 허약하다.

허영 (虛榮) 1 분수에 넘치고 겉으로만 보이는 부와 명예. 2 지나친 겉치레. 예허영에 들뜨다.

허옇다 [허:여타] 산뜻하지 않게 희다. 예머리가 허옇다. 좌하얗다. 활용 허여니 / 허예서.

허욕 (虛慾) 헛된 욕심. 분수에 넘치는 일을 바라는 마음. 예허욕을 부리다 / 허욕에 가득 차다.

허용 (許容) 허락하여 너그럽게 받아들임. 예학생들의 출입을 허용하다. 허용하다.

허우대 보기 좋게 큰 몸집. 예허우대가 좋다. ×허위대.

허우적거리다 [허우적꺼리다] 위험한 곳에서 빠져나오려고 손발을 내두르며 몸부림치다. 예물에 빠져 허우적거리다. ×허위적거리다.

허울 실속이 없는 겉모양. 예허울만 그럴듯하다.

허위 (虛僞) ⇨거짓. 예허위 보도. 반사실. 진실.

허전하다 1 속이 텅 비고 아무것도 없다. 2 무엇을 잃은 것처럼 쓸쓸하고 서운한 느낌이 있다. 예친구가 전학을 가서 허전하다.

허점 (虛點) [허쩜] 빈틈이 많은 부분. 불충분한 점. 예상대 팀의 허점을 파고들다. 비약점.

허준 (許浚) 〖인명〗조선 선조 때의 한의학자. 전의(임금과 왕족을 진료하는 의사)로 있으면서 선조의 명을 받아 의학책을 편찬하였으며 의학책의 번역에도 업적이 큼. 저서에 '동의보감'이 있음. [1539~1615]

허탕 아무 소득이 없는 일.

허탕(을) 치다 아무런 소득이 없게 되다. 예친구가 약속 장소에 나오지 않아 허탕 치고 돌아왔다.

허튼 어떤 말 앞에 쓰이어 '헤픈, 함

부로 하는' 등의 뜻을 나타냄. 예그의 허튼 말을 곧이듣지 마라.

*허파 호흡을 맡아보는 기관. 가슴 양쪽에 있음. 비폐.

허파에 바람 들다 실없이 행동하거나 지나치게 자꾸 웃어 대다.

허풍(虛風) 실제보다 너무 과장하여 믿을 수 없는 말이나 행동. 예허풍이 센 사람 / 허풍을 떨다. 준풍.

허허 입을 벌리고 거리낌 없이 크게 웃는 소리. 또는 그 모양. 작하하. 허허하다.

허허벌판 끝없이 넓은 벌판. 예그늘 하나 없는 허허벌판이었다.

헉 몹시 놀라거나 겁에 질려서 숨을 들이마셔 호흡을 그치는 소리. 또는 그 모양.

헉헉 [허컥] 헉헉거리는 모양이나 소리. 예헉헉 숨을 몰아쉬다.

헉헉거리다 [허컥꺼리다] 몹시 놀라거나 숨이 차서 자꾸 숨을 몰아쉬다. 또는 자꾸 그런 소리를 내다. 예숨을 헉헉거리다.

*헌[헌:] 오래된. 낡은. 예헌 가구 / 헌 옷. 판새.

헌것 [헌:걷] 낡거나 오래된 물건. 판새것.

헌금(獻金) [헌:금] 돈을 바침. 또는 그 돈. 예헌금을 내다. 헌금하다.

헌납(獻納) [헌:납] 돈이나 물건을 바침. 예재산을 헌납하다. 헌납하다.

헌데 [헌:데] 살갗이 헐어서 상한 자리. 비부스럼.

헌법(憲法) [헌:뻡] 나라를 다스리는 데 근본이 되는 법. 다른 법률이나 명령으로 바꿀 수 없음.

헌법 재판소(憲法裁判所) 어떤 일이 헌법에 맞는 것인가를 심판하는 사법 기관.

헌병(憲兵) [헌:병] 군대에서 경찰 역할을 하는 군인.

헌병대(憲兵隊) [헌:병대] 군대에서 경찰 업무를 맡아보는 부대.

헌신(獻身) [헌:신] 자기를 돌보지 않고 몸과 마음을 바쳐 있는 힘을 다함. 예헌신의 노력 / 평생을 사회사업에 헌신하다. 헌신하다.

헌신적(獻身的) [헌:신적] 몸과 마음을 바쳐 있는 힘을 다하는 (것). 예헌신적 노력 / 어머니의 헌신적인 사랑.

헌신짝 [헌:신짝] 오래 신어서 낡아 못 신게 된 신발.

헌장(憲章) [헌:장] 국가 등에서, 어떤 행동의 기준으로 삼기 위하여 정한 원칙. 예어린이 헌장 / 국민 교육 헌장.

헌칠하다 키와 몸집이 보기 좋게 어울리도록 크다. 예허우대가 헌칠한 사람 / 키가 헌칠하다.

헌혈(獻血) [헌:혈] 피가 모자라는 환자를 위하여 건강한 사람이 피를 뽑아 주는 일. 예헌혈 운동. 헌혈하다.

헐값(歇—) [헐깝] 그 물건이 지니는 값보다 훨씬 싼 값. 예집을 헐값에[헐깝쎄] 사다 / 헐값으로[헐깝쓰로] 가구를 팔다.

헐겁다 [헐겁따] 낄 물건보다 낄 자리가 너르다. 예물통 뚜껑이 헐겁다. 활용 헐거워 / 헐거우니.

헐다¹ [헐:다] 1 부스럼이나 상처 따위가 나서 살이 짓무르다. 예입안이 헐다. 2 오래되거나 많이 써서 낡아지다. 예집이 많이 헐었다. 활용 헐어 / 허니 / 허는.

헐다² [헐:다] 1 집이나 쌓아 놓은 물건을 무너뜨리다. 예헌 집을 헐다. 2 모아 둔 물건이나 돈 따위를 꺼내거나 쓰기 시작하다. 예저금통을 헐다. 활용 헐어 / 허니 / 허는.

헐떡거리다 [헐떡꺼리다] 자꾸 헐떡이다. 예숨을 헐떡거리며 달려오다. 작할딱거리다.

헐떡이다 [헐떠기다] 숨을 가쁘고 거칠게 쉬다. 예어깨를 들썩거리며 숨을 헐떡이다. 작할딱이다.

헐뜯다 [헐:뜯따] 남을 깎아내리거나 해치는 말을 하다.

헐렁하다 1 꼭 맞지 않고 크거나 헐겁다. 예바지가 헐렁하다. 2 행동이 조심스럽지 않고 미덥지 못하다. 작할랑하다.

헐렁헐렁하다 1 매우 헐거운 듯한 느낌이 있다. 예옷이 헐렁헐렁하다. 2 행동이 조심스럽지 않고 매우 미덥지 못하다. 예사람이 헐렁헐렁하다. 작할랑할랑하다.

헐레벌떡 급히 달리거나 서둘러서

숨이 가빠 거칠게 몰아쉬는 모양. 예 헐레벌떡 달려왔다. 집 할래발딱. **헐레벌떡하다.** 헐레벌떡거리다.

헐리다 집이나 건물 따위가 무너뜨림을 당하다. 예 집이 헐리다.

헐벗다 [헐ː벋따] 1 가난하여 해진 누더기를 입고 있다. 예 헐벗고 굶주리던 시절. 2 산에 나무가 없다. 예 산과 들이 헐벗다.

헐하다 (歇―) 값이 시세보다 싸다. 예 값이 너무 헐하다.

험난하다 (險難―) [험ː난하다] 1 다니기에 위험하고 어렵다. 예 험난한 산길. 2 험하여 고생스럽다. 예 세상살이가 험난하다.

험담 (險談) [험ː담] 남을 헐뜯는 말. 예 험담을 늘어놓다 / 험담을 퍼붓다. **험담하다.**

험상궂다 (險狀―) [험ː상굳따] 생김새가 사납고 험하다. 예 얼굴이 험상궂게 생기다.

험악하다 (險惡―) [허ː마카다] 1 길이나 날씨 따위가 험하고 나쁘다. 예 날씨가 험악하다. 2 성질이나 인심, 생김새 따위가 흉악하다. 예 인상이 험악하다. 3 형세 따위가 매우 나쁘다. 예 험악한 세상 / 험악한 분위기.

험준하다 (險峻―) [험ː준하다] 산이나 길이 험하며 높고 가파르다.

험하다 (險―) [험ː하다] 1 길 따위가 다니기 어렵다. 예 험한 산길. 2 생김새가 보기 싫게 험상스럽다. 예 험한 얼굴. 3 말이나 행동 따위가 막되다. 예 차를 험하게 몰다. 4 일 따위가 거칠고 힘에 겹다. 예 험한 일.

헛― 다른 말 앞에 붙어, 소용이 없거나 속이 비었거나 참되지 못함을 나타내는 말. 예 헛나이 / 헛살다.

헛간 (―間) [헏깐] 잡동사니 등을 넣어 두는 문짝이 없는 광.

헛갈리다 [헏깔리다] 마구 뒤섞여 분간할 수가 없다. 예 앞뒤 순서가 헛갈리다.

헛걸음 [헏꺼름] 목적을 이루지 못하고 헛되이 돌아오거나 가는 일. 예 친구를 만나러 갔다가 헛걸음만 했다. **헛걸음하다.**

헛것 [헏껃] 1 쓸데없는 일. 예 말짱 헛것이다. 비 헛일. 2 ⇨허깨비. 예 헛것을 보다.

헛고생 (―苦生) [헏꼬생] 아무 보람도 없는 힘든 일. 예 종일토록 헛고생만 했다. **헛고생하다.**

헛구역질 (―嘔逆―) [헏꾸역찔] 게우는 것도 없이 구역질만 하는 일. 예 헛구역질이 나다. **헛구역질하다.**

헛기침 [헏끼침] 인기척을 내기 위해 일부러 하는 기침. 예 몇 번인가 헛기침을 하였으나 대답이 없었다. **헛기침하다.**

헛농사 (―農事) [헌농사] 거두어들이거나 남는 것이 거의 없게 농사를 지음. 또는 그 농사. 예 올해는 가뭄 피해로 헛농사를 지었다. **헛농사하다.**

헛다리 [헏따리] 대상을 잘못 파악하고 일을 그르치는 일. 예 헛다리를 짚다. 참고 주로 '짚다'와 함께 쓰임.

헛돌다 [헏똘다] 바퀴 따위가 앞으로 굴러 나가지 못하고 제자리에서 돌다. 예 차바퀴가 헛돌다. 활용 헛돌아 / 헛도니 / 헛도는.

헛되다 [헏뙤다 / 헏뛔다] 1 아무 보람이나 실속이 없다. 예 헛된 노력 / 헛된 수작을 부리다. 2 터무니없어 믿기가 어렵다. 예 헛된 소문.

헛되이 [헏뙤이 / 헏뛔이] 헛되게. 예 돈을 헛되이 쓰다 / 방학을 헛되이 보내다.

헛듣다 [헏뜯따] 1 말 따위를 귀담아 듣지 않다. 예 주의 사항을 헛듣다. 2 잘못 듣다. 활용 헛들어 / 헛들으니 / 헛듣는.

헛디디다 [헏띠디다] 발을 잘못 디디다. 예 계단을 헛디디어 넘어지다.

헛물 [헌물] 꼭 될 줄로 알고 애쓴 일이 보람 없이 헛일로 돌아간 것.

헛발질 [헏빨질] 겨냥이 맞지 않아 빗나간 발길질. **헛발질하다.**

헛배 [헏빼] 음식을 먹지 않고도 부른 배. 예 헛배가 부르다.

헛뿌리 [헏뿌리] 이끼류 따위에서, 실뿌리처럼 생겨 수분을 빨아들이며 단단히 들러붙게 하는 기관.

헛소리 [헏쏘리] 1 앓는 사람이 정신을 잃고 중얼거리는 말. 예 심한 고열로 헛소리를 한다. 2 미덥지 아니한

헛소문 (一所聞) [헏쏘문] 근거 없이 떠도는 소문. ⓔ헛소문이 돌다. ⓑ뜬소문.

헛수고 [헏쑤고] 아무 보람이 없는 수고. ⓔ괜히 헛수고할 필요 없다. **헛수고하다.**

헛일 [헌닐] 쓸데없이 한 노력. ⓔ이때까지 헛일만 했다. ⓑ허사.

헛헛하다 [허터타다] 배고픈 느낌이 있다. 출출해서 자꾸 먹고 싶다. ⓔ밥을 먹고도 속이 헛헛하여 또 군것질을 하였다.

헝가리 (Hungary) 〖국명〗 유럽 중앙부에 있는 나라. 밀·옥수수·사탕무·포도 따위가 많이 나며, 특히 알루미늄이 든 광석을 많이 생산함. 수도는 부다페스트.

*__헝겊__ [헝:겁] 피륙의 조각. ⓔ헝겊 조각.

헝클다 1 실이나 줄 따위를 풀기 힘들 정도로 몹시 얽히게 하다. ⓔ실을 헝클어 놓다. 2 물건 따위를 서로 마구 뒤섞어 놓아서 몹시 어지럽게 하다. ⓔ장난감을 헝클어 놓다. 3 어떤 일을 몹시 뒤섞어 놓아서 갈피를 잡을 수 없게 하다. ⓜ엉클다. 〖활용〗헝클어 / 헝크니 / 헝크는.

헝클어지다 [헝크러지다] 1 실이나 줄 따위가 풀기 힘들 정도로 몹시 얽히다. ⓔ머리카락이 헝클어지다. 2 물건 따위가 한데 뒤섞여 몹시 어지럽게 되다. 3 일이 몹시 뒤섞여 갈피를 잡을 수 없게 되다. ⓔ엉클어지다.

헤 1 멋쩍게 입을 벌리고 힘없이 내는 소리. 또는 그 모양. 2 입을 조금 벌리고 속없이 빙그레 웃는 소리. 또는 그 모양. 〖작〗해.

헤드라이트 (headlight) 기차·자동차 따위의 앞에 단 등. 전조등.

헤드램프 (head lamp) 어두운 곳에서 일을 하거나 밤에 등산을 할 때 앞을 비추기 위해서 모자나 밴드에 붙여 머리에 쓰는 등.

헤드폰 (headphone) 1 라디오·음악 등을 들을 때 귀에 대고 듣는 기구. ⓔ헤드폰을 끼다. 2 두 귀에 고정시키는 전화 수신기.

헤딩 (heading) 축구에서, 공중으로 날아오는 공을 머리로 받는 일. **헤딩하다.**

헤르츠 (Hertz) 진동수의 단위. 1초 동안의 진동 횟수. 독일의 물리학자 헤르츠의 이름에서 유래됨. 기호는 Hz.

*__헤매다__ 1 목적하는 것을 찾아 이리저리 돌아다니다. ⓔ친구 집을 찾느라 온 동네를 헤매고 다녔다. 2 갈피를 잡지 못하다. ⓔ안갯속을 헤매다. 3 어려움에서 벗어나지 못하고 허덕이다. ⓔ사경을 헤매다.

헤아리다 [헤:아리다] 1 수량을 세다. ⓔ돈을 헤아리다. 2 미루어 생각하거나 짐작으로 살피다. ⓔ고충을 헤아리다. 3 많은 수를 나타내거나 어느 수에 이르다. ⓔ공연에 십만을 헤아리는 관중이 모이다.

헤어나다 어렵고 힘든 상태를 헤치고 벗어나다. ⓔ지긋지긋한 가난에서 헤어나다.

헤어드라이어 (hair dryer) 젖은 머리털을 말리거나 모양을 내는 데 사용하는 전기 기구.

*__헤어지다__ 1 흩어지다. ⓔ구슬이 사방으로 헤어지다. 2 이별하다. ⓔ정든 친구들과 헤어지다. 3 살갗이 터져서 갈라지다. ⓔ피곤해서 입술이 헤어지다. 〖준〗헤지다.

*__헤엄__ 물에서 앞으로 나아가려고 팔다리를 놀려 움직이는 일. ⓔ헤엄을 잘 치다. ⓑ수영.

*__헤엄치다__ 헤엄을 하다. ⓔ헤엄쳐 강을 건너다.

헤이그 밀사 사건 (Hague密使事件) 대한 제국 광무 11년(1907)에 이준·이상설·이위종 등이 고종의 밀서를 가지고 네덜란드 헤이그의 만국 평화 회의에 참석하여 일제의 침략 만행을 세계에 호소하려다 실패한 사건.

헤집다 [헤집따] 긁어 파서 뒤집어 흩다. ⓔ닭이 흙을 헤집고 다니다.

*__헤치다__ 1 속에 든 것을 드러나게 하려고 거죽을 파거나 갈라 젖히다. ⓔ가슴을 풀어 헤치다 / 불씨를 헤치다 / 밭을 헤쳐 일구다. 2 흩어지게 하다. ⓔ사고 현장에 모여 있는 사람들을 헤치다. 3 앞에 걸리는 것을 물리치다.

㉑ 숲을 헤치고 나아가다. 4 가난이나 고난 따위를 이겨 나가다. ㉑ 역경을 헤쳐 나가다.

헤프다 [헤:프다] 1 물건이 쉽게 닳거나 빨리 없어지다. ㉑ 비누가 헤프다. [반] 마디다. 2 돈이나 물건을 아끼지 않고 함부로 쓰는 버릇이 있다. ㉑ 돈을 헤프게 쓰다. 3 말이나 행동을 조심하지 않고 함부로 하는 데가 있다. ㉑ 웃음이 헤프다 / 말이 헤프다. [활용] 헤퍼 / 헤프니.

헤헤 입을 조금 벌리고 싱겁게 자꾸 웃는 모양이나 소리. ㉑ 길에서 넘어진 동생은 멋쩍게 헤헤 웃었다. [잡] 해해. 헤헤하다.

헥타르 (hectare) 땅 넓이의 단위. 1 아르 (a)의 100배. 기호는 ha.

헬기 (←helicopter機) ⇨ 헬리콥터. ㉑ 헬기로 급히 후송하다.

헬륨 (helium) 공기 중에 아주 적은 분량이 들어 있는 기체. 무색무취로 다른 원소와 전혀 화합하지 않으며, 수소 다음으로 가벼움.

헬리콥터 (helicopter) 기체 위에 대형 회전 날개가 있어 수직으로 뜨고 내릴 수 있는 비행기. 헬기.

헬멧 (helmet) 외부 충격으로부터 머리를 보호하기 위하여 쓰는 투구 모양의 모자. 쇠나 플라스틱 따위로 만듦. [비] 안전모.

헬멧

헬스장 (health場) 건강이나 미용을 위한 운동·휴식 시설을 갖춘 체육관.

헷갈리다 [헫깔리다] 1 정신을 차리기 어렵다. ㉑ 정신이 헷갈리다. 2 여러 가지가 뒤섞여서 갈피를 잡을 수가 없다. ㉑ 길이 너무 복잡해서 헷갈린다.

헹가래 기쁜 일을 축하하는 뜻으로, 여러 사람이 한 사람을 번쩍 들어 여러 번 던져 올렸다 받았다 하는 일. ㉑ 헹가래를 치다 / 헹가래를 받다.

헹구다 빨거나 씻은 것을 다시 깨끗한 물에 넣어서 흔들어 빨거나 씻다. ㉑ 그릇을 헹구다.

***혀** 사람이나 동물의 입안 아래쪽에 붙어 있는 기관. 맛을 느끼고 소리를 내는 구실을 함. ⊃ tongue

혀를 내두르다 매우 놀라거나 어이없어서 말을 못하다.

혀를 차다 못마땅할 때 혀끝으로 입천장을 쳐서 소리를 내다.

혁대 (革帶) [혁때] 허리에 매는, 가죽으로 만든 띠. 벨트.

혁명 (革命) [형명] 1 국가의 정치 체제나 사회 조직을 근본적으로 바꾸는 일. ㉑ 혁명이 일어나다. 2 짧은 시간에 이루어진 큰 발전이나 변화. ㉑ 산업 혁명. 혁명하다.

혁명가 (革命家) [형명가] 혁명을 위하여 활동하는 사람.

혁신 (革新) [혁씬] 묵은 조직·풍속·습관 따위를 바꾸거나 버리고 새롭게 함. ㉑ 교육 제도의 혁신. [비] 개혁. [반] 보수. 혁신하다.

혁혁하다 (赫赫一) [혀켜카다] 공로나 업적 따위가 뚜렷하다. ㉑ 혁혁한 공을 세우다.

현[1] (現) [현:] '현재의'·'지금의'의 뜻. ㉑ 현 상태 / 현 단계.

현[2] (絃) 현악기에서 소리를 내는 가늘고 긴 줄.

현[3] (縣) [현:] 예전에, 지방 행정 구역의 하나로 가장 작은 단위의 고을.

현감 (縣監) [현:감] 예전에, 지방 행정 구역의 하나인 작은 현의 으뜸 벼슬. *현령.

현관 (玄關) 건물의 주된 출입구에 낸 문간. ㉑ 현관에 들어서다.

현관문 (玄關門) 집이나 건물 입구 쪽에 낸 문.

현금 (現金) [현:금] 1 현재 가지고 있는 돈. 2 수표나 어음이 아닌, 당장 쓸 수 있는 돈. [비] 현찰.

현금 자동 지급기 (現金自動支給機) 현금 인출 카드(통장 없이 돈을 찾을 수 있도록 은행에서 예금한 사람에게 만들어 주는 카드)를 이용하여 은행에 예금한 돈을 꺼내 쓰게 만든 기계. 현금 인출기.

현기증 (眩氣症) [현:기쯩] 눈앞이 캄캄해지고 머리가 어지러워지는 증세. [비] 어지럼증.

***현대** (現代) [현:대] 오늘날의 시대. ㉑ 현대 사회 / 현대 문명 / 현대 무용. [비] 현시대. [반] 고대.

현대식 (現代式) [현:대식] 현대에 알맞은 형식이나 방식. ◉현대식 시설을 모두 갖춘 건물.

현대인 (現代人) [현:대인] 현대에 살고 있는 사람.

현대적 (現代的) [현:대적] 현대에 알맞는 (것). ◉현대적인 대중문화.

현대화 (現代化) [현:대화] 현대에 알맞게 됨. 또는 그렇게 되게 함. ◉공장 시설을 현대화하다. **현대화하다.**

현란하다 (絢爛—) [혈:란하다] 눈이 부시도록 찬란하다. ◉현란한 조명 / 옷차림이 현란하다.

현령 (縣令) [혈:령] 예전에, 지방 행정 구역의 하나인 큰 현의 으뜸 벼슬. ※현감.

현명하다 (賢明—) 마음이 어질고 슬기로우며 사리에 밝다. ◉현명한 판단을 내리다.

현모양처 (賢母良妻) 어진 어머니이면서 착한 아내.

현무암 (玄武岩) 마그마가 땅 위로 흘러나와 식어서 굳어진 암석. 색이 검고 바탕이 단단하며, 기둥 모양으로 쪼개짐. 건축 재료로 쓰임. ※화산암.

현미 (玄米) 벼의 겉껍질만 벗겨 낸 누르스름한 쌀. ◉현미로 밥을 짓다. ※백미.

***현미경** (顯微鏡) [현:미경] 눈으로 볼 수 없는 아주 작은 물체나 물질을 확대하여 보는 장치.

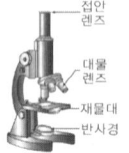
현미경

현상¹ (現狀) [현:상] 현재의 상태. 지금의 형편. ◉현상 유지.

***현상**² (現象) [현:상] 눈에 보이는 사물의 모양이나 상태. ◉열대야 현상 / 피부 노화 현상.

현상³ (懸賞) [현:상] 작품을 모집하거나 사람을 찾는 일 따위에 상품이나 상금을 걺. ◉현상 수배 / 작품을 현상 모집하다.

현상⁴ (現像) [현:상] 사진에서, 촬영한 필름이나 인화지 따위를 약물에 넣어 영상이 나타나게 하는 일. ◉사진 현상. **현상하다.**

현상금 (懸賞金) [현:상금] 현상으로 내건 돈. ◉현상금을 걸다.

현수막 (懸垂幕) [현:수막] 선전문이나 구호문 따위를 써서 내걸거나 늘어뜨린 천. ◉현수막을 걸다.

현실 (現實) [현:실] 지금 있는 그대로의 상태. ◉나는 현실에 만족한다. 땐이상.

현실성 (現實性) [현:실썽] 실제로 일어날 수 있는 가능성. ◉현실성이 있는 이야기.

현실적 (現實的) [현:실쩍] 1 현실과 관계가 있는 (것). ◉현실적인 계획. 2 실제의 이익과 손해만 따지는 (것). ◉현실적인 생활 태도.

현실화 (現實化) [현:실화] 현실의 형편에 알맞게 함. ◉꿈을 현실화하다. **현실화하다.**

현악 (絃樂) [혀낙] 가야금이나 바이올린과 같은 현악기로 연주하는 음악. ◉현악 사중주.

현악기 (絃樂器) [혀낙끼] 현을 켜거나 타서 소리를 내는 악기. 가야금·바이올린·기타·첼로 따위.

현역 (現役) [혀:녁] 1 현재 군에 복무하고 있는 사람. 또는 그런 신분. ◉현역 군인. 땐예비역. 2 현재 어떤 직무에 종사하고 있는 일. 또는 그 사람. ◉현역 배우.

현인 (賢人) [혀닌] 어질고 총명하여 성인 다음가는 사람. 비현자.

현자 (賢者) ⇨현인.

***현장** (現場) [현:장] 1 일이 생긴 그 자리. ◉사건 현장. 2 공사를 하는 곳. ◉현장 감독. 비공사장.

현장 학습 (現場學習) 학습에 필요한 자료가 있는 장소에 직접 찾아가서 하는 학습.

***현재** (現在) [현:재] 지금 이 시간. ◉현재에 충실하라. ※과거. 미래.

현저하다 (顯著—) [현:저하다] 눈에 띄게 뚜렷이 드러나 분명하다. ◉현저한 변화 / 수출이 현저하게 줄다.

현제명 (玄濟明) 〖인명〗 테너 가수·작곡가. 호는 현석. 가극 '춘향전', 가곡 '고향 생각', '희망의 나라' 등을 작곡함. [1902-1960]

현존 (現存) [현:존] 현재 있거나 살아 있음. ◉현존 인물 / 현존하는 문화유산. 현존하다.

현주소 (現住所) [현:주소] 지금 살고 있는 곳의 주소. 준현주.

현지 (現地) [현:지] 어떤 사물이 있거나 어떤 일이 벌어진 바로 그곳. 예현지 사정.

현직 (現職) [현:직] 현재의 직업. 또는 그 맡은 임무. 예현직 장관.

현찰 (現札) [현:찰] ⇨현금. 예현찰로 계산하다 / 당장은 현찰이 없다.

현충사 (顯忠祠) [현:충사] 이순신 장군을 추모하기 위해 세운 사당. 충청남도 아산에 있음.

현충일 (顯忠日) [현:충일] 나라를 위하여 싸우다 돌아가신 분들의 명복을 빌고, 그 충성을 기리기 위하여 제정한 날. 6월 6일임.

현판 (懸板) [현:판] 글씨나 그림을 새겨서 문 위나 벽에 다는 널조각. 예현판을 달다.

현행 (現行) [현:행] 지금 해 나감. 예현행 법규. 현행하다.

현혹 (眩惑) [현:혹] 정신을 빼앗겨 올바르게 판단하지 못함. 예백화점의 물건들이 보는 이의 눈을 현혹했다. 현혹하다.

현황 (現況) [현:황] 현재의 상황. 지금의 형편. 예현황 보고.

혈관 (血管) 몸속에서 피가 흐르는 관. 동맥·정맥·모세 혈관이 있음. 비핏줄.

혈기 (血氣) 1 힘을 쓰고 활동하게 하는 기운. 2 흥분하거나 감동하기 쉬운 기운. 예혈기가 왕성하다.

혈색 (血色) [혈쌕] 살갗에 보이는 핏기. 예혈색이 좋다.

혈서 (血書) [혈써] 자기의 결심·맹세 따위를 나타내기 위하여 손가락을 베어 그 피로 쓴 글. 예손가락을 깨물어 혈서를 쓰다.

혈안 (血眼) [혀란] 기를 쓰고 덤벼서 핏발이 선 눈.

혈압 (血壓) [혀랍] 혈관 속으로 흐르는 피의 압력. 예혈압이 높다.

혈액 (血液) [혀랙] ⇨피¹¹. 예혈액 검사.

혈액 순환 (血液循環) 혈액이 동물의 몸속을 일정한 방향으로 흘러서 도는 일. 비피돌기.

혈액형 (血液型) [혀래켱] 적혈구와 혈청이 서로 엉기는 반응을 가지고 분류한, 각 사람의 피의 종류. O·A·B·AB 및 Rh(−)·Rh(+) 따위의 형이 있음.

혈연 (血緣) [혀련] 같은 핏줄로 이어진 인연. 예혈연 사회. ※지연.

혈우병 (血友病) [혀루뼝] 조그만 상처에도 쉽게 피가 나고 잘 멎지 않는 유전병. 여자에 의하여 유전되어 남자에게 나타남.

혈육 (血肉) [혀륙] 같은 혈통을 가진 부모, 형제나 자손. 예혈육이라곤 여동생 하나뿐이다.

혈전 (血戰) [혈쩐] 죽음을 두려워하지 않고 싸움. 예혈전을 벌이다 / 혈전을 치르다. 비혈투.

혈중 (血中) [혈쯩] 어떤 요소가 피 속에 들어 있는 것. 예혈중 알코올 농도를 검사하다.

혈청 (血淸) 피가 나서 굳을 때 분리되어 나오는 누렇고 맑은 액체.

혈통 (血統) 같은 핏줄을 타고난 겨레붙이의 계통. 예양반의 혈통. 비핏줄기. 혈맥.

혐오 (嫌惡) [혀모] 싫어하고 미워함. 예전쟁을 혐오하다. 혐오하다.

혐오감 (嫌惡感) [혀모감] 싫어하고 미워하는 감정. 예혐오감을 주다 / 혐오감을 일으키다.

혐의 (嫌疑) [혀믜 / 혀미] 죄를 지었으리라고 생각되는 의심. 예살인 혐의를 받다.

협곡 (峽谷) [협꼭] 산과 산 사이의 좁고 험한 골짜기.

협공 (挾攻) [협꽁] 양쪽에서 끼고 공격함. 예협공 작전 / 협공을 당하다. 협공하다.

*****협동** (協同) [협똥] 서로 마음과 힘을 합함. 예협동 정신. 협동하다.

협동심 (協同心) [협똥심] 서로 마음과 힘을 합쳐 도우려는 마음.

협동조합 (協同組合) [협똥조합] 소비자·농민·중소기업가 등이 자기들의 권리를 보호하고 경제적인 이익을 얻기 위해 조직한 단체.

*****협력** (協力) [혐녁] 힘을 모아 서로

도움. ⓔ상호 협력 / 협력을 요청하다. ㉯협조. **협력하다.**

협박 (脅迫) [협빡] 남에게 어떤 일을 하도록 위협함. ⓔ협박 전화. ㉯위협. **협박하다.**

협상 (協商) [협쌍] 어떤 목적에 부합되는 결정을 하기 위하여 함께 의논함. ⓔ임금 협상 / 협상을 벌이다. ㉯협의. **협상하다.**

협소하다 (狹小一) [협쏘하다] 공간이 좁고 작다. ⓔ협소한 장소.

협약 (協約) [혀뱍] 의논한 뒤 맺은 약속. ⓔ협약을 체결하다. ㉨협상 조약. **협약하다.**

협연 (協演) [혀변] 한 연주자가 다른 연주자나 악단과 함께 연주함. 또는 그런 연주. ⓔ관현악단과 협연하다. **협연한다.**

협의 (協議) [혀븨 / 혀비] 여러 사람이 모여 의논함. ⓔ협의 사항 / 대책을 협의하다. ㉯협상. **협의하다.**

협정 (協定) [협쩡] 의논하여 결정함. ⓔ협정 가격. **협정하다.**

협조¹ (協助) [협쪼] 힘을 모아 서로 도움. ⓔ모금 운동에 협조하다 / 협조를 요청하다. **협조하다.**

협조² (協調) [협쪼] 힘을 합해 서로 조화를 이룸. ⓔ노사 간의 협조. **협조하다.**

협찬 (協贊) 어떤 일에 돈이나 물건을 주어 도움. ⓔ행사를 위해 기업의 협찬을 받다. **협찬하다.**

주의 **협찬**과 **후원**

협찬 금전적인 도움을 줄 때 주로 쓰인다.
후원 상업적·금전적이 아닌 도움을 줄 때 주로 쓰인다.

협회 (協會) [혀푀 / 혀퉤] 어떤 사업을 하기 위하여 뜻이 같은 사람들이 모여 만든 단체. ⓔ출판 협회.

헛바늘 [허빠늘 / 현빠늘] 혓바닥에 좁쌀같이 돋는 붉은 돌기. ⓔ헛바늘이 돋다.

헛바닥 [혀빠닥 / 현빠닥] 1 혀의 윗면. 2 '혀'의 속된 말.

*****형**¹ (兄) 1 같은 부모의 자식이나 친척 관계에서, 남자 사이에 자기보다 나이가 많은 사람. 2 친구·선배를 부를 때의 높임말. ⓔ이 형. ㉰동생. 아우. ㉱형님.

형² (刑) '형벌'의 준말. ⓔ형을 집행하다 / 형을 선고하다.

형³ (型) 어떠한 특징을 이루는 형태. 타입. ⓔ새로운 형의 자동차.

형광 (螢光) 어떤 물체가 엑스선이나 전자 빔 따위를 받았을 때에 내는 고유한 빛. ⓔ형광 물질.

형광등 (螢光燈) 진공 유리관 안쪽에 형광 물질을 바른 등.

형국 (形局) 어떤 일이 벌어진 형편이나 모습. ⓔ형국이 불리하다.

*****형님** (兄一) '형'의 높임말.

형무소 (刑務所) '교도소'의 이전 이름.

형벌 (刑罰) 죄를 지은 사람에게 법에 따라 주는 벌. ⓔ무거운 형벌을 내리다. ㉱형. 참고 사형·징역·금고·벌금 따위가 있음.

형법 (刑法) [형뻡] 범죄에 대한 형벌의 내용을 정한 법률.

*****형부** (兄夫) 언니의 남편.

형사 (刑事) 범죄를 수사하고 범인을 찾아내는 일 따위를 맡아 하는 사복 경찰관.

형상¹ (形狀) 사람이나 물건의 생김새나 모양. ⓔ그 바위는 호랑이의 형상이다. ㉱형.

형상² (形象) 1 ➪형상¹. 2 감각을 통해 느낀 것이나 마음속의 생각 등을 예술가가 어떤 표현 수단으로 나타내는 일.

형성 (形成) 어떤 모양을 이룸. ⓔ인격 형성. **형성하다.**

형세 (形勢) 어떤 일이 되어 가는 사정이나 형편. ⓔ형세가 유리하다. ㉯사세. 정세.

*****형수** (兄嫂) 형의 아내.

*****형식** (形式) 1 사물이 겉으로 나타나 보이는 모양. ⓔ형식을 갖추다. 2 일을 할 때의 일정한 절차나 방식. ⓔ형식에 따라 서류를 만들다. ㉯양식. ㉰내용.

형식적 (形式的) [형식쩍] 내용이 없이 겉으로 보이는 것만 중요하게 여기는 (것). 예단순하고 형식적인 절차.
형언 (形言) 말로 나타냄. 예형언할 수 없는 공포감. 형언하다.
형용 (形容) 말이나 글, 몸짓 따위로 사물이나 사람의 모양을 나타냄. 예형용하기 힘든 서러움. 형용하다.
형용사 (形容詞) 사물의 상태나 성질이 어떠한가를 설명하는 말. 町그림씨.
형장 (刑場) 죄인을 사형하는 장소. 町사형장.
형장의 이슬로 사라지다 사형을 당하여 죽다.
*__형제__ (兄弟) 형과 아우. 예형제간에 의가 좋다. *자매. ⊃brother
형조 (刑曹) 고려와 조선 시대 때 육조의 하나. 법률·형벌·소송 등에 관한 일을 맡아보던 관청.
형체 (形體) 물건의 생김새나 바탕이 되는 몸체. 예형체를 갖추다 / 희미한 불빛 아래 사람의 형체가 어른거렸다.
*__형태__ (形態) 사물의 생김새나 모양. 예건물 형태.
*__형편__ (形便) 1 일이 되어 가는 상태나 결과. 예형편을 살피다. 2 살림살이의 형세. 예형편이 어렵다. 町사정.
형편없다 (形便—) [형펴넙따] 1 일의 경과·결과가 매우 좋지 못하다. 예시험 성적이 형편없다. 2 모양이나 내용이 보잘것없다. 예형편없는 물건.
형편없이 (形便—) [형펴넙씨] 형편없게. 예시합에서 형편없이 지고 말았다.
형평 (衡平) 균형이 맞는 상태. 예형평의 원칙.
형형색색 (形形色色) [형형색쌕] 모양과 빛깔 따위가 서로 다른 여러 가지. 예형형색색의 옷차림. 町가지각색. 각양각색.
혜경궁 홍씨 (惠慶宮洪氏) 〖인명〗 조선 영조의 아들인 사도 세자의 빈. 정조의 어머니. 남편의 참변을 중심으로 자신의 일생을 회고한 '한중록'을 남김. [1735-1815]
혜민서 (惠民署) [혜:민서 / 헤:민서] 조선 시대 때 가난한 백성의 병을 치료하던 의료 기관.
혜민원 (惠民院) [혜:미눤 / 헤:미눤] 대한 제국 때, 가난한 백성을 보호하고 무료로 치료해 주는 일을 맡아보던 관아.
혜성 (彗星) [혜:성 / 헤:성] 1 빛나는 긴 꼬리를 끌고 태양의 둘레를 도는 별. 町꼬리별. 꽁지별. 살별. 2 어떤 분야에서 갑자기 나타난 매우 뛰어난 사람을 빗대어 이르는 말. 예혜성처럼 나타나다.
혜초 (慧超) 〖인명〗 통일 신라 경덕왕 때의 고승. 인도의 성지를 순례하고 서역을 거쳐 중국 당나라로 돌아와 불경 번역에 종사함. 그의 인도 기행문 '왕오천축국전'은 세계적으로 유명함. [704-787]
혜택 (惠澤) [혜:택 / 헤:택] 베풀어 주는 고마움. 예세금 혜택 / 자연의 혜택을 누리다.
호[1] (弧) 원둘레 위의 두 점 사이의 곡선 부분.
호[2] (戶) [호:] 집의 수를 나타내는 말. 예50호 되는 마을.
*__호__[3] (號) [호:] 1 문학자·학자 등이 본명 이외에 따로 지어 부르는 이름. 예호를 짓다 / 이이의 호는 율곡이다. 2 순서나 차례를 나타내는 말. 예월간 잡지 3월 호 / 701호 병실.
호각 (號角) [호:각] 불어서 소리를 내는 신호용의 물건. 예호각 소리에 놀라다. *호루라기.
호감 (好感) [호:감] 좋게 여기는 감정. 예호감을 갖다 / 호감을 느끼다 / 호감을 사다. 町악감. 본호감정.
호강 호화롭고 편안한 생활을 누림. 예호강을 누리다 / 자식 덕에 호강하며 산다. 호강하다.
호걸 (豪傑) 힘과 용기, 지혜를 갖추고 넓은 마음과 높고 곧은 기상을 가진 사람. 호걸스럽다.
호구 (戶口) [호:구] 집의 수와 식구의 수. 예호구 조사.
호국 (護國) [호:국] 외적으로부터 나라를 지킴. 예호국 영령. 호국하다.
호기[1] (好機) [호:기] 좋은 기회. 예호기를 잡다 / 호기를 만나다.
호기[2] (豪氣) 1 씩씩하고 호방한 기상. 2 우쭐대며 뽐내는 기운. 예호기를 부리다.
*__호기심__ (好奇心) [호:기심] 새롭거나 신기한 것에 끌리는 마음. 예호기심이

호남 (湖南) 〖지명〗 전라남도와 전라북도를 함께 이르는 말.

호남아 (好男兒) [호:나마] 씩씩하고 쾌활한 남자.

호남평야 (湖南平野) 〖지명〗 전라도 서쪽에 있는 넓은 평야. 땅이 기름지고 기후가 따뜻하며 관개 시설이 잘 되어 있어 우리나라에서 가장 큰 곡창 지대를 이룸.

호놀룰루 (Honolulu) 〖지명〗 미국 오아후섬에 있는 항구 도시로 하와이 주의 주도. 기후가 좋고 경치가 아름다우며, 와이키키 해변이 유명함. 설탕·파인애플의 수출항임.

호되다 [호되다/호뒈다] 매우 심하다. ⓔ아버지께 호되게 꾸중을 들었다/호된 비판을 받다.

호두 호두나무의 열매. 껍데기는 단단하며 속살은 지방이 많고 맛이 고소함.

호두까기 인형 (―人形) 러시아의 차이코프스키가 작곡한 발레 음악. 호프만의 동화를 2막 3장으로 각색한 모음곡.

호두나무 가래나뭇과의 나엽 활엽 교목. 높이는 20m 정도이며, 가구 만들 때 쓰고, 가을에 익는 열매는 먹거나 약으로 씀.

호두나무

호들갑 경망스럽고 야단스러운 말이나 행동. ⓔ호들갑을 떨다.

호들갑스럽다 [호들갑쓰럽따] 야단스럽고 방정맞다. ⓔ호들갑스럽게 웃어 대다. 활용 호들갑스러워/호들갑스러우니.

호떡 (胡―) 중국식 떡의 하나. 밀가루 반죽 속에 설탕을 넣어 둥글넓적하게 구워 냄.

호떡집 (胡―) [호떡찝] 호떡을 구워 파는 가게나 집.

호떡집에 불난 것 같다 와자지껄하게 떠들어 시끄럽다.

호락호락 [호라코락] 성격이 만만하고 다루기 쉬운 모양. ⓔ호락호락 넘어가지 않는다. **호락호락하다**.

호란 (胡亂) 조선 인조 14년(1636)에 청나라가 우리나라에 침입하여 생긴 난리. 병자호란.

호랑나비 (虎狼―) [호:랑나비] 호랑나빗과의 곤충. 편 날개의 길이는 8-12cm이며, 노란색 바탕에 검은 무늬가 있고, 감·귤 등의 해충임.

호랑나비

****호랑이** (虎狼―) [호:랑이] 1 고양잇과의 가장 큰 짐승. 황갈색 바탕에 검은 가로무늬가 있음. 배는 희며, 꼬리는 길고 검은 고리 무늬가 둘림. 성질이 사나워 가축이나 사람을 해치기도 함. 깊은 산속에서 생활함. 비 범. 2 몹시 사납고 무서운 사람의 비유. ⓔ호랑이 선생님. ⇨tiger

호령 (號令) [호:령] 1 큰 소리로 꾸짖음. ⓔ불같은 호령이 떨어지다. 2 지휘하여 명령함. 또는 그 명령. ⓔ천하를 호령하다. **호령하다**.

호롱 석유등의 석유를 담는 그릇.

호롱불 [호롱뿔] 호롱에 켠 불.

호루라기 입에 물고 불어 소리를 내어 신호하는 데 쓰는 도구. *호각.

호르몬 (hormone) 몸속의 내분비샘에서 만들어져 몸 안을 돌면서 어떤 조직이나 기관의 활동을 조절하는 물질. ⓔ성장 호르몬.

호른 (독 Horn) 금관 악기의 하나. 활짝 핀 나팔꽃 모양이며, 음색이 부드러움. 관현악·합주악에 씀.

호른

호리다 1 그럴듯한 말로 속여 넘기다. 2 매력으로 남의 정신을 흐리게 하다.

호리병박 (―瓶―) 박과의 한해살이 덩굴풀. 한여름에 흰 꽃이 피고 열매는 길쭉한데 가운데가 잘록함. 열매의 껍질이 단단하여 말려서 그릇으로 씀. 비 조롱박.

호리호리하다 몸통이 가늘고 키가 커서 날씬하다. ⓔ호리호리한 체형. 큰 후리후리하다.

호명 (呼名) 이름을 부름. ⓔ호명을 받은 학생은 크게 대답하고 일어서시오. 호명하다.

***호미** 김을 매거나 감자, 고구마를 캘 때 쓰는 농기구. 날의 끝은 뾰족하고 세모 모양으로 생겼음.

***호박**[호:박] 박과의 한해살이 덩굴 채소 또는 그 열매. 줄기에는 거친 털이 나고 여름에 종 모양의 노란 꽃이 피며, 열매는 크고 둥글며 연한 노란색임. 열매는 여러 가지 요리에 쓰이며, 잎과 어린순도 먹음. ⇒pumpkin

호박[호:박] 지질 시대 나무의 진 따위가 땅속에 묻혀 돌처럼 된 광물. 누른빛으로 투명하고 윤이 나며 장식용으로 씀.

호박고누[호:박꼬누] 고누 놀이의 하나. 아래위 두 줄과 가운데 원을 십자로 이은 말밭에서, 각각 세 개의 말을 놓고 상대편 말이 나아가지 못하게 막으면 이기는 놀이.

호박순(一筍)[호:박쑨] 호박의 연한 줄기. 반찬을 만들어 먹음.

호박엿[호:방녇] 잘 여문 늙은 호박을 고아서 만든 엿.

호박잎[호:방닙] 호박의 잎사귀. 연한 것은 반찬거리로 씀.

호반(湖畔) ⇨호숫가. 예이곳은 호반의 도시라고 불린다.

호빵 밀가루 반죽 속에 팥이나 야채 등을 넣고 김에 쪄서 먹는 빵.

호사(豪奢) 매우 호화롭고 사치스러움. 예호사를 누리다/호사스러운 생활. 호사하다. 호사스럽다.

호서(湖西)[지명] 충청남도와 충청북도를 함께 이르는 말.

호소(呼訴) 억울하거나 딱한 사정 따위를 남에게 하소연함. 예국민에게 호소하다/환자가 통증을 호소하다. 호소하다.

호소문(呼訴文) 억울하거나 딱한 사정을 하소연하는 글.

호송(護送)[호:송] 1 보호하면서 운송함. 2 죄수 따위를 감시하면서 데려감. 예죄인을 호송하다. 비압송. 호송하다.

호수[1](戶數)[호:쑤] 집의 수효.

호수[2](湖水) 우묵한 땅에 넓고 깊게 물이 괴어 있는 곳. 예인공 호수. 준호. ⇒lake

호숫가(湖水一)[호수까/호숟까] 호수의 가장자리. 비호반.

호스(hose) 고무·비닐 따위로 만든 속이 빈 긴 관. 예고무 호스.

호시절(好時節)[호:시절] 좋은 시절. 좋은 때.

호시탐탐(虎視眈眈)[호:시탐탐] 범이 눈을 부릅뜨고 먹이를 노려본다는 뜻으로, 기회를 노리며 가만히 형세를 살피는 모양. 예호시탐탐 기회를 노리다. 호시탐탐하다.

호신술(護身術)[호:신술] 자기 몸을 보호하기 위한 무술.

호언장담(豪言壯談) 호기롭고 자신있게 말함. 또는 그 말. 호언장담하다.

호연지기(浩然之氣)[호:연지기] 1 하늘과 땅에 가득 차 맑은 기운. 2 사람의 정신 속에 깃들인 맑고 큰 기운.

호외(號外)[호:외/호:웨] 갑자기 생긴 큰 사건을 급히 알리기 위하여 임시로 발행하는 신문이나 잡지.

호우(豪雨) 줄기차게 내리퍼붓는 많은 양의 비. 예집중 호우/호우 주의보. →[학습마당] 5(120쪽)

호위(護衛)[호:위] 따라다니며 곁에서 지키고 보호함. 예경호원의 호위를 받다. 비경호. 호위하다.

호응(呼應) 부름이나 호소에 응함. 예뜨거운 호응을 얻다. 호응하다.

호의(好意)[호:의/호:이] 남에게 보이는 친절한 마음씨. 예호의를 보이다. 비선의. 반악의.

호의적(好意的)[호:의적/호:이적] 남에게 도움이 되도록 마음을 쓰는 (것). 예호의적인 반응.

호인(好人)[호:인] 마음씨가 좋은 사람.

호적(戶籍)[호:적] 한집안 식구의 이름이나 생년월일 등에 관한 것을 기록한 공문서. 2008년 호적법 폐지에 따라 폐지되고, '가족 관계 등록부'가 이를 대체함.

호적 등본(戶籍謄本) 호적 원본의 전부를 복사한 증명 문서.

호전(好轉)[호:전] 일이나 병 따위의 상태가 좋아짐. 예병세가 호전되고 있다. 판악화.
호젓이 [호저시] 호젓하게. 예외딴곳에서 노인 혼자 호젓이 살고 있다.
호젓하다 [호저타다] 때나 장소가 외져서 무서운 느낌이 들 만큼 고요하고 쓸쓸하다. 예호젓한 산길을 걷다.
호조 (戶曹) [호:조] 고려와 조선 때, 육조의 하나. 호구·조세·돈 따위에 관한 일을 맡아보던 관청.
호주 (戶主) [호:주] 한집안의 주장이 되는 사람. 비가장.
***호주머니** (胡—) 옷에 덧대어 단 주머니. 예바지 호주머니에서 지갑을 꺼내다. 비주머니.
호출 (呼出) 연락하여 불러냄. 예담당자를 호출하다. 호출하다.
호치키스 (Hotchkiss) 'ㄷ'자 모양으로 생긴 철사 침을 사용하여 종이를 묶는 도구. 상표명에서 유래. 비스테이플러.
호칭 (呼稱) 이름 지어 부름. 또는 그 이름. 호칭하다.
***호텔** (hotel) 시설이 잘 되어 있고 규모가 큰 고급 숙박 시설. 예관광 호텔 / 호텔에서 묵다.
호통 몹시 화가 나서 크게 꾸짖음. 예호통을 치다.
호패 (號牌) [호:패] 예전에, 16세 이상의 남자가 차던 직사각형의 패. 이름·나이·태어난 해의 간지를 새기고, 관아의 도장을 찍었음.
호평 (好評) [호:평] 좋게 평함. 또는 그 평. 예전시회가 크게 호평을 받다. 판악평. 호평하다.
호호[1] 입을 오므려 작은 소리로 예쁘고 맵시 있게 웃는 소리. 호호하다.
호호[2] 입을 오므리고 입김을 자꾸 불어 내는 소리. 예추워서 손을 호호 불다. 큰후후. 호호하다.
호호백발 (皓皓白髮) [호:호백빨] 온통 하얗게 센 머리. 또는 그러한 늙은이. 예호호백발의 노인.
호화 (豪華) 사치스럽고 화려함. 예호화 주택. 호화스럽다.
호화롭다 (豪華—) [호화롭따] 사치스럽고 화려한 느낌이 있다. 예호화로운 저택 / 실내를 호화롭게 꾸미다. 활용 호화로워 / 호화로우니.

호화찬란하다 (豪華燦爛—) [호화찬란하다] 눈부시도록 빛나고 호화롭다. 예호화찬란한 실내 장식.
호화판 (豪華—) 화려하고 사치스러운 것. 예호화판 결혼식.
호황 (好況) [호:황] 장사가 매우 잘 되는 일. 예사업이 호황을 누리다. 비호경기. 판불황.
***호흡** (呼吸) 1 숨을 내쉬고 들이마시는 것. 또는 그 숨. 예호흡 기관 / 호흡이 빨라지다. 2 두 사람 이상이 함께 일할 때의 장단. 예호흡이 서로 잘 맞는다. 호흡하다.
호흡기 (呼吸器) [호흡끼] 생물의 몸 안에서 호흡 작용을 맡은 기관. 고등 동물의 폐, 어류의 아가미, 곤충류의 숨관 따위.
***혹**[1] 1 살가죽에 불룩하게 나온 살덩이. 예이마에 혹이 나다. 2 물건 거죽에 불룩하게 내민 부분. 3 귀찮거나 짐스러운 물건이나 일.
혹[2] (或) '혹시'의 준말.
혹부리 [혹뿌리] 얼굴에 혹이 달린 사람의 별명. 예혹부리 영감.
혹사 (酷使) [혹싸] 매우 심하게 일을 시킴. 예몸을 혹사하다. 혹사하다.
***혹시** (或是) [혹씨] 1 만일에. 2 어떤 경우에. 행여나. 예혹시 아픈 것은 아닐까. 준혹.
혹시나 (或是—) [혹씨나] '혹시'를 강조하는 말. 예혹시나 무슨 사고라도 난 건 아닌지 걱정이 된다.
혹평 (酷評) 매우 심하게 비판함. 예혹평을 받다. 혹평하다.
혹하다 (惑—) [호카다] 아주 반하거나 빠져 정신을 차리지 못하다. 예첫눈에 혹하다.
혹한 (酷寒) [호칸] 몹시 심한 추위. 예혹한이 몰아치다 / 이번 겨울은 혹한이 예상된다.
혼 (魂) 넋. 얼. 정신. 영혼. 예작가의 혼이 담긴 작품.
혼나다 (魂—) 1 몹시 놀라거나 힘들거나 무서워 정신이 빠질 지경이 되다. 예무서워서 혼났다 / 시험 치르느라 혼났다. 비혼쭐나다. 2 꾸지람을 호되게 듣거나 벌을 받다. 예아버지한테 혼나다.

혼내다 (魂―) 심하게 꾸짖거나 벌을 주다. 예또 떠들면 혼낸다.

혼돈 (混沌) [혼ː돈] 마구 뒤섞여 사물의 구별이 확실하지 않은 상태. 예혼돈에 빠지다. **혼돈하다**.

혼동 (混同) [혼ː동] 구별하지 못해 잘못 판단함. 예이름이 비슷하여 사람을 혼동하다. **혼동하다**.

혼란 (混亂) [홀ː란] 뒤섞여서 어지럽고 질서가 없음. 예가치관의 혼란을 겪다. 凹혼잡. **혼란하다**.

혼란스럽다 (混亂―) [홀ː란스럽따] 뒤죽박죽이 되어 어지러운 면이 있다. 예거리의 혼란스러운 간판들. 활용 혼란스러워/혼란스러우니.

혼령 (魂靈) [홀령] 죽은 사람의 넋. 凹영. 영혼.

혼례 (婚禮) [홀례] ⇨혼례식. 예혼례를 치르다.

혼례식 (婚禮式) [홀례식] 남자와 여자가 정식으로 부부가 됨을 알리는 의식. 凹결혼식.

혼미 (昏迷) 정신이 흐리멍덩함. 예혼미한 정신. **혼미하다**.

혼방 (混紡) [혼ː방] 성질이 다른 섬유를 섞어서 짠 옷감.

혼비백산 (魂飛魄散) [혼비백싼] 혼백이 이리저리 흩어진다는 뜻으로, 몹시 놀라 어찌할 바를 모름. 예혼비백산하여 달아나다. **혼비백산하다**.

혼사 (婚事) 혼인에 관한 일. 예혼사가 이루어지다.

혼선 (混線) [혼ː선] 1 전신·전화 따위에서 주고받는 신호·통신이 뒤섞이거나 엉클어지는 일. 예혼선이 생기다. 2 서로 다른 여러 말이 뒤섞여 종잡을 수 없음. 예혼선을 빚다.

혼성 (混聲) [혼ː성] 남녀의 목소리를 서로 합함. 예혼성 합창.

혼수상태 (昏睡狀態) 의식을 잃은 상태. 예혼수상태에서 깨어나다 / 응급실에서 혼수상태에 빠지다.

혼식 (混食) [혼ː식] 쌀에 잡곡을 섞어서 먹음. 예혼식을 장려하다. **혼식하다**.

혼신 (渾身) [혼ː신] 온몸. 예혼신의 힘을 쏟다.

혼용 (混用) [호ː뇽] 섞어서 씀. 예한글과 한자를 혼용하다. **혼용하다**.

***혼인** (婚姻) [호닌] 남자와 여자가 부부가 되는 일. 예혼인 신고 / 혼인 잔치. 凹결혼. **혼인하다**.

혼인색 (婚姻色) [호닌색] 번식기의 동물에게 나타나는 특별한 몸빛이나 무늬. 물고기, 개구리, 뱀 따위에서 볼 수 있음.

***혼자** 홀로. 또는 자기 하나. 예혼자만 남다 / 혼자 여행을 떠나다.

혼잡 (混雜) [혼ː잡] 한데 뒤섞여 어수선하고 복잡함. 예혼잡한 거리 / 길이 매우 혼잡해서 사고의 위험이 있다. 凹복잡. **혼잡하다**.

혼잣말 [혼잔말] 말을 하는 상대가 없이 혼자서 하는 말. 예혼잣말로 투덜거리다. **혼잣말하다**.

혼쭐나다 (魂―) [혼쭐라다] 몹시 혼나다. 예혼쭐나게 야단을 맞다.

혼천의 (渾天儀) [혼ː처늬/혼ː처니] 예전에, 천체의 운행과 위치를 관측하던 장치.

혼탁 (混濁) [혼ː탁] 1 맑지 않고 흐림. 예혼탁한 강물. 2 정치나 사회 현상 따위가 어지러움. 예사회 분위기가 혼탁하다. **혼탁하다**.

혼합 (混合) [혼ː합] 뒤섞어서 한데 합침. 예남녀 혼합 경기. **혼합하다**.

***혼합물** (混合物) [혼ː함물] 두 가지 이상의 다른 물질이 섞여 이루어진 것.

혼혈 (混血) [혼ː혈] 서로 다른 인종이 결혼하여 두 계통의 특징이 섞임. 또는 그 혈통. 예미국에는 이민족 사이의 혼혈이 많다.

홀 (hall) 건물 안의 여러 사람이 모일 수 있는 넓은 곳.

홀가분하다 가뿐하고 산뜻하다. 예마음이 홀가분하다.

홀딱 1 옷을 모두 벗거나 벗은 모양. 2 가진 것이 다 없어지는 모양. 예재산을 홀딱 다 날리다. 凹죄다. 3 몹시 반하거나 여지없이 속는 모양. 예홀딱 반할 만한 미인.

홀랑 1 죄다 드러나게 벗어지거나 벗은 모양. 예옷을 홀랑 벗다. 2 완전히 다 없어지는 모양. 예노름으로 전 재산을 홀랑 날리다. 3 미끄럽게 뒤집히는 모양. 예높은 파도에 배가 홀랑 뒤

홀로 자기 혼자서만. 외롭게. 예홀로 운동장에 앉아 있다. ⇒alone

홀리다 1 아주 반하다. 2 유혹 따위에 빠져 정신을 차리지 못하다. 예도깨비에게 홀리다.

홀몸 아내나 남편 또는 형제가 없는 사람. 비독신.

> [주의] **홀몸**과 **홑몸**
> **홀몸** '아내 없는 몸, 남편 없는 몸, 형제 없는 몸'의 뜻으로 독신을 뜻한다.
> **홑몸** '아기 배지 않은 몸, 또는 가족이 없는 몸'의 뜻으로 단 혼자의 몸을 의미한다.
> (임신하고 ┌ 홑몸이 아니다. (○)
> 있다) └ 홀몸이 아니다. (×)

홀소리 [홀쏘리] 입술·코·목구멍 등에 막히지 않고 순하게 나오는 소리. ㅏ·ㅑ·ㅓ·ㅕ·ㅗ·ㅛ·ㅜ·ㅠ·ㅡ·ㅣ 따위. 비모음. 반닿소리. →닿소리 [참고]

> [참고] **홀소리의 순서와 이름**
> 한글 홀소리 10자의 순서와 이름은 다음과 같다.
> ㅏ (아) ㅑ (야) ㅓ (어) ㅕ (여)
> ㅗ (오) ㅛ (요) ㅜ (우) ㅠ (유)
> ㅡ (으) ㅣ (이)
> 또, 위의 홀소리로 적을 수 없는 소리는 두 개 이상의 홀소리를 어울러서 적되, 그 순서와 이름은 다음과 같다.
> ㅐ (애) ㅒ (얘) ㅔ (에) ㅖ (예)
> ㅘ (와) ㅙ (왜) ㅚ (외) ㅝ (워)
> ㅞ (웨) ㅟ (위) ㅢ (의)

*****홀수** (一數) [홀쑤] 2로 나누어 나머지 1이 남는 수. 1, 3, 5, 7 따위의 수. 비기수. 반짝수.

홀씨 암수 결합 없이 번식하는 식물이 번식을 하려고 만드는 생식 세포. 비포자.

홀아비 [호라비] 아내 없이 혼자 사는 남자. 반홀어미.

홀어미 [호러미] 남편 없이 혼자 사는 여자. 반홀아비.

홀연히 (忽然一) [호련히] 뜻밖에. 갑자기. 예홀연히 사라지다.

홀짝¹ 1 홀수와 짝수. 2 주먹에 쥔 구슬·딱지 그 밖의 물건의 수가 홀수인가 짝수인가를 알아맞히는 아이들의 놀이.

홀짝² 1 적은 양의 액체를 단숨에 들이마시는 모양. 2 단번에 가볍게 뛰거나 날아오르는 모양. 예날 듯이 홀짝 뛰어오르다. 3 콧물을 들이마시는 모양. 큰훌쩍.

홀쭉이 [홀쭈기] 몸이 가냘프거나 볼에 살이 없이 여윈 사람. 반뚱뚱이. → [학습마당] 25(아래)

홀쭉하다 [홀쭈카다] 1 몸이 가늘고 길다. 2 속이 비어 안으로 오므라져 있다. 3 앓거나 지쳐서 몸이 야위다. 예앓고 나더니 얼굴이 홀쭉해졌다. 큰훌쭉하다.

홀홀 1 작은 날짐승 따위가 가볍게 나는 모양. 2 불길이 조금씩 일어나는 모양. 3 옷 따위를 가볍게 벗어 버리는 모양. 4 더운물이나 묽은 죽 따위를 조금씩 들이마시는 모양. 예차를 홀홀 마시다. 큰훌훌.

홈¹ 물체에 오목하고 길게 팬 자리.

학습마당 25

'홀쭉이'를 '홀쭈기'로 쓰지 않는 까닭
(1) '-하다'나 '-거리다'가 붙는 말의 줄기에 '-이'가 붙어 명사가 된 것은 그 원형을 밝혀 적는다.
   [보기] 깔쭉이, 꿀꿀이, 눈깜짝이, 더펄이, 배불뚝이, 삐쭉이, 살살이, 쌕쌕이, 오뚝이, 코납작이, 푸석이, 홀쭉이
(2) '-하다'나 '-거리다'가 붙을 수 없는 말의 줄기에 '이'나 다른 홀소리로 시작되는 말이 붙어 명사가 된 것은 그 원형을 밝혀 적지 않는다.
   [보기] 개구리, 귀뚜라미, 기러기, 깍두기, 꽹과리, 날라리, 누더기, 동그라미, 두드러기, 딱따구리, 매미, 부스러기, 뻐꾸기, 얼루기

예 홈을 파다.
홈² (home) 야구에서 포수가 있는 자리. 홈 베이스. 본루. 예 홈을 밟다.
홈런 (home run) 야구에서, 타자가 친 공이 경기장 담장을 넘어가서 주자와 타자 모두 득점을 하게 되는 안타.
홈뱅킹 (home banking) 은행에 가지 않고 집에서 인터넷으로 은행 일을 처리할 수 있는 컴퓨터 통신 서비스. 비 인터넷 뱅킹.
홈 쇼핑 (home shopping) 텔레비전이나 컴퓨터 통신의 광고를 보고 가정에서 전화나 인터넷으로 물건을 주문하는 일.
홈질[홈:질] 옷감을 포개어 놓고 드문드문 꿰매는 바느질 방법. 홈질하다.
홈통 (一桶) 물을 흘려 보내는 데 쓰는 물건. 긴 물건에 홈을 파거나 오목하게 만들어 씀.
홈페이지 (homepage) 인터넷으로 홍보하거나 정보를 교환하기 위해 정보를 제공할 수 있도록 만든 웹 문서. 보통 인터넷 사이트의 주소는 이 홈페이지 주소를 가리킴.
홉 부피의 단위. 한 홉은 한 되의 10분의 1로 약 180밀리리터임.
홍건적 (紅巾賊) 중국 원나라 말기에 난리를 일으킨 도둑의 무리. 머리에 붉은 수건을 두르고 다녀 이렇게 부름. 두 차례에 걸쳐 고려를 침범함.
홍길동전 (洪吉童傳) [홍길똥전] 〖책〗조선 광해군 때 허균이 지은 우리나라 최초의 한글 소설. 조선 시대의 신분 제도 및 정치 제도의 개선이 주제임.
홍난파 (洪蘭坡) 〖인명〗작곡가·바이올리니스트. 우리나라 근대 음악의 선구자로 서양 음악 보급에 앞장섬. 작품으로 '봉선화', '성불사의 밤', '낮에 나온 반달' 등이 유명함. [1898-1941]
홍당무 (紅唐一) 1 무의 한 가지. 껍질은 붉으나 속은 흼. 2 ⇨당근. 3 수줍거나 무안하여 붉어진 얼굴을 이르는 말.
홍대용 (洪大容) 〖인명〗조선 영조 때의 실학자. 청나라·서양 등의 문명을 받아들여 상공업을 일으키고 과학을 발달시켜야 한다고 주장함. 혼천의를 만듦. [1731-1783]

홍도 (紅島) 〖지명〗전라남도 신안군에 위치한 섬. 홍갈색의 바위산과 풍란 따위의 희귀한 식물들로 자연 그대로의 공원을 이룸.

홍두깨 옷감을 감아서 다듬이질하는 데 쓰는, 둥글고 긴 나무.

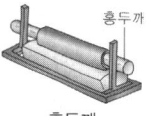
홍두깨

홍문관 (弘文館) 조선 때 경전·역사 책·문서 등을 관리하고 임금이 학문 등에 대한 의견을 묻던 관청.
홍범도 (洪範圖) 〖인명〗독립운동가. 함경북도 북청에서 의병을 일으켜 일본군을 격파하고, 간도로 건너가 독립군 총사령관이 됨. 대한 독립 군단을 조직하여 부총재가 되었으며 고려 혁명군관을 설립하였음. [1868-1943]
홍보 (弘報) 일반에게 널리 알림. 또는 그 보도나 소식. 예 홍보 활동에 나서다 / 신제품을 홍보하다. 홍보하다.
홍보석 (紅寶石) ⇨루비.

홍살문 (紅一門) 능·묘·궁전·관아 등의 앞에 세우는 붉은 칠을 한 문. 둥근기둥 두 개를 세우고 지붕이 없이 붉은 살을 세워서 죽 박은 문.

홍살문

홍삼 (紅蔘) 수삼을 쪄서 말린 붉은 빛깔의 인삼.
***홍수** (洪水) 1 비가 많이 와서 내나 강에 크게 불어 넘치는 물. 예 홍수가 나다. 비 큰물. 2 사람이나 사물이 한꺼번에 많이 쏟아져 나옴의 비유. 예 차량의 홍수.

홍수를 이루다 한꺼번에 많이 쏟아져 나와 넘치흐를 정도가 되다.

홍시 (紅柿) 흠뻑 익어 붉고 말랑말랑한 감. 비 연감. 연시.
홍어 (洪魚) 가오릿과에 속하는 바닷물고기. 가오리와 비슷하나 더 둥글고 가로로 퍼졌음. 등 쪽은 갈색이고 배는 흼.
홍역 (紅疫) 열이 오르고 온몸에 좁쌀 같은 것이 돋고 기침이 나는 어린이의 전염병. 한 번 앓으면 다시 걸리지 않음.
홍역(을) 치르다 몹시 애를 먹거나 어려운 일을 겪다.
홍 예 문(虹霓門) 문의 윗부분이 무지개처럼 반원형으로 된 문. 비아치문. 준홍예.

홍예문

홍의 장군(紅衣將軍)『인명』⇨곽재우.
홍익인간(弘益人間) [홍이긴간] 널리 인간 세계를 이롭게 한다는 뜻으로 단군의 건국 이념임.
홍인종(紅人種) 얼굴빛이 붉은 인종. 아메리카 인디언을 일컬음. 본홍색 인종.
홍일점(紅一點) [홍일쩜] 많은 남자들 틈에 오직 하나뿐인 여자.
홍조(紅潮) 부끄럽거나 술에 취하여 붉어진 얼굴. 예얼굴에 홍조를 띠다.
홍차(紅一) 차나무의 어린잎을 발효시키어 말린 찻감. 달인 물은 붉은 빛깔임.
홍채(虹彩) ⇨눈조리개.
홍콩(Hong Kong)『지명』중국 대륙 남동부 주장강 어귀에 있는 항구 도시. 세계에서 손꼽히는 무역의 중심지이며, 관광 도시로도 유명함. 영국의 식민지였다가 1997년 7월 1일 중국에 반환되어 특별 행정 구역이 됨.
홍합(紅蛤) 홍합과의 바닷조개. 껍데기는 삼각형에 가까운 타원형으로 빛은 검은 갈색이며 살은 붉은빛을 띰. 암초에 붙어 삶.
홑겹 [혿겹] 한 겹. 예옷을 홑겹으로 짓다.
홑눈 [혼눈] 게·새우·곤충의 겹눈 앞쪽에 있는 작은 눈. 어둡고 밝은 것을 구분함.
홑닿소리 [혿따쏘리] 홑으로 나는 닿소리. ㄱ·ㄴ·ㄷ·ㄹ·ㅁ·ㅂ·ㅅ·ㅇ·ㅎ 따위. 비단자음. 반겹닿소리.
홑몸 [혼몸] 1 딸린 사람이 없는 혼자의 몸. 예홑몸으로 살다. 비단신. 2 아이를 배지 않은 몸. 예그녀는 홑몸이 아니다. →홀몸 주의
홑옷 [호돋] 한 겹으로 지은 옷. 반겹옷.

홑이불 [혼니불] 한 겹으로 된 이불. 주로 여름에 덮음.
홑잎 [혼닙] 한 장의 잎사귀로 된 잎. 반겹잎.
홑청 [혿청] 요나 이불 따위의 겉에 씌우는, 홑겹으로 된 천. 예이불 홑청을 벗겨 내다.
홑홀소리 [호톨쏘리] 홑으로 나는 홀소리. ㅏ·ㅐ·ㅓ·ㅔ·ㅗ·ㅜ·ㅡ·ㅣ 따위. 비단모음. 반겹홀소리.
***화**¹(火) [화:] 몹시 언짢거나 못마땅해서 나는 성. 예화를 내다/화가 치밀다/화를 풀다.
화가 머리끝까지 나다 몹시 화가 나다.
***화**²(火) '화요일'의 준말.
***화**³(禍) [화:] 불행한 사고나 사나운 운수. 예화를 입다/화를 부르다/화를 면하다. 반복.
***화가**(畫家) [화:가] 그림 그리는 것을 직업으로 하는 사람. 통화백.
화강석(花崗石) ⇨화강암.
화강암(花崗岩) 석영·운모·장석 위로 이루어진 광물. 단단하고 아름다워 건축이나 비석 따위의 재료로 씀.
화교(華僑) 다른 나라에 가서 사는 중국 사람.
화근(禍根) [화:근] 불행한 일이 생기게 되는 원인. 예경솔한 행동이 화근이 되었다.
화급(火急) [화:급] 매우 급함. 예급한 일/급히 떠나다. 화급하다. 화급히.
화기(火氣) [화:기] 불의 뜨거운 기운. 예화기 엄금. 반불기.
화기애애하다(和氣靄靄—) 온화하고 화목한 분위기가 넘쳐흐르다. 예화기애애한 분위기.
화끈 1 뜨거운 기운을 받아 몸이나 쇠 따위가 갑자기 달아오르는 모양. 예나는 얼굴이 화끈 달아올랐다. 큰후끈. 2 긴장과 흥분이 높아지는 모양. 예경기장 분위기가 화끈 달아오르다. 화끈하다.
화끈거리다 뜨거운 느낌이 자꾸 일어나다. 예김치가 매워서 입안이 화끈거리다. 큰후끈거리다.
화끈하다 성격이나 일 처리가 시원

스럽다. 예 화끈한 성격.

화나다 (火一) [화:나다] 성이 나서 노한 기운이 생기다. 예 화난 얼굴.

화내다 (火一) [화:내다] 성이 나거나 노여워하는 감정을 드러내다. 예 걸핏하면 화내는 성격.

*__화단__ (花壇) 꽃을 심으려고 뜰 한쪽에 흙을 조금 높게 쌓은 꽃밭. 예 화단을 가꾸다. 비 꽃밭.

화답 (和答) 상대의 말이나 행동에 알맞은 말이나 행동으로 응답함. 화답하다.

화들짝 별안간 호들갑스럽게 펄쩍 뛸 듯이 놀라는 모양. 화들짝하다.

화랑[1] (花郞) 신라 때, 청소년 민간 수양 단체. 또는 그 중심인물. 세속 오계를 지키며 학문과 덕을 쌓고 무예를 닦았음. 신라의 삼국 통일에 크게 이바지함.

화랑[2] (畫廊) [화:랑] 그림 따위의 미술품을 벌이어 놓고 전시하는 곳.

*__화려하다__ (華麗一) 빛나고 아름답다. 예 화려한 옷차림.

화력 (火力) [화:력] 1 불의 힘. 2 총포의 힘. 예 막강한 화력.

화력 발전 (火力發電) 석탄이나 기름을 때워서 만든 증기의 힘으로 발전기를 돌려 전기를 일으키는 일. 만 수력 발전.

화로 (火爐) [화:로] 숯불을 담아 놓는, 흙이나 쇠붙이로 만든 그릇.

화롯불 (火爐一) [화:로뿔 / 화:론뿔] 화로에 담은 불.

*__화면__ (畫面) [화:면] 텔레비전·컴퓨터 따위에서 영상이 나타나는 면. 예 화면이 밝다 / 화면이 선명하다.

화목 (和睦) 서로 뜻이 맞고 정다움. 예 서로를 아껴 주는 화목한 가정. 반 반목. 불화. 화목하다.

화문석 (花紋席) 꽃무늬를 놓아 짠 돗자리. 비 꽃돗자리.

화물 (貨物) [화:물] 자동차·기차·배 따위로 실어 나르는 큰 짐. 예 트럭에 화물을 싣다. 비 짐. 하물.

화물선 (貨物船) [화:물썬] 짐을 실어 나르는 배.

화물차 (貨物車) [화:물차] 짐을 실어 나르는 자동차.

화백[1] (和白) 신라 때, 나라의 중요한 일을 의논하던 회의 제도. 만장일치제였음.

화백[2] (畫伯) [화:백] '화가'의 높임말. 예 김 화백이 전시회를 열었다.

화법 (話法) [화:뻡] 1 말하는 방법. 2 문장이나 이야기에서 다른 사람의 말을 인용하여 다시 표현하는 방법. 직접 화법과 간접 화법이 있음.

화병[1] (花瓶) 꽃을 꽂는 병. 예 장미를 화병에 꽂다. 비 꽃병.

화병[2] (火病) [화:뼝] 분한 마음을 삭이지 못하여 생기는 병. 예 화병이 나다. 본 울화병.

화보 (畫報) [화:보] 세상에서 일어난 여러 가지 일을 그림이나 사진으로 알리는 인쇄물.

*__화분__ (花盆) 꽃을 심어 가꾸는 데 쓰는 그릇. 예 화분에 물을 주다.

화사하다 (華奢一) 화려하고 곱다. 예 옷차림이 화사하다.

*__화산__ (火山) [화:산] 땅속의 마그마가 땅 위로 뿜어 나와 이루어진 산. 예 화산 지대.

화산섬 (火山一) [화:산섬] 화산에서 뿜어져 나온 용암과 재가 쌓여 이루어진 섬. 제주도·울릉도 따위. 비 화산도.

화산암 (火山岩) [화:산암] 땅속 깊이 있는 높은 온도의 마그마가 땅 위로 흘러나와 급히 식어서 굳은 바위. 안산암·현무암·유문암 따위.

화산재 (火山一) [화:산재] 화산에서 뿜어져 나온 용암 부스러기가 먼지와 같이 된 재. 비 화산회.

*__화살__ 활에 대어 쏘는 살.

화살촉 (一鏃) 화살 끝에 박은 뾰족한 쇳조각. 준 살촉. 활촉.

화살표 (一標) 1 방향을 나타내는 화살 모양의 부호. 2 문장에서 방향표로 쓰는 표시((부호는 →)).

화상[1] (火傷) [화:상] 불이나 뜨거운 열 따위에 데어 생긴 상처. 예 3도 화상을 입다.

화상[2] (畫像) [화:상] 1 사람의 얼굴을 그린 그림. 2 텔레비전 화면에 나타나는 상. 예 화상 회의.

화색 (和色) 얼굴에 드러나는 환한 빛. 예 얼굴에 화색이 돌다.

화석 (化石) [화:석] 아주 오랜 옛날에 살던 생물의 뼈나 생활의 흔적 등이 암석 속에 남아 있는 것. 예화석 인류.

화선지 (畫宣紙) [화:선지] 붓글씨를 쓰거나 동양화를 그릴 때 쓰는 종이. 예화선지에 글씨를 쓰다.

화성[1] (和聲) 둘 이상의 목소리가 동시에 울려서 음악적인 효과를 이루는 일. 하모니.

화성[2] (火星) [화:성] 태양으로부터 네 번째의 거리에 있으며 붉은빛을 내는 행성. 지구의 바로 바깥쪽에 있으며 지름은 지구의 약 반임. 두 개의 위성을 가지고 있음.

화성암 (火成岩) [화:성암] 땅속의 마그마가 흘러나와 굳어 이루어진 암석. 석영·운모·장석 따위.

화수분 온갖 물건을 넣어 두면 새끼를 쳐서 끝없이 나오는 보물단지라는 뜻으로, 재물이 자꾸 생겨서 아무리 써도 줄지 않음을 이르는 말.

화술 (話術) 말재주. 말솜씨. 예화술에 능하다.

화승총 (火繩銃) [화:승총] 심지에 불을 붙여 화약을 터지게 하여 쏘던 옛날 총.

화승총

화실 (畫室) [화:실] 화가나 조각가가 작품을 만드는 방. 아틀리에.

화씨온도계 (華氏溫度計) [화씨온도계/화씨온도계] 독일의 파렌하이트가 만든 온도계. 얼음이 어는점이 32°F, 물이 끓는점은 212°F로 함((기호는 °F)). *섭씨온도계.

화약 (火藥) [화:약] 충격·마찰·열 따위를 받으면 큰 소리와 함께 많은 열과 가스를 발생시키며 폭발하는 물질. 예화약이 터지다.

화엄사 (華嚴寺) 지리산 서쪽 기슭 전라남도 구례군에 있는 절. 신라 때 연기 대사가 세움. 국보인 각황전 등이 있음.

화염 (火焰) [화:염] ⇨불꽃1. 예화염에 휩싸이다.

화요일 (火曜日) 7요일의 하나. 일요일부터 셋째 날. 준화. ⊃Tuesday

화원 (花園) 1 꽃을 심은 동산. 비꽃동산. 꽃밭. 2 꽃가게.

화음 (和音) 높낮이가 다른 둘 이상의 소리가 동시에 함께 어울리는 소리. 예화음을 맞추다.

화자 (話者) 말하는 사람. 이야기하는 사람. 반청자.

화장[1] (化粧) 화장품을 바르거나 문질러 얼굴을 곱게 꾸밈. 예화장이 너무 짙다. 비단장. 화장하다.

화장[2] (火葬) [화:장] 시체를 불에 태워 장사를 지내는 일. 화장하다.

화장대 (化粧臺) 화장하는 데 쓰이는 기구. 거울이 달려 있으며 화장품을 올려놓거나 넣어 둠.

화장실 (化粧室) 대소변을 보는 곳. '변소'를 달리 이르는 말.

화장지 (化粧紙) 화장실에서 대소변을 본 후에는 화장할 때 쓰는 부드럽고 얇은 종이. 비휴지.

화장품 (化粧品) 화장에 쓰이는 물건. 로션·분·크림·향수 따위.

화재 (火災) [화:재] 불로 인한 재난. 예화재 예방. 반수재.

화전 (火田) [화:전] 산이나 들에 불을 질러 풀과 나무를 태운 다음, 그 자리를 파 일구어 농사를 짓는 밭.

화전놀이 (花煎―) [화전노리] 예전에, 봄날 진달래꽃이 만발할 무렵 교외나 산 같은 경치 좋은 곳에서 꽃잎을 따서 전을 부쳐 먹으며 하루를 즐겁게 놀던 민속놀이.

화전민 (火田民) [화:전민] 화전을 일구어 농사를 짓는 사람.

화제 (話題) 이야깃거리. 예화제를 돌리다 / 화제가 풍부하다.

화창하다 (和暢―) 날씨 따위가 따뜻하고 맑다. 예화창한 봄날.

화채 (花菜) 꿀·설탕을 탄 물이나 오미잣국에 과일을 썰어 넣고 잣을 띄운 음료.

화초 (花草) 꽃이 피는 풀과 나무. 보면서 즐기기 위해 꽃밭·화분에 심음. 예화초를 가꾸다 / 화초에 물을 주다. 비화훼.

화촉 (華燭) 혼례식에서 밝히는 불. 또는 그 혼례식. 예화촉에 불을 붙이다 / 화촉을 밝히다.

화톳불 [화토뿔/화톧뿔] 장작을 모아 질러 놓은 불. 예화톳불을 피우다.

화통 (火筒) [화:통] 기차나 기선의 굴뚝.

화투 (花鬪) 그림이 그려진 48장의 패를 여러 가지로 짝을 맞추어 승부를 겨루는 놀이. 예화투를 치다.

화평 (和平) [화:평] 1 마음이 편안함. 2 나라 사이가 화목하고 평화로움. 예화평하게 지내다. **화평하다**.

화폐 (貨幣) [화:폐/화:페] 물건을 사거나 팔거나 할 때 쓰는 것. 곧, 돈.

화포 (火砲) [화:포] 대포와 같이 화약의 힘으로 탄환을 쏘는 무기.

화폭 (畫幅) [화:폭] 그림을 그려 놓은 천이나 종이. 예가을 풍경을 화폭에 담다.

화풀이 (火—) [화:푸리] 1 화를 풀려고 하는 일. 예화풀이로 마구 먹어 대다. 2 엉뚱한 사람에게 화를 냄. 예선생님께 야단맞고 친구에게 화풀이하다. **화풀이하다**.

화하다 [화:하다] 입안의 느낌이 얼얼하면서도 시원하다. 예박하사탕을 물었더니 입안이 화하다.

*__화학__ (化學) [화:학] 물질의 구조·성질·작용·변화 따위를 연구하는 자연 과학의 한 분야.

화학 비료 (化學肥料) 화학 처리 공정을 거쳐 생산되는 비료. 질소 비료·인산 비료 따위. 비인조 비료. 반천연 비료.

화학 섬유 (化學纖維) 석유 따위를 화학적으로 처리하여 만든 나일론·비닐론 등의 섬유. 비합성 섬유. 반천연 섬유. 참화섬.

화학자 (化學者) [화:학짜] 화학을 연구하는 사람.

화학적 변화 (化學的變化) 어떤 물질이 모양뿐만 아니라 성질까지도 완전히 다른 물질로 변하는 현상. 반물리적 변화.

화합[1] (和合) 서로 뜻이 잘 맞아 사이좋게 어울림. 예형제간에 화합이 잘된다. **화합하다**.

화합[2] (化合) [화:합] 두 가지 이상의 물질이 화학적으로 반응·결합하여 새로운 물질이 되는 현상. **화합하다**.

화합물 (化合物) [화:합물] 둘 또는 그 이상의 물질이 화합해서 이루어진 물질.

화해 (和解) 싸움을 그치고 다시 사이좋게 지냄. 예화해를 청하다/친구와 화해하다. **화해하다**.

화환 (花環) 꽃을 엮어 둥글게 만들어 환영·축하 또는 조의를 표할 때 쓰는 물건. 예화환을 목에 걸다. ※꽃다발.

확 1 힘차게 부는 모양. 예바람이 확 불다. 2 어떤 일이 빠르고 힘차게 나는 모양. 예물을 확 뿌리다/확 달려들다. 3 불이 갑자기 일어나는 모양. 예불이 확 타오르다. 4 막혔던 것이 시원스럽게 열리는 모양. 예시야가 확 트이다.

확고부동 (確固不動) [확꼬부동] 확실하고 굳어서 흔들리거나 움직이지 아니함. 예확고부동한 결심. **확고부동하다**.

확고하다 (確固—) [확꼬하다] 확실하고 굳다. 예결심이 확고하다.

확고히 (確固—) [확꼬히] 확고하게. 예지지 기반을 확고히 다지다.

확답 (確答) [확땁] 확실한 대답. 예확답을 피하다. **확답하다**.

확대 (擴大) [확때] 모양이나 규모를 늘여 크게 함. 예사진을 확대하다. 반축소. **확대하다**.

확대경 (擴大鏡) [확때경] 물체가 크게 보이는 볼록 렌즈. 비돋보기.

확률 (確率) [황뉼] 어떤 일이 일어날 수 있는 가능성의 비율. 예당선될 확률이 높다.

*__확립__ (確立) [황닙] 기초·체계·견해 따위가 굳게 섬. 또는 그런 것을 굳게 세움. 예질서를 확립하다. **확립하다**.

확보 (確保) [확뽀] 확실하게 가지고 있음. 예안전거리 확보/자원을 확보하다. **확보하다**.

확산 (擴散) [확싼] 1 흩어져 널리 퍼짐. 예전염병의 확산을 막다. 2 서로 농도가 다른 기체나 액체가 섞일 때 시간이 지남에 따라 점차 같은 농도로 되는 현상. **확산하다**.

확성기 (擴聲器) [확썽기] 소리를 크게 하여 멀리까지 들리게 하는 기구. 스피커.

확신 (確信) [확씬] 확실히 믿음. 또는 그런 마음. ⓔ확신이 서다 / 성공을 확신하다. 확신하다.

확실하다 (確實—) [확씰하다] 틀림이 없다. 사실과 다르지 않다. ⓔ확실한 증거. ⓟ불확실하다.

확실히 (確實—) [확씰히] 확실하게. ⓔ확실히 말해라.

확언 (確言) [화건] 확실하게 말함. 또는 그런 말. ⓔ아직은 확언할 수 없다. 확언하다.

확연하다 (確然—) [화견하다] 아주 확실하다. ⓔ확연한 증거.

확연히 (確然—) [화견히] 확연하게. ⓔ거짓말이 확연히 드러나다.

***확인** (確認) [화긴] 확실히 인정함. 또는 틀림없는지 알아봄. ⓔ준비물을 확인하다. 확인하다.

확장 (擴張) [확짱] 범위나 세력을 늘려서 넓힘. ⓔ가게를 확장하다 / 도로를 확장하다. ⓟ축소. 확장하다.

확정 (確定) [확쩡] 어떤 일을 하기로 분명하게 정함. ⓔ올림픽 개최지가 확정되다. 확정하다.

확정적 (確定的) [확쩡적] 확정된 것이나 또는 그에 가까운 (것). ⓔ승리가 기의 확정적이다.

확증 (確證) [확쯩] 확실히 증명함. 또는 확실한 증거. ⓔ확증을 잡다. ⓑ실증. 확증하다.

확충 (擴充) 늘리고 넓혀 충실하게 함. ⓔ시설을 확충하다. 확충하다.

확확 [화콱] 1 바람·냄새·기운 따위가 잇달아 세차게 끼치는 모양. ⓔ고기 굽는 냄새가 확확 풍기다. 2 뜨거운 기운이 잇달아 일어나는 모양. ⓔ당황한 그는 얼굴이 확확 달아올랐다.

환각 (幻覺) [환:각] 없는 것을 있는 것처럼 느끼는 감각. ⓔ환각을 일으키다 / 환각에 빠지다.

환각제 (幻覺劑) [환:각쩨] 환각 작용을 일으키는 약.

환갑 (還甲) [환:갑] 나이 예순 살을 가리키는 말. ⓔ할머니는 올해 환갑이시다. ⓑ회갑.

***환경** (環境) 1 사람과 생물이 살아가는 데에 두루 영향을 끼치는 자연이나 사회의 조건이나 상태. ⓔ교육 환경 / 환경이 좋다. 2 생활하는 곳의 주변 상태. ⓔ환경 미화.

환경미화원 (環境美化員) 거리를 청소하거나 쓰레기를 거두어 가는 일을 직업으로 하는 사람. ⓒ미화원.

환경부 (環境部) 중앙 행정 기관의 하나. 자연 보호 및 환경 보전에 관한 일을 맡아봄.

환경 오염 (環境汚染) 자연 개발로 인한 자연의 파괴와 여러 가지 교통 기관이나 공장에서 쏟아져 나오는 가스나 폐수, 농약 등으로 환경이 더럽혀지는 일.

환경 호르몬 (環境hormone) 사람의 몸에서 호르몬을 만들어 분비하는 과정에 이상을 일으킬 수 있는 물질을 통틀어 이르는 말.

환급 (還給) 돈 따위를 도로 돌려줌. 환급하다.

환기¹ (喚起) [환:기] 주의나 여론, 생각 따위를 불러일으킴. ⓔ주의를 환기하다. 환기하다.

환기² (換氣) [환:기] 탁한 공기를 맑은 공기로 바꿈. ⓔ실내 환기 / 환기가 잘되는 방. 환기하다.

환대 (歡待) 기쁘게 맞아 정성껏 대접함. ⓔ환대를 받다 / 손님을 환대하다. 환대하다.

환락 (歡樂) [활락] 마음껏 즐기는 것. ⓔ환락에 빠지다.

환락가 (歡樂街) [활락까] 술집 따위의 유흥장이 많이 늘어선 거리.

환멸 (幻滅) [환:멸] 큰 기대나 희망이 깨어질 때 느끼는 허무함이나 쓰라림. ⓔ환멸을 느끼다.

환부 (患部) [환:부] 병이나 상처가 난 곳. ⓔ환부를 치료하다.

환불 (還拂) 요금 따위를 되돌려줌. ⓔ물건값을 환불해 주다 / 요금 환불을 요구하다. 환불하다.

환산 (換算) [환:산] 어떤 단위로 표시된 수량을 다른 단위로 고쳐 셈함. ⓔ원화를 달러로 환산하다. 환산하다.

환상 (幻想) [환:상] 현실적으로 있을 수 없는 여러 가지 사물을 상상하는 일. ⓔ환상이 깨지다 / 환상에 사로잡히다. ⓑ공상.

환상적 (幻想的) [환:상적] 현실과

동떨어진 꿈을 꾸고 있는 것과 같은 (것). 예환상적인 멜로디.

환생 (還生) 1 죽었던 사람이 되살아남. 2 죽은 사람이 다른 삶의 형태로 바꾸어 태어남. 예사람이 동물로 환생했다는 전설이 있다. **환생하다**.

환성 (歡聲) 기쁘고 반가워서 지르는 소리. 예환성을 지르다.

환송 (歡送) 떠나는 사람을 기쁜 마음으로 보냄. 예환송을 받다. 땐환영. **환송하다**.

환승 (換乘) [환:승] 버스나 지하철에서 노선이나 교통수단을 갈아탐. 예다음 정거장에서 지하철로 환승이 가능하다. **환승하다**.

환심 (歡心) 기쁘고 즐거운 마음.
  환심(을) 사다 남의 비위를 맞추어 그의 호감을 자아내다.

환약 (丸藥) [화냑] 약재를 가루로 만들어 반죽하여 작고 둥글게 빚은 약. 땐알약.

환영¹ (歡迎) [화녕] 오는 사람을 기쁜 마음으로 즐거이 맞이함. 예새로 입학한 동생들을 환영하다. 땐환송. **환영하다**. ◦welcome

환영² (幻影) [화:녕] 눈 앞에 있지 않은 사람이나 물건의 모습이 있는 것처럼 또렷이 보이는 것. 예할머니의 환영을 보다. 비허깨비. 환상.

환영회 (歡迎會) [화녕회/화녕훼] 환영하기 위해 갖는 모임. 예올림픽 선수단 귀국 환영회.

환웅 (桓雄) 『인명』 단군 신화에 나오는 인물. 환인의 아들. 태백산에 내려와 세상을 다스렸으며, 웅녀와 결혼하여 단군을 낳았다.

환원 (還元) [화원] 본디의 상태로 되돌아감. 예재산을 사회에 환원하다. **환원하다**.

환인 (桓因) 『인명』 단군 신화에 나오는 환웅의 아버지. 환웅이 세상에 내려가고자 하므로 태백산으로 내려 보내어 세상을 다스리게 하였다고 함.

*__환자__ (患者) [환:자] 병을 앓거나 다친 사람. 예입원 중인 환자/환자를 돌보다. 비병자.

환절기 (換節期) [환:절기] 계절이 바뀌는 시기. 예환절기에는 감기에 걸리기 쉽다.

환조 (丸彫) 한 덩어리의 재료로 물체의 모양을 전부 입체적으로 새기는 조각법.

환청 (幻聽) [환:청] 실제로는 아무 소리도 나지 않는데 소리가 들리는 것 같이 느끼는 환각 현상.

환풍기 (換風機) [환:풍기] 건물 안의 탁한 공기를 내보내고 바깥의 맑은 공기를 들어오게 하는 기구.

*__환하다__ [환:하다] 1 빛이 비쳐 또렷하게 밝다. 예방이 환하다. 2 앞이 탁 트여 넓고 시원하다. 예앞길이 환하다. 3 잘 생기다. 예환한 얼굴. 4 일의 조리나 속내가 뚜렷하다. 예동네 지리에 환하다. 콘훤하다.

환호 (歡呼) 기뻐서 큰 소리로 고함을 지름. 예긴 가뭄 끝에 비가 내리자 모든 사람이 환호했다. **환호하다**.

환호성 (歡呼聲) 기뻐서 외치는 소리. 예환호성을 지르다. 비환성.

환희 (歡喜) [환히] 즐겁고 기쁨. 예환희에 찬 얼굴.

환히 [환:히] 환하게. 예컴퓨터에 대해서 환히 알다/가로등이 거리를 환히 비추다. 콘훤히.

*__활__ 단단한 나무나 쇠 따위를 휘어서 그 두 끝에 시위를 걸고 화살을 쏘는 무기.

활개 1 새의 활짝 편 두 날개. 2 사람의 쭉 뻗은 두 팔과 다리.
  활개(를) 치다 ㉠두 팔을 세차게 앞뒤로 흔들어 젓다. ㉡제 세상인 것처럼 행동하다.

활기 (活氣) 활발한 기운. 예활기를 띠다. 비생기.

활기차다 (活氣―) 힘이 넘치고 생기가 가득하다. 예씩씩하고 활기찬 걸음걸이.

활달하다 (豁達―) [활딸하다] 마음이 넓고 크며 활발하다. 예나는 성격이 활달하다.

*__활동__ (活動) [활똥] 1 기운차게 움직임. 2 어떤 일을 이루기 위하여 힘씀. 예사회 활동. 비활약. **활동하다**.

활동량 (活動量) [활똥냥] 몸을 움직여 활동한 양. 예날씨가 풀리면서 야외 활동량이 점차 늘어나고 있다.

활동적 (活動的) [활똥적] 활발하게 움직이는 (것). ⓔ형은 매우 **활동적**이고 성실하다.

활력 (活力) 살아 움직이는 힘. ⓔ**활력**을 불어넣다.

활력소 (活力素) [활력쏘] 살아 움직이는 힘이 되는 본바탕. ⓔ칭찬은 마음의 **활력소**가 된다.

*__활발하다__ (活潑—) 행동이나 말이 기운차고 생기가 있다. ⓔ**활발한** 움직임을 보이다.

활발히 (活潑—) 활발하게.

활보 (闊步) 큰 걸음으로 힘차고 당당한 걸음. ⓔ사람들이 거리를 **활보**하고 있다. **활보하다**.

활시위 [활씨위] 활에 걸어서 켕기는 줄. ⓔ**활시위**를 당기다. [준]시위.

활약 (活躍) [화략] 눈부시게 활동함. 기운차게 활동하다님. ⓔ뛰어난 **활약**을 보이다. **활약하다**.

활엽수 (闊葉樹) [화렵쑤] 잎이 넓은 나무. 떡갈나무·오동나무·상수리나무 따위. [반]침엽수.

*__활용__ (活用) [화룡] 쓰임새에 맞게 잘 이용함. ⓔ폐품 **활용**. [비]이용. **활용하다**.

활자 (活字) [활짜] 인쇄에 쓰는 납 따위로 만든 글자의 모형. ⓔ**활자**를 짜다.

활자본 (活字本) [활짜본] 활자를 조판하여 찍어 낸 책. ⓔ금속 **활자본**을 복원하다. *필사본.

활주로 (滑走路) [활쭈로] 비행장 안에 비행기가 뜨고 내릴 수 있도록 만든 길.

*__활짝__ 1 문 따위가 시원스럽게 열린 모양. ⓔ창문을 **활짝** 열다. 2 날이 맑게 개거나 환히 밝은 모양. ⓔ**활짝** 갠 날씨. 3 꽃이 다 핀 모양. ⓔ꽃이 **활짝** 피다.

활화산 (活火山) 현재 용암이나 가스 따위를 내뿜으며 활동하고 있는 화산. [반]사화산.

활활 1 불길이 힘차게 타오르는 모양. ⓔ**활활** 타오르는 불길. 2 부채로 시원스럽게 부치는 모양. 3 옷을 시원스럽게 벗어 버리는 모양. ⓔ옷을 **활활** 벗다. [큰]훨훨.

홧김 (火—) [화:낌 / 환:낌] 화가 나는 기운. ⓔ**홧김**에 그의 멱살을 잡았다. [비]열김.

황 (黃) 화약·성냥 등의 원료. 광택이 있는 노란 결정이며 잘 부서짐. 낮은 온도에서 녹고, 탈 때는 지독한 냄새가 남. [비]유황.

황갈색 (黃褐色) [황갈쌕] 누런빛을 띤 갈색.

황공하다 (惶恐—) 위엄·신분·지위 따위에 눌려 두렵고 조심스럽다. ⓔ**황공하여** 몸 둘 바를 모르겠다. [비]황송하다.

황금 (黃金) 1 금. 2 돈. 금전.

황금기 (黃金期) 가장 좋은 시기. ⓔ인생의 **황금기**를 보내다.

황금색 (黃金色) 황금의 색과 같은 누런빛. [비]황금빛.

황급하다 (遑急—) [황그파다] 너무 급하여 허둥지둥하다. ⓔ**황급한** 목소리로 도움을 청하다.

황급히 (遑急—) [황그피] 황급하게. ⓔ**황급히** 달아나다.

황달 (黃疸) 주로 간의 이상으로 생기는 병. 온몸과 눈이 누렇게 변함. ⓔ**황달**이 들다.

황당무계하다 (荒唐無稽—) [황당무계하다 / 황당무게하다] 말이 허황하고 터무니없다.

황당하다 (荒唐—) 말과 행동이 거칠고 거짓이 많다. 터무니없고 허황하다. ⓔ**황당한** 이야기.

황도 (黃桃) 속살이 노랗고 단 복숭아. 통조림에 많이 씀.

황량하다 (荒涼—) [황냥하다] 매우 거칠고 쓸쓸하다. ⓔ**황량한** 벌판.

황룡사 (皇龍寺) [황뇽사] 경상북도 경주에 있던 절. 645년에 세워졌으나 고려 고종 때 몽골의 침입으로 불에 타서 지금은 터만 남아 있음.

황무지 (荒蕪地) 일구지 않고 내버려 두어 거친 땅. ⓔ**황무지**를 개척하여 논밭을 만들다. [반]옥토.

황사 (黃沙) 1 누런 모래. 2 ⇨황사 현상.

황사 현상 (黃沙現象) 봄·초여름에 중국 내륙의 사막이나 황토 지대에 있는 가는 모래가 바람을 타고 날아올랐다가 내려오는 현상.

황산(黃酸) 황·산소·수소가 화합한 기름 모양의 액체. 산성이 강하고 금·백금 이외의 금속을 녹임. 건조제·화학 공업용으로 쓰임.

황산 구리(黃酸―) 구리와 황산의 화합물. 물에 잘 녹는 파란색의 결정. 살충제·물감 등에 쓰임.

황산벌(黃山―) 지금의 충청남도 연산 벌판. 백제 의자왕 때 계백 장군이 이끄는 5천 명의 결사대가 신라의 5만 대군을 맞아 싸운 곳.

황산화물(黃酸化物) 석유나 석탄 따위가 탈 때 생기는 물질. 대기 오염이나 산성비의 원인이 되며, 호흡기 질환을 일으킴.

황새 [황:새] 황샛과의 새. 백로와 비슷한데 몸빛은 희며 머리와 꼬리는 검고, 눈가의 살갗은 붉은빛임. 물갈퀴가 있고, 다리와 부리가 긺. 우리나라 천연기념물.

황새

황소 1 큰 수소. 2 미련하거나 기운이 세거나 많이 먹는 사람의 비유. 예 힘이 황소 같다.

황소개구리 개구리의 하나. 몸길이는 20cm 정도. 수컷은 암녹색, 암컷은 갈색이며, 등에 검은 반점이 있음. 맛이 닭고기와 비슷하여 요리에 쓰임. 식용 개구리라고도 함.

황소바람 좁은 틈으로 세게 불어오는 바람. 예 문틈으로 새어 들어오는 황소바람.

황송하다(惶悚―) 위엄이나 지위 따위에 눌리어 매우 두렵고 거북하다. 비 황공하다.

황순원(黃順元) 〖인명〗 소설가. 인간성을 중시하는 주제를 엄격하고 함축성이 있는 간결한 문장으로 나타냄. 작품에 소설 '카인의 후예', '일월', '소나기' 등이 있음. [1915-2000]

황실(皇室) 황제의 집안. 비 왕실.

황야(荒野) 일구지 않은 거친 들판.

황인종(黃人種) 살갗이 누렇고 머리털이 검은 인종. 우리나라·중국·일본 사람 등. 본 황색 인종.

황제(皇帝) 제국의 군주. 비 천자. 반 황후.

황천길(黃泉―) [황천낄] 죽어서 저승으로 가는 길. 죽음의 길. 비 저승길.

황토(黃土) 누렇고 거무스름한 흙. 예 황토 먼지.

황폐하다(荒廢―) [황폐하다 / 황페하다] 그냥 버려두어 거칠고 못 쓰게 되다. 예 황폐한 광산촌.

황하(黃河) ⇨황허강.

황해(黃海) 우리나라 서쪽에 있는 바다. 비 서해.

황해남도(黃海南道) 〖지명〗 북한의 한 도. 한반도 중서부에 위치. 황해북도, 휴전선 등과 맞닿아 있음. 도청 소재지는 해주.

황해도(黃海道) 〖지명〗 북한의 한 도. 황해남도와 황해북도를 함께 이르는 말.

황해북도(黃海北道) [황해북또] 〖지명〗 북한의 한 도. 한반도 중부에서 서북쪽에 위치하여 황해남도, 평양, 평안남도 등과 맞닿아 있음. 도청 소재지는 사리원.

황허강(중 黃河江) 중국 북부에 있는 큰 강. 중국에서 두 번째로 큰 강으로 고대 문명의 발상지임. 황하.

황혼(黃昏) 1 해가 지고 어둑어둑할 때. 예 황혼 무렵의 거리. 2 사람의 일생에서 한창때가 지나 노년에 이른 때. 예 인생의 황혼을 맞이하다.

황홀(恍惚) 1 빛이 어른거려 눈이 부심. 2 사물에 마음을 빼앗겨 멍함. 예 불꽃놀이를 황홀하게 바라보다. 황홀하다. 황홀히.

황후(皇后) 황제의 부인. 비 왕후.

황희(黃喜) 〖인명〗 조선 초기의 정승. 호는 방촌. 세종 때 영의정에 올라 네 임금을 섬기며 정승으로 24년간 있었는데, 성품이 너그럽고 어질기로 유명함. [1363-1452]

홰 1 새장이나 닭장 속에 새나 닭이 올라앉도록 가로질러 놓은 나무 막대. 예 닭들이 홰에 올라앉아 있다. 2 '횃대의 준말.

홱 1 망설임 없이 시원하게 해내는 모양. 예 문을 홱 닫다. 2 힘차게 던지거나 뿌리는 모양. 예 가방을 홱 던지다. 3 날쌔게 뿌리치는 모양. 예잡은 손을 확 뿌리치다. 4 힘있게 빨리 돌리는 모양. 예고개를 확 돌리다.

횃대 [홰때/횉때] 옷을 걸 수 있게 벽에 매단 막대. 준해.

횃불 [홰뿔/횉뿔] 홰에 컨 불. 예횃불을 밝히다.

환하다 1 일에 밝아 막힘이 없이 환하다. 예농사일은 그가 환하게 잘 안다. 2 길이나 구멍 따위가 막힌 데 없이 시원스럽게 뚫려 있다. 예길이 환하게 뚫리다.

회¹ (會) [회/훼] 어떤 목적을 위하여 여러 사람이 함께 모이는 일. 또는 그 모임. 예회를 결성하다.

회² (膾) [회/훼] 고기·생선 따위를 날로 잘게 썬 음식. 예회를 치다.

*__회__³ (回) [회/훼] 돌아오는 횟수나 차례를 나타내는 말. 예60회 졸업식.

회갑 (回甲) [회갑/훼갑] ⇨환갑.

회개 (悔改) [회:개/훼:개] 잘못을 뉘우치고 고침. 예잘못을 회개하다 / 회개의 눈물을 흘리다. 회개하다.

회견 (會見) [회:견/훼:견] 서로 만나 봄. 예대통령 기자 회견. 비접견. 회견하다.

회계 (會計) [회:게/훼:게] 1 들어오고 나가는 돈을 따져서 셈함. 예회계를 보다. 2 돈이나 물품을 주고받는 일에 관한 사무. 회계하다.

회고 (回顧) [회:고/훼:고] 옛일을 돌이켜 생각함. 비회상. 회고하다.

회고록 (回顧錄) [회:고록/훼:고록] 지난 일을 생각하며 적은 기록.

회관 (會館) [회:관/훼:관] 모임이나 회의를 하기 위해 지은 건물. 예어린이 회관.

회교 (回敎) [회:교/훼:교] ⇨이슬람교. 예회교 신자 / 회교를 믿다.

회귀성 (回歸性) [회귀썽/훼귀썽] 동물이 태어나 다른 곳으로 옮겨가 다 자란 다음, 알을 낳기 위해 태어난 곳으로 다시 돌아오는 성질. 연어·송어 따위. 비회귀 본능.

회담 (會談) [회:담/훼:담] 어떤 문제에 관련된 사람들이 한자리에 모여 얘기함. 예회담을 개최하다 / 회담을 열다. 비회의. 회담하다.

회답 (回答) [회:답/훼:답] 물음이나 편지에 대답함. 예회답을 보내다. 회답하다.

회람 (回覽) [회:람/훼:람] 문서 따위를 여러 사람이 차례로 돌려 봄. 또는 그 문서. 예회람을 돌리다. 회람하다.

*__회로__ (回路) [회:로/훼:로] '전기 회로'의 준말. 예회로 검사기.

회보 (會報) [회:보/훼:보] 회에 관한 일을 회원에게 알리는 간행물. 예회보를 발행하다.

회복 (回復) [회:복/훼:복] 쇠퇴한 나라·가정·건강 따위를 예전의 좋은 상태로 바로잡음. 예건강을 회복하다. 회복하다.

회복기 (回復期) [회:복끼/훼:복끼] 1 병이 나아져 가는 시기. 예회복기 환자. 2 사회의 경제 상태가 나아져 가는 시기.

회비 (會費) [회:비/훼:비] 모임을 꾸려 나가는 데 드는 돈. 예회비를 걷다 / 학생회 회비를 내다.

*__회사__ (會社) [회:사/훼:사] 이익을 내기 위해 자본을 대어 만든 사업 단체. 준사.

회사원 (會社員) [회:사원/훼:사원] 회사에서 근무하는 사람. 비사원.

회상 (回想) [회:상/훼:상] 지난 일을 돌이켜 생각함. 또는 그 생각. 예어린 시절을 회상하다. 비회고. 회상하다.

회색 (灰色) [회:색/훼:색] 재의 빛깔처럼 흰빛을 띤 검정. 예회색 구름 / 두둑한 회색 재킷을 입다. ⊃gray

회생 (回生) [회:생/훼:생] 다시 살아남. 예기적적으로 회생하다. 비소생. 회생하다.

회수 (回收) [회:수/훼:수] 도로 거두어들임. 예불량품을 회수하다 / 재활용품의 회수가 잘 이루어지지 않는다. 회수하다.

회식 (會食) [회:식/훼:식] 여러 사람이 함께 모여 음식을 먹음. 또는 그 모임. 예부서 회식 / 송년회 회식에 참석하다. 회식하다.

회신 (回信) [회:신/훼:신] 편지·전신·전화 등의 회답. 예회신을 보내다. 회신하다.

회심 (會心) [회:심/훼:심] 마음먹은

대로 되어 만족함. 예 회심의 미소를 짓다.

회오리바람 [회오리바람 / 훼오리바람] 갑자기 소용돌이 모양으로 하늘로 오르며 부는 바람. 비 돌개바람. 선풍.

***회원** (會員) [회:원 / 훼:원] 어떤 모임을 이루는 사람들. 예 회원 모집 / 신입 회원.

회원국 (會員國) [회:원국 / 훼:원국] 국제적인 조직에 가입되어 있는 나라.

***회의**¹ (會議) [회:의 / 훼:이] 여럿이 모여 의논함. 또는 그 모임. 예 학급 회의를 열다. **회의하다**.

회의² (懷疑) [회의 / 훼이] 의심을 품음. 믿지 않음. 예 모든 일에 회의를 느끼다. **회의하다**.

회의록 (會議錄) [회:의록 / 훼:이록] 회의의 진행 과정이나 결과 따위를 적은 기록.

회의실 (會議室) [회:의실 / 훼:이실] 회의를 하는 방.

***회장**¹ (會長) [회:장 / 훼:장] 1 모임의 일을 책임지며 그 모임을 대표하는 사람. 예 회장으로 선출되다. 2 주식회사 등에서 이사회의 우두머리.

회장² (會場) [회:장 / 훼:장] 모임이나 회의가 열리는 곳. 예 회장을 정리하다.

회전 (回轉) [회전 / 훼전] 1 빙빙 돎. 또는 돌림. 2 투자한 돈으로, 상품을 사고파는 일을 되풀이하는 일. 예 자금 회전이 빠르다. **회전하다**.

회전목마 (回轉木馬) [회전몽마 / 훼전몽마] 축의 둘레에 목마를 연결하여 돌면서 아래위로 움직이게 만든 놀이 기구. 예 회전목마를 타다.

회전문 (回轉門) [회전문 / 훼전문] 축을 중심으로 빙빙 돌려서 드나들게 만든 문. 사람의 출입이 많은 건물에서 보온을 위해 설치.

회전 운동 (回轉運動) 물체가 회전축을 중심으로 하여 일정한 거리를 두고 도는 운동.

회전체 (回轉體) [회전체 / 훼전체] 평면 도형이 한 직선을 축으로 한 바퀴 회전해서 생기는 입체 도형.

회전축 (回轉軸) [회전축 / 훼전축] 회전 운동의 중심이 되는 직선.

회전체

회진 (回診) [회진 / 훼진] 의사가 환자의 병실을 돌아다니며 진찰함. 예 원장의 회진을 기다리다. **회진하다**.

회초리 [회초리 / 훼초리] 매를 때리거나 마소를 부릴 때에 쓰는 가는 나뭇가지. 예 회초리를 들다.

회충 (蛔蟲) [회충 / 훼충] 회충과의 기생충. 알이 채소나 물 따위에 섞여 몸에 들어와 사람의 작은창자에 기생함. 준 회.

회칙 (會則) [회:칙 / 훼:칙] 모임의 규칙.

회포 (懷抱) [회포 / 훼포] 마음속에 품은 생각. 예 오래간만에 친구를 만나 회포를 풀다. 비 감회.

회피 (回避) [회피 / 훼피] 1 몸을 피하고 만나지 아니함. 2 책임을 지지 않고 꾀를 부림. 예 끝까지 책임을 회피하다 / 답변을 회피하다. **회피하다**.

회합 (會合) [회:합 / 훼:합] 여러 사람이 모이는 일. 또는 그 모임. 예 회합에 참석하다. **회합하다**.

회화¹ (會話) [회:화 / 훼:화] 1 서로 만나서 이야기함. 또는 그 이야기. 2 외국어로 이야기함. 예 영어 회화. **회화하다**.

회화² (繪畫) [회:화 / 훼:화] ⇨ 그림.

획¹ (劃) [획 / 훽] 그림이나 글씨에서 붓으로 그은 줄이나 점. 예 획이 굵다.
획을 긋다 어떤 범위나 시기를 분명하게 구분 짓다. 예 역사에 한 획을 긋다.

획² [획 / 훽] 1 빨리 돌거나 스치는 모양. 예 바퀴가 획 돌다. 2 바람이 세게 부는 모양. 3 별안간 힘 있게 내던지는 모양. 예 돌을 획 던지다. 큰 훽.

획기적 (劃期的) [획끼적 / 훽끼적] 새로운 시대가 열린 것처럼 뚜렷한 (것). 예 획기적인 발명품 / 획기적인 사건.

획득 (獲得) [획뜩 / 훽뜩] 손에 넣음. 얻어 가짐. 예 금메달 획득. **획득하다**.

획수 (劃數) [획쑤 / 훽쑤] 글자에서 획의 수효.

획순 (劃順) [획쑨 / 훽쑨] 글씨를 쓸 때 획을 긋는 순서. 예 획순에 따라 글씨를 쓰다. 비 필순.

획일적 (劃一的) [획일쩍/훼길쩍] 한결같은 (것). 예획일적 행동.

획획 [회획/훼쾍] 1 계속 빨리 돌아가는 모양. 예팔랑개비가 획획 돌다. 2 바람이 잇달아 세게 부는 모양. 3 계속해서 힘주어 던지는 모양. 예강물에 돌멩이를 획획 던지다. 흰휙휙.

횟가루 (灰—) [회까루/훼까루] '산화 칼슘'을 일상적으로 이르는 말. 운동장에 금을 그을 때 쓰는 흰색 가루.

***횟수** (回數) [회쑤/훼쑤] 되풀이되는 일이나 차례의 수효. 예횟수가 잦다/횟수를 거듭하다. ×회수.

횟집 (膾—) [회:찝/훼:찝] 생선회를 전문으로 파는 음식점.

횡격막 (橫膈膜) [횡경막/휑경막] 포유류의 배와 가슴 사이에 있는 근육성의 막. 폐의 호흡 작용을 도움. 비가로막.

횡단 (橫斷) [횡단/휑단] 1 도로나 강 따위를 가로지름. 예무단 횡단. 2 동서의 방향으로 가로 건넘. 예대륙 횡단 철도. 횡단하다.

횡단보도 (橫斷步道) [횡단보도/휑단보도] 안전표지에 따라서 사람이 건너갈 수 있도록 해 놓은 차도의 한 부분. 예횡단보도에서 신호를 기다리다. 비건널목.

횡령 (橫領) [횡녕/휑녕] 남의 돈이나 물건을 불법으로 가로챔. 예공금 횡령. 횡령하다.

횡설수설 (橫說竪說) [횡설수설/휑설수설] 조리에 맞지 않는 말을 함부로 지껄임. 예술에 취해 횡설수설하다. 횡설수설하다.

횡재 (橫財) [횡재/휑재] 뜻밖에 재물을 얻음. 또는 그 재물. 예복권이 당첨되어 횡재하다. 횡재하다.

횡포 (橫暴) [횡포/휑포] 제멋대로 몹시 사납게 굶. 예횡포를 부리다/불량배들의 횡포를 막다. 횡포하다.

***효** (孝) [효:] 부모를 잘 섬기는 일. 반불효.

***효과** (效果) [효:과/효:꽈] 보람이 있는 좋은 결과. 예감기약을 먹은 효과가 없다. 비효력. 효용. 효험.

효과음 (效果音) [효:과음/효:꽈음] 어떤 장면의 실감을 더하기 위하여 넣는 소리.

효과적 (效果的) [효:과적/효:꽈적] 효과가 있는 (것). 예효과적인 방법.

효녀 (孝女) [효:녀] 부모에게 효도하는 딸. 예효녀 심청.

효능 (效能) [효:능] 효험을 나타내는 능력. 예효능이 좋은 약.

효도 (孝道) [효:도] 부모를 잘 섬기는 일. 또는 그 도리. 예효도를 다하다/자식들이 효도하다. 비효성. 반불효. 효도하다.

효력 (效力) [효:력] 1 효과나 효험을 나타내는 힘. 예약의 효력이 오래 가다. 2 법률이나 규칙 따위의 작용. 예효력을 상실하다.

효모 (酵母) [효:모] 알코올 발효를 하는 균류. 술·빵을 만드는 데 씀. 이스트.

효모균 (酵母菌) [효:모균] ⇨효모.

효부 (孝婦) [효:부] 시부모를 잘 모시는 며느리.

효성 (孝誠) [효:성] 마음을 다하여 부모를 섬기는 정성. 예효성이 지극하다. 비효도. 효성스럽다.

효소 (酵素) [효:소] 생물체 안에서 유기 물질들에 작용하여 화학적 변화를 일으키는 물질. 술·간장·치즈 따위의 식품 및 소화제 따위의 의약품을 만드는 데 쓰.

효심 (孝心) [효:심] 부모를 지성으로 섬기는 마음. 비효성.

효용 (效用) [효:용] 1 효험. 효능. 2 어떤 물건의 쓸모. 비용도.

효율 (效率) [효:율] 1 기계가 한 일의 양과 그에 공급된 에너지의 비. 예효율이 좋은 기계. 2 어떤 일에 들인 노력과 얻은 결과와의 비율. 예효율을 높이다.

효율적 (效率的) [효:율쩍] 일반적으로 들인 노력에 비해 얻은 결과 쪽이 큰 (것).

효자 (孝子) [효:자] 부모를 잘 섬기는 아들. 예이름난 효자. 반불효자.

효종 (孝宗) [효:종] 〖인명〗 조선 제17대 임금. 병자호란 후 청나라에 잡혀가 8년간 볼모로 있었음. 왕위에 오른 후 북벌을 계획하고 국력을 양성하나 뜻을 이루지 못함. [1619-1659 ; 재위

1649-1659]

효행 (孝行) [효:행] 부모를 잘 섬기는 행실. 비효도. 반불효.

효험 (效驗) [효:험] 일의 좋은 보람. 예인삼의 **효험**을 보다. 비효능. 준효.

***후**¹ (後) [후:] 나중. 그 다음. 예죽은 **후**에 그 이름이 알려졌다. 반전.

후² 입을 오므려 앞으로 내밀고 입김을 많이 불어 낼 때의 소리. 예촛불을 **후** 불어 끄다. 작호.

후각 (嗅覺) 냄새에 대한 감각. 코의 신경이 냄새의 자극을 받아 일어나는 감각. 예**후각**이 발달하다 / 고소한 냄새가 **후각**을 자극하다.

후계자 (後繼者) [후:계자 / 후:게자] 어떤 일이나 사람의 뒤를 잇는 사람.

후광 (後光) [후:광] 1 부처의 몸 뒤로부터 내비치는 빛. 예**후광**이 비치다. 2 어떤 사물을 더욱 빛나게 하는 배경. 예**후광**을 입다 / 아버지의 **후광**으로 출세하다.

후궁 (後宮) [후:궁] 왕의 첩.

후금 (後金) [후:금] 중국 청나라의 처음 이름. 여진족의 족장 누르하치가 세웠음. [1616-1636]

후기¹ (後記) [후:기] 1 뒷날의 기록. 2 본문 뒤에 기록함. 또는 그 기록. 예편집 **후기**.

후기² (後期) [후:기] 1 한 기간을 둘로 나눌 때 뒤의 기간. 예조선 **후기**. 본후반기. 2 뒤의 시기 또는 기간. 반전기.

후끈 뜨거운 기운을 받아 몸이나 쇠 따위가 갑자기 달아오르는 모양. 예얼굴이 **후끈** 달아오르다. 작화끈. **후끈하다**.

후끈거리다 몹시 뜨거운 기운을 받아 몸이나 쇠 따위가 계속 달아오르다. 예가슴이 뛰고 얼굴이 **후끈거리다**. 작화끈거리다.

후년 (後年) [후:년] 1 올해의 다음다음 해. 반재작년. 2 뒤에 오는 해. 반전년. *내년.

후닥닥 1 갑자기 날쌔게 몸을 움직이는 모양. 예**후닥닥** 도망치다. 2 일을 빨리 하려고 급히 서두르는 모양. 예일을 **후닥닥** 해치우다. 작화닥닥. **후닥닥하다**.

후대 (後代) [후:대] 이 뒤의 세대나 시대. 예**후대**에 이름을 떨치다. 반선대. 전대.

후덕 (厚德) [후:덕] 언행이 어질고 덕이 많음. 예군자의 **후덕**을 기리다. 반박덕. **후덕하다**.

후두 (喉頭) 인두에 이어져 있는 기관의 앞쪽 끝부분. 포유동물에 있으며, 공기가 통하고 소리를 내는 기관임.

후드득 1 콩이나 깨 따위를 볶을 때에 툭툭 튀는 소리. 2 총포·딱총 따위가 터지면서 나는 소리. 3 잔 나뭇가지나 검불 따위가 타들어 가는 소리. 작호드득. **후드득거리다**. **후드득하다**.

후들거리다 팔다리나 몸이 자꾸 떨리다. 또는 그렇게 하다. 예다리가 **후들거려** 더 이상 못 걷겠다.

후들후들 후들거리는 모양. 예**후들후들** 다리가 떨리다. **후들후들하다**.

후딱 1 매우 날쌔게 행동하는 모양. 예**후딱** 해치워라. 2 시간이 매우 빠르게 지나가는 모양. 예여름휴가가 **후딱** 지났다.

후려갈기다 채찍이나 주먹 따위로 힘껏 때리다. 예홧김에 주먹으로 한 대 **후려갈겼다**.

후려치다 채찍이나 주먹 따위를 휘둘러 힘껏 갈기다.

후련하다 답답하던 가슴속이 풀려서 마음이 시원하다. 예비밀을 털어놓고 나니 속이 **후련하다**.

후렴 (後斂) [후:렴] 노래 끝에 붙여 되풀이하여 부르는 짧은 가사.

후루룩 1 날짐승이 갑자기 날개를 가볍게 치며 나는 소리. 예새 떼가 **후루룩** 날아오르다. 2 물이나 국수 따위를 야단스럽게 들이마시는 소리. 준후룩. 작호로록. **후루룩하다**.

후룩후룩 [후루쿠룩] 1 날짐승이 날개를 가볍게 계속 치며 나는 소리. 2 물이나 국수 따위를 계속 야단스럽게 들이마시는 소리. 예**후룩후룩** 차를 들이켜다. 본후루룩후루룩. 작호록호록. **후룩후룩하다**.

후리후리하다 키가 크고 늘씬하다. 예**후리후리하고** 늠름한 모습. 작호리호리하다.

후문¹ (後門) [후:문] 뒤쪽에 있는 문.

후문² [後聞] [후:문] ⇨뒷소문. 예여러 가지 후문을 남기고 그 행사는 마침내 끝났다.
비뒷문. 반정문.

후미 (後尾) [후:미] 뒤쪽의 끝. 예행렬의 후미. 반선두.

후미지다 1 산길이나 물가의 휘어 굽어진 곳이 매우 깊다. 예후미진 골짜기. 2 무서우리만큼 구석지고 으슥하다. 예후미진 골목.

후반 (後半) [후:반] 전체를 반씩 둘로 나눈 것의 뒤쪽. 반전반.

후반기 (後半期) [후:반기] 한 기간을 둘로 나눈 것의 뒤의 기간. 예후반기 교육. 반전반기. 준후기.

후반전 (後半戰) [후:반전] 운동 경기의 경기 시간을 둘로 나눈 경우의 뒤의 경기. 반전반전.

후방 (後方) [후:방] 1 뒤쪽. 2 전선에서 떨어져 있는 지역. 물자·병력 등의 보급이나 보충을 맡음. 예후방 근무. 반전방.

*__후배__ (後輩) [후:배] 1 경험·나이 등이 자기보다 늦거나 낮은 사람. 2 같은 학교나 직장에 나중에 들어온 사람. 예대학 후배. 반선배.

후백제 (後百濟) [후:백쩨] 후삼국 중의 한 나라. 신라 말기에 견훤이 완산주(지금의 전주)에 세운 나라로 후에 고려에 망함. [900-936]

후보 (候補) 1 어떤 자리에 나아가거나 신분이 되기를 바람. 또는 그 사람. 예반장 후보. 2 장래에 어떤 자리에 나아갈 자격이 있음. 또는 그 사람. 예우승 후보. 3 사람이 모자라게 되었을 때 그 자리를 대신할 만한 사람. 예후보 선수.

후보자 (候補者) 후보로 나선 사람. 예후보자를 추천하다.

후보지 (候補地) 앞으로 어떤 일에 사용될 가능성이 있는 곳. 예올림픽 개최 후보지 / 새 국제공항 후보지로 떠오르다.

후불 (後拂) [후:불] 물건값이나 품삯을 물건을 받은 뒤 또는 일이 끝난 다음에 치름. 예식대는 후불입니다. 반선불. **후불하다**.

후비다 구멍 따위의 속을 돌려 파내다. 예귀를 후비다.

후사하다 (厚謝—) [후:사하다] 도움을 준 사람에게 후하게 사례하다. 예잃어버린 돈을 찾아 주는 사람에게 후사하겠음.

후삼국 (後三國) [후:삼국] 신라·후백제·태봉의 세 나라. 통일 신라 말기 국토의 분열로 생긴 3국을 말함.

후생 (厚生) [후:생] 생활이 넉넉하고 윤택해지도록 돕는 일. 예후생 복지 사업.

후세 (後世) [후:세] 뒤의 세상. 다음 세상. 예후세에 이름을 남기다. 비내세. 반전세.

후속 (後續) [후:속] 뒤를 이음. 예후속 조치를 취하다.

*__후손__ (後孫) [후:손] 몇 대가 지난 뒤의 자손. 예명문의 **후손**. 반선조. 준손.

후송 (後送) [후:송] 후방으로 보냄. 예후송 병원 / 부상자를 병원으로 후송하다. **후송하다**.

후식 (後食) [후:식] 식사 후에 먹는 과일·아이스크림 따위의 간단한 음식. 디저트.

후예 (後裔) [후:예] 핏줄을 이은 먼 후손. 예충무공의 후예.

후원¹ (後援) [후:원] 어떤 사람이나 일을 뒤에서 도와줌. 예후원을 받다 / 소녀 가장을 후원하다. 비응원. **후원하다**. →협찬 주의

후원² (後園) [후:원] 집 뒤의 정원이나 작은 동산. 예후원을 산책하다.

후원금 (後援金) [후:원금] 어떤 사람이나 단체가 하는 활동이나 사업을 도우려고 대가 없이 내는 돈. 예후원금을 모금하다.

후원회 (後援會) [후:원회 / 후:원훼] 어떤 사람이나 일을 뒤에서 도와주기 위하여 조직한 모임.

후유 어려운 일을 끝내고 한숨 돌릴 때 크고 길게 내쉬는 소리. 예후유, 이제 겨우 끝났구나. 준후.

후유증 (後遺症) [후:유쯩] 1 병을 앓고 난 뒤에도 남아 있는 병적 증세. 예교통사고 후유증이 아직도 남아 있다. 2 어떤 일을 치르고 난 뒤에 생기는 부작용. 예명절 후유증.

후일 (後日) [후:일] 앞으로 닥쳐 올 세월. 예후일을 기약하다. 맨뒷날.

후임 (後任) [후:임] 앞 사람에 뒤이어 맡아보는 일. 또는 그 일을 맡은 사람. 예후임 감독 / 후임으로 발령받다. 맨선임. 전임.

후자 (後者) [후:자] 두 가지 사물이나 사람을 들어서 말할 때 뒤의 사물이나 사람. 예나는 두 가지 중에서 후자를 선택했다. 맨전자.

후줄근하다 1 종이나 피륙이 젖어서 풀기가 없어져 보기 흉하게 되다. 예땀에 젖어 후줄근하게 된 옷. 2 몸이 피곤하여 축 늘어지듯 힘이 없다. 잘호졸근하다.

후진 (後進) [후:진] 1 발전 수준이 뒤떨어짐. 예후진 사회 / 후진 국가. 맨선진. 2 뒤쪽으로 나아감. 예자동차를 후진시키다. 맨전진. 3 같은 분야에서 뒤를 이어 가는 사람. 예후진에게 길을 터 주다 / 후진 양성에 힘쓰다. **후진하다.**

후진국 (後進國) [후:진국] 산업·기술·문화 따위가 다른 나라보다 뒤떨어진 나라. 맨선진국.

후천 면역 결핍증 (後天免疫缺乏症) 바이러스에 의해 생기는 전염병. 온몸의 면역력을 파괴함. 특효약이 없고 사망률이 높음. 에이즈.

후천적 (後天的) [후:천적] 태어난 후에 얻어진 (것). 맨선천적.

후추 후추나무의 열매. 매운맛이 나고 녹두알만 한 크기임. 갈아서 양념으로 씀.

후춧가루 [후추까루 / 후춛까루] 후추를 갈아서 만든 가루. 조미료로 쓰임.

후텁지근하다 [후텁찌근하다] 조금 불쾌할 정도로 끈끈하고 무더운 기운이 있다. 예후텁지근한 날씨.

후퇴 (後退) [후:퇴 / 후:퉤] 뒤로 물러남. 예작전상 후퇴한다. 비퇴각. 맨전진. **후퇴하다.**

후편 (後篇) [후:편] 두 편으로 된 책이나 영화 따위의 뒤쪽 편. 맨전편.

후프 (hoop) ⇨훌라후프.

후하다 (厚―) [후:하다] 1 인심이 좋거나 정이 두텁다. 예시골 인심이 후하다. 2 인색하지 않다. 예후한 점수. 맨박하다.

후항 (後項) [후:항] 두 개 이상의 항 가운데 뒤에 있는 항. 이를테면 3:5의 비에서는 5가 후항임. 맨전항.

후환 (後患) [후:환] 뒷날 생기는 걱정과 근심. 예후환이 없도록 일을 처리해라.

후회 (後悔) [후:회 / 후:훼] 이전의 잘못을 깨닫고 뉘우침. 예친구와 싸운 것을 후회하다. 비참회. **후회하다.**

후후 입을 앞으로 내밀어 조그맣게 오므리고 김을 계속하여 많이 뿜어내는 소리. 예뜨거운 국을 후후 불며 먹다. 잘호호. **후후하다.**

훅 1 입을 오므리고 김을 한 번 세게 내부는 소리. 예촛불을 훅 불어 끄다. 2 냄새나 바람 따위의 기운이 갑자기 밀려드는 모양. 예곰팡이 냄새가 훅 코를 찔렀다.

훈계 (訓戒) [훈:계 / 훈:게] 잘못하지 않게 알아듣도록 타이름. 또는 그 말. 예엄하게 훈계하다. **훈계하다.**

훈기 (薰氣) 훈훈한 기운. 예훈기가 돌다.

__훈련__ (訓鍊) [훌:련] 무예나 기술 따위를 실지로 활용할 수 있도록 배워 되풀이하여 익힘. 예군사 훈련. **훈련하다.**

훈련병 (訓鍊兵) [훌:련병] 부대에 배치되기 전에 훈련 기관에서 기초 과정의 훈련을 받고 있는 병사. 준훈병.

훈련소 (訓鍊所) [훌:련소] 훈련을 하기 위해 마련한 장소나 기관.

훈몽자회 (訓蒙字會) [훈:몽자회 / 훈:몽자훼] 조선 중종 22년(1527)에 최세진이 지은 한자 학습서. 3,360자의 한자를 사물 중심으로 갈라 한글로 음과 뜻을 닮. 우리말 연구의 귀중한 자료로 한글 자모의 이름과 배열 순서가 이 책에서 유래함.

훈민정음 (訓民正音) [훈:민정음] 조선 세종 대왕이 정인지·성삼문·신숙주 등의 도움으로 1443년에 처음으로 만들어 1446년에 널리 퍼뜨린 28자의 우리나라 글자의 이름. 백성을 가르치는 바른 소리라는 뜻이니, 홀소리 11자와 닿소리 17자로 이루어짐.

훈방 (訓放) [훈:방] 가벼운 범죄를

저지른 사람을 잘 타일러 놓아주는 일. 예훈방 조치. 본훈계 방면. **훈방하다.**

훈수 (訓手) [훈:수] 바둑·장기 따위에서, 옆에서 수를 가르쳐 줌. 또는 그 수. 예훈수를 두다. **훈수하다.**

훈시 (訓示) [훈:시] 윗사람이 아랫사람에게 주의 사항을 일러 주거나 가르쳐 타이름. 예선생님은 지각생들을 모아 놓고 훈시하셨다. **훈시하다.**

훈육 (訓育) [후:뉵] 품성이나 도덕 따위를 가르쳐 기름. 예엄하게 훈육하다. **훈육하다.**

훈장[1] (勳章) 나라에 공을 세운 사람에게 주는 휘장. 예훈장을 받다/훈장을 수여하다.

훈장[2] (訓長) [훈:장] 글방의 스승.

훈제 (燻製) 소금에 절인 고기 따위를 매달아 그 연기를 쐬어 말린 것. 예훈제 연어.

훈화 (訓話) [훈:화] 가르쳐 깨닫게 하는 말. 교훈으로 하는 말. 예교장 선생님의 훈화 말씀. **훈화하다.**

훈훈하다 (薰薰—) 1 견디기 좋을 만큼 덥다. 예훈훈한 방 안. 2 마음을 부드럽게 해주는 따뜻한 감정이 있다. 예훈훈한 인정미.

홀떡 1 남김없이 벗어지거나 벗는 모양. 예홀떡 벗어진 이마/윗옷을 홀떡 벗다. 2 남김없이 뒤집히거나 뒤집는 모양. 예호주머니를 홀떡 뒤집다. 3 힘차게 뛰거나 뛰어넘는 모양. 예장애물을 홀떡 넘다. 젭홀딱.

훌라후프 (Hula-Hoop) 플라스틱으로 된 둥근 테를 허리로 빙빙 돌리는 놀이. 또는 그 테.

훌렁 1 남김없이 벗어서 속이 드러난 모양. 예옷을 훌렁 벗다. 2 미끄럽게 벗어진 모양. 예훌렁 벗어진 이마. 3 속의 것이 다 드러나게 완전히 뒤집힌 모양. 예바람에 우산이 훌렁 뒤집혔다. 4 돈이나 재산을 다 날려 버리는 모양. 예가진 돈을 훌렁 날려 먹다. 5 구멍이 넓어서 헐겁게 빠지거나 들어가는 모양. 예주먹이 훌렁 들어갈 만큼 구멍이 크다. 젭홀랑.

*__훌륭하다__ 썩 좋아서 나무랄 곳이 없다. 예음식 솜씨가 훌륭하다/자식을 훌륭하게 키우다. ⊃great

훌륭히 훌륭하게. 예임무를 훌륭히 수행하다.

훌쩍 1 단숨에 가볍게 날아오르거나 뛰는 모양. 예담을 훌쩍 넘다. 2 액체 따위를 단숨에 남김없이 들이마시는 모양. 3 콧물을 들이마시는 모양. 4 훨씬 더 크거나 커진 모양. 예중학생이 되더니 키가 훌쩍 컸다. 5 망설이지 않고 가볍게 떠나가는 모양. 예말없이 훌쩍 떠나다.

훌쩍거리다 [훌쩍꺼리다] 1 액체 따위를 남김없이 자꾸 들이마시다. 2 콧물을 들이마시며 자꾸 흐느껴 울다. 젭홀짝거리다.

훌쩍훌쩍 [훌쩍쭐쩍] 1 액체 따위를 남김없이 자꾸 들이마시는 소리나 모양. 2 콧물을 들이마시며 자꾸 흐느껴 우는 소리나 모양. 젭홀짝홀짝. **훌쩍훌쩍하다.**

훌훌 1 날짐승이 잇따라 날개를 치며 가볍게 나는 모양. 예훌훌 나는 기러기. 2 먼지를 떨고 옷 따위를 계속 떠는 모양. 예바지를 훌훌 털다. 3 옷 따위를 거침없이 벗는 모양. 예옷을 훌훌 벗다. 4 시원스럽게 들이마시는 모양. 예뜨거운 국물을 훌훌 들이마시다. 젭홀홀.

훑다 [훌따] 1 겉에 붙은 것을 떼어 내기 위해 다른 물건의 틈에 끼워 죽 잡아당기다. 예벼이삭을 훑다. 2 속에 붙은 것을 씻어 내다. 예먼지를 훑어 내다. 3 한쪽에서부터 죽 더듬거나 살피다. 예신문 기사를 샅샅이 훑다. |발음| 훑고[훌꼬]/훑으니[훌트니]/훑어서[훌터서].

훑어보다 [훌터보다] 위아래로 또는 처음부터 끝까지 빈틈없이 눈여겨보다. 예요모조모 훑어보다.

훔쳐보다 [훔쳐보다] 남이 모르게 가만히 보다. 예언니의 일기를 몰래 훔쳐보다.

*__훔치다__ 1 걸레·수건·행주 따위로 깨끗이 닦다. 예식탁을 훔치다. 2 남의 물건을 몰래 가지다. 예남의 지갑을 훔치다.

훗날 (後—) [훈:날] 앞으로 닥쳐올 세월. 예훗날을 기약하다. 비뒷날. 후

일. ×후날.

훗일 (後一) [훈:닐] 장차 생길 일. ⓔ훗일이 걱정되다. ⓗ뒷일. 후사.

훤칠하다 길고 미끈하다. ⓔ훤칠한 키 / 외모가 훤칠하다.

훤하다 [훤:하다] 1 좀 흐릿하게 밝다. ⓔ훤한 동쪽 하늘. 2 앞이 탁 트여 넓고 시원하다. ⓔ훤한 벌판. 3 얼굴이 잘생겨 시원스럽다. ⓔ훤하게 생긴 얼굴. 4 무슨 일의 조리나 속내가 뚜렷하다. ⓔ야구 경기 규칙에 훤하다. [작]환하다.

훤히 [훤:히] 훤하게. ⓔ동생의 마음을 훤히 알고 있다.

*__훨씬__ 정도 이상으로 많거나 적게. ⓔ훨씬 많다 / 훨씬 빠르다 / 그쪽으로 가면 학교가 훨씬 멀다.

훨훨 1 날짐승이 높이 떠서 느릿느릿 날개를 치며 시원스레 나는 모양. ⓔ철새가 훨훨 줄지어 날아간다. 2 옷을 시원스레 벗어부치는 모양. ⓔ윗옷을 훨훨 벗어젖히다. 3 불길이 세차게 타오르는 모양. ⓔ장작불이 훨훨 타오르다. [작]활활.

훼방 (毁謗) [훼:방] 1 남을 헐뜯어 나쁘게 말함. 2 남의 일을 방해함. ⓗ 방해. 훼방하다.

훼손 (毁損) [훼:손] 1 체면이나 명예를 상하게 함. ⓔ명예를 훼손시키다. 2 헐거나 깨뜨려 쓰지 못하게 함. ⓔ문화재를 훼손하다 / 자연환경이 훼손되다. 훼손하다.

휑뎅그렁하다 1 속이 비고 넓어서 매우 허전하다. ⓔ휑뎅그렁한 방. ⓗ휑하다. 2 넓은 곳에 물건이 얼마 없어 어울리지 않고 빈 것 같다. [작]행댕그렁하다.

휑하다 1 속이 비고 넓어서 매우 허전하다. ⓔ집이 휑하다. ⓗ휑뎅그렁하다. 2 막힘 없이 잘 알다. ⓔ휑하게 알고 있다. 3 구멍 따위가 시원스럽게 뚫려 있다. ⓔ휑하게 뚫린 구멍. 4 눈이 쑥 들어가 있고 정기가 없다. ⓔ휑한 눈으로 바라보다.

휘갈기다 1 마구 때리다. 2 붓 따위를 휘둘러 글씨를 쓰거나 그림을 그리다. ⓔ휘갈겨 쓴 편지.

휘감다 [휘감따] 휘둘러 감다. 친친 둘러 감다. ⓔ목도리로 목을 휘감다.

휘갑치다 1 너더분한 것을 잘 마무르다. 2 옷감·돗자리 따위의 가장자리가 풀리지 않게 얽어서 꿰매다.

휘날리다 1 깃발 따위가 바람에 나부끼다. ⓔ바람에 머리칼이 휘날리다. 2 마구 흩어져 펄펄 날다. ⓔ눈보라가 휘날리다. 3 명성이나 이름 등을 널리 떨치다. ⓔ골프계의 여왕으로 이름을 휘날리다.

휘늘어지다 [휘느러지다] 풀기가 없이 축 휘어져 늘어지다. ⓔ휘늘어진 버들가지.

휘다 꼿꼿하던 것이 구부러지다. 또는 구부러지게 하다. ⓔ나뭇가지가 휘다 / 철사를 휘다 / 상다리가 휘도록 음식을 잘 차리다.

휘돌다 1 어떤 한 점이나 물건 따위를 중심으로 돌다. 2 굽이를 따라 휘어서 돌다. ⓔ고갯길을 휘돌아 올라가다. 3 어떤 기운이나 공기가 거칠게 떠돌다. ⓔ싸늘한 기운이 방 안을 휘돌고 있다. 4 여러 곳을 순서대로 돌다. [활용] 휘돌아 / 휘도니 / 휘도는.

휘돌리다 휘돌게 하다.

휘두르다 1 이리저리 마구 흔들다. ⓔ채찍을 휘두르다. 2 남의 의사를 무시하고 제 뜻대로만 하다. ⓔ권력을 마구 휘두르다. [활용] 휘둘러 / 휘두르니.

휘둘러보다 고개를 돌리면서 둘러보다. ⓔ주위를 휘둘러보다.

휘둥그렇다 [휘둥그러타] 매우 놀라거나 두려워서 눈이 둥그렇다. [활용] 휘둥그러니 / 휘둥그레서.

휘둥그레지다 눈이 휘둥그렇게 되다. ⓔ놀라 눈이 휘둥그레지다.

휘말리다 1 물살 따위에 휩쓸리다. ⓔ배가 소용돌이에 휘말리다. 2 어떤 일이나 상황에 휩쓸려 들다. ⓔ정치적 사건에 휘말리다.

휘모리장단 민속악에서, 판소리나 산조 장단의 한 가지. 자진모리장단보다 빠른 장단이며, 처음부터 휘몰아 부르는 특징을 가짐.

휘몰다 마구 휘어잡아 몰고 나가다. ⓔ말을 휘몰아 달리다. [활용] 휘몰아 / 휘모니 / 휘모는.

휘몰아치다 [휘모라치다] 비바람 따

위가 한곳으로 세차게 몰아쳐 분다. ⓔ눈보라가 휘몰아치다 / 때아닌 비바람이 세차게 휘몰아쳤다.

휘묻이 [휘무지]
나무의 가지를 휘어서 그 한끝을 땅속에 묻어서 뿌리를 내리게 하는 인공 번식법. *꺾꽂이. 휘묻이하다.

휘묻이

휘발성 (揮發性) [휘발썽] 휘발하는 성질. ⓔ휘발성이 강한 물질.

휘발유 (揮發油) [휘발류] 원유를 정유하여 얻은, 불이 잘 붙는 무색의 기름. 가솔린.

휘어잡다 [휘어잡따 / 휘여잡따] 1 구부려 거머잡다. ⓔ나뭇가지를 휘어잡다. 2 사람이나 일 따위를 마음대로 부리거나 다루다. ⓔ청중의 마음을 휘어잡다 / 사람들의 시선을 휘어잡다.

휘어지다 [휘어지다 / 휘여지다] 꼿꼿하던 것이 어떤 힘을 받아 구부러지다. ⓔ낚싯대가 휘어지다.

휘영청 달빛 따위가 몹시 밝은 모양. ⓔ휘영청 달 밝은 밤.

휘장 (揮帳) 여러 폭의 피륙을 이어 만든, 둘러치는 막. 커튼. ⓔ휘장을 둘러치다.

휘적거리다 [휘적꺼리다] 걸을 때에 두 팔을 앞뒤로 잇따라 세게 휘젓다.

휘적휘적 [휘저퀴적] 휘적거리는 모양. 휘적휘적하다.

휘젓다 [휘전따] 1 골고루 섞이도록 휘둘러 젓다. ⓔ설탕물을 휘젓다. 2 이리저리 야단스럽게 휘둘러 젓다. ⓔ팔을 휘저으며 걷다. 3 뒤흔들어 어지럽게 만들다. ⓔ옷장 안을 휘저어 놓다. 활용 휘저어 / 휘저으니 / 휘젓는.

휘청거리다 다리에 힘이 없어 몸을 똑바로 가누지 못하고 자꾸 불안정하게 흔들리다. ⓔ술에 취해 다리가 휘청거린다.

휘파람 입술을 오므리고 그 사이로 입김을 불어서 소리를 내는 일. ⓔ휘파람 소리 / 휘파람을 불다.

휘하 (麾下) 우두머리의 지휘 아래. 또는 그 아래 딸린 군사. ⓔ휘하에 많은 장병을 거느리다.

휘황찬란하다 (輝煌燦爛—) [휘황찰란하다] 빛이 환하고 눈부시게 번쩍이다. ⓔ휘황찬란한 조명. 준휘황하다.

휘휘 1 여러 번 휘감거나 휘감기는 모양. ⓔ목도리를 목에 휘휘 두르다. 2 이리저리 휘두르거나 휘젓는 모양. ⓔ지팡이를 휘휘 내두르다. 3 주위를 이리저리 둘러보거나 살피는 모양. ⓔ사방을 휘휘 둘러보다.

휙 1 갑자기 빨리 돌아가는 모양. ⓔ고개를 휙 돌리다. 2 바람이 갑자기 세게 불어치는 모양. ⓔ찬바람이 휙 불다. 3 갑자기 세게 던지는 모양. ⓔ돌멩이를 호수에 휙 집어 던지다. 4 별안간 빠르게 지나가는 모양. ⓔ휙 사라지다. 젭휙.

휙휙 [휙퀵] 1 계속 급히 돌아가는 모양. 2 바람이 잇달아 세게 부는 모양. 3 계속하여 세게 던지는 모양. 4 계속하여 급히 지나치며 움직이는 모양. ⓔ휙휙 내닫다. 젭휙휙.

휠체어 (wheelchair) 다리가 자유롭지 못한 사람이 앉은 채로 움직일 수 있게 바퀴를 단 의자.

휩싸다 1 휘둘러 감아서 싸다. ⓔ이불로 몸을 휩싸다. 2 온통 뒤덮다. ⓔ불길이 건물을 휩싸다. 3 어떤 감정이 마음에 가득 차다. ⓔ두려움이 온몸을 휩쌌다.

휩싸이다 휩쌈을 당하다. ⓔ집이 불길에 휩싸이다.

***휩쓸다** 1 모조리 휘몰아 쓸다. ⓔ폭풍이 휩쓸고 지나가다. 2 거침없이 행동을 함부로 하다. ⓔ거리를 휩쓸고 다니다. 3 경기에서, 상·메달 따위를 모두 차지하다. ⓔ금메달을 모두 휩쓸었다. 활용 휩쓸어 / 휩쓰니 / 휩쓰는.

휩쓸리다 휩쓺을 당하다. ⓔ파도에 휩쓸리다.

횡하니 바람을 일으키듯이 곧장 빠르게 가는 모양. ⓔ횡하니 가 버리다.

휴가 (休暇) 학교·직장·군대 등에서 일요일·국경일 외에 일정한 기간 쉬는 일. ⓔ휴가를 받다 / 휴가를 얻어 고향에 다녀오다.

휴가철 (休暇—) 많은 사람이 휴가를 즐기는 기간.

휴게소 (休憩所) 길을 가는 사람들이

잠깐 동안 머물러 쉴 수 있도록 마련하여 놓은 장소. ×휴게소.

휴게실(休憩室) 잠깐 머물러 쉬도록 마련한 장소. ×휴계실.

휴교(休校) 학교에서 수업을 한동안 쉬는 일. ⑩홍수가 나서 1주일 동안 휴교하다. **휴교하다**.

휴대(携帶) 손에 들거나 몸에 지님. ⑩휴대 장비 / 휴대가 간편하다 / 학생증을 휴대하다. **휴대하다**.

휴대 전화(携帶電話) 몸에 지니고 다니면서 사용할 수 있는 무선 전화기. 비휴대폰.

휴대폰(携帶phone) ⇨휴대 전화.

휴대품(携帶品) 손에 들거나 몸에 지니고 다니는 물건.

휴식(休息) 하던 일을 멈추고 잠깐 쉼. ⑩휴식 시간 / 휴식을 취하다. 비휴게. **휴식하다**.

휴식처(休息處) 하던 일을 멈추고 잠시 쉬는 곳.

휴양(休養) 피로를 풀거나 병의 회복을 위하여 편히 쉼. ⑩시골에서 휴양하다. 비보양. 정양. **휴양하다**.

휴양림(休養林) [휴양님] 사람들이 휴양하면서 지낼 수 있게 꾸며 놓은 숲. ⑩자연 휴양림.

휴양지(休養地) 쉬면서 휴양하기에 알맞은 곳. 휴양 시설이 마련되어 있는 곳. 비휴양처.

휴업(休業) 학업이나 영업을 하루 또는 한동안 쉼. ⑩임시 휴업합니다. **휴업하다**.

휴일(休日) 일을 하지 않고 쉬는 날. ⑩휴일마다 등산하다.

휴전(休戰) 하던 전쟁을 얼마 동안 멈추는 일. **휴전하다**.

*휴전선**(休戰線) 1 양쪽의 합의로 결정되는 휴전 중의 군사 경계선. 2 우리나라와 북한과의 경계선.

휴전 협정(休戰協定) 1 휴전을 하기로 맺은 합의 사항. 2 한국에서 1953년 7월 27일 유엔군과 공산군 사이에 휴전을 하기로 맺은 협정.

휴정(休廷) 법원에서, 재판 도중에 잠깐 동안 쉼. ⑩휴정을 선언하다. **휴정하다**.

휴정 대사(休靜大師) 『인명』 ⇨서산 대사.

*휴지**(休紙) 1 못 쓰게 된 종이. ⑩길거리에 떨어진 휴지를 줍다. 2 더러운 것을 닦을 때 쓰는 종이. ⑩휴지로 코를 닦다. 비화장지.

휴지통(休紙桶) 못 쓰게 된 종이나 쓰레기 따위를 버리는 통. ⑩휴지통을 비우다. *쓰레기통.

휴직(休職) 봉급생활자가 그 신분을 가지고 있으면서 일정한 기간 일을 쉼. ⑩병으로 휴직하다. **휴직하다**.

휴진(休診) 병원에서 진료를 쉬는 것. **휴진하다**.

휴학(休學) 얼마 동안 학교를 다니지 않고 쉬는 일. **휴학하다**.

휴화산(休火山) 예전에는 불기운을 내뿜었으나 현재는 그런 활동을 하지 않는 화산. *사화산. 활화산.

흉 1 비웃을 만한 거리. 비난을 받을 만한 점. ⑩흉이 잡히다. 비허물. 흠. 2 부스럼이나 상처 따위의 아문 자리. ⑩흉이 지다.

흉가(凶家) 사는 사람마다 흉한 일을 당하는 불길한 집.

흉계(凶計) [흉계 / 흉게] 음흉한 꾀. ⑩흉계를 꾸미다.

흉기(凶器) 사람을 죽이거나 다치게 하는 데 쓰는 도구. ⑩흉기로 위협하다 / 흉기를 휘두르다.

*흉내** 남의 말이나 행동을 그대로 따라서 하는 짓. ⑩남의 목소리를 흉내 내다. 비모방.

흉내말 어떤 소리나 모양·동작 등을 흉내 내는 말. 비시늉말.

흉년(凶年) 농사가 잘되지 못한 해. ⑩흉년이 들다. 맨풍년.

흉몽(凶夢) 불길한 꿈. 맨길몽.

흉보다 남의 잘못을 들어 말하다. ⑩공연히 남을 흉보다. 비헐뜯다.

흉상(胸像) 사람의 가슴 윗부분을 나타낸 그림이나 조각.

흉악(凶惡) 1 성질이 거칠고 사나움. ⑩흉악한 강도. 2 생김새가 험악하고 무섭게 생김. ⑩흉악하게 생긴 얼굴. **흉악하다**.

흉작(凶作) 농작물이 잘되지 못함. 맨풍작.

흉측하다(凶測一) [흉츠카다] 모습

이 몹시 보기 싫고 끔찍하다. 본흉악 망측하다. ×흉칙하다.

흉터 상처가 아문 자리. 예흉터가 남다 / 흉터가 생기다. 비흉.

흉하다 (凶—) 1 어떤 일의 결과가 좋지 못하다. 2 불길하다. 예어쩐지 흉한 생각이 든다. 3 보기에 나쁘다. 예생김새가 흉하다.

흉허물 흉이나 허물이 될 만한 일. 예흉허물을 터놓고 이야기하다.

흉허물(이) 없다 서로 흉허물을 가리지 않을 만큼 가깝고 친하다. 예흉허물 없이 지내는 친구.

흉흉하다 (洶洶—) 1 물결이 어지럽게 일어나서 세차다. 2 분위기가 매우 어수선하다. 예인심이 흉흉하다.

흐느끼다 몹시 서러워 흑흑 느끼어 울다. 예훌쩍훌쩍 흐느끼다.

흐느적거리다 [흐느적꺼리다] 1 가늘고 긴 나뭇가지나 잎 또는 얇고 가벼운 물건이 계속 부드럽게 흔들리다. 예버드나무가 바람에 흐느적거리다. 2 팔다리 따위가 힘없이 느리게 자꾸 움직이다. 예흐느적거리며 걷다. 준흑느거리다. 직하느작거리다.

흐드러지다 꽃이 한곳에 많이 피어 있어 매우 탐스럽거나 한창 성하다. 예흐드러지게 핀 개나리가 울타리를 이루었다.

*__흐르다__ 1 액체 따위가 낮은 곳으로 내려가거나 넘치어 떨어지다. 예땀이 흐르다. 2 어떤 방향으로 쏠리다. 예이야기가 엉뚱한 방향으로 흐르다. 3 시간·세월이 가다. 예5년이란 세월이 흘렀다. 4 번져서 퍼지다. 예침묵이 흐르다 / 고요히 흐르는 멜로디. 5 전기가 통하다. 예전류가 흐르다. 활용 흘러 / 흐르니.

흐름 1 흐르는 것. 예강물의 흐름 / 공기의 흐름을 막다. 2 일정한 방향으로 진행되는 현상. 예이야기의 흐름을 따라가다 / 경기의 흐름이 바뀌다.

*__흐리다__¹ 1 또렷하게 보이지 않게 하거나 얼버무리다. 예말끝을 흐리다. 2 다른 물질을 섞어 탁하게 하다. 예물을 흐리다. 3 집안이나 단체의 명예를 더럽히다. 예가문을 흐리다.

*__흐리다__² 1 기억력·판단력 따위가 분명하지 않다. 예기억이 흐리다. 2 다른 물질이 섞어 맑지 못하다. 예김으로 유리가 흐리다. 3 등불·빛 따위가 밝지 않고 희미하다. 예불빛이 흐리다. 4 하늘에 구름·안개가 끼어 날씨가 나쁘다. 예오늘은 흐리고 한두 차례 비가 올 것이라고 한다. 반맑다.

흐리멍덩하다 1 기억이 분명하지 않다. 2 옳고 그름의 구별이나 하는 일 따위가 분명하지 않다. 예셈이 흐리멍덩하다. 3 정신이 맑지 못하고 흐리다. 예잠에 취해서 머리가 흐리멍덩하다.

흐릿하다 [흐리타다] 조금 흐린 듯하다. 예흐릿한 불빛 / 안개가 끼어 앞이 흐릿하게 보인다.

흐물흐물 1 푹 익어서 매우 무른 모양. 예고기를 흐물흐물 물러질 정도로 푹 삶다. 2 엉길 힘이 없어 아주 뭉그러진 모양. 흐물흐물하다.

*__흐뭇하다__ [흐무타다] 마음에 흡족하다. 예흐뭇한 이야기 / 흐뭇한 표정을 짓다. 비흡족하다.

흐지부지 분명하게 끝을 맺지 못하고 흐리멍덩하게 넘겨 버리는 모양. 예여행 계획이 흐지부지 끝나버렸다. 흐지부지하다.

흐트러뜨리다 흐트러지게 하다. 예머리카락을 흐트러뜨리다 / 수업 분위기를 흐트러뜨리다 / 자세를 흐트러뜨리지 않고 반듯하게 앉아 있다.

흐트러지다 1 여러 가닥으로 어지럽게 흩어져 얽히다. 예머리가 흐트러지다. 2 옷차림이나 자세 따위가 단정하지 못하다. 예흐트러진 자세. 3 정신이 산만하여 집중하지 못하다. 예마음이 흐트러지다.

흑막 (黑幕) [흑막] 1 검은 장막. 2 겉으로 드러나지 않은 음흉한 속셈. 예사건의 흑막.

흑백 (黑白) [흑빽] 1 검은빛과 흰빛. 2 옳음과 그름. 예흑백 논리 / 흑백을 가리다. 3 바둑에서, 검은 돌과 흰 돌.

흑사병 (黑死病) [흑싸뼝] 페스트균에 의한 급성 전염병. 높은 열, 두통, 구토 따위의 증세가 있고 몸빛이 거멓게 변한다. 페스트.

흑색 (黑色) [흑쌕] 검은빛. 예흑색 잉크.

흑색선전 (黑色宣傳) [흑쌕썬전] 사실이 아닌 이야기를 지어내어 상대방을 헐뜯고 그 내부를 어지럽게 하는 정치적 계책.

흑설탕 (黑雪糖) [흑썰탕] 가공하지 않은 검은 빛깔의 설탕. 예흑설탕을 넣은 빵. 비흑당. 흑사탕.

흑심 (黑心) [흑씸] 음흉하고 부정한 욕심이 많은 마음. 예흑심을 먹다 / 흑심을 품다.

흑연 (黑鉛) [흐견] 연필의 심 따위에 쓰이는 탄소로 된 광물.

흑인 (黑人) [흐긴] 1 털과 피부의 빛깔이 검은 사람. 2 흑색 인종에 속하는 사람.

흑인종 (黑人種) [흐긴종] 살갗이 검은 인종. 곱슬곱슬한 검은 머리에 코가 납작하고 입술이 두꺼우며, 턱 가운데가 튀어나옴. 본흑색 인종.

흑자 (黑字) [흑짜] 쓴 돈보다 번 돈이 많아 이익이 생기는 일. 예흑자 가계 / 흑자를 내다. 반적자.

흑흑 [흐큭] 설움이 북받쳐 흐느껴 우는 소리. 예흑흑 흐느끼며 울다. 흑흑하다.

흔들개비 여러 가지 모양의 조각을 가느다란 철사나 실 따위에 매달아 흔들리게 만든 추상적인 조각. 모빌.

흔들거리다 이리저리 자꾸 흔들리다. 또는 흔들리게 하다. 예배가 물결에 흔들거리다.

*__흔들다__ 1 위아래나 양 옆으로 계속 움직이게 하다. 예손을 흔들다 / 꼬리를 흔들며 달려오는 강아지. 2 안정된 상태를 어지럽히다. 예사람의 마음을 흔들다. [활용] 흔들어 / 흔드니 / 흔드는.

*__흔들리다__ 상하나 좌우, 앞뒤로 자꾸 움직이다. 또는 흔듦을 당하다. 예차가 몹시 흔들리다.

흔들흔들 흔들거리는 모양. 흔들흔들하다.

흔적 (痕跡) 어떤 것이 있었거나 지나간 뒤에 남은 자취나 자국. 예흔적을 남기다 / 흔적도 없이 사라지다.

흔쾌하다 (欣快—) 기쁘고 유쾌하다. 예그는 나의 부탁을 흔쾌하게 들어주었다.

흔쾌히 (欣快—) 흔쾌하게. 예흔쾌히 승낙하다.

흔하다 1 아주 많이 있다. 예흔한 이름 / 요즘 이 과일은 흔해서 값이 싸졌다. 반드물다. 2 구하기 쉽다. 예흔한 책. 반귀하다. 준흖다.

*__흔히__ 자주. 아주 많이. 예흔히 있는 일이다.

흘겨보다 흘기는 눈으로 보다. 예흘겨보는 버릇이 있다.

흘기다 눈동자를 옆으로 굴려 못마땅하게 노려보다. 예형은 억울하다며 눈을 흘기더니 나가 버렸다.

흘끔흘끔 남의 눈을 피하여 날카롭게 자꾸 곁눈질을 하는 모양. 작할끔할끔. 여흘금흘금. **흘끔흘끔하다.**

흘낏흘낏 [흘끼틀낃] 눈을 잇달아 재빨리 흘기는 모양. 작할낏할낏. 여흘깃흘깃. **흘낏흘낏하다.**

*__흘러가다__ 1 흐르면서 나아가다. 예흘러가는 강물. 2 시간이나 세월이 지나가다. 예흘러간 옛 노래. 3 이야기나 글 따위의 흐름이 다른 방향으로 바뀌다. 예이야기가 엉뚱한 방향으로 흘러갔다. [활용] 흘러가거라.

흘러나오다 1 물이나 빛 따위가 새거나 빠져서 밖으로 나오다. 예바위틈에서 샘물이 흘러나오다. 2 말이나 소리 따위가 밖으로 퍼져서 나오다. 예라디오에서 아름다운 음악이 흘러나오고 있다.

*__흘러내리다__ 1 높은 곳에서 낮은 곳으로 흐르거나 떨어지다. 예눈물이 자꾸 흘러내리다. 2 맨 것이 풀려 느슨해져서 아래로 미끄러지듯 내리다. 예바지가 흘러내리다.

흘려보내다 1 흘러가도록 그냥 내버려 두다. 예하는 일 없이 하루를 흘려보내다. 2 주의 깊게 듣지 않고 그냥 지나쳐 버리다. 예한쪽 귀로 흘려보내다 / 잔소리를 귓등으로 흘려보내다.

*__흘리다__ 1 쏟아지거나 흐르게 하다. 예눈물을 흘리다. 2 잘못하여 떨어뜨리거나 빠뜨리어 잃어버리다. 예지갑을 흘리다. 3 글씨를 또박또박 쓰지 않고 마구 이어서 쓰다. 예편지를 흘려 쓰다. 4 건성으로 듣다. 예한 귀로 듣고 한 귀로 흘리다.

흘림 글자의 획을 또박또박 박아 쓰

지 않고 흘려 쓴 글씨. 예글씨를 흘림으로 쓰다.
*흙 [흑] 지구의 표면을 덮고 있는 바위가 부스러져 생긴 무기물의 가루와 썩은 동식물에서 생긴 유기물이 섞여 이루어진 물질. 예흙으로 만든 벽돌 / 옷에 묻은 흙을 털다. 비토양. [발음] 흙이 [흘기] / 흙을 [흘글] / 흙으로 [흘그로] / 흙과 [흑꽈].
흙담 [흑땀] ⇨토담.
흙덩이 [흑떵이] 흙이 엉기어서 된 작은 덩어리.
흙먼지 [흥먼지] 가는 흙가루가 날려 먼지처럼 일어나는 것. 예흙먼지가 일다 / 흙먼지를 뒤집어쓰다.
흙물 [흥물] 흙으로 탁해진 물. 예바지에 흙물이 묻다 / 자동차가 길가로 흙물을 튀기며 지나간다.
흙손 [흑쏜] 방바닥이나 벽 따위에 이긴 흙을 바르고 반반하게 하는 연장. 예흙손으로 벽을 바르다.
흙집 [흑찝] 흙으로 지은 집.
흙탕물 (一湯一) [흑탕물] 흙이 풀리어 몹시 흐려진 물. 예흙탕물을 튀기다. 준흙탕.
흙투성이 [흑투성이] 온몸에 흙이 잔뜩 묻은 모양.
흠 (欠) [흠:] 1 잘못되거나 부족한 점. 예흠을 잡다. 2 이지러지거나 깨어진 곳. 예흠 있는 사기그릇. 3 사물의 불완전하거나 잘못된 부분. 예이 물건은 비싼 게 흠이다.
흠모 (欽慕) 마음으로 사모하며 공경함. 흠모하다.
흠뻑 1 분량이 꽉 차고도 남도록 넉넉하게. 예잠에 흠뻑 취하다 / 재미에 흠뻑 빠지다. 2 물이 쭉 내배도록 몹시 젖은 모양. 예비를 흠뻑 맞다 / 갑작스러운 소나기로 옷을 흠뻑 젖었다. 작함빡.
흠씬 1 정도가 다 차고도 남도록 충분하게. 2 물에 푹 젖은 모양. 예땀에 흠씬 젖다. 3 매 따위를 심하게 맞는 모양. 예흠씬 얻어맞다.
흠잡다 (欠一) [흠:잡따] 흠이 되는 점을 들추어내다. 예흠잡을 데 없는 성격.
흠집 (欠一) [흠:찝] 흠이 난 자리나

흔적. 예얼굴에 흠집이 생기다.
흠칫 [흠친] 놀라거나 겁이 나서 어깨나 목을 움츠리는 모양. 예흠칫 놀라다. 흠칫하다.
흡사 (恰似) [흡싸] 거의 같을 정도로 비슷한 모양. 흡사하다.
흡수 (吸收) [흡쑤] 1 빨아들임. 예물기를 흡수하다. 2 자신의 것으로 받아들임. 예서양 문물을 흡수하다. 흡수하다.
흡수력 (吸收力) [흡쑤력] 빨아들이는 힘. 예충격 흡수력 / 땀 흡수력이 좋다.
흡수성 (吸收性) [흡쑤썽] 빨아들이는 성질. 예흡수성이 좋은 옷감.
흡연 (吸煙) [흐변] 담배를 피움. 예흡연 금지 / 흡연 구역. 흡연하다.
흡입 (吸入) [흐빕] 빨아들임. 예산소 흡입. 흡입하다.
흡족하다 (洽足一) [흡쪼카다] 아주 넉넉하여 만족하다. 예흡족한 표정을 짓다.
흡족히 (洽足一) [흡쪼키] 흡족하게. 예비가 흡족히 내리다.
흡착 (吸着) 어떤 물질이 달라붙음. 예흡착 현상. 흡착하다.
흡혈귀 (吸血鬼) [흐펼귀] 사람의 피를 빨아 먹는다는 전설상의 귀신.
*흥[1] (興) [흥:] 마음이 즐겁고 좋아서 일어나는 느낌. 예흥을 돋우다.
흥[2] 1 코를 세게 풀 때 나는 소리. 2 비웃거나 아니꼬울 때 내는 콧소리.
흥건하다 물 따위가 푹 잠기거나 고일 정도로 많다. 예비가 새서 바닥에 물이 흥건하다.
흥건히 흥건하게. 예속옷에 땀이 흥건히 배다.
*흥겹다 (興一) [흥:겹따] 몹시 흥이 나서 한껏 재미가 있다. 예흥겨운 노랫가락. [활용] 흥겨워 / 흥겨우니.
흥망 (興亡) 잘되어 일어남과 못되어 없어짐. 예나라의 흥망이 걸린 교육 문제. 비성쇠.
흥망성쇠 (興亡盛衰) [흥망성쇠 / 흥망성쉐] 흥하고 망하고 성하고 쇠함.
*흥미 (興味) [흥:미] 마음이 끌려 느끼는 재미. 예흥미를 불러일으키다 / 공부에 흥미를 붙이다 / 연극에 흥미가

흥미롭다 (興味—) [흥ː미롭따] 흥미를 느낄 만하다. 예 경기는 점점 흥미롭게 진행되었다. 활용 흥미로워 / 흥미로우니.

흥미진진하다 (興味津津—) [흥ː미진진하다] 마음이 끌릴 만큼 재미나 멋이 많다. 예 흥미진진한 영화.

흥부 (興夫) 고대 소설 흥부전의 주인공. 형인 놀부에게 쫓겨났으나, 착하고 마음씨가 고와 뒤에 큰 부자가 되었음.

흥부가 (興夫歌) 조선 고종 때 신재효가 지은 판소리 열두 마당의 하나. 흥부전을 소리로 꾸민 것임.

흥부전 (興夫傳) 〖책〗 조선 후기에 나온 판소리계의 고대 소설. 욕심쟁이 형 놀부와 착한 아우 흥부를 그린 이야기.

흥분 (興奮) 자극을 받아 감정이 복받쳐 일어남. 예 흥분의 도가니 / 흥분을 가라앉히다 / 사소한 일에 곧잘 흥분한다. **흥분하다**.

흥사단 (興士團) 안창호 등이 1913년에 미국 샌프란시스코에서 조직한 독립운동과 민족 혁명의 수양 단체.

흥선 대원군 (興宣大院君) 〖인명〗 조선 말기의 정치가. 고종의 아버지. 과감히 내정 개혁을 실행하였으나 쇄국 정책, 경복궁 중건, 천주교에 대한 탄압 등으로 사회·경제적인 혼란을 일으키기도 함. [1820-1898]

흥얼거리다 흥에 겨워 계속 입속으로 노래를 부르다. 예 콧노래를 흥얼거리다.

흥얼흥얼 흥얼거리는 모양. 예 혼자 흥얼흥얼 노래하다. **흥얼흥얼하다**.

흥인지문 (興仁之門) 서울특별시 종로구에 있는 사대문의 하나. 우리나라 보물로, 정식 이름은 '서울 흥인지문'. ※동대문.

흥인지문

*__흥정__ 물건을 사고팔기 위해 품질이나 값 따위를 의논함. 예 흥정을 붙이다 / 값을 흥정하다. **흥정하다**.

흥청거리다 1 돈이나 물건 따위를 아끼지 않고 마구 쓰다. 2 흥에 겨워서 마음껏 놀다.

흥청망청 1 흥청거리며 마음껏 즐기는 모양. 예 흥청망청 먹고 마시며 놀다. 2 돈·물건 따위를 함부로 쓰는 모양. 예 돈을 흥청망청 마구 쓰다. **흥청망청하다**.

흥하다 (興—) 한창 잘되어 일어나다. 잘되어 가다. 예 나라가 흥하다. 반 망하다.

흥행 (興行) 1 돈을 받고 사람들에게 연극·영화·서커스 따위를 보여 주는 일. 2 연극이나 영화 등의 공연이 상업적으로 큰 수익을 거둠. 예 그 영화는 흥행에 성공하였다. **흥행하다**.

흩날리다 [흔날리다] 흩어져 날리다. 예 낙엽이 흩날리다.

흩다 [흗따] 한데 모였던 것을 헤쳐 다 각각 떨어지게 하다. 예 할머니께서는 곡식을 흩고 계셨다.

흩뜨리다 [흗뜨리다] 흩어지게 하다. 예 책을 어지럽게 흩뜨려 놓다 / 자세를 흩뜨리지 않고 앉아 있다. ×흐트리다.

흩뿌리다 [흗뿌리다] 1 비나 눈 따위가 흩어져 뿌려지다. 예 언제부턴가 밖에는 눈이 흩뿌리고 있었다. 2 마구 흩어지게 뿌리다. 예 전단을 흩뿌리다.

*__흩어지다__ [흐터지다] 모였던 것이 여기저기 따로 떨어지거나 퍼지다. 예 종잇조각이 바람에 흩어지다.

*__희곡__ (戲曲) [히곡] 공연을 목적으로 쓴 연극의 대본. 무대 모양과 배우의 말씨 따위를 적음. 비 극본.

> 참고 희곡의 3요소
> (1) **해설** (무대 지시문 또는 전치 지문이라고도 함) … 등장 인물·때·곳·무대 등을 설명.
> (2) **지문** (동작 지시문 또는 삽입 지문이라고도 함) … 등장 인물의 동작·표정·심리 상태·말투 따위를 설명.
> (3) **대사** … 인물의 성격, 사건의 상황 등을 나타내며, 대화·독백·방백으로 이루어짐.

희귀종 (稀貴種) [히귀종] 매우 드물어서 귀한 품종. 예 희귀종 동물을 보호하다.

희귀하다 (稀貴—) [히귀하다] 드물

어서 매우 특이하거나 귀하다. 예 희귀한 병 / 희귀한 식물.

희극 (喜劇) [히극] 1 익살을 부려 보는 사람에게 기쁨·웃음을 주려는 연극. 예 희극 배우. 2 사람을 웃길 만한 일이나 사건. 예 한바탕 희극이 벌어졌다. 비 코미디. 반 비극.

희끄무레하다 [히끄무레하다] 1 반반하게 생기고 빛이 조금 흰 듯하다. 예 희끄무레한 얼굴. 2 어떤 사물의 모습이나 불빛 따위가 선명하지 않고 흐릿하다. 예 멀리 한라산의 모습이 희끄무레하게 보인다. 작 해끄무레하다.

희끗희끗 [히끄튿끋] 흰 빛깔이 여기저기 나타난 모양. 예 머리가 희끗희끗 센 할머니. 작 해끗해끗. **희끗희끗하다**.

*__희다__ [히다] 눈이나 우유의 빛깔과 같다. 예 흰 구름 / 흰 눈.

희디희다 [히디히다] 매우 희다. 예 눈처럼 희디흰 속살.

희로애락 (喜怒哀樂) [히로애락] 기쁨과 노여움과 슬픔과 즐거움. 즉, 사람의 온갖 감정.

희롱 (戲弄) [히롱] 말이나 행동으로 남을 실없이 놀리는 짓. 예 사람을 희롱하지 마라. **희롱하다**.

*__희망__ (希望) [히망] 1 어떤 일을 이루거나 얻고자 기대하는 바람. 예 희망 사항 / 희망에 차다 / 희망에 부풀다 / 희망과 용기를 불어넣다. 2 좋은 일을 기대하는 마음. 또는 밝은 전망. 예 희망이 보이다 / 아직은 희망이 있다 / 희망이 없다. 비 소망. 반 실망. 절망. **희망하다**. ⊃hope

희망차다 (希望—) [히망차다] 희망이 가득하다. 예 희망찬 삶 / 희망찬 미래를 약속하다.

*__희미하다__ (稀微—) [히미하다] 1 밝지 않다. 예 멀리 있는 건물의 불빛이 희미하다. 2 또렷하지 못하다. 예 희미한 기억. 반 분명하다.

희박하다 (稀薄—) [히바카다] 1 기체나 액체 따위가 짙지 않고 묽거나 엷다. 예 공기가 희박한 산꼭대기. 2 어떤 일이 일어날 희망·가망이 적다. 예 실현될 가능성이 희박하다.

희비 (喜悲) [히비] 기쁨과 슬픔. 예 희비가 엇갈리다. 비 애환.

희뿌옇다 [히뿌여타] 매우 희고 뿌옇다. 여 희부옇다. 활용 희뿌여니 / 희뿌예서.

희사 (喜捨) [히사] 남을 위해 재물을 기꺼이 내놓음. 예 큰돈을 장학금으로 희사하다. **희사하다**.

희색 (喜色) [히색] 기뻐하는 얼굴빛. 예 희색이 돌다 / 친구의 얼굴에 희색이 가득하다.

희생 (犧牲) [히생] 1 다른 사람이나 어떤 목적을 위해 목숨이나 재산·명예·이익 따위를 버리거나 바침. 예 희생을 무릅쓰다 / 희생을 강요하다. 2 사고나 자연재해로 안타깝게 목숨을 잃음. 예 재해로 피해와 희생이 발생하다. **희생하다**.

희생물 (犧牲物) [히생물] 희생이 된 물건 또는 사람.

희생자 (犧牲者) [히생자] 어떤 일이나 상황으로 희생을 당한 사람. 예 갑작스러운 화재로 많은 희생자가 났다.

희석 (稀釋) [히석] 어떤 성분이 들어 있는 액체에 물 따위를 넣어 그 성분을 묽게 함. 예 농약을 물로 희석하다. **희석하다**.

희소식 (喜消息) [히소식] 기쁜 소식. 예 가족들에게 희소식을 전하다 / 희소식이 날아든다.

희열 (喜悅) [히열] 기쁨과 즐거움. 예 희열을 느끼다.

희한하다 (稀罕—) [히한하다] 매우 드물거나 신기하다. 예 희한한 소문이 떠돌다 / 세상에 별 희한한 일이 다 있구나.

희희낙락 (喜喜樂樂) [히히낙낙] 매우 기뻐하고 즐거워함. 예 희희낙락하며 웃고 떠들다. **희희낙락하다**.

흰나비 [힌나비] ⇨배추흰나비.

흰떡 [힌떡] 흰쌀 가루를 반죽하여 시루에 찐 다음 떡메로 치거나 기계로 뽑아서 만든 떡. 가래떡, 절편 따위를 만듦.

*__흰색__ (—色) [힌색] 갓 내린 눈과 같은 빛깔. 비 백색. ⊃white

흰옷 [히녿] 물감을 들이지 않은 흰 빛깔의 옷. 비 백의.

흰자위 [힌자위] 1 새알·달걀 따위의 속에 노른자위를 둘러싼 흰 부분. 반

노른자위. 훈흰자. 2 눈알의 흰 부분. 빤검은자위.

-히 형용사의 말의 줄기나 '-하다'가 붙어 형용사가 되는 말 끝에 붙어 독립된 낱말로 만드는 말. 예간곡히/마땅히. *-이. →[학습마당] 20(645쪽)

히로시마 (일 廣島) 『지명』 일본 서부 히로시마현의 도시. 제2차 세계 대전 때에 미국이 세계 최초로 원자탄을 떨어뜨린 곳임.

히말라야산맥 (Himalaya山脈) 인도와 중국 티베트의 사이에 있는 큰 산맥. 세계에서 가장 높은 에베레스트산이 있음.

히스테리 (독 Hysterie) 정신적인 원인에 의하여 일시적으로 일어나는 비정상적인 흥분 상태. 예히스테리를 부리다.

히읗 [히읃] 한글의 자모 'ㅎ'의 이름. 발음 히읗이 [히으시] / 히읗을 [히으슬] / 히읗에 [히으세].

히죽 만족한 태도로 슬며시 잠깐 웃는 모양. 작해죽. 센히쭉. **히죽하다**.

히터 (heater) 차 안이나 건물 안의 공기를 덥혀 실내 온도를 높이는 기구. 예히터를 켜다.

히트 (hit) 1 크게 성공함. 예히트 상품 / 신곡이 히트를 치다. 2 ⇨안타. **히트하다**.

히트곡 (hit曲) 인기를 끈 노래. 작품으로서 성공한 노래.

히히 남을 놀리듯이 짓궂게 까불거리며 자꾸 웃는 소리. 또는 그 모양. 작해해. **히히거리다**.

힌두교 (Hindu敎) 인도에서 많이 믿는 인도 고유의 종교.

힌트 (hint) 넌지시 깨우쳐 줌. 암시. 예힌트를 얻다 / 힌트를 주다.

힐끔 눈동자를 흘겨 뜨고 한 번 보는 모양. 작핼끔. **힐끔거리다**.

힐끗 [힐끋] 1 눈에 언뜻 띄는 모양. 예힐끗 보이다. 2 한 번 슬쩍 보는 모양. 예힐끗 둘러보다. **힐끗거리다**.

힐난 (詰難) [힐란] 잘못을 트집 잡아 따지고 듦. **힐난하다**.

힐책 (詰責) 잘못을 따져서 꾸짖음. **힐책하다**.

*힘 1 사람·동물이 스스로 움직이거나 다른 것을 움직이게 하는 근육의 작용. 예힘을 겨루다 / 힘이 세다. 2 일이나 활동에 도움이나 의지가 되는 것. 예부모님의 위로가 내게 큰 힘이 되었다. 3 어떤 일을 할 수 있는 능력이나 역량. 예힘을 합치다 / 공부에 힘을 기울이다. 4 물체에 운동을 일으키게 하거나 속도를 변화시키거나 정지시키는 작용. 예엔진의 힘이 세다.

힘겨루기 승부 따위를 위하여 힘이나 세력을 보여 주거나 확장하려고 서로 버티는 일. 예치열한 힘겨루기가 벌어지다.

힘겹다 [힘겹따] 힘에 부쳐 당해 내기 어렵다. 예힘겨운 싸움. 활용 힘겨워 / 힘겨우니.

*힘껏 [힘껃] 있는 힘을 다하여. 힘이 닿는 데까지. 예힘껏 뛰다 / 힘껏 소리치다.

힘내다 힘을 내어 어떤 일을 해내다. 예힘내서 끝까지 달리다.

힘닿다 [힘다타] 힘·권력 따위가 미치다. 예힘닿는 데까지 최선을 다해 도와주겠다.

*힘들다 1 힘이 쓰이다. 예한참을 기다리고 서 있었더니 힘들다. 2 어렵거나 곤란하다. 예길이 막혀 제시간에 도착하기 힘들겠다. 활용 힘들어 / 힘드니 / 힘든.

힘들이다 [힘드리다] 1 힘을 발휘하다. 예힘들여 쌓은 둑이 삽시간에 무너졌다. 2 어떤 일에 마음이나 힘을 기울이다. 예힘들여 계획을 세우다 / 힘들이지 않고 일을 끝냈다.

힘세다 힘이 많아서 억세다. 예우리 동네에서 가장 힘센 사람이다.

*힘쓰다 1 힘을 다하다. 예공부에만 힘쓰다. 2 남을 도와주다. 예내가 좀 힘써 주지. 3 힘을 다해 노력하고 꾸준히 행하다. 예성공에 힘쓰다 / 힘써 일한 보람이 있다. 활용 힘써 / 힘쓰니.

힘없다 [히멉따] 1 의욕이나 기운이 없다. 예힘없는 목소리로 대답하다. 2 힘이나 권세·위력 따위가 없다. 예힘없고 가난한 사람에게 희망을 주다.

힘없이 [히멉씨] 힘없게. 예힘없이 쓰러지다 / 힘없이 걷다.

힘입다 [힘닙따] 1 남의 신세를 지다.

힘점

㉠친구에게 힘입은 바가 크다. 2 어떤 행동이나 말 따위에 용기를 얻다. ㉠선생님 말씀에 힘입어 다시 도전할 수 있었다.

힘점 (一點) [힘쩜] 지레를 사용할 때, 그 물체에 힘이 작용하는 점. 비 역점.

힘주다 1 힘을 한곳으로 몰다. ㉠눈을 힘주어 감다. 2 어떤 일이나 말을 강조하다. ㉠특히 우정에 대하여 힘주어 말하다.

힘줄 [힘쭐] 1 근육의 바탕이 되는 희고 질긴 살의 줄. 비 심줄. 2 혈맥·혈관 따위를 통틀어 일컫는 말.

힘줌말 어떤 말에 소리를 조금 달리하거나 더하여 그 말의 뜻을 강조하여 나타내는 말. '뻗다'에 대한 '뻗치다' 따위.

***힘차다** 힘이 있고 씩씩하다. ㉠힘찬 발걸음을 내딛다 / 힘찬 격려의 박수를 보내다.

힝 1 코를 세게 풀거나 콧김을 내뿜는 소리. ㉠코를 힝 풀다. 2 아니꼬워서 코로 비웃는 소리.

모음

ㅏ

ㅏ[아] **1** 한글 자모의 열다섯째 글자. **2** 모음의 하나. 혀를 가장 낮추고 입을 크게 벌려 내는 단모음.

ㅐ[애] 모음의 하나. 혀를 'ㅏ' 소리 내는 위치보다 조금 높은 자리에서 약간 내어 밀고 입을 반만 벌려 내는 단모음.

ㅑ

ㅑ[야] **1** 한글 자모의 열여섯째 글자. **2** 모음의 하나. 'ㅣ'와 'ㅏ'의 이중 모음. 혀를 'ㅣ' 소리를 낼 것같이 하여 가지고 잇따라 'ㅏ'로 옮기면서 내는 소리.

ㅒ[얘] 모음의 하나. 'ㅣ'와 'ㅐ'의 이중 모음. 혀를 'ㅣ' 소리를 낼 것같이 하여 가지고 잇따라 'ㅐ'로 옮기면서 내는 소리.

ㅓ

ㅓ[어] **1** 한글 자모의 열일곱째 글자. **2** 모음의 하나. 혀를 조금 올리고 입술을 보통으로 하고 입을 약간 크게 벌려 입안의 안쪽을 넓게 하면서 내는 단모음.

ㅔ[에] 모음의 하나. 혀를 'ㅓ' 소리 내는 위치보다 조금 높은 자리에서 앞으로 약간 내어 밀고 보통으로 입을 열어 입아귀가 붙지 않을 정도로 하여 내는 단모음.

ㅕ

ㅕ[여] **1** 한글 자모의 열여덟째 글자. **2** 모음의 하나. 'ㅣ'와 'ㅓ'의 이중 모음. 혀를 'ㅣ' 소리를 낼 것같이 하여 가지고 잇따라 'ㅓ'로 옮기면서 내는 소리.

ㅖ[예] 모음의 하나. 'ㅣ'와 'ㅔ'의 이중 모음. 혀를 'ㅣ' 소리를 낼 것같이 하여 가지고 잇따라 'ㅔ'로 옮기면서 내는 소리.

ㅗ

ㅗ[오] **1** 한글 자모의 열아홉째 글자. **2** 모음의 하나. 혀를 보통 위치에서 조금 뒤로 다가들이고 두 입술을 둥글게 하여 내는 단모음.

ㅘ[와] 모음의 하나. 'ㅗ'와 'ㅏ'의 이중 모음. 입술을 'ㅗ' 소리를 낼 것같이 하여 가지고 잇따라 'ㅏ'로 옮기면서 내는 소리.

ㅙ[왜] 모음의 하나. 'ㅗ'와 'ㅐ'의 이중 모음. 입술을 'ㅗ' 소리를 낼 것같이 하여 가지고 잇따라 'ㅐ'로 옮기면서 내는 소리.

모음

ㅚ[외] 모음의 하나. 혀를 보통 위치에서 앞으로 조금 밀어 내면서 두 입술을 좁혀 둥글리는 듯이 하면서 내는 단모음. 이중 모음인 'ㅞ'로도 발음할 수 있음.

ㅛ[요] 1 한글 자모의 스무째 글자. 2 모음의 하나. 'ㅣ'와 'ㅗ'의 이중 모음. 혀를 'ㅣ' 소리를 낼 것같이 하여 가지고 잇따라 'ㅗ'로 옮기면서 내는 소리.

ㅜ[우] 1 한글 자모의 스물한째 글자. 2 모음의 하나. 혀를 안으로 다가들이면서 혀뿌리를 가장 높여 여린입천장에 가깝게 하고 두 입술을 둥글게 하여 내는 단모음.

ㅝ[워] 모음의 하나. 'ㅜ'와 'ㅓ'의 이중 모음. 입술을 'ㅜ' 소리를 낼 것같이 하여 가지고 잇따라 'ㅓ'로 옮기면서 내는 소리.

ㅞ[웨] 모음의 하나. 'ㅜ'와 'ㅔ'의 이중 모음. 입술을 'ㅜ' 소리를 낼 것같이 하여 가지고 잇따라 'ㅔ'로 옮기면서 내는 소리.

ㅟ[위] 모음의 하나. 혀를 'ㅣ' 소리를 내는 위치에서 약간 낮은 자리에 두고 입술을 좁혀 내는 단모음. 입술을 'ㅜ' 소리를 낼 것같이 하여 가지고 잇따라 'ㅣ'로 옮기면서 내는 이중 모음으로도 발음할 수 있음.

ㅠ[유] 1 한글 자모의 스물두째 글자. 2 모음의 하나. 'ㅣ'와 'ㅜ'의 이중 모음. 혀를 'ㅣ' 소리를 낼 것같이 하여 가지고 잇따라 'ㅜ'로 옮기면서 내는 소리.

ㅡ[으] 1 한글 자모의 스물셋째 글자. 2 모음의 하나. 혀를 예사로 편 채 가장 높이는 동시에 약간 뒤로 다가들이는 듯하면서 입술은 평평한 대로 얕게 열어 내는 단모음.

ㅢ[의] 모음의 하나. 'ㅡ'와 'ㅣ'의 이중 모음. 혀를 'ㅡ' 소리를 낼 것같이 하여 가지고 잇따라 'ㅣ'로 옮기면서 내는 소리.

ㅣ[이] 1 한글 자모의 스물넷째 글자. 2 모음의 하나. 혀의 앞바닥과 중앙 부분의 양편 가장자리를 아주 높여 센입천장에 가장 가까이 접근시키고 입술을 평평한 대로 얕게 열고 입아귀를 양편으로 당기는 듯이 하면서 내는 단모음.

부록

- 우리말 바로 쓰기 ········· 946
- 외래어 바로 쓰기 ········· 958
- 세는 말 바로 알기 ········· 960
- 속담 풀이 ········· 962
- 한자의 필순 ········· 982
- 기초 한자 사전 ········· 987
- 세계 각 나라 이름과 수도 이름 ····· 1025

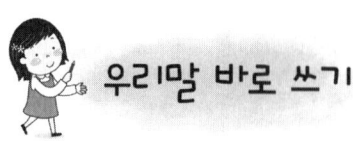

우리말 바로 쓰기

우리들이 흔히 쓰는 말 가운데 잘못 쓰는 말들이 있다. 자주 듣고 쓰고 있기 때문에 귀에 익고 입에 익어 그 말들이 바른 말인 것으로 알고 있다. 여기 잘못 쓴 말들을 표준어와 대비시켜 함께 실었다.

틀린 말	바른 말	틀린 말	바른 말
가까와지다	가까워지다	거북치 않다	거북지 않다
가늘다랗다	가느다랗다	거슴푸레	거슴츠레
가뜩히	가뜩이	거시키	거시기
가랭이	가랑이	거칠은	거친
(물건을) 가르키다	(물건을) 가리키다	건넌마을	건넛마을
(학생을) 가르키다	(학생을) 가르치다	건느다	건너다
가리마	가르마	건데기	건더기
가리우다	가리다	건들이다	건드리다
가상자리	가장자리	걷어채이다	걷어채다
가을내	가으내	걸직하다	걸쭉하다
가재미	가자미	겁장이	겁쟁이
가파롭다	가파르다	게면쩍다	계면쩍다
간들어지다	간드러지다	-게시리	-게끔
간지르다	간질이다	겨울내	겨우내
갈께요	갈게요	겨웁다	겹다
강남콩	강낭콩	계시판	게시판
개구장이	개구쟁이	고마와하다	고마워하다
개나리봇짐	괴나리봇짐	고살	고샅
개다리밥상	개다리소반	고요이	고요히
(날씨가) 개이다	(날씨가) 개다	고워지다	고와지다
개피, 가치	개비(담배)	고은	고운
객적다	객쩍다	곤두박히다	곤두박이다
갯수	개수	골고로	골고루
거무틱틱하다	거무튀튀하다	골목장이	골목쟁이

우리말 바로 쓰기

틀린 말	바른 말	틀린 말	바른 말
골아떨어지다	곯아떨어지다	그득이	그득히
곰곰히	곰곰이	그스르다	그슬리다
곰팽이	곰팡이	그으다	그을다
곱배기	곱빼기	글구	글귀
곱상스럽다	곱살스럽다	글르다	그르다
공념불	공염불	금새	금세
괄세	괄시	길다랗다	기다랗다
광우리	광주리	깊숙히	깊숙이
괜시리	괜스레	까무라치다	까무러치다
괴로와	괴로워	까발기다	까발리다
괴씸하다	괘씸하다	까실까실	까슬까슬
구데기	구더기	깍뚜기	깍두기
구들고래	방고래	깍정이	깍쟁이
구렛나루	구레나룻	깔대기	깔때기
–구료	–구려	감쪽같다	감쪽같다
구름량	구름양	깝치다	깝죽거리다
–구면	–구먼	깡총깡총	깡충깡충
구스르다	구슬리다	깨끗치 않다	깨끗지 않다
구어 먹다	구워 먹다	깨끗히	깨끗이
군더덕지	군더더기	꼬창이	꼬챙이
굴르다	구르다	꼭둑각시	꼭두각시
귀개	귀이개	꼴아보다	꼬나보다
귀거리	귀걸이	꼼꼼이	꼼꼼히
귀뜸	귀띔	꽁짜	공짜
귀먹어리	귀머거리	꽤재재하다, 꽤제제하다	꾀죄죄하다
귀병	귓병	꾀임	꾐
귀에지	귀지	(방귀를) 꾸다	(방귀를) 뀌다
귀엣고리	귀고리	끄나불	끄나풀
귀절	구절	끼여들다	끼어들다
귓대기	귀때기	–나기	–내기
그닥	그다지	나꿔채다	낚아채다

우리말 바로 쓰기

틀린 말	바른 말	틀린 말	바른 말
나룻터	나루터	널판지	널빤지
나무램	나무람	넓찍하다	널찍하다
나발거리다	나불거리다	넙적다리	넓적다리
나발꽃	나팔꽃	넙적하다	넓적하다
나부랑이	나부랭이	네째	넷째
나오리	나리	넉	녘
나즈막하다	나지막하다	노란자위	노른자위
난장이	난쟁이	노랭이	노랑이
날개쭉지	날갯죽지	녹쓸다	녹슬다
날려쓰다	갈겨쓰다	녹히다	녹이다
날르다	나르다	논	놓은
날르다	날다	놈팽이	놈팡이
날바람	날파람	뇌졸증	뇌졸중
날으는	나는	누누히	누누이
남비	냄비	누데기	누더기
낫우다	고치다	누래지다	누레지다
낭떨어지	낭떠러지	눈꼽	눈곱
낯설은	낯선	눈시위	눈시울
내걸은	내건	눈쌀	눈살
내노라하다	내로라하다	눌러붙다, 늘어붙다	눌어붙다
낼름	날름	눌르다	누르다
너 냥, 네 냥	넉 냥	늘상	늘
너댓	네댓	늙으막	늘그막
너 되, 네 되	넉 되	닐리리	늴리리
너 섬, 네 섬	넉 섬	닝큼	닁큼
너 자, 네 자	넉 자	다둑거리다	다독거리다
넉넉치 않다	넉넉지 않다	다시마자반	부각
넉두리	넋두리	다행이	다행히
넌즈시	넌지시	닥달	닦달
널다랗다	널따랗다	단간방	단칸방
널부러지다	널브러지다	단촐하다	단출하다

틀린 말	바른 말	틀린 말	바른 말
달가락	달그락	뒹박	뒤웅박
달디달다	다디달다	뒤일	뒷일
닭계장	닭개장	뒤입맛	뒷입맛
담뇨	담요	뒤치닥거리	뒤치다꺼리
담박	단박	뒷굼치	뒤꿈치
담벽	담벼락	뒷쪽	뒤쪽
담장이덩굴	담쟁이덩굴	뒷태	뒤태
대싸리	댑싸리	뒷통수	뒤통수
댓가	대가	뒷편	뒤편
댓님	대님	뒷풀이	뒤풀이
더우기	더욱이	-드니	-더니
덤테기	덤터기	-드래도	-더라도
덥밥	덮밥	(그늘이) 드리다	(그늘이) 드리우다
덩쿨	덩굴	-든	-던
덮히다	덮이다	(집에) 들리다	(집에) 들르다
데어 먹다	데워 먹다	들어닥치다	들이닥치다
도찐개찐	도긴개긴	(물을) 들이키다	(물을) 들이켜다
돌맹이	돌멩이	등교길	등굣길
돌뿌리	돌부리	딩굴다	뒹굴다
돐	돌	따겁다	따갑다
동구능	동구릉	따뜻히	따뜻이
-둥이	-동이	딱다구리	딱따구리
되갚음	대갚음	딸래미	딸내미
되뇌이다	되뇌다	(힘이) 딸리다	(힘이) 달리다
두둑히	두둑이	땅기다	당기다
두레일	두렛일	땟갈	때깔
두째	둘째	떡볶기	떡볶이
둘러리	들러리	떨어먹다	털어먹다
둘르다	두르다	떼다밀다	떠다밀다
둥그래지다	둥그레지다	또박이	또바기
둥근파	양파	또아리	똬리

우리말 바로 쓰기

틀린 말	바른 말	틀린 말	바른 말
똑똑이	똑똑히	멀지않아	머지않아
뚝	둑(강둑)	멋장이	멋쟁이
뚤리다	뚫리다	멋적다	멋쩍다
뜸단지	부항단지	메시껍다	메스껍다
띠어쓰기	띄어쓰기	멧쌀	멥쌀
-(으)ㄹ께	-(으)ㄹ게	며칠날	며칟날
-(으)ㄹ소냐	-(으)ㄹ쏘냐	몇일	며칠
-(으)ㄹ쑤록	-(으)ㄹ수록	모밀	메밀
마구잽이	마구잡이	모자르다	모자라다
마굿간	마구간	모지다	모질다
마냥	처럼	목거리	목걸이
마다다	마다하다	목말르다	목마르다
마추다	맞추다	목메이다	목메다
막내동생	막냇동생	몹씨	몹시
말끔히	말끄러미	무데기	무더기
말빨	말발	무등(을) 타다	무동(을) 타다
말소	마소	무릎쓰다	무릅쓰다
맛깔지다	맛깔스럽다	무우	무
맛배기	맛보기	문질르다	문지르다
망녕	망령	물르다	무르다
맞상	겸상	물신	물씬
맵씨	맵시	뭉게다	뭉개다
머리기름	머릿기름	뭉클어지다	뭉크러지다
머리꼬댕이	머리꼬덩이	미뜨리다	밀뜨리다
머리속	머릿속	미류나무	미루나무
머릿말	머리말	미싯가루	미숫가루
머릿이	머릿니	미쟁이	미장이
먹을려고	먹으려고	밀어제끼다	밀어젖히다
먼지털이	먼지떨이	밑둥	밑동
멀국	국물	바꼈다	바뀌었다
멀다랗다	머다랗다	바라다주다	바래다주다

틀린 말	바른 말	틀린 말	바른 말
바래다	바라다(기대)	볼려고	보려고
바램	바람	부비다	비비다
반가와하다	반가워하다	부스레기	부스러기
반다지	반닫이	부시다	부수다
반짓고리	반짇고리	부시럭	부스럭
발가송이	발가숭이	부시시	부스스
발자욱	발자국	부억	부엌
밧다리	밭다리	부주	부조
방구	방귀	부치개질	부침개질
방맹이	방망이	북더기	북데기
배속	뱃속	불리우다	불리다
배알다	뱉다	붓뚜껑	붓두껍
(냄새가) 배이다	(냄새가) 배다	붙박히다	붙박이다
백짓장	백지장	붙여지내다	부쳐지내다
버무르다	버무리다	비다, 벼다	베다
번번히	번번이	비뚜루	비뚜로
법썩	법석	비러먹다	빌어먹다
벗나무	벚나무	비로서	비로소
벗어붙이다	벗어부치다	빈털털이	빈털터리
벗어제끼다	벗어젖히다	빌다	빌리다
베개잇	베갯잇	빚장이	빚쟁이
베게	베개	빨랑	빨리
벼라별	별의별	빨래감	빨랫감
벼란간	별안간	빨르다	빠르다
벽지다	외지다	빼곡이	빼곡히
별르다	벼르다	빼박다	빼쏘다
볏씨	볍씨	빽빽히	빽빽이
보둑	봇둑	뽄새	본새
보퉁이	보통이	뽀로지	뽀루지
복실복실	복슬복슬	뿌리채	뿌리째
본토배기	본토박이	뿔뿔히	뿔뿔이

우리말 바로 쓰기

틀린 말	바른 말	틀린 말	바른 말
삐까번쩍하다	번쩍번쩍하다	섯달	섣달
사겼다	사귀었다	성냥곽	성냥갑
사둔	사돈	성냥알	성냥개비
사죽	사족	세 냥	석 냥
사춘	사촌	세넷	서넛
삭월세	사글세	세 되	석 되
산수갑산	삼수갑산	세 말	서 말
살고기	살코기	세 섬	석 섬
살륙	살육	세 자	석 자
살르다	사르다	세째	셋째
삵괭이	살쾡이	세 푼	서 푼
삼가하다	삼가다	소근거리다	소곤거리다
삼춘	삼촌	소금장이	소금쟁이
상치	상추	소꼽장난	소꿉장난
상판때기	상판대기	소리개	솔개
(밤을) 새다	(밤을) 새우다	소슬대문	솟을대문
새벽별	샛별	손벽	손뼉
새앙쥐	생쥐	손톱깎기	손톱깎이
새침떼기	새침데기	솔직이	솔직히
생안손	생인손	송글송글	송골송골
서둘르다	서두르다	송두리채	송두리째
서슴치 않다	서슴지 않다	수냉식	수랭식
석 돈, 세 돈	서 돈	수부룩하다	수북하다
선지국	선짓국	수북히	수북이
설겆이	설거지	수양	숫양
설농탕	설렁탕	수염소	숫염소
설레이다	설레다	수이	쉬이
설레임	설렘	수캐미	수개미
설 세다	설 쇠다	수퀑, 숫꿩	수꿩
설음	설움	숫가락	숟가락
섭섭치	섭섭지	숫강아지	수캉아지

우리말 바로 쓰기

틀린 말	바른 말	틀린 말	바른 말
숫개	수캐	아지랭이	아지랑이
숫것	수컷	안밖	안팎
숫기와	수키와	안성마춤	안성맞춤
숫놈	수놈	안스럽다	안쓰럽다
숫닭	수탉	안절부절하다	안절부절못하다
숫당나귀	수탕나귀	알맞는	알맞은
숫돌쩌귀	수톨쩌귀	알아맞추다	알아맞히다
숫돼지	수퇘지	알타리무	총각무
숫병아리	수평아리	암강아지	암캉아지
숫소	수소	암개	암캐
숫은행나무	수은행나무	암것	암컷
승락	승낙	암기와	암키와
시귀	시구	암닭	암탉
시라소니	스라소니	암당나귀	암탕나귀
신새벽	첫새벽	암돌쩌귀	암톨쩌귀
실강이	실랑이	암커미	암거미
실고 가다	싣고 가다	앗아라	아서라
실다	싣다	앞이	앞니
실락원	실낙원	애기	아기
십월	시월	애닯다	애달프다
쌍동이	쌍둥이	애비	아비
쑥맥	숙맥	애숭이	애송이
아구	아귀	애시당초	애당초
아구찜	아귀찜	야밤도주	야반도주
아까와	아까워	얄쌍하다	얄팍하다
아니예요	아니에요	얌냠	냠냠
아둥바둥	아등바등	양수겹장	양수겸장
아랫쪽	아래쪽	얕으막하다	야트막하다
아뭏든	아무튼	어거지	억지
아슴츠레하다	아슴푸레하다	어떻하지	어떡하지
아이구	아이고	어름	얼음

우리말 바로 쓰기

틀린 말	바른 말	틀린 말	바른 말
어름장	으름장	오랫만에	오랜만에
어리버리하다	어리바리하다	오무리다	오므리다
어서 오십시요	어서 오십시오	오실오실	오슬오슬
어스름달	으스름달	오얏	자두
어울러지다	어우러지다	오즉	오직
어줍잖다	어쭙잖다	오지랍	오지랖
억척배기	억척빼기	온가지	온갖
얼룩배기	얼룩빼기	올려부치다	올려붙이다
얼룩이	얼루기	옳바른	올바른
얼만큼	얼마큼	옴싹달싹	옴짝달싹
없슴	없음	왠일	웬일
엉뎅이	엉덩이	외곡	왜곡
에미	어미	외토리	외톨이
에지간하다	어지간하다	요상하다	이상하다
여늬	여느	우뢰	우레
여지껏, 여직껏	여태껏	우무리다	우므리다
여직	여태	우유곽	우유갑
역활	역할	우풍	외풍
연거퍼	연거푸	울궈먹다	우려먹다
열어제끼다, 열어제치다	열어젖히다	움치러지다	움츠러지다
염소띠	양띠	웃넓이	윗넓이
영낙없다	영락없다	웃니	윗니
영판	아주	웃도리	윗도리
예사일	예삿일	웃목	윗목
예삿말	예사말	웃몸	윗몸
옛스럽다	예스럽다	웃배	윗배
오금탱이	오금팽이	웃변	윗변
오도방정	오두방정	웃사랑	윗사랑
오돌뼈	오도독뼈	웃수염	윗수염
오똑이, 오뚜기	오뚝이	웃입술	윗입술
오랜동안	오랫동안	웃잇몸	윗잇몸

우리말 바로 쓰기

틀린 말	바른 말	틀린 말	바른 말
웃자리	윗자리	있슴	있음
웃짝	위짝	잎파리	이파리
웃쪽	위쪽	자갈	재갈
웃채	위채	자그만치	자그마치
웃층, 윗층	위층	자리세	자릿세
웃턱	위턱	자봉틀	재봉틀
웃팔	위팔	자욱	자국
웅뎅이	웅덩이	자욱히	자욱이
웅큼	움큼	자주빛	자줏빛
웬간하다, 왠만하다	웬만하다	자즈러지다	자지러지다
웬지	왠지	잘다랗다	잗다랗다
윗돈	웃돈	잘리우다, 짤리다	잘리다
윗어른	웃어른	잠구다	잠그다
유기쟁이	유기장이	잠궜다	잠갔다
육계장	육개장	잠뱅이	잠방이
육월	유월	잡아다니다	잡아당기다
으레	으례	잣다듬다	잗다듬다
으시대다	으스대다	장농	장롱
은익	은닉	장달음	줄달음질
을프다	읊다	장마비	장맛비
-읍니다	-습니다	장사아치	장사치
이그러지다	일그러지다	장삿군	장사꾼
이러구저러구	이러고저러고	재털이	재떨이
이즈러지다	이지러지다	저으기	적이
익숙치	익숙지	저질르다	저지르다
인삿말	인사말	전세집	전셋집
(땅을) 일다	(땅을) 일구다	전셋방	전세방
일르다	이르다	젇가락	젓가락
일일히	일일이	접지르다	접질리다
일찌기	일찍이	정다웁다	정답다
일컬으다	일컫는다	제끼다	젖히다, 제치다

우리말 바로 쓰기

틀린 말	바른 말	틀린 말	바른 말
제사날	제삿날	질력나다	진력나다
제작년	재작년	집개	집게
제치다, 제키다	젖히다	짓눌르다	짓누르다
조개살	조갯살	짖궂다	짓궂다
조그만치	조그만큼	짚북더기	짚북데기
조그만하다	조그마하다	짜르다	자르다
조르개	조리개	짜집기	짜깁기
조무라기	조무래기	짝달막하다	작달막하다
조물락거리다	조몰락거리다	짝때기	작대기
존대말	존댓말	짝짝꿍	짝짜꿍
졸르다	조르다	짝째기	짝짝이
졸립다	졸리다	짤다랗다	짤따랗다
좀체로	좀처럼, 좀체	짭잘하다	짭짤하다
종이쪼각	종잇조각	째째하다	쩨쩨하다
주구장창	주야장천	쪽밤	쌍동밤
주루룩	주르륵	쬐꼬맣다	쪼끄맣다
주무럭거리다	주물럭거리다	쬐끔	쪼끔
주점부리	주전부리	쭈구러지다	쭈그러지다
주책덩어리	주쳇덩어리	찌게	찌개
죽은깨	주근깨	찌들리다	찌들다
줄창	줄곧	찐드기	진드기
줏어듣다	주워듣다	차겁다	차갑다
줏었다	주웠다	창란젓	창난젓
즈려밟다	지르밟다	채양	차양
지개	지게	채이다	차이다
-지만서도	-지만	천정	천장
지푸래기	지푸라기	천천이	천천히
직효	즉효	첫돐	첫돌
진무르다, 짓물다	짓무르다	체신머리없다	채신머리없다
진정코	진정	쳐부시다	쳐부수다
진탕길	진창길	초사흘날	초사흗날

우리말 바로 쓰기

틀린 말	바른 말	틀린 말	바른 말
초생달	초승달	할키다	할퀴다
초이틀날	초이튿날	합격율	합격률
초죽음	초주검	해꼬지	해코지
촉촉히	촉촉이	핼쓱하다	핼쑥하다
촛점	초점	햇님	해님
치떠보다	칩떠보다	햇쌀	햅쌀
(시험을) 치루다	(시험을) 치르다	허드래	허드레
치뤄	치러	허수룩하다	헙수룩하다
켸켸묵다	케케묵다	허위대	허우대
코병	콧병	허위적허위적	허우적허우적
콧배기	코빼기	헛점	허점
쿵덕쿵	쿵더쿵	헛탕	허탕
통채	통째	헤롱헤롱	해롱해롱
트더지다	터지다	헤매이다	헤매다
트름	트림	호도	호두
틈틈히	틈틈이	호르라기	호루라기
티이다	트이다	호르륵	호로록
판대기	판때기	홀애비	홀아비
패이다	파이다, 패다	회수	횟수
펀뜻	언뜻	후두둑	후드득
펴락쥐락	쥐락펴락	후르륵	후루룩
푸르락붉으락	붉으락푸르락	훨출하다	훤칠하다
풋나기	풋내기	휘둥그래지다	휘둥그레지다
풋머슴	선머슴	휴계소	휴게소
풍지박산	풍비박산	흉칙하다	흉측하다
피래미	피라미	흐리멍텅하다	흐리멍덩하다
하니바람	하늬바람	흠치다	훔치다(닦다)
하마트면	하마터면	홉뜨다	홉뜨다
하옇든	하여튼	흥겨웁다	흥겹다
한갓	한갓	희노애락	희로애락
할일없다	하릴없다	히히덕거리다	시시덕거리다

부록

 외래어 바로 쓰기

다른 나라 말에서 들어와 우리말처럼 널리 쓰이는 말을 '외래어'라고 한다. 다음은 틀리기 쉬운 외래어의 올바른 표기를 보인 것이다. 일상생활에서 다양한 외래어를 자주 사용하는 만큼 올바른 외래어를 배워 사용하도록 하자.

틀린 말	바른 말	틀린 말	바른 말
골덴	코르덴	맘모스	매머드
기브스	깁스	맛사지	마사지
나레이션	내레이션	맨숀	맨션
나이롱	나일론	메세지	메시지
내프킨	냅킨	메타	미터
넌센스	난센스	모짜르트	모차르트
네온싸인	네온사인	몽따쥬	몽타주
네트웍	네트워크	미스테리	미스터리
다큐멘타리	다큐멘터리	미이라	미라
데뷰	데뷔	밀크쉐이크	밀크셰이크
도나쓰, 도너츠	도넛	바베큐	바비큐
디지탈	디지털	바톤	바통, 배턴
런닝샤쯔	러닝샤쓰, 러닝셔츠	바하	바흐(인명)
레져	레저	발렌타인데이	밸런타인데이
레크레이션	레크리에이션	밧데리	배터리
레포트	리포트	뱃지, 뺏지	배지
렌지	레인지	보이코트	보이콧
렌트카	렌터카	본네트	보닛
로보트	로봇	부페	뷔페
로케트	로켓	불독	불도그
로타리	로터리	브라우스	블라우스
리더쉽	리더십	블럭	블록
링게르	링거	비스켓	비스킷

외래어 바로 쓰기

틀린 말	바른 말	틀린 말	바른 말
비지니스	비즈니스	챔피온	챔피언
빵꾸	펑크	초콜렛	초콜릿
사라다	샐러드	카톨릭	가톨릭
색스폰	색소폰	카페트	카펫
샌달	샌들	캄플라지	카무플라주
샤베트	셔벗	캉가루	캥거루
샤시	섀시	캐롤	캐럴
샷다	셔터	캐비넷	캐비닛
센치미터	센티미터	캬라멜	캐러멜
센타	센터	커텐	커튼
소세지	소시지	컨셉	콘셉트
쇼파	소파	케잌	케이크
수퍼	슈퍼	코메디	코미디
쉐타	스웨터	콘트롤	컨트롤
스탭	스태프	콜렉션	컬렉션
스티로폴	스티로폼	콤파스	컴퍼스
스폰지	스펀지	콩쿨	콩쿠르
심볼	심벌	키로	킬로
싸인	사인	타올	타월
써비스	서비스	탈렌트	탤런트
악세사리	액세서리	테레비	텔레비전
알미늄	알루미늄	판넬	패널
알콜	알코올	판토마임	팬터마임
앙콜, 앵콜	앙코르	팜플렛	팸플릿
악센트	악센트	프로포즈	프러포즈
앤틱	앤티크	플랑카드	플래카드
앰블란스	앰뷸런스	플룻	플루트
오델로	오셀로	하일라이트	하이라이트
워크샵	워크숍	화이팅	파이팅
자켓	재킷	화일	파일
쥬스	주스	후라이팬	프라이팬

세는 말 바로 알기

세는 말	설 명
가마	곡식을 세는 말 예)쌀 한 가마
개	하나씩 떨어진 물건을 세는 말 예)귤 다섯 개 / 과자 두 개 / 가방 한 개
개비	담배, 장작처럼 가늘고 짤막하게 만든 물건을 세는 말 예)담배 한 개비
곡	노래, 악곡을 세는 말 예)노래 한 곡
공기	밥을 담은 그릇의 양을 세는 말 예)밥 한 공기
권	책을 세는 말 예)동화책 한 권
그루	나무를 세는 말 예)은행나무 한 그루
닢	동전을 세는 말 예)동전 한 닢
다발	꽃, 채소, 돈 등의 묶음을 세는 말 예)장미꽃 한 다발 / 지폐 세 다발
다스	연필 열두 개의 묶음을 세는 말 예)연필 한 다스
단	짚, 땔나무, 채소 등의 묶음을 세는 말 예)볏짚 한 단 / 시금치 한 단
대	자동차, 악기를 세는 말 예)자동차 한 대 / 피아노 두 대
	주사를 세는 말 예)주사 한 대
도막	짧고 작은 덩어리를 세는 말 예)나무 세 도막 / 생선 한 도막
돈, 냥	금을 세는 말 예)금 한 돈 / 순금 두 냥
두름	생선을 열 마리씩 두 줄로 묶어 놓은 것을 세는 말 예)굴비 한 두름
땀	바느질 자국을 세는 말 예)한 땀 한 땀
량	전철이나 기차의 차량을 세는 말 예)기차 열 량
마리	동물, 물고기, 벌레 등을 세는 말 예)강아지 두 마리 / 물고기 세 마리
명, 인	사람을 세는 말 예)한 명, 두 명 / 학생 네 명 / 오 인 가족
모	두부, 묵을 세는 말 예)두부 한 모 / 도토리묵 세 모
모금	물을 입안에 한 번 머금은 양을 세는 말 예)물 한 모금
발	총알, 화살 등을 세는 말 예)총알 한 발 / 화살 여섯 발
벌	옷, 그릇 등 짝을 이루는 물건을 세는 말 예)옷 한 벌 / 그릇 세 벌
봉	봉지, 봉투를 세는 말 예)과자 세 봉 / 약 한 봉

세는 말 바로 알기

세는 말	설 명
부	신문, 책, 서류 등을 세는 말 ⑩신문 한 부 / 잡지 한 부 / 서류 다섯 부
송이	꽃, 열매 등을 세는 말 ⑩장미 열 송이 / 포도 한 송이
술	음식을 숟가락으로 뜨는 횟수를 세는 말 ⑩밥 한 술 / 국 한 술
알	작고 둥근 모양의 물건을 세는 말 ⑩달걀 세 알 / 사탕 세 알
움큼, 주먹	한 손으로 움켜쥘 만한 양을 세는 말 ⑩사탕 한 움큼 / 딸기 한 주먹
자루	길쭉하게 생긴 필기도구, 무기 등을 세는 말 ⑩연필 다섯 자루
잔	음료, 차 등을 담은 그릇을 세는 말 ⑩우유 두 잔 / 커피 한 잔
장	종이와 같이 얇고 넓적한 물건을 세는 말 ⑩종이 한 장 / 수건 두 장
점	그림, 바람, 구름, 고기 등을 세는 말 ⑩그림 한 점 / 삼겹살 두 점
집	책, 음반이 나온 차례를 세는 말 ⑩5집 음반
짝	한 쌍을 이루는 것의 각각을 세는 말 ⑩실내화 한 짝 / 젓가락 한 짝
쪽	책, 신문, 문서 등의 면을 세는 말 ⑩교과서 10쪽
쪽	쪼개지거나 깨진 물체의 한 부분을 세는 말 ⑩사과 두 쪽 / 토스트 한 쪽
채	집, 큰 물건, 가구, 이불을 세는 말 ⑩집 한 채 / 솜이불 세 채
척	배를 세는 말 ⑩고깃배 한 척
축	오징어를 스무 마리씩 묶어 세는 말 ⑩오징어 한 축
켤레	신발, 양말, 장갑 등 짝이 되는 두 개를 세는 말 ⑩구두 한 켤레
쾌	북어를 스무 마리씩 묶어 세는 말 ⑩북어 한 쾌
타래	동그랗게 감아 놓은 실이나 끈 뭉치를 세는 말 ⑩털실 한 타래
토막	덩어리 진 도막, 글의 부분 등을 세는 말 ⑩생선 한 토막 / 이야기 한 토막
톨	밤, 쌀알을 세는 말 ⑩밤 세 톨 / 쌀 한 톨
톳	김을 100장 묶어 세는 말 ⑩김 한 톳
통	수박, 배추를 세는 말 ⑩수박 한 통 / 양배추 한 통
통	물건을 통에 담아 그 양을 세는 말 ⑩아이스크림 세 통 / 통조림 한 통
통	서류, 편지, 전화를 세는 말 ⑩서류 한 통 / 편지 세 통 / 전화 한 통
판	달걀을 삼십 개 묶어 세는 말 ⑩달걀 한 판
판	조각을 내어 먹는 음식을 자르기 전의 덩어리로 묶어 세는 말 ⑩피자 두 판
편	책, 시, 영화, 연극 등을 세는 말 ⑩소설 두 편 / 시 한 편 / 영화 세 편
포기	뿌리를 단위로 한 풀이나 나무를 세는 말 ⑩배추 열 포기 / 풀 한 포기
필	말, 소를 세는 말 ⑩말 한 필 / 소 두 필

속담 풀이

가게 기둥에 입춘 제격에 맞지 않음을 비유적으로 이르는 말.

가까운 남이 먼 일가보다 낫다 멀리 떨어져 사는 친척보다 남이라도 이웃에서 가까이 지내는 사람이 더 낫다는 말.

가까운 데를 가도 점심밥을 싸 가지고 가거라 무슨 일에나 준비를 든든히 하여 실수가 없게 하라는 말.

가난 구제는 나라(님)도 못한다 가난한 사람을 구제하기는 나라의 힘으로도 어려운데, 하물며 한 개인의 힘으로는 매우 어렵다는 말.

가난한 집 제사 돌아오듯 치르기 힘든 일이 자주 닥쳐온다는 말.

가는[가던] 날이 장날 우연히 갔다가 의외로 공교로운 일을 만났을 때 쓰는 말.

가는 말에 채찍질 ㉠잘하는 일을 더 잘하라고 부추긴다는 말. ㉡형편이 좋으면 좋을수록 더 잘되게 노력한다는 말. ㈂달리는 말에 채찍질.

가는 말이 고와야 오는 말이 곱다 내가 먼저 남에게 좋게 대해야 남도 내게 좋게 대한다는 말. ㈂오는 말이 고와야 가는 말이 곱다.

가는 토끼 잡으려다 잡은 토끼 놓친다 너무 욕심을 부리면 도리어 이미 이룬 일까지 그르친다는 말.

가랑비에 옷 젖는 줄 모른다 아무리 사소한 것이라도 그것이 거듭되면 무시하지 못할 정도로 크게 된다는 말.

가랑잎에 불붙듯 걷잡을 수 없이 잘 탄다는 뜻으로, 성질이 급하고 아량이 적은 것을 비유한 말.

가랑잎으로 눈 가리고 아웅 한다 '눈 가리고 아웅'과 같은 뜻.

가랑잎이 솔잎더러 바스락거린다고 한다 '똥 묻은 개가 겨 묻은 개 나무란다'와 같은 뜻.

가루는 칠수록 고와지고 말은 할수록 거칠어진다 가루는 체에 칠수록 고와지지만 말은 이리저리 옮아 갈수록 보태어져서 거칠어진다는 뜻으로, 말이 많음을 경계하는 말.

가재는 게 편 모양이나 형편이 서로 비슷하고 인연이 있는 데로 편들어 붙는다는 말.

가지 많은 나무에 바람 잘 날이 없다 자식을 많이 둔 어버이는 근심 끊일 날이 없다는 말.

간에 가 붙고 염통에 가 붙는다 '간에 붙었다 쓸개에 붙었다 한다'와 같은 뜻.

간에 붙었다 쓸개에 붙었다 한다 지조 없이 자기에게 조금이라도 이로운 일이라면 아무에게나 아첨한다는 말. ㈂간에 가 붙고 염통에 가 붙는다.

갈모 형제라 아우가 잘나고 형이 아우만 못한 형제를 이르는 말.

갈수록 태산(이라) 무슨 일을 해 나감에 있어 갈수록 점점 더 어려운 일이 닥쳐온다는 말.

갈치가 갈치 꼬리 문다 친구나 친척 간에 서로 싸운다는 말.

감사 덕분에 비장 나리 호사한다 '원님 덕에 나팔 분다'와 같은 뜻.

감자밭에서 바늘 찾는다 아무리 애써도 찾을 수 없다는 뜻으로 헛수고를 이르는 말. 回 잔디밭에서 바늘 찾기.

값도 모르고 싸다 한다 일의 내용이나 사정도 모르면서 경솔하게 이러니저러니 말한다는 말.

값싼 비지떡 값이 싼 물건치고 좋은 것이 없다는 말.

갓 쓰고 자전거 탄다 전혀 어울리지 않게 차려입는 것을 이르는 말.

강물도 쓰면 준다 아무리 많아도 헤프게 쓰면 줄어드는 것이니, 마구 쓰지 말고 아껴 쓰라는 말.

같은 값이면 다홍치마 이왕 같은 값이면 자기에게 이득이 많은 것을 택한다는 말.

개같이 벌어서 정승같이 산다 돈을 벌 때는 궂은일을 가리지 않고 벌고, 쓸 때는 사치하거나 낭비하지 않고 꼭 써야 할 곳에 씀을 이르는 말.

개구리 올챙이 적 생각 못 한다 미천하던 사람이 지위가 높아지면 과거의 어렵던 때 생각을 못 한다는 말. 또는 그런 사람을 비웃는 말.

개 눈에는 똥만 보인다 어떤 것을 지극히 좋아하게 되면, 모든 것이 다 그 물건으로만 보인다는 말.

개똥도 약에 쓰려면 없다 아무리 보잘것없고 흔한 것일지라도 정작 쓸데가 있어서 찾으면 드물고 귀하다는 말. 回 쇠똥도 약에 쓰려면 없다.

개똥밭에 굴러도 이승이 좋다 아무리 천하고 고생스럽게 살더라도 죽는 것보다는 사는 것이 나음을 이르는 말.

개미 쳇바퀴 돌듯 노력은 하여도 아무 발전이 없다는 말. 回 다람쥐 쳇바퀴 돌듯.

개 발에 (주석) 편자 말굽에 대어 붙이는 편자가 개 발에 어울리지 아니하듯, 옷차림이나 지닌 물건이 제격에 맞지 아니함을 이르는 말.

개밥에 도토리 개는 도토리를 먹지 않아, 밥 속의 도토리는 따로 남듯이 따돌림을 받아 외톨로 고립됨을 이르는 말.

개 보름 쇠듯 보름날 개에게 음식을 주지 않는 풍속이 있어 즐거이 지내야 할 명절 같은 날에 먹지도 못하고 지내게 됨을 이르는 말.

개살구도 맛 들일 탓 떫은 개살구도 맛을 붙이면 좋아하게 된다는 뜻으로, 어떤 일이든지 재미를 붙이면 좋아질 수 있다는 말.

개천에서 용 난다 변변치 못한 집안에서 훌륭한 인물이 나오는 경우를 이르는 말.

거미도 줄을 쳐야 벌레를 잡는다 무슨 일이든지 준비가 있어야 성과를 얻을 수 있음을 이르는 말.

겉 다르고 속 다르다 겉으로 드러나는 행동이 마음속의 생각과 다름을 이르는 말.

겨 묻은 개가 똥 묻은 개를 나무란다 결점이 있기는 마찬가지이면서 자기가 조금 덜하다고 더한 사람을 흉볼 때 하는 말.

계란으로 바위 치기 대항해도 이길 수 없음을 이르는 말.

고기는 씹어야 맛이요, 말은 해야 맛

속담 풀이

이라 마음속으로만 끙끙거리며 애태우지 말고 할 말은 해야 한다는 말.

고기도 먹어 본 사람이 많이 먹는다 무슨 일이든지 해 본 사람이 더 잘한다는 말.

고래 싸움에 새우 등 터진다 강자끼리의 싸움에 아무 관계가 없는 약자가 공연히 해를 입게 됨을 이르는 말.

고생 끝에 낙이 온다 어려운 일 뒤에는 반드시 좋은 일이 생긴다. ㈅태산을 넘으면 평지를 본다.

고슴도치도 제 새끼가 함함하다면 좋아한다 칭찬받을 만한 일이 못되더라도 추어주면 좋아한다는 말.

고양이 목에 방울 달기[단다] 실행하지 못할 어려운 일을 헛되이 의논함을 가리키는 말.

고양이보고 반찬 가게 지키라는 격(이다) 믿지 못할 사람에게 일을 맡겨 놓고 걱정함을 이르는 말.

고양이 앞에 쥐 무서운 사람 앞에서 설설 기는 것을 이르는 말.

고추는 작아도 맵다 몸집은 작아도 힘이 세거나, 성질이 모질거나, 하는 일이 야무짐을 비유하여 이르는 말. ㈅작은 고추가 더 맵다.

공든 탑이 무너지랴 공을 들여 이루어 놓은 일은 그 결과가 헛되지 않다는 말.

공자 앞에서 문자 쓴다 잘 알지도 못하면서 자기보다 유식한 사람 앞에서 아는 체함을 이르는 말.

공짜라면 양잿물이라도 먹는다 공짜라면 가리지 않고 닥치는 대로 가지려는 것을 비꼬는 말.

과부 설움은[사정은] (동무) 과부가 안다 남의 사정은 비슷한 처지에 놓여 있는 사람이 잘 안다는 말. ㈅과부 설움은 홀아비가 안다.

광에서 인심 난다 제 살림이 넉넉하고 윤택하여야 남을 도울 수 있게 된다는 말. ㈅쌀독에서 인심 난다.

구관이 명관이다 ㉠무슨 일이든 경험이 많거나 익숙한 사람이 더 낫다는 말. ㉡먼젓번 사람이 나중 사람보다 낫다는 말.

구더기 무서워 장 못 담글까 방해가 되는 일이 있더라도 할 일은 해야 한다는 말.

구렁이 담 넘어가듯 일을 처리하는 데 태도를 명확히 하지 아니하고, 남이 모르는 사이에 슬그머니 얼버무려 버린다는 말.

구슬이 서 말이라도 꿰어야 보배(라) 아무리 훌륭하고 좋은 것이라도 쓸모 있게 만들어 놓아야 비로소 가치가 있다는 말.

굳은 땅에 물이 괸다 헤프지 않고 절약하는 마음이 굳어야 재산을 모을 수 있다는 말. ㈅단단한 땅에 물이 괸다.

굼벵이도 구르는 재주가 있다 아무런 능력이 없어 보이는 사람도 한 가지 재주는 있다는 말.

굿이나 보고 떡이나 먹지 남의 일에 쓸데없는 간섭을 하지 말고 되어 가는 형편을 보고 있다가 이익이나 얻자는 말.

귀가 보배라 배운 것은 없으나 얻어들어서 아는 것이 많음을 비유적으로 하는 말.

귀신 듣는 데 떡 소리 한다 귀신이 좋아하는 떡 이야기를 귀신 앞에서 하듯이 들어서 좋아할 이야기를 상대방 앞에서 한다는 말.

귀신 씻나락 까먹는 소리 ㉠알아들

속담 풀이

을 수 없게 우물우물 말하는 소리를 이르는 말. ⓒ엉뚱하고 쓸데없는 말.

귀에 걸면 귀걸이 코에 걸면 코걸이 ⓐ정해 놓은 것이 아니고 둘러댈 탓이라는 말. ⓒ하나의 사물이 두 쪽에 관련되어 어느 한쪽으로 결정짓기 어렵다는 말.

그슬린 돼지가 달아맨 돼지 타령한다 제 흉은 모르고 남의 흉만 트집 잡고 나무란다는 말. ⓑ똥 묻은 개가 겨 묻은 개 나무란다.

긁어 부스럼 아무렇지도 않은 일을 공연히 건드려서 만들어 낸 걱정거리라는 말.

금강산 구경도 식후경이라 아무리 재미있는 일이라도 배가 부른 다음에야 흥이 나지 먹지 않고는 흥겨울 것이 없다는 말.

금이야 옥이야 무언가를 다룰 때 매우 애지중지하며 귀중하게 여기는 모양을 이르는 말.

급하기는 우물에 가서 숭늉 달라겠다 급한 것만 생각하고 사물의 절차를 깨닫지 못하여 이치에 어긋나는 짓을 한다는 말.

급하면 바늘허리에 실 매어 쓸까 아무리 일이 급하더라도 순서에 따라 침착하게 해야 한다는 말.

기는 놈 위에 나는 놈이 있다 / 뛰는 놈 위에 나는 놈 있다 아무리 재주가 있다 하여도 그보다 더 뛰어난 사람이 있다는 말.

기도[기지도] 못하면서 뛰려 한다 제 실력 이상의 행동을 하려고 함을 이르는 말.

길고 짧은 것은 대어 보아야 안다 잘하고 못하는 것은 짐작이나 말보다는 실지로 겨루거나 경험해 보아야 안다는 말.

길마 무거워 소 드러누울까 일을 앞두고 힘이 부족할까 미리 두려워 말라는 말.

길이 아니면 가지 말고 말이 아니면 탓하지 말라 언행을 주의하고, 사리에 어긋나는 일은 처음부터 하지 말라는 말.

김 안 나는 숭늉이 더 뜨겁다 물이 몹시 뜨거우면 김이 안 난다는 뜻으로, 사람도 늘 떠벌리는 사람은 그리 무섭지 않고 침묵을 지키고 있는 사람이 도리어 더 무섭다는 말.

김칫국부터 마신다 '떡 줄 사람은 꿈도 안 꾸는데 김칫국부터 마신다'와 같은 뜻.

까마귀 고기를 먹었나 잘 잊어버리는 사람을 나무라거나 놀리는 말.

까마귀 날자 배 떨어진다 아무런 뜻 없이 한 일이 마침 다른 일과 때가 같아 둘 사이에 어떤 관계라도 있는 듯한 의심을 받을 때 쓰는 말.

꼬리가 길면 밟힌다 옳지 못한 일을 여러 번 계속하면 결국에는 들키고 만다는 말.

꽁지 빠진 새[수탉] 같다 꼴이 초라하다는 말.

꾸어다 놓은 보릿자루 여럿이 모여 이야기하는 자리에서 아무 말도 하지 않고 가만히 있는 사람을 이르는 말.

꿀도 약이라면 쓰다 자기에게 이로운 말일지라도 충고라면 듣기 싫어한다는 말.

꿀 먹은 벙어리 벙어리는 맛을 알면서도 어떻다고 말을 하지 못한다 하여, 무슨 일에 대하여 아무 말이 없는 사람을 두고 하는 말.

꿈보다 해몽이 좋다 좋고 나쁨은 풀이하기에 달렸다는 말.

속담 풀이

꿩 구워 먹은 소식 소식이 전혀 없음을 이르는 말.

꿩 대신 닭 적당한 것이 없을 때 비슷한 것으로 대신한다는 말.

꿩 먹고 알 먹는다 한 가지 일에 두 가지 이상의 이익을 볼 때 쓰는 말.

꿩 잡는 것이 매다 꿩을 못 잡으면 매라고 할 수 없듯이, 실지로 제 구실을 다하는 것이 제일이라는 말.

─────────○─────────

나간 놈의 몫은 있어도 자는 놈의 몫은 없다 게으른 사람에게는 혜택이 돌아가지 않는다는 말.

나룻이 석 자라도 먹어야 샌님 '수염이 대 자라도 먹어야 양반이다'와 같은 뜻.

나무에 오르라 하고 흔드는 격 일부러 남을 위험한 곳이나 불행한 처지에 빠지게 함을 이르는 말.

나중 난 뿔이 우뚝하다 후배가 선배보다 더 나을 때에 이르는 말.

낙숫물은 떨어지던 데 또 떨어진다 한번 버릇이 들면 고치기 어려움을 이르는 말.

낙숫물이 댓돌을 뚫는다 작은 힘이라도 끈기 있게 계속하면 큰일을 이룰 수 있다는 말.

남의 다리 긁는다 자기를 위하여 한 일이 뜻밖에도 남을 위하여 한 일이 되었거나, 또는 남의 일을 자기 일로 잘못 알고 수고한다는 말. 비남의 다리에 행전 친다. 잠결에 남의 다리 긁는다.

남의 말 하기는 식은 죽 먹기 남의 허물을 끄집어내어 말하기는 매우 쉽다는 말.

남의 손의 떡은 커 보인다 남의 것이 제 것보다 더 좋아 보이거나 많아 보인다는 것을 이르는 말.

남의 잔치에 감 놓아라 배 놓아라 한다 자기와 상관없는 남의 일에 공연히 간섭함을 이르는 말.

낫 놓고 기역 자도 모른다 아주 무식하다는 말.

낮말은 새가 듣고 밤말은 쥐가 듣는다 ㉠아무도 안 듣는 데서라도 말 조심해야 한다는 말. ㉡비밀히 한 말도 반드시 남의 귀에 들어가게 된다는 말.

내 배 부르면 종의 밥 짓지 말라 한다 ㉠자기 이익만 알고 남을 동정할 줄 모른다는 말. ㉡복을 누리는 사람이 남의 불행과 근심, 괴로움은 알지 못한다는 말.

내 코가 석 자 내 사정이 매우 곤란해서 남의 사정까지 돌볼 겨를이 없다는 말.

내 할 말을 사돈이 한다 내가 하려고 하는 말 또는 내가 당연히 할 말을 도리어 남이 한다는 말. 비나 부를 노래를 사돈집에서 부른다.

냉수 먹고 이 쑤시기 실속은 아무것도 없으면서 겉으로만 있는 체함을 비유한 말.

네 떡이 한 개면 내 떡이 한 개라 말은 누구에게나 점잖고 부드럽게 해야 한다는 말.

네 콩이 크니 내 콩이 크니 한다 서로 비슷한 것을 가지고 제 것이 낫다고 다투는 것을 보고 이르는 말.

놓친 고기가 더 크다 현재 가지고 있는 것보다 먼저 것이 더 좋았다고 생각한다는 말.

누워서 떡 먹기 어떤 일이 하기가 매우 쉽다는 말.

누워서 침 뱉기 남을 해치려고 한 일이 도리어 자기에게 해를 미친다는 말. 비내 얼굴에 침 뱉기.

누이 좋고 매부 좋다 서로에게 모두 이롭다는 말.

눈 가리고 아웅 얕은 꾀를 써서 남을 속이려 함을 이르는 말.

눈 감으면 코 베어 먹을 세상 세상 인심이 험악하고 믿음성이 없음을 이르는 말.

눈 뜨고 도둑맞는다 뻔히 알면서도 속거나 손해를 본다는 말.

눈치가 빠르면 절에 가도 젓갈을 얻어먹는다 눈치가 있으면 어디를 가도 궁색한 일이 없다는 말.

뉘 집에 죽이 끓는지 밥이 끓는지 아나 여러 사람의 사정을 다 살펴 알기는 어렵다는 말.

늦게 배운 도둑이 날 새는 줄 모른다 뒤늦게 시작한 일에 재미를 붙인 사람이 그 일에 더 몰두하게 된다는 말.

――――――○――――――

다 된 죽에 코 풀기 제대로 잘되어 가는 남의 일을 망쳐 놓는다는 말.

다람쥐 쳇바퀴 돌듯 앞으로 나아가거나 발전하지 못하고 제자리걸음만 한다는 말. 비개미 쳇바퀴 돌듯.

단단한 땅에 물이 괸다 아끼는 마음이 단단해야 재물이 모인다는 말.

달걀로 바위 치기 '계란으로 바위 치기'와 같은 뜻.

달도 차면 기운다 세상의 온갖 것이 한번 성하면 다시 쇠퇴하기 마련이라는 말.

달리는 말에 채찍질 '가는 말에 채찍질'과 같은 뜻.

달면 삼키고 쓰면 뱉는다 옳고 그름이나 신의를 돌보지 않고 자기의 이익만 꾀한다는 말.

달밤에 삿갓 쓰고 나온다 가뜩이나 미운 사람이 더 미운 짓만 함을 이르는 말.

닭 잡아먹고 오리발 내놓기 자신이 저지른 나쁜 일이 드러나게 되자 엉뚱한 수작으로 남을 속이려 할 때 이르는 말.

닭 쫓던 개 지붕 쳐다보듯 애써 하던 일이 실패로 돌아가거나 같이 애쓰다가 남에게 뒤떨어져 어찌할 도리가 없이 됨을 이르는 말.

당장 먹기엔 곶감이 달다 '우선 먹기는 곶감이 달다'와 같은 뜻.

댓구멍으로 하늘을 본다 소견이 좁음을 일컫는 말. 비우물 안 개구리.

더위 먹은 소 달만 보아도 헐떡인다 '자라 보고 놀란 가슴 소댕[솥뚜껑] 보고 놀란다'와 같은 뜻.

도끼로 제 발등 찍는다 남을 해치려고 한 짓이 결국은 자기를 해친 결과가 되었다는 말. 비제 발등을 제가 찍는다.

도둑놈 문 열어 준 셈 나쁜 사람에게 나쁜 일을 할 기회를 주어 제가 도리어 손해를 입음을 이르는 말. 비도둑에게 열쇠 준다.

도둑맞고 사립 고친다 '소 잃고 외양간 고친다'와 같은 뜻.

도둑을 맞으려면 개도 안 짖는다 운수가 나쁘면 될 일도 뜻대로 아니 됨을 이르는 말.

도둑이 제 발 저리다 지은 죄가 있으면 드러날까 두려워 자연히 마음이 조마조마해진다는 말.

도둑질을 해도 손발이 맞아야 한다 무슨 일이든지 서로 뜻이 맞아야 성공할 수 있다는 말.

도랑 치고 가재 잡는다 ㉠한 가지 일로 두 가지 이익을 본다는 말. ㉡일의 순서가 뒤바뀌어 애쓴 보람이 나타나지 않는다는 말.

도마에 오른 고기 어찌할 수 없이 된 운명을 비유한 말.

도토리 키 재기 별로 뛰어나지도 않은 비슷비슷한 것들을 비교할 때 이르는 말.

도포를 입고 논을 갈아도 제멋이다 사람은 저마다 저 하고 싶은 대로 하는 것이라는 말. ㈘지게를 지고 제사를 지내도 제멋(이다).

돈만 있으면 귀신도 부릴 수 있다 돈만 있으면 세상에 못할 일이 없다는 말.

돌다리도 두들겨 보고 건너라 모든 일에 세심한 주의를 하라는 말.

돌부리를 차면 발부리만 아프다 쓸데없이 화를 내면 자기만 해롭게 된다는 말. ㈘바위를 차면 제 발부리만 아프다.

돌절구도 밑 빠질 때가 있다 ㉠아무리 튼튼한 것이라도 오래 쓰면 결딴 나는 날이 있다는 말. ㉡좋은 가문이라고 영원히 몰락하지 않는 법은 없다는 말.

동냥은 안 주고 쪽박만 깬다 남이 요구하는 것을 들어주기는커녕 오히려 해치기만 한다는 말.

동네 색시 믿고 장가 못 든다 남을 막연하게 믿고 있다가는 일을 그르친다는 말.

동무 따라 강남 간다 자기는 할 마음이 없으나 동무에 끌려서 같은 행동을 함을 이르는 말.

동에 번쩍 서에 번쩍 짐작할 수 없을 정도로 빨리 왔다 갔다 하는 것을 이르는 말.

되로 주고 말로 받는다 줄 때는 조금 주고 그 대가로는 많이 받는 경우를 이르는 말.

될성부른 나무는 떡잎부터 알아본다 장래에 크게 될 사람은 어릴 때부터 다르다는 말. ㈘자랄 나무는 떡잎부터 알아본다.

둘러치나 메어치나 이렇게 하나 저렇게 하나 어떻든 결과는 마찬가지라는 말.

둘이 먹다 하나(가) 죽어도 모르겠다 음식이 아주 맛있음을 이르는 말.

뒤웅박 신은 것 같다 되어 가는 모양이 위태로워서 불안하고 조심스러움을 이르는 말.

뒷간에 갈 적 마음 다르고 올 적 마음 다르다 자기에게 필요할 때는 다급하게 굴다가 자기 할 일을 다하면 마음이 변함을 이르는 말.

뒷구멍으로 호박씨 깐다 겉으로는 얌전한 체하면서 뒤로는 엉뚱한 짓을 다 함을 비유하는 말.

드는 줄은 몰라도 나는 줄은 안다 사람이나 재물이 붙는 것은 눈에 잘 띄지 않아도 그것이 줄어드는 것은 곧 알아차릴 수 있다는 말.

들으면 병이요 안 들으면 약이다 들어서 걱정될 일은 듣지 아니함이 차라리 낫다는 말.

등잔 밑이 어둡다 가까운 데 있는 일을 먼 데 일보다 오히려 잘 알기 어렵다는 말.

등치고 간 내먹다 겉으로는 가장 위해 주는 체하면서도 속으로는 해를 끼친다는 말.

땅 짚고 헤엄치기 ㉠아주 쉽다는

말. ㉡무슨 일이 의심할 여지없이 확실하다는 말.

때리는 시어머니보다 말리는 시누이가 더 밉다 겉으로는 위하는 체하면서 속으로는 미워하고 헐뜯는 사람이 더 밉다는 말.

떡 본 김에 제사 지낸다 하려고 생각하던 중 마침 좋은 기회를 만나 일을 해치운다는 말.

떡 줄 사람은 꿈도 안 꾸는데 김칫국부터 마신다 해 줄 사람은 생각지도 않는데 미리부터 다 된 일로 알고 행동함을 이르는 말. 凬김칫국부터 마신다.

떡 해 먹을 집안 떡을 하여 귀신에게 고사를 지내야 할 집안이라는 뜻으로, 화합하지 못하고 어려운 일만 계속 일어나는 집안이라는 말.

떼어 놓은 당상 일이 확실하여 변동이 있을 수 없을 때나, 으레 자기가 차지하게 될 것이 틀림없음을 이르는 말. 凬따 놓은 당상.

똥 누러 갈 적 마음 다르고 올 적 마음 다르다 '뒷간에 갈 적 마음 다르고 올 적 마음 다르다'와 같은 뜻.

똥 묻은 개가 겨 묻은 개 나무란다 제 허물이 더 많은데 대단치 않은 남의 허물을 흉본다는 말. 凬가랑잎이 솔잎더러 바스락거린다고 한다. 숯이 검정 나무란다.

똥이 무서워 피하나 더러워 피하지 악한 사람을 상대하지 않는 것은 그가 무서워서가 아니고 상대할 대상이 못 되기 때문이라는 말.

뚝배기보다 장맛이 좋다 겉모양은 보잘것없으나 내용은 겉보다 훨씬 나음을 가리키는 말. 凬장독보다 장맛이 좋다.

뛰는 놈 위에 나는 놈 있다 아무리 재주가 뛰어나도 그보다 더 뛰어난 사람이 있다는 뜻으로, 스스로 뽐내는 사람을 경계하여 이르는 말.

뜨거운 국에 맛 모른다 ㉠사리를 알지 못하고 날뛰거나 또는 무턱대고 행동한다는 말. ㉡급한 경우를 당하면 정확한 판단을 할 수 없다는 말.

———o———

마른하늘에 날벼락 뜻밖에 당하는 재앙을 가리키는 말.

말 많은 집은 장맛도 쓰다 ㉠가정에 잔말이 많아 화목하지 못하면 살림이나 모든 일이 잘 안된다는 말. ㉡말은 그럴듯하게 하나 실상은 좋지 못함을 뜻하는 말.

말이 많으면 쓸 말이 적다 말이 많으면 오히려 효과가 적다는 뜻으로, 말을 되도록 적게 하라는 말.

말 한마디에 천 냥 빚도 갚는다 말만 잘하면 어려운 일도 해결할 수 있다는 뜻으로, 처세하는 데에 말이 중요하다는 말. 凬천 냥 빚도 말로 갚는다.

맛있는 음식도 늘 먹으면 싫다 아무리 좋은 일이라도 너무 자주 되풀이하면 싫증이 나기 마련이라는 말.

매도 먼저 맞는 놈이 낫다 이왕 겪어야 할 일이라면 아무리 어렵고 괴롭더라도 남보다 먼저 치르는 편이 낫다는 말.

먹기는 파발이 먹고 뛰기는 역마가 뛴다 정작 애쓴 사람은 보수를 받지 못하고 딴 사람이 받는다는 말. 凬재주는 곰이 넘고 돈은 호인이 받는다.

먹을 때는 개도 때리지 않는다 먹을 때는 짐승도 때리지 않는다는 뜻으로 아무리 잘못한 것이 있어도 먹을 때에는 꾸짖지 말라는 뜻.

속담 풀이

모기 보고 칼 빼기 사소한 일에 지나치게 화를 냄을 가리키는 말.

모난 돌이 정 맞는다 말과 행동이 모가 나면 남에게 미움을 받게 된다는 말.

모로 가도 서울만 가면 된다 수단 방법은 어떻든 간에 목적만 이루면 된다는 말.

모르면 약이요 아는 게 병 차라리 모르면 마음이 편할 수 있지만, 알면 근심 걱정이 될 수 있다는 말.

목구멍이 포도청 먹고살기 위하여서는 안 될 일까지 할 수 밖에 없음을 이르는 말.

목마른 놈이 우물 판다 일이 급하고 필요한 사람이 먼저 서둘러서 시작한다는 말.

못된 송아지 엉덩이에 뿔이 난다 사람답지 못한 사람이 돼먹지 않게 건방지고 좋지 못한 짓을 한다는 말.

못 먹는 감 찔러나 본다 자기의 것으로 만들지 못할 바에야 남도 갖지 못하도록 심술을 부려 훼방한다는 말.

무소식이 희소식 소식이 없는 것은 아무 탈이 없다는 말로, 곧 기쁜 소식과 다름이 없다는 말.

무쇠도 갈면 바늘 된다 불가능하게 보이는 일도 꾸준히 노력하면 언젠가는 이룰 수 있다는 말.

물에 빠지면 지푸라기라도 움켜쥔다 위급한 때를 당하면 도움이 되지 않을 것을 뻔히 알면서도 희망을 걸고 의지하려 한다는 말.

물에 빠진 놈 건져 놓으니까 내 봇짐 내라 한다 남에게 은혜를 입고도 고마운 줄 모르고 공연한 트집을 잡는다는 말.

미꾸라지 한 마리가 온 웅덩이를 흐려 놓는다 한 사람의 좋지 않은 행동이 여러 사람에게 나쁜 영향을 미친다는 말.

미꾸라짓국 먹고 용트림한다 ㉠아무 재간도 없으면서 큰 인물인 체하는 사람을 이르는 말. ㉡시시한 일을 해 놓고 큰일을 한 것처럼 으스대는 것을 이르는 말. ㈐잉엇국 먹고 용트림한다. 비짓국 먹고 용트림한다.

미운 놈 떡 하나 더 준다 미워하는 사람일수록 더 잘해 주면서 나쁜 마음을 버려야 한다는 말.

믿는 도끼에 발등 찍힌다 믿고 있던 일이 어긋나거나 믿고 있던 사람에게서 뜻밖의 해를 입음을 이르는 말.

밀가루 장사 하면 바람이 불고 소금 장사 하면 비가 온다 일이 공교롭게 매번 잘 안됨을 이르는 말.

밑 빠진 독에 물 붓기 ㉠쓸 곳이 많아 아무리 벌어도 항상 부족함을 이르는 말. ㉡아무리 힘들여 애써도 보람이 나타나지 않는 경우에 쓰는 말.

밑져야 본전 일이 잘못되어도 손해볼 것이 없으니 한번 해 보아야 한다는 말.

바늘 가는 데 실 간다 서로 떨어져서는 아무 소용이 없으므로 늘 붙어 다닌다는 말. ㈐바람 간 데 범 간다.

바늘 도둑이 소도둑 된다 처음에는 작은 것을 훔치던 사람이 나중에는 큰 도둑이 된다는 말. 곧, 작은 나쁜 짓도 자꾸 하게 되면 점점 더 심하게 되니 아예 나쁜 버릇은 길들이지 말라는 말.

바람 앞의 등불 매우 어려운 처지에 있음을 이르는 말. ㈐풍전등화.

바위를 차면 제 발부리만 아프다 '돌

부리를 차면 발부리만 아프다와 같은 뜻.

반딧불로 별을 대적하랴 되지 않을 일은 아무리 억척을 부려도 이루어지지 아니한다는 말.

발 없는 말이 천 리 간다 비밀로 한 말도 퍼지기 쉬우니 말을 조심해야 한다는 말.

밤말은 쥐가 듣고 낮말은 새가 듣는다 '낮말은 새가 듣고 밤말은 쥐가 듣는다'와 같은 말.

밥 먹을 때는 개도 안 때린다 음식을 먹는 사람을 때리거나 꾸짖지 말라는 말.

배보다 배꼽이 더 크다 마땅히 작아야 할 것이 크고, 적어야 할 것이 많을 때 이르는 말.

배지 아니한 아이를 낳으라 한다 아직 배지도 않은 아이를 낳으라고 한다는 뜻으로, 무턱대고 무리한 요구를 함을 이르는 말.

백지장도 맞들면 낫다 아무리 쉬운 일이라도 혼자 하는 것보다 여럿이 힘을 합해서 하면 훨씬 쉽다는 말.

뱁새가 황새를 따라가면 다리가 찢어진다 힘에 겨운 일을 억지로 하면 도리어 해만 입는다는 말.

번개가 잦으면 천둥을 한다 ㉠어떤 일의 조짐이 잦으면 결국 그 일이 일어나기 마련임을 이르는 말. ㉡나쁜 일이 잦으면 결국에는 큰 봉변을 당하게 된다는 말. 비방귀가 잦으면 똥 싸기 쉽다.

번갯불에 콩 볶아 먹겠다 행동이 매우 재빠름을 이르는 말. 비번갯불에 회 쳐 먹겠다.

범 없는 골에 토끼가 스승이라 잘난 사람이 없는 곳에서 못난 사람이 잘난 체함을 비유하는 말.

범에게 물려 가도 정신만 차리면 산다 어떤 곤란을 당해도 정신만 차리고 있으면 헤어날 수 있다는 말. 비호랑이에게 물려 가도 정신만 차리면 산다.

벙어리 냉가슴 앓듯 답답한 사정이 있어도 남에게 말하지 못하고 혼자 괴로워하며 걱정한다는 말.

벼 이삭은 익을수록 고개를 숙인다 많이 배우거나 능력이 있는 사람일수록 겸손하다는 말.

벼락 치는 하늘도 속인다 악한 자에게 벼락을 내리는 하늘도 속인다는 뜻으로, 속이려면 못 속일 것이 없음을 이르는 말.

벼룩도 낯짝이 있다 몹시 뻔뻔스러운 사람을 두고 이르는 말.

벼룩의 간을 내먹는다 ㉠하는 짓이 매우 좀스럽거나 인색함을 비유하는 말. ㉡어려운 처지에 있는 사람에게서 금품을 뜯어냄을 비유하는 말.

변죽을 치면 복판이 운다 넌지시 알리기만 하면 대번에 눈치를 채서 알아듣는다는 말.

병 주고 약 준다 무슨 일을 방해하여 해를 입도록 하고는 도와주는 체한다는 말.

보기 좋은 떡이 먹기도 좋다 겉모양이 좋으면 내용도 좋다는 말.

보채는 아이 밥 한 술 더 준다 무슨 일이든 조르며 서두르거나 적극적인 사람에게는 더 잘해 주게 된다는 말.

부뚜막의 소금도 집어넣어야 짜다 아무리 손쉬운 일이라도 힘을 들여 이용하거나 하지 않으면 제게 이익이 없다는 말.

부부 싸움은 칼로 물 베기 칼로 물

을 베면 제자리로 돌아오듯이 부부끼리는 싸움을 하더라도 쉽게 화해를 한다는 말.

부자는 망해도 삼 년 먹을 것이 있다 부자였던 사람은 망해도 얼마 동안은 살아 나갈 수 있다는 말.

부조는 않더라도 제상이나 치지 마라 도와주지는 못할 망정 방해는 하지 말라는 말.

북은 칠수록 소리가 난다 ㉠못된 일은 건드릴수록 더 악화된다는 말. ㉡못된 사람하고 다투면 다툴수록 손해만 커진다는 말.

불 가져오라는데 물 가져온다 하라고 시킨 일은 하지 않고 엉뚱한 일을 할 때 쓰는 말.

불난 집에 부채질한다 남의 불행을 돕기는커녕 점점 더 불행하게 만들거나 노한 사람을 더 노하게 한다는 말.

불면 꺼질까 쥐면 터질까 어린 자녀를 아주 사랑하며 소중히 기른다는 말. [비]쥐면 꺼질까 불면 날까.

불에 놀란 놈이 부지깽이만 보아도 놀란다 '자라 보고 놀란 가슴 소댕[솥뚜껑] 보고 놀란다'와 같은 뜻.

비 온 뒤에 땅이 굳어진다 다툼이나 어려운 일이 있은 후에 사이나 형편이 더 좋아진다는 말.

빈대도 낯짝이 있다 지나치게 염치가 없는 사람을 나무라는 말.

빈 수레가 요란하다 실속 없는 사람이 더 떠들어 댐을 이르는 말.

빛 주고 뺨 맞기 남에게 후하게 대하고도 도리어 해나 봉변을 당할 때 쓰는 말.

빛 좋은 개살구 겉은 그럴듯하게 좋으나 실속이 없다는 말.

사공이 많으면 배가 산으로 간다 지시하고 간섭하는 사람이 많으면 일이 뜻밖의 방향으로 진행하는 수가 있다는 말.

사나운 개 콧등 아물 틈이 없다 난폭한 사람은 늘 싸움만 하여 상처가 미처 나을 사이가 없다는 말.

사돈 남 나무란다 자기도 같은 잘못을 했으면서 자기의 잘못은 생각하지 않고 남의 잘못만 나무란다는 말.

사돈집과 뒷간은 멀수록 좋다 사돈집 사이에서는 말이 나돌기 쉽고 뒷간은 고약한 냄새가 나므로 멀수록 좋다는 말.

사또 덕분에 나팔 분다 '원님 덕에 나팔 분다'와 같은 뜻.

사또 떠난 뒤에 나팔 분다 마땅히 하여야 할 때에 아니하다가 그 시기가 지난 뒤에 함을 조롱하는 말.

사람 나고 돈 났지 돈 나고 사람 났나 아무리 돈이 귀중하다 하여도 사람보다 더 귀중할 수는 없다는 말.

사람은 죽으면 이름을 남기고 범은 죽으면 가죽을 남긴다 호랑이가 죽은 뒤에 가죽을 남기듯이 사람은 생전에 쌓은 공적으로 후세에 명예를 떨친다는 말.

사람 팔자 시간문제 사람의 팔자는 순식간에 달라질 수도 있으므로 앞으로 어떻게 될지 알 수 없다는 말.

사촌이 땅을 사면 배가 아프다 남이 잘되는 것을 보며 질투하고 시기한다는 말.

사흘 굶어 도둑질 아니 할 놈 없다 아무리 착한 사람이라도 빈곤이 극도에 이르면 마음이 변하여 옳지 못한 짓을 하게 된다는 말.

산 (사람) 입에 거미줄 치랴 살기가 어렵다고 해서 쉽사리 죽기야 하겠느냐는 뜻으로 사람은 아무리 가난하여도 먹고 살아갈 수는 있다는 말.

산에 가야 범을 잡지 어떤 일을 이루려면 실제로 그 일에 발벗고 나서야만 성공할 수 있다는 말. 🔟호랑이 굴에 가야 호랑이 새끼를 잡는다. 잠을 자야 꿈을 꾸지.

삼십육계 줄행랑이 제일 어려운 때는 도망하여 화를 피하고, 몸을 보존하는 것이 상책이라는 말.

상주 보고 제삿날 다툰다 제삿날을 가장 잘 아는 상주와 제삿날이 틀렸다고 다툰다는 말로, 어떤 일을 잘 알고 있는 사람 앞에서 틀린 자기 의견을 고집함을 일컫는 말.

새 까먹은 소리 근거 없는 말을 듣고 잘못 옮긴 헛소문이라는 말.

새도 앉는 데마다 깃이 떨어진다 ㉠이사를 다닐수록 세간이 줄어든다는 말. ㉡직장을 자주 옮기면 좋지 않다는 말.

새 발의 피 아주 하찮은 일이나 적은 양을 이르는 말.

새벽달 보자고 초저녁부터 기다린다 무슨 일을 너무 일찍 서두른다는 말.

새침데기 골로 빠진다 얌전한 체하는 사람일수록 한번 길을 잘못 들면 그만 걷잡을 수 없게 된다는 말.

서당 개 삼 년에 풍월(을) 읊는다 아무리 무식한 사람이라도 유식한 사람과 오랫동안 같이 지내면 다소 견문이 트인다는 말.

서리 맞은 구렁이 ㉠행동이 몹시 굼뜨고 기백이 없는 사람을 비유하는 말. ㉡세력이 약해져서 앞으로 잘될 희망이 없는 사람을 비유하는 말.

서울 (가서) 김 서방 찾기 무턱대고 어떤 일을 하려고 한다는 말.

선무당이 사람 죽인다 미숙한 사람이 잘하는 체하다가 일을 그르쳐 놓는다는 말.

설마가 사람 죽인다 설마 그럴 리가 없겠지 하고 마음을 놓고 있으면 탈이 나기 쉽다는 말.

성나 바위 차기 우둔한 사람이 성난다고 애매한 것에 화풀이하면 도리어 자기만 손해를 보게 됨을 이르는 말.

섶을 지고 불로 들어가려 한다 자기가 짐짓 그릇된 짓을 하여 화를 더 얻으려 한다는 말. 🔟화약을 지고 불로 들어간다.

세 살 적 버릇이 여든까지 간다 어릴 때에 몸에 밴 버릇은 늙어도 고치기 힘들다는 말.

소경 개천 나무란다 제 잘못은 모르고 남만 탓한다는 말.

소경 기름값 내기 속도 모르고 남이 하는 대로 따라 한다는 말.

소경 단청 구경 내용을 분별할 줄도 모르면서 사물을 본다는 말.

소경 제 닭 잡아먹기 횡재라고 좋아한 일이 결국은 자기에게 손해가 됨을 이르거나 또는 아무런 이익도 손해도 없음을 이르는 말.

소금 먹은 놈이 물켠다 무슨 일이든 그렇게 된 까닭이 있다는 말.

소 닭 보듯 (닭 소 보듯) 아무 관심이 없이 보는 둥 마는 둥 함을 이르는 말.

소문난 잔치에 먹을 것 없다 소문과 실제는 일치하지 않는다는 말.

소 잃고 외양간 고친다 이미 일을 그르친 뒤에는 손질하거나 뉘우쳐도

속담 풀이

소용이 없다는 말. 비)도둑맞고 사립 고친다.

속 빈 강정 겉만 번지르르하고 실속이 없음을 이르는 말.

솔개도 오래면 꿩을 잡는다 재주가 없는 사람이라도 오래되면 무엇을 할 줄 알게 된다는 말.

송곳도 끝부터 들어간다 무슨 일이든 순서가 있다는 말.

송곳 박을 땅도 없다 ㉠어떤 곳이 대만원이라는 말. ㉡자기 소유의 땅이 조금도 없다는 말.

쇠귀에 경 읽기 아무리 가르치고 일러 주어도 알아듣지 못하거나 효과가 없는 경우를 이르는 말.

쇠꼬리보다 닭 대가리가 낫다 크고 훌륭한 것이 모인 가운데에서 말석을 차지하여 대접을 못 받는 것보다, 작고 좋지 않은 것 가운데에서 가장 먼저 대접을 받음이 낫다는 말.

쇠뿔도 단김에 빼랬다 어떤 일을 하려고 생각하였으면 망설이지 말고 곧 행동으로 옮기라는 말.

쇠죽가마에 달걀 삶아 먹을라 ㉠아이를 훈계한다는 것이 도리어 나쁜 방법을 가르칠 때에 이르는 말. ㉡일을 적합하게 하지 않고 거창히 함을 보고 이르는 말.

수박 겉 핥기 내용이나 참뜻을 모르면서 일을 함을 이르는 말.

수염이 대 자라도 먹어야 양반이다 배가 불러야만 체면도 차릴 수 있다는 뜻으로, 먹는 것이 중요하다는 말. 비)나룻이 석 자라도 먹어야 샌님.

순풍에 돛을 단 배 일이 순조롭게 잘 진행되어 나간다는 말.

숭어가 뛰니까 망둥이도 뛴다 자기의 못난 능력이나 자격을 생각하지 않고 어리석게도 잘난 남이 하는 대로 따라 한다는 말.

숯이 검정 나무란다 '똥 묻은 개가 겨 묻은 개 나무란다'와 같은 뜻.

시꺼먼 도둑놈 매우 음흉한 사람을 이르는 말.

시어머니 미워서 개 옆구리 찬다 웃어른에게 꾸지람을 듣고, 화풀이는 다른 곳에다 함을 비유하는 말.

시작이 반이라 무슨 일이든 시작이 어렵지, 시작만 하면 그 일은 반쯤 성공한 셈이니 뒷일은 순조롭게 이루어질 수 있다는 말.

시장이 반찬 배가 고프면 반찬이 없어도 밥이 맛이 있다는 말.

시집도 가기 전에 기저귀 마련한다 일을 너무 일찍 서두름을 이르는 말.

신선놀음에 도낏자루 썩는 줄 모른다 아주 재미있는 일에 정신이 팔려 시간 가는 줄 모른다는 말.

심은 대로 거둔다 모든 일은 그 원인에 따라 일정한 결과가 그대로 나타난다는 말.

십년공부 도로 아미타불 오래 공들인 일이 허사가 됨을 이르는 말.

십 년이면 강산[산천]도 변한다 십 년이라는 세월이 지나는 동안에는 세상에 변하지 않는 것이 없이 다 변한다는 말.

싼 것이 비지떡 '값싼 비지떡'과 같은 뜻.

쏘아 놓은 살이요 엎지른 물이다 한번 저지른 일을 중지하거나 다시 고칠 수 없을 때 이르는 말.

쓰면 뱉고 달면 삼킨다 자기에게 이익이 되는 것만 받아들이고 그렇지 않으면 외면한다는 말.

아는 길도 물어 가랬다 아무리 쉬운 일이라도 소홀히 하지 말고 물어 가며 신중히 하라는 말.

아니 땐 굴뚝에 연기 날까 어떤 결과이든 반드시 원인이 있다는 말.

아닌 밤중에 홍두깨 (내밀듯) 예고도 없이 별안간 뜻밖의 일이 생겼을 때 하는 말. 回어두운 밤중에 홍두깨 (내밀듯).

아무리 바빠도 바늘허리 매어 쓰지는 못한다 일에는 다 앞뒤와 순서가 있으니, 아무리 급하더라도 격식을 어기지 말라는 말.

안되면 조상 탓 '잘되면 제 탓 못되면 조상 탓'과 같은 뜻. 回안되면 산소 탓.

앉아 주고 서서 받는다 일단 돈을 꾸어 주면 그것을 돌려받기는 매우 어렵다는 말. 回앉아 준 돈 서서도 못 받는다.

앉은 자리에 풀도 안 나겠다 사람이 너무 깔끔하고 매서울 만큼 냉정하다는 말.

약방에 감초 어떤 일에나 빠짐없이 끼는 사람이나 물건을 이르는 말. 回탕약에 감초 빠질까.

얕은 내도 깊게 건너라 깊은 내를 건너듯 잘 아는 일이라도 조심해서 하라는 말.

어느 장단에 춤추랴 참견하는 사람이 많아 어느 쪽 말을 좇아야 할지 모르겠다는 말.

어두운 밤중에 홍두깨 (내밀듯) '아닌 밤중에 홍두깨 (내밀듯)'와 같은 뜻.

어르고 뺨 치기 위하는 척하면서 은근히 남을 해롭게 한다는 말.

어물전 망신은 꼴뚜기가 시킨다 못난 사람일수록 같이 있는 동료를 망신시킨다는 말.

업은 아이 삼 년 찾는다 가까운 데에 있는 것을 모르고 다른 곳에 가서 찾는다는 말.

엉덩이에 뿔이 났다 아직 어린 사람이 남의 옳은 가르침을 따르지 않고 엇나갈 때 이르는 말.

엎드러지면 코 닿을 데 거리가 매우 가깝다는 말.

엎드려 절받기 상대방은 할 생각도 없는데 자기 스스로 요구하거나 알려 줌으로써 대접을 받는다는 말. 回옆찔러 절받기.

에 해 다르고 애 해 다르다 그 말씨에 따라 상대편에게 주는 느낌이 다르다는 말.

열 길 물속은 알아도 한 길 사람의 속은 모른다 사람의 속마음을 알아내기란 어렵다는 말.

열 번 찍어 아니 넘어가는 나무 없다 아무리 뜻이 굳은 사람일지라도 여러 번 권하거나 꾀고 달래면 결국은 마음이 변한다는 말.

열 손가락 깨물어 안 아픈 손가락이 없다 아무리 못난 자식이라도 부모에게는 한결같이 귀하고 소중한 자식이라는 말.

염불에는 맘이 없고 잿밥에만 맘이 있다 맡은 일에는 정성을 들이지 않고 자기 욕망을 채우기 위해 다른 데에만 마음을 쓴다는 말.

옆찔러 절받기 '엎드려 절받기'와 같은 뜻.

옛말 그른 데 없다 예로부터 전해 내려오는 말은 잘못된 것이 없다는 말.

오뉴월 감기는 개도 아니 걸린다 여

속담 풀이

름에 감기 않는 사람을 조롱하는 말.

오뉴월 겻불도 쬐다 나면 섭섭하다 당장에는 변변치 않게 생각되는 것도 없어진 뒤에는 아쉽다는 말. ㈗여름 불도 쬐다 나면 섭섭하다.

오는 말이 고와야 가는 말이 곱다 '가는 말이 고와야 오는 말이 곱다'와 같은 뜻.

오는 정이 있어야 가는 정이 있다 ㉠누구나 잘해 주면 그쪽에서도 그만큼 잘한다는 말. ㉡남이 저를 생각해 주어야 저도 남을 생각하게 된다는 말.

오르지 못할 나무는 쳐다보지도 마라 불가능한 일은 처음부터 단념하고 바라지도 말라는 말.

오이는 씨가 있어도 도둑은 씨가 없다 도둑질은 내림으로 하는 것이 아니라는 뜻으로, 마음을 잘못 먹으면 누구나 도둑이 될 수 있다는 말.

옥에도 티가 있다 아무리 훌륭한 사람이나 좋은 물건이라 하더라도 작은 결점은 있다는 말.

옷이 날개라 옷이 좋으면 인물이 한층 더 훌륭하게 보인다는 말.

외상이면 소도 잡아먹는다 뒷일은 생각하지 않고 당장 이득이 되고 좋으면 일을 벌이고 본다는 말.

용의 꼬리보다 닭의 머리가 낫다 훌륭한 사람의 그늘에 있기보다는 보잘것없는 데서 우두머리를 하는 것이 낫다는 말.

우는 아이 젖 준다 '울지 않는 아이 젖 주랴'와 같은 뜻.

우물 안 개구리 ㉠넓은 세상의 형편을 모른다는 말. ㉡소견이 좁아 자기만 잘난 줄 아는 사람을 이르는 말. ㈗댓구멍으로 하늘을 본다.

우물에 가 숭늉 찾는다 일의 순서도 모르고 성급히 덤빈다는 뜻. ㈗콩밭에 가서 두부 찾는다.

우물을 파도 한 우물을 파라 한 가지 일만을 꾸준히 하여야 성공할 수 있다는 말.

우선 먹기는 곶감이 달다 나중에는 어떻게 되든지 생각해 보지도 않고 당장 좋은 편을 취한다는 뜻. ㈗당장 먹기엔 곶감이 달다.

울며 겨자 먹기 싫은 일을 억지로 마지못하여 하는 경우를 이르는 말.

울지 않는 아이 젖 주랴 보채고 조르고 해야 얻기가 쉽다는 뜻으로, 누구든지 요구해야만 얻을 수 있다는 말. ㈗우는 아이 젖 준다.

웃는 낯에 침 뱉으랴 좋게 대하는 사람에게 나쁘게 대할 수 없다는 말. ㈗웃는 낯에 침 못 뱉는다.

원님 덕에 나팔 분다 남의 덕으로 분에 넘치는 좋은 대접을 받게 되었다는 말. ㈗사또 덕분에 나팔 분다. 감사 덕분에 비장 나리 호사한다.

원수는 외나무다리에서 만난다 남에게 악한 일을 하면 그 죄에 대한 대가를 받을 때가 반드시 온다는 말.

원숭이도 나무에서 떨어진다 아무리 능숙한 사람도 이따금 실수할 경우가 있다는 말. ㈗헤엄 잘 치는 놈 물에 빠져 죽고 나무에 잘 오르는 놈 나무에서 떨어져 죽는다.

윗물이 맑아야 아랫물이 맑다 윗사람이 잘하면 아랫사람도 따라서 잘하게 된다는 말.

음지도 양지 될 때가 있다 운이 나쁜 사람도 좋은 운을 만날 때가 있다는 말.

이마를 찔러도 피 한 방울 안 나겠다

몹시 인색한 사람을 가리키는 말.

이 아픈 날 콩밥 한다 어려운 처지에 있는데 다시 또 불행한 일이 겹쳐 생긴다는 말.

이 없으면 잇몸으로 산다 요긴한 것이 빠져 불편하기는 하더라도 없으면 없는 대로 그럭저럭 살아간다는 말.

익은 밥 먹고 선소리한다 사리에 맞지 않는 말을 하는 경우를 이르는 말.

임도 보고 뽕도 딴다 좋은 일을 한꺼번에 겸하여 한다는 말.

입은 거지는 얻어먹어도 벗은 거지는 못 얻어먹는다 사람이 옷차림새가 말쑥해야 남에게 대우를 받을 수 있다는 말.

입은 비뚤어져도 말은 바로 해라 언제든지 말을 바르게 해야 한다는 말.

잉엇국 먹고 용트림한다 '미꾸라짓국 먹고 용트림한다'와 같은 뜻.

───── ○ ─────

자라 보고 놀란 가슴 소댕[솥뚜껑] 보고 놀란다 어떤 사물에 한번 놀란 사람은 그와 비슷한 사물만 보아도 겁을 낸다는 말. ㉺더위 먹은 소 달만 보아도 헐떡인다.

자랄 나무는 떡잎부터 알아본다 '될성부른 나무는 떡잎부터 알아본다'와 같은 뜻.

자빠져도 코가 깨진다 일이 잘 풀리지 않으려니까 뜻밖에 큰 탈이 생긴다는 말.

작은 고추가 더 맵다 몸집이 작은 사람이 큰 사람보다 도리어 단단하고 재주가 뛰어남을 비유한 말.

잔고기 가시 세다 몸은 작게 생겼어도 속은 야무지고 기운차다는 말.

잔디밭에서 바늘 찾기 ㉠아무리 애쓰며 수고해도 찾아내기가 매우 어렵다는 말. ㉡성과 없는 헛수고를 이르는 말. ㉺감자밭에서 바늘 찾는다.

잘되면 제 탓 못되면 조상 탓 일의 실패에 대한 책임을 남에게 지우려 든다는 말. ㉺안되면 조상[산소] 탓.

잠결에 남의 다리 긁는다 '남의 다리 긁는다'와 같은 뜻.

잠을 자야 꿈을 꾸지 '산에 가야 범을 잡지'와 같은 뜻.

장독보다 장맛이 좋다 '뚝배기보다 장맛이 좋다'와 같은 뜻.

장사가 나면 용마가 난다 무슨 일이든지 잘되려면 좋은 기회가 저절로 생긴다는 말.

재주는 곰이 넘고 돈은 호인이 받는다 '먹기는 파발이 먹고 뛰기는 역마가 뛴다'와 같은 말.

저 먹자니 싫고 남[개] 주자니 아깝다 자신에게는 쓸모가 없는데도 남에게 주기는 싫은 인색한 마음을 이르는 말.

저승길이 대문 밖이다 죽음이 나와 상관없는 먼 곳의 일인 듯하지만 실상은 언제 어디서 어떻게 죽을지 모른다는 말.

절에 가면 중 이야기 촌에 가면 속인 이야기 장소에 따라 생각과 태도를 바꾼다는 말.

절에 간 색시 ㉠남이 시키는 대로만 따라 하는 사람을 이르는 말. ㉡아무리 싫어도 남이 시키는 대로 따라 하지 않을 수 없는 처지에 있는 사람을 이르는 말.

절이 망하려니까 새우젓 장수가 들어온다 일이 어그러지려니까 뜻밖의 괴상한 일들이 생긴다는 말.

점잖은 개가 부뚜막에 오른다 겉으

속담 풀이

로는 점잖은 체하는 사람이 엉뚱한 짓을 한다는 말.

젖 먹던 힘이 다 든다 무슨 일이 몹시 힘듦을 이르는 말.

제 꾀에 (제가) 넘어간다 남을 속이려다가 도리어 자기가 남에게 속게 됨을 이르는 말.

제 똥 구린 줄 모른다 자기의 잘못을 깨닫지 못함을 이르는 말.

제 발등을 제가 찍는다 '도끼로 제 발등 찍는다'와 같은 뜻.

제 발등의 불을 먼저 끄랬다 남의 일에 간섭하지 말고 자기의 급한 일을 먼저 살피라는 말.

제 버릇 개 줄까 한번 든 나쁜 버릇은 여간해서 고치기 어렵다는 말.

제비는 작아도 강남(을) 간다 모양은 비록 작아도 자기 할 일은 다 한다는 말.

제집 개에게 발뒤꿈치 물린 셈 자기에게 신세진 사람으로부터 도리어 해를 입었다는 말.

제 흉 열 가지 가진 놈이 남의 흉 한 가지를 본다 많은 결점을 가진 사람이 다른 사람의 한 가지 결점을 들어 나쁘게 말함을 이르는 말.

족제비도 낯짝이 있다 염치없는 사람을 나무라는 말.

존대하고 뺨 맞지 않는다 남에게 공손히 하면 욕이 돌아오지 않는다는 말. 비절하고 뺨 맞는 일 없다.

종로에서 뺨 맞고 한강에 가서 눈 흘긴다 ㉠뺨 맞은 자리에서는 아무 말도 못하고 뒤에 가서 불평한다는 말. ㉡화가 나는 것을 애매하게 다른 곳으로 옮긴다는 말.

죄는 지은 데로 가고 덕은 닦은 데로 간다 죄지은 사람은 벌을 받고 덕을 닦은 사람은 복을 받는다는 말.

주머닛돈이 쌈짓돈 아내 돈이나 남편 돈은 한집안 식구의 것이므로 그 돈이 그 돈이니 결국 마찬가지라는 말. 비중 양식이 절 양식.

죽어 석 잔 술이 살아 한 잔 술만 못하다 죽은 후에 정성을 다하여도 소용없으니 살아 있을 때 정성을 다하라는 말.

죽은 자식 나이 세기 이왕 그릇된 일에 애착을 가지고 못 잊어 하여도 소용없다는 말.

죽은 정승이 산 개만 못하다 죽으면 생전의 모든 부귀영화가 다 소용없다는 말.

죽이 끓는지 밥이 끓는지 모른다 일이 어떻게 되어 가는지 도무지 모른다는 말.

중이 고기 맛을 알면 절에 빈대가 안 남는다 억제하였던 욕망을 이루거나 무슨 좋은 일에 한번 빠지면 그것에 정신을 잃고 덤빈다는 말.

중이 제 머리를 못 깎는다 아무리 긴한 일이라도 제 손으로 못하고 남의 손을 빌려야만 이루어지는 일을 가리킴.

쥐구멍에도 볕 들 날 있다 고생만 하는 사람도 언젠가는 운수가 틔어 좋은 시기를 만날 때가 있다는 말.

쥐면 꺼질까 불면 날까 매우 소중히 여기는 모양을 이르는 말.

지게를 지고 제사를 지내도 제멋(이다) '도포를 입고 논을 갈아도 제멋이다'와 같은 뜻.

지렁이도 밟으면 꿈틀한다 아무리 순하고 보잘것없는 사람이라도 너무 업신여기면 반항한다는 말.

지성이면 감천 정성이 지극하면 하늘도 감동하게 된다는 뜻으로, 무슨 일에든 정성을 다하면 아주 어려운 일도 잘 풀려서 좋은 결과를 얻을 수 있다는 말.

지키는 사람 열이 도둑 하나를 못 당한다 아무리 조심해도 불시에 생기는 불행은 막기 어렵다는 말.

진날 나막신 찾듯 평소에는 돌아보지 않다가 아쉬운 일이 생기자 갑자기 찾음을 비유한 말.

집에서 새는 바가지는 들에 가도 샌다 천성이 나쁜 사람은 어디를 간다고 해서 그 성품이 고쳐지지 않는다는 말.

짚신감발에 사립 쓰고 간다 어울리지 않고 어색하여 보기가 흉한 경우를 이르는 말.

쭈그렁밤송이 삼 년 간다 아주 약한 사람이 얼마 못 살 것 같아도 오히려 생각보다 오래 살 수 있다는 말.

―――○―――

찬물도 위아래가 있다 무엇에나 순서가 있으니 그 순서를 따라야 한다는 말.

참빗으로 훑듯 남김없이 샅샅이 뒤져냄을 가리키는 말.

참새가 방앗간을 그저 지나랴 ㉠욕심 많은 사람이 잇속 있는 일을 보고 지나쳐 버리지 못한다는 말. ㉡자기가 즐기는 것을 그대로 보고만 지나칠 까닭이 없다는 말.

참새가 죽어도 짹 한다 아무리 약한 것이라도 너무 괴롭히면 대항한다는 말.

참을 인 자 셋이면 살인도 피한다 아무리 어려운 일이나 분한 일이라도 꾹 참고 대처해 나가면 해내지 못할 것이 없다는 말.

천 냥 빚도 말로 갚는다 '말 한마디에 천 냥 빚도 갚는다'와 같은 뜻.

천 리 길도 한 걸음부터 무슨 일이든지 그 일의 시작이 중요하다는 말.

첫술에 배부르랴 '한술 밥에 배부르랴'와 같은 뜻.

초가삼간 다 타도 빈대 죽는 것만 시원하다 큰 손해를 보더라도 제 마음에 들지 않는 것이 없어지는 것만 상쾌하다는 말.

초년고생은 사서라도 한다 젊어서 고생을 하면 늙어서 낙이 올 것이니 그 고생을 달게 여기라는 말.

친구 따라 강남 간다 '동무 따라 강남 간다'와 같은 뜻.

침 뱉은 우물 다시 먹는다 다시는 안 볼 듯이 야박스럽게 행동하여도 후에 아쉬운 일이 생겨 다시 청하게 된다는 말.

―――○―――

칼로 물 베기 다투었다가도 이내 풀려 두 사람이 다시 사이좋게 지낸다는 말.

칼 물고 뜀뛰기 위태한 일을 주저함이 없이 행함을 일컫는 말. 🔁칼 놓고 뜀뛰기. 칼 짚고 뜀뛰기.

콩밭에 가서 두부 찾는다 '우물에 가 숭늉 찾는다'와 같은 뜻.

콩 심은 데 콩 나고 팥 심은 데 팥 난다 모든 일은 원인에 따라 결과가 생긴다는 말.

콩으로 메주를 쑨다 하여도 곧이듣지 않는다 남의 말을 그대로 믿지 않는다는 뜻이니, 거짓말을 잘하여 신용할 수 없다는 말. 🔁팥으로 메주를 쑨대도 곧이듣는다.

콩을 팥이라 해도 곧이듣는다 '팥으로 메주를 쑨대도 곧이듣는다'와 같은 뜻.

콩이야 팥이야 한다 서로 비슷한 것을 구별하려고 따지며 시비를 다투는 경우를 이르는 말.

큰 방죽도 개미구멍으로 무너진다 ㉠매우 적은 힘으로 큰 일을 이루었다는 말. ㉡조그마한 일이라고 얕보다가는 그것 때문에 장차 큰 피해를 입을 수 있다는 말.

큰북에서 큰 소리 난다 ㉠크고 훌륭한 데에서라야 무엇이든 좋은 것이 생길 수 있다는 말. ㉡도량이 커야 훌륭한 일을 한다는 말.

────── ○ ──────

탕약에 감초 빠질까 '약방에 감초'와 같은 뜻.

태산을 넘으면 평지를 본다 힘든 고비를 견디고 이겨 내면 다음에는 즐거운 날이 온다는 말. 비고생 끝에 낙이 온다.

털도 아니 난 것이 날기부터 하려 한다 못난 사람이 제 분수나 능력에 맞지 않는 일을 하려 한다는 말.

털도 안 뜯고 먹겠다 한다 ㉠몹시 성급하다는 말. ㉡남의 것을 통으로 삼키려 한다는 말.

털어서 먼지 안 나는 사람 없다 사람은 누구나 조그만 허물은 가지고 있다는 말.

티끌 모아 태산 아무리 작은 것이라도 모이면 큰 것이 된다는 말.

────── ○ ──────

팔이 안으로 굽지 밖으로 굽나 사람은 조금이라도 자기와 가까운 사람에게 정이 쏠린다는 말.

팥으로 메주를 쑨대도 곧이듣는다 메주는 콩으로 쑤는 것인데 팥으로 쑨다 해도 곧이듣는다는 뜻으로, 남의 말을 지나치게 잘 믿는다는 말. 비콩을 팥이라 해도 곧이듣는다. 팥을 콩이라 해도 곧이듣는다. 빤콩으로 메주를 쑨다 하여도 곧이듣지 않는다.

패는 곡식 이삭 뽑기 매우 심술이 사나움을 이르는 말.

평안 감사도 저 싫으면 그만이다 아무리 좋은 일이라도 저 하기 싫으면 억지로 시킬 수 없다는 말.

품 안의 자식 자식이 어릴 때는 부모를 따르나 자라면 부모로부터 멀어진다는 말.

피는 물보다 진하다 혈연으로 맺어진 관계가 정이 깊다는 말.

핑계 없는 무덤이 없다 무슨 일에라도 반드시 핑계가 있다는 말.

────── ○ ──────

하나를 보고 열을 안다 일부만 보고 전체를 미루어 알 수 있다는 말.

하나만 알고 둘은 모른다 도무지 융통성이 없고 미련함을 이르는 말.

하늘의 별 따기 일을 이루기가 매우 어려움을 이르는 말.

하늘이 무너져도 솟아날 구멍이 있다 아무리 어려운 경우에 부닥쳐도 살아날 길은 생긴다는 말.

하룻강아지 범 무서운 줄 모른다 철없이 함부로 덤빈다는 말.

한강에 돌 던지기 지나치게 미미하여 전혀 효과가 없음을 이르는 말.

한 귀로 듣고 한 귀로 흘린다 남의 말을 귀담아듣지 않는다는 말.

한 번 실수는 병가의 상사 한 번쯤

의 실수는 누구에게나 다 있는 것이니 크게 탓할 것이 아니라는 말.

한술 밥에 배부르랴 ㉠무슨 일이든 처음 시작한 일에 큰 효과를 얻을 수는 없다는 말. ㉡힘을 조금 들이고 많은 효과를 바랄 수는 없다는 말. ㈎첫술에 배부르랴.

헌 짚신도 짝이 있다 아무리 못나고 보잘것없는 사람이라도 제짝이 있다는 뜻.

헤엄 잘 치는 놈 물에 빠져 죽고 나무에 잘 오르는 놈 나무에서 떨어져 죽는다 '원숭이도 나무에서 떨어진다'와 같은 뜻.

형만 한 아우 없다 모든 일을 처리하는 데 있어서 역시 형이 아우보다 낫다는 말.

호랑이 굴에 가야 호랑이 새끼를 잡는다 '산에 가야 범을 잡지'와 같은 뜻.

호랑이는 죽어서 가죽을 남기고 사람은 죽어서 이름을 남긴다 사람은 살아생전에 훌륭한 일을 하여 후세에 빛나는 이름을 남겨야 한다는 말.

호랑이도 제 말 하면 온다 ㉠그 자리에 없다고 하여 남의 흉을 함부로 보지 말라는 말. ㉡마침 이야기에 오르고 있는 사람이 바로 그때에 그 자리에 나타났음을 이르는 말. ㈎범도 제 말 하면 온다.

호랑이에게 물려 가도 정신만 차리면 산다 '범에게 물려 가도 정신만 차리면 산다'와 같은 뜻.

호박이 넝쿨째로 굴러떨어졌다 뜻밖에 좋은 물건을 얻거나 좋은 수가 생겼을 때 하는 말. ㈎호박이 굴렀다.

혹 떼러 갔다 혹 붙여 온다 이득을 얻으러 갔다가 도리어 해를 당하게 된 경우를 이르는 말.

화약을 지고 불로 들어간다 '섶을 지고 불로 들어가려 한다'와 같은 뜻.

황소 뒷걸음치다가 쥐 잡는다 어쩌다 우연히 이루거나 알아맞힘을 이르는 말. ㈎황소 뒷걸음에 잡힌 개구리.

흥정은 붙이고 싸움은 말리랬다 좋은 일은 권하고 나쁜 일은 말려야 한다는 말.

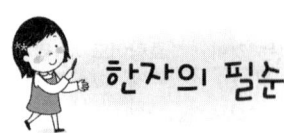

한자의 필순

하나의 한자를 다 쓸 때까지의 바른 순서를 필순 또는 획순이라고 한다. 한자의 필순은 오랫동안 연구되어 오늘날까지 전해 내려온 것이므로, 그에 따라 쓸 때 글자 모양이 바르고, 빨리 쓸 수 있으며 또 쓰기에도 편하고 능률적이다. 각 한자마다 일정한 필순이 정해져 있지만 어떤 것은 두 가지 이상인 것도 있다. 여기서는 일반적인 원칙을 중심으로 설명하기로 한다.

1. 위에서 아래로 써 내려간다.

    三 … 一 二 三
    言 … 一 ㄷ 言 言

2. 왼쪽에서 오른쪽으로 써 나간다.

    川 …丿 丿丨 川
    例 … 亻 伢 例

3. 가로획을 먼저 쓴다.

    가로획과 세로획이 교차할 때에는 일반적으로 가로획을 먼저 쓴다.

    (가) 가로획 → 세로획의 순서

    十 … 一 十
    土 … 一 十 土

    (나) 가로획 → 세로획 → 세로획의 순서

    共 … 一 卄 卝 共
    無 … 丿 ㅑ 無 無

    [주의] '無'에는 두 가지의 필순이 있다.
    ① 丿 ㅑ 無 無 無 〈필기식〉
    ② 丿 ㅑ ㅑ 無 無 〈서예식〉

    (다) 가로획 → 가로획 → 세로획의 순서

    用 … 几 月 用
    未 … 二 キ 未
    夫 … 二 ヲ 夫
    春 … 一 二 三 夫 春

    (라) 가로획 → 가로획 → 세로획 → 세로획의 순서

    井 … 一 二 ヲ 井

4. 가운데를 먼저 쓴다.

글자의 모양이 좌우 대칭으로 되어 있을 때는 가운데를 먼저 쓴다.

小 … 亅 小 小
水 … 亅 沂 水
樂 … 白 帥 幽 樂
承 … 了 孑 承 承
業 … " ⺍ 业 業
赤 … 土 才 赤 赤

[주의] 가운데를 나중에 쓰는 것

火 … 丶 丷 火
性 … 丶 丷 忄 性

5. 바깥쪽을 먼저 쓴다.

에워싸는 꼴을 취하는 것은 바깥 둘레를 안보다 먼저 쓴다.

同 … 丨 冂 冃 同
内 … 冂 内 内
風 … 丿 几 風
國 … 丨 冂 國 國
間 … 𠃜 門 門 間

[주의] 다음 글자는 위와 다른 경우이다.

區 … 一 丆 品 區
匹 … 一 兀 匹
巨 … 一 匚 巨
可 … 一 口 可

6. 왼쪽 삐침을 먼저 쓴다.

(개) 왼쪽 삐침과 오른쪽 삐침이 만나는 경우

文 … 亠 ナ 文
父 … 丷 グ 父

(내) 만나지 않을 때도 왼쪽 삐침을 먼저 쓴다.

人 … 丿 人
入 … 丿 入
欠 … 𠂉 ケ 欠
金 … 丿 へ 金

[주의] '必'은 두 가지 필순이 있다.

① 丶 丿 必 必 必
② 丿 乚 必 必 必

본디 '必'은 '戈'와 '八'이 합쳐서 된 글자인데, 서체로는 마치 '心'에 '丿'을 더한 것처럼 보여 '心丿'의 필순으로 쓰지만 ①의 필순이 가장 좋은 필순이다.

7. 가로획과 왼쪽 삐침이 있는 경우.
   (가) 가로획이 길고 왼쪽 삐침이 짧은 글자는 왼쪽 삐침을 먼저 쓴다.
   右 … ノ ナ 右
   有 … ノ ナ 有
   希 … ノ ㄨ ナ 产 希
   (나) 가로획이 짧고 왼쪽 삐침이 긴 글자는 가로획을 먼저 쓴다.
   左 … 一 ナ 左
   友 … 一 ナ 友
   存 … 一 ナ 才 存
   在 … 一 ナ 在
   [참고] '右'와 '左'는 본디의 글자 모양이 다르기 때문에 가로획과 삐침의 차례가 달라진 것이다.
   ① 右 … 㝵
   ② 左 … 㐭
   다만, '希'는 글자 모양에 관계없이 '右'의 필순을 따르며, '左'의 필순을 따르는 것에는 '友'·'存'·'在'가 있다.
   [주의] 먼저 쓰는 왼쪽 삐침
   九 … ノ 九
   及 … ノ 乃 及
   [주의] 나중에 쓰는 왼쪽 삐침
   力 … ㄱ 力
   方 … 亠 亓 方

8. 좌우로 꿰뚫은 획은 맨 나중에 쓴다.
   글자 전체를 가로 꿰뚫은 경우
   女 … 人 女 女
   母 … ㄴ ㅁ 母 母
   子 … 一 了 子
   舟 … 刀 舟 舟
   [주의] 예외인 경우
   世 … 一 卅 卄 世

9. 아래위로 꿰뚫린 획은 맨 나중에 쓴다.
   (가) 글자 전체를 꿰뚫은 경우
   中 … ㅁ 中 (半 申)
   車 … 一 百 亘 車
   事 … 一 百 퇴 事

한자의 필순

(나) 위나 아래가 막힌 경우

手 … 三 手

平 … 一 兀 三 平

妻 … 三 圭 妻

[주의] 원칙적으로는 아래가 막힌 세로획은 먼저 쓴다.

虫 … 口 中 虫

(다) 아래위가 모두 막힌 세로획은 윗부분·세로획·아랫부분의 차례로 쓴다. 따라서 맨 밑의 가로획을 맨 나중에 쓴다.

里 … 日 甲 里

重 … 二 盲 重 重

10. 오른쪽 어깨의 '丶'은 맨 나중에 찍는다.

犬 … 一 大 犬

伐 … 代 伐 伐

11. '走·免·是'는 맨 먼저 쓴다.

起 … 土 キ キ 走 起

勉 … 夕 刍 免 免 勉

題 … 日 旦 旱 早 是 題

12. '辶·廴·乚'는 맨 나중에 쓴다.

近 … 厂 斤 斤 近

建 … 丁 ヨ 聿 聿 建

直 … 一 オ 冇 直 直

13. 특히 주의해야 할 필순

止 … 丨 止 止

正 … 一 丁 下 正 正

足 … 口 早 F 足 足

武 … 二 干 产 正 武 武

上 … 丨 卜 上

店 … 亠 广 广 庐 店

耳 … 一 丆 干 耳

發 … フ ㄉ ㄉ' 癶 癶 癶 發

祭 … 夕 夕 夕' 癶 祭

感 … 丿 厂 尸 咸 咸 咸 感

盛 … 丿 厂 厂 成 盛

興 … ㇑ ㇑ ㇑ 閧 閧 興

[주의] '止·耳·感·興' 등은 보통 두 가지의 필순이 있으나 ①이 좋은 필순이다.

止 { ① ㅣ ㅏ 止
    ② - ㅏ 止
耳 { ① ㄧ 丅 耳
    ② 丌 耳 耳
感 { ① 厂 咸 感
    ② 厂 戚 感
興 { ① ⺊ 舁 䘐 興
    ② ⺊ 舁 䘐 興

14. 특수한 자형의 필순의 보기

凸 ⋯ ㅣ ㅗ ⼐ 凸 凸 (5획)
凹 ⋯ ㅣ ⼐ 凵 凹 凹 (5획)
亞 ⋯ 一 丅 ㅜ 兀 兀 兀 兀 亞 (8획)

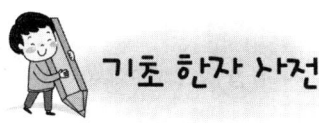

1. 표제자 수록 내용

2000년 12월 30일 교육부에서 새로 조정하여 공표한 '한문 교육용 기초 한자' 1,800자 가운데 중학교용 900자를 수록하였다.

2. 표제자 차례

표제 한자는 가나다순으로 배열하였다.

3. 표제자의 설명

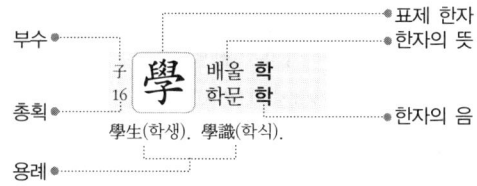

가

人8 佳 아름다울 가 / 좋을 가
佳人(가인). 佳作(가작).

人11 假 거짓 가 / 가령 가
假名(가명). 假令(가령).

人15 價 값 가
價格(가격). 價値(가치).

力5 加 더할 가 / 들 가
加重(가중). 加入(가입).

口5 可 옳을 가
可能(가능). 不可(불가).

宀10 家 집 가 / 전문가 가
家門(가문). 作家(작가).

欠14 歌 노래 가
歌曲(가곡). 歌手(가수).

行12 街 거리 가
街道(가도). 街路(가로).

각

口6 各 각각 각
各各(각각). 各自(각자).

肉11 脚 다리 각
脚氣(각기). 三脚(삼각).

角7 角 뿔 각
角度(각도). 直角(직각).

간

干3 干 방패 간 / 천간 간
干城(간성). 干支(간지).

| 目 9 | 看 | 볼 간
지킬 간 |

看病(간병). 看守(간수).

| 門 12 | 間 | 사이 간 |

間隔(간격). 時間(시간).

갈

| 水 12 | 渴 | 목마를 갈
마를 갈 |

渴望(갈망). 枯渴(고갈).

감

| 心 13 | 感 | 감동할 감
느낄 감 |

感動(감동). 感覺(감각).

| 攴 12 | 敢 | 감히 감
굳셀 감 |

敢行(감행). 勇敢(용감).

| 水 12 | 減 | 덜 감 |

減少(감소). 減員(감원).

| 甘 5 | 甘 | 달 감 |

甘言(감언). 甘酒(감주).

갑

| 田 5 | 甲 | 첫째천간 갑
갑옷 갑 |

回甲(회갑). 鐵甲(철갑).

강

| 弓 11 | 強 | 강할 강
강요할 강 |

強力(강력). 強制(강제).

| 水 6 | 江 | 강 강 |

江南(강남). 江山(강산).

| 言 17 | 講 | 풀이할 강 |

講義(강의). 受講(수강).

| 阜 9 | 降 | 내릴 강
항복할 항 |

降雨(강우). 降伏(항복).

개

| 人 10 | 個 | 낱 개 |

個別(개별). 個人(개인).

| 攴 7 | 改 | 고칠 개 |

改宗(개종). 改革(개혁).

| 白 9 | 皆 | 다 개 |

皆勤賞(개근상). 擧皆(거개).

| 門 12 | 開 | 열 개
깨우칠 개 |

開館(개관). 開化(개화).

객

| 宀 9 | 客 | 손 객 |

客室(객실). 旅行客(여행객).

갱

| 日 7 | 更 | 다시 갱
고칠 경 |

更生(갱생). 更新(경신).

거

| 厶 5 | 去 | 갈 거 |

去勢(거세). 過去(과거).

| 尸 8 | 居 | 살 거 |

居室(거실). 住居(주거).

| 工 5 | 巨 | 클 거
많을 거 |

巨物(거물). 巨金(거금).

| 手 18 | 擧 | 들 거
모두 거 |

擧手(거수). 擧國(거국).

| 車 7 | 車 | 수레 거
수레 차 |

車馬(거마). 車輛(차량).

건

| 乙 11 | 乾 | 하늘 건
마를 건 |

乾坤(건곤). 乾燥(건조).

| 建 (⻌ 9) 세울 **건** | 庚 (广 8) 일곱째천간 **경** | 溪 (水 13) 시내 **계** |

建國(건국). 建設(건설).　　庚時(경시). 庚辰(경진).　　溪谷(계곡).

견

| 堅 (土 11) 굳을 **견** | 慶 (心 15) 경사 **경** | 界 (田 9) 지경 **계** / 한계 **계** |

堅固(견고). 堅實(견실).　　慶事(경사). 慶祝(경축).　　境界(경계). 世界(세계).

| 犬 (犬 4) 개 **견** | 敬 (攵 13) 공경 **경** / 삼갈 **경** | 癸 (癶 9) 열째천간 **계** |

犬公(견공). 愛犬(애견).　　敬愛(경애). 敬聽(경청).　　癸亥(계해).

| 見 (見 7) 볼 **견** | 景 (日 12) 빛 **경**·경치 **경** / 그림자 **영** | 計 (言 9) 셀 **계** / 꾀할 **계** |

見學(견학). 意見(의견).　　風景(풍경). 景象(영상).　　計算(계산). 計劃(계획).

| | 競 (立 20) 다툴 **경** | 鷄 (鳥 21) 닭 **계** |

　　競技(경기). 競爭心(경쟁심).　　鷄卵(계란).

결

| | 經 (糸 13) 글 **경** / 지날 **경** | |

　　經書(경서). 經過(경과).

| 決 (水 7) 결정할 **결** | 耕 (耒 10) 갈 **경** | |

고

| 決 | 耕 | 古 (口 5) 옛 **고** / 묵을 **고** |

決心(결심). 決定(결정).　　耕作(경작). 耕地(경지).　　古代(고대). 古木(고목).

| 潔 (水 15) 깨끗할 **결** | 輕 (車 14) 가벼울 **경** | 告 (口 7) 고할 **고** |

潔白(결백). 淸潔(청결).　　輕減(경감). 輕視(경시).　　告白(고백). 告知(고지).

| 結 (糸 12) 맺을 **결** | 驚 (馬 23) 놀랄 **경** | 固 (口 8) 굳을 **고** |

結論(결론). 結實(결실).　　驚異(경이). 驚歎(경탄).　　固守(고수). 固體(고체).

경

계

| | | 故 (攵 9) 연고 **고** / 죽을 **고** |

　　　　故鄕(고향). 故人(고인).

| 京 (亠 8) 서울 **경** | 季 (子 8) 철 **계** | 考 (老 6) 생각할 **고** / 시험 **고** |

京城(경성). 京鄕(경향).　　季刊(계간). 季節(계절).　　考察(고찰). 考試(고시).

| 艸 9 | 苦 | 쓸 고
괴로울 고 |

苦杯(고배). 苦痛(고통).

| 高 10 | 高 | 높을 고 |

高位(고위). 高地(고지).

곡

| 日 6 | 曲 | 굽을 곡
가락 곡 |

曲線(곡선). 歌曲(가곡).

| 禾 15 | 穀 | 곡식 곡 |

穀物(곡물). 穀食(곡식).

| 谷 7 | 谷 | 골짜기 곡 |

谷風(곡풍). 峽谷(협곡).

곤

| 口 7 | 困 | 곤할 곤 |

困境(곤경). 困難(곤란).

| 土 8 | 坤 | 땅 곤
곤괘 곤 |

乾坤(건곤).

골

| 骨 10 | 骨 | 뼈 골 |

骨格(골격). 骨子(골자).

공

| 八 4 | 公 | 공정할 공
공 공 |

公正(공정). 公益(공익).

| 八 6 | 共 | 함께 공 |

共同(공동). 共通(공통).

| 力 5 | 功 | 공로 공 |

功勞(공로). 功臣(공신).

| 工 3 | 工 | 만들 공
장인 공 |

工作(공작). 工匠(공장).

| 穴 8 | 空 | 하늘 공
빌 공 |

空軍(공군). 空間(공간).

과

| 木 8 | 果 | 열매 과
과연 과 |

果實(과실). 果然(과연).

| 禾 9 | 科 | 조목 과
과거 과 |

科目(과목). 登科(등과).

| 言 15 | 課 | 과정 과 |

課外(과외). 課程(과정).

| 辶 13 | 過 | 지날 과
잘못 과 |

過去(과거). 過誤(과오).

관

| 宀 8 | 官 | 벼슬 관
관청 관 |

官吏(관리). 官廳(관청).

| 見 25 | 觀 | 볼 관
생각 관 |

觀察(관찰). 主觀(주관).

| 門 19 | 關 | 문빗장 관
관계할 관 |

關門(관문). 關係(관계).

광

| 儿 6 | 光 | 빛 광 |

光明(광명). 光線(광선).

| 广 15 | 廣 | 넓을 광 |

廣大(광대). 廣野(광야).

교

| 亠 6 | 交 | 사귈 교
엇갈릴 교 |

交流(교류). 交叉(교차).

| 攵 11 | 敎 | 가르칠 교 |

敎師(교사). 敎育(교육).

| 木 10 | 校 | 학교 교 |

校庭(교정). 學校(학교).

기초 한자 사전

木 16 **橋** 다리 교
橋脚(교각). 橋梁(교량).

(구)

丿 3 **久** 오랠 구
永久(영구). 恒久(항구).

乙 2 **九** 아홉 구
九年(구년). 九百(구백).

口 3 **口** 입 구 / 어귀 구
口腔(구강). 河口(하구).

口 5 **句** 구절 구
句文(구문). 句節(구절).

攵 11 **救** 구원할 구
救命(구명). 救助(구조).

水 7 **求** 구할 구 / 빌 구
求人(구인). 求乞(구걸).

穴 7 **究** 연구할 구
究明(구명). 研究(연구).

臼 18 **舊** 옛 구 / 오랠 구
舊式(구식). 舊家(구가).

(국)

口 11 **國** 나라 국
國家(국가). 國民(국민).

(군)

口 7 **君** 임금 군
君主(군주). 大君(대군).

車 9 **軍** 군사 군
軍隊(군대). 軍卒(군졸).

邑 10 **郡** 고을 군
郡民(군민). 郡廳(군청).

(궁)

弓 3 **弓** 활 궁
弓手(궁수). 洋弓(양궁).

(권)

力 20 **勸** 권할 권
勸業(권업). 勸獎(권장).

口 8 **卷** 책 권
卷頭(권두). 卷數(권수).

木 22 **權** 권세 권
權力(권력). 人權(인권).

(귀)

止 18 **歸** 돌아갈 귀
歸家(귀가). 復歸(복귀).

貝 12 **貴** 귀할 귀
貴公子(귀공자). 富貴(부귀).

(균)

土 7 **均** 고를 균
均等(균등). 平均(평균).

(극)

木 13 **極** 지극할 극
極端(극단). 極致(극치).

(근)

力 13 **勤** 부지런할 근 / 힘쓸 근
勤勉(근면). 勤務(근무).

木 10 **根** 뿌리 근 / 근본 근
根本(근본). 根源(근원).

辵 8 **近** 가까울 근
近郊(근교). 親近(친근).

(금)

今 이제 금 (人 4)
今方(금방). 只今(지금).

禁 금할 금 (示 13)
禁斷(금단). 禁止(금지).

金 쇠 금 / 성 김 (金 8)
金銀(금은). 金氏(김씨).

(급)

及 미칠 급 (又 4)
普及(보급). 言及(언급).

急 급할 급 (心 9)
救急(구급). 性急(성급).

給 줄 급 (糸 12)
給食(급식). 給與(급여).

(기)

其 그 기 (八 8)
其間(기간). 其他(기타).

基 터 기 (土 11)
基盤(기반). 基礎(기초).

己 몸 기 / 여섯째천간 기 (己 3)
自己(자기). 利己(이기).

幾 빌미 기 / 몇 기 (幺 12)
幾微(기미). 幾日(기일).

技 재주 기 (手 7)
技術(기술). 特技(특기).

旣 이미 기 (无 11)
旣決(기결). 旣定(기정).

期 때 기 (月 12)
期間(기간). 時期(시기).

氣 기운 기 (气 10)
氣候(기후). 空氣(공기).

記 적을 기 / 표 기 (言 10)
記錄(기록). 記號(기호).

起 일어날 기 (走 10)
起立(기립). 起源(기원).

(길)

吉 길할 길 (口 6)
吉夢(길몽). 大吉(대길).

(난)

暖 따뜻할 난 (日 13)
暖房(난방). 溫暖(온난).

難 어려울 난 (隹 19)
難局(난국). 災難(재난).

(남)

南 남녘 남 (十 9)
南道(남도). 南向(남향).

男 사내 남 (田 7)
男女(남녀). 美男(미남).

(내)

乃 이에 내 (丿 2)
乃至(내지). 終乃(종내).

內 안 내 (入 4)
內面(내면). 內外(내외).

(녀)

女 계집 녀 (女 3)
女性(여성). 淑女(숙녀).

(년)

干 6 **年** 해 년

年度(연도). 今年(금년).

념

心 8 **念** 생각 념 / 욀 념

念願(염원). 念佛(염불).

노

心 9 **怒** 성낼 노 / 기세 노

怒氣(노기). 怒濤(노도).

농

辰 13 **農** 농사 농

農民(농민). 農業(농업).

능

肉 10 **能** 능할 능

能力(능력). 才能(재능).

다

夕 6 **多** 많을 다

多數(다수). 多才多能(다재다능).

단

丶 4 **丹** 붉을 단

丹砂(단사). 丹靑(단청).

人 7 **但** 다만 단

但書(단서). 非但(비단).

口 12 **單** 홑 단

單獨(단독). 單語(단어).

矢 12 **短** 짧을 단

短歌(단가). 短點(단점).

立 14 **端** 바를 단 / 끝 단

端正(단정). 末端(말단).

달

辵 13 **達** 통달할 달

達觀(달관). 達成(달성).

담

言 15 **談** 이야기 담

談笑(담소). 會談(회담).

답

竹 12 **答** 대답할 답

答禮(답례). 回答(회답).

당

土 11 **堂** 집 당

講堂(강당). 食堂(식당).

田 13 **當** 당할 당 / 마땅할 당

堪當(감당). 不當(부당).

대

人 5 **代** 대신할 대 / 시대 대

代身(대신). 古代(고대).

大 3 **大** 클 대

大衆(대중). 重大(중대).

寸 14 **對** 마주볼 대

對面(대면). 反對(반대).

彳 9 **待** 기다릴 대 / 대접할 대

待望(대망). 接待(접대).

덕

彳 15 **德** 덕 덕 / 복 덕

德行(덕행). 恩德(은덕).

도

刀 2 **刀** 칼 도
軍刀(군도). 短刀(단도).

刀 8 **到** 이를 도
到着(도착). 周到(주도).

口 14 **圖** 그림 도 / 꾀할 도
圖面(도면). 企圖(기도).

山 10 **島** 섬 도
島民(도민). 韓半島(한반도).

广 9 **度** 법도 도
法度(법도). 制度(제도).

彳 10 **徒** 다만 도 / 무리 도
徒食(도식). 徒黨(도당).

辶 13 **道** 길 도 / 도리 도
道路(도로). 道義(도의).

邑 12 **都** 도읍 도 / 모두 도
都城(도성). 都合(도합).

독

犬 16 **獨** 홀로 독
獨學(독학). 孤獨(고독).

言 22 **讀** 읽을 독 / 구두 두
讀書(독서). 句讀點(구두점).

동

冫 5 **冬** 겨울 동
冬服(동복). 冬至(동지).

力 11 **動** 움직일 동
動搖(동요). 移動(이동).

口 6 **同** 한가지 동 / 같이할 동
同時(동시). 同樂(동락).

木 8 **東** 동녘 동
東洋(동양). 東向(동향).

水 9 **洞** 골 동 / 꿰뚫을 통
洞窟(동굴). 洞察(통찰).

立 12 **童** 아이 동
童心(동심). 兒童(아동).

두

斗 4 **斗** 말 두
大斗(대두). 北斗七星(북두칠성).

豆 7 **豆** 콩 두
豆腐(두부). 豆油(두유).

頁 16 **頭** 머리 두
頭骨(두골). 頭腦(두뇌).

득

彳 11 **得** 얻을 득
得點(득점). 利得(이득).

등

火 16 **燈** 등잔 등
燈臺(등대). 街路燈(가로등).

癶 12 **登** 오를 등
登校(등교). 登山(등산).

竹 12 **等** 등급 등 / 같을 등
等級(등급). 同等(동등).

락

木 15 **樂** 즐길 락
樂園(낙원). 快樂(쾌락).

艸 13 **落** 떨어질 락 / 마을 락
落下(낙하). 村落(촌락).

란

| 口 7 | 卵 | 알 란 |

卵生(난생). 産卵(산란).

랑

| 水 10 | 浪 | 물결 랑 |

浪費(낭비). 波浪(파랑).

| 邑 10 | 郎 | 사내 랑 |

新郎(신랑).

래

| 人 8 | 來 | 올 래 |

來世(내세). 來日(내일).

랭

| 冫 7 | 冷 | 찰 랭 |

冷水(냉수). 冷情(냉정).

량

| 入 8 | 兩 | 두 량 |

兩人(양인). 兩親(양친).

| 水 11 | 凉 | 서늘할 량 |

凄涼(처량).

| 艮 7 | 良 | 어질 량 |

良心(양심). 善良(선량).

| 里 12 | 量 | 양 량
헤아릴 량 |

容量(용량). 測量(측량).

려

| 方 10 | 旅 | 나그네 려 |

旅客(여객). 旅館(여관).

력

| 力 2 | 力 | 힘 력 |

力道(역도). 國力(국력).

| 止 16 | 歷 | 지날 력 |

歷史(역사). 經歷(경력).

련

| 糸 15 | 練 | 익힐 련 |

練習(연습). 訓練(훈련).

| 辵 11 | 連 | 이을 련 |

連命(연명). 連勝(연승).

렬

| 刀 6 | 列 | 벌열 렬
줄지을 렬 |

序列(서열). 行列(행렬).

| 火 10 | 烈 | 세찰 렬
빛날 렬 |

烈女(열녀). 烈士(열사).

령

| 人 5 | 令 | 하여금 령
영 령 |

辭令(사령). 命令(명령).

| 頁 14 | 領 | 거느릴 령
차지할 령 |

大統領(대통령). 占領(점령).

례

| 人 8 | 例 | 법칙 례
본보기 례 |

例規(예규). 例文(예문).

| 示 18 | 禮 | 예 례
예물 례 |

禮節(예절). 禮物(예물).

로

| 力 12 | 勞 | 수고할 로 |

勞苦(노고). 勞動(노동).

| 老 6 | 老 | 늙을 로
어른 로 |

老人(노인). 長老(장로).

| 足 13 | 路 | 길 로 |

路上(노상). 路線(노선).

| 雨 21 | 露 | 이슬 로
드러날 로 |

露宿(노숙). 露出(노출).

(록)

| 糸 14 | 綠 | 초록빛 록 |

綠色(녹색). 綠茶(녹차).

(론)

| 言 15 | 論 | 말할 론 |

論議(논의). 論爭(논쟁).

(료)

| 斗 10 | 料 | 헤아릴 료
재료 료 |

料量(요량). 材料(재료).

(류)

| 木 9 | 柳 | 버드나무 류 |

細柳(세류). 花柳(화류).

| 水 10 | 流 | 흐를 유 |

流浪(유랑). 流行(유행).

| 田 10 | 留 | 머무를 류 |

留念(유념). 留保(유보).

(륙)

| 八 4 | 六 | 여섯 륙 |

六法(육법). 六旬(육순).

| 阜 11 | 陸 | 뭍 륙 |

陸地(육지). 上陸(상륙).

(륜)

| 人 10 | 倫 | 인륜 륜 |

倫理(윤리). 人倫(인륜).

(률)

| 彳 9 | 律 | 법칙 률
가락 률 |

律法(율법). 律動(율동).

(리)

| 刀 7 | 利 | 이로울 리 |

有利(유리). 便利(편리).

| 木 7 | 李 | 자두나무 리 |

李花(이화). 桃李(도리).

| 玉 11 | 理 | 다스릴 리 |

理事(이사). 倫理(윤리).

| 里 7 | 里 | 마을 리 |

里長(이장). 里程標(이정표).

(림)

| 木 8 | 林 | 수풀 림 |

林業(임업). 山林(산림).

(립)

| 立 5 | 立 | 설 립 |

建立(건립). 直立(직립).

(마)

| 馬 10 | 馬 | 말 마 |

馬車(마차). 乘馬(승마).

(막)

| 艸 11 | 莫 | 없을 막 |

莫強(막강). 莫大(막대).

(만)

| 日 11 | 晩 | 늦을 만 |

晩年(만년). 晩成(만성).

| 水 14 | 滿 | 찰 만 |

滿期(만기). 滿足(만족).

| 艸 13 | 萬 | 일만 만 |

萬事(만사). 萬世(만세).

말

| 木 5 | 末 | 끝 말
가루 말 |

末期(말기). 粉末(분말).

망

| 亠 3 | 亡 | 잃을 망
죽을 망 |

亡失(망실). 死亡(사망).

| 心 6 | 忙 | 바쁠 망 |

忙忙(망망). 忙中(망중).

| 心 7 | 忘 | 잊을 망 |

忘却(망각). 忘失(망실).

| 月 11 | 望 | 바라볼 망
보름 망 |

望鄕(망향). 望月(망월).

매

| 女 8 | 妹 | 누이 매 |

妹兄(매형). 姉妹(자매).

| 母 7 | 每 | 매양 매
마다 매 |

每番(매번). 每日(매일).

| 貝 12 | 買 | 살 매 |

買收(매수). 買入(매입).

| 貝 15 | 賣 | 팔 매 |

賣渡(매도). 賣盡(매진).

맥

| 麥 11 | 麥 | 보리 맥 |

麥飯(맥반). 麥酒(맥주).

면

| 儿 7 | 免 | 면할 면 |

免稅(면세). 免除(면제).

| 力 9 | 勉 | 힘쓸 면 |

勉學(면학). 勸勉(권면).

| 目 10 | 眠 | 잘 면 |

冬眠(동면). 睡眠(수면).

| 面 9 | 面 | 낯 면 |

面目(면목). 面接(면접).

명

| 口 6 | 名 | 이름 명
이름날 명 |

名稱(명칭). 名曲(명곡).

| 口 8 | 命 | 목숨 명
분부 명 |

生命(생명). 命令(명령).

| 日 8 | 明 | 밝을 명 |

明暗(명암). 光明(광명).

| 鳥 14 | 鳴 | 울 명
울릴 명 |

鳴禽(명금). 共鳴(공명).

모

| 日 15 | 暮 | 저물 모 |

日暮(일모).

| 母 5 | 母 | 어미 모 |

母國(모국). 父母(부모).

| 毛 4 | 毛 | 털 모 |

毛髮(모발). 毛皮(모피).

목

| 木 4 | 木 | 나무 목 |

木馬(목마). 植木日(식목일).

| 目 5 | 目 | 눈 목 |

目擊(목격). 耳目(이목).

묘

| 卩 5 | 卯 | 넷째지지 묘 |

卯方(묘방). 卯時(묘시).

| 女 7 | 妙 | 묘할 묘
젊을 묘 |

妙技(묘기). 妙齡(묘령).

무

| 力 11 | 務 | 힘쓸 무 |

事務(사무). 任務(임무).

| 戈 5 | 戊 | 다섯째천간 무 |

戊時(무시). 戊夜(무야).

| 止 8 | 武 | 굳셀 무
무사 무 |

武器(무기). 武士(무사).

| 火 12 | 無 | 없을 무 |

無限(무한). 有無(유무).

| 舛 14 | 舞 | 춤 무
춤출 무 |

舞踊(무용). 群舞(군무).

| 艸 9 | 茂 | 우거질 무
성할 무 |

茂林(무림). 茂盛(무성).

묵

| 土 15 | 墨 | 먹 묵 |

墨畫(묵화). 水墨(수묵).

문

| 口 11 | 問 | 물을 문
찾을 문 |

問答(문답). 問病(문병).

| 文 4 | 文 | 글월 문
글자 문 |

文章(문장). 文字(문자).

| 耳 14 | 聞 | 들을 문 |

見聞(견문). 風聞(풍문).

| 門 8 | 門 | 문 문 |

門牌(문패). 名門(명문).

물

| 勹 4 | 勿 | 없을 물 |

勿論(물론).

| 牛 8 | 物 | 만물 물 |

物件(물건). 事物(사물).

미

| 口 8 | 味 | 맛 미
맛볼 미 |

味覺(미각). 吟味(음미).

| 尸 7 | 尾 | 꼬리 미
끝 미 |

尾骨(미골). 末尾(말미).

| 木 5 | 未 | 아닐 미
여덟째지지 미 |

未來(미래). 己未(기미).

| 米 6 | 米 | 쌀 미 |

米穀(미곡). 白米(백미).

| 羊 9 | 美 | 아름다울 미
맛날 미 |

美人(미인). 美食(미식).

민

| 氏 5 | 民 | 백성 민 |

民主(민주). 國民(국민).

밀

| 宀 11 | 密 | 빽빽할 밀
은밀할 밀 |

密林(밀림). 祕密(비밀).

박

| 木 6 | 朴 | 순박할 박 |

素朴(소박). 醇朴(순박).

반

半 (十, 5) 반 반
半年(반년). 後半(후반).

反 (又, 4) 돌이킬 반 / 반대할 반
反省(반성). 反對(반대).

飯 (食, 13) 밥 반
飯酒(반주). 飯饌(반찬).

발

發 (癶, 12) 쏠 발 / 일어날 발
發射(발사). 發生(발생).

방

房 (戶, 8) 방 방
暖房(난방). 獨房(독방).

放 (攴, 8) 놓을 방
放送(방송). 解放(해방).

方 (方, 4) 모 방 / 방위 방
方形(방형). 方向(방향).

訪 (言, 11) 찾을 방
訪問(방문). 訪韓(방한).

防 (阜, 7) 막을 방 / 둑 방
防止(방지). 堤防(제방).

배

拜 (手, 9) 절 배 / 받을 배
拜上(배상). 百拜(백배).

杯 (木, 8) 잔 배
乾杯(건배). 祝杯(축배).

백

白 (白, 5) 흰 백
白米(백미). 白衣(백의).

百 (白, 6) 일백 백
百年(백년). 百姓(백성).

번

番 (田, 12) 번 번
番號(번호). 當番(당번).

벌

伐 (人, 6) 칠 벌 / 벨 벌
征伐(정벌). 伐木(벌목).

범

凡 (几, 3) 범상할 범 / 무릇 범
凡常(범상). 大凡(대범).

법

法 (水, 8) 법 법
法律(법률). 方法(방법).

변

變 (言, 23) 변할 변
變動(변동). 變化(변화).

별

別 (刀, 7) 다를 별 / 나눌 별
別個(별개). 性別(성별).

병

丙 (一, 5) 셋째천간 병
丙午(병오). 丙辰(병진).

兵 (八, 7) 군사 병 / 싸움 병
兵士(병사). 兵法(병법).

疒10 病 병 병	木5 本 근본 본 책 본	父4 父 아비 부
病者(병자). 疾病(질병).	本能(본능). 寫本(사본).	父母(부모). 師父(사부).

		邑11 部 거느릴 부 떼 부
		部下(부하). 部隊(부대).

보

봉

북

人9 保 지킬 보 보전할 보	大8 奉 받들 봉	匕5 北 북녘 북 달아날 배
保存(보존). 保護(보호).	奉仕(봉사). 奉養(봉양).	北方(북방). 敗北(패배).

土12 報 갚을 보 알릴 보	辶11 逢 만날 봉	
報答(보답). 報告(보고).	逢着(봉착). 相逢(상봉).	

분

止7 步 걸음 보		刀4 分 나눌 분 분명할 분
步道(보도). 步行(보행).		分割(분할). 分明(분명).

복

부

人6 伏 엎드릴 복	口7 否 아닐 부	
伏兵(복병). 屈伏(굴복).	否決(부결). 否認(부인).	

불

彳12 復 회복할 복 다시 부	大4 夫 지아비 부 사내 부	一4 不 아니 불 아닌가 부
復古(복고). 復興(부흥).	夫婦(부부). 丈夫(장부).	不可(불가). 不當(부당).

月8 服 옷 복 좇을 복	女11 婦 지어미 부 며느리 부	人7 佛 부처 불
服裝(복장). 服從(복종).	婦人(부인). 姑婦(고부).	佛經(불경). 佛像(불상).

示14 福 복 복	宀12 富 부자 부 넉넉할 부	
福音(복음). 幸福(행복).	富者(부자). 豊富(풍부).	

붕

본

	手7 扶 도울 부	月8 朋 벗 붕 떼 붕
	扶養(부양). 扶助(부조).	朋友有信(붕우유신). 朋黨(붕당).

	水10 浮 뜰 부	
	浮力(부력). 浮游(부유).	

비

人 12 **備** 갖출 비 / 예비 비
備置(비치). 豫備(예비).

比 4 **比** 견줄 비 / 나란히할 비
比較(비교). 比例(비례).

心 12 **悲** 슬플 비
悲觀(비관). 悲劇(비극).

非 8 **非** 아닐 비 / 나무랄 비
非公式(비공식). 非難(비난).

飛 9 **飛** 날 비
飛翔(비상). 飛行機(비행기).

鼻 14 **鼻** 코 비 / 시초 비
鼻孔(비공). 鼻祖(비조).

빈

貝 11 **貧** 가난할 빈 / 모자랄 빈
貧困(빈곤). 貧血(빈혈).

빙

水 5 **氷** 얼음 빙 / 얼 빙
氷山(빙산). 氷結(빙결).

사

亅 8 **事** 일 사 / 섬길 사
事物(사물). 事大(사대).

人 5 **仕** 벼슬 사 / 섬길 사
仕官(사관). 給仕(급사).

人 8 **使** 부릴 사 / 하여금 사
使用(사용). 使臣(사신).

口 5 **史** 역사 사
史官(사관). 歷史(역사).

口 5 **四** 넉 사
四季(사계). 四面(사면).

士 3 **士** 선비 사 / 무사 사
士大夫(사대부). 軍士(군사).

寸 6 **寺** 절 사
寺刹(사찰).

己 3 **巳** 여섯째지지 사
巳時(사시). 辰巳(진사).

寸 10 **射** 쏠 사
射擊(사격). 放射(방사).

巾 10 **師** 스승 사
師父(사부). 敎師(교사).

心 9 **思** 생각할 사
思考(사고). 思慕(사모).

歹 6 **死** 죽을 사
死亡(사망). 死色(사색).

禾 7 **私** 사사 사
私心(사심). 私慾(사욕).

糸 12 **絲** 실 사
綿絲(면사). 鐵絲(철사).

舌 8 **舍** 집 사
舍宅(사택). 校舍(교사).

言 17 **謝** 끊을 사 / 사례할 사
謝絶(사절). 感謝(감사).

산

山 3 **山** 메 산
山脈(산맥). 登山(등산).

攴 12 **散** 흩어질 산 / 한산할 산
散漫(산만). 散策(산책).

生 11 **産** 낳을 산 / 산물 산
出産(출산). 國産(국산).

竹 14 **算** 셈할 산
算數(산수). 計算(계산).

(살)

殳 11 **殺** 죽일 살
덜 쇄

殺人(살인). 相殺(상쇄).

(삼)

一 3 **三** 석 삼

三國(삼국). 三拜(삼배).

(상)

一 3 **上** 위 상
오를 상

上下(상하). 上昇(상승).

人 13 **傷** 다칠 상
근심할 상

傷處(상처). 傷心(상심).

口 11 **商** 헤아릴 상
장사 상

商議(상의). 商品(상품).

口 12 **喪** 복입을 상
잃을 상

喪服(상복). 喪失(상실).

小 8 **尚** 오히려 상
숭상할 상

尙早(상조). 崇尙(숭상).

巾 11 **常** 항상 상
범상 상

恒常(항상). 非常(비상).

心 13 **想** 생각할 상
생각 상

豫想(예상). 感想(감상).

目 9 **相** 서로 상
볼 상

相對(상대). 觀相(관상).

貝 15 **賞** 칭찬할 상
상줄 상

優等賞(우등상). 賞金(상금).

雨 17 **霜** 서리 상

風霜(풍상).

(색)

色 6 **色** 빛 색

色盲(색맹). 色彩(색채).

(생)

生 5 **生** 날 생
살 생

生日(생일). 生物(생물).

(서)

广 7 **序** 차례 서

序頭(서두). 順序(순서).

日 13 **暑** 더울 서

避暑(피서).

日 10 **書** 글 서

書店(서점). 辭書(사서).

西 6 **西** 서녘 서
서양 서

西海(서해). 西洋(서양).

(석)

夕 3 **夕** 저녁 석

夕刊(석간). 夕陽(석양).

巾 10 **席** 자리 석
베풀 석

坐席(좌석). 宴席(연석).

心 11 **惜** 아낄 석

惜別(석별). 愛惜(애석).

日 8 **昔** 옛 석

昔日(석일). 今昔(금석).

石 5 **石** 돌 석
섬 석

鑛石(광석). 千石(천석).

(선)

人 5 **仙** 신선 선

仙女(선녀). 神仙(신선).

儿 6 **先** 먼저 선

先頭(선두). 先生(선생).

口 12	善	착할 선 잘할 선

善良(선량). 善戰(선전).

糸 15	線	줄 선

線路(선로). 電線(전선).

舟 11	船	배 선

船長(선장). 漁船(어선).

辶 16	選	가릴 선

決選(결선). 入選(입선).

魚 17	鮮	고울 선 새 선

鮮明(선명). 新鮮(신선).

(설)

舌 6	舌	혀 설

舌音(설음). 舌禍(설화).

言 11	設	베풀 설

設立(설립). 建設(건설).

言 14	說	말씀 설 달랠 세

說明(설명). 遊說(유세).

雨 11	雪	눈 설 씻을 설

雪景(설경). 雪辱(설욕).

(성)

土 10	城	성 성

城郭(성곽). 城門(성문).

女 8	姓	성 성

姓名(성명). 姓氏(성씨).

心 8	性	성품 성 성질 성

性格(성격). 性能(성능).

戈 7	成	이룰 성

成功(성공). 成事(성사).

日 9	星	별 성

木星(목성). 行星(행성).

皿 12	盛	성할 성

盛大(성대). 盛況(성황).

目 9	省	살필 성 덜 생

省察(성찰). 省略(생략).

耳 13	聖	성스러울 성 성인 성

聖域(성역). 聖賢(성현).

耳 17	聲	소리 성

聲量(성량). 音聲(음성).

言 14	誠	정성 성

誠實(성실). 誠意(성의).

(세)

一 5	世	인간 세 세대 세

世界(세계). 世代(세대).

力 13	勢	세력 세 형세 세

權勢(권세). 大勢(대세).

止 13	歲	해 세

歲月(세월). 年歲(연세).

水 9	洗	씻을 세

洗面(세면). 洗車(세차).

禾 12	稅	세금 세

稅金(세금). 徵稅(징세).

糸 11	細	가늘 세 작을 세

細孔(세공). 細菌(세균).

(소)

小 3	小	작을 소

小數(소수). 小兒(소아).

小 4	少	적을 소 젊을 소

少量(소량). 少女(소녀).

戶 8	所	바 소 곳 소

所見(소견). 住所(주소).

水 10	消	사라질 소

消滅(소멸). 消費(소비).

| 竹 10 | 笑 | 웃을 소 |

談笑(담소). 微笑(미소).

| 糸 10 | 素 | 흴 소
바탕 소 |

素服(소복). 素質(소질).

(속)

| 人 9 | 俗 | 풍속 속 |

俗世(속세). 民俗(민속).

| 糸 21 | 續 | 이을 속 |

續出(속출). 連續(연속).

| 辶 11 | 速 | 빠를 속 |

速度(속도). 速力(속력).

(손)

| 子 10 | 孫 | 손자 손
자손 손 |

孫子(손자). 後孫(후손).

(송)

| 木 8 | 松 | 소나무 송 |

松林(송림). 靑松(청송).

| 辶 10 | 送 | 보낼 송 |

送金(송금). 送別(송별).

(수)

| 人 10 | 修 | 닦을 수 |

修身(수신). 修養(수양).

| 又 8 | 受 | 받을 수 |

受賞(수상). 受信(수신).

| 士 14 | 壽 | 목숨 수
장수할 수 |

壽命(수명). 壽宴(수연).

| 宀 6 | 守 | 지킬 수 |

守備(수비). 守護(수호).

| 心 13 | 愁 | 근심할 수
근심 수 |

愁心(수심). 哀愁(애수).

| 手 4 | 手 | 손 수 |

手巾(수건). 手工(수공).

| 手 11 | 授 | 줄 수 |

授業(수업). 授與(수여).

| 攴 6 | 收 | 거둘 수 |

收集(수집). 接收(접수).

| 攴 15 | 數 | 셈 수 |

數式(수식). 數學(수학).

| 木 16 | 樹 | 나무 수
세울 수 |

樹木(수목). 樹立(수립).

| 水 4 | 水 | 물 수 |

水分(수분). 水中(수중).

| 禾 7 | 秀 | 빼어날 수 |

秀才(수재). 優秀(우수).

| 言 15 | 誰 | 누구 수 |

誰某(수모). 誰何(수하).

| 隹 17 | 雖 | 비록 수 |

雖然(수연).

| 頁 12 | 須 | 모름지기 수 |

須眉(수미). 必須(필수).

| 首 9 | 首 | 머리 수 |

首肯(수긍). 首都(수도).

(숙)

| 又 8 | 叔 | 아저씨 숙 |

叔母(숙모). 叔父(숙부).

| 宀 11 | 宿 | 묵을 숙 |

宿泊(숙박). 宿食(숙식).

| 水 11 | 淑 | 착할 숙
맑을 숙 |

淑女(숙녀). 貞淑(정숙).

(순)

기초 한자 사전

糸 10 **純** 순수할 순

純粹(순수). 純眞(순진).

頁 12 **順** 순할 순

順理(순리). 溫順(온순).

(술)

戈 6 **戌** 열한째지지 술

戌時(술시). 甲戌(갑술).

(숭)

山 11 **崇** 높을 숭 / 높일 숭

崇高(숭고). 崇拜(숭배).

(습)

手 9 **拾** 주울 습

拾得(습득). 收拾(수습).

羽 11 **習** 익힐 습

習慣(습관). 學習(학습).

(승)

丿 10 **乘** 탈 승

乘客(승객). 乘馬(승마).

力 12 **勝** 이길 승

勝利(승리). 勝敗(승패).

手 8 **承** 받들 승 / 이을 승

承諾(승낙). 繼承(계승).

(시)

女 8 **始** 처음 시 / 비롯할 시

始作(시작). 創始(창시).

巾 5 **市** 저자 시 / 도시 시

市場(시장). 市民(시민).

方 9 **施** 베풀 시

施設(시설). 施行(시행).

日 9 **是** 이 시 / 옳을 시

是日(시일). 是非(시비).

日 10 **時** 때 시 / 시 시

時計(시계). 時間(시간).

示 5 **示** 보일 시 / 알릴 시

明示(명시). 指示(지시).

見 12 **視** 볼 시

視覺(시각). 視力(시력).

言 13 **詩** 시 시

詩句(시구). 詩人(시인).

言 13 **試** 시험할 시

試驗(시험). 入試(입시).

(식)

弋 6 **式** 법 식 / 꼴 식

禮式(예식). 形式(형식).

木 12 **植** 심을 식

植木(식목). 植物(식물).

言 19 **識** 알 식 / 적을 지

意識(의식). 標識(표지).

食 9 **食** 먹을 식

食事(식사). 食品(식품).

(신)

人 9 **信** 믿을 신

信念(신념). 確信(확신).

斤 13 **新** 새 신

新聞(신문). 新人(신인).

田 5 **申** 아홉째지지 신 / 알릴 신

申生(신생). 申告(신고).

示 10 **神** 귀신 신 / 영묘할 신

神靈(신령). 神祕(신비).

기초 한자 사전　　　　　　　　　　1006

臣 6	臣	신하 신 신 신

臣下(신하). 小臣(소신).

身 7	身	몸 신

身長(신장). 身體(신체).

辛 7	辛	매울 신 괴로울 신

辛味(신미). 辛苦(신고).

（실）

大 5	失	잃을 실 허물 실

失禮(실례). 失手(실수).

宀 9	室	집 실

室內(실내). 敎室(교실).

宀 14	實	열매 실

結實(결실). 果實(과실).

（심）

心 4	心	마음 심

人心(인심). 眞心(진심).

水 11	深	깊을 심

深夜(심야). 水深(수심).

甘 9	甚	심할 심 심히 심

甚大(심대). 甚難(심난).

（십）

十 2	十	열 십 열번 십

十年(십년). 十勝(십승).

（씨）

氏 4	氏	씨 씨

金氏(김씨). 姓氏(성씨).

（아）

儿 8	兒	아이 아

兒童(아동). 女兒(여아).

戈 7	我	나 아

自我(자아). 彼我(피아).

（악）

心 12	惡	모질 악 미워할 오

惡人(악인). 憎惡(증오).

（안）

宀 6	安	편안할 안

安心(안심). 安全(안전).

木 10	案	책상 안 생각 안

案席(안석). 提案(제안).

目 11	眼	눈 안

眼鏡(안경). 眼球(안구).

頁 18	顔	얼굴 안

顔面(안면). 顔色(안색).

（암）

山 23	巖	바위 암

巖窟(암굴). 巖石(암석).

日 13	暗	어두울 암 욀 암

暗室(암실). 暗記(암기).

（앙）

人 6	仰	우러러볼 앙

仰望(앙망). 信仰(신앙).

（애）

口 9	哀	슬퍼할 애

哀痛(애통). 悲哀(비애).

心 13	愛	사랑 애

愛人(애인). 愛情(애정).

기초 한자 사전

야

乙 3 **也** 어조사 야
及其也(급기야).

夕 8 **夜** 밤 야
夜間(야간). 晝夜(주야).

里 11 **野** 들 야
野生(야생). 平野(평야).

약

弓 10 **弱** 약할 약 / 어릴 약
弱骨(약골). 弱冠(약관).

糸 9 **約** 맺을 약
約束(약속). 約婚(약혼).

艹 9 **若** 만일 약
若干(약간). 萬若(만약).

艹 19 **藥** 약 약
藥局(약국). 火藥(화약).

양

手 12 **揚** 오를 양 / 나타낼 양
浮揚(부양). 宣揚(선양).

水 9 **洋** 큰바다 양 / 넓을 양
海洋(해양). 大洋(대양).

羊 6 **羊** 양 양
羊毛(양모). 羊皮(양피).

言 24 **讓** 사양할 양 / 넘겨줄 양
讓步(양보). 讓渡(양도).

阜 12 **陽** 양기 양 / 해 양
陰陽(음양). 太陽(태양).

食 15 **養** 기를 양 / 다스릴 양
養育(양육). 療養(요양).

어

方 8 **於** 어조사 어
甚至於(심지어).

水 14 **漁** 고기잡을 어
漁父(어부). 漁船(어선).

言 14 **語** 말할 어 / 말 어
言語(언어). 國語(국어).

魚 11 **魚** 고기 어
魚類(어류). 大魚(대어).

억

人 15 **億** 억 억 / 헤아릴 억
億萬(억만). 億測(억측).

心 16 **憶** 기억할 억 / 생각할 억
記憶(기억). 追憶(추억).

언

言 7 **言** 말씀 언
言論(언론). 言行(언행).

엄

口 20 **嚴** 엄할 엄 / 굳셀 엄
嚴格(엄격). 威嚴(위엄).

업

木 13 **業** 업 업
業務(업무). 職業(직업).

여

人 7 **余** 나 여
余等(여등).

女 6 **如** 같을 여
如實(여실). 如前(여전).

| 水 6 | 汝 | 너 여 |

汝等(여등). 汝輩(여배).

| 臼 14 | 與 | 더불 여
줄 여 |

參與(참여). 授與(수여).

| 食 16 | 餘 | 나머지 여
남을 여 |

餘分(여분). 餘生(여생).

(역)

| 亠 6 | 亦 | 또한 역 |

亦是(역시).

| 日 8 | 易 | 바꿀 역
쉬울 이 |

貿易(무역). 容易(용이).

| 辶 10 | 逆 | 거스를 역
거꾸로 역 |

逆行(역행). 逆順(역순).

(연)

| 火 12 | 然 | 그러할 연 |

當然(당연). 自然(자연).

| 火 13 | 煙 | 연기 연
담배 연 |

煙氣(연기). 愛煙(애연).

| 石 11 | 硏 | 갈 연
연구할 연 |

硏磨(연마). 硏究(연구).

(열)

| 心 10 | 悅 | 기쁠 열 |

喜悅(희열).

| 火 15 | 熱 | 더울 열 |

熱帶(열대). 熱中(열중).

(염)

| 火 8 | 炎 | 탈 염
더울 염 |

炎症(염증). 火炎(화염).

(엽)

| 艸 13 | 葉 | 잎 엽 |

葉綠素(엽록소). 落葉(낙엽).

(영)

| 木 14 | 榮 | 영화 영 |

榮光(영광). 虛榮(허영).

| 水 5 | 永 | 길 영 |

永久(영구). 永永(영영).

| 艸 9 | 英 | 꽃 영
빼어날 영 |

英雄(영웅). 英才(영재).

| 辶 8 | 迎 | 맞이할 영 |

迎接(영접). 歡迎(환영).

(예)

| 艸 19 | 藝 | 재주 예 |

藝能(예능). 藝術(예술).

(오)

| 二 4 | 五 | 다섯 오
다섯번 오 |

五音(오음). 五勝(오승).

| 十 4 | 午 | 낮 오
일곱째지지 오 |

午前(오전). 甲午(갑오).

| 口 7 | 吾 | 나 오 |

吾人(오인). 吾兄(오형).

| 心 10 | 悟 | 깨달을 오 |

覺悟(각오).

| 火 10 | 烏 | 까마귀 오
검을 오 |

烏鵲(오작). 烏竹(오죽).

| 言 14 | 誤 | 그릇할 오
잘못 오 |

誤字(오자). 誤解(오해).

(옥)

기초 한자 사전

尸 9 **屋** 집 옥
屋上(옥상). 家屋(가옥).

玉 5 **玉** 구슬 옥
玉石(옥석). 玉手(옥수).

온

水 13 **溫** 따뜻할 온 / 부드러울 온
溫度(온도). 溫順(온순).

와

瓦 5 **瓦** 기와 와 / 질그릇 와
瓦家(와가). 瓦器(와기).

臣 8 **臥** 누울 와
臥病(와병).

완

宀 7 **完** 완전할 완 / 끝날 완
完全(완전). 完了(완료).

왈

曰 4 **曰** 말할 왈
孔子曰(공자왈).

왕

彳 8 **往** 갈 왕 / 옛 왕
往來(왕래). 往年(왕년).

玉 4 **王** 임금 왕
王家(왕가). 大王(대왕).

외

夕 5 **外** 밖 외
外出(외출). 內外(내외).

요

襾 9 **要** 구할 요 / 요할 요
要求(요구). 必要(필요).

욕

欠 11 **欲** 바랄 욕
欲求(욕구). 欲望(욕망).

水 10 **浴** 목욕할 욕
浴室(욕실). 沐浴(목욕).

용

力 9 **勇** 날랠 용 / 용감할 용
勇猛(용맹). 勇士(용사).

宀 10 **容** 얼굴 용 / 꾸밀 용
容貌(용모). 美容(미용).

用 5 **用** 쓸 용
使用(사용). 利用(이용).

우

二 3 **于** 어조사 우
于先(우선).

又 2 **又** 또 우
十又五年(십우오년).

又 4 **友** 벗 우
友情(우정). 朋友(붕우).

口 5 **右** 오른 우
右側(우측). 左右(좌우).

宀 6 **宇** 집 우
宇宙(우주).

尢 4 **尤** 더욱 우
尤甚(우심).

心 15 **憂** 근심 우 / 병 우
憂慮(우려). 憂患(우환).

기초 한자 사전

牛(4) 牛 소 우
牛乳(우유). 韓牛(한우).

辵(13) 遇 만날 우 / 대접할 우
境遇(경우). 待遇(대우).

雨(8) 雨 비 우
雨傘(우산). 降雨(강우).

운

二(4) 云 이를 운
云云(운운).

辵(13) 運 돌 운 / 움직일 운
運行(운행). 運動(운동).

雨(12) 雲 구름 운
雲霧(운무). 雲海(운해).

웅

隹(12) 雄 수컷 웅
雄壯(웅장). 雌雄(자웅).

원

儿(4) 元 으뜸 원 / 근원 원
元祖(원조). 根元(근원).

厂(10) 原 근본 원 / 들 원
原因(원인). 草原(초원).

口(13) 圓 둥글 원 / 동그라미 원
圓形(원형). 圓周(원주).

口(13) 園 동산 원 / 구역 원
庭園(정원). 學園(학원).

心(9) 怨 원망할 원
怨望(원망). 怨讐(원수).

辵(14) 遠 멀 원 / 먼데 원
遠近(원근). 遠征(원정).

頁(19) 願 바랄 원
哀願(애원). 祈願(기원).

월

月(4) 月 달 월 / 세월 월
月刊(월간). 歲月(세월).

위

人(7) 位 자리 위
位置(위치). 方位(방위).

人(11) 偉 클 위 / 뛰어날 위
偉大(위대). 偉人(위인).

口(6) 危 위태할 위
危機(위기). 危險(위험).

女(9) 威 위엄 위
威信(위신). 威嚴(위엄).

爪(12) 爲 할 위 / 만들 위
行爲(행위). 人爲(인위).

유

口(11) 唯 오직 유
唯一(유일).

幺(5) 幼 어릴 유
幼年(유년). 幼兒(유아).

月(6) 有 있을 유
有名(유명). 有識(유식).

木(9) 柔 부드러울 유
柔順(유순). 柔軟(유연).

水(8) 油 기름 유
石油(석유). 原油(원유).

犬(12) 猶 오히려 유
過猶不及(과유불급).

田(5) 由 말미암을 유 / 까닭 유
由來(유래). 理由(이유).

유

辵 13 **遊** 놀 유
遊興(유흥). 遊戲(유희).

辵 16 **遺** 남을 유
遺物(유물). 遺産(유산).

酉 7 **酉** 열째지지 유
酉時(유시). 辛酉(신유).

육

肉 6 **肉** 고기 육 / 살 육
肉食(육식). 筋肉(근육).

肉 8 **育** 기를 육 / 자랄 육
敎育(교육). 發育(발육).

은

心 10 **恩** 은혜 은
恩功(은공). 恩人(은인).

金 14 **銀** 은 은
銀行(은행). 金銀(금은).

을

乙 1 **乙** 둘째천간 을 / 둘째 을
乙丑(을축). 甲乙(갑을).

음

口 7 **吟** 읊을 음
吟味(음미). 吟詩(음시).

阜 11 **陰** 음기 음 / 그늘 음
陰陽(음양). 綠陰(녹음).

音 9 **音** 소리 음
音聲(음성). 音樂(음악).

食 13 **飮** 마실 음
飮料(음료). 飮食(음식).

읍

水 8 **泣** 울 읍 / 울음 읍
感泣(감읍).

邑 7 **邑** 고을 읍
邑內(읍내). 都邑(도읍).

응

心 17 **應** 응할 응 / 당할 응
應答(응답). 應對(응대).

의

人 8 **依** 의지할 의
依賴(의뢰). 依支(의지).

心 13 **意** 뜻 의
意見(의견). 意味(의미).

矢 7 **矣** 어조사 의
萬事休矣(만사휴의).

羊 13 **義** 의 의 / 옳을 의
義理(의리). 正義(정의).

衣 6 **衣** 옷 의
衣服(의복). 衣裳(의상).

言 20 **議** 의논할 의 / 논할 의
協議(협의). 論議(논의).

酉 18 **醫** 의원 의 / 고칠 의
醫師(의사). 醫藥(의약).

이

二 2 **二** 두 이 / 다음 이
二人(이인). 二次(이차).

人 5 **以** 써 이
以上(이상). 以心傳心(이심전심).

己 3 **已** 이미 이
已往(이왕).

田 11	異 다를 이	宀 11	寅 셋째지지 인	(자)

異見(이견). 異性(이성). 　甲寅(갑인).

| 禾 11 | 移 옮길 이 | 弓 4 | 引 당길 인 끌 인 | 女 8 | 姉 손위누이 자 |

移動(이동). 移徙(이사). 　引力(인력). 引率(인솔). 　姉妹(자매). 姉兄(자형).

| 而 6 | 而 말 이을 이 | 心 7 | 忍 참을 인 | 子 3 | 子 아들 자 첫째지지 자 |

然而(연이). 　忍耐(인내). 　子女(자녀). 甲子(갑자).

| 耳 6 | 耳 귀 이 | 言 14 | 認 알 인 인가할 인 | 子 6 | 字 글자 자 |

耳目(이목). 外耳(외이). 　認定(인정). 認可(인가). 　文字(문자). 漢字(한자).

(익)　(일)

| | | | | 心 13 | 慈 사랑 자 |

慈愛(자애). 仁慈(인자).

| 皿 10 | 益 더할 익 | 一 1 | 一 한 일 첫째 일 | 老 9 | 者 사람 자 것 자 |

有益(유익). 利益(이익). 　一人(일인). 一等(일등). 　學者(학자). 前者(전자).

| | | 日 4 | 日 해 일 날 일 | 自 6 | 自 스스로 자 부터 자 |

(인)　日出(일출). 休日(휴일). 　自己(자기). 自古以來(자고이래).

| 人 2 | 人 사람 인 | (임) | (작) |

人間(인간). 人物(인물).

| 人 4 | 仁 어질 인 | 士 4 | 壬 아홉째천간 임 | 人 7 | 作 지을 작 일할 작 |

仁德(인덕). 仁慈(인자). 　壬時(임시). 壬午(임오). 　作成(작성). 作業(작업).

| 卩 6 | 印 도장 인 찍을 인 | (입) | 日 9 | 昨 어제 작 예 작 |

印章(인장). 印刷(인쇄). 　　昨年(작년). 昨今(작금).

| 口 6 | 因 인할 인 말미암을 인 | 入 2 | 入 들 입 들일 입 | (장) |

因緣(인연). 原因(원인). 　入國(입국). 收入(수입).

土12 **場** 마당 장	木10 **栽** 심을 재	赤7 **赤** 붉은빛 적
工場(공장). 市場(시장).	栽培(재배). 盆栽(분재).	赤色(적색). 赤十字(적십자).
士7 **壯** 씩씩할 장 장할 장	貝10 **財** 재물 재	辵15 **適** 맞을 적
壯夫(장부). 壯觀(장관).	財物(재물). 財産(재산).	適當(적당). 適切(적절).
寸11 **將** 장수 장 장차 장	(쟁)	(전)
將帥(장수). 將來(장래).	爪8 **爭** 다툴 쟁	人13 **傳** 전할 전
立11 **章** 글 장	競爭(경쟁). 論爭(논쟁).	傳達(전달). 傳說(전설).
文章(문장). 憲章(헌장).	(저)	人6 **全** 온통 전 온전할 전
長8 **長** 길 장	人7 **低** 낮을 저	全體(전체). 完全(완전).
長短(장단). 長靴(장화).	低溫(저온). 高低(고저).	八8 **典** 법 전 책 전
(재)	艸13 **著** 나타날 저	法典(법전). 古典(고전).
冂6 **再** 두번 재 두번할 재	著名(저명). 著者(저자).	刀9 **前** 앞 전
再次(재차). 再演(재연).	貝12 **貯** 쌓을 저	前期(전기). 前後(전후).
口9 **哉** 어조사 재	貯金(저금). 貯蓄(저축).	尸10 **展** 펼 전
痛哉(통재).	(적)	展開(전개). 展示(전시).
土6 **在** 있을 재	攴15 **敵** 원수 적 짝 적	戈16 **戰** 싸움 전
在學(재학). 現在(현재).	敵軍(적군). 敵手(적수).	戰爭(전쟁). 作戰(작전).
手3 **才** 재주 재 바탕 재	白8 **的** 과녁 적 목표 적	田5 **田** 밭 전
才能(재능). 才質(재질).	標的(표적). 目的(목적).	田畓(전답). 田園(전원).
木7 **材** 재목 재 재주 재		金16 **錢** 돈 전
材料(재료). 材能(재능).		金錢(금전). 銅錢(동전).

雨 13	電	번개 전 전기 전

電氣(전기). 電力(전력).

절

竹 15	節	마디 절

關節(관절). 季節(계절).

糸 12	絶	끊을 절 뛰어날 절

絶交(절교). 絶頂(절정).

점

广 8	店	가게 점

店鋪(점포). 百貨店(백화점).

접

手 11	接	이을 접 접할 접

接續(접속). 面接(면접).

정

一 2	丁	넷째천간 정 장정 정

丁酉(정유). 兵丁(병정).

二 4	井	우물 정

井水(정수). 井田(정전).

人 11	停	머무를 정

停止(정지). 停車(정차).

宀 8	定	정할 정

改定(개정). 決定(결정).

广 10	庭	뜰 정 가정 정

庭園(정원). 家庭(가정).

心 11	情	뜻 정 사정 정

情熱(정열). 情報(정보).

攴 9	政	정사 정

政府(정부). 政治(정치).

止 5	正	바를 정

正直(정직). 公正(공정).

水 11	淨	깨끗할 정 깨끗이할 정

淨水(정수). 淨化(정화).

米 14	精	정할 정

精讀(정독). 精神(정신).

貝 9	貞	곧을 정

貞淑(정숙). 貞操(정조).

靑 16	靜	조용할 정

靜肅(정숙). 靜寂(정적).

頁 11	頂	꼭대기 정

頂門(정문). 山頂(산정).

제

巾 9	帝	임금 제

帝王(제왕). 皇帝(황제).

弓 7	弟	아우 제

弟子(제자). 兄弟(형제).

示 11	祭	제사 제

祭物(제물). 祭祀(제사).

竹 11	第	차례 제

第一(제일). 落第(낙제).

衣 14	製	만들 제

製作(제작). 製品(제품).

言 16	諸	모든 제

諸君(제군). 諸侯(제후).

阜 10	除	덜 제

除去(제거). 除外(제외).

頁 18	題	제목 제

題目(제목). 論題(논제).

조

儿 6	兆	조 조

億兆(억조).

力7 **助** 도울 조 / 도움 조	子6 **存** 있을 존	土7 **坐** 앉을 좌
救助(구조). 一助(일조).	存在(존재). 生存(생존).	坐視(좌시). 坐向(좌향).
日6 **早** 새벽 조 / 이를 조	寸12 **尊** 높을 존	工5 **左** 왼 좌
早朝(조조). 早期(조기).	尊敬(존경). 自尊(자존).	左右(좌우). 左側(좌측).
月12 **朝** 아침 조 / 조정 조	졸	죄
朝夕(조석). 朝廷(조정).	十8 **卒** 군사 졸 / 마칠 졸	网13 **罪** 허물 죄
示10 **祖** 할아버지 조 / 선조 조	卒兵(졸병). 卒業(졸업).	罪過(죄과). 罪人(죄인).
曾祖(증조). 始祖(시조).	종	주
言15 **調** 고를 조	宀8 **宗** 마루 종	⼂5 **主** 주인 주
調節(조절). 調和(조화).	宗家(종가). 宗敎(종교).	主役(주역). 主人(주인).
辶11 **造** 지을 조	彳11 **從** 좇을 종	人7 **住** 머무를 주
製造(제조). 創造(창조).	從事(종사). 順從(순종).	住居(주거). 住民(주민).
鳥11 **鳥** 새 조	禾14 **種** 씨 종 / 종류 종	宀8 **宙** 하늘 주
鳥獸(조수). 吉鳥(길조).	種子(종자). 種目(종목).	宇宙(우주).
족	糸11 **終** 끝 종 / 끝날 종	日11 **晝** 낮 주
方11 **族** 겨레 족	終末(종말). 終禮(종례).	晝間(주간). 晝夜(주야).
族譜(족보). 家族(가족).	金20 **鐘** 종 종	木6 **朱** 붉을 주
足7 **足** 발 족 / 넉넉할 족	鐘閣(종각). 警鐘(경종).	朱紅(주홍). 朱黃(주황).
手足(수족). 滿足(만족).	좌	水8 **注** 물댈 주
존		注射(주사). 注意(주의).

走 7	走	달릴 주 달아날 주

走力(주력). 競走(경주).

酉 10	酒	술 주

酒量(주량). 酒宴(주연).

죽

竹 6	竹	대 죽

竹簡(죽간). 竹杖(죽장).

중

| 4	中	가운데 중

中間(중간). 中心(중심).

血 12	衆	무리 중 많을 중

大衆(대중). 群衆(군중).

里 9	重	무거울 중 거듭할 중

重量(중량). 重複(중복).

즉

卩 9	卽	곧 즉 나아갈 즉

卽刻(즉각). 卽席(즉석).

증

土 15	增	더할 증

增加(증가). 增産(증산).

日 12	曾	일찍 증

曾孫(증손). 曾祖(증조).

言 19	證	증명할 증 증거 증

證言(증언). 證據(증거).

지

ノ 4	之	갈 지 어조사 지

漁父之利(어부지리).

口 5	只	다만 지

只今(지금). 但只(단지).

土 6	地	땅 지

地球(지구). 土地(토지).

心 7	志	뜻 지 뜻할 지

志望(지망). 意志(의지).

手 9	持	가질 지

持論(지론). 持病(지병).

手 9	指	손가락 지 가리킬 지

指紋(지문). 指示(지시).

支 4	支	가지 지 버틸 지

支店(지점). 支持(지지).

木 8	枝	가지 지

枝葉(지엽). 剪枝(전지).

止 4	止	그칠 지

止血(지혈). 靜止(정지).

矢 8	知	알 지

知識(지식). 通知(통지).

糸 10	紙	종이 지

紙面(지면). 便紙(편지).

至 6	至	이를 지 지극할 지

至今(지금). 至誠(지성).

직

目 8	直	곧을 직

直線(직선). 正直(정직).

진

皿 14	盡	다할 진 다 진

盡力(진력). 賣盡(매진).

目 10	眞	참 진

眞實(진실). 眞理(진리).

辰 7	辰	다섯째지지 진 일월성 신

壬辰(임진). 星辰(성신).

진
走 12 **進** 나아갈 진
進級(진급). 進度(진도).

질
貝 15 **質** 바탕 질
質量(질량). 本質(본질).

집
土 11 **執** 잡을 집
執權(집권). 執行(집행).

隹 12 **集** 모을 집
集合(집합). 詩集(시집).

차
一 5 **且** 또 차
苟且(구차). 重且大(중차대).

人 10 **借** 빌릴 차
借用(차용). 貸借(대차).

欠 6 **次** 버금 차 / 차례 차
次女(차녀). 目次(목차).

止 6 **此** 이 차
此後(차후). 彼此(피차).

착
目 12 **着** 붙을 착
着用(착용). 到着(도착).

찰
宀 14 **察** 살필 찰
警察(경찰). 觀察(관찰).

참
厶 11 **參** 참여할 참 / 석 삼
參加(참가). 參拾(삼십).

창
口 11 **唱** 부를 창
先唱(선창). 合唱(합창).

日 8 **昌** 창성할 창
昌盛(창성). 繁昌(번창).

穴 11 **窓** 창 창
窓口(창구). 窓門(창문).

채
手 11 **採** 캘 채 / 가릴 채
採鑛(채광). 採擇(채택).

艸 12 **菜** 나물 채
菜食(채식). 野菜(야채).

책
冂 5 **冊** 책 책
冊房(책방). 冊床(책상).

貝 11 **責** 꾸짖을 책 / 책임 책
責望(책망). 責任(책임).

처
女 8 **妻** 아내 처
妻家(처가). 妻子(처자).

虍 11 **處** 곳 처
處理(처리). 處所(처소).

척
尸 4 **尺** 자 척
尺度(척도). 曲尺(곡척).

천

十 3 千 일천 **천** 千兩(천냥). 千年(천년).	言 15 請 청할 **청** 請求(청구). 要請(요청).	**최**
大 4 天 하늘 **천** 天性(천성). 天才(천재).	青 8 青 푸를 **청** 青年(청년). 青春(청춘).	日 12 最 가장 **최** 最高(최고). 最善(최선).
巛 3 川 내 **천** 川邊(천변). 河川(하천).	**체**	**추**
水 9 泉 샘 **천** 甘泉(감천). 溫泉(온천).	骨 23 體 몸 **체** 體力(체력). 身體(신체).	手 11 推 밀 **추** 推究(추구). 推理(추리).
水 11 淺 얕을 **천** 淺薄(천박). 淺學(천학).	**초**	禾 9 秋 가을 **추** 秋夕(추석). 秋收(추수).
철	刀 7 初 처음 **초** 初級(초급). 初步(초보).	辶 10 追 쫓을 **추** 따를 **추** 追求(추구). 追放(추방).
金 21 鐵 쇠 **철** 鋼鐵(강철). 電鐵(전철).	手 8 招 부를 **초** 招待(초대). 招請(초청).	**축**
청	艸 10 草 풀 **초** 초할 **초** 草木(초목). 草案(초안).	一 4 丑 둘째지지 **축** 丑方(축방). 丑時(축시).
日 12 晴 갤 **청** 晴天(청천). 快晴(쾌청).	**촌**	示 10 祝 빌 **축** 祝福(축복). 祝賀(축하).
水 11 淸 맑을 **청** 깨끗할 **청** 淸泉(청천). 淸掃(청소).	寸 3 寸 마디 **촌** 寸刻(촌각). 四寸(사촌).	**춘**
耳 22 聽 들을 **청** 聽覺(청각). 聽取(청취).	木 7 村 마을 **촌** 村落(촌락). 農村(농촌).	日 9 春 봄 **춘** 春季(춘계). 立春(입춘).

출

凵 5 **出** 날 출 / 나갈 출
出生(출생). 出席(출석).

충

儿 6 **充** 찰 충 / 채울 충
充滿(충만). 充分(충분).

心 8 **忠** 충성할 충 / 정성 충
忠誠(충성). 忠實(충실).

虫 18 **蟲** 벌레 충
蟲齒(충치). 昆蟲(곤충).

취

又 8 **取** 취할 취
取得(취득). 取捨(취사).

口 7 **吹** 불 취
吹奏(취주). 鼓吹(고취).

尢 12 **就** 나아갈 취
就任(취임). 成就(성취).

치

水 8 **治** 다스릴 치
治療(치료). 治安(치안).

至 10 **致** 이를 치 / 보낼 치
致死(치사). 送致(송치).

齒 15 **齒** 이 치
齒科(치과). 齒牙(치아).

칙

刀 9 **則** 법칙 칙 / 곧 즉
規則(규칙). 然則(연즉).

친

見 16 **親** 친할 친 / 어버이 친
親近(친근). 母親(모친).

칠

一 2 **七** 일곱 칠
七旬(칠순). 七夕(칠석).

침

金 10 **針** 바늘 침
方針(방침). 分針(분침).

쾌

心 7 **快** 쾌할 쾌 / 빠를 쾌
快樂(쾌락). 快速(쾌속).

타

人 5 **他** 남 타 / 다를 타
他人(타인). 其他(기타).

手 5 **打** 칠 타
打擊(타격). 打字(타자).

탈

肉 11 **脫** 벗을 탈 / 벗어날 탈
脫衣(탈의). 脫出(탈출).

탐

手 11 **探** 찾을 탐
探究(탐구). 探險(탐험).

태

大 4 **太** 클 태
太陽(태양). 太平(태평).

泰
水 10 — 클 태

泰斗(태두). 泰山(태산).

택

宅
宀 6 — 집 택

宅地(택지). 住宅(주택).

토

土
土 3 — 흙 토

土地(토지). 國土(국토).

통

統
糸 12 — 거느릴 통

統治(통치). 傳統(전통).

通
辶 11 — 통할 통

通信(통신). 交通(교통).

퇴

退
辶 10 — 물러날 퇴

退步(퇴보). 後退(후퇴).

투

投
手 7 — 던질 투

投手(투수). 投票(투표).

특

特
牛 10 — 특별할 특

特別(특별). 特色(특색).

파

波
水 8 — 물결 파

波濤(파도). 波長(파장).

破
石 10 — 깨뜨릴 파

破壞(파괴). 破片(파편).

판

判
刀 7 — 판단할 판

判決(판결). 審判(심판).

팔

八
八 2 — 여덟 팔 / 여덟번 팔

八字(팔자). 八道(팔도).

패

敗
攴 11 — 패할 패

敗北(패배). 失敗(실패).

貝
貝 7 — 조개 패

貝殼(패각). 貝類(패류).

便
人 9 — 편할 편 / 오줌 변

便利(편리). 小便(소변).

片
片 4 — 조각 편

片道(편도). 破片(파편).

篇
竹 15 — 책 편 / 편 편

玉篇(옥편). 短篇(단편).

평

平
干 5 — 평평할 평

平等(평등). 平面(평면).

폐

閉
門 11 — 닫을 폐 / 막을 폐

閉門(폐문). 閉會(폐회).

포

布
巾 5 — 베 포 / 베풀 포

布木(포목). 布告(포고).

| 手 8 | 抱 | 안을 포
가슴 포 |

抱擁(포옹). 抱負(포부).

폭

| 日 15 | 暴 | 사나울 폭
모질 포 |

暴風(폭풍). 暴惡(포악).

표

| 衣 8 | 表 | 겉 표
나타낼 표 |

表面(표면). 表現(표현).

품

| 口 9 | 品 | 가지 품
물건 품 |

品種(품종). 商品(상품).

풍

| 豆 18 | 豊 | 풍년들 풍
넉넉할 풍 |

豊年(풍년). 豊富(풍부).

| 風 9 | 風 | 바람 풍
습속 풍 |

風雨(풍우). 風俗(풍속).

피

| 彳 8 | 彼 | 저 피
그 피 |

彼此(피차). 彼我(피아).

| 皮 5 | 皮 | 가죽 피
껍질 피 |

皮革(피혁). 皮膚(피부).

필

| 匚 4 | 匹 | 짝 필 |

匹敵(필적). 配匹(배필).

| 心 5 | 必 | 반드시 필 |

必須(필수). 必要(필요).

| 竹 12 | 筆 | 붓 필
쓸 필 |

筆記(필기). 筆者(필자).

하

| 一 3 | 下 | 아래 하 |

下向(하향). 地下(지하).

| 人 7 | 何 | 어찌 하
어느 하 |

何必(하필). 何時(하시).

| 夂 10 | 夏 | 여름 하 |

夏季(하계). 夏服(하복).

| 水 8 | 河 | 강 하 |

河口(하구). 河川(하천).

| 貝 12 | 賀 | 하례할 하 |

賀客(하객). 祝賀(축하).

학

| 子 16 | 學 | 배울 학
학문 학 |

學校(학교). 學問(학문).

한

| 宀 12 | 寒 | 찰 한 |

寒氣(한기). 寒冷(한랭).

| 心 9 | 恨 | 한할 한 |

恨歎(한탄). 怨恨(원한).

| 水 14 | 漢 | 한수 한
한나라 한 |

漢江(한강). 漢字(한자).

| 門 12 | 閑 | 한가할 한 |

閑暇(한가). 閑散(한산).

| 阜 9 | 限 | 한정 한 |

限界(한계). 限度(한도).

| 韋 17 | 韓 | 나라이름 한 |

韓國人(한국인). 韓服(한복).

합

| 口 6 | 合 | 합할 합
맞을 합 |

合同(합동). 合理(합리).

항

| 心 9 | 恒 | 항구 항 |

恒久(항구). 恒常(항상).

해

| 亠 6 | 亥 | 열두째지지 해 |

乙亥(을해).

| 宀 10 | 害 | 해칠 해
해 해 |

害惡(해악). 損害(손해).

| 水 10 | 海 | 바다 해 |

海岸(해안). 東海(동해).

| 角 13 | 解 | 풀 해
흩어질 해 |

解答(해답). 解散(해산).

행

| 干 8 | 幸 | 다행 행 |

幸福(행복). 多幸(다행).

| 行 6 | 行 | 다닐 행
행할 행 |

行進(행진). 行動(행동).

향

| 口 6 | 向 | 향할 향 |

向上(향상). 方向(방향).

| 邑 13 | 鄕 | 마을 향
고향 향 |

鄕村(향촌). 鄕愁(향수).

| 香 9 | 香 | 향기 향 |

香氣(향기). 香水(향수).

허

| 虍 12 | 虛 | 빌 허 |

虛無(허무). 虛弱(허약).

| 言 11 | 許 | 허락할 허 |

許可(허가). 許諾(허락).

혁

| 革 9 | 革 | 가죽 혁
고칠 혁 |

革帶(혁대). 改革(개혁).

현

| 玉 11 | 現 | 나타날 현
지금 현 |

現象(현상). 現代(현대).

| 貝 15 | 賢 | 어질 현 |

賢明(현명). 賢人(현인).

혈

| 血 6 | 血 | 피 혈 |

血液(혈액). 血統(혈통).

협

| 十 8 | 協 | 화할 협 |

協同(협동). 協力(협력).

형

| 儿 5 | 兄 | 형 형 |

兄夫(형부). 兄弟(형제).

| 刀 6 | 刑 | 형벌 형 |

刑罰(형벌). 刑法(형법).

| 彡 7 | 形 | 모양 형 |

形成(형성). 形式(형식).

혜

| 心 12 | 惠 | 은혜 혜 |

惠澤(혜택). 恩惠(은혜).

호

乎 ノ5 그런가 호 / 어조사 호
斷乎(단호). 確乎(확호).

呼 口8 숨내쉴 호 / 부를 호
呼吸(호흡). 呼名(호명).

好 女6 좋을 호
好感(호감). 好意(호의).

戶 戶4 집 호
戶籍(호적). 門戶(문호).

湖 水12 호수 호
湖畔(호반). 湖水(호수).

虎 虍8 범 호
虎口(호구). 虎皮(호피).

號 虍13 부를 호
番號(번호). 信號(신호).

혹

或 戈8 혹 혹 / 어떤사람 혹
或是(혹시). 或曰(혹왈).

혼

婚 女11 혼인할 혼
婚姻(혼인). 結婚(결혼).

混 水11 섞일 혼
混亂(혼란). 混合(혼합).

홍

紅 糸9 붉을 홍
紅色(홍색). 紅茶(홍차).

화

化 匕4 화할 화 / 변화 화
化學(화학). 變化(변화).

和 口8 온화할 화
和氣(화기). 溫和(온화).

火 火4 불 화
火藥(화약). 火災(화재).

畫 田12 그림 화
畫家(화가). 畫面(화면).

花 艸8 꽃 화
花草(화초). 國花(국화).

華 艸11 빛날 화
華麗(화려). 榮華(영화).

話 言13 이야기 화 / 이야기할 화
話題(화제). 對話(대화).

貨 貝11 재화 화
貨物(화물). 通貨(통화).

환

患 心11 근심 환 / 병 환
患者(환자). 病患(병환).

歡 欠22 기뻐할 환
歡心(환심). 歡迎(환영).

활

活 水9 살 활
活動(활동). 生活(생활).

황

皇 白9 임금 황
皇帝(황제).

黃 黃12 누를 황
黃金(황금). 黃昏(황혼).

회

회

口 6 回 돌 회 / 돌아올 회
回轉(회전). 回數(횟수).

日 13 會 모일 회
會談(회담). 會議(회의).

효

子 7 孝 효도 효
孝道(효도). 孝誠(효성).

攴 10 效 본받을 효 / 보람 효
效果(효과). 效力(효력).

후

厂 9 厚 두터울 후
厚德(후덕). 厚謝(후사)

彳 9 後 뒤 후
後門(후문). 後進(후진).

훈

言 10 訓 가르칠 훈
訓示(훈시). 敎訓(교훈).

휴

人 6 休 쉴 휴
休息(휴식). 休日(휴일).

흉

凵 4 凶 흉할 흉 / 흉년들 흉
凶家(흉가). 凶年(흉년).

肉 10 胸 가슴 흉
胸骨(흉골). 胸中(흉중).

흑

黑 12 黑 검을 흑
黑白(흑백). 暗黑(암흑).

흥

臼 16 興 일 흥
興亡(흥망). 興味(흥미).

희

口 12 喜 기쁠 희
喜悲(희비). 喜色(희색).

巾 7 希 바랄 희
希求(희구). 希望(희망).

세계 각 나라 이름과 수도 이름

아시아 Asia

네팔 Nepal 수도 카트만두	**대한민국** Republic of Korea 수도 서울	**동티모르** East Timor 수도 딜리
라오스 Laos 수도 비엔티안	**레바논** Lebanon 수도 베이루트	**말레이시아** Malaysia 수도 쿠알라룸푸르
몰디브 Maldives 수도 말레	**몽골** Mongolia 수도 울란바토르	**미얀마** Myanmar 수도 네피도
바레인 Bahrain 수도 마나마	**방글라데시** Bangladesh 수도 다카	**베트남** Vietnam 수도 하노이
부탄 Bhutan 수도 팀푸	**북한** Democratic People's Republic of Korea 수도 평양	**브루나이** Brunei 수도 반다르스리브가완
사우디아라비아 Saudi Arabia 수도 리야드	**사이프러스** Cyprus 수도 니코시아	**스리랑카** Sri Lanka 수도 콜롬보(상업), 스리자야와르데네푸라코테(행정)
시리아 Syria 수도 다마스쿠스	**싱가포르** Singapore 수도 싱가포르	**아랍 에미리트** United Arab Emirates 수도 아부다비
아르메니아 Armenia 수도 예레반	**아제르바이잔** Azerbaijan 수도 바쿠	**아프가니스탄** Afghanistan 수도 카불
예멘 Yemen 수도 사나	**오만** Oman 수도 무스카트	**요르단** Jordan 수도 암만
우즈베키스탄 Uzbekistan 수도 타슈켄트	**이라크** Iraq 수도 바그다드	**이란** Iran 수도 테헤란
이스라엘 Israel 수도 예루살렘	**인도** India 수도 뉴델리	**인도네시아** Indonesia 수도 자카르타
일본 Japan 수도 도쿄	**조지아** Georgia 수도 트빌리시	**중국** China 수도 베이징
카자흐스탄 Kazakhstan 수도 아스타나	**카타르** Qatar 수도 도하	**캄보디아** Cambodia 수도 프놈펜
쿠웨이트 Kuwait 수도 쿠웨이트	**키르기스스탄** Kyrgyzstan 수도 비슈케크	**타이** Thailand 수도 방콕

세계 각 나라 이름과 수도 이름

타이완/대만 Taiwan(臺灣) 수도 타이베이	**타지키스탄** Tajikistan 수도 두샨베	**투르크메니스탄** Turkmenistan 수도 아시가바트
튀르키예 Türkiye 수도 앙카라	**파키스탄** Pakistan 수도 이슬라마바드	**필리핀** Philippines 수도 마닐라

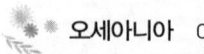

오세아니아 Oceania

나우루 Nauru 수도 야렌	**뉴질랜드** New Zealand 수도 웰링턴	**니우에** Niue 수도 알로피
마셜 제도 Marshall Islands 수도 마주로	**미크로네시아** Micronesia 수도 팔리키르	**바누아투** Vanuatu 수도 포트빌라
사모아 Samoa 수도 아피아	**솔로몬 제도** Solomon Islands 수도 호니아라	**오스트레일리아** Australia 수도 캔버라
키리바시 Kiribati 수도 타라와	**통가** Tonga 수도 누쿠알로파	**투발루** Tuvalu 수도 푸나푸티
파푸아 뉴기니 Papua New Guinea 수도 포트모르즈비	**팔라우** Palau 수도 응게룰무드	**피지** Fiji 수도 수바

아메리카 America

가이아나 Guyana 수도 조지타운	**과테말라** Guatemala 수도 과테말라시티	**그레나다** Grenada 수도 세인트조지스
니카라과 Nicaragua 수도 마나과	**도미니카 공화국** Dominican Republic 수도 산토도밍고	**도미니카 연방** Commonwealth of Dominica 수도 로조
멕시코 Mexico 수도 멕시코시티	**미국** United States of America 수도 워싱턴	**바베이도스** Barbados 수도 브리지타운
바하마 Bahamas 수도 나소	**베네수엘라** Venezuela 수도 카라카스	**벨리즈** Belize 수도 벨모판
볼리비아 Bolivia 수도 수크레(헌법), 라파스(행정)	**브라질** Brazil 수도 브라질리아	**세인트루시아** St. Lucia 수도 캐스트리스
세인트빈센트 그레나딘 St. Vincent and the Grenadines 수도 킹스타운	**세인트키츠 네비스** St. Kitts and Nevis 수도 바스테르	**수리남** Suriname 수도 파라마리보
아르헨티나 Argentina 수도 부에노스아이레스	**아이티** Haiti 수도 포르토프랭스	**앤티가 바부다** Antigua and Barbuda 수도 세인트존스

1027 세계 각 나라 이름과 수도 이름

에콰도르 Ecuador 수도 키토	**엘살바도르** El Salvador 수도 산살바도르	**온두라스** Honduras 수도 테구시갈파
우루과이 Uruguay 수도 몬테비데오	**자메이카** Jamaica 수도 킹스턴	**칠레** Chile 수도 산티아고
캐나다 Canada 수도 오타와	**코스타리카** Costa Rica 수도 산호세	**콜롬비아** Colombia 수도 보고타
쿠바 Cuba 수도 아바나	**트리니다드 토바고** Trinidad and Tobago 수도 포트오브스페인	**파나마** Panama 수도 파나마
파라과이 Paraguay 수도 아순시온	**페루** Peru 수도 리마	

유럽 Europe

교황청/바티칸 시국 The Holy See 수도 바티칸	**그리스** Greece 수도 아테네	**네덜란드** Netherlands 수도 암스테르담
노르웨이 Norway 수도 오슬로	**덴마크** Denmark 수도 코펜하겐	**독일** Germany 수도 베를린
라트비아 Latvia 수도 리가	**러시아** Russia 수도 모스크바	**루마니아** Romania 수도 부쿠레슈티
룩셈부르크 Luxembourg 수도 룩셈부르크	**리투아니아** Lithuania 수도 빌뉴스	**리히텐슈타인** Liechtenstein 수도 파두츠
모나코 Monaco 수도 모나코	**몬테네그로** Montenegro 수도 포드고리차	**몰도바** Moldova 수도 키시너우
몰타 Malta 수도 발레타	**벨기에** Belgium 수도 브뤼셀	**벨라루스** Belarus 수도 민스크
보스니아 헤르체고비나 Bosnia and Herzegovina 수도 사라예보	**북마케도니아** North Macedonia 수도 스코페	**불가리아** Bulgaria 수도 소피아
산마리노 San Marino 수도 산마리노	**세르비아** Serbia 수도 베오그라드	**스웨덴** Sweden 수도 스톡홀름
스위스 Swiss 수도 베른	**슬로바키아** Slovakia 수도 브라티슬라바	**슬로베니아** Slovenia 수도 류블랴나
아이슬란드 Iceland 수도 레이캬비크	**아일랜드** Ireland 수도 더블린	**안도라** Andorra 수도 안도라라베야
알바니아 Albania 수도 티라나	**에스토니아** Estonia 수도 탈린	**에스파냐/스페인** España/Spain 수도 마드리드
영국 United Kingdom 수도 런던	**오스트리아** Austria 수도 빈	**우크라이나** Ukraine 수도 키이우

세계 각 나라 이름과 수도 이름

이탈리아 Italia 수도 로마	**체코** Czech 수도 프라하	**코소보** Kosovo 수도 프리슈티나
크로아티아 Croatia 수도 자그레브	**포르투갈** Portugal 수도 리스본	**폴란드** Poland 수도 바르샤바
프랑스 France 수도 파리	**핀란드** Finland 수도 헬싱키	**헝가리** Hungary 수도 부다페스트

아프리카 Africa

가나 Ghana 수도 아크라	**가봉** Gabon 수도 리브르빌	**감비아** Gambia 수도 반줄
기니 Guinea 수도 코나크리	**기니비사우** Guinea Bissau 수도 비사우	**나미비아** Namibia 수도 빈트후크
나이지리아 Nigeria 수도 아부자	**남수단** South Sudan 수도 주바	**남아프리카 공화국** Republic of South Africa 수도 프리토리아(행정), 케이프타운(입법), 블룸폰테인(사법)
니제르 Niger 수도 니아메	**라이베리아** Liberia 수도 몬로비아	**레소토** Lesotho 수도 마세루
르완다 Rwanda 수도 키갈리	**리비아** Libya 수도 트리폴리	**마다가스카르** Madagascar 수도 안타나나리보
말라위 Malawi 수도 릴롱궤	**말리** Mali 수도 바마코	**모로코** Morocco 수도 라바트
모리셔스 Mauritius 수도 포트루이스	**모리타니** Mauritanie 수도 누악쇼트	**모잠비크** Mozambique 수도 마푸투
베냉 Benin 수도 포르토노보	**보츠와나** Botswana 수도 가보로네	**부룬디** Burundi 수도 기테가
부르키나파소 Burkina Faso 수도 와가두구	**상투메 프린시페** São Tomé and Príncipe 수도 상투메	**세네갈** Senegal 수도 다카르
세이셸 Seychelles 수도 빅토리아	**소말리아** Somalia 수도 모가디슈	**수단** Sudan 수도 하르툼
시에라리온 Sierra Leone 수도 프리타운	**알제리** Algérie 수도 알제	**앙골라** Angola 수도 루안다
에리트레아 Eritrea 수도 아스마라	**에스와티니 왕국** The kingdom of Eswatini 수도 음바바네	**에티오피아** Ethiopia 수도 아디스아바바
우간다 Uganda 수도 캄팔라	**이집트** Egypt 수도 카이로	**잠비아** Zambia 수도 루사카

세계 각 나라 이름과 수도 이름

적도 기니 Equatorial Guinea 수도 말라보	**중앙아프리카 공화국** Central African Republic 수도 방기	**지부티** Djibouti 수도 지부티
짐바브웨 Zimbabwe 수도 하라레	**차드** Chad 수도 은자메나	**카메룬** Cameroon 수도 야운데
카보베르데 Cabo Verde 수도 프라이아	**케냐** Kenya 수도 나이로비	**코모로** Comoros 수도 모로니
코트디부아르 Côte d'Ivoire 수도 야무수크로	**콩고** Congo 수도 브라자빌	**콩고 민주 공화국** Democratic Republic of Congo 수도 킨샤사
탄자니아 Tanzania 수도 다르에스살람(경제· 　　행정), 도도마(정치)	**토고** Togo 수도 로메	**튀니지** Tunisie 수도 튀니스

문장부호

부호	이름	쓰임	보기
.	마침표	• 서술, 명령, 청유 등을 나타낼 때 • 숫자만으로 연월일을 표시할 때	예) 젊은이는 나라의 기둥입니다. 예) 1919. 3. 1.
?	물음표	의문문이나 의문을 나타낼 때	예) 점심 먹었어? 예) 뭐라고?
!	느낌표	감탄문이나 강한 느낌을 나타낼 때	예) 이거 정말 큰일이 났구나! 예) 이야, 정말 재밌다!
,	쉼표	• 같은 자격의 어구를 열거할 때 • 짝을 지어 구별할 때 • 이웃하는 수를 개략적으로 나타낼 때 • 부르거나 대답하는 말 뒤에	예) 근면, 검소, 협동은 우리 겨레의 미덕이다. 예) 닭과 지네, 개와 고양이는 상극이다. 예) 6, 7, 8개 예) 지은아, 이리 좀 와 봐.
·	가운뎃점	• 짝을 이루는 어구들 사이에	예) 빨강·초록·파랑이 빛의 삼원색이다.
:	쌍점	• 표제 다음에 해당 항목을 들거나 설명을 붙일 때 • 시와 분, 장과 절 등을 구별할 때	예) 문방사우: 종이, 붓, 먹, 벼루 일시: 2022년 10월 9일 12시 예) 오전 10:20(오전 10시 20분) 두시언해 6:15(두시언해 제6권 제15장)
/	빗금	대비되는 두 개 이상의 어구를 묶어서 나타낼 때	예) 금메달 / 은메달 / 동메달
" "	큰따옴표	• 글 가운데서 직접 대화를 표시할 때 • 말이나 글을 직접 인용할 때	예) "엄마, 제가 가겠어요." 예) 나는 "어, 광훈이 아니냐?" 하는 소리에 깜짝 놀랐다.
' '	작은따옴표	• 인용한 말 안에 있는 인용한 말을 나타낼 때 • 마음속으로 한 말을 적을 때	예) 그는 "여러분! '시작이 반이다.'라는 말 들어 보셨죠?"라고 말하며 강연을 시작했다. 예) 나는 '일이 다 틀렸나 보군.' 하고 생각하였다.
( )	소괄호	• 주석이나 보충적인 내용, 원어 등을 넣을 때 • 항목의 순서나 종류를 나타낼 때	예) 니체(독일의 철학자)의 말을 빌리면 다음과 같다. 예) 커피(coffee) 예) (가) 동해, (나) 서해, (다) 남해

가	갸	거	겨	고	교	구	규	그	기	ㄲ	ㄱ
1	30	30	41	53	82	85	101	102	115	128	
나	냐	너	녀	노	뇨	누	뉴	느	니		ㄴ
143	163	163	167	167	–	176	180	180	183		
다	댜	더	뎌	도	됴	두	듀	드	디	ㄸ	ㄷ
184	–	209	–	214	–	232	238	238	244	245	
라	랴	러	려	로	료	루	류	르	리		ㄹ
256	257	257	–	258	–	259	259	260	260		
마	먀	머	며	모	묘	무	뮤	므	미		ㅁ
262	–	281	287	291	300	301	314	315	315		
바	뱌	버	벼	보	뵤	부	뷰	브	비	ㅃ	ㅂ
324	–	352	360	365	–	376	–	396	397	405	
사	샤	서	셔	소	쇼	수	슈	스	시	ㅆ	ㅅ
410	443	444	462	462	476	477	491	492	498	518	
아	야	어	여	오	요	우	유	으	이		ㅇ
526	547	554	569	589	606	611	627	636	644		
자	쟈	저	져	조	죠	주	쥬	즈	지	ㅉ	ㅈ
673	–	696	–	722	–	733	–	746	747	766	
차	챠	처	쳐	초	쵸	추	츄	츠	치		ㅊ
773	–	783	794	794	–	801	–	808	808		
카	캬	커	켜	코	쿄	쿠	큐	크	키		ㅋ
814	–	816	818	818	–	821	822	822	824		
타	탸	터	텨	토	툐	투	튜	트	티		ㅌ
826	–	833	–	836	–	841	843	843	846		
파	퍄	퍼	펴	포	표	푸	퓨	프	피		ㅍ
847	–	855	857	862	866	867	873	873	874		
하	햐	허	혀	호	효	후	휴	흐	히		ㅎ
880	901	902	907	911	928	929	934	936	941		